中华人民共和国审计署主办
《中国审计年鉴》编委会编

2013
中国审计年鉴

中国时代经济出版社

图书在版编目(CIP)数据

中国审计年鉴．2013 / 《中国审计年鉴》编委会编．
—北京 ：中国时代经济出版社，2015.4
ISBN 978-7-5119-2190-1

Ⅰ．①中… Ⅱ．①中… Ⅲ．①审计－中国－2013－年鉴
Ⅳ．①F239.22-54

中国版本图书馆CIP数据核字(2014)第237648号

书　　名：中国审计年鉴2013
作　　者：《中国审计年鉴》编委会

出版发行：中国时代经济出版社
社　　址：北京市丰台区玉林里25号楼
邮政编码：100069
发行热线：（010）63508271 63508269
传　　真：（010）63508274
网　　址：www.cmepub.com.cn
电子邮箱：shenjinianjian@126.com
经　　销：各地新华书店
印　　刷：北京画中画印刷有限公司
开　　本：787×1092 1/16
字　　数：1995千字
印　　张：正文70.50印张 彩插2印张
版　　次：2015年4月第1版
印　　次：2015年4月第1次印刷
书　　号：ISBN 978-7-5119-2190-1
定　　价：180.00元

6月27日，审计长刘家义向第十一届全国人民代表大会常务委员会第二十七次会议做《国务院关于2011年度中央预算执行和其他财政收支的审计工作报告》

11月18日，人民网、中国共产党新闻网对审计署党组中心组“学习贯彻党的十八大精神”学习会进行在线直播

4月22日至24日，上海合作组织参与国最高审计机关领导人第二次会议在上海召开

8月1日，审计长刘家义与时任新闻出版总署署长柳斌杰视察中国时代经济出版社

12月24日至25日，全国审计工作会议在北京召开，图为全国审计工作会议现场

7月9日至10日，全国审计工作座谈会在黑龙江省哈尔滨市召开

3月27日，审计署召开全国审计机关党风廉政建设工作视频会议

5月25日至26日，中国审计学会在北京举办第二届全国审计青年论坛，审计长刘家义为论文获奖者颁奖

2月5日，山东省省长姜大明主持召开经济责任审计领导小组会议

2月13日至14日，黑龙江省审计工作会议在哈尔滨市召开

4月11日，辽宁省召开经济责任审计工作领导小组暨联席会议全体会议

5月4日，甘肃省召开全省5·12地震灾后重建项目审计工作总结表彰大会

2月8日，浙江省召开全省审计工作电视电话会议，省长夏宝龙到会讲话

3月29日，审计长刘家义、江苏省副省长李云峰、副审计长董大胜在南京审计学院参观审计文化与教育博物馆并与部分师生合影

6月28日，内蒙古自治区主席巴特尔（左一）带领自治区有关部门负责同志到审计厅考察调研

7月，安徽省省长李斌（右二）看望审计厅干部职工

7月9日，审计长刘家义（中），副审计长石爱中（左二），署党组成员、办公厅主任陈尘肇（左一）参观审计信息化建设成果展

10月29日，审计长刘家义（右二）到江苏省审计厅调研

4月26日，副审计长董大胜（左）向云南省审计厅授“审计文化书屋”标牌

4月24日，副审计长余效明（前一）在宁夏调研社会保障审计工作情况

3月29日，副审计长石爱中出席审计干部教育学院首期培训班（财务会计班）开班典礼

3月27日至30日，总审计师孙宝厚（左二）到甘肃省审计厅调研

12月，副审计长侯凯赴武汉特派员办事处宣讲十八大精神

6月，审计署党组成员、中央纪委驻审计署纪检组组长陈蔷（中）赴海南省国土环境资源厅调研

3月，中央经济责任审计工作联席会议办公室主任李勇库（左三）到成都社会保障审计现场督导工作

审计署党组成员陈尘肇（中）与河北省顺平县安阳中学学生代表围绕理想信念主题进行座谈

11月19日至22日，世界审计组织理事会第63次会议在四川成都召开

11月16日，中美两国最高审计机关签署中美两国最高审计机关合作谅解备忘录

11月19日，审计长刘家义（前排右）与匈牙利审计长拉斯洛·多莫科斯（前排左）签署中匈最高审计机关合作谅解备忘录

12月3日，审计长刘家义（前排右）在京会见亚美尼亚共和国审计代表团，共同签订了《中华人民共和国审计署与亚美尼亚共和国审计院合作协议》

12月11日至13日，亚洲审计组织第十次科研项目第一次会议在深圳召开

1月12日至14日，泰国代理审计长皮希·里劳西露帕（中）一行到上海特派员办事处进行工作访问

《中国审计年鉴2013》编辑委员会

《中国审计年鉴 2013》编辑部

总　编　辑： 陈尘肇
副 总 编 辑： 王鸿津　郭彩云
编辑部主任： 孙慧雯
责 任 编 辑： 肇　廉　高　山
美 术 编 辑： 张　戈

《中国审计年鉴2013》特邀编辑

编 辑 说 明

一、《中国审计年鉴 2013》是由中华人民共和国审计署主办并组织编纂的第十七部年鉴，具有较强的权威性、资料性、实用性、前瞻性和馆藏价值。本卷年鉴全面、系统、集中地反映了我国 2012 年审计工作发展的总体概况，起讫时间为 2012 年 1 月 1 日至 2012 年 12 月 31 日。

二、本卷年鉴以邓小平理论和“三个代表”重要思想为指导，以科学发展观为统领，以记录中国审计工作进展、展示中国审计总体风貌、探索审计事业发展规律、推动审计工作健康发展为编纂宗旨，具有专业特色。

三、本卷年鉴文字部分由“特载”“学习宣传贯彻党的十八大精神专栏”“审计署工作概况”“地方审计机关”“科研、培训、出版、学术团体”“审计理论与科研”“内部审计”“重要财经审计法规文件”“审计结果公告”“审计署领导重要活动大事记”“审计工作统计”等部分组成。

四、本卷年鉴基本保持了以往的编撰体例和风格。图片部分有“特载”“会议回放”“国际交往”“领导调研”“境外审计”“一线风采”等，以求直观地反映审计工作风貌。

本卷年鉴没有收录解放军审计署的内容。

五、本卷年鉴采用栏目、条目、统计表等体例分类排列，栏目下设类目和条目。各类目和条目在字号、字体及编排上有所区别，以便读者阅读。

六、本卷年鉴采用的稿件均由审计系统和相关部门提供。在编辑过程中得到各级审计机关的大力支持和协助，在此深表谢意。

由于编辑人员水平有限，缺点和遗漏在所难免，敬请广大读者批评指正。

《中国审计年鉴》编辑部

2013 年 10 月

目　录

地方审计机关

科研、培训、出版、学术团体

审计理论与科研

内部审计

重要财经审计法规文件

审计结果公告

审计署领导重要活动大事记

审计工作统计

Table of Contents

Special Issues

the 18th National Congress of CPC

Overview on the Work of CNAO

Local Audit Institutions

Scientific Research, Training, Publication and Academic Institutions

Audit Theories and Researches

Internal Audit

Major Laws and Regulations for Financial andEconomic Audit

Audit Findings Announcements

Chronicle of Events

Audit Statistics

特　　载

国务院关于 2011 年度中央预算执行和其他财政收支的审计工作报告

——在第十一届全国人民代表大会常务委员会第二十七次会议上

（2012 年 6 月 27 日）

刘家义

全国人民代表大会常务委员会：

我受国务院委托，向全国人大常委会报告 2011 年度中央预算执行和其他财政收支的审计情况，请审议。

根据《中华人民共和国审计法》的规定，2011 年，审计署按照中央要求和部署，全面忠实履行职责，积极促进政策法规落实，推动科学发展；加大揭露和查处违法违规问题及经济犯罪案件力度，全力维护经济安全，推进反腐倡廉建设；注重从体制、机制和制度层面提出建议，努力推动深化改革和民主法治建设。从审计情况看，2011 年，在党中央、国务院的坚强领导下，中央预算执行和其他财政收支情况总体较好，实现了“十二五”时期良好开局。

——加强和改善宏观调控，保障经济平稳较快发展。实施积极的财政政策，中央公共财政支出比上年增长 17%，其中使用的超收收入增长 39%，年末国债余额增长 7%；加快转变经济发展方式，中央财政科技、节能环保和交通运输支出分别增长 18%、13%和 27%；提高区域发展的协调性，对新疆、西藏及其他藏区支出增长 54%，扎实推进主体功能区规划落实。

——着力保障重点支出，推动民生和社会事业加快发展。中央财政教育、卫生、社会保障、文化等民生方面支出比上年增长 30%，人均基本公共卫生服务经费由 15 元提高到 25 元，城镇居民医保和新农合财政补助标准由每人每年 120 元提高到 200 元；“三农”支出增长 22%，农村中小学公用经费年生均提高 100 元，1228 万名中西部家庭困难寄宿生获得资助。

——深化财税改革和预决算公开，促进公共财政体系更加完善。推动所有政府性收入纳入预算管理，对地方政府性债务进行全面审计和清理，完善结构性减税政策；继续优化转移支付结构，健全县级基本财力保障机制，在 1080 个县实行省直管县财政管理方式改革；推行预决算公开，92 个中央部门公开了年度预决算，98 个中央部门公开了“三公经费”。

——切实加大整改力度，推进财政财务管理不断规范。各部门、各单位依法认真整改上年审计查出的问题，被挪用和滞留资金 143.94 亿元已全部追回或拨付，挽回和避免损失 60.66 亿元；有 699 人受到党纪政纪处分，81 人被依法逮捕、起诉或判刑；根据审计建议，完善制度规定 1581

项。具体整改情况，国务院已向全国人大常委会专题报告，审计署已向社会公告。

一、中央财政管理审计情况

从审计情况看，2011 年，财政部和发展改革委等部门认真组织实施积极的财政政策，健全公共财政体系，加强预算和投资管理，规范预算执行和重大投资项目公示试点工作，财政宏观调控作用不断增强，预算约束和投资管理水平逐步提高，但仍存在一些需要进一步规范的问题。

（一）中央预算管理完整性方面。

1. 有些收支未纳入预算管理。包括：中国清洁发展机制基金管理中心 2006 年以来收取的温室气体减排量交易收入 101.25 亿元；商务部、卫生部和农业部 2008 年以来接受的国外无偿援助资金收入 62.09 亿元、支出 10.92 亿元；财政部委托进出口银行管理的外国政府贷款利息收入 372.83 万欧元、支出 173.82 万欧元；贸促会控股的中国专利代理（香港）有限公司应上缴的投资股利分红 1.7 亿港元。

2. 财政部在向全国人大报告 2011 年中央预算执行情况时，少报 19.22 亿元超收收入安排情况。

3. 批复的 2011 年部门预算中统筹使用结转结余资金与实际差异较大。主要是：中央公共财政国库集中支付上年累计结余 628.92 亿元，编入部门预算的仅有 300.21 亿元（占 48%）；12 个部门的 12 项政府性基金上年累计结余 52.72 亿元，均未编入部门预算。

4. 部门预决算报表未完整反映政府采购情况。在预算报表中，未要求编列政府性基金安排的政府采购情况；在追加预算中未要求单独编列政府采购预算；决算报表中未要求编制政府采购决算。

（二）中央公共财政预算的细化和执行方面。

1. 年初预算未全部细化落实到部门和地区。主要是：中央本级支出预算中，代编支出 982.65 亿元和据实结算政策性补贴等支出1 027.89亿元未细化落实到部门及项目，占 12%；发展改革委归口管理的中央本级基建支出，年初预算细化到位率仅为 47%，未达到 75%的要求；在批复的中央部门预算中，30 个部门代编的 85 个项目支出预算 874.5 亿元（占 45%）未细化，而是在执行中进行了二次分配；在转移支付预算中，有16 309.69亿元（占 50%）未细化落实到省区市，有8 951.41亿元（占 28%）未在全国人大审查批准后 90 日内下达。

2. 个别投资计划安排不够合理。发展改革委在产业振兴和技术改造投资计划中，对不属于支持范围或未严格执行相关产业政策的 6 个项目安排投资 2922 万元，应重点支持的清洁生产技术等 11 个战略性新兴产业核心领域却未安排投资。

3. 向一些项目安排的财政补助投资未达规定比例，且分配散、金额小。2011 年，发展改革委安排 25 个省区市基层就业和社会保障服务设施建设试点投资中，有 21 个省区市获得的财政补助投资比例未达规定要求；安排中小企业技术改造专项的 1903 个项目中，有 752 个项目的财政补助投资占项目总投资的比例不足规定的一半，最低仅 1%；将 9.19 亿元电子信息产业振兴和技术改造投资计划切块下达给 279 个项目，各项目财政补助投资比例最高达 50%、最低仅 0.7%，其中 106 个项目的补助比例低于规定标准，影响政策实施效果。

4. 在执行中调整预算项目用途。2011 年，财政部将义务教育转移支付预算中的“落实教育规划纲要补助经费”70 亿元调整为高等教育支出；调整了 17.28 亿元中央财政代编预算的项目用途。

5. 投资计划下达程序不规范。2011 年，发展改革委未严格按规定程序下达投资计划 468.37 亿元，有 13 个投资专项没有专项发展规划、未事先编制工作方案或未批复资金申请报告，62 个项目尚未批复可行性研究报告、初步设计或用地申请，3 个项目存在以虚假资料申报或未通过专家评审等问题。

6. 投资计划和预算下达时间滞后。按要求，投资计划下达和预算追加原则上应于 9 月 30 日前完成，部分特殊事项最迟不得超过 12 月 20 日。但 2011 年中央预算投资计划中，有 149.54 亿元（占 4%）是 9 月 30 日后才下达的；追加的部门预算中，有 592.64 亿元（占 36%）是 9 月 30 日后办理的，其中 146.45 亿元是 12 月 20 日后办理的；还有 21 个部门 2010 年决算是超过规定期限批复的。

7. 部分预算执行率低。由于客观情况与年初预期差距较大，至2011年底中央本级代编和据实结算政策性补贴预算有22%未执行，形成结余结转资金447.18亿元；中央预算投资安排的6个项目进展缓慢，7000多万元财政资金闲置或滞留。去年审计指出中央财政养殖业保险保费补贴预算执行率低后，财政部2011年将此项预算从42.95亿元减至26.5亿元，但执行率仍仅为24.7%，比去年还低0.3个百分点，其中“育肥猪保险保费补贴”预算执行率为零。

（三）财政转移支付管理方面。

1. 一般性转移支付力度仍应加大。中央均衡性转移支付比地方财政2011年标准收支缺口少3 935.67亿元，不利于缩小地区间财力差异；在2011年中央对地方一般性转移支付中，有123.41亿元指定了具体项目和用途。

2. 专项转移支付管理制度不健全。2011年的287项专项转移支付中，有33项尚未制定管理办法；在已建立管理办法的254项中，有180项未建立绩效评价制度；在已建立绩效评价制度的74项中，有19项未将资金使用绩效作为分配依据。

3. 部分专项转移支付未实现预期目标。抽查144户取得“淘汰落后产能奖励资金”的企业中，有45户虚假申报套取资金2.41亿元，13家未按规定淘汰落后产能；抽查35个已完工的金太阳示范工程补助项目，有10个建成即闲置，16个实际年发电量低于设计标准。

（四）中央政府性基金预算管理方面。

1. 基金预算代编规模偏大、执行率低。2011年，财政部代编中央本级基金预算396.27亿元，占本级基金预算的16%，当年实际执行不足50%；补助地方基金预算也有27%未执行。

2. 执行中改变了预算级次。2011年，财政部将17.36亿元中央本级基金预算下划为对地方的转移支付；将原列入地方转移支付的8.96亿元基金预算上划为中央本级支出。

3. 基金征缴不到位。铁路建设基金尚未将以合资形式建设和运营的铁路线纳入基金征收范围；南水北调工程基金欠缴58.24亿元。

（五）中央国有资本经营预算管理方面。

1. 国有资本经营预算范围不完整。至2011年底，4100户中央部门所属企业尚未纳入国有资本经营预算；42户中央金融类企业虽按其出资人分别向财政部、中投公司和人民银行上缴利润，但尚未实行国有资本经营预算管理。

2. 现行国有资本经营收益收缴比例仍偏低。尽管2011年提高了中央企业国有资本经营收益收缴比例，但个别企业的收益上缴比例仍低于其上市公司的分红比例。

3. 国有资本经营预算与公共财政预算功能定位不够清晰，在补助对象、支持投向上存在交叉重复。有些方面的专项支出，在财政部代编的国有资本经营预算、国资委分配的国有资本经营预算、公共财政预算中都分别安排了资金。

4. 2011年，国有资本经营预算有603亿元年初未落实到具体项目，财政部拨付资金也主要集中在11月和12月，其中12月拨付327.42亿元（占当年预算的42%）。

（六）国库管理方面。

1. 部分国外无偿援助资金专用账户未按规定归口国库部门统一管理。截至2011年底，有9个专用账户仍由财政部国际司管理，当年收支分别为2.66亿元和1.36亿元。

2. 国库集中支付相关操作不够完善。主要是对直接支付和授权支付的划分不够明确，加之向授权支付代理银行支付的手续费上不封顶，不利于控制费用，如财政部2011年将铁道部直接支付的部分支出调整为授权支付，导致多支付手续费1168万元。

（七）财税审批和管理方面。

政府采购审批监管不严格。由于政府采购标准的制定和采购代理机构的资格认定、审批、授予、考核、处罚都由财政部负责，缺乏有效监督制约，在财政部授予甲级资格的633户采购代理机构中，有129户社会保险费缴纳证明与实际缴纳情况不符；未按规定向国务院报告6家集中采购机构的考核结果，也未依法处理涉嫌违规单位和个人。此外，还以财政部国库司便函形式，审批（核）1319项采购方式变更和采购进口产品事项。

（八）中央决算草案编制方面。

总的看，中央决算草案比较完整地反映了中央预算执行结果，但也发现决算草案编制中一些不够严格和规范的问题，有的影响到收支数字的准确性。

1. 截至2011年底，有137.85亿元财政借款未及时清理，也未在决算草案中编报。

2. 编报程序和科目不完全符合制度要求。从程序看，财政部先编制中央决算草案，经全国人大常委会批准后，再调整实际发生的会计账目，不符合规定的决算编制程序。从科目看，在一般性转移支付中列报的“基层公检法司转移支付”等5个科目，不属于规定的政府支出科目。

对上述问题，财政部、发展改革委和有关部门正在逐项研究，加以整改。其中，对少报超收收入安排情况问题，财政部已在编制决算草案时做了调整；对部分国外无偿援助资金专用账户管理不规范问题，财政部已按规定归口管理。

二、中央部门预算执行和决算草案审计情况

此次共审计50个中央部门，延伸审计270个所属单位，审计预算支出1 460.24亿元，占这些部门预算支出总额的30%。从审计情况看，这些部门认真贯彻国务院要求，着力加强预算管理改革和制度建设，不断推进预决算通报、公开和监督检查等工作。总体上，部门预算执行和财务管理的规范性逐步提高，违法违规问题不断减少，挤占挪用、多申领预算资金等违规问题金额分别比上年减少13%、61%。审计发现的主要问题是：

（一）预算执行未完全到位。此次审计1 460.24亿元部门支出预算中，有212.87亿元（占15%）当年未执行。自然科学基金会等4个部门本级和社科院近代史研究所等10个部门所属单位在实施预算共计35.69亿元的项目中，还通过虚列支出、以拨作支等方式，人为提高预算执行率91.3个百分点，使35.63亿元预算资金在下级单位或项目承担单位沉淀。

（二）预算和财务管理不够严格。国土资源部等2个部门本级和环境保护部环境规划院等5个部门所属单位多申领财政资金2 191.91万元；商务部等3个部门本级及工业和信息化部中国软件评测中心等42个部门所属单位违规转移套取资金1.57亿元，其中2 884.1万元用于发放补贴；人口计生委等5个部门本级和民航局清算中心等10个部门所属单位自行设立项目违规收费2.07亿元。此外，还发现7.7亿元非税收入未按“收支两条线”规定及时上缴，政府采购、资产管理和账务处理等不规范问题涉及金额43.94亿元。

（三）一些预算管理制度和规定不够明确完善。突出表现在：一是基本支出定员定额管理制度有待改进，定额标准尚不统一，一定程度上造成部门之间苦乐不均；二是基本支出和项目支出界限不清，有的基本支出内容列入了项目支出预算，出现基本支出“项目化”倾向；三是“三公经费”概念不清晰、口径和标准不够规范，不利于发挥约束和控制作用，也容易造成社会公众误读。审计发现，海关总署等12个部门本级和中国地震局地质研究所等54个部门所属单位直接在项目支出中列支基本支出3.93亿元；民航局等20个部门本级和国土资源部土地规划院等62个部门所属单位在预算科目、支出项目间调剂使用预算资金7.75亿元，个别部门还存在超标准列支“三公经费”现象。

此外，从部门决算草案审计情况看，2011年各部门决算编报比较规范，发现的问题主要是账务处理或报表填列错误，使决算草案部分内容不够准确，涉及部门36个、金额14.19亿元，占审计资金总量的0.09%。对其中1.39亿元的问题，相关部门在审计过程中已调整账目和报表；对其他问题，审计长已签署意见，要求予以纠正。

对审计指出的问题，相关部门和单位采取了106项整改措施，已通过收回资金、调整会计账目和决算报表等整改问题金额9.58亿元。

三、县级财政性资金审计情况

为了解地方财力保障情况，组织对18个省区市县级财力总体状况进行了审计调查。从审计情况看，2011年，中央财政安排县乡各类奖补资金1 569.68亿元，是2005年的3倍多；18个省级财政投入437.11亿元用于保障县级基本财力；重点调查的54个县（财力状况好中差各约占三分之一）实现财政性收入1 116.84亿元，比上年增长17%，县级财政保障能力不断提高。审计发现的问题：

（一）县级财政性收入中非税收入占比较高，稳定性和可持续性较差。当前县级政府独享税种的税源较为分散，县级财政性收入主要来源于非税收入。2011年，重点调查的54个县实现的财政性收入中，有675.11亿元（占60%）是非税收入，且大多有专项用途，财政不能统筹安排。

（二）一些县在招商引资中变相减免财政性收入，有的存在虚增财政收入现象。54个县中，有53个在2008年至2011年间出台221份与国家政策相悖的优惠政策文件，将相关企业上缴的税收、土地出让收入等70.43亿元返还企业。同时，一些县在无真实收入来源的情况下，通过列收列支的方式空转土地出让收入或以财政借款等方式缴税，造成虚增财政收入33.13亿元。

（三）县级财政支出压力较大，一些地方民生资金计提不足。按照国家有关农业、教育、科技等法定支出的增长要求以及各级政府达标增支要求，54个县2010年公共财政支出中，有922.03亿元（占77%）属于上述政策性达标支出，其中45个中西部县这一比例达81%，留给县级政府自主安排的财力占比较小；对于从土地出让收益中各计提10%用于保障性住房、教育、农田水利建设的规定，足额计提的有13个县，其他县少提10.57亿元（占应计提额的35%）。

（四）对超收收入缺乏制度约束，财政管理还不够规范。截至2011年底，54个县均未对本级超收收入做出制度规定，其中31个县2011年底将超收收入24.61亿元全部安排为支出，大部分当年实际并未使用；有6个县尚未开展部门预算改革；有7个县尚未实行国库集中支付；54个县2011年财政报表少反映收入83.29亿元、支出44.50亿元，虚列支出66.56亿元。

针对上述问题，有关部门和地方正在结合省以下财政管理体制改革，研究健全和完善县级财政管理制度，有关地方正在纠正财政管理中存在的不规范问题。

四、重点民生项目及其他专项审计情况

（一）保障性安居工程审计情况。2011年，审计的18个省区市安排保障性安居工程建设资金2 811.62亿元、累计保障中低收入住房困难家庭1 227.63万户，分别比2009年增长233%和112%，相关制度建设也取得积极成效。但部分地方仍存在建设资金筹集不到位、审核和退出机制不健全等问题。重点审计的66个市县中，有36个少提取或少安排保障性安居工程资金53.14亿元（相当于其应提取或安排数的14%），有11个未落实配套资金6.12亿元，还有29.55亿元专项资金被截留或挪用；抽查的保障对象中，有5400多户未经资格审核即被纳入保障范围，有2.1万户不符合条件或重复享受保障待遇。审计指出问题后，相关地方已按规定补提或归还资金28.20亿元，取消违规享受保障家庭3800多户。

（二）农村医疗卫生服务体系建设审计调查情况。从审计调查45个县的情况看，2009年以来，各级财政安排这些县农村医疗卫生服务体系建设项目总投资75.42亿元，新增医疗卫生机构410个，基本实现农村医疗卫生服务网络全面覆盖的目标。审计发现，基层卫生队伍建设相对滞后，有的医院存在超过规定比例加价售药问题。截至2011年6月底，45个县平均4.5个村卫生室才有1人具有乡村医生执业（助理）医师资格，与每个村卫生室至少1名的要求差距较大；抽查62家县级医院中，有23家超过规定比例加价售药多收取药费6732万元，相当于其应收药费的23%，加价最高的达12倍。此外，还发现医疗项目建设中存在套取、挪用或滞留财政资金等问题金额1.64亿元。针对审计指出的问题，有关地方及时下拨或归还了资金，对药品和价格组织排查，并采取措施加强基层卫生队伍建设。

（三）现代农业生产发展资金审计情况。2008年至2011年，审计的18个省区市累计收到中央财政专项资金179.89亿元，促进新增粮食种植面积4 895.45万亩，扶持地方优势特色主导产业56个，有力推动了农业增产增收。但在实施中，一些地方未完全落实资金整合、绩效考评、报账制等要求，影响到政策目标的实现。其中，有14个省在难以达到资金统筹整合要求的情况下，虚报资金整合金额188.41亿元（占其上报数的60%）；重点抽查的54个县中，有24个未实行报账制或报账审核不够规范，还有20个县的45个项目套取挪用资金3 770.91万元。在审计期间，有关地方已整改违规问题金额2 332.62万元，正在着手完善相关政策制度，进一步规范项目和资金管理。

（四）国家科技重大专项审计调查情况。截至2011年底，审计调查的8个国家科技重大专项中央财政累计投入347.61亿元，共立项课题3294个，攻克了多项核心技术难题，取得较好的阶段性成果。但至2011年底，8个重大专项有93%的应验收课题未完成验收；有2个专项的134个“十一五”课题尚未验收，又被批准或推荐为“十二五”滚动支持课题，不符合滚动课题在已验收课题中择优确定的要求；抽查 84 个课题的 2401 项（篇）成果中，有 582 项是用其他科研课题的成果充抵的。对审计指出的问题，相关部门正在研究改进科技项目和经费管理办法，督促相关单位整改。

五、重大投资项目审计情况

主要组织对京沪高铁、西气东输二线工程和中央支持新疆发展项目、中小学校舍安全工程等进行了审计。总的看，这些项目基本能够按计划组织实施，资金使用和工程质量管理得到进一步加强，其中已建成项目的经济效益和社会效益初步显现。但在招投标、投资控制和资金使用、工程管理等方面还存在一些问题。

（一）招投标管理不规范问题仍较突出。审计共发现此类问题金额 389.05 亿元，如抽查中央支持新疆发展项目发现，有 1194 份合同招投标不规范；在京沪高铁全线的土建招标中，铁道部违规将资格预审申请文件的获取时间由至少 5 个工作日缩短至 13 小时，从获取到递交时间由规定的一般不少于 7 天缩短至不到 24 小时。

（二）一些项目投资和进度控制不够严格。审计共发现重复计列费用、价款结算不严等造成投资增加 10.29 亿元，滞留和挪用建设资金 131.30 亿元，拖欠工程款和劳务费 121.08 亿元。一些项目未能按计划推进，如 54 个县的中小学校舍安全工程，至 2011 年底有 54%的校舍加固和 48%的校舍新建任务未完成。

（三）一些项目质量管理存在薄弱环节。主要是质量安全措施落实不到位，如西气东输二线工程，有 171 座已运营站场和阀室（占抽查数的 87%）的消防或防雷工程未经验收或验收不合格；在其上海支线建设中，有 48 名无损检测、监理等不可替换关键岗位人员被随意替换，占关键人员总数的 70%。

针对审计指出的问题，相关部门和地方已拨付和收回资金 9.83 亿元，完善了招投标、投资控制等 6 项制度，加快了中小学校舍安全工程的排查和治理工作。

六、汶川、玉树、舟曲灾后恢复重建跟踪审计情况

（一）汶川灾后恢复重建跟踪审计情况。2008 年 9 月起，审计署组织全国 11 000 多名审计人员进行了连续 3 年的跟踪审计，促进节约资金和挽回损失 123.91 亿元，建立健全制度 2700 多项，推动 4000 多个项目改进了建设管理。从审计情况看，截至 2011 年 9 月底，重点审计的 51 个县已完成投资总额 8 586.28 亿元，占中期调整后规划总投资的 90%，有 38 933 个项目已完工投入使用，为灾区经济社会发展奠定了坚实基础。前两年的审计结果已向全国人大报告。2011 年，审计署重点审计了规划总投资 2 031.80 亿元的 939 个项目，发现有 63 个项目、26 个施工单位、4 个勘察设计单位、8 个监理单位不同程度地存在管理不合规、勘察设计不到位等问题；对其中 188 个项目的工程结算或竣工决算审计，共核减工程价款 4.77 亿元，约占送审金额的 7%。对审计中指出的问题，各相关方面依法、依纪进行了严肃处理和认真整改。

（二）玉树灾后恢复重建跟踪审计情况。截至 2011 年 10 月底，青海省本级累计收到重建资金 293.82 亿元；累计完成投资 199 亿元，占总投资的 63%。从跟踪审计情况看，重建资金和工程建设管理情况总体较好，但由于气候条件差、施工期短等，玉树县计划于 2011 年底前 100%开工、90%完工的重建城镇居民住房，截至 10 月底仅有 68%开工、44%完工，难以实现预定目标。此外，还发现 3 个项目施工质量未达设计要求，11 个项目监理未完全履职，3 个道路工程的施工单位多计工程量增加投资 938.44 万元。审计指出上述问题后，有关方面已于 2012 年 4 月全面启动剩余城镇居民住房建设，扣回多计款项，并处理了相关责任人员。

（三）舟曲灾后恢复重建跟踪审计情况。截至 2012 年 2 月底，累计筹集重建资金 48.14 亿元；规划的 170 个项目全部开工，累计完成投资 29.76 亿元（占规划总投资的 60%）。总的看，重建资金基本做到专账管理，工程建设基本规范，但仍有 5 843.10 万元资金未拨付到位，合同金额 3 423.7万元的 8 个项目未按规定招标，还有 2 079.15万元工程款支付时直接汇入个人账户。根据审计建议，有关地方和单位及时收回、拨付相关款项，加强了项目建设管理。

七、土地和资源环境保护审计情况

为促进落实国家有关土地和资源环境保护政

策，对11个省市2009年至2010年土地管理及土地出让收入等资金征收使用情况、环境保护领域利用国外贷款项目绩效状况进行了审计，还关注了重要资源能源开发利用等情况。从审计结果看，近年来，各地普遍建立了耕地和环境保护目标责任制，加强了土地管理和资源环境保护工作，取得较好成效。审计发现的主要问题：

（一）违规批地用地问题仍时有发生，土地出让收入等资金管理还不够严格。审计重点抽查的24个市县中，有14个未批先用、以租代征等违规用地22.35万亩，相当于相关地方同期新增建设用地指标的17%；有9个违规协议出让或违反招拍挂制度出让土地9200多亩，占抽查出让土地总量的9%；有4个2010年供应“三类住房”（保障性住房、棚户区改造和中小套型普通商品住房）用地未达到规定的标准。此外，还发现少征、滞留和违规使用土地出让收入等问题金额198.41亿元，未纳入预算管理的土地出让收入97.19亿元（占同期实际征缴总额的9%）。

（二）一些地区和行业发展方式落后，资源环境保护措施不到位。在资源开发方面，主要是一些资源存在无序开采、低水平利用等问题，如抽查24户石墨开采企业中只有2户有合法采矿权，36户石墨开采加工企业中只有4户是深加工企业，石墨资源利用率比国际通常水平低25个百分点。在环境保护和治理方面，至2011年10月底，三峡库区应于2010年底前完成的14条长江支流的综合治理工程尚未纳入投资计划。

（三）一些地方环境保护项目建设统筹规划不够，污水垃圾处理等工作滞后。审计抽查环境保护领域利用国外贷款的113个工程中，有31个因对建设规模、技术及经济可行性等研究和论证不充分，投资12.6亿元的污水处理等设备长期闲置或损失；抽查18个北方缺水城市和10个南方缺水城市的污水处理厂，平均污水再生利用率分别为3.3%和0.3%，远低于20%和5%的“十一五”节水规划目标；抽查的20个大中城市“十一五”期间实际新增垃圾日处理能力，仅完成计划任务的42%；抽查65家县级和112家乡级医疗机构中，分别有51%和81%的机构医疗废物处置不当，造成附带有毒有害或传染病源体的“三废”进入环境或产业链。

审计指出问题后，相关地方已收回和规范管理资金56.62亿元，纠正违规征地问题涉及土地17.59万亩，制定和完善相关制度18项，还对10名责任人员进行了处理。

八、金融审计情况

从对8家商业银行新增贷款投放和2家金融机构资产负债损益的审计情况看，这些金融机构能够较好地贯彻落实稳健的货币政策，合理调整贷款投向结构，稳步推进金融业综合经营试点，有效提升了经营管理水平和风险防控能力。但在资金借贷和金融创新管理等方面仍存在一些问题。

（一）在资金借贷方面，审计发现向手续不齐或资本金不到位项目发放贷款、客户挪用贷款资金等问题金额300亿元，其中132.77亿元被挪用于开发商业地产。一些中小企业为缓解资金困难，参与民间借贷活动日益增多，审计调查的746家企业2011年底民间借贷余额134.85亿元，相当于其从银行等金融机构融资规模的50%；抽查当年发生的1593笔借贷业务，有75%的合同还款期限不足半年，24%的借款利率在一年期贷款基准利率4倍以上，多是操作不规范的私下交易，有的存在非法集资、高利转贷等问题。

（二）在金融创新管理方面，主要是一些金融机构通过同业代付、理财等创新业务增加了流动性，但未纳入信贷规模统计和管理，不利于调控和监管；一些金融机构内部治理机制尚不适应金融改革和业务发展需要，特别是对业务拓展中层层设立的子公司管控不到位，在一定程度上存在管理失效问题。

（三）在信用评级行业发展方面，我国目前大多数信用评级机构规模较小，仅在国内开展业务，国际投资活动主要依靠外国信用评级机构；在国内评级市场上，一定程度存在评级机构通过虚高评级换取高收费或抢占市场份额的现象，审计抽查16家债券发行企业在信用评级及申请发债中所提供的资料，均不同程度存在弄虚作假问题。

对审计指出的问题，相关金融机构已整改违规问题金额256.97亿元，完善规章制度188项，处理责任人员190人。

九、企业审计情况

从审计情况看，此次审计的15户中央企业能够贯彻执行中央决策部署，加强自主创新，优化发展结构，改进内部管理，经营业绩和竞争力不断提高。审计发现的主要问题：

（一）一些企业落实节能减排要求不到位，执行“三重一大”决策制度也不够严格。宝钢、武钢和鞍钢集团的下属企业近年来未经审批违规新建和未按规定淘汰产能的年能耗量，平均占3户企业2010年能耗总量的17%；审计抽查企业617项重大决策中，有74项存在违规问题，已形成损失及潜在损失34.61亿元。此外，还有11户企业违规用地共计10.75万亩，其中开发房地产、酒店等违规用地5898亩。

（二）财务核算和经营活动中存在一些不够规范的问题。审计发现，这些企业2010年收入不实38.25亿元、利润不实59.08亿元，分别占其当年收入、利润总额的0.07%和1.47%，其中7户少缴税费4.71亿元，还有6户违规购买商业保险、发放补贴等涉及资金4.58亿元。在物资购销等经营活动中，发现签订虚假合同、违规出借资金、多付工程款等涉及金额563.78亿元。

审计指出问题后，相关企业已补缴税款1.98亿元，挽回损失5.11亿元，建立健全制度233项，并对87人进行了处理。

十、审计查出的重大违法违规问题和经济犯罪案件

在审计中，审计署共向有关部门移送重大违法违规问题和经济犯罪案件112起，涉及300多人，有关部门正在依法立案查处。上述案件主要有以下特点：

（一）大多为利用公权谋取私利、侵蚀公共资源、损害群众利益等问题，有向民生领域渗透的趋势。这些案件涉及司局级及以上人员22人（占7%）；“一把手”利用职权牟取私利、参与作案的职务腐败问题也较突出，有43起（占38%）。金融、土地、国有资产管理和工程建设等领域案件依然较多，有92起（占82%）；还有14起（占13%）发生在医疗、社保、教育等民生领域。

（二）借道“中介服务”等第三方进行权钱交易成为一些领域腐败犯罪新形式。审计共发现此类案件14起，有关单位和个人从中非法获利5.76亿元。主要表现为，一些公司或个人利用掌握的资源或“人脉”，通过中介方介入本来可按正常程序开展的行政审批、财税优惠、信贷发放、招投标及资源配置等活动，协助取得项目或资金，并未提供实质中介服务却收取“顾问费”“咨询费”等。如招商证券公司投资银行部原执行董事李黎明在负责发行债券和保荐上市业务期间，假借需第三方财务顾问或利用“关系资源”承揽项目之名虚构中介业务，通过其控制公司骗取中介费近3000万元，还违规持有拟上市公司股权，涉嫌内幕交易。审计已将此案移送证监会和公安机关查处。

（三）新业务、新技术的快速发展与相关监管机制、法规制度建设的滞后，使不法分子有机可乘。如在融资渠道趋紧的形势下，一些企业和个人通过有组织地违规受让或收集无真实贸易背景的银行承兑汇票，之后伪造交易业务等资料向银行贴现以套取资金。审计查出的4起违规金融票据融资案件，相关人员、“倒票”企业分别从中获利7500多万元和4700多万元，涉及的188家银行基层分支机构均不同程度存在审核把关不严、关键岗位工作人员违规操作等问题。

对于本报告反映的具体审计情况，目前已公告50个中央部门、15户中央企业、2家金融机构和12个专项的审计结果，以及57起办结案件情况。下一步，审计署将继续做好审计结果公告工作，并按国务院要求督促有关方面认真整改。全面整改结果，国务院将在年底前向全国人大常委会专题报告。

十一、加强财政管理的意见

（一）深化财政体制改革，健全统一完整的政府预算体系。进一步理顺政府与市场的关系，按照公共产品的受益范围界定各级政府的事权和支出责任。切实将政府收支全部纳入预算，超收收入和重大预算调整事项应向全国人大常委会报告，逐步建立政府财务报告制度。按照事权与财权相匹配原则，调整优化中央与地方收入分配结构，切实解决转移支付在中央财政支出中占比高、专项转移支付在转移支付中占比高的问题，建立健全规范的转移支付制度。

（二）加强财政制度建设，提高预算执行效果和预算公开质量。从根本上解决预算编制不细化、执行中调整预算级次和项目用途等问题，关键在于建章立制，明确标准和依据，落实管理责任和权限。当前，应加快完善基本支出定员定额标准体系，准确界定基本支出和项目支出范围，规范和统一部门预算公开内容；加强与政府职能和财政政策相衔接，完善项目储备库建设，确保按期实现预算确定的目标。

（三）优化财政支出结构，进一步加大对民生领域的投入。政府预算安排应体现财政的公共性，优先保障与人民生活直接相关或民生供需矛盾特别突出的领域。为此，应建立健全财政民生支出的绩效考核体系，研究确定全国范围基本公共服务项目和最低保障水平，缩小民生保障标准的地区差异；进一步完善符合我国实际的社会保障制度模式，建立稳定的财政投入机制，促进社会保障相关制度的衔接和公平推进。

（四）清理规范税收优惠和变相减免财政性收入等政策，维护税法的统一公平。近年审计发现，一些地方在招商引资中普遍变相减免或返还财政性收入，不利于建立公平的市场竞争环境。为此，应组织对税收优惠政策进行清理规范，更多地鼓励企业通过深化改革提高竞争力，推动地方通过深入发掘和发挥特色优势，在国家主体功能区规划指导下健康协调发展。

（五）加强财政政策与其他政策的协调配合，发挥宏观调控的整体合力。应根据宏观调控的总体目标，确定财税、信贷、产业、贸易、投资、土地、就业、环境保护等政策的重点任务，增强政策措施的协调性、配套性和可操作性，使各项政策互为补充、有机衔接。建立健全跨地区、跨部门、跨领域的信息共享平台和协调配合机制，加强资源整合，解决信息"孤岛"、信息系统重复建设等问题，切实增强宏观调控的及时性和有效性。

深入贯彻落实党的十八大精神
全力做好新时期审计工作

——在全国审计工作会议上的讲话

（2012 年 12 月 24 日）

刘　家　义

同志们：

党中央、国务院十分重视审计工作。今天上午，国务院召开了全国审计工作电视电话会议，温家宝、李克强、马凯等国务院领导同志出席会议，温家宝总理做了重要讲话，对审计工作提出了新的更高的要求。这次会议的主要任务，就是深入学习贯彻党的十八大精神，全面落实中央经济工作会议要求和国务院领导同志的重要指示，回顾总结过去工作，研究部署下一步审计工作。下面，我讲三个问题。

一、过去工作的回顾

2012 年，在党中央、国务院和各级党委、政府的坚强领导下，审计机关全面落实科学发展观，紧紧围绕科学发展这个主题和转变经济发展方式这条主线，依法履行职责，加强自身建设，较好地完成了各项任务。1 月至 11 月，全国共审计 10 万多个单位，促进增收节支和挽回损失 1600 多亿元，移送案件线索 970 多件，推动建立健全制度 4800 多项。审计中，我们突出了以下重点：

——着力监督检查预算的完整性和执行的规范性，促进健全统一完整的国家预算体系。我们把财政政策实施、预算执行与决算草案的审计融为一体，不断深化转移支付资金和地方财政收支审计，努力把握预决算的整体情况，反映政策执行、资金管理和行政绩效等情况，积极推进预算管理的科学化、法治化和财政体制改革不断深化。

——着力监督检查惠民富民强民政策的落实情况，促进民生改善和社会事业发展。我们密切关注涉及群众切身利益的问题，组织对社会保障资金、农村中小学布局调整、保障性安居工程等重点民生项目，三峡、南水北调、高速公路、中央支持新疆发展、青海玉树、甘肃舟曲和云南彝良灾后恢复重建等重大投资项目进行专项审计，促进归还和拨付民生资金300多亿元，核减投资和结算额600多亿元，也为决策和管理提供了重要参考。

——着力监督检查部门单位及工作人员守法守规守纪尽责情况，促进依法行政、依法管理。我们切实关注权力运行和责任履行情况，不断深化经济责任审计，推进任期内轮审制度，探索党政领导干部同步审计。1月至11月，审计领导干部2万多人，其中省部级31人。查出领导干部负有直接责任的违规问题金额170多亿元，280多人被移送纪检监察等部门处理。

——着力揭示反映经济社会发展中的突出矛盾和风险隐患，推动转变经济发展方式和维护国家经济安全。今年以来，我们更加关注促进经济结构调整相关政策措施的落实情况，组织对商业银行新增贷款结构进行跟踪审计调查，对国家科技重大专项、节能减排、环境保护领域利用国外贷援款项目、对外援助支出和驻外机构等进行专项审计，及时揭示和反映财政、金融、国有资产、资源环境、社会稳定等方面的薄弱环节及风险隐患，及时提出堵塞漏洞、妥善处置和避免损失的建议，取得较好效果。

——着力查处重大违法违规问题和案件线索，促进反腐倡廉建设。我们把查处重大违法违规问题作为重要任务，注重把握违法问题的发生规律，突出对重点领域和关键环节的审计，坚持查深查透，依法揭露和处理。1月至11月，全国审计机关共移送案件线索970多件，涉及1500多人。同时，还配合和协助纪检监察、司法机关，查处了一批重特大腐败案件。

——着力揭示反映体制机制制度问题，促进深化改革和制度创新。我们注重检查法规制度的执行情况，促进提高制度的执行力，还加大分析力度，提出完善制度、加强管理的建议。1月至11月，全国审计机关提交报告和信息20多万份，发布审计结果公告5000多篇，促进建立健全制度4800多项。

同时，我们认真履行联合国审计委员会主席职责，推动联合国大会通过决议，在联合国实行预算改革和绩效审计。

这些成绩的取得，是党中央、国务院及地方各级党委、政府正确领导的结果，是各部门各单位理解配合的结果，是全国人民大力支持的结果，也是全体审计人员近十年特别是最近五年开拓创新、努力实践的结果。五年来，全国共审计70多万个单位，促进增收节支和挽回损失8000多亿元，移送重大违法违规案件线索9400多件，推动健全完善制度3万多项。回顾五年来的发展历程，最根本的是我们在党中央、国务院和地方各级党委、政府领导下，在思想上、行动上自觉与中央保持高度一致，牢牢把握了以下六个方面：

一是必须坚持以中国特色社会主义理论为指导，牢固树立和认真践行科学审计理念。五年来，我们深入落实科学发展观，注重把握审计发展规律，认识到审计是国家治理大系统中一个具有预防、揭示和抵御功能的“免疫系统”，是公共财政的“卫士”；审计的根本目的是维护人民利益，首要任务是维护国家经济安全，基本职责是推动完善国家治理，主要作用是推进民主法治和反腐倡廉建设、促进改革创新和科学发展。基于这些认识和理念，对审计工作的长远目标和现实任务进行精心谋划，并大力推动落实，有效提升了审计工作的层次和水平。

二是必须坚持围绕中心、服务大局，充分发挥审计在推动全面建设小康社会中的作用。五年来，我们自觉融入经济社会发展大局，加强对政策落实、权力行使、经济运行、民生保障、资源环境等情况的审计监督，注重揭示和反映制约经济社会健康运行的突出矛盾，站在推动科学发展的高度积极提出建议，更加有力地发挥了审计作用。

三是必须坚持揭露查处与预防促进“两手抓、两手硬”，积极推动完善国家治理。五年来，我们坚持一手抓重大违法违规案件、重大失职渎职行为、重大决策失当、重大损失浪费、重大管理漏洞等事项的揭露和查处，推进廉政建设和反腐败斗争，维护经济秩序和国家利益，促进责任制和问责机制的健全完善；一手抓产生问题的深层次原因、各种风险隐患的分析和反映，积极从体制、机制、制度层面提出建议，推进民主法治建设、完善制度和深化改革。

四是必须坚持从实际出发，探索完善审计法律规范和方式方法。五年来，我们坚持与时俱进，立足我国国情和审计工作实际，推动修订审计法实施条例、制定经济责任审计规定，完善国家审计准则；着力构建财政审计工作大格局，推行跟踪审计方式，创新审计组织形式，推进审计信息化建设，保证了审计工作不断适应新要求、实现新发展。

五是必须坚持全国审计工作“一盘棋”，努力形成审计监督的整体合力。五年来，我们注重加强对全国审计工作的思路引导、业务领导和工作指导，统一组织地方政府性债务、社会保障资金、汶川地震救灾重建等重大事项审计，加强对下级审计机关领导班子建设的协管和指导，全国审计工作的整体性和战斗力得到增强。

六是必须坚持抓好审计队伍建设，着力提高审计干部的综合素质。五年来，我们大力弘扬“责任、忠诚、清廉、依法、独立、奉献”的审计人员核心价值观，坚持依法审计、文明审计，严格执行“八不准”审计纪律，落实“实、高、新、严、细”的作风要求，不断深化干部人事制度改革，加大培训和交流力度，培养了一支政治坚定、业务精通、作风优良、严守纪律的审计队伍。

回顾过去的工作，我们也深刻认识到审计工作发展仍面临一些困难和问题，主要是科学审计理念还没有完全落实到位，审计队伍素质还不完全适应形势发展的需要，个别审计机关和少数审计人员还存在纪律不严、能力不强、精神不振等问题，全国审计工作发展还不平衡，审计规范化建设、信息化建设和理论研究等工作还要进一步加强，审计管理和组织方式还有待进一步改进。对此，我们要认真研究，切实加以解决。

二、明年审计工作的总体要求和重点任务

当前，我国处于经济社会发展的关键期和深化改革的攻坚期，面临难得的历史机遇，也有诸多风险和挑战。党的十八大为党和国家事业发展指明了前进方向，中央经济工作会议对明年经济工作做出了部署，国务院刚刚召开的全国审计工作电视电话会议全面安排了新时期的审计工作。我们一定要贯彻落实好，进一步增强责任感和使命感，砥砺奋进，忠实履职，不辜负党和国家的重托、人民群众的厚望。明年审计工作的总体要求是：以邓小平理论、“三个代表”重要思想和科学发展观为指导，深入学习贯彻党的十八大精神，按照中央经济工作会议和国务院的部署，紧扣主题主线，围绕提高经济增长的质量和效益这个中心，全面履行审计监督职责，着力推进改革、促进发展、维护民生、揭示风险、查处案件、强化问责，推动中央政策措施的贯彻落实和国家治理的完善，为经济持续健康发展和社会和谐稳定做出更大贡献。

关于审计署明年的审计项目计划和对地方审计工作的指导意见，请大家深入讨论研究，提出修改意见。各地要按照审计署的部署和地方党委、政府的要求，结合实际，合理安排好各项任务。总的来讲，要始终坚持“两手抓、两手硬”，切实增强审计工作的整体性、宏观性和时效性，更加注重反映总体情况，揭示深层次问题，分析根本原因，从体制、机制层面提出建议，为深化改革、制定政策、实施决策、强化管理、完善制度提供及时准确的信息和依据，更好地适应我国发展战略机遇期条件和内涵的根本变化，在更高层面发挥审计监督的作用。明年，我们要着力抓好以下十个方面的工作：

（一）加大对中央重大经济政策和宏观调控措施贯彻落实相关情况的跟踪审计力度，促进政令畅通。按照明年经济工作稳中求进的总基调，中央决定实施积极的财政政策和稳健的货币政策，明确了“三农”、结构调整、城镇化、民生保障、经济体制改革等重大任务。审计机关要把促进相关政策措施的贯彻落实作为重中之重，分析经济社会发展走势，研究政策背景，把握政策意图，及时发现和纠正上有政策、下有对策，有令不行、有禁不止等行为，深入揭示政策措施不衔接、不配套，不适应、不利于甚至阻碍经济社会科学发展等问题，促进政策措施的落实和完善。

（二）加大对重大违法违规、经济犯罪和腐败问题的查处力度，推进廉政建设和反腐败斗争。

打击犯罪、惩治腐败，是国家审计的重要职责。我们要深入研究违法违规问题的发展态势，不断提高审计的揭露和突破能力。对被审计单位存在的重大问题，一定要查深查透，如实报告，依法处理。如果在我们法定的职责权限范围内没有查出来，查出来了没有如实报告，报告了没有依法处理，不仅是工作上的失职，在客观上还可能成为不法行为的“护身符”，甚至产生包庇和纵容犯罪的后果，隐藏了很大的风险。对此，我们要有清醒的认识，坚持原则，无私无畏，对犯罪分子绝不手软，坚决查处。

（三）加大对权力运行的监督和制约力度，促进责任追究和问责机制的健全完善。审计工作要敢于担当，善于作为。要按照党的十八大和两办《规定》要求，稳步推进领导干部经济责任审计，并将各地区各部门落实中央八项规定相关要求的情况作为经济责任审计的重要内容。在其他各项审计中，都要关注权力行使与责任落实，促进健全有权必有责、用权受监督、失职要问责、违法要追究的监督机制，推动完善有利于科学发展的干部考核办法和奖惩机制。

（四）加大对经济社会运行中的突出矛盾和潜在风险的揭示力度，维护国家经济社会安全。要切实增强敏感性和预见性，高度关注当前发展面临的经济增速放缓与产能相对过剩矛盾加剧、经济发展需求与资源环境约束问题突出、财政金融领域潜在风险增加等情况，深入揭示问题背后的原因，积极提出解决矛盾和化解风险的建议。要根据审计掌握的情况，密切关注工业化、信息化、城镇化和农业现代化发展趋势，关注可能出现的“两高一资”反弹、地方政府性债务等风险隐患，及时反映苗头性、倾向性问题，防范系统性和区域性金融风险，避免经济问题引发社会问题。

（五）加大对资源节约和环境保护情况的审计力度，促进生态文明建设。我们要以对历史和子孙后代高度负责的态度，加大资源环境审计力度。要放眼全局、着眼长远，加强对主体功能区规划实施、节能减排政策执行等情况的审计，促进生产力布局与资源环境承载能力相适应，形成节约资源和保护环境的空间格局。要统筹兼顾、标本兼治，加强对资源管理利用及重点区域环境治理情况的审计，切实维护资源环境安全，积极推进资源有偿使用和生态补偿制度的建立完善，促进生态文明制度建设。

（六）加大对重点民生资金和民生项目的审计力度，维护人民群众的根本利益。要结合社会建设及相关领域改革，有重点地加强对“三农”、社会保障、教育、医疗和保障性安居工程等民生项目的审计，着力监督检查民生相关政策落实情况，特别是低收入群众基本生活保障情况，揭露和查处严重损害群众利益的问题，揭示和反映政策落实不到位、目标未实现及资金分配不合理、管理不严格、制度不完善等问题，推动实现社会公平正义。

（七）加大绩效审计力度，促进效益、速度和质量的统一，推动经济发展方式转变。我们要把绩效理念贯穿于审计工作始终，揭露和查处违背国家产业政策和结构调整方针、严重铺张浪费、财政资金损失、国有资产流失、重大资源毁损及效益低下等问题，促进勤俭节约，把钱用在刀刃上。在监督和评价政策实施、资金使用、资源利用、行政运行、企业经营等方面绩效时，不仅要看经济效益、社会效益，而且要深入分析环境和生态效益，促进实现有速度、高质量、高效益、可持续发展。

（八）加大对有法不依、执法不严问题的揭示力度，促进依法行政和民主法治建设。我们要着力监督检查法律法规的执行情况，揭露和查处经济运行中徇私枉法、以权压法、以言代法等问题，推动提高运用法律思维和法治方式处理问题的能力，促进法律法规的严格执行，切实维护法律尊严。要积极提出加强法制建设的建议，推动行之有效的制度措施上升为法律法规，促进有法可依、有法必依、执法必严、违法必究，推进依法治国、依法行政。

（九）加大对审计信息和整改情况的依法公开力度，促进公开透明和权力在阳光下运行。要坚持把查处问题、推动整改和促进公开相结合，逐步完善审计结果公告和审计信息发布制度，为社会公众了解政府部门履行职责情况、参与国家治理提供信息和渠道。对审计查出的问题要分清责任，落实整改主体，提出整改期限，公告整改结果，推动建立健全整改报告制度、督察制度和责任追究制度。

（十）加大从体制、机制、制度层面揭示问题、分析原因和提出建议的力度，促进健全制度和深化改革。要围绕增强改革的系统性、整体性和协同性的要求，切实加大审计监督的深度和分析研究的力度，着力反映制约结构调整和发展方式转变的深层次矛盾，反映影响科学发展的体制障碍、机制扭曲、制度缺陷和管理漏洞，积极提出建议，推进重点领域和关键环节改革的不断深化。

三、切实加强审计机关自身建设

加强审计机关自身建设，就是要以中国特色社会主义理论为指导，认真贯彻落实党的十八大精神和中央关于改进工作作风、密切联系群众的“八项规定”，统一思想，提升能力，改进作风，创新实践，推动审计工作在新时期实现新发展。

（一）深入学习贯彻党的十八大精神，切实用于指导和推动审计实践。各级审计机关要把学习贯彻党的十八大精神作为首要政治任务。一要领会精神实质。要深入学习把握习近平总书记讲的五个“深刻领会”，在深刻理解中国特色社会主义制度深刻内涵的基础上，加深对中国特色社会主义审计制度的产生背景以及政治基础、经济基础、理论基础、法律基础和文化基础的理解，不断深化对审计本质和规律的认识，强化对科学审计理念的把握和践行。二要解决实际问题。认真开展中国特色社会主义理论学习活动，以保持先进性和纯洁性为主线，以建立创先争优长效机制、推动党员发挥先锋模范作用为抓手，以整顿作风、对照检查和整改提高为重点，以恢复和发扬党的优良传统为目标，切实解决审计机关党员干部在精神状态、理想信念、能力素质、工作作风等方面存在的突出问题。三要推动工作发展。系统研究梳理中国共产党审计工作史，进一步总结和提炼中国特色社会主义审计理论、审计制度、审计精神，使审计工作更好地遵循规律、科学发展。

（二）进一步创新方式方法，不断提升审计工作效能。要适应新形势、新任务，努力实现审计管理系统化、审计方式现代化、审计资源集约化。一要改进审计管理。加强审计计划、组织实施和成果利用的统筹协调，强化立项调研、方案制定、现场实施、复核审理、定性处理、审计报告、结果公告等环节控制，做到计划更加科学、实施更加规范、成果更加有效。二要创新审计方式。在积极实践的基础上，强化总结、提升和形成制度等方面工作，推进和完善多专业融合、多视角分析、多方式结合的审计组织方式，细化和规范跟踪审计，加强和深化联网审计、信息系统审计，搞好审计数据资源的开发运用。三要统筹全国审计资源。上级审计机关要进一步加强思路引导和战略谋划，加大调查研究、计划协调、资源共享、经验交流和业务指导工作力度；下级审计机关要进一步增强全局意识，加强工作汇报、成果上报和经验总结。通过审计资源的优化配置，努力做到上下统筹、整体推进。

（三）坚决贯彻落实“八项规定”，着力打造党和人民放心满意的审计队伍。要以品德为核心、作风为基础、能力为重点、业绩为导向，切实加强审计队伍建设，让党和人民放心满意。从当前实际看，要着力抓好以下几点：一要用铁的纪律，打造审计铁军。“打铁还需自身硬”。审计机关要监督别人，要在维护法律尊严、推进依法行政中发挥作用，必须严格执行宪法、审计法等法律法规，严格遵守审计工作“八不准”纪律、保密纪律和各项廉政纪律，严格依法履行审计职责。绝不能因为党和人民信任我们，就骄傲自满、放松自我，要对党、对国家、对人民、对历史、对法律高度负责，无限忠诚，时刻自律自省自警，自觉接受各方面监督。二要锤炼作风，振奋精神。积极践行审计人员核心价值观，大力弘扬审计精神，做到崇法求真、尚廉求进、善于谏言、无私无畏、尽责担当、严谨细致、勇于创新。要对照中央“八项规定”的要求，深入查找不足，制定具体措施，严治“庸懒散”，力戒“骄娇暮”，提振精气神。三要多措并举，提升能力。要把学习作为提升能力的重要基础，树立终身学习理念，培养战略思维、辩证思维和创新思维，做到讲全局、谋全局、懂全局。要把培训作为提升能力的重要手段，建立完善分层分类培训体系，积极运用网络、案例教学和模拟实验等方式，切实提高培训效率和效果。要把实践作为提升能力的重要途径，坚持多岗位锻炼干部，培育更多的“四手”人才、领军人才和骨干人才，形成优势互补、梯次合理的人才队伍。要把完善机制作为提升能力的重要保障，进一步深化干部人事制度改革，让优秀人才脱颖而出。

审计机关的领导干部要以身作则，率先垂范，带头做讲真话、干实事、敢作为、勇担当的表率，带头做坚持民主集中制、深入实际、深入基层、深入群众的表率，带头做贯彻执行党的方针政策和“八项规定”的表率，带头做遵纪守法、清正廉洁的表率，带头做学习实践、锐意进取的表率。我们再次重申，在党风廉政建设、求真务实、勤奋敬业上，全国审计机关向署党组看齐，全体审计干部向审计长看齐，请同志们加强监督。希望各级审计机关的领导班子和领导干部也要做出同样的承诺，并切实践行。

同志们，新起点开启新征程，新目标赋予新使命。让我们高举中国特色社会主义伟大旗帜，紧密团结在以习近平同志为总书记的党中央周围，以更加昂扬的斗志、更加饱满的精神、更加务实的作风、更加有力的举措，与时俱进，奋发有为，不断开创审计事业新局面，为全面建成小康社会做出新贡献！

加快审计信息化建设步伐
全面提升审计能力和技术水平

——在全国审计工作座谈会上的讲话

（2012 年 7 月 10 日）

刘 家 义

同志们：

这次全国审计工作座谈会的主要任务是，回顾总结近十年来审计信息化建设走过的历程、取得的成效和经验，研究贯彻刚刚闭幕的全国科技创新大会精神，部署当前和今后一个时期审计信息化建设的任务和各项工作，为全面提升审计能力和技术水平，推进国家创新体系建设，更加有效地发挥国家审计在推动完善国家治理中的作用奠定坚实基础。

党中央、国务院历来高度重视信息化建设。党的十七大指出，要“大力推进信息化与工业化融合”，“推行电子政务，强化社会管理和公共服务”。国家信息化领导小组关于我国电子政务建设指导意见提出，要启动和加快建设“金审工程”。“十二五”国家政务信息化工程建设规划要求，继续加快“金审”等重要信息系统建设。所有这些，都为我们指明了审计信息化建设的重点和方向，也坚定了我们深入推进审计信息化建设的决心和信心。

按照中央的要求和部署，我们制定并组织实施了“金审工程”建设发展总体规划，经过 10 多年的信息化建设和应用实践，“金审工程”一、二期顺利实施，三期工程正在规划构建过程中，审计信息化框架基本确立；计算机审计技术广泛运用，信息系统审计初步摸索了路子，促进了传统审计方式向现代审计方式的转变，审计监督的效能实现大幅提升、层次实现质的飞跃；制度标准规范体系初步建立，对促进部门间信息资源的共建共享、协同作业、形成合力起到了积极作用；审计信息化队伍持续壮大，计算机审计骨干人才不断成长，计算机审计和信息化管理人才体系初步形成。信息化建设的成效有目共睹，审计信息化的作用功不可没，这得益于各级党委、政府对审计信息化建设的高度重视和大力支持；得益于我们牢固树立科学审计理念，紧跟时代潮流，主动加压，乘势而上，牢牢把握了信息化发展的主动权；得益于我们能够冲破思想樊篱，用思路创新、方法创新、技术创新驱动信息化的发展创新；更得益于全体审计人员特别是审计信息化建设战线的同志们矢志不渝、艰苦创业、团结拼搏、无私奉献。在这里，我代表署党组对多年来坚持奋战在审计信息化建设一线的同志们致以诚挚的慰问！表示衷心的感谢！

关于审计信息化建设的具体问题、经验总结和下一步思考，昨天石爱中同志讲了很好的意见，我都赞同。有13个单位做了经验交流，各有特色，大家听了都感觉很振奋。会议期间，大家还就推进审计信息化建设指导意见的讨论稿进行了深入讨论。大家对指导意见的具体内容也提出很多好的修改意见和建议，我们将认真研究，进一步修改完善。总的看，这次会议开得很及时、很必要、也很成功，对于推动今后一个时期的审计信息化建设和发展必将产生重大而深远的影响。下面，结合会议讨论情况，我讲三点意见。

一、深刻认识加快审计信息化建设的重要性和紧迫性，努力适应形势发展的需要

胡锦涛总书记指出，当今世界，科技创新更加广泛地影响着经济社会发展和人民生活，实现中华民族伟大复兴，必须从国家发展全局的高度，集中力量推进科技创新，加快创新型国家建设。这就要求审计工作适应科技创新和外部环境的深刻变革，创新审计方式，提升审计能力和技术水平，满足信息化条件下实施审计监督的需要。从这些年情况看，凡是审计工作搞得好的地方，审计信息建设发展很好，对审计信息化重要性的认识也比较到位；凡是审计信息化建设搞得好的地方，审计工作成效也比较明显；反之，凡是认识不到审计信息化建设重要性的地方，审计信息化建设搞得比较差，就进而影响到整个审计工作水平的提高。因此，我们必须充分认识审计信息化建设的重要性和紧迫性。

（一）要审时度势，清醒看到加快审计信息化建设是适应信息科技高速发展的必然选择，不发展信息化就要被时代所抛弃。信息是世界运动、发展和变化状态及规律的客观反映，是一种重要的资源，在不同时代有着不同内涵。从冷兵器时代的“烽火狼烟”到1989年全球计算机网络互联的实现，从古人通过“鸿雁传书”传情达意到今天手机短信、微博、各种网络论坛和聊天工具大行其道，信息存储、传播的介质载体和表现、表达的方式都发生了翻天覆地的变化。作为认识世界和改变世界的重要工具，信息对每个人都产生了重要的影响。特别是在当今信息爆炸的时代，信息资讯已经成为重要的生产要素、无形的资产和宝贵的社会财富，信息技术正以空前的影响力、传播力和渗透力，不可阻挡地改变着社会的经济结构、生产方式和每个人的生活方式。加快信息化发展，已经成为世界各国的共识。面临这样的环境，一方面国家制定实施了一系列信息化发展战略和发展规划，超高速宽带网络、新一代移动通信技术、云计算、物联网、计算机仿真等新技术、新产业、新应用不断涌现，全面提升了国民经济信息化水平，国家电子政务得到快速发展，审计信息化建设也必须努力适应、快速跟进；另一方面被审计单位不断采用新技术，信息系统日趋复杂，数据量急剧增长，要求管理者和被管理者、审计机关和被审计对象所使用的工具手段必须处于同一个量级，才能相互适应，形成有效的监督制约关系。在这样一种背景下，没有审计监督的信息化，没有审计管理的数字化，无异于新形势下的“刀耕火种”；如果无法在信息化的潮流中趁势而上，就可能被时代的浪潮所淘汰。我们必须牢牢把握住信息化的先机，努力抢占审计发展的突破点和制高点。

（二）要牢记职责，深刻理解加快审计信息化建设是推动完善国家治理的内在要求，不发展信息化就难以肩负起法律赋予的光荣使命。深入贯彻落实科学发展观，牢固树立科学的审计理念，充分发挥审计“免疫系统”功能，当好公共财政的“卫士”，推动完善国家治理，是审计事业科学发展的方向，也是审计机关的职责所在。审计信息化是推动完善国家治理的手段之一。实现国家良好治理，需要决策系统、执行系统和监督控制系统的良性互动，保障国家经济社会健康运行。而在信息化背景下，国家审计依托现代信息技术和方式，可以通过对执行系统相关信息的有效获取，各类信息的综合分析，对重大问题、管理漏洞、突出矛盾及潜在风险的揭示和评估，实现审计信息向执行系统的快速反馈和整改跟踪，向决策系统及时提出完善体制制度机制的建议，推进国家治理的完善。在这一过程中，没有信息化，我们的能力、效率以及工作的层次和水平就要大打折扣。推进审计信息化也是贯彻落实主题主线要求的体现。随着国家治理实施以科学发展为主题、以加快转变发展方式为主线的战略重点转移，国家审计也要积极谋求科学发展，实现审计方式转变，突破人力资源、财力资源、物力资源和时间资源的“瓶颈”，破解思想认识、理念观念、思维方式以及审计组织模式和管理机制等要素制约，必须实现转型发展，依托现代信息技术和方式，实现审计思想革新化、审计资源集约化、审计业务信息化、审计管理数字化、审计方式现代化，从而更好地发挥国家审计的职能作用。

（三）要居安思危，充分认识加快审计信息化建设是提升审计监督能力的重要途径，不发展信息化审计事业就没有出路。这些年，各级党委、政府对审计工作给予了有力领导和支持，全社会对审计工作寄予厚望，希望审计监督在惩处腐败、推动改革、确保政令畅通和维护社会公平正义等方面发挥更大作用。与这些新要求、新期待相比，审计事业发展面临严峻挑战，既有审计工作任务繁重和审计人员不足的矛盾，又有各单位单兵作战、各自为战难以适应现代审计组织方式的矛盾；既有信息技术快速发展与复合型人才结构短缺的矛盾，又有现有技术水平难以满足海量数据处理需求的矛盾。应对这些挑战，出路只能是加快审计信息化建设，靠人才兴审、科技强审，通过信息化、数字化，提高审计监督能力、过程控制能力、决策支撑能力和机关事务管理能力。在去年对地方政府性债务的审计中，我们能在短短的三四个月内完成对全国地方政府所有涉及债务的8.6万个相关部门单位、37万多个项目、187万多笔债务的清查，靠的就是科技，就是信息化。可以说，在审计信息化建设发展的历程中，我们已经深深感受到信息技术对审计工作发展产生的强大推动力量，深刻体会到审计信息化建设是提升审计效能、改进审计手段、推动审计方式转变的必由之路、必经之途、必奠之基，如果稍有停滞，不但会影响到国家审计在国家治理中作用的发挥，更会影响到审计事业科学发展的进程。不管是从日益繁重的审计任务对工作形成“倒逼”的角度，还是从积极适应时代发展潮流、主动转变审计发展方式的角度来看，加快审计信息化建设都是一项需要我们长期坚持的重要举措。但从总体看，当前审计信息化水平与现实需要还有很大差距，有思想认识不够深入、不够统一、不够到位的问题，有不同层级、不同地区、不同领域发展不平衡的问题，有重开发轻应用、重硬件轻软件、墙内开花墙外香的“灯下黑”的问题。审计信息化建设依然任重道远，正处于十字路口和爬坡阶段，不进则退，不能沾沾自喜，我们一定要在思想上深刻认识、行动上高度自觉，坚决克服在信息化建设过程中轻言放弃的畏难情绪、一曝十寒的懈怠情绪、小进即满的自大情绪、不以为然的无所谓情绪、不思进取的“等、靠、要”情绪，要以强烈的使命感，以勇于担当的责任意识、时不我待的紧迫意识、“学如不及，犹恐失之”的忧患意识，加快推进审计信息化建设和发展，为审计事业的科学发展奠定坚实基础。

二、围绕审计能力提升和方式转变，扎实有效推进审计信息化建设

适应审计机关履行使命的需要，以提高审计监督能力和实现审计方式转变为核心的审计信息化建设，将成为今后一个时期审计机关一项重要的基础性、战略性工作。我们要坚持以中国特色社会主义理论为指导，认真落实建设中国特色国家创新体系的要求，牢固树立科学审计理念，以“金审工程”建设为依托，进一步推进审计信息化建设，不断提高审计工作质量、水平和效能，为全面履行审计监督职责、充分发挥审计“免疫系统”功能、推动审计事业科学发展提供有力的技术保障和能力支撑。重点是建设、完善和提升“一个中心、五大体系、五大系统”，即数字化审计指挥中心，国家电子审计体系、计算机审计方法体系、信息化标准规范体系、国家审计信息资源体系、信息安全保密体系，审计实施系统、审计管理系统、联网审计系统、移动办公系统、模拟审计系统，逐步形成涵盖决策指挥、现场实施、业务管理、质量过程控制、机关事务管理等各环节的审计信息化、数字化格局，推动审计能力和技术水平提升。

（一）要着眼协调发展，推进全国审计信息化建设同步提高。解决好不同层级、不同地区、不同领域发展的不平衡，是推进审计信息化建设首先要考虑的问题。尤其是当前“金审工程”三期建设在即，工程立项申报需要审计署和各省级审计机关配合协调行动。我们一定要抢抓机遇、积极行动，确保“金审工程”建设规划的统一实施，更好地发挥工程建设的总体效应。对“金审工程”三期的规划，各单位“一把手”要亲自抓，爱中副审计长要搞好督促落实。一要总体规划，整体推进。围绕创新型国家建设、“十二五”国家政务信息化规划和“十二五”审计工作发展规划的要求，切实做好审计信息化建设的顶层设计和总体规划，站在全局的角度统筹兼顾、稳步推进，形成一个相对协调均衡发展的体系，从整体上提高我国审计信息化建设发展水平。要进一步完善审计信息化建设的标准体系，及时总结推广各地的先进经验，着力解决突出问题，促进资源共享、优势互补。各级审计机关要认真研究部署进一步推进审计信息化建设的具体任务和措施，保证各项工作协调均衡、有条不紊地开展。二要正视差距，尽力而为。在信息化技术快速发展的今天，前进的步子慢了就等同于停滞，发展的速度慢了就等同于后退。各级审计机关既要总结经验，又要正视差距，切实增强紧迫感和危机感，更加重视审计信息化建设，多争取支持、多给予投入，抓紧补课，迎头赶上。有些县虽然经济不发达，但审计信息化建设搞得很多，关键在于重视程度，在于领导认识到位程度。三要立足实际，突出特色。从这次座谈会中各地报送材料和经验交流的情况看，不少地方立足工作实际，积极创新审计信息化建设的方式和路子，有些地方工作很有特色、步伐很大、成效很好，这是非常值得自豪和欣慰的。如，山东省通过强化基础建设、技术应用、长效机制构建、人才队伍支撑等“四项措施”，积极推进审计方式升级转型；云南省实施以提高素质为核心的“云南审计发展工程”，走出了一条统筹协调、整体推进的信息化发展路子；浙江省通过建设“一套平台”“两类资源”“三大机制”，着力构建数字化审计模式；黑龙江省依托社会保障联网审计系统，积极探索三级联动审计模式和工作机制，实现了对全省养老保险基金审计全覆盖；江苏省创新组织实施，积极探索以检查信息系统合法性、合规性为基础，以审核系统有效性、经济性、安全性为重点的信息系统审计；湖北省应用审计指挥管理体系，依托交换中心平台、远程在线审计平台、网络平台、管理系统平台，推动传统审计向现代审计转型；青岛市积极创建多行业统一平台联网审计，实现了平台上各行业之间、行业与外部之间以及上下级审计机关之间的数据关联；广州办积极推进“五个一”工程，着力搭建“四个中心”，努力实现信息化建设与审计业务的紧密结合，更重要的是对审计管理模式和组织模式的一种革新探索，希望坚持不懈地抓下去，署里人教司、法规司、办公厅及相关司局要给予大力支持；金融审计司研发了金融审计数据分析平台，形成了一套行之有效的商业银行计算机审计方法体系；农林水利审计局加快联网审计步伐，与水利部共同构建“水利审计免疫系统”；审计署地方政府性债务和社会保障审计办公室积极推进计算机审计技术与管理需求、业务需求的有机结合，极大地提高了全国审计机关人力资源和数据资源的整合力度，为统一大项目审计积累了宝贵经验。在下一步工作中，各地要在审计署统一规划和组织下，在已有成绩的基础上，紧密结合工作实际，进一步加强研究探索，充分发挥自身优势和主观能动性，找准突破口和主攻方向，走出一条讲求实效、富有特色的审计信息化建设路子。

（二）要把握目标方向，推进信息化成果的转化和审计能力的提升。推进审计信息化建设，不在于购买了多少机器、建设了哪些系统、开发了什么软件，根本的是要紧紧围绕审计业务和审计管理实践，将信息化建设成果转化为实实在在的审计能力。一要促进审计业务能力提升。在信息化环境下，进一步提高现场审计工作的信息化和数字化水平，是强化审计业务能力的关键所在。要在预算执行、海关、税收、财政、银行、企业、投资、社会保障等重要行业进一步深入推进联网审计，积极探索开展中央、省、市、县上下互通的联网审计，努力构建一个实时监控、动态监测的在线审计系统。要逐步推广“集中分析、发现疑点、分散核查、系统研究”的审计模式，获取的数据要运用起来，加强深度分析，尝试跨部门、跨行业的数据关联分析、预警分析和预测分析，提高审计实战能力和审计建议水平。既要审计数据，又要审计信息系统，以安全性、可靠性和经济性为重点，进一步深化信息系统审计，研究建立信息技术项目绩效评价体系，逐步探索开展对电子政务项目和企事业单位信息系统的绩效审计。二要促进审计管理能力提升。近年来，随着审计工作的发展，特别是在上下级审计机关业务协同和大型审计项目趋多的情况下，对审计管理的信息化和数字化提出了更高的要求。要积极探索建立数字化审计指挥中心，充分利用新一代网络通信技术、信息展现和安全防护等先进技术，加快建成覆盖全国各级审计机关的电子审计指挥系统，进一步提高业务管理和领导决策支持能力。要积极推进审计项目管理系统建设，完善优化项目执行管理、统一组织项目管理等软件，不断提高对审计项目的组织实施、业务指导和过程控制能力，确保审计质量。三要促进机关管理能力提升。审计机关提高内部管理工作信息化水平是国家电子政务体系建设的需要，也是提高工作效率和管理效能的内在需要。要进一步升级审计管理系统（OA），不断完善公文处理、人力资源管理、计划统计、党群工作和廉政建设等管理功能，努力打造一个基于计算机网络和信息技术的机关内部管理平台。同时，要大力拓展审计管理系统的“1拖N”功能，进一步满足市、县审计机关的部署需求。

（三）要推进广泛应用，实现审计工作方式的根本转变。信息化是解决“靠什么审计”这个关键问题的重要手段，审计信息化建设必须紧密结合审计实践，扎扎实实地用起来，在实际工作中发挥效益。一要在“全”上下功夫，全系统参与、全领域覆盖、全过程贯穿。进一步提高应用意识，结合工作实际，全面提高各项工作的信息化和数字化水平，做到不留空白、不留死角。在现场审计中，要使现场审计实施系统（AO）成为每名审计人员的必备工具，全面构建数字化作业平台，并积极开展小型应用软件、小模块的开发应用，推动现场审计向“技术智能型”转变。在审计管理中，要逐步实现审计计划编制、资源配置、组织管理、质量控制、成果利用、档案归集等全过程的数字化，使审计管理方式向“集中型”转变，努力提高审计管理效能。在日常管理中，要以OA系统为依托，在推进办公无纸化的基础上，全面提高计划管理、财务和资产管理、人事管理、党务、后勤服务等工作的数字化水平，进一步推动科学管理和绩效管理。二要在“实”上下功夫，立足实际、落到实处、务求实效。紧密联系工作实际开展审计信息化应用，切忌脱离实际、好高骛远，更不要为了信息化而信息化，搞“花架子”、做表面文章。要落实有关工作部署和要求，将审计信息化技术切实应用到各项工作中，计算机技术业务部门和单位要切实担负起责任，做好相关的组织、推广、管理和检查等工作，积极构建和完善审计信息化应用工作机制和保障机制。三要在“新”上下功夫，应用新技术、探索新方法、走出新路子。要进一步升级AO系统，积极完善和拓展系统功能，帮助一线审计人员拓宽审计领域，提高利用信息化技术查核问题、综合分析、评价判断的能力。要进一步完善审计评价核心指标体系，积极运用审计信息化技术实现对数据的智能管理和深度分析，增强判断评价宏观经济、感知经济安全风险等方面能力。要加快建设涵盖各项审计业务的国家模拟审计实验室，建立对财政、金融、企业、社会保险等重要行业运行情况的审计评价模型，应用计算机模拟、多维分析和数据挖掘等技术，对审计外部环境、审计工作运行、被审计单位信息系统等进行模拟。要勇于占领信息技术高地，积极探索“云计算”、数据挖掘、模拟仿真、智能分析、地理信息系统（GIS）等新技术的应用和推广，努力做到敢于和善于运用新技术去拓展审计工作空间，实现审计工作目标。

（四）要推动信息共享，搞好审计数据资源的开发利用。审计工作信息化和数字化发展要有完整、有效的审计数据资源做支撑，否则我们将无从下手，无处着力，甚至陷入“无账可查”“无数据可审”的境地。实现信息资源共享，关键是解决信息系统重复建设却又各不兼容、信息系统林立却又互相分割形成的“信息孤岛”问题。对国家层面信息系统建设如此，审计信息化建设也如此。我们这些年审计信息化建设的经验充分表明，只有坚持一个平台、一个系统、一个标准，才能真正实现信息的共通共享。如果各级审计机关之间、审计机关各部门之间甚至处（科）室之间的数据不能充分共享，不能互通互用，说到底这是一种现代化的小生产意识，会成为审计信息化建设和审计工作发展的障碍。当前，要积极推进审计机关与其他部门、单位之间以及审计系统内部的信息资源共享，确保获取数据的完整、及时和有效。一要推动完善国家审计信息资源体系。以国家审计数据中心为核心，以省级分中心为重点，进一步推进财政、金融、企业、资源环境、境外、经济责任等专业审计数据库建设。进一步完善和推广审计数据接口标准、专业审计数据规划和审计数据库建设规范，促进审计数据获取、管理、运用等工作的标准化。探索构建审计法规、审计技术方法、审计评价信息、审计人才、审计案例等信息资源库，不断拓展和丰富国家审计信息资源体系的内容。进一步推进国家审计交换中心建设，加快建立审计信息智能化检索和资源交换系统，促进审计机关之间的业务协同和资源共享。二要建立完善数据采集和积累机制。在审计管辖范围内和审计项目开展过程中，要主动与当地政府、有关部门和单位开展沟通交流，积极推行有关数据标准和技术接口，着力解决审计工作“取数据难”“联网难”等困难，积极推动政府部门间信息资源共享，破解信息“孤岛”问题，实现审计数据采集和积累工作常态化、制度化、规范化。三要积极推进国家审计信息资源的充分有效利用。积极构建资源共享、交互畅通、安全易用机制，推动各级审计数据中心与审计机关、现场审计之间的信息交互和资源应用，为审计工作提供充分有效的数据支持。积极拓展审计数据中心的功能，逐步实现数据采集、存储、分析、反馈等功能一体化，进一步提高审计数据分析能力。在现场审计中要切实转变思路、拓宽视野，充分利用审计数据中心资源，及时补充完善有关审计数据，实现审计业务工作与国家审计资源体系建设之间的良性互动。

三、进一步强化工作措施，为审计信息化建设提供切实保障

审计信息化建设关系到审计事业发展全局，它不仅仅是个技术方法问题，更重要的是涉及思想观念转变、管理体制创新、队伍结构调整等各个方面，必须统筹谋划、协调推进，从全局和战略的高度出发，采取更加积极有力的措施，不断推进审计信息化建设各项任务的深入落实。

（一）进一步提高对审计信息化建设的科学认识和谋划。在较高的工作起点上提升审计信息化建设水平，需要我们站在宏观、全局和战略的高度，提高认识，统筹兼顾，用新的理念指导审计信息化建设向更高层次推进。谋划审计信息化建设，重点是处理好“十大关系”：一是长期性与阶段性的关系。审计信息化建设要以党的十七大精神、全国科技创新大会精神、“十二五”国家政务信息化工程建设规划为指导，与经济社会发展、民主法治建设、反腐倡廉建设、国家治理要求相衔接，既着眼长远发展，又要立足当前实际，扎实走好每一步，不懈怠、不动摇、不折腾，始终如一地抓下去。二是统一规划与分类实施的关系。审计信息化建设是一个庞大的系统工程，需要大量的人力、财力和物力，而各地的实际情况不同，资源条件也各异。因此，推进审计信息化建设中，要在统一规划、统一组织、统一标准的前提下，充分考虑各地的现实条件和实际需求，进行统筹考虑、分类实施。三是安全性与方便性的关系。信息化建设重在利用，根本在于安全。如果无法达到安全保密要求，宁可多花一些力气，也不能为了方便利用而不顾保密要求。同时，要通过加强管理，实现安全与利用的相互统一，特别是通过技术更新，对信息使用范围、使用者行为进行管理和控制，保障既充分利用，又安全保密。四是适用性与创新性的关系。信息化建设中，创新是手段、适用是目的，要把创新与适用统一起来，围绕适用来创新，用推动实践的成果来检验创新的效果。五是规范性与灵活性的关系。审计信息化建设离不开标准规范体系建设，数据标准、方法标准、软件技术规范和工程管理规范都必须不断完善并深入落实，但我们不能因此而思维僵化、故步自封，要与审计工作实践相结合，与信息化发展环境相适应、与各相关行业信息进步相适应，不断审视自我、调整自我、完善自我。六是集中统一与纵横交互的关系。信息化条件下的审计工作，数据信息的采集、归集、利用越来越重要，我们要胸怀大局，既要对上级负责，服从数字化指挥中心的指令，积极为审计数据中心积累数据，又要畅通审计组之间、审计项目之间信息交流渠道，促进审计机关内部信息共享。七是行业性与全面性的关系。当前，一些地方和单位在某个方面或某些方面有创新和特色，但这并不是目标。

我们的出发点是通过各地创造的特色和经验，为其他地方提供参考和借鉴，达到事半功倍的效果。要拓宽视野，在突出特色的同时，更加注重审计信息化的协调性和全面性，推动审计信息化建设在更宽领域、更深层次的“立体化”发展。八是团队与个人的关系。搞审计信息化建设，离不开高层次计算机人才，特别是在系统集成和软件开发上，要发挥好信息化领军人才的作用，源源不断地推动原始创新、集成创新，同时要把创新成果转化为全体审计人员的审计能力，大面积搞好成果利用，发挥好整个审计团队的作用。九是行政管理与项目管理的关系。随着审计信息化建设的不断发展，审计项目组织方式发生了深刻变化，与行政管理模式不适应、不配套的问题越来越显现。要深入研究改革的措施和改进的办法，使之相互促进而不是相互掣肘，相互完善而不是相互妥协，切实发挥审计信息化的应有效率。十是内部与外部的关系。审计信息化建设不是孤立的，必须内外协调互动，才能收到更好效果，对内要提高科技水平，消除技术屏障；对外要做好宣传解释工作，增强被审计单位自觉性。

（二）强化对审计信息化建设的组织领导。审计信息化建设能不能取得更大更快的发展进步，关键在于领导。各级审计机关的领导干部特别是“一把手”，无论是审计长、司长、厅局长、处长、科长，都要成为审计信息化建设的组织者、推动者、参与者，决不能置身事外、原则要求、甩手指挥。首先，要高度重视。牢固树立科学审计理念，切实增强责任感和使命感，打破思维惯性，转变思想观念，切实破除为难情绪和厌战思想，消除“恐高症”和神秘感，对信息化建设始终充满信心，充满激情，把这一利在当前、功在长远的基础性工作和战略工程抓好抓实。加强信息化建设是创先争优的具体活动，审计署在“立足本职建功立业、争当‘四手’奋发有为”活动中表彰的“四手”之一，就是计算机运用的高手。第二，要深入研究。抓信息化建设必须熟悉信息化、研究信息，不懂信息化就避免不了盲目指挥，就难以承担起审计机关领导干部的职责。作为审计机关“一把手”，不抓审计信息化建设就是失职，不会抓就是不称职。要带头学习信息化知识，认真总结和学习借鉴审计信息化建设经验，积极探索规律，指导实践，做到研究得深一些、广一些，站得高一些，看得远一些，切实提高领导审计信息化建设的能力。第三，要善于推进。各级审计都要健全完善审计信息化建设的领导组织，明确工作目标，落实工作责任，整合和优化各类资源，抓好全员计算机知识普及，有针对性地培养高级信息化建设人才，在项目安排、干部任用、工作机制等方面加强引导，形成审计信息化建设的良好导向。还要身体力行，积极参与，认真解决信息化建设中存在的各种问题，带动和影响审计人员投身到审计信息化建设中来。

（三）努力为审计信息化建设提供资金保障。审计信息化建设在多年快速发展的基础上，已经到了一个十分关键的时期，逆水行舟不进则退，加快发展，我们就会把握先机、赢得主动；贻误甚至停滞发展，我们就会陷于被动甚至丧失审计资格。搞审计信息化建设，没有一定的投资强度是不行的，各级审计机关要积极争取各部门的支持，主动向地方党政领导汇报，多渠道筹集资金，努力增加投入，为加快审计信息化发展打下良好的物质基础。一要争取支持。加强与政府及有关部门的沟通协调，大力宣传审计信息化建设的重大意义、发展趋势和现实需要。要与政府电子政务建设紧密对接，做好审计信息化发展规划，把审计信息化建设纳入各级政府电子政务建设体系，争取各级财政专项支持。今后一段时间，中央对地方审计机关信息化建设的补助资金将重点向欠发达的中西部地区倾斜，向特色发展的地区倾斜，促进审计信息化建设水平提升和均衡发展。二要舍得投入。工欲善其事，必先利其器。各级审计机关要克服“等、靠、要”思想，多一些忧患意识，要以“不惜千金买宝刀”的豪迈气概，在信息化建设上加大投入，把钱用在刀刃上，以信息化投入换取审计能力和效率的提升。三要杜绝浪费。搞信息化建设要贴近审计工作实际，如果没有用武之地，没有合格人才去运用，我们的设备再先进，也只能束之高阁，有的形成炫耀式消费，造成极大损失浪费。各级审计机关要充分考虑所在地区、被审计单位信息化发展状况，充分考虑审计机关信息化人才培养状况，既要适度超前，又不能盲目追求高标准。要加强对信息化建设工作的管理和监督，严格落实政府采购和招投标制度，加强廉政风险防控，力争少花钱多办事、花小钱办大事。

（四）着力培育信息化建设骨干人才。人才资源是审计信息化最重要的资源，审计信息化建设要不来、等不来，也买不来，要靠既精通审计业务，又掌握计算机技术、具有信息化思维的审计人才去创造、去实践，有了人才，就有了审计信息化建设的最强大动力。要调整人员结构。审计机关录用人员，要根据审计信息化建设需要，有重点地引进计算机专业人才，逐步提高审计机关计算机人才比重，并有计划地组织他们学习审计业务。受编制影响，引进人才有限制，更多要盘活存量。要加大培训力度。坚持以服务审计实践为目标，完善培训体系，改善培训方式，举办各类补课班、知识更新班、提高班，培养冲得上、打得赢的计算机高手，理论强、技术硬的信息化专家和师资力量。要加强实践锻炼。结合计算机审计项目的实施，科学整合人力资源，采取“跨界混搭”“双主审”等灵活多样的方式，推广多专业融合、多视角分析、多方式结合的审计方法，加强审计人员实践锻炼，着力培养一大批既具备审计知识和业务能力，又具有现代信息技术思维方式和技术技能的复合型人才。要发现重用人才。建立“赛场选马”和优胜劣汰的选人用人机制，通过审计信息化建设的推进和计算机审计方法的推行，及时发现那些既精通审计业务又熟悉计算机审计的人才，并创造条件让他们尽快走上审计骨干岗位和业务领导岗位。

（五）抓好信息化建设经验总结和理论研究。影响审计信息化建设的不仅仅是经济条件、客观环境，很大程度上还取决于主观的努力，取决于审计人员技术经验的积累。要交流经验、取长补短。各级审计机关要努力营造适合审计信息化发展的氛围和环境，及时总结和交流审计信息化建设经验，认真寻找差距，通过计算机展示、应用竞赛、交流研讨等生动活泼的形式，掀起比学赶帮超的热潮，形成人人关心、大家动手的良好局面。要激励鞭策、共同前进。认真总结各地在软件应用、硬件配备、网络建设等方面的创新举措，对优势特色项目和先进典型，要大张旗鼓地表扬；对进展不大、动作迟缓的地方，要敢于批评，督促改进。要加强研究、提炼理论。积极开展计算机审计理论、审计方式和技术应用的研究，系统归纳和总结梳理各专业的计算机审计思路，不断开拓以计算机审计方法体系为基础的审计理论研究新领域。要拓宽视野、广泛借鉴。学习借鉴国外审计信息化建设先进经验，开展计算机审计对外交流与合作，不断提高我国审计信息化水平。

（六）加强对审计信息化建设的考核和指导。“金审工程”二期建设实行审计署与地方审计机关统一规划、统一推进。目前，绝大多数地方“金审工程”二期已经通过验收，今后的审计信息化建设也将按照统一的要求和技术标准上下协调推进，加强对下级审计机关信息化建设的考核指导，有利于信息对接、资源共享、提高效率，实现建设效益最大化。要完善考核制度。各级审计机关要进一步完善考核办法，改进考核方式，突出考核重点，加强对内设机构、派出机构信息化建设和应用的考核，发挥综合考核的激励作用，促进全国审计信息化工作的全面、协调、可持续发展。审计署已下发对署机关各司局、特派办和派出局的考核办法，各单位也要加强考核。要落实各方责任。各级审计机关在搞好自身信息化建设的同时，要承担起对下级审计机关工作指导的责任。信息化办公室或计算机技术中心要加强对“金审工程”二期应用情况的指导，及时研究解决存在的问题，推动“金审工程”二期高效利用，加强对今后一个时期信息化建设工作的业务指导，促进审计信息化、数字化加快发展；各业务部门也要根据各自领域的实际情况，加强审计技术方法的研究、推广和应用，指导各专业审计提高信息化应用水平，促进信息化条件下审计能力和效率的大幅度提升。

同志们，信息化的迅猛发展给我们带来了新的挑战和机遇，我们要继续艰苦创业、锐意创新、奋力创优，勇立时代潮头，再攀技术高峰，促进我国审计信息化迈向一个新的发展阶段，推进审计事业科学发展，为加强创新型国家建设、充分发挥审计在推动完善国家治理中的“免疫系统”功能奠定坚实基础、提供有力保障、做出更大贡献！

审计理论研究是审计工作的重要组成部分

——在全国审计科研所长培训班上的讲话

（2012年9月11日）

刘 家 义

理论来源于实践。理论研究就是对过去的经验进行总结，对当前的行为进行规范，对未来的发展方向进行预测。从国家治理的角度开展审计理论研究，就是要研究审计是什么、为什么审计、怎么审计、由谁审计、审计的根本目标是什么等方面的问题，要研究审计产生和发展的规律。

我们对任何事物的认识都有一个过程，对人类文明的认识也是如此。人类文明的发展，经历了古代文明、近代文明和现代文明三个阶段。古代文明与男耕女织的自然经济相联系，建立在小规模农耕生产基础上，属于农耕文明。那时，生产力水平低下，由此形成了与之相适应的政治制度、经济制度和文化制度等。这一文明历时几千年后，走向了极度成熟，集中表现在完美的封建礼教制度上。随着科学技术的进步，生产力迅速发展，人类进入近代文明阶段。在这一阶段，理论创新成为科技进步的重要推动力，理论创新加快了近代文明的到来。近代文明即工业文明与制造业相联系，从蒸汽机到核工业，近代文明历时300多年，在科学技术高度发达、物质财富迅速积累的同时，也累积了许多矛盾，生态、资源、人口、伦理和道德等方面遭遇空前危机。在应对危机的过程中，人类进入现代文明阶段。现代文明也称社会文明，它以思想文明为先导，以道德文明为核心，以科技文明为支撑，以物质文明为保障，以生态文明为关键，以法制文明为基础。可以归纳为精神文明、物质文明、法制文明、生态文明。文明的发展源于生产力与生产关系、经济基础与上层建筑之间的矛盾运动。对文明的认识，需要在实践中不断总结和凝练，最后上升到理论，并指导实践的发展。审计理论的发展也是如此。从现代国家审计的功能看，审计是民主法治的产物。但从审计产生、发展的深层动因看，在中国古代西周，在西方封建君主制时期，没有民主和法治，却都有审计，从这个意义上讲，此观点是值得商榷的。实际上，国家审计的产生和发展源于国家治理，国家治理的需求决定了国家审计的产生，国家治理的目标决定了国家审计的方向。从国家审计的发展历程看，既与封建国家的治理和农耕文明相联系，也受工业文明的影响和制约。因此，研究审计，不能脱离5000多年的农耕文明、3000多年的封建统治历史和300多年的近代文明，否则，审计研究就成了无源之水、无本之木。

审计科研部门承担着审计机关理论研究的任务。审计理论来源于实践并指导着实践。无论是过去，还是现在和将来，审计工作都离不开审计理论的指导。要把审计科研部门打造成审计事业科学发展的智库，就要求理论研究不断总结过去，把握现在，展望未来，对实践中的问题给予理论上的阐发，对古今中外审计进行比较分析，并提出有针对性的意见和建议，不断地从实践中总结、提炼和升华，形成中国特色社会主义审计理论体系，因此审计科研人员的责任十分重大，当然这也是整个审计机关、全体审计人员的共同责任。

审计理论研究是审计工作的重要组成部分。制定审计方针，落实审计规划，实施具体审计项目，都离不开审计理论的指导。不重视审计理论研究的领导，不是合格的领导；不懂审计、不会审计的研究人员，也很难成为合格的审计理论工作者；只知道审计实务、不研究审计理论的审计人员，是不会成为审计大家的。借此机会，就如何搞好审计理论研究工作，提出几点意见和要求。

*首先，审计理论研究要坚持“二为”方向和“双百”方针。*毛泽东同志在延安文艺座谈会上提出的“二为”方向和“双百”方针，依然适用于今天的审计理论研究工作。审计理论研究必须为审计事业的科学发展服务，为审计队伍建设服务，审计理论研究不能偏离这个方向，离开了这个方向，审计理论研究就会被边缘化和遗忘；离开了这个方向，无论发表多少篇成果，无异于制造垃圾。审计署审计科研所的研究成果《县级审计机关工作状况调查与研究》，对审计署形成《关于加强审计机关公务员队伍专业化建设的意见》，起到了决策服务作用；《美国审计署高风险领域评估制度及启示》等关于国家安全的研究，对领导决策和审计人员开阔视野起到了参考作用；最近推进的中国特色社会主义审计制度相关研究，对领导决策和审计事业的科学发展都有积极作用，这些都是审计理论研究坚持“二为”方向的良好范例。审计理论研究还必须坚持“百花齐放，百家争鸣”的方针。审计理论工作者要有勇气和胆略，不唯书、不唯上、只唯实，不管是谁提出的见解，包括审计长提出的理论观点，也要敢于争鸣，真理越辩越明。当然，争鸣要有科学的态度，要以科学的结论为目标，而不能只图吸引眼球、哗众取宠。

*其次，审计理论研究要坚持科学的观点、立场和方法。*要以历史观点、辩证观点、发展观点、过程观点、全局意识、战略意识来进行审计理论研究。在中国3000多年的审计发展史中，审计为什么会产生，为什么会发展，为什么在有些时期会衰落，与整个国家的政治制度、经济制度和生产力水平都是什么关系，这些问题都需要研究。审计思想史也需要研究。我们不反对借鉴别人的经验，但是在借鉴过程中，不能够丢掉自己的传统。

*最后，审计理论研究应该处理好几个关系。*一是发展与继承的关系。任何事物都有一个发生发展的过程，都有一个不断完善的过程，空中楼阁是不存在的。以前是对的认识，未必适合当前情况，反之亦然。所以，搞审计理论研究，要在发展中体现继承，在继承中推动发展。我们要在总结我国过去30年、60年、3000年审计实践的基础上，把握审计发展的规律，寻找审计发展的脉络，进而丰富和发展我国的审计理论。二是巩固与提高的关系。凡是正确的，就要巩固，但不能墨守成规，一定要提高，提高并不意味着否定过去。审计理论研究者要有勇气，力争创新和突破。在中央国家机关中，审计署的信息化建设投资少、效果好，其中的根本经验之一，就是正确处理了巩固、发展和提高的关系。三是学习与超越的关系。要学习古今中外的各种知识，不能就审计学审计，要学习政治、经济、法律方面的知识，也要学习历史知识，从历史脉络中找寻审计与政治制度的关系。但学习不是死读书，要进行有效思考，要超越历史，超越传统，超越别人，从而也超越自己。学习的目的是为了应用，学习不能削足适履和东施效颦。我国审计事业之所以能飞速发展，就体现了善于学习、敢于超越的力量和成效。四是广博与精深的关系。审计理论研究要精，也要广、要博。没有广博，就不能举一反三，不能融会贯通。要视野开阔，也要精准深入，讲求质量，防止审计理论研究成为快餐式垃圾文化。研究人员一年拿出一篇好文章，就很了不起。研究审计，离不开研究审计制度确立的理论基础、政治基础、经济基础、制度基础和法律基础等。比如，因为我国有国有企业，才有国有企业审计；审计工作在中国共产党的领导下，才有党政领导干部经济责任审计，这方面的理论研究就是既涉及政治基础，也涉及经济基础。五是实践与研究的关系。审计科研人员一定要清楚，自己首先是一个审计人员。一个不会搞审计、不懂审计的人员，很难成为一个合格的审计理论研究工作者。审计理论研究与审计实践不能两张皮，要合二为一，融为一体。近年来审计署提交的一些重要审计报告，同时也是理论功底深厚的理论研究报告。如关于进一步推进铁路科学发展方面的报告，其中涉及铁路的区域结构、客运货运结构等非常专业的理论，得到了党和国家领导同志以及相关部门的高度重视。六是普及与专业的关系。审计理论研究也是广大审计实务人员的任务，要广泛动员，形成研究大军。审计科研机构负有引领、指导、组织好审计科研工作的重要职责。同时，审计研究人员要积极参加审计实践活动，不能象牙塔里搞研究，关起门来做学问，坐在井

底论天下。

明年是新中国审计机关成立30周年，我们要进行总结，进行纪念。署党组决定，主要抓四件事：研究一个理论体系——中国特色社会主义审计理论体系；编纂一本历史——中国共产党审计工作史，这是审计署和中央党史研究室正在共同推动的工作；总结一个制度——中国特色社会主义审计制度，从制度的基础、特色和内容等方面进行系统深入研究；凝练一种思想——审计精神，中国审计能发展到今天，关键依靠人，而审计精神是人的支柱。

30年的发展不平凡，有许多好的经验需要总结，需要提炼和深化，并上升到理论。在座的各位科研所长，肩上的责任重大，你们的研究成果，对当前的审计工作要有指导作用，对今后的审计工作也要有方向上的引领。感谢你们！

在2012年金融审计视频培训班上的讲话

（2012年4月28日）

董大胜

同志们：

上午好！这次审计署召开金融审计视频培训班，主题是为做好今年3家金融机构领导人员经济责任审计以及5家商业银行新增贷款投向情况专项审计调查工作进行培训，同时总结去年的金融审计工作情况，加强学习交流，为进一步提高审计工作质量，发挥金融审计在维护国家金融安全方面重要作用打下良好基础。

一、2011年金融审计工作开展情况

（一）审计署金融审计工作情况

2011年，审计署共组织实施金融审计（调查）项目8个，包括人民银行财务收支，银监会、证监会、保监会预算执行情况审计，中国工商银行股份有限公司、中信集团公司领导人员经济责任审计，审计署统一组织地方审计机关实施中国邮政储蓄银行有限责任公司总行及部分省级分行资产负债损益授权审计，以及8家重点商业银行新增贷款投向结构审计调查等项目，还配合完成了审计署地方政府性债务审计等大的审计项目。全年共查出各类违法违规问题金额400多亿元，上报国务院重要审计信息43篇、专题报告3篇，在促进落实宏观调控政策，防范化解金融风险，推进建立安全高效稳健金融运行机制等方面发挥了应有作用。

1. 开展金融机构领导人员任期经济责任审计，有效规范领导干部权力运行，推进金融机构稳健持续发展。2011年，审计署对中国工商银行董事长姜建清、中信集团公司原董事长孔丹进行了经济责任审计。经济责任审计被审计对象任职时间长，内容覆盖广，政策水平要求高，对审计人员和审计组织的方式方法提出了更高的要求。我们借鉴以往资产负债损益审计的成功经验，进一步加强审前调查和培训，不断改进和完善经济责任审计组织方式，按照署统一部署和新的两办《规定》要求，积极探索实践了“三结合”的审计组织方式：即做好经济责任审计与常规审计方法内容的结合，做好经济责任审计与各专项审计资源力量的结合，做好经济责任审计成果与其他常规审计项目审计成果的结合。通过改进和完善经济责任审计组织方式，实现了审计方法、审计资源和审计成果的共享和有机结合，相互启发，形成合力，不仅有效地提高了经济责任审计项目的效率和质量，也进一步发挥了经济责任审计的建设性作用，保证了审计任务的圆满完成。通过审计，揭示了两家金融机构领导人员履行职责及经营管理中存在的突出问题和风险隐患，主要是未严格执行国家有关政策，违规经营或经营不规范问题比较突出，公司法人治理结构不够完善，重大资金管理等内部控制不够健全，管理链条过长，对所属机构的管控存在薄弱环节和制度缺陷，综合经营风险的相互隔离不充分，统一授信制度执行不严格，部分行业资产质量风险开始显现等等。通过去年两家金融机构领导人员经济责任审计，我的体会是：开展金融机构领导人员经济责任审计有着重要意义，以经济责任审计为抓手，不断深化，有助于推动金融审计深入发展，能够进一步深入揭示金融发展创新中存在的问题，对于促进金融机构强化管理、防范风险起到强大的推动作用。两家被审计单位都认为审计成效显著，对其领导人经济责任的履行评价客观公正，对金融机构及其发展起到了警醒和促进的作用，在促进其完善公司治理结构，推动领导人员守法、守纪、守规、尽责，提高金融机构核心竞争力，实现可持续发展等方面发挥了重要的作用。

2. 开展金融跟踪审计，促进国家宏观调控政策贯彻落实，推动经济发展方式转变。2011 年，在认真总结 2010 年工、农、中、建、交五大商业银行信贷投向和资产质量跟踪审计调查经验的基础上，将审计调查范围扩大到 8 家重点商业银行。在工作中，积极转变工作思路，确定以信贷资金投向为主线，以检查信贷政策落实情况为重点，通过拉长和拓展审计监督的时空外延，加强对信贷流程及效果的监督检查，有效发挥金融审计在服务政府宏观决策和经济社会发展大局中的建设性作用。一是由事后审计向事中审计转变，注重发挥审计工作预防性。以前我讲课时曾经提到过所有审计都是事后审计，但要辩证地理解。审计要有对象和客体，而审计对象和客体出现和存在了，才可以审计，换句话说，跟踪就是先要有“踪”才可以“跟”；从这个终极意义上讲，所有审计都是事后审计。而哲学上看，所有物质都是无限可分的，每个事物在发展过程中都会经历不同的阶段。对于每个阶段来说，审计是事后的；而对于整个的事物（整个审计对象和客体），我们完全能发挥事中审计的作用。而事中审计的作用是什么？就是促进审计对象和客体今后更好地发展。通过对国家重点支持类行业、限制及风险类行业以及民生领域等新增贷款以及资产质量的变化情况连续进行跟踪调查，实时揭示和反映了部分新增贷款信贷结构调整不到位、投放不均衡、资产质量存在隐患的问题，促进了商业银行执行国家货币信贷政策的自觉性，一定程度上保障了信贷投放符合国家关于调整经济结构和转变发展方式的总体要求。二是揭示了金融机构风险管理与内部控制等方面存在的突出问题，注重增强审计工作针对性。针对当前信贷投放及资产结构中出现的新情况，如房地产和政府融资平台贷款风险集聚，商业物业抵押贷款、银信合作、理财等部分创新业务发展不规范，信贷规模通过各种非信贷方式放大等主要风险，以及部分新增贷款违规投向房地产及“两高一剩”领域等影响国家宏观调控政策落实的突出问题，通过审计信息和专题报告等方式及时向国务院进行反映。国务院领导非常重视，由尤权副秘书长牵头，召集部分金融机构研究审计发现的问题和整改落实情况，8 家被审计商业银行全部参加。三是及时反馈审计发现问题和促进整改，注重实现审计工作的时效性。有关职能部门及相关金融机构高度重视审计发现问题，采取了包括及时回收违规发放的信贷资金、制订和完善内控制度和加强项目管理等多种措施积极整改，堵塞与防范信贷政策执行、内部管理和外部监管等方面存在的漏洞和风险，实现“边审计、边反馈、边整改”，有力地维护了信贷资金安全和保障各项政策落实到位。在这一项目中，审计署组织专业团队，充分利用数据分析平台，按照“总体分析、发现疑点、分散核实、系统研究”的工作模式对有关金融机构的信贷数据进行科学分析，扩大了数据分析的覆盖面，提高了审计发现和反映问题的准确性和时效性。大型商业银行数据审计分析平台一期也已建成并投入使用，发挥了重要作用，说明金融审计在利用计算机技术方面有了进一步发展。

3. 认真组织实施部门预算执行和财务收支审计，促进加强预算管理，维护财政资金安全。人民银行财务收支和银监会、证监会、保监会预算执行审计工作是财政审计大格局的重要组成部分。按照全署工作统一部署，2011 年金融司圆满完成了“一行三会”的财务收支和预算执行审计任务。在工作中，以财务收支和预算执行的真实性、合规性为基础，关注财政资金使用效益，揭露了

“一行三会”在财务预算管理中存在的薄弱环节和突出问题，并注重从大格局角度反映金融宏观监管部门履职活动中值得关注的若干问题，积极促进财政政策与相关宏观经济政策的协调配合和有效落实。如在人民银行审计中，针对因金融风险处置机制不健全而导致部分金融稳定类再贷款质量低下等风险问题，通过认真分析，及时提出了尽快研究出台存款保险制度，健全系统性金融风险防范和处置机制，以及进一步完善再贷款资产处置及清收制度等审计意见建议；国务院领导对有关审计信息做出重要批示后，相关职能部门高度重视，认真加以研究和整改。“一行三会”财务收支和预算执行审计具有一定的特殊性。“三会”是参公管理的事业单位，履行行政职能；人民银行作为国务院组成部门，具有创造货币的职能，财务制度也有特殊性。通过加大“一行三会”财务收支和预算执行审计力度，揭露其财务及预算管理中存在的突出问题，每年都能揭示“一行三会”的一些新问题，有效发挥审计在促进建立科学规范透明的预算管理体制和规范财务工作等方面的重要作用。

4. 组织指导地方审计机关圆满完成邮储银行授权审计工作。审计法规定，审计署负有主管全国审计工作的职责。署党组也很重视这项工作，除了加强对地方审计机关干部队伍特别是领导班子建设的指导工作外，在审计业务方面，每年还提出指导意见；在金融审计方面，每年也尽量组织地方审计机关参加审计署的一些审计项目，力图使地方审计机关与审计署的金融审计保持同步发展。但是，近年来一些地方的审计工作比较繁重，所以组织地方参加署里项目均采取了自愿原则。我们还是希望今后有更多的地方审计机关参加署里统一组织的金融审计项目。这是我们相互交流，相互促进，共同提高的一个很好的方法。2011 年，根据审计署统一安排部署，首次组织北京、河北、广东等 20 个审计厅（局）对中国邮政储蓄银行北京、河北等 20 家分行 2010 年度资产负债损益情况开展授权审计。在审计项目实施中，按照《审计署授权审计管理办法》的要求，通过举办业务研讨会开展前期培训，制定审计指导意见明确审计目标和重点，加强审计过程指导，组织中期座谈交流，针对当前热点问题，梳理审计应关注的重点和信息点以及审计的思路方法，及时编发动态下发等方式加强指导，较为有效地保证了授权项目审计质量，也进一步提高了地方金融审计干部的专业技能和工作水平。审计查出一些违法违规和管理不规范问题，向国务院上报了反映邮储银行有关高管人员在发放专项融资中涉嫌严重违纪的重要审计信息 1 篇，并就邮储银行商业化转型中存在的邮银关系未完全理顺、风险控制和防范机制尚不适应金融业务发展需要、信贷业务发展比较慢等三个问题向国务院报了重要审计信息 1 篇，引起了国务院领导和相关部门的高度重视，收到很好的成效。

（二）地方金融审计工作情况

2011 年，地方审计机关在署党组和各级党委、政府领导下，紧密结合工作实践，深入贯彻落实科学发展观，以“揭示风险，维护安全，推动创新，促进发展”为目标，在维护金融市场秩序，防范和化解区域金融风险，完善地方人民政府金融管理体制等方面发挥了积极作用，促进了地方经济和金融健康发展，较好地履行了金融审计监督职责。主要体现在：

1. 服务地方深化金融体制改革，健全完善体制机制，防范区域金融风险。各省级审计机关加大统一组织力度，因地制宜组织了对本省各类金融机构的审计，积极促进被审计单位加强整改，基本形成了对地方金融机构的长效审计监督机制。如四川省审计厅连续 5 年组织对全省农村信用合作社系统的审计，围绕“风险、管理、效益”审计目标，从管理体制、业务经营、风险管控、信贷投向、资产质量等方面全方位监督，揭示了地方金融机构存在的历史包袱重、资产质量不高、资本充足率低、法人治理结构不完善、风险控制能力弱、金融服务水平较差、违规经营较普遍等问题，为深化地方金融体制改革、防范区域金融风险提出了建设性意见。在这里我要强调一下，地方审计机关在金融审计方面还是要进一步加强。从目前金融改革发展的趋势看，为了更好地服务地方经济发展，更好地服务小微企业等，打破大型国有金融机构的垄断地位，一些地方中小型金融机构的发展是今后的一个趋势。然而金融机构的发展确实需要严格的监管，这是我个人的看法。去年以来一些地方集中暴露出民间资金借贷的问题和风险，而这种民间借贷就带有金融融资的性质；一些民营企业由于经营问题发生资金链条断裂，企业主“跑路”，容易导致当地民间融资风险集中爆发，给地方经济发展带来一些负面影响。地方中小型金融机构的合理发展，能够在相当程度上解决地方民间小微企业的融资困难。所以今后一段时期，对地方中小型金融机构加强监管和审计监督，是地方审计机关面临的一项课题；要早做准备，为地方金融健康稳定发展保驾护航，发挥审计的积极作用。当然有一些地方金融机构如浦发银行等，已经发展为大型的，甚至是全国性的金融机构，相关地方的金融审计任务就更重了。

2. 服务国家宏观调控政策措施贯彻落实，为地方政府决策提供参考依据。各地结合实际开展了中小企业、民间借贷、小额贷款及政策性融资担保公司、地方融资平台等专项审计调查，为各级政府完善金融管理体制、建立风险处置机制、防范金融风险等宏观决策提供了有力的决策依据。如浙江、安徽、北京、内蒙古等地对小额贷款及政策性融资担保公司进行专项审计调查，肯定其积极作用，同时揭示了其法人治理、业务经营等方面存在的问题。浙江省审计厅《审计调查显示我省小额贷款公司为缓解中小企业融资难发挥积极作用》的专报被国办采用，该省政府办公厅迅速出台《关于深入推进小额贷款公司改革发展的若干意见》，推动了小额贷款公司的健康有序发展。浙江这样民营经济发达地区，金融需求迫切，审计厅能够适应需要，适时发挥作用，取得了较好的效果。

3. 服务地方推进反腐倡廉建设工作，注重查处重大经济案件线索。2011 年，各地审计机关以促进惩治和预防腐败体系建设工作为重心，严肃查处金融领域内的各类弄虚作假行为以及涉及利益输送的重大经济案件线索，全年共移送案件线索 13 件，涉案金额 97.7 亿元。

此外，各地审计人员积极投入地方政府性债务审计，有效促进各地建立规范的地方政府举债融资机制、加强预算管理、全口径监管债务、动态防范风险，防范财政风险向金融风险转移。这项审计工作虽然属于财政审计范畴，但与金融审计密切相关，甚至可以说也是金融审计的一个方面，因为这些地方政府的举债，大多是来源于金融机构，一旦发生问题，容易导致财政、金融风险相互转移。特别在当今世界经济大格局背景下，这项审计的意义就显得尤为重要。欧洲国家主权债务危机余波未平，美国的政府债务问题在吵得沸沸扬扬之后又不得不提高联邦国债发行上限。这就给我们中国经济今后是否能够持续高速稳定健康发展敲响了警钟。我觉得其中很重要一个方面就是我国地方政府债务问题是否能得到很好的处理。地方政府性债务在发展地方经济方面的正面积极作用应该得到充分肯定，但是如果管理不当，一旦失控，就会形成金融机构的大量不良资产，就会对中国经济的发展造成影响。今后一段时期，对地方政府性债务加强监管和审计监督，不可以放松。

二、当前金融审计工作的形势和任务

同志们，当前世界经济金融形势比较复杂，发达国家经济尚未恢复过来，主权债务危机还具有不确定性，新兴经济体增长势头普遍趋缓，部分国家面临较为严重的通货膨胀和短期资本大进大出的风险。从国内看，中国经济发展中不平衡、不协调、不可持续的矛盾和问题仍很突出，经济增长下行压力和物价上涨压力并存。面对复杂多变的国内外经济环境，党中央、国务院注意把握好宏观调控政策的力度和节奏，稳中求进，国民经济继续朝着宏观调控的预期方向发展，经济运行态势良好。消费投资平稳增长，国际收支继续改善，对外贸易更趋平衡，工农业生产稳定增长，物价过快上涨势头得到初步遏制。2011 年实现国内生产总值（GDP）47.1 万亿元，同比增长 9.2%，居民消费价格指数（CPI）同比上涨 5.4%。货币信贷增速平稳回调，人民币汇率弹性增强。2011 年末，广义货币供应量 M2 余额为 85.2 万亿元，同比增长 13.6%，增速比上年低 6.1 个百分点。人民币贷款余额同比增长 15.8%，增速比上年低 4.1 个百分点，比年初增加 7.47 万亿元。年末人民币对美元汇率中间价为 6.3009 元，比上年末升值 5.11%；央行调整了人民币对美元的浮动空间，进一步推进了汇率机制改革。

（一）金融审计工作面临的形势

1. 党中央和国务院对经济社会发展提出新的目标和规划。经过 30 多年的改革开放，我国实现了经济社会的全面发展，经济总量已经位居全球第二，人均国民收入已经达到4000美元。十七大以来，在党中央、国务院坚强有力的领导下，我国率先走出了经济危机的影响，经济发展呈现企稳向好的势头，金融市场总体平稳健康运行，经济金融正向宏观调控预期方向发展。但是经济高速增长的背后，也出现了经济发展结构失衡、资源环境破坏严重等问题。为此，“十二五”规划提出“坚持把经济结构战略性调整作为加快转变经济发展方式的主攻方向，坚持把科技进步和创新作为加快转变经济发展方式的重要支撑，坚持把保障和改善民生作为加快转变经济发展方式的根本出发点和落脚点，坚持把建设资源节约型、环境友好型社会作为加快转变经济发展方式的重要着力点，坚持把改革开放作为加快转变经济发展方式的强大动力”；同时，规划也提出要通过深化金融机构改革、加快多层次金融市场体系建设、完善金融调控机制和加强金融监管，构建“组织多元、服务高效、监管审慎、风险可控”的金融体系，不断增强金融市场功能，更好地为加快转变经济发展方式服务。今年年初召开的全国金融工作会议也提出了做好新时期金融工作的五项基本原则：坚持金融服务实体经济的本质要求，坚持市场配置金融的改革方向，坚持创新与监管相协调的发展理念，坚持积极防范化解风险的永恒主题，坚持自主渐进安全共赢的开放方针；同时部署了全面推进金融改革发展的八项主要任务：为经济社会发展提供更多优质金融服务，加大对薄弱领域的金融支持；深化金融机构改革，着力加强公司治理；加强和改进金融监管，切实防范系统性金融风险；防范化解地方政府性债务风险，避免财政金融风险相互传递；加强资本市场和保险市场建设，推动金融市场协调发展；完善金融宏观调控体系，有效促进经济发展和金融稳定；扩大金融对外开放，提高在更大范围、更高层次上资源配置能力和金融安全保障水平；加强金融基础建设，改善金融发展环境。

2. 金融领域的创新和变革。一是金融业日新月异的发展变化。当前，随着技术的发展和金融创新，金融“全球化”趋势逐步明朗，跨国金融机构已经实现在全球范围内配置金融资源，以追求更高的回报，我国的金融机构也开始“走出去”，参与全球金融竞争；金融综合经营也成为全球金融发展的主流趋势，银行、证券、保险、信托等各种业务不断融合；金融创新层出不穷，通过金融工程技术对现金流和资产权益的分解和重构，推出各种跨行业、跨市场产品，满足企业和居民多样化金融服务需求。二是金融信息化条件的挑战。金融行业一直走在我国信息化进程的前列。随着金融业务的发展和深化，从普通的存取款电子流水到复杂的外汇债券交易，从单个金融机构业务到金融行业交叉营销，从物理网点到网上银行、手机银行等电子商务，使得金融信息系统数据海量化的趋势不可逆转。同时，我国商业银行等金融机构数据大集中工作基本完成，基本形成上联总中心、下联网点终端，地理位置不同、物理上相对独立、逻辑上统一的全国性计算机综合信息系统构架。

3. 国家审计自身的发展。一是国家治理对审计的要求。刘家义审计长在中国审计学会第三次理事论坛上论述了国家审计与国家治理关系，指出国家审计是国家治理的重要组成部分和国家审计在国家治理中的重要作用，提出进一步加强审计监督，更好地推动和服务国家治理，要求审计工作要把维护国家安全作为重中之重，加强对财政、金融、国有企业的监督，推动建立公共财政体制，防范金融风险，维护经济安全；加强对权力的制约，推动行政问责，推进民主法治建设，维护政治安全；加强民生审计，促进惠民政策落实，维护群众利益，保持社会稳定，维护民生安全；加强资源环境审计，促进资源节约型、环境友好型社会建设，维护生态环境安全等。二是审计经验积累和技术手段的提升。近年来，金融审计在实践中不断摸索总结，形成了对商业银行、保险公司、证券公司等机构较为成熟有效的审计思路和方法体系；同时，金融审计近年来还着力建设信息化平台，目前已经在8家主要商业银行搭建了数据平台，定期导入数据，实现了对商业银行总体数据分析，提高了时效性，为进一步发展和深化金融审计，打下较为扎实的基础。

（二）当前金融审计工作的任务

在“十二五”期间，围绕中央的上述部署，金融审计将以“维护安全，推动改革，促进发展”为工作目标，有效发挥审计工作在防范金融风险、完善金融监管、推动反腐倡廉、促进建立健全高效安全的现代金融体系和系统性风险防范机制等方面的重要作用。

1. 继续围绕党和国家工作中心开展金融审计，发挥审计在国家治理中的作用。一是关注金融机构在推进经济结构调整，促进经济发展方式转变中发挥作用情况，即金融机构执行国家货币信贷政策和产业政策等方面是否到位，主要包括：向房地产、“两高一剩”等国家限制的行业和产业资金投放是否缩减，对“三农”、节能环保、技术创新、中小企业等领域的资金投放是否到位等。二是关注金融改革的推进落实情况，包括金融机构改革成效、多层次金融市场建立健全过程中面临的体制机制问题、利率和汇率市场化等制约金融调控效果的基础性制度改革等有关完善金融体系的重大事项。

2. 防范系统性金融风险，维护国家金融安全。一是在继续真实合规性审计的基础上，更加注重个体金融机构的公司治理、内部控制和风险防范等事项，推动金融机构提升自身抵御风险的能力，强化宏观审慎监管的微观基础。二是应对金融全球化，更加注重资本的跨境流动，一方面防范境外短期资本大进大出对我国经济的冲击和跨国金融机构对我国金融业的渗透和控制，另一方面关注我国金融机构在“走出去”以及参与境外金融市场投资和交易过程中出现的重大风险。三是关注金融综合经营和金融产品创新中的系统性风险，促进宏观审慎监管，更加注重跨市场、跨行业的金融活动和金融产品，特别高杠杆、高风险、高关联度的衍生产品对整个金融体系的潜在威胁。四是加强金融机构信息安全审计，防范由于系统重要性金融机构，特别是涉及全国金融资产托管、交易、清算等关键机构的信息系统受到自然灾害或人为攻击，而造成金融系统瘫痪的风险。

3. 推进民主法制建设和维护民生。一是继续深入开展金融监管部门和金融机构领导人员经济责任审计，进一步加强对权力的监督制约，促进监管部门更有效地履行监管职责，推动分业监管体系下的监管协作，提升监管效能；促进金融机构领导人员认真执行国家经济金融重大决策部署，不断完善公司治理和风险内控，规范完善“三重一大”决策程序。二是探索金融消费者保护审计，切实维护人民群众合法权益。由于金融的复杂性和信息不对称，普通消费者往往处于劣势地位。因此，未来金融审计还要关注金融机构在经营管理中是否损害普通消费者的权益，以及国家通过金融机构实施的惠民政策是否得到贯彻落实。

4. 进一步丰富和完善审计管理模式和技术方法，适应新形势的要求。一是以审计信息技术的提升为依托，构建覆盖国内主要金融机构的数据平台，实现对整个金融体系的全覆盖、经常性监督，实时关注金融体系的异常变动，及时预警和处置，充分发挥“免疫系统”功能。二是在审计项目立项上，更加灵活地使用专项审计调查的方式，通过日常的监测和分析，及时提出经济金融体系中值得关注的重大风险或重要事项，通过专项审计调查摸清总体情况和存在的问题。三是审计组织模式上，逐步适应金融机构决策、资源、信息等向总行（公司）集中的趋势，大力强化总行（总公司）的审计组资源配置，并加强审计组之间的信息沟通反馈，以有效提升审计项目管理的成效。同时不能偏废向基层分支机构的延伸核查，因为很多问题单单在总部的电脑分析中是看不出来的。四是逐步整合全国金融审计资源，通过建立扎实有效的金融审计人力资源数据库，实现审计项目人力资源的最优化配置。这里我要强调的是，在审计信息技术方面，金融审计一直是走在审计系统前列的，但决不能自满，因为一方面金融机构的信息化近年来在迅速发展进步，数据集中化、管理经营系统化及创新的趋势越来越明显；另一方面，企业审计、工程审计、财政审计、社会保障审计的信息技术水平也在提高，对金融审计产生了追赶效应。金融审计应该继续加强信息化条件下技术手段和组织形式的探索、创新和发展。

同志们，金融审计是金融监督体系中的一个特殊和重要的组成部分。2000年的时候我就提出一个理念，就是审计要占领金融监管的制高点。在有专业监管部门存在的情况下，审计部门应该体现出自己独特的价值，应该在金融监督的深度、广度和高度上提出比专业监管部门更高的要求。与专业的金融监管部门相比，审计部门有三大突出的优势：一是我们的独立性更强。金融监管部门毕竟自身参与了对金融体系的管理，难免有利益冲突，甚至有时难免存在一些保护色彩；而我们能够做到独立、客观、公正。二是体现在微观层面，审计法给我们的定位决定了我们能够深入到国民经济运行的各个微观层面。金融监管部门的同志也羡慕我们，因为我们能够在金融分业监管的体制下开展“混业”审计，使我们能够通过对金融体系（包括金融行业、金融机构、金融市场、金融业务和产品）的审计监督，在经济建设一线第一时间发现和揭示金融体系存在的问题，特别是典型性、倾向性的潜在风险。三是体现在宏观层面，我们比专业的主管和监管部门有更广阔的视野。要达到上述要求，切实发挥国家审计的作用，有三条基本要求：一是要“快”，要比专业监管部门有“先见之明”，比他们更早发现和预警金融体系的典型性、苗头性问题和潜在风险。二是要“准”，要准确地定位和定性问题。这在金融创新不断涌现的现实情况下，具有更重要的意义。对发现的新问题要准确分析其性质和产生的内在原因和外部因素，分析其对整个金融体系的影响，更科学地判断其合理性及发展的预期，有哪些潜在风险，是否可能造成系统性风险。三是要“高”，要体现出审计的独立性和宏观性视角。不能依赖、“参考”甚至抄袭监管部门的材料和意见，通过我们独立的审计和思考，独立做出审计评价和结论要体现出更高的层次。我们既然有能力获得监管部门不能及时获得的一手信息和材料，揭示他们不能及时发现的潜在问题和风险，就应该有相应的能力去做好相关分析论证，从而提出更高层次的、更宏观的审计意见和建议。

我们也要清醒地认识到，与科学发展观要求相比，与署党组要求和当前形势需要相比，我们对金融审计工作的发展规律的认识把握还有差距，金融审计队伍的素质与能力与审计发展的要求还不适应，在金融审计技术方法创新和审计成果利用层次上还要进一步提高，金融审计工作思路还不够开阔，对金融领域发展前沿的新情况、新形势，特别是金融机构综合经营步伐加快、金融创新业务迅猛发展的现状理解掌握不深入。针对上述差距和不足，在今后的工作中，我们要进一步牢固树立科学审计理念，不断创新金融审计思路。不断创新金融审计管理机制，进一步改进和完善金融审计组织方式。不断加强金融审计队伍建设，提高专业理论研究水平，努力夯实审计事业可持续发展基础。尤其对金融审计干部的要求要高。如果你在金融机构工作，你可能对某一项金融业务很熟悉；如果你在金融监管部门工作，你可能对某一个领域、某一个行业的监管比较熟悉。金融审计不一样，我们负有对所有国有金融机构包括对金融监管部门审计的职责。所以从事金融审计工作的同志，除了要看到自己使命的光荣，还更要看到工作的重要和责任的压力，要对自己有更高的要求。

三、明确中心，突出重点，切实做好 2012 年金融审计工作

面对新的宏观经济金融形势，金融审计面临着更加艰巨的任务，具体来说，今年应重点做好以下工作：

（一）做好 5 家商业银行新增贷款投向情况专项审计调查，强化对宏观经济金融政策贯彻落实情况的审计监督，服务经济结构调整转型的调控大局

5 家商业银行新增贷款投向情况专项审计调查必须紧紧围绕中央经济工作会议的决策部署，强化对商业银行贯彻落实国家宏观调控政策情况的监督，服务于经济结构调整、发展方式转变的大局，以防范重大金融风险为目标。我要强调的是，今年的审计调查，工作范围和重点还是要集中一下，要放在对新增贷款的跟踪上，因为对存量我们以前已经进行过审计调查。通过跟踪调查新增贷款的投向，关注商业银行优化信贷结构以及信贷投向与产业政策的协调配合情况，执行稳健货币政策情况，重点关注对政府融资平台、小微企业、社会事业、保障性住房、涉农以及“两高一剩”等行业的贷款发放情况，揭示贷款发放中存在的突出问题和重大风险隐患；要重点关注商业银行金融业务和产品创新带来的潜在风险问题和相应的监管问题，深入分析商业银行通过表外业务向社会融资的情况及其风险，深层次分析原因，为加强和完善宏观调控，防范重大系统性风险及时提出审计建议。这方面要充分发挥我们金融审计两大法宝的作用，即信息化数据分析和延伸审计及调查能力的作用。继续坚持和完善“总体分析、发现疑点、分散核实、系统研究”的

数字化审计组织模式，进一步提高数据分析的效率和准确性；在"五统一"的审计调查项目组织原则下，进一步加强5行审计组间横向、总行与各特派办审计组间纵向、各特派办审计组横向的协同作战效能。

（二）做好3家金融机构领导人员经济责任审计，促进金融机构领导干部守法守纪守规尽责

根据中央组织部委托，今年我署组织18个特派办对中国农业银行、中国建设银行、中国进出口银行领导人员开展经济责任审计。目标是促进3家银行完善公司治理结构，提高核心竞争力，实现可持续发展，推动领导人员守法、守纪、守规、尽责。重点关注资产负债损益的真实合法和效益性，公司治理结构的建立健全和内控制度执行情况，重大经营决策制定和执行情况，稳健货币政策和促进经济发展方式转变等国家重大经济方针政策落实情况，领导干部廉洁自律情况等。这3家银行都不同程度地开展了综合经营的尝试，都体现了一定的"转型"特色；其中农行、建行两家都完成了股份制改造。今年金融司和参审的特派办要继续努力，深入研究如何开展经过股份制改革的大型国有商业银行的领导人的经济责任审计，如何区分和评价其决策层和高管层的领导责任、主管责任和直接责任，如何发现银行各级机构存在的突出问题。要重视对银行资产负债损益真实性，包括各项财务数据真实、公允性的审计和评价。过去国家审计基本上走的是"个案审计"的路线，强调合法合规性审计，擅长揭示违规违法问题，在这方面还缺乏经验，而这基本上是社会审计的长项。我们要向事务所学习一些好的审计理念和方法，事务所能做资产负债损益真实、公允性的审计，他们会做的，我们一样也不能少，还要做得比他们好。国家审计的领域比社会审计要广，还要比他们深才对。通过审计，要促进被审计单位更好地落实国家的宏观经济政策措施，更好地服务于实体经济，服务于经济结构调整。要关注那些影响和制约我国金融企业提升核心竞争力的体制机制性问题，加大对重大违法违规问题和经济犯罪案件线索的查处力度，并对相关社会审计机构为金融机构出具的审计报告进行核查。

去年在对中信集团公司、工商银行原领导人经济责任审计中探索出的"三结合"的审计组织方式，要在今年的经济责任审计中继续探索和完善。

（三）毫不动摇，毫不手软，坚决揭示和查处重大违法违规违纪案件线索，维护金融秩序和国家金融安全

这两个"毫不"是我前些年提出来的，每年都讲，是老生常谈，但今年还要讲。揭露和查处重大违法违规、经济犯罪和腐败问题，揭露和查处严重侵害人民群众切身利益的问题，揭露和查处重大铺张浪费、国有资产损失等问题，是法律赋予审计机关的职责，也是金融审计推动国家实现良好治理的重要手段。有的同志说，审计部门与公检法和纪检监察机关不同，不是专门的办案机构，所以重点不应放在查处违法违规违纪案件线索上；我非常不赞成这一说法。国家审计要在反腐败工作中发挥作用，这个在过去国际审计界的认识是不一致的，态度不明朗，因为腐败问题不好查，审计人员和审计工作有风险；但近年来有了转变。最高审计机关国际组织最新的五年规划中明确提出，最高审计机关要参加反腐败。现实中，我国各个领域，包括金融、重大工程建设、土地出让等等，都存在重大案件，还有很多有待被发现和查处。在这种形势下，审计不去做这项工作，就是失职。查处重大违纪违规违法案件线索，也是提升国家审计公信力的一个重要方面。回想起来这十几年来，审计如果没有大力查处一系列重大案件，就不会有今天的地位。金融审计人员要本着对国家、对人民高度负责的精神，善于发现问题，要有锲而不舍地一查到底的精神，要敢于坚持原则，不回避、不退缩，坚决排除说情、恐吓等一切干扰，不为任何压力所动；对犯罪分子绝不手软，坚决查处，不漏过任何一个细节，不轻易放弃重要线索，做到问题明、证据实、打得准。对案件线索的发现往往就在"临门一脚"，这方面以前有不少鲜活的案例。在提高重大问题和案件线索的查处效率的同时，必须提高审计查处的质量，提高相关审计信息的质量。我当然不要求上报的所有审计信息个个都是百分之百的准确；这个我们审计也做不到。以前发生了个别审计信息移送有关部门或地方政府办理后，经后续查办发现事实有较大出入的情况。发生这种

情况，我觉得要分两方面看：一方面是因为我们的审计人员没有把查证工作做扎实。我们不能仅仅为了审计业绩考核赢得高一点的成绩，简单“挖掘”监管部门、纪检监察部门和公检法机关已经发现和介入的事项，不去把查证工作做深、做细。这样审计质量不可能高，发挥不了审计的作用。必须树立“审计质量是生命线”的大局意识，扎扎实实地做好审计查证工作，保证我们报出的审计报告和审计信息里所反映的审计事项事实和所援引的审计依据都是经得起推敲和检验的，这样我们的审计结论、意见和建议才能真正站得住脚，才能得到落实，才能取得真正的审计成效。另一方面，我也不希望就此打消审计人员查处案件线索的积极性。审计机关的任务是发现案件线索，不是定案。而且客观地讲，我们发现的案件线索移送主管部门、公检法机关和地方政府部门后，有的情况下出现后续查处结果出入，是因为一些部门和地方由于各种复杂因素，影响了他们查处的结果的公正性，并不能证明我们是错的。所以大家千万不要因为一两个案件移送处理结果有出入，就变得缩手缩脚，反而更应该放开手脚，更扎实地工作。

（四）对地方金融审计工作的几点意见

2012年，地方各级审计机关金融审计应按照“十二五”规划关于完善地方金融管理体制的要求，以落实中央宏观调控政策、揭示金融风险、维护金融安全稳定，促进地方经济发展为目标，积极开展对地方金融机构及金融管理机构的审计和专项审计调查，有效发挥金融审计促进经济平稳发展，维护金融体系安全的“免疫系统”功能。

一是系统跟踪地方商业银行、信用社、小额贷款公司等地方各类金融机构的资金投向结构和资产质量状况。重点关注信贷资金违规流入股市、房地产、地下钱庄、民间借贷体系或炒作农产品、农用生产资料和涉及民生的重要物资商品等重大违法违规问题，保障信贷资金支持地方实体经济发展、经济结构调整、“三农”和中小微企业发展的效果；关注信贷资产质量，揭露和查处银行、资产管理公司和信用评级机构、拍卖行、担保公司等中介机构在贷款的发放和管理、资产处置等环节的违规违法行为，以及不法分子弄虚作假、内外勾结骗贷侵占金融机构资金等案件线索。

二是关注非银行金融机构经营的合规性。重点关注信托公司等违反国家宏观调控政策、超范围经营等问题；关注其资金的来源和运用，揭示其为违规资金提供操作平台或流动渠道，获取不正当收益的行为，以及违规融资、投资、担保等问题和存在的风险。结合对金融机构的审计，注意发现和查处影响社会稳定的重大非法集资融资案件线索。

三是在资产负债损益审计的基础上积极探索绩效审计的路子。关注各金融机构的盈利能力，促进其在开展金融创新的同时不断提高企业竞争实力。可配合财政及预算执行审计，开展地方国有金融资本收益管理情况专项审计调查，摸清家底，保障地方国有资本权益。

四是关注地方金融机构法人治理结构、金融监管体制等方面的发展变化情况。关注金融机构在资本重组及跨区域业务扩张中存在的经营风险，加大对异地分支机构的审计力度；关注金融办、金融局等地方金融管理机构履行国家宏观调控政策和地方政府赋予的管理职能是否到位等情况。

五是关注地方产业资本和金融资本融合趋势等金融综合经营试点工作开展情况。有条件的地方可探索开展对当地金融控股集团企业的审计；加大对金融机构跨市场、跨行业金融业务的审计力度，预警和防范系统性风险的发生；探索改进整合辖内审计资源、统一组织、上下联动的审计管理方式。

以上是对地方金融审计谈的五点意见，供地方审计机关的同志们参考。

2012年的金融审计工作面临着很大的挑战，我们肩上的担子很重。希望同志们在审计署党组的领导下，积极探索，扎实工作，使今年的金融审计工作更上一层楼，充分发挥“免疫系统”功能，更好地服务国家治理，以优异的成绩迎接党的十八大胜利召开。“五一”将至，祝大家假期愉快，身体健康，工作顺利！

提高认识　理清思路　周密部署
扎实做好城镇保障性安居工程跟踪审计

——在2012年城镇保障性安居工程跟踪审计视频培训班上的讲话
（2012年10月17日）

余　效　明

同志们：

大家好。今天，审计署在这里举办培训班，主要内容是部署2012年度城镇保障性安居工程跟踪审计工作，并结合审计工作方案进行有针对性的学习培训。城镇保障性安居工程跟踪审计是温家宝总理2011年12月29日听取审计署工作情况汇报时专门提出的要求。署党组对这项工作非常重视，审计长业务会议专门讨论研究了审计工作方案，这次培训班，社保司将进行专题讲解和培训，在此我先讲几点意见，供同志们参考。

一、提高认识，深刻理解城镇保障性安居工程的重大意义

新中国建立以后，一直到改革开放初期，我国实行的是低水平广覆盖的住房保障制度，在城市实行单位“福利分房”。1991年，国务院颁发了《关于全面推进城镇住房制度改革的意见》，首次提出了建设经济适用房的新思路。1998年，《国务院关于深化城镇住房制度改革加快住宅建设的通知》，第一次明确提出了构建新的住房供应体系，即为最低收入家庭提供廉租住房，为中低收入家庭提供经济适用住房，为中高收入家庭提供商品房，廉租住房、经济适用住房与住房公积金共同构成了住房制度改革后的新型住房保障政策体系，同时提出深化城镇住房制度改革的目标是：停止住房实物分配，逐步实行住房分配货币化；建立和完善以经济适用住房为主的多层次城镇住房供应体系；发展住房金融，培育和规范住房交易市场。2007年，国务院颁布《关于解决城市低收入家庭住房困难的若干意见》，标志着我国住房制度改革的重心开始转向城镇低收入群体。2007年以来，国务院及有关部门累计发布保障性安居工程政策法规文件超过40个，加快了廉租住房建设，全面推动了城市和国有工矿等棚户区改造，突出了公共租赁住房发展，初步形成了保障性安居工程体系。

近年来，各级审计机关围绕政府工作中心，对保障性安居工程连续进行了审计。审计署2009年至2012年组织特派办开展各类保障性安居工程审计（审计调查）共计4次，涉及2007年至2011年5个年度，对28个省（区、市）本级和49个城市进行了重点审计，向国务院上报重要审计信息12篇，出具综合报告3篇，其主要内容均被我署向全国人大常委会所做工作报告采用并向社会公告，引起较大的社会反响，取得了比较好的成效。此外，地方审计机关按照当地党委和政府的要求，切实加大了对保障性安居工程的监督力度，较好发挥了审计的监督和服务作用。现在，按照温家宝总理的要求，审计署决定组织全国各级审计机关对2012年至2015年城镇保障性安居工程实施跟踪审计。听到这个消息，可能有的同志就要问了，保障性安居工程已经审计了好几年了，有没有必要继续审计，并且还要连续跟踪审计4年？我认为，要回答好这个问题，需要从城镇保障性安居工程的重要性来认识本次跟踪审计的重大意义。

（一）城镇保障性安居工程是保障和改善民生，维护社会公平和谐稳定的民心工程。改革发展的根本目的，是不断提高人民群众生活水平和质量，这是我们一切工作的出发点和落脚点。现阶段，在人们衣食住行等基本生活需求中，温饱问题已基本解决，但住的问题还比较突出。住房是人的基本生存之所，我们讲，安居才能乐业。改革开放以来，我国住房发展取得了巨大成就，群众住房条件总体上得到显著改善。近几年，通过推进棚户区改造、公共租赁用房、廉租住房等保障性住房建设，又解决了一大批低收入家庭的住房困难问题。2008 年第四季度至 2011 年末，我国共开工建设保障性住房和棚户区改造住房 2300 万套，竣工 1200 万套。此外，政府还通过发放廉租住房租赁补贴方式解决了 1100 万户城镇低收入家庭住房问题，完成了 197 万户农村危房改造任务，我国住房保障覆盖率由 2006 年的不足 6%提升到 2011 年末的 10%以上。但是，我们还要看到，一些城镇中低收入家庭的住房保障还没有全部到位。另外，由于近年来商品房市场价格的攀升，使得相当一部分在城市工作的人员，特别是新参加工作人员、外来务工人员等难以在市场上有效地解决自身的居住问题。所以，“十二五”规划纲要提出要“加大保障性安居工程建设力度，基本解决保障性住房供应不足的问题”“城镇保障性安居工程建设 3600 万套”工作目标。加快城镇保障性安居工程建设，尽快形成保障性住房的有效供给，对于解决困难群众的基本住房问题，调节收入分配关系，化解社会矛盾，促进社会和谐稳定等方面均具有重要的现实意义。

（二）城镇保障性安居工程是推动经济结构调整，促进经济平稳可持续发展的重要动力。扩大内需是我国经济发展的基本立足点和长期战略方针，也是转变经济发展方式、提高增长质量效益的内在要求。当前，国际经济发展出现了新的不稳定因素，美国经济增长乏力，欧洲债务危机一直未能得到好的解决，从国内看，我国经济增长也处在转型时机，增长速度在放缓，有些地方还遇到了下行压力，经济发展的风险在增加。城镇保障性安居工程建设既能增加投资，解决城镇中低收入家庭的住房问题，又能带动消费，对扩内需、调结构、转方式具有重要作用。政府增加保障性安居工程建设支出，可以发挥乘数效应，发挥房地产业链条长的作用，带动大量社会资金投入住房建设，促进相关产业发展。群众入住保障性住房后，还会购买家具、电器和其他生活用品，直接扩大消费需求。解除居住的后顾之忧后，居民的消费信心和能力也会增强，从而增加其他商品的即期消费。2011 年，全国保障性安居工程投资超过 1 万亿元，约占城镇住宅投资的 25%，对保持合理投资规模，提高经济增长的稳定性和可持续性发挥了重要的支撑作用。

（三）城镇保障性安居工程是降低城镇化进程中人口转移门槛，推动城镇化有序稳步发展的迫切需要。当前，我国正处在工业化和城镇化不断发展的阶段，从今后经济发展的态势看，城镇化无疑是未来中国经济可持续增长的重要支撑点，目前，我国城镇化率刚刚超过 50%，国际上许多发达国家的城镇化率约在 80%，有的甚至超过 90%，与这些国家相比，我国的城镇化进程还有很大的提升空间。推进城镇化既蕴含了巨大的内需潜力和发展空间，又对住房保障等基本公共服务提出了要求。城市的发展，需要不同层次的劳动力群体，低收入和中低收入群众的基本住房问题，可能难以通过市场化的方式来解决。特别是随着城镇化进程加快，我国每年大约有 1000 万农村人口转入城市，他们大多数人从事的工作科技含量不高，收入偏低，在住房市场价格偏高的状况尚未根本缓解的情况下，如果没有一定的保障性住房供应，会给他们在城市生活增加困难。因此，实施保障性安居工程，可以为外来务工人员、新就业职工、大学毕业生提供保障性住房，为他们能够在城市安心生活和工作提供有利条件，促进城镇化的健康发展。

（四）城镇保障性安居工程是完善住房供应体系，满足群众基本居住需要的内在要求。保障性住房属于准公共产品，既有商品属性和经济功能，更具有民生属性和社会功能。现阶段在我国发展住房，必须平衡好住房的经济功能和社会功能，更加突出民生属性，把满足群众的基本居住需求放在首要位置。改革开放以来，我国实行的是社会主义市场经济体制，市场机制在资源配置，包括住房资源配置上发挥着基础性作用，实践证明，市场化改革极大地调动了各方面投资建设住房的积极性，在一定程度上极大地改善了群众的住房条件。但是，我们要充分认识到，我国是社会主义国家，人民政府有责任、有义务去保证最广大的人民群众能充分分享到改革发展的成果。城镇低收入家庭甚至一些中等偏下收入家庭经济能力弱，不具备在市场上购买商品房或租房的条件，通过市场的方式不可能解决所有群众的基本居住问题，需要政府按照责任政府、服务型政府的内在要求，保障这些家庭的基本住房需求。从世界范围看，政府对无力通过市场解决基本住房问题的居民给予保障和支持，是国际上通行的做法，英国有 20％的居民居住在公营廉租住宅里，日本公营住宅的保障对象群体是收入水平处于最低的 25％的阶层，新加坡有 85％家庭居住在政府提供的组屋中。所以，要妥善解决住房问题，需要在市场经济体制基础上逐步建立健全以政府为主导的住房保障体系，为中低收入家庭提供保障性住房，尽快形成政府保障与市场供应有机结合的住房保障体系。

二、理清思路，以高度的政治责任感做好城镇保障性安居工程跟踪审计

开展城镇保障性安居工程跟踪审计，是为了促进城镇保障性安居工程各项政策目标的实现。这项审计工作是当前及今后一段时间内全国审计机关的一项重要任务，各级审计机关要充分认识到这项审计工作的极端重要性。首先，这是法律赋予审计机关的重要职责。其次，这是国务院交办的一项重大任务。第三，这也是审计服务大局、服务于民生的具体行动。所以，各级审计机关必须坚持以科学的审计理念为指导，充分发挥审计在国家治理结构中的“免疫系统”功能，牢固树立大局意识和宏观意识，扎实做好城镇保障性安居工程跟踪审计工作。

我们认为，此次城镇保障性安居工程跟踪审计，要围绕“惠民生、稳增长、调结构”的政策要求，依法认真履行审计监督职责，加强对城镇保障性安居工程全过程的持续监督和制约，揭露和严肃查处重大违法违规问题，坚持从制度机制管理层面分析问题、提出建议，促进住房保障制度不断完善，为实现国家良治做出应有的贡献。概括来说，就是 36 个字“掌握基本情况、全面反映成效、揭示突出问题、深入分析原因、提出切实建议、促进整改提高”。

（一）掌握基本情况。主要包括三个方面的基本情况：一是掌握住房的基本情况。这项工作在技术层面不复杂，但工作量较大，特别是有的地方保障性住房类型较多，要掌握好住房的基本情况，包括各类保障性住房到底建了多少，投入使用了多少。二是掌握资金的基本情况。城镇保障性安居工程建设资金来源多，结构复杂，有政府性资金，也有社会资金，要掌握各类资金的收入、支出和结余情况，以及各级政府保障性安居工程支出占财政总支出的比重和增长变化情况。三是掌握制度建设的基本情况。要掌握各级政府及有关部门在健全城镇保障性安居工程管理制度，以及建立完善相关工作运行机制的情况，掌握各地加强管理、强化资金监督方面采取的主要措施情况。

（二）全面客观反映成效。近年来，党中央和国务院为改善民生和推动经济平稳发展，大规模实施保障性安居工程，各级政府不断加大对保障性安居工程建设的资金投入力度，大幅增加财政资金投入。2011 年度，全国各级公共财政用于住房保障支出达到 3 820.69 亿元，比 2010 年增长 60.7％，占全国公共财政支出的 3.5％，主要用于推进保障性住房建设和棚户区改造，加快推进农村危房改造和游牧民定居工程等。其中，中央财政安排用于保障性安居工程建设的补助资金从 2007 年的 71.9 亿元增加到 2011 年的1 432.57亿元，年均增长 111.3％。各级政府和有关机构按照中央政策，采取有力措施保障工程建设用地，减免各项税费，加大信贷支持力度，推动城镇保障性安居工程顺利实施。城镇保障性安居工程在加快经济发展方式转变、扩大内需和推进城镇化进程等方面均具有重要作用。各级审计机关要按照审计工作方案的要求，以“全面、准确、客观、如实”为原则，在事实的基础上，量化评价指标，从总体上客观全面反映城镇保障性安居工程取得的主要成效。

（三）重点揭示突出问题。审计工作要有成效，必须做到“心中有全局，手中有重点”。此次城镇保障性安居工程跟踪审计有全国 37 个地方审计厅（局）和 18 个特派办，这么多的审计机关参加的一项审计工作，如果重点不明确，就难以揭示突出问题，就难以体现总体特征。确定今年跟踪审计的重点，主要是考虑到中央对保障性安居工程的部署要求，结合近年来我署几次对保障性安居工程审计中发现的问题。今年的审计工作方案确定了四个重点：一是以促进规范管理、保障资金安全为出发点，揭露和反映城镇保障性安居工程资金筹集、管理和使用中存在的问题。二是以促进城镇保障性安居工程目标任务完成为着眼点，揭示和反映目标任务分解完成中存在的突出问题。三是以促进提高保障性住房工程质量为目标，揭示和反映各类保障性工程建设管理特别是工程质量的突出问题。四是以促进保障性住房分配的公平性为落脚点，揭示和反映保障性住房分配、入住、使用管理和退出机制中存在的突出问题。

（四）分析原因提出建议。对城镇保障性安居工程存在的问题，要结合实际深入分析问题产生原因。比如在制度方面的原因，要具体分析是制度缺失的原因，还是现行制度缺乏有效衔接，或者是制度涉及的工作机制存在问题。前一段时间，河南省审计厅公告中关于保障性住房空置率较高的问题，引起社会和国务院领导的高度关注。特派办也曾多次反映过此类问题。我们在审计中不仅要看现象，还要对产生问题的原因进行分析，是当地目标任务申报下达不科学不合理，还是保障性住房配套设施不完善影响群众入住，或者保障性住房租金水平超出保障对象经济承受能力。在对问题原因分析的基础上，各级审计机关要在深入研究我国住房保障改革的历程、现状的基础上，结合各地好的经验做法，参考借鉴国际主要国家保障性住房建设运营的成熟经验，从全局和长远，从体制、机制、制度方面对保障性安居工程提出有针对性、操作性强的建议，为政府决策提供参考。

（五）督促整改促进提高。城镇保障性安居工程审计是一次跟踪审计，各级审计机关在跟踪审计过程中要重视问题整改工作，充分发挥审计的建设性和预防性作用。一是要及时跟踪审计发现问题的整改情况。对涉及住房分配、工程质量等问题，要督促有关单位整改到位。二是要关注被审计单位是否健全完善相关制度。积极促进相关单位健全制度、堵塞漏洞、强化管理，防止此类问题重复出现，促进保障性安居工程不出问题、少出问题，至少不出大问题，切实提高跟踪审计的监督效果。

三、周密部署，全力抓好城镇保障性安居工程跟踪审计组织实施

城镇保障性安居工程关系到千家万户的切身利益，党中央、国务院、各级党委政府、全国人民都高度重视和关注此项工作。如果审计机关没有完全履行职责，导致重大问题未能发现，审计机关就是失职。所以，我们一定要提高认识，周密部署，全力以赴搞好审计组织实施。

（一）要精心组织。今年的城镇保障性安居工程跟踪审计，时间紧，任务重，涉及面广，所以，要按照“统一组织领导，统一审计工作方案、统一标准口径、统一审计报告和统一处理原则”的要求组织好项目实施。这项工作由审计署统一领导，审计署社会保障审计司负责具体组织、协调和指导。审计工作方案由审计署统一下达。各地可以制定具体和详细的审计实施方案，但不能与审计署的工作方案和报表相冲突。这次的工作方案和报表，对整个口径、标准、时间和范围都做出了统一规定，各级审计机关必须严格执行，不能随意减少指标，对某些指标或标准不清楚的，可以逐级反映，但不允许随意解释、自行规定标准或口径，否则难以汇总形成全国的整体数据。各省要按照统一的报告框架和处理原则，撰写审计报告和下达处理处罚意见。各地要根据工作需要，配备数量充足、专业结构合理的审计人员，同时，要切实加大审计经费保障力度，确保此项工作顺利实施。

（二）要加强管理。主要有五个方面的要求：一是加强质量管理。各级审计机关要认真执行审计法、审计法实施条例和国家审计准则等法律规范，加强现场审计质量控制。对因组织实施不当造成重大质量问题以及在审计过程中瞒报重大问题等，要追究有关人员责任。二是加强审计报表填报工作管理。从审计署组织的地方政府债务、社会保障资金等全国性审计项目的情况看，审计报表的填报质量对最后报告质量有决定性的影响，各级审计机关要高度重视审计报表填报工作，把报表填报工作作为一项重要的基础性工作来抓，严格按要求如实填报审计报表，审计报告反映的问题和数据必须来源于审计报表并保持一致。三是严格重大事项报告制度。审计发现的重大违法违规问题或重大犯罪案件线索，以及跟踪审计中的重大事项应及时向本级政府和上一级审计机关报告。四是加强公告管理。各级审计机关要按照政府信息公开的规定和审计署的统一要求，对社会公告城镇保障性安居工程跟踪审计结果，地方审计机关公告之前必须报上一级审计机关审核同意。五是加强纪律管理，加强廉政建设和保密工作。审计人员要严格遵守审计纪律和有关廉政规定，维护审计机关良好形象；严格遵守有关保密规定，不得擅自对外公布审计情况或审计信息，防范可能产生的不良影响。

（三）要健全机制。一是建立健全部门间联动机制。各级审计机关要主动加强与当地住房建设、财政、发展改革等城镇保障性安居工程管理部门的沟通和协调，争取他们对审计的支持。审计中发现不属于审计处理范围内的重大问题，要及时商有关部门处理，发挥监督合力。二是强化协调配合工作机制。特派办和省级审计机关可以成立工作协调机构，加强协调沟通和配合，共同组织实施审计，做到资源共享、信息互通、相互支持、上下联动。三是建立业务监督检查机制。审计署将采取了解情况、现场指导等方式，对各级审计机关及时进行指导和检查，重点检查各地是否严格按照审计工作方案的要求开展跟踪审计工作，对跟踪审计工作不力的，或者审计质量存在重大问题的，将在一定范围内予以通报。

最后，我想借今天的机会和大家谈一谈社会保障审计的发展和创新问题。从 2004 年以来，我分管社会保障审计已经 8 年了，亲身感受到社会保障审计从小到大，从弱到强，不断创新发展壮大，先后圆满完成了国务院领导交办的 2006 年上海社会保障专案和三项社会保险基金审计、2007 年住房公积金审计、2008 年低温冰冻灾害和汶川地震救灾资金跟踪审计、2010 年新农保新农合审计，以及 2009 年至 2012 年的保障性住房审计，都取得了良好的社会效果。今年，按照党中央、国务院的部署，审计署组织全国审计机关 4 万多名审计人员，对 31 个省、5 个计划单列市本级及所属市、县三级政府和新疆生产建设兵团管理的 18 项社会保障资金进行了全面审计，成为社会保障审计历史上值得纪念的重要事件。从国家经济社会发展的历程上看，中国改革开放 30 多年间，我国经济社会发展的重心是促进经济快速发展，奠定国民经济发展的物质基础，建立起适应经济发展的市场和制度基础。下一个 30 年的经济社会发展目标，是要全面建设小康社会、走向共同富裕，发展的重心将转移到加强社会管理，构建和谐社会，促进经济社会全面协调可持续发展上来，体制改革的重点将放在以保障和改善民生为重点的社会建设等相关领域。可以预计，未来社会保障审计将迎来一个重要的战略发展机遇期，各级审计机关必须应势而变，科学谋划社会保障审计的新思路，深入研究社会保障审计的新方向，着力争取社会保障审计的新成效，开创社会保障审计的新局面。

2012 年的城镇保障性安居工程跟踪审计工作即将开始，希望大家工作顺利，取得更大的成绩，也祝愿大家身体健康，心情愉快。谢谢大家！

要进一步深化外资审计

——在2012年全国外资审计视频会上的讲话

（2012年2月15日）

孙宝厚

大家好！为深入贯彻落实全国审计工作会议精神，我们召开此次外资审计视频会。借此机会，我主要讲两个方面。一是2011年我们圆满完成了外资审计任务。二是2012年在此基础上，要进一步深化外资审计。

一、2011年我们圆满地完成了外资审计任务

2011年，全国外资审计人员积极进取、勤奋工作，圆满地完成了外资审计任务，这可以从五个方面来概括。

（一）如数按时完成了审计任务

审计计划安排的所有审计项目，除个别项目商有关部门同意后稍有推迟外，均已按时完成。全年共完成外资审计项目420个，出具审计报告437份。其中：无保留意见审计报告411份、有保留意见审计报告26份。从承担任务的单位来看，省级审计机关共出具审计报告337份，审计署外资司、外资中心和特派办出具审计报告100份。

（二）高质量地完成了审计任务

所谓质量高，主要体现在三个方面：一是没有听到有关我们审计质量不好的反映。二是我们所服务的对象，世界银行、亚洲开发银行等国际组织，都以不同形式称赞我们的审计质量。三是无论从我们平时掌握的情况，还是从外资司和外资中心对外资审计质量的检查情况来看，审计结果和审计实施过程的质量都有明显提高。

（三）规范地完成了审计任务

外资审计多年来强调规范。2011年也一样，在扎扎实实地推进规范化操作方面下了很大功夫。同时，特别做了三件事。一是开展集体谈话，通报2010年审计质量检查发现的问题，并且跟踪检查整改情况，总体效果比较好。二是集中部分业务骨干，对外资审计报告模板、审计操作指南进行深入研究，做了进一步修订和规范。按照审计署的安排，2011年开始分行业制定审计指南。据我所知，现在完成初稿的只有外资审计指南，这是我们做得很好的一项工作。外资审计指南率先修订完成，也说明外资审计在规范化方面有多年的实践和经验积累。三是2011年外资司和南京特派办共同实施的国家外汇管理局外债管理情况审计项目荣获审计署优秀审计项目。这是一个典型，也从一个侧面表明了外资审计操作是规范的，审计质量是高的。

（四）创新性地完成了审计任务

外资审计人员勤于实践、勤于探索，在审计组织模式、审计程序、审计方法和审计信息利用等方面都有不少创新，有的也形成了一些总结材料。如外资司认真总结多年开展绩效审计的实践经验，研究构建一套适合于国外贷援款项目的绩效审计指标体系，并且在近年的绩效审计项目实践中加以运用，对规范绩效审计行为，统一绩效审计评价标准和内容，探索中国特色绩效审计之路是一次很好的尝试。

（五）高效协同地完成了审计任务

外资审计不是外资司一家在做，也不是哪一个省级审计机关或特派办在做。外资审计有一个很大的特点，就是需要互相配合，协同作战。2011年，正是由于大家协同配合、互相支持、共同努力，我们才圆满完成了外资审计任务。在这里，我要特别地感谢大家！

二、2012年我们要进一步深化外资审计

外资审计任务计划已经下达，怎么完成？总的要求是要贯彻全国审计工作会议精神，一如既往地圆满完成外资审计任务。如果要提要求的话，简单说就一个词“深化”。分解开来，用三个词表达，就是“深化、规范、提高”。

（一）深化审计内容

外资审计每年审计的项目基本上就是这么多，范围就是这么大，可能有的人会有些懈怠，甚至厌倦，觉得似乎不太容易出成绩。但说老实话，我们审计的项目不少、范围不小、任务不轻、责任很重，面临的风险很大，要出成果、出政绩的潜力也很大。关键要在深化审计内容上做文章。如何深化？请大家关注以下六点：

一是对被审计的具体单位和审计事项，要突出重点、兼顾一般、不留盲区。我们审计的单位数量很多，没有重点是不行的。但是如果长期突出重点，年年都是这几个重点，就可能留有盲区，其他单位就可能会出问题。与别的项目审计不同，外资审计项目每个都在我们的审计范围之内，每年都要审计，不应存在盲区。所以，深化外资审计内容，既要突出重点还要兼顾一般。从长时期来看，每一个项目都要审计若干年，请大家一定不要留盲区。如果有具体单位或子项目长时间没有审计，那是绝对不行的。

二是对被审计单位，重在审计项目部分，同时兼顾非项目部分。项目本身在一个单位只是一部分，是局部的，审计往往会涉及非项目部分。如果我们只重视了项目部分，没有考虑非项目部分，而问题可能就藏在那里。审计后这个单位再暴露出问题，我们同样可能负有责任。所以，我们在加强对项目部分审计的同时，要考虑非项目部分。

三是审计的目标，重在真实性和合法性，同时要兼顾效益性。更进一步说，要在重视真实性的基础上，切实兼顾合法性。外资项目多年来连续审计，查出来的违法问题并不是很多。这说明我们审计起了很大作用。正因为有了审计，有关单位和个人不敢违法。或者说，一旦有了违法的苗头或倾向就被我们发现，所以不至于出现大的问题。但是，从另外一个角度看，从我们检查的情况也发现，其实并不尽然。还是有的问题我们没有发现。为什么连续审计了好多年没有发现问题，别人来一查就发现了？这就说明我们对审计目标的考虑不周全，没有真正全面揭露违法违规问题。这里面还是有风险的。

四是从内容上重在财务审计，同时要兼顾对业务和其他事务的审计。外资审计，特别是从公证角度看，要对项目的有关报表发表意见，主要审查财务事项。但是，一个单位的财务只是一个侧面，和其他业务和事务都有密切的联系。审计时不能就财务论财务，要兼顾对业务和其他事务的审计。这就要求我们不仅要有财务的知识，也要有其他的业务知识，要真正对被审计项目和被审计单位有全面而且比较深入的了解。

五是从宏观着眼、微观入手，同时兼顾满足对宏观和微观的审计需要。外资审计虽然是对单个项目进行审计，但我们是国家审计机关，在满足各个项目审计的同时，要从宏观上考虑问题。要促使有关部门制定和完善规章制度，促使国家宏观政策的落实，要从总体上为利用外资创造良好的环境。正因为如此，才需要我们在出具审计报告的同时，收集、反映一些综合的信息。如果不从宏观着眼，很难满足这两方面的需要。从我们实际情况看，从微观入手，满足微观的需要，多年来做得比较好。但是从宏观方面看，还有很大的提升空间。

六是要调整角度，创新方法，对常规性和非常规性的内容进行审计。这些年我们发现，特别是在其他领域，非外资审计项目中有一些问题的发现，都是因为采取了一些超常的方法。我最近听到一个事情，我觉得外资审计人员完全应该做，也能做得到，但是我没有听到我们这样做过。在审计一个外国援助培训的项目时，审计人员回来汇报说，该项目是假的，套取了国外资金，但培训班没办。该项目的项目协议、会计资料、办班计划、通知，人员报到、住宿和报销的凭证，外国人领取讲课费的签字等资料都有，凭什么说是假的？审计时审计人员根本就没审查这些资料，而是直接到出入境管理局查看出入境记录，发现这几个外国人根本就没来过中国。所以只要经常调整角度、创新方法，好多问题就能迎刃而解。在这些方面，要更多地发挥年轻人的作用。年轻人潜力非常大，知识面很宽，想法和办法也很多，

要特别倡导、鼓励年轻同志在这些方面多琢磨、多创新、多下功夫。

（二）规范审计操作

2012年，要继续抓好外资审计规范工作，全面规范外资审计的各个环节。

一是规范审计结果。把平凡的事情做好就是不平凡。出具审计报告这个事情好像很简单，年年都在做，没有什么问题，其实不见得。审计报告应该如实、有用、规范、易懂。"如实"就是要如实反映实际情况，是什么就报告什么。审计报告，包括各种类型审计信息，一定要对相关使用者有利用价值。这就叫"有用"。否则，就等于废品，毫无意义。所谓"规范"，即报告内容和形式要规范。"易懂"，最终是为了让人容易看懂。要做到这些并不容易。大家可以把我们历年已经出具的报告再拿出来看看，先不管这些报告实质上是不是反映了事物的本来面目，只看这些报告本身是否规范，里面有没有错别字，翻译是否准确。可能会找出不少不规范之处。可能有人觉得，规范审计报告更多的是在做表面文章。但是，如果我们连这些表面文章都做不好，实质能做好吗？如果审计报告有瑕疵，说审计质量很高谁信啊？我在这里给大家说一个"酒与污水"定律。一桶污水里面加一滴酒，成不了酒，还是污水。但如果有一桶酒，只加一滴污水进去，就不是酒，而是污水了。也就是说，审计做得再好，包括审计报告，总体上很好，但是如果其中有瑕疵，那还是不行。这就相当于很好的酒里面加入了一滴污水，还有人喝吗？这东西质量好吗？想想这个道理，我们报告的质量是不是很重要，是不是应该规范？

二是规范审计过程。光有规范的结果还不行，前提是要有规范的审计操作过程，也就是要按规范、按要求办事，按准则操作，保证过程本身没有问题。过程没有问题是结果没有问题的基础。规范审计过程要注意两点，一是无过就是功；二是力求有功，亦求无过。可能大家都认为，我们年年例行公事，出了一堆报告，好像没有什么重要审计信息，一考核也没有成绩。但我认为这种想法不对。外资审计不出错就是功。过去我们常说，外事无小事，外资审计也是外事。只要本身按程序操作，没有过错，就是圆满完成任务。我们在力求有功的同时，还要亦求无过。我们有的人特别注意重要审计信息，特别注意要取得政绩。但是在这个过程中，如果有瑕疵，有差错，质量出了问题，甚至造成严重后果，那就是有过。最近署里要出一个案例汇编。我希望大家看一下。汇编中分析了9个案例，基本上都是不成功的，有问题的，而且是在立功的过程中有了过的案例。请大家务必引以为戒。

三是规范审计整改。我们这几年一直说跟踪审计，比如说汶川地震、奥运会、世博会的审计等，这是一种很好的方式。外资审计过去叫例行审计，其实就是跟踪审计。那么如何规范整改？这方面我们要有新要求、新探索、新规范。审计发现并揭示的问题，不能年年说，年年都不改。如果这样，那还要审计干什么？如果相关单位作了相应整改，又如何反映？如何体现审计成果和被审计单位的整改情况？请外资司今年组织大家研究探索，最终要有新的规范出台，力求有所深化、有所前进。希望通过我们的审计，保障这些外资项目不出问题、少出问题、至少不出大问题。不要经过若干年审计，还有问题甚至还有大问题。就像刚才说的汇编中那些不成功的案例一样，就算别人不说你，我们自己能心安理得吗？

（三）提高审计水平

规范审计操作、工作不断深化，同时意味着要不断提高我们的审计水平。提高审计水平的范围很广，这里我主要提四个方面。

一是提高审计质量。换句话说，就是要想方设法控制审计风险。审计质量是审计工作的生命线，是审计工作发挥作用的基石，其重要程度毋庸赘述。前面我也提到，外资审计工作比较规范，质量较好，但也还存在有待改进的方面，还有一定的风险。大家一定要时刻警醒，采取切实有效措施，控制风险，提高质量。审计过程和审计结果的质量都必须关注。

二是提高审计效率。提高效率，就是能使同样的人做更多的事，或者把现有的事情更快地做好。提高外资审计效率，要在加大审计深度，扩大审计覆盖面，提高审计频率等方面下功夫。审计深度和覆盖面问题，在刚才讲的深化审计内容部分已有所涉及，这里不再多说。提高审计频率，可以采取"一年审多次，多次审一年"的方式来解决，利用好下半年的时间。

三是提高资源整合和信息综合利用的水平。我们要在调配资源、形成合力方面做更多的工作。相互之间要交流情况、沟通信息、利用成果。充分发挥信息的作用，多出审计成果。各地方审计厅（局）、各个特派办审计后，都有不少信息。但是，这些信息很难被别人分享，就在一个地方、一个省里，最多报到省里有关领导那里。外资司今年要更多地做这方面的工作，要把大家的信息很好地利用起来。审计署了解相关信息也可以督促被审计单位整改，使我们形成合力，有利于问题的解决，这是一方面。另一方面，一个地方发现了某个问题，可能别的地方也有类似的情况，那么我们就可以告知其他地方，也从这个角度来发现问题、解决问题。另外，把分散的信息汇总起来就可能形成一个总体概念，才便于我们在宏观上发挥作用，以促进有关部门完善有关政策和法规，改进有关管理制度，创造更好的环境。我们都是审计机关，是一个系统，目的都是促进项目执行，促进外资利用，只有形成合力，才能更好地发挥作用。所以，不要认为信息不方便提供。信息的综合利用也要有一个机制，大家怎么报，署里怎么用，采用后怎么体现大家的成绩等等。多少年来，这个问题解决得不是太好，我们要进一步做些工作。

四是提高人员素质。我们现在常讲要贯彻落实科学发展观，怎么贯彻落实？我觉得最关键的是要有科学的人。什么是科学的人？这个人起码要有科学理念、科学知识、科学素养和科学思维方式。所以在做好工作的同时，或者说为了把工作做好，我们外资审计人员自身的审计素质要有一个较大的提升。怎样提升我们的素质？要学习、要实践、要研究。实践没问题，大家都很忙。但是不是很注意学习，很注意搞研究了，我看不一定。有的人是学了，但所学的内容跟实践的需要不完全一致。有的人搞研究了，但琢磨的是别的事情。希望大家围绕外资审计，在实践的基础上，立足于实践需要和工作改进来学习相关知识，研究相关问题。关于学习，可学的、需要学的太多。这里，我建议大家学一下“价值链管理”。要学会在很长的链条中，找出最关键的、价值最大的一个或几个环节。区分哪些是重要的、哪些是不重要的，不重要就可以少下功夫或是不下功夫，重要的环节要紧紧抓住。我们也要根据每个项目、每个年度的情况，在“价值链管理”理论的指导下，分析一下外资审计工作的链条。看看要保证质量，多出成果，应该在哪些环节下功夫。和这个类似，还要学一下“木桶理论”。就是一个木桶能盛多少水，取决于最短的那块板。分析一下，哪个人、哪个项目、哪个环节是我们最短的那块“板”？有针对性地予以提高、拉长和弥补，这样我们的工作才能做得更好。另外，前几年说的“二八”定律和刚才提到的“酒与污水”定律也可学一下。我看了两本中医谈保健的书，从改进审计工作角度，我认为中医的书也有借鉴价值。这两本书上说，西医是治病的，中医是治人的。西医是从局部看问题，中医是从整体看问题。审计也一样，在看局部的基础上，也要学会从整体上看问题。关于研究，大家不要为研究而研究，要立足于工作实际。要善于发现问题，研究问题，而且要把这些问题解决了。我希望今天在座的搞点研究，写点东西。我曾经讲过，要日读千字、月写一文、年有提高。希望外资审计人员，至少在座的厅长、特派员、处长，每年至少写一篇文章，而且要达到发表的水平。如果老干活而不琢磨，怎么能深化呢？只有盯着问题去研究、去琢磨，才能深化。希望大家在研究问题和写作方面，包括文字表达方面，要真正下功夫，要有一定提高。另外，还要特别强调，要立足实践、总结经验。说得绝对点，有时总结比干活更重要。这话不一定对，不过还是希望大家把这话记下来。聪明的人是不犯别人犯过的错误，一般的人是不犯自己犯过的错误，笨人才老犯自己犯过的错误，原因就是不善于总结或不会总结。其实，多年来我们有很多很好的经验，一定要认真总结，而且要让大家分享。如能这样，我相信外资审计一定能不断深化、不断规范、不断提高。

希望2012年外资审计工作做得更好。祝各位身体健康，心情愉快！谢谢大家！

在2012年财政审计视频培训班结束时的讲话

（2012年10月12日　根据录音整理）

侯　凯

同志们：

今天，财政审计培训班就要结束了。培训期间，刘家义审计长做了非常重要的讲话，他分析了当前财政审计工作面临的形势、财政管理中存在的突出问题，财政审计工作存在的六个“不适应”问题，提出了今后财政审计工作的发展方向。刘家义审计长的讲话对今后进一步深化财政审计工作具有重要的指导意义，希望大家认真地学习领会。培训期间，财政司、农业司、金融司的同志还就今年的方案进行了讲解。会后，财政审计协调领导小组办公室将根据大家的意见对方案作进一步修改和完善，争取尽快下发。请各单位先按照这次会议的精神进行布置和安排，争取下周把审计通知书发出去。

下面，我就如何贯彻落实刘家义审计长的讲话精神，做好今年的财政审计工作，强调三个问题。

一、财政审计要在推进财政管理制度改革中发挥更大作用

昨天，刘家义审计长在讲话中分析了当前财政管理中存在的突出问题。这些问题从国家治理的角度来看，都是根本性的问题。比如，财政权力的划分和财政权力的保障问题、财政转型与建立统一完整的国家财政的问题、当前发展与战略全局的问题、如何解决历史遗留问题、财政政策与货币政策的协调配合问题，等等。所有这些问题都是当前财政审计必须重点关注、重点解决的问题。在这方面，作为从事财政审计的人员应当有危机感、责任感，有忧患意识。我认为，至少应该从以下三个方面认真进行思考：

（一）财政权力的主体问题。财政权力主体问题，归根结底就是财政权力到底是谁的。过去我们在这个问题上一直是很模糊的。比如现行的预算法开篇第一条就规定：“为了强化预算的分配和监督管理，健全国家对预算的管理，加强国家宏观调控，保证经济和社会的健康发展，根据宪法制定本法”，在这里的财政权力主体使用的是“国家”的概念。虽然国家的最高权力机关是人大，但日常生活中，不仅老百姓认为政府等同于国家，就是我们政府部门的同志也认为我们是代表国家履行职责的。所以，长期以来，对政府行政部门的授权过大，而且缺乏控制和监督，造成人大权力的虚置。在这次讨论修改预算法过程中，大家对这个问题提了许多很尖锐的意见。过去我们谈的是人大、政府、财政部门的权力，这次在讨论修改预算法时，谈得最多的是公民、人大、政府的权力，这是一个很大的变化，需要引起关注和思考。

（二）财政权力的保障问题。预算应该有一个充分讨论的过程、博弈的过程，有人做加法、有人做减法，最后达到一个平衡。现在的预算报告、预算报表，代表们根本看不懂。为什么看不懂？主要是我们现在的预算报告、预算报表不够细化、透明度太差。如果不通过审计，我们审计人员也看不懂。几千亿元、几百亿元的资金，就在一个科目里反映，谁能看明白？所以，细化预算、增强透明度是保证人大的监督权，保证政府的预算管理权。

（三）财政体制问题。按照预算法的规定，财政体制是由国务院决定后报人大备案。目前财政体制的问题非常突出，基层财政困难、财权事权不统一、运转经费不足、民生支出难以保障，大量的支出靠转移支付，而转移支付又不规范，需要基层“跑省进厅”“跑部进京”。

当然了，财政的问题远不止这三个，但仅就这三方面而言，我们就不难看出，财政的问题是经济体制、政治体制的一个综合反映，涉及公民、人大、政府的权力和责任，涉及各级政府之间的财政权力和支出责任，涉及人大、政府、财政部门、预算执行单位之间的权力和责任。所以，有的西方学者说，财政制度不亚于议会制度，不亚于政党制度，把财政制度看得很高。从一定意义上说，解决财政的问题也是长期的、复杂的。从这些年我国财政改革的情况看，应该说是有进步的。但是从近些年财政改革的进程来看，往往是一遇到关键问题会步履维艰。比如，1992 年就提出要建立国有资本经营预算，20 多年过去了，还是没有真正建立起来；1994 年建立分税制财政体制时，就提出要建立规范的转移支付制度，减少专项转移支付，增加一般性转移支付，但是这么多年过去了，问题不但没有解决，反而越来越严重。这里面主要还是因为有部门利益。为什么说审计要在推进财政管理制度改革中发挥积极作用，因为审计没有自身的利益，而且在审计过程中，我们对问题的感受很深，能听到、也听得进不同的声音、不同的意见。从长期的财政审计实践看，只有推进改革才能够解决问题。当前财政的问题很多、很复杂，表现各异，历史的、现实的问题都纠结在一起。面对这种情况，财政审计不可能四面出击、面面俱到，要抓主要矛盾。短期内要集中力量揭示反映一些影响全局的问题，比如说财政体制问题、完善预算体系问题、支出标准预算定额问题。在这些关键的问题上，我们要建言献策，促进财政管理制度进行改革，推动实现国家的良治。

二、今年的财政审计工作任务艰巨繁重，需要大家全力以赴

与往年相比，我觉得今年的财政审计任务是非常重的。从总体上看，今年的财政审计工作至少要研究两个新题目：一个是财政体制调查，一个是从科目入手进行财政审计。

（一）关于财政体制调查。

这次财政体制调查意义非常重大。这里着重强调的是，财政体制调查内容非常复杂、难度很大，搞不好会前功尽弃，因此需要大家高度重视，通盘考虑，上下联动。那么复杂在哪儿？难在哪儿？我谈一下自己的思考。

体制问题看起来简单，泛泛而论谁都可以说上几句。但是，要说明白非常不容易，提出科学合理的改革建议更难。这些年我也一直在关注理论界、主管部门的研究。非常遗憾，绝大多数都是操作性不强，定性的研究多、定量的研究少。比如，事权怎么划分、支出责任怎么确定？财权怎么划分？中央集中度到底是多少合适？县里、市里、省里、中央各自应当有多少事权？都是泛泛而论。理论上说是涉及宏观的事项归中央、涉及辖区内的归地方，但是实际执行下来，都是“全权”政府。但如果仅仅只做定性分析，不做定量分析，只是谈谈大道理，没有具体的行动蓝图，对审计工作而言，肯定是不行的。因为审计不仅要指出问题，关键是还要提出解决问题的办法。而从审计的角度揭示财政体制问题，切入点的选择非常困难。比如说事权，简单定性都好说，上下同构，谁都可以说，一旦需要定量就非常困难，用什么数据来支持你的观点？搞体制调查难就难在这儿。所以，这些年我们一直没有触碰财政体制问题。

财政体制涉及的内容非常复杂，包括三个层面的问题：第一，事权的划分；第二，财权的划分；第三，转移支付目标的确定。这三个问题需要递进解决。只有划分好了事权才能划分财权，只有财权、事权匹配了，才能确定转移支付的目标。因为转移支付实际上是财政体制的修正机制，主要解决两大问题，一是中央交办的事项，二是有“溢出效应”的项目。由于在 1994 年分税制财政体制改革时，为了尽快搭建起新的体制框架，回避了一些棘手的问题，采取了一种渐进式的改革方式。比如事权划分的问题就回避了，现在的事权与 1994 年改革前的事权基本差不多。还有一个问题就是省以下的财政体制问题。中央与地方实行的是分税制的财政体制，省以下到底实行什么体制，从分税制改革的相关文件看，规定得不是太清晰。再一个是转移支付的规范问题。实际上就把过去补助地方支出整个搬过来，移植成了转移支付。当时的说法叫：存量不动动增量，不动地方既得利益，寄希望于通过以后财政收入增量来进行调整。这种改革就带来了一系列的问题，如事权不清晰、财权不合理、转移支付的目标不明确。转移支付就成了一个应急机制，代行了体制的职能，哪儿出“窟窿”，哪儿就“打补丁”。实际上，我们这些年搞转移支付资金审计，心里很清楚，转移支付的问题不是转移支付本身能解决的。前些年财政审计的一个原则是立足现行体制、着眼于完善转移支付，但是现在这个问题回避不了了，问题变得越来越突出，必须解决。深化财政体制改革需要突破三个方面的问题：

第一，关于事权和支出责任的划分。目前我国是五级政府，在事权上除了外交、国防外，上下一般粗。这种状况与分税制原则肯定是相悖的。因此，我们搞财政审计调查需要突破的第一个问题，就是事权的划分问题。首先要把问题揭示出来，要用数据说明问题的严重程度。要说明上下事权同构到底违反了什么、有什么危害。其次，要提出科学合理地划分事权和支出责任的建议。要用数据说话，不用数据说话就不能叫审计。

第二，关于财权的划分。分税制财政体制有内在要求，有一些需要遵循的基本原则，比如，强调分级管理、强调财权和事权的匹配，强调每一级应当有主体税源。与这些要求、这些原则相比，目前我们的体制存在很多问题。事权和财权不匹配，一些县和基层 70%以上的支出需要靠上级转移支付，这种状况已经不是分税制了。所以我们对“财力和事权相统一”的提法一直持不同意见。因为统收统支就是要财力和事权相统一，包干的体制也是这样，这不是分税制的核心和原则。为此，需要我们重新研究中央财政的集中度控制在多少合适，这是一个非常关键的目标。分税制财政体制在设计时，其中有一个目标，就是要提高中央财政在全国财政收入中的比重。当时的提法是中央财政收入要达到 60%，现在达到 52%了。这些年回过头来看，这个比重恐怕有一定的问题。财政收入在 5000 亿元的时候，中央集中 60%可能是合适的，如果财政收入达到了 12 万亿元，再集中这么多，恐怕就不太合适了。一方面转移支付是需要成本的，另一方面财权和支出责任脱节，责任感就要下降。例如，同样是 100 万元，如果放在县里安排，可能要上常委会，要精打细算；但如果拿到中央，小数点后面就给忽略掉了。同样也是这个道理。对地方来讲，上面来的钱，尤其是专款，在下面花的感觉和花自己钱的感觉不一样。部门认为，这个钱是我争取来的，你们不要管。政府也有这个感觉，认为是部门从上级争取来的钱，管得太多，会影响部门争取上级资金的积极性。所以搞体制改革需要突破的第二个问题就是财权的问题。

第三，关于如何建立规范化的转移支付制度。对转移支付制度我们不陌生，这些年我们都在搞这方面的调查。问题大致可以归纳为三个：一是目标不明确。转移支付应该是政策目标非常明确，但是目前转移支付在很大程度上解决的是体制上的问题，因而在目的上、目标上不清晰，有些专项转移支付的目标还是逆向调节。过去我们揭示过这样的问题，比如说关闭破产企业，这边下达关闭破产的资金，那边下达更新改造的资金。二是结构不合理。一般性的转移支付比重过低，专款的比重过大，而且项目设置过多、过滥，项目交叉、部门的职能交叉，这个问题非常突出。可能有些同志也会有疑问，体制问题那么复杂，能不能把专项转移支付的结构调整了，以一般财力性补助的形式下达，不就解决了吗？现在看来不太可能，钱只要到了中央了，哪个部门都在争权力，你不管怎么压都压不下去。所以，指望在上面优化转移支付的结构不太可能，只有通过体制来解决这个问题。三是管理不规范。主要是不公开、不透明。现在本级预算的公开应该说一天比一天好，逐步从类、款公开到项，但转移支付的公开、透明不够。转移支付年初就没有编制分省的、分项目的预算，都是在执行过程中来分配，而且不能完整纳入地方的预算，也就脱离了地方政府的管理和地方同级人大的监督，这个问题非常突出。

因此，搞财政体制调查不是轻而易举的事情，希望引起大家的重视，财政司首先要切实负起责任来。现在审计工作方案虽然发下去了，但一些表格、一些数据、一些观点还要反复推敲，还要与各特派办的同志一起来研究和完善。

（二）关于科目审计。

从科目入手审计，这是我们今年的新题目。简单地说，科目审计就是按照科目组织财政审计，并最终汇总预算执行的报告。以往我们的审计要么按照部门组织，要么按照专项资金来组织，最终的审计结果报告和工作报告也是按照这个架构来搭建的。这种做法适应审计机关的内部组织结构，比较好操作。但是，随着财政审计逐步深入，弊端也日益显现出来了，主要表现两大弊端：一是无法对支出数字进行确认；二是无法对支出的政策效果进行评价。按照通行的做法，财政审计的首要任务是确认数字。各国的审计法都有这个要求，要证实财政支出的真实、完整、准确。各国的审计报告都有一页，要对政府的收入账目、基金账目签署意见，要写"截止到某年某月资产负债表、损益表已经根据财政条例、会计准则进行编制"。由于我国审计法没有这个规定，我们这些年来对预算执行情况进行审计一直回避这个问题。但是，今后从审计的发展来看，人大肯定会提这方面要求。现在审议报告时，有的委员经常会问审计查出的这些问题和国家的决算到底是什么关系，要不要调整。所以，我们要早做准备，今年就是一个尝试。实际上，这些年我们也在尝试。比如，对部门决算草案进行审签，在部门的审计过程中，我们对预算执行的结果和预算要进行比较，专门有一张表，但是做得比较粗糙，尤其是对财政决算的整体而言，还没有针对每一个科目进行核对检查、综合评价。为什么没有做到？有两方面的原因：

第一，人力、时间不允许。因为 3 月初财政预算执行和决算数字才出来，我们 5 月底就要提交审计结果报告，6 月底就要给人大提交审计工作报告。为解决这个问题，在现有的条件下进行探索，财政审计协调领导小组、财政司、农业司反复研究、反复比对，选择"211"科目作为今年的审计项目，主要有几个考虑：一是能够紧扣主题主线；二是有利于整合财政部、发展改革委、各部门的审计，有利于整合特派办、派出局的力量；三是资金规模、项目数量比较适中，适合于探索。尽管如此，任务量还是非常大，需要花费大量的人力和时间。从科目入手进行审计，目标是两个：一是确认支出情况。这就要覆盖全部的资金，包括中央、省、市、县四级预算的分配情况、预算执行的结果，同时还要包括中央主管部门的资金分配情况和执行的结果，要确认数字。二是对科目的执行结果做出总体评价，包括评价政策效果和资金的使用效益。每项资金都有设立的政策背景，都有实施的政策意图。财政审计很重要的一条就是要看这些资金的政策意图实现了没有，在执行的过程中是不是被扭曲了，当然也要关注资金的管理使用情况，做出总体评价，这也需要一定的覆盖面。

第二，从科目入手存在一定的技术障碍：一是现在财政支出的确认标准十分混乱。《总预算会计制度》规定，财政支出的记账基础是收付实现制，但是中央财政实行了部分项目的权责发生制。如果按照收付实现制，财政支出数的确认要么就按照实际支出数、要么就按银行数、要么就按财政拨款数，无非这三条，选一个确认。但实行了部分事项的权责发生制，这个问题就来了，预算已列没有花出去的钱，也能按权责发生制列支。确认支出必须有个标准，如果这个标准是混乱的、不严谨的，审计没法确认支出，而且还带来一个问题，每年政府报告的财政支出数与支出取得的效果是脱节的。大量的资金还在途中，但报告反映已经支出了，已经发挥了政策效果。二是中央转移支付支出与地方财政支出是脱节的。转移支付支出平时在财政部都是挂在与下级往来，决算之后才转列支出，钱拨到地方，地方也这么处理，平时都是挂账的，所以审计中央财政最没底的就是补助地方支出这一块。三是中央财政决算与部门决算没有对应关系。对部门来讲，财政拨款仅仅是其中的一个部分，即使是这部分拨款没有花出去，中央财政都是列支的，是以拨作支的。所以，不管我们在部门审计得如何，中央财政的支出调不了，只能调部门决算。我们审签完了最多调部门决算，对中央财政决算不起任何作用。也就是说，我们现在支出的确认，无论我们在地方怎么审计，在部门怎么审计，不管查了多少不正常的资金，对中央的决算是不起作用的，这是第三个障碍。

这些问题是我们在审计中不得不解决的，否则会影响政府财政决算的真实、准确，也会影响审计工作的正常开展，需要我们集中力量进行研究。那么怎么办?

第一，要把问题揭示出来。今年在探索和试点中，首先搞清楚预算是多少、列支多少、真正落实到项目上多少，有多少没花出去报了决算的，从中央一直到县，只有把这些问题搞清楚了，我们才能把问题说透。现在对有些问题，不仅被审计单位习以为常了，就是审计人员也熟视无睹。比如当年预算未在当年落实到项目，财政却列报决算，在法治国家是不能容忍的。预算是法、是刚性的，必须不折不扣地执行。比如在日本，项级科目是立法项目，是不能动的。但是我们现在从中央到县，资金层层滞留，有的在专户里，有的挂账。要通过这次审计把这些问题摆出来，要把问题、把危害给端出来。

第二，在讲清危害的同时，还要对如何规范政府会计核算，如何完善预算决算报告制度，提出审计建议。在这方面有大量的工作需要我们去做。首先，对政府会计核算，尤其是政府会计确认标准要组织力量加以研究。现在我们对西方政府会计采用的权责发生制非常陌生，对目前移植过来的部分事项的权责发生制也不太熟悉。据我了解，美国实行权责发生制是有严格限制的，比如一个支出事项要实行权责发生制有个前提，就是在次年的两个月之内应支付的，合同拟定两个月内支付的可以列；两个月内不能支付的不能列。而我国两三年之后支付或长期挂账的都列支了。因此，我们对“舶来品”要完整地研究，防止有些部门断章取义，为我所用。其次，对政府收支分类科目要研究。政府收支分类既要满足预算编制、会计核算的需要，同时也应该满足报告使用者、报告监督者的需要。目前的科目设置，不仅难以满足审计需要，也难以满足人大的需要，更难以满足社会公众的需要。从预算来看，资金分配给谁了，分到哪儿去了，分到什么项目上了，通过科目看不出来，无论是功能分类也好、经济分类也好，根本看不出来。所以，目前的科目设置与国际上差距很大，在完善科目上要发表我们的意见。三是研究报表体系。现在我们的报表体系支离破碎、不完整。其中一个突出问题是只有收支表，没有资产负债表。如果建立了资产负债表，很多问题就能解决；再一个问题是我们的基金预算非常粗放，25 个项目收入、支出一罗列，就叫基金预算了。随着预算公开的进程，这方面的矛盾肯定会日益突出，我们要抓紧促进相关方面的改革，在促进改革的过程中发挥我们的作用。

三、各单位要精心组织，切实抓出成效

（一）整合资源，保障足够的人员和时间。今年的财政审计工作项目多、任务重，需要大量的人员和时间。各单位要在深入领会审计目标和工作要求的基础上，统筹安排审计力量，把握好不同阶段的工作重点，注意时间和内容的衔接，合理配置审计资源，加强组织实施中的协调配合。同时要提高现场工作效率，避免走弯路。此次审计对同一个省份或者中央部门的所有审计项目，只发一个审计通知书、一次进点、同时出点和交换意见，具体要求请财政审计协调领导小组办公室再发个动态明确一下。

（二）加强研究，力争在体制、机制、制度上有突破。今年的财政审计从审计目标和审计内容上看，更多的是围绕体制、机制和制度问题开展，比如财政体制调查、科目审计等。审计所面对的问题很多都是解决起来难度比较大的问题，体制障碍、机制和制度缺陷交织在一起，所以我们要加强研究，把审计项目当课题来研究，深入分析相关政策背景、理论观点、现状、存在的问题、问题产生的深层次原因等，提出完善体制、机制和制度的审计建议。

（三）上下结合，注意沟通协调。财政审计协调领导小组办公室要切实负起责任来，做好各项审计之间协调配合。要真正做到财政、发展改革委的审计起到引领作用，中央部门审计、对地方的审计起到支撑作用，要深入研究财政部、发展改革委审计如何才能跟中央部门审计、科目审计和地方财政收支审计上下结合、有机衔接。

（四）大力推动财政审计信息化建设，改进财政审计管理组织模式和技术方法。要按照刘家义审计长的指示，高度重视财政审计信息化工作。一是要增强信息化意识，把信息化技术运用到财政审计工作的各个环节，提升财政审计信息化建设的能力和水平；二是要提高现场审计工作的信息化和数字化水平，构建信息化平台，逐步完善财政、税收等数据平台，探索多专业融合、多视角分析、多方式结合；三是提升财政审计组织管理的信息化水平，各项目牵头单位和特派办要对被审计单位的数据情况进行调研，制订数据采集方案，区分涉及国家秘密和商业秘密的数据，要充分利用“统一组织项目管理软件”和“项目执行管理软件”，以腾讯通作为辅助，在同一平台上安排工作、交流经验、传输数据、共享信息；四是要把总结做好，总结好的经验、好的做法，及时上报、及时推广。

作为这次培训班的总结，我就讲这三个问题。不当之处，请批评指正。祝同志们工作顺利。谢谢大家！

围绕中心　务求实效
深入推进审计机关反腐倡廉工作

——在全国审计机关党风廉政建设工作视频会议上的工作报告
（2012年3月27日）

陈　蔷

同志们：

现在，我受署党组委托，做工作报告。

这次会议的主要任务是：深入贯彻党的十七大和十七届四中、五中、六中全会精神，认真学习贯彻十七届中央纪委七次全会和国务院第五次廉政工作会议精神，总结2011年审计机关反腐倡廉工作，安排部署2012年工作任务。

一、2011年主要工作回顾

2011年，全国各级审计机关坚持以邓小平理论和“三个代表”重要思想为指导，深入贯彻落实科学发展观，紧紧围绕党和国家中心工作以及审计事业发展大局，认真落实党中央、国务院和地方各级党委、政府关于加强党风廉政建设和反腐败工作的决策部署，扎实推进惩治和预防腐败体系建设，党风廉政建设和反腐败斗争取得新的成效，为推动审计系统发挥“免疫系统”功能，进一步完善国家治理，提供了有力保证。

（一）贯彻落实反腐倡廉重要部署，组织领导进一步加强。

一是加强领导，明确分工，全面落实反腐倡廉工作任务。审计署党组高度重视反腐倡廉工作，采取有力措施，认真贯彻落实十七届中央纪委六次全会、国务院第四次廉政工作会议精神；召开全国审计机关党风廉政建设工作会议，总结工作，部署任务；印发贯彻落实中央和国家机关2011年反腐倡廉工作任务的分工意见和署机关2011年反腐倡廉工作任务的分工意见，明确重点任务、分工、要求和完成时限，并认真组织落实。各级审计机关坚持将反腐倡廉工作任务与审计业务一同部署，一同落实，一同检查，一同考核，确保任务完成。

二是健全机制，完善制度，认真落实党风廉政建设责任制。为贯彻落实中共中央、国务院新修订的《关于实行党风廉政建设责任制的规定》，出台了《审计署落实党风廉政建设责任制实施办法》。审计署各单位和地方各级审计机关大力加强对规定和实施办法的学习宣传，健全工作机制，完善相关制度。大部分单位通过签订廉政建设责任书、开展廉政承诺、述职述廉等方式，逐级落实党风廉政建设责任制，形成了以上带下、以下促上、上下联动、整体推进的工作格局，进一步增强了齐抓共管的整体合力。

三是强化监督，加强检查，努力促进党风廉政建设深入开展。各级审计机关积极落实反腐倡廉各项任务，采取各种形式组织对党风廉政建设情况进行监督检查，并有效运用其结果。审计署将党风廉政建设情况纳入年终考核内容，署党风廉政建设领导小组组织对派出机构进行考核并量化评分，将考核结果作为评价各单位总体工作的重要依据。地方各级审计机关积极开展党风廉政建设工作情况检查考核，并将结果作为对领导班子总体评价和领导干部业绩评定、奖励惩处、选拔任用的重要依据。

（二）扎实推进廉政风险防控工作，惩防体系建设水平进一步提高。

为加强对审计监督权的有效制约，审计署认真落实中央纪委《关于加强廉政风险防控的指导意见》，成立了廉政风险防控工作指导小组，把廉政风险防控工作作为惩防体系建设的重要抓手，认真抓好落实。按照署党组廉政风险防控工作方案部署，年初在企业审计司、财税海关审计局和机关服务局开展廉政风险防控工作试点，6 月份印发了试点单位廉政风险点及防控措施。在此基础上，署机关各单位和各派出机构积极发动全员参与，围绕审计监督权和人财物管理权，逐项梳理岗位职责，逐个梳理权力运行过程中各个环节的廉政风险点，评定风险等级，有针对性地制定防控措施，结合实际建立健全规章制度，廉政风险防控工作取得了阶段性成果。地方各级审计机关坚持科学谋划，精心组织，廉政风险防控工作取得了明显进展。湖北省审计厅与省纪委监察厅、预防腐败局印发了《关于加强审计执法廉政风险防控工作的意见》，提出到 2012 年底各级审计机关要形成六大制度体系，建成完善的审计执法廉政风险防控六大机制。吉林省审计厅以“查风险、建制度、促廉审”活动为载体，廉政风险防控工作取得成效。

按照中央纪委的统一部署，审计署对落实署党组《关于贯彻落实〈建立健全惩治和预防腐败体系 2008—2012 年工作规划〉的实施办法》情况进行了检查。检查结果表明，各单位坚持把推进惩防体系建设放到审计工作大局中去谋划，惩防体系不断健全，措施更加有力，推动了党风廉政建设工作的深入开展。

（三）深入开展监督检查，权力运行进一步规范。

一是加强对领导干部的监督。各级审计机关认真贯彻党内监督条例，不断加大对审计系统领导干部的监督力度，收到良好成效。署党风廉政建设领导小组组织对署机关各单位和派出机构党员领导干部贯彻执行《中国共产党党员领导干部廉洁从政若干准则》情况开展了专项检查；署巡视工作领导小组组织对部分特派办进行巡视；首次开展部分特派办主要负责人履行干部选拔任用工作职责情况离任检查；对特派员和审计厅（局）长进行经济责任审计，基本实现对特派员和审计署直属单位主要负责人轮审一遍的目标；组织司以上干部述职述廉；署领导班子成员带头，1323 名处级以上领导干部报告了个人有关事项，全国各级审计机关基本实现领导干部按要求报告个人有关事项。

二是深化对审计监督权的运行和人财物等重大事项的监督。各级审计机关普遍采取全面巡查、重点抽查、互查互检和回访等方式，加强审计项目现场廉政监督检查，促进廉政纪律的落实。审计署第 4 年组织开展重点审计项目廉政检查，对 9 个重点审计（调查）项目的 37 个审计组实施了检查，提出各类整改意见 28 条（项），督促相关单位建立和完善廉政制度 21 条（项）。审计署组织对各级审计机关执行审计法律法规情况和审计项目质量情况进行检查，同时对各级人民政府、有关部门及被审计单位执行审计法律法规情况开展了调研，有力促进了审计法律法规的贯彻执行。各级纪检监察机构切实强化对审计机关各项权力运行的监督。驻署纪检组监察局对审计署公务员招录、拟调京和拟提职干部考核及考察工作进行了监督，先后就 141 名拟提任、调任或奖励干部的廉政表现向人事部门书面回复意见。多次派员参加对审计署新办公楼施工单位招投标、“金审工程”三期招投标等重大项目的廉政监督。

三是推进审计公开和外部监督，审计公开工作实现了新突破。2011 年，全国各级审计机关共发布审计结果公告 4400 多期；审计署主动公开审计信息 1 万多篇（条），并首次公告了审计署年度绩效报告，审计结果和整改情况的公开力度进一步加大。各级审计机关在外部监督方面做出了有益尝试。驻署监察局牵头组成检查组，对审计署本级财政财务收支情况进行了全面检查，检查结果向社会进行了公告，取得了良好的社会效果。北京市审计局由驻局监察处牵头组成检查组，对市审计局预算执行情况进行专项检查，并向社会公告结果。

（四）深化改革创新和制度建设，反腐倡廉制度体系进一步完善。

各级审计机关按照党风廉政建设的总体要求和审计工作的实际需要，不断深化改革创新，适时出台有针对性、操作性、指导性的规章制度，反腐倡廉制度体系基本形成，对在实际工作中严明纪律、规范行为、加强监管发挥了重要作用。审计署从实际出发，先后出台了《审计署落实党风廉政建设责任制实施办法》《审计组廉政责任规定》《审计组执行“八不准”审计纪律具体事项的规定》《审计署关于严格执行审计纪律八项规定和审计外勤经费管理办法若干具体问题的通知》《审计署关于署机关及派出机构处级以上领导干部配偶、子女及其配偶个人从事经商、办企业、社会中介服务等活动的具体规定》和《审计署关于严禁审计机关和审计人员通过会计师事务所等社会中介机构获取非法收入的通知》等一系列制度。研究起草《中共审计署党组关于规范审计监督权力运用禁止违反规定干预和插手市场经济活动的规定》和《审计署关于进一步加强署机关和派出机构工作纪律的通知》，待修改完善后发布施行。

地方审计机关和审计署各派出机构结合自身特点，大力加强制度建设。安徽省审计厅出台了《赴省外及出国（境）审计纪律规定（试行）》；重庆市审计局、厦门市审计局制定了审计行政处罚裁量管理规定；辽宁省审计厅、云南省审计厅、重庆特派办等健全了问责制度；青岛市审计局、沈阳特派办、南京特派办、兰州特派办等制定了关于执行廉政纪律的具体规定；上海特派办、成都特派办制定了《加强审计组成员公务回避有关事项的规定》《聘请廉政义务监督员暂行办法》。这一系列制度的制定和完善，对于防止违法违纪问题的发生，构建预防腐败的长效机制，发挥了重要作用。

此外，按照中央纪委关于清理防止利益冲突相关法规和规范性文件的要求，审计署对截至2011年5月制发的597份内部管理制度性文件逐一进行了清理，并根据清理结果开展相关制度的废止、修订和起草制定工作。

（五）切实加强反腐倡廉教育，廉洁从政意识进一步增强。

各级审计机关认真贯彻中央纪委、中央组织部、中央宣传部《关于加强领导干部反腐倡廉教育的意见》，采取多种形式，寓教于理，寓教于乐，寓教于行，反腐倡廉教育取得显著成效，干部队伍素质得到明显提高，风清气正的氛围已经形成。

一是不断强化理想信念教育。各级审计机关以庆祝建党90周年为契机，切实加强“以人为本、执政为民”理念教育、党的性质和宗旨教育、科学发展观教育。审计署开展了“两优一先”评选表彰活动，组织编写、学习《精神传承》《中华英模》《审计群星》三本书，组织党员领导干部学习杨善洲、刘金国、李林森等同志的先进事迹，深入开展“三个合格”大讨论、司局长谈青年培养、组织参观革命传统教育基地等系列活动。陕西省审计厅组织创先争优先进代表巡回宣讲，广东、广西、青海等省（区）审计厅开展“以人为本、勤廉履职”等主题宣传教育月活动，促使广大审计干部将先进理念转化为依法履行审计职责的实际行动。

二是大力加强廉政文化建设。审计署出台了《中共审计署党组关于加强审计文化建设的意见》，提出通过加强“责任、忠诚、清廉、依法、独立、奉献”的审计人员核心价值观教育，营造一个专业、文明、廉洁、和谐、严格、奉献、奋进、包容的事业发展氛围。各级审计机关通过树立勤政廉政典型、开展廉政知识竞赛、举办廉政书画展等形式，丰富廉政教育内容，推进廉政文化建设。福建省审计厅、海南省审计厅、广州特派办开辟廉政网页，为审计组提供远程网上自助式廉政教育。

三是深入开展“素质提升年”活动。各级审计机关按照署党组“素质提升年”的部署要求，以“岗位大练兵，全面提素质”为主题，切实治理“庸懒散”“娇骄暮”，结合自身特点，开展形式多样的主题活动，以治“庸”提能力，以治“懒”增效率，以治“散”正风气，以治“娇”砺意志，以治“骄”端态度，以治“暮”振精神，落实“实、高、新、严、细”作风要求，干部精神状态呈现新风貌，队伍素质得到新提升，推动审计事业有了新发展。在全国地方政府性债务审计、汶川地震灾后恢复重建跟踪审计和联合国审计中，涌现出一大批政治坚定、业务精湛、纪律严明、清正廉洁的先进集体和先进个人。

四是积极参加政风行风评议和精神文明建设。2011年，全国审计机关有1387个单位参加了政风行风评议活动，进入当地排位前三名的有235个。审计署机关和京津冀特派办、成都特派办，安徽、福建、山东、湖南、广西、云南省（区）审计厅等30个审计机关被评为全国文明单位，湖北、河南省审计厅等8个地方审计机关蝉联这一荣誉，还有1369个单位分别被评为省、市、县级文明单位，展现了审计机关的良好形象。

（六）认真做好信访举报工作，查办案件的治本功能进一步体现。

驻署纪检组监察局全年共受理各类信访举报136件（次），已办结134件（次），对反映线索比较具体的有关问题直接或委托派驻纪检组长进行核查。通过认真了解核实、及时通报核查结果，澄清了一批反映不实的问题；通过要求本人说明情况、做出检查、进行整改，提醒和纠正了个别苗头性问题或领导干部工作作风和廉洁自律方面的一般性问题；通过依法秉公办案，严肃查处了个别违法违纪问题，维护了党纪国法的严肃性。地方各级审计机关认真组织查处审计人员违法违纪问题。据统计，2011年，全国审计机关共有5人被移送司法机关，其中2人被判处有期徒刑，2人免予起诉并受到党内严重警告处分，1人免予刑事处分；另有1人受到行政记大过处分，并被免职。2010年移送司法机关的2人，均被判处有期徒刑，并被开除党籍、开除公职。

多年来的党风廉政建设工作实践表明，深入推进审计机关党风廉政建设，必须紧紧依靠党中央、国务院和地方各级党委、政府的坚强领导，不断完善反腐倡廉领导体制和工作机制，坚持“两手抓，两手硬”；必须坚决贯彻“标本兼治、综合治理、惩防并举、注重预防”的方针，扎实推进惩治和预防腐败体系建设；必须立足审计机关实际，紧贴审计工作中心，服务审计工作大局；必须坚持从严治理审计队伍，认真解决突出问题，切实维护和增强审计机关的公信力；必须坚持改革创新和制度建设，不断提高反腐倡廉工作的科学化水平。

在充分肯定成绩的同时，应当清醒地看到，当前审计机关党风廉政建设还存在一些问题。主要是：一些单位领导班子和领导干部重业务、轻廉政，一手硬、一手软；对个别重点部位和关键环节权力行使的监督还不到位，还存在漏洞；极少数审计干部受社会腐败现象和各种不良风气影响，思想道德防线不牢，法纪观念淡薄，有令不行，有禁不止，违法违纪问题仍有发生。这些问题需要引起各级审计机关领导干部特别是主要领导干部的高度警觉和高度重视，要进一步增强政治责任感和历史使命感，以对党的事业高度负责的精神，认真加以解决，推动审计机关党风廉政建设不断取得新成效。

二、2012年主要工作任务

2012年是实施“十二五”规划承上启下的重要一年，是建立健全惩治和预防腐败体系第一个五年规划的收官之年。我们党将召开第十八次全国代表大会，审计工作任务和党风廉政建设任务十分繁重。今年工作总的要求是：全面贯彻十七届中央纪委七次全会和国务院第五次廉政工作会议精神，深入贯彻落实科学发展观，坚持标本兼治、综合治理、惩防并举、注重预防的方针，严明党的纪律，以推进廉政风险防控机制建设为重点加强惩治和预防腐败体系建设，以改进审计机关和审计干部作风为重点加强作风建设，以加强制度建设为重点构筑反腐倡廉制度体系，以开展廉政文化建设为重点深化反腐倡廉教育，突出工作重点，狠抓任务落实，推动审计机关党风廉政建设和反腐倡廉工作取得新成效，为审计事业的科学发展提供有力保证，以优异成绩迎接党的十八大胜利召开。

（一）加强对中央重大政策措施执行情况的监督，充分发挥审计在反腐倡廉中的重要作用。

要认真贯彻落实温家宝总理在听取审计工作汇报时的重要指示和全国审计工作会议精神，牢固树立科学审计理念，依法认真履行审计监督职责，集中力量开展好重点领域、重大项目审计，全力推进社会保障资金审计、保障性住房建设审计、农村中小学布局调整情况审计等重点审计项目，加大对重大政策措施贯彻执行情况的跟踪审计力度，加大对重大违法违规问题和案件线索的揭露和查处力度，加大对重大风险隐患的揭示和反映力度，加大推动体制机制制度创新力度，力求发挥审计监督的最大效用，当好公共财政的“卫士”，推动完善国家治理。

（二）完善惩治和预防腐败体系，努力构建廉政风险防控机制。

惩治和预防腐败体系在党风廉政建设和反腐败工作中处于基础性、全局性、战略性的重要地位。建立健全惩防体系，是新形势下反腐倡廉建设的重点任务。今年是中共中央《建立健全惩治和预防腐败体系2008—2012年工作规划》实施的最后一年，各级审计机关既要为这第一个五年规划画好句号、收好尾，也要为下一个五年规划打好基础、开好头。

一要继续推进惩防体系建设各项工作任务落实。要按照任务分工，逐项梳理工作进展情况。对已经完成的工作，要巩固提高；对未完成的工作，要确定时限、加快进度完成；对正在开展的工作，要抓紧落实、继续推进，确保各项目标任务按期完成。二要认真进行总结检查。要组织开展惩防体系建设“回头看”活动，全面总结评估近年来惩防体系建设工作情况。对于具备推广价值的好经验、好做法，要及时加以推广；对于需要上升为制度的，要经过研究论证形成制度；对于需要在实践中进一步探索的，要积极开展试点。要进一步加大监督检查和考核评价力度，全面了解掌握惩防体系建设各项任务进展情况，查找存在的突出问题和共性问题，研究提出解决办法和措施。三要及早抓好下一个五年规划的实施准备工作。中央纪委监察部正在研究起草《建立健全惩治和预防腐败体系2013—2017年工作规划》，审计署党组也将启动新的五年规划实施办法的调研起草工作。各级审计机关要高度重视，及早谋划，认真研究，为新的五年规划做好实施准备工作。

加强廉政风险防控，是完善惩防体系建设的重要举措，是规范权力运行的客观需求，是促进干部队伍作风建设的现实需要，是推进预防腐败工作的有力抓手。目前，各级审计机关已经初步建立廉政风险防控机制，但总体而言，这项工作仍处于探索阶段，距离“权责清晰、流程规范、风险明确、措施有力、制度管用、预警及时”的目标要求，还有较大差距。各级审计机关要充分认识开展这项工作的重大意义，切实加强组织领导，把加强廉政风险防控融入审计业务和管理流程之中，实现廉政风险防控与审计业务工作相互促进、协调发展；要进一步依法规范职权，排查廉政风险，评定风险等级，完善防控措施，实施预警处置，坚持动态管理；既要坚持全面排查、全面覆盖，消除廉政风险盲区和死角，又要注意抓住关键、突出重点，切实体现前期预防、中期监控、后期处置机制的效能，真正发挥风险防控的作用；要加快推进廉政风险防控机制建设，建立廉政风险防控工作责任制和责任追究制，将廉政风险防控纳入党风廉政建设责任制检查考核、领导班子和领导干部工作目标考核以及惩防体系建设检查之中，并将检查考核结果作为干部评价和任免的重要依据。审计署正在研究起草《廉政风险防控实施意见》，待征求意见后下发，地方各级审计机关也要抓紧研究制定和完善廉政风险防控制度。尚未开展这项工作的单位要在今年内正式启动。力争在年底前，审计系统廉政风险防控机制全面建立，廉政风险实际监控着手实施，科技防控取得初步经验，廉政风险防控工作取得实际成效。

（三）围绕审计监督权和人财物管理，深入开展监督检查。

要强化对廉政风险等级高的重点工作和重点环节的监督管理。下功夫解决突出问题，强化对薄弱环节的监督，堵塞监管漏洞，保证廉政纪律实施到位。

要继续大力开展重点审计项目廉政检查。紧紧围绕今年审计重点工作，开展对社会保障资金审计、保障性住房建设审计、农村中小学布局调整情况审计等重大审计项目的廉政监督检查，保证廉政纪律落实到位，保证审计项目顺利进行。同时，要认真总结近年来开展廉政检查和廉政回访工作的经验，做好结果的分析和运用，注意总结和推广一线审计组开展廉政教育和监督的先进经验。

要不断强化对人财物等重大事项的监督。继续开展巡视工作，加强对审计机关（部门）主要领导干部的经济责任审计工作，加强对干部选拔任用工作的监督，强化对拟提拔任用干部的廉政考察。开展对机关基本建设、政府采购、招投标等事项的监督。坚持党务公开，逐步完善党内情况通报、重大决策征求意见以及党建工作重要事项公告制度，加强和改进党内民主监督。

（四）保持党的纯洁性，切实加强审计干部思想、队伍、作风建设。

要深入学习贯彻胡锦涛总书记在十七届中央纪委七次全会上的重要讲话精神，深刻领会保持党的纯洁性的极端重要性和紧迫性，按照“自我净化、自我完善、自我革新、自我提高”的要求，扎实做好保持党的纯洁性各项工作。

一是加强反腐倡廉教育，促进审计干部思想纯洁。要加强思想建设，加强理论武装，加强党性党风党纪教育，加强道德建设。继续深入开展创先争优、争当“四手”和“三个合格”大讨论活动，引导审计干部坚定理想信念，加强党性修养，践行党的宗旨，弘扬社会主义荣辱观，保持思想纯洁。

二是加强队伍管理和案件查办工作，促进审计干部队伍纯洁。要把好入口，疏通出口，健全制度，加强管理。进一步提高信访举报办理水平，提高对信访举报信息的综合分析能力和案件线索排查甄别能力，注重从审计项目廉政检查、巡视、干部考察、经济责任审计等工作中发现线索。对违反党的政治纪律的，对触碰审计纪律和廉政规定“高压线”的，对利用审计监督权进行权钱交易的，对利用审计影响力谋取私利的党员干部，发现一个，查处一个，决不手软，坚决保持审计干部队伍的纯洁性，维护审计机关的良好形象。

三是加强和改进作风建设，促进审计干部作风纯洁。以治理“庸懒散”“娇骄暮”为重点，进一步落实“实、高、新、严、细”要求，匡正风气、磨砺意志、提振精神。各级领导干部要带头发扬党的优良传统和践行审计机关优良作风。要求真务实，真抓实干；要奋发向上，百折不挠；要勤俭节约，艰苦奋斗。自觉抵制拜金主义、享乐主义、铺张浪费等不良风气。

四是加强监督和严明纪律，促进审计干部清正廉洁。要严格执行廉洁自律各项规定，加强对审计干部从严管理。继续对公务接待、公车使用、因公出国（境）经费实行从紧控制，坚决取缔“小金库”，严禁乱发津贴补贴，严格控制和规范庆典、研讨会、论坛等活动，大力精简会议和文件，争当严格预算执行、遵守财经纪律的模范，以最少的资金、最优的作风、最高的效率，履行好审计工作职责。坚决纠正少数审计干部作风霸道、特权观念严重等不良倾向。凡有条件的地方审计机关，都要执行“八不准”审计纪律。进一步采取措施，创新方法，加大从源头上防治腐败的工作力度。

（五）完善反腐倡廉制度体系，进一步增强制度的执行力。

要以加强廉政文化建设为契机，构建充分发挥教育说服力和文化影响力的廉政教育制度；以深入推进廉政风险防控工作为契机，全面清理廉政制度，修改废除不符合实际的规定，抓紧完善需要填补空白或漏洞的制度；以深入贯彻《关于实行党风廉政建设责任制的规定》为契机，完善相关配套制度，推行廉政责任承诺制，强化审计组的廉政监督责任，细化兼职廉政监督员工作规则；进一步加强对领导干部特别是主要领导干部的监督，建立领导干部廉政档案，完善领导干部任前廉政谈话、诫勉谈话和函询制度，推行审计机关主要领导干部经济责任审计和离任检查结果公开、整改督察制度；进一步建立健全责任追究和问责制度，尽快出台《审计领域违法违纪行为处分规定》，研究制定《关于实行党政领导干部问责的暂行规定》具体实施办法；进一步完善审计机关内部管理制度，针对财务、基建、资产、采购管理中存在的薄弱环节建章立制，制定纪检监察机构参与基本建设、招投标和政府采购监督的具体办法。各级审计机关纪检监察机构要完善内部工作制度，进一步提高工作的规范化、科学化水平。

各级审计机关要充分利用监督检查这个重要手段，以监督促执行，以检查促落实，确保各项反腐倡廉制度执行到位，取得实效。通过监督检查，切实提高制度执行力，增强制度权威性，使反腐倡廉制度体系不仅内容科学、程序严密、配套完备，更要有效管用。审计机关领导干部要带头学习制度，严格执行制度，自觉维护制度的严肃性。对有令不行、有禁不止、屡查屡犯的，要严肃批评，公开通报，乃至给予党政纪处分。

（六）加强廉政文化建设，着力构建反腐倡廉教育长效机制。

党的十七届六中全会把廉政文化建设作为推

进社会主义核心价值体系建设的重要内容。十七届中央纪委七次全会进一步提出，要把廉政文化建设纳入社会主义文化建设总体布局。各级审计机关要认真落实中央纪委《关于加强廉政文化建设的意见》和《中共审计署党组关于加强审计文化建设的意见》，积极推进审计廉政文化建设，探索建立反腐倡廉教育长效机制。

一要大力弘扬审计人员核心价值观。要深刻理解署党组提出的“责任、忠诚、清廉、依法、独立、奉献”的审计人员核心价值观。各级审计机关要把学习好、宣传好、弘扬好这一核心价值观作为重要任务来抓，引导广大审计干部认真领会、努力践行，真正做到内化于心、外化于行，以核心价值观为引领，塑造审计精神。

二要深入开展示范教育、警示教育和岗位廉政教育。要注重挖掘基层审计机关和一线审计人员中的勤廉兼优典型，发挥先进典型的激励和示范作用。充分利用好《审计干部反腐倡廉教育警示录》等反面案例进行教育，坚持防微杜渐，警钟长鸣，引导干部提高拒腐防变能力。开展形式多样的廉政教育，增强审计干部防范岗位廉政风险的意识和能力。要针对审计干部队伍的特点，准确把握审计干部思想实际，拓宽教育渠道，丰富教育内容，拓展教育形式，把培育廉洁价值理念贯穿于审计干部培养、选拔、管理和使用的全过程，使廉政教育真正入耳、入脑、入心。

三要积极创建廉政文化精品工程。要将廉政文化作为机关文化建设的重要内容，开展读书思廉、学习促廉、培训教廉、家庭助廉等主题活动。有条件的审计机关可以建立内容丰富、特点鲜明的审计廉政文化建设示范点，打造一批体现审计机关优良传统和特点、为审计干部所喜闻乐见的廉政文化品牌。要充分发挥报刊、网站、电教培训的作用，开设党风廉政建设专题和专栏，加强舆论引导，营造良好氛围。

同志们，反腐倡廉工作任务繁重，责任重大。做好今年工作，一要加强领导，落实责任。各级领导班子、领导干部特别是主要领导干部，要切实担负起领导和推进党风廉政建设工作的政治责任，严格落实党风廉政建设责任制，切实做到“一岗双责”，“两手抓，两手硬”。对于工作不力、发生重大案件和对腐败案件查处不及时的，要按照有关规定严格追究责任。各级领导干部要以身作则、率先垂范，带头严格遵守廉洁从政各项规定。要像刘家义审计长多次强调的那样，在廉政方面，各级审计机关向署党组看齐，所有审计人员向审计长看齐，各级审计机关的领导班子和领导干部也要敢于叫响“向我看齐”。要积极支持纪检监察机构履行职责，开展工作。二要真抓实干，务求实效。坚持重实际、说实话、办实事、求实效，力戒形式主义。把着力点放在解决突出问题上，不断研究新情况、解决新问题、总结新经验、取得新成效。三要履职尽责，发挥作用。纪检监察干部要做到忠诚可靠、服务人民、刚正不阿、秉公执纪，自觉履行监督、协助、查办案件等职能，树立可亲、可信、可敬的良好形象，确保各项工作任务圆满完成。

同志们，审计机关肩负着党和人民群众的重托，深入推进党风廉政建设意义重大。各级审计机关要以高度的责任感和强烈的使命感，振奋精神，锐意进取，扎实做好反腐倡廉各项工作，为充分发挥审计“免疫系统”功能、推动完善国家治理提供有力保证，以实际工作成效迎接党的十八大胜利召开。

在审计机关审计档案管理规定培训班上的讲话

（2012 年 12 月 16 日）

李勇库

同志们：

大家上午好！我今天来，主要是受刘家义审计长的委托，代表署党组来看望大家，向辛勤工作在审计档案岗位上的同志们表示亲切的慰问和衷心的感谢！

审计署党组历来高度重视档案工作，刘家义审计长和其他各位署领导经常过问档案工作，对一些特殊项目的审计档案专门提出要求，做出安排。这次培训班就是经审计长会议研究确定，并列入全署年度培训计划的。单独为一个规定举办一期全国性的学习班，审计署成立以来这还是第一次。前不久，审计署、国家档案局联合以令的形式印发了《审计机关审计档案管理规定》，这是审计档案工作最高层次的规章。认真学习贯彻这个规定是当前审计档案工作的一项重要任务。举办这次培训班，对于帮助大家加深对这个规定的理解，进一步增强档案管理意识和技能，统一工作标准，明确规范要求，促进提高档案工作水平，具有重要作用。希望在座的每一位同志都能高度重视这次培训，认真完成学习任务。一方面，自己要学好、学深、学准，理解透彻；另一方面，回去后还要担负起指导本单位和下级审计机关做好档案工作的任务。借此机会，我讲三点意见。

一、充分认识审计档案的特殊地位和作用，进一步增强做好档案工作的使命感

在人类文明的发展史上，档案起着记录历史、启迪今人、昭示未来的作用。审计机关肩负着维护国家财政经济秩序、推动完善国家治理、保证经济社会健康发展的重要职责。履行好这一重要职责，离不开审计档案和档案工作。要把审计档案作为审计机关一项重要的基础建设，认真抓好。

*（一）规范档案管理，是提高审计工作质量的内在需要。*审计档案作为审计监督活动的真实记录，体现和反映着审计机关履行审计监督职能的真实情况，是审计工作不可缺少的一部分。它记载审计工作的全过程，具有重要的凭证和查考作用；它是审计监督成果的最终载体，是衡量审计工作质量的重要标志。审计机关是否严格执行审计程序，审计查出的问题是否准确，取证材料是否有效，法规依据是否充分，评价和结论是否确切，处理是否恰当，建议是否可行，以及审计监督在严肃财经法纪，维护经济秩序，促进国家治理方面发挥的作用如何，最终都要记录在审计文件载体上，归入审计案卷中。优秀的审计档案就是优秀审计项目的载体。通过审计档案，可以看清审计活动的发展轨迹，考查审计工作的质量和效率，研究提高审计工作层次和水平的措施。提高审计档案质量，是提高审计工作质量的内在需要。

*（二）规范档案管理，是防范和规避审计风险的必然要求。*依法管理审计档案，是审计项目管理的重要内容之一。一个审计项目如果只是审计实施阶段的工作做得比较好，而在审计项目终结时，在立卷归档时，文件资料收集、整理不合规，体现审计事实、取证、法规依据的材料不完备，就不能说这是一个合格的审计项目。一旦需要查考，比如出现复议或者应诉的情况，就有可能给审计工作造成损害。高质量的审计必须通过高质

量的案卷予以记载和体现，只有这样才能经得起各方面的考察，经得起历史的检验。防范和规避审计风险，一方面要保证审计实施的质量，另一方面还要保证审计档案的质量，这两个方面相辅相成、相依为命、不可偏废。

（三）规范档案管理，是开发利用审计信息资源的前提基础。档案的价值在于“留史咨政”。在当今信息爆炸的时代里，信息就是生产力，推动审计工作发展同样离不开充分有效的信息。审计档案是审计信息资源的重要载体。特别是经过加工合成的高质量的审计信息资源，可以揭示审计工作及其所涉及的经济活动中的矛盾及其发展规律，探求审计工作的发展方向，为领导决策、指导工作发挥重要的参谋和借鉴作用。在这方面，档案工作具有其他方面工作不可比拟的重要地位和作用。

二、审计档案工作成绩显著，为推动审计工作发展发挥了重要作用

审计机关成立近30年来，在审计署和档案管理部门的指导下，全国各级审计机关认真学习、宣传、贯彻档案法及审计法律法规，高度重视、不断加强档案工作，取得了很大成绩。一是建立起一大批审计案卷，积累了丰富的审计信息资源。目前，省级以上审计机关审计档案库存量已经达到33万卷，已向档案馆移交3万卷。这些档案资料既完整地记录了审计工作的历史面貌，也为研究审计规律，推进审计事业发展提供了借鉴。二是进一步完善了档案管理制度，保证了审计档案管理工作规范发展。目前，各级审计档案管理部门分别建立了库房管理制度、审计文件材料归档范围规定、审计档案保管期限规定、档案借阅查看制度、档案编研制度、档案保密制度、档案统计制度、档案评比制度、音像档案管理规定、电子档案管理制度、计算机应急处置办法、政府信息公开查阅制度、档案销毁制度等20多种档案管理制度。这些制度有力地确保了档案管理工作在库房管理、档案的收集、整理、保管、利用、统计、编研、保密、销毁等方面的规范化。三是基础设施不断改善，为档案管理现代化提供了保证。目前省级档案库房面积已达5780平方米，专门用于档案管理的计算机133台。各级审计机关基本配备了档案柜、密集架、防磁柜、监控器、烟感报警器、红外报警器等现代化档案设施。四是打造了一支素质过硬的队伍，为档案工作长远发展打下了基础。目前，省以上审计机关共配备档案管理人员76人，其中副处级以上职务31人，占40%；从事档案工作20年以上的15人，10至19年的8人。近10年来，获得省部级以上的审计档案先进工作者、先进集体130多次，初步形成了一支思想觉悟高、事业心强、专业技术过硬、年龄结构比较合理，具有复合型知识结构的档案干部队伍。五是积累了档案管理经验，档案质量不断提高。近年来，审计署的档案工作，不仅档案数量剧增，例如去年全国地方政府性债务审计一个项目的档案就达2981卷，今年社会保障资金审计的档案也达到了2806卷，而且档案质量不断提高，特别是在依法治档，加强档案工作的规范化、信息化方面取得了显著的成绩，受到了国家档案局的充分肯定。在档案行政管理部门组织的档案达标升级活动中，达到省一级以上标准的省级审计机关已达到78%。在中央和国家机关档案工作会议上，我署被表彰为“中央和国家机关年度档案整理质量检查优秀单位”并做主题发言。国办秘书局、发展改革委、财政部、卫生部、水利部、税务总局、工商总局、粮食总局、供销总社等多家单位来我署观摩学习和交流档案工作。多数特派办和省厅的档案工作也在当地档案管理评比中得到了荣誉，受到好评。我们要将这些荣誉和成绩继续坚持和发扬下去，进一步深化审计机关的档案管理工作。

审计档案工作，通过积累保存有价值的审计信息并积极开展开发利用，对审计历史起到了准确记录、真实再现的作用；对检查评价审计质量起到了查考证明的作用；对查处严重违法违纪问题和经济犯罪案件起到了鉴证依据的作用；对研究把握审计工作发展规律起到了参考借鉴的作用。总的看，审计档案工作的成效越来越明显，路子越走越宽。

三、明确目标任务，创造性地做好新形势下的档案工作

党的十八大高举中国特色社会主义伟大旗帜，科学总结了过去5年和10年的工作，勾画了全面建成小康社会的宏伟蓝图。近一个时期以来，审计署党组迅速行动，多方面采取切实措施，学习贯彻党的十八大精神，推动审计工作在新形势下加快发展。审计档案工作要认真贯彻落实党的十八大精神和审计署党组的决策部署，总结经验，查找不足，研究进一步加强档案工作的措施，以实际行动贯彻党的十八大精神。

（一）要理清思路，明确目标。这是推动审计档案工作进一步发展的前提。随着经济社会和审计工作的不断发展，审计档案工作面临新的形势和任务。从作用看，将从单纯保管审计活动记录，逐渐转移到管理和利用并举的轨道上来；从管理方式看，将从落后、繁重的手工操作，向着利用计算机进行辅助立卷及检索、编目、统计、借阅的方向发展；从管理水平看，将从不够规范、基本规范，向着全面落实档案法、审计法和《审计机关审计档案管理规定》，全面提高法治化、规范化、科学化水平发展；从载体形式看，将从纸质档案为主，向着电子档案和纸质档案并行、电子档案的比重不断提高的趋势发展。这些新的发展和变化，对新形势下的审计档案工作提出了新的更高的要求。下一步的档案工作，要全面贯彻档案法、审计法，坚持依法治档，进一步提高审计档案工作的法治化水平；要认真执行《审计机关审计档案管理规定》，严格要求，进一步提高审计档案工作的规范化水平；要加强计算机技术的推广应用，创新方式方法，进一步提高审计档案工作的信息化水平；要在充分利用信息资源上下功夫，加强综合开发、智能开发，进一步提高审计档案工作的开发利用水平。各地各单位要围绕这样一个思路和目标，多方面强化措施，推动审计档案工作不断提高到一个新水平。

（二）要加强管理，确保安全。这是档案工作第一位的任务，是推动档案工作科学发展的基本要求。能不能做好管理这篇文章，关系到档案本身安全，关系到审计事业的健康发展。档案工作人员要以对党、对国家、对历史、对审计事业高度负责的态度，确保档案的保管安全、利用安全、库房安全。要始终坚持严字当头抓管理、深入具体抓管理、持之以恒抓管理，筑牢制度防线、环境防线、技术防线、人员防线、保密防线，确保档案万无一失。要坚持靠制度管人管事，针对档案管理中的薄弱环节，加快构建科学配套、务实管用的档案管理制度体系。要狠抓制度执行，建立健全档案工作责任制和监督检查机制，对不严格按制度规定办事的行为坚决予以纠正，千万不能失之于宽、失之于软、失之于散、失之于晚。要以严格管理为第一抓手，进一步提高档案工作水平。

（三）要创新技术，改进手段。这是推动档案工作科学发展的重要支撑。科学技术的日新月异特别是信息技术的深入发展，对档案的基本形态、管理方式、利用途径、保护条件都产生了深刻影响。审计业务、审计管理信息化的加强，使审计档案管理的信息化变得十分迫切。必须从实际出发，着眼未来，加大信息技术研发应用力度。要进一步提升现有档案信息系统能力，优化系统架构，提高业务的适应性，使其能灵活适应不同审计机构档案业务管理的需要，为审计工作提供更为高效的、智能化的支持平台。要实施数字化带动战略，加快纸质档案整理步伐，逐步实现存储数字化、管理现代化、利用网络化。要整合审计署和地方审计机关的审计档案资源，建立全国的审计档案目录系统，深化档案利用。

（四）要拓展领域，丰富内容。这是当前档案工作面临的一项重要任务。随着我国经济社会和审计工作的快速发展，档案产生的方式越来越多，档案资源的规模越来越大，档案服务的领域越来越广。审计机关的档案工作要适应形势的发展变化，不断丰富和发展。一是要使审计档案真正成为审计工作的完整记录。审计工作包括审计业务和审计管理两个大的方面，审计机关的档案工作应当从这两个方面入手完整记录审计工作的历史面貌。目前存在的一个突出问题是，机关管理方面的档案记录不够完整。比如反映工作决策过程的会议纪要、签报，反映机关重要活动的材料，反映机关基本建设情况的资料等。从审计业务档案本身来看，偏重于与审计结果直接相关的材料的归档，而对审计实施过程中的一些重要情况收集整理不够。档案工作要“留史咨政”，“留史”是基础，是第一位的任务。审计工作发展到哪里，档案资源就要征集到哪里，档案工作就要覆盖到哪里。希望各单位结合审计机关成立 30 周年都能对本单位的档案工作进行一次认真的检查分析，对缺少的内容抓紧进行收集、抢救、补充，不要为后人留下遗憾。二是要注意向新载体延伸。切实把电子文件等新型载体档案纳入工作范围，使新型载体档案与纸质档案一样得到收集、保管和利用。

（五）要打牢基础，建强队伍。这是推动档案工作科学发展的基础保证。大家回去后，要把这次培训班的主要精神和要求及时向单位领导汇报。各级审计机关的领导要进一步重视档案工作，注重发挥档案和档案管理人员的作用，推动审计工作的发展。要把审计档案工作摆在审计工作的重要位置，切实加强对档案工作的领导，及时协调解决档案工作中遇到的问题，满足档案工作必需的经费、设施、设备，创造适应档案工作需要的基本条件。在审计署机关办公楼的规划设计中，档案室是作为一个特殊的部分进行考虑和安排的。要把机关档案建设列入机关整体发展计划，努力提高档案工作的现代化水平。要督促教育各部门单位和广大审计人员进一步增强档案意识，积极主动地做好资料收集、立卷归档等工作。要关心档案工作人员的成长和培养，提高档案工作人员的政治业务素质。档案工作是一项不可缺少的重要工作，也是一项默默无闻、需要无私奉献的工作，各级审计机关的领导应当给予档案管理人员更多的关心和爱护。广大档案工作人员要继续发扬爱岗敬业，顽强拼搏的精神，加强学习、提高素质，忠于职守、严守秘密，认真负责、一丝不苟，勇于创新、大胆探索，以高度的政治责任感、强烈的历史使命感和审计事业心，把审计机关的档案工作不断推向前进，以优异成绩，迎接审计机关成立 30 周年。

最后，祝大家学习愉快！在今后工作中取得更大的成绩！元旦将至，提前祝大家新的一年身体健康，万事如意！

学习宣传贯彻党的十八大精神专栏

审计署领导分赴各特派员办事处宣讲十八大精神

为深入学习宣传贯彻党的十八大精神，使审计署全体党员干部深刻理解、全面把握十八大的精神实质，将审计工作整体向前推进，审计署在及时传达十八大精神、印发贯彻落实意见、举办专题辅导报告会的基础上，又针对各特派员办事处（以下简称特派办）地域分散、工作面广、人员难于集中的实际情况，及时组成十八大精神宣讲团，由各位署领导分赴各特派办进行实地宣讲，受到特派办广大党员干部的欢迎。

本次宣讲活动是审计署深入学习贯彻十八大精神的又一重大举措。为使宣讲取得良好效果，宣讲前，署党组书记、审计长刘家义专门主持召开党组会议，就如何撰写《宣讲提纲》做了深入研讨，强调本次宣讲一定要在“实”和“新”上下功夫，既要原汁原味地宣讲十八大的重大意义和主要精神，又要紧密结合审计工作实际，提出贯彻落实的具体措施。会议要求，各位署领导要在《宣讲提纲》的基础上，结合自己的认识，重点围绕一至三个方面，深入宣讲体会，以帮助特派办的党员干部加深理解，进一步明确今后工作的目标和方向。

2012 年 12 月初，各位署领导按照宣讲分工，从北京出发，分赴驻在全国 18 个城市的特派办，开始了为期一周的宣讲活动。各特派办党组高度重视，迅速组织有关部门，认真研究落实宣讲会的各项筹备工作。由于正值审计工作繁忙时期，为确保党员干部能够聆听署领导的宣讲，各特派办在及时将举办宣讲会的消息通知到每位党员干部的基础上，一方面要求在当地审计的各审计组科学统筹审计任务和时间，保证全员参会；另一方面强调对在外地审计确因工作原因不能及时参会的审计组，由分管办领导陆续到审计现场组织传达学习。同时，在办内纷纷开辟“创先争优，喜迎党的十八大”等学习专栏，为各党支部和广大党员干部提供交流平台，积极营造学习贯彻十八大精神的浓厚氛围。

宣讲会上，各位署领导结合自己学习十八大精神的体会，围绕十八大报告中提出的新思想、新观点、新举措，从七个方面全面阐释了报告中需要深刻领会的内容，并重点围绕其中一两个方面，就如何结合审计工作实际学习宣传贯彻十八大精神、推动审计事业科学发展提出了设想，明确了要求。

宣讲会主题突出、内容丰富，既宣讲科学理论，又紧贴实际工作。特别是在宣讲中，许多署领导联系国内外环境，引用典型案例和翔实数据，结合审计工作与自身的成长经历，解释理论和实践问题，深入浅出，通俗易懂，听后让人很受启发，引人深入思考。对于各特派办进一步深入学习贯彻十八大精神，全面推动审计工作科学发展具有十分重要的指导意义。

宣讲结束后，所有特派办领导都在大会上代表全办同志做了表态发言：一是署党组对学习贯彻十八大精神非常重视，行动迅速、措施有力、切合实际；二是署领导对十八大精神的理解深、把握准，讲解全面透彻；三是在场党员干部听讲学习的热情很高。同时，要求特派办全体党员把学习贯彻党的十八大精神作为特派办当前和今后一个时期的首要政治任务，作为特派办建设学习型党组织和学习型审计机关的重要内容，按照前不久刚刚下发的《审计署关于深入学习宣传贯彻党的十八大精神的意见》，在前期初步学习宣传贯彻的基础上，结合本次宣讲，进一步学习好、宣传好、贯彻好党的十八大精神，使特派办党员干部真正将十八大精神内化于心、外化于行。

会后，各特派办及时召开会议，组织党员干部畅谈聆听署领导宣讲的感想体会，有的还将署领导讲话迅速整理出来，印发给每位党员干部学习。特派办的党员干部纷纷发表自己的学习感言，有的同志表示，这次宣讲会让一线审计人员真切地感受到了署党组对学习贯彻十八大精神的高度重视和积极行动；有的说，署领导带头学习，带头实践，亲自走进基层一线宣讲十八大精神，这种务实、求实、扎实的工作作风，既是以实际行动贯彻落实十八大精神，也为基层审计人员学习贯彻十八大精神做出了表率；有的说，宣讲会开得很及时，对结合审计工作贯彻落实十八大精神具有重要的现实意义和长远的指导意义。大家普遍反映，通过聆听署领导的精彩宣讲，使自己对党的十八大的历史意义和精神实质有了更加深刻的理解和把握，对党领导全国各族人民沿着中国特色社会主义道路不断前进，全面建成小康社会的奋斗目标更加明确，更加坚定，更加自信。特别是各位署领导代表署党组就贯彻落实十八大精神所做的重要指示，使特派办党组和广大党员干部更加清楚审计工作贯彻落实十八大的落脚点和着力点，为今后的审计工作指明了方向。大家决心，要立足自己的本职岗位，认真学习好、贯彻好十八大精神，做到真学、真懂、真信、真用，切实把思想和行动统一到十八大精神上来，统一到科学发展观上来，把力量凝聚到署党组、办党组贯彻落实十八大的具体部署中去，凝聚到审计事业健康持续发展中去。

本次宣讲活动使各特派办深切感受到署党组对学习贯彻十八大精神的高度重视、对特派办工作的大力支持、对特派办党员干部的关心爱护。大家表示，一定要把学习贯彻十八大精神作为特派办当前和今后一段时间的重要工作，针对特派办实际制定相应措施，在署党组的正确领导下，坚持以科学发展观为指导，牢固树立科学审计理念，进一步解放思想，凝聚力量，求真务实，攻坚克难，以实际行动推动十八大精神的贯彻落实，推动审计工作的科学健康发展，努力为全面建成小康社会奋斗目标做出积极贡献！

（撰稿人：署直属机关党委）

财政审计司党支部多措并举
学习贯彻党的十八大精神

党的十八大召开后，财政审计司党支部立即行动，坚持抓好党建促审计、做好审计强党建的思路，围绕财政审计实际，充分发挥党员的先锋模范作用和支部的战斗堡垒作用，采取多种措施深入学习贯彻党的十八大精神，自觉将中央精神和署党组的要求落实到财政审计的各个方面，取得了较好效果。

一是参观“科学发展 成就辉煌”大型图片展览，全面了解近年来的科学发展成就，切实增强道路自信、理论自信和制度自信。2012 年 11 月 8 日上午，财政审计司全体党员干部听取胡锦涛总书记《坚定不移沿着中国特色社会主义道路前进 为全面建成小康社会而奋斗》报告后，下午组织党员干部赴北京展览馆参观了“科学发展 成就辉煌”大型图片展览。通过参观，大家对十六大以来党中央带领全党全军全国各族人民深入贯彻落实科学发展观，建设中国特色社会主义国家取得的各项辉煌成就有了更深刻的认识，对审计机关认真贯彻落实科学发展观、保障国家经济和社会健康发展的成绩有了充分了解，进一步加深了对十八大报告的理解，坚定了理想信念，对认真贯彻落实十八大精神，努力做好财政审计工作具有重要的指导意义。

二是认真学习研讨党的十八大报告和署党组的要求，切实增强责任感和使命感，努力把握财政审计的发展方向。一方面，积极参加署机关党委组织的学习活动，组织全体党员干部听取胡锦涛总书记《坚定不移沿着中国特色社会主义道路前进 为全面建成小康社会而奋斗》报告，听取刘家义审计长等三位署领导对十八大精神的传达，以及中央党史研究室主任欧阳淞做的辅导报告，并多次召开全体干部大会，围绕十八大报告原文，组织学习《审计署关于深入学习宣传贯彻党的十八大精神的意见》、署机关党委《关于组织开展十八大精神学习研讨活动的通知》，进一步加深对党的十八大精神的认识和理解。另一方面，结合财政审计实际学习贯彻党的十八大精神。为增强党的十八大对审计工作的指引作用，全司党员干部在线收看八位领导班子成员对党的十八大精神的认识和体会，并结合实际工作，重点学习有关十八大报告新表述、新思路、新论断的解读文章，学习财政体制改革论述的解读文章，了解财税体制改革的方向和主要内容，增强在本职岗位上贯彻落实十八大精神的自觉性，达到学以增智、学以致用的成效。

三是开展以“贯彻十八大精神，推动社会文明生态文明建设”为主题的党日活动。围绕党的十八大关于加强生态文明建设和实现农业现代化的要求，积极组织支部活动，赴河北省廊坊市新奥集团清洁能源示范基地和金丰农业科技园进行考察学习，了解了太阳能、生物质能等可再生能源的开发利用情况，从农业发展历史轨迹中，体会到农业现代化的内涵和成果，增强推动生态文明建设的信心。参观后，大家通过讨论一致认为，这次党支部党日活动是贯彻落实十八大精神的生态文明之路、文化建设之旅，主题突出、内涵丰富，是一次有意义、有创新的主题党日活动。

四是自觉将党的十八大精神融入审计工作，努力当好公共财政“卫士”。我们将 2012 年财政审计作为贯彻落实党的十八大精神的抓手，把十八大的要求及时落实到审计工作中。结合对 18 个省市的地方财政收支审计工作，按照党的十八大报告提出的“加快改革财税体制，健全中央和地方财力与事权相匹配的体制……构建地方税体系，形成有利于结构优化、社会公平的税收制度”的要求，进一步加强对财政体制运行情况调查力度，完善审计工作方案，多次派员到审计现场进行指导调研，将十八大的要求落实到今年的审计项目中。组织特派办开展对战略性新兴产业发展资金使用效果的审计，重点揭示政策效果不理想的问题，提出解决问题的意见和建议，为促进科研成果转化发挥审计的作用，深入揭示地方财政收支管理中影响资金绩效和安全的突出问题，促进依法行政、依法理财。（撰稿人：财政审计司）

认真学习贯彻　不断总结提高

——贸易审计局深入学习十八大精神

结合中央党史研究室主任欧阳淞对十八大报告的解读，贸易审计局组织全局人员对十八大报告进行认真学习讨论，在全局掀起学习贯彻十八大精神的热潮。

积极开展系列活动，将学习落到实处　贸易审计局将学习贯彻十八大精神作为创建学习型派出局，提升干部队伍政治理论素质的重要举措，积极组织全局干部开展系列学习贯彻活动。一是及时召开全局会议专题研究制定学习贯彻十八大精神和审计署党组学习宣传贯彻十八大精神意见的具体措施和要求；二是组织全局干部认真学习审计长刘家义、副审计长董大胜、侯凯参加十八大的收获和体会；三是组织全局干部开展讨论，要求党员干部紧密结合审计工作实际谈认识和打算；四是要求全局干部收看审计署党组中心组学习贯彻党的十八大精神在线直播，并展开学习讨论。全局干部通过参加活动，深入学习、深刻领会十八大精神实质，贯彻落实党的十八大会议精神，推动审计工作上一个新台阶。

学习与工作相结合，将贯彻落到实处　一要深入学习党的十八大精神，践行科学审计理念，增强“围绕中心、服务大局”的主动性和审计成果意识，关注党的十八大确定目标和战略部署以及党和政府重大政策执行情况，努力出“精品”，高质量地完成审计任务。二要提升审前调查的成效。审前调查要有方案、有记录，形成对审计思路和审计重点的建议，紧紧围绕部门法定职责和审计工作方案确定的重点开展审前调查。审计实施方案要符合审计工作方案要求并体现部门特点。在选择确定抽审和延伸点时，要关注与部门履行职责和审计重点密切相关的单位。对实现审计目标有重要影响的审计事项要有明确的审计步骤和方法。三要注重审计过程的质量和效率。边审计边研究，提高悟性和揭示重大问题和体制机制问题的能力。按审计准则的要求认真做好现场取证，严格审计底稿和审计取证的复核制度。大力推进审计信息化技术的推广应用，熟练利用AO审计，积极利用现有数据开展关联分析。加强现场组织领导，坚持每周一次的集中交流研究和组织开展案例培训，全体审计人员要发挥主动性和创造性。四要提高审计报告水平。安排专人提早准备，总结应用上年度形成审计评价意见的程序和方法。评价内容符合审计署规范，反映的问题符合审计署审计工作方案确定的审计重点并体现部门特点，审计建议具有针对性和可操作性。五要加强审计成果的综合分析和开发利用。增强编写审计信息的主动性，提前研究确定符合审计工作方案要求的审计信息主题，审计中要积极捕捉有价值的信息点。加强与署有关司局的沟通交流，选准角度，文种和格式符合规范。六要促进被审计单位整改提高。提出审计查处意见时要与被审计单位充分交流，既教育其遵法守法又保证查处意见可行。主审人员要积极跟踪和配合移送问题的查处。审计署审计报告下达后，审计组长应向被审单位领导和各单位负责人通报审计结果，引起他们的重视，并加强财经法纪的宣传，提高领导干部依法理财意识。每月向被审计单位了解一次整改情况，督促全面落实审计意见决定。

大家表示，实现党的十八大描绘的中国之梦，要靠每个人的努力。当前，要全力以赴投入刚开展的商务部和全国供销总社会2012年度预算执行审计，通过扎实工作，实现审计署工作方案确定的审计目标。（撰稿人：贸易审计局）

结合实际 贯彻落实 走强办之路

京津冀特派办认真组织全办干部职工收看了审计署领导传达十八大精神视频大会、审计署党组中心组学习贯彻党的十八大精神网络在线直播、十八大精神宣讲视频大会。在此基础上，积极组织广大党员干部结合审计工作，开展学习研讨。高密度、大范围的学习活动，收到很好的效果。

开展学习研讨的情况 在组织广大干部职工参加学习会议的基础上，以处室和支部为单位，认真组织广大干部职工学习党的十八大精神，做到了“学习十八大，一个都不能少”。特派办为每位干部职工购买了一套有关十八大精神和党章的学习读本，供干部职工在业余时间自学。各项目审计组以临时党支部为单位，组织审计组成员就近就地、及时深入地开展学习活动。退休干部在每人发放一套十八大学习图书的基础上，组织开展了集中传达学习和个别传达辅导相结合的学习。11月29日，干部职工在参加十八大精神宣讲视频会后，召开学习交流会，与会人员进行了积极、热烈的发言，在发言过程中把宣讲老师透彻、深入的讲解与个人对十八大学习的心得有机融合，结合自身工作、生活，就如何学习好、领悟好、贯彻好十八大精神进行了交流探讨。在探讨过程中，与会人员将社会目前的热点、难点、焦点问题与十八大精神相联系，不断迸发出新的思想火花，会场气氛热烈。与会人员纷纷表示受益匪浅，并表示一定要持续深入地开展十八大精神的学习，务求做到吃透精神，领悟实质，为切实推进“一横三纵”强办格局贡献力量。

学习贯彻总体思路 （一）自上而下，抓好传达学习。第一阶段，组织全办干部职工收看党的十八大电视直播、审计署传达十八大精神视频大会和审计署党组中心组学习贯彻党的十八大精神网络在线直播，收到很好的效果，特别是这次审计署党组中心组学习会是中央国家机关党组、党委中心组学习第一次向社会开展网络直播，是推进中央国家机关党务公开的新尝试，为全国各级审计机关在深化和创新学习贯彻十八大精神方式方法上做出了表率。第二阶段，学习贯彻十八大精神的重点安排是要开好两个会议，一个是于11月底召开的办党组中心组四季度学习会，会议主题就是如何深入学习贯彻十八大精神，参加人员范围扩大到副处级干部，采取脱产封闭、集中学习与自学相结合、分组讨论与大会交流相结合的方式，重点是要结合审计工作实际找准差距、理清思路、明确目标、确定重点、研究方法、细化任务，确保各项工作成果的落实和实现；另一个是于12月中旬召开的办领导班子专题民主生活会，按照十八大精神和署党组的要求，认真征求和听取全办干部职工意见，深入开展批评与自我批评和民主评议，对照新党章，查摆问题、深刻剖析，制定措施、积极整改，同时要与开展党员承诺践诺活动结合起来，并将此作为贯彻落实十八大精神和署党组要求的有力举措，认真抓好落实。

（二）多措并举，加强宣传交流。要及时将干部职工学习贯彻十八大精神的情况和成果通过多种渠道进行广泛宣传和交流，一是利用好审计署网站和“一报一刊”的宣传主渠道，扩大影响；二是积极向审计署机关党委、天津市委金融工委报送有关学习情况和好的经验做法，争取榜上有名；三是在特派办网站、宣传橱窗开设富有特色的专栏和专题，全方位、多角度地宣传学习贯彻情况；四是在特派办“政工信息”开展学习贯彻党的十八大精神活动系列报道，在特派办短信平台开展“学习贯彻十八大，真情寄语一句话”的学习心得交流活动，在青年审计论坛举办以“青年干部如何在审计工作实践中贯彻落实十八大精神”为主题的征文和演讲活动，营造浓厚的学习交流氛围，形成“多点开花”的学习效果。

（三）结合特派办实际，认真贯彻落实。结合工作实际，在今后一段时期内，仍将继续坚定不移地走“一横三纵”的强办之路，即通过建设文化强办(一横)，引领和带动审计业务、机关管理和队伍建设全面提升，实现业务强办、管理强办、队伍强办(三纵)，最终实现“大办变强办”的发展目标。

1. 融会贯通十八大精神，努力建设文化强办。继续坚持“理念先行、制度保障，领导表率、全办参与，业务为本、习惯养成”的工作思路，要在立足于中国特色社会主义理论体系的基础上，不断发展和努力完善中国特色社会主义审计理论和制度体系，积极提高和大力深化全办审计理论科研与审计实践应用紧密结合的水平；要在放眼于社会主义核心价值观的境界中，大力弘扬和积极践行“责任、忠诚、清廉、依法、独立、奉献”的审计人员核心价值观，认真总结符合特派办特点特色的审计精神和机关文化，不断巩固全国文明单位的荣誉和成果，充分发挥文化引领和带动作用，用优异的审计业绩，为推动社会主义文化大发展大繁荣做出贡献。

2. 不断提高审计质量和成果水平，全力打造业务强办。继续坚持“科学理念引领指导，重要事项领导督办，业务管理力求高效，法治建设扎实推进，绩效审计贯穿始终，理论成果注重应用”的工作思路，围绕审计署党组提出的十个方面重点工作，突出审计第一要务，结合审计项目实际，全力抓好落实。今后的一段时期内，要坚定不移地以党的十八大精神为指南，进一步树立科学审计理念，理清审计思路，明确新形势下审计工作的新任务、新要求，指导审计实践不断创新、持续发展；要将审计项目作为锻造业务的平台和阵地，着力提高审计质量和成果水平，确保每年都能培育出质量过硬、成果突出、在审计署较有影响的优秀审计项目，确保各专业审计的重要审计信息采用、审计报告质量、案件移送层次、审计经验方法总结、审计创新等方面在审计署专业司排名中稳居前列。

3. 以提升能力和素质为抓手，稳步推进队伍强办。继续坚持“抓班子、匡正气，树导向、增激情，强作风、促廉政，重培训、求创新”的工作思路，不断巩固完善“以业绩论英雄，凭德才坐位置”的选人用人导向和“爱岗爱办爱审计”的事业导向，让“五重五不简单”的选人用人原则深入人心，让更多“四实一净”的干部脱颖而出。以大力培养审计署审计专家、审计骨干人才、“四手”人才、审计实务导师、高级审计师和计算机中级人才为目标，不断加大教育培训力度和深度，持续提升班子建设水平和干部队伍素质，重点关注青年干部和人才培养，努力营造更为科学合理、更为宽松和谐的成长空间和发展舞台，保护好和利用好广大干部的最佳成长期、最佳干事期和最佳贡献期，为特派办和审计事业的可持续发展提供坚强有力的智力支持和人才保证。

4. 切实增强执行力，扎实巩固管理强办。继续坚持“以完善制度促规范，以督办落实促高效，以创新理念促专业，以人性化管理促和谐”的工作思路，在不断完善制度管理体系的基础上，着力提升机关执行力，确保各项政策、决策、安排、部署都能够及时得到贯彻落实，工作成果得以快速体现。全面加强行政管理、预算管理、资产管理、后勤服务管理、退休干部服务管理，提高机关运转效能和规范化水平，为审计工作顺利开展提供有力保证。（撰稿人：京津冀特派办）

审计干部培训中心十八大学习研讨活动情况

按照《关于组织开展十八大精神学习研讨活动的通知》要求，审计干部培训中心党总支组织各党支部分头开展学习活动，各支部围绕审计长刘家义等三位署领导对十八大精神的传达、收看党组中心组学习贯彻十八大精神网络视频直播以及中央党史研究室主任欧阳淞所做的辅导报告，深入开展了研讨。通过学习研讨，全体干部进一步深刻认识了十八大精神的重要意义，全面掌握了审计署贯彻落实十八大精神的具体部署，进一步明确了贯彻落实的步骤和方法。

一、进一步深刻认识了十八大精神的重要意义和领会了精神实质

全体干部认为，党的十八大从道路、理论体系和制度三个方面全面总结和诠释了中国特色社会主义最新的建设成果，同时向全世界昭示了今后一个历史时期内中国共产党将举什么旗、走什么路、以什么样的精神状态、朝着什么样的目标继续前进这四个关系党和国家工作全局的重大问题，为继续推动党和国家事业发展指明了前进方向，是我们党团结、带领全国各族人民坚定不移地走中国特色社会主义道路，在新的历史起点上继续发展中国特色社会主义的政治宣言和行动纲领。通过学习，深刻领会了科学发展观的历史地位和指导意义，深刻领会了中国特色社会主义的丰富内涵，深刻领会了夺取中国特色社会主义新胜利的基本要求，深刻领会了全面建成小康社会和全面深化改革开放的目标，深刻领会了社会主义经济建设、政治建设、文化建设、社会建设、生态文明建设等方面的重大部署，深刻领会了全面提高党的建设科学化水平的重大任务。

二、全面掌握了审计署深入学习贯彻落实十八大精神的工作部署

通过收看署领导传达十八大精神以及党组中心组学习直播，全体干部认为，署领导为我们深入解读十八大报告、联系工作实际贯彻落实十八大报告精神指明了方向。刘家义审计长明确提出学习贯彻十八大精神要突出十个方面的重点工作、要着力抓好四项工作的要求，对领导干部和党员干部还提出了八点要求，有效地把全体干部思想统一到党的十八大精神上来，把力量凝聚到实现党的十八大确定的各项任务上来，把党的十八大精神落实到审计事业发展的各项工作中。对照上述要求，大家深感责任重大、任务艰巨，纷纷表示要进一步认真学习贯彻党的十八大精神，坚持用中国特色社会主义道路、理论体系和制度武装头脑、引领航向、投身实践，充分发挥审计“免疫系统”功能，推动社会主义事业发展，为全面建成小康社会做出贡献。

三、进一步明确了深入学习贯彻落实十八大精神的步骤和要求

结合学习研讨活动，各党支部进一步学习了《审计署关于深入学习宣传贯彻党的十八大精神的意见》，进一步明确了学习步骤和贯彻要求。培训中心党总支将按照上述文件要求，通过组织全体干部通读全文大力抓好党的十八大精神的学习，掀起学习宣传贯彻党的十八大精神的热潮；开展中国特色社会主义理论体系学习实践活动，通过读书学习、对照检查和整改提高三个阶段，促进党员干部恢复和发扬党的优良传统，进一步提高党员干部的先进性、纯洁性和工作能力；以社会主义核心价值体系为引领，大力弘扬和积极践行“责任、忠诚、清廉、依法、独立、奉献”的审计人员核心价值观，为审计培训事业科学发展提供思想基础、精神动力和行为引领。

（撰稿人：审计干部培训中心）

深入学习宣传贯彻党的十八大精神更好发挥审计在国家治理中的“免疫系统”功能

党的十八大是在我国进入全面建成小康社会决定性阶段召开的一次重要会议。深入学习宣传贯彻党的十八大精神，对于坚定不移走中国特色社会主义道路，全面建成小康社会，加快推进社会主义现代化，指导今后一个时期审计监督工作具有重大意义。黑龙江省审计厅组织召开了党组中心组学习贯彻党的十八大精神扩大会议，认真学习了党的十八大报告和党章修正案的重点内容，结合本省审计工作实际，研究制定了省审计厅关于深入学习宣传贯彻党的十八大精神的意见。

意见要求全省各级审计机关要把学习宣传贯彻党的十八大精神作为当前和今后一个时期首要政治任务，迅速掀起学习宣传贯彻十八大精神的热潮；要认真研读党的十八大文件，原原本本地学习党的十八大报告和党章，深刻领会党的十八大的重大意义，深刻领会党的十八大的主题，深刻领会过去5年和10年党和国家取得的新的历史性成就，深刻领会科学发展观的历史地位和指导意义，深刻领会中国特色社会主义的丰富内涵，深刻领会夺取中国特色社会主义新胜利的基本要求，深刻领会全面建成小康社会和全面深化改革开放的目标，深刻领会社会主义经济建设、政治建设、文化建设、社会建设、生态文明建设等方面的重大部署，深刻领会全面提高党的建设科学化水平的重大任务。

意见要求全省各级审计机关要紧密联系审计工作实际，坚持学以致用，以十八大精神为指导，以推进法治、维护民生、推动改革、促进发展为出发点和落脚点，重点突出：加大对重大经济政策和宏观调控措施贯彻落实情况的审计力度，促进政令畅通；加大对重大违法违规、经济犯罪和腐败问题的查处力度，推进反腐倡廉建设；加大对权力运行的监督和制约力度，促进责任追究和问责机制的健全完善；加大对经济社会运行中突出矛盾和潜在风险的揭示力度，维护国家安全；加大对环境保护和资源能源利用情况的审计力度，服务生态文明建设；加大对重点民生资金和民生项目的审计力度，保障惠民强民富民政策落实，维护人民群众的根本利益；加大绩效审计和绩效评估力度，促进效益、速度和质量的统一，推动经济发展方式转变；加大对有法不依、执法不严问题的揭示力度，促进依法行政和民主法治建设；加大对审计信息的依法公开力度，促进公开透明，让权力在阳光下运行；加大从体制、机制和制度层面揭示问题、分析原因和提出建议的力度，促进深化改革和制度创新等十个方面工作，坚持依法履行审计监督职责，推动五位一体总体布局的全面实施，推动全面建成小康社会目标的如期实现，切实发挥国家审计保障国家经济社会健康运行、推动完善国家治理的作用，努力在建设富强文明和谐大美幸福龙江中做出新贡献。

意见要求全省各级审计机关要坚持以社会主义核心价值体系为引领，大力弘扬和积极践行“责任、忠诚、清廉、依法、独立、奉献”的审计人员核心价值观，努力使全省各级审计干部真正做到内化于心、外化于行，不断提高审计队伍的责任感、归属感和荣誉感，提升审计队伍的“精气神”，做到以责立志、以德立身、以能立业、以行立信，为审计事业科学发展、创新发展提供思想基础、精神动力、行为引领和人才支撑，并推动全省各级审计机关各项审计基础建设不断强化。要紧密结合审计工作、审计机关和审计干部实际，以提升审计干部“六种能力”（即学习能力、实战能力、研究能力、创新能力、协调能力、抗腐能力）为重点，大力组织实施“岗位大练兵、全面提素质”教育培训工作；以保持审计机关党员干部先进性、纯洁性为重点，认真贯彻落实审计署“实、高、新、严、细”作风建设要求，紧密结合审计工作实际，认真组织开展践行“三政五风”（即勤政、优政、实政和敢于担当、雷厉风行、严谨细致、理性平和、协调融洽的作风）和争做“五实型”审计干部（对党忠实、工作务实、作风扎实、团结朴实、自律严实）等作风建设实践活动，教育和引导审计人员努力做合格党员、合格公务员和合格审计干部，坚定理想信念，把先进性、纯洁性体现在审计实践行动上，体现在对党、国家、人民、历史和法律的无限忠诚上。要加强干部培养锻炼，切实强化审计廉政风险防控工作力度，严格执行审计“八不准”纪律和各项廉政规定，切实提升审计能力、树立良好审计形象。

意见要求全省各级审计机关的领导干部要率先垂范，从我做起，做到真学、真懂、真信、真用。要自觉做坚定理想信念的表率，坚定马克思主义和共产主义理想信念，时刻牢记全心全意为人民服务的宗旨。要自觉做认真学习实践的表率，带头学习贯彻十八大精神，带头落实科学发展观，带头研究审计规律，以自身的模范行动，引领审计干部投身到审计事业中来。要自觉做坚持民主集中制的表率，全省各级审计机关的领导特别是一把手要在坚持民主集中制上率先垂范，科学决策，民主决策。要自觉做弘扬优良作风的表率，恢复继承和大力弘扬党多年以来形成的理论联系实际、密切联系群众、批评和自我批评等优良作风，切实防止作风漂浮、脱离群众、官僚主义等倾向，做到求真务实。

（撰稿人：黑龙江省审计厅）

哈尔滨市审计局学习十八大精神 推动审计事业科学发展

党的十八大胜利闭幕后，哈尔滨市审计局认真组织全体党员干部学习胡锦涛总书记向大会所做的报告。会后，在第一时间分别组织局党组中心组成员和全体中层干部，深入学习贯彻落实会议精神，以党的十八大精神为指引，推动全市审计工作科学发展，要求全市审计系统干部群众掀起学习贯彻十八大精神的热潮。

一、学习宣传贯彻党的十八大精神，要切实履行好审计监督职责

当前，学习好、宣传好、贯彻好党的十八大精神是全体党员干部的首要政治任务。作为全市审计监督工作的组织者、指挥者，学习、宣传、贯彻党的十八大精神，必须与学习习近平同志在党的十八届一中全会上的重要讲话精神紧密结合，与学习省委十一届二次、市委十三届三次全会精神紧密结合。通过学习把思想和行动统一到党的十八大精神上来，把智慧和力量凝聚到推动哈尔滨市实施新战略、实现新跨越上来，努力站在为市委宏观决策提供服务和监督政府职能部门权力运行的高度，切实履行好审计监督工作职能，强化依法治理，建立健全权力运行制约和监督体系，更加有效地提高资金利用率，促进政府部门科学化管理，提高企业经济效益，以一流的审计业绩保障全市经济社会全面、协调、可持续发展，为全面建成小康社会做出新贡献。

二、学习宣传贯彻党的十八大精神，要全力推进审计事业健康发展

学习宣传贯彻党的十八大精神，关键要落实在行动上、体现在实践中，空谈误国，实干兴邦。为此，要着重做好五个方面工作：

一是围绕保障哈尔滨市实施经济建设新战略、实现科学发展新跨越的总体目标，着力提高财政、税收征管、金融、政府性债务审计的有效性和及时性。严格履行审计监督职能，全力推进各类审计问题的整改，维护国有资产安全和广大人民群众的根本利益，当好公共财政的“守卫者”。

二是围绕落实市委市政府“建设好城市、管理好城市、运行好城市”的庄严承诺，继续深化对重点建设项目投资、交通、土地、规划、城市建设等部门的跟踪审计，继续开展保障性安居工程、“三沟一河”、地铁一号线、哈西客站、保障房等重点项目跟踪审计和工程决算审计，当好城市提档升级、快速发展的“维护者”。

三是围绕加强对权力运行的监督和制约，从促进经济社会科学发展的高度，认真落实行政问责制，加大对重大违法违规问题的查处力度，更加有效地发挥审计在推动反腐倡廉和行政问责建设中的作用，当好公权使用的“监控者”。

四是围绕富民惠民政策的实施，进一步加强对重点民生资金和项目的审计。在教育、社会保障审计项目中要关注覆盖面、保障水平，关注社会保障政策的可持续性、公平性，推动社会主义和谐社会建设，当好实现富民惠民目标的“捍卫者”。

五是围绕可持续发展理念，在国土利用、资源开发、环境保护、节能减排等方面积极发挥审计工作作用，为建设美丽中国，当好生态环境的“保护者”。

三、学习宣传贯彻党的十八大精神，要筑牢审计事业发展根基

全市审计机关要把加强队伍建设和基层党组织建设，作为提高审计工作质量和水平的基本任务和重要保证，切实抓出成效。

一是以打造一流审计队伍为目标，全力推进首善机关建设。在认真总结一年来创建首善机关活动取得成功经验基础上，结合学习贯彻党的十八大精神，针对报告中提出党内存在“精神懈怠危险、能力不足危险、脱离群众危险以及消极腐败危险”，进一步坚定理想信念，把党的先进性、纯洁性体现在履职尽责的工作实践中。

二是以推动新战略顺利实施为指向，继续深化创建共产党员先锋岗活动。市审计局共产党员先锋岗紧紧围绕市委确定的需要着力破解的十个方面重点难点问题，把弘扬和践行“责任、忠诚、清廉、依法、独立、奉献”的审计人员核心价值观，与深化创建共产党员先锋岗活动有机结合起来，切实把心思用在发展上，把精力放在抓落实上，把时间花在解决实际问题上。

三是以党性党风党纪教育为重点，深入开展审计文化建设。坚持依法审计、文明审计，严格执行审计法律法规，实事求是、客观公正地反映和处理问题。认真组织开展对 112 项审计机关规章制度的“大学习、大贯彻、大执行”主题实践活动，教育全局干部以敬畏之心对待权力、以平常之心对待名利、以坦荡之心对待监督，筑牢拒腐防变的思想道德防线。

四是以提高党的建设科学化水平为目标，全面加强基层党组织建设。坚持把加强党的执政能力建设，保持党的先进性和纯洁性建设作为机关党建工作主线，把“为民、务实、清廉”群众路线教育实践活动作为加强审计机关党员干部思想教育的主要内容，找准党建工作融入中心工作的切入点，强化对审计人员的培训，建立健全岗位责任制体系，切实提高依法审计监督能力，使机关党建工作为审计事业发展提供坚实的组织保障。

（撰稿人：哈尔滨市审计局）

审计署工作概况

署领导、党组成员

审　计　长：刘家义
副审计长：董大胜
　　　　　余效明
　　　　　石爱中
总审计师：孙宝厚
副审计长：侯　凯
纪检组组长：陈　蕾
中央经济责任审计工作联席会议办公室主任：李勇库（2月6日—）

党组书记：刘家义
党组副书记：董大胜
党组成员：余效明
　　　　　孙宝厚
　　　　　侯　凯
　　　　　陈　蕾
　　　　　李勇库（1月19日—）
　　　　　陈尘肇

审计署机关

【审计工作简述】　2012年，在党中央、国务院和各级党委、政府的坚强领导下，审计机关全面落实科学发展观，紧紧围绕科学发展这个主题和转变经济发展方式这条主线，依法履行职责，加强自身建设，较好地完成了各项任务。全年全国共审计15万多个单位，促进增收节支和挽回损失2800多亿元。移送案件线索4000多件，推动建立健全制度8000多项。审计中突出以下重点：

着力监督检查预算的完整性和执行的规范性，促进健全统一完整的国家预算体系　审计署把财政政策实施、预算执行与决算草案的审计融为一体，不断深化转移支付资金和地方财政收支审计，努力把握预决算的整体情况，反映政策执行、资金管理和行政绩效等情况，积极推进预算管理的科学化、法治化和财政体制改革不断深化。

着力监督检查惠民富民强民政策的落实情况，促进民生改善和社会事业发展　审计署密切关注涉及群众切身利益的问题，组织对社会保障资金、农村中小学布局调整、保障性安居工程等重点民生项目，三峡、南水北调、高速公路、中央支持新疆发展、青海玉树、甘肃舟曲和云南彝良灾后恢复重建等重大投资项目进行专项审计，促进归还和拨付民生资金870多亿元，核减投资和结算额1200多亿元，也为决策和管理提供了重要参考。

着力监督检查部门单位及工作人员守法守规守纪尽责情况，促进依法行政、依法管理　审计署切实关注权力运行和责任履行情况，不断深化经济责任审计，推进任期内轮审制度，探索党政领导干部同步审计。全年共审计领导干部4.2万多人，其中省部级31人。查出领导干部负有直接责任的问题金额266.6亿元。29人涉嫌个人经济问题，11人被移送司法机关处理，62人被移送纪检监察机关处理。

着力揭示反映经济社会发展中的突出矛盾和风险隐患，推动转变经济发展方式和维护国家经济安全　更加关注促进经济结构调整相关政策措施的落实情况，组织对商业银行新增贷款结构进行跟踪审计调查，对国家科技重大专项、节能减排、环境保护领域利用国外贷援款项目、对外援助支出和驻外机构等进行专项审计，及时揭示和反映财政、金融、国有资产、资源环境、社会稳定等方面的薄弱环节及风险隐患，及时提出堵塞漏洞、妥善处置和避免损失的建议，取得较好效果。

着力查处重大违法违规问题和案件线索，促进反腐倡廉建设 把查处重大违法违规问题作为重要任务，注重把握违法问题的发生规律，突出对重点领域和关键环节的审计，坚持查深查透，依法揭露和处理。一年来，全国审计共移送案件线索4000多件，涉及1.4万人。同时，还配合和协助纪检监察、司法机关，查处了一批重特大腐败案件。

着力揭示反映体制、机制、制度问题，促进深化改革和制度创新 注重检查法规制度的执行情况，促进提高制度的执行力，加大分析力度，提出完善制度、加强管理的建议。一年来，全国审计机关提交报告和信息31万份，发布审计结果公告近1万篇，促进建立健全制度8000多项。

同时，审计署认真履行联合国审计委员会主席职责，推动联合国大会通过决议，在联合国实行预算改革和绩效审计。

我国当前处于经济社会发展的关键期和深化改革的攻坚期，面临难得的历史机遇，也有诸多风险和挑战。党的十八大为党和国家事业发展指明了前进方向，中央经济工作会议对明年经济工作做出了部署，国务院召开的全国审计工作电视电话会议全面安排了新时期的审计工作。围绕新时期新形势下的党中央、国务院的要求，2013年审计工作的总体要求是：以邓小平理论、“三个代表”重要思想和科学发展观为指导，深入学习贯彻党的十八大精神，按照中央经济工作会议和国务院的部署，紧扣主题主线，围绕提高经济增长的质量和效益这个中心，全面履行审计监督职责，着力推进改革、促进发展、维护民生、揭示风险、查处案件、强化问责，推动中央政策措施的贯彻落实和国家治理的完善，为经济持续健康发展和社会和谐稳定做出更大贡献。

2013年的主要工作任务是：始终坚持“两手抓、两手硬”，切实增强审计工作的整体性、宏观性和时效性，更加注重反映总体情况，揭示深层次问题，分析根本原因，从体制机制层面提出建议，为深化改革、制定政策、实施决策、强化管理、完善制度提供及时准确的信息和依据，更好适应我国发展战略机遇期条件和内涵的根本变化，在更高层面发挥审计监督的作用。具体要抓好以下十个方面的工作：一要加大对中央重大经济政策和宏观调控措施贯彻落实相关情况的跟踪审计力度，促进政令畅通；二要加大对重大违法违规、经济犯罪和腐败问题的查处力度，推进廉政建设和反腐败斗争；三要加大对权力运行的监督和制约力度，促进责任追究和问责机制的健全完善；四要加大对经济社会运行中的突出矛盾和潜在风险的揭示力度，维护国家经济社会安全；五要加大对资源节约和环境保护情况的审计力度，促进生态文明建设；六要加大对重点民生资金和民生项目的审计力度，维护人民群众的根本利益；七要加大绩效审计力度，促进效益、速度和质量的统一，推动经济发展方式转变；八要加大对有法不依、执法不严问题的揭示力度，促进依法行政和民主法治建设；九要加大对审计信息和整改情况的依法公开力度，促进公开透明和权力在阳光下运行；十要加大从体制、机制、制度层面揭示问题、分析原因和提出建议的力度，促进健全制度和深化改革。（撰稿人：崔　丰）

【办公厅】 2012年，办公厅人员编制75人，在编69人。设有政策研究室、信息综合处、计划统计处、财务一处、财务二处、秘书处、新闻处、档案处、审计长办公室、举报中心办公室、办公室等职能处（室）。

领导成员

主　任：陈尘肇

副主任：刘玉慧

　　　　郭彩云（兼政策研究室主任）

　　　　丁德明

工作综述 办公厅按照审计长刘家义关于“在履行职责、队伍建设、为全系统做表率三个方面有新提升”的要求，认真履行“调研、参谋、协调、综合、管理、服务”职责，围绕中心、服务大局、突出重点、统筹谋划的意识进一步提高，队伍能力素质有了新改变，确保了政务顺达高效，管理规范有序，党务创新发展，各项工作争创一流。

对接大局出谋划策 紧紧围绕署党组的中心

工作，着力在文稿服务中“谋大”，力求站位高、想得周、谋得实，共起草和修改全国审计工作电视电话会议、全国审计工作会议、署党组关于《党的十七大以来的工作总结》等重要文稿200多篇。着力在调查研究中“谋深”，注重深入一线、深入基层、深入群众，拿出有深度、有层次的调研成果，按署领导要求，配合国务院办公厅对5省10市审计工作开展联合调研，调研报告得到了总理温家宝的批示。着力在审计项目安排上“谋远”，注重早谋划、勤研究、建机制、重协调，不断提高计划的前瞻性，发挥龙头作用，制定了对地方审计工作的指导意见、年度统一组织审计项目计划草案等。

牵头抓总统筹安排 一是保障日常工作运转顺畅。按照《党政机关公文格式》国家标准，全部重新设计了几十种行政发文、业务文书的文头及模板，对2008年至2012年各单位公文质量情况进行了综合分析，共审核、分发各类收文1.3万件，复核、制发各类文件2680件，通过远程站收发各类电子文件1.2万件，完成发文4.6万份，完成各类机要交换件1.9万件；加强档案管理和利用，共检查、接收审计档案4905卷、文书档案6377件。举报中心办公室畅通信访渠道，妥善处理群众来信来访，努力实现审计成果转化，信访举报工作有序开展。全年共接收处理信访举报8871件，与审计直接有关的599件，其中94%已结合审计项目进行了核实，相当数量的举报成为审计发现违法违规案件线索的重要突破口。二是保障会议活动服务周密。认真落实中央八项规定，本着勤俭办会、节约办会的原则，牵头组织筹备审计署参加全国审计工作电视电话会议和全国审计工作会议，承担60多次会务工作，对280多件事项进行跟踪督办。三是保障应急反应灵敏迅速。进一步加强了值班联络、信息报送、财务管理、文电运转、保密检查、密码通信保障间的衔接，积极构建应急体系。

审计信息综合利用 进一步加强审计信息工作的计划性、主动性，进一步改进与业务司局的沟通协作，进一步提高审核编辑效率，挖掘深度信息、提炼经验信息、收集热点信息、筛选建议信息，力求贴近第一手材料，认真做好第一道研判，切实保障第一时间报送。全年共编发审计信息471期。上报国务院的150期专项审计信息中，有135期被国办采用，有130期得到中央领导同志批示，采用率和批示率分别为90%和87%。加强对信息作用发挥情况的跟踪分析，组织对审计署五年来上报的700多篇审计信息所提的建议、意见在相关领域改革和加强管理中的落实情况进行全面调查，并有针对性地改进信息工作。

营造氛围广泛宣传 增强宣传工作的计划性和规范性。做好重大事项宣传的策划组织、评论解读、舆情跟踪等工作，全年共编发83个单位或事项的审计结果公告37期，主动公开审计信息113条，依法受理并答复依申请公开政府信息21例，在审计署门户网站加载信息7000多条，在主要媒体刊发审计宣传稿件2000多篇次。增强宣传形式的多样化和立体化。开展审计署重要会议和重大活动宣传报道；编辑《抢险救灾款物及灾后恢复重建跟踪审计画册》，配合中国邮政集团公司设计出版国家审计题材邮票。增强宣传结果反馈的主动性和时效性。健全完善网上舆情监测、分析和应对机制，组织召开新闻通气会6次，编发舆情动态27期。

加强管理服务协调 从规范制度入手，不断提升财务管理、资产管理、政府采购、档案管理、保密管理的水平。在预决算管理方面，制订重大审计项目业务经费预算安排方案，首次争取到足额的专项经费保障重大审计项目开展；修订印发审计署《国有资产管理暂行办法》《财务管理制度选编》等制度。在内部管理方面，起草《办公厅会议制度》《办公厅工作计划通报制度》和《办公厅岗位责任制》等办法。在档案管理方面，制定颁布适应新的国家审计准则的《审计机关审计档案管理规定》。在保密管理方面，注意加强统筹规划、监督检查和教育提醒，完成《审计署保密工作纪律》《审计署保密工作手册》等6项制度；积极开展每月保密抽查，促进保密检查常态化、规范化。

完善机制推进党建 坚持服务审计工作大局，以党建促干部素质提升，促履行职责见实效。紧贴“中心”，加强理论修养。采取研读原文、召开座谈会等方式，认真领会党的十八大、政府工作报告等重要精神，把思想和行动统一到党中央决策部署上来，落实到全厅各项工作中。坚持“练兵”，提升能力素质。开展为期半年的“文稿审核大练兵”和“谋提升、见实效”活动，推动各项工作不断规范和深化。铸牢“根基”，推进组织建设。认真落实“三会一课”制度，共召开总支会议30多次、支委会50多次、全体党员大会4次；开展了喜迎十八大“流动教室、开放党课”等主题实践活动；大力推进党务公开，共编发党建工作简报31期、内部资料《学习与思考》16期。

（撰稿人：高　瞻）

【法规司】　2012年，法规司人员编制28人，在编17人。设有法规准则处、审理一处、审理二处、检查指导处、法律事务处。

领导成员

主要负责人：马青山（10月—）

副司长：刘绍统（—9月）　孙秀春

工作综述　法规司在审计署党组和分管署领导的正确领导下，以科学发展观为指导，认真树立和践行科学审计理念，进一步加强审计规范化建设，全面加强审计质量控制，深入开展普法依法治理工作，努力推动审计法律法规贯彻落实，促进依法审计水平不断提升，较好地完成了各项工作任务。

审计立法　一是研究起草《审计署审计现场管理办法》。根据署领导的指示和审计署2012年重要审计规范建设安排意见，法规司组成工作组研究起草《审计署审计现场管理办法》，重点围绕“廉政、业务、保密”三个方面对审计现场管理加以规范，于12月底形成送审稿呈交署领导审核。二是研究制定《审计署审计质量岗位责任追究办法》。明确了审计业务组织实施、复核、审理、审核等岗位应当承担的责任，以及责任追究的途径、方式等。该办法经审计长会议讨论通过，已于2月印发施行。三是研究制定《审计署关于提请阻止审计发现涉嫌犯罪人员出境工作的通知》。对提请阻止出境应当坚持的原则、可以提请阻止出境的情形、建议阻止出境的期限、报批程序等做出规定。该通知经署领导审定后，已于3月印发施行。四是积极推动国家审计指南的研究开发。法规司组织协调审计署有关单位着手研究开发12个国家审计指南，积极跟踪各单位研发进度，做好合规性审核等各项工作，推动国家审计指南体系构建。五是积极推动《关于中央企业设立总审计师的试行意见》出台。法规司会同审计署相关部门多次与国资委等单位进行协调，对试行意见作了进一步修改，组织完成了课题研究报告。10月，审计长会议对试行意见和研究报告进行初步审议，法规司会同企业司再次进行修改完善，经审计署领导审定后，送国资委进一步征求意见。六是积极开展其他审计规范建设。在往年工作的基础上，积极推动《违反审计监督规定行为处分办法》《审计署关于内部审计工作的规定》《审计机关对社会审计机构审计报告质量核查的规定》等审计规范的制定或者修订工作。

审计项目审理　法规司全年完成对93个审计项目审计结果文书的审理工作，并对44篇审计移送处理书和82篇审计重要信息进行审理审核，对62份全国社会保障资金审计报告进行审核。对于审理中发现的审计项目在事实、定性、法规适用、处理处罚等方面存在的235个具体问题，进行全面通报，推动审计质量控制工作。

在工作繁重、人员少的情况下，法规司积极探索创新审理工作方式方法，不断提升审理工作质量和水平。一是在审理工作基础上，积极组织开展各专业领域《审计常用定性表述及适用法规向导》的编纂工作。已经组织完成了中央部门预算执行、外资运用两个专业领域的编纂工作，其他6个专业领域的编纂工作也已取得阶段性成果。二是积极配合计算机技术中心开发审理软件，努力实现审理工作信息化，提高审理工作效率。目前，审理软件处于原型开发阶段。三是进一步健全案件线索会商机制，认真开展会商工作。积极修改完善《中共中央纪委、监察部、审计署关于进一步加强查处案件协作配合的通知》，发挥与公安部、最高人民检察院已建立的协调会商机制的作用，全年共会商案件40件，起草《案件会商纪要》等17期。同时，牵头建立涉嫌重大违法违纪案件线索审计署内商谈工作机制，对于审计实施、起草审核环节的相关单位在涉嫌重大违法违纪案件线索的事实、定性、处理方式等方面存在较大争议的问题，由法规司召集办公厅、业务司和项目实施单位进行商谈。

普法宣传和依法治理工作 （1）组织开展普法宣传工作。研究起草《2012年审计机关普法依法行政工作要点》。根据全国普及法律常识办公室的要求，报送普法依法治理工作经验交流材料，转发举办第九届全国法制动漫作品征集活动的通知。组织开展“12·4”全国法制宣传日宣传活动，在全国审计系统开展审计法治论文征集活动。编发10期《审计法治工作动态》，积极宣传推介各地各单位审计法治工作和审计质量控制工作的好经验好做法，供审计人员学习参考。

（2）利用审计案例加强审计法治宣传教育工作。认真进行审计案例筛选、修改、点评工作。法规司从征集的748篇案例中，筛选出审计方法新颖、对审计实践具有启发和借鉴意义的案例101篇，并从案例情节、文字表述、格式规范等方面逐篇进行修改完善和点评。成功举办涉嫌犯罪案例分析研讨班。由具体负责的经侦人员对近两年审计署以审计重要信息上报或移送处理的6个典型案例，从事实、证据、立案标准、法律适用、与审计机关认定的案件事实和情况差异及其原因等方面进行剖析讲解，引导审计人员提高审计移送案件线索的质量，取得良好效果。

（3）完成行政复议、应诉等工作。全年办理行政复议申请13起，其中12起属于审计机关政府信息公开问题，1起属于审计机关履行审计监督职责问题。向国务院法制办报送2012年上半年行政复议案件趋势分析报告和2012年行政复议工作情况报告。

（4）做好打击发票违法犯罪专项工作。认真完成全国打击发票违法犯罪活动有关协调工作，参加打击虚假发票新闻发布会，准备相关会议材料。根据会议精神，起草印发《审计署办公厅关于进一步加强打击发票违法犯罪活动工作的通知》，并将该项工作总结上报全国打击发票违法犯罪活动工作协调小组办公室。

质量检查 （1）深入开展国家审计准则执行情况和审计项目质量情况检查。法规司共派出6个检查组，分别对6个省（自治区、直辖市）审计厅（局）、其所属的6个地市级和8个区县级审计机关，以及4个特派办执行国家审计准则情况和部分审计项目质量情况进行检查，并在12月举办的审计署2012年审计准则执行和审理工作研讨班上将检查结果进行通报。

（2）开展优秀审计项目评选工作。一是研究修订《优秀审计项目评选办法》。在总结以往年度优秀审计项目评选工作经验的基础上，组织对2009年印发的审计署和地方优秀审计项目评选办法进行修订，适当放宽参评项目的申报年度限制，调整申报项目数量和评分标准。二是根据修订后的《优秀审计项目评选办法》，顺利组织开展2012年的优秀审计项目评选工作。经审计长会议审定，从参评的122个审计项目中，共评选出审计署优秀审计项目10个、表彰审计项目20个，地方优秀审计项目15个、表彰审计项目30个。对审计署境外审计司实施的联合国维和2010—2011财年审计项目，作为优秀审计项目一并表彰。

（3）开展对社会审计机构相关审计报告质量核查工作。结合10户中央企业领导人员经济责任及财务收支情况审计，组织相关特派办对社会审计机构为上述中央企业出具的审计报告质量进行核查，共核查29家社会审计机构出具的102份审计报告。

其他工作 一是完成立法协调工作。全年处理完成立法协调事项48件。二是参与国际审计交流工作。承担世界审计组织职业准则委员会的相关工作；参与2013年世界审计组织会员国大会主论文《国家审计与国家治理》及中国论文的起草工作；参加联合国审计项目；完成《联合国反腐败公约》履约和审议相关工作；协助办理赴澳大利亚审计业务质量管理培训班；参加上海合作组织参与国最高审计机关第一次论坛等。三是参与审计干部培训课件制作。全年完成审计通知书、审计报告、专项审计调查报告、审计决定书及审计移送处理书培训课件的写作和录制工作。四是完成《美国审计准则（2011年修订版）》的翻译出版工作。五是派员参与“中国特色社会主义审计监督制度课题”等审计署重要课题的研究工作。

（撰稿人：朱　江）

【财政审计司】 2012 年，财政审计司人员编制 24 人，在编 19 人。设有一处、二处、三处、四处。

领导成员

司　长：袁　野

副司长：马晓方　张晓霞

胥连碧（11 月—）　陈勇新

审计成果 财政审计司共组织完成了 6 个审计项目，分别是：财政部具体组织 2011 年中央预算执行和编制的 2011 年中央决算草案审计、财政部部长经济责任审计、县级政府性资金专项审计调查、中央财政现代农业生产发展资金审计、6 名省级党委政府主要领导干部经济责任审计（包括 2 名省长、2 名自治区主席、1 名市长、1 名市委书记）。审计中，认真履行财政审计协调领导小组办公室职责，紧扣科学发展主题和加快转变经济发展方式主线，自觉融入经济社会发展大局，进一步深化财政审计，努力当好公共财政“卫士”，积极推动完善国家治理。

中央预算执行和决算（草案）审签 在总体把握中央财政运行情况的基础上，着眼于全口径预算管理和财政管理的主要环节，加大对公共财政预算、政府性基金预算、国有资本经营预算的审计力度，重点揭示 8 个方面的问题，具体是：

（1）中央预算管理完整性方面。有些收支未纳入预算管理。包括：中国清洁发展机制基金管理中心 2006 年以来收取的温室气体减排量交易收入 101.25 亿元；商务部、卫生部和农业部 2008 年以来接受的国外无偿援助资金收入 62.09 亿元、支出 10.92 亿元；财政部委托进出口银行管理的外国政府贷款利息收入 372.83 万欧元、支出 173.82 万欧元；贸促会控股的中国专利代理（香港）有限公司应上缴的投资股利分红 1.7 亿港元。财政部在向全国人大报告 2011 年中央预算执行情况时，少报 19.22 亿元超收收入安排情况。批复的 2011 年部门预算中统筹使用结转结余资金与实际差异较大。部门预决算报表未完整反映政府采购情况。在预算报表中未要求编列政府性基金安排的政府采购情况；在追加预算中未要求单独编列政府采购预算；决算报表中未要求编制政府采购决算。

（2）中央公共财政预算的细化和执行方面。年初预算未全部细化落实到部门和地区。主要是中央本级支出预算中，代编支出 982.65 亿元和据实结算政策性补贴等支出 1 027.89 亿元未细化落实到部门及项目，占 12%；发展改革委归口管理的中央本级基建支出，年初预算细化到位率仅为 47%，未达到 75% 的要求；在批复的中央部门预算中，30 个部门代编的 85 个项目支出预算 874.5 亿元（占 45%）未细化，而是在执行中进行了二次分配；在转移支付预算中，有 16 309.69 亿元（占 50%）未细化落实到省区市。个别投资计划安排不够合理。向一些项目安排的财政补助投资未达规定比例，且分配散、金额小。在执行中调整预算项目用途。投资计划下达程序不规范。投资计划和预算下达时间滞后。部分预算执行率低。

（3）财政转移支付管理方面。一般性转移支付力度仍应加大。专项转移支付管理制度不健全。2011 年的 287 项专项转移支付中，有 33 项尚未制定管理办法；在已建立管理办法的 254 项中，有 180 项未建立绩效评价制度；在已建立绩效评价制度的 74 项中，有 19 项未将资金使用绩效作为分配依据。部分专项转移支付未实现预期目标。

（4）中央政府性基金预算管理方面。基金预算代编规模偏大、执行率低。2011 年，财政部代编中央本级基金预算 396.27 亿元，占本级基金预算的 16%，当年实际执行不足 50%；补助地方基金预算也有 27% 未执行。执行中改变了预算级次。基金征缴不到位。铁路建设基金尚未将以合资形式建设和运营的铁路线纳入基金征收范围；南水北调工程基金欠缴 58.24 亿元。

（5）中央国有资本经营预算管理方面。国有资本经营预算范围不完整。至 2011 年底，4100 户中央部门所属企业尚未纳入国有资本经营预算；42 户中央金融类企业虽按其出资人分别向财政部、中投公司和人民银行上缴利润，但尚未实行国有资本经营预算管理。现行国有资本经营收益收缴比例仍偏低。国有资本经营预算与公共财政预算功能定位不够清晰，在补助对象、支持投向上存在交叉重复。2011 年，国有资本经营预算有 603 亿元年初未落实到具体项目。

（6）国库管理方面。部分国外无偿援助资金专用账户未按规定归口国库部门统一管理。截至2011年底，有9个专用账户仍由财政部国际司管理。国库集中支付相关操作不够完善。主要是对直接支付和授权支付的划分不够明确，加之向授权支付代理银行支付的手续费上不封顶，不利于控制费用，如财政部2011年将铁道部直接支付的部分支出调整为授权支付，导致多支付手续费1168万元。

（7）财税审批和管理方面。政府采购审批监管不严格。由于政府采购标准的制定和采购代理机构的资格认定、审批、授予、考核、处罚都由财政部负责，缺乏有效监督制约，在财政部授予甲级资格的633户采购代理机构中，有129户社会保险费缴纳证明与实际缴纳情况不符。

（8）中央决算草案编制方面。截至2011年底，有137.85亿元财政借款未及时清理，也未在决算草案中编报。编报程序和科目不完全符合制度要求。从程序看，财政部先编制中央决算草案，经全国人大常委会批准后，再调整实际发生的会计账目，不符合规定的决算编制程序。从科目看，在一般性转移支付中列报的“基层公检法司转移支付”等5个科目，不属于规定的政府支出科目。对上述问题，财政部、发展改革委和有关部门正在逐项研究，加以整改。

县级政府性资金专项审计调查　组织对18个省区市县级财力总体状况进行审计调查，重点调查了54个县（财力状况好中差各约占三分之一）财政性资金收支情况，主要揭示了四类问题：一是县级财政性收入中非税收入占比较高，稳定性和可持续性较差。2011年，重点调查的54个县实现的财政性收入中，有675.11亿元（占60%）是非税收入，且大多有专项用途，财政不能统筹安排。二是一些县在招商引资中变相减免财政性收入，有的存在虚增财政收入现象。54个县中，有53个在2008年至2011年间出台221份与国家政策相悖的优惠政策文件，将相关企业上缴的税收、土地出让收入等70.43亿元返还企业。同时，一些县在无真实收入来源的情况下，通过列收列支的方式空转土地出让收入或以财政借款等方式缴税，造成虚增财政收入33.13亿元。三是县级财政支出压力较大，一些地方民生资金计提不足。四是对超收收入缺乏制度约束，财政管理还不够规范。截至2011年底，54个县均未对本级超收收入做出制度规定，其中31个县2011年底将超收收入24.61亿元全部安排为支出，大部分当年实际并未使用；有6个县尚未开展部门预算改革；有7个县尚未实行国库集中支付；54个县2011年财政报表少反映收入83.29亿元、支出44.50亿元，虚列支出66.56亿元。针对上述问题，有关部门和地方正在结合省以下财政管理体制改革，研究健全和完善县级财政管理制度，有关地方正在纠正财政管理中存在的不规范问题。

中央财政现代农业生产发展资金审计　对18个省区市2008年至2011年中央财政现代农业生产发展资金管理使用情况进行审计，重点揭示出一些地方未完全落实资金整合、绩效考评、报账制等要求，影响到政策目标的实现。其中，有14个省在难以达到资金统筹整合要求的情况下，虚报资金整合金额188.41亿元（占其上报数的60%）；重点抽查的54个县中，有24个未实行报账制或报账审核不够规范，还有20个县的45个项目套取挪用资金3770.91万元。在审计期间，有关地方已整改违规问题金额2 332.62万元，正在着手完善相关政策制度，进一步规范项目和资金管理。

经济责任审计　围绕权力运行和责任落实两个重点，从贯彻落实中央宏观经济调控政策措施出发，以经济决策程序、重大事项决策过程为抓手，揭示省部级党政领导干部履行经济责任中存在的主要问题，促进领导干部守法守纪守规尽责，进一步深化省部级领导干部经济责任审计。

履行财政审计协调领导小组办公室职责　2012年财政审计更加注重资源整合和统筹协调，充分发挥财政审计的引领作用和其他专业审计的支撑作用，积极探索从财政科目资金入手深化财政审计的做法，以统一的审计目标和内容为统领，组织实施9个审计项目，更加注重审计目标、审计内容、审计项目和审计资源的统筹，更加注重运用信息化手段加强业务司、特派办、派出局之间的沟通协调。

（撰稿人：肖振东）

【金融审计司】 2012 年，金融审计司人员编制 24 人，在编 24 人。设有一处（中央银行和政策性银行审计）、二处（商业银行审计）、三处（信托证券审计）、四处（保险和金融资产管理公司审计）。

领导成员

司　长：吕劲松

副司长：刘　丹　文华宜（10 月—）

审计成果　金融审计司共组织实施审计（调查）项目 11 个，包括人民银行财务收支情况审计，中国银行业监督管理委员会、中国证券监督管理委员会、中国保险监督管理委员会预算执行情况审计，中国投资有限责任公司 2011 年度资产负债损益审计，人民银行和中国农业发展银行基本养老保险基金审计，中国农业银行、中国建设银行、中国进出口银行（原）法定代表人经济责任审计以及 5 家重点商业银行新增贷款情况审计调查。此外，按照审计署统一部署，派出 4 人参加南水北调工程审计、全国社会保障资金审计等项目。在审计中以维护国家金融安全为中心，以促进经济发展方式转变为主线，注重揭示金融改革创新中的突出矛盾和风险，着力提高金融审计时效性。在促进落实宏观调控政策，防范化解金融风险，推进建立安全高效稳健的金融运行机制等方面发挥了积极作用。

全年共上报审计重要信息 45 篇，综合报告和专题报告 5 篇。在 2012 年审计署优秀审计项目评选中，由金融审计司具体实施或与有关特派办联合实施的 3 个审计项目获得优秀项目或表彰项目，1 个审计项目获得全国社会保障资金审计嘉奖。

经济责任审计　按照审计署统一部署和《党政主要领导干部和国有企业领导人员经济责任审计规定》的要求，在 3 家银行领导人员经济责任审计中，牢牢把握权力运行和责任落实两个重点，把促进领导人员守法守规守纪尽责放在更加突出的位置，重点关注被审计领导人员贯彻执行国家经济金融政策和决策部署情况，重大经济决策制定、执行和效果情况，被审计领导人员所在单位公司法人治理情况和资产负债损益的真实、合法和效益情况以及领导个人廉政纪律遵守情况等方面，全面客观地评价被审计领导人员任期内履行经济责任情况。关注金融机构在执行稳健货币政策、信贷结构调整、支持实体经济发展和服务惠民生扩内需等方面存在的问题以及进出口银行政策性职能弱化的问题。及时揭示金融机构风险管理与内部控制等方面存在的突出问题，促进金融机构加强内部管理。

商业银行新增贷款审计调查　在总结前两年跟踪审计经验的基础上，进一步深化对 5 家重点商业银行 2012 年度新增贷款跟踪审计调查。通过跟踪分析货币信贷投放情况，重点揭示商业银行在服务实体经济发展、促进经济发展方式转变以及落实国家宏观调控政策等方面存在的突出问题。针对信贷投放、资产结构、业务创新中出现的新情况新问题，深入分析产生问题的体制性障碍和管理漏洞。关注商业银行在汇票业务、银信合作、同业业务、理财产品、并购贷款等方面存在的管理不规范和规避监管等问题，编发相关审计信息，国务院主要领导做出批示后，相关金融监管部门和金融机构高度重视，认真研究整改，有效推动商业银行规范管理和加强风险防控，促进金融监管不断完善。

预算执行和财务收支审计　加强人民银行财务收支和中国银行业监督管理委员会、中国证券监督管理委员会、中国保险监督管理委员会预算执行情况审计工作力度，在继续查处和揭露财务及预算管理存在问题的同时，关注金融监管部门履职情况，积极促进货币政策与宏观经济政策的协调配合。在人民银行审计中，按照“十二五”规划关于改进外汇储备经营管理工作的要求和中央关于“管好用好外汇储备”的指示，深入揭示外汇资产经营管理的安全性、流动性和保值增值等情况和问题，向国务院报送了有关加强外汇储备经营管理等方面的审计信息。通过加大“一行三会”财务收支和预算执行审计力度，揭露其财务收支及预算管理中存在的突出问题，有效发挥审计在促进建立科学规范透明的预算管理体制和规范财务工作等方面的重要作用。

指导地方金融审计　金融审计司领导到河北、陕西等地与地方审计机关交流金融审计工作情况，组织人员与云南、福建、北京等地审计机关同志就金融审计信息化工作进行深入交流和指导；加强与地方审计机关的沟通协调，对如何加强对地方金融机构的审计、促进地方金融业健康有序发展提出指导意见；收集汇总地方审计机关金融审计工作好的经验做法，下发审计工作动态进行宣传交流。

国际合作 金融审计司领导率团代表审计署参加世界审计组织“全球金融危机：最高审计机关面临的挑战”特别工作组与公共债务工作组联席会议，介绍了审计署开展金融审计和全国地方政府性债务审计的情况和工作成效；派员向印度尼西亚审计署来访人员介绍中央银行审计情况；派出考察团到瑞典、法国考察交流金融监管和金融审计情况；派员参加审计署赴美国金融创新监管中长期培训班。

理论研究 继续开展审计署重点科研课题“信息化条件下金融审计的组织管理模式研究”工作，并按计划顺利通过结项评审；组织编写完成《省部级党政主要领导干部和中央（金融）企业领导人员经济责任审计内容和评价指标》和《金融审计常用定性表述及适用法规向导》；启动《金融审计学》的编撰工作；参与《中国共产党审计史》中金融审计部分的编写工作；参与“中国特色社会主义审计制度研究”的课题研究工作；组织完成《人身保险公司审计指南》《商业银行审计指南》等业务规范的编写工作；收集2006年以来的金融审计法律规章制度文件并汇编成册；编写《经济责任审计指南》中金融机构领导人员经济责任审计部分。

查处金融大要案 贯彻署领导“在思想上毫不动摇，在行动上毫不手软，坚决揭露和查处重大违法违规违纪案件线索”的指示精神，紧密围绕当前经济金融工作的中心确立查处重大违法犯罪案件线索的关注重点，共查处涉嫌贷款诈骗、高利转贷、非法集资、侵占挪用、内幕交易等各类经济案件线索38件，其中大要案26件，有力地打击了金融领域违法犯罪活动，维护国家财经法纪和金融资产安全，促进党风廉政建设和净化金融市场环境。在巩固查处传统金融业务领域犯罪案件线索的基础上，不断研究掌握金融领域出现的新业务、新发展和新动向，加强计算机等技术手段的应用，把反腐败和打击违法犯罪工作进一步向金融创新和经济管理的其他领域拓展和延伸，提高了查处违法犯罪案件线索的准确性和时效性。

发现和反映体制机制问题 一是及时揭示和反映对全局、对未来有根本性影响及存在重大风险隐患的问题，维护金融稳定。针对民间借贷活跃和欧债危机暴露出信用评级问题等情况，组织开展企业民间借贷情况和我国信用评级行业发展情况两个专题审计调查。向国务院报送专题报告，揭示企业民间借贷活动和我国信用评级行业存在的突出风险和主要问题。二是在“一行三会”审计和经济责任审计中，结合金融监管部门履职情况和金融机构内部控制的薄弱环节，反映金融领域的突出风险和亟待解决的问题，如反映证券交易结算机构收费及运行管理亟待规范、金融业综合经营试点中出现的突出问题等，促进相关领域完善制度和深化改革。三是关注农村金融服务体系建设和中小微型企业融资方面存在的问题，结合各个审计项目中发现的情况，深入反映村镇银行、农村合作金融组织经营管理中存在的突出问题以及中小微型企业融资成本高、负担重等问题，向国务院报送重要审计信息。（撰稿人：赵文发）

【行政事业审计司】 2012年，行政事业审计司人员编制23人，在编19人。设有一处（综合，组织审计民革中央等8个民主党派、中华全国工商业联合会、全国人大常委会办公厅、政协全国委员会办公厅、中国人民武装警察部队、中央政府驻港联络办、中央政府驻澳门联络办、中共中央直属机关事务管理局、国务院机关事务管理局和审计署的预算执行情况，指导地方审计机关行政事业审计业务）、二处（组织协调派出审计局的审计业务工作，组织开展中央部门预算执行情况审计和决算草案审签）、三处［具体组织对中央部门（含直属单位）主要负责人实施经济责任审计，开展相关专项审计调查］、四处（组织审计国务院主管部门和省级人民政府管理的教科文卫专项资金，开展相关专项审计调查）。

领导成员

司　长：刘正均

副司长：杨　明　常　利

审计成果 行政事业审计司全年组织完成50个中央部门2011年度预算执行审计、6所高校

"985 工程"专项资金审计、8 个国家科技重大专项（民口项目）审计调查、8 位部长和 4 位高校校长经济责任审计、27 个省农村中小学布局调整审计调查、18 个省中小学校舍安全工程审计和 9 个省社会抚养费征收管理制度实施情况专项审计调查等 9 个项目；完成推进使用正版软件、中央公务用车治理、中央六部委规范津贴补贴和全国治理教育乱收费等 12 个部际联席会议有关工作。全年上报国务院综合（专题）报告 8 篇、编发审计重要信息 25 篇，办理审计长批转函 17 件、信息转送函 55 件、《审计工作动态》1 篇，向司法机关和纪检监察部门等移送案件线索 33 件。

中央部门预算执行审计 严格查处违法违规问题，通过对部门预算编制、执行、决算和其他财政收支情况的全方位检查，揭示出违反财经制度规定问题金额 166.51 亿元，决算（草案）编报不准确金额 14.19 亿元。拓展审计内容范围，在部门预算执行审计中增加对部门参与中央专项资金分配和行政审批事项的审计，揭示专款设置交叉重复、资金分配不够科学、管理监督薄弱、职责履行不到位等问题。深入反映体制机制问题，切中部门预算改革的难点和专项资金管理的重点，结合高校"985 工程"、国家科技重大专项等审计和审计调查，突出揭示基本支出与项目支出界限不清导致基本支出"项目化"，"世界一流大学"建设目标笼统、学科建设"大而全"，科技重大专项课题设置"小、散"，科研经费管理制度不完善等问题。

专项资金审计（调查） 组织对 18 个省 54 个县 2009 年至 2011 年中小学校舍安全工程进行专项审计，揭示出工程规划不完整、工程进度不平衡、个别地区学校仍在使用 D 级危房等问题，国务院领导高度重视审计结果，专门召开会议听取审计意见和建议。组织对 27 个省 1185 个县农村中小学布局调整情况进行审计调查，抽查学校 25 127所，涉及在校生1 705.28万人，走访学生 81.99 万人，全面、客观地反映了中小学布局调整的现状、成效和问题，引起国务院领导的高度重视，专门组织相关部门召开会议进行研究，促进国家有关农村义务教育学校布局调整政策的规范和完善。组织对 9 个省 45 个县社会抚养费征管制度实施情况进行审计调查，揭示出社会抚养费征收标准差异大、征收机制不完善、资金管理不严格等问题，为完善社会抚养费征管和计划生育政策提供决策参考依据。

经济责任审计 坚持做到"两结合"，坚持部长经济责任审计与部门预算执行审计相结合，高校校长经济责任审计与高校预算执行和其他财政财务收支审计相结合，提高审计效率。全面深化审计内容，根据相关中央部门和高校的不同特点，增加部门行政审批事项改革、参与分配中央财政专项资金，以及高校发展规划落实、服务社会等内容，客观评价被审计领导干部经济责任的同时，揭示和反映一些事关长远发展的重大问题，提升审计成效。持续推动规范化建设，结合部门"三定"方案确定的工作职责和审计实践，对工作职能相似的部门进行归类，分析提炼同类性质的部门部长经济责任审计的共性审计内容和评价指标，提出五大类 19 项审计内容和 44 个评价指标，为今后有针对性地界定审计内容、评价经济责任奠定基础。

审计促进整改情况 积极推动审计整改制度化、常态化，如 2011 年度预算执行审计结束以后，有 45 个部门的主要负责同志对审计整改做出批示，有 36 个部门及部分所属单位制定、修订 273 项内部规章制度，截至 2012 年底，已整改问题金额 40.58 亿元，上缴中央财政 6.78 亿元，有的部门还开展"审计整改年"专项活动，巩固整改效果；又如社会抚养费审计调查后，9 个省政府通过召开计生系统工作会议、成立工作领导小组等形式，积极推进问题整改和建议落实，新出台或修订相关制度、规定 15 项，进一步统一征收标准，规范执法程序，完善综合治理机制，加强监督检查工作。协同推进民生审计问题整改，如与全国中小学校舍安全工程领导小组办公室等相关主管部门和机构建立协调沟通机制，对整改工作给予全力配合，至 10 月，中小学校舍安全工程审计抽查的 54 个县已经完成 83％的校舍加固和 93％的校舍新建任务，分别比审计时提高 37 个和 41 个百分点；又如中小学布局调整审计调查的 27 个省及其相关县完善布局调整政策措施 30 余项，其中江西等 9 个省的 130 个县陆续恢复已撤并的 1099 个农村教学点。

工作思路和方法 （1）着力转变观念，着眼于财政审计的大局，跳出部门预算看预算执行审计，拓展审计范围和内容，实现从监督资金向制约权力、从规范管理向完善治理转变。适应观念的转变着力理清思路，部门预算执行审计以预算执行差异分析为抓手做好总体评价，以预算支出标准、专款分配等为切入点着力推动改革；高校校长经济责任审计，突出办学、科研和社会服务三个重点。着力改进方式，部门预算执行审计实行“阵地战”与“歼灭战”相结合，集中部分派出局人员专门开展高校“985工程”专项资金和国家科技重大专项审计，部长经济责任审计采取3个派出局共同组成审计组的方式开展工作，加强力量。

（2）着力制订好工作方案，做到审计内容和重点有实实在在的案例支撑和经验借鉴，培训讲解注重回答“为什么”“干什么”“怎么干”，做到易听、易懂。着力加强过程控制，及时编发审计案例，制定报告框架，组织召开中期会等，对提请协调、联系等事项急办、快办，确保方案内容落实。着力加强技术支撑，在中小学布局调整审计调查中创立“三四三”计算机审计技术，审前运用审计目标引导数据需求、数据预分析验证审计思路、分析结果引领现场审计三个模式，指导数据采集；审中强调统一数据格式、统一分析条件、统一取值范围、统一归纳方法，保证数据规范；汇总阶段采用验证清理、分批入库、多角度分析“三段法”完成数据分析，编写SQL查询语句1万多条记录对报告问题进行验证，确保审计观点客观和结论正确。

（3）着力关注热点，中央部门预算执行审计聚焦部门参与中央专项资金分配和行政审批事项的问题；科技重大专项和高校校长经济责任审计突出查处科研人员套取侵占专项资金问题；农村中小学布局调整审计调查重点反映上学远、上学险、负担重等问题，都收到较好效果。针对2012年政策性审计内容多的特点，加强研究政策内容、吃透政策精神，始终以政策研究指导审计实践，通过研究做出公正评价，反映突出问题，推动制度完善。对重点审计事项、重大问题线索、重要审计成果，提早部署谋划，确保问题查得出、数据核得准、观点立得住。

（4）着力实战锻炼，积极创造条件和机会，让司内人员多参与直接审计项目，促进练好基本功。定期举办读书交流会，汇编《学习专栏》专题材料，开展“解剖一本预算，吃透一套制度，理清一条思路”的“三个一”活动，促进夯实知识基础。开展课题研究，组织派出局对审计管辖部门相关的26个专题进行研究的同时，全司组成10个课题组，围绕科教文卫等领域开展研究，为准确把握审计切入的角度、问题挖掘的深度、成果提炼的精度和审计建议的高度提供支持，努力打造善于研究分析、对相关行业领域业务精通的人才队伍。

（撰稿人：张　欣）

【企业审计司】 2012年，企业审计司（以下简称企业司）人员编制26人，在编24人。设有一处、二处、三处、四处、五处。

领导成员

司　长：魏　强

副司长：刘小丽（—7月）　周树大

茅东萍（—10月）

审计成果 企业司共组织开展中国华能集团公司等10户中央企业领导人员经济责任审计、2011年度铁路建设基金预算执行审计、授权地方审计机关开展中国盐业公司所属15家分支机构2009年至2011年财务收支审计，并参与完成全国社会保障资金审计项目和南水北调工程审计项目。企业司坚持“强化管理、推动改革、维护安全、促进发展”的企业审计思路，坚持一手抓揭露和查处违法违规问题，一手抓重大体制性障碍、制度性缺陷和管理漏洞的揭示和反映。移送重大违法违规案件线索21件，全年上报重要审计信息25篇，在2011年度的优秀审计项目评比中，有2个企业审计项目被评为优秀项目，4个被评为表彰项目。

经济责任审计 突出对中央企业执行国家战略性结构调整、增强自主创新能力、实施节能减排、产业振兴规划等重大决策部署和宏观政策措施情况的审计力度。审计发现电力（煤炭）等资源性行业产业结构调整和节能减排目标未完全实现，违规占地、无证经营情况较为严重。在发现单个企业问题的同时，努力从审计角度揭示政策执行中的问题和情况并分析原因，上报《深化节能减排工作需要抓好三个关键环节》《煤电运一体化政策实施中应关注三个问题》等重要审计信息。

突出对中央企业科学发展的突出矛盾和重大风险的揭示力度，促进风险防范和完善制度。企业司按照“点”（即单个企业）、“线”（即行业）、“面”（即企业整体和国民经济运行）联动的企业审计模式，结合 2012 年审计项目，梳理近年来审计发现的相关问题，向国务院报送《电信运营企业发展面临的几个突出问题》《关于进一步推动我国铁路建设科学发展的几点建议》等具有行业性、整体性的审计信息和专题报告，增强中央企业风险意识、廉政意识，促进其提升和完善管理。

突出重大违法违规问题的查处力度。坚决查处重大违纪违规问题，揭露和查处造成巨额国有权益、国有资产损失或潜在损失的重大违法犯罪问题和经济案件线索，全年移送重大违法违规问题线索 21 件。

预算执行审计 企业司按照审计署统一安排开展铁路建设基金预算执行审计，确定以铁路建设基金为切入点、突出项目和资金审计的工作思路。审计过程中，加强调研力度，强化指导的针对性，及时帮助审计组协调解决问题，保障实现既定工作目标。该项目作为财政大格局重要组成部分，企业司将沟通协调，上传下达作为中心任务，加强与财政审计司、固定资产投资审计司、交通运输审计局等相关司局的横向协调；加强与各审计组的纵向沟通，会同各审计组共编发审计信息 26 篇，促进管好和用好铁路建设基金。

授权审计 企业司承担审计署当年唯一的授权审计项目，授权河南等 11 个省（自治区）审计厅对中国盐业总公司所属 15 家下属企业 2009 年至 2011 年财务收支情况进行审计。在审计项目实施中，企业司会同办公厅等有关部门，按照《审计署授权审计管理办法》，总结以前年度授权审计经验，加强与参审地方审计厅局的沟通，加大授权过程控制和业务指导。加强审前指导，强化过程控制，直接参与对总公司和重大问题的审计。加大对授权审计报告汇总质量把关和近三年授权审计工作的梳理总结。

提高企业审计信息化水平 夯实基础，结合审计项目充实完善中央企业审计数据库，开展综合分析。企业司在 2012 年继续按照“采集标准化、内容规范化、建库经常化、应用扩大化”的目标，对照《中央企业审计数据规划》标准，在 2009 年至 2011 年三年建设和数据完善的基础上，结合审计项目，组织 9 个特派办对 2011 年审计的 12 户中央企业数据库进行更新。

立足长远，制订企业审计信息化发展规划。为保证企业审计信息化科学、有序推进，促进其持续、有效地向既定目标发展，企业司与署信息化建设办公室、计算机技术中心和各特派办，制订完成《企业审计信息化发展三年发展规划》和《企业审计信息化发展五年发展规划》。编制过程中，企业司广泛邀请高校、企业和政府相关部门的专家，以研讨会、座谈会等多种形式听取意见建议，并组织人员反复研究修改。

强化应用，将企业审计信息化工作成果用于实践。企业司在建成的中央企业审计数据库基础上，通过构建企业风险评价模型等方式，实行财务数据与业务数据的融合分析，同时注重与金融、社保等审计数据的综合分析，实现企业审计与其他审计领域的业务协同和信息共享；坚持“总体分析，分散核查”的数字化审计方式的应用和推广，在中远集团等 9 户企业探索联网审计和信息系统审计；按照“可用、愿用、会用、有实效”的原则，筛选出中央企业审计分析和预警软件等特派办和地方审计机关较为成熟的数据分析经验和软件，大力推广和应用，在企业审计项目中取得初步成效。

队伍建设 坚持深入审计一线，不断提高审计业务技能。坚持深入审计一线，在实践中提升审计干部能力水平。企业司牵头组织开展铁路建设基金审计和国有资本经营预算审计 2 个审计项目；派人参加总部审计或担任审计小组长带队延伸核查等方式，全司派出 5 个处 20 人参与 10 个经济责任审计项目的现场审计，累计时间达 691 天，审计实战能力得到进一步增强。

加强队伍学习能力建设，提升政策理论水平。企业司结合业务实际，按照“缺什么补什么”的原则，创建“我讲案例大家评”和“我学我思”

两个企业司学习活动品牌，并以此为平台开展系列学习活动。一方面邀请国务院发展研究中心、国家会计学院、科技部、五矿集团等单位的专家学者来署就中国经济转型、合并会计报表和科技创新等方面进行讲解，并邀请兄弟司局同志共同学习、共同进步；另一方面在审计工作人力紧张的情况下，鼓励干部，尤其是年轻干部参加各种学习活动和挂职锻炼。全年共参加外派出国培训、联合国审计、计算机中级和案例师资培训班等学习23人次。

加强企业审计理论研究，推进企业审计经验总结和规范化建设。企业司进一步加强审计经验的总结，通过撰写《企业审计司十七大以来工作总结》《近五年中央企业审计发现的主要问题及其建议》以及《近三年中央企业授权审计工作总结》等材料，进一步总结存在的不足，把握发展规律，明确努力方向。在此基础上，就其中的理论经验及实践成效情况又陆续编写修订出版《国有企业领导人员经济责任审计评价指标体系》《企业审计案例》；开展《审计法规向导（企业审计部分）》《企业审计》《中国共产党审计工作史（企业审计部分）》的编写准备工作等。此外，还广泛邀请国内知名专家，开展深化企业审计、国有企业改革和发展、企业信息化发展、国有企业业绩评价等方面的专题研讨。 （撰稿人：蒋　磊）

【农业与资源环保审计司】 2012年，农业与资源环保审计司（以下简称农业司）人员编制20人，在编20人。设有一处、二处、三处和四处。

领导成员

司　长：王淡浓

副司长：丁　雁　黄润中（—11月）

　　　　周　晖

审计成果 农业司组织实施审计项目4个，完成领导交办调研事项1个。起草报给国务院的综合报告2份，起草公告稿1份。编发各类审计信息43篇，其中重要信息被采用30篇次，领导批示20篇次。促进有关地方整改违规批地和违法用地20.01万亩，整改各类违规金额154.72亿元，20多名责任人员受到党纪政纪处分，或被追究刑事责任。农业司获全国对口支援三峡工程库区移民工作先进集体奖、第七届中华宝钢环境优秀奖。

审计业务工作 （1）组织开展10省区节能减排专项资金审计。组织10个特派办对10个省区的节能减排专项资金进行审计。审计发现一些单位套取骗取、挤占挪用资金，有关部门和单位滞拨、闲置资金，一些节能减排项目未发挥效益等问题。

（2）组织开展资源能源节约利用类支出科目资金审计。农业司会同财政审计司、行政事业审计司、固定资产投资审计司和计算机技术中心有关人员，协调组织成立科目资金审计项目办公室，指导12个派出审计局、18个特派办开展现场审计。主要发现一些资金沉淀在各级财政部门和主管部门，一些项目没有按计划建设运营，一些资金被挤占挪用、虚报冒领，资金效益不佳等问题。

（3）完成三峡工程移民资金决算审计汇总工作。汇总起草重庆市三峡移民资金决算审计报告等4份审计报告；参与汇总起草报国务院的三峡工程决算审计报告；与三峡办、重庆市、湖北省有关部门沟通，督促审计整改的落实。审计主要发现一些地方和单位挤占挪用、套取骗取资金，移民派生资金筹集使用不规范，移民工程项目工程造价不实与招投标不规范，移民管理机构和迁建单位资金财务决算编制不规范等问题。

（4）完成2011年土地出让收入和土地整治相关资金审计后续工作。向国务院报送综合报告，对外公告审计结果，完成审计整改情况的汇总工作。审计主要发现14个市县有22.35万亩土地征用等不符合相关规定；9个市县违规协议出让或违反招拍挂制度供地113宗、9 210.49亩；4个市县2010年供应“三类住房”用地占住宅供地的比例未达到70%的政策要求；3个市县截至2011年7月底未及时支付征地补偿款1.96亿元；3个市县涉及226个土地整治项目、1.83万亩耕地质量不达标或撂荒；14个市县少征和减免土地资金40.79亿元；11个市县未按时征收土地出让收入137.47亿元；11个市县共计97.19亿元土地出让收入未纳入基金预算管理；12个市县违规使用土地资金15.42亿元等。

（5）完成退牧还草工程实施和草原生态建设情况专项调查。按署领导批示，对内蒙古自治区巴彦淖尔市退牧还草工程实施情况和存在的问题开展实地调研。走访区、市、县三级政府的有关部门和部分农户，实地察看退牧还草工程实施和草原保护情况。

国际合作交流　（1）筹备和参加亚洲审计组织环境审计委员会（以下简称亚审环委会）第四次研讨会暨第三次工作会议，9月，审计署主办、马来西亚审计署承办亚审环委会第四次研讨会暨第三次工作会议，农业司起草亚审环委会工作报告、亚审环委会议事规则、会议纪要和研讨论文，准备宣传资料，参加研讨交流。

（2）参加环境审计双边交流和国际会议。派员赴印度参加主题为“环境审计与可持续发展”的第十九届中印联合审计研讨会，以流域水环境审计案例为基础介绍中国环境审计的组织实施和技术方法。派员赴印度参加世界审计组织环境审计工作组指导委员会第十二次会议，讨论世界审计组织环境审计工作组指南和研究项目，以及2014至年2016年工作计划，报告区域工作情况，对相关工作提出建议。

（3）开展境外培训。1人应邀到澳门审计署讲授资源环境审计课程。1人受审计署委派，两次赴泰国为泰国、越南、柬埔寨、老挝、缅甸5国开展的湄公河流域水资源管理平行审计授课。配合培训中心组织实施美国资源环境审计培训班。

（5）随同审计署领导访问国外审计机关。两位司领导随同署领导访问马来西亚、澳大利亚和越南最高审计机关，就环境审计与合作、政府收支核算、经济责任审计等内容进行深入交流。

相关工作　（1）派员参加中纪委牵头的中央加快转变经济发展方式检查组，到河南、安徽两省检查节能减排、耕地保护、水利等政策执行情况；参加环保部牵头的节能减排与环保措施落实情况检查，到贵州省检查重金属污染防治等政策执行情况。

（2）审计署环境审计协调领导小组办公室工作。对年度全国资源环境审计工作进行总结，编发6期环境审计工作动态。做好中国审计学会环境审计专业委员会工作，组织召开委员会工作会议，着手构建资源环境审计外部专家库等。按照署培训中心送教上门的工作安排，为新疆等地审计机关开展环境审计培训。

（3）组织编写资源环境审计教材，启动资源环境审计基础理论研究、土地资源专项资金审计指南研究、固体废弃物和农村环保审计评价指标体系研究等工作，在全国范围内征集资源环境审计案例。

（撰稿人：刘慧博）

【社会保障审计司】　2012年，社会保障审计司（以下简称社保司）人员编制18人，在编14人。设有一处、二处、三处。

领导成员

司　长：李建新（—1月）

陈太辉（1月—）

副司长：李冬生　和　杰

审计成果　社保司共完成3个审计项目，其中参与组织实施全国社会保障资金审计，共查处违纪违规和管理不规范金额3298亿元，编发审计长批转函4篇，审计重要信息10篇，转送函53篇；组织实施2011年保障性安居工程审计和全国社会保障基金理事会基金管理运营暨2011年预算执行审计，共查处违纪违规和管理不规范金额136.99亿元，编发审计长批转函1篇，审计重要信息5篇，转送函8篇。

社会保障审计　（1）参与组织实施全国社会保障资金审计项目。按照党中央、国务院的部署和全国人大的要求，3月至5月，审计署组织全国审计机关4万多名审计人员，对全国37个省本级（含计划单列市和新疆生产建设兵团）、404个市本级和2790个县管理的18项社会保障资金，以及人民银行、农业发展银行自行管理的行业统筹职工基本养老保险基金进行审计，对地方试点或开展的其他社会保险进行调查。本次审计还延伸调查29 273家企业、4207家医院和8101个村（居）委会。审计署党组明确社会保障资金审计的总体目标是“保障安全、完善制度”；总体思路是“摸清情况，揭露问题，促进强化管理、深化改革、完善制度，保障社会保障资金安全，维护人民群众利益”。按照审计署统一部署，社保司派出两位司领导、一位处长和一位副处长参加全国社会保障资金审计工作领导小组办公室（以下简称社保办）工作，分别承担日常业务管理、综合工作、业务主审工作和动态具体编写工作，和社保办全体同志一道出色地完成署党组交付的任务。一是为确保全国社会保障资金审计组织有序、重点突出，先后在重庆市、广东省和山东省组织试点审计，在此基础上提出“方案系统化，系统层次化，层次要素化，要素表格化，表格数字化，观点数字化”的方案设计思路，研究起草审计工作方案及其附表，详细设计审计范围、审计内容和审计组织方式，并相应编写附表填报说明和审计指南，研制社会保障审计工作流程和关键节点。二是社保司干部和社保办全体同志一起建立科学的工作机制，探索研究型审计的新模式，提出“组织科学化，分工明确化，管理程序化，工作效率化，质量责任化”的组织管理思路，初步形成大型审计项目组织管理模式。三是组织 13 个课题组，结合审计发现的问题对各社会保险险种进行研究，提出“学习社保理论，研究社保制度，结合社保实际，立足社保建议”的研究要求，最终提出的审计建议，得到相关部门采纳，对促进社保制度的完善、管理水平的提高起到应有的作用。四是全国社会保障资金审计工作结束后，社保司按照国务院领导关于总结社会保障资金审计工作经验的批示和审计署党组的要求，撰写全国社会保障资金审计工作总结，编辑形成记录审计组织管理过程和审计成果的资料，共 9 册 102.13 万字。

（2）探索“以数字为轴心”的项目组织管理模式，保障房跟踪审计初见成效。2011 年 11 月至 2012 年 3 月，审计署对河北省、内蒙古自治区等 18 个省、自治区、直辖市 2011 年保障性住房情况进行审计。审计内容包括：保障性安居工程目标任务完成情况，各项资金的筹集、管理和使用情况，工程建设管理情况，保障性住房分配管理情况以及各项政策措施落实情况和执行效果情况等，重点审计 17 个省会城市、1 个直辖市中心城区和 48 个县。10 月，社保司又根据审计署统一部署，组织全国保障性安居工程跟踪审计。为做好这项工作，社保司起草《审计署关于 2012 年至 2015 年城镇保障性安居工程跟踪审计工作的指导意见》（审社发〔2012〕129 号）。社保司按照审计署党组关于提高认识、理清思路、周密部署的要求，针对全国保障性安居工程跟踪审计项目具有各地情况多样、参审单位多、汇总难度大的特点，以信息化技术为依托，探索大项目数字化审计组织管理模式。以“方案观点化，观点要素化，要素表格化，表格数据化”为工作思路，设计出环环相扣的审计工作方案、审计报表、审计操作指南和审计报告框架等纲领性指导文件，解决因思路不清晰、认识不统一导致的报表设计冗余、利用率低、重点不突出等影响审计项目实施效率的问题。通过数据比对和列示方式分析发现问题，提高审计的深度和广度。对历年保障房审计发现问题和当前管理机制漏洞进行深入研究和认真梳理，将保障房问题取证要素指标化，通过相关指标数据的对比分析来揭示保障房布局不合理、资金筹集不到位等问题。以审计报表数据质量控制为核心，提高审计工作质量。将审计报表表内、表间各指标之间的逻辑关系、数据格式、审计报告框架取数等业务需求，转化为审计报表管理工具等软件，通过软件的统一使用，规范数据填报、提高审核效率、优化汇总流程，有效预防误填误报等严重影响审计质量的问题。探索完善全国性审计项目的管理模式，确保项目管理高效有序。制定《组织管理架构和工作流程》，形成领导有力、组织有序的工作局面。各地已发现因项目选址较偏等原因造成保障性住房闲置、住房保障标准制定不合理、以保障性住房名义变相福利分房等体制和机制问题。

（3）调整工作思路，对全国社会保障基金理事会的审计取得较好的效果。社保司先后实施 2011 年、2012 年全国社会保障基金理事会基金管理暨预算执行情况审计。年初进行的 2011 年审计发现各类违纪违规和管理不规范金额 17.90 亿元，向主管部门和地方人民政府转送信息 3 篇。2012 年审计针对社会保障基金投资机制复杂、投资渠道繁多、投资链条冗长的特点，确定“外审投资、内审管理”的审计思路，通过总体分析确定基金投资机制缺陷和管理漏洞，通过外围延伸寻求新的突破。

审计研究和国际交流　审计研究方面，完成

“突发重特大自然灾害救灾款物审计”和“住房公积金审计方法体系”课题，社会保险基金预算审计研究、新农合审计数据规划和方法体系、社会保障审计指南三项课题均已形成初稿。

社会保障审计国际交流方面，一是考察学习国外社会保障审计经验。牵头组织审计署赴美国、加拿大社会保障审计考察团，并派员参加审计署赴英国社会保障审计中长期培训班。二是积极对外宣传中国社会保障审计。派员参加中印青年论坛、澳门特区审计署授课、世界审计组织救灾援助问责及审计工作组第6次会议、俄罗斯联邦审计院代表团访华交流等，向国外同行介绍中国社会保障制度体系、社会保障审计的发展沿革、法律依据、组织体系、技术方法和社会保障审计典型案例。三是认真反馈世界审计组织《灾难审计指南》的征求意见和调查问卷。

制度建设 以定岗定职为重点，明确岗位职责。社保司以履行职责需要为目标，在理清社保司职责的基础上，明确每个处室的职责，进而明确司长、副司长、处长及一般干部的分工和责任，做到各尽其能、各负其责、追究有源。以审计文书为载体，从制度层面提高工作质量。社保司制定实施《社保司审计文书审核工作规定（试行）》等内部管理制度，规范审计文书的办文程序和人员职责，针对不同审计文书类型，提出简易和正常两类审核程序，对复杂或者重要的审计文书，抽调各处室人员成立审核小组负责专门复核。这项工作的开展对规范社保司内部管理起到较好的促进作用。 （撰稿人：康延涛）

【固定资产投资审计司】 2012年，固定资产投资审计司（以下简称投资司）人员编制24人，在编18人。设有一处、二处、三处、四处。

领导成员

司　长：徐爱生

副司长：姜江华

审计成果 投资司共组织实施审计项目4个，指导灾后恢复重建审计项目2个，指导全国审计机关开展工程建设领域突出问题专项治理工作和中小学校舍安全工程跟踪审计。共上报要情和信息要目等21篇，转送有关部门和地方政府的审计长批转函及信息转送函28篇，移送涉嫌违法违纪案件线索39起。投资司组织实施的西气东输二线和玉树灾后恢复重建2个审计项目荣获审计署优秀审计项目。

长江三峡工程竣工财务决算草案审计汇总后续工作 汇总枢纽工程、输变电工程和移民工程审计报告，完成长江三峡工程竣工财务决算草案审计报告，并督促被审计单位于11月底完成审计发现问题的整改工作。审计情况报告已上报国务院。

南水北调工程审计 4月至6月，根据国务院领导指示要求，组织署机关各单位、各特派办、各派出局共400多名审计人员，对南水北调东线、中线一期工程的建设管理、资金使用、征地移民和治污环保等情况进行审计。审计情况报告已按期上报国务院。

中央支持新疆发展资金和项目跟踪审计 9月至11月，组织兰州、成都、昆明、哈尔滨和沈阳5个特派办对中央支持新疆发展资金和项目实施跟踪审计，重点检查新疆发展政策落实和规划执行、资金管理使用、项目建设管理等情况。审计情况报告将上报国务院。

高速公路竣工财务决算草案审计 9月至11月，组织西安、上海、重庆、广州和长春5个特派办对包茂高速安康至毛坝段等5条高速公路竣工财务决算草案进行审计。审计情况报告将上报国务院。

珠三角综合交通运输体系调研 9月至11月，组织广州和深圳2个特派办对珠三角地区综合交通运输体系发展情况进行专题调研。审计情况已上报国务院。

抗震救灾及恢复重建审计 10月，根据总理温家宝的指示及署领导的要求，投资司对云南彝良地震抗震救灾和灾后恢复重建跟踪审计工作做全面部署，指导云南省审计厅对重点民生、资金物资和投资项目进行跟踪审计，如实披露审计发现的问题及其整改情况。云南彝良地震抗震救灾和灾后恢复重建审计有序开展。继续指导青海省审计厅开展玉树灾后恢复重建跟踪审计，重点关注灾后重建进度、资金物资管理使用、工程质量、环境保护、地质灾害治理等内容，推动玉树灾后恢复重建有序进行。

工程建设领域突出问题专项治理和中小学校

舍安全工程跟踪审计　根据中央纪委关于2012年工程建设领域突出问题专项治理工作的部署，投资司继续承担指导全国各级审计机关深入开展专项治理工作，并对近三年全国审计机关开展专项治理工作进行认真总结，专项汇总报告已上报国务院；继续指导开展中小学校舍安全工程跟踪审计。

课题研究　完成《工程质量审计研究》课题研究工作，经专家评审和署领导审定后已出版发行。完成《工程质量审计指南》编写，并征求全国审计机关意见，经法规司和分管署领导审后，已送国家审计指南专家委员会评审。完成《跟踪审计案例汇编》编写，已提交署培训中心，署培训中心拟出版发行。《政府投资项目跟踪审计指南》已形成送审稿，拟广泛征询修改意见后，提交国家审计专家委员会评审。《政府投资项目绩效审计评价体系》经充分论证、研究、探讨和专家评审，已形成初步成果。完成《审计常用定性表述及适用法规向导——固定资产投资审计》编写。完成大型重点建设项目联网审计课题阶段性研究，报经法规司和分管署领导批准，已将该课题研究纳入国家审计指南体系，并在课题研究的基础上编写《大型重点建设项目联网审计指南》。

（撰稿人：张　明）

【外资运用审计司】　2012年，外资运用审计司（以下简称外资司）人员编制16人，在编13人。设有一处［负责外国政府贷援（赠）款项目（包括北欧投资银行贷款项目）、联合国开发计划署、儿童基金会援助项目和蒙特利尔基金赠款项目的审计组织及业务管理；负责全国外资审计项目的授权（或安排）、计划和统计；信息收集、规章制定、工作协调和人员培训等；牵头负责外资审计数据规划和信息化建设；负责外资司文秘、行政和后勤等综合性工作；负责与审计署国外贷援款项目审计服务中心的业务联系和协调］、二处［负责世界银行贷援（赠）款项目的审计组织及归口业务管理；负责政府外债的预算执行审计］、三处［负责亚洲开发银行贷援（赠）项目、农发基金/联合国粮食计划署贷援款项目、欧洲投资银行贷援款项目的审计组织和归口业务管理］。

领导成员

司　长：徐吉明

副司长：薛新华（—7月）　李长梅

审计成果　全国各级审计机关共审计国外贷援款项目367个，总投资约7897亿元（其中外资约1973亿元），查处违法违规和管理不规范金额约462亿元，出具审计报告369份，其中地方省级审计机关出具审计报告276份；由外资司、特派办、国外贷援款审计服务中心（以下简称外资审计中心）审计，以外资审计中心名义对外出具审计报告93份。全年共编发审计信息30篇，向有关部门移送违法违规案件线索4起。

完成审计（调查）项目　（1）组织开展国外贷援同类项目审计。为进一步提升审计成果，外资司选择世界银行贷款加强灌溉农业三期项目和中国农村卫生发展项目，首次尝试组织15个省级审计机关开展同类项目审计，统一制订审计工作方案或审计关注点，统一组织协调管理，统一利用审计成果，注重揭露同类项目执行中存在的普遍性、倾向性问题。相关地方审计机关共提出审计建议55条，向省政府报送审计信息13篇，引起省政府的高度重视，促进项目建设和运营管理，取得较好成效。

（2）开展国外贷援款项目履约审计。外资司与外资中心一起，对中央各部委管理和执行的UNDP项目、节能融资项目等90多个国外贷赠款项目进行审计。其中，重点组织9个特派办对11个世亚行贷款铁路项目进行审计，发现各类问题共计102个，涉及金额约214亿元。此次审计的主要特点：一是在认真梳理近三年项目审计情况的基础上，突出审计重点，做好审计信息专题的研究和设计；二是加强对以前年度审计发现问题整改落实情况的跟踪检查；三是加大对重大违法违规问题的查处力度。

（3）开展国家主权外债管理审计。外资司连续16年参加审计署组织的对财政部中央预算执行情况审计，主要负责审计政府外债收、支、余情况和还贷准备金管理情况，审计在促进完善政府外债管理体制，提高资金使用效益，防范政府外债风险等方面发挥积极作用。此次审计发现的中国清洁发展机制基金管理中心2006年以来收取的温室气体减排量交易收入、财政部委托进出口银行管理的外国政府贷款利息收支等未纳入预算管理，以及部分国外无偿援助资金专用账户未按规定归口国库部门统一管理等问题，汇入2012年审计署向人大所做的审计工作报告。

（4）外商直接投资情况审计调查前期准备工作。为进一步深化外资审计工作，外资司积极探索拓展外资审计领域，组织外资司和外资审计中心精干力量，积极开展对外商直接投资情况的调查研究，全面收集外商直接投资相关法律法规，组成若干个调查小组赴商务部、发改委等中央管理部门进行调查，前往江苏省开展实地调研，编制完成审计调查工作方案初稿，明确审计调查的目标、范围、内容和重点，为2013年做好外商直接投资情况审计调查奠定良好基础。

（5）审计结果公告。为促进国外贷援款项目审计发现问题整改落实，审计署公布了99个利用国外贷援款项目2010年度财务收支及项目执行情况的审计结果公告和环保领域34个利用国外贷款项目绩效情况的审计结果公告，引起社会公众、国外贷援款方的高度关注，促进审计发现问题整改落实。此次公告在做法上进行较大改进，如公告前征求相关机构和主管部门的意见建议，公告时以答记者问的形式对公众进行适当引导等。

业务指导和监督　（1）加强审计理论研究工作。为更好地指导地方审计机关开展外资审计工作，促进审计人员依法依规审计，外资司在《世界银行亚洲开发银行贷款项目审计指南》的基础上，针对不同款源、不同行业项目的特点和审计要求，组织开发《联合国开发计划署援助项目审计指南》和《世亚行贷款铁路项目审计指引》等操作规范。开发完成《国外贷援款项目绩效审计评价指标体系及案例研究》。在全面总结外资绩效审计经验的基础上，开展国外贷援款项目绩效审计实务研究。组织编写《外资审计常用定性表述及适用法规向导》和《国外贷援款方相关政策资料选编》。建设外资审计项目数字化质量控制模块，研究开发以审计程序控制为导引的应用模块，并纳入AO外资专业版。

（2）做好审计报告审核工作。为全面提高外资审计质量，外资司进一步完善和规范国外贷援款项目审计报告的格式与内容，积极督促地方审计机关严格执行审外资发〔2011〕189号文的规定，对地方审计机关的审计报告严格执行5级审核制度，按照规范的审核流程、内容和标准进行审核，对审核中发现的重大事项召开专题审计业务会议进行研究，有效提高审计报告质量。全年审核地方审计机关审计报告87份。财政部、世界银行和亚洲开发银行对审计报告给予高度评价。

（3）组织开展国外贷援款项目审计质量检查。外资司组织对7个省级审计机关外资项目的审计质量进行检查，目的是了解省级审计机关2012年国外贷援款项目审计质量情况及上一次审计质量检查结果整改情况，重点了解四川、陕西、甘肃3个地震灾区省份所有境外贷援款灾后恢复重建项目审计情况。针对检查发现的部分审计项目人力投入不足、未按审计规范要求操作、审计成果利用水平不高等主要问题，提出改进意见。

（4）举办深化外资审计研讨班。为加强对地方审计机关的业务指导，11月，外资司举办1期深化外资审计研讨班，参加研讨人员就国际审计准则和中国国家审计准则比较、国外贷援款项目审计适用准则、同类项目审计、建立数字化质量控制模式等内容进行充分交流和讨论，统一思想，明确思路，增强做好外资审计工作的信心。

队伍建设和人才培养　（1）注重提升干部队伍综合素质。在全司大力弘扬“责任、忠诚、清廉、依法、独立、奉献”的审计人员核心价值观，引导审计干部树立正确的人生观、价值观和阳光心态；围绕审计青年论坛活动的主题，要求全司青年干部对当代中国青年审计人的核心价值观等内容进行深入思考和分析；认真贯彻落实治理“庸懒散”“娇骄暮”的各项措施，对照“实、高、新、严、细”的标准，查找不足，制定和落实加强处室内部管理和改进工作作风的具体措施；注重加强审计业务实践和锻炼，提高年轻干部查核问题的能力。2012年，外资司中1人被署评为分析研究的高手，1人被评为计算机审计领军人才，1人入选世界审计组织ISSAI推广专家，2人在审计青年论坛活动中分别获得一等奖和三等奖，1人获得青年英语演讲比赛三等奖，1人获得公文写作技能大赛优秀作品奖，1人考取并攻读中国人民大学MPA学位。为加强审计业务交流学习，外资司派出4人分别参加全国社会保障资金审计、南水北调项目审计和联合国审计工作。

（2）加强国际交流和业务培训。外资司采取请进来、走出去的方式，进一步加强和深化与世界银行等机构的合作，多次派出业务骨干开展对外交流和培训活动，共安排14人次参加署内外各类学习、培训活动。与国际合作司一起在京举办柬埔寨审计署外资审计人员培训班；派遣4人次赴老挝和蒙古，为其介绍中国利用国外贷援款项目审计经验和技术方法；按照审计署2012年出国培训计划，积极组织赴澳大利亚政府债务绩效审计培训班；邀请世界银行、亚洲开发银行的官员讲解国际金融组织对华贷款的新政策、新理念、新要求；派人参加亚洲开发银行国别项目中期检查研讨班等活动；选派1人赴美国世界银行总部工作学习一年。3月和10月，世界银行两位副行长分别拜访审计署，肯定和赞赏中国国外贷援款项目审计，并就进一步加强沟通合作交换了意见。

（撰稿人：安红烨）

【经济责任审计司】 2012年，经济责任审计司人员编制18人，在编11人。设有一处、二处、三处、四处。

领导成员

副司长：陈达时（主持工作）

张广春　左荣贵（—8月，挂职）

工作综述 经济责任审计司认真贯彻落实中共中央办公厅、国务院办公厅《党政主要领导干部和国有企业领导人员经济责任审计规定》（中办发〔2010〕32号，以下简称两办《规定》），以监督领导干部权力行使和责任落实为核心，以促进领导干部守法守纪守规尽责为重点，勇于探索创新，推动经济责任审计工作不断深化发展，努力发挥经济责任审计在推动完善国家治理中的积极作用。

制定完善制度规范，加强规范化建设 经济责任审计司将《经济责任审计指南》《省部级党政主要领导干部和中央企业领导人员经济责任审计的主要内容与评价指标》两项制度规范作为年度工作重点，组织署机关有关业务司、派出审计局和地方审计机关的业务骨干，抓紧起草和修改工作，形成了征求意见稿。《经济责任审计指南》主要内容包括各类领导干部审计共同适用的程序性规定，以及地方党委和政府主要领导干部、党政工作部门领导干部、国有企业领导人员、金融机构领导人员分类别的审计内容、审计方法、评价指标和评价标准。《省部级党政主要领导干部和中央企业领导人员经济责任审计的主要内容与评价指标》，将省部级党政主要领导干部和中央企业领导人员分成41个类别（党政主要领导干部2类、党政工作部门领导干部18类、中央企业领导人员14类、金融机构领导人员7类），分别研究审计内容和评价指标。截至2012年底，上述两项制度规范已分别征求省级审计机关、特派办、署机关有关单位和派出审计局、20多位署外部专家学者的意见，并提交中央经济责任审计工作部际联席会议（以下简称中央联席会议）办公室会议进行研究讨论。相关工作成果为细化落实两办《规定》进一步奠定了基础。

开展两办《规定》贯彻落实情况督察 为促进各地扎实做好两办《规定》的贯彻落实，进一步加大督促工作力度，推动全国经济责任审计工作深化发展，根据中央联席会议办公室印发的《两办〈规定〉贯彻落实情况督察工作方案》，于6月至10月，组织各省联席会议和领导小组办公室开展全面督察。中央本级进行自查，中央联席会议各成员单位抽调人员组成督察组，对北京、黑龙江、浙江、福建和青海等5个省市进行重点抽查。在对各地督察情况进行汇总分析的基础上，起草了《关于两办〈规定〉贯彻落实情况督察工作的报告》，提交中央联席会议全体会议研究审定后，在全国范围内进行通报。

专题调研 经济责任审计司加大调研工作力度，共对9个省市和6家中央单位进行审计调研，对中央组织部等5家中央联席会议成员单位进行走访。分别到中央组织部、中央纪委、监察部、人力资源社会保障部、国资委等5家中央联席会议成员单位，拜访联席会议成员，听取有关意见和建议；对北京市、四川省和中国农业银行、中国航天科技集团等6家中央单位进行审计调研。按照署领导批示精神，经济责任审计司对河北省审计厅开展“以经济责任审计为抓手，综合实施相关审计项目试点”情况进行实地调研，对其创新审计组织方式的做法和经验进行总结，通过《审计工作动态》《经济责任审计工作通讯》《中国审计报》和《中国审计》予以报道，向全国审计机关介绍推广这一做法。结合两办《规定》贯彻落实情况督察工作，对黑龙江、浙江、山东、青海和福建等7个省进行调研。

举办规范化建设研讨班 12月，按照审计署年度培训计划，举办经济责任审计规范化建设研讨班。省级审计机关、署机关部分业务司、特派员办事处、派出审计局的90多名业务骨干参加研讨，审计署党组成员、中央联席会议办公室主任李勇库出席研讨班并做重要讲话。研讨班上，8个省的有关人员围绕党政领导干部同步审计、深化审计内容、规范审计评价、完善与细化责任界定、提高审计结果运用水平等进行大会交流发言。对经济责任审计司2012年研究起草的两项制度规范、《2013年经济责任审计工作指导意见》等文稿，进行研究和讨论。

信息化建设 经济责任审计司与署计算机技术中心、青岛市审计局组成课题组，共同研究经济责任审计全流程信息化应用课题，并形成初步成果。组织完成对164篇经济责任计算机审计方法的评审，评选出4篇优秀计算机审计方法。撰写《审计署经济责任审计信息化绩效报告》《关于近年来经济责任审计信息化建设的工作总结》《近期经济责任审计信息化建设的目标任务和措施》等，为下一步经济责任审计信息化建设明确方向和思路。

组织实施经济责任审计，促进审计事业科学发展 按照审计署审计项目计划，经济责任审计司对11名审计系统司局级领导干部进行经济责任审计，包括江苏、广东、云南、四川和陕西5个省的审计厅厅长，上海、广州、重庆、武汉和长春5个特派办的原特派员，以及审计科研所原所长。审计项目更加突出重点审计内容，强化对领导干部重要经济决策、资产管理、专项资金使用、基建项目、群众反映较多问题等情况的审计，有效促进领导干部正确履职行权，强化内部管理，提高经济活动绩效，推动审计事业科学发展。

加大协同工作力度，发挥中央联席会议办公室作用 主任李勇库代表审计署参加中央纪委组织召开的全国落实建立健全惩治和预防腐败体系2008年至2012年工作规划成果交流会，并做题为《深化领导干部经济责任审计，在惩治和预防腐败中发挥积极作用》的发言。经济责任审计司筹备并组织召开中央联席会议全体会议和两次联席会议办公室会议，组织完成2012年省部级党政领导干部和中央企业领导人员审计计划的确定、报送总理审定工作，与中央组织部研究沟通2013年审计计划委托建议。向中央党的建设工作领导小组、中央纪委、中组部、监察部等单位提供《惩防体系建设中审计署牵头任务落实情况》《十七大以来经济责任审计工作情况》《贯彻落实任期内轮审制度的意见》等文稿40余篇。编发10期《经济责任审计工作通讯》，编印近30万字的两办《规定》专辑、44万字的《经济责任审计文集（六）》。较好地发挥了中央联席会议办公室沟通协调，以及对地方各级联席会议服务和指导的作用。

进行对外宣传交流，扩大经济责任审计影响 根据署领导指示，经济责任审计司领导分别在审计署审计干部教育学院举办的财务会计培训班、山东省委党校举办的市厅级领导干部经济责任审计专题培训班上介绍经济责任审计有关情况、讲解两办《规定》。为上海合作组织最高审计机关领导人第二次会议起草国家论文——《中国审计机关在反腐败中的作用》，协助署国际合作司成功承办第三届中印审计青年论坛，牵头亚洲审计组织第十次课题研究项目并在深圳成功举办第一次会议，参与国际审计组织反腐败与反洗钱工作组课题研究项目。

队伍建设 2012年审计系统司局级领导干部经济责任审计项目，安排司内多名年轻干部担任主审。选派1人参加中印审计青年论坛，安排3人参与亚审组织课题研究项目，其中1人担任课题研究项目主席，安排1人参加国际审计组织反腐败与反洗钱工作组课题研究项目。先后选派1人参加为期5个月的中长期出国学习培训，1人参加为期3个月的财务会计培训，1人参加为期1个月的BFT英语培训，4人参加短期出国考察和培训，3人参加联合国审计项目，6人参加AO认证培训和考试。截至2012年底，经济责任审计司实有干部11人，其中具有高级审计师职称的4人、中级审计师职称的5人、注册会计师资格的2人，另有2人通过高级审计师考试等待参加高师评审；共有7人获得计算机中级资格证书，占全司干部总人数的64%，8人通过AO培训认证考试，占73%，干部队伍专业化、信息化水平进一步提高。

（撰稿人：汤效军）

【国际合作司】 2012年，国际合作司（以下简称国际司）人员编制19人，在编15人。设有一处（主要负责外事计划、统计、档案、文秘综合及外事工作质量的管理与监督，负责因公出国人员的证照办理和管理，负责礼宾接待、行政后勤以及其他综合管理工作等）、二处（主要负责组织实施与各国最高审计机关的双边交流活动，负责署领导出访以及重要外国团组的接待工作，管理和组织实施双边合作项目等）、三处（主要负责与地区、国际审计组织的交流活动，负责多边合作项目和多边会议的执行和管理，负责审计外事资料的译编出版）、四处（主要负责亚审组织事务、港澳台事务，承担对外宣传，以及署英文网站和外事专用网络的管理和维护工作）。

领导成员

司　长：周维培

副司长：周文华　姜海鹰

工作综述 国际司在审计署党组的亲切关怀和正确领导下，以邓小平理论和“三个代表”重要思想为指导，以科学发展观为统领，依靠各单位、各部门的通力协作和全体外事干部的勤勉尽责，审计外事工作牢牢把握发展机遇，努力化解风险挑战，积极服务国家总体外交战略和审计事业发展，为中国审计国际地位不断提升营造了稳定良好的外部环境。

双边（多边）合作交流 全年共审批因公出国（境）团组120个，因公出国人数715人次（其中使用联合国审计经费参加联合国审计项目以及境外审计项目共37批，总计236人次）；接待来访团组26个（正式访问19个），接待来访人数133人（正式访问75人），其中接待部级以上代表团19个（部级以上国外审计机关领导人26人）。新增与美国、罗马尼亚、匈牙利、亚美尼亚4个最高审计机关签署合作协议（备忘录）。

以国际会议和上海合作组织（以下简称上合组织）会议为契机，以高层审计领导人参会为依托，在各国际性审计组织阐述主张、发表意见，提升中国审计在多边舞台上负责任大国形象。受联合国审计委员会主席、审计长刘家义委托，副审计长董大胜率团出席联合国审计委员会第66次例会，总审计师孙宝厚参加联合国外聘审计团第53次例会，并主持联合国审计委员会第42次特别会议；副审计长余效明率团参加世审组织救灾援助问责及审计工作组第6次会议；主任李勇库率团参加世审组织反腐败反洗钱工作组第6次会议。4月，第二届上合组织参与国最高审计机关领导人会议在上海成功召开。包括中国在内的10个上合组织参与国的最高审计机关领导人及代表参加本届会议。审计长刘家义、上海市市长韩正出席并致辞，副审计长董大胜，党组成员、办公厅主任陈尘肇出席并宣读国家论文。本届会议通过《上合组织参与国最高审计机关合作谅解备忘录》《上合组织参与国最高审计机关合作工作计划（2012—2013）》以及《上合组织参与国最高审计机关领导人第二次会议联合声明》3个成果性文件。多边活动的实质性、针对性、政策性显著增强。

同大国最高审计机关关系稳步发展，巩固中国审计署在世界审计领域的重要地位。10月，审计长刘家义就筹备世审组织理事会和第21届大会及《北京宣言》的框架内容，分别致函世界审计组织理事会成员法国、英国、俄罗斯和沙特阿拉伯等18位审计长，并与美国、奥地利、南非等世审组织领导人通话，深入探讨，达成共识。11月，美国审计长多达罗来华访问，发表主题演讲并签署双边合作协议，与审计长刘家义就建设相互尊重的合作关系达成重要共识。国务委员、国务院秘书长马凯会见多达罗一行。接待罗马尼亚审计长访华，全国政协主席贾庆林会见并宴请代表团。副审计长侯凯率团访问世审组织主席国南非审计署。通过署领导出访和邀请国外最高审计机关来访，增强与具有影响力的大国最高审计机关的理解互信和合作基础，为推动相互关系长期稳定健康发展起到重要作用。

重视与周边国家最高审计机关交往，宣传中国经济建设成就和中国审计经验。审计长刘家义率团访问日本、韩国，会见韩国总理金滉植，与韩国审计监查院院长梁建和日本会计检查院院长重松博之进行工作会谈，韩国和日本审计同行对中国审计工作的快速发展和在国家治理中所发挥的重要作用表示高度赞扬，表达了加强与中国审计署合作交流的强烈意愿。审计署派团参加中日韩工作层会议，三国最高审计机关相互间利益融合程度进一步加深。纪检组长陈蔷率团访问越南审计署。接待泰国、新加坡等国审计机关领导人来访。中俄、中印继续积极开展双边协议框架下的审计研讨。在华举办第三届中印青年审计人员论坛。继承并坚持良好的周边互动，积极寻求审计外交实践创新，为中国审计长远发展奠定坚实基础。

加强与发展中国家审计交流，不断强化亚洲、拉丁美洲、非洲、南太地区等国家在中国审计外交全局中的基础地位。派出司局长考察团访问乌干达、毛里求斯、埃塞俄比亚等非洲国家。派团出席太平洋地区审计组织大会、拉美地区审计组织大会。接待马里、尼日尔、安哥拉等国审计长来访。3月，为柬埔寨审计署10名副处级以上官员举办为期一周的外资审计培训班。10月，为斯里兰卡审计署10名审计人员举办为期10天的政府投资审计研讨班。通过一系列访问交流和审计援外工作，与各发展中国家最高审计机关互尊互信进一步加强，培养其对中国的感情，加深对中国审计的了解，强化其对中国审计快速发展的支持。

世界审计组织活动 11月19日至22日，世界审计组织（以下简称世审组织）理事会第63次会议在四川成都召开，审计长刘家义作为理事会第一副主席出席会议，并就2013年世审组织第21届大会情况做专题报告。会议确定2013年10月将在北京举行的世审组织第21届大会（以下简称世审大会）上发布《北京宣言》，并将其作为唯一正式文件。届时，审计长刘家义将担任世审组织主席。本次理事会是审计署成立以来举办的级别最高的一次国际会议，来自美国、摩洛哥、印度、俄罗斯、丹麦等18个理事会成员，亚洲、非洲、欧洲、阿拉伯、拉美和加勒比等7个地区审计组织秘书长，欧盟审计院，以及世审组织发展培训委员会的81位代表参加会议。联合国副秘书长吴红波也专程出席会议并发表致辞。本次会议的成功举办在组织形式、工作方法、软硬件使用等方面为2013年世审大会进行积极探索和有益尝试，同时也使世审组织秘书处和各成员国对大会举办充满信心和期待，为世审大会成功召开奠定了坚实基础。

根据审计署在世审组织及其下属各委员会、工作组、项目组所承担的职责，认真组织有关部门承担相关工作。在履行世审组织目标1“职业准则”委员会及其下属指导委员会、准则协调项目组、合规性审计分委员会、财务审计分委员会成员的职责方面，积极组织有关人员参加年度会议，共享资料，提供参会口径，并协调和参与最高审计机关国际准则（ISSAIs）100—400的撰写及修订工作；在履行目标2“能力建设”委员会的职责方面，首次参加能力建设委员会的相关会议，并完成世审组织能力建设的4份指南的翻译工作；在履行目标3“知识分享与知识服务”委员会下属的7个工作组及1个特别工作组成员职责方面，协调组织参加各工作组年度会议，向国家关键指标工作组提交《在IT环境下运用国家关键指标对中央国有企业进行绩效审计评价》的论文，参与最高审计机关的职责和作用工作组ISSAI－X的撰写工作，实施全球金融危机特别工作组和IT审计工作组的研究分项目，对救灾援助问责及审计指南提交意见，向公共债务工作组、项目评估工作组等提交项目评估问卷答复；在履行目标4“国际组织的典范”财务与管理委员会成员及财务前瞻特别工作组成员职责方面，协调参加年度会议，并在多个场合参与关于世审组织财务事宜和建立战略规划特别工作组、应对突发事宜咨询委员会的讨论工作。

为承办好2013年在北京举办的世审大会，各项筹备工作有序进行，进展顺利。一是成立审计署大会筹备领导机构及工作部门并明确分工与职责。二是研究并起草大会总体筹备方案，包括大会初步日程，总体构想，筹备期限表，东道主、世界审计组织主席国及秘书处职责分工，大会筹备领导机构及工作部门，以及各组职责和工作方案等。三是先后成立世审大会主议题1工作组、大会主议题2国家论文组和大会《北京宣言》起草组，各工作组在国际司协调下，努力工作，成果显著。四是正式开通世审大会网站，大会网站同时使用西班牙语、英语、法语、德语、阿拉伯语和中文6种语言，向世界各国最高审计机关提供大会相关信息服务。五是与世审组织秘书处多次沟通协调，对大会日程达成谅解和一致，并经署领导审定，形成大会总体安排框架。六是初步形成与大会协办单位北京市审计局的任务分工，由北京市审计局遴选的30名世审大会志愿者的外语培训开始实施。

亚洲审计组织活动 2月，亚洲审计组织（以下简称亚审组织）第44、45次理事会和第12届大会在印度召开，此次大会选举产生亚审组织2012年至2015年理事会成员。审计署积极斡旋，突破亚审组织相关选举条例的限制，以最高票成功连任理事会成员。这是审计署2009年卸任亚审组织主席以后，第二轮入选理事会成员，也是自1988年以来，连续25年担任此项职务，为亚审组织仅见。这反映了绝大多数亚洲国家最高审计机关的共同意愿，也充分证明中国审计署为亚洲审计所做出的突出贡献，赢得亚洲审计界的广泛尊重，彰显中国审计在亚洲的地位和作用。

9月，以亚审组织环境审计委员会主席身份主办、马来西亚审计署协助承办的亚审环委会第4次环境审计研讨会暨第3次工作会议在马来西亚召开，来自23个国家的55名代表参加此次会议。受亚审组织环委会主席、审计长刘家义委托，副审计长董大胜率中国审计代表团出席会议并做主席报告。本次会议是审计署首次在境外主办、由他国最高审计机关承办的国际会议，拓展了主办国际会议的渠道与形式，锻炼了与国外最高审计机关协调沟通并达成谅解、形成共识的能力，发挥了审计署的建设性作用。

12月，亚审组织第10次科研项目第1次会议在深圳举行，来自15个亚审组织成员国的31名代表参加此次会议。这是审计署首次牵头亚审组织科研项目并举办会议，说明中国的审计工作水平和研究能力得到世界同行的认可和尊重。

港澳台事务 国际司积极履行港澳台事务办公室职能，在做好对港交流、对澳培训等既有项目的基础上，积极推动在一个中国原则下的对台审计交往，海峡两岸暨香港、澳门地区的审计互动频繁，效果良好。审计署接待了香港华人会计师公会代表团和香港会计师公会代表团；副审计长董大胜参加“迈向更好明天——庆祝香港特别行政区成立十五周年成就展”开幕式活动；组织澳门审计署8位审计人员参加审计署的5期培训班；协调澳门审计署派员到南京特派办参加环境审计实习；组织社会保障审计司、农业与资源环保审计司选派专家赴澳门授课。全年办理16人的港澳通行证签注或注销手续；办理授权深圳特派办因公赴港澳审批工作的相关事项。在对台工作方面，协调办理中国内部审计协会29人赴台参加第12届海峡两岸内部审计研讨会手续，指导中国审计学会承办并参加在西安举办的海峡两岸及港澳地区审计学术理论与实务研讨会。尝试派出司局级干部和外事干部以民间身份参与对台审计业务交流，有效增信释疑，营造良好的对台工作氛围。

外事宣传与译介 国际司组织校对并结集出版2011年审计结果公告合订本、2011年审计工作报告单行本，组织校对2012年度部分审计结果公告、绩效报告并上传网络，印制新版《中国政府审计概览》，对多位外国审计长进行采访并在《中国审计》杂志发表专访文章。配合社会保障审计项目，在审计结果公告发布后，组织对社会保障审计涉外媒体的舆情监测工作。编发3期《国外审计资料》，参与编写《国外政府审计监督简介》。对审计署英文网站进行改版、维护和更新，全年更新英文网站新闻稿件70余份。在做好国内宣传的同时，积极利用对外宣传途径扩大审计署的国际影响。向世审杂志、亚审杂志投稿26篇，向亚审网站投稿30篇，与各国审计机关分享中国审计成果和经验。充分利用上合组织参与国最高审计机关第二次领导人会议、世界审计组织第63次理事会、全国审计工作会议等平台，积极宣传科学审计理念，宣传十七大以来的审计外事工作发展，先后两次组织新华社、中央电视台、《中国日报》等多家中央媒体对审计长刘家义进行采访，社会反响热烈。

外事管理 强化计划管理，进一步加大统筹力度，专业考察团和培训团质量不断提升。坚持以业务司为主体、专业需求为导向的境外考察培训团组建设，统筹人员安排、国别选择和考察培训内容设计。向一线审计干部和特派办业务人员倾斜力度明显加强，积极支持中西部和西藏审计干部“走出去”战略的落实。完善外事预算的计划、监督和评价。国际司在全年工作中不断加强经费管理，年初将全年计划内外事项目落实金额、落实预算科目，对大额项目和超预算项目进行司务会讨论，并根据实际需要予以改善或纠正。坚持多重审核和全过程监督机制，所有团组均做到行前有预算审批，回国后有决算核准报销。同时，每季度对预算执行进度进行具体评估，保证外事经费合理、合规、有序使用。通过机制保障、落实监督、阶段评价等有效手段，2012 年世审组织理事会项目预算 1000 万元，实际支出 689 万元，实现工作质量和资金使用效益双丰收。签证、护照办理工作继续保持高质量。全年办理护照 260 份、签证 688 份，在处理突发事件、特件、急件方面妥善应对，无一例拒签、缓签案件发生，为高级访问团组、联合国审计项目以及其他各团组出行提供保障。国际司赵兵认真负责，勤勉敬业，被外交部评为 2012 年度优秀护照、签证专办员。另外，国际司对全署人员护照进行全面检查和清理，与外交部指定软件公司共同开发了护照管理系统并即将投入使用，为更好提高领事服务质量提供保障。（撰稿人：高天宇）

【境外审计司】 2012 年，境外审计司人员编制 12 人，在编 12 人。设有一处、二处、三处。

领导成员

司　长：章　轲

副司长：胡学文

审计成果 境外审计司在署党组的正确领导下，深入学习贯彻党的十八大精神，牢固树立科学审计理念，坚决贯彻落实署党组的各项工作部署，加大对境外机构的审计力度，深入开展联合国审计，全面履行联合国审计委员会主席的职责，努力提高党支部建设科学化水平，探索形成支部“支点”工作法。全年组织实施 3 家中央企业境外机构审计、驻 3 个国家非经营性机构审计，以及联合国维持和平行动、联合国儿童基金会、联合国日内瓦总部等 37 个机构和项目的审计。以上项目形成的审计成果，被采用 2 篇，专题报告和综合报告各被采用 1 篇。向联合国提交审计报告 10 份，管理意见书 37 份。联合国 2010－2011 年度维和行动审计被评为审计署 2012 年优秀审计项目，“信息化条件下的联合国审计方式及应用”被评为 2012 年中国信息化（审计领域）成果一等奖，“支点”工作法被中央组织部和中央国家机关工委认可并推广。

境外机构审计 境外审计司配合经济责任审计，对 3 家中央企业和国有金融机构的境外机构实施审计。审计工作中立足于促进管理和防范风险，重点关注境外机构在产权关系、公司治理、重大决策、风险控制和财务管理等方面存在的风险和问题，通过审计维护境外国有资产安全，促进提高境外国有资产运营绩效，为客观全面评价中央企业和国有金融机构领导人员经济责任提供依据。

境外审计司还组织实施对驻印度尼西亚、缅甸和新加坡三国非经营性机构的预算执行和其他财政收支审计。审计中紧密围绕“保障安全，揭示问题，规范管理，提高效益”的目标，重点关注驻外非经营性机构财政收支真实性、合法性和效益性，并通过多种方式，深入了解驻在国中资企业和驻外机构的发展现状及其面临的困难。

对外援助审计 为进一步贯彻落实党中央和国务院关于做好对外援助审计和监督工作的指示，推动构建对外援助审计的长效机制，境外审计司起草《审计署关于加强对外援助审计的试行意见》，征求外交部、财政部、商务部等有关部门意见后，形成报告上报国务院，对外援助审计工作得到国务院领导的同意。

联合国审计 2012 年是审计长刘家义担任联合国审计委员会主席的第二年，审计署带领由中国、南非、英国和坦桑尼亚组成的联合国审计团队，以促进联合国更加“廉洁高效、公开透明、强化问责、完善治理”为目标，深入细致地开展审计工作，得到了联合国大会、联合国秘书长及相关机构的充分肯定。

一是顺利实现联合国绩效审计立法，推动联合国审计进入一个新的时代。在联合国审计委员会主席刘家义的大力推动下，联合国大会明确联合国审计委员会开展绩效审计的地位，这标志着外部审计师对国际组织开展绩效审计得到联合国的认可。

二是强化“预算意识”和“绩效审计意识”，加大审计力度。一些重大问题在联合国机构引起震动，推动相关问题的整改，促进联合国加强治理。审计报告为审议各机构预算和促进各机构完善治理提供了依据，联合国秘书长、联合国大会主席及有关高级官员对审计报告质量给予高度称赞。

三是顺利实现联合国审计委员会成员交接。

通过送教上门、观察审计、技术研讨和提前介入等多种方式，在确保顺利交接方面探索出一种新的有效机制，确保坦桑尼亚审计署能够在最短时间内与南非审计署顺利完成工作交接。

四是精心组织协调，圆满完成联合国审计委员会第66次例会、联合国审计委员会第42次特别会议组织领导工作，促进联合国审计委员会工作的改善。

交办工作 境外审计司根据审计署的统一部署，组织开展世界审计组织第21届大会《北京宣言》《中国特色社会主义审计制度》的研究起草工作，并参与《国外审计监督制度简介》的研究撰写工作。同时，组织抽调一批精锐力量参与重大专案的调查工作，工作业绩突出，得到中纪委领导的好评。

基础建设 探索形成支部“支点”工作法。在署党组和署机关党委的支持和指导下，境外审计司党支部系统总结党支部建设的经验做法，形成支部“支点”工作法。“支点”工作法是为保障完成急难险重任务，在项目任务组设立临时党支部，以临时党支部为“支点”，建立思想保障、管理创新和环境营造等相关制度办法，切实发挥党组织和党员的战斗堡垒和先锋模范作用的工作方法。该工作法适用于从不同单位临时抽调党员干部组成新的团队，完成急难险重任务的党组织。应中组部要求，境外审计司党支部在全国部分省市基层党建工作座谈会上介绍经验，《人民日报》“创先争优先进典型”专栏对境外审计司党建工作做了题为“支点筑起坚强堡垒”的报道。“支点”工作法被中央国家机关工委列入《中央国家机关支部工作法》，确定为典型并在中央国家机关推广。

深入开展审计文化建设，夯实事业发展基础。境外审计司积极引导审计干部树立“责任、忠诚、清廉、依法、独立、奉献”的核心价值观，鼓励境外审计人员加强理论学习，提升研究能力，努力实现“不图虚名、不辱使命和不虚此行”的目标。2012年司党支部被评为审计署“五个好”先进党支部，张新芳被评为“全国三八红旗手”，颜涛被评为审计署“四手”人才，张龙、陈哲和陈旭丹被评为计算机审计领军人才和骨干人才。

强化保密安全意识，建章立制促发展。境外审计司始终重视保密与安全工作，根据境外审计工作的特点和需要，起草《境外审计安全管理办法（征求意见稿）》和《境外审计司关于加强境外审计和联合国审计保密工作的暂行办法》，为联合国审计和境外审计的保密和安全风险控制提供制度保障。

不断加强廉政建设，完善制度见行动。境外审计司组织相关处室依照法定职责和岗位设置，对综合管理岗位和审计业务管理岗位的各项职权进行全面梳理，编制职权目录，绘制权力运行流程图，评估风险等级，制定廉政风险防控措施，确定跟踪检查责任人，进一步加强廉政工作制度化和规范化。（撰稿人：王建广）

【人事教育司】 2012年，人事教育司编制29人，在编23人。设有办公室、机关干部处、地方干部处、工资调配处、教育职称处和综合处（巡视监督办公室）。

领导成员

司　长：胡利民

副司长：俞国庆

中国审计报社纪检组长：黄　峥

中国时代经济出版社纪检组长：陈遥征

工作综述 人事教育司按照全国审计工作会议部署，以加强领导班子和干部队伍建设为主线，以加强能力建设和作风建设为核心，加大竞争性选拔干部力度，深化干部人事制度改革，进一步完善干部管理机制，全面提高领导班子和干部队伍整体素质。全司干部同心协力，较好完成了全年的各项工作任务，为充分发挥审计“免疫系统”功能提供了坚实的组织和人才支持。

领导班子和干部队伍建设 优化领导班子结构，加强干部队伍建设。在研究分析、综合考虑领导班子实际的基础上，积极向署党组提出进一步加强司局级领导班子建设的建议，按照署党组决定，对14个单位的主要负责同志进行调整，对22名其他司（局）级干部的职务进行调整。根据任职试用期的相关规定，对2011年任职试用期满的38名干部（33名司级干部，5名处级干部）进行考核，办理正式任职手续。在深入分析司处级非领导职数空缺情况的基础上，制订司处级非领导职务干部选拔工作方案，于6月至8月统一组织实施司处级非领导职务干部选拔任用工作。按照“重点考虑任下一职级时间较长、年龄相对较大的干部”的原则，经过民主推荐、面试、差额考察、差额票决、公示等环节，共提拔使用10名正司级、8名副司级和4名正处级非领导职务干部。

经署党组批准，在全署范围内开展竞争上岗工作。由署里统一组织竞岗的职位共348人报名参加竞争，其中司局级职位191人，处级职位157人。组织召开761人参加的干部大会，署机关、派出局和直属单位共85人参加司局级职位竞争上岗的同志在全体干部大会上进行竞职演讲，会后进行民主测评和民主推荐书面征求意见。通过笔试、面试等程序，经署党组研究，确定各职位考察对象103人。加强司局级后备干部队伍建设。按照后备干部队伍建设规划和工作方案，在2011年各单位民主推荐和组织考察的基础上，经过认真研究并报署党组批准，确定总量为93人的司级后备干部名单。组织18个特派办陆续开展处级干部选拔任用工作，提出处长职数28人、副处长职数75人、正处员职数24人、副处员职数42人的使用计划，报经署党组同意后批复相关特派办。

做好干部交流轮岗和挂职锻炼工作，扩展干部成长渠道。在对署机关、派出局各单位的干部队伍结构进行全面分析的基础上，开展干部轮岗工作。对署机关、派出局90名处级以下干部进行轮岗交流，占现有处级以下干部总数的18%，其中跨司局交流41人，司局内交流49人。为进一步提高干部交流工作的规范化制度化，对干部交流工作进行总结研究，2012年度开始对干部交流工作实行整体规划、计划管理，在继续做好选派干部到地方政府、国有企业、金融机构、大型建设项目等单位挂职锻炼的同时，首次组织与西藏、新疆审计机关的双向交流工作。全年纳入统一规划的署内交流、派出交流142人，经其他单位推荐、接收到署挂职35人。

认真把好“入口关”，科学优化队伍结构。组织完成审计署2012年度考试录用公务员工作，经署领导批准，署机关2012年录用公务员9人，特派办录用157人。针对署机关和派出局30岁以下年轻干部比例偏低的实际情况，经报署领导批准，组织完成从特派办和地方审计机关选调科级及以下公务员的报名、资格审查、笔试、面试和体检等工作。121人报名参加选调，经过笔试、面试和体检筛选，经报署领导批准，确定20人作为考察对象。增强军转干部安置工作的针对性。在科学分析各单位人员结构的基础上，有针对性地制订2012年接收计划，对接收岗位进行系统分析，提高面试试题命制的针对性。2012年，接收安置军转干部5人，其中研究生学历2人，大学本科学历3人。

修订完善公务员考核制度，做好干部考核工作。制定并下发《审计署机关各部门综合考核办法（试行）》。修订《审计署驻地方特派员办事处年度综合考核办法》。为了做好对司局级干部的年度考核，按照署党组的要求，组织召开署机关各部门、各派出局和各直属单位主要负责同志述职述廉大会，署领导出席并听取述职述廉。组织完成派出局和特派办年度考核工作。本次特派办考核首次开发使用年度考核软件，提高工作效率，并在结果通报中公布量化评分明细，考核更加公开透明。

人才队伍建设　起草下发《审计机关中长期人才发展规划（2011—2020年）》，提出加强审计领导人才、管理人才、专业人才、理论研究人才四类人才建设的任务和具体要求。为了深化审计干部教育培训改革，进一步提高审计干部教育培训科学化水平，起草并下发《审计干部教育培训改革规划（2011—2020年）》。加大青年人培养力度，会同办公厅、审计学会等单位共同组织举办第二届全国审计青年论坛，来自全国各地审计机关40岁以下的青年干部近100人参加。组织开展团中央和中央组织部的第13批博士服务团人选推荐工作，对第12批博士服务团成员进行考核。组织开展第二批审计专业领军人才和审计业务骨干人才的评选工作。开展2012年政府特殊津贴人员推荐工作。参与组建审计干部教育学院，配合完成登记注册、章程制度起草、培训管理、组织协调等工作。制定在南京审计学院设立的《审计长奖学金管理办法》。做好全国审计专业学位研究生教育指导委员会秘书处工作，制订《审计硕士专业学位研究生教育指导性培养方案》，对34所审计硕士培养单位进行指导，并筹备建立审计硕士网站。

进一步深化教育培训工作，完成2012年度培训计划。加强对地方审计机关培训工作的指导和帮助，注重对西部地区审计机关人才队伍建设的支持，注重发挥各业务司局的专业特长。加大司局级干部培训力度，选派27人参加中央党校，国家行政学院，浦东、延安、井冈山3所干部学院学习；组织52名在京干部参加2012年度中央国家机关司局级干部选学，累计选学学时2320学时；首次组织241人参加中国干部网络学院学习。向中组部等部门报送《审计署人事教育司关于报送十七大以来领导干部境外培训工作总结及培训成果案例的函》等多份工作总结和干部教育培训工作改革创新案例，其中报送的改革创新案例《审计署建设模拟实验室练兵审计干部》被干部教育通讯采用。

继续做好审计专业技术资格考评相关工作。组织完成2012年审计专业技术初、中、高级资格考试的考务计划安排、大纲修订、命题、审题会议、考试参考书的修改编印、阅卷、成绩下发等工作。2012年全国共43 871人报名参加审计专业技术资格考试，较2011年人数增长7%。继续对全国32个考区考试工作进行巡视，并对重点地区加派巡视人员，组成34人巡视组赴全国开展巡视工作，并在考前对巡视人员进行集中培训。组织开展2012年度高级审计师资格评审工作，完成评审申报组织、材料审核、评审会议召开工作。加强高级审计师评审委员会建设，完成委员调整工作。修订核心期刊目录，增加各单位推荐小组评议、核心期刊初核等环节，高级审计师资格评审工作进一步规范。

积极开展引智工作。会同国际司，开展2012年度出国（境）培训项目审核类10个、审批类3个的申报工作。开展2012年度国（境）外奖学金人选推荐选拔工作。5人分别被香港理工大学奖学金项目、日本JDS奖学金项目、中澳发展奖学金项目录取。推荐2人参加美国审计署国际审计师项目培训。会同培训中心组织开展2012年度赴美国金融审计中长期培训班，完成赴英国中长期培训班学员的回国汇报组织工作。

干部监督　认真做好2012年领导干部报告个人有关事项的集中报告工作。符合报告条件的领导干部共1521人，其中署机关、派出局处级以上干部和特派办、直属单位、社团的司（局）级领导干部547人，各特派办处级干部和各直属单位中层管理人员974人，都按照要求报告了个人有关事项。

全年共处理群众来信16件。对署名举报和反映重大问题的来信来访，本着“有信必查，有查必果”的原则进行重点调查，及时向当事人反馈调查结果，做好沟通解释工作，并适时公布反映事项和调查结果。

指导地方　履行协助管理职能，逐步建立地方审计厅（局）领导班子信息库。协助办理各省（自治区、直辖市）审计厅（局）32人次的职务任免审批手续。及时掌握地方审计机关领导班子成员基础资料，收集整理全国31个省（自治区、直辖市）审计厅（局）领导班子成员个人信息，内容涵盖年龄、职务、任职时间、政治面貌、教育背景等多方面情况，为更好地履行对地方审计机关的协管职责提供信息保障。

关注地方换届结果，推动地方审计厅（局）领导在“两委”任职。在全国33个审计厅（局）长（含新疆审计厅和西藏审计厅党组书记）中，当选党委委员20人（新当选14人），当选纪委委员6人（新当选3人），另有22名副职当选纪委委员（新当选15人）。共计20名一把手当选党委委员，28名一把手和副职当选纪委委员，与换届前相比，党委委员数量净增加9名、纪委委员数量净增加2名。

其他工作　注重制度建设，努力构建人事工作的长效机制。在汇总党组扩大会和多个座谈会意见建议的基础上，经反复征求各单位意见，完成汇总征求意见情况以及意见情况的通报，印发《审计署关于进一步深化干部人事制度改革加强领导班子及干部队伍建设的意见》。在广泛征求意见的基础上，起草印发《审计署工作人员问责暂行办法》。起草《审计署关于司处级非领导职务设置和选拔任用工作办法的补充通知》，对《审计署司处级非领导职务设置和选拔任用工作办法》中关于提拔担任司处级非领导职务干部应具备的条件、任职资格和其他要求、选拔方式等内容做补充说明。在2011年署领导对省区市审计厅（局）班子队伍建设情况专项调研成果的基础上，起草《审计署关于加强审计机关领导班子和干部队伍建设的若干意见》。起草《审计署人事教育司关于特派办破格晋升主任科员及以下公务员相关事项的通知》，对破格晋升工作进行规范。

完成中央机构编制委员会办公室机构编制的统计上报工作，对审计署的编制管理情况进行进一步梳理。完成《关于审计署事业单位清理规范有关情况的说明》相关事项，按照中央机构编制委员会办公室的总体要求进行调整。开展审计署人力资源管理信息系统升级、信息采集、审核、加载、系统试运行等工作，完成与中央组织部信息管理系统的对接。完成2011年度署机关、派出局和特派办的公务员统计、直属单位人员统计和署机关、派出局、特派办及直属单位的工资统计工作，向中央组织部、国家公务员局和国家统计局报送了有关报表，其中公务员统计工作被中央组织部办公厅评为全优报表单位。

配合完成中央组织部对审计署两委人选的推荐考察工作、对署领导班子2011年度工作完成情况的考核、对中央经济责任审计工作联席会议办公室主任人选的推荐考察及任职相关工作、在署机关开展干部人事工作满意度的统计调查。

完成对全国社会保障资金审计538个公务员先进集体和公务员的表彰奖励工作，同时对18个先进保障团队和优秀人员进行通报表扬。完成农业与资源环保审计司被评为中华宝钢环境优秀奖、三峡移民库区工作先进集体两项奖励后续的推荐和相关相宜。完成全国“两基”工作先进个人候选人的推荐、公示工作，审计署教育局张联平受到国务院表彰。（撰稿人：周洪杰）

【直属机关党委】 2012年，直属机关党委人员编制11人，在编11人。设有办公室、组织部、宣传部、机关纪委办公室、工会。

领导成员

党委书记：余效明

党委常务副书记：鲍朔望

党委副书记兼机关纪委书记：凌玉祥

工作综述 机关党委以邓小平理论、“三个代表”重要思想、科学发展观为指导，认真落实《审计署机关2012年党建工作要点》，围绕中心，服务大局，认真学习宣传贯彻十八大精神，不断加强提高基层党组织建设，不断深化拓展审计文化建设，不断探索完善审计干部队伍建设，不断推动机关反腐倡廉建设，严格内部管理，为审计工作更好地服务于国家治理提供了有力的思想保障。

做好十八大会议相关工作 一是做好十八大代表候选人预备人选推荐工作，组织各基层党支部进行提名，根据名单遴选出推荐人选，经与中国中央组织部沟通并再次征求各支部及党员意见，通过中央国家机关党代会选举，刘家义、董大胜高票当选为党的十八大代表。

二是开展学习宣传贯彻十八大精神系列活动，组织收听收看胡锦涛代表十七届中央委员会所做的报告；邀请出席十八大的署领导传达会议精神；邀请十八大报告起草组成员做学习贯彻十八精神的辅导报告；协助起草署领导赴18个特派员办事处宣传党的十八大精神宣讲提纲。

三是组织召开以“进一步学习领会党的十八大精神，研究审计系统贯彻落实的具体措施”为主题的党组中心组学习会；制定下发《审计署关于深入学习宣传贯彻党的十八大精神的意见》《“查找不足、整改提高”专项活动安排》。

四是组织开展围绕党的十八大精神的学习活动。通过举办为期一周的“学习贯彻党的十八大精神集中培训班”，利用个人自学、专题辅导、分组讨论、大会交流的方式，不断增强党员干部的中国特色社会主义道路自信、理论自信、制度自信，提高自觉践行邓小平理论、“三个代表”重要思想和科学发展观的能力。

开展基层组织建设年，深化创先争优活动 制订基层组织年活动实施方案，下发《中共审计署党组关于印发加强基层党组织建设实施方案的通知》；在此基础上做好党支部分类定级工作，共26个党支部被确定为“好”党支部、39个党支部被确定为“较好”党支部、3个党支部被确定为“一般”党支部。

进行“四手”审计干部的评选，共评选出44名查核问题的能手、41名分析研究的高手、22名计算机应用的强手、20名内部管理的行家里手，并在“七一”前夕对这127名同志予以表彰。

加强基层党组织建设，建立健全党员承诺践诺制度；举办党支部书记培训班，提高基层党组织书记抓党建的能力；做好新党员的发展教育工作，举办入党积极分子培训班，批准10名同志成为中共预备党员，批准18名预备党员按期转正；组织引导在审计组设立临时党组织，草拟制定《中共审计署党组关于进一步加强临时党支部的实施意见》；参加教育培训，完善党员信息管理系统；继续做好党费的收缴工作，并将具体情况向全体党员干部进行公示。

积极开展党建理论研究。受上级党组织委托，牵头开展“关于保持党的纯洁性的问题研究”专题调研，所提交论文全部获奖，其中“加强改进党员教育方式方法　确保审计队伍思想作风纯洁”获2012年度机关党建课题研究成果评选一等奖；“加强中央国家机关作风建设　打造勤政为民务实清廉机关”获二等奖；“紧密结合审计实际开展深入基层　服务群众工作的途径和方法”获三等奖；机关党委同时被评为2012年度课题研究工作组织奖。

深化学习型党组织建设，全面开展保持党的纯洁性学习教育活动　加强干部队伍作风建设，要求各级领导班子通过查找存在的不足，为全体党员干部做出榜样；要求各级党员领导干部对照党章检查自身在“讲政治、顾大局、守纪律”方面存在的问题；要求广大审计人员不断增强自身的党性修养，提高履职尽责的能力。

继续开展读书活动，向全署党员干部推荐发放44种各类书籍；同时将查摆问题作为学习教育活动的关键，将党章作为查找问题对照检查的标准，开展批评与自我批评，深刻分析原因，明确改进的目标和方向。将整改落实、总结提高作为学习教育活动重要环节，切实促进党员干部改进思想作风、工作作风和学风，促进机制和制度建设。

做好党组中心组学习辅助工作，组织4次学习，累计学时12天，学习领导讲话和相关讲话20余份；在第四季度的中心组学习中，首次尝试通过在线直播的形式向全国播出学习实况，数十万网民观看直播，数百名网友发表评论，新华社、《人民日报》《经济日报》《光明日报》《中国青年报》、搜狐网等50多家媒体报道了相关情况。

积极开展学习先进典型事迹的活动。在全署范围内组织开展向金岚岚同志学习的活动；号召学习身边先进典型事迹，编写制作并下发《审计人的故事》一书，并拍摄宣传片《审计人的故事》，在审计系统播放后引起较好的反响。

开展法制宣传教育，加强反腐倡廉建设　制定下发《审计署机关党委关于深入开展社会主义法治理念教育的通知》，组织对《社会主义法治理念学习读本》学习；进行廉政教育，开展撰写“我的廉洁自律座右铭”活动，署领导带头参与，共有810名党员干部撰写了廉洁自律座右铭；加强对《审计干部反腐倡廉教育警示录》的学习，选取具有代表性的30起案件制作成廉政宣传展板；组织2011年以来调整任职的70余名处级干部进行廉政集中谈话，谈话以授课方式进行。

发挥工青妇的桥梁纽带作用　署直工会开展具有自身特点的活动。组织进行公文写作技能大赛，在全署753篇参赛作品中，选出69篇公文参加首届中央国家机关公文写作技能大赛，其中2篇获二等奖、6篇获三等奖，审计长刘家义获特别荣誉奖，审计署获组织奖；组织开展学习贯彻十八大精神的主题赛诗会活动；举办“喜迎十八大——审计署机关摄影协会首届作品展”；坚持以人为本，切实发挥工会“职工之家”作用，在审计工作最紧张阶段，署直工会及时到审计现场慰问；成立审计署机关摄影协会，推选总审计师孙宝厚为摄影协会主席，聘请中国摄影家协会副主席李前光为协会专家顾问，审计长刘家义向其颁发了聘书。

加强对青年干部的培养，举办了第二届署机关审计青年英语演讲比赛；组织5名青年同志参加团工委“根在基层　走进一线”调研实践活动；积极向上级机关推荐优秀青年集体和个人，1人获中央国家机关“五四”青年奖章；3个处室获2011—2012年度中央国家机关青年文明号。

充分发挥妇工委的作用。对评选出的22名巾帼建功先进个人，10个五好文明家庭，15名妇女之友进行表彰；组织3位女司局长参加人民网中央国家机关女司局长在线访谈活动；积极参加中央国家机关妇工委举办的“为民服务巾帼争先”活动；在全国妇联举办的评选表彰活动中，有3人分别被评选为全国三八红旗手和全国五好文明家庭。

继续推进审计文化建设，深化精神文明创建工作 深入部分特派办开展审计人员核心价值观调研活动，总结提炼审计人员核心价值观的内涵和外延。深入开展学雷锋活动，举办雷锋精神专题报告会，邀请全国道德模范郭明义和审计署爱岗敬业、助人为乐代表做同台宣讲；组织对《雷锋精神学习读本》的学习；推荐署退休干部王德旺参加民政部举办的“中华慈善奖”评选，并被评选为“最具爱心慈善楷模奖”。

定点扶贫工作 制定《审计署关于定点扶贫工作意见》，明确加大资金投入，深化智力扶贫的思路；设立审计长奖学金制度，拟对优秀的困难学生进行奖励；陪同署领导到定点扶贫县慰问调研，听取挂职干部的汇报，为贫困地区的群众送去温暖；同时进一步加强门头沟共建村的帮扶工作，积极支持村经济发展。（撰稿人：常 涓）

【驻审计署纪检组、监察局】 2012 年，驻审计署纪检组、监察局（以下简称组局）人员编制 10 人，在编 9 人。设综合室、纪检监察室。

领导成员

驻署纪检组组长：陈 蔷

驻署纪检组副组长、监察局局长：朱存芳

工作综述 组局按照中央纪委、监察部（以下简称委部）的统一部署和要求，切实履行派驻机构工作职责，紧紧围绕中央重大决策部署和驻在部门中心工作，按照“突出重点、惩防并举、整体推进、创新求实”的工作思路，积极协助审计署党组推进以完善惩治和预防腐败体系为重点的反腐倡廉建设。

履行监督职责 加强对驻在部门贯彻中央重大决策部署的监督。组局领导通过参加或列席党组会、审计长业务会等会议以及收集阅看有关工作信息等方式，对审计署贯彻执行中央关于加强反腐倡廉建设重大决策部署情况进行监督。积极推动“深化党政主要领导干部经济责任审计”等反腐倡廉建设牵头任务的完成，有力推动领导干部报告个人有关事项等规定的落实。

组织开展重点审计项目廉政检查。先后组织 17 个检查组对全国社会保障资金审计、南水北调工程审计等 9 个审计（调查）项目中的 40 个审计组执行审计纪律和廉政规定等情况进行现场检查，走访被审计单位和相关单位 183 个，召开不同层次的座谈会 154 次，与审计人员进行个别谈话 651 人次，通过检查提出各类整改意见 9 条（项），督促特派办或审计组建立和完善廉政制度 15 条（项）。

对涉及人财物等重大事项进行监督检查。严格落实干部选任、奖励前征求纪检部门廉政意见制度，根据掌握的干部廉政情况，及时回复廉政意见。组织开展审计署 2012 年度财政财务收支情况检查，就加强和改进预算管理提出具体建议。牵头组成检查组对审计署新办公楼执行建设资金拨付计划等情况进行专项检查。多次派员参加对审计署新录用公务员、拟调京或拟提职干部以及新办公楼设备采购和“金审工程”三期招投标的廉政考察或现场监督。

组织协调 十七届中央纪委第七次全会和国务院第五次廉政工作会议召开后，组局积极协助审计署党组切实贯彻中央关于加强反腐倡廉建设的重要部署，推动《审计署党组关于贯彻落实〈建立健全惩治和预防腐败体系 2008—2012 年工作规划〉的实施办法》中各项任务得到较好落实。

一是抓好传达学习。1 月 12 日，审计长刘家义主持召开党组扩大会议，中央纪委常委令狐安，署党组成员、驻署纪检组组长陈蔷分别传达总书记胡锦涛的重要讲话和贺国强的工作报告。审计长刘家义就贯彻落实全会精神提出明确要求。

二是抓好工作部署。3 月 27 日，审计署召开全国审计机关党风廉政建设工作视频会议，传达总理温家宝的重要讲话和国务院第五次廉政工作会议精神，审计长刘家义就审计机关“讲政治、顾大局、守纪律”做重要讲话。组长陈蔷受署党组委托做工作报告。

三是抓好任务分工。根据中央纪委有关文件精神和全国审计机关党风廉政建设工作视频会议做出的部署，组局协助制定《审计署贯彻落实中央和国家机关 2012 年反腐倡廉工作任务的分工意见》和《审计署机关 2012 年反腐倡廉工作任务分工意见》，对 91 项反腐倡廉工作任务进行分解，逐一明确主办单位、协办单位和完成时限，同时做好督促检查，推动任务落实。

四是抓好宣传教育。组局协助审计署党组深入贯彻《关于加强领导干部反腐倡廉教育的意见》，在拓宽教育形式、丰富教育载体、增强教育实效上下功夫。着力加强对广大审计干部特别是领导干部的理想信念教育、党性党风党纪教育和审计职业道德教育，协助开展“顾大局、讲政治、守纪律”和“保持党的纯洁性”主题教育活动。深入开展警示教育，组织观看案例警示教育片，协助开展审计系统典型案例教育图片展和“我的廉政座右铭”征集活动。认真开展岗位廉政教育，严格落实新任职领导干部廉政谈话制度，推动实施廉政承诺制，增强广大审计干部防范岗位廉政风险意识。

五是抓好廉政文化建设。认真落实中央纪委《关于加强廉政文化建设的意见》和《中共审计署党组关于加强审计文化建设的意见》，协助开展廉政文化主题活动。在《中国审计报》和《中国审计》杂志开设反腐倡廉专栏，先后在《中国审计报》刊发16个单位反腐倡廉建设先进经验，并编印《审计机关党风廉政建设经验材料汇编》《反腐倡廉法规制度选编》等书籍，组织各单位审计干部学习。

健全制度机制 着力构建覆盖审计系统的廉政风险防控机制。开展专题调研。年初，组局领导分别召开地方审计厅和特派办纪检组长座谈会，了解掌握审计系统开展廉政风险防控工作总体情况，并带队分赴广东、湖北、湖南三省审计机关和广州、深圳、长沙特派办实地调研。调研组深入多个基层审计机关，与一线审计人员和纪检监察干部进行座谈，在综合各方面意见建议基础上撰写《关于廉政风险防控工作开展情况的调研报告》。

出台实施意见。依据中央纪委《关于加强廉政风险防控的指导意见》，组局草拟并以审计署党组的名义印发《审计署关于加强廉政风险防控实施意见》，从总体目标、工作原则、主要内容和措施、工作要求四个方面就今后一个时期进一步推进此项工作做出部署，下发全国各级审计机关。

加强理论研究。7月中旬，组局召开廉政风险防控工作研讨会，审计长刘家义出席会议并讲话，14名与会代表在充分调研的基础上，着重围绕“制度防腐”和“科技防控”两个专题进行深入研讨交流，提出很多有见地、有价值的观点。研讨会论文集结成册印发全国各级审计机关，并在《中国审计报》专栏选登。

有序推进科技防控试点工作。组局在深入调研和专题研究基础上，确定了5家试点单位，在探索廉政风险科技防控方面给予支持和指导，并筹备召开科技防控演示会。此外，先后制定出台《审计署司、处级干部任职廉政谈话暂行办法》《中共审计署党组关于司、处级党员领导干部诫勉谈话和函询的实施办法》和《审计署司局级干部廉政档案管理暂行办法》。协调有关部门出台规范机关项目经费开支审批流程、加强固定资产管理、严格因公出国人员审批等12项规章制度。推动完善审计业务管理制度。派员参加《审计署审计现场管理办法》的调研起草工作，将廉洁从审各项要求纳入现场管理各个重点环节。

信访举报与案件查办 组局在严格遵守信访举报工作各项程序规定的同时，坚持对反映不实的问题及时澄清，对苗头性问题及时提醒和纠正，对个别违法违纪问题严肃查处，切实维护法纪的严肃性和审计机关公信力。严格落实信访举报工作机制。组长坚持重要信访件亲自研究批示，重要信访问题亲自协调解决，重要信访线索亲自指导督办，对信访举报、巡视、干部考核等各种渠道反映出的重要线索，均召集相关人员召开专题会议，对可查性线索进行充分讨论，确保“件件有着落，事事有回音”。完善信访举报信息分析和通报机制。将一个时间段内组局受理信访举报的整体分布情况和重点信访举报的处理情况进行汇总，编发专项信息。积极拓宽信访举报来源渠道。注重从审计项目廉政检查、巡视、干部考察、经济责任审计等工作中发现线索，促进对审计署内部管理领导干部的监督。

全年组局共受理各类信访举报137件次（不含重复件），办结136件次，初核6件次，经核实后全部了结。

（撰稿人：车金洋）

【离退休干部局】 2012年，离退休干部局人员编制15人，在编14人。设有综合处、服务一处、服务二处。

领导成员

局　长：郑　济

工作综述 审计署离退休干部局遵照党的十七大关于全面做好离退休干部工作的总要求，在署党组正确领导、署有关职能部门齐抓共管、全局在职干部辛勤工作、全体离退休老同志理解配合下，较好地完成全年的工作任务，老干部两项待遇得到落实，满意度进一步提高。

党建和思想政治建设 一是依靠老干部党支部认真组织老干部过好党的组织生活。遵照署党组和机关党委的部署，年初在老同志中开展学习党的十七届六中全会精神，加强党的纯洁性教育。上半年老干部党支部参加机关党委组织开展的党支部分类评级工作，有些没有被评为优秀的党支部通过评级活动发现自身的不足，书记、支委加强工作力度，工作有了明显进步。结合党内布置的中心任务，于上半年和下半年各召开了一次老干部党务干部参加的党建研讨会，帮助带头人深入学习领会上级精神，沟通情况交流经验，针对老同志队伍中存在的一些不同意见澄清是非，统一思想，肯定多年来行之有效的成功经验，把握上级组织的要求，在老同志队伍中强化保持本色创先争优的意识，探索做好离退休干部思想政治工作和党支部工作的规律。

二是针对热点问题加强思想引导，帮助老同志不信谣、不传谣，和党中央保持高度一致。为了帮助老同志正确认识社会热点问题，连续第5年为每位老同志订阅《理论热点面对面》，党支部组织学习讨论，帮助大家澄清模糊认识，正确理解改革发展稳定中的重大是非问题，坚定不移地拥护中国特色社会主义道路。配合中心工作编印4期《离退休干部园地》，持续不断地宣传解黎明等离退休干部中的先进典型事迹，并鼓励老同志写身边人身边事，组织老同志围绕中心工作撰写文章投稿，激发大家参与热情，弘扬主旋律，凝聚正能量。

三是党的十八大召开后，局党总支对学习十八大精神及时做出具体安排，要求以原原本本读文件、组织听辅导报告、撰写心得体会、大会交流心得、参加老年报社开展的学习十八大精神知识答题等方式，帮助大家加深对十八大精神的理解，排除噪声杂音的干扰，与封闭僵化的老路和改旗易帜的邪路划清界限，激发老同志为贯彻落实会议精神发挥余热做贡献的政治热情。

四是各党支部党务干部热心为大家服务，克服困难无私奉献，自主开展寓教于乐的学习参观团拜娱乐等活动，关心帮扶困难党员干部，增强老同志的组织归属感和凝聚力。许多老同志在离退休生活中保持本色创先争优，涌现出助人为乐热心慈善的王德旺，以积极心态同疾病做顽强斗争、发挥余热回报社会的彭桂兰等一大批服务社会、团结互助、无私奉献的先进典型，队伍保持了良好的精神风貌。

五是认真履行党组织职责。当极少数老同志为个人利益提出不合理要求时，能坚持原则不迁就，同时注意采用符合老年人生理心理特点的方式方法，配合主管部门做好说服解释和心理疏导工作，注意避免激化矛盾。当发现极个别退休干部党员在社会上从事违反党的政治纪律的活动后，党总支、党支部遵照上级指示与其谈话，严肃指出问题，加强帮助教育转化工作，争取了主动。

落实老干部待遇 从落实政治待遇入手，实现老有所教。年初，依据政策规定，协调办公厅请署领导向老同志传达王立军事件。安排全体离退休老同志同步收看审计署十八大代表在会后传达大会精神和邀请辅导报告。协调署有关部门安排老同志的代表出席署里组织的重要政治形势报告会，会后制作音像资料送给各党支部学习。认真组织协调，妥善安排老同志收听中组部老干部局和国家机关老龄办为老同志组织的4次专场报告会。新年来临时，主动协调署有关部门安排离退休干部走访慰问团拜等活动，把党的温暖送到老同志的心上。请审计长和分管署领导每年两次向全体老同志通报工作。精心组织开好老同志每季度例会和年度大会，及时传达通报上级重要精神。和各党支部协商，年初帮助他们订阅报纸杂志，及时将机关党委发给党员的各种学习资料送给党支部，发到党员手中。为了帮助老同志了解支持改革开放事业，春季组织老同志参观昌平草莓园新农村建设，秋季组织参观南宫温泉现代产业基地，实地参观工农业建设项目，帮助老同志们开阔视野、愉悦身心。

认真履行协调督促职责，实现老有所养。关注老同志离退休费和各项生活保障福利待遇的及时足额发放，特殊情况下主动提前督促协调。老同志在住房、物业取暖费等方面遇到问题，积极与主管部门协调，帮助妥善解决。帮助2012年新增的38名75岁以上老同志安装国管局提供的“999”急救呼叫器。和党支部密切配合，加大对空巢独居老同志的关注帮扶。协调申请困难补助，解决一部分老同志本人或家庭遇到的特殊困难。离休干部已经整体进入“双高期”（高龄、高发病期），人身安全风险加大，局里本着积极慎重的态度，坚持从实际出发，精心组织安排20名老同志享受待遇。

做好服务保障工作，实现老有所医。注意搜集老同志看病就医中发生的新情况、新问题，向有关方面反映，积极协调解决。全年为109名医疗照顾人员办理了医保手续，探视慰问生病住院的离退休干部71人、116人次，按政策进行困难补助50余人次，配合医务室为离休干部巡诊124人次。积极反映老同志对体检项目的意见和建议，增强体检的针对性和有效性。邀请广安门中医医院的专家为全体老同志做了一次专场健康咨询。协助家属料理4名去世退休干部的后事。

举办兴趣班，实现老有所学。针对老同志年龄结构层次多，兴趣爱好多样化的特点，继续办好书法、绘画、计算机、摄影、声乐、手工等学习班，共有96人、3600多人次参加学习。组织作品展示，鼓励大家参加各种展览，利用集会表演合唱，年终用学员的作品制作台历、编印画册，作为新年礼品送给全体老同志。手工班的学员亲手编织毛衣为孤残儿童献爱心。为了活跃气氛，增强队伍的凝聚力，组织重阳诗歌会，老同志们感受到组织的温暖和离退休生活的幸福。

营造喜庆氛围，实现老有所乐。继续组织老同志生日祝寿和金婚庆典活动，精心策划，挖掘素材，创新形式，周到安排，比以往又有改进创新。署领导亲自到场祝贺使大家深受感动，给老同志们留下了美好的记忆。结合元旦春节团拜活动，组织有奖游艺活动，老同志们踊跃参加，在快乐中增长知识，愉悦身心。

高度重视做好部级老领导的个性化服务工作。组织阅读文件和党组织生活，开展每月一课学习活动，及时学习传达中央全会，人大、政协会议，特别是党的十八大会议精神；针对年龄特点组织参观考察和健康休养，精心安排日程，协调落实好服务保障；节日探视慰问和定期上门走访相结合，动态掌握老领导个人和家庭的情况变化，及时协调解决困难和问题，配合署有关部门把署党组的关怀落实到位；做好4位生病住院老领导的陪护和探视慰问工作；做好每位老领导生日祝寿，“逢五满十”请署领导亲自祝贺；认真协调老领导出席社会活动并提供服务，完成老领导交办的事项。

2012年是党中央建立干部退休制度30年，离退休干部局按照中组部的部署积极组织总结回顾理论研讨工作，参加中组部开展的活动。组织本系统老干部及工作人员撰写文章，其中重要文章呈报署领导审阅修改，有3篇论文获奖，最终43篇文章汇编成册印发全署。

对特派办老干部工作的指导 及时传达、转发上级有关老干部工作的会议精神、指示和文件；收集特派办老干部的工作信息，编印9期《离退休干部工作通讯》，转发中组部老干部局和中央国家机关老龄办的简报6份；组织特派办老干部参加总结回顾干部退休制度建立30年征文等有关活动；解答相关政策咨询；前往广州、深圳、太原、长沙、郑州、西安等特派办进行调查研究，给以必要的指导。

在职干部队伍建设 组织全局干部认真参加署党组、机关党委、人教司及中组部老干部局部署开展的各项学习教育活动，坚定正确的政治方向，坚持理论联系实际，促进本职工作任务的完成，推动工作科学发展。先后学习十七届六中全会、“两会”，尤其是十八大精神，树立中国特色社会主义的道路自信、理论自信和制度自信，在政治思想和行动上和党中央保持高度一致。通过基层组织分类评级查找不足，明确努力方向。继续开展争当“四手”人才活动。全局干部参观李大钊生平展览并拜谒了烈士墓，参观雷锋纪念馆和沈阳飞机公司的展览。邀请署老领导讲党课、忆传统，纯洁党性，创先争优。机关党委布置阅读经典文章活动后，局里要求自学与集体学习相结合，以“读书会”的形式督促落实。

全局干部继续学习全国老干部工作先进集体和个人事迹，坚持认真学习讨论中组部老干部局印发的简报信息，提高思想认识，深化和老干部的感情。和中央党校老干部局的同行进行业务交流，促进爱岗敬业。学习中提倡学以致用，理论联系实际，发挥生动事例的示范引领作用，促使全局干部继续把老干部服务管理工作做深、做细、做实。

注意关心爱护干部，鼓励学习知识技能，增长工作本领。全年有 9 人参加心理咨询师知识学习和资格考试。安排在职干部围绕老年法律知识，采取读书互动的形式与老干部进行沟通交流，让老干部增加知识，在职干部得到提高。各处室注意加强对年轻干部的培养和传帮带，鼓励具备资格的同志参加领导干部竞争上岗，尽力创造条件，提供帮助。注意处理好严格要求和关心爱护的关系，干部个人或家中遇到困难尽量在工作安排上给予照顾，积极开展工会活动，活跃集体气氛，调动和保护大家的积极性。　（撰稿人：杜晓萍）

【机关服务局】　2012 年，机关服务局人员编制 82 人，在编 50 人。设有办公室、机关事务管理处、保卫处、财务处、医疗保健处、服务一部、服务二部、文印室、华审宾馆、烟台培训基地。

领导成员

局　长：张　力

副局长：姜跃山　许新琦

工作综述　机关服务局在署党组和分管副审计长的正确领导下，认真学习贯彻党的十七大、十八大会议和全国审计工作会议精神，以科学发展观统领全局，按照“安全第一、服务至上、提升素质、强化管理”的要求，加强干部思想政治建设，进一步转变工作作风，扎实工作，锐意进取，较好地完成全年工作任务。审计署机关荣获中央国家机关综合治理、交通安全和人防工作先进单位、北京市交通安全和爱国卫生先进单位等荣誉称号；机关服务局服务一部获得全国社会保障资金审计保障服务先进团队，刘丽华、金萍莉获得全国社会保障资金审计保障服务先进个人荣誉称号。

工作完成情况　（1）严格落实责任，确保全署安全稳定。严格落实责任制，加大安全检查力度。与署内各单位签订 2012—2013 年综合治理责任书，明确要求和落实责任。开展安全宣传教育、人员身份核查、强化综治检查等工作，及时通报中央社会管理综合治理委员会会议精神，提出贯彻措施。每季度通报在京各单位车辆交通违法情况，约谈违法单位一把手，加大交通违法处罚力度。按北京市公安局内保局要求组织对署机关各单位聘用的临时用工人员身份核查，清退不合格人员。配合北京市公安局内保局对署机关要害部门、位置开展安全大检查，确保全署和谐稳定，为十八大的胜利召开营造了良好的稳定环境。

着力抓好安防、技防工作，彻底消除安全隐患。完成机关办公楼、自管宿舍楼等的避雷装置检测、水箱清洗及水质送检化验，991 个灭火器年检，电工高压绝缘用具检测，12 台电梯设备的年检和整改工作。整治北京站、知春里、西八里庄宿舍的院区环境。更换署机关监控室硬盘录像机及火灾自动报警器电源，新增和维修监控摄像头 15 个，为武警岗哨配备信息终端，增强应急处置能力。

与信访部门相互配合，进一步加强信访接访工作。变被动为主动，耐心说服来访人员，引导他们通过合理渠道反映诉求，妥善化解信访矛盾。

切实加强保密工作。认真组织开展《中华人民共和国保密法》《审计署保密工作手册》《审计署保密工作纪律》的学习，提高全员保密意识，加强计算机网络安全保密工作，通过署保密办组织的每季度一次的检查和重点抽查，没有发生失泄密事件。

制定印发署机关安全工作手册。对署机关安全工作制度进行全面梳理，制定署机关安全工作手册并印发执行。

（2）依法履行职能，加强署机关和特派办资产管理。做好职工住房维修改造。向国管局申请维修资金对审计署 4 处自管宿舍进行维修改造。批复部分特派办 2012 年办公楼维修改造项目，向国家发改委申报 2013 年部分特派办办公楼维修改造项目计划。向财政部申请专项资金装修改造交流干部宿舍，并更新部分设备设施。

深入推进部分特派办办公用房置换。完成 1 个特派办办公楼置换审批工作，将极大地改善办公以及交流和单身干部周转住房的条件；1个特派办的办公楼置换已上报财政部审批。此外，批复3个特派办组织无房职工购买住房计划。

加强资产管理。组成由李勇库任组长的审计署2012年中央预算内投资计划执行自查工作组，在各单位认真自查自纠的基础上，组织对“915”等4个项目进行重点抽查，对查出的问题督促相关单位及时整改，并按时将自查报告上报国家发改委。会同办公厅组织对全署31个单位的固定资产进行全面清查，针对存在问题分别下达整改通知。

完成事业单位公务车专项治理工作。根据财政部统一部署，组织对28个署所属事业单位和各特派办机关服务中心开展公务用车清查工作。向国管局上报《积极推进公务用车改革，为审计业务用车提供有力保障》的长效机制研究报告。

依法开展政府采购工作。提前介入，配合基建办对“915”项目设备进行市场考察。报经财政部和中央国家机关政府采购中心等有关部门批准，严格按照政府采购法，选定署机关物业管理、餐饮服务、公务车等工作的服务承包商。

（3）深入调研，推进特派办后勤服务社会化改革工作。根据署党组统一部署，机关服务局会同办公厅、人教司成立特派办后勤用工社会化工作指导组，制定下发《特派办后勤管理社会化改革指导意见》，并跟踪掌握情况，加强政策指导，协助清理规范公司、宾馆；组织对各特派办报送的实施方案，逐一审查，统一政策，下发审核意见，特派办后勤服务社会化改革工作稳步推进。

（4）积极开展厉行节约，做好机关节能降耗工作。举办由各特派办服务中心主任参加的节能培训班，加强《公共机构节能条例》和《机关事务管理条例》的学习贯彻，切实推进节约型机关建设。组织开展节水、节电、车辆节油、降低办公经费等节约和“节能宣传周”活动，对耗电、用水情况每日进行统计并定期公布；严格控制空调温度设置和使用，最大限度减少办公楼照明灯具和水龙头，对办公楼增加8块分水表，进行水平衡测试，通过国管局和北京市创建节水型单位验收；积极开展驾驶员节油活动；抓好节约粮食工作，倡导吃多少拿多少；改变文印设备维修方式，节约经费50%。加强特派办节能考核，取得明显效果。

（5）开展精细服务，全面提升服务质量。积极做好职工餐饮等保障服务工作。机关食堂在认真做好署机关和双榆树每天600余人健康供餐服务外，想尽一切办法保持为机关干部职工提供每天1次主食和每周1次蔬菜外卖服务；对重大审计项目跟进服务，只要加班超过晚上9点，必提供夜餐保障，赢得职工赞誉。克服会议室紧缺困难，合理调配，保障重点，保障各类会议服务。同时积极配合署有关部门完成集中整训、公务员招录等大型活动后勤保障和餐饮服务工作。

积极做好职工医疗保健工作。全年累计医疗门诊8000余人次、中医门诊917人次、口腔门诊870人次、中医按摩370人次。组织1000余名干部职工体检，对未按时体检的及时提醒督促补检。坚持每月一次为老干部电话巡诊，每季度为派出审计局和离休干部上门巡诊。严格用药安全，未使用铬超标药物。编发健康教育期刊12期，组织健康教育讲座，有效地做好各种疾病防治工作。

保质保量完成各类文件印制任务。在做好署机关各类会议、培训等文件印制基础上，加班加点、保质保量完成全国社会保障资金专项审计和南水北调专项审计报告的印制任务。全年完成文件录入排版2230件，扫描文件资料1330份，印刷成品文件资料13.35万件，错误率明显下降，较好地保障署公文运转。

确保办公楼和宿舍安全运行。在监管方案中明确任务、责任和方式，全年开展130余次检查，积极为一线审计人员外出审计家庭维修出现困难提供上门维修服务，为行动不便退休职工提供上门理发服务，为来署交流干部提供住房和用品服务保障。

做好“915”项目后勤保障服务。积极提供交通、办公用房、交流干部住房和文件收发等后勤保障服务工作，重大节日为施工一线工人提供送餐服务。

克服困难，努力做好机关公务用车保障服务工作，确保全国审计工作会议、公务员招录和社会保障资金审计等公务用车保障服务。

(6) 清理规范，做好烟台基地和华审宾馆管理服务工作。妥善处理烟台基地遗留问题，清理偿还烟台基地沉积多年的历史遗留债务；根据《关于加强怀柔培训基地和华审宾馆管理的若干规定》要求，规范华审宾馆管理人员薪酬，组织对前任总经理任期经济责任以及经营和财务状况进行审计。通过内部挖潜和严格管理，2012 年客房入住率达到 80%，实现扭亏为盈。

自身建设情况 (1) 深入学习宣传十八大精神，提高队伍思想素质。通过收看大会实况、听辅导报告、集中学习等方式迅速掀起学习宣传贯彻党的十八大精神高潮，组织处以上党员干部集中学习研讨，组织全体党员认真开展查找不足、整改提高活动，开展相互谈心，制定整改措施，打牢思想基础；组织开展读书参观活动，撰写学习心得，组织讨论发言，组织全体党员干部参观《科学发展 辉煌成就》大型图片展览，激发工作热情；抓住“讲政治、顾大局、守纪律”和保持党员纯洁性和先进性教育活动的有利时机，组织开展生动具体的理想信念教育，进一步增强了干部队伍的理想信念。

(2) 加强队伍能力建设，不断提高队伍战斗力。坚决贯彻民主集中制原则，凡重大事项，特别是涉及人事变动、财务预算、资产管理等重要工作和决策均要经过集体讨论决定，不搞一言堂。在署党组关心支持下，首次拿出 5 个中层管理岗位在全署范围内公开竞聘，局内 5 人脱颖而出，走上中层管理岗位，优化中层管理干部结构。坚持每周召开一次处级干部例会，传达学习国家和署有关文件，部署工作，明确要求；组织处级干部开展“学法规、提素质”活动，通过考试检验学习成果。加强中青年干部的培养，在工作十分繁忙的情况下，选派 1 名处级干部参加党校学习，选送 1 名医务人员到人民医院进修，选送多名职工参加国管局等部门举办的资产管理、政府采购、人防、综治和计划生育等培训班学习，在全局范围内举办公文写作培训和政府采购知识培训。

(3) 加强队伍廉政建设，确保队伍廉洁。作为署廉政风险防控试点单位，参加审计机关廉政风险防控工作研讨会，并做题为《围绕“三重一大”强化廉政风险防控，推进机关事务工作健康发展》的经验交流发言。坚持每季度处长廉政风险防控自查述职，加强经常性廉洁从政教育，一把手逢会必讲廉政要求，不断强化责任意识，防范廉政风险。

在总结经验的基础上，认真梳理细化职权，制定机关服务局权力运行流程图，进一步规范权力运行。严肃查处鲁谷路住房违规出租问题，并限期整改完毕。制定出台《署机关政府采购操作流程》和《署机关固定资产实物管理操作规程》两项制度。

加大对重点处室、重点项目、重点环节的监督管理。在基建维修改造、文印设备、办公用品、医疗器械和药品采购中，严格执行报批程序并按政府采购规定采购，重大项目招投标和政府采购中邀请党委和纪检干部全程参与监督。基建改造中主动要求外部审计，聘请外部专业人员对局财务进行检查，并积极整改，严格财务报销审核把关，坚决杜绝假发票和“小金库”，确保该花的钱花到位，不该花的钱一分不花。

（撰稿人：余永平）

审计署派出审计局

【外交外事审计局】 2012 年，外交外事审计局（以下简称外交局）人员编制 12 人，在编 10 人。设有一处、二处。负责审计外交部、中央对外联络部、中央对外宣传办公室、中国人民对外友好协会及上述部门（单位）在京下属单位预算执行、决算和其他财政财务收支，开展相关专项审计调查，承办审计署交办的其他事项。

领导成员

局 长：胡家俊

副局长：郝云松

审计成果 全年完成审计项目 6 个，查出违法违规和管理不规范金额 282 419.89 万元。提交审计报告和信息简报 16 篇，被采用 17 篇次。

外交局贯彻署党组的决策部署，结合驻在部门特点和自身实际，确立“在全面监督财政财务收支的真实、合法和效益的基础上，把握总体，找准重点，突出亮点，打造特色，提升成果”的工作目标，在时间紧、任务重、人员少的情况下，积极创新审计工作方法，优化人力资源配置，高效率高质量地完成各项审计任务，有效推动部门事业科学发展。

预算执行审计 外交局进一步加大对被审计单位的调研力度，通过多种形式和渠道了解部门政策导向和工作重点，掌握外交外事工作的特点规律，在全面把握部门总体情况的基础上，准确把握影响部门事业发展的关键环节。在此基础上，将审查部门预算执行和部门履行职责、业务完成情况相结合，将审查预算管理、财务管理、资产管理和审查业务管理情况相结合，围绕部门核心业务和中心工作，选择重点部门、重点资金、重大项目、重要经济事项作为审计的切入点。在对外交部审计中，外交局重点查处扩大支出范围、所属单位设备采购项目化整为零、规避公开招标等问题，其中项目支出中列支基本支出、调剂使用资金等问题被审计结果报告汇总反映；在“三公经费”审计中，外交局重点查处预算编报不准确、不细化等问题，其中部分出国团组超标准乘机问题被审计结果报告汇总采用；在对中科院所属部分科研院所科技经费专项审计调查中，外交局重点查处部分科研课题成本核算不实、使用假发票报账等问题，其中计算机研究所建设项目超过实际需求编制项目规划等突出问题被转送中科院处理；在国家科技重大专项资金审计调查中，外交局查处的部分课题成果不真实、挤占挪用课题国拨资金、国拨资金预算到位晚等问题，被审计结果报告汇总采用。通过严格查处问题，推动部门整改，实现规范提高。

外交局坚持立足微观查处问题、着眼宏观综合提炼，增强从体制机制制度层面分析问题的深度和力度，针对部门预算执行中存在的普遍性、长期性问题和屡查屡犯问题，对其背后的体制机制制度原因进行分析研究，提出有针对性的审计建议，为完善机制和部门发展服务，提升审计成果的宏观性、全局性和建设性。

专项审计调查 在对中科院所属部分科研院所科技经费专项审计调查中，外交局查处计算所未取得信息科技前沿交叉综合研究平台建设项目施工图审查合格通知书以及《土地使用证》等即开始施工，项目在施工安全、造价、工程质量等方面存在控制风险的突出问题，被转送中科院处理，有效推动中科院加强对所属单位建设项目的监管，推动其完善基本建设项目的管理程序，充分发挥审计的“免疫系统”功能。

联网跟踪审计 外交局根据工作对象特点和实际情况，对已联网的部门坚持每月实时审计，将联网审计的范围由财务系统扩展到业务系统；对于尚未联网的部门，创新联网审计模式，构建基于数据大集中环境下的离线联网审计模型。工作中，通过建立联网审计“1＋2＋3＋4”模式，即搭建“一个实时联网与虚拟联网相结合平台”、跟踪“案件频发、风险较大的基本建设、物资采购两大领域”、注重“预算执行审计、效益审计与联网跟踪审计三者有机结合”、紧盯“预算编制和执行情况、各业务部门项目实施绩效情况、内控制度制定和实施情况以及对下属单位重大事项监管情况四项职责”，将审计嵌入被审计单位业务运转和预算管理，实现实时跟踪，适时反馈，将以往预算执行审计中仅注重查问题抓整改的模式，转变为预防与查处并重的联网跟踪审计模式。通过联网审计，发现被审计单位暂存款科目核算企业赞助款、部分项目预算执行率偏低、电子化环境下财务内部控制制度薄弱等疑点，并通过发送询问函的方式，督促被审计单位及时整改，真正发挥审计为部门事业科学发展保驾护航的“免疫系统”作用。

（撰稿人：张一翔）

【发展统计审计局】 2012 年，发展统计审计局人员编制 15 人，在编 14 人。设有一处、二处、三处。负责审计国家发展和改革委员会（以下简称发展改革委）、国家统计局、国家粮食局、国家能源局、国家物资储备局、国家信息中心及上述部门（单位）在京下属单位预算执行、决算和其他财政财务收支，开展相关专项审计调查，承办审计署交办的其他事项。

领导成员

局　长：刘　丹

副局长：张宣波

审计成果 发展统计审计局完成发展改革委、国家能源局2011年度预算执行情况审计和决算（草案）审签，发展改革委组织分配2011年度中央财政投资情况审计，发展改革委主任任期经济责任审计以及国家信息中心2011年至2012年5月联网审计等5个审计项目。查出管理不规范金额8 788 063万元，应归还原渠道资金1300万元；已归还原渠道资金1300万元。提交审计工作报告、信息20篇，被采用29篇次。发展改革委组织分配2011年中央财政投资情况审计共揭示15个方面的问题，全部纳入“两个报告”。

经济责任审计 审计以科学评价发展改革委主任2008年3月任职以来守法、守纪、守规、尽责等经济责任履行情况为目标，紧紧围绕发展改革委“三定”方案赋予的职能职责、部门核心业务和重大决策事项开展审计。审计报告充分反映任职期间发展改革委在应对国际金融危机、加强和改善宏观调控等方面取得的明显成效和工作业绩，揭示出发展改革委在国家级专项规划制订和衔接、行政事项审批、部门预算执行与管理、重大决策事项和重要规章制度制定与执行以及部门资产管理等方面还存在一些问题。

中央财政投资审计 一是重视前期调查研究工作，整理、汇总“十二五”国家级专项规划的制订情况，深入研究规划所要达到的政策目标、主要内容和实施要求。二是以规划落实情况为重点，关注投资分配的合理性。在国家级专项规划的指引下，把发展改革委下达的投资计划分为产业结构调整、节能减排、“三农”问题、基础设施建设以及民生和社会事业发展等5个板块，结合这些板块的特点，安排专业对口的审计人员实施审计。三是继续加大对项目实施效果的检查力度，协助开展中小学校舍安全工程上下联动审计。四是积极探索计算机审计方法，提高工作效率。针对发展改革委投资分配文件附表均为投资管理软件生成表，既不能通过AO进行采集，也不能使用SQL语言进行处理的情况，充分利用上年开发编制的计算机审计专家经验进行处理，极大地提高工作效率。

预算执行审计 在归纳总结历年预算执行审计发现问题的基础上，继续加大对违法违规问题查处和分析力度，发现一些预算执行和财务管理方面存在的问题。如发展改革委预算执行中存在个别项目预算进度缓慢、财政资金大量结转，以及部分项目超预算支出等问题；国家能源局预算执行中存在违规“以拨代支”提前拨付应在下年度支付的项目资金、未经批准调剂使用项目资金等问题。撰写的审计简报被审计署转送有关部委研究处理；针对上述问题提出的应严格界定项目支出范围等审计建议被审计工作报告采用。重点关注政府采购预算编制的完整性和真实性。发现部分工程类项目和追加项目未编制政府采购预算，货物类、服务类和工程类采购事项未严格遵守政府采购的相关规定，未在政府定点单位召开会议，印刷、工程类项目存在未实行公开招投标以及未经批准改变政府采购方式等问题。对国家能源局牵头组织实施的核电重大专项2009年度至2011年度专项资金收支总体情况进行审计调查。重点关注专项特设账户的设立和资金使用情况、专项科研立项、合同管理情况以及专项预算执行、资金管理、项目实际取得的成果情况。积极开展部门参与分配中央财政专项资金审计调查。选取发展改革委参与分配的“循环经济发展专项资金”进行审计，揭示该专项资金分配使用缺乏明确依据，补助资金规模较小、支持范围较窄、政策目标难以实现等问题；选取国家能源局参与分配的“金太阳示范工程财政补助资金”进行审计，揭示部门职责不清、监管不到位、示范效果不明显、项目建设进展缓慢、项目建成后实施效果难以预测等问题。

联网审计 结合国家信息中心的特点，制订有针对性的实施方案，明确审计的目标、岗位责任、操作方法和质量控制程序，将岗位责任落实到具体的处室与人员，并构建联网审计工作的长效机制。不仅将联网审计与预算执行审计紧密结合，提高审计质量和效率，而且在实践中，不断总结创新出更多具有实用性的联网审计技术方法。通过对被审计单位财务数据进行实时分析和多重分析性复核，及时发现审计线索。联网审计中编写8项审计方法、19份联网审计疑点询问函并全部落实，最终形成12个主要问题的建议纠正函要求国家信息中心整改。（撰稿人：徐永胜）

【教育审计局】 2012年，教育审计局人员编制12人，在编11人。设有审计一处、审计二处。主要负责对教育部、中共中央党校和国家行政学院及上述部门（单位）在京下属单位的审计监督。

领导成员

副局长：刘　星（主持工作）

　　　　张跃挺

审计成果　教育审计局完成审计项目4个，提交审计报告4份，查出违法违规和管理不规范金额69.1亿元，其中违法违规金额5.0亿元，管理不规范金额64.1亿元，其中部门预算执行情况审计的13个问题汇总纳入“两个报告”，3个案例分别被署转送函采用；“985工程”专项审计中有10个案例被审计署汇总纳入报国务院的专题报告；编报重要审计情况等各类审计信息6篇全部被署采用，向有关部门移送案件线索3件，转部门研究处理1篇。

预算执行审计　（1）重点审计教育部本级2011年预算执行情况，并就有关重点事项延伸审计所属清华大学、北京大学等8个二级单位。审计本级当年支出预算99.9亿元，中国人民大学等11个二级单位当年支出预算223.0亿元，共计322.9亿元，占部门当年支出预算1 301.9亿元的24.80%。审计中，坚持从全局入手，总体把握部门预算执行情况，认真分析部门预算与预算执行之间的差异，深刻揭示差异形成的原因。

（2）加大对严重违法违规问题查处力度，发挥审计的“免疫系统”功能。在部门预算执行审计中，查处预算执行中不符合财经制度规定的问题金额50 413.91万元，其他财政收支方面不符合财经制度规定的问题金额101 924.05万元，涉及未经批准自行调整项目预算、项目支出不实、零余额账户管理不规范、年初预算未细化等方面。上述问题有的向署报送重要审计情况，有的移送给相关部门处理。

（3）立足问题整改，促进部门完善自身“免疫”功能。教育审计局始终坚持“严格查处、立足整改、规范提高、促进发展”的原则，在进一步深化部门预算执行审计、查处问题的同时，更加注重推动被审计单位完善管理制度、提高管理水平。在审计过程中，凡是被审计单位可以立即整改的问题，积极鼓励其整改；在审计结束后，对审计报告及审计决定中指出的问题，按执行单位分别追踪督促；在督促被审计单位整改的同时，积极推动被审计单位加强预算管理、完善内部管理等方面的措施，并提出加强管理的具体意见和建议，充分发挥审计“免疫系统”功能。

决算（草案）审签　对教育部2011年度决算（草案）实施审签。需要调整决算（草案）的问题，涉及调整支出50 413.91万元，占已审计决算（草案）支出2 741 498.36万元的1.84%。发现教育部决算（草案）编制中8所高校当年项目支出不实48 007.17万元、3所高校将基本支出2 406.74万元调列项目支出等问题。

“985工程”审计　对北京师范大学2009年度至2011年度“985工程”组织实施和预算执行情况进行审计。审计中，从该校“985工程”管理情况入手，全面了解“985工程”实施以来取得成效，深入揭示该校在“985工程”实施中存在的突出问题。通过审计，反映出该校高度重视“985工程”建设，精心组织、科学规划，并通过一系列项目管理体制机制创新，切实推进工程的建设，取得较好的成效。同时发现该校“985工程”二期确定的部分建设目标没有完全实现、“985工程”与其他项目建设内容存在交叉、专项资金支出不实等问题。经与其他5所高校“985工程”审计情况汇总，征求教育部等部门意见后，向国务院报送专题报告，为推动“985工程”建设起到良好作用。

经济责任审计　完成清华大学校长经济责任审计。在全面总结高校校长经济责任审计的基础上，结合清华大学具体情况，精心制订审计实施方案，突出高校特色，明确审计重点。通过审计，客观评价清华大学校长经济责任履行情况，充分肯定学校各项事业实现跨越式发展，部分办学指标、学科的若干领域和方向达到或接近世界水平。同时，揭示出预算编报不完整、预算执行率偏低、专项资金使用不规范、科研经费管理使用不规范、工程项目投资控制不严、“三重一大”规定执行不到位、对所属单位监管不严格等问题。

信息化技术运用　在全面应用AO现场审计实施系统开展审计的基础上，继续拓宽联网审计覆盖面。本年度与中央党校、北京交通大学等单位实现联网，做到实时监督教育部等部门单位的预算执行情况，取得较好的效果。一方面，依靠联网审计系统把握部门总体，确定审计重点。通过全面分析教育部预算执行总体情况及全年走势，从而确定重点审计目标及延伸审计对象，降低审计风险。另一方面，积极完善审计技术方法，实时监测锁定疑点。安排专人定时登录教育部本级的财务核算系统，对重点项目、重点资金、重点时段予以重点关注。通过对教育部及所属部分二级单位实现动态监控、实时跟踪，及时了解被审计单位经济业务情况，及时发现被审计单位出现的问题，以“局函”的方式发出询问函，要求被审计单位予以关注和整改，较好地发挥审计“免疫系统”预防、预警的作用。（撰稿人：张保国）

【科学技术审计局】 2012年，科学技术审计局人员编制11人，在编11人。设有一处、二处。主要负责对科学技术部（以下简称科技部）、国家知识产权局、国家自然科学基金委员会、中国科学技术协会及上述部门（单位）在京下属单位的审计监督。

领导成员

局　长：马亚力

审计成果 科学技术审计局完成审计项目3个，查出违规金额3380万元，管理不规范金额221 770万元，应调账处理金额3245万元；已调账处理金额2888万元。移送有关部门处理事项1件，建议有关部门处理事项7件。提交审计报告、信息8篇，被采用8篇。当年还开展科技部、自然科学基金会2012年度预算执行审计，有关工作延续到2013年度。

预算执行审计和决算（草案）审签 （1）发现科技部2011年本级申报和承担的45个项目中，有10个未纳入项目库；超出预算年度列支2 051.45万元；所属火炬中心未经批准，2011年在科技型中小企业技术创新基金管理费项目中列支基本支出939.08万元和其他项目支出82.50万元；所属信息中心对高新技术企业认定系统网络建设和运行维护费项目未按规定编制政府采购预算；所属火炬中心对科技型中小企业技术创新基金管理费项目未编制政府采购预算；所属火炬中心创新基金网络系统开发和维护、机关服务中心物业管理未按规定公开招标；2011年，科技部未将所属火炬中心处置报废电子产品等事项报财政部门备案；所属火炬中心2011年未报主管部门备案即将自有资金2000万元转为定期存款；2011年，所属火炬中心先后两次将零余额账户中的科技型中小企业技术创新基金管理费划转至基本存款账户，涉及金额1 400.97万元；所属火炬中心未及时收回其控股的北京兴国火炬科技发展有限责任公司从2002年起代收的投资红利和股权转让款925万元；该部主管的社会团体存在管理不规范等问题。

（2）发现国家自然科学基金会2010年和2011年，将年底追加的预算共计35亿元提前拨付至项目依托单位，人为提高预算执行率；2008年至2011年，该会扩大“自然科学基金”“项目组织实施费”“大型修缮”3个项目和公用经费中“培训费”的支出范围，列支无关费用2 100.62万元；2011年，该会在非定点单位举办5次会议（会议费支出共50.52万元），自行调整会议费开支标准和范围，超标准列支会议费24.31万元；2011年，该会住房改革实际支出269.23万元，超出预算43.23万元；2010年和2011年，国家自然科学基金会出国费用实际发生639.95万元，超出预算33.95万元；至2011年底，国家自然科学基金会有25个中止或撤销项目的资助款未按规定收回，涉及金额479.29万元；2004年至2011年，国家自然科学基金会接收的共计54万元捐赠收入及相关支出未纳入本级法定账册核算，至2011年底结余13.81万元；2008年至2010年，国家自然科学基金会资助的234个项目逾期未结题，其中111个项目未提交结题报告，17个项目未按规定提交年度项目管理报告；2006年至2009年，国家自然科学基金会相关项目的依托单位中国科学院微生物研究所违规扩大资助项目经费支出范围，列支在职人员津补贴26.86万元，项目决算多计支出28.58万元。

经济责任审计 对国家知识产权局局长进行经济责任审计。发现所属专利局等4个单位于2007年至2010年，在“专利受理审批业务专项”经费中列支与项目无关的学习培训及集体活动等经费支出6 118.51万元；2009年至2010年，所属专利局向中国专利信息中心和中国知识产权报社预拨合同款10 720.13万元，直接列作事业支出，相关项目当年实际并未支出；2010 年至 2011 年，所属专利局未按规定公开招标进行政府采购，涉及金额 9 571.5 万元。

学习型组织建设　认真贯彻落实《中共审计署党组关于加强学习型审计机关建设的意见》，抓好政治理论学习和业务培训，不断提高审计队伍的思想政治素质和审计实战能力，反映有关做法的经验材料被署党建工作动态和审计工作通讯采用。坚持把党的十八大精神、全国经济工作会议精神与审计署的工作部署相结合、与科技审计实践相结合，开展审计人员核心价值观教育和社会主义法治理念教育，弘扬以爱国主义为核心的民族精神和以改革创新为核心的时代精神，始终坚持“真学、真懂、真信、真用”，经常组织学习体会交流和主题实践活动，增强学习效果。根据审计实务需要，定期开展局内业务培训，更新补充审计相关知识，及时归纳总结审计业务实践经验，取得明显成效。结合部长经济责任审计，组织《党政主要领导干部和国有企业领导人员经济责任审计规定》的专题学习；在集中整训期间，局领导结合派出局工作规范，介绍讲解进一步加强局内基础工作的主要思路，由法律专业毕业的干部结合审计法、国家审计准则，为大家讲授提高审计质量的重要环节与主要做法；在预算执行审计期间，召开审计案例研讨会，由局内业务骨干和特派办交流干部讲解亲历案例，介绍审计思路和查证方法；结合 2012 年预算执行审计审前调查工作，对被审计单位财政财务管理体制、部门职能履行情况、所属单位管理及核心业务进行深入研讨。

相关工作　科学技术审计局把作风建设作为干部队伍建设的重点来抓，要求全体同志充分认识“审计大练兵、全面提素质”的现实需要，对照“四手”承诺，找到自身差距并根据“四手”点评情况加以整改，坚决治理“庸懒散”“娇骄暮”现象。采取业务文书处室交叉复核、明确岗位职责并严格质量追究等措施，要求每个同志做到扎实细致，敢于碰硬，不怕困难，决不放弃。注意发现宣传在审计工作中思想作风过硬、审计业务精通、工作业绩突出的共产党员，以身边的人和事教育影响审计干部，带动大家向先进学习。一年来，有多人获得“全国审计机关法制宣传先进个人”“中央国家机关‘小金库’治理工作先进个人”“‘四手’审计干部”“优秀共产党员”“优秀党务工作者”和“五好文明家庭”等荣誉称号；1 人晋升副处长，1 人被选派到澳大利亚攻读硕士学位，多人参加《国家审计准则释义》汇总统稿、计算机审计方法（行政事业类）评审、审计案例编写与教学、《行政事业单位领导干部经济责任审计指南》和《审计常用定性用法规向导（预算执行部分）》的编写工作。　　（撰稿人：何其智）

【工业审计局】　2012 年，工业审计局人员编制 11 人，在编 11 人。设有一处、二处。主要负责审计工业和信息化部、国家国防科技工业局、中国人民武装警察部队黄金指挥部、中国人民武装警察部队交通指挥部、中国人民武装警察部队森林指挥部、中国人民武装警察部队水电指挥部及上述部门（单位）在京下属单位的审计监督。

领导成员

局　长：冷奎英（—10 月）

丁仁立（10 月—）

审计成果　完成工业和信息化部年度预算执行审计和决算（草案）审签等审计项目 3 个，查出违法违规和管理不规范金额 7.1 亿元，应归还原渠道资金 498.8 万元，应调账处理金额 9388 万元；已归还原渠道资金 498.8 万元，已调账处理金额 9388 万元。移送司法机关处理事项 1 件。提交审计工作报告、信息 9 篇，被采用 6 篇。

预算执行审行和决算（草案）审签　(1) 统筹规划，科学组织实施审计项目。工业审计局紧紧围绕中央部门预算执行审计工作方案，深入分析被审计部门职责特点，对工业和信息化部、国家国防科技工业局确定“结合部门职责，促进部门规范管理和事业发展”的工作目标，制订操作性强、切实可行的审计实施方案。根据局内人员状况、承担的任务，对审计力量进行科学分工和动态配置，变“阵地战”为“歼灭战”，集中“优势兵力”重点突破审计疑点，在预算执行审计和国家科技重大专项审计中取得良好效果。

(2) 创新方式，深化部门预算执行审计。工业审计局针对被审计单位预算资金量较大、所属单位较多的情况，注重“点”与“面”相结合，进一步扩大预算执行审计覆盖面，着力反映项目管理中存在的突出问题。在实施审计中注重把握“两个结合”“两个关注”，即将预算执行审计与部门职责履行、任务完成情况结合起来，将预算编制、预算管理与事业发展计划结合起来；关注预算执行中的重大违法违规问题，关注预算管理中存在的体制、机制和制度性障碍，揭示潜在风险。审计查处某单位重复申报项目获得专项资金、某单位未经批准将项目资金转入下属控股公司违规使用、某单位未将接受的实物捐赠纳入会计核算等问题。

(3) 突出重点，抓好国家科技重大专项审计调查。工业审计局承担工业和信息化部牵头组织的3个国家科技重大专项的审计任务，在实施审计中注重总体分析与揭露问题相结合，从财政资金规模、专项课题构成、研究方向和目标、项目实施进展和课题成果入手，准确把握重大专项总体情况，设计4套数据表格，从上千册资料数据中采集200余页基础数据加以整理分析，揭示重大专项在课题立项审批、资金拨付以及组织管理层面存在的科研课题审批不规范、“小、散”现象严重、资金配套政策不科学等体制、机制方面的问题。

(4) 促进规范，发挥审计建设性作用。工业审计局认真贯彻“严格查处、立足整改、规范提高、促进发展”的工作原则，依法严肃查处重大违法违规问题，揭示被审计单位管理中存在的薄弱环节，促进被审计单位规范管理、堵塞漏洞。如对审计中发现的某单位人员，借用他人身份证开立银行账户，虚报劳务费，骗取财政资金据为己有问题，工业审计局上报审计署，国务院有关领导做出重要批示，涉案人员已被司法机关立案查处；对某研究所以境外制造的设备充抵研究成果，并与相关各方互相串通，弄虚作假，顺利通过课题验收问题，工业审计局以审计信息上报后，审计署以转送函形式转工业和信息化部处理，该部已中止相关单位的项目参与资格，并做进一步处理。

相关工作 (1) 修订补充“周一工作例会、周五学习研究会”等规章制度，为保障各项工作的有序进行发挥重要作用。结合人员变动情况，对审计业务管理、党务工作、保密管理等工作进一步梳理、分类，及时调整处室及人员分工，实行基础工作岗位负责人制度，将各项工作细化到人，强化各岗位职责之间的协同配合，提倡一专多能，团结协作，相互补位。

(2) 大力推进创建学习型机关工作，倡导通过学习掌握和运用新知识，主动适应新形势和新任务，进一步组织系统学习《国家审计与国家治理》等理论文章，深刻领会精神实质，以科学发展观为统领，牢固树立科学审计理念。围绕贯彻落实“实、高、新、严、细”要求，继续深化“创先争优”和争当“四手”活动，开展岗位练兵，提高干部现场实战能力和组织协调能力，为人才成长营造良好的氛围。鼓励干部自学或参加培训，拓展知识面，提升业务能力。目前，工业审计局已有7人通过计算机中级考试，3人获评高级审计师，2人获评中级审计师，2人被审计署评为骨干人才。

(3) 将联网审计系统与现场审计实施系统相结合开展审计工作，每月对采集的被审计单位数据进行分析，编发联网审计疑点询问函、问题纠正函，将审计关口前移，进一步改进以往的部门预算执行审计模式。同时注重计算机审计技术方法研究与计算机人才培养，鼓励计算机审计实践，促进审计实务与计算机审计方法相结合，局计算机审计小组采用审计预警、多维分析、数据挖掘等多种技术方法，设置条件自动筛选审计疑点，及时总结归纳疑点特征，快速查找被审计单位自行调剂使用财政资金等审计线索，大幅提高审计效率和审计质量。（撰稿人：蒋 炎）

【民族宗教审计局】 2012年，民族宗教审计局人员编制9人，在编9人。设有一处、二处。主要负责审计国家民族事务委员会、国家宗教事务局、中央档案馆（国家档案局）、国家保密局及上述部门在京下属单位的审计监督。

领导成员

副局长：李珊珊

审计成果 民族宗教审计局完成审计项目和审计调查项目6个，查出违资金额和管理不规范金额9.55亿元。经署领导批示后移送主管部门处理2件、转送被审计单位或其他综合部门7件；提交审计信息和专题报告19篇。审计查出的26个问题被审计结果报告采用，其中1个问题作为单独案例采用；1个问题作为单独案例被《“三公经费”审计综合报告》采用；提出审计建议15条，促进被审计单位修改或制定部门规章制度11项。在年度派出局考核中，民族宗教审计局获得第三名。

预算执行审计 审计工作实践中，在把握总体的基础上突出重点，在对中央部门预算执行情况综合分析和总体评价的基础上，加大对重大问题的审查研究，努力拓展审计广度，加大审计力度，实现“三个关注”和“两个突破”。“三个关注”，即重点关注党中央、国务院和社会舆论高度关注的热点问题；重点关注中央部门贯彻落实科学发展观、推动事业发展的职责履行情况；重点关注当前和今后一段时期内经济社会管理领域亟须治理的问题。“两个突破”，即本年度在体制、机制、制度层面问题的研究和反映，以及重大违法违规问题的查处上均取得新的进展和较大突破。在实际工作中从部门职责履行情况入手，认真查找体制、机制、制度漏洞，敏锐捕捉苗头性、倾向性问题，提出标本兼治的建设性意见建议。进一步强化对重点领域、重点资金的审查，一旦发现疑点，采取内查外调的方式，重点突破，取得突出的审计成果。在审前准备方面，收集和初步审查财务业务资料、电子数据，摸清部门年度预算资金的规模和结构，筛选线索，锁定重点，提前拟定审计信息点，为搞好预算执行审计争取时间、奠定基础。在审计现场管理方面，强调在审计中抓好“四个结合”：将合规审计和绩效审计相结合；将财务账簿审查和业务资料审查相结合；将现场审计与实地察看、审计函证等审计方法相结合；将传统账簿审计和计算机审计相结合。在审计成果运用方面，高度重视审计成果的提升和运用，改变以往把提炼审计成果、撰写审计信息作为现场审计结束后的后续工作的做法，强调把审计成果提炼与现场审计融为一体。

其他审计 按照审计署统一部署，民族宗教审计局先后抽调8人次参加南水北调工程审计、北京科技大学校长经济责任审计、联合国审计等项目；参与行政事业审计司组织的“‘十二五’规划实施中教育审计面临的挑战和对策”等3个课题研究；开展“基于审计视角的国家民委所属文化事业单位改革和发展研究”的课题研究。

相关工作 (1)不断增强领导班子的凝聚力、创造力和干部队伍的执行力、战斗力。强化责任，加强内部管理，领导班子齐心协力，努力进取，队伍建设成效明显，年轻一代已锻炼成长。

(2)充分发挥党支部的战斗堡垒作用和党员的先锋模范作用。学习型党组织建设稳步推进，思想政治工作务实有效，创先争优活动广泛深入，组织生活制度落实到位，精神文明建设成效显著。

(3)大力加强党风廉政建设。严格落实党风廉政建设责任制。局领导履行第一责任人职责，做到分工明确、责任到人，确保党风廉政建设取得实效。坚持常抓不懈、警钟长鸣。以《廉政准则》及其实施办法为重点，以各种违纪案例作为反面教材，开展社会主义法治理念教育、廉洁从政教育、反腐倡廉教育，提高审计人员自身“免疫力”。加强审计全过程监督。民族宗教审计局始终把《审计署关于加强审计纪律的八项规定》作为党风廉政建设的“生命线”和“高压线”，对审计过程实施全方位的监督，使廉政工作渗透到审计工作的各个环节。（撰稿人：万文韬）

【政法审计局】 2012年，政法审计局人员编制15人，在编15人。设有一处、二处、三处。主要负责审计最高人民法院、最高人民检察院、公安部、司法部、安全部、公安部边防局、公安部警卫局、公安部消防局及上述部门（单位）在京下属单位的审计监督。

领导成员

局　长：钱啸森

副局长：涂　莹

审计成果 政法审计局完成7个审计及审计调查任务。其中：最高人民检察院、公安部、司法部2011年度预算执行和其他财政收支及决算（草案）审计3个、最高人民法院“三项经费”使用管理专项审计核查1个，参与完成卫生部部长陈竺任职期间经济责任审计1个，参与完成中科院科技经费专项审计调查、国家科技重大专项（民口项目）资金审计调查2个。还派员参加署统一组织的南水北调工程审计、教育乱收费检查、法规司预算执行审计报告审理等工作。

审计查出违规金额6 297.53万元、管理不规范金额 32 354.28 万元，应上缴财政 1 488.99 万元，应调账处理金额 2 845.39 万元，移送处理金额 647.62 万元，移送处理人员 10 名。全年审计成果被署采用 27 个，其中：报国务院审计结果报告采用案例 21 个（其中单独案例 1 个），报国务院其他专题报告采用案例 2 个。移送司法机关案件线索 1 件，移送主管部门 1 件。转送被审计单位所在部委领导 1 件；转送被审计单位或其他综合部门问题线索 3 件。

经济责任审计 积极开展中央部门部长经济责任审计评价指标体系的调研，政法审计局承担公安部和司法部部长经济责任审计评价指标的构建工作，多次和两部委综合管理部门、政策研究部门、计划统计部门、重要业务部门举行座谈，在全面了解部门职责、充分占有业务发展等相关信息和资料的基础上起草两部部长经济责任审计评价指标，并分别向两部门征求意见，得到两部领导的高度重视。

队伍建设 政法审计局坚持根据审计项目特点做好审计组的人员配置，着力构建具备查核问题、分析研究、计算机应用、审计管理等方面能力的审计一线团队，实现优势互补，提高战斗力。试行“以业绩为导向，以能力为重点，以责任为中心，以作风为基础，以考核为动力”的公务员岗位业绩量化考核办法，对全局人员在行政和党务等综合工作，审计项目完成、质量、成果情况，以及纪律执行情况等三个方面取得的成绩进行量化考核，初步实现用制度管人管事，促进全局管理进一步精细化、制度化。 （撰稿人：曹 宇）

【监察人事审计局】 2012 年，监察人事审计局（以下简称监察人事局）编制 12 人，在编 10 人，另有交流干部 2 人。设有一处、二处。主要负责审计中央纪律检查委员会、中央组织部（以下简称中组部）、中央机构编制委员会办公室、监察部、国家外国专家局（以下简称外专局）及上述部门（单位）在京下属单位的审计监督。

领导成员

局 长：孙晓岩

副局长：赵京琳

审计成果 监察人事局按照年度审计计划和审计署统一部署，共开展审计项目 3 个，分别为：监察部、外专局 2011 年度预算执行和决算（草案）审签，科技重大专项审计调查项目，中组部、监察部 2012 年度预算执行和决算（草案）审签项目。共查出违规和管理不规范金额 4 187.05 万元，移送案件 1 起。报送审计信息 3 篇，均获得署领导批示后转送部门处理；提出审计建议 10 条，被审计单位已全部采纳落实；提交专题及综合性审计报告 6 份。

预算执行审计 监察人事局遵循“严格查处、立足整改、规范提高、促进发展”的工作原则，围绕财政资金、权力运行和群众利益三个重点，加大对部门重点领域和重点资金的审计力度、对重大违法违规问题及案件的揭露和查处力度以及对体制机制层面问题的关注力度。在预算执行审计中围绕如何当好公共财政的“卫士”、经济社会发展的“谋士”、与违法违规行为做斗争的“勇士”，进行认真思考和有益探索。主要突出两个特点：一是苦干加巧干，加大重大违法违规案件的查处力度。在外专局审计中，审计人员创新审计取证方法，灵活运用计算机审计手段，巧妙选取数据字段，准确确定查询条件，从海量数据中层层筛选，获取审计证据，落实编造虚假项目骗取财政资金的案件线索，出色完成审计项目。二是转变思路观念，加大推动体制机制制度的创新力度。在监察部预算执行审计中，发现该部外事礼品管理方面存在漏洞，进一步研究发现外事礼品管理不规范在很多部门普遍存在。审计人员从体制、机制层面查找原因、分析问题，向有关部门反映外事礼品管理制度需要完善，受到监察部领导的高度重视，发挥了良好审计效果。在国家科技重大专项（民口项目）资金审计调查项目中，承担卫生部重大专项中 11 个子课题的审计调查工作，在课题实施单位众多且分散的情况下，审计人员克服路途奔波、天气严寒等诸多困难，发现课题管理不合规、资金使用不规范等问题，相关问题汇总上报国务院。

信息化建设 继续开展和深化联网审计工作。首先，规范联网审计操作流程，细化责任分工。对部门及所属部分二级单位实现定期监控、实时跟踪，及时发现问题及时整改，较好地发挥了审计“免疫系统”功能。其次，积极探索业务信息系统审计。以中央部门数据规划工作为契机，对业务信息系统审计方法进行初步探索。通过对业务流程控制的全面性初步审查，尝试筛选底层数据库异常数据，通过检查数据之间逻辑关系验证数据的正确性和完整性，进而推断业务信息系统应用控制是否全面有效。

队伍建设　以审计能力建设为核心，以审计文化建设为依托，加强班子和队伍建设，夯实审计事业发展根基。着力打造学习型、实干型、和谐型的领导班子。进一步强化队伍素质，提高干部队伍的执行力和战斗力，重点采取三项措施：一是以审计项目为依托提高审计能力。鼓励年轻同志多动脑，勤思考，勇于实践，勇于创新，通过不断积累，增长实战能力，丰富经验。二是以争当“四手”为依托提升综合素质。1人在审计署“四手”审计干部评选活动中被评为“分析研究的高手”。三是以课题研究为依托提升写作能力。局里承担“审计推动事业单位分类改革研究”课题，通过对课题的讨论、撰写，锻炼大家的研究能力和写作能力。把审计文化建设作为推动各项基础建设的重要抓手，弘扬“责任、忠诚、清廉、依法、独立、奉献”的审计人员核心价值观，真正做到内化于心、外化于行，打造以“求实创新、谦虚谨慎、业务精湛、团结和谐”为特征的审计文化。

内部管理　监察人事局围绕“质量提高年”主题加强内部管理。提高办文质量。主观上要求更具责任心、更加细心；客观上优化机制，交叉复核。公文质量明显提高，在办公厅4次公文质量检查中均保持合格。提高工作效率。大力开展机关效能建设，统筹安排各项工作，科学调配人员，做到人尽其才，各尽其责，工作效率有显著的提高。

（撰稿人：王　敏）

【民政社保审计局】　2012年，民政社保审计局人员编制12人，在编12人。设有审计一处、审计二处。主要负责对人力资源和社会保障部、民政部、中国残疾人联合会、中国红十字会总会、中国宋庆龄基金会及上述部门（单位）在京下属单位的审计监督。

领导成员

局　长：徐　露

副局长：李　伟

审计成果　民政社保审计局全年完成审计和审计调查项目5个，包括：对民政部2011年度预算执行和其他财政收支情况以及决算（草案）审计，对人力资源和社会保障部2011年度预算执行和其他财政收支情况以及决算（草案）审计，配合外交外事审计局完成外交部部长任职期间经济责任审计，开展国家科技重大专项（民口项目）专项资金审计调查等。共查出违法违规和管理不规范金额1.63亿元。单独上报审计报告及专项审计调查报告8篇；编发重要审计信息2篇，经审计长批示后均转送部门处理；向驻部门纪检监察机关移送案件线索1件。

预算执行审计　在人力资源和社会保障部2011年度预算执行审计中，发现该部业务司局出差、开会极为频繁，会议费、差旅费支出比例高。针对这两项支出进行重点审计，查出部本级超标准支出会议费，10个司局虚列会议费支出结存在宾馆，形成账外资金。该问题作为重要审计情况上报，经审计长批示后，转给人力资源和社会保障部处理。人力资源和社会保障部领导高度重视，分别做出批示，有关部领导分别与这10个司局一把手逐个谈话，要求他们立即整改并做出书面检查，在该部引起极大震动。对该部所属社会保险事业管理中心重点抽查，发现以虚假的原始凭证支取劳务费的问题。对所属中国就业培训技术指导中心重点检查印刷费支出，发现大量印刷费支出不符合政府采购的有关规定。对所属中国高级公务员培训中心重点审计人员经费支出情况，发现该单位超标准支出人员经费等问题。

在民政部2011年度预算执行审计中，对所属机关服务局重点关注其房屋出租收入，发现其向下属企业转移收入、挪用房屋装修款等问题。针对民政部参与分配彩票公益金，而且联网审计预算数据与会计数据均显示当年分配给部本级的彩票公益金较常年有显著增加的特点，将该项资金列为本次审计的重点。通过计算机辅助审计，最终发现民政部本级以拨代支彩票公益金4 767.39万元和民政部培训中心将彩票公益金项目结余

228.65万元转为事业基金等问题。

计算机审计 （1）积极探索计算机审计方法，加强计算机技术在预算执行审计中的运用。在人力资源和社会保障部审计中，审计人员发现部本级当年会议费支出在项目支出中比重较大，通过《现场审计实施系统》将部本级2011年度会议费支出情况进行统计分析，通过会议数量和支出金额分析人均会议费实际支出标准，并与预算支出标准进行对比，发现部本级当年31个三类会议超标准支出合计133.24万元的违规问题。

（2）加大联网审计工作力度，推动联网审计常态化、效益化、多样化。在民政部2011年度预算执行审计中，针对部门参与分配彩票公益金的特点，将彩票公益金的管理使用情况作为审计重点。对梳理出的大额资金接收单位进行重点延伸审计，发现截至2011年底，尚有4767万元彩票公益金滞留在上述单位，影响资金使用效益。

队伍建设 根据审计工作实际，采取集中学习、网络培训、交流经验等灵活多样的形式，有重点、有针对性地开展培训教育活动，在局内积极营造"勤学习、爱学习"的整体氛围。鼓励并积极争取机会让干部"走出去、长见识"。一年里，派出审计干部分别参加2011年度预算执行审计项目审理、境外使领馆审计、南水北调项目审计以及联合国非洲经济委员会南部非洲区域办公室2010—2011财年审计。根据审计对象的业务特点，组织开展对特色项目、特殊资金的审计研究，打造研究型审计队伍。组织开展"社会捐赠资金审计"专题研究，对审计实践起到积极的指导意义及促进作用。

内部管理 审计业务方面，坚持分级复核与集中讨论相结合的举措，继续实行审计实务导师制，加强对年轻干部的培养。行政事务方面，按时完成审计项目档案的整理立卷归档工作、审计项目电子数据以及联网审计数据的上传工作；完成审计台账、审计统计报表等报表的填报工作。保密管理方面，始终强调要加强保密意识，以涉密计算机、网络、移动存储介质管理为重点，强化涉密信息和载体的管理和检查，防止失泄密事件的发生。

（撰稿人：曹　盾）

【财税海关审计局】 2012年，财税海关审计局人员编制16人，在编13人。设有一处、二处、三处。主要负责对财政部、国家税务总局、海关总署及上述部门（单位）在京下属单位的审计监督。

领导成员

局　长：赵保林

副局长：黄致敏

审计成果 财税海关审计局完成审计和专项审计调查项目9个，另有跨年度项目2个。查出违法违规和管理不规范金额295 304万元，应归还原渠道资金333万元，应调账处理金额9711万元，应缴纳其他资金750万元。移送司法机关、纪检监察部门处理事项1件，移送处理人员1人。提交审计报告、专题报告和审计信息12篇，被采用27篇次。

预算执行审计及决算（草案）审签 完成财政部和海关总署2011年度预算执行审计和决算（草案）审签。在对财政部审计中，针对其下属单位管理偏弱的特点，突出对二级单位的审计，查出超标准缴存住房公积金和发放防暑降温费、违规收费、利用开会之机组织公款旅游、项目资金闲置等问题。对海关总署审计中，针对其项目资金较多的特点，突出重点项目和主要业务，关注行政成本和支出标准。重点审查"三公经费"，发现行政成本控制偏松和支出标准偏高，反映超标准列支会议费、少计招待费支出、超编制超标准配备公务用车、少计公务用车运行维护费等问题；重点关注基本支出和项目支出的完整性和合规性，发现未经批准将基本支出和项目支出经费相互调剂使用、未按规定申报项目支出；重点分析政府采购政策执行情况，发现未严格执行政府采购规定等问题。

经济责任审计 参加审计署组织的财政部部长经济责任审计，作为牵头局组织工业审计局、科学工程审计局共同完成部门预算执行和其他财政收支部分的审计。工作中，坚持积极探索预算执行审计与经济责任审计相结合的路子，以历年审计和审计调查发现的问题为基础，根据部门领导的职责特点，以部门领导守法、守纪、守规、尽责情况为重点，关注重大财税政策制定和执行情况，关注重大事项决策和执行过程，关注部门主要内部控制管理制度制定和执行情况，关注重点项目的立项和重点专项资金的分配使用情况，合理调配审计资源，综合分析和运用审计成果。重点抽查重大基建项目以及重大预算资金分配使用等经济决策及执行情况，发现该部对部内的基本建设项目没有明确的决策权限划分，基建项目存在决策程序不统一、不规范，建设规模未经会议讨论即做出重大调整等问题；结合财政部部门特点，关注财政财务管理制度改革方面的内容，重点审查基本支出定员定额标准设计、实物资产配置标准和费用定额标准设计、项目支出绩效评价工作开展情况，发现基本支出定员定额标准不透明、不明确，实物资产配置标准和费用定额标准与实际情况偏差较大，项目支出绩效评价缺乏有效评价指标等问题；关注非税收入管理、资产管理、执行政府采购政策情况，发现所属单位未经批准收费、未及时上缴非税收入、大量资产长期不入账、未经批准出租资产、车辆超编、未严格执行政府采购政策等问题，并重点分析产生问题的机制制度原因，准确界定责任，取得较好效果。

专项资金审计（调查） 开展对中国疾控中心病毒病预防控制所、中国中医科学院、百泰生物药业有限公司国家科技重大专项（民口项目）资金，海关总署、财政部主管社团组织管理情况，人民日报社2011年“三公经费”管理使用情况等6个专项审计调查项目。其中，在对人民日报社的审计中，重点关注“三公经费”预算编报的真实性、合理性以及经费使用的合规性，发现该社多申请追加“三公经费”预算问题，审计核查的情况向相关部门做专题报告。

此外，还按照署统一部署，派出4人次参加南水北调工程审计。积极支持干部参与联合国审计，拓展国际审计视野，先后派出2人次参加联合国维持和平行动等审计项目。

计算机审计 积极深入开展联网审计，自觉将联网审计融入审计工作全局。全年共向被审计单位发出联网审计咨询函4份，涉及金额21亿元，及时提示问题并促进整改，防止一些苗头性、倾向性问题的发生。构建审计预警模型，实时监控，及时发现问题。在海关总署预算执行审计中，通过将联网会计数据与预算数据（二下）的关联，对海关总署不同单位之间（本级和机关财务处）收费业务费项目支出进行动态跟踪，建立审计预警模型，实时分析项目进展情况，通过对比分析，准确锁定延伸目标，发现机关财务处收费业务费支出不合规的问题。运用AO审计模块，抽丝剥茧，提高审计精确命中能力。在海关总署预算执行审计中，运用AO系统中“多套数据审查”模块，分别选择全国海关电子通关中心2009年至2011年相关科目，分析掌握3年的变化差异情况，发现海关总署全国海关电子通关中心超标准发放津补贴的问题。统筹联网审计与信息系统审计，发挥综合效力。在财政部部长经济责任审计中，将联网审计和信息系统审计有机结合，不仅关注国家电子政务重大工程“金财工程”的决策过程、建设和管理情况，还关注财政部主要信息系统资源整合和信息安全等情况，对信息系统的安全性、有效性和可靠性进行初步分析和研究，为开展电子政务重大工程绩效审计和探索信息系统审计积累经验。

其他工作 以争当“四手”活动为契机，坚持不懈地抓好干部队伍能力素质建设，努力打造业务过硬的审计队伍，取得良好成效。在2012年基层组织建设年活动中，局党支部被署机关党委评为“五个好党支部”。积极组织开展审计课题研究，独立完成“中央部门政府采购问题及审计对策研究”“金税金关金财工程绩效审计专题研究”2项课题；针对近年部门预算执行审计发现的问题，组织撰写《从审计视角看下一步部门预算改革》一文，被审计署审计科研所《审计研究简报》采用；参与由行政事业审计司牵头的“普通高中教育经费保障及使用管理情况研究”“文化产业政策实施效果和文化专项资金管理情况审计研究”“中央部门及所属单位所办企业审计研究”“国家科技重大专项审计研究”“药品价格形成机制审计研究”5个课题研究；派员参与行政事业审计司、经济责任审计司组织的《行政单位经济责任审计指南》的编写工作。注重提高全局同志的综合素质，坚持开放式学习和培训，支持干部参加各种培训和岗位锻炼。全年有1人通过计算机中级考试，1 人在考取全国会计领军后备人才后参加相关培训，1 人被两次抽调参加联合国审计。

（撰稿人：王　强）

【资源环保审计局】　2012 年，资源环保审计局人员编制 15 人，在编 15 人。设有一处、二处、三处。负责审计国土资源部、环境保护部、国家海洋局、国家测绘地理信息局及上述部门（单位）在京下属单位预算执行、决算和其他财政财务收支，开展相关专项审计调查，承办审计署交办的其他事项。

领导成员

副局长：许　亚（主持工作）

审计成果　资源环保审计局完成审计和审计调查项目 5 个，查出违法违规、损失浪费及管理不规范金额 158 859 万元，应上缴财政 165 万元，应归还原渠道资金 1129 万元，应调账处理金额 1608 万元；已上缴财政 165 万元，已归还原渠道资金 1129 万元，已调账处理金额 1608 万元。提出审计建议 16 条；向司法机关、纪检监察机关办理审计移送处理案件线索 4 件。提交审计专题报告、信息简报 19 篇，被采用 17 篇次。向社会公告审计结果 2 件。实施的国家海洋局 2010 年度预算执行和其他财政收支情况以及决算（草案）审计被评为 2012 年度审计署优秀审计项目。在审计署派出审计局 2012 年度综合考核中获得第一名，并被审计署记集体三等功。

预算执行审计　完成国土资源部和环境保护部 2011 年度预算执行和其他财政收支情况以及决算（草案）审计。在国土资源部预算执行审计中，合理安排审计力量，选择以前年度审计未覆盖或涉及不深的部分所属单位进行重点审计，不仅发现部分所属单位重复申报项目预算、挤占挪用项目经费、自行调整预算、个别单位资产管理混乱等问题，而且查处违法违规案件线索 2 件，分别移送纪检监察机关调查处理。根据审计发现的问题，编发审计信息简报 6 篇，对强化专项资金引导作用、健全完善相关制度、提高专项资金绩效水平具有积极的推动作用。

对环境保护部的审计，在查处虚报冒领、挤占挪用、预算编制不完整、预算申报不科学等常规问题以外，坚持查处违法犯罪案件线索和揭示影响环保事业科学发展的机制体制问题，充分发挥审计“免疫系统”功能。编发审计信息简报 4 篇，其中 3 篇被署转送有关部门阅处。审计查处的有关单位擅自处置对外投资并造成国有资产流失问题，已移送纪检监察机关调查处理。审计组还对环境保护部牵头实施的水专项开展专项审计调查。专项审计调查报告以署转送函方式分别转送有关主管部门阅处。审计调查中发现的课题负责人陈某（全国政协原委员）等人套取水专项资金或利用职务便利收受贿赂等 3 件涉嫌违法犯罪的案件线索，分别移送司法机关或以署领导批转函方式批转有关部门查处。

联网审计　资源环保审计局在实现与国土资源部和环境保护部财务信息系统互联互通的基础上，认真贯彻落实全国审计工作座谈会精神，按照“不等不靠，实质启动，积极探索，积累经验”的联网审计工作思路，实质性启动对两部门的联网审计工作，逐步实现联网审计工作制度化和常态化。已发出联网审计询问函和纠正函 12 份。两部门本级及所属单位对联网审计指出的问题高度重视，及时按照要求提供资料、解释情况、整改问题。联网审计的实质性启动，不仅提高审计监督的时效性，增强部门及所属单位接受审计监督的自觉性，也较好地解决了预算执行审计一年甚至两年一次，平时开展审计或专题调查依据不足的问题，有效扩大审计覆盖面，更好地发挥审计“免疫系统”功能。

其他审计　资源环保审计局先后抽调 14 人次参加法规司审理、审计署预算执行审计、南水北调工程审计、联合国审计、行政事业司预算执行审计汇总等工作。被抽调同志克服困难、顾全大局、服从安排，均按时完成任务，体现出良好的工作作风和精神风貌。积极参加派出审计局课题研究，不仅单独承担“矿政管理政策绩效审计”课题研究任务，还参与“公共卫生应急体系建设专题研究”“药品定价机制专题研究”“党政部门负责人经济责任审计共性审计内容和评价指标研究”等多个课题，均按时、按要求完成所承担内容的课题研究和文字撰写。资源环保审计局继续做好与驻在部门的日常联系与沟通，协助署有关业务司、特派办做好与驻在部门有关的土地管理、矿产资源、环境保护等业务政策咨询，协助和配合司法机关开展移送处理案件线索的查办，努力做好服务工作。

教育培训 资源环保审计局深入推进学习型组织建设，以建设学习型组织活动为载体，在创先争优活动中积极引导干部树立全员学习、终身学习的理念，自觉学习新知识、新技能。除按要求参加审计署组织的各项培训外，还开展多种形式的学习教育和培训活动，注重提高审计人员综合素质，努力提高干部队伍科学审计能力，着力培养查核问题的能手、分析研究的高手、计算机应用的强手和精通管理的行家里手。先后有 5 人通过计算机中级考试、BFT 高级考试和高级审计师资格考试，1 人参加中央党校中央国家机关分校学习，被评为优秀学员，1 人被评为高级审计师。资源环保审计局二处荣获“2011—2012 年度中央国家机关青年文明号”称号。

（撰稿人：李建全）

【建设审计局】 2012 年，建设审计局人员编制 9 人，在编 10 人。设有审计一处、审计二处。主要负责对住房和城乡建设部、中华全国总工会、中华全国妇女联合会、中国共产主义青年团中央委员会和中央国家机关工作委员会的审计监督，以及审计署交办的其他审计事项。

领导成员

局　长：苏乃民

审计成果 建设审计局共完成、参与审计项目 7 个，查出违规金额 43 599 万元，应调账处理金额 3250 万元，应归还原渠道资金 615 万元；已调账处理金额 3250 万元，已归还原渠道资金 615 万元。建议有关部门处理事项 2 个。提交审计报告和审计信息 13 篇，被批示采用 10 篇次。

预算执行审计和决算（草案）审签 在对中华全国总工会 2011 年度预算执行和决算（草案）审计中，针对该部门财政资金和工会经费两套预算管理体制、当年财政资金量较大的特点，坚持以财政资金为主、其他资金为辅的审计思路，对该部门管理的困难职工帮扶中央财政专项资金穿插审计，努力创出特色。审计发现该部门政府采购预算编制不完整及执行政府采购规定不严格、公务接待费超预算、车辆购置及运行费用超预算、资金未纳入法定账簿核算等方面的问题，提出加强预算编制和执行、政府采购和财务管理等方面的审计建议，得到该部门的认可。审计反映的公务接待费、车辆购置及运行费用未按中央规定压缩、超预算的问题，引起该部门领导的高度重视，对于促进该部门贯彻落实中央规定、规范管理发挥建设性作用。困难职工帮扶专项资金审计反映出的预算管理不到位、部分政策标准不明确等问题，以简报形式转送该部门处理，推动该部门提高专项资金管理水平。

在对住房城乡建设部 2011 年度预算执行和决算（草案）审计中，针对该部门所属单位较多且资金较为分散的特点，有针对性地开展审计。一是关注部门本级，同时选择资金量较大的所属单位延伸审计，发现该部及所属单位政府采购预算编制不完整、执行政府采购规定不严格、使用不规范发票入账、扩大项目经费开支范围等问题。二是针对该部管理的“水体污染控制与治理”专项资金（以下简称水专项），抽查部分京内外课题承担单位，发现扩大课题经费支出范围、未经批准调整预算、固定资产管理不规范等问题。此外，审计还发现该部由于预算执行不规范影响决算草案的问题，出具决算（草案）审签意见书，并针对审计发现的问题，提出相关建议。审计反映的问题引起该部及相关单位的高度重视，推动了该部门进一步规范预算编制和执行、强化财务管理，促进该部提升对水专项的管理水平。

经济责任审计 参与对卫生部部长的任期经济责任审计，主要负责重大经济决策制度的制定、执行和效果审计。紧扣“重大”二字，把握“经济决策”这根主线，以“从上至下”的方式开展审计工作，发现基建项目超概算、执行政府采购规定不严格、超进度支付工程款等问题，并根据有关规定准确界定被审计人应当承担的相应责任。审计发现的该部在基建项目管理方面不规范问题，以简报形式转送该部处理，引起该部的高度重视。

专项资金审计（调查） 根据统一安排，完成对西苑医院、北京北大维信生物科技有限公司和北京市结核病胸部肿瘤研究所 3 个单位的国家科技重大专项（民口项目）专项资金审计调查。审计发现上述单位课题成果未达要求和不真实、配套资金不到位、特设账户资金大量结余、未经批准从特设账户向自有资金户归垫资金等问题。审计还发现重大专项实施管理办公室审核不严，导致中央专项资金投入已转让科研成果课题的问题，向审计署报送简报予以反映。

规范津贴补贴检查 9月，按照审计署统一部署，建设审计局牵头组织对广西壮族自治区规范津贴补贴实施情况的检查。在时间紧、任务重的情况下，通过合理安排人员、加强沟通协调，圆满完成检查任务。检查发现部分地方和单位超范围超标准发放津贴、违规发放奖金等问题，分析该区规范津贴补贴工作存在的深层次矛盾和问题，提出有关建议，对于规范该区津贴补贴工作起到推动作用。

相关工作 在队伍建设方面，建设审计局坚持以人为本，以提高人员素质为核心强化队伍建设。积极为年轻同志创造良好的学习条件，并通过各种培训活动提高队伍的业务知识水平。一年来，全局有1人出国留学，1人被确定为审计署参加ISSAI认证项目人员并通过第一阶段的网上培训，1人参加审计署组织的计算机审计中级后续培训班。在审计实践中，给每位同志提供充分发挥自身能力的平台，特别注重给年轻同志加任务、压担子、提要求，两个部门的预算执行审计项目均由年轻同志担任主审，在审计实践中培养年轻同志的工作能力。

在支部建设方面，建设审计局倡导以人文关怀为主题，积极开展党支部活动，团结凝聚审计人员力量。通过组织党员干部参与或开展多种形式的支部活动，丰富生活，活跃气氛，也为年轻同志提供展示自己多方面能力的舞台。全年中1人参加第二届全国审计青年论坛并获得论文一等奖，1人经选拔参加第三届中印审计青年论坛。同时，注重对年轻同志政治上成长的关心和培养，1人经批准从中共预备党员转为正式党员。

（撰稿人：肖　浩）

【交通运输审计局】 2012年，交通运输审计局（以下简称交通局）人员在编17人。设有一处、二处、三处。主要负责审计铁道部、交通运输部、国家邮政局、中国邮政集团公司、中国民用航空局（以下简称民航局）及上述部门（单位）在京下属单位的审计监督。

领导成员

局　长：李树廷

副局长：张　进

审计成果 交通局全年完成审计项目3个，即与企业司联合实施的铁道部2011年度预算执行情况审计、民航局2011年度预算执行情况审计、民航局局长2007年12月任职以来经济责任履行情况审计。此外，参与国家科技重大专项资金审计调查。全年提交审计报告和审计调查报告5份，报送审计信息7篇。

预算执行审计和决算（草案）审签 交通局通过剖析铁道部和民航局的不同特点，拟定不同的审计重点，针对铁道部政企不分、资金量大、所属单位多、历史负担重、社会敏感程度高的特点，通过挖掘审计深度、扩大审计覆盖面，重点揭露铁道部行政管理资金与企业运营资金界限不清、行政资产管理混乱、招投标和政府采购管理亟待加强、行政管理仍需增加透明度等突出问题，并对铁道部客运调度指挥中心的使用等问题提前预警。特别是铁道部投资巨额资金制作《中国铁路》宣传片未达预期效果的问题经署领导批示转送铁道部部长处理。针对民航局在资金分配和民航公安管理体制方面的问题较为突出并“屡查屡犯”的情况，交通局在查处问题的同时，重视审计研究和审计建议的有的放矢。民航局局长在各种场合多次赞扬“审计是免费体检，免费治病”。

经济责任审计 4月，由副审计长余效明担任审计组组长，交通局组织协同资源环保审计局、贸易审计局，对民航局局长2007年12月任职以来经济责任履行情况进行审计。考虑到近年对民航局持续开展年度预算执行审计的实际情况，交通局将提高审计工作全面性、针对性和时效性，深入开展专题研究，全面评价民航局局长任中经济责任作为本次审计的工作目标。审计的“全面性”是指将民航局“三定”方案赋予的职责职能逐条分解到民航局的核心业务和重大决策事项上，将经济责任审计的内容细分为飞行安全、行政收费、行政许可、重大决策等11个方面，全面覆盖民航局的业务和财务行为。审计的“针对性”是指审计内容更加注重深入分析机制性障碍、机制性扭曲和制度性缺陷，更加关注涉及群众切身利益的问题。例如，针对通用航空事业增长迅速却深受桎梏的现状，交通局组织力量对全国146家通航企业开展调研，形成专题材料。审计的“时效性”是指审计内容更加关注经济社会发展中的新情况新问题。例如，审计期间适逢财政部发布《民航发展基金征收使用管理暂行办法》，将既有的民航机场管理建设费和民航基础设施建设基金整合为新的民航发展基金，交通局立即选取具有代表性的企业，对既往的两项基金的征收、管理和使用情况开展审计调查和总体评价。

专项资金审计（调查） 交通局参与国家科技重大专项（民口项目）专项资金审计调查工作，对卫生部牵头组织实施的“重大新药创制”和“艾滋病、病毒性肝炎等重大传染病防治”2个国家科技重大专项2009年度至2011年度专项资金管理使用和科研成果验收转化情况进行延伸审计调查。

工作特点 按照署党组要求审计工作要紧扣科学发展和加快转变经济发展方式的主线，交通局更加注重从总体上反映情况，从宏观上揭示问题，从深层次分析原因，从体制、机制、制度层面提出建议，努力在全面客观反映中央预算执行和其他财政收支基本情况的基础上，坚持揭问题、促整改、提建议，充分发挥审计“免疫系统”功能。在具体工作中，交通局将审计内容分解为基本审计工作、挖掘宏观层面症结和查找深层次原因三个层面，解剖被审计单位的职责，针对机制性障碍、机制性扭曲、制度性缺陷和政策措施落实不到位等方面的问题加强调查研究，集中精力突破难点，及时提出解决问题的办法，推动深化改革和规范管理。

队伍建设 6月，根据交通局业务职能和人员特点，对局内各处室的人员组成进行全面调整，通过内部整合，完善履职环节，努力确保全局人员都能够各司其职、各尽其责、各展其能。

（撰稿人：李昉熹）

【农林水利审计局】 2012年，农林水利审计局人员编制15人，在编14人。设有审计一处、审计二处和审计三处。主要负责审计农业部、水利部、国家林业局、国务院三峡工程建设委员会办公室、国务院南水北调工程建设委员会办公室、国务院扶贫开发领导小组办公室（以下简称国务院扶贫办）及上述部门（单位）在京下属单位的审计监督。

领导成员

局　长：李季泽（—10月）

　　　　娄　仲（11月—）

副局长：梁丽军

审计成果 农林水利审计局完成农业部和国务院扶贫办2011年度预算执行审计、水利部部长经济责任审计等7个审计项目。审计发现各类问题141个，涉及金额986.1亿元。向司法、纪检监察等部门移送违法违规问题案件线索2件，涉案人员6名。报送审计署重要信息7篇。在2012年度审计署派出局考核中，农林水利审计局获第2名。

预算执行审计和决算（草案）审签 在对农业部和国务院扶贫办2011年度预算执行和其他财政收支情况以及决算（草案）的审计中，揭示两部门预算与执行情况的主要差异和形成原因，推动中央部门预决算公开和预决算编报制度的规范；按照财政审计大格局的总体部署和工作要求，重点关注农业部预算专项资金和农业部参与分配的中央财政支农项目有关情况。

在对中央财政支农项目框架体系进行系统梳理的基础上，从项目设置、政策目标确定、预算编制、资金分配、预算执行、资金使用效果、监督检查及绩效评价等环节入手，深入分析当前中央财政支农专项构建和管理中存在的体制性障碍、制度性缺陷和重大管理漏洞，集中反映农业部参与分配2011年中央财政支农项目存在的突出问题，提出创新财政支农资金审计方式和方法，形成《关于中央财政支农项目资金审计有关情况的报告》。同时从体制、机制层面揭示农业部兽医局及其所属的中国动物疫病预防控制中心和中国兽医药品监察所（农业部兽药评审中心）在执行动物疫病防控、兽药评审和监管等行政事务过程中，利用行政职能、行业资源和关联便利，集监管者、研发者与经营者于一身，将其利用财政项目资金研发的兽药，在全国推广使用并获取收益；以及部分中层领导干部入股经营关联公司获取利益，部分事业单位擅自转让技术并违规处置收益，导致农业部在行使兽药监管职能中出现一定程度的行政职能事业化、事业任务企业化、企业收益被侵占的问题。该信息经审计长批转农业部处理后，农业部举一反三，对此类问题进行全面整顿。审计查出并移送农业部规划设计院全资附属北京西达农业工程科技发展中心时任主任、副主任等人涉嫌利用职务之便挪用公款等违法违纪案件。

对国务院扶贫办参与分配中央财政扶贫资金情况进行专题审计调研，针对目前中央财政扶贫资金分配管理中存在的由多部门分别管理、安排有指定用途的专项性质资金比重过高、因素法测算不够规范和科学、财政部未经批准自行预留资金、扶贫资金使用监管工作不到位等突出问题，形成《关于中央财政扶贫资金分配管理有关情况的报告》。查出国务院扶贫办对捐赠资金收支管理体制不健全，对所属单位监管不力，导致其所属中国扶贫发展中心利用职权，违规向扶贫项目单位和企业收取“捐赠款”“评审费”“顾问费”，截留套取建设项目资金等问题。此信息经审计长批转国务院扶贫办处理后，得到主管副总理的重要批示。对国务院扶贫办下属中国国际扶贫中心与联合国开发计划署等单位合作建设的项目进行审计时发现，商务部下属的中国国际经济技术交流中心作为项目和资金的管理单位，截留和挪用扶贫项目财政配套资金用于投资股票和基金；该中心原主任刘某违规以该中心名义成立公司，并滥用职权擅自为本单位职工个人借款出具担保函，造成单位损失等问题。上述案件均已转送有关部门严肃处理。

国家重大科技专项绩效审计 一是对农业部转基因重大专项管理办公室（以下简称转基因专项办）“专项转基因生物新品种培育”重大专项2009年度至2011年度资金收支总体情况进行专项审计调查，并对中国农业大学、中国农业科学院植物保护研究所等11个课题承担参与单位进行延伸调查。揭示转基因专项办未按有关主管部委意见调整课题任务、部分课题立项论证不充分、预算编制不科学等问题，以及课题牵头承担单位及其他参加单位部分科研成果不真实、自行调整预算、扩大科研经费开支范围、特设账户资金管理使用不合规、条件能力建设项目进展缓慢等问题。二是对卫生部下属中国疾病预防控制中心性病艾滋病预防控制中心“艾滋病和病毒性肝炎等重大传染病防治”重大专项4个课题资金收支情况进行专项审计调查，并对清华大学、北京凯因生物技术有限公司等10个课题参与承担单位进行延伸调查，发现申报专利不真实和部分课题承担单位违规发放劳务费等问题。三是对国家“十一五”民口科技重大专项审计中查出中国人民大学社会与人口学院二级教授、性社会学研究所时任所长利用其独自承担课题之便，与其妻采取编造校外人员劳务费发放单、指使学生收集与课题无关的餐费、交通费等发票，从课题费中套取课题经费，并将其中部分资金据为己有。

联网跟踪审计 在总结往年与水利部共建水利“免疫系统”试点经验的基础上，对水利部预算执行继续采取联网跟踪审计方式，与水利部共同构建“水利审计免疫系统”；通过搭建联网跟踪审计平台，将水利部财务管理等4个信息管理系统纳入联网审计范围，形成“4＋N”的审计模式；对水利部所属京内外327个预算单位财政资金进行全过程审计，实时监督，经常性监督。通过联网审计发现水利部及所属单位在预算管理、计划管理、国库集中支付、财务收支等方面存在的问题，共对水利部发出审计询问函26份，内容涉及预算批复、计划下达、政府采购、预算执行等方面。联网审计促进水利部财务管理中的自查自纠，通过国库支付动态监控系统共监控财政授权支付资金40余万笔计183亿元，发现并及时核实疑点853笔，涉及资金上亿元，退库资金上千万元。审计成果得到审计署领导充分肯定；审计署行政事业司和计算机中心联合发文向审计系统推广该局联网跟踪审计经验。（撰稿人：陈　雷）

【贸易审计局】 2012年，贸易审计局人员编制11人，在编10人。设有一处、二处。主要负责审计商务部、中国国际贸易促进委员会（以下简称贸促会）、中华全国供销合作总社及上述部门（单位）在京下属单位的审计监督。

领导成员

局　长：虞伟萍

审计成果 贸易审计局完成审计项目4个，包括商务部和贸促会2011年度预算执行和其他财政收支情况及决算（草案）审计、商务部部长经济责任审计，以及北京医院、地坛医院、宣武医院5个国家重大科技专项（民口项目）课题的延伸审计调查，还派出9人次参加审计署统一组织的民航局局长经济责任审计、南水北调工程审计、联合国审计以及中央部门预算执行审计汇总和审理工作。查出主要问题金额463 053万元，其中违规金额16 671万元，应上缴财政260万元，应归还原资金渠道1263万元，应调账处理6534万元。移送有关部门处理事项1件、涉金额116万元。提交审计报告10份。提交专题报告和审计信息35篇，被采用29篇。向被审计单位提出改进建议14条。被审计单位对审计发现问题高度重视，审计期间边审边改金额32 385万元，采纳审计建议建立健全规章制度45项，加强对所属单位财务管理和"一把手"经济责任审计力度。有效维护财政资金和国有资产安全，促进被审计单位规范管理和提高财政资金使用效益。

预算执行审计和决算（草案）审签　（1）按照审计署制订的《中央部门2011年度预算执行审计和决算（草案）审签工作方案》，结合商务部职能，重点审计预算执行特别是大额项目支出的合规性、参与分配中央补助地方内外贸专项资金和执行政府采购制度情况以及年度决算（草案）的真实性。审计查出当年预算执行中不符合财经制度规定的问题金额19 515万元；其他财政收支方面不符合财经制度规定的问题金额5146万元，主要是：未经批准调整4个项目预算；自行将项目预算资金调剂用于基本支出；未认真核实导致给2个项目承包单位多付结算款；4个追加预算项目因前期准备不充分导致资金闲置；部分项目支出未按规定实行政府采购；3个司局自行授权电子政务平台托管企业向入网企业收费；所属培训中心未经批准以合作办学方式出租教学楼等国有资产；所属中国对外贸易中心和培训中心的7个基建项目竣工使用3年未办理竣工决算，以及以前年度审计指出的房产产权变更手续不完善及房产出租收入未按规定管理等问题未整改到位等。

（2）按照审计署工作方案，结合参公管理社会团体的特点，重点检查贸促会预算执行特别是大额项目支出的合规性、执行政府采购制度情况、对外投资和国有资本经营情况以及年度决算（草案）的真实性。审计查出当年预算执行中不符合财经制度规定的问题金额2091万元，其他财政收支方面不符合财经制度规定的问题金额169 807万元，主要是：未将所属7个事业单位收支纳入当年部门预算；超范围列支项目支出；未经批准向驻外机构拨款购置办公用房；将应自筹的工程建设资金列作费用性支出申报国有资本经营预算；未经批准将办公用房无偿划拨给所属机关服务中心；所属中国国际商会未经批准组织境外职业资格考试并收取考试费；所属招待所未经批准对外出租会本级房产；所属部分单位的会计账表不符、发票管理不规范，以及以前年度审计查出的会本级投资收益存放境外个人账户未收回问题未按规定整改等。

专项资金审计（调查）　按照审计署制订的《国家科技重大专项（民口项目）专项资金审计调查实施方案》，对北京医院、地坛医院、宣武医院5个国家重大科技专项（民口项目）中"心脑血管疾病新药临床评价技术平台研究"等课题进行延伸审计调查，重点检查项目组织实施、资金管理使用、科研成果验收及转化情况。审计查出违法违规和管理不规范金额2447万元，主要是：立项审批时间长，课题资金到位晚，课题进展滞后；未经批准调整预算；超范围支出劳务费提成、设备和办公用品购置、差旅费；用虚假发票套取课题资金私存私放；采购进口设备未执行政府采购程序；部分课题专利成果不真实，以及课题验收不及时等。

相关工作　为了提升审计人员综合素质，贸易审计局加强学习型审计机关建设，创新学习方式，组织开展"联系实际讲评案例"和"审学研创相结合"活动。全年有针对性地精选和自编21个优秀审计案例，每周讲评1个，对提高审计人员依法审计能力具有很强的指导性。将审学研创相结合的工作方式引入全年工作安排和每个审计项目，如在探索开展商务部参与分配内外贸专项财政资金审计中，组织审计人员从单个项目入手查找问题、"解剖麻雀"、探索方法，然后扩展审计范围，审计结论引起审计署和商务部领导重视，有多份审计信息被审计署重要报告采用，培养了审计人员"实、高、新、严、细"作风。全年完成《中央财政促进内贸发展专项资金分配审计研究报告》《商务部部长经济责任审计评价指标体系研究报告》和《贸促会会长经济责任审计评价指标体系研究报告》；5篇审计案例，其中1篇被刊物采用、2篇获署办公厅鼓励奖、3篇在审计署专网登载。积极参加审计署组织的干部轮岗交流，先后派出9人次参加国内外培训，有1人被评为“2012年审计署查核问题的能手”、1人获硕士学位。（撰稿人：虞伟萍）

【文化体育审计局】 2012年，文化体育审计局（以下简称文体局）人员编制11名，在编11名，另有2名交流干部。设有审计一处和审计二处。主要负责对文化部、国家体育总局、国家文物局及上述部门（单位）在京下属单位的审计监督。

领导成员

局　长：贾有长

审计成果 文体局共组织完成审计项目10个，其中预算执行审计和决算（草案）审签3个、部长经济责任审计1个、专项审计调查5个、财务检查1个。共查出问题金额12.74亿元。移送纪检监察部门违纪案件1起。上报审计署审计信息15期，编写转送有关部门的审计信息5篇，上报审计署专题报告2篇。

预算执行审计和决算（草案）审签 对文化部预算执行审计和决算（草案）审签，查出问题金额10 629.14万元。主要发现文化部公车超编、违规超额发放津补贴，中国歌剧舞剧院弄虚作假，编造假考级证书等问题。对文化部部分司局将会议培训经费转至所属单位，用于违规发放劳务费等与会议、培训不相关支出的问题，已移送文化部纪检组进一步查处。针对文化部存在的未按规定执行政府采购的问题，文体局与文化部召开联席会，共同研究讨论解决问题的办法。

对国家体育总局预算执行审计和决算（草案）审签，查出问题金额18 085.91万元。主要发现国家体育总局未按进度提前拨付项目资金、部分所属单位扩大开支范围、国家奥林匹克体育中心未经批准将部分资产对外出租等问题。文体局分析问题产生的原因，提出整改建议，引起国家体育总局的高度重视。

组织对中国驻印度尼西亚、缅甸、新加坡使领馆、新华社分社、旅游局、办事处等单位的预算执行审计，查出问题金额8 096.24万元。主要发现规费收入未即时上缴、扩大开支范围等问题。

经济责任审计 牵头完成对文化部部长的经济责任审计，查出问题金额69 182.35万元。主要发现文化部未经财政部批准向原中国文化报社和原中国录音录像出版总社出借资金，垫付两单位转制所需的注册资金、国家博物馆未经批准采购进口设备等问题。

专项资金审计（调查） 文体局共开展专项资金审计调查5个，其中部委所属协会专项审计调查2个、“三公经费”支出情况专项审计调查1个、中国科学院电子研究所科技经费专项审计调查1个、科技部部分重大科技专项资金审计调查1个。

（1）对文化部、国家体育总局所属协会专项审计调查，查出问题金额2 639.23万元。在两个部门所属的130家协会中筛选出18家进行重点调查，发现违规收费、违规招投标、违规投资等问题。

（2）对文化部“三公经费”支出情况专项审计调查，查出问题金额13 285.96万元。按照审计署要求，文体局对文化部因公出国（境）费、公务用车购置及运行费、公务接待费等重点资金开展专项审计，查出文化部少报“三公经费”预算等问题。

（3）对中国科学院电子研究所科技经费专项审计调查，查出问题金额1 040.34万元。查出该所对外投资管理薄弱、收益低，科研课题结题不及时、成果转化率低等问题。

（4）科技部部分重大科技专项资金审计调查，查出问题金额2852万元。文体局对北京双鹭药业、北京同仁堂中药研究所、北京昭衍新药研究中心有限公司3家企业负责的重大新药创制课题资金收支管理情况进行专项审计调查，查出课题科研成果验收慢、结题不及时、财务核算不规范等问题。

财务检查 完成对西安特派员办事处的财务检查，查出问题金额1 593.52万元。根据审计署统一部署，文体局组成审计组对西安特派员办事处2010年至2011年6月财务收支情况进行全面检查，查出扩大开支范围、违反政府采购规定采购物资，以及资产不实等问题。

相关工作 （1）转变审计工作思路和方法，加强计算机审计技术的应用。文体局在全年的审计工作中，积极推进联网审计和预算执行审计的有效结合，规范联网审计数据采集，加强联网审计数据分析，结合定期数据监测结果，发现问题疑点，提出审计思路，取得良好的效果。

（2）推行主审负责制，培养审计骨干。为了大力培养审计骨干，文体局积极推行主审负责制，促使每个主审人员在审计项目的实施过程中切实履行责任，充分调动主审的工作积极性和主动性，发挥好主审的审计骨干作用，促进审计人员的成长。

（3）利用已有审计资料，挖掘审计成果。文体局在审计工作中，重视对每个审计（调查）项目取得的审计资料进行深加工，对审计发现的问题进行深层次的原因分析，并通过这种深加工和原因分析努力挖掘审计成果，在全年的审计工作中编写上报各类审计信息20多篇。

（4）实施审计联席会议制度，推动审计整改工作。文体局通过在年度审计结束后，根据审计处理决定和部门存在的问题特点，与被审计单位的财务、审计部门组织召开联席会议的方式，对审计发现的问题进行深入分析，提出审计整改建议，使被审计单位进一步提高对审计发现问题的认识，从而提高整改问题的主动性和积极性，有效促进被审计单位落实审计决定，使审计发现问题及时整改到位。（撰稿人：王　崴）

【卫生药品审计局】 2012年，卫生药品审计局人员编制12人，在编11人，交流干部2人。设有审计一处、审计二处。主要负责对卫生部、国家人口计划生育委员会（以下简称人口计生委）、国家食品药品监督管理局、国家中医药管理局及上述部门（单位）在京下属单位的审计监督。

领导成员

副局长：胡安明（主持工作）

审计成果 卫生药品审计局完成卫生部2011年度预算执行审计和决算（草案）审签、人口计生委2011年度预算执行审计和决算（草案）审签、卫生部部长任期经济责任审计等5个审计项目，审计共查出违规金额4264万元，管理不规范金额57 443万元，审计决定处理处罚4118万元；移送司法机关依法查处的违法案件线索1起，移送驻委纪检组查处的专门事项1件；提交审计报告、审计决定、决算审签意见书等审计业务文书9份；向被审计单位提出审计建议16条。上报重要审计情况1篇，审计信息6篇，其他信息7篇，被审计署采用6篇，其中1篇系单独采用并被国务院领导批示，转送部委处理6篇。

预算执行审计和决算（草案）审签 完成卫生部、人口计生委2011年度预算执行审计和决算（草案）审签。在卫生部2011年度预算执行审计和决算（草案）审签中，查出主要问题有：对以前年度卫生部预算执行审计中发现的案件线索进一步核实，联合国儿童基金会中国代表处卫生营养处项目官员伪造印章、委托支付函、冒用他人名义签订合同等手段，骗取项目资金，涉嫌构成扰乱公共秩序罪、扰乱市场秩序罪和诈骗罪，经署领导批示已移送公安部查处；违规出租固定资产未实行“收支两条线”管理；虚报退休人员经费；委托业务费结余未退回；资产购置未编报新增资产预算；虚列会议费；未严格执行政府采购；下属研究所利用土地对外投资，管理不到位。在人口计生委2011年度预算执行和决算（草案）审签中查出的主要问题有：虚假发票报销套取现金并占为已有、部分报销的资金去向不明；占用下属单位车辆归个别领导使用；政府采购预算编制不完整；基本经费挤占项目经费；扩大开支范围；未严格执行国库集中支付；违规出租房屋未实行“收支两条线”管理；未及时编制基建竣工财务决算；对外投资和接受捐赠不入账；未按规定取得有效票据报销出国费；接受企业有偿捐赠；未按规定向社会公布社会募捐的公益活动和资金使用计划。积极反应政策执行中的问题，发挥审计“免疫系统”作用，促进卫生部、人口计生委完善制度，加强预算管理。

经济责任审计 对卫生部部长任期经济责任审计过程中发现：新农合是党中央国务院为了减轻农民因疾病带来的经济负担，缓解农民因病致贫、因病返贫而建立的一项重要医疗制度，由于农村基层卫生机构服务能力较弱，基础条件差和卫生技术人员短缺，在一定程度上造成人民群众看病难的问题，并且以大病为主的保障制度已经不适应当前的社会经济形势。督促制度创新以向农民群众提供基本医疗卫生服务和扩大受益人群，以维护人民群众的根本利益。

医药科技重大专项审计调查　作为牵头局为审计署安排这一任务做出大量的前期准备和后期服务工作，在审计过程中注重对两个重大专项进行全面分析，总体把握，为其他派出局有针对性地重点延伸打下坚实的基础。同时向审计署提交调查报告，有关问题被审计署采用；在配合审计署社保资金审计方面，也做出大量的协调、服务工作。

相关工作　(1) 积极推进信息化建设，努力实现中央部门联网审计数据分析经常化。始终将信息化建设作为局内工作重要内容，为信息化建设提供强有力的组织保证，始终将现场审计实施系统应用和中央部门联网审计技术方法开发作为信息化建设工作的重要抓手，始终依托审计项目，将信息化建设作为练兵平台，努力培养计算机审计强手人才。

(2) 积极推进与卫生部、国家人口计生委的日常工作协调沟通机制，及时了解、掌握部门重大资金、重点项目实施情况和预算、财务和资产管理制度建设情况，为审计工作开展做好充分的准备。

(3) 对局内工作制度作修改和完善，对局内岗位做详细的职责分工，使行政运行更加有序、高效并严格落实保密制度，定期开展保密教育和检查，确保信息安全，严格执行审计准则，全面加强审计质量控制和审计风险防范。

(4) 加强领导班子和干部队伍建设，为全面提升审计质量和水平提供强有力的人才保证。认真学习党中央、国务院和署党组指示精神，紧紧围绕审计中心工作，加强理论修养和提高思想政治水平，以提高综合素质为核心，以审计项目为练兵平台，通过讲党课、与局内每一位同志定期谈心等活动坚定大家的理想信念，自觉维护署党组的正确决定和自觉执行有关规定。积极响应署党组“创先争优，争当四手”的号召，2 人被中央治理“小金库”重点检查办公室评为先进个人，1 人被评为审计署 2012 年度“四手”审计干部，1 人的先进事迹被编人《审计人的故事》供大家学习。承担审计署《公立医院改革与审计对策研究》《突发公共卫生事件应急体系审计研究》《国家科技重大专项审计研究》和《部长经济责任审计主要内容和评价指标》课题研究工作，1 人的理论研究文章被评为 2010 年至 2011 年审计机关优秀审计论文三等奖。

(5) 全面推进党支部建设，充分发挥党支部战斗堡垒作用。积极开展“创先争优”活动，加强审计文化建设，构建学习型党支部，进一步增强党支部的凝聚力、战斗力和免疫力。在审计署 2012 年基层组织建设年党支部分类定级中，局党支部被确定为“好”等级党支部，组织开展丰富多彩的支部活动，进一步增强党支部的向心力和凝聚力，开展“责任、忠诚、清廉、依法、独立、奉献”审计核心价值观加强审计文化教育活动。

(6) 加强党风廉政建设，进一步增强党支部的免疫力。积极组织全体党员干部学习胡锦涛在十七届中央纪委第七次全会上的重要讲话、《党员领导干部廉洁从政若干准则》和“五个严禁、十七个不准和五个一律”等规定，开展“审计质量为生命线、审计纪律为高压线、文明审计为保障线”的“三条线”教育活动，提高认识，增强意识，使党员干部在思想上筑起一道能够抑制各种腐朽思想侵蚀的牢固防线。

(7) 制定和完善《审计署卫生药品审计局关于加强党风廉政建设的补充规定》，实行执行审计纪律和廉政规定的反馈卡和在审计组实行廉政监督员制度，常抓不懈，未出现过违反廉政纪律的问题，切实做到廉洁从审。　(撰稿人：于海清)

【国资监管审计局】　2012 年，国资监管审计局人员编制 12 人，在编 12 人。设有一处、二处。主要负责对国务院有资产监督管理委员会、国家安全生产监督管理总局、国家电力监管委员会及上述部门（单位）在京下属单位的审计监督。

领导成员

局　长：翟挨才

副局长：周子祥

审计成果　国资监管审计局完成审计项目 2 个，查出违规金额 5 552.70 万元。

预算执行审计　完成对新华通讯社（以下简称新华社）2011 年“三公经费”管理使用情况的审计。审计结果被审计署重要审计信息和专题报告采用。

经济责任审计　参与完成对某中央部门领导

任职期间经济责任履行情况的审计。

基础建设 在党支部建设方面，不断深化学习型党支部的建设，围绕审计署关于建立学习型审计机关、关于加强审计文化建设的意见，开展多项学习、教育活动，打造学习型党支部。抓党建和作风建设，提高队伍的执行力和战斗力。上年年底，党支部召开2011年处以上党员领导干部民主生活会，在民主生活会上局领导从加强作风建设、提升审计工作、创新思维方法、树立一盘棋思想4个方面进行总结。继续深入开展创先争优活动，结合以深化“审计大练兵、全面提素质”为主题的素质提升年、基层组织建设年活动，组织争当“四手”人才、“三个合格”大讨论等各项活动，在局内开展学习、座谈和业务交流，形成“比、学、赶、帮”的良好局面。

在干部队伍建设方面，鼓励年轻同志在完成局内本职工作的同时多参加署里的工作，促进在工作的过程中开拓思路、增长见识，向复合型审计干部方向发展。从年轻干部中选拔1人作为局党支部委员。积极推荐年轻同志晋升，去年1名主任科员被提拔为副处级审计员。

在信息化建设方面，继续做好联网审计系统的维护工作；利用联网审计系统和AO开展计算机审计；推进联网审计制度的实施。

在理论建设方面，积极参与审计署的7项课题研究，提交3篇完整的研究报告和4篇分任务报告。

内部管理 坚持按制度办事，加强劳动纪律管理；坚持按程序办事，加强经费开支及报销的管理；坚持按规矩办事，不提与审计无关的要求，将廉政建设和廉政教育与审计工作结合在一起；坚持按纪律办事，加强保密工作的管理，开展局内经常性的自查，做到三个“一”，即不落一人，不落一台设备，不落一个环节；坚持按规定办事，加强公文处理质量的管理。 （撰稿人：孙 静）

【经济执法审计局】 2012年，经济执法审计局人员编制12人，在编11人。设有审计一处、审计二处。主要负责对国家质量监督检验检疫总局（以下简称质检总局）、国家工商行政管理总局（以下简称工商总局）、国务院法制办和中国法学会及上述部门（单位）在京下属单位的审计监督。

领导成员

副局长：刘文杰（主持工作）

审计成果 经济执法审计局完成审计项目5个，查出各类违法违规和管理不规范金额72 826.16万元；提交审计和审计结果报告4篇，专项审计调查报告6篇，专题材料7篇，审计信息和审计简报9篇；提出各类审计建议16条，相关审计结果被《审计简报》采用3篇，转送部委2篇，被审计结果报告以单独案例形式采用3个，以汇总形式采用41个；审计成果被省部级以上领导批示8篇；下发联网审计纠正函2篇；有47名干部分别移送司法机关和受到党纪政纪处分。

预算执行审计 在工商总局、质检总局预算执行审计中，根据审计方案和两部委的特点，大量延伸相关单位，深化审计内容。一是突出重点内容。对会议费、出国费、业务招待费等经费支出进行较系统全面的重点检查，揭示出两局在计划管理、制度建设、经费报销等环节存在的一些突出问题。二是突出重点单位。对中国质检出版社、中国质检报社等多年未审计的单位重点延伸，揭示这些单位在财务管理、业务经营中的一些重大问题。三是重视分析预算管理中存在的体制机制问题以及业务运行中存在的薄弱环节和潜在风险，加大综合分析和提炼审计成果的力度，推动部门整改提高和从源头上整体上解决问题。

扶贫资金审计 在对甘肃省古浪县的扶贫审计中，坚持原则、敢于碰硬，使贪占扶贫资金的县扶贫办主任、科技局长及两个乡镇的5名嫌疑人受到司法处理；对于该县普遍存在的公款私存等问题，向县委、县政府及武威市委、市政府主要领导进行通报，要求严肃对待，认真整改。市、县两级党委和政府根据审计建议对该县所有乡镇进行全面系统的检查，共查处公款私存资金近亿元，有47名干部受到党纪政纪和司法处理，规范市、县专项资金的管理。

开展课题研究 组织人员开展中国特检行业财务管理体制的课题研究工作。通过研究，不仅锻炼队伍，而且系统回顾中国特种设备安全监察体系历史沿革，深入分析质检系统特检机构财务管理体制现状，重点从体制机制上总结财政管理体制中存在的突出问题。结合行业发展历程和现状，研究借鉴国外成功经验，就深入推进特检行业改革发展，探索有中国特色的特检机构改革创新之路，提出提高专业化的技术服务能力、政事分离、走向市场、整合资源、理顺机构、规范财政管理等建议，推动质检系统特检机构改革发展。

其他审计 坚持“审计一盘棋”的思想，先后抽调6批次31人次参加局外项目的审计、审理及其他工作。其中，7月派出2人参加行政事业司组织的对云南省规范公务员津贴工作的审计调查。抽调2人次参加审计署2012年度预算执行和其他财政收支情况以及决算（草案）审签项目的审理。在所参加的各项审计事项过程中，均表现出认真负责的工作作风，受到有关司局领导和同事的一致认可，工作态度、能力、质量和成效都受到一致好评。

相关工作 加强政治理论教育。根据审计署“查找不足、整改提高”和党的群众路线教育实践活动，全局同志通过“自己主动找，互相帮助找，上级提醒找，对照典型找，突出重点找”等方式，深入查找全局存在的不足和“四风”方面的突出问题，并着力推动整改，使全局同志受到深刻教育。倡导全方位学习。一年来，全局有3人次参加中高级职称考试，2人通过高级审计师资格考试，1人参加党校学习，1人参加在职研究生学习，7人次参加并全部通过AO培训认证等考试，1人自撰出版文化书籍，1人在《中国审计》期刊上发表学术论文，1人荣获中央国家机关工会联合会主办的“学习党的十八大精神主体赛诗会”二等奖。加强廉政教育。认真落实《审计署落实党风廉政责任制的实施办法》和《中国共产党党员领导干部廉洁从政若干准则》的规定，坚持从思想教育、制度保障、责任追究三个方面入手，在干部队伍建设中构筑三条防线，从小事注意，从细微抓起，把廉政教育贯穿于思想政治工作和审计业务工作的全过程，全年没有发生过违反廉政纪律的情况。 （撰稿人：吴意晖）

【广电通讯审计局】 2012年，广电通讯审计局人员编制12人，实有16人，其中交流干部3人。设有审计一处、审计二处。主要负责对国家广播电影电视总局（以下简称广电总局）、新华通讯社、中国外文出版发行事业局、中华全国新闻工作者协会及上述部门（单位）在京下属单位预算执行、决算和其他财政财务收支情况进行审计，开展相关专项审计调查，承办审计署交办的其他事项。

领导成员

副局长：廖金梅

审计成果 完成广电总局局长经济责任审计、中国科学院自动化研究所科技经费专项审计调查、北京理工大学2009年度至2011年度“985工程”组织实施和预算执行情况审计、中国国际广播电台“三公经费”审计、北京理工大学国家科技重大专项（民口项目）资金专项审计调查6个审计和审计调查项目，参加水利部部长经济责任审计。审计查处违纪违规金额1.4亿元，管理不规范金额7.6亿元，非金额计量问题21个，损益不实金额4.5亿元；提交审计报告和专项审计调查报告5份、提出审计建议10条，大部分被相关单位和部门采纳；编发审计信息4篇，其中1篇得到批示，2篇被署领导批转函采用，审计结果报告采用30条。向纪检监察机关和有关部门移送处理事项2件，其中1件移送驻在部门已查处。审计促进整改落实有关问题金额3962万元。

经济责任审计 完成广电总局局长任职期间经济责任审计。客观分析评价局长任职期间履行经济责任情况，提出符合实际的解决问题和改进工作的审计建议；发现广电总局某项传输技术标准存在安全隐患问题并编发审计信息，经领导批示转广电总局整改；延伸审计中央电视台，发现少儿频道转移项目资金123.9万元，经署领导批示后移送中纪委驻广电总局纪检组查处，相关责任人已受到党纪政纪处理。配合农林水利审计局开展对水利部部长的经济责任审计，主要承担对12个方面重大经济决策事项的审计并做出评价；发现水利部科技推广中心参股公司重大违法案件线索。

专项资金审计（调查） 完成北京理工大学2009年度至2011年度“985工程”组织实施和预算执行情况审计，发现违规用专项资金8604万元、捐赠收入财政配比资金3961万元发放人员工资津补贴，部分科研项目支出使用假发票报账404万元，违规将财政拨款15 647万元分配转入事业基金等主要问题。良乡校区建设存在成本不实、招投标违规等问题，经署领导批转工业和信息化部查处。完成北京理工大学承担国家科技重大专项（民口项目）的组织实施、资金管理、使用及科研成果取得等情况的专项审计调查。完成中国国际广播电台2011年“三公经费”管理使用情况审计。参加中国科学院科技经费专项审计调查，发现中国科学院自动化研究所所长违反规定在企业兼职取酬的问题，已移送中国科学院处理。

其他审计　完成审计署南京特派员办事处2010年和2011年1月至6月财政财务收支审计。对广电总局在京13个单位进行调查，了解其业务内容、预算安排、体制改革以及审计关注的重点等。派出4人次参加联合国审计，1人参加署统一组织的南水北调工程项目审计。

相关工作　加强队伍建设，努力培养“四手”人才。深入学习贯彻署党组的各项决策部署，尤其是深刻领会习十七届六中全会《中共中央关于深化文化体制改革推动社会主义文化大发展大繁荣若干重大问题的决定》，结合审计管辖单位的业务特点，理清思路，明确目标，制订工作计划。着力培养青年骨干，鼓励他们参加党校学习、计算机中级培训、知识结构调整培训等，工作视野和审计思维不断开阔，综合素质和实战能力得到提高。

加强制度和基础建设。学习贯彻审计法实施条例和国家审计准则，修订完善16项内部规章制度。从审计方案制订、发现问题、问题定性、问题处理等关键环节强化审计质量管理，防范审计风险。

做好党建和思想政治工作，充分发挥战斗堡垒作用。坚持党的民主集中制，坚持“三会一课”制度。开展读书演讲活动，交流读书体会。组织参观博物馆、纪念馆，并结合审计业务特点，组织参观农村放映基地、中影集团影视制作基地和北京理工大学校史展，观看中国革命和建设题材的优秀影片等特色支部活动。制作宣传板报，以文字图片等形式，宣传审计成果、学习心得，向驻在部门展示广电通讯审计局全体同志的精神风貌。

着力构建廉政风险防范机制，制定《广电通讯审计局职权目录、风险点及防控措施表》和《广电通讯审计局权力运行图》并认真贯彻落实，未发现违反“八不准”审计纪律问题。

开展农村电影放映工程、经济责任审计的主要内容和评价指标课题研究，为宣传文化领域审计提供理论基础。

（撰稿人：廖　辉）

【新闻报刊审计局】　2012年，新闻报刊审计局人员编制11人，在编11人。设有审计一处、审计二处，主要负责对新闻出版总署（国家版权局）、人民日报社、光明日报社、经济日报社、中国日报社、求是杂志社及上述部门（单位）在京下属单位的审计监督。

领导成员

局　长：王道平（—2月）

李建新（2月—）

审计成果　新闻报刊审计局完成预算执行和其他财政收支以及决算（草案）审计项目2个，“三公经费”管理使用情况审计项目2个，参与部长任期经济责任审计项目1个，完成国家科技重大专项（民口项目）10个课题资金的专项审计调查。提交审计报告4篇、信息10篇、简报1篇，被审计署采用6篇，转送被审计单位所在部委领导1篇，转送其他综合部门处理4篇。

预算执行和决算（草案）审计　在对求是杂志社2011年度预算执行和其他财政收支以及决算（草案）审计中，结合被审计单位预算执行和其他财政收支的特点开展审计，发现的主要问题有：未按规定编制政府采购项目及资金预算、未按政府采购规定实行集中采购、报销凭证不规范、违规刊登没有明确广告标志的广告等问题。求是杂志社已经认真整改审计查出的问题，积极完善内部控制，提高管理水平，部分问题已经得到纠正。

在对经济日报社2011年度预算执行和其他财政收支以及决算（草案）审计中，以资金使用为突破口，揭露该单位扩大开支范围使用项目资金、决算报表多计项目支出、驻地记者站违规参与报纸发行、未经审批为驻地记者站开设银行账户、多支付广告代理费、应收款项长期挂账等问题。新闻报刊审计局认真分析产生上述问题的原因，提出多条审计建议。经济日报社根据审计建议积极整改，部分问题已经得到纠正。

其他审计　按时高效地完成“三公经费”管理使用情况审计。开展对新闻出版总署和中国日报社 2011 年“三公经费”管理使用情况的审计。

积极配合其他派出局开展部长任期经济责任审计。新闻报刊审计局派出 9 人配合农林水利审计局开展水利部部长任期经济责任审计。这是新闻报刊审计局第二次承担任期经济责任审计工作，在总结光明日报社总编辑任期经济责任审计经验的基础上，认真研究水利部部长任期经济责任审计实施方案，服从农林水利审计局的统一安排，细化审计任务，认真实施审计，顺利完成现场审计工作，达到预期的审计目标。在此次审计中，新闻报刊审计局始终尊重同志、顾全大局、虚心学习，同时把自己的审计经验毫无保留地介绍给其他派出审计局的同志，特别是鉴别假发票的经验，达到相互学习、相互交流、增进了解、维护团结的目的。

全力配合，做好国家科技重大专项（民口项目）10 个课题资金的专项审计调查工作。新闻报刊审计局对中国中医科学院承担的 10 个国家科技重大专项课题项目资金进行专项审计调查。审计调查以项目资金走向和项目立项的各个环节为主线，重点关注课题承担单位使用项目资金的情况。审计调查揭露部分科研项目立项审批时间较长，项目进展滞后，课题未按时结题；有的课题在立项前就下拨研究经费；扩大开支范围使用课题经费；科研成果不实；课题验收不及时等问题。

相关工作　积极响应和贯彻党中央和审计署党组、机关党委的号召和要求，坚持政治、业务理论学习，进一步提高全体党员干部的政治素质和思想觉悟，全面促进各项工作的开展。坚持审计业务和相关知识的学习，不断提高业务能力，以适应新时期审计工作的需要。按照审计署党组和机关党委的要求，认真扎实开展“创先争优、争当四手”活动，力争在各自的工作岗位上创造良好的工作业绩。重视廉政工作，组织全体党员干部认真学习《党员领导干部廉洁从政准则》，帮助党员干部牢固树立廉洁从政的意识，认真开展廉政检查，从局领导到一般干部，都认识到做好廉政工作是对干部的爱护，是对每一同志家庭幸福生活的维护。　（撰稿人：杨　和）

【旅游侨务审计局】　2012 年，旅游侨务审计局人员编制 9 人，在编 8 人。设有审计一处、审计二处。主要负责审计中央统战部、中央台湾工作办公室、中华全国台湾同胞联谊会、国家旅游局、国务院侨务办公室、国务院港澳事务办公室、中华全国归国华侨联合会及上述部门（单位）在京下属单位的审计监督。

领导成员

副局长：董维明（—10 月，主持工作）

　　　　李秀才（11 月—）

审计成果　旅游侨务审计局全年完成审计项目 5 个，查出违规金额 12 209 万元，管理不规范金额 11 981 万元，应归还原渠道资金 93 万元，已归还原渠道资金 83 万元。提交审计工作报告 2 份、信息 5 篇，被采用 3 篇。发出审计建议纠正函 2 份。

预算执行审计和决算（草案）审签　旅游侨务审计局与民族宗教审计局共同承担国家民委 2011 年度预算执行和其他财政收支情况审计项目，独立负责国家民委所属中央民族大学 2009 年度至 2011 年度“985 工程”组织实施和预算执行情况审计。面对全新的审计领域和审计组织形式，旅游侨务审计局高度重视，做出提前介入、充分准备，审前培训、审中及时沟通交流，明确审计目标、突出审计重点的总体工作部署和要求，围绕行政事业审计司提出的“985 工程”审计重点和相关要求，积极谋划审计思路，审计查出该校“985 工程”项目申报实施、组织验收、预算编制、资金使用、收费上缴、设备采购、基建修缮、科研管理、师资建设、留学生培养等 10 方面 38 个问题，其中 13 个问题被审计结果报告采用，13 个问题被审计专题报告采用，9 个问题被国家民委审计报告采用，上报审计信息 2 篇。审计结果在中央民族大学引起震动，该校表示这是近年来所接受的各项外部监督中最全面、最深刻、最细致的一次审计，为该校围绕建设国际知名高水平研究型大学目标，推进提升学校综合实力和内部管理水平发挥了建设性作用。

经济责任审计　与文化体育审计局、宣传审计局共同完成的文化部部长 2008 年 3 月至 2012 年 5 月经济责任审计项目，旅游侨务审计局具体负责审计文化部所属国家博物馆和中央民族乐团。沿着项目资金走向，延伸审计四川省相关文化单位。面对情况复杂、资金量大、时间紧迫、任务繁重的现实，旅游侨务审计局紧紧围绕领导同志守法、守纪、守规、尽责情况，通过集体座谈、个别约谈、查阅资料、查看现场等方式，较全面地把握各单位基本情况，确定将工作重点聚焦到工程建设、制度建设、资金管理和资产管理等方面的工作思路，取得较好成效。审计发现上述单位一些重大事项未履行民主决策程序、内部管理制度不够健全、各项收入未统一管理核算、扩大专项资金开支范围、向地方转嫁摊派费用、未严格履行政府采购和招投标程序、违规处置资产和出租办公楼等多个问题，其中5个问题被部长经济责任审计报告采用。文化部部长对审计报告做重要批示，要求文化部相关单位从制度、程序、机制等源头上加强治理和整改。

专项资金审计（调查） 根据审计署统一部署，与农林水利审计局共同开展中国科学院理化技术研究所科技经费专项审计调查。旅游侨务审计局牵头负责科技经费管理使用和对外投资情况调查，协助参加基本建设情况调查。旅游侨务审计局摸清该所科技经费来源结构和支出去向、科技成果转化、基本建设项目、对外投资等总体情况，发现中国科学院违规拨付经费、理化技术研究所以财政资金作为匹配经费、已结课题未结账、扩大经费开支范围、基建项目未经招投标等问题，得到中国科学院及理化技术研究所的高度重视。

联网审计 在工作任务饱和、人员长期在外的情况下，克服困难，创造条件，通过中央部门联网审计系统将国家旅游局各类数据收集回传至国家审计数据中心，为开展联网审计数据分析提供便利。在对国家旅游局2012年预算执行联网审计中，旅游侨务审计局将审计关口前移，变事后监督为事前和事中监督，努力发挥审计的预警预防作用，及时发现项目预算执行进度缓慢、无预算动用上年结转资金等问题。国家旅游局对此高度重视，多次和旅游侨务审计局沟通情况，并对相关问题及时进行整改。

相关工作 按照署党组提出的“实、高、新、严、细”的要求，加强对局内人员的业务培训和学习，不断提升审计人员综合素质。除组织同志们反复学习审计法、财政违法行为处罚处分条例和行政事业单位国有资产管理办法等审计常用法律法规外，还邀请相关部门的领导和兄弟派出局的同志做“如何进一步深化部门预算执行审计”的专题讲座，拓展审计思路。积极为年轻同志创造机会，参与署统一组织的审计项目，通过业务学习、培训、实践，全面提高全局人员的审计业务能力，收到较好效果。（撰稿人：林丽华）

【科学工程审计局】 2012年，科学工程审计局（以下简称科工局）人员编制12人，实有14人，其中在编11人。设有审计一处、审计二处。主要负责审计中国科学院、中国社会科学院、中国工程院及上述部门（单位）在京下属单位的审计监督。

领导成员

局　长：王中信（—7月）

　　　　李　捷（7月—）

审计成果 科工局在对中国科学院（以下简称中科院）和中国社会科学院（以下简称社科院）2011年度预算执行审计、决算（草案）审计中，共发现不符合财经制度规定的问题金额3.54亿元，其中应上缴财政1 198.79万元，应归还原渠道资金14 379.25万元，应调账处理金额22 548.78万元；已上缴财政1 198.79万元，已归还原渠道资金14 379.25万元，已调账处理金额22 548.78万元。审计中，发现其他财政收支方面不符合财经制度规定的问题金额1.12亿元，预算不够细化26亿元，无依据支付招生中介费1050万元。中科院所属9个单位在项目支出中大量列支奖金福利费等问题，在审计长向全国人大常委会所做的《关于2012年度中央预算执行和其他财政收支的审计工作报告》中进行披露，在社会上引起较大反响。3篇信息被转送中科院，另有3篇信息被要情要目采用。

科工局还对中科院“十一五”期间科技经费管理使用和科技成果转化、基本建设项目建设管理以及对外投资等情况进行专项审计调查，参加对中央部门主管社团组织审计调查、对财政部部长的经济责任审计、南水北调工程审计。

预算执行审计 (1)预算执行存在的主要问题。社科院及所属部分研究所自行调整预算、预算编报不完整，涉及金额 15 303 万元；中科院、社科院所属部分单位预算执行不严格，扩大零余额账户开支范围 6825 万元；中科院所属部分单位扩大科研经费开支范围 11 740 万元；中科院、社科院所属部分单位虚列支出、损失浪费、挪用等 1531 万元。

(2)其他财政收支存在的主要问题。社科院所属部分研究所报销虚假单据 638 万元，用于发放课酬、补贴等；社科院所属部分单位调查项目未进行公开招标，支出监理费 240 万元；中科院所属部分单位自行出租房屋、未及时收取资产占用费等，涉及金额 1448 万元；中科院所属部分研究所 6897 万元资产未入账；中科院所属部分单位项目立项手续不完备，涉及金额 2000 万元。

(3)帮促被审计单位建章立制。科工局在与被审计单位交换意见时，认真阐明问题的性质、原因、处理依据，使被审计单位对问题有深刻的认识，促进整改提高。中科院、社科院对 2011 年审计结果都很重视，表示将认真整改，制订整改方案，针对问题建立规章制度，将整改措施落实到规章之中。社科院某研究所针对审计结果反映的问题，进行深刻反思，在形成的书面材料中谈 5 点深刻认识，制定 7 条规章制度。针对中科院预算执行审计中发现的课题经费、贵重材料、对外投资等管理中存在的问题，与中科院计财局召开专题座谈会，就加强对中科院所属单位管理等方面进行座谈，分析问题的性质，剖析问题产生的原因，帮助被审计单位建立完善有关管理制度，从政策、体制、机制的高度促进被审计单位健全内控制度。

相关工作 (1)探索“深化、规范、提高”的有效途径。科工局转变传统观念，深化对审计的认识和把握，学习和了解宏观经济知识，充分发挥审计“免疫系统”功能，当好公共财政的“卫士”，为完善国家治理发挥更大作用；充分了解、学习、领会财经法规和相关行业的法律法规，反复学习审计法、审计条例、审计准则等审计法规，做好审计监督工作；树立宏观意识，使大家的能力在互相促进中得到提高。

(2)在实践中锻炼年轻干部。科工局要求审计工作要有条不紊，循序渐进，在审计中充分发挥以老带新、以新促老的作用，大胆在实践中锻炼年轻干部，逐渐做到人人都能做主审。各处领导和老同志也大力支持、帮助主审工作，鼓励年轻干部敬业爱岗，激发年轻同志的主动性和责任感，增强和老同志之间的交流与促进，对审计工作质量和水平的提高起到良好的促进作用。

(3)弘扬审计人员核心价值观。在学习、宣传审计人员的核心价值观时，要求首先要做一个合格的普通公民，对家人、对邻里、对同事、对社会要遵守责任、忠诚、奉献、守法的价值观。结合审计的职业特点，从更高的层次，即对党、对国家、对人民、对事业、对历史和对法律的高度，遵循“责任、忠诚、清廉、依法、独立、奉献”的核心价值观，要求大家履行审计监督职责，充分发挥审计“免疫系统”功能，保障经济社会健康运行。

(撰稿人：王庆平)

【地震气象审计局】 2012 年，地震气象审计局人员编制 9 人，在编 9 人。设有一处、二处。主要负责审计中国气象局、中国地震局、国务院参事室、国家信访局及上述部门(单位)在京下属单位的审计监督。

领导成员

局　长：宋灵恩

审计成果 地震气象审计局完成审计项目 4 个，其中预算执行审计和决算(草案)审签 2 个、经济责任审计 1 个、专项资金审计调查 1 个。共查出问题金额 63 354 万元，应上缴财政 1542 万元，应调账处理金额 1422 万元；已调账处理金额 1231 万元。移送司法机关、纪检监察部门处理事项 1 件。提交审计报告和专项审计调查报告 6 篇，查出的 5 个问题被汇总反映、4 个问题在转送被审计单位或其他综合部门转送函中汇总反映；提交审计信息和审计简报 3 篇，经署领导批示转送其他综合部门 1 篇。

预算执行审计和决算(草案)审签 坚持“严格查处、立足整改、规范提高、促进发展”的总体工作原则，完成对中国地震局和国家信访局2011年度预算执行和其他财政收支情况以及决算（草案）审签的审计，重点检查部门预算编制与执行情况、财政资金管理及使用效益情况，以及执行政府采购制度情况等。

在中国地震局的审计中，查出各种违规和管理不规范金额35 753.21万元，查出的主要问题包括：中国地震局本级及部分所属单位未经批准调剂使用项目预算资金、部分所属单位挪用财政资金或扩大财政项目支出范围、中国地震局本级违规在所属单位列支会议费、防灾科技学院已完工项目未及时进行竣工财务决算、大学生体育馆工程超投资概算建设、防灾技术与地震工程实验楼项目化整为零，规避审批。

在国家信访局的审计中，查出各种违规和管理不规范金额3 347.03万元，查出的主要问题包括：个别财政拨款项目未按实际需求编报支出预算、扩大项目经费开支范围、房产出租事项未按规定报批且租金收入未上缴中央国库、取得房产拆迁补偿款未按规定上缴中央国库、机关办公楼物业管理及餐饮等服务事项未按规定执行政府采购、机关车辆超编且将部分车辆借给所属单位使用、所属2家事业单位未按规定办理事业单位法人登记。

根据国家法律、法规的规定，地震气象审计局分别对上述问题做出处理，提出审计建议。中国地震局和国家信访局高度重视，立即采取纠正整改措施，进一步完善制度、加强管理，提高依法理财意识和依法行政水平。

经济责任审计　与科学技术审计局、国资监管审计局共同完成中国地震局局长经济责任审计。审计中，认真按照署办公厅印发的审计工作方案要求，以领导干部任职期间部门预算执行和其他财政收支以及有关经济活动的真实、合法和效益为基础，重点关注部门贯彻执行经济法律法规、党和国家关于经济工作的方针政策和决策部署，重大经济决策制度制定、执行情况，部门内部管理和对所属单位监管情况，以及领导干部本人遵守有关廉洁从政规定情况等方面，对该部门存在的违反行政许可法规定的行为，以及该部门重大经济决策制度执行不规范等问题在审计报告中做反映，并提出纠正存在问题、改进工作管理的意见和建议。中国地震局高度重视审计意见，专门召开局党组会讨论布置审计整改工作。

专项资金审计（调查）　在行政事业审计司的统一安排下，完成对国家药典委员会、首都医科大学附属北京天坛医院、中国医学科学院阜外心血管病医院3家单位国家重大科技专项（民口项目）专项资金审计调查。审计调查以摸清项目组织管理等基本情况，揭示项目管理和资金使用等方面存在的突出问题，进而从体制、机制、制度层面提出改进意见建议为出发点，重点关注科研成果验收及转化、资金管理和使用以及项目组织管理三个方面，重点抽查课题经费预算4 744.74万元。

在国家药典委员会的审计中，查出的主要问题包括：子课题“药品标准信息平台建设”任务未能全部完成、2010年版《中国药典》收录的技术标准不属于课题研究最新成果、多数课题论文未按规定标注“国家重大科技专项经费资助”字样、擅自扩大财政专项资金开支范围、北大医学部未经批准超比例计提管理费和水电费、未能及时向课题参与单位转拨财政专项经费、课题实施研究的具体品种与预算编报中确定的品种相比变动较大、课题任务及资金较分散且经费分配平均化、重大专项实施管理办公室未及时组织课题验收等。

在首都医科大学附属北京天坛医院的审计中，查出的主要问题包括：一项课题专利申请日期早于课题申报日期、两项科技专利成果的专利权人登记为个人、配套资金支出内容与预算不符、“测试化验加工费”预算申报不实且实际执行中调整较大、未严格按预算评审报告签订任务合同书、自行调整（取消）课题合作单位和课题研究任务、课题专项经费未全部到账、重大专项实施管理办公室未及时组织课题验收等。

在中国医学科学院阜外心血管病医院的审计中，查出的主要问题包括：个别课题任务未达到任务书要求、部分专项经费支出与预算规定不符、部分专项资金未按规定转入特设账户统一管理和核算、大型科研设备因未能购入投入使用对课题实施工作产生一定影响、重大专项实施管理办公

室未及时组织课题验收等。（撰稿人：王　琳）

【宣传审计局】　2012年，宣传审计局人员编制9人，在编8人。设有一处、二处。主要负责审计中央宣传部、全国哲学社会科学规划办公室、中国文学艺术界联合会、中国作家协会、国务院发展研究中心及上述部门（单位）在京下属单位的审计监督。

领导成员

局　长：段大波（—10月）

副局长：韩大川（10月—，主持工作）

审计成果　宣传审计局完成审计项目3个，查出违规及管理不规范金额69 431.9万元。提交审计报告4篇，审计报告内容被审计署审计结果报告和审计署综合报告等采用。上报《重要审计情况》1期，经审计署领导批示转送有关部门查处。提交审计专题报告1篇上报国务院。

专项资金审计（调查）　宣传审计局承担中国农业大学“985工程”专项资金的审计任务。审计中，宣传审计局按照“严格查处、立足整改、规范提高、促进发展”的总体工作原则，在摸清中国农业大学经费来源和支出结构的基础上，以审查“985工程”规划的编制落实和资金管理使用的合规、绩效情况为核心，重点审查“985工程”项目目标、建设内容、项目资金分配使用及管理情况。审计揭示中国农业大学使用“985工程”专项资金购买生产性设备，用于生产经营，未经批准自行调整项目预算，设备采购中通过化整为零及内部招标形式，规避公开招投标等问题。

在完成“985工程”项目资金审计调查的基础上，围绕科研经费管理中存在的普遍性突出问题，宣传审计局重点抽查中国农业大学承担的国家重点项目转基因生物新品种培育国家重大专项经费的管理和使用情况，揭示用虚假发票和事项套取财政重大专项资金问题，并以《重要审计情况》报审计署转送有关部门查处。

经济责任审计　宣传审计局参加文化部部长经济责任审计工作，具体负责审计被审计人分管的故宫博物院和中国儿童艺术剧院。审计人员在全面把握部长任职期间履行经济责任情况的基础上，对故宫博物院和中国儿童艺术剧院遵守有关法律法规，贯彻执行党和国家有关经济工作方针政策和决策部署情况，预算执行和其他财政收支情况，重大经济决策制度制定、执行和效果情况，内部管理和对所属单位监管情况等重点内容进行审计。揭示故宫古建文物保护条件差，存在较大安全隐患；对外开放展览面积少，文物展出数量少，不利于文化展示和传播；经营服务网点过多，布局不合理；会计信息不准确和故宫出版社改制不彻底，遗留问题尚未妥善解决等问题，提出加大开放参观面积和文物展出数量，加大古建和文物的修缮保护力度，加强内部管理的审计建议。查出中国儿童艺术剧院违规租赁农村集体用地建设舞美制作仓储基地，国有资产存在损失风险等突出问题。结合经济责任审计评价指标体系，全面、客观分析不同责任类型，准确界定被审计人应承担的责任。

在完成经济责任审计工作的基础上，对社会关注度高的故宫博物院古建文物安全问题，进行审计调查。先后邀请故宫博物院主管副院长、保卫处、文物管理处、财务处等有关职能处室的负责同志及专家进行座谈，在全面了解故宫博物院古建文物保护和游客安全管理现状的基础上，就安全管理中存在的突出问题开展讨论。查阅相关资料。结合座谈讨论掌握的情况，查阅有关基础设施建设、安全事故报告、总结、分析说明等文件材料，认真进行分析。设计相关表格，请有关部门填列数据。实地走访观察故宫开放区域及未开放地区古建文物保护及游客管理等情况，并对损坏较为严重的雨花阁等古建以及外单位占用情况，拍摄照片取证。通过认真细致的调查，揭示古建文物防火、防雷设施不全，基础设施老化，存在安全隐患；古建文物保管条件差，缺乏防震等措施和经常性维护和修缮；参观游客人数急剧增加给古建文物和游客安全带来较大隐患等故宫安全中存在的突出问题。注重从国家政策和故宫自身管理等多角度分析产生问题的原因，提出国家应从战略层面总体规划，制定全面的系统保护措施，加大政策支持和财政投入；故宫博物院应认真调查研究，全面排查，并根据保护级别及状况科学规划和设计故宫的安全保护需求和措施等促进故宫事业发展的审计建议。宣传审计局《关

于故宫几个安全问题的专题报告》报审计署并上报国务院。（撰稿人：王永泰）

审计署驻地方特派员办事处

【京津冀特派员办事处】 2012年，京津冀特派员办事处人员编制260人，在编171人。设有办公室、法规处、财政审计一处、财政审计二处、行政事业审计处、资源环保审计处、固定资产投资审计处、金融审计一处、金融审计二处、企业审计一处、企业审计二处、社会保障审计处、外资运用审计处、计算机审计处、人事教育处、机关党委。

领导成员

特派员：赵继旺

副特派员：李占维

蔡　峰　王　波

纪检组长：孙雅琴

审计成果 京津冀特派员办事处共投入审计工作量26 492人·日，查出违规金额184 228万元，损失浪费金额15 996万元，损益（收支）不实金额154 722万元；移送司法、纪检监察机关及有关部门处理事项9件，涉案人员35人，涉案金额10 154万元；增收节支3711万元，全部已上缴财政；审计提出建议38条，被采纳23条；被审计单位制定整改措施83项，建立健全规章制度29项。编发审计信息96期，累计被采用333篇次。组织实施的审计项目被审计署评为优秀项目2个（含社会保障资金审计项目）、表彰项目2个。

财政审计 在财政大格局审计中，京津冀特派员办事处承担对河北省财政审计任务，审计中揭示一系列体制、机制、制度层面和亟待解决的问题：基层财政收入过度依赖上级财政转移支付及对房地产行业依赖过大、河北一些地方农用地膜回收率低且残留物污染问题严重、民办中小学校舍安全工程进展缓慢和安全状况堪忧、铁路建设相关单位拖欠农民工工资等，促进河北省政府预算体系、财税体制、预算执行管理的健全和完善。审计查出的河北省某县挪用巨额财政资金案件，该县县长、财政局长等13人受到撤销党内职务、行政降级等党纪政纪处分。在宁夏节能减排专项资金审计中，反映某燃煤电厂氮氧化物减排进展缓慢、脱硝电价补贴政策亟待完善、宁夏排污权交易试点工作开展受制于两个因素等多个问题。

金融审计 在中国建设银行原领导人任期经济责任审计中，发现"地下钱庄"、非法集资、内幕交易、贷款诈骗、POS机套现、偷税漏税等20多个违法犯罪线索。在人民银行总行审计中，对人民银行下属单位交易商协会展开深入调查，发现的企业债券市场弄虚作假突出、不利防控融资风险问题，中国信用评级体系存在的问题等，分别以专题报告形式上报审计署，均被国务院领导批示。

社会保障审计 组织实施河北省本级、石家庄市、天津市社会保障资金审计项目。针对审计时间紧、任务重、要求高、难度大等特点，精心组织，科学安排，各审计组分别下设联络协调组、综合分析组、数据技术组、政策法规组、廉政监察组，协调多方资源，创新审计工作方法，取得较好的成效。该项目共编发35期审计工作动态。向司法机关移送案件线索2件，涉案人员2人，涉案金额617.31万元。被审计署评为优秀审计项目1个、公务员奖励集体三等功2个、集体嘉奖1个、个人二等功2个、个人三等功1个、个人嘉奖2个。

企业审计 在国家开发投资公司（以下简称国开投）领导人员任期经济责任审计中，重点关注重大投资、煤炭购销、资源性资产交易等领域，专题调查企业发展战略与定位和贯彻落实国家宏观政策情况。审计查出国开投违规投资某省开发区体育公园项目4.27亿元、出资1.13亿元购置高尔夫别墅作为公司会所、循环空转虚增和转让信托资产35亿元等多个问题。（撰稿人：刘　铁）

【太原特派员办事处】 2012年，太原特派员办事处（以下简称太原办）人员编制150人，在编136人。设有办公室、法规处、财政审计处、行政事业审计处、资源环保审计处、农业审计处、固定资产投资审计处、金融审计处、企业审计处、社会保障审计处、外资运用审计处、计算机审计处、人事教育处和机关党委。

领导成员

特派员：朱登云

副特派员：卢华胜　王爱梅

纪检组长：王铁英（—10 月）

审计成果　太原办共实施审计项目 18 个，其中 13 个审计项目已按审计署规定时间完成并上报审计报告，其余 5 个跨年度审计项目正在按计划组织实施。审计（调查）查出主要问题金额 880.4 亿元，违规金额 201.5 亿元，管理不规范金额 678.7 亿元，损失浪费金额 2076 万元。通过审计挽回损失 577 万元，审计促进整改落实有关问题金额 17.2 亿元。移送司法、纪检监察机关处理案件 3 起，涉及人员 3 人，金额 45.1 亿元。移送其他部门处理案件 12 起。提交审计工作报告、信息 244 篇，被采用 118 篇。

财政审计　实施山西省县级政府性资金专项审计调查和 2012 年地方财政收支审计项目。审计查出主要问题金额 36.5 亿元，其中违规金额 5.2 亿元，管理不规范金额 31.3 亿元。向有关部门移送案件 1 起，移送处理金额 35 695 万元。审计促进整改落实有关问题资金 13 454 万元。审计发现乡镇综合文化站使用率低，个别县级政府出台招商引资政策变相返还财政收入，县级财政部门预算改革和国库管理制度改革进展不够理想，地方财政超收收入管理应进一步规范等问题。

金融审计　组织实施人民银行太原中心支行 2011 年度财务收支审计、山西银监局 2011 年度预算执行和其他财政收支以及决算（草案）审计、中国农业发展银行山西省分行基本养老保险基金审计、中国人民银行太原中心支行基本养老保险基金审计，以及内蒙古自治区有关市企业民间借贷情况审计。审计查出主要问题金额 6815 万元，其中违规金额 443 万元，管理不规范金额 6372 万元。主要问题有：一些地方在预算之外向融资平台公司大量出借财政资金；再贴现业务在个别地市未能较好发挥作用；一些公司或个人非法介入信贷发放等融资业务扰乱正常金融秩序；部分县区农民资金互助合作社蕴藏较大金融风险；一些企业通过虚构注册资金扩大融资规模隐藏较大风险；商业银行采取投资信托受益权模式规避银行合作业务监管等。

行政事业审计　组织实施山西省农村中小学布局调整审计调查项目。审计查出主要问题金额 1849 万元，其中违规金额 1551 万元，损失浪费金额 130 万元，管理不规范金额 168 万元。查出的主要问题有：已撤并农村中小学校园校舍存在闲置问题；智障残疾儿童就学困难，特殊教育亟待进一步完善；部分学校资产缺乏有效管理，学校面临国有资产的流失；山区贫困县中小学卫生保健设施不足；落实“两免一补”政策不到位，义务教育阶段民办中小学学生负担较重等。

农业与资源环保审计　组织实施山西省现代农业生产发展专项资金审计和山西省节能减排专项资金审计项目。审计查出主要问题金额 10.3 亿元，其中违规金额 2 亿元，管理不规范金额 8.3 亿元。发现的主要问题有：一些地方农用地膜回收利用率低，残留物污染问题凸显；一些地区燃煤电厂氮氧化物减排政策措施落实不到位；投资项目节能评审质量不高，约束作用发挥不明显；排污权交易试点工作进展缓慢，排污权交易不活跃；餐厨废弃物资源化利用和无害化处理项目进展缓慢等。

固定资产投资审计　组织实施山西省中小学校舍安全工程资金审计、三峡枢纽工程其他费用竣工决算审计和 2012 年南水北调工程审计项目。审计查出主要问题金额 52.3 亿元，其中违规金额 885 万元，管理不规范金额 52.2 亿元。主要问题有：一些中小学校舍抗震改造措施不到位；一些地方中小学校舍安全排查和加固工作存在薄弱环节；三峡水库消落区治理有待进一步加强；三峡库区环境及灾害整治取得较大进展，部分隐患和困难尚待解决等。

社会保障审计　组织实施山西省社会保障资金审计、新疆生产建设兵团社会保障资金审计项目。审计查出主要问题金额 26.2 亿元，其中违规金额 3.1 亿元，损失浪费金额 1872 万元，管理不规范金额 22.9 亿元。查出的主要问题有：部分市县统计上报的保障性安居工程完成情况数据不准确；城市棚户区改造范围界定及运作模式需要进一步规范；一些地方保障性住房建设管理不到位，不利于保证房屋建设质量；一些单位大量使用劳务派遣工且未能有效保障其相关权益等。

企业审计 组织实施2011年铁路建设基金预算执行情况审计。审计查出主要问题金额63.2亿元，其中损失浪费金额73万元，管理不规范金额63.1亿元。在审计中发现铁路建设基金筹措面临较大困难、高速铁路建设外方监理制度执行中存在人员配备不足和信息安全隐患等问题。

经济责任审计 组织实施山西省省长经济责任审计、西北工业大学校长经济责任审计、中国农业银行江苏分行经济责任审计和中国建设银行江苏分行经济责任审计等审计项目。审计查出主要问题金额691.1亿元，其中违规金额190.9亿元，管理不规范金额500.2亿元。查出的主要问题有：山西省违规安排煤炭可持续发展基金，煤炭可持续发展基金的安排使用未纳入投资计划管理；EMBA教育管理亟待规范；某集团及关联公司利用虚假资料骗取银行贷款；某公司违规办理银行承兑汇票贴现业务等。

信息化建设 太原办在"数据分析先行"工作思路的指导下，提出搭建"三级数据分析平台"的计算机审计工作思路，取得一定的成绩。整合多部门、跨专业数据，搭建特派办三级数据分析平台。按照各审计组提出的需求对数据进行深入挖掘和关联分析，为各专业审计组提供技术支持。根据审计组的业务需求，组建审计组级数据分析平台。根据具体需求，针对特定数据，构建审计人员级数据分析平台，完成个性化的数据分析。分层次搭建三级数据分析平台，通过数据信息与业务经验的紧密结合，人力资源与设备资源的科学组合，业务骨干和计算机骨干的有效整合，以及审计延伸与数据分析时间的合理安排，增强计算机技术对审计工作支撑能力，强化数据分析审计成果的转化率，提高审计信息化水平。

队伍建设 （1）太原办从抓班子入手，一方面加强领导班子思想作风建设，增强政治敏锐性。办党组在安排布置各项工作时严格贯彻执行署党组的决策部署，积极发挥党组班子的思想引领作用。对确立的工作发展目标，坚持统一思想，坚定意志，坚决执行。班子成员按照分工，围绕工作目标，认真履行各自职责，按照"积小胜为大胜，善不为而为之"的要求，带领职工扎实做好每一项工作。另一方面切实改进工作作风。要求班子成员不能只在办里"听听汇报，看看报告"，而要下到工作一线，深入审计现场，实施靠前指挥、巡视检查、现场蹲点轮值等措施，做到点面结合，加强对业务指导的深度。财政审计期间，太原办提出领导巡回检查、蹲点轮值、全过程现场指导，保证主要审计点全过程有领导在场指挥，对重要情况及时组织讨论，进行深入研究，最大限度地提升审计成效。

（2）太原办扎实开展教育培训工作，不断提高干部队伍的审计能力。一是集中开展两次全员培训。两次集中整训总课时达24日，超出往年近一倍。培训工作主要突出培训目标明确、课程设置合理、培训重点突出和培训效果明显等四个特点。二是坚持开展岗前培训。对新招录公务员进行近3个月时间的岗前培训。通过岗前培训，使新招录人员在上岗实习前做好必要的知识储备，及时适应上岗后的工作。三是分层开展专题培训。根据处级领导干部、处级非领导职务干部及主任科员以下干部三个层次的不同特点，分别举办专题培训班，由特派员亲自授课。

党风廉政建设 太原办不断推进机关党建和廉政建设，大力弘扬审计人员核心价值观，深入开展精神文明创建活动，构建文明和谐机关。经过山西省直文明委的检查验收，太原办连续13年获得"山西省直文明单位标兵"称号，连续11年获得"山西省文明和谐单位"称号。切实加强组织建设，为审计工作任务的圆满完成奠定思想和组织基础。顺利完成机关党委和工会换届选举工作，成立青年工作委员会，加强临时党支部建设，使基层组织得到加强。扎实推进惩防体系建设，不断完善廉政风险防控机制。太原办下发《审计署太原特派办开展惩防体系建设2012年度自查工作和落实惩防体系2008—2012年工作规划总结的实施方案》，对反腐倡廉建设各项工作进展情况进行全面梳理，督促反腐败领导体制和工作机制落实，在总结成功经验和有效做法的同时，及时发现问题，提出改进措施，不断提升工作水平。紧抓思想建设，坚定理想信念，大力弘扬审计人员核心价值观。办党组明确提出目标要求，从“加强理论武装，坚定理想信念”“突出率先垂范，提高党员队伍素质”和“讲重点抓落实，在组织建设上有实效”三个方面落实纯洁性教育方案。要求党员干部要将学习贯彻党的十八大精神，与审计工作紧密结合，与特派办工作紧密结合，与个人思想实际紧密结合，真正把十八大精神贯彻落实到实际工作中去。树立先锋模范，推动创先争优活动常态化。太原办宣传审计人员为事业无私奉献，审计人员家属理解包容的宣传稿《大爱无疆》被《中国审计报》采用，并于头版进行登载。

（撰稿人：郎少萍）

【沈阳特派员办事处】 2012 年，沈阳特派员办事处（以下简称沈阳办）人员编制 150 人，在编 138 人。设有办公室、法规处、财政审计处、行政事业审计处、农业审计处、资源环保审计处、固定资产投资审计处、金融审计处、企业审计处、社会保障审计处、外资运用审计处、计算机审计处、人事教育处、机关党委。

领导成员

特派员：张炳功

副特派员：夏循福（—10 月）

冷奎英（10 月—）

马文辉　李志民　刘　仲

纪检组长：王　地

审计成果 沈阳办全年完成审计项目 20 个，查出违法违规金额 1422 亿元；有 140 篇次审计信息被审计署采用。审计信息采用篇次及总得分由上年的第 4 名上升到第 1 名；移送案件线索 28 件；83 条审计建议被相关部门和单位采纳。某省省长经济责任审计项目被评为 2012 年度审计署优秀项目；某市本级社会保障资金审计项目被评为全国社会保障资金审计表彰项目。

财政审计 沈阳办针对一些企业以重组兼并为名，买卖空壳汽车企业生产资格问题上报的审计信息被采用后，工业和信息化部专门出台《关于建立汽车行业退出机制的通知》，促进汽车产业结构的调整。在某省县级政府性资金审计调查中，沈阳办移送该县地税局副局长刘某等 15 人涉嫌非法转让、倒卖土地使用权等 3 件重大案件线索。针对某省煤炭安全监察局等部门审计整改情况上报的《发挥服务职能作用为 21 673 名职工解决保险费缴纳问题》被该省直机关工委评为最佳实事。

固定资产投资审计 结合深入开展工程建设领域突出问题专项治理工作，沈阳办加大对政策重大投资项目和资金的跟踪审计力度。在某项跟踪审计中，揭示该地区 43 项工程违法转分包、8 个项目招投标不规范、4 个项目存在质量缺陷和安全隐患的问题，还揭示部分地区违规出售廉租住房 77 606 套，致使住房困难的低收入家庭没有得到保障等问题。在某省中小学校舍安全工程实施情况审计中，揭示纳入规划的 114 所民办中小学 319 栋校舍未实施“校安工程”，17 277 名师生仍在未经加固改造的校舍里上课、住宿，存在重大安全隐患的问题。某市人民政府和某铁路局针对沈阳办提出的铁路客运专线“三电迁改”工程未及时完成而面临损失的审计建议积极整改，为国家挽回近亿元损失。

经济责任审计 沈阳办牢固树立责任意识和大局意识，从宏观、全局的角度，全面、历史、客观地对领导干部经济责任履行情况进行监督和评价。在某集团公司原法定代表人经济责任审计中，揭示该集团所属公司总经理吴某等人挪用资金造成 2.7 亿元国有资产面临流失的重大违法违纪问题。在某银行原法定代表人经济责任审计中，揭示某市私营业主李某和某县私营业主贺某骗取银行贷款 1.1 亿元和 1.7 亿元并造成损失风险的重大违法问题。

社会保障审计 沈阳办将社会保障资金审计作为全年工作的重中之重，按照“七个重视、七个突出”的工作原则，精心准备、科学组织，摸清某省 12 类 18 项社会保障资金的收入、支出、结余规模和管理情况，揭示职工养老保险统筹基金存在缺口等问题，提出应建立责权明晰的社会保障责任承担机制等审计建议。总结提炼社会保障资金审计突发事件应急处置预案等 26 篇审计方法（指南），其中 12 篇被审计署社保办采用并推广。

资源环保审计 沈阳办围绕促进经济发展方式转变这一主线，在资源利用和环境保护方面，加强对土地、矿产、海洋等资源以及节能减排的审计，完成某省节能减排专项资金审计、某地移民资金财务决算审计等工作。在某省节能减排专项资金审计中，揭示该省截至2011年末仍存在24万吨铬渣需要无害化处理、部分燃煤发电企业氮氧化物减排设施建设进展缓慢等问题。在某地移民资金财务决算审计中，揭示该地区地质灾害搬迁避让项目缺乏后续维护、灾害防治政策缺失以及地方政府灾害防治能力不足等问题。此外，在某工程审计中，揭示该项工程施工弃土危及铁路行车安全，非法采砂导致河床下沉，沿河建筑物面临毁损等问题。

专项资金审计（调查） 沈阳办从“看病难、看病贵”的社会性民生问题出发，确定以药品“价格虚高”为切入点，揭示某地区医药经销企业为隐匿收入，牟取暴利，通过虚开增值税专用发票和普通发票的方式逃避缴纳巨额税款的行业性问题。案件涉及全国500余家药品经销企业，涉案金额近20亿元，预计为国家挽回损失6亿元。移送公安部及地方司法机关案件线索7件，抓捕涉案人员16人；两户企业自行补充申报纳税1.1亿元。国家税务总局等8部委针对此问题组织开展全国性的清查治理工作。

审计质量 沈阳办出台的《审计署沈阳特派办审计项目审理办法》等5项审计质量控制制度、项目审理和档案检查“两同时”的做法被介绍推广；以“如何理解刑法罪名的定性”为主题，开展系列法制理论研究，4篇研究文章被媒体连载。全年对15个审计项目进行现场（跟踪）审理，审理复核审计业务文书150份，提出审理复核意见125条，全部被采纳。

理论研究 沈阳办通过制订年度计划、召开审计理论研究会年会、印发理论研究工作要点等措施，部署全年审计理论研究工作，并重新选举新一届审计理论研究会负责人。参加审计署及中国审计学会组织的3个专题研讨会，征集理论文章26篇，入选3篇；参加2010年至2011年审计机关优秀审计论文评选，获一等奖1篇；参加第二届全国审计青年论坛，征集理论文章19篇，入选2篇；参加审计署组织的“国家审计信息化与国家治理”优秀论文评选，获奖4篇；参加省直机关廉政和青年读书征文评选，获奖9篇。此外，还在审计署计算机技术中心组织的“木金杯”等征文活动中获奖6篇。

队伍建设 一是通过开展“巩固创先争优成果、争当‘四手’人才”主题年活动，干部队伍素质进一步提高。某市本级社会保障资金审计组和某省本级社会保障资金审计组分获全国社会保障资金审计公务员集体三等功和嘉奖。4人获得全国社会保障资金审计个人三等功和嘉奖，3人被评为计算机审计领军人才，8人被评为计算机审计能手人才。有61人获得“四手”人才称号，5人被审计署评为“四手”审计干部。二是加强办处两级领导班子建设，不断提高领导干部素质。办领导班子全年共召开党组中心组学习会5次、党组会议19次、特派员会议16次、审计业务会议22次、党委会议2次，并将会议情况及时通报全办。三是全年沈阳办组织人员参加各类培训20余班次，累计培训226人次。四是以提升创新能力为重点，全年召开5次创新能力建设领导小组会议，评审立项创新事项116项，被各类信息平台采用27篇次。其中，跨年度大型审计项目的组织管理模式创新和采用矩阵式组织模式开展社会保障资金审计创新分别受到审计长刘家义和副审计长董大胜的肯定和批示。

信息化建设 沈阳办以《搭建信息化审计平台　深化税收审计》为题在财政审计信息化建设经验交流会议上做主题发言；开发的《数据自动汇总软件》和《报告自动生成软件》受到审计署有关司局的肯定和推广；《矩阵式审计项目组织管理及其应用效果》获得中国信息化审计领域成果评选三等奖；4个案例在审计模拟实验室案例征集活动中获得三等奖；1篇计算机审计方法和4篇AO应用实例获得审计署优秀奖，并获得2011年度AO应用实例优秀组织奖。在资源环保、金融和企业等审计项目中，积极探索信息系统审计，完成2篇数据分析报告、3篇信息系统审计报告；申报并组织审计署计算机技术中心的《商业银行会计核算软件数据接口国家标准应用指南》研究课题。

内部管理 沈阳办建立以《审计署沈阳特派办工作人员问责暂行办法》为统领，其他10项单项问责办法为补充的规范化、制度化、程序化的问责体系；档案工作在辽宁省档案局验收复查中再次被评为省特级单位；保密工作被辽宁省保密局评为先进集体；公文质量实现连续4年检查零通报；修订完善机关财务管理办法；较好完成文秘、档案、信访、计划统计、财务、保密、公文流转等日常工作，并开展制度清理工作，共审查制度209项，废止70项；后勤服务工作在审计署节能减排工作会议上做典型经验介绍。

党风廉政建设 一是加强基层党组织建设，深化和巩固创先争优成果。沈阳办以主题年活动为载体，深入推进创先争优活动。对照“五好”基层党组织标准，着力打造“五型”机关；通过临时党组织建设体现新亮点，“一支部一特色”展现基层党支部风采，凝聚团队力量。二是贯彻落实党的十八大精神，把学习和实践活动推向深入。全办干部认真学习党的十八大报告和新修订的党章，通过集中学习、自学、办领导和各支部书记讲党课和召开办处两级领导班子民主生活会等活动深刻学习领会党的十八大精神。三是加强审计文化建设，营造文明和谐氛围。发起成立郭明义爱心团队；举办创先争优活动成果展；开展青年读书活动；参加审计署足球友谊赛；成立摄影协会；坚持开展“访贫问苦，送温暖”活动，使扶贫点的村容村貌发生巨大变化。四是加强反腐倡廉教育，深化廉政建设。深入开展理想信念教育，广泛开展学习金岚岚、周恩义等同志先进事迹活动；深入财政大格局、社会保障资金等审计现场，开展跟踪检查和审后廉政回访；各党支部通过组织党员干部参观爱国主义教育基地等活动，加强示范引导和警示教育；成立廉政风险防控工作领导小组，查找廉政风险点61个。

（撰稿人：袁宇鹏）

【哈尔滨特派员办事处】 2012年，哈尔滨特派员办事处（以下简称哈尔滨办）人员编制150人，在编134人。设有办公室、法规处、人事教育处、计算机审计处、机关党委、财政审计处、行政事业审计处、农业审计处、资源环保审计处、固定资产投资审计处、金融审计处、企业审计处、社会保障审计处和外资运用审计处。

领导成员

特派员：张　军

副特派员：罗　键　罗良辰

范东军（10月—）

纪检组长：李雪斌

审计成果 2012年，哈尔滨办完成审计（调查）项目20个，查出违规金额27.8亿元，损失浪费金额4.09亿元和管理不规范金额1 872.91亿元。向司法机关和有关主管部门移送处理事项21件，已立案10件，9人受到党纪政纪处分，1人受到刑事处罚。上报的审计信息被采用72篇。2011年参加的西气东输二线工程2011年跟踪审计荣获审计署优秀审计项目，2011年实施的黑龙江省原省长经济责任审计荣获审计署表彰审计项目，2012年实施的青岛市本级社会保障资金审计项目被评为全国社会保障资金审计优秀审计项目。

财政审计 在某省县级政府性资金专项审计调查中，反映抽审三县政府性收支管理中财政决算不真实等106个问题，涉及金额106.23亿元，并深刻揭示县级政府在“保工资、保运转、保民生”和基本公共服务均等化等方面存在的突出矛盾。在某省现代农业生产发展资金审计中，审计揭露项目县骗取挪用现代农业等资金1 198.08万元后，该省取消了该县的现代农业项目县资格，全额收缴被骗取挪用的资金，有效规范了财政资金管理。

金融审计 在某银行审计项目中，揭示出该银行3家省级分行对部分执行优惠利率的政策性贷款加收管理费，变相提高政策性贷款利率，影响政策性金融服务实体经济的效果问题，以及政策性银行以发放优惠利率贷款或降低利率为条件，通过第三方企业代偿债务的方式违规处置不良贷款1.64亿元等问题。揭示出某企业通过虚构集团内部企业购销业务等方式，套取14家银行贷款和银行承兑汇票136.93亿元，其中部分资金用于高利转贷的重大违法案件线索，被审计署采用。结合审计工作实践，哈尔滨办提交《某省民间借贷调查》和《某省拓宽融资渠道促进农业机械化发展改革情况的专题报告》两份专题报告。

行政事业审计 在中小学校舍安全工程审计中，哈尔滨办紧紧围绕工作方案，创新使用混凝土钢筋检测仪和回弹仪等设备现场检测，发现3个县41所学校加固工程大部分以装修装饰代替抗震加固，加固后仍出现裂缝等质量安全隐患。在某省中小学布局调整审计项目中，对农村中小学布局调整情况进行摸底，发现部分地区对拟撤并学校安排专项资金导致损失浪费、地方虚假申报项目和挤占挪用项目资金、城乡教育差距进一步加大等体制机制性问题，提出促进义务教育均衡发展的对策建议。综合中小学校舍安全工程和中小学布局调整两个审计项目中收集的相关资料和数据，哈尔滨办撰写提交《加强村级小学建设推进义务教育均衡发展》的专题报告。

固定资产投资审计 在支持新疆发展资金和项目跟踪审计中，哈尔滨办深入两户央企的10个驻疆企业和南疆部分项目施工现场，对政策落实和规划执行、资金管理使用、工程建设管理、环境保护等情况进行审计。在南水北调东线一期某段治污工程审计调查中，在时间紧、任务重的情况下，检查22个国家考核断面水质达标情况和324项治污工程的项目建设、资金管理使用情况，揭示某省14个国家考核断面水质不达标、部分项目未按期完成、治污协调机制不够完善和沿线污水处理厂设计标准低、再生水回用率低等问题，提出5条建议。

社会保障审计 哈尔滨办紧紧围绕工作方案，编制《细化社会保障资金审计工作方案指南》，重点关注社会保障制度和政策执行，资金筹集、管理和使用等影响民生和社会稳定的问题。结合地方经济社会发展特点，揭露某市劳务派遣公司人为降低社会保险缴费基数侵害劳务派遣人员切身利益；某省大型国有企业离退休工人、“五七工”“家属工”社会保障政策落实不到位等问题。向审计署提交《关于某省企业职工基本养老保险基金做实个人账户试点情况的专题报告》和《关于某省社会保障信息系统调研情况的专题报告》。

企业审计 在某集团公司原法定代表人经济责任履行情况审计中，承担对山东、辽宁和内蒙古三个省分公司的审计任务，发现某分公司总经理与社会人员内外勾结，在招标采购中牟取暴利，造成企业损失近3000万元，提交的信息被采用；8名副厅级以上干部违规领取兼职报酬179.56万元，提交的重要审计情况被转送至某省政府。

经济责任审计 在某高校校长经济责任审计中，认真研究高校校长的主要职责，在对学校预算执行、基本建设、科研项目和经费管理、资产管理、对外投资等方面开展审计的基础上，注重明确界定责任，全面评价经济责任履行情况，促进学校长远发展。审计发现某高校部分制度与国家规定不符、使用虚假发票和单据报销套取科研经费1.6亿元、建设项目决策失误等问题，向纪检机关、工业和信息化部移送违纪问题2件。在两个国有企业和国有金融机构法定代表人经济责任审计中，哈尔滨办认真贯彻落实两办《规定》和审计署要求，推进经济责任审计与常规审计相结合，区分金融机构、国有企业不同类别领导干部，探索各有侧重的审计内容、方法和标准，促进企业加强管理。

专项资金审计（调查） 在某省社会抚养费征收管理使用情况专项审计调查中，揭示违法生育人口统计上报不实、征收实际到位率低、违规返还社会抚养费等突出问题，提出完善相关政策制度、规范征缴行为、强化资金管理等建议，促进计划生育政策的贯彻落实。

队伍建设 一是量身定做个人发展规划。新制订人才发展规划（2012—2015年），对新录用人员提出4年内应具备的工作能力要求。根据《关于贯彻加强审计机关公务员队伍专业化建设意见的实施办法》相应指标要求和审计业务骨干人才或审计专业领军人才的标准，对其他青年干部安排具体的年度任务。二是坚持抓好入职教育。组织新录用人员到具有优良传统的国企进行生产一线实践锻炼。帮助他们对“为谁审计”和“人民需要怎样的审计”形成基本的感性认识和价值判断，有助于早日适应审计工作。三是提供多种教育培训途径。充分利用审计署组织的培训、网络培训平台和办内集中整训等各类培训资源，进一步加强对政治理论、审计业务、法律、经济等方面知识的培训。

质量控制 哈尔滨办搭建交流质量控制工作经验做法的平台，不定期印发《办内审计业务质量控制情况通报》，肯定成绩，指出不足。还深入分析2011年度审计业务质量控制执行情况，向审计署上报《关于2011年度审计业务质量控制制度建设和执行情况的报告》，审计长刘家义对此做出重要批示。针对大项目逐年增加的实际情况，哈尔滨办积极探索大项目质量控制管理。在社会保障资金审计中制定并实施《社会保障资金审计业务质量控制和跟踪审理操作办法》；在年底的财政审计中进一步总结经验，制定印发《财政审计质量控制和跟踪审理操作办法》，对主要控制环节的质量控制标准、工作内容程序等都做出详尽的规定，并设计审计工作量测算和分工表，将审计实施方案确定的审计事项和审计方法细化分解到人和日，较好地促进审计项目的有序开展。该办法上报审计署后，总审计师孙宝厚做出重要批示。

信息化建设 在社会保障资金、财政和保障房审计项目中，哈尔滨办应用自主研发的数据校验、转换和联网审计分析系统，均取得较好的实践效果。在审计署AO实例和审计方法评审中，哈尔滨办有8篇AO实例获奖，11篇审计方法入选，其中1篇优秀。在企业审计司的支持下，哈尔滨办研发的中央企业审计分析和预警系统在审计署开展的2012年企业审计项目中全面推广使用，取得良好效果。副审计长余效明对此给予高度评价："央企预警分析系统去年在全国企业审计中推广，为企业审计打开局面，哈尔滨办为企业审计做出贡献"。哈尔滨办还制订信息化建设五年"登高计划"，从信息化建设人才培养、数据分析实验室建设等6方面确定今后五年的发展目标。

党建廉政工作 采取多种形式学习贯彻十八大精神。组织全办干部职工收看十八大开幕式、署领导传达会议精神讲话和集中培训视频，机关党委通过组织学习报告原文、开展专题讨论交流和利用网站专题报道等多种形式，全方位推进学习贯彻活动深入开展，营造浓厚的学习氛围。开展以"创先争优"为主题的系列活动。以增强党性修养、树立良好作风为重点，组织参观青岛港当代工人楷模许振超先进事迹展，发出向最美女教师张丽莉捐款、向审计战线的英雄金岚岚学习的倡议。加强廉政教育和反腐倡廉建设。签订年度廉政责任书，制定《党风廉政责任分解意见》，使廉政责任落到实处。

机关管理 哈尔滨办共制定、修订《聘请外部人员参与审计工作管理办法》《审计人员参与涉外活动保密管理制度》和《兼职保密员工作须知》等制度10项。继续深化后勤管理社会化改革，将5名外聘人员和原由物业公司管理的4名人员改为由严格筛选确定的劳务派遣公司接收管理。依照法律程序，委托会计师事务所进行经济鉴证，完成建办以来的历史遗留债权债务挂账清理工作和相应账务处理。（撰稿人：朱　晶）

【上海特派员办事处】 2012年，上海特派员办事处（以下简称上海办）人员编制150人，在编131人。设有办公室、法规处、计算机审计处、财政审计处、资源环保审计处、金融审计一处、金融审计二处、行政事业审计处、经贸审计处、固定资产投资审计处、外资运用审计处、社会保障审计处、人事教育处、机关党委和机关后勤服务中心。

领导成员

特派员：李晓钟

副特派员：王俊豪（—10月）

倪志伟　文华宜（—10月）

张燕飞（10月—）

黄建宇（10月—）

纪检组长：陈　音

审计成果 上海办共开展审计和审计调查项目34个，查出主要问题金额2 078.33亿元，发现非金额计量问题182个，审计处理处罚750.15亿元。移送处理事项4件。提出审计建议74条，被采纳52条，被审计单位制定整改措施76项、建立健全规章制度16项。提交各种审计信息被审计署采用70篇，被中办、国办分别采用39篇次和67篇次，党和国家领导同志批示66篇次。另外，专题报告被采用5篇，综合报告被采用案例27项，署领导批转函采用5篇，信息转送函采用34篇。获得审计署优秀审计项目1个，社保资金审计表彰项目1个。

学习贯彻十八大精神 上海办党组把学习和贯彻好十八大精神作为头等大事来抓，深刻领会十八大的重要意义和丰富内涵，认清并自觉担当起国家审计担负的历史责任，围绕经济社会发展大局谋划科学治办理念，把十八大精神落实到忠实履行审计监督职责的实践中。办党组提出要增强改革创新意识，突出特色兴办思路，围绕审计署确定的"十个加大"的工作方针，推动审计理念、方式、管理创新，努力打造一支思想好、业务精、素质高、纪律严，适应新形势要求的一流团队。

社会保障审计 按照"五统一"的原则搭建审计组，与上海市和浙江省审计部门建立社会保障资金审计工作组织协调机制。点面结合查实虚假安置残疾人少征缴1.33亿元残保金、公司招揽"孕妇工"骗取生育保险基金等一批典型问题。共完成省（市）汇总及抽查区县的审计报告16篇和专题报告7篇。针对养老保险个人账户做实、政策转换中的制度设计、残疾人就业保障金体制等问题开展专题调研，为完善经济发达地区社保体系的顶层设计提出建议。上海、浙江两地政府积极整改，其中浙江省委、省政府领导还做出重要批示，完善相关制度43项。

财政审计 在某省县级政府性资金审计调查中，揭示财政赤字长期未消化、超收收入管理使用不规范、违规出台招商引资变相税收返还政策等问题。在某省现代农业生产发展资金审计中，发现项目骗取资金、农业资金整合推进难等情况。针对上海作为国家营业税改征增值税试点城市的特点，安排专人调研营改增试点工作开展情况和存在问题，多角度分析试点效果和相关问题产生原因，提出加快现行财政体制改革步伐等建议。

行政事业审计 在某省农村中小学布局调整专项审计调查中，选取经济落后、条件艰苦的2个海岛县和3个山区县进行重点延伸，走访调查102所学校的3500名学生和家长，细致核实布局调整造成新的上学远、上学贵和辍学，部分停办学校校舍资产处置不规范以及部分地区营养改善计划落实不到位等问题。

保障性住房审计 深入开展浙江省和上海市两地保障性住房建设的跟踪审计，把握"资金保障、设计和质量、分配公平和公正、退出机制和长效管理"等关键环节，从地方政策、资金筹集、建筑施工三个方面三管齐下，调查地方政策设计与执行中存在的偏差和违规问题，查找建筑质量隐患和资金风险，创造性地通过多方数据比对查核保障对象资格，发现分配政策执行中存在的管理漏洞，促进保障房政策的调整和完善。

金融审计 一是探索金融审计服务金融监管的新路径，结合"一行三会"预算执行审计和证券交易结算机构审计等具体项目的实施，组织开展第三方支付平台、大宗农产品电子交易平台、跨境人民币结算等专项审计调查，重点关注小额贷款公司、融资租赁公司、大宗商品交易平台等新型金融机构和准金融机构的金融创新业务，发现多起违法违规和体制机制问题，对维护金融市场安全、清除金融监管盲区发挥积极作用。《上海市证券交易结算机构审计调查》项目获得上海市金融创新奖。二是继续深挖债券市场交易等新型审计领域的突出问题和案件线索，对通过电子交易平台和顾问费、咨询费、推介费等中介费用形式牟利问题开展审计，先后查出长沙、北京、上海、青海等地近10起金融犯罪案件线索，部分犯罪分子已被判刑或移送至纪检机关。三是关注地方政府融资平台信贷调控、房地产行业信贷调控、三农信贷支持、小微企业信贷支持等一系列信贷政策执行情况，深入研究房地产信托、银行同业代付业务、理财业务等多种形式的类信贷业务，揭示"影子银行"绕开国家信贷规模向限制性行业发放贷款等问题，防范重点地域、重点行业在宏观经济趋紧形势下的突发风险，为完善金融调控政策发挥积极作用。

资源环保审计 组织开展浙江省节能减排专项资金审计，以节能减排专项资金的分配、管理和使用作为切入点，全面评价节能减排政策执行和地方政府履行节能减排责任等情况，揭示地方节能减排目标完成不实、"两高一剩"行业淘汰落后产能不力、节能减排专项资金被挤占等突出问题；发现某企业虚报节能空调销售量骗取国家专项财政补贴等严重问题。

固定资产投资审计 一是参加审计署统一组织的南水北调工程审计。全面分析南水北调东线一期江苏境内调水主体工程的运营情况和管理体制，测算工程预投资规模，及时锁定工程投资决算调减、控制性工程未如期建成影响工程安全稳定运行等重点问题，并就改进运营管理体制提出建议。二是开展铁路建设基金、高速公路等重点建设资金和项目审计。积极应对工程建设领域违法违规问题的高发态势，紧抓工程招投标、材料设备采购、征地拆迁、工程变更等关键环节，深挖违法犯罪案件线索，共发现违法违规金额138亿元，向司法、纪检监察及相关主管部门移送处理问题线索4起，涉及金额4.9亿元。在泉南国家高速公路某段工程项目竣工决算审计中，边审计边督促整改，促进招投标、设备材料采购、土地征用和环境保护等方面问题的及时整改、完善规章，为国家节约财政资金上亿元。

经济责任审计 在某央企原法定代表人经济责任审计中，将经济责任审计与社会审计机构审计报告质量检查同步进行，以“三重一大”决策事项为重点，推行“总体分析、分散核查”的数字化审计方式，全面延伸下属二级单位和协作企业，对财务收支、重大决策、内部管理等权力运行重点环节进行全面检查。同时，为更好地服务我国“创新型国家标志性工程”项目的发展，深入调查自主创新、资金绩效、重大风险等影响可持续发展方面存在的突出问题，剖析所属产业发展模式和路径，促进重大科技专项和产业结构战略性调整政策顺利实施。

外资运用审计 对世界银行贷款中国节能融资项目在某省的两个子项目进行审计，抓住项目总包单位审计的龙头，发现相关节能降耗项目用弄虚作假的方式套取世界银行贷款1.22亿元挪用作日常经营的突出问题，揭示节能项目不实、资金使用效益差带来的后果，审计署以此出具保留意见审计报告。

机关建设 （1）上海办党组抓住树立审计人员核心价值观的根本，提出“六个提倡六个反对”的治办理念，即“提倡牢记使命、反对胸无大志”“提倡昂扬向上、反对精神懈怠”“提倡责任规范、反对推诿扯皮”“提倡创新变革、反对故步自封”“提倡同心同德、反对独断专行”“提倡和谐包容、反对冷漠狭隘”。在全办范围内开展思想状况问卷调查，狠抓办处两级班子谈心谈话制度的落实。通过公推直选顺利完成机关党委的换届选举。总结近年来该办积极开展保持党的纯洁性教育推动审计中心工作的情况和取得的成效，获得中央国家机关党建研究会领导和专家的好评。

积极培育和选树典型，共有21人被评为上海办“四手”审计干部，4人被评为全国审计机关“四手”审计干部。全年评选出4个先进党支部、1个先进临时党支部和12名优秀共产党员、4名优秀兼职党务干部。企业审计处的先进事迹被《中国审计》做封面宣传。3名青年审计干部分获上海市市级机关优秀团干部、先进团员、青年岗位能手称号。

（2）依托审计署培训安排，组织任职和初任培训、领导能力培训、审计业务培训等共8大类、30余次培训，累计参培237人次。利用八月份休假时间安排各处室负责人对近3年新进办公务员集中进行为期8天的全面岗位培训；落实审计实务导师制，定期开展审计质量控制和案例讨论等，以审代训、以老带新，推动业务领军人才和骨干人才的培养。

上海办领导带头学习研究做表率，加强办处两级领导班子自身建设，切实提高领导干部带队伍的能力和现场分析问题、解决问题的能力。科学培植人力资源，选好、用活中层干部，共有2人晋升为正处级领导，5人走上副处级领导岗位，3人获任处级非领导职务。

推行项目主审轮换制和助理主审工作制，创造条件放手使用干部，全面提高审计干部的审计实战能力、依法行政能力、宏观分析能力和适应审计事业科学发展的能力。鼓励更多干部主动参与轮岗、挂职、跨处室合作等实践锻炼，3人到派出局交流，1人到新疆挂职，3人参加境外审计。大力评优推优，突出榜样的示范效应，获得审计署2个公务员集体奖励和3个公务员个人奖励；9人申报评选审计业务骨干人才，1人申报评选审计业务领军人才。

（3）以形式多样的文化建设活动传递正能量，倡导读书明理，举办以“多读书、勤思考、强素质”为主题的读书月活动，全面打造学习型机关和书香机关。成立羽毛球、摄影、游泳等兴趣小组，组队参加上海市市级机关广播体操比赛。先后举办元宵节猜灯谜、春节大联欢、“五四”青年节拓展培训、“我运动、我健康、我快乐”夏季主题运动会、“六一”儿童节订书活动等。坚持做好走访慰问、爱心互助工作，及时探望离退休老同志、生病的审计干部或家属。办工会被评为2007年度至2011年度上海市市级机关文化建设“先进职工之家”。先后组织相关课题研讨会、座谈会和结题论证会10多次，有9篇论文在审计署、审计科研所、中国审计学会、中国法学会等组织的论文评选中获奖，5篇论文入选相关研讨会和青年论坛论文集并作交流发言及综述，在期刊报纸发表理论研究文章17篇。有3人参加审计署2012年度中高级审计师研究能力培训班，提交的研究论文入围获奖名单。

质量控制 先后出台《审计现场审计业务管理规定》《审计现场审理工作规定》《审计结果执行情况跟踪制度》等9项业务管理规范，对审计现场管理及审理、质量内控、审计业务会议及审计结果的跟踪和落实等工作内容予以规范，让审计人员具备切实的操作指南。深入一线、面向全员落实普法教育。

计算机审计 在社会保障资金审计、金融审计、教育审计等项目中普遍应用数据式审计技术方法，积极组织开展财政、金融、社会保障等外部数据的归集整理，构建审计项目资料和数据库，依托数据库的前后联动审计实现信息系统审计的创新突破；研究信息系统内控设计缺陷以确定审计风险点，分析信息系统执行的异常和信息数据的业务规律，提高锁定审计问题线索的准确性和效率。以承担高校数据规划课题和中央驻沪医院调研为契机，开展对相关单位的数据资源收集分析和联网动态审计，实现数据采集和疑点分析实时化，通过查处社会反响强烈的违规设立中小学英语测试等问题取得初步成效。

党风廉政建设 上海办运用信息化手段全面开展廉政风险防控，探索“制度＋科技”的廉政风险防控模式，实现廉政纪律和审计质量两条生命线的有机融合。审计项目廉政检查率达到90%以上。专门成立廉政风险防控工作领导小组，共梳理归并职权182项，绘制45张流程图，查找100个风险点，制定200多条防控措施。

内部管理 上海办全面修订财务管理办法，对经费预决算、经费审批、暂借款、费用报销、会计核算、财务交接和会计档案以及资产管理等方面进行规范，按照统一管理、分账核算的管理模式，财权归口到办公室，将预算指标分解到相应部门、相应并实行动态跟踪监督，强化财务公开。全办通力合作，全面查找和消除保密隐患，新增修订20多项制度条例，通过国家有关部门委托上海市信息委实施的保密达标验收。进一步推行后勤社会化改革，对物业管理岗位重新定位，实现减员增效；将食堂供应由实报实销改成定额定标准的供应模式；制定同城审计用车使用规定，使规范化的后勤保障延伸到一线。

（撰稿人：杨建荣）

【南京特派员办事处】 2012年，南京特派员办事处（以下简称南京办）人员编制150人，在编131人。设有办公室、法规处、财政审计处、行政事业审计处、农业审计处、金融审计处、资源环保审计处、企业审计处、固定资产投资审计处、社会保障审计处、外资运用审计处、计算机审计处、人教处、机关党委。

领导成员

特派员：李　玲

副特派员：刘　利　马学斌（11月—）

庄　军（—11月）　徐　勇

纪检组长：周敦祥

审计成果 南京办开展审计和审计调查项目31个，查出违规金额183亿元；向司法、纪检监察机关移送事项17件。编发各类审计信息和报告183篇，被采用321篇次。安徽省省长经济责任审计项目、安徽省本级社会保障资金审计项目获署优秀审计项目。开发完成全国社会保障资金审计数据采集校验和报表附加校验两个工具，获评审计署AO应用实例和计算机审计方法优秀组织单位奖。

财政审计 组织实施江苏省县级政府性资金审计、江苏省本级社会保障资金审计、南京市六合区社会保障资金审计等项目。在县级政府性资金审计中，发现一些基层政府在预算之外向融资平台公司大量出借财政资金，在招商引资中采取出台优惠政策等多种方式减免政府性收入。发现江阴市财政局和人民银行年末违规为某融资平台公司商业银行账户调度国库资金10多亿元。在财政部审计上下联动过程中，赴安徽检查淘汰落后产能专项中央补助资金，发现2个造假团伙涉嫌诈骗4000万元中央补助资金的案件，相关部门正在组织查处。

金融审计 实施完成人民银行南京分行2011年度财务收支审计项目，江苏、安徽两省人民银行和农发行基本养老保险基金审计项目，中国进出口银行法定代表人经济责任审计项目、五大国有商业银行2012年新增贷款投向结构专项审计调查项目。

在对招商银行委托贷款进行调查时，发现江苏某集团公司及多家实际控制企业利用虚假会计报表从南京地区25家商业银行累计骗取信贷资金149亿元，其中有133亿元违规流入其关联企业某置业集团有限公司，用于兴建其位于全国各大城市的商业地产项目；进而深入检查多家贷款银行，发现各家商业银行放松对明星企业的贷款三查，导致巨额信贷资金流入商业地产项目，严重影响国家房地产宏观调控政策的贯彻落实。该问题经上报后被署综合报告作为重点案例采用，并转送银监会，江苏银监局已对25家银行的75名责任人进行问责处理，在业内引起强烈震动。

在中国进出口银行法定代表人经济责任审计中，发现某私营企业通过伪造企业公章及其责任人签字、银行结算单据、工程承包合同等一系列虚假资料骗取进出口银行贷款6000万美元，进出口银行个别领导滥用职权强行豁免由评审委员会确定的放贷条件，直接导致贷款面临重大风险。

行政事业审计 组织实施江苏中小学校舍安全工程（以下简称校安工程）审计、江苏省中小学布局调整专项审计调查工作。在江苏省校安工程审计项目中，查出2009年泗阳县新建的里仁中学宿舍楼项目存在严重质量问题，应予以拆除重建；2009年新建的泗阳县南刘集初级中学工程存在重大质量缺陷问题，应予以加固处理等一系列重大质量问题。校安工程项目出现豆腐渣工程的问题引起江苏省教育部门的高度重视，将对江苏所有校安工程项目进行拉网式排查，杜绝质量隐患；在中小学布局调整专项审计中，全面了解各方面对农村中小学布局调整的意见和建议，摸清抽查县农村中小学布局调整的总体情况，审计调查工作促进了《教育部规范中小学布局调整工作意见》出台。

农业与资源环保审计 组织实施泗阳县和江阴市保障性住房审计、肥东县和长丰县社会保障资金审计、江苏省节能减排专项资金审计、江苏省资源能源节约利用类科目资金审计等项目。

在江苏省节能减排专项资金审计中，揭示出某秸秆综合利用公司利用虚假发票骗取中央财政补助资金2970万元，某空调器制造公司虚报节能空调推广数量、骗取中央财政补助资金1 609.17万元的违法违规事实，引起相关部门高度重视。

在审计中保持对环境污染事件等民生问题的高度关注，先后对南通市儿童血铅问题、启东市“王子造纸”群体性事件、靖江市违规建设电镀集中区等问题进行追查，相关问题均已转送江苏省政府，引起省委省政府高度重视，并责成地方政府和主管部门即时整改。

固定资产投资审计 完成南水北调项目审计、2011年南昌铁路局铁路建设基金预算执行情况审计等项目。

在南水北调项目审计中，对扬州、泰州、淮安、盐城、宿迁和徐州6市25县展开延伸审计，从征地拆迁投资和进度控制、资金使用和管理入手，对工程建设用地从方案编制到实施过程进行严格审查，发现由于现行耕地占补平衡只能在省里调剂的政策限制，14 000多亩耕地的占补平衡落实率仅有24.7%，据此提出江苏省应加强土地征用管理、国家有关部门应探索试行省际调剂解决占补平衡问题等审计建议。在南昌铁路局建设基金审计中，查实沪昆客专江西段有3个标段涉嫌中介操控项目招投标，从中获得巨额管理费的严重问题；在龙厦铁路审计中，将工程质量作为审计重点，撰写的龙厦铁路控制性工程象山隧道渗漏水严重亟须解决的信息也以重要审计情况上报审计署，批转铁道部认真做好整改。

社会保障审计 组织实施2011年江苏省保障性住房审计和安徽省本级社会保障资金审计。保障性住房审计中，审计揭示江苏省在执行国家保障性住房政策中存在的一些偏差，引起江苏省有关部门的高度重视，并发现保障性住房建设管理不到位不利于保证房屋建设质量、部分项目建设进度未达到主体开工标准以及不符合保障条件的家庭享受住房保障待遇等问题。还发现4名公务人员提供虚假收入证明或隐瞒他处拥有房产而享受住房保障待遇，案件移送纪检部门查处。

企业审计 组织实施中国航空集团公司（以下简称中航集团）原法定代表人任期经济责任审计，参与完成中央国有资本经营预算审计。中航集团经济责任审计，针对发现的广告费支出由多家公司开票的线索，通过对地方税务机关有关人员进行税务稽查，最终发现香港上市公司和知名企业通过内地开票公司偷逃巨额税款8305万元，日照市地税人员刘某涉嫌渎职问题被移送高检。关注被审计单位重大经营风险，维护国有经济安全，推动企业科学发展。关注中航集团下属河南航空由于重组迟缓国有资金失血严重，职工情绪不稳影响企业发展的问题，多次与各重组方、有关主管部门沟通，经历3个月的艰难历程，最终以审计长信函报送国务委员，推动相关重组单位在河南省多次深入座谈推进重组，充分发挥审计建设性作用。

计算机审计 先后组织开发4个审计工具软件，为全国统一组织的大型审计项目提供有力技术保障。在全国社会保障资金审计中，为做好全国社会保障资金审计的数据采集工作，南京办反复研究标准表数据特征和数据关系，充分论证开发方式，迅速组织团队封闭开展软件开发，仅用6天时间就开发完成全国社会保障资金审计数据校验工具。此外，还借鉴前一年度开发全国债务审计报表校验附加工具的经验和优势，针对此次全国社会保障资金审计报表的特点，及时组织开发全国社会保障资金审计实施方案附表附加校验工具；在全国农村中小学布局调整情况专项审计调查中，计算机技术人员专门开发数据校验工具，并最终被纳入全国农村中小学布局调整情况专项审计调查工作方案，下发给全国各个审计组使用。在财政大格局审计中，审计署直接指定南京办再次开发2012年地方政府性债务审计数据校验工具，供全国审计组使用。

在中航集团审计中，被审计单位拥有二百多个信息系统，信息化水平较高，生产经营和日常管理高度依赖信息系统，仅ERP系统就部署Oracle、SAP两大顶级产品。计算机技术人员经过详细调查了解和分析研究，有针对性地采集Oracle ERP、SAP ERP、数据仓库、常旅客系统等共约1TB数据，进行大量的数据恢复和整理分析工作，成功解决Oracle ERP数据采集问题，解决审计人员在ERP环境下“看不懂账”的难题，为审计业务提供有效技术支撑。

在全国社会保障资金审计中，积极推广应用多专业融合、多视角分析、多方式结合的方式，打破专业界限，在苏皖两省搭建两个数据分析中心，推行“集中分析、发现疑点、分散核查、系统研究”的数字化审计模式，实现审计信息资源和成果共享，实践扁平化管理模式，进一步提升计算机数据审计的深度、广度和效率。两省数据分析中心之间既合理分工，又充分共享成果，数据分析中心统一将筛查出的疑点和线索下发给各审计组核查，保障各审计组工作进展的相对均衡，确保苏皖两省社会保障审计数据分析思路方法的全覆盖，促进提高审计工作效率。

队伍建设 创新考核评价机制。处室及个人考核排名公开；量化考核结果，制作个人业绩写实汇总排名表并进行公示，弘扬先进，激发进取精神。做好培训工作，提高队伍素质。制订《审计署南京办2012年培训计划》，鼓励和支持在职人员参加各类学习、进修和培训。共组织70多人分别参加署计算机中级后续培训、青年干部培训、知识结构调整培训、案例教学培训、初任培训、中高级审计师研究能力培训班等多个培训项目；组织24人参加署AO认证考试并全部通过；组织26人进行为期一个月的计算机审计中级培训；组织41人参加计算机中级考试；申报2人参加署高级审计师职称评审并有1人被评为高级审计师。

（撰稿人：江　江）

【济南特派员办事处】 2012年，济南特派员办事处（以下简称济南办）人员编制150人，在编136人。设有办公室、法规处、财政审计处、行政事业审计处、农业审计处、资源环保审计处、固定资产投资审计处、金融审计处、企业审计处、社会保障审计处、外资运用审计处、计算机审计处、人事教育处和机关党委。

领导成员

特派员：马青山（—10月）

杨宁生（10月—）

副特派员：矫　强　班东启　许永利

纪检组长：王志伟

审计成果 济南办完成审计（调查）项目29个，查出违规金额92.4亿元，管理不规范金额764.3亿元。上报审计（调查）报告28篇，有3篇专题报告和21个典型审计案例被采用上报；上报的审计信息被采用65篇，被党和国家领导同志批示59篇。制发审计移送处理书62份，其中移送司法机关涉嫌犯罪案件38件，移送纪检监察、主管部门和地方政府24件。组织实施的某自治区本级社会保障资金审计被评为全国社会保障资金审计优秀审计项目，该审计组被审计署记集体二等功，2个县、市本级社会保障审计组分别被审计署记集体三等功和集体嘉奖，2人获得个人三等功，1人获得个人嘉奖。

财政审计 完成某自治区县级政府性资金专项审计调查和某自治区主席经济责任审计。揭示县级财政预决算管理不规范等问题；在经济责任审计中，紧紧围绕重大经济决策的主线，突出资源性省份的特点，揭示某自治区大量引进“两高一剩”项目、部分项目未批先建或违规扩大产能、以行政审批方式配置矿产资源、违规审批建设用地置换等问题，某市部分国家机关工作人员渎职，致使民营企业骗取土地出让金8314万元问题被转送某自治区人民政府处理。

金融审计 完成中国人民银行某分行、保监会某保监局预算执行审计和商业银行新增贷款跟踪审计调查，完成建设银行、农业银行经济责任审计对2家某省分行的审计。揭示银行通过创新产品、融资租赁收益权转让等形式在信贷规模外为企业融资，违规发放贷款等问题，查处的重大违法违规案件线索3件，全部被采用并由公安部立案查处。

行政事业审计 完成某自治区校舍安全工程审计项目和农村中小学布局调整专项审计调查。揭示某自治区中小学校舍安全工程存在排查鉴定和规划制订不完整、进度偏慢、财政投入和项目管理不到位等问题以及农村中小学布局调整规划不合理、部分学生就学距离增加、农村家庭教育支出增加、停办学校校舍资产管理处置不规范等问题。

农业资金审计 完成某自治区中央财政现代农业生产发展资金管理使用情况审计。揭示支农资金未按计划统筹整合、未用于主导产业以及个别单位套取挤占资金、虚假招投标等问题。

固定资产投资审计 完成南水北调某段征地移民资金审计任务，揭示违法违规和管理不规范金额11.73亿元，建议核减投资8.45亿元，移送挪用征地移民资金7212万元等2起案件线索，6人已被党纪、政纪处分。

社会保障审计 3月至5月，济南办投入108人，组成12个审计组，在某省和某自治区同时展开社会保障资金审计，查处重大违法违规问题和案件线索44件，上报重要审计情况和审计简报29期，得到署领导的充分肯定，相关经验做法被媒体专访并在有关报刊刊登。完成某自治区政府投资保障性住房审计，揭示挪用保障性住房资金14 125万元、虚报抵顶开工量、住房分配不合理等问题。

资源环保审计 完成某市2县三峡工程移民资金财务决算审计和某自治区节能减排专项资金审计，共移交案件线索5件。查处三峡库区周边交通项目弄虚作假、虚增工程量、移民资金1300多万元面临损失等违法违纪问题。揭示某自治区部分企业未按期关停发电机组、违规出售拆除的机组、财政部门长期滞留节能减排资金、建设项目未发挥效益等问题。

企业审计 完成某铁路局2011年铁路建设基金预算执行审计。揭示铁路建设资金筹措困难、监理制度执行不到位、建设单位拖欠农民工工资等问题。

境外审计 派出6人次参加联合国儿童基金会等5个联合国审计项目。

审计质量 修订完善《审计项目审理工作办法》等4项业务管理制度，进一步规范审计工作程序，完善业务管理方式。改进审计质量控制模式，全过程跟踪审理26个审计项目的147份业务文书，提升审计成果和层次。召开济南办重大违法违规问题和经济犯罪案件线索总结研讨会，研究制定《审计查处重大违法行为工作管理办法(试行)》，得到总审计师孙宝厚的充分肯定，并由署办公厅和法规司向全国审计机关转发推广。通过办领导到审计一线宣讲、开展网络培训、组织有奖征文等多种形式，开展法制宣传教育，提高审计人员学法用法能力。

信息化建设 以全国审计工作座谈会为契机，全面梳理信息化建设经验，制订信息化工作三年规划，明确发展任务和目标。创新思路，突出重点，大力推进数据分析和系统审计。精心准备涉密网络分级保护测评工作，对34大项100多小项测评项目逐项排查并通过测评。派出3人参加投资司“大型重点建设项目联网审计应用系统研究”

课题，独立完成研究报告相关章节。

机关管理 抓好综合文秘和保密档案工作，第7次被山东省机要局评为省直密码使用管理先进单位，1人被山东省委办公厅评为党的机关公文处理工作先进个人。不断加强预算管理、固定资产清查管理，确保资金安全和使用效益。加强理论研究和审计宣传工作，组织参加中国审计学会等举办的研讨活动，有3篇论文被采用；2人参与编写的《政府审计》一书，已由东北财经大学出版社出版；局域网站进入署信息办考核第一档次，受到通报表扬；全年有151篇稿件被审计署网站等主流审计媒体刊用。抓好用电用气、消防安保等关键环节，后勤服务保障水平逐步提高。

队伍建设 加强领导班子自身建设，采取中心组学习、亲临一线宣讲、与干部进行谈心谈话等多种形式，进一步增强执行上级决策和领导全办科学发展的能力。积极推进干部队伍建设。多渠道锻炼培养，拓宽干部成长通道。选派6名业务骨干到署机关和派出局交流、援藏援疆，6人次参加联合国审计，23人办内轮岗调整。开展多层次的教育培训，提升业务能力。全年有78人次参加审计署统一组织的各类培训，5人通过计算机中级考试。加大青年干部培养力度。修订《主任科员及以下公务员任职暂行办法》和《审计实务导师制实施办法》，提出济南办青年干部培养规划，7人被审计署评为计算机审计领军人才和能手人才。完善选人用人机制，加大竞争选拔力度。组织两次司局级干部选拔工作和1次处级干部竞争上岗工作。

党建工作 加强思想政治建设，大力推进机关党的建设。在继续深入开展创先争优、争当“四手”活动的同时，扎实开展保持党的纯洁性、“能力年”等主题实践活动，成立20个临时党支部加强审计一线党建工作。及时总结提炼经验，向山东省直机关工委报送党建工作专稿40期，评选4位“四手”审计干部，三次做会议典型发言，扩大济南办的影响。

认真开展党风廉政建设，深入推进惩防体系建设。强化廉政教育，筑牢思想基础，制定《关于加强审计组廉政教育的意见》，开展主题讨论教育活动。加强审计全过程监督检查，与全体业务处长进行谈话，审前提醒，审后听其汇报和建议，对全部审计项目进行廉政检查，接受审计署对2个重点项目的廉政检查，促进廉洁从审。制定《党支部兼职廉政监督员管理办法》等制度。深入查找廉政风险点，进一步完善风险防控体系。廉政工作得到被审计单位的高度评价和审计署检查组的充分肯定。（撰稿人：李　锐）

【郑州特派员办事处】 2012年，郑州特派员办事处（以下简称郑州办）人员编制150人，在编140人。设有办公室、法规处、财政审计处、行政事业审计处、农业审计处、资源环保审计处、固定资产投资审计处、金融审计处、企业审计处、社会保障审计处、外资运用审计处、计算机审计处、人事教育处、机关党委。

领导成员

特派员：郑新举

副特派员：李　捷（—6月）

王俊豪（10月—）　王彦斌

范东军（—10月）

茅东萍（10月—）

纪检组长：张晓青

审计成果 全年完成审计和审计调查项目18个，查出各类问题金额852.67亿元；编发的各类审计信息和报告，被采用144篇。郑州办和固定资产投资审计司、兰州特派办、成都特派办、青海省审计厅、北京市审计局和辽宁省审计厅联合实施的2011年青海玉树地震灾后恢复重建跟踪审计，被评为2012年度审计署优秀项目；和深圳特派办联合实施的招商局集团有限公司原法定代表人经济责任审计，被评为2012年度审计署表彰审计项目；实施的河南省国家税务局2009年至2010年税收征管情况审计，被评为2012年度审计署表彰审计项目；实施的河南省本级社会保障资金审计，被评为全国社会保障资金审计表彰审计项目。

财政审计 完成县级政府性资金专项审计调查。主要揭示抽审的3个县在招商引资过程中存在变相返还财政收入2.7亿元，河南省县级财政国库集中收付改革不到位，影响政府性资金的安全性，鄢陵县等3个县多计财政收入41 419.15万元，多计财政支出102 837.13万元，国家级贫困县兰考县和范县政府超规模、超标准，违规兴建办公楼等问题。

开展安徽省2012年财政审计，重点关注预算编制的完整性、预算执行的真实性、分配标准的科学性、事权财权的匹配性、政府间财力的均衡性、地区间财力的差异性、资金使用的合规性、政策制定的合法性。

行政事业审计 完成2011年“上下联动”发展改革委组织分配中小学校舍安全工程资金审计。审计查出河南省部分地区排查鉴定和规划不完整，部分县继续使用D级危房，部分地方财政资金投入不到位、项目资金管理不规范金额4400余万元，部分加固项目未经结构抗震验算，41个投标报价中包括无障碍坡道的项目均未按设计要求建设无障碍坡道，施工单位偷工减料减少投资合计88.53万元等问题。

完成河南省农村中小学布局调整情况专项审计调查。发现部分县调整撤并农村学校工作不规范；部分地区教育资源过度向县城学校倾斜，造成新的结构失衡；部分地区寄宿制学校生活设施不足、条件简陋、管理和服务不到位；部分学生就学距离增加，交通安全风险增大等问题。

农业资金审计 完成河南省现代农业生产发展资金审计。查出河南省省本级虚报完成整合资金75 293.05万元，其中虚假整合资金 10 874.2万元；个别项目单位涉嫌侵占、挪用现代农业生产发展资金981.15万元；部分项目地方财政投入和自筹资金未按计划到位3 850.67万元，部分项目资金拨付不及时、闲置632.93万元等问题。

资源环保审计 完成2012年河南省节能减排专项资金审计。发现河南省各级财政滞留节能减排专项资金，部分项目骗取中央财政资金，部分节能减排项目实施缓慢，河南省排污权交易存在省级层面政策法规缺失，无排污权交易的指导意见和办法且政策法规缺失，河南省燃煤机组脱硝设施安装和运行等相关扶持政策缺位，河南省含铬污染物无害化处置进展缓慢且存在安全隐患，两家企业骗取淘汰落后产能中央财政奖励资金等问题。

固定资产投资审计 完成南水北调工程审计。揭露与反映丹江口库区规划缺位，导致滞留人口生产生活困难；未批先占土地难以实现占补平衡等土地征占管理不规范问题；初步设计多列概算31 779.38万元、截留移民资金 5 765.87 万元、规划外项目列支移民资金 1 307.74 万元等资金管理不规范问题；部分移民安置点房屋存在质量问题；部分移民生产用地不落实导致部分移民多次上访，影响当地的发展稳定。根据审计结果，注意从体制、机制、制度、政策层面上分析原因，提出建议，提升项目审计成果。

金融审计 完成人民银行郑州中心支行2011年度财务收支情况审计、河南证监局2011年度预算执行和其他财政收支情况审计。揭示两家单位会计核算和财务管理中存在的薄弱环节和突出问题，国库库款支拨管理、再贴现业务经营管理等方面存在的问题。

组织实施对工行河南省分行2012年新增贷款情况的专项审计调查，发现该行违规向未取得房地产开发“四证”项目发放贷款5.24亿元，违规向法人客户发放贷款9.71亿元，违规发放个人消费贷款1.36亿元以及贷后监管不到位，贷款资金2.55亿元未按合同约定用途使用，一县级政府在城镇化建设过程中违法出让土地使其下属公司骗取农业银行贷款 1.36 亿元、侵害农民权益等问题。

企业审计 完成郑州铁路局2011年度铁路建设基金预算执行情况审计。发现2011年郑州铁路局多征铁路建设基金40万元等问题；审计抽查的京九铁路电气化工程（郑州局管段）项目违反基本建设程序“边设计、边施工”，且未按时竣工决算、未办理6处噪声隔声屏等环境保护设施竣工验收手续；项目施工单位虚报验工计价 6 228.49万元，造成项目多负担贷款利息 74.65 万元；项目施工单位以假发票列账 2 138.09 万元，将合同金额为1 427.74万元的“三电”迁改工程分包给无相应资质的单位等问题。

社会保障审计 完成河南省保障性住房审计。发现保障性住房项目虚报完成487套，少提取廉租住房保障资金 6 111.54 万元，违规收取保障性安居工程建设各项税费 7 861.17 万元，16 个保障性安居工程项目未按规定进行招投标，1459 套保障性住房闲置等问题。

完成河南、青海两省社会保障资金审计。主要揭示部分特殊群体相关社会保障政策尚未落实到位，河南省企业职工基本养老保险个人账户空账运行。截至2011年底，14.27万名被征地农民未按规定纳入保障范围，9194名被征地农民养老和生活保障待遇低于当地农村最低生活保障标准，青海省某县一福利院从业人员涉嫌侵占医疗救助资金等问题，青海省社会保险事业管理局擅自核销企业职工基本养老保险欠费949.35万元、破产企业职工养老保险个人账户财政补贴资金8 480.70万元未到位等问题。

外资运用审计 完成两个铁路客运专线年度跟踪审计和两个节能融资项目年度执行情况审计，查出两个铁路项目资本金少到位46亿元、依据不充分计列投资1.54亿元，郑州至西安铁路客运专线运行近两年亏损40多亿元，石家庄至郑州铁路客运专线2 055.43亩施工临时用地未复垦、外资采购的接触网零部件存在较多质量隐患；节能融资项目未按要求对村民实施搬迁，部分工程未经招标或招投标不合规，洛阳市某乡工作人员骗取征地拆迁资金等问题。

经济责任审计 完成河南省省长任职期间经济责任履行情况审计。发现河南省预收探矿权价款造成虚增财政收入20.42亿元，农村义务教育薄弱学校改造专项资金长期滞留42.97亿元，引进一航空公司预期目标未实现，出借的1.4亿元财政资金未能收回，粮食挂账剥离工作至今尚未完成，欠拨粮食挂账利息21亿元，河南省非国有粮食经营企业粮食库存量占比逐年上升影响粮食安全，国有矿山企业开采矿产资源的主体地位被削弱，耕地保护亟待加强，一私营企业非法取得煤矿探矿权转让牟利3亿多元，一基金会涉嫌非法集资、张某等人涉嫌侵吞公共财产等问题。

完成中国农业银行股份有限公司原法定代表人任职期间经济责任履行情况审计、中国建设银行股份有限公司原法定代表人任职期间经济责任履行情况审计。两行经济责任审计发现各类违规金额33.37亿元（其中2011年24.07亿元），管理不规范金额76.41亿元。主要发现问题有：6124户农民土地财产权未得到有效保障，某公司农业种植项目涉嫌非法集资，建行郑州金水支行对8.5亿元政府融资平台存量贷款清理整改不到位和“三农”金融服务效果不理想等。

队伍建设 调整干部队伍结构，新录用5名公务员和接收12人到办锻炼，为干部队伍注入新的活力；推荐1名副司级干部，推荐选拔11名处级干部，干部队伍得到进一步补充和优化；推荐选派12人到系统内外交流和挂职，丰富培养锻炼干部的途径和渠道。以青年委员会为平台，以处室创建“青年文明号”为载体，扎实做好青年干部培养工作，大胆培养和使用优秀青年干部，1名青年干部因工作业绩突出被破格晋升为主任科员，新选拔任用的7名处级领导干部中有4人年龄在35岁以下，使青年干部更加感到成长有机会、干事有舞台、发展有空间。计算机审计处荣获2012年度河南省直“青年文明号”称号。推行公务员量化考核动态管理，按时间节点及时公布量化考核情况，激发审计干部干事创业的热情。构建多层次的培训格局，注重突出网络培训实效和围绕工作重点开展专题培训，并完善审计实务导师制，突出“双向考核”，审计队伍的整体素质不断提高。

质量控制 先后制定完善审计整改跟踪检查办法、审计项目岗位职责及质量责任追究办法，进一步规范审计整改跟踪检查工作，建立健全审计项目质量监督问责机制，并与河南省人民检察院建立反腐败工作协作配合机制。推进现场审理，注重实现审理与审计项目进度的统一，并根据项目大小、人员配备多少、审计组内控强弱，探索推进差异化审理。定期通报审理中发现的突出问题和移送处理事项的办理结果，促进审计人员严格执行国家审计准则，进一步规范审计行为，防范审计风险。以“六五”普法为契机，结合审计工作实际制订“六五”普法实施方案，组织开展一系列法制宣传活动，得到署领导的肯定。

机关管理 郑州办认真研究分析近年来实现快速跨越发展后仍然存在的突出矛盾和潜在问题，在全办开展以“学习基础知识，掌握基本理论，提升基本技能，强化基础工作，搞好基本建设，积累基本经验，进一步筑牢科学发展根基”为主题的“基础管理年”活动，以“实、高、新、严、细”为总要求，以审计业务为中心，通过推动全方位的精细化管理，努力实现管理效益最大化、机关运转规范化、质量控制明晰化、检查考核经常化、人员管理和岗位作业标准化，从“人、财、物、事”等各个方面提升管理水平，以保证郑州特派办科学、健康、可持续发展。

党建、廉政和审计文化建设 认真学习贯彻党的十八大精神，与学习全国审计工作会议精神紧密结合，通过开展“讲政治、顾大局、守纪律”，保持先进性、纯洁性学习教育等活动，把握新形势，理清新思路，提升境界，提高层次。扎实做好省级文明单位创建工作，坚持从审计工作的特点和审计干部的实际出发，将创建工作与文明审计、转变工作作风相结合，以文明创建为助推器促进各项工作高效开展，连续第四次荣膺“省级文明单位”称号。切实加强基层组织建设，及时组织党支部换届工作，完成16个党支部的分类定级工作，完善审计现场临时党支部制度，郑州办向河南省委省直工委报送的《将支部建在审计现场》获得2012年度河南省机关党建论文一等奖。营造风清气正、文明向上的机关文化，通过深入开展创先争优系列活动，审计精神和审计人员核心价值观逐步确立，机关作风明显转变。贯彻以人为本，关心关怀干部职工生活，创建河南省省直机关“先进职工之家”，设立24小时应急服务热线，积极开展各类送温暖活动，以“孝道”之心做好离退休干部工作，先后组织登门慰问、医院探望等60多次。创新开展形式多样的反腐倡廉教育，大力宣传正面典型发挥示范引领作用，通过案例说法发挥反面警示作用，筑牢“思想防线”；认真落实述职述廉和廉政谈话制度，筑牢“制度防线”；加大监督检查力度，筑牢“监督防线”。郑州办党组明确提出各处室向办党组看齐、全办审计干部向特派员看齐的要求，并逐级做出承诺，认真落实党风廉政建设责任制。确定职权目录、权力运行图和相应防控措施，对政府采购、工程建设、大额资金开支等重大事项实行纪检员全程监督，为保障审计事业健康发展发挥重要作用。

（撰稿人：左　文）

【武汉特派员办事处】 2012年，武汉特派员办事处（以下简称武汉办）人员编制150人，在编137人。设有办公室、法规处、财政审计处、行政事业审计处、农业审计处、资源环保审计处、固定资产投资审计处、金融审计处、企业审计处、社会保障审计处、外资运用审计处、计算机审计处、人事教育处、机关党委。

领导成员

副特派员：程　光（主持工作）

吕　衡（—10月）

夏循福（10月—）

余远华　杨卫东

纪检组长：吴焕亮（—2月）

审计成果 武汉办实际组织实施审计（调查）项目18个；查出违法违纪金额142.87亿元，管理不规范金额1 057.84亿元，损失浪费金额0.19亿元；向司法、纪检、监察机关移送案件线索和事项26件，涉案金额11.84亿元，涉案人员46人。上报的审计信息共被采用124篇。被国家领导人批示146篇次。实施的内蒙古煤矿安全监察局2010年预算执行和其他财政收支情况审计、江西省本级社会保障资金审计被审计署评为表彰审计项目。

财政审计 实施湖北省2011年中央转移支付资金分配、管理、使用等情况审计和湖北省2011年县级政府性资金审计调查。

关注中央转移支付资金规模和中央重大战略措施的落实情况，揭示预决算编报上级转移性收入不完整、上级转移支付下达进度滞后等问题，促进转移支付制度建设，推动转移支付资金发挥效益。湖北省2011年县级政府性资金审计调查，在掌握全省县级财政收支总体情况的基础上，重点审计3个县2010年和2011年政府性资金的管理、使用和民生保障情况。反映非税收入占比偏高、县级财政对上级转移支付依赖度较高等问题，反映民生支出规模在政府性支出中占比有待进一步提高、部分县市民生支出用于行政事业单位基本支出和用于建设类支出占比较高等问题。同时，注重从体制、制度层面进行分析研究，揭示县级政府在招商引资、土地出让收支管理、基层农业技术推广体系与乡镇综合文化站建设等方面存在的问题。

行政事业审计 实施湖北省农村中小学校舍安全工程（以下简称校安工程）审计和农村中小学布局调整审计调查。在校安工程审计中，揭示部分民办中小学校舍未进行安全等级鉴定，一些中小学校舍抗震改造措施落实不到位，部分民办学校校舍改造面积未纳入校安工程三年规划，影响校安工程实施效果等情况。在湖北省农村中小学布局调整审计调查中，紧扣民生领域的热点问题，注意掌握布局调整相关政策措施的执行及专项资金的管理使用情况，通过实地查看、问卷调查、个别座谈等方法，反映因布局调整导致大量校产闲置或被变卖、部分中小学仍存在使用D级危房以及应妥善处置农村停办学校资产等问题。

农业审计 实施湖北省2011年中央财政现代农业生产发展资金专项审计。审计查出被挤占挪用套取项目资金、违规使用不合规票据报账、违规转分包等违规问题，涉及金额11 095万元。查出资金整合不到位、地方财政投入及自筹资金投入不到位、打捆安排奖励资金等管理不规范问题，涉及金额137 110万元。促使被审计单位整改，归还原渠道资金200万元；湖北省人民政府出台《关于推进省级跨部门重大财政项目资金整合使用工作的指导意见》；湖北省财政厅决定1个县退出现代农业水产项目，一个县拨付资金到位490.21万元，责成项目单位足额开具正式发票73.11万元，1个市及时修订资金管理办法、完善调整报批程序。

资源环保审计 实施湖北省三峡工程移民资金财务决算审计。审计揭示三峡库区土地资源管理和三峡外迁移民安稳工作需进一步加强、三峡库区4个整体迁建城镇地质灾害问题比较突出、长江下游河道崩岸治理工作和三峡水库消落区治理有待进一步加强等问题，反映黄土坡地区地质灾害隐患严重，群众生命财产安全受到威胁，1个县面临再次搬迁的问题。巴东县针对审计提出的某公司利用资质牟取利益的问题，对该公司违规行为向各建设单位和施工企业予以通报，对于进一步加强建筑市场管理起到良好作用。

固定资产投资审计 实施2012年南水北调工程丹江口库区移民安置、汉江中下游治理征地拆迁资金管理使用情况审计。以移民资金的管理使用流向为主线，深入移民工程现场，抽查移民村组，追踪核实移民补偿资金发放，检查移民点建房质量，调查后续扶持政策落实情况，维护保障移民权益。提出关于加强库区工程运营管理、安全管理等建议，受到被审计单位的赞誉。被湖北省委、省政府表彰为湖北省南水北调中线工程丹江口水库移民搬迁安置工作先进单位。

金融审计 主要实施中国农业银行、中国建设银行原法定代表人任职期间经济责任审计。先后揭示部分单位未严格落实国家对房地产开发企业的融资监管政策，将信托资金31.75亿元投向10家房地产企业，且其中6家房地产企业以虚构的保障房项目获得资金支持的问题；查处执行差异化住房贷款政策不到位，贷前调查把关不严，向不符合条件的客户发放个人住房贷款的问题；上报《地方政府融资平台公司变相融资问题不容忽视》《企业主“跑路”对银行信贷风险的影响应予以关注》《小额贷款公司经营管理中存在的问题亟待解决》等审计信息；还反映大量假发票列支、7亿元信托资金未按规定用途使用，未认真审核票据业务贸易背景真实性而致使企业重复使用增值税发票或虚假增值税发票金额达10亿多元等问题；加大延伸审计调查的力度，上报部分员工涉嫌违规经商办企业、利用权力谋取非法或不当经济利益等问题的专题报告。

企业审计 实施武汉铁路局2011年铁路建设基金预算执行情况审计、中国国电集团公司法定代表人任职期间经济责任审计。在铁路建设基金审计项目中，将工程招投标作为重点，查出某院电化处原处长持民营企业干股，将本单位承接的电气化改造项目转包给该民营企业的案件线索。注意揭示重大建设项目的运营安全风险，针对湖北省武汉市天兴洲铁路桥青山戴家湖区域存在乱挖乱采粉煤灰现象，上报信息经署领导批转湖北省政府后，引起武汉铁路局和武汉市政府的高度重视。中国国电集团领导人任期经济责任审计，关注经济发展方式转变中存在的突出矛盾，关注企业实施煤电一体化战略过程中存在的煤炭投资挤出火电投资、自产煤炭自供率低、盲目抢占煤炭资源和违规开采煤炭等问题，注意反映影响企业可持续发展的风险，对风力发电企业经济效益及可再生能源开发利用的持续健康发展可能造成的不利影响进行分析。

社会保障审计 先后实施对社会保障资金和社会抚养费征收、保障性安居工程重点民生项目的审计。在社会保障资金审计中，承担湖北、江西两省本级，武汉、南昌两市本级及7个所属区县，中国人民银行武汉分行、中国农业发展银行湖北省分行的社会保障资金审计，以及上述两省两市的汇总工作。审计在摸清两省两市社会保障资金总体情况的基础上，查出违纪违规及管理不规范金额 263.29 亿元，向当地纪检监察部门移送案件线索 6 起。例如，江西省南昌高新技术开发区某镇民政办公室主任等人通过编制虚假低保证，为 79 人骗取农村医疗救助资金 74.45 万元，在审计署发布的 2012 年第 35 号审计结果公告中反映。先后上报 17 份审计报告、4 份专题报告和 11 篇社保重要审计情况、8 篇社会保障审计简报。例如，上报鄂赣两省社保封闭运行企业审计情况的专题报告、湖北省企业职工养老保险基金做实个人账户专题报告和鄂赣两省社会保障信息系统的专题报告；揭示武汉市 3 年少征某公司社会保险费近 3.5 亿元，鄂赣两省执行社会保险基金优惠利率政策不力利息收入损失 5 亿多元，鄂赣两省部分地方政府违规减免和少征社会保险费 4.43 亿元等问题。

外资运用审计 实施亚洲开发银行贷款宜昌至万州铁路项目审计。对于宜昌到万州铁路建设项目，已连续数年开展跟踪审计，重点评价项目建设目标完成情况和运营目标实现情况，客观评价项目实施对当地经济、社会和环境的影响，深入分析项目未达到预期目标及项目不可持续的原因，揭示项目建设中存在的违法违规问题，对于促进项目顺利施工、保障资金使用安全、提高资金使用效益等发挥了积极作用。

队伍建设 精心制定关于加强专业化审计人才培养的意见，共组织安排 49 个培训班 598 人次的各类培训，向审计署评选推荐 5 名领军人才、8 名骨干人才，接受审计署 4 名干部、中西部地区 4 名干部来武汉办实践锻炼。破格晋升 1 名主任科员，正常晋升 6 名主任科员；新录用 7 名公务员。开展 2012 年度处级领导职位竞争上岗和非领导职务选拔任用工作，新任 4 名正处级领导、6 名副处级领导、3 名副处级非领导职务干部。对全办 128 名处级及以下干部的"三龄两历"进行逐一认定，在全办首次正式实行对公务员个人的业绩量化考核。

注重加强审计理论研究和宣传工作。全办在《中国审计报》《中国审计》《审计研究》发表文章达到 112 篇；在署网站发表各类稿件 204 篇；年内 3 次参加审计署统一组织的理论征文活动均有所建树，办课题组撰写的《审计特派办科学发展的策略探析》一文，入选中国特色社会主义审计制度研讨会并作为大会交流；门户网站在审计署 2012 年内部网站评比中位居特派办系统第 3 名。

审计质量 认真贯彻落实国家审计准则，通过讲座和考试等多种形式，强化审计人员对贯彻落实国家审计准则的意识和行为。不断完善审理工作流程，对社会保障资金审计等 20 个审计或审计调查项目进行现场质量检查，对中国国电集团公司法定代表人经济责任审计等 33 个项目实施审理，对 76 份审计报告和审计决定书进行审核，对 35 份审计信息和移送处理书的证据充分性、结论准确性和法规适用性进行复核。实施对中瑞岳华会计师事务所等 6 家社会审计机构的核查工作。

内部管理 全年清理 54 项制度，修订 12 项，新增 19 项。实行重要事项通报制度，定期或不定期地对审计信息、审计宣传、审计质量等情况进行通报，促进规范管理。实行重要事项办理及督办制度，对署领导交办的事项、审计署发文要求办理的事项，逐一登记，及时提醒，督促落实。全年收到审计署转来和直接收到的群众举报信件 20 余件。在后勤财务管理方面，在特派办系统率先公布年度审计工作绩效报告，并在署直属单位财务工作会议上做交流发言；连续 10 年被湖北省武汉市综治委授予社会治安综合治理先进单位；计划统计、档案保密、公文处理等工作进一步规范有序，被审计署通报为 2008 年以来公文质量最好单位。

信息化建设 及时制订关于进一步加强审计信息化建设的规划，分年度分部门落实近 3 年审计信息化建设任务，确保任务明确、责任清晰。工作中，注意不断完善审计数据分析环境，加强数据综合利用，国家审计数据中心武汉特派办分中心主体架构初步建成，全年共采集 15 个项目的数据上报审计署，目前已存储财政、国税、金融、社保和企业等数据 12TB。全面启动企业、银行等行业分析模型和评价体系建设，积极探索信息系统审计，国电集团审计数据分析与技术应用的专项报告和审计简报得到署领导的肯定。组织编写审计方法和 AO 应用实例共计 36 篇；审计署研究课题《特派办数字化标准》和《信息系统审计指南》已结题并对外发布；《ERP 环境下的企业财务收支审计指南》课题研究成果，在署深化企业审计研讨班中作为交流；撰写的《基于总体分析和分散核查审计模式的应用扩展与效果》课题获得“2012 年度中国信息化审计领域成果”二等奖。

（撰写人：周　俊）

【长沙特派员办事处】　2012 年，长沙特派员办事处（以下简称长沙办）人员编制 150 人，在编 134 人。设有办公室、法规处、财政审计处、行政事业审计处、农业审计处、资源环保审计处、固定资产投资审计处、金融审计处、企业审计处、社会保障审计处、外资运用审计处、计算机审计处、人事教育处、机关党委。

领导成员

特派员：彭华彰

副特派员：车列武　李　锋　谢岳山
　　　　董耀文

纪检组长：张瑞民（—10 月）

审计成果　长沙办共承担 22 个审计（调查）项目，已经完成 17 个。查出违规金额 4 803 831 万元，应上缴财政 206 655 万元，应归还原渠道资金 6355 万元，应调账处理金额 1 018 429 万元；已上缴财政 206 399 万元，已归还原渠道资金 16 988万元，已调账处理金额 826 682 万元。移送司法机关、纪检监察部门处理事项 3 件，建议有关部门处理事项 2 件。提交审计信息 101 篇，其中：审计简报 46 篇、重要审计情况 21 篇、工作动态 34 篇。被署重要信息（含专题报告）采用 65 篇次。上述重要信息被中办采用 33 篇次，被国办采用 58 篇次，被党和国家领导人批示 56 篇次。海南省本级社会保障资金审计项目被评为全国社会保障资金审计表彰项目。

财政审计　组织开展湖南省县级政府性资金审计项目以及财政大格局审计项目。查处某公司涉嫌虚构金属废渣购销业务虚开增值税专用发票骗取退税、当地政府在招商引资中采取多种方式变相减免政府性收入等重大问题，并提出财政体制和预算管理改革逐步深化、进一步加强地方财政超收收入管理的意见和建议。

金融审计　长沙办金融审计共承担 9 个审计（调查）项目，在开展金融审计工作中注重审计思路上的创新，发现上市公司利用营业外收入保牌、地方政府利用国库借款给融资平台造成金融风险向财政风险转移等多个体制机制方面的问题。

农业与资源环保审计　顺利完成湖南省中央财政现代农业生产发展资金审计项目，查处挪用资金 636 万元、资金长期闲置 544 万元等严重违纪违规问题。完成三峡枢纽工程竣工决算审计和移民资金决算审计工作，查处重庆市某县领导干部插手移民工程案、重庆市某区民营企业套取移民资金案，相关成果被采用并上报国务院，总理等 3 位政治局常委做重要批示，中纪委副书记要求重庆市纪委立案查办、中纪委督办。《离群点分析方法在投资项目竣工决算审计中的运用》在审计署的计算机审计方法评比中获得优秀。

固定资产投资审计　完成南水北调中线工程审计项目，承担南水北调中线管理局、河北直管项目建设管理部、惠南庄直管项目建设管理部、天津直管项目建设管理部和天津水利工程建设管理中心等 9 个直管、委托和代建项目建设单位承担的，共 21 个设计单元的审计任务。审计查处南水北调工程业主确定的各种奖励费用不合理、价差调整不合理、工程变更确认费用不合理、供电和通信系统未落实审计建议，目前实施的方案不经济等问题。

社会保障审计　完成湖南省 2011 年保障性住房审计，湖南省、海南省社会保障资金审计以及湖南省 2012 年城镇保障性安居工程跟踪审计项目。在湖南省 2011 年保障性住房审计中，查出违规收取保障性住房项目税费、少计提土地出让净收益、非保得保等问题金额 180 867.89 万元。在湖南、海南两省社会保障资金审计中，共查出问题金额 78.28 亿元。截至 10 月底，已促进两省资金拨付到位 28.70 亿元，补缴社会保险费 15.41 亿元，出台完善社会保障制度和规范管理的政策文件 82 份。在湖南省 2012 年城镇保障性安居工程跟踪审计中，查处房屋管理部门部分职工集体入股，利用保障性住房项目非法牟利；公职人员涉嫌利用职权拥有多套房产等重大案件线索。共查出问题金额 19.62 亿元，促进资金拨付到位 1.14 亿元。

企业审计　完成呼和浩特铁路局 2011 年度铁路建设基金预算执行审计。在审计过程中，密切关注社会稳定等风险，及时揭示和反映问题，增强工作的预见性，提高工作的判断力，防止苗头性问题转化为趋势性问题。重点查处临策铁路部分工程存在质量隐患，促使建设单位和施工单位认真进行整改，确保铁路运营安全。特别是通过审计促维权，使得7437名农民工春节前如愿领到拖欠工资11 282万元，消除社会隐患。

经济责任审计 在中国移动通信集团董事长任期经济责任审计中，长沙办对中国移动通信集团湖南有限公司、河北有限公司、浙江有限公司贯彻落实党和国家经济政策与决策部署情况、重大经济决策的制定和执行情况、财务收支情况、内部控制管理情况等进行审计。审计中创新思路，充分利用计算机审计方法，结合审计经验实行“逆查法”，创造性地开展审计，查出中国移动某正厅级领导为亲属牟利4亿元等重大问题。

行政事业审计 完成湖南省中小学校舍安全工程审计和湖南省中小学布局调整审计调查等2个项目。

外资运用审计 开展世界银行贷款南宁至广州铁路公证审计项目，查处违法违规金额25 484.54万元。

队伍建设 配合署人事教育司完成2012年司级非领导职务干部的推荐和考察工作，1人被提升到正司级。通过程序任命办机关党委专职副书记，选拔1名正处级领导干部、4名副处级领导干部、2名正处级审计员和4名副处级审计员。新录用公务员6名，调入年轻干部1名，充实干部队伍力量。继续实施办内外人员交流，有10名干部进行轮岗，有2名干部到地方挂职锻炼。注重提升干部队伍的能力，通过完善审计实务导师制，组建由36名审计业务骨干组成的审计实务导师库，发挥审计业务骨干的带动作用。采取专题报告、讨论交流、典型发言等方式，强化对新任处级干部的培训。适应审计工作需要，选拔培养高端审计人才。4人被评为署“四手”审计干部；12人被评为署计算机审计人才。

机关管理 一是积极开展理论研究工作。长沙办完成2011年至2012年度重点科研课题“国家审计与民主法治研究”的结题工作，开展“献礼十八大，实现新跨越”审计论坛征文活动，组织办内6个重点课题结题评审。积极参加中国审计学会和署科研所组织的理论研讨活动，在2010年至2011年审计机关优秀审计论文评选中，长沙办3篇论文分获一、二、三等奖；2011年度署中高级审计师研究能力培训班论文评选，长沙办论文分获一、二、三等奖各1个，纪念奖3个，并获得单位组织奖；2011年度中国审计学会论文评比，获得2个三等奖。

二是宣传成绩显著。署门户网站采用稿件241篇，比2011年的228篇增长6%，在18个特派办中排第七；《中国审计报》采用稿件比2011年增长65%，在18个特派办中名列前茅；《中国审计》等其他刊物采用稿件26篇。

三是审计项目后评估特色明显。长沙办初步建立起审计项目后评估指标体系、评估方法、评估流程、结果反馈和公示等一整套审计项目后评估办法，共对18个审计和专项审计调查项目开展后评估工作，长沙办上报的审计项目后评估经验材料被署《审计工作动态》采用。

四是强化基础工作，创建省直文明单位。完成2010年和2011年的办志编写工作以及陈列室建设工作，积极开展文明创建活动，并获得湖南省省直文明单位荣誉称号。

信息化建设 一是《行政管理系统》《电子审理系统》和《科技防控系统》软件开发进展顺利，已经完成三个系统的业务需求、系统构架、组织结构、需求规范等。

二是数据分析中心初具雏形。搭建数据分析中心的软硬件环境，出台数据分析团队管理办法，并组建一支由业务骨干组成的数据分析团队。与湖南省审计厅签订建立联合数据分析小组、定期共享彼此审计业务数据的协议。数据分析中心存储数据涉及社保、工商、国税、海关、质监和民政低保等六大行业，总量超过6.5T，并开始在审计中发挥重要作用。

三是《中央税收收入征管政策执行效果联网审计预警分析研究及审计应用》取得阶段性成果。“两个系统”之一的《海关H2010联网审计系统》已完成需求，集成69个方法、3个案例和1个可视化模块，并对总体分析、内控测评、审计核查等75个模块进行全面梳理和修正。另一个系统《国税CTAIS联网审计系统》（演示版）已完成框架设计及开发，并集成3个方法、3个案例和1个可视化模块。数据采集整理方面，现已采集全国41个海关2010年1月至2011年9月的数据共计1.57T，以及全国18个省国税的历年数据共计2.3T。

党建及廉政建设 长沙办党组发布关于进一步加强和改进思想政治工作的意见和“文明长沙办”建设的若干意见，以基层党组织建设、群众性精神文明创建活动为抓手，注重人文关怀和心理疏导，注重解决实际问题，切实提高服务审计中心工作的效果。进一步理清“文明长沙办”建设的思路，确立建设的奋斗目标，明确建设的主要任务。在2012年的社会保障资金审计中，临时党支部组织党员干部“三亮三比”，即亮身份、亮标准、亮承诺，比作风、比技能、比业绩，用实际行动兑现“我是共产党员、我是公务员、我是审计人员”的承诺，圆满完成审计任务。组建“爱心服务组”、发放“爱心服务卡”、建立办处领导与退休干部“双联系”制度，对干部职工基本做到平时有人访、惑时有人解、难时有人帮、老时有人想，使大家对组织的归属感不断增强。长沙办党组把党建工作作为打基础、利长远、促进特派办健康发展的重要工作列入议事日程，年初制定党建工作要点，明确党建工作目标、具体工作任务、责任分工和完成时限，增强党建工作的执行力。同时将党建工作作为队伍建设的重要内容纳入办内综合考核，建立起党建工作考核评价体系，真正把党建工作的成效作为评价处级领导班子和党员干部实绩的硬指标。加大反腐倡廉建设力度，出台《审计署长沙特派办权力运行流程图、岗位职责目录和廉政风险防控措施》；发布关于重申审计现场廉政纪律的通知，要求审计组严格落实审计“八不准”纪律；开展审计现场廉政检查，全年未发现违反廉政建设的问题。

（撰稿人：刘　彪）

【广州特派员办事处】 2012年，广州特派员办事处（以下简称广州办）人员编制150人，在编136人。设有办公室、法规处、财政审计处、农业审计处、行政事业审计处、资源环保审计处、投资审计处、金融审计处、企业审计处、社会保障审计处、外资运用审计处、计算机审计处、人事教育处、机关党办、机关后勤服务中心。

领导成员

特派员：卢家辉

副特派员：刘贡力　马学斌（—11月）

朱惠红　刘　宇

纪检组长：孙成余（—11月）

审计成果 广州办完成审计项目22个，查出违规金额202 460万元，应上缴财政196 537万元，应归还原渠道资金22 268万元，应调账处理金额15 338万元；已上缴财政1254万元。提交审计报告31篇、信息71篇，被审计署重要信息采用66篇，被中办、国办综合采用100篇次，得到中央领导人批示61篇次。

财政审计 广州办在县级政府性资金审计中，发现部分市（县）土地收入未纳入财政管理、政府及国土部门自收自支、政府领导在“体外”批示列支、人为调节收入进度追求政绩；县级政府出台招商引资政策变相返还财政收入；县级财政部门预算改革和国库管理制度改革进展不够理想等问题。在现代农业资金审计中，发现整合相关支农资金不到位、套取挪用项目资金，工程项目建设管理、绩效评价不规范等问题。

金融审计 广州办在某发展银行基本养老保险基金审计中，发现银行基本养老保险实行的行业统筹与地方统筹政策和养老待遇存在较大差异，部分省级行业统筹机构基金收支缺口持续扩大和个人缴费与离退休待遇不挂钩等问题。在某市民间借贷专项审计调查中，发现融通担保公司涉嫌通过关联企业等骗取银行贷款4.2亿元，逾亿元用于高利转贷谋利等问题。在某银行财务收支情况审计中，发现银行在引导金融机构票据业务向中小企业及涉农行业倾斜、贴现资金流向实体经济方面发挥作用不够等突出问题。审计中健全银行养老保险机制，规范银行养老保险基础管理工作，防范和化解金融风险中起到重要作用。

行政事业审计 在某省农村中小学布局调整情况专项审计调查中，发现部分民办中小学校安工程建设进展缓慢；因布局调整等多方原因造成部分地区学生辍学；部分地区寄宿制学校生活设施不足、条件简陋、管理和服务不到位，教育资源向县镇学校倾斜，造成新的结构失衡；部分中小学校舍安全改造不到位、部分D级危房仍在使用，灾害隐患威胁在校师生的人身安全等问题。

固定资产投资审计 广州办在南水北调工程审计中，发现某三省配套工程建设进度滞后，影响工程效益发挥等问题。在高速公路审计中，发现《国家高速公路网规划》中2010年底14条高速公路基本贯通的建设目标未实现，有6条公路的18个路段未贯通；某省南水北调工程建设管理局承接的课题存在科研成果、资金和预算管理混乱等问题。在某高速公路南段竣工决算审计中，通过运用新型检测仪器“保护层厚度检测仪”检测钢筋密度，突破隐蔽工程质量的审计瓶颈，核减工程价款近7000万元。

社会保障审计 广州办在某省社会保障资金审计中，发现相关人员违规办理儿童跨国收养业务，涉嫌非法牟利超过720万元；有关人员违规审批，某两市逾3000万元劳保金被挪用于对外无偿借款等无关支出；某市职工医保账户利息分配不合理，导致个人账户少计利息3442万元，损害参保人利益等案件线索；还发现某市社保基金在专户归集、利息收取、结余资金管理等三方面存在问题，影响资金保值增值；部分地区残疾人就业保障金管理使用不规范；劳务派遣工和港澳台企业务工人员基本养老保险费缴交不足等问题。在城镇保障性安居工程跟踪审计中，发现部分保障房项目未严格履行基本建设程序、部分施工单位财务管理混乱，保障性住房分配不公和面积超标等问题。审计发挥了保障社会保障资金安全和效益，推动社会保障制度和政策的执行和完善，维护社会和谐稳定的重要作用。

企业审计 广州办在某铁路（集团）公司铁路建设基金预算执行审计中，发现某城际轨道交通项目4个隧道工程严重偷工减料和未按设计施工，存在重大安全隐患；国有企业及政府工作人员严重失职，逾2700万元国有资金流失；铁路货运信息系统存在缺陷无法有效管理铁路货运业务等问题。在某通信集团公司审计中，发现部分管理人员在无线电通信基站建设过程中违规决策，并涉嫌受贿致使私营业主获取暴利5.7亿元；某公司原总经理滥用职权为私营企业牟利1.6亿元；某公司原总经理利益职权向特定关系人输送巨额利益并涉嫌通过家属收受商业贿赂255万元和不明身份人员汇款1009万元；某公司及其外资设备供应商为某省141名党政领导干部花费4000多万元EMBA学费等案件线索。

经济责任审计 广州办在某政府领导人经济责任审计中，发现相关部门违规以协议出让和无偿划拨等方式向私营企业供应862.亩土地用于旅游度假项目建设等问题。在某银行原法定代表人经济责任审计中，发现某两地10家民营企业的120亿元资金流动异常，涉嫌非法经营地下钱庄；某民营企业弄虚作假套取银行贷款16.6亿元，涉嫌虚开6.8亿元收购发票并骗取出口退税等案件线索。还发现部分小企业贷款被融资担保公司或其关联企业占用甚至用于发放高利贷、违规流入房地产领域；企业主“跑路”影响银行信贷资产安全等问题。在某大学校长经济责任审计中，发现某公司及总经理编造虚假工程成本抹平违规担保赔款，造成国有资产损失1072万元；部分科研经费被套现，735万元资金去向不明等问题。

专项资金审计（调查） 广州办在某省节能减排专项资金审计中发现，某镇5000多家无资质、无环保设施废弃物回收拆解企业严重污染环境；某省国家合同能源管理推广力度不够，实现节能量少；脱硝试点工作存在燃煤火电机组部分脱硝设施效率较低、脱硝电价不足以补偿火电企业脱硝成本；某市餐厨垃圾资源化利用和无害化处理工作进展缓慢；某省重金属污染防治工作推进不力，“城市矿产”示范基地主要处理进口“垃圾”。对于上述问题的发现，促进了地方政府及有关部门和企业严格执行国家节能减排相关政策法规，加快了调整经济结构和转变经济发展方式。

信息化建设 一是继续推进信息化“五个一”工程建设。进一步完善数据中心建设，充实数据分析团队，各处室增加兼职数据分析员；升级数据分析平台、项目管理平台和机关管理平台；加大审计数据归集和管理力度。截至年末，数据分析中心的数据总量超过60TB，涵盖全办70%的审计项目。

二是积极探索信息化条件下审计工作的新模式。进一步完善数据分析中心、信息综合中心、质量控制中心和人力资源中心等“四个中心”，明确“四个中心”的工作职责和运行管理办法，在此基础上积极探索新的审计组织模式、工作模式、控制模式和考核模式。

三是异构海量数据标准化解决方案提高审计工作效能。数据分析人员提出的异构海量数据标准化解决方案，为全国社会保障审计数据采集奠定基础。在中国移动集团的经济责任审计中，运用此方案在较短时间内完成中国移动集团31个省公司的2477张标准表、7TB数据的采集量。

队伍建设 加强领导班子建设，发挥班子核心作用。通过每季度的党组中心组学习活动，提高办处两级领导的政治敏锐性和政治鉴别力。加强对青年干部的培养，促进青年干部快速成长。坚持分层次多渠道全方位培训干部，将外送培训、全办集中培训、处室自主培训、个人自学培训等多种形式有机地结合起来，提高培训的针对性和实效性。加大岗位交流和公开选拔干部力度，优化干部队伍结构。树立以业绩选人用人的导向，增设计算机类、理论研讨类、先进表彰类和其他单项奖励类等“四类三档”量化加分。加强文化建设，增强审计工作发展的精神动力。深入开展“责任、忠诚、清廉、依法、独立、奉献”的审计人员核心价值观系列教育；组织全办干部参加审计署及相关单位组织的各种征文、研讨活动；开展以“宽容、包容、感恩”为主题的思想文化建设大讨论活动，以及“加强思想建设，塑造阳光心态”的心理疏导活动。

机关管理 开展人事档案检查工作；补充修订文书、审计、基建、会计、声像档案的立卷归档制度和保管期限表等多项管理制度。通过程序性和实质性审理、现场与非现场审理、专职与兼职审理、防范风险与提出建议等“四并重”，构建质量控制体系。加强与物业公司沟通联系，做好新办公楼固定资产盘点清查等工作；完善机关后勤人员薪酬管理和分配制度。建立“急事急办”和“好事办好”两条服务热线，对干部职工做到“关心到人”“落实到事”。 （撰稿人：邢　莹）

【深圳特派员办事处】 2012年，深圳特派员办事处（以下简称深圳办）人员编制120人，在编110人。设有办公室、法规处、财政审计处、固定资产投资审计处、金融审计处、企业审计处、社会保障审计处、外资运用审计处、境外审计处、计算机审计处、人事教育处和机关党委。

领导成员

特派员：王秀明

副特派员：段大波（10月—）　赖汉雄

张在银　黄建宇（—10月）

纪检组长：郑凯旋（—10月）

审计成果 深圳办共组织实施审计（或审计调查）项目27个。审计查出主要问题金额434.5亿元，其中违规问题金额18.9亿元，管理不规范金额415.6亿元。移送重大案件线索5个。全年共编发各类审计信息113篇，业务类简报数量是2011年的2.5倍。被审计署以重要信息方式采用69篇、中办采用36篇、国办采用62篇、国务院领导批示61篇。此外，审计署还以署领导批转函、信息转送函、综合报告采用案例等方式采用70篇。

财政审计 完成2011年度广西壮族自治区（以下简称广西）中央转移支付资金审计等项目，揭示某地区县级财政赤字问题比较突出、土地出让金管理混乱、现代农业发展资金未用于农民为受益主体的项目、国库资金出借以及财政专户管理等方面存在的突出问题，提出细化预算编制、推进财政管理精细化、严格预算执行等建议。

金融审计 完成中国建设银行和中国农业银行原法定代表人经济责任审计（驻港机构）、中国进出口银行原法定代表人经济责任审计（南方地区）、证监会深圳监管局预算执行审计、人民银行深圳中心支行财务收支审计和中国银行深圳分行2012年度新增贷款审计调查等项目。揭示某私营企业以主题公园为名借机倒卖土地非法获利、某央企高管设立境外空壳公司倒卖国有股权、某企业隐匿股权转让收入逃避巨额国家税款等重大违法违规问题，并揭示政策性金融机构在经营发展中存在的突出问题和风险隐患。

行政事业审计 完成广西中小学校舍安全工程审计和农村中小学布局调整情况专项审计调查等项目，揭示某地校舍D级危房底数不清、部分校安工程项目抗震设防等级不达标、部分已撤并学校校舍闲置及处置不规范等问题。

农业与资源环保审计 完成湖北省宜昌市本级、夷陵区及秭归县三峡工程移民专项资金财务决算审计、广西节能减排专项资金审计项目，揭示某地违规申请工矿企业职工安置补助资金、某市移民管理机构行管费管理使用混乱、某燃煤电厂机组氮氧化物直接排放影响减排目标实现、某城市矿产示范基地项目未实现政策目标等问题。

固定资产投资审计 完成南水北调二期东线治污江苏段审计和珠三角综合交通运输体制情况调研等项目，揭示某省各级水质监测结果不一致、某市违规使用国家重点建设项目用地、某工程部分区段安全隐患较突出等问题，为南水北调东线水污染防治工作、珠三角综合交通运输体系后续建设发展提出针对性的审计建议。

社会保障审计 完成广西和深圳市社会保障资金审计，积极探索适合大型审计项目管理的以数据分析为核心的新型组织管理模式，组成 91 人的社会保障资金审计团队，延伸调查 156 家企业、13 家村委会（居委会或社区工作站）和 13 家医院，结合当地社会保障制度发展的特点，加强综合分析研究，强化流程控制，揭露某企业虚开药品增值税发票和涉嫌商业贿赂的两起重大案件线索，以及流动人员重复参保、新农合统筹基金结余普遍超过规定、残疾人就业保障金制度亟待规范等问题。

经济责任审计 开展广西区主席任期经济责任审计，牢牢把握权力与责任两个重点，揭露和查处违规投资入股、违规转让企业股权和职工住房等重大问题；紧扣广西经济社会发展和地域特点，从促进维护国家安全和广西经济社会协调发展的角度，反映边境地区发展和蔗糖产业发展等问题，并从体制、机制、制度层面剖析成因提出建议；积极探索经济责任审计项目计算机审计的新路子，对自治区本级电子政务信息系统建设的安全性、有效性、经济性进行专项审计调查，促进广西电子政务健康有序发展。

队伍建设 深圳办以“素质提高年”活动为契机，以领军人才和骨干人才培养为抓手，推动干部队伍整体素质提升。以办处两级领导干部建设为核心，创建学习型、创新型、责任型领导班子。坚持每季度的中心组学习会制度。以“研究推进信息化建设工作全面发展”为主题，召开处级干部专题研讨班。以“公开、公平、公正”为原则，开展干部选拔录用工作。根据审计署统一安排，参与或组织实施 3 次司处级竞岗工作，选拔司处级干部 7 名。择优录取新公务员 9 名。以多层次的培训活动为载体，增强干部队伍综合能力和发展后劲。全年共组织处级干部脱产培训等多层次培训 2457 人次。对全办在职人员的人事档案进行全面清理。派出 3 名业务骨干参加联合国审计。派出 6 名优秀干部到署机关、派出局和金融机构交流锻炼。积极参与中印青年审计论坛和亚洲审计组织课题研讨会，培养锻炼国际化审计人才。

信息化建设 打造大数据综合分析平台。组织数据分析团队，采取“集中分析，分散核实”的审计组织方式，打造统一的数字指挥平台，实现审计成果的新突破。如在社会保障审计中，通过对深圳和广西海量社会保障数据的综合分析，发现跨地区重复参保问题。积极开展信息系统审计。在社会保障审计中，对深圳市和广西社会保障资金相关信息系统建设和运营情况进行审计，上报信息系统审计报告。加大审计现场管理中 AO 的应用力度，注重总结经验，报送计算机审计方法 32 个，AO 应用实例 14 个。顺利通过涉密信息系统的分级保护测评；完成铁路行业数据规划，并于 8 月以《计算机审计实务公告第 42 号》正式印发，得到推广使用。

质量控制 （1）建立健全制度，强化审计质量控制。通过制定《审计项目流程图规范》《加强审计项目管理的若干意见》和《审计质量过程控制考核办法》等制度，建立健全“分级控制、流程管理、过程考核”的审计项目管理体系。深圳办的《项目执行管理信息交互规程》等 4 个制度被《审计法制工作动态》转载，向审计系统推广。

（2）进一步完善审计业务会议制度，加强跟踪审理，全年共完成 35 份审计报告、80 多篇审计信息的审理复核工作，提出审理复核意见近 400 条，编发审计业务会议纪要 43 期。

（3）试行审计情况通报制度，对已完成审计项目审理复核情况进行通报，并对审理中发现的问题进行梳理和分析，促进提高审计工作质量和水平。

理论研究 进一步建立健全理论研究机构，出台审计理论研究实施意见和考核办法，坚持以应用型研究为主，提高理论研究的有效性、针对性和前瞻性。积极参加审计署组织的重点课题研究，完成审计署重点课题《信息化条件下的审计非现场管理研究》的科研任务。充分利用审计署统一组织的论坛和征文活动，提高审计人员的研究能力，全年共征集论文 60 多篇，择优报送 20 多篇，被审计署采用 3 篇。全年公开发表论文 20 余篇，2 篇论文获得 2011 年审计署优秀论文三等奖，参加第二届青年审计论坛的 2 篇论文入选论文集，2 篇论文获得计算机审计分会二等奖和三等奖，并入选 2012 年中国计算机审计研究报告。

机关管理 全面推进新版国家审计统计软件的应用，共录入审计项目 15 个，报送审计统计报表和审计机关基本情况表 12 套。全年报送各类审计信息、报告等 500 余篇。全年按照财务相关规定审核各类单据 1.6 万张，编制记账凭证 1300 余份，准确核算资金 3000 多万元，财务工作受到审计署财务检查组的认可和肯定。加大审计宣传力度，全年共在《中国审计报》《中国审计》杂志、审计网 3 家审计媒体发稿 156 篇，增幅达 300%，扩大了审计工作影响。全年为审计业务提供服务用车累计里程 20 万公里。组织消防演练活动，连续 5 年被评为深圳市治安管理先进单位，被深圳市消防安全委员会评为“全市千家消防安全标准化管理达标重点单位”。顺利完成后勤服务社会化改革工作。

机关党建 以创建廉政文化品牌为契机，增强廉政文化的辐射力。出台《关于进一步加强机关文化建设的实施意见》，通过开展系列廉政文化活动，促进审计机关作风效能建设的提升。强化党员教育，加强政治理论学习。通过“讲政治、顾大局、守纪律”、党的纯洁性教育、学习贯彻党的十八大精神等系列活动，提高干部的政治理论素养。以全面“清”权为起点，以有效“规”权为核心，通过流程再造，绘制廉政风险流程图 20 张，标注廉政风险重点环节 92 个。率先提出科技防控是审计机关廉政风险防控有效载体的论述，并在审计机关廉政风险防控工作研讨会上做交流发言。加强机关文化建设，定期开展各类文体活动，在做好节日慰问和老干部体检等工作的基础上，支持老干部参加各种学习活动，积极探索老干部工作方式，认真做好老干部工作。

（撰稿人：张忠昊）

【成都特派员办事处】 2012 年，成都特派员办事处（以下简称成都办）在编 128 人。设有办公室、法规处、财政审计处、行政事业审计处、资源环保审计处、固定资产投资审计一处、固定资产投资审计二处、金融审计处、企业审计处、社会保障审计处、外资运用审计处、计算机审计处、人事教育处、机关党委、机关后勤服务中心。

领导成员

特派员：丁仁立（—10 月）

副特派员：张瑞民（11 月—，主持工作）
赵建设　景东华（—11 月）
王　斌　庄军（11 月—）

纪检组长：武晓晨

审计成果 成都办认真履行法定职责，严格执法，共完成审计项目 18 个，报送审计报告、《重要审计情况》《工作动态》148 份，被采用 123 篇次，被领导批示 133 篇次。审计发现违规金额 114.63 亿元，管理不规范金额 1 094.81 亿元，损失浪费金额 0.2 亿元，损益（收支）不实金额 51.41 亿元，促进被审计单位整改落实问题金额 135.93 亿元。向有关部门移送处理事项 9 件、涉及案件线索 5 件；4 人被移送司法机关处理，15 人次分别受到开除党籍、行政撤职等处分。2011 年度四川省农村医疗卫生服务体系建设情况专项审计调查项目移送的案件线索取得重大突破，有 15 人被拘捕，涉及采购金额 12 亿元，违法金额 3500 万元。四川省水利厅根据成都办 2011 年发出的《灾后恢复重建跟踪审计情况通报》，对 12 名责任人进行处理。

成都办参与的 2011 年青海玉树地震灾后恢复重建跟踪审计项目被评为优秀审计项目；宁波市本级社会保障资金审计项目被评为全国审计表彰项目，2 个审计组分获全国审计公务员集体三等功和集体嘉奖，4 人分获全国审计个人二、三等功和嘉奖。荣获审计署企业审计模拟实验室案例评选活动组织奖，6个企业审计案例分获一、二、三等奖；4个AO应用实例分获优秀奖和应用奖。获得“省直机关落实党建工作责任制先进单位”“党组中心组理论学习先进单位”“省直机关优秀基层党组织”“省直机关第三轮敬老模范单位”等表彰。4人被审计署授予“四手”审计干部称号，1人被四川省委表彰为“全省创先争优优秀共产党员”，2人分别被评为“省直机关优秀共产党员”和“省直机关优秀党务工作者”。

财政审计　(1) 完成四川省县级政府性资金审计。审计发现的主要问题：非税收入占比较高，影响县级政府收入稳定性；县级税收收入对房地产行业的依存度较大，财源结构不够合理；民生支出规模在政府性支出中占比偏低；非税收入未及时入库；财政部门通过列支转暂存、以拨作支方式虚列支出；财政部门通过在暂付款科目核算支出，少计财政支出；财政结余不真实；非税收入管理不够规范；部分县级财政部门和财政收入执收部门大量开设银行账户；大量预算资金结转下年使用，当年未能发挥效益；县级政府招商引资，违规返还或变相减免财政收入；富顺县未及时收回出借的财政资金2500万元；金堂县水务局下属国有全资子公司个人违规违纪问题移送县公安局查处；富顺县S305国道项目建设中个人违规违纪问题移送自贡市纪委查处。

(2) 完成四川省现代农业项目审计。审计发现的主要问题：①省本级整合资金不到位。2010年现代农业项目，省本级仅整合相关支农资金3项，2项未进行整合。②抽审县资金整合不到位。2010年彭山县和富顺县共有40项与现代农业项目相关资金未整合。③部分项目整合资金不到位、多报整合资金。抽审3县，2008年至2010年少整合资金885.06万元；彭山县2010年多报整合资金807万元。④部分项目地方财政资金投入不到位。富顺县和彭山县2008年至2011年共2 655.94万元财政资金不到位。⑤部分资金投向非重点区域。2008年至2011年，四川省所扶持的各农业产品项目县中有159个不在农业部确定的四川省优势和特色农产品的优势县范围内，占46.76%。⑥部分资金投向非关键环节。2008年至2011年，四川省共有39 108.32万元现代农业资金投入到非关键环节。⑦超范围安排项目资金。2010年，彭山县的蔬菜项目不属于财政部批复的项目范围，涉及现代农业资金434万元。⑧部分单位未按照相关规定统筹安排使用结余资金。金堂县和富顺县2008年至2011年结余的现代农业资金426.36万元未统筹安排使用。⑨个别单位挤占挪用现代农业资金。富顺县农业局等4个单位挤占挪用现代农业资金17.63万元。⑩个别单位自行改变实施内容。富顺县和金堂县2008年至2010年现代农业项目实施的村镇共比方案规定的少37个。⑪个别项目未招投标。彭山县2010年现代农业玉米项目和蔬菜项目未进行招投标。⑫部分项目未严格履行建设项目环保审批程序。金堂县2008年现代农业生猪项目10个标准化养殖小区均为项目验收后补办环评手续。

行政事业审计　(1) 完成四川省农村中小学布局调整专项审计调查。联合四川省审计厅，对四川省50个县（市）2006年以来义务教育阶段农村中小学布局调整情况进行专项审计调查，共抽查初中382所、小学1012所，涉及在校学生32.06万人、61.15万人，分别占全省同类学校总数的16.20%、11.06%，同类在校学生总数的19.47%、21.76%。此次审计调查查处问题金额8 591.27万元，移送纪检监察机关案件1件，3人受到行政处分；提交审计调查报告及审计信息共2篇，提出审计建议3条，促进被审计单位健全规章制度3个、制定整改措施37项。发现的主要问题：部分地区布局调整规划不完善，少数地区撤并农村中小学“一刀切”，实施工作不规范，部分群众不满意；部分地区农村中小学建设资金不断向县城学校倾斜，优质师资不断向县城学校流动，使农村学校建设薄弱，影响县域内学校之间均衡发展，造成新的结构失衡；部分地区寄宿制学校生活设施不足，条件简陋，管理和服务不到位；因学校撤并造成部分农村学生就学距离增加，部分学生乘坐的交通工具管理不规范，交通安全隐患较大；由于学生上学交通费用、生活费用和租房费用增加，致使部分农村家庭教育负担加重；部分地区少数学生因“上学远、上学贵”退学；部分停办学校校舍资产处置和管理不规范；一些地区农村中小学建设资金统筹管理薄弱；教师缺编、教师在编不在岗与聘用代课教师并存；公用经费分配未考虑寄宿制和非寄宿制学校的成本差异；部分县多报学生人数获取上级相关补助资金；部分学校未严格执行财务制度，存在违规收费问题；学校食堂对外承包并收取承包费，加重学生家庭负担；部分校舍安全存在隐患；部分县信息化教育相对落后。

（2）完成四川省中小学校舍安全工程资金管理使用情况审计。本次重点延伸审计金堂、富顺、彭山等3个县，抽查161个中小学校舍安全工程项目。发现的问题：在落实国务院实施方案方面，安全鉴定不规范、规划编制不完整不准确、建设进度未达到规划目标、部分学校场址未按规定避让地震断裂带、部分校安工程项目未以消除安全隐患为目标。在项目资金申报和管理方面，部分地方投入未完全到位、个别项目申报不实并重复获取中央财政资金、财政资金闲置、转下达资金计划不及时、未按规定使用校安工程结余资金。在项目管理方面，个别县工程进度报送不实、未严格执行校安工程税费减免政策、未按规定办理竣工验收手续。在落实工程安全技术标准和项目质量管理方面，部分项目设计或施工不满足安全技术标准、部分加固项目主要进行装饰装修、部分校安工程项目偷工减料、工程质量管理不规范、部分中小学综合安全措施不到位。同时个别县仍在使用未进行改造的D级危房、个别校安工程项目建成后闲置、个别县多结算工程款。

固定资产投资审计 （1）完成支持新疆发展铁路项目跟踪审计。存在的问题：部分项目建设进度缓慢；已完工项目未及时进行清理，造成实际完成投资与年度投资计划存在差异；在建项目少完成年度投资计划62.12亿元；库阿二线工程197.7万元技术咨询项目未按规定招标；库阿二线3358万元甲控物资招标投标不合规；乌准铁路工程建设指挥部违规同意中标施工单位分包乌准铁路1.6亿元主体工程；建设单位未及时发现和纠正监理人员不到位的问题；乌准铁路概算多列37 710万元；精伊霍铁路超概算100 351万元；乌准铁路和乌鲁木齐铁路枢纽项目建设单位管理费超概算379.78万元；竣工项目统计多列报投资完成5 509.3万元。

（2）完成支持新疆发展能源开发项目跟踪审计。华能新疆公司存在的问题：“十二五”规划项目未能按预期全面推进；概算外支出奖金及费用1 973.86万元；多计工程成本680万元；部分项目未按规定程序招标；别迭里水电站拦河闸土建工程招标过程中未采纳评标委员会意见，所确定的中标单位因组织施工不力影响工程建设而被清退，导致工程费用增加256.77万元；异地拆建使用关停设备。同时发现地方保护政策影响风电设备企业健康发展，个别地方相关部门和单位违规收费，华能托克逊白杨河风电场三期项目因配套项目未按期建成，造成项目不能按期投运，国家可再生能源补贴13 326.27万元未到位，企业经营压力加大等需要反映的情况。

（3）完成支持新疆发展神华集团资金和项目跟踪审计。发现的主要问题：准东五彩湾电厂一期工程违反基本建设程序未批先建；9.95亿元的项目未按规定招标直接发包；神东电力公司新疆准东五彩湾电厂筹建处将不符合招标文件要求的单位确定为基建综合办公区工程中标人；神新发展公司将露天煤矿采剥工程分包给无资质单位施工；部分煤矿超过核定能力生产；煤矿安全改造项目进展较慢；违规在野生动物保护区开采地下水，影响生态环境和水资源保护。

（4）完成支持新疆发展新疆电力项目跟踪审计。发现的问题：在工程建设管理方面，合同金额为2 148.92万元的2个建设项目未按规定确定中标人，占审计抽查项目的50%，占抽查投资计划总额的2.57%；中标金额为38 995.2万元的64个项目评标机构人员组成不合规；中标金额为63 095.68万元的239项招标代理业务中标人确定不合规；电力监理公司违规转包63.26万元监理项目；项目总监设置不合规；监理程序不合规以及未经业主同意更换总监。在土地政策执行和环境保护方面，有2个项目未取得建设用地批准手续，违规使用土地1275亩；有2个项目未进行环评即开工建设。在其他方面，已建成输变电工程项目低效运行或闲置；与“疆电外送”电网建设配套的电、煤、水源设施建设进度滞后于电网建设；新疆电网“十二五”发展规划不断滚动修编，导致其援疆的目标任务至今无法确定；大量自备电厂给电网安全稳定运行带来隐患，自备电厂未按规定支付农网还贷基金等政府性基金及附加 2 432.6 万元，23 家自备电厂未按规定支付自备电厂系统备用费。

（5）完成新疆矿产资源勘查开发管理情况和伊犁河谷地土地开发整理工程跟踪审计。发现的主要问题：地质勘查基金结存较大，8.53 亿元被挪用；97 户企业欠缴采矿权价款 2.34 亿元；矿产资源补偿费征收不规范；哈密地区累计欠缴矿产资源补偿费 1 437.29 万元；国家出资探明矿产地清理工作未完成，不利于探矿权采矿权价款的及时处置和应收尽收；未严格按照规定出让煤炭探矿权，涉及矿区面积 1 628.96 平方公里；违规审批新疆圣雄能源开发有限公司黑山矿区小露天煤矿采矿权；国有地质勘查单位处置其掌握的地质勘查成果和探矿权不规范，国有权益未得到有效保护；部分单位取得探矿权后勘查投入不足；矿产资源非法开采行为仍时有发生。同时反映伊犁河谷地土地开发整理项目 121.5 万亩新增耕地任务无法完成，13.43 亿元建设资金结存近 2 年；矿业权招标拍卖挂牌出让相关规定未全面落实；矿区总体规划和矿业权设置方案存在审批缓慢和落实困难等问题，不利于矿产资源统一规划和综合开发；煤炭资源勘查开发和资源整合等问题和情况。

（6）完成南水北调工程审计。主要审计中线水源丹江口大坝加高工程、中线水源陶岔渠首工程、汉江中下游补偿治理工程、汉江中下游补偿环境保护专项等 4 个项目。审计项目总投资 145.84 亿元，审计共核减投资 4916 万元；查出存在问题金额合计 45.05 亿元，其中违规金额 10 437.58 万元；审计以后避免或挽回损失金额 6554 万元。

金融审计　（1）完成中国建设银行四川省分行 2011 年度资产负债损益审计。发现该行违规通过“创新表外及中间业务产品”等方式变相扩大信贷规模 11 亿元，执行国家房地产信贷管理政策不到位，1.6 亿元房地产贷款挪用于其他房地产项目，1.57 亿元房地产贷款资金未能按照销售进度及时收回，贷后检查不到位，1.81 亿元信贷资金被挪用，发放固定资产贷款用于置换他行流动资金贷款 3000 万元等问题，并发现管理不规范问题金额 16.87 亿元。揭示建设银行四川省分行在贯彻执行国家宏观政策、公司法人治理及内控管理方面的一些问题，被审计单位已完善并修订内部规章制度两条，完成问题整改金额 20.63 亿元，整改率达到 100%。

（2）完成中国农业银行 2011 年度资产负债损益审计。发现该行通过“创新表外及中间业务产品”等方式变相扩大信贷规模 11 亿元；扶持小微企业不到位，涉及金额合计 7500 万元；授信管理薄弱，未有效防控信用风险，涉及金额合计 8.39 亿元；超标准计提公积金，涉及金额 780 万元。同时发现非责任人任期内的授信管理薄弱，未有效防控信用风险，涉及金额 1.07 亿元；违规购买商业保险，涉及金额 134.17 万元和资产及财务管理不规范等问题。

（3）完成商业银行跟踪审计专项调查工作。发现的主要问题：通过信托收益权转让业务等“创新表外及中间业务产品”向 3 家企业提供表外融资 5.31 亿元；向淘汰落后产能水泥生产企业发放贷款 0.1 亿元；多计小微企业贷款余额 3.56 亿元；向土地储备项目发放超规模贷款 5.6 亿元；贷后监管不到位，4 亿元贷款资金被挪用；3 亿元贷款资金脱离交行监管以及贷款被用于与贷款无关的项目等问题。被审计单位及相关部门对此次跟踪审计发现的问题高度重视，整改力度大。

（4）完成国家金库四川省分库 2011 年预算资金收纳拨付情况审计。发现该分库待缴库税款缴库不及时 3 104.03 万元；违规办理退库 6 530.51 万元；国库资金被转作商业银行定期存款 55.6 亿元；国有土地使用权出让收入被违规使用 4 136.9 万元；26 175 万元财政资金未充分发挥效益等问题。

（5）完成中国银监会四川监管局 2011 年度预算执行和其他财务收支情况审计。发现该局在公用经费中挤占项目经费 20.17 万元和公用经费挤占会议费 4.2 万元，170.4 万元未委托集中采购机构代理采购及其他问题 1 088.89 万元。

（6）完成中国人民银行成都分行 2011 年度财务收支审计，发现该行人员经费挤占公用经费 1 036.11 万元，基本支出挤占项目支出 78.59 万元等问题。

企业审计　（1）完成对成都铁路局 2011 年度铁路建设基金预算执行情况审计，发现 12 251 吨甲控材料粉煤灰以次充好用于工程建设，影响遂渝二线95公里线路建设质量、违规招标采购型钢13 839.16吨、未经招标程序采购物资和发包项目2874万元、4050万元征地拆迁资金被挪用、被征地农民社会保障政策执行不到位，3亿元社会保障资金未落实、1177亩临时用地未经审批和79.87亩临时用地未按规定复垦等问题，还发现影响铁路科学发展需要关注的铁路建设对债务资金过度依赖、部分建设项目经济效益欠佳等情况。

（2）与重庆特派办合作完成中国五矿集团公司的经济责任审计。发现的主要问题：五矿集团少计收入2.99亿元，多计收入16.54亿元，多计成本费用16.58亿元，导致少计利润3.03亿元，其中2011年少计利润1.91亿元；五矿集团2011年多计资产4.39亿元，多计负债4.29亿元，多计所有者权益0.10亿元；邯邢矿业未经集团批准、未履行资产评估程序对外投资，涉及金额4.24亿元；五矿置业有限公司未按集团批复要求与民营企业合作开发项目，承担项目主要风险；二十三冶监管不严致使下属单位负责人违规集资1 295.39万元，727万元集资本息资金面临诉讼赔偿风险；二十三冶违规分包建设项目主体工程11.16亿元；鲁中矿业冶金有限公司二期工程投资超概算2.60亿元，未按规定报请审批；五矿国际信托有限公司违规委托非金融机构销售35.16亿元集合资金信托产品。

外资运用审计　（1）完成世界银行贷款贵昆铁路六盘水至沾益段增建第二线工程（成都铁路局管段）项目审计。审计发现，不规范验工计价，超验工程款438.61万元；工程及物资采购未按规定进行招标投标涉及金额1925万元；违规分包工程给不具备相应施工资质的单位；3项一类变更设计工程未经批准已实施，增加投资4570万元；工程所需实际投资突破概算预计24.61亿元，建设资金存在缺口。

（2）完成世界银行贷款贵阳至广州铁路项目审计。审计发现，资金管理和使用方面存在拖欠施工单位工程款3.61亿元、欠发农民工工资4 196.85万元、使用假发票和白条结算工程款899.51万元等问题；招标投标和物资采购方面存在施工单位以虚假租赁合同分包工程4884万元、违法分包给不具备相应资质单位涉及金额14.8亿元、部分物资和服务采购项目未按规定进行招标投标涉及金额8 148.41万元等问题；工程施工管理方面存在超验工程款4 103.63万元、部分工程未按图施工等问题；工程征地拆迁方面存在被征地4024名农民社会保障未落实涉及资金3 014.4万元、挤占征地拆迁资金200.93万元、征地拆迁资金5000万元违规转入国库等问题；项目管理方面存在验工计价不规范涉及金额4.8亿元、设备租赁不规范、多报征地拆迁投资金额1.13亿元等问题。

社会保障审计　（1）完成2011年四川省社会保障资金项目审计。联合四川省审计厅，对四川省本级、21个市（州）本级和181个县（市）三级人民政府及其所属的人力资源社会保障、民政、卫生、财政等部门，社会保险经办机构、残疾人联合会等单位进行审计，并延伸调查1640家企业、392个村（居）委会和270家医院，共查出违纪违规金额280.27亿元。发现在社会保障制度和政策执行方面，存在符合保障条件的特殊人员未纳入保障范围；因重复参保，导致财政重复补贴；重复发放待遇；不符合条件的人享受社会保障待遇；参保人员存在选择性参保；49个县（市）未能完成新老农保衔接工作，16个市（州）尚有80 143.93万元老农保基金未转入新农保；28个县未按规定编制基金预算的问题。在社会保障资金筹集、管理和使用方面，存在社会保障资金筹集不到位、未纳入财政专户管理、全省多开户304个、违规开设账户102个、违规使用社会保障资金、套取社会保障资金的问题。在社会保障业务管理方面，存在未按规定为参保人员建立社会保险个人账户；未将个人缴费记入个人账户；个人账户利息计算错误；未将利息记入个人账户；隐瞒欠费、待遇计算错误或发放不及时的问题。

（2）完成宁波市社会保障资金项目审计。联合宁波市审计局对宁波市本级管理的社会保险、社会福利、社会救助资金实施审计。审计涉及5个开发区和11个县（市），资金总量达461.06亿元，延伸调查116家企业、12家医院和30个村（居）委会，查出违纪违规事项涉及金额3 294.73万元，个人违规牟取不正当利益2.3万元，管理不规范事项涉及金额145 693.33万元。发现在社会保障制度和政策执行方面，存在未按社会保险法及时修订完善相关制度、部分符合保障条件的人员未纳入保障、部分人员重复参加各项社会保障、不符合条件的人员违规享受待遇、违规核定定点医疗机构和结算医保基金和残疾人就业保障征收不到位等问题；在社会保障资金筹集、管理和使用方面，存在个别险种资金筹集不到位、部分企业采取不正当做法少缴社会保险费、少数经办机构违规使用社会保障资金、社会保障沉淀资金利息核算不规范和部分险种基金结余过大等问题；在社会保障业务管理方面，存在少计个人账户利息、稽核工作不到位、信息系统割裂制约管理效率等问题；在社会保障管理体制机制方面，存在统筹层次不高、经办机构分散、个人账户空账运行、基金多头开户、沉淀资金投资渠道单一收益率较低等问题。

(3) 完成四川省保障性住房资金审计。重点审计成都市、自贡市富顺县和眉山市彭山县保障性住房，审计查出问题金额1.51亿元。发现成都市青羊区领导及相关工作人员滥用职权弄虚作假造成国有资产流失1.27亿元。发现未完成保障性安居工程目标任务963套（户），其中富顺县、彭山县多上报公共租赁住房开工和完成数388套。武侯区、金堂县多上报城市棚户区改造开工和完成数255套。富顺县多报廉租住房租赁补贴发放家庭320户。在保障性住房资金筹集、管理及使用方面涉及问题金额2 384.84万元。

（撰稿人：杨志永）

【昆明特派员办事处】 2012年，昆明特派员办事处（以下简称昆明办）人员编制150人，在编128人。设有办公室、法规处、财政审计处、行政事业审计处、资源环保审计处、固定资产投资审计处、金融审计处、企业审计处、社会保障审计处、外资运用审计处、农业审计处、计算机审计处、人事教育处、机关党委。

领导成员

特派员：杨宁生（—10月）

副特派员：孙成余（10月—，主持工作）

哈耀卿　周应良　杨恒田

纪检组长：郑云龙

审计成果 昆明办完成审计项目31个，查出问题金额4 380 424万元，其中违规金额81 938万元，损失浪费金额130 161万元，管理不规范金额4 168 325万元。审计处理处罚应上缴财政84 467万元，应减少财政拨款或补贴292万元，应归还原渠道资金16 545万元，应缴纳其他资金12 150万元，应调账处理金额176 136万元；已上缴财政60 452万元，已减少财政拨款或补贴292万元，已归还原渠道资金12 289万元，已缴纳其他资金1399万元，已调账处理金额91 852万元。移送司法机关、纪检监察部门处理事项5件，建议有关部门处理事项1件。提交审计工作报告、信息84篇，被采用、批示114篇。企业审计司和昆明办联合实施的中国石油天然气集团公司法定代表人经济责任审计项目被评为审计署优秀审计项目，昆明办实施的中国中信集团公司原法定代表人经济责任审计（工程与制造板块）项目被评为审计署表彰审计项目，昆明市本级社会保障资金审计组荣获全国社会保障资金审计公务员集体三等功，贵州省本级社会保障资金审计组荣获全国社会保障资金审计公务员集体嘉奖。

财政审计 实施云南省2011年和2012年财政收支审计，揭示云南省财政厅等单位截留应纳入预算管理的财政收入；云南省本级财政根据预算执行情况调节预算收入；云南省本级财政已归集预算收入未纳入预算管理或未及时缴库，少反映预算收入和预算支出；云南省财政厅未及时收缴或执收单位、预算单位未按规定上缴财政收入，省本级财政少反映财政收入；云南省本级财政将国库资金拨入财政专户并以拨作支，多反映财政支出；云南省公路局违规收取治超罚没款；云南省新型墙体材料专项基金征管体制不顺，覆盖面窄，预征率低等问题。

金融审计 完成中国人民银行昆明中心支行财务收支审计、云南证监局预算执行审计、中国农业银行北京分行等审计，揭示中国农业银行北京分行涉农贷款新产品开发力度小、贷后监管不到位，影响信贷对国家"三农"政策的支持力度；金融机构有关人员涉嫌利益输送和滥用职权造成资金损失；地下钱庄资金异常流动；某团伙经营虚假注资业务规模达数亿元；某民营企业涉嫌骗取亿元贷款；部分中小企业贷款被融资担保公司等企业占用、中小企业经营环境困难、融资风险增大；再贴现业务的政策导向功能有待进一步发挥；中国农业银行北京分行非银行金融机构大量借出资金，缺乏投向监管、风险控制弱化等问题。

农业与资源环保审计 完成重庆市云阳县三峡工程移民资金决算审计、云南省2011年中央财政现代农业生产发展资金审计，查出云阳县三峡工程移民资金使用中存在的35个问题、涉及金额21 655万元，发现某民营企业主涉嫌骗取三峡工程移民资金数千万元的案件线索；揭示云南省现代农业资金在资金分配与规划衔接、奖励资金使用以及项目绩效考评安排等方面影响资金使用效果的制度问题。

固定资产投资审计 完成2012年南水北调工程审计、2012年支持新疆发展资金和项目审计，揭示新疆水资源开发利用中存在的突出问题亟待解决，国家最严格水资源管理制度难以落实，将影响新疆跨越式发展目标的实现；多艘采砂船在南水北调中线干线穿越黄河隧洞工程附近河床长期进行采砂作业未得到有效制止，给穿黄工程造成安全隐患；新疆喀腊塑克水库库区滥采乱挖金矿行为严重危及水库安全等问题。

社会保障审计 完成2012年全国社会保障资金审计、2011年云南省政府投资保障性住房审计、2012年云南省保障性安居工程跟踪审计，发现某民营医院法定代表人编造虚假药品采购数据，骗取医疗保险基金，个人非法套现数千万元等重大违法违纪问题线索；揭示云南省执行中央惠民政策不彻底，未及时按社会保险法规定调整缴费基数；个人社会保险费被截留、挪用；中央财政补助退休人员费用被用于建设办公楼等侵害人民群众切身利益；保障性住房建设、分配、运营和管理，建设资金筹集管理和使用、工程设计和质量、住房分配和后续管理等方面存在的问题。

企业审计（经济责任审计） 实施中国华能集团公司法定代表人任期经济责任审计，上报内蒙古扎赉诺尔采煤沉陷区数千住户未及时搬迁生命财产安全受到严重威胁、西平铁路建设与泾州古城保护的矛盾亟待解决的信息。揭示华能集团对国家政策理解不到位，下属公司数亿元投资无效益、60万吨煤制甲醇项目建成投产后即产生亏损；中央企业下属单位部门负责人滥用职权违规出借资金近亿元面临损失；华能集团下属企业长期无证生产和经营、业务操作不规范、违规使用土地、未严格执行招标投标制度等重大生产经营风险和内部管理薄弱环节；华能集团煤电运一体化经营有待政策推进等问题。

外资运用审计 完成世界银行贷款六沾铁路公证审计、亚洲开发银行贷款大理至丽江铁路公证审计、世界银行贷款拉法基瑞安水泥生产线低温余热利用项目审计，查出中节能工业节能公司通过违规招标向民营企业股东输送利益数千万元；相关水泥生产企业违规申请财政节能降耗奖励补助，多获取财政节能降耗奖励补助资金数百万元；部分工程立项论证不充分，在未获得施工许可的情况下开工建设，造成损失数百万元；昆明铁路局曲靖指挥部多向施工单位验工计价数千万元、六沾二线铁路给排水管道迁改工程完成投资不实、沾益县人民政府挪用六沾二线铁路建设资金数千万元、大理至丽江铁路绿色通道部分工程未按设计施工等问题。

专项资金审计（调查） 完成云南省2008年至2011年县级政府性资金专项审计调查、2009年至2011年云南省中小学校舍安全工程审计、云南省农村中小学布局调整专项审计调查、云南省社会抚养费征收管理使用情况审计调查。上报某市26所紧邻地震断裂带的中小学校未搬迁，数万名师生生命安全受到严重威胁的重要审计情况；揭示影响学生生命安全、校舍资产闲置、营养餐改善、学生辍学、公用经费使用、校车管理等方面出现的问题和情况，其中反映的某县未按规定报告和有效处置小学生铅中毒事件问题，引起云南省人民政府高度重视，促进地方政府出台措施改善环境，保障在校中小学生的健康成长。还反映征收单位执法不严、随意性较大，社会抚养费实际征收到位率较低，社会抚养费征收管理不规范等问题。移送涉嫌贪污挪用的案件线索2件。

队伍建设 严格执行科级职务晋升办法，推迟晋升1人，破格晋升1人，着力解决“干好干坏一个样”“齐步走”的问题；创新实务导师制，实行双向选择和考核验收；强化骨干人才培训，共安排境外培训、审计业务培训、管理培训、技能补充和更新知识培训近100余人次，以中期集中培训、年度集中培训、视频培训、OA认证培训以及计算机案例交流、信息点评等方式培训300多人次，为昆明办历年最多。2012年，昆明办参加高级审计师资格考试8人，7名干部通过计算机中级考试，已申报领军人才人选6人、骨干人才人选11人。

审计质量 以制度促规范，强化质量控制。昆明办积极适应大审计项目的要求和组织模式，严格审计现场管理，制定《审计署昆明特派办审计项目征求意见规定（试行）》，对审计报告征求意见活动的步骤、程序进行规范，署领导对该规定做出“较有针对性、可操作性，有利于充分考虑被审计单位意见，提高审计实施质量”的重要批示；出台《审计署昆明特派办大项目审计资料移交管理办法》，规范大项目审计资料交接、明确大项目审计资料遗失责任。

改进审理方式，确保审计质量。昆明办根据审计项目特点，改进审理工作方式方法，对审计项目实行全过程跟踪审理、现场审理、交叉审理、抽调骨干参与审理等方式，加大审理力度，确保审理质量。

转化审理成果，强化风险意识。昆明办积极运用审理成果，注意积累审理中的典型案例，将检查审理中发现的问题进行实名通报和具体点评，以案说法，强化审计人员的风险意识和责任意识。

信息化建设 昆明办在审计项目实施、行政机关管理等方面大力强化信息化建设，取得良好的成效。在社会保障资金审计中，使用“数据分析引领数据需求”的数据采集模式、“数据预分析验证审计思路”的数据分析模式、“分析结果引领现场审计”的现场工作模式，较好地发挥了数据分析对审计工作的引导作用。在三峡工程审计中，审计组创造性地提出聚类量价类比分析法并应用于审计实践，向审计署提交《三峡枢纽工程审计中用信息化聚类分析方法进行工程造价审计情况》的专题报告。在华能集团审计中，积极探索企业信息系统审计，开展“总体分析，分散核查”的数字化审计方式，推动企业审计数据库的更新工作。昆明办还出台《审计署昆明特派办计算机审计中级人员后续管理办法》，加强对信息化人才的规范管理，有2人被评为计算机审计领军人才，19人被评为计算机审计能手人才。

机关管理 全年制定出台理论研究、审计宣传、外聘人员管理等方面共13项制度规定，积极落实督办制度，督促职能部门按时保质完成督办事项；修订多项审批流程表，提高机关工作效能。涉密信息分级保护系统通过审计署和国家保密局统一组织的测评，档案工作获得云南省省级党政机关社会团体档案工作规范化管理示范单位认定，全年审计质量控制零事故、公文质量检查零差错、电子文件接收零通报，财务管理工作也受到审计署办公厅的通报表扬。

理论研究 昆明办理论研究会会刊《审计·探索》创刊发行，向全办审计人员提供一个思想交流的平台和推广展示优秀研究成果的舞台；着手对昆明办在长期的审计实践中积累的国家审计服务国家治理案例进行分析总结提炼，充分发挥案例教学作用。全年在国家级刊物发表理论研讨文章23篇，在审计署组织的各类论文评选中获奖4篇。

（撰稿人：吴旭东）

【西安特派员办事处】 2012年，西安特派员办事处（以下简称西安办）人员编制150人，在编134人。设有办公室、法规处、财政审计处、行政事业审计处、农业审计处、资源环保审计处、固定资产投资审计处、金融审计处、企业审计处、社会保障审计处、外资运用审计处、计算机审计处、人事教育处、机关党委。

领导成员

特派员：娄　仲（—10月）

副特派员：董维明（10月—，主持工作）

张全廉　吴兆军

郝士坤　黄润中（11月—）

审计成果 西安办完成审计项目27个，查出违规金额7 021 402万元，应上缴财政66 694万元，应归还原渠道资金46 050万元，应调账处理金额563 364万元；已上缴财政20 281万元，已归还原渠道资金2599万元，已调账处理金额563 504万元。移送司法机关、纪检监察部门处理事项6件，建议有关部门处理事项1件。提交审计工作报告、信息135篇，被采用122篇。

财政审计 在财政审计中，西安办结合陕西省的特点，在把握全省财政收支总体情况的基础上，重点揭露财政管理中一些涉及体制、机制方面的违法违规问题。在2011年陕西省中央转移支付资金审计中，发现陕西省在与地市办理2009年和2010年财政决算中下达不属于结算项目的下年度均衡性转移支付80亿元，脱离人大的监督。在陕西省县级政府性资金专项审计中，发现政府性收支不真实不完整、财政管理不够规范和严格，主要存在预算编报不完整、不准确、不细化，编报程序不科学；国库集中支付改革进展缓慢、不到位以及预算外资金未及时纳入预算管理、挤占挪用专项资金等问题。

金融审计 在中国人民银行西安分行和陕西省保监局审计中，对人民银行政府奖励资金、保监局长期挂账资金、人民银行固定资产清划、国库支拨管理、票据贴现管理等问题进行重点关注。在建行陕西省分行新增贷款专项审计调查中，对小企业、涉农等民生领域进行重点关注。对宏观政策的贯彻落实、房地产行业信贷问题、银行经营管理、监管法规制度建设等方面也做深入的调查分析。在署金融司2012年初组织实施的全国民间融资情况专项调查工作中，西安办对陕北地区民间融资情况进行认真调查分析，撰写《榆林民间借贷调查报告》，相关案例和数据被审计署上报国务院有关民间借贷的专题报告采用。

固定资产投资审计 在南水北调工程审计中，重点关注影响汉江水质和水土保持工作的突出问题，审计发现水质监测断面及监测指标未达国家标准要求，工业和生活废水直接排放等问题，其中，揭示和反映的露天堆放6000吨毒性废物影响汉江水质隐患的问题被审计署采用。在安康至毛坝高速公路竣工决算审计工作中，西安办重点突出三个方面工作：一是通过对工程变更的真实性，共核减工程造价和费用等3.6亿元；二是对工程建设领域易出现问题的环节和管理漏洞予以重点关注，发现安毛高速公路建设管理处设立“小金库”，发放奖金补助及补贴其他费用支出等问题；三是运用地质雷达等专业检测设备对高速公路路基、路面、桥梁、隧道等重点部位进行工程质量检测，对存在的质量安全隐患问题进行揭示和反映，促进被审计单位积极整改。

社会保障审计 按照审计署的安排部署，西安办承担陕西和宁夏两省（区）本级、西安市（含长安区、周至、蓝田和户县）与银川市本级（含灵武市和永宁县）社会保障资金审计工作。对于这项2012年审计工作的“重中之重”，西安办抽调全办100余人参加社会保障资金审计工作，圆满完成工作任务。通过审计，查出和反映宁夏回族自治区社会保障资金管理信息系统存在安全隐患、陕西有色建设公司骗取农民工养老补助资金、周至县公职人员涉嫌骗取低保资金、残联违规办理假残疾人证套取财政资金以及西安市4家民营医院涉嫌套取医疗保险基金等问题。审计移送案件线索7件，有33人被追究党纪政纪处分，有3篇经验材料被审计署社保办转发全国交流。这次审计促进了两省（区）社会保障资金的规范管理。

经济责任审计 在中国建设银行股份有限公司原法定代表人经济责任审计项目中，西安办负责建行北京市分行审计。西安办针对建行北京市分行资本规模较大、业务体系繁杂、创新型业务较多等特点，按照“总体分析、发现疑点、分散核实、系统研究”的模式，着力探索信息化条件下的审计技术方法，先后揭露和查处江西省南昌市9户空壳企业涉嫌通过网银交易经营地下钱庄转移101亿元资金洗钱牟利、北京某公司涉嫌逃废2.3亿元银行债务导致国有资产流失、北京某公司设立私募基金涉嫌集资诈骗3.8亿元资金以及建行北京市分行有关部门控制关联企业涉嫌账外经营等重大问题线索。

在国家核电技术有限公司法定代表人任期经济责任审计中，西安办扩大审计覆盖面，加强审计现场组织管理，充分发挥集团总部审计组与各审计小组之间的协调、指导、沟通和检查。审计发现和揭示收入、利润及资产不实、未按规定使用国家重大专项科研经费、投资及建设项目在未经审批或未取得土地使用权证的情况下开工建设等涉及财务状况、重大经济决策和内部管理三个方面15个问题。此外，西安办2011年实施的一汽集团经济责任审计，促使工业和信息化部于7月发布《关于建立汽车行业退出机制的通知》。

专项资金审计（调查） 在陕西省保障性住房审计中，发现陕西省虚报完工项目和任务数，部分项目建设手续不完善、未进行招投标，廉租住房因配套建设不完善无法入住等问题。在西安铁路局铁路建设基金预算执行审计调查中，发现初步设计超概算、超验工程价款、建设项目招投标不合规以及违规转分包等问题。在陕西省中小学校舍安全工程审计中，查出部分民办中小学未纳入校安工程范围、部分地区继续使用D级危房、部分项目未严格执行工程安全技术标准等问题。

在三峡移民资金决算审计项目中，查出移民资金管理不规范、未纳入决算报表范围、移民周转房、安置房和门面房长期闲置等问题。在亚洲开发银行贷款太中银铁路项目公证审计中有新的突破和提高。审计查出项目建设及施工单位未经招标采购物资及工程服务、太中银公司对部分工程虚假验工计价和超验工程量、施工单位将虚假发票入账以及太中银铁路防护栅栏存在质量隐患严重影响铁路运输安全等问题。

内部管理 一是认真研究和制定西安办2012年度审计工作要点，组织召开管理会审会和业务会诊会，进一步明确和分解目标任务，强化责任和服务意识。二是完善各类会议纪要制度并及时印发，切实做到党务公开、政务公开透明，努力做到按制度管人、管事，逐步形成有章可循、按章办事、规范高效的管理体制。三是狠抓月度工作计划完成情况检查和督办。每月初把当月的工作任务布置下去，月末对月度工作计划完成情况进行检查并加强督办落实，对于没有按时完成的重要事项，要查找原因，追究责任，并在全办范围内通报。四是增强财务开支的公开性和透明度，组织专人对全办固定资产进行全面核查，对已捐赠、报废的固定资产按照相关制度规定进行账务处理，确保账实相符。五是密切联系群众，在符合规定的前提下，努力解决涉及职工切身利益的问题，着手启动办公楼院供暖系统改造和后勤管理社会化改革工作，努力解除干部职工的后顾之忧。

信息化建设 继续实践和完善西安办自行开发的GPS审计软件。按照7月份全国审计工作座谈会的要求，总结西安办近年来信息化工作，组织撰写并上报《3S技术在审计中的应用》主题报告和GPS软件应用视频短片。在社会保障资金审计中，充分发挥数据分析团队的作用，首次实施联网审计，将公安、交通、税务、银行等多部门数据进行关联分析，为现场审计提供重要决策支持。西安办有3篇计算机审计案例被审计署社会保障审计动态采用。审计反映的宁夏回族自治区社会保险管理信息系统在软件开发、系统授权管理和数据备份方面存在的严重安全隐患问题，被审计署以转送函形式转送后，得到自治区政府的高度重视，积极整改消除隐患。完成“金审工程”安排的各项建设任务和联网审计系统的部署。2012年，西安办继续扩充数据存储和处理能力，初步构建国家审计数据中心西安办分中心，搭建计算机审计数据综合分析平台，积极促进在审计中实现对审计数据实行跨行业、跨部门、跨业务类型的综合分析。

队伍建设 增强班子和处级干部的凝聚力和执行力，树立大局意识和宏观意识，不折不扣地执行署党组的决策部署。开展批评与自我批评，牢固树立群众观点，面向审计一线，重心下移，提高领导水平和能力。通过开展“审计大练兵，全面提素质”活动，积极培养“四手”人才，提高审计队伍的思想、政治、理论和业务能力，4人获得审计署“四手”审计干部称号。制订《西安办2012年干部教育培训计划》等文件，探索和完善干部教育培训工作。在老干部工作中，始终坚持以“服务、孝道”的工作作风，热情细致扎实地搞好老干部工作。进一步健全老干部信息档案，认真落实《西安办老干部工作管理办法》，组织老干部赴外地考察学习及爬山活动，先后成立老年合唱团、书画研习组、花卉养护组、心理抚慰辅导组，充分发挥大家的特长和余热，切实把老干部工作打造成西安办“一道亮丽的风景线”。

（撰稿人：吕　博）

【兰州特派员办事处】 2012年，兰州特派员办事处（以下简称兰州办）人员编制150人，在编128人。设有办公室、法规处、财政审计处、行政事业审计处、农业审计处、资源环保审计处、固定资产投资审计处、金融审计处、企业审计处、社会保障审计处、外资运用审计处、计算机审计处、人事教育处、机关党委。

领导成员

副特派员：胡大华（主持工作）
　　　　　张燕飞（—11月）
　　　　　胥连碧（—11月）
　　　　　景东华（11月—）　李伟光
纪检组长：宋　民

审计成果 兰州办共完成审计（调查）项目20个，全年查出主要问题金额84.7亿元，其中违规金额28.5亿元，管理不规范金额55.1亿元，损失浪费金额1.1亿元，审计促进整改落实有关问题金额9300万元。编发的审计简报被采用及批示128篇次；移送公安司法部门及相关单位案件线索6起；被媒体采用审计宣传文章181篇次。2011年实施的青海玉树地震灾后恢复重建跟踪审计被评为审计署优秀审计项目，乌鲁木齐市本级社会保障资金审计被评为表彰审计项目。

财政审计　在财政审计中，紧紧围绕预算执行、资金使用和政策目标实现三个环节，重点关注资金的安全性和效益性，对涉及民生的审计项目，重点关注损害群众利益和影响中央保障改善民生政策目标实现等情况。

社会保障审计　按照审计署统一部署，兰州办负责对甘肃和新疆两省（区）本级、兰州和乌鲁木齐市本级以及两市所辖8个县（区）的社会保障资金审计，并负责汇总全省（区）审计情况。从体制、机制、制度层面深入分析，开展养老保险基金做实个人账户试点情况等多项专题调查，有针对性地提出完善制度、强化管理的建议。

经济责任审计　按照审计署安排，开展中国储备粮管理总公司法定代表人经济责任审计、清华大学原校长经济责任审计，参与中国进出口银行法定代表人经济责任审计。在审计过程中，重点关注中央相关政策的执行情况、企业和金融机构的重大经营决策和对上级决策部署的执行情况、财务收支、预算管理、科研经费等资金的管理使用情况等内容，取得一定成果。

固定资产投资审计　在关系国计民生的重大项目跟踪审计中，注重加大对征地拆迁、工程招投标、资金管理使用和工程质量管理等重点环节的审计力度，促进提高投资效益，发现工程建设和资金管理中存在的一些问题。

审计整改　兰州办加强审计整改督促跟踪工作，积极推动审计整改落实到位。地方政府及有关部门和单位对审计整改工作高度重视，截至年底，2011年至2012年兰州办审计决定中涉及的62个问题，已有61个得到整改。

质量控制　推行全过程跟踪审理，实行审理关口前移，推行审计项目全过程跟踪审理，坚持程序性审理和实质性审理并重，审理机构及时指出审计中存在的问题，督促审计组整改纠正。创新审计技术方法，探索并成功将地质雷达无损检测技术应用于隧道工程质量审计。编写数据采集、整理和校验工具，建立医保资金审计数据多维分析模型，及时总结编写的典型案例和经验方法被审计署采用。积极探索大型涉密企业联网审计工作模式，构建联网审计分析模型，积累有益经验。在高校经济责任审计中，采取“集中指导、分组分析”的审计组织模式，将数据分析与信息系统审计相结合，完成6个数据分析报告，扩大审计成果。

队伍建设　加强办处两级班子建设，办党组推进议事决策科学民主，凝聚集体智慧，共破发展难题。积极、稳妥地开展处级干部竞争上岗和选拔任用工作，严格按方案和程序操作，坚持“让干部以业绩立身，让业绩为干部说话”的用人导向，使业绩突出、群众公认的优秀干部脱颖而出。按照分岗位、分层次、分步骤培训的原则，推行情景模拟、拓展训练、业务竞赛、网络学习、案例交流等灵活多样的训练模式，分年度制订详细方案，扎实推进“基本功锤炼计划”。修订完善处室综合考核办法和公务员考核办法，规范高级审计师、审计骨干人才申报推荐等工作流程，突出业绩导向。评选出“四手”审计干部14名，其中4人被评为审计署“四手”人才。1人通过高级审计师评审，向中国审计学会推荐计算机审计骨干人才2名、审计专业骨干人才5名。加强审计理论研究工作，成立兰州办审计理论研究会，全年发表各类理论文章20余篇，2人撰写的论文在审计署2012年度中高级审计师研究能力培训班论文评选中获二等奖，兰州办获组织奖。参与审计署“大型重点建设项目联网审计”课题研究，编写重点审计事项计算机审计方法，组织开展“企业审计数据分析规范”和“企业审计方法研究”两个课题研究。

党建和反腐倡廉　召开以“学习贯彻党的十八大精神，把审计工作的方向和重点统一到十八大的战略部署上来”为主题的第四次党组中心组学习会，认真总结工作，切实做到学以致用。积极开展基层组织建设年活动，完成基层党组织分类定级工作，制定《审计署兰州特派办审计组临时党支部管理办法》，开展多种活动，丰富机关文化生活。兰州办固定资产投资审计处党支部荣获“甘肃省直机关优秀基层党组织”称号，1人被评为“甘肃省直机关优秀共产党员”。深化党风廉政建设，将反腐倡廉分工任务逐项分解到处室，全体办领导和各处室负责人实行廉政双向承诺，建立健全廉政风险防控体系；严格执行审计纪律“八不准”规定等制度。全面推进“暖心聚力计划”，深入开展工会“送温暖”活动，向全办人员发放后勤工作“爱心服务卡”，设立24小时服务热线，解除干部职工后顾之忧。按照甘肃省委统一部署和要求，成立“联村联户、为民富民”工作协调推进领导小组，组织干部先后4次前往镇原县的2个贫困村开展帮扶工作，在扶贫帮困的同时密切与农民群众的联系。

信息化建设 尝试建立多处室、多专业背景人员参与、相对稳定的数据分析团队，开展多专业融合、多视角分析、多方式结合的数据分析。编写的《铁路建设基金核收计算机审计方法》和专用报表分析软件被审计署业务司推广。在清华大学原校长经济责任审计中，审计组重点锁定科研管理系统，对学校信息化工作进行全面检查，从系统角度分析产生问题的原因，促进该校信息化建设。积极开发和推行人力资源管理系统、远程会议系统、网银和公务卡结算业务，提高机关管理数字化水平。积极总结审计方法经验，2012年共征集上报审计方法27篇，AO应用实例11篇。2011年上报的AO应用实例获优秀奖1篇，应用奖6篇，鼓励奖3篇；报送的审计方法中，2篇获优秀奖，18篇入选审计署专家经验库，兰州办获优秀组织单位奖。

机关管理 对规章制度进行全面梳理，修订完善《审计署兰州特派办工作规则》《兰州特派办保密工作制度》等，对会议规程、公文审批、工作报告、外出请示、政务公开、保密工作等做进一步规范。积极构建团队督办体系，由办公室牵头，与其他综合处室共同协作督办，完善登记、交办、定期提醒、统计分析、反馈、通报等督办流程，确保督办事项“全覆盖”，对重大事项由专人全过程跟踪落实，并将督办范围和办理结果及时向办领导反馈。加大党务政务公开力度，推行工作通报制度，对公文处理、预算执行、审计业务成果采用、项目审理、审计宣传和公文质量等工作加大通报力度，增强通报的时效性和针对性，全年共发布各类通报42期。加强外勤经费的审核管理和细化外勤经费报销流程，规范外勤经费报销手续，对预算执行情况进行实时监控、动态监督，保证预算执行进度，全面推行公务卡结算，降低财务风险。 （撰稿人：刘文娟 吴建卓）

【长春特派员办事处】 2012年，长春特派员办事处（以下简称长春办）编制100人，在编91人。设有办公室、法规处、财政审计处、行政事业与资源环保审计处、固定资产投资审计处、金融审计处、企业审计处、社会保障审计处、外资运用审计处、计算机审计处、人事教育处（机关党委）和机关后勤服务中心。

领导成员

副特派员：王本强（主持工作）

白日玲　苑宝良

邓海仪　孔凡青（—11月）

审计成果 长春办完成审计项目20个，查出违规金额300.2亿元，应上缴财政1.7亿元，应归还原渠道资金10.3亿元，应调账处理金额7.3亿元；已上缴财政1.3亿元，已归还原渠道资金10.3亿元，已调账处理金额7.1亿元。移送司法机关、纪检监察部门处理事项4件，建议有关部门处理事项2件。提交审计工作报告、信息132篇，被采用137篇。

长春办实施的辽宁省2007年至2008年土地资源专项资金审计调查项目被审计署评为优秀审计项目，天津市市长任职期间经济责任履行情况审计项目被审计署评为表彰审计项目，吉林省本级社会保障资金审计项目被审计署评为全国社会保障资金审计优秀审计项目。吉林省本级社会保障资金审计组、北京市本级社会保障资金审计组分别获得社会保障资金审计先进集体三等功，长春市本级社会保障资金审计组、中国人民银行基本养老保险基金总行审计组分别获得社会保障资金审计先进集体嘉奖，有3人分别获得社会保障资金审计先进公务员三等功、社会保障资金审计先进公务员嘉奖，有4人被审计署创先争优活动领导小组评为“四手”审计干部。此外，长春办先后被授予2010年度至2012年度吉林省文明单位、省直机关学习型党组织先进单位、省直机关建功“十二五”突出业绩单位、吉林省百佳廉政文化示范点，机关党委被授予省直机关2011年度党的工作目标管理责任制先进单位，团委被授予省直机关五四红旗团委标兵称号，工会被授予先进工会称号。有5人先后被吉林省授予精神文明建设先进工作者等荣誉称号。

财政审计 在吉林省县级政府性资金收支审计中，注重掌握吉林省所辖40个县财政收支的总体情况，摸清各县2008年至2011年政府性资金收支规模、结构和管理情况，重点揭示部分县级财政预算改革不到位、部分县级财政超收收入结构不合理、部分县级政府违规返还财政收入等问题。据此形成审计信息被审计署采用，并得到中央有关领导批示。

金融审计 在中国人民银行长春中心支行2011年度财务收支审计中，重点关注该支行财务收支真实、合规以及效益等情况，揭示的该支行履行经理国库职能不到位、地方国库现金长期沉淀不能充分发挥使用效益2个问题分别被审计署采用，得到中央有关领导批示。在吉林省民间借贷审计调查项目中，上报的《吉林省企业民间借贷情况调查报告》和吉林省民间借贷活动主要特点及值得关注的四方面问题信息，被审计署采用。

行政事业审计 在吉林省中小学校舍安全工程审计中，重点关注工程组织实施和项目总体进展、项目资金申报审批和管理使用等情况，揭示的该省107所学校160栋D级危房校舍仍在使用严重威胁农村中小学师生生命安全、中小学校舍安全工程部分新建项目存在安全隐患2个问题分别被审计署采用，均得到中央有关领导批示。在吉林省农村中小学布局调整情况专项审计调查项目中，揭示农村中小学布局调整中被撤并学校资产处置进退两难问题。

农业与资源环保审计 在吉林省2011年现代农业生产发展资金审计中，注重查找工程领域违法违规问题，并重点关注现代农业项目招投标、项目建设、财政资金使用等方面问题，揭示的某县现代农业水田节水灌溉项目管理混乱问题被署领导批转吉林省政府处理。

固定资产投资审计 在南水北调工程河南省征地拆迁审计中，重点关注征地拆迁投资完成、资金管理使用、土地征用、群众安置保障和文物保护等情况，揭示的南水北调工程某地段部分临时用地未批先征部分土地难以复垦问题被审计署转送有关部门。在三峡竣工决算审计项目中，揭示的某单位涉嫌行贿、某私营企业涉嫌通过行贿手段供应不合格水泥2个问题被审计署分别移送相关部门。

社会保障审计 在吉林省和北京市社会保障资金审计中，分别摸清吉林省和北京市社会保障制度建设和运行、社会保障资金收支余规模和管理等情况，揭示的某社会保险公司有关领导涉嫌滥用职权造成社会保障资金损失问题，被审计署批转吉林省处理。根据发现的问题，提出加强管理、深化改革、完善社会保障制度等方面的意见建议。在吉林省2011年保障性住房审计项目中，揭示的部分地区保障性住房建设进展情况上报不实问题被审计署采用，并得到中央有关领导批示。

企业审计 在铁道部本级及在京有关单位铁路建设基金预算执行情况审计中，按照"评价总体、揭露问题、规范管理、推动改革、提高绩效、维护安全"总体思路，重点关注铁路债务情况及影响铁路科学发展问题，据此上报的专题报告被审计署采用并上报国务院，中央有关领导做出重要批示。

经济责任审计 在长春市市委书记及原市长任期经济责任审计中，围绕地方党政领导干部权力运行轨迹，确定"以经济决策为主线，以财政财务收支为基础，以领导干部述职报告中确定的重点工作为抓手"的审计思路，揭示的某不法团伙为数百家企业办理虚假注资或资金证明问题被审计署采用，并得到中央有关领导重要批示。在中国建设银行原法定代表人经济责任审计辽宁省分行审计项目中，揭示的某私营业主等人涉嫌骗贷个别相关银行工作人员从中收受钱款、4户企业涉嫌套取并非法转贷信贷资金从中牟利2个问题，分别被审计署上报国务院。

专项资金审计（调查） 在吉林省节能减排专项资金审计项目中，长春办按照"揭示问题风险、保障资金安全、促进政策落实、推动节能减排"工作思路，以抽审市（县）节能减排专项资金拨付情况为切入点，以节能减排项目实施效果为落脚点，注重把握总体、突出重点，重点关注节能减排政策执行、项目资金管理以及项目绩效等情况，特别是节能减排资金滞留、截留和挪用等问题，揭示的某县铬渣及含铬废土长期露天存放严重污染周边生态环境及群众生活安全问题被署领导批转吉林省人民政府处理。

队伍建设 提升班子领导长春办科学发展的能力，重点在“和、谋、学、抓”上下功夫。提升处级干部驾驭处室工作的能力，促使处级干部要真正成为懂行、在行和内行的指挥者。提升以青年干部为主体的一般干部的工作能力。建立健全干部考核评价和激励机制，制定并实施《处室年度工作考核暂行办法》和《公务员个人年度工作考核暂行办法》，使考核真正成为各项工作的引领。

机关管理 加强制度建设，组织对建办以来的 9 类、164 项规章制度进行全面清理，研究制定或修订包括综合管理等方面的 56 项制度。推进政务公开，在办内网公开包括党组会议在内的各类会议纪要。强化财务与后勤管理，将预算细化分解到审计项目与处室，并在审计实施方案中予以明确。巩固后勤服务社会化改革成果，初步形成物业公司服务满意度测评反馈机制。在能力范围内切实为职工做好 10 件实事。抓好党风廉政建设和审计文化建设，研究制定 2012 年党建工作要点，并开展深入学习贯彻十八大精神、保持党的纯洁性学习教育等系列活动，提高审计人员的责任感、归属感和荣誉感。

质量管理 长春办不断强化执行与控制，做好全力提升审计质量的相关工作。印发《审计署长春特派办关于进一步贯彻国家审计准则的若干意见》，强化审计准则的执行。制定跟踪审理实施办法，提高审理效率。建立审计整改检查机制，对 2011 年已实施完成的 18 个审计项目的整改情况进行检查。

信息化建设 长春办突出实战和应用两个着力点，不断强化信息化建设。初步建成仿真模拟审计实验功能的各行业原型系统。积极开展计算机审计，推进大项目管理平台利用，强化数据传输和项目管理，加大计算机技术应用力度。对审计署近年来已发布的 1700 余个专家经验和计算机审计方法进行系统梳理，并研究开发由审计人员按审计事项归类体系自助生成所需事项审计方法的 CHM 辅助工具。 （撰稿人：包 林）

【重庆特派员办事处】 2012 年，重庆特派员办事处（以下简称重庆办）人员编制 100 人，在编 81 人。设有办公室、法规处、财政审计处、行政事业与资源环保审计处、固定资产投资审计处、金融审计处、企业审计处、社会保障审计处、外资运用审计处、计算机审计处、人事教育处（机关党委）。

领导成员

副特派员：尹树伟（主持工作）

漆江梅 王端述

纪检组长：陈顺华

审计成果 重庆办共实施完成 18 个项目（含跨年度项目），审计查出主要问题金额6 414 292 万元，其中违规金额 56 970 万元，损失浪费金额 32 526万元，管理不规范金额 6 324 795 万元，应归还原渠道资金 22 296 万元，应缴纳其他资金 1915 万元，应调账处理金额 62 565 万元；已归还原渠道资金 17 587 万元，已缴纳其他资金 3216 万元，已调账处理金额 83 044 万元。上报审计信息等材料被署采用 115 篇。审计发现的重大违法违纪案件向公安、检察、监察部门移送数量创历史新高。某大型钢铁企业法定代表人经济责任审计被评为优秀项目，某大型金融机构法定代表人经济责任审计（省级分行）被评为表彰项目，某市本级社会保障资金审计被评为全国社会保障资金审计表彰项目。省级政府和国务院部门、被审计单位和有关部门采纳审计建议，分别制定修改法规、规章或制度。

财政审计 突出重点，揭示问题，开展资源能源利用支出科目审计、国家金库系统办理 2012 年预算资金收纳拨付审计、地方财政收支审计、城镇保障性安居工程跟踪审计等项目。

在三峡工程移民资金总决算项目审计中，如实反映三峡工程移民资金财务决算的真实性、完整性和合规性，揭露资金分配使用、工程建设管理中存在的违法违规和损失浪费等问题，反映移民搬迁安置过程中和安置后存在的困难、问题或矛盾，客观评价移民资金使用效益及移民搬迁安置政策目标实现情况，提出加强资金和项目管理、完善移民后期扶持及发展政策的建议。

在农村中小学布局调整情况专项审计调查中，揭示某地部分区县存在农村中小学布局调整不合理，学生出现新的“上学难、上学远、上学贵”的问题；个别学校虚报住宿生人数，多领贫困寄宿生生活补助金；停办农村中小学资产处置不规范，大量校舍资产闲置；个别县农村学生营养改善计划补助政策落实不到位影响实施效果；中央专项资金建设的寄宿生楼房被改变用途或闲置等问题。提出科学规划、均衡发展等方面的意见与建议，以促进布局调整更加科学和农村中小学教育事业更好发展。

在社会抚养费征收管理使用情况审计中，揭示某地部分区县政策外生育处理率不高，处理时间滞后，应征未征社会抚养费，“失独”家庭群体扶助制度亟待完善，以及部分乡镇社会抚养费征收自由裁量权过大等问题。提出完善社会抚养费征收管理政策制度、规范征缴行为、强化管理等建议，促进计划生育政策的贯彻落实。

金融审计　在“一行三会”审计中，不仅关注财务收支和预算执行中的常规问题，还对国库资金、票据再贴现和民间融资等进行重点审计，发现地方政府用国库资金向融资平台借款等问题；在5家国有银行新增贷款审计调查中，以某大型金融机构省级分行作为重点对象，兼顾多家商业银行，紧紧围绕实施方案，先后对融资性担保公司、并购贷款等新领域进行深入研究和调查，发现商业银行在贷款政策执行过程中，采取“一刀切”方式导致部分地方政府民生项目融资困难、推进缓慢等问题。在金融审计中，反映某市部分区县违规采取集合信托高成本融资存在较大风险的问题，被审计署上报信息采用并得到国务院领导批示。

固定资产投资审计　在南水北调工程审计中，揭示某水源地水库大坝加高后，库区新增淹没区域污染问题，原有垃圾堆放场未获妥善处理，库区水质存在潜在污染隐患，已建成的设施运营费用不足，污水处理厂效益发挥不好等问题。促进被审计单位加大质量安全工作力度和污染治理力度，保障南水北调工程发挥积极作用，维护生态安全。

在某高速公路竣工决算审计中，深度挖掘高速公路建设营运方面的突出问题，对高速公路路网建设、债务负担和科学发展，以及政府还贷二级公路债务偿还、车购税征收分配使用、监理和材料供应等专题开展调查，提出完善相关政策、健全制度保障的意见建议。

社会保障审计　顺利完成社会保障资金审计工作。高度重视，制定措施保障实施；积极整合资源，创新项目管理；强化数据集中分析等信息化审计手段的应用；严格执行审计纪律，保持较强的政治敏锐性。审计发现地方政府延长社会保险费费率降低政策和实施期限，少征社会保险费；违规出台提前退休政策，使提前退休人员享受养老保险待遇；特殊人群尚未参加城镇职工基本养老保险和工伤保险；跨区县重复参加基本养老和基本医疗保险；不符合条件的家庭违规享受低保待遇；财政欠拨医保资金；社会保障资金运营效益不高；社会保险基金收益率较低；占用城乡居民养老保险个人账户资金发放基础养老金等问题。

在某市保障性安居工程审计项目中，以保障性住房资金筹集、管理和使用情况为主线，以目标任务分解完成、工程质量管理、保障性住房分配运行三个方面为重点开展审计，关注保障房建设、分配、使用和管理等方面存在的问题，揭示保障性安居工作建设任务难以完成、挪用保障性住房建设资金，以及部分保障性住房项目建设管理不规范、制度不健全，城市棚户区改造中将不属于政策范围的部分人群纳入保障房安置等问题，并提出针对性审计建议。

经济责任审计　在某大型国有企业经济责任审计中，在摸清该企业战略转型期间特点的基础上，明确检查企业落实国家有关政策情况促进企业可持续发展、掌握企业境外资产经营情况以维护资产安全等5方面重点审计内容，在贯彻国家产业调整和振兴规划、矿产资源整合及企业安全生产存在的风险隐患等方面加大审计力度；在两家大型金融机构省级分行经济责任审计中，把握权力运行和责任落实两个重点，把守法、守规、守纪、尽责放在更加突出的位置，加大对银行创新业务的审计研究力度，推进表外业务和计算机审计工作深入开展，重点从揭露和查处重大违法违规问题和案件线索、揭示和反映重大风险隐患等方面开展审计工作，较好地完成审计任务。上述2个审计项目发现重大违法违纪案件5起。

质量控制　注重审前调查，以审计实施方案的制订为抓手，突出方案的针对性和可操作性；从编制审计调查记录、收集审计证据、召开审计组会议、严控审计进度等方面加强审计现场管理。强化法制审理，通过编制法制审理手册，细化审理内容；明确审计电子表格取证审理标准，加强对电子数据分析取证的质量控制；建立法制审理意见台账和法制审理会商制度；强化审计现场跟踪审理，质量控制关口前移。加强审计项目质量检查，每季度进行通报，以查促改；开展办内优秀财政大格局审计项目评选、优秀审计文书展评、审计质量和审计信息写作讲座等专项活动，增强质量意识。狠抓审计信息和报告的质量，文书审核各环节严格把关，对不合格稿件逐级退回、限时整改；通过通报公文质量问题，强化严谨细致的工作作风。与公安部门建立查处经济犯罪案件工作协作机制，增强执法力度。

审计整改 细化审计成果跟踪管理办法，建立《审计整改情况台账》《审计建议采纳情况台账》和《审计移交事项处理情况台账》，注重审计成果的收集、汇总和分析实效。对近两年审计的30个项目的审计整改和建议采纳情况，以及所有审计移交事项的处理情况进行跟踪检查。截至年底，被审计单位需要整改的问题507个，涉及金额579.94亿元，已整改问题361个，涉及金额345.87亿元。审计整改稳步推进，促进国家政策措施落实和被审单位强化管理，较好地发挥审计监督的作用。

信息化建设 加大计算机审计的力度，在金融、社会保障等信息化程度较高的审计项目中，成立数据采集分析组，加强数据集中分析，促进锁定重点、提高效率；创新审计方法，在继续开展结合式信息系统审计的同时，积极探索目标导向式信息系统审计新模式。制订办信息化发展的规划，拟定12项具体措施，召开计算机审计案例研讨会，成立案例编写组，对每个审计项目开展计算机审计的情况进行梳理，确定计算机审计案例的编写思路，加强总结提炼并在办内开展评比，共向审计署上报39个AO应用实例、计算机审计方法，案例的质量和水平明显提高。加强审计信息化理论研究，开展审计项目质量控制及其信息化实现路径等课题的研究，理论和实践相结合提升信息化建设的成果。

队伍建设 11人取得中高级职称，10人被评为计算机领军、能手人才或审计署“四手”审计干部，3人获社会保障资金审计个人三等功或嘉奖，3人被评为市直机关优秀共产党员、团员或团干部。某市本级社会保障资金审计组、数据采集分析组分别获集体三等功和集体嘉奖，6个处室创建或保持重庆市青年文明号，1个党支部被评为市直机关创先争优先进党支部，机关团支部被评为市直机关五四红旗团组织。重庆办党建、廉政建设的有关做法被署创先争优活动简报、党建工作动态等采用14篇；开展廉政风险防控工作的做法在署廉政风险防控工作研讨会上作为经验交流。

坚持把青年工作培养作为重点工作来抓。出台《关于进一步加强青年工作的实施意见》，完善办处两级人才培养规划，明确培养的目标、任务和具体措施。积极“送出去学”培养人才，全年安排40余人参加计算机中级等各类培训，安排7人到署机关、派出局交流，开阔视野。大力推进案例教学，要求每个审计项目都必须开展案例教学，办领导亲自设计、主持全办性案例教学活动，启发思路。开展“岗位大练兵、审计大比武”活动，对审计人员的审计知识储备、查账能力和信息写作能力进行闭卷测试，促进审计人员比学赶超。严格执行“四会”制度，办处领导“手把手”的给青年干部讲思路、教方法、传技巧。加压驱动，对不同层次的年轻干部和业务骨干采取针对性的培养措施。积极推行“双实务导师制”，充分发挥办指定导师和项目具体导师的积极作用。通过多措并举，青年工作取得一定成效，在审计署青年干部培养工作座谈会上作为典型单位进行交流发言。

相关工作 认真落实干部谈心制度，办领导主动与职工“结对子”，交心谈心，对思想有波动的干部加强引导和心理疏导。在解决职工实际困难方面办实事，积极协调有关部门，解决职工异地就医等问题。坚持开展“送温暖”活动，办领导共看望职工及家属20余人次，组织全办职工进行健康体检，为职工注射乙肝疫苗。进一步丰富文体活动内容和形式，开辟羽毛球、乒乓球等活动场地，方便职工开展体育锻炼；组织开展迎春联欢会、拓展训练、体育比赛等5次全办性的集体活动以及“六一”亲子游乐会等职工家属参与的活动，同时积极开展网球、羽毛球、瑜伽等兴趣小组活动，增强队伍凝聚力，促进和谐特派办建设。

（撰稿人：蔡孝敬）

地方审计机关

北京市

【北京市审计局】 2012年，北京市审计局共有干部职工592人，其中研究生学历125人，本科学历372人，大专学历43人。高级职称58人，中级职称238人。设有办公室、行财处、综合处、研究室、法制处、人事处、机关党委、离退休干部处、机关工会、监察处（派驻）、审计项目复核处、内部审计指导处、经济责任审计办公室（分局）、财政审计处（分局）、行政事业审计处（分局）、农业与资源环保审计处（分局）、固定资产投资审计一处（分局）、固定资产投资审计二处（分局）、经贸审计处（分局）、社会保障审计处（分局）、金融审计处、第一派出局、第二派出局、第三派出局、第四派出局、第五派出局、第六派出局、第七派出局、第八派出局、宣传教育中心、审计项目绩效考评中心、计算机中心、机关服务中心、审计干部培训中心。

领导成员

局　　长：李颖津

副 局 长：张祝华（2月—）

张海坤（—2月）

王笑君（—1月）

徐　涓　李拥军

闫福跃（5月—）　郭　彤

总审计师：王学芬（—1月）

张　秋（3月—）

纪检组长：闫福跃（—4月）

审计成果 全市审计机关全面落实科学发展观，紧紧围绕“科学发展”主题和“加快转变经济发展方式”主线，依法履行审计职责，突出“民生”和“绩效”两个重点，较好地完成了各项任务。全市审计机关共完成审计项目784个，查处各类违规金额28.55亿元，促进财政增收节支13.28亿元。向有关部门移送案件线索和事项13件。促进被审计单位建立健全规章制度227项，提出审计建议1891条，推动被审计单位制定整改措施629项，进一步增强了审计工作的主动性和建设性。

固定资产投资审计 全市审计机关组织开展轨道交通、社区用房建设、新疆和田和青海玉树对口援建、全市保障性安居工程、平原地区造林工程、老旧小区综合整治等政府重大投资项目审计。揭示出部分单位执行政策不到位、财政资金使用效益不高等问题，提出加强管理、完善制度等方面的审计建议，在保障政令畅通的同时，促进提高政策措施的执行效果和财政资金的使用效益。

民生资金和项目审计 以服务当前首都经济社会发展的中心任务，保障民生为目标，围绕促进惠民富民政策的落实，全市审计机关对社会保障、农业转移支付、“农转居”安置补偿、职业教育、医药卫生、旅游、养老服务事业等重点民生资金和项目进行审计。揭示部分市级支农转移支付资金的使用效率和效果应进一步加强等问题。通过审计，促进了政策措施有效落实，有关部门和区县政府高度重视审计意见和建议，通过修订制度，加强监督，强化管理等措施予以整改。市审计局和区县审计局及时组织人力对“7·21”特大暴雨山洪泥石流灾害救灾款物进行跟踪审计，保障抢险救灾工作的顺利实施。

经济责任审计 全市审计机关不断深化经济责任审计，积极探索党政领导干部同步审计。在审计组织和结果运用等方面，突出经济责任审计与党内巡视工作、领导班子年度考核相结合，加强经济责任审计与部门预算执行审计和专项审计的结合，共审计领导干部338人，其中局级领导干部19人，处级及以下领导干部319人。审计中牢牢把握权力运行与责任履行两个重点，关注重大经济决策、财政管理、土地管理、节能减排和环境保护等方面责任的履行情况，揭示出一些地区政府债务偿债率较高，出现一些隐性和显性风险，部分地方违规用地，部门的重要职责履行缺乏监管等问题，促进领导干部依法履职，为干部考核、任用提供重要参考依据。

预算执行和其他财政收支审计 全市共审计预算执行部门171个，其中市级35个，延伸审计下属预算单位106个，抽查1556个项目，涉及财政资金367.7亿元。重点关注预算编制和执行的完整性、规范性，加大对“三公经费”的审计力度，突出反映财政改革措施落实、资金管理和行政绩效等方面存在的问题。部门预算执行审计中反映的问题，引起被审计单位高度重视，各部门及时调整账目，完善制度，追踪问责。审计局对各部门的后续整改情况进行跟踪检查，并向社会公告审计结果和初步整改情况。

专项资金审计（调查） 按照全市统一部署，市审计局集中力量对文化、科技、节能减排等大额专项资金的管理和使用情况进行绩效审计，为政府决策和管理提供参考，为人大开展专题询问工作提供依据。7月21日，本市发生了特大暴雨山洪泥石流灾害，市审计局和各区县审计局组织人力对救灾款物进行跟踪审计，保障抢险救灾工作的顺利实施。

审计法制体系建设 7月27日，《北京市审计条例》（以下简称《条例》）经北京市第十三届人民代表大会常务委员会第34次会议通过，自2012年10月1日起实行。《条例》共六章44条，分为总则、审计职责、审计结果、审计保障、法律责任和附则，明确了人大监督、政府领导、审计实施和各部门协调配合的职责，细化了审计机关对一些重点事项的监督责任，将境外国有资产、住房公积金、彩票公益金、国家政策和宏观调控措施的执行情况等事项纳入审计监督范围；健全了审计结果的运用机制，提出了对审计发现问题整改的一系列要求；完善了审计工作的保障机制；规定了审计队伍建设、审计质量控制、审计专业化建设等内容，体现了首都审计的特色和发展要求。《条例》的通过与实施，将北京市逐步形成的“政府主导，人大监督，部门联动，审计跟踪”的整改机制上升为法定制度，突出了政府在审计整改中的主导地位，规定了人大及其常委会对审计整改的监督方式，规范了被审计单位的审计整改报告制度，明确了政府有关部门的落实责任，以及审计机关的跟踪检查职责，标志着北京审计法律规范体系已经形成。

审计结果公告 市审计局向社会公开了32家市级部门预算执行审计结果和自身财务收支检查结果。审计结果公开制度已经基本形成，有力地扩大了审计工作的影响，审计工作在推进民主法治建设、促进政府信息公开方面和绩效管理方面发挥了积极作用。

审计整改 注重反映体制、机制、制度等方面问题，促进深化改革和加强管理。把查处问题与完善制度结合起来，把促进审计查出问题的整改摆到更加突出的位置，追踪问责，务求实效。在审计工作主要环节上，从计划、实施到结果都重视整改工作，既反映有关单位财政财务收支及其相关经济活动的真实、合法和效益情况，也高度关注审计发现问题的深层次原因，关注以前年度审计查出问题的整改情况。

审计文化建设 为深入贯彻落实党的十七届六中全会精神和北京市委、审计署的部署要求，在全市审计系统开展基层组织建设年暨加强审计文化建设大讨论活动。以市审计局党组名义下发《关于加强审计文化建设的意见》，制订《在全市审计系统开展加强审计文化建设大讨论活动方案》，把开展大讨论活动与业务建设、队伍建设、职业道德建设和规范审计行为紧密结合，促进了审计事业的发展。形成一批审计文化理论研讨成果，共征集理论体会文章300篇，北京审计精神表述语及内涵120条。结合开展审计文化建设、弘扬践行“北京精神”和“讲政治、顾大局、守纪律”大讨论，全市审计系统着力开展审计干部人生观、世界观、价值观、政绩观和利益观“五观教育”，做到“四个加强”，即大力加强政治理论学习、大力加强各级组织建设、大力加强审计干部责任意识培养、大力加强思想道德修养；提高“四种能力”，即提高科学谋划的能力、提高真抓实干的能力、提高抓班子带队伍的能力、提高总揽全局协调保障的能力。（撰稿人：陈秋玲）

【东城区审计局】 2012年，东城区审计局人员编制79人，在编74人。局长王淑云，副局长许健、徐阳（—9月）、焦萍、梁增玉（—3月）、刘伟贤、侯万军、曹路军（12月—），纪检组长徐阳（—9月）、李辉良（9月—）。设有固定资产投资审计科、经贸审计科、行政事业审计科、财政审计科、街道财政审计科、社保环保审计科、经济责任审计科、内部审计指导科、信息管理办公室、办公室、人事科、监察科、综合科、复核法制科和一个全额拨款事业单位。

审计成果 全年共完成审计项目37个，查出违规金额3088万元，管理不规范金额60 355万元，应上缴财政2873万元（已全部上缴）。移送纪检监察机关处理事项1件，移送人员2人。提出审计建议95条，被采纳44条，被审计单位制定整改措施10项，促进建立健全规章制度5份。提交审计专报和信息140篇，被批示或采用113篇次。

财政审计 开展预算执行审计12项。完成对区财政局组织区级预算执行和其他财政收支情况，区地方税务局税收征管情况，区教委等8个一级预算单位、2个街道部门预算执行和决算草案的审计。审计查出问题金额35 762万元，其中管理不规范金额32 932万元；应上缴财政2830万元（已全部上缴）。提出审计建议33条，全部被采纳。这项工作对于进一步完善财政管理体制、夯实预算管理工作、推进财政改革和提高预算管理水平与资金使用效率效果发挥了积极的促进作用。审计工作得到区委、区人大、区政府的充分肯定。审计结果首次在全区进行通报。

经济责任审计 落实《北京市党政主要领导干部和国有企业领导人员经济责任审计管理办法》，恢复区经济责任审计联席会议，强化联席会议作用，修订完善5项制度。完成15个经济责任审计项目，审计查出问题金额17 598万元，其中违规金额259万元，管理不规范金额17 339万元，应上缴财政43万元（已全部上缴）。审计报告中认定负领导责任问题金额16 512万元，其中违规金额230万元，管理不规范金额16 282万元。移送纪检监察机关2人。提出审计建议37条。

固定资产投资审计 紧扣财政资金运行轨迹，充分发挥审计预警作用，采取事前参加重大工程政策、标准和程序的研究制定；事中参加联审会、调度会监督；事后重点对工程全部程序履行合规性、工程资金财务收支以及工程结算情况进行审计的做法，开展了历史文化名城保护、征收、拆迁、整治和工程建设等13项重点投资项目的审计。完成永定门南中轴广场建设和原崇文区人民检察院办公楼装修改造工程结算2个审计项目的工程结算审计。审计查出管理不规范金额7336万元。累计派出人员参加相关会议100余次，特别对煤改电、老旧小区改造等工程项目坚持每周参加调度会，及时结合工程中出现的情况和问题提出审计意见，促进工程规范顺利地开展。

专项资金审计（调查） 按照“抓预警、促落实”的思路，开展专项资金审计。完成对资源管理、借贷风险、节能环保、城市安全、民生保障方面的7个专项审计调查项目和1个专项审计项目，审计查出管理不规范金额2748万元。审计中突出管理和绩效，积极为区经济发展献计献策，共提出审计建议20余条。按照审计署和市审计局的安排抽调力量，完成社会保障资金审计和区县农业转移支付资金审计，配合市审计局开展保障住房建设情况跟踪审计工作。

审计培训 继续给初任处级领导干部讲授审计知识；专门为区城建、文化系统的行政、事业单位和部分开发、建设企业的党政主要领导和班子成员70余人组织审计知识培训，结合审计案例深入浅出地提示领导干部，把“防患于未然”工作落到实处。

内部审计 出台《2012年度东城区内部审计工作指导意见》。组织开展继续教育培训工作，全区250余人参加培训。通过发放杂志、编辑《东城内审》刊物等加强审计宣传，达到交流、借鉴、推广、提高的目的。开展民营企业内部审计工作情况调研，通过摸底掌握民营企业内部审计机构和人员情况等，为指导民企内部审计工作奠定基础。

（撰稿人：肖雅莉）

【西城区审计局】 2012年，西城区审计局人员编制71人，在编67人。局长田迪，副局长张沪生（—2月）、徐立维、佟丽萍、耿兵（—10月）、刘巍、周永晏（—10月）、张博威，纪检组长韩云芹（—5 月）、李玉萍（10 月—）。设有综合科等 15 个科室。

审计成果 全年完成审计项目 35 个，查出违规金额 638 万元，管理不规范金额 589 277 万元，应上缴区财政 407 万元，已上缴区财政 116 万元，应减少财政拨款 1009 万元，已减少财政拨款 1009 万元，应归还原渠道资金 41 万元，已归还原渠道资金 716 万元，应调账处理金额 8212 万元，已调账处理金额 2639 万元。提出审计建议 98 条，被采纳 83 条。提交审计信息 58 篇，被采用 20 篇。

财政审计 整合全局力量组成 13 个审计小组，以促进完善公共财政体制为目标，围绕资金分配和预算管理这条主线，重点审计区级财政预算执行管理、部门预算执行和地方税收征管情况等 3 个方面。重点关注预算分配、资金拨付的合规性，财政支出结构的合理性和资金管理的效益性，强化对财政管理制度和财政资金效益的审计监督。结合审计发现的问题，提出 15 条建议，均被采纳。区人大常委会审议通过预算执行审计工作报告，充分肯定报告内容翔实，不回避问题，审计部门认真履行职责，要求区政府督促有关单位对审计发现的问题认真整改。

固定资产投资审计 对月坛南街土地一级开发项目等 7 个重点建设项目开展跟踪审计，在促进全区建设项目、提高政府投资综合效益等方面发挥积极作用。审计中重点关注建设单位内控制度、招标投标和合同、施工现场签证和跟踪隐蔽工程、材料设备采购、项目资金使用、工程竣工结算环节 6 个关键环节。针对审计人员少、工作量大的问题，采取混合编组、互为组长、交叉作业的方法，将审计项目按照轻重缓急程度排序，合理安排时间，提高审计工作效率。对各项目审计中发现的问题，分析问题形成的原因，思考解决问题的关键环节，提出切实可行的审计意见。

经济责任审计 受区委组织部的委托，完成经济责任审计项目 14 个。在审计过程中，不仅全面审计单位的财务收支情况，而且对领导干部履行经济决策、经济管理、经济监督的情况，国有资产的保值增值情况，经济社会目标的完成情况等进行了解，更加全面评价领导干部履行经济责任的情况。6 月，区经济责任审计联席会议审议并通过《北京市西城区处级党政主要领导干部和国有企业领导人员经济责任审计实施办法（征求意见稿）》《西城区经济责任审计联席会议制度》《西城区经济责任审计联席会议部门职责》《西城区经济责任审计联席会议办公室工作细则》。其中《北京市西城区处级党政主要领导干部和国有企业领导人员经济责任审计实施办法》经政府常务会和区委常委会审议后，以区委办、区政府办发文形式在全区颁布实施，为经济责任审计进一步制度化、规范化建设奠定了基础。

专项资金审计（调查） 开展对教育、卫生等部门的审计和审计调查。在对区卫生局 2011 年度预防保健、社区公共卫生审计调查中，重点对该项资金的申报、拨付、管理、使用和结余情况进行审查，对内控制度的健全性、符合性进行测试；并延伸审计全区 15 个街道社区服务中心。在对区教委 2011 年度科技艺术经费、助学工程经费、抗震加固配套资金等审计调查中，重点审查项目支出是否真实、合法，有无截留、挪用、转移和损失浪费等问题，从体制上、机制上发现和分析问题，促进主管部门、资金使用单位管好用好财政资金，更好地发挥资金的使用效益。

（撰稿人：宋　楠）

【朝阳区审计局】 2012 年，朝阳区审计局人员编制 67 人，在编 63 人。局长刘野，副局长战春燕、苗洪、文晓辉、杜云超，纪检组长付秀莲。设有办公室（监察科）、综合科（法制科）、信息化办公室、财政金融审计科、行政事业审计科、经济责任审计科、固定资产投资审计一科、固定资产投资审计二科、经贸审计科。下设审计指导中心。

审计成果 全年共完成审计（调查）项目 67 个，查处各类问题金额 104 300 万元，促进增收节支 3184 万元、核减工程款 6081 万元。提交审计报告、信息 397 篇，被批示或采用 260 篇次。提出审计建议 267 条，促进被审计单位出台 12 项制度规定。完成各类调研、征文 30 篇。被评为全国审计宣传工作优秀单位、市审计系统信息工作优秀单位。组织实施的对区水务局原局长、区人口计生委原主任的经济责任审计项目被市审计局评为优秀审计项目。

预算执行审计 调整思路、转换角度，在 6

个部门预算执行审计中结合开展经济责任审计和专项资金审计，在坚持真实合规性审计的基础上，着重强化资金安全性审计和效益性审计。6月21日，区第十五届人民代表大会常务委员会第三次会议审议通过《关于朝阳区2011年预算执行和其他财政收支的审计工作报告》，委员认为，审计报告评价客观，披露问题实事求是，数据翔实准确，充分体现了审计部门严谨负责的工作态度和求真务实的工作作风。

固定资产投资审计 12月，区审计局负责起草并由区政府制发《北京市朝阳区人民政府投资建设项目审计办法》，进一步加强政府投资建设项目审计工作，促进规范投资项目管理，提高投资效益。制定并落实《朝阳区政府投资建设项目过程跟踪审计操作规程》，加大跟踪审计规范化管理力度。完成土地储备、CBD核心区二期一级土地开发和东南三乡重点村整治等28个政府投资建设项目审计。

经济责任审计 9月17日，中央经济责任审计联席会议办公室主任、审计署党组成员、总经济师李勇库带领中央检查组，对朝阳区贯彻落实两办《规定》情况进行专项检查，区审计局局长刘野代表区经济责任审计联席会议做专门工作汇报。中央检查组对朝阳区落实两办《规定》体现的领导重视、保障有力、重点突出、工作扎实、部门联动效果明显等特点给予充分肯定。9月24日、27日，刘野代表区经济责任审计联席会议就经济责任审计工作情况分别向第8次区政府常务会和第22次区委常委会进行专门汇报。11月9日，区审计局负责起草，区纪委、组织部等7部门联合印发《关于进一步加强经济责任任中审计意见》。全年完成17个单位26名领导干部的经济责任审计。

专项资金审计 对社区卫生服务体系建设及运行情况、城市道路停车占用费征收管理情况等7个项目开展审计，其中4个为绩效审计项目，重点关注政策执行效果和资金使用效益，将查处问题与完善制度、规范管理相结合，注重分析深层次原因，从促进完善机制和制度层面提出审计建议，服务宏观决策，促进依法行政。

企业审计 对区国资委监管的7家企业2010—2011年度资产、负债及损益情况进行审计，着重检查相关会计信息的真实性，分析评价企业运营状况和资产保值增值情况，为政府决策提供参考。

相关工作 对全部一级预算单位实行分类管理，明确对有资金分配权、掌握资金规模大的重点部门两年审计一遍，五年内全部审完。修订并正式印发审计项目时间时限管理、审计统计报表等制度，建立审计问题库。严格落实审计业务“双统筹”，严格项目审理复核，加大审计项目执法检查力度，实行重大项目主管领导担任组长、局长办公会评议和审定审计报告等规定。在继续开展审计业务测试基础上，组织“审计业务知识竞赛”，组织业务干部赴南京审计学院进行封闭学习，至年末，已有27人具备审计组长资格。新聘请6名民主党派成员作为特约审计员。

内部审计 全区共13个单位建立了内审专职机构，专、兼职人员700余人。结合贯彻《北京市审计条例》要求，对委办局、街乡、企业实施分类分层的专题培训。完成对10家民营企业和10家重点单位内部审计开展情况的专项调查工作。

（撰稿人：贾春泽）

【丰台区审计局】 2012年，丰台区审计局人员编制58人。局长段德珍，副局长王玉昌、沙静、刘月梅（11月—）、李振芳（—2月）。设有办公室、综合科、财政金融审计科、行政事业审计科、经贸社保审计科、固定资产投资审计科、经济责任审计科、农林环保审计科、内部审计指导科、人事科、中关村科技园区丰台园审计办事处。

审计成果 丰台区审计局认真开展基层组织建设年和审计文化大讨论活动，支部严密组织，党员人人参与，通过多种形式的活动，确立“责任、依法、服务、创新、忠诚、清廉”的丰台审计核心价值观，有效带动了审计质量与效率的提升。全年完成审计项目47个，查出违规金额205万元，应上缴财政205万元。提交审计报告和调查报告74篇，提出审计建议167条。撰写审计信息141篇，被采用98篇。

预算执行审计 完成区财政局2011年度本级预算执行和其他财政收支情况等8个审计项目，审计资金量达234.5亿元，涉及资金使用单位188

个，查出违规金额 42 万元，管理不规范金额 6.1 亿元。7 月，区第十五届人大常委会审议通过《丰台区 2011 年本级预算执行和其他财政收支情况的审计工作报告》。

固定资产投资审计 完成中小学校舍安全工程、老旧小区综合整治等 5 项投资审计，共审减金额 846 万元。积极推进审计结果公开，首次在网站公开了《2011 年北天堂地区除臭工程》审计结果。

经济责任审计 完成对 27 位领导干部经济责任审计，查出违规金额 163 万元，管理不规范金额 13.7 亿元。规范经济责任审计进点会；建立经济责任审计评价指标体系；在全区相关工作会议上通报审计查出的问题。

专项资金审计（调查） 完成区教委学前教育资金、区发改委 2011 年度区投资建设项目情况等 4 项专项审计或调查，着重从体制、机制、制度等层面分析管理效果和资金效益。

内部审计 举办内审继续教育培训班，共有 553 人次参加培训；召开网络组长会；开展民营企业内审情况调研；参与内审课题研究论文征集和上报，其中 1 篇获得市内审协会三等奖。

（撰稿人：乔春梅）

【石景山区审计局】 2012 年，石景山区审计局人员编制 44 人，在编 38 人。局长仲长军（—1 月）、王亚兰（1 月—），副局长庞晨潮、王岚、孙元林，纪检组长庞晨潮（兼）。设有行政事业审计科、财政金融审计科、经济贸易审计科、固定资产投资审计科、审计综合科、经济责任审计科、信息科、纪检监察科、办公室、石景山区内审指导中心、石景山区审计局经济责任审计中心。

审计成果 全年完成审计项目 16 个，核减工程造价 2709 万元，应调账金额 2366 万元。提出审计建议 70 条。各被审计单位积极整改，采纳审计建议 67 条，制定整改措施 12 项。完成调研报告 14 篇，撰写审计信息 135 篇次，出具审计报告和调查报告 31 篇，领导批示审计报告 4 篇。

预算执行审计 围绕推进财政改革不断深化的审计目标，坚持组织自查和重点审查相结合的组织模式，拓宽预算执行审计覆盖面，对教育、医疗、城市建设等重点资金进行普遍延伸，结合结余资金审计调查项目，同步开展对全区 196 家部门预算单位的预算执行情况自查工作，对 9 个街道开展预算执行情况合规性审计，对 11 家单位结余资金情况进行延伸审计。围绕近几年国库集中支付改革，特别关注区国库集中支付系统的运行情况。通过审计和监督，推动区财政部门梳理集中支付流程，细化管理办法，堵塞漏洞，促进区财政改革健康稳步推进。在审计方法上，针对预算执行审计资金量比较大、资金分散、有效审计时间短的特点，充分利用计算机辅助审计手段分析数据，确定审计重点。通过对财政预算编制数据、预算执行数据和国库集中支付系统数据开展分析，确定财政资金投放区域、全区重点工程的资金流向，锁定重点审计范围。灵活运用不同审计软件和数据库语句，提高审计效率，利用 VB 程序开发出集中导入多个底层财务数据库的语句模型，提高数据采集效率。5 月，代表区政府向区人大常委会报告了 2011 年度预算执行和其他财政财务收支审计工作，得到区人大常委会的高度评价。

固定资产投资审计 加强对重点监督工程审计管理模式的研究和台账建设，使重点监督项目逐步与立项审计项目实现无缝对接。核减工程造价 2709 万元。在“7·21”特大洪水灾害之后，为全面掌握在审重点审计监督项目水毁情况，确保财政资金安全，组织审计人员及时深入工地现场，对原定进行竣工结、决算审计的项目采取提前介入，了解、评估水毁损失情况，确保后续审计工作的客观公正性。

经济责任审计 积极发挥经济责任审计联席会作用，加强部门间的协调配合。11 月，协调召开年度经济责任审计联席会，在区委组织部、区纪委、区监察局、区财政局、区人保局和区国资委的共同支持和配合下，极大地推进了区经济责任审计制度化、规范化进程。健全工作制度，推动建立区领导干部“凡离必交”长效机制。指导因工作变动调整的 16 个单位的 32 位处级领导干部完成接离任经济事项交接手续。根据区委组织部的委托，对 5 个单位的处级领导开展任期经济责任审计工作，实现经济责任审计工作的“五统一”（即方案统一、程序统一、内容统一、范围统

一、模板统一），经济责任审计的规范化、透明度大幅提高。

专项资金审计（调查） 围绕中心，服务大局，大力开展专项审计调查工作。重点围绕教育体制、卫生体制、社会保障体制改革和区产业结构调整等社会热点，开展社区养老、保障房建设、住房补贴、医院固定资产和文创资金等重点资金绩效情况等9大审计调查项目，审计调查资金量达到10亿元。通过调查，对政策执行、资金使用等综合情况进行分析，提出合理化建议，为区委、区政府科学决策及相关单位加强财经管理提供保障。

审计文化建设 根据《中共北京市审计局党组关于加强审计文化建设的意见》和《中共北京市审计局党组关于印发〈在全市审计系统开展加强审计文化建设大讨论活动的实施方案〉的通知》精神，5月12日至22日，围绕“大力践行北京精神，推动审计文化建设”这一主题，以“统一思想、凝聚力量、建设队伍、促进发展”为总目标，科学统筹、周密组织，认真讨论、深入研究，开展“建设审计文化、升华审计内涵”大讨论，组织1次研讨文章和学习笔记展示，2次讨论体会交流，征集5条审计文化表述语，形成6篇质量较高的理论文章。

贯彻审计条例 为确保《北京市审计条例》落到实处，制订《石景山区贯彻落实〈北京市审计条例〉实施方案》，并分三步进行学习贯彻。一是审计人员扎实学习、深刻理解、熟练掌握。通过背条目、听辅导、组织考试、参加知识竞赛的形式，做到熟记于心、熟练应用。二是全区相关单位内部审计人员基本掌握，通过下户审计、内部审计培训、专题培训等形式，全面辅导、讲解《条例》内容，下发《北京市审计宣传手册》200余本。三是协调相关部门和领导，在全区处级干部法规学习中增加《北京市审计条例》学习内容。较好地推动了《北京市审计条例》的贯彻落实。

内部审计 对15家民营企业的内部审计工作开展调研，基本掌握全区民营企业内部审计工作情况，并向市内部审计协会提交调研报告1篇。开展内部审计法规技能培训。对辖区内75个企事业单位的190名内部审计人员进行事业单位财务规则、《北京市审计条例》、审计查账思路方法和高效沟通等方面的培训。组织内部审计资格证书年检工作，为173名具有岗位资格证书的内部审计人员办理年检手续。严格内部审计队伍准入机制，为区各单位加强内部层级监督提供保障。

（撰稿人：王　鹏）

【海淀区审计局】 2012年，海淀区审计局行政编制55人，在编52人；事业编制9人，在编9人。局长王传敏，副局长段敬德、李斌、于枫（—12月）、薛为民，纪检组长李斌。设有办公室、财政金融审计科、行政事业审计科、经济贸易审计科、经济责任审计科、审计项目复核科、行政管理科、人事科（监察科）、固定资产投资审计一科（7月—）、固定资产投资审计二科（7月—）、审计信息中心。

审计成果 全年共完成各类审计和审计调查任务52项，查处违规及管理不规范金额45亿元。建议有关部门处理事项1件，协助区教委等部门查办群众举报信访事项2件。提交审计信息118篇，被采用152篇次。

财政审计 在开展区本级预算执行和税收征管审计的基础上，扩大对民政、水务等6个一级预算部门及所属单位的审计。重点关注财政资金分配、支出结构，财政支出绩效等内容，揭示一些单位预算管理不够规范、政府采购执行不够严格、部分预算资金使用绩效不高的问题，提出增强预算的完整性，细化预算，提高预算执行效率；建立健全财政资金绩效评价体系，推行跟踪问效管理机制等建议。区政府责成有关部门针对审计工作报告反映的问题认真整改，落实责任，限时落实2011年度预算执行审计情况审计整改工作；区政府督察室首次以督察通知单形式，将审计整改作为政府督察督办事项，根据审计机关提供的审计整改清单，组织督察组对审计整改情况进行专项督察，切实维护了审计监督的严肃性、权威性。

固定资产投资审计 完成竣工决算审计29项，工程结算送审金额10.3亿元，审计核减投资1.89亿元，审减率18.35%。对8个村腾退及安置房建设项目进行现场踏勘、实地监测全过程跟踪审计，及时解掌握项目进度、项目管理、政策执行和资金拨付情况。严格落实全区2012年重点工作任务分解的要求，紧跟平原地区造林、老旧小区综合整治等6项环境整治和重大市政基础设施建设的项目实施进度和资金流向。配合区纪委监察部门，加强对"园区、景区、城区"建设工程项目的招投标、施工管理、监理、验收等环节的监督。

经济责任审计 全年共完成对24名正处级领导干部的经济责任审计工作。在审计方式上，采取经济责任审计与专业审计、效益审计相结合的模式。在审计内容上，以经济决策权、管理权、政策执行权和个人廉洁自律情况为重点，加强对领导干部在管理、使用、分配资金和资产过程中的监督。在教育培训上，面向全区处级领导干部和财务人员举办3次专题培训工作，对典型案例进行深入剖析，发挥警示作用，促进领导提高法纪意识和责任意识，实现事后监督向事前预警服务的转变。积极探索经济责任审计标准化、规范化作业规程，探索建立不同类型领导干部的审计体系和评价标准。

专项资金审计（调查） 突出"绩效"和"民生"两大主题，加大对财政资金使用效益的评价，加强对涉及民生的公共资金、国有资产和房产管理等经济工作重点项目的审计监督，使审计监督在提高效益、规范管理、保障稳定、促进发展上发挥更大的综合效能。完成了保障性住房建设、药品零差率政策执行、屋顶绿化工程、小型污水处理设施投入和运营情况等4项专项资金的审计调查，揭示出财政资金管理和项目管理中存在的问题，有针对性地提出审计建议，促进各项惠民政策落实到位，有效推动了医疗卫生、住房等民生领域的改革；对海淀置业集团有限公司等14家区国资委监管的区属一级企业资产、负债、损益的真实、合法情况进行审计；对全区19家街道房产管理情况进行审计调查，全面掌握街道资产存量及管理情况，了解各项政策执行情况，以及房产使用取得的经济效益和社会效益，加强对发现问题的原因分析，促进街道系统房产的规范管理。

（撰稿人：乔　捷）

【门头沟区审计局】 2012年，门头沟区审计局人员编制33人，在编31人（含援藏干部1人）。局长苗建军，副局长李秋立（—3月）、张云芝（—10月）、吴海臣、谢玉明、张丽娜、邢世悦（11月—）、张胜（12月—）。设有经济责任审计科、行政事业审计科、固定资产投资审计科、经贸审计科、财政金融审计科、人事教育监察科、综合法制科、办公室。全额事业单位门头沟区审计指导服务中心，编制3人，在编3人。

审计成果 全年完成审计和审计调查项目22个。指明纠正金额126 786万元，其中管理不规范金额126 774万元，违规金额12万元。已上缴财政33万元。提出审计建议34条。

预算执行审计 预算执行和其他财政收支审计符合法定程序，基本达到预期目标。审计了5个部门预算单位，指明纠正金额101 653.91万元，应上缴财政110万元，已上缴财政33万元。

经济责任审计 完成对15个单位和领导干部的审计，指明纠正金额24 796.27万元，其中违规金额12万元。

固定资产投资审计 审计结算项目2个，指明纠正金额336.78万元，查出违规招投标签订合同2份。

（撰稿人：刘皓楠）

【房山区审计局】 2012年，房山区审计局人员编制55人，在编51人。局长马俊怀，副局长李亮、范江梅、郭凤岭、周晓光（—6月）、刘志勇（6月—），总审计师许春成（6月—），纪检组长张健。设有办公室、综合科、人事教育科、行政财政审计科、工商基建审计科、干部经济责任审计科、农业环保审计科和内部审计指导中心（事业编制）。

审计成果 全年共组织完成审计项目43个，查出违规金额10万元，应上缴财政10万元，应减少财政拨款或补贴29 932万元，应归还原渠道资金56万元，应调账处理金额3374万元。提交审计工作报告56份，提出审计建议88条，撰写审计信息20篇。为房山经济发展和领导决策提供依据，较好地发挥了保障经济社会健康运行的"免疫系统"功能。特别是"7·21"特大自然灾害发生后，积极应对，迅速投入到对"7·21"特大自然灾害捐赠款物专项审计中，促进了捐赠款物的规范管理和有效使用。

预算执行审计 把预算执行、税收征管情况和社保、农业、教育等专项资金作为监督重点，对房山区2011年度财政预算执行和其他财政收支情况进行审计，取得较好的效果。7月5日，区七届人大常委会第三次会议审议通过《关于2011年度房山区预算执行及其他财政收支情况的审计工作报告》，并对区审计局所做的工作给予充分肯定，认为审计工作有创新，敢于负责，敢于讲真话，敢于揭示问题，审计作用更加显著。

固定资产投资审计 完成对保障性住房、老旧小区改造、京石二通道、轨道交通、中小学校舍安全工程、良乡高教园区征地安置等市区重大项目的审计15个，已审项目资金量34.64亿元，查出违规金额8万元，应上缴财政8万元，应减少财政拨款或补贴29 932万元，应归还原渠道资金56万元，应调账处理金额857万元。

农业与资源环保审计 根据市政府的总体部署，房山区利用5年时间完成11万亩绿化造林任务，其中2012年度完成2.5万亩，计划投资6.38亿元。区审计局分两个阶段对全区2012年平原地区造林工程建设专项资金管理及使用情况进行跟踪审计。审计的内容包括：项目资金到位、拨付、使用及管理情况，项目招投标和工程项目的进展情况等。此工程涉及11个乡镇办事处46个地块。这次审计先后对4家施工单位进行延伸，对3个乡镇办事处的土地流转补助资金收支情况进行抽查。通过审计对发现的问题及时提出审计建议，保障平原造林工程的顺利实施。

经济责任审计 完成处级领导干部经济责任审计20个，查出违规金额2万元，应上缴财政2万元，应调账处理金额2517万元。出具审计报告36篇，提出审计建议22条。

专项资金审计 北京"7·21"特大自然灾害发生后，区审计局迅速做出应对措施，积极投入到对"7·21"特大自然灾害捐赠款物专项审计中，及时制定《关于加强"7·21"特大自然灾害救灾捐赠款物管理工作的意见》《关于"7·21"特大自然灾害救灾资金物资审计工作方案》。自8月10日开始，派出18人组成6个审计小组，由局领导班子成员带队，分别深入到全区23个乡镇开展"7·21"特大自然灾害捐赠款物专项审计，进一步促进捐赠款物的规范管理和有效使用。

内部审计 9月21日，召开区内部审计协会第三届理事会第一次会员代表大会，完成换届选举工作。会议审议并通过二届理事会工作报告、监事会工作报告和《房山区内部审计协会章程》。经区委组织部批准，选举产生第三届内部审计协会领导班子，推选审计局副局长范江梅任内部审计协会会长。

（撰稿人：张凤荣）

【房山区燕山审计分局】 2012年，燕山审计分局人员编制21人，在编20人。局长夏辉，副局长王冬卉、黄国威。设有财政金融审计科、行政事业审计科、经济贸易审计科、综合法制指导科、办公室、经济责任审计所、行政事业经贸审计所。

审计成果 全年共完成审计项目23个，查处管理不规范金额7567万元，其中固定资产投资审计核减工程造价金额4571万元。提交审计报告32份，提出审计建议23条，提交审计信息1篇，提交调研报告9篇。

预算执行审计 通过对财政分局2011年度燕山地区预算执行情况的全面审计和对政府采购、国库集中支付、重大建设项目改造支出情况重点审计，分局对燕山地区2011年度财政预算收支的科学性、规范性做出客观评价，提出规范结余资金管理、提高资金使用效益、加强监督检查力度的审计建议，对预算监管职能的发挥和规范管理起到积极推动作用。

通过对地税分局2011年度地方税收征管情况的全面审计，分别从税源管理、发票管理、减免税管理等方面提出审计建议，对地税分局加强税款征收力度、重视内部制度建设、提高纳税服务、加强税源管理等工作成效做出客观评价，进一步促进地税部门征管水平的提高。

经济责任审计 受燕山工委组织部委托，围绕"以客观评价领导干部依法行政和经济管理能力，促进提高领导干部科学决策和依法行政水平，加强党风廉政建设，为组织部门管理、考核、评价、选拔、任用领导干部提供依据"的经济责任审计工作目标，对8名领导干部进行离任经济责任审计。通过审计，未发现领导干部存在违反财经法规等问题，但部分单位资金核算和固定资产管理不规范，一些历史遗留问题长期挂账未解决。

固定资产投资审计 组织开展政府投资建设项目11个，报审金额合计34 031万元，审减竣工决算金额合计4571万元。参与燕山星城小学、星城中学校舍加固改造工程，北京石化新材料科技产业基地核心区东区规划路桥工程等 5 个工程标底审核，审减标底 2329 万元。按照审计署和市审计局统一部署，对燕山地区 5 所学校的校舍安全工程实施跟踪审计。

财务收支审计 以促进二级单位财务规范管理为目标，向基层单位延伸审计，对燕山绿化队、燕山前进二小、燕山星城中学开展财务收支审计。通过审计，发现部分二级单位存在部分收入未纳入财务管理、坐支现金、水电费挂账、部分应收应付账款挂账的问题，从改进管理、完善制度、健全机制等方面提出审计意见。 （撰稿人：杨彩云）

【通州区审计局】 2012 年，通州区审计局人员编制 59 人，在编 52 人。局长孟繁虎（—2 月）、盛亚荣（2 月—），副局长曹温华、赵静、李汝刚（—10 月）、黄海青（10 月—）、周丰，纪检组长安书明（—2 月）、王文选（6 月—）。设有综合指导科、办公室、人事教育科、内审指导科、行政事业审计科、经济责任审计科、财政金融审计科、经贸投资审计科、专项审计中心。

审计成果 全年完成审计项目 29 个，查出管理不规范金额 17.26 亿元。提交审计和工作报告、信息 130 篇。提出审计建议 38 条。

预算执行审计 审计一级预算单位 12 个，延伸审计单位 67 个，查处违规和管理不规范金额 12.38 亿元，揭示和反映财政预算编制不全面、预算体系不完整、预算管理不严格、预算执行不规范等问题。从机制、制度和管理层面分析问题产生的原因，提出深化预算制度改革，统筹安排资金，健全财政资金管理监控机制等方面的建议，起到规范预算管理和保证财政资金安全的良好效果。审计工作报告得到区委、区人大和区政府的高度重视和充分肯定，区人大常委会认为审计内容丰富，审计意见客观公正、有针对性。针对审计意见和建议，区政府要求各部门各单位进行全面整改。

经济责任审计 围绕领导干部任期内经济决策权、管理权、执行权和个人廉政情况开展审计监督，共对 20 名处级领导干部进行经济责任审计，查处违规和管理不规范金额 3.8 亿元，提出审计意见和建议 68 条。

专项资金审计（调查） 重点开展乡镇、学校、医院专题审计，社会保障资金、农村合作医疗、农业综合开发资金、“7·21”应急救灾资金等专项资金审计（调查），审计涉及单位 12 个，审计资金近 10 亿元。通过审计，揭示专项资金管理不规范、资金监督不严格、内部控制制度不健全等问题。在促进民生保障等政策措施的落实，促进资金及时拨付到位、规范管理和高效使用等方面发挥积极作用。

固定资产投资审计 重点对区运河核心区、土地储备、平原造林、旧村改造、老旧小区改造等 33 个政府投资项目进行跟踪审计和调查。审计实施过程中，坚持边指出问题边督促整改，及时纠正招投标、征地拆迁、环境保护、建设资金管理使用等方面的问题，核减工程投资和结算额 5.8 亿元，在节约财政资金方面取得明显效果。

内部审计 全年完成审计项目 1214 个，促进增收节支 386 万元，提出审计意见和建议 577 条。切实达到维护财经法纪，完善单位财务管理制约措施，规范经济运行活动，提高资金使用效益的作用。 （撰稿人：赵淑君）

【顺义区审计局】 2012 年，顺义区审计局人员编制 55 人，在编 50 人。局长刘福海，副局长绳桂华、任立强、西连仲。设有办公室、财金科、行审科、经责科、经贸科、社保科、固投科、综合科、内审指导所、计算机中心、监察科。

审计成果 全年共完成审计项目 35 个，查出违规金额 380 万元，应上缴财政 227 万元，应调账处理金额 22 784 万元；已上缴财政 647 万元，已调账处理金额 17 607 万元。出具审计报告 65 篇；撰写审计信息 63 篇，被采用 29 篇。

财政审计 完成 2011 年度本级预算执行和其他财政收支情况、区地税局税收征管情况审计，以及对区 2009 年至 2011 年市级农业转移支付资金绩效情况的审计调查等市区联动项目，发现违规金额 198 万元，管理不规范金额 167 339 万元。

经济责任审计 围绕加强对权力的制约，开展经济责任审计 30 个，其中任中经济责任审计 4 个。发现违规金额 29 万元，管理不规范金额 25 726 万元。揭示出一些共性、倾向性问题，在健全领导干部监督管理体制、加强党风廉政建设、促进领导干部依法行政等方面发挥了积极作用。

专项资金审计 以促进政策完善，加强资金管理，提高资金使用效益为目标，对农业综合开发资金、区2012年平原地区造林工程建设专项资金进行审计，审计专项资金总额21 095万元，重点审计资金的筹集、投入、配套和项目管理、工程进度、质量等情况，促进有关部门、单位完善制度，规范、安全、有效使用资金。

内部审计 以“宣传、交流、服务、管理”为宗旨，积极推进内部审计的规范化、标准化建设，深入基层单位指导、推广内部审计准则，召开乡镇内部审计工作经验交流会、区成员单位工作座谈会以及通联宣传、信息调研工作会等会议，有效搭建内部审计交流平台；加强教育培训，注重提升内部审计人员素质，组织全区322名财务和内部审计人员开展一期内部审计人员岗位资格证书培训班；圆满完成2012年民营企业内部审计工作情况调查工作。（撰稿人：王 颖）

【昌平区审计局】 2012年，昌平区审计局人员编制55人，在编50人。局长郭自成，副局长张爱平、刘会春、王立军、田希玲。设有办公室、综合法制科、经济责任审计科、财政金融审计科、农林行政文教审计科、固定资产投资审计科、经贸审计科。下设内部审计指导所、昌平区重点工程审计中心两个全额拨款事业单位。

审计成果 全年完成审计项目91个，查出问题金额9 804.29万元，其中政府投资结算审计60个、经济责任审计19个、预算执行审计8个、重点工程定期审计3个、审计专项调查1个。对50个政府投（融）资项目实施跟踪审计；参与市审计局及区临时性审计工作10项。提交审计信息181篇，被采用119篇次。

财政审计 对2011年度财政预算执行情况开展审计。完成6个部门预算执行审计，共查出违规金额461万元，对个别单位在专项资金申报、使用中存在重复申请、多申请、多支付，以及决算数据不准确、财务管理基层比较薄弱等问题提出审计建议，并将审计结果上报区政府。区领导非常重视审计发现的问题，做出按审计建议落实整改的批示，相关部门已按照审计意见和建议的要求，积极落实整改。完成区地税局2011年度税收征管审计，审计发现个别业务流程、部分重点税源户等方面存在问题。区地税局高度重视审计建议的整改工作，制定相应措施加强税收流程的培训和纳税辅导。

固定资产投资审计 围绕城镇基础设施建设、环境保护、文教卫生、为民办实事等政府投资的重点建设项目，开展政府投资结算审计项目60个，送审金额9.16亿元，审定金额8.40亿元，查出不规范金额7 950.29万元。通过审计，发现工程造价不实，未按规定履行招投标程序和实施监理制，施工合同签订不严谨或未签订施工合同，部分工程未委托有资质的施工单位以及超额支付工程款等问题，并提出审计建议。

围绕全区重点工程建设项目，通过关口前移、全程跟踪、结果运用等措施，监督和指导中介机构对七里渠土地一级开发、东小口镇两个重点挂账村项目（马连店、中滩—贺村）、回迁楼项目（东小口、巩华城、未来科技城）、平原造林、老旧小区改造、第七届世界草莓大会等50个项目实施全过程跟踪审计。送审金额119亿元，审定金额105.68亿元，审减金额8 399.67万元。提出审计建议474条，整改落实390条。其中：审计拆迁补偿协议3683份，审定拆迁补偿款99.93亿元，预审、核减及节约财政资金2 617.10万元。

对振邦承基公司、铭嘉公司以及兴昌公司中关村科技园区昌平园东区、南口镇工业用地项目2011年7月至2012年6月资金来源及使用情况开展定期审计，对审计发现的个别项目开发间接费不应全部归集为项目开发成本、支付拆迁补偿款手续不齐、合同管理不规范、部分票据不合规以及超限额使用现金等问题提出审计建议，促进企业规范管理、减少资金风险。

经济责任审计 受区委组织部委托，开展23个经济责任审计项目，重点关注领导干部决策的科学性、工作目标的可行性以及遵守国家财经法规和有关廉政规定等情况。审计表明，大多数领导干部能够认真履行岗位职责，严格执行财经法规，但被审计单位不同程度地存在专项资金未能专款专用、固定资产管理和账务处理不规范、历年形成的往来款未及时清理、大额现金支出、合同签订不规范、内部控制制度不健全等问题，涉及管理不规范金额1392万元。针对审计发现的问题和整改建议，被审计单位十分重视，并进行积极落实。加强与组织、纪检、监察等经济责任领导小组会议相关部门的联系，完善领导干部管理和监督机制，强化审计整改和审计结果运用，促进预防腐败体系建设。

专项资金审计（调查） 配合市审计局联合开展社会保障资金、2009—2011年昌平区农业转移支付资金绩效情况、2012年城镇保障性安居工程、2005—2012年“农转居”安置补偿资金管理使用情况以及区长任期经济责任审计工作。

临时审计项目 配合区有关部门开展全区春秋两季中小学教育收费专项检查工作，参与卫生系统行风评议，牵头开展鹿牌保温瓶公司搬迁资金跟踪审计以及协助区工会开展内部审计工作。

内部审计 按照“抓好典型促一般、抓机构建设促开展、抓建章建制促规范”的工作思路，加强了对内部审计工作的服务和指导，研究起草并下发《昌平区基层站所内部审计管理办法》，促进内部审计单位抓好建章建制；对各单位内部审计制度建立情况进行调查，摸清全区基层站所内部审计机构设置、内部审计制度建设以及内部审计人员数量等基本情况；开展《民营企业内部审计情况调查问卷》、内部审计年度统计报表以及内部审计资格证年检培训等工作，提高内部审计人员的综合素质和水平，促进单位完善内部控制制度，依法规范履职。（撰稿人：刘 冉）

【大兴区审计局】 2012年，大兴区审计局人员编制61人，在编61人。局长梁萍（—3月）、苗静（3月—），副局长戴天太（—8月）、苗静（—3月）、张强（8月—）、于洁（8月—），纪检组长刘刚。设有人事教育科、财政金融审计科、行政事业审计科、企业经济审计科、经济责任审计科、投资审计一科、投资审计二科、审计综合科、监察科、办公室、内部审计指导所和审计事务管理中心。

审计成果 全年完成审计项目49个。查出违规金额21万元，应上缴财政4万元，管理不规范金额17.7亿元，核减工程造价1.2亿元。提交审计报告47篇，提出审计建议65条。区审计局被授予“全国地方政府性债务审计公务员集体嘉奖”荣誉。

预算执行审计 创新审计思路，扩大审计范围，加强风险预警，首次尝试将8个单位部门预算执行情况的审计结果在区人大常委会上进行公告，取得良好效果。通过审计（调查），共计查出违规及管理不规范金额63 514万元，其中对财政部门具体组织本级预算执行和其他财政收支情况审计，发现管理不规范金额62 940万元；对民政局等8个单位的部门预算执行情况进行审计，共计查出管理不规范金额225万元；对地税部门征管地方税收情况进行审计，发现违规金额4万元；对卫生、农业、优抚专项资金进行审计，发现管理不规范金额345万元。

固定资产投资审计 以规范政府投资管理、提高投资效益、促进宏观投资政策的落实为目标，严格控制项目成本，提高政府资金的使用效益。全年共完成政府投资项目审计20个，涉及投资额9.0亿元，审减1.2亿元；完成零星工程审核37个，涉及投资额6.2亿元，审减0.9亿元；在审项目145个，涉及投资额1 204.1亿元，累计审减26.1亿元（当年审减3.5亿元）。

经济责任审计 全年完成经济责任审计项目16个（2011年度计划内项目，涉及11个单位、16名领导干部），查出违规金额17万元，管理不规范金额11.3亿元。

专项资金审计（调查） 按照市审计局统一部署，大兴区审计局抽调专人先后参与社会保障资金专项审计调查、农业转移支付资金管理使用情况绩效审计调查、“农转居”安置补偿资金管理使用情况专项审计调查3个项目，圆满完成任务。4人获北京市审计局表彰，其中2人获成绩突出表彰，2人获先进个人表彰。

内部审计 全年完成内部审计项目487个，其中财务收支审计112个、效益审计37个、经济责任审计36个、专项资金审计250个、内控及风险管理审计13个、基本建设审计9个、其他审计30个。审计总金额620.6亿元，增加效益30万元。提出的审计意见被采纳247条。

（撰稿人：高旱雨）

【怀柔区审计局】 2012年，怀柔区审计局人员编制63人，在编55人。局长薄振山（1月—），副局长宋卫东、张文龙，纪检组长孔祥会（—10月）、张俊峰（10月—）。设有办公室、监察科、综合科、财金科、行财科、固定资产审计科、农林科、社保科，另有财政全额拨款的经责所、内审所和固定资产投资审计中心科级事业单位。

审计成果 全年完成审计（调查）项目49个。查出违规金额1444万元，应上缴财政1438万元。提交审计报告49篇，提出审计建议92条。

财政审计 共完成11个预算执行审计（调查）项目（怀柔区2011年度预算执行及其他财政收支审计、9个部门单位2011年度部门预算执行和决算草案审计、怀柔区2011年地税局税收征管审计）。延伸审计35户，查出问题金额76 105.10万元，其中违规金额2 290.39万元，管理不规范金额73 814.71万元；违规金额中应上缴财政2 290.39万元，已上缴财政2 290.39万元。

固定资产投资审计 完成15个固定资产投资同步跟踪审计和文案审计。怀柔雁栖湖生态示范区土地储备项目、示范区联络线供水项目、示范区联络线污水处理项目、示范区联络线环境整治拆迁项目、兴怀大街东延线拆迁项目、南华110kV电站占地地上物补偿项目、交通枢纽占东关村土地补偿项目、杨家园住宅小区征地拆迁项目、卓正公司土地一级开发成本审核项目、北京中昱诚房地产开发有限公司雁栖湖生态示范区环境整治定向安置房项目陈各庄地块实际投入前期费用审计项目，是区政府委托审计的重点建设工程，审计局采取同步跟踪审计的方式并聘请社会审计中介组织联合审计，审计总金额404 840.77万元，审定金额343 931.09万元，审减金额59 064.78万元，审减率14.59％（以上金额不含审计成果内）。怀长路改扩建征地拆迁工程项目、怀柔平原造林工程项目、2011年城镇老旧小区整治工程项目、怀柔区农民住宅抗震节能工程、保障性住房资金安全监管落实调查5个项目为事后跟踪审计，审计总金额136 558.02万元，实际项目支出总额67 654.37万元。审计结果显示，5项工程中部分建设项目资金滞留，造成政府融资利息、租地成本加大，降低了政府投资效益；施工设计位置、内容调整未履行相关手续、基本建设程序不完善、收取农户改造资金未按要求专户存储或及时上缴财政。针对存在的问题，区审计局提出整改建议。

经济责任审计 对39个部门单位39名领导干部进行任期和离任经济责任审计，其中行政事业领导干部36名，企业领导干部3名。审计结果显示，存在部分单位虚列财政支出、超预算支出、预算编制不合规；应缴未缴税金；财务管理不规范，未履行固定资产审批手续，购置固定资产未能及时入账；个别单位违反政府采购规定和招投标规定；主管部门挤占、滞留专项资金等问题。审计共查出问题金额18 857.72万元，其中管理不规范金额18 850.23万元，违规金额7.49万元，应缴未缴财政金额7.49万元（已上缴），全部为领导干部的主管责任。

专项资金审计 完成“农转居”安置补偿资金、农业综合开发资金专项审计2个专项资金审计项目。“农转居”项目涉及32综征地、100 200万元协议补偿资金、2533人安置，审计调查中发现补偿资金未及时到位、未按政策规定批复征地指标和人员安置等问题；农业综合开发项目为中央立项，审计局对项目区内的3个乡镇和3个施工单位进行延伸审计，审计发现个别乡镇存在财务管理未按规定执行、实际建设内容与初步设计建设内容不一致等问题。

内部审计 至年底，区内部审计协会共有内部审计会员单位60个，专职兼职内部审计人员187人。完成内部审计（调查）项目60个，查出问题金额200万元，提出合理化建议20条，被采纳15条，增加经济效益300万元。

（撰稿人：于江明）

【平谷区审计局】 2012年，平谷区审计局人员编制56人，在编人员50人。局长徐春英（—2月）、陈亮（3月—），副局长秦东英、于长松、王海顺（9月—），总审计师陈静梅（2月—），纪检组长李素东（—12月）、梁爱臣（12月—）。设有政办室、综合科、行政事业审计科、经贸投资审计科、财政金融审计科、经济责任审计科和经济责任审计所。

审计成果 全年完成审计（含审计调查）项目25个，查出管理不规范金额10 274.78万元，应归还原渠道资金1万元，应调账处理金额1 993.31万元；已调账处理金额868.15万元。提交审计（含审计调查）报告25份。撰写审计信息

141 篇，被市审计局、区委、区政府采用 54 篇次，区领导批示 1 篇。提出审计建议 56 条。

财政审计 对区 2011 年度财政部门具体组织预算执行情况进行审计，并对区教委、区文化委、区民政局、区交通局、区农业局、世纪广场管理处 6 个部门预算执行单位进行延伸审计。重点审计预算收支、预算批复、政府采购、财政评审等情况。揭示预算单位财政性资金存量规模不断扩大，不利于发挥资金使用效益；未按规定用途使用新农村五项资金；未按规定用途使用偿债基金专户资金；非税收入监管工作有待于进一步加强等问题。对 2011 年度地方税收征管情况进行审计，并对 10 户纳税企业进行延伸审计，促使地税部门纠正发票管理中存在的问题，细化发票核验工作流程，进一步规范业务工作；个别重点税源户审计后补缴应缴未缴的税费，避免税收流失。

固定资产投资审计 对区泃河污水处理厂资金投入运营及效益情况进行审计。审计中对项目资金投入进行核实，对项目运营成本进行分析，评价项目的生态效益与经济效益。对污水处理厂近年来处理水量年平均负荷率在 60%左右，运行负荷率还较低，暂未充分发挥投资效益；工程托管期间，污泥处置不彻底，存在安全隐患；由于配套管网正在规划筹建中，再生水暂未回收利用，尚未产生经济效益等问题提出审计建议。

经济责任审计 对 17 名处级领导干部任期经济责任情况进行审计。审计发现并纠正固定资产账实不符、未履行政府采购程序、超范围和超限额使用现金等问题，进一步界定了领导干部的相应责任。

专项资金审计（调查） 对平谷区 2011 年度城市和农村居民最低生活保障资金（以下简称低保）管理使用情况、2009 年度至 2011 年度泥石流和生存条件恶劣地区搬迁补助资金使用情况进行审计调查，旨在摸清资金的规模、使用、管理和效益情况，检查政策落实情况和实施效果。审计纠正个别低保审批及变更审查不严格、收入超标的人员以及人和户口与现居住地分离人员仍享受低保待遇、混合户中的农业户口人员享受城市低保待遇、有劳动能力人员享受农村低保待遇等问题。在对 2009 年度至 2011 年度泥石流和生存条件恶劣地区搬迁补助资金使用情况进行审计时，延伸审计 5 个乡镇的 11 个村，搬迁户 974 户，2695 人，审计专项资金总额 6 392.5 万元，对审计中发现的搬迁户原有旧房拆迁不及时、资金拨付使用账务处理不规范、新民居工程结算大量使用非正规发票等问题提出审计建议。

队伍建设 通过自主培训和参加市审计局、区人力资源和社会保障局组织的培训班等方式，加强干部教育，累计培训达 23 项 601 人次，内容包括：初任培训、岗位培训、专项业务培训、更新知识培训等。组织开展“机关干部作风建设年”活动，加快机关工作作风的转变。

（撰稿人：刘兰兰）

【密云县审计局】 2012 年，密云县审计局人员编制 64 人，在编 55 人。局长孙绍志，副局长王明如、任双喜、王雪梅、谢卫东（8 月—）。设有办公室、综合科、经济责任审计科、财政金融审计科、行政事业审计科、农业与资源环保审计科、经贸审计科、固定资产投资审计科、社会保障资金审计科、经济责任审计中心、政府投资审计中心。

审计成果 全年组织完成同级预算执行、经济责任、政府投资等审计和审计调查项目 29 个，涉及被审计单位 82 个，领导干部 12 人；审计查出违规金额 37 万元；出具审计报告和审计调查报告 44 篇；提出审计建议 36 条。2012 年度，县审计局获市审计局 2012 年京 OA 工作评选远郊区县第一名、市审计系统 2012 年度信息工作先进单位、密云县“先进基层党组织”、2012 年度县级交通安全先进单位。

预算执行审计 对县财政局具体组织预算执行情况、地税局税收征管情况和 12 个部门预算执行情况进行审计，揭示一些部门预算执行不规范、收入资产管理不严格、发票审核把关不准确、转移支付个别项目资金没有取得最佳效果等问题，并提出相应审计建议。县政府制定《密云县支农专项资金使用管理的指导意见》和《密云县政府性债务管理的意见》，财政局制定《国有资本经营预算编制办法》，起草《密云县政府采购工作实施细则》加以规范。

经济责任审计 完成 12 名领导干部经济责任审计。坚持“警示、教育、保护、整改、提高”

的原则，牢牢把握权力和责任两个重点，着力关注重大经济决策、财政财务管理、资金使用绩效等方面的责任履行情况。审计结果表明，绝大多数领导干部能够尽职尽责和守法守纪，依法履职水平不断提高。

固定资产投资审计 坚持“实事求是、尊重历史、依法合规、妥善解决”的原则，对历史遗留的8块土地一级开发成本进行审计，为密云县政府规范土地开发，解决历史遗留问题提供决策参考；对县域12家供热公司进行清产核资审计，摸清企业家底，为领导决策提供真实可靠的依据；对平原地区造林工程、中小学校舍安全工程、老旧小区改造工程和檀营乡居住区土地储备开发项目等政府投资建设项目进行跟踪审计，坚持边审计边指出问题边督促整改，及时纠正项目前期手续、征地费用和拆迁补偿等方面存在的问题，有效促进项目实施单位建立健全管理制度，规范、安全、有效使用资金，促进政府相关部门加强规范投资管理，提高资金使用效益。

专项资金审计（调查） 与审计署、市审计局共同开展密云县社会保障资金审计，与市审计局联合开展密云县农业转移支付资金绩效审计。围绕与广大群众生产生活密切相关的垃圾处理投入资金、职业教育经费、农转居安置补偿资金、接受社会捐赠资金等开展专项审计和审计调查。通过审计和审计调查，在促进资金及时拨付到位、规范管理和高效使用方面发挥积极作用。

（撰稿人：时兴芬）

【延庆县审计局】 2012年，延庆县审计局人员编制63人，在编57人。局长张景军，副局长焦万宏、马海林、鲁亚军，纪检组长许继红。设有办公室、企业审计科、行政事业审计科、财政金融审计科、经济责任审计科、基建审计科、综合科、信息中心、培训中心，内审指导中心。

审计结果 围绕县委、县政府中心工作，加大对重点领域、重点部门、重点资金的审计监督力度，共完成审计和审计调查项目32个，审计和延伸审计185个独立会计核算单位，查出违纪违规金额4027万元。通过审计，上缴财政和核减工程造价4031万元。向被审计单位提出审计意见和建议93条，提交审计报告、审计信息和宣传稿件等175篇。

预算执行审计 1月至5月，在对县财政局具体组织的2011年度县级财政预算执行和其他财政财务收支进行审计的同时，对地税局、国库延庆支库、县文委，以及八达岭、大榆树、四海、千家店和香营五个乡镇共8个单位的部门预算预算执行和其他财政财务收支情况进行审计；对新农村五项基础设施和“三起来”工程的项目管理和资金运用及政府债务情况进行审计调查，共审计和延伸审计69个部门和单位。通过审计，对预算管理和执行方面存在的滞留预算收入、应缴未缴水资源费等问题，依据相关规定进行处理，并提出规范管理的审计意见和建议。7月25日，受县政府委托，向县十五届人大常委会第四次会议报告县级预算执行审计工作情况，7月26日，通过延庆有线电视台将审计结果向全县进行公布。

经济责任审计 围绕领导干部守法、守纪、守规、尽责四个方面，以领导干部职责履行为主线，重点关注决策制定的民主科学性及执行效果，以及对下属单位的监管等情况，年内完成县人口计生委、县文明办等18个单位23名处级领导干部经济责任审计。通过审计，对部分单位存在的重大经济事项决策手续不完善、超预算支出等问题提出合理制定重大经济事项标准、完善会议记录内容、压缩公用经费支出、加强会计基础工作等审计建议和意见42条。

专项资金审计（调查） 开展专项资金审计7项，其中配合市审计局开展社会保障资金、农业转移支付资金、“农转居”安置补偿资金和保障性安居工程等专项审计或调查4项；独立开展新农村建设、京津风沙源治理工程、新型农村合作医疗农政策落实专项审计3项。针对社会保障资金政策执行存在的漏洞；农转居安置补偿资金未实行专户存储专账核算、征地补偿资金到位较晚；新农村建设中未及时提取项目后期管护资金；新农合资金收支结余连续亏损，现行制度有待完善；部分京津风沙源治理项目未按时完工、办理竣工手续不及时、报账资料不完整；农业转移资金使用存在薄弱环节，农业科技资金投入不足等问题，提出加强社会保障资金筹集、管理和使用全过程监督；明确“农转居”安置补偿资金的使用范围；及时提取新农村建设工程运行管护资金；强化

“新农合”资金筹集力度，加大对定点医疗机构监管，控制医疗费用增长；加强京津风沙源治理工程进度监督和报账资料的审核力度；建立市级农业转移支付资金以及自有资金申报、审批、拨付、验收等环节的管理制度等审计建议。

固定资产投资审计 开展县职业技术教育中心教学办公楼二期工程竣工决算审计。审计结果表明，县职业技术教育中心教学办公楼二期工程，县发改委批复投资1926万元，审计核减造价6.04万元。

其他审计 根据市审计局和县委、县政府工作要求和安排，对2012年平原地区造林工程建设专项资金管理使用和北京夏都信达国有资产经营管理中心2011年度资产负债损益进行审计和审计调查。

（撰稿人：刘宝生）

2012年北京市本级及所辖区、县审计工作统计表

金额单位：万元

审计机关	完成审计项目（个）	查出违规金额	应上缴财政	应减少财政拨款或补贴	应归还原渠道资金	应调账处理金额	移送司法、纪检、监察部门处理（件）	建议有关部门处理（件）	出具审计报告和审计调查报告（份）	提出审计建议（条）	撰写审计信息（篇）
北京市											
北京市本级	103	274656	40078	36	4775	1160693		10	99	372	473
东城区审计局	37	3088	2873			643	1		54	95	140
西城区审计局	35	638	407	1009	41	8212			48	98	58
朝阳区审计局	67	298	289		6	8			111	267	286
丰台区审计局	47	205	205						74	167	141
石景山区审计局	16					2366			31	70	135
海淀区审计局	52	661	128		1884	3759		1	109	58	118
门头沟区审计局	22	12	110						22	34	22
房山区审计局	43	10	10	29932	56	3374			56	88	20
房山区燕山分局	23			4958					32	23	1
通州区审计局	29								28	38	102
顺义区审计局	35	380	227			22784			65	32	63
昌平区审计局	91	49	118	63					91	207	181
大兴区审计局	49	21	4			121			47	65	
怀柔区审计局	49	1444	1438				1		49	92	3
平谷区审计局	25				1	1993			25	56	141
密云县审计局	29	37							44	36	77
延庆县审计局	32	4027	4027						50	93	2

天津市

【天津市审计局】 2012年，天津市审计局人员编制378人，在编259人。设有办公室、行政财务处、法规处、财政审计处、金融与外资运用审计处、行政事业审计处、工交审计处、商贸审计处、社会保障审计处、固定资产投资审计处、综合处、经济责任审计处、信息化处、人事教育处、老干部处、机关党委办公室和市纪检委、监察局派驻纪检监察室、农业与资源环保审计分局、发展审计分局、机关审计分局、政法审计分局、滨海新区审计分局，并设有审计科研培训中心(直属事业单位)。

领导成员

局　　长：王伟生（—11月）
　　　　　刘　健（11月—）
副 局 长：张永革　王润生　项文卫
　　　　　卢　博
总审计师：谢津秋
纪检组长：白　山

审计成果 天津市审计局全年实施审计和审计调查项目67个，查出违规金额28.75亿元，促进增收节支7.39亿元，提交审计报告70份、审计信息91篇。

预算执行审计 天津市市级预算执行审计重点关注预算编制、项目评审、政府采购、预算下达、预算执行和账户管理等内容，推动完善公共财政和政府预算体系，促进依法理财和提高预算执行绩效。对市财政局2011年总预算执行情况进行审计，延伸审计9个相关单位。对市发展改革委、经济和信息化委、商务委、科委、司法局、建设交通委、农委、文化广播影视局、口岸办、劳教局等部门进行部门预算执行审计，延伸审计115个相关单位。市级预算执行审计共涉及各类资金690亿元，提出审计意见、建议163条。针对审计发现的问题，跟踪检查整改落实情况，审计决定落实率和审计意见、建议落实率均达到98%。

固定资产投资审计 对天津市城市基础设施建设投资集团有限公司、滨海新区建设投资集团有限公司、水务投资有限责任公司、铁路建设投资控股集团有限公司资金运用和项目管理情况以及天津健康产业园体育基地新建射击馆项目进行审计，重点关注融资、使用、管理、还款等重点环节，揭示“借用管还”方面存在的问题，从完善管理、规范运作的角度提出改进意见和建议，为防范债务风险和项目管理风险发挥作用。对天津市援疆资金的管理、使用及项目建设情况进行第二阶段跟踪审计，促进援疆资金的安全使用和项目建设的规范有序。对天津城市发展和环境二期、海河流域水资源和水环境综合治理、SOS儿童村等3个国外贷援款项目和亚洲开发银行全球环境基金、国际农发基金、贷赠款项目进行公证审计。

专项资金审计（调查） 对市容环境综合整治资金、中小企业发展专项资金、楼宇经济发展资金、人才发展基金、卫生专项资金、水利建设资金、高校债务等专项资金以及市民政局系统财政财务收支情况进行审计和审计调查。重点关注资金的筹集、管理和使用，相关政策的执行情况等方面内容，揭示存在的问题，提出改进建议，为提高资金使用效益发挥作用。

社会保障审计 继续组织实施天津市社会保险基金、土地出让金和住房公积金的长期审计，重点关注政策执行、资金使用、账户管理、社会效益等方面内容，在促进有关部门有效履行管理职能、保障资金安全、落实相关政策等方面发挥积极作用。组织开展联网实时审计工作，初步实现与“财政国库集中支付动态监控系统”“社会保险基金管理系统”“住房公积金政策审计管理系统”的联网对接和动态监控。

参与全国社会保障资金审计，对天津市和平、河东、河西、红桥、东丽、西青、津南、北辰、武清和宝坻等10个区的社会保险基金、社会救助资金和社会福利资金等社会保障资金进行审计，涉及各区人民政府及其所属人力资源与社会保障、财政、民政、卫生等部门以及社会保险经办机构、残联等单位，延伸审计180户缴纳社会保险费的企业、10家医疗保险定点医院和22个居（村）委会。参加社会保障资金审计的2个公务员集体、3名公务员以及1个审计项目受到审计署表彰。

国有企业审计 继续坚持和完善审计监督和

国有资产监管相结合的模式，对市旅游集团等3家企业集团国有资产管理使用情况进行专项审计调查，重点关注对外投资、股权管理、资产处置等重要经济事项，督促整改审计发现的问题，推进企业法人治理结构的完善，为加强监管、健全制度、完善政策提供决策依据。

城镇保障性安居工程审计 参与全国城镇保障性安居工程跟踪审计，对天津市滨海新区、武清、津南、蓟县、北辰、东丽、西青、宁河、宝坻、静海等10个区县进行审计，涉及公共租赁住房、限价商品住房和各类棚户区改造项目，抽查区县31个保障性安居工程项目的开工情况、24个项目的竣工情况、38个项目的工程建设和质量管理情况，延伸审计75个相关单位和企业、43个街道办（乡镇）、54个居（村）委会、405户家庭。从完善住房保障制度、健全工作运行机制、规范城镇保障性安居工程管理的角度提出建议，促进城镇保障性安居工程政策全面落实。

经济责任审计 对12名市管领导干部进行任期经济责任审计，对天津市北辰、西青、河西等3个区审计机关主要负责同志进行任期经济责任审计。审计结果为加强干部监督管理提供参考依据。

相关工作 加强审计项目管理。抓好审计项目督察、审计项目审理和审计整改落实等项工作。强化审计现场业务管理，以"督察通知书"为载体，对审计项目实施情况实行在线督察；强化审计项目审理，利用自行开发的网上审理平台，对审计项目实行在线审理，定期通报审理结果；通过对督察、审理和整改落实实行程序化、信息化管理，审计工作的时效性、规范性和建设性得到有效保证。

加强审计业务培训。共举办各类培训班104期，培训审计人员4000余人次。连续四年举办赴香港大学培训班，54名审计业务骨干先后参加了公共财政与政府绩效审计专业培训。

加强审计理论研究。举办第二届青年审计论坛，组织开展优秀审计论文评选活动，与中国审计学会联合开展海河流域水资源绩效审计课题研究。

内部审计 天津市有内部审计机构1100家，其中专职机构335家；内部审计人员3420人，其中专职人员950人。开展财务收支审计、经济效益审计、经济责任审计、基本建设审计等各类审计项目7571项。审计总金额3398亿元，提出的审计意见被采纳5210条，促进增收节支1.41亿元。2012年，国际注册内部审计师（CIA）资格考试天津地区报考人数495人，其中80人取得CIA证书。 （撰稿人：张雁森）

【和平区审计局】 2012年，和平区审计局人员编制43人，在编37人。局长郑国强，副局长杨士军、马洪新。设有办公室、法制科、人事教育科、财政审计科、行政事业审计科、企业审计科、固定资产投资审计科、经济责任审计科、内部审计指导科。

审计成果 完成审计项目15个，查出违规金额45万元，查出管理不规范金额20 987万元，应上缴财政35万元；已上缴财政35万元。提交审计报告15份，被区领导批示8份。

财政审计 对区本级预算执行和其他财政收支情况进行审计，延伸审计部分单位的部门预算执行情况。重点关注预算的完整性、预算资金分配、财政资金使用效益等情况，发现部分预算外资金未纳入预算管理，部分建设项目结算造价不实，部分单位专项资金超范围使用且结余较大、漏缴税款、固定资产账实不符等问题。

经济责任审计 对14个单位的18名党政领导干部和企业领导人员履行任期经济责任情况进行审计。

交办任务 完成区领导交办审计项目27个，其中建设项目工程结算情况审计调查10个，教育投入审计调查1个，财政财务收支情况审计16个。查出有问题金额1 413.74万元，核减工程造价19 639.01万元，提交审计报告27份，区领导批示10篇。

内部审计 全区设有内部审计机构4个，配备专兼职内部审计人员88人，完成审计项目44个，审计总金额98 458.34万元，所在单位采纳审计意见和建议54条。 （撰稿人：姚克莉）

【河东区审计局】 2012年，河东区审计局人员编制42人，在编39人。局长李存芳，副局长刘晶、尧功伟。设有办公室、法制科、人事科、财政审计科、事业审计科、企业审计科、固定资产投资审计科、经济责任审计科、内部审计指导科。

审计成果 完成审计项目27个，查出违规金额350万元，查出管理不规范金额10 885万元；上缴财政199万元，提出审计建议46条。提交审计信息简报76篇，被采用53篇。

财政审计 完成区本级预算执行和其他财政收支情况及部门预算执行情况审计，涉及7个单位，延伸审计教育、低保、再就业和科技三项费等重点资金，查出违规和管理不规范金额2542万元。

固定资产投资审计 完成109个建设项目的造价审核工作，审核工程预结算资金61 400万元，核减金额4369万元。

社会保障审计 对区社会保险基金、社会救助资金和社会福利资金进行审计，重点关注最低生活保障资金和残疾人福利资金，涉及人力社保、民政、财政等6个部门，并延伸调查18家企业、1个街道、4个居委会和1家医院。

经济责任审计 对14个单位的14名领导干部开展经济责任审计，在真实性、合法性审计基础上，对重要经济指标完成情况、重大经济决策运作程序、重要经济事项落实效果、执行廉政纪律等情况、政府关注和与人民群众利益密切相关的民生问题进行审计，查出违规和管理不规范金额601万元。

专项资金审计（调查） 对校舍安全工程进行审计，重点关注互助道小学分校教学楼和四十五中一号楼校舍安全排查鉴定情况、建设管理及各项职责落实情况，以及资金分配、拨付、使用情况。向有关单位提出严格执行基本建设程序、加强建设成本控制、完善工程增项变更审签管理等8条审计意见。（撰稿人：王敬军）

【河西区审计局】 2012年，河西区审计局人员编制40人，在编38人。局长白洪魁，副局长陈丁、赵艳。设有办公室、法规科、财政审计科、行政事业审计科、企业审计科、社会保障审计科、固定资产投资审计、环境保护审计科、经济责任审计科。

审计成果 完成审计项目42个，延伸审计基层单位141个，查出违规金额2687万元，查出管理不规范金额2651万元，应上缴财政2603万元，应归还原渠道资金600万元，应调账处理金额38万元。提出审计建议58条，提交审计报告42份、审计专报1份。

财政审计 对2011年度区本级预算执行和其他财政收支情况及7个单位的部门预算执行情况进行审计。

固定资产投资审计 对陈塘科技商务区专项资金和新一轮市容环境综合整治工程专项资金管理使用情况进行跟踪审计，重点关注资金投向和使用效益。开展工程项目造价审计，累计减少政府性投资8 035.78万元，核减率达17.76%。

经济责任审计 对28个部门、单位的28名处级领导干部进行经济责任审计，促进领导干部增强依法行政意识，提高单位财政财务管理水平，逐步健全内控管理制度。

专项资金审计（调查） 完成社区居委会提升改造资金、河西区“科技小巨人”专项资金、义务教育学校现代化建设专项资金、“数字城管”专项资金、区红十字会慈善协会接受社会捐赠款物管理使用情况以及房管系统部分单位财务状况的专项审计和审计调查。（撰稿人：朗　玲）

【南开区审计局】 2012年，南开区审计局人员编制50人，在编40人。局长窦桂芳，副局长金琦（—11月）、王允昌、张慧（12月—）。设有办公室、法制科、财政金融审计科、行政事业审计科、企业审计科、固定资产投资审计科、经济责任审计科、内审指导科。

审计成果 完成审计项目14个，延伸审计52个单位，查出管理不规范金额22 286万元。提交审计信息44篇，被采用6篇。

财政审计 对2011年度区本级预算执行情况进行审计，重点关注国债转贷资金、低保资金、财政拨付专项资金和教育经费。延伸审计区民政局、公安南开分局等12个单位。

经济责任审计 对2名领导干部任期履行经济责任情况进行审计。

专项资金审计（调查） 对区市容园林委员会绿化资金使用情况进行审计。对行政事业单位政府采购情况进行调研，涉及单位25个，调研内容包括物品集中政府采购情况和网上自助采购情况。对行政事业单位国有资产处置情况进行调研，涉及单位25个，调研内容包括各单位固定资产减少后的处置情况、机动车定点维修报备及执行情况。

内部审计 印发《南开区2012年内部审计工作要点》，起草《南开区内部审计工作规定》。开展民营企业内部审计情况摸底调查工作，掌握民营企业内部审计发展状况。组织2期内部审计人员岗位培训和考察学习活动。召开南开区内部审计协会第二届理事会，选举产生新一届协会领导集体。（撰稿人：来庆春）

【河北区审计局】 2012年，河北区审计局人员编制49人，在编33人。局长张麟，副局长景建、张凤荣。设有办公室、法制科、人事教育科、财政审计科、行政事业审计科、企业审计科、固定资产投资审计科、经济责任审计科、内部审计指导科。

审计成果 完成审计项目22个，涉及96个单位，查出管理不规范金额71 061万元。提出审计意见建议100条。提交审计报告、信息及宣传稿件173篇，被有关部门采纳及领导批示201篇次。获得"2009—2011年度天津市精神文明单位"、区先进基层党组织、区政府信息工作十佳单位、区委信息工作优秀单位、区依法行政考核优秀单位等荣誉称号。

财政审计 对2011年度区本级预算执行和其他财政收支情况进行审计，涉及单位及部门82个。关注财政收入结构、预算编制、政府采购、预算分配、行政成本、财务人员资格等方面的内容，加大对社会保障、教育卫生、市容环境、拆迁资金等财政资金和公共资金的审计力度，查出管理不规范金额3 241.32万元，提出审计意见和建议15条，审计建议落实率100%。

经济责任审计 对18名领导干部进行经济责任审计，查出管理不规范金额6468万元，提出审计意见和建议17条。

专项资金审计（调查） 对区属公益性公司再就业资金使用和管理情况进行专项审计调查，涉及单位19个。配合审计署京津冀特派办对河北区2011年社会保障资金进行审计，审计涉及区人力资源社会保障局等单位和部门，延伸调查18家企业、2个居委会和1家医院。

固定资产投资审计 对2011年以来河北区新开工的政府投资和使用国有资金500万元（含）以上的8个建设项目进行排查，涉及建设资金37 253万元。对河北区9所学校14栋教学楼3万平方米校舍的抗震加固工程逐栋排查，确保校舍安全、稳固，提高综合防灾能力。

内部审计 制定《河北区2012年度内部审计工作指导性意见》，对区41个单位的内部审计机构实行定期走访、上门服务，帮助内部审计单位解读政策、解答问题，组织内部审计人员培训120人次，组织12名内部审计人员参加审计师初、中级资格考试。（撰稿人：高金凤）

【红桥区审计局】 2012年，红桥区审计局人员编制38人，在编33人。局长张树起，副局长纪耀章、王凤英。设有办公室、法制科、人事科、财政金融审计科、行政事业审计科、企业审计科、基建投资审计科、经济责任审计科、内部审计指导科。

审计成果 完成审计项目21个，查出违规及管理不规范金额5984万元，应调账处理金额3788万元。提交审计信息45篇，被采用45篇。

财政审计 完成2011年度区本级预算执行和其他财政收支情况审计，涉及财政预算资金和预算外资金、信用资金等其他财政资金，延伸审计部分主管预算单位和财政专项资金。

经济责任审计 对18名党政领导干部和企业领导人员进行经济责任审计，重点关注重大问题决策、重大项目投资决策、大额资金使用、落实财政管理制度情况、债权债务及资产的处置情况、领导干部是否如实交接财产、经费和履行离任交接程序等内容。审计结果为组织部门加强干部管理提供参考依据。

专项资金审计（调查） 开展政府采购资金、科技扶持资金、社区网点建设资金等专项审计。对区内8个已完成拆迁任务的拆迁项目现状开展专项审计调查。针对拆迁资金使用和管理审计中发现的共性问题，向区政府提出规范管理的意见和建议，督促被审计单位加强日常的监督管理。配合市审计局对红桥区社会保障资金管理使用情况开展专项审计。

内部审计　组织召开计算机辅助审计现场观摩会，学习区房产总公司计算机审计的经验和做法；以《预算及财务管理与内部控制》为主要内容，对区内部审计协会各会员单位内部审计人员及财务人员进行专题培训。（撰稿人：褚丽君）

【东丽区审计局】　2012年，东丽区审计局人员编制35人，在编34人。局长宁培建，副局长林耀忠、时卷林、魏金凤。设有办公室、法制科、财政审计科、行政事业审计科、国有企业审计科、固定资产投资审计科、经济责任审计科、信息化科、内部审计指导科。

审计成果　完成审计项目19个，审计89个单位，延伸审计308个单位，查出违规金额597万元，查出管理不规范金额2225万元，应上缴财政569万元。规范区级审计法规2项。区领导批示审计报告6份、审计专报2份。审计信息被报刊采用12篇。

财政审计　完成2011年区本级预算执行审计，重点关注预算编制、财政转移支付、国库集中支付、政府采购、财政经济安全和风险、专项资金运行和使用效益情况等内容。对区财政局和区总工会、发展改革委、国土资源局、规划局等20个部门预算单位的审计，发现税收分成未及时上缴国库、工程结余资金未转入财政结余、不合规票据入账、行政性收费及预算外收入未上缴财政和违规开设银行账户、新增固定资产未记账等问题。完成7个街道财政决算审计，延伸审计78个二级单位，发现收入在往来账挂账、暂存款长期挂账、新增固定资产未记账、不合规票据入账等问题。

固定资产投资审计　完成区行政许可服务中心办事大厅改造、农村党员干部现代远程教育、东丽湖大酒店、广电大厦、东丽医院等5个项目的审计，审计总金额46 365.29万元。审计发现项目审批手续不完善、项目资料管理不规范、多列工程造价、购置办公家具未履行政府采购等问题，核减工程造价744.96万元，为防范资金和管理风险发挥积极作用。

企业审计　对天津市伟业宽带网络有限公司、东丽区房屋拆迁有限公司等5家国有企业进行审计，重点关注企业对外投资、股权管理、资产处置等资金量大、容易发生决策职能失控、不履行规定程序造成国有资产损失浪费的风险点，为有关管理部门加强监管、健全制度、完善政策提供依据。

经济责任审计　对区44名领导干部进行经济责任审计，提出审计建议19条。

专项资金审计（调查）　对道路工程改造、公益性岗位补贴资金，2009年至2011年百家中小企业成长工程资金，2011年度科技型中小企业发展资金管理和使用情况开展专项审计和审计调查，查出违规金额35.65万元，核减工程造价35.65万元，落实审计建议8条，确保专项资金的安全和使用效益，促进各项惠民政策的落实。

内部审计　召开内部审计工作表彰会和座谈会。走访并指导民营企业内部审计工作。

（撰稿人：王　凯）

【西青区审计局】　2012年，西青区审计局人员编制31人，在编27人。局长管兴桥（—2月）、王凤清（3月—），副局长张建（—12月）、魏奎成、魏津元（12月—）。设有办公室、法制科、财政金融审计科、行政事业审计科、固定资产投资审计科、经济责任审计科、内部审计指导科。

审计成果　完成审计项目7个，查出违规金额116万元，查出管理不规范金额735万元，应减少财政拨款116万元。提出审计意见建议15条。提交信息121篇，被采用142篇次。

财政审计　完成区本级预算执行和其他财政收支审计，重点关注部门预算编制的科学性、转移支付资金的合规性、政府采购政策落实的有效性、政府非税收入管理的规范性和大宗资金使用的效益性等方面内容，把握资金的总体流向，维护财政资金的安全。从财政管理方面提出审计建议2条。

经济责任审计　对区人力资源社会保障局等4个单位的4名处级领导干部进行经济责任审计，重点关注国有资产、非税收入、专项资金管理和使用等方面内容，客观公正地评价领导干部的经济责任。

固定资产投资审计　完成杨柳青二中改扩建工程和赛达大道工程审计，重点把握项目审批、招投标程序、施工过程管理和竣工验收、概算的正确性、融资资金成本以及筹资费用的真实性、工程造价结算等内容，核减区财政拨款 116 万元。

专项资金审计（调查） 完成环境保护资金管理使用情况审计调查，重点审计资金的管理和使用、项目实施进度和产生效益情况，从体制机制层面提出审计意见及建议。

内部审计 召开西青区内部审计工作和通联工作会议。辅导区新闻中心、区民政局等单位开展审计项目 5 个，提出切实可行、操作性强的审计意见及建议。完成对两个村委会及所属企业资产、负债及净资产审计，提出规范核算管理的意见及建议。完成对全区民营企业内部审计调研摸底工作。（撰稿人：王洪梅）

【津南区审计局】 2012 年，津南区审计局人员编制 35 人，在编 27 人。局长魏瑞荣，副局长莒和通、王会芬。设有办公室、法规科、财政金融审计科、行政事业审计科、工业商业审计科、固定资产投资审计科、经济责任审计科、内审指导科。

审计成果 完成审计项目 29 个，查出违规金额 152 万元，查出管理不规范金额 44 326 万元，应上缴财政 284 万元，应归还原渠道资金 15 万元，应调账处理金额 118 万元；已上缴财政 191 万元，已调账处理金额 99 万元。提交信息 58 篇，被采用 109 篇次。

财政审计 完成区本级预算执行情况审计和镇财政决算审计，涉及单位 9 个，共查出违规及管理不规范金额 27 604 万元，上缴财政 65.83 万元。提交审计报告 12 份、审计决定 5 份、审计工作报告 1 份、审计专报 1 份，区领导批示 9 份。提出并被采用审计建议 30 条。提交审计信息 22 篇，被采用 29 篇次。

行政事业审计 涉及 4 个单位，查出各类违规及管理不规范金额 4 234.12 万元，提交审计报告、审计决定和审计信息 25 篇，提出并被采纳审计意见和建议 30 条。

固定资产投资审计 涉及 3 个单位，查出管理不规范金额 4 648.57 万元。提交审计报告 3 份，区领导批示 3 份，已整改落实审计决定和审计意见 38 项。

社会保障审计 对区社会保险基金、社会救助基金和社会福利资金等社会保障资金进行审计，涉及 31 个部门和企业，查出管理不规范金额 319.2 万元，提交审计报告 1 份、信息 9 篇，被采用 5 篇，提出并被采纳审计建议 2 条。

经济责任审计 对 14 个单位的 14 名领导干部进行经济责任审计，查出违规和管理不规范金额 6 597.05 万元。提交审计报告、信息及宣传稿件 29 篇，被批示采用 11 篇，提出并被采纳审计建议 39 条。

专项资金审计 完成区慈善协会和区红十字会的专项审计。

内部审计 津南区拥有独立的内部审计机构 19 个（审计所、审计科），合署公办的内部审计机构 64 个，专职内审人员 112 人，兼职内审人员 135 人，其中取得内部审计岗位资格证书人员 214 人。举办内部审计准则、内审实务、财经法律法规等全员培训 200 人次。各内审机构有效开展财务收支、经济责任、专项资金和经济效益等各项内部审计工作。（撰稿人：王希明）

【北辰区审计局】 2012 年，北辰区审计局人员编制 44 人，在编 33 人。局长祁惠红，副局长刘国茹（—9 月）、刘妍（6 月—）。设有办公室、法制综合科、财政审计科、行政事业审计科、工商企业审计科、固定资产投资审计科、经济责任审计科、内部审计指导科、农村集体经济组织审计中心。

审计成果 完成审计项目 32 个，涉及单位 34 个，延伸审计基层单位 78 个，查出违规金额1810 万元，查出管理不规范金额 128 803 万元，应归还原渠道资金 1810 万元；已归还原渠道资金 28 万元。提交审计报告 48 份、审计信息 151 篇，被采用 87 篇。

财政审计 对区本级预算执行和 9 个镇及所属 92 个部门的财政财务收支进行审计，选择农业资金、科技资金、土地出让金等重点资金进行延伸审计，涉及资金 382 712 万元。重点关注预算的完整性及预算资金分配、转移支付资金使用效益情况，内部财务管理制度建立及执行、专项资金使用、货币资金管理等情况，促进镇财政管理和预算执行的科学性和合法性。

固定资产投资审计 对党员干部现代远程教育基础设施建设项目进行审计，重点关注概算执行、招投标、合同履行等基本建设程序执行情况。

经济责任审计 对16个单位的19名领导干部进行经济责任审计。指导全区9镇对142个村240名村领导干部开展经济责任审计。

审计调查 完成城中村改造资金、社会保障资金和区文化资金的审计调查，对融资平台公司运作情况及融资资金管理使用情况进行专项审计调查，延伸基层单位64个。

内部审计 下发《北辰区关于加强和完善内部审计工作的意见》。完成第二届内部审计协会换届工作。走访会员单位30余家，开展业务指导。开展民营企业内部审计情况调查，走访24家民营企业。向市内部审计协会推荐优秀审计论文7篇。

（撰稿人：李　璐）

【武清区审计局】 2012年，武清区审计局人员编制33人，在编28人。局长雷永良，副局长谢万俊、张亚东、顾韵洁（8月—）。设有办公室、综合法制科、财政金融审计科、行政事业审计科、企业审计科、固定资产投资审计科、经济责任审计科。

审计成果 完成审计项目20个，查出管理不规范金额6074万元，提出并被采纳审计建议13条。提交审计报告、信息43篇，被采用28篇。

财政审计 对区本级预算执行和其他财政收支情况进行审计，积极构建财政审计大格局，扩大审计覆盖面，沿着财政资金流向，将审计监督延伸至资金使用的基层单位。突出对财政、教育、街道、城建，社会保障等重点部门、重点资金的审计，查出管理不规范金额2543万元，提出审计意见和建议4条。提交的审计结果报告和审计工作报告，得到了区政府、区人大的充分肯定。

企业审计 审计企业7个，提出审计意见和建议2条，针对审计发现问题，依据有关规定提出审计整改意见和建议，确保国有资产保值增值。

经济责任审计 对13名处级领导干部进行经济责任审计，查出管理不规范金额3531万元，提出审计意见和建议10条，促进单位制定完善相关内控制度。通过审计增强领导干部依法行政、清正廉洁、立党为公、执政为民的理念，同时组织部门运用经济责任审计结果，在对干部的评议和任免中发挥了积极作用。

（撰稿人：付立新）

【宝坻区审计局】 2012年，宝坻区审计局人员编制37人，在编37人。局长杨有生，副局长黄守福（—4月）、郭杰、陈建波、孙家生（4月—）。设有办公室、法制综合科、财政金融审计科、行政事业审计科、企业审计科、基本建设审计科、经济责任审计科。

审计成果 完成审计项目20个，查出违规金额429万元，查出管理不规范金额6355万元，应上缴财政2261万元，应减少财政拨款或补贴24万元，应归还原渠道资金358万元，应调账处理金额3195万元；已上缴财政23万元，已减少财政拨款或补贴24万元，已归还原渠道资金358万元，已调账处理金额3007万元。提交审计报告37份、审计信息59篇，被采用63篇。

财政审计 对2011年度区本级预算执行和其他财政收支情况进行审计，涉及41个部门和单位，审计财政预算资金60亿元，查出部分非税收入未纳入预算管理、供热工程建设费未按规定收缴到位，科技专项资金的管理使用不规范等7个问题，违规金额381万元，提出加强预算收入管理及完善国有企业管理制度等审计建议20条，促进财政资金规范管理和政策措施的有效落实。

固定资产投资审计 对46项政府重点投资建设项目进行审计，查出违规金额974万元，其中应调账处理金额723万元，应减少财政拨款或补贴251万元，对未达到设计标准的工程，首次核减施工单位工程款251万元，提出审计建议12条，促进建设主管部门完善制度规定4项。

经济责任审计 对14个单位18名处级主要领导干部进行经济责任审计，查出违规金额857万元，建议有关部门处理1件。

专项资金审计（调查） 完成土地出让金收缴使用、文明生态村建设、污水处理厂和工业园区建设运营情况等4项专项审计调查，针对政策执行效果、资金管理使用和园区建设效益等方面存在的问题，提出9条建议，为区政府决策提供参考依据。

（撰稿人：王振颖）

【蓟县审计局】 2012年，蓟县审计局人员编制 33 人，在编 33 人。局长夏景泽，副局长张士海、邹双谊、张维东。设有办公室、法制综合科、财政金融审计科、行政事业审计科、企业审计科、基建审计科、农业资金审计科、经济责任审计科。

审计成果 完成审计项目 52 个，查出违规金额 3222 万元，查出管理不规范金额 20 044 万元，应上缴财政 861 万元。提交审计报告、信息 53 篇。

财政审计 对蓟县 2011 年度预算执行和其他财政收支情况进行审计。查出应缴未缴财政资金 1749万元，应拨未拨专款 4884 万元。完成 13 个镇乡 2011 年财政审计，查出列支不合规票据、未及时下拨专款、未及时上缴社会抚养费、挤占挪用专款、出租和承包费收入漏缴营业税金，以及部分单位超范围超标准收费等问题。关注“三农”，对重点涉农资金管理使用情况进行延伸审计，确保专款专用。

行政事业审计 完成 19 个行政事业单位财务收支审计，查出滞留专款、欠缴营业税金、购置固定资产未登记固定资产账、少计少缴个人所得税、违规发放补助等问题。

固定资产投资审计 完成政府交办的重点工程项目审计 105 个，审核建设资金 31 334 万元，核减 13 262 万元，总核减率为 42.3%。

企业审计 完成 3 个企业的资产负债损益情况审计，关注企业经营和效益情况，促进企业加强管理，优化发展。

经济责任审计 对 14 个单位的 18 名党政正职领导干部进行经济责任审计，查出收入在往来账户挂账、资金闲置、漏缴企业所得税、营业税等问题。

内部审计 组织召开内部审计协会五届一次理事大会，组织内部审计理论研讨、民营企业内部审计机构情况调查、内部审计岗位资格培训等活动。 （撰稿人：刘建春）

【宁河县审计局】 2012 年，宁河县审计局人员编制 34 人，在编 33 人。局长刘景琪，副局长周春芬、刘玉恒、张维众（5 月—）。设有办公室、财务人事科、综合法制科、财政审计科、行政事业审计科、金融基建审计科、农业资源环保审计科、经济责任审计科、内部审计指导科。

审计成果 完成审计项目 41 个，查出管理不规范金额 105 248 万元。提交审计报告 41 份，提出并被采纳审计建议 27 条。提交审计信息、宣传、简报 35 篇，被采纳 29 篇次。发行《审计科学与实践》35 期。

财政审计 对宁河县 2011 年度预算执行情况进行审计，对县教育局、工经委、农业局、畜牧水产局、检察院、市容园林委、计生委等 7 个单位部门预算执行情况进行审计，查出管理不规范金额 89 557 万元，提出审计建议 12 条。对 4 个乡镇财政决算进行审计，查出管理不规范金额1299万元。

行政事业审计 对贸易开发区管委会、工商联、供销合作联合社、原种猪场、粮食购销公司等 5 个单位进行审计，查出管理不规范金额 12 922 万元，提出审计建议 9 条。

固定资产投资审计 对北淮淀小学教学楼竣工决算情况进行审计，查出管理不规范金额 728 万元。

企业审计 对天津粮食购销有限公司进行审计，查出管理不规范金额 1865 万元，提出审计建议 1 条。

经济责任审计 对 22 个单位的 22 名领导干部进行经济责任审计，提出审计建议 5 条。

专项资金审计（调查） 对科技中小型企业发展专项资金、公益性岗位财政补贴资金、家乐超市有限公司经营状况等 4 项专项资金进行审计调查。 （撰稿人：李宏秋）

【静海县审计局】 2012 年，静海县审计局人员编制 32 人，在编 32 人。局长刘印新，副局长陈军、刘树发。设有办公室、综合法制科、财政金融审计科、行政事业审计科、企业审计科、固定资产投资审计科、农业与资源环保审计科、经济责任审计科。

审计成果 完成审计项目 42 个。查出违规金额 347 万元，查出管理不规范金额 42 302 万元，应上缴财政 85 万元，应归还原渠道资金 157 万元，应调账处理金额 2575 万元；已上缴财政 80 万元，已归还原渠道资金 157 万元，已调账处理金额 2575 万元。提交审计报告、信息 52 篇，被采用159篇次。

财政审计 对静海县预算执行及其他财政收支情况、6个主管预算部门预算执行情况、8个乡镇财政收支情况进行审计。

行政事业审计 对4个行政事业单位2011年度财政收支情况进行审计，查出管理不规范金额6133万元，提出审计建议5条。

固定资产投资审计 对县城私产建筑外檐立面提升改造工程和第三幼儿园教学楼工程进行竣工决算审计，审计工程资金7271万元，审减工程造价620万元，对未依法履行建设程序、违规分包工程、变更记录不完整、损失浪费建设资金等问题进行查处纠正。

经济责任审计 完成16个单位16名处级领导干部任期经济责任审计，查出违规及管理不规范金额1801万元，针对被审计单位存在的问题，提出审计建议29条并被采纳。

专项资金审计（调查） 对农村饮水安全、管网入户专项工程、校舍安全工程、生态林建设及家电下乡等专项资金使用情况开展审计（调查），涉及22个部门单位，查出管理不规范金额2412万元，提出审计建议4条并被采纳。

交办任务 完成颖华、天凯非法集资案件审理和天津滨港高新铸造工业区有限公司资产负债及财务收支清理工作；配合县纪检委对9个乡镇66个村街的“三资”情况和9个重点村街财务进行审查；配合组织、信访、计生部门完成对全县农村党员干部现代远程教育基础设施专项资金的审计，对子牙镇三呼庄村等3个村的信访查处和18个乡镇社会抚养费专项资金的审查工作；对政府采购中心组织的73个政府采购项目进行监督，促进节约财政资金402.24万元。

内部审计 指导111个单位的内部审计部门开展内部审计，审计金额30 549万元，促进增收节支86万元。组织内部审计部门开展经验交流、理论研讨，举办内部审计培训班一期，培训内部审计人员120人。 （撰稿人：李俊香）

【滨海新区审计局】 2012年，滨海新区审计局人员编制35人，在编22人。局长李向前，副局长窦效良、王克勤。设有办公室（法规处）、财政审计处、行政事业审计处、企业审计处、固定资产投资审计处、资源环保审计处。

审计成果 完成审计项目12个，提交审计报告12份，被区委区政府领导批示2份。提交审计信息9篇，被采用9篇。

财政审计 对2011年度滨海新区本级预算执行情况，区财务中心、各委办局等17个部门预算单位，以及汉沽、大港、高新区、中心渔港、轻纺城、北塘等管委会进行审计，涉及单位308个，审计各类财政资金249亿元。突出对促进经济发展的专项资金、保障民生的公共资金、重点建设项目资金的审计，帮助被审计单位制定整改措施，向区委、区政府提出完善预算管理体系提高财政统筹能力，优化财政支出结构提高预算执行力，加强对管委会财政统一指导和管理提升新区总体财政管理水平等建议。

固定资产投资审计 完成8个市容环境综合整治项目、33个施工标段的结算审计，审核竣工结算价款2.40亿元。

专项资金审计（调查） 对区规划国土局、土地中心2010年3月至2012年7月的土地收储、出让、土地出让金收取及管理情况进行审计，延伸审计开发区、保税区、高新区、中心商务区、旅游区、临港经济区、中新天津生态城等有关单位，摸清滨海新区土地收储、出让及管理整体情况。 （撰稿人：李兰英）

2012 年天津市本级及所辖区、县审计工作统计表

金额单位：万元

审计机关	完成审计项目（个）	查出违规金额	应上缴财政	应减少财政拨款或补贴	应归还原渠道资金	应调账处理金额	移送司法、纪检、监察部门处理（件）	建议有关部门处理（件）	出具审计报告和审计调查报告（份）	提出审计建议（条）	撰写审计信息（篇）
天津市											
天津市本级	67	287515	278825		11380	166617		3	70	197	91
和平区审计局	15	45	35		39	651			15	70	0
河东区审计局	27	350	199						41	46	76
河西区审计局	42	2687	2603		600	38			42	58	12
南开区审计局	14		6			14469			14	5	44
河北区审计局	22								37	100	13
红桥区审计局	21	5	5			3788			21	19	45
东丽区审计局	19	597	569			1534			23	15	88
西青区审计局	7	116		116					7	15	114
津南区审计局	29	152	284		15	118			29	67	29
北辰区审计局	32	1810			1810				48	59	151
武清区审计局	20								20	13	23
宝坻区审计局	20	429	2261	24	358	3195		1	37	51	59
蓟县审计局	52	3222	861		45	9631			52	173	1
宁河县审计局	41								41	27	34
静海县审计局	42	347	85		157	2575			42	65	10
滨海新区审计局	12								12	26	9

河北省

【河北省审计厅】 2012 年，河北省审计厅人员编制 139 人，在编 129 人。设有经济责任审计局、办公室、法规处、财政审计处、金融审计处、行政事业审计处、企业审计处、农业与资源环保审计处、社会保障审计处、固定资产投资审计处、外资运用审计处、人事教育处、机关党委、监察室、离退休干部处、内部审计管理处、经济执法派出审计处、农林水派出审计处、科教派出审计处、文体卫派出审计处、发展建设派出审计处、贸易交通派出审计处、河北省审计系统教育中心、计算机信息审计中心、财政审计中心、审计事务中心。

领导成员

厅　　长：葛梦彬

副 厅 长：李树森　马建平（6 月—）

纪检组长（监察专员）：赵　颖

审计成果　河北省各级审计机关共完成审计（调查）项目 2911 个，查出违规金额 417.4 亿元，损失浪费金额 3.23 亿元，管理不规范金额 1 931.73亿元；审计发现非金额计量问题 22.7 万

个。向司法、纪检监察及其他部门移送处理事项137件。河北省审计工作呈现六个突出特点：一是审计监督力度进一步加大，尤其是对问题的揭示力度、查处力度、移送力度和审计成果利用力度，明显加大，审计职能作用得到有效发挥。二是审计法治化、制度化建设进程加大，以河北省委办公厅、省政府办公厅名义联合下发《关于进一步加强审计工作的意见》，将审计整改列入本级政府督察工作事项，河北省各级审计机关法规部门的审计业务核心作用得到进一步发挥，审理工作全面展开。三是河北省审计业务上下联动机制已经形成，整体合力得以发挥。对全省社保审计、省财政直管县审计、农村信用联社审计、外资审计项目等，实行了省市县审计人员统一编组、交叉审计以及授权审计等不同的组织模式，整合审计资源，取得最大监督实效。四是信息化建设进展明显，河北省审计厅在审计项目上实现计算机审计全覆盖，在审计管理上实现实时联网管控，在审计应用上实现与审计业务的有机结合，不断探索计算机审计的新方法，提高审计效率。五是审计组织模式及方式方法得到进一步创新，已经形成了统一领导审计业务的完整工作套路。六是审计文化建设得到进一步加强，率先成立审计文化研究会，搭建研究交流平台，队伍综合素质不断提高。

社会保障审计　按照审计署的统一安排，2月至5月，河北省审计厅整合省、市、县三级审计力量，对市县两级政府社会保障资金开展审计。此次审计得到审计署和省委、省政府的高度评价。河北省审计厅社会保障资金审计工作领导小组办公室、廊坊市审计局荣获全国社会保障资金审计公务员集体三等功；石家庄市审计局、唐山市审计局、张家口市审计局、沧州市审计局、保定市审计局、省审计厅廊坊市审计组、邢台市审计组荣获全国社会保障资金审计公务员集体嘉奖；8名审计人员分别荣获全国社会保障资金审计先进公务员二等功、个人三等功和个人嘉奖；省审计厅计算机信息审计中心荣获全国社会保障资金审计先进保障团队。

财政审计　审计预算执行和财政决算项目1339个，延伸审计1576个部门下属单位，完成对24个直管县的审计。各市在深化财政审计上狠下功夫，秦皇岛市在对财政、地税进行审计的同时，还对重点行业、企业的税费缴纳情况进行延伸审计。沧州市成立预算执行审计领导小组，全面推行计算机辅助审计，提高效率，扩大审计覆盖面。

经济责任审计　对855名领导干部进行了经济责任审计。河北省审计厅以经济责任审计为抓手，综合实施审计项目效果明显。避免重复和交叉审计，在审计的深度和质量上都有新的突破，破解经济责任审计“审什么”“怎么审”“如何审出成果”“如何强化审计成果运用”的难题，引起审计长刘家义的高度重视，要求认真研究和推广河北做法，总结经验。审计署经济责任审计司、财政审计司有关领导专程到河北进行调研，总结河北省经济责任审计的创新，形成专题调研材料在全国推广。

固定资产投资审计　全省共对406.89亿元的项目投资额进行审计，对援疆建设项目进行全过程跟踪审计。特别加强了重大在建和续建政府投资项目跟踪审计力度，加大工程造价核减力度，最大限度节省国家建设资金。

资源环境审计　河北省审计厅制定下发加强节能减排和资源环境审计工作的实施意见，成立资源环境审计协调领导小组，建立资源环境审计联动机制。全省审计机关每年至少开展一项资源环境审计，重点对节能减排、退耕还林、天然林资源保护、土地和水污染防治等项目进行审计，提出审计建议，促进规范管理，为推动生态文明建设做出贡献。

金融（企业）审计　全省对11个设区市的24个县级农村信用社2011年度资产负债损益进行审计。从审计结果来看，农村信用社审计取得阶段性突破，审计发现的问题种类多、金额大。省审计厅专门成立领导小组，组织全厅7个处室的业务骨干，对河北银行进行审计。全省对61家国有及国有控股企业进行审计，完成国外贷援款公证审计项目9个，抽审项目执行单位126个，项目涉及农业、林业、水利、卫生、环境治理和教育等行业。

机关建设　一是加强廉政建设。对审计项目实行跟踪廉政监督；实行举报线索必查制，凡是群众举报的违反审计工作纪律和廉政纪律线索，都及时进行查证；实行工作日中午禁酒令，厅领导班子率先垂范，一级抓一级，严格执行，受到社会各界好评；严格执行审计机关内部监督检查制度，对厅机关及所属事业单位的财务收支进行审计，确保廉洁自律，不出问题。二是加强思想道德教育和审计文化建设，成立文化研究会，开展以“颂党恩”为主题的一系列活动，组织党员到西柏坡重温入党誓词、举行升国旗唱国歌活动；举办党组书记讲党课报告会，并且连续三年举办纪念毛泽东同志诞辰报告会。

信息化建设 针对机关管理，建立了七个系统一个专网信息平台；针对审计业务管理，全省基本实现审计业务流程电子化；全面推广计算机审计应用，河北省审计厅所有审计项目都尝试应用计算机审计技术，提高审计效率。

（撰稿人：刘　颖）

【石家庄市审计局】 2012年，石家庄市审计局人员编制133人，在编156人。局长齐惠明，副局长殷政年（10月—）、张家亮、张建国、赵英然、李景海（—10月）、郭平均、李国辉、李强平、钱国伟，纪检组长牛胜辰。设有办公室、人事处、法规处、财政审计处、金融审计处、行政事业审计处、农业与资源环保审计处、企业审计处、社会保障审计处、外资运用审计处、固定资产投资审计处、内部审计管理处、机关党委、监察室，另设驻商务局审计特派员、驻国资委审计特派员、驻建设局审计特派员。还设有高新技术产业开发区审计分局、经济责任审计分局、审计干部培训中心、计算机信息中心。

审计成果 全市审计机关完成审计项目326个，经济责任审计109人；查出违规金额36.5亿元，管理不规范金额234.76亿元，应上缴财政18.94亿元，应归还原渠道7.5亿元，应调账处理51.28亿元，核减政府投资项目工程款1.89亿元；移送纪检、司法机关或其他部门处理事项8件，移送处理8人。石家庄市审计局被审计署评为全国社会保障资金审计公务员集体嘉奖，荣获全省社保审计先进集体，蝉联省、市文明单位荣誉称号，在河北省审计信息宣传考核评比第一，被评为石家庄市创先争优先进基层党组织、依法行政工作先进单位、全市人力资源社会保障综合统计工作先进单位、全市调研先进单位、全市巾帼文明岗等荣誉称号。

财政审计 全市审计机关为构建财政审计大格局，积极树立全市审计“一盘棋”的思想，整合审计资源，打破市、县及处室界线，形成合力，突出社会和群众反映较多的民生问题，重点对财政、地税、人力资源社会保障、国土、建设和发改委等6个部门预算执行进行审计，并按照“财政资金运行到哪里、审计就跟进到哪里”的原则，延伸审计到财政资金使用的末端，从体制、机制层面提出更具深度的审计建议，服务于部门和县（市）区发展，为市委、市政府提供决策依据。预算执行审计报告，得到市人大领导和代表的高度评价，并将审计整改事项首次纳入市政府督察范围。在省审计厅安排的任丘市、涿州市财政决算审计中，查出违纪违规金额26.62亿元，移送纪检部门或当地政府处理案件4件，提出8个方面的审计意见和建议，在当地引起很大震动。

固定资产投资审计 市审计局重点完成对滹沱河整治工程、张石高速部分标段、中小学校舍安全工程、廉租房建设、动物园搬迁工程、市二中实验楼建设工程等重点投资审计项目，审计核减1.23亿元。公开向社会招标23家中介审计机构，参与工程项目审计，并建立建设单位工程技术人员、施工单位预算人员、中介机构与市审计局投资审计人员四方集中会审制度，起到互相监督、制约的作用，有效地规范中介机构审计行为，确保审计效果，提高审计质量。

经济责任审计 全市经济责任审计工作确立“立足查错纠弊、规范经济运作、教育挽救干部、促进经济发展”的工作思路，对109名领导干部进行经济责任审计，研究制定《石家庄市党政主要领导干部和国有企业领导人员经济责任审计实施办法》等相关规定，建立联席会议三项协调工作机制。实施办法增加对被审计单位进行审计回访和对审计整改工作进行问责等条款。增加任中审计比重，变以离任审计为主为以任中审计为主，增强审计监督效果。开展县委书记和县长同步责任审计，有效实现审计资源的节约利用，市局在开展县（市）区领导干部经济责任时，对当地审计机关的审计，列为经济责任审计的一项重要内容，促进审计系统的自身建设。

专项资金审计 组织开展全市惠农、节能减排、标准化菜市场建设等专项资金审计。惠农资金审计查出问题金额 8 886.69 万元，提出审计建议 79 条，审计专题报告得到市领导的批示，有效促进政府及相关部门对审计建议的落实。节能减排专项审计主要对未完成节能减排目标任务的单位从制度、措施、资金、收效上进行分析，查找原因和问题，促进全市构建资源节约、环境友好的生产方式和消费模式。对市内五区 60 个标准化菜市场建设补助资金审计中，充分运用绩效审计评价，全面反映菜市场建设运行情况，提出建议，促进全市菜市场的良性运转。（撰稿人：刘永辉）

【张家口市审计局】 2012 年，张家口市审计局人员编制 56 人，在编 69 人。局长李洪波，副局长李家富、胡学渊，总审计师孙维跃，纪检组长林平。设有办公室、人事科、经济责任审计科、法规科、财政审计科、行政事业审计科、农业和资源环保审计科、固定资产投资审计科、金融审计科、企业审计科、社会保障审计科、党委办公室、监察室、离退休干部科；审计干部培训中心与计算机服务中心合署办公。

审计成果 全市审计机关共审计或审计调查 286 个单位，查出违纪违规金额 12 809 万元，纠正管理不规范金额 192 553 万元，应上缴财政 182 万元，已上缴财政 133 万元。提交审计报告 286 篇，审计信息 390 篇，被采用 146 篇。

社会保障审计 按照“确保审计力量、工作质量、规定动作、时间节点、社会稳定和审计纪律”的要求，完成 7 个年度 12 大类 19 项资金的审计。市审计局被审计署授予全国社会保障资金审计公务员集体嘉奖，并荣获全省社会保障资金审计先进集体称号，全市审计机关有 58 人获得省先进个人表彰。

财政审计 按照抓主动、抓提高的要求，安排预算执行审前调查，起草《2011 年市本级预算执行和其他财政收支情况的审计工作方案》，完成对财政、地税等 6 个重点部门、单位和 1 户中央驻张企业的审计，延伸审计 6 户企业的纳税情况。受市政府委托，向市人大常委会提交审计工作报告。按照省审计厅统一安排完成 18 个县区的地税审计，以及定兴县、尚义县两个直管县的财政决算审计。各县区也按照年初计划组织实施县级财政预算执行审计。

经济责任审计 根据市委、市政府主要领导及市委组织部领导的批示精神，统筹市县审计力量，分期对换届中转任、离职的县区长及市直单位主要领导开展离任经济责任审计。按照“严、细、深、实、快、好”的总体要求，完成 6 名县区原任县区长、2 名市直部门领导干部的离任经济责任审计。抽调专人参与省审计厅审计组对唐山市市长的任中审计。

固定资产投资审计 完成张石高速公路二期决算的财务收支及项目管理审计；京化高速公路项目进入审计收尾阶段；对张石高速公路三期、张承高速、洋河治理、城投大厦、机场、云洲水库、全市智能化管理系统等 14 个重点建设项目进行全程跟踪审计；完成省审计厅安排的河北援疆和硕县牧民搬迁项目跟踪审计。

金融审计 抽调人员赴沧州市参加省审计厅组织的融信农村商业银行审计工作，完成尚义县农联社资产负债损益审计。

农业与资源环保审计 参加省外资处组织的河北省世界银行贷款林业综合发展项目审计，实施廊坊市广阳区和大城县的林业发展项目审计。

企业审计 实施市恒达交通房地产公司“左卫国际接待中心”项目、通泰房地产公司“山中城”东山基础设施项目的财务收支情况审计。

专项审计 按照审计署安排，开展全市农村中小学布局调整情况及相关资金管理使用情况专项审计调查。实施市本级保障性安居工程跟踪审计和赤城县义务教育阶段寄宿制学校“蛋奶工程”审计。

内部审计 建立内部审计统计报表制度，组织开展对民营企业内部审计情况的调研，基本摸清全市内部审计工作的情况。按照省内部审计协会要求对现有内部审计人员持证上岗情况进行调查，健全内部审计人员持证上岗制度和后续教育制度，使全市内部审计工作逐步走向正规，促进内部审计质量的提高。（撰稿人：刘 广）

【承德市审计局】 2012 年，承德市审计局人员编制 68 人，在编 68 人。局长王允昌，副局长周晓燕，总审计师王晶凤（—5 月），纪检组长马君慧。设有办公室、人事科、经济责任审计科、法规科、财政审计科、金融审计科、行政事业审计科、农业与资源环保审计科、固定资产投资审计科、企业审计科、社会保障审计科、外资运用审计科、政府投资项目审计科、机关党委、离退休干部科，以及计算机审计办公室、政府投资项目审计中心（全额拨款事业单位）和审计培训中心（自收自支事业单位）。

审计成果 全市审计机关完成审计项目253个，查出违规金额546 599万元，应上缴财政483 322万元，应减少财政拨款或补贴8805万元，应归还原渠道资金89 926万元，应调账处理金额366 226万元；已上缴财政79 864万元，已减少财政拨款或补贴20 087万元，已归还原渠道资金71 830万元，已调账处理金额175 999万元。移送司法机关、纪检监察部门处理事项9件，建议有关部门处理1件。提交审计报告、信息348篇，被采用128篇。

财政审计 全市审计机关对79个单位的预算执行情况进行审计，查出主要问题金额701 549万元。市审计局对市财政局具体组织的市本级预算执行和市地税局税收征管情况进行审计，重点延伸10户房地产开发企业的土地增值税申报缴纳情况。同时，结合任期经济责任审计对4个单位2011年度预算执行情况进行审计，共查出各类违规金额88 871.8万元。承德市政府领导对预算执行审计结果给予充分肯定，市人大常委会在听取和审议审计工作报告时，给予高度评价。承德市审计局还组织开展省审计厅授权的唐山市遵化市、张家口市蔚县和围场县政府财政决算审计。遵化财政决算审计共收缴罚没款677万元，制发移送处理书8份，受到党纪处理的14人；蔚县财政决算审计查出各类违纪违规金额63 288万元，上缴财政164.8万元；围场县决算审计查出18类违规金额10.3亿元，上缴财政35.3万元，制发移送处理书1份，被提起诉讼2人。

金融审计 在廊坊市三河市农村信用联合社和丰宁县农村信用联合社的授权审计项目中，揭示各类违规金额68 585.88万元，审计罚没120.8万元。被审计单位处分违规问题责任人17人，移送处理问题1个，移送涉及资金473.87万元。审计结果得到省审计厅领导的认可，并在召开的信用联社审计现场会上介绍审计经验。

行政事业审计 主要完成围场县交通局、隆化县交通局和承德护理职业学院财务收支审计。收缴围场交通局罚款7.7万元，补缴税金13万元。查出承德护理职业学院问题金额141.6万元。另外还对承德县、平泉县、宽城满族自治县、丰宁满族自治县农村中小学布局调整情况进行交叉审计调查。调查发现存在8大类、19小类问题。

农业与资源环保审计 承德市审计局对市环境保护局2010年度环境保护专项资金拨付使用情况和市本级、隆化县2009年至2010年土地出让收入和土地整治相关资金的征收、管理和使用情况进行审计。查出未经批准违规占地、超范围和变相减免使用土地出让金等违规问题，均按照相关规定进行严肃处理。

固定资产投资审计 围绕政府中心工作，加强对水利防洪设施、“棚改工程”和城镇建设方面财政资金投入、使用和绩效情况的审计监督。审计10个重点工程项目，节约财政资金25 558.2万元。另外，对中小学校舍安全工程和保障性安居工程进行跟踪审计。在保障性安居工程审计中，提出《承德市审计局保障性安居工程审计思路与方法》，被省审计厅作为典型经验转发至全省各地市进行学习交流。

社会保障审计 全市审计机关统一开展对社会保险基金、社会救助资金、社会福利资金等三大部分12类18项社会保障资金进行审计，整合市县两级审计力量，共查出各种违规金额65 187.69万元，审计后追回、纠正和增加社保基金收益金额6 194.7万元。被省厅采用15篇信息，有5篇得到了省厅领导的批示。向市委、市政府报送的《审计专报》，得到了常务副市长的重要批示。

经济责任审计 全市审计机关共对76名领导干部进行经济责任审计，共查出违规金额3324万元。在工作方法上注重经济责任审计与预算执行审计相结合，任中审计比例达60%以上。同时进一步拓展经济责任审计内容，加大“两查一审”力度，审计效果显著。经济责任审计结果报告引起市政府主要领导的高度关注，多次做出重要批示。

专项资金审计（调查） 开展“7·21”洪水

灾后重建资金跟踪审计。审计中采取上下联动的方式，加大对重灾区跟踪审计和督导检查力度。

（撰稿人：焦红煜）

【秦皇岛市审计局】 2012年，秦皇岛市审计局人员编制74人，在编70人。局长刘文杰，副局长焦鹏利、王海堂、唐继华、殷建兵，总审计师刘勇，纪检组长张桂琴。设有办公室、法制科、财政审计科、金融审计科、行政事业审计科、社会保障审计科、经贸审计科、外资审计科、固定资产投资审计科、经济责任审计科、农业与资源环保审计科、党总支、监察室，另设有基本建设审计中心（直属事业单位）。

审计成果 全市审计机关完成审计项目135个，查出违规金额25 582万元，应上缴财政23 789万元，应减少财政拨款或补贴15万元，应归还原渠道资金81万元，应调账处理金额4492万元；已上缴财政20 934万元，已减少财政拨款或补贴15万元，已归还原渠道资金50万元，已调账处理金额2957万元。提交审计专题、综合性报告和信息简报91篇，被各级批示采用65篇。多个审计项目在审计署组织的计算机审计业务评选中获奖，两个审计项目入选省审计厅评选的全省优秀审计范例选编，秦皇岛市审计局被市委授予全市文明单位标兵称号。

财政审计 预算执行审计共完成9个市本级部门2011年度预算执行及其他财政财务收支情况审计，对18家企业的税费缴纳情况的延伸审计。审计查出个别单位向企业缓收应收费用；基本支出挤占项目支出、票据使用不规范；扩大经费支出范围等问题。

开展对迁安市人民政府和保定市高阳县人民政府的财政决算审计。查出两地财政管理上存在的截留省级收入、应缴未缴预算收入、欠征行政性收费、基金收入等问题。在对其市属单位进行的延伸审计中，查出个别单位存在“乱收费”“乱摊派”、私存“小金库”等问题。

社会保障审计 按照审计署的统一部署，利用3个月时间对全市低保资金、医保资金、养老保险资金等18项社会保障资金进行审计。发现部分符合保障条件的特殊人员未纳入保障；部分人员重复参加各项社会保障，造成财政多投入；向部分不符合保障条件人员违规支付等问题。

固定资产投资审计 完成对市第一中学校区室外配套工程、北戴河森林湿地公园项目、北戴河机场建设项目、中水厂建设工程、市本级中小学校舍安全工程项目等8项政府投资项目竣工结算和工程跟踪审计，审查工程价款7846万元，在财政评审基础上又审减价款423万元。

经济责任审计 对卢龙县委书记、县长，市人力资源和社会保障局局长，市交警支队支队长等17名领导干部开展经济责任审计。发现个别单位仍存在所收费用上缴财政不及时、违规收取赞助费、白条入账问题。针对查出的问题，要求相关单位与个人进行及时整改。

金融审计 完成对石家庄汇融银行和卢龙县农村信用联社的审计工作。审计查出两家银行经营管理中使用联保商户信息，开设多个银行结算账户，将贷款资金用于所谓“优质客户”使用，信贷资产质量分类不真实、贷款主体不合规、程序不合规，以及超工资总额支付职工薪酬的问题。

（撰稿人：王政鹏）

【唐山市审计局】 2012年，唐山市审计局人员编制117人，在编104人。局长王洪江，副局长李桐、葛庆学（11月—）、易敏、李富（11月—），纪检组长刘树元。设有办公室、法制处、经济责任审计一室、经常责任审计二室、固定资产投资审计处、行政事业审计处、农业与资源环保审计处、金融审计处、经贸外资审计处、社会保障审计处、财政审计处、监察室、机关党委和高新技术产业开发区审计分局、海港开发区审计分局、南堡开发区审计分局。另设有直属事业单位教育培训中心、投资审计中心和计算机审计中心。

审计成果 全市审计机关完成审计项目451个，查处违规金额1 084 214万元，应上缴财政295 208万元，应减少财政拨款或补贴40 322万元，应归还原渠道资金855 739万元，应调账处理金额343 468万元；已上缴财政128 573万元，已减少财政拨款或补贴32 466万元，已归还原渠道资金307 638万元，已调账处理金额146 591万元。移送司法机关处理事项2件，建议有关部门处理事项4件。提交审计报告、信息292篇，被采用137篇。

财政审计 全市共审计预算执行单位126个，延伸审计单位168个，查出主要问题金额253亿多元。市审计局把领导干部经济责任审计、财政决算审计、土地出让金审计、政府投资建设保障性住房审计、商业银行审计、高新开发区经济运行状况调查等项目有机结合起来，对市本级18个部门及其52个下属单位和4个开发区预算执行情况进行审计，并延伸审计110个单位的专项资金管理和部门预算执行情况，促进整改问题85个，整改资金30多亿元。还对53个单位财政决算进行审计，查出主要问题金额39亿多元。

社会保障审计 从2月中旬到5月底，组织开展对14个县（市）区2005年至2011年社会保障资金的审计。查处违规违纪金额11亿多元，促进整改资金10亿多元。坚持边审边纠、边审边改，针对审计发现的问题，注重从体制、机制、制度建设和管理上分析原因、提出建议，促进社会保障资金监督制约机制的完善，提高资金使用效益。

经济责任审计 对144名领导干部和国企领导人员进行经济责任审计，查出主要问题金额40多亿元。提请市委、市政府两办出台《唐山市党政主要领导干部和国有企业领导人员经济责任审计实施办法》，组织开展对26名县级领导干部和国企领导人员的经济责任审计，查出主要问题资金39亿多元，纠正涉及领导责任违规金额6亿多元，促进增收节支金额7亿多元。

固定资产投资审计 审计和调查单位115个，涉及项目投资额32亿多元，查出主要问题金额15亿多元。市审计局通过对36个重点建设项目、25亿建设资金的审计，查出各类问题金额14亿多元，为规范建设领域秩序、提高政府投资效益发挥重要作用。特别是完成领导关心、群众关注的唐山军民合用机场竣工决算审计和历史遗留的情况复杂的龙城、龙庭项目赔偿审核，为服务全市科学发展、维护社会稳定做出积极贡献。

企业审计 先后对14个单位进行审计，查出主要问题金额36亿元。市审计局对市属12个重点企业的审计，查出问题金额35亿多元。

内部审计 全市内审机构全年共审计资金67亿元，通过审计促进增收节支2500万元。

（撰稿人：陈　平）

【廊坊市审计局】 2012年，廊坊市审计局人员编制45人，在编54人。局长韩少奇，副局长张铁忠（—7月）、贾军水（—8月）、万茂才、赵志生、薛冬（9月—），总审计师施文河（9月—），纪检组长张振杰。设有办公室、人教科、法制科、财政审计科、金融审计科、行政事业审计科、社会保障审计科、经贸审计科、固定资产投资审计科、经济责任审计科。另有纪委、监察派驻机构1个。

审计成果 全市审计机关共完成审计项目197个。查出违规金额14.76亿元，管理不规范金额31.94亿元，应调账处理金额3.57亿元，应归还原渠道资金5.79亿元，应上缴财政1.85亿元，均已落到实处。提交审计报告及各类信息925篇，被各级批示或采用897篇。市审计局完成审计项目39个，完成全年计划34个的115%。查出违规金额7.5亿元，管理不规范金额18.95亿元，应上缴财政8694万元，应归还原渠道资金3151万元，应调账处理金额9130万元，均已落到实处，审计决定落实率达100%。移送11起案件线索，移送16人，涉案金额703.74万元。提交审计报告及各类信息343篇，被各级批示或采用315篇。市审计局荣获审计署社会保障资金审计集体三等功，1个审计项目被审计署评为“全国地方表彰审计项目”，被省委、省政府命名为“省级文明单位”。市审计局采写的信息《民营企业投资金融业存在问题应予重视》被省纪委、中纪委、中央办公厅采用。广阳区、安次区、固安县、永清县审计局、市审计局经济责任审计科、行政事业审计科被考评为审计业务工作先进集体。市审计局1个项目被评为全省审计系统优秀审计项目，4项AO审计方法入选审计署计算机审计方法库，1项AO实例荣获审计署鼓励奖。

财政审计 全市完成审计项目91个，查出违规金额86 661万元，其中应上缴财政17 521万元，应归还原渠道资金56 289万元，均已落到实处。

针对预算执行审计的宏观性、全局性目标，揭示问题，做出评价，提出建议，形成“两个报告”，为公共财政建设提供依据。香河县、三河市、文安县、开发区审计局在预算执行审计中，注重帮助被审计单位从效益层面进行分析，提出合理化建议，得到被审计单位好评。

重点开展土地增值税征管和减免税政策执行审计。全市累计征收土地增值税 9.7 亿元，涉及 375 个纳税户；累计减免 327 户，税金 1.5 亿元。抽查 35 个房地产开发企业涉及 39 个项目的土地增值税征缴情况，查出少预征土地增值税 36.95 万元，应清算补缴土地增值税 2 901.11 万元。针对发现的问题，提出加强房地产开发企业税源监控、加大土地增值税征收力度、强化土地增值税稽查等建设性意见，推进土地增值税的有效管理和监控。

重点加大对土地出让金、预算外资金、权力部门、纳税大户和乡镇的审计力度，高效完成县级财政决算审计项目。

金融审计　全市完成金融审计 2 个，查出违规金额 22 531 万元，其中应上缴财政 70 万元，已上缴财政 70 万元。提交审计报告和审计调查报告 2 份，提出审计建议 5 条。在审计某信用联社核销贷款业务时，把破产企业已经核销贷款的信息拿到工商数据中去筛查，发现贷款已经核销，但企业仍正常经营的违规核销贷款问题。开展的赴邢台市宁晋县农村信用合作联社异地交叉审计项目，受到省审计厅领导的好评，并在全省信用社审计经验交流会上做典型发言。通过积极探索和梳理总结，初步形成较为完整的金融审计流程模板，为今后金融审计的开展提供方便。

行政事业审计　全市完成审计单位 22 个，查出违规金额 1251 万元，其中应上缴财政 137 万元，应归还原渠道资金 257 万元；已上缴财政 137 万元，已归还原渠道资金 257 万元。市医院电子数据繁多、业务财务数据复杂，审计人员积极开展计算机审计。下载转换市医院业务财务数据 44G，形成 832 张表格。运用计算机进行比对分析，查出药品管理、费用收取方面存在的问题，提出建设性建议，得到市医院的肯定。安排市八中、市卫生局、市综合执法局和中小学布局调整审计项目，做到统筹兼顾，保质保量完成任务。固安县审计局行政事业单位审计以提高财政资金使用效益和社会效益为目的，全方位、多角度、深层次提出意见和建议，为政府宏观决策提供依据。

固定资产投资审计　全市完成审计项目 8 个，查出违规金额 35 万元，其中应上缴财政 2 万元，已上缴财政 2 万元。提交审计报告和审计调查报告 8 份，提出审计建议 16 条，被采纳审计建议 15 条。开展校舍安全工程、文化和体育基础设施等公共服务建设项目的审计，查出效益低下、影响公众权益等问题，提出严格建设程序、施工管理和竣工决算的建议，促进规范项目管理。开展富士康公寓一期工程决算、援建新疆焉耆县棚户区改造等多项重点投资建设项目的审计。开展项目审批和招投标合规性、工程合同合法性、工程造价的真实性、项目投资的效益性审计。开展廊坊市国土土地开发建设投资有限公司及其子公司凯创房产置业有限公司的财务收支审计，及时揭示建设项目存在的倾向性、苗头性问题和潜在风险，保障资金借、用、还的良性循环。大厂县、霸州市审计局以重点项目为切入点，充分发挥审计揭露和查处违法违规问题的作用，把好政府投资效益审计关，确保财政资金使用效益最大化。

社会保障审计　全市完成审计项目 12 个，查出违规金额 2.5 亿元，其中应上缴财政 223 万元，已上缴财政 223 万元。共抽调全市审计系统 215 人，组成 10 个审计组，历时 4 个多月，对全市 10 个县（市、区）社会保障资金进行审计，延伸调查 83 家企业、27 个村（居）委会和 17 家医院，共涉及 3 部分 12 类 18 项社会保障资金 316 亿元，移送 10 起案件线索，移送 16 人，涉案金额 648.8 万元。廊坊试点工作得到审计署高度评价，将经验交流材料加载到大项目管理平台，供全国各审计组参考；1 人的事迹在《中国审计报》全国社会保障审计先进事迹摘编中进行宣传，并被评为市级劳动模范。央视《焦点访谈》栏目对廊坊社会保障工作开展和审计监督情况进行采访、播报，廊坊社会保障和监督工作得到市领导和社会各界的高度评价。3 个审计组被省审计厅表彰为先进集体，66 人被表彰为先进个人。

企业审计　全市完成企业审计项目 4 个。查出违规金额 119 万元，其中应上缴财政 4 万元，已上缴财政 4 万元。

经济责任审计　全市完成经济责任审计项目

48 个。查出违规金额 11 684 万元，管理不规范金额 90 980 万元。应上缴财政 54 万元，应归还原渠道资金 207 万元；已上缴财政 54 万元，已归还原渠道资金 207 万元。市本级实际完成 9 个经济责任审计项目，完成计划数的 1.5 倍。在某县长的任期经济责任审计中，审计县直 17 个部门单位、7 家企业、1 个镇、1 个工业园区，做到审计监督与服务的有机结合。研究规范以“七大比率”为主要内容的部门行政首长经济责任审计评价指标体系；探索实行以“5 项能力、29 项指标”为主要内容的县（市、区）长经济责任审计评价指标体系。市纪委充分肯定领导干部经济责任审计工作，并将其列入全市党风廉政建设和反腐败工作“解决一百个问题，抓好一百项重点工作”的“双百”工程。

专项资金审计（调查） 廊坊市审计系统全年完成审计项目 10 个，查出违规金额 319 万元，其中应上缴财政 93 万元，已上缴财政 93 万元。开展世界银行贷款加强灌溉农业三期项目绩效审计，合理搭配审计组成员，抽调县级审计机关骨干力量，组成 3 个审计组，开展对安次、广阳、永清 3 个县（区）的审计，延伸 54 个村街，向 540 余户村民发放调查问卷，审计结果全面反映世界银行贷款建设农业灌溉的整体情况和由此带来的社会、经济效益。开展大厂县农村危房改造补助资金筹集发放使用情况审计，延伸 53 个享受危房改造的贫困户、低保户，占总改造户数的 53.53%，审减金额 45.12 万元，审减率 11.5%。发现部分工程质量存在问题，督促建设单位及时进行整改，维护农民的切身利益。三河市审计局注重发挥服务民生的参谋作用，抽调骨干跟踪开展“村村通工程”和“村卫生室建设”专项资金审计调查，审计报告及建议得到市委书记和市长的充分肯定，并批示按审计建议抓好整改落实。

（撰稿人：程　石）

【保定市审计局】 2012 年，保定市审计局人员编制 70 人，在编 70 人。局长孙淑花，副局长罗凯、温丽娜、范国庆、张建波、陈仕强，总审计师温丽娜（兼），纪检组长朱春友。设有办公室、法制处、人事处、财政审计处、金融审计处、行政事业审计处、经贸审计处、农业与资源环保审计处、社会保障审计处、固定资产投资审计处、外资运用审计处、经济责任审计处、内部审计处、开发区派出审计处、计算机信息审计处、业务审理处。

审计成果 全市审计机关共审计单位 278 个，查出违规金额 65 940 万元，管理不规范金额 640 724 万元，上缴财政 25 698 万元，归还原渠道资金 45 061 万元。移交移送纪检监察等部门处理案件 5 件，涉案 7 人。提出审计建议 438 条，被采纳 185 条，被审计单位制定审计整改措施 23 项，建立健全规章制度 6 项。市审计局开展的社会保障资金审计项目受到审计署的集体嘉奖。

社会保障审计 组织全市 360 多名审计人员，对市本级和 25 个县（市、区）社会保障资金进行审计，延伸调查 218 家企业、52 个村（居）委会和 26 家医院，揭示各级管理部门在社会保障政策执行，社会保障资金筹集、管理和使用，以及业务管理等方面存在的问题，提出审计意见和建议。市审计局代市政府起草《保定市人民政府关于对社会保障资金审计结果进行整改和督察的通知》，全面推进社保审计整改工作。市人力资源和社会保障局、市民政局等部门根据审计结果出台了进一步规范和加强社会保障资金管理的有关制度和规定。

财政审计 对市财政、地税、部分行政事业等 13 个单位进行预算执行审计，对有关企业、重点项目、重点资金开展专项审计和调查。市审计局受市政府委托做《保定市本级 2011 年度预算执行和其他财政收支的审计工作报告》。针对存在的问题，市政府进行认真研究部署，狠抓落实措施，相关部门整改成效明显，受到市人大常委会高度评价。

固定资产投资审计 市审计局先后对安新淀北泵站改造项目、农业生态园建设项目、白沟白洋淀快速路项目以及全市高速路建设情况等 6 项道路基础设施、水利基础设施和专项基础设施工程进行竣工决算审计，核减工程投资 5102 万元。

经济责任审计 由单纯以财务收支为重点的审计模式向注重绩效审计模式的转变已全面铺开，印发《领导干部经济责任审计操作指南》，从方案起草到报告撰写都进行规范。成立审计领导小组，各审计组在领导小组的统一指导下工作，保证经济责任审计工作的一致性。实行部分领导干部审计结果报告直送市委书记、市长制度。

抗洪救灾审计 市审计局组织力量派出5个审计组，对涞源县、涞水县、易县、涿州市和市本级财政、民政、慈善会、红十字会以及工会、妇联、共青团、个体协会等单位接收的抗洪救灾资金物资的来源、支出和结存情况进行跟踪审计。对所辖的涞源县、涞水县和易县“7·21”灾后重建第一批完工项目进行了竣工决算审计。项目涉及学校重建和加固、乡镇卫生院和村卫生站建设、水毁公路修建、水毁民居建设等内容。

专项资金审计（调查） 10月起，组织27个审计组，抽调217名审计人员对保定市城镇保障性安居工程实施跟踪审计。审计揭示保障性安居工程部分开工任务未完成、建设管理不到位、资金未按规定提取筹集及使用，部分已开工保障房工程项目未办理土地审批手续，部分工程项目优惠政策未落实等五方面的问题，并提出审计建议和整改要求。对农村中小学布局调整和社会抚养费进行审计调查。市审计局成立农村中小学布局调整审计调查项目指挥小组，全面配合审计署京津冀特派办在清苑县开展的工作，并组成审计组，对易县、定州、定兴、徐水、雄县、唐县6个县（市）开展农村中小学布局调整的审计调查。

金融审计 在省审计厅统一组织下，分别对河北省农村信用社昌黎县联社、易县联社2011年度资产负债损益情况进行就地审计。审计中充分运用了计算机辅助手段，发现信贷资产质量分类不真实、贷款主体不合规、用途不合规、程序不合规以及一些财务违规现象，提出防范信贷风险、防止资产损失、确保规范经营的意见和建议。还对保定银行股份有限公司2011年度的资产负债损益情况进行审计。

内部审计 内部审计协会采取问卷、走访、座谈、实地考察等形式开展民营企业内部审计调研活动，掌握第一手资料，并完成12家国有企业内部审计成就展活动及配合省内部审计协会在保定举办全省内部审计干部培训班活动。

（撰稿人：张 皓）

【沧州市审计局】 2012年，沧州市审计局人员编制49人，在编46人。局长田永利，副局长李春雷（—8月）、郑瑞强、张欣，总审计师刘根常、王利民（8月—）。设有办公室、人事教育科、法规科、投资审计科、经贸审计科、财政审计科、金融社保审计科、行政事业审计科、经济责任审计科、农业外资审计科。另外，下设教育培训中心。

审计成果 全市审计机关完成审计（调查）项目单位298个，查出主要问题金额315 710万元，其中违规金额88 941万元，损失浪费金额4415万元，管理不规范金额222 352万元。审计决定处理处罚金额96 705万元，其中应上缴财政16 272万元，应减少财政拨款或补贴7883万元，应归还原渠道资金23 287万元，应调账处理金额38 799万元，应缴纳其他资金9654万元；审计促进整改落实有关问题资金97 856万元，其中已上缴财政15 883万元，已减少财政拨款或补贴6625万元，已归还原渠道资金22 452万元，已调账处理金额38 799万元，已缴纳其他资金9488万元。审计促进资金拨付到位9549万元，挽回（避免）损失1009万元，核减投资额12 846万元。向纪检监察机关和有关部门移交案件线索8件。提出审计建议780条，被采纳664条，提交审计信息、简报、专题报告等513篇，被批示采用383篇。沧州市社会保障资金审计组获得全省先进单位，并获得全国公务员集体嘉奖，有73人受到省审计厅表彰。审计信息化建设走在全省前列，沧州市作为河北省三个先进典型之一在全省审计工作会议上进行经验交流。在审计署和河北省审计厅开展的计算机方法经验和AO应用实例评选活动中，沧州市审计局被评为全省优秀组织单位，并有13篇成果在全国获奖。沧州市审计局被市委、市政府评为市级文明单位、“爱沧州、做贡献、干成事、出亮点”优秀亮点单位和先进集体、法制宣传教育工作先进单位、党建先进单位、市委信息宣传优胜单位、市政府信息宣传工作先进单位、计划生育先进单位等。

财政审计 全市审计机关开展财政预算执行审计项目和财政决算审计项目148个，延伸审计单位136个，查出主要问题金额242 549万元，其中未按规定征收缴纳收入73 011万元，未按规定纳入预算管理11 795万元，违规改变项目计划和资金用途15 515万元，资金滞留闲置44 128万元，虚列支出51 194万元。

社会保障审计 按照审计署和河北省审计厅统一部署，沧州市审计局组织开展对沧州市所辖16个县（市、区）社会保险基金等情况的审计，查出主要问题金额18 594万元，其中未按规定征收、缴存社保费和住房公积金1710万元，未落实“收支两条线”和专户管理规定8933万元，财政资金不落实不到位999万元。

固定资产投资审计 全市审计机关完成政府投资建设项目45个，审计项目资金191 088万元（其中完成投资额82 773万元），核减工程造价9208万元。查出主要问题金额22 082万元，其中工程款结算不实9274万元，超规模超标准项目9823万元，违规招投标2810万元。

经济责任审计 全市完成经济责任审计项目74个，查出主要问题金额9682万元，其中违规金额2312万元，管理不规范金额7369万元。经济责任审计为开展干部问责制、责任追究制提供重要依据，为干部的考核、评价、选拔、任用发挥积极作用。

行政事业审计 全市审计机关完成行政事业审计项目76个，查出主要问题金额9223万元，其中乱收费乱摊派乱罚款1477万元，违规使用发票938万元，扩大开支范围或提高开支标准列支1961万元。

专项资金审计 全市完成专项资金审计项目6个，审计专项资金总额62 701万元，查出主要问题金额16 840万元，其中违规改变项目计划和资金用途4875万元，资金滞留闲置2448万元，违规使用发票938万元，扩大开支范围或提高开支标准列支1906万元。 （撰稿人：戴振勇）

【衡水市审计局】 2012年，衡水市审计局行政编制定编42人，在编42人；事业编制定编26人，在编25人。局长赵维东，副局长赵春峰、许世红（6月—），纪检组长赵志强。设有办公室、法制科、财政审计科、经贸审计科、行政事业审计科、农业外资与资源环保审计科、固定资产投资审计科、经济责任审计办公室、市经济技术开发区审计特派员办公室、社保金融审计科、监察教育室、计算机审计中心、重点项目建设审计监督中心。

审计成果 全市审计机关共审计（调查）单位211个，查出违规金额165 633万元，管理不规范金额235 670万元，应上缴财政40 466万元，已上缴财政37 054万元；应归还原渠道资金30 574万元，已归还17 007万元；应调账处理金额138 752万元，已调账处理金额108 209万元；核减投资额13 325万元；促进增收节支54 130万元；向司法机关移送案件线索4件，5人受到行政处分，2个单位受到通报批评。

社会保障审计 按照上级审计机关的统一部署，整合全市审计资源，对市县两级社会保险基金、社会救助资金、社会福利等三大类18项资金进行异地交叉审计，查出问题金额4.73亿元。衡水市常务副市长对该局上报的“社保审计发现的主要问题及建议”做出重要批示，要求各县市区和市直相关部门抓紧采取措施进行整改，并健全完善工作机制，杜绝违规、违纪现象的发生。这次社会保障资金审计，有3个审计组被评为河北省社会保障资金审计先进集体，41人被评为河北省社会保障资金审计先进个人。

财政审计 完成93个单位的预算执行审计，查出主要问题金额331 874万元。市县两级审计机关对地方税务系统2011年度税收征收管理情况进行审计，补缴土地增值税226万元，营业税等其他税费440万元，增加财政收入。在财政决算审计中，围绕增加财政收入、健全内控制度做文章，将所有政府收支纳入审计范围。创新组织方式、改进审计方法，加大现场突击盘点力度，加大延伸审计力度，从组织部、政府机关等接受审计较少的部门入手，发现有的部门2年不记账，有的部门3年会计凭证不装订等大量不规范的问题，引起相关部门的高度重视。从审计过的43个部门看，查出问题金额55 382万元，增加财政收入4166万元。对审计中发现的私存私放财政资金或公款案件线索进行移送，已有4人受到行政记大过处分，2个单位受到通报批评。

固定资产投资审计 积极推进政府投资项目的全程跟踪审计，形成对政府重大投资项目的招投标、合同签订、工程预算及工程决算等环节适时跟踪的立体审计监督模式，通过现场查验、隐蔽工程影像取证、GPS测量等手段，提高工作效率和质量，树立审计威信，得到各级领导的肯定。

全年共完成22个工程项目的审计，核减工程款13 325万元。

经济责任审计 衡水市审计局不断加强与经济责任审计联席会议成员单位之间的沟通与协调，特别是与纪检监察、公安、反贪污贿赂等部门的联系，坚持实行由组织、纪检监察、审计部门联合召开进点见面会，坚持公示审计内容，公报举报电话，完善问卷调查，通报发现问题，规范文书格式，推动了经济责任审计工作的深入开展。全市完成44个部门领导人的经济责任审计，查出主要问题金额10 954万元，促进增收节支120万元。

交办项目 一是对开发区张团马村1997年至2012年3月31日村集体建筑工程项目实施情况进行审计调查，通过严谨细致的调查、走访、公示审计结果，化解和平息了群众多年来上访的情绪和怨言。二是在对建筑联合会进行清产核资审计中，将发现的供销公司及其控股的兴业房产公司收入不入账等严重违反财经纪律问题以审计要情的形式向市主要领导报送，市领导做了重要批示，兴业房产公司原法人代表受到相应的党政纪处分。三是衡水市县两级审计机关积极参加“基层建设年”活动，驻村同志紧紧围绕省委提出的“十件实事”，察民情、访民意、惠民生，积极协调，想方设法解决群众亟待解决的问题，硬化街道、打井、开办农家书屋、解决安全用电、开展村庄环境卫生清理等实实在在的帮扶，得到各级党委政府的肯定和驻地老百姓的称赞。衡水市审计系统有1人被评为全省优秀驻村工作队员，3人被评为全市优秀驻村工作队员，1个驻村工作组被评为衡水市优秀驻村工作组。

其他项目审计（调查） 采取异地交叉的方式完成3个县农村中小学布局调整审计调查。对武安市、深州市、武邑县农村信用社2011年度资产负债损益情况进行审计，查出问题金额685 852万元，对涉嫌违规为关系人放贷的问题向司法机关移送。对市县两级检察院系统进行财务收支审计。对衡水湖国际马拉松赛资金管理使用情况进行审计。对全市城镇保障性安居工程进行跟踪审计。对世界银行贷款林业综合发展项目、农业灌溉三期等外资公证项目进行审计。

（撰稿人：吴增山）

【邢台市审计局】 2012年，邢台市审计局人员编制83人。局长訾新月，副局长杨正学、张少川（—4月）、赵兰云、颜住山、刘金锋，总审计师宋万达，纪检组长董书星（—8月）、刘兴泉（8月—）。设有办公室、人事教育科、机关党委、纪检监察室、法规科、财政审计科、金融审计科、行政审计科、事业审计科、农业与资源环保审计科、固定资产投资审计科、经贸审计科、社会保障审计科、经济责任审计一科、经济责任审计二科、外资审计科、高新技术开发区办事处、政府投资审计中心。

审计成果 全市审计机关共完成审计项目302个，查处违规违纪和管理不规范金额535 540万元，促进增收节支47 559万元，归还原渠道资金11 423万元。

社会保障审计 完成对全市19个县市区社会保障资金的收、支、余以及政策落实情况的审计，并延伸调查19所医院、152户企业、38个村镇居委会。通过审计促进应保尽保金额6397万元，促进财政补助资金拨付到位2652万元，补交社会保障资金及利息2386万元，追回被骗取和多付资金1312万元，补发社会保障资金44万元，新纳入参保人员7652人，完善规范政策性文件4项。

财政审计 完成市本级和20个县市区同级预算执行审计，以及全市地税系统税收征管情况的审计，并对53个预算执行单位进行重点审计，各县市区还分别对34个乡镇财政决算进行审计；根据省审计厅授权，完成对承德县、隆尧县财政决算审计。查出违规违纪和管理不规范金额16.2亿元，并依法进行处理和纠正，提出改进措施和建议11项。

固定资产投资审计 全年共对21个政府重大投资建设项目进行跟踪审计和竣工决算审计，市审计局开展大广高速公路建设项目跟踪审计和邢台市郭守敬大街建设项目审计，完成市领导交办的图书馆工程概算审核，邢台市房地产开发总公司和邢台市邢房房地产开发有限责任公司对河北贝德弗彩印包装有限公司出资情况的审计，以及对全市中小学校舍安全工程审计。共审减工程造价2.7亿元，收缴违纪资金600多万元。其中大广高速跟踪审计项目，已全部完成征地拆迁阶段的审计任务，工程审减额2.2亿元；对市直4个中小学校舍安全工程建设项目的审计，核减工程结算资金 200 万元；郭守敬大道西延工程审计项目，报审金额 1.6 亿元，审减 3400 余万元，审减率 20%以上。

经济责任审计 全市完成经济责任审计项目 94 个，其中县处级领导干部 34 个，科级干部 60 个。在促使领导干部依法履职尽责、廉洁自律等方面发挥积极作用。

行政事业审计 全年审计行政事业单位 78 个，查出违规违纪和管理不规范金额 4.5 亿元，归还原资金渠道 2590 万元，收缴违纪资金 165 万元。（撰稿人：孙浩铭）

【邯郸市审计局】 2012 年，邯郸市审计局人员编制 88 人，在编 88 人。局长白清长，副局长冯伟力、郭兴元、王利伟（—8 月）、张文玲、李文灿（4 月—），纪检组长张许生。设有办公室、机关党委、法规处、人事处、监察室、行政事业审计处、财政审计处、金融审计处、农业与环保审计处、外资运用审计处、社会保障审计处、固定资产投资审计处、企业审计处、审计信息处、经济责任审计办公室、政府投资审计中心。

审计成果 全市审计机关完成审计调查项目 316 个，查出违规金额 121 717 万元，应上缴财政 2130 万元，应归还原渠道资金 32 890 万元，应缴纳其他资金 554 万元，应调账处理金额 78 244 万元；已上缴财政 2120 万元，已归还原渠道资金 32 763 万元，已缴纳其他资金 183 万元，已调账处理金额 75 481 万元。移送纪检监察部门处理事项 8 件。提出审计建议 527 条，被采纳 415 条。

财政审计 全市共完成预算执行审计和审计调查单位 279 个，查处违规及有问题金额 1 068 957 万元。邯郸市审计局组织实施税源专项审计调查和全市地税系统土地增值税征管等情况抽查审计，引起市政府主要领导高度重视。对丛台区、石家庄晋州市和馆陶县 2011 年度财政决算进行审计，查处违规违纪金额达 22.3 亿元。深化市本级财政预算执行情况审计，审计工作报告在市人大常委会上得到高度评价。

固定资产投资审计 全年共完成投资审计项目 28 个，审减各类工程造价 1.7 亿元，查处违规违纪金额 2.2 亿元，为政府节约财政资金，规范了建筑领域市场秩序和建设行为。

经济责任审计 全年共完成 60 名市管领导干部的任期经济责任审计，查处违规违纪和管理不规范金额 50 多亿元。在对县级党政“一把手”同步审计内容“4＋9”的基础上，增加绩效审计，形成“4＋9＋1”模式，提升经济责任审计的整体水平。省审计厅主要领导对邯郸市审计局的做法给予充分肯定。

专项资金审计 先后组织开展企业改制资金、残疾人就业保障金、水利专项资金、农业综合开发资金、土地出让金等多项关系经济社会发展、涉及人民群众切身利益的专项资金审计，审计资金总额 30 多亿元，查处并纠正违规及管理不规范金额近亿元。（撰稿人：郭运强）

2012年河北省所辖区、县(市)级审计工作统计表

金额单位:万元

审计机关	完成审计项目(个)	查出违规金额	应上缴财政	应减少财政拨款或补贴	应归还原渠道资金	应调账处理金额	移送司法、纪检、监察部门处理(件)	建议有关部门处理(件)	出具审计报告和审计调查报告(份)	提出审计建议(条)	撰写审计信息(篇)
石家庄市											
石家庄市本级	95	254891	173930	113	44148	430610	4	4	132	390	212
长安区审计局	6	18	299			17808			8	23	14
桥东区审计局	11	10175							19	11	20
桥西区审计局	9		23		39	1224			14	22	33
新华区审计局	10	562	3		2	81			17	32	19
井陉矿区审计局	4	160				2			6	11	17
裕华区审计局	4	18994	117			8394			6	12	20
辛集市审计局	13	1164	6998	125		7138			20	40	42
藁城市审计局	11	9275	3105			8			15	18	24
晋州市审计局	9	44772	47	645	6165	13			12	36	72
新乐市审计局	18	5982	17		53	41			20	24	35
鹿泉市审计局	10	35				145			12	23	29
井陉县审计局	10	545	19			194			11	22	32
正定县审计局	11	1076	17						13	28	26
栾城县审计局	9	23	23						11	15	11
行唐县审计局	14	30063	4			7310			22	23	34
灵寿县审计局	7	112	4						9	15	42
高邑县审计局	14	148	8			9			21	41	109
深泽县审计局	11	85	10						13	23	41
赞皇县审计局	10	874	24	225	1				13	26	22
无极县审计局	9	660	12		58	253			11	18	52
平山县审计局	10	4963	4703		182	39351			11	19	66
元氏县审计局	7	1794	25		24399	304			10	57	26
赵县审计局	14	797	14						19	39	18
张家口市											
张家口市本级	49	3586	72		10560	32561			49		46
桥西区审计局	6	652	3		3852	845			6		5
桥东区审计局	8	341	2		3210	985			8		7
宣化区审计局	13	1159	15		7325	1124			13		14

续表

审计机关	完成审计项目（个）	查出违规金额	应上缴财政	应减少财政拨款或补贴	应归还原渠道资金	应调账处理金额	移送司法、纪检、监察部门处理（件）	建议有关部门处理（件）	出具审计报告和审计调查报告（份）	提出审计建议（条）	撰写审计信息（篇）
下花园区审计局	8	751	3		985	8975			8		21
宣化县审计局	17	854	5		5136	5780			17		26
张北县审计局	15	1651	18		8215	12656			15		18
康保县审计局	12	124	5		4512	6231			12		24
沽源县审计局	11	136	4		1689	3561			11		17
尚义县审计局	16	212	2		965	2567			16		26
蔚县审计局	15	365	9		3278	9862			15		25
阳原县审计局	13	421	8		5891	11830			13		15
怀安县审计局	17	324	6		3852	951			17		21
万全县审计局	15	258	6		6523	1129			15		18
怀来县审计局	21	845	9		5760	1412			21		36
涿鹿县审计局	16	321	7		5922	2457			16		19
赤城县审计局	18	457	6		4376	1852			18		34
崇礼县审计局	16	352	3		3582	2142			16		18
承德市											
承德市本级	33	505198	64888	6540	80014	261477	8	1	40	137	250
双桥区审计局	8	152	5			4318			11	8	6
双滦区审计局	12					17526			15	15	10
营子区审计局	23	103	10	757		469			29	18	14
承德县审计局	27	17817	7734	800	946	145	1		33	39	1
兴隆县审计局	40	881	28		19	302			56	26	5
平泉县审计局	42	3142	207	338		14			57	80	1
滦平县审计局	11	442	387	58	8833	41326			13	22	22
隆化县审计局	11	13698	6829	110		120			15	46	9
丰宁满族自治县审计局	18	1188	64	202	100	11314			22	19	
宽城满族自治县审计局	17	3854	3157			29215			21	29	48
围场满族蒙古族自治县审计局	11	124	13		14				17	46	
秦皇岛市											
秦皇岛市本级	31	19418	21668	8	81	2097		1	37	39	4
海港区审计局	16								16	2	
山海关区审计局	2								2		

续表

审计机关	完成审计项目（个）	查出违规金额	应上缴财政	应减少财政拨款或补贴	应归还原渠道资金	应调账处理金额	移送司法、纪检、监察部门处理（件）	建议有关部门处理（件）	出具审计报告和审计调查报告（份）	提出审计建议（条）	撰写审计信息（篇）
北戴河区审计局	8								8		
开发区审计局	8					157			8		
昌黎县审计局	16	3522	294	6					20	59	
抚宁县审计局	13	1333	1670			49			13	19	1
卢龙县审计局	13	72	100			85			21	18	2
青龙满族自治县审计局	28	1236	55			2101			28		1
唐山市											
唐山市本级	110	885560	200009	29464	705080	267448	2	4	109	351	156
路北区审计局	24		11639		6750	3768			26	78	17
路南区审计局	8								10	30	9
古冶区审计局	37		1						39	137	21
开平区审计局	7	7407			41171	3579			9	27	8
丰润区审计局	40	3354	58						42	146	15
丰南区审计局	94	57570	17532	6845	40038	43192			95	285	18
遵化市审计局	13	52	4		62616	7481			15	45	12
迁安市审计局	18	18	18	76		154			20	60	14
滦县审计局	12	109840	55264			265			14	42	7
滦南县审计局	19	11447	1883		84	17578			21	63	9
乐亭县审计局	14		310						16	48	8
迁西县审计局	16	8485	8485	3936					18	54	12
玉田县审计局	30	478	3						32	96	19
唐海县审计局	9								11	33	12
廊坊市											
廊坊市本级	39	75088	8694		3151	9130	11		30	98	223
广阳区审计局	27	1007	26		600	7			11	30	1
安次区审计局	8	33	1			19507			8	14	52
霸州市审计局	11	1371			967	380			11	7	96
三河市审计局	41	9188	49		9050	162			41	118	27
固安县审计局	16	44160	20		44113	3			16	34	32
永清县审计局	13	5592	55						13	38	20
香河县审计局	9	513	14			2324			9	19	
大城县审计局	9	11529	5043						9	3	50

续表

审计机关	完成审计项目（个）	查出违规金额	应上缴财政	应减少财政拨款或补贴	应归还原渠道资金	应调账处理金额	移送司法、纪检、监察部门处理（件）	建议有关部门处理（件）	出具审计报告和审计调查报告（份）	提出审计建议（条）	撰写审计信息（篇）
文安县审计局	11	19	7		19	1569			11	30	11
大厂回族自治县审计局	13		4622			2625			13	17	49
保定市											
保定市本级	69	19794	21367		383	48680			84	160	
新市区审计局	13	135	5			4474			13		
南市区审计局	5	24	114			9			5		3
北市区审计局	8	14376	12						8	2	19
定州市审计局	11	13	2		40138				11	50	
涿州市审计局	8	320	101						8	27	
安国市审计局	5	72	4						5	7	
高碑店市审计局	10	2656	10			437			10	15	
满城县审计局	8	1601	18			1622			8	12	
清苑县审计局	11	2528	7			9338			11	21	17
易县审计局	8	1092	2		3	20			8	9	25
徐水县审计局	10	319	18			7892			10		
涞源县审计局	11	947	4						11	40	2
定兴县审计局	5	1125	622						5	10	33
顺平县审计局	4	73	43						4	5	
唐县审计局	12	4619	13						12	28	
望都县审计局	5	9226	1345			17284			5	12	
涞水县审计局	5	249							5		15
高阳县审计局	11	2723	1873	125	4387	9943			11		
安新县审计局	9	575	9						9	9	
雄县审计局	10	72	3						10		
容城县审计局	5	96	1			286			5	11	50
曲阳县审计局	9	29	1						9		3
阜平县审计局	12	2913	27			6166			11	12	
博野县审计局	9	197	96		150				9	6	1
蠡县审计局	5	166	1						5	2	10
沧州市											
沧州市本级	47	69108	14000	6480	19538	2457	4	4	50	197	78
运河区审计局	11	157	3						11	57	8

续表

审计机关	完成审计项目(个)	查出违规金额	应上缴财政	应减少财政拨款或补贴	应归还原渠道资金	应调账处理金额	移送司法、纪检、监察部门处理(件)	建议有关部门处理(件)	出具审计报告和审计调查报告(份)	提出审计建议(条)	撰写审计信息(篇)
新华区审计局	7	790	7			35			7	18	
泊头市审计局	11	7874	81	48	878	5109			10	43	37
任丘市审计局	49	867	1592		12				67	28	7
黄骅市审计局	60	1927	224	1158	121	136			81	200	20
河间市审计局	18	707	50	116	1381	3824			23	15	25
沧县审计局	27	3554	133			4209			27	10	
青县审计局	11	328	66	76		619			11	48	48
东光县审计局	7	416	5						7	33	43
海兴县审计局	7	214	36		191				7	22	17
盐山县审计局	12	1698	50	4	267	1			16	50	63
肃宁县审计局	6	169	13			7598			6	17	38
南皮县审计局	6	40	4			6			4		3
吴桥县审计局	5	41	2						5	10	
献县审计局	7	898	1		866	6			7	12	56
孟村回族自治县审计局	7	153	5		33	14798			6	20	70
衡水市											
衡水市本级	39	725752	39954		4050	140609		1	41	257	68
桃城区审计局	29	10697	674	67	13030	1375			33	210	28
冀州市审计局	12	628	24		9759	6043			13	10	7
深州市审计局	21	2664	775			130			26	89	11
枣强县审计局	17	316	1705		12	13			17	14	
武邑县审计局	16	422	11			44			17	76	2
武强县审计局	23	14716	92		3818	19			28	235	13
饶阳县审计局	19	70	15						24	93	6
安平县审计局	11	195	7			96			12	64	5
故城县审计局	20	67754	81		59635	436			25	93	19
景县审计局	21	16265	38			201			25	100	4
阜城县审计局	19	389	18			165			22	65	7
邢台市											
邢台市本级	68	5485	2425		14747	60806			93		64
桥东区审计局	21	240	5	50	40	30			20	53	19
桥西区审计局	55	10410	350		49	93	1	1	75	190	21

续表

审计机关	完成审计项目(个)	查出违规金额	应上缴财政	应减少财政拨款或补贴	应归还原渠道资金	应调账处理金额	移送司法、纪检、监察部门处理(件)	建议有关部门处理(件)	出具审计报告和审计调查报告(份)	提出审计建议(条)	撰写审计信息(篇)
南宫市审计局	3	101	2			687			3	10	
沙河市审计局	7		76000		222000	420000			7	18	50
邢台县审计局	82	5860	78	45	41	1235		2	87	48	15
临城县审计局	18	449	30		200	3434			18	67	
内丘县审计局	6	39686	9041		15594	14952			6		
柏乡县审计局	8	6986	7			411			8	41	3
隆尧县审计局	22	213	5		1752	843			22	47	9
任县审计局	10	1110	137			115			10	23	7
南和县审计局	7	2855	143			596			7	13	10
宁晋县审计局	102	8000	210	1124					102	30	16
巨鹿县审计局	20	38	15						20	30	15
新河县审计局	68	1250	62			1250		5	70	78	20
广宗县审计局	15	701	39		17	155			15	25	34
平乡县审计局	18	870	10						18	30	32
威县审计局	9	44215	29		1200	43015			9	35	20
清河县审计局	17	234	7			3926			17	13	15
临西县审计局	21	3581	24						21	45	17
邯郸市											
邯郸市本级	152	69963	1353		29452	39696	8		195	304	74
丛台区审计局	6	290	121		409	3			6	15	
邯山区审计局	7	384	3		384				8	21	
复兴区审计局	4	329	668			3			6	7	
峰峰矿区审计局	4	147			5	100			4	18	3
武安市审计局	16	1701	16						18	47	5
邯郸县审计局	17	7510	39		12	587			25	4	5
临漳县审计局	2	35013							2		
成安县审计局	14	198	9						15	9	
大名县审计局	10	27	3		167	137			13	22	5
涉县审计局	14	10				87			17	4	12
磁县审计局	8	181	6		48	35148			10	13	
肥乡县审计局	7	1118	10		866	1332			7	10	
永年县审计局	9	998	46		494	50			12		

续表

审计机关	完成审计项目（个）	查出违规金额	应上缴财政	应减少财政拨款或补贴	应归还原渠道资金	应调账处理金额	移送司法、纪检、监察部门处理（件）	建议有关部门处理（件）	出具审计报告和审计调查报告（份）	提出审计建议（条）	撰写审计信息（篇）
邱县审计局	5				755	23			8		
鸡泽县审计局	10	3429	22		151				14	29	
广平县审计局	16	327	16		34	15			20	20	
馆陶县审计局	7				10	958			7		
魏县审计局	8	199	19						8	12	
曲周县审计局	4	73	10			10			6	4	

山西省

【山西省审计厅】 2012年，山西省审计厅人员编制373人，在编329人。设有办公室（政策研究室）、人事教育处（派出机构管理处）、法规处（审计复核处）、财政审计处（政府采购审计处）、行政事业审计处、农业与资源环保审计处、固定资产投资审计处、金融审计处、企业审计处、社会保障审计处、外资运用审计处、党政领导干部经济责任审计处、事业单位领导人员经济责任审计处、国有企业领导人员经济责任审计处、计划管理处、督查处、机关党委、离退休人员工作处、内部审计监督指导处、发展计划审计处、经济贸易审计处、政法审计处、经济执法审计处、农林水审计处、科技文化审计处、建设交通审计处、人劳民政审计处、旅游外事审计处、党群审计处、资源环保审计处、教育卫生审计处、税费征管审计处。直属事业单位：机关后勤服务中心、计算机技术中心、审计科学研究所、审计干部培训中心、审计人力资源中心、审计业务指导中心、政府投资项目审计中心。

领导成员

厅　　长：郝志远

副 厅 长：郝素珍　高爱平　姚宪华

总审计师：杨光照

纪检组长：任建平

审计成果 2012年，全省各级审计机关共审计和审计调查单位4927个，审计查出违法违规金额614.8亿元，损失浪费金额4.51亿元，管理不规范金额1 735.09亿元。审计促进整改落实有关问题金额211.47亿元，为各级财政增加收入73.6亿元，核减投资额50.12亿元。移交司法、纪检监察机关及主管部门查处案件277件，涉及1322人，涉及金额4.16亿元。审计建议得到各级政府和有关部门采纳5646条，审计报告和信息简报得到批示采用2308篇次。

预算执行审计 开展对省财政厅、发改委等18个部门和7项专项资金的审计和审计调查，延伸审计337个二、三级预算单位和项目实施单位。省人大常委会对厅长郝志远受省人民政府委托所做的《关于2011年省本级预算执行和其他财政收支的审计工作报告》给予高度评价。报告在肯定成绩、反映问题的同时，提出进一步加强预算管理，提高财政效能；完善政府投资建设项目管理和监督机制；完善征管机制，促进各项财政资金应征尽征、应收尽收；规范行政机关与所属事业单位的关系；进一步规范财政资金扶持企业特别是民营企业的程序和办法；深化财政改革，优化财政资源配置六个方面的建议，得到省人民政府主要领导同志和省人大常委会的充分肯定。省人民政府对做好审计发现问题的整改工作非常重视，省政府领导同志做出重要批示，并召开各类专题会议研究落实整改工作。11月26日，省人民政府向省人大常委会做了整改工作报告。委员们一致认为省人民政府对省本级预算执行审计查出问题的整改工作高度重视，做了大量工作，措施有力，取得明显成效。

财政决算审计 按照“两年审一次，一次审两年”的审计组织方式，开展对大同、朔州等8个市2010、2011两个年度的财政决算审计。审计查出违反财政制度金额162.12亿元，管理不规范金额270.79亿元，可增加财政收入89.3亿元，可促进资金拨付到位5.71亿元。提出改进财政收支管理、提高资金使用效益等方面的审计建议25项。

社会保障审计 按照审计署的统一安排，2月至4月，组织全省977名审计人员，对除太原市以外的10个市、110个县（区）人民政府及其所属部门单位筹集管理使用的社会保险基金、社会救助资金和社会福利资金进行审计，并延伸调查1093家企业、8个社区居委会、279个村（居）委会、161家医院和6家药店。通过审计，摸清了社会保障制度建设和运行情况及社会保障资金收入、支出、结余规模和管理情况，评价和肯定了社会保障工作的成效，揭示了社会保障制度运行、政策执行、资金筹集管理使用和业务管理中存在的突出问题。提出了深化改革、加强管理、保障资金安全和完善社会保障制度等6方面的意见和建议。全省社会保障资金审计被审计署授予8个先进集体，4个先进个人奖励。

按照审计署的统一安排，组织全省各级审计机关对本省45个县（市、区）2006年以来义务教育阶段农村中小学布局调整情况进行了专项审计调查。抽查初中271所、小学749所，涉及初中在校生27.66万人、小学在校生32.37万人，调查走访学生及家长27 741名。客观评价45个县农村中小学布局调整取得的主要成效，深入反映农村中小学布局调整过程中出现的部分县执行政策欠规范、教育资源过多向县城学校倾斜、农村家庭教育支出增加负担较重、停办学校校舍资产处置和管理不规范等问题。提出科学规划、增加投入、完善保障机制、完善配套设施、做好停办学校资产处置利用工作等切实有效的改进建议。

按照审计署的统一安排，组织全省各级审计机关，采取“上审下”的方式，对全省11个市119个县（区）2012年城镇保障性安居工程进行跟踪审计。延伸审计了1239个保障性安居工程项目融资、建设、勘察、设计、施工、监理、质量监督等相关部门单位和企业、238个街道办、613个居委会、10 341户家庭，对重要事项进行必要的延伸和追溯。

专项资金审计（调查） 组织开展对2011年全省煤炭可持续发展基金、国土资源、环保、水利、农业、卫生等7项专项资金征收、管理、使用情况的审计和审计调查。采取“顺着渠道看水流”的方法，使审计覆盖专项资金征收、管理、使用的各个环节。审计重点关注中央和省在转变经济发展方式和宏观调控等方面重大政策措施以及各项惠民政策的贯彻落实情况，财政资金的支出结构、资金管理使用效益和项目建设情况，揭示和反映了征收入库不及时、少征漏征、管理不规范、资金分配拨付不及时、资金使用效率低、建设项目监管不到位、挤占挪用建设项目资金等问题，提出审计建议40多条。

固定资产投资审计 重点开展对全省2008年以来开工的40个高速公路建设项目、省属10所高校新校区建设、全省中小学校舍安全工程以及山西省对口支援新疆维吾尔自治区昌吉州阜康市和新疆生产建设兵团农六师五家渠市资金和项目的跟踪审计和审计调查。及时纠正招投标、投资控制、土地征用和环境保护等方面存在的问题，核减投资额2866万元，结合审计工作深入开展工程建设领域突出问题专项治理工作。

金融审计 统一组织开展对晋商银行及其分支机构2010年度、2011年度资产负债损益情况的审计，揭示信贷资金投向结构不合理，违规融资、投资、担保等方面的问题和风险，切实加大对金融领域重大违法违规问题和经济犯罪案件线索的查处力度，促进企业防范金融风险，完善金融监管。

企业审计 开展对太原重型机械集团有限公司、山西煤炭进出口集团公司、山西杏花村汾酒集团有限责任公司、山西省国新能源发展集团有限公司等5户国有企业2010—2011年度资产负债损益情况的审计。从审计情况看，一些企业存在资产质量不高、决策不规范、损失浪费以及影响企业科学发展的制度性、体制性等问题。审计反映的情况和提出的建议，为省委、省政府及有关部门全面掌握企业发展现状、采取有效扶持政策提供了重要依据。

外资运用审计 开展对国际农发基金、世界粮食计划署山西晋北农业综合开发项目等9项国外贷援款项目进行公证审计，并积极关注国外贷援款项目建设和资金管理使用情况，评价外资利用绩效。

经济责任审计 组织开展对20名省管领导干部的经济责任审计。在审计中，重点关注领导干部任职期间贯彻执行国家经济法律法规、重大方针政策及决策部署，重大经济决策制定和执行，重大投资项目建设和管理的合法合规及科学有效性等方面责任履行情况，揭示和反映违法违纪违规及失责问题，客观公正、实事求是地评价领导干部经济责任履行情况和政府行政效能，强化对权力的监督和制约。全省各级审计机关全年完成520名领导干部的经济责任审计。审计结果表明，绝大多数领导干部能够守法守纪，认真履行职责，积极推动本地区和本单位发展提高。审计也查出领导干部负有直接责任的问题金额2.71亿元。

审计整改 为进一步做好审计发现问题的整改工作，省人民政府制定并印发《关于加强审计发现问题整改工作的意见》。2012年，省本级预算执行审计共促进省人民政府及各有关部门单位制定相关的管理制度、办法31项，补征补缴预算内外收入136.98亿元，下达应拨未拨的财政资金2.04亿元，归还原渠道资金和调整账务9 641.11万元，促进配套资金到位1096万元。组织省、市、县审计机关对11个市审计局及所属县（市、区）和省审计厅27个处室2009年至2011年审计决定落实情况进行全面检查，促进审计决定的落实，维护财经纪律的严肃性。

相关工作 开展保持党的纯洁性教育活动，推进创先争优和精神文明建设活动，省审计厅被省直机关精神文明建设委员会评为“文明单位标兵”，被省委组织部评为“2011年全省干部在线学习先进单位”。注重加强领导班子建设和干部队伍建设，着力抓好“一把手”能力提升和年轻干部培养。继续推行综合处室、事业单位参与审计的创新举措，为培养复合型审计人才奠定基础，增强审计事业可持续发展的后劲。创新人才储备机制，会同省人力资源和社会保障厅建立审计“人才库”，按照审计法规定从中适量聘用符合审计工作需要的专业人员参加审计工作，缓解审计力量不足的矛盾。建立12类90多项制度、办法，形成一整套基本配套、行之有效的审计业务管理、审计质量控制、行政管理和监督检查制度体系。制定并严格执行“八不准”审计纪律，实行审计经费自理，减轻被审计单位负担，减少对被审计单位的依赖，维护审计工作的独立性。创造性地提出并实施“双举报箱”、审计组设立廉政监督员制度，得到审计署的肯定和推广。建立明察暗访等一系列行之有效的制度，构筑防控廉政风险的严密机制；大力加强审计信息化建设，审计工作的技术水平、层次和质量稳步提升。坚持和完善厅机关“三级联审、合理制衡”的财务审批制度，提高机关内部管理的规范化水平。大力加强审计文化建设，高度关心并积极改善审计机关干部职工的物质和文化生活。认真开展干部下乡住村活动，被省下乡办评为“2011年度省直机关定点扶贫先进单位”。

（撰稿人：郑钰卿）

【太原市审计局】 2012年，太原市审计局人员编制133人，在编128人。局长连金会，副局长牛耀岐（—11月）、苗五保、晋志平（—11月）、李德明、杨玲，总审计师李贵生（—11月）、何茜（11月—），纪检组长柳庆元（—11月）、马晋达（11月—）。设有办公室、人事教育处、法规处、财政审计处、金融审计处、行政审计处、企业审计处、农业与资源环保审计处、社会保障审计处、外资运用审计处、机关党委、退休人员工作处、纪检监察、经济责任审计分局、政府投资项目审计分局、开发区审计分局、园区审计分局、党群审计处、社会和经济发展审计处、政法审计处、文教科卫审计处、城建审计处、经贸审计处，下设后勤服务中心、计算机技术中心（事业单位）。

审计成果 太原市审计局完成审计项目（单位）68个，审计查出主要问题金额1 620 116万元，违规金额323 780万元，管理不规范金额1 296 336万元。审计期间整改金额25 019万元。审计处理处罚111 191万元，应上缴财政31 894万元，应归还原渠道资金177万元，应缴纳其他资金1372万元，应调账处理金额77 748万元；审计促进整改落实有关问题金额 33 987 万元，已上缴财政 30 960 万元，已归还原渠道资金 177 万元，已缴纳其他资金 1211 万元，已调账处理金额1639万元。提出各种建议 113 条。移送司法、纪检部门处理事项 37 件，建议有关部门处理事项 64 件，其中已有 15 人受刑事处分，6 人受党纪或政纪处分。提交审计报告 68 篇，审计信息 276 篇，被采用 86 篇。社会保障资金审计受到审计署通令嘉奖。局机关被评为“太原市文明和谐单位标兵”“太原市双拥模范单位”“全省审计系统先进单位”。

财政审计 完成对市本级 15 个一级预算及 138 个二、三级单位（部门）2011 年度预算执行情况审计。共审计资金 4 820 000 万元，查出主要问题金额 1 081 747 万元，收缴 3 180.19 万元。完成对 7 个县（市、区）两个年度的财政决算审计，查处挖挤上级收入等主要问题 264 个，收缴各类资金 1134 万元。

金融审计 对晋商银行并州支行资产、负债、损益进行审计。查出各类问题 13 类，涉及金额 3097万元。

行政事业审计 对太原市仲裁委 2010 年、2011 年的财务收支进行审计。查出其在资产管理、预算支出等方面存在的多个问题。

农业与资源环保审计 根据市政府安排，开展对太原市环境治理五大工程 2012 年工程建设情况和补助资金的拨付、管理、使用情况跟踪审计。

固定资产投资审计 开展汾东商务区、太佳高速公路黄河大桥跟踪审计等。在对黄河大桥跟踪审计中，查出管理不规范金额 46 935 万元。

社会保障审计 完成 7 个县（区）社会保障资金审计。审计资金总额 1 217 000 万元，涉及违纪违规和管理不规范金额 38 355 万元。完成所属 10 个县（市、区）保障性安居工程审计。审计发现资金筹集和管理不规范等 4 大类 17 个方面问题，对促进全市保障房建设起到积极作用。

企业审计 根据市领导批示，对太原市中和开发公司的资金往来、资产和财务状况进行审计调查，为侦破该公司涉嫌诈骗案件提供准确的数据和线索，协助政府将 36 400 万元资金全部退还给购房者。

经济责任审计 受市委组织部委托，完成 21 名市管领导干部的任期经济责任审计。对个别同志任职期间不同程度存在的决策不民主、管理不严格甚至所属系统人员违法违纪等问题严格依法依纪做出处理。

专项资金审计（调查） 根据省审计厅统一安排，完成对环保资金、水利资金、国土资金专项审计和农业专项资金审计（调查）项目，审计资金总额 890 660 万元，查出主要问题金额 447 678 万元，提出审计建议 19 条。环保资金审计项目被评为全省优秀项目。

（撰稿人：张俊庆　常　洁）

【大同市审计局】 2012 年，大同市审计局人员编制 102 人，在编 125 人。局长康巨文，副局长曹锦、王勇，总审计师计学勤，纪检组长石文泽。设有办公室、财政审计科、金融审计科、行政事业审计科、企业审计科、经济责任审计科、社会保障审计科、固定资产投资审计科、农业环保审计科、外资运用审计科、政法审计科、经济执法审计科、发展经济贸易审计科、农林水审计科、科教文卫审计科、城建交通审计科、党政群审计科、政策法规科、编制人事教育科、机关党委办公室、监察室、离退休人员工作科。

审计成果 大同市审计局对 38 个项目（单位）进行审计和审计调查，查出主要问题金额 34.17 亿元，审计期间整改金额 1.22 亿元，核减高估冒算金额 1.14 亿元。获山西省财贸轻纺烟草劳动竞赛委员会颁发的优质服务劳动奖，被大同市人民政府授予目标责任考核优秀单位称号。

财政审计 对市直 12 个主管部门及其所属单位的预算执行情况进行审计。查出有问题金额 4.8 亿元，责成各单位自行纠正 4.8 亿元。通过审计，增加财政收入 1.76 亿元，促进拨付资金 1.84 亿元，调账处理金额 137.64 万元。

对大同市南郊区、市开发区、大同县、浑源县、广灵县和灵丘县财政决算进行审计，查出违规金额 5.73 亿元。

固定资产投资审计 完成大同市阳高县人民医院工程结算审计，核减工程款 2 509.6 万元，核减率 28%。完成大同市第三人民医院外科和内科住院楼工程决算审计，核减 7077 万元，核减率为 19.4%。完成大同市到内蒙古呼和浩特市高速公路竣工决算审计，核减投资额1882万元。对大同市天镇至大同高速公路建设项目进行跟踪审计，未发现胡支乱花行为和侵占农民利益的现象。对大同市广灵至浑源高速公路在建项目进行跟踪审计，查出问题金额23 270万元，审计揭示在履行建设程序、投资控制、资金管理、招标投标、工程管理、征用土地、合同签订等方面存在的问题。

社会保障审计 完成对大同市七县四区2011年度社会保险基金、社会救助资金和社会福利资金审计。发现的主要问题有：地方政策与有关法律法规和国家政策规定不符；符合保障条件的特殊人员16 542人未纳入保障；大同市6个县区尚有1934万元老农保基金未转入新农保，涉及65 124人，未完成新老农保衔接工作；社会保障资金筹集不到位14 767万元；欠缴社会保险费98 323万元；3个县存在缴费未分配到个人账户金额2217万元，涉及人数123 392人；部分县城乡低保待遇发放不及时，且未实现社会化发放；社会保险基金统筹层次不高，互济能力不强。

完成对11个县区（不包括开发区）2010年至2012年保障性安居工程的跟踪审计。大同市11个县区建设保障性住房和棚户区改造安置住房13.79万套，其中基本完成10.24万套，在建3.55万套。通过发放租赁补贴、配租配售保障性住房和棚户区改造等方式，保障中低收入住房困难家庭6.4万户19.49万人。各县区保障性住房开工建设工作稳步推进。

经济责任审计 完成对7名党政企业领导干部的经济责任审计。

专项资金审计（调查） 对大同市水利专项资金、“两权价款”及国土专项资金、农业专项资金和环保专项资金、农村中小学布局调整情况进行审计和审计调查。

综合整治工作 开展打击偷逃税费综合整治工作，对5家房地产企业、2家商业餐饮服务业、11家“4S”店税费进行检查，查出各类企业偷欠税费2360万元。（撰稿人：徐景秀）

【朔州市审计局】 2012年，朔州市审计局人员编制64人，在编62人。局长王勇，副局长李沛、张富新、谷如发，总审计师韩杰，纪检组长李华。设有办公室、财政审计科、金融审计科、经贸审计科、行政事业社会保障审计科、农业环保外资审计科、经济责任审计科、固定资产投资审计科、法规科、监察室、审计信息中心、审计听证中心、建设项目审计监督中心。

审计成果 朔州市审计局完成审计项目10大类131个，审计778个单位，查出违规金额13.8亿元，应上缴财政2000万元，管理不规范金额16.1亿元，核减工程建设项目资金49 702万元。移送主管部门处理事项11件。提交审计报告、信息193篇，审计信息被各级采用转发111篇。

财政审计 对市级财政及26个部门2011年度预算执行情况和3个县区2010、2011两个年度的财政决算进行审计。审计查出违纪违规金额41 963万元。

社会保障审计 按照审计署的部署对2011年地方政府部门管理的18项社会保障资金进行审计，核查2005年以来的相关数据，审计资金达30亿元。开展对六县区及经济开发区保障性安居工程跟踪审计。

固定资产投资审计 完成投资审计项目43个，把群众和社会关注的保障性安居工程建设项目、中小学校舍安全工程、市级重点工程审计作为主要内容，送审投资金额276 113万元，核减投资金额49 702万元，平均核减率达22.5%。

经济责任审计 完成经济责任审计项目33个，审计总金额144 718万元，审计查出违规金额41 022万元。

金融审计 开展对全市10户小额贷款公司2011年经营情况审计调查。完成对农村新型合作医疗专项资金审计调查。发现小额贷款公司存在的经营管理风险及问题，提出针对性的建议和意见。

行政事业审计 对朔州市第一中学财务收支进行审计。

农业与资源环保审计 完成全市2011年“两权价款”“矿产资源补偿费”等国土专项资金和2011年度全市环保专项资金征收、管理、使用情况审计调查。通过审计，查出违规金额85 964万元。（撰稿人：席胜国）

【阳泉市审计局】 2012年，阳泉市审计局人员编制50人，在编47人。局长李润萍，副局长张东明、刘文军、彭乃良，总审计师李军，纪检组长李燕飞。设有办公室、人事教育科、法制科、计划管理科、财政审计科、行政事业审计科、农业与资源环保审计科、固定资产投资审计科、金融审计科、经济贸易审计科、社会保障审计科、外资运用审计科、经济责任审计科、政策研究室、纪检组（监察室）；阳泉市审计局后勤服务中心、审计信息中心、固定资产投资审计中心。

审计成果 阳泉市审计局共审计（调查）单位 75 个，查出违规金额 244 508 万元，管理不规范金额 128 992 万元，损失浪费金额 204 万元，应上缴财政 10 765 万元，应归还原渠道资金 11 054.52 万元，应缴纳其他资金 28 644.64 万元，应调账处理金额 22 357.97 万元，对 46 个工程项目审计核减投资（结算）额 21 879.22 万元，促进增收节支 21 524 万元。向有关部门移送案件线索和处理事项 3 起。出具审计或审计调查报告 75 篇，提出审计建议 101 条，被有关部门单位采纳 37 条。撰写审计信息 78 篇。

财政审计 完成对市财政、地税、国土、水务、环保等 5 个部门的预算执行审计或相关专项资金审计工作。针对发现的财政收入征管制度落实不够到位、财政预算管理体系不够完善、财政资金分配分散等制度性缺陷问题，提出积极推进国有资本经营预算制度，建立健全房地产企业护税协作机制，切实提高对房地产企业税收征管的质量和水平等建议。完成对郊区政府和城区政府 2010、2011 两个年度财政决算审计，查处违规金额 11 656 万元。审计发现晋东海润房地产开发公司涉嫌非法集资问题，已移送相关部门处理。

固定资产投资审计 完成投资审计项目 36 个，共核减投资 16 264 万元，其中投资结算审计项目 35 个，送审金额 69 543 万元，核减金额 15 522 万元，投资核减率达 22.32%。

经济责任审计 完成 11 名领导干部的经济责任审计，共查出各类违规违纪金额 1.7 亿元，其中，被审计领导干部应负主管责任的违纪违规金额 6000 万元；应负领导责任的违纪违规金额 1.1 亿元。

专项资金审计（调查） 完成全市社会保障资金审计、农业专项资金审计调查等 4 项审计任务。发现城镇职工基本医疗保险缴费基数未按规定执行、企业职工养老保险个人账户空账运行等 12 个问题。（撰稿人：张大鹏）

【长治市审计局】 2012 年，长治市审计局人员编制 114 人，在编 97 人。局长温秀成（—6 月）、段秀平（6 月—），副局长马宏斌（—11 月）、赵治兴、张国庆、江宏凌、车建科，总审计师苏庆吉，纪检组长赵建文。设有财政审计科、金融审计科、行政事业审计科、固定资产投资审计科、经济责任审计科、企业审计科、农业与资源环保审计科、外资运用审计科、社会保障审计科、办公室、计划管理科、人事教育科、老干部管理科、法制科、纪检监察室、督查科、党总支、工会、妇委会，另设有经济责任审计分局、固定资产投资审计中心、计算机信息管理中心、后勤服务中心、业务指导中心。

审计成果 长治市审计局共审计和审计调查单位 68 个，查出违规金额 29 083 万元，应上缴财政 60 792 万元，应归还原渠道资金 15 762 万元，应调账处理金额 35 267 万元。移送司法、纪检部门处理事项 3 件，建议有关部门处理事项 51 件。出具审计和审计调查报告 68 份，提交审计建议 153 条。全年共有 34 项工作获得表彰奖励，其中：4 月，被山西省精神文明建设指导委员会第四次表彰为文明和谐单位标兵；12 月，社会保障资金审计项目被审计署表彰为社会保障资金审计公务员集体三等功；在全省审计系统 2012 年度目标责任制考核中评为优秀单位第一名。党建、计生、妇委、环保、老干、扶贫、纪检等获得市级各类表彰共 31 项。

财政审计 审计（调查）单位 22 个，补征补缴预算内外收入 69 993 万元，归还原渠道资金 714 万元，督促拨付滞留资金 3475 万元。

固定资产投资审计 审计单位 15 个，核减政府投资 1637 万元。

经济责任审计 审计 14 个单位的 14 名领导干部，查出违规金额 840 万元，促进增收节支 114 万元。

专项资金审计 审计（调查）单位 4 个，审计总金额 69 886 万元，促进水利资金到位 228 万元，归还原渠道资金 216 万元，追缴入库土地出让金、“两权价款”等 39 363 万元。

社会保障审计 审计（调查）单位13个，促进规范社会保障资金管理12 864万元。

（撰稿人：李建玲）

【晋城市审计局】 2012年，晋城市审计局人员编制79人，在编71人。局长郭彦明，副局长刘化珠、申秀英（—8月）、王瑞祥、程晋鹏（3月—），总审计师王建芳，纪检组长张海昌（—9月）。设有办公室、人事科、法规科、财政审计科、固定资产投资审计科、经济责任审计科、工商企业审计科、金融外资审计科、行政事业审计科、社会保障审计科、农业环保审计科、经贸系统审计科、政法系统审计科、科教文卫系统审计科和审计稽查一所、审计稽查二所、审计稽查三所、审计稽查四所、审计稽查五所。

审计成果 晋城市审计局完成审计项目81个，查出违规金额206 306万元，应上缴财政88 316万元，应归还原渠道资金15 423万元，应调账处理金额784万元；已上缴财政88 316万元，已归还原渠道资金622万元，已调账处理金额242万元。移送纪检监察部门处理事项3件。提交审计报告、信息38篇，被采用25篇。

财政审计 分别对市本级19个单位2011年预算执行情况和3个县（区）2010年、2011年的财政决算进行审计。财政审计按资金流向进行延伸，探索建立以政府财政管理审计为核心，以部门预算执行审计、财政转移支付审计、财政专项资金审计、财政收入征管情况审计、地方政府债务审计为基础的财政审计工作体系，实行统一订立审计目标、统一要求审计内容、统一调度审计资源、统一报告审计结果、统一处置发现问题等“五统一”模式，并全部融入绩效审计新要求，使审计成果质量有明显提高。

固定资产投资审计 共审计28个建设项目，当年审结11个，已审结项目投资总额160 427.49万元，查出违规金额63 725.32万元，工程价款核减率近10%。

专项资金审计（调查） 按照审计署统一部署，先后完成社会保障资金审计、农村中小学布局调整情况审计调查、城镇保障性安居工程审计等审计任务。及时揭示和反映政策措施不完善不配套不衔接、政策目标未实现以及资金分配管理中存在的突出问题，为上级审计机关提供基础数据和情况，为市委、市政府决策提供重要参考依据。根据审计结果，市委、市政府要求将失地农民全部纳入社保体系确保社会稳定，进一步扩大社会保险覆盖面、全市人口基本实现应保尽保，提高补助标准使晋城市基本医疗等社会保险待遇达到全省最高，催征补征社会保险费2亿多元，促进城乡教育均衡发展。新配置70辆校车投入使用，实行普通高中教育免学费全覆盖希望工程等惠民措施。审计对于推动民生工程顺利实施，促进民生政策落实到位，发挥了积极作用。

（撰稿人：史晋雷）

【忻州市审计局】 2012年，忻州市审计局人员编制69人，在编71人。局长魏广才，副局长顾连宽、李进明、李月文，总审计师韩建柱，纪检组长郭海英。设有办公室、人事教育科、财政审计科等13个职能科（室），4个派驻审计科。

审计成果 忻州市审计局完成审计项目119个，查出违规金额415 095万元，应上缴财政21 958万元，应归还原渠道资金25 570万元，应调账处理金额40 906万元；已上缴财政19 869万元，已归还原渠道资金23 560万元。提交审计报告、信息313篇，被采用144篇。

财政审计 实施市本级2011年度预算执行情况和其他财政收支审计，发现和查处部分财政资金没有按规定用途使用、个别部门与单位截留应缴预算收入和预算外资金等问题；对保德、岢岚等5个县（区）2010年和2011年的财政决算情况进行审计，发现和查处基础设施配套费未列入基金预算、部门预算管理不够细化、截留应缴上级财政收入、滞留税款等问题。

行政事业审计 对定襄、原平等5个县（市）农村中小学布局调整情况进行审计调查，揭示和反映个别县（市）农村中小学布局调整后学生过多地向县镇学校集中、部分中小学和教学点硬件建设不达标等问题。

固定资产投资审计 忻州市人民政府下发《关于进一步加强政府投资建设项目审计监督的意见》，有力地推动政府投资建设项目审计的发展。开展的忻州城区基础设施建设“7451”（即七路四桥，五馆一院）工程项目跟踪审计及部分市直中小学校舍安全工程竣工结算审计，核减工程合同价款及结算造价 23 893 万元；开展的繁峙至大营高速公路和忻州环城高速公路建设项目跟踪审计，查出违反项目审批程序、套取建设资金等突出问题，提出严格执行基本建设程序、加强征地补偿费监督管理等审计建议。

社会保障审计 完成 14 个县（市、区）社会保障资金审计任务。共计整改 4 大类 13 项问题，整改金额 56 361 万元，整改涉及人数 35 万人，涉及部门单位 637 个。通过审计，摸清各县（市、区）社会保障的基本状况，总结 2005 年至 2011 年来社会保障工作取得的主要成效，发现社会保障制度和政策执行不到位，社会保障资金在筹集、管理和使用中存在不规范等方面的问题，提出健全社保投入机制、加强监督管理等审计建议。

经济责任审计 开展岢岚、神池、保德、忻府区等 4 个县（区）的原书记、县长经济责任同步审计，以及 20 名市直单位领导干部任期经济责任审计。其中县级党政主要领导干部经济责任同步审计的做法和经验被中央经济责任审计工作部际联席会议办公室采用，并向全国推广实行。

企业审计 对忻州神达能源集团有限公司 2009 年度至 2011 年度资产负债损益情况进行审计，发现煤矿整合过程中未依法转让土地使用权、未提未缴“五险一金”等突出问题；对忻州市钨丝厂及山西省五台山钨钼有限公司资产负债损益情况进行审计，发现和查处截留挪用专项资金、未足额收取管理费等问题。（撰稿人：康 晓）

【晋中市审计局】 2012 年，晋中市审计局人员编制 73 人，在编 63 人。局长荣贵，副局长冯思义、贾建华、杨彦红、张海涛，总审计师吕建萍，纪检组长张殿富。设有办公室、法制科、人事教育科、信息管理科、财政审计科、金融外资审计科、行政事业审计科、社会保障审计科、经贸审计科、农业审计科、固定资产投资审计科、经济责任审计科、监察室、后勤服务中心、经济责任审计中心、投资审计中心、晋中金审中心。

审计成果 晋中市审计局共完成审计单位 67 个，查出违规金额 104 623 万元，管理不规范金额 835 589 万元，应上缴财政 94 209 万元，应归还原渠道资金 5064 万元，应调账处理金额1048万元；已上缴财政 68 008 万元，已归还原渠道资金 5051万元，已调账处理金额 611 万元。移交有关部门处理事项 1 项。提交审计报告、信息 141 篇，被采用 12 篇。晋中市审计局荣获全国社会保障资金审计公务员集体三等功，灵石县社会保障资金审计项目被评为全国社保表彰项目。

财政审计 完成市财政、地税、社保等 18 个部门，9 项关系社会发展和民生的重点专项资金审计。财政决算审计完成了全市 9 县（区、市）、开发区和 22 个乡镇的财政收支与财政决算审计。

专项资金审计（调查） 完成 2011 年“两权价款”、矿产资源补偿费和国土专项资金，环保专项资金，农业专项资金，水利专项资金审计（调查）等 4 项专项资金（基金）审计和审计调查。

社会保障审计 完成全市 11 县（区、市）及开发区社会保障资金审计，并提交“关于社会保障资金征缴、配套、挤占挪用问题”“关于社会保险资金保值增值问题”“关于社会保障信息系统运行情况”“关于被征地农民养老保险情况”“关于新老农保制度衔接问题”“关于企业职工养老保险做实个人账户问题”等 6 个具有针对性的调研报告。

经济责任审计 完成 36 名领导干部的经济责任审计。审计结果被各级政府利用和转化。

企业审计 完成晋华纺织厂、山西锦纶厂、轻机厂 3 个企业破产资金使用情况跟踪审计和晋中市广播电视网络有限公司 2010 年、2011 年财务收支情况审计。

固定资产投资审计 完成农村中小学布局调整审计调查、晋中龙城高速公路建设项目跟踪审计、城镇保障性安居工程跟踪审计、高校园区土地补偿资金跟踪审计。（撰稿人：董桂伶）

【临汾市审计局】 2012 年，临汾市审计局人员编制 47 人，在编 47 人。局长华志刚，副局长赵茂山、祁全保、郭安平，总审计师张百管，纪检组长周宁康。设有办公室、人事教育科、法制科、监察室、综合科、财政审计科、经济责任审计科、金融审计科、农业环保审计科、社会保障审计科、固定资产投资审计科、外资审计科、行政事业审计科、工商企业审计科，下设经济责任审计和固定资产投资审计中心、审计信息中心、审计职教培训中心。

审计成果 临汾市审计局完成审计项目92个，查出违规金额265 114万元，应上缴财政48 102万元，应减少财政拨款或补贴18万元，应归还原渠道资金49 375万元，应调账处理金额106 236万元。移送司法机关、纪检监察部门处理事项2件，建议有关部门处理事项451件。提交审计报告、信息594篇，被采用553篇。

财政审计 完成34个单位2011年度预算执行情况的审计，延伸审计二、三级预算执行单位106个，预算执行审计覆盖面38.9%。对霍州等14个县市和两个开发区2010年至2011年财政决算情况进行审计，查出隐瞒截留财政收入、少征漏征财政收入、虚增财政收入、违规收费、违规分配专项资金、挤占挪用专项资金等问题，提出46条整改建议，促进县域财政的规范管理。

行政事业审计 对临汾市第二人民医院、第四人民医院、妇幼保健医院2011年财务收支情况进行审计，查出部分医院违规收取医疗费、医用耗材超标准加价、药品库存账外管理、资金运用不合理等7类问题。

固定资产投资审计 完成廉租房一期工程、临吉高速公路、霍永高速公路东段、霍永高速公路西段、古城公园一期工程、城区西南环一级公路、污水处理二厂、全市中小学校舍安全工程8个政府投资项目审计，送审金额9.53亿元，核减金额1.46亿元，核减率达15.3%。

社会保障审计 按照审计署的安排，对全市17个县（市、区）3年来社会保险基金、社会救助资金和社会福利资金等社会保障资金进行全面审计，共查出社会保障资金筹集、使用和管理方面存在的违规问题金额12.11亿元，并按时向省审计厅和审计署提交审计报告。审计署授予市审计局公务员集体嘉奖荣誉。对城镇保障性安居工程的跟踪审计也已完成阶段性任务。

经济责任审计 按照两办《规定》精神，不断深化经济责任审计，共对28名领导干部进行任中和离任审计，其中县级市委书记1名、县（市）长5名、市直单位领导干部22名。并对101名拟提拔干部进行审计审查，为促进依法行政和党委正确使用干部提供参考依据。

专项资金审计（调查） 根据省审计厅的安排，对2011年“两权价款”、矿产资源补偿费和国土专项资金征收管理及使用情况，2010年和2011年水利专项资金，2011年环保专项资金，2011年农业专项资金进行专项审计，审计金额达15.02亿元。对翼城等5县农村中小学布局调整情况进行专项调查，共抽查31所初中、85所小学，涉及初中在校生25 207人、小学在校生30 983人。专项资金的审计和审计调查为政府宏观决策提供了服务。（撰稿人：郭迎建　张小强）

【运城市审计局】 2012年，运城市审计局人员编制50人，在编57人。局长任永吉，副局长李乃胜、王凌，总审计师任兴龙，纪检组长杨平。设有办公室、法制科、监察室、财政科、经济责任审计科、农业科、行事科、社保科、投资科、外资科、企业科、综合科，下设运城市审计投资中心、审计信息中心、审计咨询所。

审计成果 运城市审计局完成审计项目60个和审计调查项目1个，审计查出违规违纪金额36.14亿元，应上缴财政7772万元，应归还原渠道资金3283万元，应调账处理3824万元，应缴纳其他资金2770万元；已上缴财政5480万元，已归还原渠道资金910万元，已缴纳其他资金1636万元。移送司法机关、纪检监察部门处理事项3件，已处理3件。提交审计报告、信息106篇，被采纳68篇。

预算执行审计 完成17个部门2011年度预算执行情况的审计，出具审计报告41份，下达审计决定40份。运城市人民政府出台《关于审计查出问题整改工作的意见》，由政府牵头对审计查出的问题逐一整改，市审计局与各被审计单位签订整改责任卡，明确整改要求和时限。人大常委会专门听取并审议审计发现问题整改情况报告，高度评价审计整改情况。

社会保障审计 对运城市本级和13个县（区）人民政府及其所属人力资源社会保障、民政、卫生、财政等部门，社会保险经办机构、残联等单位进行审计，并延伸调查118家企业、33个村（居）委会和14家医院。

经济责任审计 完成经济责任审计项目11个，查出问题金额7.46亿元，属违纪违规金额4.61亿元，被审计领导干部应承担的直接责任

0.44亿元，主管责任4.33亿元，领导责任2.69亿元。市本级完成13名领导干部的经济责任审计。对审计发现的问题，要求相关单位积极整改，并提出了审计建议37条。

固定资产投资审计 完成河津至运城高速公路建设项目跟踪审计和运城市河东街延长线"两路一桥"建设项目竣工决算的审计。审计发现，被审计单位未实行项目法人责任制、未经交通主管部门批准擅自开工建设、未经上级交通主管部门批准擅自增加投资、滞留代扣代缴税款、基建支出结算凭证不合规、应付工程款财务处理不规范等36个问题，审计罚没收入29.5万元，提出合理化建议13条。

计算机审计 在对养老保险的审计调查中，运用SQL语句查询，对18 316个账户信息进行比对，查出有问题账户1500多个。在对高中债务审计调查及基层卫生院债务审计中，利息计算涉及1990年至2009年共20年，利率变动多达24次，审计组自编"利息计算器"软件对利息进行计算核实，一个月的工作量三天完成，提高了工作效率和准确性。市审计局赴河津社保审计组，利用AO系统和Excel组合，编写软件，成批计算处理少计社保基金利息金额。 （撰稿人：景 磊）

【吕梁市审计局】 2012年，吕梁市审计局人员编制51人，在编48人。局长卫成印，副局长贾桥、高博、张林生，总审计师王建平，纪检组长王荣金。设有办公室、人事科、法制科、财政审计科、金融经贸审计科、行政事业审计科、社会保障审计科、固定资产投资审计科、经济责任审计科、农业与资源环保审计科、外资运用审计科、监察室、督查科，直属事业单位有审计复核审理中心、网络管理中心。

审计成果 吕梁市审计局审计和审计调查63个单位，延伸审计和审计调查386个单位，审计金额3 849 157万元。对26名党政领导干部实施经济责任审计。审计核减工程决算金额664万元。出具审计报告和综合报告72份，下达审计决定37份，提出审计建议192条。审计查出违规违纪金额150 753万元，管理不规范金额438 645万元，审计罚没上缴市财政10 014.55万元。警告和通报批评70个单位，移送纪检监察及有关部门处理事项60件，20个案件做出处理。通过督察，568个单位纠正整改问题1015个，整改资金82.88亿元。

财政审计 预算执行审计和审计调查20个单位，审计资金总额192 534万元，查出各类违规违纪金额13 382万元，管理不规范金额10 214万元。财政决算审计7个单位，审计资金总额989 564万元，查出各类违规违纪金额32 191万元，管理不规范金额45 739万元。

专项资金审计 审计和延伸审计55个单位，审计资金总额440 000万元，查出各类违规违纪金额15 622万元，管理不规范金额78 446万元。

固定资产投资审计 审计8个单位，审计资金总额599 948万元，查出各类违规违纪金额579万元，管理不规范金额51 201万元，审计核减工程款664万元。

社会保障审计 审计13个单位，延伸审计208个单位，审计资金总额772 156万元，查出管理不规范问题174个，违规违纪问题99个，管理不规范金额108 296万元。

经济责任审计 对25名县级党政领导干部进行任期经济责任审计。

企业审计 审计1个单位，查出管理不规范金额1529万元。 （撰稿人：刘绍军）

2012年山西省所辖区、县(市)级审计工作统计表

金额单位:万元

审计机关	完成审计项目(个)	查出违规金额	应上缴财政	应减少财政拨款或补贴	应归还原渠道资金	应调账处理金额	移送司法、纪检、监察部门处理(件)	建议有关部门处理(件)	出具审计报告和审计调查报告(份)	提出审计建议(条)	撰写审计信息(篇)
太原市											
太原市本级	68	323780	31894		177	77748	37	64	68	113	276
杏花岭区审计局	62	291	1	23200		2407	1		90	62	28
小店区审计局	44	900	19		4	1132	7		25	58	16
迎泽区审计局	18	2704	2704						18	69	5
尖草坪区审计局	9	191	191						9	9	9
万柏林区审计局	25	1678	26			180			25	12	83
晋源区审计局	31	908	3				1	1	24	176	23
古交市审计局	10	737	15			5			39	97	4
清徐县审计局	21	358	337			15			21	62	19
阳曲县审计局	7	9464	8			281			65	21	80
娄烦县审计局	4	10839	10			678			46	25	13
大同市											
大同市本级	38	15631	5116		56732	2070			49	86	
城区审计局	5								5	5	
矿区审计局	17								17	21	
南郊区审计局	2	54	5		125	774			2		
新荣区审计局	15	620							15		
阳高县审计局	22	162	9			4			22	2	2
天镇县审计局	9	38	22		12				9	8	
广灵县审计局	16	30				340			14	72	
灵丘县审计局	18								18	31	
浑源县审计局	12	382				10			12		
左云县审计局	32	10			10				32	61	
大同县审计局	27	3445	1771		13				24	15	
朔州市											
朔州市本级	778	138426	2000				11		131	360	78
朔城区审计局	136	21984	84						73	112	72
平鲁区审计局	80	5000	26	5257					48	96	23
山阴县审计局	76	15946	27		2995	249			91	95	68

续表

审计机关	完成审计项目（个）	查出违规金额	应上缴财政	应减少财政拨款或补贴	应归还原渠道资金	应调账处理金额	移送司法、纪检、监察部门处理（件）	建议有关部门处理（件）	出具审计报告和审计调查报告（份）	提出审计建议（条）	撰写审计信息（篇）
应县审计局	110	763	58						60	98	45
右玉县审计局	58	1200	49						40	59	62
怀仁县审计局	123	44392	67						90	102	42
阳泉市											
阳泉市本级	75	244508	10765	28645	11055	22358	21879	3	75	101	78
城区审计局	15	240	1		100					100	22
矿区审计局	104	112	119						74	42	14
郊区审计局	12	9679	5944						44		
平定县审计局	158	15342	2467		3515	388	4		208		
盂县审计局	45	41492	3496		14874	22977			62	99	84
长治市											
长治市本级	68	29083	258216		9451	35267	3	51	68	153	235
城区审计局	38	1228	29		6	879	2		38	171	49
郊区审计局	31	1733	17						31	58	
潞城市审计局	48	1837	379			655	2	2	48	71	
长治县审计局	79	125103	746				1	3	79	46	22
襄垣县审计局	77	18859	78		82	92	25	1	77		
屯留县审计局	16	4182	2						16	84	
平顺县审计局	16	354	3		36		18		16	45	4
黎城县审计局	95	5414	14		33	2	1	1	95	87	
壶关县审计局	31	682	84		6816	1330	8	1	31	83	
长子县审计局	73	5933	76		96	267	27	2	73	219	38
武乡县审计局	26		13			63		12	26	67	
沁县审计局	47	2284	228	680	30		5		47		
沁源县审计局	51	2027	18085		23	931	1	20	51	149	1
晋城市											
晋城市本级	81	206306	88316	81	15423	784	3		81	178	32
城区审计局	17	370	1			5			17	20	8
高平市审计局	93	24028	3929		345	19252			93	381	39
泽州县审计局	75	111868	1603	1	4759	8431			75	385	20
沁水县审计局	41	1985	36			4			41	73	18
阳城县审计局	24	81584	8		3914	79			24	9	22

续表

审计机关	完成审计项目（个）	查出违规金额	应上缴财政	应减少财政拨款或补贴	应归还原渠道资金	应调账处理金额	移送司法、纪检、监察部门处理（件）	建议有关部门处理（件）	出具审计报告和审计调查报告（份）	提出审计建议（条）	撰写审计信息（篇）
陵川县审计局	66	1884	16						66	15	16
忻州市											
忻州市本级	119	415095	21958		25570	40906			119	260	194
忻府区审计局	45	1728	175						45	104	55
原平市审计局	76	15211	178	1995	2211	5201			76	133	83
定襄县审计局	40	1363	45						40	132	2
五台县审计局	106	13434	58		502	10			106	126	52
代县审计局	61	2637	85		15				61	75	60
繁峙县审计局	43	90	5		1355	4734			43	59	
宁武县审计局	39	6728	34		901	266			39	76	30
静乐县审计局	13	276	87		22	9			13		
神池县审计局	8	6242	4144		15	27			8	48	18
五寨县审计局	29	1775	129	23	95	4759			29	120	
岢岚县审计局	22	377	14						22	92	23
河曲县审计局	21	3465	518		8726				21	59	
保德县审计局	15	2664	3						15	51	6
偏关县审计局	6	97	10			19			6	18	16
晋中市											
晋中市本级	67	104623	94209		5064	1048		1	67	190	57
榆次区审计局	33	3588	56			365			33	138	12
介休市审计局	52	32297	147						52	87	74
榆社县审计局	46	139	26						46	78	5
左权县审计局	38	3867	15						38	53	53
和顺县审计局	30	1792	17						30	102	90
昔阳县审计局	37	2228	52			136			37	58	
寿阳县审计局	55	1375	15						55	64	43
太谷县审计局	13	17496	10130						13	48	
祁县审计局	51	3440	1917			102			51	121	54
平遥县审计局	127	222	70						127	193	18
灵石县审计局	20	11261	70		4	48			20	70	26
临汾市											
临汾市本级	92	265114	48102	18	49375	106236	2	451	76	463	14

续表

审计机关	完成审计项目（个）	查出违规金额	应上缴财政	应减少财政拨款或补贴	应归还原渠道资金	应调账处理金额	移送司法、纪检、监察部门处理(件)	建议有关部门处理（件）	出具审计报告和审计调查报告(份)	提出审计建议（条）	撰写审计信息（篇）
尧都区审计局	46	12921	3905		376	110		51	35	38	38
侯马市审计局	52	4492	10				5	25	46	92	30
霍州市审计局	35	1871	38			10402		28	33	176	287
曲沃县审计局	64	5507	558		294	898	3	295	64	203	81
翼城县审计局	37	3383	558		12	4	1	111	41	102	
襄汾县审计局	81	27207	79	5251		8		157	112	170	187
洪洞县审计局	40	4107	4					69	34	64	35
古县审计局	20	5314	7443		693	5291		50	20	49	77
安泽县审计局	30	437	4				17	219	38	200	347
浮山县审计局	44	22101	19487	705	92	4034		59	44	56	2
吉县审计局	28	492	358		1342	336		69	28	117	166
乡宁县审计局	32	20820	6455		24170	50		63	32	30	85
蒲县审计局	33	22883	1168					53	33	51	
大宁县审计局	18	15	14		2	1206	1	41	18	41	30
永和县审计局	26	793	36					64	26	16	
隰县审计局	24	243	34					57	24	117	114
汾西县审计局	21	6481	7		36			20	21	134	33
运城市											
运城市本级	61	364100	7772		3283	3824	3	3	61	168	88
盐湖区审计局	42	750	86			59	11	8	42	63	63
永济市审计局	34	2940	11	63	6				34	28	38
河津市审计局	30	10764	407		3	2	5	7	30	85	221
芮城县审计局	53	1940	97			53		1	53	97	89
临猗县审计局	30	19729	38		183	9508			30	53	40
万荣县审计局	32	27366	10		85				38	47	37
新绛县审计局	14	120	9		5				14	9	38
稷山县审计局	22	977	30		268	2			22	87	31
闻喜县审计局	57	1741	18						57	128	38
夏县审计局	45	1191	9			118			45	79	38
绛县审计局	66	1657	13						66	89	180
平陆县审计局	31	1300	20		7	10			31	87	31
垣曲县审计局	14	757					3		14	40	38

续表

审计机关	完成审计项目(个)	查出违规金额	应上缴财政	应减少财政拨款或补贴	应归还原渠道资金	应调账处理金额	移送司法、纪检、监察部门处理(件)	建议有关部门处理(件)	出具审计报告和审计调查报告(份)	提出审计建议(条)	撰写审计信息(篇)
吕梁市											
吕梁市本级	63	589398	32193		1202	11200		60			
离石区审计局	45	9283	9		11	5					
孝义市审计局	29	7218	237								
汾阳市审计局	18	18365		952	1124	5					
文水县审计局	48	10887	20								
中阳县审计局	16	27165	37			36					
兴县审计局	12	34573	13651		1806						
临县审计局	98	109123	34	8	62	116		2			
方山县审计局	28	37016	15437		39	728					
柳林县审计局	97	46108	52					2			
岚县审计局	45	836	1		83						
交口县审计局	35	86722	39	154	5	411					
交城县审计局	29	151058	33					1			
石楼县审计局	19	6806	8								

内蒙古自治区

【内蒙古自治区审计厅】 2012 年，内蒙古自治区审计厅（以下简称自治区审计厅）行政编制 152 人，实有人数 140 人。厅所属单位事业编制共 46 人，实有人数 41 人。厅机关设有办公室、人事处、机关党委、纪检监察室、调研室、法规处、离退休人员工作处、财政审计处、行政事业审计处、金融审计处、农业与资源环保审计处、经贸审计处、固定资产投资审计处、政府投资审计处、外资审计处、社会保障审计处、党政领导干部经济责任审计处、企事业单位领导经济责任审计处、派出审计一处、派出审计二处、审理处；自治区审计厅驻海拉尔审计处、自治区审计厅驻赤峰审计处；内蒙古审计科研培训中心、内蒙古审计信息与计算技术服务中心、机关事务服务中心、内部审计管理中心；内蒙古自治区经济责任审计局（副厅级）。

领导成员

厅　长：长　江

副厅长：王月胜　吕靖原　千梅海

总审计师：郭少华

纪检组长：贾苏平

审计成果 全区审计机关共完成审计和审计调查单位 4177 个，其中专项审计调查 99 个。查出违规金额 1 255 486 万元，应上缴财政 404 224 万元，应归还原渠道资金 258 249 万元，应调账处理金额 278 954 万元；已上缴财政金额 284 460 万元，已减少财政拨款或补贴金额 107 572 万元，已归还原渠道资金 166 850 万元，已调账处理金额 105 851 万元。移送司法机关、纪检监察部门处理事项 8 件，移交处理 5 人。提交审计报告、信息 6458 篇，被批示采用 3997 篇，向社会公告审计结果 25 篇。

财政审计 一是在全面把握财政收支基本情况的基础上，重点揭示与分析财政专项资金和非税收入管理使用中存在的问题，为进一步提高资金使用效益提出建议和意见。二是以人大批准的预算为依据，揭示预算执行结果在规模和结构上存在的偏差，分析追加预算的合理性和追加预算审批程序的合法性，以进一步推动政府预算的完整、公开、透明。三是核实财政收入的真实性、部门综合预算编制的科学性、准确性、完整性、合理性。四是加大对税费征收和执行税收政策方面的审查力度，延伸审计基层税务机关和纳税大户税费征管和缴纳情况，审查税务部门应征不征、少征或多征等擅自减、免、缓缴各种税费问题，并提出整改建议。

围绕上述审计重点，完成对自治区财政厅2011年具体组织的自治区本级预算执行审计和自治区地税局2011年税费征管和有关税费政策执行情况的审计。对财政厅审计查出的主要问题有：年初收入预算编制偏低、造成超收过多追加预算过大；部分预算未细化到具体项目，专项资金立项依据不充分；滞留和超时限下拨专项资金，结转、结存各类项目资金；非税收入管理使用不规范。对地税局审计查出的主要问题有：应征未征、延缓征收税费；预征税费和违规委托代收代缴税款；违规减免税款；部门决算不实等。对于审计查出的问题，依法进行处理处罚，提出改进建议。

7月，自治区审计厅代表自治区政府向自治区人大做本级预算执行和其他财政收支情况的审计工作报告，自治区人大审议通过审计工作报告。会前，自治区主席巴特尔主持召开政府第七次常务会议，对审计工作报告进行审议，在肯定审计工作的同时，就如何整改审计查出的问题提出要求。这是自治区审计机关成立以来自治区政府第一次审议审计工作报告。自治区政府主席强调："各部门、单位对审计查出的问题要警觉，不能什么钱都敢花、什么钱都敢用，在加强教育的同时，要有预防措施，堵塞漏洞，切实提高管理水平"。

金融审计 全区9个盟市审计局对自治区农村信用社联合社、呼和浩特金谷农村合作银行等12家单位2011年度资产、负债、损益情况进行审计调查。这是自治区审计厅首次对全区农村信用社系统进行抽样审计调查，重点关注自治区农村信用社系统在资产管理和业务经营中存在的薄弱环节，着力揭示影响其发展的体制、机制性问题，促进全区农村信用社系统实现健康、持续发展。

行政事业审计 3月，对自治区公安厅2011年部门预算执行情况及其他财政财务收支进行审计。

自治区审计厅与审计署济南特派办共同组织12个盟市45个旗县的审计机关对自治区所辖的50个县2006年以来义务教育阶段农村中小学布局调整情况进行专项审计调查，抽查初中206所、小学777所，涉及初中在校生19.07万人、小学在校生46.54万人，分别占2011年初中、小学总数的49.64%、48.23%。

组织自治区三级审计机关对全区2010年至2012年3月中小学校舍安全工程资金进行专项审计，对呼和浩特市中小学校舍安全工程实施"上审下"。审计综合报告上报自治区人民政府，两位副主席分别做出批示。

农业与资源环保审计 对全区2010—2011年度生态建设资金开展审计和审计调查。对全区近年来实施的天然林资源保护、京津风沙源治理、"三北"防护林体系建设、退耕还林、退牧还草等重大生态建设工程资金进行全面审计，把民生资金作为重点，将涉及全区广大农牧民的森林生态效益补偿基金、草原生态补奖资金以及退耕还林和退牧还草补助资金纳入审计范围，为维护广大农牧民切身利益发挥重要作用。全区共审计有关主管部门和用款单位500多个，调查建设项目800多个，走访农牧民8800多户，审计资金总额达200多亿元。审计查处滞留、挤占挪用等各类违纪违规金额22亿元，查出生态建设工程监管不到位、招投标流于形式、变相侵害农牧民利益等政策执行中的问题，反映出违规占用草场、林地以及工程项目投向不合理、后期管护不到位、损失浪费等效益方面存在的问题。自治区党委常委、自治区两位副主席分别做出重要批示，自治区政府批转审计结果报告，并提出具体要求。有关盟市党政领导对审计报告做出批示，并对审计工作给予充分肯定，为进一步推进自治区生态文明建设发挥审计建设性作用。

固定资产投资审计 自治区审计厅组织呼和浩特市和包头市审计局统一对内蒙古大学、内蒙古农业大学、内蒙古医科大学、内蒙古财经大学四所高校新校区工程建设项目进行审计调查，审计查出挤占、挪用建设资金等违规金额 142 526 万元。开展部分盟市的中小河流整治项目的审计和审计调查，审计查出滞留资金、未进行招投标、多付工程款、多计工程量、设计深度不够、工程质量存在问题，针对存在的问题深入剖析，提出改进意见。

社会保障审计 2 月至 4 月，根据审计署统一组织部署，全区抽调 609 名审计人员组成 97 个审计组，对全区 11 个盟市、2 个计划单列市本级和 98 个旗县（区、市）的社会保险基金、社会救助资金和社会福利资金等社会保障资金进行专项审计，并延伸调查 740 家企业、196 个村（居）委会和 196 家医院。自治厅审计厅成立以厅长为组长的社会保障资金审计工作领导小组，通过设立东、中、西片区协调人和采取“上审下”“交叉审”等多种组织方式，提高效率、整合资源、加大审计力度，并建立跟踪审理机制，以确保审计质量。针对审计涉及的海量的业务数据，专门成立数据采集小组，开展计算机审计，通过数据比对和查询，查出符合保障条件的特殊人员未纳入保障 103 407 人、重复参加各项社会保障 59 793 人，不符合保障条件的人员 33 024 人次违规享受待遇 4 599.61 万元。审计还查出社会保障资金筹集不到位 202 682.93 万元、违规使用社会保障资金 40 130.27 万元、银行少计社保基金存款利息 4 493.09 万元，以及社会保障资金使用效益低、管理不规范等问题。自治区审计厅在全国社会保障资金审计工作中的突出表现得到审计署的充分肯定，厅社会保障审计处荣立集体三等功。

经济责任审计 对 14 个盟市、厅局领导干部进行经济责任审计，全区三级审计机关完成经济责任审计 1258 人，其中任中审计 417 人，离任 849 人。全区各级审计机关重点在提高审计质量上下功夫，力求在审计结果中反映出领导干部执行政策情况，分析出领导干部重大决策措施产生的影响，从而为干部考核提供依据。在开展经济责任审计工作中，将经济责任审计与预算执行审计、财政决算审计等经常性审计相结合，一次进点完成两项目标任务，节约审计费用，提高审计效率和质量。

外资运用审计 完成审计署授权审计国外贷援款项目 11 个，查出各类违规金额 62 504 万元，管理不规范金额 63 428 万元，提出审计建议 22 条，移送有关部门处理事项 4 件，上报各类信息、简报和专题报告 11 篇。

审计质量与信息化建设 7 月，自治区审计厅召开全区审计工作座谈会，把提高审计质量和加快审计信息化建设作为重要议题统筹进行研究讨论。会议确定提高审计质量的具体措施，要求广大审计人员把追求审计质量当作一种责任，严格审计程序、规范审计行为、突出重点，强化各个环节监控、力求多出精品项目。针对审计信息化硬件建设不落后但认识上有差距以及推广使用不足、计算机人才短缺等问题，厅党组明确提出“跟着走、不落后”（即跟上审计署计算机管理应用新进展，在推广使用上不落后）的工作思路，制发《内蒙古自治区审计厅 2012 年至 2014 年审计信息化建设规划》。

加大计算机审计力度，全年有 15 个审计项目深入开展计算机审计，在吉兰泰盐业公司审计项目中，解决 ERP 管理模式下大型企业计算机审计数据采集的难题。利用信息技术手段完成全国社会保障资金计算机审计任务，采集整理全区社保系统 7 个年度的社会保障资金财务和业务数据 2.13T，对 1887 个统计表文件进行整理校验。5 月，自治区“金审工程”二期通过审计署及自治区发展和改革委员会的联合验收，标志着全区审计信息化建设取得阶段性成果。

在全区范围内，组织审计系统 AO2011 版培训认证考试，培训 479 人、参加考试 458 人。推广审计会商系统的应用，成功转播审计署集中整训、企业审计、金融审计、社保审计等 5 期视频培训班。

队伍建设 以创先争优活动为契机，加强审计人员的思想教育，引导干部职工立足本职岗位创先进、争优秀、比贡献。审计厅被自治区直属机关工委评为创先争优先进集体。加大选人用人的力度，通过竞争上岗选拔任用 40 名处级干部、轮岗交流 22 名干部、遴选 4 名公务员，优化干部队伍结构。加强干部教育培训工作，提高审计人员的政治业务素质。全年举办 39 期培训班，培训 2015 人次，先后派出 127 人次赴区外参加培训，选派 16 人到审计署特派办进行为期一年的实战锻炼。加强审计文化建设，树立审计人员核心价值观，塑造审计精神。

审计政务公开 自治区审计厅在自治区政府政务公开工作考核评价中取得好的成绩。审计厅按照审计署和自治区政务公开工作要点和积极推进政务公开工作的部署及要求，积极稳妥地推进审计政务公开工作，不断加强制度建设，健全体制机制，努力探索和创新审计政务公开工作的新方法、新思路，总结归纳出一整套行之有效、科学、严谨、操作性强的经验和办法，为审计工作深入开展创造公开透明的良好环境。2012 年，审计厅共依法申请公开审计、行政公文和政务信息 77 件，向社会公示审计结果 3 篇。

（撰稿人：王锐军）

【内蒙古审计厅驻海拉尔审计处】 2012 年，驻海拉尔审计处共有干部职工 16 人。处长赵国军，副处长赵福春、宝玉。设有办公室、财税社保审计科、行政事业审计科、经贸审计科、固定资产投资审计科、经济责任审计科。

审计成果 完成审计项目 4 个，查出违规金额 7707 万元，管理不规范金额 179 850 万元，应上缴财政 6899 万元，已上缴财政 6899 万元。提交审计信息 2 篇，被审计厅采用 2 篇。

财政决算审计 对阿拉善盟本级 2010 年至 2011 年财政决算进行审计，同时对阿拉善左旗、额济纳旗及阿拉善经济开发区等 3 个旗区进行延伸审计。查出应缴未缴、应征未征及坐支同级财政收入、滞留挪用自治区专项资金、违规使用专项资金、违规出借专项资金以及先征后返税款、先征后返土地出让金、减免人防易地建设费等问题。提出审计建议 2 条。

专项资金审计（调查） 对呼伦贝尔市新巴尔虎左旗和陈巴尔虎旗 2010 年至 2011 年生态建设资金的管理和使用进行审计（调查）。重点审查资金拨付和补助兑付情况、生态资金管理和使用情况、项目计划的执行与管理情况等。查出地方配套资金不到位，资金滞留，部分项目实施缓慢，以及截留、挪用、虚列套取专项资金等问题。应上缴财政金额 83 万元，已上缴财政金额 83 万元。提交信息 2 篇，采用 2 篇。 （撰稿人：张慧芝）

【内蒙古审计厅驻赤峰审计处】 2012 年，驻赤峰审计处共有干部职工 15 人。处长马爱杰，副处长于震华、乌建杰。设有办公室、经贸审计科、固定资产投资审计科、财政行政事业审计科和经济责任审计科。

审计成果 全年完成审计项目 5 个，其中行政事业单位审计 1 个，专项资金审计 1 个，企业审计 2 个，财政决算审计 1 个。共查出主要问题金额 19 830万元，其中违规金额19 621万元，管理不规范金额 209 万元。应上缴财政7312万元，其中罚没 10 万元，应归还原渠道资金 642 万元，应上缴纳其他资金 44 万元，应调账处理金额 580 万元。撰写审计信息简报及调研文章 8 期（篇），被采用 6 篇。

行政事业审计 对内蒙古自治区有色地质勘查局一〇八队 2010—2011 年度财务收支进行就地审计。查出的主要问题有少计少缴税费、使用自制结算单据列支勘探项目支出等问题。

企业审计 对内蒙古第九地质矿产勘查开发院 2010—2011 年度财务收支和内蒙古黄岗矿业有限责任公司 2010 年至 2012 年 9 月底财务收支进行审计。查出的主要问题有少计少缴税费、虚列地勘成本费用、呆死账未及时清理、将应计入无形资产的购买土地支付的征地补偿款和垫付的新增建设用地有偿使用费计入当期费用、2011 年未做企业所得税纳税调整，应补缴企业所得税、未代扣代缴股东股利个人所得税等。

财政决算审计 对锡林郭勒盟 2010 年至 2011 年财政决算及其他财政收支进行就地审计。发现的主要问题有乱收费、乱摊派、应缴未缴、截留、坐支本级财政收入、挤占、挪用财政专项资金、基金、扩大补助范围、应征未征、应缴未缴、少征、预征各项税费、少征专项资金、基金和其他非税收入及违规开设过渡户等。

专项资金审计（调查） 对兴安盟本级（含农牧场管理局、五岔沟林业局、白狼林业局）及所属科右前旗、扎赉特旗2010、2011两个年度生态建设资金进行审计（调查）。审计发现的主要问题有滞留、欠拨生态建设资金，挪用生态建设资金，擅自变更项目地点和内容，变更作业设计未履行审批手续，使用虚假和不合规票据列支相关费用，地方配套资金不到位，建设项目未能按期完成，影响资金效益的发挥，截留、坐支应上缴的财政收入，建设项目未编制作业设计，未实行监理制及合同制，少缴社会保险费等。

（撰稿人：付雪峰）

【呼和浩特市审计局】 2012年，呼和浩特市审计局共有干部职工90人。局长卢佳林，副局长王岩、戎志军，总审计师王丽萍。设有办公室、财务科、人事科、法制科、党总支、财政审计科、金融审计科、外资审计科、行政事业审计科、农业与资源环保审计科、经贸审计科、社会保障审计科、固定资产投资审计科、驻开发区审计办公室、督查执行科、计算机管理科、离退休人员工作科、派出审计一科、派出审计二科，下设机关事务服务中心、内部审计管理中心和经济责任审计办公室。

审计成果 全市审计机关完成审计项目240个。审计查出违规金额78 826万元，应归还原渠道资金3069万元，应上缴财政61 809万元，应调账处理金额4871万元；核减工程投资（结算）5439万元；向有关部门移送处理案件7起。市、县两级审计机关共提交审计专题、综合性报告和信息457篇，《2011年度财政预算执行审计结果报告》等审计工作报告分别被各级党委政府批示采用51篇次；提出审计建议445条，被审计单位采纳327条；制定整改措施26项，建立健全规章制度13项。

预算执行审计 呼和浩特市审计局对呼和浩特市财政局、市地税局、市法院、市林业局、市民委等部门进行审计和审计调查。代政府向市人大常委会会议报告审计中发现的问题，并通过媒体向社会公告审计报告，得到市人大的首肯。

固定资产投资审计 呼和浩特市审计局先后组织实施内蒙古财经大学工程建设项目的审计和审计调查、内蒙古国际会展中心会展收入、政府驻京办专项资金跟踪审计等7个项目。查处上述工程管理中存在的违背国家招投标规定、有关部门监控手段滞后、政府监管机制有待进一步完善等问题。

经济责任审计 呼和浩特市审计局结合预算执行审计，安排并完成经济责任审计项目16个，涉及领导干部21人。经济责任审计共查处违规金额2.4亿元，管理不规范金额5.8亿元，移送有关建设项目及国有资产管理违规问题5件。“三责联审”在呼和浩特市委选拔任用干部中得到肯定。

社会保障审计（调查） 呼和浩特市两级审计机关主要对全市社会保险基金、社会救助资金和社会福利资金等3大类13项社会保障资金进行审计。通过审计和审计调查，了解和掌握呼和浩特市、县两级政府部门涉民专项资金的管理使用和绩效情况，揭示和分析呼和浩特市实现两级专项资金管理中存在的问题，得到上级审计机关和呼和浩特市委、市政府的好评。

企业审计 呼和浩特市审计局先后组织实施对呼和浩特市城发、金创、公交总公司等4个国有及国有控股企业的资产、负债、所有者权益和经营效益情况的审计及审计调查。揭示呼和浩特市公交总公司在经营管理中存在的经营监管机制不完善、经营核算不规范、会计核算中的少列乱挤乱摊成本等违规和管理不规范问题。审计报告得到呼和浩特市委、市政府和自治区领导的批示。

（撰稿人：陈振华）

【包头市审计局】 2012年，包头市审计局人员编制97人。局长刘素梅，副局长段玉成、高文德、高伟、崔虎虎（11月—），总审计师王成虎，纪检组长张日元。设有10个业务科室，5个行政科室，2个二级单位——审计培训中心、计算机审计管理中心。

审计成果 全市审计机关完成审计单位271个，查出主要问题金额27.66亿元，其中违规金额7.18亿元，损失浪费金额72万元，管理不规范金额20.48亿元。审计决定处理处罚12.12亿元，其中应上缴财政3.22亿元，应减少财政拨款或补贴 4 407.24 万元，应归还原渠道资金 9 048.12 万元，应调账处理金额 1.67 亿元。审计促进整改落实有关问题资金 7.96 亿元，其中增收节支 2.76 亿元，已上缴财政 2.30 亿元，已减少财政拨款或补贴 2 215.52 万元，已归还原渠道资金 2 298.77 万元，已调账处理 1.12 亿元，核减投资（结算）额 1.15 亿元，审计后挽回（避免）损失 3 042.65 万元。移送事项 4 件，移送人员 19 人。提出审计建议 204 条，被采纳 45 条。提交审计信息、研究，审计综合性报告 235 篇，被采用 106 篇。

财政审计 对市本级预算执行情况，市卫生局、市环保局、市水务局、市民政局的预算执行情况，青山区、石拐区政府 2011 年度财政决算进行审计。对上年审计查出问题的整改情况进行督促检查。对市财政局进行审计，在对预算、国库、综合、非税等科室进行全面审计的基础上，结合国家取消预算外资金以及市人大财经委的要求，重点关注非税收入的征收管理使用和上级下达的专项转移支付分配管理情况。对地税部门的审计，主要关注税务部门在税收征管过程中是否按照税收征管法的规定，严格依法治税，做到应收尽收；关注有无人为调节税收任务、预征和缓征税款的行为等问题；关注税务部门是否为完成税收任务存在互相争抢税源、超范围征收税款等问题。对市卫生局、市环保局、市民政局、市水务局的预算执行审计，发现预算编制不完整、不细化，应征未征财政非税收入 1.6 亿元，应缴未缴财政非税收入 2 083.7 万元，财政专项资金结余结转金额较大，造成财政资金闲置 1.02 亿元，违规领取低保资金 240.78 万元，公用经费特别是“三公经费”预算定额与实际执行结果差距较大等问题。

专项资金审计（调查） 按照审计署和审计厅的统一安排部署，开展社会保障资金审计，并荣获审计署集体嘉奖。通过审计，摸清各项社会保障资金的收支余规模和结构，反映政府在完善社会保障制度、改善民生等方面取得的主要成效，揭露各项社会保障制度在筹集、管理、分配等运行中存在的突出问题。先后完成对达茂旗 2010 年至 2011 年林业生态和草原奖补资金、全市旗县区住房公积金缴存管理使用、全市中小学校舍安全工程专项资金的管理使用及全市 2012 年农村中小学布局调整情况专项资金的审计和审计调查。审计发现部分旗县区财政滞留专项资金 2 504.52 万元，财政配套资金不到位 4 304.23 万元，部分项目资金使用效益不高、项目管理和实施不规范，牧民转移安置试点项目实施方案部分内容与要求不符、未经批准变更部分项目初步设计与概算、个别项目投资预算增长幅度偏大与实际有差距，挤占财政免学费专项资金等问题。针对存在的问题，审计机关依法出具审计报告，下达审计决定，市政府领导非常重视审计结果，并对部分审计报告做重要批示，要求各地及相关部门认真进行整改。

固定资产投资审计 完成投资项目审计 6 个，其中包括 110 国道改造工程、包头市友谊东广场征地拆迁、包头市“十一五”期间污水管网改造工程、包头市铬渣治理等重点民生工程项目的审计及专项审计调查工作，政府投资项目的跟踪审计和竣工决算审计成效明显。国道 110 线包头西北门至哈业胡同段公路改扩建工程项目竣工决算和包头市友谊东广场征地拆迁费审计，审计涉及项目投资额 9.99 亿元，查出管理不规范金额 1.27 亿元，违规问题金额 889.04 万元，核减投资 3 830.91 万元，应上缴财政专户 889 万元（已全额上缴），有效控制了工程建设中的高估冒算、偷工减料、损失浪费等现象。

经济责任审计 全市审计机关完成经济责任审计 89 人，包头市审计局完成 24 人，查出主要问题金额 4.94 亿元，违规金额 2 亿元。

其他项目 开展对自治区农村信用社联合社 2011 年资产债务损益情况的审计调查，2010 年度、2011 年度环境保护、污染治理项目资金的非国有企业的审计调查。（撰稿人：黄传喜）

【乌海市审计局】 2012 年，乌海市审计局人员编制 50 人，在编 50 人。局长冯文彬，副局长李宾、郑豫蒙、武也文，总审计师王卫东，纪检组长王丽琴。设有办公室、法规科、财政金融外资审计科、经济贸易审计科、固定资产投资审计科、农业与资源环保审计科、行政事业审计科、社会保障审计科、经济责任审计局和机关事务中心。

审计成果 全市审计机关完成审计单位（项目）170个，查出各类违规金额70 985万元，管理不规范金额103 430万元，应上缴财政9127万元，应归还原渠道资金13 137万元，应调账处理金额15 170万元，核减固定资产投资金额32 292万元。移送有关部门处理事项2起。提交各类信息、专题报告425篇次，被批示、采用414篇次。提出审计建议116条，被采纳34条。

财政审计 将政府所有收入和支出纳入财政审计范围，持续关注财政专项资金，客观完整地反映财政资金使用的全貌和使用效益，查出主要问题金额77 764万元。对地方税收政策执行审计，查出违规金额4775万元，管理不规范金额575万元。查出税务部门延缓征收税费、企业未按规定期限申报税费、企业少申报税费、个别纳税企业未按规定期限办理税务登记等问题。对乌达区政府2010年度财政决算和其他财政收支的审计，查出违规金额2067万元。

行政事业审计 对市职业技术学校2010—2011年度财务收支审计，查出管理不规范金额26万元。对市民政局及部分所属二级单位2011年度财务收支情况进行审计，审计查出管理不规范金额165万元。

固定资产投资审计 共完成审计及审计调查等项目100个，审计项目资金总额173 698万元，核减工程结算值32 292万元，向有关部门移送处理事项4起。查出建设项目超批复投资、个别项目未按规定进行招投标、未能正确核算到位资金、多列基建费用、超付工程款、无资质施工等问题。

社会保障审计 对2011年海南区、乌达区社会保险基金、社会救助资金和社会福利资金等社会保障资金进行审计。经与相关部门信息比对，查出海南区享受低保待遇的人员中有198人不符合领取最低生活保障补助的有关条件，乌达区8个办事处有领取低保的同时还领取金额不等的养老保险金人员47人，拥有工商经营且领取低保人员101人。此外，发现部分企业存在选择性参保的问题。

经济责任审计 对市、区34名党政领导干部进行经济责任审计，查出违规金额3401万元，管理不规范金额31 712万元。市经济责任审计领导小组办公室印发乌海市审计局起草的《乌海市经济责任审计工作联席会议制度》，市委、市政府办公厅联合印发《乌海市党政主要领导干部和国有企业领导人员经济责任审计办法》，市委、市政府印发乌海市审计局起草的《乌海市管党政领导干部经济责任问责追究办法》。（撰稿人：王雪菁）

【赤峰市审计局】 2012年，赤峰市审计局人员编制52人，在编54人。局长牛喜明，副局长寇国安、于宝珠、程秀明、杨树友，总审计师曹立新（3月—），纪检组长李志杰。设有财政审计科、外资运用审计科、固定资产投资审计科、社会保障审计科、经贸审计科、金融审计科、行政事业审计科、农业与资源环保审计科、经济责任审计科和法制科、监察室、办公室。

审计成果 全市完成审计项目583个，查出违规金额18 762万元，上缴财政4619万元，减少财政拨款或补贴767万元，归还原渠道资金14 063万元，调账处理金额2619万元。提交审计报告、信息708篇，被采用205篇。

财政审计 围绕维护财政经济安全，提高财政资金使用效益，对赤峰市本级预算执行及6个旗县区财政决算进行审计，12个旗县区审计局对本级预算执行和33个乡镇财政决算进行审计。重点涉及人民群众切身利益的支农、教育、医疗卫生、社会保障、基础建设等专项资金。针对发现的问题，依法定程序进行处理处罚，相关单位进行了认真的纠正和整改。

金融（外债）审计 以防范和化解金融、外债风险为目标，对宁城县农村信用合作联社2011年度资产负债损益开展审计调查。组织两级审计机关对本级财政部门管理的外债项目专户资金及相关费用收支情况进行审计，有效规范财政部门外债项目专户资金及相关费用管理，切实加强外债项目专户资金监督。

行政事业审计 对全市2010年7月至2012年3月底中小学校舍安全工程资金进行专项审计和对全市农村中小学布局调整情况进行专项审计调查。针对审计发现的教育资源分配不合理、过度向城镇学校倾斜、部分工程管理不规范、部分农村家庭教育支出负担加重等问题，向赤峰市政府提出进一步加强校舍安全管理、合理配置教育资源、加强寄宿制学校设施建设等建议，引起市政府领导重视。

固定资产投资审计 以促进政府投资项目管理的规范和节约财政建设资金为目的，加强政府投资审计。完成投资审计项目149个，项目投资总额60 730万元，核减投资总额10 109万元，核减率16.65%。

社会保障审计 组织开展全市社会保障资金审计。针对审计发现的市本级和12个旗县区在社会保障政策执行、社会保障资金筹集、管理和使用以及业务管理等方面存在一些需要改进和提高等问题，提出将新农合与城镇居民基本医疗保险并轨运行等审计建议，旗县区政府和相关主管部门积极采纳，促进社会保障体系不断完善。

经济责任审计 以强化对领导干部权力运行的制约和监督为重点，紧紧围绕领导干部履行经济管理职责情况开展经济责任审计，共审计132个单位，审计经济责任人132人。查出并纠正违纪违规金额3723万元。为干部管理部门加强对领导干部的监督管理提供可靠依据。

农业与资源环保审计 组织开展2010年至2011年农牧业专项资金和生态建设资金审计。针对审计发现的部分地区节水经济林基地示范项目、土地整理和矿山环境恢复建设等项目存在资金闲置和没有发挥效益等问题，向旗县区政府和相关主管部门提出整改建议，引起相关旗县区政府和国土、水利等部门的重视，完善了监督制约机制。

专项资金审计（调查） 对全市利用环保资金的18户非国有企业进行审计调查。结果表明，有4户企业达到项目预期效益，8户基本达到，6户未达到预期效益。 （撰稿人：刘金超）

【通辽市审计局】 2012年，通辽市审计局在编人员60人。局长孟令成，副局长万英余、王志刚、马砚春，纪检组长杜金山。设有办公室、监察室、金融审计科、审理法制科、农业与资源环保审计科、社会保障审计科、经贸审计科、外资审计科、行政事业审计科、固定资产投资审计科、政府投资审计科、财政税务审计科、经济责任审计科、开发区审计分局。

审计成果 全市审计机关共审计单位258个，查出违规金额18 262万元，应上缴财政1815万元，应归还原渠道资金3003万元，应调账处理金额2971万元；已上缴财政686万元，已归还原渠道资金1184万元，已调账处理金额2946万元，审计后挽回损失3262万元。出具审计报告和报送审计调查报告241篇，审计提出建议358条，被采纳125条。

预算执行审计 把财政预算执行审计作为履行审计监督职责的首要任务来抓，重点揭示本级财政在预算编报、预算执行、资金分配、政策效果、民生保障等方面存在的问题并提出建议。通过对市林业局、市水利局等15个预算执行单位进行审计，及时向市政府提交审计结果报告。受政府委托在市第三届人大常委会第34次会议上做审计工作报告，受到市人大常委会的充分肯定。

经济责任审计 全市审计机关受组织部门委托开展经济责任审计，共审计单位101个，查出违规金额1139万元，管理不规范金额824万元，上缴财政49万元，审计结果为组织部门加强干部管理提供了参考依据。

固定资产投资审计 针对政府投资项目多、部分项目比较分散、审计力量相对不足的特点，把投资额度大的项目纳入监督重点，加大对隐蔽工程、附属工程和变更工程的审计力度，核减投资额6047万元。如对国道304线鲁北至霍林郭勒一级公路工程项目竣工决算审计，核减投资额715万元，上缴财政821万元。经市政府批准，设立固定资产投资审计中心，增加编制4人。

专项资金审计（调查） 开展中小学校舍安全工程资金、农业专项资金、生态建设资金等审计，对发现的项目资金不到位、多计工程价款、挤占挪用资金等问题，要求相关部门和单位及时整改。如对农业专项资金和生态建设资金审计，查出财政滞留专项、部门单位挤占挪用等各类违规金额4.1亿元，督促滞留资金拨付项目单位2亿多元，追回被挤占挪用资金并拨付项目单位4801万元，上缴财政3075万元。挽回了经济损失，做到边审计边整改。 （撰稿人：王　宽）

【呼伦贝尔市审计局】 2012年，呼伦贝尔市审计局人员编制59人，在编53人。局长刘建国，副局长胡长珍、秦远飞、成若、常雅君，总审计师秦远飞（兼），纪检组长王瑞杰。设有办公室、法制科、审理科、财政审计科、行政事业审计科、农业与资源环保审计科、固定资产投资审计科、金融审计科、经贸审计科、社会保障审计科、外资审计科、经济责任审计一科、经济责任审计二科、机关党总支、离退休人员管理科、固定资产投资审计中心暨审计信息中心。

审计成果 全市审计机关完成审计（调查）单位（项目）386个，查出违规金额23 746万元，应上缴财政9243万元，应归还原渠道资金2942万元。向公安机关移送案件1件，向纪检监察机关移送案件1件。提出审计建议372条，被有关部门采纳293条。提交审计报告、信息692篇，被有关部门批示、采用419篇。

财政审计 除审计两级财政、地税、国库外，还结合领导干部经济责任审计，延伸审计市国土局、市水利局和呼伦贝尔职业技术学院等68个单位，查出未及时解缴预算收入、排污费列支不合理等问题。受市政府委托向市人大常委会做《关于2011年度市本级预算执行和其他财政收支的审计工作报告》，得到委员们充分肯定，市人大责令相关单位和部门对审计查出的问题限期整改。

专项资金审计（调查） 组织对全市2010年至2011年林业生态工程和草原奖补等生态资金进行审计和审计调查，查出占用湿地补助项目资金以及配套资金不到位等问题。

组织对全市社会保障资金进行审计，除审计市旗两级人力资源社会保障、民政、卫生、财政等部门外，还延伸调查126户企业、25个村（居）委会和12家医院，查出被征地农民未享受社会保障待遇以及重复参加医疗保险等问题。受自治区审计厅委派，组织审计力量对通辽市本级及科尔沁区社会保障资金进行审计，受到自治区审计厅的表扬。社会保障审计科科长王企被审计署评为“全国社会保障资金审计先进公务员”。

组织对2010年7月至2012年3月校舍安全工程资金进行审计，查出挤占挪用资金、建设单位少计缴社会保险费等问题，核减工程造价1.7亿元。

固定资产投资审计 全市审计机关完成固定资产投资审计项目45个，完成根河到白鹿岛公路、阿荣旗污水处理工程等17个政府投资项目的竣工决算审计；组织开展中小河流治理项目交叉审计；完成海拉尔火车站新建工程、牙海高速公路2011年建设管理情况跟踪审计。审计查出多计工程价款、土地转让不合规、应收未收违约金、工程质量缺陷等问题，核减工程价款4亿元。

经济责任审计 全年完成经济责任审计项目161个，查出违规问题金额8350万元，其中，负直接责任金额71万元，负主管责任金额7234万元，负领导责任金额1045万元。市领导对呼伦贝尔市审计局提交的3篇审计结果报告做出批示。通过审计，明确经济责任，纠正违反国家有关政策的行为，为组织、人事部门考察、考核、任用、奖惩干部提供重要依据。（撰稿人：吕中军）

【鄂尔多斯市审计局】 2012年，鄂尔多斯市审计局人员编制51人，在编49人。局长薛涛（—3月）、王苏和（3月—），副局长董政华、崔有良、武占才、布和、蔺海英（11月—），总审计师董政华（12月—），纪检组长王玉成。设有办公室、法规科、行政事业审计科、财政审计科、农业与资源环保审计科、固定资产投资审计科、经贸审计科、社会保障审计科、金融外资审计科、经济责任审计办公室。

审计成果 鄂尔多斯市审计局完成审计项目24个，查出违规金额22.3亿元，应上缴财政11.7亿元，应减少财政拨款或补贴869万元，应归还原渠道资金2.5亿元，应调账处理金额5725万元；已上缴财政11.7亿元，已减少财政拨款或补贴869万元，已归还原渠道资金2.5亿元，已调账处理金额5073万元。移送有关部门处理事项2件。提交审计报告、信息35篇。

财政审计 鄂尔多斯市审计局主要对市财政局、市地税局及其二级单位，市发改委、市经信委等14个部门的预算执行情况进行审计，共查出问题金额13.8亿元。对准格尔旗进行财政决算审计，查出问题金额32.1亿元。针对查出的违规问题，鄂尔多斯市审计局在对其依法进行处理纠正的同时深入分析产生问题的原因，提出整章建制、堵塞漏洞、增收节支、提高财政资金使用效益的意见和审计建议。

农业与资源环保审计 鄂尔多斯市审计局对2010—2011年度市本级及东胜区、鄂托克旗生态建设资金进行审计和审计调查，延伸调查建设项目134个。各建设项目能够按作业设计要求实施，各项补助、奖励按标准按时发放，促进生态环境的改善和社会可持续发展。但是审计发现生态建设项目在项目建设和资金使用等方面存在财政平衡预算、违法分包工程等问题，查出问题金额2.9亿元。

固定资产投资审计 鄂尔多斯市审计局完成对乌兰木伦河道治理工程（中湖区、下湖区）、市一中新校区工程、市森林重点火险区综合治理二期工程等10个项目的竣工决算审计，审计资金总额64.7亿元，核减投资额1.4亿元。一些工程存在超投资、多计工程价款等问题。审计建议应完善监管手段，严格按照国家规定管理建设项目。

社会保障审计 鄂尔多斯市审计局组织市旗两级审计机关对各旗社会保障资金进行审计，基本摸清各项社会保障资金的收支规模和结构，揭露社会保障资金筹集、管理、使用中存在的突出问题。市审计局康梅获审计署个人嘉奖。第四季度，对2012年鄂尔多斯市7个旗的城镇保障性安居工程建设目标任务完成情况进行跟踪审计。审计组对34个保障性安居工程项目的开工情况、19个项目的竣工情况、43个项目的质量管理进行审查，对16个街道办（乡镇）、14个居（村）委会、370户家庭进行调查，发现虚报完成竣工任务、保障性住房分配使用管理不规范等问题，并责成相关部门进行整改。

经济责任审计 鄂尔多斯市审计局按照同级党委组织部门委托和审计项目计划，审计经济责任人5人，其中旗区党政领导干部2人，政府工作部门领导3人。共查出各类违规金额3.4亿元，其中负直接责任金额7004万元，负主管责任金额2.7亿元，负领导责任金额30万元。查出管理不规范金额4621万元，其中负主管责任金额1334万元，负领导责任金额3287万元。

专项资金审计（调查） 鄂尔多斯市审计局统一组织抽调市旗（区）两级审计力量对2010年至2011年全市各类农口专项资金进行审计和审计调查，重点审计和审计调查资金管理使用中存在的问题和资金的效益实现情况，审计资金达200多亿，有效促进各项惠民政策落到实处。下半年，对市教育局、东胜区和达拉特旗的中小学校舍安全工程资金进行审计，查出主要问题金额1.1亿元。

（撰稿人：杨兆慧）

【乌兰察布市审计局】 2012年，乌兰察布市审计局共有干部职工50人。局长雷忠宝，副局长朱闰魁、王高奎、董鹏飞（4月—），总审计师林永青，纪检组长刘继宁。设有办公室、法规科、财政金融审计科、外资审计科、行政事业审计科、社会保障审计科、经贸审计科、农牧业与资源环保审计科、固定资产投资审计科、经济责任审计科、机关服务中心。

审计成果 全市审计机关审计单位586个，查出违纪违规金额4.15亿元，其中管理不规范金额1.13亿元，归还原渠道资金1.07亿元，核减工程款9300万元，调账处理1.02亿元。移送案件2起。审计报告、信息被市委、市政府及上级审计部门批示采用184篇。

社会保障审计 从3月开始，全市两级审计机关共抽调90多名审计骨干，组成10个审计小组，历时2个月，对全市10个旗县市（市本级和集宁区由自治区审计厅进行审计）的社会保险基金、社会救助资金和社会福利资金三部分共12类18项资金进行全面审计。共审计90个单位，延伸调查40户企业，20个村（居）委会和9家医院，发现违纪违规金额1.05亿元。从10月开始，从旗县市区审计局抽调60名审计骨干，组成5个审计组，对全市城镇保障性安居工程建设情况及成效、目标任务分解完成情况、资金的筹集管理使用和住房分配情况进行审计和审计调查。

财政审计 市审计局对察哈尔右翼中旗、商都、化德和丰镇4个旗县市，各旗县市区审计局对所属60%的乡镇苏木财政决算进行审计。共审计单位128个，查出违纪违规金额8739万元。按照市政府市长办公会议纪要的要求，组成审计组，历时5个月，对察哈尔经济开发区从2006年到2012年6个年度的财政财务收支、招商引资、基础建设和债权债务进行审计和审计调查。审计总金额17.8亿元，将7亿元的财政往来资金进行分解，划分给察哈尔右翼前旗政府3.4亿元、集宁区政府3.55亿元、市财政500万元。

专项资金审计（调查） 市县两级审计机关抽调60多名审计骨干，从5月开始对全市2011年度农业总体投入资金的管理、使用情况及项目主管局2011年度财务收支情况进行审计和审计调查。审计单位130个，审计资金总额25.6亿元，发现违纪违规金额9419万元。

固定资产投资审计 市审计局对国道110扩建工程乌兰察布段征地拆迁补偿收支情况、梅力盖图至凉城岱海电厂一级公路改建工程竣工决算和乌兰花至江岸二队边防公路工程竣工决算进行审计。全市审计项目31个，审计总金额21.8亿元，核减工程款9300万元。

企业审计 组织全市11个旗县市区审计局对本市20家非国有企业2009年至2011年使用环保资金情况进行审计调查。被调查的20个企业环保合同项目计划总投资3.47亿元，其中中央、自治区财政投资6839万元，市县投资200万元，银行贷款800万元，企业自筹2.68亿元。实际到位资金1.75亿元，其中中央、自治区财政投资1390万元，市县投资100万元，银行贷款250万元，企业自筹1.58亿元。在已到位财政资金中，全部按规定用途使用，完全达到使用效益的14个项目占70%，基本达到使用效益的3个项目占15%，未达到效益的3个项目占15%。

行政事业审计 审计行政事业单位87个，查出各种违规违纪金额2728万元。查出应缴未缴预算收入1028万元、少缴税费635万元、未执行“收支两条线”规定1065万元。下半年，组织各旗县市区审计局对全市2010年8月至2012年3月中小学校舍安全工程资金进行审计和审计调查。审计揭示国家投入的资金、地方各种配套资金、开发银行贷款以及其他投入的中小学校舍安全工程资金共到位16.1亿元，新建重建加固楼房521栋，已竣工453栋，开工面积129万平方米，竣工面积116万平方米，竣工面积完成计划的95.5%，

经济责任审计 审计经济责任人102名，其中市直部门正处级干部12人，各旗县市区乡镇苏木党政主要领导32人，旗县科局级干部58人，查出问题金额465万元。（撰稿人：杜福山）

【巴彦淖尔市审计局】 2012年，巴彦淖尔市审计局人员编制70人。局长杜振荣，副局长高国良、任宏、王秉璋，总审计师常泉亮，纪检组长杨胜。设有办公室、综合科、机关党委办、政策法规科、财政审计科、行政事业审计科、农业与资源环保审计科、固定资产投资审计科、金融外资审计科、经贸审计科、社会保障审计科、政府投资审计科、经济责任审计分局、计算机审计中心，另设有局机关党委。

审计成果 全市两级审计机关共审计418个项目，查处违规金额7.9亿元，管理不规范金额22.2亿元，已上缴财政4513万元，归还原渠道资金3212万元，核增资产价值1.2亿元，核减政府投资工程结算4.7亿元，共增收节支6.7亿元。向司法、纪检监察机关移送案件线索9件。被审计单位采纳审计建议386条，促进被审计单位建立健全规章制度18项。被审计署授予全国社保审计先进公务员集体三等功，获全区优秀项目2个、全国优秀审计项目1个、全国表彰项目1个。“三强”班子、“四型”机关、“五好”审计干部活动创建活动被自治区审计厅厅长长江、审计署审计长刘家义分别批转到全区、全国学习借鉴。争创优秀审计项目、优秀审计组长、优秀审计能手办法被审计长刘家义签批印发全国审计机关。获得自治区审计系统、市政务信息工作先进单位，全市党建工作、纪检工作实绩突出单位，政风行风评议群众满意单位、行政执法部门政风行风评议第一名，领导班子连续18年获得被评为实绩突出。

财政审计 完成市财政局和13个部门预算执行审计，发现市本级财政预算管理中问题22个、部门预算执行中问题20个。

固定资产投资审计 完成机场、永济永刚渠湿地保护与恢复、建筑节能项目等重点工程项目审计208个，核减工程结算4.7亿元。争取到投资16亿元的长春至深圳高速公路通辽境内金宝屯至查日苏段审计，收缴资金1000万元。

专项资金审计（调查） 完成6个旗县区社会保障资金审计，共查出15类21个问题，促进各旗县区拨入“五险金”4744万元，清退出不符合条件违规领取养老金、低保金人员1377人，金额789万元，向四个旗县区移送案件7起。开

展救灾资金和农业保险理赔审计，共审计81个部门、乡镇，促进抗洪救灾捐赠资金的规范管理。完成农村中小学布局调整、中小学校舍安全工程审计，揭示教育资源失衡、寄宿制管理不到位、校舍资产处置不规范等5大类37个问题，提出具有针对性的整改规范建议并督促整改。草原生态资金审计提出的一整套建议，被国务院领导同志和审计长刘家义做重要批示。

经济责任审计 对144名领导干部开展经济责任审计，其中县处级15名，查出负有直接经济责任的违规金额2.2亿元。

专项审计（调查） 完成7个旗县区工业园区土地利用专项审计，共查出未批先建、土地闲置、违法转让等土地143宗、16 842亩，已处理处罚68宗，计8333亩违法用地，收缴财政2690万元，促使32户企业3915亩用地合法。向市政府提交《工业用地买卖漏缴税费严重》的审计专报，引起市领导高度重视。（撰稿人：王 宇）

【兴安盟审计局】 2012年，兴安盟审计局人员编制40人，在编41人。局长孙静波，副局长刘洪国（—6月）、梁喜发（6月—）、高明喜，总审计师包书明（6月—），纪检组长朱晓咏（6月—）。设有办公室、经济责任审计办公室、财政税务审计科、经济贸易审计科、社会保障审计科、农业与资源环保审计科、行政事业审计科、固定资产投资审计科、金融外资审计科、法制科、审理科，另设有培训中心、后勤服务中心（直属事业单位）。

审计成果 全盟审计机关完成审计项目311个，查出违规金额79 400万元，应上缴财政1001万元，应减少财政拨款或补贴97万元，应归还原渠道资金7959万元，应调账处理金额5300万元；已上缴财政1310万元，已减少财政拨款或补贴97万元，已归还原渠道资金3078万元，已调账处理金额4192万元。提交审计体制、机制和制度报告、信息283篇，被采用167篇。

财政审计 兴安盟本级预算执行审计从体制、机制和制度方面分析兴安盟本级财政资金在管理使用、效益上存在的问题，提出政府应加强信息化建设，使民生资金实现财政、审计、民政、社保、公安、房产等部门联网，预防和制止产生违法违规问题等建议。兴安盟人大工作委员会对审计工作报告的评价是“审计内容具体，揭示问题透彻，提出建议到位，体现审计机关严谨、细致的工作作风和较高的工作水平，也体现出审计工作的全局性、针对性进一步增强”。

固定资产投资审计 全盟审计机关开展校舍安全工程竣工决算审计、重点公路征拆补偿及竣工决算审计等项目430个，核减工程投资15 435万元。针对审计中发现的应招标未招标、不签订施工合同、已入住未验收、未批复先开工建设等突出问题，提出加强中小学校舍安全工程后续管理、保证校安工程预算投入、对中小学校舍安全工程重大违规问题启动政府问责机制等建议。各旗县市人民政府普遍采纳，正在积极整改之中。

社会保障审计 社会保障资金重点审计社会保障政策和制度执行上的问题，重点反映因信息系统不对称、不共享等原因导致虚报冒领和重复领取待遇问题，还揭示少计个人账户利息，致使个人蒙受损失；不执行优惠利息、资金结存过大造成资金运营和使用效益不高等问题。引起兴安盟盟委、行署的高度关注，责成各旗县市认真查处，抓紧整改。

经济责任审计 全盟审计机关共完成经济责任审计108人。以促使领导干部依法行政、科学决策和规范权力运行为重点，以促进领导干部贯彻落实科学发展观和树立正确政绩观为目标，深化审计内容，加强制度建设，促进领导干部廉政建设。（撰稿人：刘继连）

【锡林郭勒盟审计局】 2012年，锡林郭勒盟审计局（以下简称盟审计局）人员编制43人，实有人员47人。局长包海山，副局长钱文会、托雅、刘兴友，总审计师韩淑华，纪检组长张淑琴。设有办公室、法制审理科、财政审计科、金融外资审计科、农牧业资源与环保审计科、固定资产投资审计科、行政事业审计科、经贸审计科、社会保障审计科、经济责任审计办公室、内部审计管理办公室。

审计成果 全盟审计机关审计和审计调查257个单位（项目），查出违纪违规金额

132 802 万元，上缴财政 102 226 万元，归还原渠道资金 34 267 万元，调账处理 1428 万元。提交审计报告和信息 856 篇，被各级党委、政府采纳 191 篇。

财政审计 完成锡林郭勒盟本级和旗县市（区）2011 年度两级财政预算执行情况审计，按照锡林郭勒盟委、行署主要领导批示精神，召集相关部门召开专题会议落实审计报告中有关问题整改措施。人大锡林郭勒盟工委审议《锡林郭勒盟本级预算执行审计工作报告》，对审计工作给予充分肯定。盟审计局完成正镶白旗、乌拉盖管理区 2010 年至 2011 年财政决算审计，突出问题是滞留、挤占各类上级专项资金、税收和土地出让金实行先征后返政策等。

社会保障审计 按照审计署统一部署，自治区审计厅组织锡林郭勒盟审计机关对 11 个旗县（区）财政、民政、人力资源和社会保障等部门管理的 12 类 18 项社会保障资金进行审计，揭示各项社会保障制度在资金筹集、管理、分配、使用、政策执行、运行机制中存在的突出问题，对全盟“十二五”期间城镇保障性安居工程建设目标任务完成情况进行跟踪审计。

专项资金审计（调查） 开展锡林郭勒盟中小学校舍安全工程专项资金的筹集、管理和使用情况审计，对镶黄旗、乌拉盖已竣工的新建校舍进行决算审计，查出配套资金未到位、多计工程造价、多付工程款等问题。按照审计署统一安排，代表自治区审计厅对锡林郭勒盟四个旗教育资源布局调整情况进行审计调查。

农业与资源环保审计 开展 2010 年至 2011 年林业生态工程和草原奖补等生态资金审计和审计调查，盟审计局对苏尼特左旗、苏尼特右旗实施“上审下”，查出主要问题是财政及主管部门滞留资金、项目未实施、挪用专项资金等。

企业审计（调查） 完成锡林郭勒盟使用 2010、2011 两个年度环境保护、污染治理项目资金的非国有企业的审计调查，涉及供暖、农产品加工业、企业融资难和生产成本增加是制约企业发展的主要原因。对锡林浩特农村合作银行 2011 年资产负债及损益情况进行审计。

外资项目审计 开展财政部门管理的外债项目专户资金及相关费用收支情况审计，对促进合理有效利用外资和加强项目管理起到积极作用。

经济责任审计 全盟共审计单位 103 个，经济责任人 100 人。盟审计局完成 1 个旗县“一把手”、盟直属 9 个部门，5 个旗县检察院检察长和法院院长任期经济责任审计。

固定资产投资审计 盟审计局完成 2 条国道、5 条省道公路工程建设项目，乌拉盖图书馆一期等工程竣工决算审计和锡林浩特市、太仆寺旗、苏尼特左旗重点地区中小河流治理项目的审计和审计调查。

内部审计 参加自治区审计厅后续教育培训，6 人通过 CIA 资格考试并取得证书。选送 1 篇论文参加重点课题的研讨和交流活动。

（撰稿人：刘国宾）

【阿拉善盟审计局】 2012 年，阿拉善盟审计局人员编制 33 人，在编 32 人。局长李东亮，副局长王继平、杨信华，总审计师林民，纪检组长彭辉（—4 月）。设有办公室、法制审理科、财政审计科、行政事业审计科、金融外资审计科、社会保障审计科、农牧业与资源环保审计科、经贸审计科、固定资产投资审计科、经济责任审计科。

审计成果 全盟共审计和审计调查单位 185 个，审计查出主要问题金额 238 800 万元，其中违规金额 75 103 万元，管理不规范金额 163 696 万元；促进增收节支 48 万元，核减投资额 20 237 万元，审计提出建议 143 条。提交审计专题、综合性报告 32 篇，提交信息 205 篇，被批示采用审计报告 7 篇、审计信息 92 篇次。

财政审计 盟本级认真开展财政预算执行和其他财政收支审计，审计单位 6 个。通过审计，对盟本级 2011 年底非税收入专户滞留应缴预算收入和部分非税收入未纳入预算管理的问题，根据有关规定要求纠正和整改。完成盟计生局、盟商务局、盟人防办等 3 个部门 2011 年度部门预算执行情况的审计。

对阿拉善左旗政府和阿拉善经济开发区管委会 2011 年财政决算进行审计，发现财政预决算收支不完整；存在人为调整收入款项，造成一般预算收入、政府性资金收入不实；财政部门滞留或违规减免预算收入和挤占挪用专项资金等现象。

金融审计　完成阿拉善盟农村信用社联合社资产负债和损益审计调查。

行政事业审计　对全盟2010年至2012年3月中小学校舍安全工程规划实施和工程资金分配、管理、使用情况进行就地审计。

农业与资源环保审计　对额济纳旗2010年至2011年实施的退耕还林还草等七大生态建设工程资金进行审计和审计调查。对资金主管部门挤占挪用和套取生态专项资金、私设“账外账”等违规问题进行揭示，引起额济纳旗党委、旗政府高度重视。

固定资产投资审计　根据投资审计项目不断增加的趋势，起草并提请印发《阿拉善盟固定资产投资项目审计聘用中介机构管理暂行办法》和《阿拉善盟政府重点投资建设项目跟踪审计暂行办法》等制度。根据自治区审计厅、盟行署的要求，盟本级开展政府投资建设项目审计8个。已审计项目共核减工程款7125万元，审计查出违规金额30 234万元。通过审计，促进建设项目的管理，为提高政府投资建设项目资金使用效益发挥积极作用。

社会保障审计　根据审计厅统一安排，采取“上审下”的方式，组成2个审计组对阿拉善右旗、额济纳旗财政、民政、人力资源和社会保障、地税、卫生、残联等部门、社会保险经办机构和企业等进行审计。通过审计，对不符合保障条件的人员违规享受低保待遇、重复参保及社会保障资金筹集、管理和使用中存在的其他问题提出处理意见和建议。

企业审计　完成非国有企业的审计调查。重点调查企业使用环境保护、污染治理项目资金真实、合规和效益情况。对企业未能履行社会责任欠缴排污费51万元、改变（压缩）环保建设项目规模339万元的问题，审计责成阿拉善左旗环保局限期征缴企业欠缴的排污费和整改落实未建环保项目。

经济责任审计　完成49名处级党政领导干部经济责任审计，共查处主要问题金额3764万元，其中违规金额129万元、管理不规范金额3634万元；负主管责任金额69万元、负领导责任金额60万元。

（撰稿人：胡　杰）

2012年内蒙古自治区所辖区、县(市)级审计工作统计表

金额单位：万元

审计机关	完成审计项目(个)	查出违规金额	应上缴财政	应减少财政拨款或补贴	应归还原渠道资金	应调账处理金额	移送司法、纪检、监察部门处理(件)	建议有关部门处理(件)	出具审计报告和审计调查报告(份)	提出审计建议(条)	撰写审计信息(篇)
呼和浩特市											
呼和浩特市本级	27	73165	61274		2575	2750	6		15	124	124
新城区审计局	23	128	48		306				23	25	55
回民区审计局	17	653	75			7			17	13	23
玉泉区审计局	22					143			22	55	35
赛罕区审计局	36	264	256			286			36	93	34
托克托县审计局	40	6	6		10	20			40	34	42

续表

审计机关	完成审计项目（个）	查出违规金额	应上缴财政	应减少财政拨款或补贴	应归还原渠道资金	应调账处理金额	移送司法、纪检、监察部门处理（件）	建议有关部门处理（件）	出具审计报告和审计调查报告（份）	提出审计建议（条）	撰写审计信息（篇）
武川县审计局	17	3641	83		6	1139			17	29	12
和林格尔县审计局	14	194	19			79	1		14	30	12
清水河县审计局	30	724	33		172	447			30	39	12
土默特左旗审计局	14	51	15						14	3	5
包头市											
包头市本级	38	36973	24677		1988	6103	2	3	41	33	170
昆都仑区审计局	19	5908	19	712	3955	1203			19	9	7
东河区审计局	52	1600	14	14	564	235			52	8	36
青山区审计局	23	3574	17		33	2355			23	43	9
石拐区审计局	12	281	8		2				12	17	2
白云鄂博矿区审计局	12	5622	1285	2171		1800			12	30	3
九原区审计局	24		349			138			24	60	16
固阳县审计局	19	6151	4918		740				19	5	7
土默特右旗审计局	22	6093	186		1258	7049			22		22
达尔罕茂明安联合旗审计局	54	6172	847	1052	44	1			54	63	50
稀土高新区审计局	6	132791	9342		54716	4551			6	18	8
乌海市											
乌海市本级	35	50153	8927	23873	6330	14757		4	37	76	142
海勃湾区审计局	63	11691	153	4867	6639	413			63	3	57
海南区审计局	57	4890	46	1886					57	37	140
乌达区审计局	15	4247			167				30		81
赤峰市											
赤峰市本级	85	11119	4354		13284	1391			85	93	148
红山区审计局	112	1170	6	1	665				112		161
元宝山区审计局	35	20	20						35	39	29
松山区审计局	48	1662	39	15	42	258			48	23	5
宁城县审计局	64	322	30						64	112	51
林西县审计局	33	628	19		21	7			33	46	98
阿鲁科尔沁旗审计局	13	1045	18			871			13	22	3
巴林左旗审计局	47	1462	19	751					47	109	78
巴林右旗审计局	34	83	2						34	55	24
克什克腾旗审计局	27		19		50	91			27	68	39

续表

审计机关	完成审计项目（个）	查出违规金额	应上缴财政	应减少财政拨款或补贴	应归还原渠道资金	应调账处理金额	移送司法、纪检、监察部门处理（件）	建议有关部门处理（件）	出具审计报告和审计调查报告（份）	提出审计建议（条）	撰写审计信息（篇）
翁牛特旗审计局	19	1200							19	15	5
喀喇沁旗审计局	40		42						40		49
敖汉旗审计局	26	51	51						26	28	18
通辽市											
通辽市本级	17	2590	905	130	1065	322	1		15	36	29
科尔沁区审计局	29								25	11	6
霍林郭勒市审计局	57	2873	231		58				57	189	9
开鲁县审计局	19	242	36						19	33	16
库伦旗审计局	39	1666	163		886	2127			32	16	136
奈曼旗审计局	13	427	17		2	3			13	25	7
扎鲁特旗审计局	41	466	124		10	87			41	18	12
科尔沁左翼中旗审计局	16	1156	1099		822				16	31	8
科尔沁左翼后旗审计局	27	47	84	100	159	429			23	44	15
呼伦贝尔市											
呼伦贝尔市本级	30	14028	7859		2163	5066	2		46	84	79
海拉尔区审计局	28	260	21		382	6338			11	2	18
扎兰屯市审计局	48	836	433		9	1532			19	50	113
牙克石市审计局	54	1354	32		9	1543			32	19	27
根河市审计局	22	109	2		38	38			16	15	13
额尔古纳市审计局	16	456	3		191				7	20	38
阿荣旗审计局	26	48	42			39			5	3	38
新巴尔虎右旗审计局	28	518	11	110	9	1236			16	82	59
新巴尔虎左旗审计局	17	28	28		25	427			3	6	13
陈巴尔虎旗审计局	28	3	3			14			18	10	9
鄂伦春自治旗审计局	37	3375	102	16	89	2128			20	23	19
鄂温克族自治旗审计局	29	1899	8		29	3941			7	8	30
莫力达瓦达斡尔族自治旗审计局	33	832	699						4	50	32
鄂尔多斯市											
鄂尔多斯市本级	24	223000	117000	869	25000	5725		2	28	47	35

续表

审计机关	完成审计项目(个)	查出违规金额	应上缴财政	应减少财政拨款或补贴	应归还原渠道资金	应调账处理金额	移送司法、纪检、监察部门处理(件)	建议有关部门处理(件)	出具审计报告和审计调查报告(份)	提出审计建议(条)	撰写审计信息(篇)
东胜区审计局	126	32261	525		11				147	37	86
达拉特旗审计局	160	991	22	13667					165	28	12
准格尔旗审计局	92	2311	47	15976		46			92	85	44
鄂托克前旗审计局	72	688	178	9912	2533	2526			128	61	131
鄂托克旗审计局	32	6967	98	1016	12668	170			33	62	13
杭锦旗审计局	40	76571	229	408	2549	35448			39	10	8
乌审旗审计局	51	12243	98	3806	411	480			50	36	109
伊金霍洛旗审计局	146	61348	8942	41660	729	837	1		165	285	106
乌兰察布市											
乌兰察布市本级	157	26611	230	4805	5303	6262	2		183	535	71
集宁区审计局	46	1705	34	563	576	397			54	147	48
丰镇市审计局	41	1109	31	412	473	309			53	145	26
卓资县审计局	35	1290	32	428	468	384			44	114	21
化德县审计局	36	1178	28	412	453	339			42	117	19
商都县审计局	40	1294	36	437	460	379			46	129	19
兴和县审计局	35	1267	31	432	454	247			40	125	28
凉城县审计局	41	1567	33	461	566	354			49	102	43
察哈尔右翼前旗审计局	33	1601	36	489	496	473			45	119	21
察哈尔右翼中旗审计局	31	1012	23	421	436	289			38	108	16
察哈尔右翼后旗审计局	44	1412	31	498	521	388			52	142	20
四子王旗审计局	47	1454	33	509	494	379			52	149	22
巴彦淖尔市											
巴彦淖尔市本级	38	12592	3723		2573	677	7	1	33	90	337
临河区审计局	42	5749	55		213				26	24	18
五原县审计局	115	16748	176		69	2480			113	140	58
磴口县审计局	42	9341	66						23	75	127
乌拉特前旗审计局	24	6656	29		880	673			23	51	9
乌拉特中旗审计局	31	10600	56						19	12	101
乌拉特后旗审计局	70	16878	215	375		235	1		70	124	167
杭锦后审计局	56	521	193	2	21				49	26	317

续表

审计机关	完成审计项目（个）	查出违规金额	应上缴财政	应减少财政拨款或补贴	应归还原渠道资金	应调账处理金额	移送司法、纪检、监察部门处理（件）	建议有关部门处理（件）	出具审计报告和审计调查报告（份）	提出审计建议（条）	撰写审计信息（篇）
兴安盟											
兴安盟本级	32	28911	196		1521	413			32	39	87
乌兰浩特市审计局	10	182	150		10	450			10	29	25
阿尔山市审计局	35	2228	73			1192			35	76	40
突泉县审计局	31	3209	152		263	599			31	24	26
科尔沁右翼前旗审计局	103	7769			89	2548			103	14	67
科尔沁右翼中旗审计局	48	29633	139		399	670			48	40	10
扎赉特旗审计局	48	2980	270	97	1957				48	62	
锡林郭勒盟											
锡林郭勒盟本级	48	132802	102226		34267	1428			51	188	160
锡林浩特市审计局	24	8351	28		5133	53552			21	6	50
多伦县审计局	28								28		50
阿巴嘎旗审计局	46					80			46	7	50
苏尼特左旗审计局	4								4		30
苏尼特右旗审计局	15	30	30						15		50
东乌珠穆沁旗审计局	16	156	156		19147				16		42
西乌珠穆沁旗审计局	11	40362			39654	708			11	5	12
太仆寺旗审计局	6								6		15
镶黄旗审计局	8		1		361				8	17	20
正镶白旗审计局	26		1						26		50
正蓝旗审计局	17		5						17		50
乌拉盖管理区审计局	8								8	79	20
阿拉善盟											
阿拉善盟本级	45	67563	3	7462	2061	41547		1	46	34	62
阿拉善左旗审计局	32	6360	37		2041				32	26	34
阿拉善右旗审计局	25	20	3			4428			46	35	85
额济纳旗审计局	51	650	2	4848					51	16	56
开发区审计局	20	510	2741		126	9224			20	33	

辽宁省

【辽宁省审计厅】 2012年，辽宁省审计厅人员编制186人，在编175人。设有办公室、行政管理处、法制处、经济责任审计办公室、经济责任审计处、财政审计处、金融审计处、行政政法审计处、教科文卫审计处、人事教育处、经贸审计处、农业与资源环保审计处、社会保障审计处、固定资产投资审计一处、固定资产投资审计二处、外资运用审计处、老干部处、机关党委、监察处和审计科研所、信息中心、审计干部培训中心。

领导成员

厅　长：王　悦

副厅长：毛　泽　付忠伟　孙东克

于俊东　邵　林　周　强

总审计师：马志伟

纪检组长：李凤岐（—5月）

姜长全（5月—）

审计成果 辽宁省审计机关共完成审计项目4603个，查出主要问题金额86.2亿元，应上缴财政30.5亿元，应减少财政拨款或补贴4.7亿元，应归还原渠道资金65.4亿元，应调账处理金额54.8亿元；已上缴财政9.2亿元，已减少财政拨款或补贴3.3亿元，已归还原渠道资金29.5亿元，已调账处理金额31.1亿元。移送司法机关、纪检监察部门处理事项28件，建议有关部门处理事项37件。提交审计报告、信息2798篇，被采用1076篇。

财政审计 各级审计机关不断加大预算执行审计力度，对全省1102个单位进行审计（调查），普遍取得良好成效，受到本级政府和人大的肯定与好评。各级审计机关按照构建财政审计大格局的要求，打破分工界线，认真周密组织，加强沟通协调配合、深入揭示本级预算执行及其他财政收支中存在的普遍性、苗头性以及体制、制度等方面的问题，并加大整改工作力度，有效维护法纪尊严和政府形象，促进预算管理的科学化、法制化和财政体制改革的不断深入。多位省领导多次对相关审计报告做出批示，责成有关单位对审计查出的问题认真整改。省人大常委会对省本级预算执行和其他财政收支的审计工作报告给予好评。

行政事业审计 辽宁省审计机关结合预算执行审计，对2077个行政事业单位进行审计（调查），查出主要问题金额77.7亿元，核减投资额（工程款）311万元。其中，辽宁省审计厅审计调查12个单位，查出主要问题金额5.8亿元。审计纠正财务基础工作和管理上存在的问题，对违规违纪问题依法进行处理，促进各行政事业单位提高依法理财能力，提高财政资金使用效益。

企业（金融）审计 全省审计机关按照管辖权限，分别对部分国有企业、地方金融机构进行审计和调查，查出主要问题金额31.1亿元，损失浪费金额4110万元。揭示相关单位贯彻落实中央和省委、省政府稳增长、调结构以及支持自主创新、节能减排等方面政策存在的问题和不足，促进全省经济健康发展。

农业与资源环保审计 各级审计机关重点开展农村中小学布局调整情况、农业综合开发资金、现代农业生产发展资金、农村困难家庭常年病人托管服务资金和辽河水环境等项目审计。发现资金投向不规范，对项目审核管理不严，专项经费支出存在改变用途、虚列支出、扩大开支范围、多结工程款等问题，并将涉嫌骗取国家财政资金的问题向相关部门做移送处理，多位省领导分别做出批示，要求有关部门严肃处理，并认真汲取教训，堵塞漏洞，确保农业与资源环保项目和资金规范、安全、有效运行。

固定资产投资审计 各级审计机关先后对第十二届全国运动会场馆建设、大伙房输水工程、交通设施、中小学校舍安全工程和对口支援新疆塔城资金等项目进行跟踪审计，对援建四川安县灾后重建项目进行竣工决算审计，对全省政法机关基本建设债务情况进行审计认证，核减工程款64.0亿元。及时揭示项目管理及资金使用等方面的问题并提出整改意见，促进有关单位建立健全规章制度，完善工程和资金管理。

社会保障审计 按照国务院部署和审计署、省政府要求，全省审计机关与审计署驻沈阳特派员办事处密切配合，共同对辽宁省18项社会保障资金进行全面审计，延伸审计和调查1167个单位。审计发现社保制度衔接不够，财政补助资金未足额到位，社会保障资金未纳入财政专户管理，扩大范围支出社会保障资金，重复参保、重复报销，应征未征、擅自减免和少缴、欠缴社保费等问题。通过审计，全面摸清辽宁省社会保障资金基本情况，为政府加强管理提供重要参考和决策依据，促进幸福辽宁建设。在此项审计中，辽宁省有 2 个审计项目、12 个集体和 6 名审计人员受到审计署表彰。

经济责任审计 全面贯彻两办《规定》，按照各级党委组织部门委托，积极开展经济责任审计。全省共对 1831 名领导干部进行审计，查出主要问题金额 165.7 亿元，促进增收节支 2.4 亿元。根据审计结果，1 名涉案人员被移送纪检监察机关，1 名领导干部被撤职。省本级协调召开全省经济责任审计工作领导小组暨联席会议全体会议，制定《联席会议议事规则》《联席会议办公室工作规则》，出台《关于深化经济责任审计工作的意见》，规范经济责任工作的范围、内容和方法程序。

审计科研成果 省审计科研所共完成课题研究 3 项。围绕国家审计文化建设专题，撰写的“国家审计文化建设研究”获得辽宁省第十二届哲学社会科学成果奖三等奖。该课题从国家审计文化的形成入手，深入研究国家审计文化的内涵，详细分析国家审计文化建设的现状，系统总结国家审计文化建设的成果和薄弱环节；提出要明确国家审计文化四项建设的途径。省审计学会与吉林省、广东省审计学会，上海、哈尔滨、西安和成都特派员办事处共同开展“中国特色绩效审计方法体系”联合课题研究。该课题基于中国三十年来的绩效审计实践，归纳中国特色绩效审计的概念和特征，总结中国特色绩效审计的基本经验，构建包括组织方法、查证方法、分析方法和评价方法在内的中国特色绩效审计方法体系，对相关审计方法的具体运用进行分析阐述，对全面推进绩效审计提出政策建议。成功申请并顺利完成的省社科联重点立项课题，撰写“辽宁社会保障资金现状调查与对策建议”一文。该课题在客观介绍辽宁省社会保障基本情况的基础上，从制度、管理、执行力度和资金运营等角度分析辽宁省社会保障运行中的主要问题，提出完善制度设计、强化预算管理、注重开源增收、改进信息化管理及监督等对策建议。该成果在结项评审中得到省社会科学领域专家好评，被评定为优秀结项课题。

相关工作 各级审计机关认真组织党的十八大精神的学习宣传贯彻，深入开展创先争优和“走基层、转作风、办实事”活动，大力弘扬“责任、忠诚、清廉、依法、独立、奉献”审计人员核心价值观，进一步提高审计机关整体的凝聚力和战斗力。以提高质量和效率为核心，各级审计机关加强审计业务管理，积极改进审计组织方式，进一步加大审计资源的整合力度，保证重大审计任务圆满完成。以提高应用和实战能力为目标，省审计厅召开信息化工作会议，部署未来三年全省审计信息化工作，通报表彰优秀计算机审计案例，组织经验交流。各级审计机关进一步加大投入，大力推进审计信息化建设，特别是计算机审计技术的广泛应用，促进审计质量和效益的提高。着眼提高审计队伍整体素质，各级审计机关注重探索培训、考核、选拔和任用的新模式，充分调动审计人员的积极性和创造性。围绕审计实践需求，组织审计业务和技能培训，启动以“开拓新视野、学习新知识、掌握新技能”为主题的智力援疆培训，受到参训人员普遍好评。

（撰稿人：乔鹏程）

【沈阳市审计局】 2012 年，沈阳市审计局人员编制 168 人，在编 160 人。局长毕华峰，副局长韩力、付立、高洪光、刘宝石，纪检组长张秋艳。设有办公室、人事教育处、法规审理处、审计信息化管理处、经济责任审计处、财政审计处、行政政法审计处、教科文审计处、金融审计处、农业与资源环保审计处、经贸审计处、外资运用审计处、固定资产投资审计一处、固定资产投资审计二处、社会保障审计处、案件审计处、监察处、离退休干部管理处、驻沈阳地铁建设项目指挥部审计处、机关党委。

审计成果 沈阳市审计局完成审计项目 89 个，查出违规金额 11.2 亿元，应上缴财政 2.4 亿元，应归还原渠道资金 6.1 亿元，应调账处理金额 19.4 亿元；已上缴财政 2.4 亿元，已归还原渠道资金 6.1 亿元，已调账处理金额 19.4 亿元。提交审计工作报告、信息 149 篇，被采用 120 篇。

预算执行审计 对沈阳市财政和 22 个部门的

预算执行情况以及21项专项资金进行审计，查出4个方面的20类问题，违规金额3.3亿元。

社会保障审计 对和平、皇姑、大东、铁西、东陵、于洪、沈北、辽中、康平等9个区（县）的社会保险基金、社会救助资金和社会福利资金等社会保障资金进行审计。沈阳市审计局社保处获得“全国社会保障资金审计公务员集体三等功”荣誉称号。

固定资产投资审计 对地铁新线开线前准备及1、2号线的收尾结算进行审计。审计会展中心、妇婴医院等6个项目的决算。开展三、四环路征地拆迁、哈大铁路客运专线征地动迁补偿、市骨科医院综合楼改造工程决算审计。会同监察局对29个场馆建设项目开展督察，提报2份审计报告。

经济责任审计 完成对33名市管领导干部的经济责任审计。进一步加强与组织人事、纪检监察、国资等部门的协调配合，不断改进计划管理和成果运用等工作。

专项审计 开展教育费附加管理使用情况、农村中小学布局调整以及“送温暖、献爱心”社会捐助等民生审计。在政府网站上公示“送温暖、献爱心”捐助活动的审计结果。

农业和资源环境审计 对水利专项资金、农业综合开发资金管理使用和沈康高速公路现代农业示范带农田建设项目进行审计。对全市24户万吨以上污水处理厂的建设、管理、运营情况进行审计调查，提出继续加大城镇污水综合整治力度，提高污水处理能力和标准等7个方面建议。

（撰稿人：余　宏）

【朝阳市审计局】 2012年，朝阳市审计局人员编制73人，在编70人。局长郭天玺，副局长张子森、郭永杰，总审计师佟宝钧，纪检组长姚文卿。设有办公室、法制综合科、经济责任审计室、财政审计科、行政事业审计科、经贸审计科、农业与资源环保审计科、社会保障审计科、固定资产投资审计一科、固定资产投资审计二科、信息化管理与应用科和朝阳市固定资产投资审计中心。

审计成果 全市审计机关共审计和审计调查574个项目，查出违规、管理不规范及审减政府投资工程造价金额35.5亿元，通过上缴财政、审减政府投资工程造价、减少财政拨款5.4亿元。向上级审计机关和市委、市政府提交综合报告、专题报告、送阅件、信息208篇，被批示166篇。提出审计建议898条，被采纳825条。

财政审计 着力构建财政审计大格局，努力实现对财政资金全口径监督。组织开展朝阳市本级预算执行和其他财政收支情况审计。组织开展4个县级政府、57个乡镇财政决算审计。查出违规及管理不规范金额4.8亿元。围绕财政资金运用主线，采用“条块结合”方法，对朝阳市392家单位进行审计，查出违规及管理不规范金额13.8亿元。

固定资产投资审计 完成政府投资审计项目127个，审减政府投资工程造价2.6亿元。对朝阳市总工会活动中心、交通管理中心、中级人民法院审判综合法庭、朝阳工程技术学校工程等项目进行异地封闭审计。对老旧小区整治改造、葫芦岛保障性住房项目开展跟踪审计。

经济责任审计 组织开展对236名领导干部的经济责任审计，查出违规及管理不规范金额6.5亿元，其中负主管责任1.7亿元，负领导责任4.5亿元。指导12名领导干部及所在单位进行自查自纠工作，自查违规问题金额887.28万元。

专项资金审计（调查） 组织开展47个专项资金的审计和审计调查，查出违规及管理不规范金额1.98亿元。

专项审计 一是圆满完成县（市）区社会保障资金审计和朝阳市农村中小学布局调整情况审计调查。二是完成葫芦岛市政法机关基础设施建设债务审计、辽宁城建职业技术学院世界银行贷款审计、双塔区与朝阳县农村信用社联合社审计和保障性住房、校舍安全工程、第十二届运动会场馆改造项目跟踪审计等7个审计项目。三是完成市属中小学布局调整审计调查、全市100万亩设施农业审计、500万亩荒山绿化审计、北京宁阳大酒店资产负债审计、经济发展信息中心信息平台建设资金审计和博物馆陈列布展装修工程结算审计等8个审计项目。（撰稿人：刘津含）

【阜新市审计局】 2012年，阜新市审计局人员编制66人，在编64人。局长朱海泉，副局长张百平、金长起，纪检组长邵荣山（—7月）。设有经济责任审计办公室、财政金融审计科、固定资产投资审计一科、固定资产投资审计二科、行政政法审计科、教育科学文化审计科、经贸审计科、农业与资源环保审计科、社会保障审计科、机关党委、法制科、综合科、人事科、老干部科、计算机审计指导科、办公室、审计信息中心。

审计成果 阜新市审计局完成审计项目72个，查出主要违规金额3160万元，应上缴财政382万元，应归还原渠道资金682万元，应调账处理金额2318万元。责令被审计单位依据税法及有关规定补缴各项税费1282万元。提交审计报告、信息77篇，有6篇审计报告和信息得到市委、市政府领导批示，市政府召开6次专题会议研究制定审计查出问题的整改措施。在市政府绩效考评中，阜新市审计局获先进单位称号。获2012市直机关党建工作阜新奖。被辽宁省精神文明建设指导委员会办公室评为辽宁省2012年度农村精神文明建设先进单位。

预算执行审计 对2011年度阜新市本级财政预算执行和其他财政收支情况进行审计，从强化预算管理、建设项目组织管理和社会保障资金管理方面提出审计建议。阜新市人大给予高度评价，认为市政府及其职能部门认真履行审计监督职责，较好地发挥了审计职能作用。

固定资产投资审计 对沈彰新城、西外环等6个重点建设项目进行审计，重点关注工程造价的真实合理性和项目管理、建设资金运用的效益效果及各项税费、基金计提缴纳情况，审减工程价款556万元。

专项资金审计（调查） 重点对水利专项资金、两县五区社会保障资金开展审计，纠正水利专项资金和社会保障资金管理使用中存在的问题。水利专项资金审计报告得到阜新市政府主要领导批示，明确要求整改。阜新市政府召开专题会议研究社会保障资金审计中发现问题的整改措施。完成农村中小学布局调整情况的专项审计调查工作，调查中发现校车安全隐患等问题，整理提交的审计信息分别得到市委书记、市长和分管副市长的批示。

经济责任审计 对25名领导干部开展经济责任审计，查出问题金额2527万元，分别做出审计处理。经济责任审计工作得到市委、市政府的高度重视，制定出台《关于进一步做好经济责任审计工作的通知》（阜委发〔2012〕21号），为深化经济责任审计工作提供保障。（撰稿人：马丽娟）

【铁岭市审计局】 2012年，铁岭市审计局人员编制100人，在编82人。局长王长生，副局长张波、李化山、邵荣，纪检组长赵玉杰。设有办公室、人事监察教育科、法制科、综合科、经贸审计科、农业与资源环保审计科、固定资产投资审计一科、固定资产投资审计二科、财政审计科、金融审计科、行政政法审计科、经济责任审计办公室、外资运用与社会保障审计科、教科文卫审计科，另设有机关党委及计算机信息中心、审计培训中心、铁岭市政府投资审计中心。

审计成果 全市审计机关共完成审计（调查）项目270个，查出违规金额5.8亿元，应上缴财政4.4亿元，应归还原渠道金额15.4亿元。移送司法机关、纪检监察部门处理事项10件。提交审计报告、信息324篇，被采用171篇。

预算执行审计 审计253个单位，查出主要问题金额36.6亿元，其中市本级预算执行审计查缴入库非税收入3.9亿元，促进出台2项公务卡改革管理办法。两级审计机关审计工作报告均受到政府和人大好评。

行政事业审计 审计行政事业单位153个，揭示隐瞒截留收入、违规改变资金用途、少缴税费、未落实“收支两条线”规定等问题，提高单位财政财务管理水平。

农业与资源环保审计 对北方采暖地区既有居住、建筑供暖计量及节能改造资金管理使用情况进行审计调查，对其生态效益和社会效益进行评价。

固定资产投资审计 审计政府投资基础设施建设项目23个，核减工程款2.2亿元。铁岭市政府召开两次专题会议研究落实审计整改工作，产生积极影响。

社会保障审计 加大社保、医疗、扶贫、保障性住房等资金审计力度，共审计各类单位12个，查出主要问题金额5.6亿元。社会保障资金审计为政府加强管理提供重要参考。铁岭市审计局被辽宁省人民省政府授予“全省新型农村和城镇居民养老保险工作先进单位”称号。

企业审计 完成6户企业审计，查出主要问题金额766万元。

经济责任审计 审计152名领导干部，查出主要问题金额2.2亿元，促进增收节支261万元，促进依法行政和廉政建设。

专项资金审计（调查） 对扶贫资金、技改贴息资金、公路建设资金等专项资金、辽河治理资金、农村困难家庭常年病人托管服务资金和中小学布局调整情况进行审计（调查），审计专项资金总额12亿元。查出主要问题金额2.4亿元，促进有关政策落实和资金合理规范使用。

（撰稿人：杜剑一）

【抚顺市审计局】 2012年，抚顺市审计局人员编制110人，在编103人。局长于景森，副局长刘晓滨（5月—）、陈亚文、韩来云、房文冬，纪检组长于国田（—7月）。设有办公室、综合处、人事处、法制处、计算机审计处、外资金融审计处、固定资产投资审计一处、固定资产投资审计二处、社会保障审计处、经济责任审计一处、经济责任审计二处、教科文卫审计处、财政审计处、经贸审计处、农业与资源环保审计处、行政政法审计处。

审计成果 抚顺市两级审计机关共完成审计项目299个，查出违规金额2.7亿元，应上缴财政1069万元，应减少财政拨款或补贴9780万元，应归还原渠道资金4624万元，应调账处理金额2.5亿元；已上缴财政857万元，已减少财政拨款或补贴9898万元，已归还原渠道资金817万元，已调账处理金额1909万元。移送司法机关、纪检监察部门处理事项2件，建议有关部门处理事项4件。提交审计报告、信息561篇，被采用75篇。

财政审计 在抚顺市本级2011年度财政预算执行审计中，共审计68个项目，查出违纪违规和管理不规范金额分别为1.6亿元和2.4亿元。《关于抚顺市2011年度市本级预算执行和其他财政收支的审计工作报告》，得到抚顺市人大和市政府的充分肯定和高度评价。抚顺市各县区财政预算执行审计工作也都得到本级人大和政府的好评。

经济责任审计 全市两级审计机关开展领导干部经济责任审计项目151个，查出违规和管理不规范金额5.4亿元。调整抚顺市经济责任审计工作组织领导机构，加强经济责任审计工作相关制度建设，编制并推行经济责任审计模板，缩短现场审计时间，提升规范化程度。

固定资产投资审计 抚顺市本级组织完成36个建设项目的审计和跟踪审计或审计调查，审减工程款节约政府投资1亿元，揭示出工程造价、工程质量、工程招标、工程管理等方面的问题。抚顺市审计局研究制定《抚顺市政府投资建设项目审计监督办法》。

社会保障审计 在抚顺市县区社会保障资金审计中，查出重复缴费等问题。完成朝阳市本级社保基金、社会救助资金、社会福利资金审计和3个县农村困难家庭长期病托管服务资金审计调查，开展抚顺市和谐社区建设情况审计调查，促进和谐社会建设。

专项资金审计（调查） 围绕促进民生工程建设和惠民政策落实，重点加强对教育、林业、水利、粮食、城市维护、校车补助、医疗卫生、就业等专项资金的审计监督。向抚顺市政府报送审计调查报告和审计要情等，市政府领导分别做出批示。 （撰稿人：唐东宏）

【本溪市审计局】 2012年，本溪市审计局人员编制88个，在编94人。局长王佳才，副局长张万本、李明远、富国义，总审计师田伟，纪检组长杨占伟。设有机关党委、办公室、综合处、法规处、经责处、财金处、行政政法处、科教文卫处、经贸处、农业与资源环保处、投资处、外资处、社保处、经案处、计算机审计处、离退休干部管理处。另设政府投资审计中心（审计干部培训中心）。

审计成果 本溪市审计局完成审计项目74个。查出管理不规范等主要问题金额23.7亿元，核减财政投资7029万元，审计促进整改落实有关问题资金190万元。移交案件和线索6件。提交各类审计报告和信息93篇，被批示、采用44篇次。在审计署统一组织的全国社会保障资金审计中获得公务员集体嘉奖；被省委、省政府授予

“2010—2011 年文明机关”荣誉称号；被市委、市政府授予先进集体称号。被评为 2012 年度环境保护暨“创模”工作、“十八大”安保维稳、“服务药都建设年”“五五普法”工作等先进单位。

预算执行审计 坚持以财政预算执行审计为第一要务，切实发挥财政“公共卫士”的作用。坚持“六个统一”，开展对市级财政部门预算编制、部门预算执行情况和“三公经费”管理等方面的审计。揭示财政管理、部门预算执行以及社会保障资金、住房公积金和重点工程建设等方面存在的 14 个问题，归还资金和追回被冒领的社会保障资金共计 583.6 万元。移交案件 6 件，被检察机关批捕 1 人。

固定资产投资审计 开展对中国“药都”基础设施建设资金等政府性投资审计项目 7 个，核减工程投资 8600 万元。开展对地工路等项目征地拆迁补偿审计核查等工作，审计投资额近 3 亿元。开展对全市 76 户企业国有产权资本经营情况的审计调查。

经济责任审计 开展 16 位领导干部经济责任审计，查出违纪违规金额 6.4 亿元。促进领导干部依法行政、廉政建设，促进经济责任审计工作科学化、规范化进程。首次实施对南芬区党政领导“同步审”的工作，收到预期成效。

审计信息化建设 全年上报省审计厅 AO 实例和审计方法 36 篇。获得 AO 应用实例和审计方法两项优秀组织奖，有 28 篇获优秀奖和应用奖，有两个 AO 实例获审计署应用奖，10 篇获审计署鼓励奖。全局审计业务人员 AO 考试通过率达到 100%。在首次召开的全地区审计信息化工作会议上，制订审计信息化工作发展规划和进一步推进审计信息化建设的意见，信息化建设实现新突破。

（撰稿人：梁　霄）

【辽阳市审计局】 2012 年，辽阳市审计局人员编制 70 人，在编 72 人。局长栗荣庆，副局长纪辉（8 月—）、张迎胜、于兆东、王永华、孙柏野（3 月—），总审计师姜铁男，纪检组长戴有胜。设有办公室、法制科、综合科、人事教育科、经贸审计科、农业审计科、财政审计科、行文审计科、社保审计科、财金审计科、经济责任办公室、投资绩效审计科、城建审计科、河东审计分局（派出机构）和信息中心。

审计成果 全市审计机关共完成审计（调查）项目 599 个，查出管理不规范金额 23.8 亿元，违规金额 9207 万元，核减政府投资金额 3.2 亿元，上缴财政 2072 万元，归还原渠道资金 101 万元。其中辽阳市审计局完成审计（调查）项目 72 个，查出违规金额 2045 万元，管理不规范金额 1.8 亿元，上缴财政 2045 万元，审减政府投资金额5260 万元。提出审计建议 142 条，编发审计信息 78 篇。

财政审计 开展 2011 年度市本级财政预算执行和其他财政收支情况审计，重点审计辽阳市老干部局等 17 个市直部门的预算执行情况。对太子河区、弓长岭区、辽阳县 2010 年至 2011 年财政决算进行审计。

金融审计 受辽宁省审计厅委托，审计辽阳县、灯塔市两家农村信用社，延伸审计企业、基层农村信用社 42 家，抽查资产总额 37.54 亿元，查出问题 17 个，提出审计建议 12 条。

行政事业审计 完成审计项目 14 个，重点对辽阳地区农村中小学布局调整情况进行专项审计调查。受辽宁省审计厅委托，对锦州地区政法机关基础设施建设债务情况进行审计。

农业与资源环保审计 完成审计项目 8 个，对辽阳市环保局、市水利工程移民局、市动物卫生监督所进行预算执行审计。对市水利工程移民局原局长、市水务局局长、市林业局局长进行经济责任审计。

经济责任审计 全年计划安排经济责任审计项目 27 个，其中任中审计 17 个，占计划的 63%。实际完成 40 项，完成年度计划的 167%。查出管理不规范金额 2.3 亿元，损失浪费金额 8 万元，提出审计建议 45 条。

固定资产投资审计 围绕“五大发展战略”，加强重点工程和重点资金的审计力度，完成审计项目 12 个，审减投资金额 5260 万元。按照辽宁省审计厅的统一安排，对辽中至新民高速公路工程建设和征地动迁、补充耕地造地工程以及沈阳至桃仙机场高速公路改扩建项目工程建设和征地动迁补偿情况进行审计。在对辽中至新民高速公路工程建设和征地动迁、补充耕地造地工程进行专项审计中，审减投资额 260 余万元，对土地出让等问题提出建议。

社会保障审计 根据审计署的统一部署，对辽阳市社会保障资金进行全面审计。审计包括社会保险基金、社会救助资金和社会福利资金三部分，共12类18项资金。发现重复参保、虚报冒领、违反国家政策领取低保金等问题，这些问题相关部门已进行整改。（撰稿人：詹恒亮）

【鞍山市审计局】 2012年，鞍山市审计局人员编制150人，在编142人。局长杜俊双，副局长阚晓阳、刘文晓、原丹，总审计师李岩，纪检组长倪洪刚。设有办公室、人事教育处、法规处、外资运用审计处、财政审计处、金融审计处、行政事业审计处、经贸审计处、政府采购资金审计处、农业与资源环保审计处、社会保障审计处、固定资产投资审计处、领导干部经济责任审计处、经济案件审计处、审计指导处、债务清缴审计处。

审计成果 鞍山市审计局完成审计项目44个，查出主要问题金额4.1亿元，其中违规金额58万元，管理不规范金额4.1亿元。提交审计报告44篇，提出审计建议31条，提交审计专题、综合性报告和信息简报10篇，被批示采用的审计专题、综合性报告和信息简报6篇。

预算执行审计 鞍山市审计局完成部门预算执行审计18个单位，查出主要问题金额2.6亿元，其中违规金额58万元，管理不规范金额2.6亿元。提出审计建议12条。

经济责任审计 鞍山市审计局完成26名领导干部经济责任审计，对领导干部任职期间财政收支、财务收支的真实性、合法性、效益性和重要经济指标的完成情况以及重大经济决策情况进行审计，查出管理不规范金额1.6亿元。提出审计建议19条。

政府采购审计 鞍山市审计局参加各类货物采购项目招标现场监督184次。经现场监督，对不符合政府采购相关规定的采购项目建议废标10次，均被采纳。参加供应商资质预审6次，采购项目协调会2次，现场监督抽取专家192次。参与市政府组织的各类货物验收159次，经现场验收监督，对不符合政府采购程序或不合格的验收项目会同综合部门出具质疑验收报告5份，均被采纳。

经济案件审计 鞍山市审计局认真查处群众举报的各类经济案件，全年共派出协助市纪委、市监察局办案的审计人员14人次，查办违纪案件9件。

专项资金审计（调查） 根据辽宁省审计厅统一部署，完成对阜新市社会保障资金进行交叉审计，对鞍山七县（市）区社会保障资金实施审计，对保障性住房实施审计，对农村中小学布局调整进行审计调查。完成辽宁省审计厅安排的对哈大铁路客运专线动迁补偿资金跟踪审计，对营口市政法系统债务情况进行审计，对中小学校舍安全建设情况进行跟踪审计。（撰稿人：王艳文）

【丹东市审计局】 2012年，丹东市审计局人员编制70人，在编68人。局长刘国栋，副局长李圣稙、曹瑞洲、张作群，总审计师袁大兵，纪检组长孙少军。设有财政审计处、社会保障审计处、固定资产投资审计处、农业与资源环保审计处、行政事业审计处、经贸审计处、金融外资审计处、经济责任审计处、机关党委、监察室、办公室、法制处、综合处和政府投资审计中心。

审计成果 全市审计机关完成审计项目308个，查出违规金额13.3亿元，应上缴财政9268万元，应减少财政拨款或补贴1.8亿元，应归还原渠道资金7713万元，应调账处理金额11.0亿元；已上缴财政8307万元，已减少财政拨款或补贴1.1亿元，已归还原渠道资金5483万元，已调账处理金额8896万元。提交审计报告、信息537篇，被采用271篇。

预算执行审计 加大丹东市本级二、三级预算单位审计力度，审计和延伸审计调查15个部门108个单位和项目，涉及金额189亿元，促进丹东市本级财政增收节支1.8亿元。5月，代丹东市政府向市人大常委会做预算执行情况审计工作报告；9月，首次代丹东市政府向市人大常委会报告审计查出问题整改情况。

社会保障审计 组织市县两级审计机关40多人，分成6个审计组，审计全市社会保障资金。揭示违规金额4.5亿元，管理不规范金额6698万元，督促清退不符合条件低保和重复参加社会保险1808人，追回被骗取和多支付的社会保障资金

49.8万元。向丹东市政府报送的《丹东市市区事业养老保险基金专项审计调查报告》经3位市领导批示后，追加印发《我市市区事业养老保险收不抵支赤字连年递增》《事业单位拖欠养老保险费数额较大市财政负担沉重》等信息。通过揭示医保与新农合重复享受报销待遇以及参保、参合重复问题，以审计专报《医保和新农合医疗费重复报销治病不花钱还赚钱的漏洞须堵住》向丹东市政府反映。丹东市委、市政府领导批示，要求主管部门拿出办法，将多头保险纳入一个体系管理，堵塞漏洞，并追回多头参保骗取的国家资金。

经济责任审计 一是与预算执行审计、财政决算审计、专项审计等专业审计紧密结合，集约审计资源，整合审计成果，避免重复审计，降低审计成本。二是党委、政府主要领导干部经济责任审计的同步化，有利于界定与评价县（市）区党政主要领导干部的经济责任。三是加大任中审计在经济责任审计中的比重。在丹东市本级20项党政领导干部经济责任审计中，任中审计占2项，为经济责任审计项目数的10%。

（撰稿人：贯春荣）

【大连市审计局】 2012年，大连市审计局人员编制151人，在编141人。局长王安栋，副局长付强、宫本胜、张学贵，纪检组长包广平。设有办公室、法制处、财政审计处、经济责任审计一处、经济责任审计二处、行政政法审计处、教科文卫审计处、农业与资源环保审计处、固定资产投资审计一处、固定资产投资审计二处、企业审计处、社会保障审计处、金融审计处、外资运用审计处、人事处（机关党委）、纪检组（监察室）。

审计成果 大连市两级审计机关共开展499个审计和审计调查项目，查出违规金额6.6亿元，审减工程造价7870万元，上缴财政2.5亿元。向司法机关、纪检监察部门和其他相关部门移送经济案件线索17件。有228篇次的审计报告、信息、要情等被上级机关和有关部门采用或得到有关领导的批示。促进被审计单位制定整改措施100项，健全完善规章制度13项。

预算执行审计 大连市两级审计机关紧紧围绕预算的完整性和执行的规范性两个重点，不断加大财税审计力度，重点关注预算编制、预算执行、税收征管、资金绩效等情况，反映政策落实、制度规范、资金管理等方面的问题，提出有针对性的审计建议，促进提升预算管理的科学化、规范化水平。

固定资产投资审计 全市审计机关对大连南部滨海大道建设工程、市地铁建设工程、丹大铁路建设项目征地动迁补偿费管理使用情况等117项政府投资项目和资金进行审计和跟踪审计。在审计中，坚持边审计边整改，及时纠正招投标、工程质量、环境保护和资金管理等方面存在的问题，为促进项目规范管理、提高投资效益发挥积极作用。

经济责任审计 大连市两级审计机关共完成203名党政领导干部及企业领导人员的经济责任审计，查出违规金额9906万元，上缴财政644万元。不断加强经济责任审计的基础工作，提高计划管理水平，理顺经济责任审计的管理体制、机制，建立健全制度规范，为开展经济责任审计工作奠定坚实基础。

社会保障审计 大连市两级审计机关圆满完成对市辖7个区市和营口市本级的社会保障资金审计。通过审计，实现审计署确定的工作目标，促进相关地区社保制度体系的不断完善，积累大量的社保审计方法和经验，为今后开展社保联网审计工作奠定基础。

专项资金审计（调查） 继续把关注民生、体现民意、维护民利作为审计工作的重要目标，围绕市政府确定的民生工作重点，组织开展农村饮水安全工程建设情况、市属公立医院财务管理和效益情况、城市绿化建设资金管理使用情况、“7·16”油污染事故渔业损失补偿资金管理使用情况等专项审计调查，查处滞留闲置和挤占挪用专项资金等问题。维护群众切身利益，为保障和改善民生、维护社会和谐稳定发挥作用。

（撰稿人：马　丽）

【营口市审计局】 2012年，营口市审计局人员编制54人，在编52人。局长迟成君，副局长王文良、张丽杰。设有办公室、经济责任审计工作办公室、财政审计科、金融与外资运用审计科、行政政法审计科、法制科、教科文审计科、社会保障审计科、固定资产投资审计一科、固定资产投资审计二科、农业与资源环保审计科、经贸审计科、信息化科。

审计成果 营口市审计局审计（调查）党政机关、企事业单位73个，查出违规和管理不规范金额31.11亿元，促进财政增收节支4826万元。提交专题、综合性报告43份。先后被评为全省文明机关标兵、全市法制宣传教育先进单位、全市政风行风建设先进单位和市直机关绩效考评优秀单位荣誉称号。

财政审计 预算执行审计主要突出三个重点，即全市纳税大户税收质量分析；新体制运行情况调查；对上级转移支付进行审计，重点关注资金分配、拨付、使用和效益情况。审计报告提出提高预算编制的科学性，增强预算约束力等审计建议，审计结果为市人大常委会审查报告提供重要依据。对老边区、盖州市和西市区2011年度财政决算进行审计，重点关注财政收入质量、财政支出结构、上级专项资金的使用、土地出让金的收支和财政管理等方面，审计发现财政收入不实、滞留专项、部分县区财政赤字呈扩大趋势，收支矛盾日益突出等问题。

固定资产投资审计 对本溪市城镇保障性安居工程进行审计，查出各类保障性住房工程资金预算执行进度较慢、建筑面积超标、廉租住房和经济适用住房分配管理制度不完善等问题。

社会保障审计 组织全市两级审计机关开展对6个县区社会保障资金的审计，摸清营口市社会保障体系的建设情况、保障人数和标准、社会保障管理情况以及社会保障资金收支和结余情况。审计中发现营口市社会保障工作存在4大类22个问题，提出继续完善社会保障制度建设、增强社会保障资金保障水平、加强对社会福利和社会救助的制度完善和对象管理的审计建议。

经济责任审计 受组织部门委托完成经济责任审计项目18个，提交审计结果报告18份。经济责任审计坚持做到反映问题真实全面、定性准确，评价意见客观公正、实事求是，提出建议注重实效、恰当可行，得到被审计单位和被审计领导干部的认可。

专项资金审计（调查） 开展对营口市土地资源利用情况、保障性住房情况、辽河西大街改造项目等6个项目的审计调查，均取得良好效果。

（撰稿人：韦昕雨）

【盘锦市审计局】 2012年，盘锦市审计局人员编制41人，在编39人。局长王贺广，副局长李奇、闫志刚、郭克敏（2月—），纪检组长王钧。设有办公室、法制综合科、经济责任审计办公室、经济责任审计科、财政金融审计科、文教行政审计科、农业与社保审计科、固定资产投资审计一科、固定资产投资审计二科。

审计成果 全市审计机关共完成195个审计项目，查出违规及管理不规范金额20.4亿元，执行审计缴款846万元，核减工程造价5756万元。提交审计信息91篇，被批示、采用65篇次。

财政审计 重点审计市财政部门具体组织的本级预算执行情况、市卫生局等9个市直部门的预算执行情况、2011年度住房公积金等6项专项资金的管理使用情况，审计查出违规金额8300余万元。通过整改，已上缴财政649.3万元，归还被借用的财政资金及专项资金4 438.4万元，已转入专户中核算的资金799.6万元，纳入规范核算的资金2200万元。完成盘山县政府、兴隆台区政府财政决算和其他财政收支审计，揭示县区政府存在的应缴未缴预算收入、超范围使用残疾人保障金以及财政资金外借未及时清结等问题。

固定资产投资审计 完成辽滨沿海经济区基础设施工程项目等37个项目的造价决算审计，审计核减工程价款结算额5756万元。完成盘锦大学建设项目、盘锦市体育中心工程项目的跟踪审计。

社会保障审计 对盘锦市各县区社会保障资金的管理运行状况进行全面审计。涉及社会保险资金、社会救助资金和社会救济资金等共12类18项，重点审计各县区人力资源和社会保障、民政、卫生、财政等部门以及社会保险经办机构等单位。审计揭示各项社会保障制度在资金筹集、管理、分配、使用以及政策执行和运行机制中存在的突出问题，较为客观地从体制、机制和制度层面分析存在问题的原因，并提出有针对性的审计建议，为党委政府提供决策依据。

经济责任审计 完成35名县处级党政领导干部和国有企业领导干部经济责任审计，查出石山种畜场对外投资款无法收回，市社会保险事业管理局未上缴改制企业职工养老统筹基金结余等问题。

专项资金审计 完成2011年度农业综合开发资金审计。完成盘锦市2011年度海洋渔业专项资金审计。

交办审计 完成盘锦市农发行不良贷款审计调查和盘锦市建设投资有限公司融资和经营管理情况的审计。根据辽宁省审计厅部署，完成辽阳市政法机关基础设施建设债务审计。根据辽宁省审计厅部署，完成对盘山县、双台子区农村信用合作联社原理事长和原主任任职期间经济责任审计。 （撰稿人：赵庆举）

【锦州市审计局】 2012年，锦州市审计局人员编制89人，在编103人。局长冯晓华，副局长何广华、马志军、李犁，纪检组长吴颖。设有办公室、人事教育处、机关党委、行政管理处、法制处、督察处、财政审计处、金融审计处、行政政法审计处、教科文审计处、经贸审计处、农业与资源环保审计处、社会保障审计处、投资审计一处、投资审计二处、投资审计三处、锦州市经济责任审计办公室、经济责任审计一处、经济责任审计二处、经济责任审计三处、信息审计处、内审指导处、龙栖湾审计分局。

审计成果 全市审计机关完成审计项目441个，查出违规金额17.7亿元，应上缴财政9809万元，应减少财政拨款或补贴2728万元，应归还原渠道资金3.2亿元，应调账处理金额4.0亿元；已上缴财政8318万元，已减少财政拨款或补贴2175万元，已归还原渠道资金9009万元，已调账处理金额630万元。移送司法机关处理事项1件，建议有关部门处理事项7件。提交审计报告、信息783篇，被采用741篇。

预算执行审计 锦州市审计机关完成本级财政预算执行审计，审计结果分别向本级人大进行汇报，均得到高度评价。其中锦州市审计局完成市本级和26个部门的预算执行审计，针对提出的加强和改进预算管理的意见和建议，市人大出台《锦州市关于市属开发区（新区）预算监督暂行办法》，保障国家财政政策的落实。在各级人大和政府的重视下，预算执行审计查出问题的整改工作也取得实效。

经济责任审计 全市审计机关完成161名领导干部的任期经济责任审计，督促县区按照两办《规定》要求成立经济责任审计机构，组织召开锦州市经济责任审计工作领导小组会议、全市贯彻落实两办《规定》经验交流会。纠正领导干部在履行经济责任中的不当行为，促进领导干部提高依法履职的能力，促进党风廉政建设。

固定资产投资审计 完成2013中国锦州世界园艺博览会建设、锦凌水库工程、保障性住房建设、龙栖湾基础设施建设等88个项目的跟踪审计和竣工决算审计。促进项目规范管理，提高资金使用效益。锦凌水库跟踪审计项目获审计署地方表彰项目奖。

专项资金审计（调查） 完成涉农资金、文化系统、卫生系统行业审计和锦州市城区土地出让价格形成机制专项审计调查。重点揭示行业系统在政策制度执行、项目审核、资金管理使用等方面存在的问题。文化系统审计调查结果在《锦州日报》上进行公告，促进党的惠民政策落到实处，促进锦州市各项社会事业健康发展。

社会保障审计 完成锦州市7个县（市）区和盘锦市2005年至2011年12类18项社会保障资金审计，全面摸清社会保障资金管理使用情况，揭露管理使用中存在的问题，提出的34条审计建议全部被采纳，保障资金安全，维护人民群众利益。 （撰稿人：宋子辉）

【葫芦岛市审计局】 2012年，葫芦岛市审计局人员编制41人，在编41人。局长王洪升，副局长于桂芹、董伟健、陈道发、刘玉森、赵素芝、蒋晓东，总审计师王丽君，纪检组长段宇征。设有办公室、人事监察科、综合法规科、经济责任审计办公室、经济责任审计科、财政金融审计科、行政事业审计科、社会保障审计科、经济贸易审计科、农业资源环保审计科、固定资产投资审计科、教科文审计科和国家建设项目审计中心、计算机审计中心。

审计成果 全市审计机关共审计和调查478个部门和单位，查出违规及管理不规范金额14.2

亿元，应上缴财政 429 万元，核减工程造价及投资 2.2 亿元。向司法机关和其他有关部门移交经济案件 4 起。提交审计报告和专项审计调查报告 196 篇，提交审计信息、审计综合报告 64 篇，审计信息被采用 14 篇。提出审计建议 405 条。

社会保障审计 按照审计署统一部署，市审计局在各县（市）区审计局的有力配合下，圆满完成 6 个县（市）区社会保障资金审计工作。摸清社会保障资金底数、成效，揭示出管理和使用中存在的问题，提出切实可行的审计建议。

财政审计 全市审计机关对 125 个部门和单位预算执行情况进行审计，查出违规及管理不规范金额 9.1 亿元。反映出预算执行、资金管理等方面存在的问题，提出加强和改进预算管理的意见和建议，促进相关部门完善制度和改进工作，推进预算管理的科学化和财政改革的不断深化。

固定资产投资审计 葫芦岛市党委、政府十分重视政府投资审计工作，多次对投资审计报告做出批示，投资审计工作取得丰硕成果，减少了政府财政支出。核查社会中介机构评估结果，规范社会中介组织服务行为。在对中介机构出具的集中供热并网资产补偿价值评估结果核查中，审计核减 144 万元。首次对动迁补偿资金实施审计确认。

经济责任审计 葫芦岛市审计局认真落实市委办、市政府办转发的《落实中央两办规定，推进我市领导干部经济责任审计工作深入开展的意见》，起草任前审计工作规则，为市管干部开展任前审计做制度准备。制作经济责任审计报告模板，规范经济责任审计内容，提高审计质量。全市重点对 77 名主要领导干部进行经济责任审计，查出违规及管理不规范金额 1.0 亿元。促进领导干部依法履行经济职责，发挥经济责任审计对领导干部的监督作用。

专项资金审计（调查） 全市审计机关对社会保障资金、保障性安居工程、农村中小学布局调整、大中型水库移民后期扶持等重点民生项目资金进行审计和调查，揭露和查处挤占挪用、损失浪费和损害群众利益等问题，在促进惠民富民政策落实、规范资金管理等方面发挥积极作用。

（撰稿人：郭树元）

2012 年辽宁省所辖区、县(市)级审计工作统计表

金额单位：万元

审计机关	完成审计项目(个)	查出违规金额	应上缴财政	应减少财政拨款或补贴	应归还原渠道资金	应调账处理金额	移送司法、纪检、监察部门处理(件)	建议有关部门处理(件)	出具审计报告和审计调查报告(份)	提出审计建议(条)	撰写审计信息(篇)
沈阳市											
沈阳市本级	89	111762	23828		61258	194263	2	1	89	180	120
沈河区审计局	10	378	378						10	44	9
和平区审计局	28	4	50			29			28	4	2
大东区审计局	49	640	62	1	219	23			49	14	143
皇姑区审计局	40	412	80			420			40	35	1
铁西区审计局	50	777	1033						50	57	6
苏家屯区审计局	27	93							27	31	5
东陵(浑南)区审计局	35	661	280	18	5	25			35		4
沈北新区审计局	47	899	845			8922			47	79	5

续表

审计机关	完成审计项目（个）	查出违规金额	应上缴财政	应减少财政拨款或补贴	应归还原渠道资金	应调账处理金额	移送司法、纪检、监察部门处理（件）	建议有关部门处理（件）	出具审计报告和审计调查报告（份）	提出审计建议（条）	撰写审计信息（篇）
于洪区审计局	39	579	164		10				39	50	1
新民市审计局	84	1048	85		196	35			84	432	1
辽中县审计局	37	3217	285		229	282	2	1	37	15	12
康平县审计局	64	480	53		86				64	3	7
法库县审计局	22	20859	76		148	12			22		5
朝阳市											
朝阳市本级	102	188510	1123	47	34698	32585	1		102	269	32
双塔区审计局	15	365	5								
龙城区审计局	39	3095	54	249	176	289			39	128	6
北票市审计局	79	25736	2510	239	522	121			79	140	14
凌源市审计局	59	17384	264		146	1106			59	99	8
朝阳县审计局	65	24101	44		2481	5806			65	86	
建平县审计局	144	6388	229		349				144	115	4
喀喇沁左翼蒙古族自治县审计局	72	57320	93		560	177			72	85	21
阜新市											
阜新市本级	72	3160	382		682	2318			93	194	86
细河区审计局	20	5166	18			1			20	44	3
海州区审计局	16		1		263	317			26	2	18
新邱区审计局	9								13	14	8
太平区审计局	22	120	14		130	728			22	47	17
清河门区审计局	9		4		40	36			14	16	3
彰武县审计局	71		14		30	219			103	132	6
阜新蒙古族自治县审计局	47		47		383	7509			68	305	12
铁岭市											
铁岭市本级	68	42710	43141	22026	127253	300	4		80	115	89
银州区审计局	17	8235	23			370	1		24	36	74
清河区审计局	23	10	11		66	123			36	61	28
开发区审计局	10	20	21						16	7	4
调兵山市审计局	37	489	404		2	70	2		66	64	8
开原市审计局	33	1124	153		26640	9402	2		58	84	22
铁岭县审计局	27	3252	58		36	92	1		48	45	23
西丰县审计局	15	861	47		112	511			13	29	51

续表

审计机关	完成审计项目（个）	查出违规金额	应上缴财政	应减少财政拨款或补贴	应归还原渠道资金	应调账处理金额	移送司法、纪检、监察部门处理（件）	建议有关部门处理（件）	出具审计报告和审计调查报告（份）	提出审计建议（条）	撰写审计信息（篇）
昌图县审计局	40	813	35			476			52	86	25
抚顺市											
抚顺市本级	93	12027	494	9740	885	2283	1	4	107	274	73
顺城区审计局	14	108	17	40					22	35	39
新抚区审计局	17	3489	1		3330	16853			33	14	17
东洲区审计局	13	185	42		142				24	21	
望花区审计局	7	37	3		5	5552			10	10	3
抚顺县审计局	41	9574	28						49	20	
新宾满族自治县审计局	49	950	29						84	40	7
清原满族自治县审计局	60	904	452		262	185	1		87	102	
抚顺经济开发区审计局	5					420			6	21	
本溪市											
本溪市本级	74	4430	586		5871	2189	2	4	76	145	90
平山区审计局	21	4	4	84					34	14	8
溪湖区审计局	15			2627					15	8	1
明山区审计局	82	4	4	773		2315			82	219	8
南芬区审计局	17			386					17	31	8
本溪满族自治县审计局	45	50			21	288			45	2	3
桓仁满族自治县审计局	35	296	227			235			35	1	22
辽阳市											
辽阳市本级	72	177067	2045				1		84	142	78
白塔区审计局	22	4432		998		15			22	15	8
文圣区审计局	22	2070							22	25	
宏伟区审计局	89	1535							89	26	
弓长岭区审计局	130		7		101				130	3	12
太子河区审计局	75	6200							75	28	6
灯塔市审计局	162	34731	13						162	89	10
辽阳县审计局	27	11572	7						27	2	6
鞍山市											
鞍山市本级	44	58							44	31	10

续表

审计机关	完成审计项目(个)	查出违规金额	应上缴财政	应减少财政拨款或补贴	应归还原渠道资金	应调账处理金额	移送司法、纪检、监察部门处理(件)	建议有关部门处理(件)	出具审计报告和审计调查报告(份)	提出审计建议(条)	撰写审计信息(篇)
铁东区审计局	9								9	4	5
铁西区审计局	32								32	16	
立山区审计局	4	15							4	5	
千山区审计局	9								9	21	
海城市审计局	55	2078	117		1612		2	1	55	120	180
台安县审计局	32								32	76	
岫岩满族自治县审计局	21	765	679		19	200			21		12
丹东市											
丹东市本级	32	21065	688	3180	6863	7740			35	96	109
振兴区审计局	30	4140	52	48	8				23	41	
元宝区审计局	22	51	3			316	1		22	12	10
振安区审计局	32	90	60	69					32		8
凤城市审计局	35	19920	4915	194	161	37721			37	61	57
东港市审计局	48	80006	3095			63175			48	98	36
宽甸满族自治县审计局	63	8173	455	1646	681	889	1	1	63	72	17
合作区审计局	46			12500					40	11	
大连市											
大连市本级	47	47252	11499		4357	10335	2	2	60	135	160
西岗区审计局	20					38			21	71	30
中山区审计局	17	360	91						28	33	7
沙河口区审计局	26								26	18	37
甘井子区审计局	67	3401	2049			3044		1	101	198	118
旅顺口区审计局	35	1427	188				1	5	50	69	70
金州区审计局	23	798	4	390	20098	39025			24	69	14
瓦房店市审计局	35	210	210						66	151	59
普兰店市审计局	104	795	795						104	12	
庄河市审计局	59	752	250				1		74	298	40
长海县审计局	52	315	13		167	2567		5	61	10	87
营口市											
营口市本级	73	532	432						86	57	26
站前区审计局	20								20	36	
西市区审计局	10								10	18	

续表

审计机关	完成审计项目（个）	查出违规金额	应上缴财政	应减少财政拨款或补贴	应归还原渠道资金	应调账处理金额	移送司法、纪检、监察部门处理(件)	建议有关部门处理（件）	出具审计报告和审计调查报告(份)	提出审计建议（条）	撰写审计信息（篇）
鲅鱼圈区审计局	47								47	125	
老边区审计局	8								8		
大石桥市审计局	14								14	30	
盖州市审计局	48	219	2			30			48	8	4
盘锦市											
盘锦市本级	81	779	765	4292	1708				81	78	23
兴隆台区审计局	9								9	18	8
双台子区审计局	25								25	4	6
大洼县审计局	35	81	81			1917			35	28	15
盘山县审计局	45								45	10	41
锦州市											
锦州市本级	102	146370	9140	929	23213	39180		7	107	237	189
太和区审计局	20								15	48	
古塔区审计局	13	3							13	16	2
凌河区审计局	28								28	57	45
凌海市审计局	52	27272	79	17	716				52	92	
北镇市审计局	36	133			200	41			36	22	
黑山县审计局	90		72	69	4933	309	1		90	185	6
义县审计局	52	2924	83	1231	2448	28			78	89	32
开发区审计局	20								20	23	
松山新区审计局	28		435	482	11	11			28	36	
葫芦岛市											
葫芦岛市本级	75	63000	11	1119	546	5718	2	1	75	189	48
龙港区审计局	11	20873		263	2085	13037			11	10	
连山区审计局	36	5352	235			1231		1	36	65	5
南票区审计局	8	843				843			8	3	3
兴城市审计局	32	8270	83		456	2333			32	75	2
建昌县审计局	34	43784	100		211				34	63	

吉林省

【吉林省审计厅】 2012年，吉林省审计厅人员编制114人，在编114人。设有13个职能处(室)，6个派出审计机构，7个直属事业单位。吉林省纪检委监察厅派驻省审计厅纪检监察室。

领导成员

厅　　长：阎宝泰

副 厅 长：刘庆恒（正厅级）

　　　　　李成姬　徐彦夫　赵振民

总审计师：邹积新

纪检组长：张清华

审计成果 吉林省审计厅共审计和审计调查141个项目，查出违规金额194亿元，通过上缴财政、减少财政拨款及归还原渠道资金等促进增收节支14.4亿元。向司法机关、纪检监察部门移送案件线索25件，涉及18人，涉及金额7837万元。提交专项或综合性报告和信息130篇，被批示采用46篇。向社会公告审计结果8篇。

财政审计 对省财政厅组织省本级预算执行情况审计，发现省财政将罚没收入计划7.3亿元、国有资源（资产）有偿使用收入计划5.3亿元列入其他收入中，造成其他收入数额较大；部分项目资金下达时间较晚，第4季度以339个指标文下达专项资金及经费补助等支出46亿元；部分省级专项资金管理制度不健全、设置不科学；国有资本经营预算中安排给省国资委的中介业务费，省国资委部门预算在支出方向上存在交叉等问题。全省地税系统2011年度税收征管及财政收支审计发现有5个县区地税部门缓征税款6.3亿元；12个市县地税部门滞留税款1882万元；15个市县地税部门漏征防洪基金、价调基金、残疾人就业保障金和文化事业费4333万元；5个市县地税部门延压税款717万元；8个市县地税部门未将欠税滞纳金与正税同比例入库571万元等问题。吉林市政府采购中心未按政府采购和招投标的规定，导致高价中标，涉嫌“暗箱操作”，已移送吉林市监察局处理。省发展改革委2011年度组织分配省级投资情况审计，发现未及时安排配套资金2850万元、挤占次年投资额6598万元，挪用预算内基本建设投资3160万元，管理制度不健全、管理办法未细化、资金多头审批、投资内容交叉等问题。省直部门预算执行情况和其他财政收支审计，完成对省林业厅等15个部门和单位2011年度预算执行情况和其他财政收支审计，发现预算编报不真实、未按规定征收缴纳预算收入、隐瞒转移截留资金、擅自动支国库库款、资金闲置滞留、扩大开支范围或提高开支标准列支等问题金额21.4亿元。部分市县2010年至2011年非税收入征管使用情况审计调查，发现非税收入违规问题和管理不规范等11类问题，涉及金额97亿元。

专项资金审计（调查） 组织全省审计机关对全省中等职业教育经费审计调查，发现部分地方配套资金不到位1591万元、部分学校学籍管理问题造成资金结余10 546万元、部分学校通过虚假资料骗取套取资金555万元、14所学校违规收取学费542万元，以及挪用资金、财务管理混乱、擅自制定助学金标准、资金拨付不及时等问题。向省政府报送《中等职业学校套取国家助学金和免学费资金问题较为突出》的审计要情获省长批示。省财政厅决定在2013年度的长春市、吉林市中等职业教育经费中扣回资金4464万元。

中央和省级农业综合开发资金审计调查，发现违规提取项目管理费、挪用资金、多头开户、多计工程价款等48个问题，涉及金额4758万元，查出管理不规范等5个问题，涉及金额21 998万元。关于扶余县存在偷工减料等严重违法问题，向松原市委、市政府以重要审计情况进行通报。

全省政府采购政策执行情况审计调查，是实施政府采购政策以来，第一次进行全省范围的审计调查，省本级抽查86个采购人的147宗采购事项，发现存在违规编制招标文件、评标方法和标准不科学、未按要求发布招标公告、违反采购程序等33类问题，存在问题项目117个，占抽查项目的79%。延边州卫生局在政府采购招标工作中涉嫌违法问题已移送省纪委做进一步处理。

全省城镇保障性安居工程跟踪审计，省审计厅负责组织全省审计机关审计省本级和长春市以外的8个市（州）和50个县（市、区）。省审计厅共抽调8个业务处40多人，全省共组织540名审计干部参加审计。

全省农村中小学布局调整情况专项审计调查，

组织全省审计机关对35个县市农村中小学布局调整情况进行审计调查（长春市5县区由长春特派办负责调查）。审计发现农村中小学调整撤并工作不规范、教育资源过渡向城市倾斜、寄宿制学校生活条件简陋和管理服务不到位、由于就学距离变远导致家庭教育费用增加、部门地方中小学建设资金管理薄弱、部分停办学校资产处置不规范等问题。

固定资产投资审计 长春科技文化综合中心综合馆项目决算审计，发现超概算投资、概算外列支、多计工程价款等7大方面35个问题，涉及金额8293万元，核减工程价款469.9万元。

松（原）双（辽）高速公路建设项目跟踪审计，发现违规使用资金1.6亿元、超概算投资1.4亿元、漏缴税费978万元以及在招投标中显失公正、违反工程建设管理程序等问题。其中多结工程价款1774万元中已有1491万元在工程结算时扣回，上缴耕地开垦费732万元。

枫林电站建设项目跟踪审计，发现工程勘察设计、厂区道路等未招标，合同价款2292万元；担任灌浆工程评标的7位评委中，有3人应回避而未回避；违规转让工程，合同金额2392万元；多结工程价款322万元等问题。其中超定额列支汽柴油179万元问题移送省水利厅进一步处理。

分两次到新疆维吾尔自治区阿勒泰地区对省援建资金和项目进行跟踪审计，发现资金不及时到位、培训人数未达到规划要求、违反建设工程程序、多计工程价款等问题。

审计发现的问题已全部整改。

经济责任审计 年初，省委、省政府办公厅印发《吉林省经济责任审计工作联席会议制度》。4月11日，常务副省长主持召开省经济责任审计2012年度第一次联席会议，讨论通过《吉林省党政主要领导干部和国有企业领导人员经济责任审计工作规程》，并以省联席会议办公室名义印发全省。经省编办批准，省经济责任审计联席会议办公室设在省审计厅，办公室主任为副厅级领导干部。省委组织部任命刘胜学为第一任省经济责任审计联席会议办公室主任。结合财政审计、企业审计开展对党政领导干部和企业领导人员经济责任审计工作，安排省直部门、省属事业单位和高校30名领导干部进行责任审计。查出主要问题金额24.2亿元，其中负直接责任金额1314万元、负主管责任金额7.2亿元。提出审计建议46条，被采纳35条。省委组织部分5批委托审计领导干部32人，省审计厅结合市县政府决算审计开展领导干部经济责任审计6人。审计查出主要问题金额74.1亿元，其中违规问题金额18.9亿元。

金融审计 完成对吉林银行及其所属14个分支机构全面审计。发现财务管理、信贷管理、风险管理、保全业务管理中，存在资产质量低下、信贷投向不符合产业政策、违规收费等问题，涉及金额538亿元，分支机构违规放贷等问题移送到总行纪检部门查处。向省政府提交《吉林银行资产质量堪忧应予高度重视》的审计要情，通过分析资产管理中存在的突出问题和薄弱环节，提出积极解决历史遗留问题、加强资产质量管理等审计建议，与省金融办、吉林银行研究制定整改措施。

社会保障审计 根据审计署对全国社会保障资金审计的安排，省审计厅负责组织全省审计机关对除长春市以外的其他8个市（州）和55个县（市、区）18项社会保障资金进行审计，客观评价有关市、县社会保障资金在促进社会公平、改善民生、促进经济社会科学发展等方面取得的成效。发现各地在社会保障政策执行，社会保障资金筹集、管理和使用，业务管理等方面，还存在政策执行不到位、管理不够规范和资金使用存在违规事项等问题，问题金额33.69亿元，共向纪检部门移送处理事项6起，提出29条审计建议。针对个别地方医保定点医院和定点药店资格审核不严、监管不到位的问题和社会救助资金基层发放环节存在挤占挪用、发放不及时的问题，向省委、省政府报送审计要情。针对社会救助资金存在的管理不到位、虚报套取、挪用、结余过大等问题，向省政府提交《社会救助资金管理工作亟待加强》的审计要情。全省有60个市、县199个单位整改问题金额9.27亿元，清退不符合条件或重复参保人员4.2万人，将8.7万应参保人员纳入到社会保障范围。省民政厅专门下发通知，要求各地按照审计结果，将涉及多套住房、拥有工商营业执照并且进行经营活动、持有机动车经营许可并从事运营、领取财政统发工资等9类城乡低保对象进行清理。纪检部门已对审计移送案件线索立案调查5项，9人被追究刑事或行政责任。全省参加社会保障资金的有2个单位荣获集体三等功，6个单位受到集体嘉奖，1人荣获个人三等功，3人受到个人嘉奖，东辽县社会保障资金审计项目被审计署通报表彰。

外资运用审计 根据审计署授权，完成亚洲开发银行贷款松花江防洪项目、日本国际协力银行贷款吉林高等教育人才培养项目等8项外国政府和金融机构贷援款项目的审计，审计资金总额15.5亿元，其中外资7.7亿元（人民币）。查出工程建设程序违规、招投标管理不严格、超概算投资、多计多付工程款、挪用项目资金、资金闲置滞留、配套资金不到位、相关部门履行职责不到位等问题金额1.86亿元。出具中英文审计报告7篇，中文审计报告1篇。根据审计署要求，将审计汇总结果在审计厅网站进行公告。

（撰稿人：徐仰辉）

【长春市审计局】 2012年，长春市审计局人员编制106人，在编103人。局长王福财（—12月）、李志刚（12月—），副局长吴焕军、贾士武、孔维进、赵力彦、孙忠林，总审计师李贵军。设有办公室、机关党委、法制处、人事监察处、财政金融审计处、教科文卫审计处、行政政法审计处、社会保障审计处、经贸外资审计处、农业与资源环保审计处、固定资产投资审计处、经济责任审计处、派出审计一处、派出审计二处、派出审计三处。下设审计学会和机关服务中心。

审计成果 长春市审计局对128个项目开展审计及审计调查，查出违规金额38.6亿元，管理不规范金额131.3亿元，应上缴财政7.5亿元，应减少财政拨款或补贴7793万元，应归还原渠道资金2.9亿元，应调账处理金额6.5亿元；已上缴财政1744万元，审计查补330万元，已归还原渠道资金474万元，已调账处理金额3202万元。移送司法机关、纪检监察部门处理事项1件，建议有关部门处理事项12件。提交审计报告、信息42篇，被采用78篇次。

财政审计 主要对市财政局组织市本级预算执行情况、市地税系统税收征管和税收政策执行情况及15个重点单位、部门预算执行情况及财政收支情况进行审计，对3个区政府财政决算情况进行审计，查出主要问题金额94.6亿元。

行政事业审计 以规范被审计单位财务管理为目标，对6个行政事业单位开展审计，查出主要问题金额9242万元。

农业与资源环保审计 主要对全市污染减排资金使用效益情况进行审计，通过实施环境监测系统在线审计、深入现场审查污水处理设施及污染减排工程运行情况，了解近五年来长春市污染减排资金的投资规模和结构、投放方向及资金使用情况，并对环境监测系统建设情况进行评价。

固定资产投资审计 完成对16个政府性投资项目的跟踪及决算审计，审计项目投资额91.7亿元，涉及市政、房建、道路、排水、绿化等工程458项，查出主要问题金额10.1亿元，核减多结工程价款1亿元。

社会保障审计 根据审计署、省审计厅的统一安排和部署，采取上下联动、交叉审计的方式，完成对5个县（市）、区社会保障资金的审计工作，查出主要问题金额7.1亿元。

企业审计 以促进国有企业科学发展为目标，对2个企业开展资产、负债、损益审计，查出主要问题金额1.2亿元。

经济责任审计 主要完成22位领导干部的任期经济责任审计，根据市委组织部的临时委托，完成对32位领导干部的任前经济责任审计，查出领导干部应负直接责任的违规金额8万元，应负主管责任的违规金额2372万元，应负领导责任的违规金额7763万元。

专项资金审计（调查） 继续对关系经济社会发展、涉及人民群众切身利益的各种专项资金如水利基金、社会保障资金等进行审计（调查），审计专项资金总额9.3亿元，查出主要问题金额1.9亿元。

（撰稿人：杨冬玲）

【白城市审计局】 2012年，白城市审计局人员编制46人，在编45人。局长李晓峰，副局长李清林、陈桂侠，总审计师于长水，纪检组长谢志远。设有办公室、行政政法审计科、科教文审计科、财政审计科、金融审计科、固定资产投资审计科、农业与资源环保审计科、领导干部经济责任审计科、经贸及外资运用审计科、社会保障审计科、法规科。下设经济责任审计中心。

审计成果 全市审计机关共审计和审计调查336个单位，查出违规金额116 377万元，管理不规范金额269 907万元，应归还原渠道资金13 112万元，应上缴财政77 501万元。其中白城市本级完成审计项目49个，查出主要问题金额223 189万元，其中应上缴财政76 991万元，应归还原渠道资金3317万元，应调账处理金额14 176万元。提交审计报告、信息55篇，被采用6篇。

财政审计 全市审计机关共审计财政决算单位7个，查出违规金额834万元。共审计预算执行单位34个，查出违规金额99 973万元。白城市本级审计市卫生局、市文体局、市旅游局、市农委、市人社局、市林科院等部门，审计查出主要问题金额10 238万元。针对审计查出的问题，狠抓审计整改，注重从体制、机制层面，提出具有针对性和前瞻性的建议。白城市本级预算执行情况审计报告得到市人大常委会的肯定。

专项资金审计（调查） 全市审计机关开展专项审计及审计调查项目10项，涉及资金总额6127万元。白城市本级重点实施1个审计调查项目。

固定资产投资审计 全市审计机关加强对重点建设项目的跟踪审计，注重从绩效的角度拓展审计视野，确保工程质量和投资效益。白城市本级继续实施对市白沙滩灌溉排涝区管理局2005年度至2008年度续建配套与节水改造、长阿高速公路白城绕越线等工程竣工决算审计，共审计资金4 260.91万元。

经济责任审计 全市共开展领导干部经济责任审计136人，审计查出违纪金额116 794万元。正确评价领导干部任期经济责任，规范领导干部的经济行为，促进党风廉政建设。白城市本级共组织44户（项）领导干部经济责任审计，审计共查出主要问题金额88 963万元，起到提前预警的效果，维护了财经秩序。

相关工作 全市审计机关高度重视机关党建工作，深入开展学习实践科学发展观活动，并结合审计工作特点，在系统内组织开展“树新风正气，促廉洁从审”和“查风险、定制度、促廉审”主题教育活动。举办庆祝“七一”活动和排球友谊赛。精心组织业务学习和AO认证考试，积极参加省审计厅组织的审计基础、计算机中级知识、固定资产投资审计培训。继续开展审计业务工作目标考核和优秀审计项目评比，完善审计复核制度，提高审计工作质量和水平。

（撰稿人：刘志新）

【松原市审计局】 2012年，松原市审计局人员编制37人，在编37人。局长冯邦国，副局长冯志杰、夏先飞（11月—），总审计师吕龙，纪检组长王文彬（—10月）、吴国权（10月—）。设有办公室、法制科、科教文卫审计科、财政金融审计科、经济责任审计科、党办、经贸审计科、行政事业审计科、农业与社会保障审计科、内审协会、审计学会和松原市审计中心。

审计成果 全市审计机关完成审计项目270个，查出违规金额139 035万元，应上缴财政5310万元，应减少财政拨款或补贴103万元，应归还原渠道资金29 195万元，应调账处理金额18 059万元；已上缴财政758万元，已减少财政拨款或补贴37万元，已归还原渠道资金1122万元，已调账处理金额19万元，审减工程款为财政增收节支1.75亿元。提交审计报告、信息396篇。

预算执行审计 松原市审计局紧紧围绕建设“幸福松原”这一目标，把推进各项政策措施落实和财政增收节支作为监督重点，认真开展好同级财政预算执行审计和市地税局税收征管审计，并对重点预算单位进行延伸审计，使“两个报告”的质量得到进一步提升，为促进经济发展和地方财政增收做出新贡献。

行政事业审计 重点开展公、检、法和质量监督部门的财政收支审计，对加强经费预算管理、降低行政成本、规范执收执罚行为等方面发挥作用，取得较好的审计效果。

经济责任审计 不断增强与组织、纪检、监察等部门的合作和沟通，积极创新，努力提高经济责任审计工作水平。共完成经济责任项目25个，能够及时按照组织部门的委托，按时提交审计结果报告，为干部监督管理部门考核、选拔干部提供参考依据。

固定资产投资审计 认真贯彻落实松原市政府下发的《松原市政府投资项目审计监督实施办法》。全年共完成第二松花江大桥等30个投资审计项目，共为财政节约建设资金 1.75 亿元，平均审计减率达到 10%，审计成效得到进一步显现。

社会保障审计 按照审计署工作方案和省审计厅的具体工作部署，重点审计涉及社会保障资金管理和使用的 4 个县人民政府及其所属人力资源社会保障等部门，并延伸调查 20 家企业、15 个村（居）委会和 11 家医院。发现符合保障条件的特殊人员未纳入保障、12 794 人重复参加各项社会保障导致重复享受财政补贴资金 263.23 万元、社会保障资金筹集不到位 13 519.48 万元等问题。对存在问题的原因进行深入分析，提出切实可行的整改建议，圆满完成审计任务。

专项资金审计（调查） 按照省审计厅的要求，开展全市政府采购政策执行情况专项审计调查，全市 2011 年度涉农补贴资金专项审计，对市直部门 2011 年度收费管理和使用情况审计调查，对规范收费部门收费行为，提高收费资金管理使用效益，维护政府形象以及政府采购政策、惠民政策的贯彻执行起到积极作用。

（撰稿人：孙晓乐）

【吉林市审计局】 2012 年，吉林市审计局人员编制 87 名，在编 77 名。局长王松，副局长李福、姜亚男、赵世海、牛丹阳（5 月—），总审计师孙江旭，纪检组长尹绍群。设有办公室、法规处、财政审计处、金融审计处、行政事业审计处、经贸审计处、农业与资源环保审计处、社会保障审计处、固定资产投资审计处、外资运用审计处、经济责任审计处、派出审计工作处、人事处、机关党委。

审计成果 吉林市审计局完成审计项目 128 个，查出违规金额 60 040 万元，应上缴财政 15 160万元，应归还原渠道资金 22 013 万元，应调账处理金额 82 219 万元；已上缴财政 10 912 万元，已归还原渠道资金 40 429 万元，已调账处理金额 62 870 万元。移送司法机关、纪检监察部门处理事项 9 件，建议有关部门处理事项 5 件。提交审计信息 662 篇，被采用 389 篇。吉林市审计局“吉林市国资委 2010 年度预算执行及其他财政收支情况审计”项目被审计署评为 2012 年度全国地方优秀审计项目；上报审计署 17 个 AO 案例，有 2 个被审计署评为 2012 年度 AO 应用实例优秀奖，另获得 7 个应用奖和 7 个鼓励奖；吉林市社会保障资金审计桦甸组被审计署、国家公务员局评为社会保障资金审计工作先进集体。

财政审计 配合省审计厅对吉林市税收征管情况进行审计，发现吉林市地税局对 27 个企业应征未征契税等税款 3481 万元、提前征收税款2526 万元等问题并及时进行整改。

完成 2 个区级政府财政决算审计，充分运用计算机辅助审计，对两区的地方政府性债务、财政状况进行调查分析和评估，较好地服务区级政府经济发展。

完成 35 个市直部门预算执行情况审计，审计发现问题均及时依法进行处理并限时实施整改。建议市政府出台《关于进一步加强非税收入管理的意见》。建立“单位开票、银行代收、财政统管”的政府非税收入规范管理模式。

行政事业审计 完成 18 所学校、2 所医院的财务收支审计，创新审计工作方式，部分项目结合其他工作一并完成，不搞重复审计和检查，既提高工作效率又减轻被审单位负担。

固定资产投资审计 完成 8 个固定资产投资审计项目及“暖房子”工程、中小学校舍安全工程 2 项跟踪审计。专题向吉林市领导报告并代市政府起草《关于补充完善政府投资项目合同条款内容的通知》，市政府下发通知要求合同文本必须增加“审计机关依法对政府投资项目进行审计的，应当将审计结论作为本项目结算、决算的依据”。从源头上破解对政府投资项目的审计结论在非公单位落实难的问题，为政府投资项目实现有效的审计监督提供法律保障。

社会保障审计 完成对吉林市所属 5 县（市）社会保障资金情况审计，其中社会保障资金数据采集校验工作，在吉林省第一个通过审计署长春特派办验收。提出完善统账结合、堵塞空账漏洞、促进扩面覆盖、有效整合资源等审计建议，得到吉林省审计厅高度评价。

经济责任审计 完成 46 个经济责任审计项目，为年度计划的 130%。还较好地完成经济责任审计工作的探索创新和建章建制工作。在经济责任审计对象、内容、方式方法、计划安排、评价、问题责任界定、审计结果运用等各个环节都进行探索创新，经验做法在吉林省经济责任审计联席会议上得到肯定和推广。

专项资金审计（调查） 完成专项审计10个。其中吉林市政府采购政策执行情况专项审计，提出强化预算保证按计划采购、加强政府采购项目组织实施和监督体系建设等建议。吉林市城市公共交通集团有限公司绩效审计调查，市政府采纳审计建议，调增国有股本取得公益企业控股地位，有利于更好改善城市公共交通运营状况。

内部审计 全市共建立内部审计机构203个，其中专职机构91个；内部审计人员626人，其中专职人员276人。完成5043个审计项目，查出损失浪费金额13 213万元，增加效益10 212万元。提出建议意见被采纳916条。（撰稿人：董景玉）

【四平市审计局】 2012年，四平市审计局人员编制69人，在编62人。局长郭玉文，副局长孟宪国、郑斯忠、董柏成，总审计师马冀，纪检组长张崇（4月—）。设有办公室、综合科、人事科、法制科、财政审计科、金融审计科、行政事业审计科、经贸审计科、农业与资源环保审计科、社会保障审计科、固定资产投资审计科、经济责任审计科、外资运用审计科、政法审计科、科教文卫审计科、商粮审计科、审计中心，另设机关党委、监察室。

审计成果 四平市审计局全年完成审计项目61个，查出违规金额301万元，管理不规范金额191 478万元。促进整改落实有关问题资金1893万元。提出审计整改建议90条。

财政审计 通过对财政、国库、地税的审计，查处延解税款、招待费超支、应征未征基金、不合理发放奖金等违纪违规问题。对市中级人民法院、市检察院、市安全生产监督管理局、市民政局、市残疾人联合会、四平职业大学等重点预算执行部门的审计，及时查处和纠正个别部门存在的违纪违规问题。“两个报告”得到市政府和市人大常委会的好评。完成对伊通、公主岭、辽河垦区、铁西区、红嘴开发区5个下级政府财政决算审计，对一些不规范的财政财务收支行为及时进行纠正。

固定资产投资审计 通过对旭日立交桥、勤业水上公园、高铁客运广场、四平市城市规划馆、四平市政务中心、中心城区内环路改造工程、南北滨河路建设工程等项目的跟踪审计以及2011年已竣工的42个市政道路项目、28个市政工程项目的决算审计，及时查处和纠正损失浪费、擅自变更签订的施工合同以及其他项目管理和程序方面的问题，促进节省建设资金2802万元。

金融审计 对四平市4个融资平台2011年度资产负债损益情况、市住房公积金管理中心2011年资产负债损益情况、四平市中小企业投资担保有限公司资产负债损益情况进行审计，并向市政府提交专题审计调查报告，及时反映和揭示对全局、对未来存在影响的重大安全隐患和苗头性、倾向性问题。

社会保障审计 通过对全市社会保障资金审计、廉租住房租赁补贴和实物配租情况审计，市区2011年度中小学教育经费管理、使用及效益情况审计调查，确保相关惠民政策落实过程中的公开、公平、公正，有力地维护社会和谐稳定。其中社会保障资金审计被审计署评为先进公务员集体嘉奖单位。

经济责任审计 全市对141个单位141名领导干部实施经济责任审计，共查出违规金额4604万元，其中负主管责任金额453万元，负领导责任金额4150万元；管理不规范金额2043万元，其中负主管责任金额140万元，负领导责任金额1903万元。市审计局审计29个单位29名领导干部，查出管理不规范金额853万元，其中负主管责任金额15万元，负领导责任金额838万元。

其他审计 先后完成市领导交办的罗邦药业有限公司涉案药品召回情况，九洲房地产公司垫资、享受政策的有关情况，全市清理化解农村义务教育剩余债务实施考核验收及对原住建局下属的四平市规划设计院等5个单位变更隶属关系前的资产负债情况审计工作，并配合市纪检委对伊通县水利局进行审查、对市开发区开展联合检查、对市妇婴医院实施审计，为各级政府解决热点难点问题提供决策依据。（撰稿人：金长江）

【辽源市审计局】 2012年，辽源市审计局人员编制34人，在编31人。局长王少宏，副局长王淑梅（—11月）、姜元东、王彦明，纪检组长孙琥峰（—11月）。设有办公室、法制科、审计监督科、财政审计科、金融审计科、经贸审计科、经济责任审计科、行政事业审计科、农林环保审计科、固定资产投资审计科、社会保障审计科。

审计成果 辽源市审计局完成审计项目 41 个，查出违规金额 72 万元，应上缴财政 72 万元。移送纪检监察部门处理事项 2 件。提交审计报告、审计调查报告 67 篇，被采用 6 篇，审计信息被采用 246 篇。

财政审计 以预算执行为主线，对财政及 13 个预算部门进行审计，查出违纪违规金额 52 126 万元，揭示资金拨付、管理、支出、效益中存在的突出问题，促进加强预算管理，"两个报告"受到市政府和人大常委会充分肯定。加强对地税部门审计，延伸 6 户企业，查出延压税款等问题金额 10 547 万元，促进税收征管。对西安区财政决算审计，反映西安区财政收支的真实情况，西安区政府召开专题会议研究落实整改。

社会保障审计 对东辽县、东丰县社会保障资金进行全面审计，查出符合保障条件未纳入社保、重复参保、少计利息等各种突出问题 32 个，违纪违规金额 2 720.7 万元，并跟踪监督整改，得到审计署肯定。东辽县社会保障资金审计项目被审计署评为优秀审计项目，

固定资产投资审计 对东辽县、东丰县保障性住房项目进行审计，查出资金筹集不到位、违规使用专项资金、不符合条件人员享受政策等问题 29 个，违纪违规金额 15 925 万元。对东辽河综合治理工程、杨木水库除险加固工程进行审计，查出挪用水利专项工程资金 2416 万元，审计部门已责成受审单位落实整改。

经济责任审计 对 32 名领导干部进行经济责任审计，查出挪用专项资金等违纪违规金额3926 万元。针对体制、机制和共性问题，向市政府上报《关于领导干部经济责任审计中发现的共性问题及审计建议》的专题报告，得到市政府主要领导关注，并就进一步规范整改做出具体批示。

专项资金审计（调查） 开展涉农补贴资金、中职教育资金、物业基金、低保资金等 7 项审计调查，6 项调查项目被市政府领导批转相关部门整改。对东丰县中职教育资金调查后，县纪检委立即整改，将收缴的 86.2 万元专项资金拨回学校专户。对涉农和低保资金调查，查出违纪金额 4 382.3 万元，移交纪检部门处理事项 2 件，套取粮补资金、违规发放和骗取低保资金的 27 名责任人受到处理。再就业资金调查项目被吉林省审计厅评为表彰审计项目。 （撰稿人：宋发林）

【通化市审计局】 2012 年，通化市审计局人员编制 40 人，在编 37 人。局长王世谊（—2 月）、杨希文（4 月—），副局长张刚、刘颖（—2 月）、陈卿、蒋辉（7 月—），纪检组长董德恩。设有办公室、人事教育科、法制科、财政审计科、行政事业审计科、政法审计科、经贸金融审计科、农业与资源环保审计科、固定资产投资审计科、社会保障审计科、执行科。所属 2 个事业单位：经济责任审计中心、固定资产投资审计中心。

审计成果 通化市审计局完成审计项目 115 个，查出违规金额 3771 万元，损失浪费金额 275 万元，管理不规范金额 14 050 万元，应归还原渠道资金 276 万元，应调账处理金额 438 万元，收缴违纪金额 218.1 万元。提出审计整改建议 111 条，提交审计调查报告和信息 723 篇，被采用 581 篇。

财政审计 审计发现有未编制调整预算、将预算外收入转入预算内、虚增非税收入等 15 个方面问题。财政专用资金账户存款应存未存定期，仅此一项造成财政每年少收入 1753 万元。对 2011 年通化市政府债务审计整改情况跟踪并提出整改建议。

企业审计 向吉林省食品药品监督管理局处置"问题胶囊"事件督导组提交 7 家企业涉案药品召回情况的材料上报省政府，受到省、市药监部门的充分肯定。

行政事业审计 对中等职业教育经费管理使用及效益情况专项审计查出财政部门 挪用国家助学金和免学费 99.2 万元；滞留国家助学金 413.3 元；违规收费 45.7 万元；固定资产未及时入账 839.9 万元；不合规票据入账 65 万元；非税收入未上缴财政专户直接坐支 19 万元。

农业与资源环保审计 对农业部门审计查出虚列支出 221.23 万元、滞留专项资金 107.14 万元。对环保部门审计查出超范围、超标准发放津贴 2.4 万元，应征未征排污费 1 678.59 万元；挪

用环境保护专项资金 996.5 万元；虚报冒领污染源普查专项资金补助 3.6 万元。

固定资产投资审计 对通化市房屋征收补偿办公室财务收支进行审计，查出回迁楼工程无依据由房屋开发公司进行拆迁、超过补偿标准支付征地、无依据支付无产权证房屋拆迁、超过规定面积补偿费等违规违纪金额 1.4 亿元。

社会保障审计 对 5 个县（市）社会保障资金进行审计，共查出 4 大类问题，违规金额 1.38 亿元。

审计调查 积极开拓审计工作新领域，对私营企业为主的医药零售行业税收及经营管理专项审计调查，查出偷漏税 200 万元。

经济责任审计 对 11 名副局级以上领导干部进行经济责任审计，共查出违纪违规金额10 052 万元。

专项资金审计 对区级 2011 年度涉农专项资金拨付、使用和管理情况进行专项审计，查出滞留专项资金 2 425.75 万元、应列未列支出 55.15 万元、涉农专项资金管理方面的 5 项问题。

（撰稿人：李廷林）

【白山市审计局】 2012 年，白山市审计局人员编制 65 人，在编 60 人。局长庄俊伦，副局长纪秉华、李本志、杨志刚（4 月—），总审计师田成鹏（8 月—）。设有 12 个行政科（室）。另有 2 个直属事业单位——白山市审计中心、白山市审计信息中心。

审计成果 市审计机关完成审计项目 231 个，查出违纪违规金额 271 617 万元（其中管理不规范金额 257 803 万元，违规金额 13 814 万元），归还原渠道资金 26 561 万元，已调账处理33 845万元。“浑江区财政局 2011 年度预算执行及其他财政收支情况的审计”项目被评为全省优秀审计项目，“江源区廉租住房保障资金管理使用及工程建设情况的审计”项目被评为全省表彰审计项目。被采用审计报告工作、信息 1293 篇。

财政审计 白山市审计机关对市财政局等 20 个市直部门进行预算执行审计，对市外国语学校等 9 个单位进行财务收支审计，及时对发现的 5 个方面的违规问题依法下发决定书，做出相应的处理，督促有关部门和单位按照审计决定的要求进行认真整改。同时向市人大提交《白山市 2011 年市直预算执行和其他财政收支审计工作报告》。

固定资产投资审计 白山市审计局开展对市交通局培训中心装修工程、市集中供热江南网改扩建工程、市教育局系统、市民政局、市污水处理工程项目、向江大桥工程 6 个项目的专项审计。完成煤沉陷综合治理项目、煤矿棚户区项目、城市棚户区项目部分工程项目审计。审计和审计调查资金总额 28 亿多元，查处违纪金额 530 多万元，超计划投资 8200 万元，核减工程造价 375 万元，抵顶工程款 375 万元。对廉租房专项资金进行合作检查时发现各县（市）区财政滞留资金 36 810 万元，未按规定发放廉租房租赁补贴 24 783 万元。及时发现并指出建设项目管理中存在租赁补贴发放手续不够完善、配套资金不到位、租赁补贴覆盖面过大、实物配租房源没有办理公有产权证明、建设速度整体推进慢、跨年度工程多等违纪违规问题。

社会保障审计 根据审计署、省审计厅的统一部署，白山市审计局利用 3 个月时间，协助上级工作组对全市社会保障资金 13 类 18 项资金进行全面审计和审计调查。走访调查 157 个单位、近千人，接受来信来访 22 人次，发现并上报 8 个方面共 40 个问题，移交有关部门依法处理事项 5 件。提出审计建议 4 条。

经济责任审计 完成经济责任审计项目 107 个，其中任中经济责任审计 40 个，离任审计 67 个。查出管理不规范金额 25 437 万元，其中负直接责任金额 1360 万元，负主管责任金额 8282 万元，负领导责任金额 15 795 万元；查出违规金额 1095 万元，其中负直接责任金额 363 万元，负领导责任金额 732 万元。通过经济责任审计，客观评价领导干部任期经济责任，规范领导干部的经济行为，促进党风廉政建设制度的落实。

专项资金审计（调查） 白山市审计局组织开展对特色畜牧业以奖代补专项资金管理使用情况、市老干部局离休干部“两费”保障机制专项经费管理使用情况、全民健身活动中心改扩建专项资金管理使用情况专项审计调查。对政府采购政策执行情况进行审计调查，揭示政策执行中存在的问题，促进规范政府采购行为；开展对市中小企业担保公司担保业务合规性的审计调查，推进扶持中小企业发展政策的落实；开展保障房专项资金管理使用情况的审计调查，摸清基数，加强管理，提高使用效益。白山市审计局配合市纪委进行公车清理审计调查，对87个行政机关和事业单位公务用车进行清理；走访调查33个单位，查处行政机关和事业单位超标违规违纪车辆16辆，其中拍卖13辆，置换2辆，报废1辆；提出整改建议6条。进一步加强对教育、文化、“三农”、卫生、住房等重点项目和资金的审计及审计调查，促进公共资源配置更多地向民生领域倾斜，切实维护人民群众切身利益。（撰稿人：王广发）

【延边朝鲜族自治州审计局】 2012年，延边朝鲜族自治州审计局人员编制50人，在编47人。局长赵渭济，副局长朴红花、曲立军（7月—），总审计师玄龙男。设有办公室、法制处、财政金融审计处、经济贸易审计处、农业与环境保护审计处、行政事业审计处、固定资产投资审计处、社会保障审计处，政法审计处和经济责任审计处。下设经济责任审计中心。

审计成果 延边朝鲜族自治州（以下简称延边州）审计机关完成审计项目288个，查出违法违规金额122 670万元，管理不规范金额68 872万元。审计决定处罚的应上缴财政金额43 060万元，应归还原渠道资金30 518万元，应调账处理金额27 264万元。共提交专项或综合性报告和信息1317篇，被采纳406篇，其中被国家、省以及州委、州政府、新闻单位采用75篇。向地方党委、政府提交审计要情5篇，领导批示5篇。

财政审计 严格按新审计准则开展财政审计，在审计中力求审计方式方法转型，审计重点由过去的面面俱到向点面结合、突出有资金审批权和执收执罚部门单位转变。县市审计局按时向人大提交高质量的审计报告，查出问题金额311 501万元，提出39条审计建议，为促进提高预算编制的透明度，为地方党委、政府宏观经济决策提供参考依据。

社会保障审计 2月开始社会保障资金审计，10月开始保障性住房审计。延边州审计局内统一组织审计小组分赴县市，各县市也配备精干力量，积极配合，全力投入。两项审计共投入审计人员206人次，形成15份审计报告，提交546份相关表格。多项审计方法得到省审计厅的认可，并在全省进行推广应用。

固定资产投资审计 县市基本配齐投资审计专业人才，购置投资审计软件，全面开展投资审计，全年共核减工程款9692万元。

经济责任审计 延边州换届选举，共对140名领导干部进行经济责任审计，查出违纪金额40 034万元，提出审计建议37条。经济责任审计的制度化、规范化建设取得新进展，制定下发《经济责任审计文本格式》，规范经济责任审计常规性审计文书；州及县市先后建立经济责任审计工作联席会议制度，为深化延边州经济责任审计工作奠定组织基础。

其他工作 除完成审计署项目之外，还开展省厅安排的审计项目，包括技术监督系统审计、政府采购审计、中小学布局调查、职业教育行业调查等等。本级和县市还根据当地政府的要求，完成自定项目。（撰稿人：石兴策）

2012 年吉林省所辖区、县(市)级审计工作统计表

金额单位:万元

审计机关	完成审计项目(个)	查出违规金额	应上缴财政	应减少财政拨款或补贴	应归还原渠道资金	应调账处理金额	移送司法、纪检、监察部门处理(件)	建议有关部门处理(件)	出具审计报告和审计调查报告(份)	提出审计建议(条)	撰写审计信息(篇)
长春市											
长春市本级	128	386210	74781	7793	29226	64895	1		128	288	66
南关区审计局	45	3103	1682						52	57	58
朝阳区审计局	35	61094		291					35	85	39
宽城区审计局	32	23399	424		14263	12433			32	71	1
二道区审计局	23	51317	1667		25				23	17	
绿园区审计局	11	58268				6601			14	43	14
双阳区审计局	37	2562	193	441	1640	667			37	60	65
德惠市审计局	58	1906	667			112			58	72	
九台市审计局	29	3647	3623		242				29	31	
榆树市审计局	34	4225	2471		23613	2997			34	57	
农安县审计局	40	14086							40	31	16
白城市											
白城市本级	49	223189	76991	1577	3317	14176			84	55	12
洮北区审计局	44	5794	39		4336	314			70	1	
大安市审计局	44	35964	45	125	397	425			38	67	
洮南市审计局	48	46555	84		4957	1267			55	176	
镇赉县审计局	53	42810	234		37	13			46	28	
通榆县审计局	98	31976	105		66	138			119	15	24
松原市											
松原市本级	94	131977	1758		26697	10956			125	131	47
宁江区审计局	30	783	2648			59			41	47	43
扶余县审计局	55	1104	36		1102	2666			89	95	45
长岭县审计局	40	3119	265	103	736	5			67	86	
乾安县审计局	30	141	141						41	43	26
前郭尔罗斯蒙古族自治县审计局	21	1911	462		660	4373			33	59	63
吉林市											
吉林市本级	128	60040	15160		22013	82219	9	5	243	480	662
船营区审计局	20	177	9						20	19	2
龙潭区审计局	17	40076							17	16	14

续表

审计机关	完成审计项目（个）	查出违规金额	应上缴财政	应减少财政拨款或补贴	应归还原渠道资金	应调账处理金额	移送司法、纪检、监察部门处理（件）	建议有关部门处理（件）	出具审计报告和审计调查报告（份）	提出审计建议（条）	撰写审计信息（篇）
昌邑区审计局	20	32	5			18			20	62	39
丰满区审计局	35	7500	75		16	81			35	91	23
磐石市审计局	96	9365	88	138	356	802		5	96	98	123
蛟河市审计局	14	3139	64		278	52		1	14	33	23
桦甸市审计局	25	756			572	406			25	4	21
舒兰市审计局	22	12098	75		42	204	1		22	35	42
永吉县审计局	25	42961	1695		19206	18667			25	51	20
四平市											
四平市本级	61	301	457		48508	17920			91	90	22
铁西区审计局	9	617	1						16		
铁东区审计局	47	465	6						88		
双辽市审计局	83	1257	294		2189	3870			83	53	55
公主岭市审计局	48	3328	318		807	18601			82	117	34
梨树县审计局	49	4564	92		140	25			49	107	105
伊通满族自治县审计局	49	1654	28		111	840			49	47	9
辽源市											
辽源市本级	41	72	72						67	116	
龙山区审计局	20	6	6						37	35	51
西安区审计局	11	79	24		13				18	15	35
东丰县审计局	19	1221	45		10100				30	24	25
东辽县审计局	26								26	65	5
通化市											
通化市本级	115		19204		41028	1552	1	1	50	35	581
东昌区审计局	11		181		1274	1565			11	36	10
二道江区审计局	19		12						20		
梅河口市审计局	51		239						52	32	26
集安市审计局	16		2680		483	926			19	15	1
通化县审计局	21		7317		1713	2706			20		2
辉南县审计局	28		138		643	582			28		
柳河县审计局	70		3330		7360	1369			69	145	
白山市											
白山市本级	76		1041		8031	7249			76	121	

续表

审计机关	完成审计项目(个)	查出违规金额	应上缴财政	应减少财政拨款或补贴	应归还原渠道资金	应调账处理金额	移送司法、纪检、监察部门处理(件)	建议有关部门处理(件)	出具审计报告和审计调查报告(份)	提出审计建议(条)	撰写审计信息(篇)
浑江区审计局	24		50		198				29	60	
江源区审计局	27		49	16	11484	1120			27	40	
临江市审计局	16		2		6461	21699			16	27	
抚松县审计局	32		169						32	53	
靖宇县审计局	29	21	21		186	31			29	68	
长白朝鲜族自治县审计局	27	13792	1224		199	3743			27	58	
延边朝鲜族自治州											
延边朝鲜族自治州本级	48	18429	8478	766	9495	40592			68	96	644
延吉市审计局	37	5529	2789	644		15956		1	67	3	4
图们市审计局	17	3402		147	3812	47864			28	14	124
敦化市审计局	47	458	173		258	1475			65	49	220
珲春市审计局	26	1960	126			1800			44	21	220
龙井市审计局	29	482	6	305	175	2172			39	39	181
和龙市审计局	19	603	438		132	2877			32	14	156
汪清县审计局	38	1	1			29401			45	35	17
安图县审计局	34	10638	345	46	3137	3087			49	21	198

黑龙江省

【黑龙江省审计厅】 2012年，黑龙江省审计厅人员编制217人，在编206人。厅机关设有办公室、法规处、财政审计处、金融审计处、行政事业审计处、企业审计处、农业与资源环保审计处、境外审计处、社会保障审计处、外资运用审计处、人事教育处、离退休干部工作处、督察处、机关党委、监察室、固定资产投资审计局和经济责任审计局；另设有派驻的农林水审计处、交通审计处、社会保障审计处、司法审计处、教育审计处、卫生审计处、科技审计处、发展统计审计处、公检法审计处、新闻通讯审计处、对外贸易审计处、资源环保审计处、经济执法审计处、工业审计处、综合行政审计处、文化审计处、直属事业审计处；还设有厅机关服务中心、审计计算机中心、审计科学研究所、现代审计与会计杂志社、审计干部培训中心、审计厅招待所。

领导成员

厅　　长：李希龙（—12月）

　　　　　史青衿（12月—）

副 厅 长：伞宏晶　王学文　张翠萍

总审计师：孙　纲

纪检组长：董　秀

审计成果　全省各级审计机关共对4243个单位开展审计和审计调查，查出违规金额117.4亿元，损失浪费金额1.2亿元，管理不规范金额1 027.9亿元，通过审计促进增收节支30.6亿元，挽回或避免损失7.2亿元。向纪检监察、司法等部门移送案件线索114件，有关部门落实43件，追究刑事责任22人，给予党纪政纪处分4人，有关部门处理9人。向社会公告审计结果132篇。

被批示采用的审计报告和信息简报 3005 份（篇）。

财政审计 预算执行审计和财政决算审计，全省共审计和调查 515 个单位，查出违法违规金额 68.4 亿元。其中厅本级查出部门和单位存在的违法违规金额 10.8 亿元（其中一级预算单位 9.1 亿元，二、三级预算单位 1.7 亿元），主要揭示预算编制不够规范、专项资金未按规定管理和使用、支出未执行预算、部门“三公经费”和会议费支出控制不够严格以及部门决算草案编制、会计核算和财务绩效管理等方面存在的问题。在组织开展的全省地税系统税收征管审计中，共查出全省 13 个市地、64 个县、3 个区的地税局未全额征缴税费等各类违法违规行为金额 5 亿元。在对抚远县人民政府、绥芬河市人民政府 2011 年度预算执行和财政决算审计中，揭示两个县（市）存在的自行制定优惠政策、部门预算编制不完整、执行国库集中支付制度不规范、应匹配未匹配专项资金等问题。

金融审计 省审计厅重点组织开展两项审计工作：一是农村信用合作联社资产负债损益审计。为查明农村信用社资产、负债、损益的真实性，组织省本级和各地市审计机关对哈尔滨市、齐齐哈尔市、七台河市、黑河市、大兴安岭办事处等全省 15 家农村信用社资产负债损益情况进行审计。审计突出揭示农村信用社内控制度是否建立、是否有利于当前农村金融机制和体制的改革、是否存在重大违规违纪问题，共查出少提折旧、不合理列支、应缴未缴税金、账外固定资产等违规金额 487 万元、管理不规范金额 1033 万元。二是国家开发银行软贷款资金使用情况专项审计调查。先后调查省综合平台（黑龙江省龙财资产经营有限公司）、哈尔滨投资平台（哈尔滨投资集团有限责任公司）、省交通平台（黑龙江省交通运输厅）、省电力平台（黑龙江辰能投资集团有限责任公司）、省振兴老工业基地平台（黑龙江省投资总公司）5 个融资管理平台 300 亿元软贷款的使用情况，延伸调查 10 余个用款单位。调查结果表明，一些软贷款的使用仍存在风险，如伊翠公路项目无法正常运行，软贷款投入未达到预期效果；黑龙江贸能实业有限公司软贷款投入未发挥作用；全省高校软贷款偿债能力不足，面临较大还本付息压力；黑龙江双河松嫩大豆生物工程有限公司因经营困难，难以归还软贷款；黑龙江人民警察学院体制改革，无学费收入，无力偿还软贷款等。提出应及早采取解决措施，提高项目单位抗风险能力，努力化解高校债务，切实加强软贷款贷后管理和风险控制的审计建议。审计调查报告得到省长的批示，同意报告中的建议。

行政事业审计 全省各级审计机关共组织开展对 365 个行政事业单位财务收支审计和 72 个企业资产负债损益审计，共查出主要问题金额 57.7 亿元，分别提出加强资金管理、提高资金使用效益的审计意见和建议，在促进部门单位强化管理、解决屡查屡犯问题等方面发挥积极作用。

专项资金审计（调查） （1）全省农村中小学布局调整专项审计调查。认真起草制订全省审计调查工作方案等文件材料，做好全省动员会议、中期汇报会、总结会议准备工作。与省教育厅等部门保持工作联络，随时研究各审计组反映的问题。与各市地审计局、省审计厅审计组建立 FTP 业务指导和信息交流平台，及时传达审计署和省审计厅工作动态及问题解答。省汇总报表按时上报审计署，顺利通过审核，报表质量得到审计署肯定。审计报告客观评价农村中小学布局调整成效，全面反映存在的问题，深入分析论证问题产生的原因，提出有针对性的审计建议。省教育主管部门对审计调查报告给予高度评价，副省长在报告上做出重要批示。

（2）全省乡镇综合文化站建设及免费开放资金审计和审计调查。包括全省 13 个市地及所属 64 个县、61 个区，涉及 106 个公共图书馆、145 个文化馆和 876 个文化站。通过座谈、调查问卷等方式调查 17 156 位农村居民对文化站建设的意见。发现的主要问题有建设资金管理使用、建设项目管理实施不合规；文化站建成后使用效率较低，配套设备闲置流失；免费开放专项资金管理使用不合规，部分单位财务管理不规范等问题，涉及违法违规和管理不规范金额 1.6 亿元。从地方政府认识、财政投入、专业人员配备、主管部门监督等角度分析问题产生的原因，提出审计建议。

企业审计 全省各级审计机关共组织开展 78 项企业审计和专项审计调查，查出违纪违规金额 31 亿元，其中违规经营 8056 万元、资产质量不实1.3亿元、违规使用财政资金694万元、财务收支核算不实11.1亿元、账外资产2.1亿元、其他问题金额15.4亿元。省审计厅企业审计处完成审计项目9个，查出违规金额3.6亿元、管理不规范金额2亿元，处理处罚金额2亿元（其中应上缴财政600万元、应调账处理金额1.4亿元）。移交省纪检委、省检察院案件各1起，移交省纠风办、省国资委处理事项3件。提交审计报告和审计信息37份（篇）。

农业与资源环保审计 全省各级审计机关先后开展扶贫资金、农业综合开发资金、国有土地使用权出让等审计和审计调查，查出有问题金额34亿元。向各级政府及相关部门和项目实施单位提出审计意见及建议134条。

社会保障审计 省审计厅组织完成全省社会保障资金审计工作，审计资金总额1945亿元，查出违纪违规金额85亿元，移交有关部门查处个人经济问题线索8件。审计中总结的审计思路和计算机审计技术方法、2个典型事迹被审计署在全国审计机关宣传推广。审计报告中所提的6条建议，有5条在审计署向国务院常务会议汇报时得到体现。此次审计，共对12个市地（不含哈尔滨）本级及所辖111个市县（区）三类18项社会保障资金实施审计；省审计厅另承担审计署驻哈办委托的全省森工、铁路系统和龙煤集团及直属4个煤矿社会保障资金审计。经过审计，查清截至2011年底全省12个市地111个市县（区）社会保障资金总体规模、结构、结余的分布状态，揭示和反映社保工作中存在的社会保险制度衔接不够、部分地区政策执行不到位、部分单位未纳入社会保障、社会保险机制运行不够顺畅以及资金筹集管理和使用方面存在的资金筹集不到位、欠缴社会保障资金、社会保障资金未纳入专户管理、扩大开支范围、挤占挪用、虚报决算、信息化建设较为滞后、资金管理不够严格等问题。截至6月，全省有7个市本级、10个区县政府出台完善社会保障制度和规范管理政策51项；促进19个市县财政补助资金1.2亿元拨付到位；10个市县、114个单位补缴社会保险费3 499.8万元；14个市县补计社会保险基金利息收入843.2万元；12个市县归还挪用及扩大范围支出资金1 443.9万元；清理7个市县社会保险基金账户10个，涉及金额3.1亿元；清退42个市县不符合条件和重复领取社会保障待遇54 666人，追回被骗取和多支付资金1 580.8万元；规范管理84 698人养老保险基金个人账户2 952.8万元；将符合参保条件的29 632人纳入相应社会保障。

固定资产投资审计 全省各级审计机关共完成投资审计项目1091个，审计总金额626.51亿元，审计出有问题金额95.6亿元，审减工程投资14.8亿元，归还建设资金1.2亿元。提出审计建议1066条，落实804条。援疆、援藏审计报告及全省“三供两治”（供水、供热、供气、污水治理和垃圾治理）项目审计、县级医院项目审计、粮油仓储设施建设项目审计报告被省长批示。

外资运用审计 统一组织全省审计机关对10个国外贷援款项目进行公证审计，包括3个世界银行贷款项目、4个亚洲开发银行贷款项目、2个日本国际协力银行贷款项目和1个国际组织赠款项目。以上项目计划投资总额161.4亿元，其中利用外资7.6亿美元。共查出违法违规金额3.3亿元，揭示项目配套资金未足额到位、滞拨挪用挤占项目资金、应缴未缴税金、随意变更会计处理方法、未公开招标、未及时结算工程进度款、结转投资未附国内税务机关发票等问题。产生问题的主要原因是地方财政资金短缺，项目配套资金无法足额到位；地方发改部门调整投资计划，致使当地财政部门未将上级拨入资金拨付到项目单位；项目筹建期间缺乏启动资金，挤占其他项目资金；非项目建设单位核销项目外费用；公路建设项目纳税方式改变导致拖欠税金。对上述问题依法进行处理，同时按照“内外合一，如实披露”原则，保质、保量、按时出具无保留意见审计报告10份（其中直接向国外贷援款机构出具9份审计报告），并向社会公告审计结果。

经济责任审计 全省各级审计机关认真贯彻落实两边《规定》，积极健全经济责任审计工作组织领导体制，扎实推进经济责任审计工作规范化、制度化建设，注重把握权力运行和责任落实两个重点，不断深化经济责任审计内容、审计评价和审计结果运用，积极探索和实施审计对象分类管理、党政领导干部同步审计、离任审计与任期审计相结合、经济责任审计与其他专项审计统筹安排等审计模式，取得显著效果。全省共对1962名厅级以下党政主要领导干部和国有企业领导人员开展经济责任审计，查出违规金额19.7亿元、管理不规范金额81.2亿元、损失浪费金额8391万元，在强化对权力的制约与监督方面起到积极的作用。

其他审计 完成黑河市本级及爱辉区2005年至2011年社会保障资金审计、省政府外事办公室预算执行审计、省政府外事办公室决算审计、大兴安岭职业学院院长经济责任审计、大庆师范学院院长经济责任审计、保障性安居工程跟踪审计，查出违纪违规金额和管理不规范金额2.3亿元。提出审计建议21条均被采纳。撰写各类信息和审计方法15篇，其中保障性安居工程跟踪审计方法被审计署全文转发。有1个审计项目被评为厅机关优秀审计项目一等奖。（撰稿人：孙洪波）

【哈尔滨市审计局】 2012年，哈尔滨市审计局共有在职干部职工155人。局长王晓春，副局长曲振玉、吕刚（7月—）、金瑞生（6月—），总审计师王耀发（6月—），纪检组长李庆（5月—）。设有办公室、法制处、财政审计处、金融审计处、行政事业审计处、经贸审计处、固定资产投资审计处、外资运用审计处、农业与资源环保审计处、社会保障审计处、经济责任审计处、计算机信息审计处、机关党委、人事处、离退休干部工作处、派出经开区审计分局、派出高新区审计分局、派出群力新区审计分局、哈尔滨市纪检委驻市审计局纪检组、审计培训中心。

审计成果 全市审计机关共完成审计项目937个，查出违规金额16.6亿元，损失浪费金额376万元，管理不规范金额273.8亿元，促进整改落实有问题资金83.1亿元。向纪检监察机关和有关部门移送处理事项14件。提交审计报告和专项审计调查报告1195份，被批示采用136份。提出审计建议811条，被采纳432条。提交审计信息简报和审计专题、综合性报告803篇（份），被批示采用265篇（份）。哈尔滨市审计局本级完成审计项目135个，查出违规金额10.3亿元，损失浪费金额92万元，管理不规范金额246.5亿元，促进整改落实有问题资金71.8亿元。向纪检监察机关和有关部门移送处理事项4件。提交审计报告和专项审计调查报告171份，被批示采用26份。提出审计建议217条，被采纳67条。提交审计信息简报和审计专题、综合性报告223篇（份），被批示采用52篇（份）。

社会保障审计 按照审计署的要求，哈尔滨市审计局完成对哈尔滨市6区、6县（市）社会保障资金的审计任务，揭示出重复享受基本养老保险待遇788人次、重复参合参保医疗保险4.6万人次、不符合低保条件仍享受低保金待遇2987人以及挤占挪用残疾人就业保障金等7个方面的37类问题，涉及违规违纪金额1.6亿元，移交纪检部门和当地政府案件线索3件。针对上述问题，市审计局有针对性地提出48项完善和改进社会保障资金归集、管理、使用等方面的建议。工作成果得到审计署、省审计厅的充分肯定并在全省审计系统介绍经验和做法，哈尔滨市审计局荣获全国社会保障资金审计优秀公务员集体嘉奖。

经济责任审计 全市审计机关共完成经济责任审计项目446个，查出违规金额1.9亿元、管理不规范金额16亿元。针对不同类别领导干部，探索各有侧重的审计内容、方法和标准，逐步提高审计评价体系的科学性。在党政主要领导干部经济责任审计中，重点关注财政、国土、节能减排、社会建设等方面的管理和决策情况以及财政隐形赤字、政府性债务、过度超前建设和形象工程等问题；在国有企业法人经济责任审计中，重点关注国家薪酬政策执行、国有资产处置和收益分配、招标采购等重大经济决策情况；结合哈尔滨市纪律检查委员会印发的《关于进一步规范党政正职权力运行与监督的指导意见（试行）》要求，及时充实完善经济责任审计内容，重点围绕建立副职分管、正职监督、重大事项集体决策的权力运行新机制，加强权力运行过程中的廉洁从政审计。（撰稿人：倪晓光）

【齐齐哈尔市审计局】 2012年，齐齐哈尔市审计局共有在职干部职工93人。局长孙炜航，副局长杨殿友、金淑莉，总审计师黄丽杰，纪检组长肖岩柏。设有机关党委、办公室、人事教育科、法制处、审计督察科、财政审计处、行政事业审计处、固定资产投资审计处、经济责任审计处、金融审计科、农业与资源环保审计科、社会保障审计科、经贸审计科、外资运用审计科、派出文教卫审计科、派出林业与水利审计科、计算机审计科、审计学会、老干部科和直属机构固定资产投资审计中心。

审计成果 全市审计机关共审计 692 个项目(其中市本级 131 个项目)。查出各类违纪违规金额 17 亿元(其中市本级 10.4 亿元)。向司法机关、纪检监察和有关主管部门移送各类案件线索 29 件(其中市本级 19 件)。提出审计建议 665 条(其中市本级 83 条)。出具审计报告和审计调查报告 820 份(其中市本级 151 份)。编发审计信息 571 篇(其中市本级 209 篇)。

为配合全市党风廉政建设工作需要,按照市领导的指示精神,将 2007 年至 2011 年审计查出并移送司法和纪检监察机关的重大违纪案件线索编写成审计案例上报市纪检委,为全市领导干部警示教育提供素材和依据。局主要领导在全市依法行政警示教育大会上做题为《财经违法违规问题产生的原因及治理对策》的发言,从主客观两方面分析问题产生的原因,提出解决问题的对策及建议,得到市领导和与会同志的重视和肯定。

经济责任审计 进一步完善经济责任审计制度,深化和推进经济责任审计工作。调整经济责任审计委员会,主任由市委副书记、市长担任,副主任分别为市委常委、副市长和市委常委、组织部部长,增设农委为新的成员单位。加强对领导干部权力运行的监督,强化经济责任审计对象台账数据库的分类管理。工作经验在全省经济责任审计经验会上进行交流。

固定资产投资审计 突出抓好当地党委政府重视、社会高度关注的公路建设项目驻场审计、建设项目投资评审、"三供两制"工程项目等重点投资项目审计工作,注重从事后审计逐步向全过程跟踪审计转变。全年共完成财政性投资项目审核 121 个,审核金额 19.8 亿元,审减各项不合理支出 1.9 亿元。

专项资金审计(调查) 坚持审计创新,加大对重点资金的审计监督力度。如在农业综合开发、扶贫开发资金审计中,利用"谷歌地球"软件等网络科技手段,缩短现场踏查时间,解决踏查过程中各种障碍物回避等问题。在对国有土地使用权出让审计中,采取四个对比和四个延伸的工作方法,揭示出 9 县(市)存在擅自改变用地性质和改变容积率建设项目 23 宗,查出应补缴土地出让金 7891万元,副市长对审计报告做出批示,财政部门召开会议专门进行整改。 (撰稿人:张志刚)

【黑河市审计局】 2012 年,黑河市审计局共有在职干部职工 42 人。局长白树生,副局长王鹏锐、仲建彬、姚富利,总审计师马桂林,纪检组长韩萍。设有经济责任审计科、财政金融审计科、经贸审计科、农业与资源环保审计科、固定资产投资审计科、政府项目资金管理监督审计科、社会保障审计科、行政事业审计科、计算机审计科、法制审理科、人事教育科、办公室。

审计成果 全市审计机关共完成审计项目 170 个,查出违规金额 3.9 亿元,其中应上缴财政 183 万元,应减少财政拨款或补贴 6 万元,应归还原渠道资金 3.9 亿元,应调账处理金额 1.9 亿元。移交司法、纪检、监察部门处理事项 1 件。出具审计报告和审计调查报告 218 份。提出审计建议 357 条。撰写审计信息 273 篇。市本级共完成审计项目 57 个,查出违规金额 1.8 亿元,应上缴财政 119 万元,应归还原渠道资金 92 万元,应调账处理金额 143 万元。出具审计报告和审计调查报告 57 份。提出审计建议 153 条。撰写审计信息 65 篇。

预算执行审计 在本级预算执行审计中,重点审计预算编制、预算批复及下达、预算支出、预算追加和财政资金年终结转结余情况。揭示虚列支出、应缴未缴预算收入、滞拨专项资金等问题。提出强化预算约束力、提高预算执行的严肃性等意见,促进财政改革的进一步深化。

固定资产投资审计 组织各区、县(市)审计局开展县级医院建设项目交叉审计和审计调查,揭示超概算投资、应建未建项目、应当招标而未招标、招标人与投标人串通投标、应缴未缴税金、工程肢解发包、多计工程量、多结工程价款等问题。对黑河市龙丰粮库粮油仓储设施建设项目竣工决算进行审计,揭示挤占挪用项目建设资金、违规转包项目工程、施工单位多计多结工程款等问题。

专项资金审计(调查) 在农村中小学布局调整情况专项审计调查中,揭示调整撤并农村学校工作不规范,造成撤并学校过多过快;部分地区教育资源过度向县城学校倾斜，造成新的结构失衡；一些学生因“上学远、上学贵”而辍学等问题。此次审计调查，对促进农村中小学布局调整更趋合理起到积极作用。（撰稿人：胡铁军）

【大庆市审计局】 2012年，大庆市审计局共有在职干部职工41人。局长卢志刚，副局长徐丽艳、梁家祥，纪检组长赵明日。设有办公室、法制督察室、监察室、计算机审计科、财政审计科、金融经贸审计科、行政事业审计科、农业与资源环保审计科、固定资产投资审计科、社会保障审计科、外资运用审计科、经济责任审计处和国家建设项目审计中心。

审计成果 全市各级审计机关共开展审计项目671个，查出违规金额10.5亿元，管理不规范金额42.6亿元，应上缴财政8.6亿元，核减工程价款4.6亿元。向纪检监察等部门移交案件线索9件。市本级共开展审计项目109个，查出违规金额9.8亿元，管理不规范金额28亿元，应上缴财政8.31亿元，核减工程价款1.8亿元。向纪检监察等部门移交案件线索8件。

固定资产投资审计 市本级全年完成固定资产投资审计项目41个（其中省定项目13项、聘用社会审计组织参审的项目5个），审计资金总额18.5亿元，核减多计工程价款1.8亿元，查出损失浪费金额116万元、应缴未缴税费3950万元。在“三供两治”项目、龙永路改线建设项目、小城镇建设项目、中小学校工程等基础设施建设项目及民生项目跟踪审计和审计调查中，从完善被审计单位内控制度入手，对发现的问题从机制上分析其产生的原因，采用《审计发现问题整改建议书》的形式及时提出整改意见，提高整改建议的执行效果。通过调查摸底、采集数据并进行分析整理，建立政府投资项目管理动态数据库，提高信息化管理水平，实现对2006年以来全市政府投资项目计划、实施、决算等信息的全面掌握，为更好地开展政府投资项目审计工作提供数据信息保障。市审计局积极探索聘用社会审计组织参与政府投资项目审计的工作思路，起草制定《大庆市审计局聘用社会审计组织参与政府投资项目审计管理办法（试行）》，市政府九届四次常务会议予以通过；经过市政府采购中心组织招标，确定10家社会审计组织作为入围单位，并按照有关规定选择5个项目进行试点审计，取得初步成效。

经济责任审计 经市委八届九次常委会研究决定，成立大庆市经济责任审计工作联席会议，作为组织协调、政策指导和监督检查全市经济责任审计工作的协调议事机构。其成员单位由市纪委、市委组织部、市监察局、市人力资源和社会保障局、市审计局、市国资委组成，市纪委书记、市委组织部长、市政府常务副市长作为会议召集人。市委办公室、市政府办公室以文件形式印发《大庆市经济责任审计工作联席会议制度》，明确经济责任联席会议领导小组办公室的机构设置、人员编制、领导职数以及联席会议成员单位的主要职责和工作分工等，为做好全市经济责任审计工作提供组织和制度保障。（撰稿人：朱华岭）

【伊春市审计局】 2012年，伊春市审计局共有在职干部职工45人。局长宫林，副局长马庆、陈玉林，总审计师赵瑞林，纪检组长商立明。设有经济责任审计办公室、办公室、法制科、审理科、行政事业审计科、固定资产投资审计科、农业与资源环保审计科、社会保障审计科、经贸审计科、财政金融审计科、林业审计科、计算机审计科、监察室、党总支、督察科。

审计成果 全市共审计152个单位，延伸审计及审计调查607个单位，查出违规金额5.7亿元，管理不规范金额26.3亿元。提交审计报告和审计信息471份（篇），被国家和省、市采用596份（篇）。市本级共审计56个单位，延伸审计及审计调查509个单位，查出违规金额2672万元、管理不规范金额2.4亿元。

预算执行审计 对财政部门及9个预算执行单位进行审计，对地税部门2011年度税收征管情况进行审计，揭示未编制全口径预算、截留挪用滞拨专项资金、借出预算外资金、无支出计划列支预算外资金、部分预算执行单位超标准加价、地税部门征收欠缴税款未收取滞纳金、纳税企业少提缴和欠缴各项税金等问题，查处和纠正违纪违规金额5.3亿元。

固定资产投资审计 重点对部分区（局）2011年保障房建设情况进行审计，揭示配套资金未到位、未按计划开竣工、多计工程造价等问题。

对“三供两治”建设项目进行跟踪审计，查处地方配套资金不到位2.3亿元、多计工程造价380.2万元、管理不规范金额217万元。

社会保障审计 先后对伊春市所辖县（市）政府及所属民政、卫生、财政、社会保险经办机构、地税、残联等部门和单位进行审计，揭示符合保障条件的未纳入社会保障、不符合条件人员违规享受待遇、资金管理不规范、资金运营和使用效益不高、社会保障资金筹集不到位、个人账户管理不规范等问题。对农村中小学布局调整情况进行专项审计调查，揭示调整撤并农村学校不规范、撤并过多过快以及教育资源过度向市里学校倾斜造成新的结构失衡等问题。

经济责任审计 全年共对33名党政机关和企事业单位领导干部进行经济责任审计，查处擅自处置国有资产、扩大开支范围、违规使用发票、固定资产不入账等违纪违规及管理不规范金额3.2亿元。 （撰稿人：吴玉文）

【鹤岗市审计局】 2012年，鹤岗市审计局共有在职干部职工41人。局长王喜。设有办公室、人事教育科、法制审理科、监察督察室、行政事业与社会保障审计科、固定资产投资审计科、经贸审计科、金融审计科、经济责任审计办公室、财政审计科、农业与资源环保审计科、计算机审计科和派出区级审计科、公检法审计科、公用事业审计科、科教文审计科。

审计成果 全市审计机关共完成审计项目108个（其中市本级完成项目48个），查出违规金额3.5亿元（其中市本级查出违规金额1.6亿元），应上缴财政258万元（其中市本级159万元），应归还原渠道资金9181万元，应调账处理金额9240万元。提交审计报告48份、审计信息108篇，被各级领导批示和各部门采用95份（篇）。向被审计单位提出合理化意见和建议145条，被采纳落实140条。

财政审计 对4个县、区政府2011年度财政决算、预算外收支、各项投入以及税收计划完成情况进行审计，揭示招待费超支、扩大财政支出、票据不合规及应计未计收入等问题，并依法进行处理，提出具体整改意见。

农业综合开发资金审计 对2009年至2011年农业综合开发项目计划、中央财政安排和地方财政配套及自筹的农业综合开发资金进行审计，揭示配套资金未到位、竣工项目管护措施不当等问题。

住房公积金审计调查 分别对鹤岗市和鹤矿集团住房公积金的归集、管理和使用情况进行审计调查，揭示超期贷款、多缴存公积金等问题。审计结果报告得到市政府领导的批示。

固定资产投资审计 先后对市第一中学4项建设项目竣工决算、新华农村公路建设项目竣工决算、新华粮库粮油储备项目竣工决算、重点小型病险水库除险加固工程建设项目竣工决算等项目进行审计，揭示并查处决算不实、高估冒算等问题。

经济责任审计 全年共对23个单位和部门的领导干部进行经济责任审计，共查出违纪违规金额8848万元（其中领导干部负直接责任金额6525万元、负主管责任金额728万元、负领导责任金额1595万元），揭示无依据收费、无依据发放补助、漏缴税金、扩大财政支出、新增固定资产未入账等问题。有19个审计报告被市领导批示。组织部门依据审计成果选拔重用5人、平级调动15人、原职未动4人、退休2人。

相关工作 按照“围绕中心、贴近实际、突出绩效、分类实施”和“奖优、治庸、罚劣”的要求，制定出台《鹤岗市审计局绩效评估考核办法》，形成目标评估、过程管理和结果运用三大体系。目标评估体系：包括通用指标、业务指标、职能指标和创新创优指标，每项指标又分为一、二、三级指标和考核内容、完成标准，逐级分解落实；过程管理体系：以百分制量化考核，实行季度考核、半年初评、年终总评；结果运用体系：根据考核得分，确定“优、先、模”人选，并作为干部提拔任用的重要依据。对连续两年未达标的科室负责人进行诫勉谈话，并予以调整岗位。对违反廉政纪律的给予一票否决。绩效评估工作的施行，较好地解决了干多干少、干好干坏一个样的问题，杜绝了“慵、懒、散、软”现象，极大地调动了广大干部职工奋发向上、开拓创新的热情。 （撰稿人：高永强）

【佳木斯市审计局】 2012年，佳木斯市审计局共有在职干部职工84人。局长周亚，副局长关胜超、李纲，纪检组长阳清。设有办公室、法制审理科、机关党委、纪检监察室、财政审计科、行政事业审计科、社会保障审计科、经济责任审计办公室、农业与资源环保审计科、固定资产投资审计科、金融审计科、外资运用审计科、企业审计科、公检法司派驻审计科、文教卫生综合派驻审计科、计算机技术管理科、固定资产投资专业审计局、内审协会。

审计成果 全市审计机关共审计和审计调查行政事业单位 343 个，查出违规金额 31.8 亿元，管理不规范金额 31.8 亿元，应归还原渠道资金 3.5 亿元，应调账处理金额 4.6 亿元。向党政机关、上级审计机关和新闻媒体提交审计报告、信息 649 份（篇），被批示、采用 99 份（篇）。市本级共审计和审计调查行政事业单位 80 户，查出违规金额 31.1 亿元、管理不规范金额 23.9 亿元，应归还原渠道资金 3.3 亿元，应调账处理金额 4.4 亿元。向党政机关、上级审计机关和新闻媒体提交审计报告、信息 228 份（篇），被批示、采用 66 份（篇）。

社会保障审计 按照审计署统一部署和省厅具体要求，佳木斯市审计局对包括抚远县在内的 6 个县（市）社会保障资金进行审计。通过审计，摸清了全市社会保障体系建设情况，截至 2011 年底，6 县（市）各项社会保险基金累计结余 20.1 亿元，年均增长 27.66%。揭示社会保障制度、政策执行及社会保障资金筹集管理使用等方面存在的问题，查实违规使用社会保障资金 1 951.6 万元。帮助被审计单位改进财务管理方式、完善财务管理制度 237 项，提出合理化意见和建议 85 条。

固定资产投资审计 全市审计机关和审计人员坚持“全程监督，服务为主”的主导思想，采取变“事后审计”为“全程审计”的工作方式，扎实开展重点建设项目审计。突出竣工决算审计，成立由局主要领导任组长的城市建设资金审计领导小组，通过严把工程量审核、材料价格审核、定额套用审核、工程变更审核“四道关口”，控制工程造价，切实提高资金使用效益。全年共完成竣工决算审计 21 项 216 户，审计工程造价总额 10.7 亿元，审减工程造价 1.3 亿元。强化城市建设跟踪审计，按照市长“对政府投资建设项目进行现场检审”的批示要求，先后对 61 个工程项目进行跟踪审计。通过及时通报问题情况、严格落实整改责任、定期组织“回头看”等方式，认真抓好审计发现问题整改落实，有效保证了审计质量。创办并编发《跟踪审计动态》10 期，及时反映工作情况、揭露重大问题，其中 4 期被市领导签批、1 期被省政府《领导参考》采用。

（撰稿人：王进兴）

【双鸭山市审计局】 2012 年，双鸭山市审计局共有在职干部职工 51 人。局长于涛，副局长周绍东、汝兴华（5 月—），总审计师赵雅莉（5 月—）。设有经济责任审计办公室、财政审计科、金融审计科、固定资产投资审计科、农业与资源环保审计科、经贸审计科、行政事业审计科、社会保障审计科、外资审计科、办公室、人事科、法制科、督察室和监察室。

审计成果 全市审计机关共完成审计和审计调查项目 240 个，查出违纪违规金额 1.2 亿元，管理不规范金额 9577 万元，上缴财政 62 万元。提交审计报告和信息简报 284 份（篇），被批示采用 186 份（篇）。市本级共完成审计项目 62 个，审计 77 个单位，查出违规违纪金额 9152 万元，损失浪费金额 267 万元，管理不规范金额8304万元。向纪检、监察机关移送经济案件线索 2 件。向被审计单位提出审计建议 152 条，帮助建立健全财务管理相关制度措施 45 项。提交审计报告和信息 196 份（篇），被市领导批示、各级党政机关及新闻媒体采用 165 份（篇）。

预算执行审计 对本市 2011 年财政预算执行、地方税收征管、国土出让金收缴管理使用情况进行审计，审计抽查国土资源局等部门的预算执行情况，揭示滞拨省专项资金、虚列财政支出、应缴未缴预算收入及预算执行部门决算不真实、经费列支不合理等问题。针对财政预算未完全落实到项目和部门问题提出审计意见及建议，促使有关部门进行整改落实。

经济责任审计 制定并出台《双鸭山市党政主要领导干部和国有企业领导人经济责任审计实施办法》，详细规定审计领域、重点、计划、管理等相关工作内容。健全完善经济责任审计项目计划管理办法、经济责任审计对象分类管理办法等

8项80多条相关制度规定。全年共对42个行政单位的主要领导干部实施经济责任审计，重点审计领导干部经济决策、资金使用、财经管理和遵守廉政规定等情况，共查出决策失误、管理粗放、违规违纪等金额5200万元，并依法下达整改通知和进行审计处罚。

固定资产投资审计 制定《双鸭山市国有投资建设项目审计实施办法》。深入项目计划管理部门、项目建设单位开展调研，对投资额500万元以上的政府投资项目进行统计汇总并纳入审计项目资料库。对近年来全市24个重点建设项目进行调查摸底，全面掌握项目情况，实行动态管理。全年共对东荣一矿建设项目、棚户区改造、自来水管网改造、“三供两治”项目、城镇保障性安居工程等11个关系民生的基本建设项目开展审计和跟踪审计，为国家挽回经济损失9700万元。

（撰稿人：夏清君）

【七台河市审计局】 2012年，七台河市审计局共有在职干部职工32人。局长崔玉平，副局长陶佩行、王宝山、张玉星。设有法制科、办公室、财政审计科、金融审计科、行政事业审计科、企业审计科、固定资产投资审计科、农业与资源环保审计科、经济责任审计科、社会保障审计科、外资运用审计科和国家建设项目审计中心。

审计成果 全市共审计及审计调查87个单位，查出违规金额6042万元，管理不规范金额13.5亿元。提交审计报告87份。提出审计建议323条。编发审计信息166篇，被党政部门采用106篇，被国家级新闻媒体采用35篇。市本级完成审计项目31个，查出违规金额5592万元，管理不规范金额11.7亿元。提交审计报告31份。提出审计建议185条。编发审计信息91篇，被各级新闻媒体、党政部门采用63篇。

预算执行审计 除审计本级预算资金情况、国库集中支付制度建立和执行情况、非税收入收缴制度改革情况外，还对重点部门、重点资金、重点项目进行延伸审计，增强预算执行审计工作全局性、针对性和实效性。通过审计，揭示税务部门未及时征税、提前征收税费、税款未均衡入库以及预算执行单位预算支出不合理、预算执行不严格、预算可操作性和约束力不强等问题。提出加强税法宣传、强化服务意识、合理编制税收计划、完善税收体系、扩大税收规模以及合理安排预算支出、严格执行部门预算、增强预算可操作性和约束力等建议。

社会保障审计 按照全省统一部署，重点开展社会保障资金、农村中小学布局调整、综合文化站建设和免费开放专项资金情况审计工作，揭示社会保障资金、农村中小学布局调整、综合文化站建设和免费开放专项资金中存在的突出问题，并从体制、机制和制度层面深入分析问题产生的原因，提出有针对性的审计建议。

经济责任审计 全年共对市文明办、市环卫管理处、市建设局、市外侨办、市妇幼保健院、市人民医院、市运输公司、市汽车公司、市日报社、勃利县法院等单位的15名领导干部进行任期经济责任审计。重点审计领导干部任期内经济责任指标完成情况、重大经济事项决策情况、经济活动组织管理情况、执行财经法规情况以及个人廉洁自律情况，科学客观地评价领导干部任期的经济责任业绩及存在的问题，提出加强财务管理、罚没款及时上缴国库、加强固定资产管理等建议，审计结果为市委、市政府考核使用干部提供参考依据。

专项资金审计 重点对农业综合开发资金和扶贫资金进行审计，主要揭示农业开发资金、扶贫资金的投入、管理和使用中存在的违法违规、损失浪费等问题，并分析产生问题的原因，提出可操作的审计意见和建议。（撰稿人：金　成）

【鸡西市审计局】 2012年，鸡西市审计局共有在职干部职工51人。局长郑野岩（—11月）、董玉玲（11月—），副局长孙永宏、邴荣利、杨阵，总审计师李俊峰，纪检组长王有良。设有办公室、综合科、法制科、财政审计科、行政事业审计科、农业与资源环保审计科、金融审计科、经贸审计科、社会保障审计科、外资运用审计科、审计督察科、固定资产投资审计办公室、经济责任审计办公室、监察室。

审计成果 全市共审计和审计调查456个单位，查出违法违规、管理不规范、损失浪费等金额7.7亿元，通过上缴财政、减少财政拨款和归还原渠道资金等促进增收节支2749万元。向纪检监察部门移送案件线索 1 件。向市委、市政府和上级审计机关提交审计报告和审计信息 466 篇。市本级审计和审计调查 186 个单位，查出违法违规、管理不规范、损失浪费等金额 5.5 亿元，通过上缴财政、减少财政拨款和归还原渠道资金等促进增收节支 1226 万元。向市委、市政府和上级审计机关提交审计报告和审计信息 227 篇。

预算执行审计（调查） 在本级预算执行审计中，先后对市本级预算执行情况、地税部门税收征管情况、8 个预算执行单位、15 户专项资金使用单位进行审计，揭示税款混库、应征未征滞纳金等 5 个方面问题，提出相应的审计建议并被采纳。代市政府向市人大常委会做的本级预算执行和其他财政收支的审计情况报告得到市人大常委会的充分肯定。

经济责任审计 全年共完成 45 个审计项目。审计中，把经济责任审计与财政财务审计、专项资金审计等有机结合，共查出违纪违规金额 1 亿元。对存在的问题全部依法进行处理，并提出有针对性的审计建议。

专项资金审计（调查） 先后对农业综合开发资金、扶贫专项资金及乡镇综合文化站建设资金等进行审计和审计调查。重点审计资金在计划、投入、拨付、管理和使用方面的真实、合法、效益情况，对部分项目的实施及效益情况进行现场勘察，实事求是地评价农业综合开发资金和扶贫专项资金使用效益情况，揭示配套资金未到位、滞拨项目资金、项目未按规定时限竣工等问题，并依据法规进行处理处罚，提出相应的审计建议。

（撰稿人：关　宇）

【牡丹江市审计局】 2012 年，牡丹江市审计局共有在职干部职工 83 人。局长金秀兰，副局长刘永和、佟卫东、吕春江、刘佳祥，纪检组长尹明霞。设有办公室、法制科、计算机审计科、人事教育科、党委办公室、监察室、财政审计科、固定资产投资审计科、行政事业审计科、农业审计科、社会保障审计科、经贸审计科、金融审计科、外资运用审计科、园区审计科、经济责任审计一科、经济责任审计二科、经济责任审计三科、总务科和内审协会。

审计成果 全市审计机关共完成审计项目 369 个（其中市本级 122 个）。查出违规违纪行为资金 9 亿元（其中市本级 6.3 亿元），应上缴财政 1.9 亿元（其中市本级 1.8 亿元），应归还渠道资金 6.3 亿元（其中市本级 6.3 亿元），应调账处理金额 2.9 亿元（其中市本级 2.5 亿元）。向司法机关和纪检监察部门移送各类违法犯罪案件线索 21 件（其中市本级 12 件）。向各级党政机关和上级审计机关报送的审计信息被批示、采用1144篇。

经济责任审计 全市审计机关共对 224 名领导干部实施经济责任审计。实行经济责任审计与预算执行、行业专项资金、绩效审计相结合，审计工作与维护民生、保护环境、促进发展相结合，区分领导干部应承担的直接责任和主管责任，提高审计评价的科学性、客观性和完整性。与组织、纪检、编制、国资部门联合出台《牡丹江市直单位党政正职离任检查交接“联合审计”工作实施方案》，实行“五责联审”：组织部门对选人用人情况进行审查；纪检监察部门对廉政建设情况进行审评；编制部门对机构编制执行情况进行审核；国有资产管理部门对国有资产进行审核；审计部门对经济责任进行审计。“五责联审”从确定范围、规范程序、协调联动、履职履责入手，将用人责任审查、廉政责任审评、编制责任审核、国有资产审定、经济责任审计等理念贯穿于经济责任审计中，为组织部门任用干部提供重要的参考依据。改进经济责任审计模式，突出“点线结合”，对地方政府主要领导进行审计，同时安排对党委主要领导进行同步审计，客观公正、实事求是地反映党政主要领导各自履行职责情况、各自应当分担的经济责任，促进经济责任在审计对象中的具体落实；在审计形式上扩大任中审计比例，避免过去在某一岗位一干多年的领导干部始终得不到经济责任审计的监督和换届时大量干部都需进行经济责任审计的矛盾。

固定资产投资审计 全市审计机关主要从加强专业队伍建设、实行跟踪审计、深化竣工决算审计等方面强化政府投资建设资金的监督。针对政府投资持续较高增长的趋势，组建“固定资产投资审计办公室”，公开聘用 4 名工程造价专业技术人员，使投资项目审计所需的土建、水电、路桥等专业力量得到匹配，进一步改善固定资产投资审计人员的业务结构。对“三溪一河”治理工程、青梅大桥工程、西十一跨江桥等重大项目实行跟踪审计。制订实施《政府投资建设项目跟踪审计工作方案》，坚持监督与服务并重的原则，以防范风险、促进管理为目标，保证资金安全，提高政府投资效益；分解审计目标，细化实施方案，重点揭示项目建设过程中政策落实、项目推进、资金管理等方面存在的问题；积极与建设单位沟通协调，定人定时跟踪，特别是对隐蔽工程、临时变更工程和涉及工程的突发性事项及时到现场进行跟进取证，及时发现问题、解决问题，促进项目的顺利实施。深化竣工决算审计。进一步贯彻落实《牡丹江市政府投资建设项目审计办法》，落实重大项目竣工决算必审制。在对全市重点政府投资建设项目全面调查的基础上，选择社会关注度高、重点行业、政府投入大的已完工项目进行竣工决算审计，对已竣工投入使用未决算的项目，实行政府投资建设项目竣工决算限期督报制度，根据项目投入使用时间和施工单位工程结算情况，送达《政府投资建设项目竣工决算督报通知书》，限期进行竣工决算；以降低工程造价为中心，重点审查建设程序、政策执行、征地拆迁、前期费用、损失浪费及运营效果；对竣工决算督报通知的建设单位落实情况和投资审计中发现的问题专门进行通报，引起各单位领导的重视，对投资工作的顺利开展起到推动作用。投资审计的深化，揭示和纠正政府投资项目多计工程价款、挤占建设资金、肢解发包工程、违法转包、未验收即投入使用和建设单位损失浪费等问题，审结的10个竣工项目为政府节约投资2400万元，提出解决问题的意见和建议55条。

（撰稿人：张春艳）

【绥化市审计局】 2012年，绥化市审计局共有在职干部职工44人。局长李长祥，副局长田学斌、赵德河、李永志，总审计师杨旭，纪检组长李中然。设有办公室、法规与审计督察科、财政审计科、行政事业审计科、农业与资源环保审计科、固定资产投资审计科、金融审计科、经贸审计科、社会保障审计科、信息化科、人事教育科、经济责任审计一科、经济责任审计二科、经济责任审计三科。

审计成果 全市共完成审计和审计调查项目224个，查出违规违纪金额1.5亿元，应上缴财政3958万元、应减少财政拨款683万元、应归还原渠道资金1.2亿元、应调账处理金额7138万元；出具审计报告和审计调查报告225份；提出审计建议175条；撰写审计信息358篇。市本级全年完成审计及审计调查项目计64个，查出违规违纪金额1.3亿元，其中应上缴财政2274万元、应减少财政拨款683万元、应归还原渠道资金1.2亿元、应调账处理金额6583万元；出具审计报告和审计调查报告64份；提出审计建议65条；撰写审计信息170篇。

财政审计 绥化市本级先后开展预算执行审计、财政决算审计、行政事业审计、专项资金审计、投资审计，审计专项资金总额9.8亿元、项目投资额7亿元，查出有问题金额6亿元。提交专项审计和审计调查报告26份。

社会保障审计 全年完成社会保障资金审计项目10个，查出有问题金额1.3亿元，其中预算编报不真实不完整金额318万元，未按规定纳入预算管理金额146万元，未按规定征收缴存社保费和公积金1186万元，少征收缴存1186万元，财政资金不到位不落实9158万元，虚报冒领金额122万元，未执行相关利率损失265万元，少计个人账户利息218万元，决算草案编制不规范金额168万元，决算草案编报不真实不完整389金额万元，未达目标保障水平金额711万元，其他问题金额3837万元。

经济责任审计 完成领导干部经济责任审计项目62个，其中任中审计47个、离任审计15个，查出有问题金额3837万元。

相关工作 持续开展审计卷宗点评活动，通过科室自评、干部互评、综合点评，查找出审计卷宗存在的问题，并制定整改措施，增强审计人员提高审计项目质量的主动性，提高审计卷宗的质量。结合《中华人民共和国审计法实施条例》和《中华人民共和国国家审计准则》的颁布实施，通过举办辅导讲座、印发宣传册、举办知识竞赛、进行知识测试等方式，学习宣传新颁布的审计法规和规范，实现审计知识的及时更新和有效对接。

把审计信息宣传作为提升审计成果、加强审计文化建设的重要载体，通过创新理念、创新工作制度、创新考核方法等措施，促进信息宣传工作质量和效果的不断提升。制作反映社会保障资金审计工作风貌的电视专题片《平芜尽处是春山》《审计干部之歌》在全省审计系统引起较大反响，反映审计干部爱岗敬业的《卷首感怀》被《中国审计报》专题报道。在审计署和省审计厅信息媒体刊发审计信息56篇，全面地反映各项工作的开展情况和效果。（撰稿人：李　勋）

【大兴安岭地区行署审计局】　2012年，大兴安岭地区行署审计局共有在职干部职工38人。局长解学民，副局长孙庆俊、戴新竹、朱立成，纪检组长李子东（4月—）。设有办公室、法制审理科、经济责任审计科、财政审计科、农林与资源环保审计科、行政事业与社会保障审计科、固定资产投资审计科、金融与企业审计科、审计督察科。

审计成果　全地区审计机关共审计119个单位、专项审计调查16个单位，查出违规金额1.3亿元，管理不规范金额8.6亿元，损益不实金额2亿元，处理处罚金额3.3亿元，促进整改落实有问题金额1096万元。提交审计报告和审计调查报告151份。审计提出建议283条，被采纳123条。上报审计信息234篇。大兴安岭地区行署本级审计32个单位、审计调查4个单位，查出违规金额5983万元，管理不规范金额6.6亿元，损益不实金额1.7亿元，处理处罚金额3.2亿元。提交审计报告和审计调查报告49份。

社会保障审计　按照审计署的统一要求，先后对漠河县、塔河县、呼玛县的社会保险基金、社会救助资金和社会福利资金进行审计，对16个相关部门、24户企业、264人进行延伸审计调查，审计核实问题26个，核实问题金额1 699.2万元。揭示企业养老保险、城镇职工医疗保险、城镇居民医疗保险等社会保障资金银行存款未执行优惠利率、违规使用社会保障资金等问题。

预算执行审计　除审计财政部门外，还延伸审计地区大项目办地区医院改扩建项目、野生动植物保护处嫩江源湿地保护建设项目、北奇神公司山特产品冷连物流建设项目、地区人力资源社会保障局社保“失业金”使用情况及各项目涉及的相关单位。揭示少计预算收入、预算内资金纳入预算外核算、工程未列决、资产未入账等问题。

经济责任审计　全年共完成地委组织部提请的经济责任审计项目18个。审计将计算机辅助审计、送达审计和就地审计相结合，揭示滞拨专项资金、少计收入、长期挂账、预算内收入纳入预算外核算、会计核算不规范、固定资产账实不符等问题。

国有土地使用权出让审计　先后对地本级2010—2011年度国有土地使用权出让收支及国土资源局2011年度财务收支情况进行审计，揭示应收未收土地出让金、先征后返土地出让金等问题。

专项资金审计（调查）　对呼玛县2006年以来农村中小学布局调整情况进行专项审计调查，揭示优质教育资源向县城学校倾斜，县乡村学校发展不均衡；部分学生就学距离远，交通安全风险较大；部分农村家庭教育支出增加，负担较重；部分地区学生因“上学远、上学贵”存在辍学隐患等问题。棚户区、廉租房建设和使用情况审计调查。先后对呼玛县、加格达奇区的棚户区和廉租房建设及使用情况进行审计调查，揭示工程管理不规范、工程计量不及时、工程结算不及时等问题。（撰稿人：孙春云）

2012年黑龙江省所辖区、县(市)级审计工作统计表

金额单位:万元

审计机关	完成审计项目(个)	查出违规金额	应上缴财政	应减少财政拨款或补贴	应归还原渠道资金	应调账处理金额	移送司法、纪检、监察部门处理(件)	建议有关部门处理(件)	出具审计报告和审计调查报告(份)	提出审计建议(条)	撰写审计信息(篇)
哈尔滨市											
哈尔滨市本级	135	103820	10651	3291	5236	198821	4	4	171	217	223
道里区审计局	60	5	5						86		52
南岗区审计局	45	14096	119		780	414			53	32	59
道外区审计局	56	2864	26		103	786			100	79	9
香坊区审计局	36	27937	95			13576	2		37	38	83
平房区审计局	14	879				20			16	18	1
呼兰区审计局	74	12884	40	218	75	1400			74	79	55
阿城区审计局	63	22137	19903		187	1993			63	86	144
双城市审计局	32	53227							32	62	
尚志市审计局	45	7076	167		469				44		
五常市审计局	77	31168	314		3232	224			116	5	47
依兰县审计局	40	54051	50			41175			80	28	17
方正县审计局	44	24164	24		197	21629			75	4	4
宾县审计局	69	7894	346		4541	104			101	6	
巴彦县审计局	58	11429	93	686	28	4791			58	82	81
木兰县审计局	25	39553	32		70	99			25	2	20
通河县审计局	35	7012	185	3			4		35	43	
延寿县审计局	29	19595	18						29	30	8
齐齐哈尔市											
齐齐哈尔市本级	131	104578	342		6476	4394	11	8	151	83	209
建华区审计局	16					67			16	8	2
龙沙区审计局	27								27	18	10
铁锋区审计局	10	86				75			10	10	11
昂昂溪区审计局	24		10		513	59			24	23	12
富拉尔基区审计局	24					1009			44	39	5
碾子山区审计局	18	3	1			54			18	91	4
梅里斯达斡尔族区审计局	24								42	9	9
讷河市审计局	42	1408	163		87	3111	1		76	121	19
龙江县审计局	51	15914	273		4901	115	9		66	59	17

续表

审计机关	完成审计项目（个）	查出违规金额	应上缴财政	应减少财政拨款或补贴	应归还原渠道资金	应调账处理金额	移送司法、纪检、监察部门处理（件）	建议有关部门处理（件）	出具审计报告和审计调查报告（份）	提出审计建议（条）	撰写审计信息（篇）
依安县审计局	64	1867	21	6					83		49
泰来县审计局	62	4039	32		2637	105			62		26
甘南县审计局	53	1672	60		35				53	52	28
富裕县审计局	22	28708	178	792	7146	222			22	16	30
克山县审计局	33	4556	53		533	2291			33	38	
克东县审计局	25	60	11		57	522			28	32	36
拜泉县审计局	66	7791	66		39	60			66	66	29
黑河市											
黑河市本级	57	18438	119		92	143			57	153	65
爱辉区审计局	19	3483	18		6683	2292			19	34	67
北安市审计局	22	444	5		115	354	1		22	31	53
五大连池市审计局	20	63	9		115	1			27	46	20
嫩江县审计局	18	551	9	6					24	30	21
逊克县审计局	12	218	13			18305			47	17	35
孙吴县审计局	22	15969	10		818	526			22	46	12
大庆市											
大庆市本级	109	98858	83134	18197	13123	4601	8		109	257	76
萨尔图区审计局	45	1383	1381	249	10	736			45	93	45
龙凤区审计局	115	149	149	21660					140	54	22
让胡路区审计局	118	387	387	1192	43	5063			122	245	20
大同区审计局	83	365	70	288		6			100	128	10
红岗区审计局	22	60	60	386					30	12	18
肇州县审计局	64	39198	37	801	266	733			98	78	17
肇源县审计局	39	1759	2132	272	110	3835	1		63	83	13
林甸县审计局	53	838	102	180	107	198			84	163	21
杜尔伯特蒙古族自治县审计局	60	114	109	13		1813			78	75	20
伊春市											
伊春市本级	56	2672	18		30157	69733			89	94	382
伊春区审计局	19	54223				3	3		19	24	23
西林区审计局	11								20	28	32
铁力市审计局	25	141							43	90	20
嘉荫县审计局	41	470	140		19	2056			59	28	26

续表

审计机关	完成审计项目（个）	查出违规金额	应上缴财政	应减少财政拨款或补贴	应归还原渠道资金	应调账处理金额	移送司法、纪检、监察部门处理（件）	建议有关部门处理（件）	出具审计报告和审计调查报告（份）	提出审计建议（条）	撰写审计信息（篇）
鹤岗市											
鹤岗市本级	48	16153	159		65	85			48	145	108
萝北县审计局	22	663	67		2	21			22	25	12
绥滨县审计局	38	18248	32		9114	9134			38	45	17
佳木斯市											
佳木斯市本级	80	311157	5580		33434	44454	19		100	165	128
前进区审计局	22	175							22	10	10
向阳区审计局	17	70				31			17	31	4
东风区审计局	10	2.8				2.8			10	6	5
郊区审计局	47	333	18		50	86			47	63	5
同江市审计局	36	1884	32		577	27			33	32	24
富锦市审计局	28	1737	163		259	23			28	43	16
桦南县审计局	47	2231	116		92	1157			47	80	27
桦川县审计局	16	672	274		738				16	26	20
汤原县审计局	40	10	35		8	1100			40	9	50
双鸭山市											
双鸭山市本级	31	6960				9526				23	
尖山区审计局	13		1								
岭东区审计局	5	1									
四方台审计局	4	2623									
宝山区审计局	14	9	1								
集贤县审计局	49	4158	41		42	51					
友谊县审计局	32	1109	13						32		
宝清县审计局	59	280	11								
饶河县审计局	42	225	8								
七台河市											
七台河市本级	31	5592	279		766	737	3		31	185	91
桃山区审计局	9	47				2			9	23	10
新兴区审计局	8					1			8	34	
茄子河区审计局	12	172			4	397			12	6	
勃利县审计局	27	231	106						27	75	65

续表

审计机关	完成审计项目（个）	查出违规金额	应上缴财政	应减少财政拨款或补贴	应归还原渠道资金	应调账处理金额	移送司法、纪检、监察部门处理（件）	建议有关部门处理（件）	出具审计报告和审计调查报告（份）	提出审计建议（条）	撰写审计信息（篇）
鸡西市											
鸡西市本级	65	12856	8679		4391	26001			65	51	171
鸡冠区审计局	10	13	1		2	14			10	15	41
恒山区审计局	3	554	5			120			3	8	30
滴道区审计局	3	10	1		7	9			3	12	30
梨树区审计局	2	15					1		2	7	30
城子河区审计局	7	11	1			716			7	36	20
麻山区审计局	6	80	1						6	7	30
虎林市审计局	24	7288	241		27	4995			24	32	60
密山市审计局	6	8	3	3					6	16	60
鸡东县审计局	24	478	297			16			24	23	60
牡丹江市											
牡丹江市本级	122	63200	18256	137	63381	25487	12		125	383	562
东安区审计局	11	8	8						20	27	10
爱民区审计局	19	1540	68		13	332			19	78	17
阳明区审计局	28	202	48				1		28	58	38
西安区审计局	5	3114	145						5	5	10
穆棱市审计局	11	219	81		37	4	4		11	25	132
海林市审计局	58	1171	307			1012	2		61	32	92
宁安市审计局	23	11743	106			2596			23	45	65
东宁县审计局	31	3359	93				1		31	25	17
林口县审计局	61	6255	75				1		61	17	201
绥化市											
绥化市本级	64	13380	2274	683	12185	6583			64	65	170
北林区审计局	7	587	336			77			7		40
安达市审计局	31	278	278						32	3	30
肇东市审计局	25		63						25		29
海伦市审计局	8	188	188			20			6		6
望奎县审计局	6	59	69						6		
兰西县审计局	11	2	76						11	3	2
青冈县审计局	39	512	252						39	81	12
庆安县审计局	12	294	250						12	10	29

续表

审计机关	完成审计项目（个）	查出违规金额	应上缴财政	应减少财政拨款或补贴	应归还原渠道资金	应调账处理金额	移送司法、纪检、监察部门处理（件）	建议有关部门处理（件）	出具审计报告和审计调查报告（份）	提出审计建议（条）	撰写审计信息（篇）
明水县审计局	17	100	104			450			17	12	15
绥棱县审计局	6	67	68			8			6	1	25
大兴安岭地区											
大兴安岭地区本级	32	5983	1329		697	60			32	56	134
加格达奇区审计局	22	327	20		62	42			22	84	35
呼中区审计局	9								9	24	22
新林区审计局	19	6154				10			19	60	22
松岭区审计局	21	225							21	43	28
呼玛县审计局	34	427	15						34	65	30
塔河县审计局	13	40	15.5						13	24	15
漠河县审计局	30	5777							30	27	15

上海市

【上海市审计局】 2012年，上海市审计局公务员在编354人，事业单位在编25人。设有办公室（信访办公室）、人事处（老干部处）、综合计划处（政策研究室）、法规处（复核审理处）、财政审计处、区县审计处、金融审计处、行政事业审计处、社会保障审计处、农业与资源环保审计处、经贸审计处、经济责任审计处（内部审计指导处）、国有资产鉴证审计处、固定资产投资审计一处、固定资产投资审计二处、外资运用审计处、计算机审计与信息技术处，纪检监察机构和机关党委。另设审计科学研究所、审计培训中心、审计信息中心。

领导成员

局　　长：宋依佳

副 局 长：江小民　施　涛（—7月）

吴茵蝶　范少军

于万云（8月—）

孙　琪（8月—）

总审计师：林忠华

纪检组长：沈荣华

审计成果　全市审计机关组织开展审计和审计调查项目1042个，查出违规金额30.95亿元，损失浪费金额6.07亿元，促进财政增收节支16.08亿元。向司法、纪检监察机关移送案件线索和事项9件。全市审计机关出具审计报告和专项审计调查报告1365份，向本级党委政府提交专题报告、综合性报告166篇，党政领导批示57篇次。提出审计建议被采纳3000余条。推动党委政府召开49次专题会议研究相关工作，促进完善党委政府层面的制度39项。

预算执行审计　全市审计机关对21个市级、86个区县级主管预算部门2011年部门预算执行和其他财政收支情况开展审计，提出审计意见和建议490条，审计工作受到市政府领导和人大常委会的充分肯定。市审计局把政府公共预算、政府性基金预算、国有资本经营预算、社会保障预算全部纳入审计监督范围，重点关注预算资金绩效情况、全市财政管理体制改革和重点财政政策推进情况。市审计局会同市有关部门开展行政事业单位经营服务性收费专项治理工作。按照市委常委会确立的“进一步规范乡镇财政管理体制”重点调研课题的工作安排，市审计局完成乡镇财政资金审计监督分课题的调研报告。9月11日，市审计局召开乡镇审计工作座谈会，专题部署落实加强和规范乡镇审计工作，研究制定《关于加强乡镇审计工作的指导意见》和《乡镇审计操作要点》，将乡镇管理使用的所有财政性资金、乡镇政府负有监管职责的集体“三资”全部纳入审计监督范围或审计重点，推进对乡镇审计监督的常态化。11月8日，上海市人民政府办公厅印发《关于本市进一步加强乡镇集体资产监督管理意见的通知》。

固定资产投资审计 全市审计机关对342个政府投资项目开展竣工决算审计，及时纠正项目建设管理和资金使用管理等方面存在的问题，核减不实投资15.07亿元。全市对59个政府投资项目实施跟踪审计，加强对建设项目的过程监督，前移审计监督关口。市审计局对全市对口支援新疆喀什四县发展资金和项目、上海国际旅游度假区核心区基础设施项目组织开展跟踪审计，对全市“十一五”期间电子政务项目建设、城市安全运行维护及绩效情况等开展审计调查。

在对全市“十一五”期间市级建设财力投资的电子政务项目的建设、运行维护及绩效情况进行审计调查中，针对审计发现的问题，市审计局建议有关部门进一步研究制定电子政务项目建设过程监管措施，监督相关建设单位严格执行项目建设程序；加强对信息化项目监理行业的市场监管，严格资质审核，建立健全对信息化项目监理的考核机制，提高信息系统监理质量；加强对电子政务项目建设资金使用的监管，督促各项目建设单位严格执行建设资金使用管理规定，专款专用；项目建设单位在今后的项目建设中进一步加强需求调研分析，优化方案设计，切实提高电子政务项目使用效益。切实做好已竣工项目的运行维护工作，明确职责，及时修复故障设施，确保系统的正常运行；进一步研究信息共享协同的运行机制和推进办法，统筹规划，促进电子政务项目的协同应用，提高电子政务项目的整体效益。被调查的21家单位高度重视审计发现的问题，进行认真梳理和分析，积极落实整改措施。

在对全市2011年度市级城市维护资金使用管理情况进行审计调查中，发现城市维护项目储备滞后，造成部分项目预算执行率较低；城市维护项目目录尚未完全建立，造成项目之间界限不清晰，影响项目分类审批管理；部分项目实施管理不规范等问题，并提出审计建议。市建设交通委及各行业主管部门高度重视，专题研究落实审计整改工作。7月，市政府办公厅转发市建设交通委等6部门《关于进一步完善本市建设工程管理分工的指导意见》，市建设交通委等相关部门制定并下发《关于明确城市道路、公路大修工程前期手续办理相关材料的通知》《关于进一步规范市级城市维护项目用款程序的通知》等制度。区县审计局对公路、水利、基础设施、动拆迁、旧区改造等政府投资项目实施跟踪审计。

经济责任审计 全市审计机关对381名领导干部（人员）开展经济责任审计，查出领导干部负直接责任问题金额460万元，负主管责任问题金额93.14亿元，负领导责任问题金额159.11亿元，促进领导干部（人员）守法守规守纪尽责。市审计局对42名市管领导干部开展经济责任审计，研究制定《上海市审计局经济责任审计操作规范（试行）》，对市国资委系统50余家市管企业内部审计机构负责人和内部审计人员进行企业内管干部经济责任审计培训，对7个市管单位的经济责任审计整改情况进行督察。

4月17日，上海市委、市政府下发通知，决定成立上海市经济责任审计工作领导小组。领导小组由时任市委副书记、市长韩正担任组长，市委常委、副市长屠光绍，市委常委、市委组织部部长李希担任副组长。领导小组下设经济责任审计工作联席会议，联席会议召集人由市委组织部部长担任，成员单位由市纪委、市委组织部、市国资委党委、市监察局、市审计局组成，联席会议办公室设在市审计局。此次上海市成立经济责任审计工作领导小组，进一步完善经济责任审计组织管理体制，对健全经济责任审计工作机制，形成“审前共商，审中协作，审后运用”的整体工作合力，为促进经济责任审计工作的可持续发展提供重要保障。截至12月底，徐汇、闸北、虹口、黄浦、静安、闵行、宝山、金山、松江、青浦、奉贤、崇明等12个区县成立经济责任审计工作领导小组，进一步强化对经济责任审计工作的组织领导。

资源环境审计 全市开展34个独立型资源环

境审计和审计调查项目，党委政府高度重视审计反映的情况，积极采取整改措施，加强监管，规范资金使用，确保资源利用与环境保护协调开展。市审计局要求各区县审计局在2010年至2012年完成土地资源、节能减排和生态环境保护3个独立的资源环境审计项目，截至2012年底，浦东、长宁、黄浦、嘉定、松江、青浦、崇明7个区县审计局3个项目全部完成。

市审计局组织对2009年至2011年全市生活垃圾处置情况进行审计调查，针对审计发现的问题，审计部门提出建议，市政府和相关部门逐项提出并督促落实整改措施。市绿化市容局制定《关于贯彻〈关于进一步加强本市餐厨废弃油脂从严监管整治工作实施意见〉的意见》，并会同市政府法制办，修订《上海市餐厨垃圾处理管理办法》，制定《上海市餐厨废弃油脂处理管理办法》，强化餐厨废弃油脂管理法规支撑。市政府办公厅分别转发市绿化市容局等部门制定的《上海市生活垃圾跨区县转运处置环境补偿资金管理办法》和《上海市郊区生活垃圾无害化处理设施建设补贴政策实施方案》，通过建立“引逼机制”，推进生活垃圾处理设施建设。4月，市政府成立市生活垃圾分类减量推进工作联席会议，全市19个部门及17个区（县）政府参加，共同推进生活垃圾分类和源头减量工作。

专项资金审计（调查） 全市审计机关对涉及住房、社保、文化、教育、卫生、“三农”等60项民生资金和工程开展审计和审计调查，促进安民、惠民、利民政策和措施更好的执行、取得更好的效果。根据审计署统一组织和部署，市审计局对11个区的社会保障资金进行审计，市政府及有关部门高度重视审计反映的情况，积极落实审计整改，推动建立部门间信息共享机制，加强对社会保障资金筹集、管理和使用的全过程监管，保障资金安全完整，提高资金使用效益。市审计局对7个区2012年保障性安居工程开展跟踪审计。市审计局对教育费附加管理使用、学前教育运行管理、城市维护资金使用管理、标准化菜市场建设管理等情况开展审计调查。

在对全市2009年度至2011年度教育费附加管理和使用情况的审计调查中，审计发现全市教育费附加投入职业教育比例未达标等问题，并提出加强对教育费附加管理和使用情况的监督检查、科学合理地确定教育费附加投入职业教育的比例等审计建议。市教委、市财政局高度重视，积极督促区（县）教育局等相关单位制订整改方案、积极推动审计整改。市教委根据2012年教育费附加的收入总量以及全市职业教育学校的分布和需求情况，分别确定中心城区、郊区（县）投入用于职业教育的比例。市教委会同市财政局通过委托社会中介机构审计、加大信息公开力度、实施绩效评价等方式，加强对教育费附加项目执行的日常监督。

在对全市2009年度至2011年度学前教育运行和管理情况的审计调查中，发现部分区（县）幼儿园园舍资源配置不足、专项资金未专款专用、补贴资金未执行到位、违规提高公办幼儿园的收费标准等问题。市审计局建议各区（县）教育主管部门应根据本区域的人口出生和流动变化趋势，科学、合理地预测及配置幼儿园园舍资源；加强专项资金的管理，按照规定的用途使用款项；提高专项资金的使用效率，确保补贴资金执行到位；规范幼儿园的收费行为，完善公立转制幼儿园教育经费的保障制度。市教委高度重视，召开系统审计整改工作会议，通报审计揭示的问题，并督促区（县）教育局制订整改方案，采取措施进行整改。

在对2005年至2011年本市标准化菜市场的建设、运行和管理情况的审计调查中，针对发现的问题提出审计建议。市商务委员会高度重视，通过召开专题会议、责成有关单位整改、拟定制度、进行内部通报以及与相关部门会商等方式，认真纠正和整改。针对菜市场改造专项补贴资金使用管理中存在的问题，市商务委员会要求相关部门按照资金管理办法加强资金管理，严格资金用途。浦东、松江2个区的商务委员会明确以前年度留存的标准化菜市场改造市级专项补贴资金继续用于标准化菜市场建设。针对猪肉追溯系统运行监管中存在的问题，市商务委员会与市食品安全委员会办公室等相关部门共同研究追溯系统相关配套制度，草拟《上海市标准化菜市场追溯体系运维工作方案（试行）》，且通过规范程序确定合格的系统运行维护服务商，并推荐给各区（县）商务主管部门。

审计公告 全市审计机关公开121项单项审计结果公告。市审计局基本实现重点审计项目计划、审计工作报告、审计整改报告、审计工作成果、部门预算执行审计单项审计结果、专项审计调查结果向社会公开。17个区县审计局公开年度重点审计项目计划和审计工作报告，13个区审计局公告104个审计（调查）项目结果。市审计局首次通过“上海审计”门户网站向社会公开征集立项建议，拓宽年度计划立项调研渠道。

（撰稿人：汪其水）

【黄浦区审计局】 2012年，黄浦区审计局在编65人。局长徐其彬，副局长朱润杰、虞海琴、米文蕾、张志伟。设有办公室、人事教育监察科、综合计划科、审理法规科、财政金融审计科、行政事业审计科、固定资产投资审计科、党政领导干部经济责任审计科、企业领导人员经济责任审计科、经济贸易审计科、资源环保审计科、计算机审计科。

审计成果 完成审计和审计调查项目32个，查出管理不规范金额1.65亿元，应上缴财政100万元，应减少财政拨款或补贴8523万元，应调账处理金额1327万元；已减少财政支出8523万元，已调账金额159万元。提交信息112篇，被采用91篇。

预算执行审计 对区2011年度本级预算执行情况和其他财政收支情况开展审计，提出审计意见和建议20条。重点关注政府预算执行情况、政府性基金预算管理情况、国资收益和政府性债务管理等情况。

经济责任审计 完成经济责任审计项目23个，涉及22名党政领导干部和1名企业集团领导人员。查出管理不规范金额3550万元，提出审计建议32条。成立经济责任审计工作领导小组，制定《经济责任审计工作联席会议议事规则》《经济责任审计实施办法》《审计对象分类管理暂行办法》《离任经济事项交接办法》和《内管干部任期经济责任审计实施办法》等制度，完善审前公示、联合进点、审中沟通、审计情况反馈、跟踪督察等工作机制。

固定资产投资审计 对政府投资的10个项目进行审计，审计上报投资额10.31亿元，核减投资额8264万元。

专项资金审计（调查） 对全区标准化菜市场建设运行管理绩效情况进行审计调查，全面反映全区25家菜市场的管理、运营情况及存在的问题，提出加快标准化菜市场的工作规范和制度整合、发挥追溯系统使用效果、加大运营管理力度等建议。

内部审计 起草加强国有企业内部审计工作的意见，组织开展区属范围内民营企业内部审计基本情况调研。（撰稿人：曹　群）

【徐汇区审计局】 2012年，徐汇区审计局在编31人。局长冯玉瑞（—12月）、翁国雷（12月—），副局长魏敏、赵洪英（9月—）。设有办公室、法规科、财政审计科、经济责任审计科（内设内部审计指导科）、绩效审计科、固定资产投资审计科、企业审计科。

审计成果 完成审计和审计调查项目29个，查出管理不规范金额12.40亿元，应上缴财政2600万元。向区委、区政府提交审计结果报告28篇、审计工作专报7篇、审计领导专报4篇、审计整改函17份。提交并被采纳审计信息53篇次。

预算执行审计 组织实施区2011年度本级预算执行及其他财政收支情况审计，对2011年度区国资经营预算安排和使用情况、新一轮财政专项资金（2011年度至2013年度）进行审计调查。对全民健身发展资金、科技产业发展等8项专项资金的管理和使用情况进行审计，对区16家国资归口管理企业开展跨年度专项审计调查。

固定资产投资审计 对轨道交通动迁项目进行跟踪审计，涉及签约动迁居民523户，单位63个，拆除房屋面积81 299.63平方米。对区公共卫生中心建设项目进行竣工决算审计，核减投资额109.8万元。对区中小学校舍安全工程进行竣工决算审计，核减投资额114.70万元。对区卫生信息化工程项目进行跟踪审计，完善项目采购和招标工作。

经济责任审计 完成经济责任审计项目18个。成立区经济责任审计工作领导小组和联席会议。

农业与资源环保审计 对区2011年度土地出让金使用和管理情况进行审计调查。对某街道3

丘地块收储成本进行审计，核减投资额 17.13 万元。对区土地储备及供地管理情况进行专项审计，提出严格控制土地收储成本等建议。

专项资金审计（调查） 对区标准化菜市场建设运行管理情况进行审计调查，揭示成本管理等方面问题，得到区委、区政府主要领导批示，推动区相关部门出台《徐汇区菜市场规范管理办法》等制度。对区住宅小区技防监控设施专项经费使用进行审计调查，促进封闭型小区技防监控设施项目的规范化管理和使用。

审计整改 发挥审计整改联席会议作用，组织对 26 个单位进行审计整改检查，促进形成主管部门协同配合、审计部门督促落实的审计整改机制。

审计公开 全年向社会发布 10 项审计公告，公开专项审计结果和部门预算执行审计结果。

内部审计 制定《徐汇区内部审计工作规范化考核实施办法》，明确将内部审计考核结果列入区政府年度考核内容。 （撰稿人：王海燕）

【长宁区审计局】 2012 年，长宁区审计局在编 32 人。局长邱军祺，副局长王智华、陆霓。设有办公室、法规科、固定资产投资审计科、经贸审计科、行政事业审计科、财政金融审计科、经济责任审计科。

审计成果 完成审计和审计调查项目 28 个，核减投资额 290 万元，查出违规金额 4.3 亿元，应减少财政拨款或补贴 73 万元，应归还原渠道资金 22 万元，应调账处理金额 4874 万元；已归还原渠道资金 22 万元，已调账处理金额 2881 万元。提出审计建议 77 条，提交各类审计调查报告和信息 36 篇，被采用 18 篇。

预算执行审计 对区 2011 年度财政预算执行情况和区检察院等 8 个部门预算执行情况进行审计，重点关注预算编制完整性和统一性、预算执行真实性和均衡性、政府采购预算执行与管理情况。

固定资产投资审计 对区“迎世博 600 天”项目、2008 年旧住房改造工程、安龙路道路建设等 6 个项目进行竣工决算审计，对区第三社会福利院和长支第一小学（第一阶段）建设项目进行跟踪审计，上缴财政 450 余万元，核减投资额 290 万元。

经济责任审计 组织开展经济责任审计项目 12 个，制定长宁区贯彻落实党政主要领导干部和国有企业领导人员经济责任审计规定的实施意见。统一制发经济责任审计资料索取清单、公示格式、审计报告、审计结果报告格式。

专项资金审计（调查） 对区标准化菜市场建设运行情况、区居家养老情况、区废弃物处置中心试运营情况等 6 个项目进行审计和审计调查。配合相关部门对区文化发展专项基金、7 家中小学和幼儿园教育收费等专项资金进行检查，提出建设性意见。

审计整改 制定区加强审计整改工作的实施意见、审计问责暂行办法，成立区审计整改工作联席会议，健全完善审计整改联动、报告、督察、跟踪检查、结果通报和公告等制度，做到信息共享、分工负责、各司其职、分类督办，有效抓好审计整改责任的落实，形成审计整改监督合力。

内部审计 全区内部审计机构共完成审计项目 602 项，增收财政节支 570 万元，提出审计意见和建议被采纳 537 条。 （撰稿人：秦贝贝）

【静安区审计局】 2012 年，静安区审计局在编 31 人。局长任从青，副局长魏勇、郝成城（11 月—），纪检组长魏勇（兼）。设有办公室、人事监察科、综合业务科、经济责任审计科、基建环保审计科、财政财务审计科、绩效审计科、法纪审计科。

审计成果 完成审计和审计调查项目 53 个，查出违规金额 4 687.93 万元，管理不规范金额 27.52 亿元，其他相关问题 18 个。完成工程类委托审计项目 96 个，审计上报投资额 4.23 亿元，核减投资额 4102 万元。提交审计报告 53 篇，审计专报 2 份，其中 17 篇审计报告和审计专报得到区委、区政府主要领导批示。提出审计建议 44 条，全部被区政府和相关单位采纳。

预算执行审计 重点对区 21 个预算单位进行审计，并延伸至其下属单位，将财政资金、资产、资源全面纳入审计范围，以财政资金分配与部门预算执行为出发点，以预算资金与部门职责履行、政府实事工程建设为关注点，以评价财政资金使用合规与效能为落脚点，突出对本级预算管理、部门预算执行以及内控制度有效性等方面的情况进行审计评价。

经济责任审计 对置业集团、开开集团、九百集团3个区管国有企业领导人员进行经济责任审计，针对审计发现的问题，提出规范执行《企业会计准则》、加强房产管理、完善企业内部管理和日常监管、妥善解决遗留事项等意见和建议。

专项资金审计（调查） 对全区生活及餐厨垃圾处置情况开展专项审计，针对生活及餐厨垃圾处置布点、运作费用、管理模式、后期财政资金投入等方面提出审计建议。对公租房改建项目专项资金使用情况实施跟踪审计，客观评价区公租房改建过程中在政策落实、推进程度、建设效果、社会稳控等方面取得的成效，针对审计发现的问题，提出健全内控制度、加强对公租房改建项目统筹管理等审计建议。（撰稿人：王志明）

【普陀区审计局】 2012年，普陀区审计局在编28人。局长周勤毅，副局长顾薇玲、王廉之，纪检组长王廉之（兼）。设有办公室、综合业务指导科、财政审计科、经济责任审计科、行政事业审计科、经济贸易审计科、固定资产投资审计科。

审计成果 完成审计项目57个，查出管理不规范金额6.95亿元、违规金额392.11万元，应上缴财政349.8万元，已上缴财政342.36万元。提交审计报告89篇、审计信息73篇。提出审计建议92条，被采纳71条。

预算执行审计 对区2011年度本级财政预算执行情况，长征、桃浦两镇2011年度财政决算及其他财政收支情况开展审计，着重关注预算执行的真实性和完整性、资金使用的效益效果以及政策措施执行情况，为深化改革、完善制度、加强管理、提高绩效发挥积极作用。

固定资产投资审计 对9个政府投资项目进行审计，审计上报投资额3.76亿元，核减投资额8431万元。对区政府投资建设项目管理情况进行审计调查，重点检查投资项目审批报建、招投标、质量安全管理、竣工验收等情况，促进主管部门和建设单位加强管理，规范运作。制定《普陀区区级建设财力项目审计监督暂行办法》，进一步增强区级财力投资审计监督工作的针对性和有效性。

经济责任审计 对20个部门党政领导干部和2个区属企业领导人员进行任期经济责任审计。加强与组织、纪检、监察等部门协调合作，注重在干部选拔任用和区委巡察工作中运用审计成果。

专项资金审计（调查） 开展标准化菜市场建设运行管理绩效审计调查，促进落实完善标准化菜市场建设。开展区义务兵优待金管理使用情况、区卫生系统科研发展情况审计调查，促进政策措施得到更好的执行。

内部审计 组织全区200多名内部审计人员参加培训。开展2012年度优秀内部审计项目、优秀内部审计论文评比活动，9个内部审计项目和13篇内部审计论文获奖。（撰稿人：顾　轶）

【闸北区审计局】 2012年，闸北区审计局在编25人。局长郑志勇，副局长马国荣、陈一，纪检组长郑志勇（兼）。设有办公室、法规科、财政审计科、国有企业审计科、经济责任审计科、固定资产投资审计科、内部审计指导科。

审计成果 完成审计和审计调查项目20个，查出违规及管理不规范金额11.58亿元。提出审计建议65条。核减工程投资额1 060.01万元，查补税收100.3万元。移送案件线索1件。提交审计信息受到区领导批示15篇次。

预算执行审计 对区2011年度本级财政预算执行情况及其他财政收支情况开展审计，加大揭示本级预算管理和部门预算管理的制度性和规范性问题。

固定资产投资审计 组织开展城区建设改造项目审计调查，审计资金17.41亿元，重点关注资金使用管理、城区建设改造政策方案执行、成本综合分析等方面问题，提出健全监管体制、完善成本管理措施等建议。委托社会中介机构完成区属单位审计项目117个，审计上报投资额55.23亿元，核减投资额7087万元。

经济责任审计 成立区经济责任审计联席会议领导小组，积极探索党政主要领导同步审计的方法。

审计整改 区委、区政府高度重视审计结果，将审计整改纳入督察范围，责成相关责任单位认真整改。全年审计过程中发现的22个问题得到即时整改；审计报告揭示的50个问题，有20项落

实整改，有17项提出整改措施，有12项承诺规范改进。（撰稿人：许小玲）

【虹口区审计局】 2012年，虹口区审计局在编28人。局长高庆迁，副局长周辉权、韩颖，纪检组长周辉权（兼）。设有办公室、法规科、财政审计科、企业审计科、经济责任审计科、投资审计科。

审计成果 完成审计和审计调查项目31个，查出违规金额340万元，应上缴财政297万元，应调账处理5788万元；已上缴财政100万元，已调账处理3558万元。建议有关部门处理事项4件。提交审计报告50份，提交审计信息52篇，被采用30篇。

预算执行审计 对区2011年度财政预算执行情况和其他财政收支情况进行审计，审计发现存在销账转账中漏记、未核销；个别街道下属公司招商引资不规范；个别单位预算编制不够细化、执行不严格，专项资金核算不规范；个别单位向下属无资质单位发包工程且再被转包等问题。审计结果得到区人大、区政府肯定。

经济责任审计 对19名单位领导干部（人员）开展经济责任审计，其中任中经济责任审计7人。在开展经济责任审计工作的同时，结合开展5项绩效审计调查。

专项资金审计（调查） 开展科技发展专项资金、标准化菜市场、虹商集团商业网点等7项审计调查。

内部审计 全区内部审计机构完成审计项目193个，其中财务收支审计项目12个，经济责任审计项目22个，建设项目审计102个，其他审计项目57个，提出审计建议和意见被采纳188条。

（撰稿人：张　骐）

【杨浦区审计局】 2012年，杨浦区审计局在编35人。局长朱萍，副局长周兰萍、贺东明，纪检组长周兰萍（兼）。设有办公室、法规科、行政事业审计科、财政审计科、经济责任审计科、固定资产投资审计科、经贸审计科、鉴证审计科。

审计成果 开展审计和审计调查项目43个，查出违规金额88.79万元，管理不规范金额2.94亿元。提出审计建议124条，被审计单位采纳审计建议122条。上缴财政910.61万元，核销坏账2 688.06万元。向纪检监察机关移送处理事项2件，涉及人员1人。提交审计报告47篇，区领导对14篇审计报告做出批示。提交审计信息33篇，采用27篇。

财政审计 对区2011年度本级预算执行和其他财政收支情况进行审计，以健全完善公共财政体系为目标，以财政资金走向为线索，深入揭示区本级财政预算管理体制、机制中存在的突出问题。

固定资产投资审计 对某街坊动迁商品房等建设项目实施跟踪审计，对原铁岭中学（教育学院）、打虎山路第一小学第二分校加固及修复工程项目、定海幼儿园、延吉初级中学和长白社区文化中心等项目进行竣工决算审计。

经济责任审计 对20个单位29名领导人员开展经济责任审计，探索党政主官、离任与任中、经济责任审计与部门预算执行审计相结合，提高审计成效。

专项资金审计（调查） 对2008年度至2012年度全区经济社会发展情况进行审计调查，推动全区各部门、各单位切实履职，促进全区经济与社会全面、协调、可持续发展。对标准化菜市场建设运行管理情况、街道（镇）社区文化活动中心运行管理情况、节能减排专项资金使用和部分重点项目开展情况进行审计调查。

内部审计 全区内部审计机构完成审计项目611个，提出审计建议意见被采纳295条，促进财政增收节支142万元。联合制定《关于进一步加强和完善区国资委直接监管的集团（公司）内部审计工作的若干意见》，健全完善内部审计与财务总监、监事工作共同管理模式。对全区35个委办局、街镇开展“会务经费”专项检查，加强规范管理。（撰稿人：傅　强）

【闵行区审计局】 2012年，闵行区审计局在编31人。局长王敏，副局长马建国（7月—）、陈志强、任筱华，纪检组长马建国（兼）。设有办公室、综合法规科、财政审计科、经责审计科、经贸审计科、固定资产投资审计科。

审计成果 完成审计和审计调查项目37个，查出违规金额1 202.6万元，管理不规范金额

10.36亿元，应上缴财政1978万元，应归还原渠道资金476万元，应调账处理金额1.25亿元。提交审计专题报告、综合性报告7篇，得到党政领导批示8篇次。提出审计建议被采纳264条，促进完善区层面的制度4项。提交信息46篇，被采用39篇。

预算执行审计 对区2011年度本级财政预算执行和其他财政收支进行审计，审计发现部分预算单位对收取的资金未按规定进行管理、土地出让收入70%的结余资金提取基金承担对象有误、校区保安经费清算不准确等问题。

固定资产投资审计 对闵行文化公园生态工程建设项目进行跟踪审计，针对审计发现的问题，提出加强经费使用效益等建议。对万芳路一、二期道路建设项目和区体育场曲棍球队宿舍楼建设及训练房装修工程进行竣工决算审计，指出多计工程总造价、资金结算不准确等问题，要求被审计单位及时整改。对2011年至2012年全区财政性建设项目工程造价咨询（审核）定点服务机构完成的20个建设项目的审价管理情况开展专项审计调查，揭示项目建设中存在的26个问题，提出审计建议31条。审计上报投资额1.40亿元，审定投资额1.39亿元，核减投资额80.95万元。

经济责任审计 对15个单位的16名领导干部（人员）开展经济责任审计。成立经济责任审计工作领导小组、经济责任审计工作联席会议。指导区内部审计机构开展经济责任审计项目102个。

企业审计 在对区城投公司、闵盛公司2010—2011年度的财务收支情况及资产负债损益状况进行审计，揭示动迁安置房核算管理、工程建设程序、薪酬管理、公务用车等方面存在的问题，提出审计建议。

专项资金审计（调查） 对区标准化菜市场管理、公共自行车运行管理、村村通公交等3个项目进行审计和审计调查，促进政策执行更加有效。

内部审计 全区内部审计机构完成审计项目977个，提出意见和建议955条，促进财政增收节支359万元，收回违规金额3000万元，向司法机关移送案件1件、移送人员2名，另有2名干部被调离原岗位。

（撰稿人：张仁荣）

【宝山区审计局】 2012年，宝山区审计局在编32人。局长张晓宁，副局长陈仕宏（—8月）、张建忠（—4月）、邱大德、王新民（11月—）。设有办公室（人事科、法制科）、财政审计科、行政事业审计科、固定资产投资审计科、经贸审计科、经济责任审计科。

审计成果 完成审计和审计调查项目40个，查出违规和管理不规范金额6.31亿元，应上缴财政2 669.05万元，应调账处理金额4.83亿元，核减投资额1.21亿元；已上缴财政2 669.05万元，已调账处理金额4.36亿元。移送纪检监察部门处理事项1件。提出审计意见和建议108条，已被采纳落实81条，推动被审计单位建立规章制度41项，制定整改措施89项。提交审计报告42篇、信息32篇，被采用30篇次。

预算执行审计 对区本级财政和9个部门2011年预算执行情况进行审计，根据审计建议，明确全额拨款事业单位年终结余不再提取职工福利基金、区级预算单位公务卡强制结算等规定。

固定资产投资审计 对7个工程建设项目进行竣工决算审计，对11个工程建设项目进行跟踪审计，审计核减投资额1.21亿元，督促建设单位健全管理制度8项。组织完成144项50万元以上审计计划外的建设项目委托审计工作。

经济责任审计 对18个单位32名领导干部（人员）进行经济责任审计，突出对重大经济决策、重大建设项目、大额资金使用、债权债务、资源利用、财政管理等相关权力、责任的审计监督。

专项资金审计（调查） 对现代服务业发展引导资金使用管理和效果情况开展审计，促进修订服务业发展引导资金使用管理办法及实施细则。对教育专项资金使用管理及其效果情况、廉租房和公共租赁房资金筹措使用管理情况、标准化菜市场建设运行管理绩效情况开展审计调查，促进相关部门建立完善17项制度。

（撰稿人：张海雁）

【嘉定区审计局】 2012年，嘉定区审计局在编34人。局长郑红（—8月）、柏永明（8月—），副局长谭思翔、徐青、陈兴华（—8月）、苑鼎宏（10月—），纪检组长吉峻岭。设有办公室、人事监察科、综合法规科、财政金融审计科、社会保障审计科、农业与资源环保审计科、经济责任审计科、经贸审计科、固定资产投资审计一科、固定资产投资审计二科、外资运用审计科、计算机审计与信息技术科。下设上海嘉定审计中心（事业单位），编制13人，现有17人。

审计成果 完成审计和审计调查项目29个，查出损失浪费金额2.04亿元，管理不规范金额110.66亿元；已归还原渠道资金5211万元，已调账处理金额4421万元。提交信息82篇，采用32篇。促进区政府制定4个地方规范性文件，5个项目的审计报告得到区领导批示。

预算执行审计 开展区2011年度本级预算执行情况和7个部门预算执行情况审计。

固定资产投资审计 组织对20个区重大建设项目进行跟踪审计和竣工决算审计，审计核减投资额1.44亿元，提出35条审计建议并得到采纳，促进规范制度4项。对41个建设资金在500万元以下的项目进行委托审计，对临时交办的21个项目进行抽签委托审计，委托审计上报投资额22.36亿元。

经济责任审计 对4个镇、5个委办局和1个事业单位共22名处级领导干部进行任期经济责任审计，查出管理不规范金额64.85亿元。

专项资金审计（调查） 对节能减排专项资金使用情况、土地复垦指标补偿费专项资金管理使用情况、土地储备成本及收益情况、重大项目概算编制与执行情况等开展审计和审计调查，从体制、机制、制度层面分析原因，提出审计建议。参与对区社会救助政策落实和专项资金管理使用情况、治理和规范行政机关、事业单位经营服务性收费专项治理项目检查工作。

内部审计 全区内部审计机构完成审计项目1176项，查出损失浪费金额1363万元，纠正管理不规范金额2567万元，促进财政增收节支8364万元，提出建议意见被采纳515条，促进完善制度规范45条。（撰稿人：朱艳笛）

【浦东新区审计局】 2012年，浦东新区审计局在编58人。局长傅红岩（—2月）、徐国平（2月—），副局长谢毓敏（—3月）、朱长勇、段际凯、虞刚杰，纪检组长朱长勇（兼）。设有办公室（组织人事处）、综合法规处（政策研究室）、财政审计处（行政事业审计处）、经济责任审计处（内部审计指导处）、综合经济审计处、投资建设审计处（资源环保审计处）、绩效审计处（审计稽查处）。另下设审计事务中心。

审计成果 完成审计和审计调查项目121个，查出违规金额1.25亿元，应上缴财政2 159.77万元，促进财政增收节支5.45亿元。向有关部门移送处理事项4件。提交审计信息354篇，批示、采用196篇。

预算执行审计 对区2011年本级预算执行情况以及区检察院等6个部门预算执行情况进行审计，提出意见和建议56条，推进完善相关制度15项。深入揭示分析审计发现的带有普遍性的突出问题，有针对性地提出意见和建议，并督促审计整改落实到位。

固定资产投资审计 全年完成投资审计项目159个，其中委托审计项目94个，审计上报投资额99.53亿元，核减投资额7.79亿元。对村庄改造、“迪士尼”和“商飞”建设项目配套设施、道路建设等项目进行跟踪审计，审计上报投资额159.70亿元，注重事前、事中、事后全过程监督，揭示存在的问题，推动即知即改，提高投资效益。对区建设项目管理中的质量、安全等问题进行专项审计稽查，审计资金16.88亿元，纠正违规行为，促进政府投资项目规范运行。

经济责任审计 全年完成13个经济责任审计项目，涉及领导干部（人员）24人，其中市管干部5人。健全经济责任审计联席会议、集中进点等工作机制，发挥联席会议办公室计划、协调、指导、服务等职能作用，推动经济责任审计工作有序、深入开展。把经济责任审计与预算执行审计、专项审计、审计稽查等结合起来，加强资源有效利用和成果共享，提高经济责任审计工作效率。突出领导干部任期责任事项，重点关注民生、发展等政策措施贯彻落实情况，关注土地转让、房地产开发、环境保护、节能减排、遵守有关廉洁从政规定等方面的情况，确保审计评价更加全面科学。

专项资金审计（调查） 对区农业生产补贴资金、残疾人就业保障金、社区文化服务中心管理等关系群众利益的项目进行专项审计，提出对策建议，提高政府民生资金和民生项目实效。组织航道扩能疏浚、河道整治、雨水泵站、村庄改造等工程项目审计，对新区工业污染源控制情况进行专项审计调查，促进资源节约、环境保护政策的有效落实。对张江集团、临港海洋高新公司等区属企业实施审计，对新区直属公司捐赠和赞助情况进行专项审计调查，提高经营效益和资产质量。

绩效审计 针对区财政资金绩效管理现状，区政府印发《浦东新区绩效审计办法》，为推动绩效审计科学化、规范化提供制度保障。为推进绩效审计工作，在财政审计、经济责任审计、投资审计等项目中强化绩效理念，密切关注资金和项目效益。加大独立型绩效审计的实施力度，开展区教育事业发展财政专项补贴资金绩效情况、新区城市化地区图书购置资金管理使用绩效情况等项目审计。

审计公开 通过区政府门户网站，向社会发布2012年度审计项目计划，向社会公告审计结果31项。

内部审计 全区内部审计机构完成审计项目3539个，查出损失浪费金额1 543.7万元，促进财政增收节支2.10亿元，提出建议、意见被采纳1890条。（撰稿人：李　敢）

【金山区审计局】 2012年，金山区审计局在编32人。局长杜莉芳，副局长顾明欢、潘浩、胡炎培，纪检组长潘浩（兼）。设有办公室、法规审理科、财政审计科、行政事业审计科、经济责任审计科、固定资产投资审计科、国有资产鉴证审计科、内部审计指导科、审计监督科。下属审计中心编制8人，在编4人。

审计成果 审计和审计调查项目51个，查出管理不规范金额20.53亿元。提交审计报告、信息100篇次，被采用113篇次。

预算执行审计 对区财政本级和区经委等9个部门及其21个下属事业单位预算执行情况进行审计，查出管理不规范金额1.25亿元。提出的规范固定资产处置、提高公务卡结算率等审计建议被相关部门采纳。

固定资产投资审计 完成固定资产投资审计25个，审计上报投资额8.18亿元，审定投资额7.53亿元，核减投资额6451万元。对隆安东路建设工程、亭卫南路改建工程、金山铁路周边绿化及环境整治工程、中小学校舍安全工程等项目开展竣工决算审计，对区文广中心、朱泾体育中心、G15高速出口改造工程等8个项目进行跟踪审计。

经济责任审计 对11个单位进行任期经济责任审计，制定经济责任审计工作制度，明确联席会议成员单位的职责。

专项资金审计（调查） 对全区镇级政府性债务、镇级经济区运行情况、金山区标准化菜市场建设运行管理情况进行审计调查，针对审计调查发现的问题提出审计意见。

内部审计 全区内部审计机构完成审计项目1004个，查出损失浪费金额1.35亿元，促进财政增收节支1.29亿元，提出审计意见787条。区审计局共提出审计联系意见52条，提供基建审计、对外投资等审计咨询21次，开展财经法规宣传35次，调整管理不规范金额865万元。

（撰稿人：夏　峰）

【松江区审计局】 2012年，松江区审计局在编33人。局长沈日新，副局长吴玲、吴慰民，纪检组长许方勇（12月—）。设有办公室、法规科、财政金融审计科、经济责任审计科、行政事业审计科、基本建设审计科、经贸审计科。

审计成果 完成审计和审计调查项目37个，查出违规金额1.23亿元，损失浪费金额574万元，管理不规范金额107.06亿元。向司法、纪检监察机关移送案件线索和事项2件。提出审计建议63条，提交信息29篇。

预算执行审计 对区2011年度本级预算执行情况及其他财政收支情况进行审计，加大对支出结构调整情况、部门预算组织管理情况、国库集中支付制度情况等方面的监督力度，推动健全更加统一完整的政府财政和预算管理制度。

固定资产投资审计 对2011年度区级政府投资项目和洞泾、佘山两个镇级政府投资项目实施情况进行审计调查，重点对松卫公路建设项目、辰塔公路工程及沈砖公路等绿化工程结算进行审计。

经济责任审计 对8个单位19名党政领导干

部（人员）实施任期经济责任审计，完善经济责任审计评价标准和评价体系。

专项资金审计（调查） 对2011年度区生活垃圾分类减量、采购正版软件、上海张江国家自主创新示范区创新成果参展费用、开展全民消防安全演练、古建筑保护修缮、开发建设远程监控信息系统、老公房楼梯扶手改造等12个专项资金使用情况进行审计。与区财政局共同起草松江区本级预算执行中追加预算支出管理暂行办法。利用计算机技术，组织开展非税收入审计调查，涉及管理资金的财政账户及预算单位190个，涉及资金超过100亿元。（撰稿人：张　皓）

【青浦区审计局】 2012年，青浦区审计局在编28人。局长王健，副局长瞿坚春、朱民，纪检组长朱民（兼）。设有财政金融审计科、行政事业审计科、经济责任审计科、经贸审计科、综合法规科、固定资产投资审计科、办公室。

审计成果 完成审计和审计调查项目65个，查出违规金额7.6亿元，管理不规范金额137.06亿元，损失浪费金额334.2万元。提出审计意见和建议260条，促进相关部门制定整改措施159条，促进财政增收节支5.99亿元。提交审计信息166篇，采用信息92篇次。提交综合报告、结果报告、审计和审计调查报告78篇，得到区领导批示14篇次。

预算执行审计 对2011年度本级预算执行情况、10个一级预算单位及所属11个二级预算单位预算执行和其他财政财务收支情况开展审计，提出审计意见和建议55条。将政府性基金作为审计重点，推动全部政府性资金纳入预算管理，促进健全政府预算体系。关注财政改革、财政政策及制度执行，促进完善制度，推动管理改革。进一步加强对财政资金资产使用管理效益、效果的监督，促进提高财政绩效管理水平。

固定资产投资审计 对区重大、实事项目及200万元以上的39个项目开展竣工决算审计，组织中介机构对200万元以下的93个项目开展竣工决算审计，查出管理不规范金额2.53亿元，核减投资额1.19亿元。对淀山湖新城建设新城一站大型居住社区及相关配套建设、轨交17号线前期工程、外青松公路南段改建工程、盈港西路四期工程等24个项目开展跟踪审计。制定政府投资项目审计监督管理办法以及跟踪审计操作规程、跟踪审计委托社会中介机构邀请招标办法等制度。

经济责任审计 对9个单位11名领导干部（人员）开展经济责任审计，查出领导干部负主管责任问题金额14.85亿元，负领导责任问题金额2.73亿元。成立区经济责任审计工作领导小组，调整经济责任审计工作联席会议组成人员。

专项资金审计（调查） 对区土地出让金收支使用管理情况开展专项审计，对区2009年至2011年生活垃圾处置情况、区粮食种植补贴资金管理使用情况、区“十一五”期间公共文化设施投入运行情况、区城市基础设施配套费征收使用和管理情况、区标准化菜市场建设管理情况等5个项目开展审计调查。

审计公开 公开2012年度重点审计项目计划、2011年度本级预算执行审计工作报告、2011年度审计整改情况报告、10个部门2011年度预算执行审计结果、4个专项审计调查结果等。

内部审计 全区内部审计机构完成审计项目1367个，查出违规金额513.58万元、管理不规范金额3.62亿元，其中核减投资额5 453.01万元，提出审计意见和建议被采纳632条。指导开展村（居委会）换届经济责任审计，对66个单位内部审计工作进行指导。组织340人次参加内部审计培训、150人参加“内审上岗证”考试，接受5名内部审计人员到审计局挂职培训。

（撰稿人：赖伟春）

【奉贤区审计局】 2012年，奉贤区审计局在编44人。局长苏徐平，副局长徐秋官、钟荣华、王斌。设有办公室、法规科、经济责任审计科、财政审计科、行政事业审计科、固定资产投资审计科、经贸内部审计科。

审计成果 完成审计和审计调查项目42个，查出管理不规范金额33.3亿元，发现各类问题169项，提出审计建议226条，督促被审计单位制定整改措施203项，制定和完善内部管理制度12项。移送有关部门处理线索2件。提交审计报告和专项审计调查报告54篇，得到党政领导批示14篇次。

预算执行审计 对区2011年度预算执行情

况、区税务局地方税收征管情况以及7个部门（单位）预算执行和财政收支情况、6个单位财务收支情况开展审计，提出审计意见和建议89条。会同有关部门开展教育收费、行政事业单位经营服务性收费等专项治理检查。

固定资产投资审计 全年完成固定资产投资审计项目50个，核减投资额1.83亿元。对区人民法院审判办案业务用房工程、区四团中学厚德楼和海湾小学南教学楼加固工程等项目进行竣工决算审计。制定委托审计和聘请外部专业人员参与政府审计管理办法，对受托中介机构的审计结果进行监督检查。

经济责任审计 对14名领导干部（人员）开展经济责任审计。成立区经济责任审计工作领导小组。指导内部审计机构开展内管干部任期经济责任审计项目159个。

专项资金审计（调查） 对区公交运行补贴资金使用情况、土地储备中心大型居住社区奉贤区南桥基地动迁房工程、乡村公路专项资金使用情况进行审计和审计调查，保证民生工程落到实处。 （撰稿人：邬燕璐）

【崇明县审计局】 2012年，崇明县审计局在编29人。局长张华（—3月）、施蕾（3月—），副局长秦雷（—2月）、施蕾（—3月）、李雷鸣。设有办公室、财政审计科、行政事业审计科、经贸审计科、经济责任审计科、固定资产投资审计科和内部审计管理科。

审计成果 完成审计和审计调查项目139个，查出违规和管理不规范金额12.90亿元，应减少财政拨款或补贴1.47亿元；已减少财政拨款或补贴1.47亿元。移送有关部门处理事项1件。提交审计报告、信息213篇，被采用35篇。

预算执行审计 对县2011年度财政预算执行和其他财政收支开展审计，对12个单位实施2011年度部门预算执行和其他财政收支审计，查出管理不规范金额1.44亿元。完成崇明县第二人民医院2010年度和2011年度财务收支审计。

固定资产投资审计 对乡镇社区文化活动中心建设、农村道路建设和危桥改造工程、中小学校舍抗震加固工程及校舍维修改扩建等95个投资建设项目进行竣工决算审计，审计发现多计工程量、高套定额、抬高材料价格等问题，提出审计建议。

经济责任审计 对34名县管领导干部（人员）进行任期经济责任审计，涉及8个乡镇、14个委办局、3个国有企业，审计发现预算、收支、专项资金、集体资产管理不规范等问题，分别出具审计报告、审计结果报告和审计决定书。

专项资金审计（调查） 对县2010—2011年度国有土地使用权出让收入及土地整治资金收支管理情况实施专项审计调查。对港西镇静南村宅基地置换专项资金、2011年度村庄改造项目专项资金使用情况等4个项目进行专项审计。

内部审计 全县内部审计机构完成审计项目1078个，实现财政增收节支3655万元，提出建议意见采纳358条。 （撰稿人：孙文渊）

2012 年上海市本级及所辖区、县审计工作统计表

金额单位：万元

审计机关	完成审计项目（个）	查出违规金额	应上缴财政	应减少财政拨款或补贴	应归还原渠道资金	应调账处理金额	移送司法、纪检、监察部门处理(件)	建议有关部门处理（件）	出具审计报告和审计调查报告(份)	提出审计建议（条）	撰写审计信息（篇）
上海市											
上海市本级	138	192971	15275	7264	202225	342552	4	3	185	1037	219
黄浦区审计局	32		100	8524		1328			60	83	112
徐汇区审计局	29		2600						51	77	71
长宁区审计局	28			208	17	7738			38	77	32
静安区审计局	53	793	773	6593	190	75270			53	113	2
普陀区审计局	57	392	350		8364	5224			89	92	73
闸北区审计局	20	1160	100						20	65	1
虹口区审计局	31	341	298			5788		4	50	110	52
杨浦区审计局	43	89	89			1042	2		66	124	33
闵行区审计局	37	1203	664		742	13570			41	88	
宝山区审计局	40	2601	2627			43010	1		59	119	72
嘉定区审计局	29		6088						40	74	19
浦东新区审计局	121	12514	2160	51824	468	26639	2	2	142	158	354
金山区审计局	51								71	39	64
松江区审计局	37	5800	9925		338	2220	4		48	95	34
青浦区审计局	65	75943	75943	6042	4230	7918			74	260	144
奉贤区审计局	42	37				60			54	226	178
崇明县审计局	139	257	171	14770	1566	34016	1	1	166	178	47

江苏省

【江苏省审计厅】 2012 年，江苏省审计厅人员编制 220 人，在编 193 人。设有办公室、法规处、财政处、行事处、农环处、投资处、金融处、企业处、社保处、外资处、经审局、计算机处、人教处、机关党委和 3 个直属局，以及科研所、机关服务中心直属事业单位。另有省纪委派驻纪检组、省监察厅派驻监察室。

领导成员

厅　　长：赵耿毅

副 厅 长：顾树生　李荣荣

　　　　　金海江　褚宗明

总审计师：葛笑天

纪检组长：黄武秋

审计成果　全省审计机关认真贯彻省委、省政府和审计署的部署要求，在审计工作中紧扣科学发展主题，贯穿加快转变经济发展方式主线，重点围绕“政策执行、财政绩效、民生幸福、责

任履行”等方面深化审计内容，加大审计力度，各方面工作取得新的成绩。全省共审计（调查）5261个项目单位，查出各类违规金额160亿元，促进增收节支227亿元。向司法、纪检监察机关移送案件线索和事项139件。促进被审计单位建立健全规章制度491项。审计工作在严肃财经法纪、提高资金效益、维护群众利益、促进廉政建设等方面发挥积极作用，保障经济社会健康运行。

预算执行审计 围绕构建完整的政府预算体系，不断扩大审计覆盖面。重点检查预算到位率和支出进度、拓展非税收入审计范围、关注财政绩效管理情况。在对121个省级部门预算执行总体情况进行审计时，重点就项目经费国库集中支付和公务卡使用管理情况进行延伸检查，促进健全制度、完善管理。认真总结归纳，向省有关部门提出加强预算管理的建议，积极促进问题整改。省有关部门根据审计意见出台《关于进一步加强省级预算单位公务卡结算管理的通知》，“审帮促”取得较好效果。

社会保障审计 根据审计署统一部署，全省审计机关把社会保障资金审计作为审计工作的重中之重，全力以赴抓紧抓好。全省审计机关抽调1146名审计人员组成117个审计组，对全省7个年度的12类18项社会保障资金进行审计。省各有关部门通力合作，共投入3200多人协助完成数据采集等工作。省审计厅先后组织开展3次专项检查，并对审计工作进行全程跟踪督察和审理，有效保证审计项目进度和质量。在各级审计机关的共同努力下，审计摸清全省社会保障事业发展总体情况，揭示存在问题，并在深入分析问题产生原因的基础上提出有针对性的意见和建议，为党委、政府科学决策提供依据。审计工作得到省委、省政府和审计署的充分肯定。上报审计署的数据结果一次性通过检查验收，审计署编发的工作动态中反映了江苏的特色做法，向审计署报送的审计方法有5个在署社会保障审计交流平台上向全国审计系统推广应用。省审计厅和苏州市审计局联合实施的苏州市本级社会保障资金审计被评为审计署社会保障资金审计优秀审计项目，省审计厅社会保障资金审计领导小组办公室荣立集体三等功。

固定资产投资审计 重点对省级彩票公益金投资建设项目、江苏（国家）未来影视文化创意产业园建设项目、连云港30万吨级航道、太湖流域水环境综合治理走马塘拓浚延伸工程、南京禄口国际机场二期扩建工程等政府投资项目，以及对口支援新疆发展项目资金、全省中小学校舍安全工程、条子泥Ⅰ期匡围工程等进行审计和跟踪审计，继续深入开展全省工程建设领域突出问题专项治理审计，完成连云港疏港航道竣工决算审计。大力开展绩效审计，重点关注各项政策和内部控制制度的执行效果，关注工程建设的质量、安全和投资效益，关注生态环境等方面的绩效，从政策执行、资金使用、资源节约、行政效能等方面综合分析其效益、效率和效果，审计监督水平得到进一步提升。充分运用“江苏援疆项目电子监察联网审计系统”，实时监控援疆资金的使用情况和项目的建设进度情况，提高审计工作效率。

金融、企业和资源环境审计 一是围绕维护地方金融安全，稳步推进金融机构审计。主要对江南农村商业银行、南通农村商业银行、江苏省农村信用合作社联合社2010年度资产负债损益进行审计。重点关注被审计单位落实支农惠农政策和执行国家产业政策情况、信贷业务合规性、防控风险能力等，促使被审计单位强化管理，提高抗风险能力。二是围绕推动优化产业结构，积极开展企业审计。坚持“强化管理、推动改革、维护安全、促进发展”的思路，开展扶持企业发展和转型升级专项资金、徐矿集团产业转型升级、苏州中小企业经营和负担情况、新兴产业创业投资引导基金审计。重点关注转变经济发展方式相关政策措施落实、产业结构调整和新兴产业发展情况，促进构建现代产业体系，提高产业核心竞争力。三是围绕推动转变经济发展方式，深入开展资源环境审计。继续开展太湖水污染治理第5期资金和项目跟踪审计，参与审计署对江苏省节能减排试点审计调查，积极促进生态环境的保护治理，推动资源节约型和环境友好型社会建设。省有关部门根据审计建议制定《江苏省太湖水环境综合治理专项资金项目验收管理暂行办法》。全省审计机关还对130个政府重点投资项目环保政策执行情况和建筑节能项目开展专项审计调查，促进重点工程认真落实节能、环保政策。另外，根据审计署授权，省审计厅组织对7个国外贷援款项目进行公证审计。审计过程中，以绩效审计为抓手，将公证审计、企业领导人经济责任审计与绩效审计相结合，积极推动外资运用审计转型升级，取得良好成效。

经济责任审计 全省审计机关深入贯彻落实两办《规定》，不断深化经济责任审计。省委、省政府联合印发《江苏省党政主要领导干部经济责任审计规定》，为经济责任审计工作开展提供有力保障。《江苏省部门和单位内部管理领导干部经济责任审计暂行办法》也以省纪委、省委组织部、省监察厅、省人力资源社会保障厅、省审计厅、省国资委等六部委名义联合下发。全省共安排65名市、县（区）党政领导干部经济责任审计，其中实施同步审计的有54名，占83%，有效推动经济责任审计中权责不对等、经济责任划分难、审计整改难等问题解决。在实施的65名市、县（区）党政领导干部经济责任审计中，一半以上是“三责联审”，加强对党政领导干部用人权、用编权和用财权的监督制约。

专项资金审计（调查） 加强涉农专项资金审计。为促进中央和省委、省政府强农惠农政策落实，全省审计机关对财政惠农资金、水利建设资金进行审计和审计调查，在促进资金及时拨付到位、规范管理和高效使用等方面发挥积极作用。认真做好全省农村中小学布局调整专项审计调查。对全省44个县（市）区农村中小学布局调整情况进行审计调查，相关信息被省领导批示，要求省有关部门高度重视农村中小学布局调整中出现的问题，按照教育部的有关要求及江苏省教育规划纲要的目标任务，提出全省农村中小学布局调整的指导意见，促进农村教育事业的科学发展和质量提升。开展江苏高校优势学科建设工程专项资金跟踪审计。通过审计，督促省有关部门和高校加强、规范专项资金预算管理和支出管理，促进高校优势学科建设工程成为省高等教育精品工程、高效工程和廉洁工程。

国际注册内部审计师资格考试 11月17日至18日，国际注册内部审计师（CIA）资格考试江苏考点第13次考试在南京举行。本次考试共有1481人报名，实际参考人数为1181人。内部审计程序、内部审计技术、管理控制和信息技术、审计环境四科全部通过的人数为372人，占实际参考人数的31.5%。 （撰稿人：吴蓓蓓）

【南京市审计局】 2012年，南京市审计局人员编制168人，在编147人。局长施卫国，副局长徐卫平、徐卫华、林林、万晓义、朱益强（8月—），纪检组长赵镭裕（2月—）。设有办公室、法规处（审计督察处）、财政审计处、行政事业审计处、农业与环境保护审计处、固定资产投资审计处、企业审计处（金融审计处）、社会保障审计处、外资运用审计处、任期经济责任审计与内部审计指导处、计算机审计处、人事教育处、机关党委、监察室、直属审计一局、直属审计二局。

审计成果 全年完成审计项目109个，处理处罚金额23.81亿元，核减投资82亿元，移送纪检监察机关处理金额16.67亿元，立案查处31人。首次获得审计署评比表彰的全国优秀地方审计项目，被市委、市政府表彰为2012年度完成全市经济社会发展目标先进单位，建成江苏省审计机关和南京市首家4A级数字档案室。审计工作首次被纳入全市依法行政考核范围并首次获得“全市行政执法先进单位”称号。

社会保障审计 组织开展全市养老保险基金审计，摸清全市各项社会保障资金的收支余规模和结构，审计结果向市人大常委会做专题报告。9月，对全市养老机构建设与运行情况进行专项审计调查，涉及市区（县）两级民政部门和市老龄办、财政、规划、物价、社会福利服务协会等部门和单位，实地延伸调查53家养老机构。

固定资产投资审计 坚持概（预）算审计、跟踪审计和竣工决算审计并重，着力规范建设程序、控制建设成本。对雨污分流、青奥工程等33个项目开展跟踪审计，对长江四桥单项工程、雨花台烈士纪念馆等6个项目进行竣工结算审计。全力跟进城市拆迁工作，实施10个拆迁审计项目。其中，四大片区保障房、浦口新城、下关滨江、麒麟科技园、江心洲5个拆迁项目审计，节约资金69.96亿元，14人被立案查处。市政府根据审计建议在全市开展农村集体土地使用权及其地上房屋确权登记发证工作，并建立全市统一的征地拆迁信息系统。

专项资金审计（调查） 对南京市国家级综合科技企业孵化器建设与运行情况进行专项审计

调查，实地调查 3 家国家级综合孵化器。市科委高度重视审计反映的问题，积极采纳审计建议，加强科技创新工作的制度建设。组织开展户外广告资源专项审计调查，并广泛听取社会各界的意见和建议，为市委、市政府整合城市空间资源提供决策参考。

审计整改 提请市政府转发《南京市关于加强审计整改工作的意见》和《南京市关于加强经济责任审计整改工作的意见》。自行开发审计项目整改督察管理系统，加大审计整改的跟踪落实。财政预算执行情况审计累计收缴国库 4.05 亿元，25 个部门预算执行情况审计后补缴入库 4.03 亿元。此外，开展预算单位银行账户及资金清理审计，新增结余资金 7.85 亿元。（撰稿人：周新道）

【徐州市审计局】 2012 年，徐州市审计局人员编制 88 人，在编 86 人。局长董明灿，副局长卢海良、冯志强、马绪明、屈哲，纪检组长刘江明。设有办公室、人事处、监察室、法制处、计算机处、财金处、行事处、社保处、企业处、农环处、投资处、外资处、经审处、国土处。

审计成果 全市完成审计项目 391 个，查出主要问题金额 1 593 217 万元，违规金额 84 944 万元，审计处理应上缴财政 31 255 万元，应减少财政拨款或补贴 25 516 万元，应归还原渠道资金62 694万元，应调账处理金额 128 716 万元；已上缴财政 22 339万元，已减少财政拨款或补贴 20 615 万元，已归还原渠道资金 62 667 万元，已调账处理金额 104 050万元。移送纪检、监察部门处理事项 1 件，建议有关部门处理事项 1 件。提交审计报告、信息 893 篇，被采用 273 篇。

财政审计 开展预算执行审计单位 29 个，查出主要问题金额 349 309 万元，开展财政决算审计单位 57 个，查出主要问题金额 442 539 万元。进一步加大对非税收入、专项资金、预算管理效果的审计力度，并将社保、土地、企业改制等专项资金的使用和管理情况纳入“同级审”范畴。

行政事业审计 对 132 个行政事业单位财政财务收支情况进行审计，对 5 个单位进行审计调查。审计重点放在查处违纪违规、强化内部管理上，发现未按规定征收缴纳收入 8440 万元、未落实“收支两条线”和专户管理规定 16 238 万元、虚列支出 38 665 万元、扩大开支范围列支 16 781 万元及违规采购 6171 万元等问题。

固定资产投资审计 全市审计机关固定资产投资审计净核减投资金额 20 808 万元，为政府节约了财政资金。相继开展对徐州亿吨大港、京沪高铁徐州站区、徐州市奥体中心等 36 项工程跟踪审计，跟踪审计金额达到 96 667 万元。

社会保障审计 全市审计机关按照上级统一部署，开展社会保障资金审计，审计和延伸审计 101 个单位，共计查出违纪违规金额 53 278 万元。

国有企业审计 全市审计机关先后对资产和利润数额较大的徐矿集团、观音机场、国有投资公司等 16 户市属重点企业进行审计，查出主要问题金额 126 909 万元，其中违规经营 107 901 万元，违规出借资金 21 985 万元，银行信贷业务违规85 886 万元。

经济责任审计 全市各级审计机关对 160 名领导干部进行任期经济责任审计，查出主要问题金额 628 694 元，其中包括违规金额 32 200 万元，损失浪费金额 267 万元，管理不规范金额 596 226 万元。

专项资金审计（调查） 全市审计机关组织开展水利建设资金、对口支援奎屯市发展资金等 14 个专项资金审计单位和审计调查，查出主要问题金额 332 553 万元。促进资金拨付到位 15 153 万元。（撰稿人：涂永泉）

【连云港市审计局】 2012 年，连云港市审计局人员编制 91 人，在编 90 人。局长苏士军，副局长王洪欣、杨成功、沈未忠（—12 月）、刘林、李海英（11 月—）。

审计成果 全市完成审计项目 364 个，查出违规金额 32 570 万元。移送司法机关、纪检监察部门处理事项 3 件，建议有关部门处理事项 2 件。提交审计报告、信息 239 篇，被采用 156 篇。获全市经济建设和社会发展目标考核二等奖、市软环境考核十佳单位、省依法行政示范单位等荣誉和表彰。

预算执行审计 开展 2011 年市本级预算执行和市开发区财政预算执行情况审计以及市中级人民法院等 17 个部门和单位的预算执行情况审计。在连云港市十二届人大常委会第 29 次会议上做

《关于2011年度市本级预算执行和其他财政收支情况的审计工作报告》。

经济责任审计 开展对连云区、东海县党政主要负责人和市交通运输局等10个部门主要负责人经济责任审计。

固定资产投资审计 实施对沿海开发、新区建设、港口建设等重点工程进点审计项目35个，将临海高等级公路、连云港30万吨级航道等市重大事项和重点工程纳入审计范围，对市快速公交（BRT）一号线建设进行全程跟踪审计。获连云港30万吨级航道一期工程首航优秀服务单位、市快速公交（BRT）工程建设优秀服务单位等荣誉称号。

专项资金审计（调查） 开展社会保障资金审计、农村中小学布局调整专项审计调查和全国城镇保障性安居工程审计工作。对市房产投资公司、市红十字会捐赠款物绩效、投融资平台债务等项目进行审计和调查。

企业审计 开展赣榆农村商业银行股份有限公司2010年度和灌南县农村信用合作联社2011年度资产负债损益审计。开展市煤炭工业公司2011年度资产负债损益情况及有关重大经济活动审计。

信息化建设 启动数字化审计平台建设。4人通过审计署计算机中级考试。47人参加审计署AO认证考试。4篇计算机审计方法人选审计署计算机审计方法目录，31篇入选省计算机审计方法库。4篇AO应用实例获审计署2011年AO应用实例评选优秀奖、12篇获应用奖、11篇获鼓励奖，19篇获省审计厅优秀奖、36篇获应用奖、8篇获鼓励奖。 （撰稿人：刘　明）

【宿迁市审计局】 2012年，宿迁市审计局人员编制34人，在编31人。局长汪金普，副局长陆涛、张建华，总审计师李中平，纪检组长胡延淮。设有办公室（人教处）、法规综合处（审计督察处）、经济责任审计室、计算机审计处、财政金融审计处、行政事业审计处、农业与资源环保审计处、固定资产投资审计处、企业审计处（外资运用审计处）、社会保障审计处。下设市经济责任审计中心、固定资产投资审计评审中心。

审计成果 全市审计机关完成审计项目354个，查出各类违法违规金额6.15亿元，管理不规范金额209.32亿元、损失浪费金额3056万元；已上缴财政1.22亿元，已减少财政拨款或补贴3.61亿元。提出审计建议844条，被审计单位采纳798条。提交审计报告和信息1846篇，被各级领导批示和市以上新闻单位及内部信息刊物采用1662篇。在全省审计机关综合目标考核中，被省审计厅表彰为先进单位。2005年以来，第七次被市委、市政府表彰为政（行）风建设先进单位。

财政审计 完成23个财税部门和预算执行单位的审计，促进市政府出台《关于印发宿迁市综合治税信息报送工作考核办法的通知》《关于印发进一步推进市级财政预算绩效管理三年行动方案的通知》《关于进一步加强市级部门预算管理的规定》等规范性文件。全市对70个乡镇开展财政决算审计。

固定资产投资审计 完成竣工决算审计和评审项目667个，审计投资总额约132.87亿元，核减工程款9.32亿元。创新审计方式，将跟踪审计拓展为紧密型、半紧密型和阶段性跟踪审计，根据项目特点和重要程度有针对性地实施。对市第一人民医院、项王故里景区等15个重大项目和重点工程实施紧密型跟踪审计，促进市政府及相关部门出台制度27项。

专项资金审计（调查） 围绕保障和改善民生主题，开展水利建设资金、农村中小学布局调整等12个项目专项审计调查，审计专项资金总额12.20亿元，查出资金不到位不落实8936万元、资金滞留闲置1.63亿元、隐瞒转移截留资金196万元。审计意见和建议得到被审计单位采纳，推动惠民政策的贯彻落实。

经济责任审计 完成222名领导干部经济责任审计。对审计结果报告，市主要领导高度重视，做出批示，促进相关问题的纠正整改。市审计局配合纪检、组织部门，对市农业资源开发局局长、市航道处原处长实施经济责任审计结果公开问责评议，在省内外产生重大影响。新华社给予关注，并以内参形式上报中央，审计长刘家义做出批示，要求经济责任审计司专题调研，并写进审计署向中央五部委联席会议所做的经济责任审计工作报告。

金融审计 对宿迁民丰农村商业银行、沭阳农村商业银行等14个企业金融项目进行审计，查出违规经营金额3.29亿元、资产闲置1.39亿元、财务收支核算不实7647万元。审计结果得到市领导和相关部门的高度重视，促进出台管理制度4项，实现防范风险、促进管理、提高效益的目标，进一步规范宿迁农村信用合作社系统的经营管理。

社会保障审计 在全省率先上报社会保障数据并顺利通过验收，得到省审计厅的通报表扬。向市政府提出完善重大体制、机制的审计建议30余条，14篇直报信息被主要领导批示，促进出台和完善市级规范性制度10项。同时，在全国率先研究出“采集数据自动验收方法”，被审计署转发全国推广；3个审计工具被省审计厅在全省推广。宿迁市社会保障审计工作被省审计厅表彰为“现场实施先进单位”第一名，并被审计署表彰为社会保障审计先进公务员集体嘉奖。

（撰稿人：吴　昌）

【淮安市审计局】 2012年，淮安市审计局行政编制64人，事业编制8人。局长韩海平，副局长徐增道、李顺英、冯长尧、蒋启波（2月—），总审计师刘孝武，纪检组长史建岚。设有办公室、法规处、财政金融审计处、行政审计处、事业与社会保障审计处、农业与资源环保审计处、固定资产投资审计处、外资与经贸审计处、任期经济责任审计与内部审计指导处、计算机审计处、人事教育处、监察室和事业单位淮安市固定资产投资审计中心。

审计成果 全市审计机关完成审计项目1118个，查处违规违纪金额3.6亿元，管理不规范金额129.1亿元，核减工程价款21.7亿元；审计处理后，归还原渠道资金和自行纠正金额20.7亿元。移送案件线索15件。提交审计报告和信息2900篇次。淮安市审计局被表彰为全市综合考核先进单位、软环境建设十佳单位、人民满意的公务员集体、市级文明机关和全省审计机关综合考核先进单位。

社会保障审计 对全市8个系统的20项社会保障资金进行审计。市领导高度重视此次审计，上报的审计要情、审计报告和整改报告均被市领导批示。坚持边审边改，促进相关单位追回冒领养老金、督促银行执行优惠利率并补回利息1000多万元、促进相关部门和县区出台制度文件22个。淮安市审计局被评为全省社会保障审计组织工作先进单位，获审计署公务员集体三等奖。

经济责任审计 完成20名领导干部经济责任审计，其中5名县区书记，7名县区长，8名部门领导干部。制订完善的审计方案，打破以往“面面俱到”的模式，将重点放在“经济”责任上，审计评价上注重用数字“说话”，并注意创新审计工作流程，提高审计效率。

固定资产投资审计 完成淮安涟水机场等28个项目竣工决算或结算审计，核减工程造价36 340万元。对政府投资99.6亿元的36个重点项目跟踪审计，提出审计建议312条，促进节约政府投资37 979万元。加大对投资新城重点建设项目的审计力度，对市体育中心、指挥中心等第18届江苏省运动会场馆建设实施全程跟踪审计。

预算执行审计 对18个一级预算单位进行预算执行审计，并拓展支出审计的深度，沿着财政资金走向，延伸审计专项资金使用效益。审计工作报告和审计整改情况报告受到市人大常委会热议和充分肯定。

专项资金审计（调查） 对社会保障资金、保障性住房、农村中小学布局调整、援疆资金及项目、中小学校舍安全工程、工程建设领域突出问题、世界银行贷款加强灌溉农业三期项目、地方税务系统财政收支情况、水利建设资金、新兴产业创业投资引导资金绩效、农村商业银行资产负债损益审计等11项“一条鞭”项目实施审计和审计调查。地税系统财政收支审计被评为全省一等奖，中小学校舍安全工程审计被评为全省二等奖。

（撰稿人：李　毅）

【盐城市审计局】 2012年，盐城市审计局人员编制82人，在编80人。局长吴先国，副局长刘万平、陈献东、孙红青、刘秋凤、荣乃顺，总审计师李树峰，纪检组长郑琳。设有办公室、机关党委、监察室、组织人事处、计算机审计处、法制处、督查执行处、固定资产投资审计一处、固定资产投资审计二处、财政金融审计处、任期经济责任审计办公室、经贸审计处、行政事业与社会保障审计处、农业与资源环保审计处。另有全额拨款事业单位盐城市政府公共工程审计中心隶属于盐城市审计局管理。

审计成果 全市审计机关完成审计项目424个，查出违规金额5.5亿元，核减工程款10多亿元。移送司法、纪检监察机关和有关部门处理事项15件、10人，涉案金额1.2亿元。提交审计专题、综合性报告和信息简报857篇次，被各级领导批示采用419篇次。通过审计，提出审计建议1009条，促进被审计单位制定整改措施124条，建立健全规章制度74项。盐城市审计局获审计署公务员集体嘉奖。

预算执行审计 盐城市本级预算执行审计摸清非税资金、行政事业单位资金、社保基金和市政府统筹资金等53项财政专项资金的结余情况，反映财政收入未及时入库、人为调剂等问题。市本级重点对14个部门开展预算执行审计。

经济责任审计 突出权力运行和责任落实两个重点，把领导干部的“三权一廉”“四个不直接分管”和“三公经费”作为重要审计内容，更加注重反映政府绩效和行政效能。对全市82名领导干部进行经济责任审计，查出违规金额4.3亿元。

金融与外资运用审计 对地方金融机构黄海农商银行和射阳农村商业银行实施审计，促进地方金融机构健康发展，防范金融风险。对7个国外贷援款项目实施公证审计，揭示和反映全市利用外资项目建设、管理等方面的薄弱环节和风险隐患，促进提高资金利用率和外资运用水平。对政府投融资企业进行全面审计，重点关注融资成本、债务风险、项目运作管理情况。

固定资产投资审计 市审计局对111个政府投资项目实施决算和跟踪审计，涉及项目投资额356.9亿元，核减工程款7.6亿元，竣工决算审计平均核减率达14%。实施城镇保障性安居工程、农村中小学布局调整和工程建设领域突出问题专项治理等审计和调查项目。

专项资金审计（调查） 抽调110名审计人员开展社会保障资金审计，查出涉及政策、资金、业务、体制、机制等方面的7大类26个问题，从完善体制、机制层面提出审计建议48条。对保障性住房、住房公积金征集使用、新兴产业和中小企业扶持、科普画廊、征地拆迁等25类合计113.8亿元的专项资金实施审计，促进资金效益提高。

农业与资源环保审计 全市政策性农业保险资金绩效审计调查项目被省审计厅评为优秀审计项目。组织实施三峡移民资金、农村中小学布局调整等“一条鞭”审计项目。推进资源环保审计，继续实施盐城市区饮用水源净化工程——盐龙湖工程跟踪审计，并对全市水利建设专项资金、排污费征收管理使用情况等开展绩效审计。

（撰稿人：陶振华）

【扬州市审计局】 2012年，扬州市审计局人员编制60人，在编59人。局长张俐（—8月）、吴焱新（8月—），副局长蔡先建、袁竹青、李福祥、李永高，总审计师周春山（10月—），纪检组长张峰。设有办公室、法规处、财政金融审计处、行政事业审计处、农业与资源环保审计处、固定资产投资审计处、企业审计处、社会保障审计处、外资运用审计处、任期经济责任审计与内部审计指导办公室、计算机审计处、人事教育处、监察室。

审计成果 全市共完成审计项目63个，查出主要问题金额32.65亿元，其中违规金额2.65亿元，管理不规范金额30亿元。审计促进整改落实有关问题金额3.71亿元，其中增收节支2.32亿元。已上缴财政1675万元。上报的审计报告、信息被批示采用112篇次，审计建议被采纳93条，促进被审计单位制定整改措施16项。

财政金融审计 实施以市级财政预算执行和地税征管情况审计为基础的6大类17个审计项目，其中开展财政金融审计项目6个，并首次将信息系统审计项目纳入大财政审计范畴。地方税收征管情况审计工作推动地税部门向24个纳税户征补税费343.63万元。

经济责任审计 对仪征市、市委农工办等11个地方、部门、单位的13位领导干部经济责任进行审计。联合市委组织部、市编办，对全部13位领导干部进行“三责联审”，并首次对6个县（市、区）“三责联审”实施情况进行督察。对市第一人民医院实施的“三责联审”，开创全省事业单位负责人“三责联审”的先河。

专项资金审计 完成专项资金审计项目8个。审计社会保障资金138.97亿元，查出5大类27个问题，提出审计建议32条。先后向市政府上报

8份报告，市领导5次批示，市政府召开审计整改专题会议研究落实审计意见。市区水利建设资金审计项目被省审计厅评为全省统一组织项目三等奖，并连续5年开展市慈善总会慈善资金、市民政局救助资金，以及市政策性农业保险资金专项审计。

专项审计（调查） 完成专项审计和审计调查项目8个。对25家市直机关下属培训机构和8家市直高职院校2009年至2011年的资源利用绩效状况进行专项审计调查，审计调查结果被市委常委会列入专题研究。

固定资产投资审计 对近460个政府投资项目进行审计，审计项目总投资额51.1亿元，核减工程款5.94亿元。连续第3年对援疆项目工程实施跟踪审计，2012年对扬州市的8个援疆项目进行跟踪审计，审计援疆资金10 368万元，提出审计意见和建议被采纳37条，避免损失浪费158.96万元。

行政事业审计 完成审计项目14个。先后对市文广新局、市国土局、市城管局、市规划局4个部门2011年度部门预算执行情况进行审计；对市地税局、市交通局、市商务局、市发改委、市农工办5个部门财政收支情况进行审计；对市疾病控制中心财务收支情况进行审计；对市广电传媒集团2009年度至2011年度经营管理绩效情况进行审计。

企业审计 对市矿务局资产负债损益情况进行审计，并延伸审计其子公司贵州振兴煤矿和徐州王庄煤矿两家公司，将审计中挖掘的案源线索向市纪委、市检察院移交。对市矿务局经营管理绩效情况进行审计，提交的《审计要情》被常务副市长批示。

计算机审计 开展信息系统审计项目5个。社会保障资金信息系统审计挖掘出相关案源线索，向公安和纪委等部门做移交。（撰稿人：杨道龙）

【泰州市审计局】 2012年，泰州市审计局人员编制55人，在编54人。局长唐志林，副局长陆啸峰、刘汉秋、叶兵，总审计师张连璋，纪检组长刘卫国。设有办公室、法规处、财政金融审计处、行政事业与社会保障审计处、经贸审计处、外资运用审计处、农业与资源环保审计处、固定资产投资审计处、经济责任审计办公室、人事教育处、计算机审计处。下属泰州市城市土地经营审计处。

审计成果 全市审计机关共审计（调查）项目308个，查出各类违规金额306 866万元，应上缴财政286 318万元，应减少财政拨款或补贴15 615万元，应归还原渠道资金170 552万元，应调账处理金额500 534万元。移送司法机关、纪检监察部门处理事项7件，建议有关部门处理事项2件。提交审计报告、信息908篇。泰州市审计局被市委、市政府表彰为2012年度市级机关效能建设先进单位。

预算执行审计 对2011年财政预算执行及其他财政收支情况进行审计，完成50个部门预算执行情况审计，其中市级8个、县级42个。全市审计机关完成32个2011年度财政决算审计，其中2个市（区）政府、30个乡镇（街道）。各级审计机关重点关注税收征管、预算编制、预算执行、资金绩效，反映政策落实、资金管理和行政绩效等情况，积极推动预算管理的科学化、规范化。

专项资金审计（调查） 实施社会保障资金审计和农村中小学布局调整审计调查、中小学校舍安全工程审计、保障性住房跟踪审计，完成江苏省审计厅和泰州市审计局统一组织的水利建设资金、农业综合开发资金审计以及农村卫生领域利用国外援贷款公证审计等。还对住房公积金、城区防洪资金，社区卫生服务机构运行绩效情况、市区公交发展情况开展审计和审计调查。

固定资产投资审计 对96个政府投资建设项目进行结算或竣工决算审计，坚持边揭示问题边督促整改，及时纠正项目建设管理和资金使用管理等方面存在的问题，核减不实投资6.12亿元。

经济责任审计 把握权力运行和责任落实两个重点，积极探索党政领导干部同步审计，不断完善“三责联审”，从“问责、问效、问由”等方面拓展经济责任审计的内涵。全市审计机关共对15名在任和88名离任领导干部（人员）开展经济责任审计，查出主要问题金额22.23亿元。

信息化建设 以数字化审计平台建设为重点的审计信息化建设，在全省审计机关中保持领先地位，省审计厅在泰州召开加快全省审计信息化建设工作推进会，推广泰州市的做法。

（撰稿人：沈金勇）

【南通市审计局】 2012年，南通市审计局人员编制84人，在编84人。局长纪进（—3月）、顾宗瑜（3月—），副局长张林、陈铭鑫、赵闻斌（—7月）、张亚萍，总审计师施宏伟，纪检组长王志坚（—5月）、丁旭东（5月—）。设有办公室、人事教育处、法规综合处、财政金融审计处、行政事业审计处、农业与资源环保审计处、固定资产投资审计处、工业交通审计处、商贸审计处、社会保障审计处、外资运用审计处、开发区审计处、经济责任审计与内部审计指导处、计算机审计处。

审计成果 完成审计项目840个，查出违规金额3 887.47万元，应上缴财政26 561万元，应减少财政拨款或补贴163 806.83万元，应归还原渠道资金297 160.27万元，应调账处理金额569 660.86万元；已上缴财政16 547.73万元，已减少财政拨款或补贴165 975.28万元，已归还原渠道资金61 100.87万元，已调账处理金额411 994.88万元。移送司法机关、纪检监察部门处理事项39件，建议有关部门处理事项16件。提交审计报告、信息2291篇，被采用497篇。

预算执行审计 对市物价局等10个部门（单位）预算执行情况进行审计调查，揭示招待费、交通费等公用经费超支，挤占项目经费的问题。对地区环境情况的审计调查揭示出部分印染污泥去向不明问题。对市区河道治理情况的审计调查，报告老百姓问卷调查满意度，揭示管护不到位等问题。公务卡结算制度专项审计调查，揭示个人公务卡推行较慢、部分公务费用未实行公务卡支付、对公务卡支付缺乏有效监督等问题。市政府对预算执行审计结果高度重视，常务副市长批示，要求就审计报告提出的相关问题认真进行整改，并跟踪落实情况。市审计局受政府委托向市人大常委会汇报审计发现问题的整改结果，市人大常委会充分肯定整改情况，认为做到了“事事有回音、件件有着落”。

固定资产投资审计 在全省率先实现政府投资项目审计全覆盖。市本级对67个项目实施竣工决（结）算审计，涉及金额22.98亿元，核减金额1.58亿元。对投资额114亿元的近百个重大建设项目开展跟踪审计，对其中236个已完单项工程实施结算审计，送审金额15.42亿元，审计核减1.01亿元。出具跟踪审计意见单49份，提出审计意见或建议286条，被采纳273条。组织市县两级审计机关参与工程领域专项治理工作，共提出审计建议279条，已采纳并落实整改254条。核减工程款5.85亿元，查处管理不规范金额5.72亿元，促进建立健全制度11项。

社会保障审计 社会保障资金“一条鞭”审计查出违规金额6.6亿元，审计过程中促进整改6.14亿元，重复参保、死亡人员享受保障、财政补助资金未足额到位等问题得到纠正。

企业审计 审计调查国投、置业、产控三大集团的资产、负债、损益及经营情况。调查结果引起市领导重视，市长做出批示，要求就审计发现的问题落实整改。财政、国资委及国投公司提交整改报告，市政府采纳审计建议，印发《关于加强市属国有资产经营公司建设和管理的意见》，并决定对国有置业集团注入资产。披露一国有控股公司内部管理混乱，造成4000多万元损失等问题，移交市纪委处理。

经济责任审计 对27名领导干部实施经济责任审计。出台《南通市市级部门（单位）内部管理领导干部经济责任审计暂行办法》，促进公安、教育、房管、建设、国土、水利等部门成立经济责任审计工作领导小组。省审计厅内管干部经济责任审计座谈会在南通市举行，市审计局做经验交流。

专项资金审计（调查） 对农村中小学布局调整情况的审计调查揭示出部分学生上学路途增加、学生乘车安全存在隐患等问题。在市本级、通州区、如皋市水利建设资金审计调查中，发现违规金额1.3亿元，审计促进整改金额0.94亿元。

（撰稿人：姜　荣）

【镇江市审计局】 2012年，镇江市审计局编制61人，在编58人。局长孙广平，副局长张炳良（—2月）、许向阳（2月—）、蒋建军、孙浩琦、乔文兵，纪检组长杜友义。设有办公室、监察室、人事教育处、法制综合处、财政金融审计处、行政事业审计处、企业审计处、农业与资源环保审计处、固定资产投资审计处、外资运用审计处、经济责任审计与内部审计指导处、计算机审计处、社会保障审计处。

审计成果 完成审计项目314个，查出违规金额51 564万元，应上缴财政43 282万元，应减少财政拨款或补贴88 946万元，应归还原渠道资金54 734万元，应调账处理金额18 436万元；已上缴财政12 046万元，已减少财政拨款或补贴39 180万元，已归还原渠道资金54 572万元，已调账处理金额9679万元。移送司法机关、纪检监察部门处理事项2件。提交审计报告、信息732篇，被采用435篇。

财政审计 市本级预算执行审计，分析市直可用财力增幅回落、税收占比低于全省均值、土地收入依赖程度加剧等现状，并提出建设性意见。精心选择9项专题审计（调查）并纳入"两个报告"，获得市政府、市人大一致好评，其中市直教育经费、市区老住宅小区整治资金、路灯电费及夜景灯光费、体育彩票公益金等专项资金审计等与民生联系紧密，社会效益明显。

固定资产投资审计 对沪宁城际铁路镇江配套工程等开展竣工决算审计，对官塘新城路网建设等实施跟踪审计，共计节约资金23 671万元，其中核减工程成本6937万元，核减拆迁安置成本等16 734万元，调减项目成本25 434万元。推动镇江市政府出台《关于切实加强政府投资项目评审和审计监督的意见》，成立市固定资产投资审计中心，明确将重大政府投资项目纳入审计监督全覆盖范围。

社会保障审计 抽调市县两级机关60多名业务骨干，对镇江市12类18项社会保障资金2005年至2011年的有关情况进行审计。促进镇江市政府及相关单位出台或完善制度6项；通过改变社会保障资金存款方式与利率，帮助经办机构每年增加基金利息收入1000余万元。

经济责任审计 全市实施经济责任审计项目85个，查出违规金额5.0亿元，管理不规范金额11.7亿元。首次实施党政领导同步审计和"三责联审"项目；依据单位财政资金量和公权力大小，将市属经济责任审计对象划分为A、B、C三类，并建立分类管理资料库。

相关工作 镇江市审计局全员量化考核的经验在全省审计系统被推广，省公务员局专程前来调研。制定审计项目限时作业制度、简易操作办法和主审"招投标"办法，组建"专职＋兼职"的审理队伍并启动审计项目审理，从审计流程中分离出执行权，创新业务管理模式。"一个平台、两个中心"建设已报市政府立项。养老保险审计方法首获审计署优秀奖。全市审计机关新增3名计算机审计领军人才、8名能手人才。 （撰稿人：李晓风）

【常州市审计局】 2012年，常州市审计局人员编制80人，在编80人。局长周效华（—9月）、陈荣平（9月—），副局长吕全斌、崔业富、罗志敏，总审计师王祥君，纪检组长徐江。设有办公室、人事教育处、监察室、法制综合处、财政金融审计处、行政事业审计处、经贸审计处、社会保障审计处、固定资产投资审计处、农业与水利环保审计处、外资审计处、经济责任审计与内部审计指导处、计算机审计处、审计业务监督处。

审计成果 全市审计机关共完成审计（调查）项目176个，查出各类违规金额28 765万元，管理不规范金额2 286 504万元，应上缴财政22 630万元，应减少财政拨款或补贴56 942万元，应归还原渠道资金59 143万元，应调账处理金额179 169万元；已上缴财政22 334万元，已减少财政拨款或补贴56 942万元，已归还原渠道资金57 720万元，已调账处理金额146 559万元。移送司法机关、纪检监察部门处理事项6件。提交审计报告、信息77篇，公告审计结果13篇。

财政审计 坚持"大财政审计"理念，按照"五位一体"的工作方法，不断深化财政预算执行审计，增强与"同级审"的结合度。常州市审计局首次探索部门决算（草案）审计，还分别开展财政扶持专项资金、公务卡结算、土地出让金、彩票公益金等专项审计或调查。

金融审计 对江南农村商业银行2010年度资产负债损益情况进行跨年度审计。

行政事业审计 对85个行政事业单位进行审计，查出管理不规范金额205 911万元。

农业与资源环保审计 对水利建设专项资金使用情况、截污工程、水环境整治二期工程、2012年太湖水污染防治项目、常州市江边污水三期工程、万顷良田整治工程和相关河道湖泊的清淤整治工程等进行审计或专项审计调查。

固定资产投资审计 开展跟踪审计项目225个，出具工程审定单1670份，核减工程投资61 154万元，促进节约建设资金11 700万元。市审计局还多次应邀到审计署全国投资审计培训班介绍常州市投资审计做法。

社会保障审计 对常州市2005年至2011年的12类18项社会保障资金进行审计。常州市局审计组被审计署评为公务员先进集体。对金坛市新型农村合作医疗基金情况开展专项审计调查，对金坛市、溧阳市农村中小学布局调整情况进行专项审计调查。

经济责任审计 对102个单位、121名党政领导干部进行经济责任审计。在审计方式和内容上，所有经济责任审计项目都做到与预算执行审计、专项资金绩效审计相结合。

专项资金审计（调查） 完成13个专项资金审计（调查）项目，审计专项资金总额912 139万元，查出主要问题金额176 005万元。

内部审计 2012年，全市内部审计机构完成各类审计项目23 263个，查出损失浪费2 537.81万元，增加效益42 242万元，提出意见建议被采纳1893条。向司法机关移送案件2件，财务决算审签4822个。 （撰稿人：陆华东）

【无锡市审计局】 2012年，无锡市审计局人员编制99人，在编90人。局长王凡，副局长唐家梁、李晔、徐波、李家虎，纪检组长金进。设有办公室（信息处）、法制综合处（审计督察处）、财政审计处、金融审计处、行政事业审计处、社会保障审计处、企业审计处、农业与资源环保审计处、固定资产投资审计处、外资运用审计处、经济责任审计与内部审计指导处、计算机审计处、人事教育处、机关党委。

审计成果 全市审计机关共完成审计和审计调查项目406个，增收节支10.58亿元。移送司法、纪检监察机关处理8起，9名人员受到法律惩处。提出审计建议1152条，被采纳1079条，相关单位根据审计建议制定整改措施654项，建立健全规章制度22项。提交各类工作报告和信息860篇，被批示采用743篇次。

预算执行审计 市本级部门预算执行审计对象由以往的10个部门扩大至30个部门，部门和资金覆盖面分别达30%和40%，效率较以往提高近10倍。税收征管审计主要围绕政策执行、征收管理和纳税服务三个方面对全市地税收入情况进行总体分析。

固定资产投资审计 完成竣工决算审计项目62个，决算审计投资总额40.8亿元，核减工程款7.6亿元。其中无锡市审计局实施轨道交通1、2号线等跟踪审计项目39个，投资资金总额379.57亿元，阶段性核减工程款4.3亿元。

社会保障审计 对市本级和9个市（县）、区的18项社会保障资金7年来的业务数据进行审计。市各相关部门针对审计发现的9大类问题全部整改到位。市审计局社会保障审计处处长陆铭霞在审计署的评比中荣立三等功。

企业金融审计 共开展35个涉及国有及国有控股企业的审计和审计调查，查出主要问题金额120.5亿元。市审计局还对无锡农村商业银行和宜兴农村商业银行两家金融机构开展资产负债损益审计。

经济责任审计 出台《无锡市党政领导干部离任交接工作暂行办法》《无锡市审计局关于加强组织领导提高经济责任审计质量的意见》。深入开展“三责联审”和地方领导“党政同审”。共对173名领导干部或领导人员实施经济责任审计，任中审计比例达58%。

社会保障审计 按照审计署的统一安排，对社会保障资金、农村中小学布局调整情况和保障性住房建设等3个重点民生资金进行审计。结合社会关注热点，对市红十字会所募集的社会捐赠资金的管理、使用情况实施全面审计，促进红十字会加强和改善内部管理。

绩效审计 开展独立型绩效审计和审计调查项目80个，查出违反财经制度问题金额2.9亿元，发现非金额计量问题280个。提出审计建议243条，促使被审计单位制定整改措施161项，建立健全规章制度8项。

内部审计 全市319个内部审计机构共完成审计项目9674个，查出损失浪费金额1130万元，增收节支12亿元，增加效益1.4亿元。审计建议意见被采纳2932条。江苏法尔胜泓昇集团有限公司被评为江苏省十大内部审计领军型企业之一。

（撰稿人：伏小军）

【苏州市审计局】 2012年，苏州市审计局人员编制109人，在编100人。局长孙和，副局长周雨晨、陆旭东、徐敏华，总审计师吉宁，纪检组长叶帆。设有办公室、法制综合处（审计督察处）、财政金融审计处、行政事业审计处、农业与资源环保审计处、固定资产投资审计处、经贸审计处、社会保障审计处、外资运用审计处、任期经济责任审计与内部审计指导处、计算机审计处、信息处、组织人事处、监察室、苏州市经济责任审计中心。

审计成果 全市审计机关共完成审计项目588个，查出违规金额198 201万元，应上缴财政178 695万元，应减少财政拨款或补贴86 435万元，应归还原渠道资金79 989万元，应调账处理金额814 074万元；已上缴财政164 453万元，已减少财政拨款或补贴83 968万元，已归还原渠道资金49 964万元，已调账处理金额718 434万元。移送司法机关、纪检监察部门处理事项5件，建议有关部门处理事项19件。提交审计报告、信息435篇，被采用357篇。

财政审计 开展预算执行审计41个，财政决算审计78个，促进苏州市政府专门出台制度加强预算管理。围绕转型升级、生态建设、文化建设、民生保障等深化专题审计，促进被审计单位制定整改措施211条，建立健全规章制度44项。苏州工业园区财政专项资金绩效审计调查，促进开发区财政专项资金管理进一步完善。“同级审”工作报告突出预算执行力和财政资金效益，得到苏州市政府和市人大的充分肯定。

固定资产投资审计 完成政府公共工程投资审计项目129个，核减投资额19.6亿元。苏州市审计局对10项跟踪审计实行定时和定点跟踪相结合，节约建设资金5431万元。虎丘地区综合改造项目全面跟踪审计拆迁资金，火车站地区综合改造项目及时发现高估冒算等问题，被分管市长批示肯定。在中小学校舍安全工程、专项治理、援疆审计等项目中突出地方特色，结合开展建筑节能等专题调查，得到江苏省审计厅好评。

社会保障审计 在全国社会保障资金审计中，苏州审计机关发现管理不规范金额9亿多元，核实2万多个疑点，提出审计建议4大类62条，促使《苏州市低收入家庭经济状况核对办法》等多项制度出台，推动全市“金保工程”系统全面升级。研发的数据分析提取工具被审计署推广。苏州市审计局荣获全国社会保障资金审计工作先进公务员集体嘉奖和全省社会保障资金审计组织工作先进单位，并被评为全国社会保障资金审计优秀审计项目。

经济责任审计 对199名领导干部实施审计。苏州市审计局进一步加强制度建设，出台《苏州市经济责任审计工作联席会议议事规则》，印发《苏州市党政领导干部“三责联审”操作规程》，实施“三责联审”项目44个。探索构建绩效型经济责任审计模式，相关经验在《中国审计报》头版头条专题报道。全面启动内管干部经济责任审计，出台《内部管理领导干部经济责任审计操作指南》，培训专兼职内部审计人员121人，消除对内管单位“一把手”监督的盲点。

专项资金审计 实施各类专项审计51个，审计建议被采纳1268条，专题报告、简报被批示采用209篇次。苏州市审计局牵头完成原平江、沧浪、金阊三区清产核资工作，审计建议为区划调整提供决策依据。中小企业经营负担情况专项审计调查报告被省长批示，省委政策研究室全文刊载，市政府出台《关于进一步减轻企业负担促进中小企业健康发展的若干意见》。生态补偿政策执行绩效审计调查经验在《中国审计报》头版头条刊载，市人大和政府高度肯定。职业教育发展情况审计调查报告得到市委书记批示，市教育局根据审计建议出台提高职业教育发展水平的实施意见。

（撰稿人：王之成）

2012年江苏省所辖区、县(市)级审计工作统计表

金额单位:万元

审计机关	完成审计项目(个)	查出违规金额	应上缴财政	应减少财政拨款或补贴	应归还原渠道资金	应调账处理金额	移送司法、纪检、监察部门处理(件)	建议有关部门处理(件)	出具审计报告和审计调查报告(份)	提出审计建议(条)	撰写审计信息(篇)
南京市											
南京市本级	76	6423	1303	2408	171500	232098	17	2	101	250	332
玄武区审计局	12			38	32				12	29	
白下区审计局	33	775	7			76	1		52	57	60
秦淮区审计局	24								36	48	57
建邺区审计局	72								110	169	70
鼓楼区审计局	155	32							182	115	21
下关区审计局	42	928	928			110	1		75	94	
浦口区审计局	37	320	295	498	34854	90			59	61	
六合区审计局	32			4198		5			55	55	
栖霞区审计局	14								14	12	76
雨花区审计局	24					74			39	71	40
江宁区审计局	27		98			726			40	72	60
溧水县审计局	32	76777	73800	5569			2		48	108	4
高淳县审计局	26	2589	1013		15634				40	95	
徐州市											
徐州市本级	43	29850	10631	18701	2179	88920			137	93	53
云龙区审计局	11	22	22						11	22	3
鼓楼区审计局	21	12	110						37	48	7
贾汪区审计局	44	3179	73						44	73	36
泉山区审计局	12	927	869			432			21	38	45
铜山区审计局	25	1969	417		16185	447			42	79	6
邳州市审计局	41	5400	25	6815					54	77	51
新沂市审计局	40	18770	18585		43421	19409			66	87	16
睢宁县审计局	10	1094	290		111	9550			15	28	31
沛县审计局	37	23686	224		125	2101	1	3	50	106	7
丰县审计局	20	43	116		670	7853	1		30	101	33
连云港市											
连云港市本级	81	1775	1755		15798	10785			97	224	71
新浦区审计局	26	762	762	86			1	1	37	72	30

续表

审计机关	完成审计项目（个）	查出违规金额	应上缴财政	应减少财政拨款或补贴	应归还原渠道资金	应调账处理金额	移送司法、纪检、监察部门处理（件）	建议有关部门处理（件）	出具审计报告和审计调查报告（份）	提出审计建议（条）	撰写审计信息（篇）
连云区审计局	19	641	1				1		27	71	82
海州区审计局	25	85	83						37	108	35
赣榆县审计局	80	6468	239	10566			1		95	165	17
灌云县审计局	36	12550	49	290				1	50	32	2
东海县审计局	42	10280	311		523	1225			79	41	
灌南县审计局	48		5061	383	14259	85089			48	270	2
开发区审计局	7	9	9						7	21	
宿迁市											
宿迁市本级	43	3641	5375		62019	12034			57	145	500
宿城区审计局	50	2033	49	659	72		1	1	49	98	89
宿豫区审计局	79	6998	1166	7042	1150	8426			82	216	102
沭阳县审计局	93	786	741	557	7247	34419			93	235	286
泗阳县审计局	15	389	131		14	17628		1	15	46	208
泗洪县审计局	56	1220	582		62	1309	3		56	78	111
淮安市											
淮安市本级	113	19440				162627	3		113	221	1118
清河区审计局	80					10531	3		80	189	284
清浦区审计局	76	318				4333	1		76	178	262
淮安区审计局	236	976				4048	1		236	323	216
淮阴区审计局	107	347				5111	3		107	216	327
金湖县审计局	154	1390				11300	2		154	331	177
盱眙县审计局	68	11850				241	1		68	187	209
洪泽县审计局	172					3200			172	298	86
涟水县审计局	143	1516				5630	1		143	254	253
开发区审计室	60								60	172	54
盐城市											
盐城市本级	50	39346	4071	39	114314	422962	1		62	221	142
亭湖区审计局	12					5594		1	16	11	11
盐都区审计局	22	1	1	422		11523			27	36	14
东台市审计局	16	2781	49	1969		83	1		23	55	24
大丰市审计局	27	4729	4008		82	13485	6		35	58	32
射阳县审计局	116	374	374			7418	6		121	154	178
阜宁县审计局	26	2234	41			3702			36	68	10
滨海县审计局	34	2789	2218	7578	30774	9179			47	130	101
响水县审计局	44	213	213			8470			51	89	25

续表

审计机关	完成审计项目(个)	查出违规金额	应上缴财政	应减少财政拨款或补贴	应归还原渠道资金	应调账处理金额	移送司法、纪检、监察部门处理(件)	建议有关部门处理(件)	出具审计报告和审计调查报告(份)	提出审计建议(条)	撰写审计信息(篇)
建湖县审计局	77	2455	488			14834	7	3	85	164	212
扬州市											
扬州市本级	48	24886	1675	2649	21506	9192			57	179	142
邗江区审计局	56	12427	12391		9	2057			56	55	63
广陵区审计局	19	354		17829		4			19	94	55
江都区审计局	51	2031	1700	191	794	581			51	183	89
仪征市审计局	54	2215					2		54	216	32
高邮市审计局	51	1508	78						63	85	96
宝应县审计局	13	62				152			18	46	56
泰州市											
泰州市本级	46	86137	84724	9783	163676	462535	2		58	112	61
海陵区审计局	13	259	259		5209	30660			19	86	75
高港区审计局	14	1597	3			3866	1		15	62	81
靖江市审计局	28				134				53	84	60
泰兴市审计局	105	106643	90740	5846	1521	2770	1		129	280	135
姜堰市审计局	52	109828	109634		3	190	2	1	52	97	57
兴化市审计局	41	1842	367		9	10	1	1	41	411	59
高新区审计局	9	560	583	886		503			9	6	4
南通市											
南通市本级	135	1934	4862	13377	148	425836	8		163	648	178
崇川区审计局	76	11	11586	6736		10735	7		103	304	34
港闸区审计局	92	69	39	1833	28	179			116	416	4
通州区审计局	76	882	833	47503	491	25258	6	3	151	208	358
海门市审计局	55	405	2300	14151	295260	60172	9	5	89	334	114
启东市审计局	102	223	226	22775	98	2182	1	7	128	146	230
如皋市审计局	36		352	37665	1029	1769	3	1	73	130	2
如东县审计局	41		5692	9447	7	10390			59	172	200
海安县审计局	227	364	671	10319	100	33141	5		257	636	32
镇江市											
镇江市本级	45	40219	39716	50991	13908	12330			53	219	185
京口区审计局	8	1589	1587			332			11	25	74
润州区审计局	23	61	182			1195			41	41	35
丹徒区审计局	76	2430	554	2443		150			76	190	67
扬中市审计局	45	6884	1096		3677		2		55	93	79
丹阳市审计局	59	135	135	22918		285			66	114	146

续表

审计机关	完成审计项目（个）	查出违规金额	应上缴财政	应减少财政拨款或补贴	应归还原渠道资金	应调账处理金额	移送司法、纪检、监察部门处理（件）	建议有关部门处理（件）	出具审计报告和审计调查报告（份）	提出审计建议（条）	撰写审计信息（篇）
句容市审计局	47	242	10	5228	40826	464			70	114	135
镇江新区审计局	11			7364					20	18	11
常州市											
常州市本级	48	23585	21761	50788	49824	63751		6	64	169	55
新北区审计局	15	107			808	7304	3		37	29	
钟楼区审计局	6					39			11	10	
天宁区审计局	11					1509			18	17	3
戚墅堰区审计局	12					201			23	28	1
武进区审计局	36	63	63		8078	37530		2	79	86	
金坛市审计局	24	116	116	6153	433	21656	3		43	370	16
溧阳市审计局	24	4893	689			47179	1		35	68	2
无锡市											
无锡市本级	51	45181	26856	7255	30534	1390			70	124	185
崇安区审计局	15			1236	3	2803			23	38	
南长区审计局	24			9857		159			35	50	11
北塘区审计局	12					18			20	29	12
滨湖区审计局	27								49	80	72
惠山区审计局	29	2405	59	7112			1	31	45	71	138
锡山区审计局	63	76	76			170922	7		92	173	74
江阴市审计局	110	8190	8444	29617	2	5160			149	202	161
宜兴市审计局	54	1518	1172	903	1482	3014			69	322	147
新区审计局	21					4228			36	63	60
苏州市											
苏州市本级	87	96655	95971	14637	454	257343	1	3	123	272	117
金阊区审计局	13				410	710			18	28	6
沧浪区审计局	14								22	37	
平江区审计局	15								19	29	
吴中区审计局	68	5320	138	64	64	285	1	13	103	198	21
相城区审计局	57	163	339	30108	22519	199973			64	138	41
吴江市审计局	40	1922	1835						56	137	
昆山市审计局	107	25833	23966	15144	26619	182432			129	177	148
太仓市审计局	71	61510	54997	14661	10402	247	1		91	146	15
常熟市审计局	34	1245	708	10783	674	45537	2	3	50	132	52
张家港市审计局	51	5549	222	830	18775	63763			59	133	33
高新区审计局	31		516	206	67	63780			44	58	2

浙江省

【浙江省审计厅】 2012年，浙江省审计厅人员编制210人，在编186名。设有办公室、法规处、整改督查处、财政审计处、行政事业审计处、文化教育审计处、金融审计处、经贸审计处、外资运用审计处、农业审计处、环境资源审计处、社会保障审计处、投资审计一处、投资审计二处、经济责任审计一处、经济责任审计二处、经济责任审计三处、人事处、机关党委、监察室、计算机审计中心、省审计科研所、省审计干部培训中心。

领导成员

厅　　长：陈荣高

副 厅 长：吴桂英　王广兵（—1月）

陈棉权（1月—）　王小龙

康跃西　陈焕昌（4月—）

总审计师：陈焕昌（—4月）

纪检组长：季　鸣

审计成果 浙江省各级审计机关共审计单位3769个，查出违规金额120.16亿元。核减投资额23.8亿元。移送处理事项126件，移送处理人员91人，涉及金额2.42亿元。提交审计信息9000篇，被上级领导批示、采用5774篇。向社会公告审计结果321篇。

经济责任审计 深入贯彻落实两办《规定》和省“两个办法四个操作规程”，制定完善经济责任审计任前告知、年度报告、离任交接“三项制度”和“乡镇经济责任审计指导意见”。建立“领导干部经济责任审计对象数据库”。推进经济责任审计课程进党校。全面推行以“一观三化一廉”为核心内容的经济责任量化评价指标体系，实施效果良好。在绍兴开展市委书记、市长经济责任同步审计试点。试行书记县长任期政绩满意度调查的做法获省领导的批示。全年对全省1230个单位的1410名领导干部进行经济责任审计，查出违规金额11.97亿元。在建德、江干、义乌和遂昌等4个县（市、区）开展乡镇经济责任审计规范化、信息化试点，取得良好效果。

财政审计 省政府办公厅出台《进一步加强全部政府性资金审计工作的意见》，省审计厅制定《浙江省省本级全部政府性资金审计操作规程》，为推进全部政府性资金审计提供坚强的制度保障。建立审计对象数据库，确立“分级管理、分类审计、分步实施”的工作方针，为5年轮审一遍提供依据。组织开展财政预算执行、全部政府性资金、财政决算与乡镇负债、安全生产监督管理系统财政收支、开发区财政收支与国有资产运营、涉企扶持财政政策及专项资金等项目的审计，从体制、机制上揭示财政管理中存在的风险漏洞，维护财政安全。审计工作报告在内容和结构上做出改革调整，得到省人大常委会肯定和社会广泛关注。

金融审计 组织对浙江省地方金融产业发展情况、18家小额贷款公司、13家农村信用社（合作银行）开展审计调查，推动全省金融业改革发展。省政府办公厅印发《浙江省小额贷款公司监督管理暂行办法》，在全国首次将小额贷款公司纳入政府审计范围。调研文章《民间借贷走出困境关键在于“疏”》得到时任省委书记批示。

计算机审计 浙江省“金审工程”二期核心应用国产化示范项目建设有序推进，审计数据分析系统在大型审计项目应用中取得实效。率先探索以“一套平台、两类资源、三大机制”为核心的数字化审计模式。经济责任审计信息子系统开发成功。浙江省住房公积金、医保定点医疗机构医疗业务审计数据规划研究成果，已经审计署颁布实务公告向全国推广。

跟踪审计 组织开展全省社会保障资金、农村中小学布局调整、三峡工程移民资金、保障性住房、中小学校舍安全工程、援建新疆发展资金和项目的审计。在全省社会保障资金审计中，揭示社保政策执行、机制运行中存在的突出问题，全省出台完善社会保障制度和规范管理的政策文件51个，促进整改资金8.51亿元，时任省委书记和省长做出批示。审计署对浙江省12个获得全国公务员先进集体、9位获得先进公务员和分析与支持优秀人员予以表彰。

固定资产投资审计 开展重点围垦工程、江河治理工程、医疗卫生建设项目、嘉兴电厂三期工程、嘉绍通道建设项目等审计和审计调查。4个江河治理工程审计揭示水利建设市场存在的普遍性、突出性问题，促进市场的规范发展。7个省级医疗卫生建设项目审计调查促进相关政策制度的建立完善。

专项资金审计 组织完成全省食品药品监督管理系统财政收支、全省文化经费建设投入、12个欠发达县特扶政策执行、全省行政事业性收费政策执行、粮食生产功能区建设等项目的审计。促进民生资金的安全、有效使用和管理及惠民政策的落实到位。

环境资源审计 组织开展对全省生态市县建设资金绩效、浙江林业发展、钱塘江流域小城镇环境综合治理等子项目的审计。在丽水开展环境审计综合评价指标测算，推动丽水生态市创建进程。浙江省土地出让金、钱塘江流域等审计经验被审计署推广。各级政府、各部门出台一批加强土地出让金管理的规章制度。

相关工作 （1）制定实施投资审计管理办法、省审计厅实施国家审计准则若干意见等制度，浙江省审计项目计划管理办法获审计长刘家义批示。出台投资审计和地方金融机构审计操作规程，编制《浙江省生态环境审计指南》，审计署指定省审计厅编写地方党政领导干部经济责任、土地资源专项资金、新型农村养老保险等审计指南。

（2）省政府出台《关于进一步加强审计整改工作的意见》，省审计厅成立审计整改督查处。专门梳理近年来审计中发现的普遍性问题和屡审屡犯的八大问题，在审计工作报告中做专题反映。推进实施评判制、问责制、销号制，审计促进整改落实有关问题资金达253亿元。

（3）全面贯彻落实《浙江省内部审计工作规定》，有力推进各行业内部审计工作发展。中国内部审计协会充分肯定本省内部审计工作。拟制《加强内部审计工作意见》，推动内部审计工作规范发展。评选一批内部审计先进单位与先进个人予以表彰。

（4）采取多种形式抓好党的十八大精神的学习贯彻，总结提炼“规范奋进、求实创新、清廉至上、民本为基”的浙江审计精神。组织编写并公开出版由时任省委书记作序的《百名书记谈审计》一书。拍摄省审计厅“十一五”建设成果巡礼片。省审计厅第9次中标审计署重点课题，一批优秀论文被审计署表彰。

（5）推进各市审计局、各处室每月报送工作情况和重大工作交流汇报制度。实施审计局长季度例会制度，专题研究社会保障资金审计、全部政府性资金审计、内部审计、审计整改、机关党建、2013年审计项目计划等工作。绘制审计机关权力运行图，编制《浙江省审计厅廉政风险防控工作手册》，用制度管权管事管人的工作格局更加完善。

（6）坚持把学习实践科学发展观作为建设学习型机关的重要举措，省审计厅党组中心组再度被省委评为先进单位。新增2个内设机构，核增厅、处级领导干部职数，一批干部走上厅、处级领导岗位。广泛开展“三创三评”活动，创先争优、努力奋进的浓厚氛围加快形成。将青年才俊送到基层一线、重要岗位上挂职锻炼。举办各类培训班，在南京审计学院举办处级干部读书会，组织优秀审计组长（主审）培训考察。

（撰稿人：林　图）

【杭州市审计局】 2012年，杭州市审计局人员编制112人，在编100人。局长潘再高（—6月）、骆寅（6月—），副局长吴志明、张志文，总审计师包晓东，纪检组长徐德胜。设有办公室、组织人事处（监察室）、法规处、财政审计处、行政事业审计处、经贸审计处、农业与资源环保（社会保障）审计处、外资运用（开发区）审计处、固定资产投资审计处、经济责任审计处、计算机审计处、机关党委。

审计成果 全市审计机关完成审计项目466个，查出违规金额159 314万元，应上缴财政129 225万元，应减少财政拨款或补贴34 186万元，应归还原渠道资金43 017万元，应调账处理金额920 384万元；已上缴财政108 766万元，已减少财政拨款或补贴34 211万元，已归还原渠道资金41 993万元，已调账处理金额269 770万元。移送司法机关、纪检监察部门处理事项3件，建议有关部门处理事项7件。提交审计报告、信息1103篇，被采用814篇。

预算执行审计 深化“核心＋专题”预算执行审计模式，对奖励资金、公务卡使用情况和市本级可用财力进行专项审计，对杭州市结构性减免政策落实、非学历教育税收征管、税务稽查等进行审计。

固定资产投资审计 对99个政府投资重点建设项目进行跟踪审计，送审金额56亿元，净核减额约6亿元，核减率为10.52%。对杭州市援疆概算总投资9328万元的12个全额投资类项目进行审计，净核减工程价款338万元。

社会保障审计 对文化经费投入、新农村建设、社区建设与服务绩效、民办教育发展情况，以及慈善资金、公共自行车使用绩效、公共停车场库建设、公共泊位停车收费管理、机动车污染物排放治理等一大批民生项目进行审计调查。揭示民生资金使用、民生政策执行过程中存在的问题，推动相关制度的完善和政策的落实。

经济责任审计 对178个单位和部门的214名领导干部进行经济责任审计。通过审计，促进增收节支15 328万元。组织全市审计机关首次对区、县（市）公安局局长、法院院长同步开展经济责任审计，初步建立全市党政部门、公检法系统量化评价指标体系。

专项审计调查 对杭州市3家小额贷款公司经营情况、市工业资产经营投资集团有限公司和公交集团资产负债损益情况、市属国有企业搬迁情况以及机动车污染物排放治理、生态市建设资金绩效、信息化项目建设管理、41家市直单位2011年部门预算执行情况等进行专项审计调查，揭示机制、体制和制度层面存在的缺陷。

（撰稿人：吴淑志）

【湖州市审计局】 2012年，湖州市审计局人员编制40人，在编39人。局长童建华，副局长费林海、丁颂辉、汤晓龙（2月—），总审计师施瑜，纪检组长高援平。设有办公室、组织宣传人事处、法规处、财政金融审计处、行政事业与社会保障审计处、农业与资源环保审计处、经济贸易审计处、固定资产投资审计处、经济责任审计处。

审计成果 湖州市审计局完成审计项目74个，查出违规金额35 015万元，应上缴财政36 551万元，应减少财政拨款或补贴7645万元，应归还原渠道资金42 980万元，应调账处理金额36 738万元；已上缴财政34 656万元，已减少财政拨款或补贴7611万元，已归还原渠道资金18 463万元，已调账处理金额16 711万元。建议有关部门处理事项1件。提交审计报告、信息200篇，被采用236篇次。

财政审计 完成审计项目25个，查出违规变更调整预算14 127万元，未按规定纳入预算管理1240万元，未按规定征收缴纳收入12.9亿元。开展全部政府性资金摸底调查，提请市政府出台《进一步加强全部政府性资金审计工作的实施意见》。

金融审计 完成审计项目2个，查出违规担保金额7575万元，银行信贷业务违规金额4360万元。

行政事业审计 完成审计项目5个，查出高风险对外投资金额122万元，账外资产341万元。

固定资产投资审计 完成审计项目27个，涉及投资总额80.3亿元，核减工程款8617万元，其中对市本级保障性住房等9个重点政府投资建设项目进行全过程跟踪审计。

社会保障审计 完成审计项目7个，涉及社会保险基金、住房公积金收入108.1亿元、滚存结存144.0亿元，查出财政资金不到位不落实177万元，未执行相关利率损失763万元。

企业审计 完成审计项目2个，查出财务收支核算不实859万元。

经济责任审计 对18名领导干部进行经济责任审计，其中对市安监局等4个单位开展“三责联审”，查出管理不规范金额14 416万元，其中负主管责任金额590万元，负领导责任金额13 825万元。配合市委组织部开展26名领导干部离任经济事项交接工作。

专项资金审计（调查） 完成审计项目6个，涉及专项资金总额12.2亿元。

（撰稿人：仇　捷）

【嘉兴市审计局】 2012年，嘉兴市审计局人员编制45人，在编45人，另有事业编制3人。局长许农，副局长陈关华、张卫高（—5月）、蒋朝晖（5月—）、王海荣，总审计师蒋朝晖（—5月）、叶常青（5月—），纪检组长潘光志。设有办公室、法规处、财政金融审计处、行政与社会保障审计处、经贸审计处、农业与资源环保审计处、固定资产投资审计处、经济责任审计处、直属分局、计算机审计中心，另设市纪委（监察局）派驻纪检组和监察室。

审计成果 全市审计机关完成审计项目264个，查出违规金额8671万元，应上缴财政2069万元，应减少财政拨款或补贴930万元，应归还原渠道资金1910万元，应调账处理金额6651万元；已上缴财政1315万元，已减少财政拨款或补贴63万元，已归还原渠道资金1692万元，已调账处理金额2042万元。投资审计核减投资额1.78亿元。移交纪检监察部门、有关部门处理事项3件，建议有关部门处理事项4件。提交审计报告、信息581篇，被批示采用320篇次。

财政审计 市审计局对预算执行、政府投资项目管理、国资公司营运管理等组织实施审计项目44个，涉及资金总额286亿元，查处管理不规范金额13.6亿元。

社会保障审计 全市审计机关抽调50名审计人员组成6个审计组，实施市本级和各县（市）社会保障资金审计。市审计局获审计署全国社会保障资金审计先进公务员集体嘉奖，审计项目获审计署表彰。

企业审计 对八大市级国资营运公司进行专项审计调查，开展全市部分小额贷款公司经营风险专项审计调查及桐乡农村信用合作联社资产负债损益审计。

资源环保审计 开展市本级排污权交易情况专项审计调查和2011年度生态建设资金绩效专项审计，反映政策制度不衔接、排污权初始分配不规范、污水入网率低等问题。

固定资产投资审计 市审计局开展5个项目的跟踪审计，完成2个审计调查项目，会同财政部门组织中介机构完成42个政府投资项目工程造价审计，审计揭露在招投标、综合竣工验收中存在的问题。

经济责任审计 成立嘉兴市经济责任审计工作领导小组，由市长担任领导小组组长；市委办、市政府办出台2个办法；全市完成25个经济责任审计项目，对27名领导干部实行经济责任任前告知，为35名离任领导干部办理离任交接手续。

计算机审计 市本级81个部门187家单位部门预算资金纳入联网审计范围，部门预算审计覆盖面达83%，计算机审计技术运用进一步普及和深化。

（撰稿人：吴国宗）

【舟山市审计局】 2012年，舟山市审计局人员编制52人，在编46人。局长乐海华，副局长刘晓国、严雅萍，总审计师钱宁，纪检组长王水波。设有办公室、法规处、财政金融审计处、经贸审计处、固定资产投资审计处、行政事业审计处、经济责任审计处、社保文教审计处、直属审计分局等部门和舟山市计算机审计中心。

审计成果 全市审计机关完成审计项目157个，查处违规金额14 737.77万元，损失浪费金额853.89万元，管理不规范金额284 300.99万元。核减项目投资额15 087.75万元。移送纪检监察机关处理事项2件，人员5人，移送处理金额45.55万元。全市报送审计综合工作报告、信息756篇（条），被领导批示和上级党政机关采用349篇。向社会公告审计结果5个。

财政审计 财政审计紧紧围绕财政资金的收支与管理使用这条主线，“同级审”报告较具体地反映出审计发现问题的整改和审计意见采纳情况，审计成果得到较好体现。

经济责任审计 完成经济责任审计项目42个，其中党委政府10个，党政部门27个，事业单位2个，人民团体3个。制定出台《关于贯彻实施党政主要领导干部和国有企业领导人员经济责任审计规定的意见》。

固定资产投资审计 完成新城体育中心一期工程、朱家尖松帽尖围垦工程、港航大厦工程等19个政府投资项目的审计，审计投资总额21.63亿元，查出主要问题金额4676万元，净核减工程款15 088万元。

企业审计 开展市本级开发区财政收支和国有资产运营情况专项审计调查，组织实施市安监系统和舟山第二海洋渔业公司财务收支等专项审计调查，审计揭示出违规列支费用、固定资产及大额物资管理不够规范、对下属单位管理不够到位等问题。

行政事业审计 对2007年至2011年，涉及38家市属主管部门、36家下属行政事业单位及76家的市本级行政事业性收费情况进行全面审计调查，涉及收费金额37亿元。审计发现的滩涂围垦资源使用费征收有名无实等问题，促进出台规范滩涂围垦资源使用费缴纳办法。

专项资金审计（调查） 重点开展全部政府性资金、社会保障资金、市本级公共租赁住房资金、文化事业发展资金、定海区粮食生产功能区建设情况、小额贷款公司经营风险等专项审计调查。

社会保障审计 按照审计署和省审计厅的统一安排，组织力量保质保量完成社会保障资金审计，社会保障审计项目获省优秀审计项目，推荐上报的《先行先试全面推进舟山群岛新区的社会保障资金管理工作》调研文章获省审计厅一等奖。

（撰稿人：翁维波）

【宁波市审计局】 2012年，宁波市审计局人员编制71人，在编76人。局长郑建飞（—5月）、张爱琴（5月—），副局长王勤学、董国君、张列群（11月—）、王安华（—11月），总审计师张列群（—11月）、何小宝（11月—），纪检组长张菊琴（11月—）。设有办公室、法规处、财政审计处等8个职能处（室）和经济责任审计服务中心。

审计成果 全市审计机关共审计（调查）564个单位，查出违规金额10.4亿元，损失浪费金额1.8亿元，被审计单位损益或财政收支不实金额1.6亿元，核减投资额4.3亿元。移交司法、纪检监察机关或有关部门处理事项6件，涉及人员6人。宁波市审计局实施的宁波市城区停车设施建设管理使用情况专项审计调查获得“全国地方表彰审计项目”。

财政审计 审计预算执行部门190个，查出主要问题金额85.07亿元，揭示预算管理不规范、延压滞留预算收入、财政资金闲置等问题。预算执行和其他财政收支的审计工作报告和审计结果报告得到各级人大和政府充分肯定。截至年底，有关部门单位补征、上缴各类资金3.0亿元，通过调整会计账目、规范资金管理等方式整改1.1亿元。

企业（金融）审计 对宁波市国际贸易投资发展有限公司、宁波市城建投资控股有限公司、宁波城市信用社等11家国有企业和金融单位进行审计，查出违规经营金额2.5亿元，财务收支核算不实金额0.8亿元，损失浪费金额1.3亿元，为政府决策提供了重要依据。

固定资产投资审计 重点关注工程质量安全、建设程序履行、建设项目资金管理和使用等方面存在的问题。共开展工程建设项目审计239个，涉及项目完成投资额457.4亿元，核减投资额4.3亿元，促进政府投资项目管理水平进一步提高。

经济责任审计 完成经济责任审计项目168个，审计经济责任人242人，查处违规金额1.6亿元。围绕对主要领导干部贯彻落实科学发展观、权力运行公开化、资源配置市场化、行为操作规范化和廉洁从政五个方面进行审计，进一步提高审计工作的针对性，公正客观地评价领导干部的经济责任，促进领导干部守法守纪守规尽责。

专项资金审计（调查） 开展生态市建设资金、物业维修资金、文化经费投入、住房公积金、海域使用金等61个重点民生资金的专项审计，着力揭示和反映落实政策不到位、政策目标未实现以及资金分配、管理方面存在的问题，促进各类民生项目资金的规范管理，提高专项资金的使用绩效。

（撰稿人：黄 倩）

【绍兴市审计局】 2012年，绍兴市审计局人员编制41人，在编38人。局长钱水祥（—10月）、王建新（10月—），副局长郭春敖、魏仁林、王文伟，总审计师陈明远，纪检组长胡云欣。设有办公室、机关党总支、监察室、综合（社保审计）处、法规（审理）处、经责处、财政审计处、金融经贸审计处、行政事业与外资运用审计处、投资审计一处、投资审计二处和农业环资审计处。全额拨款事业单位2个、自收自支事业单位1个。

审计成果 全市审计机关完成审计项目284个，查出违规金额1.77亿元，管理不规范金额102.26亿元，上缴财政资金1.57亿元。移送处理事项7件，涉及人员6人。核减工程造价6.32亿元。报送的审计信息、报告等被各级领导批示40多件（次）。

财政审计 完成财政预算执行和其他财政收支情况审计、舟山市地方政府性债务审计、市本级全部政府性资金专项审计调查等，组织下辖6

个县（市、区）地方政府性债务交叉审计。

金融审计 开展小贷公司2011年度经营风险审计调查和瑞丰银行2011年度金融风险审计调查，提出加强内控制度执行、加大政策扶持力度、接入人民银行征信系统、严格执行贷款“三查”制度、及时处置核销贷款客户存款和不良贷款等意见建议。

行政事业审计 完成7个审计项目，主要开展文化经费投入专项审计调查，重点揭示部分文化资产产权关系办理不够及时、部分单位中央和省拨专项资金当年使用率较低、部分单位文化专项资金年度预算执行率偏低等问题。

农业与资源环保审计 市本级完成11个项目，重点是粮食生产功能区建设专项审计调查、生态县（市）建设资金绩效专项审计调查和市区“菜篮子”工程专项审计调查。提出加大财政投入力度、完善项目申报工作、探索流通环节财政补助办法、加强农产品质量监测等审计意见建议。

固定资产投资审计 市本级对镜湖新区、迪荡新城以及曹娥江饮水工程等71个政府投资项目开展审计，送审金额19.42亿元，完成33个，核减工程造价1.1亿元。

社会保障审计 市政府出台《绍兴市社会保障基金审计监督办法》，部署“社会保障资金联网审计分析系统”。通过审计，基本摸清全市社保基金家底，提出合理化意见建议。审计署给绍兴市审计局记集体三等功一次，1人记个人三等功一次。

经济责任审计 完成3名省管干部、26名市管领导干部经济责任审计，协同组织部门办理23名领导干部离任交接手续，“部门领导干部经济责任量化评价体系”被列为绍兴市2012年度组织工作创新培育对象。 （撰稿人：陈传良）

【衢州市审计局】 2012年，衢州市审计局人员编制48人，在编42人。局长汪亚莉，副局长余裕明（—11月）、徐雄强（11月—）、毛金有、周波，总审计师王国榕（10月—），纪检组长盛建春（—11月）。设有办公室、监察室、法规处（审理处）、财政审计处、经贸社保审计处、外资金融审计处、行政事业审计处、环境资源与农业审计处、投资审计处；直属单位有经济责任审计局、计算机审计中心。

审计成果 全市审计机关完成审计项目199个，查出违规金额3467万元，应上缴财政1092万元，应减少财政拨款或补贴1095万元。核减工程造价12 761万元。移送司法、纪检、监察部门处理案件5件。提出审计建议460条，被采用386条。撰写综合报告、审计专报和审计信息600篇，被上级领导批示、采用337篇。向社会公告审计结果2个。

财政审计 按照建立全口径政府预算的要求开展财政预算执行审计，为政府优化财政管理、人大更有效地实施监督发挥参谋助手作用。市人大常委会对审计工作报告给予高度评价。

经济责任审计 出台《衢州市党政主要领导干部和国有企业领导人员经济责任审计实施办法》。完成市水利局、协作办、司法局、计生委等16个部门和龙游、江山、常山等3个经济技术开发区负责人的经济责任审计。确定衢江区审计局为乡镇经济责任审计规范化、信息化的扩大试点单位。

固定资产投资审计 市本级完成政府投资项目审计45个，送审工程造价53 000万元，核定工程造价49 212万元，核减工程造价3788万元，核减率7.1%。开展援疆项目结算审计和竣工决算审计项目24个，总投资为35 932万元。

社会保障审计 根据审计署的统一部署，精心组织实施全市社保审计工作。通过审计，摸清全市社会保障制度建设和运行情况、社会保障资金收支余规模和管理情况，提出科学合理的审计建议，得到省政府和省审计厅的高度重视。

专项审计调查 开展市本级粮食等五系统政府性资产管理情况、市本级投融资平台运营情况、市本级近三年招商引资情况的专项审计调查，为市政府进一步加强资金绩效管理提供科学依据。

审计质量 注重在项目计划、审计实施、审计报告中抓好全程质量控制，市本级荣获省综合类优秀审计项目、省综合类审计表彰项目各2个。

审计整改 构建人大监督、六部门联合督察、审计机关日查检查相结合的三级督察机制，建立健全审计整改报告、联动、督察、回访等四项工作制度，分层次、全方位推进审计整改落实。

（撰稿人：詹凌森）

【金华市审计局】 2012年，金华市审计局人员编制38人，在编38人。局长方卫民，副局长董巧娟、卢文浩、任川，总审计师留义华，纪检组长夏培林（—9月）。设有办公室、法规处、财政金融审计处、行政事业与社会保障审计处、经贸与外资审计处、农业与资源环保审计处、固定资产投资审计处、经济责任审计处（经济责任审计联席会议办公室与其合署）、监察室。下设金华市经济责任和投资审计中心，事业编制10人，在编5人。

审计成果 全市审计机关完成审计（调查）项目74个，查出违规金额367万元，管理不规范金额633 549万元，减少财政拨款或补贴6443万元，上缴财政224万元。移送纪检监察部门处理案件2起。相关报告或信息被省领导批示1次、市领导批示64次，提出审计建议170条，被采纳129条。

财政、金融审计 开展财政预算执行审计与全部政府性资金专项审计调查，突出省拨专款、专项账户资金管理使用情况监督，促进省拨专项补助资金使用绩效。开展小额贷款公司经营状况审计调查，专报信息被省府办专报信息采用。

社会保障审计 开展社会保障资金审计，查出6254人次违规享受最低生活保障待遇122.58万元，维护社会救助体系的公平、公正。关注廉租房管理准入和退出机制、市区公共厕所配套管理情况，相关专报得到市领导的多次批示。关注中小学校舍安全，连续三年开展专项审计调查。

固定资产投资审计 全年完成投资项目审计17个，送审投资额59 479万元，净核减工程价款6439万元。加强对工程招投标审计，组织对市区15个在建政府投资项目招投标情况进行专项审计调查，及时揭示暂定价设置过多、暂定价设定偏低、结算方式模糊等问题。加强对工程变更签证审计，组织开展市区工程施工协议中结算条款设定情况审计调查，对工程变更的合理性、经济性、效果性进行审计，关注对新增项目和暂定价签证，防止权力滥用。

经济责任审计 全年完成市管领导干部经济责任审计项目31个，推动落实《金华市关于贯彻落实党政主要领导干部和国有企业领导人员经济责任审计规定的实施意见》，积极履行联席会议办公室工作职责。完成市直80余家单位部门领导干部年度经济责任报告填报归集工作。探索拓展“两责联审”，首次对所属8个县（市、区）检察院检察长进行异地交叉同步“两责联审”。

（撰稿人：李　颖）

【台州市审计局】 2012年，台州市审计局人员编制50人，在编40人。局长吴一林，副局长侯丽君、汪毅华、郑必灼，总审计师王掌兴，纪检组长包荣足。设有办公室、法规处、经济责任审计处、财政审计处、行政事业与社会保障审计处、农业与资源环保审计处、经贸金融外资审计处、固定资产投资审计处、监察室、直属分局和审计信息中心。

审计成果 全市审计机关共完成审计（调查）项目298个，查出违规金额4.9亿元，应上缴财政44 546万元，应归还原渠道资金56 089万元，应调账处理金额3426万元；已上缴财政41 869万元，已归还原渠道资金55 465万元，已调账处理金额2572万元。移送司法、纪检监察机关处理案件14件、涉案人员7人。提交综合报告、审计信息、专报942篇，被各级采用批示518篇。

财政审计 重点对全部政府性资金、财政决算、乡镇债务等实施审计或审计调查。在路桥区财政决算审计中，查出路桥区地税局对台州市装饰城等3家市场主体漏征税收2 593.75万元。财政“同级审”工作获得市人大常委会高度肯定，发挥了公共财政卫士的作用。

金融审计 对玉环县农村合作银行、三门县农村信用合作联社等3家银行进行审计。其中在对台州市级2011年度国家开发银行贷款的管理及使用情况审计中，指出还本付息压力较重等亟须关注的问题，为政府建立健全偿债机制、严格资金管理提供参考。

行政事业审计 组织开展对市级45个单位153个项目收费政策执行情况专项的审计调查，调查收费金额4.3亿元，发现违规金额8 251.57万元，审计调查结果得到市政府主要领导批示。

农业与资源环保审计 对全市生态建设资金进行审计，从污水处理企业亏损严重、重点污染源在线监测系统作用发挥不到位等多方面进行问题揭露、原因分析，专报的信息得到市政府分管领导批示。

固定资产投资审计 全市完成投资审计项目77个，审计项目完成投资额35.3亿元，核减1.97亿元。组织市县两级审计机关对全市保障性安居工程建设进行专项审计调查，促进各项惠民政策落实到位。

社会保障审计 对市级和9个县（市、区）的社会保障资金进行审计，延伸调查90家企业、73个村（居）委会和10家医院。审计促使全市补收优惠利息3600多万元，促使市政府出台加强社会保障资金管理的意见。

经济责任审计 全市完成63个单位72名领导干部的经济责任审计，查出违规金额3 702.43万元，管理不规范金额3.81亿元，增收节支金额387.07万元。制定《台州市党政主要领导干部和国有企业领导人员经济责任审计实施办法》等四项制度。

专项资金审计（调查） 全市共审计（调查）各类专项资金673.9亿元，查出有问题金额87.51亿元。（撰稿人：李军锋）

【温州市审计局】 2012年，温州市审计局人员编制80人，在编72人。局长盖爱萍（—4月）、陈应许（4月—），副局长赵有力（—5月）、吴娜丽（8月—）、陈健、尤业先、谢立（7月—），总审计师李秀峰（8月—），纪检组长潘建国。设有办公室、人事处、监察室、法制处、财政审计处、金融与外资审计处、行政事业审计处、经贸审计处、农业与资源环保审计处、固定资产投资审计处、温州市经济责任审计局、计算机处、开发区审计处、机关党委。

审计成果 全市审计机关共完成审计项目396个，查出违规金额69 078万元，损失浪费金额824万元。移送司法机关、纪检监察部门处理事项9件，建议有关部门处理事项12件。提交审计信息643篇，被采用376篇。出具审计报告和报送审计调查报告448篇，发布审计结果公告88个，提出审计建议1319条，被采纳843条。获全国优秀审计项目1个，全省优秀审计项目10个。

财政审计 全市完成财政类审计项目44个。组织实施财政预算执行、财政决算、政府性资金绩效、税收征管和财务收支等方面的审计。出台《温州市全部政府性资金审计操作规程（试行）》，逐步实现对财政资金“全口径、全过程、全方位”的监督。

金融审计 全市完成金融类审计项目2个。积极参与温州金融综合改革，从审计监督层面探索如何为温州金融改革完善地方金融管理体制、防止出现监管真空、防范系统性风险和区域性风险服务。

行政事业审计 全市完成行政事业类审计项目175个。围绕“三生融合·幸福温州”战略部署，重点关注社会保障、土地、文化、粮食、生态建设等领域的资金与项目，促进各项民生政策措施落到实处。

固定资产投资审计 全市完成投资审计项目55个，核减工程款10 685万元。市审计局对12个工程项目的50个单项工程进行审价定案，共核减工程价款3 141.22万元。

企业审计 全市完成企业审计项目14个。重点对温州华侨饭店有限公司等国有企业开展审计，温州化工总厂改制专项审计得到省委常委、市委书记的高度肯定和批示。

经济责任审计 全市完成142个单位165名领导干部的经济责任审计。出台《关于贯彻落实〈党政主要领导干部和国有企业领导人员经济责任审计规定〉的实施意见》以及与之配套的相关制度。温州市经济责任审计局获准设立，增挂温州市经济责任审计工作联席会议办公室牌子，办公室主任按副县长级高配。

专项资金审计（调查） 全市审计机关共完成专项资金审计和审计调查项目87个，突出对关系经济社会发展、涉及人民群众切身利益的社会保障、环境保护、教育等专项资金的审计监督，促进资金使用效益的发挥和各项惠民政策的落实。

（撰稿人：朱　林）

【丽水市审计局】 2012年，丽水市审计局人员编制56人，在编48人。局长翁争鸣，副局长雷金松、傅代兴、阎家骥、颜登亮，总审计师刘松文，纪检组长傅绍林。设有办公室、监察室、法制处、财政审计处、计算机审计处、行政事业审计处、农业审计处、经济责任审计处、直属分局（内审指导中心）和审计培训服务中心。

审计成果 全市审计机关完成审计项目313

个，查出违规金额 9722 万元，应上缴财政3857万元，已上缴财政 2377 万元，应减少财政拨款或补贴 1481 万元，应归还原渠道资金 111 万元，应调账处理金额 20 893 万元。移送司法机关、纪检监察部门处理事项 5 件。提交审计报告、信息 504 篇，被采用 488 篇。

财政审计 使用“预算执行联网审计平台系统”和移动 KEY 相结合开展远程联网审计分析。促进市政府及相关部门出台《公务卡强制结算目录》《进一步加强市直财政资金管理的通知》《关于进一步做好厉行节约工作的通知》等文件。

行政事业审计 对市直行政事业性收费政策执行情况专项审计调查发现的问题，撰写 4 篇审计专报上报，得到常务副市长批示 2 次，促进行政事业收费进一步规范化。

固定资产投资审计 市本级完成价款审计项目 50 个，核减额 3218 万元。组织人员赴新疆阿克苏地区新和县，对丽水市对口支援新疆资金和项目建设情况进行审计，6 个项目工程价款结算审计共核减 417.42 万元。

经济责任审计 全市完成经济责任审计项目 105 个，查出违纪违规金额 2368 万元。完成 279 名领导干部经济责任离任交接工作。对椒江区原书记、区长经济责任和椒江区 2011 年财政决算进行审计，共查出违规金额 2 822.48 万元，管理不规范金额 28 259.35 万元，应上缴财政 2 242.58 万元，已上缴省级财政 481.31 万元。

专项资金审计（调查） 市土地储备中心拆迁管理资金管理使用专项审计调查，促进市政府召集财政、国土、莲都区政府等部门单位专门召开拆迁补偿安置资金管理有关问题的专题会议，促进相关问题的整改完善。新型墙体材料和散装水泥推广政策执行情况专项审计调查，促成市政府和市财政局出台《丽水市区预拌混凝土预拌砂浆管理办法》《丽水市发展新型墙体材料专项补助（资金）管理暂行办法》。 （撰稿人：叶伟平）

2012 年浙江省所辖区、县(市)级审计工作统计表

金额单位:万元

审计机关	完成审计项目(个)	查出违规金额	应上缴财政	应减少财政拨款或补贴	应归还原渠道资金	应调账处理金额	移送司法、纪检、监察部门处理(件)	建议有关部门处理(件)	出具审计报告和审计调查报告(份)	提出审计建议(条)	撰写审计信息(篇)
杭州市											
杭州市本级	52	50962	21992	1687	1394	662497		2	61	116	89
拱墅区审计局	17	799	58		10	58			21	64	44
上城区审计局	23	1321	1321	20954			1		32	48	56
下城区审计局	57	2356	2356	567	1	218			68	105	20
江干区审计局	15				571	1726			18	39	19
西湖区审计局	16	562	546	3414					29	49	81
滨江区审计局	17	69			3272				29	42	15
余杭区审计局	16	98794	98667	514	147	87453			24	54	81
萧山区审计局	58	1639	1635	4598	34444	165163			77	150	79
临安市审计局	33	116	96	1016		2			44	42	66
富阳市审计局	28	1823	1823	423	3166	16		5	44	97	80
建德市审计局	38	763	628	1109	2	59	2		53	102	100

续表

审计机关	完成审计项目（个）	查出违规金额	应上缴财政	应减少财政拨款或补贴	应归还原渠道资金	应调账处理金额	移送司法、纪检、监察部门处理（件）	建议有关部门处理（件）	出具审计报告和审计调查报告（份）	提出审计建议（条）	撰写审计信息（篇）
桐庐县审计局	49	9	3		5	3188			62	150	45
淳安县审计局	47	95	95						73	45	39
湖州市											
湖州市本级	74	35015	36551	7645	42980	36738		1	91	167	200
吴兴区审计局	40	815	810	10767	395		1		53	96	50
南浔区审计局	28	177	177						48	71	11
长兴县审计局	90	764	27	678	21412	726		1	116	153	66
德清县审计局	49	83	70		37677	458			64	100	51
安吉县审计局	14	1865							25	30	48
嘉兴市											
嘉兴市本级	31	670							31	118	48
南湖区审计局	16					273			18	98	18
秀洲区审计局	32								32	109	35
平湖市审计局	35	230							35	113	39
海宁市审计局	64	5954	931	54	1642	1551	2	2	67	230	56
桐乡市审计局	28	1136	822	7	268	4332	1		28	91	39
嘉善县审计局	32	503	316			159			41	145	48
海盐县审计局	26	178		869		336		2	34	115	12
舟山市											
舟山市本级	47	14633	1766		5657		1		54	177	439
定海区审计局	24	86	86						30	69	89
普陀区审计局	34	17	9		8		1		43	115	106
岱山县审计局	26								26	54	74
嵊泗县审计局	26								36	58	48
宁波市											
宁波市本级	74	31215	3819		2561	8438			76	394	101
海曙区审计局	12	1082							15	55	16
江东区审计局	7	86	504		31	4			7	50	289
江北区审计局	44	8764	471	3066	7	814	1		55	87	6
北仑区审计局	36	3809	15544	212	233	6218			38	52	124
镇海区审计局	24	1217	390	795					28	46	105
鄞州区审计局	125	32826	252	9071	417	859	1		130	124	112

续表

审计机关	完成审计项目（个）	查出违规金额	应上缴财政	应减少财政拨款或补贴	应归还原渠道资金	应调账处理金额	移送司法、纪检、监察部门处理(件)	建议有关部门处理（件）	出具审计报告和审计调查报告(份)	提出审计建议（条）	撰写审计信息（篇）
慈溪市审计局	34	1324	15045		145	126	2	1	47	103	172
余姚市审计局	80	21769	18		221	3506	1		73	70	10
奉化市审计局	41	230	6	2812	1361	2117			39	376	
宁海县审计局	36	47	46	13249					35	66	15
象山县审计局	51	1836	966			1922	1		57	125	18
绍兴市											
绍兴市本级	55	8061	8061			615			71	182	301
越城区审计局	26	3	3						35	70	32
诸暨市审计局	36					1200			46	95	42
上虞市审计局	50		8		1	418			84	72	73
嵊州市审计局	41	832	832	58	7	33		1	65	134	122
绍兴县审计局	41	6620	6620	5676	8			1	75	166	118
新昌县审计局	35	2214	210		3633	2855	5		55	109	79
衢州市											
衢州市本级	50	1865			6982	942			33	86	36
柯城区审计局	14		11	807	1	990	2		23	43	8
衢江区审计局	26				339	971			45	77	97
江山市审计局	34	224	48		13		2		50	88	232
常山县审计局	16	42			648	67	1		26	23	27
开化县审计局	26	300	1		3040	4763			34	64	41
龙游县审计局	33	1036	1032	288		3367			48	47	50
金华市											
金华市本级	74	367	224	6443	6	315	2		98	170	231
婺城区审计局	24	6	7		1	2730	1		17	50	34
金东区审计局	28	3	3			1169			28	41	21
兰溪市审计局	40	98	54	1397	8	29829			38	100	105
永康市审计局	29	39	20	72	15885	71940			29	65	28
义乌市审计局	49	2295		25		1377		1	49	160	84
东阳市审计局	96	9	105	4151	9	112	3		105	68	53
武义县审计局	20	6	6		75	84		4	27	63	30
浦江县审计局	63	55		3735			1		84	107	121
磐安县审计局	20	199	82		55	429			20	29	24

续表

审计机关	完成审计项目(个)	查出违规金额	应上缴财政	应减少财政拨款或补贴	应归还原渠道资金	应调账处理金额	移送司法、纪检、监察部门处理(件)	建议有关部门处理(件)	出具审计报告和审计调查报告(份)	提出审计建议(条)	撰写审计信息(篇)
台州市											
台州市本级	45	46873	42989		51836	778			45	133	227
椒江区审计局	25	424	273		776	1774	7	1	25	134	120
黄岩区审计局	25	410	393		3355	20			25	65	89
路桥区审计局	18	61	20	16		853			18	33	105
临海市审计局	25	79	79						25	71	73
温岭市审计局	23	248	248		67			2	23	86	37
三门县审计局	42	316	284		7		2	1	42	88	75
天台县审计局	22	247	247						22	76	39
仙居县审计局	20						1		20	49	62
玉环县审计局	53	664	76	6875	45		4	1	53	151	115
温州市											
温州市本级	83	17688	1399	3514	35233	11654	1	1	118	278	186
鹿城区审计局	23	870	5509		21	1516	3		32	72	12
龙湾区审计局	25	1101	95	194	1099	250	2	4	31	78	44
瓯海区审计局	26	313	313	26	15	1			37	78	39
瑞安市审计局	44	2978	258		299	1610	3		44	165	107
乐清市审计局	37	1917	1922	4492	223	11	1		39	137	48
永嘉县审计局	30	3930	659		81	3390		2	49	88	94
文成县审计局	19	672	601		15	3			19	58	20
平阳县审计局	40	1983	13823	878	21362	5824		2	40	91	10
泰顺县审计局	13	336		110	7	11918			15	49	4
洞头县审计局	40	863	432	1632	2	227	1		40	94	50
苍南县审计局	24	62	9			2729		3	30	77	22
丽水市											
丽水市本级	40	4356	2480	1481	24	15107	2	1	57	124	42
莲都区审计局	49					1780			51	97	24
龙泉市审计局	28	2244	332		36	8			32	43	19
缙云县审计局	28	1302	196		14	1236	2	1	35	104	
青田县审计局	38	809	163						37	42	6
云和县审计局	23	277	236		20	2619	1	2	37	52	
遂昌县审计局	33	136	273		16	71			46	94	

续表

审计机关	完成审计项目(个)	查出违规金额	应上缴财政	应减少财政拨款或补贴	应归还原渠道资金	应调账处理金额	移送司法、纪检、监察部门处理(件)	建议有关部门处理(件)	出具审计报告和审计调查报告(份)	提出审计建议(条)	撰写审计信息(篇)
松阳县审计局	29	257	8			28			45	66	11
庆元县审计局	26	340	169			44			31	109	2
景宁畲族自治县审计局	19	1			1				25	50	4

安徽省

【安徽省审计厅】 2012年，安徽省审计厅人员编制193人，在编184人。设有办公室（审计信息技术应用处）、综合法规处、审理处、财政审计处、行政事业审计处、农业与资源环保审计处、固定资产投资审计处、金融审计处、企业审计处、社会保障审计处、外资运用审计处、人事教育处、机关党委、纪检监察室、计划统计审计室、经济审计室、科技教育审计室、农业审计室、交通建设审计室、文化卫生审计室、新闻广电审计室。下辖省经济责任审计局、省固定资产投资审计中心、省审计厅机关服务中心、省审计科研所、安徽审计职业学院、省审计学会、内部审计师协会等厅属单位。

领导成员

厅　　长：刘战平（—10月）

　　　　　戴克柱（10月—）

副 厅 长：姜爱民　胡海波

　　　　　杨　力（挂职）　杨寿桃

总审计师：何结华

纪检组长：吴　毅

审计成果 全省审计机关共审计和专项审计调查5884个单位，查出违规金额80.39亿元，损失浪费金额6.79亿元，管理不规范金额1 017.61亿元，侵害人民群众利益金额3342万元。通过审计，促进增收节支71.35亿元，挽回或避免损失24.34亿元。审计移送司法、纪检监察机关和有关部门处理事项84件。向社会发布审计结果公告559篇。提交审计专题报告、综合性报告和信息简报8699篇，其中被党政领导和有关部门批示、采用6682篇次。向被审计单位或有关单位提出审计建议12 578条，其中已采纳10 038条。

财政审计 全省审计机关积极构建财政审计大格局，持续加强对全部政府性资金的监督，深化本级预算执行审计，促进完善公共财政体系。省本级预算执行审计紧扣主题主线，突出审计内容的完整性，全面审计省级“四大预算”，新增对组织分配政府性投资情况审计，强化专项审计调查的针对性，密切关注“三公经费”、县级财力保障、民生工程、审计整改等社会关切的热点问题，质量和水平进一步提高，更好地发挥了审计建设性作用。省领导充分肯定省级预算执行审计的完整性和专项审计调查的针对性，并要求深刻分析原因，找准症结所在，切实推进整改。省人大常委会也对预算执行审计工作给予较高的评价。各市县审计机关也着力加大全部政府性资金审计的广度和深度，增强专项资金审计的针对性和实效性，切实提高预算执行审计工作水平。

资源环保审计 省审计厅在2010年实施全省医疗废物和固体废物处置项目专项审计调查、2011年实施巢湖水污染防治效益专项审计调查的基础上，进一步深化和拓展资源环境审计内容，开展全省煤炭资源开发利用情况专项审计调查，这在全国尚属首次，并在审计署做经验交流，审计结果被纳入当年的审计工作报告，受到省人大领导的充分肯定。同时，各地在地方党政领导干部经济责任审计中也将资源环保工作作为审计关注的重要内容，促进领导干部科学履行职责。

固定资产投资审计 各级审计机关加大对重

点建设项目跟踪审计、竣工决算审计和投资绩效审计力度，审计核减固定资产投资项目投资或结算额 43.57 亿元。省审计厅组织实施安徽广电中心建设项目、合肥新桥国际机场建设项目、全省中小学校舍安全工程、对口支援新疆皮山县建设情况跟踪审计，省检察院技术用房、省博物馆新馆竣工决算和投资绩效审计，对口支援四川松潘县恢复重建项目跟踪审计和竣工决算审计，全省农村党员干部现代远程教育基础设施建设专项审计调查。继续开展工程建设领域突出问题专项治理工作，促进规范建设领域市场秩序。

金融与企业审计　进一步加大对金融与国有重点企业审计工作力度，加速企业审计的转型。以促进管理、防范风险，维护境外国有资产安全，促进境外机构提高国有资产运营绩效为目标，组织力量对部分省属企业境外投资情况进行绩效审计调查。针对当前国有企业境外投资存在问题，深入分析原因，提出切实有效的审计意见和建议。以“维护安全、推动改革、促进发展”为目标，实施华安证券公司 2011 年度资产负债损益审计，对其所属 3 家子公司和 2 家证券营业部进行审计或审计调查，并在审查资产负债损益真实、合法、效益的基础上，严肃查处各种违法违规行为，促进完善企业各项内部管理制度。

经济责任审计　省审计厅印发《关于进一步明确经济责任审计报告等文书报送范围的通知》《安徽省经济责任审计工作领导小组议事和工作规则》《安徽省经济责任审计工作领导小组办公室工作规则》《2012 年全省经济责任审计工作指导意见》等文件，进一步规范经济责任审计工作。定期召开领导小组办公室会议，加强各成员单位之间的沟通协作。在审计实施过程中，完善领导干部述职制度，建立民主测评制度，实行审计谈话制度，并将述职内容、测评、谈话结果作为审计职业判断的依据，提高审计的针对性和科学性。全省审计机关共完成 1348 人的经济责任审计，查出领导干部对违法违规行为负有直接责任、主管责任和领导责任的金额分别是 4.18 亿元、5.65 亿元和 4.56 亿元。

专项资金审计（调查）　全省审计机关结合贯彻落实省委、省政府关于实施 33 项民生工程的要求，认真履行审计监督职责，加大专项资金审计（调查）力度。省审计厅按照审计署的统一安排，组织对全省社会保险、社会救助、社会福利等 3 大类 18 种社会保障资金进行审计，摸清全省社会保障制度建设和社会保障资金总体情况，揭示和反映在社会保障制度运行、政策执行、资金筹集管理使用和业务管理中存在的突出问题。统一组织实施三峡移民资金决算专项审计，农村中小学布局调整专项审计调查，全省中小学校舍安全工程、城镇保障性安居工程跟踪审计调查，皖江城市带承接产业转移示范区建设、全省整体推进农村土地整治示范建设、省属企业境外投资情况绩效专项审计调查等项目，并在预算执行、领导干部经济责任等各类审计中，把民生工程实施及相关政策的落实情况作为重要内容加以关注。

信息化建设　完成“金审工程”二期验收。顺利实施并完成全省审计专网从国家电子政务内网向国家电子政务外网的整体迁移工作，实现署、省、市、县（区）四级审计机关审计专网的互联互通。在审计专网上完成 RTX（即时通讯）系统部署，实现全省审计机关内部即时通讯交流。全面完成审计视频会商系统向县级审计机关延伸应用工作，“金审工程”二期顺利通过审计署专家验收。加大审计信息化人才培养，举办计算机审计中级培训班、视频会商系统应用培训班，组织计算机审计中级水平自学考试，积极开展全省审计信息化领军人才、计算机审计能手评选工作。

相关工作　(1) 全省审计机关结合实施“人才造就工程”，切实加强审计基础建设，努力树立审计机关良好形象。注重强化审计队伍建设，大力造就审计领导人才、专业人才、管理人才和理论研究人才“四支人才队伍”，加大干部教育培训力度，实施审计实务导师制，建立健全人才评价发现、培养开发、选拔任用、激励表彰和造就考核机制，使审计队伍的综合素质和专业化水平得到很大改善。

(2) 注重强化审计业务管理，加强审计项目立项调研，充实和完善审计项目库，积极促进各级各界各方面参与审计项目计划决策，增强审计计划的开放性和科学性。

(3) 坚持以质量和效率为中心，强化审计现场管理，推行“审理＋复核”双控制度，推进建立信息化条件下的审计质量控制体系。

(4) 注重强化审计法制建设，积极推进《安徽省预算执行情况审计监督暂行办法》的修订工作，出台和修订规范审计业务管理的制度办法，全面清理审计规范性文件，强化审计工作制度保障。

(5) 注重强化审计整改，完善审计整改监督机制，全省审计整改落实有关问题资金 178.33 亿元；被审计单位根据审计建议制定整改措施1112 项，建立完善规章制度 230 项。

（撰稿人：张劲东）

【合肥市审计局】 2012 年，合肥市审计局人员编制 133 人，在编 118 人。局长吴利林（—12月）、程林（12 月—），副局长李鲁青、陈卫、姚琳，总审计师王保智，纪检组长钱昌雨。设有办公室、综合处、法规审理处、财政审计处、行政事业审计处、农业与资源环保审计处、固定资产投资审计处、金融审计处、经贸审计处、社会保障审计处、外资运用审计处、审计信息技术应用处、监察室、机关党委，直属行政机构合肥市经济责任审计局、直属分局，派出审计室科教文卫审计室、建设审计室、农业审计室，下属事业单位合肥市投资审计中心。

审计成果 全市审计机关完成审计项目 241 个，查出违规金额 12 828 万元，应上缴财政 4374 万元，应归还原渠道资金 656 万元，应调账处理金额 315 万元；已上缴财政 9760 万元，已归还原渠道资金 2164 万元，已调账处理金额 6398 万元。移送司法机关、纪检监察部门处理事项 6 件，建议有关部门处理事项 1 件。提交审计报告、信息 1200 篇，被采用 1210 篇次。先后荣获全省审计机关“信息化推进工程”活动先进集体和审计信息宣传工作先进单位、合肥市第十二届文明单位、合肥市政府目标管理考核优秀责任单位、政风评议先进单位、政务信息公开工作优秀单位等荣誉。

财政审计 组织开展合肥市本级预算执行和合肥高新技术产业开发区、合肥经济技术开发区、合肥新站综合开发试验区、合肥巢湖经济技术开发区预算执行审计，以及合肥市包河区 2011 年度财政决算审计。依托财政联网审计平台，将全部政府性资金纳入审计范畴，关注公共财政预算、国有资本经营预算、政府性基金预算和社会保险资金预算四大预算体系编制的完整性和系统性。采用“预算跟踪＋联网核查”的方式，突出关注部门预算执行中项目资金的分配、使用、管理、制度建设及预期效益等。以资金使用绩效为重点，延伸审计 10 个部门 32 个二、三级单位，进一步增强审计工作报告的宏观性、整体性、系统性、全面性。

金融审计 按照“统一计划、统一方案、统一组织、统一实施”的原则，委托 5 家社会中介机构对 12 家融资性担保公司、16 家小额贷款公司和 3 家典当行 2011 年度资产负债损益进行审计，并延伸审计税收政策执行和税收缴纳情况，查出的小额贷款公司 6 个类别 14 项问题和融资性担保公司 4 个类别 10 项问题。参与安徽省审计厅组织的华安证券公司 2011 年度资产负债损益审计。

农业与资源环保审计 组织开展世界银行贷款加灌三期肥东子项目、世界银行赠款白蚁防治替代示范、亚洲开发银行贷款合肥环境改善利用项目十五里河污水处理厂和合肥污水管网完善 3 个子项目公证审计，规范项目单位行为，维护外资利用的严肃性。开展合肥市农村危房改造及清洁工程审计调查，重点调查计划任务、资金到位、项目实施和资金支付等情况，针对审计发现的问题提出建设性建议。

固定资产投资审计 组织开展蒙城北路、宿松路、九华山路等 21 个大建设项目竣工决算审计，涉及投资金额 25.5 亿元。完成轨道交通 1 号线试验段、合作化路高架、一环畅通 K 标、滨湖国际会展中心等工程价款审计，接审金额 59.7 亿元，出具审计结果通知单 317 份。首次开展市政道路征迁补偿费用审核和大建设绿化项目审计，提出加强设计审查、修改完善《绿化导则》的审计意见。实行工程价款审计专家会审制，进一步提高审计质量，降低审计风险。采用驻点审计模式，跟踪审计轨道交通 1 号线、“滨湖中心”等重点建设项目。

社会保障审计 组织开展肥西等七县（市）区社会保障资金、全市幼儿园以奖代补经费使用绩效、农村中小学布局调整、三峡移民资金决算等审计调查，其中幼儿园以奖代补经费使用绩效情况审计调查报告被市政府主要负责人批示，促进资金分配公正和规范使用，直接促成合肥市首批普惠园名单的确认。在对合肥高新技术产业开发区、合肥经济技术开发区、合肥新站综合开发试验区等开发区预算执行和其他财政收支审计中，延伸审计城市低收入家庭与公共租赁住房保障工程、农民工技能培训、乡镇文化站建设、城乡义务教育保障机制经费等民生工程资金，促进惠民政策的落实。

经济责任审计 加快经济责任审计由“财政财务收支型”为主向“绩效型”转变，积极探索以统一的方式、方法和评价标准，采取定量与定性相结合的形式，对领导干部履行经济责任情况进行综合评价，更好地发挥在优化权力配置中的职能作用。合肥市委、市政府办公厅印发《合肥市党政主要领导干部和国有企业领导人员经济责任审计实施办法》，合肥市经济责任审计工作领导小组配套印发《合肥市经济责任审计工作领导小组工作制度》和《合肥市经济责任审计评价实施细则（试行）》等6项制度。开展合肥市人力资源和社会保障局局长等7名领导干部经济责任审计，授权巢湖市和庐江县审计局审计7名市管干部的经济责任履行情况。积极探索经济责任审计方式，拓展审计内容，推动经济责任审计工作进一步深化，10月11日的《合肥日报》整版专题宣传合肥市经济责任审计工作开展情况和成果。

专项资金审计（调查） 组织开展县级所属开发区（工业园区）产业布局、土地使用、财政收支、项目建设、投融资管理等情况审计调查，审计调查报告被合肥市委主要负责人批示。开展肥东县和庐江县2009年至2011年县级政府性资金、长丰等四县农村中小学布局调整情况审计调查。以促进完善管理制度和提高专项资金绩效为目标，开展合肥市自主创新专项资金使用效益专项审计调查，开展合肥市直预算单位2011年度保留专用存款账户资金收支管理情况专项审计调查。

（撰稿人：范宏琨）

【宿州市审计局】 2012年，宿州市审计局人员编制44人，在编36人。局长吴健，副局长陈志强、孙勇、黄莉，总审计师唐艳芳，纪检组长梁兆强。设有办公室、人事教育与内部审计指导科、综合法规科、财政金融审计科、行政事业审计科、企业与外资运用审计科、农业与资源环保审计科、社会保障审计科。另设信息化管理科、监察室、机关党总支、经济责任审计局、固定资产投资审计局。

审计成果 全市审计机关共完成审计（调查）项目117个，审计查出主要问题金额623 935万元（其中违规金额26 173万元，损失浪费金额516万元，管理不规范金额597 245万元）；对16个项目的审计结果进行公告。其中，市审计局本级共完成审计（调查）项目29个，审计查出主要问题金额256 769万元（其中违规金额5204万元，管理不规范金额251 565万元）；对4个项目的审计结果进行公告。获国家审计署奖项6个、省级奖项9个、市级奖项13个，45人被评为先进个人，有效提升了审计工作地位和影响。

预算执行审计 全市共查出问题金额384 293万元。其中市本级预算执行审计查出主要问题金额55 194万元。“市本级2010年度预算执行及其他财政收支情况审计”被评为全省表彰审计项目。市政府首次将审计工作报告列入市政府常务会议议题，副市长召集相关单位召开审计整改专题会议，将审计整改落到实处，并公告审计整改结果。

经济责任审计 全市审计机关完成对69名党政（企业）主要负责人的经济责任审计，查出问题金额227 265万元（其中负直接责任7645万元、负主管责任146 597万元、负领导责任73 020万元）。向纪检、公安机关移送经济违纪案件线索2件，涉案人员4人。其中市审计局在对21名市管领导干部（人员）进行任期经济责任审计的同时，重点抓好经济责任审计工作的制度化、规范化建设和深化发展。

固定资产投资审计 全市审结工程项目644个，送审总金额32.36亿元，审减总额2.95亿元，审减率9.12%。其中市本级审结工程项目100个，送审总金额15.83亿元，审减总额1.15亿元，审减率7.26%。市审计局通过“竞争性谈判招标”方式引入6家中介机构参与政府投资审计，修订《宿州市审计局聘用社会中介机构对政府投资建设项目协审工作管理暂行办法》《宿州市政府投资审计资料送达告知》《宿州市政府投资审计局职责》，进一步完善政府投资审计监督制度体系。

专项资金审计（调查） 组织开展全市社会保障资金专项审计、农村中小学布局调整情况审计调查、煤炭资源开发利用情况专项审计调查、全市校舍安全改造项目跟踪审计调查、世界银行贷款淮海流域洼地治理项目审计、全市政法系统基础债务化解、市海事局财务收支审计、华安证券宿州营业部资产负债损益等10个项目，为决策和管理提供重要参考。市审计局社会保障资金专项审计项目审计组被审计署评为先进公务员集体嘉奖、被省审计厅评为全省社会保障资金审计工作先进集体，固定资产投资审计局的“世界银行贷款淮海流域洼地治理项目审计”和“世界银行贷款安徽省公路维护与改建项目审计”2个项目，被评为全省外资优秀审计项目。

信息化建设 （1）基础设施建设再上新台阶。顺利通过“金审工程”二期建设验收。初步建成上下互联和信息共享的网络系统、联网审计系统、视频会商系统、网站系统及安全运行保障系统，基本满足审计业务和审计管理的需要。

（2）审计信息化应用水平逐步提高，全市审计机关AO、OA普及率达100%。全市共征集计算机审计方法和AO应用实例83篇，同比上升19%。其中，被审计署选入2011年计算机审计方法5个，获审计署2011年AO应用实例优秀奖1个、应用奖5个、鼓励奖13个；28篇计算机审计方法和AO应用实例被省审计厅评为优秀。

（3）审计信息化队伍不断壮大。全市已有199名审计人员通过全国审计系统AO认证考试，43人通过计算机审计中级考试，1人荣获审计署计算机审计领军人才称号，21人荣获审计署计算机审计能手称号；1人荣获省审计厅计算机审计领军人才称号，4人荣获省审计厅审计专业领军人才称号。

相关工作 （1）注重加强审计法制化建设。坚持依法、文明和廉洁审计，认真落实审计项目质量控制、审计业务会议等相关制度和办法。认真开展审计项目质量检查和优秀项目评比，为防范审计风险奠定制度基础保障。

（2）注重加强审计队伍建设。通过加强领导班子建设，着力优化领导班子结构。通过“人才造就工程”年活动，举办年度集中培训、专题培训、在线学习、联合办学，参加审计专业技术职称考试和领军人才、优秀审计主审、审计能手评选、干部挂职锻炼等形式，加大干部教育培训力度，使审计队伍的综合素质和专业化水平得到很大改善。

（3）注重加强精神文明建设。全市审计机关坚持把党建工作融入并服务于审计工作大局，认真贯彻落实党建工作责任制。结合“创先争优”“四型机关”创建，开展“迎接党的十八大，保持党的纯洁性”主题实践活动，开展“学习金岚岚，争做合格审计人”专题学习等。结合机关效能建设，建立健全包括党建工作、精神文明建设等方面共130项规章制度。

（4）注重加强审计文化建设。制定《关于进一步加强审计文化建设的指导意见》，举办全市审计系统的审计文化论坛活动，大力弘扬“责任、忠诚、清廉、依法、独立、奉献”的审计人员核心价值观，提升审计队伍的“精气神”，使全局上下锐意进取，促进审计事业全面健康协调发展。

（5）深化党风廉政建设。围绕深化审计机关廉政风险防控体系建设，进一步完善反腐倡廉教育体系、廉政制度规范体系、廉政责任分解体系、廉政监督考核体系4大体系。层层签订廉政工作目标责任书和廉政承诺书，全面落实廉政责任。运用审计管理信息系统，强化对审计权力运行全过程监督。（撰稿人：张　挺）

【淮北市审计局】 2012年，淮北市审计局人员编制62人，实有65人。局长戎培阜，副局长徐君、陈玉健，总审计师周玉贞，纪检组长孟祥龙（5月—）。设有办公室、人事教育科、综合法规科、财政金融审计科、固定资产投资审计科、行政事业审计科、农业与资源环保审计科、社会保障审计科、企业审计科、审计监督科、经济责任审计局；下属市计算机审计中心、市投资审计中心。

审计成果 全市审计机关实际完成审计和专项审计调查单位107个（不含政府投资建设审计项目），查处违规金额17 867万元，管理不规范金额675 593万元，损失浪费金额170万元；应上缴财政7134万元，应归还原渠道资金6847万元，应调账处理金额108 367万元；已上缴财政3529万元，已归还原渠道资金6069万元，已调账处理金额 11 825 万元。移送司法机纪检监察部门处理事项 2 件。提交审计报告、信息 366 篇，被批示采用 300 篇。

财政审计 对 2011 年度市本级预算执行情况进行审计。提出建立健全政府预算体系，提高预算管理水平；加强财政专项资金管理，注重资金使用绩效；规范国有资产监督管理，确保资产保值增值；完善建设项目监管机制，促进节约建设资金；严格落实财经管理制度，规范财政收支行为等建议。6 月 27 日，局长戎培阜受市政府委托，向市人大常委会报告 2011 年度市本级预算执行及其他财政收支审计情况，受到市人大的充分肯定和高度评价。

对淮北经济开发区 2011 年度预算执行及其他财政收支情况进行审计。针对存在的问题，提出加强和改进预算管理、加强工程建设项目管理等建议。

组织实施市地税局 2011 年度税收征收管理情况审计。提出加强税源信息管理、积极开展纳税评估工作、强化对餐饮业的税收征管等建议。

对市水务局、市房管局、市土地发展中心等 3 个部门、单位 2011 年度预算执行和其他财政收支情况进行审计。重点关注综合预算管理、国库管理、政府采购等各项改革的推进完善情况，预算执行绩效情况，各项民生工程政策的落实情况，以及有关厉行节约制度规定的执行情况等。在审计过程中，注重揭示部门预、决算管理中存在的共性问题，以及屡审屡犯的问题，从预算管理体制、机制和制度层面深入分析原因，提出审计意见和建议，不断提升预算执行审计的层次和水平。

固定资产投资审计 出台《淮北市组织社会中介机构参与政府投资建设项目审计监督操作规定》《淮北市政府投资建设项目跟踪审计操作规程》等一系列规范性文件，为政府投资审计工作的健康发展提供制度保证。加强工程竣工决算审计，实现对投资活动的全过程控制监督。关注民生工程，扎实推进保障性住房跟踪审计，积极探索土地房屋征收补偿资金审计、经济适用住房价格成本审计等。采取公开招标、聘所定人、一年一聘的方式选聘信誉优、专业技术力量强的社会中介机构参与政府投资建设项目审计。在审计过程中，做到组织形式、审计标准、审计纪律、审计要求、审计内容五统一，并完善审计责任追究制，探索引入第三方复核机制，聘请异地信誉好的中介机构，对已审计完成归档的政府投资建设项目进行复核，有效地提高审计质量，控制审计风险。淮北市审计局对 2010 年以来新开工的 159 个政府投资建设项目（或标段）工程款 214 813.21 万元实施跟踪审计，共核减工程款 55 634.94 万元，核减率为 25.90%；对 28 个政府投资建设项目设计变更增加部分工程款 4 582.80万元实施审计，共核减工程款 1 612.82 万元，核减率为 35.19%；对153 个具备条件的决算项目工程价款 39 984.90 万元实施工程价款结算审计，共核减工程价款 4 808.69 万元，核减率为 12.03%；对市重点工程管理局移交的 6 项工程实施经费预算审计，共核减经费 750.09 万元，核减率为 29.15%；对 5 个项目进行拆迁补偿费用审计，共核减 10 535.33 万元，核减率为 15.36%；对滨河花园二期经济适用住房及安居住房项目销售价格成本实施认证审计，核减滨河花园二期经济适用房、廉租住房项目价格成本 1 100.60 万元。

经济责任审计 全市审计机关完成经济责任审计项目 77 个，查出违规金额 8969 万元，管理不规范金额 114 375 万元，促进增收节支 8268 万元，较好地发挥了服务干部监督管理，促进党风廉政建设的作用。市委、市政府成立由市纪委、市委组织部、市检察院、市监察局、市财政局、市人社局、市经信委、市审计局等部门单位组成的经济责任审计工作领导小组，市长任组长，进一步加强对全市经济责任审计工作的领导。在制定出台《淮北市领导干部经济责任审计暂行办法》《淮北市领导干部任中经济责任审计暂行办法》等一系列规范性文件的基础上，印发《2012 年淮北市本级经济责任审计工作方案》，根据不同类型、不同岗位领导干部经济责任特点，明确相应审计重点内容，进一步促进经济责任审计工作制度化、规范化。大力推行任中审计，逐步建立以任中审计为主，任中审计与专项审计、离任审计相结合的经济责任审计工作新机制。

专项资金审计（调查） 相继开展全市社会保障资金审计、农村中小学布局调整情况专项审计调查、国外贷援款项目审计、2011 年度市城区东部山场绿化项目资金专项审计调查、2011年度抗旱资金专项审计调查、2011年度市本级住房公积金归集、使用、管理情况审计、全市保障性住房跟踪审计及全市中小学校舍安全工程实施情况跟踪审计调查。 （撰稿人：惠　薏）

【阜阳市审计局】 2012年，阜阳市审计局人员编制60人，在编50人。局长武杰，副局长马晓峰、方向阳，纪检组长李援朝。设有办公室、财政金融审计科、行政事业与社会保障审计科、经济贸易审计科、农业资源与环境保护审计科、监察室、综合法规科、机关党委、人事教育科、审计信息技术应用科和阜阳市经济责任审计局、阜阳市固定资产投资审计中心、阜阳市经济技术开发区分局。

审计成果 全市审计机关完成审计项目436个，审计查出违规金额4.19亿元，已减少财政拨款或补贴3540万元，已归还原渠道资金1169万元，审计促进拨付资金到位8874万元，审计挽回（避免）损失63 965万元。移送司法机关等处理3件。审计提出建议1209条，被采纳审计建议1057条，提交审计专题、综合性报告114篇。获得安徽省第九届文明单位、阜阳市第九届文明单位、全省审计机关实施“人才造就工程”先进单位、全市综合目标管理考核优秀单位等22项集体荣誉。

财政审计 积极构建财政审计大格局，首次把政府融资公司和开发区纳入预算执行审计范围，进一步拓展预算执行审计的广度和深度。全市各级审计机关普遍加大对预算编制的科学性、财政支出的效率性，以及财政资金使用总体效果等情况的审计力度，提出进一步规范预算管理、提高财政资金绩效等审计建议，努力发挥审计的建设性作用。各级预算执行审计工作报告均得到各级人大常委会的充分肯定。

固定资产投资审计 全市完成政府投资审计项目266个，审减2.2亿元。推动市政府出台《阜阳市政府投资建设项目审计监督办法》。

社会保障审计 根据审计署、省审计厅统一部署，统筹全市审计力量，合理配置审计资源，认真开展全市社会保障资金审计，摸清全市社会保障资金的总体情况，揭示部分企业未参保、欠缴社会保险费及执行优惠利率不到位等问题，分析存在问题的主客观原因，提出合理化建议。已追缴社保基金利息收入2646万元，促进和保障社保基金的保值增值。该项目被审计署评为表彰项目。

经济责任审计 全市审计机关共开展118名党政（企事业）领导干部经济责任审计，审计查出违规金额27 457万元，其中领导干部负有直接责任金额2758万元，负主管责任金额的17 594万元，负领导责任金额7105万元，损失浪费问题金额162万元，移交纪检、监察机关处理1人。

（撰稿人：阜阳市审计局办公室）

【亳州市审计局】 2012年，亳州市审计局人员编制46人，在编40人。局长李迎春，副局长梁海波、吴海波、宋保众。设有办公室、综合法规科、财政审计科、行政事业和社会保障审计科、农业与外资审计科、经贸与金融审计科、经济责任审计局，下设固定资产投资审计中心。

审计成果 全市审计机关完成审计项目278个，查出违规金额19 459万元，提交审计报告和信息621篇，被审计单位制定整改措施或出台整改制度111项。

财政审计 市审计局围绕“收支两条线”、政府采购和国库集中支付等财政改革开展审计，重点审计5个部门及13个所属单位，发现各类问题金额319 210万元，提出相关审计意见和建议。

固定资产投资审计 全市审计机关共完成投资审计项目32个，累计审减工程价款511万元。完成市政府交办的土地收储项目地面建筑物及附属物资产评估审核项目4个，审计审核后平均核减1324万元。

经济责任审计 市审计局实施经济责任审计项目10个、离任审计交接项目5个，查出违规金额160万元，管理不规范金额4250万元。

专项资金审计（调查） 全市审计系统重点实施社会保障资金审计、全市城镇保障性安居工程跟踪审计、全市农村中小学布局调整专项审计调查、淮河流域重点平原洼地治理工程西淝河洼地治理项目审计、亳州市政法机关基础设施建设债务审计核查和全市农村沼气工程建设管理专项审计调查等6项财政专项资金审计。

相关工作 （1）市审计局全年组织投资审计、计算机审计等29期专题培训，共培训421人次。市本级推荐1名业务骨干到企业挂职，1名年轻干部到利辛县肥东村挂职，2名业务骨干到市南部新区参与监督工作，在实践中不断增长才干。市审计局党组多次到蒙城县篱笆镇何塘村基层联系点实地地走访，看望困难老党员、五保户及留守儿童，并送去慰问金。

（2）市审计局完成现场审计实施系统、审计管理系统完善升级和视频会商系统的建设。市审计局审计人员100%通过审计署AO资格认证考试，具有计算机审计中级资格的人数达到20%。市经济责任审计工作领导小组制定印发《亳州市市管领导干部经济责任审计事项交接办法》，首次对市管领导干部离任实行审计事项交接制度。市审计局制定出台《亳州市审计局审计项目审核、复核和审理工作办法（试行）》等制度，修改完善《审计业务会议制度》，形成审计项目质量全过程控制。（撰稿人：孙　博）

【蚌埠市审计局】 2012年，蚌埠市审计局人员编制72人，在编80人。局长杨继顺，副局长徐德利、周波，总审计师汤瑶泉，纪检组长佘建军。设有办公室、综合法规科、财政审计科、金融审计科、行政事业审计科、企业审计科、农业与资源环保审计科、社会保障审计科、固定资产投资审计科、外资运用审计科、计算机审计科、派出审计一室、派出审计二室、人事教育科、机关党委、监察室，市经济责任审计局，市政府投融资审计中心。

审计成果 全市审计机关完成审计项目318个，其中审计调查项目10个。查出违规金额35 641万元，应上缴财政1298万元，应减少财政拨款或补贴2856万元，应归还原渠道资金3785万元，应调账处理金额25 773万元；已上缴财政556万元，已减少财政拨款或补贴20万元，已归还原渠道资金263万元。移送司法、纪检监察部门处理事项11件。提交各类审计报告和审计信息928篇，被采用501篇次。

财政审计 全市各级审计机关以规范预算管理、提高财政绩效水平为目标，不断深化预算执行审计，推进全部政府性资金审计。全市审计机关2012年度共审计各级预算执行部门26个，查出主要问题金额126 852万元。

行政事业审计 全市审计机关完成63个审计项目，查出主要问题金额18 386万元。市审计局完成市政协办公室等5个单位财政财务收支审计。揭示部分票据管理不符合规定、非税收入未执行“收支两条线”管理等问题。提出完善内控制度、加强财务核算、规范财务行为等审计建议。

固定资产投资审计 全市审计机关完成固定资产投资审计及审计调查项目194个，审计项目投资总额206 865万元，核减投资额8669万元。

社会保障审计 全市审计机关完成社会保障审计及审计调查项目5个，审计查出问题金额7173万元。

企业审计 全市审计机关完成企业审计项目8个，审计查出问题金额85 954万元，其中违规经营40 977万元，财务收支核算不实30 107万元。

经济责任审计 全市审计机关完成经济责任审计项目57个，审计被审计干部60人。审计查出主要问题金额70 604万元，其中负直接责任金额2895万元，负主管责任金额10 751万元，负领导责任金额56 956万元。

专项资金审计（调查） 全市审计机关共完成专项审计和审计调查10项，审计专项资金总额678 261万元，审计查出主要问题金额70 183万元。市审计局重点对保障性住房建设管理、农村新型合作医疗改革等3个项目开展专项审计调查，全面监督和反映相关政策落实情况、工作开展情况及取得的效益、效果。（撰稿人：陈前超）

【淮南市审计局】 2012年，淮南市审计局人员编制71人，在编68人。局长陈寅，副局长丁常宝、李长安、王林、王宜君，总审计师李宗林，纪检组长刘昌银。设有办公室、人事教育科、监察室、党总支、综合法规科、审理科、计算机审计科、财政金融审计科、经济贸易审计科、社会保障审计科、行政事业审计科、农业与资源环保审计科、外资运用审计科、城市建设与固定资产投资审计科、科教文审计科、经济责任审计局、经济技术开发区直属分局、山南新区直属分局、审计学会。下辖审计干部培训中心，固定资产投资审计中心。

审计成果 全市审计机关完成审计项目473个，查出违规金额68 878万元，应上缴财政2 828.5万元，应减少财政拨款或补贴36 926万元，应归还原渠道资金16 438万元，应调账处理金额261 714万元；已上缴财政2 828.5万元，已减少财政拨款或补贴36 924万元，已归还原渠道资金15 918万元，已调账处理金额261 502万元。移送司法机关、纪检监察部门处理事项4起。提交审计报告、信息556篇，被采用246篇。

财政审计 市本级预算执行审计注重对涉及宏观政策、民生工程实施等重要问题的审计分析，配合预算执行审计开展财政促进企业发展方式转变专项资金使用效益情况等财政专项资金审计（调查），系统揭示市本级预算执行管理、地方政府性债务管理、专项资金使用绩效、政府重点投资项目建设中存在的5大类26项40多个问题。同级财政审计整改工作成效显著。相关部门、单位和县区已上缴、归还和补拨资金6.21亿元，挽回和避免损失5.28亿元，根据审计意见和建议制定和完善规章制度14项。

固定资产投资审计 紧紧围绕市委、市政府“一主两翼”“大开发、大建设、大发展”等重大决策部署，所有重大政府投资和以政府投资为主的建设项目，全部纳入审计监督范围。全年相继完成现代煤化工产业园区路网（一期）建设项目、全市廉租房（第一批）等81个政府重点投资项目的竣工决算审计。对国庆东路道路绿化工程、淮西公园项目一期工程等7项工程实施拦标价审核。共计核减施工单位、代理单位多报多计工程价款49 388.93万元。投资审计工作得到省审计厅的充分肯定，并在全省政府投资审计专项会议上做交流发言，“打造立体审计模式、构建闭合管理系统”的审计经验彰显了淮南投资审计的特色。

经济责任审计 以经济责任审计作为审计工作转型升级的突破口和主战场，牢牢把握经济责任审计“经济”和“责任”两条主线，开展市城投公司原主任等20多个部门经济责任审计。草拟《经济责任审计分类管理办法》，制定2012年度村级主要负责人经济责任审计工作方案，使经济责任审计在市级层面真正实现审计对象从市直、县（区）到乡（镇）、村级（社区）的全方位布控、全覆盖监管。《安徽日报》和《中国审计报》《中国审计》分别对全市的经济责任审计工作开展情况进行深度报道。

专项资金审计（调查） 开展并完成采煤沉陷区综合治理资金等12项专项资金审计（调查），查出违规金额45 716万元，管理不规范金额302 407万元，3篇专项审计报告（信息）被市主要领导批示。同时，催生《淮南市采煤塌陷区专项资金使用管理暂行办法》等制度的出台，审计建设性作用得到充分发挥。

相关工作 以深入开展“人才造就工程”活动为契机，结合“创先争优”“保持党的纯洁性”和“学习金岚岚同志先进事迹”等活动，把审计队伍建设和审计人才造就摆在更加突出的战略位置。2012年共有11人荣获省、市级表彰奖励；12人分别被中国审计学会评为计算机审计领军人才和计算机审计能手；1人被为省审计厅评为全省审计信息化领军人才，为新形势下发挥审计在促进国家善治中的“免疫系统”功能，提供重要的组织保证和人才支持。（撰稿人：徐小龙）

【滁州市审计局】 2012年，滁州市审计局行政编制47人，实有44人；事业编制20人，实有16人。局长徐保月，副局长杨庆毅、朱哲（3月—）、宋洪波（3月—），总审计师朱哲（—10月）、高中伟（10月—），纪检组长李庆彬。设有财政金融审计科、经贸审计科、农业与资源环保审计科、社会保障审计科、投资外资审计科、市经济责任审计局、综合调研科、法规审理科、办公室、纪检监察室（派驻），市固定资产投资审计中心。

审计成果 滁州市审计局坚持“人才兴审”战略，全力打造一支高素质的审计队伍，整体工作迈上新台阶，获得省审计厅“人才造就工程”实施工作先进单位称号，在市直执法类单位效能考核中名列第一名。全年共完成审计项目61个，查处违规金额3939万元，应上缴财政2871万元，应减少财政拨款38 040万元，应归还原渠道资金141万元，应调账处理2748万元。全年编发《审计动态》19期，被采用审计信息146条，被省委、省政府采用信息3条，省审计厅采用信息30条，市委、市政府采用信息25条。滁州市出台

《关于进一步加强审计整改工作的意见》，建立健全审计整改工作机制，明确问责程序，审计整改工作进一步取得实效。

财政审计 财政审计大格局模式初步构建，全口径预算审计监督破题。市人大常委会对财政预算执行审计工作报告给予充分肯定。通过对整改情况督察，市财政局上缴国库部分专项资金结余1360万元和契税200万元、市国土局零星土地出让价款763万元全部入库。市政府根据审计建议，制定《滁州市区经营性用地管理办法》《滁州市完善市区财政管理体制实施方案》。

社会保障审计 在审计署统一组织的社会保障资金审计中，精心组织，高效推进，提交的电子数据在全省率先通过审计署驻南京特派办的验收。审计报告如实反映部分险种间重复参保、部分符合保障条件的特殊人员未纳入保障、多项基金存款未执行优惠利率少计利息等问题，得到各级领导重视并积极整改。荣立全国社会保障资金审计集体三等功，是安徽省唯一获此殊荣的市级审计机关。

固定资产投资审计 不断健全完善投资审计制度，对政府重点投资项目实行"三阶段"全程跟踪审计。项目前期阶段，实行项目招标前工程量清单控制价审核；项目实施阶段，实行跟踪审计100%全覆盖；项目竣工阶段，对协审单位审计结果进行全面实质性审核。全年共计完成57个项目竣工结算审计，报审价23.34亿元，审定价19.55亿元，核减3.79亿元，核减率16.2%。

经济责任审计 为深化和规范领导干部经济责任审计，联合市委组织部出台《领导干部经济事项交接办法》，重新修订《领导干部经济责任审计分类管理办法》，每季度将涉及正处级以上干部经济责任审计结果以《审计专报》的形式呈报市主要领导，为党委、政府正确使用干部提供重要参考依据。

专项资金审计（调查） 在专项资金审计（调查）中关注涉及经济社会发展和民生工程项目的管理和绩效。主要实施政府债务情况、土地置换资金、工业强市扶持资金、城市配套费、保障性住房、住房公积金、涉农资金等经济民生审计调查项目，提交的审计报告均被市委、市政府主要领导批示。 （撰稿人：付卫民）

【马鞍山市审计局】 2012年，马鞍山市审计局行政岗位编制48人，在编42人；事业岗位编制10人，在编7人。局长夏光明，副局长潘淑琴、王明营、王斌（9月—）、陈陆林、金桂兰，总审计师何祥俊（3月—），纪检组长汤德生。设有办公室、综合调研科、党总支、法规审理科、监察室、计算机审计中心、财政金融审计科、固定资产投资审计科、经济社会审计科、经济责任审计局、开发区审计分局、企业审计科、工程价款结算审计中心。

审计成果 全市审计机关完成审计（调查）项目408个，查出违规金额5562万元，管理不规范金额763 694万元，促进财政增收节支11 757万元，减少财政拨款10 001万元，归还原渠道资金851万元，核减政府投资32 670万元。向有关单位提出审计建议425条，其中被采纳347条，推动有关单位建立健全规章制度6项。

财政审计 全市审计机关完成预算执行审计项目22个，财政决算审计项目2个。市审计局在开展对市财政局具体组织2011年度市本级预算执行和其他财政收支情况审计的同时，还审计市公安局、市检察院、市法院、市交通运输局等4个部门预算执行情况，延伸审计四部门所属二级预算单位，查出违规和管理不规范金额25.76亿元，其中决定收缴财政513.05万元，责令追回或归还被挤占挪用的专项资金700万元，纠正其他管理不规范金额25.64亿元。提出加强预算管理、完善内部控制制度等审计建议9条。

经济责任审计 全市审计机关完成95个经济责任审计项目。市审计局结合全市实际，以市委、市政府两办名义联合下发《关于贯彻〈党政主要领导干部和国有企业领导人员经济责任审计规定〉的实施意见》，对贯彻落实中央和省关于领导干部经济责任审计工作精神做出明确规定。结合财政审计，同步实施市交通运输局局长、雨山区原区长经济责任审计。协调、指导推动人社、住建等7家主管部门对所属15个单位主要负责人开展任期经济责任审计。

专项资金审计（调查） 全市审计机关紧紧围绕政府中心工作和上级审计机关要求，针对党委政府、社会关注的热点，加强对关系人民群众切身利益的专项资金审计和审计调查，完成专项资金审计（调查）项目23个，查出违规问题金额1643万元，管理不规范金额126 952万元。全市审计机关完成审计署统一部署的3个审计调查项目，完成城镇保障性安居工程跟踪审计调查工作。市审计局完成4个征迁拆迁项目审计（调查）工作；开展原市拆迁办、市征迁处资产负债情况专项审计；首次组织开展市本级混合所有制企业国有资产管理情况和市立医疗集团化改革后经济运行状况专项审计调查工作；完成市政府领导临时交办的森隆公司碧溪翠庭项目（二期）用地改变用途成本复核、天成纺织有限公司职工离职补偿费审核工作。

固定资产投资审计 全市审计机关完成政府投资审计项目243个，超额完成计划项目113个。查出违规金额10 314万元，管理不规范金额39 481万元。经审计核减工程价款31 907万元。市审计局协助市政府修订出台《马鞍山市政府投资建设项目审计监督办法》，进一步规范投资审计行为，加大跟踪审计力度，开展314省道改扩建、市体育中心等9个跟踪审计项目，全年出具跟踪审计结果通知单28项，提出审计意见建议32条。完成工程价款结算审计项目92个，累计送审金额11.48亿元，审定金额10.13亿元，为政府节约投资1.34亿元。（撰稿人：司小敏）

【芜湖市审计局】 2012年，芜湖市审计局人员编制59人，在编54人。局长徐茂环，副局长韩小平、王刚、陈军、杨凛、张自道，总审计师张文清，纪检组长徐坚。设有经济责任审计局、办公室、监察室、人事教育科、法制科、财政审计科、行政事业审计科、固定资产投资审计科、社会保障审计科、金融审计科、经贸审计科、外资运用审计科、农业与资源环保审计科、内部审计指导监督科，另设芜湖市固定资产投资审计中心（市审计局计算机审计中心）。

审计成果 芜湖市审计局完成审计项目85个，查处违规及管理不规范金额267 955.77万元，为政府增收节支136 507万元，核减工程造价44 527万元，核减征迁安置资金33 473万元，核增土地评估价值55 033万元，核减财政拨款和补助金额3474万元，归还原渠道资金12 768万元，调账处理金额125 726.83万元。提交审计专题报告、综合性报告和审计简报146篇，被批示、采用143篇次。向社会公告审计结果24项。制定《芜湖市审计局廉政风险防控实施方案》。

财政审计 预算执行审计注重对财政支出结构进行深入审计分析，重点对行政运行成本、支持企业发展资金、卫生专项资金及支出进行延伸审计调查。市本级财政支出结构合理，大部分用于民生工程和经济建设，行政运行成本只占财政支出的不到10%。对全市支持企业发展专项资金投入的规模、结构和管理进行审计，分析存在的突出矛盾和问题，全面分析各级政府通过各种形式投入所产生的效果，制度建设的有效性，以及问题形成的主要原因，针对发现的问题提出审计意见和建议。

金融审计 会同市金融办、市商务局、市经信委，4家部门联合对全市的小额贷款、担保及典当等147家准金融机构2011年度经营收支情况进行全面审计调查。存在的问题主要有：缺乏有效的内控制度，大部分公司财务管理和会计核算不规范；缺乏有效的行业规范和监督，没有统一的行业标准，政府相关职能部门也因依据不充分难以进行有效监管；自有资本金不足，拓展业务的实力不强，严重削弱实际经营能力；公司队伍建设薄弱，缺乏专业人才；部分担保公司违规超额担保商业银行难以控制，容易发生担保风险和银行信贷风险。对此，提出有针对性的意见和建议。

社会保障审计 根据审计署和审计厅的统一方案，认真组织实施社会保障资金审计和城镇保障性住房审计工作，对5项养老保险基金和3项医疗保险资金开展全面审计，运用社会保障联网审计平台进行数据分析和挖掘，深入探讨社会保障制度体系不健全、不完善、管理不规范等问题的深层次原因，提出审计意见和建议，推动全市社会保障体系不断完善。

组织实施全市2012年城镇保障性安居工程跟踪审计。联合市住建委、市宜居公司、市国土局、市发改委、市财政局等相关单位对全市各县区保障性住房情况工作情况进行调研，通过省审计厅开通的FTP专用审计平台，及时完成省审计厅下达的核对任务。及时掌握县区审计进展，对所有的开工和竣工项目进行现场查看和工程建设程序检查，按照预定的时间完成市本级的审计实施任务。

固定资产投资审计 全年审计实施215个项目，核减工程造价28 058万元。完成市第二人民医院门急诊、医技住院综合楼项目竣工决算审计，长江南路—银湖路—吉和街高架桥项目竣工决算审计，芜湖技师学院新校区竣工决算审计。市二院门急诊、医技住院综合楼工程结算审计，施工单位决算价62 969万元，审计确认造价51 760万元，核减11 209万元；市长江南路—银湖路—吉和街高架桥项目审计，施工单位决算价6730万元，审计确认造价5859万元，核减871万元。

宁安铁路—芜湖段是市政府重点工程，在宁安铁路镜湖区段征迁补偿安置审计中，分别对市建设投资公司，镜湖区铁路建设办公室、建设投资公司、重点工程建设管理局、民政局等相关单位进行审计，并调查公安局、产权处等单位，涉及资金总额14亿元。通过审计，查清地块征迁补偿存在违规安置、征迁管理不规范等9类问题，核减征迁安置成本5655万元。

为贯彻落实《芜湖市政府投资建设项目审计监督办法》，组织开展对开发区近三年政府投资建设项目中介机构审价质量抽审工作。审计抽查4个中介机构承担的龙山新苑一期安置房等7个建设项目，审核总造价21 000万元。规范和提高中介机构承担政府投资建设项目审价质量，为实施开发区政府投资建设项目审计监督全覆盖奠定基础。

行政事业审计 积极服务公立医院改革，对市属8家医院2010—2011年度工资收入分配情况、2011年度经营收支及专项资金收支情况进行审计调查，对市属医院职工收入进行全面详细审计，基本摸清医院各类人员收入情况。针对医院在经营核算和财务管理上存在的问题，提出改进意见。

经济责任审计 完成对繁昌县、镜湖区、市财政局等22个单位24名领导干部的经济责任审计，被审计单位及领导对审计提出的意见及建议高度重视并认真整改，提升了经济责任审计质量和审计机关的权威性。

推进街道社区和行政村主要负责人经济责任审计。年初会同市经济技术开发区对开发区龙山街道13个社区委开展财务收支审计，对东梁社区和红旗村的问题向市政府专题报告并移送纪检、监察机关调查核实，促进社区委和建制村的资产、资金管理和阳光村务建设，维护村民合法权益。向市政府提交的对开发区龙山街道和万春街道社区委财务收支审计综合报告分别被市长和常务副市长批示。开发区管委会高度重视审计提出的意见和建议，将审计发现的违规线索移交开发区检察院和纪委查处。

对市体育局2011年预算执行绩效及局长2010年至2011年任期经济责任审计和安徽广播电视大学芜湖市分校原校长任期经济责任实施审计。发现一些管理中的薄弱环节并提出审计意见及建议。市体育局和市电大领导班子对审计提出的意见及建议高度重视并认真整改。

受市委组织部委托，组织对芜湖长江大桥公路桥有限公司总经理实施任期经济责任审计。这次审计既是任前审计，又是离任审计，审计组依照两办《规定》和《经济责任审计指南》的要求，制订详细的审计实施方案，以财务收支审计为基础，紧扣领导干部的决策责任、发展责任开展审计。

专项资金审计（调查） 卫生专项资金审计调查了解全市医疗卫生专项资金投入的收支规模、结构和管理情况，揭示各级政府在医疗卫生投入、资金管理、保障民生等方面存在的突出矛盾和问题，提出加强管理，确保医疗卫生专项资金投入落到实处的审计建议。

对承接产业转移工业项目财政补助资金开展专项审计调查，通过对32个入库项目申报财政补贴进行全面审计，共核减投资额529万元，核减财政补贴247万元，有效防止财政资金的流失。

组织开展对芜湖市2011年度商标品牌质量技术标准奖励补贴资金、自主创新奖励资金、鼓励中小企业发展的“小巨人”奖励资金的审核工作，保障财政补贴资金的使用安全和效果，提出进一步规范的建议。 （撰稿人：胡媛媛）

【铜陵市审计局】 2012年，铜陵市审计局人员编制44人，在编52人。局长王仁海，副局长陶和平、陈延友，总审计师王华，纪检组长李应刚。设有办公室、综合科、行政事业科、财金科、社保科、投资科、农业科、企业科、农经科、监察室、经济责任审计局。

审计成果 全市审计机关完成审计项目271个，查出违规金额8146万元。移送司法机关、纪检监察部门处理事项4件。

财政审计 全市审计机关依法深入开展本级预算执行审计，重点关注税收征管、预算编制、预算执行、资金绩效，反映政策落实、资金管理和行政绩效等情况，积极推动预算管理的科学化、规范化。预算执行审计工作得到市人大和市政府的高度重视与充分肯定。市审计局对铜陵县2012年度财政决算进行审计，并对县财政性资金管理效益情况进行专项审计调查。通过审计，促进规范财政预算管理行为，提高预算执行效果和资金使用效益。

固定资产投资审计 全市完成345个工程项目审计，送审金额14.26亿元，审计核减工程造价2.52亿元。其中，市审计局完成149个工程项目的预（结）算审计，送审金额11.69亿元，核减工程造价2.16亿元，核减率达18.4%。跟踪审计30个重点建设项目，对市政府投资项目管理制度执行情况进行审计调查。

社会保障审计 整合市、县（区）审计力量，全面开展18项社会保障资金审计、城镇保障性安居工程跟踪审计。市审计局对铜陵县2010年度和2011年度城镇职工医疗保险基金、普济圩农场医疗保险资金运行管理情况进行审计，为社会保障体制改革调整提供了可靠依据。

企业审计 组织对铜化集团、市工投公司、建投公司、承接产业转移示范园2011年度经营业绩情况进行考核审计，重点检查企业损益的真实性、投资和融资管理情况，为企业经营业绩考核与加强内部控制提供依据。

经济责任审计 全市对35名领导干部进行经济责任审计，查出违规金额2794万元。市审计局对21名领导干部进行审计，有重点地开展公安系统经济责任审计工作。根据市经济责任审计工作领导小组的要求，举办全市领导干部财经知识专题培训班，学习经济责任审计、领导干部履职规范和财政预算管理等知识，增强领导干部对审计监督的认识和财经纪律观念。

专项资金审计（调查） 市审计局对市直部门住房公积金、外出学习考察费、工会经费进行审计调查，反映并纠正存在的一些问题，推动有关部门进一步完善制度，加强与改进管理。

（撰稿人：张飞飞）

【安庆市审计局】 2012年，安庆市审计局人员编制65人，在编66人。局长何家虎，副局长唐东风、朱菊云、尚晓玲，总审计师汪定节，纪检组长邱银台。设有市经济责任审计局、办公室、人事教育科、综合法规科、财政审计科、金融审计科、行政事业审计科、企业审计科、农业与资源环保审计科、固定资产投资审计科、外资运用审计科、审计信息管理科、机关党总支，投资审计中心，安庆市审计局经济技术开发区分局。

审计成果 全市审计机关完成审计（调查）项目447个，审计经济责任人117人。为财政增收节支9392万元，其中上缴财政847万元，减少财政拨款或补贴2816万元，归还原渠道资金5728万元。审计促进调账处理金额1.55亿元，核减工程投资（结算）额16 780万元。根据审计机关提供的线索，查实有关问题事项2件，4人受到政纪处分。提交审计专题报告、综合性报告和信息简报966篇，其中被党政领导和有关部门批示、采用636篇次。安庆市审计局被审计署授予全国社会保障资金审计公务员集体嘉奖；实施的某局及下属单位2007年至2010年财政财务收支审计项目被评为全国地方表彰审计项目。

财政审计 完成93个单位审计，其中预算执行审计78个，财政决算审计15个，查出违规及管理不规范等金额52亿元。

固定资产投资审计 对210个单位（工程项目）进行审计或审计调查。审计项目投资完成额17.25亿元，核减工程投资额1.68亿元。安庆市审计局开展的16个重点工程项目跟踪审计，审计投资概算额达46亿元。

行政事业审计 完成行政事业单位审计（调查）98个，查出违规及管理不规范等金额3.51亿元，审计发现侵害人民群众利益金额3579万元，查出应上缴财政1259万元（已上缴财政847万元）。

经济责任审计 完成审计经济责任人117人

（县处级领导31人，县处级以下领导86人），其中党政领导74人，司法机关领导8人，事业单位领导32人，人民团体领导1人，国有企业领导2人。审计共查出违规金额13 592万元。

专项资金审计（调查） 圆满完成社会保障资金审计、农村中小学布局调整情况、全市中小学校舍安全工程实施情况专项审计调查和县级政府性资金专项审计调查。此外，完成扶贫资金管理使用情况、三峡移民资金决算、农村饮水安全工程实施绩效和后续管理情况等专项审计调查。安庆市审计局还对城投、发投公司运营绩效和薪酬管理情况开展审计调查。（撰稿人：石 林）

【黄山市审计局】 2012年，黄山市审计局人员编制26人，在编25人。局长徐东海，副局长孙凤琴、夏明东、程浩良，总审计师余根长。设有办公室（审计信息技术应用科）、综合法规科、财政金融审计科、行政事业审计科（农业资源环保审计科）、外资社保审计科（民生工程审计科）、固定资产投资审计科、经贸审计科、经济责任审计局。

审计成果 全市审计机关完成审计项目656个，查出违规金额5348万元，应上缴财政641万元，应归还原渠道资金8596万元，应调账处理金额13 213万元。移送司法机关、纪检监察部门处理事项2件。提交审计报告673份、信息419篇，提出审计建议779条。

财政审计 根据构建财政审计大格局理念，进一步拓展财政审计的广度和深度。以加强财政管理、完善预算制度、规范资金分配行为、提高财政资金使用效益为重点，以促进落实积极财政政策为目标，尝试按照新的模式开展审计，围绕公共财政的公共性开展审计，围绕公共财政的民本性开展审计，围绕公共财政的效益性开展审计。

专项资金审计 集中全市审计力量对全市社会保险基金、社会救助资金和社会福利资金等社会保障资金的筹集、管理、分配、使用等情况进行审计或审计调查，审计重点是基本养老保险基金、基本医疗保险基金和最低生活保障资金。

固定资产投资审计 重点对新安江流域综合治理项目、重大交通建设项目、重大城市建设项目、重大旅游文化建设项目进行审计监督。同时为进一步规范投资审计行为，制定投资审计操作细则。通过审计，节约了大量的政府性资金，保证建设资金真实、合法、有效地使用。

经济责任审计 会同市委组织部、市纪委、市国资办等部门，制定出台《黄山市市管领导干部离任交接办法》。经济责任离任交接工作的开展，有利于解决审计任务重与审计力量不足的矛盾，有利于增强领导干部的经济责任意识，有利于加强财政管理和国有资产管理。

（撰稿人：金泽芳）

【六安市审计局】 2012年，六安市审计局人员编制45人，在编39人。局长余泳（—12月）、孙学龙（12月—），副局长漆学敏、朱维清，总审计师胡正才，纪检组长王家保。

审计成果 六安市审计局完成审计项目37个，查出违规金额5471万元，应上缴财政197万元，应归还原渠道资金326万元，应调账处理金额1653万元；已上缴财政168万元。提交审计报告、信息65篇，被采用26篇。

财政审计 对市本级2011年度预算执行情况进行审计，同时对81户纳税企业进行审计调查，追缴入库少征税款2.72亿元。对市本级2011年度土地出让金征缴情况以及城市维护费专项资金和市财政补贴市公交总公司专项资金、市财政奖补城郊蔬菜基地专项资金等进行审计或审计调查。对六安开发区管委会以及市中级人民法院等4个部门、单位预算执行情况进行审计。审计结果报告受到市人大常委会充分肯定。对裕安区政府2011年度财政决算审计，并针对当前县（区）级财政存在的突出问题提出改进建议。

固定资产投资审计 审结建设工程预算项目170个，审计金额11.61亿元，审减额1.06亿元，平均审减率9.16%。审结建设完工项目93项，送审金额11.29亿元，审减1.41亿元，平均核减率12.48%。对被审计单位加强管理，为政府节约投资起到积极作用。

社会保障审计 六安市社会保障资金审计查出2007年至2011年5年间银行未执行优惠利率少计利息以及信息系统分割制约管理效率等6大问题，追缴利息1.27亿元。六安市委、市政府和省审计厅给予充分肯定，《中国审计报》对此进行报道。

经济责任审计 坚持“全面推进、突出重点、健全制度、规范管理、提高质量、深化发展”的工作思路，加强对经济活动复杂、资金量大的重点部门、单位以及关键岗位领导干部的审计，加大任中审计比重，完成金寨县委书记、县长同步审计，以及10个市直部门、单位主要负责人经济责任审计。

专项资金审计（调查） 对全市公检法司基础设施建设债务进行专项审计核实。按照省审计厅要求，对舒城县、金寨县2009年至2011年县级政府性资金收支情况进行专项审计调查。认真组织实施城镇保障性安居工程跟踪审计。

（撰稿人：郭立刚）

【池州市审计局】 2012年，池州市审计局人员编制28人，在编28人。局长徐树生，副局长吴熙祥、吴明楣、胡以民，总审计师杨正发，纪检组长吴熙祥。设有办公室、综合法规科、财政审计科、行政事业审计科、经贸审计科、农业与资源环保审计科、审计信息技术应用科、经济责任局、市政府投资审计中心。

审计成果 池州市审计局完成审计项目34个，查出违规金额706万元，管理不规范金额89 321万元，揭示管理程序不规范、项目质量有重大缺陷等非金额计量的问题55个。审计处理处罚金额58 384万元，其中应上缴财政19万元，应减少财政拨款或补贴3737万元，应归还原渠道资金229万元，应调账处理金额424万元；已上缴财政19万元，已减少财政拨款或补贴3737万元，已归还原渠道资金229万元，已调账处理金额424万元。建议有关部门处理事项6件。提交审计报告、信息102篇，其中审计报告被批示12篇，信息被采用31篇。

财政审计 对市财政局和市地税局2个财政收支管理部门、市粮食局等4个预算执行部门（单位）和排污费征管等6个事项进行审计和审计调查，审计查出不按规定征收征缴收入等主要问题金额56 907万元，并向市政府报告审计结果，向市人大报告审计工作报告和审计整改结果报告。

行政事业审计 根据市政府年度工作重点，对池州市第一届全国绿色运动大会财务收支等4个项目进行审计调查，查出主要问题金额5456万元，并催生市政府出台规范性文件1件。

固定资产投资审计 全年完成7个市政重点建设项目的决算审计和财务收支审核，共核减投资项目结决算不实金额3737万元，揭示出项目建设过程中存在招投标程序控制不规范、勘察设计不到位、现场签证不完整和不规范等问题。

社会保障审计 社会保障审计覆盖12类18项社保基金，重点调查2010年至2011年养老、失业、工伤、医疗、生育、新农合、新农保基金、社会救助资金（居民最低生活保障，教育、医疗、住房专项救助，自然灾害救助，临时救助）及社会福利资金（社会募集资金、社会捐赠资金）的收支余规模、结余形态、经办管理以及社会保障制度建设和执行情况。

经济责任审计 全年完成11名领导干部（人员）任期经济责任审计，揭示领导干部对所在单位重要经济事项的决策、管理方面存在不规范、不到位金额6752万元，财政财务收支方面存在违规金额405万元。

专项资金审计（调查） 为加快建设“公共服务型”政府，全面保障和改善民生，让全民共享改革发展成果发挥审计应有的作用，全年开展社会保险、社会救助、社会福利等14项专项资金和保障房建设情况的审计调查，审计查出主要问题金额23 924万元。（撰稿人：董学春）

【宣城市审计局】 2012年，宣城市审计局人员编制42人，在编36人。局长蔡修定，副局长章捷、王翔、丁宏林，总审计师肖远会，纪检组长查燕萍。设有办公室、综合法规科、经济责任审计局、财政与农业资源环保审计科、金融与外资审计科、企业与社会保障审计科、审计信息技术应用科、市政府投资项目审计中心。

审计成果 全市审计机关共审计（调查）项目533个，查出违规金额85 083万元，损失浪费金额749万元，管理不规范金额373 130万元。审计应上缴财政1198万元，应减少财政拨款或补贴15 119万元，应归还原渠道资金92 666万元，应调账处理金额133 926万元。审计核减投资额27 827万元，审计后挽回（避免）损失27 827万元。全市审计机关提出审计建议1464条，被审计单位采纳 1106 条，提交综合报告和信息 416 篇，被采用和批示 101 篇次。市本级共审计（调查）项目 53 个，查出违规金额 73 253 万元，损失浪费 749 万元，管理不规范金额 272 196 万元。审计应上缴财政 803 万元，应减少财政拨款或补贴 3791 万元，应归还原渠道资金 92 663 万元，应调账处理金额 1338 29 万元。审计核减投资额 5663 万元，审计后挽回（避免）损失 5663 万元。提出审计建议 122 条，被审计单位采纳 99 条。提交综合报告和信息 35 篇，被采用和批示 26 篇次。

财政审计 市审计局研究出台《关于进一步加强政府性资金绩效审计的意见》，组织对市财政局、市地税局、市经济技术开发区 2011 年度市级预算执行绩效情况实施审计；以促进提高公共决策和管理能力为内容，组织对市教体局、市经信委、市残联、市道路运输管理局、市卫生局、市国土局等 6 个部门单位 2011 年度预算执行绩效情况进行审计；以促进提高财政资金使用效益为重点，组织对城东联圩水利建设资金、交通（城市公交和出租车）补贴资金、就业补助资金 2011 年度绩效情况开展专项审计调查。市本级将预算执行部门、单位的“三公经费”纳入审计，通过分析“三公经费”使用和管理中存在的问题，促使政府部门科学合理地编制和严格执行预算，加强财政资金管理，压缩“三公经费”支出，控制行政成本，提高财政资金绩效。探索预算执行绩效审计的内容、标准、方式和指标等内容，全市共对 140 个项目（部门、单位）开展预算执行绩效审计联动。城东联圩水利专项资金、交通补贴资金、就业补贴资金等项目绩效审计所提建议得到被审计单位的采纳。市政府高度重视审计整改工作，成立以市政府领导为组长的审计整改领导组，在 6 月、10 月先后两次组织召开预算执行审计分析整改会和审计整改督办会，要求对审计出来的问题紧盯不放，做到事事有回音、件件有落实，确保整改工作如期完成。

固定资产投资审计 全市审计机关对 350 个政府投资项目开展预算审核和决算审计，涉审投资额 17.5 亿元，通过审计共为政府节约投资 2.7 亿元。市本级组织对合肥工业大学宣城校区、宣城中学新校区、环城大道、向阳大道、宣狸公路改建工程等市政重大建设项目的跟踪审计。完成宛溪河大桥、宣泾路改造、梅园路、宣城宾馆嘉宾楼项目等 16 个政府投资项目竣工决算审计，涉审金额 3.2 亿元，核减工程价款 5663 万元，平均核减率 17.7%。及时实施重大变更审计，对向阳大道污水管道、宣狸公路改建工程路基 5 标段土石方、宣城中学新校区基础超深处理等工程重大变更进行审计。根据市政府领导要求加强对征地拆迁资金的专项审计核查，对薰化路（二、三期）、宣水路等 8 个项目的征地拆迁实施专项审计核查，涉审拆迁面积 81 371 平方米，涉审金额 16 727.5 万元，查出超标准支付、无依据列支、挤占项目专项资金等违规及管理不规范金额 2 857.5万元，得到市领导的肯定，市政府主要领导、分管领导等分别在相关审计报告中做出批示。市本级出台《政府投资建设项目跟踪审计操作规程（试行）》等制度，把政府投资重点建设项目以及涉及公共利益和民生的城市基础设施、保障性住房、学校、医院等工程全部纳入跟踪审计范围，对跟踪审计的计划管理、对象和范围、程序和内容、方式和方法以及分级分期质量控制与责任等做出明确的规定。

社会保障审计 为圆满完成全国统一部署的社会保障资金审计工作，全市共抽调 47 名业务骨干组成 7 个审计组，积极开展计算机审计，保证审计数据的真实性。宣城市采集上报的电子数据是全省第三个经南京特派办校验入库的单位，受到省审计厅表扬。审计揭示社会保障资金在账户管理、业务管理、信息系统以及基础性管理等方面的问题，提出完善征缴机制、建立健全信息共享平台和提高社会保障的综合服务能力等有针对性的审计建议，市政府领导在听取情况汇报后充分肯定审计工作成果。市审计局还被评为全国社会保障资金审计先进公务员集体，获审计署通令嘉奖。

经济责任审计 全市对 103 名领导干部实施经济责任审计。其中市本级对郎溪县政府、郎溪县法院、市教体局等单位的 8 名领导干部进行经济责任审计。在经济责任审计中，市本级和相关县（市）重新调整经济责任领导小组，进一步健全完善经济责任审计工作联席会议制度。将经济责任审计与预算执行、财务收支审计和审计调查结合起来，做到项目之间的有效结合。同时统一经济责任审计工作方案，为组织实施经济责任审计项目奠定基础。将贯彻落实科学发展观贯穿于经济责任审计全过程，在监督财政财务收支真实合法的同时，更加关注党政领导干部任职期间重大经济决策、重大经济活动情况，更加关注领导干部执行国家财经政策法规、相关内部控制制度情况，更加关注重点专项资金使用、重点工程项目实施的绩效情况。采取召开进点座谈会、被审计领导干部公开述职、廉洁从政谈话、民主测评等审计方式拓展审计深度，继续开展领导干部离任经济事项交接。

专项资金审计（调查） 先后组织完成泾县林业综合发展、旌德林业综合发展、宁国生态富民家园、滁州公路等外资项目审计；完成校舍安全工程审计、华安证券宣城营业部审计、农村中小学布局调整情况审计调查；配合实施全市政法系统基础设施建设债务的调查工作；完成对全市保障性住房、市地方海事局财务收支开展专项审计。除年初安排的审计项目外，市审计局及时有效地完成党政领导交办审计任务15项。例如，对近年来有关部门土地收储情况核查、对涉及信访事项的宣州区洪林镇南湖村财务收支专项核查、对敬亭山园艺场财务收支审计、对金润农资物流大市场项目前期费用审计等，为推动宣城经济发展和维护社会稳定做出积极的贡献。

相关工作 （1）2012年省厅“人才造就工程”工作会议后，迅速成立宣城市“人才造就工程”领导组，研究出台《深入推进审计机关“人才造就工程”的实施意见》，对全市审计人才队伍建设做出部署。进一步明确审计专业人才队伍建设、专业骨干人才培养、复合型人才培养等方面的目标和任务，提出建立和完善审计人才学习培训机制、教育管理机制、激励机制、保障机制等工作措施。截至年末，市审计局能够直接从事审计业务工作的公务员比例超过80%，提前一年实现目标；具有与审计工作相关的中级及以上专业技术资格的公务员比例达到50%，其中高级专业技术资格的公务员比例达到10%；具有与审计工作相关的经济类、管理类以及法律、计算机、工程等专业背景的公务员比例超过80%，计算机中级达26%；大学本科以上文化程度的公务员比例达到60%以上，圆满完成省审计厅审计队伍专业化建设要求。

（2）认真履行审计监督职责，扎实推进“五大工程”建设，圆满完成市委、市政府和省审计厅下达的年度目标任务，荣获2011年度市直单位目标管理先进单位。

（3）召开审计局长办公（扩大）会议和全市审计局长座谈会，专题研究审计质量提升工作，进一步统一思想、提高认识，牢固树立责任意识、质量意识、精品意识。

（4）市审计局在强化审计监督的同时，加强组织领导，优化工作机制，提高服务效能，深化审计成果的综合分析和利用，注重抓好审计信息宣传工作。市审计局被评为市委信息上报工作先进单位，连续多年在全省审计系统位居前列，2012年此项工作在全省16个市中取得总分名列第三的好成绩。

（5）召开全市审计系统廉政建设工作会，认真落实党风廉政建设责任制。进一步加强审计组和审计现场廉政监督，通过现场督察、回访、设立廉政监督员等形式，强化廉政纪律监督，组织全体干部参观全市廉政教育图片展，进行廉洁警示教育，干部防腐拒变能力进一步增强。

（6）按照省审计厅统一部署和安排，市审计局加强全省审计系统文明行业创建工作，制定创建文明行业规划和计划，明确工作目标，进一步把精神文明建设推上一个新台阶。文明行业创建工作通过市创建文明行业活动指导委员会、总工会检查，达到市级文明行业评选要求。

（撰稿人：邵 灿）

2012 年安徽省所辖区、县(市)级审计工作统计表

金额单位:万元

审计机关	完成审计项目(个)	查出违规金额	应上缴财政	应减少财政拨款或补贴	应归还原渠道资金	应调账原处理金额	移送司法、纪检、监察部门处理(件)	建议有关部门处理(件)	出具审计报告和审计调查报告(份)	提出审计建议(条)	撰写审计信息(篇)
合肥市											
合肥市本级	52	1035	520			8		1	83	89	953
蜀山区审计局	14	4207				1			19	47	49
庐阳区审计局	23	40			20				358	100	3
瑶海区审计局	29								32	27	97
包河区审计局	8	1458	176			206			8	22	7
巢湖市审计局	18	1529	46			50	3		134	119	3
长丰县审计局	17	277	63		29				255	55	63
肥东县审计局	8	211	21	20	568		1		8	42	6
肥西县审计局	52	13	23	3274					49	16	4
庐江县审计局	20	4055	3521		38	49	2		113	133	15
宿州市											
宿州市本级	30	5204	185				1		49	91	130
埇桥区审计局	19	2173	172		128	188	2		34	87	213
砀山县审计局	34	1111	354	550	386	480	2		55	127	282
萧县审计局	20	5425	33	1095	520				32	63	140
灵璧县审计局	9	2606	40		1280				10	38	16
泗县审计局	6								9	35	40
淮北市											
淮北市本级	44	14139	5397		6847	72117			44	144	326
相山区审计局	5		747			31947			5	16	
杜集区审计局	14		901						14	86	
烈山区审计局	16	1221	65						16	58	1
濉溪县审计局	28	2506	22			4302			28	61	40
阜阳市											
阜阳市本级	71	27445	224985	8872	16011	1355			83	460	59
颍州区审计局	48			1098					63	184	38
颍东区审计局	10	229	64	725	2	61			15	60	9
颍泉区审计局	20	2362	41		58	38	2		32	73	
界首市审计局	74	1868	30		70				77	296	43
临泉县审计局	41	50	33		3	150			54	44	86
太和县审计局	20	10109	7034		3045	65	2		37	93	2
阜南县审计局	51	1926	42	285	364	712			78	100	3
颍上县审计局	101	2293	49	10182					102	225	77
亳州市											
亳州市本级	53	9670	8		7				60	152	95
谯城区审计局	53	7063	9		11069				53	113	10

续表

审计机关	完成审计项目(个)	查出违规金额	应上缴财政	应减少财政拨款或补贴	应归还渠道资金	应调账原处理金额	移送司法、纪检、监察部门处理(件)	建议有关部门处理(件)	出具审计报告和审计调查报告(份)	提出审计建议(条)	撰写审计信息(篇)
涡阳县审计局	89	268							89	186	38
蒙城县审计局	57	2433	135	253	377				57	84	180
利辛县审计局	26	25	80						26	61	13
蚌埠市											
蚌埠市本级	68	19077	1109	2269		16492	11		93	203	457
蚌山区审计局	9	5				1506			9	26	24
龙子湖区审计局	19				11				27	61	44
禹会区审计局	64			71					69	19	145
淮上区审计局	5	3095	83		2751				5	20	31
怀远县审计局	22	12272	53		813	7712			22	107	39
五河县审计局	69								69	162	29
固镇县审计局	62	1190	53	514	209	62			64	148	126
淮南市											
淮南市本级	50	66545	2829	15840	15063	260780	1	1	50	146	278
田家庵区审计局	74			1059					74	21	35
大通区审计局	89		91	1046			1	1	89	25	23
谢家集区审计局	14	755	764	130					14	14	30
八公山区审计局	63	34	27	1839	48	204	1	1	63	127	35
潘集区审计局	65	94	244	7093	517	49			65	106	56
凤台县审计局	78	681	6	9888	806	662			78	133	79
毛集实验区审计局	36	2	3	80	2	17	1	1	36	64	20
滁州市											
滁州市本级	61	3939	2871	38040	141	2748			79	150	349
琅琊区审计局	33	182	19	3937	535	6741			48	67	
南谯区审计局	74	132	132	973	1				74	53	52
明光市审计局	51	5	5	1187	13	453			62	124	7
天长市审计局	104	521	95	6495		1		1	132	456	12
来安县审计局	72	12853	577	4917		23218			72	189	83
全椒县审计局	43	3923	1480	1377	2443				47	83	19
定远县审计局	36	17782	56	2095					55	104	1
凤阳县审计局	41	1387	9	146	316	6178			41	142	115

续表

审计机关	完成审计项目（个）	查出违规金额	应上缴财政	应减少财政拨款或补贴	应归还渠道资金	应调账原处理金额	移送司法、纪检、监察部门处理（件）	建议有关部门处理（件）	出具审计报告和审计调查报告（份）	提出审计建议（条）	撰写审计信息（篇）
马鞍山市											
马鞍山市本级	110	4418	3747	519	13764	21042			123	79	212
雨山区审计局	27								27	14	1
花山区审计局	12		132	80					8	31	3
金家庄区审计局（—9月）	5									5	3
当涂县审计局	192			10404		2552			206	157	112
含山县审计局	13	621	11		5375	857			11	46	6
和县审计局	49	523	8		151		4	2	32	93	1
芜湖市											
芜湖市本级	85	267956	136507	3474	12768	125727			146	143	117
鸠江区审计局	14								28	51	4
弋江区审计局	32	4			1458	2155	1		36	34	25
三山区审计局	18								23	49	39
镜湖区审计局	42					782			42	93	60
芜湖县审计局	59	52	1403	7339	270	20337			78	214	64
繁昌县审计局	124					1086			128	347	107
南陵县审计局	140	582	14			101			139	236	51
无为县审计局	357	14856	500				2	1	357	130	111
铜陵市											
铜陵市本级	46	7751	7751	650	12800	16223	2		57	138	37
铜官山区审计局	7					85			6	14	
狮子山区审计局	105					56			23	49	
郊区审计局	4		54		260	420			4	19	
铜陵县审计局	109	395	53	48	91	87			109	215	11
安庆市											
安庆市本级	62	20194	160	103	550	14047	2		74	204	322
大观区审计局	7		359		27				8	26	8
迎江区审计局	54	382	29						54	46	18
宜秀区审计局	8	97			17				8	22	21
桐城市审计局	30	6590	48	1039	135	3971			29	142	56
怀宁县审计局	43	91107	31			110			44	71	68
枞阳县审计局	42	12931	172		2309	47			52	135	25

续表

审计机关	完成审计项目(个)	查出违规金额	应上缴财政	应减少财政拨款或补贴	应归还渠道资金	应调账原处理金额	移送司法、纪检、监察部门处理(件)	建议有关部门处理(件)	出具审计报告和审计调查报告(份)	提出审计建议(条)	撰写审计信息(篇)
潜山县审计局	50	950	209						50	105	28
太湖县审计局	22	103	77						22		37
宿松县审计局											
望江县审计局	106	1551	129	2168	42	693				199	40
岳西县审计局	23	165	42			48			23	32	27
黄山市											
黄山市本级	70	4322	298	5543	6744	7444			78	95	72
屯溪区审计局	121		192	4112	1026	1075			121	31	9
黄山区审计局	33	426	125	1634		120			38	46	35
徽州区审计局	76			3380					78	102	28
歙县审计局	65	236	18	3987		32			67	156	130
休宁县审计局	220	118	3	2044	52	4527			220	64	104
黟县审计局	43	24	3	1439	50	15	2		43	181	16
祁门县审计局	28	222	2	1113	724				28	104	25
六安市											
六安市本级	37	5471	197		326	1653			37	90	65
金安区审计局	41	5157	102		467	10760			44	147	35
裕安区审计局	22	1846	115		1357	19			22	21	68
叶集区审计局	20	106	7						20	26	8
寿县审计局	59	1034	2025	4850	14397	30606	2		43	134	32
霍邱县审计局	62	243	238		142			2	59	165	89
舒城县审计局	57	268	36	1880	9572	8029			57	136	57
金寨县审计局	32	288	39			270			7	28	87
霍山县审计局	23	275	53973		24764	1390			23	105	45
池州市											
池州市本级	34	706	19	3737	229	424		6	34	78	68
贵池区审计局	15	105		434	21	730		2	15	87	27
东至县审计局	19	54	39		3893	83			19	42	12
石台县审计局	23	256	2	1439					23	61	12
青阳县审计局	45	263	53	2290	378	891			45	78	8
宣城市											
宣城市本级	46	73251	723	4210	92661	60761			53	122	35

续表

审计机关	完成审计项目（个）	查出违规金额	应上缴财政	应减少财政拨款或补贴	应归还渠道资金	应调账原处理金额	移送司法、纪检、监察部门处理(件)	建议有关部门处理（件）	出具审计报告和审计调查报告(份)	提出审计建议（条）	撰写审计信息（篇）
宣州区审计局	84	2045	270	386					84	168	61
宁国市审计局	47	12769	4	3060					52	174	174
郎溪县审计局	62	200	57	9510					73	117	99
泾县审计局	99	14221		6074					110	487	479
旌德县审计局	75	278	22	549					100	197	154
绩溪县审计局	118	1679	3	1526		3			151	293	258

福建省

【福建省审计厅】 2012年，福建省审计厅人员编制251人，在编233人。设有办公室、法规处、综合处、经济责任审计处（福建省经济责任审计工作联席会议办公室与其合署办公）、计算机审计处、财政审计处、金融审计处、行政事业审计处、经贸审计处（加挂中央属单位审计处）、农业与资源环保审计处、社会保障审计处、固定资产投资审计处、外经贸审计处、人事处、机关党委和驻厅监察室、驻平潭综合实验区办事处、经济执法审计处、教育审计处、卫生社保审计处、政法审计处、机关事务审计处、建设审计处、农林水审计处、科文体审计处；厅属事业单位有福建省审计厅审计举报中心、福建省审计科研所（加挂福建省政府投资项目和国外贷援款项目审计服务中心）、福建省审计干部培训中心、福建省审计厅计算机应用中心。

领导成员

厅　　长：姜榕兴

副 厅 长：王光远（—9月）　林秋美

　　　　　杨　红（5月—）

总审计师：王成章

纪检组长：谢　宝

审计成果 全省审计机关全年共完成审计和审计调查项目2911个，查出违规金额61.1亿元、损失浪费金额1.9亿元；应上缴财政51.7亿元，应减少财政拨款或补贴7.3亿元，应归还原渠道资金23.3亿元，应调账处理金额50.3亿元；已上缴财政8.3亿元，已减少财政拨款或补贴2.8亿元，已归还原渠道资金4.2亿元，已调账处理金额10.6亿元，核减投资（结算）额10.1亿元，审计后挽回（避免）损失6.3亿元。移送司法、纪检监察机关处理事项48件，涉及人员61人，涉及金额1.9亿元；司法、纪检监察机关已立案处理19起，已追究刑事责任10人，已给予党政纪处理17人；向其他有关部门移送处理事项54件，涉及人员15人，涉及金额11.8亿元；有关部门已处理17起，已处理人员7人。提交审计报告和审计调查报告3867份，提出审计建议7726条，被采纳4109条；被审计单位制定整改措施334项，建立健全规章制度67项；提交审计专题、综合性报告和信息简报5989份（篇），被批示采用4166份（篇）。福建省审计厅实施的对泉州、漳州、福州三市2008年至2010年保障性住房政策落实情况专项审计调查项目获得全国2011年地方优秀审计项目。

财政审计 全年预算执行审计或审计调查473个单位，财政决算审计277个单位，审计查出预算编报不真实、不完整金额4.7亿元等。省级预算执行审计共安排8个省直部门，延伸审计所属25个二、三级单位，抽查32项省级专项资金的分配、管理及使用情况，专项调查6个省直部门的收支预算编制情况。针对发现的问题，从体制、机制和制度层面分析原因，提出建设性的意见和建议。省直有关部门认真抓好审计问题的整改工作，修订完善有关管理制度，审计整改成效良好，得到省委书记充分肯定。省十一届人大常委会三十一次会议审议认为，审计客观反映情况，实事求是指出问题，提出的完善财政预算管理的相关建议具有较强的指导性。

金融审计 全年审计和审计调查单位22个，审计查出违规经营金额64.1亿元等，对18个县级农村信用合作联社（农商行）资产负债损益情况审计，揭示审贷不严违规发放贷款、损益不实、账外信托运营、高估涉农贷款等问题，有效防范了金融风险。外资运用审计或审计调查51个单位，审计查出资金不到位不落实等问题，促进提高了利用外资效率。组织54个县（市、区）审计机关对涉及272个乡镇366个农村公路世界银行贷款项目开展跟踪审计调查，确保资金顺利到位。

行政事业审计 全年对1070个单位开展审计或审计调查，审计查出违规改变项目计划和资金用途4.3亿元等，进一步促进行政事业单位依法行政、遵守财经法纪的意识，促进提高财政预算资金使用效益。

固定资产投资审计 全年审计和审计调查652个单位，项目投资额780.8亿元，审计查出资金不到位不落实23.8亿元、工程结算款不实8.0亿元等问题；核减投资额（工程款）10.1亿元。开展对泉厦高速公路扩建泉州段征地拆迁、泉厦高速公路扩建泉州段和厦门段等9个高速公路建设项目审计，开展对以全省援疆资金为主的25个项目跟踪审计及农村党员干部现代远程教育基础设施项目竣工决算审计。审计揭示个别项目超概算、工程质量存在隐患、财务管理和会计核算不规范等问题，提出完善体制、制度、政策、管理等方面的审计建议，对加强资金管理、保障工程质量起到积极的促进作用。积极配合纪检监察机关，深化工程建设领域突出问题的专项治理，促进政府投资项目规范建设发挥效益。

社会保障审计 全年审计和审计调查99个单位，延伸审计837个单位，审计查出违规征收、缴存社保费和住房公积金1.2亿元等。根据审计署的统一组织，全省审计机关集中1135名审计人员、组成83个审计组，对市县两级政府（省级及福州市、厦门市由审计署驻广州特派员办事处、重庆特派员办事处实施）社会保险基金、社会救助资金和社会福利资金等18项社会保障资金、3万多条保障资金信息、687项指标进行审计核实。通过审计摸清全省社会保障制度建设和运行情况，提出深化改革和完善社会保障制度的意见和建议。省人力资源和社会保障厅、省民政厅、省财政厅、省地方税务局联合发文，指导和督促全省各地加强对审计发现问题的整改。省审计厅实施的漳州市本级社会保障资金审计等2个项目荣获审计署表彰项目，福建省审计厅社会保障资金审计工作领导小组办公室等3个单位荣获审计署公务员集体三等功，有6个审计局和3个审计组荣获审计署公务员集体嘉奖，有2人荣获审计署个人三等功，有4人荣获审计署个人嘉奖。福建省审计厅授予22个单位“福建省审计机关社会保障资金审计工作先进集体”称号；授予112人“福建省审计机关社会保障资金审计工作先进工作者”称号。

企业审计 全年审计和审计调查93个单位，审计查出财务收支核算不实14.7亿元等问题。围绕省委、省政府加快培育市场主体的改革与发展思路，紧紧围绕促进企业转型升级，促进国有企业龙头带动，促进整体产业链形成，在审计重点上突出对国有企业增值效益、改制改组的安全性、企业内控制度的有效性、外部环境的可控性进行评估，加强效益分析及开展行业发展潜力分析。

经济责任审计 全年对1108个单位1199名领导人员开展任期经济责任审计，其中任中审计153人、离任审计1046人，审计查出违规金额7.5亿元，其中负直接责任金额9176万元、负主管责任金额3.5亿元、负领导责任金额3.0亿元。审计查出领导干部涉嫌个人经济问题1人，金额7724万元，移送司法和纪检监察机关处理领导人员3人、其他人员11人。全省审计机关深入贯彻落实中办、国办印发的《党政主要领导干部和国有企业领导人员经济责任审计规定》，省委办公厅、省政府办公厅8月印发《福建省党政主要领导干部和国有企业领导人员经济责任审计暂行办法》，健全经济责任审计工作联席会议制度，加大党政领导干部同步审计力度。审计揭示在执行国家政策法规制度、重大决策程序、财政财务收支管理等方面存在的问题，并从体制、机制和制度层面提出审计意见和建议。省领导高度重视经济责任审计结果，多位省领导在审计结果报告上做出批示，要求有关单位和个人认真整改。福建省人民政府印发《关于进一步加强审计整改工作的意见》，对审计整改报告制度、健全审计整改联动机制、严格审计整改问责、强化审计整改的跟踪检查等做出具体规定。福建省审计厅与省纪委、省委组织部联合出台《福建省经济责任审计结果执行及整改情况联合督察暂行办法》，并制定《福建省审计厅审计结果整改情况跟踪检查管理办法》，推动审计整改工作进一步规范化、制度化。省纪委、省委组织部、省审计厅三部门首次组成联合督察组，对2011年度市县区党政主要领导干部和设区市公安局局长的经济责任审计结果整改落实情况开展联合督察，《中国审计报》对此做专题报道。

专项资金审计（调查） 全年专项资金审计或审计调查174个单位，审计查出未按规定征收缴纳收入2.1亿元等，加强重点民生资金和民生项目审计，促进中央和地方各项惠民政策措施的落实。组织全省审计机关开展保障性住房跟踪审计、农村中小学布局调整情况专项审计调查、三峡工程移民资金决算审计工作。审计揭示在资金管理使用、财务管理、工程项目管理、相关政策落实等方面存在的问题。省领导多次召开专题会议研究整改措施，确保国家民生资金用实用好，维护人民群众切身利益。全省审计机关积极创新基层审计组织模式，开展涉农政策与资金的跟踪问效专项审计，在总结霞浦县审计局设立乡镇办事处试点经验的基础上，在全省县级审计机关大力推进设立乡镇办事处，增加涉农审计人员，推动国家涉农政策及资金落实，维护农民群众利益，促进农村社会的和谐稳定，同时也推动基层审计工作转型升级。

内部审计 全省内部审计机构3062个，其中专职1806个；内部审计人员4765人，其中专职1970人；完成审计项目12 096个，审计总金额216.2亿元。深入开展《福建省内部审计工作规定》立法项目调研活动。积极探索整合审计资源的有效措施，有计划地协调安排部分内部审计人员参加审计机关项目审计，初步建立全省内部审计人才库。有1家会员单位荣获“全国内部审计领军企业”称号，2家会员单位荣获“全国内部审计示范企业”称号。开展“民营企业内部审计调查”活动，掌握民营企业内部审计的总体情况和典型经验，推动民营企业逐步建立健全内部审计制度，为进一步服务民营经济持续、快速、健康发展提供服务。福建省内部审计协会和宁德市内部审计协会分别被中国内部审计协会确定为全国推荐学习的省级协会和基层协会。

（撰稿人：林　卫）

【福建省审计厅驻平潭综合实验区办事处】 2012年，驻平潭综合实验区办事处（以下简称驻平潭办）人员7人，在编7人。主任吴克昌，副主任甘龙芳。设有办公室、综合计划法制科、企事业财务审计科、固定资产投资审计科、财政经济责任审计科。

审计成果 驻平潭办和平潭县审计局完成审计项目22个，查出违规金额855万元，应归还原渠道资金752万元。提出审计建议44条，移送案件线索5件，涉及金额1106万元，涉案人员2人，审计专题报告1份。

固定资产投资审计 实施福州渔平高速公路竣工决算审计，核减投资7527万元。通过审计，帮助项目业主单位协商确定落实赶工费、措施费，加快对设计变更、切割项目资金的审批和确认，督促对征地拆迁款的清理和结算，提出对加强管理费支出的控制力度，纠正工程奖罚金支出账务处理不规范问题，提出项目资本金的落实措施，取得良好的效果。

专项资金审计 根据审计署的统一部署，驻平潭办对平潭综合实验区社会保障资金进行审计，查出收入核定办法不科学、低保对象确定不准确等相关问题，促进被审计单位整改。驻平潭办对莆田市保障性安居工程开展审计，揭露和纠正保障性安居工程资金使用管理中存在的问题，查出各部门资源信息未共享，保障对象确定不准确，未建立诚信档案和责任追究制度，重建设、轻管理等问题，从机制、体制上提出切实可行的审计建议，确保资金的安全使用和使用效益。对福清市高速公路领导办公室负责的渔平高速公路建设项目征地拆迁专项资金开展审计，查出降低补偿标准、截留资金等问题，移送案件线索3件。

财政审计 平潭县审计局总结历年预算执行审计工作经验的基础上，构建大财政审计理念，以预算执行为主线，着重检查预算编制、执行与管理，反映预算标准与数量，预算准确与质量，预算执行与差异等方面内容。平潭县人大常委会审议认为审计内容较为全面，系统地反映平潭县本级预算执行情况及财政财务管理情况，取得较大成效，建议平潭县政府根据审计提出财政预算管理改进意见，成立专门小组，逐项抓好整改落实。

经济责任审计 平潭县审计局根据平潭县委组织部委托，对15名科局级主要领导干部进行任期经济责任审计，重点检查被审计对象2009年1月至2011年5月经济责任履行情况，发现违规金额741万元。（撰稿人：仲鑫恺）

【福州市审计局】 2012年，福州市审计局人员编制96人，在编86人。局长林良云，副局长郑子平、郑生明、刘小红，总审计师翁国荣，纪检组长贺建国。设有办公室、综合业务处、法规处、财政金融审计处、行政事业审计处、固定资产投资审计处、经贸审计处、社会保障审计处、农业与资源环保审计处、经济责任审计处、计算机审计处、人事处、机关党委会和派驻监察室。

审计成果 全市审计机关完成审计项目406个，查出违规金额5.7亿元，应上缴财政2.2亿元，应减少财政拨款或补贴1.1亿元，应归还原渠道资金7477万元，应调账处理金额1.7亿元；已上缴财政1.2亿元，已减少财政拨款或补贴4279万元，已归还原渠道资金6050万元，已调账处理金额1.1亿元。移送司法机关、纪检监察部门处理事项5件，建议有关部门处理事项6件。提交审计报告、信息1084份（篇），被采用610份（篇）。福州市审计局荣获审计署全国社会保障资金审计公务员集体嘉奖，福州市审计学会被授予“全国大中城市社科联标兵社会科学团体”称号。

财政审计 构建财政审计大格局，把实施财政政策、预算执行、决算及绩效审计融为一体，对133个部门（单位）的预算执行情况和下级政府财政决算进行审计和审计调查。从机制、体制和制度上提出加强财政预算管理意见与建议，为市县政府加强财政预算管理提供翔实依据。

金融审计 对福建海峡银行、农村信用社、国有企业薪酬和世界银行贷款农村公路建设等方面52个单位进行审计和审计调查。查出主要问题金额22.4亿元，纠正和处理违规经营、担保、信贷、资产质量和财务核算不实等问题，促进加强经营管理，提高资本运营质量和经济效益。

行政事业审计 对134个行政事业单位进行审计和审计调查，查出未按规定征收缴纳收入、资金滞留闲置等问题金额6.9亿元，促进完善部门财政财务收支，维护财经纪律。

固定资产投资审计 以服务“五大战役”建设项目为重点，对100个重点建设项目（单位）进行审计和审计调查。审计总金额306.6亿元，核减工程价款1.8亿元。纠正和处理项目超概（预）算、计划外投资、资金闲置、违规招投标、征地拆迁补偿政策不落实、竣工决算高估冒算等问题。

社会保障审计 根据审计署统一部署，由审计署驻广州特派员办事处和福州市审计局组织135名审计人员，对2011年度市本级及12个县（市）区的社会保障资金进行审计。查出主要问题金额5.7亿元，促进政策措施落实、理顺管理体制、完善运行机制、健全管理制度、规范业务行为等。

经济责任审计 建立健全经济责任审计工作机制，推行任中审计和党政领导干部同步审计。对179名党政领导干部和国有企业领导人员进行经济责任审计，查出主要问题金额8.3亿元，其中领导干部和国有企业领导人员应负直接责任金额1430万元。移送司法机关立案查处1起2人，涉及金额1000多万元。

专项资金审计（调查） 对农村水利建设资金、四城区留用地补偿款、“菜篮子”建设资金等17个重点民生专项资金进行审计和审计调查。审计资金总额35.6亿元，查出主要问题金额14.5亿元，促进完善制度，加强管理，提高效益，政策落实。

内部审计 福州市部门内部审计机构143个，其中专职机构39个；内部审计人员357人，其中专职人员114人。完成审计项目（单位）1161个，审计总金额2953万元。提出建议意见被采纳的有 1872 条，建议给予行政处分 5 人。

（撰稿人：方韶玲）

【南平市审计局】 2012 年，南平市审计局人员编制 46 人，在编 40 人，新成立社会保障审计科及武夷新区审计分局。局长王宁新（—1 月）、陈建新（1 月—），副局长陈祥安、刘剑锋、陈卷宝，纪检组长冯开猛。设有办公室、法规科、经济责任审计科、财政金融审计科、行政事业审计科、经贸审计科、固定资产投资审计科、社会保障审计科及派驻监察室，派出机构有南平市审计局武夷新区分局，事业单位有固定资产投资审计中心和计算机审计中心。

审计成果 全市审计机关完成审计项目 303 个，查出违规金额 9030 万元，应上缴财政 6846 万元，应归还原渠道资金 1.1 亿元，应调账处理金额 8404 万元；已上缴财政 5474 万元，已归还原渠道资金 9085 万元，已调账处理金额 7150 万元。移送司法机关、纪检监察部门处理事项 4 件，建议有关部门处理事项 7 件。提交审计报告、信息 499 份（篇），被采用 326 份（篇）。获第十一届市级文明先进单位、平安建设先行单位、绩效管理与效能建设先进单位等荣誉称号。

财政审计 对市财政局、市地税局和市建设局等 13 个部门开展预算执行审计，揭示应缴未缴预算收入 3.2 亿元、虚列预算支出 5971 万元等问题。南平市人大常委会做出高度评价，认为预算执行审计组织有力，工作报告重点突出，整改意见和建议具有较强的针对性和可操作性。

行政事业审计 完成农村中小学布局调整专项审计调查，揭示教育资源结构性失衡等 7 个方面的问题，并有针对性地提出多项审计建议，促进政策的落实和完善。对全市林业、水利两个系统开展行业审计，发现私设“小金库”、滞留挤占挪用专项资金以及乱摊派等违纪违规问题，将有关问题移送纪检监察机关及有关部门处理。

固定资产投资审计 完成省道 302 线浦城段竣工结算审计和龙浦高速公路征地拆迁审计项目。302 线浦城段项目核减投资额（工程款）1946 万元，核减率达 14%；龙浦高速项目追回多支付、超范围支付建设资金 930 万元。南平市审计局武夷新区分局对萍口安置房等 9 个项目开展预算审计，审计金额 10.3 亿元。

社会保障审计 根据审计署统一部署，统筹全市审计力量，对所辖 10 个县（市、区）社会保障资金开展审计，揭示社会保障资金筹集不到位、被征地农民社会保障制度落实滞后及重复参保等问题。审计成果得到南平市委、市政府充分肯定，并获省审计厅社会保障资金审计先进集体表彰。

经济责任审计 充分结合预算执行情况审计，对市建设局、市国土局、市交通局等 12 个单位的 13 名党政领导干部和国有企业领导人员开展任期经济责任审计。重新调整经济责任审计联席会议成员，召开联席会议，明确经济责任审计工作方向。多平台运用审计成果，多部门联合督察审计整改，审计整改和成果运用得到进一步强化。

专项资金审计（调查） 深挖举报线索，开展建瓯市城乡道路客运成品油价格改革财政补贴专项资金审计，审计发现建瓯市某公交运营公司骗取燃油补贴 251 万元及主管机关监督审核不力等问题，并将案件线索移送检察机关立案处理。

内部审计 认真开展“2012 年民营企业内部审计调研”活动，走访调研南平电缆、光泽圣农等民营企业；组织内部审计人员参加内部审计岗位资格培训班，12 位内部审计人员取得资格证书；聘请 12 名内部审计业务人员参与审计业务，加强对内部审计人员业务指导。（撰稿人：林洪德）

【三明市审计局】 2012 年，三明市审计局人员编制 46 人，在编 43 人。局长刘万年（—2 月）、邓永辉（2 月—），副局长林寿佰、郑长秋、郭澍锡，纪检组长林明芳。设有办公室、人事教育科、法规科、财政金融审计科、行政事业审计科、固定资产投资审计科、经济责任审计科、农业与资源环保审计科、社会保障审计科、经贸审计科，下属单位有网络审计工作站。

审计成果 全市审计机关完成审计项目 307 个，查出违规金额 4.0 亿元，应上缴财政 3.9 亿元，应减少财政拨款或补贴 5203 万元，应归还原渠道资金 4.2 亿元，应调账处理金额 3.9 亿元。移送司法机关查处案件 1 件 1 人，涉及金额 12 万元；移送纪检监察部门查处案件 3 件 5 人，涉及金额 125 万元；移送有关部门处理案件 1 件。提交审计报告 392 份、提交审计信息 742 篇、提出审计建议599条。三明市审计局荣获审计署全国社会保障资金审计公务员集体嘉奖。

财政审计 全市完成预算执行审计和财政决算审计项目74个，查出问题金额13.8亿元。三明市审计局在对市本级预算执行情况审计基础上，对20家国有或国有控股企业45项对外投资情况开展审计调查，对律师、融资担保公司等行业税收征缴情况开展审计调查，税务部门根据审计建议组织人员对相关行业开展稽查，加大相关行业的税收征缴力度，现补缴入库4727万元。审计结果引起三明市人大常委会的高度重视，要求市政府应责成有关部门认真分析原因，切实加以整改，依法追究责任，并着重加强制度建设、完善工作机制，从根本上防止预算执行中违法违纪行为的发生。

固定资产投资审计 完成政府投资项目审计51个，项目完成投资51.95亿元，查出问题金额14.93亿元，核减投资额5100万元。同时不断完善政府投资项目审计制度，充实审计专业技术人员队伍，充分利用审计中心平台不断扩大政府投资建设项目审计面。至年末全市投资审计中心累计完成政府投资项目审计2413个，送审工程造价56.18亿元，核减工程造价5.05亿元，综合核减率达8.99%。

社会保障审计 全市共组织136名审计人员，历时两个多月，投入审计工作日累计达8976人天，审计社会保障资金总量36.28亿元。审计摸清各项社会保障资金的规模和结构，反映各级政府在完善社会保障制度、改善民生和维护社会稳定等方面取得的主要成效，揭露各项社会保障制度、机制和执行中存在的突出问题，从体制、机制和制度层面分析存在问题的原因，从深化体制改革、健全完善制度、强化运行机制、加强管理等方面提出审计意见和建议。

经济责任审计 全市完成经济责任审计项目126个，审计经济责任人127人。审计查出违规金额3317万元，管理不规范金额5.8亿元，促进增收节支876万元，已上缴财政546万元，已归还原渠道资金330万元，取得较好成效。

专项资金审计（调查） 实施农村中小学布局调整审计调查，抽调全市42名审计人员参与对10个县（市）的审计调查，审计涉及各类建设与改造资金12.39亿元。抽调全市74名审计人员对10个县（市）实施保障性安居工程跟踪审计。

（撰稿人：庄剑雄）

【莆田市审计局】 2012年，莆田市审计局人员编制46人，在编37人。局长钱元森（—2月）、余志生（2月—），副局长朱明（—5月）、张文庆、庄怀冰（6月—）、蔡振华（6月—），总审计师庄怀冰（—6月）、邓超庸（6月—），纪检组长曾志明。设有办公室、法制科、财政金融审计科、社会保障审计科、经济责任审计室、经济责任审计联席会议办公室、行政事业审计科、农业与资源环保审计科、经贸审计科、固定资产投资审计科、特派审计室及派驻监察室，事业单位有计算机应用中心、政府投资审计中心。

审计成果 全市审计机关完成审计单位346个，审计查出违规金额1.5亿元。提交审计报告和专项审计调查报告410份。决定处理处罚金额2.9亿元，其中应上缴财政1.4亿元，应减少财政拨款或补贴538万元，应归还原渠道资金3094万元，应缴纳其他资金2726万元，应调账处理金额7866万元。向纪检监察机关移送1人，涉案金额36万元，移送有关部门5人，涉及金额677万元。审计促进整改落实有关问题资金7941万元，挽回（避免）损失5583万元，核减投资额5862万元。审计提出建议922条，被采纳631条。莆田市审计局荣获莆田市“一类平安单位”称号，荣获审计署全国社会保障资金审计公务员集体三等功。

预算执行审计 全市预算执行审计单位53个，延伸审计34个，提交审计报告56篇，查出主要问题金额6.6亿元。审计结果得到莆田市人大常委会的充分肯定，并责成相关部门单位进行认真整改。有2份审计要情专报和2份呈阅件得到莆田市主要领导的批示。

固定资产投资审计 全市投资审计单位141个，审核投资额10.8亿元，核减投资额（工程款）5862万元，其中概预算5440万元，结（决）算421万元，查出多计工程款421万元，投资概预算编报不规范6387万元。7月，莆田市审计局成立全额拨款事业单位——市政府投资审计中心，在加强对建设工程项目的审核监管、提高政府投资效益、预防工程领域腐败等方面切实发挥审计监督作用。

社会保障审计 根据审计署统一部署，组成7个审计组，对7个县（区）、管委会的社会保障资金进行审计。针对社会保障资金审计反映的问题，莆田市市长批示要求分管副市长会同有关部门认真抓好整改工作；各县（区）、管委会分别召开审计整改专题会议，研究措施确保整改到位。莆田市审计局联合市监察局、市财政局、市人力资源与社会保障局、市卫生局等四部门共同制定出台《关于进一步规范社会保险基金管理的意见》，督促相关单位规范社会保险基金管理，严格执行国家优惠利率政策，预计每年可增加社会保险基金存款利息收入1000万元。

经济责任审计 审计领导干部103人，其中任中审计34人、离任审计69人。审计单位90个，查出违规金额8131万元，增收节支36万元，提交审计报告和审计结果报告152份。

专项资金审计（调查） 全市共完成专项资金审计和审计调查单位12个，延伸审计单位27个，审计专项资金总额89.0亿元，出具审计报告2份，审计调查报告10份，查出主要问题金额2.3亿元。莆田市政府采纳审计建议重新修订《莆田市价格调节基金管理暂行规定》，预计可使市价格调节基金每年增收3000万元以上；采纳审计建议将住房维修资金总额的85%作为年定期存款、15%作为活期存款，预计促进年增收利息收入900多万元。 （撰稿人：陈炜华）

【泉州市审计局】 2012年，泉州市审计局人员编制58人，在编57人。局长蔡思红，副局长黄志生（—12月）、曾细川、洪进星（—6月）、骆振军（6月—）、徐情根（6月—），总审计师李维芳（—6月）、李锦忠（6月—），纪检组长蔡正确。设有办公室、综合科、法制科、财政金融审计科、行政事业审计科、固定资产投资审计科、工交商企业审计科、外经贸审计科、经济责任审计科及派驻监察室。

审计成果 全市审计机关完成审计（调查）项目419个，查出违规金额3.2亿元，应上缴财政2.0亿元，应减少财政拨款或补贴162万元，应归还原渠道资金1.6亿元，应调账处理金额8550万元；已上缴财政1.9亿元，已减少财政拨款或补贴41万元，已归还原渠道资金1511万元，已调账处理金额7346万元。移送司法机关、纪检监察部门处理事项3件，建议有关部门处理事项1件。提交审计报告、信息707份（篇），采用768份（篇）。泉州市审计局荣获审计署全国社会保障资金审计公务员集体嘉奖。

财政审计 完成64个单位预算执行情况审计和1个区、45个乡镇财政决算审计。泉州市审计局通过对6个部门预算执行审计，催缴入库资金3.2亿元，并促进财政部门规范预算编制，加强财政专户资金和往来款项管理，泉州市政府就实施市级国有资本经营预算、加强市级财政专项资金管理制发规范性文件。

金融审计 泉州市审计局通过对安溪、石狮农商银行的审计，查处挤占成本、少缴税费等问题，并对业务管理、信贷管理中存在的薄弱环节提出改进建议，促进完善内部控制制度，加强管理，防范风险，提高效益。

固定资产投资审计 开展竣工决算审计，全市审计机关共审计107个建设项目，核减投资额5060万元，所属8个县（市、区）投资审计机构共完成721个建设项目审计，核减工程造价1亿元。开展跟踪审计，泉州市审计局完成对泉州市对口支援新疆昌吉州发展项目、泉三高速公路南安至惠安支线工程项目、晋石高速公路工程项目跟踪审计，德化县、永春县、南安市、泉港区审计局完成对农村公路世界银行贷款项目跟踪审计，永春县审计局加强对政府性投资的重点工程和为民办实事项目建设资金进行跟踪监督，对建设项目的招投标、施工、采购、变更、验收、结算等进行全过程监督。开展建设资金审计调查，泉州市审计局完成对4个安置房建设项目和5个城市绿地建设项目资金管理使用情况审计调查，促进落实资金到位4亿元。南安市、石狮市、洛江区政府分别制发文件，强化和规范投资审计工作。

社会保障审计 按照审计署统一部署，组织对全市11个县（市、区）社会保障资金进行审计，摸清情况，肯定成效，揭示问题，提出建议。通过审计，各县（市、区）认真抓好审计整改，开展新老农保衔接工作，依规确定缴费基数，加快资金拨付进度，加快信息化建设和信息共享，规范资金专户管理，落实农民工和特殊人群保障政策，执行优惠利率，收回向不符合条件人员发放的资金。

经济责任审计 围绕对权力运行的监督与制约，共完成132名领导干部经济责任审计，其中地厅级1人、县处级11人、乡科级107人，其他领导干部13人。查出负直接责任和主管责任的违规金额4253万元。

专项资金审计（调查） 全市审计机关完成对7个县（市）农村中小学布局调整情况审计调查，对9个县（市、区）城镇保障性安居工程跟踪审计，对全市11个县（市、区）三峡工程移民资金财务决算情况审计和中小学校舍安全工程跟踪审计，还开展住房公积金审计，社会抚养费、国家助学金、征地拆迁补偿资金审计调查，规范资金管理使用、促进惠民惠农政策落实，维护群众利益。（撰稿人：陈永泉）

【厦门市审计局】 2012年，厦门市审计局人员编制84人，在编80人。局长庄志杰，副局长陈爱忠、花育明、陈培新，总审计师洪再福，纪检组长贾兆营。设有办公室、审理处、经济责任审计处（市经济责任审计工作联席会议办公室）、财政审计处、行政事业审计处、农业与资源环保审计处、社会保障审计处、固定资产投资审计处、金融与外资审计处（计算机审计处）、企业审计处、人事处、机关党委、纪检监察室。

审计成果 全市审计机关完成审计和审计调查项目162个，查出违规金额31 006万元，应上缴财政24 134万元，应减少财政拨款或补贴1516万元，应归还原渠道资金134 940万元，应调账处理金额46 342万元；已上缴财政13 140万元，已减少财政拨款或补贴1516万元，已归还原渠道资金2600万元，已调账处理45 450万元。移送司法机关、纪检监察部门处理事项5件，建议有关部门处理事项6件。提交审计报告和审计调查报告、信息720篇，被采用300篇。

财政审计 全市审计机关对市财政局等44个部门和单位开展预算执行和决算审计，延伸审计125个所属单位。针对审计结果，厦门市审计局及6个区审计局已及时向市、区政府及人大常委会提交审计结果报告和审计工作报告，审计工作报告得到市、区人大常委会高度肯定。

金融审计 对厦门农村商业银行股份有限公司等2个金融单位开展审计，审计查处主要问题165 692万元，其中银行信贷业务违规经营65 917万元，财务收支核算不实95 590万元，其他问题金额4184万元。

行政事业审计 全市审计机关对76个行政事业单位开展审计或审计调查，延伸审计103个单位，审计查处主要问题金额53 703万元，预算编报不真实、不完整964万元，未按规定纳入预算管理256万元，未按规定征收缴纳收入410万元，未落实“收支两条线”和转户管理规定2715万元，扩大开支范围和提高开支标准1713万元，违规采购212万元。

固定资产投资审计 全市审计机关对中小学校舍安全工程等6个固定资产投资项目开展审计，延伸审计30个单位，审计项目投资额428 485万元，核减投资额204万元，审计查处主要问题金额530万元，工程结算款不实204万元，投资概预算编报不规范188万元，项目超规模超标准81万元，其他111万元。

社会保障审计 根据审计署统一组织，对同安区、翔安区、海沧区、集美区等四个区社会保障资金进行审计，按时、保质保量地完成社会保障资金审计工作，受到审计署和市政府的好评，审计项目被审计署、省审计厅表彰。

企业审计 对厦门信息集团有限公司等18个企业单位开展审计或审计调查，延伸审计12个单位，审计查出主要问题金额32 246万元，其中财务收支核算不实金额11 385万元，损失浪费金额263万元，其他问题金额19 738万元。

经济责任审计 全市审计机关完成93个经济责任审计项目，审计查出主要问题金额93 286万元，其中违规金额6194万元，损失浪费金额2286万元，管理不规范金额84 806万元。

（撰稿人：桓玲玲）

【漳州市审计局】 2012年，漳州市审计局人员编制44人，在编41人。局长蔡耀明（—3月）、郭进福（3月—），副局长张孔亮（5月—）、陈少凡、卢宗金、郑清松（6月—）。设有办公室、法制科、机关党委会、财政金融审计科、行政事业审计科、经贸外经审计科、经济责任审计科、固定资产投资审计科、农业与资源环保审计科、开发区审计科、社会保障审计科；下属单位有计算机应用技术中心、固定资产投资审计中心。

审计成果 全市审计机关完成审计项目352个，查出违规金额3.3亿元，应上缴财政1.2亿元，应减少财政拨款或补贴625万元，应归还原渠道资金4665万元，应调账处理金额1.2亿元；已上缴财政5170万元，已减少财政拨款或补贴137万元，已归还原渠道资金91万元，已调账处理金额445万元。移送司法机关、纪检监察部门处理事项9件，建议有关部门处理事项12件。提交审计报告、信息772份（篇），采用382份（篇）。漳州市审计局荣获审计署全国社会保障资金审计公务员集体嘉奖。

财政审计 完成预算执行审计项目71个，查出有问题金额20.4亿元，出具审计报告71份；完成县、乡财政决算审计项目47个，查出有问题金额5.7亿元。漳州市人大常委会对同级预算执行审计工作给予高度评价，认为审计工作质量和水平明显提升，为促进漳州经济社会又好又快发展做出积极的贡献。

金融审计 完成金融审计项目2个，查出有问题金额1.3亿元。开展农村信用社审计，在促进地方金融机构规范管理、健全制度、防范风险、提升竞争力等方面发挥积极作用。

行政事业审计 以财政资金为主线，扩大延伸覆盖面，改进方式方法，提升审计层次和水平。完成135个行政事业审计项目，查出有问题金额1.9亿元。

固定资产投资审计 开展固定资产投资审计项目27个，查出有问题金额3695万元。积极服务“五大战役”，加大投资审计力度，开展南昌东路征地拆迁补偿专项审计调查、漳州南联络线高速公路跟踪审计、全市中小学校舍安全工程跟踪审计、城镇保障性安居工程跟踪审计等工作。

社会保障审计 根据审计署统一部署，开展社会保障资金审计项目13个，涉及社会保障资金总额近68亿元。社会保障资金审计反映社会保障制度取得的主要成效，揭示社会保障制度建设、政策执行、业务管理和资金筹集管理使用中存在的突出问题，有利于深层次纠正偏差，完善社会保障制度，切实保障资金安全。

企业审计 完成21家企业审计项目，查出有问题金额3.6亿元。企业审计促进国有企业规范管理、堵塞漏洞、完善制度，确保国有资产保值增值，提高企业生产经营效益。

经济责任审计 对147名党政领导干部和国有企业领导人员开展经济责任审计，查出有问题金额10.0亿元，提出审计建议443条。经济责任审计规范权力运行，加强对权力的监督，促进领导干部依法行政、依法理财。

专项资金审计（调查） 开展城建资金、水利资金、国外援贷款等专项资金审计和审计调查项目31个，查出有问题金额2.2亿元。

（撰稿人：叶月山）

【龙岩市审计局】 2012年，龙岩市审计局人员编制52人，在编49人。局长黄华忠（—3月）、邱河清（3月—），副局长邱河清（—3月）、段渭景、黄文安、王思水、钟江泓（11月—）、陈振书（11月—），总审计师赖日章（11月—），纪检组长傅闽（10月—）。设有办公室、综合计划与法规科、财政金融审计科、行政事业审计科、经贸外资审计科、固定资产投资审计科、经济责任审计科、农业与资源环保审计科、社会保障审计科等职能科室以及派驻监察室，事业单位有计算机辅助审计中心与审计举报中心、固定资产投资审计中心。

审计成果 全市审计机关完成审计和审计调查项目248个，查出违规金额1.1亿元，应上缴财政2232万元，应减少财政拨款或补贴7813万元，应归还原渠道资金3153万元，应调账处理金额4.6亿元；已上缴财政1531万元，已减少财政拨款或补贴7813万元，已归还原渠道资金1584万元，已调账处理金额1661万元。移送司法机关、纪检监察部门处理事项2件，建议有关部门处理事项3件。提交审计报告、信息723份，被采用498份。龙岩市审计局荣获审计署全国社会保障资金审计公务员集体嘉奖。

财政审计 全市共完成预算执行审计和审计调查32个，完成财政决算审计39个。市本级预算执行审计涉及市财政局、市农业局、市林业局、市水电站库区移民开发局、市农科所等5个部门单位预算执行及其他财政收支情况，并延伸审计下属单位13个，查出问题金额17.23亿元。开展市经济技术开发区管委会财政决算审计，市、区经济技术开发区土地使用税征收、管理情况和市本级国有资本经营预算制度运行情况审计调查。

农业与资源环保审计 开展全市水土保持资金管理使用情况跟踪审计。开展2011年至2012年农村环境连片整治示范资金管理使用情况专项审计调查，揭示实施项目的乡镇配套资金来源不合规、资金预算执行率低等问题。

固定资产投资审计 完成审计单位63个、审计调查单位3个，核减投资额（工程款）1.8亿元，其中概预算9679万元、结决算8333万元。全过程跟踪审计发出建议函或阶段性报告120份，提出审计建议523条，采纳523条。龙岩市审计局充分发挥政府投资审计中心的作用，开展对市妇女儿童活动中心、市第二医院分院建设项目等9个省、市重点项目的跟踪审计和对市福利中心工程结算造价审计，对行政中心、会展中心、博物馆等6个项目的跟踪审计，对西湖园二期安置小区、西山安置小区、龙厦铁路（小洋）等安置房的结算造价审计以及对何家陂水库工程项目征地拆迁资金使用情况的专项审计调查，继续对援疆项目（资金）和上杭蛟城高速开展跟踪审计。

经济责任审计 完成经济责任审计单位103个，审计经济责任人112人，审计查出违规金额1.0亿元，其中负直接责任金额7795万元、负主管责任金额1034万元、负领导责任金额1549万元；管理不规范金额2.2亿元，其中负直接责任金额1424万元、负主管责任金额1.3亿元、负领导责任金额7163万元。对龙岩市水电站库区移民开发局及原局长经济责任审计，发现涉嫌挪用专项资金等严重违法行为，及时移交市检察院立案作进一步侦查。

专项资金审计（调查） 对社会保障资金、保障性住房建设、农村中小学布局调整情况、水土保持资金、农村环境连片整治专项资金和市本级教育费附加费征收管理使用情况审计调查，还开展省第五届艺术节市演出场馆提升改造项目、新罗区东兴高架桥市政道路等民生项目（资金）的审计。

内部审计 加强对各县（市、区）和各部门单位内部审计机构的业务指导，对企业内部审计机构设立和人员力量配备情况开展调查，同时还进行财经法规宣传工作。（撰稿人：傅红兵）

【宁德市审计局】 2012年，宁德市审计局人员编制43人，在编39人。局长吴敏，副局长黄颖倩、陈端浦、谢坚，总审计师林挺仲，纪检组长汤万冰。设有办公室、法规科、财政金融审计科、行政事业审计科、经贸审计科、农业与资源环保审计科、固定资产投资审计科、社会保障审计科、经济责任审计科，以及派驻监察室，事业单位有网络审计工作站、投资审计中心。

审计成果 全市审计机关完成审计和审计调查项目295个，查出违规金额1.3亿元，应上缴财政8359万元，应减少财政拨款或补贴1.1亿元，应归还原渠道资金3252万元，应调账处理金额1.3亿元；已上缴财政152万元，已减少财政拨款或补贴1.0亿元，已归还原渠道资金27万元，已调账处理金额791万元。移送司法机关、纪检监察部门处理事项5件，建议有关部门处理事项4件。提交审计报告、信息598份（篇），被采用504份（篇）。宁德市审计局荣获审计署全国社会保障资金审计公务员集体嘉奖，1人荣获审计署全国社会保障资金审计个人嘉奖。

财政审计 以促进依法行政和规范管理、提高财政资金使用效益为目标，对39个部门（单位）预算执行情况开展审计，其中市本级预算执行情况审计共涉及7个部门（单位），查出主要问题金额6.9亿元。

金融审计 以关注资金安全、防范金融风险为出发点，对宁德农商银行、寿宁县农村信用社等3个单位开展资产负债损益审计。

行政事业审计 对全市93个行政事业单位开展审计或审计调查，审计查出主要问题金额7.1亿元。

农业与资源环保审计 结合预算执行审计，宁德市审计机关对2009年至2011年“造福工程”项目管理和资金使用情况开展审计，为政府推进民生工程的实施提供决策依据。

固定资产投资审计 继续强化政府投资项目审计监督，对107个项目进行审计和审计调查，其中完成工程结算审计项目104个，工程结算送审金额10亿元，核减金额1.3亿元，平均核减率12.67%。

社会保障审计 按照审计署统一部署，对宁德市9个县（市、区）社会保障资金进行审计。重点审计各（市、区）政府及其所属的人力资源社会保障、民政、卫生、财政等部门，社会保险经办机构、地税、残联等单位，并延伸调查72家企业、18个村（居）委会和9家医院。出具审计报告9份、综合报告1份，为健全完善城乡社会保障体系建设提供依据。

经济责任审计 对92个单位103名领导干部开展经济责任审计，查出领导干部违法违规行为问题金额1944万元，其中领导干部负有直接责任的问题金额78万元。完成7个市直部门领导和2个县（市）法院院长经济责任审计，移送纪检监察部门案件线索1件，已立案1件。9份经济责任审计结果报告均得到市委、市政府主要领导的批示，要求有关部门认真整改。

专项资金审计（调查） 对农业、教育等与人民群众关系密切的21个项目开展审计和审计调查，审计调查单位18个，审计调查资金总额18 363万元。4月，霞浦县审计局成立2个乡镇审计办事处，深化“三农”审计方式方法，其做法和经验被省审计厅在全省审计机关推广。

内部审计 继续重视和加强内部审计工作，组织内审资格证等4个班次培训班，共培训内部审计人员400多人；组织参加全国、全省的理论研讨和经验交流。2012年宁德市内部审计协会被中国内部审计协会认定为基层协会推荐学习的典型单位。

（撰稿人：徐海萍）

2012年福建省所辖区、县(市)级审计工作统计表

金额单位:万元

审计机关	完成审计项目(个)	查出违规金额	应上缴财政	应减少财政拨款或补贴	应归还原渠道资金	应调账处理金额	移送司法、纪检、监察部门处理(件)	建议有关部门处理(件)	出具审计报告和审计调查报告(份)	提出审计建议(条)	撰写审计信息(篇)
福州市											
福州市本级	79	45462	15319	3490	5920	1445	5	6	105	303	435
鼓楼区审计局	10	159	44			301			13	40	53
台江区审计局	13				10				21	27	32
仓山区审计局	9	284	44			40			17	40	59
马尾区审计局	13	47			13	1267			22	33	39
晋安区审计局	19				38				25	65	38
福清市审计局	97	918	120	5898	232	26			111	181	10
长乐市审计局	54	151	112	121	16	126			84	85	114
闽侯县审计局	20	822	614						25	78	35
连江县审计局	23	900	42	1167	481	13505			29	55	152
罗源县审计局	15	106	51						26	90	30
闽清县审计局	19	2014	1120		767				32	63	41
永泰县审计局	35	5842	5003			88			67	90	46
平潭县审计局	18	804			679	69	2		18	29	
南平市											
南平市本级	48	5383	1353		8100	6449	4	3	60	103	122

续表

审计机关	完成审计项目(个)	查出违规金额	应上缴财政	应减少财政拨款或补贴	应归还原渠道资金	应调账处理金额	移送司法、纪检、监察部门处理(件)	建议有关部门处理(件)	出具审计报告和审计调查报告(份)	提出审计建议(条)	撰写审计信息(篇)
延平区审计局	22	1637	4642		1	127			22	51	57
邵武市审计局	56	224			202				88	146	20
武夷山市审计局	13	13			32	66			19	3	34
建瓯市审计局	24	155	110		3				36	201	92
建阳市审计局	33							1	33	55	30
顺昌县审计局	23	817	25	6	95	1484		3	34	3	29
浦城县审计局	14		372		19				23	43	25
光泽县审计局	20	5	5		17	26			20	7	53
松溪县审计局	13	287	286						13	22	6
政和县审计局	37	506	49		2047	249			51	217	31
三明市											
三明市本级	52	34382	34215	1156	5145	23637	1	1	62	75	202
梅列区审计局	12	141	42		23	10			12	22	32
三元区审计局	12				23	122			23	22	10
永安市审计局	31	81	8	2656	19397	7589	1		31	52	61
明溪县审计局	22	821	769		330	1135			34	84	93
清流县审计局	27	399			399	9			27	87	
宁化县审计局	54	374	69	1330	17	1661	2		54	146	79
大田县审计局	15	722	703		1304	3600			20	30	77
尤溪县审计局	30	199	140	59	13519				53	14	50
沙县审计局	20	1			404	230			35		60
将乐县审计局	11	2556	2538		164	705			16	9	31
泰宁县审计局	11	38	17		265	220			15	22	20
建宁县审计局	10	407	2		754	138			10	36	27
莆田市											
莆田市本级	59	13078	13802	448	2336	7416	2	2	80	136	
城厢区审计局	30	143	77		5	449			48	251	75
涵江区审计局	9	39	2	89	195				10	24	2
荔城区审计局	37	499	422		2				60	212	26
秀屿区审计局	162	1291	458		553				162	140	1
仙游县审计局	49	97	97						50	159	
泉州市											
泉州市本级	52	10222	114	93	7558	2590			62	164	63
丰泽区审计局	20				1	2002			22	61	59

续表

审计机关	完成审计项目（个）	查出违规金额	应上缴财政	应减少财政拨款或补贴	应归还原渠道资金	应调账处理金额	移送司法、纪检、监察部门处理(件)	建议有关部门处理（件）	出具审计报告和审计调查报告(份)	提出审计建议（条）	撰写审计信息（篇）
鲤城区审计局	77	15	15	40					95	192	92
洛江区审计局	44	70			48	9	1		48	88	31
泉港区审计局	16								26	50	14
石狮市审计局	27	3109	2184			3354	1		46	65	12
晋江市审计局	39	4697	4471	29	196				51	114	131
南安市审计局	48	13373	13358		15				62	215	138
惠安县审计局	20	352			1	350			31	56	10
安溪县审计局	30	31	315		8032	62			43	103	47
永春县审计局	16	38	3		36	183	1	1	22	46	59
德化县审计局	30	31							46	52	51
厦门市											
厦门市本级	79	18165	11423	1516	132462	25721	5	6	109	306	518
思明区审计局	16	1051	1006		35	586			28	92	60
海沧区审计局	13		5		56	1870			25	52	23
湖里区审计局	16	7618	7618						28	61	25
集美区审计局	9	2381	2291		2387	17900			16	55	15
同安区审计局	12	1748	1748			201			22	42	15
翔安区审计局	17	43	43			64			24	70	64
漳州市											
漳州市本级	47	11014	9451		981	627	1	5	58	134	50
芗城区审计局	16	790	257	487		133			25	32	
龙文区审计局	17	71	60				1	1	21	57	51
龙海市审计局	32	512	555			14			54	127	90
云霄县审计局	28	548	386	114	1411	292			44	48	33
漳浦县审计局	42	8889	820		614	9531	2	4	65	134	50
诏安县审计局	37	123	123			186			52	72	
长泰县审计局	18	215	148	24	1557	128	3		18	52	
东山县审计局	17	4865	158		90				17	30	1
南靖县审计局	31	677	343				1	2	41	75	4
平和县审计局	41	439	103		5				61	70	52
华安县审计局	18	4545	27			1505	1		18	68	1
龙岩市											
龙岩市本级	53	7727	73	2102	228	42182	1	3	64	106	143
新罗区审计局	61	76	66	2664	9	111	1		82	42	210
漳平市审计局	20	70	248		396	1529			30	61	175

续表

审计机关	完成审计项目(个)	查出违规金额	应上缴财政	应减少财政拨款或补贴	应归还原渠道资金	应调账处理金额	移送司法、纪检、监察部门处理(件)	建议有关部门处理(件)	出具审计报告和审计调查报告(份)	提出审计建议(条)	撰写审计信息(篇)
长汀县审计局	25	522	97			297			42	38	6
永定县审计局	18	388	8	958					25	33	91
上杭县审计局	14			1636	2432	511			16	43	20
武平县审计局	35	1094	175	303	46	78			60	91	65
连城县审计局	22	1535	1562	148	40	1229			30	79	13
宁德市											
宁德市本级	66	2905	14	6407	47		1	4	66	135	284
蕉城区审计局	28	144	64		40				48	130	26
福安市审计局	51	7487	7305	1501	2178	11344	1		59	161	80
福鼎市审计局	26	1496	887	932	386	1048			26	39	10
寿宁县审计局	11	47	22						11	28	9
霞浦县审计局	24	51	20	150			3		35	69	65
柘荣县审计局	11	857	3		297				11	36	13
屏南县审计局	41	42	31	1284					64	64	2
古田县审计局	17	53	1	288					18	33	27
周宁县审计局	20	304	12		304	767			20	91	82

江西省

【江西省审计厅】 2012年，江西省审计厅人员编制219人，在编199人。设有办公室、综合处、法规审理处、财政与金融审计处、行政事业审计一处、行政事业审计二处、行政事业审计三处、农业审计处、资源环保审计处、固定资产投资审计一处、固定资产投资审计二处、经贸审计一处、经贸审计二处、社会保障审计处、外资运用审计处、经济责任审计处、政法审计处、教育审计处、人事处、机关党委、监察室。还设有厅机关后勤服务中心、审计科研所、审计信息中心、审计干部培训中心和庐山培训基地等直属事业单位。

领导成员

厅　　长：王殿军

副 厅 长：何干成　何萍高　王卫亚
　　　　　刘　达　章丁万

总审计师：胡志勇

纪检组长：邹水成

审计成果 全省审计机关完成审计项目9375个，查出主要问题金额7 014 396万元，应上缴财政67 890万元，应减少财政拨款或补贴118 982万元，应归还原渠道资金160 547万元，应调账处理金额237 166万元；已上缴财政46 732万元，已减少财政拨款或补贴87 724万元，已归还原渠道资金95 243万元，已调账处理金额214 471万元。移送司法机关、纪检监察部门处理事项110件。提交审计报告、信息13 600篇，被批示采用2211篇。

财政审计 全省审计机关把财政政策实施、预算执行与决算草案的审计融为一体，不断深化转移支付资金和地方财政收支审计，全年完成审计及审计调查单位1282个，查出主要问题金额

4 103 732万元。各级审计机关“两个报告”得到当地政府的肯定和人大常委会的好评。省审计厅组织对省级本级、14个省级部门及84个二、三级单位预算执行情况进行审计，重点关注财政资金的分配、拨付、管理及使用情况，查出部分预算支出进度不够均衡、部分预算收入未及时清缴入库、部分专项基金项目未按计划实施等问题。提出进一步完善预算编制、加强预算执行管理、加强财政收入征管、优化财政支出结构等建议。省人大、省政府高度重视整改工作，相关部门和市、县积极建立健全防止问题发生的长效机制。审计查出的大部分问题已得到整改，审计结果在推动制度建设上发挥了重要作用。

金融审计 全年完成审计及审计调查单位215个，查出主要问题金额678 636万元。省审计厅统一组织省、设区市审计机关，对省农村信用社联合社和55个市（县）农村商业银行、农村合作银行、农村信用合作联社等法人单位2011年度资产负债损益情况进行审计，针对资产质量分类管理、存贷等业务操作、会计核算、风险控制、责任追究等方面存在的问题，提出审计建议。

行政事业审计 全年完成审计及审计调查单位3194个，查出主要问题金额510 764万元。2012年的行政事业审计工作，围绕促进江西省的科学发展，加大对体制性、制度性和重大管理方面问题的揭示和反映力度，并注重从源头上和根本上寻找解决问题的意见和建议，为党委、政府决策和其他部门工作提供有力支持。特别是更加关注财政资金支出的方向和绩效，注意分析评价部门行政成本和支出水平，重点加大对部门“三公经费”的审计力度，促进政府各部门更好地履行职责。

资源环保审计 省本级组织对全省国家立项的19个中小河流防洪治理项目的资金使用管理和项目实施及全省矿产资源管理资金使用情况进行审计。揭示地方配套资金未及时到位、被挤占挪用、工程项目勘察设计未进行公开招投标以及因无序开发导致资源损失浪费、破坏生态环境的问题，促进产业结构转型升级和可持续发展。

固定资产投资审计 全省各级审计机关把交通建设投资、投资额度较大的市政建设和重大民生建设项目作为审计重点，全年完成审计及审计调查单位4157个，审计项目投资金额3 414 631万元，核减投资额（工程款）213 606万元，查出主要问题金额333 301万元，违规改变项目计划和资金用途金额7345万元，工程结算款不实金额166 967万元。省本级组织对武宁至吉安高速公路、赣州至大余高速公路等重大投资项目进行竣工决算审计，对吉安至莲花高速公路等重点工程建设项目及对口支援新疆援建资金和项目进行跟踪审计，对7条高速公路尾工工程进行专项审计。查处违规支付费用、超付工程款造成公路建设资金损失，部分项目业主未严格执行招投标制度，部分施工单位违规分包转包等问题，并有针对性地提出审计建议。有关部门采纳建议，进一步规范管理、优化设计，提高了建设资金使用效益。

社会保障审计 全年完成审计及审计调查单位114个，审计查出未按规定征收、缴存社会保险费和公积金142 679万元，少征收、缴存金额141 250万元，违规改变资金用途金额11 247万元。根据审计署部署和要求，2月下旬至5月中旬组织全省1960名审计人员对除南昌市本级外的10个设区市本级和97个县（市、区）及庐山管理局管理的18项社会保障资金进行全面审计，摸清“十一五”以来全省社会保障制度建设和运行情况，以及社会保障资金收入、支出、结余规模和管理情况，反映社会保障管理中存在的突出问题，提出健全制度和规范管理的审计建议，促进各级政府出台完善社会保障制度和规范管理文件40个。审计中，探索创新的社会保障资金审计“三字诀”“三方比对”等8篇材料被审计署采用，并作为经验交流材料下发全国审计机关学习借鉴。全省审计机关有8个单位、5名个人和1个项目受到审计署表彰。

企业审计 全年完成审计及审计调查单位167个，查出主要问题金额32 838万元。根据审计署授权，省本级组织对中盐江西盐化有限公司、中国储备棉管理总公司九江直属库2011年度财务收支情况进行审计，审计情况得到审计署的充分肯定。组织对省投资集团公司2011年度财务收支情况进行审计，针对发现的问题提出堵塞漏洞和避免损失的建议。

经济责任审计 全年对2134名党政主要领导干部和国有企业领导人员开展任期经济责任审计，

重点关注领导干部贯彻落实法律法规和宏观经济政策情况，重大经济决策情况，财政管理、土地管理、节能减排等方面责任履行情况，履行国有资产管理职责及管理绩效情况，廉洁自律情况等。查出领导干部对违法违规行为负直接责任问题金额190万元。针对个别领导干部法治观念淡薄、责任意识不强、决策和管理不够规范等问题，审计机关提出建议，为加强干部管理监督和考察任用提供参考。省审计厅与省委组织部联合制发《江西省2012—2016年市厅级领导干部经济责任审计工作规划》，明确今后五年市厅级领导干部经济责任审计的对象、审计重点和评价内容，实现经济责任审计的常态化运行。省审计厅首次对高校校长、设区市检察院检察长、中级人民法院院长开展审计。

专项资金审计　全年完成审计及审计调查单位407个，审计专项资金总额716 130万元，查出主要问题金额157 354万元。省本级重点组织对全省中小学布局调查、农村文化建设、现代农业省级产业化、大中型水库移民后期扶持资金等民生专项资金项目进行审计监督。审计中，关注宏观政策效应，密切关注各项惠民、富民政策的合理性、有效性，注重从制度上、机制上分析研究政策执行中存在的问题，提出审计建议，为党委、政府的宏观决策提供依据。

外资运用审计　全年完成审计及审计调查单位6个，项目涉及林业、交通、教育和能源等领域，审计查出主要问题金额5731万元。省本级组织对省政府利用世界银行贷援款实施的石虎塘航电枢纽工程及日元贷款植树造林等项目进行审计，揭示部分项目建设缓慢、虚报套取项目资金、滞留缓拨贷款、违规分包转包等问题。审计情况引起省委、省政府领导高度重视。

基础建设　在审计法治化建设上，《江西省审计条例》（以下简称《条例》）于9月27日经江西省第十一届人大常委会第三十三次会议审议通过，自2013年1月1日起在全省施行。这是江西省审计机关成立近30年来第一部地方性审计法规。《条例》结合江西审计工作实际，围绕审计法及其实施条例的原则规定做了细化、扩展和延伸，突出绩效审计、政府投资审计和社会公众资金审计，健全审计成果利用及审计整改机制，为形成江西特色的审计监督制度体系构建了法规框架。

在信息化建设上，下发《进一步推进审计信息化的指导意见》，配套出台《江西省设区市审计局信息化工作考核暂行办法》，完成厅机关审计管理系统（OA）版本升级，全面铺开各设区市审计局审计管理系统改选升级工作，厅机关全面实行全流程无纸化办公。加大AO的应用普及和深化应用力度，建成全省地税联网审计平台并投入运行。选派32名全省审计业务骨干参加审计署举办的计算机审计中级培训，并与江西财经大学联合举办一期计算机审计中级培训班。全省共征集AO应用实例105篇、计算机审计方法88篇。

在干部队伍建设上，全省审计机关坚持把建设一支高素质、专业化的审计队伍作为根本性任务来抓，通过采取竞争上岗、轮岗交流、强化业务培训等形式，努力提高干部综合素质。省审计厅向省委推荐选拔3名副厅级干部，民主推荐选拔3名处长、4名调研员、1名副处长、2名副主任和2名副调研员，进一步提升了选人用人的公信度；首次组织19名全省审计专业领军人才赴澳大利亚培训。

在审计文化建设上，坚持审计文化建设与审计业务工作"两手抓、两手硬"，开展以"责任、忠诚、清廉、依法、独立、奉献"为重点的审计文化建设，精神文明创建成效显著。全省有17个单位被评为省第十三届文明单位，省审计厅再次荣膺省直机关第六届（2010—2011年度）"金圣杯"十佳文明机关，并蝉联江西省文明单位。

（撰稿人：周　波）

【南昌市审计局】　2012年，南昌市审计局人员编制93人，在编90人。局长万仁如，副局长赵波、詹善平、陈国广，总审计师郑克里，纪检组长刘承万。设有办公室、机关总支、监察室、综合处、法规处、财政与金融审计处、行政事业审计处、农业与资源环保审计处、固定资产投资审计处、经贸审计处、社会保障审计处、综合审计一处、综合审计二处、经济责任审计室（市经济责任审计工作领导小组办公室）、审计信息处、人事教育处。

审计成果　全市审计机关共完成审计项目（单位）318个，查出违规金额6847万元，管理不规范金额 986 223 万元，核减投资额 15 678 万元，应上缴财政 5710 万元，已上缴财政 5380 万元，移送有关部门案件线索 1 起。提交审计专题、综合性报告和信息 493 篇，被采用 211 篇。被省审计厅评为全省社会保障资金审计先进单位、审计项目二等奖。

财政审计 完成审计项目 3 个，审计查出管理不规范金额 476 326 万元，违规金额 290 万元，并对南昌高新技术开发区两村委会违规转让农房问题移送国土部门处理。在审计过程中创新财政预算执行审计模式，采取“四·四·四制”的组织方式（将预算执行审计分成财税管理审计、部门预算执行审计、政府重大重点投资审计和民生等专项资金审计四部分，由四位局领导负责，四个审计业务处室牵头，按照各自分工，组织协同其他处室制订审计实施方案，汇总审计报告，整合全局审计力量做好预算执行审计工作）。2012 年度审计工作报告在市人大常委会上获全票表决通过。

金融审计 对南昌洪都农村商业银行股份有限公司、湾里区农村信用合作联社、安义农村合作银行 3 个农村信用社系统成员行（社）2011 年度资产负债损益情况进行审计，查出管理不规范金额 222 908 万元，违规金额 107 万元。揭示贷款形态和类型反映不实、贷款发放及风险管理不规范、呆账核销不规范、银行承兑汇票签发不真实、少缴税费、违规收费等问题。结合审计案例编写的《“国八条”新政后的住房按揭贷款计算机审计方法》入选省审计厅计算机审计方法库，并被评为全省优秀计算机审计方法。

行政事业审计 开展“第七届全国城市运动会”执委会赛事筹备经费审计，对执委会及所属各部门的财务收支、相关经济活动的真实、合法和效益情况进行审查、分析和评价，为今后组织开展大型运动会（赛事）提高管理水平提供借鉴和经验。

农业与资源环保审计 对南昌市大中型水库移民后期扶持资金进行审计，查出管理不规范金额 174 万元，移民项目资金扶持成效不明显。主要表现是资金使用分散、项目实施缓慢，建议加大科技扶持力度，由单纯救济式扶持向依靠科学技术开发式扶持转变，加强扶持资金和其他支农资金的横向沟通及资金使用监管。另外，受南昌市人民政府委托，组织完成 52 个村级财务管理的现场审计工作。在对中小河流治理项目审计中，查出管理不规范金额 351 万元。

固定资产投资审计 完成审计项目 3 个，项目送审金额 75 532 万元，审定金额 62 729 亿元，审减金额 12 803 万元，核减率达 16.9%。

社会保障审计 市审计局通过对 39 个部门、27 个村（居）委会、15 家医院、48 家企业的审计，查出社会保障资金结余量过大、少报缴费基数、被征地农民社会保障政策未落实等问题，清理重复参保人员 1858 人。完成南昌市老干部医疗统筹金收支情况审计，审计调减多计应付老干部医疗费用 629 万元。

经济责任审计 完成经济责任审计项目 46 个，查出管理不规范金额 33 729 万元，向被审计单位提出审计建议 167 条。

专项资金审计（调查） 对南昌市本级 2009 年度至 2011 年度科技专项资金情况进行审计，延伸审计与科技项目或资金分配、管理、使用相关的财政、银行、保险公司和税务等单位，共涉及 171 家单位、227 个项目。通过审计，揭示科技专项经费计划管理、资金配合使用、政策建设和执行等方面存在的问题，促使市政府对市各项专项资金管理使用办法进行全面修订。

（撰稿人：范梅生）

【九江市审计局】 2012 年，九江市审计局人员编制 71 人，在职 83 人。局长胡伟华，副局长何斌、汪建荣、李建国、钱炎如，总审计师杨利发，纪检组长黎昭平。设有办公室、综合科、法规与审理科、财政与金融审计科、行政事业审计科、农业与资源环保审计科、固定资产投资审计一科、固定资产投资审计二科、经贸审计科、社会保障审计科、外资与园区审计科、经济责任审计科、人事科、机关党总支、纪检组（监察室）、信息中心和审计干部培训中心。

审计成果 全市审计机关共审计单位 1509 个，查出违规金额 68 424 万元，应上缴财政 3194 万元，应减少财政拨款或补贴 50 411 万元，应归还原渠道资金 7738 万元，应调账处理金额 6327 万元，应缴纳其他资金 682 万元；已上缴财政

2698万元，已减少财政拨款或补贴49 026万元，已归还原渠道资金6142万元，已调账处理金额6045万元，已缴纳其他资金548万元。移送纪检监察和司法机关案件线索17件。核减投资额57 584万元。提出审计建议2839条，被采纳的建议1959条；被审计单位制定整改措施232项，建立健全规章制度5份；提交审计专题、综合性报告和信息简报334篇，被批示采用206篇。

预算执行审计 主要对市本级2011年度财政预算执行情况、市地方税务局税收征管情况、市教育局等16个部门预算执行情况、社会保障资金等6项专项资金的征收、管理、使用情况以及市本级政府重大投资项目造价结算和竣工决算进行审计，审计注重从体制、机制和制度层面深入查找问题。在九江市十四届人大常委会第六次会议上，常委们对审计工作报告给予了高度评价，认为报告内容翔实，敢于揭露问题，原因分析透彻，提出的意见和建议切实可行。

交办任务 市审计局对审计署统一组织的2005年至2011年社会保障资金、武宁等6个县的农村中小学校舍布局调整情况进行审计和审计调查，还对九江市本级及全市各县（市、区、山）2012年城镇保障性安居工程进行跟踪审计。由于高质量地完成上级交办的审计任务，市审计局荣获审计署全国社会保障资金审计公务员集体嘉奖。

固定资产投资审计 全市完成893个政府投资项目的结算和决算审计，审计造价529 711万元，核减造价57 584万元，审计发现主要问题金额60 461万元。其中市本级完成34个政府投资项目的结算和决算审计，审计造价105 472万元，核减造价20 341万元，审计发现主要问题金额27 443万元。开展八里湖新区系列工程、滨江生态园等项目的跟踪审计。出台相关制度进一步加强对政府投资建设项目审计风险的防控，加强对社会中介机构审核结果的复核。

经济责任审计 全市审计机关共审计党政领导干部209人，查出违规金额2 876.6万元，提交审计结果报告336份，提出审计建议381条。其中市本级审计党政领导干部13人，查出违规金额128.9万元，提交审计结果报告13份，提出审计建议33条。制定出台经济责任审计实施办法、经济责任审计领导小组工作规则、任期经济责任审计操作指南等规章制度。

专项资金审计（调查） 安排对中小河流治理项目资金、大中型水库移民后期扶持资金、教育费附加和城市公用事业附加费等涉及民生的重点专项资金进行审计。中小河流治理项目审计从效益方面进行切合实际的评价，并指出项目建设管理中存在的建设进展滞后、变更手续不全、地方配套资金未到位、项目设计单位未实行招投标和部分项目未实施等问题。

审计信息化 推进审计管理系统与现场审计实施系统应用，全面步入实质应用阶段，计算机审计成果丰硕。自7月1日起，九江市审计局所有外部来文的阅件、办件及内部行文均通过OA平台流转；所有市本级审计项目从计划、项目分解到项目资料交互等均通过AO与OA两大系统运转。在审计署组织的评比中，市审计局选送的AO实例获得鼓励奖；在省审计厅组织的计算机审计方法评比中，市审计机关取得了三条优秀、四条入选的成绩。同时，市审计局被省审计厅评为优秀组织单位。

审计科研 在第二届全国审计青年论坛论文评选中，市审计局干部撰写的论文被评为三等奖。市审计局向省审计厅申报的3个科研课题成功立项，其中《政府投资建设项目的审计方法》作为全省重点科研课题立项。（撰稿人：吴剑锋）

【景德镇市审计局】 2012年，景德镇市审计局人员编制40人，在编42人。局长王国华，副局长陈志坚、王丽琴、王桦、高金虎，总审计师占玉芳，纪检组长詹镕文。设有办公室、综合科、法规审理科、财政与金融审计科、固定资产投资审计科、经贸审计科、农业与资源环保审计科、行政事业审计科、经济责任审计科、外资与园区审计科、社会保障资金审计科、监察室；下辖信息中心、工程投资决算审计中心（事业单位实有在编人员12人）。

审计成果 景德镇市审计局完成审计项目46个，查出违规金额299万元，应上缴财政262万元，应减少财政拨款或补贴35万元，应调账处理金额2万元；已上缴财政262万元，已减少财政拨款或补贴35万元，已调账处理金额2万元。建议有关部门处理事项6件。提交审计工作报告、信息 112 篇，被采用 45 篇。获得审计署授予的“全国社会保障资金审计公务员集体嘉奖”、江西省政府授予的第十三届省级文明单位。市审计学会荣获“全国先进社会科学团体”称号。

财政审计 抓好“财政大格局”审计，安排对财政等 13 个部门的预算执行审计，审计过程中关注所有被审计单位“三公经费”支出情况。年初，对景德镇市陶瓷艺术名人税收征管情况进行审计调查，促进陶瓷艺术名人税收征缴增加数十倍，成效显著，《中国审计报》头版对此项工作予以大篇幅报道。

固定资产投资审计 完成投资审计项目 55 个，核减工程造价 6118 万元。年末，按照审计署统一部署，市审计局派出 3 个审计组对所属辖区的保障性安居工程进行审计。

经济责任审计 按照市经济责任审计工作领导小组工作职责要求，开展领导干部经济责任审计工作，共完成市委组织部门委托离任经济责任审计项目 18 个、任中经济责任审计项目 9 个，对切实加强领导干部的管理和监督，促进干部廉政勤政起到积极作用。

专项资金审计（调查） 共完成中小河流域治理、病险水库除险加固、计划生育抚养费、住房公积金等 11 个专项资金审计。在审计过程中关注民生资金管理使用情况，维护群众利益，切实保障资金安全有效使用。

社会保障审计 在审计署统一部署下，认真抓好社会保障资金审计工作，审计署社会保障审计办公室专门派员进行调研，有两条经验、3 个感人事迹被审计署转发并向全国推广。

其他工作 一是抓好重点单位和重点项目审计。对市国土局、市交通局、景德镇农村商业银行、江西开门子肥业集团有限公司等重点单位、重点企业进行审计；对基督教堂、安置房、浯溪口水库等重点项目进行审计，确保项目资金合理合规使用。二是派员参与项目建设。派出精干人员到市古镇投资公司实施的老城区保护利用项目部担任财务总监，为该项目建立完善会计核算体系和规范财务管理。三是抓好信息化建设。实现与县区视频会商联网；首次派员参加审计署计算机中级考试，共有 5 人通过考试。

（撰稿人：侯章生）

【鹰潭市审计局】 2012 年，鹰潭市审计局人员编制 21 人，在编 21 人。局长吴建辉（—3 月）、吴文戈（3 月—），副局长祝木水、王国军（—9 月），总审计师王惠斌，纪检组长姚美娟。设有办公室、综合法制科、财政与金融审计科、文教与政法审计科、农业与资源环保审计科、投资建设与社会保障审计科、经贸审计科、经济责任审计科、监察室、机关党支部。还设有市政府基本建设审计中心（鹰潭市审计信息中心），为全额拨款事业单位，人员编制 13 人，在编 9 人。

审计成果 全市审计机关共审计单位 184 个，查出违规金额 10 154.62 万元，应上缴财政 3625 万元，应归还原渠道资金 629 万元，应调账处理金额6 894.98 万元。向纪检监察机关移送案件和线索 1 件。提交审计报告 206 篇，提出审计意见建议 289 条。

财政审计 主要审计市本级财政、经济技术开发区财政、龙虎山景区财政的预算执行情况和其他财政收支情况，市地税局地方税收征管情况，重点审计地方税收收入的征收政策贯彻执行情况，并延伸审计调查部分财政资金的使用情况。于 9 月向市政府提交 2011 年度市本级预算执行及其他财政收支审计结果报告及 2010 年度市本级预算执行及其他财政收支审计查出问题整改情况的报告。指出预算收入未及时缴入国库、政府性基金收支预算管理不规范、部分单位经费以收定支、未依照预算或者用款计划核拨财政资金、财政结余资金结转不规范等方面存在的问题。对审计查出的问题，提出审计处理意见，依法做出审计处理。

金融审计 对鹰潭市农村信用合作联社（包括月湖区、余江县农村信用合作联社及辖内网点）2011 年度资产负债损益情况进行审计，利用传统审计和计算机辅助审计相结合，查出违规发放贷款、会计核算不实、违规获取发票虚列费用、少缴有关税费等主要问题。

行政事业审计 开展贵溪市 2006 年至 2011 年农村中小学布局调整情况专项审计调查、全市政法机关债务锁定专项审计等项目，审计查出贵溪市 2006 年以来调整撤并农村学校不规范，教育资源向城区学校倾斜，造成新的结构失衡等问题。

固定资产投资审计 开展鹰西棚改保障性住房，鹰潭信江新区路网二期、三期工程等跟踪审计项目，对鹰潭龙虎山大桥、信江大桥、市人民医院门诊医技楼等决算审计项目实施一审，对胜利西路延伸段、滨江公园一期等6个决算审计项目实施二审。审计发现少数项目未按合同时间竣工、部分项目监理不严格、个别项目财务管理不规范等问题。

社会保障审计　3月至5月，对全市社会保险、社会救助和社会福利资金3大类18项资金进行审计。审计结果表明，2011年全市基本养老、基本医疗、失业、工伤和生育保险基金收入合计13.41亿元，审计中发现制度、政策执行落实不够到位，管理不够严格，资金管理效益有待提高，资金使用不够规范等问题。

经济责任审计　全市实施领导干部经济责任审计项目59个，其中审计县级领导干部38人，科级领导干部21人。建立通报机制，向市委、市政府和市纪委、市委组织部报送年度领导干部经济责任审计情况综合报告，指出问题，提出建议，得到市委、市政府的肯定和市领导的重要批示。

专项资金审计（调查）　开展对中小河流治理项目资金、水利规费专项资金、水库移民专项资金、农业综合开发专项资金等重点项目和重点领域的审计监督，审计查出虚报项目套取扶持资金、挤占挪用专项资金、违规申报项目资金、违规调整和变更建设项目地点、内容等方面的问题。

（撰稿人：黄晓华）

【新余市审计局】　2012年，新余市审计局人员编制49人，在编49人。局长夏文成，副局长肖劲鸿、周永平、周建辉（—5月）。设有人秘科、综合法规科、财政金融审计科、行政事业审计科、农业与资源环保审计科、固定资产投资审计科、经济贸易审计科、经济责任审计科、审计信息中心、政府投资项目审计中心。

审计成果　新余市审计局完成审计项目90个，查出违规违纪金额8089万元，管理不规范金额30 361万元，应归还原渠道资金6911万元，应调账处理金额311万元，审计决定处理上缴财政729万元。向纪检监察移送案件3件，提交审计报告146篇。

财政审计　对市本级预算执行情况进行审计，发现预算编制不够细化、预算内容不够完整等问题。提出进一步深化改革、加强管理的意见和建议，为政府调剂单位资金提供决策参考。对新余市人力资源和社会保障局、市药监局、市粮食局等10个单位进行部门预算执行情况审计，发现挤占专项资金、少缴税费、报销手续不全、财务处理不规范等方面的问题，提出进一步提高资金使用效益、改进财务管理等方面的审计建议。

固定资产投资审计　对新余市法院立案大厅改造、工人文化宫、天工南大道改造工程等政府投资项目进行决算审计，总造价56 817.6万元，核减资金10 478.93万元，核减率为18.44%。

社会保障审计　重点审计新余市本级和渝水区、分宜县两级人民政府及其所属人力资源社会保障、民政、卫生、财政等单位，并延伸调查36家企业、20个村（居）委会和11家医院，针对社保基金银行存款优惠利率政策未落实的问题，安排专人定期督促和跟踪问效。自2012年起，银行对全市社保基金银行存款按规定全部实行优惠利率政策，每年将增收1500万元。

经济责任审计　对新余市人民医院、市中医院、市妇幼保健院、市医疗保险管理局、市政府驻南昌办事处、市文联、市侨联、市广电局、市科技局等61个单位主要领导开展经济责任审计。审计注重与被审计单位内控制度相结合，揭露和查找薄弱环节，从机制上、体制上寻找解决问题的办法，促进被审计单位规范管理，为市委正确选人用人提供决策参考。

专项资金审计（调查）　对新余钢铁股份责任公司职工医保基金、全市保障性住房、渝水区南安乡防洪治理工程项目资金、分宜县农村中小学布局调整、招商引资专项资金等进行专项审计和审计调查，了解专项资金管理的现状，揭示在资金筹集、管理和使用中存在的问题，以进一步加强资金管理，提高资金效益。

（撰稿人：刘小勇）

【萍乡市审计局】　2012年，萍乡市审计局人员编制37人，在编38人。局长周瑾晟（—7月）、朱广仁（9月—），副局长胡芳、张增良、彭青兰，总审计师蔡常萍，纪检组长杨生元。设有办公室、经贸与财政金融审计科、行政文教审计科、农业与资源环保审计科、固定资产投资审计科、社会保障审计科、经济责任审计科、综合法规科、机关党总支、监察室。

审计成果 全市审计机关完成审计项目431个，查出违规金额834万元，应上缴财政765万元，应减少财政拨款或补贴1420万元，应归还原渠道资金45 810万元，应调账处理金额31 302万元；已上缴财政760万元，已减少财政拨款或补助1420万元，已归还原渠道资金24 944万元，已调账处理金额27 067万元。提交审计报告、信息196篇，被采用116篇。

财政审计 加大财政“同级审”的审计力度，按照“评价总体、揭露问题、规范管理、促进改革、提高绩效、维护安全”的总体思路，审计预算管理及财政部门预算执行情况，延伸审计税收征管情况。揭示市本级财政在预算管理方面存在预算安排不足、预算编制不完整、无预算进行政府采购、违规奖励纳税户、利息收入挂往来等问题；在预算执行方面存在不完全符合规定用途动用预备费和超预备费，国有土地出让金支出未按预算完成，以追加预算方式支出、延压收入、违规使用科技三项费用及安全生产专项资金，地方税收征管方面存在漏征现象等问题。客观评价财政在实施积极财政政策、保持经济平稳较快发展、促进萍乡经济建设等方面取得的成效，并针对发现的问题从体制、机制、制度和政策层面分析原因，提出建议。

金融审计 对安源区和莲花县农村信用合作联社2011年度资产负债损益进行审计，发现存在少反映不良贷款11 705万元、资产质量反映不实、资产拨备率较低、信贷集中度较高以及内控机制失效、管理不到位等问题。

固定资产投资审计 关口前移，全程跟踪，加强政府投资建设项目资金审计。完成固定资产投资预算评审和结算审计项目77个，送审金额24 732万元，审定金额19 902万元，审减金额4830万元，平均审减率19.53%。

社会保障审计 按照审计署和省审计厅的统一部署，市审计机关对安源区、湘东区、芦溪县、上栗县配合省审计厅对萍乡市本级和莲花县截至2011年的社会保险基金、社会救助资金和社会福利资金等18项社会保障资金进行审计。通过审计，萍乡市向银行等金融机构追补了由于未执行银行优惠利率而少计利息收入1 462.91万元，归还被挪用和扩大范围使用的资金1 817.5万元，促进各级财政补助资金到位594.12万元，追回被骗取和多支付的资金46.11万元。针对审计提出的问题，市政府出台文件，建立社会保险管理长效机制。

经济责任审计 完成领导干部经济责任审计项目107个，通过对部门单位领导干部任职期间履行经济责任情况审计，为领导和组织部门考核任用干部提供参考，对促进党风廉政建设、推进依法行政、发挥积极作用。

专项资金审计（调查） 围绕市委、市政府的中心工作，积极服务萍乡经济社会的发展。根据省审计厅的统一安排，立足审计监督职能，按照“及时跟进”的要求，开展市水利资金审计、市国家投资土地整理项目资金审计、病险水库除险加固专项审计、市保障性住房跟踪审计、大中型水库移民后期扶持资金专项审计、农村中小学布局调整情况和住宅专项维修资金审计等专项资金审计。及时发现专项资金管理使用中存在的问题，督促有关部门单位加强专项资金管理，做到专款专用，提高专项资金管理水平和使用效益。

（撰稿人：邬光梅）

【赣州市审计局】 2012年，赣州市审计局人员编制56人，在编56人。局长马晓聪，副局长王业有、郭德明，总审计师谢忠祥，纪检组长郭竞。设有办公室、法规科、总支办、监察室、财政金融审计科、经贸审计科、行政事业审计科、固定资产投资审计科、农业资源环保审计科、社会保障审计科、外资运用审计科、经济责任审计科、信息科、审计干部培训中心（事业单位）。

审计成果 全市审计机关共完成审计或审计调查项目2044个，查出各类违规金额3.3亿元，管理不规范金额57.1亿元，已上缴财政5040万元，已归还原渠道资金1086万元，已调账处理金额1363万元，审计后挽回损失金额4535万元，减少财政拨款或补贴3514万元。提出审计建议1621条，被审计单位采纳审计建议832条。向纪检监察、司法机关和有关部门移送案件线索3件。向各级党委、政府提交审计专题、综合性报告和信息162篇，被批示、采用18篇次，其中市审计局共报送审计要情 1 篇，综合审计报告 2 份、审计专报 5 篇。

财政审计 完成审计项目 64 个，其中市财政“同级审”项目 2 个、县财政审计项目 4 个、社会保障资金审计项目 3 个、农村中小学校布局调整项目 1 个、经济责任审计项目 54 个，应收缴违纪金额 194 万元，已入库金额 166 万元（含 2011 年度邮储银行和县财政审计）。

行政事业审计 完成审计项目 32 个，牵头负责南康等九县（市）农村中小学布局调整情况专项审计调查及全市中小学校舍安全工程审计，提交《关于我市九县（市）农村中小学布局调整情况专项审计调查的综合报告》，查出违规违纪金额 26 384.36万元，上缴财政 35 万元。

农业与资源环保审计 完成审计项目 51 个，其中专项资金审计 9 个、经济责任审计项目 41 个，收缴违纪款 111.09 万元，查处“小金库”1 个，涉及金额 93.8 万元，提出审计建议 37 条。

固定资产投资审计 完成审计项目 43 个，查出应上缴财政 650.71 万元，已上缴财政 650.71 万元，送审工程结算金额 47 761.97 万元，审计核减 1 144.97 万元，核减率 2.39％。

社会保障审计 全年完成审计项目 27 个，其中社会保障资金审计项目 1 个、经济责任审计项目 22 个、财务收支审计项目 3 个、预算执行审计项目 1 个。查出违纪金额 36 852.03 万元，其中管理不规范金额 36 791.77 万元、违规金额 60.26 万元。收缴违纪金额 36.60 万元。完成瑞金市和崇义县的社会保障资金审计。

经济责任审计 完成经济责任审计项目 56 个，查出违规金额 7 504.7 万元，管理不规范金额 18 570.61 万元，通过审计上缴财政 35 万元。

企业审计 完成审计项目 36 个，查出应上缴财政 295.55 万元，已上缴财政 295.55 万元。

外资运用审计 完成审计项目 27 个，查出违规金额 2 887.47 万元，上缴市财政 35.45 万元。

信息化建设 制定《赣州市审计局 2012 年计算机审计工作应用要求》《局机关 2012 年度计算机审计工作考核办法》《赣州市审计“十二五”信息化规划》等制度规范。通过审计会商系统远程参与数十次培训与会议。公开政务信息 159 条，推进政务公开工作。

培训与调研 全年共组织各项培训 16 期，选送 5 名县（市、区）审计局局长参加审计署举办的培训学习；选派 3 人参加省审计厅举办的中级计算机审计能力培训。组织参加审计署及省审计厅视频培训 600 多人次，参加社会保障资金审计、农村中小学布局调整审计、农村信用联社审计、保障性安居工程审计等各种专项审计培训和更新知识培训 400 多人次，参加市委组织部的自主选学培训 25 人次。（撰稿人：黄雪峰）

【上饶市审计局】 2012 年，上饶市审计局人员编制 53 人，在编 50 人。局长何丰，副局长万金星、董岚、周锋、卢兴（—9 月），总审计师卢兴（—9 月）、郑明军（9 月—）。设有办公室、监察室、法规科、财政金融审计科、行政事业和社会保障审计科、经贸审计科、固定资产投资审计科、农业环保与外资运用审计科、经济责任审计科、信息中心、基本建设审计中心、经济责任审计中心。

审计成果 全市审计机关共完成审计（调查）项目 1062 个，查出违规金额 1715 万元，管理不规范金额 455 138 万元，应上缴财政 1703 万元，应减少财政拨款或补贴 27 739 万元，应归还原渠道资金 20 616 万元，应调账处理金额14 200万元。移送司法机关、纪检监察部门处理事项 8 件。提交审计报告、信息 1283 篇（条），被采用 29 篇（条）。

财政审计 对上饶市 90 个财税部门进行审计或审计调查，查出主要问题金额 205 678 万元。其中：预算编报不真实、不完整金额 10 036 万元，违规变更调整预算 6383 万元，未按规定纳入预算管理 1350 万元，未按规定征收缴纳收入 35 962 万元，隐瞒转移截留资金 2514 万元，违规改变项目计划和资金用途 5173 万元，资金滞留闲置 17 806 万元，虚列支出 31 064 万元，扩大开支范围或提高开支标准 19 986 万元，违规出借财政资金 18 903 万元，违规收取费用 809 万元，资金不到位不落实 23 603 万元。

行政事业审计 对上饶市 437 个行政事业单位进行审计或审计调查，审计查出主要问题金额 52 453万元。主要是：未按规定纳入预算管理 328 万元，未按规定征收缴纳收入 2237 万元（其中少计少缴税费 2143 万元)，隐瞒转移截留资金 2253 万元，未落实“收支两条线”和专户管理规定 7567 万元，违规改变项目计划和资金用途 2829 万元，未按规定征提基金 6944 万元，乱收费、乱摊派、乱罚款 6946 万元，资金滞留闲置 458 万元，违规使用发票 804 万元，虚列支出 356 万元，扩大开支或提高开支标准列支 2473 万元，违规采购 484 万元，违规办理结算或批复决算 355 万元，少计少缴税费 2143 万元，超规模超标准项目 1301 万元。

固定资产投资审计 对上饶市 479 项政府投资项目开展审计，项目投资额 299 734 万元，完成投资额 299 734 万元，核减工程款 27 739 万元，审计查出主要问题金额 28 162 万元。主要是：工程价款不实 27 739 万元，未按规定纳入预算管理 103 万元，资金来源不合规 120 万元。

企业审计 对上饶市 11 个中央、省、市重点企业进行审计或审计调查，查出主要问题金额 5557 万元。主要是：违规经营（违规出借资金）2382 万元，财务收支核算不实 3122 万元，少计少缴税费 256 万元，资产不实 4487 万元。

金融审计 对上饶市 8 个省、市金融单位进行审计或审计调查，查出主要问题金额 45 331 万元。主要是：违规经营（银行中间及表外业务违规）9254 万元，资产质量不实 29 417 万元，财务收支核算不实 553 万元，少计少缴税费 553 万元，其他 6107 万元。

经济责任审计 对上饶市 148 个党政机关领导干部和国有企业领导人进行经济责任审计，查出主要问题金额 30 094 万元，已上缴财政 167 万元。主要是：违规金额 183 万元（其中负领导责任 182 万元)，查出管理不规范金额 29 846 万元，发现侵害人民群众利益金额 59 万元，促进增收节支 189 万元。

专项资金审计（调查） 对上饶市 26 个单位（项目）开展专项资金审计和审计调查，查出主要问题金额 23 258 万元。主要是：未按规定征收缴纳收入 482 万元，未落实“收支两条线”和专户管理规定 703 万元，违规改变项目计划和资金用途 1404 万元，资金滞留闲置 6712 万元，资金落实不到位 6852 万元，超规模超标准项目 404 万元，违规分包非法转包 2334 万元，违规收取费用 262 万元。

（撰稿人：胡跃明）

【抚州市审计局】 2012 年，抚州市审计局人员编制 49 人，在编 48 人。局长魏建平，副局长廖金平（—7 月)、黄荣泉、李兆龙、万高峰，总审计师吴晓兰，纪检组长何辉荣（—7 月)。设有人事秘书科、综合法规科、财政金融审计科、行政事业审计科、经贸审计科、固定资产投资审计科、经济责任审计科、农业资源环境审计科。下设培训中心、信息中心、审核中心及审计学会。

审计成果 全市审计机关完成 1438 个审计项目，查出各类违规金额 16.6 亿元，上缴财政 3453 万元，应减少财政拨款或补贴 1.3 亿元，应归还原渠道资金 2 亿元，应调账处理金额 14 亿元，为政府重点项目投资节约 6.3 亿元。向司法、纪检监察机关移送违法违纪案件线索 19 件，建议有关部门处理 28 件。向党委、政府报送《审计要情》18 篇，得到党委、政府主要领导批示 18 次。提出审计建议 1102 条，提交审计专题（综合性）报告、信息 1160 篇。

社会保障审计 全市审计机关按照江西省审计厅的统一部署和要求，圆满完成社会保障资金审计工作。此次社保审计共涉及金额 123 亿元，通过审计已促进财政补助资金拨付到位 2 641.73 万元，追回应补计的社会保险基金利息收入 1 240.28 万元，归还被挪用资金 1 576.28 万元，清退不符合条件和重复领取社会保障待遇 6.87 万人，将 5316 名符合参保条件的应参保对象纳入相应社会保障。抚州市审计局向市委、市政府主要领导报送了 2 期《审计要情》，引起抚州市委书记和市长的高度重视，两位领导分别做出重要批示，并专门召开会议形成了整改文件加以落实。抚州市审计局的社会保障审计工作被审计署全国通令嘉奖，被江西省审计厅评为“全省社会保障资金审计先进集体”。

财政审计 抚州市财政审计查出预算约束有待加强、抚州高新区的财政预算未纳入市人大预算审查管理、一般预算支出进度均衡性不够、非税收入的增长快于税收收入的增长、预算外专户部分收入未及时转预算收入、社会保障资金多头开户等违纪违规问题，上述问题都得到整改。

固定资产投资审计 加大投资审计项目的力

度，完善工程审计复核工作，按照《国家建设项目审计流程廉审监督备案暂行规定》的要求，进一步强化对国家建设项目的审计监督职能，促进审计人员廉洁从审。全市审计机关为政府投资核减6.3亿元，其中市本级为政府节约建设资金1.2亿元，为加快抚州城市发展做出贡献。

经济责任审计 全市完成领导干部经济责任审计165人，其中市本级完成经济责任审计45人，查出违规金额2 495.73万元。

专项资金审计（调查） 全面完成全市七县（区）农村信用社2011年度资产负债损益情况审计工作。在国有资产专项资金使用情况方面，抚州审计机关高度重视国有资产管理使用情况，不断加大审计力度，防止国有资产的浪费和流失。抚州市审计局将《审计情况》上报市委、市政府，引起书记、市长高度重视，并在《审计要情》上做出批示。抚州市政府办、市财政局先后发文要求市直行政事业单位对固定资产要认真进行建档管理和普查的通知。市政府专门下发《关于抚州市市直单位国有资产监督管理暂行办法》和《抚州市市直单位国有资产实施暂行办法》。

农业与资源环保审计 按照江西省审计厅要求完成并上报广昌县中小河流域治理和金溪、资溪、黎川三县移民后扶持资金专项审计的情况。

（撰稿人：杨志波）

【宜春市审计局】 2012年，宜春市审计局人员编制60人，在编63人。局长孙国琴，副局长彭泽荣（—5月）、周洪波（—9月）、邓余平、陈琪（7月—），总审计师陈琪（—7月），纪检组长程小军。设有秘书科、综合法规科、财金审计科、行政文教审计科、政法社保审计科、经贸审计科、农业与资源环保审计科、固定资产投资审计科、经济责任审计一科、经济责任审计二科、信息科和监察室。

审计成果 全市审计机关完成审计单位1228个，审计调查单位18个。查出违规金额20 499万元，应上缴财政16 808万元，应减少财政拨款和补贴996万元，应归还原渠道资金1405万元，应调账处理金额1285万元；已上缴财政16 663万元，已减少财政拨款和补贴996万元，已归还原渠道资金1403万元，已调账处理金额1166万元。移交处理事项20件，移送处理人员22人。提交审计专题、综合性报告和信息简报765篇，被批示采用510篇。2012年获得审计署、省审计厅和宜春市委、宜春市政府表彰的先进集体32个、先进个人18人次，其中社会保障资金审计工作获得全国社会保障资金审计公务员集体嘉奖，在省审计厅开展的综合考评和审计信息化建设及应用考评中均获得第一名。

财政审计 对本级预算执行情况和58个部门（单位）预算执行情况进行审计，共查出违规及管理不规范金额335 492万元，主要是预算编报不真实、不完整4547万元，预算编制批复不规范216万元，未按规定纳入预算管理7011万元，未按规定征收缴纳收入13 980万元，未落实“收支两条线”和专户管理规定3383万元，违规改变资金项目计划和资金用途1181万元，违规出借财政资金990万元等问题。对丰城市、铜鼓县、靖安县等3个县（市）及75个乡镇进行财政决算审计，查出违规问题及管理不规范金额63 172万元，主要是预算编报不真实、不完整3020万元，违规变更调整预算9321万元，未按规定纳入预算管理2126万元，未按规定征收缴纳收入22 051万元，资金滞留闲置5313万元，资金来源不合规2250万元等。对484个行政事业单位财政财务收支进行审计，查出违规问题及管理不规范金额62 308万元，主要是预算编报不真实、不完整3384万元，违规变更调整预算3589万元，未按规定征收缴纳收入3549万元，扩大开支范围或提高标准列支2943万元等。均按规定进行了处理。

社会保障审计 组织160余人、历时4个多月，对袁州、丰城等九县（市、区）人民政府12类18项社会保障资金进行全面审计。摸清2005年以来全市社会保障体系基本情况和取得的主要成效，揭示出地方政策与国家政策规定不符，部分人员应保未保、重复参保，社会保障资金筹集不到位、被挤占挪用，虚报套取社会保障资金，“以物抵费”资产长期不入账，银行部门少计社会保障资金利息、基金收益率较低，个人账户空账运行影响基金可持续性等问题。对存在问题从体制、机制上进行原因分析，形成7篇调研文章，以审计专报形式呈报市委、市政府主要领导。宜春市委书记对此做出重要批示，要求“完善制度，防止类似问题再次发生”。

企业、金融审计 根据江西省审计厅授权，对江西省煤炭集团有限公司丰城分公司、江西省英岗岭煤矿等2户企业2011年度财务收支进行审计，查出财务收支核算不实金额862万元，少计少缴税费730万元等问题。对宜春农商银行和丰城市、奉新县、靖安县、宜丰县、铜鼓县农村信用联社2011年度资产负债损益情况进行审计，重点关注贷款质量、呆账核销合规性、股金募集合规性、损益真实性及执行有关财税法规等情况，审计查出违规和管理不规范金额67 264万元，主要是违规经营37 776万元，资产质量不实27 870万元，少计少缴税费565万元等问题。均按规定进行处理，实现了“维护安全，推动改革，促进发展”的目标。

固定资产投资审计 组织80余人对全市城镇保障性安居工程进行跟踪审计，以资金筹集、管理和使用情况为主线，以目标任务分解完成、工程质量管理、保障性住房分配运行为重点环节，通过审计摸清情况、反映成效、揭示问题、分析原因、提出建议、督促整改，积极推动城镇保障性安居工程顺利进行。对宜春明月山机场进场道路A、B线和明月立交桥等重点工程进行审计，重点关注BT协议履行情况、工程建设管理情况、造价和质量控制情况、建设资金财务管理情况等。对484个政府投资项目（含单项）进行工程竣工决算审计，核减工程造价19 401万元，占项目完成投资额223 052万元的9%，节约政府投资，收到良好的社会效果。

经济责任审计 对249名领导干部任期经济责任进行审计，对审计中发现的财政收入不真实、专项资金未专款专用、专项资金未按规定下拨、无依据收费、财务管理不合规等问题进行如实反映，积极发挥经济责任审计在惩治和预防腐败体系中的监督评价作用。查出领导干部负主管责任违规金额119万元、管理不规范金额35 617万元，负直接责任违规金额68万元、管理不规范金额166万元；查出1名领导干部涉嫌个人经济问题、涉及金额63万元，已移送纪检监察机关。

专项资金审计（调查） （1）开展了农村中小学布局调整审计调查。组织50余人，历时2个多月，完成樟树、万载、奉新、靖安、上高等五县（市）农村中小学布局调整审计调查，审计客观评价农村中小学布局调整取得的成效，如实反映布局调整过程中出现的部分学校撤并不规范，教育资源过度向县城倾斜，部分寄宿制学校生活设施不足、管理和服务不到位，部分学生上学距离远增加交通安全风险、增加家庭教育支出等新情况、新问题。对产生问题的原因进行深入分析，提出针对性的意见建议。

（2）对宜春市中心城区房屋维修基金征收管理使用情况进行全面审计。揭示出房地产开发企业滞留业主房屋维修资金、基金存款利息未分配到个人账户、专项资金开设账户过多、未按要求建立个人账户查询制度、房屋维修基金收益低等问题。审计后宜春市物业维修基金管理中心根据审计意见追缴基金3200万元，加强基金管理信息系统和相关制度建设，维护广大业主的切身利益。

（3）组织开展全市住宿、餐饮行业税收征管及税收政策执行情况审计，全市排污费征收管理使用情况审计，中小河流治理项目资金绩效审计和靖安、丰城、高安三县（市）大中型水库移民后期扶持资金管理使用情况审计等4个专项审计，实现对重点资金实施有力监督、有效服务的目的。

效益审计 审计中积极探索效益审计，关注资金使用效益，查出损失浪费金额607万元，造成潜在损失金额10 551万元，审计挽回（避免）损失10 551万元。提出审计建议2275条，被采纳1961条。

信息化建设 依托已建成的审计专网、审计会商系统和审计管理系统，通过完善制度、强化培训、加强AO系统的推广和应用等多措并举，积极推进审计信息化建设。在自办培训班强化培训的同时，派出9人参加审计署和省审计厅计算机中级培训，3人获署计算机中级证，5人取得2科通过的成绩；积极运用计算机辅助审计，在财政、金融、社保审计中取得较大突破；加强审计方法和AO应用实例的编写，上报AO应用实例14篇，1篇获审计署应用奖，4篇获审计署鼓励奖；上报审计方法7篇，全部入选江西省审计厅计算机方法库，其中2篇获省审计厅优秀方法奖。

（撰稿人：朱丽芳　陈国平）

【吉安市审计局】 2012年，吉安市审计局人员编制40人，在编43人。局长鲍建军，副局长黄廉传、周共和、邓志华，总审计师肖军，纪检组长徐锐。设有办公室、综合法规科、财政金融审计科、经贸审计科、行政事业审计科、农业资源环保审计科、固定资产投资审计科、经济责任审计科、社会保障外资运用审计科、党总支，下设全额拨款事业单位——审计信息中心，市纪检监察派出机构——监察室。

审计成果 全市审计机关完成审计项目1495个，查出违规金额5736万元，应上缴财政5740万元，应减少财政拨款或补贴4091万元，应归还原渠道资金6653万元，应调账处理金额33 431万元；已上缴财政5369万元，已减少财政拨款或补贴5424万元，已归还原渠道资金4140万元，已调账处理金额27 205万元。移送司法机关、纪检监察部门处理事项35件，建议有关部门处理事项1件。提交审计报告、信息467篇，被采用352篇。

财政审计 重点审计同级财政、税务以及与预算执行密切相关的30个预算执行单位。对2012年的市本级财政预算执行和其他财政收支审计工作，市人大常委会给予高度评价，认为发挥了审计的“免疫系统”功能，称“审计报告有质量、有分量，审计部门敢说敢作敢为，审计建议切实可行”。市政府常务会议做了充分肯定，认为审计注重把握总体情况，敢于揭示存在问题，对促进依法行政、维护财经纪律、服务经济发展做出了积极贡献，并立即召集问题单位着力整改。

行政事业审计 全年完成审计项目9个（其中审计署统一组织项目2个、临时交办项目2个），审计查出违规金额80万元，管理不规范金额935万元，应上缴财政80万元，已入库80万元。

农业与资源环保审计 完成审计项目9个，查出主要问题金额393万元，其中违规金额54万元，管理不规范金额339万元。应上缴财政54万元，已上缴财政54万元。

固定资产投资审计 市本级完成投资审计项目38个，核减工程造价12 507万元，为政府节约大量财政支出。派人员配合省审计厅外资处和投资二处参与石虎塘航电枢纽跟踪审计、吉莲高速公路中期审计项目2个；派人员配合市直单位参与农网升级改造工程和新农村电气化县验收项目2个。

社会保障审计 社会保障资金审计中实行的倒计时挂图作业、分级承诺制、“三级会审”等经验做法，得到审计署和省审计厅的表扬和推广。审计整改成效明显，全市社会保障资金已整改到位金额3.48亿元，涉及人员21.32万人，规范保费收入1.23亿元。有1人获审计署全国社会保障审计先进个人表彰，5人获全省社会保障审计先进个人表彰，1个项目被评为全省社会保障审计优秀审计项目。

企业审计 全年共审计或调查项目7个，查出主要问题金额5531万元，违规金额44万元，管理不规范金额5487万元，应上缴财政44万元，已入库44万元。

经济责任审计 市本级实施经济责任审计项目35个。通过科学谋划、精心组织，合理调配审计资源、抽调精干力量，将专业审计与财政预算执行审计、经济责任审计结合起来，在规定的时间内圆满完成各项任务。

专项资金审计（调查） 全市审计部门加强对社会保障、教育、涉农、保障性安居工程等关系人民群众切身利益的专项资金管理、使用及效益情况的审计，对发现的问题及时提出审计建议并督促进行整改，确保专项资金安全有效地运行，力促各项改革措施和惠民政策落到实处。

（撰稿人：段学思　罗萍）

2012 年江西省所辖区、县(市)级审计工作统计表

金额单位:万元

审计机关	完成审计项目(个)	查出违规金额	应上缴财政	应减少财政拨款或补贴	应归还原渠道资金	应调账处理金额	移送司法、纪检、监察部门处理(件)	建议有关部门处理(件)	出具审计报告和审计调查报告(份)	提出审计建议(条)	撰写审计信息(篇)
南昌市											
南昌市本级	88	4827	4720	13579				1	136	312	148
东湖区审计局	54		5	824					54	47	106
西湖区审计局	15	357	64		12				15	56	24
青云谱区审计局	11	13	18			145			11	46	35
湾里区审计局	10	17	17						10	37	11
青山湖区审计局	25	40	2			3			25	67	36
南昌县审计局	9					285			9	27	80
新建县审计局	23		490			136			23	72	15
安义县审计局	8	133	63						8	31	6
进贤县审计局	75	1457	328	1274	209	1345			75	205	92
九江市											
九江市本级	133	26820	980	20341	620	4476	1	1	147	423	27
浔阳区审计局	52	1175	20	1154			2		52	73	5
庐山区审计局	98	1610	20	1589					122	127	34
庐山审计处	50	1210		1210					50	31	
瑞昌市审计局	119	8605	65	7741	704	1			121	132	8
九江县审计局	71	1826	114	1712			2		93	36	
武宁县审计局	76	3292	666		1422	1088	4		107	274	78
修水县审计局	75	1790	162	527	1099				97	154	
永修县审计局	96	2110	55	2054					119	163	40
德安县审计局	194	2824	203	2621			1		221	121	12
星子县审计局	157	3254	32	3221				1	155	226	5
都昌县审计局	147	6298	159	6138			4		147	528	1
湖口县审计局	53	660	56	604					64	397	60
彭泽县审计局	63	5187	62	394	3892	758			79	153	58
共青城审计局	125	1755	593	1097			1		133	105	6
景德镇市											
景德镇市本级	46	299	262	35		2		6	41	208	44
昌江区审计局	18	50	50						18	30	

续表

审计机关	完成审计项目（个）	查出违规金额	应上缴财政	应减少财政拨款或补贴	应归还原渠道资金	应调账处理金额	移送司法、纪检、监察部门处理（件）	建议有关部门处理（件）	出具审计报告和审计调查报告（份）	提出审计建议（条）	撰写审计信息（篇）
珠山区审计局	32	12	12						32	59	68
乐平市审计局	96	46	46					1	96	120	3
浮梁县审计局	39	40	40						41	81	2
鹰潭市											
鹰潭市本级	57	1687	1088		462	6214	1		63	136	61
月湖区审计局	18	78	6	58		367			18	49	5
贵溪市审计局	91	2289	391		82	251			81	159	42
余江县审计局	35	635	48		167	314			51	33	
新余市											
新余市本级	90	8089	729		6911	311	3		146	266	
渝水区审计局	20	24	23		2	6			20	39	4
分宜县审计局	118	2756	33						150	104	8
萍乡市											
萍乡市本级	61	352	309	1420	44321	27728			61	189	52
安源区审计局	36	156	156		681	3313			36	159	26
湘东区审计局	48	153	144		78				48	151	76
莲花县审计局	28	51	34		8	8			28	55	28
上栗县审计局	146	104	104		722	253			146	32	35
芦溪县审计局	112	18	18						112	54	5
赣州市											
赣州市本级	370	1503	1432		319	2			370	196	92
章贡区审计局	28	202	37				1		28	72	120
瑞金市审计局	305	163	162						305	421	190
南康市审计局	44	1141	177						44	76	20
赣县审计局	40	54	54						40	18	79
信丰县审计局	66	1203	144						66	53	11
大余县审计局	52	218	206		12		1		52	28	85
上犹县审计局	71	15508	122						71	155	27
崇义县审计局	279	587	66		10				279	253	25
安远县审计局	80	712	166		458				80	420	130
龙南县审计局	50	2940	256		33				50	28	17
定南县审计局	42	1198	577		74				42	52	24

续表

审计机关	完成审计项目（个）	查出违规金额	应上缴财政	应减少财政拨款或补贴	应归还原渠道资金	应调账处理金额	移送司法、纪检、监察部门处理(件)	建议有关部门处理（件）	出具审计报告和审计调查报告(份)	提出审计建议（条）	撰写审计信息（篇）
全南县审计局	11	56	56		4				11	15	22
宁都县审计局	62	3280	265		5				62	73	67
于都县审计局	133	240	240				1		133	308	186
兴国县审计局	113	217	154		3412				113	229	20
会昌县审计局	181	3667	307				3		181	82	99
寻乌县审计局	67	207	357		15				67	47	20
石城县审计局	50	320	262		231		1		50	66	52
上饶市											
上饶市本级	99	534	534	1873	17717		6		124	339	60
信州区审计局	21	14	14	58					24	27	
德兴市审计局	100	61	61	6887			2		113	293	12
上饶县审计局	40	182	182		736				40	37	
广丰县审计局	151	153	153	689	357	8828			187	122	
玉山县审计局	212	130	130	13075					241	414	
铅山县审计局	16	37	37		78	1658			20	49	
横峰县审计局	49	38	38	430		306			50	93	
弋阳县审计局	6	126	126	134	467				8	8	
余干县审计局	104	252	252		154				105	235	1
鄱阳县审计局	114	82	70		1	1000			137	122	
万年县审计局	79	77	77	2914	1106	1512			80	103	
婺源县审计局	71	27	27	1679		896			81	65	
抚州市											
抚州市本级	163	144000	1403	3079	6681	133000	3	3	80	189	76
临川区审计局	218	5326	256	3750	1320		4	4	218	218	2
南城县审计局	119	4786	660	120	2632	3086	2	12	119	182	280
黎川县审计局	59	1460			3400	2600	1	8	12	50	46
南丰县审计局	83	1414	96		75	3			83	152	36
崇仁县审计局	52	2200	236	1800	270	68	2	1	18	18	24
乐安县审计局	35	65	42	18	39	28	2		32	52	12
宜黄县审计局	169	1243	152		962	179			169	16	50
金溪县审计局	85	4770	314		184	694			85	60	10
资溪县审计局	119	1047	66	4326	5296	782			8		11

续表

审计机关	完成审计项目（个）	查出违规金额	应上缴财政	应减少财政拨款或补贴	应归还原渠道资金	应调账处理金额	移送司法、纪检、监察部门处理（件）	建议有关部门处理（件）	出具审计报告和审计调查报告（份）	提出审计建议（条）	撰写审计信息（篇）
东乡县审计局	71	245	218		15	12	5		71	105	151
广昌县审计局	265	135	10						265	60	30
宜春市											
宜春市本级	143	2830	2830				2		126	261	271
袁州区审计局	106	365	215	4		144	1	2	103	175	12
丰城市审计局	194	8428	8428				2	2	194	350	38
樟树市审计局	89	1833	1830				2		86	104	13
高安市审计局	137	985	985				5		137	316	123
奉新县审计局	74	159	159						74	208	21
万载县审计局	88	1466	469		112	883	4		88	105	15
上高县审计局	88	1455	1455						88	287	115
宜丰县审计局	101	2737	196	991	1291	258			101	121	24
靖安县审计局	72	131	131						72	169	13
铜鼓县审计局	154	110	110						154	179	45
吉安市											
吉安市本级	105	641	644		576	26867			105	254	125
吉州区审计局	163	81	81		371				163	244	6
青原区审计局	124	29	29		142	18			123		5
井冈山市审计局	60	70	70	241	20	134			65	33	20
吉安县审计局	115	2060	2060		1583	1192	7	1	115	133	110
吉水县审计局	86	117	117	2804	55	5			98	164	21
峡江县审计局	81	92	92	1116		1	3		81	81	
新干县审计局	167	230	230				7		167	340	4
永丰县审计局	114	123	124		43	200	2		113	8	10
泰和县审计局	72	247	247	740	113	709			62	59	3
遂川县审计局	54	706	706				6		54	103	68
万安县审计局	61	618	618		466	26			74	37	26
安福县审计局	79	88	88						79	103	52
永新县审计局	214	634	634		3284	4279	10		232	174	17

山东省

【山东省审计厅】 2012年，山东省审计厅人员编制199人，在编190人。设有办公室、法规处、人事处（机关党委）、财政审计处、行政事业审计综合处、农业与资源环保审计处、固定资产投资审计处、金融审计处、企业审计处、社会保障审计处、外资运用审计处、行政事业审计一处、行政事业审计二处、行政事业审计三处、行政事业审计四处、行政事业审计五处、行政事业审计六处、经济责任审计办公室、执行处。

领导成员

厅　　长：左　敏

副 厅 长：黄利明　刘均刚

李建军（—1月）

魏惠育　王修歧　杨统海

姜　芳（1月—）

总审计师：王修歧（—9月，兼）

鲁玉芹（9月—）

纪检组长：宋　晋

审计成果　全省各级审计机关共审计单位11 456个，查出违规金额756.67亿元，应上缴财政400.44亿元，应减少财政拨款或补贴104.29亿元，应归还原渠道资金143.89亿元，应调账处理金额469.51亿元；已上缴财政279.98亿元，已减少财政拨款或补贴97.57亿元，已归还原渠道资金75.15亿元，已调账处理金额333.16亿元；向司法机关和纪检监察部门移送案件线索147件，移送涉案人员193人，涉及金额9.65亿元，移送其他部门处理148件。省审计厅完成审计项目144个，查出违规金额45.3亿元，应上缴财政11.01亿元，已上缴财政8.42亿元；向司法、纪检监察机关移送案件线索7件，移送其他部门处理42件。全省共向各级党委、政府和上级审计机关提交审计报告和信息27 148篇，被批示、采用5618篇次。省审计厅提交报告和信息186篇，被省委、省政府和审计署批示采用84篇次，其中省领导批示34篇次。针对发现的问题提出改进建议，被采纳208条，促进被审计单位制定整改措施88项，建立健全规章制度75份。积极推进审计公开，全省向社会公告审计结果230篇。

财政审计　围绕规范财政管理，完善公共财政体制，加大财政审计力度。以重点部门单位为着力点，将预算执行审计与行业系统审计、专项审计等有机结合，在审查预算管理和执行、收入质量、支出效益等情况基础上，把政府性基金预算、国有资本经营预算以及其他政府性资金纳入审计范围，推动健全政府预算体系；监督财政改革措施执行情况，推动政府采购、“收支两条线”、国库集中收付等改革措施落实；关注部门单位“五项费用”和重大专项资金的管理使用情况，促进节约行政成本，提高财政资金使用效益；注重把查处问题与规范管理结合起来，从体制、机制、制度层面提出对策建议，推动财政管理科学化。全省共审计财政资金管理使用单位1347个，查出违规金额311.37亿元，上缴财政140.24亿元。

专项资金审计（调查）　组织开展住宅专项维修资金、三峡工程移民资金、现代农业发展资金、宣传文化发展基金、体育彩票公益金等专项审计和审计调查，以资金为载体、以政策为重点、以流程为主线，严肃查处违法违纪问题，推动政策落实、制度完善和资金高效使用。全省共审计（调查）专项资金管理使用单位526个，查出违规金额69.99亿元，应上缴财政57.48亿元，发现侵害人民群众利益金额9 361.11万元。

固定资产投资审计　积极推动投资审计业务全覆盖，全省57%的市、县审计机关已成立专职投资审计机构。以投资规模大、社会关注度高的重点投资项目为切入点，推广运用仪器辅助审计、批量跟踪审计等新技术、新方法，组织实施对援疆资金及项目建设、“十艺节”（第十届中国艺术节）场馆建设、“十一运”（第十一届全国运动会）场馆建设项目决算等审计和审计调查，结合工程建设领域突出问题专项治理，重点查处项目招标、拆迁补偿、工程造价等关键领域存在的问题，促进规范项目管理，提高政府投资效益。全省审计投资项目3039个，审减造价115.83亿元，移送处理事项2件。

绩效和资源环境审计　围绕转变经济发展方

式，保障经济健康稳定发展，积极拓展绩效审计应用领域。结合金融、企业和外资利用审计，密切关注企业经营效益、资源环境效益，组织开展省管重点企业、城市商业银行、电厂脱硫、旱作可持续农业、生态造林项目等审计和审计调查，促进降低成本、节约资源、保护环境，全省共查出损失浪费金额37.02亿元。

经济责任审计 省委办公厅、省政府办公厅出台《山东省党政主要领导干部和国有企业领导人员经济责任审计实施办法》，省审计厅联合省经济责任审计联席会议成员单位制发实施意见，开展经济责任审计评价体系研究，分类制定、修订审计工作方案、审计结果报告模板，进一步完善经济责任审计制度体系。省审计厅与省委组织部、省委党校联合举办首期市厅级领导干部经济责任审计专题培训班，经济责任审计逐步纳入领导干部和公务员培训计划。全省共审计经济责任人5117名，查出应由领导干部负主管责任的违规金额82.16亿元，移送司法和纪检监察机关32人。

社会保障审计 按照审计署部署，组织省、市、县三级审计机关，完成对15个市、118个县（市、区）的社会保障资金审计和50个县（市）的农村中小学布局调整情况审计调查，摸清各项社会保障资金收支余规模、结构及增减变化情况，客观反映农村中小学区域布局差异及其影响，深入揭示资金管理、制度建设和布局规划等环节存在的突出问题，促进社保体系完善和义务教育均衡发展。对中小学校舍安全工程、城镇保障性安居工程进行跟踪审计，为促进工程项目顺利推进发挥重要作用。

审计机关建设 （1）加强规范化建设，进一步提高审计工作质量。完成《山东省审计监督条例》修订工作并经省人大颁布实施，推进审计工作法治化进程。实施审计项目后评估办法，对项目投入产出情况进行量化考评，推进项目绩效管理。实行重大项目跟踪审理、经济责任项目前置审理、同类项目批量集中审理，消除风险隐患，提升审计质量。省审计厅和济南市审计局各有1个项目荣获全国地方优秀审计项目，青岛市审计局有1个项目获得表彰。

（2）加强队伍建设，进一步提高职业胜任能力。开展“能力年”建设活动，组织厅机关第二届审计能手评选和全省审计系统青年论坛，面向市县举办培训班21期、培训1662人次，提高干部队伍综合素质。完善业绩评定和成果记录制度，构建以业绩和成果为导向的干部选用机制，加大竞争上岗和轮岗交流力度，营造干事创业良好氛围。制定《创新奖评选管理办法》，开展厅机关首届创新奖评选，激发创新活力和动力。重视审计理论研究，实施重点科研课题规范化运作，提高审计科研水平。省审计厅承担的2项省政府重大调研课题分别获得全省政府系统优秀调研成果一等奖和三等奖。

（3）加强信息化建设，进一步提高审计技术水平。圆满完成“金审工程”二期建设任务，通过审计署专家组验收。推进联网审计平台建设，实现对被审计单位财务收支活动的全面、动态监督。继续举办省级计算机审计中级和AO认证考试培训班，培养计算机审计人才。建成并启动“档案网上借阅管理系统”，实现档案网上借阅、同步借阅和远程借阅。总结提炼信息化成果，全省AO应用实例、计算机审计方法评选获奖数量全国领先。

（4）加强廉政建设，审计机关形象进一步提升。严格落实党风廉政建设责任制，层层签订廉政责任书，分解落实廉政责任，确保反腐倡廉各项任务顺利完成。推进廉政风险防控管理，加大对重大审计项目的回访力度，严格执行政府采购制度，注重从源头防范廉政问题发生。

（5）加强机关党建和精神文明建设，创建文明和谐审计机关。认真学习贯彻党的十八大精神，落实中央关于改进工作作风、密切联系群众的“八项规定”，深入推进“创先争优、争做齐鲁先锋”活动，开展“保持党的纯洁性”“信仰、信念、信心”主题教育，强化审计文化建设和核心价值观培养，坚定信念，锤炼作风，振奋精神。制发《加强审计文化建设的意见》，深入推进精神文明建设，省审计厅和潍坊、济宁市审计局保持了“全国文明单位”荣誉称号。

内部审计 各级审计机关进一步加强对内部审计工作的管理和指导，开展民营企业内部审计调研，总结推广工作经验，发挥典型引领作用，推动内部审计转型发展。在中国内部审计协会组织的“国企扬帆　内审护航——2012国有企业内部审计成就展”活动中，全省有4家企业受到表彰。截至年底，全省已建内部审计机构7601个，配备内部审计人员19 868人，完成审计项目96 887个，促进增收节支34.43亿元，建议给予行政处分377人，向司法机关移送案件线索63件，涉及21人。　（撰稿人：冉　瑾）

【济南市审计局】　2012年，济南市审计局人员编制168人，在编168人。局长孙竹兮，副局长毕永晔（—7月）、唐军、吕思修、刘继强、丁小玲、张传堂（7月—）、于洋（7月—），总审计师仪红军。设有市经济责任审计办公室（副局级）、办公室、法规处、组织人事处、财政金融审计处、行政事业审计一处、行政事业审计二处、行政事业审计三处、农业与资源环保审计处、固定资产投资审计处、融资建设项目审计处、投资建设项目审计处、工业交通审计处、商贸审计处、社会保障审计处、外资运用审计处、计算机审计技术处（信息处），市经济责任审计办公室下设综合处、行政事业经济责任审计处和企业经济责任审计处、机关党委、工会等。

审计成果　全市审计机关完成审计项目709个，查出违规金额16.03亿元，应上缴财政7.44亿元，应减少财政拨款或补贴2.98亿元，应归还原渠道资金1.07亿元，应调账处理金额11.84亿元；已上缴财政6.71亿元，已减少财政拨款或补贴2.98亿元，已归还原渠道资金0.43亿元，已调账处理金额11.52亿元。移送司法机关、纪检监察部门处理事项8件，建议有关部门处理事项5件。提交审计报告、信息2164篇，被采用450篇。

预算执行审计　全市审计预算执行部门90个，共查出违规金额4.62亿元，管理不规范金额72.49亿元，应上缴财政4.25亿元。截至年底，有关部门单位实际上缴财政、补征、归还原渠道等各类资金4.23亿元，通过调整会计账目、规范资金管理等方式整改5069万元。

固定资产投资审计　市审计局先后开展“十艺节”场馆工程、二环西路地面道路及环境建设、第三生活垃圾无害化处理厂等重点工程的招投标、设计、施工、监理、材料供应全过程跟踪审计。全市共审计建设资金61亿元，审减3.89亿元。

经济责任审计　全年审计领导干部314人，其中市管干部39人，查出问题金额156.43亿元。根据两办《规定》，市审计局出台《济南市党政主要领导干部和国有企业领导人员经济责任审计实施办法》。为有效规范经济责任审计工作，相继出台《济南市经济责任审计工作领导小组办公室工作规则》《济南市经济责任审计报告参考格式》，槐荫区、天桥区、市中区、长清区、济阳县出台经济责任审计实施方法、整改意见等。市审计局还制定《济南市经济责任审计联席会议制度》，槐荫区、市中区、商河县、平阴县也制定相关联席会议制度。

专项资金审计（调查）　开展全市社会保障资金、农村中小学布局调整以及学前教育、住房公积金联网、城市供热、体育彩票公益金、供销服务体系运行情况、慈善捐赠资金管理使用情况和现代农业发展资金等专项审计和审计调查。主要揭示地方政策和国家政策规定不符或执行不到位、有关民生资金筹集不到位或被违规使用、资金运营和使用效益不高以及部门间缺乏信息共享机制等问题，从完善政策制度、加强全程监督、建立信息共享机制等方面提出建议。全年审计各类专项金额222.74亿元，查出违规金额0.45亿元，维护了国家和群众利益。

（撰稿人：于　超　闫晓军）

【聊城市审计局】　2012年，聊城市审计局人员编制82人，在编69人。局长王连申，副局长崔玉忠、张斌，总审计师李宏图。设有办公室、人事科、法制科（加挂内审指导科）、财政金融审计科、社会保障审计科、企业审计科（加挂外资审计科）、农业与资源环保审计科、行政事业审计科、开发区审计分局、监察室、机关党总支，另设有直属事业单位经济责任审计办公室、政府投资审计专业局、派出教育审计办公室、派出卫生审计办公室、派出政法审计办公室、派出城建审计办公室、审计科研所、审计培训中心、审计信息化办公室。

审计成果　全市审计机关完成审计项目582个，查出违规金额39.91亿元，管理不规范金额139.3亿元，应上缴财政21.83亿元，已上缴财政18.35亿元，减少损失浪费金额3 796.95万元。提交审计报告、信息812篇，被采用468篇。

财政审计 全市共查处违规金额6.7亿元，管理不规范金额61.25亿元，提出建议184条，有效维护公共财政安全，推动财政体制完善。财政审计中，开展城建专项资金、土地出让金收支管理等专项审计和审计调查，防范财政风险。地税审计中，注重查处少缴、漏缴和延期缴纳税金等问题，及时挽回财政损失，得到市政府的通报表彰。对部门单位的预算执行审计，注重在查清问题的基础上，分析问题形成的原因，并从根源上弥补财政资金管理使用中存在的制度漏洞。提交的预算执行情况和地税征收情况审计报告得到市政府领导高度重视。预算执行审计报告及整改报告在市人大常委会上引起关注，市人大常委会连续两年下发审议意见书，督促各单位就审计发现的问题进行整改。

固定资产投资审计 全年审计各类工程项目62个，节约工程建设资金1.04亿元。进一步加强校舍安全、工程领域突出问题专项治理审计，全市审计调查校舍安全项目243个、工程领域突出问题专项治理项目1118个，查出问题金额13.9亿元，节省工程投资5135万元。全市中小学校舍安全工程审计经验被全国中小学校舍安全领导小组办公室以简报的形式向全国推广。不断加强政府重点投资建设项目跟踪审计，对政府重点投资项目实行“全方位、全过程、全覆盖”的跟踪审计模式。在省审计厅开展的专项审计调查工作考评中，被评为先进单位。受市人大常委会和市政府的委托，在2011年开展土地出让金专项审计的基础上，开展城建资金专项审计，促进1120亩违规占地和低效用地的整改，回收土地148亩，为财政增加收入11亿元，促进土地出让金和城建资金管理体制的完善，解决土地出让金拖欠的历史性难题，市政府领导以及市人大常委会给予高度评价。

经济责任审计 2012年适逢换届年，在任务重、时间紧的情况下，全市审计机关创新工作方法，采取大兵团作战模式，按照“五个统一”工作部署，相继开展96个乡镇党委书记、37名县级领导干部、3个县长经济责任审计工作，获得各级各部门的一致肯定。尤其在县（市区）长经济责任审计中，实行“1＋N”审计模式，在财政财务审计的基础上，将土地、环保、政府债务及财政管理情况，教育、强农惠农、社会保障政策落实情况，生态文明和可持续发展情况等纳入审计的关注重点，为全面完整反映领导干部履行责任情况打下良好基础。

专项资金审计（调查） 先后开展住宅维修资金、保障性住房、农村中小学布局调整、体彩公益金、义务献血等专项审计和调查，摸清专项资金的筹集、管理和使用情况，发现存在的问题，在保障民生资金的安全完整、确保国家惠民政策的落实、维护广大人民群众利益等方面发挥重要作用。开展全市公立医院行业收费及财政财务收支审计，对下一步组织大兵团开展行业性审计积累经验。对上报的每份民生资金审计报告，市长等领导都高度重视，指出“民生无小事”，明确要求相关部门根据审计建议加强整改。

（撰稿人：杨 辉）

【德州市审计局】 2012年，德州市审计局人员编制73人，在编58人。局长杨少华（—3月）、李安义（3月—），副局长张千华、郑祥盾、戴希祥、王力同（11月—），总审计师梁富修（11月—）。设有办公室、人事科、法规科、财政金融审计科、行政事业审计科、企业与外资运用审计科、农业与资源环保审计科、固定资产投资审计科、社会保障审计科、开发区审计科、德州市经济责任审计办公室、机关服务中心。

审计成果 全市审计机关共审计（调查）单位379个，查出违规金额5.4亿元，管理不规范金额107亿元，促进增收节支4.9亿多元。提交信息及专题报告等323篇，提出审计建议647条，被采纳240多条。完成市委、市政府交办的重点工作20余项。

财政审计 市审计局对市发展改革委、财政局等9个预算单位及29个二级单位的部门预算执行情况进行审计，查出违规和管理不规范金额16.76亿元，追缴入库财政1.8亿元，节约财政支出1.2亿元。代表市政府向市十三届人大常委会三次会议做审计工作报告。结合税收征管审计，延伸审计18户企业纳税情况，查补税款2770万元。

农业与资源环保审计 市审计局对4个县市农村中小学布局调整进行审计调查，摸清制度运行情况，揭示存在问题，提出审计建议。对土地综合整治挖潜资金等两区同建资金的筹集、管理、使用情况进行审计，审计资金20多亿元。

固定资产投资审计 市审计局对市公路局承建的投资6亿多元的幸福大道工程造价情况进行审计，审减工程造价8156万元。对大剧院工程项目和中心城区建设工程进行跟踪审计。

社会保障审计 市审计局组织全市审计机关对11个县市区、21项社会保障资金进行审计，查出违规及管理不规范金额11.5亿元，摸清了社会保障制度建设和资金管理情况，揭示和反映了突出问题，提出深化改革、加强管理、保障资金安全和完善社会保障制度的意见和建议。督促整改落实社会保障参保人员3548人，拨付滞留资金302万元，清欠社会保险费6506万元等，保障广大群众的基本利益，促进社会保障资金的安全规范管理。

企业审计 市审计局对市重点建设投资公司运行情况进行审计，揭示企业经营风险、债务风险及管理薄弱环节，对企业的发展方向、职能定位及完善管理机制提出审计建议，为领导决策提供参考依据。对德州银行资产负债损益情况进行全面审计，延伸审计县域及市直分支营业机构，揭示其资产质量、信贷风险、内部控制等方面存在的问题。对市热力公司企业经营状况、供热成本造价等进行分析、评价，摸清企业的资金运作、经营状况和制约发展的问题，认定企业供热成本，促进供热企业的健康发展。

经济责任审计 市审计局受市委组织部的委托，对48个部门单位领导干部进行经济责任审计，查出违规金额6.2亿多元。对全市法院系统、检察院系统、公安系统共23个单位主要负责人的经济责任审计，分析各系统的离任审计结果，发送整改建议函，督促整改，促进整个系统加强监管和内控，规范整个系统的管理。

（撰稿人：李 伟）

【东营市审计局】 2012年，东营市审计局人员编制54人，事业编制10人。局长曲同德，副局长杨忠起、冯培勤、成志强，总审计师张冬梅。设有经济责任审计办公室、政府投资审计办公室、东营港经济开发区审计科、东营经济开发区审计科、办公室、人事教育科、财政审计科、金融审计科、行政事业审计科、农业与资源环保审计科、社会保障审计科、法规科、审计执行科。所属事业单位：东营市计算机审计中心。协会组织：东营市内审协会。

审计成果 东营市审计局完成审计项目131个，查出违规金额89 471万元，应上缴财政89 376万元，应减少财政拨款或补贴377万元，应归还原渠道资金1011万元，应调账处理金额57 170万元；已上缴财政76 244万元，已归还原渠道资金881万元，已调账处理金额54 258万元。移送有关部门处理事项2件。出具审计报告和报送审计调查报告228篇。审计提出建议237条，被采纳审计建议175条；审计专题、综合性报告6篇，信息简报15篇。

财政审计 对财政局、地税局、非税局、农业局、环保局、城市管理局等18个单位进行预算执行审计，延伸单位10个，审计查出主要问题金额250 009万元。开展决算审计项目9个，查出主要问题金额1774万元。

行政事业审计 审计单位88个，查出主要问题金额69 487万元。

专项资金审计（调查） 对农村党员干部现代远程教育专项资金、利津县现代农业发展资金管理情况、河口区现代农业发展资金管理情况、市级体彩公益金、东营市住宅专项维修资金和东营市育才学校历史遗留债务6个项目进行审计。审计专项资金总额66 717万元，审计查出主要问题金额39 413万元。

固定资产投资审计 对东营市中小学校舍安全、东营市实验中学南校区规划改造项目、东营市创城一期工程3个项目进行审计。审计项目投资额21 835万元，完成投资额14 438万元，核减投资额377万元，审计查出主要问题金额10 648万元。

社会保障审计 根据审计署、省审计厅的统一部署，2月至4月，东营市审计局组织全市审计机关对东营区、河口区、广饶县、垦利县、利津县2005年至2011年社会保障资金使用、管理和效益情况进行审计，审计查出主要问题金额13 909

万元。

金融审计 以"摸清底数、揭示问题、维护安全、推动创新，促进发展"为目标，利用计算机审计技术，对东营银行2011年度资产负债损益情况进行审计；对东营市城市资产经营公司的重点工程项目建设、工程投资控制和资金管理进行审计，审计共查出主要问题金额332 756万元。

经济责任审计 报请市政府批复建立东营市经济责任审计工作联席会议，通过纪检监察、组织人事、财政等多个部门的资源整合，形成权力监督的整体合力。全年审计领导干部99人，其中任中审计1人，离任审计98人，审计查出主要问题金额134 371万元。

内部审计 全市共有内部审计机构229个，其中专职机构123个；内部审计人员742人，其中专职人员489人。全年共完成审计项目1245个，其中财务收支审计259个，效益审计209个，经济责任审计109个，内部控制评审66个，信息系统审计1个，基本建设审计396个，其他审计205个。审计总金额15 383 263万元，增收节支21 309万元，提出建议意见被采纳694条。

（撰稿人：蔡　玲）

【淄博市审计局】 2012年，淄博市审计局人员编制112人，在编102人。局长侯全明，副局长杜贞耐、梅立凯、房虹，总审计师荆开学。设有办公室、综合科、法规科、人事科、计算机审计管理科、培训中心、内审协会、机关党委和工会、财政审计科、金融和社会保障审计科、行政事业审计科、经贸审计科、农业与资源环保审计科、外资运用审计科、政法审计科、科教文卫审计科、经济责任审计办公室、政府投资审计专业局。

审计成果 全市审计机关共完成审计项目834个，查出违规金额1 021 228万元，应上缴财政311 353万元，应减少财政拨款或补贴160 985万元，应归还原渠道资金85 361万元，应调账处理金额101 238万元；已上缴财政147 319万元，已减少财政拨款或补贴160 985万元，已归还原渠道资金85 361万元，已调账处理金额78 693万元。移送司法机关、纪检监察部门处理事项5件。提交审计报告、信息1383篇，被采用706篇。

财政审计 全市审计机关共组织实施90个部门、单位的预算执行审计，查出违规金额335 139万元，增收节支217 977万元。利用联网审计拓展市级预算执行审计的深度和广度，成功转换部门预算、指标管理等七大业务和财务系统的数据。以全部政府性资金收支为主线，加强对公共资金使用效益、风险防范等内容的监督，加大政府性基金等专项审计调查比重，部门预算执行审计覆盖面达56%。针对地税审计中发现的资源税征缴工作中存在的问题，市政府召开专题会议研究，地税部门根据审计建议迅速改进资源税征缴工作中存在的问题，截至年底，累计入库资源税37 695万元，同比增长181.05%，增收24 283万元。

金融审计 金融审计共查出违规金额47 648万元，移送有关部门处理事项3件。对全市40家融资性担保公司和13家小额贷款公司2009年至2010年经营绩效情况开展专项审计调查，摸清全市融资性担保公司、小额贷款公司总体发展规模和经营管理现状，提出改进建议。在对齐商银行股份有限公司2011年资产负债损益真实性审计的基础上，重点揭示其经营管理中存在的突出问题和风险隐患，从体制、机制和制度层面分析原因，有针对性地提出加强金融监管、完善金融管理体制等方面的意见和建议。

农业与资源环保审计 全市审计机关共实施农业与资源环保审计项目58个，查出违规金额221 206万元。结合2011年度预算执行审计，市审计局对近三年的国土资源节约集约利用情况进行审计调查，调查发现土地节约集约利用的制度措施未落实到位、盘活存量土地管理力度不够、土地储备资源不足等问题，据此提出审计意见。市政府和市国土资源局对此高度重视，出台《关于推进国土资源节约集约利用的实施意见》，为进一步规范和促进市土地资源节约集约利用提供制度保障。5月至6月，市审计局对临淄区、桓台县、高青县、沂源县的现代农业生产发展资金管理使用情况进行审计。5月，审计署农业与资源环保审计司副司长赴淄博市审计局调研环保资源绩效审计工作；6月，淄博市审计局副局长杜贞耐在山东省审计厅农业与资源环保审计业务会上做典型发言；7月，《审计署资源环境审计通讯》刊登了淄博市资源环境审计工作方法。

固定资产投资审计 全市审计机关共审计项目单位239个，核减投资额134 593万元，审计后挽回（避免）损失4263万元。落实市委书记提出的“凡政府投融资项目必须经审计机关审计”的“铁纪”要求，突出抓好重点建设项目造价审计，主动加强与住房城乡建设局、发展改革委等部门的沟通联系，准确掌握建设项目立项、投资额等基本情况，通过实际调查核实，建立完善“淄博市政府投资重大建设项目数据库”；统筹谋划，及时合理安排审计力量，组织全市的政府投融资项目审计，全面实施城镇保障性安居工程跟踪审计，推动城镇保障性安居工程顺利进行。

社会保障审计 淄博市审计局组织全市审计机关106名审计人员，对五区三县涉及500余单位的社会保险、社会救助、社会福利3部分共12类18项资金进行审计，重点审计人力资源和社会保障、民政、卫生等201个部门单位，延伸调查82家企业、35个村（居）委会、12家医院和89家敬老院、老年公寓、低保家庭等，共查出违规金额78 121万元，移送有关部门处理事项7件，移送有关部门处理人员15人。区县政府边审计边整改问题37个，整改金额1.03亿元，完善制定管理制度23项。市委书记对社会保障审计整改做出指示，5月召开全市专题整改大会，成为淄博市首次召开的单一审计项目整改大会。

企业审计 全市审计机关完成54个企业审计项目，查出违规问题金额103 505万元，移送司法机关处理2件，3人受到刑事处罚。立足淄博市老工业城市转型发展的新要求，将审计监督有效融入加快推进产业结构战略性调整中，加强对企业新增项目和技术改造项目的审计监督，促进项目尽快达产达效。结合财政审计，重点做好企业投融资项目跟踪审计，研究分析促进内涵发展的体制、机制性建设。淄川区、周村区审计局按照区政府授权，开展企业财务税收审计监督，促进财政稳定增长。

经济责任审计 全市审计机关完成47名县处级以上和329名县处级以下领导干部实施经济责任审计，查出违规金额68 417万元。在审计内容上，由财政财务收支审计向经济权力运行和经济责任落实转型；在审计计划上，坚持逢离必审、强化任中审计；在审计重点上，突出行业系统审计，集中对全市18名区县法院院长、检察院检察长进行经济责任审计。市纪检、组织、监察、财政、审计等部门联合对全市贯彻落实两办《规定》情况进行专题检查督导。在党委、市政府的高度重视和大力支持下，全市经济责任审计专职机构和队伍建设不断取得新进展，现已有5个区县升格为正科级。12月，淄博市审计局经济责任审计办公室被市总工会授予“振兴淄博劳动奖状”。

内部审计 截至年底，全市设立内部审计机构353个，配备专（兼）职内部审计人员1160人。全年淄博市内部审计机构实施审计项目5918个，审计总金额294 300万元，促进增收节支55 320万元，提出审计建议并被采纳1170条。为加大工会经费审查审计监督力度，更好地发挥工会经审组织在工会建设中的作用，5月8日，淄博市总工会与淄博市审计局联合成立了审计师顾问团。

（撰稿人：钟卫国　翟慎军　关华林）

【潍坊市审计局】 2012年，潍坊市审计局人员编制85人，在编73人。局长宫智，副局长刘树龙、李宏德、陶德义（9月—）、王芳，总审计师郑栋强（9月—）。设有办公室、组织人事科、研究室、法制科、财政审计科、行政事业审计科、农业审计科、资源环保审计科、社会保障与金融审计科、经贸与外资运用审计科、计算机审计管理科、市经济责任审计办公室，下设潍坊市审计局派出审计处和潍坊市政府性投资审计中心。

审计成果 潍坊市审计局完成审计项目83个，查出违规金额159 628.37万元，应上缴财政94 450.83万元，应减少财政拨款或补贴22 066.64万元，应归还原渠道资金13 814.41万元；已上缴财政36 234.11万元，已减少财政拨款或补贴22 066.64万元，已归还原渠道资金7 600.1万元。移送其他部门处理事项1件。提交审计报告、信息262篇，被采用233篇次。

财政审计 审计（调查）单位11个，查出违规金额78 322.72万元，管理不规范金额415 275.15万元。实施的市本级预算执行、税收征管和两个县市区的财政预决算审计，着力揭示在预算执行、资金分配、资金使用、政策效果等方面存在的突出问题，从体制、机制、制度层面分析原因，提出改进建议，更好地服务经济社会发展大局。开展对省直管县财政状况审计调查，关注改革政策落实情况，揭示现行省直管县财政体制不完善、改革措施落实不到位的问题，提出完善财政管理体制、规范财政管理的意见和建议。

金融审计 对潍坊银行2011年度资产负债损益情况进行审计，着力揭示体制、机制性问题，从防范化解金融风险、促进中小金融机构改革的角度提出解决和改进问题的审计意见和建议。查出违规金额52 362.16万元，管理不规范金额471 93.86万元。

固定资产投资审计 完成“阳光大厦”建设工程竣工决算审计，查出违规金额1 594.45万元，管理不规范金额22 886.78万元，核减投资额22 066.64万元。确保财政资金的安全、合理和有效使用。

社会保障审计 开展全市社会保障资金审计，审计12个县市区、3个市属开发区人民政府及其所属部门单位，延伸审计172个单位，摸清全市社会保障的总体情况，揭示各类问题40个，查出主要问题金额181 021.18万元，提出审计建议8大类13项。

经济责任审计 重点对48个单位50名经济责任人进行审计，重点关注领导干部利用公共资源履行职责的经济性、效率性、效果性和廉洁自律情况，查出违规金额75 189.69万元，管理不规范金额443 624.37万元。

专项资金审计（调查） 加强对重点专项资金的审计和审计调查，完成审计和调查项目6个，查出违规金额648.52万元，管理不规范金额15 852.99万元。开展住宅专项维修资金交、管、用情况审计调查、全市小农水重点县和农村饮水安全专项资金管理使用情况审计、现代农业生产发展资金使用管理情况审计和体育彩票公益金专项审计，确保资金专款专用，提高使用效益，切实维护人民群众利益。 （撰稿人：游　园）

【烟台市审计局】 2012年，烟台市审计局人员编制90人，在编84人。局长王清东，副局长逄世毅、张邦业（2月—）、董瑞锋、翟宇翔（2月—），总审计师常宗杰（2月—）。设有办公室、法规科、财政审计科、行政事业审计科、经贸审计科、固定资产投资审计科、社会保障审计科、农业与资源环保审计科、外资运用审计科、金融审计科、人事教育科、信息管理科、内审指导科，另设有派出审计一处（重点建设项目）、派出审计二处（公检法司）、派出审计三处（科教文卫），及直属的烟台市经济责任审计办公室（内设企业审计科和行政事业审计科）。

审计成果 全市审计机关共完成审计（调查）项目单位788个，查处各类违规金额134.2亿元，管理不规范金额245.7亿元，促进增收节支110.8亿元。审计专题报告、综合性报告和信息简报被各级批示采用达289篇次，464条审计建议被各级各部门采纳，近300篇宣传稿件被采用。烟台市审计局继续保持省级文明单位称号，先后荣获市直机关先进集体、全市“3＋1”联手共建社会主义新农村活动先进单位、全省审计信息化工作先进单位等荣誉称号，被审计署授予全国社会保障资金审计先进公务员集体嘉奖，被山东省人力资源和社会保障厅确定为“山东省公务员平时考核试点单位”。

财政审计 对市直13个部门单位进行预算执行审计，同步实施对全市融资平台、民政事业费资金和部分重点行业税收征管情况的专项审计调查，对2个县级政府财政决算情况进行审计。

固定资产投资审计 开展中小学校舍安全工程跟踪审计和工程建设领域突出问题专项治理工作，对烟台火车站、烟台文化中心两个投资过10亿元的重大政府投资工程进行审计，对创城资金、毓璜顶医院在建工程、市直直管公房、住房维修资金、大型灌区续建配套和节水改造工程进行专项审计和审计调查。

专项资金审计（调查） 组织开展全市社会保障资金审计、全市农村中小学布局调整情况专项审计调查、全市城镇保障性安居工程跟踪审计3个全国性重大审计和调查项目。统一组织全市审计机关实施对体育彩票公益金、城乡居民基本公共卫生服务资金、企业独生子女父母退休时一次性养老补助政策落实及资金兑现情况的审计调查。市审计局组织对现代农业生产发展专项资金、三峡库区移民资金、福利彩票公益金、住房公积金进行审计，并对世界银行贷款烟台市污水处理项目等8个外资运用项目进行公证审计。

企业审计 组织完成对烟台机场、蓝天控股、水产供销公司、蓬长客港公司等5户市属国有企业的资产负债损益审计或经济责任审计，对烟台银行进行资产负债损益审计和原负责人离任经济责任审计。

经济责任审计 根据组织部门委托，先后开展对4批次80个党政机关主要领导或国有企业领导人员的任期经济责任审计，并联合市纪委、市委组织部开展对3个市直部门单位的“三联三审”工作。组织起草《烟台市党政主要领导干部和国有企业领导人员经济责任审计实施办法》，并以烟办发〔2012〕51号文件正式在全市范围内印发。

内部审计 对部分市直重点部门单位的内部审计机构建设情况进行调查，开展民营企业内部审计工作调研、全市内部审计工作观摩交流等活动。积极参加中国内部审计协会组织的“国企扬帆，内审护航——2012国有企业内部审计成就展”活动，推荐的招金集团被评为“2012内部审计领军企业”，成为全国50家获奖企业中唯一的县级国有企业。 （撰稿人：车绍伟）

【威海市审计局】 2012年，威海市审计局人员编制52人，在编42人。局长王晓（—12月）、王子明（12月—），副局长李峰、孙思深、张永孝、王以威，总审计师秦之泰。设有办公室、法制科、财政金融审计科、行政事业审计科、经贸审计科、农业与环保审计科、外资运用审计科、信息科、内部审计师协会，另设政府投资审计中心、经济责任审计办公室，政府投资审计中心下设投资审计一科、投资审计二科，经济责任审计办公室下设经济责任审计一科、经济责任审计二科、经济责任审计三科。

审计成果 全市审计机关共完成审计项目278个，查处违规和管理不规范金额94亿元，促进增收节支4.4亿元。

财政审计 全市审计机关主要审计了同级预算管理及执行、税收征管、重点专项资金管理使用等情况，同时开展与预算执行审计相结合的专题审计项目30个，涉及部门单位161个，促进增收节支1.2亿元。市审计局在完成对市级预算执行审计和市地方税务局税收征管审计的同时，审计了36个部门单位预算执行情况，对全市社会保障资金、市本级住宅专项维修基金及部分大中型水库除险加固工程进行审计和审计调查。市政府第五次常务会议听取了审计结果汇报，责成市审计局将整改任务分解到相关部门和单位，责令各部门单位制定具体整改措施抓好落实。7月3日，市第十六届人大常委会第一次会议听取、审议《关于2011年度市级财政预算执行和其他财政收支情况的审计工作报告》，充分肯定此次审计重点突出，评价客观，中肯地揭示和反映在预算执行、税收征管和其他财政收支方面存在的一些问题，为维护财经秩序、规范预算管理、提高财政资金使用效率发挥了重要作用。各部门的审计整改于7月底完成，共促进入库各类资金5405万元，促进完善管理制度20项。10月上旬，市审计局将整改结果报告市政府，市政府按程序向市人大常委会报告了整改情况。11月上旬，报经市政府批准，市审计局向社会公告预算执行审计结果和相关整改落实情况。各市、区、开发区审计机关将预算执行审计与专题审计有机地结合起来，进一步增强财政预算审计的整体性、宏观性和建设性，审计结果先后被市政府（管委）领导批示11件（次）。

经济责任审计 全市审计机关对205名领导干部进行经济责任审计，查出违规和管理不规范金额24.8亿元。审计过程中，对滞留财政资金、漏缴税费、工程建设管理不规范、未执行政府采购规定、国有资产管理不到位、内部财务管理不规范等问题进行查处纠正，提出改进建议，有效促进领导干部民主决策、科学决策、科学理财、依法理财。市审计局积极适应换届新形势，对火炬高技术产业开发区、经济技术开发区、威海工业新区主要负责人进行经济责任审计，完成市经济责任审计联席会议成员的调整，改革经济责任审计谈话方式，建立健全联席会议议事规则，确保经济责任审计规范操作。

专项资金审计（调查） 全市审计机关组织完成对社会保障资金、住宅维修基金、现代农业生产发展专项资金、教育补助资金、家电汽车摩托车下乡补贴资金等的审计，完成对部分乡镇政府债务情况、物业服务企业管理情况、农村环境综合整治情况、招商引资到位情况等的审计，完成对农村中小学布局调整情况的审计，组织对全市保障性住房工程进行跟踪审计。通过审计，进一步优化公共资源配置，促进财政资金依法有效使用，切实维护人民群众的根本利益。按照市委、市政府的要求，全市审计机关对部分行业26户骨干企业经济状况进行审计调查，全面了解全市重点行业企业的财务状况和经营情况，为市委、市政府提供翔实的决策依据。

固定资产投资审计 全市审计机关共对37个政府投资工程项目进行审计，涵盖内需拉动、产业开发、城建、水利、交通、教育、卫生、社会福利、住房保障等领域。审计从招投标管理、材料价格控制、定额管理、工程资金管理使用等重点环节入手，加强实地勘验，强化财务核查，共查处违规金额2.38亿元，审减工程造价2.73亿元。

内部审计 全市各内部审计机构共完成审计项目9191个，促进增收节支4.5亿元，提出建议意见被采纳5315条，向司法机关移送案件4件，涉及人员5人。威高集团有限公司作为山东省民营企业内部审计3个代表单位之一，被山东省内部审计协会推荐参加中国民营企业内部审计经验交流会并进行书面经验交流。（撰稿人：宋宝军）

【青岛市审计局】 2012年，青岛市审计局人员编制186人，在编181人。局长韩明升（—4月），郑卫星（4月—），副局长侯杰、商建波、史祖平、栾心勇、王健（10月—），总审计师管卫东。设有办公室、法规处、人事处、财政审计处、行政事业审计综合处、行政事业审计一处、行政事业审计二处、农业与资源环保审计处、金融审计处、企业审计综合处、企业审计一处、企业审计二处、社会保障审计处、外资运用审计处、经济责任审计办公室、政府投资审计专业局（规格为副局级，内设投资审计综合处、投资审计一处、投资审计二处、投资审计三处）、机关党委。

审计成果 青岛市审计局完成审计项目114个，查出违规及管理不规范金额724 401.4万元，应上缴财政355 025.05万元，应减少财政拨款或补贴62 313.19万元，应归还原渠道资金354 314.57万元，应调账处理金额274 724.14万元；已上缴财政271 978.24万元，已减少财政拨款或补贴58 633.65万元，已归还原渠道资金7 797.51万元，已调账处理金额46 133.89万元。移送司法机关、纪检监察部门处理事项件，建议有关部门处理事项21件。提交审计报告、信息152篇，被采用53篇。

预算执行审计 完成审计项目17个，查出主要问题金额2 151 707.10万元，其中未按规定征收缴纳收入28 225.38万元，资金滞留闲置69 504.31万元，账外资产3 636.02万元，会计核算不实5 779.47万元，其他问题金额2 034 000.68万元。

行政事业审计 完成审计项目11个，查出违规金额25 254.84万元，其中资金滞留闲置1 606.86万元，账外资产3 294.64万元，其他问题金额23 303.6万元。

社会保障审计 完成审计项目9个，社保基金收入309 043.07万元，支出244 169.87万元，滚存结余106 481.89万元，查出主要问题金额410 728.67万元。

企业（金融）审计 完成审计项目7个，查出主要问题金额612 962.63万元，多计资产159万元，少计负债52万元，多计所有者权益211万元。

经济责任审计 完成审计项目24个，查出违规金额17 216.32万元，管理不规范金额112 939.57万元，已归还原渠道资金17万元。

专项资金审计（调查） 完成审计项目24个，审计专项资金总额7 083 113.49万元，查出主要问题金额1 560 652.97万元，其中预算编报不真实不完整金额511 521.23万元，未按规定纳入预算管理金额225 873.79万元，未按规定征收缴纳收入48 246.31万元，隐瞒转移截留资金4 480.86万元，违规改变项目计划和资金用途19 471.15万元等。

固定资产投资审计 完成审计项目40个，项目投资总额2 667 150.44万元，核减投资额58 623.26万元，查出主要问题金额83 594.75万元，其中工程结算款不实金额51 466.32万元，违规招投标签订合同金额1 486.84万元，其他问题金额23 822.44万元。（撰稿人：刘守茂）

【日照市审计局】 2012年，日照市审计局人员编制56人，在编53人。局长陈常顺，副局长滕世翠、阚士梅（11 月—）、王茂森（11 月—）。设有办公室、法规科、财政金融审计科、行政事业审计科、农业与资源环保审计科、固定资产投资审计科、企业外资审计科、社会保障审计科、内部审计指导科；另设经济责任审计办公室（加挂固定资产投资审计办公室的牌子），下设综合科、党群政法审计科、行政执法审计科、企事业审计科、政府投资审计科；设审计干部培训中心，为自收自支事业单位。

审计成果 全市审计机关共审计项目 307 个，查出违规金额 166 203 万元，应上缴财政 40 967 万元，应减少财政拨款或补贴 15 393 万元，应归还原渠道资金 22 468 万元，应调账处理金额 79 668万元；已上缴财政 16 521 万元，已减少财政拨款或补贴 2493 万元，已归还原渠道资金 5543 万元，已调账处理金额 8543 万元。提交审计报告、信息 692 篇，被批示采用 298 篇，其中被日照市委、市政府主要领导批示 24 篇次。

预算执行审计 跟踪监督“收支两条线”、政府采购、国库集中支付等财政改革措施的实施情况，关注税收征管规范性及预算编制和执行的科学性、效益性。日照市审计机关共审计预算执行和财政决算项目涉及单位 87 个，涉及资金 198 亿元，查出自行制定财税、融资、土地政策等违法违规问题 25 类。

固定资产投资审计 采取“建设一库、二轮抽签、复审监督”的办法，将政府投资建设项目全部纳入审计机关监督范围。日照市审计机关共完成工程审计项目 135 个，审减工程造价 4.03 亿元，建设和施工单位采纳审计建议 37 条、更正合同条款 32 条。

经济责任审计 全市共审计党政领导干部和企业负责人 167 名，查出重大经济决策、政策制定及执行、工程建设及管理、单位财务内控管理、国有资产监管等方面存在的突出问题，并强化跟踪整改。中央经济责任审计工作联席会议办公室调研组、山东省审计厅给予充分肯定。

专项资金审计（调查） 重点对社会保障资金、住宅专项维修资金、农村中小学布局调整、体育彩票公益金及慈善总会、红十字会捐赠等民生项目和资金进行审计和调查。全市共审计专项资金总额 12.4 亿元，查出资金滞留闲置、违规改变项目计划和资金用途等违规金额 1.2 亿元。

审计结论落实 日照市委办公室、日照市政府办公室下发《关于对去年以来审计整改落实情况进行专项检查的通知》，日照市纪委、市委办公室、市委组织部、市政府办公室等 9 个单位组成检查组，对审计结论落实情况进行检查，促进问题的整改。

内部审计 结合在审计中发现的问题，日照市审计局对 93 个市直部门单位进行业务培训和现场指导，举办业务培训班 30 期，培训人员近千人次；对 7 个行业系统从市到区县进行内部审计指导，帮助制定完善规章制度 26 件。

（撰稿人：滕仲明）

【临沂市审计局】 2012 年，临沂市审计局人员编制 92 人，在编 88 人。局长李枝叶，副局长王宏翔、张金堂、殷宗建、陆光平、杨培信。设有办公室、法制科、人事科、财政审计科、金融审计科、社会保障审计科、行政事业审计综合科、行政事业审计一科、行政事业审计二科、企业审计科、固定资产投资审计科、农业与资源环保审计科、外资审计科和经济责任审计办公室、重点建设项目审计办公室、审计计算机中心。

审计成果 全市审计机关共完成审计项目 1111 个，查出问题金额 275 亿元，促进增收节支 14.3 亿元。提交审计报告、信息、要情 818 篇次，被上级机关和党政领导采用批示 345 篇次。

财政审计 围绕财税体制改革、完善公共财政体系的目标，共审计 175 个一级预算执行部门，并对税收征管、非税收入等 6 个项目进行专项审计调查，查出问题金额 128 亿元，增加财政收入 4.9 亿元。对 78 个县区、乡镇财政决算进行审计，查出问题金额 74 亿元。

专项资金审计（调查） 围绕市委、市政府确定的“10 件民生大事”和“20 件民生实事”的实施，对社会保障资金、农村中小学布局调整、现代农业生产发展资金、世界银行贷款项目、住宅专项维修资金、山丘区找水打井工程等 17 个民生项目和资金进行专项审计和审计调查，涉及单位 622 个，查出问题金额 52 亿元，增加财政收入 1.6 亿元。

固定资产投资审计 围绕统筹城乡发展，对临沂大学、北城新区、中心城区等政府投资项目开展跟踪审计和派驻审计。对107个已完工项目进行决算审计，审减工程造价9989万元。

经济责任审计 围绕领导干部推动科学发展、突破县域经济和守法、守纪、守规、尽责情况，对611个部门单位主要负责人进行任期经济责任审计，认定领导干部负直接责任、主管责任和领导责任的问题金额80.5亿元。

交办事项 围绕市委、市政府区域划转的总体部署和要求，对莒南县、蒙山旅游景区管委会及涉及的乡镇等61个单位进行审计。对1家地方金融机构、25家小额贷款公司以及10家国有及国有控股企业进行审计，查纠问题金额13亿元。

相关工作 深入开展审计文化建设，着力塑造具有“忠、孝、义、廉”品质的沂蒙审计人，打造以“忠诚、大义、责任、奉献”为主要内涵的沂蒙审计品牌。进一步创新内部管理制度，狠抓制度执行和落实。加大教育培训力度，共举办各类培训班12个，培训人员872人次，提升干部职工的综合素质，增强服务大局的能力。

（撰稿人：纪　政）

【枣庄市审计局】 2012年，枣庄市审计局人员编制70人，在编64人。局长吴进立（—3月）、杨家国（3月—），副局长胡卫东（—6月）、李黎、于晨、曹昭普（9月—）、韩荣昌（9月—）。设有办公室、人事科、法规科、财政审计科、金融与外资审计科、固定资产投资审计科、企业审计科、行政事业审计科、农业与社会保障审计科、枣庄市经济责任审计办公室、枣庄市政府投资审计办公室。

审计成果 全市完成审计项目391个，查出违规金额250 059万元，应上缴财政151 898万元，应归还原渠道资金53 856万元，应调账处理金额203 894万元；已上缴财政143 661万元，已归还原渠道资金44 231万元，已调账处理金额75 605万元。提交审计和审计调查报告574篇，被批示采用信息171篇次。

财政审计 审计预算执行单位31个，延伸审计单位47个，查出主要问题金额371 975万元。对峄城、山亭财政决算审计，促进整改落实有关问题资金10 600万元。“两个报告”得到各级人大、政府肯定。市领导对审计机关在地方财政管理及经济社会运行中发挥的积极作用给予充分肯定。

金融审计 开展金融审计2个，查出主要问题金额78 901万元。对市商业银行审计，提出完善管理和避免损失的建议，取得较好效果。

行政事业审计 审计单位242个，延伸审计单位10个，查出主要问题金额110 328万元。对区（市）体育彩票公益金、义务教育保障经费、计生经费的审计和审计调查更加关注资金使用效益。

固定资产投资审计 审计单位8个，核减投资额1623万元。开展全市中小学校舍安全工程、农村住房建设与危房改造、棚户区改造跟踪审计，在对全市住宅维修资金的审计中，提出加强建设质量和资金管理的建议，促进商品住宅维修资金的高效使用。

社会保障审计 对区（市）社会保险基金、社会救助资金和社会福利资金共18项社会保障资金进行审计，延伸调查47家企业、131个村（居）委会、8家医院，查出重复参保10.36万人、财政多投入1 882.32万元，不符合条件参保人员866人、涉及金额92.06万元，单位拖欠社会保险费20 600万元。

企业审计 审计单位20个，查出主要问题金额112 908万元。配合市纪委对大运河物流公司进行调查。对市热力公司和热源企业供热情况的审计调查，促进提高供暖质量。

经济责任审计 完成经济责任审计项目244个，其中离任审计230个，任中审计14个，查出违规金额38 466万元。落实“三审一查”（离任审计、任中审计、财政财务收支审计和财务收支检查）工作年度报告制度，向市委、市政府提交党政领导干部经济责任审计工作情况综合报告。省经济责任审计办公室对枣庄市“三审一查”工作经验做法进行总结推广。

专项资金审计（调查） 审计单位31个，查出主要问题金额25 613万元。对台儿庄古城重建资金、千山头园艺场新增固定资产进行专项审计，对第二届中国非物质文化遗产博览会场馆建设、环保专项资金项目实施检查，对滕州现代农业发展资金的审计促进落实项目到位资金1200万元。

（撰稿人：江庆玉）

【济宁市审计局】 2012年，济宁市审计局人员编制78人，在编79人。局长马堃（—3月）、胡良民（3月—），副局长王岱峰、孙进、苏桂双，总审计师王忠东。设有办公室（挂审计保障科牌子）、人事科、法制审理科、财政审计科、企业审计科、农业与资源环保审计科、社会保障审计科、信息科、行政事业审计一科、行政事业审计二科、行政事业审计三科、行政事业审计四科、行政事业审计五科、行政事业审计六科、审计结果执行科、济宁市经济责任审计办公室。

审计成果 济宁市审计局完成审计项目109个，查出违规金额153 644万元，应上缴财政153 241万元，应减少财政拨款或补贴27 552万元，应归还原渠道资金21 242万元，应调账处理149万元；已上缴财政146 835万元，已减少财政拨款或补贴26 570万元，已归还原渠道资金896万元，已调账处理149万元。移送司法机关、纪检监察部门处理事项1件，建议有关部门处理事项1件。提交审计报告、信息400篇，被采用130篇。获得2个全省优秀、1个全省表彰项目，行政执法案卷被市法制办评为全市十佳案卷，行政执法典型案例被评为全市优秀案例。

财政审计 组织全市审计机关开展2011年度本级预算执行情况的审计和2011年度税收征管情况审计。开展全市财政收支真实性审计调查和市级价格调节基金征收使用管理情况审计调查。编制《济宁市2011年度财政情况审计分析》，为市领导决策提供依据，省审计厅厅长对此予以充分肯定。预算执行审计和价格调节基金审计结果引起市领导的高度重视，受到市人大常委会的肯定和高度评价，市长做出“此次审计反映的问题十分突出，近期专门研究一次，形成解决办法”的批示，要求有关部门采取切实有效的办法加以整改。

金融审计 对济宁银行2011年度资产负债损益情况进行审计，针对发现的问题，从促进中小金融机构改革的角度提出解决和改进问题的意见和建议。

行政事业审计 对27个行政事业单位进行审计，其中领导干部的任期经济责任审计26个，财务收支审计1个。

农业与资源环保审计 对邹城、兖州、汶上、曲阜四个县市的现代农业生产发展专项资金进行审计，针对发现的问题，提出加强对现代农业生产发展资金项目管理和监督、确保项目工程发挥长期效益的意见建议。

固定资产投资审计 起草《济宁市政府投资建设项目审计管理办法》《济宁市政府投资建设项目审计社会中介机构资源库管理使用办法》等政府投资审计制度办法，组建分专业的中介机构资源库，会同有关部门规范聘用中介机构参与政府投资审计的行为。对全市“十二五”城镇污水和垃圾处理设施建设项目、山东省第二十三届运动会会场馆建设等67个项目进行跟踪审计，审减工程造价29 541万元。

社会保障审计 组织实施社会保障资金、保障性住房建设、2012年度城镇保障性安居工程3个重大民生项目的审计，抽调6人配合省审计厅对济宁市市级社会保障资金进行审计。针对审计发现的问题，分析产生的原因，提出建议，受到上级审计机关和市政府的赞扬。

企业审计 按照市政府要求，抽调人员参加济宁硅元件厂资产负债损益情况审计，对济宁车轮厂法定代表人进行经济责任审计。在审计署组织的企业审计实验室案例评审活动中，上报的1篇审计案例荣获三等奖。

经济责任审计 起草《济宁市党政主要领导干部和国有企业领导人员经济责任审计实施办法》《济宁市领导干部离任经济责任事项交接管理暂行办法》《济宁市经济责任审计工作联席会议制度》《济宁市经济责任审计工作联席会议办公室工作规则》，重新调整经济责任审计联席会议成员。对36个单位的领导干部进行经济责任审计，针对发现的问题，向市政府提报《经营性资产对外承包经营租赁存在的问题应引起重视》的专项报告。

专项资金审计（调查） 对农村中小学布局调整、住宅专项维修资金、土地出让金、体育彩票公益金等专项资金进行审计；对泗水县、金乡县两个省管县试点县2010年至2012年6月末的财政运行情况进行审计调查；对6个国外贷援款项目进行审计。针对存在的问题，提出意见建议，促进整改落实，维护了群众利益。

（撰稿人：刘春雨）

【泰安市审计局】 2012年，泰安市审计局人员编制80人，在编67人。局长马纯勇，副局长张仁安、李祥利、刘安、程波（11月—），总审计师靳印龙。设有办公室、人事科、法规科、财政审计科、金融审计科、行政事业审计科、社会保障审计科、农业与资源环保审计科、经贸审计科、派出审计科、经济责任审计办公室、政府投资审计专业局、计算机审计技术中心。

审计成果 全市审计机关完成审计项目387个，查出违规金额35.8亿元，应上缴财政10.8亿元，应归还原渠道资金4204万元，应调账处理金额14.5亿元；已上缴财政5244万元，已归还原渠道资金988万元，已调账处理金额10.8亿元，促进资金拨付到位1084万元。移送纪检监察机关处理事项1件。提出审计建议并被采纳299条，促进被审计单位制定整改措施33项。提交审计报告、信息238篇，被采用94篇。

财政审计 将全部财政资金纳入审计监督范围，突出监督重点，关注预算体系的完整性，推动建立政府性基金预算、国有资本经营预算和社会保障预算，促进政府预算全口径管理。共审计预（决）算执行单位183个，查出违规金额14.7亿元，通过整改落实，收缴财政5242万元。

社会保障审计 对社会保险基金、社会救助资金、社会福利资金、住房公积金、保障性安居工程、中小学校舍安全工程进行审计，审计资金总额126.2亿元，揭示影响相关政策制度落实问题金额20.6亿元，提出改进意见和建议，推动政策制度落实到位。对2个县（市）农村中小学布局调整情况进行审计调查，在摸清总体情况的基础上，揭示区域调整撤并学校不规范、教育资源分配不均衡、学生寄宿条件简陋、存在安全隐患等问题。

固定资产投资审计 审计政府投资重点建设项目139个，审计投资额18.7亿元，审减2.5亿元。其中对文化艺术中心、全民健身大楼等23个项目进行跟踪审计，审减5542万元；对5个支援新疆建设项目进行工程结算审计，审计投资额4086万元，审减380万元。

企业审计 对3个国有企业进行审计，摸清家底，揭示潜在风险，查出违规融资、违规出借资金、少计或虚列成本费用、少计少缴税费等问题金额21.1亿元，为深化企业改革、改善经营管理提供决策依据。

经济责任审计 以贯彻实施两办《规定》为契机，加强组织领导，健全工作机制，完善制度体系，创新方式方法，推动工作规范开展。共审计领导干部303名，审计单位270个，查出应由领导干部负直接责任的违规金额4097万元、负主管责任的违规金额25.6亿元，1名相关责任人受到党纪政纪处分。

专项资金审计（调查） 对现代农业生产发展资金、体育彩票公益金、住宅专项维修资金进行审计（调查），审计（调查）单位38个，资金总额27.2亿元，揭示在征集、管理、使用中存在问题金额4.1亿元，促进资金拨付到位404万元。

内部审计 市、县审计机关切实加强对内部审计工作的管理和指导，充分发挥内部审计协会的桥梁和纽带作用，推动内部审计工作全面发展。全市已建内部审计机构225个，配备内部审计人员644人，全年完成计审计项目2822个，提出建议意见被采纳2060条，促进增收节支4.24亿元，向司法机关移送案件线索41件。

（撰稿人：杨金巨）

【莱芜市审计局】 2012年，莱芜市审计局人员编制57人，在编43人。局长吕振宝，副局长张建国、杨文安，总审计师韩秀君，纪检组长刘吉秀。设有办公室、法规科、财政审计科、农业与资源环保审计科、企业审计科、社会保障审计科、市经济责任审计办公室、市政府投资审计办公室。

审计成果 全市审计机关完成审计项目91个，查出违规金额297 979万元，应上缴财政82 607万元，应减少财政拨款或补贴31 236万元，应归还原渠道资金1437万元，应调账处理金额35 965万元；已上缴财政80 533万元，已减少财政拨款或补贴31 237万元，已归还原渠道资金107万元，已调账处理3万元。提出整改意见和建议104条，提交审计报告、信息126篇，促使被审计单位完善规章制度24项。3篇调研文章获市政府优秀调研成果奖，1 个审计项目获省优秀审计项目。

财政审计 对市级预算执行情况、税收征管情况，市检察院等 10 个部门的预算执行和其他财政收支情况，莱城区 2011 年度财政决算情况进行审计。对 6 户企业所得税缴纳大户税前列支额度使用情况、61 户房地产企业所得税税负及土地增值税差别预征率政策执行情况进行调查，查出偷漏欠税 9749 万元，审计期间督促补交税金 1114 万元，补缴土地使用税 2045 万元。

金融审计 对莱商银行 2011 年度资产负债损益情况进行审计。审计查出违规发放企业法人贷款 103 350 万元、未按合同规定用途使用贷款 7737 万元，违规办理票据业务 67 845 万元。

固定资产投资审计 对雪野航空运动装备展馆等 10 个新建、续建项目进行跟踪审计，列席建设会议 30 次，出具审计意见书 4 份，提出审计建议 125 条，节约建设资金 2120 万元。对莱芜市文化中心（一期）等 5 个项目以及雪野旅游区建区以来的建设项目进行结算审计，累计核减工程造价 3.07 亿元。对市综合体育馆、市房管局办公楼两个项目进行竣工决算审计，查处违规金额 380 万元。

社会保障审计 对莱城区、钢城区 18 项社会保障资金全部进行审计，累计采集数据 3.6 亿笔，审计查出 41 189 人重复参保（合），49 人重复报销医疗费用，1653 人违规享受低保待遇，揭示社会保障资金筹集不到位等 19 个突出问题。

企业审计 对莱芜广厦集团东海花园项目等 5 个房地产项目的资产负债经营和税收缴纳情况进行审计，查出管理不规范金额 8 141.72 万元，应提未提税金 35.51 万元，并督促企业及时补缴税金。

经济责任审计 对团市委等 16 个单位的原负责同志开展任期经济责任审计。制作《经济责任审计征求意见表》，提报《经济责任审计情况综合报告》，得到莱芜市领导的充分肯定。移交案件线索 1 起，较好地发挥了“管干部、正党风、促发展”的作用。出台《莱芜市经济责任审计操作规程》，拟定《莱芜市审计局经济责任审计谈话规范》，并在山东省经济责任审计工作座谈会上做交流发言。

专项资金审计（调查） 完成现代农业生产发展专项资金、世界银行贷款雪野生态造林项目的审计。对住宅专项维修资金进行审计，揭示资金欠交面广和使用难的问题。对廉租房补贴、经济适用房购房补贴和全民创业培训情况进行跟踪审计，核减补贴 262 户，取消 14 个不符合培训要求的班次。 （撰稿人：张　芬）

【滨州市审计局】 2012 年，滨州市审计局人员编制 87 人，在编 86 人。局长丁希安，副局长李少民（2—12 月）、谭拴海（—2 月）、扈献民、申立新（2 月—）、孙宝臣（11 月—），总审计师王爱云。设有办公室、审计法规科、人事教育科、财政金融审计科、农业与资源环保审计科、外资审计科、行政事业审计科、经贸审计科、社会保障审计科和经济开发区审计分局、高新技术产业开发区审计分局、北海经济开发区审计分局，下设经济责任审计办公室、政府投资项目审计办公室、计算机信息管理中心、内部审计指导中心、审计干部培训中心、审计举报服务中心、经济开发区政府投资项目审计评估中心、高新技术产业开发区政府投资项目审计评估中心、北海经济开发区政府投资项目审计评估中心等二级单位。

审计成果 滨州市审计局完成审计（调查）项目 171 个，查出违规金额 104 192 万元，应上缴财政 30 497 万元，应减少财政拨款或补贴 21 009万元，应归还原渠道资金 27 691 万元，应调账处理金额 102 704 万元；已上缴财政 30 178 万元，已减少财政拨款或补贴 20 821 万元，已归还原渠道资金 6031 万元，已调账处理金额 57 425 万元。移送司法机关、纪检监察部门处理事件 2 件，移送有关部门处理事项 3 件。提交审计报告、信息 135 篇，被采用 94 篇。

财政审计 完成 12 个部门单位的预算执行审计和 7 个县、乡级人民政府财政决算审计（调查），查出资金滞留闲置、未按规定征收、缴纳预算收入、违规改变资金用途等违规违纪金额 182 453 万元。预算执行审计“两个报告”受到市人大常委会和市政府充分肯定。有关部门单位积极整改，截至年底已上缴财政 27 276 万元，审计促进拨付资金到位 28 167 万元。促进政府部门依法理财，市财经秩序逐年好转。

行政事业审计　完成行政事业审计（调查）单位53个，查出未落实“收支两条线”和专户管理规定、账外资产、会计核算不实等违规违纪金额232 148万元，审计促进财政增收节支4973万元，拨付资金到位74万元，促进被审计单位加强内部管理，提高资金的使用效益。

固定资产投资审计　通过对提报值18.3亿元的75个重点工程建设项目的竣工决算和跟踪审计，核减造价27 272万元，审计促进拨付资金到位32万元，已减少财政拨款或补贴20 821万元，为政府最大限度地节约了建设资金。

社会保障审计　完成养老保险、社会保障资金审计单位8个，查出违规违纪金额14.7亿元。其中，对七县区开展的18项社会保障资金审计，查出挤占挪用、虚报套取、滞留社会保障资金等问题金额13.7亿元，查出某医院套取医保基金以及私设小金库437万元的案件线索。市审计局督促各县区政府进行整改，共督促到位社会保障资金、养老金、被征地农民财政补贴资金3 744.91万元，追回151人重复享受待遇问题资金92.85万元，对符合保障条件而未纳入保障的4353人全部纳入社会保障。被审计署评为全国社保审计先进公务员集体，受到嘉奖。

企业审计　完成滨州印染集团、传媒集团等企业审计，查出违规经营、虚报或隐瞒转移收入等违规违纪金额67 319万元。督促被审计单位整改落实力度较大，整改率100%，上缴财政1444万元，调账处理金额8552万元。

经济责任审计　完成38名市直党政机关和企事业单位主要负责人离任和任中审计，查出领导干部负主管责任金额30 082万元，负直接责任金额294万元，负领导责任金额257 079万元。移送有关部门处理事项3件，已处理人员5人，收到审计督廉、倡廉的成效。

专项资金审计（调查）　完成对现代农业发展资金、城镇保障性安居工程、交通专项资金等12项民生项目的审计和审计调查，涉及审计专项资金总额89 289万元，查出违规违纪金额51 714万元。审计机关积极督促有关部门单位进行整改，上缴财政407万元，归还原渠道资金70万元。维护群众利益，促进公共资源配置更多地向民生领域倾斜。

（撰稿人：张瑞杰）

【菏泽市审计局】　2012年，菏泽市审计局人员编制78人，在编73人。局长陶体华（—3月）、杨晓玲（3月—），副局长毛宝军、房福胜、樊廷卷，总审计师袁文增，纪检组长孙涛。设有办公室、法规科、人事科、财政审计科、行政事业审计科、农业与资源环保审计科、固定资产投资审计科、金融审计科、企业审计科、社会保障审计科、外资运用审计科、政法审计科。

审计成果　全市审计机关完成审计项目845个，查出违规金额315 275万元，应上缴财政10 604万元，应减少财政拨款或补贴83 428万元，应归还原渠道资金47 644万元，应调账处理金额121 722万元；已上缴财政8533万元，已减少财政拨款或补贴80 717万元，已归还原渠道资金33 510万元，已调账处理金额76 461万元。移交司法机关、纪检监察部门处理事项71件。提交审计报告、信息671篇，被采用229篇。

财政审计　完成审计项目233个，查出违规金额250 196万元，其中应上缴财政3824万元，已上缴财政3079万元。

行政事业审计　完成审计项目334个，查出违规金额47 959万元，其中应上缴财政3518万元，已上缴财政3371万元。

固定资产投资审计　完成审计项目221个，审计工程资金408 904万元，查出违规金额8551万元，核减工程投资金额110 157万元。

企业审计　完成审计项目23个，查出违规金额3572万元，其中应上缴财政2090万元，已上缴财政1723万元。

经济责任审计　完成审计项目217个，查出违规金额113 197万元。

专项资金审计（调查）　完成审计项目和审计调查项目23个，查出违规金额1786万元。

（撰稿人：张庆贺）

2012 年山东省所辖区、县(市)级审计工作统计表

金额单位：万元

审计机关	完成审计项目(个)	查处违规金额	应上缴财政	应减少财政拨款或补贴	应归还原渠道资金	应调账处理金额	移送司法、纪检、监察部门处理(件)	建议有关部门处理(件)	出具审计报告和审计调查报告(份)	提出审计建议(条)	撰写审计信息(篇)
济南市											
济南市本级	83	80845	28931	155	2951	77625	3	3	130	324	380
市中区审计局	48	1969	821			99			53	114	65
历下区审计局	108	45194	28646			917			145	290	125
槐荫区审计局	59	3330	3080		5	77		1	75	87	118
天桥区审计局	50	3670	2844			115	3		63	91	33
历城区审计局	69	6943	3143	11668	565	1004	1		93	78	101
长清区审计局	49	2013	14		1141	2675			74	112	15
章丘市审计局	45	4738	4567	1398	3754	12874	1	1	45	76	
平阴县审计局	57	3249	508	9126	1191	3106			79	127	142
济阳县审计局	61	1984	117	5114	17	280			95	145	50
商河县审计局	80	6387	1727	2403	1116	19637			104	222	184
聊城市											
聊城市本级	91	257373	169700	1719	45066	22516	8	1	143	337	307
东昌府区审计局	31	15141	2371	232	198	17		1	30	138	109
临清市审计局	49	16403	3512	636	1443	159			94	102	2
阳谷县审计局	102	32571	22656	785	21	52			114	149	96
莘县审计局	82	23337	744	854	540	991			117	142	
茌平县审计局	53	18111	3271	17	24	372			74	78	195
东阿县审计局	53	14997	1995		9868	362			67	179	56
冠县审计局	82	8521	2131	3797	516	2164			92	209	47
高唐县审计局	39	12673	11910	368	18	8347			62	105	
德州市											
德州市本级	70	16879	16787	10018	4295	10689			101	79	89
德城区审计局	44	647	619			10389			62	36	158
乐陵市审计局	26	12902	7053						26	80	
禹城市审计局	38	82	82	873					38	37	4
陵县审计局	20	1459	396			582			20		5
平原县审计局	27	9022	9022		34	3416			45	75	33
夏津县审计局	54	5469	1062	714	3058	9683			54	159	81

续表

审计机关	完成审计项目(个)	查处违规金额	应上缴财政	应减少财政拨款或补贴	应归还原渠道资金	应调账处理金额	移送司法、纪检、监察部门处理(件)	建议有关部门处理(件)	出具审计报告和审计调查报告(份)	提出审计建议(条)	撰写审计信息(篇)
武城县审计局	36	1441	122		234	877			57	15	16
齐河县审计局	27	2975	597	6519	1817	1371			27	66	14
临邑县审计局	4	22	2						4	12	
宁津县审计局	15	3024	2127	46		230			15	54	7
庆云县审计局	18	360	360	7680					25	34	
东营市											
东营市本级	131	89471	89376	377	1011	57170		2	228	237	21
东营区审计局	37	4821	3469	1246	3	2094			62	52	138
河口区审计局	19	258	183			7279			26	39	1
垦利县审计局	48	12134	12364		149	9043			66	103	3
利津县审计局	32	435	5			7			56	34	134
广饶县审计局	35	13658	13658			381			63	16	148
淄博市											
淄博市本级	111	798486	248942	122762	44219	15248		12	140	213	444
张店区审计局	60	2639	999	12560	746	40428			63	116	86
淄川区审计局	166	60581	29533	1530	474	2677	2		302	211	45
博山区审计局	81	22344	3469	6207	1217	1210			100	189	30
临淄区审计局	107	58554	23208	2006	31842	14154	1		107	230	103
周村区审计局	65	52832	199	672	4	8698	2		106	107	106
桓台县审计局	90	8182	2633	5135	5551	293			120	189	43
高青县审计局	85	310	165	4265	1307	12862			117	167	112
沂源县审计局	55	17261	2172	2428	1	128			55	34	31
高新区审计局	14	39	33	3420		5540			15	66	3
潍坊市											
潍坊市本级(含高新、滨海)	228	159632	94454	42330	13814	80796		1	283	395	222
奎文区审计局	26	8864	8864	649					30	68	42
潍城区审计局	30	9	9			32			48	53	23
寒亭区审计局	27								27	47	5
坊子区审计局	33	148	148						35	79	57
安丘市审计局	70	11797	8050	7380		6176			113	137	85
昌邑市审计局	106	1718	957	4123	240	16526			109	164	20
高密市审计局	103	26539	23895	5117	1538	16544	5	1	105	221	154

续表

审计机关	完成审计项目（个）	查处违规金额	应上缴财政	应减少财政拨款或补贴	应归还原渠道资金	应调账处理金额	移送司法、纪检、监察部门处理（件）	建议有关部门处理（件）	出具审计报告和审计调查报告（份）	提出审计建议（条）	撰写审计信息（篇）
青州市审计局	48	26497	26529			2			90	84	66
诸城市审计局	63	14237	13803	13591		75	1		101	71	138
寿光市审计局	87	68957	42282			64			147	201	30
临朐县审计局	86	122447	3975	43261		205076			88	52	123
昌乐县审计局	42	14	14						75	76	51
烟台市											
烟台市本级	129	1081162	745300	17050	353775	1710916	5		215	201	204
莱山区审计局	40	2229	220		2053	2250			73	26	26
芝罘区审计局	51	297	238		1723	39774			68	23	46
福山区审计局	38	3868	308		127	3048			68	8	49
牟平区审计局	64	251	251	8173		27			83	21	28
经济技术开发区审计局	25	41512	41512			1894			41	33	
栖霞市审计局	54	2933	2933		67	8834			98	16	21
海阳市审计局	25	5138	5120		29	3566			40	17	25
龙口市审计局	53	47624	35996		41601	5545			94	15	63
莱阳市审计局	81	15999	15619		72	8384			126	352	129
莱州市审计局	56	5877	5065	263		243			91	178	146
蓬莱市审计局	61	2622	2598	8156	17	851			110	21	27
招远市审计局	106	44904	44904	10411	14884	11931	1		150	41	58
长岛县审计局	25	774	641			493			40	36	34
威海市											
威海市本级	65	2542	1821	1266		7478			110	86	108
环翠区审计局	33	2622	2629	938		82974	2	1	55	48	17
荣成市审计局	44	1198	19549	591	25	7660			81	89	85
乳山市审计局	54	2441	1686		840	93952	3		106	83	51
文登市审计局	53	2100	4700	4770		34000			51	64	112
经济技术开发区审计局	15	197	197	4310					20	15	31
火炬高技术产业开发区审计局	15	1492	1492							48	39
青岛市											
青岛市本级	114	724401	355025	62313	354315	274724		21	143	359	152
市南区审计局	92	146871	18808	37758	60068	13402	1		106	170	112

续表

审计机关	完成审计项目（个）	查处违规金额	应上缴财政	应减少财政拨款或补贴	应归还原渠道资金	应调账处理金额	移送司法、纪检、监察部门处理（件）	建议有关部门处理（件）	出具审计报告和审计调查报告（份）	提出审计建议（条）	撰写审计信息（篇）
市北区审计局	111	45623	9092	11320	36391	4568	1		111	80	207
四方区审计局	152	24745	6005	18061		3456			177	194	161
开发区审计局	122	318000	315929	20831		1326			146	180	94
崂山区审计局	265	91490	52609	4808	1648	24878	1	2	265	380	131
城阳区审计局	224	158303	72606	33775	17073	1350	3	3	224	186	195
李沧区审计局	65	88600	20899	14532	75504	235			78	145	28
胶州市审计局	78	264941	264941	10087		10602			78	200	110
即墨市审计局	119	70443	70572	15681	280	17674			119	147	52
平度市审计局	159	3019	461	3948	1401	6423			175	124	113
胶南市审计局	203	7969	6396	26195	54429	64218	1		250	243	29
莱西市审计局	84	10103	6169	11176	8749	69915	3		119	24	138
日照市											
日照市本级	129	153137	36487	9886	1557	76780	3	3	139	122	59
东港区审计局	83	11864	3668	3015	6257	334			114	103	32
岚山区审计局	17			558					57	158	11
五莲县审计局	45	1031	641	1379	654	181			62	60	69
莒县审计局	33	171	171	555		2373			57	107	92
临沂市											
临沂市本级	130	176855	53322	409	87454	138023	1		214	407	261
兰山区审计局	53	3055	1275		70	218			81	133	52
罗庄区审计局	61	25921	13234		3	377			93	239	67
河东区审计局	54	425314	15313		566	16947			88	157	
郯城县审计局	112	13220	488	260		49			175	348	132
苍山县审计局	86	4329	53						141	290	
莒南县审计局	40	2492	343		165	4098			53	120	14
沂水县审计局	98	8378	84		85				157	210	164
蒙阴县审计局	119	2209	57	2369		127			167	375	21
平邑县审计局	73	5899	52						106	243	26
费县审计局	50	16615	24758		5579	6009			70	167	81

续表

审计机关	完成审计项目(个)	查处违规金额	应上缴财政	应减少财政拨款或补贴	应归还原渠道资金	应调账处理金额	移送司法、纪检、监察部门处理(件)	建议有关部门处理(件)	出具审计报告和审计调查报告(份)	提出审计建议(条)	撰写审计信息(篇)
沂南县审计局	153	3306	174		238	5278			264	389	63
临沭县审计局	66	1157	49						96	164	3
枣庄市											
枣庄市本级	98	167303	138243		31869	58240			154	313	53
薛城区审计局	39	16558	1057		12145	1905			65	118	49
市中区审计局	27	36672	2218		10	6701			33	86	10
峄城区审计局	51	3297	2768		4766	18215			56	109	
台儿庄区审计局	51	2330	1038		631	32378			91	196	38
山亭区审计局	62	3007	1990		2081	83130			62	240	24
滕州市审计局	63	20888	4581		2352	3322			113	396	33
济宁市											
济宁市本级	109	153644	153241	27552	21242	149	1	1	137	115	400
市中区审计局	18	447	104						42	64	57
任城区审计局	31	14854	14851						45	40	58
曲阜市审计局	94	380	125	9657					94	173	57
兖州市审计局	57	82	50	1964	6972				97	130	35
邹城市审计局	157	21900	18793	14537			2		251	266	190
微山县审计局	88	5564	5544	9712	6		1		109	252	106
鱼台县审计局	24	5158	3392		49	100	1		41	61	31
金乡县审计局	97	593	8	4161	97	406			144	101	88
嘉祥县审计局	86	17329	8766	14957		1513			121	240	71
汶上县审计局	101	7069	2130	20137	1486	3925	3		144	104	107
泗水县审计局	101	3006	196	1830		3114	2		157	18	92
梁山县审计局	86	7041	504	3662		1998	4		126	187	121
泰安市											
泰安市本级	94	335564	105329		3652	67804	1		159	108	172
泰山区审计局	24	2	2			337			48	43	20
岱岳区审计局	35	321	110		410	66973			63	57	26
新泰市审计局	58	150	64						104	85	17
肥城市审计局	93	2997	228		78	1			125	40	32
宁阳县审计局	37	167	12						71	88	22
东平县审计局	46	19004	2620		63	9389			82	321	6

续表

审计机关	完成审计项目（个）	查处违规金额	应上缴财政	应减少财政拨款或补贴	应归还原渠道资金	应调账处理金额	移送司法、纪检、监察部门处理（件）	建议有关部门处理（件）	出具审计报告和审计调查报告（份）	提出审计建议（条）	撰写审计信息（篇）
莱芜市											
莱芜市本级	53	276066	81661	31155	1437	34057	3	1	56	104	7
莱城区审计局	21	18788	102	81		1908			21	67	22
钢城区审计局	17	3125	844						20	53	19
滨州市											
滨州市本级	171	104192	30497	21009	27691	102704	2	3	205	343	135
滨城区审计局	23	9	9		118	698			23	35	32
惠民县审计局	26	8097	1340		3385	77225			33	101	7
阳信县审计局	38	35761	421	17401	531	2525			56	45	235
无棣县审计局	42	1967	726	10264	1133	15694	3		70	74	154
沾化县审计局	68	16542	2526	59115	260	21310			88	99	21
博兴县审计局	49	9082	5027	1701	1456	12076			87	119	8
邹平县审计局	55	11654	10755	13204	898	342			73	51	152
菏泽市											
菏泽市本级	185	94603	2801	30695	4299	24595	2	12	199	615	105
牡丹区审计局	58	1844	85		21		4		58	173	67
曹县审计局	65	15714	725	16732	6243	11539	14	27	65	209	192
定陶县审计局	93	19758	150	7414	944	21		2	93	298	32
成武县审计局	102	5940	4301				32		102	227	
单县审计局	54	41524	153	28585	7	10	11	2	58	153	168
巨野县审计局	35	26102	141		11815	5			39	162	26
郓城县审计局	115	46926	2095		24128	43917	8		115	269	73
鄄城县审计局	99	9807	75		216	1558			99	156	2
东明县审计局	39	5295	91			53		1	43	106	

河南省

【河南省审计厅】 2012年，河南省审计厅人员编制174人，在编171人。设有办公室、法规处、财政审计一处、财政审计二处、行政事业审计一处、行政事业审计二处、行政事业审计三处、农业与资源环保审计处、投资审计一处、投资审计二处、金融审计处、企业审计处、社会保障审计处、外资运用审计处、人事处、机关党委、离退休干部工作处、经济责任审计办公室；另设有派驻纪检（监察）室；还设有审计科研所（政研室）、审计干部培训中心、机关服务中心、计算机审计中心等直属事业单位。

领导成员

厅　　长：史宁安

副 厅 长：万明云　赵国新（—7月）

　　　　　陈　静　李笃明

　　　　　张　昕　孙志安

总审计师：郭日宪

纪检组长：李振明

审计成果　在省委、省政府和审计署的正确领导下，全省审计机关坚持以服务科学发展为主题，以促进加快转变经济发展方式为主线，加大对宏观调控政策落实情况、重大财经政策执行情况及重大民生工程建设资金的审计监督力度，取得了明显成效。共完成审计（调查）单位7688个，查出违规金额272.69亿元。向纪检监察部门、司法机关和有关部门移送案件（事项）478件，涉及712人。编发审计信息89期，被上级领导批示和有关部门采用136篇次，在省部级以上新闻媒体发表宣传稿件160余篇次。向社会公告审计结果11期，公开政务咨询信息90件。

财政审计　组织对16个部门（单位）2011年度预算执行和其他财政收支情况进行审计，并延伸审计75个二级预算单位。组织对固始、新蔡、长垣、鹿邑4个财政直管县2011年度财政决算进行审计，重点检查政府和财税部门执行国家调控政策、财税政策情况及财政收支决算的真实性、合法性、规范性。

金融审计　组织对洛阳银行、开封商业银行等14家城商行进行审计。审计重点跟踪检查金融机构新增贷款情况和资产质量，揭露和查处违规融资、投资、担保等方面的问题和风险。主要发现了信贷业务办理不够严格和规范，违规发放贷款比较严重；贷款五级分类不准确，隐瞒不良贷款；抵债资产数额大、长期未处置；财务收支违规违纪问题比较普遍等问题。

行政事业审计　审计（调查）行政事业单位3588个，查出预算编报不真实不完整69 327万元，未按规定纳入预算管理44 769万元。

农业与资源环保审计　完成7个项目，查出违规问题和不规范金额7.7亿元。出具审计移送处理书10份，提出审计建议97条，提交审计专题、综合性报告和信息简报共59篇次，先后被省委、省政府领导批示或省政府信息刊物以及新闻媒体采用26篇次。同时完成审计科研课题2项，向审计署报送资源环境审计案例1篇。

固定资产投资审计　组织对援疆重点建设项目、37条高速公路、省旅游服务中心建设项目等进行跟踪审计。组织对许昌县人民法院新建审判庭、濮阳市公安局建设业务技术用房等政法基础设施建设项目进行审计。完成审计（调查）项目1054个，审计项目投资额16 470 421万元，核减投资额（工程款）271 508万元。

社会保障审计　组织全省审计机关对社会保障资金的筹集、管理、分配、使用等情况进行审计，延伸调查1710家企业、420个村（居委会）、301家医院。审计主要发现20.73万名符合保障条件的人员未纳入社会保障范围、91.49万人次重复参加或享受不同的社会保障、18.33万名不符合保障条件的人员违规享受保障待遇、社会保障资金筹集不到位67.81亿元等问题。

企业审计　组织对河南电视台、广播电台、财经政法大学、煤化工集团、有线电视网络集团、交通投资集团、盐业公司等企事业单位2011年度财务收支情况进行审计。完成审计（调查）单位110个，审计查出违规金额1 129 548万元，违规使用财政资金3272万元，损失浪费金额1369万元。

经济责任审计　全省审计机关对2176名领导干部进行经济责任审计，查出违规金额88.82亿元，损失浪费金额0.75亿元，管理不规范金额234.36亿元。各级党委和干部管理监督部门参考审计结果，对37名被审计领导干部和88名其他人员移送纪检监察和司法机关处理。省审计厅受省委组织部委托，组织对25名省管主要领导干部实施任期经济责任审计，查出各类问题金额113.69亿元，向有关部门（单位）移送案件线索96件。

专项资金审计（调查）　全省专项资金审计（调查）单位576个，审计专项资金总额2 790 045万元，审计查出违规问题金额694 010万元，查出违规变更调整预算405万元，损失浪费金额1928万元。

（撰稿人：吕鸣莉　韩清华）

【郑州市审计局】　2012年，郑州市审计局人员编制142人，在编141人。局长李连渠（—10月）、冯明杰（10月—），副局长李忠仁、徐平、桑富强、于士营，总经济师谢书明，纪检组长张保全。设有办公室、财政审计处、行政事业审计一处、行政事业审计二处、农业与资源环保审计处、经济责任审计处、固定资产投资审计处、经贸审计处、社会保障审计处、金融审计处、外资审计处、老干部管理处、组织人事处、政策法规处、监察室、机关党委、经济责任审计中心。

审计成果 全市审计机关完成审计项目760个，查出违规金额144 175万元，应上缴财政81 566万元，应减少财政拨款或补贴7312万元，应归还原渠道资金6759万元，应调账处理金额38 369万元；已上缴财政72 480万元，已减少财政拨款或补贴4394万元，已归还原渠道资金1891万元，已调账处理金额5034万元。移送司法机关、纪检监察部门处理事项1件，建议有关部门处理事项32件，移送处理人员3人。提交审计报告、信息64篇，被采用17篇。

财政审计 共对52个财政、地税及预算执行单位进行审计和审计调查，查出预算编制批复不规范2.6亿元，未按规定征收缴纳收入11.3亿元，违规改变项目计划和资金用途6168万元等问题。完成财政决算审计项目172个，查出未按规定纳入预算管理资金15 556万元，资金滞留闲置2092万元，扩大开支范围7933万元等问题。

行政事业审计 完成审计项目316个，查出预算编报不真实不完整4.5亿元，未按规定纳入预算管理1.4亿元，扩大开支范围或提高开支标准列支3.2亿元，账外资产2.5亿元等问题。

固定资产投资审计 通过对163个建设项目开展竣工决算审计和跟踪审计，查出违规批准调整规划涉及建筑面积3434万平方米，节约政府投资5.5亿元。

企业审计 完成对郑州市1户企业资产负债损益审计和郑州市污水处理企业运营状况的专项调查等8个审计（调查）项目，查出违规经营、财务收入核算不实等问题金额13亿元。

经济责任审计 完成253名领导干部的经济责任审计，其中任中审计110人。查出违规金额3.2亿元，损失浪费金额1.4亿元，管理不规范金额52.8亿元。

专项资金审计（调查） 审计单位4个，审计调查单位25个，审计专项资金总额4.8亿元，查出未按规定纳入预算管理、违规改变项目计划和资金用途、资金滞留闲置等问题金额12.5亿元。

（撰稿人：杨小娜）

【三门峡市审计局】 2012年，三门峡市审计局人员编制56人，在编53人。局长张玉清（—4月）、范社民（4月—），副局长刘树军、尚秀丽、侯功亮。设有办公室、经济责任审计办公室、财政金融审计科、行政事业审计科、社会保障审计科、经贸审计科、农业与资源环保审计科、外资运用审计科、法制科、三门峡市固定资产投资审计中心。

审计成果 全市审计机关完成审计项目256个，查出违规金额74 064万元，应上缴财政13 080万元，应减少财政拨款或补贴5792万元，应归还原渠道资金3414万元，应调账处理金额8126万元；已上缴财政1326万元，已减少财政拨款或补贴5343万元，已归还原渠道资金896万元，已调账处理金额3664万元。移送司法机关、纪检监察部门处理事项1件，建议有关部门处理事项5件。提交审计专题、综合性报告和信息简报75篇，被批示、采用48篇。

财政审计 完成预算执行审计项目36个，查出违规金额99 167万元，其中未按规定征收、缴纳收入27 530万元，预算编报不真实不完整3055万元，预算编制批复不规范5607万元，未按规定纳入预算管理1233万元，违规改变项目计划和资金用途2352万元，资金滞留闲置17 384万元，虚列支出9579万元。财政决算审计，完成审计项目39个，查出违规金额35 348万元，其中虚列支出14 996万元，扩大开支范围或提高开支标准列支4309万元，违规使用发票2896万元，资金不到位不落实1419万元，违规收取费用2196万元，违规出借财政资金1257万元，会计核算不实1033万元。

行政事业审计 完成审计与审计调查项目104个，查出违规金额38 273万元，其中违规改变项目计划和资金用途2519万元，扩大开支范围或提高开支标准列支3884万元，未落实“收支两条线”和专户管理规定482万元，违规使用发票933万元，乱收费乱摊派乱罚款289万元，账外资产725万元。

社会保障审计 完成对漯河市社会保障资金的审计，查出违规金额 3724 万元，其中未按规定征收、缴存社保费和公积金 1358 万元，自行制定征缴优惠政策导致多收、少收社保费 810 万元，虚报冒领 311 万元，未按规定时限发放保险金 274 万元，未执行相关利率损失 335 万元。

固定资产投资审计 完成审计项目 44 个，审计项目投资额 50 423 万元，查出违规金额 13 194 万元，核减投资额（工程款）5735 万元。

企业审计 完成审计项目 2 个，查出违纪违规金额 620 万元（其中违规金额 117 万元），财务收支核算不实 87 万元。

经济责任审计 审计单位 81 个，审计经济责任人 86 人，查出各类问题金额 41 480 万元，其中负直接责任金额 5553 万元，负主管责任金额 13 905 万元，负领导责任金额 22 022 万元。

专项资金审计（调查） 完成审计与审计调查项目 27 个，审计专项资金总额 59 248 万元，查出违规金额 46 518 万元，其中资金滞留闲置 11 803万元，未按规定征收缴纳收入 5708 万元，未落实被征地农民社会保障金 1009 万元，违规使用发票 1013 万元。 （撰稿人：武云景）

【洛阳市审计局】 2012 年，洛阳市审计局人员编制 78 人，在编 75 人。局长马灿书，副局长温志明、李修新、李雅红，纪检组长史百里。设有办公室、法制科、财政审计科、金融审计科、行政事业审计科、经贸审计科、农业与资源环保审计科、社会保障审计科、固定资产投资审计科、外资运用审计科、经济责任审计办公室、派出审计科、人事科、机关党委、监察室、机关服务中心（事业编制）。还另设有审计科研所、神都大厦。

审计成果 全市审计机关共完成审计项目 871 个，对 46 个单位实施专项审计调查。共查出违规金额 8.77 亿元，管理不规范金额 54.56 亿元、损失浪费金额 1764 万元。通过审计，为国家增收节支 2.67 亿元，其中已上缴财政 2.51 亿元，已减少财政拨款或补贴 843 万元，已归还原渠道资金 778 万元。审减固定资产投资项目结算金额 8.38 亿元。共出具审计报告和审计调查报告 878 份，提交审计专题报告、综合性报告和信息简报 360 篇。

财政审计 开展市本级 2011 年度预算执行和其他财政收支审计、瀍河区 2011 年度预算执行和其他财政收支审计、伊川县 2011 年度预算执行和其他财政收支审计、洛阳市宾馆餐饮重点税源单位税收征管审计调查、洛阳经济开发区财政管理审计调查、财政超收收入情况审计调查、洛阳市 2011 年度节能减排资金审计调查等。

金融审计 开展洛阳银行 2011 年度资产、负债、损益审计，洛阳市建设投资有限公司 2011 年度资产负债损益审计，洛阳市 2011 年度小额贷款财政贴息资金管理使用情况审计调查等。洛阳银行针对资产负债损益审计发现的信贷业务管理、贷款投向、抵债资产处置等方面存在流程不科学、监管风险大等问题，制定完善相关制度，对企业授信业务审批流程进行梳理和优化。

行政事业审计 开展洛阳市人防办防空地下室易地建设专项资金审计调查，2006 年以来农村中小学布局调整情况审计调查，洛阳市职业教育专项审计调查，洛阳市工商系统 2011 年至 2012 年上半年预算执行审计，全市中小学校舍安全工程资金跟踪审计等。全市中小学校舍安全工程跟踪审计，纠正问题金额 88 万元，挽回经济损失 1047 万元。

企业审计 开展河南永华能源有限公司 2011 年度财务收支审计，洛阳市硅业公司 2011 年度资产负债损益审计，洛阳城市发展投资集团有限公司 2011 年度资产负债损益审计，洛阳市 2011 年度产业优化资金审计调查，洛阳市 2011 年度企业改制资金审计调查等。市财政局针对产业优化资金审计发现的资金使用计划性不强、项目审查不严格、县区配套资金到位难等问题，制定完善相关制度，对资金计划、项目审查、动态监管、奖惩制度等提出有针对性的管理措施。

社会保障审计 开展审计署、省审计厅统一组织的社会保障资金审计，洛阳市 2011 年度福彩公益金应缴税金审计调查，全市住房公积金审计调查，洛阳市基层医疗卫生机构综合改革专项审计调查，洛阳市人力资源与社会保障局 2011 年度预算执行情况审计等。12 月 24 日，洛阳市审计局被审计署嘉奖为“全国社会保障资金审计先进公务员集体”。

固定资产投资审计 开展洛阳市政府保障性住房建设项目审计或审计调查、洛阳市公检法司基础设施建设项目审计调查、偃师至洛阳快速通道工程偃师至洛阳段一期竣工决算审计、洛河洛阳市区西段河道生态治理工程竣工决算审计、洛阳市教育局洛阳市第一高级中学建设项目竣工决算审计、洛阳涧西区污水处理厂工程竣工决算审计等。

农业与资源环保审计 开展2010—2011年度农业综合开发项目绩效审计调查、洛阳市农工委2010—2011年度财政预算执行审计、2010—2011年土地整理资金审计、洛阳市2011年度污染防治资金审计等。

外资运用审计 开展世界银行贷款/英国赠款中国农村卫生发展项目审计、河南省亚洲开发银行贷款旱作可持续农业项目审计、德国政府赠款河南沙漠化控制（造林）项目审计、世界银行贷款第五期扶贫项目审计、世界银行贷款生态畜牧项目审计等。

经济责任审计 共对44名领导干部进行经济责任审计，其中离任审计42名，任中审计2名。共查出违规金额2900万元，其中负领导责任金额2824万元，负主管责任金额75万元；管理不规范金额6875万元，其中负领导责任金额5997万元，负主管责任金额878万元。提出审计整改意见112条。

（撰稿人：王锦志）

【焦作市审计局】 2012年，焦作市审计局人员编制67人，在编62人。局长闫万国，副局长尹柯玲、申文燕、王庆宝、范景致，纪检组长王天富。设有办公室、监督审理科、财政审计科、农业与资源环保审计科、固定资产投资审计科、经贸审计科、社会保障审计科、外资运用审计科、经济责任审计一科、经济责任审计二科、行政事业审计一科、行政事业审计二科、人事科、离退休干部工作科和纪委监察局派驻室（纪检监察室）。下属二级机构为市基本建设工程预决算审计中心。

审计成果 全市审计机关共完成审计项目454个，查出违规金额29.8亿元，应上缴财政1022万元，应归还原渠道资金245万元，应调账处理金额4484万元；已上缴财政670万元，已归还原渠道资金2万元，已调账处理金额3193万元。移送司法机关、纪检监察部门处理事项27件，建议有关部门处理事项9件。提交审计报告、信息890篇，被采用406篇。焦作市审计局先后被评为全市反腐倡廉建设先进单位、市政府目标管理一等奖、全市“十一五”环境保护工作先进集体、全市政风行风评议先进单位、全市依法行政工作先进单位、全市信息化先进单位、全省审计信息宣传工作先进单位等。计算机应用实例和审计方法被河南省审计厅评为“优秀组织奖”。

财政审计 焦作市审计局对预算编制、预算执行、政府债务和部门预算执行等情况进行审计的同时，重点审计税收征管、国有资产经营收益和国有资源有偿使用收入情况，揭示征收管理中存在的漏洞和问题，为增加财政收入做出重要贡献。其中，税务部门根据审计发现的问题，补征税款及滞纳金2570万元；市国土局根据审计建议，上缴财政土地整理资金5000万元。

固定资产投资审计 全市审计机关认真贯彻实施《焦作市政府投资建设项目审计监督实施办法》，共开展投资审计项目54个，涉及项目投资额83.4亿元，核减5.7亿元。

经济责任审计 全市审计机关共审计领导干部170人，其中县级20人。查出领导干部负直接责任的违规金额941万元，负主管责任的违规金额4030万元。市审计局对8名法院和检察院的主要领导实施审计，对10名领导干部实施任中经济责任审计。

社会保障审计 上半年对鹤壁市社会保障资金的筹集管理使用进行交叉审计，下半年对新乡市的保障性住房建设情况进行交叉审计，揭示在政策执行、任务完成、资金使用等方面存在的问题。对土地整理、水利建设、环保、科技等专项资金进行审计，对10件民生工程、住房公积金、人防工程易地建设费、职业教育项目、农业综合开发项目等进行审计调查，共涉及各类民生资金和专项资金64.5亿元，促进惠民政策的落实和资金的规范使用。

（撰稿人：谢晨光）

【新乡市审计局】 2012年，新乡市审计局人员编制人员74人、在编65人。局长李红旗（—1月）、邓京平（1月—），副局长何录良（8

月—)、牟振斌、周彦斌(8 月—)、李瑞霞，总审计师周彦斌(—8 月)，纪检组长何录良(—6 月)、孟宪光(6 月—)。设有办公室、人事科、法制科、党总支、监察室、财金一科、财金二科、行政一科、行政二科、投资一科、投资二科、农业科、企业科、社保科、经责办。

审计成果　全市审计机关共完成审计项目 701 个，查处违规金额 72 157 万元，应上缴财政 12 612万元，应减少财政拨款或补贴 2984 万元，应归还原渠道资金 3378 万元，应调账处理金额 37 775万元；已上缴财政 5756 万元，已减少财政拨款或补贴 2414 万元，已归还原渠道资金 1435 万元，已调账处理金额 27 837 万元。移送司法机关、纪检监察部门处理事项 1 件，建议有关部门处理事项 2 件。提交审计报告、信息 75 篇，被采用 42 篇。

财政审计　在全面审计的基础上，突出抓重点部门、重点项目、重点资金的审计。围绕财政预算资金和收支两条主线实施延伸审计，做到财政资金到哪里，就延伸审计到哪里，在确定的范围内力争"横到边、纵到底"，不留死角。做好重点企业审计，关注税收政策的落实情况，防止偷漏税情况发生。加强对政府性资金投资项目审计，严格核实工程造价。共查出违规金额 5.23 亿元，管理不规范金额 22.93 亿元，查出的问题已全部整改到位。

固定资产投资审计　完成固定资产投资项目审计 182 个，核减工程造价 1.22 亿元。市审计局完成政府重大投资项目审计 28 个，核减工程造价 8491 万元。

社会保障审计　根据省审计厅社会保障资金审计工作的统一部署，全市审计机关抽调 116 名审计人员组成 11 个审计组，对安阳市本级及 10 个县(市、区)两级人民政府 2011 年社会保险基金、社会救助资金和社会福利资金共 3 大类 18 项专项社会保障资金进行审计，查出违规金额 1334 万元，增加社保基金收入 11 533 万元，挽回经济损失 342 万元。移交案件线索 26 件，追究相关责任人员 84 人，其中 64 人受到党纪政纪处分。审计结果受到省审计厅和安阳市政府的高度评价，新乡市审计局被审计署评为全国社会保障资金审计先进集体。

企业和专项资金审计　省审计厅授权新乡市审计项目"河南煤化集团新乡能源有限公司(赵固一矿、二矿)2011 年度的财务收支审计"，促使两家煤矿补缴各项税费等 1.6 亿元，为增加财政收入做出突出贡献。完成全市农村中小学布局调整、人防工程易地建设费征收使用情况、公检法司基础建设项目、近两年土地出让金征收、使用、管理情况等十余项专项资金的审计和审计调查。

经济责任审计　共有 132 名领导干部、150 个单位接受审计机关经济责任审计，其中，任中审计 64 人，离任审计 68 人。审计查出主要问题金额 5.28 亿元。市审计局受市委组织部委托，对 21 名领导干部，23 个单位进行经济责任审计，其中，任中审计 3 人，离任审计 18 人。审计查出主要问题金额 7850 万元。

跟踪审计　市审计局组织 59 人分为 6 个审计组，赴安阳市实施城镇保障性安居工程跟踪审计，审计人员进驻安阳市以后，按照各审计组的分工，加班加点，连续奋战，积极开展审计工作，努力实现"公正准确、凸显成效，发现问题、整改提高"的审计目标。　(撰稿人：李旭日)

【鹤壁市审计局】　2012 年，鹤壁市审计局人员编制 69 人，在编 64 人。局长王志贤，副局长张保成、李路平、曹崇华，总审计师高国防，纪检组长蔺玉堂。设有经济责任审计中心、办公室、纪检室、法制科、财政金融审计科、社会保障审计科、经贸审计科、农业与资源环保审计科、外资审计科、行政事业审计科、固定资产投资审计科、计算机审计中心、审计评价中心，另设机关党委。

审计成果　全市审计机关完成审计项目 161 个，查出违规金额 7329 万元，应上缴财政 256 万元，应归还原渠道资金 1322 万元，应调账处理金额 6445 万元；已上缴财政 134 万元，已调账处理金额 4542 万元。建议有关部门处理事项 18 件。提交审计报告、信息 493 篇，被采用 258 篇。

财政审计　全市审计机关共审计和审计调查单位 31 个，查出未按规定征收缴纳收入 5144 万元，资金滞留闲置 6061 万元，违规改变资金用途 2792 万元等问题。向市政府提交的审计结果报告和向市人大提交的审计工作报告，得到市委、市人大、市政府领导的高度重视，常务副市长对“同级审”结果报告做出批示。

企业审计 审计单位1个，查出少计少缴税费8万元，其他违规金额2366万元等问题。

社会保障审计 审计（调查）单位2个，审计查出未按规定征收、缴存社保费和住房公积金13 854万元，其他问题金额15 440万元等问题。

专项资金审计（调查） 全市专项资金审计（调查）单位30个，查出违规和管理不规范金额28 277万元，其他问题金额13 381万元，并提出审计意见和建议。

经济责任审计 全市审计机关共对83名领导干部进行经济责任审计，审计查出主要问题金额329 285万元，其中，领导负主管责任问题金额1242万元，负领导责任问题金额1272万元。

固定资产投资审计 全市共对21个投资项目进行审计，审计项目投资额22 371万元，核减工程款4532万元，为国家节约了建设资金。

（撰稿人：孙亚楠）

【安阳市审计局】 2012年，安阳市审计局人员编制97人，在编97人。局长李庆祥，副局长郭河山、李著亮、郝保旺、张士吉（—7月），总审计师陈永太，纪检组长郭虎山。设有办公室、法规科、财政审计科、金融审计科、行政事业审计科、经贸审计科、农业与资源环保审计科、社会保障审计科、外资运用审计科、信息技术科、人事科、经济责任审计办公室、政府投资审计办公室、离退休干部工作科，下辖安阳市经济责任审计中心、安阳市政府投资审计中心。

审计成果 安阳市审计局完成审计（调查）项目57个，审计经济责任人12人，查出违规金额28亿元，通过上缴财政、减少财政拨款及归还原渠道资金等促进增收节支9560万元。向有关部门移送线索和事项23件。提交综合性报告和信息简报122篇，被批示采用78篇。提交审计专报16篇，被市级党政领导批示5篇。提出审计建议101条，被采纳85条。

财政审计 完成审计项目5个，查出违规金额170 521万元，应上缴财政124 570万元，应调账处理金额1147万元，应自行纠正金额39 765万元；已上缴财政124 570万元，已调账处理金额1147万元，已自行纠正金额15 172万元。建议有关部门处理事项1件。

金融审计 完成审计项目3个，查出违纪违规金额6.2亿元，上缴财政7万元。

行政事业审计 完成审计项目7个，查出违规金额19 318万元，应上缴财政6362万元，应归还原渠道资金52万元，应调账处理金额664万元，应自行纠正金额10 140万元；已上缴财政6362万元，已归还原渠道资金52万元，已调账处理金额664万元，已自行纠正金额10 140万元。移送税务部门处理事项1件。上报AO应用实例1个，获省审计厅二等奖、审计署鼓励奖。

企业审计 完成审计项目4个，查出违规金额2.81亿元，上缴财政50万元。

农业与资源环保审计 完成审计项目11个，查出违规金额49 624万元，应上缴财政35万元，应归还原渠道资金49 424万元；应自行纠正金额165万元；已上缴财政35万元，已归还原渠道资金49 424万元，已自行纠正金额165万元。

社会保障审计 完成审计项目3个，其中审计署安排计划1个，省审计厅安排计划1个，市级安排计划1个。审计资金总额817 496万元，查出违纪违规问题55个，查出违规金额326 865万元，已归还原渠道资金和调账金额16 895万元。

外资运用审计 完成审计项目6个，查出违规金额1.5亿元。

经济责任审计 完成审计项目3个，查出违规金额29 194.47万元，管理不规范金额23 665万元，上缴财政1087万元。

固定资产投资审计 完成审计项目15个，查出违规金额62 929万元；已上缴财政7372万元，审减工程造价3747万元。移送司法机关、纪检监察部门处理事项1件，建议有关部门处理事项22件。

（撰稿人：龚　琳　邓全香）

【濮阳市审计局】 2012年，濮阳市审计局人员编制92人，在编92人。局长樊相奇，副局长张正选、鲁付民、林松，总审计师徐中领，纪检组长王万东。设有办公室、人事科、法制科、财政金融审计一科、财政金融审计二科、行政事业审计一科、行政事业审计二科、经贸审计科、农业与资源环保审计科、社会保障审计科、固定资产投资审计一科、固定资产投资审计二科、外资运用审计科、离退休干部工作科、机关党总支、监察室等科室，下辖濮阳市经济责任审计中心、濮阳市审计科研培训所、濮阳市审计局后勤服务中心。

审计成果 全市审计机关共完成审计项目423个，查出违规金额117 286万元，应上缴财政1041万元，应减少财政拨款或补贴9万元，应归还原渠道资金312万元，应调账处理金额1338万元；已上缴财政936万元，已减少财政拨款或补贴9万元，已归还原渠道资金350万元，已调账处理金额1292万元。移交司法机关、纪检监察部门处理事项13件，建议有关部门处理事项30件。提交审计报告、信息369篇，被采用187篇。提出审计建议2037条，被审计单位采纳1482条，制定整改措施291项；公告55个审计结果。综合考评获得濮阳市委、市政府表彰15项，省审计厅和濮阳市领导先后14次对审计工作做出批示。

财政审计 完成市、县（区）预算执行和其他财政收支情况审计项目8个，部门预算执行情况审计项目44个，财政决算审计37个，对282个行政事业单位进行了财政财务收支审计。审计查出部分单位未按规定征收缴纳收入2.33亿元，擅自动用支配国库款4437万元，违规改变项目计划和用途3889万元，乱收费、乱摊派1778万元，滞留闲置资金1.1亿元，扩大开支范围或提高开支标准2.3亿元。

固定资产投资审计 对引黄灌溉调节水库、市体育馆、8所中小学校舍安全工程、濮北新区9条道路、东南片区8条道路、中原市场和劳动市场改造等重点项目开展跟踪审计。主要发现高估冒算、多计工程价款；虚增工程量、工程质量控制不严；施工程序不规范、隐蔽工程验收记录不完整等问题。共审计建设项目投资金额9.8亿元，审减工程造价1.1亿元。

专项资金审计（调查） 对社会保障资金、住房公积金、农业综合开发资金、土地整理、农村中小学布局调整、职业教育政府性资金等14项资金或项目进行审计和调查，重点检查惠民富民政策执行情况，揭示政策落实不到位、目标未实现及资金分配不合理、管理不严格、制度不完善等问题。农村中小学布局调整审计，发现农村过度撤并学校导致上学远、上学难、上学贵，引发辍学现象增加等问题。农业综合开发项目审计调查，针对擅自变更项目建设内容和标准、违规使用资金降低项目预期效益、工程建成后管护不力等问题提出审计建议。

经济责任审计 受组织部门委托，全市审计机关对177名党政领导干部进行审计，查出违规金额3.8亿元，对领导干部应负直接责任、主管责任和领导责任进行界定，为组织部门任用干部提供依据。（撰稿人：吴春耀　黄卫畅）

【开封市审计局】 2012年，开封市审计局人员编制72人，在编62人。局长翟放，副局长孙黎、张同安、张泽宣、赵守红、王珂、宋平均（11月—），总审计师倪金宝（9月—），纪检组长赵伟。设有办公室、法制科、财政金融审计科、行政事业审计科、经贸审计科、农业与资源环保审计科、固定资产投资审计科、外资运用审计科、社会保障审计科、经济责任审计科、人事教育科、纪检监察室，下设科研所和审计服务中心。

审计成果 全市审计机关共审计和审计调查单位488个，审计查出违规金额45 543万元，管理不规范金额322 628万元。经审计处理，通过上缴财政、减少财政拨款或补贴、归还原渠道资金等形式，已促进增收节支66 425万元，已缴纳其他资金1161万元，已调账处理24 015万元。向纪检监察、司法机关和有关部门移送处理事项6件，涉及相关责任人4人。提出审计建议1410条，被审计单位采纳1266条、制定整改措施19项、建立健全规章制度9份。审计信息被上级领导批示和有关部门采用56篇，宣传稿件在市级以上新闻媒体发表210篇。市审计局先后荣获全市目标管理优秀单位、平安建设工作先进单位、拥军优属先进单位等15项荣誉，连续19年保持省级文明单位、省级卫生先进单位荣誉称号，有28人次荣获市级以上荣誉。

财政审计 审计预算执行单位89个，查出违规金额170 885万元；审计财政决算单位34个，查出违规金额104 131万元。通过边审边改、集中整改和落实审计意见，促进了有关部门严格按照法定权限和程序行使权力、履行职责，促进了有关县、区政府严格执行财经法规，规范财政资金管理。

行政事业审计 审计行政事业单位277个，查出违规金额73 915万元，为推进国库统一支付工作，规范行政事业单位财务收支行为发挥了积极作用。

企业审计 审计企业5家，查出违规金额7775万元，促进企业深化改革、加强管理。

外资运用审计 按照省审计厅统一部署，对中小城市供水项目、生态畜牧项目等5个外资项目进行审计，提出加强管理和完善制度方面的建议，受到省审计厅充分肯定。

专项资金审计 审计专项资金326 486万元，查出未按规定征收缴纳收入943万元，违规改变项目计划和资金用途1217万元，未按规定征提基金1013万元，资金滞留闲置1259万元，其他问题金额518万元。通过整改，提高了专项资金使用效益。

固定资产投资审计 审计建设项目37个，审计资金29 019万元，审减工程款4158万元，审减率达15.25%，为政府节约了建设资金。

经济责任审计 完成179名领导干部经济责任审计，审计查出违规金额18 237万元，管理不规范金额37 264万元。 （撰稿人：刘江航）

【商丘市审计局】 2012年，商丘市审计局机关行政编制48人（含单列纪检监察编制2人）、事业编制9人，实有工作人员66人。局长刘玉杰（—12月）、姚文生（12月—），副局长吕义军、陈国立、李思义、冯永刚、刘艳芳、贾玉强（—4月），总审计师朱彦强，纪检组长张永建。设有财政审计科、经贸审计科、固定资产投资审计科、行政事业审计一科、行政事业审计二科、社会保障审计科、农业与资源环保审计科、金融与外资审计科、经济责任审计办公室、局办公室、法规科、人力与信息资源科、监察室、商丘市政府投资建设项目审计中心。

审计成果 全市审计机关共完成审计和审计调查项目328个，移送案件线索51件。提出审计建议913项，被采纳运用836项，推动被审计单位建立健全制度10余项。1项审计案例被推荐为审计署培训班课程，市审计局获得全国社保审计公务员集体嘉奖。

财政审计 对70个部门开展预算执行情况审计，对41个单位开展财政决算审计。其中：商丘市本级财政“同级审”查出违规金额6亿多元，有效维护财政资金安全，规范资金管理，在深化财政体制改革中发挥了积极作用。

社会保障审计 商丘市审计机关组建审计组赴信阳开展社保审计，将市县两级审计局的现有资源完全整合，首次实现市县审计局共同赴异地实施审计项目，采取“资源整合，任务分解，多维管控”的模式，确保审计工作顺利圆满完成，并获得宝贵经验。受到审计署和河南省审计厅的充分肯定和褒奖，获得审计署的嘉奖表彰。

企业审计 审计企业财务账套8套，审计资金量26亿元，查处违规金额2.75亿元。审计促缴税款0.22亿元。受市政府委托，为确保冬季供暖正常运转，市审计局对涉及商丘市城区供暖的2个热源企业和1个供热企业近两年财务状况和政策性亏损情况进行审计调查。审计调查报告得到市政府领导的充分肯定，市政府依据审计调查报告情况多次召开专题会议，依据审计报告提出的5项建议制订全市长期的供暖运作实施方案。审计成果转化运用取得重大成果，审计工作在服务全市重大事项决策上发挥了重要作用。

固定资产投资审计 组织开展市本级人防异地建设专项资金审计、全市政法基础设施建设项目审计、市交警支队新建车管所项目竣工决算审计、安居工程建设项目跟踪审计，重点关注投资建设资金的预算、筹集、拨付、管理、使用及效益情况；揭露和纠正在项目预算执行、资金筹集、拨付、管理、使用以及项目实施中存在的问题；对资金使用效果进行客观评价，针对存在问题提出改进建议。

专项资金审计（调查） 开展全市2010—2011年度职业教育政府性资金投入及使用情况专项审计调查、农村中小学布局调整审计调查、全市中小学校舍安全工程建设跟踪审计。按照省委组织部和省审计厅的要求，完成中共商丘市委组织部远程教育中央专项资金审计工作；选派人员参加市人事局统一组织全市事业单位绩效工资检查调研工作。对市卫生局所属5家公立医院医疗政策执行情况进行审计调查，查出医疗药品采购、医疗设备采购等方面存在的问题，以及违规购置固定资产、欠缴住房公积金、欠缴养老保险金、违规集资等问题。对全市住房公积金归集、管理和使用情况进行专项审计调查。审计调查涉及商丘市住房公积金管理中心以及财政、住建（房产交易中心）、养老保险等部门，并延伸调查相关单位。对审计查出的问题，市领导高度重视，市长做出重要批示。

农业与资源环保审计 组织对睢县、虞城2010年省级土地整理项目专项资金审计，严格按照省审计厅土地整理项目资金审计工作方案内容，对所属各县2010至2012年土地整理项目实施审计。采取工程全面审计选重点、单体工程审计不漏项、全程审计监督不失控的审计思路，高质量完成审计任务。还组织开展梁园区2010年至2011年农业综合开发项目审计和全市汇总，以及该区2010—2011年度财政支农资金的审计。

外资运用审计 根据审计署和省审计厅的授权，抽调人员分别参与以下审计项目：3月初赴周口沈丘、淮阳两县进行世界银行贷款五期扶贫项目审计；5月完成世界银行贷款中小城市供排水项目的审计；8月完成世界银行贷款生态畜牧项目的审计和审计署定项目世界银行三期灌溉绩效审计；9月完成日元贷款造林项目的审计。共审计财务套账50余套，审计资金量达20亿元。

经济责任审计 市“双审”办公室2012年委托经济责任审计项目共15个，具体包括离任审计项目9个，任中审计项目6个。市审计局精心计划、统筹安排，科学调配审计力量，圆满完成审计任务。（撰稿人：薛　源）

【许昌市审计局】 2012年，许昌市审计局人员编制43人，在编50人。局长田茂盛，副局长唐学亭、孟国强、申宝（8月—）、方炽、胡宝梅（8月—）、张玲芝（—8月），总审计师朱臣峰，纪检组长高留彬。设有办公室、法规科、人事科、财政审计科、行政事业审计科、农业与资源环保审计科、固定资产投资审计科、金融审计科、经贸审计科、社会保障审计科、外资运用审计科、经济责任审计办公室。

审计成果 全市审计机关完成审计和审计调查项目（单位）283个，查出违规金额57 351万元，应上缴财政1176万元，应减少财政拨款或补贴436万元，应归还原渠道资金7871万元，应调账处理金额143 966万元。建议有关部门处理事项11件。提交审计报告、信息485篇，被采用122篇。

财政审计 开展市本级（含许昌经济开发区、东城区）2011年度预算执行和其他财政收支情况审计，对部门预算编制、国库集中支付、政府采购等财政管理制度改革运行情况进行重点检查，揭示财政收入结构、预算管理等方面存在的问题，提出加强财政管理，提高依法理财水平的审计建议。开展财政理财情况审计，对财政资金的保值、增值情况进行专项检查，深化“同级审”的内涵。

金融审计 对许昌银行股份有限公司2010年至2011年资产负债损益情况进行审计，揭示财务管理和信贷资产管理中存在的问题，提出加强风险监控、规范业务操作、完善公司治理结构、规范抵贷资产的管理、提高资产流动性等审计意见和建议。

固定资产投资审计 对首山一矿、孙湾社区、311国道、会展中心等16个建设项目的审计，共审减工程投资24 125万元。根据省审计厅统一安排，组织市县两级审计机关88名审计人员，完成对平顶山市及其县（市、区）的保障性安居工程审计任务，揭示存在的突出问题。

经济责任审计 对26个市直部门（单位）和4个县（市、区）的主要党政领导干部开展经济责任审计。从经济管理、经济决策、经济政策执行、经济运行监督、廉政勤政等5个方面，揭示存在的突出问题。按照“权责一致”的原则，客观界定被审计领导干部的经济责任，并向市委、市政府报送综合情况报告，市委、市政府主要领导分别做出批示，要求有关单位采取切实措施进行整改。

专项资金审计（调查） 从“三农”、教育、文化、社会保障、城乡基础设施等五方面入手，对南水北调资金、农业开发项目资金、农村中小学布局调整资金、住房公积金、土地整理项目资金等20个专项资金开展审计和审计调查，对查出的项目管理不规范、配套资金不到位、挤占专项经费等问题，督促落实整改，完善制度机制，促进专项资金使用管理规范和为民惠民政策的落实。

（撰稿人：陶　凯）

【漯河市审计局】 2012年，漯河市审计局人员编制68人，在编68人。局长陈会伟，副局长李东升、陈银坤、王宝玉、史秋学，总审计师李军，纪检组长曹新民。设有办公室、法规科、财政金融审计科、行政事业审计科、经贸审计科、农业与资源环保审计科、社会保障审计科、固定资产投资审计科、外资运用审计科、政府派出机构审计科、经济责任审计办公室、漯河市审计信息中心、漯河市审计服务中心。

审计成果 全市共完成审计及审计调查项目256个，查出违规金额2643万元，应上缴财政652万元，应归还原渠道资金1117万元；已上缴财政329万元，已归还原渠道资金1082万元。向纪检、监察等部门移送案件线索4件，向社会公告审计结果13个。20多篇综合报告和信息得到市领导的批示，1个项目被评为全省精品审计项目，1个为全省表彰审计项目。市审计局被省人社厅、省审计厅评为全省审计系统先进集体。

财政审计 开展对市财政局、市地税局、市发改委等34个部门的预算执行审计，审计结果得到市人大、市政府的充分肯定。依据审计建议，市政府出台《漯河市国有资本经营预算实施意见》和《漯河市市本级企业国有资本收益收取管理暂行办法》，并将应缴未缴的国有资产收益535万元上缴入库。

金融审计 完成漯河银行资产负债损益审计。

行政事业审计 完成对全市工商系统、市新华书店、市公安系统、市总工会、漯河职业技术学院、市政府驻京联络处等单位的财政财务收支审计。

农业与资源环保审计 完成全市土地整理项目专项资金审计，全市农业综合开发项目绩效审计调查。

固定资产投资审计 重点组织开展城镇保障性安居工程跟踪审计，沙北污水处理厂竣工决算审计和白云山路改造工程、医专新校区建设项目的跟踪审计。

社会保障审计 完成社会保障资金审计，县级失业保险基金清产核资审计。

经济责任审计 全市审计机关共对127名领导干部进行经济责任审计。完成舞阳县、临颍县县长离任审计工作。

专项资金审计（调查） 开展开发区财政管理情况、重点税源单位税收征管情况、人防工程易地建设费、全市公检法司基础设施建设项目建设情况、全市农业综合开发项目、全市农村中小学布局调整情况、住房公积金、中等职业教育政府性资金等8项专项审计调查。配合省审计厅完成利用亚洲开发银行贷款旱作可持续农业项目审计。

（撰稿人：李富宗）

【平顶山市审计局】 2012年，平顶山市审计局人员编制91人，在编90人。局长晏树斌，副局长邵小红、高惠珍、王家民，总审计师虎继宗，纪检组长张绍周。设有办公室、人事科、法制科、财政审计科、金融审计科、行政事业审计科、经贸审计科、农业与资源环保审计科、社会保障审计科、投资审计一科、投资审计二科、外资运用审计科、经济责任审计局、计算机信息科、离退休干部工作科、监察室、机关党委，另设有市审计科研所。

审计成果 全市审计机关共完成审计（调查）项目325个，查出违规金额74 713万元，管理不规范金额216 033万元，已上缴财政23 782万元。向有关部门移交案件9起。市审计局荣获市委“重视支持党建工作先进党组”，市政府“完成责任目标优秀单位”和“依法行政工作先进单位”，全市反腐倡廉建设工作先进单位，保持了省级文明单位、省级卫生先进单位等荣誉称号。市审计局社会保障审计科科长冯国建被审计署表彰为全国社会保障资金审计先进个人，杨申被省审计厅表彰为先进个人。全市11个审计机关中有8个省级文明单位、3个市级文明单位。

财政审计 全市审计机关按照“财政资金运用到哪里，审计就跟进到哪里”的要求，坚持以审计财政收支真实性、合法性、效益性为主线，加大对重点部门、重点资金的监督力度。全市共开展预算执行审计单位22个，开展财政决算审计单位32个。代表市政府向市人大常委会所做的《2011年度市级预算执行和其他财政收支的审计工作报告》，受到市人大常委会的好评，为政府加强预算管理和人大监督审查本级财政预算提供了重要依据。

行政事业审计 重点对全市工商系统、人防工程易地建设费、中等职业教育政府性资金、农村中小学布局调整等人民群众关心的热点问题进行审计（调查），查出违规金额5353万元，管理不规范金额5310万元。

农业与资源环保审计 注意揭露挪用涉农专项资金等违法违纪问题，重点对全市土地整理资金、农业综合开发项目、国有土地出让及矿产资源补偿费征收管理使用情况进行审计（调查），切实把党和政府的惠农政策落到实处。

固定资产投资审计 认真学习贯彻《平顶山市政府投资建设项目审计监督若干规定》，坚持以政府重大投资项目审计为重点，认真做好对工程建设领域突出问题的审计监督，完成对商丘市及10个县（市、区）2012年城镇保障性安居工程跟踪审计工作，对部分市政基础设施建设项目进行竣工决算审计，共核减工程款2108万元。

社会保障审计 重点加强对社会保障资金、住房公积金等重点民生工程和资金的审计力度。查处违规金额16 130.48万元，管理不规范金额40 620.49万元，应上缴财政846.96万元。市审计局驻南阳市社会保障审计组、宝丰县审计局被省审计厅表彰为社会保障资金审计先进集体。

企业审计 完成对河南安钢集团舞阳矿业有限责任公司、平顶山市农村公路管理处、平顶山市交通汽车驾驶学校等5个单位的审计，查出违规及管理不规范金额13 772万元，归还原渠道资金738万元。

经济责任审计 全年共对48名党政领导干部进行经济责任审计，查出违规金额1123万元，管理不规范金额5757万元。对查出的问题依法进行处理，并提交审计结果报告。

专项资金审计（调查） 围绕市委、市政府的中心工作和关系人民群众切身利益的“十件实事”，围绕民生资金和项目，加强对“三农”、科技、教育、卫生、文化、社会保障等重点民生工程和资金的审计监督，促进党和国家惠民政策措施的贯彻落实。认真组织对南阳市本级和南阳市各县（市、区）社会保障资金、全市土地整理资金等进行审计或审计调查，共开展专项资金审计或调查单位31个，审计专项资金总额315 809万元。

（撰稿人：黑相伟）

【南阳市审计局】 2012年，南阳市审计局人员编制92人，在编92人。局长杨鸣哲，副局长方向、余耀伟、鲁德岑、孔雪飞、田青（—10月）、李冬晓（10月—），纪检组长李冬晓（—10月）、辛琳（10月—）。设有办公室（机关党委）、法制科、财政审计科、行政事业审计科、农业与资源环保审计科、固定资产投资审计科、金融审计科、经贸审计科、社会保障审计科、外资运用审计科、信息管理科、人事科（纪检监察室）。下辖南阳市经济责任审计局。

审计成果 全市审计机关共完成审计（调查）单位851个，查出违规金额807 827万元，应上缴财政58 000万元，应减少财政拨款或补贴25 052万元，应归还原渠道资金83 532万元，应调账处理金额135 457万元；已上缴财政57 826万元，已减少财政拨款或补贴资金24 366万元，已归还原渠道资金82 679万元，已调账处理金额135 457万元。移送司法机关、纪检监察部门处理事项33件，建议有关部门处理事项27件。提交审计报告、信息1929篇，被采用326篇，提出审计建议2860条，被采纳2564条。

财政审计 审计184个单位，查出违规金额328 764万元，应上缴财政24 503万元，应减少财政拨款或补贴8250万元，应归还原渠道资金34 562万元，应调账处理金额58 439万元；已上缴财政74 503万元，已减少财政拨款或补贴3250万元，已归还原渠道资金24 562万元，已调账处理金额58 439万元。

行政事业审计 审计248个单位，查出违规金额168 975万元，应上缴财政8796万元，应减少财政拨款或补贴4673万元，应归还原渠道资金23 162万元，应调账处理金额32 160万元；已上缴财政8796万元，已减少财政拨款或补贴4673万元，已归还原渠道资金23 162万元，已调账处理金额32 160万元。

固定资产投资审计 审计126个单位，查出违规金额89 763万元，应上缴财政6428万元，应减少财政拨款或补贴8762万元，应归还原渠道资金9874万元，应调账处理金额24 633万元；

已上缴财政 6428 万元，已减少财政拨款或补贴 8450 万元，已归还原渠道资金 9628 万元，已调账处理金额 24 633 万元。

企业审计 审计 28 个单位，查出违规金额 25 467 万元，应上缴财政 6357 万元，应减少财政拨款或补贴 1042 万元，应归还原渠道资金 3169 万元，应调账处理金额 6752 万元；已上缴财政 6357 万元，已减少财政拨款或补贴 1042 万元，已归还原渠道资金 3169 万元，已调账处理金额 6752 万元。

专项资金审计（调查） 审计（调查）279 个单位，查出违规金额 182 896 万元，应上缴财政 11 916 万元，应减少财政拨款或补贴 2325 万元，应归还原渠道资金 12 765 万元，应调账处理金额 13 473 万元；已上缴财政 11 916 万元，已减少财政拨款或补贴 2325 万元，已归还原渠道资金 12 765 万元，已调账处理金额 13 473 万元。

经济责任审计 审计 96 个单位，查出违规金额 11 962 万元，其中领导干部负主管责任金额 8946 万元，负直接责任金额 187 万元。

（撰稿人：刘彦忠）

【信阳市审计局】 2012 年，信阳市审计局人员编制 72 人，在编 68 人。局长杨淑萍，副局长朱时锋、曾文物（—8 月）、马彦忠、唐阳志、贾作平，总审计师卢世银，纪检组长周百勤（—12 月）。设有办公室、法规科、财政金融审计科、行政事业审计科、农业与资源环保审计科、固定资产投资审计科、企业审计科、社会保障审计科、外资运用审计科、经济责任审计办公室、派出机构审计办公室、人事科、机关党委、监察室，审计科研培训中心。

审计成果 全市审计机关共审计单位 620 个，查出各类违规金额 25.46 亿元，责令上缴财政 3200 万元。移送案件线索 64 件。提出审计意见和建议 806 条，提交审计报告、信息 905 篇。

财政审计 市审计局审计科教文卫等 19 个本级预算部门和单位，延伸审计 89 个二、三级预算单位。市政府高度重视审计结果，责成相关单位积极整改审计发现的问题；市人大常委会充分肯定审计工作报告，采纳审计建议，审计监督成为人大监督本级政府预算管理的重要手段。财政决算审计揭示县区和乡镇财政管理存在的问题，促进县乡财政管理进一步规范。

固定资产投资审计 全市审计机关共完成投资审计项目 126 个，审计项目投资 17.42 亿元，核减投资 1.58 亿元，查出违规金额 3450 万元，工程管理问题金额 8641 万元。

经济责任审计 全市共完成 204 名领导干部的经济责任审计，查出违规金额 49 432 万元，管理不规范金额 19 556 万元。

社会保障审计 全市审计机关派出 106 人赴平顶山市开展交叉审计，重点审计社保、民政等部门和经办机构，延伸调查 99 家企业、20 个村（居）委会和 22 家医院。审计后共移送案件线索 27 件，其中向纪检监察部门移送 6 件、司法机关 4 件、其他有关部门 17 件，涉及相关责任人员 110 人，涉案金额 1013 万元。

专项资金审计（调查） 实施土地整理、农业综合开发、中小学校舍安全、人防工程易地建设费、职业教育等民生资金和民生项目的审计，监督检查民生相关政策落实情况，揭示和反映政策落实不到位及资金管理不规范、制度不完善、损害群众利益等问题。（撰稿人：王　猛）

【周口市审计局】 2012 年，周口市审计局人员编制 60 人，在编 70 人。局长杨元涛（—6 月）、武仲坦（6 月—），副局长张贵成、李廷旭（—9 月）、翟建伟、马培新（11 月—），总审计师魏学忠，纪检组长李耀杰。设有办公室、法制科、人事（老干部）科、财政金融审计科、行政事业审计一科、行政事业审计二科、经贸审计科、农林水审计科、固定资产投资审计科、外资运用审计科、社会保障审计科、纪检监察室、经济责任审计办公室和机关党委办公室。

审计成果 全市审计机关共完成审计（调查）单位 718 个，查出违规金额 11.23 亿元，管理不规范金额 86.56 亿元。经审计处理应上缴财政 2.11 亿元，应归还原渠道资金 1.11 亿元，应调账处理金额 5592 万元。移送其他部门处理事项 3 件。提交审计专题、综合性报告 705 篇，向被审计单位提出审计建议 1451 条。

财政审计 完成预算执行审计单位 140 个，查出违规金额 45 亿元，其中违规变更预算 14.62

亿元，资金滞留闲置 6.04 亿元，违规改变资金用途 9653 万元，未按规定征收、缴纳预算收入 3.06 亿元及预算编制批复不规范 2304 万元。市审计局完成预算执行审计单位 17 个，查出违规金额 10.5 亿元。全市财政决算审计单位 115 个，查出违规金额 1.1 亿元。

社会保障审计 2 月，全市审计机关整合资源组成 8 个审计组 109 人，对濮阳市及所辖县市区 12 类 18 项社会保障资金进行全面审计，发现并查处不符合条件违规享受保障待遇 476.64 万元，重复参保 1.7 万人，符合保障条件未参保 2.59 万人和社会保障资金筹集不到位等问题。审计工作得到省审计厅的肯定，市审计局社保科和项城市审计局被评为“全省社会保障审计工作先进单位”。11 月，全市审计机关组成 11 个审计组共 93 人，对焦作市及所辖县市区保障性安居工程进行跟踪审计，审计查处违规金额 1.07 亿元，揭示未严格执行基本建设程序、住房闲置未分配和应保未保等问题 62 项，移交处理事项 91 件，移交案件线索 7 件。

固定资产投资审计 全市共完成固定资产投资审计（调查）项目 245 个，核减工程款 12.75 亿元（审减工程款 2.28 亿元）。市审计局完成工程决算审计项目 9 个，审计工程资金 9.4 亿元，审减资金 6488 万元。发现并查处违反基本建设程序、违规招标、多计利息成本和虚报冒领工程结算价款等问题。

经济责任审计 全市完成 128 名领导干部经济责任审计任务，其中离任经济责任审计 126 名，任中经济责任审计 2 名。审计查出各类有问题金额 7.1 亿元，其中违规金额 1.3 亿元，管理不规范金额 5.8 亿元。其中市审计局完成 55 名县处级领导干部任期经济责任审计，2 名任中经济责任审计。审计查处各类问题金额 4.6 亿元，其中违规金额 4419 万元，管理不规范金额 4 亿元，促进财政增收节支 1323 万元。审计移送案件 2 起，其中移送纪检监察机关处理案件 1 起，涉及 36 人。

专项资金审计（调查） 全市共完成专项资金审计（调查）单位 47 个，审计专项资金总额 3.4 亿元。

（撰稿人：周孟教）

【驻马店市审计局】 2012 年，驻马店市审计局人员编制 48 人，在编 50 人，二级机构人员编制 20 人，在编 20 人。局长张伟（—5 月）、黄庆伟（5 月—），副局长刘东亚（—10 月）、蒋迎春、罗宇威（1 月—）、宋超燕、汪永华（11 月—），总审计师罗宇威（—1 月），纪检组长刘晓东（—9 月）、李焕军（10 月—）。设有办公室、法制综合科、财税金融审计科、经贸审计科、行政事业审计科、农业与资源环保审计科、固定资产投资审计科、社会保障资金审计科、外资运用审计科、纪检监察室、机关党委，二级机构设有经济责任审计局、科研所。

审计成果 全市审计机关共完成审计项目 460 个，查出违规金额 320 000 万元，应上缴财政 29 300 万元，应减少财政拨款或补贴 417 万元，应归还原渠道资金 2435 万元，应调账处理金额 7642 万元；已上缴财政 6352 万元，已减少财政拨款或补贴 7 万元，已归还原渠道资金 2331 万元，已调账处理金额 3682 万元。提交审计报告和信息简报 282 篇，被批示采用 65 篇。

财政审计 完成审计（调查）单位 5 个，查出违规金额 16 149 万元，应上缴财政 12 392 万元，应归还原渠道资金 2140 万元，应减少财政拨款或补贴 7 万元；已上缴财政 12 392 万元，已归还原渠道资金 2140 万元，已减少财政拨款或补贴 7 万元。

行政事业审计 完成审计项目 3 个，查出违规金额 11 万元，管理不规范金额 224 万元，应上缴财政 11 万元，应归还原渠道资金 27 万元；已上缴财政 11 万元，已归还原渠道资金 27 万元。

农业与资源环保审计 完成审计项目 5 个，查出违规金额 37 323 万元，管理不规范金额 6662 万元，应上缴财政 22 万元，已上缴财政 1 万元。

固定资产投资审计 完成审计项目 4 个，查出管理不规范金额 4730 万元，项目投资额 139 852 万元，核减投资额 409 万元。

社会保障审计 完成审计项目 4 个，查出违规金额 775 万元，管理不规范金额 4450 万元，应上缴财政 126 万元，已上缴财政 126 万元。

经济责任审计 完成审计项目 12 个，查出违规金额 635 万元，管理不规范金额 8612 万元，应上缴财政 187 万元，已上缴财政 16 万元。

专项资金审计（调查） 完成审计项目 4 个，

审计专项资金总额38 894万元。查出管理不规范金额7942万元，应上缴财政19万元，已上缴财政19万元。（撰稿人：叶向阳 刘建伟）

【济源市审计局】 2012年，济源市审计局人员编制84人，在编79人。局长卢多璋，副局长王陆平、李建成、樊其程、崔汀（—8月）、许梦玲（8月—），纪检组长孙恒文。设有办公室、法规科、财政金融审计科、行政事业审计科、农业与资源环保审计科、社会保障审计科、经贸与外资运用审计科、投资审计科、经济责任审计局、基本建设审计中心。

审计成果 完成审计项目234个，查出违规金额19 287万元，应上缴财政2688万元，应归还原渠道资金404万元，应调账处理金额369万元。移送司法机关、纪检监察部门处理事项10件，建议有关部门处理事项7件。提交审计报告、信息284篇，被采用129篇。先后荣获“河南省保密工作先进单位”“河南省审计系统信息工作先进单位”“济源市服务富士康项目建设工作先进单位”等荣誉称号，并荣获2012年济源市干部作风评议第一名，参加评议的科室均获得前五名。

跟踪审计 组织20名审计人员赴鹤壁市实施保障性安居工程跟踪审计，审计组充分利用计算机审计，提高工作效率，围绕“八个明白”开展保障性安居工程审计的工作经验和方式方法得到省审计厅的充分肯定，以《工作简报》的形式在全省审计系统予以推广，为相关部门制定加强保障性安居工程管理的政策措施提供了决策参考。在省市审计机关联动审计、信息化和计算机审计技术运用、大型审计项目协调管理平台构建等方面积累经验。

财政审计 完成“同级审”及财政财务收支审计项目62个，涉及审计和审计调查单位120多个，针对审计中发现的应作未作收入、违规通过个人账户发放职工奖金、超过规定范围和限额使用现金、挪用农保资金、存储基金形成不良资产等问题，下达审计决定书25份，向被审计单位提出审计建议70多条。针对审计发现的问题及问题产生的原因，向济源市政府提交审计报告，并要求有关单位限期整改。

固定资产投资审计 组织对128个建设项目、47.5亿元资金进行审计，促使节约建设资金17 293万元，其中决算审计项目34个，审减金额5876万元；跟踪审计项目94个，共核减工程量清单招标控制价11 418万元，核减超进度拨付工程款24 288万元；审核招标文件180份，提出审计意见219条，采纳意见202条；审核合同358份；下发审计建议书15份，审计整改通知书25份，其中2份审计建议书得到济源市政府主要领导的重视并做出重要批示。

经济责任审计 共对44个单位的59名党政领导干部履行经济责任情况进行审计。以约束权力运行为核心，以促进领导干部科学履行经济责任为主线，将领导干部守法、守纪、守规、尽责情况作为审计重点，注重领导干部履行经济责任的过程和效果，突出评价重点，界定领导干部应负的直接责任、主管责任和领导责任，确保经济责任审计评价的科学性和针对性，增强审计结果的有效运用。

专项资金审计（调查） 组织对社会保障资金、农村中小学布局调整、中小学校舍安全工程、新农合医疗、污染防治项目、涉农惠农奖补资金等20余项涉及民生的专项资金进行审计和审计调查。审计强化对项目资金使用效益情况的评估，注重从体制、机制层面揭示、分析和反映问题，提出针对性强、具有可操作性的建议，并通过审计要情、审计调查报告等形式及时向济源市委、市政府反映，发挥审计的建设性作用，促进民生政策落实。

（撰稿人：王一鸣）

2012 年河南省所辖区、县(市)级审计工作统计表

金额单位:万元

审计机关	完成审计项目(个)	查出违规金额	应上缴财政	应减少财政拨款或补贴	应归还原渠道资金	应调账处理金额	移送司法、纪检、监察部门处理(件)	建议有关部门处理(件)	出具审计报告和审计调查报告(份)	提出审计建议(条)	撰写审计信息(篇)
郑州市											
郑州市本级	71	88407	76742		5996	22480	1	8	85	257	35
中原区审计局	88	17984	30		85	21			101	247	
二七区审计局	98	1297		1297					98	251	
管城回族区审计局	70	1379	1322		15	369			70	525	8
金水区审计局	7	927			98	14			7	27	18
上街区审计局	29	825			467	1695		23	29	59	
惠济区审计局	15	6431	256		537				15	50	
新郑市审计局	108	312				19			106	162	
登封市审计局	65	3954	1492	2955		6207		1	97	197	2
新密市审计局	90	2735	1178			4			135	225	1
荥阳市审计局	53	14298	293	3059	15	7555			53	122	
中牟县审计局	66	5623	250		10				65	166	
三门峡市											
三门峡市本级	59	19067	10511	4481	1469	3152		2	59	258	51
湖滨区审计局	33	859	559	861	308	25			33	158	
灵宝市审计局	16	5935	1120	335	980	1786		1	16	86	3
渑池县审计局	49	29341	111	113	449	2525			49	65	
陕县审计局	51	5217	683			304	1	1	53	177	
卢氏县审计局	18	13467	91		205	320	1	1	19	89	17
义马市审计局	30	176	2			11			30	68	
洛阳市											
洛阳市本级	71	27550	23448			15464	9		67	202	22
西工区审计局	37	227		14	44	2162			40		
老城区审计局	21	651	448			330			21	78	
瀍河区审计局	61	3475	6		1	31			61	59	35
涧西区审计局	37	905	5	542							
吉利区审计局	33	3376	1406			4			32	22	
洛龙区审计局	33	323	2						33	51	
偃师市审计局	42	4264	584		48	1449			40	72	

续表

审计机关	完成审计项目（个）	查出违规金额	应上缴财政	应减少财政拨款或补贴	应归还原渠道资金	应调账处理金额	移送司法、纪检、监察部门处理（件）	建议有关部门处理（件）	出具审计报告和审计调查报告（份）	提出审计建议（条）	撰写审计信息（篇）
孟津县审计局	90	2693	122						93	151	13
新安县审计局	45	7870	43	209	246	360			45	127	
栾川县审计局	72	22036	127						69	6	
嵩县审计局	30	1433	63		411				29	94	
汝阳县审计局	66	6447	100		784	2298			63	268	
宜阳县审计局	53	3023	40		71	178			52	8	
洛宁县审计局	87	963	44		31	162			87	131	
伊川县审计局	67	17851	38	91		14486			67	116	
高新区审计局											
焦作市											
焦作市本级	51	202802	229		12	2099	12	8	50	160	48
解放区审计局	35	10152	10						25	57	2
山阳区审计局	21	8882	21		62	975			21	69	16
中站区审计局	34	16256	24			546			34	39	15
马村区审计局	20	2346	17				1		20	61	45
孟州市审计局	51	3402	72				5		51	142	1
沁阳市审计局	46	3112	250		88	61	3		46	119	66
修武县审计局	53	2316	86				3		53	109	7
博爱县审计局	22	1105	45						21	32	
武陟县审计局	72	42786	184			803	1	1	86	205	272
温县审计局	49	4807	84		83		2		44	125	2
新乡市											
新乡市本级	82	12737	10382	897	885	15697	1	2	87	223	13
卫滨区审计局	32	1163	5	296	219				32	43	1
红旗区审计局	18	872	10						21	58	
凤泉区审计局	15	4588	86		496	2240			23	72	
牧野区审计局	10	219							9	8	
卫辉市审计局	51	13261	77			828			67	130	6
辉县市审计局	163	10099	1453		309	1351			53	139	
新乡县审计局	49	10393	59	28					49	110	
获嘉县审计局	121	3680	87		10				111	143	7
原阳县审计局	38	6834	305		1447	17434			39	138	

续表

审计机关	完成审计项目（个）	查出违规金额	应上缴财政	应减少财政拨款或补贴	应归还原渠道资金	应调账处理金额	移送司法、纪检、监察部门处理（件）	建议有关部门处理（件）	出具审计报告和审计调查报告（份）	提出审计建议（条）	撰写审计信息（篇）
延津县审计局	32	2498	44		12	196			32	68	4
封丘县审计局	21	107	25						20	203	36
长垣县审计局	69	5706	79	1763		29			69	484	8
鹤壁市											
鹤壁市本级	45	2209	179		594	4838		18	66	216	258
淇滨区审计局	23	161	3						34	24	49
山城区审计局	24	462	14						40	64	37
鹤山区审计局	6	2262	5						6	37	15
浚县审计局	43	2090	41		727	1607			62	107	22
淇县审计局	20	142	11						27	42	32
安阳市											
安阳市本级	57	280000	124570	9560		1147	23		100	101	22
北关区审计局	10	444							9	33	2
文峰区审计局	35	1596	6						35	35	
殷都区审计局	13						2		13	40	22
龙安区审计局	36	1059							36	111	15
林州市审计局	82	6262	173	123	500	15100	2	2	82	89	58
安阳县审计局	102	6578	310	32	1200	350	4	2	12	12	49
汤阴县审计局	44	11792	5166	1506	2	1153		4	29	91	66
滑县审计局	34	44310	135		14750				34	71	16
内黄县审计局	34	8099	42			556		3	34	194	112
濮阳市											
濮阳市本级	118	97294	663		66	1237	11	21	137	631	83
华龙区审计局	24	906	19		11				24	158	50
清丰县审计局	37	5478	30	9	154	26		1	37	196	46
南乐县审计局	56	4742	101			27			56	231	36
范县审计局	34	2470	37				1	2	34	107	36
台前县审计局	49	921	43		45	2		1	49	143	50
濮阳县审计局	105	5475	148		36	46	1	5	105	571	68
开封市											
开封市本级	83	17837	11470		10604	8171	2		134	174	141
鼓楼区审计局	26	1121	76						26	150	48

续表

审计机关	完成审计项目（个）	查出违规金额	应上缴财政	应减少财政拨款或补贴	应归还原渠道资金	应调账处理金额	移送司法、纪检、监察部门处理（件）	建议有关部门处理（件）	出具审计报告和审计调查报告（份）	提出审计建议（条）	撰写审计信息（篇）
龙亭区审计局	12	2080	8		1718	1214			10	46	27
顺河区审计局	34	2366	9						34	39	30
禹王台区审计局	27	1389	14				4		10	65	31
金明区审计局	32	970	78			28			32	166	40
杞县审计局	74	8449	256		6314	1670			74	341	54
通许县审计局	52	2430	860	1535	32417	5841			52	269	50
尉氏县审计局	106	4541	825		2075	8722			106	155	20
开封县审计局	29	4346	27		137	49			29	5	32
兰考县审计局	34	5860	643		31	3350			34	74	30
商丘市											
商丘市本级	30	108002	8802		11595	19	48	9	37	106	137
梁园区审计局	11	345	9					3	11	82	69
睢阳区审计局	31	1558	56					5	35	82	76
永城市审计局	45	8214	606		28	180			45	167	
虞城县审计局	20	1099	138			1190			20	44	16
民权县审计局	19	6108	174		451	4760			19	89	8
宁陵县审计局	18	493	12						18	46	13
睢县审计局	60	10792	4136		832	1465			60	116	37
夏邑县审计局	69	2407	142	988	963	72	3		69	178	23
柘城县审计局	70	3486	170		45				70	170	53
许昌市											
许昌市本级	45	15033	846		50	41890		9	45	174	49
魏都区审计局	7	264	2						7	11	
禹州市审计局	60	17791	10		2088	13595		2	60	113	55
长葛市审计局	53	4867	66	436	5383	88463			53	297	41
许昌县审计局	61	5281	135			1			61	155	57
鄢陵县审计局	40	3298	56						40	95	
襄城县审计局	17	10817	61		350	7			17	38	
漯河市											
漯河市本级	102	1634	524		610	282	1	2	102	161	247
郾城区审计局	47	897	53		48	70			47	175	52
源汇区审计局	13	3	3						13	38	201

续表

审计机关	完成审计项目（个）	查出违规金额	应上缴财政	应减少财政拨款或补贴	应归还原渠道资金	应调账处理金额	移送司法、纪检、监察部门处理（件）	建议有关部门处理（件）	出具审计报告和审计调查报告（份）	提出审计建议（条）	撰写审计信息（篇）
召陵区审计局	39	29	19		425	16		1	39	48	20
舞阳县审计局	20	54	19		34			1	20	55	291
临颍县审计局	35	22	31			3271			35	132	117
平顶山市											
平顶山市本级	105	43272	23330				7	2	105	436	363
新华区审计局	29	99	12			19	1		29	26	7
卫东区审计局	42	3158	4180	57					42	160	10
湛河区审计局	36	2414	10			91			36	27	52
石龙区审计局	23	444	246	90	6	102		3	23	31	36
舞钢市审计局	64	72485	168		12441	4919			64	87	22
汝州市审计局	109	19630	358	2					144	358	
宝丰县审计局	107	16526	623				2		19	89	38
叶县审计局	91	22054	319		449				91	162	
鲁山县审计局	44	4549	46	9	200	3030			44	61	30
郏县审计局	85	7585							108	105	60
南阳市											
南阳市本级	162	316695	48156		12870	9672	5		162	276	158
卧龙区审计局	108	21843	613	156	263	756			93	392	36
宛城区审计局	18	32348	128	269	871	776			36	143	26
邓州市审计局	18	9400	134		1275	7991	7	7	90	270	120
南召县审计局	38	73200	81	1454					15	169	16
方城县审计局	60	5792	1073		829	1104			60	156	20
西峡县审计局	61	17796	130	236	537	1481			87	283	43
镇平县审计局	109	113367	147	49	23086	49341	13	13	109	152	126
内乡县审计局	13	14321	5611	16012	2813	39014	3		75	93	16
淅川县审计局	122	9828	378	864	3436	2072	5	7	122	120	79
社旗县审计局	37	165	38	6	8	76			37	73	32
唐河县审计局	30	145241	133	356	508	1471			59	183	20
新野县审计局	61	41032	80		37036	21703			61	300	117
桐柏县审计局	14	6800	1300	4240					82	250	32
信阳市											
信阳市本级	34	13284	209		22		11	1	34	84	152
浉河区审计局	23	2681	34		311	591	3	2	23	95	132

续表

审计机关	完成审计项目（个）	查出违规金额	应上缴财政	应减少财政拨款或补贴	应归还原渠道资金	应调账处理金额	移送司法、纪检、监察部门处理（件）	建议有关部门处理（件）	出具审计报告和审计调查报告（份）	提出审计建议（条）	撰写审计信息（篇）
平桥区审计局	32	3134	79		181				32	106	95
息县审计局	32	3864	76	277	256				32	67	37
淮滨县审计局	31	3100	127		100	186			31	107	75
潢川县审计局	37	1494	72		64	2	9		37	85	121
光山县审计局	47	2590	60		289	683	5		47	87	87
固始县审计局	69	24372	649	427	2156	7918		4	69	267	52
商城县审计局	55	5059	33		160	558			55	75	107
罗山县审计局	35	2213	34		172				35	67	69
新县审计局	22	8284	47		766	117			22	35	56
周口市											
周口市本级	103	62116	20114		8291	3735	1	3	96	143	24
川汇区审计局	5	433	39						5	16	1
项城市审计局	189	5910	162		383	1			187	407	21
扶沟县审计局	14	10697	67	6	548	173			14	25	6
西华县审计局	58	2082	257		582	38			58	129	25
商水县审计局	32	1385	36		8	77			32	100	10
太康县审计局	66	5328	129		260	252			66	255	6
鹿邑县审计局	57	10	59	3485	10	566			57	11	
郸城县审计局	95	774	80						92	156	39
淮阳县审计局	80	13371	148		258	18			79	186	35
沈丘县审计局	76	10325	95		772	1295			76	34	7
驻马店市											
驻马店市本级	35	48700	5853	417	2269	36		1	35	133	103
驿城区审计局	9	1353	6						9	22	
确山县审计局	45	5594	96		143	3364			45	172	30
泌阳县审计局	5	1167	20						5	10	14
遂平县审计局	75	9589	33		8	1			75	677	6
西平县审计局	75	4929	76		47	96			75	195	74
上蔡县审计局	87	7925	272						87	417	5
汝南县审计局	53	10514	58						53	165	22
平舆县审计局	35	539	110		25				35	137	9
新蔡县审计局	70	15500	11100		1304				70	366	
正阳县审计局	42	3421	47			3823			41	169	38

湖北省

【湖北省审计厅】 2012年，湖北省审计厅人员编制157人，在编157人。设有办公室、综合处、法规处、经济责任审计局、财政审计处、金融审计处、行政事业审计处、经贸审计处、农业与资源环保审计处、社会保障审计处、固定资产投资审计处、外资运用审计处、人事处、离退休干部处、机关党委、监察室，另设有派出发展计划及投资审计处、派出经贸审计一处、派出经贸审计二处、派出科教卫审计处、派出政法审计处、派出农林水审计处、派出经济执法审计处、派出新闻出版及文化审计处、派出综合审计一处、派出综合审计二处，还设有厅机关后勤服务中心、计算机中心、审计科研所、企事业单位内部审计指导中心、审计干部学校。

领导成员

厅　　长：张永祥

副 厅 长：秦守成　周德刚　刘彩霞

　　　　　焦跃华　杨保平

总审计师：汤汉琴

纪检组长：冯兴国

审计成果 全省审计机关完成审计和审计调查单位12 682个，查出各类违规和损失浪费金额234.71亿元，管理不规范金额850.55亿元；处理上缴财政和减少财政拨款54.4亿元，追回被挤占挪用资金69.9亿元，其他处理金额6.25亿元；审减各类工程造价、节约政府投资资金68.99亿元；移送经济案件线索215件；通过审计促进被审计单位建立和完善各项规章制度694项；全省共向各级党委、政府和上级审计机关提供审计情况报告和重要审计信息12 689篇，被批示采用11 049篇。其中省审计厅审计单位5835个，查出各类违规和损失浪费金额65.23亿元，管理不规范金额240.81亿元；处理上缴财政和减少财政拨款13.52亿元，追回被挤占挪用和借用财政资金5.0亿元，其他处理金额287.52亿元；审减各类工程造价、节约政府投资资金41.62亿元；移送经济案件线索67件；报送的审计情况被省委、省政府批示采用116篇次；通过审计促进被审计单位制定建立和完善各项规章制度95项。

财政审计 省审计厅对38个部门预算单位进行预算执行审计，对13个市县进行财政资金管理审计。审计查出违规金额39.52亿元，管理不规范金额52.96亿元。省政府及时安排和部署整改工作，要求有关省直部门和地方政府切实整改纠正审计查明的问题，严肃处理违法违纪责任人，并加强财经制度执行落实的力度，严格规范财政资金管理。各相关部门和地方政府积极整改，已纠正违纪违规金额73.96亿元，其中已上缴财政7.91亿元，归还原渠道资金32.45亿元，调账处理金额33.6亿元。

金融审计 组织对13个市（州）本级、3个直管市及53个县（市、区），共69个行政地区扶持中小微企业金融财税等政策落实情况进行专项审计调查，涉及财税等相关政府部门及当地银行业金融机构、小额贷款公司和担保公司，并抽样调查了700家中小微企业。调查发现中小微企业贷款面窄，贷款占比偏低；部分地区金融机构对中小微企业信贷投放没有达到文件要求；县域存贷比过低、信贷投放不足的情况没有实质性变化；中小微企业贷款成本高，融资负担沉重；金融机构对扩大贷款抵押物范围持消极态度，大多数中小微企业被排除在贷款对象之外；金融机构信贷管理机制不利于服务中小微企业等问题。针对审计发现的问题，提出加强管理的意见和建议。

经贸审计 对省商务厅、省旅游局、省安监局、省粮食局、省老龄委5部门预算执行进行审计；对全省地方储备粮食管理进行审计调查；对省能源集团和大冶有色集团公司负责人进行经济责任审计；对中国企业家论坛2012年夏季高峰会、湖北—央企深化合作、华侨华人创业发展洽谈会等进行专项经费审计。

行政事业审计 组织全省116个审计机关、437名审计人员，采取“同级审”方式，对全省各市、州、县2011年度人口和计划生育事业费和社会抚养费管理使用情况进行审计。涉及全省各地财政和人口计划生育部门及承担计生服务职能的相关医疗机构433个，延伸抽查700个乡镇、1069个村组，调查计划生育服务对象5666人。组织对监利县等17个县（市）2010年和2011年两个年度的基本公共卫生服务资金和农村孕产妇住院分娩补助资金、艾滋病防治资金和血吸虫病防治资金等3项专项公共卫生资金进行审计，延伸调查审计126个乡镇卫生院，走访调查了635个村、4160户、7233人，基本摸清17个县（市）公共卫生服务资金规模结构和管理使用情况。查出滞留欠拨、挤占挪用资金，违规收费、虚报套取专项资金等违纪违规问题，提出改进资金分配机制，促进公共卫生专项资金规范运行；切实加强管理，提高资金使用效益；完善公共卫生专项资金管理制度，减少资金拨付环节；强化问题整改，促进医疗卫生事业健康发展的审计建议。各地采取措施制定政策，整改落实效果明显，责任追究落实到位，所涉单位建立规章制度、完善管理办法共36项，建立资金管理部门联动机制，开展专项检查，停止违规收费行为。

农业与资源环保审计 组织部分审计机关对全省25个国定、4个省定扶贫开发重点县2009至2011年扶贫资金筹集、分配、管理和使用及项目实施情况进行审计。组织全省审计机关285名审计人员对17个市州、93个县市区、414个乡镇三峡库区外迁移民资金及移民安置政策执行情况进行审计。截至2011年底，全省共接收安置外迁移民5.3万人，累计收到国家拨付外迁移民资金12.22亿元，拨付使用9.69亿元。组织对樊口等3个省直泵站和阳新县富池口等17个地方泵站更新改造项目建设情况进行审计。20座泵站更新改造工程计划总投资12.67亿元，截至2011年9月底，实际到位资金10.61亿元，实际支出8.59亿元，结存2.02亿元。对省水利厅、省农委进行部门预算执行审计，对省农业厅、省农垦局进行经济责任审计。

固定资产投资审计 省审计厅对宜巴高速、武麻高速、沪蓉西高速、地铁二号线一期工程等11个重点交通能源建设项目，湖北省工会干部学校迁建工程、湖北省地震监测中心、鄂州市磨刀矶闸除险加固工程、国家油料基地建设项目等6个省人大预算内建设项目，鄂黄长江大桥资产划转项目和湖北省看守所异地重建项目等2个政府临时交办项目进行审计，组织开展了1个全省保障性住房行业性审计项目，审计总金额1004亿元，查出违纪违规金额21.08亿元。审计移送案件线索16起，其中移送纪检部门处理11起，移送检察部门5起。

外资运用审计 组织对全省高等教育发展、武汉城市环境改善等13个国外贷援款项目进行公证审计。项目概算总投资334.5亿元，其中国外贷援款9.18亿美元，国内配套资金276.67亿元。审计情况表明，有关地方和项目单位按照项目协定和贷款协议进行项目建设和财务核算，项目建设和资金管理使用情况总体较好。但仍存在一些问题：2个项目建设未如期完成，部分世界银行贷款项目违规招标和分包转包工程，部分项目资金被挤占挪用。

社会保障审计 组织全省审计机关2000多名审计人员组成101个审计组，对全省2011年政府管理的9项社会保险基金、6项社会救助资金、3项社会福利资金等18项社会保障资金进行审计，延伸调查1123家企业、406个村（居）委会和143家医院。组织对全省各市、州、直管市、林区住房公积金管理中心及其分支机构2011年至2012年6月住房公积金的缴存、使用、管理和效益情况进行审计。截至6月末，各地缴存住房公积金的用人单位4.53万个，缴存住房公积金的职工340.16万人，缴存住房公积金余额822.72亿元；发放住房公积金贷款余额426.18亿元。全省各级审计机关派出88个审计组、399名审计人员，对全省除省本级及武汉市外的88个市县2012年各类城镇保障性安居工程的投资、建设、分配、运营等情况进行审计。重点审计12个市本级和76个县市区政府所属建设（住房保障）、发展改革、财政、国土资源、规划、民政、农业、林业等有关部门，对392个保障性安居工程项目的开工情况、269个项目的竣工情况、344个项目的工程建设和质量管理情况进行审查，延伸审计582个保障性安居工程项目融资、建设、勘察、设计、施工、监理、质量监督等相关单位和企业、266个街道办（乡镇）、384个居（村）委会、6322户家庭，对重要事项进行必要的延伸和追溯。

经济责任审计 全省审计机关对1398名领导干部进行经济责任审计，其中地方党委政府302人、部门单位1072人、高校5人、国有企业19人，比2011年度增加151人。查出违纪违规、管理不规范和损失浪费金额287.7亿元，处理上缴财政23亿元，追回被挤占挪用和违规借用资金16

亿元，督促拨付资金19亿元，调账纠正等其他处理金额159亿元。移送经济案件线索71件，涉及被审计领导干部6人、其他人员97人。湖北省经济责任审计工作实行的“五转变五关注”拓展广度和深度、推进的“四个对接”提升经济责任审计结果运用水平等工作方法，被中央经济责任审计工作部际联席会议办公室转发全国。

计算机审计 一是开发完成网上审理软件。利用“金审工程”二期项目建设成果，将开发的网上审理软件嵌入到审计管理系统中。同时，利用承担的国家发改委信息安全专项，国家交换中心湖北分中心，构建审计现场和审计机关信息传输安全通道，打造数字化网上审理平台，为全面推进网上审理提供技术支撑。二是组织计算机审计中级培训。组织全省审计系统260人参加计算机中级考试，其中55人通过考试，是2012年以前总人数的2倍多。三是承担审计署《数字化省级审计机关建设标准》撰写工作，被审计署以文件形式向全国印发《审计署关于印发数字化省级审计机关建设标准》（审计发〔2012〕144号）。四是与省检察院建立信息资源共享机制。

内部审计 截至2012年底，全省内部审计机构有3325个，其中专职机构1544个，内部审计人员9319人，其中专职人员5219人。据不完全统计，全省内部审计机构共完成各类审计项目30 617个，促进增收节支47.54亿元，提出建议性意见被采纳21548条，建议行政处分33人，实际给予行政处分24人，向司法机关移送案件4件6人。

（撰稿人：王　琳）

【武汉市审计局】 2012年，武汉市审计局人员编制220人，在编199人。局长王清华（3月—），副局长吴学民（—4月）、易晓、孟晖、刘东喜、陈华林，总审计师田书勤，纪检组长田晓汛。设有办公室、综合处、法制处、财政审计处、金融审计处、行政事业审计处、经贸审计处、农业与资源环保审计处、社会保障审计处、固定资产投资审计处、重点建设项目审计处、外资运用审计处、经济责任审计处、计算机审计处、政治处、机关党委、纪检监察室。另设有派出财税审计处（开发区审计处）和政府投资项目审计中心。

审计成果 全市审计机关共完成审计和审计调查项目469个，审计和延伸审计单位1036个，查出各类违规和损失浪费金额61.1亿元，管理不规范金额231亿元，促进国家财政增收节支33.9亿元，应上缴财政44.3亿元，应调账处理金额15.4亿元。向纪检、监察、司法机关和有关部门移送经济犯罪案件线索21件，审计执法工作无行政复议诉讼事项发生，全面完成2012年绩效目标管理任务。全市审计机关获得审计署现场审计系统应用实例奖36个，10个项目获得全省优秀审计项目表彰。提交审计专题及综合性报告、信息1339篇次，已被上级领导和机关批示、采用1059篇次，提出审计建议1398条，已被采纳1143条，促使被审计单位制定整改措施230项，政府相关部门和被审计单位健全规章制度84项。

财政审计 一是开展预算执行审计，揭示部分预算执行单位批复不完整、超预算列支人员经费及办公经费等问题，促进提高预算执行效果，规范管理“三公经费”。二是开展全市地税征管审计，促成地税部门制定出台加强企业所得税分类管理、增值税清算纳税评估与审核鉴证管理等10余项管理制度和办法。三是对武汉化学工业区和武汉东湖生态旅游风景区财政体制运行情况展开审计调查，针对审计发现的预算约束力不强、可用财力有限等问题和困难，及时向市政府领导提交报告，引起市领导和有关部门的高度重视。四是开展财政专项资金审计调查，深入分析市级财政预算执行、专项资金管理使用绩效和相关财政政策的综合效应，促进财政等部门全面修订、完善和出台10类专项资金管理办法，提升专项资金的规范性、绩效性。

金融审计 对武汉农村商业银行开展财务收支及信贷资金审计和行长经济责任审计，发现部分信贷数据分类不真实，转贴现业务未纳入信贷系统统一管理，向股东等关系人发放贷款且部分贷款欠本欠息等问题。组织全市审计系统对全市扶持中小微企业金融财税等政策落实情况展开专项审计调查，针对发现的影响中小企业发展的政府专项补贴资金分散、使用效益不明显、拨付不及时，银行贷款融资成本高及发放不及时等问题，提出审计建议，促进加强和改进支持、服务中小微企业发展。

行政事业审计 重点开展对市属公共文化体育场馆管理使用情况审计调查，全市计生经费、教育费附加及地方教育费附加和中小学校舍安全工程审计。针对场馆资源分散、规模较小，绩效考核与评价机制较为缺乏，资产管理权责不分，主副业方向不明，场馆配套设施落后等问题，提出加强对公共文体场馆设施管理，不断健全完善绩效考核和监督管理机制等5条建议。相关部门积极整改，先后出台《武汉市关于加快文化产业发展的若干政策》等4项制度，推进武汉市文化体育场馆设施的健康发展和规范管理。对市食品药品监督管理局机关及其16个二级预算单位的审计，查出预算执行不合规、扩大开支范围、挤占项目经费、违反政府采购制度等问题，被审计单位高度重视，已出台相关规范预算执行、财务管理制度6项。

农业与资源环保审计 围绕农业“特色、规模、品牌、效益”，突出“菜篮子”工程、两型农业、农业产业化和农业资产安全审计重点。围绕省委、省政府“三万”活动专项整治要求，对全市6个区14 432口塘堰、4.4亿元专项整治资金的筹集、拨付和管理使用情况进行专项审计调查，针对塘堰整治缺乏整体规划、财务核算不规范等问题提出审计建议，受到市政府领导高度重视，及时签批相关部门迅速整改落实。加强资源环境审计监督，对武汉城乡居民饮用水源质量和城市湖渠生态修复等环境问题予以高度关注，审计武汉城市环境改善、污水雨水处理治理、新洲区植树造林、大军山泵站更新改造等项目，规范资金管理使用，检查项目建设和运营效果，充分发挥审计在促进资源开发利用管理和生态环境保护中的建设性作用。

固定资产投资审计 对全市重大基础设施建设项目、生态环境项目等19个政府投资的道路、桥梁、公用设施、场馆项目实施跟踪和竣工决算审计，审计资金总额584.6亿元，涉及项目463个。积极关注项目决策、设计、施工、验收等关键环节中暴露出的管理漏洞和制度缺陷，发现部分项目存在未严格执行建设程序、招投标管理不够规范、多计多报结算价款等问题，及时提出整改建议，促进节约公共财政资金10.51亿元。组织开展铁路建设工程征地拆迁项目的审计，查出多计多付征地拆迁补偿款和管理费1.1亿元等问题。还重点对全市主要投融资平台、投融资情况展开审计调查，以推动建立融资、投资、建设、管理、偿债一体化的良性循环机制。开展保障性安居工程审计，针对资金筹集管理使用、工程建设管理、保障性住房分配等方面存在的问题，提出进一步加快保障性住房制度建设步伐，提高财政资金投入力度，规范保障性安居工程建设等审计建议，为市领导宏观决策提供服务。

社会保障审计 对全市“十一五”以来社会保障、社会福利、社会救助三大块12类共18项社会保障资金的来源、支出、结余、管理模式等情况展开专项审计，审计资金343.4亿元。针对审计查处的相关问题，提出加大参保单位缴费基数的审核力度、整合社保经办机构、提高基金管理效率等12条建议，在促进完善社会保障制度、维护社会公平正义等方面发挥了积极作用。对武汉市住房公积金的缴存、使用、管理和效益情况进行审计，发现部分单位缴存不规范、覆盖率偏低、违规超期限发放公积金贷款等问题。审计建议加大住房公积金政策宣传力度，完善公积金管理制度，尽快解决历史遗留问题，加强贷款资格审查，防范贷款风险等。

专项资金审计（调查） 关注财政专项资金使用绩效，对财政支持企业发展10类专项资金进行审计调查。针对专项资金分类标准和种类繁多、功能交叉、管理分散、部分投向重合，部分专项资金规模小但分布广造成引导效应不明显、项目网络化管理层次不高、信息不能有效共享等问题，提出完善机制、统筹管理、整合资金、加强资金监督和项目督察、健全资金绩效评价机制等建议。组织开展国有资本经营预算编制及执行情况审计调查。针对审计发现的预算支出未细化、项目资金使用绩效有待提高等问题，武汉市人民政府出台《关于试行国有资本经营预算的实施意见》，市国资委、市财政局等部门及时修订完善《武汉市市属出资企业国有资本收益收支管理办法》，进一步加强国有资本预算编制和收支管理。

经济责任审计 组织实施区委书记和区长、部门负责人等10位市管领导干部和企业法人代表的经济责任审计，进一步加大任中经济责任审计力度。积极探索以政府性资金审计为主线，对书记突出对其任期内重大经济社会决策的审计，看发展思路、看工作措施、看实施效果；对区长突出按照党委管重大决策，政府贯彻执行的原则执行审计，看执行的规范性、有效性和建设性。在大中型企业法人代表经济责任审计中，揭示和反映违规转移国家土地补偿金、低价转让国有资产等问题，积极推进国有企业完善法人治理结构，提高经营效益。

外资运用审计 将审计延伸到工程造价、征地拆迁、监理、勘察、设计及施工单位的财务，并将一年一度的公证审计拓展为“一年审多次，多次审一年”的外资运用审计新模式，使审计的深度和广度进一步得到扩展。对亚洲开发银行一期污水项目进行全面清理，对已经完工的6个子项办理竣工决算审计。（撰稿人：李　宁）

【十堰市审计局】 2012年，十堰市审计局人员编制117人，在编91人。局长陈勇，副局长金华、祁国凯、陆高明、叶大余，总审计师李坚，纪检组长何仁权。设有办公室、人事科、综合科、纪检监察室、法规科、财务科、机关党委办公室、财政审计科、行政事业审计科、农业与资源环保审计科、金融审计科、外资运用审计科、经贸审计科、社会保障和固定资产投资审计科、离退休干部科、十堰市经济责任审计局、十堰市固定资产投资审计局、十堰市社会保障审计局、经济开发区审计分局、经贸审计办事处、科技教育审计办事处、综合审计办事处、文化卫生审计办事处、经济执法审计办事处、政法审计办事处、计划投资审计办事处、农林水审计办事处、十堰市审计计算机中心、十堰市审计培训中心、十堰市企事业单位内部审计指导中心。

审计成果 全市审计机关完成审计项目325个，查出违规金额99 796.74万元，应上缴财政15 683.38万元，应减少财政拨款或补贴12 291万元，应归还原渠道资金17 690万元，应调账处理金额74 200万元；已上缴财政11 315万元，已减少财政拨款或补贴11 112万元，已归还原渠道资金10 633万元，已调账处理金额71 214万元。移送司法机关、纪检监察部门处理事项13件，建议有关部门处理事项3件。提交审计报告、信息800篇，被采用646篇。十堰市审计局先后荣获全省审计机关廉政文化建设示范单位、全省审计机关法治单位创建活动先进单位等省级以上荣誉9项；19人次获得省级以上表彰。审计廉政文化建设、经济责任审计工作经验、数字化审计机关建设和小流域治理审计等做法在全省审计系统推广和交流。

财政审计 组织或参与实施十堰市级财政管理审计和市本级预算执行审计，先后对市发展改革委等32个市直部门财政资金情况进行延伸审计，查处市人防办综合楼变身商住楼“腾龙阁”等问题，向有关部门进行案件移交，提出完善预算管理、提高专项资金使用效益、加强整改和问责等具体建议。

金融审计 开展扶持中小微企业金融财税政策落实情况审计调查，对城区40家中小企业经营、银行融资及收费情况进行账务审计调查及座谈式问卷调查，并赴郧县、竹山县就审计调查情况及报表填报进行现场指导。

农业与资源环保审计 组织实施全市三峡工程外迁移民资金财务决算审计调查、南水北调移民资金审计、丹江口市中小河流治理等项目和其他水利专项资金试点审计。在南水北调移民资金审计中，查出挤占挪用移民专项资金1 022.42万元；违规将工程款划入中标公司项目经理个人账户277.6万元；未按规定实行招投标，涉及金额7500万元；超概算超规模投资24 587.8万元；以及合同签订不规范，固定资产购置未办理政府采购手续等问题。在丹江口市中小河流治理等项目和其他水利专项资金试点审计中，审计查出地方财政虚假配套、挤占专款，施工企业围标串标，违法转包分包等问题，并向检察机关移送2起案件线索。相关经验在全省水利资金审计专业会上进行了交流。

固定资产投资审计 积极探索投资审计管理新机制。在市政府的支持下，大胆探索实践政府雇员制，面向社会聘请工程造价、园林景观、道路桥梁等优秀专业技术人员，充实政府投资审计力量，提高审计的质量和效能。共实施审计项目29个，审计政府投资工程资金总额60.08亿元，直接为政府节约投资1.24亿元。

社会保障审计 对全市社会保障资金、财政扶贫资金、住房公积金进行审计，对保障房建设情况进行跟踪审计。在全市财政扶贫资金审计中，查出资金拨付不及时、改变项目计划超范围使用、未按规定实行招投标或政府集中采购等问题。在全市住房公积金审计中，对市住房公积金管理中心及其6个办事处2011年至2012年6月住房公积金的缴存、使用、管理和效益情况进行审计。在对城区2011年度保障房建设情况跟踪审计中，发现违规享受住房保障、保障房建设资金管理使用不规范、部分经济适用房超面积建设、廉租房租金未纳入“收支两条线”管理等问题。经过房管部门反复核对和实地调查，现已核实并清退6户购买经济适用房住户，取消101户享受租赁补贴的资格；市财政和房管部门还积极采纳审计建议，完善资金管理机制，逐步规范对保障房建设资金的管理。

经济责任审计 全市共对78名领导干部履行经济责任情况进行审计，查出违规金额2.46亿元，管理不规范金额1.47亿元，移送案件线索5起。在对教育系统的审计中查出乱摊派、乱收费、乱罚款涉及金额4 659.58万元。在对2011年13名领导干部经济责任审计整改情况进行督办检查中，促使13个单位合并资金账户7个，应整改金额5 276.1万元，已整改到位金额2 323.67万元，整改到位率78.25%，建立规章制度72项，整改成效明显。

信息化建设 以“全程数字化管理系统”建设为依托，进一步加大软硬件投入力度，完成“干部绩效考核”“优秀项目选育”等模块的开发部署。进一步加大应用力度，在原有计算机中心基础上，专门设立计算机应用科，计算机专业人员配备已达到5名。全年共向省审计厅报送AO实例17篇、计算机审计方法13篇，获得审计署优秀奖2篇、应用奖8篇、鼓励奖1篇，报送数量和质量位居全省地市州前列。全年有9名干部通过审计署计算机中级考试，使全局通过审计署计算机中级人数达到11位。（撰稿人：龚　勇）

【襄阳市审计局】 2012年，襄阳市审计局人员编制111人，在编102人。局长王万清（—3月）、叶传辉（3月—），副局长余汉国（—9月）、江万丰、胡国志、汪家刚，总审计师孙全华。设有办公室、综合科、法规科、审理科、审计结果执行科、信息科、财政审计科、金融审计科、行政事业审计科、政法审计科、经贸审计科、农林水审计科、国土环保审计科、社会保障审计科、外资审计科、人事科、监察室、老干部工作科，另设有经济责任审计局、政府投资审计局。

审计成果 襄阳市审计局完成审计和审计调查项目23个，审计单位97个，查出违规金额、损失浪费金额和管理不规范金额32.97亿元，应上缴财政5610万元，应减少财政拨款或补贴3741万元，应归还原渠道资金44 395万元，应调账处理56 797万元；已上缴财政5267万元，已减少财政拨款或补贴3741万元，已归还原渠道资金44 395万元，已调账处理金额54 335万元。移送司法机关、纪检监察部门处理事项2件，涉及金额8336万元。提交审计报告、信息420篇，被采用361篇，其中市委、市政府主要领导先后20余次批示审计专题报告。10个AO应用实例在审计署获奖。2012年，襄阳市委给予审计局领导班子记“集体二等功”。在全省审计工作综合量化考核中名列第三名。

固定资产投资审计 6月成立襄阳市政府投资审计局，出台《襄阳市政府投资审计监督办法》，建立“信息互联互通”“审计资料必报”“部门联席会议”“质量控制监督”四项制度，对“项目前期、项目结算、项目跟踪、竣工决算和项目绩效”实行“全过程、全覆盖”审计。6月至12月共接审政府投资项目822个，报审金额76.2亿元，完成项目531个，报审金额42.3亿元，审计认定金额36.1亿元，审减6.9亿元，审减率16.03%。市委常委会专题听取市审计局关于市直BT、BOT项目审计调查情况报告，市政府出台《市直BT项目管理办法》。

经济责任审计 加大任中审计分量，坚持“三突出三必审”：突出重点部门和单位审计，联合市纪委对12个重点单位实行年度必审；突出关键岗位，对掌握重要经济决策权、执行权、管理权和监督权等领导干部必审；突出重点事项和重点资金，对政府投资项目、专项资金和“三公经费”必审。完善经济责任审计领导小组、部门联席和办公室“三会”制度，加大责任追究和查处力度，对经济责任审计成果做到“四个对接”：与惩防体系建设工作对接、与干部管理工作对接、与责任追究对接、与审计整改对接，健全完善问题整改、跟踪督察问责制度。利用审计结果，市纪委分别对11名被审计干部进行约谈，对3名县处级干部责令书面检查。

财政审计 对市直81个部门和单位开展预算执行审计，把全部政策性资金、资产，以及尚未纳入预算的所有政府收支纳入审计监督范围，实现财政审计全覆盖；有关单位根据审计结果，制定出台《襄阳市财政专项资金管理办法》《襄阳市政府性资金存放管理办法》，市财政局出台财政管理工作流程、操作手册和管理章程20个。各相关部门根据审计决定和建议积极整改问题，纠正管理不规范金额16.5亿元，入库财政收入14.5亿元，促进节约公共财政资金1.6亿元。

金融审计 全年完成支持中小企业融资政策措施落实情况审计调查、土地储备资金专项审计、襄阳市建设投资经营公司2011年度资产负债损益审计等6个审计项目、1个审计调查项目，审计单位5个，审计调查7个行政事业单位、15家银行业金融机构、2家政府出资的担保公司、40户中小微企业，审计资金216亿元。审计发现违纪违规金额136.6亿元，调整账目97亿元，为财政增收14 574万元。

行政事业审计 完成农村中小学校布局调整审计调查、中小学校舍安全工程审计、市中心血站2011年度财务收支审计、市妇幼保健院2011年度财务收支审计、市委党校2007年度至2011年度财务收支审计、全市党费检查与清理、市财政局组织的行政事业单位资产清理等项目。

农业与资源环保审计 完成三峡库区外迁移民资金决算审计、南水北调丹江口水库外迁移民资金审计、中小河流治理及水利专项资金审计。发现部分县（市）区滞留欠拨三峡库区外迁移民资金21万元；挤占、挪用南水北调移民资金1039万元；滞留欠拨南水北调移民资金6677万元；水利工程建设项目未严格执行招投标制度，抽查的19个标段中围标标段13个以及违规接受挂靠、个人借用资质、不严格执行合同等问题。

社会保障审计 对2011年度全市保障性安居工程进行审计，查出规避招投标、虚报项目、骗取中央补助等问题，收缴财政资金87万元，督促全市房管部门对有关问题进行整改落实；住房公积金审计，查出违纪违规金额3000万元，全市应归集未归集住房公积金总额达15亿元，违规贷款2亿元；引丹灌区续建配套二期工程审计和振华路廉租房和经济适用房二期项目审计，审减工程价款301万元，审减待摊投资75万元，对设计和桩基工程未公开招标问题做出处罚4万元。

专项资金审计（调查） 配合财政部驻湖北财政监察专员办开展对中央政府公共投资专项检查，对市鑫方圆公司利用虚假增值税发票骗取中央财政资金的违法案件进行调查核实，收缴市财政1300多万元，相关责任人被移交司法部门处理；开展利用中央人民政府公共投资预算执行的专项审计调查工作，全市共审计调查103个项目（单位），审计调查总资金达12.5亿元，其中中央投资资金4.2亿元。调查发现部分项目单位存在骗取、挪用、改变中央资金用途等问题，提出加强项目管理方面的建议5条；开展市区污水处理费征收情况专项审计调查，对征收环节的管理漏洞及可能产生“跑、冒、滴、漏”的环节进行审计“会诊”，提出部分权力部门恶意不交城市污水处理费等5类问题，提出加强宣传、强化措施、重新制定市污水处理费征收实施办法等5条建议，市政府出台《襄阳市市区污水处理费征收使用实施细则》。

（撰稿人：陈　鸿）

【荆门市审计局】 2012年，荆门市审计局人员编制68人，在编67人。局长丁岱，副局长祝军、张汉城、刘洪斌、刘海泉，总审计师刘海泉（兼），纪检组长吴玉金。设有办公室、综合科、信息化建设科（8月成立）、法规审理科、财政审计科、金融外资审计科、经贸审计科、农业与资源环保审计科、人事科、监察室、机关总支。另设经济责任审计局和固定资产投资审计分局、后勤服务中心。

审计成果 全市审计机关完成审计（调查）项目408个，查出违规金额723 702万元，应上缴财政15 203万元，应归还原渠道资金113 726万元，应调账处理金额27 835万元；已上缴财政7395万元，已归还原渠道资金67 719万元，已调账处理金额17 748万元。移送司法机关、纪检监察部门处理事项22件，建议有关部门处理事项2件。提交审计报告、信息165篇，被采用80篇。荣获全市执法单位综合量化考核第一名，成为全国审计系统唯一荣获“全国五四红旗团支部”的单位，还荣获“全省审计机关法治单位创建活动先进单位”、全市驻村工作先进工作组、创先争优先进基层党组织等奖项34个。

财政审计 将财政、发改、民政、国资、物价、广电等40个部门纳入审计对象，查出违纪违规金额12 862万元。进一步强化审计问题整改问责力度，健全完善以政府主导、部门联动、跟踪督办、责任追究和结果公开“五制”为核心的立体化审计整改模式，审计整改结果被列为市直部门“一把手”和领导班子成员年度政绩考核和市政府对各部门年度目标责任制考核的重要内容，审计工作影响力进一步提升。

外资运用审计 对世界银行贷款汉江流域水污染防治城市污水处理项目、城市垃圾处理项目和日元贷款植树造林3个外资项目资金管理使用情况进行公证审计。发现国外贷援款资金和国内建设资金的到位和使用、项目设备的采购和使用、提款报账等多个方面问题。

行政事业审计 对仲裁委、国资委、计生委等市人大评议部门，以及另外9家行政事业单位进行审计，查出各种有问题金额25 903万元，发现乱收费、乱摊派、乱罚款、挪用专项资金、隐瞒转移截留资金、损失浪费等违纪违规金额4095万元，促进增收节支1832万元。

农业与资源环保审计 对荆门市、京山县、沙洋县、屈家岭管理区移民管理机构2008年至2011年南水北调中线工程丹江口库区移民资金进行跟踪审计；对沙洋县和掇刀区中小河流治理试点项目建设实施和资金管理使用情况进行审计；对三峡库区外迁移民资金进行决算审计。审计建议进一步完善三峡库区移民后期扶持政策措施，以促进有关地方、主管部门和建设单位切实加强和改进中小河流治理项目建设管理，提高资金使用效益为目标。

固定资产投资审计 对农谷重大建设项目、行政服务中心项目、一医南院、安居工程等实施全过程无缝隙跟踪审计，有效遏制建设项目实施中的瞎指挥、乱签证、随意变更等现象，全市共对42个500万元以上投资项目进行审计，累计核减投资额6 335.53万元，平均审减率5.8%，单项最高审减率达24.5%。

社会保障审计 对荆门市本级开展社会保障资金审计，审计摸清了资金规模、使用、管理和效益情况，检查政策落实情况和实施效果，掌握了社会保障资金的收支规模、结余形态和参保率等总体情况，查出一批截留转移、挤占挪用、虚报冒领、审核不严、滞拨资金、违规“搭车”收费等违纪违规问题。社会保障审计项目在全省质量评比中获得一等奖。

企业审计 组织对荆门市2011年度粮食主管部门及粮食储备企业管理进行审计，审计发现有关人员存在涉嫌挪用、侵占公司大量资金的违法案件线索，公安部门已正式立案侦查，上报的《荆门市某客运公司资产处置审计案例》荣获全国二等奖。

经济责任审计 全市共对69名领导干部进行经济责任审计，查出违规金额2038万元，损失浪费金额54万元，管理不规范金额14 752万元（其中负领导责任金额14 697万元），审计发现侵害人民群众利益金额836万元。

专项资金审计（调查） 进一步扩大民生资金审计覆盖面，对教育、医疗、环保、社会保障和惠民工程等民生资金、项目施行无缝隙跟进监督。完成社会保障资金审计，世界银行贷款汉江流域水污染防治（城市污水处理、城市垃圾处理）项目审计，以及公共卫生服务、征地拆迁等重点民生专项资金审计，揭露挪用、重复冒领骗取社会保障资金、社会保障基金流失浪费、公共医疗机构违规收费、超标准超计划违规使用专项资金等侵占国家利益、侵害群众利益的行为，涉及金额4380万元，推动民生资金的规范管理和惠民政策的有效落实。

内部审计 共有内部审计机构434个（其中专职机构98个），内部审计人员641人（其中专职人员233人），全年共完成审计项目506个，审计总金额达495 884万元，促进增收节支8295万元，提出建议意见被采纳372条。通过与监察部门联合行文，逐家上门宣传、督办，促进107家单位（企业）专设内部审计机构，305家单位（企业）将内部审计纳入监察室合署办公，充实内

部审计人员641余人。（撰稿人：贺婷婷）

【孝感市审计局】 2012年，孝感市审计局共有干部职工58人。局长阳明军，副局长田卫民、金正谋、梁和平、陈鸿杰，纪检组长彭峻。设有办公室、人事科、综合科、法制科、财政审计科、金融外资审计科、行政事业审计科、经贸审计科、农业与资源环保审计科、监察室；孝感市经济责任审计局（综合科、审计一科、审计二科、审计三科）；孝感市政府投资审计局。

审计成果 全市审计机关完成147个审计项目，查出各类问题金额94 672万元，应上缴财政1557万元，应减少财政拨款或补贴846万元，应归还原渠道资金13 421万元，应调账处理金额13 232万元；已上缴财政304万元，已减少财政拨款或补贴816万元，已归还原渠道资金10 809万元，已调账处理11 920万元。建议有关部门处理事项4件。提交审计专题、综合性报告和信息简报269篇，被批示采用178篇，审计提出建议252条，被采纳243条。

财政审计 完成2012年度本级财政预算执行和其他财政收支情况审计以及23个市直部门（单位）2011年度预算执行审计。发现各类问题40余个，其中预算编制不够规范等问题金额51 688万元；延压滞留税费、税收政策执行不够严格等问题金额7 587.6万元。

外资运用审计 完成汉川、云梦、大悟、孝昌世界银行贷款汉江污染治理项目审计，孝南、应城、大悟日元贷款植树造林项目审计。重点检查国外贷援款资金和国内建设资金的到位和使用、提款报账等情况。揭露滞拨项目资金、报账面积不实、挪用项目资金、贷款抵押手续不合规等问题，为提高外资项目资金效益提供真实依据。

行政事业审计 完成计生事业费及计生政策落实情况审计调查及中小学校舍安全工程审计。在计生事业费及计生政策落实情况审计调查中，审计发现计生事业费存在被挤占挪用、截留克扣、以罚代管、随意减免等违纪违规问题。对中小学校舍安全工程的审计，重点检查资金到位和使用、概算执行、工程质量管理以及招投标管理情况。

农业与资源环保审计 完成观音岩水库除险加固项目竣工决算审计，配合省审计厅完成大悟、孝昌扶贫资金审计。通过审计，促进政府投资项目资金的安全高效使用和国家扶贫政策的落实。

固定资产投资审计 完成市援疆工程建设项目审计、全市法院系统基础设施建设项目债务审计和市政府交办的政府投资审计项目110个。其中，工程前期费用审计34个，预算审计40个，竣工决算审计36个，审计投资总额169 565万元，审计核实额148 673万元，审减20 891万元。

经济责任审计 完成3名领导干部经济责任履行情况的任中审计，12名领导干部经济责任履行情况的离任审计。审计查出各类违规金额2532万元，管理不规范金额4941万元。

内部审计 全市有专兼职内部审计机构368个，配备专兼职内部审计人员1104人，其中专职机构182个，专职人员512人。完成审计项目2398个，查出损失浪费金额517万元。

（撰稿人：李 斌）

【黄冈市审计局】 2012年，黄冈市审计局共有干部职工51人。局长叶俊甫，副局长吴长林、董家革（—5月）、吴晓鹏、张立平（3月—），总审计师曹安洲，纪检组长舒迎进（2月—）。设有办公室、政工科、纪检监察室、综合法规科、财政审计科、金融审计科、行政事业审计科、社会保障审计科、固定资产投资审计科、农业与资源环保审计科、经贸审计科、外资审计科、经济责任审计局。

审计成果 全市审计机关共完成审计或审计调查项目546个，查出违规金额123 103万元，应上缴财政3436万元，应减少财政拨款或补贴11 251万元，应归还原渠道资金59 554万元，应调账处理金额47 882万元。移送司法、纪检、监察部门处理案件线索44件，建议有关部门处理14件。出具审计报告和审计调查报告690篇。提出审计建议1988条，撰写审计信息2972篇。全市11个审计机关全部建成省级以上文明单位，其中7个为省级最佳。在全省审计工作量化考核中，黄冈市审计局在市州（区）审计机关排名第8位；蕲春县、浠水县审计局在县级审计机关中分别排在第1位和第2位。

预算执行审计 查出各类违纪违规金额4.51亿元。其中市审计局对市本级和15个市直部门预算执行情况进行审计，参与省审计厅组织的黄州区财政管理审计。在扩大一级预算单位审计覆盖面的基础上，加大对二、三级预算单位的审计力度，全市共延伸审计二、三级预算执行单位192个；更加注重财政预算管理全过程审计，加大对预算编制的审计力度。如年初根据市人大常委会安排，市审计局全程参与部门预算文本初稿审查，注重真实性、合法性与效益性的结合，关注非税收入征收管理和财政专户管理情况，促进预算管理更加规范和财政资金绩效不断提高。在市本级财政预算执行审计中，依法严肃查处非税收入25 834万元未纳入公共预算、非税收入10 169万元滞留等问题。

专项资金审计（调查） 全市审计机关先后组织开展社会保障资金审计、扶贫资金审计、住房公积金审计、安居工程项目审计、农村环境连片整治项目审计、南水北调和三峡库区移民资金审计、计生事业费及计生政策落实情况审计等15项民生审计，查处侵害人民群众利益问题金额8546万元。其中，组织对全市社会保险基金、社会救助资金和社会福利资金等18项专项资金进行审计，重点审计人力资源和社会保障、民政、卫生、财政、社会保险经办机构、地税、残联等7个单位，并延伸调查18家企业和2家医院，全面摸清社会保障资金规模及管理情况。组织对6个县（市）2009年至2011年管理、使用扶贫资金及扶贫项目开发建设情况审计，查处截留、挤占挪用扶贫资金352.7万元、虚列套取扶贫项目资金392万元、未拨付使用资金47.2万元等重大违纪违规问题。

固定资产投资审计 共组织对225个重点投资项目进行审计，查处违纪违规金额6.12亿元。先后组织对大别山红色旅游公路、水利基础设施建设工程、市政建设工程、保障性安居工程等12个重点建设项目以及南湖工业园基础建设、市老年大学、市博物馆等3个BT项目进行审计。审计发现项目建设过程中存在施工方多报工程量、高套定额、建设方随意变更设计导致加大工程造价以及建设程序不规范、超概算投资、未依法招投标、违规转分包、挤占挪用资金等问题，审计揭示并纠正内控制度缺陷和工程质量等问题45个，审减投资额2.79亿元。

经济责任审计 全市审计机关共对165名领导干部履责情况进行审计，查处各类违纪违规金额2.46亿元，其中领导干部负领导责任金额1.81亿元，负主管责任金额2211万元，负直接责任金额4329万元。采取“上审下”“交叉审”方式，对全市10个县市区法院院长、公安局局长进行任期经济责任审计轮审。

信息化建设 更新内网服务器，部署更新OA系统，进一步普及计算机审计，在全市审计系统整体推动联网审计，探索推行信息系统审计。市政府转发《市审计局关于进一步加强审计信息化建设的意见》。7人通过审计署计算机中级考试。

相关工作 组织开展审计干部集中培训24次，共计培训600多人次。依托青年读书会、审计论坛等平台，加强审计干部特别是年轻干部能力培养，促进审计干部能力素质不断提升。黄冈市审计机关积极开展“惩防体系制度落实年”工作，制定完善审计执法公示制度、审计组廉政情况登记制度、执行审计纪律回访制度、审计组廉政纪律及责任追究制度等廉政纪律制度和规范。在此基础上，切实加强经常性廉政教育，加强对审计权力运行的监督，建立起多层次、全方位的廉政监督网络。（撰稿人：付后裕）

【鄂州市审计局】 2012年，鄂州市审计局共有干部职工51人。局长胡澜（—3月）、肖运香（3月—），副局长李向平、何贤江，总审计师柯金龙，纪检组长李志鹏。设有办公室、监察室、综合信息科、法规科、财政金融审计科、行政事业审计科、农业与资源环保审计科、经贸审计科、社会保障审计科，另设有经济责任审计局、政府投资审计局和派出审计一科、二科、三科、四科。其中经济责任审计局设有党政领导干部经济责任审计科和企业领导人员经济责任审计科。

审计成果 全市审计机关共组织实施审计（调查）项目209个，审计查出违规金额13.28亿元，损失浪费金额107万元，促进增收节支4.1亿元，上缴财政8453万元，归还原渠道资金1034万元，调账处理金额17 705万元。被审计单位制定整改措施56项，审计建议被采纳758条。提交各类审计信息被市级以上批示采用205篇次。市审计局在蝉联“全国文明单位”称号的基础上，又先后荣获“全国未成年人思想道德建设工作先进单位”“全省卫生先进单位”“全省‘三万’活动先进工作组”“全市党建工作先进单位”“全市创先争优先进基层党组织”和“全市党委信息工作先进单位”等多项荣誉和表彰。

财政审计 在本级预算执行审计中，注重以财税部门总预算执行情况为主线，围绕财税政策执行和财政收征管及财政专项资金使用情况，深入开展对重点部门、重点资金和重点项目的审计。通过整合审计力量，改变过去业务科室单独作战的局面，以财政资金的流向为整体，通过上下联动审计和联网审计，实现市、区两级审计机关审计力量和资源的有机结合。

固定资产投资审计 完成政府投资审计（调查）项目176个，审计金额43.2亿元，审减政府投资4.1亿元，其中审计工程预算项目66个，审计资金总额30.4亿元，审减预算投资额2.3亿元；结算（决算）审计项目95个，审计工程结算价款11.4亿元，审减结算资金1.4亿元；专项审计项目15个，审计资金1.4亿元，审减投资0.4亿元。在政府投资审计中，通过对单项工程投资额或项目总投资额3000万元以上的政府投资建设项目和市政府交办以及上级审计机关安排的工程项目进行竣工决算审计，改变以往竣工决算审计中存在的单一审核工程造价情况，实现从投资决策管理、招投标管理、合同管理、项目变更管理、施工管理、监理管理、造价管理、资金及财务管理等全面关注政府投资项目预算执行和绩效评价的审计转型。对政府投资重点建设项目实施全过程跟踪审计。

经济责任审计 全年完成对市财政局等24个单位领导干部的经济责任审计，查出问题金额21 967万元，其中领导干部应负主管责任金额3506万元、应负领导责任金额18 461万元；经济责任审计专报和报告被各级主要领导批示25份次，促进各被审计单位制定整改措施119条、建立相关管理制度36项。

专项资金审计（调查） 全年共组织抽调79人次分别承担和参与社会保障资金、住房公积金、安居工程建设、三峡库区外迁移民资金决算、中小河流治理试点工程、计生事业费及计生政策落实情况、中小学校舍安全工程、日元贷款植树造林和支持中小企业融资政策措施落实情况等全省“上审下”“交叉审”项目审计。其中，在全省统一部署的社会保障资金审计中，抽调近10名审计人员，历时一个半月，涉及单位78家，调查走访低保户、残疾人等相关群众近100人，审计查处各类问题金额29 351万元，依法依规促进上缴财政310万元；督促被审计单位迅速整改，追回不符合规定发放的低保费和银行少计社会保障资金利息等128万余元。（撰稿人：周红兵）

【黄石市审计局】 2012年，黄石市审计局人员编制52人，在编50人。局长刘文水，副局长鲍贤咏、吴有祥、潘宪章、夏明省、徐锦坤，总审计师翁世成，纪检组长李沈。设有办公室、综合科、法制科、政工科、监察室、财政金融审计科、行政事业审计科、经贸审计科、农业与资源环保审计科、外资运用审计科、社会保障审计科和市经济责任审计局、政府投资审计中心。

审计成果 全市审计机关完成审计项目338个，查出违纪违规金额17.97亿元，应上缴财政1569万元，应减少财政拨款或补贴10 772万元，应归还原渠道资金18754万元，应调账处理金额12 205万元，应自行纠正金额136 391万元；已上缴财政1402万元，已减少财政拨款或补贴6445万元，已归还原渠道资金11 208万元，已调账处理金额9835万元，已自行纠正金额84 300万元。移送司法机关、纪检监察部门处理事项6件，建议有关部门处理事项5件。提交审计报告、信息704篇，被采用570篇。其中市本级共实施审计项目133个，查出违规金额91 225万元，促进有关部门单位建立和完善规章制度20余项，对上报送信息272篇，被各级采用批示338篇次，发表、交流及获奖文章36篇次。组织出版《探索与追求》审计文集，形成“每日一句”“每周一文”“每月一栏”“每季一讲”“每年一训”“两年一演”“三年一书”等“七个一”特色审计文化品牌，做法与经验得到省文明委、省审计厅的高度评价和推崇。荣获政府目标考核优秀等次、全国标兵社科团体等荣誉。

财政审计 坚持以财政预算执行审计为“龙头”，把财政性资金全部纳入审计视野，切实加强对重点领域、重点资金、重点部门的审计监督，通过对市级财政管理情况、税收征管情况、部门预算执行情况、社会保障资金征管情况、政府投资项目情况和重大民生项目的审计监督，注重从体制、机制上提出解决问题的对策建议，积极发挥审计的作用。

金融审计 在全省统一组织的扶持中小企业金融政策落实情况审计调查中，共审计调查7个支行，审计资金20亿元，查出违纪违规金额9000万元，提出审计建议3条，促进扶持中小微企业金融政策的贯彻落实。

行政事业审计 审计行政事业单位75个，查出违纪违规金额47 039万元。其中，在对市经济技术开发区2011年度拆迁补偿审计调查项目中，发现存在补偿协议与评估报告差异较大、村组集体拆迁补偿资金管理不规范、基层财政所挪用失地农民补偿款、基层财务管理基础薄弱等突出问题，提出加强拆迁补偿资金管理的5条建议。

农业与资源环保审计 在全省率先组织开展环保资金审计，采取先试点审计，后全面铺开的组织方式，有效提高工作效率，顺利完成审计任务。审计中查出违规减免排污费、挤占环保专项资金、对企业违规排污监管不力等问题，审计反映的问题得到被审计单位的高度重视，并采取得力措施逐一整改。

固定资产投资审计 全年审计政府投资项目75个，审计报审金额191 753万元，审定金额为173 800万元，审减17 953万元，审减率9.36%。首次探索项目绩效审计，在对市磁湖污水处理厂BOT特许经营权项目开展绩效审计中，从经济效益、社会效益和环保效益等方面进行绩效评估，所形成的绩效审计报告在黄石市第十三届人大五次会议上以高票获得通过。审计发现2011年保障性安居工程存在少数项目未按计划开工、部分配套资金不到位、少数保障户审查不严等问题，引起市政府高度重视，责成相关部门逐一进行整改落实，促成相关职能部门出台《黄石市住房保障资金管理办法》。

社会保障审计 在全省组织的社会保障资金审计中，全面完成2005年至2011年6个年度社会保险资金、社会救助资金和社会福利资金共计12类18项资金的审计任务。分别从不同角度、不同侧面，向市委、市政府领导报送《审计情况专报》4篇，社会保障资金审计情况分别得到市委、市政府主要领导的高度重视，促进有关违规问题的及时整改，保护了人民群众的切身利益。

企业审计 在对某集团有限公司审计项目中，查出各类违纪违规资金15 364万元，主要是应缴未缴投资收益、漏缴税费、资金管理不规范等问题，审计部门向市政府报送审计情况专报1篇，得到市领导的高度重视，要求被审计单位认真整改存在的问题。

经济责任审计 共审计领导干部31人，审计查出违纪违规、管理不规范金额32 113万元，其中违纪违规金额14 724万元、管理不规范金额17 389万元。按承担责任区分：领导干部应负直接责任金额4610万元、应负主管责任金额16 568万元、应负领导责任金额10 935万元。通过经济责任审计结果进行综合分析，指出基层公检法存在的问题，审计综合分析报告得到市委书记批示，充分肯定审计部门敢于当“黑包公”，要求对不守规矩的单位提醒和警诫，切实运用审计成果教育干部。

专项资金审计（调查） 在全市科技专项资金审计中，通过审计重点延伸调查50个项目承担单位，发现部分企事业单位存在虚报资料套取科技专项资金，挤占挪用科技专项资金和会计核实不规范等问题，提出整合科技专项资金、提升科技资金引导作用，加强项目资金管理、提高科技资金使用效益和进一步加强对科技专项资金的监管的建议。

内部审计 召开全市内部审计协会工作经验交流会议，劲牌有限公司等6家单位交流内部审计工作经验。团体会员达到68家，个体会员达到187人。

（撰稿人：纪俊锋）

【咸宁市审计局】 2012年，咸宁市审计局人员编制68人，在编62人。局长冯春（—2月）、陈礼高（2月—），副局长廖三楚（—2月）、石深强、张旺宝，总审计师付冬，纪检组长李德春。设有财政审计科、金融外资审计科、行政事业审计科、农业与资源环保审计科、固定资产投资审计科、社会保障审计科、经贸审计科、经济责任审计局、政府投资审计局、办公室、综合科、人教科、法规科、纪检监督室、工会、内部审计协会、审计学会、老干部退休科、计算机中心。

审计成果 全市审计机关完成审计项目 87 个，查出违规金额 59 792 万元，应上缴财政 179 万元，应归还原渠道资金 56 247 万元，应调账处理金额 549 万元；已上缴财政 158 万元，已归还原渠道资金 56 117 万元，已调账处理金额 296 万元。移送司法机关、纪检监察部门处理事项 3 件。提交审计报告、信息 208 篇，被采用 106 篇。

预算执行审计 制定出台《咸宁市部门预算执行审计管理办法》，明确部门预算执行审计的目的目标、对象范围、内容重点、方法措施、要求与保障。主要对咸宁市财政局、地税局等 10 个单位的预算执行情况进行审计，促进规范预算管理。从体制、机制层面分析原因，提出加强管理、进一步深化财政管理制度改革的意见和建议，推动财政管理公开透明、科学规范、安全高效。

专项资金审计（调查） 组织开展 5 项社会保障资金审计，扶贫资金审计，新农合资金审计，中小河流治理项目审计，保障性安居工程建设项目审计，公安局、检察院、法院、司法局基础设施债务审计，计生事业费审计，日元贷款城市防洪工程审计，援疆资金项目审计，市住房公积金审计，中小学校舍安全工程审计，扶持中小微企业金融、财税政策落实情况审计调查等，完成专项资金审计 20 个。

经济责任审计 全市审计 83 名领导干部，查出应由领导干部负直接责任的违规金额 4354 万元、负主管责任的违规金额 4483 万元。咸宁市审计局全年完成的经济责任审计项目 13 个，比上一年度增加 50%。

固定资产投资审计 制定出台《咸宁市市级政府投资审计监督管理办法》，明确了政府投资审计的目标、对象范围、内容重点、方法措施、要求与保障。全年完成政府投资项目审计 76 个，送审金额 64 623 万元，审定金额 54 415 万元，审减金额 10 208 多万元。 （撰稿人：方　虹）

【荆州市审计局】 2012 年，荆州市审计局共有干部职工 87 人。局长王本波，副局长邓应军、李俊平、杨光忠、吴方俊、李翠峰，总审计师汤从华，纪检组长罗文斌。设有办公室、综合科、法规科、财政金融审计科、行政事业审计科、农业与资源环保审计科、固定资产投资审计科、社会保障审计科、计算机审计科、人事科（机关党委）、派驻纪检组、监察室、工会；另设有派出科综合审计科、派出教文卫审计科、派出农林水审计科、派出经贸审计科、派出计划城建及投资审计科，下设有经济责任审计局、政府投资审计局两个直属事业单位。

审计成果 全市审计机关完成审计（调查）项目 326 个，共查出违规金额 27 532 万元，损失浪费金额 599 万元，管理不规范金额 1 137 898 万元，审计发现非金额计量问题 153 个。审计处理处罚 217 458 万元，其中应上缴财政 6535 万元，应减少财政拨款或补贴 6326 万元，应归还原渠道资金 109 166 万元，应调账处理金额 89 559 万元，应缴纳其他资金 5872 万元；已上缴财政 3249 万元，已减少财政拨款或补贴 6326 万元，已归还原渠道资金 9112 万元，已调账处理金额 5916 万元，已缴纳其他资金 5337 万元。移送司法机关、纪检监察部门处理事项 2 件，建议有关部门处理事项 10 件。提交审计报告、信息 287 篇，被采用 271 篇。

预算执行审计 全市审计机关以推进公共财政体系建设和提高财政资金使用效益为目的，以全部政府性资金为主线，以财政管理为核心，继续对预算编制的完整性、预算执行的严肃性、财务收支的规范性、专项支出的效益性等方面进行审计，同时更加关注预算单位编外用工、“三公经费”使用以及“吃空饷”等热点问题。各地在全面审计的基础上，重点突出绩效评价，分析预算执行部门行政成本支出结构合理性，对其绩效目标实现程度和预算执行结果做出综合、科学的评价；重点关注其项目数量与结构及其安排是否科学合理，使用是否真实、有效，以分析项目支出结构合理性为主，评价项目资金安排的合理性及使用的有效性。

专项资金审计（调查） 先后开展全市 12 类 18 项社会保障资金、保障性安居工程、住房维修资金、残疾人就业资金、公共卫生服务专项资金等各类民生专项资金的审计。全市开展的审计项目 50%以上涉及民生项目和资金。其中，由审计署统一组织的 12 类 18 项社会保障资金审计，全市抽调66名财务和计算机审计骨干参加。通过审计，全面摸清资金收支规模、结余形态和参保率等总体情况，揭示和反映资金使用管理中存在的违纪违规问题，促进提高资金使用效益和相关民生政策的落实。

固定资产投资审计 市审计局先后对市直安居工程建设项目、2011年及以前年度41个市政单项工程、残疾人就业中心以及中心城区园林绿化等工程项目进行审计。审计重点关注项目实施管理、工程质量和效益问题，查处招投标不规范、违规分包转包等违纪违规问题。

经济责任审计 在市直开展的17名领导干部经济责任审计中，任中审计对象有6名；监利县开展的14名领导干部经济责任审计中，有10名属任中审计。在对全市106名领导干部开展经济责任审计中，查出领导干部任职单位违纪违规金额7 445.4万元，管理不规范金额25 183万元，其中领导干部应负主管责任金额4 279.57万元。

计算机审计 重点以“审计信息化推进年”活动为契机，积极推进信息技术在审计实施和审计管理中的普及应用。市本级90%的审计项目都实现了OA分解立项和进度管理，并运用AO下载项目信息包，建立计算机审计项目，实现审计项目进度和成本的实时动态管理。全市共报送AO应用实例15篇，计算机审计方法21篇。其中，有5篇AO应用实例和10篇计算机审计方法获得省审计厅优秀奖并被推荐参加署评比。

相关工作 全市审计机关以“喜迎十八大，争创新业绩”活动为契机，进一步加强队伍能力建设、审计人员核心价值观教育以及廉政建设、创先争优、“1+1心连心”双联双促等各项中心工作，做到审计业务工作与中心工作“两不误、两促进”。各地审计机关以“1+1心连心”双联双促和“九个一”等活动为契机，扎实开展新农村建设结对帮扶、党建工作驻点社区结对共建，进一步扩大审计机关的社会影响，树立和维护了“为民、务实、清廉”的良好社会形象。

（撰稿人：周 陵）

【宜昌市审计局】 2012年，宜昌市审计局人员编制78人，在编77人。局长杜伟，副局长方正国（7月—）、李德信、潘兴华、金勇（8月—），总审计师金勇（—7月）、张宜平（7月—），纪检组长方正国（—6月）、刘玉清(6月—)。设有办公室、人事科（机关党委与其合署办公）、综合审理科、纪检监察室、审计执行督查科、财政审计科、金融外资运用审计科、行政事业审计科、社会保障审计科、经贸审计科、农业与资源环保审计科、固定资产投资审计科（加挂市政府投资审计局）；宜昌市经济责任审计局（内设办公室、审计一科、审计二科、审计三科）。

审计成果 全市各级审计机关共完成审计项目578个，查出各类违规金额216 661万元，应上缴财政75 715万元，应减少财政拨款或补贴5603万元，应归还原渠道资金115 747万元，应调账处理金额189 253万元；已上缴财政67 329万元，已减少财政拨款或补贴5028万元，已归还原渠道资金68 585万元，已调账处理金额22 570万元。全市移送司法机关、纪检监察部门处理事项11件。提交审计报告614份、信息945篇，被采用725篇次。其中市本级完成58个审计项目，审计查出违规金额128 741万元，应上缴财政57 860万元，应归还原渠道资金3248万元，应调账处理金额9371万元，移送司法机关、纪检监察部门处理3件，提交审计报告72份、信息265篇，被采用158篇。宜昌市审计局被审计署授予“全国社会保障资金审计公务员集体三等功”；被湖北省审计厅表彰为“全省审计机关法治单位创建活动先进单位”；“市环保局2010年部门预算执行情况审计”项目获2011年度全省优秀审计项目二等奖；全市共有17篇AO应用实例获审计署表彰，其中优秀奖2篇、应用奖7篇、鼓励奖8篇。

预算执行审计 完成宜昌市本级预算执行审计、宜昌市发改委等12家市直部门预算执行审计以及地方电力附加等15项政府性基金及专项收入审计调查。结合财税审计对市级税费减免情况、重点资金和重点项目进行延伸；结合部门预算执行审计对下属93家二、三级单位及行业协会等社团组织进行延伸审计。审计查出12家市直部门下属二、三级单位及学会、协会违纪违规金额3714万元，违法违规行为“下沉”问题得到市人大、市政府的高度重视；15项政府性基金审计查出基金少征、漏征、欠收3482万元，少数基金预算安排不细、预算控制不严、未严格执行“收支两条线”等问题。市领导分别对审计情况做出批示，督促相关部门加强整改。市人大常委会对审计工作报告给予更高评价，审议认为审计部门认真履行监督职责，做了大量细致、有效的工作，审计建议积极可行，在深化财政监督管理、规范财经秩序、提高资金使用绩效、加强廉政建设等方面发挥了积极作用。

固定资产投资审计 对12个市级重点投资项目进行决算审计，审计项目投资47 333万元，核减投资6964万元；对市职教园、市火车站东站、平湖半岛旅游综合区3个大型在建项目进行跟踪审计，审计项目投资277 232万元，查出各类违规金额2629万元；对全市法院系统截至2009年底基础设施建设债务情况进行审计，核实基建债务总额4047万元；对全市保障性安居工程项目建设情况进行审计，全市计划到位资金40.74亿元，审计核实实际到位资金27.67亿元，实际完成投资额21.59亿元，建成保障房28 142套（户）。

经济责任审计 审计经济责任人15名，查出违规金额5253万元，管理不规范金额17 046万元，审计发现侵害人民群众利益金额198万元，促进上缴财政和归还原渠道资金199万元。市委、市政府印发《关于进一步深化全市经济责任审计工作的意见》。

社会保障审计 按照审计署、省审计厅部署，组织全市审计机关对社会保障五项基金筹集、管理和使用情况，重点是基本养老保险基金、基本医疗保险基金和最低生活保障资金进行审计。依托省审计厅建立的社会保障数据集中分析平台，对全市社会保障业务数据进行集中比对核实，深入查证审计疑点。协助审计署武汉特派办、省审计厅完成对三峡总公司、葛洲坝集团、清江公司等3家大型国企的审计调查工作。市政府高度重视社保审计情况，常务副市长要求财政、人力资源和社会保障等部门严格按照审计结论整改到位。各责任部门认真落实整改要求，对违规参保现象进行清理核查，并建立健全相关管理制度。

专项资金审计（调查） 对全市校舍安全项目、计生事业费及计生政策落实情况、三峡库区外迁移民资金、三峡大学日元贷款内陆地区高等教育项目、夷陵区及长阳土家族自治县世界银行贷款和欧盟赠款长江上中游水土保持项目等进行审计，审计专项资金总额33 266万元，查处各类问题金额9226万元。

信息化建设 建立数据分析室，运用《湖北财政数据采集预警系统》，结合AO及SQL server数据库软件，对财政、地税、社会保障等大型电子数据进行总体分析比对，分类确定审计目标、重点及相应审计事项，为现场审计提供技术支持。相关经验做法得到湖北省审计厅领导的高度评价，并在全省审计工作座谈会上进行交流。宜昌市各级审计机关上报AO实例36篇、计算机审计方法40篇。

审计质量建设 严格执行审计现场资料打包上传制度，对所有审计项目开展网上审理。制定审计审理简易程序，在枝江、宜都、长阳等部分县市进行试点。审计审理制度促进了审计工作质量和水平的进一步提高，宜昌市5个项目被表彰为全省优秀审计项目。

审计整改 开展审计回访与整改督办月活动，对21家被审计单位进行上门督察。截至年底，督促上缴财政22 091万元，挽回损失1499万元，归还原渠道资金2300万元，调账处理1135万元，自行纠正13 212万元。宜昌市政府督查室针对预算执行审计查出的问题，向6家被审计单位下发督办通知，限期整改落实。宜昌市检察院针对审计移送的3起案件，立案侦查2起，结案起诉7人。宜昌市审计局按照市委、市政府《关于健全责任体系强化治庸问责的意见》（宜发〔2011〕16号）的要求，制定《审计整改责任追究暂行办法》，被纳入市委、市政府治庸问责制度框架。

（撰稿人：陈　谦）

【随州市审计局】 2012年，随州市审计局共有干部职工42人。局长夏洪国（—3月）、王洪江（3月—），副局长廖朝宏、敖股、梁随朝、齐新月，纪检组长刘昌发。设有办公室、综合科、政工人事科、财政审计科、投资审计科、社会保障资金审计科、行政事业审计科、经贸审计科、农业资源环保审计科、金融外资审计科、法规科、随州市经济责任审计局、随州市投资审计局。

审计成果 全市审计机关共审计和调查单位185个，查出违纪违规和管理不规范金额127 135万元，非金额计量的问题20个，核减工程投资结算额19 055万元。向省厅及纪检司法机关移送案件线索9件，先后4人受到处分和追责。

预算执行审计 组织对11个市直部门及所属二级单位进行预算执行情况审计，涉及资金9.42亿元，揭示有关部门和单位在预算执行及财政财务收支中存在的违规和管理不规范的问题，对规范财政财务管理提出建设性意见。随州市所辖各区、市预算执行审计均得到同级人大常委会和政府的肯定和好评。

行政事业审计 对随州市所辖随县财政资金管理及一所公办高中进行专项审计清理。摸清财政资金规模、结构及管理状况，对公办高中债务及教育资金管理使用情况进行审查，揭示财政资金和教育资金管理存在的问题，并进行深入的剖析，提出加强财政资金、教育资金管理和防范、化解潜在风险等意见建议。

外资运用审计 完成省审计厅统一组织的对随州市、曾都区、广水市2011年度世界银行贷款和英国赠款结核病控制项目（卫Ⅹ项目）执行情况和财务收支的审计。协助配合省审计厅统一组织派出黄冈市审计组，完成对随州市曾都区世界银行日元贷款造林项目执行情况和2010年度财务收支审计。

固定资产投资审计 实现对政府投资的决算造价审计、政府投资的资金运用审计、重点建设项目跟踪审计的全覆盖。完成92个政府投资建设工程的审计和跟踪审计，审计投资额9.5亿元，审减1亿余元，加大投资审计成果公开力度和投资领域问题揭露力度，市长3次就投资审计工作做出专题批示。

专项资金审计（调查） 统筹全市审计力量和资源，共抽调80余人（次），开展省审计厅统一组织的社会保障资金、中小河流治理、恩施州长经济责任审计等16个审计项目和市政府临时交办的职业技术学院债务锁定、市直部门财务管理检查、政府投资建设项目造价等84个项目的审计及审计调查工作。全市社会保障资金审计获评全省三等奖。随县中小河流治理项目审计获全省通报表扬并推广经验做法。尤其是在随县财政资金管理审计中，查出各类违纪违规问题36 991.33万元。在移民安置专项资金审计中，查处虚报冒领、挤占挪用和滞留欠拨移民资金等共计800余万元。在社会保障资金和公共卫生专项资金审计中，及时清理不合规定的城乡低保对象150余人。在随县中小河流治理项目审计中，查出问题金额1.02亿元，督促整改7637万元，协助处理收缴财政103万元，向省厅移送处理案件线索3件，涉嫌金额2280万元。

经济责任审计 开展29个单位领导的经济责任审计和离、接任交接。查出各类问题金额29 168万元，审计促进上缴财政88.3万元，规范管理资金14 309.02万元，界定明确离、接任领导经济责任单位16个，提出并落实整改意见和建议22条。 （撰稿人：邹　纯）

【仙桃市审计局】 2012年，仙桃市审计局人员编制35人，在编35人。局长丁俊林，副局长彭国黎、张文杰、杨新华、杨成红、邓飞，总审计师邓飞（兼）。设有办公室、综合法规科、财政金融外资审计科、行政事业审计科、经贸和社保审计科、农业与资源环保审计科、经济责任审计科、固定资产投资审计科。另设有经济责任审计局。

审计成果 完成审计项目42个，查出违规金额11 128万元，应上缴财政1045万元，应减少财政拨款或补贴196万元，应归还原渠道资金3289万元，应调账处理金额916万元；已上缴财政1045万元，已减少财政拨款或补贴196万元，已归还原渠道资金3289万元，已调账处理金额916万元。提出审计建议137条，被采纳123条，促使被审计单位健全各项管理制度21项。提交审计报告、信息50篇，被采用8篇。被省委、省政府授予“2011—2012年度最佳文明单位”称号。

财政审计 坚持将预算执行审计与经济责任审计、政府投资审计、专项资金审计相结合，集中反映和揭示财政资金运行中体制、机制和管理中存在的问题。通过对财政资金的跟踪问效，查处财政部门多列基金预算支出17 511万元，收入未上缴国库230.22万元，未及时拨付各项资金53 950.92万元，改变资金用途30.62万元等问题，指出因预算编制及财政管理不合理，导致财政性资金被大量占用、项目提报资金沉淀等资金管理中的不足。市人大常委会评价审计工作报告“直面问题，翔实具体，内容丰富，成果显著”。

行政事业审计 先后对涉农、住房、医疗、教育、环保、科技等群众关注的10多个专项资金和行业部门进行审计，查出挤占挪用、套取专项资金，违规收费等违纪违规问题，纠正侵害人民群众利益金额289.69万元。以审计专报形式向市委、市政府领导汇报，使一些带普遍性、倾向性的问题得到及时的纠正和处理，确保政府的惠民政策落到实处。

固定资产投资审计 对2012年保障性安居工程建设项目、2012年支持新疆发展资金和项目、市第一人民医院整体搬迁建设项目等重点项目实施全过程跟踪，对排湖泵站更新改造工程、市农村饮水安全工程2008年和2010年项目、市城投公司重点建设项目实施竣工决算审计。工程投资送审总金额3.4亿元，审减工程投资额3332万元，审减率达9.8%。

社会保障审计 组织对全市社会保障资金进行审计，指出部分人员重复参保、低保政策未落实到位、单位和个人参保信息未能及时清理合并等问题，通过督促开展信息清理、缴费清理、联合督察清理，促进社会保障资金的征收、使用和管理的进一步规范。

经济责任审计 全年完成经济责任审计10个，查出违规收费19 644万元、截留挪用滞留专项资金3734万元、违规发放奖金补贴780万元、违规支出1086万元、招待费超标1507万元等违纪违规问题。

内部审计 共有内部审计机构21个，其中专职机构10个，兼职机构11个，内部审计人员54人。全年完成各类审计项目218个，审计总金额达89 210万元，查出问题资金11 856万元，促进增收节支7637万元。（撰稿人：昌　盛）

【天门市审计局】 2012年，天门市审计局人员编制36人，在编33人。局长刘水平，副局长张昌宏、郑国宏、郭坤、陈爱红、段茂顺，总审计师方福祥。设有办公室、金融外资审计科、财政审计科、投资审计科、农业审计科、行政事业审计科、企业审计科、社会保障审计科、法规科、经济责任审计局、政府投资审计中心。

审计成果 完成审计项目46个，查出违规金额46 621万元，应上缴财政260万元，应归还原渠道资金13 205万元，应调账处理金额5429万元；已上缴财政260万元，已归还原渠道资金12 664万元，已调账处理金额2295万元。移送司法机关、纪检监察部门处理事项2件，建议有关部门处理事项1件。提交审计报告、信息167篇，被采用92篇。

财政审计 对5个单位进行审计，其中预算执行审计2个，财政决算审计3个。查出主要问题金额110 756万元，其中资金滞留闲置12 569万元，违规使用发票374万元，违规借出财政资金32 611万元，违规收费116万元。

金融审计 对2个金融企业单位进行审计，查出违规融资25 957万元，违规担保14 857万元，处理上缴财政13万元。

行政事业审计 对24个行政事业单位进行审计，查出主要问题金额30 050万元，其中隐瞒转移截留资金12 235万元，乱收费乱摊派乱罚款3656万元，扩大开支范围或提高开支标准列支5057万元，违规收费474万元。提出的审计意见与建议被采纳49条。

固定资产投资审计 对13个政府投资建设项目进行审计，审计投资总额120 319万元，为政府审减节约建设资金6855万元，促进政府出台《天门市政府投资项目审计管理办法》和《天门市政府投资工程建设项目管理暂行办法》。

社会保障审计 对住房公积金进行审计，查出未落实“收支两条线”和专户管理规定8万元，少计个人账户利息37万元等问题。

经济责任审计 对13名党政领导干部履行经济责任情况进行审计，查出主要问题金额13 920万元，其中违规金额3434万元，管理不规范金额10 485万元，侵害人民群众利益金额942万元。并将审计综合情况以《审计专报》形式向市委、市政府领导和市经济责任审计工作领导小组进行报告，书记、市长均做出重要批示。

内部审计 截至年底，全市共有内部审计机构16个，内部审计人员48人。共完成审计项目146个，审计总金额69 866万元，促进增收节支680万元，提出建议意见被采纳498条。

（撰稿人：李　勇）

【潜江市审计局】 2012年，潜江市审计局人员编制77人，在编53人。局长黄振林，副局长周进、李先祥，纪检组长张绪新。设有办公室、综合科、人事教育科、财政金融审计科、经济责任审计分局（行政事业审计科）、审计一分局（社会保障与外资审计科）、审计二分局（农业与资源环保审计科）、审计三分局（经贸审计科）、投资审计分局（固定资产投资审计科）。

审计成果 完成审计项目64个，查出违规金额1906万元，应上缴财政133万元，应归还原渠道资金1196万元，应调账处理金额1235万元，管理不规范金额211 975万元；已上缴财政133万元。移送司法机关、纪检监察部门处理事项3件，2人受到纪律处分。提交审计报告、信息236篇，被采用106篇。

财政审计 完成本级预算执行审计及26个单位部门预算执行审计。在本级预算执行审计中充分借鉴参与人大2011年预算初审时掌握的一些情况和资料，实现预算执行审计关口前移。在部门预算执行审计中提前介入，到财政部门和教育局摸清6所高中的预算基本情况和收据管理、使用情况，搜集相关资料。

固定资产投资审计 完成预决算审计项目247个，送审资金总额12.4亿元，审减金额2.47亿元，综合审减率20%。其中决算审计项目184个，送审资金总额7.2亿元，审减金额1.19亿元，综合审减率16.53%；预算审计项目63个，送审资金总额5.2亿元，审减金额1.28亿元，综合审减率24.6%。对城北污水处理管网配套工程、红军路道路改造工程、红梅路扩建工程、世博湖北馆建设工程、章华南路南延加宽改造工程、总口工业园、紫月路扩建工程等19个政府投资建设项目进行跟踪审计。组织完成移民工程的审计。

经济责任审计 完成19个单位的27名领导干部经济责任审计，其中管理区6个，市直部门（单位）7个，二级单位6个；在已审计对象中，离任审计17个，任中审计10个。审计查出违纪违规金额1025万元，管理不规范金额13 478万元。移送经济案件线索1件，完成管理区、市直部门汇总结果报告2份。

专项资金审计（调查） 对社会保障资金、支持中小企业融资政策措施落实情况、住房公积金、公共卫生服务专项资金、计生事业费及计生政策落实情况、中小学校舍安全工程、安居工程建设项目质量和资金使用效益情况、城镇保障性安居工程、援疆资金及项目、基层法院债务、农村中小学布局调整、中小河流治理和小型农田水利重点县项目建设资金等12个项目和资金进行审计和审计调查，及时发现和解决一些苗头性的问题，提出整改和加强管理的建议，促进各项惠民政策措施落实到位。

内部审计 走访37个单位，完成内部审计协会基本情况调查工作；向省内部审计协会上报理论研讨文章3篇；组织3人报考国际注册内部审计师，组织35人次参加后续教育培训班；报送工作动态和经验材料4篇。 （撰稿人：汪海滨）

【神农架林区审计局】 2012年，神农架林区审计局共有干部职工23人。局长刘忠君，副局长许贵国。设有办公室、法规科、财政金融审计科、经贸审计科（与法规科合署办公）、行政事业与外资运用审计科、农业与资源环保审计科、固定资产投资审计科（与政府投资项目拦标价审计局合署办公）。下设四个直属事业单位：林区经济责任审计局、林区政府投资项目审计局、林区政府投资项目拦标价审计局和林区直属审计分局。另外成立林区内部审计协会。

审计成果 完成审计项目132个，查出违纪违规和管理不规范金额80 349万元，审减政府投资额4171万元，提出审计建议240多条。提交审计报告、信息、审计情况专报及调研文章204篇，其中被主要领导批示和各级媒体采用87篇。

财政审计 组织开展林区2011年财政预算执行及其他财政收支审计，林区地税局2011年度税收政策执行审计。通过审计，查出各类违纪违规及管理不规范金额45 370万元。

固定资产投资审计 组织实施松柏污水处理厂工程建设项目、住房和城乡建设委员会垃圾处理厂工程建设项目、林区行政办公楼拆危改建工程项目等29个项目的工程决算审计。林区保障房神农家园三期工程、林区国有工矿棚户区改造工程、阳日镇2012年度农村公路项目等72个工程项目的拦标价审计，审减工程造价4171万元，为政府节约大量建设资金。积极开展跟踪审计，开展杜阳线公路、松柏镇河堤、保障性住房工程3个跟踪审计项目，提出整改意见20多条，查出各类违纪违规和管理不规范金额5610万元。

经济责任审计 组织实施林区新华镇、大九湖镇、松柏镇、计生局、粮食局、民政局等21个单位主要领导离任经济责任审计。通过审计，查出违纪违规和管理不规范金额17 911万元。

专项资金审计（调查） 组织实施林区社会保障资金、三峡库区外迁移民资金及财务决算情况、2009年至2011年扶贫资金管理使用及项目实施、林区计划生育事业费等8个专项资金审计。查出违纪违规金额11 458万元。

内部审计 8月20日，成立林区内部审计协会。审计协会吸纳内部审计会员单位20个，会员64人，常务理事20人。12月12日，内部审计协会首次组织14个内部审计会员单位内部审计人员参加省内部审计资格证考试培训，并全部顺利通过考试取得内部审计资格证。（撰稿人：汪三媛）

【恩施土家族苗族自治州审计局】 2012年，恩施土家族苗族自治州审计局共有干部职工42人。局长张安俊，副局长徐青安、李东平、杨清利，纪检组长杨峻。设有办公室、综合与法规科、行政事业审计科、社会保障审计科、农业与资源环保审计科、经贸审计科、财政金融审计科、固定资产投资与外资审计科、国家建设项目审计科、信息科，另设有经济责任审计局。

审计成果 全州审计机关完成347个审计项目（含审计调查14个项目），完成本级审计项目33个，查出违规金额8.53亿元，管理不规范金额100.17亿元，发现侵害人民群众利益金额3992万元，应归还原渠道资金19.33亿元，应调账处理金额3.41亿元；审计挽回损失133万元，为财政增收节支17.35亿元，已归还原渠道资金14.41亿元。审计提出建议268条，被采纳164条。全年共提交审计信息、报告185篇，被采用达251篇次。

经济责任审计 加大对领导干部经济责任审计的监督力度，把审计整改作为整改重点，基本实现党政领导干部离任审计与任中审计相结合。全年共对68名领导干部进行经济责任审计，查出管理不规范金额19.59亿元，其中领导干部负主管责任金额289万元。

专项资金审计（调查） 在专项资金审计（调查）中，重点揭露损失浪费或效益低下等问题。审计专项资金总额17.01亿元，违规改变项目计划和资金用途7373万元，资金滞留闲置10.29亿元，未纳入财政专户管理6.1亿元。

内部审计 内部审计机构99个，内部审计人员280人，完成项目2279个，审计总金额107.47亿元，增收节支5942万元。提出建议意见被采纳1127条。

（撰稿人：商　桐）

2012年湖北省所辖区、县(市)级审计工作统计表

金额单位:万元

审计机关	完成审计项目（个）	查出违规金额	应上缴财政	应减少财政拨款或补贴	应归还原渠道资金	应调账处理金额	移送司法、纪检、监察部门处理(件)	建议有关部门处理（件）	出具审计报告和审计调查报告(份)	提出审计建议（条）	撰写审计信息（篇）
武汉市											
武汉市本级	64	355057	255533		560	65907	6	5	77	209	289
江岸区审计局	48	5211		350	24	3824			60	119	105
江汉区审计局	36	6168	313	201		6216			59	117	62
硚口区审计局	14	7347	7268		57	2106			19	41	62
汉阳区审计局	29	389			67	1851			29	48	130

续表

审计机关	完成审计项目（个）	查出违规金额	应上缴财政	应减少财政拨款或补贴	应归还原渠道资金	应调账处理金额	移送司法、纪检、监察部门处理（件）	建议有关部门处理（件）	出具审计报告和审计调查报告（份）	提出审计建议（条）	撰写审计信息（篇）
武昌区审计局	42	26620			3215	2113			42	127	63
青山区审计局	37	6048	6048		28	1978		1	37	80	79
洪山区审计局	21	8021	7079	25	3700	1250			21	83	64
东西湖区审计局	20	3065	262			61193	3		20	71	78
汉南区审计局	25	8			101	3196	1		34	98	92
蔡甸区审计局	30	2140	2062		11786	1341	1		44	100	135
江夏区审计局	47	166625	154220				5		47	151	58
黄陂区审计局	22	19340	10651	16715	54558	3402	4	1	22	66	72
新洲区审计局	34	5719	78		413	28	1	1	34	88	50
十堰市											
十堰市本级	59	50930	1123		5989	31440	3		62	306	40
茅箭区审计局											
张湾区审计局											
丹江口市审计局	34	3676	2277	12080	1294	11940			39	89	29
郧县审计局	26	7068	382		304	27614	4		26	57	8
竹山县审计局											
房县审计局	62	12559	6404	209	1386	31			62	140	13
郧西县审计局	35	2103	2060		899	2086	2		43	72	11
竹溪县审计局											
武当山特区审计局											
襄阳市											
襄阳市本级	23	329718	5610	3741	44395	56797	2		113	201	420
襄城区审计局	51	16038	708		4136	3449			51	62	24
樊城区审计局	14	389							14	2	3
襄州区审计局	22	582204	1581		198336	380355			22	2	42
老河口市审计局	20	7956	90		1615	89			27	57	241
枣阳市审计局	30	56369	7147	911	1691	9609			31	71	42
宜城市审计局	26	13920	3046			2318			26	52	114
南漳县审计局	36	19666	7243	365	1020	39			43	142	190
谷城县审计局	13	398			150	248			13	49	250
保康县审计局	55	18381	4222	1739	3435	8348		1	79	104	239

续表

审计机关	完成审计项目(个)	查出违规金额	应上缴财政	应减少财政拨款或补贴	应归还原渠道资金	应调账处理金额	移送司法、纪检、监察部门处理(件)	建议有关部门处理(件)	出具审计报告和审计调查报告(份)	提出审计建议(条)	撰写审计信息(篇)
荆门市											
荆门市本级	78	15221	10483		110128	16320	5	1	85	206	289
东宝区审计局	62	95	13		9	216	1	1	68	67	156
掇刀区审计局	61	5100	4192		27		1	1	74	54	13
钟祥市审计局	57	4866	407		2820	4149	14		73	97	172
沙洋县审计局	100	4533	41		570	2871			100	211	69
京山县审计局	50	23748	83	1364	171	4279	1	1	60	126	110
孝感市											
孝感市本级	147	9292	1557	846	13421	13232		4	162	252	269
孝南区审计局	80	4861	426		497	374	1		80	82	142
应城市审计局	70	26958	26248		224	76	1	1	75	250	106
安陆市审计局	105	3851	45	1358	40881	1320	1		123	105	149
汉川市审计局	49	11011	8811	395	1554	2494	2	2	59	125	123
孝昌县审计局	89	2622	98	323	983	150	3		89	277	474
大悟县审计局	106	4552	55		725	695			139	298	98
云梦县审计局	66	9920	30		8097	62095	2		83	109	135
黄冈市											
黄冈市本级	77	10944	728		8287	17689	11		98	376	307
黄州区审计局	58	25882	213		1552	13665	2		61	83	176
麻城市审计局	29	14945	89	342	46232	6995	2		29	79	198
武穴市审计局	53	12006	43		187	2122	1		78	130	460
红安县审计局	41	456	170		1538	4519	3	3	123	114	230
罗田县审计局	38	36492	120				1	1	43	279	126
英山县审计局	25	3739	96		406	267	3		25	111	41
浠水县审计局	116	3936	77	10702		25	3		128	307	542
蕲春县审计局	42	4821	1539	26	1152	2455	5	5	35	257	137
黄梅县审计局	42	8527	284		198	123	5	5	47	204	585
团风县审计局	25	1355	77	181	2	22	8		23	48	170
鄂州市											
鄂州市本级	187	18587	8438		1018	3468			187	742	122
鄂城区审计局	18	402	350			29674			18	151	37

续表

审计机关	完成审计项目(个)	查出违规金额	应上缴财政	应减少财政拨款或补贴	应归还原渠道资金	应调账处理金额	移送司法、纪检、监察部门处理(件)	建议有关部门处理(件)	出具审计报告和审计调查报告(份)	提出审计建议(条)	撰写审计信息(篇)
梁子湖区审计局	13	82			82	1177			13	45	15
华容区审计局	28	2031	1373		844	27324			28	213	44
黄石市											
黄石市本级	133	91225	902	6208	10146	3225	2	1	133	270	272
下陆区审计局	20	3669	15	587	341	1056			20	38	39
黄石港区审计局	22	7429	27	210	552	813			22	34	27
西塞山区审计局	24	9696	58	334	418	1200	1		24	43	32
铁山区审计局	19	5440	113	718	307	852		1	19	32	26
大冶市审计局	75	43612	259	1128	5520	1227	1	2	75	167	95
阳新县审计局	45	18620	195	1587	1470	3832	2	1	45	76	79
咸宁市											
咸宁市本级	87	59792	179		56247	549	3		87	102	208
咸安区审计局	34	7756	136	1663	2196	3761	1	1	42	316	329
赤壁市审计局	65	2960	107		871	1076			64	212	86
嘉鱼县审计局	17	1146	71		747	32	5	5	14	44	4
通城县审计局	41	11173	58		3248	744	1	1	41	94	25
崇阳县审计局	85	11000	50		833	32	3	4	57	62	164
通山县审计局	69	13305	330	456	981	5627	6		69	95	98
荆州市											
荆州市本级	41	27528	1626		1561	6236	3		51	131	26
沙市区审计局	9	146	4		795	1815			17	18	14
荆州区审计局	28	1354	1186	80	18900	4180			34	51	10
石首市审计局	40	4664	612		73941	63204			57	118	220
洪湖市审计局	45	6930	2564	2980	12399	13554		8	45	148	8
松滋市审计局	54	2237	49		650	424			77	149	6
江陵县审计局	25	185	62	81	812	14			28	99	2
公安县审计局	31	3886	141	3183	16	130			34	89	
监利县审计局	53	3801	288		88		1	2	67	169	1
宜昌市											
宜昌市本级	58	128741	57860		3248	9371	3		72	185	265

续表

审计机关	完成审计项目（个）	查出违规金额	应上缴财政	应减少财政拨款或补贴	应归还原渠道资金	应调账处理金额	移送司法、纪检、监察部门处理(件)	建议有关部门处理（件）	出具审计报告和审计调查报告(份)	提出审计建议（条）	撰写审计信息（篇）
西陵区审计局	14			68					14	55	14
伍家岗区审计局	10				200	11504			10	47	21
点军区审计局	31	66	3	674		180	1		37	53	25
猇亭区审计局	41			258					41	111	27
夷陵区审计局	80	3630	4254		28265	96356			83	156	38
枝江市审计局	57	58910		2242	6075	50593	2	2	57	110	135
宜都市审计局	54	9018	8306	1260	32572	1167			54	121	55
当阳市审计局	63	3586	67	29	169	472	3	5	63	152	141
远安县审计局	17				687	2214			17	67	17
兴山县审计局	23	517	4359		4061	8797			26	54	25
秭归县审计局	56	425	647	1072	279	2400	1		56	116	112
长阳土家族自治县审计局	57	1525	148		309	1222	1		67	79	53
五峰土家族自治县审计局	17	10243	71		39882	4977			17	77	17
随州市											
随州市本级	45	67275	740	3098	341	1119	3	3	45	147	200
曾都区审计局	48	12627	240	1518	2411				48	30	15
广水市审计局	44	2154	160	1297			7	4	44	35	161
随县审计局	48	45079	257	235			1		48	146	147
恩施土家族苗族自治州											
恩施土家族苗族自治州本级	33	19771	10664		5418	22905	16	16	53	35	43
恩施市审计局	19	12141	11986		601	205	11	11	19	59	6
利川市审计局	13	102	638		115825	2684	2	2	19	44	
建始县审计局	22	2439	2439		1	10			34		
巴东县审计局	33	29552	133		25781	7247			40	36	1
宣恩县审计局	17	11933	12005		971	93			22		
咸丰县审计局	12	3558	10		3345	10	1	1	17	34	110
来凤县审计局	22	1340	2715		26477	795	3	3	32		10
鹤峰县审计局	176	4415	6		14844	157			176	60	15

湖南省

【湖南省审计厅】 2012年，湖南省审计厅人员编制291人，在编268人。设有办公室、法规处、审理处、财政审计一处、财政审计二处、社会保障审计处、金融审计处、行政事业审计一处、行政事业审计二处、行政事业审计三处、经贸审计一处、经贸审计二处、经贸审计三处、资源环保审计处、农业审计处、固定资产投资审计一处、固定资产投资审计二处、外资运用审计处、经济责任审计一处、省领导干部经济责任审计工作联席会议办公室、经济责任审计二处、经济责任审计三处、综合计划处、审计执行处、审计技术处、人事处、机关党委（工会）、纪检（监察）室、离退休人员管理处；还设有厅机关后勤服务中心、内部审计指导中心、国外贷援款项目审计服务中心、审计科研培训所等直属事业单位。

领导成员

厅　　长：唐会忠

副 厅 长：罗良葆　刘崇斌（—3月）

胡章胜（3月—）

张　正　张晓菊　方再启

总审计师：陈庆林

纪检组长：王小华

审计成果 全省审计机关按照省委、省政府和审计署的工作要求，围绕科学发展的主题和加快转变经济发展方式的主线，认真履行审计监督职责，较好地完成了各项任务。全省审计机关共审计（调查）5465个单位，促进增收节支和挽回损失91亿元。审计决定应上缴财政21.3亿元、应归还原渠道资金127.9亿元、应调账处理金额63.8亿元。移送经济案件线索70件，涉及55人。提交审计专题报告、综合性报告和信息简报2481篇，有70%被批示或采用。其中省审计厅上报的审计要情、情况专报被省委、省政府领导批示50多篇次。被审计单位共采纳审计建议9134条，制定整改措施778项，建立健全规章制度304项，整改工作进度和效果明显好于往年。

财政审计 省级预算执行审计，更加注重从财政预算管理改革的角度揭示问题，重点关注预算编制、预算执行和专项资金管理等方面存在的问题。有关部门积极采纳审计建议，制定完善预算编制、健全转移支付体系、调整超收收入管理、推进部门预算公开等制度措施。省政府办公厅下发《关于整合规范省级财政专项资金的意见》，促进财政管理的进一步规范。统一组织市州审计机关，对32个县市实施“省直管县”的财政决算审计，客观评价改革的效果，揭示新机制运行中存在的不足，促进“省直管县”财政管理体制的进一步完善。

经济责任审计（调查） 全省审计机关认真落实两办《规定》，关注权力运行和责任履行情况，不断深化经济责任审计。全省共审计领导干部1941名，其中地厅级24名、县处级320名、乡科级1477名、其他人员120名。共查出违规金额86亿元，其中领导干部负直接责任金额2.9亿元。首次统一组织和指导市州审计机关，对58名县市区党政主要领导开展经济责任审计。重点关注政策执行、经济决策、财政管理、资源开发、环境保护以及廉洁自律等方面的情况，并通过比较分析，形成综合报告，揭示县市区党政领导干部在履职中存在的普遍性问题。为干部管理监督部门提供依据，促进县市区党政领导干部更好地履行经济责任。

固定资产投资审计 全省审计机关坚持以“揭露问题、规范管理、提高绩效、维护安全”为目标，切实加强政府投资项目审计监督，促进工程建设领域突出问题专项治理，取得明显成效。全年通过开展投资审计，核减投资额136.4亿元。继续对省政府投融资建设的38条高速公路实施跟踪审计，重点关注工程质量、招投标和征地等方面存在的问题，及时发现和预防各种风险，促进建设项目的顺利实施。对全省对口支援新疆建设项目实施跟踪审计，重点关注项目管理和资金使用情况，促进援疆建设资金的规范使用。对部分投资项目开展竣工决算审计，重点关注项目建成后的投资效益和材料采购制度落实等情况，促进工程建设的规范管理。

专项资金审计（调查） 全省审计机关把保障和改善民生、促进生态文明建设作为审计监督的着力点，组织开展涉农、教育、医疗、住房和环境保护等专项资金审计。根据审计署统一部署，举全省审计机关之力，组织开展社会保障资金、农村中小学布局调整、城镇保障性住房三大民生项目和资金的审计。全省社会保障资金审计，重点关注社会保障制度体系、政策执行、资金筹集和使用等方面存在的问题。基本掌握全省社会保障资金的规模、管理和效益情况，达到了“摸清情况、总结成效、揭示问题、分析原因、提出建议”的预期效果。对湘江流域重金属和水污染防治开展专项审计，重点关注沿江污水处理设施的运行和污染企业的关停与搬迁情况，分析湘江流域治理机制和制度方面存在的问题，提出相应的建议，促进“两型社会”建设。

相关工作 全省审计机关坚持以提高审计能力为核心，切实加强审计队伍建设。注重引进高素质人才，加大干部轮岗交流力度，促进干部队伍结构的优化；注重加强审计业务培训，与湖南大学、审计署驻长沙特派办签署战略合作协议，通过举办计算机审计中级培训班等多种形式，培训干部 600 多人次；坚持以文明创建为抓手，切实加强机关党建工作；深入开展文明行业创建活动，近两年，全省有 122 个审计机关被评为县级以上文明单位，占审计机关总数的 88%；坚持以提高审计机关公信力为目标，切实加强党风廉政建设，注重开展廉政教育，完善廉政风险防控体系，加强现场审计全程监督，促进廉洁从审，树立审计干部务实清廉的良好形象。

（撰稿人：兰志荣）

【长沙市审计局】 2012 年，长沙市审计局人员编制 108 人，在编 105 人。局长陈芳辉，副局长段安娜、刘金文、邓国浩、黄永健、彭保刚，总审计师关士麟，纪检组长赵志强。设有办公室、法制处、人事教育处、机关党委、监察室、内部审计指导处、计算机审计管理处、财政审计处、行政事业审计处、金融与社会保障审计处、农业与资源环保审计处、经贸审计处、外资运用审计处、领导干部经济责任审计局、政府投资审计专业局。

审计成果 长沙市审计局完成审计项目 984 个，查出违规金额 23.5 亿元，上缴财政 2.15 亿元，审减政府投资金额 27.6 亿元。移送司法机关、纪检监察等部门处理事项 3 件。审计报告、要情、信息被市以上领导批示和省以上媒体采用 86 条。获得全国社会保障资金审计公务员集体嘉奖单位、湖南省市州审计目标考核第一名、长沙市领导班子绩效考核一等奖、长沙市“两帮两促”和“一推行四公开”工作先进单位、长沙市依法行政工作先进单位，创建省级文明标兵单位通过检查验收并已向社会公示。

预算执行审计 审计 10 个部门、81 个二级机构、4 类专项资金。首次采用部门收支预算完整率、预算执行率、“三公经费”支出率等绩效评价指标，开展部门预算执行绩效审计。市人大在审议“同级审”报告时，给予“讲得实、站得高、思路清”评价。同步开展领导干部经济责任审计和专项审计调查，实现“一审多果”。

固定资产投资审计 完成结算、预算、招标控制价审计项目 845 个，建设单位报审金额 157.7 亿元，审减 27.6 亿元，综合审减率 17.5%。对 70 个重点工程项目实施跟踪审计。“两馆一厅”（指包括长沙市博物馆、长沙市图书馆、长沙市音乐厅及周边配套设施在内的长沙滨河文化园建筑群）项目跟踪审计发现超付工程进度款问题，督促主管部门将超付的 8100 万元工程款逐步抵扣，有效发挥“事中监督”作用。

经济责任审计 审计 18 个单位 22 名领导干部。推动出台本市加强经济责任审计的实施意见，中共长沙市委组织部、长沙市机构编制委员会办公室和长沙市审计局联合下发《长沙市事业单位法定代表人离任审计暂行办法》。区县主要领导经济责任审计中，首次实行审计、国土、环保三家联审。细化经济责任审计评价办法，对 9 个区县（市）法院院长经济责任审计结果实行审计评价量化，强化审计成果运用。

社会保障审计 成立由市长任组长的长沙市社会保障资金审计工作领导小组。针对审计反映的情况，市人力资源和社会保障、住房和城乡建设、卫生等部门开展专项行动，督促新增被征地农民社会保障资金到位 1.01 亿元，督促 904 家企业补缴社会保障资金 3 590.36 万元，清理重复参保 1.29 万人，追回多享受的社会保障资金 106.17 万元。市政府结合审计建议出台《长沙市基本医疗保险监督管理试行办法》，完成原内五区和高新区新型农村合作医疗与城镇居民医疗保险管理系统合并，实现市级统筹。

专项资金审计（调查） 审计农村畅通工程、水利建设等资金和5个外资运用项目。中小学校舍安全、旅游专项资金等审计结果，被相关部门作为决策依据。本级旅游专项资金审计，发现“重建设、轻环保”等问题，推动出台《长沙市旅游专项资金管理办法》。（撰稿人：夏海军）

【张家界市审计局】 2012年，张家界市审计局人员编制28人，在编28人。局长吕毅，副局长彭瑛、李文化、汤敬丁，总审计师高智，纪检组长覃业成。设有办公室、综合计划科、法制科、财政审计科、行政单位审计科、事业单位审计科、企业外资审计科、建设资金审计科、经济责任审计处，归口管理张家界市建设项目审计中心。

审计成果 全市审计机关共审计（调查）126个单位和项目，审计查出主要问题金额471 297万元，管理不规范金额435 894万元，审计处理处罚金额63 847万元。通过审计处理，促进增收节支和挽回损失14 363万元，查出应归还原渠道资金7915万元，应调账处理金额23 255万元。

财政审计 对市财政局组织的2011年度市本级预算执行情况进行审计，还对市城管局等单位的部门预算执行情况进行审计。张家界市审计局组织实施慈利县和桑植县人民政府2010—2011年度财政决算审计，全面摸清两县政府财政决算总体情况，指出“省直管县”财政体制运行中存在的问题，促进“省直管县”财政体制的进一步完善。

经济责任审计 全市审计机关共对53名领导干部的任期经济责任进行审计，其中县处级领导16名、国有企业领导人员2名、乡科级领导35名。为党委选拔任用干部提供依据，增强全市党政领导干部更好地履行经济责任的意识。

固定资产投资审计 全市审计机关通过开展建设项目竣工决算审计，核减工程造价（为政府节约建设资金）1.37亿元。

专项资金审计（调查） 根据审计署统一部署，组织开展社会保障资金、农村中小学布局调整、城镇保障性安居工程三大民生项目和资金的审计。揭示张家界市4个区县社会保障工作普遍存在的欠征企业职工社会保险基金等主要问题，提出进一步加强社会保障资金管理的审计建议，为区县政府加强社会保障资金管理提供决策依据，达到“摸清情况、总结成效、揭示问题、分析原因、提出建议、促进整改”的预期效果。

（撰稿人：李美林）

【常德市审计局】 2012年，常德市审计局人员编制66人，在编65人。局长莫汉桃，副局长廖华春、李新辉、李卫、谷素君、陈位明、张峰、周罗生，总审计师李卫（兼）。设有常德市领导干部经济责任审计局、常德市审计局政府投资审计专业处，办公室、综合计划科、审理科（加挂法制科）、执行科、人事科、查证一科、查证二科、查证三科、查证四科、查证五科、内部审计指导科（加挂查证六科）、审计技术科（加挂查证七科）。

审计成果 全市审计机关完成审计项目634个，查出违规金额71 006万元，应上缴财政4202万元，应减少财政拨款或补贴287万元，应归还原渠道资金2870万元，应调账处理金额7790万元；已上缴财政4202万元，已减少财政拨款或补贴287万元，已归还原渠道资金2870万元，已调账处理金额7790万元。移送司法机关、纪检监察部门处理事项22件，建议有关部门处理事项2件。提交审计报告、信息1301篇，被采用1192篇。

财政审计 审计单位110个，其中预算执行审计53个，财政决算审计57个，查出主要问题金额76.3亿元，其中预算执行审计23.7亿元，财政决算审计52.6亿元。

专项资金审计（调查） 审计专项资金30项，专项资金总额21.7亿元，查出主要问题金额1.64亿元。重点组织开展社会保障资金专项审计，审计工作受到审计署嘉奖。跨年度实施保障性安居工程跟踪审计。

行政事业审计 审计单位406个，查出主要问题金额106 236万元。

固定资产投资审计 审计政府投资工程结算（决算）项目245个，审计投资完成额264 423万元，查出主要问题金额 8030 万元，审减工程投资总额 47 723 万元。

外资运用审计 审计 4 个国外贷援款项目。

企业审计 审计单位 13 个，查出主要问题金额 5184 万元，其中违规经营 1010 万元，财务收支不实 2474 万元，其他问题金额 1700 万元。

经济责任审计 对 301 个单位的 330 名党政领导干部进行任期经济责任审计，查出主要问题金额 22.1 亿元，违规金额 2.3 亿元，管理不规范金额 19.8 亿元，审计处理被审计领导干部 1 人，处理其他人员 4 人，向社会公告审计结果 75 项。

内部审计 开展审计项目 4809 个，审计总金额 402.9 亿元，发现大要案线索 7 件，建议给予行政处分 38 人，移送司法机关移送案件 4 件。提出建议意见被采纳 3625 条，增加效益 27 730 万元。

（撰稿人：田功海）

【益阳市审计局】 2012 年，益阳市审计局人员编制 55 人，在编 56 人。局长刘凌云，副局长谭超美、叶立飞（1 月—11 月）、刘俊科、吴常青、杨茜（11 月—），总审计师潘俊高，纪检组长张松斌。设有办公室、法规科（审理科）、财政金融审计科、行政事业审计科、农业与资源环保审计科、经贸外资审计科、市领导干部经济责任审计局、市建设项目审计办公室、审计执行科、审计技术科、人事科。另有益阳市审计局高新区分局、益阳市审计局大通湖区分局。

审计成果 全市审计机关查出管理不规范金额 12.4 亿元，违纪违规金额 3.6 亿元，督促归还被挤占挪用的专项资金 1.2 亿元，核减国家建设项目工程造价 3.4 亿元。向有关部门移送违法违纪案件线索 3 起。编报《审计要情》10 期，其中市审计局 1 篇被市委书记、市长批示，1 篇被常务副市长批示。提交审计报告、信息 45 篇，被各类媒体采用 30 篇次、报告 5 篇次。获审计署专项审计表彰奖励 1 人；AO 应用实例有 3 篇获审计署奖励，7 篇获省审计厅奖励；计算机审计方法有 19 篇被省审计厅上报审计署参评。

财政审计 对市本级 2011 年度财政预算执行情况和市住建局等 5 个市直部门 2011 年度部门预算执行情况进行审计，对税收征管、中心城区电力附加（地方部分）征收情况进行审计调查；对安化县、南县、赫山区进行财政决算审计。审计中重点关注财政资金分配、管理和使用情况，查出一些部门单位在财政资金分配、预算管理、使用和税收征管不规范等违法违纪违规问题 32 个，责令纠正违纪违规金额 5000 余万元，提出审计建议 25 条。为促进建立更加统一、完整的预算管理制度，促进提高财政资金使用效益、提高防范财政风险能力发挥积极作用。

农业与资源环保审计 开展 2011—2012 年度农业综合开发专项资金审计。通过审计提出进一步完善监督机制，提高资金使用效益；加大往来款项的管理，降低有偿资金放款风险，加强到期有偿资金的回收工作；加大农业综合开发资金的集中使用，发挥资金整体效益等建议。在对益阳市园林绿化处财务收支审计和对其他市政基础设施项目中涉及绿化工程项目的审计中，对财政投入的园林绿化资金使用情况，园林绿化处承接的市政工程绿化配套工程项目存在偷工减料、以次充好等情况及时提出审计整改意见，加强督促检查。

固定资产投资审计 对 2010 年至 2011 年城市基本建设项目和城市维护资金进行全面审计，对行政事业单位重要基本建设项目进行工程决算审计。对挪用建设资金，不按规定进行建设项目招投标、欠缴税费等问题进行了审计处理。加强与相关职能部门的沟通联系，督促相关职能部门加强对建设项目的管理和监督，对工程建设中违反招投标程序、施工管理混乱、部分项目工程监理没有履行职责等问题进行监督和反映。

社会保障审计 按审计署和省审计厅统一安排，市审计局协助省审计厅开展对市本级的审计，对益阳市所辖区县（市）进行审计。审计发现被征地农民社会保障制度尚未建立、挤占挪用专项资金、特殊人群未实现应保尽保、重复参保、财政社会保障补贴不及时、社会救助资金欠规范等问题。提出完善社会保障制度，提高社会保险强制力度；完善社会保障经办机构征缴模式；拓宽基金保值增值渠道，强化监管，确保社会保障基金安全高效运行；规范管理，提高社会保障信息化水平等建议。

经济责任审计 认真贯彻落实两办《规定》，坚持任中审计与离任审计相结合，充分发挥经济责任审计作用。完成16个部门单位主要负责人和资阳区委书记、区长经济责任审计。将经济责任审计结果报告送市委、市政府，并将全年所有经济责任审计结果在市委党务公开平台公开。

专项资金审计（调查） 先后开展社会保障资金审计、农村中小学布局调整审计调查、城镇保障性安居工程跟踪审计等。督促纠正部分专项资金管理不规范、发放不及时、资金使用不符合规定等问题，督促将被挤占挪用的1.2亿元专项资金归还原资金渠道。确保民生资金的安全和使用效益的提高，维护广大人民群众的利益。

（撰稿人：胡　铎）

【岳阳市审计局】 2012年，岳阳市审计局人员编制81人，在编80人。局长罗陆平，副局长邓春初、杨如松、李星吾、陈超、丁湘平，总审计师干忠叶，纪检组长曾建国。设有办公室、法规和审理科、人事科、综合计划科、审计技术科、内审指导科、监察室、机关党委、机关工会、财政金融审计科、经贸审计科、行政事业与社会保障审计一科、行政事业与社会保障审计二科、外资运用审计科、农业与资源环保审计科、经济责任审计一科、经济责任审计二科，下辖开发区审计分局、市政府投资审计专业局。

审计成果 岳阳市审计局共实施审计项目72个，查处违规金额2.65亿元，审计处理上缴财政1095万元，终审核减不合理工程造价3484.77万元，直接为财政增收节支近亿元。向纪检监察机关移送案件线索1件，促进建立健全规章制度32个。汨罗市社会保障资金审计组、云溪区社会保障资金审计组2个单位被省审计厅给予公务员集体嘉奖，龙向阳等18人被记三等功或嘉奖。湘阴县、临湘市社会保障资金审计项目分别被评为优秀审计项目。2010年度市财政“同级审”项目被评为表彰审计项目。机关作风建设、双联工作、综合治理、扶贫建设、基层党组织建设等工作被市委、市政府评为先进单位。

社会保障审计 根据省审计厅的统一安排，组成9个审计组，历时3个多月，重点对全市9个县（市）区的社会保险基金、社会救助资金和社会福利资金，共12类18项社会保障资金进行审计。审计摸清各县（市）区社会保障制度建设、运行情况及存在的问题，引起市委、市政府的高度重视。在艰巨而繁重的审计任务面前，岳阳市审计局统一调度，精心实施，攻坚克难，成效显著，得到省审计厅、市政府的高度评价。

财政审计 按照“评价总体、揭露问题、规范管理、促进改革、提高绩效”的工作思路，围绕构建财政审计大格局，进一步拓展财政审计的广度和深度。7月26日，市六届人大常委会第29次会议听取市审计局财政“同级审”评议意见整改情况汇报，获得与会领导的一致好评。市人大、市政府高度重视审计查出的问题，责成有关单位进行整改，进一步规范财政预算管理。在华容县财政决算审计中，该县政府积极采纳审计建议，专门下发《关于调整家电、摩托车下乡补贴兑付方式的通知》，确保家电、摩托车下乡惠民政策实施效果。

经济责任审计 完成17位领导干部经济责任审计，查出违规金额30 313万元，管理不规范金额346 441万元，促进整改落实金额155 912万元，为规范领导干部施政行为起到约束和警示作用。在某单位主任经济责任审计时，发现所属国有资产经营有限责任公司部分国有资产收益未及时上缴财政，直接用于单位运行或项目建设的问题，市财政局根据审计建议，对该公司国有资产经营收益情况进行清理，并责成该公司将应缴市财政处置及经营收益3 394.13万元解缴国库。

固定资产投资审计 对28个政府投资工程项目的174个单项工程竣工决算（结算）进行审计，在建设单位初审、市财政评审办复审的基础上，终审核减不合理工程造价2 884.77万元；累计审批工程变更项目39个，否决工程变更项目5个，直接节约建设资金约600万元。重点抓好对全市城镇保障性安居工程、全市中小学校舍安全工程投资建设项目、市体育中心建设项目、王家河流域综合治理工程项目、京港澳高速岳阳连接线拓宽改造工程的跟踪审计，及时堵塞漏洞，完善管理制度，提升投资效益。

专项资金（项目）审计 根据省审计厅的统一部署，重点对华容县、湘阴县、岳阳县农村中小学布局调整进行专项审计调查，共发现学生辍学现象严重、教育资源结构失衡、寄宿制学校条件简陋等3大类10项问题，省审计厅副厅长先后三次进行调研，给予高度肯定。在国有土地出让金审计中，发现市经济开发区通海路管理处大桥社区居委会违规擅自转让国有土地，土地成本抵减土地转让收入280.67万元的问题，及时将此线索移交市纪委立案查处。4名相关责任人员分别受到留党察看、党内严重警告处分。

交办事项 根据市委、市政府领导的指示，先后对市机床厂债权单位上访事项、市商品粮基地建设项目、市汇泽房地产开发有限公司等15个单位（项目）进行审计。城陵矶工矿贸易公司部分职工上访事项审计调查，市局审计组用过硬技能查证事实，用优良作风赢得民心，最终平息了上访。 （撰稿人：沈综信）

【株洲市审计局】 2012年，株洲市审计局人员编制76人，在编71人。局长侯建国（—6月）、周南洋（6月—），副局长傅依全、戴勇、颜梦香、邓海林、王小琴，总审计师王小琴（兼），纪检组长阎敬堂。设有办公室、人教科、机关党委、纪检监察室、审计技术科、法制审理科、财政审计科、经济责任审计处、金融与社会保障审计科、行政事业审计科、固定资产投资审计科、外资运用审计科、国家投资审计处、农业与环保审计科、经贸审计科。

审计成果 全市审计机关完成审计和审计调查项目419个，查出各类违规金额67 990.68万元，处理应上缴财政1120万元，应减少财政拨款或补贴783.1万元，应归还原渠道资金1220万元，应调账处理金额38 691.67万元；已上缴财政1120万元，已减少财政拨款或补贴783.1万元，已归还原渠道资金1220万元，已调账处理金额38 691.67万元。移送司法机关、纪检监察部门处理事项5件。提交审计报告、信息579篇，被采用327篇。

财政审计 株洲市本级财政同级审计涵盖财政局、地税局、国土局等8家单位，查处管理不规范金额83 284.17万元。就审计发现的房屋维修基金管理使用中存在的突出问题，督促出台《株洲市房屋专项维修资金使用管理办法》，强化资金监管，切实维护群众合法权益。审计结果及整改情况得到市人大和市政府的充分肯定。

固定资产投资审计 重点关注投资规模大、党委、政府关注和群众关心的民生项目，株洲市本级共完成工程结算审计项目81个，审计核减2718万元。强化对重大建设项目的跟踪审计，2011年至2012年，在对株洲市中心医院建设项目跟踪审计中，已定案或初步定案结算项目7个，施工方报送结算金额1.64亿元，审定或初步审定金额1.09亿元，核减5717万余元，核减率达34.35%。

社会保障审计 按照国务院的要求和审计署的统一安排，株洲市社会保障资金审计重点摸清社会保障资金规模、管理和使用情况，检查政策落实情况和实施效果，揭示存在的困难和问题，提出完善制度、规范管理的建议，成效显著。撰写的《关于加强社会保障工作的调查与思考》等两篇文章得到上级机关的高度评价。

经济责任审计 株洲市切实推行经济责任审计联席会议制度，加强与各成员单位的配合，完善项目计划管理，提高经济责任审计效能。共开展经济责任审计项目153个（包括7个县市区12名党政领导干部经济责任同步审计），查处违规金额1.73亿元。较好地发挥经济责任审计“正党风、管干部、促发展”的积极作用。

专项资金审计（调查） 组织开展住房公积金、国土资金、育林基金、水利资金、农业综合开发资金等专项审计；同时，按照审计署和省审计厅的统一安排，完成农村中小学布局调整、中小学校校舍安全工程、城镇保障性安居工程等行业审计，促进了专项资金管理的加强和使用效益的提高。 （撰稿人：冯　立）

【湘潭市审计局】 2012年，湘潭市审计局人员编制73人，在编66人。局长陈少平，副局长彭术龙、何爱莲、刘凤舞、罗百慧，总审计师康海湘，纪检组长周云。设有办公室、综合计划科、法制审理科、人事科、机关党委、监察室、财金社保审计查证科、经济责任审计查证科、行政事业审计查证科、经贸审计查证科、农业与资源环保审计查证科、高新区审计查证科（分局）、示范区审计查证科（分局）、审计执行科、计算机技术管理科和内部审计管理科；下辖湘潭市国家建设项目审计监督中心。

审计成果 湘潭市审计局共完成审计和审计

调查项目66个，查处各类违纪违规金额25.4亿元，通过审计处理增加财政收入1057万元，归还原渠道资金1541万元，调账处理金额6173万元。国家建设项目审计送审金额6.2亿元，审结金额3.7亿元，核减2.5亿元，核减率40.13%。移送司法、纪检、监察部门处理1件。出具审计报告和审计调查报告81份，提出审计建议155条。

财政审计 全市审计机关开展的2010年市级税收大户、2009年至2011年招商引资等奖励事项专项审计。对7个招商引资项目进行审计，核减固定资产投资额834万元，核减奖励资金7万元、1个项目暂缓奖励308.21万元；对11家纳税大户的审计，核减税收3.43万元、核减奖励资金225.77万元。

固定资产投资审计 全市共审结单位工程37个，送审金额6.2亿元，审结金额3.7亿元，核减2.5亿元，核减率40.13%。开展跟踪审计项目5个，概算总造价达31.9亿元。完成市委、市政府、市纪委交办的9个项目的审计调查任务。

专项资金审计（调查） 从2月开始，历时两个月，对社会保障三部分12类18项资金进行审计，延伸审计调查40家企业。涉及金额2.3亿元，涉及人数5593人。

经济责任审计 全市开展经济责任审计项目17个，查出违规金额32.3亿元，管理不规范金额1.8亿元。完成湘潭电机中学原校长任期经济责任审计，审计发现学校存在账外资金3 571.2万元、账外直接收支资金43万元、违规收取早晚自习费和补课费收入1 016.8万元、违规收费和超标准收费224.3万元、白条支出625万元等12个违纪违规问题，并将该案件移送相关部门进行处理。

（撰稿人：刘大海）

【衡阳市审计局】 2012年，衡阳市审计局人员编制88人，在编88人。局长伍元明，副局长李艳丽、李鹏飞、廖义伟、邱文，总审计师李焕勇，纪检组长许常礼。设有办公室、人事教育科、老干科、法规科、财政金融审计科、行政事业审计科、经贸审计科、农业与国土资源环保审计科、外资审计科、内部审计管理科、计算机审计管理科、行政科、监察室，经济责任审计中心（下设经济责任审计一、二、三、四科）、固定资产投资审计中心（下设综合科、固定资产投资审计一、二科）。

审计成果 全市审计机关完成审计项目665个，查出违规金额533 575万元，应上缴财政9402万元，应减少财政拨款或补贴3200万元，应归还原渠道资金87 074万元，应调账处理金额19 782万元。移送司法机关、纪检监察部门处理事项3件。提交审计报告、信息359篇，被采用256篇。

财政审计 衡阳市审计局本级除正常安排审计财政、地税两个部门外，对全市国资委、国土局等5个部门预算执行情况进行审计。把人防资金和新型墙体材料资金的征收、管理和使用情况也纳入“同级审”范围。在实施过程中，审计查出征收机关滞留财政收入7亿元，促进财政收入入库近7亿元；纳税单位欠缴财政收入1.4亿元，收回1.3亿元。衡阳市审计局对衡山县、衡东县、常宁市3个县市的财政决算情况进行审计，审计财政资金总额105.3亿元，查出违规和管理不规范金额143 512万元。

固定资产投资审计 全市共完成政府投资审计项目136个，审计总金额196 893万元。衡阳市审计局先后对衡州大道一期工程、衡州大道安置房高压杆线搬迁工程、衡阳市陵合路工程、衡阳市中心医院门诊大楼工程进行结算审计，合计送审金额33 476万元，审定金额30 123万元，核减金额3353万元。对蒸阳北路延伸工程、蒸水南堤风光带建设工程、潭衡西高速连接线工程等一大批在建项目进行跟踪审计。

社会保障审计 2月，衡阳市审计局集中两级审计机关135人组成12个审计组开展社会保障审计。重点审计12个县市区政府及其所属人力资源社会保障、民政、卫生、财政等部门，并延伸调查123家企业、37个村（居）委会和31家医院。审计结果表明，截至2011年末，衡阳市基本养老、基本医疗、失业、工伤和生育保险基金收入合计63亿元，基金支出合计52亿元，各项社会保险基金累计结余51亿元。此次审计，全市共发现2起经济违法犯罪案件线索，涉及相关责任人员5人，涉案金额63万元。

企业审计 对3家改制（破产）企业资产、负债进行审计认定，审计总资产1.41亿元，确保国有资产不流失，促进企业改制顺利进行。

经济责任审计 全市共完成经济责任审计项目235个，涉及审计对象250人，共查出违纪违规金额39 905万元、管理不规范金额49 099万元、损失浪费金额2750万元，收缴财政375万元，提出审计建议454条。

专项资金审计（调查） 在全市开展城镇保障性安居工程跟踪审计，本次审计规模大、时间紧、任务重、政策性强，按照审计署、省审计厅的工作要求和确定的时间节点，周密安排，认真组织，落实责任，有效促进了保障房建设。对衡阳市4个县农村中小学布局调整进行审计调查，全面摸清衡阳市2006年以来义务教育阶段农村中小学布局调整的总体情况，针对发现的问题提出整改建议，得到省厅的充分肯定。对衡阳市5个县（市）2010年至2011年农村饮水工程建设项目进行审计调查，审计发现部分集中供水项目建成后没有及时运营，处于闲置状态等问题，并责令相关单位及时纠正，提出规范资金管理、严格工程造价等审计建议。对衡阳市本级2011年度人防资金征收管理使用情况进行审计的同时，对衡阳、衡东、常宁、祁东4个县人防资金征缴和管理使用情况进行审计调查。审计查出39家省、市企业单位欠缴公共人防工程维护费、欠缴人防易地建设费、少征人防资金等问题。

（撰稿人：谢蓓蓓）

【郴州市审计局】 2012年，郴州市审计局人员编制47人，在编47人。局长段小卿，副局长张进、黄卿、周柏桐、罗发旺、邓百成，总审计师陈利民（—11月）、匡少兵（11月—），纪检组长肖敦武。设有办公室、法规审理科、财政金融审计科、行政事业审计科、农业外资审计科、经贸审计科、固定资产投资审计科、经济责任审计处、计算机审计科、开发区园审计科、政工科、监察室、审计执行科。

审计成果 全市审计机关共完成审计项目1348个，查出违规金额172 145万元，应上缴财政9920万元，应减少财政拨款或补贴55 779万元，应归还渠道资金53 608万元，应调账处理金额100 569万元；已上缴财政7904万元，已减少财政拨款或补贴35 683万元，已归还渠道资金8053万元，已调账处理金额90 054万元。移送司法机关、纪检监察部门处理事项4件，建议有关部门处理事项7件。出具审计报告和审计调查报告1180篇，提出建议1385条，撰写信息274篇。郴州市审计局实施的郴州市中小企业信用担保有限公司总经理任期经济责任审计项目被审计署评为地方表彰审计项目。

财政审计 构建财政审计大格局，实行“1+N”预算执行审计模式，市县两级审计机关提交的审计工作报告和审计结果报告均得到地方政府和人大的肯定和好评。加强审计整改工作，增设审计执行科，审计整改工作形成人大监督、政府督办、审计指导、部门配合的格局，10月，市本级16个市直单位主要负责人首次向郴州市四届人大常委会第五次会议报告审计指出问题的整改情况。积极探索联网审计，郴州市审计局实现与财政部门的财政国库集中支付服务网站、非税收入征管管理系统、金财一体化管理系统三大网络平台联网。

固定资产投资审计 进一步加强制度建设，印发《郴州市政府投资项目建设单位内控管理暂行办法》《关于建立政府投资项目联合监督检查机制的通知》，规范政府投资项目监督和管理工作。狠抓审计质量和效率，审计结果第三方监督工作正式启动。郴州市审计机关共完成固定资产投资审计项目893个，送审金额413 929万元，审计核减66 291万元。

经济责任审计 郴州市审计机关共对230个单位309名领导干部进行经济责任审计，查出违规及管理不规范金额35 577万元亿元并公开通报领导干部经济责任情况和审计结果运用情况。

专项资金审计（调查） 按照上级审计机关统一安排部署，开展社会保障资金审计、农村中小学布局调整情况专项审计调查、中小学校舍安全工程专项资金审计、城镇保障性安居工程跟踪审计、“省直管县”财政决算审计等，在郴州各级地方党委、政府和相关部门单位的大力支持和配合下，保质保量完成各项工作任务。郴州市审计局和两个赴县市区社会保障资金审计组被湖南省审计厅评为全省社会保障资金审计优秀公务员集体。

（撰稿人：欧阳鹏）

【永州市审计局】 2012年，永州市审计局人员编制44人，在编44人。局长刘志军，副局长何先旺、柏玉、胡建华、雷玖夏、王平波、曾庆廉，总审计师蒋跃军，纪检组长胡剑平。设有财政金融审计科、经济责任审计室、经贸审计科、固定资产投资审计科、行政事业与社会保障审计科、农业资源环保外资审计科、法规审理科、政工科、内部审计指导科、监察室、综合计划科、办公室。

审计成果 全市审计机关共审计（调查）单位548个，查出违规金额180 421万元，应上缴财政3907万元，应减少财政拨款或补贴731万元，应归还原渠道资金135 381万元，应调账处理金额9149万元。出具审计报告和审计调查报告556篇，提出审计建议1622条，撰写审计信息571篇。

财政审计 全市审计机关共完成预算执行审计（调查）项目46个，查出违规和管理不规范金额59亿元。针对市级预算执行和其他财政收支审计中发现的问题，市人民政府要求市监察局、市政府督查室和市审计局制订督促整改方案，组织联合督察组对相关责任单位整改落实情况进行督察，推动审计查出问题的整改落实。市审计局按照省审计厅的统一部署，对祁阳、宁远两县2010年度和2011年度财政决算情况进行审计。

专项资金审计（调查） 根据上级审计机关的统一部署，组织全市审计机关对社会保障资金、中小学校舍安全工程专项资金、城镇保障性安居工程进行专项审计，组织祁阳、东安、道县、江华、宁远等五县审计局开展农村中小学布局调整专项审计调查。市审计局荣获全国社会保障资金审计公务员集体嘉奖，受到审计署表彰。

固定资产投资审计 全市审计机关以促进提高投资绩效为目标，切实加强对财政性资金投入的基础性项目、公益性项目的审计监督，做到投资审计同步跟进，在规范投资管理和遏制损失浪费上发挥了审计的重要作用。全年共对67个建设项目进行竣工决算审计，核减投资额8920万元。江华、祁阳等县区根据审计建议，制定《政府投资建设项目管理办法》，规范工程建设管理，提高项目投资效益。

经济责任审计 前移审计监督关口、逐步提高任中审计比例，审计预警作用得到增强。全市对200名领导干部进行经济责任审计，其中任中审计88人，为总人数的44%。将经济责任审计与预算执行审计、财务收支审计和专项资金审计有机结合，着重加强对领导干部“四权一廉”（经济决策权、政策执行权、管理权、监督权和廉政建设）执行情况的监督检查，逐步扩大管理和绩效审计的比重。全市共查出违规金额13 239万元，管理不规范金额128 515万元，在一定范围内通报审计结果25篇次。 （撰稿人：周 波）

【邵阳市审计局】 2012年，邵阳市审计局人员编制86人，在编86人。局长何晋意，副局长谭友明、胡正桥、阳海贵、李伯升、刘喆（—12月）、袁连文、宇向东（—5月），总审计师朱良华，纪检组长阳海贵（兼）。设有办公室、财政审计科、金融外资与社会保障审计科、行政事业审计科、农业和资源环保审计科、经贸审计科、固定资产投资审计一科、固定资产投资审计二科、政工科、法制审理科、计划执行科、纪检监察室。下辖邵阳市领导干部经济责任审计处、内部审计管理办公室、邵阳市基本建设投资审计中心。

审计成果 全市审计机关完成审计项目629个，查出违规金额72 302万元，应上缴财政6093万元，应减少财政拨款或补贴8204万元，应归还原渠道资金41 543万元，应调账处理金额72 284万元；已上缴财政3418万元，已减少财政拨款或补贴693万元，已归还原渠道资金9617万元，已调账处理金额28 763万元。移交司法机关、纪检监察部门处理事项4件，建议有关部门处理事项1件。提交审计报告、信息425篇，被采用352篇。

财政审计 完成预算执行、财政决算审计项目286个，查出主要问题金额441 941万元，其中未按规定纳入预算管理54 831万元，未按规定征收缴纳收入48 318万元，隐瞒转移截留资金50 808万元，资金滞留闲置49 666万元。

行政事业审计 完成136个单位的审计和审计调查，查出主要问题金额58 595万元，其中乱收费乱摊派乱罚款6027万元，扩大开支范围或提高开支标准列支4122万元。

固定资产投资审计 完成165个国家建设项目工程造价审计，核减投资额21 879万元，核减率达到47.68%。查出主要问题金额25 362万元，其中虚列支出 4867 万元，多计工程结算款 9104 万元，超规模超标准项目 4386 万元。

社会保障审计 完成 14 个单位的审计和审计调查，查出主要问题金额 126 142 万元，其中少征收、缴存社会保险费和住房公积金 88 844 万元。

企业审计 完成 10 个单位的审计和审计调查，查出主要问题金额 892 万元，其中财务收支核算不实 602 万元。

经济责任审计 完成对 163 个单位的 219 名领导干部的经济责任审计，查出主要问题金额 102 945 万元，其中违规金额 17 547 万元，管理不规范金额 85 398 万元。

专项资金审计（调查） 完成 15 个单位的审计和审计调查，查出主要问题金额 18 127 万元，其中资金滞留闲置 11 376 万元。

（撰稿人：唐晓娟）

【怀化市审计局】 2012 年，怀化市审计局人员编制 61 人，在编 57 人。局长梁明珍，副局长黄现昕、刘序国、刘圣平、杨承连、姜小祥，总审计师杨春洪，纪检组长谭庆津。设有办公室、法制科、人事科、综合计划科、财政金融审计科、行政事业审计科、经贸与外资运用审计科、固定资产投资审计科、农业与资源环保审计科、审计技术科、经济责任审计室、监察室和怀化市建设项目审计中心。

审计成果 全市审计机关完成审计项目 369 个，查出违规金额 247 428 万元，应上缴财政 6406 万元，应归还原渠道资金 4302 万元，应调账处理金额 68 044 万元。移送纪检监察部门处理事项 7 件。提交审计报告、审计信息 375 篇，被采用 125 篇。

财政审计 完成审计项目 89 个，审计查出主要问题金额 521 359 万元，其中预算编报不真实不完整 127 210 万元，违规变更调整预算 19 431 万元，未按规定纳入预算管理 184 410 万元。

行政事业审计 完成审计项目 138 个，审计查出主要问题金额 191 863 万元，其中预算编报不真实不完整 84 435 万元，违规变更调整预算 5462 万元，未按规定纳入预算管理 29 089 万元。

固定资产投资审计 完成投资审计项目 76 个，审计总金额 251 681 万元，核减 14 200 万元。

企业审计 完成审计项目 8 个，审计查出主要问题金额 3897 万元，其中违规投资 3760 万元，违规出借资金 90 万元。

经济责任审计 对 133 名领导干部实施经济责任审计，审计查出主要问题金额 217 603 万元，其中违规金额 40 318 万元，管理不规范金额 177 170万元。

专项资金审计（调查） 完成审计项目 38 个，审计专项资金总额 23 817 万元，审计查出主要问题金额 2792 万元。（撰稿人：周　立）

【娄底市审计局】 2012 年，娄底市审计局人员编制 58 人，在编 57 人。局长李赛斌，副局长曾志伟、张千秋、彭淑媛、周海良、王志彪（2 月—），总审计师刘峰（9 月—），纪检组长许湘华。设有办公室、综合管理科、人事科、法规科、财政审计科、金融与社会保障审计科、行政事业审计科、经贸审计科、农业与资源环境审计科、投资外资审计科、计算机审计科、工程审计科（与监督中心合署办公）、监察室、机关党委、工会、领导干部经济责任审计处、监督中心。

审计成果 全市审计机关共完成审计项目 216 个，查出违规金额 15.0 亿元，管理不规范金额 119.8 亿元，经审计已上缴财政 3920 万元。移送司法机关及其他部门处理事项 24 件。向有关部门提出审计意见和建议 637 条，已被采纳的审计建议 523 条。撰写审计信息 259 篇，被采用 157 篇。娄底市审计局被授予湖南省文明标兵单位、湖南省创先争优先进基层党组织、湖南省学习型党组织建设示范点先进单位、湖南省第三届“三湘读书月”活动“书香机关”、湖南省审计厅目标管理考核先进单位、湖南省社会保障资金审计优秀公务员集体、娄底市文明行业、娄底市绩效先进单位、娄底市行政执法先进单位、娄底市社会管理综合治理先进单位、娄底市建整扶贫先进单位、娄底计划生育先进单位等荣誉称号。

财政审计 全市财政预算执行审计共查出主要问题金额 38.1 亿元。市本级财政预算执行审计针对税收征管、国土出让收入管理、“省直管县”财政运行和部分专项资金使用方面存在的问题，提出建设性意见，得到市人大、市政府领导的充分肯定和高度重视，市政府出台《娄底市本级财政专项资金（基金）管理办法》，市长在市本级财政预算执行审计报告上多处批示。2011年度市本级预算执行审计项目荣获全省表彰项目。

固定资产投资审计 全市共完成政府投资结算审计项目239个，审计总金额11.29亿元，审定金额9.75亿元，核减率13.64%，为政府节约投资1.54亿元，有效减少投资领域的损失浪费，节约国家建设资金。

社会保障审计 按省审计厅统一安排，全市审计机关开展社会保障资金审计，共查出主要问题金额48.8亿元。针对不符合保障条件的享受低保、重复参保、重复享受待遇、特殊人群应保未保等问题，提出审计整改意见，得到各县市区各级政府领导高度重视，相关单位从制度、规范办事程序方面进行认真整改。娄底市审计局赴冷水江市审计组实施的社会保障资金审计荣获湖南省优秀审计项目。

经济责任审计 全市完成经济责任审计项目96个，审计134人，查出违规金额4.7亿元，管理不规范金额11.9亿元。在基本形成“有离必审，有审必果，有果必用”的基础上，进一步创新审计模式，首次探索实施对“省直管县市”党委书记、县市长经济责任审计与财政决算审计同步审计，采取“五统一”模式，提高审计效率。

专项资金审计（调查） 全市共完成专项资金审计和审计调查项目15个，查出主要问题金额2.4亿元。实施省审计厅统一组织的专项资金审计与审计调查项目4个。完成娄底市政府交办的专项资金审计项目2个。 （撰稿人：陈　萍）

【湘西土家族苗族自治州审计局】 2012年，湘西土家族苗族自治州审计局人员编制44人，在编42人。局长万波平，副局长肖远湘、黄大健、金利蓉、吴东升，总审计师印钊，纪检组长高光忠。设有办公室、法制科、人事科、审计技术科、财政审计科、行政事业与外资运用审计科、经贸、金融、社保审计科、农业与资源环保审计科、固定资产投资审计科、经济责任审计室、政府投资审计中心。

审计成果 州审计局完成审计项目30个，查出违规金额3006万元，应上缴财政315万元，应减少财政拨款或补贴2530万元，应归还原渠道资金9302万元，应调账处理62 597万元；已上缴财政315万元，已减少财政拨款或补贴2530万元，已归还原渠道资金2095万元，已调账处理37 864万元。提交审计报告、信息146篇，被采用7篇。

财政审计 开展州本级2011年财政预算执行情况及财政财务收支情况审计和永顺县、古丈县、花垣县2011年财政决算审计。初步实行州本级“同级审”与“上审下”相结合试点工作，整合资源、提高质量、减少审计成本，提高工作效能。

固定资产投资审计 完成6个项目的预算审计，审计金额3.26亿元；完成州政府迁建工程计量支付审计，审计金额5400万元，审减2000万元；完成政府财政投资建设项目审计17个，审减建设资金5600万元，为政府投资项目节约或减少建设成本。

社会保障审计 开展全州8县（市）的社会保障资金审计，配合省审计厅赴州社会保障资金审计组开展州本级社会保障资金审计。经审计，2011年八县（市）筹集各项社会保障资金258 368.34万元，支出213 789.11万元，当年结余44 579.23万元，累计结余167 498.04万元，较2005年增加134 111.7万元，增长401.7%。审计发现涉及企业职工养老保险等14个方面的不规范金额19.54亿元。

企业审计 完成湘西芙蓉镇景点圈财务收支审计、州工程公司改制资金审计，并及时提出审计建议。

经济责任审计 开展花垣县县长、州人口计生委主任、州药监局局长、州政府驻深圳办事处主任、州农科所原所长的经济责任审计。具体实施审计过程中打破科室界限，整合审计力量，按照统一的审计方案和标准，完成经济责任审计任务。

专项资金审计（调查） 完成永顺县、古丈县、泸溪县、花垣县农村中小学教育布局调整审计调查任务；实施全州中小学校舍安全工程跟踪审计；组织州本级和8县市实施城镇保障性安居工程跟踪审计；实施州本级农开专项资金审计。

（撰稿人：张　凤）

2012 年湖南省所辖区、县(市)级审计工作统计表

金额单位:万元

审计机关	完成审计项目(个)	查出违规金额	应上缴财政	应减少财政拨款或补贴	应归还原渠道资金	应调账处理金额	移送司法、纪检、监察部门处理(件)	建议有关部门处理(件)	出具审计报告和审计调查报告(份)	提出审计建议(条)	撰写审计信息(篇)
长沙市											
长沙市本级	984	235000	21500		198047	44499	2	1	1012	211	
岳麓区审计局	41	1757	210		667		2		41	69	
芙蓉区审计局	20	5103	75		169	332	1		20	48	
天心区审计局	12	443	439			503	1		13	33	
开福区审计局	320	669	141		148	19	1		329	76	
雨花区审计局	13				437	1097			20	46	
望城区审计局	121	865	214		30				135	304	
浏阳市审计局	612	8512	327				4		579	104	
长沙县审计局	45	5488	738	39	382	5483		7	63	87	
宁乡县审计局	205	3048	193		4200	50	4		205	97	
张家界市											
张家界市本级	30	18750	12332		6581	4046			19	72	4
永定区审计局	28	11530	7	4335	272	699			29	27	4
武陵源区审计局	16	1257	5			235			25	25	1
慈利县审计局	29	2854	147		1048	16760			29	72	2
桑植县审计局	23	954	55		35	1997			23	37	2
常德市											
常德市本级	113	15366	2060		59	5692	7		262	303	65
武陵区审计局	57	2832	50							117	
鼎城区审计局	52	27316	216				4		59	153	
津市市审计局	49	1577	810	272	822	1940			74	225	33
安乡县审计局	44	451	137	15	1216		1		74	68	3
汉寿县审计局	43	3431	230					1	71	124	139
澧县审计局	62	11758	99		9	33	3	1	62	390	119
临澧县审计局	76	81	117				6		76	125	
桃源县审计局	74	2828	164		569	125			108	205	32
石门县审计局	64	5366	319		195		1		97	116	27
益阳市											
益阳市本级	141	5077	1155		92048	56410		1	141	325	120
赫山区审计局	29	646	17		5890	955			29	52	21

续表

审计机关	完成审计项目（个）	查出违规金额	应上缴财政	应减少财政拨款或补贴	应归还原渠道资金	应调账处理金额	移送司法、纪检、监察部门处理(件)	建议有关部门处理(件)	出具审计报告和审计调查报告(份)	提出审计建议(条)	撰写审计信息(篇)
资阳区审计局	15	135	4		83	16			15	16	3
沅江市审计局	25	37175	97		22492	694			25	73	15
南县审计局	16	20140	65		1421	60			16	48	8
桃江县审计局	34	9478	225		2006	4358	1		34	109	43
安化县审计局	32	1216	120		56	52			32	50	8
岳阳市											
岳阳市本级	72	20154	1804	8700	2140	88318	1		72	188	191
岳阳楼区审计局	35	588	110		154				35	40	26
君山区审计局	43	5781	75	60	1003	17	2		43	86	26
云溪区审计局	37	4907	81	240	4200	1245			37	76	5
屈原区审计局	15	325	18		296	3289			15	59	3
汨罗市审计局	77	27290	182						77	117	26
临湘市审计局	48	7792	222		462		1		48	68	13
岳阳县审计局	60	3862	380		1549	98	1		60	169	12
华容县审计局	64	13458	358						64	68	4
湘阴县审计局	40	8761	197		624	768	4		40	122	45
平江县审计局	42	29482	266		33	50	1		42	94	19
株洲市											
株洲市本级	67	15475	643		382	7129	1	3	68	416	45
天元区审计局	18	2022	37			2205			31	61	29
荷塘区审计局	10	614	7						10	35	6
芦淞区审计局	27	693	14						27	26	21
石峰区审计局	18								16	30	13
醴陵市审计局	23	3626	42						23	84	31
株洲县审计局	26	12182	176			21422	3		26	57	16
攸县审计局	78	18168	90		24	2942	1	1	78	122	20
茶陵县审计局	120	2626	78	783	814	4994		1	49	23	35
炎陵县审计局	32	12585	33						24	18	11
湘潭市											
湘潭市本级	66	254101	1057		1541	6173	1		81	155	135
岳塘区审计局	25	8566	8452		14	99			25	35	10
雨湖区审计局	22	1360	13						22	17	10

续表

审计机关	完成审计项目（个）	查出违规金额	应上缴财政	应减少财政拨款或补贴	应归还原渠道资金	应调账处理金额	移送司法、纪检、监察部门处理(件)	建议有关部门处理（件）	出具审计报告和审计调查报告(份)	提出审计建议（条）	撰写审计信息（篇）
湘乡市审计局	30	2346	407		160	8			30	25	16
韶山市审计局	42	20787	8			400			42	25	35
湘潭县审计局	57	18518	1793		19			3	57	49	37
衡阳市											
衡阳市本级	66	483156	62		2698				70	292	101
蒸湘区审计局	4	15				15			4	6	4
雁峰区审计局	11	1389	3		432				11	26	
珠晖区审计局	22	2312			2065	247			22	56	
石鼓区审计局	23	86	6		22	66			26	29	50
南岳区审计局	19	2378	80		2298				19	18	5
常宁市审计局	106	12072	260	400	1652	164			110	189	4
耒阳市审计局	89	14223	8106		76362	11427	1		104	125	64
衡阳县审计局	76	980	190	856	452				80	290	20
衡南县审计局	46	6339	153	1751	39				46	45	36
衡山县审计局	52	2388	120	112	740	1416	1		62	124	12
衡东县审计局	79	5003	147		155	4701	1		86	136	37
祁东县审计局	72	3234	275	81	159	1746			74	45	26
郴州市											
郴州市本级	131	31971	1817	13903	2042	17046	2	7	145	198	101
北湖区审计局	68	5563	185		471	117			56	92	6
苏仙区审计局	143	5262	1036	4200	54	1439			156	312	35
资兴市审计局	154	1533	188	3482	23	41383	1		154	65	51
桂阳县审计局	92	83687	163	24786	43780	8090			113	117	18
永兴县审计局	322	10519	198		406	2256			50	145	
宜章县审计局	69	1148	245	1676	5	490			86	72	9
嘉禾县审计局	100	20620	5023		338	1574	1		100	146	20
临武县审计局	38	5282	125	46	2	124			46	3	
汝城县审计局	80	217	378	3258	70	27801			97	64	
桂东县审计局	45	1344	60		228	239			57	57	4

续表

审计机关	完成审计项目（个）	查出违规金额	应上缴财政	应减少财政拨款或补贴	应归还原渠道资金	应调账处理金额	移送司法、纪检、监察部门处理(件)	建议有关部门处理（件）	出具审计报告和审计调查报告(份)	提出审计建议（条）	撰写审计信息（篇）
安仁县审计局	106	4999	502	4428	6189	10			120	114	30
永州市											
永州市本级	35	51767	594		84865	621			35	120	155
冷水滩区审计局	34	4249	80		13	3			45	89	42
零陵区审计局	22	46411	259	164	9	25			20	45	2
东安县审计局	43	15060	78		133	73			43	69	88
道县审计局	37	7145	160						38	108	
宁远县审计局	57	10163	346		46556	26			56	228	42
江永县审计局	35	5848	104	12	84	2010			35	91	12
蓝山县审计局	48	10638	105			834			50	98	93
新田县审计局	54	20264	1826	25	638	971			54	129	30
双牌县审计局	17	362		170	973	113			16	15	15
祁阳县审计局	123	7250	106	395	1472	1040			123	560	30
江华瑶族自治县审计局	43	1264	249		638	3433			41	70	62
邵阳市											
邵阳市本级	81	19637	1623	7694	26661	41418	1	1	105	204	47
大祥区审计局	18	1707	40		3				18	38	9
双清区审计局	13	278	40		79				13	32	6
北塔区审计局	15	1135	24	16	174	7736			15	64	
武冈市审计局	46	9898	164		80	840			46	32	59
邵东县审计局	49	3178	307		157				49	79	45
邵阳县审计局	47	3661	496		369	15			56	320	33
新邵县审计局	50	3430	134	443		4			65	74	10
隆回县审计局	130	3876	184		184	462			140	78	50
洞口县审计局	53	1666	185		5907	1419	2		53	176	5
绥宁县审计局	48	10134	361		336	20858	1		56	96	37
新宁县审计局	53	14329	219	8	190	13			55	337	60
城步苗族自治县审计局	18	8971	2130	40	7477	356			18	55	64
怀化市											
怀化市本级	45	168334	4581	1758	906	43902			45	73	115
鹤城区审计局	25	641	10		552		1		25		21

续表

审计机关	完成审计项目(个)	查出违规金额	应上缴财政	应减少财政拨款或补贴	应归还原渠道资金	应调账处理金额	移送司法、纪检、监察部门处理(件)	建议有关部门处理(件)	出具审计报告和审计调查报告(份)	提出审计建议(条)	撰写审计信息(篇)
洪江管理区审计局	21	3741	51		29	287			21	43	9
洪江市审计局	24	1896	176		531	7787			24	18	15
沅陵县审计局	34	2476	103						34	83	28
辰溪县审计局	21	3459	33		457	4499	1		21	53	13
溆浦县审计局	33	2853	873		419	10186	3		33	72	30
中方县审计局	23	57792	84	1812	118	11			23	53	28
会同县审计局	19	1097	164		96	70			19	9	13
麻阳苗族自治县审计局	34	1437	50		355				34	110	29
新晃侗族自治县审计局	23	544	96				2		23	40	15
芷江侗族自治县审计局	33	942	51			362			33	76	13
靖州苗族侗族自治县审计局	28	1582	86	1786	480	77			28	64	16
通道侗族自治县审计局	6	627	48		359	863			6	53	11
娄底市											
娄底市本级	34	73451	3032		681	8594	1		196	136	99
娄星区审计局	40	5694	266	1256	414	122		2	99	145	38
冷水江市审计局	26	10266	379		34	846		2	49	69	19
涟源市审计局	51	9431	142		454	324	4		63	98	5
双峰县审计局	34	15256	209		26		4		88	102	29
新化县审计局	31	35918	316		348		8	3	45	87	69
湘西土家族苗族自治州											
湘西土家族苗族自治州本级	30	3006	315	2530	9302	62597			30	121	146
吉首市审计局	34	2742	99	354	960	3439			34	46	54
泸溪县审计局	18	37159	18		4028	893			18	26	56
凤凰县审计局	11	1043	165		591	2824			11	17	38
花垣县审计局	30	700	17	870	2216				30	62	48
保靖县审计局	14	7900	152		39	1532			14	27	30
古丈县审计局	19	1718	1	343	15	421			19	3	22
永顺县审计局	34	7349	37	4381	16641	2814			34	25	39
龙山县审计局	50	48	6	1777	2	2319			50	59	75

广东省

【广东省审计厅】 2012年，广东省审计厅人员编制357人。设有办公室、综合计划处、法规审理处、经济责任审计处、财政金融审计处、税务审计处、行政政法审计处、教科文审计处、农业与资源环保审计处、固定资产投资审计处、企业审计处（境外审计处）、社会保障审计处、外资运用审计处、整改监督处、人事处（与机关党委办公室合署）等内设机构及直属行政单位绩效审计分局；并设广东省计算机审计中心、广东省内部审计指导中心和经济责任审计中心。

领导成员

厅　　长：蓝佛安

副 厅 长：李　心　潘享清（—10月）
　　　　　何丽娟　卢荣春
　　　　　骆贵全（9月—）

总审计师：陈　剑

纪检组长：李迺强

审计成果 全省各级审计机关共开展审计和审计调查项目7612个，查出违规金额52.37亿元，损失浪费金额9.28亿元，管理不规范金额1 630.81亿元，侵害人民群众利益金额7 827.36万元，促进增收节支49.72亿元，已上缴财政15亿元，已减少财政拨款或补贴27.52亿元，已归还原渠道资金7.14亿。向司法、纪检监察机关和有关部门移送案件线索96件，涉及金额62.47亿元。出具审计报告8555份，专项审计调查报告460份。提交审计专题报告、综合性报告和信息简报共2934篇，其中被党政领导和有关部门批示、采用1237篇次，占42.16%。向社会公告审计结果报告636篇，推动被审计单位建立健全制度212项。

预算执行审计 全省各级审计机关共完成预算执行审计项目（含财政决算审计，下同）1114个，延伸审计单位1657个。其中，广东省审计厅开展对省级财政预算执行和8个省直部门的预算执行、全省地税部门组织收入预算执行以及2个市政府财政决算审计。全省审计机关审计查出主要问题金额1 037.93亿元，其中预算编报不真实不完整金额31亿元，预算编制批复不规范金额19.27亿元，损失浪费金额3073万元，决策失误金额92万元，管理不善金额2981万元。出具审计报告和报送审计调查报告734篇。审计提出建议13 449条，被采纳审计建议10 013条。

广东省审计厅结合省级财政税收审计和8个省级部门单位预算执行审计，在全国率先开展会议费、培训费专项审计调查，重点审计调查40个省直单位2011年度会议费、培训费，涉及会议和培训3000多个、会议和培训费用1.7亿多元。审计调查反映有关单位经费支出缺乏预算有效控制、支出超标准、会议定点管理制度执行随意性大、虚列支出等突出问题。省长要求省政府办公厅将审计结果向省级部门单位做通报，促进相关单位规范财务管理和节约行政成本。

社会保障审计 广东省审计厅组织全省1400多名审计人员，与审计署广州特派办、深圳特派办共同开展全省社会保障资金审计，延伸调查1388家企业、330个村（居）委会和150家医院。审计摸清全省社会保障制度建设和运行、18项社会保障资金收支结余规模和管理等情况，揭示管理制度不够完善，存在重复参保、重复领取养老金或保险医疗费用资金、收益率低等问题。提出改革完善的意见和建议，并督促进行审计整改。

固定资产投资审计 进一步加强对重大投资、重点民生项目和资金审计，促进惠民政策落实。重点开展城镇保障性安居工程、国道主干线广州绕城公路九江至小塘段（西二环南段）项目竣工决算、省疾病预防控制中心异地新建项目建设情况等重大投资项目审计。审计查出主要问题金额84 433万元，核减投资3869万元，移送处理事项6件，移送处理金额20 774万元。提出审计建议，促使被审单位严格执行国家法律法规，严格控制工程质量和工程造价，加强竣工决算报告的编制工作，确保竣工决算报告的完整性、真实性。

专项资金审计（调查） （1）“两项扶贫资金”审计。组织开展扶贫济困日活动捐赠款和农村住房改造专项资金管理使用情况“两项扶贫资金审计”。审计抽查40余个镇村资金使用情况，延伸抽查500余户农户，查出大多数农村五保低保户未能享受农村住房改造优惠政策、捐赠资金物资统计管理不完善等问题，审计结果向社会公告。

（2）水利建设投入资金审计。组织对梅州、韶关、云浮三市2006年至2010年水利投入资金情况进行审计调查，涉及资金28.7亿元，审计披露个别项目虚报工程量、套取财政资金以及套取省级财力性奖补等问题。

（3）援疆资金及项目跟踪审计。组织开展对2011年10月至2012年9月广东省对口支援新疆发展资金项目建设管理情况开展跟踪审计。参审审计机关共派出26名审计人员，组成4个审计组，累计现场审计工作量521人·天，跟踪审计90个“交支票”援疆项目（含2011年计划项目），提交审计报告4篇，提出审计建议13条，并督促有关单位按照审计建议落实整改。截至9月底，已实施项目64个，实施率为87.67%。审计结果表明，援疆资金使用和项目建设管理总体情况良好，未发现重大违纪违法问题。

（4）全省中小学校舍安全跟踪审计。广东省各级审计机关自2009年11月起连续3年对全省中小学校舍安全工程进行跟踪审计，涉及资金111.76亿元，审计发现部分项目建设管理不规范、个别地方改变专项资金用途等问题，提出加强建设资金和工程质量监管、建立激励约束机制等建议。

（5）农村中小学布局调整情况审计。组织全省16个地级以上市审计局对50个县2006年以来农村中小学布局调整情况进行专项审计调查，实地走访调查274所初中、757所小学。

（6）道路交通技术监控设备投资管理审计。组织全省各级审计机关对广东省公安机关道路交通技术监控设备（以下简称“电子眼”）投资管理使用情况进行审计调查。审计查出2006年至2011年，广东省投入“电子眼”建设资11.36亿元，截至2011年底，全省在用“电子眼”设备共9682套（台）。审计披露部分市县“电子眼”项目利用社会资金建设、设置不合理、部分执法环节缺少监督等问题。审计结果对外公告后引起社会广泛关注，省内各大媒体连续多日进行追踪报道。

（7）省公立医院收费项目审计调查。全省各级审计机关对167家省、市、县（区）级公立医院2009—2010年度药品、医疗服务收费项目进行专项审计调查，延伸抽查药品和医疗器械生产企业各209家、经销商747家，药店1414家。审计揭示药品超标准收费、重复收费等问题，提出加大财政对医院投入力度，加强对药品和医用耗材流通环节监控等建议。

（8）全省农村义务教育债务审计核实。全省各级审计机关对20个地级以上市115个县（市、区）的17 088所农村义务教育债务公办学校进行审计核实，共涉及57 073个项目和87 260个债权人，其中县级审计核实面达100%。审计债务57 834笔，总金额达60.24亿元。全省各级政府共出具农村义务教育债务审计核实报告155份（其中省本级20份），向省政府报送综合报告1份，专题报告2次，印发简报共9期，提交广东审计重要信息要目1篇。

（9）农业综合开发资金审计。全省各级审计机关对全省2010年度农业综合开发的土地开发整理和基本农田保护示范区建设、农田水利建设等两个专项资金10.34亿元的分配、管理和使用情况进行审计。提出加强项目资金管理，完善项目建设管理制度的建议，推动农业综合开发项目实施、农业基础设施和生态建设，促进农业和农村经济结构调整。

（10）产学研省部合作专项资金审计。组织对省科技厅和广州市、梅州市2008年至2010年产学研省部合作专项资金运用执行情况进行审计。审计涉及省级财政资金5.01亿元、项目833个，分别占该专项资金总额的40.73%、补助项目总数36.97%。

（11）重大科技专项资金审计。广东省审计厅组织对省科技厅、广州市、梅州市2008年至2010年省级重大科技专项（包含产业共性技术、创新药物筛选与评价专项、省科技专项）资金使用执行情况进行审计。审计共抽查资金5.08亿元、259个项目，分别占资金总额的78.15%、占项目总数的40.34%。审计发现部分单位项目实施跟踪监督不力、项目验收结果与实际不符等问题。

（12）结构调整重点技术改造和技术创新专项资金审计。广东省审计厅组织对省经济和信息化委、广州市和梅州市 2008 年至 2010 年省级结构调整重点技术改造和技术创新专项资金执行情况进行审计。本次审计资金 3.74 亿元、项目 345 个，分别占资金总额的 24.85%、占项目总数的 24.19%。审计发现部分单位以工作经费名义违规占用项目单位省级补助资金、项目评分办法和资金分配标准不够明晰等问题。

企业审计 全省开展企业审计（调查）项目 173 个，延伸审计 133 个单位，审计查出主要问题金额 271.19 亿元。其中，广东省审计厅继续推动省属国有企业轮审，完成审计（调查）项目 5 个，对粤海、广弘、广晟等 3 家省属国有企业集团进行审计，对在澳大利亚、老挝等国近 60 亿元的多个境外投资项目进行延伸审计调查。审计共查出问题金额 85.07 亿元，审计处理处罚金额 23.41 亿元，向司法、纪检监察和有关部门移送事项 3 件，涉及金额 39.5055 亿元。提交《广东省属国有企业审计专报》3 份。

经济责任审计 组织开展佛山、肇庆 2 个市市委书记、市长经济责任同步审计。继续全面深化县（区）委书记和县（区）长、镇委书记和镇长的同步审计，积极推进“村官”审计。全省共审计领导干部 2227 人，其中党政和事业单位领导干部 2113 人（其中地厅级领导 43 人，县处级领导 610 人，县处级以下领导 1460 人），国有及国有控股企业领导人员 114 人。查出违规金额 11.48 亿元，损失浪费金额 7.08 亿元，管理不规范金额 384.55 亿元。根据审计结果，向纪检监察机关移送 15 人，移送司法机关 1 人、撤职降级 1 人。

外资运用审计 组织开展世界银行赠款缩小城乡贫富差距项目、世界银行贷款广东珠江三角洲城市环境项目（一期）等 15 个项目审计。项目概算投资总额 106.36 亿元，其中利用外资 44.86 亿元。审计查出问题金额 4.40 亿元，提出审计建议 41 条。

审计整改 审计促进整改落实有关问题金额 180.66 亿元，其中已归还原渠道资金 6.47 亿元，促进增收节支 47.2 亿元，已上缴财政 13.15 亿元，审计促进拨付资金到位 2.72 亿元，挽回和避免损失 4.52 亿元。督促被审计单位和主管部门完善各项制度 7 项，移送处理落实事项 25 件，移送处理落实人员 15 人。

内部审计 全省内部审计机构共开展内部审计项目 60 979 个，审计总金额为 21 978.6 亿元，促进增收节支 186 972 万元，提出并被采纳的意见 42 714 条。建议给予行政处分 402 人，实际给予行政处分 353 人，向司法机关移交案件 81 件，涉及人员 149 人。（撰稿人：陈健平）

【广州市审计局】 2012 年，广州市审计局人员编制 149 人，在编 144 人。局长张杰明，副局长陈宝雄、黎子良、冯慧光、严健蓓、刘南群（7 月—），纪检组长李雪蘋。设有办公室、法规审理处、财政税务审计处、行政事业审计处、重点建设项目审计处、固定资产投资审计处、企业审计处、社会保障审计处、外资与农业资源审计处、经济责任审计管理处、整改执法监督处、绩效审计处和人事处（与机关党委合署办公）。

审计成果 全市审计机关完成审计项目 385 个，查出违规金额 98 679 万元，应上缴财政 48 125万元，应减少财政拨款或补贴 685 万元，应归还原渠道资金 11 585 万元，应调账处理金额 234 960万元；已上缴财政 17 353 万元（含补缴上年数），已减少财政拨款或补贴 587 万元，已归还原渠道资金 10 458 万元，已调账处理金额 234 626 万元。移送司法机关、纪检监察部门处理事项 10 件，建议有关部门处理事项 14 件。提交审计报告、信息 317 篇，被采用 205 篇。

预算执行审计 全市审计机关进一步构建财政审计大格局，有效促进规范预算管理，提高财政资金使用效益。同时，注重总结提炼，紧贴广州市经济社会发展脉搏，不断提升“两个报告”质量。2012 年的审计工作报告注重从宏观上揭示问题，从深层次分析原因，从体制、机制、制度层面提出建议，客观反映广州市本级预算执行和其他财政收支的基本情况。

社会保障审计 在审计署广州特派办、广东省审计厅的组织领导下，广州市审计局对越秀区等 8 个区的社会保障资金进行审计，基本摸清 8 个区各项社会保障资金的收支、结余规模和结构，反映各区政府在完善社会保障制度、改善民生和维护社会稳定等方面取得的主要成效，揭示各项社会保障制度在资金筹集、管理、分配、使用，政策执行，机制运行中存在的突出问题，从体制、机制和制度层面分析原因，提出建议。

绩效审计 广州市审计局开展BRT试验线和地下铁道的建设和运营绩效情况、广州国际商品展贸城项目使用财政资金绩效情况、白云国际会议中心绩效审计调查等绩效审计项目。其中，在BRT项目和白云国际会议中心绩效审计调查中，通过购买社会服务和引入第三方评价，尝试建立绩效审计评价指标体系，努力使绩效审计评价更趋科学。

内部控制测评 广州市审计局联同广州市机关、事业单位和国有企业内部审计机构，指导有关单位对资金预算、收付管理、资产管理、工程管理等日常工作流程实施实时监控和测评，及时预防和发现漏洞或问题，提出具有针对性和可操作的建议。该项工作已取得初步效果，广州市公安局、地铁公司等单位根据测评结果逐步建立系统化、标准化、流程化的内部控制体系。

（撰稿人：陈　思）

【清远市审计局】 2012年，清远市审计局人员编制30人，在编31人。局长冯小华，副局长杨汉（—8月）、谭瑞基、黄文坚（—7月）、杨志辉（7月—）、陈小菊（7月—），总审计师招文锋，纪检组长成秋军。设有办公室、政策法规科、经济责任审计科、财税金融审计科、行政事业审计科（与农业与资源环保审计科合署）、固定资产投资审计科、企业审计科。

审计成果 全市审计机关完成审计及审计调查单位212个，查出违规金额27 136万元，应上缴财政14 708万元，应归还原渠道资金14 964万元，应调账处理金额171 377万元；增收节支19 705万元，已归还原渠道资金10 585万元，已调账处理金额68 658万元。移送纪检监察部门处理事项2件。审计提出建议511条，被采纳的审计建议268条，提交审计专题报告和信息简报110篇，被采用39篇，向社会公告审计结果1篇。

财政审计 全市审计机关开展预算执行和决算审计单位共59个（其中预算执行审计单位26个、财政决算审计单位33个），审计查出未按规定纳入预算管理99 553万元，未按规定征收缴纳收入25 781万元，未落实“收支两条线”和专户管理规定11 639万元等问题。

行政事业审计 全市审计机关共审计单位99个，查出主要问题有未按规定征收缴纳收入10 828万元，违规改变项目计划和资金用途779万元，少计少缴税费146万元，未落实“收支两条线”和专户管理规定1419万元。

固定资产投资审计 清远市审计机关审计（或调查）单位15个，项目投资金额46 327万元，完成投资金额47 097万元，核减投资额556万元。

企业审计 全市审计机关审计（或调查）单位7个，主要问题有违规经营770万元，财务收支核算不实848万元，少计少缴税费131万元，其他问题金额2840万元。

经济责任审计 全市完成审计责任人107名，审计单位90个，审计查出违规金额4412万元，负主管责任金额404万元，负领导责任金额4008万元，管理不规范金额129 959万元。

社会保障审计 在全市审计机关抽调68人，分成8个审计组分别对全市辖内8个县（市、区）的社会保障资金进行审计，审计查出主要问题金额4645万元，向有关部门提出6条审计建议。

专项资金审计（调查） 清远市审计局开展专项资金审计（调查）单位24个，审计专项资金总额263 919万元，查出违规改变项目计划和资金用途146万元。（撰稿人：李　坚）

【韶关市审计局】 2012年，韶关市审计局人员编制47人，在编43人。局长凌振伟，副局长李贵堂、李秋月、陈大川，总审计师钟定鸿，纪检组长徐进平。设有办公室（计算机审计室）、法规审理科、经济责任审计办公室、财税金融审计科、行政事业审计科、农业与资源环保审计科、经贸外资审计科、固定资产投资审计科。

审计成果 全市审计机关共完成审计项目269个，审计调查34个，审计查出主要问题金额194 580万元，其中违规金额2427万元，损失浪费金额1262万元，管理不规范金额190 890万元；审计处理处罚2428万元，其中应上缴财政169万元，应归还原渠道资金1920万元，应调账处理金额268万元；审计发现侵害人民群众利益54万元；审计促进整改落实有关问题资金2269万元；移送处理事项2件。审计提出建议557条，被采纳审计建议433条，提交专题或综合性报告和信息简报327篇，被批示采用182篇。

财政审计 韶关市审计局加强对公共财政的监督，关注重大财政资金、重点项目资金的绩效审计，加大对部门预算执行情况的审查。重点开展乐昌市2011年财政决算，始兴县2011年财政决算，韶关市地方税务局2011年度市本级税收征管情况审计。

行政事业审计 全市完成行政事业审计项目153个，审计调查项目7个，审计查出主要问题金额46 448万元，其中未落实“收支两条线”和专户管理金额1787万元，资金不到位金额12 422万元，会计核算不实金额2509万元，损失浪费金额1262万元。

社会保障审计 对市辖10个县（市、区）社会保险基金、社会救助资金、社会福利资金等3大类18项资金进行审计，摸清社会保障制度建设和运行情况、社会保障资金收支余规模和管理情况，揭示存在问题，提出审计意见和建议。韶关市审计局荣获审计署“全国社会保障资金审计先进公务员集体三等功”。

企业（金融）审计 韶关市审计局完成企业审计12个，审计查出主要问题金额7856万元，其中违规投资金额7100万元，财务收支核算不实107万元。

经济责任审计 全市完成经济责任审计项目152个，共审计经济责任人152人，查出主要问题金额36 164万元，其中违规金额629万元，损失浪费金额1046万元，管理不规范金额34 600万元；审计发现侵害人民群众利益金额54万元。移送纪检监察机关1人。依法提出审计建议258条，采纳审计建议218条。

专项资金审计（调查） 全市审计机关共完成专项资金审计项目37个，专项审计调查项目25个，延伸审计单位31个。审计专项资金总额66 044万元，审计查出主要问题金额9344万元。

（撰稿人：徐望雄）

【河源市审计局】 2012年，河源市审计局人员编制33人，在编34人。局长陈钦添（—3月）、黄敏（3月—），副局长王超良、何国平，总审计师谢统鹏，纪检组长黄炳忠。设有办公室、财税审计科、行政事业审计科、经济贸易审计科、农业与资源环保审计科、基建外资审计科、政策法规科、经济责任审计科、社会保障资金审计科、纪检监察室、绩效审计分局。

审计成果 全市审计机关共审计235个项目，查出违规和管理不规范金额24.5亿元，收缴入库金额1050万元，向各级党委政府和有关部门提交综合报告或审计信息284篇，向被审计单位提出整改建议544条。

经济责任审计 全市完成经济责任审计项目151个，审计经济责任人156人，其中处级干部16人、科级干部139人、国有企业领导1人；离任审计139人，任中审计17人。经济责任审计为各级党委政府的决策、纪检监察部门查处案件、组织部门管理干部提供依据，审计结果得到有效利用。

财政审计 河源市审计局在对市本级的财政预算执行审计中，共披露问题5个，提出审计意见和建议5条。财政部门高度重视，对审计发现的问题积极整改。预算执行审计促进财政资金的规范管理，提高财政资金使用效益。组织全市审计机关开展的税收审计，追收应缴未缴税款1000多万元，提出审计意见和建议14条，全部被地税管理部门采纳。

社会保障审计 从市县两级审计机关和市财政局、民政局等部门抽调26人，组成6个审计组，分别对河源市五县一区12类18项社会保障资金的筹集、管理、分配、使用等情况进行全面审计。重点审计7个资金管理单位，并延伸调查71家企业、14个村（居）委会和7家医院。审计揭露河源市社会保障体制、机制方面以及资金管理和使用中存在的问题13个，提出审计意见和建议6条。有关部门根据审计建议重新建立工作制度2个，完善管理制度1个，重新制定或修改7个有关低保规定。河源市审计局龙川社会保障资金审计项目被评为广东省优秀项目，河源市审计局社会保障资金审计领导小组办公室被评为先进集体，河源市审计局邱春霞、东源县审计局谢国伟被评为先进个人。

专项资金审计（调查） 河源市审计局组织开展3个县农村中小学校布局调整专项审计调查、全市交通“电子警察”专项审计调查、正版软件使用情况专项审计调查、2011 年度市级城市建设规费收支情况专项审计调查、河源市“一灭三改”森林碳汇重点生态工程和生态景观林带工程专项资金审计调查及河源市路桥收费管理中心年次票专项审计调查。（撰稿人：李奇志）

【梅州市审计局】 2012 年，梅州市审计局人员编制 46 人，在编 41 人。局长刘耿灵，副局长刘少庭、刘鸿涛、杨伟南、温爱生，总审计师练清万。设有办公室、综合与法规审理科、财政金融审计科、行政事业审计科、经济责任审计科、固定资产投资审计科、经贸审计科、农业与资源环保审计科、市经济责任审计联席会议办公室，下设事业单位梅州市审计局绩效审计室、计算机审计中心。

审计成果 全市审计机关完成审计项目 310 个，查出违规金额 3.5 亿元，管理不规范金额 36.4 亿元；上缴财政 2.2 亿元，应归还原渠道金额 1128 万元，应调账处理金额 2.6 亿元。向纪检部门移送案件 5 件，涉案人员 7 人。出具审计报告和审计调查报告 458 篇，提出审计建议 608 条。

社会保障审计 按照国务院和审计署部署，统一调配力量，完成市本级及 8 个县（市、区）18 项社会保障资金审计，基本摸清全市社会保障资金在制度建设、管理运行、收支结余方面的情况，揭示问题，提出意见，落实整改。梅州市审计局被审计署授予“全国社会保障资金审计公务员集体嘉奖”、被广东省审计厅授予“优秀集体”称号。

财政审计 梅州市审计局开展本级 2011 年度预算执行审计，通过分析财税收入、财政支出的真实性、合法性和效益性，揭示违规问题，并受本级政府委托向市人大常委会做审计工作报告。对市、县地税部门 2011 年度税收征管情况进行审计。审计结果表明，全市完成税费收入 83.26 亿元，比上年增长 31.45%。完成梅县和大埔县的县级财政决算审计。

经济责任审计 坚持对干部“问责”与资金“问效”相结合，对 33 名处级、145 名科级、6 名企业负责人进行经济责任审计，查出违规金额 1.9 亿元，管理不规范金额 5.3 亿元，侵害群众利益金额 516 万元。

专项审计调查 梅州市审计局开展农业综合开发项目、清理化解农村义务教育债务、全市普通高中债务、中小学校舍安全工程、农村中小学布局调整、广播电视网络等审计调查。

专项资金绩效审计 梅州市审计局开展城镇保障性安居工程、农村低收入住房困难户住房改造、市公共汽车公司运营情况等民生资金、民生实事的绩效审计和专项调查，这些审计项目报告均得到市长的重要批示。

行政事业审计 梅州市审计局对 10 所市属大中专院（职）校财政财务收支情况开展审计。通过审计，及时揭示大中专院（职）校在财务收支、收费管理、资产管理、免学费补助、专项资金使用以及工程建设、招生状况、食堂承包等方面存在的问题，为财政增收节支 730 多万元，促进学校管理的规范化、制度化。（撰稿人：张世钦）

【潮州市审计局】 2012 年，潮州市审计局人员编制 31 人，在编 30 人。局长邱怀球，副局长蔡舜娜、杨桂生、刘建春、王铿，总审计师曾锐松。设有办公室、政策法规科、财税金融审计科、固定资产投资审计科、行政事业审计科、工交商贸审计科、经济责任审计科。

审计成果 全市审计机关共组织实施 137 个审计和审计调查项目，查出违规金额 1058 万元，管理不规范金额 84 662 万元，收支不实金额 859 万元，促进增收节支 159 万元；审计处理应上缴财政 223 万元，应调账处理金额 3270 万元。出具审计报告和提交调查报告 188 份，提出整改建议 180 多条。

财政审计 潮州市审计局重点加强对财政专项资金的管理、契税征收、预算计划及其执行情况的审计，促进预算执行管理的规范化。注重揭示普遍性和深层次的问题，多形式多角度地提出具有针对性和建设性的意见建议，促使提高税收政策执行力，完善税源管理体系。

社会保障审计 潮州市审计局全面开展社会保障资金的审计。组织全市的审计骨干人员开展全市社会保障资金审计，摸清社会保障制度建设和运行、社会保障资金收支结余规模和管理等情况，促进社会保障体系的规范管理和有效运行。

专项资金审计（调查） 潮州市审计局重点

调查本市2个县关于农村中小学布局调整相关政策贯彻落实情况。开展2010年至2012年“广东扶贫济困日”活动捐赠款物募集和使用管理情况审计，保证捐赠行为的依法合规，维护捐赠资金物资安全完整。开展2011年农村低收入住房困难户住房改造建设专项资金的筹集、使用管理和项目实施情况的审计，及时发现、纠正一些不规范的做法，促进民生项目、资金规范操作。开展潮州市2012年城镇保障性安居工程跟踪审计，摸清全市城镇保障性安居工程建设规模和布局、资金投入规模和结构，促进城镇保障性安居工程目标任务和政策措施落实到位和保障性住房分配的公开、公正、公平。对2011年底全市城乡基本医疗保险基金资产负债情况开展审计，重点是对地税部门征收的基金收入，新农合经办部门、社保经办部门的医保基金收支结余和资产负债情况的真实性、完整性，以及财政部门医保基金专户管理的真实性进行审计，为城乡基本医疗制度改革提供有效服务。

经济责任审计 全市审计机关对81名党政机关和企事业单位领导干部进行经济责任审计，共查出违规金额802万元，管理不规范金额13 353万元，移送公安部门进一步侦查1件。首次对本市二县二区的党委书记、县（区）长进行全面“同步审计”，做到与财政决算审计、社会保障资金审计、民生资金审计、环保资金审计、重大工程项目审计和绩效审计等六个结合。促进领导干部勤政廉政、依法行使权力，提高依法行政能力和水平，为组织、纪检等部门管理、监督、评价领导干部提供参考依据。（撰稿人：林 娟）

【汕头市审计局】 2012年，汕头市审计局人员编制73人，在编65人。局长谷元新，副局长黄师杰、郭旭、吴少青、谢叙淦（7月—），总审计师吴小琦，纪检组长林炎光。设有办公室、综合法规科、财政金融审计科、行政政法审计科、企业审计科、固定资产投资审计科、社会保障审计科、教科文审计科、农业与资源环境保护审计科，并设经济责任和绩效审计分局、计算机审计中心2个直属机构。

审计成果 全市审计机关完成审计项目229个，查出违规金额11 927万元，损失浪费金额2498万元，处理应上缴财政10 498万元，应减少财政拨款及补贴357万元，应归还原资金渠道3571万元。移送纪检机关处理事项2件。提出审计建议440条，被采纳建议362条，上报并被采用审计信息48篇次，被批示、采用审计信息23篇次。2012年荣获“广东省社会保障资金审计优秀集体”，两个项目被评为广东省优秀审计项目，四篇论文荣获审计署优秀审计论文二、三等奖。

财政审计 全市开展财政部门预算执行审计，共查出预算编制批复不规范33 996万元，未按规定征收、缴纳预算收入32 253万元，违规改变项目计划和资金用途5077万元，违规变更调整预算7308万元等问题。全市查处少报漏缴税费4173万元、拖欠未收缴税款3849万元。

专项资金审计（调查） 汕头市审计局重点开展对价格调节基金、企业成品油价格补助、广播电视网络收费等项目的审计和审计调查。开展千村环境卫生整治、汕头市中心城区“城中村”和涉农社区供水直抄到户改造工程等民心工程项目审计。全年共审计专项资金总额12.2亿元，审计发现有问题资金总额20 764万元，其中查出资金滞留闲置1388万元，违规改变项目计划和资金用途1428万元，资金来源不合规3334万元，损失浪费金额2498万元，会计核算不实金额2246万元，资金不到位不落实金额1006万元。

社会保障审计 汕头市审计局组织业务骨干40多人对汕头市辖下六区一县社会保障资金进行审计，审计和延伸审计128个单位，查出财政资金不到位不落实，未按规定标准及范围支出、未按规定征收、缴存社会保险费和公积金等主要问题金额6293万元。

固定资产投资审计 全市完成对11个政府投资项目的结算审计，核减投资额1484万元。通过审核工程造价的真实性和合法性，客观反映项目在工程管理的经验和存在问题，如实评价项目投资的经济效益和社会效益。

经济责任审计 全市审计领导干部145人，查出违规金额3217万元，损失浪费金额106万元。汕头市委、市政府同意将经济责任和绩效审计分局局长高配为副处级，副局长高配为正科级，同时增加分局人员编制5名，加强市级审计机关经济责任审计力量。

内部审计 汕头市有内部审计机构 83 个，内部审计人员 224 名，共完成审计项目 1701 个，增收节支 1331 万元，提出审计建议被采纳的有 660 条，建议行政处分并被采纳 1 人。

（撰稿人：李依依）

【揭阳市审计局】 2012 年，揭阳市审计局人员编制 33 人，在编 38 人。局长唐莉，副局长林少波、谢拱从、丁有民（10 月—），总审计师郭少斌（6 月—），纪检组长方惠龙（—2 月）。设有办公室、综合科、财税金融审计科（加挂外资运用审计科）、行政事业审计科、经济责任审计科、固定资产投资审计科、经贸审计科、直属分局和市审计局驻东山区办事处，另下设科级直属事业单位揭阳市审计信息管理办公室。

审计成果 全市审计机关完成审计项目 286 个，查出违规金额 6144 万元，应上缴财政 4006 万元，应归还原渠道资金 630 万元，应调账处理金额 51 375 万元；已上缴财政 3809 万元，已归还原渠道资金 503 万元，已调账处理金额 50 955 万元。移送司法机关、纪检监察部门处理事项 4 件，建议有关部门处理事项 4 件。提交审计报告、信息 93 篇，被采用 31 篇。

财政审计 预算执行审计重点关注工业园区等重点项目资金的管理、使用和归还情况，财政借入、借出的大额资金的管理使用情况。财政决算审计中重点揭露查处一般预算收入和基金预算收入不实、虚列支出挂账、变相减免土地出让金、违规减免和应收未收城市（村镇）基础设施配套费等方面问题。税收征管审计发现价格调节基金征管机制存在重大缺陷，积极促进加强价格调节基金征管，促使全市 927 户公司企业补办税务登记，纳入税收日常管理。

农业与资源环保审计 重点开展涉农资金、土地资源、环境保护等审计。在土地资源审计中严肃查处国土部门未按合同规定收取滞纳金 9233 万元等问题。在环境保护审计中对超范围使用排污费等违规行为做出处理，促进环境保护工作的规范开展。

固定资产投资审计 完成对市区海关至南河大桥市政配套工程预（概）算执行情况审计。审计核减工程结算造价 1 588.17 万元，核减率 15.5%。

社会保障审计 组织 5 个县（市、区）的社会保障资金进行全面审计，摸清“十一五”以来揭阳市社会保障体系建设情况和取得的主要成效，反映社会保障管理中存在的问题，提出健全制度及规范管理的建议。揭阳市审计局被评为全省社会保障资金审计先进集体。

经济责任审计 完成 37 个经济责任审计项目，查出应负主管责任的违规金额 1219 万元，应负领导责任的违规金额 355 万元，查出管理不规范金额 24 886 万元。移送纪检监察机关处理 3 件。向社会公告审计结果 26 篇。

专项资金审计（调查） 完成对全市公安机关使用交通技术监控设备查处道路交通安全违法行为的审计调查，开展对中小学布局调整的审计调查，组织开展政府机关使用正版软件的审计、中小学校舍安全工程跟踪审计、“广东扶贫济困日”款物专项审计、农村低收入住房困难户住房改造建设资金专项审计，组织 4 个县（市）对城镇安居房工程跟踪审计、对保障性安居工程地方政府债券进行审计。 （撰稿人：陈钦丰）

【汕尾市审计局】 2012 年，汕尾市审计局人员编制 38 人，在编 36 人。局长王晓东，副局长李明训、纪永坤（2 月—），总审计师陈丽青（2 月—）。设有办公室、法规审理科、财税金融审计科、行政事业审计科、农业与资源环保审计科、经济贸易审计科、固定资产投资审计科、整改监督科和经济责任审计办公室。

审计成果 全市审计机关共完成审计和审计调查项目 154 个单位，审计促进增收节支 1235 万元，审计挽回（避免）损失 90 万元。提出审计建议 446 条，被采纳 423 条，提交审计专题、综合性报告和信息简报 201 篇，被批示、采用 188 篇次。被省审计厅评为全省社会保障资金审计工作先进集体。

社会保障审计 全力配合广东省审计厅审计组开展对市本级社会保障资金审计工作，为省审计厅审计组顺利开展社会保障资金审计工作提供有力保障。

专项资金审计（调查） 配合广东省审计厅组织开展“广东扶贫济困日”活动捐赠款物募集

使用管理情况、农村低收入住房困难户住房改造建设专项资金、中小学校舍安全专项资金审计。汕尾市审计机关开展中央对种粮农民补贴资金审计，发现2条违规线索并移交市纪委，促进相关政策落实到位，规范涉农资金的管理与使用。按照审计署和省审计厅的统一部署开展全市农村中小学布局调整审计调查。调查结果表明，汕尾市农村中小学布局调整总体上促进了义务教育的均衡发展，推动了农村中小学校师资结构的改善和优化，提高了农村义务教育标准化水平和教学质量，同时发现存在调整撤并农村学校工作不规范，造成撤并学校过多过快；部分学生就学距离增加，乘坐的交通工具管理不规范，交通安全隐患较大；停办学校校舍资产处置和管理不规范等问题。市审计局从合理配置资源、加强校车管理、规范资产处置等三方面向市政府提出审计建议并得到采纳，促进农村中小学布局调整更趋合理。

预算执行审计 在本级财政预算执行和部门预算执行情况审计工作中，以财政、地税部门审计为重点，延伸市计生局、民政局、环保局、司法局等12个单位的部门预算执行情况。审计查出未按规定纳入预算管理、违规出借财政资金以及其他管理不规范资金等行为。在地税审计中，重点审计地税系统组织税收收入情况和税收征管质量，揭露查处不按规定将税款征收入库等行为，查出少计少缴税费行为，并协助税务部门追缴入库。

经济责任审计 全市审计机关共完成对53名领导干部经济责任审计，提交审计报告和审计结果报告89篇，提出审计建议141条，被采纳138条。

（撰稿人：王伟展）

【惠州市审计局】 2012年，惠州市审计局人员编制49人，在编45人。局长冯起忠，副局长陈益明、骆英华、叶肖彬、张静远（—10月），纪检组长黄咏。设有办公室、综合信息科、法规审理科、经济责任审计科、财政税务审计科、专项资金审计科、固定资产投资审计科、企业审计科、审计督察科。

审计成果 全市审计机关完成审计项目298个，查出违规金额4111万元，应上缴财政1735万元，应减少财政拨款或补贴4676万元，应归还原渠道资金13万元，应调账处理金额9735万元；已上缴财政177万元，已减少财政拨款或补贴2004万元，已归还原渠道资金13万元，已调账处理金额9414万元。移送司法机关、纪检监察部门处理事项7件，建议有关部门处理事项1件。提交审计报告、信息118篇。

固定资产投资审计 惠州市审计局完成固定资产投资审计项目25个，查出违规金额316万元，管理不规范金额13595万元，核减投资额4257万元。提交意见建议69条，有效地堵塞漏洞、促进项目完善管理。

专项资金审计（调查） 惠州市审计局对社会保障、医疗、扶贫、捐赠、农业、农村中小学校布局调整等25项民生资金管理使用情况进行审计（调查）。揭示资金管理使用存在的薄弱环节，提出改进意见建议。惠州市审计局被审计署评为全国社会保障资金审计先进公务员集体并获嘉奖。

预算执行审计 全市两级审计机关加强同级预算执行审计及部门预算执行审计，惠州市本级预算执行审计结果表明，市本级财政预算执行情况总体较好，市本级对教育、科技、农业总投入的增幅符合有关法律规定。

绩效审计 惠州市审计局对市直户外广告、公共停车场、市区景区内等政府资源（资产）开展绩效审计调查，促成市政府修订完善防止国有收益流失的制度两项。

行政事业审计 惠州市审计局对市直行政事业单位所属的16家协会（学会）2010年至2011年财务收支情况进行审计调查。市审计局将个别协会和私人合作成立公司，违规从事营利性经营活动等问题，移送市监察局进一步调查处理。

经济责任审计 全市审计机关完成经济责任审计项目155个，审计党政领导干部155人，国有企业领导人员7人，查出违规金额1599万元，管理不规范金额12.6亿元，移送纪检监察机关案件线索5件。

重大事项审计 惠州市审计局对涉及工程投入补偿、租金偿还、清产核资等影响财政收支的5个重大事项进行审计（调查），直接为财政增收节支10 209.92万元。

（撰稿人：单焯文）

【东莞市审计局】 2012年，东莞市审计局人员编制65人，在编60人。局长杜沛游，副局长梁渠森、王汝铭、卢炳辉、何志宇。设有办公室、综合法规科、财政金融审计科、经济责任审计科、固定资产投资审计科、行政事业审计科、经贸审计科、内审指导科和基层审计分局。

审计成果 东莞市审计局共完成审计项目69个，查出违规资金7482万元，管理不规范金额387 705万元，促进上缴财政6761万元。向有关部门提交违法违规线索和信息11件，协助查处4人，协助有关部门审查案件4宗。提交专题审计报告、信息共43篇。

财政审计 开展对财政、地税等部门和治安联防费、社会抚养费等重点财政专项资金的审计，查出违规金额6095万元，管理不规范金额140 705万元，促进上缴财政6095万元。提出规范资金管理、强化财政监管的意见和建议50多条。

经济责任审计 对25名领导干部实行任期经济责任审计，其中镇委书记和镇长"同步审计"18名，提交专题报告25篇，共查出违规金额842万元，管理不规范金额232 108万元。协助有关部门查处4人，促进领导干部守法、守纪、尽责。

行政事业及专项资金审计 东莞市审计局开展对社会保障资金、扶贫济困、医院收费等10个涉及民生资金项目和4个部门单位财政财务收支的审计，查出社会保障政策落实不到位、违规招聘人员和违规收费等问题。促使有关部门规范财务管理，落实民生政策，保障群众利益。

固定资产投资审计 开展对援疆建设、轨道交通、保障性住房以及高速公路等10个重点工程项目的审计，查出工程立项手续不完善、招投标程序不合规以及投资规模控制不到位等问题，涉及管理不规范金额7352万元，核减项目建设成本1452万元。促使相关建设单位完善制度，加强管理。

企业审计 对5家市属国有企业的资产管理情况进行审计，查出企业出借资金管理不规范、资产核算不准确等问题，涉及资产金额1500万元。督促相关企业及时完善制度，规范资产管理，维护资产安全。

内部审计 全市共有内部审计机构292个，内部审计人员1567名，其中专职机构122个，专职人员719名。全年共完成审计项目2816个，查出违规金额35 084万元，损失浪费金额956万元，促进增收节支5686万元。（撰稿人：朱清荣）

【深圳市审计局】 2012年，深圳市审计局人员编制199人，在编189人。局长陈倩雯（—12月），副局长沈安利、何锐军（—12月）、张美秀（7月—），总审计师陈华。设有办公室、综合处、审理处、财政处、金融处、行政处、资金处、企业处、资源环境处，下属深圳市审计局政府投资审计专业局、深圳市审计局经济责任审计专业局。

审计成果 全市审计机关共审计（调查）3534个单位，审计查出违规金额4.3亿元，损失浪费金额0.8亿元，核减投资额31.1亿元，审计促进增收节支27.1亿元，审计后挽回或避免损失18.9亿元。向社会公告审计结果591篇。其中，深圳市审计局审计（调查）922个单位，审计查出违规金额1.5亿元、损失浪费金额1.5亿元，核减投资额22.1亿元，审计促进增收节支15.7亿元。

预算执行审计 深圳市审计局审计10个市本级预算单位，延伸审计185个下属及相关单位，对18个单位的17项问题、19人次依法依规严肃处理和问责，提出11项审计意见。审计工作报告所反映的21类33项问题，均已采取整改措施或进行问责，财政缴入国库资金59.1亿元，有关单位上缴财政、冲抵财政拨款、收回资金644万元，调账处理金额1.3亿元。制定和完善管理制度9项，落实责任追究19人次。

固定资产投资审计 深圳市审计局完成550个政府投资项目审计，审计金额475.7亿元，核减19.0亿元，出具审计报告1114份，出具跟踪审计建议函39份，提出各类跟踪审计建议或意见93条，发出移送处理书8份。对460个政府投资项目审计核减情况开展专项调查，开展医疗行业建设项目审计调查，推动相关部门单位及时采取措施防范化解风险，避免损失。

经济责任审计 深圳市审计机关共完成127名领导干部的经济责任审计，其中区级换届涉及的市管区属党政领导干部36名，查出违规金额2872万元，促进增收节支590万元。深圳市审计局完成经济责任审计项目46个，其中审计党委、政府及其工作部门领导干部 40 名，事业单位领导干部 3 名，国有及国有控股企业领导人员 3 名。

世界大学生运动会审计 深圳市审计机关开展世界大学生运动会（以下简称大运会）审计。经审计，大运会共投入资金 139.9 亿元，其中市及各区财政投入 110.7 亿元，市场开发、门票销售及捐赠等收入 12.2 亿元，企业资金投入 17.1 亿元，资金安排用于大运会运行与保障支出 44.9 亿元，场馆建设支出 75.2 亿元，配套项目支出 19.9 亿元。公告了审计发现的问题和整改情况，提出改进工作的意见。

社会保障审计 深圳市审计机关配合审计署和广东省审计厅开展社会保障资金审计。通过审计，摸清深圳市社会保障体系基本情况和主要成效，揭示制度建设、资金使用、业务管理中的突出问题，提出加强社会保障资金管理等审计建议，推动社会保障制度体系的进一步完善和高效管理。

跟踪审计 深圳市审计机关组织多批次审计人员赴新疆对 7 个援疆建设“交钥匙”项目进行跟踪审计，把揭示问题与完善制度结合起来，促进援疆建设项目规范管理。深圳市审计机关以资金筹集、管理和使用情况为主线，以保障性住房分配运行等为重点开展跟踪审计，促进保障性住房政策的落实。（撰稿人：凌春杰）

【珠海市审计局】 2012 年，珠海市审计局人员编制 46 人，在编 44 人。局长周昌（—2 月）、赵伟媛（3 月—），副局长郭圣勇、胡艳华、张跃进，总审计师苏牧（8 月—）。设有办公室、政策法规科、财政金融审计科、行政事业审计科、经济责任审计科、经贸审计科、固定资产投资审计科、资源环保与绩效审计科。

审计成果 全市审计机关完成审计项目 98 个，查出违规金额 9941 万元，应上缴财政 3555 万元，应减少财政拨款或补贴 3572 万元，应归还原渠道资金 485 万元，应调账处理金额 3072 万元；已上缴财政 2640 万元，已减少财政拨款或补贴 3572 万元，已归还原渠道资金 237 万元，已调账处理金额 554 万元。移送司法机关、纪检监察部门处理事项 1 件，建议有关部门处理事项 2 条。提交审计报告、信息 150 篇，被采用 48 篇。

财政审计 珠海市审计局关注预算全过程监督。结合国家宏观调控政策，重点对房地产企业纳税情况进行检查，抽查发现部分企业未及时申报缴纳税款 884.88 万元以及部分税收政策和制度滞后于新的经济行为，影响税收征管的规范性和严肃性等问题。审计查出主要问题金额 626 839 万元。

行政事业审计 珠海市审计局开展省直单位下属行政事业单位审计。揭示珠海市行政事业单位接受主管部门和财政部门监管相对薄弱，监管责任界定不明确，部门监管严重缺失，未及时上缴非税收入、虚报多领财政补贴、挤占挪用专项资金及其他违反财经纪律等问题。审计查出主要问题金额 30 202 万元。

固定资产投资审计 珠海市审计局关注投资行为规范，强化监管三个环节［招标投标、工程建设实施、预（决）算管理］。审计发现，珠海市政府投资领域存在项目多、专业性强、资金量大、涉及环节多、监管难度大等问题。违规金额 1500 多万元，管理不规范金额 12 亿元，主要问题金额 119 976 万元。

社会保障审计 珠海市审计局开展社会保障资金和住房公积金审计，审计查出主要问题金额 373 万元。

企业审计 珠海市审计局对 6 个单位开展审计，审计查出主要问题金额 147 323 万元。

经济责任审计 完成全市党政部门和国有及国有控股企业领导干部经济责任审计项目 43 个。审计查出违规金额 2804 万元，管理不规范金额 27 207 万元，损失浪费金额 64 万元。

专项资金审计（调查） 珠海市审计局关注民生投入和资金绩效。从政府最关注、民众最关心的热点、难点问题入手，加强对涉及民生等专项资金使用管理的审计监督，重点开展教育费附加、公共卫生资金、企业扶持资金等专项资金的审计。审计查出主要问题金额 1846 万元。

（撰稿人：夏素芳）

【中山市审计局】 2012 年，中山市审计局人员编制 56 人，在编 52 人。局长林东，副局长陈福成、杨伟文、冯欣荣、林文正，总审计师王梓明，纪检组长巫颖洁。设有办公室、人事科、内审指导监督科、财政税务审计科、行政事业审计科、经济责任审计科、固定资产投资审计科、综合计划与法规审理科、企业审计科、社会保障审计科、农业与资源环保审计科。

审计成果 中山市审计局完成审计项目47个，查出违规金额1 398.57万元，应上缴财政409.08万元，应减少财政拨款或补贴15.6万元，应归还原渠道资金723.66万元，应调账处理金额33 657.66万元。移送司法机关、纪检监察部门处理事项2件。出具审计报告和审计调查报告71份，提出审计建议226条，撰写审计信息85篇。中山市审计局获得“市对口支援汶川县漩口镇恢复重建工作集体二等功”“2012年度部门预算编报先进单位”等荣誉称号。神湾镇预算执行审计项目荣获“全省优秀审计项目表扬奖”，《税收征管审计应用案例》获得“广东审计机关2012年度AO应用实例三等奖”。

财政审计 中山市审计局开展财政审计项目42个，查出主要问题金额411 358.24万元，其中预算编报不真实不完整金额48 190.77万元，未按规定纳入预算管理金额32 639.86万元，违规采购金额7470.57万元。

经济责任审计 中山市审计局开展镇委书记和镇长同步审计试点。全年完成对26名领导干部的经济责任审计，查出负有主管责任的问题金额19 322.23万元，负有领导责任的问题金额501 361.31万元。

固定资产投资审计 重点开展中小学校舍安全、政府廉租住房（平安苑）、北外环快速路第二标段和悦来南路延长段等民生项目建设情况审计，促进建设资金管理、项目建设的规范有序、廉洁高效和公开透明。

专项资金审计（调查） 对全市社会保障资金进行全面审计，揭示存在问题，提出完善制度、规范管理的建议，督促有关单位进行整改。该项目被评为“2012年广东省社会保障资金审计表扬审计项目”。对全市交通“电子警察”进行审计调查，全面摸清其建设、运行、管理和交通安全执法行为等情况，规范行政执法行为。加大对市2011年“广东扶贫济困日”活动、市红十字会捐赠资金物资和市扶困助学专项资金等项目的审计监督力度。

审计整改 中山市政府组织召开2011年度预算执行审计查出问题整改工作会议，深化成果的提炼和运用，推动审计整改落实到位。

内部审计 中山市审计局开展“2011年度镇区优秀审计项目”评选活动，举办全市镇区审计工作现场经验交流会。重新修订《镇区内部审计工作量化考评标准》，分别采取分片和集中的评选方式进行量化考核评分，表彰一批先进单位和个人。组织CIA考试报名、后续教育、理论研讨会、业务培训学习和会员联谊活动等。

（撰稿人：陈国辉）

【江门市审计局】 2012年，江门市审计局人员编制42人，在编40人。局长郭建红，副局长陈伟文、梁小玲、陈新汉（—7月），总审计师梁兆政，纪检组长王小丽（—2月）、林伟雄（2月—）。设有办公室、法规审理科、经济责任审计科、财政审计科、行政事业审计科、固定资产投资审计科、企业审计科、社会保障审计科和绩效审计科。

审计成果 全市审计机关完成审计（调查）项目226个，查出违规金额4308万元，管理不规范金额33.9亿元，应上缴财政3731万元，促进增收节支3351万元。移送司法机关、纪检监察部门处理事项2件。提出审计建议428条。提交审计报告、信息362篇。

财政审计 江门市审计局对市本级2011年度预算执行情况和其他财政收支实施审计，重点开展对市计生局等4个部门的预算执行情况、26个部门（单位）69项财政资金，以及17家房地产企业的税收征管情况审计。揭示存在少列一般预算收入、项目资金结余过大、资金效益未能发挥等问题。追缴税费1452万元，促使财政部门将非税收入和利息净收入2654万元缴入国库纳入一般预算管理。

固定资产投资审计 江门市审计局重点对滨江大道收费站、江沙示范工业园区、江顺大桥等工程项目实施跟踪或阶段性审计，促进资金落实，规范工程管理。参与滨江体育中心、江门大道北线工程招标文件及西环路隧道等4个工程施工图预算的审核工作。

社会保障审计 江门市审计局对市12类18项社会保障资金进行全面审计，基本摸清市社会保障体系运行总体情况及存在的突出问题，并从制度、机制层面提出意见，督促指导有关部门进行整改。省审计厅与江门市审计局联合实施的市本级社会保障审计项目被审计署评为“全国社会保障资金审计优秀审计项目”，审计组被审计署授予“全国社会保障资金审计公务员集体嘉奖”；江门市审计局与鹤山市审计局联合实施的社会保障审计项目获全省优秀项目奖；江门市审计局与台山市审计局联合审计组获全省优秀集体奖；江门市审计局陈炳裕、朱伟俊以及开平市审计局陈金花三人获全省优秀个人奖。

经济责任审计 全市审计机关共审计领导干部122人，查出违规金额960万元，管理不规范金额4.06亿元（其中负主管责任1.17亿元，负领导责任2.87亿元），提出审计建议202条。

专项资金审计（调查） 江门市审计局组织开展扶贫济困日捐赠资金物资、农业土地开发、住房公积金、中小学校舍安全工程、农村中小学布局调整等民生资金审计，推动各项惠民便民政策落实。实施“电子警察”监控系统使用、正版软件使用的审计（调查），为政府决策提供客观依据。完成对市住建局住建大厦产权问题的专项审计调查，发现存在实际面积比置换、抵偿面积少等问题，并将涉嫌造成国有资产流失的问题移交市纪委核查处理。（撰稿人：温志芳）

【佛山市审计局】 2012年，佛山市审计局人员编制45人，在编45人。局长杨耀松，副局长吴乃慧、林进浪、杜惠萍，总审计师温美球，纪检组长何内。设有办公室、法规审理科、经济责任审计科、财税审计科、行政事业审计科、固定资产投资审计科、企业审计科、社会保障审计科、绩效审计科。

审计成果 全市审计机关（不含顺德区，下同）完成审计（调查）项目99个，查出管理不规范金额246 600万元，违规金额21 163万元，应上缴财政2226万元，应归还原渠道资金784万元，应调账处理金额4476万元；已上缴财政1848万元，已归还原渠道资金744万元，已调账处理金额4410万元。移送司法机关、纪检监察部门处理事项1件，建议有关部门处理事项1件。提交审计报告、信息30篇，被采用10篇。

财政审计 全市审计机关共审计（调查）44个单位，查出主要问题金额155 661万元。结合财政预算执行审计，有重点地推进多个专项审计调查。紧扣“吃空饷”这个社会热点问题，开展财政供养人员经费、公用经费管理专项审计，重点抽查区、镇（街）两级财政资金拨付的内控制度执行情况。提交市政府财政专题审计报告，市领导做出重要批示。推进预算执行审计结果公开，“点名”查出有问题的单位，推动相关单位落实整改，启动责任追究制度。

固定资产投资审计 全市审计机关共审计（调查）9个单位，查出主要问题金额16 597万元，核减投资额543万元。全面摸查市路桥公司和市重点路桥67个建设项目的资金筹集、使用、管理情况。继续开展援疆审计督促伽师县制定《援疆资金国库集中支付管理办法》；在工程管理方面，促进伽师县成立伽师县财政投资评审中心。

社会保障审计 全市审计机关推进市本级、5个区社会保障资金全覆盖审计，促进健全社会保障信息核查机制、信息共享平台机制，规范社会保障资金管理。向市政府提交《关于我市养老待遇水平偏低原因的调研情况报告》，市政府常务会议研究决定，全市企业退休人员加发过渡性养老金，人均月增205元，惠及38万佛山市民。

经济责任审计 全市审计机关共对17名领导干部开展经济责任审计。配合“三打两建”工作，深入揭露领导干部营私舞弊、骗取国有资金等问题，移送经济犯罪案件1宗，协助纪检监察部门并提供案件线索3宗，充分发挥经济责任审计打击腐败的作用。

专项资金审计（调查） 全市审计机关开展公安机关使用交通技术监控设备查处道路交通安全违法行为、产业扶持资金以及国资系统政府性债务化解情况等的专项审计调查。规范交通执法行为和罚款收支管理；推动产业转型升级措施落实，国资系统政府性债务化解审计调查提出审计建议，市领导高度重视。（撰稿人：沈淑珍）

【肇庆市审计局】 2012年，肇庆市审计局人员编制41人，在编41人。局长刘锐金，副局长周敏华、苏汉中、谢秋萍，总审计师闲建中，纪检组长苏汉中（兼）。设有办公室（与纪检组、监察室合署）、综合法规科、财税金融审计科、行政政法事业审计科、农业与资源及社会保障审计科、企业与外资运用审计科、固定资产投资审计科、经济责任审计科和审计中心。

审计成果 肇庆市审计局完成审计（调查）单位 45 个，审计查出违规金额 1952 万元，应上缴财政 572 万元，应调账处理金额 7150 万元；已上缴财政 11 810 万元，已归还原渠道资金 6420 万元，已调账处理金额 17 183 万元。建议有关部门处理事项 1 件。提交审计报告、信息 120 篇，被采用 86 篇。

财政审计 市审计局对 14 个预算执行单位和 1 个财政决算项目进行审计。揭露财政资金未按规定纳入预算管理、会计核算不实、虚列财政支出等问题，查出违规及管理不规范金额233 952 万元。提出规范预算管理、完善财务内控制度、提高财政资金绩效等审计意见和建议。

社会保障审计 市审计局开展涉及民生的社会保障资金、新型农村合作医疗基金和城镇居民基本医疗保险基金等 9 个项目的审计。揭露重复参保造成多投入财政补贴、困难企业和集体企业退休人员未按规定纳入职工医疗保障等问题，查出违规及管理不规范金额 7940 万元，促进各项惠民强民政策落实。

经济责任审计 实行经济责任审计内设机构与联席会议办公室合署办公，增设联席会议办公室专职主任职位。完成 11 名党政领导干部经济责任审计，其中党政部门领导 9 人，事业单位领导 2 人。上述审计对象中属任中审计 6 人，离任审计 5 人。查处违规金额 1678 万元，管理不规范金额 24 290 万元，发现侵害人民群众利益金额 75 万元。提出审计建议 23 条，被采纳 21 条。

专项资金审计（调查） 市审计局完成专项资金审计（调查）单位 8 个，其中审计单位 2 个，审计调查单位 6 个。重点审计“广东扶贫济困日”活动捐赠款物以及农村中小学布局调整、公安机关使用交通技术监控设备查处道路交通安全违法行为、中小学校舍安全工程等项目。审计资金总额 48 078 万元，查出违规及管理不规范金额 1653 万元。

内部审计 全市审计机关有内部审计机构 53 个（专职机构 19 个），内部审计人员 232 人（专职人员 65 人），全年共完成内部审计项目 2463 个，为国家增收节支 9800 万元，被采纳的审计意见和建议 498 条。 （撰稿人：严颖璐）

【云浮市审计局】 2012 年，云浮市审计局人员编制 27 人，在编 27 人。局长梁敏坚，副局长伍金明、莫剑平，总审计师李菊，纪检组长叶伟强。设有办公室、政策法规科、财税审计科、金融与社会保障审计科、行政事业审计科、企业审计科、农业与资源环保审计科、固定资产投资与外资运用审计科、经济责任审计科、绩效审计科、纪检监察室。

审计成果 全市审计机关共完成审计和审计调查单位 160 个，查出违规金额 13 856 万元，应上缴财政 661 万元，应减少财政拨款或补贴 1854 万元，应归还原渠道资金 120 352 万元，应调账处理金额 11 901 万元；已上缴财政 571 万元，已减少财政拨款或补贴 1854 万元，已归还原渠道资金 120 150 万元，已调账处理金额 1240 万元。提交审计报告、信息 213 篇，提出审计建议 370 条，被采纳 302 条。

财政审计 全市审计机关开展预算执行审计和审计调查项目 31 个，财政决算审计项目 8 个。查出预算编报不真实不完整 389 万元，未按规定纳入预算管理 50 511 万元，未按规定征收缴纳收入 15 243 万元，隐瞒转移截留资金 1985 万元，未落实“收支两条线”和专户管理规定 2359 万元，违规改变项目计划和资金用途 13 155 万元，扩大开支范围或提高开支标准列支 2323 万元。

专项资金审计（调查） 云浮市审计局审计专项资金总额 98 918 万元，完成对市工业园建设资金、农村合作医疗专项资金、中小学校舍安全资金、“广东扶贫济困日”捐赠资金物资等关系人民群众切身利益的专项资金等审计和审计调查。审计查出主要问题金额 890 万元，其中资金滞留闲置 368 万元。

行政事业审计 云浮市审计局共开展行政事业审计和审计调查项目 37 个，查出未按规定纳入预算管理 80 万元，未按规定征收缴纳收入 503 万元，隐瞒转移截留资金 230 万元，未落实“收支两条线”和专户管理规定 1270 万元，违规改变项目计划和资金用途587万元，违规采购516万元，账外资产579万元。

固定资产投资审计 云浮市审计局审计单位58个，项目投资额10 971万元，完成投资额12 950万元，核减投资额1948万元，为政府投资项目节约资金，促进政府投资重大项目建设顺利进行。

企业审计 开展企业审计调查2个，查出主要问题金额22 115万元。

经济责任审计 全市审计机关完成领导干部任期经济责任审计项目14个，其中县处级6人，乡科级8人。查出违规金额1613万元，管理不规范金额3245万元。提出审计建议33条，被采纳33条。（撰稿人：梁美红）

【阳江市审计局】 2012年，阳江市审计局人员编制45人，在编45人。局长关泳芬，副局长黄华贤、陈红、林业玺、明康颂、林志远，总审计师茅卫华。设有办公室、法规审理整改科、经济责任审计科、财税金融审计科、行政事业审计科、农业与资源环保审计科、固定资产投资审计科、绩效审计科，计算机审计技术中心和基建审计中心。

审计成果 阳江市审计局共完成审计项目31个，查出违规金额2975万元，管理不规范金额296 974万元，应上缴财政1022万元，应减少财政拨款或补贴33万元，应归还原渠道资金1913万元，应调账处理金额2258万元；已上缴财政582万元，已减少财政拨款或补贴33万元，已归还原渠道资金29万元，已调账处理金额1306万元。核减投资额212万元，出具审计报告和报送审计调查报告37份。阳江市审计局阳春市审计组荣获“广东省审计厅社会保障资金审计优秀集体”称号，阳春市社会保障资金审计项目被评为表扬审计项目。

财政审计 市审计局完成审计项目4个，查出违规金额2861万元，应上缴财政997万元，已上缴财政563万元。及时发现和纠正存在的问题，确保资金安全、高效运作。

经济责任审计 把经济责任审计与财政审计、专项审计相结合，合理配置审计资源，提高审计效能。审计单位6个，审计经济责任人7人。查出违规金额63万元，管理不规范金额55 955万元。

行政事业审计 市审计局实施行政事业审计项目16个，查出违规金额63万元，管理不规范金额58 987万元。应上缴25万元，已上缴20万元，应归还原渠道资金31万元。揭示和反映行政事业单位存在的财政财务收支和资金管理等问题。

农业与资源环保审计 市审计局开展农业与资源环保审计项目1个，查出管理不规范金额23万元，查处被挤占挪用专项资金等问题。

固定资产投资审计 加大固定资产投资审计力度，促进投资项目建设资金有效管理。审计项目6个，查出违规金额50万元，核减工程款212万元。

社会保障审计 组织4个社会保障资金审计组，对辖区内4个县（市、区）的社会保险基金、社会救助资金和社会福利资金进行审计，对体制、机制管理方面存在的突出问题进行揭露和查处。

（撰稿人：区世尚）

【茂名市审计局】 2012年，茂名市审计局人员编制38人，在编39人。局长王伯昌（—2月）、林振光（3—8月）、黄晓文（8月—），副局长陈凡晓、李家胜、梁文超（9月—），总审计师梁文超（—8月）。设有办公室、综合审计科、财税金融社保审计科、行政事业审计科、经贸审计科、农业与资源环保审计科、固定资产投资审计科、经济责任审计科。

审计成果 全市审计机关完成审计项目283个，查出违规金额28 609万元，应上缴财政20 841万元，应减少财政拨款883万元，应归还原渠道资金6256万元，应调账处理金额24 366万元；已上缴财政13 909万元，已归还原渠道资金258万元，已调账处理金额1020万元。核减投资额12 815万元。移送司法机关、纪检监察部门处理事项1件。提交审计报告、信息40篇，被采用23篇。

财政审计 组织开展预算执行情况、转移支付资金管理使用情况、地方税收征管情况、县级财政决算审计工作。完成审计项目36个，查出预算编制不真实不完整、违规变更调整预算、未按规定纳入预算管理、未按规定征收缴纳收入、管理不规范等主要问题 14 类，金额 449 824 万元。

行政事业审计 重点开展对权力集中、资金量大、社会关注度高、影响面广的关键部门单位的审计，完成审计项目 179 个，查出未按规定征收缴纳收入、隐瞒转移截留资金等主要问题 23 类，金额 86 239 万元。

固定资产投资审计 茂名市审计局完成水利、交通等政府重点投资项目的跟踪审计或竣工决算审计项目 6 个，核减工程投资 6929 万元，收缴施工单位虚报冒领农民工“两金”563 万元。

企业审计 茂名市审计局完成企业审计项目 6 个，查出财务收支不实、损失浪费等主要问题金额 35 192 万元，其中应上缴财政 532 万元，已上缴财政 527 万元。

专项资金审计（调查） 重点开展社会保障资金、“9·21”特大洪灾、中小学校舍安全工程、农村中小学布局调整、保障性住房建设、农房改造、扶贫济困日募捐款物等方面的审计或审计调查。审计单位 46 个，查出未按规定征收缴纳收入、违规改变项目计划和资金用途等主要问题金额 42 286 万元，处理上缴财政 1027 万元。

经济责任审计 全市完成对 189 名领导干部的经济责任审计，查出违规金额 7964 万元，损失浪费金额 3998 万元，管理不规范金额 110 488 万元。加强对农村集体经济财务审计和农村基层干部任期经济责任审计工作的指导。

内部审计 茂名市审计局加强对内部审计工作的服务和指导，组织参加培训 156 人次。全市内部审计机构完成财务、效益、经济责任、基本建设、内控评审、风险评估等审计项目 400 个，审计总金额 122 035 万元，促进增收节支 318 万元，提出建议意见被采纳 122 条。

（撰稿人：凌启生）

【湛江市审计局】 2012 年，湛江市审计局人员编制 56 人，在编 55 人。局长符强（2 月—），副局长高敬元、宋进耀，纪检组长陈苏平（6 月—）。设有办公室、法规审理科、财税金融审计科、行政事业审计科、经贸审计科、固定资产投资审计科、社会保障审计科、经济责任审计科、绩效审计科和 1 个直属分局。

审计成果 全市各级审计机关共完成审计项目 181 个，其中审计调查单位 20 个，查出主要问题金额 288 338 万元，损益（收支）不实 18 275 万元，审计发现侵害人民群众利益金额 338 万元，审计期间整改金额 5453 万元，审计处理处罚金额 110 365 万元，审计促进整改落实有关问题资金 75 370 万元。提出审计建议 328 条，提交审计信息 29 篇。

财政审计 全市审计机关完成财政审计项目 164 个（其中市本级 37 个，县区级 127 个），提交审计报告 241 份，审计专项资金总额 320 599 万元，查出主要问题金额 284 156 万元。

社会保障审计 全市审计机关共完成社会保险基金类审计项目 10 个，延伸审计单位 14 个，查出主要问题金额 152 万元。抽调各县（市、区）业务骨干并外聘 9 人共 72 人，组成 9 个审计小组，共调查行政企事业单位和村庄、街道 280 个，核查核实疑点问题 5000 多个，完成表格填报 160 份，现场督促落实问题整改 80 多个，出具审计报告 9 份。

企业审计 湛江市审计局完成企业审计（审计调查）项目 7 个，查出主要问题金额 4029 万元，揭示企业单位财务收支核算不实、损失浪费等问题。

专项审计调查 全市审计机关开展农村中小学布局调整审计，市审计局派出 3 个审计组分别对雷州、遂溪、廉江 3 个县（市）中小学布局调整进行审计调查。摸清 2006 年以来湛江市农村中小学布局调整总体情况，评价调整所取得的主要成效和问题，提出审计意见和建议，促进全市农村中小学布局更加合理和健康发展。

行政事业审计 市审计局抽调全市审计机关 22 人组成 11 个审计组，对 147 个市直事业单位 2010 年度至 2012 年度津贴补贴开展清理核查。

政府投资审计 湛江市审计局加大对政府投资项目的审计监督，对北站路、站前路扩建工程，东海岛疏港公路工程及湛江海滨宾馆别墅 B 区改建工程进行跟踪审计。

经济责任审计 湛江市审计局开展党政“一把手”同步审计，推进领导干部轮审制度落实。全市完成经济责任审计单位 98 个，涉及经济责任人 100 人（党委政府 29 人、党政部门 50 人、事业单位 14 人、人民团体 3 人、国有及国有控股企业3人、其他1人），查出主要问题金额22 525万元，增收节支292万元，提交审计报告和审计结果报告198篇。

内部审计 湛江市共有内部审计机构45个，内部审计人员180人，完成审计项目3380个，审计总金额99 409万元，提出建议意见被采纳2010条。

（撰稿人：关南全）

2012年广东省所辖区、县(市)级审计工作统计表

金额单位:万元

审计机关	完成审计项目(个)	查出违规金额	应上缴财政	应减少财政拨款或补贴	应归还原渠道资金	应调账处理金额	移送司法、纪检、监察部门处理(件)	建议有关部门处理(件)	出具审计报告和审计调查报告(份)	提出审计建议(条)	撰写审计信息(篇)
广州市											
广州市本级	53	58676	34185		3341	117108	5	5	65	128	35
越秀区审计局	35	134	134			240			70	55	16
荔湾区审计局	33	11060	1911		29	3569		2	45	78	41
海珠区审计局	19	976	672		304	1029			30	43	59
天河区审计局	20								30	18	14
白云区审计局	29	8060	7701		879	4009			41	54	10
黄埔区审计局	21	4496	629		8	299	3	2	38	46	7
番禺区审计局	38	4693	422		7	69859		2	62	36	23
花都区审计局	31	116	29		87	1121	1	1	49	23	25
南沙区审计局	18	298	298						24	55	2
经济技术开发区审计局	17	1798	1113	684	2	41			22	47	2
萝岗区审计局	6	196	209		6				7	21	2
增城市审计局	42	1130	526	1	602	30934	1	2	65	63	40
从化市审计局	23	7046	296		6320	6751			37	38	36
清远市											
清远市本级	38	24669	12742		12721	145337			45	128	20
清城区审计局	22					17			22	19	10
英德市审计局	24	1593	1459	475	475	16455			28	66	3
连州市审计局	32	144	115	24			2		49	73	
佛冈县审计局	35	166	126	55		4223			38	102	6
阳山县审计局	10	195	187		11				15	25	7

续表

审计机关	完成审计项目（个）	查出违规金额	应上缴财政	应减少财政拨款或补贴	应归还原渠道资金	应调账处理金额	移送司法、纪检、监察部门处理（件）	建议有关部门处理（件）	出具审计报告和审计调查报告（份）	提出审计建议（条）	撰写审计信息（篇）
清新区审计局	18	166	40						25	47	
连山壮族瑶族自治县审计局	20	36	36		153	5339			33	28	6
连南瑶族自治县审计局	13	164			19	4			14	23	
韶关市											
韶关市本级	48	1921			1920	86			64	132	240
浈江区审计局	8		118			39			11	21	
武江区审计局	14							1	21	33	10
曲江区审计局	31	275	38						44	74	
乐昌市审计局	31	1	1				1		48	55	22
南雄市审计局	26								39	38	44
始兴县审计局	28								28	39	
仁化县审计局	27								45	62	
翁源县审计局	37	229							58	26	
新丰县审计局	31					143			55	41	10
乳源瑶族自治县审计局	22								25	36	
河源市											
河源市本级	40	1120	1120			272			45	126	30
源城区审计局	23	313	313						43	51	1
紫金县审计局	45								76	135	
龙川县审计局	37	43							37	106	
连平县审计局	18	68			78	827			20	60	
和平县审计局	44	18	18						44	22	
东源县审计局	28								55	44	
梅州市											
梅州市本级	46	3307	6655		7	4526			71	134	20
梅江区审计局	15	1	1			144			22	35	3
兴宁市审计局	26	5164	1078		189	1687			32	69	
梅县审计局	23	8349	142		51	8092			36	32	2
大埔县审计局	77	16300	13206		853	5416			100	44	20

续表

审计机关	完成审计项目（个）	查出违规金额	应上缴财政	应减少财政拨款或补贴	应归还原渠道资金	应调账处理金额	移送司法、纪检、监察部门处理（件）	建议有关部门处理（件）	出具审计报告和审计调查报告（份）	提出审计建议（条）	撰写审计信息（篇）
丰顺县审计局	32	482	26	352	28	3966	3		38	75	1
五华县审计局	45	258	360			745	1		81	84	38
平远县审计局	26	1037	17			946			46	66	2
蕉岭县监察和审计局	20	228	239				1		32	69	22
潮州市											
潮州市本级	29	757	151		238	503	1		42	76	9
湘桥区审计局	22	2	9			28				30	
潮安县审计局	29	62	60		2	73				25	5
饶平县审计局	41									46	
枫溪区审计局	13	236	2							4	
汕头市											
汕头市本级	47	1132	500		143	316			52	86	30
金平区审计局	23	2	10		79				44	121	
濠江区审计局	10	17							10	23	2
龙湖区审计局	29	1661	1608	145	63	24607			52	91	3
潮阳区审计局	45	403	258		315				45	14	
潮南区审计局	44	8493	7902	212	2970	2665	1	1	44	7	2
澄海区审计局	15								15	42	
南澳县审计局	16	217	217						21	56	11
揭阳市											
揭阳市本级	70	4654	3090		621	45032	3	4	107	185	52
榕城区审计局	39								39	90	
普宁市审计局	60	566	566			5206	1		60	334	12
揭东县审计局	35	230	185			495			35	20	5
揭西县审计局	50	645	155		9	599			50	45	19
惠来县审计局	32	49	10			43			32	15	5
汕尾市											
汕尾市本级	38	312	1153				2		46	131	155
城区审计局	27	1632	454		612	1231			35	113	17
陆丰市审计局	27	614	485		5	183			59	78	8
海丰县审计局	28	2803	107		93	56			40	67	6
陆河县审计局	34	121	35		86				38	57	15

续表

审计机关	完成审计项目(个)	查出违规金额	应上缴财政	应减少财政拨款或补贴	应归还原渠道资金	应调账处理金额	移送司法、纪检、监察部门处理(件)	建议有关部门处理(件)	出具审计报告和审计调查报告(份)	提出审计建议(条)	撰写审计信息(篇)
惠州市											
惠州市本级	71	2289	435	4436		72	7	1	86	233	55
惠城区审计局	33	473	430	240	13	6582			34	45	
惠阳区审计局	47								68	76	
博罗县监察和审计局	48	484	5				2		48	40	
惠东县审计局	30	850	850						51	81	4
龙门县审计局	41					3081			41	122	44
大亚湾区审计局	19	15	15						24	59	10
仲恺高新技术开发区监察与审计局	9								10	24	5
东莞市											
东莞市本级	69	7482	7478						69	193	38
深圳市											
深圳市本级	1021	22824	17877	179637	348201	69840		10	1065	226	80
福田区审计局	319	1078	1086	12703	54	566			319	280	3
罗湖区审计局	419		4318	46846		29984			437	46	5
南山区审计局	131	380	601	7645	39	35			131	59	16
宝安区审计局	134			1174	60				141	256	6
龙岗区审计局	574	12933	11391	23672	5805	32863		2	605	2277	48
盐田区审计局	429			1903	657	19			442	252	
光明新区审计局	237			31118					237	126	
坪山新区审计局	219		1001	10663	126	112			221	74	1
珠海市											
珠海市本级	48	8564	1737	3548		2489	1	2	66	97	64
香洲区审计局	14	1174	1567		237	583			14	36	29
斗门区审计局	12		48		248				41	55	24
金湾区审计局	24	203	203	24					13	385	33
中山市											
中山市本级	47	1399	409	16	724	33658	2		71	226	85
江门市											
江门市本级	47	375	375				1		61	82	6

续表

审计机关	完成审计项目(个)	查出违规金额	应上缴财政	应减少财政拨款或补贴	应归还原渠道资金	应调账处理金额	移送司法、纪检、监察部门处理(件)	建议有关部门处理(件)	出具审计报告和审计调查报告(份)	提出审计建议(条)	撰写审计信息(篇)
蓬江区监察和审计局	5								5	17	1
江海区监察和审计局	23								34	31	
新会区审计局	39								64	53	
恩平市审计局	28	188	32		5		1		44	75	6
台山市审计局	33	3745	3324						45	55	10
开平市审计局	24								39	53	
鹤山市审计局	27								47	62	
佛山市											
佛山市本级	26	1458	1442		26	2615	1		29	129	26
禅城区政务监察和审计局	15	18963	325			33			20	50	1
南海区政务监察和审计局	25								25	76	
顺德区政务监察和审计局	38	3905	3736	189	169	20			44	86	28
三水区政务监察和审计局	15	7			7			1	16	61	4
高明区政务监察和审计局	18	611	458		637	1828			18	73	2
肇庆市											
肇庆市本级	45	1952	572		282	7150		1	51	91	120
端州区审计局	17					990			29	25	15
鼎湖区审计局	11	6209	6144		65	6090			15	29	10
高要市审计局	21	31	31						31	43	4
四会市审计局	20	3925	3515		23				27	38	18
广宁县审计局	16	58	17		12	24			22	33	16
怀集县审计局	16	65	10		2	16			19	32	10
封开县审计局	14	47	47						18	11	30
德庆县审计局	20	8			8	601			32	37	8
云浮市											
云浮市本级	42	2026	76	754					42	147	35
云城区审计局	61	11461	467	1100	119991	195			61	72	4
罗定市审计局	16	121	113			660			16	20	4

续表

审计机关	完成审计项目（个）	查出违规金额	应上缴财政	应减少财政拨款或补贴	应归还原渠道资金	应调账处理金额	移送司法、纪检、监察部门处理(件)	建议有关部门处理（件）	出具审计报告和审计调查报告(份)	提出审计建议（条）	撰写审计信息（篇）
云安县审计局	14	11	1						14	47	4
新兴县审计局	11	225			225	9535			11	22	3
郁南县审计局	16	10	3		136	1510			16	62	3
阳江市											
阳江市本级	31	2975	1022	33	1913	2258			37	144	5
江城区审计局	35	2489	18	11					58	97	
阳春市审计局	27	1069	894		154	361			26	46	
阳西县审计局	14	999	976			67			14	22	
阳东县审计局	9	106	2			71			9	17	
海陵区审计局	7	399	2		10				7	18	
茂名市											
茂名市本级	69	20329	17298	883	3213	24002			108	224	33
茂南区审计局	42	365	48		419		1		65	41	
茂港区审计局	20	146	8		137				20	65	
化州市审计局	34	2111	608		203				34	91	
信宜市审计局	40	1406	585						72	101	7
高州市审计局	32	1559	857		529	22			32	192	
电白县审计局	46	2691	1435		1751	340			46	157	
湛江市											
湛江市本级	50	12868	10711		434	2690			67	136	19
赤坎区审计局	15	95	45						26	25	
霞山区审计局	12	2256	110		3	719			21	3	1
坡头区审计局	11	423	38		2				17	26	
麻章区审计局	9	289	27			5067			13	4	
吴川市审计局	24	5998	119		34				35	65	62
廉江市审计局	6	134	86						9	15	
雷州市审计局	11	1529	123			2575			18	7	9
遂溪县审计局	17	1279	41			1423			27	11	
徐闻县审计局	24	2599	698			416			44	33	
湛江经济技术开发区审计局	2								2	3	

广西壮族自治区

【广西壮族自治区审计厅】 2012年，广西壮族自治区（以下简称广西）审计厅人员行政编制158人，实有154人；事业编制56人，实有46人。设有办公室、法规处、财政审计处、行政事业审计处、农业与资源环保审计处、固定资产投资审计处、金融审计处、企业审计处、社会保障审计处、外资运用审计处、经济责任审计处、人事处、机关党委、离退休人员工作处；设有派出发展计划审计处、经济贸易审计处、教育科学审计处、政法审计处、资源环保审计处、民政社保审计处、交通建设审计处、农业水利林业审计处、文化体育新闻审计处、卫生计划生育审计处、工商质监审计处、旅游民族事务审计处；还设有机关服务中心、内部审计指导中心、科学研究所、干部培训中心。自治区监察厅在审计厅设有派驻监察室。

领导成员

厅　　长：黄必贵

副 厅 长：何小聪　陆　斌　黄绪全

总审计师：陈勇新

纪检组长：张永如

审计成果 广西各级审计机关共审计（调查）单位5174个，查出主要问题金额872.7亿元。应上缴财政29.2亿元，应减少财政拨款或补贴13.6亿元，应归还原渠道资金43.5亿元，应缴纳其他资金12.4亿元，应调账处理金额70.1亿元；已上缴财政20.2亿元，已减少财政拨款或补贴11.3亿元，已归还原渠道资金23.6亿元，已缴纳其他资金2.6亿元，已调账处理金额25.6亿元。核减投资额35.3亿元，审计后挽回（避免）损失13.3亿元。移送处理事项36件，移送处理人员28人，涉及金额4.9亿元。出具审计报告和专项审计调查报告5641篇（被批示、采用334篇次），提出审计建议7831条（被采纳5378条）。向社会公布审计报告16篇。提交审计信息846篇，被批示、采用375篇次。其中自治区审计厅审计（调查）单位153个，查出主要问题金额516.1亿元，应上缴财政11.0亿元，应归还原渠道资金1.2亿元，应缴纳其他资金2.0亿元，应调账处理金额14.4亿元；已上缴财政7.8亿元，已减少财政拨款或补贴375万元（含以前年度），已归还原渠道资金2.8亿元，已缴纳其他资金1.0亿元，已调账处理金额3.1亿元。核减投资额2235万元，审计后挽回（避免）损失6165万元。移送处理事项9件，移送处理人员8人，涉及金额1.7亿元。出具审计报告和专项审计调查报告191篇，被批示、采用4篇次。提出审计建议650条，被采纳563条。提交审计信息52篇，被批示、采用15篇次。

财政审计 广西各级审计机关共审计（调查）520个单位的预算执行情况，查出主要问题金额336.3亿元。其中自治区审计厅审计（调查）25个单位的预算执行情况，查出主要问题金额129.0亿元。自治区审计厅将预算执行与决算草案的审计融为一体，把握预决算的整体情况，审查政策执行、资金管理和行政绩效等情况。

自治区本级预算执行和其他财政收支情况审计，发现财政部门未细化批复部门预算的部分项目支出，部分单位未严格按预算开支“三公经费”，部分单位开支基本公用经费超预算比较突出等问题；实施的自治区某局预算执行和其他财政收支情况审计项目，发现该局未完整地编制预算，超预算开支经费，未按规定使用公务卡，对部分项目的执行率较低等问题。

广西各级审计机关共审计（调查）99个单位的财政决算，查出主要问题金额242亿元。其中自治区审计厅审计（调查）6个单位的财政决算，查出主要问题金额204.4亿元。自治区审计厅实施的防城港市本级2011年度财政决算和其他财政收支情况审计项目，发现该市财政部门未按规定核算和使用土地出让金，未按规定设立地方政府性债务偿债准备金专户，一些单位未及时将非税收入上缴财政，长期未清理往来款项等问题。

行政事业审计 广西各级审计机关共审计（调查）单位694个，查出主要问题金额91.1亿元。其中自治区审计厅审计（调查）单位26个，查出主要问题金额56.9亿元。

其中，实施的广西某中心2009年度至2011年度财务收支情况审计，发现该中心未按“收支两条线”的规定管理非税收入，擅自计提无偿献血基金，未在账上反映出售股票的变现收入，未及时收回租赁期限已满的土地等问题。实施的广西45个县（自治县、市、区）2006年度至2011年度农村中小学布局调整情况专项审计调查项目，发现部分地区过多过快地撤并学校，过度向县城学校倾斜使教育资源造成新的结构失衡，寄宿制学校生活设施简陋、管理和服务不到位，部分学生因就学距离增加导致交通安全风险增加等问题。

专项资金审计（调查） 广西各级审计机关共审计（调查）单位277个，查出主要问题金额27.6亿元。其中自治区审计厅审计（调查）单位6个，查出主要问题金额21.4亿元。自治区审计厅以保障和改善民生为重点，加大对“三农”、扶贫、教育、医疗、就业、住房等重点民生事项的审计力度，通过审计摸清情况、反映成效、揭示问题、提出建议、推动整改，为决策和管理提供重要参考。

其中，实施的百色市2010—2011年度贫困村屯级道路建设资金专项审计调查项目，发现部分资金未按规定实行封闭运行和资金报账制，部分项目未及时办理调整变更事项的审批手续、未按规定程序组织实施和规范管理、未预留项目工程质量保证金，部分项目进展缓慢等问题。

固定资产投资审计 广西各级审计机关审计（调查）单位3370个，查出主要问题金额39.1亿元。其中自治区审计厅审计（调查）单位49个，查出主要问题金额8.1亿元。

自治区审计厅组织对贵港二线船闸工程、贵港至合浦高速公路等48个重大特大政府投资项目开展全过程全方位跟踪审计，向有关单位反映施工单位现场管理不严格、财务核算不规范、工程造价高估冒算，监理单位未严格履行职责等问题，及时向自治区人民政府上报要情，促进有关方面在春节前较好地解决了一些建设项目拖欠农民工工资的问题，消除社会稳定的隐患。实施的广西某航运枢纽工程竣工决算审计项目，发现该工程施工单位多报工程结算价款，建设单位重复支付合同价款和征地补偿费、损失浪费工程材料、未严谨表述价格指数调差法的价格指数来源而存在结算纠纷风险等问题，对竣工决算送审金额49119万元核减546万元，核减率为1.11%，还以《某煤矿因赔偿纠纷造成职工安置困难，对当地社会稳定构成隐患》为题向自治区人民政府上报要情，促进当事双方协商解决久拖未决的广西某矿务局下属某煤矿因受到枢纽蓄水威胁而被迫关闭停产的损失赔偿问题，为建设单位节约3亿多元的赔偿资金。

实施的广西某固体废物（危险废物）处置中心工程跟踪审计项目，发现该工程未按规定成立项目法人、工程建设管理费大幅超支、大额工程配套资金未完全到位等问题，向自治区人民政府上报要情，推动自治区人民政府出台《广西壮族自治区医疗废物管理办法》，促进有关部门完成项目股权和法人代表的变更手续。

外资运用审计 广西各级审计机关共审计（调查）单位10个，查出主要问题金额3.3亿元。其中自治区审计厅审计（调查）单位9个，查出主要问题金额3.3亿元。

自治区审计厅先后对2011年度世界银行贷款广西生态家园项目、广西综合林业发展和保护项目、南宁城乡环境综合整治项目，亚洲开发银行贷款梧州城市发展项目，日本国际协力银行贷款广西高等教育项目的财务收支和执行情况进行审计，发现个别项目的采购未按规定实行招投标，一些地方配套资金未及时足额到位，部分相关部门滞留占用项目资金，个别项目资金闲置、提款报账支出不符合规定、往来款项长期未清理等问题。

社会保障审计 广西各级审计机关共审计（调查）单位130个，查出主要问题金额82.8亿元。其中自治区审计厅审计（调查）单位28个，查出主要问题金额61.3亿元。

自治区审计厅组织广西各级审计机关会同审计署审计组对广西壮族自治区本级、14个地级市本级和109个县（自治县、县级市、区）的社会保险基金、社会救助资金和社会福利资金等18项社会保障资金进行审计。确认2011年广西18项社会保障资金收入共计600.42亿元，支出共计467.21亿元，年末累计结余743.11亿元。审计查明，2005年以来广西不断完善社会保障体系建设，使社会保障事业加快发展并取得显著成效：覆盖城乡居民的社会保障体系基本建成，社会保障水平稳步提高，历史遗留的特殊困难群体社会保障问题得到较好的解决，社会保障资金收支规模和结余积累不断扩大。但是，审计也发现广西社会保障资金工作还存在一些主要问题：社会保障各项制度不够完善，政策执行尚未完全落实到位；社会保障信息化建设较为滞后，管理不够严格规范；社会保障资金使用效益普遍不够高；社会保障资金管理使用中还存在一些违法乱纪问题，如本次审计中将2起案件线索移送司法机关查处。

自治区审计厅直接实施的梧州市本级、崇左市本级、钦州市本级、百色市右江区等社会保障资金审计项目，发现这些地方普遍存在部分人员涉及重复参保、未参保、未完全参保、选择性参保的情况，部分符合条件的特殊人员未纳入社会保障、不符合条件的人员违规享受社会保障待遇，部分单位和个人少缴欠缴社会保险费，经办机构违规在银行开设多个专户、未按月及时发放社会保险金、未及时收回以前年度挤占挪用的社会保险金，各商业银行对社会保障资金未执行国家规定的优惠存款利率等问题。

企业审计 广西各级审计机关共审计（调查）单位72个，查出主要问题金额32.5亿元。其中自治区审计厅审计（调查）单位3个，查出主要问题金额14.2亿元。

自治区审计厅根据审计署的授权对中国某行业广西有限公司2009年至2011年财务收支情况进行审计，发现该公司或其下属单位未将收到的土地补偿费列作收入并申报缴纳企业所得税，未按规定将交通补贴、职工煤气补贴、电话费等工资性支出纳入工效挂钩工资总额核算，未正确使用会计科目核算以前年度损益调整的事项，收购长期严重亏损的某公司未能扭亏增盈，收购某盐场土地未能取得土地使用权，购置办公楼既未能取得房屋产权证书也未能按合同规定索取违约金等问题。

金融审计 广西各级审计机关共审计（调查）单位2个，查出主要问题金额18亿元。其中自治区审计厅审计（调查）单位1个，查出主要问题金额17.5亿元。

自治区审计厅实施的广西某银行2011年资产负债损益情况审计项目，发现该银行对部分企业贷款前审查不严、对部分贷款及银行承兑汇票的资金用途监管不力、对部分企业贷款后经营状况追踪检查不到位、对部分银行承兑汇票的开具未按规定比例足额收取保证金、企业年金未按规定履行报批手续、部分费用支出无依据且现金支付的比例过大等问题，向税务部门移送相关7家企业使用虚假税务发票涉嫌偷逃税款的案件线索，涉及金额1.5亿元。

经济责任审计 广西各级审计机关共审计单位794个，审计领导干部846人，查出主要问题金额293.1亿元。其中自治区审计厅审计单位41个，审计领导干部48人，查出主要问题金额194.3亿元。

自治区审计厅积极开展经济责任审计，关注领导干部依法行使权力、履行职责的情况，采取集中召开进点动员会，党政主要领导同步审计，经济责任审计与财政财务收支审计、绩效审计相结合的方式开展经济责任审计，使审计工作的效率和质量得到有效提高。10月，自治区审计厅经济责任审计局（局长按副厅长级配备，兼任自治区经济责任审计工作联席会议办公室主任）挂牌成立，年内8个市、县（区）增设经济责任审计专职机构。全自治区新增经济责任审计人员编制44名，为深化广西经济责任审计工作提供组织保障。

自治区审计厅对南宁市原市长、自治区人口和计划生育委员会主任、广西社会科学院院长、柳州医学高等专科学校校长、桂平市原市长、鹿寨县原县长等开展任期经济责任审计，取得良好效果，涉嫌贪污公款等案件线索移送自治区纪检监察部门查处。

审计质量建设 自治区审计厅加强审计项目质量控制，加大对材料取证、问题定性、法规引用等方面的审核力度，对审计报告实行须经征求意见稿预审理、代拟稿正式审理两次审理制度，特别是对经济责任审计报告实行须经厅重要业务会议两次审定制度，前移质量控制关口，使审计质量得到进一步提高。审计质量控制工作得到审计署审计准则贯彻执行情况检查组的肯定。

在全国审计机关2011年度优秀审计项目评选中，柳江县审计局实施的柳江县经济开发总公司2008年至2010年资产负债损益专项审计调查项目被评为全国地方优秀审计项目；在2012年全国社会保障资金审计优秀审计项目评选中，自治区审计厅实施的百色市本级社会保障资金审计项目被评为全国地方表彰审计项目。

信息化建设 年内广西审计信息化建设取得新成效。至年末，自治区审计厅、广西14个地级市和112个县（自治县、县级市、区）审计局均已完成OA（审计管理系统）的部署并投入运行。继续加大审计信息化硬件建设的投入，启动“金审工程”三期项目的申报和前期预研工作。利用OA加快公文流转速度，基本实现无纸化办公，使纸张消耗量比往年下降40%以上；对审计项目逐步实行数字化管理，利用OA完成厅本级79个审计项目电子档案的建立工作。

继续抓好计算机审计中级培训，在计算机审计上倡导互帮互学，建立计算机审计的责任落实、激励约束、示范带动、人员保障等机制，推进AO（现场审计实施系统）与OA的紧密交互，进一步拓展联网审计，使在财政审计、社会保障审计、金融审计等项目上开展的计算机审计取得较好效果。

举办2012年度广西审计机关计算机审计成果交流演示会，广西各级审计机关人员通过审计会商系统观看演示会，审计署计算机技术中心派员担任评委并进行现场点评，由此进一步激发广西审计人员运用计算机系统开展审计的积极性。

在2012年度全国AO应用实例评选中，隆林各族自治县审计局的实例《巧用AO显神威，社保审计结硕果》获全国AO应用实例优秀奖，实现广西争创全国优秀AO应用实例零的突破；另外广西还有12个、19个实例分获应用奖、鼓励奖（其中自治区审计厅各有3个实例分获应用奖、鼓励奖）。

队伍建设 全年共举办各类培训班31期，培训人员2890多人次，其中分8期共组织370人次参加北京交通大学工程审计方向会计专业硕士研究生进修班、南京审计学院审计专业函授本科班、桂林电子科技大学计算机审计业务骨干精修班的学习；运用审计会商系统举办3期干部视频培训班，将干部培训的范围覆盖至自治区14个地级市、112个县（自治县、县级市、区）审计局。

广西各级审计机关共有49人获会计专业硕士学位，200人获审计专业大学本科学历；665人获审计署颁发的全国AO认证证书；26人、236人分别获审计署、自治区审计厅颁发的计算机审计中级水平证书。

积极开展“审计大练兵”活动，组织评出广西审计机关查核问题能手、分析研究高手、计算机应用强手、内部管理行家里手各10名。选派37名审计人员参加审计署组织的各类业务培训，选派1名厅级干部到审计署挂职锻炼，选派3名厅机关干部到武宣县县、乡、村三级基层组织挂职锻炼，从广西基层审计机关挑选14名机关干部来厅挂职锻炼，接收5名选调生跟班学习。

精神文明建设 自治区审计厅继续推进精神文明建设，开展一系列精神文明创建活动。广西有14个市、县审计局获自治区文明单位、和谐单位的称号。组织广西审计机关道德模范评选活动，评出敬业奉献模范3名、孝老爱亲模范3名、见义勇为模范2名、助人为乐模范2名。成功举办广西审计机关第二届职工运动会，促进广西审计人员加强体育锻炼、维护身心健康。举办第三届“读书年”活动，与中国时代经济出版社合作向广西各级审计机关赠送图书，推动广西各级审计机关共同建设“审计文化书屋”。

在审计署统一组织的全国社会保障资金审计工作中，广西审计机关有2个先进集体、1名先进个人获审计署记三等功，有6个先进集体、3名先进个人获审计署嘉奖（其中自治区审计厅有2个先进集体、1名先进个人获审计署记三等功，有2个先进集体、2名先进个人获审计署嘉奖）。

审计科研 自治区审计厅会同广西审计学会确定并组织完成19个广西审计重点课题的研究任务，其中组织完成“地理信息系统审计实用化研究”等11个课题、学会组织完成“区域环境审计研究”等8个课题。

会同广西审计学会组织广西审计干部、学会会员参加审计署举办的第二届全国审计青年论坛等论文征集、学术研讨活动。

在审计署组织的全国审计机关2010—2011年度优秀审计论文和研究报告评选中，广西审计机关提交的5篇优秀审计论文有1篇获二等奖、2篇获三等奖；在广西第十二次社会科学优秀成果奖评选活动中，广西审计学会会员申报的成果有1篇论文获二等奖、2篇论文获三等奖、1篇研究报告获三等奖。广西审计学会被评为2010—2011年度广西社会科学先进学会。

其他工作 自治区审计厅在依法行政、法制宣传教育、机关党组织建设、廉政建设、县域经济联系、离退休干部管理、机关后勤服务、机关工会等方面均取得一定进展。被自治区全面推进依法行政工作领导小组确定为第一批自治区级依法行政示范点。被有关部门评为“自治区直属机关创先争优学习型党组织建设典型示范单位”。继续加大对审计现场执行纪律情况的检查力度，通过现场督察、廉政回访、发放监督卡等形式，强化审计廉政纪律监督。派出3名干部深入县域经济联系点扎实开展定点帮扶活动，积极为基层办实事、做好事，得到当地干部群众的好评。

内部审计 2012年末，广西共有内部审计机构320个，其中专职机构221个；内部审计人员1543人，其中专职人员757人。其中自治区本级共有内部审计机构282个，其中专职机构185个；内部审计人员1466人，其中专职人员694人。

推动柳州银行股份有限公司等单位按照国家有关规定建立健全内部审计制度，深入中国移动广西公司、柳州钢铁（集团）公司等单位内部审计机构进行调研，按照行政事业单位、企业、金融机构3个组别分别召开内部审计工作座谈会，组织32名内部审计人员参加组织实施的部分自治区直属部门首长、自治区直属企业法定代表人、市（县）党政正职领导干部任期经济责任审计等审计项目的工作。

全年共举办内部审计各类培训班15期，培训内部审计人员2600多人次；与教育、税务、边防等部门共联合举办内部审计培训班7期，培训内部审计人员1300多人次。组织完成2012年度国际注册内部审计师（CIA）广西考区的考试工作。编辑出版《广西内审信息》3期。

在全国内部审计理论研讨会优秀论文评选中，广西推荐参评的4篇优秀论文有2篇获二等奖、2篇获三等奖。 （撰稿人：朱 明 罗凯文等）

【南宁市审计局】 2012年，南宁市审计局人员编制68人，在编67人。局长边作新，副局长卢绍宁、李英辉、杨连业，总审计师雷剑秋，纪检组长杜彦玢。设有办公室、法规科、财政金融审计科、行政事业审计科、农业与资源环保审计科、固定资产投资审计科、企业审计科、社会保障审计科、外资运用审计科、经济责任审计办公室（10月一，由原经济责任审计科更名）、人事科、机关党组织、纪检监察室，还设有南宁市公共投资审计中心。

审计成果 全市各级审计机关共审计（调查）单位204个，查出主要问题金额55.2亿元。应上缴财政1.9亿元，应减少财政拨款或补贴28万元，应归还原渠道资金6.6亿元，应缴纳其他资金1879万元，应调账处理金额5.8亿元；已上缴财政777万元，已减少财政拨款或补贴28万元，已归还原渠道资金9.6亿元，已缴纳其他资金37万元，已调账处理金额9936万元。核减投资额5.7亿元，审计后挽回（避免）损失88万元。移送处理事项13件，移送处理人员11人，涉及金额2.6亿元。出具审计报告和专项审计调查报告261篇，被批示、采用7篇次；提出审计建议614条，被采纳387条；提交审计信息125篇，被批示、采用59篇次。其中南宁市审计局审计（调查）单位66个，查出主要问题金额33.4亿元。应上缴财政1.6亿元，应归还原渠道资金6.6亿元，应缴纳其他资金1339万元，应调账处理金额4.7亿元；已上缴财政388万元，已归还原渠道资金9.6亿元，已缴纳其他资金35万元，已调账处理金额9730万元。核减投资额5.7亿元。移送处理事项8件，移送处理金额131万元。出具审计报告和专项审计调查报告72篇，被批示、采用1篇次；提出审计建议145条，被采纳84条；提交审计信息43篇，被批示、采用10篇次。

财政审计 全市共审计（调查）109个单位的预算执行情况，查出主要问题金额46.5亿元。其中南宁市审计局审计（调查）28个单位的预算执行情况，查出主要问题金额31.7亿元。

南宁市审计局实施的某局2011年度预算执行和其他财政收支情况审计项目，发现该局未按规定核算租金和利息收入，少计大额固定资产，长期未清理往来账等问题。实施的南宁市某公园2011年度预算执行情况审计项目，发现公园违规对属于政府非税收入的门票收入进行分成，截留、坐支政府非税收入，未按规定办理投资项目的立项、预算审批手续，未按规定程序采购工程物资设备等问题。兴宁区审计局实施的兴宁区本级2011年度预算执行和其他财政收支情况审计项目，发现该区未及时将应缴预算款缴入国库，部分预算支出执行率较低，“一事一议”资金的管理不够规范等问题，将涉嫌违法违纪线索移送纪检监察部门查处，涉案的4名党员受到党内警告处分，违纪资金已上缴国库。

全市共审计（调查）2个单位的财政决算情况，查出主要问题金额2163万元。其中南宁市审计局审计（调查）1个单位的财政决算情况，查出主要问题金额2163万元。

行政事业审计 全市共审计（调查）单位29个，查出主要问题金额9455万元。其中南宁市审计局审计（调查）单位5个，查出主要问题金额7187万元。

专项资金审计（调查） 全市共审计（调查）单位27个，查出主要问题金额1亿元。其中南宁市审计局审计（调查）单位4个，查出主要问题金额1925万元。

南宁市审计局实施的上林、马山、隆安3个贫困县2011年义务教育学生营养改善计划经费管理使用情况专项审计调查项目，发现大多数学校未按规定建立营养改善计划、学生档案和清算小组上报享受营养餐的人数与实际人数不符、未有效监督原材料物资采购等关键环节、部分学校在财务上未将营养餐与其他经营项目分开核算等问题。实施的南宁市本级2011年度防洪保安费管理使用情况专项审计调查项目，发现地方水利建设基金预算执行率较低导致收不抵支、地方水利建设基金支出滞留在中间环节等问题。

固定资产投资审计 全市共审计（调查）单位20个，查出主要问题金额2亿元。其中南宁市审计局审计（调查）单位16个，查出主要问题金额2亿元。

南宁市审计局实施的南宁市某高新大道E标工程跟踪审计项目，发现该工程建设单位列支其他工程建设费用、在路灯工程招标投标中违规指定部分设备的品牌、未按规定对工程建设进行财务核算等问题。良庆区审计局实施的中小学校舍安全工程专项审计调查项目，发现部分项目因工程进度款审批环节过多导致进展缓慢、部分学校没有国有土地使用证、施工单位未真实编报工程造价结算书等问题。

社会保障审计 全市共审计（调查）单位9个，查出主要问题金额1367万元。其中南宁市审计局审计（调查）单位8个，查出主要问题金额1243万元。实施的宾阳县社会保障资金审计项目，发现不符合条件的人员领取最低生活保障金、部分参保人员未按规定基数缴纳保险金、部分银行未按规定的优惠利率计付社会保险基金活期存款利息等问题。

企业审计 全市共审计（调查）单位8个，查出主要问题金额4.4亿元。其中南宁市审计局审计（调查）单位4个，查出主要问题金额1.6亿元。

武鸣县审计局实施的武鸣县某开发公司2010年至2011年财务收支情况审计项目，发现少计销售收入，挤占成本费用，未及时办理工程项目竣工决算等问题。

经济责任审计 全市共审计单位75个，审计领导干部76人，查出主要问题金额26.2亿元。其中南宁市审计局审计单位24个，审计领导干部25人，查出主要问题金额24.8亿元。

实施的南宁市某合作联社理事会原主任任期经济责任审计项目，发现未按规定及时偿还专项贷款本息、未按规定进行项目支出决策程序、应收未收资产收益、违规低价处置资产造成资产损失、违规在全资或控股企业开支本单位费用，该联社负责人违规在全资或控股企业报销个人费用和领取报酬补贴等问题。邕宁区审计局实施的邕宁区某局原局长任期经济责任审计项目，发现未将购置的车辆、办公设备作为固定资产核算，未对无偿调离的车辆办理报批核销手续，收到预算外资金的会计事项缺少原始凭证，未按规定将收到的财政拨款作为收入反映而是挂账核算，在往来账中列支费用等问题。隆安县审计局实施的隆安县某医院院长任期经济责任审计项目，发现该医院违规对药品加价、无开支原始凭证就直接将拨款列作支出、违规对新录用医护人员收取就业押金等问题。

其他工作 在广西审计机关2012年度优秀审计项目评选中，南宁市审计局审计项目分别被评为1个广西二等奖、1个三等奖，南宁市兴宁区审计局有1个审计项目被评为广西优秀审计项目三等奖。

在2012年度全国AO应用实例评选中，南宁市审计局有1个实例获全国AO应用实例鼓励奖。

（撰稿人：吴丽霞　李　雪）

【桂林市审计局】　2012年，桂林市审计局人员编制92人，在编92人。局长陆斌，副局长姜方龙（—8月）、唐正柱、赵素云，总审计师张宁。设有办公室、人事教育科、法规科、综合信息科、纪检监察室、财政金融审计科、行政事业审计科、经贸审计科、农业与资源环保审计科、社会保障审计科、固定资产投资审计一科、固定资产投资审计二科、旅游外资审计科、经济责任审计科。

审计成果　全市各级审计机关共审计（调查）单位263个，查出主要问题金额30.3亿元。应上缴财政2.7亿元，应归还原渠道资金1亿元，应缴纳其他资金8249万元，应调账处理金额8.2亿元；已上缴财政2.8亿元，已归还原渠道资金5491万元，已缴纳其他资金295万元，已调账处理金额6.5亿元。核减投资额1.8亿元。出具审计报告和专项审计调查报告352篇，被批示、采用1篇次；提出审计建议210条，被采纳65条；提交审计信息5篇，被批示、采用2篇次。其中桂林市审计局审计（调查）单位67个，查出主要问题金额10亿元。应上缴财政2.1亿元，应归还原渠道资金3428万元，应缴纳其他资金1152万元，应调账处理金额1.4亿元；已上缴财政2亿元，已归还原渠道资金207万元，已调账处理金额1672万元。核减投资额1.8亿元。出具审计报告和专项审计调查报告86篇；提出审计建议108条，被采纳44条；提交审计信息2篇，被批示、采用1篇次。

财政审计　全市共审计（调查）119个单位的预算执行情况，查出主要问题金额23.8亿元。其中桂林市审计局审计（调查）19个单位的预算执行情况，查出主要问题金额4.2亿元。实施的桂林市本级2011年度预算执行和其他财政收支情况审计项目，发现财政部门未细化编制项目支出预算，应缴未缴预算收入，未及时拨付部分专项资金，政府性基金决算与预算相差较大等问题。实施的桂林市某交易管理中心2011年度预算执行和其他财政收支情况审计项目，发现未按规定将土地交易收入、土地储备零星收入上缴财政，未通过政府采购方式支付土地平整工程费，未专户核算拆迁安置户补交的超面积安置房价款、未按规范手续支付征地补偿款等问题。恭城瑶族自治县审计局实施的自治县某局2009年至2010年财政收支审计项目，发现该局未按规定将部分征地收入上缴财政，坐收坐支征地补偿款，滞留、挤占和挪用专项资金，长期未清理往来款项等问题。

全市共审计（调查）38个单位的财政决算情况，查出主要问题金额2.4亿元。其中桂林市审计局审计（调查）5个单位的财政决算情况，查出主要问题金额1.8亿元。

行政事业审计　全市共审计（调查）单位7个，查出主要问题金额632万元。其中桂林市审计局审计（调查）单位1个，查出主要问题金额302万元。实施的桂林市某学校2011年度财务收支情况审计项目，发现未按规范管理和核算固定资产，采购食堂大宗材料未取得发票而以领款单或欠条列作支出，未按规定直接减免符合免费政策学生的学费等问题。

专项资金审计（调查）　全市共审计（调查）单位30个，查出主要问题金额7169万元。其中桂林市审计局审计（调查）单位8个，查出主要问题金额6353万元。实施的龙胜、灵川、平乐3个县2009年度至2011年度义务教育专项资金审计项目，发现一些地方主管部门漏征和欠拨教育费附加和地方教育附加、将义务教育专项资金用于非义务教育，部分学校用公用经费列支人员经费和购置车辆等问题。兴安县审计局实施的兴安县界首镇某村委会革命老区专项转移支付补助资金使用情况审计项目，发现村委会财务管理混乱、会计和出纳由一个人担任，镇政府个别领导干部套取补助资金、虚报滥发工资补贴、串通个别村干部隐瞒问题真相等问题，个别干部涉嫌贪污的案件线索已移送司法机关查处，两名涉案人员被司法机关以贪污罪分别判处有期徒刑。

固定资产投资审计　全市共审计（调查）单位45个，查出主要问题金额6341万元。其中桂林市审计局审计（调查）单位19个，查出主要问题金额 5522 万元。实施的桂林市某道路工程跟踪审计项目，发现该工程建设单位对回建房用于另一道路工程拆迁安置的经济业务未进行账务处理、未经自治区人民政府批准征用土地、未经桂林市人民政府批准占用土地等问题。实施的桂林市某道路改建工程调整概算审计项目，对施工单位重新编制后报送审核的工程调整概算核减 17 650 万元，核减率为 13.31%。

社会保障审计 全市共审计（调查）单位 14 个，查出主要问题金额 2.6 亿元。其中桂林市审计局审计（调查）单位 14 个，查出主要问题金额 2.6 亿元。实施的兴安县社会保障资金审计项目，发现社会保障资金经办机构违规开设银行账户、未按规定将农村社会养老保险个人账户资金从老账户并入新账户、因管理不善导致部分符合社会保障条件的人员未纳入保障、不符合城乡最低生活保障条件的人员违规享受待遇、银行未按国家规定的优惠利率计付社会保障资金存款利息等问题。

企业审计 全市共审计（调查）单位 10 个，查出主要问题金额 1352 万元。其中桂林市审计局审计（调查）单位 1 个，查出主要问题金额 829 万元。实施的桂林市某国有资产投资经营有限公司 2011 年度财务收支情况审计项目，发现应缴未缴财政资金、应缴未缴国有资本经营收益等问题。恭城瑶族自治县审计局实施的自治县某自来水公司 2010 年至 2011 年资产负债损益情况审计项目，发现在安装和维修自来水管网时未按规定将发出材料金额作为商品销售收入反映，在结算安装费时未按规定将收取的三项税金作为安装收入反映而是挂在往来账核算等问题。

经济责任审计 全市共审计单位 95 个，审计领导干部 102 人，查出主要问题金额 4 亿元。其中桂林市审计局审计单位 19 个，审计领导干部 19 人，查出主要问题金额 1.6 亿元。实施的桂林市某局局长任期经济责任审计项目，发现因资产管理不善导致部分资产收益流失、未按规定和与其挂靠的某民办非企业单位脱钩、应缴未缴非税收入、该局某下属单位负责人违规到某公司兼任总经理领取兼职工资补贴、个别二级机构未规范使用“三公经费”等问题，将资产管理当事人涉嫌职务犯罪的案件线索移送司法机关查处。资源县审计局实施的某局局长任期经济责任审计项目，发现未经审计组织结算该县政府投资水利建设项目的工程价款、坐收坐支预算外资金、违规发放津贴补贴、长期未清理往来款项、未按规定建立固定资产明细账导致部分固定资产未登记入账等问题。

其他工作 在广西审计机关 2012 年度优秀审计项目评选中，桂林市审计局、兴安县审计局各有 1 个审计项目被评为广西二等奖优秀审计项目；恭城瑶族自治县审计局有 1 个审计项目被评为广西三等奖优秀审计项目。

在 2012 年度全国 AO 应用实例评选中，桂林市审计局、恭城瑶族自治县审计局各有 1 个实例获全国 AO 应用实例应用奖；桂林市审计局有 2 个、恭城瑶族自治县审计局有 1 个实例获全国 AO 应用实例鼓励奖。

在审计署统一组织的全国社会保障资金审计工作中，桂林市审计局和 1 名先进个人获审计署嘉奖。

桂林市审计局、全州县审计局被评为自治区和谐单位、自治区文明单位，灌阳县审计局、恭城瑶族自治县审计局被评为自治区和谐单位，兴安县审计局被评为桂林市文明单位，桂林市审计学会被评为 2011 年度全国大中城市社会科学界联合会标兵学会、2010—2011 年度桂林市社会科学先进学会。 （撰稿人：黄艳霞　李　雪）

【柳州市审计局】 2012 年，柳州市审计局人员编制 105 人，在编 90 人。局长莫晓钢，副局长戴卫平、陈钧，总审计师李怡，纪检组长梁传辉。设有办公室、法规科、财政金融审计科、行政事业审计科、经贸审计科、农业与资源环保审计科、社会保障审计科、固定资产投资审计科、经济责任审计一科、经济责任审计二科、人事科，还设有计算机信息管理中心、柳州市政府投资项目审计中心。

审计成果 全市各级审计机关共审计（调查）单位 568 个，查出主要问题金额 43.1 亿元。应上缴财政 1.1 亿元，应减少财政拨款或补贴 7.5 亿元，应归还原渠道资金 3489 万元，应缴纳其他资金9388万元，应调账处理金额7.6亿元；已上缴财政1276万元，已减少财政拨款或补贴5.9亿元，已归还原渠道资金816万元，已缴纳其他资金2506万元，已调账处理金额8817万元。核减投资额7.8亿元，审计后挽回（避免）损失4.1亿元。移送处理事项3件，移送处理人员3人，涉及金额5815万元。出具审计报告和专项审计调查报告573篇，被批示、采用5篇次；提出审计建议770条，被采纳484条；提交审计信息198篇，被批示、采用96篇次。其中柳州市审计局审计（调查）单位94个，查出主要问题金额28.7亿元。应上缴财政7146万元，应减少财政拨款或补贴5.3亿元，应归还原渠道资金2429万元，应缴纳其他资金9205万元，应调账处理金额5.9亿元；已上缴财政327万元，已减少财政拨款或补贴5.3亿元，已归还原渠道资金805万元，已缴纳其他资金665万元，已调账处理金额729万元。核减投资额5.2亿元，审计后挽回（避免）损失3.3亿元。移送处理事项2件，涉及金额2800万元。出具审计报告和专项审计调查报告56篇，被批示、采用2篇次；提出审计建议114条，被采纳27条；提交审计信息25篇，被批示、采用16篇次。

财政审计　全市共审计（调查）42个单位的预算执行情况，查出主要问题金额10.8亿元。其中柳州市审计局审计（调查）12个单位的预算执行情况，查出主要问题金额2.4亿元。实施的柳州市本级2011年度预算执行和其他财政收支情况审计项目，发现部门预算编制范围不完整、政府采购预算编制质量不高、年初预算下达率偏低、国库集中支付范围较窄、借出财政资金余额逐年加大、部分借出资金长期未收回，一些部门应缴未缴非税收入、挤占挪用专项资金、动用专项业务费开支职工奖金和补贴、超限额列支职工补助等问题。

全市共审计（调查）7个单位的财政决算情况，查出主要问题金额4.7亿元。其中柳州市审计局审计（调查）2个单位的财政决算情况，查出主要问题金额4.5亿元。

行政事业审计　全市共审计（调查）单位59个，查出主要问题金额10.1亿元。其中柳州市审计局审计（调查）单位24个，查出主要问题金额7.6亿元。实施的柳城、融安、融水、三江4个县2006年以来义务教育阶段农村中小学校布局调整情况专项审计调查项目，发现一些地方调整撤并农村中小学校的工作不够规范，部分农村中小学校硬件设施和师资力量薄弱，寄宿制学校配套设施条件简陋、管理服务不到位，部分学生就学距离增加、交通安全风险增大，大部分停办学校校舍处置困难、闲置浪费等问题。

专项资金审计（调查）　全市共审计（调查）单位30个，查出主要问题金额7940万元。其中柳州市审计局审计（调查）单位6个，查出主要问题金额7019万元。实施的融水苗族自治县2011年度少数民族村寨防火改造工程资金筹集管理使用和配套设施建设情况审计项目，发现该工程一些投资单位未按时拨付资金，建设单位未及时办理部分项目实际投资大幅变更的审批手续、违规计提前期工作经费、违规扩大资金的开支范围、未提供齐全完善的项目验收材料，某乡政府村屯公路建设资金分别以维修和新建的不同名目向不同部门申报立项造成重复并涉嫌虚报冒领财政资金等问题。

固定资产投资审计　全市共审计（调查）单位411个，查出主要问题金额7.7亿元。其中柳州市审计局审计（调查）单位37个，查出主要问题金额5.2亿元。实施的柳州市某外环路工程跟踪审计项目，发现该工程设计单位变更某个路段的设计导致原已完成的路段需要重新施工，施工单位未按设计图纸安装的绿化带喷淋管、未按合同规定养护苗木导致苗木枯死、多报工程结算造价等问题；实施的柳州市某工程跟踪审计项目，发现该工程建设单位应缴未缴土地增值税，施工单位多报工程结算造价等问题。

社会保障审计　全市共审计（调查）单位8个，查出主要问题金额4.1亿元。其中柳州市审计局审计（调查）单位8个，查出主要问题金额4.1亿元。实施的柳州市所属县（自治县、区）2012年度社会保障资金审计项目，发现一些地方因经办机构管理不到位导致部分人员重复参加各类社会保险、部分符合条件的人员未纳入保障、不符合条件的人员违规享受保障待遇，多数地方均未完成新老农村社会养老保险制度的衔接，一些地方违规使用资金、未收回甚至难以收回借出资金，多数地方均未将建筑施工企业的社会保险基金纳入预算或社会统筹管理，部分参保单位和个人未及时足额缴纳社会保险费，银行未按国家规定的优惠利率计付社会保障资金存款利息等问题。

企业审计 全市共审计（调查）单位 10 个，查出主要问题金额 4.4 亿元。其中柳州市审计局审计（调查）单位 4 个，查出主要问题金额 3.7 亿元。实施的原广西某厂 2003 年改制情况专项审计调查项目，发现改制时人为虚列支出、故意隐瞒长期投资评估增值以虚减改制企业净资产，擅自处置、转移、冲销国有资产，改制后将生产性成本费用列入在建工程、固定资产以虚增企业利润多发股东股利，以借款为名将集体资产转移至注册成立的私营企业并用国有资产为私营企业购置股权，企业整体转让时恶意串通使同一时点的两次资产评估值差异巨大等问题，案件线索已移送司法机关立案查处，4 名犯罪嫌疑人已被逮捕。柳州市审计局实施的柳州市某资产经营有限公司 2010—2011 年度财务状况专项审计调查项目，发现应列未列国有产权收益，仍然实行“收支两条线”管理的事业单位管理模式与企业性质不符，一些下属企业长期未清理往来款项、虚增财务费用、未清晰界定国有股权等问题。

金融审计 柳州市审计局审计（调查）单位 1 个，查出主要问题金额 5300 万元。

经济责任审计 全市共审计单位 75 个，审计领导干部 78 人，查出主要问题金额 31.2 亿元。其中柳州市审计局审计单位 30 个，审计领导干部 32 人，查出主要问题金额 8.1 亿元。柳州市审计局对柳州市交通运输局局长，柳州市柳南区审计局对柳南区第一幼儿园园长开展任期经济责任审计，发现个别单位违规长期占用国有资金未予归还，账外私设“小金库”，偷逃税金，违规开办经济实体牟取不正当利益，直接坐支非税收入，未经批准擅自发放职工劳务费、奖金和节日慰问金，采购工程大宗物资未经专业机构结算审核等问题。

其他工作 在全国审计机关 2011 年度优秀审计项目评选中，柳江县审计局有 1 个审计项目被评为全国地方优秀审计项目。

在广西审计机关 2012 年度优秀审计项目评选中，柳州市审计局有 1 个审计项目被评为广西优秀审计项目一等奖；柳州市柳南区审计局有 1 个审计项目被评为广西优秀审计项目三等奖；柳州市审计局有 1 个审计项目被评为广西表彰审计项目。

在 2012 年度全国 AO 应用实例评选中，柳州市审计局有 2 个实例获全国 AO 应用实例应用奖；柳州市审计局有 3 个，融安县审计局、鹿寨县审计局各有 1 个实例获全国 AO 应用实例鼓励奖。

在审计署统一组织的全国社会保障资金审计工作中，柳州市审计局获审计署嘉奖。

柳州市审计局先后被评为自治区和谐单位、自治区文明单位，柳城县审计局、融水苗族自治县审计局被评为柳州市文明单位，柳州市审计学会被评为 2011 年度全国大中城市社会科学界联合会标兵学会、2010—2011 年度广西社会科学先进学会。

（撰稿人：段丽萍　李　雪）

【梧州市审计局】 2012 年，梧州市审计局人员编制 53 人，在编 52 人。局长覃宏岩，副局长严伟维、陈坚强（—11 月）、蒙泽江、彭雪梅、卢秋诚（9 月—），总审计师麦庆，纪检组长姚启文。设有办公室、法规科、财政金融审计科、行政事业审计科、经贸审计科、农业与资源环保审计科、社会保障审计科、固定资产投资审计科、外资运用审计科、经济责任审计科、监察室，还设有梧州市政府投资审计中心。

审计成果 全市各级审计机关共审计（调查）单位 791 个，查出主要问题金额 19.2 亿元。应上缴财政 5580 万元，应归还原渠道资金 1.3 亿元，应缴纳其他资金 2.9 亿元，应调账处理金额 7.4 亿元；已上缴财政 153 万元，已归还原渠道资金 4082 万元，已缴纳其他资金 61 万元，已调账处理金额 2.2 亿元。核减投资额 2.2 亿元，审计后挽回（避免）损失 4901 万元。移送处理事项 1 件。出具审计报告和专项审计调查报告 1004 篇，被批示、采用 1 篇次；提出审计建议 1546 条，被采纳 1454 条；提交审计信息 37 篇，被批示、采用 9 篇次。其中梧州市审计局审计（调查）单位

288个，查出主要问题金额15.3亿元。应上缴财政5076万元，应归还原渠道资金1.1亿元，应缴纳其他资金2.9亿元，应调账处理金额5.3亿元；已上缴财政125万元，已归还原渠道资金4080万元，已缴纳其他资金61万元，已调账处理金额2.2亿元。核减投资额1.7亿元，审计后挽回（避免）损失3592万元。移送处理事项1件。出具审计报告和专项审计调查报告288篇，提出审计建议330条，被采纳330条；提交审计信息30篇，被批示、采用8篇次。

财政审计　全市共审计（调查）21个单位的预算执行情况，查出主要问题金额9.1亿元。其中梧州市审计局审计（调查）8个单位的预算执行情况，查出主要问题金额8.1亿元。实施的梧州市本级2011年度预算执行和其他财政收支情况审计项目，发现财政部门未及时将预算收入缴入国库、长期未清理往来款项、将当年超预算的支出部分转挂往来账反映以调整2011年近2亿元财政赤字、从2004年至今一直挂往来账反映历年累计超预算的支出部分等问题。实施的梧州市某部门2011年度预算执行和其他财政收支情况审计项目，发现应由个人承担的住房公积金、应缴国库的非税收入缴入财政专户、未将购置的正版新中大软件作为固定资产登记入账、违规发放节日补贴、违规使用项目前期费来购置工作服和支出无数量单价等明细要素的费用等问题。藤县审计局实施的本级2011年度预算执行和其他财政收支情况审计项目，发现财政部门未将部门结余资金纳入预算统筹安排使用、未按规定时限批复和调整预算、未及时将惠农补贴资金发放到位、未及时收回已逾期的借出财政资金，一些单位未及时将非税收入上缴财政等问题。

全市共审计（调查）3个单位的财政决算情况，查出主要问题金额223万元。

行政事业审计　全市共审计（调查）单位104个，查出主要问题金额3.1亿元。其中梧州市审计局审计（调查）单位21个，查出主要问题金额2.8亿元。

专项资金审计（调查）　全市共审计（调查）单位40个，查出主要问题金额3412万元。其中梧州市审计局审计（调查）单位4个，查出主要问题金额258万元。实施的梧州市本级污水生活垃圾处理设施建设资金筹集管理使用和设施建设情况跟踪审计项目，发现部分设施超标排放、没有实现雨污分流，个别项目擅自未批先建、违规转包和分包、主管部门未严格履行验收职责，部分设施未达到设计要求、配套设施不完善等问题。

固定资产投资审计　全市共审计（调查）单位604个，查出主要问题金额13 318万元。其中梧州市审计局审计（调查）单位243个，查出主要问题金额12 205万元。实施的梧州市某高级中学新校区建设工程跟踪审计项目，发现建设单位未按规定上报初步设计和工程概算，未按规定取得建设工程规划许可证和国有土地使用权证，变更工程建设规模未重新办理可行性研究报告的审批手续，未发现新校区回填土存在不均匀沉降的隐忧、土方回填竣工地面的标高数据与检验数据不符，未如实反映工程实际完成投资额和建设单位管理费，未按合同约定的比例足额收取履约担保金等问题。藤县审计局实施的藤县城区某道路扩宽工程结算造价审计项目，对施工单位报送审核的工程结算造价核减779万元，核减率为5.63%。

社会保障审计　全市共审计（调查）单位8个，查出主要问题金额1亿元。其中梧州市审计局审计（调查）单位7个，查出主要问题金额1亿元。实施的梧州市所属县（县级市、区）2012年度社会保障资金审计项目，发现一些地方被征地农民未及时参加社会养老保险，不符合条件的人员违规享受保障待遇，社会保障资金使用效益不高等问题。

企业审计　全市共审计（调查）单位11个，查出主要问题金额4.4亿元。其中梧州市审计局审计（调查）单位5个，查出主要问题金额2.1亿元。

经济责任审计　全市共审计单位75个，审计领导干部76人，查出主要问题金额2.1亿元。其中梧州市审计局审计单位20个，审计领导干部20人，查出主要问题金额2.1亿元。对梧州市食品药品监督管理局原局长、市政管理局局长开展任期经济责任审计，发现未按规定通过政府采购方式购置办公设备、同一票据重复报账虚列经费支出将公款占为已有、未能收回多年来毫无收益的长期投资、因下属单位被工商行政管理部门吊销营业执照而成为对外投资的实际损失、未能清理催收从1994年起一直长期挂账的代为垫支的工程款、应缴未缴非税收入等问题。部分人员涉嫌贪污的案件线索已移送司法机关立案查处，相关人员长期不作为导致国有资产收益严重流失的问题作为案件疑点已移送纪检监察部门查处。岑溪市审计局实施的某镇原镇长任期经济责任审计项目，发现镇政府套取项目工程款、擅自设立收费项目、取得电站承包金收入未按规定缴纳有关税费等问题。蒙山县审计局实施的某中学校长任期经济责任审计项目，发现该学校未按规定定点采购办公用品、未将购置的固定资产登记入账、未按规定收取和使用代收款项、违规支付应由个人负担的费用、以各种名目发放加班费等问题。

其他工作 在广西审计机关2012年度优秀审计项目评选中，梧州市审计局有1个审计项目被评为广西三等奖优秀审计项目；梧州市审计局、藤县审计局各有1个审计项目被评为广西表彰审计项目。梧州市审计局被评为自治区和谐单位。

（撰稿人：余小龙　彭斯慧）

【贵港市审计局】 2012年，贵港市审计局人员编制50人，在编45人。局长张立文，副局长陈修伟（—5月）、伍勤、甘德富（5月—）、彭毅云，总审计师黄影，纪检组长黄开泽。设有办公室、财政金融审计科、行政事业审计科、社保与资源环境审计科、固定资产投资审计科、经济责任审计科6个内设机构以及港北区审计办事处、港南区审计办事处、覃塘区审计办事处3个派出机构，还设有贵港市政府投资审计中心。

审计成果 全市各级审计机关共审计（调查）单位474个，查出主要问题金额10.7亿元。应上缴财政359万元，应减少财政拨款或补贴6130万元，应归还原渠道资金1.8亿元，应缴纳其他资金8537万元，应调账处理金额5434万元；已上缴财政359万元，已减少财政拨款或补贴6130万元，已归还原渠道资金1.6亿元，已缴纳其他资金7447万元，已调账处理金额4228万元。核减投资额6127万元，审计后挽回（避免）损失6439万元。出具审计报告和专项审计调查报告496篇，被批示、采用1篇次；提出审计建议197条，被采纳140条；提交审计信息61篇，被批示、采用50篇次。其中贵港市审计局审计（调查）单位65个，查出主要问题金额2.5亿元。应上缴财政48万元，应减少财政拨款或补贴998万元，应归还原渠道资金1.8亿元，应缴纳其他资金2183万元，应调账处理金额1549万元；已上缴财政48万元，已减少财政拨款或补贴998万元，已归还原渠道资金1.6亿元，已缴纳其他资金1092万元，已调账处理金额383万元。核减投资额998万元，审计后挽回（避免）损失998万元。出具审计报告和专项审计调查报告73篇，提出审计建议53条，被采纳39条；提交审计信息4篇，被批示、采用3篇次。

财政审计 全市共审计（调查）37个单位的预算执行情况，查出主要问题金额8.3亿元。其中贵港市审计局审计（调查）21个单位的预算执行情况，查出主要问题金额1.8亿元。实施的贵港市某制度改革委员会办公室2011年度预算执行和其他财政收支情况审计项目，发现该办公室未及时将超标准面积差价款上缴财政专户，违规多头开设银行账户、多头开设会计账簿，未入账反映集资建房超标准面积差价款等问题。平南县审计局实施的某局2011年度预算执行和其他财政收支情况审计项目，发现该局未将代扣的失业保险金缴入社会保障经办机构、收回已列支出的水电费未冲减支出、下属单位欠缴税费等问题。

全市共审计（调查）7个单位的财政决算情况，查出主要问题金额2525万元。

行政事业审计 全市共审计（调查）单位9个，查出主要问题金额6186万元。平南县审计局实施的某医院2007年度至2009年度财务收支情况审计项目，发现较大幅度地超标准收取输氧费、床位费、诊查费、护理费，未及时清查盘点固定资产等问题。

专项资金审计（调查） 全市共审计（调查）单位4个，查出主要问题金额1942万元。其中贵港市审计局审计（调查）单位2个，查出主要问题金额1942万元。实施的桂平市2009年至2011年义务教育经费审计项目，发现漏征教育费附加和地方教育附加、欠拨教育费附加和教育部门预算资金、应发未发贫困寄宿生生活补助资金等问题。

固定资产投资审计 全市共审计（调查）单位412个，查出主要问题金额7176万元。其中贵港市审计局审计（调查）单位38个，查出主要问题金额988万元。贵港市审计局对贵港市港北区某区域试验站工程竣工结算，桂平市审计局对桂平市城区某道路工程竣工决算，平南县审计局对某公路拓宽工程竣工结算进行审计，发现建设单位未能准确编制工程投资预算、未按规定单独建账核算工程建设账务，施工单位未全部按图纸要求施工、在编制工程造价结算书时自定单价而未按投标单价执行、高估冒算工程量等问题，对施工单位报送审核的工程结算造价进行核减。贵港市审计局港南区审计办事处实施的港南区某医院病房综合楼改扩建工程竣工决算审计项目，发现预算编制单位、投资评审单位未严格审核、评审工程预算导致该工程某两个标段重复编制预算近100万元，土地占用费补偿问题未达成协议导致其中的配电工程未能按时完工，施工单位在提交现场签证单时有意重复列报签证项目内容、多计重算签证项目工程量，在编制工程造价结算书时违规多计工程量、高定部分新增项目单价等问题，对施工单位报送审核的工程结算造价核减389万元，核减率为14.42%。

社会保障审计 全市共审计（调查）单位4个，查出主要问题金额4625万元。其中贵港市审计局审计（调查）单位4个，查出主要问题金额4625万元。实施的桂平市社会保障资金审计项目，发现社会保障信息系统管理分散、信息互不共享，部分人员重复参加社会保险造成财政增加负担，部分不符合条件的人员违规享受保障待遇，农村金融机构未执行国家规定的优惠利率而少计付新型农村合作医疗基金存款利息等问题。

企业审计 全市共审计（调查）单位1个，查出主要问题金额1901万元。

经济责任审计 全市共审计单位25个，审计领导干部26人，查出主要问题金额2.6亿元。其中贵港市审计局审计单位10个，审计领导干部10人，查出主要问题金额6652万元。实施的贵港市某局局长任期经济责任审计项目，发现违规收费，挪用项目资金用于专项开支，超出规定范围和限额使用现金等问题。平南县审计局实施的某局局长任期经济责任审计项目，发现下属单位白头单列支原材料款、未及时将取得的承包收入登记入账、欠缴税费、应记未记固定资产、未按规定配备财务人员等问题。

其他工作 在广西审计机关2012年度优秀审计项目评选中，平南县审计局有1个审计项目被评为广西二等奖优秀审计项目；贵港市审计局有1个审计项目被评为广西表彰审计项目。

平南县审计局继2010年被评为自治区文明单位之后通过复审继续保持这一荣誉称号，贵港市审计局被评为贵港市文明单位。

（撰稿人：王育红　黄　梅）

【玉林市审计局】 2012年，玉林市审计局人员编制46人，在编41人。局长李克，副局长王熙、劳林灵、陈磊，总审计师梁武波，纪检组长钟耿。设有秘书科、法规科、财政税务审计科、行政事业审计科、综合经济审计科、社会保障审计科、固定资产投资审计科、经济责任审计科、园区审计科（9月—）、监察室，还设有玉林市政府投资审计办公室。

审计成果 全市各级审计机关共审计（调查）单位135个，查出主要问题金额25.3亿元。应上缴财政764万元，应减少财政拨款或补贴3888万元，应归还原渠道资金2.2亿元，应调账处理金额3.2亿元；已上缴财政1281万元，已减少财政拨款或补贴314万元，已归还原渠道资金195万元，已调账处理金额3.2亿元。核减投资额8450万元，审计后挽回（避免）损失4159万元。移送处理事项1件。出具审计报告和专项审计调查报告163篇；提出审计建议203条，被采纳176条；提交审计信息16篇，被批示、采用8篇次。其中玉林市审计局审计（调查）单位25个，查出主要问题金额11.7亿元。应上缴财政196万元，应减少财政拨款或补贴3573万元；已上缴财政993万元。核减投资额7246万元，审计后挽回（避免）

损失3573万元。移送处理事项1件。出具审计报告和专项审计调查报告27篇，提出审计建议48条，被采纳37条；提交审计信息3篇，被批示、采用2篇次。

财政审计 全市共审计（调查）13个单位的预算执行情况，查出主要问题金额18.3亿元。其中玉林市审计局审计（调查）2个单位的预算执行情况，查出主要问题金额6.3亿元。实施的玉林市本级2011年度预算执行和其他财政收支情况审计项目，发现未及时将挂在预算外财政专户的政府统一调剂资金缴入国库，未及时将部分土地出让金征收入库，部分预留的专项资金支出进度慢、资金结余大，部分预算安排的项目资金当年未使用等问题。北流市审计局实施的市本级2011年度预算执行和其他财政收支情况审计项目，发现财政部门未按规定细化编制预算、随意改变资金用途而未按规定程序调整预算、欠拨上级追加专款，个别部门应收未收、应缴未缴土地出让金等问题。

全市共审计（调查）6个单位的财政决算情况，查出主要问题金额2.8亿元。其中玉林市审计局审计（调查）1个单位的财政决算情况，查出主要问题金额2.8亿元。

行政事业审计 全市共审计（调查）单位74个，查出主要问题金额2.2亿元。其中玉林市审计局审计（调查）单位9个，查出主要问题金额9508万元。

专项资金审计（调查） 全市共审计（调查）单位11个，查出主要问题金额429万元。玉林市审计局实施的北流市2009年至2011年义务教育经费审计项目，发现该市漏征教育费附加和地方教育附加，欠拨教育费附加和上级安排的义务教育专项资金，未按规定使用地方教育附加等问题。

固定资产投资审计 全市共审计（调查）单位25个，查出主要问题金额1.1亿元。其中玉林市审计局审计（调查）单位7个，查出主要问题金额7650万元。实施的玉林市城区某道路工程竣工结算审计项目，发现招标代理机构超越资质承担工程设计服务、招标代理业务，监理合同约定的人员数量和资质低于投标文件承诺的人员数量和资质，部分子项工程的质量和材料不符合设计要求，施工单位多报工程结算造价等问题，对施工单位报送审核的工程结算造价核减1387万元，核减率为12.64%；实施的玉林市某办公综合大楼竣工决算审计项目，发现招标人与中标人未按招标文件和中标人的投标文件订立合同，合同约定工程质量保修金的比例不符合规定，施工单位多报工程造价等问题，对施工单位报送审核的工程结算造价核减408万元，核减率为8.63%。玉林市福绵管理区审计局实施的福绵管理区2011年7月至2012年6月中小学校舍安全工程专项审计调查项目，发现该工程的建设单位未对已竣工投入使用的2010年度工程项目编制项目竣工财务决算，未将项目的财务收支情况纳入单位会计账进行核算等问题。

社会保障审计 玉林市审计局审计（调查）单位6个，查出主要问题金额8590万元。

经济责任审计 全市共审计单位55个，审计领导干部59人，查出主要问题金额8685万元。其中玉林市审计局审计单位6个，审计领导干部6人，查出主要问题金额317万元。玉林市审计局实施的玉林市某卫生学校校长任期经济责任审计项目，发现非税收入应缴未缴财政专户，未通过政府采购方式购买财务软件，应收医疗款未入账等问题。北流市审计局实施的北流市某保健院院长任期经济责任审计项目，发现违规发放奖金，违规对医疗服务药品卫生材料加价销售等问题。玉林市福绵管理区审计局实施的福绵管理区某局局长任期经济责任审计项目，发现未通过政府采购方式自行采购办公家具并以现金支付款项，未按规定办理执法业务用房项目建设防雷装置设计审核、消防设计审批的手续等问题。

其他工作 在广西审计机关2012年度优秀审计项目评选中，北流市审计局有1个审计项目被评为广西表彰审计项目。

在全国社会保障资金审计工作中，玉林市审计局获审计署嘉奖。被评为自治区和谐单位。

（撰稿人：曾 敏 黄 梅）

【钦州市审计局】 2012年，钦州市审计局人员编制52人，在编45人。局长钟翔，副局长陈洪珊、谭灵坚、郑康，总审计师刘海伟，纪检组长曾文武。设有办公室、法规综合科、财税审计科、行政事业审计科、农业与资源环保审计科、固定资产投资审计科、金融外资审计科、企业审计科、社会保障审计科、经济责任审计管理科，还设有钦州市经济责任审计办公室、钦州市公共投资审计中心。

审计成果 全市各级审计机关共审计（调查）单位397个，查出主要问题金额28.3亿元。应上缴财政2.7亿元，应归还原渠道资金2.6亿元，应缴纳其他资金1.3亿元，应调账处理金额6.3亿元；已上缴财政2.0亿元，已归还原渠道资金3426万元，已缴纳其他资金245万元，已调账处理金额9979万元。核减投资额8.7亿元。移送处理事项6件，移送处理人员4人，涉及金额679万元。出具审计报告和专项审计调查报告423篇，被批示、采用255篇次；提出审计建议473条，被采纳61条；提交审计信息35篇，被批示、采用32篇次。其中钦州市审计局审计（调查）单位129个，查出主要问题金额15.5亿元。应上缴财政1.8亿元，应归还原渠道资金2686万元，应缴纳其他资金1642万元，应调账处理金额4.3亿元；已上缴财政8968万元，已归还原渠道资金790万元，已缴纳其他资金37万元，已调账处理金额7986万元。核减投资额8.4亿元。移送处理事项5件，移送处理人员2人，涉及金额519万元。出具审计报告和专项审计调查报告133篇，被批示、采用2篇次；提出审计建议151条，被采纳30条；提交审计信息15篇，被批示、采用12篇次。

财政审计 全市共审计（调查）36个单位的预算执行情况，查出主要问题金额16.5亿元。其中钦州市审计局审计（调查）17个单位的预算执行情况，查出主要问题金额5.3亿元。实施的钦州某学院2011年度预算执行和其他财政收支情况审计项目，发现超预算列支事业费、挤占挪用专项资金、虚列事业支出、未取得发票列支工程款、未按规定及时足额征收非税收入、代收学生医疗保险费未按规定存入基金专户等问题。灵山县审计局实施的灵山县本级2011年度预算执行和其他财政收支情况审计项目，发现财政部门未将部分财政收入纳入预算管理、一些部门未按规定对国有资产出租收入申报纳税并将收入缴入财政专户管理等问题。

全市共审计（调查）3个单位的财政决算情况，查出主要问题金额5亿元。其中钦州市审计局审计（调查）1个单位的财政决算情况，查出主要问题金额5亿元。实施的钦州市钦南区2009年至2010年财政决算和其他财政收支情况审计项目，发现该区取得财政收入未及时缴入国库、取得非税收入未及时缴入财政专户、虚增财政收入、应拨未拨专项资金、超出预算的财政支出转挂往来账反映等问题。

行政事业审计 全市共审计（调查）单位32个，查出主要问题金额9731万元。其中钦州市审计局审计（调查）单位2个，查出主要问题金额2894万元。实施的钦州市某中心2010年至2011年财务收支情况审计项目，发现未将取得的部分收入或代收款项登记入账，多列支出，未将取得的非税收入及时全额上缴财政专户，未按规定安排使用专项资金，未对发放的劳务费、补贴、奖金代扣缴纳个人所得税，将应作收入的款项长期挂账核算等问题。

专项资金审计（调查） 全市共审计（调查）单位7个，查出主要问题金额9565万元。其中钦州市审计局审计（调查）单位1个，查出主要问题金额3304万元。实施的灵山县2009年至2011年义务教育经费审计项目，发现未及时拨付教育部门年度预算资金，挤占教育费附加和地方教育附加，违规调剂义务教育公用经费等问题。

固定资产投资审计 全市共审计（调查）单位308个，查出主要问题金额828万元，核减投资额8.6亿元，占广西各级审计机关核减投资总额的24.36%。其中钦州市审计局审计（调查）单位103个，查出主要问题金额801万元，核减投资额8.4亿元，占广西各级审计机关核减投资总额的23.80%。灵山县审计局实施的灵山县县城某道路延长线西段改造工程竣工结算审计项目，对施工单位报送审核的工程结算造价核减494万元，核减率为23.39%。浦北县审计局实施的浦北县某生活垃圾卫生填埋场工程竣工结算审计项目，对施工单位报送审核的工程结算造价核减369万元，核减率为9.13%。

社会保障审计 全市共审计（调查）单位4个，查出主要问题金额2.4亿元。其中钦州市审计局审计（调查）单位3个，查出主要问题金额2.4亿元。实施的钦州市全市社会保障资金审计项目，发现该市部分人员未按规定参保、重复参保、少缴纳费用、多领取待遇，经办机构未按规定筹集和使用社会保障资金，资金使用效益不高，未按规定建立新型农村社会养老保险个人账户，未将个人缴费和财政缴费、财政补贴记入个人账户，少计个人账户存款利息等问题。

企业审计 全市共审计（调查）单位7个，查出主要问题金额2.3亿元。其中钦州市审计局审计（调查）单位2个，查出主要问题金额2亿元。实施的广西钦州某工业投资有限责任公司2009年1月至2011年12月财务收支情况审计项目，发现未准确丈量征地面积、随意或超标准列支征地拆迁补偿费、未将收取的土地转让款列作收入核算、未取得发票列支工程款、相关人员玩忽职守造成国有资产损失浪费等问题，将2人移送纪检监察部门查处。实施的钦州市某自来水公司2009年至2011年财务收支情况审计项目，发现未正确核算收入和支出、未按规定将收取的污水处理费缴存财政专户、未按规定使用财政专项资金、违规收取库区移民的水费、未取得发票列支工程成本等问题。

经济责任审计 全市共审计单位43个，审计领导干部47人，查出主要问题金额3.9亿元。其中钦州市审计局审计单位9个，审计领导干部10人，查出主要问题金额3.1亿元。实施的钦州市某局局长任期经济责任审计项目，发现应缴未缴财政收入，未按规定将收回的项目投资款作为应缴预算款上缴财政，未按规定及时将收到的库区移民扶助金和库区维护基金、罚没收入上缴财政等问题。钦南区审计局实施的某镇党委书记、镇长任期经济责任审计项目，发现私设“小金库”、违规收费、未按规定将非税收入纳入财政专户管理、违规出让国有资产、违规集资、隐瞒收入和支出、挤占挪用专项资金、未将社会抚养费收入足额缴纳国库等问题。钦北区审计局实施的某局原局长任期经济责任审计项目，发现私存公款、未将非税收入上缴财政、滞留挪用应当上缴的财政收入、违规发放各种补贴、超标准列支业务招待费、未将取得的固定资产登记入账等问题。浦北县审计局实施的某局原局长任期经济责任审计项目，发现未将非税收入上缴财政、未将撤销并入单位的经费结余列作收入、未及时拨付专项经费、挪用上级财政补助的专项资金等问题。

其他工作 在广西审计机关2012年度优秀审计项目评选中，钦州市钦南区审计局有1个审计项目被评为广西优秀审计项目一等奖；钦州市审计局各有1个审计项目分别被评为广西优秀审计项目二等奖、三等奖。

在2012年度全国AO应用实例评选中，钦州市审计局、钦州市钦北区审计局各有1个实例获全国AO应用实例鼓励奖。

钦州市审计局被评为自治区和谐单位、钦州市文明单位。11月钦州市审计局成功承办广西审计机关第二届职工运动会。

（撰稿人：全大哲　黄　梅）

【北海市审计局】 2012年，北海市审计局人员编制54人，在编47人。局长曹文，副局长葛庆新、刘文惠，总审计师黄廷中，纪检组长李态聪（—2月）。设有办公室、法规科（审理室）、财政金融审计科、行政事业审计科、农业与资源环保审计科、固定资产投资审计科、经济贸易企业审计科、外资运用审计科、经济责任审计科、社会保障审计科、交通与建设审计科、监察室，还设有北海市经济责任审计办公室、北海市政府投资审计中心。

审计成果 全市各级审计机关共审计（调查）单位191个，查出主要问题金额16.1亿元。应上缴财政3430万元，应减少财政拨款或补贴9548万元，应归还原渠道资金472万元，应缴纳其他资金1008万元，应调账处理金额1.4亿元；已上缴财政2298万元，已减少财政拨款或补贴9154万元，已归还原渠道资金279万元，已缴纳其他资金23万元，已调账处理金额2.3亿元。核减投资额9760万元，审计后挽回（避免）损失7167万元。出具审计报告和专项审计调查报告191篇，被批示、采用9篇次；提出审计建议573条，被采纳452条；提交审计信息25篇，被批示、采用

3篇次。其中北海市审计局审计（调查）单位82个，查出主要问题金额14.8亿元。应上缴财政2064万元，应减少财政拨款或补贴9008万元，应归还原渠道资金427万元，应缴纳其他资金1008万元，应调账处理金额1.3亿元；已上缴财政2034万元，已减少财政拨款或补贴8927万元，已归还原渠道资金166万元，已缴纳其他资金23万元，已调账处理金额2.2亿元。核减投资额8927万元，审计后挽回（避免）损失6794万元。出具审计报告和专项审计调查报告98篇，被批示、采用9篇次；提出审计建议259条，被采纳198条；提交审计信息6篇，被批示、采用3篇次。

财政审计 全市共审计（调查）15个单位的预算执行情况，查出主要问题金额1.9亿元。其中北海市审计局审计（调查）5个单位的预算执行情况，查出主要问题金额1.4亿元。实施的北海市某监督管理委员会2011年度预算执行和其他财政收支情况专项审计调查项目，发现该单位未严格执行固定资产管理制度，用职工安置专户资金购买单位汽油卡，未规范经费支出的审批手续，未严格监管下属单位导致某下属单位欠缴养老保险金、经营亏损仍实行较高工资福利政策等问题。

行政事业审计 全市共审计（调查）单位51个，查出主要问题金额2.4亿元。其中北海市审计局审计（调查）单位28个，查出主要问题金额1.6亿元。

专项资金审计（调查） 全市共审计（调查）单位28个，查出主要问题金额1147万元。其中北海市审计局审计（调查）单位2个，查出主要问题金额1146万元。

固定资产投资审计 全市共审计（调查）单位91个，查出主要问题金额10.2亿元。其中北海市审计局审计（调查）单位42个，查出主要问题金额10.1亿元。实施的北海市某开发投资股份有限公司重大工程建设跟踪审计项目，发现未取得相关许可证、未签订施工合同就开工建设，部分勘察施工图的审查未按规定进行招投标，让按规定应丧失资格的投标单位中标，超过规定期限签订监理合同，实际到位的施工管理、监理人员与投标文件和合同承诺的不符，部分施工管理、监理人员无证上岗并且未严格履行应有职责，在工程造价核算上将列支的车辆购置费挤进工程成本、取得的利息收入未冲减财务费用等问题。北海市审计局实施的某路网三期工程跟踪审计项目，发现部分项目的建设资金未落实到位、部分项目的建设未能按合同约定的工期竣工、部分项目的设计变更造成投资成本增加等问题。

社会保障审计 全市共审计（调查）单位4个，查出主要问题金额1.4亿元。其中北海市审计局审计（调查）单位3个，查出主要问题金额1.4亿元。实施的北海市银海区社会保障资金审计项目，发现该区社会保障资金经办机构给19名已死亡人员和4505名不符合条件人员发放最低生活保障金，社会保险各险种的管理条块分割、信息孤立且互不衔接导致部分人员重复参保，新型农村合作医疗保险基金结余过大等问题，将相关人员虚报冒领、违规发放最低生活保障金而涉嫌贪污、渎职的案件线索移送司法机关查处。北海市审计局实施的合浦县社会保障资金审计项目，发现该县部分符合条件的特殊人员未纳入保障，部分人员重复参保，不符合条件的人员违规享受保障待遇，部分单位未按规定为职工办理社会保险，部分单位和个人欠缴社会保险金，社会保障资金结余数额大、收益率较低，银行未按国家规定的优惠利率计付利息等问题。

企业审计 北海市审计局审计（调查）单位2个，查出主要问题金额1000万元。

经济责任审计 全市共审计单位54个，审计领导干部54人，查出主要问题金额9066万元。其中北海市审计局审计单位28个，审计领导干部28人，查出主要问题金额7270万元。实施的北海市某联合会理事长任期经济责任审计项目，发现该单位未将取得的铺面租金收入上缴财政，将北海市老年活动中心经费留存该单位管理的某基金会，将个体扶持专项经费挂在往来账核算，未将该单位管理的某中心综合楼、培训楼等作为固定资产登记入账等问题。合浦县审计局实施的某工业园区管理委员会主任任期经济责任审计项目，发现该管理委员会违规发放公务人员补贴、收取外单位电费未上缴财政专户、收取出让土地收入挂在往来账核算未及时结转收入成本和缴纳税款、下属公司收取房屋出租承包金挂在往来账核算未及时列作收入入账和缴纳税款等问题。

其他工作 在广西审计机关2012年度优秀审计项目评选中，北海市审计局有1个审计项目被评为广西优秀审计项目二等奖；北海市审计局、合浦县审计局各有1个审计项目被评为广西表彰审计项目。

在2012年度全国AO应用实例评选中，北海市审计局有1个实例获全国AO应用实例应用奖。北海市审计局被评为自治区和谐单位。

（撰稿人：陈东方 彭斯慧）

【防城港市审计局】 2012年，防城港市审计局人员编制28人，在编24人。局长林保聪，副局长李毓森、李世初（—11月）、周铁军，总审计师陈有良，纪检组长黄慧萍。设有办公室、法规科、财政和社保审计科、行政事业审计科、农业环保和企业审计科、固定资产投资审计科、经济责任审计科、监察室，还设有防城港市经济责任审计中心、防城港市政府投资审计中心。

审计成果 全市各级审计机关共审计（调查）单位457个，查出主要问题金额23.5亿元。应上缴财政2946万元，应减少财政拨款或补贴1.4亿元，应归还原渠道资金8.3亿元，应缴纳其他资金2957万元，应调账处理金额7.2亿元；已上缴财政976万元，已减少财政拨款或补贴1.1亿元，已归还原渠道资金4.9亿元，已缴纳其他资金401万元，已调账处理金额630万元。核减投资额1.4亿元，审计后挽回（避免）损失6.0亿元。出具审计报告和专项审计调查报告457篇，被批示、采用45篇次；提出审计建议373条，被采纳44条；提交审计信息10篇，被批示、采用6篇次。其中防城港市审计局审计（调查）单位88个，查出主要问题金额12.2亿元。应上缴财政1027万元，应减少财政拨款或补贴5416万元，应归还原渠道资金4.9亿元，应调账处理金额6.3亿元；已减少财政拨款或补贴3357万元，已归还原渠道资金4.9亿元，已调账处理金额2万元。核减投资额5416万元，审计后挽回（避免）损失5.2亿元。出具审计报告和专项审计调查报告88篇，被批示、采用2篇次；提出审计建议54条，被采纳17条；提交审计信息10篇，被批示、采用6篇次。

财政审计 全市共审计（调查）5个单位的预算执行情况，查出主要问题金额20.0亿元。其中防城港市审计局审计（调查）1个单位的预算执行情况，查出主要问题金额11.0亿元。实施的防城港市本级2011年度预算执行和其他财政收支情况审计项目，发现该市财政部门在部分商业银行开设的专项资金账户不够规范，占用专项资金，少计土地开发、征地和拆迁补偿等基金预算支出，未严格执行偿债准备金制度等问题。

行政事业审计 全市共审计（调查）单位24个，查出主要问题金额1.5亿元。其中防城港市审计局审计（调查）单位5个，查出主要问题金额3969万元。东兴市审计局实施的某局2011年度财务收支情况审计项目，发现应缴未缴预算款、未规范核算专户资金、对非税收入未实行“收支两条线”管理、占用专项资金等问题。

专项资金审计（调查） 全市共审计（调查）单位7个，查出主要问题金额2685万元。其中防城港市审计局审计（调查）单位2个，查出主要问题金额2313万元。实施的上思县义务教育经费审计项目，发现一些学校未在单位账户存放而是由学校出纳个人私存私放学生IC卡资金、擅自改变寄宿生生活补助资金的补助标准和用途、部分企业漏缴地方教育附加等问题。

固定资产投资审计 全市共审计（调查）单位414个，查出主要问题金额1.5亿元。其中防城港市审计局审计（调查）单位77个，查出主要问题金额5416万元。港口区审计局实施的防城港市某工业园区某道路工程竣工结算审计项目，发现建设单位与施工单位未按规定签订施工合同、未按规定评审确定新增工程项目的单价，施工单位对现场签证的管理不严、制作的签证单不规范、提供的竣工图和竣工资料不完善、多报工程结算造价等问题，对报送审核的工程结算造价金额核减516万元，核减率为8.97%。防城港市审计局实施的防城港市某核电厂专用进厂公路工程竣工结算审计项目，对施工单位报送审核的工程结算造价核减249万元，核减率为3.34%。

社会保障审计 防城港市审计局审计（调查）

单位3个，查出主要问题金额979万元。

企业审计 全市共审计（调查）单位4个，查出主要问题金额1529万元。上思县审计局追溯实施的上思县某宾馆1998年至2003年财务收支情况审计项目，发现私存私放、坐收坐支账外现金，应缴未缴防洪保安费，未规范核算固定资产，账务处理混乱等问题。

经济责任审计 全市共审计单位19个，审计领导干部19人，查出主要问题金额1.2亿元。其中防城港市审计局审计单位4个，审计领导干部4人，查出主要问题金额3779万元。实施的防城港市某办公室原主任任期经济责任审计项目，发现因工程管理不善导致多付工程进度款，因预算编制考虑不周导致完成工程建设所需资金总额超出中标合同总价款，应征未征、挪用应当上缴财政的易地建设费等问题。防城区审计局实施的某局原局长任期经济责任审计项目，发现虚列财政支出、超标准报销移动电话费、未经财政部门批准违规出租国有资产、滞留专项资金、应扣未扣施工单位相关税金等问题，将该局违规低价出租国有资产造成国有资产流失的案件线索移送纪检监察部门查处。

其他工作 在广西审计机关2012年度优秀审计项目评选中，防城港市防城区审计局、防城港市港口区审计局各有1个审计项目被评为广西表彰审计项目。

防城港市审计局先后被评为自治区和谐单位、自治区文明单位，东兴市审计局被评为防城港市文明单位。 （撰稿人：苏 莺 彭斯慧）

【崇左市审计局】 2012年，崇左市审计局人员编制35人，在编31人。局长裴希明，副局长黄财政、伍春、冯艺刚，总审计师韦青培，纪检组长许扬鹏。设有办公室、法规科、财政金融审计科、行政事业审计科、固定资产投资审计科、企业审计科、社会保障审计科、经济责任审计科，还设有崇左市政府性投资审计办公室。

审计成果 全市各级审计机关共审计（调查）单位126个，查出主要问题金额35.7亿元。应上缴财政2.7亿元，应归还原渠道资金7209万元，应缴纳其他资金2.5亿元，应调账处理金额4.2亿元；已上缴财政2亿元，已归还原渠道资金5960万元，已缴纳其他资金13万元，已调账处理金额2亿元。核减投资额4716万元，审计后挽回（避免）损失12万元。出具审计报告和专项审计调查报告159篇；提出审计建议300条，被采纳131条；向社会公布审计报告1篇；提交审计信息45篇。其中崇左市审计局审计（调查）单位33个，查出主要问题金额10.1亿元。应上缴财政2216万元，应归还原渠道资金815万元，应缴纳其他资金2.1亿元，应调账处理金额1.7亿元。出具审计报告和专项审计调查报告51篇，提出审计建议101条。向社会公布审计报告1篇。提交审计信息13篇。

财政审计 全市共审计（调查）9个单位的预算执行情况，查出主要问题金额21.3亿元。其中崇左市审计局审计（调查）3个单位的预算执行情况，查出主要问题金额1.6亿元。实施的崇左市本级2011年度预算执行和其他财政收支情况审计项目，发现财政部门未及时将部分财政收入上缴国库、未及时调整账务、年初编制预算未足额安排偿债准备金、违规将预算外资金从财政专户调入国库以平衡预算收支、未完善财政资金拨付手续、长期未清理往来款项等问题。龙州县、宁明县审计局分别实施的县本级2011年度预算执行和其他财政收支情况审计项目，发现县财政部门年初未细化编制支出预算，未及时将财政收入上缴国库，执行预算支出的比率偏低，未及时拨付专项资金导致资金结余过大、闲置浪费等问题。

全市共审计（调查）4个单位的财政决算情况，查出主要问题金额3.7亿元。其中崇左市审计局审计（调查）1个单位的财政决算情况，查出主要问题金额2.8亿元。实施的天等县2010—2011年度财政决算和其他财政收支情况审计项目，发现财政部门虚增财政收入、未按规定科目反映财政收入、未真实反映财政支出、未及时拨付专项资金导致其滞留时间较长、结余较大，一些单位欠缴本级财政土地出让金等问题。

行政事业审计 全市共审计（调查）单位63个，查出主要问题金额4.6亿元。其中崇左市审计局审计（调查）单位13个，查出主要问题金额1.2亿元。大新县审计局实施的某局2005年至

2011年财务收支情况审计项目，发现未及时将土地出让金、矿产资源补偿费、采矿权使用费等上缴财政，未及时收回借出款项，超范围和限额使用现金支付征地补偿费，长期未清理往来款项等问题。扶绥县审计局实施的某开发服务中心2007年至2010年财务收支情况审计项目，发现截留应当上缴的财政收入、超范围发放奖金福利、虚开发票报账、用单位资金支付应由个人缴纳的失业保险金等问题。

专项资金审计（调查） 全市共审计（调查）单位8个，查出主要问题金额7397万元。其中崇左市审计局审计（调查）单位2个，查出主要问题金额5050万元。

扶绥县审计局实施的2008年度至2011年度沼气建设资金使用情况审计项目，发现该县沼气建设部分项目地方配套资金不到位，部分项目因尚未支付工程款、设备款、运杂费、技术员工资等造成资金仍有结余等问题。

固定资产投资审计 全市共审计（调查）单位29个，查出主要问题金额1.8亿元。其中崇左市审计局审计（调查）单位3个，查出主要问题金额4949万元。实施的崇左市某广场湖景建设工程竣工决算审计项目，发现该工程建设单位未将实际投资超概算的事项上报主管部门审批、施工单位多计工程结算造价等问题，查出该工程截至4月30日实际完成投资7384万元，比投资概算超出2446万元，超出率为49.53%；对施工单位报送审核的工程结算造价7594万元核减486万元，核减率为6.40%。江州区审计局实施的某新区土石方场地平整工程造价结算审计项目，发现建设单位与施工单位签订的工程施工合同对价款的约定不符合规范要求、施工单位多计工程结算造价等问题，对施工单位报送审核的工程结算造价4953万元核减819万元，核减率为16.54%。

社会保障审计 崇左市审计局审计（调查）单位6个，查出主要问题金额2.4亿元。实施的江州区社会保障资金审计项目，发现部分单位未按规定为职工办理社会保险，部分单位和个人欠缴社会保险资金，社会保障经办机构因管理不严格、信息不畅通导致不符合条件的人员违规享受保障待遇、在同一家商业银行多头开设企业养老保险的账户、对以前年度违规使用社会保障资金的整改措施不到位等问题，

企业审计 全市共审计（调查）单位7个，查出主要问题金额1.1亿元。其中崇左市审计局审计（调查）单位5个，查出主要问题金额1.1亿元。

经济责任审计 全市共审计单位64个，审计领导干部64人，查出主要问题金额5.3亿元。其中崇左市审计局审计单位19个，审计领导干部19人，查出主要问题金额2.2亿元。实施的某医院原院长任期经济责任审计项目，发现重复收费、超标准收费、未将取得的土地出租收入上缴财政、未通过政府采购方式购置固定资产、未及时清理往来款项等问题。实施的某民族中等专业学校校长任期经济责任审计项目，发现未按规定明细核算财政拨入的四项助学专项资金、专项资金结余账实不符、固定资产账实不符、代企业发放勤工俭学工资却无学生签领凭证、未按规定合并另一并入学校的会计账、另一并入学校未经相关部门批准核销其他应收款和固定资产等问题。大新县审计局实施的某局原局长任期经济责任审计项目，发现挤占挪用专项资金、违规发放加班费、未取得有效凭证列支费用、多列或重复报账开支项目评审费、未将取得的罚没收入上缴财政、未将购置的固定资产登记入账、长期未清理往来款项等问题。

其他工作 在广西审计机关2012年度优秀审计项目评选中，崇左市审计局有1个审计项目被评为广西优秀审计项目三等奖；龙州县审计局、崇左市审计局各有1个审计项目被评为广西表彰审计项目。崇左市审计局、龙州县审计局被评为崇左市文明单位。

（撰稿人：王素云　罗凯文）

【百色市审计局】 2012年，百色市审计局人员编制43人，在编43人。局长黄武能，副局长黄培钰、谭荣先、潘秋玲，总审计师黄受飞，纪检组长张祥俭。设有办公室、法规科、财政金融审计科、行政事业审计科、农业与资源环保审计科、社会保障审计科、经贸审计科、固定资产投资审计科、经济责任审计科，还设有两个事业

单位：百色市政府投资审计办公室、百色市经济责任审计分局（11月—）。

审计成果 全市各级审计机关共审计（调查）单位181个，查出主要问题金额21.2亿元。应上缴财政3.7亿元，应减少财政拨款或补贴1.0亿元，应归还原渠道资金2.2亿元，应缴纳其他资金10万元，应调账处理金额2.4亿元；已上缴财政3.5亿元，已减少财政拨款或补贴1.1亿元，已归还原渠道资金2.2亿元，已缴纳其他资金555万元，已调账处理金额2.2亿元。核减投资额1.3亿元，审计后挽回（避免）损失2231万元。出具审计报告和专项审计调查报告162篇，被批示、采用4篇次；提出审计建议440条，被采纳221条；向社会公布审计报告1篇；提交审计信息71篇，被批示、采用29篇次。其中百色市审计局审计（调查）单位39个，查出主要问题金额9.9亿元。应上缴财政3.4亿元，应减少财政拨款或补贴7506万元，应归还原渠道资金2099万元，应缴纳其他资金10万元，应调账处理金额2.1亿元；已上缴财政3.1亿元，已减少财政拨款或补贴7506万元，已归还原渠道资金2001万元，已缴纳其他资金10万元，已调账处理金额2.1亿元。核减投资额7506万元，审计后挽回（避免）损失1961万元。出具审计报告和专项审计调查报告36篇，被批示、采用2篇次；提出审计建议127条，被采纳37条；提交审计信息21篇，被批示、采用9篇次。

财政审计 全市共审计（调查）28个单位的预算执行情况，查出主要问题金额14.0亿元。其中百色市审计局审计（调查）3个单位的预算执行情况，查出主要问题金额4.6亿元。实施的市本级2011年度预算执行和其他财政收支情况审计项目，发现财政部门未足额计提专项资金、未将预算外资金专户的政府调剂资金结余纳入预算管理，部分单位挤占挪用专项资金、应缴未缴非税收入和代扣税款、少缴税金等问题。右江区审计局实施的区本级2011年度预算执行和其他财政收支情况审计项目，发现财政部门欠拨预算追加的专项资金、应缴未缴非税收入、部分账务处理不正确等问题。

全市共审计（调查）3个单位的财政决算情况，查出主要问题金额688万元。

行政事业审计 全市共审计（调查）单位74个，查出主要问题金额3.7亿元。其中百色市审计局审计（调查）单位12个，查出主要问题金额2.6亿元。

专项资金审计（调查） 全市共审计（调查）单位17个，查出主要问题金额4662万元。其中百色市审计局审计（调查）单位1个，查出主要问题金额568万元。

固定资产投资审计 全市共审计（调查）单位42个，查出主要问题金额1.1亿元。其中百色市审计局审计（调查）单位11个，查出主要问题金额7506万元。实施的某小学工程竣工决算审计项目，发现因设计变更频繁、损失浪费严重、工程预算编制审核滞后导致投资严重超概算，建设单位违规向某造价咨询单位支付预算审核费却未能得到任何预算审核结果，施工单位多计工程结算造价等问题，对施工单位报送审核的工程结算造价核减1139万元，核减率为14.42%。靖西县审计局实施的某道路改造工程竣工决算审计项目，发现管理人员、监理人员在施工单位填制的签证单上签字时未认真核实工程量，施工单位在编制工程造价结算书时未扣减没有施工的工程项目等问题，对施工单位报送审核的工程结算造价核减1663万元，核减率为25.02%。

社会保障审计 全市共审计（调查）单位14个，查出主要问题金额9020万元。其中百色市审计局审计（调查）单位10个，查出主要问题金额9020万元。实施的平果县、田东县、靖西县等社会保障资金审计项目，发现这些县部分单位和个人未按规定参保、欠缴社会保险资金，社会保障资金经办机构因管理不严导致部分人员重复参保、不符合条件的人员违规享受保障待遇，银行未按国家规定的优惠存款利率对社会保障资金计付利息等问题。

企业审计 全市共审计（调查）单位3个，查出主要问题金额9863万元。其中百色市审计局审计（调查）单位2个，查出主要问题金额9688万元。

经济责任审计 全市共审计单位57个，审计领导干部67人，查出主要问题金额3.4亿元。其中百色市审计局审计单位10个，审计领导干部13人，查出主要问题金额2.4亿元。实施的某局长任期经济责任审计项目，发现使用假发票报账、应缴未缴财政资金、挤占挪用科技专项资金、与挂靠单位未彻底脱钩等问题。使用假发票报账的案件线索移送税务部门查处，税务部门已立案追缴税款，涉案人员已清退相关违纪款项。实施的广西百色某投资集团有限公司总经理任期经济责任审计项目，发现超额计提工资、超标准发放部分正副职负责人薪酬，少缴国有资本经营收益，大量使用假发票报销大额费用，以现金形式支付巨额工程款，未将因提前回购 BT 项目而获得的车辆作为资产登记入账，未将取得的征地劳务费、代征手续费等作为收入反映而挂往来账核算等问题。田东县审计局实施的县某局长任期经济责任审计项目，发现白条付款，大额提取现金，滞留、挤占、挪用专项资金，未将建造和购置的固定资产登记入账，长期未清理往来账等问题，抽查“山上竹海”项目竹苗发放情况，发现账面发放数与农户实际领取数严重不符等问题。

其他工作 在广西审计机关 2012 年度优秀审计项目评选中，百色市审计局各有 1 个审计项目被评为广西优秀审计项目二等奖、三等奖；百色市右江区审计局有 1 个审计项目被评为广西表彰审计项目。

在 2012 年度全国 AO 应用实例评选中，隆林各族自治县审计局有 1 个实例获全国 AO 应用实例优秀奖；百色市审计局、田东县审计局各有 1 个实例获全国 AO 应用实例应用奖；百色市审计局有 1 个实例获全国 AO 应用实例鼓励奖。

百色市审计局和田阳、平果、那坡 3 个县审计局先后被评为自治区和谐单位、自治区文明单位，乐业县审计局被评为自治区和谐单位，百色市审计学会被评为 2010—2011 年度广西社会科学先进学会。 （撰稿人：陆青松 李 忠）

【河池市审计局】 2012 年，河池市审计局人员编制 40 人，在编 34 人。局长乔彩荣，副局长刘自江、尹治山（5 月—），总审计师黄汉龙，纪检组长黄捷（—7 月）、韦名邕（7 月—）。设有办公室、法规科、财政金融审计科、行政事业审计科、社会保障审计科、企业与外资运用审计科、农业与资源环保审计科、固定资产投资审计科、经济责任审计科、计算机审计与信息管理办公室，还设有河池市政府投资审计中心。

审计成果 全市各级审计机关共审计（调查）单位 372 个，查出主要问题金额 25.9 亿元。应上缴财政 1.4 亿元，应减少财政拨款或补贴 2432 万元，应归还原渠道资金 15 亿元，应缴纳其他资金 315 万元，应调账处理金额 6597 万元；已上缴财政 4927 万元，已减少财政拨款或补贴 1612 万元，已归还原渠道资金 4092 万元，已缴纳其他资金 13 万元，已调账处理金额 2651 万元。核减投资额 9839 万元，审计后挽回（避免）损失 812 万元。移送处理事项 1 件，移送处理人员 1 人，涉及金额 37 万元。出具审计报告和专项审计调查报告 364 篇；提出审计建议 358 条，被采纳 234 条；向社会公布审计报告 14 篇；提交审计信息 40 篇，被批示、采用 2 篇次。其中河池市审计局审计（调查）单位 53 个，查出主要问题金额 19.8 亿元。应上缴财政 3959 万元，应归还原渠道资金 14.4 亿元，应调账处理金额 1006 万元。核减投资额 1631 万元，审计后挽回（避免）损失 15 万元。移送处理事项 1 件，移送处理人员 1 人，涉及金额 37 万元。出具审计报告和专项审计调查报告 49 篇；提出审计建议 87 条，被采纳 60 条；提交审计信息 14 篇。

财政审计 全市共审计（调查）26 个单位的预算执行情况，查出主要问题金额 5.7 亿元。其中河池市审计局审计（调查）6 个单位的预算执行情况，查出主要问题金额 1.7 亿元。

全市共审计（调查）16 个单位的财政决算情况，查出主要问题金额 15.6 亿元。其中河池市审计局审计（调查）5 个单位的财政决算情况，查出主要问题金额 15.3 亿元。实施的都安瑶族自治县 2011 年度财政决算和其他财政收支情况审计项目，发现财政部门应缴未缴预算收入、违规办理预算收入退库、未及时拨付专项资金、未将购置的固定资产登记入账，个别单位坐支土地出让收入等问题。

行政事业审计 全市共审计（调查）单位 65 个，查出主要问题金额 1.6 亿元。其中河池市审计局审计（调查）单位 8 个，查出主要问题金额 2432 万元。实施的河池市某管理中心 2007 年度至 2011 年度财务收支情况审计项目，发现超出范围用公款为干部职工购买人身意外伤害商业保险、银行存款年末余额出现大额负数等问题。

专项资金审计（调查） 全市共审计（调查）单位39个，查出主要问题金额4962万元。其中河池市审计局审计（调查）单位5个，查出主要问题金额4535万元。天峨县审计局实施的2007年至2008年易地扶贫搬迁试点工程资金收支情况审计项目，发现该工程未按计划任务完成沼气池建设、主管部门未按规范发放建房补助资金、个别安置点房屋建成后闲置等问题，2名村干部涉嫌贪污案件线索移送司法机关查处。河池市审计局实施的金城江区2009年至2011年义务教育经费审计项目，发现该区财政部门应拨未拨和违规使用教育费附加、违规将中小学校舍建设经费拨到乡镇财政所，教育部门违规从本级财政下拨的学校定额公用经费中扣留70%由本部门统一使用等问题。

固定资产投资审计 全市共审计（调查）单位214个，查出主要问题金额4495万元。其中河池市审计局审计（调查）单位20个，查出主要问题金额1675万元。实施的河池市某公园改造工程竣工结算审计项目，发现施工单位多计工程量、高套结算单价等问题，对施工单位报送审核的工程结算造价核减417万元，核减率为8.71%。巴马瑶族自治县审计局实施的某医院住院部大楼工程造价结算审计项目，对施工单位报送审核的工程结算造价核减1083万元，核减率为26.80%。

社会保障审计 全市共审计（调查）单位10个，查出主要问题金额2.1亿元。其中河池市审计局审计（调查）单位9个，查出主要问题金额1.9亿元。

企业审计 全市共审计（调查）单位1个，查出主要问题金额453万元。河池市审计局实施的某供销公司2007年1月1日至2012年8月31日资产负债损益情况审计项目，发现未及时足额将取得的土地收益金上缴国库、将门面租户缴纳的土地收益金挪用于支付职工基本养老保险金、用单位资金垫付应由个人缴纳的基本养老保险金、用单位资金为个人购买手机、销售商品未作收入反映而是挂账核算等问题。

经济责任审计 全市共审计单位51个，审计领导干部57人，查出主要问题金额15.7亿元。其中河池市审计局审计单位8个，审计领导干部8人，查出主要问题金额14.6亿元。实施的河池市某局原局长任期经济责任审计项目，发现应缴未缴国有资产（资源）处置转让收入、违规处置国有资产、未完善并严格执行经费支出制度、下属单位应收未收林地征地费等问题。实施的河池市某局原局长任期经济责任审计项目，发现长期占用下属单位车辆、将本部门支出转嫁给下属单位、挤占挪用专项资金等问题。

其他工作 在广西审计机关2012年度优秀审计项目评选中，天峨县审计局有1个审计项目被评为广西优秀审计项目一等奖；河池市审计局各有1个审计项目分别被评为广西优秀审计项目三等奖、广西表彰审计项目。

在2012年度全国AO应用实例评选中，都安瑶族自治县审计局、巴马瑶族自治县审计局各有1个实例获全国AO应用实例应用奖；大化瑶族自治县审计局、天峨县审计局各有1个实例获全国AO应用实例鼓励奖。

在全国社会保障资金审计工作中，河池市审计局获审计署嘉奖。

巴马瑶族自治县审计局被评为自治区文明单位。（撰稿人：韦海秀　李　忠）

【来宾市审计局】 2012年，来宾市审计局人员编制45人，在编35人。局长韦祖乾，副局长朱双明、吴运生、刘羽（8月—），总审计师覃锦平，纪检组长钟世权。设有办公室、法规科、财政金融审计科、行政事业审计科、农业与资源环保审计科、固定资产投资审计科、经贸审计科、经济责任审计科，还设有来宾市经济责任审计中心、来宾市政府投资审计中心。

审计成果 全市各级审计机关共审计（调查）单位677个，查出主要问题金额5.1亿元。应上缴财政1209万元，应减少财政拨款或补贴1.4亿元，应归还原渠道资金264万元，应调账处理金额794万元；已上缴财政591万元，已减少财政拨款或补贴1.4亿元，已归还原渠道资金79万元，已调账处理金额801万元。核减投资额1.5亿元，审计后挽回（避免）损失331万元。出具审计报告和专项审计调查报告677篇，被批示、采用1篇次；提出审计建议815条，被采纳810条；提交审计信息66篇，被批示、采用30篇次。其中来宾市审计局审计（调查）单位42个，查出主要问题金额7455万元。应上缴财政308万元，应减少财政拨款或补贴5343万元；已上缴财政14万元，已减少财政拨款或补贴5343万元。核减投资额6518万元。出具审计报告和专项审计调查报告42篇；提出审计建议87条，被采纳85条；提交审计信息48篇，被批示、采用25篇次。

财政审计 全市共审计（调查）9个单位的预算执行情况，查出主要问题金额3.3亿元。其中来宾市审计局审计（调查）2个单位的预算执行情况，查出主要问题金额11万元。实施的来宾市本级2011年度预算执行和其他财政收支情况审计项目，发现财政部门应缴未缴预算收入、无预算列支专项支出、滞留专项资金、未规范管理地方政府性债务、未按“收支两条线”的规定管理非税收入等问题。忻城县审计局实施的县本级2011年度预算执行和其他财政收支情况审计项目，发现财政部门应缴未缴财政专户银行存款利息收入、因项目建设资金拨付进度缓慢导致财政专户资金结余过大、未严格执行银行账户管理规定导致财政专户开设过多等问题。

全市共审计（调查）3个单位的财政决算情况，查出主要问题金额732万元。其中来宾市审计局审计（调查）1个单位的财政决算情况，查出主要问题金额537万元。实施的武宣县2010—2011年度财政决算和其他财政收支情况审计项目，发现财政部门近六年来超范围违规使用价格调节基金，一些单位长期隐匿未上缴国有资产出租收入、未将收取的资料费等收入纳入单位财务账核算而私设“小金库”等问题。

行政事业审计 全市共审计（调查）单位27个，查出主要问题金额1585万元。其中来宾市审计局审计（调查）单位4个，查出主要问题金额210万元。实施的来宾市农村中小学校布局调整情况专项审计调查项目，发现部分地区不合理地调整撤并农村中小学校、过度向县城学校倾斜优质师资等教育资源，寄宿制学校生活设施简陋、管理和服务不到位，部分停办校舍资产闲置等问题。

专项资金审计（调查） 全市共审计（调查）单位14个，查出主要问题金额28万元。其中来宾市审计局审计（调查）单位3个。来宾市审计局对污水垃圾处理设施建设、农村中小学义务教育经费、保障性住房资金等项目开展审计或专项审计调查。实施的市农村中小学义务教育经费审计项目，发现部分学校公用经费不足、学生宿舍食堂新建项目无附属工程配套资金、教师住房紧张、寄宿生生活补助费覆盖面窄等问题。

固定资产投资审计 全市共审计（调查）单位616个，查出主要问题金额1.5亿元。其中来宾市审计局审计（调查）单位25个，查出主要问题金额6518万元。来宾市审计局推行重点项目全程跟踪审计制度。根据市领导的指示，紧紧围绕项目立项、方案选择、评估决策、勘察设计、项目施工、竣工使用等方面对桂中水城涉及的水渠、路、桥等相关项目进行全程跟踪审计，定期汇报情况，提出合理化建议。来宾市审计局实施的某法院审判综合楼工程竣工结算审计项目，发现该工程实际投资大幅超出计划投资，建设单位对工程建设监管控制不到位，监理单位未经审核就签字确认虚增的工程量，施工单位通过多计重算工程量、跨时效增加计费等方式来多计工程结算造价等问题，对施工单位报送审核的工程结算造价核减1041万元，核减率为18.55%。实施的来宾市城区某五条道路工程竣工决算审计项目，对施工单位报送审核的工程结算造价核减4018万元，核减率为11.33%。新宾区审计局对某新区道路、某工业园消防工程、某医院等21个政府重大投资建设项目招标前的预算进行审计，共计核减工程预算造价1238万元，确保以工程招标控制价公开招标，从源头上合理控制工程造价、节约建设资金。该局实施的兴宾区某工业园农产品加工基地和企业孵化器消防工程预算审计项目，对施工单位报送审核的工程预算造价核减282万元，核减率为36.77%。

社会保障审计 全市共审计（调查）单位6个，查出主要问题金额177万元。其中来宾市审计局审计（调查）单位5个，查出主要问题金额177万元。实施的市所属县（自治县、县级市、区）社会保障资金审计项目，发现一些单位实行选择性参保导致部分职工未能纳入社会保障，经办机构未规范管理导致部分人员重复参保、不符合条件的人员违规享受保障待遇，未妥善经营导致社会保障资金结余过大、收益率较低，建筑施工企业社会保险基金自我封闭运行而未上缴财政专户管理等问题。

企业审计 来宾市审计局审计（调查）单位2个。

经济责任审计 全市共审计单位19个，审计领导干部23人，查出主要问题金额960万元。其中来宾市审计局审计单位5个，审计领导干部5人，查出主要问题金额210万元。合山市审计局实施的某局局长任期经济责任项目，发现该局应收未收、应缴未缴排污费等问题。

其他工作 在广西审计机关2012年度优秀审计项目评选中，来宾市审计局有1个审计项目被评为广西表彰审计项目。

（撰稿人：陈盛福　罗凯文）

【贺州市审计局】 2012年，贺州市审计局人员编制34人，在编30人。局长吴春生（—9月）、蒲圣南（9月—），副局长甘仕森、何贞树、何应继，总审计师黄自珍。设有办公室（监察室）、法规科、财政金融审计科、行政事业审计科、固定资产投资审计科、企业审计科、经济责任审计分局（10月—，由原经济责任审计科更名），还设有贺州市审计信息管理中心、贺州市政府投资审计中心。

审计成果 全市各级审计机关共审计（调查）单位185个，查出主要问题金额17.0亿元。应上缴财政5436万元，应归还原渠道资金754万元，应缴纳其他资金3869万元，应调账处理金额6914万元；已上缴财政8294万元，已归还原渠道资金340万元，已缴纳其他资金3869万元，已调账处理金额4945万元。核减投资额7696万元，审计后挽回（避免）损失105万元。移送处理事项2件，涉及金额234万元。出具审计报告和专项审计调查报告168篇，被批示、采用1篇次；提出审计建议309条，被采纳156条；提交审计信息60篇，被批示、采用34篇次。其中贺州市审计局审计（调查）单位40个，查出主要问题金额9.0亿元。应上缴财政4938万元，应归还原渠道资金667万元，应缴纳其他资金3672万元，应调账处理金额5283万元；已上缴财政7862万元，已归还原渠道资金337万元，已缴纳其他资金3672万元，已调账处理金额4029万元。核减投资额6050万元。移送处理事项2件，涉及金额234万元。出具审计报告和专项审计调查报告40篇；提出审计建议146条，被采纳124条；提交审计信息20篇，被批示、采用15篇次。

财政审计 全市共审计（调查）26个单位的预算执行情况，查出主要问题金额7.9亿元。其中贺州市审计局审计（调查）15个单位的预算执行情况，查出主要问题金额1.4亿元。实施的贺州市本级2011年度预算执行和其他财政收支情况审计项目，发现财政部门编制部门预算未明确列示“三公经费”预算，未将年初预算分配的专项资金下达至部门，漏征教育费附加、地方教育附加金额较大等问题，将多个相关单位涉嫌使用虚假发票报账的案件线索移送税务部门查处。平桂管理区审计局实施的区本级2011年度预算执行和其他财政收支情况审计项目，发现财政部门欠拨专项资金、未及时清理往来款项，个别部门截留冰冻灾害补助资金、白条列支资金、违规改变资金用途、借出款项未按规定记账，个别乡镇滞留退耕还林补助资金等问题。

贺州市审计局审计（调查）1个单位的财政决算情况，查出主要问题金额2.7亿元。实施的贺州市八步区2011年度财政决算和其他财政收支情况审计项目，发现财政部门编列赤字预算导致出现赤字决算、编制部门预算未明确列示“三公经费”预算导致部分单位“三公经费”大幅超支、政府性基金结余比例过大导致资金效益未能得到最大限度的发挥，一些部门使用虚假发票报账等问题。

行政事业审计 全市共审计（调查）单位50个，查出主要问题金额2.3亿元。其中贺州市审计局审计（调查）单位1个，查出主要问题金额9359万元。实施的贺州市八步区2009年至2011年义务教育经费审计项目，发现该区漏征教育附加、未足额将教育附加专款拨给教育部门、部分教育附加专款的使用不符合规定范围、中小学校大量固定资产成为账外资产等问题，某镇中心学校原会计挪用公款犯罪案件移送相关单位。

专项资金审计（调查） 全市共审计（调查）单位9个，查出主要问题金额353万元。

固定资产投资审计 全市共审计（调查）单位90个，查出主要问题金额8565万元。其中贺州市审计局审计（调查）单位18个，查出主要问题金额8053万元。实施的钟山县某污水处理工程竣工决算审计项目，发现施工单位多计工程量、高套结算单价等问题，对施工单位送审的工程结算造价金额核减1526万元，核减率为20.49%。

社会保障审计 全市共审计（调查）单位6个，查出主要问题金额3.1亿元。其中贺州市审计局审计（调查）单位4个，查出主要问题金额3.1亿元。

企业审计 全市共审计（调查）单位3个，查出主要问题金额851万元。其中贺州市审计局审计（调查）单位1个，查出主要问题金额482万元。

经济责任审计 全市共审计单位46个，审计领导干部50人，查出主要问题金额1.3亿元。其中贺州市审计局审计单位9个，审计领导干部9人，查出主要问题金额1376万元。实施的某联合会理事长任期经济责任审计项目，发现未执行政府非税收入“收支两条线”的管理规定、滞留专项资金、业务招待费超支、决策失误造成损失、未按规定处置固定资产等问题。

其他工作 在广西审计机关2012年度优秀审计项目评选中，贺州市审计局各有1个审计项目被评为广西优秀审计项目二等奖、三等奖；贺州市平桂管理区审计局有1个审计项目被评为广西表彰审计项目。

贺州市审计局有1个实例获全国2012年度AO应用实例鼓励奖。

贺州市审计局被评为自治区文明单位。

（撰稿人：卢一贝　李　忠）

2012年广西壮族自治区所辖区、县(市)级审计工作统计表

金额单位：万元

审计机关	完成审计项目(个)	查出违规金额	应上缴财政	应减少财政拨款或补贴	应归还原渠道资金	应调账处理金额	移送司法、纪检、监察部门处理(件)	建议有关部门处理(件)	出具审计报告和审计调查报告(份)	提出审计建议(条)	撰写审计信息(篇)
南宁市											
南宁市本级	66	22437	16260		65533	46753	3	5	72	145	43
青秀区审计局	10	1281	1281						9	25	16
兴宁区审计局	5						2		8	14	
江南区审计局	7	338	335			30			12	10	
西乡塘区审计局	10	28				327			13	27	
良庆区审计局	13	272			117	224	3		23	51	
邕宁区审计局	5	389				50			7	28	

续表

审计机关	完成审计项目（个）	查出违规金额	应上缴财政	应减少财政拨款或补贴	应归还原渠道资金	应调账处理金额	移送司法、纪检、监察部门处理(件)	建议有关部门处理(件)	出具审计报告和审计调查报告(份)	提出审计建议（条）	撰写审计信息（篇）
华侨投资区审计局	3					2288			3	22	6
武鸣县审计局	21	33	38	12	77	8156			28	68	25
横县审计局	16	3533	1937	16	318	171			17	40	
宾阳县审计局	17		1		72	10			28	38	9
上林县审计局	7	29							7	16	4
隆安县审计局	8	262	203		48	5			12	69	33
马山县审计局	14	80	22		20	12			19	57	10
桂林市											
桂林市本级	67	21396	21041		3428	14053			86	108	2
象山区审计局	1								1		
叠彩区审计局	3								3	6	
秀峰区审计局	1								1		
七星区审计局	2								2		
雁山区审计局	22				754	398			33		
阳朔县审计局	8								13	13	
临桂县审计局	5	4	11		101	20			5	18	
灵川县审计局	13	572	392			480			13	39	
全州县审计局	26	480	3963			4573			30		
兴安县审计局	26	1							35		
永福县审计局	6	156	2		355	11			10	3	2
灌阳县审计局	8	315	224		191	17			9	23	
资源县审计局	11	327	5		65	5657			14		
平乐县审计局	17	146	21		605	274			26		
荔浦县审计局	20	163	4						24		
龙胜各族自治县审计局	11	1	14		4473	55214			17		
恭城瑶族自治县审计局	16	1605	1605		83	1543			30		1
柳州市											
柳州市本级	94	52938	7146	52686	2429	59416	2		56	114	25
城中区审计局	39	62	54			604			41	146	32

续表

审计机关	完成审计项目(个)	查出违规金额	应上缴财政	应减少财政拨款或补贴	应归还原渠道资金	应调账处理金额	移送司法、纪检、监察部门处理(件)	建议有关部门处理(件)	出具审计报告和审计调查报告(份)	提出审计建议(条)	撰写审计信息(篇)
鱼峰区审计局	12			592					12	20	47
柳南区审计局	187	89	106	9888		1172			183	66	11
柳北区审计局	11			533		134			11	56	11
柳江县审计局	27	4146	448	4798	78	5795	1		28	32	26
柳城县审计局	19	450	1758		11				18	121	36
鹿寨县审计局	67	7661	691	1397	832	6158			83	19	
融安县审计局	23	301	10	1570	121	2064			48	101	
三江侗族自治县审计局	18	407	139	808	11	256			17	24	8
融水苗族自治县审计局	71	419	285	2607	4	311			76	71	2
梧州市											
梧州市本级	288	17778	5076		11396	52952	1		288	330	30
长洲区审计局	5					64			5	16	
万秀区审计局	4	9							4	12	
蝶山区审计局	8	3	28		2	1			8	22	
岑溪市审计局	83	1048	456			806			83	17	
苍梧县审计局	14	20103			72	19870			70	0	
藤县审计局	100	164	16	12	1681	271			150	219	
蒙山县审计局	289	764	3			531			396	930	
贵港市											
贵港市本级	65	123	48	998	17916	1549			73	53	4
港北区审计办事处	95			235					95	9	
港南区审计办事处	200			2045	329	41			201	25	
覃塘区审计办事处	2								2	2	
桂平市审计局	61	13175	92	1592	44	667			68	37	3
平南县审计局	51	2726	219	1257		3176			57	71	54
玉林市											
玉林市本级	25	3873	196	3573			1		27	48	3
玉州区审计局	15		22		33				14	70	6
福绵管理区审计局	11	14		9	22				12	19	1

续表

审计机关	完成审计项目（个）	查出违规金额	应上缴财政	应减少财政拨款或补贴	应归还原渠道资金	应调账处理金额	移送司法、纪检、监察部门处理(件)	建议有关部门处理(件)	出具审计报告和审计调查报告(份)	提出审计建议（条）	撰写审计信息（篇）
北流市审计局	24	167	167	305		31948			41	22	
兴业县审计局	12	114	114						12		
容县审计局	16	502	66						17		
陆川县审计局	12		5		21577				20	20	6
博白县审计局	20	1188	190			62			20	24	
钦州市											
钦州市本级	129	29051	17835		2686	43102	3	2	133	151	15
钦南区审计局	212	2395	232		91	2066	1		225	261	
钦北区审计局	6	7727	6954		22654	272			9	23	8
灵山县审计局	10	2290	2145			115			15	30	1
浦北县审计局	38	10498	323		433	17400			38	4	9
北海市											
北海市本级	82	4036	2064	9008	427	13179			98	259	6
海城区审计局	20	148	1216			500			23	56	4
银海区审计局	43	1138	16						36	79	
铁山港区审计局	22			160					22	76	
合浦县审计局	24	429	133	379	45	714			12	103	15
防城港市											
防城港市本级	88	51548	1027	5416	49213	63160			88	54	10
港口区审计局	67		554	1102	11	6483			67	147	
防城区审计局	49	144	1	1532		1794			49	21	
东兴市审计局	146	448	381	4041	34202	498			146	27	
上思县审计局	107	1221	982	2099		54			107	124	
崇左市											
崇左市本级	33	601	2216		815	16643			51	101	13
江州区审计局	14		193		5906	19043			19	35	
凭祥市审计局	8					2			10	12	13
扶绥县审计局	36	251	15						36	67	
大新县审计局	12	1990	6486		431	2423			19	24	10
天等县审计局	9	122	34		15	3718			7	17	1

续表

审计机关	完成审计项目(个)	查出违规金额	应上缴财政	应减少财政拨款或补贴	应归还原渠道资金	应调账处理金额	移送司法、纪检、监察部门处理(件)	建议有关部门处理(件)	出具审计报告和审计调查报告(份)	提出审计建议(条)	撰写审计信息(篇)
宁明县审计局	9		31		41	602			9	36	7
龙州县审计局	5	17594	17594			10			8	8	1
百色市											
百色市本级	39	55360	33801	7506	2099	21263			36	127	21
右江区审计局	8	377							8	15	12
田阳县审计局	26	1784	406	70	213	213			23	75	19
田东县审计局	10	13634		190	5000	6			10	20	
平果县审计局	20	15207	243	681	14747	23			18	25	
德保县审计局	9	217	217	0					9	13	
靖西县审计局	14	2989	234	1916		27			14	23	
那坡县审计局	12	28	3		2	166			12	14	
凌云县审计局	9								4		
乐业县审计局	10	971			78	20			9	22	2
西林县审计局	4	843	840	2					6	36	6
田林县审计局	14	818	457			1390			7	46	4
隆林各族自治县审计局	6	1547	1199	9		20			6	24	7
河池市											
河池市本级	53	4718	3959		144156	1006	1		49	87	14
金城江区审计局	44	257	8	434	245	2244			44		5
宜州市审计局	17	1250	247		32				15	99	
南丹县审计局	72	502	512			29			71	5	
天峨县审计局	14								14	0	14
凤山县审计局	10	4819	82	43	4503	289			10	14	
东兰县审计局	27	2	16	1504	6	26			26	41	
巴马瑶族自治县审计局	10		4467		130	1555			10	24	
都安瑶族自治县审计局	25	4225	2005		472	651			25		2
大化瑶族自治县审计局	49	276		219	56				49	7	5
罗城仫佬族自治县审计局	18	865		46	9	8			17	18	
环江毛南族自治县审计局	33	2318	2093	182	279	788			34	63	

续表

审计机关	完成审计项目（个）	查出违规金额	应上缴财政	应减少财政拨款或补贴	应归还原渠道资金	应调账处理金额	移送司法、纪检、监察部门处理（件）	建议有关部门处理（件）	出具审计报告和审计调查报告（份）	提出审计建议（条）	撰写审计信息（篇）
来宾市											
来宾市本级	42	47	308	5343					42	87	48
兴宾区审计局	90			2434					90	173	
合山市审计局	14	310	310	2313	215				14	21	
象州县审计局	134	26	10	518					134	88	
武宣县审计局	41	48	3	404	48	794			41	40	3
忻城县审计局	226	454	394	1658					226	377	14
金秀瑶族自治县审计局	130	181	181	1541					130	29	1
贺州市											
贺州市本级	40	16832	4938		667	5283		2	40	146	20
八步区审计局	18	706	3						18	54	39
平桂管理区审计局	38	129	91		86	758			35	34	
昭平县审计局	13	1389	399			873			13	24	
钟山县审计局	49								49	17	
富川瑶族自治县审计局	27	5	4						26	34	1

海南省

【海南省审计厅】 2012年，海南省审计厅人员编制125人，在编124人。设有办公室（老干部工作处）、组织人事处（机关党委、机关工会、机关团委）、金融审计处、财政审计处、行政政法审计处、农业审计处（农垦审计处）、资源环境审计处、教科文卫审计处、社会保障审计处、政府投资审计处、企业审计处、经济责任审计处、政策法规处（内部审计监督指导处）。

领导成员

厅　长：陈如军

副 厅 长：何琼妹　林长彬

刘劲松　邓伟强（11月—）

总审计师：贺庆华

审计成果　全省审计机关完成审计项目1050个，查出违规金额478 824万元，应上缴财政508 078万元，应减少财政拨款或补贴24 663万元，应归还原渠道资金38 769万元，应调账处理金额642 896万元，应缴纳其他资金43 873万元；已上缴财政141 137万元，已减少财政拨款或补贴54 328万元，已归还原渠道资金10 121万元，已调账处理金额120 327万元，已缴纳其他资金9 183万元。移送司法机关、纪检监察部门处理事项4件，移送有关部门处理事项10件。提交审计报告和专项审计调查报告1169篇，提交审计信息366篇。海南省审计机关8个公务员集体、4名公务员和2个项目受到审计署社会保障资金审计表彰：赴东方市和琼海市社会保障资金审计组被记公务员集体三等功；赴昌江县、澄迈县、万宁市、屯昌县、白沙县、保亭县社会保障资金审计组获公务员集体嘉奖；省审计厅金德辉被记个人三等功；省审计厅施美容、高优翔和东方市审计局符赞华获个人嘉奖；省审计厅实施的东方市社会保障资金审计项目被评为全国社会保障资金审计表彰项目，昌江县审计局实施的昌江县新型农村合作医疗基金专项审计调查项目被评为全国地方表彰审计项目。2012年，省审计厅被省委、省政府评为省东环高铁建设先进单位，省审计厅政府投资审计处林丽被评为先进个人。省审计厅被省委组织部评为“联村进企”行动先进派出单位，省审计厅林莉被评为优秀农村工作指导员。省审计厅王祚全被省直机关工委评为创先争优活动优秀共产党员。省审计厅机关党委被省直机关工委评为党建工作先进单位。

预算执行审计 (1) 地方税收征管审计。省审计厅对18个市县2011年地方税收征管情况进行审计。审计结果显示，全省地方税收收入共284.55亿元，同比增长25.9%，完成年度计划的104.8%，税收收入持续稳定增长。审计抽查685家企业发现，60家企业应征未征税额6.61亿元，其中耕地占用税5.3亿元、土地增值税及相关税费7 161.29万元、土地使用税和房产税4 482.27万元、契税1 428.82万元。2个市违规提前征收土地增值税和营业税1.26亿元。个别市县“以票控税”管理不到位，企业未及时补缴税款，有些“双定户”实际用票超过核定营业额1倍，造成税款流失。此外，还存在税费征管信息系统不完善导致数据错漏、代征代扣手续核算不规范等问题。审计后，地税部门积极追缴，已有21家企业补缴土地增值税及其他税款6 535.72万元。

(2) 土地出让收入征缴审计。省审计厅对18个市县2011年度土地出让收入征缴情况进行审计。审计结果表明，全省土地出让收入管理不断完善，但也存在下列问题：一是拖欠土地出让收入。15个市县54宗土地拖欠土地出让价款36.68亿元，占应征收土地总价款的17.4%，同时拖欠违约金2.03亿元；8个市县10宗土地拖欠因改变土地性质或提高容积率应补缴的土地价款6.87亿元，占应征收被缴土地总价款的14.3%。二是未按规定分配土地出让收入。9个市县少计提国有土地收益基金1.91亿元，7个市县少计提农业土地开发资金0.36亿元，9个市县少计提农田水利建设资金2.08亿元，8个市县少计提教育资金1.82亿元，10个市县少安排廉租住房保障资金3.47亿元。三是不按程序办理《国有土地使用权证》。3个市县8宗土地面积83.70公顷，在未缴清土地出让价款的情况下办理了《国有土地使用权证》，截至6月底，仍欠缴7.78亿元，占应收总价款的24.74%。

(3) 财政支出管理审计。省审计厅对全省财政支出管理情况进行审计。审计结果显示，全省财政支出进度慢的状况有所改善，但未得到根本性解决，财政支出进度慢的问题由显性转变为隐性。一是有457.76亿元已列支的财政资金未实际支出。截至2011年底，全省历年已列作预算支出但并没有真正开支的财政资金累计余额达457.76亿元（省本级77.38亿元），“以拨代支”转入财政专户的资金年底余额183.02亿元（省本级27.68亿元），转入行政单位实有资金账户的资金年底余额139.89亿元。至5月底，全省国库列支挂账和财政专户余额仍有304.11亿元未实际支出，其中列支挂账119.15亿元（省本级28.32亿元）、财政专户184.96亿元（省本级22.18亿元）。二是违规出借国库资金2.95亿元。5个市县违规出借国库资金2.95亿元，主要用于政府投融资平台公司注册资本、保障性住房工程款和保证金、购买房产等。三是挤占挪用专项资金16.49亿元。截至2011年底，7个市县占用专项资金15.14亿元；3个市县挪用土地出让收入1.29亿元，用于修建办公楼、宾馆、住宅楼和单位考察、接待等日常开支；3个市县挪用扶贫资金、农综资金、征地补助款共计612.2万元。

(4) 地方政府性债务管理情况专项审计调查。继续开展地方政府性债务审计，审计结果表明，全省政府性债务风险在可控范围。本次专项审计调查发现，大多数市县政府未采取实质性措施加以整改，未整改或未全面整改的问题51个，占55.4%。审计调查发现仍然存在融资平台公司自身没有偿债能力、政府性债务管理还没有建立起规范统一的管理机制、债务资金大量闲置导致政府债务加重等问题。审计建议：要重视对审计发现问题的整改；加强对政府性债务的统一管理；拓宽融资平台公司业务，提高债务资金使用绩效。整改结果已向省政府专题报告。

金融审计 对5个市县农村信用社资产负债

损益情况进行审计。审计结果表明，5个市县农村信用社2010年末存款金额111.29亿元，比2007年增加60.15亿元，增长117.62%；各项贷款余额62.34亿元，比2007年增加38.48亿元，增长161.95%；不良贷款7.08亿元，比2007年减少6.21亿元，不良贷款率由55.9%下降到11.3%；2010年实现利润5 426.61万元，经营状况逐年好转。但审计也发现违规贷款7918万元、少计提贷款损失准备2 953.47万元，贷款集中度过高；历史亏损包袱沉重，经营困难较多等问题。

行政事业审计 省审计厅对省本级53个部门决算草案编制情况进行审计，占部门总数的49.1%。审计结果表明，省本级部门决算草案总体情况较好，编制程序、范围、口径、方法基本符合规定，决算草案报表数据基本准确。2011年年底，53个单位当年收入共计84.17亿元，当年支出81亿元，年终结余27.6亿元（含上年结转和结余）。但也发现部分预算单位未及时清理和结算各往来款项，造成应转为收入或列作支出的款项未及时进行列转、资产账实不符和账账不符等问题。

农业与资源环保审计 （1）“菜篮子”工程建设情况审计。省审计厅组织对海口、琼海、陵水、澄迈等4个市县2011年“菜篮子”工程建设情况进行审计调查。结果表明，2011年4市县投入“菜篮子”工程建设项目资金为57 699.46万元，其中中央及省级资金31 666.91万元，市级资金为26 032.55万元，截至2012年6月30日已支出50 434.21万元。财政资金主要用于建设露地常年蔬菜生产基地、设施大棚、冷库、农贸市场升级改造和发放物价上涨联动补贴等。省“菜篮子”工程建设为稳定全省甚至全国“菜篮子”价格波动发挥积极作用。但审计发现仍存在财政资金被挪用、资金缺乏整合、重复补贴、项目建成后闲置、“重投入轻服务”等问题。审计建议：要对“菜篮子”基地和冷库建设进行科学规划，确保“菜篮子”工程可持续发展；要统筹整合“菜篮子”工程建设资金，发挥财政资金合力；要加强平价摊位和平价商场建设，搞好产销对接；要严格资金拨付管理，确保财政资金安全有效；要转变政府职能，增强主动服务意识。

（2）填海造地情况审计。省审计厅对省本级、洋浦开发区和12个沿海市县2009年至2012年填海造地情况进行审计。结果表明，2009年至2012年9月，全省批准发证填海造地项目54宗，面积1 234.86公顷，已办理海域使用相对权证换发国有土地权证项目2宗面积9.54公顷。全省各级海洋主管部门不断规范填海造地管理，海域使用金收支真实合法。但还存在管理不规范以及体制、机制和制度上一些缺陷等问题。审计建议：尽快编制填海造地规划、完善环境影响评价制度、规范填海造地一级开发合作模式、健全填海造地出让制度。

固定资产投资审计 全省审计机关为推动“项目建设年”，重点对75个政府投资建设情况进行审计，审计金额64.03亿元，查出虚假工程造价3.86亿元。对4市县污水处理厂进行审计，查出建设项目虚报工程造价1.54亿元，虚报率达36.36%。对3个市县垃圾处理场进行审计，查出虚报工程造价1 331.56万元，虚报率为13.96%。对4个公路港口建设项目进行跟踪审计，通过审计合理化建议节约项目投资1 091.8万元。对13个教育卫生建设项目进行跟踪审计，发现1所高校3个建设项目和1家医院68个工程子项目采取高套定额单位等手段，虚报工程造价5 266.69万元。对12个市政工程清算进行审计，查出虚报工程造价6 203.8万元，虚报率为17.6%。

企业审计 对省发展控股、海南高速等9家省属国有企业进行审计。审计资产总额568.33亿元，负债总额353.33亿元，净资产总额215亿元。审计结果表明，国有企业领导人较好履行国有资本委托经济责任，完成了省国资委考核的主要经济指标，各项财务收支基本真实地反映企业的财务状况和经营成果。但审计也发现，部分企业财务收支不真实2.1亿元，少缴税款251.43万元；部分投资项目先期投入8490万元后，项目进展缓慢或停滞，存在投资风险；部分投资项目经营不善，累计亏损1.5亿元等问题。

社会保障审计 根据审计署的统一安排，省审计厅组织全省审计机关对省本级和22个市县（区）2005年至2011年3大类18项社会保障资金的筹集、使用、管理情况进行审计。审计涉及各市县人民政府及其所属人力资源社会保障、民政、卫生、财政、社会保险经办机构、地税、残联等多个部门单位，抽查核对 2.25 万名社保对象。审计结果显示，截至 2011 年底，全省基本养老保险参保人数 440.99 万人，基本医疗保险参保人数 827.86 万人，城市居民最低生活保障对象 16.82 万人，农村最低生活保障对象 24.71 万人，农村五保供养 3.40 万人，城镇职工和居民社会保险体系日趋完善。2008 年至 2011 年，全省民生支出累计 1318.42 亿元，占同期地方一般预算支出的 59.68%；2011 年全省投入民生的资金达 546.6 亿元，比上年增长 34.4%，占全省财政支出的 70.1%，新增财力 55%以上用于民生支出。审计也发现符合保障条件的特殊人员未纳入社会保障，财政补助资金未足额到位，前年度违规使用尚未整改的社会保险资金，部分企业通过少报缴费基数等方式少缴社会保险费，违规使用资金，套取新农合资金，资金运营效率不高以及社会保障资金管理不规范、发放不及时、求助待遇审批效率低等问题。各级政府高度重视审计发现的问题。截至 5 月，归还被挤占挪用资金 4 067.42 万元，追回被骗取和多支付资金 153.24 万元，挽回基金利息损失 261 万元，清退不符合条件和重复领取待遇人员 2071 人，完善社会保障制度和规范管理政策 2 项，规范社会保障基金账户 2 个。

经济责任审计 省审计厅对 16 名领导干部进行经济责任审计。其中党政机关、事业领导干部 6 名，企业领导人员 2 名，其他单位 8 名。审计查出违规金额 34 953 万元，负主管责任金额 3726 万元，负领导责任金额 31 227 万元。提出审计建议 45 条，被采纳 23 条。在审计中，根据负有经济责任的运行和职责履行来确定审计内容，并根据审计内容界定经济责任，做出客观评价。强化“以责定审”的指导思想，做到“权力运行到哪里，审计就到哪里，评价就到哪里”。省审计厅还根据审计署办公厅关于落实两办《规定》情况督察工作方案的通知精神，抽调人员分三批赴全省 18 个市县开展贯彻两办《规定》情况的督察工作，覆盖面达 100%。

专项资金审计（调查） （1）城镇保障性安居工程跟踪审计。10 月，根据审计署的统一安排，省审计厅派出 23 个审计组、173 名审计人员，对全省 2012 年各类城镇保障性安居工程（包括廉租住房、公共租赁、经济适用住房、限价商品住房、各类棚户区改造）的投资、建设、分配、运营等情况进行审计。重点审计省本级、3 个地级市和 16 个市县政府所属住建（住房保障）、发展改革、财政、国土资源、规划、民政、农业、林业等有关部门，对 431 个保障性安居工程项目的开工情况、302 个项目的竣工情况、154 个项目的工程建设和质量管理情况进行审查，延伸审计 376 个与保障性安居工程项目相关的融资、建设、勘察、设计、施工、监理、质量监督等单位和企业以及 116 个街道办（乡镇）、24 个居（村）委会、773 户家庭。审计结果显示，2012 年全省通过发放租赁补贴、现租现售保障性住房和棚户区改造等方式，保障中低收入住房困难家庭 7.82 万户、25.91 万人。截至 2012 年底，全省城镇保障性安居工程累计保障家庭总人数 96.98 万人，占城镇人口的 22.58%。2012 年国家下达海南省城镇保障性安居工程开工任务 7.19 万套，竣工任务 4.1 万套。省各级分解下达保障性安居工程开工任务 7.47 万套，竣工（基本建成）任务 5.33 万套。全省各级上报完成开工任务 8.32 万套，竣工任务 6.10 万套，基本建成任务 6.20 万套。但审计发现，城镇保障性安居工程仍存在四大问题：一是未按规定完成省分解下达的保障性安居工程任务。部门单位、市县由于资金拨付不到位、建设用地选址不当、审批程序烦琐等原因，未完成省分解下达的开工、竣工任务。二是资金筹集和管理不规范。主要表现在保障性安居工程资金筹集不到位、资金使用效率不高、资金拨付管理不规范三个方面。三是保障性安居工程建设管理不到位。有 40 个项目在未完全取得建设用地规划许可证、建筑工程规划许可证、建筑施工许可证的情况下即开工建设；部分项目单位未严格履行管理责任，部分项目施工单位未严格履行质量管理责任，部分项目勘察、设计、监理等受托单位和工程质量监督管理机构质量控制责任履行不到位，部分工程出现明显质量问题。四是保障性住房分配和使用管理不规范。有 823 户需要改善住房的未纳入当地住房保障范围、部分住房困难家庭应保未保、不符合条件的 77 户获得住房保障。

(2) 农村中小学布局调整审计调查。按照审计署的部署，省审计厅与教育厅组织实施了除海口、三亚市外的16个市县农村义务教育阶段中小学布局调整情况专项调查。重点抽查初中110所、小学212所、教学点41个，查访学生及家长10 999名，摸清了16个市县2006年以来农村中小学布局调整总体状况。调查结果表明，16市县政府及教育部门较好地贯彻了基础教育相关政策，按照《海南省人民政府关于进一步调整中小学布局精简优化教职工队伍的意见》和《海南省农村教育十年（2003—2013年）发展规划》的要求，积极推进农村中小学校布局调整工作。2006年至2011年，16市县结合中小学校舍安全、薄弱学校改造、义务教育标准化建设、教育扶贫移民工程，撤并了一批生源少、规模小、条件差、质量低的初中、小学和教学点，集中新建和扩建了一批教育扶贫移民学校和寄宿制学校。在优化教育资源配置，提高义务教育办学水平和教学质量，促进城乡教育均衡发展方面取得了显著成效。但审计仍发现农村中小学布局调整存在以下问题：一是农村学校和教学点撤并过多过快，部分市县调整不规范；二是教育资源过度向县镇地区集中，产生新的结构失衡；三是农村地区保留学校基础设施建设停滞；四是大量寄宿制学校配套建设与管理不到位；五是部分学校学生面临“上学远、上学贵”困境；六是停办学校校舍资金处置和管理不规范。审计建议：加强全省统筹指导，研究制定全省农村中小学布局工作指导意见；严格执行调整政策，对违背原则、脱离实际的事项予以纠正，防止过度调整和强行撤并；加大专项经费投入，建立相应经费保障机制；进一步加强寄宿制学校建设和管理。（撰稿人：潘春雄　钟宇靖）

【海口市审计局】　2012年，海口市审计局人员编制41人，在编39人。局长孙芬，副局长李冬青、杨华，总审计师刘桂云。设有财政审计处、政府投资审计处、经济责任审计处、行政事业审计处、社会保障审计处、农业与资源环保审计处、企业审计处、政策法规处、办公室。下属事业单位：海口市工程项目审计中心。

审计成果　全市审计机关完成审计项目179个（其中计划项目42个，各类交办项目137个），查出违规金额28.1亿元，管理不规范金额4.7亿元，核减工程造价12.12亿元。依法查处一批违法违纪行为。提出审计意见和建议65条，被采纳38条。

财政审计　重点披露财政税收管理中存在的问题，特别是预算编制不科学、部门预算不细化以及资金管理与分配不均等问题。依法查处违规和管理不规范金额23.06亿元、收缴财政专户1515万元。对海口市地方税收征管情况进行审计，揭示税收征管不规范，地税部门对企业报表真实性的审核力度不够，企业偷漏税费时有发生等问题，审计期间抽查5家企业，促进补缴税费入库5806万元。

固定资产投资审计　2012年是“项目建设年”，海口市审计机关主动跟进，整合力量，重点对海口市项目管理中存在的高估冒算、虚报工程量、随意调整概算、随意进行变更、招投标不规范等问题进行审计监督。完成工程竣工决（结）算审计项目138个，审计总金额71.85亿元，核减工程造价12.12亿元；与此同时，还加大对南渡江流域土地整治、“9+1”市政道路贯通工程等13个重点项目的跟踪审计，出具《审计整改建议函》42份，提出整改建议137条，促进项目建设管理。为保障资金安全，提高投资效益，推进海口市重点项目建设发挥积极作用。

经济责任审计　对6名党政领导和企业负责人任期经济责任进行审计。发现少数领导财务管理意识不强、决策不科学、不够公开透明，个别领导甚至乱决策、乱作为，存在严重的违纪违法行为。通过审计，处理违规金额5735万元，管理不规范金额2.54亿元。对个别严重违法违纪的，依法移送有关部门。

专项资金审计（调查）　2012年是海口市经济发展面临困难最多，资金压力最大的一年，市委、市政府把民生问题放在首位，想方设法加大民生投入。为保证资金落到实处，海口市审计机关对社会保障资金、保障性住房、中小学校舍安全工程、被征地农民社会养老保障等民生项目开展审计，涉及金额50.71亿元，促进完善民生保障制度，确保民生项目落地，资金用到实处，真

正惠及广大百姓。　　　　　　　　（撰稿人：黎鹏霄）

【三亚市审计局】　2012年，三亚市审计局人员编制43人，在编43人。局长王瑜，副局长麦军、陈积明、史晓辉（—7月）、廖沙（7月—），总审计师廖沙（—7月）、汪祥山（7月—）。设有办公室、行政事业审计科、财政审计科、企业审计科、农业与资源环保审计科、经济责任审计室、法规科、固定资产投资审计科、派出审计室。下属事业单位：三亚市政府投资审计中心。

审计成果　三亚市审计局完成审计（调查）项目253个，查出违规金额31 989万元，损失浪费金额154万元，管理不规范金额820 051万元，应上缴财政26 226万元，应归还原渠道资金439万元，应减少财政拨款或补贴1466万元，应调账处理金额73 215万元；已上缴财政6513万元，已调账处理金额72 045万元，核减投资额3.73亿元。出具审计和审计调查报告253份（其中三亚市社会保障资金专项审计项目由省厅统一出具报告），提交信息简报74篇，其中有关部门采用33篇次。向被审计单位或有关单位提出审计建议125条，被采纳106条。

财政审计　主要对市本级预算执行情况、地方税收征管、三亚市住房和城乡建设局的部门预算执行情况进行审计。审计查出违规金额24 320.55万元，管理不规范金额436 326.91万元，损失浪费154万元。针对审计发现的问题，注重从政策、法规、制度、管理等层面揭示问题、分析原因，提出审计意见和建议。向人大所做的年度审计工作报告和审计情况整改报告，受到市人大和市政府的好评。

固定资产投资审计　全年完成市政府投资审计项目224个，列入年度绩效考评计划项目1个。从项目立项、招投标、合同签订、工程施工到竣工造价决算进行全程的审计监督。完成送审投资额17.16亿元（竣工结算审计），核减投资额3.72亿元，核减率21.7%。

经济责任审计　根据市委组织部的委托对市卫生局、市水务局、市物价局、三亚晨报等16个单位、17名领导干部开展经济责任审计。审计查出违规金额5551万元，其中应负领导责任金额4451万元，应负主管责任金额1082万元，应负直接责任金额16万元；查出管理不规范金额265 189万元，其中应负领导责任金额264 663万元，应负主管责任金额525万元。针对审计发现的问题，提出审计意见和建议，督促相关单位认真抓好整改。

专项资金审计（调查）　重点对保障性住房资金、中小学校舍安全工程建设资金、花卉产业发展资金、征地拆迁工作经费等9项专项资金进行审计调查。查出违规金额2 117.45万元，管理不规范金额113 822.09万元。注重从体制、机制、资金管理等层面揭示问题、分析原因、提出建议，审计质量明显提高。（撰稿人：周　沁）

2012年海南省所辖区、县（市）级审计工作统计表

金额单位：万元

审计机关	完成审计项目（个）	查出违规金额	应上缴财政	应减少财政拨款或补贴	应归还原渠道资金	应缴纳其他资金	应调账处理金额	移送司法、纪检、监察部门处理（件）	建议有关部门处理（件）	出具审计报告和审计调查报告（份）	提出审计建议（条）	撰写审计信息（篇）
海口市												
海口市本级	31	7246	1957		969		109818			30	145	1
龙华区审计局	9									9	22	

续表

审计机关	完成审计项目（个）	查出违规金额	应上缴财政	应减少财政拨款或补贴	应归还原渠道资金	应缴纳其他资金	应调账处理金额	移送司法、纪检、监察部门处理(件)	建议有关部门处理（件）	出具审计报告和审计调查报告(份)	提出审计建议（条）	撰写审计信息（篇）
秀英区审计局	7	5			5		8			7	18	12
琼山区审计局	7	1107	681		259		8			7	47	23
美兰区审计局	8			28	1910		34			8	32	
三亚市												
三亚市本级	252	28980	27325		290	89	78017		5	252	192	89
省直辖行政单位												
文昌市审计局	8	3936								14	31	2
琼海市审计局	17	555	587		19	5101	742			26	61	8
万宁市审计局	33	128	1303	9748	33		57			38	217	1
五指山市审计局	66	11	11	1427			122			69	82	
东方市审计局	58	127	49	948	86		12			58	101	
儋州市审计局	32	1265	1052	2407	1500	377	1318			60	34	68
临高县审计局	10	2824	2824				14			10	65	
澄迈县审计局	49	184	166	3629		2	1554			65	103	15
定安县审计局	65	565	576	2186	933		8517			64	33	
屯昌县审计局	166	269	565	4245			9917			171	397	
昌江黎族自治县审计局	11	52	2		31					11	92	33
白沙黎族自治县审计局	15	23				23				21	101	5
琼中黎族自治县审计局	7	199			1452		16			12	19	10
陵水黎族自治县审计局	8	2233	1197							13	20	8
保亭黎族苗族自治县审计局	12	3663	6	45	48	3418	1213	3	2	21	171	12
乐东黎族自治县审计局	7	3139	229		68	13	229			7	47	

重庆市

【重庆市审计局】 2012 年，重庆市审计局人员编制 311 人，在编 276 人。设有办公室、综合处、人事处、法规处、机关党办（与机关工会、机关团委合署办公）、计算机应用管理处、内部审计管理处、离退休人员工作处、经济责任审计处、财政审计处、行政事业审计处、固定资产投资审计处、经贸审计处、金融审计处、农业审计处、移民审计处、社会保障审计处、外资运用审计处、工业审计处、市政建设审计处、教科文审计处、商贸审计处、资源环保审计处、交通审计处，另有市监察局派驻市审计局监察室、重庆市审计中心。

领导成员

局　　长：卢建辉

副 局 长：邓开伟　李永春

　　　　　丁时勇　李新建

　　　　　戴　希　黄家登

总审计师：朋　薇

纪检组长：张海坤

审计成果　全市审计机关完成审计项目2797个，查出违规金额2 218 848万元，应上缴财政835 949万元，应减少财政拨款或补贴319 146万元，应归还原渠道资金712 380万元，应调账处理金额2 311 252万元；已上缴财政664 296万元，已减少财政拨款或补贴297 845万元，已归还原渠道资金330 101万元，已调账处理金额352 083万元。移送司法机关、纪检监察部门处理事项118件，建议有关部门处理事项202件。提交审计报告、信息5975篇，被采用2213篇。

财政审计　审计结果表明，全市各级各部门认真实施积极财政政策，圆满完成人大批准的预算；积极筹措财政资金，保障重大决策贯彻落实；优化财政支出结构，着力保障和改善民生；深化财政体制改革，初步形成公共财政框架。

市级财政预算执行审计情况：市财政局认真履行职能，切实保障重大决策部署的贯彻落实，促进全市经济社会持续发展。审计发现存在预算执行不及时、专项资金分配管理不够规范、部门预算下达不够规范等问题。

市级税收预算执行审计情况：市地税局积极落实国家宏观调控及惠民政策，完善各项制度，推行税收管理信息化，加强行业税收检查，税收征管质量进一步提高。重点抽查4个征收局和8户建筑安装企业，发现存在部分税收政策执行不规范、部分建筑安装企业核算不实、税收监管基础工作有待加强等问题。

区县财政决算审计情况：对5个区县财政决算情况的审计结果表明，各区县政府积极组织财政收入，优化支出结构，推进财政改革，强化预算管理，财政决算基本反映了年度财政收支状况。审计发现部分区县应征未征、应缴未缴财政资金及挤占挪用专项资金等问题。

重庆市三届人大常委会第三十三次会议审议了《关于2011年度市级预算执行和其他财政收支审计工作报告》，对审计工作报告中涉及的问题提出整改要求。市政府对此高度重视，由各副市长负责督促抓好整改工作，要求有关区县政府和市级有关部门单位深入分析查找问题原因，落实整改措施，确保整改到位。各被审计单位按照要求和市审计局依法下达的审计决定，切实进行整改。

专项资金审计（调查）　（1）农村饮水安全项目资金审计调查。重点抽查8个区县的项目资金17亿元，占全市总投资额的28.2%。审计调查结果表明，市水利局和有关区县高度重视，加强资金和项目管理，因地制宜地兴建供水工程，有效解决了部分农村群众的饮水不安全问题。审计调查发现部分项目实施进度缓慢、部分供水工程运营效益较差、多计工程价款等问题。

（2）主城区危旧房改造项目审计。重点抽查危旧房改造拆迁面积341.5万平方米，占总面积的37%。审计结果表明，危旧房改造工作进展顺利，较好地改善了城市居民，特别是部分低收入群体的住房条件。审计发现拆迁补偿政策执行不够严格、危旧房改造资金管理不够规范等问题。

（3）中等职业学校学生资助资金审计调查。审计调查39个区县（自治县）及所属183所中等职业学校。调查结果表明，全市中等职业学校学生资助工作总体运行情况较好，为促进教育公平、构建和谐社会、推进城乡统筹发展发挥积极作用，初步形成普高与中职教育协调发展的良好格局。审计调查发现部分学校为不具备受助资格的学生申报资助资金、未及时发放或截留资助资金、部分区县财政局未及时拨付资助资金等问题。

（4）中小学校舍安全工程资金跟踪审计调查。跟踪审计调查40个区县（自治县）1064所学校。调查结果表明，市校舍安全办公室和相关区县积极采纳历年跟踪审计建议，认真整改问题，有效保障校舍安全工程顺利实施，危旧校舍得到改造，办学条件逐步好转。审计调查发现部分学校多计工程投资、部分区县未按规定减免工程相关费用等问题。

（5）远郊区县（自治县）社会事业发展资金建设项目审计调查。相关区县及部门认真落实加强远郊区县社会事业发展的各项要求，市政基础、教育文化、体育卫生等设施建设取得较好成效，促进远郊区县发展。审计调查发现部分区县擅自改变项目用途、权属不清、未批先用，部分区县建设进度滞后等问题。

（6）农民专业合作社及补助资金审计调查。重点抽查10个区县和市农委等单位和部门，涉及175个合作社，财政补助资金6262万元，占全市补助资金的44%。调查结果表明，近年来在相关扶持政策大力支持下，合作社快速发展，较好地推动土地规模化经营，提高农民组织化程度和参与市场竞争的能力，促进现代农业发展。调查发现合作社产品及服务科技含量不高、附加值低，部分合作社市场竞争力较弱、盈利能力不强等问题。

（7）矿产资源专项资金审计调查。重点抽查8个区县（自治县）和相关单位，抽查资金额占总额的88.9%。调查结果表明，市国土房管局和相关区县（自治县）政府采取多项措施，不断完善制度，加大资金征管力度，矿产资源开采秩序和资金管理逐步规范。调查发现部分区县对辖区内企业监管不严、执行标准不严、征收部门基础管理工作薄弱等问题。

（8）农业综合开发资金审计。重点抽查市农综办和9个区县42个项目。调查结果表明，全市较好地完成农业综合开发年度投资计划和建设任务，取得良好经济效益、社会效益和生态效益，资金和项目管理不断规范。审计发现部分区县主管部门、乡镇及业主套取、挪用项目资金，部分区县扩大范围安排项目资金等问题。

（9）应用技术研究与开发资金审计调查。市科委加大监管力度，组织开展应研项目预算评审，应研资金使用总体情况较好。审计发现部分项目资金安排不尽合理、管理部门监管力度不够、挤占项目资金等问题。

固定资产投资审计　加大建设管理、合同执行、质量安全审计力度，注重发现大要案件线索，分析揭示建设项目的共性问题。全年对绕城高速公路东北段、朝天门长江大桥等9个市级重点建设项目进行审计，审计投资总额293.8亿元，核减工程投资19.7亿元。审计结果表明，相关部门和单位不断加强政府投资项目的建设和管理，较好地完成建设任务。审计发现部分项目虚增工程造价、多计项目成本、建设管理不够规范、项目业主及监理单位未充分履行职责等问题。

企业审计　围绕重庆经济社会发展主线，以企业内部控制的健全有效性为抓手、以“三重一大”事项为载体，重点检查决策的合规性、合法性、效益性。全年对8户国有重点企业资产负债损益情况进行审计。审计结果表明，这些企业不断完善公司治理和内部控制，经营规模不断壮大，核心竞争力进一步增强。审计发现部分企业挤占项目建设资金、资产及损益核算不实、未规范发放工资及福利性支出、少缴税金等问题。

经济责任审计　全市审计机关按照“全面推进、突出重点、健全制度、规范管理、提高质量、深化发展”的工作思路，把握规律，深化实践，在深度和广度上求突破，在方式和方法上求创新，在内控和管理上求质量，努力实现促进领导干部守法守纪守规尽责、推动完善国家治理、推进反腐倡廉建设、保障地区经济社会科学发展的工作目标。全年对555名党政领导干部、44名事业单位领导人员、27名国有企业领导人员经济责任履行情况进行审计，查出违规金额52.6亿元。向司法、纪检监察机关移送处理41人。提出审计建议1401条，促进领导干部贯彻落实科学发展观，切实履行经济责任。

内部审计　全市各部门、各企事业单位（包括中央在渝单位）设内部审计机构2190个，其中专职机构714个；配备内部审计人员7669人，其中专职审计人员2630人。全市各级内部审计机构共完成审计项目2.75万个，增收节支12.1亿元。移送纪检监察机关和有关主管部门建议给予党纪政纪处分60人。提出的建议和意见被采纳1.6万条。

（撰稿人：冉晓艳）

【渝中区审计局】　2012年，渝中区审计局人员编制24人，在编23人。局长李成跃，副局长胡曦、胡蓉、刘川（9月—）。设有综合科、综合审计科、行政事业审计科、财政金融审计科、投资审计科、经济责任审计科。

审计成果　完成审计项目46个，查出违规金额24万元，管理不规范金额32 103万元。提交审计工作报告46篇、审计信息38篇，被采用12篇次。

预算执行审计 审计单位5个，提出审计意见和建议10条。审计工作紧紧围绕本区转型升级、创新发展的发展大局，注重加强对重点部门、重点项目、重点资金的审计监督，努力发挥审计保障经济社会健康发展的“免疫系统”功能。有效发挥财政宏观调控作用，促进区域经济社会事业的健康发展。向渝中区人大常委会做审计工作报告，推动财政体制改善的不断深化，提升财政预算管理水平。

行政事业审计 审计1个行政事业单位的财政、财务收支情况。

固定资产投资审计 完成24个基本建设项目审计，核减工程造价13 578万元，应减少财政拨款13 578万元。在坚持国家审计形式上，整合审计资源，国有投资审计覆盖面达到100%。审计重点由注重单个项目结算向关注某项工作的整体资金使用和管理，围绕中心、服务大局做得更实。

经济责任审计 根据渝中区委组织部委托，完成对8名党政领导干部任期经济责任审计。查出违规金额13万元，管理不规范金额1641万元。审计揭示少数单位集体决策和财务监督机制不够完善，暂存款清理不够及时、会计核算不够规范、固定资产管理不够规范等问题。

专项资金审计（调查） 开展专项资金审计项目6个，审计专项资金总额50 935万元，查出管理不规范金额13万元。开展专项审计调查项目2个。调查金额75 321万元，管理不规范金额16 882万元。引起区级领导及相关部门的重视。

内部审计 全区各部门、各事业单位设有内部审计机构3个，其中专职机构1个；配备内部审计人员19人，其中专职审计人员5人。全区内部审计机构共完成审计项目190个，审计总金额169 039.09万元，提出建议意见被采纳的66条，实现增收节支636.4万元。 （撰稿人：唐 红）

【大渡口区审计局】 2012年，大渡口区审计局人员编制17人，在编17人。局长龙子武，副局长刘厚成、吴蔚翔，纪检组长吴蔚翔（兼）。设有办公室、财政金融审计科、行政事业审计科、经济责任审计科、审计中心。

审计成果 完成审计项目21个，查出管理不规范金额3919万元，应上缴财政35万元，应减少财政拨款3884万元；已上缴财政35万元，已减少财政拨款3884万元。提交审计报告21篇，审计信息47篇，被采用18篇次。

财政审计 审计单位1个，延伸审计房管局、跳磴镇等15个部门预算执行情况，发现和纠正涉及部门的3类问题，提出5条审计意见和建议。向区人大常委会做审计工作报告，推动财政体制改革的不断深化，提升财政预算管理水平。

固定资产投资审计 完成10个基本建设项目审计，核减工程造价3884万元。加大对当年投资建设项目资金使用情况的审计，确保后续资金使用的合理和高效；对区内伏牛溪流域环境综合整治、袁茄路三期改造等7项重点建设项目实施全过程跟踪审计，涉及合同金额30亿元，提出合理化审计意见和建议53条，使建设过程中资金的使用管理问题及时得到纠正，避免建设资金的损失和浪费。

经济责任审计 选择重点，严把质量关，进一步提高审计工作的针对性和有效性，深化审计内容，增强审计报告的实用性。共完成8个单位10名领导干部的经济责任审计，查出固定资产管理欠规范、往来款未及时清理等问题。

金融审计 首次对全区三大投融资平台、13家单位的资产和负债进行专项审计，摸清其资产负债情况，从机制、体制方面提出建设性意见。

专项资金审计（调查） 推进民生审计，对全区社会保险基金、社会救助资金和社会福利资金等12类18项资金开展专项审计，资金总量达80亿元，涉及人数21万。提出3条建议，进一步规范社会保障资金的运行和管理。

内部审计 全区各部门、各企事业单位设内部审计机构9个，其中专职机构2个；配备内部审计人员24人，其中专职审计人员2人。全区各级内部审计机构共完成审计项目15个，增加效益12万元，提出的建议和意见被采纳33条。

（撰稿人：张香玲）

【江北区审计局】 2012年，江北区审计局人员编制29人，在编29人。局长朱小玲（—9月）、祝晖（9月—），副局长马彦、陈捷，纪检组长罗翠渝。设有办公室、财政审计科、经济责任审计科、企业审计科、行政事业审计科、固定资产投资审计科。

审计成果 完成审计项目96个，查出违规金额90 529万元，应上缴财政61 763万元，应减少财政拨款或补贴14 793万元，应归还原渠道资金13万元，应调账处理金额39万元；已上缴财政61 763万元，已减少财政拨款或补贴14 793万元，已归还原渠道资金13万元，已调账处理金额39万元。提交审计报告96份、信息88篇，其中56篇次审计信息被批示、采用。

预算执行审计 审计单位4个，查出主要问题金额146 170万元，提出审计意见和建议。向区人大常委会做审计工作报告，推动财政体制改革的不断深化，提升财政预算管理水平。

固定资产投资审计 完成77个基本建设项目审计，核减投资额（工程款）14 356万元，应减少财政拨款14 356万元。加大对当年投资建设项目资金使用情况的审计，确保后续资金使用的合理和高效；坚持对建设项目全过程的跟踪审计，使建设过程中资金的使用管理问题及时得到纠正，避免建设资金的损失和浪费。

企业审计 对2个企业的资产、负债、损益真实性进行审计，发现被审计单位存在会计信息失真、财务管理薄弱、投资效益差、资产损益不实等问题。查出主要问题金额789万元，其中资产质量不实700万元，财务收支核算不实15万元，其他问题金额74万元。

经济责任审计 完成对10名主要领导干部的经济责任审计。审计查出资产不实、管理不善、违规操作等问题，查出违规金额10万元，管理不规范金额1212万元。

专项资金审计（调查） 开展专项资金审计项目5个，审计专项资金总额531 541万元，查出主要问题金额272万元。开展专项审计调查项目1个，调查金额20 714万元。及时反映情况，提出审计建议，引起区领导及相关部门的重视。

内部审计 全区各部门、各企事业单位设内部审计机构31个；配备内部审计人员75人，其中专职审计人员8人。全区各级内部审计机构共完成审计项目113个，增收节支89万元，提出的建议和意见被采纳133条。 （撰稿人：邓　飞）

【沙坪坝区审计局】 2012年，沙坪坝区审计局人员编制31人，在编27人。局长霍平，副局长许兵、林国勇、廖承东（8月—）。设有办公室、财政审计科、行政事业审计科、经济责任审计科、固定资产投资审计科、沙坪坝区审计中心。

审计成果 完成审计项目31个，查出违纪违规金额40 291万元，应上缴财政288万元，应减少财政拨款或补贴38 900万元，应归还原渠道资金128万元，应调账处理金额873万元；已上缴财政15万元，已减少财政拨款或补贴32 996万元，已归还原渠道资金126万元。移送税务机关案件6件，涉及金额362万元，已全部追缴入库。提交审计报告、信息88篇，被批示采用34篇。获审计署颁发的“全国社会保障资金审计先进公务员集体”称号；被中国审计报社评为“2012年度全国审计宣传工作优秀单位”；被市审计局评为2012年度审计工作一等奖。

财政审计 审计单位5个，发现和纠正涉及部门的11类问题，查出问题金额2474万元，提出审计意见和建议，在规范预算编制，合理分配结转结余资金方面进行评价，取得新的突破。向区人大常委会做审计工作报告。

行政事业审计 审计12个行政事业单位的财政、财务收支情况。发现少计少缴税费、未按规定落实“收支两条线”金额、违规采购等问题，查出问题金额26 310万元。

固定资产投资审计 完成7个基本建设项目审计，核减工程造价39 867万元。加大对政府交办项目的审计力度，在开展的5个地块的征地拆迁成本审计项目中，在其中3个项目经中介机构审计的情况下，通过内查外调，积极走访，审减成本38 902万元，审减率达到51.8%，有效节约财政支出。

社会保障审计 按审计署统一安排，开展全国社会保障资金审计，发现重复参保、应保未保、已故人员领取养老保险等问题，提出相关部门建立联动机制、实现信息共享等建议。

企业审计 对2个企业的资产、负债、损益真实性进行审计调查，发现被审计单位违规使用财政资金、账务收支核算不实等问题。查处问题金额12 830万元。

经济责任审计 完成对9个单位16名主要领

导干部的任期经济责任审计。审计查处少计少缴税费、未按规定入账等问题，查出问题金额38 332万元。

专项资金审计 开展专项资金审计项目5个，审计专项资金总额19 673万元，已促进拨付资金到位589万元。

内部审计 全区各部门、各企事业单位设内部审计机构129个，其中专职机构3个；配备内部审计人员346人，其中专职机构人员32人。全区各级内部审计机构共完成审计项目977个，增加效益2313万元，提出的建议和意见被采纳39条。（撰稿人：李 缇）

【九龙坡区审计局】 2012年，九龙坡区审计局人员编制29人，在编25人。局长刘波，副局长吴秋云、兰华、姜道云，纪检组长刘昆（8月—）。设有办公室、监察室、综合法制科、内审科、财政金融审计科、经济责任审计科、行政事业审计科、固定资产投资审计科、审计中心。

审计成果 完成审计项目78个，查出违规金额26 068万元，应上缴财政6576万元，应归还原渠道资金928万元，应调账处理金额23 786万元；已上缴财政16 324万元，已减少财政拨款或补贴75万元，已调账处理金额23 786万元。移送司法机关、纪检监察部门处理事项12件。提交审计报告、信息156篇，被采用35篇。被市审计局评为先进集体。

财政审计 完成预算执行审计项目8个，查出违规金额5792万元，管理不规范金额81 348万元。以实名通报制披露审计问题，召开审计整改会，实行限期整改。2011年度本级预算执行审计报告在人大常委会上全票通过。

行政事业审计 审计行政事业单位12个，查出违规金额1 456.52万元，管理不规范金额17 885.65万元，督促行政事业单位加强内控制度管理，严格执行财政预算。

固定资产投资审计 完成政府投资建设项目决（结）算审计项目60个，实施跟踪审计项目29个，审计资金总额150 500万元，核减政府投资金额8291万元。出台《关于简化同一概算批复下分期、分标段和分专业实施项目结算审计程序的通知》，进一步规范政府投资建设项目审计行为，提高审计效率。小城镇建设审计项目、杨家坪环道整治结算审计项目被市审计局评为年度优秀项目。

经济责任审计 完成17名处级领导干部经济责任审计，查出违规金额1380万元，管理不规范金额19 174万元。促使区委、区政府出台《九龙坡区处级党政及国有企业经济责任审计实施办法》，加强领导力量，建立信息采集库，制定评价标准。强化“处级－科级－村－社区”经济责任审计全覆盖。推动审计成果转化运用，召开经济责任联席会议，加强部门配合，将整改情况、内控制度健全情况与经济责任审计结果相结合，作为领导干部考核、任免、奖惩的重要依据。

专项资金审计（调查） 关注民生资金的使用，开展社会保障资金、微型企业财政补助、产业扶持资金审计调查，查出违规金额934.32万元，其中上报的产业扶持资金审计要情获区长批示，促使区政府修改完善《九龙坡区产业扶持办法》。九龙坡区社会保障资金审计项目被市审计局评为优秀审计项目。

内部审计 全区各部门、各企事业单位设内部审计机构5个，其中专职机构5个；配备内部审计人员89人，其中专职审计人员25人。全区各级内部审计机构共完成审计项目15个，提出的建议和意见被采纳43条。（撰稿人：阳 球）

【南岸区审计局】 2012年，南岸区审计局行政事业编制21人，在编17人。局长张林，副局长赵勇、赵开颜、杨柳，纪检组长张治国（兼）。设有办公室、财政审计科、经济责任审计科（固定资产投资审计科）、行政事业审计科、金融经贸审计科。

审计成果 完成审计项目53个，查出违规金额752万元，应上缴财政341万元，应归还原渠道资金412万元；已上缴财政191万元，已归还原渠道资金412万元。提交审计报告、信息59篇，被采用16篇。有关部门（单位）对审计报告披露和审计决定整改的问题高度重视，从完善制度、规范管理着手，积极研究整改措施，落实整改责任，按规按期执行完毕审计决定，促进财政财务管理工作的规范运行。

财政审计 审计项目6个，发现和纠正涉及部门预算执行中管理不规范金额6416万元。

经济责任审计 完成对10名区管主要领导干部的经济责任审计，审计查出违规金额687万元，管理不规范金额7936万元；增收节支金额662万元，其中已上缴财政118万元，已归还原渠道543万元。对违反财政财务制度规定的行为，依法依规做出审计决定，进行审计收缴财政处理。

固定资产投资审计 审计项目31个，审计项目投资额119 971万元，核减投资额11 134万元。实施按工程“合同段”竣工审计方式，进一步加大对政府性投资建设项目资金使用管理审计监督力度。

内部审计 全区各部门（单位）设内部审计机构24个，其中专职机构4个；配备内部审计人员96人，其中专职审计人员7人。全区各级内部审计机构共完成审计项目236个，提出建议和意见被采纳20条。 （撰稿人：沈 扬）

【北碚区审计局】 2012年，北碚区审计局人员编制31人，在编26人。局长汪仕全，副局长黄晓阳。设有办公室、行政事业审计科、财政审计科、投资与企业审计科、经济责任审计科，下设经济责任审计中心和投资审计中心。

审计成果 完成审计项目63个，查出违规金额16 298万元，应上缴财政8230万元，应归还原渠道资金2405万元，应调账处理金额5884万元；已上缴财政4200万元，已归还原渠道资金2405万元，已调账处理金额5884万元。移送司法机关、纪检监察部门处理事项4件，建议有关部门处理事项6件。提交审计报告55篇，信息113篇，被采用33篇。获得全国社会保障资金审计先进公务员集体三等功。

财政审计 审计单位2个，查出主要问题金额287 938万元，全年重点开展本级预算执行情况审计，揭示并查处财政收支中存在的挤占挪用、截留上级收入以及固定资产不上账等违规问题。

行政事业审计 审计5个行政事业单位的财政、财务收支情况，发现财政、财务核算不规范，固定资产不入账，往来账项清理不及时，内控制度执行不到位等问题，查出主要问题金额61 801万元。

固定资产投资审计 完成42个基本建设项目审计，核减工程造价5878万元，降低政府投资成本，规范基建投资市场。

经济责任审计 完成对9名主要领导干部的经济责任审计，审计查出资产不实、管理不善、违规操作等问题，查出违规金额2733万元，管理不规范金额27 086万元，有效地促进领导干部依法理财、依法管理、依法行政。

专项资金审计 开展专项资金审计项目7个，审计专项资金总额37 275万元，查出主要问题金额3825万元。

内部审计 全区各部门、各企事业单位设内部审计机构64个，其中专职机构4个；配备内部审计人员150人，其中专职审计人员16人。全区各级内部审计机构共完成审计项目590个，审计总金额24 970.79万元，增收节支111万元，提出的建议和意见被采纳101条。

（撰稿人：周 丹）

【綦江区审计局】 2012年，綦江区审计局人员编制21人，在编19人。局长郑平，副局长陈建、朱启学（—6月）、唐勇（—6月），纪检组长杨云德。设有办公室、法制内审科、行政审计科、财政审计科、企业事业审计科、投资审计科、经济责任审计科，下属綦江区审计中心。

审计成果 完成审计项目144个，查出违规金额142 449万元，应上缴财政133 810万元，应减少财政拨款或补贴8167万元，应归还原渠道资金1894万元，应调账处理金额169 621万元；已上缴财政31 575万元，已减少财政拨款或补贴8167万元，已归还原渠道资金1870万元，已调账处理金额162 755万元。移送司法机关、纪检监察部门处理事项3件，建议有关部门处理事项9件，促进被审计单位建立健全规章制度14个。提交审计报告、信息214篇，被采用59篇。

预算执行审计 对区地税局2011年度税收征收管理情况、区教委2011年度预算执行及其他财政财务收支执行情况等10个项目进行审计。主要发现区地税局存在未按规定进行土地增值税征收、税务开票系统不完善、城镇土地使用税等级税额标准政策滞后等问题。区教委存在教委系统与区财政反映的欠拨款数额差异大，部分学校存在乱收费、未上缴应缴收入等问题，其他单位不同程度存在资金闲置、未按规定招标采购、违规列支费用、收入未入账、乱收费乱摊派等问题。

企业审计 对2个企业的资产、负债、损益情况进行审计。发现主要存在的问题有部分往来款项、固定资产未及时进行清理和进行账务调整，存在公款私存、转移收入、多支付装修费等问题。向被审计单位提出相应的建议与意见。

固定资产投资审计 全年完成投资审计项目109个，送审总金额为81 582万元，审减额达7854万元，审减率9.6%。审计发现建设工程高估冒算、合同管理不规范、虚列支出、施工内容多变、工程质量有重大缺陷、个别工程项目未执行公开招投标等问题。上报的《关于2010—2012年政府投资超概的综合分析报告》由区长、常务副区长签批，并要求有关部门加强政府投资建设管理，促成出台政府投资项目管理的3项制度。

经济责任审计 对区管领导干部和区属事业单位负责人经济责任审计项目13个，涉及领导干部18人。审计发现账务管理不规范、公款私存、隐瞒截留收入、违规支付工程款、违规借出财政资金、民政救济款未及时安排使用、购置资产未转固、个别采购项目未进行政府集中采购等问题，并按相关规定界定领导干部负领导责任24条、负主管责任2条。

专项资金审计 对原綦江县2011年度农业综合开发等7个项目进行专项审计，审计专项资金达82 769.48万元。发现的主要问题是：未使用制式合同，导致签订的施工合同不完整；违规支付工程款；违规借出专项资金；购置固定资产未转固；账务管理不规范。

内部审计 全区各部门、各企事业单位设内部审计机构37个，其中专职机构3个；配备内部审计人员142人，其中专职审计人员5人。全区各级内部审计机构共完成审计项目159个，查出损失浪费金额571万元，增加效益696万元，提出的建议和意见被采纳350条。

（撰稿人：曾小灵）

【大足区审计局】 2012年，大足区审计局人员编制33人，在编33人。局长黄珍扬，副局长李连友、李小东（挂职），纪检组长刘朝树。设有办公室、综合法制科、财政审计科、行政事业审计科、社会保障审计科、资源环保审计科、经济责任审计科、固定资产投资审计科、审计中心。

审计成果 完成审计及审计调查项目52个，查出违规金额5313万元，已上缴财政109万元，已减少财政拨款或补贴3985万元，已归还原渠道资金1091万元。针对审计发现的问题提出审计建议134条，被采纳126条；审计信息被审计署采用1条、市局采用25条、市政府采用18条、区政府采用63条。审计专报、要情被区主要领导批示4次。

财政审计 在对区级财政预算执行审计、税收预算执行审计过程中重点突出预算分配、预算支出的审计，加强对部门预算、财政专项资金的审计监督，审查出预算管理不规范、资金使用滞后、往来款项清理不及时等不规范金额43 142.24万元，提出审计建议4条。

行政事业审计 2012年审计1个行政事业单位的财政、财务收支情况。发现财政、财务核算不规范、固定资产不入账、往来账项清理不及时、内控制度执行不到位等问题，管理不规范金额483万元。

固定资产投资审计 完成投资项目审计42个，送审金额总计4.95亿元，审减工程造价3985万元，审减率8.06%。针对审计发现的问题，积极督促相关单位整改，给被审计单位提出合理化建议，要求其规范项目管理，切实提高财政资金使用效益。

企业审计 对重庆大足旅游发展有限公司2010年度资产负债损益情况进行审计，查出违规列支管理费20万元，违规采购固定资产3.45万元。

经济责任审计 分别对大足县交通委员会原主任，龙水镇原党委书记、原镇长，古龙镇原党委书记、原镇长等5名领导干部进行经济责任审计。通过审计，促进财务核算的规范和相关制度的建立和完善，增强领导干部财经法规意识和经济责任意识，加强对领导干部权力制约和监督，为区委管理、评价和考核使用干部服务。

专项资金审计（调查） 对区2011年农业综合开发资金和农业综合开发土地治理项目工程进行竣工结算造价审计，审查出多计工程竣工结算造价14.15万元。完成专项审计调查5项，分别开展区2011年度水利专项资金、村级“一事一议”资金、区2009年度至2011年度扶贫资金、2011年畜牧专项资金的审计调查。基本摸清上述资金归集、管理和使用情况，揭示专项资金在归集、管理和使用中存在的问题，并针对性地提出审计意见和建议，促进被审计单位进一步完善制度、规范管理、防范风险，确保资金安全运作。

（撰稿人：彭吉丽）

【渝北区审计局】 2012年，渝北区审计局人员编制为32人，在编27人。局长常涛，副局长曾泉、刘晓东。设有办公室、监察室、行政事业审计科、经贸社保审计科、经济责任审计科、综合审计科、渝北区审计中心。

审计成果 完成审计项目162个，查出违规金额88 459万元，应上缴财政21 951万元，应减少财政拨款或补贴45 171万元，应调账处理金额121万元；已上缴财政16 299万元，已减少财政拨款或补贴36 903万元，已调账处理金额90万元。移送司法机关、纪检监察部门处理事项2件，建议有关部门处理事项2件。提交审计报告、信息187篇，被采用45篇。

财政审计 审计单位8个，重点对各单位的财政预算执行、重大项目实施、专项资金和“三公经费”使用情况开展审计。向渝北区政府、区人大常委会报告审计情况，对财政预算管理、政府投资项目管理和“三公经费”使用管理等方面存在的问题提出建设性意见，受到区人大常委会充分肯定。

行政事业审计 审计5个行政事业单位的财政、财务收支情况。发现财政、财务核算不规范，固定资产不入账，往来账项清理不及时，内控制度执行不到位等问题，审计查出主要问题金额267万元。

固定资产投资审计 完成139个基本建设项目审计，核减投资额（工程款）45 174万元。在审计中，前移审计关口，对重点项目招投标、合同签订及实施、重大施工变更、主材核价等关键环节进行跟踪审计监督，做好事前、事中的审计工作，促进建设项目程序的规范化，维护政府投资有效使用。

经济责任审计 完成对9个单位主要领导干部的经济责任审计，其中包括2个任中审计和7个离任审计。审计查出不同程度地存在的资金应缴未缴财政专户、大额现金支付、支付凭证不规范、政府采购制度和资产管理制度执行不严格等问题，查出违规金额26 656万元，损失浪费金额30万元，管理不规范金额195万元。

专项资金审计（调查） 开展专项审计调查项目1个。审计发现问题金额70万元，及时反映情况，提出审计建议，引起渝北区政府领导及相关部门的高度重视。

内部审计 全区各部门、各企事业单位设内部审计机构36个，其中专职机构1个；配备内部审计人员105人，其中专职审计人员3人。全区各级内部审计机构共完成审计项目35个，增加效益895万元，提出的建议和意见被采纳23条。

（撰稿人：艾　伟）

【巴南区审计局】 2012年，巴南区审计局人员编制35人，在编30人。局长罗今成，副局长彭朝友（—10月）、徐仁伟、王进、刘方宇，纪检组长刘方宇（—11月）、曹际宏（11月—）。设有办公室、财政金融审计科、行政事业审计科、经济责任审计科、投资审计科、综合法制科、审计中心。

审计成果 完成审计项目78个，查出管理不规范金额151 236万元，违规金额204 672万元，上缴财政1236万元，减少财政拨款19 095万元。向区纪委（监察）、司法机关、主管部门等移送违纪线索19件。提交审计信息73篇，被采用49篇次；提交的审计要情、审计报告被区主要领导批示18篇，为政府宏观决策提供依据。有3个审计项目被市审计局评为优秀审计项目。

预算执行审计 审计单位3个，发现和纠正涉及部门的5类问题，查出管理不规范金额389万元，违规金额175 504万元，提出审计意见和建议。向区人大常委会做审计工作报告。

行政事业审计 对23个行政事业单位的财政、财务收支情况进行审计。发现财政、财务核算不规范、固定资产不入账、往来账项清理不及时、内控制度执行不到位等问题。查出管理不规范金额24 444万元，违规金额96 571万元。

固定资产投资审计 完成投资审计项目39个，审减工程造价18 978万元，审减比例达16.17%。查出高估冒算、虚报工程量、损失浪费等问题，为国家挽回大量资金损失，促进政府投资建设项目的规范运行和效益水平的提高。

企业审计 开展企业审计4个，查出管理不规范金额37 796万元，违规金额560万元。

经济责任审计 完成对22名主要领导干部的经济责任审计，其中包括党政领导13名，事业单位领导1名，国有企业领导8名。查出管理不规范金额152 984万元，违规金额690万元。审计查出资产不实、管理不善、违规操作等问题。

专项资金审计（调查） 采用经常性审计与专项审计相结合、项目审计与专项审计调查相结合的方式，开展专项资金审计项目9个，资金总金额20 002万元。加强对社会保障、安置房、教育、医疗、农综和城乡统筹资金的审计，确保资金专款专用，各项惠民政策得到落实。开展专项审计调查项目1个，调查单位15个，及时反映情况，提出审计建议，引起区领导和相关部门的重视。

内部审计 全区各部门、各企事业单位设内部审计机构39个，其中专职机构3个；配备内部审计人员201人，其中专职审计人员8人。全区各级内部审计机构共完成审计项目179个，查出损失浪费金额15万元，增加效益1.5万元，提出的建议和意见被采纳195条。

（撰稿人：皮开伦）

【万州区审计局】 2012年，万州区审计局人员编制55人，在编53人。局长蔡森川，副局长吴明国（8月—）、陈建云、吴明忠，纪检组长罗良杰（—8月）、张忠玲（8月—）。设有办公室、后勤科、纪检组、综合法制科、经济责任审计科、财政审计科、固定资产投资审计科、行政事业审计科、经贸审计科、农业审计科、三峡移民资金审计科、社会保障审计科、乡镇审计科。下设参公事业单位万州区审计中心。

审计成果 完成审计项目69个，查出违规金额22 786万元，应上缴财政3625万元，应减少财政拨款或补贴7739万元，应归还原渠道资金5852万元，应调账处理金额10 649万元；已上缴财政2516万元，已减少财政拨款或补贴7739万元，已归还原渠道资金1296万元，已调账处理金额5533万元。移送司法机关、纪检监察部门处理事项14件，建议有关部门处理事项31件。提交审计报告、信息152篇，被采用122篇。万州区审计局在全市区县审计机关考核中，荣获综合考核一等奖、审计信息工作和信息化建设工作先进集体；实施的大河沟填土造地及基础设施建设工程审计荣获国家审计署地方优秀审计项目。

财政审计 完成对财政、地税预算管理，5个部门预算执行，7个事业单位财政财务收支情况的审计。在财政管理审计方面，首次关注财政预算编制的完整性。在部门预算执行审计方面，重点关注了部门预算编制的真实合规性、部门预算批复的及时性和“三公经费”支出情况。

固定资产投资审计 对28个重大项目开展竣工决算（结算）审计和跟踪审计，审计投资总额20多亿元，核减工程造价7500多万元。

专项资金审计（调查） 主要对农村建设用地复垦资金、微企补助资金等7个项目进行审计或审计调查，揭示问题金额3223万元。

经济责任审计 对20个镇乡、部门（单位）的29名主要领导干部进行经济责任审计，首次开展对新提任市管区级领导干部的经济责任审计，共查出问题金额3.2亿元。注重审计结果利用，出台《万州区领导干部经济责任审计结果运用暂行办法》。

企业审计 完成对三峡平湖公司2011年度资产负债损益审计，查出违纪违规问题48个。对万州百货站2007年至2010年资产负债损益审计，重点针对群众信访问题，共查出违纪违规金额1480万元。

内部审计 全区（县）各部门、各企事业单位设内部审计机构82个，其中专职机构32个；配备内部审计人员227人，其中专职审计人员91

人。全区内审机构共完成审计项目2071个，促进增收节支9435万元，提出的建议意见被采纳593条。区卫生局开展的燕山乡卫生院院长任期经济责任审计项目被市审计局评为优秀审计项目。

（撰稿人：付　勇）

【涪陵区审计局】　2012年，涪陵区审计局人员编制49人，在编41人。局长向文豪，副局长周德勇、陈仁勇、蒋青峰，纪检组长王六一（4月—）。设有办公室、组织人事教育科、法制科、财政审计科、固定资产投资审计科、经济责任审计科、行政事业审计科、金融外资审计科、经贸审计科、农业与生态环保审计科、社会保障审计科和审计中心。

审计成果　完成审计项目52个，查出违规金额60 273万元，管理不规范金额396 164万元，收缴财政18 322万元，调账处理金额2166万元，归还原渠道金额3489万元，核减工程投资17 950万元，促进增收节支39 138万元。审计移送处理事项10件，移送纪检监察机关处理4件，移送其他部门处理事项6件。提出审计建议123条。提交审计专题、综合性报告和信息简报188篇，被批示采用153篇次。

财政审计　完成区本级财政预算执行审计，延伸审计区地税局、区发改委；对区交委、区综合执法局、区投资促进办公室、区运管处等单位进行部门预算执行审计；结合经济责任审计，对区荔枝街道、马武镇进行财政决算审计，查出各类问题金额415 990万元，查出违规金额26 080万元，管理不规范金额389 910万元。审计揭示和反映专项资金安排不及时、非税收入未按规定缴入国库、预算资金结转结余规模较大、收入预算不完整、预算执行存在偏差、专项经费管理不规范、固定资产管理不尽规范等方面问题。

固定资产投资审计　完成政府投资项目竣工决算（结算）审计19个，核减工程投资17 950万元；对12个政府投资项目实施跟踪审计，避免或挽回经济损失5269万元。对1500万元以下的8个政府投资项目进行审核备案，涉及投资额5028万元。修改《重庆市涪陵区审计局政府投资建设项目跟踪审计操作规程》，制定《涪陵区政府投资项目审计备案制度》。

企业审计　开展区民爆公司资产负债损益审计、区群龙废旧塑料制品厂资产负债审计调查和区农建集团董事长（总经理）任期经济责任审计。促进公司法人治理结构的进一步完善，收入分配制度的进一步健全，信访稳定问题的解决。查出问题金额516万元，其中违规金额179万元，管理不规范金额337万元。

经济责任审计　对26个单位38名领导干部实施经济责任审计，查处问题金额11 224万元，违规金额5335万元，管理不规范金额5625万元，损失浪费金额263万元。其中，领导负直接责任金额94万元，负主管责任金额4732万元，负领导责任金额6396万元。修订《重庆市涪陵区经济责任审计工作联席会议制度》，出台《重庆市涪陵区经济责任审计对象分类管理暂行办法》。坚持经济责任审计整改督察制度，与纪检、组织部门对2011年度部分经济责任审计项目的整改情况进行督察。

专项资金审计（调查）　对社会保障资金、扶贫资金管理使用情况、农村建设用地复垦资金、农村饮水安全工程专项资金、病险水库加固工程专项资金、城中村（厂）征地拆迁资金、城镇保障性安居工程等项目进行专项审计，从体制、机制、管理、使用层面揭露问题，提出具有可操作性的审计建议。审计查出问题金额11 022万元。

内部审计　2012年全区内审机构51个，内审人员162人。全年完成审计项目637个，其中财务收支审计60个，效益审计86个，经济责任审计34个，内部控制评审21个，基本建设审计130个，专项资金审计48个，其他审计306个，增收节支976万元，提出的合理化建议被单位领导采纳366条。

（撰稿人：胡　俊）

【黔江区审计局】　2012年，黔江区审计局人员编制39人，在编34人。局长秦建川，副局长任国林（4月—）、王明昌、王海军、施方林，纪检组长何进。设有办公室、法制科、财政审计科、行政事业审计科、农业与资源环保科、经济责任审计科、固定资产投资审计科、企业审计科、政府债务及金融外资审计科、内审审计管理科。

审计成果 完成审计项目 85 个，查出违规金额 54 637.03 万元，应上缴财政 2668 万元，应减少财政拨款或补贴 6688 万元，应归还原渠道资金 2 855.46 万元，应调账处理金额 19 398.85 万元；已上缴财政 1 053.9 万元，已减少财政拨款或补贴 6 687.78 万元，已归还原渠道资金 18 万元，已调账处理金额 709.4 万元。提交审计报告、信息 87 篇，被采用 76 篇。

财政审计 对区本级财政和区地税局、区发改委、区民政局、区水务局等关乎民生的重点部门 2011 年度的预算执行及其他财政财务收支情况开展监督，并延伸审计或审计调查 38 个机关事业单位和企业。查出违规金额 2502 万元，管理不规范金额 159 190 万元，提出审计整改建议意见 17 条。审计查出并从严处理挤占挪用专项资金、违规收费及未严格执行“收支两条线”政策、应缴未缴财政收入、资产购置及管理不规范、违规改变资金用途、虚列支出、超标准列支和高估冒算等问题。上述问题基本得到纠正和整改，促进各单位合理有效地使用资金。2011 年黔江区本级财政预算执行及其他财政收支审计工作报告受到区人大常委会的充分肯定和高度评价。

固定资产投资审计 围绕中央新增投资、“三大战略”等区内重大投资项目建设，强力推进政府投资审计。全年对渝东南职教基地、黔州大桥、新田廉租房等 52 个政府投资项目实施审计，送审金额 64 851 万元，审减金额 6687 万元，审减率 10.32%。重点审查项目建设程序和资金使用的合法、合规和效益性，揭示工程价款不实、挤占建设成本、超计划超标准超规模投资等问题，促进政府投资项目规范化管理，为政府节约建设资金，促进项目建设单位加强对政府投资项目的管理，取得较好审计效果。

经济责任审计 由于区县换届，区委组织部委托任务较多，针对人手少、任务重的特殊情况，黔江区审计局将经济责任审计与财政财务收支审计、专项资金审计或乡镇财政决算审计相结合，充分组织审计力量，切实改进审计方法，探索审计评价方式，如实界定领导干部经济责任。全年完成对区民宗委、区安监局、区鸿业集团等 22 个单位，涉及 27 名党政领导干部和国有企业负责人的经济责任审计，查出违规金额 12 556 万元，管理不规范金额 55 514 万元，提出审计建议意见 72 条。审计揭示部分领导干部在执行财经法规、重大事项决策、专项资金管理等方面存在的突出问题，对违规问题进行严肃处理，进一步促进领导干部守法、守纪、守规、尽责。

专项资金审计（调查） 加大对民生资金的审计力度，全年对社会保障资金、农业综合开发资金、扶贫专项资金、保障性住房建设资金、酉阳利用外资项目等关乎民计民生、社会稳定的 5 项专项资金开展审计和审计调查，揭示出惠民政策落实不到位、工程建设进度缓慢、挤占挪用专项资金等问题，查出违规金额 565 万元，管理不规范金额 2672 万元。

内部审计 全区各部门、各企事业单位设内部审计机构 29 个，其中专职机构 18 个；配备内部审计人员 42 人，其中专职审计人员 34 人。全区（县）各级内部审计机构共完成审计项目 235 个，提出的建议和意见被采纳 218 条。

（撰稿人：李志华）

【长寿区审计局】 2012 年，长寿区审计局人员编制 39 人，在编 34 人。局长聂华甫，副局长程庸（—4 月）、张涛（—4 月）、李敏（4 月—）、陈小钢（4 月—），纪检组长余永惠（—4 月）、陈湧健（4 月—）。设有办公室（挂法制综合科牌子）、财政审计科（挂企业审计科牌子）、行政事业审计科、固定资产投资审计科、经济责任审计及内部审计管理科、审计中心。

审计成果 共完成各类审计项目 112 个。查出主要问题金额 80 709 万元，损益（收支）不实金额 29 587 万元，处理处罚金额 36 780 万元（其中上缴财政 1051 万元），审计促进整改落实金额 36 728 万元。向税务机关移送案件 3 件，涉案金额 81 万元。全年向中共长寿区委、长寿区政府提交审计（调查）报告 112 篇，提出审计意见或建议 116 条，信息 132 篇，编写《审计要情》15 篇。

预算执行审计 审计单位 4 个，对长寿区级预算管理及执行情况中存在的街（镇）专项转移支付不够规范、专项工作经费项目设置过多、与事务性和激励性转移支付存在重复交叉以及预算收入未及时缴入国库、当年少反映收入 11 775 万元、征地农转非大龄人员生活困难补助政策有严重缺陷等 6 大类问题和部门预算执行中存在的违规编列、批复预算以及违规乱摊派乱收费、决算报表不真实等 6 大类问题进行如实揭示。

固定资产投资审计 完成保障性住房等 74 个政府投资项目预算执行情况审计，累计审计工程结算资金 89 734 万元，审减 7074 万元，综合审减率 7.9%。

经济责任审计 按照长寿区委组织部的统一安排，开展 13 个部门（街、镇）20 名处级领导干部的任期经济责任审计，及时向相关部门反馈审计成果，揭示部分单位固定资产管理以及财务管理不规范、非税收入未及时上缴等问题，查出主要问题金额 3071 万元。

专项资金审计（调查） 积极参与审计署统一组织的全国社会保障资金项目审计和审计署重庆特派办长寿区财政资金管理审计调查，提出加强对用人单位监督、规范其用工保险机制、相关部门要实现信息资源共享、避免重复参保等 4 条审计建议。完成长寿区 2009 年度至 2011 年度扶贫资金管理使用情况等 8 个项目专项审计调查。

国有企业审计 完成长寿区开投（集团）等 11 个国有投（融）资企业 2010 年度资产负债损益及融资资金管理使用情况（截至 2011 年 8 月）。审计揭示企业在管理体制、制度设计和运行机制、资金管理等方面存在的问题，提出具有可操作性的意见和建议 5 条。

内部审计 共完成审计项目 94 个，其中财务收支审计 22 个，经济责任审计 7 个，基本建设投资审计 6 个，其他审计 59 个。审计金额达 20 411 万元，增收节支 65 万元，提出建议意见被采纳 53 条。

（撰稿人：陈湧健）

【江津区审计局】 2012 年，江津区审计局人员编制 47 人，在编 47 人。局长邓齐，副局长张进洪、曹树容、廖胤，纪检组长刘德福。设有办公室、综合科、监察室、财政审计科、社会保障审计科、经济责任审计科、政府投资审计科、审计中心。

审计成果 完成审计项目 77 个，查出违规金额 39 869 万元，应上缴财政 14 417 万元，应减少财政拨款或补贴 7137 万元，应归还原渠道资金 410 万元，应调账处理金额 123 万元；已上缴财政 14 417 万元，已减少财政拨款或补贴 7137 万元，已归还原渠道资金 410 万元，已调账处理金额 123 万元。移送司法机关、纪检监察部门处理事项 2 件，建议有关部门处理事项 6 件。提交审计报告、信息 59 篇，被采用 40 篇。

预算执行审计 审计单位 6 个，发现和纠正涉及部门的 6 类问题，查出主要问题金额 27 826 万元，提出了审计意见和建议。向区人大常委会做审计工作报告。

行政事业审计 审计 13 个行政事业单位的财政、财务收支情况。发现财政、财务核算不规范，固定资产不入账，往来账项清理不及时，内控制度执行不到位等问题，查出主要问题金额 7150 万元。

固定资产投资审计 完成 50 个基本建设项目审计，核减工程造价 7137 万元，应减少财政拨款 7137 万元。加大对当年投资建设项目资金使用情况的审计，确保后续资金使用的合理和高效；坚持对建设项目全过程的跟踪审计，使建设过程中资金的使用管理问题及时得到纠正，避免建设资金的损失和浪费。

企业审计 对 5 个企业的资产、负债、损益真实性进行审计，发现被审计单位存在会计信息失真、财务管理薄弱、投资效益差、资产损益不实等问题，查出主要问题金额 12 355 万元。

经济责任审计 完成对 21 名主要领导干部的经济责任审计，其中包括党政领导 18 名、国有及国有控股企业领导 3 名。审计查出资产不实、管理不善、违规操作等问题，查出违规金额 5806 万元，管理不规范金额 1126 万元。

专项资金审计（调查） 开展专项资金审计项目 3 个，审计专项资金总额 1499 万元，查出主要问题金额 884 万元。开展专项审计调查项目 1 个，调查单位 1 个，调查被审计单位财务与融资、工程建设、征地拆迁等方面的情况，发现问题金额 432 万元。及时反映，提出审计建议，引起区领导及相关部门的重视。

内部审计 全区各部门、各企事业单位设内部审计机构 15 个，其中专职机构 3 个；配备内部审计人员 58 人，其中专职审计人员 16 人。全区各级内部审计机构共完成审计项目 323 个，增加效益 494 万元，提出的建议和意见被采纳 300 条，移送纪检监察机关和有关主管部门建议给予党纪政纪处分的 6 人。 （撰稿人：王建树）

【合川区审计局】 2012 年，合川区审计局人员编制 54 人，在编 44 人。局长余有华（—10 月）、屈直（10—月），副局长李关海、伍振华、易再兴（7 月—），纪检组长李建忠。设有办公室、监察室、法制科、财政金融审计科、行政事业审计科、专项资金审计科、经济责任审计科、基本建设投资审计科，下属参公事业单位合川区审计中心。

审计成果 完成审计项目 71 个，查出违规金额 28 705 万元，应上缴财政 19 662 万元，应减少财政拨款或补贴 5540 万元，应归还原渠道资金 1358 万元；已上缴财政 10 718 万元，已减少财政拨款或补贴 5540 万元，已归还原渠道资金 607 万元。移送司法机关、纪检监察部门处理事项 1 件，建议有关部门处理事项 19 件。提交审计报告、信息 292 篇，被采用 201 篇。

财政审计 加强对预算编制和财政委托代征收入征管的关注，消除了审计“盲区”，揭示的问题引起区政府高度关注，预算执行审计结果报告得到区人大常委会的充分肯定。共完成审计项目 7 个，查出违规金额 19 945 万元。

行政事业审计 审计 9 个行政事业单位的财政、财务收支情况。发现财政、财务核算不规范，固定资产不入账，往来账项清理不及时等问题，查出问题金额 3260 万元。

固定资产投资审计 创新思路，开展 BT 项目跟踪审计项目 58 个，涉及项目投资上百亿元。继续深化投资决算审计，将全部投资项目纳入审计范围，对建设单位内控制度、项目资金运用和工程投资效益等 6 项重点进行关注，完成审计项目 54 个，核减投资 5681 万元。

社会保障审计 对合川社会保障资金进行全面审计，涉及养老、医疗、低保等 16 项资金，查出重复参保等违规金额 1 051.56 万元，移送公安机关案件线索 1 件。该审计项目获得审计署优秀项目。

经济责任审计 完成对 9 个单位 15 名党政主要负责人经济责任审计，查出违规金额 1615 万元。牵头组织对龙市镇钵耳村 5 个村的村干部开展任期经济责任审计。

内部审计 全区各部门、各企事业单位设内部审计机构 64 个，其中专职机构 13 个；配备内部审计人员 135 人，其中专职审计人员 28 人。全区各级内部审计机构共完成审计项目 309 个，审计总金额 12.4 亿元，增收节支 2537 万元，提出的建议和意见被采纳 85 条。 （撰稿人：李世伟）

【永川区审计局】 2012 年，永川区审计局人员编制 38 人，在编 32 人。局长雷科，副局长龙晓燕、刘荣，纪检组长杨泽露（5 月—）。设有办公室、法制综合科、行政事业审计科、经济责任审计科、社保与农业审计科、财政审计科和下属参公管理事业单位审计中心。

审计成果 全年完成审计项目 96 个，查出管理不规范金额 69 559 万元，违纪违规金额 177 391 万元，应上缴财政 34 869 万元，应归还原渠道资金 132 019 万元。向纪检监察、检察院、公安局和相关主管部门移送案件 8 起，涉案金额 2639 万元，涉案人员 13 人。促进审计单位建章立制 26 件，出具审计报告和审计调查报告 94 篇，提出审计建议 288 条，撰写审计信息 104 篇，被批示采用 43 篇。

预算执行审计 审计单位 8 个，发现和纠正涉及部门的 21 类问题，查出管理不规范金额 37 548 万元，违规金额 164 748 万元，提出审计意见和建议。通过撰写《审计专报》的形式向区委、区政府反映存在的共性问题，提出的《关于政府投资建设项目审计中发现的主要问题与建议》，促使公安、民政联合打击假结婚、假离婚、假户口的犯罪行为，推动《征地拆迁管理办法实施细则》的出台，突显审计建设性功能。

固定资产投资审计 全年完成 43 个跟踪审计项目，投资额 60 亿元，发出审计意见单 77 份，节约或减少投资 9505 万元；完成结算审计项目 68 个，送审金额 12.89 亿元，审减 1.14 亿元，审减率 8.8%。

经济责任审计 完成 9 个单位 11 名领导干部经济责任审计，提出审计建议 42 条，查出管理不规范金额 13 714 万元，违纪违规金额 1348 万元，移送区检察院、中山路派出所、区教委、区农委纪工委案件 4 件。被审计单位完善和修订 8 项内控制度，从机制上加强和完善单位管理，促进领导干部树立正确的政绩观、发展观。

专项资金审计（调查） 抽调 15 人全程参与重庆市审计局开展的社会保障、土地出让、保障性住房专项资金审计（调查）项目 3 个，查出违规金额 210 409 万元、管理不规范金额 946 295 万元。从加强管理、提高效益、消除隐患等方面提出审计建议 10 条，维护群众利益，提高专项资金的使用效益。

内部审计 8 月成立内部审计协会，经批准团体会员 53 个，个人会员 196 个。全区各部门、各企事业单位设内部审计机构 41 个，其中专职机构 30 个；配备内部审计人员 155 人，其中专职审计人员 30 人。全区 53 家内审机构共完成审计项目 93 项，涉及审计金额 42 659 万元，增收节支 317 万元，提出建议意见被采纳 281 条。

（撰稿人：王　丽）

【南川区审计局】 2012 年，南川区审计局人员编制 37 人，在编 33 人。局长王连禄，副局长刘虹、金华，纪检组长娄忠敏。设有办公室、法规科、财政审计科、行政事业审计科、经济责任审计和内审指导科、固定资产投资审计科、经贸审计科以及审计中心。

审计成果 完成审计项目 120 个，查出违规金额 31 367 万元，应上缴财政 18 952 万元，应减少财政拨款或补贴 8279 万元，应归还原渠道资金 1185 万元，应调账处理金额 22 303 万元；已上缴财政 21 408 万元，已减少财政拨款或补贴 8279 万元，已归还原渠道资金 1185 万元，已调账处理金额 22 303 万元。移送司法机关、纪检监察部门处理事项 9 件，建议有关部门处理事项 6 件。提交审计报告、信息 104 篇，被采用 104 篇。

财政审计 审计单位 10 个，发现和纠正预算编制批复不规范、未按规定征收缴纳收入等问题，查出问题金额 2128 万元，提出审计意见和建议。审计 10 个单位的财政决算，发现和纠正涉及部门的违规改变项目计划和资金用途、资金滞留闲置、虚报冒领等问题，查出问题金额 363 万元。

行政事业审计 审计单位 3 个，发现少计少缴税费、人为调节收入进度、隐瞒转移截留资金、违规使用发票、违规采购等问题，查出问题金额 33 116万元。

固定资产投资审计 完成 72 个投资项目审计，核减工程造价 8257 万元，查出少计少缴税费 632 万元。

社会保障审计 完成社会保障资金审计，查处死亡冒领、重复参保、重复享受待遇、欠缴社保费、向不符合条件的人发放待遇等问题，涉及金额 5754 万元、人员 1.5 万人。

企业审计 审计 3 个国有企业，查出问题金额 15 986 万元，其中资产不实 15 978 万元、账外资产 8 万元。

经济责任审计 完成对 22 个单位 30 名党政主要领导干部的经济责任审计。审计查出挤占挪用截留专项资金、违规收费、虚报套取资金等问题。查出违规金额 4476 万元，管理不规范金额 11 468 万元。审计处理涉嫌个人经济问题 4 人，涉及金额 60 万元。审计促进增收节支 19 811 万元。

专项资金审计（调查） 完成秀山土家族苗族自治县审计局扶贫资金交叉审计，查出套取、截留、挪用扶贫资金、虚报项目贷款贴息、违规收费等问题，涉及金额 2438 万元。

内部审计 全区各部门、各企事业单位设内部审计机构 18 个，其中专职机构 4 个；配备内部审计人员 58 人，其中专职审计人员 8 人。全区各级内部审计机构共完成审计项目 83 个，其中财务收支审计 72 个，经济责任审计 1 个，内部控制评审 1 个，基本建设审计 2 个，其他审计 7 个。审计总金额 163 379 万元，审计促进增收节支 406 万元，提出建议意见被采纳 45 条。

（撰稿人：王华娟）

【潼南县审计局】 2012 年，潼南县审计局人员编制 31 人，在编 28 人。局长杨德海，副局长王劲松、傅强、李晓兰，纪检组长陈建明。设有综合科、财政金融审计科、专项资金审计科、经济责任审计科、投资审计科、法规科、群众工作科，下设审计中心。

审计成果 完成审计项目55个，查出违规金额113 045万元，应上缴财政55 931万元，应减少财政拨款或补贴16 977万元，应归还原渠道资金18 242万元，应调账处理金额21 710万元；已上缴财政55 517万元，已减少财政拨款或补贴8659万元，已归还原渠道资金18 270万元，已调账处理金额30 028万元。移送司法机关、纪检监察等部门处理事项6件。提交审计报告、信息58篇，被采用26篇次。

预算执行审计 审计单位5个，审计查出违规金额64 610万元，管理不规范金额295 526万元，应上缴财政55 939万元，应减少财政拨款或补助8659万元，应归还原渠道资金18 198万元，应调账处理金额20 688万元；已上缴财政55 502万元，已减少财政拨款或补助8659万元，已归还原渠道资金18 198万元，已调账处理金额20 688万元。潼南县审计局代县人民政府向县人大常委会做的审计情况报告和审计整改情况报告得到人大代表的广泛好评和高度肯定。

固定资产投资审计 完成38个基本建设项目审计，核减工程造价8095万元。加大对当年投资建设项目资金使用情况的审计，确保后续资金使用的合理和高效；坚持对建设项目全过程的跟踪审计，使建设过程中资金的使用管理问题及时得到纠正，避免建设资金的损失和浪费。

经济责任审计 完成对12名党政主要领导干部的经济责任审计。审计查出资产不实、管理不善、违规操作等问题，查处违规金额37万元，管理不规范金额14 161万元。

专项资金审计（调查） 开展专项资金审计项目3个，审计专项资金总额2778万元，审计后挽回（避免）资金损失250万元。

内部审计 全县各部门、各企事业单位设内部审计机构7个，其中专职机构2个；配备内部审计人员33人，其中专职审计人员7人。全县各级内部审计机构共完成审计项目255个，增收节支862万元，提出的建议和意见被采纳54条，移送纪检监察机关和有关主管部门建议给予党纪政纪处分的4人。（撰稿人：胡妮娜）

【铜梁县审计局】 2012年，铜梁县审计局人员编制22人，在编20人。局长丁政（—12月），副局长陈树刚（12月起主持工作）、刘黎、向红，纪检组长冷华琼（—7月）、骆辉（8月—）。设有办公室、财金和企业审计科、经济责任审计科、行政事业审计科、固定资产投资审计科及审计中心。

审计成果 完成审计项目100个，查出违规金额53 732万元，应上缴财政49 486万元，应归还原渠道资金50万元，应缴纳的其他资金184万元，应调账处理金额3155万元；已上缴财政21 544万元，已归还原渠道资金50万元，已缴纳的其他资金184万元，已调账处理金额3155万元。移送有关部门处理事项9件。向被审计单位提出建议163条，被采纳138条；提交审计专题、综合性报告、信息简报和审计要情49篇，被采用40篇次，被县领导批示18篇。

财政审计 全年完成财政审计项目7个，查出违规金额50 249万元，应上缴财政49 472万元，应归还原渠道资金24万元，应调账处理金额2555万元；已应上缴财政21 530万元，已归还原渠道资金24万元，已调账处理金额2555万元。

行政事业审计 审计3个行政事业单位的财政、财务收支情况。发现和纠正涉及部门的4类问题，查出违规金额98万元，应上缴财政7万元，应归还原渠道资金1万元，应调账处理金额595万元；已上缴财政7万元，已归还原渠道资金1万元，已调账处理金额595万元。

固定资产投资审计 着眼于优化投资结构和提高效益，重点对资金筹集管理使用、建设管理、建设质量和安全管理、执行建设标准等情况进行检查。坚持边审计边整改，及时纠正项目执行建设程序、招标投标、质量管理等方面存在的问题。出台《铜梁县审计局委托审计实施办法》和《铜梁县审计局投资项目审计工作基本程序》，进一步规范投资审计程序和管理。全年完成政府投资工程审计项目79个，送审金额42 420万元，审计核减2943万元。

经济责任审计 开展7名党政领导干部的经济责任审计，查出违规金额9万元，应上缴财政7万元，已上缴财政7万元。实现离任审计与任中审计的有机结合，任中审计的比例达28%；实行经济责任审计与其他审计（调查）相结合，共享审计资源和审计成果，提高经济责任审计的质量和效率。

专项资金审计（调查） 完成专项资金审计（调查）项目4个，审计专项资金总额9082万元。查出违规金额25万元，应归还原渠道资金25万元，应调账处理金额34万元；已归还原渠道资金25万元，已调账处理金额34万元。审计查出的问题均已全部纠正。

内部审计 全县各部门、各企事业单位设内部审计机构4个，专职机构3个；配备内部审计人员30人，其中专职审计人员5人。全县各级内部审计机构共完成审计项目223个，促进增收节支19万元，提出的建议和意见被采纳87条。

（撰稿人：符　蓉）

【荣昌县审计局】 2012年，荣昌县审计局人员编制32人，在编30人。局长梁堂林，副局长廖立新（3月—）、杨勇、杜冬梅，纪检组长李恭林。设有办公室、综合科、行政事业科、财政金融科、经济责任审计科、审计中心。

审计成果 完成审计项目42个，查出违规金额19 857万元，应上缴财政9590万元，应减少财政拨款或补贴8762万元，应归还原渠道资金678万元，应调账处理金额177万元；已上缴财政9929万元，已减少财政拨款或补贴8762万元，已归还原渠道资金2065万元，已调账处理金额2109万元。移送司法机关、纪检监察部门处理事项3件，建议有关部门处理事项2件。出具审计报告和审计调查报告42篇，提交审计报告、信息5篇，被采用4篇。

财政审计 坚持“揭露问题、规范管理、促进改革”的工作思路和促进国家财政政策落实、规范预算管理、提高财政绩效水平的工作目标，以预算执行为龙头，资金账户为主线，对县本级的预算执行和镇街财政决算进行审计监督。开展2011年度县级预算执行和其他财政收支情况审计，县教委、县水务局、县人社局2011年度部门预算执行和其他财政收支审计，吴家镇、清江镇2011年度财政决算和其他财政收支审计。

固定资产投资审计 完成荣昌县城市生活垃圾处理场竣工决算审计等31个政府投资审计项目。工程送审金额109 266万元，审减金额9414万元，审减率8.6%。审计发现施工单位多计工程结算价款、部分项目未严格执行招投标文件、工程建设过程中设计变更较大、大幅增加投资等问题。

社会保障审计 按照审计署和市审计局的统一安排和部署，开展社会保障资金审计。审计共查出违规金额3060万元，审计期间促进国土部门整改落实征地农民参保资金2060万元，追回银行少计利息102万元。

经济责任审计 按照“积极稳妥、量力而行、提高质量、防范风险”的总体要求，积极开展领导干部任期经济责任审计工作。全年完成县水务局、县人力资源和社会保障局、峰高街道领导干部任期经济责任审计。查出违规金额2820万元，管理不规范金额4957万元。

专项资金审计（调查） 开展农村中小学布局调整审计调查和荣昌县2009年度至2011年度扶贫资金管理使用情况审计。在扶贫资金审计中，查出违规金额21万元，管理不规范金额68万元，应归还原渠道资金14万元。

内部审计 全县各部门、各企事业单位设内部审计机构30个，其中专职机构3个；配备内部审计人员35人，其中专职审计人员5人。全县各级内部审计机构共完成审计项目104个，提出的建议和意见被采纳57条。（撰稿人：孙　亮）

【璧山县审计局】 2012年，璧山县审计局人员编制24人，在编22人。局长舒朝勇，副局长黄志强、杨用明、李小红，纪检组长周波（10月—）。设办公室、财政金融审计科、行政事业审计科、投资审计科、经济责任审计科、法规科。

审计成果 完成审计项目157个，查出违规金额4069万元，应上缴财政754万元，应减少财政拨款或补贴3314万元；已上缴财政755万元。移送司法机关、纪检监察部门处理事项2件，建议有关部门处理事项1件。提交审计报告、信息157篇，被采用157篇。

财政审计 开展县本级财政预算执行情况审计，重点审计县级预算执行、税收征管、政府融资债务等情况。

固定资产投资审计 全年完成政府投资审计

项目 142 个，送审金额 153 031 万元，审减金额 3314 万元，综合审减率 3.48%。审计发现工程管理不规范、现场监管缺位、工程变更未按规定报批、管理制度缺陷、送审竣工结算价款不实、个别项目审减率偏高等主要问题。

经济责任审计 受县委组织部委托，组织审计 9 名党政领导干部任期经济责任，其中离任审计 4 名，任中审计 5 名。审计共查出管理不规范金额 3986 万元，收缴财政 13.69 万元，增收节支 67 万元。

专项资金审计（调查） 开展专项资金审计项目 4 个，分别为社会保障专项资金审计、璧山县 2009 年度至 2011 年度扶贫资金管理使用情况审计、璧山县农综办 2011 年度农业综合开发项目资金使用情况审计。通过专项资金审计，共查出违规金额 321.98 万元，管理不规范金额 2 781.98 万元。

内部审计 全县各部门、各企事业单位设内部审计机构 8 个，其中专职机构 2 个；配备内部审计人员 38 人，其中专职审计人员 10 人。全县各级内部审计机构共完成审计项目 21 个，增加效益 45 万元，提出的建议和意见被采纳 68 条。

（撰稿人：周　鸿）

【垫江县审计局】 2012 年，垫江县审计局人员编制 36 名，在编 29 人。局长梁辉（—2 月）、曾庆超（2 月—），副局长朱华章、雷中山（—2 月）、冯文权、白云，纪检组长罗显容（—3 月），设有办公室、财政金融审计科、行政事业审计科、固定资产投资审计科、经贸审计科、经济责任审计科、垫江县审计中心。

审计成果 完成审计项目 34 个，查出违规金额 10 222 万元，应上缴财政 9919 万元，应归还原渠道资金 208 万元，应调账处理金额 1139 万元；已上缴财政 9919 万元，已归还原渠道资金 208 万元，已调账处理金额 1139 万元。建议有关部门处理事项 2 件。提交审计报告、要情、信息、经济责任审计简报等 40 篇，被采用或批示 19 篇次。

财政审计 完成县本级预算执行及其他财政财务收支审计、县地方税务局预算执行和其他财政收支审计和县建委、县人力资源社会保障局、县国土房管局、县农业委员会等部门财政预算执行审计，高安镇人民政府财政决算审计，发挥了财政审计卫士作用。

行政事业审计 审计 5 个行政事业单位的财政、财务收支情况，促使行政事业单位建立和完善 4 项内部管理制度。

固定资产投资审计 按照《重庆市国家建设项目审计办法》的要求，加强国家建设项目的审计，完成新民小学等 7 所学校塑胶运动场竣工结算、南阳公园等 7 个基本建设项目审计，提出在资金和项目建设管理上存在的问题，引起县政府领导、主管部门和业主单位的高度重视。

社会保障审计 完成审计署统一组织的社会保障资金审计，被重庆市审计局表彰为优秀审计项目。

企业审计 对重庆市渝垫国有资产管理公司的资产负债损益审计，提出加强管理、规范经营的建设性建议，得到被审计单位及其主管部门的重视和采纳。

经济责任审计 完成对 7 个单位 9 名领导干部的经济责任审计。对乡镇党委书记、镇长任期内的经济社会发展业绩进行科学评价，对经济责任进行合理的界定。

专项资金审计（调查） 开展 2011 年度农业综合开发项目资金、优抚资金等专项资金审计 6 个。

内部审计 全县各部门、各企事业单位设内部审计机构 36 个，其中专职机构 9 个；配备内部审计人员 72 人，其中专职人员 18 人。全县各级内部审计机构共完成审计项目 49 个。

（撰稿人：李一奎）

【武隆县审计局】 2012 年，武隆县审计局人员编制 26 人，在编 23 人。局长龚文，副局长谭明波、熊波、谭建梅（4 月—），纪检组长苏永国（4 月—）。设有办公室、政策法规科、财政金融审计科、行政事业审计和社会保障审计科、农业和资源环保审计科、经济责任审计和内部审计科、固定资产投资和外资审计科、审计中心。

审计成果 完成审计项目 44 个，查出违规金额 29 043 万元，应上缴财政 1096 万元，应归还原渠道资金 23 202 万元；已上缴财政 18 万元，已归还原渠道资金4364万元。移送司法机关、纪检监察部门处理事项2件。提出审计建议199条，被采纳审计建议128条；提交审计信息57篇，被采用14篇。

财政审计 审计单位2个，发现和纠正涉及部门的三类问题，查出违规金额20 462万元，管理不规范金额23 892万元。提出加强预算管理、培植良好税源、加强债务管理、消化隐性赤字等建议，进一步规范财政资金的管理，促进财政体制改革。

行政事业审计 对6个行政事业单位的财政、财务收支情况进行审计。查出违规金额1691万元，管理不规范金额28 309万元。针对审计发现财务核算不规范、固定资产不入账、往来账项清理不及时、内控制度执行不到位等问题提出审计建议，促进被审计单位的内部管理。

固定资产投资审计 加强对政府投资或以政府投资为主的重大建设项目的审计监督，重点突出对农业基础建设工程、旅游基础设施建设工程、城乡环境建设基础工程等事关和民生的建设项目的审计，全年完成28个基本建设项目审计，审计投资额23 882万元，核减工程投资金额1441万元，应减少财政拨款1441万元，维护了国家建设资金的安全性和效益性。

社会保障审计 组织8名审计干部，投入500余个审计工作日，参与为期3个月的全国社会保障资金审计，发现应保未保、选择性参保、重复参保、重复领取待遇、违规享受待遇等问题，督促相关单位及时进行整改。

经济责任审计 完成对13个单位22名主要领导干部的经济责任审计，查出违规金额1655万元，管理不规范金额28 345万元。移送纪检监察机关2件，涉及金额4万元。

内部审计 各部门、各企事业单位设内部审计机构43个，其中专职机构2个；配备内部审计人员71人，其中专职审计人员4人。全区（县）各级内部审计机构共完成审计项目135个，审计资金58 830万元，促进增收节支146万元，提出的建议和意见被采纳40条。 （撰稿人：苏永胜）

【丰都县审计局】 2012年，丰都县审计局人员编制40人，在编34人。局长秦宗成，副局长吴小平、熊伟，纪检组长范福义（—5月）、陈丽莉（5月—）。设有办公室、综合法制科、财政金融审计科、行政事业审计科、企业审计科、经济责任审计科、固定资产投资审计科、移民资金审计科。

审计成果 完成审计（调查）项目75个，查出违规金额27 051万元，应上缴财政17 671万元，应减少财政拨款或补贴4105万元，应归还原渠道资金2948万元，应调账处理金额178万元；已上缴财政17 671万元，已减少财政拨款或补贴4105万元，已归还原渠道资金2948万元，已调账处理金额178万元。移送司法机关、纪检监察部门处理事项9件，建议有关部门处理事项7件。提交审计报告、信息92篇，被采用90篇。

财政审计 完成部门预算执行和其他财政收支审计项目5个，发现和纠正未按规定纳入预算管理、违规改变项目计划和资金用途等6类问题，查出主要问题金额17 180万元，建立完善了内控制度，向县人大常委会做审计工作及审计整改情况报告。

固定资产投资审计 完成59个基本建设项目审计，核减工程结算价款4045万元。加大对政府投资项目决策行为、审批程序等前期工作的审计监督，强化投资绩效；在审计方式上，积极探索对建设项目实行全过程的跟踪审计，增强投资审计的针对性、及时性、效益性。

社会保障审计 按照上级统一部署要求，围绕社会保险、社会救助、社会福利等16项资金开展审计，既摸清了基本情况，又客观揭示了违规参保、重复参保等6类问题，审计成效突显，单位集体被审计署嘉奖一次。向相关部门移送违规享受低保案件1件，清退131人，收回资金34.78万元；挽回损失1.33亿元，促进出台规范性文件3个，有效推动社会保障工作健康发展。

企业审计 对1个企业的资产、负债、损益真实性进行审计，发现被审计单位存在少计或虚列成本费用、少计少缴税费等问题。查出主要问题金额1649万元，应上缴税费1601万元，促进国有企业规范化管理。

经济责任审计 完成15名党委、政府及事业单位主要领导干部的经济责任审计。查出违规金额4267万元，管理不规范金额1074万元。

专项资金审计（调查） 完成审计调查项目3个，其中市局交办审计调查项目1个，交叉审计项目1个，本局自定审计项目1个。

内部审计 全县各部门、各企事业单位设内部审计机构36个，其中专职机构14个；配备内部审计人员63人，其中专职审计人员27人。全县各级内部审计机构共完成审计项目159个，审计总金额8938万元，增加效益355万元，提出的建议和意见被采纳57条。

（撰稿人：石纹碧　李　勤）

【城口县审计局】 2012年，城口县审计局人员编制23人，在编23人。局长肖冬辉，副局长雷光泉（—6月）、汪元媛、周朝辉（—6月）、田忠培、袁其飞（6月—），纪检组长熊学东。设有办公室、财政审计科、固定资产投资审计科、经济责任审计科、法制监督科和审计中心。

审计成果 完成审计项目36个，审计查出主要问题金额137 279万元，违规金额2938万元、管理不规范金额134 340万元；审计处理处罚5229万元，其中应上缴财政292万元，应减少财政拨款或补贴16万元，应归还原资金渠道1998万元。提交审计综合报告、信息31篇，被采用20篇。

预算执行审计 审计和延伸审计单位6个，揭示存在应缴未缴收入、一般预算支出结转过大、超调资金、往来款项清理不够及时等问题，提出建设性意见。代县政府所做的审计工作报告，得到县人大的高度肯定，报告中所提出的建议，得到了县委、县政府的高度重视，并责成相关部门整改落实。

固定资产投资审计 坚持“以审计质量为重心，以效益审计为突破口”的理念，以贯彻执行《城口县国家建设项目审计监督实施办法》为契机，完成25个基本建设项目审计，查出主要问题金额5664万元，审减2617万元。有效控制工程建设中的高估冒算、偷工减料、损失浪费等违纪违规现象。积极探索适合本地的跟踪审计办法，草拟《建设项目跟踪审计办法》，通过强化政府投资项目的审计监督，促进加强建设项目管理，节约政府投资，提高投资效益。

经济责任审计 完成对4个乡镇党政主要领导干部和5个县属部门主要领导的经济责任审计。审计查出资产不实、管理不善、违规操作等问题。通过审计规范被审计单位的财务收支行为，客观评价被审计人的经济责任，为组织人事部门任用干部提供参考。

专项资金审计（调查） 结合预算执行审计，开展专项资金审计（调查）。完成专项资金审计项目2个，审计专项资金总额5858万元，查出主要问题金额476万元，及时反映情况，提出审计建议，促使相关单位落实整改，促进专项资金管理，提高资金使用效益。（撰稿人：李　婧）

【梁平县审计局】 2012年，梁平县审计局人员编制29人（含审计中心编制12人），在编24人。局长涂善俊（2月—），副局长高保勇、刘坚。设有办公室、法制科，财政金融审计科、行政事业审计科、建设项目审计科、经济责任审计科、计算机应用审计科，审计中心。7月，经重庆市人力资源和社会保障局批准，下属事业单位审计中心升格为副局级事业单位。

审计成果 完成审计项目52个，查出违规金额6920万元，应上缴财政6914万元，应减少财政拨款或补贴4万元，应归还原渠道资金4049万元，应调账处理金额2875万元；已上缴财政6914万元，已减少财政拨款或补贴4万元，已归还原渠道资金4031万元，已调账处理金额2873万元。建议有关部门处理事项1件。提交审计报告、信息132篇，被采用52篇。

财政审计 完成财政审计项目10个，审计查出主要问题金额155 147万元，发现未按规定纳入预算管理、虚列支出、少计少缴税费等问题。

行政事业审计 完成行政事业审计7个，查出主要问题金额71万元，发现未按规定纳入预算管理、虚列支出、违规出借财政资金等问题。

固定资产投资审计 完成固定资产投资审计项目18个，审计项目投资额21 379万元，审减金额2271万元。

经济责任审计 对复平乡、金带镇、县档案修志馆、县人口计生委等13名党政主要领导干部开展任期经济责任审计，审计查出主要问题金额378万元，发现会计核算不实、虚列支出等问题。

专项资金审计（调查） 完成对农村中小学

布局调整审计项目、城镇保障性安居工程审计项目、2009年度至2011年度扶贫资金等10个专项资金审计项目，查出主要问题金额2541万元，其中未按规定征收缴纳收入2266万元，违规改变项目计划和资金用途275万元。

内部审计 全县各部门、各企事业单位设内部审计机构12个，其中专职机构2个；配备内部审计人员46人，其中专职审计人员9人。全县各级内部审计机构共完成审计项目87个，增加效益624万元，提出的建议和意见被采纳60条。

（撰稿人：杨　雪）

【开县审计局】 2012年，开县审计局人员编制29人，在编26人。局长雷晓玲（—2月）、宋定学（3月—），副局长林应才、谭显春、王忠芬（3月—）。设有党政办公室、法规科、财政金融审计科、行政事业审计科、固定资产投资审计科、经济责任审计科、社会保障资金审计科、内部审计管理科、审计中心。

审计成果 完成审计项目44个，查出违规金额19 372万元，应上缴财政17 265万元，应减少财政拨款或补贴12万元，应归还原渠道资金1727万元，应调账处理金额851万元；已上缴财政17 265万元，已归还原渠道资金1727万元，已调账处理金额851万元。移送有关部门处理事项13件。提交审计报告、信息104篇，被采用44篇次。获市级优秀项目1个，获重庆市审计局综合目标考核二等奖。

财政审计 审计预算执行单位5个，查出违规金额16 997万元，提出审计意见和建议，拓展审计监督覆盖面，新增国有资产投资收益、政府投资项目的评审质量和农村劳动力转移培训补助资金等民生专项资金作为审计内容。向县人大常委会做审计工作报告。审计财政决算单位7个，发现未按规定征收缴纳财政收入、财政收支不实、截留财政收入等问题，查出违规金额181万元。

行政事业审计 审计18个行政事业单位的财政、财务收支情况。发现隐瞒财政收入、违规改变资金用途、乱收费、财务核算不规范、内控制度执行不到位等问题，查出违规金额1708万元。

固定资产投资审计 完成10个基本建设项目审计，核减工程造价389万元。加强对社会中介机构固定投资项目的再审计监督，探索开展新投资项目同步跟踪监督，促使财政资金的效益性和安全性不断提高。

经济责任审计 完成对21名党政主要领导干部的经济责任审计。审计查出资产不实、管理不善、违规操作等问题。

专项资金审计 开展专项资金审计项目3个，审计专项资金总额1241万元。查出违规金额459万元，管理不规范金额1057万元。

企业审计 开展国有企业资产负债损益审计项目1个，查出违规金额262万元，少计少缴税费277万元，多计收益1732万元。

内部审计 全县各部门、各企事业单位设内部审计机构63个，其中专职机构10个；配备内部审计人员209人，其中专职审计人员24人。全县各级内部审计机构共完成审计项目333个，增收节支122万元，提出的建议和意见被采纳244条。

（撰稿人：廖益山）

【巫溪县审计局】 2012年，巫溪县审计局人员编制26人，在编19人。局长马攀华（—2月）、冉立新（2月—），副局长童清沛、许建川、谭清泉。设有办公室、财政金融审计科、行政事业审计科、投资审计科、经济责任审计科。

审计成果 完成审计项目41个，查出违规金额32 235万元，应上缴财政12 959万元，应减少财政拨款或补贴2334万元，应归还原渠道资金9313万元，应调账处理金额5731万元；已上缴财政12 903万元，已减少财政拨款或补贴2334万元，已归还原渠道资金7700万元，已调账处理金额761万元。移送司法机关、纪检监察部门处理事项1件，建议有关部门处理事项19件。提交审计报告、信息108篇，被采用20篇。

财政审计 完成2011年度县本级财政预算执行和其他财政收支审计，延伸审计县国土房管局土地出让金和土地整治收益收取及解缴情况、地税局税费征缴情况、县发展改革委专项资金计划及管理情况和县华康牧业有限责任公司管理情况。

行政事业审计 完成对文峰职中2010—2011年度财政财务收支情况和巫溪县教育债务审计（调查），揭示滞留学生资助资金、违规集资及违规在学生食堂和超市盈利中发放教师补贴等问题。

农业与资源环保审计 完成县农业综合开发项目工程资金、县农委和县畜牧局农村劳动力转移培训专项资金、县市政园林局清漂经费、刘家沟移民资金收支情况审计，查处管理不规范金额473万元。

固定资产投资审计 完成投资审计项目20个，项目送审金额28 650万元，审定金额25 878万元，核减投资2772万元，移送地税部门追缴施工单位应缴未缴税款553万元。

企业审计 对县属国有及国有参股企业2011年度国有企业资产、负债、损益情况进行专项审计调查，查出注册资本金不实、法人结构不完善、挤占挪用专项资金，财务管理不规范等问题。

经济责任审计 完成县教委等12个单位离任领导的经济责任审计，查出县运管所出纳涉嫌贪污76万元的违法犯罪问题，揭露相关单位挤占挪用专项资金、发票不合规和报销费用手续不完善、财务核算不规范等问题。

内部审计 全区（县）各部门、各企事业单位设内部审计机构3个，配备内部审计人员18人。全区（县）各级内部审计机构共完成审计项目6个，增收节支13万元，提出的建议和意见被采纳7条。 （撰稿人：张 静）

【巫山县审计局】 2012年，巫山县审计局编制28人，在编23人。局长王碧（—1月）、熊跃权（1月—），副局长刘大伟、冯军、谭艳（4月—），纪检组长毛勇。设有办公室、综合科、财政金融审计科、行政事业审计科、经济责任审计科（挂经贸审计科牌子）、固定资产投资审计科、固定投资与经济责任审计中心。

审计成果 完成审计项目39个，查出违规金额93 008万元，应上缴财政7880万元，应减少财政拨款或补贴912万元，应归还原渠道资金2242万元，应调账处理金额159万元；已上缴财政21万元，已减少财政拨款或补贴912万元，已归还原渠道资金1829万元，已调账处理金额30万元。移送司法机关、纪检监察部门处理事项3件。提交审计报告、信息132篇，被采用145篇次。

财政审计 重点开展县本级预算执行审计，县发改委、供销社等4个部门预算执行审计和国土房管局财政财务收支审计，揭示财政本级预算应缴未缴预算收入、预算编制不规范等问题；揭示部门挪用专项资金、大额现金支付、房屋租金收入未实行“收支两条线”，县供销社未及时收取社有资产投资收益，国土房管局未及时上缴财政收入、土地出让综合价金未征收到位、超标准收费等问题。其中，在土地整理项目审计中，对县国土房管局违反公车管理规定的问题移送县纪委，县纪委对该局给予通报批评；在国土房管局2010年至2011年财政财务收支审计中，对抱龙镇抱龙村干部挪用征地补偿资金的问题移送县纪委，县纪委立案检查1人。通过审计，规范财政财务管理，防范财政风险。

固定资产投资审计 认真落实《巫山县政府投资建设项目审计办法》，结合工程建设领域突出问题专项治理工作，完成投资审计项目18个，送审金额28 193万元，审减工程投资922万元。揭示施工单位多报工程结算价款、增加和附属工程未实行招投标、未及时缴纳履约保证金、未编制项目竣工财务决算等问题。其中城市夜景灯饰工程审减466万元，审减率达10.82%；在对县原建材总厂地块、新城二坪子华兴畔山广场划拨工业用地的土地成本核查中，核减土地补偿成本150.03万元，节约了财政资金。

社会保障审计 开展社会保障资金审计，揭示部分符合保障条件的特殊人员未纳入保障、重复参加各项社会保障、违规享受城乡居民最低生活保障待遇、死亡人员冒领城乡居民养老保险待遇、冒名虚报门诊费用等问题。向县纪委移送原巫峡镇社保所骗取医保基金案件线索，县纪委立案查处涉案党员4人，涉及金额88.13万元。随后，县纪委要求全县各乡镇对城乡医保基金开展自查自纠，并成立专项检查组进行全面检查。通过审计以及后续的自查和检查，县纪委共收缴被侵占的城乡医保基金248.97万元，共立案9件13人，移送司法机关4件9人，严肃惩处针对城乡医保基金的违法违规行为，维护基金安全。

经济责任审计 完成经济责任审计项目19个，涉及领导干部29人。在审计内容上，加强对专项资金、项目设施和资产、土地管理利用情况的审计，揭示乡镇未经批准出租出让国有资产、将国有资产用于其他投资建设、收入未及时入账、挪用专项资金、虚假执行审计决定套取资金、工程项目价款结算未取得符合规定的发票等问题。

专项资金审计（调查） 开展农村中小学布局调整情况专项审计调查，揭示优质师资和学生不断向县城和乡镇学校流动，造成新的教育资源紧张；部分寄宿制学校生活设施不足，管理和服务不到位；部分学生就学距离较远，存在交通安全隐患等问题。

内部审计 全县各部门、各企事业单位设内部审计机构5个，其中专职机构5个；配备内部审计人员26人，其中专职审计人员16人。全县内部审计机构共完成审计项目58个，提出的建议和意见被采纳36条。（撰稿人：向天泉）

【奉节县审计局】 2012年，奉节县审计局人员编制26人，在编25人。局长刘廷权（3月—），副局长刘刚、周斌、肖斌（6月—），纪检组长杨建平。设有办公室、财政投资审计科、农业及城乡建设审计科、行政社保审计科、经济责任审计科、政策法规科、投资审计中心。

审计成果 完成审计项目94个，查出违规金额24 297万元，应上缴财政17 164万元，应减少财政拨款或补贴2210万元，应归还原渠道资金2926万元，应调账处理金额44 041万元；已上缴财政16 979万元，已减少财政拨款或补贴2210万元，已归还原渠道资金1144万元，已调账处理金额43 849万元。移送有关部门事项4件。提交审计报告、信息18篇，被采用9篇次。

预算执行审计 审计单位12个，发现和纠正涉及部门的收入征缴不规范、预算支出不严格等5类问题，查出管理不规范金额365 352万元，提出的加大专项资金监管力度、加强对历年积存财政往来账款进行分类清理等审计意见和建议，对进一步加强预算管理、规范预算执行，促进财政平稳、健康、有序发展取得新的突破。受县政府委托向县人大常委会做审计工作报告，共提出4大类21项问题。

行政事业审计 审计11个行政事业单位的财政、财务收支情况。发现固定资产不入账、往来账项清理不及时、超标准超计划支出等问题，查出主要问题金额7222万元。

固定资产投资审计 完成57个基本建设项目审计，核减工程款2186万元。在项目安排上，加大对当年投资建设项目资金使用情况的审计，确保后续资金使用的合理和高效，避免建设资金的损失和浪费。

企业审计 对1个企业的资产、负债、损益真实性进行审计，查出主要问题金额89 722万元。

经济责任审计 完成对20名主要领导干部的经济责任审计，其中包括党政领导16名、政府工作部门及人民团体主要负责人4名。审计查出违规金额1303万元，管理不规范金额4903万元。

内部审计 全县各部门、各企事业单位设内部审计机构56个，其中专职机构10个；配备内部审计人员78人，其中专职审计人员10人。全县各级内部审计机构共完成审计项目186个，提出的建议和意见被采纳192条。

（撰稿人：周 娅）

【云阳县审计局】 2012年，云阳县审计局人员编制29人，在编26人。局长杨兵（10月—），副局长刘小文、姜翠平、陈明勇（—7月），纪检组长孙毅。设有办公室、经济责任审计科、农业外资审计科、财政金融审计科、行政事业审计科、固定资产投资审计科、审计中心。

审计成果 完成审计项目57个，是计划的123.91%，其中完成审计署项目2个、市局交叉（办）项目2个、本级计划项目46个、县级交办项目7个。查出违规金额1690万元，损益（收支）不实金额97万元，管理不规范金额65 437万元，应上缴财政131万元（其中罚没16万元），应减少财政拨款或补贴67万元；增收节支196万元；核减投资额77万元。协助配合上级对云阳审计事项12件，整改化解问题68个，涉及金额数亿元。审计移送县纪委、地税局违纪违规线索1起。提出审计建议199条，被采纳199条；提交审计专题、综合性报告和信息等共70篇，领导批示7件。

财政审计 坚持以预算执行审计为工作导向，以民生、项目审计为重点，以财政收支审计为主线，以促进规范管理和提高资金绩效为审计目标，不断深化财政审计。按审计法赋予的职责，采取措施，制订方案，督促整改，已上缴代扣及漏缴税金68.45万元，催收少收及滞留的非税收入11.22万元，上缴罚款6万元，采纳审计建议138条。

固定资产投资审计 坚持政府投资项目必审机制，强化“工程、管理、财务、效益”四审目标，积极探索工程跟踪审计，着力扩大审计覆盖面，着力加大审计力度，着力提升审计成效。全年完成交通、国土、水务、卫生、教育系统及工业园区、北部新区等部门和单位18个审计项目，查出问题金额36 226.07万元，审减额77万元。

企业审计 完成4个国有公司和1个破产清算组审计，主要揭示国有公司法人治理结构不健全、没有按照《中华人民共和国公司法》的规定来管理企业，管理欠规范，4家国有公司普遍盈利能力较低、偿债资金压力大等问题。

经济责任审计 全年完成11个项目的经济责任审计，涉及5个部门、4个乡镇、2个学校的18名党政领导干部。查出违规金额632万元，管理不规范金额11 688万元。主要揭示领导决策与政策执行欠当、经费收支违规、财务管理不规范等问题。将经济责任审计与绩效审计调查相统一，开展绩效审计4个。

专项资金审计（调查） 坚持财政专项资金和社会捐赠专项资金的监管，在真实、合规审计的基础上，注重项目资金监督与项目绩效监督并重，探索专项资金使用绩效审计。完成慈善资金、农业综合开发资金和社会抚养费等3个审计（调查）项目。慈善资金重点关注捐赠资金的收支绩效；农业综合开发项目审计揭示违规金额31.81万元，占资金总量的1.83%。社会抚养费审计调查，揭示使用征收情况存在的问题8个，查出管理不规范金额3 380.76万元。

内部审计 全县有13个部门和乡镇内审机构认真履行职责，积极认真地实施各类审计。全年完成审计项目240个，其中财政财务收支审计66个，效益审计14个，经济责任审计26个，内部控制评审22个，基本建设审计98个，其他审计14个。审计总金额78154.12万元，增收节支1 298.85万元。提出建议意见被采纳183条，建议给予行政处分2人，实际给予行政处分2人。

（撰稿人：罗　琴）

【忠县审计局】 2012年，忠县审计局人员编制29人，在编24人。局长成耕耘，副局长肖晓明、沈仁平，纪检组长王洪春。设有办公室、综合法规科、财政金融审计科、经济责任审计科、外资移民投资审计科、行政事业审计科；还设有忠县投资审计中心和经济责任审计中心，投资审计中心为全额拨款参公事业单位，编制3人，在编3人；经济责任审计中心为财政拨款副科级事业单位，编制6人，在编2人。

审计成果 完成审计项目72个，查出违规金额97 649万元，应上缴财政6302万元，应归还原渠道资金45 248万元，应调账处理金额52 718万元；已上缴财政61万元，已归还原渠道资金31 699万元，已调账处理金额52 619万元。移送司法机关、纪检监察部门处理事项1件，建议有关部门处理事项3件。提交审计报告、信息72篇，被采用22篇次。

预算执行审计 审计单位4个，发现和纠正涉及部门、乡镇的16类问题，涉及金额111 293万元，提出审计意见和建议。向县人大常委会做审计工作报告。

行政事业审计 审计15个行政事业单位的财政、财务收支情况。发现应缴未缴预算收入、违规改变资金用途、账外资产、乱收费乱摊派乱罚款、超标准超计划支出等问题，查出主要问题金额153 556万元。

固定资产投资审计 完成24个政府投资项目审计，审计总投资金额15 473万元，核减工程造价1383万元。加大对当年投资建设项目资金使用情况的审计，确保后续资金使用的合理和高效；坚持对建设项目全过程的跟踪审计，使建设过程中资金使用管理的问题得到及时纠正，避免建设资金的损失和浪费；加强对重大政府投资项目的跟踪审计，使监督关口前移，有效防止工程建设领域腐败案件发生。

企业审计 对6个国有企业的资产、负债、损益真实性进行审计，发现被审计单位存在违规经营、违规出借资金、资产不实、财务收支核算不实、少计或虚列成本费用等问题。审计查出主要问题金额6111万元。

经济责任审计 完成对29名主要党政领导干部的经济责任审计。审计违规金额11 971万元，损失浪费金额2510万元，管理不规范金额17 830万元，其中负主管责任金额7336万元，负领导责任金额24 975万元。

专项资金审计 开展专项资金审计项目1个，审计专项资金总额2116万元。

内部审计 全县各部门、各企事业单位设内部审计机构97个，其中专职机构11个；配备内部审计人员234人，其中专职审计人员25人。全县各级内部审计机构共完成审计项目302个，审计总金额70 200万元，增收节支1562万元，提出的建议和意见被采纳184条。

（撰稿人：张永斌）

【石柱土家族自治县审计局】 2012年，石柱土家族自治县审计局人员编制26人，在编21人。局长谭地勇（—3月）、张平（5月—），副局长胥志雄、田晟、向前（4月—），纪检组长胥志雄（兼）。设有办公室、政策法规科、财政金融审计科、行政事业审计科、经贸基建外资审计科、经济责任审计科、审计中心、纪检组（监察室）。

审计成果 完成审计项目60个，查出违规金额133 722万元，应上缴财政3474万元，应归还原渠道资金20 666万元，应调账处理金额241万元，完成投资审计额34 269万元；已上缴财政241万元，已归还原渠道资金20 485万元，已调账处理金额162万元，核减投资额2879万元。移送司法机关、纪检监察部门处理事项3件，移送有关部门2件，1人受到刑事处理。提交审计报告59篇、信息54篇，被采用36篇；提出审计建议63条，被采纳63条。有5项工作获市、县先进集体，17人获先进个人奖。

财政审计 审计县本级单位5个，查出主要问题金额122 590万元，其中未按规定纳入预算管理30 679万元，未按规定征收缴纳收入25 222万元，违规改变项目计划和资金用途18 587万元，资金滞留闲置47 527万元，扩大开支范围或提高开支标准列支182万元，违规采购92万元，违规收取费用29万元，套取项目资金13万元，账外资产49万元。提出审计建议30余条，得到县委、县政府和人大的高度重视。

行政事业审计 审计行政事业单位14个，查出主要问题金额13 164万元，其中未按规定纳入预算管理813万元，隐瞒转移截留资金54万元，违规改变项目计划和资金用途3329万元，未按规定征提基金29万元，资金滞留闲置518万元，扩大开支范围或提高开支标准列支2383万元，违规采购563万元，违规分包非法转包145万元，违规收取费用244万元，账外资产50万元，会计核算不实11万元。

固定资产投资审计 全年对39个项目工程、34 269万元的投资额进行审计，核减工程造价2879万元。

社会保障审计 对社会保障资金进行专项审计，延伸到11个单位，查出主要问题金额211万元，其中未按规定征收、缴存社会保险费和公积金44万元，虚报冒领126万元。

经济责任审计 完成17名党政领导干部的离任经济责任审计，1名党政领导干部任期经济责任审计，查出违规金额9929万元，其中负直接责任金额1829万元，负主管责任金额4241万元，负领导责任金额3859万元。

内部审计 全县各部门、各企事业单位设内部审计机构119个，其中专职机构5个；配备内部审计人员151人，其中专职审计人员10人。全县各级内部审计机构共完成审计项目108个，查出损失浪费金额12万元，增加效益80万元，提出的建议和意见被采纳114条。

（撰稿人：龙文德）

【彭水苗族土家族自治县审计局】 2012年，彭水苗族土家族自治县（以下简称彭水县）审计局机关人员行政编制10人，在编10人。局长张合奎（5月—），副局长丁慧（5月—）、梁光均（—2月）、张合奎（—5月）、廖建华，纪检组长陈敬容。设有办公室、财政金融审计科、行政事业审计科、固定资产投资审计科、经济责任审计科、政策法规科、审计中心。

审计成果 完成审计项目49个，查出违规金额87 398万元，应上缴财政3236万元，应减少财政拨款或补贴14 092万元，应归还原渠道资金65 453万元，应调账处理金额10 102万元；已上缴财政563万元，已减少财政拨款或补贴14 092万元，已归还原渠道资金5035万元，已调账处理金额10 102万元。移送司法机关、纪检监察部门处理事项11件，建议有关部门处理事项12件。提交审计报告、信息108篇，被采用66篇。

财政审计 对彭水县2011年度县级财政预算执行及其他财政收支情况，县发改委、县地税局、县市政园林局、县教委、县城乡建委等单位预算执行情况进行审计或审计调查。对原汉葭镇人民政府、岩东乡人民政府等2个乡镇的财政决算情况进行审计，对重要事项进行必要的延伸和追溯。审计查出问题金额17.47亿元，审计期间促进整改到位9193万元，落实审计决定责成被审计单位缴入国库3306万元。审计针对无偿占用企业财物、挤占挪用专项资金、往来款长期挂账等问题，提出整改建议。被审计单位积极整改，促进财政资金使用效果，成效显著。

固定资产投资审计 完成投资审计项目26个，送审额超11亿元，核减金额1.41亿元，审减率达12.8%，审计工作量及审计成果均创历史新高。

企业审计 开展对中业集团公司和县智彭公司2个重点国有企业2011年度资产、负债、损益情况进行审计，查出问题金额1.60亿元。

经济责任审计 受县委组织部委托，对全县5个单位的7名主要领导干部和2个村居委的4名主要干部开展经济责任审计。审计移送纪委监察处理5件，收缴非法收入21.7万元。针对审计查出的问题，依法做出审计处理。实行审计整改情况反馈制、审计决定落实跟踪检查制，确保审计成果落到实处，提高审计的威慑力。

内部审计 全县各部门、各企事业单位设内部审计机构4个，其中专职机构2个；配备内部审计人员16人，其中专职审计人员4人。全县各级内部审计机构共完成审计项目61个，增加效益884万元，提出的建议和意见被采纳128条。

（撰稿人：王元华）

【酉阳土家族苗族自治县审计局】 2012年，酉阳土家族苗族自治县审计局人员编制32人，在编23人。局长张鹰，副局长杨再萍，纪检组长梁胜举。设有办公室、财政金融审计科、经济责任审计科、行政事业审计科、投资审计科、法规科、审计中心。

审计成果 完成审计项目48个，查出违规金额24 510万元，应上缴财政3万元；管理不规范金额223 734万元，其中应归还原渠道资金7772万元，应调账处理金额16 734万元；已上缴财政3万元。提交审计报告48份、审计要情5篇，被采用30篇次；提出审计建议131条，被采纳56条。

预算执行审计 审计单位6个，发现问题14个，查出违规金额3.8万元，管理不规范金额397 573.42万元，提出建议和意见19条，促进被审计单位制定整改措施8项。并代人民政府向县人大常委会做审计工作报告，县人大给予高度评价。

固定资产投资审计 全年共实施政府性投资审计项目75个，出具审计报告38个，送审总额为11.5亿元，审定金额为9.88亿元，审减金额为1.62亿元，审减率为14.14%。对投资1000万元以上的政府投资项目全过程实施跟踪审计，使建设中资金的使用管理问题及时得到纠正，避免建设资金的损失和浪费。实施跟踪审计项目12个，其中钟勃快速通道共完成26期中间计量，出具审计报告29个，送审总额为22.69亿元，审定金额为20.27亿元，审减2.42亿元。钟勃快速通道延伸段共完成20期中间计量，出具审计报告17个，送审总额为3.97亿元，审定金额为3.47亿元，审减0.5亿元。

社会保障审计 组织开展社会保障资金审计调查，审计发现主要问题17个，涉及违规金额559.34万元，管理不规范金额968.35万元，提出有审计建议9条。针对审计发现的问题，县财政局、县地税局、县人力资源和社会保障局等相关部门认真分析原因，逐一整改，研究完善相关制度，进一步加强对社会保障资金筹集和使用的监督和管理。

专项资金审计（调查） 开展专项资金审计项目2个，发现主要问题19个，涉及违规金额649.37万元，管理不规范金额968.35万元，提出有针对性的审计建议11条。

（撰稿人：许　娟）

【秀山土家族苗族自治县审计局】 2012年，秀山土家族苗族自治县审计局人员编制25人，在编23人。局长雷天军，副局长余秀祥、刘军、张玉芬，纪检组长杨诚。设有办公室、法规科、行政事业审计科、财政金融审计科、经贸外资审计科、经济责任审计科、固定资产投资审计科、审计中心、固定资产投资审计中心。

审计成果 完成审计（调查）项目52个，查出违规金额31 927万元，管理不规范金额2576万元，归还原渠道资金11 167万元；应上缴财政6933万元，已全额入库；向纪检监察机关移送处理事项1件。针对审计发现的问题，提出审计建议148条，被采纳的审计建议145条；提交审计专题报告、综合性报告和信息79篇，被批示采用52篇，继续保持市级文明单位和市级卫生单位称号。

财政预算执行审计 审计单位4个，查出主要问题金额8175万元；针对存在的问题提出审计意见和建议21条。向县人大常委会做审计报告，推动县财政体制改革不断深化，提升财政预算管理水平。

行政事业审计 审计9个行政事业单位的财政、财务收支情况。审计发现挪用专项资金、业务招待费突破规定限额、财务核算不规范等问题。查出主要问题金额2466万元。

固定资产投资审计 完成基本建设项目审计36个，审计政府投资资金123 774万元，核减工程价款13 736万元，审减率为11%。对促进政府投资项目规范管理，保证建设资金的安全、合理、有效使用发挥积极作用。

经济责任审计 完成对9名主要领导干部的任期经济责任审计，审计查出主要问题金额2358万元，违规金额1081万元。对54个村（居）、95名村（居）书记和主任实施经济责任审计。通过审计，强化对领导干部执行财经纪律的监督，促进党风廉政建设，为干部监督管理部门提供使用干部的参考依据。

专项资金审计（调查） 开展专项资金审计项目4个，查出未及时拨付专项资金、改变资金项目投向等问题，提出强化专项资金和完善项目管理等审计建议，确保各项惠民政策的落实，切实维护人民群众的利益。开展审计调查项目2个，及时反映情况，针对存在的问题分析原因，提出有针对性的审计建议7条，引起县委、县政府领导高度重视，为县委、县政府决策提供翔实可靠的依据。

内部审计 县级各部门、各单位设有内部审计机构43个，其中专职机构11个；配备内部审计人员75人，其中专职审计人员16人。内部审计机构共审计单位76个，审计总金额67 200万元，促进增收节支12 500万元，提出加强管理的建议和意见133条，被采纳129条，内审工作越来越受到部门领导的重视。 （撰稿人：侯少宏）

【万盛经济技术开发区审计局】 2012年1—6月，原万盛区与原綦江县行政区划调整，撤销万盛区、綦江县成立綦江区、万盛经济技术开发区（以下简称经开区），因行政区划调整，原万盛区审计局撤销合并到綦江区审计局。6月，市委、市政府对万盛经开区管理体制进行调整，由原綦江区代管的万盛经开区直接归市委市政府管理，行使区县一级党委、政府和经开区双重职能。7月，重新组建成立万盛经开区审计局，新组建的万盛经开区审计局编制19人，在编13人。局长张习杰（—7月），副局长朱启学、唐勇（—7月）。设有办公室、法制科、财政财务审计科（挂经济责任审计科牌子）、固定资产投资审计科、审计中心。

审计成果 7—12月，共完成审计项目36个，查出违规金额1 388.58万元，审减工程投资金额2 327.48万元，已减少财政拨款2 327.48万元。提交审计报告36份、信息14篇，被采用9篇。

财政审计 根据年度审计工作计划安排，对丛林镇2011年度财政决算进行审计，查出管理不规范资金103万元。审计局本着“实事求是、摸清情况、揭露问题、整改纠错、强化管理”的原则，对存在的问题，按照有关规定进行处理，提出加强财政资金管理、增收节支、完善制度等方面的意见和建议，提高财政资金管理水平。

行政事业审计 按照审计工作计划安排，9月对经开区1个单位的财政财务收支情况进行审计。审计查出该单位的财政财务收支管理不规范、往来账目清理不及时、规章制度不健全、内控制度执行不到位等问题，提出审计意见和建议，帮助被审单位完善制度，纠正问题，提高财务管理水平。

专项资金审计（调查） 下半年开展涉及民生、市政建设等5个项目的专项资金审计，查出管理不规范金额 1 235.5 万元。通过开展对各项专项资金的审计监督，查处和纠正专项资金管理规范的行为，帮助指导被审计单位建立健全账务，完善各种专项资金必须“专户存储、专款专用、支出有据”的管理制度，使专项资金发挥最佳的经济效益和社会效益，造福广大群众。

固定资产投资审计 完成政府固定资产投资审计项目 27 个，审计项目资金 54 264.21 万元，审减工程投资 2 327.48 万元，减少财政拨款 2 327.48 万元。

经济责任审计 受经开区党工委组织部的委托，对万盛经开区 2 个镇的党政主要领导干部进行经济责任审计。对被审计单位的违法、违规及失责问题，加以揭示和反映，并做出客观公正、实事求是的绩效评价。（撰稿人：杨武权）

2012 年重庆市本级及所辖区、县审计工作统计表

金额单位：万元

审计机关	完成审计项目（个）	查出违规金额	应上缴财政	应减少财政拨款或补贴	应归还原渠道资金	应调账处理金额	移送司法、纪检、监察部门处理（件）	建议有关部门处理（件）	出具审计报告和审计调查报告（份）	提出审计建议（条）	撰写审计信息（篇）
重庆市											
重庆市本级	65	675071	487958	495	55790	2002294	25	20	65	625	100
渝中区审计局	46	24	13		11	13566			46	42	38
大渡口区审计局	21	3919	35	3884					21	132	47
江北区审计局	96	90529	61763	14793	13	39			96	136	92
沙坪坝区审计局	31	40291	288	38900	128	873		6	31	159	57
九龙坡区审计局	78	26068	6576	8250	928	23786	5	7	78	206	152
南岸区审计局	53	752	341		412				53	192	59
北碚区审计局	63	16298	8230		2405	5884	4	6	55	390	113
綦江区审计局	114	142449	133810	8167	1894	169621	3	9	109	158	105
大足区审计局	52	5313	109	3985	1091				52	134	4
渝北区审计局	162	88459	21951	45171		121	2	2	162	319	45
巴南区审计局	78	204672	1236	19095	175087	24133	10	9	157		49
万州区审计局	69	22786	3625	7739	5852	10649	14	31	61	183	98
涪陵区审计局	52	60273	18322	17950	3489	2166	10	7	48	123	129
黔江区审计局	85	54637	2668	6688	2855	19399			79	82	87
长寿区审计局	112	23657	1051	10418	7003	6583		3	112	116	132
江津区审计局	77	39869	14417	7137	410	123	2	6	77	235	59
合川区审计局	71	28705	19662	5540	1358		1	19	80	198	292
永川区审计局	96	177391	34869	10358	132019	7311	4	4	94	288	104

续表

审计机关	完成审计项目（个）	查出违规金额	应上缴财政	应减少财政拨款或补贴	应归还渠道资金	应调账处理金额	移送司法、纪检、监察部门处理(件)	建议有关部门处理（件）	出具审计报告和审计调查报告(篇)	提出审计建议（条）	撰写审计信息（篇）
南川区审计局	120	31367	18952	8279	1185	22303	9	6	120	230	104
潼南县审计局	55	113045	55931	16977	18242	21710	4	2	55	106	52
铜梁县审计局	100	53732	49486	2949	50	3155		9	100	163	49
荣昌县审计局	42	19857	9590	8762	678	177	3	2	42	128	5
璧山县审计局	157	4069	754	3314			2	1	157	215	
垫江县审计局	34	10222	9919		208	1139		2	40	146	40
武隆县审计局	44	29043	1096	1441	23202	56	2	2	44	199	92
丰都县审计局	75	27051	17671	4105	2948	178	9	7	75	58	92
城口县审计局	36	2938	292	16	1998	2922			36	150	29
梁平县审计局	52	6920	6914	4	4049	2875		1	52	167	80
开县审计局	44	19372	17265	12	1727	851		13	44	303	116
巫溪县审计局	41	32235	12959	2334	9313	5731	1	19	41	149	67
巫山县审计局	39	93008	7880	912	2242	159	3	1	39	255	132
奉节县审计局	94	24297	17164	2210	2926	44041	1	3	94	172	15
云阳县审计局	57	1690	131	67	4			1	57	199	70
忠县审计局	72	97649	6302		45248	52718	1	3	72	152	35
石柱土家族自治县审计局	60	133722	3474	2879	20666	241	3	2	59	63	54
彭水苗族土家族自治县审计局	49	87398	3236	14092	65453	10102	11	12	49	372	108
酉阳土家族苗族自治县审计局	48	24510	3		7772	16734			48	131	
秀山土家族苗族自治县审计局	52	31927	6933	13717	11167	34	1		52	148	27
万盛经济技术开发区审计局	36	1389		2327					36	25	14

四川省

【四川省审计厅】 2012 年，四川省审计厅人员编制 243 人，在编 198 人。设有办公室、法规处、内部审计监督指导处、财政审计一处、财政审计二处、行政事业审计处、农业与资源环保审计处、固定资产投资审计处、金融审计处、企业审计处、社会保障审计处、外资运用审计处、人事处、离退休人员工作处，还设有机关党办、驻厅纪检监察室，下设直属审计机构——经济责任审计分局，事业单位——四川省审计科研所、机关服务中心、计算机技术中心。

领导成员

厅　　长：高仁全

副 厅 长：杨书军　蔡文强　唐　萍
　　　　　陶志伟　廖代永

总审计师：王克怀

纪检组长：曹晓雪

审计成果　全省审计机关完成审计项目12 332个，查出违规金额2 005 341万元，应上缴财政1 103 632万元，应减少财政拨款或补贴245 706万元，应归还原渠道资金431 542万元，应调账处理金额1 113 759万元；已上缴财政798 578万元，已减少财政拨款或补贴106 804万元，已归还原渠道资金294 272万元，已调账处理金额951 360万元。移送司法机关、纪检监察部门处理事项132件，建议有关部门处理事项102件。提交审计报告、信息7592篇，被采用3746篇。

灾后重建审计　全省加快实施灾后恢复重建项目竣工决算审计。整合全省投资审计力量，从省厅机关和非灾区、部分轻灾区审计局抽调人员组成工程造价审计组，对口支持重灾区审计机关开展工作，同时加强对其他地方的业务指导和统筹协调。至年底，已审结项目27 831个，累计核减工程造价115亿元。各有关单位及时整改审计发现的问题，建设管理制度机制不断健全完善。

财政审计　财政审计工作更加适应宏观调控与风险防范的需求。对省级预算管理和24个部门预算执行审计，重点向“管理”深入、“效益”延伸，关注“三公经费”支出、公务卡使用、节能降耗等制度落实情况；统一组织审计26个扩权试点县（市）财政决算，揭示政策执行与体制、机制方面的问题及财政运行风险，为推进扩权强县试点、促进县域经济发展提供决策和监管依据。创新审计处理方式，对问题突出的9个县（市）政府进行审计约谈，指出问题、分析原因、警示危害与后果，促进整改落实。代省政府向省人大常委会做工作报告，得到省人大常委会充分肯定。

金融审计　整合特约审计员、内部审计等审计力量，组织开展对融资性担保公司、城市商业银行和农村信用社等的审计，重点关注金融机构风险点，着力规范地方金融秩序，维护地方金融安全，为加强对金融机构的有效监管提供决策参考。

行政事业审计　组织对农村中小学布局调整、基层文化事业发展情况进行专项审计调查，组织开展农村学生营养改善计划实施情况专项检查。在项目实施过程中，积极推进专项资金使用和政策绩效审计评价，收到较好效果。在基层文化事业建设发展情况审计调查中，细化设置40余个量化指标，新增设30余项效益评价指标，揭示基层文化工程效益发挥方面存在的问题，促进相关部门进一步健全完善机制制度。省政府采用审计成果，制发《规范农村义务教育学校布局调整的实施意见》。

农业与资源环保审计　组织对三峡移民、彝区三房改造、阿坝州综合防治大骨节病、牧民定居行动计划等资金进行审计或调查。揭示资金管理、使用方面存在的问题，促进相关部门单位规范资金管理、使用，提高资金使用效益。

固定资产投资审计　以重点工程和民生工程为重点，开展对泸州港、漫水湾水利枢纽工程等项目的审计，加强投资审计廉政风险防控。全省各级审计机关共对7536个政府投资审计项目进行审计，核减投资额概预算（结决算）74.99亿元、审减率为11.35%，查处各类违规违纪金额82.34亿元。

社会保障审计　根据审计署统一部署，组织全省1795名审计人员、195个审计组，对基本养老保险、医疗保险和最低生活保障12类18项资金进行审计，延伸调查1439家企业、348个村（居）委会、229家医院。审计实施注重资源整合、三级联动，加强计算机审计方法运用和集中式数据分析，确保审计效率与质量。审计结果受到省委、省政府高度重视，省政府专门发出通知，要求各市州、各有关部门按照审计决定切实加以整改，有力地促进了全省社会保障机制、制度的完善，切实维护人民群众的利益。全省审计机关8个集体、6名个人被审计署记功或嘉奖。

企业审计　注重企业审计与领导人员经济责任审计的结合，突出对规模企业的审计监督，重点对五粮液集团等大型国有企业进行审计；坚持常规审计与查处大要案件相结合，先后查实阿坝州汶川灾后恢复重建企业搬迁套取财政资金、四川茗山茶业有限公司套取国家财政资金等案件线索，及时移送相关部门查处，为国家挽回损失，相关涉案人员被处理。

外资运用审计 进一步加强外资公证审计和港澳援助、国外贷（赠）款灾后恢复重建项目跟踪审计，促进规范管理和有效使用涉外资金，规避偿债风险。其中，成都电子机械高等专科学校成人教育工作审计调查项目被评为全省优秀审计项目和审计署表彰项目。

经济责任审计 组织对12名厅级领导干部进行任期经济责任审计。出台3个规范性文件，经济责任审计基本制度和基本规范更加健全。积极协调和推动各级经济责任审计联席会议发挥职能作用，指导各地加强审计资源整合，着力探索和推行“系统联审”、党政同审模式，全省共开展经济责任审计项目1548个，查出被审计人员负直接责任金额1.94亿元。

审计机关建设 进一步健全制度、优化流程，机关运转更加高效规范；加快构建具有审计特色的惩防体系，党风廉政建设工作继续深化；推进创先争优活动和文化建设，审计活力明显增强；提升干部培训培养实效，拓宽骨干人才选拔补充渠道，审计队伍结构进一步优化；抓好审计质量检查、项目创优评选，全面推行项目审理，审计行为更加规范；积极推动地方审计立法，《四川省财政收支审计条例》已修订通过，《政府投资审计条例》已进入立法程序；加大计算机技术运用和联网审计试点力度，推行数字化审计方式，审计信息化水平进一步提高；加强对内部审计工作的指导监督和社会审计相关报告的核查，促进审计体系整体作用更好发挥；不断深化审计科研与学会、协会工作，推动审计事业全面进步。

（撰稿人：董　华）

【成都市审计局】 2012年，成都市审计局人员编制135人，在编126人。局长戴志勇，副局长范光远、罗济沙、何敏、陈虹、曾京，总审计师邓勉。设有办公室、法规处、财政审计处、行政事业审计处、农业与资源环保审计处、固定资产投资审计处、金融审计处、企业审计处、社会保障审计处、外资运用审计处、信息处、人事处、纪检监察处等处室，下辖成都市经济责任审计局。

审计成果 成都市审计局共审计（调查）项目单位119个，查出各类违规金额9.17亿元，管理不规范金额181.53亿元，已上缴财政7.35亿元，审计核减投资（结算）额3.27亿元。获得国家审计署地方表彰项目1个，省审计厅表彰项目1个，以及在全省审计业务绩效考核、汶川地震灾害恢复重建跟踪审计、社会保障资金审计获得表彰。

财政审计 开展市财政局2011年度预算执行情况审计、市地税局2011年度征收市级预算收入审计、市质监局等7个部门预算执行情况审计、8个区（市）县财政决算审计。完成省审计厅交办的绵竹市财政决算审计。

固定资产投资审计 共对总投资额83亿元的50个政府重点投资项目开展竣工决算审计。对政府投资项目提前介入，过程跟踪，核减投资额（工程款）3.35亿元。

专项资金审计（调查） （1）对涉及6大类19项678个项目共计2.6亿元的服务业发展引导资金管理使用情况以及市属国有企业对外投资和债权进行审计。对世界银行、法国开发署优惠紧急贷款及澳门特区政府援助成都大学医护学院灾后恢复重建项目进行审计。

（2）完成落实公交扶持政策执行情况专项审计调查、成都市村级公共服务和社会管理专项资金审计调查、基层公益性医疗卫生服务综合补偿资金审计。按审计署统一部署，组织实施凉山州州本级和17个县社会保障资金的审计。结合成都市民生领域发展情况对锦江等13个区（市）县社会保障资金进行专项审计。开展成都市启动物价上涨与低收入群体价格补贴联动机制，向城乡困难群众发放2012年价格补贴情况专项审计调查。

（3）开展涉及公交财税扶持政策、公交土地供应政策、公交公益性服务补偿政策的公交优先发展战略相关政策执行情况、地铁一号线运营亏损情况的专项审计调查。开展政府收费还贷二级公路新增债务及里程进行审计核实以及机场高速公路收支、运营情况的专项审计调查。

（4）在全国范围内率先将GIS技术运用在以面积为支付条件下的涉农专项资金审计中。探索出“综合运用数学集合概念和地理空间分析技术对专项资金支付条件进行审计，提升全覆盖审计自动化水平”等系统审计思路和方法，可推广应用到所有以地块属性和面积为支付条件的专项资金审计领域。

经济责任审计 把市委、市政府重大政策措施的贯彻落实情况以及经济运行中资源配置及资产处置、建设项目发包、重点资金或专项资金分配以及政府采购等作为经济责任审计的重点，开展24名党政领导干部任期经济责任审计，查出问题金额2.27亿元。

信息化建设 审计信息化基础平台建设、网络建设和硬件设备建设得到全面加强。实现审计专网全域覆盖、审计外网双向畅通；自主开发各类审计软件，建成财政审计分析模型76个，社会保障审计分析模型133个，地税审计分析模型140个。 （撰稿人：黄衍定）

【广元市审计局】 2012年，广元市审计局人员编制70人，在编63人。局长马军，副局长梁义兮、张焕良、昝鹏程，总审计师韩和林，纪检组长张华潼。设有办公室、法规科、内部审计监督指导科、经济责任审计科（广元市经济责任审计工作联席会议办公室）、财政审计科、行政事业审计科、农业与资源环保审计科、固定资产投资审计科、金融外资运用审计科、企业审计科、社会保障审计科、人事科、监察室、机关党委、广元市审计局直属审计分局、广元市审计信息中心、广元市固定资产投资审计中心。

审计成果 全市审计机关完成审计项目105个，查出违规金额66万元，应归还原渠道资金2183万元，应调账处理金额6063万元；已归还原渠道资金2183万元，已调账处理金额4930万元。移送司法机关、纪检监察部门处理事项1件，建议有关部门处理事项2件。提交审计报告、信息540篇，被采用59篇。

财政审计 在2011年市本级预算执行审计中，揭示出在预算管理及执行中存在规费收入、基金收入未及时缴库等问题；在市财政局等6个市级部门预算执行情况审计中，揭示部分单位不同程度存在无依据收费、专项资金使用效益不高等问题；在地税征管审计中，发现少征、多减等问题；完成仪陇县人民政府2010年、2011年财政决算及其他财政收支审计工作。

行政事业审计 完成苍溪县、剑阁县农村中小学布局调整情况审计调查、全市农村义务教育学生营养改善计划实施情况专项督导检查、市公安局2010年财务收支审计、政法机关基础设施债务清理认定工作。

农业与资源环保审计 选取5家中介机构参与完成地质灾害治理项目工程结算和决算审计，通过审计，发现工程质量不达标等问题。

灾后重建审计 共完成69个灾后恢复重建项目资金审计，为政府节省工程投资1.2亿元。完成嘉陵江大桥、残疾人康复中心2个港澳援建项目审计。

社会保障审计 根据审计署统一安排，对全市5大类18项社会保障资金进行审计。通过审计，促进完善相关制度，堵塞管理漏洞。如促进青川县建立4万多失地农民的社会保障信息资料库，设立全市第一个医保稽核中心，取缔不合规的医保报销定点医院等。

经济责任审计 完成78名领导干部经济责任审计；出台《广元市村（社区）“两委”负责人经济责任审计办法》，推动建立乡镇审计站，经济责任审计延伸到村（社区）“两委”。

专项资金审计（调查） 完成“菜篮子”工程审计调查和扶贫资金审计，揭示存在的问题，提出审计建议，促进相关制度完善。

内部审计 成立内部审计协会，调整充实内部审计工作人员，加大内部审计培训力度，启动内部审计学术研究工作，审计研究能力进一步提升。 （撰稿人：王银贤）

【绵阳市审计局】 2012年，绵阳市审计局编制92人，在编75人。局长董泓，副局长郭兴林、唐巨龙、潘晓东，总审计师张勇，纪检组长杜桢荣。设有办公室、法规科、内部审计监督指导科、财政审计科、经济责任审计科、行政事业审计科、农业与资源环保审计科、固定资产投资与外资运用审计科、金融与社会保障审计科、企业审计科、人事科，直属工作机构绵阳市园区经济审计局。下属事业单位绵阳市审计信息中心。

审计成果 全市共完成审计项目1700个，查出违规金额 37 179 万元，应上缴财政 16 881 万元，应归还原渠道资金 2010 万元，应调账处理金额 60 349 万元；已上缴财政 16 864 万元，已归还原渠道资金 1871 万元，已调账处理金额 60 292 万元。完成灾后重建竣工结（决）算审计项目 1388 个，送审金额 1 359 667 万元，审定金额 1 167 125 万元，审减金额 192 542 万元。移送司法、纪检监察部门处理事项 4 件。提交审计报告、信息 333 篇，被采用 241 篇。

社会保障审计 对 9 个县市区基本养老保险、医疗保险和最低生活保障 12 类 18 项资金进行全面审计。揭示问题，提出建议，促进健全完善社会保障资金管理制度。“绵阳市‘5·12’汶川大地震极重灾县灾后特殊困难群体社会保障情况审计调查”“组内复核办法”和“延伸居（村）委会审计调查方案”等被审计署、省审计厅推广。市审计局被审计署记“全国社会保障审计先进公务员集体三等功”。

灾后重建审计 全市共对 3653 个（打捆拆分项目）灾后重建、港澳援助、国外贷（赠）款项目进行跟踪、公证和工程结算审计，涉及投资额 120.69 亿元。全市已累计审减灾后重建资金 34.21 亿元。市审计局被审计厅表彰为“四川省汶川地震灾后恢复重建跟踪审计先进集体”。

财政审计 完成审计项目 27 个，延伸审计部门单位 71 个。查出各类违法违规和管理不规范金额 12.1 亿元，处理收缴财政 1.42 亿元，归垫专项资金 4199 万元，责令纠正处理金额 10.26 亿元。市县两级审计机关提交的结果报告和工作报告质量较高，受到政府领导和人大常委会一致好评，并对外进行结果公告。

经济责任审计 认真贯彻落实两办《规定》和省、市经济责任审计工作意见，改进方法，拓展范围，全年共对 66 个单位的 75 名领导干部进行经济责任审计，查出违规和管理不规范金额 7.33 亿元，提出审计建议 278 条。

其他审计（调查） 对农村中小学布局调整、基层文化事业改革发展等进行审计（调查）；对 2012 年度保障性安居工程进行跟踪审计；对土地综合治理、生态修复、地质灾害排危除险等环境资源保护项目进行审计；对涪城区农村信用社等金融机构进行审计，着力维护地方金融安全；对中房集团等改制企业的专项审计和调查，为解决历史遗留问题提供依据。（撰稿人：黄江洪）

【德阳市审计局】 2012 年，德阳市审计局人员编制 70 人，在编 66 人。局长向庆田，副局长张泽琴、李晖、杨龙虎，纪检组长罗荣华（—3 月）、段存林（3 月—）。设有办公室、政工人事科、监察室、政策法规科、财政审计科、行政事业和社保审计科、农业和外资审计科、金融和企业审计科、投资审计科、经济责任审计分局、政府投资审计中心、审计信息管理中心。

审计成果 全市审计机关完成审计项目 572 个，查出违规金额 77 498 万元，应上缴财政 75 320 万元，应减少财政拨款或补贴 10 069 万元，应归还原渠道资金 2163 万元，应调账处理金额 20 903万元；已上缴财政 67 164 万元，已减少财政拨款或补贴 10 069 万元，已归还原渠道资金 2144 万元，已调账处理金额 20 888 万元。移送司法机关、纪检监察部门处理落实事项 1 件。提交审计报告、信息 362 篇，被采用 151 篇。

财政审计 全市完成财政决算审计 12 个，部门预算执行审计 34 个，重点关注“三公经费”的管理情况和公开的真实性，审计税收优惠政策的落实情况。全市审计机关查出未按规定纳入预算管理资金 79 902 万元，未按规定征收缴纳收入 53 908万元，违规改变项目计划和资金用途 21 404 万元，虚列支出 9767 万元。

固定资产投资审计 做好政府投资重点建设项目跟踪审计工作，全市共跟踪审计重点建设项目和港澳援助项目 147 个。全力开展灾后恢复重建竣工决算审计，全市已竣工需要审计的灾后重建项目 2459 个，总投资额 120.8 亿元，其中已完成竣工决算审计项目 1396 个，送审总投资 46 万元，核减工程造价 4.3 亿元。德阳市审计局及广汉、绵竹、什邡、中江、罗江审计局均被评为汶川地震灾后恢复重建跟踪审计先进集体。

社会保障审计 2 月至 4 月，对德阳市本级和 6 个县（市、区）2005 年至 2011 年的社会保障资金、社会救助资金和社会福利资金等三类 18 项资金进行审计，延伸审计 66 家企业、12 个村

（居委会）和7家医院。市审计局赴中江县审计组被省人力资源和社会保障厅、审计厅评为“四川省社会保障资金审计先进集体”。

经济责任审计 全市完成经济责任审计项目41个，查出违规金额923万元（其中负直接责任664万元），管理不规范金额36 161万元（其中负直接责任12万元）。

专项资金审计（调查） 完成三峡移民专项资金审计，广汉和中江的农村中小学布局调整专项审计调查、乡镇文化事业改革发展专项审计调查等专项资金审计（调查）18个，专项资金总额9.9亿元。 （撰稿人：谢海英）

【南充市审计局】 2012年，南充市审计局人员编制69人，在编56人。局长廖大春，副局长周生安、张彦、王天配，纪检组长吴小华。设有办公室、人事科、法规科、财政审计科、农业与资源环保审计科、行政事业审计科、社会保障审计科、金融外资审计科、企业审计科、固定资产投资审计科、内部审计监督指导科、经济责任审计分局（经济责任审计办公室）、审计信息技术服务中心。

审计成果 南充市审计局完成审计项目128个，查出违规金额37 176万元，管理不规范金额458 442万元，应上缴财政1045万元，应归还原渠道资金2055万元，应缴纳其他资金841万元，应调账处理金额6661万元；已上缴财政1045万元，已归还原渠道资金2055万元，已缴纳其他资金291万元，已调账处理金额6031万元。向纪检监察机关移送经济案件线索8起。提交审计报告、信息187篇，被批示采用78篇。被审计署、国家公务员局荣记全国社会保障资金审计公务员集体三等功。

财政审计 共审计10个单位预算执行情况，专项调查1个单位，对阆中市、南部县的财政决算审计，查出主要问题金额278 378万元。

金融审计 完成仪陇县农村信用合作联社、南充市中小企业和农业产业化融资担保有限公司2011年度资产、负债和损益情况审计，收回乡镇政府类贷款本金3726万元、利息1687万元，清理清收单位职工及直系亲属贷款。

灾后重建审计 审计港澳援建项目17个，审计核减金额3730万元，占送审金额的17.22%。

行政事业审计 共审计10个行政事业单位财务收支情况，审计查出主要问题金额18 926万元。

农业与资源环保审计 完成杭州市对口帮扶资金审计、全市三峡工程外迁移民资金财务决算审计、全市财政扶贫专项资金审计、顺庆区梵殿乡土地整理项目工程决算价审计、嘉陵区国土审计，查出主要问题金额6608万元。

固定资产投资审计 审计固定资产投资项目单位105个，核减投资额12 033.52万元。建立投资审计“三权分立”（项目分配权、组织实施权、审理复核权）制度，加强投资审计的廉政风险防控。

社会保障审计 对全市社会保险基金、社会救助资金和社会福利资金等18项社会保障资金进行审计，出台规范性文件31个，完成全省审计重点研究课题1项。

企业审计 完成企业审计项目1个，查出主要问题金额6639万元。

经济责任审计 受市委组织部委托，对6名领导干部进行经济责任审计，审计查出主要问题金额6782万元。

专项资金审计 市审计局审计专项资金总额120 037万元，审计查出主要问题金额7696万元。锁定南充市2009年以来二级公路收费新增债务18.33亿元。

内部审计 12月18日，市审计局成立内部审计师协会，第三届审计学会顺利换届，成功举办审计理论研讨会。 （撰稿人：刘　杨）

【广安市审计局】 2012年，广安市审计局人员编制41人，在编31人。局长周成忠，副局长唐素珍、黎毅翔、吕玲，总审计师黎柯，纪检组长唐思平。设有办公室、人事科、法规科、经济责任审计分局、固定资产投资与外资运用审计科、财政金融审计科、行政事业审计科、农业与资源环保审计科、经贸审计科、社会保障审计科、政府投资审计中心。

审计成果 全市审计机关完成审计项目550个，查出违规金额51 919.3万元，应上缴财政26

605.6万元，应减少财政拨款或补贴8 896.5万元，应归还原资金渠道7 277.3万元，应调账处理金额59 221.2万元；已上缴财政26 196.1万元，已减少财政拨款或补贴8896万元，已归还原渠道资金7 277.3万元，已调账处理金额59 079.8万元。移送司法机关、纪检监察部门处理事项5件。提交审计报告、信息1026篇，被采用信息416篇。

财政审计 完成审计项目55个，查出违纪违规金额32 551万元，管理不规范金额137 618万元，处理收缴各级财政25 098万元。加强对2012年度市级财政预算执行和其他财政收支审计查出问题整改情况的跟踪检查，确保审计发现问题的整改落实。

行政事业审计 全市审计行政事业单位46个，查出违纪违规金额1811万元，管理不规范金额4931万元，审计发现侵害人民群众利益金额147万元；审计处理应上缴财政170万元，已上缴财政126万元，归还原渠道资金789万元，已调账处理340万元。

农业与资源环保审计 全市完成农业与资源环保审计和审计调查项目10个，审计查出主要问题金额311万元，管理不规范金额271万元，提出审计建议19条，被采纳审计建议18条。

固定资产投资审计 全市完成基本建设审计项目375个，审计投资总额110 871万元，审计后挽回（避免）损失11 195万元，核减工程造价12 972万元，审减率11.7%。

社会保障审计 全市完成社会保障审计项目5个，审计查出主要问题金额326 579万元。移送司法机关、纪检监察部门处理事项4件，移送处理金额1105万元。

企业审计 完成企业审计项目1个，审计查出主要问题金额82万元，管理不规范金额74万元，违纪违规金额7万元。

经济责任审计 坚持"积极稳妥、量力而行、提高质量、防范风险"的原则，重点关注领导干部重大经济事项决策和遵守财经纪律、廉政纪律的情况，增强"有权必有责，用权受监督"意识。全市共完成经济责任审计项目58个，查出违纪违规金额12 051万元，管理不规范金额26 849万元。 （撰稿人：符家果 邵 彬）

【遂宁市审计局】 2012年，遂宁市审计局人员编制45人，在编45人。局长青小平，副局长蔡立春、邓兵，总审计师杨晓春，纪检组长冉启秀。设有办公室、人事教育科、监察室、法规科、财政审计科、农业与资源环保审计科、企业金融审计科、行政事业审计科、社会保障审计科、内审监督与外资审计科、经济责任审计科（经济责任审计分局）、投资审计科、综合信息化建设科和政府投资审计中心。

审计成果 全市共完成审计（调查）项目240个，其中审计政府投资建设项目186个，审计核减政府投资1.09亿元；审计后促进增收节支6.18亿元（其中已上缴财政6.16亿元）。移送相关部门处理案件3件。审计提出的建议被采纳582条，向社会公告审计结果24个。

财政审计 完成市本级预算执行、市税务局及市城管执法局等部门2011年度预算执行情况审计，延伸审计2个下属单位。

社会保障审计 组织对社会保险基金、社会救助资金和社会福利资金进行全面审计；组织开展城镇保障性安居工程跟踪审计，对2012年城镇保障性安居工程（包括廉租住房、公共租赁住房、经济适用住房、限价商品住房、各类棚户区改造）的投资、建设、分配、运营等情况实施跟踪审计；完成射洪县、大英县农村中小学布局专项审计调查。

经济责任审计 组织开展对27名党政领导干部和1名国有企业领导人员的经济责任审计。拓展审计深度和广度，探索"五统四分"的部门联审新方式，审计、组织、编制三部门加强合作联动，对射洪县同步实施党政领导干部"三责联审"。市县审计局在全市公安局交警系统开展主要领导经济责任同步审计，促进交警系统规范管理。加强乡镇、村社基层审计监督，探索成立乡镇片区审计站新模式。组织对三家镇马槽村、金寨村等3个村审计，加强农村基层党风廉政建设，规范乡镇村社财务管理。

固定资产投资审计 市本级共完成政府投资建设项目审计37个，送审总投资2.38亿元，审定投资2.01亿元，审减率15.73%，为国家节约建设资金0.37亿元。

信息化建设 制发《遂宁审计局加快推进审

计信息化建设的指导意见》。全面建成审计管理系统2011（国产化1拖N版），积极推行审计OA系统，实现全市审计机关业务文书和行政公文无纸化办公，审计办公更加方便快捷。建成全市视频会商系统。积极参加计算机AO、中级培训，积极推广AO在审计项目中的应用。

政府交办任务 开展市工商联互助储金总会清产核资审计工作，使市互助储金总会平稳整改解体。完成拓园扩区债权债务清理核实审计工作，协助政府组织三园区与船山区进行债务清理移交。

（撰稿人：赵 楷）

【内江市审计局】 2012年，内江市审计局人员编制45人，在编44人。局长刘洪伟，副局长蔡涤、葛明、王应全（12月—），总审计师马燕（11月—），纪检组长黄京力。设有办公室、法规科、财政审计科、行政事业审计科、农业与资源环保审计科、固定资产投资审计科、金融审计科、企业审计科、社会保障与外资运用审计科、人事（政工）科、经济责任审计分局、固定资产投资审计分局。

审计成果 内江市审计局完成审计项目42个，查出违规金额710万元，应上缴财政12万元，应减少财政拨款或补贴39万元，应归还原渠道资金846万元，应调账处理金额54 633万元；已上缴财政12万元，已减少财政拨款或补贴39万元，已归还原渠道资金250万元，已调账处理金额54 633万元。移送司法机关、纪检监察部门处理事项2件，建议有关部门处理事项1件。提交审计报告和审计调查报告42份，撰写审计信息82篇，被采用52篇。

预算执行审计 重点对市财政局、市地税局的预算和执行预算管理进行审计，开展城管局等8个部门（单位）预算执行审计，向"管理"深入，"效益"延伸，关注"三会"经费的支出等政策落实情况，延伸审计部分二、三级预算单位，查出主要问题金额625万元。审计建议和意见得到相关部门的采纳，强化部门约束力。

固定资产投资审计 市本级完成对市沱桥至桐梓坝大桥夜景照明工程、入城线路面改造工程、第八届中国国际园林博览会内江园工程、东桐路北段（三桥至四桥）防洪堤工程、天宫堂水电站坝顶装饰工程等重大政府投资项目竣工决算审计，审计总投资额6.14亿元，决算审减工程造价5443万元，审减率10.25%。

社会保障审计 对全市5个县（区）社会保障资金、社会救助资金和社会福利资金等18项社会保障资金的筹集、管理、分配、使用情况进行审计。针对存在的突出问题，提出41条审计意见和建议，为政府决策、维护地方经济健康有序发展提供参考依据。

经济责任审计 重点关注领导干部任职期间执行国家经济法律法规、重大经济决策部署和自身廉洁情况，着力规范领导干部决策程序和依法决策行为。完成经济责任审计项目4个，查处违规金额661万元，管理不规范金额22 125万元。促进市委办、市府办印发《关于加强党政主要领导干部和国有企业领导人员经济责任审计工作的意见》《内江市市属国有企业领导人员经济责任审计实施细则（试行）》。

专项资金审计（调查） 重点完成农村中小学布局调整、基层文化事业、三峡工程移民资金决算等专项资金审计（调查），审计专项资金总额4.68亿元，查出主要问题金额5万元。针对审计调查中发现的问题，提出15条审计意见和建议。

（撰稿人：赖常禄）

【乐山市审计局】 2012年，乐山市审计局人员编制49人，在编43人。局长王频，副局长宋红玢、陈学焦、邱浥洋，总审计师何棱，纪检组长雷邦军。设有办公室、法规科、财政审计科、行政事业审计科、外资基建审计科、农业与资源环保审计科、金融审计科、企业审计科、监察室等9个科室和乐山市经济责任审计分局。

审计成果 乐山市审计局完成审计（调查）项目38个，查出违规金额2480万元，损失浪费金额5126万元，管理不规范金额529 552万元，发现其他违纪违规问题56个。审计处理上缴财政738万元，减少财政拨款或补贴1687万元，调账处理金额2837万元，核减工程建设成本6 810.5万元。审计建议被采纳147条，被批示、采用审计信息篇20篇。

财政审计 完成财政、地税、国土、司法、投资促进、商务等部门预算执行审计，审计查出问题金额78 327万元。受市政府委托向市人大常委会所做审计工作报告，得到市人大常委会高度评价。促进市政府出台《关于进一步深化市级财政预算管理改革有关事项的通知》。

金融审计 完成对金口河区农村信用合作联社2011年资产负债损益审计，揭示信用社信贷风险控制手段和方式等相对落后、经营管理不规范、贷后监督管理不到位、财务核算基础薄弱、内控制度执行不力等问题，有针对性地提出审计建议，有效防范金融风险。

行政事业审计 加强审计力量整合，按“上审下”原则对11个区市县开展社会保障资金审计，揭示应保未保、违规参保、重复参保等问题，有针对性地提出建议。

固定资产投资审计 重点对保障性住房建设、城市基础设施、医疗卫生、交通建设、涉农专项资金等财政性投资和其他国有资金投资项目进行审计。完成24个基建项目造价审计，核减工程建设成本6 810.5万元，审减率9.65%。通过比选增扩工程造价咨询单位6个，完善投资项目审计内部管理制度，强化造价审核过程监督，项目审计质量得到进一步提高。

经济责任审计 共完成5个离任区县长的经济责任审计。通过审计，发现并查处管理不规范金额177 921万元，其中领导干部承担主管责任金额8195万元，承担领导责任金额169 726万元。充分发挥联席会议的领导协调作用，着力构建党委、政府领导，职能部门各司其职、各负其责，协调一致、整体联动的经济责任审计工作格局。

专项资金审计（调查） 完成沐川县2010—2011年度财政扶贫专项资金专项审计，审计资金5412万元，查出主要问题金额3615万元。揭示扶贫项目建设和资金使用中的问题，促进各级政府决策部署的贯彻落实。组织开展2011年市本级教育经费专项审计调查，摸清教育经费管理使用情况，揭示管理使用中存在的制度性、体制性问题，为党政决策提供依据。 （撰稿人：凌 云）

【自贡市审计局】 2012年，自贡市审计局人员编制52人，在编41人。局长舒维俊，副局长江鸿、张碧辉、周大元，纪检组长孙红。设有办公室、组织人事科、党总支、监察室、法制科、财政审计科、农业与资源环保（外资）审计科、经济责任审计科、企业审计科、基本建设投资审计科、行政事业审计科。

审计成果 全市审计机关共完成审计项目540个，查出违规金额56 960万元，应上缴财政49 522万元，应减少财政拨款或补贴12 740万元，应归还原渠道资金11 467万元，应调账处理金额167 432万元；已上缴财政48 649万元，已减少财政拨款或补贴12 730万元，已归还原渠道资金4049万元，已调账处理金额165 404万元。核减政府工程投资额14 057万元。移送司法机关处理事项1件，移送有关部门处理事项2件。提交审计报告、信息285篇，被采用66篇。

财政审计 完成自贡市以及县（区）财政、地税组织预算执行和市发改委、经信委，司法、水务部门预算执行等审计项目72个；完成万寿镇、双石镇人民政府等财政决算审计项目20个，查出主要问题金额273 949万元。

金融审计 完成自贡市中新农村信用联社资产负债损益审计项目1个，查出主要问题金额9129万元。

行政事业审计 完成自贡市公安局交警支队财政收支、基层社区乡镇文化事业发展情况等审计项目45个，查出主要问题金额4077万元。

农业与资源环保审计 完成自贡市三峡工程移民资金决算情况等审计项目6个。

固定资产投资审计 完成对口援建苍溪县三川镇灾后重建资金、南湖体育中心场馆、城市生活污水处理二期工程建设等审计项目316个，核减投资额概预算3025万元、结决算9625万元。

社会保障审计 完成自贡市社会保障、新型农村合作医疗等审计项目7个，查出主要问题金额30 380万元。

企业审计 完成川玻南华实业股份有限公司资产负债损益、荣县拓新实业有限公司财务收支等审计项目7个，查出主要问题金额8795万元，移送司法机关处理事项1件，移送有关部门处理事项2件，移送处理人员6人。

经济责任审计 共审计领导干部43人。出台《关于加强党政主要领导干部和国有企业领导人员经济责任审计的实施意见》和《经济责任审计对象分类管理办法》和《2012—2017年五年经济责任审计工作规划》，修订联席会议制度和联席会议办公室工作规则等制度。

专项资金审计（调查） 开展国有建设用地土地成本审核、科技专项资金、农村沼气建设项目、地质灾害避险搬迁安置工程专项资金等审计（调查）项目60个，查出主要问题金额199万元。

（撰稿人：熊　俊）

【泸州市审计局】 2012年，泸州市审计局人员编制60人，在编53人。局长喻志强，副局长殷廷彪、叶青、温水源，总审计师毛能均（8月—），纪检组长曹英强（—10月）、李发扬（10月—）。设有办公室、法规科、内部审计监督指导科、财政审计科、行政事业审计科、农业外资审计科、固定资产投资审计科、金融审计科、企业审计科、社会保障审计科、人事科、监察室、经济责任审计分局、计算机技术中心。

审计成果 全市审计机关完成审计项目230个，查出违规金额93 554万元，应上缴财政84 222万元，应减少财政拨款或补贴174万元，应归还原渠道资金14 172万元，应调账处理金额6578万元；已上缴财政84 098万元，已减少财政拨款或补贴131万元，已归还原渠道资金312万元，已调账处理金额1920万元。移送司法机关、纪检监察部门处理事项6件，建议有关部门处理事项5件。提交审计报告、信息703篇，被采用584篇。市审计局被表彰为全省审计业务绩效考核优秀单位、汶川地震灾后恢复重建跟踪审计工作被表彰为先进集体，计算机审计案例《甘孜藏族自治州养老保险基金审计调查》获审计署AO案例优秀奖。

财政审计 完成审计和调查项目72个，其中财政预算执行审计36个，财政决算审计36个，查出主要问题金额401 508万元。审计查出市劳教所集体贪污劳教人员加工费等严重侵害劳教人员权益的重大违纪违法问题，该所主要领导受到党内严重警告处分，3人被判刑。

金融审计 完成审计项目2个，查出主要问题金额9940万元。重点关注融资担保公司财务收支、担保业务、公司治理等情况。

行政事业审计 完成审计和调查项目77个，查出主要问题金额30 002万元。重点关注农村中小学布局调整，揭示出部分寄宿制学校运行困难等问题。

固定资产投资审计 完成投资审计项目29个，核减投资额（工程款）1166万元，查出主要问题金额12 295万元。实施的长工集团棚户区改造保障性住房一期工程、2011年秋季景观树木种植项目跟踪审计等两个项目获市政府主要领导批示。

社会保障审计 完成审计和调查项目15个，查出主要问题金额26 859万元。在社会保障资金审计中，审计揭露社会保障资金监管、使用过程中存在问题112个，提出建设性意见44条。

经济责任审计 共对77名党政领导干部和国有企事业单位领导人员开展经济责任审计，查出违规金额2913万元，管理不规范金额28 029万元。2篇审计报告和审计结果报告获批示，132条审计建议被采纳，9个项目审计结果向社会公告。

专项资金审计（调查） 完成审计和调查项目35个，核减工程结决算额243万元，查出主要问题金额4640万元。

（撰稿人：刘明春）

【宜宾市审计局】 2012年，宜宾市审计局人员编制68名，在编64人。局长李勤，副局长尹昌文、肖军（2月—）、许波，总审计师邓维莲，纪检组长何钦元。设有办公室、人事科、政策法规科、财政审计科、行政事业社保审计科、农业与资源环保外资审计科、固定资产投资审计科、金融审计科、企业审计科、经济责任审计分局和宜宾市投资审计中心。

审计成果 全市审计机关共完成审计项目532个，查出违规金额102 088万元，应上缴财政62 175万元，应减少财政拨款或补贴6413万元，应归还原渠道资金7522万元，应缴纳其他资金42 845万元，应调账处理金额26 693万元。移送司法、纪检监察和其他部门处理事项27件。提交审计报告、信息725篇，被采用342篇。向社会公告审计结果444篇。市审计局被评为全省社会保障资金审计先进集体和汶川地震灾后恢复重建跟踪审计先进集体。

财政审计 审计单位71个，查出主要问题金额380 226万元。

行政事业审计 审计单位94个，查出主要问题金额98 822万元。

专项资金审计 审计单位47个，查出主要问题金额21 900万元。

固定资产投资审计 审计单位303个，核减投资额（工程款）99 341万元，查出主要问题金额50 736万元。

外资运用审计 审计单位1个，查出主要问题金额14万元。

社会保障审计 审计单位11个，审计社会保险基金、住房公积金179项，查出主要问题金额124 997万元。

企业审计 审计单位3个，查出主要问题金额2849万元。

金融审计 审计单位2个，查出主要问题金额18 712万元。

经济责任审计 审计领导干部106人，其中任中审计49人。查出主要问题金额179 576万元，向社会公告审计结果18篇。

内部审计 共有内部审计机构63个，内部审计人员409人。完成审计项目13 456个，促进增收节支18 271万元，提出建议意见被采纳1173条。 （撰稿人：周 威）

【攀枝花市审计局】 2012年，攀枝花市审计局人员编制57人，在编52人。局长谢安德，副局长程兴国、曾妍妍、汪沛川，纪检组长万启树。设有12个职能处（室）、分局。

审计成果 全市审计机关共完成审计项目201个，查出违规金额858万元，管理不规范金额151 378万元。审计处理后，已上缴财政12 452万元，已调账处理金额3695万元，已归还原渠道资金3164万元，已减少财政拨款或补贴840万元。向市、县纪委移送违纪违法案件线索7件。向市委、市政府及省审计厅报送审计信息、审计专报和审计工作动态136篇，被采用37篇。

财政审计 全市审计机关开展42个预算执行情况审计，查出违规和管理不规范金额69 570万元。受市政府委托向市人大常委会做审计工作报告及审计查出问题整改情况的报告，并通过大会的审议。

固定资产投资审计 把党委、政府关注，人民群众关心的扩大内需、灾后恢复重建工程项目以及民生工程项目作为投资审计监督的重点，积极探索创新投资审计方法，完善、规范投资审计程序，推动投资审计工作纵深发展。全市审计系统固定资产投资审计项目共核减工程投资147 501万元。

社会保障审计 按照审计署的统一部署，组织全市审计机关对5个县（区）社会保障资金开展专项审计。查出管理不规范金额12 068万元。审计处理后，已上缴财政9586万元，已纠正和调账处理1488万元。发现违法违纪案件线索7起，涉及相关责任人员6人，涉案金额30万元。

经济责任审计 市审计局印发《攀枝花市经济责任审计工作联席会议成员单位工作职责》，制定《攀枝花市党政领导干部“双责联审”办法（试行）》新规定。全市审计系统完成经济责任审计54个，通过审计查出违规金额93万元，管理不规范金额4752万元。

专项资金审计（调查） 坚持审计为民、为民审计的基本原则，不断加强对民生资金、民生项目的重点审计（调查），促进党和国家的惠民政策真正落到实处。如：通过对全市7家融资平台公司的经营状况进行专项审计调查，全面摸清融资平台公司基本情况、负债和经营情况，为市委、市政府相关决策提供参考依据；通过对政府收费还贷二级公路新增债务及里程牵头进行审计核实工作，锁定政府收费还贷新增债务及里程，为一次性整体取消全省政府还贷二级公路收费工作提供依据。 （撰稿人：蔡 华）

【巴中市审计局】 2012年，巴中市审计局人员编制38人，在编37人。局长康远奎，副局长苟中珏、巩仕和（—3月）、李水清（3月—），总审计师易旭东，纪检组长刘朝文。设有办公室、法制科、人事教育科、财政审计科、金融审计科、行政事业审计科、社会保障审计科、外资运用审计科、经贸审计科、农业审计科、经济责任审计分局、固定资产投资审计分局和审计信息中心。

审计成果 全市审计机关共完成署定、省定、自定及党委、政府交办审计项目52个，查出违规金额297万元，归还原渠道资金9345万元，调账处理金额13 504万元。提出审计建议被采纳92

条，提交各类审计信息 93 篇。

财政审计 对财政、地税部门预算管理和税收征管以及平昌县 2011 年度财政决算进行审计。对教育、交通、住建、卫生等 8 个单位预算执行情况进行延伸审计。

行政事业审计 组织开展农村中小学教育布局调整、学校收费情况的审计，揭露了损害群众利益、造成国有资产流失等问题。

农业与资源环保审计 对市本级和四县（区）2009 年度至 2011 年度国有土地出让金征收情况进行专项审计调查；对市级 5 个土地整理项目进行审计，核减工程价款 383.89 万元；组织县（区）对全市 2010 年至 2012 年 6 月财政扶贫资金、以工代赈资金等其他财政性扶贫资金拨付、管理、使用和绩效以及政策执行情况进行审计。

固定资产投资审计 加大政府投资项目的审计力度，市本级送审投资总额 3.67 亿元，通过审计为财政节约建设资金 3987 万元。就进一步完善政府投资项目监管向市委、市政府提出建议，促使出台《进一步加强政府投资项目监督管理的意见》。

社会保障审计 根据审计署统一部署，抽调专人配合参与审计厅赴巴中市本级审计组开展社会保障资金审计。同时统筹全市审计力量对四县（区）社会保障资金进行全面审计。

外资运用审计 统筹全市外资审计力量，完成港澳援助灾后重建项目竣工决算审计 8 个，送审投资总额 2.35 亿元，经审计净核减投资 2 664.17 万元。

经济责任审计 受市委组织部委托，开展对 16 名领导干部的经济责任审计。修订完善经济责任审计工作联席会议制度，积极探索经济责任审计评价体系、审计成果运用和离任经济责任交接办法。

专项资金审计 组织县（区）对全市保障性住房建设及资金管理使用情况进行跟踪审计。

（撰稿人：李怡玲）

【达州市审计局】 2012 年，达州市审计局人员编制 43 人，在编 40 人。局长李逢友，副局长冯钢（7 月—）、王隆琼、张国煌、聂永生（—7 月）、屈戈林（7 月—），总审计师徐浩（—3 月）、蒋普辉（10 月—），纪检组长游从文（—4 月）。设有办公室、人事科、法制科、内部审计监督指导科、财政审计科、金融审计科、行政事业审计科、农业与资源环保审计科、社会保障审计科、外资运用审计科、固定资产投资审计科、企业审计科、监察室、达州市经济责任审计分局、达州市计算机信息审计中心。

审计成果 全市审计机关完成审计项目 73 个，查出违规金额 23 733 万元，应上缴财政 19 286 万元，应归还原渠道资金 151 万元，应调账处理金额 12 633 万元；已上缴财政 18 402 万元，已归还原渠道资金 151 万元，已调账处理金额 11 674 万元。移送市纪委处理案件 3 起。提交审计报告、信息 119 篇，被采用 11 篇。市审计局获四川省创先争优先进基层党组织、社会保障资金审计先进集体、灾后重建跟踪审计先进集体，游从文荣获全国、全省、全市英雄模范称号。

财政审计 完成达州市本级财政预算执行、地税局税收征管审计、大竹县财政决算等审计项目 8 个，提出审计建议意见 8 条。

金融审计 完成达州市农村信用合作社的清产核资审计、达州市二级公路债务及里程审计核实等审计项目 14 个，查出违规金额 25 678 万元，上缴财政 18 万元，提出审计建议 13 条。

行政事业审计 完成达州市公路局预算执行、食品药品监督管理局财务收支审计及中小学布局和基层文化阵地建设审计调查等审计项目 6 个，移送市纪委处理案件 1 起。

农业与资源环保审计 完成达州市 7 个县（市、区）2010 年至 2012 年 6 月扶贫专项资金审计，查出违规违纪金额 2748 万元，决定处理金额 811 万元。

固定资产投资审计 完成达州市保障性安居工程和中小学校舍安全工程的跟踪审计、援助广元市旺苍县灾后重建项目竣工决算审计，加大达州南站至金龙大桥景观打造、经开区七河路路基土石方和达县化工园区土地专项资金收支情况的审计力度，全年开展投资审计项目 13 个，投资审计核减金额 4349 万元。

社会保障审计 对达州市本级 7 个县（市、区）及本级社会保障资金审计，查出违规享受低保待遇 1.06 万人计 580 万元，违规使用社会保障资金3380万元，查出2人套取国家医保资金，已移送当地纪委监察机关处理。

企业审计 完成达州市本级2010年至2011年城市建设资金征收、管理、使用情况等审计项目3个，提出建议意见10条。

外资运用审计 完成香港、澳门援建项目跟踪审计、公证审计、竣工决算及达州世界银行贷款农村饮水与环境卫生项目审计等12个，共查出违规金额47 845万元，决定处理金额47 845万元，提出审计建议意见22条。

经济责任审计 对23名领导干部进行经济责任审计，查出问题金额5.1亿元（违规金额1.04亿元，管理不规范金额4.06亿元），上缴财政94.68万元，提出审计建议73条。

（撰稿人：王　圭）

【资阳市审计局】 2012年，资阳市审计局人员编制56人，在编53人。局长文富洲，副局长廖念俊、吕静、王志友、段有阔，总审计师田碧清，纪检组长王忠（10月—）。设有办公室、人事科、政策法规科、财政金融审计科、固定资产投资审计科、行政事业审计科、企业审计科（内部审计监督指导科）、经济责任审计科、农业和资源环保审计科、社会保障审计科，代管资阳市投资审计中心。

审计成果 全市审计机关共完成审计（调查）项目775个（含工程结算项目），查出违规金额6.44亿元，管理不规范金额43.28亿元，审减政府工程投资额3.34亿元。审计提出建议577条，被采纳458条。提交审计专题、综合性报告和信息简报235篇，被批示采用54篇次。

财政审计 全市对99个财政预决算单位进行审计，查出违规金额51 755万元。

金融审计 全市审计企业金融类项目5个，查出违规金额91万元，管理不规范金额290万元。

行政事业审计 全市审计行政事业项目28个，查出违规金额321万元，管理不规范金额20 689万元。

固定资产投资审计 全市完成投资审计项目480个（含工程概结算项目），送审金额32.11亿元，审计审定项目金额28.77亿元，审减金额3.34亿元，审减率为10.4%。其中，市本级完成审计项目36个（含工程概结算项目），送审金额5.5亿元，审计审定项目金额4.74亿元，审减金额0.76亿元。

社会保障审计 全市完成社会保障项目4个，挽回经济损失7040万元。

经济责任审计 全市审计领导干部72人，查出主要问题金额19.17亿元，其中，负直接责任问题金额222万元，负主管责任问题金额8.99亿元，负领导责任问题金额10.15亿元。

专项资金审计（调查） 全市审计（调查）专项资金项目43个，审计金额277 560万元，查出问题金额163万元。（撰稿人：周卫国）

【眉山市审计局】 2012年，眉山市审计局人员编制47人，在编48人。局长彭惠琴，副局长张征、魏聂、兰可、刘志勇，总审计师张亚平，纪检组长万义。设有固定资产投资审计分局，经济责任审计一科、经济责任审计二科、财政金融审计科、行政事业审计科、经贸审计科、农业与社会保障科、法制科、办公室、人事科、眉山市审计局直属分局。

审计成果 眉山市审计局完成审计项目43个，共查出违规金额998万元，促进财政增收节支11 048.72万元，其中核减政府性工程决算投资5 383.72万元。移送纪委处理事项3件，涉及3人。以审计建议、意见、专报、参考、要情等方式为党委、政府谏言40多条，促进各级各部门建立和完善管理制度和办法30多项。市审计局完成的社会保障资金审计项目获审计署嘉奖表彰。

社会保障资金审计 完成社会保障资金审计项目6个，审计查出管理不规范、违规和损失浪费等主要问题金额共172 105万元。

财政审计 完成预算执行审计项目7个，审计查出管理不规范、违规和损失浪费等主要问题金额共9387万元。

政府性投资审计 完成投资审计项目83个，工程送审投资61 835.25万元，审计核减5 383.72万元，审减率8.71%。

经济责任审计 完成经济责任审计项目15个，审计查出管理不规范、违规和损失浪费等主要问题金额共91 154万元。

企业审计 完成企业审计项目 1 个，审计查出管理不规范金额共 485 万元。

其他审计 完成金融审计项目 1 个，审计查出管理不规范金额共 781 万元。完成外资运用审计项目 4 个。

相关工作 加强干部队伍建设，推荐提拔县级干部 3 名、科级干部 1 名，交流县级干部 3 名。加强教育培训先后派出 20 多人参加清华等高校培训，全市审计人员参训共达 800 多人次。成功举办全市审计系统第一届职工运动会，被国家体育总局评为全国全民健身先进单位。

（撰稿人：邹方舟）

【雅安市审计局】 2012 年，雅安市审计局人员编制 42 人，在编 34 人。局长刘平，副局长刘楠（—10 月）、江洪（2 月—），总审计师陈浮，纪检组长岑进。设有办公室、固定资产投资审计分局、经济责任审计分局、人事法规科（监察室）、财政审计科、行政事业审计科、社会保障审计科、农业环保外资审计科、企业金融审计科、雅安市政府投资审计中心（8 月—）。

审计成果 全市审计机关完成审计项目 126 个，查出违规金额 5312 万元，应上缴财政 2638 万元，应归还原渠道资金 1417 万元，应调账处理金额 27 338 万元；已上缴财政 1854 万元，已归还原渠道资金 1362 万元，已调账处理金额 5455 万元。移送司法机关、纪检监察部门处理事项 4 件，建议有关部门处理事项 2 件。提交审计报告、信息 267 篇，被采用 121 篇。市审计局及汉源县审计局被评为全省社会保障资金审计先进集体；市审计局及石棉、宝兴、芦山、天全等县审计局被评为全省“5·12”汶川地震灾后恢复重建审计先进集体。

社会保障审计 完成 8 县（区）社会保障资金审计，查出管理不规范金额 1773 万元，促进社会保障部门积极整改，社会保障资金管理水平不断提高。

财政审计 完成财政、地税部门预算执行审计，延伸检查农业、水利等专项资金的管理使用情况。组织全市审计机关对全市公安系统开展部门预算执行审计。完成宣汉县、汉源县财政决算审计。

金融审计 完成金融审计项目 2 个，查出管理不规范金额 2.13 亿元，并督促审计发现问题的整改落实。

农业与资源环保审计 完成三峡工程移民资金决算审计，组织县区审计机关开展 2012 年农村义务教育学生营养改善计划实施情况的专项审计调查，参与扶贫项目、退耕还林、天保工程等项目监督检查，促进各项惠民富民政策落实到位，切实维护广大人民群众利益。

外资运用审计 继续开展对 39 个港澳援建项目的公证审计、跟踪审计和竣工决（结）算审计。完成世界银行城镇基础设施、卫生项目，法国开发署农村沼气项目，亚洲开发银行农村公路等国外贷（赠）款灾后恢复重建项目公证审计。

固定资产投资审计 完成竣工决（结）算审计项目 888 个，审减工程造价 1.75 亿元。保障性住房等重点工程和民生项目实施跟踪审计，审核进度款总金额 1.30 亿元，直接扣减和延付预付款 1761 万元。组织市县区审计机关完成 2012 年全市保障性住房建设情况跟踪审计。

经济责任审计 共审计领导干部 76 人，查出领导干部负有直接责任的违规金额 523.60 万元，负有主管责任的违规金额 3 186.13 万元，负有领导责任的违规金额 8 614.15 万元。移送经济案件线索 1 起，有关部门处事项 1 件。

专项资金审计（调查） 完成政府收费还贷二级公路新增债务及里程审计核实，组织开展中小学校舍安全工程，政府机关使用正版软件等专项审计。

灾后重建审计 全市累计完成灾后恢复重建竣工决（结）算审计项目 1002 个，送审金额 32.18 亿元，审减工程造价 2.06 亿元。

（撰稿人：白　彬　曾乐伟）

【阿坝藏族自治州审计局】 2012 年，阿坝藏族自治州审计局人员编制 37 人，在编 34 人。局长陈福生（—12 月），副局长杨国彬、张泽宇（4 月—）、张忠（7 月—，审计厅下派援藏挂职干部），纪检组长罗秀因（4 月—）。设有办公室、法规科、财政金融审计科、行政事业审计科、企业审计科、固定资产投资审计科、经济责任审计科、审计信息科、监督室。

审计成果 全州审计机关共完成审计（调查）项目2999个，审计查出违规金额4743万元，应上缴财政1473万元，应减少财政拨款或补贴107 048万元，应归还原渠道资金836万元，应调账处理金额995万元，审计查出管理不规范金额91 943万元，审计期间整改金额1440万元，审计后挽回（避免）损失119 693万元（其中，核减工程造价117 136.71万元）。出具审计报告和审计调查报告376份，提出审计建议1979条，被采纳审计建议1 330条。被审计单位制定整改措施37项、建立健全规章制度10项。撰写审计信息360篇。

财政审计 完成预算执行审计项目55个，提出审计建议106条。审计查出预算编报不真实不完整金额79万元，未按规定纳入预算管理金额6921万元，未按规定征收缴纳收入1307万元，未落实“收支两条线”和专户管理规定95万元。

行政事业审计 审计行政事业单位44个、审计调查1个，延伸审计单位17个，查出主要问题金额1235万元。

农业与资源环保审计 牧民定居行动计划共审计项目实施单位117个，抽查75个定居点，促进建立健全规章制度11项，节约资金及挽回损失1 370.11万元。扶贫开发和综合防治大骨节病试点资金审计共审计项目实施单位135个，审计总金额10.19亿元。还组织开展退牧还草项目资金审计

固定资产投资审计 累计完成2807个灾后恢复重建子项目竣工决算审计，审减金额117 136.71万元，审减率8.6%，为国家节约大量建设资金。

社会保障审计 对州本级及9个县的社会保险基金、社会救助资金和社会福利资金等社会保障资金进行审计。延伸调查39家企业、10个村（居）委会和6家医院。通过审计查处全州社会保障资金存在5大类13个问题，违规金额190.43万元。

企业审计 审计单位2个，查出主要问题金额7407万元。

经济责任审计 审计27个单位，27名经济责任人，查出违规金额1579万元，管理不规范金额7119万元。

专项资金审计（调查） 组织对全州各县、州本级财政、教育及有关中、小学校2011年至2012年民族地区十年行动计划项目专项资金到位、拨付、使用、效益及项目实施情况进行审计。对全州学生营养改善计划专项资金管理、使用、到位及项目实施情况进行审计。对2010年至2012年全州保障性安居工程进行跟踪审计。

交办项目 根据州委、州政府交办，州审计局对大九旅游集团公司总部及下属11个分子公司进行审计和清产核资，查出违规金额19 184.36万元；会同州财政局对2户工业企业及投资人开展督促检查，处罚企业370万元，个人（投资人）9万元，上缴入库罚没收入3 128.9万元，归还原渠道资金7512万元。（撰稿人：邓维学）

【甘孜藏族自治州审计局】 2012年，甘孜藏族自治州审计局人员编制41人，在编38人。局长辛勤，副局长陈军、吴建刚、唐文瀚（挂职），总审计师何琼英，纪检组长梁红。设有办公室、法制科、财政金融审计科、行政事业审计科、固定资产投资审计科、经贸审计科、农业资源环保审计科、社保审计科、经济责任审计分局。

审计成果 全州审计机关共完成审计（调查）项目555个，共查出违规金额25 689万元，管理不规范金额331 717万元，核减工程款15 298万元；损益不实金额6450万元；审计发现非金额计量问题95个。移送纪检监察和有关部门进一步查处1件，涉及金额30万元。

财政审计 完成对州本级和全州18个县2011年财政预算执行情况审计项目82个，财政决算审计项目3个，共查出预算编制批复不规范44 653万元，未按规定纳入预算管理11 909万元，未按规定征收、缴纳预算收入4772万元，违规改变资金用途18 400万元，资金滞留闲置12 554万元，虚列支出5284万元。移送纪检监察和有关部门进一步查处1件，涉及金额30万元。

行政事业审计 完成行政事业单位审计82个项目，查出未按规定纳入预算管理14万元，隐瞒转移截留资金894万元，违规改变资金用途1117万元，虚列支出148万元。

固定资产投资审计 完成固定资产投资审计项目224个，项目总投资115 868万元，核减工

程结算款 15 298 万元。查出的问题主要有工程价款不实多计 15 267 万元，违规招投标项目资金 125 万元。审计后挽回（避免）损失 15 298 万元。

社会保障审计 完成社会保障审计项目 18 个，查出未按规定征收、缴存社会保险费 245 万元，未按规定上缴调剂金 1461 万元，财政资金不到位不落实 1634 万元，虚列支出 300 万元，未按规定标准及范围支出 239 万元。

企业审计 完成企业审计项目 5 个，查出主要问题金额 990 万元。

经济责任审计 完成经济责任审计项目 66 个，审计县级主要领导干部 3 人、区科级领导干部 61 人、企业法人 2 人；任中审计 40 人，离任审计 26 人。审计查出违规金额 216 万元，管理不规范金额 4281 万元。

专项资金审计（调查） 完成专项资金审计（调查）项目 75 个。审计专项审计资金总额 509 711 万元，查处违规变更调整预算 355 万元，资金滞留闲置 2316 万元，虚列支出 241 万元，资金不到位不落实 296 万元，其他问题金额 22 650 万元。 （撰稿人：郑泽兵 赵 静）

【凉山彝族自治州审计局】 2012 年，凉山彝族自治州审计局人员编制 63 人，在编 63 人。局长马报（—3 月）、刘斌（4 月—），副局长邢琦、李伟玲、伍皎辉，纪检组长龙建平。设有办公室、人事科、法规科、财政审计科、外资与金融审计科、固定资产投资审计科、行政事业审计科、农业与资源环保审计科、企业审计科、内部审计指导科、社会保障事业审计科、经济责任直属分局、监察室、信息中心。

审计成果 全州审计机关共完成审计项目 586 个，审计查出主要问题金额 209 513 万元，其中违规金额 44 207 万元，损失浪费金额 146 万元，管理不规范金额 165 159 万元。审计决定处理处罚，指明要求纠正 180 507 万元。审计促进节支增收 42 620 万元，其中已上缴财政 8874 万元，已减少财政拨款或补贴 8929 万元，已归还原渠道资金 24 815 万元。审计还督促缴纳其他资金 7972 万元和调账处理 25 148 万元。审计后挽回损失 183 万元，审计核减投资 9747 万元。提出审计建议 1311 条，被采纳 1066 条。提交审计专题、综合性报告和审计信息 623 篇，被批示采用 405 篇。向社会公告审计结果 22 份。

财政审计 通过采取“上审下”与“同级审”相结合和“同级异地”交叉审计的方法，完成州本级 2011 年度财政预算执行和其他财政收支及州交通局等 3 个州级单位的部门预算执行情况审计。完成昭觉等 4 个县人民政府和德阳市中江县财政决算审计。受州人民政府委托，在州十届人大常委会第三次会议上做审计工作报告，受到州人大常委会充分肯定。

社会保障审计 根据审计署和审计厅的统一部署，州审计局协同审计厅对州本级和 17 个县（市）社会保障资金进行审计。重点审计人力资源和社会保障、民政、卫生、财政、社会保险经办机构、残联等部门和单位，延伸调查 154 家企业、72 个村（居）委会和 38 家医院，揭示社会保障资金管理使用中存在的问题，提出有针对性的整改建议，引起州领导高度关注，为社会保险事业持续健康发展发挥积极作用。

固定资产投资审计 组织完成州财政局经济适用、州交通局 5 段公路改建及通县油路、州检察院办公用房、州人防西昌指挥所等 9 个工程项目审计，保障性住房工程跟踪审计，对口支援北川灾后恢复重建项目审计。

专项资金审计（调查） 组织开展牧民定居行动、彝家新寨建设、退牧还草、农村义务教育学生营养改善计划政策落实情况和农村校舍安全等重点资金和重点项目的审计（调查），促进资金使用效益提高和惠民政策落实。

经济责任审计 开展对 13 名领导干部的经济责任审计，促进领导干部执行财经法规的自觉意识和责任意识，促进提高领导干部民主决策能力和当家理财水平。 （撰稿人：张保权）

2012年四川省所辖区、县(市)级审计工作统计表

金额单位:万元

审计机关	完成审计项目(个)	查出违规金额	应上缴财政	应减少财政拨款或补贴	应归还原渠道资金	应调账处理金额	移送司法、纪检、监察部门处理(件)	建议有关部门处(件)	出具审计报告和审计调查报告(份)	提出审计建议(条)	撰写审计信息(篇)
成都市											
成都市本级	122	121650	92905			52720		10	121	132	21
青羊区审计局	106	593	593						105	77	23
锦江区审计局	42	14914	3069			145			42	51	1
金牛区审计局	216	501	661						216	19	14
武侯区审计局	117	2770	2168		250	96		1	117	100	11
成华区审计局	55				7654			1	58	110	20
龙泉驿区审计局	31	1	1					1	34	105	70
青白江区审计局	26	48438	48389		66328	2295			26	50	165
新都区审计局	28	1541	476					2	28	60	1
温江区审计局	292	122868	1064	22506	91	4726	18	6	299	79	96
都江堰市审计局	63	1510	825				2	3	63	88	57
彭州市审计局	241	1311	1303				1	1	241	97	18
邛崃市审计局	204	9725	38		5489		2	1	204	233	45
崇州市审计局	43	11	11				2	2	43	92	91
金堂县审计局	70	287	280		7	91	3		70	51	170
双流县审计局	153	48	50		97	16958	1	1	154	184	5
郫县审计局	126	15	10		5				126	37	92
大邑县审计局	180	1256	1256		3				180	225	
蒲江县审计局	145	1			1				145	63	95
新津县审计局	108	239	232		7				108	37	20
高新区审计局	611	136	136						611	220	
广元市											
广元市本级	105	66			2183	6063	1	2	72	115	468
利州区审计局	113	219		5786	1968	118	1		31	494	142
元坝区审计局	202	447			1340	827	3	2	52	222	78
朝天区审计局	72			129			2		28	120	34
旺苍县审计局	57	1		1673	44	4		1	57	142	58
青川县审计局	167								28	18	55
剑阁县审计局	233	19			1059	1237		24	97	579	5
苍溪县审计局	92	57		886	16	381			26	139	24

续表

审计机关	完成审计项目（个）	查出违规金额	应上缴财政	应减少财政拨款或补贴	应归还原渠道资金	应调账处理金额	移送司法、纪检、监察部门处理（件）	建议有关部门处（件）	出具审计报告和审计调查报告（份）	提出审计建议（条）	撰写审计信息（篇）
绵阳市											
绵阳市本级	210	1470	1470			12045	1		210	414	252
涪城区审计局	149	3525	3525			44375			149	47	168
游仙区审计局	175	99	99		11	55			175	209	45
江油市审计局	137	135	135						137	759	41
三台县审计局	224	23413	23413		1672	814	1		224	443	101
盐亭县审计局	163	683	683		184	127	2		163	174	2
安县审计局	354	21	21		133	693			354	65	56
梓潼县审计局	35	1238	1238		8	1214			35	178	10
北川羌族自治县审计局	82	6492	6492			988			82	130	11
平武县审计局	171	99	99			36			171	391	37
德阳市											
德阳市本级	69	443	205		195	5898			83	175	
旌阳区审计局	26	1727	537		1528	4691				64	30
经济开发区审计局	148				5	13				17	1
什邡市审计局	95	3021	2953	6516		1755	3			202	39
广汉市审计局	74	991	1046	1686	1	8275				48	8
绵竹市审计局	53	4931	4243		419	269				60	24
罗江县审计局	73	112	63	1866						78	93
中江县审计局	34	66269	66269		13					53	51
南充市											
南充市本级	128	37176	1045	18664	2055	6661	8		91	181	96
顺庆区审计局	113	3606	8	3222					116	117	6
高坪区审计局	330	34897		1690	36668	9618			330	135	11
嘉陵区审计局	45	2926	141	1929	107	34			45	120	28
阆中市审计局	48	1024	86	11132	1166	407			56	171	12
南部县审计局	256	72485	902	10893	47896	24321	9		156	96	31
营山县审计局	207	434	21	728					209	624	15
蓬安县审计局	142	3727	215	2320	1100	2412			102	63	16
仪陇县审计局	166	13000	2313	3277	3901	4579			107	149	19
西充县审计局	94	5060	754	2403	183	744	2		118	80	29

续表

审计机关	完成审计项目（个）	查出违规金额	应上缴财政	应减少财政拨款或补贴	应归还渠道资金	应调账原处理金额	移送司法、纪检、监察部门处理(件)	建议有关部门处(件)	出具审计报告和审计调查报告(份)	提出审计建议（条）	撰写审计信息（篇）
广安市											
广安市本级	42	5854	990	3256	819	5134	4		42	72	113
广安区审计局	61	5201	557	1292	1695	52002			61	188	71
华蓥市审计局	86	13241	6691		4074	1531			86	220	83
岳池县审计局	146	7241	225		493	91			146	240	
武胜县审计局	103	387	38	1501	108	202	1		103	116	32
邻水县审计局	112	19996	18105	2847	88	261			112	478	177
遂宁市											
遂宁市本级	26	92105	61445		10	9609	1		26	84	55
船山区审计局	18	7	7			473			18	46	2
安居区审计局	44	34	34		259	2409			44	184	151
蓬溪县审计局	78	8	8			3654			78	165	
射洪县审计局	52	645	90			21263	2		52	164	25
大英县审计局	22	75	22		51	1188			22	107	5
内江市											
内江市本级	42	710	12	39	846	54633	2	1	42	182	82
市中区审计局	12	203	10	48	12147	8179			12	38	37
东兴区审计局	46	463	7			22113			46	360	44
威远县审计局	40	1589	90			3567	3	1	40	106	103
资中县审计局	39	3960	128	77	411	95853			39	150	35
隆昌县审计局	32	1299	538		743	574			32	169	103
乐山市											
乐山市本级	38	2480	738	1687		2837			38	161	48
市中区审计局	12	2930	1312	182	42	113			14	41	32
沙湾区审计局	34	134	854	1343	10	3369			34	101	1
五通桥区审计局	51		6252	1413	34196				51	13	
金口河区审计局	11			31		64			11		
峨眉山市审计局	12	16	1	835		110			12	39	38
犍为县审计局	61		142	565					42	37	
井研县审计局	51		11386	867					51	120	6
夹江县审计局	29		4		1	811			30	83	
沐川县审计局	15	32065	1046	20464	7972	32			15	27	

续表

审计机关	完成审计项目（个）	查出违规金额	应上缴财政	应减少财政拨款或补贴	应归还渠道资金	应调账原处理金额	移送司法、纪检、监察部门处理(件)	建议有关部门处(件)	出具审计报告和审计调查报告(份)	提出审计建议（条）	撰写审计信息（篇）
峨边彝族自治县审计局	14	396	38	166	37	300			14	120	6
马边彝族自治县审计局	65	20	6	771	25	669			65	32	14
自贡市											
自贡市本级	45	9229	6609	2687	68	4938	1	2	54	113	90
自流井区审计局	27	12709	5634	132	7379	24550			27	45	13
大安区审计局	19	16	5	138	2312	1			24	35	12
贡井区审计局	112	24	7	2122		58250			112	35	20
沿滩区审计局	16	3301	3301	359	26	14494			16	47	14
荣县审计局	227	1116	421	1865	112	7796			242	176	36
富顺县审计局	88	26198	26198	5129	641	70016			88	189	68
泸州市											
泸州市本级	53	80897	80897		440	2809	2		53	109	7
江阳区审计局	27	2858	310	27	173	674	1		27	173	155
纳溪区审计局	29	105	53		13384	678			29	150	3
龙马潭区审计局	18	872	29	54	101	281	1		18	97	185
泸县审计局	24	669	23		2	668	2	2	24	41	1
合江县审计局	22	175		1		174			22	100	11
叙永县审计局	25	6208	2903	92	4	86		3	25	64	36
古蔺县审计局	32	1770	7		68	1208			32	216	75
宜宾市											
宜宾市本级	55	65332	38070	570	974	19677	5	5	27	221	223
翠屏区审计局	59	4190	17	15		2983			59	84	91
宜宾县审计局	67	4998	3706	675	69	280			67	88	31
南溪区审计局	105	6106	5126	2832	921	1177	1	5	105	109	93
江安县审计局	67	4998	3706	675	69	280			67	88	31
长宁县审计局	29	439	32	306	46	304			29	92	23
高县审计局	77	3990	3990	135	86	140	3	1	14	51	37
筠连县审计局	15	1808	1308		11	151			21	53	48
珙县审计局	46	7094	7050		41	840			70	170	82
兴文县审计局	28	6028	130	155	5076	895			26	109	57
屏山县审计局	14	5	6		5	34			14	55	

续表

审计机关	完成审计项目(个)	查出违规金额	应上缴财政	应减少财政拨款或补贴	应归还渠道资金	应调账原处理金额	移送司法、纪检、监察部门处理(件)	建议有关部门处(件)	出具审计报告和审计调查报告(份)	提出审计建议(条)	撰写审计信息(篇)
攀枝花市											
攀枝花市本级	61	52	9794		820	2667					86
东区审计局	20	162	162	298	2105	8				120	5
西区审计局	13			542						27	2
仁和区审计局	34	477	477		141	560				98	21
米易县审计局	29	51	52		2					160	18
盐边县审计局	44	116	1967		96	460				301	4
巴中市											
巴中市本级	52	297	23		9345	13504			52	118	93
巴州区审计局	52	1881	25	554	339	267			52	68	50
通江县审计局	71	22540	40			1			71	30	3
南江县审计局	401	26270	33		4308	10785			401	743	616
平昌县审计局	30	438	26			1030			30	57	54
达州市											
达州市本级	73	23733	19286		151	12663	3		71	223	48
通川区审计局	58	4963	29144	2300	184	3741	3	2	61	92	32
万源市审计局	46	6413	191		5224	962	2		46	148	58
达县审计局	155	14965	587	22600	2562	2621			165	54	48
宣汉县审计局	80	2926	114	3128	3320	1158	4		80	512	34
开江县审计局	32	22556	39		1683	6134	1		31	59	23
大竹县审计局	45	2325	38984	656	6	2147	2		48	204	91
渠县审计局	125	3910	87			10			125	280	28
资阳市											
资阳市本级	43	5753	957		51	10406		1	43	133	105
雁江区审计局	28	12290	89	2675		133			28	97	48
简阳市审计局	128	51628	36213	6574	8033	4178			128	268	35
乐至县审计局	45	248	8	4538	142	59			45	28	40
安岳县审计局	59	2002	1734		22	5904			59	52	19
眉山市											
眉山市本级	43	998	1015	3298	5024	5810		1	58	188	121
东坡区审计局	58	31	36	656	1943	5032			65	103	93
仁寿县审计局	26	2450	1321	1783	63542	1763	1		43	52	55

续表

审计机关	完成审计项目（个）	查出违规金额	应上缴财政	应减少财政拨款或补贴	应归还渠道资金	应调账原处理金额	移送司法、纪检、监察部门处理（件）	建议有关部门处（件）	出具审计报告和审计调查报告（份）	提出审计建议（条）	撰写审计信息（篇）
彭山县审计局	19	19	1	429		17			31	98	50
洪雅县审计局	26	879	879	100	5643	3296			36	41	24
丹棱县审计局	17	534	30450	291	341	28254		3	26	32	32
青神县审计局	36	21		643		12		1	45	104	44
雅安市											
雅安市本级	29	2295	10		5	19644	4	2	39	99	135
雨城区审计局	13	745	678		10	1055			13	180	37
名山县审计局	12	8	8		1073	46			12	38	10
荥经县审计局	10	4	98			578			10	112	20
汉源县审计局	10	182			180	3495			10	22	8
石棉县审计局	15	672	609		4	1			15	54	12
天全县审计局	10	800	679		14	909			10	33	19
芦山县审计局	14				131	50			14	38	12
宝兴县审计局	13	606	556			1560			13	59	14
阿坝藏族羌族自治州											
阿坝藏族羌族自治州本级	34	1456	315	1554	49	104			39	71	115
马尔康县审计局	16	4	1	20	3				18	40	46
汶川县审计局	11			9735		3			13	25	49
理县审计局	13	1990		48128	1	76			14	30	2
茂县审计局	14			23269					14	1084	5
松潘县审计局	22	180	57	8554	427	195			30	46	33
九寨沟县审计局	116	27	20	2287	10	23			116	283	39
金川县审计局	30	3		920	124	135			30	104	1
小金县审计局	19	997	998	9795	21				21	94	2
黑水县审计局	12			1826					12	23	5
壤塘县审计局	12	75	75	195	41				14	63	46
阿坝县审计局	14	1		42	1				14	34	
若尔盖县审计局	27	7	7	431	159	424			30	60	12
红原县审计局	9			292		35			9	22	5
甘孜藏族自治州											
甘孜藏族自治州本级	56	20441	54		3660	1936	1		56	174	39
康定县审计局	18	431		16	994				18	42	13
泸定县审计局	38	90	1		61				38	78	5

续表

审计机关	完成审计项目（个）	查出违规金额	应上缴财政	应减少财政拨款或补贴	应归还渠道资金	应调账原处理金额	移送司法、纪检、监察部门处理（件）	建议有关部门处（件）	出具审计报告和审计调查报告（份）	提出审计建议（条）	撰写审计信息（篇）
丹巴县审计局	22	85	85			1233			22	24	12
九龙县审计局	78								78	110	84
雅江县审计局	18		6						18	19	19
道孚县审计局	16	851			851	1136			16	33	9
炉霍县审计局	31								31	9	17
甘孜县审计局	23								23	18	
新龙县审计局	21	168		53	8667	889			21	52	10
德格县审计局	16	179	17		143				16	33	3
白玉县审计局	20	2593	2208		385	2			20	35	4
石渠县审计局	12	83	2						12	7	2
色达县审计局	63	189	4	26					63	52	12
理塘县审计局	13	558			171	241			13	8	12
巴塘县审计局	37	3	3						37	68	5
乡城县审计局	15	4	5			106			15	29	8
稻城县审计局	27				114	614			27	43	5
得荣县审计局	31	8							31	38	7
凉山彝族自治州											
凉山彝族自治州本级	47	13849	63477	4251	14056	1714			47	163	53
西昌市审计局	59	3457	3457			9631			59	126	154
盐源县审计局	20	157			66	328			20	99	14
德昌县审计局	31	7311	24	97		12			31	105	69
会理县审计局	20	134	69			153			20	45	52
会东县审计局	29	1126	1030	369		10			29	37	19
宁南县审计局	17	63	2339	183		239			17	61	33
普格县审计局	20	416			61	2133			20	50	
布拖县审计局	19	15	1	41					19	74	60
金阳县审计局	11	57	56			380	4		11	50	17
昭觉县审计局	18	852				53			18	62	14
喜德县审计局	10				28	79			10	39	6
冕宁县审计局	14	1162	45	145		313			14	87	26
越西县审计局	55	10450	9861	3095	30	2			55	106	19
甘洛县审计局	36	244	251	142	655	3187			36	32	17
美姑县审计局	13	2082	205	138	36	3552			13	43	

续表

审计机关	完成审计项目(个)	查出违规金额	应上缴财政	应减少财政拨款或补贴	应归还渠道资金	应调账原处理金额	移送司法、纪检、监察部门处理(件)	建议有关部门处(件)	出具审计报告和审计调查报告(份)	提出审计建议(条)	撰写审计信息(篇)
雷波县审计局	26	768	768	18	24	359			26	90	55
木里藏族自治县审计局	14	2029	90	448	24	570			14	42	15

贵州省

【贵州省审计厅】　2012年，贵州省审计厅人员编制217人，在编168人。设有办公室、法规处、财政审计处、行政事业审计处、农业与资源环保审计处、金融审计处、企业审计处、社会保障审计处、外资运用审计处、人事处、机关党委、离退休干部处；下辖贵州省经济责任审计局和固定资产投资审计局，其中经济责任审计局设3个处，固定资产投资审计局设2个处；另设有发展统计审计处、国资及经济和信息审计处、教育审计处、科技审计处、政法民（族）宗（教）审计处、国土环保审计处、人力资源民政审计处、建设审计处、交通审计处、农林水审计处、文体卫新闻审计处、经济执法及外事旅游审计处（派出审计处）；还设有审计投资中心、审计培训中心、审计信息中心、服务中心。

领导成员

厅　　长：张如飞

副 厅 长：黄启明　吕建军（—1月）

游明进　卢　伟（4月—）

孙福强

总审计师：卢　伟（—4月）

专职纪检监察员：张　杰

审计成果　全省审计机关共审计或审计调查3166个单位，查出违规金额71.5亿元，管理不规范金额926.8亿元。向纪检监察机关及有关部门移送事项63件，涉及人员59人，涉及金额4.5亿元。通过上缴财政、减少财政拨款或补贴、归还原渠道资金等为国家增收节支20.5亿元。核减工程投资17.7亿元。

财政审计　组织对2011年度省级预算执行情况、省级税收征管情况、省级预算资金的收纳、划分、留解情况和省文化厅等5个部门预算执行情况进行审计。揭示省级部门预算支出规模不实，一些部门在上报省财政厅的部门预算中未包含对市、县的补助支出；国有资本经营预算管理有待进一步加强，69户省属国有企业未向省财政申报2010年度国有资本经营收益情况，4户省属国有企业未按规定将2658万元国有资本经营收益缴入国库。税收征管情况审计揭示对企业所得税汇算清缴不及时。部门预算执行审计揭示有2个部门未按规定建立项目库，有1个部门年初编制的项目支出预算8.2亿元未能细化到具体单位或项目，有2个部门滞留专项资金3115万元，有1个部门扩大项目支出范围，挤占挪用专项资金656万元。受省人民政府委托，张如飞厅长向省十一届人大常委会第二十九次会议做《关于2011年度贵州省省级预算执行和其他财政收支的审计工作报告》。省人大常委会审议后认为：审计部门坚持依法审计，认真履行审计监督职责，在推进依法行政、提高财政资金使用效益、推进反腐倡廉建设等方面发挥积极作用。

固定资产投资审计　审计机关把加强投资建设项目的跟踪、决算审计作为重中之重的工作进行安排落实，全省共完成投资审计项目1639个，核减投资17.7亿元。一是组织对100多家省级单位2009年至2011年中央和省级财政投资建设项目开展审计调查。基本摸清全省中央和省级财政投资建设项目的总体情况、资金来源及构成、投向、规模、管理模式等基本情况，揭示一些建设项目超概算、招标投标制度落实不到位、监督机制不健全、挤占挪用项目资金等问题，提出相关的建议和措施。二是组织完成政府投资项目跟踪审计和决算审计，对花溪宾馆改扩建，省政府保卫用房，省委8号、11号、17号楼，省委拥军办公用房，省政府大院中心广场地面停车场，省委信息化工程，省人大、省政府信息化工程等建设项目竣工决算进行审计；组织对贵阳龙洞堡机场改扩建项目和省委大院环境工程进行跟踪审计。以上项目审计平均核减率达到22%，最高达到24.93%，得到省政府领导的高度肯定，省长做出批示。三是充分发挥国家审计、内部审计和社会审计的作用，以解决投资审计力量不足与投资审计任务重的矛盾。委托社会审计师事务所对第九届全国少数民族传统体育运动会场馆建设进行审计，其中贵阳市奥体中心决算审计核减资金达1.5亿元、核减率为14.87%，省级场馆核减6283万元，核减率为25.16%。

社会保障审计 在审计署的统一部署下，组织全省各级审计机关审计8个市（州）本级和84个县（区、市、特区）两级人民政府及其所属人力资源社会保障、民政、卫生、财政等部门，社会保险经办机构、残联等单位，并延伸调查835家企业、273个村（居）委会和106家医院，有关情况追溯到以前年度。省审计厅抽调审计业务骨干60多人，组成8个审计组直接审计8个市（州）本级及所在区（市），其他县（区、市、特区）采取“上审下”或“交叉审”的方式组织进行。此次社会保障资金审计摸清全省社会保障资金的家底；反映全省社会保障体系日趋完善、社会保障资金投入力度加大、社会保障事业取得明显成效；揭示社会保障制度和政策执行方面，社会保障资金筹集、管理和使用方面，社会保障业务管理方面存在的问题和风险隐患；提出建立健全养老保险个人账户管理、提高社保基金收益、规范社会保障业务管理、加强社会保险经办机构信息化建设和队伍建设的意见和建议，促进全省社会保障事业得到全面、协调、可持续发展。在审计署的表彰中，贵州省有1人、2个单位荣获三等功，3人、6个单位荣获嘉奖。

水利资金审计 组织9个市（州）审计局以“上审下”或“交叉审”的方式对20个县的水利资金进行审计，其中省审计厅直接审计7个县。本次审计共延伸调查24个设计单位、66个施工单位、2个监理单位、179个乡（镇）、395个村及1182户农户；实地察看924个项目的实施情况，涉及资金35.49亿元，占2009年至2011年20个县水利资金投入总量的52.47%。发现违法违规及管理不规范金额14.9亿元（不包括滞留资金5.3亿元和地方未配套4.6亿元），占2009年至2011年20个县水利资金投入总量的22%。在审计中将项目立项审批、招投标制、合同制、监理制等建设程序执行情况作为重要的审计内容，揭示水利资金存在筹集率低、配套到位差、被挤占挪用及滞留资金等情况突出，私设“小金库”，虚报套取，违反招投标规定，资金损失浪费等违纪违规问题。针对发现的问题，审计机关提出相关建议措施，促进和推动全省水利事业实现可持续发展。

安居工程跟踪审计 根据审计署安排，全省审计机关对贵州省2012年各类城镇保障性安居工程（包括廉租房、公共租赁住房、经济适用房、限价商品房、各类棚户区改造）的投资、建设、分配、运营等情况进行审计。摸清全省城镇保障性安居工程的住房保障情况、目标任务完成情况、工程资金筹集使用情况，房源筹集使用情况；反映全省住房保障体系基本建立、住房水平不断提高、城镇新增人口的住房困难得到缓解，保障性安居工程投资规模不断加大、住房供需结构得到改善；揭示保障性安居工程项目中存在的问题，提出审计建议，促进中央和省城镇保障性安居工程部署要求的全面落实。

专项资金审计（调查） 根据审计署的安排，组织全省各级审计机关对全省45个县农村中小学布局调整情况进行专项审计调查，抽查229所初中、692所小学（含教学点169个），涉及初中在校生27.9万人、小学在校生36.34万人。调查揭示部分地区调整撤并农村学校工作不规范，教育资源过度向县城学校倾斜造成新的结构失衡，寄宿制学校生活设施不足、管理和服务不到位，部分学生就学因距离增加交通安全风险增大，部分农村家庭教育支出增加而负担较重，部分地区一些学生因“上学远、上学贵”而辍学，部分停办学校校舍资产处置和管理不规范等问题。审计提出具体的建议措施，进一步促进全省农村中小学校校舍布局调整工作顺利推进。

灾后重建审计 组织省、州、县三级审计机关对望谟县灾后恢复重建进行跟踪审计，望谟县灾后重建资金累计到位12.1亿元，已开工项目50个，完成41个。揭示的主要问题有：由于前期费用缺口大，县级财政困难，无法进行匹配，项目前期工作进度较慢，导致部分项目动工较晚；个别项目挪用灾后重建专项资金；设计滞后，影响项目开工建设；建房补助资金偏少，部分灾民至今无法建房，特别是水、电、路、场坪等基础设施投入多，解决难度大；部分已开工的项目由于缺少专业技术人员，施工、监理等技术力量和匹配资金严重不足，从而导致项目推进缓慢；部分已开工的项目预算不实，存在高估冒算等情况。审计部门在揭示问题的基础上，提出建议措施。

抗震救灾资金物资跟踪审计 按照省委、省政府统一部署，组织省、市、县三级审计机关对相关单位接收、使用、管理威宁、赫章抗震救灾资金物资实施跟踪审计。截至年底，抗震救灾共筹集资金2.48亿元（其中财政性资金1.9亿元、接收捐赠资金6150万元），支出1.05亿元，结存1.43亿元。接收各类捐赠物资共计3.4万件（套），发放1.94万件（套），结存1.46件万件（套）。本着“边审计、边整改、边规范”原则，对抗震救灾过程中救灾资金物资拨付缓慢、结存款物较大，接收、发放捐赠物资手续不完善，扩大抗震救灾资金使用范围等问题，提出整改意见，引起省级各有关部门以及毕节市、县党委、县政府的高度重视，责成和督促相关部门和单位及时进行认真整改和纠正。

专项财务收支审计 组织完成第二届中国（贵州）国际酒类博览会暨2012中国·贵阳投资贸易洽谈会（以下简称酒博会暨投洽会）财务收支审计，摸清财务收支总体情况，核定资金缺口106万元，核减经费支出241万元。提出的审计建议，引起相关部门的重视，促进一年一届的酒博会暨投洽会财务管理更加制度化、规范化。省审计厅被省政府表彰为承办第二届酒博会暨投洽会的先进单位。

外资运用审计 组织实施全省利用国外贷援款项目审计7个，其中国外贷援款审计项目6个（共审计县级以上子项目39个）、绩效审计项目1个，共查出问题金额3.7亿元。违规问题主要包括虚报冒领项目资金、挪用滞留项目资金、多计及违规支付工程款、违反招投标规定以及个人涉嫌挪用公款、主管部门无依据提取管理费等。审计还发现部分项目工程设计、质量管理存在漏洞，部分项目进度缓慢，高速公路营运收入及管理存在通行费收入损失等问题。审计对上述违规问题进行处理，提出审计建议，向纪检部门移送案件线索1件，涉及3人。按照审计署要求，经省政府批准，《贵州省审计厅2011年度国外贷援款项目审计结果公告》在厅门户网站发布。

经济责任审计 受省委组织部委托，并报经省人民政府同意，厅本级组织完成9名省管领导干部和省属国有企业领导人员经济责任审计，全省完成400名领导干部和国有企业领导人员的经济责任审计，查出违规金额24.1亿元、管理不规范金额60.4亿元。全省基本建立经济责任审计工作联席会议制度，内设经济责任审计机构95个，推动经济责任审计工作科学、有序、有效开展。

队伍建设 继续实施审计领军人才和骨干人才的评选工作，评选出领军人才7人，骨干人才9人。全省审计机关共有领军人才12人，骨干人才26人。组织完成审计专业技术职称考试，通过考评结合新评定高级审计师7人，全省审计机关已有47人获高级审计师职业技术资格，提高技术职称人员的比例。通过公开招考新增12名公务员。省编委批复设立政府投资审计中心，为厅直属全额财政拨款正处级事业单位，编制30人，下设综合审计科、交通建设审计科、水利建设审计科，年底通过公开招聘新增3人，进一步充实审计队伍力量。

信息化建设 一是实施完成贵州省“金审工程”二期建设项目，并于5月10日通过国家发展改革委委托审计署组织的验收。“金审工程”二期项目主要构建8个市（州）审计机关及所辖81个县（市、区）审计机关的OA“1拖N”系统，实现全省的OA联通、公文流转和邮件收发，实现审计署—省—市—县的四级网络互联，提高审计效率，节约人、财、物的投入，取得较好的应用效果。二是举办一期计算机审计中级培训班，共培训人员120多人。全省有141人通过计算审计中级考试、850人通过AO认证考试，为全省开

展计算机审计打下良好基础。（撰稿人：陈迎春）

【贵阳市审计局】 2012年，贵阳市审计局人员编制109人，在编99人。局长刘晓萍，副局长周毅、罗继荣、王雄伟，总审计师朱云进（6月—），纪检组长向静（5月—）。设有固定资产投资审计处、财政审计处、经济责任审计处、人事处、法制处、行政事业审计处、农业与资源环保审计处、社会保障审计处、外资运用审计处、金融处、计算机审计处、经贸审计处、办公室、监察室。

审计成果 全市审计机关完成审计（调查）项目207个，查出违规金额25 266万元，应上缴财政10 086万元，应减少财政拨款或补贴4583万元，应归还原渠道资金38 539万元，应调账处理金额1 946 003万元；已上缴财政2671万元，已减少财政拨款或补贴245万元，已归还原渠道资金1281万元，已调账处理金额3736万元。移送司法机关、纪检监察部门处理事项3件，建议有关部门处理事项1件。提出审计建议558条，提交审计信息754篇，被采用446篇。

财政审计 完成财政审计项目60个，共查出各类问题金额475 024万元。贵阳市政府主要领导对“同级审”工作高度重视，专门做出重要批示，要求各分管副市长和相关部门高度重视审计工作中发现的问题和提出的建议，并认真实施整改。各部门、各单位对审计报告和审计决定中提出的问题、意见和建议以及处理处罚决定十分重视，从制度、机制和管理等方面深入分析问题，制订整改方案，积极抓整改落实，成效明显。

行政事业审计 完成行政事业类审计项目47个，共查出各类问题金额41 481万元。促进行政事业单位不断完善内部财务管理。

农业与资源环保审计 完成农业与资源环保类审计项目8个，审计查出违规改变项目计划和资金用途资金352万元，资金滞留闲置13 547万元。应上缴财政7万元，已上缴财政1万元。

固定资产投资审计 完成政府交办投资项目审计1089项，审计总金额33.8亿元，核减投资、减少财政资金支出4.9亿元。下属市审计评审中心共接收审计评审项目586个，完成项目评审368个，核减32.5亿元，核减率为7.55%。

企业审计 完成对市属12家政府投融资平台公司的全面审计。审计发现12家融资平台公司中有9家公司均不同程度存在资产、负债、所有者权益和利润不实的问题。表现为资产重复反映、虚假资产、账外资产、编制会计报表不规范、虚列或少计收入、隐瞒收入、成本费用核算混乱、会计核算不正确等方面。通过审计，为贵阳市委、市政府决策提供参考，促进平台公司加强和规范管理。

经济责任审计 完成对43名领导干部的经济责任审计（审计单位47个），其中县处级领导干部7人、县处级以下领导干部36人。查出违规金额2031万元，其中负主管责任金额1013万元，负直接责任金额728万元；查出管理不规范金额25 710万元，其中负主管责任金额15 229万元，负直接责任金额1311万元。经济责任审计工作为切实加强领导干部的管理和监督，促进干部勤政廉政起到积极作用。（撰稿人：潘维颖）

【六盘水市审计局】 2012年，六盘水市审计局人员编制53人，在编49人。局长赵敏（—3月）、李文旭（3月—），副局长李文旭（—3月）、张勤荣（—3月）、李成培（7月—）、董巍娜（11月—），总审计师卢德正，纪检组长张传义（—3月）、邵建梅（12月—）。设有办公室、政策法规科、财政审计科、行政事业审计一科、行政事业审计二科、农业与资源环保审计科、固定资产投资审计一科、固定资产投资审计二科、金融与外资审计科、经济责任审计一科、经济责任审计二科、企业审计科、社会保障审计科、审计政策咨询中心。

审计成果 全市审计机关完成审计项目132个，查出违规金额10 787万元，管理不规范金额537 470万元，应上缴财政6381万元，应减少财政拨款或补贴1162万元，应归还原渠道资金13 147万元，应调账处理金额39 607万元；已上缴财政6221万元，已减少财政拨款或补贴722万元，已归还原渠道资金5568万元，已调账处理金额36 846万元，核减固定资产投资额4322万元。移交司法、纪检监察机关有关部门案件4件，涉及10人，涉及金额219万元。提出审计建议283条，被采纳184条；向党委、政府和省审计厅提交综合报告、审计信息等315篇，被批示采用164篇次。

财政审计 完成预算执行和决算审计31个，揭示预算编报不真实不完整8812万元，违规改变项目计划和资金用途6395万元，资金滞留闲置35 134万元，虚列支出29 413万元，违规出借财政资金7405万元等问题。新建扩建项目税收征管情况审计，收缴财政资金1701万元，为进一步理顺市县共享税收分成机制提出建设性意见。受市人民政府委托，向市十一届人大常委会做审计工作报告，市人大常委会审议后给予充分肯定。

专项资金审计（调查） 完成专项资金审计项目26个，审计专项资金总额65.1亿元，主要查出乱收费乱摊派乱罚款3037万元、资金闲置滞留435万元等问题。抽调市县审计精干力量，按时保质完成2011年社会保障资金审计。

固定资产投资审计 完成固定资产投资审计项目41个，审计项目投资额56 579万元，核减工程款4322万元。

经济责任审计 完成31名领导干部经济责任审计，查出违规金额1278万元，管理不规范金额50 484万元。首次开展一个单位、多名领导干部的任期经济责任审计，按照"同时审计、分类评价"的原则，对市商业银行9名高层领导人员任期经济责任进行审计，揭示漏缴企业所得税195万元，应收未收抵债资产处置价款510万元，少计提一般准备金895万元，贷款分类未及时调整840万元等问题，为市商业银行改制提供依据。

（撰稿人：曾忠虎）

【遵义市审计局】 2012年，遵义市审计局人员编制35人，在编35人。局长翁永厚，副局长何其毓（—10月）、雷以怀、李镇薇，总审计师张辉，纪检组长王卫平（—9月）。设有办公室、固定资产投资审计科、财政金融审计科、经济贸易审计科、经济责任审计科、农业与环保资源审计科、行政事业审计科、法制科。

审计成果 全市审计机关完成审计项目717个，审计查出违规金额164 191万元，应上缴财政50 334万元，应减少财政拨款或补贴36 624万元，应归还原渠道资金10 887万元，应调账处理29 482万元，应缴纳其他资金6543万元。移送纪检监察部门处理事项11件，移送人员11人，涉及金额147万元。

财政审计 完成审计项目669个，其中预算执行63个，财政决算42个，行政事业41个，专项资金42个，固定资产投资481个。查出主要问题金额351 426万元，核减投资额49 659万元。

社会保障审计 完成审计项目35个，查出主要问题金额4628万元，其中未按规定征收、缴存社会保险费和住房公积金2185万元，违规改变资金用途88万元，财政资金不到位不落实640万元，虚列支出156万元，其他1559万元。

经济责任审计 完成52名领导干部经济责任审计，查出主要问题金额58 947万元，其中违规金额26 547万元，损失浪费金额83万元，管理不规范金额32 316万元，促进增收节支25 881万元，其中已上缴财政24 829万元，已归还原渠道资金1052万元。

企业审计 完成审计项目13个，其中企业类11个，金融额类2个，查出主要问题金额72 666万元，其中违规经营310万元，财务收支核算不实4686万元，其他67 670万元。

（撰稿人：李 励）

【安顺市审计局】 2012年，安顺市审计局人员编制45人，在编39人。局长陈天一（2月—），副局长甘宗祥、徐晓艳、汪泽荣，总审计师陈敏，纪检组长徐家猛（11月—）。设有办公室、纪检监察室、综合科、财政金融审计科、农业与资源环保审计科、固定资产投资审计科、经贸审计科、社保外资审计科、经济责任审计一科、经济责任审计二科、经济责任审计三科和安顺市经济责任审计联席会议办公室、安顺市固定资产投资审计中心。

审计成果 全市审计机关完成审计项目146个，查出违规金额42 871.8万元，应上缴财政4252万元，应归还原渠道资金6962万元，应调账处理金额31 657万元；已上缴财政4252元，已归还原渠道资金6962万元，已调账处理金额31 657万元。移送司法机关、纪检监察部门处理事项1件。提交审计报告、信息567篇，被采用198篇。

财政审计 查出西秀区和平坝县耕地占用税

欠税4658万元、一般预算支出挤占基金预算支出2916万元、市国资公司大额财政资金借款长期未收回和部分国有土地使用权受让人未严格执行出让合同、欠缴土地出让收入数额较大等问题。在对黄果树风景名胜区2011年度财政收支决算和其他财政收支情况审计中，查出应缴未缴预算收入12 498万元、被挤占挪用专项资金5652万元、未按规定用途使用土地出让金6675万元、将探矿权采矿权价款收入119万元用于平衡财政预算和部分单位违规出借项目资金2240万元等问题。

固定资产投资审计 完成投资审计项目109个，查出工程投标、财务管理不规范等问题，核减建设项目工程款19 803万元，有针对性提出审计建议及意见。其中安顺市南山廉租房审计报告、安顺市九中人行天桥审计报告得到市政府主要领导的重要批示。

经济责任审计 完成经济责任审计项目28个，其中县（处）级领导干部19人、乡科级领导干部17人。查出违规金额35 631万元，管理不规范金额35 557万元。提出审计建议73条，促进领导干部认真履行职责。（撰稿人：陈朝洪）

【毕节市审计局】 2012年，毕节市审计局人员编制70人，在编45人。局长朱平，副局长李明祥、陈志勇、龚霏，总审计师项学新，纪检组长李华（7月—）。设有办公室、法制科、信息科、固定资产投资审计科、行政事业审计科、财政农业审计科、经济责任审计科、企业审计工作，下辖毕节市政府投资审计中心和毕节市经济责任审计办公室。

审计成果 全市审计机关完成审计项目450个，查处违规金额364 608.6万元，应上缴财政55 725.34万元，应减少财政拨款或补贴14 324.17万元，应归还原渠道资金11 006万元，应调账处理金额52 017.15万元；已上缴财政2248万元，已减少财政拨款或补贴7952万元，已归还原渠道资金9046万元。移送司法机关、纪检监察部门处理事项9件。提交审计报告、信息453篇，被采用154篇，向社会公告审计结果2篇。

财政审计 以规范预算管理、推动财政体制改革、保障公共财政安全、提高财政绩效水平为目标，共完成审计项目57个，其中预算执行审计40个，查出违规金额592 841万元。

行政事业审计 完成审计项目33个，查出违规金额65 441万元，隐瞒转移截留资金5724万元，虚报冒领金额1237万元，虚列支出金额376万元。

固定资产投资审计 完成审计项目1633个（含备案项目715个），送审金额59.45亿元，审定金额52.3亿元，核减金额7.2亿元，平均审减率12.05%。

社会保障审计 完成审计项目8个，查出违规使用资金2643万元，管理不规范金额4 202.15万元，虚报冒领金额11万元。移送案件线索1件，涉案金额12万元。

企业审计 完成审计项目2个，违规查出金额15 770万元，财务收支核算不实1720万元，虚报冒领或隐瞒转移金额356万元。

经济责任审计 完成审计项目44个，审计领导干部64名，其中县处级5名，查出违规金额11.2亿元，管理不规范金额3.8亿元，移送纪检监察机关处理事项3起。（撰稿人：蒋　贤）

【铜仁市审计局】 2012年，铜仁市审计局人员编制66人，在编49人。局长田应银，副局长刘榕生、文玉宏、姚茂海（9月—）、刘嘉赋（—4月），总审计师唐平，纪检组长田峰（11月—）、邱明福（—2月）。设有办公室、监察室、审计质量监督科、财政金融审计科、农业外资审计科、固定资产投资审计科、经贸审计科、行政事业审计科、经济责任审计科，下设铜仁市投资审计评审中心。

审计成果 全市审计机关完成审计项目731个，查出违规金额137 705万元，管理不规范金额662 252万元，应上缴财政54 673万元，应减少财政拨款或补贴190万元，应归还原渠道资金19 598万元，应调账处理金额38 630万元；已上缴财政7672万元，已减少财政拨款或补贴50万元，已归还原渠道资金6791万元，已调账处理金额23 363万元。移送司法机关、纪检监察部门处理事项11起，建议有关部门处理事项2起。

财政审计 完成预算执行审计项目57个，查出未按规定纳入预算管理19 573万元，未按规定征收缴纳收入 31 958 万元，虚列支出 61 345 万元。碧江区财政局虚列预算支出 28 925 万元，石阡县财政局应缴未缴预算收入 18 912 万元。查出铜仁广播电视大学总务处长覃某、收费员孙某将收取的 2011 年和 2012 年学费存入个人农行卡 184 万元、现金 11 万元，未上缴财政专户或单位账户，依法移送铜仁市监察局查处。

专项资金审计 完成审计项目 73 个，查出违规改变资金用途 8383 万元，虚报冒领 42 万元，虚列支出 169 万元。2011 年度社会保障资金审计，查出沿河土家族自治县夹石镇社会事务办主任陈某某私自截留群众城市和农村低保存折 58 个，共支取 38 万元，用于个人购物、赌博等达 19 万元，依法移送县监察局查处。

固定资产投资审计 完成审计项目 531 个，审计项目投资总额 552 845 万元，查出工程结算款不实多计 13 711 万元，投资概预算编报不规范 74 207 万元。市和所属区、县审计局均建立固定资产投资审计评审中心，扩大投资项目概预算前置审计的覆盖面，核减投资额 87 918 万元，总核减率为 15.9%，其中核减概预算投资额 74 207 万元，核减结决算工程款 13 711 万元。对梵净山环线公路边坡治理工程预算的审计，核减预算投资额 1340 万元，核减率为 16.4%。对江口县污水处理工程竣工决算的审计，核减决算工程款 807 万元，核减率为 21.1%；查出该项目送审的工程决算资料存在施工、监理和建设单位共同虚假签证，虚报工程结算价款 808 万元；该县供水公司与监理单位签订虚假合同增加监理费 10 万元，依法移送铜仁市检察院查处。

经济责任审计 完成审计项目 48 个，审计经济责任人 58 人，其中县处级 5 人、乡科级 52 人、国有企业领导人员 1 人。查出违规金额 69 512 万元。对原铜仁市（现碧江区）市长任期经济责任的审计，查出国土局应收未收土地出让金 8028 万元，财政局挤占挪用廉租住房建设资金 3000 万元。

（撰稿人：朱亚明）

【黔东南苗族侗族自治州审计局】 2012 年，黔东南苗族侗族自治州审计局人员编制 51 人，在编 35 人。局长姜庭桂（—4 月）、黄瑜（4 月—），副局长崔平（—11 月）、欧勤远、刘才泉（11 月—）、周小燕，纪检组长李胜儒。设有办公室、法制科、财政金融审计科、行政事业审计科、农业与资源环保审计科、固定资产投资审计局、社会保障审计科、企业与外资运用审计科、经济责任审计办公室和州政府投资前置审计中心，经济责任审计办公室下设经济责任审计一、二、三科。

审计成果 全州审计机关共完成审计项目 545 个，查出违规金额 21 082 万元，应上缴财政 7271 万元，已上缴财政 6644 万元，应减少财政拨款或补贴 15 465 万元，应归还原渠道资金 1442 万元，应调账处理资金 17 075 万元。移送司法机关、纪检监察部门处理事项案件 7 件。提交审计报告和审计信息 463 篇，被批示采用 283 篇。

财政审计 完成财政预算执行审计项目 17 个，查出违规金额 4967 万元，管理不规范金额 46 186 万元，应归还原资金渠道资金 395 万元，应调账处理金额 11 766 万元，应上缴财政 1594 万元；已归还原资金渠道资金 190 万元，已调账处理金额 9138 万元，已上缴财政 1592 万元。

行政事业审计 完成行政事业单位财务收支审计 142 个，查出违规金额 4008 万元，管理不规范金额 11 064 万元，应减少财政拨款或补贴 24 万元，应归还原资金渠道资金 706 万元，应调账处理金额 1399 万元，应上缴财政 332 万元；已归还原资金渠道资金 249 万元，已调账处理金额 1153 万元，已上缴财政 289 万元。

专项资金审计 完成专项资金审计项目 172 个，查出违规金额 3169 万元，管理不规范金额 105 847 万元，损失浪费金额 191 万元。移送纪检监察部门处理事项 1 项，涉及金额 160 万元；移送有关部门处理事项 2 项，涉及金额 819 万元。

农业与资源环境审计 对全州 15 个县（市）农业综合直补资金进行审计，审计金额 833 万元。对全州 12 个县（市）退耕还林资金进行审计，审计金额 5796 万元。

固定资产投资审计 完成固定资产投资审计（审计调查）项目 169 项，核减工程投资 4099 万元，查出违规金额 1365 万元，管理不规范金额 5372 万元，审计后挽回（避免）损失 421 万元。

企业审计 完成国有及国有控股企业资产、负债、损益审计项目 8 个，查出违规金额 263 万元，管理不规范金额 925 万元。审计机关针对查出的问题进行分析和评价，提出加强国有企业内部控制度建设的改进及整改意见和建议，责成企业进一步完善企业财务工作规范，得到企业的采纳。

经济责任审计 完成领导干部经济责任审计项目87个，其中县级领导干部4人、科级干部83人。查出违规金额3234万元、管理不规范金额9694万元。移送纪检监察部门处理事项1件，处理1人。（撰稿人：时　建）

【黔南布依族苗族自治州审计局】 2012年，黔南布依族苗族自治州审计局人员编制49人，在编38人。局长管跃敏，副局长汪南（—4月）、宋淑琴、杨宁（12月—），总审计师罗宪平，纪检组长司文丽。设有办公室、政策法规科、财政金融审计科、社保与行政事业审计科、农业与资源环保审计科、固定资产投资审计科、经济责任审计科、经贸外资审计科、固定资产投资审计中心。

审计成果 全州审计机关完成审计（调查）项目390个，查出违规金额23 804万元，应上缴财政20 236万元，应减少财政拨款或补贴4585万元，应归还原渠道资金17 820万元，应调账处理金额22 483万元；已上缴财政14 002万元，已减少财政拨款或补贴4298万元，已归还原渠道资金6678万元，已调账处理金额21 833万元。移送司法机关、纪检监察部门处理事项5件，建议有关部门处理事项3件。提交审计报告、信息1031篇，被采用654篇次。

财政审计 完成财政审计项目57个，查出主要问题金额9.5亿元。州本级开展对州财政、地税、国库审计，并延伸审计州交通局和州国土局。全州各级审计机关受政府委托向各级人大常委会做审计工作报告，都获常委会满意通过，得到高度评价。

行政事业审计 完成行政事业审计项目34个，查出主要问题金额2亿元。

固定资产投资审计 完成固定资产投资预（决）算审计项目453个，核减投资额2.8亿元。配合州纪委对贵定县王大坝廉租房规划道路部分工程结算审核，送审结算金额399万元，审定结算金额仅44万元，核减355万元，核减率达89%。州纪委依据审核结果做出立案调查3人、留党察看2人、行政降级处分1人的处理决定。

社会保障审计 完成社会保障资金审计项目12个，审计单位12个，延伸审计单位128个，查出主要问题金额7739万元。

经济责任审计 完成领导干部经济责任审计30个，审计3名县级领导和27名乡科级干部，查出违规金额5.8亿元，管理不规范金额1.3亿元。向纪检监察机关移送被审计领导干部2人，移送其他人员1人。（撰稿人：刘亚凌）

【黔西南布依族苗族自治州审计局】 2012年，黔西南布依族苗族自治州审计局人员编制57人，在编32人。局长梁天庆（—4月）、雷宪春（4月—），副局长谢剑辉（—5月）、沈浩廷（5月—）、龙敏，总审计师沈浩廷（—5月）、张亚非（5月—），纪检组长文建荣（—8月）、吕剑平（8月—）。设有办公室、法规科、财政金融审计科、行政事业外资审计科、农林水资源环保社保审计科、企业审计科、固定资产投资审计科、经济责任审计一科、经济责任审计二科、监察室，下设黔西南州政府性投资建设项目前置审计中心、国家基本建设预结算审核中心、审计信息中心。

审计成果 全州审计机关完成审计项目122个，查出违规金额12 245万元，管理不规范金额112 949万元，应上缴财政5280万元，应减少财政拨款或补贴689万元，应归还原渠道资金2614万元，应调账处理金额19 857万元；已上缴财政252万元，已归还原渠道资金239万元，已调账处理金额624万元。移送司法机关、纪检监察部门处理事项2件，建议有关部门处理事项1件。提交审计报告122篇。

财政审计 完成本级财税部门和预算执行单位审计18个，延伸调查单位6个，审计查出主要问题金额90 530万元。受州政府委托向州第七届人大常委会第五次会议做关于2011年度州本级预算执行和其他财政收支的审计工作报告，受到好评。

固定资产投资审计 完成竣工结算审计451个，审减金额8761万元，审减率为3.25%。对政府性投资项目开展前置审计，共完成前置审计项目504项，共审减投资8.08亿元，其中单项核减投资超过500万元的工程项目有16个。

经济责任审计 完成经济责任项目15个，其中任中审计10个，离任审计5个，共查出各种违规金额7505万元，查出管理不规范金额3043万元，损失浪费金额56万元。

专项资金审计（调查） 根据州政府的安排，8月州审计局组成8个审计组，对全州八县（市）稳控物价政策落实情况进行专项审计调查，审计成果得到州委、州人大、州政府等领导的高度重视，对稳控全州物价起到积极作用。

（撰稿人：谢 君）

2012年贵州省所辖区、县(市)级审计工作统计表

金额单位：万元

审计机关	完成审计项目（个）	查出违规金额	应上缴财政	应减少财政拨款或补贴	应归还原渠道资金	应调账处理金额	移送司法、纪检、监察部门处理(件)	建议有关部门处理（件）	出具审计报告和审计调查报告(份)	提出审计建议（条）	撰写审计信息（篇）
贵阳市											
贵阳市本级	56	3423	9642	4583	35419	1942767	1	1	48	157	121
乌当区审计局	15	53	10		35				15	15	58
南明区审计局	15	176	64			857			20	18	61
云岩区审计局	25								25	38	150
花溪区审计局	15	3343	13		5	2			15	73	101
白云区审计局	16	336	24		8	1			21	74	103
小河区审计局	4					148			4	8	13
清镇市审计局	13	6	9			1997			19	58	53
开阳县审计局	15	164	164			231	1		15	27	22
修文县审计局	11	17605			2932				11		13
息烽县审计局	22	160	160		140		1		22	67	63
六盘水市											
六盘水市本级	34	3988	3727		9952	30010	1		34	107	172
钟山区审计局	17	1936	1660	364	25	1076			17	46	15
盘县审计局	31	204	198	177	3	5207	1	1	31	41	31
六枝特区审计局	23	1159	697	621	4	2285			23	41	17
水城县审计局	27	3500	99		3163	1029	1		27	50	4
遵义市											
遵义市本级	19	50325	47948		3549	2395	1	2	22	70	24
汇川区审计局	10	518	1		378	19			10	32	24
红花岗区审计局	84	98	100	6714		9			84	43	28

续表

审计机关	完成审计项目（个）	查出违规金额	应上缴财政	应减少财政拨款或补贴	应归还原渠道资金	应调账处理金额	移送司法、纪检、监察部门处理(件)	建议有关部门处理（件）	出具审计报告和审计调查报告(份)	提出审计建议（条）	撰写审计信息（篇）
赤水市审计局	196	5607	45	9913	30	156			202	503	22
仁怀市审计局	19	55180	18		335	282			21	103	34
遵义县审计局	115	1729	19	3229	587	1			115	6	26
桐梓县审计局	34	2299			481	164	1		34	95	57
绥阳县审计局	14	7149	1		1983	21	1		14	39	43
正安县审计局	41	23519	195		321	25490			42	153	34
凤冈县审计局	31	664	101	1639	35	112			31	15	34
湄潭县审计局	10	1589	1387		115	224			10	32	19
余庆县审计局	30	2625	81	1679	441	139			33	98	31
习水县审计局	73	1187	356	5121	298	407			210	72	42
道真仡佬族苗族自治县审计局	25	1070	48	7892	237	31			25	46	17
务川仡佬族苗族自治县审计局	15	10587	28		2111	26	4	1	11	53	30
安顺市											
安顺市本级	46	4804	3778		729	30958	1		46	108	49
西秀区审计局	30	3	3		77				30	56	5
开发区审计局	7	6	6		1	632				14	4
平坝县审计局	9	685	343		12					15	14
普定县审计局	23								23	77	12
黄果树风景名胜区审计局	5	13	13		164	12				40	1
关岭布依族苗族自治县审计局	10									17	30
镇宁布依族苗族自治县审计局	9	192	109		5980	55			9	25	18
紫云苗族布依族自治县审计局	7									17	65
毕节市											
毕节市本级	29	12255	73	388		98	5		29	75	80
七星关区审计局	31	92690	3050	338	31	860	2	2	32	22	49
大方县审计局	14	28695	28484		3136	18985			14	150	56
黔西县审计局	95	268	485	6427	86	76	1		95	202	51
金沙县审计局	26	1937	1763	100		19755			26	58	31
织金县审计局	59	3558	87	5061	177	149	1		59	82	10

续表

审计机关	完成审计项目(个)	查出违规金额	应上缴财政	应减少财政拨款或补贴	应归还原渠道资金	应调账处理金额	移送司法、纪检、监察部门处理(件)	建议有关部门处理(件)	出具审计报告和审计调查报告(份)	提出审计建议(条)	撰写审计信息(篇)
纳雍县审计局	19	17799	1584		7542	4420			16	10	27
赫章县审计局	155	208	80	2010		1			160	82	45
威宁彝族回族苗族自治县审计局	11	246	110		34	7669			11	25	35
百里杜鹃管理委员会审计局	11	85	13			4			11	23	21
铜仁市											
铜仁市本级	116	73267	20096		16341	845	6		116	481	45
碧江区审计局	51	4985	4984		14	30527			51	72	37
万山区审计局	55	535	11	139	3	428			55	216	53
江口县审计局	55	302	196		191		1	2	55	233	46
石阡县审计局	63	27037	27037		32	48			63	173	64
思南县审计局	59	28372	536		977	57			59	151	44
德江县审计局	115	980	757		376				115	348	57
玉屏侗族自治县审计局	35	330	3			2316	1		35	90	49
印江土家族苗族自治县审计局	64	1159	390		320	191	3		64	268	58
沿河土家族自治县审计局	27	245	200	50	1210	4207			27	83	30
松桃苗族自治县审计局	91	487	458		130	8			91	159	72
黔东南苗族侗族自治州											
黔东南苗族侗族自治州本级	23	1832	508		3095	10083	1	1	30	61	73
凯里市审计局	33	1630	401		33	6347			33	34	40
黄平县审计局	89	3202	39	2868	46	6454			42	52	50
施秉县审计局	15	1131	70		67	981			26	11	21
三穗县审计局	33	3871	95	34	23	272			33	103	35
镇远县审计局	107	1603	545	22	477	1136		1	0	38	24
岑巩县审计局	17	101	94		106	5307			17	58	11
天柱县审计局	28	2025	99		2	296			28	48	60
锦屏县审计局	19	78	17	20	26	1768			19	53	21
剑河县审计局	26	110	56	3536		1369		1	26	27	30
台江县审计局	22	2968	14		56	201			39	88	52

续表

审计机关	完成审计项目(个)	查出违规金额	应上缴财政	应减少财政拨款或补贴	应归还原渠道资金	应调账处理金额	移送司法、纪检、监察部门处理(件)	建议有关部门处理(件)	出具审计报告和审计调查报告(份)	提出审计建议(条)	撰写审计信息(篇)
黎平县审计局	33	153	94		19	3567			33	78	25
榕江县审计局	12	547	121	51	15	55	1		23	88	52
从江县审计局	16	23	23		133	3032			16	45	28
雷山县审计局	21	242	28	1884	21	13	2		21	22	17
麻江县审计局	19	823	423	72	3	319			19	17	50
丹寨县审计局	32	744	23						54	226	13
黔南布依族苗族自治州											
黔南布依族苗族自治州本级	22	9670	9509	433	256	1154		2	22	100	74
都匀市审计局	20	2075	2743		2	655			20	48	50
福泉市审计局	7			1867					7	27	54
荔波县审计局	55	148		528		259			55	103	64
贵定县审计局	15	929	34	248	97	43	1	1	15	33	40
瓮安县审计局	5	3307	5179		11093				5	8	16
独山县审计局	34			414		5787			34	82	78
平塘县审计局	58	41	43		389				58	49	35
罗甸县审计局	82	4931	789	791	1316	386	1		82	250	73
长顺县审计局	32				4664	2629			32	223	31
龙里县审计局	40	2440	1917		3	11566	2		40	114	55
惠水县审计局	4					4			4	18	45
三都水族自治县审计局	16	263	22	304			1		16	20	27
黔西南布依族苗族自治州											
黔西南布依族苗族自治州本级	10	6910	2698	689	57	790			10	47	70
兴义市审计局	7	40	30		27	12			7	13	15
兴仁县审计局	28	2212	138		2120	814			28	96	28
普安县审计局	29	44	1		39				29	25	46
晴隆县审计局	30	463	225		116	3	2	1	30	106	19
贞丰县审计局	2	2300	2130		9	2			2	14	23
望谟县审计局	7								7	10	15
册亨县审计局	4	133	56		133				4	13	20
安龙县审计局	5				152	23545			5	12	11

云南省

【云南省审计厅】 2012年，云南省审计厅在职在编实有人数258人，其中行政人员（含参公管理人员）202人，事业编制56人。设有云南省经济责任审计局（辖经济责任审计一处、经济责任审计二处、经济责任审计三处）、云南省政府投资审计局（辖政府投资审计一处、政府投资审计二处）、办公室、人事处、法规处、财政审计处、金融审计处、行政事业审计处、社会保障审计处、企业审计处、农业与资源环保审计处、涉外审计处、派出审计一处、派出审计二处、派出审计三处、派出审计四处、派出审计五处、派出审计六处、派出审计七处、派出审计八处、派出审计九处、派出审计十处、派出审计十一处和机关党委、离退休人员办公室；还设有厅机关服务中心、审计科研培训中心、计算机技术中心、内部审计指导中心（参公管理单位）等直属事业单位；省纪委、省监察厅派驻厅纪检组、监察室。

领导成员

厅　　长：刘　明（1月—）

副 厅 长：吴绍吉　苏　黎

　　　　　任晓珍　谢　健

总审计师：史　峰

纪检组长：罗廷才

审计成果 全省共审计单位9457个，查出违规金额79.7亿元，损失浪费金额1451万元，促进增收节支和挽回损失37.2亿元。审计移送司法、纪检监察及有关部门处理案件110件，涉及118人。审计监督为省政府完成“稳增长、冲万亿、促跨越”目标任务做出重要贡献。

预算执行审计 按照跟进审计和做深财政审计的要求，云南省审计厅采取统一计划、方案、程序、处理、公告等“五统一”审计管理模式，以“三资”（资金、资源、资产）为主线，以“三公经费”支出为重点，完成对省本级以及教育厅等16个部门预算执行情况的审计，查出违规金额6.16亿元，管理不规范金额3.17亿元。

固定资产投资审计 坚持政府投资重大建设项目必审制度和跟踪审计制度，全省共对5700多个重点建设项目开展审计，审计投资规模2130多亿元，核减工程投资49.9亿元。根据省政府要求，开展全省城镇保障性安居工程专项审计调查，涉及投资金额470.96亿元。省审计厅连续4年对昆明长水国际机场进行跟踪审计，审计投资总额占概算投资的80%。

社会保障审计 全省审计机关根据审计署和省政府的部署要求，开展社会保障资金、城镇保障性住房、基本药物集中招标采购等项目审计。通过审计，揭示政策设计缺陷，管理体制不顺，落实政策不到位等问题。省委、省政府领导对审计报告、审计信息批示58次，先后3次听取审计工作汇报，5次召开专题会议部署审计整改，审计建设性作用得到充分发挥。

环境审计 全省审计机关始终把关注点投向实现可持续发展、建设美丽云南上，积极构建各专业审计相结合的资源环境审计整体工作格局，重点关注建设项目执行国家环保和产业政策以及对资源环境的影响情况，关注城市环境建设和水环境改变情况，关注领导干部环保和节能减排责任履行情况。省审计厅组织对九大高原湖泊水污染综合防治“十二五”规划执行情况的审计调查，揭示管理机制不顺、项目资金到位率低以及部分单位挤占、挪用专项资金等问题，为制定政策、健全机制、规范管理提供依据。

经济责任审计 省审计厅与其他5个部门联合制定印发两办《规定》的实施意见，强化经济责任审计的领导机构和管理体制，提高对权力运行的监督能力。全省对937名领导干部进行经济责任审计，查出违规金额8.7亿元，领导负直接责任问题金额559万元，促进领导干部依法、依规、尽职、尽责。省审计厅探索开展2个州（市）和1所高校党政主要领导干部的同步审计，进一步完善领导干部经济责任审计评价指标体系，有效提升经济责任审计专业化水平。

企业审计 全省审计机关积极服务工业强省战略，把审计的重点放在企业转变经济发展方式和产业结构调整升级上，放在促进企业合理配置资源、优化布局调整，实现可持续发展上。省审计厅对云天化集团、西南交通集团、云锡集团、冶金集团、省城投公司等企业进行审计，在对云锡集团境外投资项目的审计中，出具的风险控制评价报告和风险防范咨询报告，得到审计署和省政府领导的肯定。

专项资金审计（调查） 全省审计机关重点关注惠民富民政策的落实情况，揭示和纠正严重损害群众切身利益的行为。按照审计署统一部署，省审计厅对45个县900多所农村中小学布局调整情况进行审计调查，分析中小学布局调整的得与失，促进教育均衡发展。对20个县的四项惠农资金和基本公共卫生服务资金进行审计，揭示资金管理使用不规范、侵占人民群众利益等问题，确保人民群众共享改革发展成果。

绩效审计 省审计厅认真履行绩效管理牵头推进的职责，探索出一条由部门实施、绩效办管理、审计等部门监督的行政绩效管理新路子。联合发改、财政等部门，积极开展重点项目稽查和绩效审计，促进行政绩效管理工作实现规范化和日常化。2012年，行政绩效管理由县级以上行政机关拓展到事业单位和社会团体，全省纳入绩效管理的单位达3712家、重点事项5926个。

队伍建设 省审计厅紧紧围绕事关审计工作当前与长远发展的重要问题，出台创新举措，改进管理方式，提高工作效能。制定出台《关于加强审计管理控制的意见》，建立健全计划、审计、审理工作机制。连续5年在媒体上公开征集审计项目计划的意见和建议，首次召开审计项目计划草案听证会，全年全省共发布审计结果公告4652篇。主动邀请新闻媒体宣传、报道审计工作，实现审计与舆论、社会监督的有机结合。

省审计厅在连续三届保持省级文明单位的基础上，建成“全国文明单位”，并推动全省147个审计机关全部建成各级文明单位，全省审计系统建成“云南省文明行业”。严密部署“四群”教育工作，落实挂钩县（市）2个、乡（镇）3个、行政村8个、联系农户79户。8名审计厅领导和63名处级干部走访慰问村民小组50个，落实住村天数870天，召开民情恳谈会27次，帮助基层协调落实项目28个，资金共计1848万元。在全省147个审计机关建立“审计文化书屋”，成立中国审计报社云南记者站，设立《中国审计》编辑部云南通联部，为全面推动“文化助审”战略提供新的载体。

省审计厅全年举办各类培训班21期，培训审计人员3500多人次，利用大项目审计培训业务骨干2700多人次。在与云南大学、云南财经大学签订审计人才培养合作协议的基础上，与南京审计学院签订战略合作协议，使全省审计人才培养进入更高更专业的层次。

全省审计系统共受到国务院、国家部委和省委、省政府等各类表彰奖励共计30多项，其中审计厅机关被省委、省政府授予专案查办工作先进集体，在党风廉政建设责任制、党建责任制考核中被评定为优秀单位，在行政执法责任制考核中被评为先进单位，被昆明市表彰为平安建设先进单位、社会综合治理维护稳定先进单位。同时，有6个处室和19人立功受奖。

（撰稿人：杨　俊　褚文勋）

【昆明市审计局】 2012年，昆明市审计局人员编制118人，在编118人。局长李冰晶，副局长周大民（—7月）、舒永恒、林英、黄晶（12月—）、王雷、易迎霞（挂职）、王欣（—12月），总审计师陈林。设有办公室、法规处、财政审计处、金融审计处、行政事业审计处、企业审计处、农业与资源环保审计处、社会保障审计处、固定资产投资审计处、涉外审计处、信息处、审计执行检查处、昆明市内部审计管理办公室、经济责任审计一处、经济责任审计二处、经济责任审计三处、人事教育处（离退休人员办公室）及机关党委。

审计成果 昆明市审计局完成审计项目127个，查出违规金额13 977万元，应上缴财政33 000万元，应减少财政拨款或补贴21 390万元，应归还原渠道资金5749万元，应调账处理金额119 713万元；已上缴财政11 378万元，已减少财政拨款或补贴21 379万元，已归还原渠道资金5671万元，已调账处理金额117 970万元。提交审计报告132份、信息323篇，被采用95篇。

财政审计 开展2011年度市地税完成情况审计和财政预算执行审计，对重点部门、重点资金、重点项目预算执行情况进行审计，并延伸审计高新区、滇池度假区、经开区等开发区的预算执行情况。积极推广计算机审计成果，编写的计算机案例获得审计署和省审计厅的表彰。

金融审计 开展市公积金中心专项资金审计，继续加强对昆明市投融资平台公司审计监督，完成昆明发展投资集团有限公司、昆明农业发展投资有限公司的资产负债损益及任期经济责任审计。促进投融资平台公司规范管理、防范风险和健康发展。

行政事业审计 组织开展市级部门预算执行审计、全市津贴补贴检查；对部分县区的中小学校舍安全工程、中小学标准化建设、农村中小学校点布局调整、招商引资经费等开展审计（调查）；参加教育、公车治理、大型会展活动等事项的检查和审核工作。

农业与资源环保审计 开展滇池、阳宗海流域水污染防治"十二五"规划执行情况和富民县财政惠农补贴资金发放管理情况的专项审计调查，对昆明市截至9月30日相关工作的完成情况以及存在问题做出全面反映，提出建议，促进整改落实。

固定资产投资审计 开展道路交通、轨道建设、滇池治理、保障房建设、城市供水、污水处理等多项政府重点项目审计。全年完成工程决（结）算审计项目25个，实施跟踪审计项目50个，完成土地评审42个，有效促进政府重点建设项目的规范管理和投资效益。

社会保障审计 开展对呈贡、官渡、盘龙、宜良、嵩明、石林、寻甸、富民等8个县区的社会保障资金审计，涉及养老保险基金、医疗保险基金、失业保险基金、城乡医疗救助资金、城乡低保资金等18项资金，并提出相关意见和建议。

企业审计 开展昆明市（市本级）非公有制经济暨中小企业发展专项资金管理使用情况审计调查。调查结果表明，通过政府产业导向，扶优扶强，有效地引导社会资金的流向，为企业的进一步发展提供动力。

经济责任审计 注重规范管理，提高审计质量，防范审计风险，出台《昆明市审计局开展县级党政领导干部经济责任同步审计操作办法（试行）》，规范县（市）、区级党政主要领导干部经济责任同步审计行为。市本级共开展15个经济责任审计项目，审计15人。

外资运用审计 认真履行审计监督职责，发挥审计的免疫系统功能。受省厅委派，完成对曲靖地区中德财政合作云南农村贫困地区可持续发展项目2011年财务收支及项目执行情况进行审计。

审计科研 完成《昆明市完善国家审计机关审计项目计划管理对策研究》《昆明市整合审计力量对策研究》两个定向委托课题，编辑出版《昆明审计》共4期30万字，不断丰富和深化审计实践。

制度建设 研究出台《昆明市审计局审计整改工作办法》《昆明市政府投资建设项目重大审计事项报告制度》等18项创新制度。

内部审计 市内审机构累计完成各类审计项目达2070个，增收节支累计达17 000万元，提出建议意见被采纳200多条。截至年底，全市持有内部审计岗位资格证的人员达1001人。

（撰稿人：马泽福）

【曲靖市审计局】 2012年，曲靖市审计局人员编制57人，在编53人。局长郭建春，副局长李生荣、张乔明、陈健。设有办公室、法制科、科技信息科、财政审计科、经贸审计科、社会保障审计科、行政事业审计科、农业与资源环保审计科、经济责任审计科、固定资产投资审计科、政府投资前置审计科、金融与外资运用审计科。

审计成果 全市审计机关共完成审计项目858个，审计查出违纪违规金额16 753万元，管理不规范金额217 778万元。审计处理处罚金额29 429万元，其中应上缴财政13 393万元，应减少财政拨款和补贴1487万元，应归还原渠道资金579万元，应调账处理5384万元。审计后挽回（避免）损失12 615万元。移送司法机关处理1件4人，移送纪检监察机关处理4件11人，涉案金额228万元。提出建议2144条，被采纳的审计建议1501条，促进被审计单位制定整改措施18项，建立健全规章制度14项。提交审计专题、综合性报告和信息简报390篇，被有关部门批示、采用100篇次。向社会公告审计结果777项，审计项目绩效审计达100%。市审计局荣立全国社会保障资金审计公务员集体三等功；荣获省级文明单位。

财政审计 全年完成预算执行审计项目58个，查出预算编报不实不完整315万元，未按规定纳入预算管理12 647万元，未按规定征收缴纳预算收入9244万元，资金滞留闲置357万元，违规改变资金用途406万元，未落实“收支两条线”管理规定506万元，会计核算不实金额2467万元，其他问题金额7754万元。

全年完成财政决算审计项目29个，延伸审计24个单位，查出未按规定征收缴纳收入156万元，资金滞留闲置134万元，虚报冒领50万元，违规拨出财政资金84万元，账外资产245万元。市审计局结合对宣威、罗平、沾益3个县（市）长经济责任审计，对3个县（市）财政决算进行审计。

固定资产投资审计 全市完成政府性投资项目前置审计项目1301个，审计拦标价80.07亿元，审定前置审计价72.50亿元，审计核减工程造价7.57亿元，为政府节约投资7.57亿元，平均核减率9.46％。

全市完成建设项目竣工决算审计项目520项，审计项目总投资361 170万元，审计核减投资额12 814万元。查出少计少缴税费1816万元，违规改变项目计划和资金用途208万元，未按规定征提基金3650万元，决算草案编报不规范805万元，资金不到位不落实21 923万元，工程决算款不实12 005万元，挤占建设成本1000万元，其他问题金额617万元。

专项资金审计 全市完成专项资金审计项目116个，审计资金总额51.19亿元，查出违规改变项目计划和资金用途57万元，未按规定纳入预算管理162万元，扩大开支范围或提高开展标准178万元，配套资金不落实48万元，其他问题金额2232万元。

经济责任审计 全市完成73名领导干部的任期经济责任审计，其中县处级领导9人，县处级以下领导64人。查出违规金额460万元，其中负直接责任金额3万元，负主管责任金额457万元；查出管理不规范金额4659万元，其中负直接责任金额7万元，负主管责任金额4652万元。

行政事业审计 全市完成116个党政部门和行政事业单位的审计，查出未按规定纳入预算管理6871万元，未按规定征收缴纳预算收入3139万元，未落实“收支两条线”和专户管理规定692万元，乱收费乱摊派乱罚款2050万元，虚列支出2483万元，扩大开支范围或提高开展标准474万元，擅自处置国有资产180万元，账外资产69万元，会计核算不实187万元，其他问题金额6877万元。

社会保障审计 2月至4月，按照审计署和省审计厅的统一安排部署，市审计局派出43人，各县（市）区审计局抽调145人，组成9个审计组，对市级和9个县（市）区社会保障资金进行专项审计，延伸审计106个单位。

3月底，对曲靖市住房公积金中心管理的住房公积金的收缴、存储、贷款发放及收回、保值增值、管理使用及结存、财务收支等情况进行审计。对审计中发现的涉嫌违纪违法线索，及时移送市纪委、市检察院进一步查处。涉案的等4人，被依法判处有期徒刑、开除党籍、开除公职。

制度建设 市审计局修订完善《局党组会议制度》《审计项目时间和审计成本控制管理办法》《执行“八不准”审计纪律经费管理办法》等11项内部管理制度，进一步规范内部管理。

党风廉政建设 全市审计机关认真落实党风廉政责任制，坚持实行党风廉政监督员制度和审计廉政回访制度。市审计局认真排查关键岗位和重点环节，明确关键岗位7个，排查重点环节12个，排查风险表现形式14条。制定监督防范措施21条，部门承诺5条，个人廉政承诺23条，着力构建廉政风险预警机制。 （撰稿人：陈守忠）

【玉溪市审计局】 2012年，玉溪市审计局行政编制50名，在编51人；事业编制16名，在编16人。局长申列京，副局长禹联信、杨海明、黄太武。设有办公室、法规科、财政金融审计科、经济责任审计一科、经济责任审计二科、固定资产投资前置审计科、固定资产投资决算审计科、农业与资源环保审计科、经贸与社会保障审计科、行政与科教文卫审计科、信息科。

审计成果 全市审计机关共完成审计项目917个。查出违规金额42 356万元，管理不规范金额355 379万元，被审计单位损益或收支不实金额3497万元，审计发现非金额计量问题118个。通过审计，为国家增收节支67 518万元，其中已上缴财政15 815万元，已减少财政拨款或补贴890万元，已归还原渠道资金5974万元，核减固定资产投资额41 776万元，核增3063万元。审计移送司法、纪检监察及有关部门处理案件

（事项）40件，涉及23人、涉案金额19 680万元。共出具审计报告963篇，提交审计专题、综合性报告和信息简报296篇，被批示采用275篇次。向被审计单位或有关单位提出审计建议1537条，被采纳1439条。

财政审计 坚持以预（结）算执行审计为主线，继续把财政预算收支的真实、合法性作为审计的基本点和出发点，同时积极探索财政绩效审计方法。在对高新区财政预算执行审计中，延伸审计相关重点项目和重点资金，对国有资产、财政资金管理使用中的绩效进行评价，提出改进完善的建议。

社会保障审计 全市投入近半数审计人员，在审计市县两级政府及其所属社会保障资金管理部门的同时，还延伸调查104家企业、23个村（居）委会、5个乡镇、3个街道办事处、4个敬老院、11家医院和4家药店。

固定资产投资审计 全市继续全力推进建设项目前置审计，审计范围基本覆盖由政府投资的市、县重点项目。主要对其招标文件和招标控制价进行审计，进一步规范建设项目的招投标行为。全市全年完成前置审计项目359项，核减工程投资26 988万元，核增3052万元。全市不断加大竣工决算审计力度，强化对大项目的审计跟进，力求审深、审透，审计涉及农业、水利、交通、建设、环保等系统，全年全市完成竣工决算审计377个，核减投资14 113万元，核增11万元。

经济责任审计 不断深化“1＋N”审计方法，进一步强化领导干部经济责任审计与预算执行审计、绩效审计、财务收支审计的有机结合，扩大审计覆盖面。全市共完成53名领导干部的经济责任审计，查出被审计领导干部应负直接责任问题金额484万元，负领导责任金额37 003万元，负主管责任金额72 555万元。

专项资金审计 继续加强对“三农”、就业、卫生、教育、社会保障等重点民生领域的审计监督，查处和纠正违法违规问题，促进各项惠民政策和项目的贯彻落实。全年完成专项资金审计50个，审计专项资金总额达337 491万元。

绩效审计 市县两级审计机关以牵头推进行政绩效管理制度为契机，积极探索完善绩效审计的技术方法和评价制度，实行部门预算执行情况、经济责任与行政绩效审计结合的“三审合一”的审计模式，形成绩效审计的基本框架，有力地推动政府自身建设。 （撰稿人：王　曦）

【保山市审计局】 2012年，保山市审计局人员编制40人，在编38人。局长罗建国（—12月）、李东伟（12月—），副局长于剑武、李红霞（6月—）、胡艳顺（6月—），总审计师杨浩波（6月—）。设有办公室、人事科、法规科、计算机信息科、财政金融审计科、行政事业审计科、农业与资源环保审计科、社会保障审计科、经济责任审计科、经贸审计科、固定资产投资审计一科、固定资产投资审计二科。

审计成果 全市审计机关完成审计项目478个，交办配合审计事项5个。查出违规金额111 944万元，应上缴财政3619万元，应减少财政拨款或补贴5093万元，应归还原渠道资金10 254万元，应调账处理金额20 189万元；已上缴财政2107万元，已减少财政拨款或补贴2211万元，已归还原渠道资金250万元，已调账处理金额5473万元。移送司法机关、纪检监察部门处理事项9件，建议有关部门处理事项1件。提交审计报告、信息376篇，被采用154篇。

财政审计 全市完成财政类审计项目467个，延伸审计159个单位；审计专项资金总额318371万元，审计项目投资176 051万元，核减投资额（工程款）6628万元，审计查出主要问题金额273 774万元。

社会保障审计 全市完成社会保障审计项目7个，延伸审计51个单位；审计查出主要问题金额61 585万元，其中未按规定征收、缴存社会保险费和住房公积金4884万元，财政资金不到位不落实11 821万元。

企业审计 全市完成企业审计项目4个，审计查出主要问题金额26 029万元，其中违规经营10 000万元。

经济责任审计 全市完成领导干部经济责任审计28个，其中离任审计21个、审计县处级干部3人。审计查出主要问题金额11 535万元，其中违规金额1320万元（负主管责任金额640万元，负领导责任金额680万元），损失浪费金额898万元，管理不规范金额9317万元。审计后移送纪检监察机关处理2人，移送司法机关处理其他人员1人。促进增收节支1035万元。

内部审计 全市149个内部审计机构，其中44个专职机构；内部审计人员551人，其中113个专职人员。全年完成960个审计项目，审计资金总数162 004万元，增收节支1233万元，提出建议意见被采纳594条。 （撰稿人：杨国寿）

【昭通市审计局】 2012年，昭通市审计局人员编制50人，在编人员45人。局长李绍军，副局长赵萍、王兴宝、丁昌勇、徐韬。设有办公室、法制科、财政审计科、固定资产投资审计科、外资金融审计科、行政事业审计科、社会保障审计科、农业与资源环保审计科、领导干部经济责任审计一科、领导干部经济责任审计二科和计算机技术中心、投资审计中心。

审计成果 全市审计机关共完成513个审计项目，审计查出违规金额34 416.21万元，管理不规范金额277 354.76万元，核减固定资产投资额5 085.96万元。审计移送重大违法违规问题案件线索1件，涉及违规金额453.75万元。提出审计建议880条，被采纳652条。

预算执行审计 按照“揭露问题，规范管理，促进改革”的工作思路，以预算执行的真实性、合法性和合规性为中心，全市认真组织开展同级财政预算执行和其他财政收支审计，共完成审计项目82个，审计查出违规金额3 565.46万元，管理不规范金额22 718.82万元，促进整改落实有关问题金额7 577.88万元。

固定资产投资审计 为积极服务政府宏观决策、降低政府投资成本、节约建设资金、提高政府投资效益，全市审计机关认真组织开展重点建设项目投资跟踪审计和竣工决算审计，共完成审计项目125个，完成投资额915 434.52万元，核减投资5 085.96万元。

经济责任审计 全市共完成经济责任审计项目94个，其中市级完成对市工信委、市民宗局、市烟办等8个部门主要领导经济责任审计以及巧家县、永善县、威信县县长经济责任审计。

专项资金审计（调查） 全市完成163个专项资金审计和审计调查项目，审计专项资金总额250 374.91万元。按照省审计厅安排，完成盐津县、绥江县农村中小学布局调整情况审计。

政府债券资金审计 为确保地方政府债券资金安全，提高资金的使用效益，组织市、县（区）审计机关，对市本级和11个县（区）2011年度政府债券资金管理、使用及效益情况进行审计。审计发现，债券资金1 894.4万元闲置，市、县配套资金1 623.7万元不到位，以及未经上级部门批准自行改变项目计划投资建设地点等问题。通过审计整改，促进资金规范管理。

专项审计 根据省人民政府关于开展保障性安居工程和中小学校舍安全工程审计的要求，全市派出11个审计组对11个县（区）城镇保障性安居工程和中小学校舍安全工程进行审计。根据审计署的统一安排，全市派出10个审计组对10个县城镇保障性安居工程进行跟踪审计。

社会保障审计 根据审计署及省审计厅的要求，为切实做好全市社会保障资金审计工作，全市派出11个审计组对11个县区社会保障资金进行审计。经审计，查出违规金额22 929.94万元，管理不规范金额30 399.3万元。

绩效跟踪审计 为确保行政绩效管理工作稳步有序推进，市级分两次共抽调25名审计业务骨干组成5个审计检查组，对市环保局、市交通局、市水利局等10个责任单位确定报送的21项重大项目和重要工作推进情况进行跟踪检查，揭示部分项目存在建设进度迟缓，资金管理不规范、到位不及时等情况，并将审计发现的问题向有关单位进行反馈。

救灾款物审计 彝良县“9·7”地震发生后，市审计局及时启动《昭通市突发重特大自然灾害救灾款物审计应急预案》，制订《彝良县“9·7”地震救灾款物跟踪审计工作方案》，市级抽调业务骨干组成审计组，联合彝良县审计局，对各级、各界下拨和捐赠到彝良灾区的救灾款物进行跟踪审计，保障救灾款物管理使用安全、高效。

相关工作 （1）坚持党组中心组集中学习和星期五全员学习制度，深入学习各级重要理论、重要会议和重大决策部署，围绕党的十八大精神和审计业务知识，开设“兴审讲堂”系列讲座。制订《昭通市审计系统学习型党组织建设考核评价实施方案》，领导带头参与学习考核，充分调动全体干部的学习积极性。

(2) 昭通市审计局、绥江县审计局已连续三届建成省级文明单位，水富县审计局、威信县审计局连续两届建成省级文明单位，盐津县审计局2012年建成省级文明单位，其余7个县区审计局全部建成市级文明单位；全市审计系统连续两届荣获市级文明行业。

(3) 全市审计机关以深入学习实践科学发展观为主题，深入推进创先争优活动，各项工作都取得优异成绩。市审计局、威信县审计局等7家单位被昭通市人民政府表彰为"2012年度审计工作先进集体"，30人被昭通市人民政府表彰为"2012年度审计工作先进个人"。2012年，市审计局在推进惩治和预防腐败体系建设暨党风廉政建设责任制考核中荣获优秀单位荣誉称号，被市委办、市政府办表彰为2012年度先进平安基层单位，在2012年档案工作年度检查中荣获优秀单位荣誉称号。（撰稿人：胡官蓉　杜永富）

【丽江市审计局】　2012年，丽江市审计局人员编制25人，在编22人。局长和波涛，副局长陈秀英、冷德华。设有办公室、法规科、财金审计科、农业与资源环保审计科、经贸投资审计科、行政事业审计科、内审指导科、经济责任审计办公室。

审计成果　丽江市审计局完成审计项目49个，查出违规金额1097万元，损失浪费金额52万元，管理不规范金额24 100万元。提交审计报告47篇、信息23篇。

财政审计　牢固树立财政审计"一体化"的新理念，以完善财政政策和规范财政管理为目标，深化财政预算执行审计。注意审计对象的选择和审计重点的把握，紧紧围绕财政资金的收支与管理使用这条主线，理清收支渠道，掌握管理使用政策，共完成项目10个，查出违规金额1051万元。

固定资产投资审计　全市政府投资审计项目扩大投资审计覆盖面，促进投资项目的优化管理，提高投资效益，为政府节约大量建设资金。市本级共完成政府投资审计项目25个，核减投资额5936万元。

社会保障审计　按照审计署和审计厅的统一部署，丽江市审计局抽调业务骨干和相关工作人员组成审计组，对全市一区四县社会保险、社会救助和社会福利三个方面共12大类18项资金进行审计，查出违规金额16 227万元，为促进强化管理、维护人民群众利益奠定基础。

经济责任审计　丽江市审计局将经济责任审计同预算执行审计相结合，加强同经济责任审计领导小组成员单位的协调配合，加大领导干部经济责任审计力度。

专项资金审计（调查）　加强对社会主义新农村建设以及农业、教育、医疗、社会保障等财政专项资金的审计监督力度，促进各项惠农惠民政策落实。全年完成审计项目7个，查出违规金额4540万元。（撰稿人：陈友莲）

【普洱市审计局】　2012年，普洱市审计局人员编制33人，在编43人。局长张保国，副局长段萍、李海鹰、罗恒林。设有办公室、法规科、财政金融审计科、行政事业审计科、农业与资源环保审计科、社会保障与外资审计科、固定资产投资审计科、经济责任审计一科、经济责任审计二科、计算机审计科、内部审计指导科，下属政府投资审计中心。

审计成果　全市审计机关完成审计项目389个，查出违规金额91 918万元，应上缴财政33 669万元，应减少财政拨款或补贴3750万元，应归还原渠道资金3853万元，应调账处理金额40 241万元；已上缴财政7032万元，已减少财政拨款或补贴4815万元，已归还原渠道资金1710万元，已调账处理金额37 416万元。移送司法机关、纪检监察部门处理事项3件。提交审计报告、信息540篇，被采用19篇。

财政审计　全年审计预算执行单位52个，审计查出主要问题金额89 724万元，应上缴财政金额19 109万元，应归还原渠道资金87万元，应调账处理金额18 023万元。促进增收节支3721万元，已上缴财政2448万元，已减少财政拨款或补贴1 192.57万元，已归还原渠道资金80万元。完成财政决算审计21个，查出主要问题金额381 949万元，应上缴财政25 021万元，已上缴财政11 661万元，已归还原渠道资金1424万元，增收节支13 086万元。

固定资产投资审计　全年审计建设项目123

个，审计项目投资总额 103 926 万元，审计核减工程价款 4764 万元，占送审投资总额的 4.62%。

经济责任审计 全市审计机关共完成经济责任审计 60 个单位，审计单位责任人 60 人，查出违规金额 4126 万元，管理不规范金额 3744 万元。

专项资金审计（调查） 全年完成专项资金审计项目 13 个，审计查出违规金额 9387 万元，管理不规范金额 10 715 万元。

精神文明创建 全市 11 个审计机关全部建成各级文明单位，其中省级文明单位 2 个，市级文明单位 7 个，县（区）级文明单位 2 个。文明单位建成率达 100%。继续保持“省级文明行业”荣誉称号。

党风廉政建设 全市审计机关把党风廉政建设工作与审计业务工作同研究、同部署、同考核。市审计局坚持每年年初与科室负责人签订《党风廉政建设责任书》，做到层层落实责任，并将考核结果与年度公务员考核、党员民主评议相结合。坚持“一岗双责”，严格执行“八不准”审计纪律，加强对纪律执行情况的监督检查，有效促进廉政建设，提升审计机关形象。市审计局连续三年被市委、市政府考核评定为推进惩防体系建设暨落实党风廉政建设责任制优秀单位。

内部审计 全市内部审计机构共完成审计项目 187 个，其中财务审计 13 个，效益审计 2 个，经济责任审计 32 个，基本建设审计 136 个，内控评审 1 个，其他审计 3 个，审计金额达 71 642.07 万元。通过审计，增收节支 275.04 万元；提出建议意见被采纳 105 条。（撰稿人：陶　军）

【临沧市审计局】 2012 年，临沧市审计局人员编制 48 人，在编 36 人。局长查天云（—1 月）、杨世吉（1 月—），副局长罗家贤（—12 月）、邓绍华、字绍和、郑国琼（12 月—），总审计师郑国琼（—12 月）。设有 13 个（科、室）。

审计成果 全市审计机关完成审计项目 325 个，查出违规金额 114 451 万元，应上缴财政 6703 万元，应归还原渠道资金 22 178 万元，应调账处理金额 10 543 万元；已上缴财政 5855 万元，已归还原渠道资金 7163 万元，已调账处理金额 7398 万元。移送司法机关、纪检监察部门处理事项 6 件，建议有关部门处理事项 1 件。提交审计报告、信息 351 篇，被批示、采用 194 篇。

财政审计 完成审计项目 52 个，出具审计报告 53 份，查出主要问题金额 67 892 万元，其中预算编制批复不规范 14 万元，违规变更调整预算 45 万元，未按规定纳入预算管理 713 万元，未按规定征收缴纳收入 7372 万元，擅自动用支配国库款 14 万元，未落实“收支两条线”和专户管理规定 2303 万元，违规改变项目计划和资金用途 14 177 万元，乱收费乱摊派乱罚款 11 万元，资金滞留闲置 24 674 万元，虚报冒领 127 万元，违规使用发票 19 万元，虚列支出 13 193 万元，扩大开支范围或提高开支标准列支 11 万元，违规出借财政资金 2449 万元，违规采购 43 万元，违规担保 1400 万元，资金不到位不落实 109 万元，违规收取费用 7 万元，账外资产 6 万元，会计核算不实 1205 万元。

行政事业审计 完成审计项目 35 个，出具审计报告 44 个，查出主要问题金额 3365 万元，其中未按规定纳入预算管理 262 万元，未按规定征收缴纳收入 422 万元，违规改变项目计划和资金用途 1026 万元，虚列支出 133 万元，扩大开支范围或提高开支标准列支 14 万元，违规出借财政资金 450 万元，超规模超标准项目 16 万元，挤占建设成本 25 万元，违规收取费用 13 万元，账外资产 94 万元，会计核算不实 910 万元。

固定资产投资审计 完成审计项目 147 个，审计项目投资额 193 614 万元，核减投资额（工程款）7002 万元，出具审计报告 147 个，查出主要问题金额 14 848 万元，其中未按规定征收缴纳收入 49 万元，违规改变项目计划和资金用途 252 万元，资金滞留闲置 221 万元，违规使用发票 30 万元，违规出借财政资金 4230 万元，决算草案编报不真实不完整 30 万元，资金不到位不落实 250 万元，多计工程结算款 6989 万元，超规模超标准项目 2728 万元，套取项目资金 16 万元，会计核算不实 53 万元。

社会保障审计 完成审计项目 11 个，出具审计报告 11 个，审计查出主要问题金额 50 741 万元，其中未按规定征收、缴存社保费和住房公积金 48 182 万元，未落实“收支两条线”和专户管理规定 1229 万元，财政资金不到位不落实 1066 万元，违规改变资金用途 2 万元，虚报冒领 6 万元，未按规定标准及范围支出 5 万元，未按规定时限发放保险金 107 万元，未执行相关利率损失 40 万元，少计个人账户利息 104 万元。

经济责任审计 审计领导干部 38 人，出具审计报告 48 个，审计查出主要问题金额 35 533 万元，其中负主管责任违规金额 1927 万元，负领导责任违规金额 13 653 万元，负主管责任管理不规范金额 3292 万元，负领导责任管理不规范金额 16 661 万元。

专项资金审计（调查） 完成审计项目 79 个，审计专项资金总额 617 693 万元，出具审计报告 37 个，出具专项审计调查报告 44 个。审计查出主要问题金额 6983 万元，未按规定纳入预算管理 25 万元，未按规定征收缴纳收入 12 万元，隐瞒转移截留资金 10 万元，未落实“收支两条线”和专户管理规定 48 万元，违规改变项目计划和资金用途 835 万元，未按规定征提基金 202 万元，资金滞留闲置 1781 万元，虚报冒领 64 万元，虚列支出 276 万元，违规采购 417 万元，资金不到位不落实 3225 万元，多计工程结算款 26 万元，套取项目资金 62 万元。（撰稿人：龙昆山）

【德宏傣族景颇族自治州审计局】 2012 年，德宏傣族景颇族自治州审计局（以下简称德宏州审计局）人员编制 28 人，在编 28 人。局长郝豫昆，副局长雪琳、刘宗燕（—10 月）、杨常纪（10 月—）。设有办公室、法制科、行政事业审计科、农业与资源环保审计科、财政金融审计科、社会保障审计科、固定资产投资审计科、领导干部任期经济责任审计一科、领导干部任期经济责任审计二科。

审计成果 全州审计机关共完成审计项目 262 个、审计调查项目 4 个，通过审计查出违规金额 12 339 万元，管理不规范金额 110 723 万元。责令限期上缴财政 534 万元，减少财政拨款或补贴 267 万元，调账处理 18 712 万元，审计核减工程投资额 1841 万元，促进整改落实有关问题资金 22 576 万元。移送相关部门处理事项 2 件，移送人员 1 人，移送处理金额 79 万元。向社会公告审计结果 118 篇，向被审计单位提出审计建议 767 条，被审计单位采纳 746 条。向上级领导机关提交审计专题、综合性报告和信息简报 262 篇，被省、州各级领导机关批示采用 43 篇次。

财政审计 对州财政局开展 2011 年度州本级预算执行审计，客观评价州本级预算执行和其他财政收支情况良好的总体态势，揭示财政总预算会计暂付款规模较大、财政运行存在着潜在风险和压力等问题；开展州政府办公室、州食品药品监督管理局等 44 个一级预算单位的年度预算执行审计，审计查出主要问题金额 82 650 万元；对州政府办等 15 个部门开展年度决算草案审签，出具《决算草案审签意见书》，针对审计发现的问题提出处理意见，责令相关单位及时纠正并强化日常管理。

社会保障审计 在审计署统一组织下，德宏州审计局抽调全州审计干部 80 余人组成 6 个审计组，对全州社会保障资金的筹集、管理、分配、使用等情况进行审计，揭示社会保障资金筹集不到位、部分企业职工养老保险个人账户空账运行等问题，提出加强制度建设、规范资金管理、加强监督等方面的审计意见。

专项资金审计（调查） 重点强化对科教文卫体、农林水、环保、基础设施建设等民生项目资金的审计监管。全年对农村公路养护管理地方配套资金、防治艾滋病专项资金、贫困地区劳动力转移培训资金、财政惠农四项补贴资金等 129 项资金和项目进行审计和调查，查出问题金额 98 400 万元。审计对资金使用的管理水平和使用效益做出评价，并提出改进建议和意见，督促相关责任单位进行整改落实。

固定资产投资审计 德宏州审计局主要开展州教育局综合办公楼、州红十字会备灾中心、州中级人民法院法警楼等 59 个工程建设项目的竣工决算审计，审计投资总额 25 204 万元，审计查出主要问题金额 4169 万元，审计核减工程价款 1840 万元。

经济责任审计 全年完成领导干部任期经济责任审计项目 19 个，其中任中审计 7 个，审计查出违规金额 1645 万元，管理不规范金额 5129 万元，促进增收节支 39 万元。移送纪检监察机关 1 人。通过审计严肃财经纪律，促进领导干部正确履行经济责任。（撰稿人：李志远）

【怒江傈僳族自治州审计局】 2012 年，怒江傈僳族自治州审计局人员编制 33 人，在编 33 人。局长熊元德（—1 月）、罗晓亮（4 月—），副局长陈坤良、杨世周。设有办公室、法制综合科、经济责任审计科、企业与外资审计科、农业与资源环保审计科、行政事业审计科、财政金融审计科、社会保障审计科、计算机审计应用科、怒江州固定资产投资审计中心。

审计成果 州审计局完成审计项目 20 个，查出主要问题金额 34 781 万元，其中违规金额 1857 万元，管理不规范金额 32 923 万元。审计处理处罚 4649 万元，其中应上缴财政 33 万元，应归还原渠道资金 1069 万元，应缴纳其他资金 2526 万元，应调账处理金额 1019 万元。审计促进整改落实有关问题资金 1007 万元，其中增收节支 42 万元，已调账处理金额 960 万元，审计后挽回（避免）损失 848 万元。提出审计建议 44 条，提交审计专题、综合性报告和信息简报 23 篇。

财政审计 完成审计项目 2 个，查出主要问题金额 496 万元。根据建设服务型政府和公共财政改革的需要，以完善财政政策和规范财政管理为目标，不断丰富和完善“两个报告”的内容和质量，得到人大、政府的充分肯定。

固定资产投资审计 完成审计（调查）项目 5 个，项目投资额 17 385 万元，查出主要问题金额 6678 万元，核减投资额 825 万元。认真落实重点建设项目必审制和重大建设项目跟踪审计制，健全完善投资审计中介引入机制，加大政府投资项目审计力度，有效地发挥投资审计在提高政府投资效益、节约建设资金方面的重要作用。

社会保障审计 完成审计项目 4 个，查出主要问题金额 10 342 万元，其中未按规定少征收、缴存 5832 万元。密切关注与人民群众利益关系紧密的财政资金使用情况，揭示社会保障资金在管理使用中存在的问题。

企业审计 完成兰坪宏盛锦盟电力实业有限公司德庆河水能资源开发项目前期完成情况和资金使用情况的审计调查。

经济责任审计 完成审计项目 4 个，查出主要问题金额 1842 万元，其中违规金额 322 万元，管理不规范金额 1519 万元。提出审计建议 4 条，被采纳 4 条。

专项资金审计（调查） 完成审计（调查）项目 4 个，审计专项资金总额 12 122 万元，查出主要问题金额 15 340 万元。整合全州审计资源，加强协调配合，就农业综合开发资金管理和城镇保障性安居工程建设提出审计建议，为服务政府宏观决策做出贡献。（撰稿人：刘 婕）

【迪庆藏族自治州审计局】 2012 年，迪庆藏族自治州审计局人员编制 23 人，在编 22 人。局长浦永兴，副局长张柱能。设有办公室、行政事业审计科、财政金融审计科、综合法规科、固定资产投资审计科和经济责任审计科。

审计成果 州审计局完成审计项目 32 个，审计查出主要问题金额 5312 万元，其中违规金额 971 万元，管理不规范金额 4340 万元；审计发现非金额计量问题 7 个；审计期间整改金额 83 万元。审计处理处罚 4191 万元，其中应归还原渠道资金 165 万元，应缴纳其他资金 2817 万元，应调账处理金额 1208 万元。审计促进整改落实有关问题资金 86 万元；核减投资额 778 万元；提交审计报告和专项审计调查报告 32 篇；审计提出建议 77 条，被采纳审计建议 45 条，提交审计信息 8 篇，向社会公告审计结果 21 篇。

社会保障审计 根据审计署的统一部署，州审计局组织力量开展社会保障资金审计与审计调查，审计查出主要问题金额 2849 万元，其中未按规定征收、缴存社会保险费和公积金 2817 万元；虚报冒领 30 万元；其他问题金额 2 万元。

财政审计 州审计局把预算执行审计与专项资金审计、政府投资审计、领导干部经济责任审计相结合，加大预算执行审计的力度，共完成财政预算执行审计项目 2 个。

固定资产投资审计 州审计局把握“事前、事中、事后”三个环节，加大投资审计力度，全年完成固定资产投资审计项目 14 个，审计项目投资额 68 053 万元，完成投资额 67 630 万元，核减投资额 778 万元。

经济责任审计 审计 6 名领导干部，对审计中发现的部分单位挤占挪用财政专项资金、违反财政“收支两条线”规定、应缴未缴财政收入等违规问题依法做出审计处理，对部分单位存在的会计核算和财务管理不规范、资产购置手续不全、未严格执行政府采购制度、内部管理制度存在缺陷等问题提出审计意见和建议。

专项资金审计（调查） 完成6个审计项目和审计调查，审计查出主要问题金额1205万元，其中未落实“收支两条线”和专户管理规定6万元，违规改变项目计划和资金用途80万元，未按规定提取基金27万元，资金来源不合规31万元，配套资金不落实900万元，其他问题金额159万元。（撰稿人：郑永平）

【大理白族自治州审计局】 2012年，大理白族自治州审计局人员编制60人，在编59人。局长杨作云，副局长施黄、梁育鸿、沈万炳，总审计师柴建荣。设有办公室、党总支办公室、法规科、经贸科、财政金融审计科、农业环保审计科、固定资产投资审计科、前置审计科、行政事业审计科、内部审计指导科、领导干部经济责任审计综合科、领导干部经济责任审计一科、领导干部经济责任审计二科、海东开发委审计分局、创新工业园区审计分局。2012年，报经州委常委会研究批准成立海东新区审计分局和创新工业园区审计分局，领导干部经济责任审计局，设立总审计师。

审计成果 全州共完成审计项目1469个，查出违纪违规金额1.94亿元，管理不规范金额6.77亿元，完成投资审计项目1228个，送审投资额42.12亿元，核减投资额2.72亿元，通过审计处理已上缴财政1.89亿元，已减少财政拨款和补贴3468万元，提出审计建议3645条，提交审计专题报告、综合性报告和信息简报361篇，向社会公告审计结果525篇。

财政审计 以财政支出审计为重点，对祥云、弥度两县2012年度的财政决算进行全面审计，对州县两级76家单位的财政财务收支和预算执行情况进行延伸审计。审计揭示预算收支管理、固定资产投资、社会保障资金等方面存在的问题，实现财政审计深入发展和规范化整体推进。

社会保障审计 按照国家审计署和省审计厅的统一安排部署，组成12个审计组，对全州12个县（市）的社会保障资金进行全面审计，并延伸调查119家企业、37个村社居民委员会和14家医保定点医院。

经济责任审计 在对部门和县领导进行离任、任中、任前审计的基础上，加大对乡镇领导干部经济责任审计工作的检查和指导力度，探索完善审计成果分析制度、审计结果运用沟通制度、审计结果落实整改报告制度和警示教育制度，推动经济责任审计深化发展。全年完成领导干部经济责任审计项目39个。

固定资产投资审计 全年完成投资审计（调查）项目1228个，送审金额42.12亿元，审计核减政府公共投资、减少财政拨款2.72亿元，核减率达6.46%，为规范投资建设项目管理、节约政府投资发挥重要作用。

专项资金审计 全州审计机关根据州人民政府的安排部署，抽调104名审计干部，组成26个审计组，对全州2008年至2012年7月止的教育、卫生专项资金进行全面审计，揭示出专项资金使用中存在挤占挪用、滞留、违规支出，配套资金不落实等问题，州人民政府要求有关部门根据审计结果和建议，认真进行整改。

专项审计 按照国家审计署和省审计厅统一部署，完成对全州2005年至2012年7月在建和已建成的城镇保障性安居工程的审计调查，反映出在城镇保障性住房安居工程实施中部分项目进度迟缓、资金筹集困难、工程管理薄弱等问题，引起州政府高度重视。

相关工作 截至2012年底，除漾濞县审计局外，其余11个县市审计机关全面完成审计办公业务用房建设任务，审计机关面貌焕然一新，“云审工程”的顺利实施，使全州县市级基层审计机关的办公条件得到改善，为全州审计工作的未来发展奠定坚实基础。

全州审计机关狠抓“四群”教育，大力推进精神文明创建，严格执行审计工作“八不准”纪律，全面实行“一岗双责”，层层签订党风廉政责任书，加强机关文化建设，建成13个“审计文化书屋”和“党员活动室”。洱源、剑川、南涧3个县级审计机关获得省级文明单位称号，全州审计机关全部建成省级文明单位。（撰稿人：谢云山）

【楚雄彝族自治州审计局】 2012年，楚雄彝族自治州审计局人员在编52人。局长刘平，副局长王之忠、徐永金、胡晓雯、陶光明、顾姝倩（1月—）、李秋洪（11月—）。设有办公室、人事培训科、局党总支办公室、信息科、法规科、财政审计科、行政事业审计科、农业与资源环保审计科、社会保障审计科、经贸审计科、固定资产投资审计一科、固定资产投资审计二科、金融与外资运用审计科、经济责任审计一科、经济责任审计二科、派出审计一科、派出审计二科、派出审计三科、派出审计四科、派出审计五科、派出审计六科。

审计成果 全州共完成审计项目488个（其中审计474个，专项审计调查14个），财政类审计473个（其中预算执行30个、行政事业116个、专项资金80个、投资247个），社会保险基金类审计10个，企业金融类审计5个。审计查出违规金额16 118万元，管理不规范金额720 309万元，应上缴财政3036万元，应减少财政拨款或补贴6521万元，应归还原渠道资金3237万元，应调账处理金额24 154万元，核减工程投资额6701万元。移送处理事项7件4人。提交审计专题及综合性报告780篇，提出被采纳审计建议1202条。向社会公告审计结果379篇。

社会保障审计 根据审计署和省审计厅的部署，从州、县审计机关抽调170名审计人员组成10个审计组，实行“上审下”、大交叉的组织方式，对全州10县（市）社会保险基金、社会救助资金和社会福利资金等社会保障资金进行审计。审计揭示的问题在审计期间得到迅速有效整改。

跟踪审计 根据省政府的要求和省审计厅安排，州审计局组织对州级和全州10县（市）城镇保障性安居工程项目进行专项审计调查。按照审计署和省审计厅的统一部署，全州又对除州本级和楚雄市外9个县2012年度的保障性安居工程建设情况开展跟踪审计。审计调查结果引起州领导的高度重视，州政府召开整改会议，对审计发现的问题逐条分析，限期整改，取得较好效果。

预算执行审计 组织实施州本级和10个县（市）财政预算执行审计、税收征管审计和部门预算执行审计，进一步促进提高税收征管质量和预算执行的效果。

专项资金审计（调查） 完成双柏、牟定、南华和禄丰4个县的中小学校舍布局调整专项审计调查和农村寄宿制学校伙食费情况调查；组织对楚雄市2011年基本公共卫生服务项目补助资金审计；按省审计厅安排对世界银行贷款云南城市环境建设一期项目砚山县、广南县2个子项目2011年度财务收支及项目执行情况审计；组织完成对10县市的抗旱救灾资金、7个烟草水源建设项目审计。

经济责任审计 健全完善《楚雄州州管领导干部任期经济责任审计实施办法》及《楚雄州领导干部任期经济责任审计工作领导小组工作制度》，在南华、元谋2个县实施乡（镇）长经济责任审计评价试点工作。全州完成经济责任审计项目108个，查出违规金额4752万元，查出管理不规范金额20 405万元，已上缴财政1353万元，已归还原资金渠道2191万元。

固定资产投资审计 全州完成固定资产投资审计项目247个，审计项目投资额233 679万元，核减投资额6701万元。

行政绩效管理 认真履行牵头单位的职责，会同有关部门采取联合督察、跟踪审计、专项审计调查等方式，对本级行政绩效管理重点事项进行监督。

相关工作 围绕“云审工程”提出的“审计队伍职业化、机关建设标准化、制度规范体系化、基础实施现代化”目标，坚持不懈抓队伍建设、抓教育培训、抓基础设施，圆满实现“云审工程”预期目标任务。县（市）审计局新建办公楼、完善配套建设全部完成。审计队伍专业能力建设得到加强，全州审计机关有各级各类专业技术职称（资格）人员167名，占职工总数的69.8%。

州审计局和10县市审计局于5月中旬全部建成“审计文化书屋”，在添置配备审计、会计、时政、财经、社科等图书资料的基础上，整合党员活动室、资料阅览室等场所资源，拥有各类图书一万多册，报纸、杂志数十种。

（撰稿人：杨崇显）

【红河哈尼族彝族自治州审计局】 2012年，红河哈尼族彝族自治州审计局人员编制53人，在编52人。局长吴自云，副局长解友发、谭亚东、龚宁华。设有办公室、人事科、法规科、经济责任审计一科、经济责任审计二科、事业企业审计科、固定资产投资审计科、行政政法审计科、财政金融审计科、农业与环保审计科、社会保障审计科，局下属事业机构设计算机技术中心、投资审计中心。

审计成果 全州审计机关完成审计项目693个（财政类审计673个，社会保险基金类审计17个，企业金融类审计3个）。查出违规金额18 304万元，管理不规范金额134 657万元，应上缴财政8124万元，应减少财政拨款或补贴1845万元，应归还原渠道资金13 142万元，应调账处理金额39 272万元；已上缴财政6813万元，已减少财政拨款或补贴1719万元，已归还原渠道资金10 945万元，已调账处理金额14 825万元。移送处理事项7件，金额598万元。提交审计信息362篇，被采用193篇。

财政审计 开展预算执行审计项目51个，查出主要问题金额31 674万元。财政决算审计9个，查出主要问题金额42 124万元。

行政事业审计 行政事业审计和审计调查项目166个，查出主要问题金额30 670万元。

固定资产投资审计 审计固定资产投资项目291个，审计项目投资额150 253万元，查出主要问题金额10 636万元。核减投资额7852万元。

企业审计 审计企业3个，查出主要问题金额638万元。

经济责任审计 首次实行“2＋N”审计模式。完成151名领导干部履行经济责任情况审计，其中任中审计43人，离任审计108人；县处级16人，县处级以下135名。审计查出违规金额9306万元，管理不规范金额51 883万元，增收节支664万元。

专项资金审计（调查） 围绕省政府20项重要工作和州政府确定的重点工作以及社会关注的热点问题，开展民生资金和民生工程审计。完成审计和审计调查项目156个，审计专项资金总额483 074万元，查出主要问题金额404万元。

社会保障审计 审计社会保险基金项目17个，查出主要问题金额36 826万元。

（撰稿人：杨建明）

【文山壮族苗族自治州审计局】 2012年，文山壮族苗族自治州审计局人员编制48人，在编43人。局长张荣江（—2月）、何淑清（3月—），副局长李建祥（—2月）、陆明会、李云山，总审计师李洪光。设有办公室、综合法规科、人事教育科、领导干部任期经济责任审计局、财政审计科、行政事业审计科、农业审计科、社会保障审计科、企业金融审计科、固定资产投资审计科及计算机中心、政府投资审计中心。

审计成果 全州完成审计项目855个，查出违规金额6.75亿元，应上缴财政1.20亿元，应减少财政拨款或补贴904万元，应归还原渠道资金1.11亿元，应调账处理7917万元，核减投资额4.16亿元，移送司法机关处理案件2件。提交审计报告、信息603篇。在社会保障资金审计中被审计署授予“2012年全国社会保障资金审计公务员嘉奖单位”，2个审计项目被评为全省优秀项目，1个被评为表彰项目。

财政审计 完成20个州县市本级预算执行、地税系统税收征管联网审计及5个乡镇级财政决算审计项目，查处未按规定纳入预算管理、未按规定征收缴纳收入等问题金额3.04亿元。

固定资产投资审计 完成653个审计项目，审计投资总额61.14亿元，查处工程造价不实等问题金额5.71亿元，核减工程投资4.16亿元，其中核减概预算投资额3.08亿元、核减结决算1.08亿元。

专项资金审计（调查） 完成116个审计项目，主要开展养老保险、新型农村合作医疗、中小学布局调整、城镇居民保障性安居工程及土地出让金等重点专项资金审计，查处未按规定征收缴纳收入、未落实“收支两条线”和专户管理规定、虚列支出、未达目标保障水平等问题金额2.18亿元。

行政事业审计 完成61个审计项目，查处未按规定征收缴纳收入、违规采购、虚报冒领、未落实“收支两条线”和专户管理等问题金额5455万元。

经济责任审计 完成对45名领导干部的任期经济责任审计。查处违规金额2053万元。

内部审计 完成州内部审计协会第一届理事会换届工作，开展内部审计先进评比表彰、培训运用审计软件、岗位资格年检、理论研讨、民营企业内审制度调查、编撰《文山内部审计》专刊等工作。全年完成499个内部审计项目，纠正各类违规金额24.92亿元，核减工程投资额1305万

元。州内部审计协会被中国内部审计协会评为推荐学习的典型。（撰稿人：言宜穗）

【西双版纳傣族自治州审计局】 2012年，西双版纳傣族自治州审计局人员编制26人，在编25人。局长吴江玲，副局长安永祥、蒋凌云。设有办公室、法规科、财政审计科、经贸审计科、经济责任审计科、固定资产投资审计科，下设西双版纳傣族自治州内部审计指导中心。

审计成果 州审计局完成审计项目85个，查出违规金额3699万元，损失浪费金额92万元，管理不规范金额25 638万元，应上缴财政41万元，应减少财政拨款或补贴5429万元，应归还原渠道资金7万元，应调账处理66万元；已上缴财政41万元，已减少财政拨款或补贴1346万元，已归还原渠道资金7万元。固定资产投资审计核减投资额7594万元。

预算执行审计 对州本级财政预算执行和其他财政资金收支、全州地税系统2011年度税收计划和政策执行情况等5个项目进行审计，查出未按规定纳入预算管理39万元，未按规定征收财政收入2544万元，虚列支出6万元，违规出借财政资金70万元。

固定资产投资审计 全面开展前置审计和竣工决算审计工作，对76项政府投资建设项目进行全过程跟踪审计，审计投资额144 920万元，完成投资额131 572万元，通过审计核减投资额7595万元。

专项资金审计（调查） 对社会保障资金、中小学校舍安全工程建设项目、农村劳动力转移培训资金等专项资金进行审计，审计专项资金总额36 631万元。

经济责任审计 对6名处级领导干部进行经济责任审计，查出违规金额（主管责任）1260万元，管理不规范金额（主管责任）1283万元。不断强化经济责任审计成果的运用，向组织部门回复对西双版纳州州管干部的审计意见59人次。

行政绩效审计 切实履行牵头单位职责，组织行政绩效管理制度推行工作，将56家单位90项重点事项纳入行政绩效管理，其中政府重大建设项目20项、政府重要工作26项、部门重要工作44项，使行政机关效能稳步提升。

相关工作 加强审计队伍职业化建设，有注册会计师1名，已取得会计师、审计师、经济师等中级专业技术资格的有15人，占总人数的60%。强力推进“金审工程”的应用水平，全面完成州、县审计会商系统建设，实现审计业务会商、远程教育、视频会议和异地协同工作，工作效能得到提升。坚持“两手抓，两手都要硬”的方针，深入开展精神文明创建活动，被授予“省级文明单位”的光荣称号。（撰稿人：刘 怡）

2012年云南省所辖区、县(市)级审计工作统计表

金额单位：万元

审计机关	完成审计项目(个)	查出违规金额	应上缴财政	应减少财政拨款或补贴	应归还原渠道资金	应调账处理金额	移送司法、纪检、监察部门处理(件)	建议有关部门处理(件)	出具审计报告和审计调查报告(份)	提出审计建议(条)	撰写审计信息(篇)
昆明市											
昆明市本级	127	13977	33000	21390	5749	119713		1	132	432	323
盘龙区审计局	59		6043	23		14024			59	144	70
五华区审计局	39	721	717			7793			51	201	73
官渡区审计局	13	388	388			3244	1		15	23	44

续表

审计机关	完成审计项目（个）	查出违规金额	应上缴财政	应减少财政拨款或补贴	应归还原渠道资金	应调账处理金额	移送司法、纪检、监察部门处理(件)	建议有关部门处理（件）	出具审计报告和审计调查报告(份)	提出审计建议（条）	撰写审计信息（篇）
西山区审计局	37	1		2524		17340			50	75	113
东川区审计局	36	642	568			175			47	109	45
呈贡区审计局	74	130	153			13842			85	343	19
安宁市审计局	19			96					20	54	50
晋宁县审计局	23	6073	53	6064	11	253			332	335	14
富民县审计局	55	241	24		206			4	62	54	69
宜良县审计局	56	35	35						67	148	49
嵩明县审计局	63	94	72			22			69	196	62
石林彝族自治县审计局	90								102	162	57
禄劝彝族苗族自治县审计局	53	91	91	866	141	212			56	132	30
寻甸回族彝族自治县审计局	62	763	617		128	3096	1		83	150	17
曲靖市											
曲靖市本级	88	11488	10326		342	128	5		95	127	107
麒麟区审计局	131	245	3						141	351	1
宣威市审计局	57	21	21						64	102	22
马龙县审计局	69								69	78	28
沾益县审计局	50	624	243		1	277			50	132	48
富源县审计局	87	1231	1203		27				90	211	20
罗平县审计局	70	567	356		208	2		3	70	135	45
师宗县审计局	114	762	649			2411			115	157	14
陆良县审计局	95	312	101						111	202	45
会泽县审计局	97	520	520						105	3	40
玉溪市											
玉溪市本级	146	22754	10811		311	1262	15	16	159	199	91
红塔区审计局	65	1139	814		46	564			69	191	24
江川县审计局	87	1216	958		174				92	90	16
澄江县审计局	75	3550	2752			603		1	79	257	42
通海县审计局	108	345	285		9	5383	1	2	114	202	43
华宁县审计局	93	252	95			47		2	95	94	14
易门县审计局	64	5883	6088		5616	214		1	66	59	9

续表

审计机关	完成审计项目（个）	查出违规金额	应上缴财政	应减少财政拨款或补贴	应归还原渠道资金	应调账处理金额	移送司法、纪检、监察部门处理(件)	建议有关部门处理（件）	出具审计报告和审计调查报告(份)	提出审计建议（条）	撰写审计信息（篇）
峨山彝族自治县审计局	90	682	76						94	115	15
新平彝族傣族自治县审计局	128	423	421					1	128	151	34
元江哈尼族彝族傣族自治县审计局	61	6108	1736	890	1	83		1	67	179	10
保山市											
保山市本级	38	75578	491	2882	66	1150	4		38	105	135
隆阳区审计局	59	15170	1570		10014	14217	1		59	197	21
施甸县审计局	129	846	547		11	2067	1		129	377	53
腾冲县审计局	78	543	464		64	1652	1		78	185	75
龙陵县审计局	124	3516	437	2211	101	757	1	1	124	239	42
昌宁县审计局	50	16291	109			346	1		50	118	50
昭通市											
昭通市本级	98	27159	12721		2499	488	1		103	300	56
昭阳区审计局	100		10						100	76	20
鲁甸县审计局	32					5			32	80	
巧家县审计局	23	78		48					24	16	1
盐津县审计局	19	184	366			670			19	42	
大关县审计局	17	32	14			85			17	42	9
永善县审计局	61	332	116		7	289			61	121	17
绥江县审计局	21	202	64	1.37	10	25			21	39	
镇雄县审计局	75	5800	202		1807	3085			75	33	
彝良县审计局	22								22	55	
威信县审计局	14	179	7		148				14	23	
水富县审计局	31	450	1		12				31	62	3
丽江市											
丽江市本级	49	1097	130	860	617	5910			47	135	23
古城区审计局	54	20927			8640	600			54	171	14
永胜县审计局	34	124	6994	19	2652	812			34	160	15
华坪县审计局	47	199	6		148	54			47	73	5
玉龙纳西族自治县审计局	71	6401	39	1980	744	3638		1	71	242	14
宁蒗彝族自治县审计局	36	49	6		23	308			36	108	24

续表

审计机关	完成审计项目（个）	查出违规金额	应上缴财政	应减少财政拨款或补贴	应归还原渠道资金	应调账处理金额	移送司法、纪检、监察部门处理（件）	建议有关部门处理（件）	出具审计报告和审计调查报告（份）	提出审计建议（条）	撰写审计信息（篇）
普洱市											
普洱市本级	76	38527	25177	1404	1529	18503	1	1	87	304	24
思茅区审计局	26	5201	479		389	4298	1		28	66	9
宁洱县审计局	35	284		51	204	731			38	77	12
墨江哈尼族自治县审计局	31	421	70	228	275	525			40	166	14
景东彝族自治县审计局	55	477	93	374	8	21			65	119	26
景谷傣族彝族自治县审计局	8	551	170		135				11	25	2
镇沅彝族哈尼族自治县审计局	25	331	23	308					25	106	2
江城哈尼族彝族自治县审计局	39	38226	2065	28		14871			43	208	
孟连傣族拉祜族佤族自治县审计局	33	237	35						43	100	2
澜沧拉祜族自治县审计局	46	6524	4610	1353	1118	1289			52	165	
西盟佤族自治县审计局	15	1135	940		192				17	39	4
临沧市											
临沧市本级	65	35384	5005		13337	4651	5		67	216	105
临翔区审计局	41	434	17						41	67	20
凤庆县审计局	29	1630	196		12	638			29	100	7
云县审计局	63	2283	700		1886	886	2		54	393	29
永德县审计局	32	792	46			529			34	82	76
镇康县审计局	28	25258	210		793	1053			28	85	36
双江拉祜族佤族布朗族傣族自治县审计局	39	196	65			194			39	75	17
耿马傣族佤族自治县审计局	31	1230	83						31	91	16
沧源佤族自治县审计局	20	1132	202		21	975		1	24	47	66
德宏傣族景颇族自治州											
德宏傣族景颇族自治州本级	45	589	29			95			45	257	51
芒市审计局	39	1	3		57	16943	2	1	42	98	54

续表

审计机关	完成审计项目（个）	查出违规金额	应上缴财政	应减少财政拨款或补贴	应归还原渠道资金	应调账处理金额	移送司法、纪检、监察部门处理(件)	建议有关部门处理（件）	出具审计报告和审计调查报告(份)	提出审计建议（条）	撰写审计信息（篇）
瑞丽市审计局	32	1155	45		25	1371			32	97	52
梁河县审计局	40	142	5	115		106			44	81	45
盈江县审计局	43	6559	9	148	7	125			43	94	38
陇川县审计局	48	2344	17		8	67			52	117	13
瑞丽市畹町经济开发区审计局	19	1530	422	3		27			19	23	9
怒江傈僳族自治州											
怒江傈僳族自治州本级	20	1857	33		1069	1019			20	44	16
泸水县审计局	17	159	36		122	55			17	19	14
福贡县审计局	12	3	3			136			12	17	16
贡山独龙族怒族自治县审计局	15	452	21		20	291			15	42	15
兰坪白族普米族自治县审计局	19	743	121		476	140		1	19	46	6
迪庆藏族自治州											
迪庆藏族自治州本级	32	971	2817		165	1208			32	77	8
香格里拉县审计局	22	12664	6961			28865			22	52	
德钦县审计局	32	2978	77						32	73	
维西傈僳族自治县审计局	44	2828	277	4	166	1407	2		44	196	24
大理白族自治州											
大理白族自治州本级	50	7457	20527	795	31			1	50	80	68
大理市审计局	254	2245	1945		804	2519			250	749	32
祥云县审计局	90	282	24		980	526			88	169	20
宾川县审计局	294	1022	74		224	724			294	1058	38
弥渡县审计局	107	2649	114	1013	33	710			107	130	11
永平县审计局	115	3334	26	1341	3299			1	115	230	38
云龙县审计局	76	5	14	236	2	130			76	87	16
洱源县审计局	63	177	75		3	97			66	250	2
剑川县审计局	49	211	2			617			49	88	13
鹤庆县审计局	110	2	20			58			110	440	7
漾濞彝族自治县审计局	61	280		424	106				66	49	48
南涧彝族自治县审计局	145	422	231		1	1018			145	399	

续表

审计机关	完成审计项目(个)	查出违规金额	应上缴财政	应减少财政拨款或补贴	应归还原渠道资金	应调账处理金额	移送司法、纪检、监察部门处理(件)	建议有关部门处理(件)	出具审计报告和审计调查报告(份)	提出审计建议(条)	撰写审计信息(篇)
巍山彝族回族自治县审计局	60	1283	81		32	2820		1	59	66	23
楚雄彝族自治州											
楚雄彝族自治州本级	57	5894	2087	1367	490	129430	1		71	205	153
楚雄市审计局	81	6701	261	2209	122	285	5		98	247	136
双柏县审计局	26	196	114	11	28			1	30	176	13
牟定县审计局	49	657	520	155	45	367			63	175	60
南华县审计局	26	522	207	297	17				34	76	72
姚安县审计局	32	256	50			206			32	62	79
大姚县审计局	50	1135	124	1146	2487	1527			59	193	37
永仁县审计局	32	320	81	308	91	85			39	83	12
元谋县审计局	32	715	206	306			1		40	43	106
武定县审计局	34	312	617	172		22			44	62	12
禄丰县审计局	69	578	35	547	94	598			79	199	134
红河哈尼族彝族自治州											
红河哈尼族彝族自治州本级	81	11773	6570	108	9522	7572		2	83	289	78
蒙自市审计局	18	75	60		14		1		22	38	21
个旧市审计局	32	9	49		57				33	46	18
开远市审计局	45	86	66	1720		12393			58	237	15
绿春县审计局	44	1280	301		2574	1086	1		44	104	9
建水县审计局	51	846	54		53	82			59	136	30
石屏县审计局	55	15	15			123			63	98	15
弥勒县审计局	113	16	16			66			122	125	60
泸西县审计局	45	127	126		6	16777			45	124	47
元阳县审计局	37	140	238		31	210		1	35	101	8
红河县审计局	44	1282	41	18	713	163	1		52	81	17
金平苗族瑶族傣族自治县审计局	41	104	117		2				41	76	5
河口瑶族自治县审计局	47	2386	365		116	755			47	90	
屏边苗族自治县审计局	40	165	112		54	53			40	102	17

续表

审计机关	完成审计项目（个）	查出违规金额	应上缴财政	应减少财政拨款或补贴	应归还原渠道资金	应调账处理金额	移送司法、纪检、监察部门处理(件)	建议有关部门处理（件）	出具审计报告和审计调查报告(份)	提出审计建议（条）	撰写审计信息（篇）
文山壮族苗族自治州											
文山壮族苗族自治州本级	248	55885	6554		10602	6411	2	1	244	318	87
文山市审计局	89	2057	2567		4	4			101	355	56
砚山县审计局	84	51	35	203	70	69			85	104	22
西畴县审计局	48	310	114		5	350			48	82	75
麻栗坡县审计局	71	1356	681	241	38	779			76	213	22
马关县审计局	81	1519	1575		25	130			90	85	79
丘北县审计局	69		32	56	38				69	69	28
广南县审计局	81	47	31	404	34	103			93	187	31
富宁县审计局	84	6230	380		314	71			84	186	88
西双版纳傣族自治州											
西双版纳傣族自治州本级	85	3699	41	5429	7	66	1		88	325	7
景洪市审计局	150	14715	2415	6120			1		150	343	15
勐海县审计局	75	456	262	181	2				78	167	19
勐腊县审计局	60	1139	232	216	378	95			66	185	12

西藏自治区

【西藏自治区审计厅】 2012 年，西藏自治区审计厅人员编制 120 人，在编 92 人（含援藏干部 3 人）。设有办公室、政工人事处、纪检监察室、法规处、财政金融审计处、固定资产投资审计处、经济责任审计局、行政事业审计处、社会保障审计处、经贸外资审计处、农业与资源环保审计处另设政府投资审计中心、计算机信息中心、后勤服务中心。

领导成员

厅　长：拉　巴

副 厅 长：马国超（—12 月）

张　岩（12 月—）

李瑞富（—12 月）　孙玉英

甄广川（援藏干部）　次　多

总审计师：周忠祥

纪检组长：张福山

审计成果　全自治区各级审计机关依法对 199 个单位（项目）进行审计或审计调查，查出违法违规金额 68.5 亿元，提出健全和完善体制机制制度的意见和建议 286 条，促进有关部门完善规章制度 46 项。向有关部门移送案件线索和处理事项 13 起。审计工作在推进民主法治建设、保障民生改善、推动跨越式发展和长治久安、促进反腐倡廉和完善国家治理等方面取得新成效。

财政预算执行审计　着眼于强化预算管理，对自治区本级、部分地区和有关部门预（决）算执行情况进行审计，从预算管理层面提出设立相应管理办法和完善配套制度等建议；探索构建财政审计大格局，组织对区直单位项目支出预算执行情况审计调查，揭示项目资金管理使用中存在的共性问题，提出进一步加强项目监督、将单位刚性支出和常规性项目支出纳入年初预算管理等意见；受自治区人民政府委托向人大常委会做工作报告，自治区人大常委会对审计在查处财经领域中的问题，推进依法理财，提高资金使用效益，规范预算管理等方面发挥的作用给予充分肯定。着眼于本区未设置县级审计机构的实际，积极探索地区审计局代行县级审计机构职能，向县人民政府和人大常委会提交“两个报告”的实践取得实质性进展。

固定资产投资审计 着眼于推进基础设施建设、促进优化投资结构，有重点地对公路、机场、水利、电力等投资项目进行审计，查出各类违法违规金额 14.1 亿元，核减投资 1521 万元。查处工程建设管理不规范、高估冒算、偷工减料、损失浪费等问题，提出的审计意见和建议得到有关部门采纳。

专项资金审计（调查） 组织全自治区审计机关对社会保障资金进行全面审计，对日喀则、阿里地区部分县农牧民安居工程政策落实和建设计划执行及资金管理使用情况，对农牧区医疗经费、农业综合开发项目资金、住房公积金等项目和资金进行审计或审计调查。反映各项社会保障资金总体安全、基金运行平稳的总体情况；关注财政分配中民生投入、各项惠民政策措施落实情况及社会分配的均衡化和公平性；注重从政策执行过程和资金管理方面发现问题，提出调整政策及完善制度的意见和建议，促进社会和谐稳定。

农业与资源环境审计 在对天然林资源保护工程专项资金、中央财政森林生态效益补偿资金审计中，关注资源环保政策法规的贯彻执行情况，促进规范资源开发利用管理和环境保护工作；关注资源环保资金的申拨、分配、使用和管理情况，依法处理挤占挪用、损害群众利益等违法违规问题，促进规范资金管理和提高资金使用效益；关注资源环境项目的建设和运营效果，揭示和查处在资源开发利用管理和环境保护工作中浪费资源、破坏环境等问题，全力维护国家资源环境安全，努力推进西藏生态环境建设。

企业审计 始终将政府最为关注的国有资产质量和安全作为审计的目标，关注企业转变经济增长方式、落实国家宏观经济政策、履行社会责任情况，揭示企业在贯彻落实宏观经济政策中存在的突出隐患和经济犯罪问题，分析问题产生的原因，从体制机制和制度层面提出建议，发挥服务作用和建设性功能，帮助企业提高决策管理水平和风险管控能力。

经济责任审计 采取经济责任审计与财政审计、专项资金审计、政府投资审计“三结合”的方式，审计对象由县委书记和县长同步交叉审计扩展到地厅级党政主要领导干部同步审计。对 30 名党政主要领导干部和国有企业领导人员实施经济责任审计，查出违法违规金额 10.6 亿元，其中领导干部负领导责任金额 3.4 亿元，负主管责任金额 4.6 亿元，移送有关部门查处案件线索 2 起。审计中重点关注领导干部贯彻落实法律法规和宏观经济政策、重大经济决策、内控制度的建立和执行、廉洁自律等情况。

相关工作 加强审计机关领导班子和干部队伍建设，提高领导干部把握大局和审计队伍依法从审、规范行政的能力；把维护社会和谐稳定作为审计机关的重要政治责任，实现“三不出”（大事不出、中事不出、力争小事也不出）工作目标；认真开展审计项目审理、质量检查和审计结果整改落实检查等工作，召开审计理论研究暨审计信息化建设座谈会，扎实推进审计理论研究，提升审计信息化建设水平，保障能力明显增强；严格执行审计纪律“八不准”和有关廉政规定，完善审计业务和机关行政管理制度，形成按制度办事、用制度管人的良好风气。（撰稿人：杜一鹭）

【拉萨市审计局】 2012 年，拉萨市审计局人员编制 52 人，在编 46 人。局长次旦，副局长史勇、彭多、格桑平措、蒋利萍。设有办公室、法规科、财政金融审计科、基本建设投资审计科、行政事业审计科、经济责任审计处、经贸企业审计科、农业与资源环保审计科、信息中心。

审计成果 拉萨市审计局共完成审计项目 19 个，查出违规违纪资金 3.66 亿元，提出审计建议 46 条，被审计单位采纳 46 条。审计工作在规范全市经济秩序、推动依法行政、促进增收节支、维护群众利益、促进党风廉政建设、保持社会稳定和促进拉萨经济社会科学发展等方面发挥积极的作用。

财政审计 共完成审计项目3个，查出违纪违规金额3.13亿元。对拉萨市本级2011年度预算执行和其他财政收支情况进行审计，延伸审计拉萨市交通运输局2011年度预算执行情况；对墨竹工卡县2008年至2011年财政决算和其他收支进行审计。

社会保障审计 市审计局从各科室抽调15名审计人员与市直各协调单位抽调的5名人员联合成立拉萨市社会保障资金专项审计工作组，对全市七县一区、柳梧新区、拉萨市经济技术开发区和市直所属部门的12类18项社会保障资金进行全面审计，同时对拉萨市医保中心专项资金进行审计，查出违规违纪金额1826万元。

行政事业审计 按照年度计划，市审计局开展柳梧新区管委会、曲水县曲水镇人民政府、城关区纳金乡人民政府3个单位2010年至2011年财政收支审计，查出违纪违规金额31.77万元。审计坚持“全面审计、突出重点”的方针，把重点放在“收支两条线”的审计监督上，充分发挥审计在国家预算管理和监督中的作用。

企业审计 对拉萨市设计院2009年至2010年资产、负债、损益的情况进行审计。对该企业“三重一大”事项的制定和贯彻执行情况进行检查。经审计，该企业会计资料基本真实地反映2009年至2010年的经营成果和财务状况，财务收支活动基本符合相关法律的规定，2009年至2010年实现国有资产保值增值。查出违纪违规金额140.23万元（均为应调账处理）。

经济责任审计 对拉萨市司法局领导干部进行离任审计，审计总金额2 285.95万元。强化对权力运行的监督和制约，为提高领导能力和水平起到积极的作用。

固定资产投资审计 组织实施拉萨市国资委下的金鼎百货店整体升级改造建设项目竣工决算项目审计，开展旁多水利枢纽改造有关移民搬迁以及征地补偿费用专项资金的审计，对拉萨市中小学校舍安全工程2009年至2012年专项资金进行审计调查。审计总金额30 963.66万元，查出违纪违规金额3176万元。在审计中，市审计局认真实行全市重点项目的竣工结算和竣工决算审计制度，促进全市固定资产投资建设的良性、有序发展。

专项资金审计 先后对曲水县重点区域生态公益林建设项目、尼木县2007年至2008年援藏沼气建设项目、林周县2011年农业综合开发土地治理项目资金收支情况项目、堆龙德庆县农业综合开发土地治理项目资金（包含2个项目）、西郊自来水厂水源地环境保护工程项目资金收支情况进行审计。共完成审计项目6个，审计总金额5 160.09万元，查出违纪违规金额41.13万元。

建立完善审计档案数据库 市审计局安排专人负责清理以前年度审计档案，对1996年至2011年的审计档案进行分门别类汇总和整理，共整理档案260卷，为健全完善审计电子信息数据库打下基础。为进一步加强审计项目质量控制及审理工作，按照《中华人民共和国国家审计准则》《西藏自治区审计厅审计项目审理工作办法》的规定，对审计程序、实施方案、工作底稿、审计结果类文书等进行审查或修改，完成11个项目的审理，共审理审计报告18份，审计决定7份，出具书面审理意见书11份。 （撰稿人：沈士虹）

【那曲地区审计局】 2012年，那曲地区审计局人员编制42人，在编28人（含援藏干部）。局长徐春林，副局长达尔地、张进发、王红艳、次仁罗布，纪检组长达尔培。设有办公室、法规科、经济责任审计科、行政事业审计科、财政金融审计科、经贸外资与投资审计科、审计事务所。

审计成果 完成审计项目20个，其中财政收支审计1个，经济责任离任审计4个，专项资金审计15个。出具审计报告20篇，提出建议23条，被采纳23条。

社会保障审计 对11个县（区）和地区人力资源社会保障局、地区民政局、地区卫生局、地区财政局等部门的12类18项社会保障资金依法进行审计，审计中加强对就业和再就业补助资金、基本医疗保险基金、失业保险基金以及农村合作医疗基金、农牧民安居工程等专项资金的审计和审计调查。着重揭示落实国家政策不到位、政策目标未实现以及严重影响和损害群众利益的突出问题，促进各项惠民政策落到实处，促进各项社会事业的发展。

经济责任审计 对聂荣县人民政府、地区工业和信息化局、地区扶贫（农发）、地区人力资源和社会保障局4家单位的主要领导进行离任经济责任审计。配合地区纪检委对地区国土局、地区粮食局、地区教育局、地区统战部等10多家地直部门进行为期两个月的财务大检查，对一些不规范的问题，当即进行纠正，为地区经济发展、促进财政健康运行提出建设性意见和建议。

专项资金审计（调查） 对那曲地区中小学校舍安全工程规划情况和11个县（区）28所中小学已完工中小学校舍安全工程进行专项审计调查。重点关注中小学校舍安全工程规划进度实施情况、执行基本建设程序情况、工程质量情况等。审计调查结果表明，地区中小学校舍安全工程的实施，为促进地区教育事业发展，推进全区中小学布局调整，优化配置教育资源，改善办学条件，提高教学质量起到积极作用。审计调查的28所中小学已完工，资金使用比较规范，没有发现重大违法违规问题。（撰稿人：喻益滨）

【昌都地区审计局】 2012年，昌都地区审计局人员编制56人，在编37人。局长欧珠达瓦，副局长叶国荣、红英、张高林、吴波。设有办公室、法规监督科、财政金融审计科、行政事业社会保障审计科、经贸农业与资源保护审计科、固定资产投资审计科、经济责任审计科。

审计成果 全年共完成审计项目27个，查出各类问题金额99 672万元，管理不规范金额81 135万元，应归还原渠道资金4450万元，应自行纠正和调账处理金额79 759万元，上缴财政15 463万元，上缴率达100%。审计建议116条，已被采用116条；向上级单位报送审计报告和审计调查报告40个，被批示采用40个。

财政审计 以财政决算审计为主线，以财政支出为重点，共投入10人次，组成审计组，对洛隆县的财政决算以及其他财政收支情况和地区中级人民法院、地区检察分院的财政收支情况进行审计和延伸审计，审计涉及单位十余个，查出违规金额8 447.41万元，损益（收支）不实金额63 121.33万元，应上缴财政832.73万元。从多个方面揭示预算收支管理不规范等方面的问题，注重从源头上推动整合政府各项收支，实现“收入一个笼子、预算一个盘子、支出一个口子”，推进建立完整、统一的政府财政。

专项资金审计（调查） 全年完成专项资金审计调查项目6个，分别开展对洛隆县农牧区医疗制度经费、农牧民安居工程建设资金、涉农资金、寺庙管理工作前期经费收支情况和察雅县蔬菜基地（昌都解放60周年大庆项目）等项目的审计调查。涉及总金额28 637万元，查出违规改变资金用途359万元，滞留闲置金额76万元，配套不落实金额237万元，审计促进拨付到位金额435万元。揭示专项资金在归集、管理和使用中存在的问题，并有针对性地提出审计建议，形成质量较高的审计调研报告，得到地委、行署的高度重视，提升昌都审计形象，加大审计的威慑力。根据地委安排部署，正在对全地区11个县的教育“三包”资金、惠民资金和建章立制等情况进行大检查。

经济责任审计 受地委组织部和芒康县人民政府委托，对昌都地区原地区体育局等3位局长进行任期经济责任审计。协调局内各科室人员，组成审计组，分赴相关县和地直单位，开展经济责任审计，对被审计领导干部履行经济责任情况做出评价，对其履职期间所存在问题应承担的责任进行划分，发挥经济责任审计的预防和制约作用。（撰稿人：罗时兵）

【林芝地区审计局】 2012年，林芝地区审计局人员编制41人。局长罗军，副局长玉珍、刘应萍、尼玛仓决、路文玲。设有办公室、法规科、经济责任审计处一科、经济责任审计处二科、固定资产投资审计科、行政事业社会保障审计科、财政金融审计科、经贸、农业与资源环保审计科。

审计成果 共对27个单位开展审计工作，查出违纪违规金额3.09亿元，审计决定处理1.75亿元。向被审计单位提出审计建议56条，向地委、行署和上级业务部门提交审计信息、综合审计报告170余篇。

财政审计 对波密县、林芝县2个财政预算执行和其他财政收支项目进行审计，查出违规金额1.35亿元。在审计中坚持以预算资金流向为主线，以促进财政增效增收为立足点，更加注重把握总体情况，审计内容更加向管理绩效延伸。

经济责任审计 对朗县、墨脱县、米林县、察隅县4名原县长进行离任经济责任审计，查出违规金额481万元。审计中将事后监督向事中监督转变。

行政事业审计 对14个行政事业单位进行审计，查出违规金额1.39亿元。为进一步规范全地区行政事业单位的财务管理和会计核算，促进行政事业单位严格依法办事，有效制约损失浪费等现象，大力提高财政资金使用效率，推进行政事业单位的廉政建设。

专项资金审计 对地区本级社会保障资金及6个县的社会保障资金进行审计，审计内容包括社会保险、社会救助、社会福利共12类18项，涉及财政、人力资源和社会保障、民政、卫生、残联等多个部门，共查处违规金额3388万元。受地区农发办委托，对3个农发项目的专项经费进行审计。

审计执法回访 按照“跟进服务、强化整改、落实执法”的原则，有效建立审计回访制度，年底对被审计单位开展审计回访。回访的内容包括审计决定、审计意见和建议的采纳落实情况、审计人员的工作态度、作风纪律情况以及听取新形势下对审计工作的建议和要求。

（撰稿人：陆　洋）

【山南地区审计局】 2012年，山南地区审计局定编44名。局长张洪林，副局长扎西、扎西罗布、次仁群培，总审计师王显琼。设有经济责任审计处、办公室、法规科、财政金融审计科、行政事业审计科、社会保障审计科、固定资产投资审计科、经贸外资审计科、农业与资源环保审计科、审计信息中心。

审计成果 全地区审计局对30个项目进行审计或审计调查，查出违规金额2 406.08万元，上缴地、县两级财政508.22万元，应归还原渠道资金3万元。提出审计建议69条，撰写审计信息68篇，被领导批示采用22篇次。

经济责任审计 对地直机关4名党政领导干部进行经济责任审计，查出违规金额10.41万元，上缴县国库5万元。

专项资金审计（调查） 实施地区社会保障资金、2010年扶贫项目资金及全地区住房公积金专项审计，查出违规金额69.06万元，审计决定处理处罚应上缴地区财政国库财政资金28.19万元，上缴地区财政专户资金9.25万元，上缴县国库6.23万元。

财政审计 对浪卡子县人民政府2011年度县级财政预算执行及其他财政收支情况进行审计，查出违规金额2 172.5万元，上缴地区国库金额7万元，上缴县国库450.26万元，调账处理金额43万元，归还原渠道资金2.6万元，继续用于原项目资金1 669.7万元。

固定资产投资审计 实施地区烈士陵园改扩建工程项目竣工决算审计、地区体育文化中心体育场竣工决算及资金使用和管理情况审计和中小学校校舍安全工程审计调查，查出违规金额45.51万元，上缴地区国库35.72万元，移送税务处理资金9.79万元。

行政事业审计 对乃东县泽当镇2010年至2011年乡镇财务收支和地区林业局专项资金及财务收支情况进行审计。（撰稿人：次仁德吉）

【日喀则地区审计局】 2012年，日喀则地区审计局人员编制59人。局长多吉旺久（—6月），副局长陈元森、刘志远（—6月）、边巴次仁、郝信斌（6月—）、多吉（6月—）、戴晟（援藏干部）。设有办公室（政工人事科）、法规科、财政金融审计科、行政事业审计科、社会保障审计科、地直经济责任审计科、县市经济责任审计科、固定资产投资审计科、经贸农业与资源环保审计科。另设机关后勤服务中心、信息网络中心。

审计成果 对45个单位进行审计或审计调查，查出违法违规金额13 461万元。审计决定处理处罚应上缴财政352万元，应归还原渠道资金4277万元，应调账处理金额1998万元；已上缴财政243万元，已归还原渠道资金3万元，已缴纳其他资金50万元，已调账处理金额2394万元。通过审计，促进增收节支247万元，拨付资金到位4818万元。移送纪检监察等部门处理事项5件涉及金额438万元。出具审计报告67篇，提出审计建议82条，向上级有关部门报送审计信息151期。

财政审计 在自治区审计厅统一安排部署下，对南木林县2011年度财政预算执行及其他财政收支情况进行审计，并受南木林县人民政府委托，向南木林县12届人大常委会第4次会议提交

《2011年度南木林县本级财政预算执行和其他财政收支情况的审计工作报告》。

经济责任审计 对8名县级领导干部进行任期经济责任审计，查出主要问题金额7310万元，其中，领导干部应负直接责任金额3471万元，应负主管责任金额880万元，应负领导责任金额2958万元，审计发现侵害人民群众利益金额410万元。通过审计，促进增收节支59万元，已上缴财政57万元，已归还原渠道资金1万元。

专项资金审计（调查） 对日喀则地区18县（市）人民政府及其所属人力资源社会保障、民政、卫生、财政、残联等部门的社会保障资金进行审计，查出主要问题金额47.05万元；对农发、扶贫等专项资金进行审计，审计总金额24 336万元，对加强项目资金管理、完善财务报销制度提出审计建议。对18个县（市）城镇保障性安居工程跟踪审计，摸清地区住房保障制度的建立健全情况、城镇保障性安居工程建设规模和布局以及资金投入规模和结构，反映城镇保障性安居工程在改善民生、促进经济平稳较快发展、推进城镇化进程等方面取得成效，揭示城镇保障性安居工程目标任务分解完成、资金筹集、管理和使用情况以及工程建设管理、保障性住房分配运行、配套支持等政策执行情况。（撰稿人：陈鸿娣）

【阿里地区审计局】 2012年，阿里地区审计局人员编制36人。局长向国平，副局长阿旺央加、罗杰、罗尚友、桑杰多吉。设有办公室、法规科、经济责任审计处、行政事业和社会保障审计科（财政金融审计）、农业与资源环保审计科、固定资产投资审计科。

审计成果 依法对14个项目进行审计或审计调查，查出主要问题金额17 467万元，审计处理处罚4107万元。提出审计建议35条，被采纳33条。

专项资金审计（调查） 对阿里地区社会保障资金专项审计，查出未足额缴纳养老保险20万元，未及时上缴财政专户91万元，财政补贴未及时足额到位117万元，未及时足额划拨城市和农村医疗救助县本级配套资金142万元；对7县农发扶贫、整乡推进、面上扶贫等项目审计调查，查出未实施整乡推进和面上扶贫项目金额221万元。

经济责任审计 对地区教体局原局长、地区商务局原局长进行离任经济责任审计，查出违规违法金额1449万元。发现地区教体局在基本建设过程中，已完工建设项目存在质量不合格、基建项目档案管理不善等问题，提出对相关人员进行行政处分的建议。

预算执行审计 对革吉县、措勤县2011年度财政预算执行情况及其他财政财务收支情况实施审计，查出违纪违规金额2907万元，革吉县县委、纪委（监察局）采纳对相关人员给予记大过处分并调离原单位的建议。（撰稿人：许昌平）

陕西省

【陕西省审计厅】 2012年，陕西省审计厅人员编制285人，在编259人。设有办公室、法规处、财政审计处、派出市县财政审计处、金融审计处、派出经济执法审计处、行政事业审计处、派出教育科技审计处、企业审计处、派出经济贸易审计处、农业与资源环保审计处、派出农林水利审计处、社会保障审计处、派出民政社保审计处、固定资产投资审计处、派出交通建设审计处、外资运用审计处、派出外事外贸审计处、派出发展统计处、审理稽核处、经济责任审计处、人事处、机关党委、监察室、老干部管理处、派出国资监管审计处；还设有研究所、报送审计中心、后勤服务中心、计算机技术信息中心。

领导成员

厅　长：屈方方

副 厅 长：徐宗一　张海成　李健

马玉红　赵宝田

总审计师：王志高

纪检组长：陈宗海（—6月）

尤磊（6月—）

审计成果 全省审计机关共审计（调查）单位和项目8684个，查出违规金额313亿元，管理不规范金额822亿元。通过审计共为国家增收节支131亿元，其中核减投资金额40亿元。向纪检监察、司法机关和有关部门移送案件线索22件，涉案人员56人。向党委、政府和上级部门提交报告、信息3366篇，被批转、批示和采用1617篇。发布审计结果公告305篇。

财政审计 全省审计机关共对4704个单位进行财政预算执行和其他财务收支审计，查出主要问题金额737亿元。进一步推行内部审计自查与审计抽查，审计覆盖面有效扩大。宝鸡市审计局实现一级预算单位审计和审计调查全覆盖。咸阳市审计局组织市委办公室等预算单位开展内部审计自查。杨凌示范区审计局预算执行审计查出问题资金3亿多元。

专项资金审计（调查） 按照审计署统一部署，全省审计机关会同审计署驻西安特派办对全省各级社会保险基金、社会救助资金和社会福利资金等进行全面审计，涉及金额800亿元。基本摸清全省社会保障资金情况，揭示全省社会保障制度和政策执行、社会保障资金筹集、管理和使用、社保业务管理等方面存在的问题，查出违规金额15亿元。审计署对全省8个单位、5人和1个项目分别给予记功或表彰。

各级审计机关共开展农村中小学布局调整、城镇保障性安居工程、渭河流域综合治理、扶贫和库区水利移民搬迁、职工工资、住房公积金、新农村建设资金、教育收费、文物保护、天然林防护、土地征收供应、世界园艺博览会及中国杨凌农业高新科技成果博览会等专项资金审计项目612个，查出主要问题金额40亿元。部分市县审计局对重点部门、行业开展审计，促进加强行业和专项资金管理，完善体制机制。

金融、企业和外资运用审计 全省审计国有及国有控股企业118户，查出主要问题金额83亿元；开展金融审计项目11个，查出主要问题金额78亿元。促进风险防范和内控机制的完善，维护经济和金融安全。完成9个利用外资项目、321个实施单位的公证审计。府谷农村合作银行2010年度资产负债损益审计项目被审计署评为全国表彰审计项目。

固定资产投资审计 全省审计机关共审计引红济石、引汉济渭、西安地铁等重点建设项目3105个，查出主要问题金额80亿元，核减投资金额40亿元。对804个地震灾后恢复重建项目、部分中小学校舍安全工程项目进行跟踪或竣工决算审计。参与工程建设领域突出问题专项治理和加快转变经济发展方式监督检查。榆林市审计局投资审计核减资金8亿元。杨凌示范区审计局首次开展投资审计。

经济责任审计 各级审计机关认真贯彻两办《规定》和省里的配套制度办法，加大与各专业审计“一并审”和任中审计力度，推进党政主要领导干部同步审计，注重审计结果利用。全省共审计2439名领导干部，查出负直接责任和负主管责任问题金额80亿元。咸阳市审计局实现任中审计、同步审计零的突破。杨凌示范区审计局推行领导干部先审计后交接离任制度。

审计整改工作 通过提请政府召开审计整改专题会议，发布审计整改报告、通报、公告，加大审计整改力度。省审计厅首次将向省人大常委会做的审计工作报告全文发布并向社会进行公告。西安市审计局对上年度被审计单位整改情况逐一进行检查。渭南市审计局将经济责任审计以外的项目全部在市政府网站进行公告。延安市审计局会同市纪委制定审计结果执行情况问责问廉问效办法，在当地报纸进行审计结果公告。安康市审计局在社会保障资金审计调查期间促进被审计单位归还原渠道资金4645万元。省政府正式印发《陕西省审计整改暂行办法》，有力推动审计整改工作的落实与深化。

信息化建设 省审计厅制订2012年至2014年审计信息化建设实施方案及配套制度办法，建成农村信用社和地税审计分析系统、3个行业审计项目管理系统、审计项目管理内控系统及被审计单位基础资料数据库查询系统。西安市审计局完善被审计单位信息数据库、财政和税收审计数字化系统。咸阳、渭南市审计局建立全市计算机审计人员用户群，扩大计算机审计覆盖面。延安市审计局搭建大项目审计管理平台，预算执行审计全部应用AO系统并做成实例。铜川、榆林市审计局开展财政联网和信息系统审计。汉中、商洛市审计局开通审计专网站群式网站。安康市审计局初步实现全系统行政管理和审计实施信息化。

相关工作 全省审计机关积极开展学习贯彻十八大精神、“三问三解”（问政于民、问需于民、问计于民，解民忧、解民怨、解民困）、“审计文化书屋”等活动，加强基层组织、学习型机关和精神文明建设。结合贯彻审计准则和省审计厅制定的12项审计业务管理制度，各级审计机关制定修订一批制度，创新审计方法，提高管理水平。狠抓廉政风险防控，实现廉政风险防控机制全覆盖，省审计厅被命名为“全省廉政文化建设示范点”。与省人力资源社会保障厅联合出台正高级审计师评审办法并进行首次评审。继续开展计算机中级和造价师培训，举办新任审计局长等培训班、审计专业学位班。西安市审计局出台人才队伍建设中长期规划和审计文化建设实施意见。咸阳市审计局全面推行干部竞争上岗。宝鸡、渭南市审计局推行重点工作月讲评协调会制度。延安市审计局提请市政府办出台加强县区审计工作意见。榆林、汉中市审计局推行首问负责、限时办结制等。省审计志已通过初审。省审计厅、西安市及长安区审计局被评为全国审计宣传工作优秀和先进单位。安康、咸阳市审计局及彬县审计局被评为省级文明单位。

内部审计　内部审计工作健康发展。全省内部审计机构共审计项目37 026个，促进增收节支11亿元，保障各行业、单位的健康发展。延长油田公司、陕煤澄合矿业公司被评为全国内部审计领军和示范企业。（撰稿人：黄　松）

【西安市审计局】　2012年，西安市审计局人员编制89人，在编101人。局长李永奇，副局长张敏琦、王建军、阎金平，总审计师贺成志，纪检组长李中澍。设有办公室、组织人事处、政策法规处、财政金融审计处、行政事业审计处、农业与资源环保审计处、固定资产投资审计一处、固定资产投资审计二处、企业审计处、社会保障与外资运用审计处、经济责任审计处、审理稽核处、机关党委、监察室。另设有西安市计算机审计信息中心。

审计成果　全市两级审计机关完成审计和审计调查项目630个，查出违规金额138.52亿元、管理不规范金额55.21亿元、损失浪费金额8215万元。促进财政增收节支48.94亿元，其中已上缴财政40.23亿元、减少财政拨款或补贴1.88亿元、归还原渠道资金6.83亿元。核减投资额7.98亿元。挽回和避免经济损失1.14亿元、促进拨付资金到位1.51亿元。向司法和纪检监察机关及有关部门移送处理事项8件。提交审计报告和专项审计调查报告651篇，被批示批转和采用73篇次。报送审计信息815篇，被批示和采用405篇次。提出审计建议1190条，被采纳1033条。促进被审计单位制定整改措施175项，建立健全规章制度44项。7个审计项目和审计综合报告被陕西省审计厅评为优秀项目、优秀综合报告。西安市审计局机关党委被中共陕西省委、西安市委授予“创先争优先进基层党组织”称号。西安市审计局和长安、临潼、未央等10个区（县）审计局被评为2012年度全国、全省审计宣传工作先进单位。

财政审计　对126个预算执行部门单位和104个部门单位的财政决算以及178个行政事业单位的财政收支情况进行审计，并延伸审计151个单位，查出主要问题金额146.42亿元。在西安市本级预算执行审计中，加大对财政收入完整性和项目资金支出及转移支付资金合规性、效益性审计，促进40.02亿元财政资金纳入预算管理。加大税收征管审计力度，查出少征税费4323万元、提前征收2644万元、延缓征收企业税费9812万元、未加收滞纳金65万元，以及对欠税企业未按《中华人民共和国税收征管法》规定向社会公告，涉及税款11 546万元；对1家房地产开发企业执行土地增值税免预征优惠，涉及土地增值税390万元等问题，促进财政资金安全及时足额收缴入库。

社会保障审计　开展民生资金和项目审计（调查）70余个，审计资金总额400亿元。按照审计署的统一安排，对西安市11个区县（开发区）18项社会保障资金筹集、管理和使用情况进行专项审计，查出违规领取低保资金、重复参保以及4.2亿元社会保障资金未及时上缴财政专户、10.42亿元社会保险专户结余资金未按规定保值增值等问题。西安市政府召开专题会议研究审计意见，并批转相关区县和单位整改落实，促进财政补助资金拨付到位178万元，追回被骗取和多支付最低生活保障资金123万元，将符合参保条件的3339人纳入相应社会保障。对西安市本级和长安、临潼、周至、蓝田、户县2010年至2011年度财政扶贫专项资金进行审计，查出问题金额11 965.25万元，促进相关部门加强项目和资金管理，提高民生资金的使用效益，维护城乡居民的切身利益。

固定资产投资审计 开展投资项目审计140余个，重点对西安市行政中心北迁工程、地铁建设项目、李家河水库工程建设项目以及“5·12”灾后重建项目实施跟踪审计，对西安市文理学院第二教学楼、交警指挥中心综合办公楼、农村标准化寄宿学校以及经济开发区廉租房工程进行竣工决算审计，完成西安市中小学校舍安全工程专项审计和建设领域突出问题专项整治情况审计调查，审计投资额180亿元，审减7.98亿元。在西安世界园艺博览会运营期间财务收支审计中，审核各类合同1742份，涉及金额16.7亿元，审减资金2360万元。

经济责任审计 对180个部门单位的195名领导干部和国企负责人进行经济责任审计，查出违规金额7532万元、管理不规范资金2.1亿元，促进财政增收节支223万元。

绩效审计 开展绩效审计项目（调查）近100个，促进提高各类专项资金的使用绩效。重点开展渭河流域西安段城市生活垃圾处理情况审计调查、“三河”（皂河、新河、临河）环境污染和整治情况审计调查、西安市市属国企职工工资增长情况审计调查、西安市污水处理厂投资绩效审计调查、西安市2009年度至2011年度福利彩票基金筹集使用情况绩效审计，从完善体制机制等方面提出审计意见建议，推动西安市生活垃圾处理、环境污染治理、国企职工工资增长等领域的改革发展。

专项资金审计（调查） 开展西安市融资性担保公司2011年至2012年6月运营情况以及为中小企业提供融资性担保情况的专项审计调查，向市政府和相关部门提出7条审计意见和建议，维护金融秩序，促进融资性担保行业的健康发展。对西安工业资产公司所属63户企业2005年至2006年改制成本进行专项核查，审核有政策依据的企业改制成本60.39亿元，核减6.75亿元，维护国家、企业、职工的合法权益，为市政府决策提供依据。 （撰稿人：吴　恒）

【延安市审计局】 2012年，延安市审计局人员编制81人，在编79人。局长李来存（—4月）、呼延鹏（4月—），副局长李海生（—9月）、屈宏、郑春阳（3月—）、刘欢明（9月—），总审计师朱晓冬（—9月）、刘宏伟（9月—），纪检组长齐统贤。设有政秘科、法制科、监察室、财政金融审计科、农业与资源环保审计科、行政事业审计科，市直企业审计处，内部审计管理中心，审计信息中心；经济责任审计局党政事业审计科、企业审计科；审计处行政事业审计科，固定资产投资审计处一科、二科、三科、四科。

审计成果 全市完成审计项目（调查）1274个。审计查出主要问题金额150.66亿元，其中违规金额40.19亿元，损失浪费金额132万元，管理不规范金额110.45亿元。应上缴财政6.15亿元，应归还原渠道资金7750万元，应调账处理金额4.73亿元；核减工程价款5.94亿元。提出审计建议2037条。延安市审计局完成审计（调查）项目137个。审计查出有问题金额122.17亿元，其中违规金额31.36亿元，管理不规范金额90.81亿元。应上缴财政6.03亿元，应归还原渠道资金2287万元，应调账处理3.59亿元。核减工程投资额2.70亿元。

财政审计 完成105个预算执行单位部门的审计，审计查出有问题金额33.26亿元，其中违规变更调整预算239万元，未按规定征收缴纳收入1.74亿元，扩大开支范围或提高开支标准列支4839万元。完成28个县乡财政的决算审计，审计查出有问题金额31.15亿元，其中未按规定纳入预算管理9660万元，未按规定征收缴纳收入1.85亿元，未落实“收支两条线”和专户管理规定1.47亿元，扩大开支范围或提高开支标准列支2543万元。完成534个行政事业单位的财政收支审计（调查），审计查出有问题金额51.85亿元，其中未按规定征收缴纳收入6.53亿元，未落实“收支两条线”和专户管理规定2.52亿元，违规改变项目计划和资金用途2129万元，乱收费乱摊派乱罚款2.37亿元，资金滞留闲置5856万元，扩大开支范围或提高开支标准列支2.88亿元，资金不到位不落实5761万元。

专项资金审计（调查） 完成全市社会保障资金审计和审计调查。查出主要问题金额3.40亿元，其中违规变更调整预算558万元，未按规定少征收、缴存社会保险费和公积金1.78亿万元。被审计署授予“全国社会保障资金审计公务员集体嘉奖”荣誉称号。完成全市87个涉油（气）乡镇的审计，并向市政府上报《关于全市涉油（气）乡镇政府和社区2009年至2011年涉油（气）收支情况审计的综合报告》。市长做重要批示，要求各相关县（区）政府针对审计发现的问题，尽快拿出整改措施，规范油区收费，减轻企业负担，杜绝不正之风，防止腐败问题。完成全市扶贫专项资金、天然林保护工程资金、农村中小学布局调整的审计或调查。

固定资产投资审计 完成521个财政投资项目审计，审计项目投资额57.55亿元，核减工程投资额5.94亿元。其中，延安市审计局对32个财政投资项目进行审计，审计项目投资额46.90亿元，核减工程价款2.7亿元。

经济责任审计 完成477名领导干部的经济责任审计，其中任中审计200人，离任审计277人。审计查出有问题金额52.40亿元，其中违规金额负主管责任金额1.37亿元，负领导责任金额19.52亿元；管理不规范金额负主管责任金额2.73亿元，负领导责任金额28.73亿元。延安市审计局对24名领导干部进行经济责任审计，其中任中审计4名，离任审计20名。审计查出有问题金额46.59亿元，其中违规金额负主管责任金额1077万元，负领导责任金额18.64亿元；管理不规范金额27.84亿元，其中负主管责任金额1034万元，负领导责任金额27.74亿元。

（撰稿人：刘建国）

【铜川市审计局】 2012年，铜川市审计局人员编制48人，在编41人。局长路秦洲，副局长侯东强、季铜章、付俊楼，总审计师刘仁忠，纪检组长段小玲。设有办公室、法规科、审理稽核科、行政事业审计科、财政金融审计科、经贸审计科、农业与资源环保审计科、社会保障审计科，下辖经济责任审计局、内审管理中心、计算机信息中心。陕西省审计厅铜川审计处（铜川市固定资产投资审计局）人员编制14人，在编12人。

审计成果 全市审计机关共完成审计（调查）单位和项目360个，查出违规金额31 758万元，应缴财政210.53万元，应归还原渠道资金4 313.47万元，应调账处理金额16 791.07万元。市本级完成审计（调查）单位和项目55个，审计查出违规金额20 765.79万元，应缴财政139.27万元，应归还原渠道资金782.75万元，应调账处理金额8 330.29万元。向市政府常务会汇报审计情况1次，被领导批示5次，被市级以上刊物转发、刊载的审计信息65篇。被市委授予全市2011年“为民服务零距离”活动先进单位称号，获得审计署全国社会保障资金审计先进集体嘉奖，被评为2011年度和2012年度政风行风建设优秀单位。

财政审计 完成市级预算执行审计和市地税局税收征管审计，查出煤炭价格调节基金和水土流失补偿费征收不到位、稽查应查补收入未及时入库、基金账户会计核算不规范等问题；完成市煤炭局等12个单位预算执行审计；组织实施对12个市级预算执行单位的自查工作，发现存在年初预算编制不科学、追加预算数额较大、部分单位固定资产管理不规范、部分单位车辆超编车辆购置及运行费用超支等问题；完成王益区、宜君县人民政府财政收支审计，查处挤占市级收入、配套资金不到位等问题。《关于铜川市2011年度市级预算执行和其他财政财务收支情况的审计结果报告》被市长批示，并在市政府常务会上进行汇报。

行政事业审计 完成全市中小学布局调整情况调查，发现存在调整撤并农村学校步伐过快、县城学校大班额现象和农村家庭教育支出增加等问题。提交的《我市农村中小学布局调整中存在的问题不容忽视》的送阅件被副市长批示。完成市级2011年度城市维护建设资金征收管理使用情况的审计，查处自来水公用事业附加费未征收、公共汽车公用事业附加费征收不到位和被挤占挪用等问题。

农业与资源环保审计 完成全市扶贫专项资金审计，查处挤占专项资金、违规发放补助和滞留、套取专项资金等11类问题。《关于全市2010年至2011年扶贫专项资金管理使用效益情况的审计综合报告》被市长批示，提交的《全市扶贫专项资金管理有待进一步加强》的送阅件被副市长批示。完成全市库区水利移民搬迁专项资金审计调查，查处配套资金不到位和滞留专项资金等问题。

固定资产投资审计 完成全市中小学校舍安全工程专项审计，发现部分项目建设未及时到位资金534万元、多计工程价款570.87万元、调整计划未批复项目13个。完成深化工程领域突出问题专项治理审计，全市审计机关对42个政府投资建设项目进行审计，审计投资总额2.16亿元，查出资金来源不合规、多计工程价款和“四制”执行不到位等8类76个问题，节约建设资金1411万元，追回工程价款12.96万元。完成药王山主题灯光音乐演艺亮化工程和市新耀污水处理及回用工程项目生产调度中心等7个竣工决算审计，核减工程造价3 587.51万元。完成药王大道、新区锦绣园小区廉租住房等4个项目的跟踪审计，核减工程造价2500万元。按照审计署统一部署，实施全市城镇保障性安居工程跟踪审计，已完成全市保障房项目建设计划审计，调查取得财政、住建部门的目标任务、资金拨付等基本数据。

社会保障审计 完成对4个区县社会保险基金、社会救助资金和社会福利资金等社会保障资金审计，重点检查基本养老保险基金、基本医疗保险基金和最低生活保障资金。查处和揭露选择性参保、重复参加各项社会保险、不符合保障条件的人员违规享受待遇等问题。

企业审计 按照省审计厅的授权，完成陕西省红石岩煤矿2011年资产负债损益审计，查出违规金额784.21万元，管理不规范金额2 505.82万元。完成市开发投资有限公司、市公交公司2011年资产负债损益审计，查出违规金额12.26万元，管理不规范金额2112.69万元。

经济责任审计 完成15名县级领导干部经济责任审计。首次开展对县委书记、县长同步审计。查处违规金额16 354万元，管理不规范金额14 805万元。完成全市2008年1月至2011年12月份经济责任审计经验成果资料的汇总、统计和上报工作。印发《铜川市党政主要领导干部和国有企业领导人员经济责任审计实施办法》，制定《铜川市经济责任审计工作领导小组办公室工作规则》和《铜川市经济责任审计工作领导小组联络员制度》等经济责任审计规范性文件。

内部审计 召开市内部审计协会二届三次理事会议，开展国有企业内部审计工作调研活动。积极做好内部审计人员后续教育工作，组织20人次参加中国内部审计协会和省内部审计协会组织的各种后续教育培训学习。组织全市“内部审计质量管理”专题征文活动，召开理论研讨暨论文评审会，向省内部审计协会推荐3篇理论文章。

（撰稿人：王书胜）

【渭南市审计局】 2012年，渭南市审计局人员编制73人，在编73人。局长王俊杰，副局长马德民、王忠义、朱福秦、胡振江，总审计师李美娟，纪检组长袁崇义。设有办公室、监察室、法制科、财政金融审计科、行政事业审计科、经济责任审计处、农业与资源审计科、经贸与社保审计科、固定资产投资审计科、驻渭单位审计科、计算机信息中心、内审管理中心、后勤管理中心。

审计成果 全市审计机关完成审计项目893个，审计查出违规金额226 083万元，应上缴财政24 538万元，应减少财政拨款或补贴130万元，应归还原渠道资金53 725万元，应调账处理金额30 438万元；已上缴财政1615万元，已减少财政拨款或补贴86万元，已归还原渠道资金2039万元，已调账处理金额3786万元。提出审计建议2170条，被采纳1524条，提交审计专题、综合报告293份，被批示采用146份。

财政审计 完成审计单位189个，查出违规金额130 160万元。市审计局完成对市财政局、地税局等10个预算执行单位的审计，并组织市级40个预算单位进行内部审计自查和重点抽查。完成华县、白水县、经济开发区2011年度财政决算审计，2011年和2012年市本级政府性基金收入审计调查。

社会保障审计 按照上级的统一部署，市审计局统一组织，采取市县联动、交叉审计的方式，对11个县（市、区）2005年以来12类18项社会保险、社会救助、社会福利资金进行审计，摸清全市社会保障资金总体情况，揭示全市社会保障政策执行、社会保障资金筹集和使用、社会保障业务管理等方面存在的问题，查出违规金额23 224万元。

专项资金审计（调查） 共完成行业和专项资金审计（调查）单位67个，审计专项资金总额225 043万元，查出违规金额12 240万元。

行政事业审计 完成574个行政单位的财务

收支审计，查出违规金额 45 544 万元，管理不规范金额 18 560 万元，损失浪费金额 332 万元。

经济责任审计　完成党政领导干部和企业领导人员经济责任审计项目 156 个，审计经济责任人 170 名，查出违规金额 8357 万元，管理不规范金额 9954 万元。

固定资产投资审计　完成固定资产投资审计项目 128 个，查出违规金额 4783 万元，核减工程造价 7282 万元。

企业审计　审计国有企业 8 户，查出违规金额 317 万元，管理不规范金额 256 万元。

内部审计　渭南市现有内部审计机构 106 个，其中专职机构 70 个，内部审计人员 242 人，其中专职人员 139 人。全年完成审计项目 656 个，促进增收节支 3917 万元，提出建议被采纳 943 条。

（撰稿人：马笃祥）

【咸阳市审计局】　2012 年，咸阳市审计局人员编制 69 人，在编 68 人。局长刘爱侠，副局长何初国、焦文治（—6 月）、张建伟（6 月—）总审计师樊延平，纪检组长姚广迎（—6 月）。设有秘书科、法规科、财税审计科、金融外资审计科、经济责任党政审计科、经济责任企事业审计科、农业与环保资源审计科、固定资产投资审计科、行政事业审计科、经贸企业审计科、社会保障审计科、陕西省咸阳审计处一科、陕西省咸阳审计处二科、纪检监察室、咸阳市内部审计管理中心。

审计成果　全市审计机关完成审计项目 1350 个，查出违规金额 295 069 万元，应上缴财政 727 万元，应减少财政拨款或补贴 4703 万元，应归还原渠道资金 25 914 万元，应调账处理金额117 845 万元；已上缴财政 889 万元，已减少财政拨款或补贴 4703 万元，已归还原渠道资金 25 914 万元，已调账处理金额 117 845 万元。移送司法机关、纪检监察部门处理事项 1 件，建议有关部门处理事项 1 件。提交审计报告、信息 1965 篇，被采用 612 篇。

财政审计　全市审计机关完成 2011 年度本级预算执行情况和其他财政收支审计任务 86 个，财政决算 66 个，查处主要问题金额 7.08 亿元。分别向同级人大常委会做审计工作报告，并对 2010 年度市级预算执行和其他财政收支情况审计问题及时督促整改。组织市委办公室、市委组织部等 23 个预算执行单位开展内部审计自查，综合报告得到市政府主要领导的批示。秦都区、永寿县、彬县等县区也组织部分单位进行内部审计自查，针对抽查中存在的问题提出审计意见和建议。

社会保障审计　完成 13 个县市区社会保险基金、社会救助资金和社会福利资金审计，基本摸清全市社会保障情况，揭示社会保障资金筹集、管理、使用等方面的问题，查出违纪违规金额 5000 余万元。市政府高度重视，召开专题整改会议，落实整改措施。配合协调省审计厅对市本级社会保障资金的审计。咸阳市审计局成为审计署全国社会保障资金审计先进公务员集体。

行政事业审计　根据省审计厅授权，完成陕西中医学院第一附属医院、陕西省核工业二一五医院 2011 年度财务收支情况的审计。对咸阳仲裁委员会、妇幼保健院财务收支进行审计。各县市区审计局对 209 个行政事业单位进行审计或审计调查，揭示事业单位财务收支和财务管理中存在的薄弱环节和突出问题，提出加强财务管理和整改的意见及建议。

经济责任审计　市县两级审计机关认真贯彻落实上级对领导干部经济责任审计的新要求，出台实施办法、评价办法、分类办法，调整健全组织机构。完成 316 名领导干部的任期经济责任审计。其中，任中审计 82 名，离任审计 234 名；县处级领导干部 18 名，科级 282 名，地方企业、金融机构等领导 16 名。首次开展对渭城区、长武县书记县区长任期内同步审计。

固定资产投资审计　全市完成重点建设项目、中小学校舍安全工程、灾后重建项目审计 474 个，查出问题金额 2.17 亿元，核减投资额 3 亿多元。对市级重点项目广电中心、上林苑大桥、兰池大道等核减概算 2.56 亿元。

企业审计　完成陕西秦稷粮业科技集团有限公司和市区 4 户供热企业 2011 年度资产负债损益审计，对企业效益进行分析评价，为政府解决全市供热问题提供参考。乾县、长武县、兴平市根据本地情况，对 23 户国有控股企业实施审计。

专项资金审计（调查）　完成扶贫专项资金、库区水利移民搬迁专项资金、渭河流域综合治理、公积金征收管理和使用情况等50个单位的审计或审计调查，涉及资金8.74亿元。根据审计署安排，完成对永寿县、武功县、三原县、乾县和彬县中小学布局调整情况的专项审计调查。根据市人大和政府安排，完成市城投公司债券资金的管理使用和市本级城建系统债务专项审计及市级一级预算单位往来账项清理工作的专项调查，提出防范和化解风险的意见和建议。

计算机审计　市县两级加强审计信息化建设。组织计算机初级应用专题培训班；12个县区达到省、市、县（区）“三级联通”。彬县被确定为全省审计信息化建设试点县。礼泉县、武功县投资10多万元更新购置办公电脑、打印机等。全市完成计算机辅助审计项目130个，上报省审计厅参加AO应用实例评选项目69个，57个项目获得表彰，其中有5个项目获得省优秀奖、2个项目获审计署应用奖；秦都区获省优秀奖1个、署应用奖1个；彬县获省优秀奖1个。

（撰稿人：王　峰）

【宝鸡市审计局】　2012年，宝鸡市审计局人员编制65人，在编68人。局长高海（—4月）、景东成（4月—），副局长陈金仓、王兴英、汪彩玲、刘红霞，总审计师谭鸿彬，纪检组长陈科林。设有办公室、法规审理科、内审管理科、财政金融审计科、行政事业审计科、农业与资源环保审计科、固定资产投资审计一科、固定资产投资审计二科、企业审计科、社会保障审计科、经济责任审计处、省审计厅驻宝鸡审计处、监察室、机关党委。

审计成果　全市审计机关完成审计项目567个、审计调查项目25个，查出违规金额45 526万元，应上缴财政1306万元，应减少财政拨款或补贴158万元，应归还原渠道资金41 532万元，应调账处理金额53 705万元；已上缴财政727万元，已减少财政拨款或补贴41万元，已归还原渠道资金11 007万元，已调账处理金额37 169万元。提交审计报告、信息386篇，被采用202篇。

社会保障审计　完成社会保障资金审计，审计资金总额33.6亿元，在全面摸清社会保障资金收支、结余规模的基础上，查处资金管理等方面突出问题22个，收缴财政24万元。市委、市政府于8月9日专题召开全市社会保障资金审计整改交办会，责成相关部门认真研究整改。宝鸡市审计局被审计署评为全国社会保障资金审计公务员集体三等功。

财政审计　完成80个市级一级预算部门的审计和自查，覆盖面达到100%。审计查出违规金额14 354万元，管理不规范金额2044万元；对渭滨区、眉县、岐山县、千阳县等4县区2011年度财政决算进行审计，查出违规金额8863万元，管理不规范金额15 229万，上缴财政48万元。

固定资产投资审计　完成宝鸡石鼓公园、宝鸡展览馆等政府重大投资项目的跟踪审计。完成市交警支队综合楼、陕西西部物流仓储园工程、市中心医院污水处理厂工程、市高速客运中心工程、冯家山水库工程等重点基础设施建设项目的决算审计。完成灾后重建竣工决算审计项目86个。全市共送审决算金额4.3亿元，审定决算金额4亿元，核减资金3470万元。

农业与资源环保审计　完成扶贫专项资金审计、库区移民资金审计、渭河流域专项资金审计，审计共查出违规金额2395万元，收缴资金54万元。

行政事业审计　完成市教育局、市文化广电新闻出版局预算执行审计，对陇县、麟游、凤翔、太白等四个县农村中小学布局调整审计调查和宝鸡中学、市公安局经侦支队、县区环保局财务收支情况进行审计。全年查出违规金额39万元，收缴违纪资金44万元。共审计会议费533次，审计会议费金额1785万元，核减会议费230万元，会议费审计情况被《宝鸡日报》头版头条报道，多家报刊媒体进行转载，陕西卫视《陕西新闻》栏目进行报道，在社会上引起强烈反响。

企业审计　完成兴业交通（集团）发展有限公司和大新面粉有限责任公司绩效审计，陕西西凤酒厂、渭河工模具总厂、市纺织品总公司和天润金属物流有限公司领导任期经济责任审计，审计查出管理不规范金额9139万元，上缴财政142万元。对陕西西凤酒厂计算机审计AO实例获审计署应用奖，对兴业交通公司等3个审计项目AO实例获审计署鼓励奖。

经济责任审计　制定《宝鸡市党政主要领导干部和国有企业领导人员经济责任审计实施办法》

《宝鸡市党政主要领导干部和国有企业领导人员任期经济责任审计评价办法》和《宝鸡市市本级经济责任审计对象分类管理办法》，并以市委、市政府文件予以印发。进一步调整加强市经济责任审计工作领导小组及办公室，夯实经济责任审计组织领导。紧紧围绕贯彻落实转变经济发展方式各项政策措施、县区党委政府换届工作，重点对1个县区党政“一把手”，5个市级部门、7个事业单位主要领导和3个国有控股企业主要领导人员进行经济责任审计，共查出违规金额2592万元，管理不规范金额8144万元。

其他审计 完成陕西省审计厅授权的对陕西四〇九医院、陕西群力电工有限责任公司的财务收支审计。完成市政府交办的8项审计工作，南坡绿化工程、知秋园、体育局绿化工程为最终结算提供依据，并审减42万元，审减率达30%，仲裁委、市政府二招、市公交公司、森林防火工程和6个专项资金的审计结果为争取资金、争取项目做好审计服务。

内部审计 4月，宝鸡市内部审计协会第二届领导班子换届。6月21日，在宝鸡市石油机械股份有限公司召开全市首届优秀内部审计项目评审及表彰工作会议。 （撰稿人：李志军）

【汉中市审计局】 2012年，汉中市审计局人员编制44人，在编47人。局长庄长宁（6月—）、黄生怀（—6月），副局长吴加录、黄中利、赵明华，总审计师陈文红，纪检组长曹华（3月—）。设有经济责任审计处、办公室、监察室、综合法制科、经贸审计科、中央省属企事业审计科、财政审计科、行政事业审计科、农业与资源环保审计科、固定资产投资审计科、社会保障资金审计科、外资运用审计科、机关事务所。

审计成果 完成审计项目119个，查出违规金额143 882万元，已上缴财政98万元，审计后挽回或避免损失1207万元，核减投资额4926万元，提出审计建议308条。

财政审计 完成市级预算执行情况审计，对汉台、略阳、宁强3县区财政决算进行审计；对上年预算执行和其他财政财务收支审计查出问题的整改情况进行督促检查。

行政事业审计 完成市城乡建设规划局等8个单位财务收支审计，对城固、洋县、略阳、宁强4县农村中小学布局调整进行专项审计调查。

农业与资源环保审计 完成市石门水库管理局、市林业局黎坪实验林场财务收支审计和专项资金审计；对市本级扶贫资金进行审计；对市库区移民搬迁资金进行审计调查；对市国土局、扶贫办“三公经费”进行专项审计；对西乡县国土局和略阳县九中金镇、接官亭镇土地整理项目、湑惠渠老牛沟水库项目资金、石门灌区2010年续建配套节水改造项目进行竣工决算审计。

固定资产投资审计 完成市国土局办公楼等3个项目财务决算审计，市保障性住房康居家园等5个项目跟踪审计，城固县东郊小学教学楼等19个建设项目竣工决算审计。完成10个地震灾后恢复重建项目审前调查。

社会保障审计 根据国家审计署统一安排，完成全市11县区社会保障资金审计；完成市妇幼保健所、市慈善协会、市福利彩票发行中心财务收支审计；完成对市民政局等3个单位“三公经费”专项审计。

企业审计 完成陕西建工集团第十建司、汉中市汽车运输总公司、汉中市盐业公司资产负债损益审计；完成省无线电管理委员会汉中管理处、汉中秦巴实业公司、佛坪县交通局财务收支审计；对市江南污水处理厂工程项目进行审计。

经济责任审计 完成市直行政事业单位领导、县区党政领导、市直国有及国有控股企业领导人员经济责任审计项目40个。 （撰稿人：袁怀兰）

【榆林市审计局】 2012年，榆林市审计局人员编制67人。局长乔乃章（—7月）、张宇（7月—），副局长吕登榜、高林、强少炜、冯占廷，总审计师张随平，纪检组长贺占彪。设有政秘科、法规科、财政金融审计科、行政事业审计科、社会保障审计科、农业与资源环保审计科、教科文审计科、企业审计科、开发区审计科、党总支、工会、固定资产审计处、经济责任审计办公室。

审计成果 全市共审计和审计调查项目1631个，查出违规金额361 413万元，管理不规范金额1 427 802万元，损失浪费金额5600万元，上缴财政12 685万元，核减投资额179 553万元。向纪检、监察部门移送案件1起。向被审计单位提出建议 3353 条，被采纳审计建议 2746 条，促进制定整改措施和规章制度 71 条。提交审计专题、综合性报告和信息简报 102 篇，被批示、采用审计信息 38 篇。全市对 458 名党政领导和企业领导人员进行经济责任审计，查出违规金额 39 108万元。

预算执行审计　完成 23 个市级预算执行单位审计。重点关注预算执行效果和部门行政管理成本，把财政资金投入与项目进展、事业发展以及政策目标实现统筹考虑，综合部门使用财政专项资金的经济效益、社会效益、生态效益，促进提高预算分配和执行的公开透明。

专项资金审计（调查）　完成全市社会保障资金、保障性住房建设资金、扶贫专项资金、陕北天然林防护资金、新农村建设资金等 14 个专项资金审计，查出问题金额 53 683 万元。

固定资产投资审计　全市共审计工程项目 989 个，审计项目投资额 1 084 260 万元，查出主要问题金额 174 487 万元，核减工程概决算 61 377 万元。

企业审计　全市审计机关以维护国有企业资产安全、促进可持续发展为目标，积极探索企业绩效审计的新路子。在审计过程中，注重企业审计与经济责任审计、绩效审计相结合，揭示效益方面的问题。全市共审计 21 户国有及国有控股企业，查出问题金额 90 945 万元。

经济责任审计　在审计中重点关注领导干部履行经济责任以及在工作中执行制度规定和贯彻落实中央、省、市政策情况。领导干部的经济责任审计与财政收支审计相结合，与其所领导部门的预算执行审计相结合，提高审计效益。

相关工作　全市审计机关以各种方式喜迎十八大胜利召开。以讴歌党的丰功伟绩为主题，以各种学习活动为载体，以提高党员干部素质和政治坚定性为目的，开展一系列形式多样的教育活动。认真开展“争先创优”“三问三解”“五个集中整治”“万民干部下乡”、榆林市第二届青年审计论坛等活动，进一步提升审计人员自身素质，提高机关管理水平。　（撰稿人：钞治邦）

【安康市审计局】　2012 年，安康市审计局人员编制 53 人，在编 51 人。局长杜保华，副局长陈国进、陈建国、张本财、刘昕玫，总审计师刘际和，纪检组长兰天安。设有政办科、法制科、行政事业审计科、农业与资源环保审计科、财政金融审计科、基建投资审计科、经贸社保审计科、计算机审计技术中心、监察室、省属企事业审计处和经济责任审计处。

审计成果　全市共审计项目（单位）571 个（其中预算执行单位自查及抽查 120 个），查出违规金额 42 064 万元，管理不规范金额 231 343 万元，损失浪费金额 57 万元；审计决定上缴财政 3367 万元，减少财政拨款或补贴 32 012 万元，归还原渠道资金 16 085 万元；核减工程造价 4478 万元。移送纪检监察机关处理案件 1 件。提出审计建议 1012 条，被采纳 824 条，促进被审计单位制定整改措施 125 项，健全规章制度 50 项。提交工作报告、信息 184 篇，被批示、采纳 65 篇。

社会保障审计　全市审计机关对安康市 10 县区社会保险基金、社会救助资金和社会福利资金等社会保障资金进行审计，并延伸调查 80 家企业、28 个村（居）委会和 11 家医院、1 家乡镇卫生院、1 家村卫生室。审计调查资金总额 417 787.5 万元，查出违法违规金额 12 169.81 万元，其中财政部门配套资金未到位 15.1 万元，审计调查期间促进资金归还原资金渠道 4 644.52 万元。

财政审计　完成 2011 年度本级财政预算执行审计和部分县区财政决算审计。并在向人大常委会提交的审计工作报告中提出 4 条加强预算执行和其他财政收支管理的意见。

固定资产投资审计　完成建设项目审计 103 个，审计金额 134 094 万元；查出各类违规金额 14 585 万元，核减投资额 4398 万元。对灾后重建项目、限价商品房建设项目、保障性住房项目、工业园区政府投资项目、安康城区东坝防洪工程项目、安康市造林绿化工程项目等重点工程、民生工程全面实行跟踪审计。对跟踪审计中发现的问题，及时发出审计建议书 24 份，95%的问题得到纠正，其他问题正在整改纠正之中。

经济责任审计　完成 16 名乡（镇）党委书记、乡（镇）长和部门同步经济责任审计，同步审计逐渐成为经济责任审计工作的重要组织方式。将领导干部经济责任审计进行统筹安排并纳入年初计划，对审计任务进行合理的配置，将经济责任审计与财政财务收支审计或预算执行审计相结合，既节约时间又降低审计成本。完成 111 个部门和单位领导干部的任期经济责任审计，查出各类违规资金 2285 万元，其中负直接责任金额 138 万元，负主管责任金额 755 万元，负领导责任金额 1391 万元；管理不规范金额 10 103 万元，其中负直接责任金额 601 万元，负主管责任金额 7323 万元，负领导责任金额 2178 万元。

专项资金审计（调查） 完成中小学校舍安全审计，社会保障资金审计，扶贫专项资金审计，库区水利移民搬迁专项资金审计调查，保障性住房建设专项资金审计调查，工商行政管理和质量技术监督行业审计，交警、海事等九个行业和专项资金的审计和审计调查，并对有关行政事业单位进行常规财务收支审计。共审计单位 239 个，查处各类违规金额 24 781 万元。

（撰稿人：刘志辉）

【商洛市审计局】 2012 年，商洛市审计局人员编制 52 人，在编 44 人。局长卫星，副局长赵晓伟、徐丹红，总审计师郭正，纪检组长于天翔。设有办公室、法规科、监察室、财政金融审计科、固定资产投资审计科、经贸审计科、行政事业审计科、农业与资源环保审计科、社会保障审计科、经济责任审计科及内部审计指导管理中心、计算机信息中心、陕西省审计厅审计处办公室、审计一科、审计二科。

审计成果 全市完成审计项目 419 个，审计调查项目 8 个。审计查出违规金额 85 588 万元，应上缴财政 5350 万元，应减少财政拨款或补贴 956 万元，应归还原渠道资金 48 448 万元，应调账处理金额 14 627 万元；已上缴财政 1088 万元，已减少财政拨款或补贴 17 万元，已归还原渠道资金 7132 万元，已调账处理金额 7433 万元。向有关部门移送处理 1 人，建议相关部门处理 2 人。被采纳审计建议 658 条，促进制定整改措施 199 项，提交审计专项、综合性报告 50 份。

财政审计 完成镇安、商南两县及 80 个乡镇 2011 年财政决算审计，审计查出预算编报不真实不完整 1390 万元，违规变更调整预算 170 万元，未按规定纳入预算管理 11 140 万元，未按规定征收缴纳收入 532 万元，未执行“收支两条线”和专户管理 2539 万元，违规改变项目计划和资金用途 296 万元，资金滞留闲置 485 万元。

行政事业审计 完成 81 个行政事业单位审计，查出未落实“收支两条线”和专户管理资金 532 万元，违规改变项目计划和资金用途 474 万元，乱收费乱摊派乱罚款 148 万元，资金滞留闲置 1090 万元，违规使用发票 210 万元，扩大开支范围或提高开支标准列支 6642 万元，违规采购 944 万元，配套资金不落实 167 万元。

农业与资源环保审计 完成 2009—2010 年度促进农民增收七大工程及“菜篮子”项目审计查出问题的整改落实，促进下拨滞留七大增收工程资金 3720 万元。制定《商洛市审计局关于进一步做好巩固退耕还林成果建设项目资金审计监督的意见》。完成城区五个项目土地征收供应情况财务收支审计，审计资金 7202 万元、核减地价成本 869 万元、无依据提取村留公益金 158 万元、违规发放津补贴 26 万元、未及时拨付或兑现补偿费 1793 万元，移送相关单位处理 1 人。

固定资产投资审计 完成商鞅大道工程跟踪审计项目、市住建局城建大楼、市审计局综合办公楼工程竣工决算等 81 个投资项目（单位）审计，核减投资额 5305 万元。完成工程建设领域突出问题专项治理和转变经济增长方式监督检查以及中小学校舍安全工程审计。

社会保障审计 完成县区政府及其所属人力资源社会保障、民政、卫生、财政等部门，社会保险经办机构、地税、残联等单位审计，并延伸调查 56 家企业、14 个村（居）委会和 7 家医院。审计查出未按规定征收、缴存社会保险费和住房公积金 2717 万元，违规发放住房公积金贷款 1726 万元，医疗保险未按规定标准及范围支出 18 万元。

经济责任审计 完成 213 名领导干部任期经济责任审计。审计查出领导干部负直接责任金额 860 万元，负主管责任金额 5181 万元，负领导责任金额 1484 万元。促进归还原渠道资金 328 万元，收缴财政 85 万元。

专项资金审计（调查） 完成全市社会保障专项资金、全市库区移民专项资金、扶贫资金等 19 个审计（调查）项目，查出各类违规资金 6598 万元。

（撰稿人：赵飞虎）

2012年陕西省所辖区、县(市)级审计工作统计表

金额单位:万元

审计机关	完成审计项目(个)	查出违规金额	应上缴财政	应减少财政拨款或补贴	应归还原渠道资金	应调账处理金额	移送司法、纪检、监察部门处理(件)	建议有关部门处理(件)	出具审计报告和审计调查报告(份)	提出审计建议(条)	撰写审计信息(篇)
西安市											
西安市本级	56	1593217	448530	1159	21539	128034	2	3	58	187	401
未央区审计局	35	8258	281		90				58	76	
莲湖区审计局	26	13345	34	2583	522	1426	1		27	72	15
新城区审计局	20	18900	2368		25				21	41	14
碑林区审计局	91	10751	26		906				92		
灞桥区审计局	39	36457	11		1893				40	55	81
雁塔区审计局	45	8566	40		1048	607			46	123	24
阎良区审计局	62	26957	929		2225	19948			63	54	7
临潼区审计局	46	65467	97		310	2			47	66	3
长安区审计局	56	38165	25						67	149	16
蓝田县审计局	46	3720	299		422	737			47	85	14
周至县审计局	30	17263	16		1947	165			31	45	45
户县审计局	36	43332	3		22706				37	58	13
高陵县审计局	42	52888	83			7249			43	128	
延安市											
延安市本级	137	313600	60287		2287	35931			137	320	50
宝塔区审计局	102	4230	28	768	165	734			102	221	4
延长县审计局	31	586	186						31		31
延川县审计局	90	2255							90	121	
子长县审计局	102	2503	23						102	249	2
安塞县审计局	263	12505	73						263	127	
志丹县审计局	107	7224	21		6	35			82	225	
吴起县审计局	82	23217	42	6762		100					
甘泉县审计局	106	9254	7		4024				106	197	
富县审计局	54	964	42			10473			54	122	4
洛川县审计局	10	15			400				10	2	
宜川县审计局	66	2303	36		2329	12			66	139	27
黄龙县审计局	39	6229			436	29			39	105	10
黄陵县审计局	96	20719	714		3673				96	237	
铜川市											
铜川市本级	55	20766	139		783	8330			55	74	65
耀州区审计局	155	8507	35		1403	7704			155	36	35
王益区审计局	12	131	17	27	67	23			12	27	16

续表

审计机关	完成审计项目(个)	查出违规金额	应上缴财政	应减少财政拨款或补贴	应归还原渠道资金	应调账处理金额	移送司法、纪检、监察部门处理(件)	建议有关部门处理(件)	出具审计报告和审计调查报告(份)	提出审计建议(条)	撰写审计信息(篇)
印台区审计局	105	1843	11		1795	727			105	179	19
宜君县审计局	33	510	8		266	7			33	73	70
渭南市											
渭南市本级	53	163950	7375	130	47765	22974			53	163	126
临渭区审计局	107	12009	233		248	778			107	579	43
华阴市审计局	68	849	80						68	12	34
韩城市审计局	92	4715	1560		924	55			92	170	68
华县审计局	111	9332	5633			3			111	225	32
潼关县审计局	69	1628	49		34	33			69	14	31
大荔县审计局	33	3571	117		13				33	96	36
蒲城县审计局	58	11164	305		195				58	288	41
澄城县审计局	67	4645	135		329	210			67	11	37
白水县审计局	83	6178	312		1334	6141			83	168	54
合阳县审计局	71	3840	494		343	133			71	45	48
富平县审计局	76	4172	8245		2540	111			76	399	56
咸阳市											
咸阳市本级	58	71969	80	568	14478	99366			58	63	51
秦都区审计局	42	2796	50		113				42	15	2
杨陵区审计局											
渭城区审计局	78	6635	5		65	25			78	44	13
兴平市审计局	126	14134	49	457	59	779			126	301	141
三原县审计局	68	2148	50	1	5	1			68	22	12
泾阳县审计局	61	5526	17	580	101	38			61	208	31
乾县审计局	216	12304	58		538	335			216	275	40
礼泉县审计局	73	12578	45	574	70	4468			73	270	2
永寿县审计局	129	2124	76		6743	3947			129	255	202
彬县审计局	130	12094	126	1592	140	396			130	77	39
长武县审计局	115	30746	78			7778			115	150	15
旬邑县审计局	78	1717	56				1	1	78	159	8
淳化县审计局	82	4045	10	37	3489	204			82	214	40
武功县审计局	106	2503	27	894	113	508			106	145	7
宝鸡市											
宝鸡市本级	113	20274	351		28	20690		1	116	225	142

续表

审计机关	完成审计项目（个）	查出违规金额	应上缴财政	应减少财政拨款或补贴	应归还原渠道资金	应调账处理金额	移送司法、纪检、监察部门处理(件)	建议有关部门处理（件）	出具审计报告和审计调查报告(份)	提出审计建议（条）	撰写审计信息（篇）
金台区审计局	20		2		1	534			26	70	8
渭滨区审计局	19	4691	65		89	3297			19	43	11
陈仓区审计局	53	3	5		92	1323			53	83	14
凤翔县审计局	37	6029	28	77	10401	4618			37	25	8
岐山县审计局	59	282	38		68				59	133	10
扶风县审计局	36	457	334		7	21476			49	63	25
眉县审计局	66	316	50		76	117			95	121	20
陇县审计局	37	877	14		783	611			44	35	18
千阳县审计局	38	10012	3		731	813			38	73	2
麟游县审计局	49	2302	386	81	1235	140			64	86	10
凤县审计局	35	153	5		19	64			42	182	21
太白县审计局	30	130	23		853	21			45	32	66
汉中市											
汉中市本级	80	10966	152	228	367	11667			90	191	126
汉台区审计局	68	7449	84		468	645			68	121	61
南郑县审计局	112	1795	224	112	29115	3248			112	482	34
城固县审计局	160	3023	84		1837	75			160	181	16
洋县审计局	174	313	29	8		3			214	207	17
西乡县审计局	85	1510	16		1467	2350	2	2	85	97	49
勉县审计局	93	58	25		197	305			93	183	18
宁强县审计局	72	1459	19		1833	784			72	454	9
略阳县审计局	82	588	52	19	1008	2			82	98	15
镇巴县审计局	83	1573	90	362	1	528			83	78	30
留坝县审计局	47	1708	1	501	204	2661			47	58	15
佛坪县审计局	83	132		39	18	174			83	168	45
榆林市											
榆林市本级	144	137671	2390	890	3688	3946	1		144	484	30
榆阳区审计局	173	10630	502		2437	8			173	508	
神木县审计局	103	14013	3903	1010	8	14			103	234	
府谷县审计局	251	11546	22						251	368	
横山县审计局	115	153140	1017		1325	147980			115	306	
靖边县审计局	185	409	19						185	424	12

续表

审计机关	完成审计项目（个）	查出违规金额	应上缴财政	应减少财政拨款或补贴	应归还原渠道资金	应调账处理金额	移送司法、纪检、监察部门处理（件）	建议有关部门处理（件）	出具审计报告和审计调查报告（份）	提出审计建议（条）	撰写审计信息（篇）
定边县审计局	62	19381	3802	49075		929			62	280	22
绥德县审计局	47	5689	355	486	651	4674			47	4	2
米脂县审计局	94	797	47		115	267			94	97	
佳县审计局	61	775	4	1511	6111	2715			61	195	1
吴堡县审计局	60	675	28						60	56	
清涧县审计局	182	3698	66	27	729	190			182	149	29
子洲县审计局	154	2983	524	1891	796	2			154	248	6
安康市											
安康市本级	76	10670	125	91	22190	4573			81	246	37
汉滨区审计局	47	6896	217		4493	946			47	31	13
汉阴县审计局	45	1161	65	26	247	271	1		52	99	30
石泉县审计局	34	1738	45	450	2000	1100	1		34	86	1
宁陕县审计局	20	906	138		156	142			20	17	
紫阳县审计局	55	1387	2676	31453	479	2250	3		56	68	1
岚皋县审计局	21	3396	1469		1927	6085			24	54	
平利县审计局	61	5180	10		525	139			61	68	7
镇坪县审计局	34	119	6		1773	1008			34	70	3
旬阳县审计局	38	1587	372	115	3314	8	1		38	76	57
白河县审计局	34	3	3		108	1295			34	115	
商洛市											
商洛市本级											
商州区审计局	50	3467	21		17	19			50	231	
洛南县审计局	103	25938	180		173	3			130	281	7
丹凤县审计局	40	2182	169		45	105			56	52	6
商南县审计局	41	7196	42		287	8			58	94	26
山阳县审计局	59	33656	2598	946	2518	8568			72	131	54
镇安县审计局	56	5610	29		8728	1173			56	118	51
柞水县审计局	14	960	11		53	459			15	32	

甘肃省

【甘肃省审计厅】 2012年，甘肃省审计厅人员编制221人，在编217人。设有办公室、法规处、内部审计监督处、社会审计核查处、经济责任审计办公室、经济责任审计一处、经济责任审计二处、经济责任审计三处、财政审计处、行政事业审计处、农业与资源环保审计处、固定资产投资审计一处、固定资产投资审计二处、金融审计处、企业审计处、社会保障审计处、外资与运用审计处、人事处、老干处、机关党委、监察室和服务中心、科培中心、信息中心。

领导成员

厅　　长：何振中

副 厅 长：郝发忠　边　恺

　　　　　成荣生　张　冰

总审计师：李洁丽（12月—）

纪检组长：王建设

审计成果 全省共完成审计和审计调查项目7212个（其中省审计厅完成109个），查出违规金额49.6亿元，管理不规范金额841.5亿元，损失浪费金额2199万元，核减工程投资10.3亿元；通过审计处理，上缴财政13亿元，促进增收节支51.8亿元；向司法和纪检监察等部门移送案件线索17件，移送处理5人；向有关部门移送事项40件；向各级党委、政府和上级审计机关提交综合报告、专题审计报告、调研、信息5694篇次，被采用和批示3434篇次；向被审计单位提出审计建议11 601条。

财政审计 各级审计机关共对1110个部门和单位的预算执行情况进行审计。审计厅主要对财政厅、卫生厅、文化厅、国资委、地税局、广电局、新闻出版局、安监局、地矿局和科学院等10个单位的预算执行情况进行审计，对嘉峪关、酒泉、平凉3市政府财政收支情况进行审计。揭示和反映省级财政对市县转移支付资金提前告知比例较低、行政事业单位资产配置预算约束力不强、部分政府集中采购资金结余较多、财政扶持企业的部分专项资金效益不佳、被挤占挪用和滞留专项资金、固定资产管理不规范等问题。提出深化财政预算改革、加强绩效考评、积极推进预算公开等建议。在预算执行审计中，各级审计机关均向同级政府提交本级预算执行审计结果报告，向同级人大常委会做预算执行情况的工作报告，并以不同形式公告审计结果，引起被审计单位的高度重视和社会各界的广泛关注。

专项资金审计（调查） 坚持把重大项目的审计监督作为重中之重，完成全省社会保障资金、农村中小学教育布局调整、城镇保障性安居工程审计，对为民办实事资金、国有林场省级预算内基建资金和扶贫资金、污水处理设施运营及专项资金、中小学校舍安全工程、连霍国道宝天高速公路天水过境段项目等进行审计和审计调查，与发改委、财政厅、卫生厅联合开展全省基层医疗卫生机构债务省级审核认定。审计中未发现重大违纪违规问题，对制度和政策执行、资金筹集和管理使用等方面存在的一些不到位、不规范的问题，省委、省政府领导高度重视，省长和分管副省长分别做出批示，要求有关部门制订整改方案和措施，认真研究解决。各有关单位对审计查出的问题，从健全完善制度、加强内部管理等方面认真整改，保障宏观经济政策措施的贯彻落实，维护人民群众的合法利益。特别是在“5·12”地震、舟曲泥石流、东乡特大滑坡、成县和岷县暴洪灾后重建项目审计中，各级审计机关牢固树立政治意识、大局意识和责任意识，切实加强组织领导，及时调整工作重点，统筹协调审计力量，圆满完成各项任务。5月4日，审计厅与人力资源和社会保障厅联合召开全省地震灾后重建项目审计工作总结表彰大会，省长出席会议颁奖，高度评价和充分肯定审计为促进科学重建、规范重建、高效重建、廉洁重建和阳光重建所发挥的重要作用。

经济责任审计 按照“揭露问题、规范管理、促进改革、提高绩效”的思路，全省共对2322个部门、单位和企业领导干部开展经济责任审计，查出违规金额9.3亿元，管理不规范金额236.7亿元。审计厅主要对人社厅、卫生厅、地税局等14个单位的主要领导干部进行离任和任中审计，首次对酒泉、平凉、嘉峪关三市党政主要领导同步进行离任或任中审计。审计报告客观评价领导干部的经济责任，真实反映存在的问题，提出审计建议，为省委、省政府科学决策和加强领导班子建设及干部管理，加强党风廉政建设等发挥重要作用。为全面落实中办、国办《党政主要领导干部和国有企业领导人员经济责任审计规定》，审计厅调研起草《甘肃省党政主要领导干部和国有企业领导人员经济责任审计实施办法》，由省委办公厅、省政府办公厅审核发文执行。审计厅牵头制定《关于进一步深化经济责任审计工作的若干意见》《甘肃省经济责任审计工作联席会议工作规则》，由联席会议各成员单位联合发文实施。

其他审计 （1）从揭示风险、维护安全、推动创新、促进发展的角度出发，对兰州长城电工股份有限公司财政财务收支情况、甘肃省信托有限责任公司、八冶建设集团有限公司资产负债损益情况进行审计。

（2）根据审计署授权和省政府安排，对14个国外贷、援、赠款项目进行审计，针对项目实施进度缓慢、提款报账不及时、会计核算不合规等问题，及时向省委、省政府和有关部门提出有效使用外资、加强资金监管、加快项目进度的建议。6月，审计厅公告2011年国外贷援款项目审计结果。

（3）履行指导社会审计的职责，对社会审计机构出具的审计报告进行核查，并结合工作实际，起草《甘肃省社会审计报告质量核查结果运用办法》和《甘肃省社会机构实施政府审计事项管理办法》，由省政府印发实施。

（4）在抓好年度计划任务的同时，对省委、省政府、审计署交办和有关部门申请的甘肃黄河剧院拆除重建项目、省妇幼保健医疗综合楼项目、省中医院门诊医技综合楼项目、引洮供水一期调整概算项目、兰州市南北两山环境绿化上水工程和运行管护专项补助资金管理使用情况、中盐甘肃盐业（集团）股份有限公司财政财务收支情况等26个项目进行审计。

审计质量和整改落实 始终把审计质量建设和整改落实作为审计工作的两大主题，坚持把审计质量建设贯穿于审计工作的全过程，牢固树立"审计质量是审计工作生命线"的理念，加强项目计划管理，狠抓重点环节的质量控制，确保把问题查清、查透、查实，全面了解实际情况，如实揭示存在的问题，实事求是地做出评价。把审计整改作为运用审计成果、体现审计价值的关键，认真落实省政府《关于进一步加强审计整改工作的意见》，按照谁审计、谁负责跟踪督促和整改落实的原则，健全完善审计整改报告、督察、联动、公告、问责等制度，力求使审计查出的问题整改到位。各级审计机关和广大审计人员把审计的过程作为向被审计单位学习的过程，注意总结和宣传推广被审计单位的好经验、好做法，使审计监督与服务的职能都得到充分体现，审计的经济效益、社会效益和生态效益同步提高。

审计结果运用 紧紧围绕省委、省政府中心工作和经济社会发展大局，从宏观着眼，微观入手，分析审计发现的共性问题，注重从机制、体制、制度层面分析成因，研究提出解决的办法和措施。向省政府提交的《全省国有林场基础设施建设专项资金管理使用情况的审计报告》《6户国有控股企业审计情况的报告》《转型发展初见成效、困难犹存应予关注》《规范委托及付费渠道、切实提高社会审计质量》《人员负担重接续矿权不足制约我省地勘单位可持续发展》《兰州市污水处理费拖欠问题亟待解决》等综合报告和信息，得到省政府主要领导和分管领导的批示，省政府先后出台《甘肃省人民政府关于加快矿产资源勘查开发转化的意见》和《甘肃省人民政府关于矿产资源市场化配置的意见》。审计工作在为领导科学决策提供依据，促进相关部门和单位整章建制，规范管理，提高资金使用效益等方面发挥重要的建设性作用。

审计宣传 加强审计宣传工作，通过《甘肃日报》《中国审计报》《甘肃审计》、网络等媒体全方位宣传审计工作，营造良好的审计舆论环境。2012年共编发《甘肃审计》12期，更新厅门户网站信息1323条，在《中国审计报》《中国审计》《甘肃日报》、审计署网站等媒体刊发宣传稿件210篇（条）。

相关工作 （1）领导班子和干部队伍建设进一步加强。坚持把领导班子和干部队伍思想建设、作风建设和能力建设作为重点，通过深化人事制度改革、严格考评、认真开展效能风暴行动等措施，狠抓思想政治教育、民主评议质询、查找整改问题、整顿工作作风、规范执法行为，着力整治“庸、懒、散、慢、乱”等问题，领导班子和干部队伍的政策理论水平、思想道德修养、依法审计能力、工作质量和效率进一步提高。全面落实人才队伍建设规划，建立干部教育培训的保障、管理、运行和奖惩四项长效机制，加大干部教育培训力度，向培训要素质、要人力、要效率。采取“走出去”“请进来”“走下去”，依托高校和科研院所办班，开展业务交流和辅导讲座，推行审计实务导师制，抽调人员相互参审等多种措施，区分不同知识层次和能力水平开展大规模全员培训，2012年省审计厅共举办各类培训班8期，培训人员2477人次。加强年轻干部培养锻炼，从全省审计系统选拔25名基层优秀年轻干部赴审计署和审计厅参加审计项目实践锻炼，着力提高年轻干部的专业素质和综合能力。始终坚持把廉洁从审作为审计工作的高压线，注重健全完善教育、监督、制度并重的廉政工作体系，严格执行《党风廉政建设责任制规定》《廉政准则》和“八不准”审计纪律，落实“一岗双责”，加强廉政风险防控管理，审计机关和审计干部的自身“免疫力”不断增强。

(2) 规章制度进一步健全完善。结合开展效能风暴行动，对党务、政务、业务等11个方面的135项制度进行系统梳理评估，对《审计项目定额管理办法》《重点审计科研课题管理办法》等16项制度进行修订完善，新制定《计算机培训及技术应用成果奖励办法》《年度考核结果使用办法》等8项制度。特别是为了提高审计质量和效率，充分发挥审计的职能作用，对《审计项目定额管理办法》进行重点修订完善，进一步规范延伸审计范围，明确工作时限要求，大幅度压缩审计项目工时。同时对项目质量、整改落实、制度落实情况严格考核，定期不定期进行抽查和督察，将考核结果在全厅通报并作为处室评先选优、干部提拔任用的重要依据，充分体现客观公正、奖优罚劣的原则。

(3) 基础设施进一步改善。认真落实省政府《关于进一步加强审计工作的意见》，积极协调各级党委、政府落实文件精神，厅机关和各市州、县区审计机关编制、经费、人员待遇、办公条件不断改善。加强与审计署的汇报衔接，积极落实《审计署关于进一步支持甘肃审计事业发展的意见》，每年争取审计工作转移支付补助经费近3000万元，较好地解决基层审计机关经费紧张的困难。加强审计信息化建设，制定出台关于加强审计信息化建设的实施意见，分别与省财政厅、省政府信息办研究出台《关于各级财政进一步支持审计信息化建设的意见》和《关于加强审计信息资源共享的意见》。建成全省审计机关视频会议系统、审计专网和网络管理平台，搭建即时通讯与FTP应用平台，金审二期工程建成并通过验收。加强审计理论研究，制定《甘肃省审计厅科研课题管理暂行办法》《甘肃省审计厅科研课题结项评审暂行办法》，公开招标2012年审计科研课题。承担的科研课题《国家审计与政府绩效研究》被审计署评为一等奖。

(4) 精神文明建设在创新中发展。深入开展“创先争优”“学习型党组织建设”“基层组织建设年”“学雷锋主题实践”“创建文明审计组、争当文明审计人”等活动，审计厅继2010年被省委、省政府授予省级文明单位称号后，2012年，又被评为省级文明单位标兵。加强审计文化建设，制定下发《关于加强审计文化建设的意见》；丰富干部职工文体生活，进一步激发广大干部职工热爱党、热爱祖国、热爱审计事业的热情。注重人文关怀，成立厅机关红白理事会，主动解决干部职工身体健康及婚丧嫁娶中的困难。

双联行动 认真贯彻落实省委、省政府的安排部署，扎实有效推进“联村联户、为民富民”行动。班子成员带头多次深入联系村社和农户家中，广泛开展以“讲政策法规、讲实用技术、讲发展思路”为主要内容的宣讲教育和培训活动。积极衔接落实并实施24公里村社道路、4座塘坝、5000亩梯田、96户危房改造、2400多户广播电视户户通以及农村垃圾处理、扶贫互助资金、村民文化活动中心、儿童营养包等16个项目，总投资1800多万元。坚持“种、养、加、输”并举，引导群众调整优化种养结构，大力发展全膜双垄沟播玉米、中药材、洋芋、大蒜等优质、高产、高效农业。争取省扶贫互助基金110万元，自筹资金200万元，积极与农村信用社协调惠农贷款，扶持培育60户养殖示范户，发展以牛、羊等为主的食草动物养殖业，走“小群体、大规模”的增收致富之路。协助乡党委加强村社组织建设，抽调干部在联系村挂职锻炼，推荐优秀党员、干部和致富能人11人，调整充实3个村和6个社的班子，进一步增强基层组织的致富带富能力。认真履行省直部门联系静宁县的组长单位职责，牵头制定联席会议制度并多次召集会议，研究解决困难和问题，督促落实帮扶项目，取得良好的效果。（撰稿人：梁馨予）

【兰州市审计局】 2012年，兰州市审计局人员编制115人，在编110人。局长高兴贵（—1月）、徐希望（2月—），副局长郑登江、韩林、何金春，纪检组长张红桢。设有办公室、法规处、内部审计监督处、社会审计核查处、审计执法监督处、财政金融审计处、行政事业审计处、农业与资源环保审计处、社会保障审计处、企业审计处、外资投资审计处、计算机审计处、人事处，兰州市经济责任审计分局及所属经济责任审计一处、二处、三处，园区审计一处、园区审计二处和机关党委、监察室。

审计成果 全市审计机关完成审计项目59个，查出违规金额67 421万元，应上缴财政72 877万元，应归还原渠道资金18 580万元，应调账处理金额31 703万元。移送司法机关、纪检监察部门处理事项1件。提交审计报告、信息394篇，被采用198篇。

财政审计 对兰州市财政局2011年度市级财政预算执行情况进行审计；对兰州市地税局2011年度地方税收及基金征管情况进行审计；对红古区、皋兰县人民政府2011年度财政决算情况实施审计。完成对中共兰州市委办公厅、中级人民法院、教育局、体育局、环保局、社会福利院、肺科医院、蔬菜公司、市政工程管理处、园林局等10个一、二级预算单位2011年度预算执行情况的审计工作，延伸审计51个单位。

固定资产投资审计 对南山路建设项目、污水雨水全收集全处理管网建设工程、西热东输管网改造项目、8项廉租房建设项目、雁儿湾污水处理厂等12个建设项目进行跟踪审计，对五十一中、五十三中、六十二中、六十三中教学楼及其他设施建设工程等9个中小学校舍安全工程项目进行决算审计，送审金额25 100.5万元，审减3 080.3万元，审减率为12.27%。对雁滩南河道跨河桥梁工程（5座）、S681道路整治工程、西固污水处理厂一标段、公交港湾式停靠工程等4项进行结算审计，送审金额13 817.5万元，审减1 748.7万元；对351—1JHJ及412JHJ道路拓建工程、庄浪路改扩建工程、肺科医院门诊楼传染病楼及附属设施工程等4个项目进行竣工决算审计，送审金额5484万元，审减1334.5万元，工程结算和决算平均审减率15.97%。

经济责任审计 对招投标管理局、林业局、商务局、粮食局、项目投资评审中心、生态林业实验总场、图书馆、文化执法支队、军干五所、经济管理干部学校等10个单位的主要领导干部实施任中经济责任审计；对卫生局、人防办、食药监局、南北两山指挥部、经济合作服务局、规划监察大队等6个单位的主要领导干部实施离任经济责任审计；对安宁区审计局原局长实施经济责任履行情况审计。

专项资金审计（调查） 完成对供热管理办公室和热力总公司2011年度财务收支情况、农村党员干部现代远程教育基础设施项目、2011年兰州国际马拉松赛专项经费、文化局2010年至2011年财务收支及财政专项资金、公安局交警支队2011年财务收支、兰州大剧院转企改制财务收支专项经费及兰州市2012年度独生子女奖励费发放情况等7项专项审计，完成对全市2009年度至2011年度大型泵站更新改造资金管理使用情况、体校和体工大队2011年拆迁过渡费、兰州银行2011年度信贷资产等3项审计调查。配合甘肃省审计厅完成城镇污水处理项目资金管理使用及设施运行情况审计调查、全市基层医疗卫生机构发展性债务审核认定工作，配合市有关部门开展农村危旧房改造项目资金管理使用情况的审计。

（撰稿人：戴积慧）

【嘉峪关市审计局】 2012，嘉峪关市审计局人员编制30人，在编27人。局长赵大鹏，副局长芦勇、王继红（9月—），总审计师赵明（12月—），纪检组长鱼辉。设有办公室、经济责任审计科、行政事业审计科、法制科、固定资产投资科、社保金融审计科、社会审计核查科、经贸审计科、基建审核中心。

审计成果 嘉峪关市审计局完成审计及审计调查项目32个，审计和延伸审计单位42个，查出违规违纪和管理不规范金额5 646.22万元，核减工程造价3 845.66万元。出具审计报告28份、审计要情21份。提出合理化意见和审计建议35条，被采纳35条，被审计单位根据审计建议制定整改措施20项。提交审计报告、信息112篇，被采用88篇。

财政审计 按照“财政资金运用到哪里，审计就跟进到哪里”的工作方针，以加强预算管理为目标，采取审计和审计调查相结合、传统审计和计算机辅助审计相结合的审计方式，加强对权力部门和对关系百姓切身利益资金的监督。对市财政局组织市级预算执行、市地税局地方税收征管情况等进行审计。对市环保局等7个单位的预算执行及决算情况进行审计。查出违纪违规和管理不规范金额1 470.35万元，提出审计意见和建议11条，较好地促进行政事业单位加强管理，遵守财经法规。

固定资产投资审计 对中小学、幼儿园加固改造工程进行全过程的跟踪审计。对市文化馆改造项目和图书馆建设项目进行阶段性审计，为政府决策提供依据。全年共开展竣工决算审计10个，审计资金17 095.25万元，核减工程造价为政府节约资金3 845.66万元，较好地发挥了投资审计的监督作用。

经济责任审计 受市委组织部的委托，对市体育局等6个单位的主要领导进行任期经济责任审计。在审计过程中，深入贯彻两办《规定》，进一步突出对掌握财政资金分配权较大、预算外收入较多、群众反映问题较强烈的重要部门和重点单位主要负责人的审计监督。通过不断探索和努力，使经济责任审计实现“三个强化”，即：强化领导干部依法行政的意识，促进被审计单位对其内部财务工作的重视与管理；强化审计成果的运用，及时向组织部门提交审计结果报告，为组织了解掌握干部提供参考依据；强化对干部的监督管理，规范权力运行，进一步推进党风廉政建设。

专项资金审计（调查） 根据审计署和省审计厅的统一安排，完成社会保障资金审计、嘉峪关市城镇保障性安居工程跟踪审计和排污费征收管理使用情况审计3个专项资金审计。通过审计，促进被审计单位进一步完善制度，规范管理，提高政府行政管理水平和资金使用绩效。

（撰稿人：王南林）

【金昌市审计局】 2012年，金昌市审计局人员编制31人，在编23人。局长张正平，副局长侯永林、梁福山，总审计师魏登喜（6月—），纪检组长彭淑瑞。设有办公室、法制科、经济责任审计办公室、财政审计科、行政事业审计科、企业和社会保障审计科、农业和资源环境审计科、固定资产投资审核中心。

审计成果 共完成审计和审计调查项目51个，查出各类违规金额7007万元，管理不规范金额18 328万元，应上缴财政3465万元，应归还原渠道资金1037万元，应调账处理金额1939万元。移送司法机关、纪检监察部门处理事项1件。向市委、市政府和省审计厅提交综合或专题审计报告、信息58篇次，被采用和批示21篇次。向被审计单位提出审计建议110条，被采纳27条。

社会保障审计 按照审计署和省审计厅的统一部署，金昌市审计局抽调市县区审计人员20人，对永昌县、金川区社会保险基金、社会救助资金和社会福利资金共12类18项资金进行审计，历时1个多月圆满地完成任务，上报审计动态、信息10篇，查出管理不规范金额789万元。对2011年住房公积金管理使用情况进行审计，查出管理不规范金额247万元。

财政审计 市级预算执行审计，继续以促进规范预算管理，提高财政资金使用效益为目标，以政府性资金为主线，重点对公共财政预算、政府性基金预算、国有资本经营预算情况进行审计，共查出各类违规金额2563万元，管理不规范金额1420万元。在严肃查处违规问题的同时，注重分析、揭示和反映体制制度方面的问题，着力构建财政审计大格局，维护民生和经济安全，充分发挥审计的“免疫系统”功能。对永昌县2011年度财政决算情况进行审计，重点审计县财政决算情况及县地税税收情况，并延伸审计农村危旧房改造补助资金、出租车燃油补贴资金、水库移民补助资金和县医院收费情况，查出违规金额3761万元，管理不规范金额2723万元。

固定资产投资审计 突出对重点工程、重点领域、重点资金的监督管理，积极开展政府投资项目竣工决算审计，完善重点投资项目的跟踪审计，提高建设资金的使用效益。共完成17个项目的竣工决算审计，送审值为5.3亿元，核减投资额1.6亿元，平均核减率30%。

经济责任审计 根据金昌市经济责任审计联席会议安排，共完成经济责任审计项目24个，查出各类违规金额681万元，管理不规范金额13 059万元。针对审计查出的问题，联席会议成员单位共同提出处理意见，构建"多部门助推审计工作、共同处理查出问题"的协同机制，改变以往的审计处理难、审计决定落实更难的局面，有力地促进审计工作的开展。

专项资金审计（调查） 对2011年度教育经费、基本建设资金、永昌县农村中小学布局调整情况、中小学校舍安全工程和医疗网点建设等专项资金进行审计和审计调查，查出各类违规金额2万元，管理不规范金额90万元。

（撰稿人：辛光伟）

【白银市审计局】 2012年，白银市审计局人员编制42人，在编43人。局长张文玲，副局长王世勇、马志武（5月—）、李文辉、李继明（—3月）、宋建强（—3月），纪检组长颜子杰（4月—）。设有办公室、法规科、财政金融审计科、农业与资源环保审计科、社会保障审计科、固定资产投资审计科、行政事业审计科、计算机信息审计科、经济责任审计一科、经济责任审计二科、经济责任审计三科、白银市基本建设审计中心。

审计成果 白银市审计局完成审计项目52个，查出违规金额4784万元，管理不规范金额43 414万元，应上缴财政4549万元，应减少财政拨款或补贴5813万元，应归还原渠道资金1198万元，应缴纳其他资金263万元，应调账处理金额5132万元；已上缴财政4091万元，已减少财政拨款和补贴5813万元，已归还原渠道资金1050万元，已调账处理金额4904万元，审计促进拨付资金到位12 342万元。提交审计报告、信息153篇，被采用98篇。

财政审计 审计财税部门和一、二级预算单位10个，查出违规金额3925万元，管理不规范金额10 836万元，应上缴财政3925万元，应归还原渠道资金15万元，应调账处理金额164万元；已上缴财政3495万元，已归还原渠道资金15万元，审计促进拨付资金到位10 687万元。提交审计报告10份，提出审计建议25条。审计县级政府决算2个，查出违规金额530万元，管理不规范金额17 330万元，应上缴财政530万元，应归还原渠道资金89万元，应调账处理金额3674万元；已上缴财政516万元，已归还原渠道资金3万元，已调账处理金额3610万元。提交审计报告2份，提出审计建议10条。

行政事业审计 审计单位4个，提交审计报告4份，提出审计建议16条。

固定资产投资审计 审计竣工决算项目8个，核减工程投资5813万元，应归还原渠道资金1000万元。提交审计报告8份，提出审计建议23条。

社会保障审计 审计单位6个，查出管理不规范金额5165万元，审计促进拨付资金到位1655万元。提交审计报告6份，提出审计建议30条。

企业审计 审计单位1个，查出违规金额235万元，应缴纳其他资金235万元。提交审计报告1份，提出审计建议5条。

经济责任审计 审计单位16个，查出违规金额94万元，管理不规范金额3242万元，应上缴财政94万元，应归还原渠道资金94万元，应调账处理金额1294万元；已上缴财政80万元，已归还原渠道资金32万元，已调账处理金额1294万元。提交审计报告32份，提出审计建议38条。

专项资金审计（调查） 审计单位5个，查出管理不规范金额28万元，应缴纳其他资金28万元。提交审计报告5份，提出审计建议11条。

（撰稿人：杨 芳）

【天水市审计局】 2012年，天水市审计局人员编制69人，在编65人。局长马武生（—6月）、唐宏伟（6月—），副局长胡敬东（12月—）、林育德（—6月）、石怀智、焦继军，总审计师付新顺，纪检组长葛南翔。设有办公室、综合科、财政审计科、金融外资审计科、行政事业审计科、经贸审计科、农业与资源环保审计科、社会保障资金审计科、固定资产投资审计一、固定资产投资审计二科、审计监督与核查科、财政专项资金审计科，下属有天水市经济责任审计办公室和天水审计培训中心。

审计成果 天水市审计局完成审计项目92个，查出违规金额14 534万元，应上缴财政447万元，应减少财政拨款或补贴1604万元，应归还原渠道资金667万元，应调账处理金额8691万元；已上缴财政55万元，已减少财政拨款或补贴1604万元，已归还原渠道资金167万元，已调账处理金额8699万元。建议有关部门处理15件。提交审计报告92篇、信息620篇，被采用285篇，提出审计建议200条。

财政审计 天水市审计局完成财政审计项目23个，查出违规金额12 630万元，应上缴财政44万元，应归还原渠道资金119万元，应调账处理金额6302万元；已上缴财政43万元，已归还原渠道资金112万元，已调账处理金额6307万元。提出审计建议61条，建议有关部门处理10件。

固定资产投资审计 完成审计项目38个，查出违规金额16万元，应上缴财政10万元，应减少财政拨款或补贴1604万元，应调账处理金额144万元；已上缴财政9万元，已减少财政拨款或补贴1604万元，已调账处理金额144万元。核减投资额1484万元，促进加强项目管理，提高投资效益。

社会保障审计 完成7个项目，查出违规金额1874万元，应上缴财政392万元，应归还原渠道资金493万元，应调账处理金额619万元；已上缴财政2万元，已调账处理金额619万元。

企业审计 完成审计项目1个，查出违规金额10万元，应上缴财政1万元，应调账处理金额1057万元；已上缴财政1万元，已调账处理金额1057万元。

经济责任审计 对21个单位的经济责任人进行审计，查出违规金额4万元，应调账处理金额569万元，应归还原渠道资金55万元；已调账处理金额572万元，已归还原渠道资金55万元。经济责任审计的有效开展，对于领导干部增强财经法律观念和廉政意识，提高管理水平，完善干部考核、评价、任用体制发挥积极作用。

专项资金审计（调查） 完成2个项目，提出审计建议5条。（撰稿人：王　荣　李卫周）

【武威市审计局】 2012年，武威市审计局人员编制35人，在编31人。局长赵新辉，副局长李天忠、马忠民，纪检组长李镜。设有办公室、法规科、社会审计核查科、经济责任审计一科、经济责任审计二科、财政金融审计科、社会保障审计科、农业和资源环保审计科、固定资产投资审计科、行政事业审计科、投资审计中心。

审计成果 全市审计机关共完成审计和审计调查项目686个，查出违规金额31 288万元，应上缴财政7271万元，应归还原渠道资金24 990万元，应调账处理金额4407万元；已上缴财政5819万元，已归还原渠道资金24 795万元，已调账处理金额2921万元。移送司法机关、纪检监察部门处理事项10件，建议有关部门处理事项14件。提交审计报告和审计调查报告686篇，撰写审计信息176篇，被采用108篇。

财政审计 对65个部门和单位的预算执行情况进行审计，对凉州区和15个乡镇的财政决算情况进行审计。市县审计机关均向同级政府提交本级预算执行审计结果报告，向同级人大常委会做预算执行情况的报告，在《武威日报》公告市本级审计结果。

固定资产投资审计 对191个政府投资项目进行审计，审计项目完成投资额24.2亿元。重点进行石羊河流域重点治理、城市基础设施、保障性住房等项目的跟踪审计或竣工决算审计。

社会保障审计 对各县18项社会保障资金进行审计，通过加强审计现场质量监管和计算机审计技术应用，保证审计质量和效率。针对审计发现的问题，市政府先后两次召开市长办公会议，专题研究部署整改工作。抽调市县审计业务骨干和建设部门工程人员，对各县2012年保障性安居工程进行跟踪审计，审计查处资金筹集管理、保障房建设分配等方面存在的问题。

经济责任审计 出台《武威市党政主要领导干部和国有企业领导人员经济责任审计实施办法》。对226个单位的242名领导干部进行审计，其中任中审计40名。年初，抽调审计人员对71名县级领导干部经济责任履行情况进行集中审计，市政府常务会议听取审计结果和整改落实情况汇报，在《武威日报》公告审计结果和整改情况。

专项资金审计（调查） 围绕改善办学条件、提高教学质量、优化教育资源配置、强化教育经费管理等，采取"看、查、核、问、谈"等方法，对古浪县和天祝藏族自治县农村中小学教育布局调整情况进行审计调查。以职责落实、排查鉴定、资金管理、项目管理和工程质量为重点，对全市中小学校舍安全工程进行跟踪审计。

（撰稿人：蔡 峰）

【酒泉市审计局】 2012年，酒泉市审计局人员编制49名，在编41人。局长张贵虎，副局长刘红艺、张东平、李际平（5月—），总审计师李建华（5月—），纪检组长马生忠。设有办公室、综合法制科、经济责任审计一科、经济责任审计二科、财政金融审计科、行政事业审计科、经贸审计科、农业与资源环境审计科、社会保障审计科、固定资产投资与外资运用审计科、计算机审计管理科、社会审计核查与内部审计监督科。

审计成果 酒泉市审计局完成审计项目65个，审计和延伸审计单位765个，查出违纪违规和管理不规范金额40 079万元，应上缴财政13 631万元（非税收入2739万元，漏缴税金10 748万元，罚没收入144万元）。通过加强整改措施落实，已整改资金39 103万元，占应整改资金的97.5％，可促进财政增收节支17 227万元（追缴非税收入2739万元，补缴税金10 748万元，追缴罚没收入144万元，核减工程造价3596万元）。向纪检、检察机关移送案件2起，涉案3人，涉案金额8.73万元。在公开媒体上发表审计论文、信息141篇。

财政审计 在配合省审计厅对本市财政决算进行审计的同时，依照法定职责对肃北、阿克塞两县进行财政决算审计，查出两县财政预算编制不规范、应收未收非税收入、少征税款、项目建设管理不规范等问题，为加强财政收入管理，堵塞跑冒滴漏，防止财政收入流失，促进财政增收节支发挥重要作用。对财政资金投入民营企业效益情况进行专项审计调查，通过对10户企业和20多个项目的抽查，揭露出财政资金运作过程中存在的管理漏洞和普遍性、深层次的问题，为领导机关掌握财政资金总体规模和流向、提高资金使用效益、促进民营企业健康发展提供依据。

专项资金审计（调查） 根据国家审计署和省审计厅统一部署，统一组织市县两级审计机关完成全市七县（市、区）社会保障资金审计、全市中小学校舍安全工程跟踪审计、农村中小学布局调整专项审计调查、全市污水处理项目资金管理及设施运行情况审计调查、2012年全市保障性住房跟踪审计，组织实施全市草原生态保护补助奖励资金落实情况专项审计、市政府"十件惠民实事"资金使用情况专项审计等审计和审计调查，为政府加强民生资金管理，维护人民群众切身利益，推动工作整改提供有力依据。全市社会保障资金审计结果上报市政府后，引起市长的高度重视，市政府专门召开全市社会保障资金管理工作会议，通报全市社会保障资金审计结果及存在的问题，并要求各县市、相关部门单位积极做好审计整改。6月初，全市发生强降雨，引发洪水、冰雹灾害，对工农业生产和群众财产造成严重经济损失，按照市委、市政府要求，及时开展全市救灾资金款物跟踪审计，确保防汛救灾资金物资按要求及时到位、规范使用。

经济责任审计 完成经济责任审计项目23个，其中离任审计17个，任中审计6个，查出违纪违规金额7100万元，管理不规范金额12162万元。对其中两个单位存在的违纪违规问题，向纪检监察部门进行移送。部分部门单位审计报告和审计要情上报市政府后，市长专门做出批示，要求相关单位和部门对审计发现问题认真整改。召开酒泉市经济责任审计工作第八次联席会议，结合当前经济责任审计工作开展情况和贯彻落实两办《规定》和《甘肃省党政主要领导干部和国有企业领导人员经济责任审计实施办法》，研究党政领导干部经济责任审计相关问题，制定《经济责任审计联席会议议事规则》和《酒泉市党政领导干部经济责任审计实施办法》，分别由市经济责任审计工作联席会议和市政府第十八次常务会议审定通过并印发全市执行。按照《酒泉市县处级领导干部离任经济责任事项交接办法》规定，严格经济责任事项交接制度，向32个领导干部调整变动的部门单位和领导干部发放离任经济责任事项交接表，要求离任领导按规定交清财务、资产等管理手续。

固定资产投资审计 对16个政府投资建设项目竣工决算进行审计，共审计建设资金4.5亿元，核减工程投资3596万元。审计揭示工程造价不实、招投标不合规、合同签订不规范等问题。特别是某医院住院部制剂室及辅助用房竣工决算和市政府驻某办办公楼改造装修工程竣工决算等审计报告上报市政府后，市长专门做出批示，要求相关单位限期整改。起草《关于加强政府投资建设项目监督管理的意见》，经市政府第十八次常务会议上审议通过并颁布实施。制定《政府投资建设项目跟踪审计操作规程》《政府投资项目质量控制办法》和《委托社会中介组织审计项目招投标管理办法》，印发全市审计机关执行。

交办事项 完成市委、市政府交办的酒泉市接待局2011年、2012年1月至6月财务收支及政务接待费审计，市歌舞团改制审计，工贸中专、六中、西大街小学资产负债及财务收支审计，市土地储备中心资产负债审计。完成全市交警系统、市政处、路灯处、质监站、教育局玉门油田分局、公安局玉门油田分局、敦煌七里镇公安分局7个部门单位的资产负债损益审计和财务收支审计。开展市直部门单位“小金库”清理、公务用车情况、重大节会庆典情况、出国（境）费用等专项治理。

内部审计 认真学习宣传贯彻《甘肃省省内部审计试行办法》，利用全市审计工作会议召开之际，对在2011年度获得全省内部审计工作先进单位的敦煌种业审计部和先进个人的酒泉市人民医院内部审计人员进行表彰奖励；组织17个内部审计单位开展内部审计理论研讨，筛选推荐6个内部审计单位的9篇论文参加全省内部审计师协会内部审计理论研讨暨经验交流；组织市教育局、市人民医院等部门单位53人、3批次内部审计人员外出学习培训；对市人民医院、市人力资源社会保障局、敦煌种业等5个部门和单位的内部审计工作进行现场指导，规范审计程序和审计文书格式；帮助指导玉门市审计局成立审计学会和内部审计协会。积极组织开展内部审计师资格考试、审计职称考试报名、内部审计人员资格证书办理、年检等其他服务性工作。（撰稿人：魏　韡）

【张掖市审计局】 2012年，张掖市审计局人员编制40人，在编40人。局长陈华，副局长赵光源、王天荣、龙建国，总审计师姬忠，纪检组长李鸿寿。设有办公室、综合法制科、财政金融审计科、行政事业审计科、经济责任审计一科、经济责任审计二科、固定资产投资审计科、外资经贸审计科、农业与资源环保审计科、社会保障审计科、审计核查整改办公室。

审计成果 全市审计机关共完成审计项目359个，查出各种违规金额8.9亿元，为国家增收节支3.8亿元。其中张掖市审计局完成审计项目82个，审计查出违规金额1.7亿元，为国家增收节支1.3亿元。提交审计报告、信息357篇，被采用253篇。上报的23份《审计要情》《审计快报》和综合报告得到张掖市委、市政府领导批示69次，并以市委、市政府《工作通报》《张掖政务》等形式发送市上四大班子和县区委及市直相关部门，特别重要的在市政府常务会和市长办公会上进行研究，推动问题的解决，促成机制、制度的完善，为全市经济社会发展做出积极贡献。在全省14个市州审计局年度目标责任考核中取得第三名的好成绩，被市委、市政府考核为目标责任完成一等奖，被省委、省政府授予“省级精神文明建设先进单位”荣誉称号，受到审计署和省、市级表彰奖励125项（个）。

财政审计 按照构建财政审计大格局的总体思路，以推动国家宏观调控政策落实为目标，以部门预算执行、财政转移支付资金、财政专项资金、税收征管为重点，采取财政审计与专项资金审计相结合、部门预算执行审计与经济责任审计相结合的方式，对2011年度市本级财政预算执行及其他财政财务收支情况进行审计，分别向市政府常务会议和市人大常委会做专题报告。完成甘州区、临泽县2010年度至2011年度县级财政决算及其他财政财务收支审计，提出有针对性的意见和建议。

固定资产投资审计 根据计划安排，对市森林重点火险综合治理工程建设项目、市建设系统综合办公楼、市全民健身中心、市中小企业局综合服务楼、民乐县丰乐至六坝公路等31个重点建设项目进行审计，其中市审计局8项。对投资3亿多元计划三年完工的市医院医疗综合大楼进行跟踪审计。通过审计，进一步规范项目建设管理，确保项目资金的安全运行。以《审计要情》的形式对工程建设招投标存在的问题向市政府做专题汇报，引起市政府领导高度重视，为政府完善投资决策提供可靠依据。

经济责任审计 受组织部门委托，全市共对146名领导干部经济责任履行情况进行审计（其中市审计局25项）。积极探索开展县区党政“一把手”同步审计模式，首次对临泽县委书记、县长经济责任履行情况开展“捆绑式”同步审计，为今后开展党政“一把手”同步审计积累经验。召开全市经济责任审计工作联席会议，通报近年来张掖市经济责任审计工作开展情况，研究通过《张掖市县处级领导干部经济责任履行情况测评办法（试行）》《张掖市县处级领导干部经济责任审计结果通报办法（试行）》《张掖市经济责任审计工作联席会议工作规则》，以经济责任审计工作联席会议领导小组的名义下发全市各部门、单位执行。为规范领导干部离任交接行为，实现“阳光交接”，在深入调查研究的基础上，起草《张掖市县处级领导干部离任经济责任事项交接办法》。

专项资金审计（调查） 坚持全市审计“一盘棋”，合理配置审计资源，创新审计方法，抽调市、县区审计业务骨干180余人次，组成23个审计组，对审计署和省审计厅统一组织实施的社会保障资金、农村中小学布局调整、农村中小学校舍安全工程、城镇污水处理项目和城镇保障性安居工程等五项审计项目进行审计调查和跟踪审计。其中社会保障资金审计历时68天，对六县区2005年至2011年社会保险基金、社会救助资金等19项社会保障资金进行审计，并延伸调查48户企业、13个村（居）委会和6家医院。对查出的问题向六县区政府和社会保障部门提出整改建议，六县区政府积极整改，及时上报整改报告。农村中小学布局调整专项审计共抽查临泽、高台、民乐三县学校80所，走访调查学生及学生家长2678人，全面掌握2006年以来农村中小学布局调整总体情况。农村中小学校舍安全工程共审计建设项目70个，审计资金总额达23 894万元，提出审计建议25条，落实审计建议25条。城镇污水处理项目延伸调查10家企业，机关干部、企业职工、社区居民526人，审计资金总额达2.5亿元。城镇保障性安居工程按进度要求完成审计工作。摸清情况，揭示问题，提出改进、规范、加强管理的意见和建议，特别针对政策执行、资金筹集管理和使用、业务管理、信息化建设、教育布局调整中出现的新情况新问题以及农村中小学D级危房使用中存在隐患等问题，提出针对性和可操作性都较强的整改意见，市、县区政府高度重视，各相关部门积极整改，取得较好的整改效果。

相关工作 （1）加强领导班子和队伍专业化建设，局领导班子连续多年被市委评为好班子。通过竞争上岗选拔2名“80后”年轻干部到副科长岗位任职，新增编制3个，调入6人，选派1名80后年轻干部到乡镇挂职锻炼。对科室人员进行轮岗交流，交流面达50%。

（2）召开张掖市审计学会成立大会及第一次会员代表大会，选举产生第一届理事会理事、常务理事及市审计学会会长、副会长、秘书长，发展单位会员72个、个人会员174人。

（3）制定下发《张掖市审计局审计执法责任制》《张掖市审计局审计执行过错责任追究暂行办法》《张掖市审计局规范行政处罚自由裁量权试行办法》等规章制度，全面规范审计人员的执法能力。制定出台《落实审计查出问题整改实施办法》，市政府领导就审计整改工作相继做出批示，责令相关部门切实抓好整改。

（4）树立“全员办信息”理念，在市级以上刊物和媒体上发表各类信息稿件和文章775篇。先后举办计算机审计应用提高、审计业务、公文写作、文明礼仪讲座等培训班19场次，选派市、县区局领导和业务骨干320人次参加审计署、省审计厅和市审计局组织的各类培训和实践锻炼。

（5）加强审计人员廉政教育，出台并严格落实《执行审计纪律“八不准”专项经费管理办法》等制度，把文明廉洁审计落到实处。

（6）全面实施“金审工程”，争取各类资金用于信息化建设，建成张掖审计信息系统。市审计局建成高标准的中控机房，配套终端设备，更新和购置计算机62台，六县区审计局子系统同步建成。市审计局和六县区审计局分别建成集远程教育、培训、会议等为一体的多功能视频会商系统，建成视频会议室7个，实现审计署、省、市、县（区）四级审计机关的互联互通，“金审工程”顺利通过验收，全面投入使用。全市开展计算机审计项目280个，上报的AO应用实例获得省审计厅表彰77个（其中优秀奖12个、应用奖51个、鼓励奖14个），市审计局被评为优秀组织奖；获得审计署表彰32个（其中优秀奖1个、应用奖4个、鼓励奖27个）。（撰稿人：高飞贤　郭　亮）

【庆阳市审计局】　2012年，庆阳市审计局人员编制38人，在编37人。局长刘俊峰，副局长云天祥、陈建学、李崇峰，纪检组长李文虎。设有人事秘书科、纪检监察室、综合法制科、社会审计核查科、财政金融审计科、行政事业审计科、基建外资审计科、经贸社保审计科、农业环保审计科，下设经济责任审计办公室、经济责任审计联席会议办公室和政府投资项目审计中心。

审计成果　全市共完成审计项目470个，查出违规金额19 992万元，收缴财政346万元。移送有关部门处理事项2件。出具审计报告470篇，审计提出建议818条，被采用642条。报送信息449篇，采用423篇。全市审计工作被省审计厅授予目标管理考核三等奖，被省审计厅评为AO实例评选优秀组织单位。荣获审计署全国社会保障资金审计公务员集体嘉奖，被省委、省政府授予“基本普及九年义务教育、基本扫除青壮年文盲”先进单位称号；在省审计厅AO实例评选中，获优秀奖47项、应用奖23项、鼓励奖5项。

预算执行审计　对101个部门和单位的预算执行、转移支付、专项资金、税收征管等进行审计。市、县区审计机关向同级人大常委会做预算执行情况的审计工作报告，引起被审计单位的高度重视和社会各界的广泛关注，为全面把握财政资金分管用情况，检查预算执行的有效性，提高财政资金使用效益和财政财务管理水平起到促进作用。

专项资金审计（调查）　牢固树立“民本审计”的理念，配合省审计厅先后对社会保障资金、保障性住房建设、污水处理、农村中小学教育布局调整等专项资金的管理使用情况进行审计，确保项目资金发挥应有的经济和社会效益。灾后重建竣工决算审计，对已具备竣工决算条件的项目全部进行审计，核减工程造价435.58万元。按照市纪委要求，对市、县区重点中学、医院和重点乡镇政府、乡镇中心卫生院等重点行业财务收支进行审计监督，帮助基层单位解决财务收支管理中存在的突出问题，不断提高财务管理工作水平。

经济责任审计　认真贯彻落实《甘肃省党政主要领导干部和国有企业领导人员经济责任审计实施办法》，采取印发宣传册、在《陇东报》开辟专栏、举办全市经济责任审计培训班等形式，加大宣传力度，抓好落实运用。制定出台《庆阳市党政主要领导干部和国有企业领导人员经济责任审计实施办法》并以市委办、市政府办文件印发执行。对181名领导干部进行经济责任审计，其中任中审计14个，切实维护国家财产安全与完整，客观公正地界定领导干部任期所承担的经济责任，为干部监督管理提供重要依据。

固定资产投资审计　全市完成政府投资竣工决算审计项目91个（其中市审计局完成6个），查出管理不规范金额3425万元，违规金额115万元，核减工程造价492万元。为优化投资结构，提高政府投资的质量和效益做出贡献。

（撰稿人：杨　静）

【平凉市审计局】　2012年，平凉市审计局人员编制45人，在编43人。局长车兴安，副局长刘继荣、朱江、席瑞林，总审计师杨尚辉，纪检组长韩建华。设有办公室、法制科、财政金融审计科、固定资产投资审计科、行政事业审计科、农业审计科、经济贸易审计科、经济责任审计科、社会审计核查科、电子审计中心。

审计成果　全市审计机关共完成审计项目505个，查处违规金额3.74亿元，应上缴财政6063万元，应归还原渠道资金62 814万元，应调账处理金额5149万元；已上缴财政6063万元，已归还原渠道资金62 814万元，已调账处理金额5149万元。提交审计报告740篇、信息336篇，被采用审计报告165篇、信息239篇。

财政审计　按照构建财政审计大格局的思路，加大对公共财政、政府性基金和社会保障基金全口径财政预决算的审计监督力度。审计项目111个，查出违规金额14 915万元，决定应上缴财政4182万元，应归还原渠道资金59 147万元，应调账处理金额2149万元，均已按期落实，促进健全完善财政预算管理体系，提升财政资金使用效益。

行政事业审计 审计项目35个，查出违规金额2370万元，决定应上缴财政36万元，应归还原渠道资金67万元，应调账处理金额993万元，均已按期落实。

农业资源与环保审计 审计项目16个，查出违规金额3103万元，决定应上缴财政38万元，应归还原渠道资金14万元，应调账处理1万元，均已按期落实。

固定资产投资审计 审计项目71个，查出违规金额2662万元，决定应上缴财政25万元，核减工程投资330万元，均已按期落实。

社会保障审计 审计项目7个，查出违规金额173万元，决定应归还原渠道资金10万元，应调账处理金额315万元，均已按期落实。

企业审计 审计项目1个，查出违规金额81万元，决定应上缴财政2万元，应调账处理金额315万元。针对薄弱环节提出加强管理，规范核算，提高效益的意见及建议。

经济责任审计 认真落实平凉市经济责任审计评价、成果利用、结果公示、离任事项交接等四项制度和办法，进一步加大任中审计力度。完成领导干部经济责任审计246个，查出违规金额12 666万元，决定应上缴财政1739万元，应归还原渠道资金3562万元，应调账处理金额1046万元。真实反映干部工作业绩，促进领导干部守法守纪守规尽责，推进反腐倡廉建设。

专项资金审计（调查） 审计项目18个，查出违规金额1430万元，决定应上缴财政41万元，应归还原渠道资金14万元，均已按期落实。

（撰稿人：王其红　杨新科）

【定西市审计局】 2012年，定西市审计局人员编制39人，在编38人。局长岳余之，副局长张晓伟、潘欣、谢晓妍（11月—）、李宏军，总审计师张华荣，纪检组长张新。设有办公室、法规监核科、财政金融审计科、行政事业企业审计科、农业与资源环保审计科、固定资产投资审计科、社会保障审计科、经济责任审计办公室（下设经济责任审计一科、经济责任审计二科）、计算机审计中心。

审计成果 定西市审计局完成审计和审计调查项目77个，查出各类问题金额37 020万元（其中违规金额12 338万元，管理不规范金额24 682万元），应上缴财政9049万元，应归还原渠道资金2274万元，应调账处理金额8258万元，应缴纳其他资金2947万元；已上缴财政8921万元，已归还原渠道资金2254万元，已调账处理金额8193万元，已缴纳其他资金2469万元。审计期间整改11 661万元。审计提出建议165条，被采纳100条，被审计单位制定整改措施15项，建立健全规章制度2项。提交审计信息159篇，被批示、采用171篇次。向社会公告审计结果1篇。

财政审计 以维护财政资金安全、促进深化财政体制改革、规范财政资金管理、提高财政资金使用效益为目标，完成10个单位的预算执行审计和1个县级财政决算审计，查出未按规定纳入预算管理、未按规定征收缴纳收入等问题金额25 640万元。审计期间整改5779万元。认真做好预算执行审计的“两个报告”，切实提高审计成果的质量和水平。

行政事业审计 对全市2008年至2010年远程教育建设及运行维护资金、定西循环经济产业园区管委会2009年至2012年6月的财务收支情况进行审计。

经济责任审计 认真贯彻中办、国办《党政主要领导干部和国有企业领导人员经济责任审计规定》和《甘肃省党政主要领导干部和国有企业领导人员经济责任审计实施办法》，按照“积极稳妥、量力而行、提高质量、防范风险”的思路，不断强化措施，努力提高经济责任审计工作质量和水平。对16名政府工作部门、事业单位和人民团体的领导干部经济责任进行审计，其中任中4项，离任12项。查处各类问题金额2785万元。

固定资产投资审计 完成投资项目审计或专项审计调查38个，完成项目投资额229 807万元，核减投资（结算）额4768万元，查出资金滞留闲置、不到位、不落实等问题金额4267万元，为政府和建设单位节约大量资金。

社会保障审计 根据审计署和省审计厅的统一安排，定西市审计局协同县区审计机关，上下联动、攻坚克难，对全市住房公积金管理费提取和使用、全市7个县区社会保障资金进行审计，延伸审计77个单位，查出主要问题金额3771万元。审计达到摸清情况、反映成效、揭示问题、分析原因、提出建议的目的，为推动政策落实、维护民生利益、促进深化改革、服务宏观决策发挥积极作用。

企业审计 配合企业改制，对定西宾馆1997年1月至2012年3月资产负债损益情况进行审计，查出“账外”资金、未缴税金、违规集资等问题金额556万元，提出开展清产核资、积极清理往来款项等审计建议。

专项资金审计（调查） “5·10”岷县特大冰雹山洪泥石流灾害发生后，定西市市县区审计机关迅速做出安排部署，按照“提前介入、关口前移、全程跟踪、有效防范”的思路，对救灾资金物资开展跟踪审计。岷县、漳县、渭源等重灾县审计局从受灾第一时间起就介入其中全员参与、全程跟踪，有效地促进资金物资的规范管理和合理使用。（撰稿人：姚洁琼）

【陇南市审计局】 2013年，陇南市审计局人员编制46人，在编36人。局长曹代成，副局长张欣平、秦汝宁、王东红、李晖（4月—），总审计师张俭，纪检组长段秀福。设有经济责任审计办公室、办公室、法制科、监察室、社会和内部审计监督核查科、财政审计科、外资经贸审计科、政府投资审计科、行政事业审计科、农业与资源环保审计科、经济责任审计一科、经济责任审计二科、社会保障审计科。

审计成果 陇南市审计局完成审计和审计调查项目61个，查出各类违规金额7684万元；应上缴财政7641万元，已上缴7641万元；应归还原渠道资金9238万元，已归还原渠道资金9238万元；应调账处理金额1343万元，已调账处理金额1343万元；应缴纳其他资金368万元，已缴纳其他资金368万元；核减投资额2431万元。移送纪检监察机关查处事项1件。提出审计建议101条，采纳84条。

财政审计 对市本级2011年度财政预算执行情况审计，并延伸审计市政府办、市编委、市公安局、市旅游局等预算执行单位，查出管理不规范金额35 597万元，查出问题基本得到整改。对武都区、康县、两当县2011年度县级财政决算进行审计，审计查出违规金额7684万元，管理不规范金额39 874万元。通过审计，进一步促进财政支出的公共服务均等化水平，提高财政资金的使用效益。

社会保障审计 按照审计署和省政府的统一部署，严格执行社会保障资金审计方案，按照“五统一”要求，对全市九县区社会保障资金进行全面审计，基本摸清全市九县区社会保障资金总体规模、管理情况和资金使用情况，未发现重大违纪违规问题，对审计查出的社会保障制度和政策执行中多头开户、不规范开户，滞留养老保险资金，未落实优惠利率，少报结余等问题，各县区政府和相关部门积极采取措施进行整改，严格落实审计决定。

经济责任审计 受市委组织部的委托，陇南市审计局对13名领导干部任职期间经济责任履行情况进行审计。审计查出负领导责任金额206万元。被审计对象按照审计决定进行相应的归还和调账处理。

灾后重建项目竣工决算审计 在陇南市县审计机关的共同努力下，基本完成灾后重建项目竣工决算审计任务。其中市审计局完成22个项目，审计核减工程造价2401万元。受到市县区党委、政府的充分肯定，西和县、武都区、文县、成县审计局受到市委、市政府的表彰；市审计局、成县和西和县审计局受到省人力资源社会保障厅和省审计厅的表彰。

专项资金审计（调查） 按照审计署和省审计厅的统一安排部署，陇南市开展徽县、成县、礼县、西和县、宕昌县等五县的中小学教育布局调整的审计调查。查出调整撤并农村学校工作不规范，寄宿制学校生活设施不足、条件简陋、管理和服务不到位，部分停办学校校舍资产处置和管理不规范等问题。相关县区政府高度重视，积极采取措施进行整改，对不能及时整改的问题制订整改方案。

固定资产投资审计 完成市信通公司运营情况审计和市第一人民医院、市政府驻兰办事处陇南大厦、市易地干部周转房等项目的竣工决算审计。审计核减工程造价1 476.27万元，有效促进基本建设项目规范运行，节约财政资金。

按照国家审计署和省政府的统一部署，迅速启动，严格执行保障性住房跟踪审计方案，按照“五统一”要求，共抽调全市审计机关业务骨干

85人，对全市八县城镇保障性住房进行全面审计，基本摸清陇南市八县区保障性住房总体规模、管理情况和资金使用情况。

根据省审计厅的统一安排，陇南市审计局组成审计调查组，对武都区、成县2010年至2011年城镇污水处理项目资金管理使用及设施运行情况和排污费的征收使用情况进行审计调查，组织其他各县开展同级审计。审计查出未及时清理休眠账户资产、配套资金没有足额到位、项目未及时竣工验收等问题。（撰稿人：赵贵林）

【临夏回族自治州审计局】 2012年，临夏回族自治州审计局人员编制82人，在编83人。局长金存智，副局长马理荣、崔永奎、马福雄、罗宏志，纪检组长马黎明。设有人事秘书科、财政金融审计科、行政事业审计科、农业与资源环保审计科、社会保障审计科、固定资产投资审计科、计算机审计科及审计执法监督检查室；内设经济责任审计办公室，下设经济责任审计一科、经济责任审计二科。

审计成果 州审计局完成审计项目122个，查出违规金额46 600万元，应上缴财政1322万元，应归还原渠道资金18 890万元，应调账处理金额2709万元；已上缴财政1035万元，已归还原渠道资金11 127万元，已调账处理金额2292万元。审计期间督促整改不规范资金46 400万元。提交审计报告、信息131篇，被采用120篇。

财政审计 对州级2011年度一般预算收支情况、州级政府性基金收支情况和预算外财政专户资金收支情况进行审计，并延伸审计州广电局等11个州直部门一级预算执行单位2011年度预算执行及其他财政财务收支情况，并对永靖县、广河县人民政府2010—2011年度财政决算的真实性、合法性进行就地审计。

固定资产投资审计 全年核减工程价款656万元，促进重点投资项目的规范运行。加强重点建设项目的审计监督，对18个竣工决算项目进行审计；开展汶川地震灾后恢复重建项目竣工决算审计，对3项灾后恢复重建项目进行审计；开展东乡县特大滑坡灾后重建项目跟踪审计，先后6次对东乡县城灾后重建资金管理使用情况进行审计督察，促进灾后重建资金的安全和规范运行。

经济责任审计 受州委组织部的委托，对14个单位领导干部开展经济责任审计，其中离任审计任务6个，任中审计任务8个。根据州政府安排，对州政府驻北京、拉萨、南京办事处进行财务收支审计。认真贯彻落实《甘肃省党政主要领导干部和国有企业领导人员经济责任审计实施办法》，完成临夏州经济责任审计联席会议领导小组及其办公室人员调整工作。

专项资金审计 对全州2010—2011年度土地出让金、易地搬迁资金、大中型水库移民后期扶持资金、现代农业生产发展资金、城镇污水处理项目资金、城乡道路客运成品油价格补助资金等六大类专项资金38个项目进行审计，促进各项惠民政策资金的落实。

社会保障审计 整合全州审计资源，以业务骨干和计算机审计技术骨干为主，抽调59人组成8个审计组，对全州8个县（市）社会保障资金进行审计。工作中狠抓审前培训、数据库建库补入、联合督查、督促整改等环节，圆满完成审计任务。

专项审计调查 从州县（市）审计、教育部门抽调46人，组成5个审计组，对临夏市、永靖县、康乐县、和政县、广河县2006年以来义务教育阶段农村中小学布局调整情况进行专项审计调查，针对调查中发现的师资力量薄弱、资源配置不均衡、部分停办学校校舍资产处置和管理不规范等问题，提出审计建议。整合全州审计资源，从州县市审计机关抽调53人组成7个审计组，对全州七个县城镇保障性安居工程进行审计，按时向省审计厅上报审计报告和相关数据。

（撰稿人：张国福）

【甘南藏族自治州审计局】 2012年，甘南藏族自治州审计局人员编制50人，在编50人。局长宫永祯，副局长安玉荣、牛勇（12月—）、陈克明。设有经济责任审计局（经济责任审计一科、二科、三科）、办公室、法规和内部审计监督科、财政金融审计科、农业与资源环保审计科、企业审计科、固定资产投资审计科、行政事业审计科、社会审计核查科、社会保障审计科、计算机信息审计科11个科室（局）。

审计成果 全州完成审计和审计调查项目

591个，查出违规金额7598万元，管理不规范金额18 112万元，应归还原渠道资金2417万元，核减工程投资2238万元；审计处理上缴财政689万元，促进增收节支297万元；向被审计单位提出审计建议765条，采纳694条；向纪委、监察部门移送违规违纪线索3件；向各级党委、政府和上级审计机关提交综合报告、专题审计报告、调研、信息898篇次，被采用和批示164篇次。

财政审计 全州共对46个部门和单位的预算执行情况进行审计。州审计局重点对临潭县政府、州林业局、州水电局、州农牧局等16个单位和部门预算执行和财务收支进行审计。为进一步推动财政改革、规范预算管理、维护财经秩序，更好地为党委、政府宏观经济决策提供科学的参考依据。10月18日向州人大做2011年度州级预算执行和其他财政收支情况的审计工作报告，得到人大代表的高度评价。

经济责任审计 州、县市审计机关继续认真贯彻落实《党政主要领导干部和国有企业领导人员经济责任审计规定》，进一步加强经济责任审计，促进领导干部守法守纪守规尽责。全州对159名领导干部进行经济责任审计。州审计局主要对州发改委、州建设局、州招商局、合作市政府等38个部门和县市政府主要负责人开展经济责任审计。从审计情况来看，各县市党委、政府和州直有关部门主要领导对认真履行经济责任工作的认识明显提高，自觉接受审计的意识逐步增强，并能积极采纳审计建议，认真整改违纪违规问题，不断健全规章制度，使违规违纪问题逐年减少，依法理财的能力和水平明显提高。经济责任审计在地方经济发展、经济宏观调控和促进党风廉政建设中所发挥的作用日显突出。

固定资产投资审计 全州完成投资审计项目223个（不包括灾后重建项目），送审项目投资总额91 533万元，审定投资总额89 282.4万元，审计核减投资2238万元。州审计局重点抽审保障性住房、公路建设、教育投入等20个政府重大投资项目，送审金额30 955万元。从审计结果来看，各建设单位对项目资金管理不断趋于规范，资金使用效益明显提高，工程领域违规违纪问题逐年减少，特别是对审计提出的建议高度重视，整改有力，并建立和完善项目管理的制度和办法。严格按照《政府投资建设项目审计管理办法》，对所有已竣工的政府投资项目进行竣工决算审计，确保工程项目安全交付使用；对所有在建的政府投资项目进行跟踪审计。

专项资金审计（调查） 全州审计机关继续开展以维护民生、促进和谐社会建设为目标，加强对农业、土地、社会保障、教育、医疗、住房、扶贫等民生项目以及交通、能源、资源、环境等基础设施建设项目等关系经济社会发展，涉及人民群众切身利益的各种专项资金的审计和审计调查。全州审计机关完成专项资金审计和审计调查项目36个，审计涉及专项资金总额8544万元，审计督促拨付到位资金653万元。州审计局重点对草原奖补资金、黄河水源生态功能区生态保护与建设项目、农牧村节水灌溉和人畜饮水安全工程等专项资金进行审计。

灾后重建项目审计 完成对273个“5·12”地震灾后重建项目的跟踪审计和审计调查，审计涉及金额27.52亿元，送审工程造价24.53亿元。已审结项目241个，审结率占具备竣工决算审计条件项目的100%，核减工程价款1 450.6万元。州审计局机关和全州审计系统3名个人被评为全省“5·12”地震灾后恢复重建项目审计先进集体和个人。借鉴“5·12”地震灾后重建竣工决算审计的经验和做法，继续派出两个审计组常驻舟曲县，严格按照“每竣工一个就审结一个”的工作思路，加强对舟曲“8·8”特大山洪泥石流灾后恢复重建项目的竣工决算审计。至年底，州、县自建项目110个已全部开工，已完工项目34个，占项目总数的30.91%，其余76个项目正在加紧建设。已完工项目中具备竣工决算审计条件的项目8个，已审结8个，其余26个尚不具备竣工决算审计条件（未通过初验），共核减工程价款502.24万元。

省级藏区开发建设资金审计 根据州政府主要领导的批示，重点审计全州2010年至2012年9月期间省级藏区开发建设资金的管理、拨付和使用情况。审计涉及20个项目单位（含4县市），金额26 100万元。审计认为，各项目单位账务处理符合《行政单位会计制度》和《建设单位会计制度》等相关规定，资金管理和使用基本做到专款专用。

授权项目审计 一是完成对社会保障资金的审计。会同省厅对全州2005年至2011年社会保险、社会救助和社会福利三大类18项社会保障资金进行审计和审计调查。审计结果表明，全州各相关部门认真贯彻“广覆盖、保基本、多层次、可持续”的方针，逐步健全和完善覆盖城乡的社会保障体系，为全州的社会稳定和经济发展发挥积极作用。二是完成对农村中小学结构布局调整的专项审计调查。对临潭、卓尼、舟曲、夏河四县2006年以来义务教育阶段农村中小学布局调整情况进行专项审计调查，在全面摸清中小学布局调整总体情况的基础上，共抽查初中8所、小学76所（含教学点6个）。工作过程中探索和积累的经验和方法得到省厅的充分肯定，并在全省范围内进行推广和应用。三是完成对全州污水处理项目的审计。四是全州保障性安居工程已结束现场审计，进入汇总和出具审计报告阶段。五是全州中小学校舍安全工程后续审计工作已做全面部署，各项工作正有条不紊地开展，保证在规定的时间内高质量完成工作任务。（撰稿人：党育林）

【甘肃矿区审计局】 2012年，甘肃矿区审计局人员编制9人，在编9人。局长薛继峰。设有综合科、企业审计科。

审计成果 矿区审计局主要开展专项资金审计和审计调查工作。全年完成审计项目1个，审计调查工作1个，提交审计报告1篇，审计资金量5 946.39万元。审计中，发现被审计单位存在问题2个，提出审计意见2条。被审计单位按照提出的审计意见进行整改，取得较好的审计效果。

专项资金审计（调查） 对2011年度甘肃矿区住房公积金的归集、管理及使用情况进行审计，审计资金量5 946.39万元，为矿区政府加强住房公积金的管理提供审计意见。

根据国家审计署开展全国社会保障资金审计工作的要求，在矿区相关部门的协同努力下，完成省审计厅安排的矿区2005年至2011年底社会保障资金专项审计调查工作，完成审计数据采集工作，及时向审计署驻兰州特派办报送完整的基础数据，并通过验收。

内部审计 内部审计机构1个，专职人员9人。2012年完成审计项目30个，其中经济责任审计7个、基本建设审计4个、专项资金审计17个、财务决算审计1个、其他审计1个，审计资金量830 501.49万元。提交审计报告30份，提出审计建议41条，全部被采纳。

（撰稿人：魏小萍）

2012年甘肃省所辖区、县（市）级审计工作统计表

金额单位：万元

审计机关	完成审计项目（个）	查处违规金额	应上缴财政	应减少财政拨款或补贴	应归还原渠道金额	应调账处理金额	移送司法、纪检、监察部门处理（件）	建议有关部门处理（件）	出具审计报告和审计调查报告（份）	提出审计建议（条）	撰写审计信息（篇）
兰州市											
兰州市本级	59	67421	72877		18580	31703	1		59	196	198
城关区审计局	88								88	46	23
七里河审计局	16	41	26		5	1946			16	32	40
西固区审计局	31	2771	2007	848	72	890			43	35	30
安宁区审计局	12	59							11	24	14
红古区审计局	24	1835	1779		54				24	10	4

续表

审计机关	完成审计项目（个）	查处违规金额	应上缴财政	应减少财政拨款或补贴	应归还原渠道金额	应调账处理金额	移送司法、纪检、监察部门处理（件）	建议有关部门处理（件）	出具审计报告和审计调查报告（份）	提出审计建议（条）	撰写审计信息（篇）
永登县审计局	32	9215		364	140	5132			31	50	5
皋兰县审计局	35	3567	2579						35	48	9
榆中县审计局	34	51	20		13				34	18	29
嘉峪关市											
嘉峪关市本级	32	5642							28	35	112
金昌市											
金昌市本级	51	7007	3465		1037	1937	1		51	106	58
金川区审计局	47	276			14	423			47	123	
永昌县审计局	28					61			28	12	
白银市											
白银市本级	52	4784	4549	5813	1198	5132			68	158	146
白银区审计局	45	212	212		22	1591			67	34	131
平川区审计局	37	71	73	354	7744	6916			48	97	145
靖远县审计局	45	945	162	21	1437	6446			69	50	41
会宁县审计局	70	591	625	1146	941	8300			97	136	59
景泰县审计局	32	726	534		305	26385			48	38	26
天水市											
天水市本级	92	14534	447	1604	667	8691		15	92	200	620
秦州区审计局	70	143	55	740		1558	4	70	141	161	70
麦积区审计局	62	165	221		21	920	2	62	99	93	62
清水县审计局	44	17	10	4	698	746		44	65	48	44
秦安县审计局	46	122	26	109	190	1014		46	66	65	46
甘谷县审计局	41	507	472	1267		2041		41	44	50	41
武山县审计局	38	537	133		199	735	3	38	64	44	38
张家川回族自治县审计局	25	62	2	84	308	242		25	148	133	25
武威市											
武威市本级	155	15218	4225		5047	2503	1	155			267
凉州区审计局	118	2899	2768		19383	90	5	118			138
民勤县审计局	82	2029	26	65	98	206	8	82			67
古浪县审计局	143	5769	32	21				143			156

续表

审计机关	完成审计项目（个）	查处违规金额	应上缴财政	应减少财政拨款或补贴	应归还原渠道金额	应调账处理金额	移送司法、纪检、监察部门处理（件）	建议有关部门处理（件）	出具审计报告和审计调查报告（份）	提出审计建议（条）	撰写审计信息（篇）
天祝藏族自治县审计局	188	5370	219	720	462	1607		188			200
酒泉市											
酒泉市本级	65	40079	13631		83	8859	2	81	172		141
肃州区审计局	47	22273	2604		37	218		70	51		215
玉门市审计局	66	1650	30	20	338	1487	2	66	89		183
敦煌市审计局	23	17469	3450		5691	1533		32	42		251
金塔县审计局	48	7170	515			191		60	84		78
瓜州县审计局	32	10746	2		1		1	32	87		259
肃北蒙古族自治县审计局	38	1604	22	4		57	2	38	39		16
阿克塞哈萨克族自治县审计局	24	150	138		9	1		24	37		5
张掖市											
张掖市本级	82	17370	318	4378	1498	484			82	175	156
甘州区审计局	51	58858	23		64	3501			51	31	40
民乐县审计局	36	2558	89		449	709			36	103	178
临泽县审计局	68	6758	285		16	37	2		65	45	207
高台县审计局	36	3	6		45				36	50	5
山丹县审计局	40	1601	28						42	126	45
肃南裕固族自治县审计局	46	1997	11743		31	60	1		45	45	144
庆阳市											
庆阳市本级	65	1797	54	495	1037	885		1	65	158	184
西峰区审计局	91	1587	10	482	8	24055			91	114	57
庆城县审计局	43	1293	10		3				43	35	17
环县审计局	32	2155	137	17	164	3692		1	32	37	0
华池县审计局	43	6683	1		5657	297			43	27	2
合水县审计局	43	1522	26	36	897	653	1		43	134	51
正宁县审计局	65	3701	17		70	18572			65	50	30
宁县审计局	29	221	49	10	46	1526			29	54	38
镇原县审计局	59	1033	42						59	209	44
平凉市											
平凉市本级	107	24726	4437		3754	2033				146	97

续表

审计机关	完成审计项目（个）	查处违规金额	应上缴财政	应减少财政拨款或补贴	应归还原渠道金额	应调账处理金额	移送司法、纪检、监察部门处理（件）	建议有关部门处理（件）	出具审计报告和审计调查报告（份）	提出审计建议（条）	撰写审计信息（篇）
崆峒区审计局	97	4240	46			1005				131	19
泾川县审计局	63	413	102		17	580				82	17
灵台县审计局	77	177	32		86	3				118	28
崇信县审计局	24	63	4		3	198				33	22
华亭县审计局	37	4885	1412		6	10				57	20
庄浪县审计局	39	1957	18		55446	671				63	19
静宁县审计局	61	941	12		3503	650				110	17
定西市											
定西市本级	77	12337	9049		2274	8258			77	165	159
安定区审计局	196	23	86		394	1032			196	269	115
通渭县审计局	136	1318	352	1563	387	1917			136	283	
临洮县审计局	221	7	7		284	568			221	3	30
漳县审计局	76	6097	158		6144	5667			76	114	
岷县审计局	139	17	340	419	10	236			190	204	
渭源县审计局	129	874	9			297			129	14	
陇西县审计局	307	5468	4012	2454	1549	87511	1		307	435	3
陇南市											
陇南市本级	61	7684	7641	23	9238	1343	368	1		131	80
武都区审计局	211	10	10		4631	32				240	25
成县审计局	53	24	2							67	22
宕昌县审计局	79	66	66	17	1	47				124	18
康县审计局	131	2671	4455		883	3852				156	21
文县审计局	269	1733	1730		1317	51				310	35
西和县审计局	66	7	2		16	4272				83	16
礼县审计局	68					5				79	12
两当县审计局	43									70	10
徽县审计局	202	30	30		23					231	14
临夏回族自治州											
临夏回族自治州本级	122	46600	1322		18890	2709			122	255	129
临夏市审计局	82	702	701			2518			82	23	13
临夏县审计局	60	798	98			480			60	58	16
康乐县审计局	108	2	2						108	31	16

续表

审计机关	完成审计项目（个）	查处违规金额	应上缴财政	应减少财政拨款或补贴	应归还原渠道金额	应调账处理金额	移送司法、纪检、监察部门处理（件）	建议有关部门处理（件）	出具审计报告和审计调查报告（份）	提出审计建议（条）	撰写审计信息（篇）
永靖县审计局	107	6609	6100	1	507	983			107	81	18
广河县审计局	111	71	7		20	42			111	120	15
和政县审计局	64	1042	119		956				64	29	8
东乡族自治县审计局	58	5043	2		123				58	210	32
积石山保安族东乡族撒拉族自治县审计局	74	455	452						74	64	21
甘南藏族自治州											
甘南藏族自治州本级	72	5977	487		300	1459	3		72	136	103
合作市审计局	62	9	9						62	79	2
临潭县审计局	66	262	93	163	6	27			66	13	23
卓尼县审计局	115	372	101		85				115	83	64
舟曲县审计局	79	95	96			12659			89	158	
迭部县审计局	64	650	17		278	6			64	40	36
玛曲县审计局	33	45	61		43	159			33	122	37
碌曲县审计局	39	85	1	86	1600				39	72	32
夏河县审计局	61	104	1		105				61	62	

青海省

【青海省审计厅】 2012 年，青海省审计厅人员编制 139 人，在编 129 人。设有办公室、政策法规处、财政审计处、行政事业与社会保障审计处、农业与资源环保审计处、固定资产投资审计处、经贸与外资运用审计处、计算机审计处、人事处、机关党委、经济责任审计局、审计信息中心、后勤服务中心、派出审计一局、派出审计二局、派出审计三局、派出审计四局。

领导成员

厅　　长：张国生

副 厅 长：王继卿　周文成

　　　　　卫　强　竺向东

总审计师：张得庆

纪检组长：朱惠民

审计成果　全省审计机关共审计和调查 1420 个单位（项目），查出违规金额 3 亿元，管理不规范金额 84.6 亿元，应上缴财政 5.9 亿元；提出审计建议 1936 条，被采纳 842 条。其中，省审计厅审计和调查 39 个单位（项目），查出违规金额 7663 万元，管理不规范金额 15.2 亿元，应上缴财政 7561 万元，应归还原渠道资金 3390 万元；提出审计建议 122 条。

统一组织项目审计　各级审计机关按照“五统一”的原则，上下联动，快速反应，集中推进，按期完成各项审计任务。一是全省社会保障资金审计，摸清全省社会保障资金规模，掌握全省社会保障制度建设和运行情况，揭示全省社会保障资金筹集管理使用和业务管理中存在的问题，提出加强社会保障资金管理、健全社会保障制度的意见和建议，为促进完善全省社会保障体系发挥重要作用。二是农村中小学布局调整情况专项审计调查，摸清布局调整相关政策措施执行和专项资金管理使用等方面的情况和问题，客观评价取得的成效，提出改进建议，为推动农村义务教育均衡发展发挥积极作用。三是全省城镇保障性安居工程项目跟踪审计，重点对全省保障性安居工程任务分解、资金筹集、管理和使用、工程质量和保障性住房分配运行以及取得的成效进行摸底调查，此项工作正在按计划推进中。

灾后重建跟踪审计 2012年是开展玉树灾后重建跟踪审计的第三年，也是审计署授权青海省审计厅独立承担重建审计任务的第一年。玉树重建跟踪审计组克服气候恶劣、工作生活条件艰苦、人员不足等重重困难，紧紧围绕“一保一促”总目标，按照省委、省政府对灾后重建审计工作的要求和审计署灾后重建审计工作总体部署，对玉树灾后重建资金和项目建设情况、重建政策实施与规划落实情况进行全过程跟踪审计，促进灾后重建工作的顺利进行。特别是开展的灾后重建公共建筑和市政设施项目工程成本及援建单位管理费用审计调查，为省政府科学决策提供重要依据。

预算执行审计 坚持“评价总体、揭露问题、规范管理、促进改革、提高绩效、维护安全”的总体思路，进一步把握规律，改进方式，有效提升财政预算体系的完整性和科学性。一是加强预算执行审计。重点对全省各级政府财政预算执行、财政收支平衡及资金结余结转情况进行审计，同时关注政府采购预算和国有资本经营预算的执行情况，为加强预算管理、促进财政体制改革提供客观依据。二是对省、州、县三级地税部门2011年度税收征管、部门预算执行和税收统计情况等进行审计，促进依法治税，规范各级地税部门的预算管理和执行。三是稳步推进部门预算执行审计。重点关注预算编制的统一性、完整性和预算执行的规范性、有效性，揭示预算管理、预算执行和财务核算等方面存在的问题，提出改进和完善的建议，促进提高财政资金管理水平和使用效益。根据省政府要求，完成政法机关基础设施建设项目债务和乡村公益性债务审计认定，为化解相关债务提供依据。

专项资金审计（调查） 各级审计机关坚持把人民群众最关心的民生问题作为审计监督的出发点和落脚点，大力开展民生项目和资金审计。通过实施全省农村保障性住房、医药卫生体制改革、文化产业发展及基层文化设施建设补助、黄河谷地百万亩土地整理、易地扶贫搬迁试点工程、三江源生态保护和建设工程等审计或审计调查，掌握各项目总体情况，客观评价主要成效，真实反映政策执行和项目推进中出现的问题，提出改进的合理化建议和意见，对富民惠民政策有效落实起到积极的推动作用。

外资运用审计 通过实施卫生、广电、教育及西宁防洪工程、扶贫、青海湖流域周边地区生态环境综合治理等外资运用项目审计，发挥外国政府和国际金融组织贷（赠）款的使用效益。

固定资产投资审计 各级审计机关以促进完善投资体制和提高投资效益为目标，不断强化政府重大投资建设项目审计，共核减投资额1.63亿元。对全省中小学校舍安全工程进行跟踪审计，揭示建设质量和工程进度等方面存在的问题，为进一步健全工程建设措施、规范资金管理、提高工程质量发挥重要作用。各地加大城镇化建设中战略性、基础性、公益性建设项目的审计力度，严把项目规划、建设程序、施工管理和竣工决算关，保障政府投资项目建设稳步推进。如西宁市重点组织开展17个项目的竣工决算审计，海西州完成投资审计项目15个，核减投资5 652.9万元，较好地发挥投资审计作用。

经济责任审计 各级审计机关认真贯彻落实两办《规定》，密切关注权力运行和责任履行情况，正确把握经济责任审计重点，不断拓展审计广度和深度，努力调整审计项目结构，推进审计机构建设，不断深化经济责任审计工作。全省共对361人进行任期或任中经济责任审计，在强化对权力运行的监督和制约、促进依法行政、推进反腐倡廉等方面发挥重要作用。

（撰稿人：马振民）

【西宁市审计局】 2012年，西宁市审计局人员编制72人，在编68人。局长于勇，副局长汪志功（6月—）、顾焕平、苟让德。设有办公室、政策法规处、财政金融审计处、行政事业审计处、经贸与外资运用审计处、农业资源与环保审计处、固定资产投资审计处、社会保障审计处、运用计算机审计处、经济责任审计局。

审计成果 全市共完成审计项目187个（其

中市审计局完成审计项目 47 个)，查出违纪违规行为金额 153.93 万元，应上缴财政19 509.79 万元，应归还原渠道资金 53.86 万元，应调账处理金额 4023 万元；已上缴财政19 509.79万元，已归还原渠道资金 53.86 万元，调账处理金额 4023 万元。核减工程投资额 5392 万元。审计提出建议 103 条，被采纳 51 条。提交审计专题、综合性报告和信息简报 81 篇。

预算执行审计 本级预算执行审计主要审计市财政局具体组织的市本级预算执行情况以及市公安局、市文广局、市教育局、市城管局等预算执行单位，促进提高财经管理水平。在开展本级预算执行审计的同时，继续开展财政决算审计工作，重点审计下级政府和财政部门在执行国家统一政策、管理和使用上级财政补助资金，以及事关经济工作全局的问题，对存在的问题进行处理处罚，并提出改进意见和建议。

固定资产投资审计 全市审计机关紧紧围绕“规范政府投资行为，完善投资项目管理，提高投资效益”的工作目标，在重点开展政府投资工程项目竣工决算审计监督的同时，认真开展海湖新区—火烧沟环境综合整治、火车站综合改造—西站过渡等 17 个项目的竣工决算（结算）审计。通过审计，维护政府投资资金的安全，提高建设资金使用效益。

专项资金审计（调查） 为进一步落实党的各项惠民政策，保障专项资金的安全及使用效果，全市审计机关重点围绕西宁援建杂多灾后重建现场指挥部工作经费、全市“博爱一日捐”募捐救助、农村中小学布局调整、农村保障性住房、医药卫生体制改革实施情况开展专项审计和调查。专项资金审计中实行“一条主线、二相结合、三点关注”的工作方法，即：以资金轨迹为主线，资金运行到哪里，审计就跟进到哪里；在审计内容上财务与业务相结合，在审计方法上内查与外调相结合；重点关注资金运用终端的真实情况、合法合规情况，重点关注项目管理核心环节，重点关注项目的绩效，全面客观评价项目。专项资金审计全面掌握各项资金、基金的管理运行情况，揭露资金筹集、管理、使用中存在的突出问题，促进地方政府及有关部门加强资金管理，确保各项专项资金和基金的安全和完整，维护广大人民群众的切身利益。

经济责任审计 受市委组织部委托组织实施 7 个经济责任审计项目，在严肃财经纪律，强化内部管理，发挥资金效益的同时，促进领导干部依法行政，为干部的管理和使用提供参考依据。

统一组织项目审计 根据审计署和省审计厅统一部署，市审计局组织实施市属四区政府社会保障资金、市属三县 2006 年以来义务教育阶段农村中小学布局调整、2012 年西宁市中小学校舍安全工程、市地税局 2011 年度税收征管及财务收支、全市农村保障性住房、全市保障性住房及全市医疗卫生体制改革实施等情况的审计和审计调查工作。全市审计机关积极组织，抽调业务技能较高的审计人员组成审计组，按照统一的实施方案，认真开展以上审计工作。局领导高度重视，分别牵头联点各个审计组，多次前往各个审计组指导协调，按时完成审计任务。

（撰稿人：陈道祥）

【海东地区审计局】 2012 年，海东地区审计局人员编制 16 人，在编 14 人。局长赵晓静，副局长张建华、熊成芳，纪检组长韩芳忠。设有办公室、财政金融审计科、行政事业审计科、农业资金审计科、经济责任审计科和经济责任审计中心。

审计成果 海东地区审计局完成审计（调查）项目 22 个，查出违规金额 5296 万元，管理不规范金额 25 775 万元，应上缴财政 1217 万元，应归还原渠道资金 3412 万元，应调账处理金额 436 万元；已上缴财政 1217 万元，已归还原渠道资金 3412 万元，已调账处理金额 436 万元。提交审计专题、综合性报告和信息简报 26 篇，被采用 6 篇，向社会公告审计结果 2 期。

财政审计 对地区本级 2011 年度财政预算执行和其他财政收支情况进行审计（包括延伸审计预算执行单位 3 个）。通过审计，重点揭露和纠正预算单位挤占项目资金，弥补公用经费不足 112.11 万元（用于购车 47.11 万元，用于弥补经费支出 38 万元、接待费支出 27 万元）、未经政府采购而自行购置办公设备 5.4 万元。提出加强和改进财政管理，严格执行《中华人民共和国预算法》和有关财经法规等审计建议，进一步推动预算执行审计工作的不断深化。对民和、平安两县人民政府2011年度财政决算进行审计，重点揭露和纠正决算编制不规范等金额25 377万元，隐瞒截留预算收入、虚列财政支出转移财政资金、向非预算单位拨款、财政支出核算不实等违规金额4282万元，对存在的问题按照有关法律法规进行处理处罚，并提出加强管理和改进工作的建议。按照省审计厅的统一安排部署地、县审计机关分别对本级地税系统2011年度税收征管和财务收支情况进行审计，重点揭露和纠正延压税款1080万元，预征税款300万元，个别企业存在骗取税收减免政策的虚假行为、少交社会保险基金的行为、以更换名称和法人代表的形式超期享受税收优惠政策行为和异地注册纳税、变相买税等问题。

行政事业审计　根据海东行署办公室关于印发的《海东地区化解政法机关基础设施建设债务方案》精神，按照“制止新债、核实底数、明确责任、分类处理、彻底化解”的总体要求，地、县审计机关会同财政、发展改革等部门分别对本级法院、检察院、公安、司法等部门2009年底前已建成投入使用的办公用房等基础设施项目拖欠债务进行审计调查，并锁定债务2 505.01万元。

农业与资源环保审计　组织县级审计机关结合当地实际，对国债项目资金、农业发展资金、农作物病虫害防治项目资金、农业技术推广项目资金、农业综合开发项目资金、人畜饮水、道路硬化、渠道维修、新型农民科技培训补助费、社会化体系建设等92项农业综合开发项目进行审计。

社会保障审计　全国统一组织开展社会保障资金审计，地区审计局自2月26日开始整合全区审计力量，对全区所辖六县社会保障、民政、残联等部门管理的社会保障资金进行全面审计。审计发现的主要问题有：进城务工人员应保未保2249人；重复参加各种社会保险16人，重复领取保障金289人；全区各项社会保险基金少计利息296.75万元；全区各项社会保障资金结余大，未能实现保值增值；个别破产企业退休人员未纳入医疗保障；失地农民进行社会保障政策不完善；全区生育保险尚未实施；企业和行政事业单位欠缴各项社会保险基金现象较为普遍。地区审计局对地区住房公积金管理中心管理的2011年度职工住房公积金的归集、使用、管理情况进行审计，并对外公告审计结果。

经济责任审计　以加强对党政领导干部和企业领导人员管理和监督，正确评价领导人员任期经济责任，促进领导干部勤政廉政，全面履行职责为目标。受组织部门的委托，有选择、有重点地开展党政领导干部和企业领导人员任期经济责任的审计监督工作。共对6个单位6名领导干部进行任期经济责任审计，重点揭露和纠正个别被审计单位违反规定的财务收支行为，对领导干部任期经济责任做出客观公正的评价。

专项资金审计（调查）　按照“财政资金运行到哪里，审计就跟进到哪里”的要求，加大对专项资金的审计监督力度。一是按照审计署的统一部署安排，组织县级审计机关对本县农村中小学布局调整情况进行专项审计调查。通过专项审计调查综合分析，海东地区农村中小学布局调整存在以下问题：调整撤并学校个别地方超前；教育资源向县城学校倾斜，造成新的结构失衡；新建、改造学校筹措资金困难；寄宿制学校生活设施不足，条件简陋，管理和服务不到位；部分学生就学距离增加，交通安全风险增大；因上学路途远，交通费增加、住校伙食支出增加，致使部分农村家庭教育支出增加；部分停办学校校舍资产处置和管理不规范。二是根据省审计厅的安排部署，组织地县审计部门对2009年至2011年医药卫生体制改革情况进行专项审计调查。三是对中小学校舍安全工程建设项目继续实施跟踪审计。四是对城镇保障性住房进行跟踪审计。五是组织完成农村保障性住房建设项目专项审计调查。

（撰稿人：李伶业）

【海北藏族自治州审计局】　2012年，海北藏族自治州审计局人员编制12人，在编12人。局长李刚，副局长祁兴福（—10月）、郑文命（11月—）、黄金刚。设有办公室、财政审计科、经贸投资审计科、行政事业审计科、经济责任审计局（科级）。

审计成果　全州审计机关完成审计项目101个，查出违规金额38 103万元，应上缴财政5155万元，应归还渠道资金1374万元，应调账处理金额2693万元。提交审计报告101篇、信息245

篇，被采用26篇。

财政审计 预算执行审计项目10个，查出主要问题金额11 740万元；财政决算审计项目4个，查出主要问题金额7122万元。

行政事业审计 行政事业审计项目49个，查出主要问题金额4795万元，其中州人防办财务收支审计，查出违规金额40万元，管理不规范金额52万元；州供水站财务收支审计，查出违规金额66万元，审计报告得到州政府主要领导批示。

农业与资源环保审计 实施海北州高原生态畜牧业科技试验示范园财务收支审计，查处管理不规范金额888万元。

社会保障审计 实施社会保障资金审计项目5个，查处违规金额5705万元，其中未按规定征收、缴存公积金5215万元，财政资金不到位不落实361万元，未按规定标准及范围支出81万元，其他问题金额48万元。审计报告得到州政府主要领导批示。

固定资产投资审计 根据省、州相关部门的工作要求，对援建项目资金进行全程跟踪审计检查。开展山东等地对口援建资金使用情况审计，查出管理不规范金额870万元。

经济责任审计 开展经济责任审计36人，其中任中审计3人，离任审计33人；县处级领导7人，科级29人。审计查出主要问题金额795万元，其中负主管责任金额729万元，负领导责任金额66万元。

专项资金审计（调查） 开展专项资金审计（调查）项目33个，其中全州农村中小学教育布局调整审计调查工作，提出教育经费投入、师资力量配备、学校基础设施建设和学校安全等方面的审计建议11条；海晏县审计局开展的游牧民定居工程资金审计、“百企联百村”活动项目资金审计，查出管理不规范金额49万元；门源县审计局村容村貌整治专项资金审计，得到县领导好评。

（撰稿人：马同明）

【海南藏族自治州审计局】 2012年，海南藏族自治州审计局人员编制21人，在编20人。局长李建琪，副局长杨立业、多杰才旦。设有行政事业审计科、经济责任审计科、财政税务审计科、外资运用审计科、法规科、农牧环保审计科、办公室。

审计成果 全州共完成117个审计项目，完成年初审计项目计划的117%。其中财政决算审计2个、预算执行审计9个、经济责任审计24个、专项资金审计38个、行政事业审计37个、投资项目审计2个、社会保险基金审计5个，查出违规金额407.41万元，管理不规范金额1743万元，应上缴财政366.41万元，已上缴209万元。提出审计建议73条，被采纳审计建议10条。

社会保障审计 开展全州社会保障资金审计。根据国家审计署和省审计厅的统一安排，及时向州委、州政府主要领导和州政府分管领导汇报全州社会保障资金审计的筹备情况，引起州委、州政府高度重视，州人民政府及时成立由分管副州长为分管负责人，州人力资源社会保障局、州民政局、州财政局、州地税局、州残联、州审计局、州人民政府及各县政府办公室主要领导为联络员的审计领导机构。及时召开动员大会，加强业务培训，经过近一个月的努力，积极配合省审计厅完成州本级的审计工作，提前完成任务。由于工作成绩突出，州审计局被评为全国社会保障资金审计先进集体。

财政审计 州县审计机关“本级审”从事后常规审计改变为事前事中全程跟踪审计，得到州委、州政府的高度重视和大力支持，州政府主要领导和协管领导分别做出重要批示。州县审计局根据政府和人大要求，及时提交高质量的审计结果报告和审计工作报告。6月27日，州审计局代政府向州人大常委会做本级预算执行和其他财政收支情况的审计工作报告。在贵德县人民政府2010至2011年度财政决算和其他财政收支的审计中查出财政预算基金使用中超范围支出157.41万元，州审计局做出全额收缴财政的审计决定。州审计局完成州文体广电局部门预算执行审计。完成全州地税系统2011年度税收征管和财务收支情况审计。

民生项目审计 一是完成农村牧区中小学布局调整情况专项审计调查工作。从体制、机制和制度层面深入分析原因，提出科学规划、综合统筹、完善配套措施、合理配置资源等建议，促进农村牧区中小学布局更加合理，充分发挥审计保障国家经济社会健康运行的“免疫系统”功能。

二是完成全州农村牧区保障性住房审计专项调查工作。州审计局对贵南、贵德、兴海、共和、同德五县2009年至2012年6月底农村困难群众危房改造、游牧民定居工程和农村奖励性住房等农村牧区保障性住房建设及资金管理使用情况进行专项审计调查。审计查出农牧民自筹资金和地方配套资金不到位等问题。三是全面完成全州医药卫生体制改革实施情况专项审计调查。按照省审计厅的统一安排，海南州县审计机关对2009年至2011年全州医药卫生体制改革实施情况，特别是对基层医疗卫生服务体系建设及基本公共卫生服务均等化内容进行专项审计调查。

专项资金审计（调查） 州县审计机关共完成专项资金审计调查38项，审计专项资金总额29 878万元。按照省审计厅和地方党委、政府的安排部署，审计社会保障类项目8个、农林水与环保类项目6个、其他类24个。根据省、州政府的安排，为配合清理和化解政法机关基础设施建设债务的工作，抽调财政、发改等部门人员对州本级政法机关基础设施建设债务进行审计认定，及时出具审计报告，为下一步清理和化解州政法机关基础设施建设债务奠定基础。

经济责任审计 州县审计机关接受各级党委、政府的委托，按照经济责任审计的两个实施办法、青海省党政领导干部和企业领导人员经济责任审计操作要点，积极开展经济责任审计。共审计经济责任24项24人，其中党政领导23人，事业单位领导1人。提交审计报告和审计结果报告48篇，提出审计建议20条，被采纳4条。及时向党委、政府汇报审计结果和审计决定的整改落实情况。（撰稿人：康金峰）

【黄南藏族自治州审计局】 2012年，黄南藏族自治州审计局人员编制18人。局长雷延鹏，副局长辛晓震、耿常春。设有综合科、行政事业与社会保障审计科、财政金融商贸审计科、农牧与资源环保审计科、经济责任审计科和投资审计中心。

审计成果 州审计局完成审计项目19个，查出违规金额498万元，应上缴财政132万元，应归还渠道资金139万元，应调账处理金额3371万元；已上缴财政79万元，已归还渠道资金137万元，已调账处理金额3319万元。提交审计报告、信息54篇，被采用7篇。荣获省级文明单位。

财政审计 围绕维护财政安全、促进财政体制改革、规范财政管理等方面，组织开展2011年度本级预算执行情况和其他财政收支情况的审计。加强部门预算执行审计，着力规范资金管理使用，增强各部门的预算约束力和透明度，促进完善部门内部控制制度，提高财政资金的使用效益。按照省审计厅的统一安排部署，对全州地税系统税收征管及财务收支情况进行全面审计。按照州委、州政府的要求，将扶贫资金审计纳入财政审计的范围，按照扶贫项目资金流向，重点对尖扎县整村推进、基地建设补助、生态及地质灾害地搬迁、坎布拉镇吉利村旅游设备配套等1445万元的项目资金和同仁县的异地搬迁、黄果基地开发、温棚蔬菜种植、牦牛养殖生产基地建设、全膜双垄马铃薯种植、藏系羊育肥等3123万元的建设项目资金进行审计。

固定资产投资审计 为了促进生态环境改善，对2010年至2011年黄南州三江源生态保护和建设工程实施及资金使用情况进行审计。对2011—2012年度黄河谷地百万亩土地开发整理项目进行专项审计调查，保证土地治理工作不出重大问题。为促进重点项目的顺利实施，继续对扎毛水库项目工程进行跟踪审计。对全州中小学校舍安全工程项目建设资金进行跟踪审计，促进中小学校舍安全工程成为民心工程、放心工程和阳光工程。

社会保障审计 根据审计署和省审计厅的要求，3月至5月，抽调47名审计人员组成4个审计组，分别对州属四县社会保障资金进行审计。重点审计2011年四县地方政府管理的9项社会保险基金、6项社会救助资金、3项社会福利资金共18项社会保障资金，核查2005年以来相关数据；延伸审计35家企业、1家医院和6个村（居）委会。从审计情况看，2011年18项社会保障资金收入2.9亿元，支出1.9亿元，年末累计结余0.53亿元。审计发现，一些地方和单位社会保障工作存在政策执行不到位、管理不够规范等问题。在这次社会保障资金审计中，州审计局荣获全国社会保障资金审计公务员集体奖，受到审计署表彰。

经济责任审计 把经济责任审计与预算执行、

专项资金等审计相结合，丰富审计内容，创新审计方法，较好发挥审计监督职能。完成6个单位部门领导干部的经济责任审计，查出违规金额86万元，管理不规范金额4133万元。

专项资金审计（调查） 紧紧围绕州委、州政府确定的民生实事，以规范各类资金管理，维护群众利益为目标，进一步加强重点民生项目的审计监督。一是对全州农村中小学布局调整的实施、相关政策措施的执行和专项资金的管理使用情况进行审计调查。二是对全州2012年城镇保障性安居工程和农村危房改造、游牧民定居、农村奖励性住房资金进行审计。三是对2009年至2011年州、县、乡、村医药卫生体制改革的政策实施和资金管理情况进行审计调查。四是对全州政法机关基础设施建设债务进行审计。经审计认定，全州政法机关债务2009年以前基础设施建设债务总计2 620.99万元。（撰稿人：刘丽青）

【果洛藏族自治州审计局】 2012年，果洛藏族自治州审计局人员编制10人，在编10人。局长李海林，副局长管全军。设有综合科、综合审计科、财政审计科、企业与投资审计科。

审计成果 全州审计机关共完成审计项目158个，查出违规金额2404万元，查出管理不规范金额11 449万元，应上缴财政983万元。出具审计报告和审计调查报告158篇，提出审计建议247条，提交审计信息215篇。

财政审计 根据年初审计项目计划安排，实施审计项目22个，对于发现的预算收入不及时上缴、违规使用票据、固定资产管理不善等问题依法进行处理和处罚，并提出纠改意见和建议。

固定资产投资审计 开展三江源生态保护和建设工程等重点投资项目，并根据州政府要求，安排并提前介入州医院医技楼、制氧站、州民族高级中学宿舍楼和州旅游接待中心4个工程项目。通过审计调查，及时发现援青项目更换名称后项目批复及批文办理不及时、档案管理不规范、资金滞留等影响项目效益发挥的问题，并及时向州政府反映，促进援青项目的规范管理。

专项资金审计（调查） 开展社会保障资金审计、农村保障性住房专项审计调查、城镇保障房建设跟踪审计、医药卫生体制改革实施情况专项审计调查及农村中小学布局调整情况专项审计调查。审计进一步摸清项目在资金管理等方面存在的问题，提出改进建议，促进相关政策措施的出台完善。

经济责任审计 根据州县组织部门的委托，组织实施领导干部任期经济责任审计50个。审计结果表明，绝大部分领导干部在任期内能较好地执行财经纪律、履行任期内的经济责任。在审计中也发现一些问题，并依法进行处理处罚。

（撰稿人：吕　剑）

【玉树藏族自治州审计局】 2012年，玉树藏族自治州审计局人员编制15人，在编13人。局长赵玉良，副局长李超英、王秀红、尕松多杰。设有办公室、综合科、经济责任审计科、固定资产投资审计科、农牧与资源环保审计科、行政社保审计科。

审计成果 全州审计机关完成审计项目104个，查出违规金额1419万元，应上缴财政52万元，应归还原渠道资金96万元；已上缴财政22万元，已归还原渠道资金91万元。提交审计报告、信息26篇，被采用1篇。

财政审计 完成州本级预算执行审计。针对审计发现的政府采购预算执行不及时、财政预算长期挂账等问题，提出加强预算管理、推进政府预算体系建设等方面的审计建议，为政府加强预算管理提供客观依据。

开展全州地税系统2012年度税收征管和财务收支审计，发现有些基层税务部门存在违规设立税款征收过渡户、税收超额提成比例过高等问题，提出审计建议，促进依法治税，进一步规范税收征管工作。

固定资产投资审计 对玉树灾后重建宗教设施项目进行审计。审计发现部分规章制度与现行法规不符，应予以修订；宗教设施重建项目账务设置及账务管理比较滞后；项目前期手续办理滞后，资料整理归集不及时等问题，得到州委、州政府及被审计单位的高度重视，已在规定的时限内进行整改。对玉树灾后重建文物修缮保护项目进行审计，督促被审计单位对项目建设中存在的账务设置及处理不规范，项目前期手续办理滞后、资料整理归集不及时，未按规定足额提扣质保金等问题进行整改，将已支出的项目临时设施“三通一平”评审费17.62万元及时归还原资金渠道。

社会保障审计 2月至5月，与省审计厅玉树社会保障资金审计组密切配合，对全州社会保障资金进行全面审计。通过审计整改，确保财政补助资金及时拨付到位，补发社会保障待遇19.1万元，清退不符合条件和重复领取社会保障待遇411人，修订完善政策制度2项，促进社会保障体系的完善。

经济责任审计 受州委组织部的委托完成对囊谦县政府、州发改委等9个地区（单位）主要领导任期经济责任审计。针对预算执行不严格，预决算不真实、不完整，资金结余较大，往来款长期挂账，会计基础工作不规范，新增的固定资产未入账形成账外资产等问题，提出整改建议，为组织部门考察干部提供依据。

专项资金审计 根据州委、州政府和玉树灾后重建联合审计组的要求，对玉树县11个建委会及相关部门和其他一般灾区县涉及的灾后重建资金、救灾资金和救灾物资的管理、使用、发放等情况进行跟踪审计。发现部分地区和部门存在会计基础工作比较薄弱、会计核算不规范和固定资产管理不到位、违规发放房屋加固费等问题，及时出具审计建议书9份，责成各相关单位限期整改。对审计建议整改情况进行督查，审计建议得到全面落实。 （撰稿人：韩立平）

【海西蒙古族藏族自治州审计局】 2012年，海西蒙古族藏族自治州审计局人员编制25人，在编20人。局长张建雄，副局长黄洪波、才让卓玛，纪检组长董永（—10月）、李忠建（11月—）。设有办公室、财政金融商贸行政事业审计科、固定资产投资企业审计科、农林牧水审计科、经济责任审计科、政府投资审计中心。

审计成果 州审计局共完成审计项目64个，审计查处违规金额4 848.5万元，管理不规范金额近4亿元，上缴财政408.9万元。审计固定资产投资额4.5亿元，核减投资5 687.7万元。提出审计意见和建议91条，被采纳和整改66条。全年共提交信息简报48篇，被采用12篇次，发布审计结果公告2期。

财政审计 2011年州本级财政预算执行审计，重点对预算编制、预算批复、预算执行、预算调整和决算报告进行审计。延伸审计海西州财政局办公室等4个部门的财政财务收支情况，查出管理不规范金额2.8亿元。对35个行政、企事业单位（部门）2006年度至2011年度相关财政票据管理工作进行审计。

行政事业审计 完成全州地税系统税收征管及财务收支审计、支援玉树州治多县灾后恢复重建工程指挥部的财务收支情况审计。

固定资产投资审计 共完成15个政府投资建设项目的审计，审计固定资产投资额4.5亿元，核减投资金额5 687.7万元。

社会保障审计 对全州8个市（县、行委）社会保障资金进行审计。重点对各项社会保障制度的执行情况，社会保障资金筹集、管理、分配、使用和运行机制中存在的问题，有针对性地提出建议，推动完善全州社会保障体系建设。

企业审计 根据州政府交办，完成青海大头羊煤业有限责任公司资产负债及损益情况审计、德令哈市游泳馆资产负债及损益情况审计、德令哈市鸿业城市信用合作社资产清收审计。

经济责任审计 对24名县级领导干部进行经济责任审计，查处违纪金额24万元，管理不规范金额7 477.32万元。提出审计意见和建议40条，被采纳35条。州审计局首次尝试县级党委、政府领导干部同步审计，为今后在全省推广同步审计积累经验。

专项资金审计（调查） 完成海西州职业技术学校技能就业工程和农村家庭经济困难学生及涉农专业免学费专项补贴资金等20项民生项目和专项资金审计。促进各项惠民政策的落实，进一步提高资金管理水平和资金使用效益，切实维护全州各族人民群众的根本利益，保障民生工程的顺利开展。 （撰稿人：鲁关亚）

2012 年青海省所辖区、县(市)级审计工作统计表

金额单位:万元

审计机关	完成审计项目(个)	查出违规金额	应上缴财政	应减少财政拨款或补贴	应归还原渠道资金	应调账处理金额	移送司法、纪检、监察部门处理(件)	建议有关部门处理(件)	出具审计报告和审计调查报告(份)	提出审计建议(条)	撰写审计信息(篇)
西宁市											
西宁市本级	43	154	19510		54	4023			47	102	34
城中区审计局	7	122							6		
城东区审计局	12	2805	9	146	8	18			12	78	
城西区审计局	7								7	44	
城北区审计局	14		29			32			13	82	
大通回族土族自治县审计局	34		8741			43			39		4
湟源县审计局	27		56			181			33	36	2
湟中县审计局	31	4012	2549						30		6
海东地区											
海东地区本级	22	5296	1217		3412	436			22	28	16
平安县审计局	17	6373				248			17	18	44
乐都县审计局	76								76		55
民和回族土族自治县审计局	76	267	189		34	2043			76	86	27
互助土族自治县审计局	55								55	6	
化隆回族自治县审计局	25								27	28	
循化撒拉族自治县审计局	25	585	6		178	27			25	60	
海北藏族自治州											
海北藏族自治州本级	12	16526	2963		833	171			12	46	83
海晏县审计局	20	4246	1601			2471			20	28	57
祁连县审计局	15	522							15	17	
刚察县审计局	45	3043		10					45	34	40
门源回族自治县审计局	9	13760	591		541	51			9	64	65
海南藏族自治州											
海南藏族自治州本级	30	187	187						39	55	157
共和县审计局	22								25	8	6
同德县审计局	17								18	13	40

续表

审计机关	完成审计项目（个）	查出违规金额	应上缴财政	应减少财政拨款或补贴	应归还原渠道资金	应调账处理金额	移送司法、纪检、监察部门处理（件）	建议有关部门处理（件）	出具审计报告和审计调查报告（份）	提出审计建议（条）	撰写审计信息（篇）
贵德县审计局	21	179	179						27	29	23
兴海县审计局	19								27	12	6
贵南县审计局	10								12	14	
黄南藏族自治州											
黄南藏族自治州本级	19	498	132		139	3371			19	48	39
同仁县审计局	14	108	63		1489	793			14	23	53
尖扎县审计局	28	4098	111		20	6715			28	78	2
泽库县审计局	17	1126	45		2	2545			17	47	2
河南蒙古族自治县审计局	27	65	18			985			27	130	39
果洛藏族自治州											
果洛藏族自治州本级	27	1652	560						27	29	66
玛沁县审计局	24	539	398			80	1		24	50	33
班玛县审计局	22	40			40				22	47	22
甘德县审计局	17	152	18			133			17	26	16
达日县审计局	25								25	40	20
久治县审计局	21	16	2						21	27	20
玛多县审计局	22	5	5						22	28	38
玉树藏族自治州											
玉树藏族自治州本级	21	878	52		5				21	3	13
玉树县审计局	15	441							15		
杂多县审计局	10				91				10		
称多县审计局	20								20		5
治多县审计局	11								11		
囊谦县审计局	16								16	4	1
曲麻莱县审计局	11	100							11	35	7
海西蒙古族藏族自治州											
海西蒙古族藏族自治州本级	64	4849	416	5688	69	237			87	91	48
德令哈市审计局	60	.	35		159	58			68	83	87
格尔木市审计局	169	178	69						200	90	116
乌兰县审计局	51		1		11	404			60	102	75
都兰县审计局	29	3	398		17	1299			36	70	50

续表

审计机关	完成审计项目（个）	查出违规金额	应上缴财政	应减少财政拨款或补贴	应归还原渠道资金	应调账处理金额	移送司法、纪检、监察部门处理（件）	建议有关部门处理（件）	出具审计报告和审计调查报告（份）	提出审计建议（条）	撰写审计信息（篇）
天峻县审计局	40	605	605			1278			52	56	7
大柴旦行委审计局	10	45				77			10	27	8
冷湖行委审计局	8								9	16	
茫崖行委审计局	12								18	25	5

宁夏回族自治区

【宁夏回族自治区审计厅】 2012年，宁夏回族自治区审计厅行政编制97人，在编96人，事业单位编制50人，在编47人。设有财政金融处、行政事业处、外资处、社会保障处、经贸处、投资处、农业环保处、经济责任局和办公室、政策法规处、纪检监察室、机关党委。下设有科研培训中心、信息中心。

领导成员

厅　　长：章建忠

副 厅 长：陈霭琛　胡仲秋　马　健

总审计师：王金平

纪检组长：安　武

审计成果 全区各级审计机关紧扣主题主线，依法履行审计职责，共审计758个单位，查出违规金额21.7亿元，促进增收节支和挽回损失9268万元，核减工程款和工程预算15亿元。移送案件线索18件。促使健全完善制度871项。审计监督在维护经济秩序、促进廉政建设、推进依法行政方面发挥积极作用。审计厅全年实施64个审计项目，超额完成目标任务10个，查出违规金额37.09亿元，损失浪费金额1933万元，管理不规范金额34.6亿元，核减工程价款8100余万元。移送处理6项。审计促进有关部门健全完善规章制度114项。

预算执行审计 全区共对各级政府171个部门、单位的预算执行情况进行审计，揭示预算编报不真实、不完整，批复不规范，违规变更预算等问题。审计结果向人大常委会报告，引起普遍关注。

专项资金审计（调查） 全区开展民生和专项资金审计及审计调查344项，其中审计厅组织完成全区社会保障资金审计、生态移民工程审计项目，揭示和纠正挪用专项资金、未按规定征提基金、未按规定落实“收支两条线”和专户管理，存在重复参加各项社会保障以及违规享受社会保障待遇等突出问题。

经济责任审计 全区审计机关加大对领导干部任中审计力度，共审计365名领导干部，其中厅级8名、县处级64名、科级108名、企业7名。任中审计占到56%。查出领导干部负有直接责任的问题金额1.2亿元，揭示领导干部在用权履职方面存在的一些不规范行为，为各级党委、政府管理使用干部提供参考。

固定资产投资审计 全区各级审计机关加大政府投资项目预决算审计和跟踪审计力度，纠正一些招投标、土地征用等方面的问题。全区共审查202个工程建设项目，审计项目全部投资额36.3亿元，查出工程结算不实金额3.3亿元，超规模标准1.3亿元，核减工程价款3.16亿元。

企业、金融及外资运用审计 全区共对8个企业、1个金融机构和11个外资公证项目进行审计和审计专项调查，查出主要问题金额3.69亿元，主要是违规使用财政资金、财务核算不实、少计或虚列成本费用等问题。

相关工作 （1）认真履行审计职责。着力监督检查预算的完整性和执行的规范性，揭示体制、机制、制度及资金运行等方面的问题，积极为宏观决策服务；着力推进审计结果整改落实，通过审计专报、审计结果公告、联合督查等途径，督促被审计单位整改问题、健全制度、规范管理。

(2) 强化审计业务管理。研究草拟《政府投资审计办法》，并提请自治区政府审议；制定经济责任审计结果运用、审计项目审理、审计记录等内部管理制度，促进依法审计。协调有关部门，为市县高配经济责任审计专职领导，强化组织保障。按照构建财政审计大格局的思路，在7个全区性审计项目中，集中全系统力量攻坚，保证审计广度和深度。建立聘请社会力量参与审计工作办法，缓解审计力量不足的矛盾。完成社会保障联网审计软硬件部署，积极推广使用计算机审计技术，提升审计质量和效率。

(3) 在全区审计机关开展"审计文化建设年"活动，积极打造审计文化品牌，提升审计机关精神文明建设层次和水平。在全区设立26个审计文化书屋，组织全系统文艺会演、审计文化征文等系列活动，认真开展创先争优、风清气正、干部"下基层"活动，扎实推进审计文化建设。通过学习培训、以审代培、挂职锻炼等途径，不断提升干部能力素质。实行廉政风险防范管理，认真落实"八项规定"，严格执行"八不准"审计纪律，营造风清气正、奋力争先、健康和谐的工作氛围。

（撰稿人：金　荣）

【银川市审计局】 2012年，银川市审计局人员编制55人，在编55人。局长马雪飞（—4月）、刘虹（12月—），副局长蔡树仁（12月—）、赵玲、张国华，纪检组长吴效民。设有财政金融审计处、固定资产投资审计处、经济责任审计处、综合处。

审计成果 全市各级审计机关共完成审计项目（单位）101个，审计查出主要问题金额923 000万元，其中违规金额13 879万元，管理不规范金额909 105万元，应上缴财政2857万元，已上缴2004万元，审计期间整改金额294 433万元。其中银川市审计局共完成审计项目（单位）37个，查出违规金额2004万元，管理不规范金额729 242万元，应上缴财政2004万元。审计促进整改落实有关问题资金375 292万元，提交专题或综合性报告、信息简报182篇，被市领导批示或相关刊物采用94篇。

预算执行审计 实施9个预算执行审计项目，其中包括市财政局具体组织2011年市本级预算执行情况审计和市地税局具体组织2011年度市本级预算执行情况审计以及市建设局、市工信局等7个一级部门预算执行情况审计。查出主要问题金额653 067万元，未按规定征收缴纳收入4832万元，未落实"收支两条线"和专户管理规定资金2956万元，滞留闲置资金1739万元。对审计揭示和反映的突出问题，注意从体制、机制上分析原因、提出建议，促进制度的规范、完善，把揭露问题与规范管理、促进财政改革结合起来，使财政预算执行审计更具广度和深度，得到人大和政府的充分肯定。

经济责任审计 全年共对23名领导干部进行经济责任审计，查出主要问题金额52 280万元，其中违规金额3567万元、管理不规范金额48 712万元。经济责任审计工作进一步规范，领导干部任中审计比例进一步提高，审计成果得到进一步重视和利用。

固定资产投资审计 实施宁夏贺兰山体育场竣工决算审计、银川市职教中心建设项目预算执行审计、十二所幼儿园建设项目预算执行审计等3个项目。审计投资额45 560万元，核减工程款110万元。审计查出主要问题金额53万元，未按规定征收缴纳收入14万元。加大对重点建设项目跟踪审计、竣工决算审计力度，将投资审计由事后监督向事前、事中、事后的全方位监督转变，将监督关口前移，稳步推进重点工程项目的跟踪审计

专项资金审计（调查） 实施种粮农民综合补贴专项资金、土地拆迁补偿专项资金、住房公积金、燃油补贴专项资金、中小企业担保中心担保资金等12个专项审计和审计调查，重点关注各项惠民政策和相关领域改革政策措施的落实和执行情况，关注资金使用效益，维护群众利益。审计专项资金总额398 007万元，审计查出主要问题金额22 737万元，未按规定计提基金2070万元，闲置滞留资金86万元，虚报冒领资金14万

元。针对存在问题，及时提出审计建议，市领导明确指示相关部门抓紧采取措施，尽快整改到位。

交办工作 完成阅海集团住房资金审核、滨河新区建设项目征地拆迁及环境综合整治已实施部分的专项审计、煤气总公司钢瓶更新审核等多项任务，及时上报结果，为促进全市经济和社会事业又好又快发展发挥积极作用。在滨河新区征地拆迁项目审计实施过程中，发现有拆迁户存在骗取补偿款的行为，审计及时移交市纪检委进行查处，已追回资金 248.9 万元，受到市委、市政府相关领导的表扬。在银川市阅海万家建设项目建设成本审计调查中，核减投资额 2.5 亿元。对快速公交（BRT）项目进行跟踪审计，贴近项目资金和项目建设全程进行审计，做到监督与服务并举，发现问题及时提出审计建议，促使项目单位自觉纠偏和改进管理，使查出的问题随审随改，较好地起到审计监督的作用。受市委组织部委托，及时开展 6 名领导干部的经济责任审计，为干部任用提供依据。 （撰稿人：耿江宁）

【石嘴山市审计局】 2012 年，石嘴山市审计局人员编制 49 人，在编 49 人。局长田生宇（—4 月）、梁涛（4 月—），副局长王立山（12 月—）、徐大伟（11 月—）、仇维祥（—11 月）、杨珍（12 月—）。设有办公室、政策法规科、社保审计科、财政金融审计科、经济责任审计处、行政事业审计科、企业审计科、固定资产投资审计科。

审计成果 全年计划审计项目 48 个，实际完成 63 个，占全年计划的 131%。审计查出违规金额 6887 万元，管理不规范金额 121 923 万元。

财政审计 确定市财政、税务、华夏脉等 18 个单位为 2011 年度市本级财政预算执行和其他财政收支的审计重点。揭示代编预算过大、财政结余过多、资金闲置沉淀等 7 个方面 21 个问题。审计报告顺利通过市人大审查，揭示的问题在市人大的监督下基本得到整改。对市机关事务管理局、市师资培训中心财政财务收支进行审计，针对市师资培训中心固定资产管理存在的问题，向市委、市政府领导上报《市师资培训中心国有资产存在隐患》审计专报，提出强化管理的审计意见和建议，得到市委主要领导批示；对政府北京联络处、珠三江地区办事处、上海联络处财政收支进行审计，针对财务核算、资产采购不规范等问题，提出合理化意见和建议，进一步促进财务管理规范化。

行政事业审计 重点对全市劳务和生态移民工程项目资金管理使用、工程质量、政策执行等情况进行跟踪审计。揭示工程质量隐患及超批复、超规模、超标准、资金管理分散等问题，及时督促进行整改。

固定资产投资审计 关口前移，注重实效，组织完成 26 个政府重点投资项目审计，送审金额 66 033.78 万元，审定金额 55 602.66 万元，核减工程价款 10 431.12 万元，规范建筑市场，节约财政资金。

社会保障审计 重点对公益性岗位就业补助、全市社会保障资金、专项资金进行审计调查，对全市 21 222 名低保、贫困残疾人享受门诊、住院医疗救助、资助等资金使用情况进行审计监督，提交《加大清欠力度 管好群众养命钱》的审计专报，为规范社会保障资金安全、规范使用和管理提出审计建议，审计专报得到市委、市政府主要领导批示。

企业审计 重点对市华夏脉文化旅游有限公司、市裕山河水务集团有限公司、市善道交通建设发展集团有限公司经营管理情况进行审计调查。针对法人治理结构不完善、注册资金不到位、经营效果不明显等问题，提出合理化审计建议，为企业健康可持续发展奠定良好基础。对宁夏童龙装备制造业中小企业孵化有限公司截至 6 月末资产负债损益情况进行全面审计，为市委、市政府领导决策提供依据。

经济责任审计 对市人力资源社会保障局、市文化旅游局、市中级人民法院、市红果子地区检察院、市科技局等 19 个部门领导干部实施审计。查出领导干部负直接责任金额 130 万元，负主管责任金额 88 万元，负领导责任金额 6899 万元。移交市纪检监察机关涉嫌挪用执行款案件线索 1 件。 （撰稿人：刘占军）

【吴忠市审计局】 2012 年，吴忠市审计局人员编制29人，在编30人。局长陈佳元，副局长马克林、朱卫东、梁吉鸿（—6月）。设有办公室、经济责任审计室、财政审计科、行政农业审计科、经贸投资审计科、利通区审计特派办、红寺堡审计特派办。

审计成果 完成项目102个，查出违规金额22 114.83万元，管理不规范金额9 863.56万元。经处理处罚，应上缴财政17 277.03万元，应予纠正的不规范金额9 863.56万元。审计工作立足于促进国家宏观经济政策的贯彻落实、维护经济安全、促进依法行政和规范管理，在维护财经纪律，促进廉政建设，推进经济发展等方面，发挥积极的作用。

预算执行审计 以构建财政审计大格局为平台，以预算执行情况为核心，加大重点项目、重点资金、重点部门的审计监督力度，关注预算管理、国库集中支付、政府采购、国有资产管理等政策的落实情况。进一步深化财政“同级审”，开展对吴忠市、利通区、红寺堡区的财政预算执行审计，查出滞留专项资金、代编预算比例过大、预算编制精细化程度不高、已结报支出占当年预算支出比例过高、国库直接支付资金比例不高以及市地税局延期缴纳税款、应征未征耕地占用税等问题，在2011年度财政预算执行和其他财政收支情况的审计结果报告中予以反映，切实加强对财政预算执行的审计监督。

经济责任审计 受市委组织部委托，2012年共对59名领导干部履行经济责任情况进行审计。其中对47名领导干部进行任前审计，强化对领导干部的监督管理。在对乡镇党委书记、乡镇长经济责任审计中，通过检查党的各项惠民政策在乡镇的落实情况及执行效果、耕地和基本农田保护责任履行情况、债务的规模及构成等情况，为管理使用干部提供参考依据。在对6名国有企事业单位负责人进行的经济责任审计中，揭示企业普遍亏损的现状并深度分析亏损的原因，提出有针对性的审计建议，形成专题报告向市委领导做汇报，为市委、市政府决策提供依据。

固定资产投资审计 组织实施对市土地储备中心负责建设的安置楼（含廉租房）等28项工程项目的投资审计。审减工程造价7 481.98万元，审减率13.81%。查出的主要问题是：招投标程序不严谨；合同签订不规范；验收资料存在不合规、不完善情况；超投资、超概算未按规定程序办理项目审批手续；未按规定缴纳建筑工程劳动保险费等。

社会保障审计 开展移民建设项目、住房公积金、农业综合开发资金等9个专项审计或审计调查，配合自治区审计厅对市本级社会保险基金、社会救助资金和社会福利资金等社会保障资金进行审计，促进各项惠民政策的执行和有效落实。

（撰稿人：蒲建芳）

【固原市审计局】 2012年，固原市审计局人员编制20人，在编19人。局长王成明（—12月）、范霞（12月—），副局长李国安、田成业（—8月），总审计师蒙卫斌（—8月）。设有办公室、经济责任局、法规科、行政事业科、企业基建科、财政科。

审计成果 固原市审计局全年完成审计项目44个，查出各类违规违纪金额12 905.19万元，应上缴财政254.12万元，应归还原渠道资金3 452.51万元，应调账处理金额217.52万元。提交审计报告36篇、信息65篇，被采用60篇。

预算执行审计 完成市财政局组织执行的本级预算情况审计，并延伸审计市城管局、市水务局、市农牧局等6个一级预算单位，共查出滞留项目资金、挤占预算内财政资金等各类违纪违规金额11 686.11万元，应归还原渠道资金3447万元。

经济责任审计 受市委组织部的委托，完成对市林业局、五县（区）人民法院、市民政局、市残联等16个单位领导干部经济责任审计。查出主要问题金额1 219.08万元，其中违规金额254.12万元，管理不规范金额964.96万元；应上缴财政254.12万元，归还原渠道资金5.51万元，调账处理金额217.52万元，经济责任审计成效明显。

固定资产投资审计 完成对市劳动就业培训鉴定中心、市中医院、市城管局路灯工程等17个项目工程结（决）算审计，送审总造价28 144.35万元，审减造价2 074.93万元，核减率7.4%，进一步规范政府投资项目的财务管理。

专项资金审计（调查） 会同自治区审计厅重点对社会保障资金、生态移民工程、农村中小学校布局调整进行审计和审计调查。审计揭示出落实国家政策不到位、目标任务未实现等问题，从政策、体制、管理等方面提出意见和建议，督促有关单位进行整改，确保资金安全和各项惠民政策措施落实到位，推进社会和谐建设。固原市审计局生态移民审计项目被审计署授予全国社会保障资金审计公务员集体嘉奖；农村中小学布局调整审计调查项目被自治区审计厅评为先进集体。

（撰稿人：李秋艳）

【中卫市审计局】 2012年，中卫市审计局人员编制19人，在编16人。局长魏列忠，副局长鲍成文、拓兆成，总审计师严静。设有办公室、政策法规科、经济责任审计科、农业与资源环保审计科、固定资产投资审计科、财贸审计科、行政事业审计科。

审计成果 中卫市审计局共完成审计项目37个，其中财政审计10个，经济责任审计12个，建设项目审计10个，专项资金审计5个。处理违规行为金额46 043万元，核减工程造价4100万元。移送检察机关案件1起，涉案3人。提交信息141条被采用75篇。

预算执行审计 完成市本级财政、市发改委、市科技局、市林业生态建设局、滨河镇政府等10个部门和乡镇财政预算执行审计，查处各类违规金额13 949.92万元。市人民政府制订整改“五定”方案，切实加强对查出问题的整改。

专项资金审计（调查） 配合自治区审计厅完成社会保障资金、生态移民资金工程项目资金审计调查。组织完成财政性基金审计调查，乡镇、社区医疗体制审计调查，农业综合开发资金，社会抚养费，固定资产投资项目建设等5项重点专项资金审计（调查），查处违规金额14 492.75万元。

经济责任审计 受市委组织部的委托，开展7个党政部门、2个乡镇、1个二级预算单位、1所学校、1所医院共12名领导干部经济责任审计，查处违规金额13 500.33万元。

固定资产投资审计 委托中介审计组织联合审计工程决算项目10个，完成兴仁镇梁寨柯至西里公路工程决算、莱桥路扩建项目工程决算、利民路建设项目工程决算等，送审金额23 550万元，审减工程造价4100万元，审减率17.41%。

（撰稿人：黄 静）

2012年宁夏回族自治区所辖区、县(市)级审计工作统计表

金额单位：万元

审计机关	完成审计项目(个)	查出违规金额	应上缴财政	应减少财政拨款或补贴	应归还原渠道资金	应调账处理金额	移送司法、纪检、监察部门处理(件)	建议有关部门处理(件)	出具审计报告和审计调查报告(份)	提出审计建议(条)	撰写审计信息(篇)
银川市											
银川市本级	37	2004	1102			23689				235	94
兴庆区审计局	9	1606	1							5	
金凤区审计局	7									37	

续表

审计机关	完成审计项目（个）	查出违规金额	应上缴财政	应减少财政拨款或补贴	应归还原渠道资金	应调账处理金额	移送司法、纪检、监察部门处理(件)	建议有关部门处理（件）	出具审计报告和审计调查报告(份)	提出审计建议（条）	撰写审计信息（篇）
西夏区审计局	5									10	
灵武市审计局	16	10049	850		4	446				66	26
永宁县审计局	13	210		19		107				83	24
贺兰县审计局	14	9	2			1144				17	
石嘴山市											
石嘴山市本级	63	6887	1061	10431	3336	9139	1		63	126	181
大武口区审计局	12	317	6611		3338				12	15	54
惠农区审计局	17	3693	32	212	1	1424			17	19	136
平罗县审计局	134	3691	24	15856	1				134	77	87
吴忠市											
吴忠市本级	102	22115	17277			783			102	85	87
青铜峡市审计局	22	12834	1846			28			22	39	28
盐池县审计局	42	8939	1859						42	48	25
同心县审计局	32	3422	14		475	39			32	27	35
固原市											
固原市本级	44	12905	254		3453	218			36	20	45
原州区审计局	88	14199	203	3361	1089	3130			97	158	15
西吉县审计局	32	8571	436		3480	272			44	57	11
隆德县审计局	40	8317			1535	238			54	60	30
泾源县审计局	18	1022			393	4			28	40	18
彭阳县审计局	8	6936	548		415	159			12	12	7
中卫市											
中卫市本级	37	46043	29247	156	4294	544	1		37	66	141
中宁县审计局	16	9284	411	357	559	475		12	16	84	33
海原县审计局	13	3499	1	26	3471				13	18	21

新疆维吾尔自治区

【新疆维吾尔自治区审计厅】 2012年，新疆维吾尔自治区审计厅人员编制288人，在编257人。设有办公室、法制处、督察处、财政审计处、行政事业审计处、农业与资源环保审计处、金融审计处、企业审计处、社会保障审计处、外资运用审计处、经济责任审计一处、经济责任审计二处、经济责任审计三处、计划财务处、人事处、内部审计管理处；机关党委、监察室（与纪检组合署办公）、离退休干部工作处；派出审计机构：派出审计一处、派出审计二处、派出审计三处、派出审计四处、派出审计五处、派出审计六处；直属事业单位：固定资产投资审计局（参照公务员管理）、计算机技术中心、机关服务中心、审计干部培训中心、审计科研所。

领导成员

厅　　长：张春林

副 厅 长：吉力力·纳斯尔　王占武
　　　　　维力功　宣国苗　任　杰

总审计师：张　明（5月—）

审计成果　全区审计机关共完成审计（调查）项目3354个，查出各类违规金额98.99亿元，损失浪费金额0.85亿元；增收节支金额17.23亿元，挽回（避免）经济损失金额7.33亿元。审计移送处理事项120件，已落实19件，处理人员19人。提交审计专题、综合性报告和信息简报6060篇，被批示和采用2468篇，推动建立健全制度186项。

预算执行审计　完成自治区财政厅本级预算执行情况审计、自治区地税局税收征管及经费预算执行情况审计，并抽查审计21个自治区本级部门预算执行情况，延伸审计53个所属二、三级单位。7月26日，自治区十一届人大常委会第三十七次会议审议通过《关于2011年度自治区本级预算执行和其他财政收支情况的审计工作报告》并给予高度评价。各地认真开展本级预算执行审计，促进预算管理规范化。

社会保障审计　对自治区本级、14个地（州、市）及94个县（市、区）人民政府及相关部门、单位进行审计，延伸调查980家企业、365个村（居）委会和147家医院。在摸清社会保障工作基本情况和总结主要成效的基础上，揭露和反映制度不够完善、政策执行不到位、管理不规范、资金使用效益不高等突出问题。提出完善体制、机制、制度等方面的建议，促进强化管理、深化改革。此次审计上报的3个审计工作方法被审计署作为经验材料向全国审计系统交流推广，审计成果得到自治区党委、政府和审计署的充分肯定。

固定资产投资审计　结合工程建设领域突出问题专项治理工作，坚持把查处问题与完善制度、强化管理结合起来，继续深化对在建和续建政府投资项目的跟踪审计。开展安居富民、定居兴牧、中小学校舍安全工程、城镇保障性住房和自治区重点建设工程等1373个政府投资项目的审计和调查，审计项目完成投资额196.76亿元，核减投资额10.31亿元。

经济责任审计　全年共审计领导干部979人，其中任中审计370人。同时加大对县（市）主要领导的审计力度，探索县市区党政正职领导提任前审计。2011年至2012年，自治区审计厅共组织完成8个地州、64个县市、30个厅局（企事业单位）的主要领导干部经济责任审计。发挥经济责任审计服务于干部监督管理、服务于党风廉政建设和新疆跨越式发展的作用。

专项资金审计（调查）　重点开展农村中小学布局调整、扶贫开发、住房公积金、高效节水灌溉等民生项目的审计和审计调查。特别是农村中小学布局调整审计调查成效显著，促进教育资源的有效利用，使得部分县（市）拖欠教师工资、个别县贫困寄宿生生活补贴结余由于行政代码错误造成5所学校不能享受义务教育补助等问题得到及时解决。通过审计促进惠民政策的落实，维护群众的切身利益。

援疆项目审计　自治区审计厅组织12个相关地（州）审计机关共审计援疆项目809个，是2011年的6倍。涉及项目计划总投资355.21亿元，其中援疆资金127.91亿元。

金融审计　以防范风险，维护金融安全为目标，重点关注其规范经营管理、新增贷款投向、中小企业发展及“三农”工作等情况，对自治区农村信用社资产、负债、损益情况进行全面审计，及时反映农村信用社在服务“三农”、落实国家宏观调控政策等方面存在的突出问题；核实自治区联社资产、负债、损益业务的真实性、完整性和合规性；揭示农村信用社在内部控制、风险管理等方面存在的薄弱环节；发现潜在风险隐患和重大违法案件线索。

外资运用审计 以促进合理有效利用外资为目标，坚持“规范管理，安全高效，内外一致”的审计思路，加强对国外贷（援、赠）款项目审计监督。共组织开展世界银行贷款乌鲁木齐集中供热节能改造项目、世界银行贷款新疆坎儿井保护和节水灌溉工程项目等10个公证审计项目，向国际金融组织和审计署报送中英文审计报告10份。完成两个已完工外资运用项目的绩效审计调查，出具绩效审计调查报告2份。加强对地州审计机关外资运用审计业务骨干的培训，采取现场审计与报送审计相结合，财务审计与工程审计相结合，委托中介机构和聘请外部专家参加公证项目审计等方式，外资运用审计质量有所提高，审计范围进一步扩大，审计结果更加全面，更具说服力。

企业审计 注重与经济责任审计、专项资金审计相结合，努力探索企业审计新思路，不断扩大企业审计的深度与广度。完成新疆有色金属工业（集团）有限责任公司主要领导2008年1月至2011年7月履行经济责任情况的审计工作。通过审计揭示和反映企业内控制度不健全，损益不实，少计、多计收入和成本，经营决策程序不规范，管理不科学等问题，就如何改进和加强企业内部管理，建立与完善内控制度向被审计单位提出具有针对性和可操作性的审计意见和建议。

（撰稿人：张　磊）

【乌鲁木齐市审计局】 2012年，乌鲁木齐市审计局人员编制140人，在编117人。局长黎忠，副局长成兴中，李钢建（—4月）、杨少英、陆秀超（3月—），总审计师樊伟，纪检组长杨明。设有办公室、组织人事教育处、纪检监察室、法制处、财政审计处、固定资产投资审计处、行政事业审计处、经贸审计处、经济责任审计处、农牧与资源环保审计处、外资运用与金融审计处、社会保障审计处和3个负责对有关部门、资金进行审计监督管理的派出审计处，审计信息中心、投资审计中心。

审计成果 全年共完成审计和审计调查项目98个，查出各类违规金额50 623万元，管理不规范金额216 696万元，审计促进整改落实有关问题金额52 572万元，其中审计后挽回损失22 720万元；移送司法及纪检监察机关处理事项1件，涉及金额8万元；移送其他部门处理事项9件，涉及金额1111万元。全市审计机关向被审计单位提出建议265条，被采纳160条；被审计单位制定整改措施48项，建立健全规章制度22项；提交审计专题、综合性报告和信息简报135篇，被批示和采用50篇。为服务乌鲁木齐市宏观经济调控、推进依法行政、维护群众利益、促进廉政建设发挥积极的作用。

财政审计 全市各级审计机关以“民生”和“绩效”为主题，通过对本级预算执行情况和其他财政财务收支的审计，揭示部分单位预算管理不够规范、执行财税政策不够严格等问题，客观分析评价乌鲁木齐市财政改革和财政政策执行的实际效果。查出主要问题金额198 315万元。乌鲁木齐市审计机关在对财政、税务部门和部分预算执行单位开展审计监督，紧紧围绕财政资金的收支与管理使用这条主线，突出效益审计，积极探索构建财政审计大格局，进一步增强财政审计的时效性、宏观性和建设性。

社会保障及其他项目审计 根据审计署的部署和自治区审计厅的统一安排，对全市及各区（县）12类18项社会保障资金进行审计，摸清资金的收支和结余规模及结构。完成“安居富民”、定居兴牧、保障性安居工程、中小学校舍安全工程等4项建设项目审计，并对乌鲁木齐县农村中小学布局调整情况进行专项审计调查。统一项目的开展为政府决策和管理提供重要参考，促进民生资金管理的规范和资金使用效益的提高。

固定资产投资审计 全市审计机关围绕优化结构和提高效益，结合国家、自治区和乌鲁木齐市建设领域突出问题专项治理工作要求，重点对政府投资保障性住房、国际会展中心、甘泉堡工业园区联合办公楼、部分中小学校教学楼等工程进行审计和跟踪审计。全年共完成政府投资项目审计 47 个（市本级 19 个），审计投资额 251 581 万元（市本级 212 082 万元），查出超概算投资资金 2592 万元，核减投资（结算）额 34 710 万元（市本级 29 874 万元）。通过审计使工程建设领域突出问题专项治理工作取得成效，节约国家建设资金。及时纠正招投标、投资控制和环境保护等方面存在的问题，在加强建设项目管理，规范建设市场秩序上，发挥应有作用。

经济责任审计 全市审计机关按照中办、国办《党政主要领导干部和国有企业领导人员经济责任审计规定》，经济责任审计重点对领导干部贯彻落实科学发展观、经济法律法规、党和国家有关经济工作的方针政策和决策部署情况，制定和执行重大经济决策情况，遵守有关廉政规定情况等方面进行审计。全市审计机关完成 27 名领导干部的经济责任审计，其中县级干部 7 名。审计结果表明，绝大多数领导干部能够尽职尽责和守法守纪，但也查出部分领导干部负有直接责任的违规金额 59 万元。根据自治区审计厅授权，乌鲁木齐市审计局对巴州焉耆县、尉犁县、且末县、轮台县党政正职领导干部进行交叉经济责任审计。

专项资金审计（调查） 围绕推进保障和改善民生，开展住房公积金、涉农资金等 13 项民生项目和资金的审计和调查，审计专项资金总额 80 231万元，查出主要问题金额 1970 万元。查出未按进度支付资金、违规招投标签订合同等方面的问题，在促进资金及时拨付到位、规范管理和有效使用等方面发挥服务和保障作用。

行政事业审计 对全市 39 个行政事业单位财务收支情况开展审计监督，共查出主要问题金额 34 217 万元。在审计中加强对未落实“收支两条线”和专户管理规定、资金滞留闲置、虚列支出、扩大开支范围或提高开支标准等问题的揭露和纠正，促进财政资金使用效益的提高。

企业审计 审计国有企业 3 个，为促进国有企业加强和改善经营管理，建立健全内部控制制度，实现国有资产保值增值发挥积极作用。

（撰稿人：高雪庆）

【克拉玛依市审计局】 2012 年，克拉玛依市审计局人员编制 33 人，在编 27 人。局长蒋德平，副局长苏富庆、张毅（5—12 月）、房文祖（7—12 月），纪检组长苏富庆（兼）。设有办公室、法制监察科、财政审计科、经贸与金融审计科、行政事业审计科、经济责任审计科、固定资产投资审计科、农业资源与环保审计科和经济责任审计室。

审计成果 市审计局完成审计（调查）项目 30 项，查出违规金额 160 万元，管理不规范金额 36 516 万元，损失浪费金额 121 万元。审计提出建议 78 条，提交审计信息 43 篇，建立健全规章制度 6 项。

预算执行审计 对市卫生局、市教育局、市农牧局等 7 个部门预算执行效率情况进行审计。对重点产业发展资金、创业引导资金等 6 个专项资金管理使用绩效情况进行审计和审计调查，提出改进管理、完善制度的审计建议。相关部门建立健全管理制度 14 项（如市财政局、市人力资源和社会保障局联合出台《克拉玛依市创业引导性资金管理使用办法》），积极推进专项资金预算编制、执行和使用绩效工作不断深化。

经济责任审计 按照市经济责任审计工作联席会议确定的审计项目和组织部门委托，市审计局完成 15 个经济责任审计项目，涉及领导干部 17 名。工作中重点关注领导干部任职期间对市委、市政府部署的重大经济政策贯彻落实情况，监督检查重大经济决策事项制度建立、运行程序、执行效果及相关经济指标、重点工作和业务的完成情况，促进领导干部不断提高行政管理水平。2012 年市审计局荣获自治区经济责任审计工作先进单位。

固定资产投资审计 全年组织实施市本级财政性资金投资建设项目竣工结算审计工作，审核项目 78 个，涉及资金 11.28 亿元，核减资金 925.23 万元；开展对克—白快速干道、克拉玛依河东段改造等重大投资项目的阶段性跟踪审计，在概算批复阶段及合同签订阶段提出审计意见和建议，加强项目前期的投资控制；组织实施代建制管理项目、BT 融资建设项目的审计调查，提出制定本市政府投资项目代建制管理办法，建立合理有效的代建单位考核评价体系，加强融资项目监管措施，进一步修订完善投资管理办法等建议。

（撰稿人：徐瑛）

【石河子市审计局】 2012年，石河子市审计局人员编制68人，在编63人。局长杨全义，副局长张新江、刘文。设有综合科（办公室）、法制科、财金审计科、行政事业审计科、企业审计科、固定资产投资审计科、经济责任审计科；还设有4个派出审计中心。

审计成果 完成审计项目（调查）34个，查出违规金额2778万元，应上缴财政55万元，应归还原渠道资金250万元，应调账处理金额504万元；已上缴财政1270万元，已归还原渠道资金129万元，已调账处理金额343万元。建议有关部门处理事项1件，涉及人员2人。出具审计（调查）报告60份，审计决定17篇，专题和综合审计报告3份，信息简报2篇，审计要情4篇。提出建议136条，被采纳87条，促使被审计单位制定整改措施9项，建立健全规章制度2项。

财政审计 通过审计发现民生投入保障有力且逐年加大，对落户企业优惠政策落实到位，但财政收支矛盾仍较突出，市财政本级人员支出压力较大，开发区贷款规模增速快，偿债压力较大。对地税局实施审计，发现税收收入快速增长，较上年同期增收3772万元，增长39.4%；但个人所得税征收还存在漏征。

行政事业审计 查出卫生学校农村家庭困难学生享受免学费惠民政策执行不到位；殡葬服务中心服务项目划分不清，殡葬用品收费偏高；信用融资担保有限公司存在小额担保贷款覆盖面窄，政策整体效果不明显；职工解困房解决市区2000余户中低收入家庭的住房问题等。上述情况已向石河子市政府提交审计结果报告。

固定资产投资审计 加强对工程结算的审计，直接审核工程项目14个，送审造价1.7亿元，审减造价0.2亿元，审减率为11.76%。委托中介机构审核工程项目82个，送审造价7.5亿元，经复核确认审减造价0.9亿元，审减率12.0%。完成建设项目竣工决算审计49个，查出不规范金额0.2亿元。

企业审计 对9家国有企业2011年经济目标进行考核审计，为兑现国有企业领导人年薪提供依据。

经济责任审计 全年完成28名领导干部的经济责任审计，查出领导干部负有主管或领导责任的违规、管理不规范问题金额151 796万元。审计中注重领导干部履职的过程和结果，促进领导干部依法行政、科学管理和规范权力运行。切实加强审计整改。经济责任审计联席会议领导小组进行重新调整。对裕民县党政正职领导经济责任审计项目，获自治区2010年度至2012年度优秀经济责任审计项目三等奖。

专项资金审计（调查） 关注市区学校绩效工资政策执行情况，调查发现部分学校绩效工资考核评价机制不完善。在对师市2011年农业综合开发资金项目进行审计中，发现部分项目没有按期实施，财政资金效益未能发挥。

（撰稿人：黄学邦）

【喀什地区审计局】 2012年，喀什地区审计局人员编制53人，在编40人。局长郭建升，副局长古康拜尔吾不力、吐鲁洪·买买提、尚军、钟振华（挂职），总审计师史建中，纪检组长吐鲁洪·买买提（兼）。设有办公室、经济责任审计一科、经济责任审计二科、财政审计科、行政事业审计科、农牧审计科、社保经贸审计科、固定资产投资审计科、金融外资审计科、法制科、督察科、人事教育培训科、固定资产投资审核中心、计算机中心。

审计成果 全地区审计机关完成审计项目628个，查出违规金额10 135万元，应上缴财政997万元，应减少财政拨款或补贴3509万元，应归还原渠道资金5591万元，应调账处理金额7323万元；已上缴财政107万元，已减少财政拨款或补贴3012万元，已归还原渠道资金202万元，已调账处理金额138万元。移送司法机关、纪检监察部门处理事项14件，建议有关部门处理事项1件。提交审计报告、信息672篇，被采用130篇。

财政审计 全地区审计机关完成财政预算执行审计项目67个，查出问题金额114 440万元。主要问题有预算编报不真实不完整金额8002万元，预算编制批复不规范金额7411万元，未按规定纳入预算管理资金662万元，未按规定征收缴纳收入2718万元，闲置资金37 449万元，虚列支出金额11 091万元，损失浪费金额2174万元等问题。完成财政决算审计项目17个，审计查出问题金额9205万元，主要问题有未按规定征提基金

176 万元，擅自处置国有资产 143 万元，违规采购金额 106 万元，账外资产 178 万元，违规占地金额 170 万元，乱收费乱摊派乱罚款 4398 万元。受喀什地区行署委托，向自治区第十一届人民代表大会常务委员会喀什地区工作委员会第 19 次会议做专题汇报，为规范财政管理和税收征管发挥积极作用。

行政事业审计 全地区审计机关完成行政事业审计项目 100 个，查出问题金额 137 585 万元，主要有以下问题：违规变更调整预算金额 1405 万元，未按规定纳入预算管理资金 843 万元，隐瞒转移截留资金 541 万元，未落实"收支两条线"和专户管理规定 497 万元，违规改变项目计划和资金用途 442 万元，虚列支出 1812 万元，违规采购 771 万元，超规模超标准项目 1023 万元，会计核算不实金额 3562 万元，账外资产 579 万元。

专项资金审计（调查） 全地区审计机关完成专项资金审计和审计调查项目 45 个，审计专项资金总额 480 795 万元，审计查出问题金额 75 817 万元，主要有以下问题：资金滞留闲置 1573 万元，违规采购金额 419 万元，会计核算不实金额 1167 万元。出具专项审计调查报告 8 篇。

固定资产投资审计 全地区审计机关完成固定资产投资审计项目 383 个，审计投资额 325 014 万元，审计核减工程款 8942 万元，审计查出主要问题金额 16 261 万元。主要问题有资金来源不合规 310 万元，资金不到位不落实 310 万元，工程结算不实金额 7849 万元，超规模超标准项目金额 2439 万元等。针对这些问题，按照有关规定，对多计的工程价款要求有关单位在工程结算时予以扣除；对超付的工程款责令其予以追回，并归还原资金渠道。直接为政府节约资金、减少财政开支 8942 万元，并从机制、制度、管理等方面提出 134 条审计意见与建议。

社会保障审计 全地区审计机关完成社会保险基金审计项目 12 个。审计社会保险基金、住房公积金收入 216 222 万元、支出 171 964 万元。审计查出问题金额 6985 万元，主要有以下问题：未按规定征收、缴存社会保险费和公积金 1815 万元，虚报冒领 1 万元，未按规定标准及范围支出 1 万元。揭示社会保障资金中有 31 425 人重复参加各项社会保障、符合保障条件的 1736 名特殊人员未纳入保障，多征、多缴、少征、少缴社会保险费 1815 万元等问题。

经济责任审计 全地区审计机关完成经济责任审计项目 114 个，其中任中审计 47 个、离任审计 67 个，审计单位 87 个。查出问题金额 244 190 万元，查处违规金额 2964 万元，管理不规范金额 241 226 万元，其中应负直接责任金额 50 946 万元，应负主管责任金额 72 125 万元，应负领导责任金额 118 155 万元，审计发现侵害人民利益问题金额 35 万元。促进增收节支 60 万元。提交审计报告和审计结果报告 142 份，提出审计建议 200 条，被批示、采用 96 条，通报审计结果 5 次。审计项目结束后，及时向相关部门反馈审计成果，促进审计成果运用。

企业审计 全地区审计机关完成企业审计项目 4 个，查出问题金额 1922 万元，主要有管理不善、资产负债损益不实等问题 1921 万元。

（撰稿人：李　磊）

【阿克苏地区审计局】 2012 年，阿克苏地区审计局实有职工 46 人。局长刘艳，副局长刘勇，总审计师黄疆萍，纪检组长罗合曼·托乎提。设有财政金融审计科、行政事业审计科、农林水牧外资审计科、经贸审计科、法制科、人事教育科、办公室、督查科，后经地区编办批准下设两个中心，分别是：地区经济责任审计中心和地区政府投资审计中心。

审计成果 地区审计局完成审计项目 56 个，审计经济责任人 22 人，查处各类违规金额 0.83 亿元，查出管理不规范金额 21.46 亿元，已上缴财政 3398 万元，核减投资额 261 万元。提出审计建议 102 条，被采纳 51 条。提交审计专题、综合性报告和信息简报 49 篇次，被批示采用 21 篇次，向社会公告审计结果 6 个。地区经济责任审计得到自治区纪委、党委组织部和审计厅的赞誉。被自治区经济责任审计工作联席会议办公室评为 2010 至 2012 年先进集体和优秀审计项目双第一。

财政审计 开展 2011 年地区本级预算执行和其他财政收支情况的审计和 2011 年税收征收管理情况审计，要求有问题的部门、单位按照审计要求积极进行整改。审计加强财政精细化程度，提高财政管理水平和财政资金使用效益；加强税政法规的宣传力度，提高纳税人自觉纳税意识。

行政事业审计 按照地委、行署领导的指示，组织人员对地区中级人民法院、农业综合开发办、地区驻北京办事处等3个单位的财务收支情况进行审计。通过审计加强各单位经济业务管理，强化约束管理，规范财务手续。

固定资产投资审计 整合投资审计人力资源，采取审计人员与委托中介机构、聘请造价技术人员，混合编队组成审计组的方式，对地区中级人民法院综合办公楼、地区环保局附属工程、渭干河下游千佛洞引水枢纽水毁修复工程和地区旅游局委托的两座景区厕所工程等4个政府投资项目进行竣工决算审计，共核减工程投资261万元。2010年至2012年，浙江省援阿项目共有241个，总投资69.4亿元。通过双方对接，受援方（地县审计机关）承担援建审计项目88个，已完成援建审计项目76个。

社会保障审计 全疆采取“上审下”的方式组织社会保障资金审计。按照自治区审计厅统一安排，对地区审计人力资源进行整合，共投入13个审计小组106人对地区社会保障共计12大类18项社会保障资金进行审计，完成地区本级和八县一市社会保障资金审计、分项报告及15类报表填报任务。审计摸清地区本级和八县一市社会保障资金的总体规模、结构及增减变化情况，客观分析社会保障资金管理和使用及机制、体制方面存在的主要问题及成因，提出加强管理，建立健全规范的社会保障机制的审计意见和建议。审计结果报告分别向行署和各县（市）政府报送，地区本级社会保障资金审计报告得到地区领导高度重视。

经济责任审计 全年完成12个经济责任审计项目，分别是地区科技局、地区住建局、行署驻北京联络处、地区文体局、地区教育学院、地区油区办、地区供销社、地区财政局、地区民政局、地区教育局、地区住房公积金、地区公安局，共查处违规金额632.15万元，管理不规范金额3.03亿，提出审计整改意见35条。受自治区审计厅委托，对博乐市、温泉县、岳普湖县、麦盖提县、哈巴河县5个县市党政正职领导干部进行经济责任“异地交叉”审计。

专项资金审计（调查） 开展的专项资金审计（调查）有地区红旗坡农场2010年度一万亩农业高效节水项目资金审计、库车种羊场2010—2011年度农业高效节水项目资金审计；新和县人民政府富民安居工程专项资金审计、乌什县2011年度安居富民工程专项资金审计；柯坪县扶贫开发专项资金绩效情况；乌什县2010年至2011年扶贫开发专项资金绩效情况；2012年农村中小学布局调整情况专项审计调查。对各类专项资金审计发现的问题提出整改意见，有效的维护民生，促进和谐社会建设。（撰稿人：张松龄）

【和田地区审计局】 2012年，和田地区审计局人员编制35人，在编32人。局长艾热提·热介甫，副局长刘新英、毛建新、艾力·艾萨（6月—），纪检组长毛建新（兼）。设有办公室、财政基建审计科、经济责任审计科、行政事业审计科、农牧审计科、社保审计科、固定资产投资审计中心。

审计成果 全地区审计机关完成审计项目141个，查出违规金额22 931万元，应上缴财政12 007万元，应减少财政拨款或补贴1711万元，应归还原渠道资金2603万元，应调账处理金额1245万元；已上缴财政10 861万元，已减少财政拨款或补贴177万元，已归还原渠道资金509万元，已调账处理金额453万元。移送司法机关、纪检监察部门处理事项2件。提交审计报告、信息348篇，被采用123篇。

财政审计 全地区审计机关对财税部门和29个预算执行单位的财政财务收支及管理等情况进行审计。针对存在的部门预算编制不够完整、国库集中支付改革不彻底等问题，分别提出审计整改意见，被审计单位对存在的问题积极进行整改。

固定资产投资审计 采取“上审下”和“同级审”的方式，组织本级和所属县市审计机关对保障性住房工程、安居富民工程和定居兴牧工程进行就地审计。审计发现部分县市存在工程招投标不规范、规避招标、未预留审计准备金等问题，建议有关单位加强工程项目管理，确保各项惠民政策落到实处。进一步加强与对口支援省市审计机关的沟通协调，配合做好援疆项目和资金审计监督，促进中央支持新疆发展各项政策措施落实到位。

社会保障审计 按照"五统一"原则，成立社会保障审计工作领导小组，集中动员80余名审计人员组成7个社会保障审计组开展审计，深入到社会保障、民政、卫生、工商、公安等部门开展审计（调查）。审计发现各县市在社会保障制度和政策执行，社会保障资金筹集、管理和使用，以及业务管理等方面存在问题，审计机关认真进行原因分析，提出审计建议。

经济责任审计 全地区审计机关共审计经济责任人26人，其中党委政府11人、党政工作部门14人、国有企业1人。审计查出违规金额27 805万元，损失浪费金额21万元，管理不规范金额17 218万元。通过审计，进一步促进领导干部树立正确的政绩观，营造风清气正、务实高效的良好氛围。

专项资金审计（调查） 重点对农村中小学布局调整、农业高效节水专项资金、扶贫开发专项资金等关系经济社会发展和人民群众切身利益的各类专项资金开展审计。审计发现部分县市存在停办学校校舍资产处置和管理不规范，擅自改变建设规模，减少建设面积等问题。审计机关分别进行原因分析，并提出审计建议，责令整改。

（撰稿人：刘志东）

【吐鲁番地区审计局】 2012年，吐鲁番地区审计局人员编制28人，在编24人。局长郭红兵（7月—），副局长戴万成（2月—），田桂林，纪检组长艾尔肯·艾木都拉。设有办公室、法规科、经济责任审计科、固定资产投资审计科、财政金融审计科、农业社会保障审计科、行政事业审计科、经贸审计科。

审计成果 吐鲁番地区审计局完成审计项目56个，专项审计调查5个，查出违规金额2275万元，应上缴财政598万元，应减少财政拨款或补贴2938万元，应归还原渠道资金16万元，应调账处理金额397万元；已上缴财政13万元，已减少财政拨款或补贴2938万元，已调账处理金额382万元。建议有关部门处理事项4件。审计机关提出审计建议124条，被采纳的审计建议82条，提交审计信息68篇。

财政审计 开展2011年地方税收征管情况审计，关注税费征管情况，推动落实结构性减税等政策，促进严格依法征税，做到应收尽收。开展地区本级预算执行情况审计，重点审计项目支出、预算追加等问题和财政绩效预算，推动政府所有收支纳入预算管理，制止挥霍公款、铺张浪费等问题，促进降低行政运行成本，推动完善规范化的财政转移支付制度。重点关注预算执行效果，进一步推进绩效审计，把财政资金投入与项目进展、事业发展以及政策目标实现统筹考虑，积极探索对预算执行情况和决算草案发表总体意见，促进提高预算分配和执行的公开透明度。

社会保障审计 自2月21日起，吐鲁番地区审计局组织全地区审计机关干部，对地区本级及两县一市3大类18项社会保障资金的筹集、管理、分配、使用等情况进行审计。摸清吐鲁番地区社会保障资金的规模、使用、管理和效益情况，检查政策落实情况和实施效果，揭示存在的困难和问题，提出完善制度、规范管理的建议。如吐鲁番市卫生局采纳审计建议，制定出台《关于补充对65岁以上老人新农合补偿有关规定的通知》，取消不合规的限制性条款；社会保障和民政部门停止不符合条件人员的社会保障待遇。上报审计信息18篇，被自治区审计厅采纳4篇，审计报告得到地区行署专员的批示。审计工作得到地委行署的充分肯定，得到审计厅和兰州特派办好评。

固定资产投资审计 完成吐鲁番市定居兴牧、安居富民和对口援疆3个专项审计调查项目。对群艺馆、吐鲁番示范新区和对口援疆项目进行跟踪审计。根据自治区统一安排，开展保障性住房跟踪审计项目。全年共完成投资审计项目43个，送审造价11 989.66万元，审定造价9 508.69万元，核减投资2 480.96万元，工程造价核减率达20.69%。

经济责任审计 全年共完成36个单位部门主要负责人的经济责任审计。组织部门将审计机关提交的领导干部任期经济责任审计结果报告作为领导干部调任、免职、辞职的参考依据。先后对1名县处级领导干部予以免职处理、1名县处级领导干部予以责令检查处理，对1名准备提拔使用的科级领导干部予以取消任职决定的处理。

（撰稿人：储凯丽）

【哈密地区审计局】 2012年，哈密地区审计局人员编制41人，在编36人。局长骆东鹏，副局长段西麟（—12月）、艾合买提·买买提、李生华（9月—）、徐钢（4月—，挂职），总审计师谢云飞（7月—）。设有办公室、督察科、法制科、财政金融审计科、固定资产投资审计科、经济责任审计科、行政事业审计科、农牧与资源环保审计科、企业审计科；下设哈密地区经济责任审计办公室、哈密地区固定资产投资审计中心、哈密地区审计信息技术室。

审计成果 全地区审计机关完成审计项目178个，查出违规金额644万元，应上缴财政170万元，应减少财政拨款或补贴9024万元，应归还原渠道资金5990万元，应调账处理金额1694万元；已上缴财政130万元，已减少财政拨款或补贴6851万元，已归还原渠道资金443万元，已调账处理金额40万元。提交审计报告206份、审计信息120篇，被采用70篇。哈密地区审计局领导班子被评为地区优秀县（处）级领导班子；哈密地区审计局被评为地区绩效管理工作先进单位、党风廉政责任制目标管理优秀单位、依法行政工作优秀单位、社会管理综合治理及平安建设工作目标管理优秀单位、地区级文明单位。

预算执行审计 按照构建“财政审计大格局”的工作机制，认真开展预算执行审计，促进预算管理规范化，提高财政资金效益。完成审计项目15个，查出违规金额34万元。

行政事业审计 坚持以真实性审计为基础，促使行政事业单位规范财政财务收支和经济活动。完成审计项目7个，延伸审计单位22个，查出违规金额13万元，管理不规范金额2044万元。

农业与资源环保审计 紧紧围绕地区“民生建设年”活动，促进惠民政策的落实，维护群众的切身利益。完成审计项目4个，查出违规金额13万元，管理不规范金额261万元。地区审计局的世界银行贷款新建牧业发展审计项目荣获自治区审计厅优秀档案评比三等奖。

固定资产投资审计 完成审计项目102个，审计项目完成投资额82 191万元，查出违规金额106万元，管理不规范金额11 180万元，核减投资额9118万元。

社会保障审计 精心组织，全力以赴，圆满完成审计署统一部署的社会保障资金审计任务。完成审计项目5个，延伸审计单位45个，查出管理不规范金额405万元。被审计署授予社会保障资金审计先进公务员集体称号并受到表彰。

企业审计 增强企业依法经营管理的意识，推进法人治理结构的完善。完成审计项目5个，查出管理不规范金额29万元。

经济责任审计 完成审计项目35个，审计领导干部49人，其中县（处）级领导9人，科级领导40人；查出违规金额457万元。被评为2010—2012年度自治区经济责任审计工作先进单位，自治区审计厅委托审计项目沙雅县党政正职领导经济责任审计项目被评为自治区优秀经济责任审计项目。

专项资金审计（调查） 进一步加大对“三农”、教育、卫生等民生资金审计，切实保障资金安全，促进发挥资金效用，保证党和政府的各项安民、惠民、利民政策落到实处。完成审计项目5个，延伸审计单位10个，审计专项资金总额29 740万元。

援疆项目审计 强化组织协调，统筹审计力量，配合河南省审计厅做好援疆项目审计及审计整改工作，促进援疆项目科学管理，提高资金效益。完成跟踪审计项目59个，查出违规招投标、未办理前期审批手续、合同管理不规范、资金使用不规范等方面的问题，涉及金额951万元，移送调查处理2件。（撰稿人：翟　刚）

【克孜勒苏柯尔克孜自治州审计局】 2012年，克孜勒苏柯尔克孜自治州审计局人员编制37人，在编32人。局长唐志荣，副局长吐尔洪·依热力、黄林勇、牙生江·艾力，纪检组长黄林勇（兼）。设有办公室、纪检监察室、法制科、财政金融审计科、固定资产投资审计科、行政事业审计科、农业与资源环保审计科、经济责任审计科、经贸审计科、社会保障审计科、计算机中心。

审计成果 全州审计机关共完成审计（审计调查）项目165个，审计查出主要问题金额108 360万元，违规金额5974万元，损失浪费金额492万元，管理不规范金额101 893万元。审计发现非金额计量问题128个，审计促进整改金额4261万元。移送处理事项1件，移送处理人员2人。提出审计建议254条。提交审计报告44篇、信息57

篇，被采用19篇。

财政审计 完成财政审计项目26个，审计查出主要问题金额75 540万元。

行政事业审计 完成审计项目23个，审计查出主要问题金额6121万元。

固定资产投资审计 完成审计项目91个，审计核减投资额131万元，查出主要问题金额10 225万元。

经济责任审计 对18个单位28名领导干部的经济责任履行情况进行审计，审计共查出主要问题金额58 670万元，其中违规金额1870万元，损失浪费金额185万元，管理不规范金额56 615万元。

专项资金审计（调查） 完成审计项目17个，审计专项资金总额27 825万元，共查出主要问题金额9886万元。（撰稿人：郭　君）

【博尔塔拉蒙古自治州审计局】 2012年，博尔塔拉蒙古自治州审计局（以下简称博州审计局）人员编制40人，在编31人。局长林方（—3月）、刘玉玲（11月—），副局长宝音代力格（—3月）、马克斯加甫（3月—），总审计师周娟，纪检组长郭丽艳。设有办公室、法制科、财政审计科、经济责任审计科、行政事业审计科、经贸审计科、计算机审计科。新成立博州政府投资审计中心。

审计成果 全州审计机关完成审计项目120个，查出违规金额17 210万元，应上缴财政9445万元，应减少财政拨款或补贴719万元，应归还原渠道资金1219万元，应调账处理金额11 207万元；已上缴财政8404万元，已减少财政拨款或补贴719万元，已归还原渠道资金378万元，已调账处理金额1081万元。移送司法机关、纪检监察部门处理事项4件，建议有关部门处理事项2件。提交审计报告、信息111篇，被采用39篇。

预算执行审计 全州审计机关完成对本级2011年度预算执行及其他财政收支情况的审计，延伸审计56个单位，重点揭露预算执行过程中预算编制、批复不规范、部分专项资金滞留较大等问题。从完善政策制度和健全管理机制等方面提出改进建议，促进依法理财，规范财政资金的管理。受政府委托按要求向人大上报整改结果报告，人大常委会给予肯定。

固定资产投资审计 全州开展工程竣工结（决）算审计301个，审计项目投资10.07亿元，审减工程投资9877万元，有效遏制高估冒算行为，对节省建设资金、提高财政资金使用效益发挥重要作用。作为重点项目监督组的成员单位，积极参与项目全过程监督和检查，为项目的规范管理和顺利实施发挥积极作用。博州审计局对3项重点建设项目进行跟踪审计，出具跟踪审计意见书7份，提出审计意见及建议18条；博乐市审计局加大对重大项目的跟踪审计，并取得显著成效，促进重点建设项目的规范管理；温泉县审计局积极开展投资概算审计，出台《温泉县政府投资项目概（预）算审核管理办法》；精河县审计局试点开展对工程招投标控制价的审核工作。

社会保障审计 完成关系民生的社会保障资金审计工作，全面摸清博州社会保障工作基本情况，揭示存在的问题，从博州可持续发展的高度，从维护人民利益出发，从体制、机制、制度层面提出具体建议。

经济责任审计 召开经济责任审计工作联席会议，确定审计项目。提交《关于2011年度经济责任审计工作情况专题报告》和《2012年上半年经济责任审计工作情况汇报》。在经济责任审计中注重制度创新，制定下发《经济责任审计项目会议程序》，不断规范经济责任审计程序。博州审计机关共对39名领导干部（县级领导干部13名）进行经济责任审计，移送有关部门处理事项6起8人次。在自治区经济责任审计优秀项目评比中有1个项目被评为三等奖，1人被评为自治区经济责任审计工作先进个人。

专项资金审计（调查） 完成对农村中小学布局调整的专项审计调查；整合州县（市）审计机关力量完成自治州定居兴牧工程、安居富民工程、中小学校舍安全及2010年至2012年的56项援博资金和项目跟踪审计等4个项目的审计。其中中小学校舍安全工程审计项目获得自治区优秀项目三等奖，2012年安居富民工程、定居兴牧工程审计项目获全区统一组织项目先进集体。博州审计局出台《自治州湖北省对口援博建设项目审计办法（试行）》和《2012年湖北省对口支援博州资金和项目跟踪审计实施方案》。

（撰稿人：马斌妍）

【昌吉回族自治州审计局】 2012年，昌吉回族自治州审计局人员编制53人，在编48人。局长周恒，副局长程军、肖莉，纪检组长吴承凯（—5月），张永信（5月—）。设有办公室、法制科、财政审计科、行政事业审计科、经济责任审计科、农牧审计科、外资社保审计科、经贸与金融审计科；政府投资审计中心。

审计成果 全州审计机关共完成审计项目302个，查出违规金额21 990万元，应上缴财政2465万元，应减少财政拨款或补贴17 681万元，应归还原渠道资金1013万元，应调账处理金额742万元。移送司法机关、纪检监察部门处理事项2件。提交审计报告、信息615篇，被采用379篇。

财政审计 采取财政、地税、国库、政府投资、经济责任、专项资金多管齐下的审计方式，全面扩大财政资金审计覆盖面。关注财政收支的真实性，审计财政超收、增收及管理分配使用情况，促进提高财政资金使用效益。强化对部门预算执行情况的审计，关注预算编制、执行、调整和决算等环节，推动政府性收支纳入预算管理。加强对税收征管情况的审计，关注税收法律法规，清理规范税收优惠政策，推动税收政策的执行到位，促进税收政策公平。重点检查财政转移支付制度和执行情况，关注资金的拨付、管理、使用以及政策效果，促进提高资金管理使用效益。高度重视“两个报告”的质量，州人大常委会对审计工作报告给予高度评价，基本实现“财政资金运行到哪里，审计就跟进监督到哪里”的工作目标。

固定资产投资审计 对全州政府投资审计项目进行实地调研，积极与项目建设单位对接，明确工作要求，及时解决实际困难。在审计范围上，重点确定对区、州重点建设项目及城镇保障性住房工程、农村安居富民工程、定居兴牧工程、定居兴牧骨干水源工程及援疆项目进行审计，特别是加强对23条道路项目审计，加快推进自治州城乡交通网建设；对州传媒大厦和6座新建水库等重点建设项目进行全过程跟踪，及时发现问题，并有针对性地提出整改建议，进一步加大对委托项目现场的复核力度；关注政府投资的规划布局和结构投向、分配依据及计划下达、资金使用和建设管理、土地等情况，促进优化投资结构；坚持把查处问题与完善制度、强化管理结合起来，较好地为州党委、政府和主管部门加强项目、资金管理发挥参谋作用。

社会保障审计 整合全州审计力量，抽调81名审计骨干参加审计，强化培训、明确分工、责任到人，采用倒排工期的方法，圆满完成任务。全面掌握全州社会保障事业发展现状和4个方面的突出问题，向上级提出相应对策及建议，得到州人民政府主要领导的高度肯定。

经济责任审计 完成州直10个单位主要领导、6个县市公安系统领导、7县市15个乡镇党政主要领导干部经济责任审计。审计结果引起州党委、政府有关领导高度重视，召开全州经济责任审计工作经验交流会，对经济责任审计给予充分肯定，要求按照“三分离”与交叉审计并重的管理模式，切实加大审计力度，确保经济的可持续发展和干部的可持续成长。

专项资金审计（调查） 围绕教育优先发展，认真开展农村中小学布局审计调查。对84所学校、7类人群4000余名学生及家长进行抽查、走访调查，多方联动，提出学生乘车安全、提高寄宿学生就餐水平、落实农村中小学教师基层补贴等审计建议。

（撰稿人：李 良）

【巴音郭楞蒙古自治州审计局】 2012年，巴音郭楞蒙古自治州审计局人员编制52人，在编49人。局长那永刚，副局长年卫东、刘元飞（援疆）、韩贵兵，总审计师陈志军，纪检组长何遄。设有自治州经济责任审计处、自治州固定资产投资审计处、财政审计科、金融与外资审计科、经贸审计科、农业资源与环保审计科、行政事业与社保审计科、法制科、纪检监察室、办公室。

审计成果 全州审计机关共完成审计和审计调查项目311个，查出违规金额52 290万元，应上缴财政8449万元，应减少财政拨款或补贴7554万元，应归还原渠道资金2004万元，应调账处理金额7038万元；已上缴财政8656万元，已减少财政拨款或补贴3163万元，已归还原渠道资金

533 万元，已调账处理金额 3322 万元。移送司法机关、纪检监察部门处理事项 4 件，建议有关部门处理事项 11 件。提交审计报告、信息 1601 篇，被采用 687 篇。

财政审计 在本级预算执行审计中，全州审计机关以“保增长、调结构、惠民生”为目标，把规范预算管理和资金分配、推进财政管理体制改革、促进提高财政资金使用效益作为重点。在审计内容上，加强对各项改革政策落实情况、民生资金项目等监督检查，从财政收支的真实性、合规性审计向绩效审计转变。通过开展财政预算执行审计，促进财政、地税及各预算执行和项目单位的审计整改，达到“一审、二帮、三促进”的目的。从各县（市）财政审计情况看，财政审计已成为政府加强财政管理，提高行政效能、健全完善政策、制度的重要工具。且末县审计局财政预算执行审计项目受到审计署表彰。

固定资产投资审计 全州投资审计完成审计项目 143 个，审计项目投资额 153 850 万元，核减投资额 14 734 万元，综合核减率 9.58%。投资审计全面反映工程建设领域的突出问题，进一步规范建设单位基本建设程序，有效控制工程项目造价。配合河北省审计厅及有关对口援疆地市审计部门开展援疆项目审计。深化对在建和续建政府投资项目的跟踪审计，注重“关口”前移。加强项目建设全过程和对各个重点环节的审计，及时发现问题，并有针对性地提出改进建议。

社会保障审计 在有关部门的配合协作下，组织州、县（市）审计力量采取“上审下”和“交叉审”的方式组织实施，按期高标准完成社会保障资金审计和农村中小学布局调整审计调查。其中，社会保障审计项目被审计署荣记全国社会保障审计优秀公务员集体三等功。通过审计，全面反映社会保障资金、城镇保障性安居工程在改善民生、促进经济平稳较快发展、推进城镇化进程等方面取得的成效，揭示并督促整改存在的突出问题，确保国家惠民政策落到实处。

经济责任审计 认真贯彻中办、国办关于《党政主要领导和国有企业领导人员经济责任审计规定》，积极向经济责任审计联席会议报告工作，提出建议措施，完善经济责任审计制度，促进审计成果运用。全州共对 41 个单位 55 名领导干部进行经济责任审计。首次对自治州 9 个乡镇 18 名党政正职领导采取“上审下”和“交叉审”的审计方式进行经济责任审计。对自治州 6 个县市党政正职经济责任审计后的整改落实情况进行督察。督察结果显示各县市十分重视，整改效果良好，能够建章立制，完善长效机制。州经济责任联席会议办公室起草的《巴音郭楞蒙古自治州经济责任审计结果运用办法（试行）》，已由州政府印发执行。

专项资金审计（调查） 坚持把民生审计作为重点，加大对政府投资保障性住房、安居富民等项目审计，开展审计厅统一安排的农业高效节水灌溉专项资金管理使用和草原生态保护补助奖励资金管理使用情况的专项审计调查，全面揭示反映专项资金规范、有效、安全运行情况及存在的隐患和问题。对项目中存在的带有普遍性、苗头性的问题具体分析，提出审计建议，加强管理，督促整改，进一步提高全州专项资金管理水平。

（撰稿人：郑　伟）

【伊犁哈萨克自治州审计局】 2012 年，伊犁哈萨克自治州审计局人员编制 63 人，在编人员 57 人。局长阿曼（—3 月）、胡尔曼哈力（9 月—），副局长陈洁、任志国、马兴慧，总审计师王全胜，纪检组长王军强。设有办公室、法制处、财政金融审计处、文教行政事业审计处、经济责任审计处、农业与资源环保审计处、社会保障审计处、固定资产投资审计处、经贸审计处、老干处，还设有固定资产投资审计中心、计算机技术中心。

审计成果 伊犁哈萨克自治州审计机关（以下简称州直审计机关）完成审计及审计调查项目 410 个，查出违规金额 186 047 万元，应上缴财政 4618 万元，应减少财政拨款或补贴 1179 万元，应归还原渠道资金 8994 万元，应调账处理金额 32 313 万元；已上缴财政 4208 万元，已减少财政拨款或补贴 1179 万元，已归还原渠道资金 3257 万元，已调账处理金额 5360 万元。移送司法机关、纪检监察部门处理事项 1 件。提交审计报告、信息 822 篇，被采用 217 篇，向社会公告审计结果 16 篇。

财政审计 州直审计机关共审计（调查）财

政、税务、国库及预算执行单位107个，查出主要问题金额317 246万元，其中应缴未缴预算收入36 481万元，资金滞留33 462万元，虚列支出49 612万元，违规出借财政资金29 274万元。

行政事业审计 全州共审计（调查）行政事业单位138个，查出主要问题金额78 094万元，其中应缴未缴预算收入2341万元，违规改变资金用途2654万元，违规采购2615万元，账外资产3265万元，会计核算不实3841万元。

固定资产投资审计 全州完成固定资产投资审计项目117个，涉及项目投资总额24.05亿元，共核减投资额1.14亿元，查出主要问题金额40 241万元。

社会保障审计 全州对州本级（含霍尔果斯经济开发区）、州直各县市人力资源与社会保障、民政、卫生、财政等部门和社会保险经办机构、残联等11个单位进行审计，延伸调查109家企业、26个村委会、5个居委会、13家医院、5家定点药店，查出主要问题金额29 431万元。

企业审计 全州共审计企业单位30个，查出主要问题金额35 895万元，其中违规担保2477万元，资产不实1498万元，少计少缴税费1826万元，少计成本费用998万元，账外资产87万元。

经济责任审计 全州对128个单位175名党政领导干部及企业负责人进行经济责任审计，查出主要问题金额122 052万元。

专项资金审计（调查） 全州组织开展专项资金审计31个，审计调查21个，涉及资金107 236万元，查出主要问题金额15 301万元。主要对游牧民定居、保障性住房、富民安居建设项目、农村中小学布局调整、伊犁“11·1”地震灾后重建专项资金、扶贫资金绩效情况进行审计，促进相关资金管理使用效益的提高和具体政策措施的落实。（撰稿人：张 葳）

【塔城地区审计局】 2012年，塔城地区审计局人员编制33人，在编29人。局长丁正全，副局长哈依拉提（—2月）、叶尔肯·赛达合买提（6月—）、程和新，总审计师廖军，纪检组长陈学芳。设有办公室、财政金融审计科、经贸审计科、文教行政事业审计科、固定资产投资审计科、经济责任审计科、法制科、督查审理科、社保审计科、固定资产投资审计中心。

审计成果 全地区共审计和审计调查单位315个，查出管理不规范金额59 676万元，违规金额2542万元，核减工程款4302万元。归还原渠道资金6526万元，上缴财政4138万元。向纪检部门移交案件7件。提出审计建议772条。开展业务培训8次，参加学习737人次。地区本级共审计和审计调查单位62个，查出违规金额16043万元；管理不规范金额13455万元；损益不实金额3960万元；审计期间已整改金额1959万元；应上缴财政733万元；核减工程款170万元，查出资金不落实3568万元。向纪检部门移交案件4件，其中向地区纪检委移交2件，向额敏县、裕民县纪检委各移交1件。审计机关提交审计报告及建议被采纳129条。

预算执行审计 完成财政审计及延伸审计单位55个，查出管理不规范金额35 490万元。地区本级完成财政审计及延伸审计单位7个，查出管理不规范金额70万元。对发现的问题提出推进完善财政管理体制等意见和建议。

社会保障审计 按照审计署、审计厅的要求，地区七县（市）社会保障资金审计实行县（市）交叉审计方式。审计发现资金筹集、重复参保、社会保险基金经办管理、社会保障资金账户管理、资金使用等各类问题30个。

经济责任审计 全地区完成55个经济责任审计项目，审计59名领导（含地区跨年度项目3个）。共查出违规金额3318万元，管理不规范金额16 364万元，其中应负直接责任金额1315万元，应负领导责任金额18 365万元。地区本级完成15位领导、12个单位的审计项目，查出违规金额67万元，管理不规范金额263万元，其中应负主管责任金额67万元，应负领导责任金额263万元。通过审计，客观公正的反映领导干部任期经济实绩和经济责任，促进领导干部依法行政，规范领导干部的经济活动行为。

固定资产投资审计 全地区完成固定资产投资审计项目134个，审计金额113 681万元，核减工程款4302万元；地区本级完成固定资产投资审计项目24个，审计金额53 941万元，核减工程款170万元，查出资金不落实4594万元，超概算798万元，管理不规范金额3878万元。辽宁省和塔城城区两地审计机关组成联合审计组，于9月6日至27日对援建项目进行跟踪审计。本次审计涉及2010年至2012年对口援助已完工项目21个，审计调查在建项目59个，援助项目涵盖住房建设、教育、卫生、新型城镇建设和产业园区发展等各领域。计划总投资32.68亿元，其中辽宁对口援助资金13.85亿元，中央补助资金1.68亿元，自治区补助资金0.7亿元，地方配套资金11.4亿元，其他资金5.05亿元。截至9月末，已完成投资11.25亿元。

专项资金审计（调查） 按照自治区审计厅要求，对乌苏市、沙湾县、额敏县、托里县、裕民县五县（市）进行审计调查，以教育部关于义务教育均衡发展、农村中小学校布局调整相关政策措施为主线，客观反映农村中小学布局调整的现状及其影响，重点关注学校（教学点）撤并、学制规范、城镇化发展等农村中小学布局调整规划情况；地方政府对农村教育经费的投入、使用情况；学校学生食宿、交通等相关配套措施等情况。采取多项措施，深入查处问题、深刻分析原因，摸清托里县等3个县扶贫资金使用和项目管理情况的底数，涉及金额2.06亿元，查出违规金额1.52亿元。发现制约扶贫工作科学发展的体制性机制性障碍，指出扶贫工作开发管理中存在的突出问题。

交办事项 协助相关部门完成"小金库"清理、工程建设领域突出问题专项治理、耕地保护检查等工作。关注改革和社会热点问题，为推进改革，促进加强管理发挥作用。

（撰稿人：廖祖贵）

【阿勒泰地区审计局】 2012年，阿勒泰地区审计局人员编制39人，实有40人。局长许玲，副局长刘洛阳、塔斯肯·哈孜泰、张跃平，总审计师姜淑英。设有办公室、监察综合室、法制科、督察和内部审计管理科、财政金融审计科、行政事业和社会保障审计科、农业与资源环保审计科、固定资产投资、外资和企业审计科、经济责任审计中心。

审计成果 阿勒泰地区审计机关完成审计项目118个，查出违规金额200 340万元，应上缴财政23 206万元，应归还原渠道资金1695万元，应调账处理金额6915万元；已上缴财政18 957万元，已归还原渠道资金646万元，已调账处理金额6733万元。建议有关部门处理事项3件。提交审计报告、信息493篇，被采用243篇。

财政审计 审计单位38个，查出违规金额40 008万元，管理不规范金额111 925万元，其中预算编报不真实23 975万元，未按规定纳入预算管理23 700万元，未按规定征收、缴纳财政收入26 642万元，其他金额49 318万元。

固定资产投资审计 关注重点投资项目资金安全和投资效益，审计（调查）单位27个，查出违规金额1029万元，管理不规范金额6391万元，投资概预算编报不规范金额610万元，工程价款不实2776万元，其他金额4750万元，核减投资额（工程款）2713万元。

社会保障审计 2月至5月，根据审计署和自治区审计厅的统一安排，阿勒泰地区审计局组织县（市）审计机关开展跨县（市）社会保障资金交叉审计工作。审计范围包括社会保险基金、社会救助资金和社会福利资金三部分，共计12类18项资金。审计单位8个，查出主要问题金额14 090.94万元，其中未按规定征收、缴存社会保险费和住房公积金611.38万元，未按规定标准及范围支出1 871.19万元，其他金额7 446.46万元等。

经济责任审计 全地区开展33个单位43位领导干部的经济责任审计，其中党委政府22人、党政部门9人和事业单位12人，查出违规金额1660万元，其中负主管责任金额958万元，负直接责任金额392万元，负领导责任金额310万元；查出管理不规范金额67 230万元，其中负主管责任金额56 693万元，负直接责任金额446万元，负领导责任金额10 091万元。

专项资金审计（调查） 审计（调查）单位21个，审计专项资金总额54 984万元，查出违规金额3906万元，管理不规范金额2943万元，未按规定缴纳收入178万元，资金滞留闲置301万元，其他金额4956万元。通过审计，促进惠民政策的落实，维护群众的切身利益。

（撰稿人：张　丽）

2012年新疆维吾尔自治区所辖区、县(市)级审计工作统计表

金额单位:万元

审计机关	完成审计项目(个)	查出违规金额	应上缴财政	应减少财政拨款或补贴	应归还原渠道资金	应调账处理金额	移送司法、纪检、监察部门处理(件)	建议有关部门处理(件)	出具审计报告和审计调查报告(份)	提出审计建议(条)	撰写审计信息(篇)
乌鲁木齐市											
乌鲁木齐市本级	32	40532	15830	19843	17181	7654		5	32	116	59
天山区审计局	10	148	1			1516			10	30	
沙依巴克区审计局	5	20	2						5	11	
新市(高新技术开发)区审计局	9	51				51	1		9	1	11
水磨沟区审计局	7					203	2		7	15	3
头屯河(经济开发)区审计局	5	397			228	124		4	5	22	
达坂城区审计局	2	78	78			140			2	11	1
东山区审计局	19	5417	174		3	76		1	19	48	28
乌鲁木齐县审计局	12	8106				511			12	23	33
克拉玛依市											
克拉玛依市本级	30	12944	8316			3121			1	43	13
克拉玛依区审计局	1	15	8			7					
独山子区审计局	5	678			678				2		
白碱滩区审计局	11				27						
乌尔禾区审计局	2										
石河子市											
石河子市本级	34	2778	55		250	504		1	60	62	4
喀什地区											
喀什地区本级	41	981	531			2220			44	35	36
喀什市审计局	13	52	24						13	28	48
疏附县审计局	64	1020	34			2889			64	139	14
疏勒县审计局	73	3778			135	20			73	297	5

续表

审计机关	完成审计项目（个）	查出违规金额	应上缴财政	应减少财政拨款或补贴	应归还原渠道资金	应调账处理金额	移送司法、纪检、监察部门处理（件）	建议有关部门处理（件）	出具审计报告和审计调查报告（份）	提出审计建议（条）	撰写审计信息（篇）
英吉沙县审计局	44	3315	204		5030	46			51	80	29
泽普县审计局	72	322	8	1978	11	24			72	11	43
莎车县审计局	128	270	13	1021	252	287			144	289	34
叶城县审计局	60	329	158			1837			64	111	4
麦盖提县审计局	20								20	18	35
岳普湖县审计局	42	10	10		149				54		4
伽师县审计局	29	57	12		13				31	29	333
巴楚县审计局	31	1		498	1				31		31
塔什库尔干塔吉克自治县审计局	11		3	12					11		
阿克苏地区											
阿克苏地区本级	56	55718	8872		69	343			60	100	
阿克苏市审计局	25	82	38		31837	535			33	49	66
温宿县审计局	49	27474	144	4	528	12935	1		49	117	110
库车县审计局	56	34422	72	285	115	611	1	1	56	316	126
沙雅县审计局	34	23658	35		366	3996	6	4	34	132	
新和县审计局	12	3091	3044		47	1248			12	37	17
拜城县审计局	18	1526	97		2	150			25	69	36
乌什县审计局	19	4	8		170	2013			20	34	43
阿瓦提县审计局	76	14791	16		12	486		28	76	178	130
柯坪县审计局	9	368				2063			9	66	22
和田地区											
和田地区本级	15	17296	11163	1593	1822	1245			21	58	37
和田市审计局	17	2025	11		590		2		21	52	18
和田县审计局	16	95			44				19	25	146
墨玉县审计局	19	5	3		113				19	69	28
皮山县审计局	31	154	743	118	8				32	87	29
洛浦县审计局	6	9							6	20	
策勒县审计局	14	2678	50		25				15	35	37
于田县审计局	13	649	35						13	65	25
民丰县审计局	10	18							11	37	28

续表

审计机关	完成审计项目（个）	查出违规金额	应上缴财政	应减少财政拨款或补贴	应归还原渠道资金	应调账处理金额	移送司法、纪检、监察部门处理（件）	建议有关部门处理（件）	出具审计报告和审计调查报告（份）	提出审计建议（条）	撰写审计信息（篇）
吐鲁番地区											
吐鲁番地区本级	56	2275	598	2938	16	397		4		124	68
吐鲁番市审计局	17	484	96	391	5568	3256				45	20
鄯善县审计局	92	16337	1	3916		5507				45	6
托克逊县审计局	17	3538	510		3437	15267				19	
哈密地区											
哈密地区本级	23	129	89	2560	496	257			25	57	59
哈密市审计局	26	68	19	1675	3000	609			33	147	38
伊吾县审计局	59	306	9	3046	192	446			64	124	22
巴里坤审计局	70	141	53	1743	2302	383			84	90	1
克孜勒苏柯尔克孜自治州											
克孜勒苏柯尔克孜自治州本级	32	3484	3554		237	6483		1		55	14
阿图什市审计局	21	18889	8	2	1000					17	1
阿克陶县审计局	87	15764	25	443	2758	3394				15	2
阿合奇县审计局	15	22811			7	17175				15	1
乌恰县审计局	10	1775								9	1
博尔塔拉蒙古自治州											
博尔塔拉蒙古自治州本级	29	8453	8478	719	1109	11172	1		4	90	33
博乐市审计局	18	8285	964		12	7			3	38	22
精河县审计局	30	472	3		73		3	2		84	35
温泉县审计局	43				25	28				44	14
昌吉回族自治州											
昌吉回族自治州本级	73	10592	1494	6359	835	3			81	150	67
昌吉市审计局	21	7651	882	1780		254			23	30	22
阜康市审计局	36	256	3	2852		271			40	57	35
呼图壁县审计局	28	464	1	1159		173			32	72	57
玛纳斯县审计局	58	1223	20	3722	58				71	29	125
奇台县审计局	31	849	39	498	55				46	60	87
吉木萨尔县审计局	35	268	3	1278	65				40	48	82
木垒哈萨克自治县审计局	20	687	23	33		41	2		26	81	103

续表

审计机关	完成审计项目（个）	查出违规金额	应上缴财政	应减少财政拨款或补贴	应归还原渠道资金	应调账处理金额	移送司法、纪检、监察部门处理（件）	建议有关部门处理（件）	出具审计报告和审计调查报告（份）	提出审计建议（条）	撰写审计信息（篇）
巴音郭楞蒙古自治州											
巴音郭楞蒙古自治州本级	56	41117	458		1431	3648	1	9	61	195	76
库尔勒市审计局	31	1559	916	352		2848			40	83	140
轮台县审计局	35	664		2660					38	49	259
尉犁县审计局	24	7083	6808	1105		147		2	24	44	55
若羌县审计局	29	609			25				32	53	137
且末县审计局	35	158		1255	456	25			36	99	57
和静县审计局	14	105	1		68	348			18	3	130
和硕县审计局	19	843	179	380		7			21	44	85
博湖县审计局	22	127	66	72					25	89	120
焉耆回族自治县审计局	46	20	20	1726	21	13	3		48	109	541
伊犁哈萨克自治州											
伊犁哈萨克自治州本级	46	113436	486		8549	10508			46	126	129
伊宁市审计局	62	32099	186		103				62	256	68
奎屯市审计局	54	4770	1060	1179	66	2273			54	43	97
伊宁县审计局	39	6507	2260		74	15412			39	96	74
霍城县审计局	25	290	3		13	3894			25	97	35
巩留县审计局	64	1740	63						64	138	108
新源县审计局	32	3393	271			118			32	56	38
昭苏县审计局	19	15012	9						19	51	65
特克斯县审计局	25	6938	3		123	2			25	59	46
尼勒克县审计局	19	1461	256		66	14			19	60	30
察布查尔锡伯自治县审计局	25	401	21			92			25	98	9
塔城地区											
塔城地区本级	62	16043	903			3960	4		62	204	38
塔城市审计局	35		365				1		35	63	11
乌苏市审计局	39	1239	308		6096				21	55	38
额敏县审计局	66	3334	1492		329	136			40	115	46
沙湾县审计局	52	2324	49		54	464	2	3	54	108	24
托里县审计局	11	3128	7			2073			12	25	29

续表

审计机关	完成审计项目（个）	查出违规金额	应上缴财政	应减少财政拨款或补贴	应归还原渠道资金	应调账处理金额	移送司法、纪检、监察部门处理（件）	建议有关部门处理（件）	出具审计报告和审计调查报告（份）	提出审计建议（条）	撰写审计信息（篇）
裕民县审计局	27	1242	1014		31	305		92	53	92	19
和布克赛尔蒙古自治县审计局	23	1232			16	1216			23	110	60
阿勒泰地区											
阿勒泰地区本级	30	56878	155		994	2394			36	94	36
阿勒泰市审计局	12	35579	67					1	15	52	65
布尔津县审计局	11	27399	6289		26	39		1	11	21	34
富蕴县审计局	15	14798	282		3	1957			14	37	42
福海县审计局	13	15959				76			21	12	66
哈巴河县审计局	11	30627	14916			1106			14	17	120
青河县审计局	11	11702			527	1249		1	11	33	35
吉木乃县审计局	15	7394	1494		143	92			21	51	95

新疆生产建设兵团

【新疆生产建设兵团审计局】 2012年，新疆生产建设兵团（以下简称兵团）审计局人员编制28人，在编27人。设有办公室、法制处、财金审计处、社会保障暨专项资金审计处、企业审计处、固定资产投资审计处、经济责任审计处。

领导成员

局　　长：梅新顺（1月—）

副 局 长：李金荣（—1月）　向春华

张新勇（援疆干部）

丁　峰（8月—）

审计成果 兵团和14个师审计机关共完成审计单位731个，查出违规金额19.5亿元，损失浪费金额3.1亿元，管理不规范金额95.7亿元。移送司法机关1人，移送纪检监察机关7人。提出审计建议1381条，被审计单位采纳804条。10月，在审计署开展的社会保障资金审计表彰工作中，兵团审计局赴二师审计组记集体三等功，五师赴农十四师社会保障资金审计组、九师赴十三师社会保障资金审计组获集体嘉奖，兵团审计局社会保障暨专项资金审计处王文源记个人三等功，农八师审计局李连清获个人嘉奖。

支援兵团建设项目跟踪审计 兵团审计局作为总联络单位，配合审计署赴兵团审计组对兵团本级和6个师中央援助兵团项目资金进行跟踪审计工作。12个受援师审计部门在配合援助省市审计部门对援助项目资金进行跟踪审计的同时，还对交支票援助项目和共建项目进行跟踪审计。发现的主要问题有：个别项目未严格履行基本建设程序，存在未批先建、未按规定办理项目前期审批手续情况；个别项目建设招标、投标合同管理不规范，未依法履行招标投标程序，无资质企业参与投标并中标等；超计划建设未办理审批手续；部分建设项目设计不合理，施工中变更设计导致重复投资，造成损失浪费；部分援助资金未按规定实行专户管理，新建项目征地拆迁工作滞后等。兵团和各师针对审计发现的问题召开审计整改专题会议。

财政审计 一是围绕维护兵团经济安全，密切关注经济社会运行中的潜在风险，按照兵团主要领导的要求，组织兵师两级审计机关对兵团

142 个团场 2005 年至 2011 年债务情况、担保情况进行专项审计调查。向兵团提出培育团场新的经济增长点，培植财源，解决团场经济社会发展所需资金；拓宽团场投融资渠道，鼓励各类社会资本参与团场建设和发展等审计建议。报告得到兵团领导的高度重视，政委、司令员均做出重要批示。二是对兵团财务局、各师财务局组织的 2011 年度同级预算执行情况进行审计。共审计 121 个预算单位，查处违规金额 18.7 亿元。三是对中央财政种植业保险保费补贴、农业机械购置补贴专项资金的分配、管理、使用和效益情况进行专项审计调查。审计调查涉及兵团财务局、农业局，五师、九师财务局、农业局及 7 个团场，延伸调查中华联合财产保险股份有限公司博乐分公司、塔城分公司和部分农机供应商。审计从加强专项资金管理和相应绩效评价体系建设，强化预算执行责任意识、进一步完善兵团种植业保险保费补贴操作规程，进一步做好农机装备需求调研，为补贴政策持续深入实施提供有效支撑，积极探索发展农机专业合作组织等五个方面提出建议。

专项资金审计（调查） 一是按照审计署部署，组织 10 个师审计机关对兵团 10 个师社会保障资金的筹集、管理、分配及使用等情况进行全面审计，查处违纪违规金额近 3 亿元，占 2011 年社会保障资金总支出的 2.07%，审计结果得到兵师两级领导及相关部门的高度重视。10 月底至 11 月中旬，兵团审计局配合审计署驻太原特派员办事处对 4 个师及兵团本级社会保障资金审计整改落实情况进行检查。二是组织 14 个师审计机关对 2009 年度至 2012 年度兵团中小学校舍安全工程项目建设管理和资金使用情况进行审计（调查），发现 41 个项目设计、施工、监理等未按规定公开招投标，涉及数量金额 4 470.40 万元，部分项目多计工程价款 4 018.56 万元，30 个项目超规模、超标准建设，涉及金额 1 177.76 万元等问题。三是对石河子经济技术开发区、阿拉尔工业园区、芳草湖农场东工业区、新疆兵团温州工业园区的建设和运行情况进行审计调查，揭示工业园区管理机构不健全、人员不到位，融资难、招工难，招商项目引入的热电、化工、冶金、多晶硅制品等高耗能企业比重较大，个别项目存在未批先建等问题。

跟踪审计 对肯斯瓦特水利枢纽建设项目进行跟踪审计，揭示建设项目自筹资金和银行贷款不到位；部分建设项目变更增加支出等问题。对 38 团水利工程（一期）项目进行跟踪审计，揭示建设单位违规支付草原补偿费、挤占建设项目资金 150 万元、挤占建设项目资金 615.61 万元、多计灌区骨干管网工程材料费等问题。

经济责任审计 兵师两级全年共对 45 位师团级党政主要领导干部和 47 位国有及国有控股企业领导干部进行经济责任审计，查出违规金额 5195 万元（负直接责任金额 2603 万元、负主管责任金额 354 万元、负领导责任金额 2238 万元），损失浪费金额 4562 万元，移送纪检监察机关查处 1 人。兵团审计局重点对第一师、第二师原政委、师长及兵团国资委原主任、兵团驻广州办事处原主任、兵团投资公司原总经理、银隆公司原总经理、新疆中基实业股份有限公司原董事长、徕远宾馆原总经理任职期间经济责任进行审计。在兵团党委统一部署下，制定并印发《兵团党政主要领导干部和国有企业领导人员经济责任审计规定》，健全兵团经济责任审计工作联席会议制度。

相关工作 （1）加大业务培训工作力度。利用审计署师资力量和“送教上门”培训新方式，组织兵师两级 183 名审计人员参加政府投资审计培训，并将审计署“送教上门”培训列入兵团审计局五年培训规划；选派 41 名兵师审计人员参加审计署举办的地县级审计局长培训班、建设项目处级干部培训班、财政金融知识培训班、计算机审计中级培训、高级审计师能力建设高级研修班等；组织局机关 28 人次参加兵团党委组织部门组织的“十八大”精神学习、中青年干部培训、兵团“三化”协同推进专题研讨、财政金融发展专题等培训班；组织 84 人次参加审计署网络视频培训。全年累计组织兵师审计人员 367 人次参加培训。

（2）持续开展优秀审计（调查）项目评选活动。第八师、第九师、第十师、第十三师审计机关及兵团审计局财金审计处实施的 5 个审计（调查）项目被评为兵团优秀审计（调查）项目；第一师、第三师、第四师、第五师、第十三师审计机关及兵团审计局经济责任审计处实施的 7 个审计项目被评为兵团表彰审计（调查）项目。

(3) 高度重视信息化建设。审计专网(OA)在兵师两级审计机关得到广泛应用,兵师审计机关在共享学习资源、常用财经法规查询、数据传递等方面初步实现网络办公。5月,经审计署验收委员会工程技术、工程财务、工程档案和工程效果4个专家组实地验收,兵团金审二期工程顺利通过验收。年末,在审计署开展的全国审计机关AO应用评选活动中,第六师审计局报送的1个AO应用实例项目获得应用实例优秀奖,八师审计局报送的1个AO应用实例项目获得应用实例应用奖,第四师、第七师、第八师、第十三师报送的7个项目获得应用实例鼓励奖。

(撰稿人:焦　平)

【第一师阿拉尔市审计局】 2012年,第一师阿拉尔市审计局人员编制32人,在编22人(含两个农牧团场审计中心)。局长孔兵(—8月)、兰新华(8月—),副局长万丛书(—8月)、邹桂霞。设有财经暨固定资产投资审计科、综合科。

审计成果 全年共完成审计项目128个,查出违规金额7975万元。移送相关部门处理事项2件。提交审计报告、信息11篇,被采用11篇。

对口援建项目资金审计 完成对口援建项目审计调查10个,其中2011年项目2个,2012年项目8个。审计查出问题类型6种,问题22个。

财政审计 对第一师、阿拉尔市本级预算执行及其他财务收支情况、阿拉尔市地税征管情况和7个预算单位(部门)实施审计,查出问题金额15 528万元,其中违规变更调整预算11 539万元,预算编制不完整572万元,违规改变资金用途43万元,会计核算不规范3355万元,违规使用票据8万元,虚列支出8万元,其他问题3万元。提出审计建议19条。

专项资金审计(调查) 完成专项资金审计及调查项目27个,涉及5类资金。审计总金额119 585万元,核减工程投资370万元,审计查出主要问题金额952万元。提出合理化建议53条。

固定资产投资审计 完成固定资产投资审计及调查项目61个,审计核减投资额227万元,查出问题金额4948万元,其中工程造价不实267万元,超计划超标准超规模64万元,配套资金不落实279万元,投资概预算编报不规范3167万元,未按进度支付工程款6万元,违规招投标签订合同81万元,交付资产不实28万元,工作量不实15万元,会计核算不实778万元,其他340万元。

企业审计(调查) 完成项目25个,查出主要问题金额25 328万元,占审计总金额2%,其中违规出借资金7953万元,管理不规范金额17 375万元。

经济责任审计 完成项目9个,审计查出问题金额17 953万元,其中被审计领导人应负领导责任金额5360万元,应负主管责任金额12 593万元。

相关工作 全年组织3期业务培训班,累计培训64人次,派出25人次参加审计署、自治区审计厅和兵团审计局组织的学习培训活动。

(撰稿人:杜金凤)

【第二师审计局】 2012年,第二师审计局编制28人,在编18人(含1个农牧团场审计中心)。局长芦河水,副局长金银花。设有财经社保审计科、投资经责审计科、企业事业审计科。

审计成果 全年共完成审计和审计调查项目26个,其中经济责任审计11项,财务收支审计13项,专项资金审计及审计调查4项。查出主要问题金额6434万元,其中违规金额3907万元,管理不规范金额2527万元。审计发现非金额计量问题27个,应上缴财政260万元,调账处理金额3434万元,提出审计建议67条。

预算执行审计 重点对师直属的13个事业单位2011年度预算执行及财务收支情况开展审计调查。

专项资金审计(调查) 对师2009年至2011年校舍安全建设工程项目开展审计调查。对师2012年城镇保障性安居工程建设项目进行跟踪审计。对新疆华世丹药业有限公司2010—2011年度经营情况开展专项审计调查。对永兴公司2011年度棉花二次分配资金情况进行审计确认。

企业审计 重点对11家师属国有及国有控股企业资产负债损益情况进行审计。

经济责任审计 按照师党委组织部的统一安排,完成经济责任审计项目11个,查出违规金额19万元,管理不规范资金2011万元。

内部审计 现有专职内部审计机构7个，内部审计人员13名。共完成审计项目64个，其中，效益审计56个，经济责任审计8个。被采纳建议、意见67条。（撰稿人：段国华）

【第三师图木舒克市审计局】 2012年，第三师图木舒克市审计局人员编制30人，在编28人（含2个派出审计中心）。局长何小强，副局长周淑梅。

审计成果 共完成审计项目68个，查出违规金额93 100万元，建议有关部门处理事项100件。提交审计报告、信息2篇，被采用2篇。

对口援建项目资金审计 对广东东莞市对口援建本师资金管理使用情况和项目建设情况进行跟踪审计，对援建的5个项目进行审计。

财政审计 完成财政审计项目3个，在促进师市、团场两级财（政）务预算管理规范化、科学化、制度化，提高预算资金使用效益方面起到积极的推动作用。

固定资产投资审计 总计完成基本建设审计及其他调查项目10个，其中水利项目6个，公路项目1个，房屋建筑项目3个。共计审减投资金额370万元。

专项资金审计（调查） 重点对46个中小学中小学校舍安全工程项目、12个农牧团场债务情况、16个项目单位2008年以来各类城镇保障性安居工程（包括廉租住房、公共租赁住房、经济适用住房、各类棚户区改造）的投资、建设、运营和管理情况开展审计和专项审计调查。

企业审计 对27个农牧团场及师市企业（公司）2011年度财务收支、资产、负债及经营成果进行审计。

经济责任审计 根据兵团党委组织部及师市党委组织部的委托及领导干部任期情况，对19名党政领导干部进行任期经济责任审计。成立第三师党政领导干部任期经济责任审计工作领导小组，制定第三师经济责任审计工作联席会议制度。派出17人次参加审计署、自治区审计厅和兵团审计局组织的学习培训活动。（撰稿人：王　峰）

【第四师审计局】 2012年，第四师审计局人员编制31人，在编28人（含3个派出审计中心）。局长史新斌，副局长来永红。

审计成果 完成审计项目126个，查出违规违纪金额124.88万元，纠正管理不规范金额8884万元，核减固定资产投资3385万元，审计处罚19.35万元，扣减施工单位工程价款15万元。提出各类管理建议25条，并向师党委递交《审计要情》报告1篇。对12个被审单位审计整改情况开展检查。

行政事业审计 审计项目11个，出具审计报告11份。

固定资产投资审计 审计项目65个，出具审计报告65份。

专项资金审计（调查） 审计项目3个，出具审计报告3份。

企业审计 审计项目35个，出具审计报告35份，提交审计要情报告1篇。

经济责任审计 审计项目12个，出具审计报告12份。

内部审计 内部审计机构3个，内部审计人员6人，完成审计项目51个，其中财务审计27个，效益审计23个，经济责任审计1个。

（撰稿人：来永红）

【第五师审计局】 2012年，第五师审计局人员编制25人，在编20人（含2个农牧团场审计中心）。局长李发州，副局长李菊萍、罗红梅。

审计成果 完成审计项目55个，查出违规金额2841万元，损失浪费金额1943万元，管理不规范金额31 129万元，应归还原渠道资金5389万元，应调账处理20 148万元。移送司法机关1件，涉案金额8.6万元，涉案人员已被追究其刑事责任；移送纪检监察部门1件，涉案金额2590万元。提交审计报告和专项审计调查报告68份，被批示、采用审计报告和专项审计调查报告4份。提出审计建议103条，被采纳审计建议50条。新制定《农五师审计机关审计结果公告暂行办法（试行）》。

对口援建项目资金审计 重点对2011年至2012年对口援建项目资金进行审计。截至年底完成投资37362万元，完成计划投资的98.83%。

财政审计 重点对师垦区公路养护所财务收支情况进行审计，摸清养护资金筹集、管理、使用的状况，提出有针对性的意见和建议。

专项资金审计 对6个农牧团场农业综合开发资金的筹集、管理、使用的状况和项目运行情况进行审计，审计总金额3 652.04万元。

固定资产投资审计 全年完成政府投资项目审计16个，审计总金额9357万元，核减投资额79万元。全面落实重大建设项目必审制和跟踪审计制，对扩大内需建设项目和资金进行全程跟踪审计。

企业审计 对师直属企业、农牧团场进行财务决算审计、债务专项审计和相关领导任期经济责任审计。审计查出违规金额2590万元，资产质量不实金额12 695万元，财务收支不实金额2522万元，损失浪费金额1943万元，其他问题金额16 083万元。

经济责任审计 对12名党政领导干部开展离任经济责任审计，查出违规金额2798万元，损失浪费金额1943万元，管理不规范金额28 174万元。（撰稿人：杨　珊）

【第六师五家渠市审计局】 2012年，第六师五家渠市审计局人员编制37人，在编30人（含3个农牧团场审计中心）。局长李宏图（7月—），副局长马新中（7月—），副局长兼纪检组长秦万德。设有办公室、法制科、财金审计科、固定资产投资审计科、企业审计科、行政事业审计科。

审计成果 全年完成46个审计项目，查处违规金额70 023万元，损失浪费金额143万元，管理不规范金额69 880万元。提交审计报告、信息18篇，被采用13篇。

对口援疆项目资金审计 重点对18个山西省对口援建项目进行审计。审计结果表明，各项对口援建工作进展顺利，资金支出基本合规，未发现重大违纪违规问题。但是援建项目在招投标、建设程序、竣工决算等方面还存在一些问题。

财政审计 对第六师五家渠市2011年本级预算执行和其他财务收支情况进行审计。重点对第六师五家渠市公安系统、检察系统等11个部门预算执行及财务收支情况和17个固定资产投资项目竣工决算进行审计。揭示国有土地使用权出让金未及时收缴，滞留土地出让保证金，违规出借基本建设项目资金以及代扣税款未及时缴纳等问题，提出整改意见，通报2011年度审计整改情况。

固定资产投资审计 对东区幼儿园项目建设工程等21个固定资产投资项目进行审计，查出问题金额9508万元，核减工程投资额1237万元，按照国家相关法规进行处理处罚。

社会保障审计 配合审计署驻太原特派办对第六师社会保障资金的筹集、管理、分配、使用等情况进行审计，主动做好审计查出问题的整改落实工作，并上报《关于审计署太原特派办审计第六师社会保障资金提出主要问题及整改措施的汇报》。

农牧团场债务专项审计调查 对师属14个农牧团场2005年度至2011年度债务情况进行专项审计调查。根据审计调查报告反映的情况，制定《第六师五家渠市团场银行贷款管理办法》。

专项资金审计（调查） 重点对五家渠房产局2011年保障性住房项目建设管理和资金使用情况进行专项审计调查，查处主要问题金额1825万元。

建立审计网站 10月，第六师五家渠市审计局审计网正式开通并试运行。审计网站开设有审计动态、审计公告、审计法规等13个专栏，组织机构下设现任领导、单位概况等5个栏目，为了及时了解基层民声设置领导信箱、投诉建议、公众留言、政府形象等4个栏目，并同审计署、自治区审计厅、山西省审计厅等网站友情链接。截至年末，该网站录入相关新闻等稿件85篇（条），图片63幅。（撰稿人：丁梅华）

【第七师审计局】 2012年，第七师审计局编制28人，在编25人（含3个农牧团场审计中心）。局长张明炜，副局长奚玉龙。

审计成果 完成审计项目59个，查出违规金额60万元，损失浪费金额50万元，管理不规范金额60 529万元。移交纪检监察部门处理事项2件。提交工作汇报、调研报告、信息简报15份。

对口援疆项目资金审计 与江苏省淮安市审计局协作，对达到审计条件的援疆项目进行审计，促进援疆资金的早日到位。

行政事业审计 对师机关24个部门和师直62个事业单位2011年度经费使用情况进行专项审计

调查，重点揭示财务核算和“三公经费”管理方面存在的问题，审计结果及问题整改情况在全师进行通报，促进行政事业单位财务管理更加规范。

固定资产投资审计 出台《第七师固定资产投资项目审计监督办法（试行）》《关于委托社会中介机构的管理及考核办法（试行）》。经师批准成立第七师固定资产投资审计中心。全年完成21个固定资产投资审计项目，工程造价核减率10.02%。通过公开招标，确定7家工程造价审核服务商，工程造价审核行为逐步规范。

专项资金审计（调查） 对第七师清理化解农牧团场生产连队垫交税费债务及团场连队2012年度公益事业建设“一事一议”财政奖补项目筹集资金和劳务使用情况进行专项审计调查。对农业综合开发资金土地治理项目等8个农业基础设施建设项目资金的投向、管理、使用、效益情况进行审计。

企业审计 对师属4家重点国有企业进行审计。对师属各团场2011年度经营成果、2005年至2011年债务情况、2011年度财政专项资金管理使用情况开展专项审计调查，审计结果得到有效利用。

经济责任审计 对13名团（处）级领导干部进行任期经济责任审计，审计结果报告经师主要领导批示后通报全师。经师党委批准调整第七师经济责任审计领导小组、第七师经济责任审计工作联席会议和办公室成员。（撰稿人：杨建芳）

【第八师石河子市审计局】 2012年，第八师石河子市审计局人员编制68人，在编63人（含4个农牧团场审计中心）。局长杨全义，副局长张新江、刘文。设有综合科（办公室）、法制科、财金审计科、行政事业审计科、企业审计科、固定资产投资审计科、经济责任审计科。

审计成果 完成审计项目77个，查出违规金额147 503万元，移送纪委处理事项4件（涉及人员6人）。提交审计报告104份，审计要情4篇，提出建议136条，被采纳87条。促使被审计单位制定整改措施9项，建立健全规章制度2项。

财政审计 对2011度第八师预算执行情况进行审计，揭示预算编制不规范、财政组织本地财源能力较弱等问题。对2011年度石河子市预算执行情况进行审计，揭示财政收支矛盾较突出、市财政本级人员支出压力较大、开发区贷款规模增速快、偿债压力较大等问题。

金融审计 根据自治区审计厅的安排，对塔城地区裕民县农村信用社资产负债情况进行审计。

专项资金审计（调查） 对第八师2011年度保障性住房进行审计调查，发现未按规定申报使用管理建设资金，部分项目建设进度缓慢等问题。对师市2011年农业综合开发资金项目进行审计，发现部分项目没有按期实施，财政资金未能发挥效益等问题。对14个团场2005年至2011年的债务情况进行专项审计调查，摸清团场综合可用财力状况，分析团场债务风险。对14个团场疾病预防控制中心部分项目进行审计调查，查处11个团场疾病预防控制中心违规收费33.61万元等问题。对石河子市中小学校绩效工资政策执行情况进行审计调查，反映部分学校绩效工资考核评价机制不完善等问题。

固定资产投资审计 切实加强对工程结算的审计，直接审核工程项目14个，审减造价1800万元，审减率为11.76%。委托中介机构审核工程项目82个，经复核确认审减造价9400万元，审减率12.0%。完成建设项目竣工决算审计49个，查出不规范金额2300万元。

企业审计 对16个团场上年度经济效益目标进行审计考核。对13个团场棉花加工厂上年度经济效益目标进行审计考核。对师市9家国有企业上年度经济目标进行审计考核。

经济责任审计 全年对28名团（处）级主要领导干部进行经济责任审计，查出领导干部负有主管或领导责任的违规、管理不规范问题金额151 796万元。调整师市经济责任审计联席会议领导小组成员。（撰稿人：黄学邦）

【第九师审计局】 2012年，第九师审计局人员编制25人，在编23人（含两个农牧团场审计中心）。局长吴新国，副局长张艳丽、涂海滨。

审计成果 完成审计项目50个，查处违规金额80.74万元，损失浪费金额260.88万元，纠正管理不规范金额29 839.54万元，调账处理金额7 184.56万元，归还资金渠道金额56.70万元，上缴财政46.91万元。制定出台《第九师审计局绩效考核办法（试行）》，初步确立以工作业绩为核心的审计考核评价体系。

对口援疆项目资金审计 对辽宁省对口援助资金及重点建设项目进行跟踪审计，查出个别项目存在程序不合规、未批先建、项目建设招投标及合同管理不规范、设计变更导致重复投资、损失浪费等问题。

财政审计 对4个预算执行单位预算管理及执行情况进行审计，查出预算编报不真实、未落实“收支两条线”及专户管理、违规改变项目计划和资金用途、违规分包非法转包、账外管理资产及会计核算不实等问题。

专项资金审计（调查） 根据兵团审计局统一安排，派出审计组完成对十三师的社会保障资金审计任务，审计组获国家审计署优秀公务员集体表彰奖励。根据兵团审计局安排，对全师各团场2005年度至2011年度债务情况、团场校舍安全项目和1998年度至2011年度住宅专项维修资金实施审计和审计调查。

企业审计 对师直8个国有企业和11个农牧团场的资产、负债和损益情况进行审计，查出截留收入、套取资金、现金管理不规范、账外管理资产收入成本不实等问题。

固定资产投资审计 完成固定资产投资审计项目21个，核减工程造价367.45万元，查出多列工程造价、未实行专户管理、结算手续不完备等问题。

经济责任审计 对师党校原常务副校长、职业技术学校校长进行任期经济责任审计。

（撰稿人：程　鹏）

【第十师北屯市审计局】 2012年，第十师北屯市审计局人员编制25人，在编19人（含两个派出审计中心）。局长韩光俊，副局长盛振福。

审计成果 完成审计项目36个，查处违规金额22万元，管理不规范金额10 121万元，移交纪检监察部门、司法机构已处理事项1件。提出并被采纳的审计意见和建议52条，向师领导提交专题报告8篇。

对口援疆项目资金审计 完成投资近800万元援疆楼项目的竣工决算审计。对8个农牧团场职工住房补助资金和个别团场基础设施的援疆资金进行跟踪审计。配合黑龙江审计厅完成对第十师2012年援疆项目的跟踪审计。

财政审计 对13个单位财政资金进行审计，查出主要问题金额281万元，揭示和反映有关政策法规执行中存在的问题。

专项资金审计（调查） 重点对师属团场2005年度至2011年度债务情况、中小学校舍安全工程、团场保障性住房建设等开展专项审计调查。

固定资产投资审计 重点对援疆楼、抗震加固等10个项目竣工决算进行审计。

企业审计 对8个团场2011年度资产负债损益及预算执行情况进行审计，查处违规金额22万元，管理不规范金额9 468.6万元。

经济责任审计 审计项目1个，查出违规金额577.06万元。（撰稿人：刘　云）

【第十二师审计局】 2012年，第十二师审计局人员编制6人，在编5人。局长赵德志，副局长林海英。

审计成果 完成审计任务13项，查出违规金额54 278万元。提交审计报告、信息17篇，被采用17篇。

专项资金审计（调查） 重点对第十二师高级中学食堂抗震加固建设项目、104团中学综合实验楼抗震加固及节能建设项目等11个建设项目进行审计，对新疆昌平矿业有限责任公司投资、矿产资源收购情况和第十二师债权债务情况开展专项审计调查。（撰稿人：林海英）

【第十三师审计局】 2012年，第十三师审计局人员编制23人，在编20人（含2个派出审计中心）。局长黄玉华，副局长海东青。

审计成果 完成审计项目56个，出具审计报告57份，审计结果报告8份。查出违规金额19 600万元，审计决定处理处罚金额18 800万元，罚没款28.9万元，向纪检监察部门移送案件1起。提出审计建议和意见114条。

财政审计 对12个单位预算执行情况进行审计，查出违规和管理不规范金额6 307.26万元，责令调整会计账务处理709.29万元，责令自行纠正问题金额4 991.32万元，罚款1万元，提出加强和改进财务管理的审计建议 32 条。

固定资产投资审计 完成投资审计项目 8 个，核减投资额 1 324.27 万元，提出审计建议 31 条。

企业审计 完成企业资产负债损益审计项目 20 个，查出违规金额 19 558 万元，责令限期追回资金 183.07 万元，责令调整账务处理 3 492.15 万元，责令自行纠正问题金额 15 149 万元，对单位和个人罚没金额 27.9 万元，提出加强和改进财务管理、提高经济效益方面的意见和建议 51 条。

（撰稿人：李杉杉）

【第十四师审计局】 2012 年，第十四师审计局人员编制 4 人，在编 3 人。局长孙静（6 月—）。

审计成果 完成审计及调查项目 89 个。提交审计报告 68 篇、调查报告 21 篇。审计查出管理不规范金额 4377 万元，提出审计意见及建议 93 条。

专项资金审计（调查） 完成第十四师 2012 年保障性安居工程跟踪审计工作。对 4 个团场 2012 年 1 月至 9 月项目资金使用情况开展专项审计调查。对师农业综合开发办 2011 年农业综合开发项目资金的管理使用情况和 224 团 2011 年农业综合开发土地治理项目及产业化经营财政补助项目资金进行审计。对兵团农广校第十四师工作站 2009 年至 2012 年助学金、免学费、农村劳动力转移培训补助资金管理使用情况进行审计。对 4 个团场 2005 年至 2011 年债务情况进行审计调查。

固定资产投资审计 对师属团场 8 个校舍安全工程项目进行审计。

企业审计 对 4 个农牧团场及师国资公司 8 家下属企业 2011 年利润情况进行审计，查出管理不规范金额 4274 万元。对 17 家招商引资企业 2011 年经营情况开展审计调查。

行政事业审计 对 36 个师直属事业单位 2011 年预算收支情况进行审计。对师公检法司系统 6 家单位 2011 年预算收支情况进行审计。

经济责任审计 对师公安局和国资委两位领导干部进行经济责任审计。（撰稿人：郭建盛）

【建工师审计局】 2012 年，建工师审计局人员编制 7 人，在编 5 人。局长曹建辉，副局长陈建文。设有综合审计部、综合事务办公室。

审计成果 完成审计项目 11 个，其中经济责任审计项目 3 个，企业审计项目 3 个，固定资产投资（基本建设）审计项目 5 个，查出违规金额 10 005 万元。

内部审计 现有内部审计机构 10 个，内部审计人员 30 人，全年完成审计项目 251 个，提出建议意见被采纳 615 条。（撰稿人：王光灿）

科研、培训、出版、学术团体

【审计署审计科研所】 2012年，审计署审计科研所（以下简称审计科研所）人员编制30人，在编28人。设有审计基础理论研究处、审计技术方法研究处、审计管理研究处、审计法制研究处和审计科研管理处。

领导成员

所　　长：崔振龙

副 所 长：姚汝杰　刘力云

工作综述 审计科研所组织召开全国审计科研工作会议，举办全国审计科研所所长中国特色社会主义审计制度研究培训班。开展“中国特色社会主义审计制度”征文评选活动，并举办专题研讨会；组织审计署优秀博士学位论文的评选活动，开展全国审计系统优秀审计报告和优秀审计论文的评选工作。招收4名博士后进站工作，促进工作站理论研究的提高和工作的有序进行。

撰写《审计研究报告》 “国家审计服务国家治理的有效性研究”概述治理及国家治理内涵的相关问题，明晰国家审计与国家治理的基本关系，指出决定国家审计在国家治理中发挥有效性的基本因素，提出深化和提升国家审计服务国家治理的方向。

“未来金融审计战略的选择”从阐述金融审计参与国家治理的重要作用入手，探讨金融领域的系统性风险，评估金融监管政策和货币政策的执行情况及效果，指出金融审计维护金融安全的路径。

“中国特色社会主义审计制度的体系结构和主要内容”在分析中国特色社会主义审计制度的含义、主要内容、指导思想、目标和原则基础上，研究加强中国特色社会主义审计制度建设的路径。

“开展公共政策审计有效服务国家治理”阐述公共政策与公共政策审计的含义，论证公共政策审计的必要性和可行性，分析公共政策审计服务国家治理的作用机制，在此基础上提出开展公共政策审计的建议。

“国家审计组织能力体系研究”以如何构建国家审计组织能力体系为主线，介绍国家审计组织能力的内涵及特征、构成国家审计组织能力的基本资源要素，概括国家审计组织能力体系的基本构成。

“审计文化影响力研究”分析审计文化与审计文化影响力的关系，介绍审计文化内外部两方面的影响力，归纳审计文化影响力的主要特点，并提出提升路径。

“企业经济责任审计评价体系研究”以经济责任审计在国家治理中的作用为基点，明确审计评价和责任界定的几个问题，构建企业经济责任审计评价体系框架。

“国家审计能力框架研究”分析国家审计能力的含义，明晰对国家审计能力框架的基本认识，介绍国外国家审计能力建设实践及特点，提出国家审计能力建设的目标、要求与建议。

“审计项目组织模式创新研究”分析审计项目组织模式与审计项目管理的关系，论证审计项目组织模式创新的必要性，研究审计项目组织模式创新的优化设计，归纳审计项目组织模式创新实例。

“基于数据挖掘的贷款风险等级分类真实性审计研究”研究数据挖掘的关联规则提取方法，概括正常贷款和不良贷款记录所具有的数据特征。

编发《审计研究简报》《审计研究简报》紧紧围绕审计工作实际，重点研究“加强对执行国家财经纪律的审计监督，有效服务国家治理”“国家审计与国家治理哲学关系辨析”“地方政府债务展期的影响及对策研究”“关于企业经济责任审计评价的几个问题的理解”“从审计视角看部门预算存在的问题与改革建议”“审计文化影响力与审计文化建设”“信息技术在国家审计领域的主要应用及其展望”“我国环保权力运行机制的审计分析”等问题，这些精、简、快的研究成果，提供了一些贴近审计实际的观点、思路和方法。

编译《国外审计动态》 审计科研所继续开展国外政府审计跟踪研究工作，编译的26期《国外审计动态》重点关注最高审计机关国际组织和美国、加拿大、英国等国家审计机关的审计动态，主要编译“最高审计机关能力建设指南简介及启示”“美国审计署审计报告要览”“美国审计署社会保险审计及其启示”“美国审计署在金融监管改革中的职责分析与借鉴”“美国审计署在食品安全领域的审计经验与启示”“加拿大审计署2012年春季绩效审计报告要览”“英国审计委员会制定公共服务绩效指标”等，为了解最高审计机关和世界主要国家的审计动态提供参考。

编发《国外审计观察》 新创办的《国外审计观察》注重对国外审计的分析，重点关注美、英、俄等国家的审计，主要编译“美国联邦政府年度财务报表审计的特点”“美国审计署高风险领域评估制度及启示”“英国绩效审计的最新发展与启示”“英国构建重大项目风险防范机制的启示”“俄罗斯联邦审计院对社会经济长期发展规划进行战略审计”等。

审计署重点课题研究 与中国审计学会共同负责组织完成以审计长刘家义为课题组长、其他署领导参与的“中国特色社会主义审计理论”课题的总纂工作，在征求多方面的审议意见后，按署领导的要求完成最后的统稿。

根据对上年完成的送审稿审定意见，与中国审计学会共同组织《中国国家审计学》的总纂工作，根据征求的有关意见、建议和署领导的要求，进行最后的统稿。

根据署领导的指示精神和中央党史研究室的编写要求，牵头组织有关单位编写《中国共产党审计工作史》，此项工作正在按计划实施中。各编写参与单位已落实具体的编写人员，并已形成编写提纲，现正按照分工收集编写史料进行编写。

按照署领导的指示要求，与国际审计司共同撰写世界审计组织大会主议题《国家审计与国家治理》主论文的初稿和修改稿。

根据署领导指示，牵头组织编写《国外审计知识介绍》宣传读本，现初稿已形成，待征求意见和进行修改后将印制宣传。

征集研讨会征文并召开研讨会 为深刻认识中国特色社会主义审计发展规律，完善社会主义审计制度，与中国审计学会联合征集“中国特色社会主义审计制度”研讨会论文386篇，评选出论文53篇，并于11月初组织召开研讨会，交流论文观点，深化对中国特色社会主义审计制度的研究和认识。

优秀博士学位论文评选 为推动国家审计理论研究，引导和鼓励高等院校和科研院所博士生研究国家审计理论，加强理论研究人才队伍建设，培养高层次审计人才，促进国家审计事业健康发展，根据《审计署优秀博士学位论文评选办法》的要求，5月组织对收到的26篇参评论文进行评选，选出10篇入选优秀论文，其中2篇入选特别奖。这10篇优秀论文拟将印制成书出版，进行广泛的成果宣传。

优秀审计研究报告和优秀审计论文评选 为推动审计机关树立科学审计理念，鼓励审计干部多出优秀审计研究成果，促进审计科研工作整体水平的提高，经署领导同意，于2012年上半年举办审计机关优秀审计论文和研究报告评选活动。共收到参评研究报告和论文193篇，评出70篇获奖研究报告和论文，并对其进行通报表彰。

全国审计科研所长工作会议及研究培训班 4月，组织召开全国审计科研所所长工作会议。会议传达署领导关于审计科研工作的指示要求，明确理论研究的目标方向和形势任务，加强对审计科研工作的指导，整合科研力量，促进科研工作的提高。根据《审计署2012年度培训项目计划》，9月与审计干部培训中心共同举办全国审计科研所所长中国特色社会主义审计制度培训班。审计长刘家义到会做重要讲话，副审计长董大胜做《中外国家审计制度比较》的辅导报告，还邀请中央党校和中央财经大学的教授做专题辅导。培训班对加强和深化中国特色社会主义审计制度的研究，起到推动作用。

博士后工作站管理及招生 根据计划安排，科研所博士后工作站招收4名博士后进站工作。目前，在站6名博士后工作人员按照科研工作的安排，正在积极进行所承担的科研课题研究。在日常的工作中，按照《审计署审计科研所博士后工作站管理办法》要求，密切与大学和导师的沟通协调，扎实做好相关工作，副审计长石爱中还多次到工作站与博士后进行座谈，指导工作，促进工作站理论研究的提高和工作的有序进行。

此外，和中国审计学会完成 2011 年至 2012 年审计署重点科研课题的中期检查和结项评审工作；开展 2012 年至 2013 年审计署重点科研课题的招标立项工作。与审计署计算机中心共同组织完成 2011 年计算机审计方法征集评审工作。

（撰稿人：刘西友）

【审计博物馆】 2012 年，审计博物馆人员编制 10 人，在编 3 人。内设机构正在筹备中。

领导成员

馆　长：姚汝杰（兼科研所副所长）

副馆长：纪　进

工作综述　审计博物馆在审计署党组的领导下，以中国特色社会主义理论为指导，认真贯彻落实科学发展观，深入学习宣传党的十八大精神和全国审计工作会议精神，结合审计博物馆实际情况，注重抓好各项基础建设；围绕中心，积极开展《中国共产党审计工作史》编纂的组织、协调工作和《审计机关 30 周年成就展》大纲的编写；切实履行审计博物馆公共文化服务职能，以优质的服务宣传好、传播好审计文化，在开展廉政教育、爱国主义教育、未成年人思想道德教育等方面发挥积极作用。

组织编写《中国共产党审计工作史》　7 月 2 日，《中国共产党审计工作史》第一次编写工作会议在北京召开。会议决定，《中国共产党审计工作史》实行双主编制，审计长刘家义与中央党史研究室主任欧阳淞任主编。由审计科研所和审计博物馆具体负责编写工作的规划、组织、协调和总纂。截至年底，审计博物馆共组织 3 次编写工作会议，编发 5 期《〈中国共产党审计工作史〉编写工作动态》。9 月 12 日，召开《中国共产党审计工作史》第二次编写工作会议（提纲第一稿讨论会），总结前一阶段提纲编写工作，同时对提纲修改提出四点具体要求。10 月底，编写办公室收集并汇总完成编写提纲第二稿。经过二十余天分组审核，11 月 23 日，《中国共产党审计工作史》编写办公室召开第三次编写工作会议（提纲第二稿讨论会），对大纲如何进一步修改提出五点意见。

筹备审计机关成立 30 周年展陈　根据审计署举办审计机关成立 30 周年展陈的要求，审计博物馆重点做好文物征集、文物复制、大纲编写、完善文物管理四方面工作。

文物征集方面。先后从北京、广东、沈阳等地征集审计文物 179 件。包括 1999—2009 年“十年影响力人物”银盘、2004CCTV 中国经济年度人物大奖奖杯，1983 年赵紫阳签发任命祁田、王宸生为副审计长的任命书及朱镕基视察审计署题字场景的珍贵图片等。在广东，审计事业奠基人阮啸仙的后人捐赠阮啸仙获得的“为新中国成立做出突出贡献的英雄模范人物”的勋章、证书，以及总书记胡锦涛等国家领导人与代表们合影的图片。广东省审计厅一位处长捐出其参加亚运会传递的火炬。谢觉哉的夫人、百岁红军女战士王定国为博物馆题词，并捐出由她签名的谢觉哉 1921 年日记原稿影印本。此外，在沈阳军区后勤史馆，一位军队老财会干部将他珍藏的一套战争时期八路军财务审计人员在老百姓家的土炕上审核账目的图片捐赠给审计博物馆。

文物复制方面。印发《审计博物馆关于编制文物复制计划》，根据展陈需要，每年将分批复制各类展陈需要的审计文物和史料。鉴于 30 周年展陈需要，首批在国家图书馆保存的记载重要审计活动的《人民日报》《经济日报》《广州日报》等已复制完毕，并留有照片光盘。

大纲编写方面。审计博物馆非常重视展陈大纲的编写工作，成立专门的工作组筹备材料，多次讨论研究本次展览的理念、主题、框架构思、文字编写、文物选择等，同时兼顾观众的视角、传播的手段和叙事的技巧。

文物管理方面。根据文化部《关于博物馆藏品的管理办法》要求，审计博物馆对现存 1228 件文物进行筛选分类，分为藏品、资料、参考品三类，并按不同类别、不同质地进行登记建账。已对 1076 件馆藏品进行登账入库，列为藏品的文物每件都附有该物图片、总账号、分类号。这就是这个藏品的身份证，就此列为国家文化财产，没有特殊情况不可变动。

内部管理　11 月 19 日，馆主要负责同志传达审计署党组中心组贯彻十八大精神学习会议的主要内容，研究、布置审计博物馆贯彻落实十八大精神的几项具体措施，要求北京、南通两地职工响应署党组和署机关党委要求，分别组织进一步学习十八大相关文件。

学习半年会精神并参加年中整训。7 月 12 日，馆主要负责同志主持召开审计博物馆馆务工作会议，重点传达全国审计工作座谈会精神，学习审计长刘家义、副审计长石爱中重要讲话要点，并对审计博物馆的信息化建设工作进行具体布置。8 月 15 日至 21 日，审计博物馆全体在京人员参加审计署机关 2012 年度集中培训，在南通全体人员也通过光盘学习审计长刘家义讲话等内容。

文博业务培训。利用年中整训机会，审计博物馆领导分别带领两地职工学习博物馆管理方面的专业知识、文史知识。

制度建设。相继出台《审计博物馆财务管理暂行办法》等 4 项管理制度，在此基础上又配套制定《博物馆展厅管理制度》等 14 项行政业务管理制度。分别在北京、南通建立馆务会制度，重大事项，馆领导应事先协商并做会议纪要。统一发文格式，由北京统一编号发文。明确审计博物馆北京工作人员的具体职责分工，南通则根据各项管理制度修订 11 个岗位职责。将制度成册，组织全体职工认真学习，严格执行。财务工作人员严格执行财经法规及年度预算，合理高效地使用每一笔资金，及时报编账册。制定《博物馆廉政建设若干规定》，在分析博物馆廉政风险的基础上出台 6 项规定，内容包括分级划片负责、预算管理、财务审批、接待、出差、责任追究等。

信息化建设。根据审计长刘家义在全国审计工作座谈会上的重要讲话要求，在副审计长石爱中的指示下，审计博物馆工作人员先后到国家级博物馆进行实地考察学习，制定《审计博物馆 2012 年至 2014 年信息化建设的目标任务和措施》报署办公厅和计算机中心，并结合审计博物馆实际情况撰写《博物馆藏品征集与管理流程》。目前南京科运隆信息技术有限责任公司已为审计博物馆成功开发一套完整的藏品管理系统，经培训，工作人员已基本掌握操作技能。

加入行业协会。7 月正式加入中国博物馆协会，成为其团体会员单位。派员参加其组织的“2012 年中国博物馆协会网站工作座谈会”并做主题发言。

坚持审计博物馆公益性的方向，不向商业化偏移，不从事商业活动，自觉维护博物馆声誉和审计署形象。

队伍建设 2012 年审计博物馆共接待参观人数19 973人，除审计系统 2375 人次外，还有大中小学校的老师、同学，机关事业单位人员，大中型企业集团公司，金融，新闻媒体，民间社团等人员。讲解员通过各种方法激发观众兴趣，让观众听得懂、记得住，引导观众的价值取向，实现博物馆的教育功能。在馆领导的正确指导下，审计博物馆组织职工通过组织学习中共党史、《中国审计史》、公共文化、社交礼仪以及到其他博物馆实地参观学习等各种方式，加强政治业务学习，提高综合素质，使工作人员的知识素养得到积累丰富，增加学养底气，提高大众服务水平，满足观众不同层面的需求。

其他工作 建立审计博物馆文物数据库。按照馆领导要求，通过国家文物局数据中心以及其他相关资料，初步建立审计博物馆文物数据库，目前已录入有 200 多件审计文物线索，时间从西周开始，截至 20 世纪 60 年代。审计博物馆开通内网、专网。在南通建立审计专网，实现两地互联，便于管理。在北京建立审计内网，便于报送签报，传达领导指示。（撰稿人：于　昆）

【审计干部培训中心】 2012 年，审计署审计干部培训中心（以下简称培训中心）人员编制 38 人，在编 38 人。设有办公室、培训一处、培训二处、国际合作处、职业发展处、考试处（考试中心）、电教处、国际会计审计师培训部以及审计署怀柔干部培训基地（以下简称怀柔基地）。

领导成员

主　任：陈太辉（一1 月）

副主任：杜光宇　曹志勇

工作综述 培训中心在审计署党组正确领导下，在各个部门和各级审计机关的大力支持下，深入实践科学发展观，牢固树立科学审计理念，扎实开展创先争优活动，按照“深化、规范、提高”的总体要求，努力践行审计干部培训工作“三个服务”根本宗旨，全面落实审计工作发展规划、人才队伍建设规划和干部教育培训规划各项要求，不断提高培训质量、提升培训效果，较好完成各项工作任务。

培训体系建设 全年实施培训56期、培训5401人次（不含网络视频培训班次及人次），其中：初任培训1期，培训173人次；领导能力培训5期，培训761次；审计业务培训17期，培训1695人次；知识补充和更新培训16期，培训1926人次；管理培训8期，培训649人次；境外培训9期，培训197人次。此外，各特派办和地方审计机关约1.5万人实时收看8月集中培训部分课程。

（1）领导能力培训紧扣审计中心工作。司局级正职领导干部研究班以“中国特色社会主义审计制度”为主题，审计长刘家义做学习动员和总结讲话，各位署领导分别参加分组研讨，并做集中交流发言，研讨班相关成果已提供给“中国特色社会主义审计制度”课题组、政研室参阅。地县级审计局长培训针对“一把手”在审计业务、队伍建设和内部管理方面的实际需求，由署领导亲临授课，促进地县级局长树立科学审计理念，提高宏观意识；通过深化案例教学、范例教学、经验交流等教学方式探索，新增审计文化建设、经济责任“同步审”、审计信息化等教学内容，有效提升地县级审计局长的领导能力。

（2）初任培训旨在促进角色转变。新录用公务员初任培训，突出组织需求和岗位需求，重新梳理课程体系，进一步深化课程设计，广泛采用范例体验、情景模拟教学，并辅以具有针对性的培训教材，促进学员顺利实现角色转换、明确岗位职责、适应岗位要求。

（3）知识补充和更新培训重在提升能力和素质。审计署机关集中培训以“加强审计文化建设，全面提升综合素质”为主题，共开展专题讲座8次，组织“时代回眸”互动课程及主题参观活动各1次，培训内容紧贴实际，培训形式丰富多样，较好实现预期培训目标。审计案例教学师资培训研讨班在教材、师资、课程内容、后勤保障方面努力传承与创新，在首次举办的高级研讨班上，以促进学员正确认知案例教学为路径，激发学员参与案例编写与教学的兴趣和热情，打磨出一批初具亮点的培训案例，为师资建设和案例教学提供有力保障。建设项目审计培训注重基础性与实战性相结合，根据学员专业背景不同，分别设定不同培训目标和培训内容，在强化基础知识培训前提下，加大实务模拟及实战训练比重，锻炼和提高学员的实际操作能力和应用水平。新录用人员会计和财务基础知识与实务技能培训采取网络培训和面授培训相结合方式进行，为学员补充胜任审计工作所必需的会计和财务方面的专业知识，促使其具备会计和财务实务操作基本技能。

（4）审计业务培训紧密结合审计工作任务。青年审计干部培训以年度考核获得优秀等次青年干部为培训对象，有效激发学员参与热情；通过署领导与学员座谈交流和新农村建设学习教育等活动，促进学员增强宏观意识，进一步树立科学审计理念；创新性地开展企业、财政、审计、投资审计范例分班教学，按照“理念、内容、方法”三位一体精心打造审计取证教学案例，培训针对性明显提高，有效促进学员提升审计技能。西部地区审计干部审计业务培训突出重点、按需施教，分别为内蒙古、重庆、广西、宁夏、新疆及新疆兵团等选派师资15人次，进一步加强对西部地区审计干部培训的支持力度。继续加大对新疆、西藏审计干部培训力度，分别举办新疆审计干部计算机审计培训班和西藏审计干部审计专业培训班，为新疆普及计算机审计应用水平、培养计算机审计骨干人才，夯实西藏审计干部业务基础、提高业务能力、促进综合素质及审计队伍专业化水平实现结构性、根本性改善，打下良好基础。与相关业务司共同举办专项审计研讨班，深入探讨行业发展状况及改革进展、专业审计技术方法等审计工作中的重点和难点问题，以及专业审计发展新动向等，形成一批研究成果。

（5）管理培训突出新制度、新要求。财务工作培训班开展会计从业人员继续教育、计划统计培训班开展新版软件培训、特派办机关节能工作培训班开展节能方法培训，促进学员掌握相关新制度新要求，不断提升综合管理能力。廉政风险防控工作研讨班集中交流审计系统廉政风险防控有效方法和措施，讨论修改完成《审计署关于加强廉政风险防控的实施意见》。

（6）境外培训强化成果导向。以成果为导向科学设计培训课程，赴英国社会保障审计中长期培训班获得署领导好评。以学习借鉴为目标、以严格规范为要求、以强化服务为宗旨，顺利实施境外短期培训，促进审计干部加强国际审计理论与实践的学习和借鉴，效果良好。

审计模拟实验室建设 （1）建设项目审计模拟系统后续建设取得较好成果，与外单位合作开发的水利、铁路工程施工动画基本完成，以实战性为要求编写完成水利工程案例12类共30余个，进一步丰富教学内容。

（2）企业审计模拟系统主要部分已建设完成。其中企业经营管理模拟教学软件已在培训班试用测试版本，该软件包括认识企业、经营企业、管理企业和分析企业4个部分，以漫画、图表、视频、三维虚拟动画等多种方式，综合多媒体、体验式、情景和案例教学等多种表现形式，为学员提供企业经营管理的实地体验和整体认知。财务与会计模拟实训软件已用于教学，该软件通过模拟手工会计，能够系统培训会计基础学科理论知识，演示和训练会计全过程业务和各类单证填写，并设计有综合测评和会计大赛模块，为学员打下良好会计基础提供可能。企业审计模拟实训与业务仿真及行业审计案例集模块包含4部分内容，其中国家审计实务教学与业务仿真软件为企业审计人员提供实战培训，一期建设成果已在多期培训班试用，根据试用情况已开展二期建设；企业财务审计实务教学模拟以中小型工业生产企业真实财务和业务数据及多年报表数据为基础，包含讲义、法规、案例、账套、动画、视频等教学资源，以故事化、场景化来模拟“实地”，以任务驱动、业务仿真来模拟“实战”，开发工作正在进行中；企业集团审计业务实训模拟以企业审计指南和方法体系为蓝本，以真实审计项目的审计方案为主线，以项目主审为主要角色依据，全过程模拟审计实务操作过程，已完成案例资料编写和收集工作，正在组织专家进行审核；行业审计案例集包括分行业分板块审计案例、ERP环境下的审计实例、AO应用实例等，已征集评审到97个合格案例。

（3）财政、金融和部门预算执行审计模拟系统规划工作已基本完成，待专家论证后将推动开发建设。财政审计模拟系统主要包括业务模拟和财政审计模拟两部分，经过多方调研论证，财政业务模拟部分已具有初步方案，正在与开发公司积极商谈开发工作。

网络培训体系建设 向全国审计系统下发课件3批次，共29门课程、1 506.5课时，其内容多为审计方法和相关知识类课件，以满足审计人员自学需要。根据年度工作计划，着重于审计相关知识课件的完整性、系统性，自制和外购课件共12门、416学时。启动网上培训软件优化修改工作，进一步完善课件界面人性化提醒、便于组织全员考试和便捷的学习考试统计等功能。

教材体系建设 培训中心以编审委员会秘书处名义按季编发教材建设工作动态；起草教材管理办法初稿，进一步规范大纲草拟论证、初稿撰写、审稿、修改、复核、出版等教材的编审流程，以保证教材编写质量。2012年已正式出版《国家审计准则释义》《财政理论研究》《金融理论研究》和《社会主义市场经济研究》4本教材；《中国审计简史》已具备出版条件；《中国国家审计学》《国家审计实务与案例》《中国特色社会主义审计理论》经多轮修改，已报署领导审阅；《跟踪审计案例》《财政审计》已完成初稿编写；《企业审计》已完成大纲编写，《资源环境审计》和《金融审计》已启动研究，初步形成编写方案。培训中心力图将《审计干部培训活页文选》打造成精品工程，整合内部人员优势，充分调动年轻干部积极性，发挥不同干部专业特长，每期文选由2人负责编发，确保文选质量。全年编发《审计干部培训活页文选》12期，共计40余万字，向全国各级审计机关总计印发54 000余册。

考试评价体系建设 2012年全国共有43 871人报名参加审计专业技术资格考试，其中初级审计师资格10 443人，审计师资格29 924人，高级审计师资格3504人，报考人数连续3年呈增长态势。培训中心缜密组织命（审）题、考试、阅卷等工作，不断完善保密制度，规范考务管理，顺利完成2012年度考试组织工作。为了更好地实现“以考促学”目标，培训中心及时修订高级审计师考试大纲、修编考试参考用书，保证在内容上能够满足对高级审计人才评价的要求；启动初级和中级资格考试大纲调整工作，完成大纲框架初稿编写。进一步深化考务管理工作，2012年采取网上报名的省份由6个增加到18个，考前信息处理工作效率明显提高。一期题库建设基本完成，单机版试题甄选软件已用于2012年征题工作，有效提高试题整理工作的效率和质量。

多媒体宣传与电教服务 以审计署官方门户网站为平台，制作播出36期《审计播报》节目。围绕审计文化建设，突出时效性、深挖思想性、提升可视性，努力营造激发正能量的宣传氛围，全面细致展现审计干部良好精神风貌，获得反良好响。拍摄的社会保障审计、“身边人身边事”等专题片在集中培训期间播出，诠释审计精神，展示审计人员风采，引发审计干部强烈共鸣和广泛好评。围绕审计署工作重点，完成全国审计工作会议等多个重要会议、全国社会保障资金审计培训等视频培训班的现场转播工作。拍摄编辑各类领导讲话、会议活动、审计现场、培训讲座等音像资料共计440小时，新闻类资料62小时。

审计干部教育学院培训工作 在人事教育司统筹组织下，培训中心与审计干部教育学院和南京审计学院通力协作，顺利组织两期培训班，基本实现既定目标。3月26日至6月26日，审计干部教育学院首期财务会计培训班正式举办，开设经济学、会计基础与实务、财务会计学、管理会计、财务管理、财务软件、国家审计专题、廉政教育等8门课程，组织新农村考察和各种文体活动，共计360课时；财政金融培训班于2012年9月17日至2013年1月11日举办，开设经济学、财政学、政府会计、金融学、银行会计、财政审计、金融审计等7门课程，组织新农村考察和各种文体活动，共计480课时。

怀柔基地经营与管理 怀柔基地以党团建设为抓手，积极开展节能减排、创收节支等各项工作，始终着力抓好食品安全、交通安全、基地保卫等重要工作，不断提升员工素质，热情服务审计署会议和各类培训，全年未发生安全事故。全年接待宾客36 482人次，实现收入2277万元。

（撰稿人：华海峰）

【计算机技术中心、信息化建设办公室】 2012年，计算机技术中心（以下简称中心）实有工作人员24人，设有系统运行处、网络管理处、辅助审计处、应用技术推广处（兼办公室）。信息化建设办公室设有网络与安全建设组、应用系统建设组。

领导成员

副主任兼总工程师：杨蕴毅

信息化建设办公室主任：王智玉（兼办公厅巡视员）

办公厅副巡视员：于广军　薛　亮

信息化工作的协调和指导 （1）承办以审计信息化为主题的2012年审计工作座谈会。经署党组研究决定，2012年在哈尔滨召开以审计信息化为主题的全国审计工作座谈会。中心接到任务后，高度重视座谈会的筹备工作，制订详细的《2012年全国审计工作座谈会业务工作组织方案》；提供署领导的讲话素材；组织起草《审计署关于进一步推进审计信息化建设的指导意见》，征求全国审计机关意见后提交座谈会讨论，并按大会的讨论意见进一步修改完善后以审计发〔2012〕119号文件印发，为今后几年全国审计系统信息化工作以明确指导。筹备审计信息化建设成果展。先后发出《审计署办公厅关于做好全国审计工作座谈会准备工作的通知》和《审计署计算机技术中心关于全国审计工作座谈会文件资料制作有关事项的通知》，指导特派办、地方审计机关做好会议的准备工作。座谈会共收到全国各单位报送的总结、经验交流材料、展板、动画等近300件，对收集到的资料制作会议材料、光盘、卡书。选定14个地方审计机关布置展台，安排黑龙江、江苏、浙江、山东、青岛、湖北、云南等7个省（市）审计厅（局），广州特派办，金融司，债务办/社保办，农林水审计局进行大会交流发言。组织撰写题为《忠于职守　勤奋工作　积极推进审计信息化建设的十七大以来审计信息化工作总结》的报告，编辑《“金审工程”十年回顾》宣传片。会后，对省级审计机关和署机关、派出局、特派办共102家单位报送的“近期审计信息化目标、任务和措施”进行有针对性的逐一批复。

（2）与国家相关信息化建设部门的联系与沟通。将“金审工程”一期财务决算有关补充材料提交财政部经济建设司审核。分别向工业和信息化部、国家保密局报送《审计署接入互联网接入情况统计表》。配合署保密办完成国家保密局部署的保密工作普查（审计署试点）的数据填报工作。接受公安部信息安全等级保护联合检查组对审计署信息安全等级保护工作的检查。代拟《审计署密码工作领导小组办公室关于报送商用密码检查结果的函》，报送至国家密码管理局。接待中编办、国家发展改革委、物价局、中央台办、国家税务总局及中国远洋运输（集团）总公司等单位的来访交流。

（3）指导、支持地方审计机关信息化建设。作为审计信息化主管部门，继续履行组织协调、指导管理、监督审计系统信息化建设的责任。组织各地报送“金审工程”成果巡礼材料，收集整理后在《中国审计报》开辟“地方‘金审工程’成果巡礼”专栏，进行连载，刊登各地“金审工程”情况。继续进行地方“金审工程”二期的验收工作，年内完成剩余 25 个地方审计机关的验收。依据《“金审工程”系统运行维护服务管理办法》，指导促进和检查地方服务队伍建设。在信息化方面给予西部地区审计机关技术支持指导。

（4）推广应用一期开发的 AO 和 OA 两个系统。评选 2011 年 AO 应用实例，通报评选结果并对获奖的项目和获奖组织单位进行奖励，继续征集 2012 年度 AO 应用实例，推动 AO 的深度应用，共收到实例 5744 篇。支持地方审计机关部署 OA 地方版和 1 拖 N 版。截至 12 月底，共有 32 个省级审计厅局、5 个计划单列市审计局、310 个地市审计局、2351 个区县审计局（含直辖市所属区县审计局和开发区审计局）、21 个开发区、14 个农垦师审计局成完 OA 部署。

（5）制发计算机审计实务公告，提供技术指导。完成医保定点医疗机构医疗业务审计、住房公积金审计、铁路建设项目投资审计、高等院校审计 4 个数据规划的编制；完成住房公积金、固定资产投资、高等院校 3 个计算机审计方法体系的编制。全年制发数字化特派办建设标准等 11 个计算机审计实务公告，计算机审计实务公告总数已达 44 个。

（6）建章立制，完善审计信息化的管理规范。制定发布《审计内网机房管理办法》，编制完成《中央部门预算执行联网审计操作实施办法》。完成《异地数据备份管理办法》的制定，规范数据备份和应急演练的各项要求。编制异地数据备份中心《数据验证工作手册》，完成每月的异地备份数据验证。编写《审计专网腾讯通 RTX 账号管理暂行办法》草稿，并在中心范围内开始试行。

（7）协调署机关各单位、各特派办的信息化建设工作。认真总结广州特派办探索数字化审计工作模式的经验做法，积极探索审计组织模式创新。按照审计长刘家义关于“对广州特派办等好的试点要坚持、总结、推动、完善”的指示要求，到广州特派办深入调研该办数字化审计工作模式的经验做法。并在此基础上，认真研究，形成审计数据综合分析与传统数据分析比较报告和调研报告。与办公厅、人事教育司共同研究审计署开展审计数据综合利用的有关问题，形成《审计署开展审计数据综合利用实施意见》草稿并提交署党组。协助人事教育司完成对特派办 2011 年的信息化考核，协助行政事业司完成对派出局 2011 年的信息化考核。

“金审工程”二期的验收和“金审工程”三期的申报 （1）“金审工程”二期的验收。共完成对 30 个省和 5 个计划单列市的验收，除列入二期的海南省因为没有落实建设资金，建设尚未启动，未予验收外，对未列入二期的湖南、安徽按照审计署规划的任务和投资额进行验收。验收结果是各地均已完成各项建设任务，批复的地方投资概算46 493万元，完成批复投资 46 575 万元；各地方实际总投资 144 582 万元。完成中央本级建设部分的 86 个单项验收。组织初步验收专家组进行“金审工程”二期的工程技术、工程财务、工程档案、工程效果四个方面的审查验收；召开“金审工程”二期初步验收大会，验收委员会给予“金审工程”二期高度评价并一致同意工程通过验收。

受国家发展改革委委托，7 月 30 日组织“金审工程”二期竣工验收委员会和专家组对“金审工程”二期进行竣工验收。在“金审工程”二期竣工验收大会上，以副审计长石爱中为主任的验收委员会经过讨论形成验收意见。验收委员会认为审计署坚持全面提升信息化环境下审计监督效能的建设目标，坚持审计信息化“一把手”领导和全员参与的建设方针，大胆探索信息化环境下的依法审计和科学审计，加快审计现代化，已经完成“金审工程”二期的建设任务，实现既定的建设目标。项目取得的显著社会经济效益表明，审计信息化建设改变传统的审计方式，提高审计工作的效能，为国家审计保障国家经济社会健康安全运行，提升中国审计的国际影响力，促进国家经济又好又快发展，发挥了重要作用。符合竣工验收条件，同意竣工验收。审计长刘家义出席验收大会并发表讲话。他指出“金审工程”的建设为审计工作效能的提升、审计质量的提高发挥了不可替代的作用，表现为审计效率大为提升、审计的成效大为提升、审计方式有极大的改变。

(2)“金审工程”三期的申报。在组织“金审工程”二期验收以及2012年审计工作座谈会指导意见的起草过程中，就开始同步考虑“金审工程”三期的申报工作。组织部分特派办和省审计厅的信息化建设部门负责人召开“金审工程”三期构想的讨论会，对“金审工程”三期所要做的重点工作进行研究。组织有关人员开展“金审工程”三期的需求分析报告编制。与国家发展改革委电子政务工程专家组负责联系审计署的有关专家进行沟通、交流，确定进一步完善后提交国家发展改革委评审。国家发展改革委指定的专家组组长召集7个专家对《项目需求分析报告》第二稿进行初步评议，提出主要意见：一是建设内容要与《规划》中的提法相一致；二是信息传输、数据处理能力需求不宜采用经验估计，要按照国家发展改革委即将出台的规定进行系统仿真分析。专家组意见明确，修改和系统仿真分析之后提交专家组评审。

支持和参与审计业务　积极参与各业务司组织的审计项目，参与较多的有社会保障审计、企业审计、投资审计等等，发挥技术特长，推动计算机技术在审计署业务司和派出局的应用。

为全国社会保障资金审计项目提供全方位、全过程的技术支持。实现对13项社会保障资金业务数据的采集、汇总与分析工作，获得迄今为止最完整、最详细的一套社会保障数据，总量达18.8T（785亿条记录），基于业务数据的审计疑点集中分析与分散核查，同时也践行国家、省、市、县四级联动的新型审计组织模式。此次审计从工作部署、协调指挥、报告编制到成果共享等全部管理流程，从海量数据采集、数据填报审核、数据汇总校验、数据上交入库到应用软件分析等全部审计操作流程，体现出鲜明的信息化特点，有效地保障了项目进度和项目质量。

在企业审计方面，配合企业审计司开展对中国远洋运输（集团）总公司的联网审计，通过合作促进企业加强内部控制，防范风险，转变内部监督工作模式。配合企业审计司开展中央企业利润分配和投资情况专项调查。

在投资审计方面，参与南水北调审计，从设计调查表格、封表、解答填表中的问题等给予全面技术支持，调研各审计组的业务需求，使用联网审计系统编制审计模型，并筛选分发审计线索给各特派办审计队伍，汇集审计取证落实的问题，最终形成审计方法体系以及《南水北调项目中应用联网审计系统探索数据分析的典型经验》一文，其中下发审计线索表计4类37张，形成计算机审计方法体系5个。参加“大型重点建设项目联网审计应用系统研究”课题研究工作。启用审计署至三峡集团网络专线，开展溪洛渡、向家坝工程建设情况联网审计。

审计署信息化系统的运行和维护　(1)保障“三网”的持续运行，为机关提供信息化管理和办公环境。保证审计署因特网、审计专网和审计内网的正常运转，保障审计署与中办、国办和财政部等署外单位的网络通信畅通，全年无重大断网事故。按照巡检制度定期进行检查，及时发现问题；采取及时升级反垃圾邮件、升级反病毒墙、使用流量控制管理工具、扫描漏洞和防护加固等措施，保障审计署官方网站、亚审环境网站、金审服务网站、联合国审计网站、审信标委网站和邮件系统的安全运行；配合国际合作司建设完成2013年世界审计组织大会网站上线运行；管理审计内网和审计专网一、二级瑞星反病毒中心，及时升级瑞星防病毒软件、更新病毒特征库和补丁。严格执行审计管理系统《OA运行维护管理制度》，保障系统安全、稳定运行。利用总体监控系统等保障机房环境处于正常状态，及时处理发生的事件，排除故障。

(2)非涉密信息系统等级保护和涉密信息系统分级保护工作取得突破性进展。3月7日，审计署因特网站系统获得北京市公安局颁发的信息系统安全等级保护三级备案证明。3月28日，中国信息安全测评中心分别出具审计管理系统、审计数据中心、审计交换中心、审计署因特网站信息系统基本符合等级保护三级要求的信息系统安全测评报告及风险评估报告，同时根据报告中提出的建议对非涉密信息系统安全防护进行及时的整改和完善。3月14日，审计内网涉密信息系统取得国家保密局颁发的涉及国家秘密的信息系统使用许可证。5月，向国家保密局提交审计署涉密信息系统（特派办部分）的测评申请。12月底，国家保密局完成对18个特派办的涉密信息系统分级保护现场测评，后续将对测评结果进行专家评审。

（3）提供经济适应的计算机设备，保障审计和办公的需要。目前署机关在用的计算机数千台（专网、内网、因特网、联合国审计、培训、周转等），日常的管理、维护工作十分繁重。中心以有限的资金，向署机关提供经济适用的计算机设备，保障审计和办公的需要。

保障署机关在用计算机设备的正常运行。为审计组、交流借调等人员提供服务器、计算机等周转设备520台套，按照预算，购置、更新信息化资产设备625台套。按办公厅要求，担负好信息类固定资产的实物管理职责。

（4）对视频会商系统进行优化升级，实现署机关大型会议的视频转播。完成对视频会商系统中央控制单元（MCU）的优化升级，保障社会保障审计、审计署集中培训、财政大格局、特派办涉密信息系统分级保护测评准备等会议和培训共30次。

（5）充分利用审计专网带宽，丰富应用内容。继续在网上培训平台下发新的培训课件。保证公文分发畅通，保证审计计划、审计报表、联网审计数据加载传输畅通，保证RTX即时通信、公告、邮件等通信平台畅通。加载维护法规、宏观经济信息、专家经验等资料数据。协助各单位及时加载信息，共同管理好审计署内部网站。

（6）继续开展计算机培训，进一步改善审计队伍的知识结构。继续组织审计署计算机审计中级培训和计算机中级水平考试。全年共举办三期培训，培训150人，组织6次考试，共1512人参加，通过579人。

与中国时代经济出版社联合举办“木金杯”有奖征文活动，征集展示计算机审计中级培训学员在审计工作中发挥的作用、取得的成果，活动期间共收到各单位审计人员的投稿352篇。经筛选审核，自2011年第13期（7月上半月号）至2012年第12期（6月下半月号）止，《中国审计》杂志“木金杯”专栏共刊登稿件47篇。对刊登的文章组织评奖，公布评奖结果并制作下发奖杯、证书和奖品。

完成《主流数据库语法及函数比对》和《Link Server及其在AO中的应用》两本教材的修改完善，已由中国时代经济出版社出版发行并在后续课程培训中使用。

继续举办计算机审计中级后续培训，全年组织主流数据库语法及函数比对、Link Server基础应用、Oracle数据库管理系统入门和信息系统审计共四期培训班。

署机关集中培训期间，为各业务司、各派出局举办AO认证培训、审计现场和审计机关交互培训。在2012年第3次全国AO培训认证考试之前，再次为各业务司、派出局举办AO认证培训，有效推动署机关、派出局在审计中的AO应用。

组织3次全国审计机关AO培训认证考试，全国共有9752人参加，8434人通过，累计47 939人通过AO认证考试，约占8万审计人员的60%。

贯彻落实审计长刘家义关于“计算机培训要加大力度，坚持以服务审计实践为目标，完善培训体系，改善培训方式”的指示，结合各单位提出的意见和建议，组织有关专家、老师就中级培训教学方案调整进行讨论并召集部分地方审计机关召开座谈会。会议对中级培训工作进行总结，就扩大地方培训规模、提升地方培训水平、合理调整中级培训内容、有效跟踪中级人员作用发挥等方面进行深入的研讨。中心按照座谈会达成的共识，组织对原有大纲进行修改、完善，制定《审计署计算机审计中级培训大纲（2013版）》，将新一代移动通信技术、云计算、物联网、大数据等新的技术内容纳入新版大纲。

组织制定《计算机在审计业务中的高级应用——社会保险审计》课程大纲、《计算机在审计业务中的高级应用——金融审计》课程大纲、《全球卫星定位系统及地理信息系统的审计应用》课程大纲等中级培训后续课程大纲。

制定下发《审计署办公厅关于进一步加强和改进计算机审计中级培训与考试工作的意见》（审办计发〔2012〕215号），对今后一段时间的中级培训工作进行部署。按照指导意见，组织编写新版中级培训大纲新增内容的教案。

按照署领导的要求，组织开展审计数据分析师培训班的教学方案论证工作，计划将其作为计算机审计高级培训的一个专业方向。

(7) 保持在电子政务界的良好形象，获得广泛认可。在中国计算机用户协会机房设备应用分会组织的中国优秀数据中心颁奖大会上，中心荣获“2011 年度数据中心优秀运维管理奖”。在国家行政学院电子政务研究中心组织的 2012 年中国电子政务论坛上，“审计署在金审工程中的实践”案例获得 2012 年中国电子政务最佳实践（管理创新类）奖项。

审计信息化科研和对外交流 (1) 会计标准。召开 5 次《ERP 数据接口系列国家标准》编写组全体工作会议，年底完成基础数据部分、采购部分、库存部分、销售部分、预算部分、资金部分数据元素的编写，整体工作进展顺利。由审信标委牵头并组织三峡总公司和南京审计学院成立《财经信息技术建设项目管理软件》系列国家标准的工作组，召开项目启动会的准备会议。成立总预算、商业银行教材课题组，召开课题启动会，明确项目分工、进度，年底两个课题组都已提交教材草稿，处于修改和总纂阶段，预计 2013 年 3 月底之前完成最终稿，出版发行。

成立“审计数据服务”国际标准推进工作组，中国国家标准推向国际标准迈出实质性步伐。按照审计长刘家义“把中国国家标准推向国际标准”的批示，9 月 5 日，审信标委、中心、境外审计司、国际合作司以及国家标准委国际合作部、工业二部等有关部门，联合召开审计标准国际化研讨会，对国际标准化组织（ISO）的组织构成、工作程序，以及国际标准从提出到批准等各阶段进行深入学习和讨论，对审计标准国际化的方式、路线和难度进行评估。经多方沟通、协调，11 月 13 日，审计署、国家标准委联合发文《审计署 国家标准委关于成立“审计数据服务”国际标准化推进工作机构的通知》，成立“审计数据服务”国际标准化推进领导小组和工作组，审计长刘家义任总召集人。11 月 15 日，“审计数据服务”国际标准推进工作组在审计署召开成立大会暨国际标准化国内工作组第一次全体工作会议，副审计长石爱中和国家标准委主任陈刚、副主任于欣丽出席会议，会议讨论并通过推进工作方案。12 月 26 日，审计署向国家标准委正式提交《国际标准新技术领域提案文件申请单》、“审计数据服务”TC 申报提案表格（中英文）、对外交流工作口径（资料）等相关材料。

(2) 信息化科研。协调统筹“十一五”国家科技支撑计划“政府预算执行动态审计监测关键技术与应用示范研究”项目的实施。按照科技部要求，报送总结报告。计算中心负责的“动态监测审计方式与监测模型研究”课题，完成动态监测、动态预警、综合防卫三大功能的动态监测审计模式研究报告。召开科技支撑计划项目——“审计行业信息智能处理分析与预警系统及其应用”启动会，会上就各课题承担单位的工作计划以及资金需求进行讨论，同时项目管理办公室介绍资金管理办法等相关内容。下发该课题的项目实施计划，进一步细化该课题的工作方式和资金使用办法。目前课题研究工作按计划推进，进展顺利。

由中心和武汉特派办牵头起草的《数字化特派办建设标准》经署领导同意后印发。该标准及其配套考核办法的出台，将大力推进特派办审计业务和审计管理的数字化。湖北省审计厅、浙江省审计厅分别和中心共同起草的《数字化省级审计机关建设标准》已经发布，《数字化地市级审计机关建设标准》也完成编制即将发布。

完成《信息系统审计指南》的编写并以计算机审计实务公告第 34 号进行发布。该指南的发布对进一步指导和规范国家审计机关组织开展的信息系统审计活动，提高审计效率，保证审计质量具有重要意义。

批复设立“AO 应用实例库研究”课题，由太原特派办承担；批复设立“经济责任审计信息化应用研究”课题，由经济责任审计司牵头，中心、青岛市审计局、胶南市审计局参与；批复设立“GIS（地理信息系统）在国家审计中应用前期研究”课题，由南京审计学院承担；批复设立“审计专网可信计算环境研究”课题，由中心牵头，署保密办、国家保密局、中国信息安全测评中心和哈尔滨工程大学参与。

(3) 外事交流。参加在马来西亚举行的 IT 审计工作组第 21 届年会，在会上宣读“审计 IT 项目的关键绩效指标方法”项目进展情况报告并进行汇报交流，会后向署领导和国际合作司提交参会报告。

应澳门审计署请求，在现有 AO 澳门版的基础上开发自治部门、中央部门和综合账目审计的相关功能，两次与澳门审计署同事在北京进行需求讨论，最终确定相关开发工作，项目按照计划稳步推进。

承接两位澳门同事参加第 35 期计算机审计中级培训班；承接两位澳门同事参加在南京审计学院举办的信息系统审计培训班。

接待澳门审计署和第三届中印青年审计论坛各位代表对国家审计数据中心的来访和交流。

派员赴南京审计学院为斯里兰卡审计人员介绍“投资审计中计算机技术的应用”。

（撰稿人：闫　靖）

【中国时代经济出版社】 2012 年，中国时代经济出版社员工人数为 68 人。设有综合管理部、财务部、《中国审计》编辑部、图书出版一部、图书出版发行二部、审计书刊发行部、项目一部、项目二部、项目三部、策划营销部、信息法务部等部室。

领导成员

社长兼总编辑：王鸿津

副社长：韩大川（—10 月）　乔晚根

副总编辑：林晓靖（—6 月）

纪检组长：陈遥征

工作综述　出版社积极落实审计署领导关于出版社建设与发展的指示精神，确立“立足审计，服务经济”的工作定位，以及“打造优秀专业出版社”的办社方向。一年来，坚持用上述工作定位及办社方向指导和规划各项工作，进一步提升经营管理的目的性、前瞻性以及资源配置的合理性，更好地体现出审计署直属出版机构的责任和作用，并在完成审计宣传任务、促进审计文化建设、取得预期经济效益的基础上，走上突出审计特色、努力打造一流专业出版社的建设与发展道路。

审计宣传与期刊出版　出版社以《中国审计》杂志为载体，进一步拓展审计宣传工作的深度和广度。通过提升办刊质量、扩大发行范围等措施，发挥《中国审计》杂志在宣传审计、服务审计方面的独特作用。一是对杂志进行全新的改版，加强对审计系统重大事件和重要理论动态的宣传报道，打造“案例故事”等特色栏目，提高《中国审计》杂志的可读性。二是积极开拓《中国审计》发行渠道，杂志发行量突破 10 万份，从而拓宽《中国审计》的宣传覆盖范围，提高杂志的影响力。

审计文化建设与图书出版　针对审计图书出版工作中存在的缺乏计划、不成系统、与审计事业发展需要脱节等问题，出版社着手编制《审计图书出版规划》，并在审计系统广泛征求意见。随着《审计图书出版规划》的完善与出台，将能够有效地整合审计图书出版资源，将审计科研、审计教学、审计实务与出版工作有机地联系起来，逐步形成较为系统与科学的审计图书出版体系，更好地服务审计事业。

出版社根据审计理论建设、审计文化建设、审计人员能力建设等方面的需要，以及图书市场的需求，合理调配资源，积极推进以审计图书为重点的图书出版工作，全年出版图书 394 种，内容以审计为重点，同时涉及经管、教育、外版等方面，图书的质量和市场认可度也较过去有明显的提升，取得较好的社会效益和经济效益。

为推进审计文化建设，出版社开展与各省、自治区、直辖市审计机关共建当地县级以上审计机关“审计文化书屋”的活动，自 4 月云南省率先在全省 147 个县以上审计机关建成“审计文化书屋”以来，“审计文化书屋”建设工作已在全国陆续展开。截至 2012 年底，已经建成或正在建设“审计文化书屋”的省份已达 24 个。实践证明，“审计文化书屋”是贯彻党的十七届六中全会关于社会主义文化大繁荣、大发展的精神，落实审计署党组关于加强审计文化建设意见的载体和抓手，对各级审计机关党的建设、队伍建设和文化建设等都能够产生积极的推动作用，受到基层的普遍欢迎。

内部管理　出版社坚持实行经营管理目标责任制，在总结以往成功与不足的基础上，对经营管理机制进行必要的改进与完善。一是根据机构设置和目标任务，以及出版社目前的经营管理理念，经过全社员工充分研究与论证，进一步修改与完善经营管理目标责任制，使各层级、各部门责权利的划分更加清晰、合理，使社内各机构之间的业务与责任关系更加规范、有序，从而为各部门积极、有序、安全地开展工作打下良好基础。二是制定并实行新的工资制度，新工资制度与旧制度相比，在层级设计、核定方式等方面更好地体现了出版社现阶段的管理理念，使工资制度的合理性以及激励约束作用均有明显提升。三是引入ERP管理系统，改进内部管理方式、提升内部管理水平，进一步规范管理程序，增强对经营风险的管控能力。

党建与思想政治工作　2012年，经上级党组织批准，出版社成立党委，使出版社的党建工作进入新的发展时期。出版社党委认真贯彻落实署党组、署机关党委的指示精神和工作部署，积极推进全社的思想建设和组织建设工作。

(1) 根据署机关党委关于成立社党委的批复，选举产生出版社首届党委以及下属的三个支部委员会，在组织建设上为全面推进党建工作打下良好的基础。

(2) 社党委根据上级党委的意见和安排，结合全社员工的思想和工作实际，适时开展思想教育活动。党的十八大召开后，社党委多次以党课、座谈会等形式，组织党员、职工深入学习新一届党中央的方针政策和工作作风，带动全社党员、职工在思想上与党中央保持高度一致，在行动上积极贯彻党中央提出的清明务实的工作作风。

(3) 社党委围绕全社中心任务积极开展工作，在决定出版社发展方向、完善经营管理机制、选拔任用中层管理人员等重大事项决策方面，均发挥重要作用。

(4) 社党委注重发挥工会的作用，通过让工会积极参与企业的经营管理决策、负责重大事项的民主审议程序，较好地实现职工对各级领导的民主监督，促进了出版社的廉洁从业工作。

(5) 社党委加大培养入党积极分子的工作力度，2012年将4名入党积极分子列入发展计划，并按要求进行严格的指导与考察。

（撰稿人：蔡　萌）

【中国审计报社】 2012年，中国审计报社（以下简称报社）在编人员21人，外聘人员29人。设有办公室、总编室、新闻部、专刊部、技术信息部、财务部、发行部、广告部。

领导成员

社长兼总编辑：洪承旭

副总编辑：陈胜利

副 社 长：孔凡青（11月—）

纪检组长：黄　峥

工作综述　报社自觉地把宣传科学审计理念作为价值目标，按照“把握导向，提高质量，注重效益，改革发展”的总体工作思路，在全体职工的共同努力下，继承创新，稳中求进，各项工作取得新的进展。

新闻宣传工作　(1) 全面深入做好重大事项报道，及时准确地传达中央和审计署的重大决策和部署。先后完成推动文化大发展大繁荣、贯彻落实全国审计工作会议精神、两会观察、两会代表谈审计、“金审工程”建设巡礼、科学发展成就辉煌等系列宣传报道，注重突出导向性、时效性和权威性，较好地发挥新闻宣传的引导和教育作用。宣传报道好党的十八大是报社全年工作的重中之重，为此，报社在会前开辟“喜迎十八大争创新业绩”专栏，反映各地审计机关为迎接十八大召开组织各种活动的情况；开辟“科学发展成就辉煌”专栏，深入宣传国家审计服务国家经济社会建设、发挥“免疫系统”功能、推动完善国家治理等方面的重要作用。会议期间，及时刊登党的十八大的重要精神和各地审计机关收看学习党的十八大的情况。会后，开辟“学习贯彻落实党的十八大精神”专栏，对各地审计机关贯彻落实十八大精神，做好审计工作进行深入报道。

(2) 积极总结宣传审计优秀典型，进一步推进审计文化建设，弘扬审计精神。推出“审计系统全国文明单位巡礼”系列报道，组织编写全国31个审计机关争创全国文明单位的工作通讯。开辟“推进反腐倡廉建设”栏目，刊登全国各地审计机关在党风廉政建设中好的做法和经验。开辟“人生在这里闪光”栏目，以通讯的形式及时报道全国社会保障审计工作中的先进事迹。根据署党组的安排，组织记者分别赴安徽、四川采访金岚岚和游丛文的先进事迹，用重要版面和大篇幅介绍他们的感人事迹，并开辟“学习金岚岚，立足岗位做贡献”栏目，介绍各地审计机关以金岚岚为榜样，努力做好审计工作的情况，把学习活动推向高潮。同时，在三版长期开辟“风采”栏目，着力报道审计系统的先进集体和先进人物的事迹，大力弘扬“责任、忠诚、清廉、依法、独立、奉献”的审计人员核心价值观。

（3）侧重挖掘审计一线新闻线索，打造审计信息交流平台，充分展示基层审计机关工作风采。报社在深入开展“走、转、改”活动的基础上，转变思维，使用一版70%左右的版面报道基层审计工作，特别是基层审计机关促进当地经济社会发展的好新闻。优先使用重要版面，以基层审计视角分析社会问题，侧重反映涉及民生题材。

（4）注重刊登高质量审计理论成果，力求促进审计理论建设迈上新台阶。着重加强有关国家审计与国家治理、审计“免疫系统”理论等方面的宣传，促进审计人员、社会公众对审计本质和审计工作的了解。有重点地刊登有关行业审计、经济责任审计、绩效审计、投资审计、环境审计和计算机审计等方面有深度、有见地的文章，促进理论研究与审计实践密切结合。

内部管理 （1）完善软硬件环境，开展全媒体项目设计，强力推动信息化建设。一是配置计算机，改善工作条件。二是根据现有采编系统功能，优化采编业务流程，提高现有采编系统的工作效率。

（2）健全完善制度，以管理求效率，不断提高规范化水平。加强制度建设，以制度管人管事。成立制度建设工作小组，对报社成立以来所有的规章制度进行梳理，并结合工作实际进行修订或新建。强化编校质量管理。实行稿件审签制度，落实三审三校流程。规范资产管理。另外，还规范文件传阅流程和专网、密网管理，加强保密管理。

（3）增强市场意识，创新思路方法，进一步扩大报纸的传播力。报社区别各地不同情况，采取召开通联宣传会议、健全发行网络、签订战略合作协议等方式，多渠道开展发行工作。增强意识促发行，确保大户发行量稳定增长，调动市县发行积极性，跟踪发行数据，确定发行重点。

队伍建设 （1）理清工作思路，强化民主决策，打造有“战斗力”的领导班子。结合报社工作职责和实际，确立围绕“把握导向，提高质量，注重效益，改革发展”的工作思路。认真学习领会署党组各项决策部署，并不折不扣地贯彻落实。坚持民主集中制，遇事共同商量，充分沟通，重大事项由社长会议研究决定。切实改进班子作风，班子成员以身作则，靠前指挥，带头做团结的表率、学习的表率、勤政的表率和廉洁的表率。

（2）以能力为核心，以业绩为导向，狠抓中层干部队伍作风建设和能力建设，落实职责，交任务、压担子。认真梳理各部室的工作职责，制作工作流程图，明确责任，实行流程化管理，给中层干部充分行使职责的空间。专项工作实行项目工作制。报社根据工作需要，成立制度建设工作小组、全媒体建设工作小组等多个专项工作小组，以项目为中心，以中层干部为主体，在实践中锻炼干部。按照“公平、公正、竞争、择优”的原则，履行民主程序选聘部室助理，协助部室主任工作，培养中层干部后备人才。

（3）实施分类培训，提升综合素质，大力做好年轻干部的培养工作。学习科学审计理念，积极组织员工参加审计署统一组织的培训，认真学习有关署领导重要讲话和署名文章，熟练掌握审计署的各项方针政策和署党组工作部署，围绕审计工作中心开展宣传工作。强化政治意识。积极“走出去”，与记协、行业报协会保持沟通和联系，参加相关活动，及时了解和把握国家重大事件和经济社会热点、敏感问题的报道基调和报道重点，增强政治意识、大局意识。注重业务知识培训。根据采编人员知识结构，选派7名非新闻专业人员参加新闻出版署组织的新闻职业理念和采编业务培训，进一步提升专业素养。加强实践能力锻炼。根据审计署安排，在自愿报名的基础上，选派3名青年记者编辑参加中央国家机关团工委“根在基层实践锻炼”活动。

（4）规范记者站管理，加强对基层通讯员的指导，努力建设一支高质量的通联宣传队伍。报社将记者站和通讯员的管理职责从办公室调整到总编室，由总编室统一组织记者站年检、站长和驻站记者聘任和记者证管理等工作。总编室定期下发报道重点，组织人员参加报社举办的新闻采访活动和业务培训，同时加强来稿指导，保持日常信息互动。

党建廉政工作 （1）健全组织建设，为党支部工作顺利开展提供保障。2012 年初，报社按照党章的有关规定，对报社党支部进行改选，选出新一届的支部书记、副书记和支部委员，明确支部成员分工，健全组织机构。同时，按照各部室工作特点和党员人数，重新划分党小组，选出党小组长。

（2）强化责任意识，提高组织的向心力和凝聚力。报社党支部紧紧围绕“办好审计报”这个中心开展支部建设，积极组织专题活动。同时，结合实际提出“爱审计、爱新闻、爱中国审计报”观念，以事业、热情、共同的工作认同来增强全体职工的凝聚力，加强全体党员和职工对审计、新闻和报社的归属感。

（3）建立党员干部学习活动日制度，将组织活动制度化、经常化。党支部结合报社的工作实际，建立党员干部学习活动日制度，将每周三确定为组织学习活动日，主要内容是学习党中央和审计署的重大决策部署、党章和廉政法规、新闻和审计业务，并适时组织党日活动等，针对工作中的不同专题进行集中学习讨论，交流探讨工作经验和方法。同时，认真落实“三会一课”制度，使党的政策入脑、入心。

（4）梳理职权，查找风险点，加强廉政风险防控。报社围绕采编管理、经营管理和综合管理三个方面，认真梳理流程，明确岗位职责，编制权力运行流程图，明确责任主体，规范运行机制。分清每一项具体职权在运行过程中的责任归属和权限，查找产生风险的重点部位和关键环节，实行分级管理，按照高、中、低三个等级进行评定，并制定应对措施，为有效实施打击新闻敲诈、治理有偿新闻预警处置和违法违纪问题责任追究提供制度保障。（撰稿人：王志红）

【国外贷援款项目审计服务中心】 2012 年，国外贷援款项目审计服务中心（以下简称外资审计中心）人员编制 35 人，在编 18 人，聘用人员 12 人。设有综合管理部（处）、审计一部（处）、审计二部（处）、审计三部（处）。

领导成员

主　　任：李凤雏

副 主 任：李　丹

工作综述　2012 年，外资审计中心紧紧围绕科学发展这个主题和加快转变经济发展方式这条主线，按照署领导关于“明确定位、依法办事、保证质量、造就人才”的指示精神，以“六个营造”“两个锻造”为抓手，加强队伍建设，狠抓内部管理，改进工作方式方法，有效提升审计工作质量和水平，积极发挥审计“免疫系统”功能和在保障经济社会健康运行、推动完善国家治理等方面的作用，在审计业务、队伍建设、内部管理等方面取得良好成效。

国外贷援款项目公证审计　外资审计中心全年完成国外贷援款审计项目 99 个，其中：外资审计中心自审项目 73 个，外资司和特派办完成后交外资审计中心复核的审计项目 26 个；按时出具审计报告 99 份，审计发现问题 122 个，违规金额 28.35 亿元；向相关项目执行单位提出建议共计 122 条。在保质、按时完成鉴证审计的基础上，外资审计中心不断加强对国家和国际组织相关政策的研究工作，重点关注和及时反映能源、环境、经济安全等方面的苗头性和倾向性问题，加大对体制、机制、制度问题的揭示和反映力度，有效提升审计成果的层次和水平，向署报送审计工作动态、审计简报 19 篇，其中 3 篇审计简报经署领导批示转送有关部委，1 篇被审计署《重要信息要目》采用，实现《重要信息要目》“零”的突破。

世界银行贷款中国节能融资项目审计　世界银行贷款中国节能融资项目由外资司统一组织，外资审计中心、外资司及上海特派办等 6 个特派办共同执行，外资审计中心主任担任该项目审计组长。审计组认真组织开展项目前期调查、编制审计实施方案、审前培训、银行本级及相关企业现场审计、审中协调、召开中期交流会、审计报告出具和后续审计成果提升利用等工作，保证项目审计顺利实施。该项目审计成果显著，出具 1 份有保留意见审计报告，发现部分子项目企业挪用节能融资项目资金、擅自调整项目建设内容等问题金额 4.43 亿元。

联合国开发计划署项目审计　经多方沟通、协调，外资审计中心妥善处理联合国开发计划署驻华代表处提出的变更审计主体问题，在审计项目数量、金额均有大幅度增加，要求审计报告提交时间提前的情况下，打破处室业务分工界限、整合人力资源，按时完成61个联合国开发计划署项目的审计，并提交审计报告。审计发现管理不规范问题31个，涉及金额5036万元。通过审计，揭示项目核算不规范、报表反映内容不真实等问题。

国外贷援款同类项目审计 根据世界银行贷款加强灌溉农业三期和世界银行赠款中国农村卫生发展两个项目投资规模大、涉及省市多等特点，外资审计中心配合外资司共同开展同类项目审计调查，编发同类项目审计工作方案和审计指导方案，推动同类项目审计的深入开展，受到地方审计机关的欢迎。

信息化建设 制订外资审计中心2012年至2014年审计信息化建设规划，明确外资审计中心审计信息化发展的目标、任务和措施。做好审计项目管理系统的升级和维护工作，将软件功能扩展到审计项目的计划、统计、报告和项目资料数据库管理等整个审计项目管理过程，初步建成涵盖审计全过程的质量控制系统。该审计项目管理系统荣获中国信息协会的审计领域创新模式成果项目三等奖。和署计算机技术中心联合开展数字化审计指挥中心试点工作。在所有的贷款项目审计中，全面使用AO软件，提高审计工作效率和信息化水平。

相关工作 全年安排44人次计778人·天，参加外资司、经济责任审计司、境外审计司、国际合作司、政法审计局等单位组织的各类审计项目。

（1）先后安排20人次参与外资司组织的地方审计机关审计报告复核、2011年度审计结果公告、外商直接投资审计前期准备、国外贷援款项目法律法规汇编、同类项目审计调查、外资审计信息化建设三年规划编写、AO2008外资版软件升级和国外贷援款项目审计质量检查等工作，有力地配合外资司的工作。

（2）加强与经济责任审计司、境外审计司、国际合作司、政法审计局的合作，先后派7人次参加经济责任审计司组织的4个厅长/特派员的经济责任审计项目，派3人次参加境外审计司组织的联合国人权高专办项目、联合国合办工作人员养恤基金项目的审计，派1人长期协助国际合作司筹备世界审计组织理事会第63次会议、第21届世界审计组织大会，派1人参加亚审组织第十次课题研究项目第一次会议的筹备工作，派1人参与政法审计局预算执行和专项审计。

项目管理 （1）运用自主开发的审计项目管理系统，以信息化手段实现审计项目全过程管理。从填报审计项目计划、自动生成审计通知书、形成复核项目计划、审计组提交审计报告、复核组提出复核意见，到审计报告的修改、签发、打印、制作、送出、审计成果统计等各个环节都纳入该系统管理。

（2）加强现场复核和业务会议讨论，质量控制关口前移。审计过程中，外资审计中心加强现场复核的力度，通过层层把关，及时预防和化解审计程序不充分的风险。在主审对审计组成员编制的审计工作底稿和审计证据复核的基础上，审计组长和复核部门到审计现场对工作底稿进行全面复核，发现问题及时解决。在现场审计结束后，及时就审计发现问题向中心领导汇报，提请召开审计业务会议，研究确定重大问题的处理定性，防范审计风险，同时节约审计时间。

（3）以评促优，以评促改，推动审计工作深入开展。年初，外资审计中心组织开展2011年度优秀审计项目评选工作。经过认真评选，在自审的78个国外贷援款审计项目中评选出6个优秀项目。通过评选，大家互相学习优秀项目的经验和做法，同时针对评选中发现的问题，组织人员认真分析、查找原因，采取有效措施，严格质量控制，为进一步提高审计工作质量和水平奠定基础。

（4）完成审计指南的开发工作，进一步推动规范化建设。与外资司联合完成《世界银行亚洲开发银行贷款项目审计指南》的修订工作。该指南是中国国家审计准则颁布实施以来，审计署开发完成的第一本专业指南。该指南的完成和出版，对规范国外贷援款项目审计，提高审计质量，防范审计风险，有效履行审计职责具有重要意义。下半年，外资审计中心还联合外资司开展《联合国开发计划署项目审计指南》的开发工作，目前该指南开发工作进展顺利，即将送审。

内部管理 （1）以健全机制为依托，提供培养提高平台。一是从2012年起正式实施“一对一”导师制，导师与指导对象签订为期三年的总体指导目标、具体年度指导目标培养协议，年度考核结果表明，导师制取得明显的阶段性成果，4

人被评为优秀导师；二是审计项目主审制在坚持中发展，经主审评定小组集体研究和主任办公会审定，确认8人和补充2人建立起10人主审队伍，既保障项目审计的需要，又激发年轻同志的工作热情；三是运用360度绩效评价体系和平衡计分卡科学管理原理，制定的《绩效考核办法（试行）》试行效果良好，以质量促发展、以业绩为导向的管理理念初步树立；四是学习型组织建设持续推进，实施意见所提出的推行审计实务导师制、健全审计项目主审制、加强信息宣传、营造学习研究氛围、探索科学考核体系、提供经费支持等6项措施全部得到实施。

（2）以完善制度为依托，促进行为规范、遵纪守法。组织清理外资审计中心成立以来的规章制度，根据国家和署有关规定进行修订完善，印发全员学习并遵照执行；制定《外资中心审计报告复核办法》和《外资中心统计报表制度（试行）》，根据审外资发〔2011〕189号通知修订赠款项目审计报告模板；严格执行预算和财务管理制度，加强预算和财务管理，配备必要的管理人员，全面总结分析外资审计中心成立以来的财务管理情况，督促项目预算执行，大额资金支出均经领导班子研究，严格资金使用审查，确保预算按进度执行和资金使用的合规性。

（3）以培训学习为依托，调整、充实审计人员知识结构。支持参加学位教育，提升知识层次，目前外资审计中心有4人参加硕士学位教育；鼓励参加专业培训，提升业务技能，全年24人次参加联合国审计、财务管理、工程造价等培训；安排参加中级培训，提升运用现代审计手段能力，4人参加署计算机中级和后续培训、信息系统审计培训；组织3人参加澳大利亚政府性债务绩效审计培训班，拓宽视野，增长见识。

（4）以理论研究为依托，提高审计队伍的综合素质。安排十余人参加《世界银行亚洲开发银行贷款项目审计指南》《联合国开发计划署项目审计指南》的开发工作；组织4人撰写《巩固和提升中国国家审计影响力研究》，向署“中国特色社会主义审计制度研讨会”提交论文；组织编译的5篇国外有关“持续审计”方面文章和资料在《国外审计动态》发表；组织中心全体人员对法规进行分类研究；组织编写国外贷援款项目审计案例21篇；组织5名精通外资审计英语的同志参加编制《外资审计英语词典》。此外，还鼓励大家结合审计实践撰写理论文章，中心人员全年在多家全国性核心期刊上发表文章十余篇。

（5）以文化建设为依托，营造和谐、健康、向上的工作氛围。以人为本，注重发挥审计人员的主体地位和作用。准确把握审计人员全面发展的要求，通过建立和完善绩效考核制度、项目主审制等制度，调动审计人员的积极性和创造性，激发审计人员的活力和战斗力。先后组织开展学习雷锋、金岚岚等先进典型活动，让这些先进事迹入耳、入脑、入心。积极参加审计署相关部门的各项活动，充分展示队伍建设成果。选派2人参加审计署机关党委与境外审计司、国际合作司联合举办的第二届青年英语演讲比赛，分获一等奖和优胜奖。选派1人参加署机关游泳比赛，获得女子个人第一名。1人撰写的《政府审计绩效管理研究》博士论文荣获审计署优秀博士学位论文。开展读书、摄影、讲座等多种形式的文体活动，丰富大家的精神生活。此外，还充分发挥宣传专栏的作用，把中心的宣传专栏办成紧跟时代脉搏，集教育性、知识性、欣赏性为一体的创先争优时事宣传阵地。（撰稿人：余　勇）

【中国审计学会】 2012年，中国审计学会共有单位会员164个、个人会员1641名，学会第六届理事会有理事192人、常务理事62人。设有计算机审计分会和审计教育分会两个分支机构，设有学术委员会、编辑委员会、培训委员会、环境审计专业委员会等4个专门委员会。学会办事机构为秘书处，设有办公室和《审计研究》编辑部。

领导成员

会　　长：翟熙贵

副 会 长：石爱中　李清和　张立民

　　　　　秦荣生　王家新　刘达朱

　　　　　王秀明　崔振龙

秘 书 长：刘达朱（兼）

副秘书长：周德铭　刘力云　尹　平

　　　　　章　轲　王本强

工作综述　中国审计学会在审计署党组领导下，认真贯彻党的十七大、十八大以及全国审计工作会议精神，以邓小平理论、“三个代表”重要思想和科学发展观为指导，进一步落实《审计署“十二五”审计工作发展规划》《审计署关于进一步加强审计理论研究工作的意见》和《中国审计学会2010至2014年审计理论研究规划》，以推进中国特色社会主义审计理论体系建设为中心，以推动国家审计更好地在促进完善国家治理、保障经济社会稳定发展中发挥作用为重点，认真组织开展审计理论研究和学术交流，各项工作取得新进展、新成效。

举办第二届全国审计青年论坛 在审计署党组的大力支持和人事教育司的积极配合下，中国审计学会于5月在北京怀柔成功举办第二届全国审计青年论坛。这次论坛以党的十七届六中全会和总书记胡锦涛“五四”重要讲话精神为指导，围绕“国家审计与国家治理”和“当代中国青年审计人的核心价值观”两个专题进行深入研讨。审计长刘家义和在京的其他署领导到会并与大家座谈。审计长刘家义做重要讲话，深刻阐述审计理论研究的重要意义，明确指出当前审计理论研究中存在的问题和解决的途径，向全国青年审计工作者提出八点要求。论坛采取大会交流与分专题研讨相结合方式进行，获得论文一等奖的4位作者在论坛上做大会交流发言，与会代表分别参加两个专题的研讨。全体与会代表向全国审计系统的青年同志发出题为《坚定理想信念，让青春与审计共辉煌》的倡议。

课题研究 (1) 组织对审计署重点科研课题的公开招标、立项评审和结项评审。审计署确定的2012—2013年度3个招标重点科研课题是：“国家审计与国家治理”“社会主义审计价值观”“中国特色社会主义审计制度”。4月，学会和审计署审计科研所组织专家对60份课题立项申请进行评审，经审计署批准，确定3个研究方向的7个中标课题和2个定向委托课题为审计署重点科研课题。9月，学会和审计科研所组织专家对审计署2011—2012年度重点科研课题“国家审计与经济发展方式转变”等12个课题中的11个课题(另1个已经批准延期)进行结项评审，经审计署领导同意，其中9个课题通过结项评审，2个课题未通过结项评审。

(2) 参与《中国特色社会主义审计理论研究》课题总撰和《中国国家审计学》编写的组织工作。学会与审计科研所对《中国特色社会主义审计理论研究》课题报告稿进行集中审稿。根据署领导指示，分别征求各省级审计机关和审计署各单位主要负责人的意见。根据提出的155条修改建议，进行再次认真修改。学会还配合审计署审计科研所对承办编撰的《中国国家审计学》上卷和下卷文稿进行集中审改，并已报送审计署领导审定。

(3) 与部分地方学会、特派办理论研究会和高校合作开展课题研究。与辽宁、吉林、广东3省审计学会，哈尔滨、上海、成都、西安4个特派办理论研究会合作，开展中国特色绩效审计方法体系课题研究；与天津、内蒙古、黑龙江、湖北、湖南、云南、厦门7省（区、市）审计学会和重庆特派办理论研究会合作开展区域环境审计课题研究；与北京国家会计学院合作开展审计干部培训体系课题研究，取得整合研究资源，推进多形式、多层面深入开展理论研究的成效。

专题研讨 (1) 6月，在河北秦皇岛召开国家审计如何在加强文化建设中发挥作用研讨会，对国家审计与文化建设的关系、发挥作用的途径和方式，以及新时期如何加强审计文化建设进行讨论。研讨提出的有价值的对策建议有利于国家审计促进深化文化体制改革，在推动社会主义文化大发展大繁荣中发挥更大作用。

(2) 9月，在河南洛阳召开政策执行情况跟踪审计研讨会，对政策执行情况跟踪审计的目标、内容、切入点、组织方式方法，如何保证审计质量、防范审计风险，以及国外开展政策执行情况跟踪审计的做法及其对我们的启示等进行讨论。研讨形成的观点对于推动审计机关总结和改进政策执行情况跟踪审计工作有积极意义。

(3) 11月，与审计科研所在北京联合召开中国特色社会主义审计监督制度研讨会，围绕中国社会主义审计制度建立的背景、依据和重大意义，中国社会主义审计发展30年来的主要成就和基本经验，进一步发展和完善社会主义审计制度需要重点解决的战略问题等进行深入研讨。通过研讨深化对国家审计本质和发展规律的认识，进一步明确发展和完善中国特色社会主义审计制度的方向，坚定对中国特色社会主义审计的道路自信、理论自信和制度自信。

境内外培训和学术交流 以提高审计理论研

究能力为重点，组织开展境内外培训和学术交流。7月和10月，以“国家审计与国家治理”为主题举办两期审计理论研究骨干培训班。采取专家讲授和分组交流讨论相结合的方式，培训各地审计机关审计理论研究骨干270多人。

9月，在陕西西安举办“2012海峡两岸暨港澳地区审计理论与实务研讨会”。副审计长石爱中出席并致开幕词，会长翟熙贵致闭幕词。来自海峡两岸暨港澳地区的代表围绕绩效审计和环境审计两主题做专题发言和研讨，阐述各地的做法、经验和见解，促进两岸审计界的交流与合作。

10月，组团赴法国进行绩效审计和政府绩效管理专题培训交流。学会组成25人培训团，赴法国进行专题培训和考察，深入了解和借鉴法国审计机关开展绩效审计和政府绩效管理方面的主要做法、经验，开阔审计理论研究的视野，对于推动绩效审计和政府绩效管理发挥积极作用。

期刊质量和网站建设 为提高《审计研究》杂志质量，学会编辑部采取以下措施：一是加大关于国家治理、审计“免疫系统”功能等方面文章和审计署重点科研课题成果、中国审计学会合作课题成果的刊载量，有意识刊登推动学术争鸣和深入讨论的文章；二是坚持对拟刊用文稿进行学术不端行为检测，同时改进编辑工作流程，实行稿件刊用前集中会审制度，保证所刊登论文的质量和水平；三是利用各种机会，向审计理论研究骨干进行如何深入开展政府审计理论研究和如何遵守科学道德与学术规范的广泛宣传，积极培育和扩大作者群，努力拓展优质稿源。《审计研究》杂志全年共编辑出版6期，刊登论文102篇，总计160万字。其中政府审计方面论文比重为55%，由审计实务工作者撰写的论文比重为35%。杂志发行量达到1.4万份。《审计研究》的影响力和权威性得到进一步提升，先后获得国家社会科学基金第二批学术期刊资助；被中国学术期刊（光盘版）电子杂志社、清华大学图书馆和中国科学文献计量评价研究中心联合评为“2012中国国际影响力优秀学术期刊”；被中国人民大学人文社会科学学术成果评价中心和书报资料中心评为“2012年版‘复印报刊资料’重要转载来源期刊”。

网站是学会对外宣传和为会员服务的重要渠道。学会继续利用网站平台，加强同广大会员的联系，为广大会员和审计工作者交流研究成果提供服务。全年网站登载的审计要闻、观点摘编、学会动态、地方审计学会和特派办理论研究会动态、审计论坛论文和研究资料等文稿约500余篇。

分支机构活动 学会各分支机构按照年度计划，开展多项审计理论研讨活动。环境审计委员会进行“资源环境审计基础理论框架”课题立项准备和环境审计专家库建立，以及资源环境审计相关指南的撰写、应用和相关案例征集等项工作。计算机审计分会在基础建设、经验总结、计算机实务和理论研究以及研究成果推广等方面，做了大量卓有成效的工作。审计教育分会举办首届审计博士论坛和第二届审计教授论坛，对国家审计与国家治理、中国特色社会主义审计理论体系等重大问题进行研讨，取得初步成效。

对地方学会和特派办理论研究会的指导 一是注重调查研究，实行分类指导。学会领导先后到8个省（市）和特派办理论研究会调研，深入了解学会工作和理论研究工作情况，有针对性地提出改进建议，同时多方了解审计实践情况，使确定研究课题、研讨会主题和制订学会工作计划符合审计工作发展需求，提高指导的针对性。

二是加强工作联系和日常服务。要求各会员单位及时反映工作动态，报送工作信息和年度工作报告，已初步形成制度化；加强学会网站建设，充分利用学会网站“审计论坛”专栏，开展专题研讨，并利用“地方、特派办学会”专栏和通讯员网络，及时传播学术研究有关信息，为广大会员相互学习交流和开展理论研究提供服务。

三是在广东珠海和黑龙江大庆分别召开省级审计学会和审计署特派办理论研究会秘书长座谈会。省级审计学会秘书长座谈会围绕贯彻审计署关于加强审计理论研究工作的意见，交流工作经验，研究学会工作持续发展的措施；特派办理论研究会秘书长座谈会着重研究如何结合特派办特点开展理论研究的问题，并对“研究式审计”进行研讨。

地方审计学会和特派办理论研究会工作更加扎实、活跃，广大会员和理论研究骨干参与理论研究的积极性不断提高，许多单位理论研究取得显著成效。浙江、内蒙古、陕西、江苏、重庆、青海等省（区、市），认真组织力量，承担审计署重点科研课题研究任务；为配合召开全国第二届审计青年论坛，上海、黑龙江、陕西、青海、甘肃、湖南、江西、北京、天津、浙江、宁波等省（区、市）审计学会和审计署广州特派办，先后举办本地本单位的审计青年论坛；辽宁、湖北、内蒙古、广东、广西、黑龙江、山西、河南、重庆、山东、四川、云南、大连等省（区、市）审计学会和审计署上海、哈尔滨、郑州等特派办，积极组织开展本省本单位重点科研课题研究，同时努力扩大审计课题立项渠道，有的将课题纳入当地社科重点课题研究计划，研究成果获本省社科成果奖，有的学会被评为本省优秀社团单位，审计学会和理论研究的社会影响进一步扩大。

（撰稿人：王大强）

【中国内部审计协会】 2012 年，中国内部审计协会秘书处共有在职员工 27 人，下设综合业务部、准则与学术部、职业教育部、公共宣传部、书刊服务部和国际事务部 6 个业务部门。

领导成员

名誉会长：李金华

会　　长：余效明

副 会 长：鲍国明　佟吉禄　刘志远
　　　　　郝志远　高　林　沈　莹
　　　　　贾文勤　赵　宏

秘 书 长：鲍国明（兼）

副秘书长：鹿云飞

准则委员会主任：贾文勤

准则委员会副主任：秦荣生　刘力云
　　　　　　　　　冯均科

学术委员会主任：郝志远

学术委员会副主任：王光远　刘　实
　　　　　　　　　翟亚林

质量评估委员会主任：刘志远

质量评估委员会副主任：薛蓓儿　王小龙
　　　　　　　　　　　席　晟

培训委员会主任：沈　莹

培训委员会副主任：赵　宏　胡利民
　　　　　　　　　陈　华

深入调研，典型引路，带动内部审计工作水平的整体提升 中国内部审计协会（以下简称协会）继续深化典型引路的工作思路，先后围绕国有企业内部审计、民营企业内部审计以及地方内部审计（师）协会工作三条线，开展宣传调研和经验总结推广活动。这三项活动是协会全年工作的重点和亮点。

（1）国有企业内部审计成就展活动交流广泛、成效显著。3 月起，协会面向国有企业和国有资本控股的企业、金融机构，开展“国企扬帆　内审护航——2012 国有企业内部审计成就展”活动。活动历时 8 个月，分为典型经验总结和申报、实地调研与专家选拔、成果展示三个阶段，得到地方内部审计（师）协会（以下简称地方协会）和中央企业的高度重视和积极响应。他们深入总结先进经验，认真筛选优秀成果，选送参评材料 167 篇，内容涵盖国有企业所开展的风险管理与内控审计、经济责任审计、效益审计、财务审计、工程与投资审计、信息化审计、审计质量管理和内部审计管理体制等 8 个方面和领域。协会派出调研组赴各地进行实地调研，并组织专家组对参评材料进行评审，遴选出一批在内部审计工作的不同领域和方面成果突出、具有典型性和代表性的企业。11 月 13 日，协会在京召开国有企业内部审计经验总结交流大会，对活动进行全面总结，向获得内部审计领军企业称号的 50 家单位和示范企业称号的 36 家单位颁发证书，全国政协副主席、协会名誉会长李金华出席大会并讲话。此次国有企业内部审计成就展活动通过典型引路的方式引领内部审计工作发展，是协会宣传内部审计工作的一种新尝试。

（2）民营企业内部审计调研立足摸清情况、把握方向，工作扎实有效开展。3 月，协会印发民营企业内部审计调研工作方案，开启民营企业内部审计调研工作的序幕。地方协会在全国统一方案的基础上，根据当地的实际情况，创新思路、采取措施，摸清本地区民营企业内部审计发展的基本情况。与此同时，协会还组成调研组，先后赴浙江、江苏、山东、湖北、河北、北京、天津和广东等地进行调研，形成多份有价值的调研报告。名誉会长李金华对调研工作十分关心，不仅对《浙江民营企业内部审计和协会工作调研情况报告》做出批示，对工作成果给予肯定，还对调研工作的方式方法等予以具体指导。

（3）地方协会以经验总结与推广活动为契机加强自身建设，指导服务能力得到提升。4月，协会提出地方协会要总结有特色、有引领作用的工作经验，得到地方协会的积极响应。他们结合国有企业内部审计成就展活动和民营企业内部审计调研工作，认真梳理总结工作经验，并以此为契机加强内部管理和各项基础建设，提升工作的规范化和科学化水平。同时，协会派人先后赴浙江、山东、江苏、湖北、天津等地方协会开展实地调研，搜集第一手资料。根据地方协会报送的材料和调研掌握的情况，遴选出一批“推荐学习的典型”供大家学习、借鉴。

加强理论研究，推进准则修订与执行

（1）组织实施2011—2012年度审计署内部审计科研课题，顺利完成结项评审。3月，协会组织召开2011—2012年度内部审计科研课题中期检查汇报会，邀请专家对7个课题组的研究进展情况进行中期检查；11月，组织召开结项评审会，按照“公开、公正、公平”的原则对课题的研究报告进行严格评审，最终同意对7个课题组提交的研究报告进行结项。

（2）开展理论研讨活动，促进内部审计的经验分享。协会以“内部审计质量管理”为年度主题，在全国范围内组织开展理论研讨。研讨活动得到会员单位的积极响应，提交论文和经验交流材料263篇。经过专家评选，评出一等奖8篇、二等奖28篇、三等奖84篇，16家单位获组织奖。12月，协会召开内部审计质量管理研讨交流会，组织获奖人员介绍经验并进行大会交流。

（3）启动内部审计准则修订工作，起草完成征求意见稿。协会先后组织召开三次准则委员会会议，研究确定准则的修订目标、原则和方案，并按照新的编号方法和分类，稳步开展准则修订工作，已经形成《中国内部审计准则（征求意见稿）》。

（4）内部审计质量外部评估工作多措并举，进展顺利。协会先后制定发布《内部审计质量评估办法（试行）》《中国内部审计质量评估手册（试行）》和《内部审计质量评估机构管理暂行办法》，为指导和规范质量评估工作提供制度保障。作为推动内部审计质量外部评估工作的重要尝试，协会派出评估组对中铁大桥局集团有限公司内部审计质量进行外部评估，出具评估报告，迈出实践的第一步，积累了宝贵的经验。此外，先后举办两期质量评估研修班，培训人数总计142人，为质量评估工作在更大范围推开奠定了人才基础。

创新宣传方式，扩大内部审计影响力

（1）举办“走进内部审计”现场访谈。2月，协会在召开六届二次理事会期间，举办“走进内部审计——现在与未来”现场访谈。访谈有来自中央各部门、部分在京央企和理事单位的内部审计机构负责人、有关院校专家学者等近300人参加，李金华等6位领导、企业家、内部审计实务工作者和专家作为嘉宾，围绕“什么是内部审计”“近年来内部审计发展的成就和存在的不足”以及“内部审计发展展望”三个主题，从不同角度发表看法。访谈现场气氛热烈，中央电视台对此进行了新闻报道。

（2）提高杂志质量，丰富网站内容。为提高质量，提升影响力，《中国内部审计》杂志加大对内部审计工作的宣传力度，与台湾内部稽核协会合作设立“两岸交流”专栏，并采取刊登省部级课题项目文章以及开设经济责任审计专题、政府部门内部控制、审计信息化栏目等方式，切实增强宣传工作实效。协会积极扩大门户网站的信息量，网站点击率稳步上升，全年总点击率达到近44万人次，成为宣传内部审计和内部审计人员沟通交流的重要平台。

（3）完成书刊杂志发行任务。一方面通过召开通联宣传工作会议、利用网站平台等方式，对杂志和图书进行宣传，扩大书刊影响力；另一方面，调动地方协会和会员单位的积极性，增强订阅书刊的主动性，书刊发行量实现稳步增长。全年发行专业书籍3.83万册，《中国内部审计》杂志征订5.13万册，比上年增加1894册。

（4）开展海峡两岸以及国际合作交流。10月，协会组团参加在台北召开的第十二届海峡两岸内部审计研讨会，围绕“内部审计质量评估和信息系统审计”的主题，与台湾的内部审计专家学者和工作人员进行交流研讨，并对台湾的传统产业、高新技术企业和证券行业进行实地考察。此次研讨会的盛况引起台湾当地媒体的关注，对此专门进行报道，促进两岸内部审计界对内部审计质量评估、信息系统审计等专业问题的理解和认识，达到宣传内部审计、增进两岸内部审计友谊的目的。协会继续加强与国际内部审计师协会（英文简称IIA）等国际组织的交流与合作，如组织人员参加IIA全球论坛、2012年年会和年中秘书长会议以及亚洲内部审计大会和成员工作会议，同步翻译IIA关于内部审计发展动态的文章，与来访的世界银行官员进行交流等。

强化教育培训，提高内部审计人员的职业胜任能力 （1）提高教育培训水平。全年举办20类、近百期面授培训班，组织管理审计、内部控制评价和风险导向审计3个境外培训团，开设14门网络培训课程，并向参加国际注册内部审计师考试的考生提供考前辅导网络课程。

（2）改进培训教材的开发、编辑和出版。3月，为适应内部审计职业教育发展的需要，成立新一届教材编审委员会，并立足于内部审计人员的需求，明确编写中国内部审计培训教材系列丛书的指导思想、编写方针和整体框架；审定出版内部审计培训教材系列丛书——《内部经济责任审计》，组织出版《高效审计委员会最佳实践经验》《审计署内部审计科研课题研究报告（上、下集）》《IIA质量评估手册（第六版）》，启动《现代内部审计理论与实务》一书的大纲制定工作。

（3）做好国际注册内部审计师考试和风险管理确认资格认证的工作。2012年，协会共组织2.1万余名考生参加国际注册内部审计师（英文简称CIA）考试，并针对新启用的CIA考试系统，在广泛征求各考点意见的基础上，对系统的稳定性进行改进升级；为进一步规范CIA人员的后续教育管理，协会根据IIA关于后续教育的最新要求，于4月制定颁布新的《国际注册内部审计师后续教育办法》和《内部控制自我评估专业资格证书后续教育办法》，明确后续教育的方式和学时。协会和各地方协会采取上下联动的方式，配合IIA在中国宣传推广风险管理确认资格（CRMA），目前中国已成为世界上拥有CRMA资格人数第二的国家。

加强协会自身基础建设，提高工作执行力

（1）加强制度化建设。协会在上一年全面修订各项管理制度的基础上，进一步梳理完善各项工作规程和人财物等内部管理制定，并编辑成册，督促干部学习和贯彻执行。在全年的各项工作中，协会进一步强化服务意识和责任意识，按照规章制度的要求对员工进行考核，进一步提升内部管理的规范化水平。

（2）健全沟通协调机制。协会组织召开六届二次理事会、六届二次和三次常务理事会等工作会议，及时向理事和会员单位汇报协会工作情况；及时召开协会会长会议、全国内部审计协会秘书长会议、专门委员会会议等工作会议，对内部审计工作和协会工作进行部署和总结，研究下一步工作思路，逐步提升协会指导服务内部审计的能力。

（3）做好内部审计统计工作。6月，协会根据审计署办公厅下发的审计情况统计报表制度，向地方协会下发关于做好内部审计情况统计工作的通知，并于11月向党政部门、企事业单位和社会团体内部审计机构寄送关于填报内部审计情况的通知，明确填报范围、统计原则等内容。2012年的统计工作增加了对民营企业和乡镇审计工作基本情况的统计，覆盖面更加广泛，对情况的掌握更加全面。据上报的报表数据显示，截至2012年11月底，全国有近6万内部审计机构，近20万内部审计人员；2012年完成审计项目252万余项，审计总金额28万多亿元，实现增收节支796.6亿元；提出建议意见被采纳76万多条，建议给予行政处分4610人，实际给予行政处分2446人，向司法机关移送案件197件、人员261人。

（4）加强干部队伍建设。针对提高干部的业务素质需求，举办各项业务工作培训讲座，如8月针对内部审计最新发展进行业务培训和公文写作培训。要求全体党员干部进行“三比、三争”，即“比创新，争突破”，着力解决制约协会工作发展和影响工作成效的突出问题，努力缩短与先进单位的差距；“比工作，争先进”，不断提高工作质量和效能，树立求真务实、清正廉洁、业绩突出的先进形象；“比作风，争一流”，进一步转变作风，不断增强工作的计划性、主动性和时效性，强化服务意识，充分体现新时期共产党员的先进性和模范性。

（5）提高党建工作水平。协会围绕中心工作，坚持以党建促业务、以党建带队伍、以党建促协会体制机制建设，取得积极效果。如与北京市内部审计协会联合举办“多一棵绿树，多一片蓝天”

主题党日活动，召开“讲政治、顾大局、守纪律”主题教育活动动员会，开展“践行雷锋精神 建设道德家园”主题座谈会，召开学习贯彻十八大精神动员会，举行新党员入党宣誓仪式等。通过内容丰富、形式多样的主题党日活动，进一步提高干部的思想政治素质，增强队伍的凝聚力和战斗力，得到审计署党组、机关党委和广大内部审计人员的认可。在审计署召开的创先争优“四手”审计干部表彰大会上，协会党支部荣获“五个好党支部”称号；在“支部书记方法论——深入开展创先争优”活动中，协会党支部书记鲍国明以“夯实基础，创新形式，努力开创社团组织党建新局面”为题，谈“服务中心，建设队伍”的体会，荣获优秀征文奖；在首届中央国家机关公文写作技能大赛活动中，协会有4篇公文荣获优秀作品奖。（撰稿人：王蕙娜）

【南京审计学院】2012年，南京审计学院全日制在校生人数22 732人，1360名教职员工，其中专任教师881名，教授106名，博士319名。学院有浦口和莫愁两个校区，占地2200余亩，设有国际审计学院、会计学院、管理学院、经济学院、金融学院、法学院、信息科学学院、数学与统计学院、外国语学院、国际文化交流学院、政治与行政学院等11个二级学院；1个独立民办学院——金审学院；1个继续教育学院；3个教学部，即思想政治理论教学部、体育部、艺术教育部；1个教育中心——审计硕士教育中心。设有28个本科专业，其中，审计学、金融学、财政学为教育部特色专业建设点，审计学、金融学为江苏省品牌专业，财政学、信息管理与信息系统、国际经济与贸易、会计学、工商管理为江苏省高校特色专业；审计学、金融学、工商管理、财政学、管理科学与工程为江苏省“十二五”高等学校重点专业（类）。

学院独立设置江苏省审计信息工程重点建设实验室、中国内部审计协会内部审计发展研究中心、公共工程审计实验室、现代审计发展研究中心、国民经济研究所、公共管理绩效评估研究院、货币研究所、高教研究所、审计文化与教育研究院、信息系统审计实验中心、金融工程研究中心、公共政策研究与分析中心、中匈学术文化研究中心、中国审计情报中心等14个科研机构；设置招生就业中心、实验室建设与管理中心、教育技术与网管中心、图书馆、学报编辑部、档案馆等6个教辅机构；后勤服务机构为总务委员会，下设7个中心；还设置教育发展基金会办公室、校友联谊会办公室、人才交流中心、金融高级人才培训中心、国际学术交流中心等5个附属机构；此外，还设置学术委员会、学术评定委员会、教学委员会、教学督导委员会、发展委员会、财务委员会、图书情报工作委员会、学生工作委员会、审计干部教育学院建设管理委员会等9个委员会办事机构。

领导成员

院　　长：王家新

副 院 长：尹　平　郭宏之　王会金
　　　　　张金城　张建红　时　现
　　　　　裴　育

纪委书记：吴朝国

召开第三次党代会，选举产生新一届领导班子　7月28日，学校召开干部大会，传达省委有关调整学校领导班子的决定。省委决定：王家新任南京审计学院党委书记，熊仁民任南京审计学院正院级调研员，免去其党委书记职务；王家新继续任南京审计学院院长，尹平、郭宏之、王会金、张金城、张建红、时现继续任副院长，裴育任副院长。7月29—31日，召开中国共产党南京审计学院第三次代表大会。大会审议通过党委工作报告和纪委工作报告，选举产生新一届25名中共南京审计学院委员会委员和7名纪律检查委员会委员。新一届党委决定将建设国内外有重要影响的审计大学作为未来的奋斗目标。7月31日，第三次党代会顺利闭幕后，新当选的中共南京审计学院第三届委员会召开第一次全体会议，选举中共南京审计学院第三届委员会党委常委、书记和副书记，王家新、吴朝国、张建红、尹平、郭宏之、王会金、时现、裴育、李群当选为新一届党委常委，王家新当选为党委书记，吴朝国、张建红当选为党委副书记。

落实“三部一省”共建协议，促进行业资源转化为办学资源　3月29日，“三部一省”合作共建的重要项目之一——审计干部教育学院在南京审计学院（以下简称南审）浦口校区奠基。审计长刘家义、副审计长石爱中、署党组成员陈尘肇出席奠基仪式。按照边建设、边培训的原则，2012年审计干部教育学院在南审成功举办斯里兰卡高级审计研讨班、审计署财务会计培训班、财政金融培训班、审计署新录用公务员培训班等4期高层次培训班，近400名审计人员来校接受脱产培训。

审计长刘家义，副审计长董大胜、石爱中，总审计师孙宝厚，美国审计长基恩·多达罗南非审计长特伦斯·农贝贝等中外审计长先后近30人次来南审讲学，介绍国内外审计实践，发表前沿审计观点，并受聘荣誉教授。

获批“中国审计情报中心”，并获中央财政支持地方高校建设专项资金资助。

与云南省审计厅、黑龙江省审计厅、甘肃省审计厅、中国时代经济出版社、中国审计报社等签订合作共建协议，在审计人才培养、审计科学研究、审计师资队伍建设等领域开展合作，将丰富的审计行业资源转化为珍贵的办学资源，以高质量的审计教育与科研成果服务审计行业。

加强学科专业建设，提高教学科研水平 重点学科建设。江苏高校优势学科“审计科学与技术”以“良好”等级顺利通过中期评估。统计学被遴选为新增一级学科“十二五”省重点建设学科。至此，学校拥有4个“十二五”省一级学科重点学科，其中理论经济学为江苏省重点（培育）学科，公共管理、法学、统计学为江苏省重点建设学科。工商管理、应用经济学2个一级学科作为“审计科学与技术”的依托学科获得省高校优势学科建设专项资金，予以重点建设。审计学、金融学专业获批教育部“专业综合改革试点项目”；审计学、金融学类、财政学类、工商管理类、管理科学与工程类5个专业（类）获批省级重点专业（类），覆盖学校60%的专业；完成会计学、工商管理省级特色专业验收，会计学被评为“优”；完成统计学、税务、投资学3个新建专业学士学位授予权申报工作，并顺利通过；法学综合实践教育中心获批省级实验示范中心；企业管理实验中心与信息管理实验中心顺利通过省级实验教学示范中心验收。10月16日，在江苏省教育厅召开的全省全面提高高等学校人才培养工作会议上，南京审计学院荣获“江苏省教学工作先进高校”称号。

高层次科研项目与科研经费。国家基金资助项目在2011年基础上实现翻番，达到16项，其中国家社科基金7项，国家自然科学基金9项，《中国马克思主义学术史》获国家社科基金重大项目（第三批）资助；获省部级课题立项资助31项，横向课题19项。科研经费再创新高，全年科研下拨经费1658万元，比上年增加655万元，增长率为65.3%。

高水平科研成果和高层次科研获奖。全年发表论文522篇，其中，在《中国科学》《经济研究》《科学通报》等权威期刊发表论文5篇，在CSSCI期刊发表论文145篇，在北大核心期刊发表论文70篇，SCI期刊收录论文20篇，SSCI收录论文2篇，CSCD收录论文19篇，EI收录论文27篇。8项科研成果获省部级奖励，其中，教授吴汉全的“中国马克思主义学术史概论（1919—1949）”获得教育部第六届高等学校科学研究优秀成果奖。

研究生培养工作。圆满完成首批50名审计硕士专业学位研究生和10名利比里亚留学研究生招生工作，学校进入独立培养研究生时代。高质量、高水平通过新增硕士学位授予单位立项建设工作整体验收。

实施“师资队伍卓越工程”，提高师资队伍水平 实施“领军人物锻造计划”。王定成、喻一文两位教授双双入选第二批江苏省特聘教授；引进高水平博士30人，其中海归博士4人、副高职称6人；入选“双创计划”1人、“六大人才高峰”1人、“江苏省青蓝工程科技创新团队”1个、“青蓝工程”中青年学术带头人6人、“青蓝工程”青年骨干教师8人，获“江苏省333工程项目”资助1人。

实施“教师能力提升计划”。继续推进“海外访学计划”，12人入选省级以上的出国访学项目，16人学成归国；推进“青年教师脱产挂职锻炼计划”，选拔5人赴审计署特派办挂职锻炼，7人参加联合国审计；组织教学名师和教学管理人员赴美国加州州立大学富乐顿分校参加高等教育管理研修培训，赴香港金融管理学院考察培训。

实施绩效工资改革。在省属高校中率先兑现绩效工资，退休人员收入人均每年增长3.5万元，在职人员收入人均每年增长 1.6 万元，人事代理人员收入人均每年增长 1.5 万元；以岗位聘用为基础，按照“分类考核，以岗定薪”“多劳多得、优绩优酬”等原则，制定并实施《南京审计学院奖励性绩效工资分配办法》《南京审计学院人事代理人员薪酬发放办法》等文件，推进绩效工资改革。

提高学生教育管理工作水平，服务学生成长成才 招生与就业工作。19 个省份在本一阶段招生，江苏省内 16 个专业在本一批次招生；新生报到率达 99.3%，创历史新高；2012 届普本初次就业率达到 94.47%，年终总就业率达到 97.88%，协议就业率达到 83.55%，均创历史新高；荣获“江苏省毕业生就业工作先进集体”称号。江苏省高校招生就业指导服务中心与麦可思数据有限公司合作调研的成果《江苏省高校毕业生就业、预警和重点产业人才供应 2012 年度报告》显示，南审 2011 届毕业生就业竞争力指数、愿意推荐母校的比例在全省高校中仅次于南京大学、东南大学，连续三年稳居江苏省非“211 工程”高校首位。

学生教育管理与社团建设。荣获“江苏省高等学校学生教育管理创新奖二等奖”；证券投资俱乐部荣获“全国高校十大明星社团”，赛扶团队荣获全国创新公益大赛三等奖，演讲与口才协会、获思文学社、彼岸读者协会等 7 个社团荣获“江苏省百佳学生社团”称号，获奖数量位居全省高校前列。

学生获奖成果丰硕。在全国大学生语言文字基本功大赛中获一等奖 1 项、二等奖 4 项、三等奖 3 项；在第三届全国大学生艺术展演活动中，学校选送声乐节目《溜溜的水乡》《星星和渔船》获得艺术表演类甲组二等奖和“青春大舞台”全国大学生优秀艺术节目网络展示“优秀节目”；袁婧的书法作品《野望》获得艺术作品甲组二等奖，同时，学校荣获“第三届全国大学生艺术展演活动优秀组织奖”；在国际内部审计师协会（IIA）主办的第六届 IAEP 年会上，陈宋驰夺得第一名；在第二届华语辩论锦标赛上，南审代表队荣获亚军；在第七届道琼斯全国高校财经英语竞赛中，获二等奖 2 项、三等奖 3 项；在教育部主办的“第十二届全国多媒体课件大赛”中，获二等奖 2 项等。（撰稿人：曹兴华）

审计理论与科研

科研成果综述

一、国家审计服务国家治理的有效性研究

该研究概述了治理及国家治理内涵的相关问题，明晰了国家审计与国家治理的基本关系，指出了决定国家审计在国家治理中发挥有效性的基本因素，提出了深化和提升国家审计服务国家治理的方向。

（一）治理及国家治理内涵的相关问题的概述

政治社会场域中的“治理”，自 1989 年世界银行首次使用对非洲状况的研究评价之后，被广泛用于社会经济发展的各个领域，甚为流行。虽然语词广泛，但“治理”的含义至今学界仍没有公认的统一的权威定义。学者们仍然在需要的语境下给定“治理”概念，并利用“治理”解释一定的现象，立场呈现多样性。因此，探讨国家审计与国家治理的关系，需要从理论上廓清治理及国家治理的基本内涵。

治理及国家治理是对传统政治风格模式的一种理念和方法的挑战，需要我们以新的时代视野去诠释和理解。其核心是以新的方式和方法进行社会资源和代价的分配，解决好谁得到什么，何时得到和如何得到的问题，从而实现国家和社会协调良性发展。

（二）国家审计与国家治理的基本关系定义

国家审计的组织地位和组织特性决定了国家审计与国家治理的基本关系。一方面，国家审计一切制度安排服从于国家治理的总体要求，另一方面，国家审计以其独立性、综合性和专业性有效作用于国家治理，相辅相成，实现国家良好治理。

（三）决定国家审计在国家治理中发挥有效性的基本因素

国家审计的组织地位和特性决定了其与国家治理之间的基本关系，而国家审计要处理好其与国家治理间的关系，充分发挥行为的有效性，真正促进良好国家治理的实现，需要辨清和确定国家治理阈下的国家审计的价值理念、职能定位、效用层次、使命和责任、组织能力资源。价值理念决定了国家审计在国家治理中应该做什么，使命和责任决定了国家审计在国家治理中应该怎样做，职能定位和效用层次决定了国家审计在国家治理中能做什么，组织能力资源决定了国家审计在国家治理中能做成什么。

（四）深化和提升国家审计有效服务国家治理的若干方面

国家审计之于国家治理的作用在于强调一种有效性，即国家审计利用其组织能力满足国家治理的各种需求，并取得良好的效果。为了实现这种有效性，国家审计应当以良好国家治理为主轴，深化有效服务国家治理的作用点。一要注重国家审计在公共政策方面的贡献，提升国家审计服务国家治理的效用层次。二要注重分析和考量财政收支活动对国家和社会经济的影响。三要注重考量政府能力和行政成本，提高政府的效能。四要注重对相应治理主体公共服务供给尽责和效果的测评。五要重视公民参与民主政治进程推进，提高合法性国家治理。六要注重参与风险社会管理，维护国家安全。

（五）国家审计相关制度改进和完善

为了提升国家审计参与国家治理的有效性，国家审计应当不断加强自身的制度建设，进行有效的改进和完善。一要建立有效的计划与项目管理体系，注重审计计划项目选择的时效性和效果性。二要注重审计人才资源的能力禀赋与有效服务国家治理需求的协调。三要建立国家审计的国

家治理评估体系。四要推进国家审计监督公开透明，促进国家治理的有效性。

二、未来金融审计战略的选择

审计长刘家义指出：国家审计实质上是国家依法用权力监督制约权力的行为，是一个内生的，具有预防、揭示和抵御功能的“免疫系统”，是国家治理的重要组成部分。这段论述深刻揭示了国家审计与国家治理的关系，是对我国审计机关成立近三十年审计工作的深刻总结，更是对国家审计本质的全面深刻的认识、理解和解读。从这个角度来反思2008年以来发源于美国并持续至今的全球金融危机，反思金融危机对我国经济安全和金融安全的威胁，反思金融危机的教训以及审计应对策略，更具现实意义。

（一）金融审计参与国家治理的重要作用

反思这次金融危机的教训，借鉴GAO（美国审计总署）审计的案例，我国金融审计要在国家治理中发挥作用，主要有以下四个方面：第一，在审计目标方面，要以参与国家治理，维护金融安全为最高战略目标。第二，在审计项目的具体实施中，要把评估国家经济政策、安全政策或金融政策本身及其实施效果，作为审计工作的具体目标或主要内容。第三，在维护金融安全的最高战略目标下，审计对象更广泛。第四，在维护金融安全的战略目标下，审计内容更宽泛。

如果我们确定“金融审计是推动实现国家良好治理的重要手段，金融审计要以维护国家金融安全为最高战略目标”，基于我国市场经济和金融产业发展的实际情况，反思金融危机的教训，落实今年初第四次全国金融工作会议对于全面推进金融改革发展的主要任务，未来我国金融审计战略的选择应当是：揭示系统性风险，评估金融政策，维护金融安全。

（二）揭示系统性风险

金融审计发挥国家治理和“免疫系统”的功能作用，核心内涵有三：其一，有效地维护金融安全，针对金融机构的经营管理和金融业整体的运行情况，揭示金融风险。其二，金融审计要有效地识别风险，进而实现风险预警，未病先防，并促使金融机构能够自身化解风险。其三，免疫系统是“自身系统”，正常情况下不能从外部“植入系统”，只能靠自身生长的系统。金融审计的“免疫系统”作用要通过揭示风险的工作，促进金融机构建立、生长和强化“自身免疫系统”，增强自身防范和化解风险的能力。当然，审计机关揭示风险的工作不能替代或弱化金融机构和监管部门自身防范和化解风险的责任，更不能弱化其自身的风险控制和内部控制的系统和职责，只能起到强化这个系统与职责的作用，以此发挥国家治理的作用。GAO审计也是发挥同样的作用。

（三）评估金融政策

审计机关应当积极评估我国金融监管政策取得的成功经验，总结切实可行的监管措施；借鉴巴塞尔委员会的监管指导意见，评估为何成功，哪些具体措施保证了监管政策和货币政策的成功，哪些政策措施需要改进，哪些监管政策有漏洞或缺失，需要补充完善，等等。这些评估将为后金融危机时代更有效的金融监管提供依据，奠定基础，更能够促进我国金融业更快速健康地发展。

（四）维护金融安全

审计机关作为国家治理的重要组成部分，要在国家治理层面上提出经济风险警示，也是审时度势、深刻分析国际金融危机对我国整体经济的危害后，历史赋予审计机关的使命；这对于应对国际金融危机，保证我国经济健康稳定运行，确保国家经济安全具有特殊意义。

第一，在国际金融危机的背景下，特别需要认真总结和吸取金融危机的教训，以促进我国金融业和实体经济加强基础管理，加强内部控制和风险防范，加强金融监管，这是金融审计发挥国家治理作用，维护国家经济安全的首要责任。

第二，维护经济安全，要监督检查国家财政政策和货币政策的落实情况。地方政府性债务审计结果公告认为，地方政府性债务的形成有历史的、客观的原因，对地方经济社会发展发挥了一定的积极作用，但是在债务举借、管理和使用中出现一些问题，有的地方存在较大的风险隐患，应当采取有效措施妥善处理存量债务，严格控制新增债务，防范和化解可能出现的风险。这次审计充分评估了我国应对国际金融危机所出台的财政货币政策的实施效果，有效维护了国家财政金融的稳定和安全，充分发挥了审计机关参与国家治理的重要作用。

第三，维护经济安全，要维护国有资产的安

全。审计机关要严格监督和防范大规模、大范围的国有资产流失和企业严重亏损的风险，维护公有制经济主体的安全。

第四，维护经济安全，要维护民生安全和环境安全。通过监督，坚决查处各种损害人民群众利益，破坏生态环境的重大违法违规问题，促进经济社会的协调和可持续发展，就是维护了国家经济安全和社会安全，发挥了国家治理作用。

三、中国特色社会主义审计制度的体系结构和主要内容

加强中国特色社会主义审计制度研究，尤其是作为其主体的体系结构和主要内容的研究，对于促进审计机关更好地履行审计监督职责，发挥国家审计保障经济社会健康运行的“免疫系统”功能，提升国家审计参与国家治理的层次和水平具有重要意义。

（一）中国特色社会主义审计制度的含义

国家审计制度根植于审计实践，受国家政治、经济和文化的影响，中国特色社会主义审计制度的恢复、发展和完善与我国经济社会的发展密切相关。研究中国特色社会主义审计制度的体系结构和主要内容，首先需要明确什么是“中国特色社会主义审计制度”，这涉及体系结构和内容边界。中国特色社会主义审计制度隶属于中国特色社会主义制度的具体制度层次，是国家政治制度不可或缺的重要组成部分。中国特色社会主义审计制度是由“中国特色社会主义”和“审计制度”两部分构成，其中前者指明了审计制度形成的社会环境，具体来说是在中国共产党领导下，立足基本国情，以经济建设为中心，坚持四项基本原则，坚持改革开放，解放和发展社会生产力，巩固和完善社会主义制度，建设社会主义市场经济、社会主义民主政治、社会主义先进文化、社会主义和谐社会，建设富强民主文明和谐的社会主义现代化国家。后者指明了制度的作用领域是审计活动领域，审计关系主要有审计人员之间、审计人员与审计机关之间的审计内部关系，审计机关与被审计单位、人大和政府、其他机关等组织之间的审计外部关系。因此，中国特色社会主义审计制度是指，以我国政治经济文化体制为基础，以维护社会公众和国家整体利益为目标，规范审计人员之间，审计人员与审计机关之间，审计机关与被审计单位、人大和政府、其他机构等组织之间审计关系的体系。

（二）中国特色社会主义审计制度的主要内容

我国已经初步建立了中国特色社会主义审计制度，这套制度从表现形式来看，由正式审计规则、非正式审计规则和审计实施保障系统构成。其中正式审计规则是指人们有意制定的，并以明确的形式确定下来的一系列审计规则，主要包括宪法、审计法、审计法实施条例、党政主要领导干部和国有企业领导人员经济责任审计规定、中央预算执行情况审计监督暂行办法、财政违法行为处罚处分条例、国家审计准则及指南等。非正式审计规则是审计人员长期社会生活中形成的、具有持久生命力的，对审计关系产生非正式约束的规则，如审计价值取向、习惯习俗等。审计实施保障系统是审计制度的实施方式、方法及各相关因素互相影响、互相作用的内在机理，是审计制度的具体运作体系和实际操作过程。正式审计规则是审计制度基本框架和核心，非正式审计规则是审计制度的根基，审计实施保障系统是审计制度的补充。它们相互补充、相互影响，共同构成审计制度体系，是一个不可分割的整体。

（三）中国特色社会主义审计制度建设的指导思想、目标和原则

加强中国特色社会主义审计制度建设，发挥审计保障国家经济社会健康运行的“免疫系统”功能，必须坚持正确的指导思想。坚持党对国家审计工作的领导是完善我国现行国家审计制度的指导思想。审计制度建设的目标，就是要通过审计体制、机制、程序、规则的科学设计和实施，使国家审计制度的功能得到最大限度的发挥，亦即更为有效地服务国家治理。制度是一个历史范畴，制度也是一个关系范畴，制度更是一个规范范畴。这意味着制度兼具客观性和主观性双重特征，因此构建科学的审计制度应遵循合理、合法和有效原则。

（四）加强中国特色社会主义审计制度建设的路径

事物在发展变化过程中，量变和质量是交织在一起的，从哲学上讲，制度的发展变化是对于制度变化的程度和结果而言，有量变、质变和创新三个方面，因而制度建设有制度的改良、变革

和创新三种表现形式。具体来说，制度建设主体可从总结审计经验、满足社会需求、借鉴相关制度三条路径，加强中国特色社会主义审计制度建设。

四、开展公共政策审计有效服务国家治理

公共政策是国家治理的基本工具。国家审计机关开展公共政策审计既具有必要性又具备可行性。公共政策审计从保障政策贯彻落实，提高公共政策决策科学性和政策能力，保障公共政策价值目标的实现，推动责任政府和绩效政府理念的建立和深化，提高公共政策的参与度和透明度从而增进社会民主等五个方面作用于国家治理。审计机关应充分认识公共政策审计的意义和重要性，积极探索，拓展公共政策审计的广度和深度，提升自身在公共政策领域的价值作用。

（一）公共政策与公共政策审计的含义

公共政策的定义可概括为以政府为主的公共机构，为确保社会朝着政治系统所确定、承诺的正确方向发展，通过广泛参与和连续的选择，以及具体实施产生效果的途径，利用公共资源，达到解决社会公共问题，平衡、协调社会公众利益目的的公共管理规范。从静态上看，公共政策体现为一系列的谋略、法令、措施、办法、条例等。从本质上说，公共政策是政治统治和公共管理的工具，是社会利益分配或再分配的手段，其功能主要是为了实现政治控制和阶级统治、社会公共管理或服务、社会利益关系的平衡与调节。公共政策的本质揭示了它与政治系统、公共管理以及社会公众三者之间的关系。

公共政策审计是国家审计机关在法定职权范围内，从形式、事实、价值三个维度，对公共政策、公共政策系统（政策主体、政策客体、政策环境）、公共政策过程（政策制定、政策执行、政策评估、政策终结等）和公共政策的结果和影响进行的监督、评价、建议咨询等审计活动。公共政策审计，监督公共政策制定与执行过程，为社会公众所关注的经济政策事项提供独立的审计意见，为政策制定和执行提供信息和咨询，目的是保证政策目标实现，提高公共政策决策质量，改善公共政策系统，提升国家和政府政策能力，继而提升国家治理能力，促进良好治理目标的实现。

（二）公共政策审计的必要性和可行性

审计机关将公共政策及其活动过程纳入自身业务范围，开展公共政策审计，是国家审计作为国家治理重要组成部分的应有之义；是提升国家审计服务国家治理效用层次的重要手段；是世界各国国家审计机关参与国家治理的普遍做法；国家审计机关组织人格的独立性是公共政策审计有效服务国家治理的根本保障。

（三）公共政策审计服务国家治理的作用机制

主要包括：发现和反馈政策执行中的问题，监督并保障政策的顺利贯彻落实；提供战略性和前瞻性的意见建议，为公共政策系统提供信息和智力支持；监督约束政策制定和运行中的权力，保障公共政策价值目标的实现；通过公共政策绩效评价，推动责任政府和绩效政府理念的建立和深入；增加公共政策系统的开放性，提高公共政策的参与度和透明度，增进社会民主。

（四）我国审计机关开展公共政策审计的建议

一要充分发挥审计机关的信息优势，准确发掘和选取好的政策主题，提升审计机关在公共政策领域的价值性。二要探索和创新公共政策审计的组织模式和成果报告形式。三要总结实践经验，加强理论研究，构建适合我国国情的公共政策审计理论和方法体系。四要加强人才培养，为公共政策审计提供人才保障和智力支持。

五、国家审计组织能力体系研究

以如何构建国家审计组织能力体系为主线，探讨了国家审计组织能力的内涵和特征，构建国家审计组织能力体系应遵循的原则，从国家审计的现实与未来需求出发，给出了国家审计组织能力体系的基本框架，并对关系到国家审计组织能力构建的相关问题进行了探讨。

（一）国家审计组织能力的内涵及特征

国家审计组织能力是国家审计综合运用组织的资源要素，行使经济监督职能，提升组织价值，实现组织使命的本领。国家审计组织能力具有权力性、职业性、独特性、动态性、系统性的特征。

（二）国家审计组织能力体系的内涵及构建原则

国家审计组织能力的构建应当遵循组织能力与外部环境需求相一致的原则，遵循组织能力战略发展与现实需求相协调的原则，遵循组织能力与审计人员素质能力相促进的原则，遵循组织能力结构合理化与动态提高发展相结合的原则。

（三）构成国家审计组织能力的资源要素

国家审计组织能力的构建应以发扬国家审计独有的地位和优势为主线，结合国家审计所具有的人力资源、制度资源、技术资源、文化资源和财力资源。组织所具有的要素资源不同，决定了组织能力上的差异。国家审计组织要素资源的优劣，决定了国家审计能力的强弱。

（四）国家审计组织能力体系的基本构成

国家审计组织能力的构建涉及国家审计组织运行的各个环节，各个层面，是国家审计组织发展战略、现实需求、人力资源状况有机结合的过程。国家审计既要具备履行其法定职能的基本能力，也要具备促进国家审计深入发展的能力。总体而言，国家审计应当具备信息能力，包括信息采集能力、信息分析能力和综合判断能力、信息提供能力；知识能力，包括知识结构、知识的运用能力、持续的学习能力；制度能力，包括计划管理能力、组织结构能力、规范制定能力；技术能力，包括技术理解能力、技术运用能力、技术创新能力；关系能力，包括声誉能力、外部关系能力、内部关系能力；领导者能力，包括战略决策能力、执行能力、高尚道德、管理能力；战略管理能力，包括对被审计对象进行宏观战略分析和判断的能力、基于对资源禀赋的战略认识和外部环境的动态变化的战略变革、更新和转换能力；持续创新能力、文化影响能力和理论研究能力。

（五）建立与完善国家审计组织能力体系的若干问题分析

国家审计组织能力体系的构建取决于三个主要方面，一是国家审计职能范围框定了能力体系构建的内容和方法，二是国家审计的价值理念引导着国家审计能力如何去实践和发挥，三是审计人员所具有的素质能力决定了国家审计能力的实现程度和效果。

在国家审计组织能力体系构建中，需要辨识已经具备了哪些能力，哪些能力需要不断改进和完善，哪些能力需要我们努力去建立。国家审计组织能力体系的构建和完善，国家审计组织能力的提升不是一蹴而就，而是一个循序渐进的过程，需要坚持不懈。

六、审计文化影响力研究

随着中国审计事业的飞速发展，审计在对被审计单位产生影响的同时，在社会主义民主法治建设中的影响力和国家治理中的影响力迅速提升；同时，随着审计文化建设的发展和重要性的提升，超越审计和审计成果影响力的更深层次、也是更高层次的审计文化影响力问题，日益引发人们更多的关注。审计文化影响力问题是一个崭新的课题，也是审计文化建设深入发展必然要面对的一个重要课题。

（一）审计文化与审计文化影响力

审计文化是一种管理文化，一种行政管理文化，一种部门管理文化；是一种职业文化，一种专业文化，一种行业文化。审计文化影响力涉及审计文化建设，更关系审计公信力。

（二）审计文化影响力的构成与核心

审计文化影响力是审计文化在审计机关内外和审计实践活动内外的作用体现。任何事物只要与其他事物发生联系，就会产生影响。产生“影响”的前提条件有两个：一个是事物本身的特质，这种特质越突出越好；一个是在与其他事物联系中可能产生的作用，这种作用与事物间联系的形式、方式等有很大关系。这种影响力中的“力”，实际上既是指“影响”本身能量的大小，更是指接受影响的程度。

（三）审计文化影响力之外部影响力

从外部影响力的角度观察，审计文化影响力通常可以分为这样几个层次：第一是审计关系中的审计文化影响力。它是在审计主体与审计对象间的审计活动中产生，并直接体现在审计对象身上。第二是国家治理活动中的审计文化影响力。它是在审计活动，特别是审计信息产品形成、报送中产生，并直接或间接体现在国家治理活动中。第三是民主法治建设中的审计文化影响力。它是在审计活动和审计信息传播中产生，并直接或间接体现在问题整改、制度完善，以及媒体、纳税人的民主监督活动中。审计文化影响力往往要通过审计主体形象和审计成果形式才能得以发挥，换句话说，审计主体形象和审计成果形式是审计文化影响力的基本载体。

（四）审计文化影响力之内部影响力

审计文化影响力与审计文化建设紧密相关。审计文化影响力，现实中集中表现为积极主动的审计文化建设活动及其直接作用和成果。审计文化内部影响力，是审计文化在审计系统内部的影响力，是审计文化相对于审计实践活动和审计各项工作的影响力。审计文化的内部影响力着眼于审计系统的文化发展，着眼于先进审计文化的引领作用，着眼于审计文化的建设，着眼于先进审计文化的建设。

（五）审计文化影响力的主要特点与提升路径

审计文化影响力是一个整体，也是一个系统。审计文化外部影响力着眼于审计文化的客观效果，着眼于审计的国家治理职能的发挥，着眼于审计对国家治理的完善和促进，着眼于审计的宏观作用和社会效果。审计文化外部影响力的特点可以概括为以下几点：精神性与审计实务的一体性；独立性与国家治理的导向性；专业性与公众意志的融合性。审计文化对于审计事业的发展来说，不是最直接的因素，但却是最持久的决定性因素。审计任务的多少，审计能力的高低，审计信息化技术的应用程度，审计成果的质量水平，审计决策的科学化特征，往往都依托于深厚的审计文化底蕴。审计文化影响力研究的意义，主要在于主动积极地在审计主体形象塑造和审计成果形式运用中，更多、更好、更广泛地提升审计文化含量，使得审计文化影响力的形式和内容更容易为人们所接受。

七、企业经济责任审计评价体系研究

对于经济责任审计评价体系，本文主要研究国有或国有控股企业（包括相应的金融企业，下同）领导人员的经济责任的概念、科学发展观与经济责任审计评价的关系、经济责任审计在国家治理中的作用、经济责任界定、构建企业经济责任审计评价体系框架等几个问题。

（一）审计评价和责任界定的几个问题

第一个原则，企业法定代表人的经济责任，最主要的是对本企业财务收支应当履行的责任义务，履行作为国有资产出资人代表的责任，以及与之密切相关的对重大投资与决策等经营活动的经济责任。企业领导和地区领导贯彻落实科学发展观的经济责任有很大区别；只有明晰这种区别，才可能恰当地、有针对性地实施经济责任审计，并给予客观公正的审计评价意见。经济责任审计要避免经济责任空泛化，为下一步运用经济责任审计结果和“问责”奠定基础，也需要坚持这个原则。

第二个原则，程序合法不能免除经济责任。审计法第二十五条、两办《规定》第四条，都明确规定领导干部的经济责任是履行财政财务收支的责任或“职责义务”，都没有规定与决策程序相关联。因此，按照法律法规，经济责任与程序合法无直接关联，集体讨论的意见不能免除领导干部的经济责任，更不能作为规避或推卸经济责任的借口；在经济责任审计中更不能以“程序合法”免除经济责任。

在经济责任审计中有一种误解，即程序合法就不必承担经济责任，似乎只要决策程序经过集体讨论、多数同意，主要领导对于企业经营发生的重大失误就可以不承担经济责任，或者只承担领导责任，这是最大的误解。企业主要经营者的经济责任主要是“财务收支责任”，有关法律法规和监管部门也有明确的考核原则和考核指标，有具体的经营业绩考核责任书来确定这种法律关系。经济责任只考核经营成果或财务状况，领导人员只对经营结果负责，不能以“程序合法”免除经济责任。

如果以程序合法代替经济责任，在经济责任审计中也很难操作。首先，有关法律法规和监管部门都以经营业绩、财务收支状况作为考核依据，以程序合法替代经济责任，则于法无据。其次，审查“程序”不是审计机关的专长，也超出审计责任，更不符合审计法和国家审计准则的规定，审计中难以操作。经济责任审计证据主要是财务凭证和有关书面文件；重大经营决策之前，企业高管或者董事之间会有许多情况和决策意见沟通，这些沟通情况很难取得相关的审计证据，并形成有适当和充分审计证据支持的审计评价意见和责任认定依据，据此认定直接责任或领导责任更是依据不足。

第三个原则，主管工作不能等同于直接责任。两办《规定》第三十五条明确规定：直接责任是“履行经济责任过程中”应当承担的责任。另外，根据会计法和国资委对企业负责人考核办法的规定，其直接责任首先是财务会计责任，与其是否主管财务会计工作或部门无关。所以，领导干部主管的部门或主管的工作不能等同于其直接责任。

（二）构建企业经济责任审计评价体系框架

根据以上关于经济责任审计评价的理解，构

建企业经济责任审计评价体系框架的基本原则是：以企业财务状况为本，以相关法律法规为依据，以发挥审计机关的国家治理作用为指导思想，以监管部门的考核评价内容为参考，以贯彻落实科学发展观、国家宏观经济政策、监管政策的具体措施为辅，建立经济责任审计评价体系。其具体内容如下：

第一，依法评价：对于经济责任审计认定的事实或问题，必须依据相关法律法规、制度规定做出审计评价和界定责任；没有法律法规、制度规定依据的事实不能评价。

第二，发挥国家治理作用：审计机关是国家治理的重要组成部分。企业经济责任审计要站在国家治理和科学发展观的立场与高度上，在审计评价中充分发挥国家治理作用，结合“政策评估”的审计内容，注重揭示企业经营和企业监管的体制机制问题，注重为国家宏观经济决策和日常监管提出有充分依据的审计意见建议。

第三，兼顾效益性、长远性、全局性：企业经济责任审计评价，特别对重大经营决策项目的评价，要在充分发挥国家治理作用的基础上，充分贯彻落实科学发展观，兼顾项目的效益性、长远性、全局性，做出符合客观实际、符合科学发展观的评价。例如对于项目实施中的有些问题，要深刻理解科学发展观的精髓，以经济社会发展的大局、全局为背景，实事求是地提出审计评价意见。

第四，重要性：对于企业领导人员经济责任评价的内容，应当是企业经营中的重大或重要问题，其他问题可以作为“企业管理建议书”的内容来揭示或者提示。

第五，历史性（发展进程）：这类评价内容应当能够历史地反映一个企业的发展进程，特别是反映领导干部任期内的经济责任或者经营业绩的完成情况。

第六，通行性（普遍性）：这类评价内容应当在大多数企业都行得通、都可以提炼出来并具有可比性，最具这个特征的评价内容是财务状况（财务指标）。

第七，行业适用性：这类评价内容应当对于一个行业具有明显的“指标特征”，标志一个企业在全行业的发展状况、发展水平，例如产量（生产能力）、营业收入、市场占有率、能耗水平、环境保护（污染）情况等。

第八，界定经济责任：对于经济责任审计发现的重大问题，应当根据相关法律法规明确界定企业领导人员的直接责任、主管责任和领导责任。根据有关法律法规，对于本框架第二至第四部分问题和经营业绩责任书有明确规定的问题，领导人员应当承担直接责任；对于本框架第五至第七部分问题，应当根据问题发生的具体情节，领导干部应当承担相应的主管责任、领导责任或直接责任。

另外，对于领导人员承担领导责任和主管责任的问题，还应当同时明确承担直接责任的人员。

根据以上指导思想和原则，企业经济责任审计评价体系框架大体如下：构建企业经济责任审计评价体系框架的原则；企业总体财务状况及其任期内的主要变化评价；企业重大经营决策和重大财务违法违规情况；企业领导人员廉洁从业情况；企业落实科学发展观、落实国家宏观经济政策和监管政策措施的情况（政策评估）；企业重大经营决策项目的实施及其绩效情况；企业的公司治理和对所属机构的管控情况。

八、国家审计能力框架研究

国家审计能力是国家审计有效履行法定职责的关键要素，其能力建设是一项长期的系统工程。国家审计是国家治理的重要组成部分，是完善国家治理的重要力量，在增强国家治理系统有效性、改善国民生存与发展状况中发挥“免疫系统”功能。加强国家审计能力建设，是国民经济社会发展的客观需要，也是国家审计更好地履行法定职责的需要。世界审计组织要求各成员国强化最高审计机关能力建设，开发了能力建设指南和指导目录，将加强最高审计机关能力建设纳入其 2011—2016 战略规划，以提高最高审计机关在改善国家治理、改进国民生存与发展状况等方面的能力。

（一）国家审计能力的含义

根据对国家审计活动的分析，依据对国家审计职责的法律界定，基于国家审计能力在国家治理能力中的重要地位，我们认为，国家审计能力应该是国家审计履行其法定职责的各种本领的总称，具体而言，是国家审计利用其应有资源，对公共机构经济活动及其主要负责人履责情况开展监督评价，维护并改进国家治理系统有效性、保障并改善国民生存与发展状况的各种本领的总称。

（二）国家审计能力框架的含义

国家审计能力框架应该反映国家审计整体状况，体现国家审计运行的系统性架构。理解国家审计能力框架，有助于全面了解国家审计职责，有助于系统科学判断审计法定职责有效性，有助于加深对国家审计的全面系统了解，从而恰当定位国家审计在国家治理中的重要地位。

国家审计能力包括整体视角的国家审计能力和要素视角的国家审计能力两大部分，国家审计能力框架应包括对国家审计能力各要素的总体表述，也应对国家审计整体能力进行有效归纳，从而恰当反映国家审计能力中整体与部分、系统与要素的关系，建构推动国家审计长期发展的能力体系。

（三）国外国家审计能力建设实践及特点

自现代国家建立以来，通过改善国家审计能力来增强国家治理能力，一直是各国改善国家治理共识。国家审计能力是国家审计发展的重中之重，各国积极加强审计能力建设，将其作为影响国家审计发挥作用的核心要素，世界审计组织也积极推动各国加强审计能力建设，以便在改善公共治理、维护公众利益方面发挥重要作用。

（四）我国国家审计能力建设的目标、要求与建议

第一，创新国家审计资源管理方式，构建高层次、宏观视角的监督体系。构建高层次监督是国家审计成立的初衷，监督的宏观性、战略性是国家审计发展的必然要求。首先，创新国家审计资源整合方式，调动全国审计系统力量，加强对全国审计系统的能力建设，努力化解区域间审计能力发展不平衡问题。其次，对现有审计报告进行深加工。如每年发布全国范围预算执行整体报告，全国政府财务报告真实性报告，对预算执行总体情况、各类重大事项、发展进展、改进重点进行深层次挖掘。再次，创新系统性监督检查方式。对某一重大经济领域（如国土领域、住房系统、交通基础设施系统）进行全国范围内的监督检查，也可根据民众关注热点、网络舆论焦点等进行选题，每年关注一个重大事项，逐步健全该领域的体制机制。最后，最高审计机关应引进高层次专业人才，建立权威专家库，提出切实有效的深层次审计整合报告；地方审计机关也应积极改善人才结构，提出更好地推动地方经济社会发展的审计报告。

第二，制定国家审计能力建设战略，形成能力建设的长效机制。国家审计能力建设战略，应紧紧围绕国家治理需要，推动审计事业长期健康发展，在国家审计发展战略中制定能力建设战略。在制定能力建设战略时，应恰当考虑政治环境影响、战略时间范围、完成战略所需资源的可得性、管理战略的难度、持续改进战略的可行性等因素。与此同时，根据国家审计使命和战略，评估国家审计内外部环境，确定某一时期审计能力建设侧重点，将其纳入审计发展战略中；与此同时，单独制定能力建设战略，明确能力建设短期、中长期任务，借鉴国外审计发展经验。鼓励地方审计机关制定符合省情市情的能力建设战略，创新能力建设实践，审计署积极借鉴、推广、普及各省有效做法，并借助审计系统内外力量，推动国家审计能力的持续改进。

第三，定期评估国家审计能力状况，构建国家审计能力评估体系。为更好地满足国家发展需要，国家审计需要进行持续性改进，这就意味着国家审计能力在不同时期会有较大差异，其是否可以适应国家发展需要有待进行系统性评价。所以，需要建立定期评估国家审计能力的机制，对不同时期国家审计能力建设进展、存在问题、未来努力方向等情况进行有效分析，便于领导层和决策层制定国家审计发展决策。我们认为，构建适合我国国情审计能力评估模型，应积极考虑SWOT分析等通用评估模型的适用性，定期分析国家审计内外部环境状况，明确国家审计使命、目标和任务。更为重要的是，尽快引入独立性较强的外部机构对国家审计能力开展系统性评估，分析国家审计职责、履责情况、履责能力等之间是否匹配，是否可以满足当下和未来一段时期国家治理需要。另外，建立国家审计能力建设战略规划，形成能力持续改进的机制。结合“十二五”审计工作发展规划，进一步制定能力建设的详细计划，明确应达到的目标以及应实施的改进性措施。

第四，借鉴其他方面的能力建设经验，开阔能力建设视野。能力建设是各主体提升自身适应

性、竞争性水平的必然需要，是自我完善与回应外界改造相结合的总称。为适应环境变迁和更好地履行职责，中央国家机关以及地方机关也在加强自身能力建设，其他国家监督力量和社会中介机构也在开展自身能力建设；发达国家审计机关能力建设经验较为成熟，部分国家开展国际自愿性同业复查，这需要以更宽广视野对待中国特色的国家审计，积极吸收不同国家的审计能力长处；企业管理领域还开发了标杆管理等支持企业不断改进、获得竞争优势的管理方法；非营利组织、社会公众等也在为提高自身适应性和竞争力而努力。所以，积极借鉴不同类别、不同形式能力建设的有效经验，既有利于拓展审计能力建设内容，又可以创新能力建设的方式方法。

第五，消除国家审计能力各要素中的短板，形成各要素协同建设框架。为适应国家治理需要，提高审计监督层次和有效性，国家审计能力各要素能力建设应密切关注国家发展的新需要，紧紧围绕推动国家良好治理和改善国民生存与发展状况。对于人员自身能力建设而言，需要构建一支高专业素质、高职业素养的审计队伍，打造一支专家型的审计团队，分析问题、薄弱环节或缺陷背后的逻辑，撰写实质性提升被审计单位财政财务管理水平和改进国民生存与发展状况的深层次报告。对于业务监督手段的能力建设而言，健全财务审计、绩效审计、管理咨询等业务的技术、方法、规范等，持续创新审计技术和方法，构建业务激励约束机制，打造高水准业务质量。对于组织管理能力建设而言，制订更能满足国家治理需要的发展规划，构建全国审计系统信息和资源共享平台，最大限度地整合现有审计资源，开发新的审计资源，实施更具有公信力和权威性的问责措施。对于制定实施及修订与审计有关规则的能力建设而言，及时总结审计实践有效经验，形成更具有约束力的规定，并上升为法律层面的正式文件；重构国家审计的理念、精神、价值观等文化，推动塑造干部清正、机关清廉的模范机构。对于处理外部环境变迁及与主要外部利益相关者协同发展的能力建设而言，要密切关注国家发展的新动向，尤其是重大经济事项，并逐步对此开展评估，分析其演化趋势，反映国家发展和国民需要的新诉求，着眼于自身能力和被审计单位能力的有效提升，使之更适应国家发展环境变迁。

九、审计项目组织模式创新研究

随着国家审计宏观性、建设性作用的发挥，审计项目出现了大型化和复杂化趋势，在审计项目的组织上，审计机关进行了财政审计大格局、统一组织大型审计项目、信息化条件下审计组织方式的大胆探索；但这些项目组织模式在一定程度上，仍然存在数据使用较为封闭，跨部门协作较为困难，项目管理与部门管理存在冲突，项目文化建设相对滞后等一系列问题。本课题旨在从项目管理理论的视角审视审计组织模式的变革，总结经验，从而探索和设计审计机关审计项目组织模式创新的思路和规律。

（一）审计项目组织模式与审计项目管理

在审计项目中，主要从四个方面考虑审计管理理论的应用。

一是项目管理在审计中应用的必要性。审计管理项目化是进一步规范审计管理工作的需要，是审计管理工作的发展方向，同时也是审计工作迈向规范化的必由之路。

二是项目管理技术。工作分解结构、责任矩阵、甘特图技术、网络计划技术、项目控制技术、项目管理信息系统等传统的项目管理方法已相对成熟，在审计中也有一定的应用价值。

三是项目管理模式。在审计组织结构方面，应打破现有的处、科、室制的组织管理体制，建立以项目矩阵制为基础的国家审计组织模式。用管理系统结构熵理论来分析，矩阵制的审计组织结构的有序度要大于事业部制的审计组织结构。

四是审计过程管理。审计机关审计项目管理分为流程管理和要素管理两个方面，在当前的审计管理中，应细化审计项目在准备、实施、报告、后续工作这四个阶段的管理，加强审计项目的要素如成本、质量、后评估和责任等方面的管理。

（二）审计项目组织模式创新的必要性

第一，通过审计组织模式的创新，有助于消除信息“孤岛”。信息孤岛是指相互之间在功能上不关联互助、信息不共享互换以及信息与业务流程和应用相互脱节的计算机应用系统。在信息化建设过程中，以处室为单位的项目组织方式使得各专业审计数据库之间彼此独立，信息不能共享。通过各专业数据库之间的数据共享和建立整体数据平台，能够消除管理中信息“孤岛”和信息传递失真，通过信息共享将资源信息在一定的时空范围内实现对称，从而降低资源交易成本，提高效率。

第二，能够提高工作效率和质量，满足快速反应的要求。在以项目为导向的组织模式中，项目是工作的焦点，有专门的人员负责管理整个项目，负责在规定的时间、费用、质量要求条件下完成项目，他拥有对所有项目资源的控制权，包括成本和人员。通过组织模式的创新，能够在不确定环境中进行复杂的决策和经常性的变革，项目组的灵活性使之能够对项目的需求（如技术或时间上）做出快速反应，也对组织内部的要求做出较快的响应，使得团队更加灵活、高效，具有极强的战斗力，从而能够应对不断变化的外界环境。

第三，有助于创新审计思路，提高审计人员的综合素质。在新型组织模式中，审计人员能有更多机会接触不同项目，有利于信息交流，互相学习，取长补短，提高综合业务素质。这种不定期的组合鼓励合作和团队学习，有助于建立学习型组织，通过不断学习使个人实现自我优化、自我设计、自我创造、自我监控、自我修正。

（三）审计项目组织模式创新的优化设计

以信息化、全球化、多中心治理为背景，遵循组织模式演进的一般规律，构建以项目为管理核心的审计组织模式，协调社会需求、专业审计和地域管理之间的关系；以审计组垂直业务管理为主，以层级组织横向行政管理为辅，以职能支持部门人员派驻审计组、为审计业务工作提供服务支持和保障为依托；在考核机制上，从对层级组织的横向考核逐步过渡到对审计组的垂直考核。在组织模式的具体设计上，实施审计项目组织结构的扁平化、弹性化和网络化，推行项目组合管理、绩效管理、沟通管理、质量管理、风险管理，强化信息技术、法律、专业研究等在审计项目中的应用，倡导团队型、学习型、变革型的审计文化。

（四）审计项目组织模式创新实例

2012年，沈阳特派办在社会保障资金审计中，改变以往以业务处为建制组成审计组负责某一区域审计的方式，加强人员的整合和处室的协调配合，把14个处室和审计业务结合起来组成一个矩阵，形成了有纵有横、纵横交错的组织结构模式，实现了扁平化管理。

十、基于数据挖掘的贷款风险等级分类真实性审计研究

商业银行贷款风险等级分类真实性审计，就是查找商业银行信贷资产中的不良贷款和正常贷款之间被相互错分的问题，其中绝大部分是商业银行为使不良贷款率达标，将不良贷款人为错分为正常贷款的情况，也有少部分将正常贷款人为错分为不良贷款的情况，例如利用该手段私设小金库。如果信贷资产风险等级分类不真实，就会导致不良率指标数据不能正确反映商业银行信用风险状况，使得人们对商业银行的信用风险和金融市场的系统风险不能做出正确的判断，从而影响商业银行的平稳运营和国家的整体金融安全。

（一）导论

根据对商业银行审计问题的理解，并结合数据挖掘技术自身的特点，本研究在商业银行审计遇到的众多实际问题中选择了商业银行风险等级分类真实性审计的问题，研究中运用数据挖掘方法对商业银行的实际生产数据进行审计分析。

（二）基于支持向量机的贷款风险等级分类真实性审计

应用商业银行实际生产数据作为训练数据集，对数据挖掘技术中的支持向量机（support vector machine，SVM）进行训练，构建了基于支持向量机的银行贷款风险等级分类真实性审计二分类预测模型，用该模型分析作为预测数据集的商业银行实际生产数据，得到了86.79%的分类正确率。为了验证模型有效性，我们故意将预测数据集中50个不良贷款记录错分为正常贷款，将另外50个正常贷款记录错分为不良贷款，然后让构建的模型去查找，实验结果是在100个被故意错分的贷款记录中分类预测模型识别出了其中的84个。

（三）基于决策树的贷款风险等级分类关联规则挖掘

由于支持向量机构建的分类预测模型具有“黑箱性”，即用户无法知道其如何进行分类和预测、为什么得出这样或那样的推理结论，在审计工作实践中，我们除了需要找到哪些贷款记录被错误分类之外，还希望知道模型根据什么识别出了这些被错分了贷款记录，也就是正常类的贷款记录和不良类的贷款记录都具有哪些数据特征规律。我们运用数据挖掘的决策树方法对商业银行实际生产数据进行关联规则挖掘，规则发现在实验数据范围内，利率浮动幅度百分比、操作日期、本凭证贷款余额、表外应收利息、担保方式、本凭证累计收回贷款和到期日期等条件属性都对正常贷款与不良贷款具有较强分类识别能力。据此，我们对商业银行信贷资产风险等级分类进行了一定的规律性研究。

在审计实践中，将数据挖掘方法对正常贷款、不良贷款的分类结果与银行的分类结果进行比较，那些分类结果不一致的贷款记录就很可能是被错分的记录，这样可以帮助审计人员较为全面、准确地审计出错分的贷款记录。并且，通过数据挖掘的关联规则提取方法能够帮助审计人员发现正常贷款和不良贷款记录所具有的数据特征。

（四）基本结论及研究展望

运用数据挖掘中决策树的关联规则挖掘方法对不良贷款和正常贷款之间相互错分的规律进行了研究，实验结果找到了一些对不良贷款和正常贷款具有较强分类能力的条件属性指标，从而增加了分类预测模型的可理解性，并一定程度揭示了商业银行信贷资产风险等级分类的相关规律。

商业银行审计中的数据挖掘技术研究还处于初级阶段，其未来无论从理论创新角度还是从实用价值角度都具有广阔的研究前景。从理论创新来看，商业银行的超大规模数据本身就对数据挖掘现有的算法提出了新的挑战，理论方面数学算法的创新对学术界的研究人员是颇具价值的研究领域；从实用价值来看，随着大数据时代的到来，数据挖掘工具对控制审计风险、提高审计效率将变得越来越不可缺少，随着信息化时代步伐的加快，审计技术与时俱进的迫切性也悄然增强，因此，审计领域的数据挖掘技术必须实现由理论型向实用型的转变。由于我们知识和水平的局限性，本课题只是在该领域中的一次尝试性的探索研究，其中的不足和缺点在所难免，这也是我们未来在该研究领域继续努力前行的动力。我们相信，随着越来越多的审计专家和学者对这个研究领域的重视，在这片尚待充分开垦的研究领地，会结出越来越丰硕的研究成果。（撰稿人：刘西友）

论文摘登

【审计文化影响力与审计公信力】 审计文化影响力研究是一个崭新的课题。随着审计文化建设的发展和重要性的提升，审计文化影响力是必然要面对的一个重要课题。

一、审计文化影响力的“软”性文化特点

20 世纪 90 年代，美国学者约瑟夫·奈提出了“软实力”的概念。软实力的基本含义就是能够影响他国意愿的精神力量，包括政治制度的吸引力、价值观的感召力和文化的感染力等。简单地说，就是某种文化通过人们的行为所产生的正面影响力。这一概念侧重强调的是外部影响力，或者说是内部影响力的最终效果形式。

审计文化影响力可以分为内部影响力和外部影响力两种形式，本文重点考察审计文化的外部影响力。从外部影响力的角度观察，审计文化影响力通常可以分为这样几个层次：第一是审计关系中的审计文化影响力。它是在审计主体与审计对象间的审计活动中产生，并直接体现在审计对象身上。第二是国家治理活动中的审计文化影响力。它是在审计活动，特别是审计信息产品形成、报送中产生，并直接或间接体现在国家治理活动中。第三是民主法治建设中的审计文化影响力。它是在审计活动和审计信息传播中产生，并直接或间接体现在问题整改、制度完善，以及媒体、纳税人的民主监督活动中。

审计文化影响力中的审计文化概念，属于一定的意识形态范畴。它是与审计活动直接相联系的审计理念、审计价值观、审计职业道德、审计理论等软性文化因素的综合影响力。

精神性与审计实务的一体性。审计文化影响力以精神因素为主，但并不单纯是精神因素。审计文化作为一种专业性、职业性的文化，很难单独实现对外部的影响力。审计的文化产品形式通常总要依附于审计活动，依附于审计结果，才能产生影响现实生活的实际力量。审计文化影响力是通过审计活动和审计成果形式体现审计文化的精神价值。

独立性与国家治理的导向性。独立性是审计

组织、审计计划、审计实施、审计判断的最基本的审计道德底线，是审计公正性、客观性的重要保证。独立性也是审计质量、审计效率，以及审计取信于社会的基本前提。但是，任何国家的审计独立性都是相对的。审计是国家治理系统的组成部分，是国家治理活动的重要机制之一。坚持国家治理的需求导向，恪守审计独立性的职业操守，是审计在国家治理中发挥建设性作用的重要审计理念。

专业性与公众意志的融合性。审计既具有专业性，同时又兼具公众性。专业性是审计的职业特点，也是审计文化影响力发挥作用的重要特点。这种专业性既反映了审计的专业视角、专业能力，也反映了审计的专业理念和专业性价值追求。审计要体现纳税人的意志，反映纳税人的民主监督诉求，审计的专业性就要兼具大众性，就要有媒体和公众所能接受的形式，就要有媒体和公众所关心的文化性内容，就要有与社会主义核心价值观相一致的审计理念。审计文化影响力是审计专业性与公众意志的综合体现。

二、审计主体形象与审计成果形式的载体作用

审计文化影响力往往要通过审计主体形象和审计成果形式才能得以发挥，换句话说，审计主体形象和审计成果形式是审计文化影响力的基本载体。

（一）审计主体形象

从审计文化影响力的角度说，审计主体形象实际上是审计主体在外界眼中的客观形象。审计的客观形象可以分为两大类：一类是被审计对象（单位）眼中的审计形象，一类是审计的社会形象。审计在被审计单位眼中的积极形象对被审计单位认识审计、理解审计、支持审计有很大作用。审计的社会形象，涉及面很广。譬如，国家治理活动中的审计形象，包括国家权力机构眼中的审计形象，政府决策中的审计形象等；民主法治建设中的审计形象，包括媒体及纳税人眼中的审计形象等。

从动态角度说，审计主体的客观形象包含两个层次：一个层次是审计主体已经形成的历史性的形象，一个层次是审计实践中正在产生的形象，这种形象涉及审计文化的内部影响力。作为历史性的审计主体客观形象一旦形成，就是一种相对稳定的形象。而作为正在产生的审计主体客观形象，总会在一定程度上改变或丰富、完善既有的历史性审计主体形象。

（二）审计成果形式

审计成果形式中蕴含着审计的科学理念和审计价值观等审计文化因素。

从审计成果传播对象的角度划分，现有的审计传播形式主要四种：一是针对被审计对象（单位）的审计通知书和审计报告。其中的审计通知书虽然不属于审计成果形式，但也是审计主体形象的重要载体，特别是审计“八不准”规定的附件，是廉洁审计、独立审计的主动宣示。二是针对司法机关的案件线索移送文书。三是针对政府、党委、人大的审计信息。四是针对全社会的审计公告，以及署管媒体的新闻发布和审计宣传。

审计成果中勇于公开披露重大违法违规案件的独立审计精神，是对经济犯罪活动的重要威慑。审计文化影响力本身也是一种威慑力，是社会主义民主法治的威慑力。审计机关多年来的大案要案审计，包括案件线索的发现、移送和公开披露，不仅展示了审计制度的特殊优势，更重要的是，它体现了中国审计人的一种依法审计的职业精神。

审计成果中审计发现问题的整改建议体现了审计人员的高度责任意识，是对被审计单位完善管理主动性的积极推动。查错纠弊历来是审计的基本职能，似乎只要查出了问题，审计就算完成任务了。近些年的强调问题整改，表明了审计理念的重要发展，也是审计责任意识的重大进步。

审计提出的政策性意见和完善体制机制的建议，不仅成为政府、党委、人大科学决策的重要参考，而且展示了审计理论创新、审计理念创新的巨大力量。审计在国家治理中的积极作为，深化了审计本质的认识，丰富了审计成果中的审计文化内涵。

公开透明的审计公告和审计宣传制度体现的民主法治精神，是对完善国家治理的重要促进。审计公告和审计宣传作为审计文化影响力的载体，在披露政府工作中存在的问题的同时，也是在培育和展示政府的公信力。敢于正视自己的问题的政府，必定是强有力的政府；勇于接受媒体和纳税人监督的政府，一定是真正的责任政府。

三、审计公信力是审计文化影响力的核心

审计文化影响力与审计公信力密不可分。审计文化影响力是一种与审计主体形象、审计成果形式融会贯通的审计文化现象，是一种塑造审计主体形象，优化审计成果内涵的审计文化建设活动。审计文化影响力，实际上就是外部对审计文化的接受程度，就是审计理念、审计价值观等的外部影响程度。说到底，审计文化影响力就是外部对审计的认可度和信任度，就是审计公信力。审计公信力是对审计行为的一种主观价值判断，是审计行为的形象及其产生的社会信誉所形成的心理反应。审计公信力是审计文化影响力的核心。

审计文化影响力突出表现在审计批判性与建设性审计理念方面，它不仅为审计人员所坚持，更重要的，是能够为外部所接受。批判性与建设性，是审计的两大基本功能。放弃了批判性，也就放弃了审计；忽视了建设性，批判性也就失去了意义。审计文化影响力首先表现为对审计批判性职能的理解与认可。审计不是为了歌功颂德，审计就是要发现问题；审计不是单纯地找毛病，审计要综合分析问题，重点是发现重大和重要问题；审计不能怕得罪人，审计要公开披露问题。批判性审计理念是审计文化影响力的基础性构成要素。同时，审计文化影响力是对审计建设性功能的认可与信任。对直接审计对象的处理处罚，对主管部门、主管单位的整改建议，对政策完善、体制机制改进的建议，它们体现的审计文化影响力都是审计建设性功能的影响力。

审计公信力是一种特殊的公信力。公信力通常是指赢得公众信任的力量，公信力的信任主体是公众。审计公信力的信任主体是一个多层次的集合主体。审计公信力的研究主体主要包括国家治理系统、被审计对象（单位）、媒体和全体纳税人。

国家治理主体是审计公信力的第一信任主体。审计是国家治理系统的组成部分，审计在国家治理系统中的作用的发挥，主要依赖于审计在国家治理中的公信力。审计公信力强，政府决策中对审计意见的相信度和采纳率就高。审计文化影响力的首要任务就是要树立审计在国家治理活动中的公信力。这种公信力有助于国家治理结构的完善性变革，丰富社会主义核心价值体系，促进国家决策系统的科学化，推进民主法治建设的健康发展。

审计公信力的直接信任主体是被审计对象（单位）。审计机关与被审计单位构成了直接的审计关系。审计文化渗入其中，并发挥影响力，主要是用独立、廉洁的职业道德感染人，用科学审计理念影响人，用建设性的审计成果说服人。有了这种审计公信力，审计就容易取得被审计单位的理解和支持，审计效率和审计质量都会大大提高。

审计公信力的公众信任主体主要指媒体和全体纳税人。审计不仅是国家治理的组成部分，也是社会主义民主法治的工具。审计与责任政府建设，与媒体监督和纳税人的参与，有着天然的联系。审计是沟通政府与民众的重要桥梁，在推进民主法治建设方面有着无法替代的作用。而审计发挥这种作用的关键，就是不仅对政府有审计公信力，对全体纳税人也要有审计公信力。有了这种公信力，媒体就能够更好地发挥舆论监督作用，纳税人就能够有机会和条件参与国家管理。

四、积极促进审计文化含量的提升

审计文化对于审计事业的发展来说，不是最直接的因素，但却是最持久的决定性因素。审计任务的多少，审计能力的高低，审计信息化技术的应用程度，审计成果的质量水平，审计决策的科学化特征，往往都依托于深厚的审计文化底蕴。

审计文化影响力研究的意义，主要在于主动积极地在审计主体形象塑造和审计成果形式运用中，更多、更好、更广泛地提升审计文化含量，使得审计文化影响力的形式和内容更容易为人们所接受。

（一）审计主体外部形象的发展与丰富

审计文化作为一种组织系统，具有自我内聚、自我改造、自我调控、自我完善、自我延续等独特的功能。审计文化通过培育审计人员的认同感和归属感，建立起审计人员与审计组及审计机关之间的依存关系，使个人行为、思想、感情、信念、习惯与整个审计组织有机地统一起来，形成相对稳固的审计文化氛围和整体合力趋向，并对外展现一种相对固化，又渐进丰富的审计主体形象。

自中国社会主义审计制度建立以来，审计主

体的外部形象发生了很大变化。我们可以从以下几个角度来加以分析。

第一，从审计的主要对象角度观察，审计机关建立初期，审计主体的外部形象主要是财务大检查的形象，审计的主体特征并不明显。审计法出台后，审计主体的外部形象逐步显现为财政监督的形象。财政监督是审计的永恒主题的审计理念在为广大审计人员所认识后，也逐步为外部所理解。

第二，从审计的作用角度观察，为政府宏观调控服务始终是审计工作的总体要求，但是具体项目审计中审计查处在一段时期内，一直是审计人员的重要追求。其突出表现，就是不少审计人员希望继续扩大审计的查处权。审计主体的外部形象因此似乎就是单纯的“找毛病”。随着专项审计调查的推广，微观审计的形象发生了重要转变。专项资金、专门项目的审计调查，使审计的宏观目的性与微观项目审计有机结合起来。特别是政策执行情况的专项审计调查，审计主体的宏观服务形象更加明显。

第三，从审计的权力制约功能角度观察，经济责任审计构成了中国审计特有的审计主体的权力制约形象。从国有企业承包经营审计，到国有企业领导人员经济责任审计；从政府领导干部经济责任审计，到党委领导干部经济责任审计；从县级领导干部经济责任审计，到省部级经济责任审计；从事后的离任审计到事中审计，经济责任审计在探索中向前发展，在进步中不断提升质量和水平。审计主体的权力制约形象因此也日渐清晰。

第四，从审计本质认识深化的角度观察，审计主体的形象是国家财政安全的“守门人”形象，是领导决策和民众的“眼睛”形象，是国家经济“卫士”的形象，是国家经济运行安全的“免疫系统”的形象，是国家治理的工具形象和国家治理系统组成部分的国家治理形象。

第五，从审计主体自身形象观察，审计人员、审计组、审计机关；地方审计机关（县、市、省级）、审计署，共同构成了审计主体的群体形象。审计人员发现重大问题的能力，审计信息化的应用水平，审计人员的职业操守，审计人员的价值判断，等等，通过审计人员的日常行为，通过审计实施过程，通过审计沟通与交流，自觉不自觉地塑造了审计主体的自身形象；人们也正是从中认识并认可了审计主体的形象。

研究审计文化影响力，就是要通过加强审计队伍建设，提高审计人员的能力和水平，特别是提升审计价值观的影响力，进一步丰富和完善审计的外部形象。

（二）审计成果的文化固化与作用提升

审计成果的形成过程，也是审计文化的渐进固化过程。这一过程中审计文化建设的自觉程度与应用水平，直接影响审计成果中审计文化的固化质量，同时也就直接影响审计成果的层次和水平。美国苹果公司成功地将现代技术与现代艺术有机结合在一起，把文化作为重要的元素，生动地印在了每一件产品之中。尽管苹果公司的技术未必都是独创的，但是，它的产品却具有独一无二的苹果公司文化的魅力。审计文化与现代审计技术的结合，并形成适应国家治理需求的审计成果形式，同样可以彰显中国审计的文化魅力。

提升审计成果中的审计文化含量，需要在审计发展的每一个重要阶段，提出具有革命性的审计文化建设目标。中国社会主义审计制度发展到今天，虽然不足三十年，但在很多方面已经接近或赶上了西方发达国家的审计水平，已经基本形成并正在发展中国特色的社会主义审计制度。坚持社会主义核心价值观的基本方向，注重审计文化建设，注重审计文化与审计实务的紧密结合，中国审计实现了跨越式的发展。近几年，审计署相继提出的关于“国家审计是国家经济、社会运行的‘免疫系统’”和“国家审计要在国家治理中发挥积极作用”的审计文化建设目标，是审计成果上层次、上水平的重要标志。

提升审计成果中的审计文化含量，可以在项目审计的计划、实施、审理、报告中，创造性地进行“研究式审计”。随着中国审计文化建设目标的创造性发展，审计实务也正在发生重大转型。项目审计与课题立项，审计实施与审计科研，你中有我，我中有你。边审计边研究，一面出审计报告，一面出审计科研成果，审计的工作难度在加大，审计的国家治理功能在增强，审计文化影响力在跃升。

审计文化影响力是一个继往开来的发展过程。

审计文化建设的深入必然促进审计文化影响力的不断扩大，审计文化影响力的提升又会带动审计文化建设更快发展。审计文化影响力一旦进入良性循环的轨道，中国审计就会在为实现审计文化建设更高目标的奋斗中得到全面发展。

（撰稿人：宫　军）

【美国联邦政府年度财务报表审计的特点】对政府年度财务报表的审计一直是各国最高审计机关的重要职能，由于各国国家治理框架不同，其审计也各具特点。美国作为特别注重效率与实用的国家，美国审计署对联邦政府年度财务报表（亦称年度合并财务报表）的审计具有多方面鲜明的特点。

一、美国联邦政府年度财务报表审计方式

美国联邦机构检察长、受托独立外部审计师对联邦机构财务报表进行审计，美国审计署必要时可以对联邦机构财务报表进行审计，还可以向被审计单位收取审计费用。美国审计署负责对联邦政府年度合并财务报表的审计。

（一）对联邦机构财务报告的审计

法律规定联邦机构必须在每年的 3 月 1 日之前，编制和提交涵盖本单位所有账户和相关活动的年度财务报告。联邦机构在向审计署提交年度财务报表之前，这些报告必须根据公认政府审计准则经过审计。在联邦机构配备检察长的情况下，可由该机构的检察长进行审计，或由该机构检察长确定的外部独立审计师进行审计。在未配备检察长情况下，可由该机构负责人确定的外部独立审计师进行审计。

审计署可以检查各联邦机构检察长或外部审计师进行的审计，并向国会、管理和预算局、该联邦机构负责人通报检查的结果提出合适的建议。除非法律有特别规定，审计署可以审计每一联邦机构的财务报表及相关活动。审计署对联邦机构的直接审计可以替代联邦机构检察长或外部审计师的审计。在开展此类审计之前，审计署应与该联邦机构的检察长进行协商。

审计署直接审计了国税局、联邦公共债务局联邦债务项目、证券和交易委员会、联邦住房融资局、金融稳定局、消费者金融保护局、联邦储蓄保险公司等机构 2011 年度的财务报表，并且都给出了无保留意见的审计报告。

考虑到与社会安全局和卫生与公众服务部相关的社会保险及其变动数字的重要性，审计署关注了 2007—2011 年度的多年的社会保险报表和 2011 年度的社会保险变更报表及相应的由检察长或相关独立公共审计师出具的审计报告。

在审计署审计联邦机构年度财务报表情况下，该联邦机构应当向审计署支付审计费用。联邦机构也可以要求审计署对其年度财务报表进行审计并由其支付相关费用。审计署在开展此类审计之前，应当与相关机构及检察长就审计的范围、期间和审计费用等进行协商。审计署的收费应当存入财政部的专门账户，用于审计署此项用途的支出，并在年度拨款法中标明数额。

（二）对联邦政府年度合并财务报表的审计

自 1997 年以来，美国财政部每年会同管理和预算局，根据联邦各行政机构提供的财务和业务信息，编制涵盖联邦行政机构年度所有账户和相关活动的联邦政府合并财务报表。为了编制联邦政府年度财务报表，财政部制定相应的会计和财务报表制度，经审计署审查，当这些制度与审计署确定的会计原则、准则和要求相一致时，审计署批准这些制度。

美国法律规定审计署对联邦政府年度合并财务报表进行审计。审计署对联邦政府年度合并财务报表的审计，充分考虑联邦机构检察长或相关独立外部审计师的审计意见，并在审计报告的附录中进行相关说明。在审计署提供给众议院相关委员会的书面证词的附录中以表格形式列示《首席财务官法》（CFO Act）24 个联邦机构的名称、检察长或独立外部审计师审计意见的类型、是否存在重大缺陷或违规、审计机构名称。

二、美国联邦政府年度财务审计报告内容

美国联邦政府年度财务报表审计报告的内容比美国注册会计师协会规定的内容更详细具体，而与日本会计检查院的年度决算审计报告相比则简明得多。

（一）与美国注册会计师协会规定的财务审计报告内容的比较

以无保留意见的标准格式为例，美国注册会计师协会规定的无保留意见财务审计报告主要内容是典型的三段式：被审计单位的名称，财务报表的名称、日期或时期，被审计单位管理层对财务报表的责任，审计的责任；根据公认审计准则实施的审计程序；审计意见。

美国审计署2008年版《财务审计手册》规定的无保留意见审计报告除了名称、日期、时期等，还包括以下核心内容：财务报表情况，内部控制情况，财务管理制度符合《联邦财务管理改进法》（FFMIA）情况，遵循法律和规范的情况，其他信息的一致性情况，审计的目标、范围和方法，被审计单位反馈和审计人员相应看法。根据联邦财务报告使用者对重要事项的兴趣，审计人员可以相应编写重要事项页或高管要览。

（二）与日本会计检查院年度决算审计报告的比较

日本会计检查院年度决算审计报告内容全面、细致，包括审计成果及审计工作本身两方面的内容。以2009年度决算审计报告为例，全文长达1157页，审计成果方面包括审计确认的决算、审计发现的不当事项、审计要求处理的事项、审计建议、以往年度审计结果的落实情况、向国会及内阁报告的事项、国会要求事项的审计结果、对财务人员惩戒处分的要求及检查认定等，审计工作方面包括会计检查院的使命、审计工作背景、审计工作方针、审计计划的制订、审计实施、审计的单位数、账册凭证数等。

美国审计署出具的联邦政府年度财务报表审计报告则是简明扼要、重点突出。2011年度联邦政府年度财务报表审计报告只有短短的21页，除了一般性的内容，突出了两个重点。一是强调的重要事项，包括：联邦政府为稳定金融市场和促进经济复苏采取的措施以及对政府合并财务报表有关项目的影响；联邦政府财政面临的长期挑战，如社会安全和医疗、公共债务及财政支出等；一些金融机构和商业主体的权益。二是对2011年度合并财务报表和2011年度社会保险报表和2011年度社会保险数额变动报表“拒绝表示意见”的审计意见及相关理由。

三、美国联邦政府年度财务报表审计报告方式

审计报告作为独立组成部分编入联邦政府年度财政报告，审计署又以证词形式向国会提供审计结果。

（一）以审计长报告概要及审计长报告的形式编入联邦政府年度财政报告

读者在阅读联邦政府年度财政报告时，可以很方便地了解审计署独立、专业的观点，与联邦政府年度财政报告的其他内容相对照，从而更好地理解和判断年度财政报告；另外，为有利于满足读者的不同需求，还提炼成审计长报告概要，列入年度政府财政报告。

2011年度联邦政府年度财政报告内容依次为：财政部长致辞，导读，管理层论述和分析，审计长报告概要，美国政府年度财务报表，美国政府年度财务报表说明，补充信息（未经审计），代管信息（未经审计），附录，审计长报告。

（二）美国审计署根据国会有关委员会的要求提供证词及书面材料，向该委员会或其成员说明有关事项，为该委员会职责范围的事项提供帮助

为国会有关委员会提供的证词及书面材料与联邦政府年度财政报告中的审计报告相比，观点虽然一致，但内容不完全相同，考虑到满足国会有关委员会听证的具体要求，在内容详略、侧重点上会有所不同。

四、美国联邦政府年度财务报表审计意见的特点

自1997年以来，对联邦政府年度合并财务报表的审计，美国审计署无一例外地出具了“拒绝表示意见”的审计报告，理由基本类似，即由于联邦政府财务报表存在重大控制缺陷及审计工作范围受到限制。

2011年度审计报告认为联邦政府缺乏能满足需要的制度或充分、可靠的证据来支持合并财务报表提供的主要信息。重大缺陷表现在：主要由国防部拥有的资产在权责发生制的合并财务报表中得不到恰当的体现；某些负债得不到合理的估价；某些机构运营成本的较大份额不能与其支出活动对应协调，尤其是国防部；无法充分核算和协调政府间活动；不能保证联邦政府合并财务报表与已审联邦机构财务报表相一致、恰当平衡以及符合公认会计准则；未能确认并解决或说明出现的差异，如财政部报告的预算赤字某些组成部分与财政计划之间的差异，联邦机构财务报表相关数字与对应的财务信息和记录的差异。

关于审计工作范围的限制，2011年度审计报

告认为财政部、管理和预算局向审计署提供的有关美国联邦政府合并财务报表的陈述只是依据来自部分联邦机构的说明，这样的陈述不完整、不充分，影响审计意见的表达。（撰稿人：胡胜校）

【美国审计署高风险领域评估制度及启示】经济社会健康运行的系统风险是导致经济社会运行严重偏离运行轨道的整体性、毁灭性风险。这种风险会动摇经济社会运行根基，堵塞经济社会运行路径，断送经济社会发展成果。系统风险包括经济社会运行外部的风险，自然灾害、侵略战争、金融危机等，也包括经济社会运行内部的风险，资源配置失灵与运行机制失调。审计机关维护国家安全的首要任务就是要揭示、抵御和预防这种系统风险。美国审计署秉持“责任、正直、可靠”的价值理念，着力维护国家安全，自1990年报告高风险领域以来，持续揭示系统风险。1999年1月开始以序列的形式，发布联邦政府在履行绩效与受托责任中面临的高风险领域，此后每两年更新一次。2000年又发布了《美国审计署确定联邦政府面临风险与挑战的标准与程序》，进一步规范了高风险领域的认定和取消的标准与程序。

一、美国审计署高风险领域评估制度

美国审计署高风险领域评估制度已经历时20余年，每两年根据既定的判断标准与程序，对高风险领域进行更新和调整，最近公告的2011年高风险领域包括6个方面30个项目。

（一）美国审计署确定联邦政府面临高风险领域的变动

审计署每两年更新一次高风险领域，增加提请国会关注的新风险领域，并删除风险消失或降低的领域。高风险领域的变动情况为：1990年认定的高风险项目共14项，1990年至2011年之间增加39项，减少21项，合并2项，2011年高风险项目为30项。与2009年认定的高风险领域相比，2011年增加了1项高风险项目——联邦石油和天然气管理，减少了2项——十年一次的人口普查、国防部人员安全审查。

（二）美国审计署确定联邦政府面临风险与挑战的标准与程序

2000年，美国审计署发布了《确定联邦政府面临风险与挑战的标准与程序》，该文件用以规范审计署和审计人员在高风险领域认定中的标准与程序，总体来说，需要遵照以下操作规程：

第一，判断面临风险的项目或任务是否具有国家层面的重要性、管理是否对履行绩效与受托责任重要。

第二，判断项目和管理面临风险的根源是否源于内生风险或系统问题。内生风险是指项目本身易出现舞弊、浪费和滥用的风险；系统问题是指项目实施的计划、管理、财务系统、政策和程序等失效的重大缺陷。

第三，从定量和定性两个方面考虑这种风险可能造成损失的严重程度。

第四，根据职业判断，综合考虑定量和定性因素，判断项目或管理是否面临高风险。

第五，考虑机构或部门计划或正在执行的改进措施的有效性，如部门是否有解决问题的承诺，在应对风险和加强控制方面的改进情况，以后的改进计划是否适当，解决方案是否能够解决根本问题并且能在限期内完成。

此外，审计署和审计人员在高风险领域认定时，会考虑如下法律法规的要求：专项法律；相关管理改革法案，如1990年《首席财务官法案》、1993年《政府绩效与成果法案》、1994年《政府管理改革法案》等；《联邦政府内部控制准则》。

审计署和审计人员根据以下信息，判断项目和任务的重要性以及高风险领域：审计报告、证词、研究报告、调查和正在进行的工作，经审计的年度财务报表，总检察长报告，政府机构编制的责任报告、战略规划、年度绩效计划和报告、项目绩效审核、项目评估和其他内部报告，总统年度绩效预算、外部研究小组和委员会的相关报告，国会下属委员会的报告。

（三）2011年美国审计署确定联邦政府面临的高风险领域

2011年高风险领域包括6个方面30个项目，具体如下：

第一个领域是强化效率效果目标实现的基础，主要包括：联邦石油和天然气管理；更新落后的金融监管体系；重组美国邮政，实现财务持续稳定；资助国家地面交通系统建设；人力资本战略管理；联邦不动产管理。

第二个领域是改革国防部项目管理，主要包

括：国防部业务管理改革的方法；国防部业务系统更新；国防部支柱性基础设施管理；国防部财务管理；国防部供应链管理；国防部武器系统采购。

第三个领域是保障公共安全，主要包括：国土安全部的运行与改革；建立威胁国土安全的恐怖信息共享机制；保护联邦政府信息系统与国家关键基础设施；确保关系国家安全的关键技术得到有效保护；改进联邦食品安全监管；加强医疗产品监管，保护公众健康；改革美国环境保护局的工艺评估，严控有毒化学品。

第四个领域是管理联邦合同，主要包括：国防部合同管理；国家能源部对国家核安全管理局与环境管理署的合同管理；宇航局并购管理；联邦机构间合同管理。

第五个领域是评估税法执行效率效果，主要包括：税法的实施；更新国税局业务系统。

第六个领域是更新和保护保险和福利计划，主要包括：改进和更新联邦残疾人补贴计划；养老金保险公司保险计划；医疗保健计划；医疗补助计划；国家洪灾保险计划。

二、对美国审计署高风险领域评估制度的评价

美国审计长基恩·多达罗认为，高风险领域评估如同路标，为有关人员提供了一种观察联邦政府面临风险的视角。联邦政府高风险领域是美国审计署向国会及相关机构提请，关注容易产生舞弊、浪费、滥用和管理不善或需要提高经济性、效率性和效果性的项目，充分体现了美国审计署的监督力、洞察力和远见力。2011 年联邦政府高风险领域评估具有以下几个特点：

（一）覆盖面广

美国审计署评估联邦政府高风险领域以大量审计报告为基础，以研究报告、战略规划、财务报告、绩效报告、国会报告等广泛信息为支撑。高风险领域涉及范围广泛，涵盖金融安全、信息安全、民生安全、国防安全、资源与生态环境安全、人力资本管理等。

（二）持续跟踪

一旦认定为高风险领域，审计署将进行密切跟踪，甚至对取消认定的高风险领域仍然保持关注。审计署的关注不仅体现在具体审计项目上，而且体现在两年更新一次的联邦政府高风险领域评估的内容上。这样有利于审计署关注的问题或建议得到国会、被审计单位及相关责任人的重视或采纳。

（三）标准与程序严格

尽管高风险领域最终由审计机关确定，但整个确定过程均有严格的标准与程序。高风险领域的相关资料来自于审计项目、研究报告、绩效报告、国会报告等，审计机关组织专家对相关领域进行审查，并根据《美国审计署确定联邦政府面临风险与挑战的标准与程序》予以确定。这使高风险领域的确定有了规范的标准与程序，体现了审计署提供信息的客观性、真实性和可靠性。

（四）注重为国会提供服务

参议员任期 6 年，但每 2 年改选其中的 1/3；众议员任期 2 年，每 2 年选一次。美国审计署是在每届新议员履任时向社会公告高风险领域，更新周期与国会议员任期相一致，目的在于帮助议员确定履职重点和优先顺序。高风险领域评估体现了审计署履行宪法责任为国会提供的支持，提高联邦政府绩效并对美国公共利益负责的精神。

（五）成效显著

美国审计署的高风险领域评估 20 余年的历史表明，高风险领域评估引起法律制定者和行政管理者持续、集中的关注，使经济社会运行的风险得到了缓解和控制，带来了几十亿美元的收益与公共服务的持续改进。此外，高风险领域评估还是各个行政部门用来制订管理改进计划的重要依据。

三、对我国审计机关的启示

经济全球化带来的外部风险冲击、经济转型过程出现的可持续发展问题以及政府职能转变过程的错位问题，都是引发系统风险的重要因素。审计发挥“免疫系统”功能就是通过预防、揭示和抵御影响经济社会科学发展的障碍、矛盾和风险，保障经济社会健康发展。美国审计署高风险领域评估的做法对我国审计机关具有以下启示。

（一）审计机关应当建立高风险领域评估制度

当前，我国社会正处于风险高发时期，各种不同性质、不同层次的矛盾和问题相互纠结在一起，单个看起来很容易解决的问题综合起来就变得异常复杂，处理不善将对经济社会健康运行带来损害。美国审计署 20 年来，始终如一地坚持高

风险领域评估制度，并取得了丰硕成果。这表明无论社会处在何种发展阶段，风险都相伴而生，只是不同发展阶段面对的风险不同而已。我国目前尚未有科学、权威的经济社会健康运行高风险领域报告，使得整个社会应对风险处于消极被动状态。我国审计机关对使用公共资源的机构和部门进行监督，具有微观入手、宏观着眼的优势，能够把握经济社会运行中潜在的各种风险。因此，审计机关应当建立高风险领域评估制度，发挥审计在经济社会健康运行中的“免疫系统”功能。

（二）高风险领域评估应成为完善审计计划和提升审计成果的重要举措

国家审计准则第三十条要求，确定备选审计项目及其优先顺序时，需要考虑项目重要程度以及项目风险水平。高风险领域评估对审计监督对象的绩效履行和管理控制水平进行客观评价，认定的高风险项目表明，其重要程度和风险均处较高水平，未来期间年度审计项目计划应重点考虑。高风险领域评估不是偏离审计机关法定职责，另起炉灶或闭门造车的研究报告；而是审计成果的高端、精品形式——对审计报告的归纳、总结、提炼。高风险领域评估报告有利于维护国家安全，警示被审计单位等相关部门关注并防范面临的风险。

（三）高风险领域认定标准和评估程序是该制度成败的关键

高风险领域评估是一项复杂的系统工程，制定标准和程序是进行评估工作的基础，恰当的认定标准和评估程序是成功开展该项工作的关键。认定标准包括定性标准和定量标准。定性标准指影响国家经济社会健康发展的隐患或风险的程度和范围，如影响公共健康和安全的潜在事件，影响国家安全的经济和金融风险，影响经济发展的重大障碍，造成交易成本急剧增加的规章制度，造成重大工程效率、效果显著降低的矛盾，对国家安全造成重大伤害的泄密风险等。定量标准指用数值度量的影响国家经济社会健康发展的隐患或风险。潜在的风险或隐患转化成现实风险或隐患的概率，一方面取决于这种风险或隐患的性质，另一方面也取决于其大小。定性和定量标准相结合才能准确地认定高风险领域。评估程序首先框定可能存在较大隐患和风险的领域，然后再对照标准进行认定。框定范围时应从审计报告、预算报告、治理腐败报告、社会热点等方面进行选择，对照标准认定包括审计机关的单项评估和综合评估及必要的外部专家评估。

（四）审计机关应就高风险领域评估与其他部门建立联动机制

高风险领域评估是一项复杂性工作，评估的目的一方面是准确地认定高风险领域，另一方面对认定的高风险领域及高风险隐患采取必要的措施，消除或缓解高风险隐患，这就需要审计机关与其他部门建立联动机制。审计机关需要与人大和本级政府建立联动机制，与人大建立联动机制是为了获得立法和问责的支持，与本级政府建立联动机制是为了有效消除或缓解高风险隐患。当然，审计机关与社会公众的有效沟通也是评估有效的重要方面。（撰稿人：王长友　邹小平）

内部审计

【本钢集团有限公司】 本钢集团有限公司(以下简称本钢集团)共有在职员工11万人，设有13个职能部门和5个业务机构，下设20个子公司，其中包括上市公司本钢板材股份有限公司和与韩国浦项钢铁公司合资的本钢浦项冷轧薄板有限责任公司。

领导成员

董事长(总经理)：张晓芳

副董事长(副总经理)：杨 维

副总经理：许家彦 杨成广 汪 澍

审计职责 本钢集团设立审计部，负责集团公司范围内的内部审计工作。审计部下设经营审计处、工程审计处、管理复核处、监事会工作处四个处室，分别担负着财务经营审计、工程审计、管理复核、监事会日常管理等职责。审计部在籍员工19人，其中高级职称11人，国家注册专业执业资格4人。

审计成果 2012年，审计部开展各类审计项目共计86个，其中年薪指标完成情况审计34个；离任经济责任审计32个；经营状况审计3个；专项审计3个；重点技改工程竣工决算审计5个；检维修工程费用审计5个；协助部门开展工程审计评价4个。审计提出处理意见及建议共计111条。

工作特点 (一)深化审计内容，完善审计手段，不断提高财务经营审计的质量和效率。离任经济责任审计以内控制度审计为基础，重点关注经营管理活动的效率性和效果性，进一步强化审计深度和质量。实践中，以领导干部履行经济责任为主线，以财务核算的真实性、合规性为切入点，重点测试主要业务流程的严密性和规范性，着力查找经营管理活动中存在的管控缺失，取得良好成果。经营状况审计进一步强化本钢集团对外埠公司的有效管控，促进外埠公司经营管理能力有效提升。年薪审计通过采取穿插进行、协同配合、同步推进等组织方式，强化项目进程中的控制和衔接，有效化解审计质量、效率和审计资源之间相互制约的矛盾，确保审计时效性。

(二)工程造价审计与工程管理审计相融合，推进工程审计由监督型向监督与服务并重的转变，提升工程审计的管理效力。工程审计以竣工决算的真实性、合规性为切入点，重点核查工程管理各项规章制度的执行情况，对工程建设的全过程开展审计监督。从合同管理，设计管理，施工现场管理，计划、资金管理，材料、设备采购管理，工程预、决算管理，工程档案管理等多个角度拓展审计思路，使工程审计内涵更加丰富，全面提升审计深度。在工程审计实践中，对竣工决算中发现的高估冒算等问题，深入探究产生的原因，进一步强化与相关管理部门的有效沟通，加大延伸调查的审计力度。通过及时通报审计发现的重大偏差，督促相关管理部门进行深入核查，及时堵塞管理流程存在的漏洞，及早发现工程管理体制、机制中存在的问题，对提升精细化管理水平，直接起到助推作用。

(三)审计制度建设成果丰硕。审计部先后下发以建立审计管控体系为目标的审计管理制度，以及用于指导审计项目具体实施的经济责任审计实施办法，工程审计实施办法，内部审计处理、处罚实施办法，审计档案管理实施办法等规章制度，并组织本钢集团64个部门和单位的319人次参加制度宣贯工作。通过制度宣贯，使各单位对审计流程、规范、标准有了基本认知，对审计目的、作用以及如何自觉接受审计、配合审计有了清晰了解。

(四)继续强化审计质量、进度控制机制建设，采取多种措施提高审计管理水平。在审计实践中，进一步丰富完善审计质量、进度控制机制建设，通过将审计年度计划、项目实施进度计划、审计方案作业计划按审计任务分工进行周计划、日计划层层分解落实等方式，强化审计进度控制的目标性和可操作性，使审计进度控制落实到审计项目实施的全过程。通过清晰定位组内互核、处内审核、专业复核审理等作业标准，进一步强化审计质量控制的可追溯性。通过与职能部门建立多种信息沟通渠道，及时捕捉管理信息，反馈、通报审计结论，跟踪审计问题整改落实等方式，促进审计监督与前端业务管理的有效融合，提高审计影响力。

（五）审计信息化建设初见成效。12 月 26 日，审计管理系统正式投入试运行，这标志着本钢集团审计信息化建设实现质的跨越。在审计管理系统建设期间，通过功能模块搭建、业务流程梳理、管控流程设计、数据接口确定、专业模板信息规范化、标准化识别等工作的陆续完成，审计项目管理一体化，审计技术信息化，审计经验积累、成果应用系统化，审计人力、能力资源管理集约化等审计工作的新模式、新思路已构建完成，依托审计管理系统的有力支撑，本钢集团的审计工作将逐步迈进行业领先水平。

（六）以能力建设为基础，加强团队建设，构建审计人员职业胜任能力的培养机制。审计部着力推进审计人员能力培养机制的建设，通过建立审计人员流动机制，输出审计人才，引进新生力量，合理配置审计人员，使审计人员的年龄结构、专业结构适应审计发展需求。通过采取业务培训、外派学习、委托部门培养等方式为审计人员能力素质提升创造条件。通过建立月考核、项目考评、年度讲评等考核机制，督导审计人员实践能力快速提升。通过给年轻审计人员压担子，担任重大项目主审，选拔业绩能力突出的审计人员走上科级岗位等激励措施，引领审计绩效全面提升。

（撰稿人：白宇飞）

【国网吉林省电力有限公司】 国网吉林省电力有限公司（以下简称公司）是国家电网公司的全资子公司。主要从事电网建设、生产、经营、科研、设计和培训等业务。公司有省级业务支撑和实施机构 8 家、地市供电公司 9 家，管理各类员工 26 639 人，服务供电客户 1162 万户。截至年末，吉林电网有 500 千伏变电站 10 座，变电容量 1 480.9 万千伏安，线路长度 2 622.74 公里；220 千伏变电站 74 座，变电容量 1 736.3 万千伏安，线路长度 9 785.55 公里。

领导成员

总 经 理：闫少俊

副总经理：杨俊文　王国春　赵振伟
　　　　　朱教新　辛国良　徐焜耀

总工程师：马明焕

总会计师：李随东

纪检组长：张成军

工会主席：李长林

审计职责 目前公司在全省共有 64 名审计人员，其中省公司审计部 8 人，公司所属单位已建立专职审计机构 18 个，配备专职审计人员 56 人。公司的内部审计紧密围绕公司的中心工作，始终坚持“查错与规范并举、监督与服务并重”的原则，认真组织开展经济责任、财务收支、电网投资项目、营销业务、风险评估、审计调查、审计增值服务共七大类审计业务类型，切实发挥内部审计“免疫系统”功能，在促进企业加强自我约束机制、改善内部管理、防范经营风险、提高经济效益方面发挥积极的作用。同时，内部审计职能不断转型，以风险为导向，从传统的监督、评价职能逐步向服务职能转变；审计方式方法不断创新，以 ERP 业务审计系统为手段，以审计综合管理系统为依托，大力推进审计信息系统深化应用，提升审计工作质效；进一步精细化内部审计项目管理，建立内部审计质量管理标准、事务所准入考评机制，强化内部审计质量提升，全面充分有效地发挥公司内部审计的各项职能。

审计成果 2012 年完成各类审计项目 2499 个，查出损失浪费金额 209 万元，促进增收节支 4 702.74万元。提出审计建议 2541 条，审计建议采纳率 99.37%。促进公司完善制度 58 项，改进公司业务流程 12 个。

公司审计部 8 名审计人员中有 5 人获得国际内审师（CIA）的认证。全系统审计人员中研究生学历以上 6 人；具有中级职称 38 人，高级职称 24 人；具有注册会计师、注册内部审计师、注册造价师等专业技术资格的达 17 人。公司连续六年被审计署评为“全国内部审计先进单位”；2012年荣获吉林省内部审计协会颁发的“吉林省内部审计先进集体”荣誉称号；公司《吉林省送变电公司任中经济责任审计》项目被国家电网公司评为“2012年度优秀审计项目”；公司“构建以风险防控为导向的节点式、流程化工程审计模式”被评为国家电网公司同业对标典型经验。

（一）投资项目审计。公司共完成投资项目施工费结算及竣工决算审计266项，为公司节约投资成本3761万元；根据工程结算和财务决算审计需要，建立科学的审核和评价标准，组织开展竞争性谈判，按照“准入透明”原则择优选聘参审中介机构；建立以风险防控为导向的节点式、流程化工程审计模式，梳理、提炼出52个风险控制节点，整合嵌入工程审计流程中，以强化过程控制为重点，采取事前辅导、事中控制、事后审计的方式，在实现风险消减的同时，大大提高了审计效率，取得良好成效。

（二）“风险诊断”专项审计。按照抓重点、强管理、防风险的基本工作定位，对所属单位开展以财务收支为主线的“风险诊断”审计，把制约公司健康发展的风险点、出血点和发热点纳入审计重点，针对审计过程中发现的问题组织现场整改，促进公司提升精细化管理水平，树立效益意识，合规经营，健康发展。

（三）经济责任审计。公司审计部先后对5家地市供电公司实施离任审计，对1家单位实施任中经济责任审计，对被审责任人进行客观、公正、全面的评价。

（四）专项审计调查。公司积极组织开展“营销管理”“农维费管理”“业扩报装管理”等专项审计和审计调查，把审计工作延伸到经营管理各环节和相关领域。公司还制订下发《县级农电公司经营管理审计调查实施方案》，组织各供电公司对所辖44个县级农电公司的经营管理情况进行审计调查，针对管理的薄弱环节提出加强管理的建议，进一步规范县公司管理。（撰稿人：刘博宇）

【中国移动通信集团吉林有限公司】中国移动通信集团吉林有限公司成立于1999年8月，2004年7月公司整体上市后由中国移动通信集团吉林省移动通信公司更名为中国移动通信集团吉林有限公司（以下简称中国移动吉林公司）。目前，公司下辖9个市（州）分公司、5个直属单位和40个县（市）分公司，现有在职员工9668人，其中合同制员工3832人，劳务派遣制员工5836人。

领导成员

董事长兼总经理：薄今纲

副总经理：王占军　吴广平

裴忠国　刘永胜

审计职责　1999年，随着中国移动吉林公司的诞生，公司就设置独立的内部审计部门。目前公司在全省共有16名审计人员，其中省公司内部审计部6人，每个分公司设置1～2名专职内部审计人员。随着公司不断发展，公司内部审计业务范围也在不断扩展，从成立之初传统的财务收支、建设项目、经济责任离任审计发展到目前的财务收支、建设项目、经济责任、风险评估、内部控制、审计调查、审计增值服务共七大类审计业务类型。同时，内部审计职能不断转型，以风险为导向，从传统的监督、评价职能逐步向服务职能转变；审计方式方法不断创新，以信息化技术为手段，以内审信息化管理平台为依托，大力提升内部审计的效率；进一步精细化内部审计项目管理，建立内部审计质量管理体系，强化内部审计质量提升，全面充分有效地发挥公司内部审计的各项职能。

审计成果　2012年，完成各类项目共24个，发现问题并督促整改52个，涉及金额6 818.87万元，促进公司完善制度3项，改进公司业务流程10个，促进公司系统改造4项。中国移动吉林公司内审部6名审计人员中有5人获得总部的“内审专员”资格认证，有4人通过国际内部审计师（CIA）的认证，该两项指标在全集团公司内均排在前列。11月，在由中国内部审计协会举办的“国企扬帆　内审护航——2012国有企业内部审计成就展”活动中，中国移动吉林公司获得“中国内部审计示范企业”荣誉称号，成为吉林省唯一获奖单位，也是中国移动集团公司所属的三家获奖公司之一。另外，公司内部审计部员工金冬成所著的《基于全过程导向的内审质量管理体系的研究和实践》一文，被中国内部审计协会评为“2012年内部审计质量管理理论与实务优秀论文”三等奖。

（一）建设项目审计。中国移动吉林公司共完成建设项目施工费结算及竣工决算审计2114项，为公司节约投资成本4 877.85万元；完成10项建设项目的预算审核，累计金额4959万元。在分公司建设项目审计及委托审计方面，公司内审部进一步加大对单项工程审计工作的监管力度，对分公司及委托的各类审计项目进行定期或不定期现场抽查，将审计过程中发现的工程管理问题及时向各级建设单位通报反馈，促进全省工程管理水平的提升。

（二）财务审计。以监督分公司收入数据真实性及成本费用开支的真实性、合规性、效益性为审计重点，开展长春、延边、松原、通化、白城及辽源分公司的财务收支审计工作。另外对分公司的采购管理、合同管理、营销案管理、物流管理等也进行了核查，促进分公司提升精细化管理水平，树立效益意识，合规经营，健康发展。

（三）SOX内控测试审计。公司内审部对长春、吉林、四平、松原分公司开展SOX内控遵循性测试工作，完成采购管理、工程项目管理、收入计费、营销管理、资产管理、资金管理等10个流程共65个控制点的现场测试工作，通报10类问题并督促被测单位及时整改。

（四）专项审计。主要开展合作业务管理专项审计和采购权责现状审计调查。在合作业务管理审计项目中，对合作项目管理、合作伙伴管理、合作业务运营管理三个方面进行评估确认，共对262个合作伙伴、92个合作业务相关资料进行审阅。组织完成全省9个地市分公司和省公司共134份调查问卷的填写和整理分析，促进公司的规范化管理。

（五）经济责任审计。受公司人力资源部的委托，按时完成长春、延边、松原、通化、辽源、白城6个分公司原总经理的离任经济责任审计工作，对被审责任人进行客观、公正、全面的评价。

（撰稿人：金冬成）

【天津市国土资源和房屋管理局】天津市国土资源和房屋管理局（以下简称市国土房管局）共有在职员工160人，内设办公室、资金财务处、审计处等33个职能处室，下辖32个直属单位、10个派出机构、28个业务指导单位。

领导成员

局　　长：吴延龙

审计职责　天津市国土资源和房屋管理局审计处有6名内部审计人员，负责对局直属单位、市内六区房管局（房产公司）的内部审计监督；负责对局管有关经济活动的专项内部审计；负责局管领导干部任职期间的经济责任审计及离任经济责任审计；负责对局直属单位、市内六区房管局（房产公司）所属重点企业的资产负债、所有者权益的内部审计；负责对市局资金管理、财务收支的同级内部审计；负责局系统内部审计工作的指导推动和内部审计行业管理，做好审计调研工作；负责对局系统内部审计人员的教育培训和从业人员资格管理。

审计成果　2012年，市国土房管局系统各单位共完成审计项目85个，完成年度审计项目计划的113%。其中：经济责任审计50个，专项审计11个，经济效益审计8个，审计调查7个，内部控制审计5个，财务收支审计2个，跟踪审计、专项检查各1个。审计资金总额2 834 946万元。提出审计意见53条、审计建议173条。通过审计，理顺资金渠道2550万元；调整增加收入125万元；规范政府采购行为4 111.2万元，规范财务管理等2 010.6万元。审计意见及建议落实采纳率均达到100%。

工作特点　（一）认真做好经济责任审计，促进党风廉政建设。一是完善经济责任审计联席会议制度。结合国土房管工作的特点，及时召开经济责任审计联席会议，解决经济责任审计工作中遇到的新情况、新问题，加大对经济责任审计工作的指导力度。二是建立“两年审一次，一次审两年”的制度。变“逢离才审”为任职期间“定期审计”与“离任审计”相结合。三是注重“三个研究”。即研究审计方案，看审计方案制订是否具有针对性并切实可行；研究审计工作底稿，看审计实施中取得的证据是否充分、相关、可靠，审计记录是否准确；研究分析审计报告，看是否依法真实地反映审计情况和问题，政策依据是否恰当，审计意见和建议是否切实可行。四是狠抓“三个结合”。即将行政单位领导干部的经济责任审计，与财政财务收支审计相结合；将事业单位领导干部的经济责任审计，与国有资产管理审计相结合；将企业单位领导干部的经济责任审计，与经济效益审计相结合。

（二）以风险防范为出发点，加强对重点项目、重点资金的审计。围绕国土房管重点工作，以风险防范为出发点，积极开展对重点项目、重点资金的跟踪审计、同步审计、专项审计和专项审计调查等多种类型的审计。通过审计，做到审计关口前移，大力推进审计由“事后纠弊”向“事前预防、事中控制、事后问责”转变，努力做到通过审计不出问题、少出问题、不出大问题，充分发挥审计的预警和预防性作用。

（三）寓服务于监督之中，营造和谐的审计环境。牢固树立促进被审计单位发展的理念。审计过程中善于从积极的角度去发现、思考和解决问题，正确处理好监督与服务的关系。在与被审计单位交换意见时，尽可能详细地通报审计中发现的问题，积极主动地与被审计单位进行沟通与交流，充分听取被审计单位的意见，审计结论和意见力求做到客观公正，实事求是，使被审计单位愉快地接受审计意见，在审计查出问题的定性和处理方面能够达成共识。几年来，审计意见及建议的落实采纳率始终达到100%。

（四）加强自身建设，不断提高内部审计人员的综合素质。认真执行内部审计人员岗位资格证书制度，做到系统内全部专、兼职内部审计人员实行持证上岗。同时，加大对系统内部审计人员的培训力度，搞好后续教育工作。一是业务培训实现制度化。做到年度有培训计划，定期组织学习内部审计准则和有关财经法规，交流学习体会。二是培训形式多样化。采取“走出去”参加审计署、市内部审计协会组织的各种培训班；“请进来”聘请专家讲课，传授专业理论和技能。三是业务研讨经常化。针对审计工作中遇到的有关情况和问题，有针对性地组织大家及时开展研讨。通过学习培训，系统内部审计人员的综合素质不断提高。

（五）健全完善内部审计管理制度　严格控制审计质量。坚持按照内部审计准则和职业道德规范的要求开展内部审计工作，严格控制审计工作质量。从审计立项到下发审计意见书、开展后续审计等各环节，都严格执行规定的审计程序，对工作质量按标准进行检查。同时，为规范市国土房管系统内部审计工作，制定《天津市国土资源和房屋管理局财务收支审计程序》《天津市国土资源和房屋管理局经济责任审计程序》《天津市国土资源和房屋管理局专项审计调查办法》，并重新修订《天津市国土资源和房屋管理局内部审计工作实施办法》。为了满足系统各单位领导、财务及审计人员的工作和学习需要，每年组织编印一册《实用法规文件续编》。（撰稿人：赵　利）

【天津天士力集团有限公司】天津天士力集团有限公司（以下简称天士力集团）共有在职员工13 260人，设有集团财务中心、投资中心、人力资源中心、审计中心、招标中心、信息中心、培训中心、品牌中心、政务部、秘书处，下辖77家控股子公司。

领导成员

董 事 长：闫希军

副董事长：蒋晓萌

总　　裁：吴迺峰

副 总 裁：张建忠　孙　鹤

朱永宏　吴丹勇

审计职责　天士力集团审计中心分设为基建审计、内务审计两大系统，配置审计人员14人，负责开展基建工程过程跟踪审计、决算审计、财务审计、绩效审计、内部控制审计、风险管理审计、流程和制度执行审计、管理者经济责任和离任审计、投资项目尽职调查、舞弊专项调查等各类审计监督工作。

审计成果　2012年，完成工程审计491个、财务收支审计5个、经济效益审计7个、经济责任审计7个、专项资金审计1个、尽职调查4个、各类流程和运营审计19个、审计调查5个，查出违规金额30万元，促进增收节支13 300万元。

工作特点　（一）确保内部审计的独立性和权威性。天士力集团从硬件上下大决心搭建平台，成立集团审计中心，配置高级专业审计人才，由董事长直接领导，对董事会负责；建立审计报告直接向董事长报告制度，重大审计问题向集团高层和各公司管理层进行专题报告；集团审计中心对各项业务具有“不设防”的审计权力，内部审计的威慑性得到提高。

（二）从战略角度明确内部审计发展思路。审计的基本目标是："规避风险、改善管理、增加价值、咨询服务"。在这一目标指引下积极探索为企业增值的方法和途径，逐步确立"紧贴集团战略，及时对战略执行及其风险因素实施审计监督，为提高战略执行力、效率和效益提供专业化服务"的内部审计工作总体思路。审计工作呈现出紧贴集团战略，以过程跟踪、风险跟踪为导向，注重改善企业运行效率和增加企业价值等特点，同时注重加强与集团其他职能中心的协作，发挥集团各职能中心的平台协同作用，服务于一线公司。

（三）以过程和风险为导向促进内部审计转型。内部审计工作的重心逐渐从事后审计转向事前及事中审计，逐步建立以过程和风险为导向、参与式的审计模式，向预防性审计转变；通过内部审计促进集团风险管理体系的建立，将风险理念体现在各类审计项目之中，贯穿于审计立项、审计实施、审计沟通、审计报告、审计建议、审计跟踪等各个环节；通过发现问题、分析根源、规避经营风险，促进内部控制机制和风险管理程序的建立与运行，保证公司资产的保值增值；通过开展重大投资并购项目尽职调查服务，发现并规避相关投资风险，为投资项目的决策提供重要支持，较好体现风险导向审计职能。

（四）加强全面审计质量保证体系建设。一是审计中心通过配置注册会计师、工程造价师、律师等高级专业审计人员，引入专业部门人员作为客座审计人员机制以及借助外脑等模式，解决审计人员的胜任能力问题，同时通过项目经理指导机制、三级复核机制、审计质量问卷机制等方式保障审计项目质量。二是建立学习机制，通过总结经验，编写《天士力集团内部审计手册》《审计法规汇编》，结合审计发现的重大案例编写典型审计案件分析，用于提高审计人员的审计工作能力，保持审计人员的知识及时更新。三是在业务或项目伊始即积极参与到工作过程中，对重大经济活动、重大项目实施过程跟踪审计。一旦发现问题，现场提出并提交整改责任人，由整改责任人限期整改。同时通过与人力资源部门的合作，将审计整改情况作为被审计单位的重要绩效指标之一，以定量的考核指标加强审计整改力度，取得比传统的事后审计方式更好的审计效果。四是要求审计人员拓宽业务视野和思维视野，从企业整体和价值流角度看问题，赢得被审计部门的理解与合作，确保提出的审计结论和解决方案更加符合客观事实。

（撰稿人：王文超）

【天津天铁冶金集团有限公司】 天津天铁冶金集团有限公司（以下简称天铁集团公司）共有在职员工 26 000 人，设有 26 个处室，下辖 31 个分支机构（其中子公司 16 个、生产厂矿 12 个、后勤服务单位 3 个）。

领导成员

董事长：吕春风

副董事长（总经理）：武玉海

副总经理：罗永生　盛克旺　刘超英
　　　　　王福祥　李善彬

总工程师：龙　平

纪委书记：张绍华

审计职责　天铁集团公司设立独立的内部审计机构——审计处。在公司主要负责人领导下，按照国家有关法律法规以及集团公司有关规定、管理要求或需要，履行对公司及所属单位财务收支及有关经济活动、领导人员经济责任、经营管理和内部控制、建设项目等各项内部审计职责。

审计成果　2012 年，审计处共完成审计项目 32 个，其中财务收支审计 7 个、经济效益审计 9 个、经济责任审计 16 个，促进增收节支 3 400.96 万元。

工作特点　（一）提高认识、找准位置、明确目标。内部审计工作要从以真实性、合规性为导向的财务审计为主向以真实性、合规性为导向的财务审计和以内部控制和风险管理为导向的管理审计并重的全面转型与发展，促进内部审计事业逐步实现法制化、规范化、现代化；要成为公司治理和企业内部控制的重要组成部分；要为企业增加价值、促进实现企业目标服务。

（二）从效益审计出发突出管理审计。根据内部审计"管理＋效益"的定位，按照内部审计"以效益和管理审计为主，从效益审计出发，最后落实到管理审计"的思路，在实际工作中着力开展效益审计，突出管理审计。对工程结算、物料平衡和有关盘库结果、增效项目立项和实施效益效果开展业务审计。以审计处为组长单位，由 7 个部门组成的子公司经济运行检查小组，对子公司开展经营审计。与其他有关部门工作同步，对招标、合同、工程开工及施工外委、重大工程全程、原燃料采购到货验收开展专项管理审计。

（三）通过多种形式扩大审计领域。一是在开展财务收支审计过程中，同时对被审计单位经营管理及内部控制情况进行审计，并作为一项必要审计内容和重点。二是在工程结算审计上，不停留在审减而向管理领域延伸，对审减额及其有关事项，进一步从深层次分析原因、从体制机制制度层面查找管理控制缺陷并提出审计建议，从而极大促进公司工程结算内部管理控制的加强，审计审减额呈递减趋势。

（四）完善经济制度，创新经济责任审计模式。一是根据《党政领导主要干部和国有企业企业领导人员经济责任审计规定》和《内部审计实务指南第5号——企业内部经济责任审计》，及时制定并以公司名义下发《天津天铁冶金集团有限公司内部管理领导人员经济责任审计规定》《关于加强自行离职领导人员离任审计工作的通知》，确保经济责任审计规范实施。二是针对审计时间经常滞后的问题，采取将对被审计领导人员经济责任审计和对被审计单位财务收支及有关经济活动审计合并的审计模式，将审计期间截止到涵盖被审计领导人员任期、距审计时间最近的期间，从而消除审计时间段已存在的问题不能被及时发现的风险，提高审计时效。 （撰稿人：张宝忠）

【天津师范大学】天津师范大学是天津市属重点院校，占地面积3 519.88亩（2 346 596平方米）、建筑面积854 207平方米。设有24个学院，61个本科专业，6个一级学科博士学位授权点，28个一级学科硕士学位授权点，11个专业硕士学位授权点，5个博士后科研流动站。截至年底，学校有在职教职工2286人，全日制在校生36 799人，其中普通本专科生25 050人，博士、硕士研究生3269人，来华留学生227人，成人教育学生8253人。学校设有26个党政职能部门，4个群众团体，14个业务服务单位，1个校办产业管理中心。

领导成员

校　　长：高玉葆

审计职责　天津师范大学审计处现有审计人员6名，具备硕士研究生学历、审计师、高级审计师、工程师、高级工程师、国际注册内部审计师（CIA）、国际注册风险管理师（CRMA）、内部审计人员从业资格、会计人员从业资格、全国建设工程造价资格和高等学校教师资格等资质。主要职责是：依照国家法律法规及学校有关规定，独立行使审计监督职权对学校及其所属单位的财务收支和有关经济活动的真实、合法、效益以及有关人员的经济责任实施监督与评价；承办以风险为导向、以控制为主线、以治理为目标、以增值为目的的管理审计和效益审计项目并开展咨询服务；完成学校领导以及上级主管部门和审计机关临时交办的审计事项；参加学校的有关会议，参与制定学校内部的重要财经制度。

审计成果　2012年，完成对新校区建设跟踪审计，审计资金14 200万元，审减资金1016万元；完成管理与效益审计32个，审计资金963万元，审减资金93万元，提出审计意见和建议34个；完成对30名处级领导干部进行经济责任审计，审计资金22 000万元，纠正违纪违规金额526万元，促进增收节支202万元。提出审计意见与建议56条，纠正违纪违规金额526万元，促进增收节支202万元。审计处取得天津市哲学社会科学规划课题1项，完成天津市教育规划课题等2项；在全国核心期刊《中国内部审计》刊登12篇审计成果。

工作特点　（一）以风险管理为导向，实施效益审计。一是构建“事后审计与事中事前审计并重，财务审计与管理效益审计并举，领导决策风险控制与工程管理和工程造价风险控制并行”的审计模式，把降低风险成本、增加组织价值贯穿于全过程，实施全方位、全过程监控。二是构建“高危风险环节控制审计模型”。在工程风险管理过程中，通过符合性测试，获取审计证据，按照重要性原则，确定高危风险环节，进行实质性重点控制，并构建简便易操作的高危风险环节控制模型，改善运营管理，降低风险成本，提供增值服务，实现经济性、效率性和效果性的最大化，成为学校管理中不可替代的风险控制器和效益推进器。

（二）以内部控制为导向，实施管理审计。天津师范大学审计处整合审计资源，由单纯项目审计向项目审计与管理咨询相结合转变，形成“集约式”审计模式，以财务管理为主线，以内部控制健全性和有效性为主要内容，“以审控管”“以审促管”，实现全局性把握和系统性监控。注重以风险管理和内部控制为导向合理安排审计项目，抓住重点项目、重点资金、重点内容，集中力量重点审计。站在管理的高度和全局高度分析原因，利用咨询、报告、管理建议书、会议等形式从审计角度提供风险防范和控制的决策依据，增加审计服务的超前性、时效性和建设性，发挥“免疫系统”功能。

（三）以培养复合人才为目标，推进多元化发展。在审计团队建设中，形成“德育一体化”的育人机制。以职业道德教育为重点，强化审计人员的爱岗敬业精神和依法审计意识，培养“外树形象，内强素质，争创一流工作水平”的团队精神，恪守客观、公正、诚信、勤勉的职业道德；以终身发展为目标，为审计人员进行职业生涯规划，使每个审计人员有明确的发展方向和奋斗目标；以文化建设引领思想教育，倡导“和谐审计、文明审计、服务审计”，将人格力量内化于工作，内化于身心，同志间坦诚相见，互相包容，营造出融洽和谐的工作氛围。　（撰稿人：周庆西）

【中铁十七局集团有限公司】 2012年，中铁十七局集团有限公司（以下简称集团）共有在职员工15 502人，集团本部设有公司（党委）办公室、董事会秘书处、企业管理部、工程经营部、工程经营二部、工程管理部（战备处）、科技开发部、计划成本（房地产开发）部、安全质量部、设备物资部、资本运营部、劳资培训部、财务会计部、审计处、社会事业部、法律事务部、海外部、信息管理部、技术中心、项目管理人员中心、基建办、工程检测中心、党委组织（人事）部、党委宣传（企业文化）部、纪委、工会、团委、物业管理中心等，下辖第一、二、三、四、五、六工程有限公司，建筑，电气化，铺架，物资，上海轨道交通，房地产公司，勘察设计院，中心医院等子（分）公司。

领导成员

董事长：段东明

总经理：卢　朋

审计职责　审计处是集团公司审计监督、审计工作管理的职能部门。受集团公司董事长和总经理领导，日常工作委托集团公司纪委书记分管、总会计师协助管理。主要职责是：贯彻执行国家审计工作方针、政策和法规，领导组织全集团审计工作；对集团公司领导负责，向集团公司领导和上级审计机构报告工作；对集团公司本级及派出机构、各子、分公司等所属单位实施审计监督；制定集团公司审计规章制度、审计工作规划和审计项目计划；编制审计工作情况统计报表，设置审计专用账表；指导和督促子公司、分公司及其他所属单位审计机构开展工作；复审和裁决下级审计机构与被审计单位有异议的审计事项；组织开展审计理论研究，负责审计新技术、新方法的推广应用，培训内部审计人员；总结审计工作，交流推广审计工作经验，表彰审计工作先进单位和个人；负责集团公司审计委员会的日常工作。集团公司审计处与监事会办公室合署办公。审计处设综合科、经济责任审计科、工程项目审计科，定员8人，其中处长、副处长、总审计师各1人，科长3人，科员2人。集团一、二、三、四、五、六、建筑，电气化，铺架，物资公司和中心医院设有审计机构。全集团在岗专职审计人员29人，其中高级技术职称人员9人，中级技术职称人员12人；兼职审计人员58人；有3人取得国际注册内部审计师资格。

审计成果　2012年，集团两级审计机构共完成审计项目122个，其中：经济责任审计17个，工程项目审计86个，财务收支审计2个，基建审计9个，专项审计调查1个，各类资金、基金审计2个，其他及配合审计5个。审计披露各类问题534条，查出有问题金额6749万元，提出审计建议505条，促进增收节支11万元。

工作特点　经济责任审计扎实推进，特点突出。两级审计机构全年共开展经济责任审计17项，整个审计过程体现“目的明确，准备充分；组织合理，把握准确；评价公正，结果可靠”三个特点。同时，集团公司分管审计工作的领导参与和被审计单位交换意见，提高经济责任审计的层次，促进审计意见的落实。工程项目审计立足成本效益，以抓内控、防风险、强管理、增效益为主要目的。集团两级审计机构共开展工程项目审计86个，在全集团内营造效益审计和管理审计的氛围，提高被审计单位的管理和效益意识。

（撰稿人：张清江　芦安全）

【江苏省监狱管理局】江苏省监狱管理局（以下简称监狱局）为省政府部门管理机构，由省司法厅管理，负责全省监狱工作，领导监狱企业等职责。内设机关处室26个，下辖25个监所（其中成年男犯监狱22所、成年女犯监狱2所、未成年犯管教所1所），另有双龙集团公司、司法警官高等职业学校、金源置业有限公司（民警接待站）、方源集团工程部、局社保中心（住房公积金管理部）、局精神病院（康新戒毒所）等6个直属单位。方源集团公司内设部室5个，下辖二、三级企业82家，主要从事劳务加工、机械、农业生产，为改造罪犯服务。

领导成员

局长（兼省司法厅副厅长）：于爱荣

政委：黄运海

副局长：倪龙兴　刘保民　魏钟林

纪委书记：宋洪兴

审计职责　审计处负责管理、指导全省监狱系统内部审计工作；承担全省监狱系统监狱行政财务和监狱企业财务的审计监督工作；承办全省监狱系统建设项目开工前审计、概预算执行情况审计和竣工财务决算审计监督工作；承办全省监狱系统处级领导干部和企业法定代表人任期经济责任审计与经营业绩审计监督工作；负责全省监狱系统现代化审计技术推广应用工作；承担对违反财经纪律行为的专项审计工作。

2012年末，审计处实有专职内部审计人员5人；下属监狱单位设有内部审计机构27个，共有专职内部审计人员67人、持证兼职审计人员216人。

审计成果　2012年，全省监狱系统各级内部审计部门共完成各类审计项目1076个，其中：财务收支审计118个、经济效益审计152个、经济责任审计32个、建设项目竣工财务决算审计592个、专项审计与调查182个。促进增收节支3540万元，提出审计建议963条。

工作特点　（一）抓好“六必审”，扩大审计广度和深度。有序进行监狱部门预算执行情况审计。以财务收支和绩效审计为主线，不断加强和改进预算执行审计，强化罪犯钱款管理、生活物资采购供应、伙食实物量标准、教改经费使用等重点执法环节经济行为审计监督。创新开展监狱企业经济效益审计。抓住投资决策、供应销售、成本费用等关键环节，认真分析影响单位效益的主要因素，提出切实可行的审计建议，促进建立健全内部控制机制。重点实施领导干部任期经济责任审计。全年全系统共完成32个监狱和企业领导干部任期经济责任审计，为促进加强和改善经营管理，考核任用干部提供依据。扎实推进工程项目竣工财务决算审计。局审计处组织对4个重点工程项目竣工财务决算进行审计，并指导基层单位开展各类工程审计项目588个，共核减基建支出3141万元。大力深化风险管理控制审计。通过加强企业市场风险评估，提出防范意见；加强内控制度评审，完善内部控制管理；开展招标采购、资产处置、合同履行等管理审计，进一步规范经济行为。积极开展专项审计与调查。围绕监狱中心工作，以及热点难点和民生问题，积极布置各单位开展公共电网资产移交、农业扶持资金、饮水安全补助资金、道路建设资金、住房保障资金、养老保险、福利费、科技开发费和反腐倡廉等专项审计调查，提高资金使用效果，发挥审计威慑作用。

（二）以质量管理为根本，率先通过外部评估认证。强化措施，扎实开展自我评估。监狱局作为全省首批七家试点单位之一，通过加强领导、全员参评；细化方案、明确要求；点面结合、重点访谈；边评边改、以评促建等几方面措施，连续三年高质量地开展自我评估。积极配合，顺利通过外部评估。在自我评估基础上，积极配合省内部审计协会评估组外部评估工作，通过积极沟通与协调，加深理解、消除分歧、披露问题、先行整改，于年内顺利成为全省第四家通过外部评估认证的单位，同时也是全国首家通过外部评估的监狱单位。认真整改，较好实现改进目标。针对评估意见中指出的不足，在先行整改的基础上，进一步落实整改措施、分解整改责任，较好地实现内部审计工作规范化、精细化的改进目标。

（三）以基础建设为支点，推动内部审计全面发展。进一步完善内部审计制度体系。对现有审计制度全面进行梳理，根据工作需要和外部评估的建议，重新修订和制定《江苏省监狱企业领导人员任期经济责任审计办法》和《江苏省监狱企业领导人员任期经济责任告知办法》等十多个制度，为审计转型发展提供更加有力的制度保障。进一步提高内部审计队伍素质。认真开展审前培训，贯彻审计质量标准；坚持通过“以审代训”，提升审计业务能力；积极组织岗前培训，充实内部审计队伍；强化年度工作考核，激发内审工作热情。进一步加强内部审计信息化建设。启动新一轮审计信息化建设工作，着手与相关部门研究开发监狱财务、企业财务、罪犯大账三大审计作业系统和审计信息管理软件，以更好地整合审计资源和效率。进一步提升内部审计理论调研水平。积极参加省内部审计协会组织的“内部审计质量管理”理论研讨活动，投送的7篇论文全部获奖；局审计处深入基层单位开展驻点调研，完成“投资效益审计”重点调研课题。

（撰稿人：司徒光乾）

【嘉兴市内部审计协会】 嘉兴市内部审计协会拥有团体会员415个，持有岗位资格证书的内部审计人员2000余人。协会设立秘书处，工作人员5人，秘书处下设业务指导组、信息宣传组、理论研究组和教育培训组。协会设立行政事业、金融系统、国有企业、民营企业和南湖区、秀洲区等7个协会行业片组。

领导成员

名誉会长：薛佳平（嘉兴市政协副主席、嘉兴市工商联主席、嘉兴市总商会会长兼任）

许　农（嘉兴市审计局党组书记、局长兼任）

会　　长：蒋朝晖（嘉兴市审计局副局长兼任）

副 会 长：沈建阳（嘉兴市国有资产管理委员会副主任兼任）

严丽娟（嘉兴市教育局纪工委书记兼任）

徐　勇（嘉兴市农业经济局副局长兼任）

顾小萍（嘉兴市工商业联合会副主席兼任）

陈煌生（嘉兴银行监事长兼任）

潘煜双（嘉兴学院商学院副院长兼任）

张俊雄（嘉兴市审计局法规处副处长兼任）

主要职能 依据《中华人民共和国审计法》《审计署关于内部审计工作的规定》《嘉兴市内部审计协会章程》开展工作，接受嘉兴市审计局、嘉兴市民政局、嘉兴市社会科学联合会的指导和监督，其基本职能是：“服务、管理、宣传、交流”。目前，协会服务领域涵盖教育培训、项目评优、专家讲座、经验交流、理论研讨、业务咨询和“双先”评比等工作范畴。

审计成果 2012年，嘉兴市已建立内部审计机构406个，其中专职机构104个；从事内部审计人员1811人，其中专职人员314人。嘉兴市内部审计机构共完成审计项目3413个，其中财务收支审计899个、经济效益审计131个、经济责任审计489个、内部控制评审197个、信息系统审计12个、基本建设审计1151个、审计调查534个，审计总金额1285亿元，增收节支1.9亿元，提出建议意见被采纳3740条，给予行政处分11人，向司法机关移送案件2件。

工作特点 （一）抓队伍建设，提高内部审计人员专业素质。市县两级协会服务领域涵盖教育培训、项目评优、专家讲座、经验交流、理论研讨、业务咨询和“双先”评比等工作范畴。近三年来，协会共举办21期内部审计人员后续教育培训班，培训人数达4000余人。组织开展全市民营企业内部审计调查和嘉兴市本级、海宁市行政事业单位、秀洲区镇（街道）内部审计调查；组织开展“国家审计对内部审计的指导监督研究”“审计机关推广民营企业内部审计研究”“乡镇综合审计创新模式研究”“行政事业单位内部控制制度研究”等课题研究。

（二）抓评优机制，树立内部审计工作优秀典型。坚持内部审计“双先”评比制度，每年组织开展全市内部审计“双先”评比活动，努力营造内部审计机构争先创优的良好氛围。出台《嘉兴市优秀内部审计项目评比办法》，每年组织专家对各单位推荐的内部审计项目进行评审，并给予发文表彰和奖励。建立《嘉兴市内部审计信息管理办法》，进一步加强“双先”先进事迹、优秀项目等审计技术的宣传和报道工作，通过《嘉兴内审网页》《嘉兴内审信息》期刊等媒体，加强对外宣传。

（三）抓部门联动，推动内部审计工作不断深化。加强与国资委的联系，推进国有公司内部审计发展，联合出台《嘉兴市国有资产经营（投资）公司内部审计管理试行办法》，形成“以审计局为内部审计业务监督指导，以国资委为内部审计业务监督管理，以国资公司内部审计机构实施审计监督”工作机制。加强与工商联的合作，建立推进民营企业内部审计工作联席会议制度，出台《关于积极推进民营企业内部审计工作的意见》《嘉兴市民营企业内部审计工作发展规划》，编印《嘉兴市民营企业内部审计工作手册》，两部门联合召开嘉兴市民营企业内部审计工作推进会、经验交流会。在加强乡镇内部审计，注重国家审计与内部审计的有效融合，连续三年组织全市审计机关开展农村“两新工程”同步审计中，要求乡镇内审机构参与项目实施，达到“以审代训”的目的。

（四）抓人才培养，夯实内部审计事业发展基础。2010年，协会与浙江工商大学、嘉兴学院合作开展内部审计专业人才培养。目前多个合作项目已经开展：一是建立“教育实习基地”。浙江工商大学在嘉兴市审计局设立“教育实习基地”，为大学生提供实习平台，拓宽应届毕业生实习渠道和就业方向；二是与嘉兴学院商定合作发展内部审计教研框架，合作开展内部审计人员后续教育，积极协助和支持嘉兴学院设立审计专业学科；三是聘请大学教授为协会客座教授，为内部审计人员后续教育提供师资力量，提高内部审计人员后续教育质量。

（五）抓平台建设，创建协会“内审工作之家”。出台《嘉兴市内审协会财务管理办法》《协会行业分组活动管理办法》《内部审计信息采用奖励办法》，有力地促进协会自身规范化建设。创建“内审工作之家”，建立“嘉兴内部审计QQ群”，及时将协会工作动态、法规制度传送给内部审计人员，也为内部审计人员搭建业务咨询、工作交流平台；建立“嘉兴内审网页”，设立内部审计法规、内部审计动态等9个栏目，成为内部审计人员查阅工作资料的一个有效载体；办好《嘉兴内部审计》信息期刊；开展内部审计业务咨询活动。

（撰稿人：张俊雄）

【浙江省公安边防总队】浙江省公安边防总队是公安部边防管理局和浙江省公安厅直接领导和指挥下的一支公安现役部队。下属有边防检查站、海警支队、边防支队、教导大队、医院、船艇修理厂等单位，主要担负捍卫国家主权和尊严，维护沿边沿海地区安全稳定，开展出入境检查，打击边境地区和海上走私、偷渡、贩枪、贩毒及其他违法犯罪活动等公安边防任务。总队审计处于1997年增设，现有机关专职审计人员4人，所属单位兼职审计人员25人。

领导成员

总队长：蒋建卫

后勤部部长：章春红

审计处处长：葛浩波

审计职责　（1）依据国家、军队审计法规、制度，和上级审计部门的任务要求，制订总队审计工作计划和实施办法。

（2）组织实施本级及所属单位的审计工作。

（3）审计监督本级和所属单位的预算、预算执行情况和决算及预算外经费的使用和管理情况；对警用物资器材订货合同和库存物资处理情况、基本建设计划、工程预算、预算执行情况和决算进行审计。

（4）对所属单位军政主官以及其他承担经济责任的领导干部，在任职期间履行经济责任的情况进行审计监督。

（5）对部队经济活动中的重大问题、严重违反财经法规、损害国家和部队利益的行为进行专项审计调查，并向本级首长和上级审计部门报告。

（6）对各级政府、有关部门资助的各项经费的管理和使用情况进行审计监督。

（7）对法律、法规规定应由审计部门审计的事项，以及上级和本级首长授权的审计事项进行审计监督。

（8）对内部审计或者委托内部审计机构、授权下级审计部门、审计事务所进行审计业务指导和监督检查，对下级审计部门审计管辖内的重大审计事项进行直接审计。

(9) 对部队审计业务进行指导，组织实施审计人员的专业培训和考核。

(10) 负责审计资料的收集、整理、归档和保管。

审计成果 2012年，浙江省公安边防总队高度重视审计队伍建设，配齐配强各级审计人员，所有专兼职审计人员全部实现持证上岗。总队审计部门全年共完成审计项目44个，审计调查项目1个，其中预算编制与执行审计6个、经营效益审计5个、领导干部经济责任审计14个、基建工程项目审计19个、审计调查1个，查处违规金额411.8万元，促进增收节支1 555.4万元。总队还将审计结果充分运用到单位整体建设和管理中，实行审计结果与被审计单位党委班子年度量化考核、被审计领导干部个人成长进步、被审计单位相关人员奖惩"三挂钩"模式，审计成效发挥明显。

工作特点 (一) 围绕单位主业"全面审计"。总队审计部门始终坚持以科学发展观为指导，紧紧围绕单位中心任务，科学调配审计资源，统筹安排审计工作。全年共开展审计项目44个，审计总金额6亿元，审计覆盖率100%。指出问题56条，提出意见建议81条，并以公安部"审计整改年"回头看活动为契机，狠抓整改落实，先后发出整改通知书5份，整改落实率100%。审计工作在规范财经秩序，提高经费使用效益，促进党风廉政建设等方面充分发挥"免疫系统"功能。

(二) 推行军政主官"同责审计"。总队审计部门规范领导干部财权运行，积极创新审计方法，把军政主官同时纳入经济责任审计范围，实行"捆绑"审计，一人有责，同时问责，强化党委班子内部监督和领导干部当家理财意识，有效防止领导干部因财权过于集中而引发的各类违规问题。

(三) 实行重大项目"跟踪审计"。对投资超过500万元的基建项目，总队审计部门在工程立项的前期即行介入，对工程建设的立项、决策、设计、招投标、施工、结算等重要环节实行全过程审计监督，实现事前、事中、事后全过程控制。自开展全过程造价跟踪审计以来，共提出涉及招投标、工程量清单、合同复核和工程施工变更等方面的工作意见268条，累计节约建设资金1300余万元。

(四) 借助相关资源"协助审计"。一是充分借助社会审计资源。总队审计部门借助社会优势资源，建立审计事务所资源库，加强协作配合，助推审计监督。二是高度重视队伍后续教育。总队审计部门分批派员参加内审协会培训考察，并逐步固化为培训审计人员的长效机制。三是合理利用内部审计资源。总队审计部门坚持实战锻炼与理论研究相结合，抽调优秀基层审计人员参与审计，进一步提升审计人员发现问题、处理问题和解决问题的能力。

(撰稿人：浙江省公安边防总队)

【淮南矿业集团有限责任公司】 淮南矿业集团有限责任公司(以下简称淮南矿业)淮南煤矿1903年建矿，一百多年来共出煤10亿吨，为国家发展做出巨大贡献。2002年，企业确立并践行"一切为了发展，一切为了职工"的宗旨，获得超常规发展，形成煤炭、电力、房地产、物流、金融等五大产业，瓦斯治理、煤电一体化、和谐矿区建设等成为行业典范。淮南矿业现有在职员工7.58万人，设有董事会秘书处、纪委(监察处、审计处)、财务部、法律事务部、生产部等机关部门，下辖70个二级单位；2012年实现销售收入728亿元，利润16.95亿元，资产总额1419亿元；目前是安徽省煤炭产量、电力权益、物流、房地产、资产等规模最大，上缴税费较多，职工收入较高的企业。

领导成员

董事　长：王源

副董事长：孔祥喜

总 经 理：孔祥喜

副总经理：袁　亮　方良才　鲍焕祥
赵　干　章立清　杨　林
程功林　黄乃斌

审计职责 淮南矿业及其所属单位设立内部审计机构37个，配备96人；公司本部设审计处(与纪委、监察处合署办公)，下设经济责任、工程投资和综合3个审计室，配备审计人员26人。内部审计机构在董事会直接领导下，依照国家法规和公司内部规章制度，独立行使内部审计监督权。审计对财务收支、经营管理、经济效益、经济责任、建设项目等有关经济活动的真实性、合法性和效益性进行监督和评价。

审计成果 2012年，淮南矿业两级内部审计机构完成审计项目156个，查出违规金额5517万元，促进增收节支2235万元，提出建议被采纳495条。

工作特点 （一）加快组织与队伍建设，机构和人员得到优化。2012年初，淮南矿业在审计处增设经济责任审计室，定编7人，此后陆续在12个二级单位单设内审机构，审计人员较2011年增加20人；内部审计机构积极吸纳各专业优秀人才，通过多种方式遴选和培养，不断优化年龄、学历和专业结构，基本形成老中青结构合理、后劲充足，财会力量较强、其他专业优势齐备的格局，满足公司对审计人才的需求。

（二）制度与机制建设并重，规范有序开展审计。淮南矿业审计处收集有关国家法律、法规、准则和公司规定，修订内部审计工作规范，印发《审计工作手册》，下半年公司制定《关于审计报告审查程序的规定》等；同时完善内审工作机制，建立审计干部周学习会制度，定期发布工作简讯，不定期下达审计通报，启动二级单位审计报告复核，年底开展已审项目复查等，构建完善的内部审计制度体系和良好的工作运行机制。

（三）深化经济责任审计，增强领导人员经济意识。按照“三年以上必审”和“有离必审”的目标，共开展经济责任审计7个。审计改变以财务收支、经营指标完成等为主的思路，把经济责任向安全生产、劳动用工等管理环节延伸，从资产收益、税费筹划、投资决策及人工效率等方面审视经济责任落实情况，着力化解经营管理中难题，取得良好效果，得到公司高层的认同。

（四）多措并举深化工程审计，加强工程领域监督。工程领域一直是公司审计重点，审计处采取工程概预算二审、委托审计、委托审计复审和专项审计“四位一体”模式，加大审计力度。全年委托审计项目50个，金额34.4亿元，核减940万元；开展概预算二审385项，金额6.3亿元，核减161万元，核减率大幅下降；争取主动权，受托开展3个建设项目竣工决算审计；开展工程管理审计，在全公司通报发现的问题，起到以点带面的效果。

（五）持续开展新产业审计，增强子公司市场意识。审计持续关注公司新产业发展，连续多年审计地产公司，发现其内部管理不断加强，迅速成长为主业，但存在成本和风险意识不强、项目管理不到位等问题，引起公司主要领导高度关注，亲自部署整改；淮南矿业技术服务产业已初具规模，但审计发现其经营管理基础薄弱，内控缺失，部分资金滞留账外，形成“小金库”，审计后该公司对责任人进行严肃处分，并完善防范措施。

（六）抓大不放小，不断扩大审计覆盖面。近年审计重点放在公司各生产矿和新产业单位上，挽回一定损失，起到一定效果。在年终财务决算审计摸底的基础上，有针对性地对工会、新闻中心、职业技能鉴定站等开展专项审计。审计引起公司主要领导、分管领导和相关部门的重视，给予有关单位通报批评，处分3名责任人。

（七）加强内部集成联动，促进审计成果转化。内部审计工作在公司高层的重视下，上下集成联动、部门配合密切，审计成果得到有效利用。审计处对发现的问题跟踪督察，并立项复核，复核结果由公司行文下发。全年审计处复查的116个问题，复查时已整改105个，达90%以上，促进相关单位修订完善制度51个，14名责任人受到相应处理。

（八）积极衔接政府，多方面维护企业利益。全年淮南矿业接受8次外部检查和审计，主要包括审计署驻南京特派办社会保障资金延伸审计、郑州特派办资源节约利用补贴资金审计、安徽省审计厅资源开发利用审计调查等。审计处积极配合外部监督检查，保障检查工作的顺利开展；督促有关单位对外部检查意见进行落实，并及时反馈；主动反映存在的困难和负担，争取上级的理解支持，切实维护公司利益。（撰稿人：吴绍发）

【安徽省徽商集团有限公司】 安徽省徽商集团有限公司（以下简称徽商集团）共有在职员工14 010人，设有办公室（法务中心）、财务中心、人力资源中心、经营发展中心、审计中心、信息中心、商业地产中心、党委办公室（监察室）、离退休职工服务中心、实业开发公司，下辖16家直属（控股）公司。

领导成员

董 事 长：许家贵

总 经 理：刘光景

副总经理：庄建春　蒋宗明

总会计师：余保山　张伟建

纪委书记：余长贵

工会主席：余长贵（兼）

审计职责　为加强徽商集团内部监督和风险控制，完善经营管理，提高经济效益，在徽商集团领导的高度重视下，根据《中华人民共和国审计法》《安徽省省属企业内部审计管理暂行办法》等法律法规规定，徽商集团于2008年11月在总部设立审计中心。2010年3月，为进一步完善法人治理结构和内部控制机制，徽商集团根据《中华人民共和国公司法》等文件规定成立审计委员会。审计委员会由5人组成，其中，主任1名，由徽商集团董事长担任，负责主持委员会工作；副主任1名，由徽商集团总会计师担任；其他委员由徽商集团财务中心主要负责人、审计中心主要负责人和外部审计专业人士组成。

随着《安徽省内部审计条例》的出台，自2011年以来，徽商集团审计中心积极转变内部审计职能，将内部审计工作定位于“服务于集团的整体利益，服务于集团的发展，服务于集团持续提高经营管理水平”，以“查问题、强管理、防风险、促发展”为己任，加快由单纯监督向监督与服务并重转变，把促进企业健康、有序发展作为审计工作的出发点和落脚点，不断向业务领域和管理领域扩展，从而确保企业资产保值增值，最大限度地提高企业经济效益。

徽商集团现有3家直属（控股）公司设立独立的内部审计机构，分别为安徽商之都股份有限公司、安徽省徽商金属股份有限公司、安徽徽商农家福有限公司。年末，徽商集团共有内部审计人员35人，其中专职14人、兼职21人。内部审计人员中，22人取得内部审计人员岗位资格证书，25人具有中级及以上职称，4人具有中国注册会计师执业资格，1人具有国际注册内审师执业资格。

审计成果　2012年，徽商集团审计中心及直属（控股）公司审计部门完成审计项目60个（含财务收支5个、经济效益审计9个、经济责任审计14个、内部控制审计4个、基本建设审计23个、合同管理等专项审计5个），审计查出违规金额30万元，促进增收节支2308万元，提出审计建议203条，移交案件线索1件，移送司法机关处理2人。徽商集团审计中心被评为安徽省内部审计先进单位称号，徽商集团审计中心负责人荣获安徽省内部审计先进工作者称号。

工作特点　徽商集团审计中心自成立以来，始终紧紧围绕公司发展战略，坚持把审计工作作为促进企业改革和发展、规范企业经营管理、防范经营风险的重要手段，认真学习并贯彻《中国内部审计准则》等相关政策法规，健全内部审计机构，切实履行审计职能，积极开展项目审计，不断促进内控制度完善，充分发挥保障集团经济健康运行的“免疫系统”功能。

（一）深化绩效审计，在由审计督导型向审计服务型的转型上更进一步。徽商集团审计中心在开展对直属（控股）公司的年度绩效审计工作时，注重发挥审计的督导功能，客观评价直属（控股）公司经营者业绩，同时更注重审计的服务功能，针对直属（控股）公司的会计核算、资金管理、税务风险、项目管理、对外投资、内部控制、公司治理等方面提出具体的审计意见和建议，督促和帮助他们防范风险，提高运营效率和效益，达到“一审、二帮、三促、四提高”的审计目的。

（二）加强专项审计，在由财务收支审计向管理审计的转型上更进一步。通过专项审计，可以深层次介入企业经营、管理的各个领域。徽商集团审计中心加强直属（控股）公司闭环运作的单项经营投资业务的审查，核实其投入产出的效率性、效果性及经济性，为其管理层决策提供有价值的信息。开展成本费用审计调查，对成本费用中变动较大、占比较高的内容进行重点审计，增强企业财务信息真实性，为企业降本增效奠定工作基础。

（三）改进工程审计，在由事后监督向事前事中监督的转变上更进一步。徽商集团审计中心成立以来，承担徽商集团总部的工程项目结算审计的管理工作，主要借助中介机构的专业技术对工程项目的竣工结算进行审计。审计中心探索在工程建设项目审计中开展事前、事中审计的全过程跟踪审计，将审计关口前移，对从项目立项、招投标、材料采购、施工进度、工程预算执行到工程实物量的真实性、套用工程定额的合规性、工程认价的合理性等各个环节进行审定，及时发现并处理存在的风险，最大限度地节约工程建设资金，杜绝超标准超规模的建设行为，提高工程管理水平。（撰稿人：路明明）

【兴业证券股份有限公司】 兴业证券股份有限公司前身为1991年设立的兴业银行证券业务部，1994年在证券业务部基础上改组设立福建兴业证券公司，1999年改制增资并与兴业银行脱钩，更名为兴业证券股份有限公司（以下简称兴业证券）。兴业证券注册地设在福州市，现有注册资本22亿元，是全国首批综合类证券公司、创新类证券公司，连续多年获得A类A级分类监管评级，风险管理和市场应变能力处于证券业先进行列。截至年底，公司共有在职员工3683人，设有23个总部部门、13家分公司、63家证券营业部、4家境内子公司及1家境外子公司，基本搭建起涵盖证券、基金、期货、直接投资业务等多个专业领域的证券金融控股集团架构。近年来，兴业证券抓住市场机遇，取得优良的经营业绩，主要业务和经营指标进入行业20强。2010年10月13日，兴业证券股票在上海证券交易所挂牌上市，公司综合竞争实力、抗风险能力、行业地位和市场影响力进一步提升，公司发展跃上一个又快又好的新时期。

领导成员

董事长：兰　荣

总　裁：刘志辉

副总裁：张训苏　郑苏芬　庄园芳
胡平生　杜建新　郑城美　陈德富

审计职责　兴业证券设立独立的内部审计部门——审计监察部，负责组织实施公司内部稽核审计工作，对公司经营活动和内部控制的适当性、合法性和有效性进行审查、评价和报告。审计监察部对公司负责并向公司报告工作，公司审计委员会对审计业务进行监督和指导。主要职责：根据公司总体战略及内部控制要求，协助建立健全稽核审计部门的组织体系和制度体系，拟订年度内部稽核审计工作计划；负责组织实施年度内部稽核审计工作计划，确保内部稽核审计工作有效开展；实施内部稽核审计质量控制程序，保证内部稽核审计质量；对稽核审计结果进行后续跟踪，实施后续审计，确保审计建议得到有效落实；对审计发现的违法违规行为提出处理意见，负责受理审计复议；加强审计档案管理和审计基础管理工作；跟进监管政策和业务动态变化，对内部稽核审计重点和方式进行及时修订，确保内部审计工作手册的内容能覆盖公司各项业务活动以及内部控制的各个环节；加大稽核审计人员队伍建设力度，加强专业化学习、业务培训和后续教育工作，保持和提高专业胜任能力；加强与外部监管部门、审计业务主管机关、会计师事务所等外部单位的协调工作。

审计成果　2012年，兴业证券共实施各类审计项目39个，审计（含内控评价）涉及公司经纪、投资银行、客户资产管理、证券投资、融资融券、投资顾问等公司主要业务领域及信息技术、财务、人力资源和合规等管理领域，现场覆盖30家营业部、2家分公司、5个业务及管理部门和1家子公司，提交各类审计及评估报告39篇，下发审计管理意见12篇。2012年，兴业证券被福建省内审协会评为"福建省内部审计示范企业"。

工作特点　审计工作紧紧围绕"以风险为导向、以合规为基础、以内控为抓手，有效发挥审计监督与服务职能，促进公司建立全面风险管理体系，为公司实现经营目标和战略转型保驾护航"的工作目标，持续深化审计转型，在实践中谋进步，在创新中求发展，在支持和服务公司规范管理、加强内控、防范风险并实现健康可持续发展方面发挥积极作用。

（一）不断拓展审计广度，注重挖掘审计深度。通过实施内控评价以及常规（专项）审计，全面覆盖至公司传统的主要业务及管理领域、创新业务领域以及集团化子公司，从单纯的财务审计、合规审计，转向全面内控审计；在创新业务及管理事项、IT安全等专项审计中，以流程为主线，初步实现由单一单位审计向跨越多个部门的全局性、机制性风险的监督转变。

（二）审计监督优势、服务优势、技术优势、队伍优势初步形成。

在审计组织架构方面，进一步强化审计前、中、后台分工，打造"前台作业、中台支持与监督、后台增值与保障"的组织架构，使部门各项工作更有效衔接，整体工作更有序高效运转。

在审计标准化建设方面，先后完成审计业务制度库、问题库与信息库的建设与优化工作及经纪业务审计规程修订工作，补充融资融券、投资顾问、IB业务等相关审计规程，累计梳理内外制度645个、审计组共享型审计基础信息332个、规范一级问题点72个、二级问题点288个。

在审计信息化建设方面，自主开发稽核数据分析系统（共有182个功能点），初步实现“以审计标准化建设为基础，利用总部数据集成优势，对被审计单位进行体检，生成相应报表数据，并在此基础上进行深层追踪，为审计项目组提供更为直接的审计线索，帮助审计组确定审计重点，提升审计效率”的设计思路。

在审计队伍建设方面，注重人员配备与培养，2012年，取得CPA、CIA、CCSA等审计相关专业资格及高级职称人员占比60%，比上年上升7%。

在审计内外交流方面，注意加强与公司上下沟通与横向交流，通过定期工作汇报、审计工作简报、审计报告、重要审计发现口头汇报与沟通、审计反馈会等方式增进与审计委员会、各级管理层、被审计单位的沟通交流，提供审计服务；加强与外部审计与监管的协调沟通，及时传导审计或监管信息，跟进整改，发挥外部审计、内部审计互补效应。（撰稿人：鄢园园）

【福州市交通建设集团有限公司】 福州市交通建设集团有限公司系福州市大型国有独资企业。公司成立于1994年8月，前身为福州市交通建设发展总公司（系事业法人），2008年9月改制成立福州市交通建设集团有限公司（系企业法人，以下简称福州市交建集团），现拥有8家全资（控股）子公司、16家参股公司，主业涉及高速公路、高速铁路、交通物流、建材贸易、港口码头、路桥代建、路桥养护、的士客运、土地开发等多元领域，已发展成为集融资、投资、建设、经营、管理为一体的大型集团化企业。集团现有员工1800多人，本部设有董事会秘书处、办公室、投资规划部、人力资源部、财务部、资金结算中心、计划经营部、总工办、工程管理部、合同管理部、建设保障部、稽查内审部及工会等13个部室。2012年，福州市交建集团被评为“福建省内部审计示范企业”“福州市第十三届文明单位”，1家全资子公司荣获“全国工人先锋号”称号，22家下属单位（班组）获“福建省工人先锋号”“福建省厂务公开民主管理先进单位”等省市级荣誉称号。

领导成员

董 事 长：左美俊

总 经 理：陈漠诚

副董事长：陆清玉

副总经理：陈国云　胡金海

郑志东　张群洪

党委书记：王燕华

审计职责 福州市交建集团本部自2008年9月起设立稽查内审部，所属较大型的子公司均设有独立的审计部门。主要职责：建立健全集团内部审计制度、审计工作程序和方法，对集团内部监控机制、风险防控机制的健全性、有效性和完整性进行审查和评估，提出完善内控制度及加强促进风险防范的审计建议；编制内部审计工作计划、工作报表、工作总结，组织内审活动，检查指导下属单位开展内部审计工作，客观、公正地提出审计报告和建议，向董事长或应该知情的管理成员报告审计检查结果；对集团内部项目投资决策、预决算、业务经营活动全过程实施同步审计，以降低企业经营管理风险，提高经营效益；对集团财务收支的真实性、合法性、完整性以及资产运行效果等实施审计监督与评价，审查并评估资产使用的安全、完整，降低财务风险和资产管理风险；子公司领导任期终结时对其进行离任经济责任审计，做好专项审计调查，为集团高层提供管理支持；对审计发现的问题，提出纠正措施，同时跟踪监督，确保整改落实到位；积极配合外部审计工作，与外部审计保持正常的业务沟通协调；加强内部审计工作队伍建设，组织内部审计人员进行审计专业及相关知识培训学习，并通过项目审计实践，锻炼和培养审计干部队伍。

审计成果 2012年，福州市交建集团两级审计部门共完成审计项目24个、审计调查项目8个。其中，财务收支审计12个、经济效益审计12个、审计调查8个，查出并纠正违规金额125万元，促进增收节支2600万元。

工作特点 （一）加强内部审计基础工作，

打造专业化团队。为确保集团实现科学健康发展，集团公司董事会设立资金管控与内审委员会，对集团董事会的决策行为和效果进行监督、评价，规范集团经营管理机构决策、运作行为，提升资源使用效率，降低资金使用、投融资、业务经营风险。建立健全集团内部审计制度体系，严格审计工作流程，规范内部审计范本文件及表格，使内部审计工作有章可循、有规可依，确保做到依法审计、行为规范、监督有效、公开透明。推进审计从业人员职业化建设，抓好审计人员继续教育和业务培训，积极参加行业内部审计业务交流等活动，及时更新审计人员知识结构，提升其专业能力与素养。

（二）创新审计管理机制，服务集团科学发展。创新完善审计管理机制，突破传统的单纯账册审计、资金真实合法性审计、相对封闭型审计、重查轻整改的审计模式，采用绩效审计、宏观服务型审计、开放式审计、查改双重的新审计工作方式，建立起新颖完善的审计运作体系。着眼于服务集团科学健康发展，持续扩大内部审计工作覆盖面，对融资、投资、建设、管理、运营全方位实施审计监督，对不同问题提出快、准、细的审计建议和意见，并将相关问题、整改意见进行公开通报，对问题整改情况进行督促落实到位，对问题整改不及时、不到位的单位进行效能问责，做到既重审计又重整改，提升内部审计服务集团经营发展的实效。

（三）规范经营业务运作，强化建设项目审计。按照“摸清运营情况，建立完善内控制度，尽快规范全资企业运营行为”的思路，结合各项业务不同发展阶段特征，检查各全资子公司有无违规、违法、浪费、低效、无效、利益冲突问题和控制系统薄弱环节，重点抓好管理与经营情况审计，并客观公正评价其经营业绩，进一步规范各全资子公司的经营管理行为。对负责高速公路等项目建设的项目公司，将审计关口前移，对其年度财务收支审计从事后审计逐渐转变为事前、事中审计或审计调查；同时，采用逐年实施、突出重点、交叉互审等方式对项目公司的投资、进度、质量控制等事项实施审计，及时了解概算执行情况及管理费预算控制情况，将项目实施过程中出现的问题消灭在萌芽状态，通过上述全过程跟踪监督方式取得良好的审计效果。

（四）推进年度绩效与合规性审计，防控企业运营风险。围绕集团发展战略规划、年度业绩经营目标任务，开展经济效益审计、财务收支审计，在着力帮助企业顺利实现年度经营业绩的同时，关注各项业务在集团整体战略推进中的作用及发展形势。注重把权属公司年度绩效和合规性审计作为一项常规性工作来抓，通过对目标任务完成情况、财务预算和各项制度执行情况进行审计，做出客观公正的评价，如有发现违规问题则及时报告、处理。督促建立健全预算管理、资金管理、投融资管理、招投标管理、合同管理、资产管理等各项企业管理制度，配合构建完善内部控制体系和财务风险防范体系，化解企业风险，促进增收节支，提高企业内部控制与经营管理水平。

（撰稿人：郑清廉）

【江西铜业股份有限公司】江西铜业股份有限公司（以下简称公司）共有在职人员 22 532 人，设有计划发展部、财务管理部、生产运营部、工程管理部、风控内审部、纪委监察室、法律事务部、贸易事业部、材料设备部等 21 个部门；拥有 5 个直属非法人单位和 24 个子公司。

领导成员

董 事 长：李保民

总 经 理：龙子平

副总经理：王赤卫　董家辉　吴育能
　　　　　黄明金　江春林

审计职责　公司设立风控内审部，负责拟订年度内部审计计划；负责全公司范围内部审计工作的开展；对重要审计项目进行后续跟踪审计；督促、检查被审计单位对审计发现的问题的整改。公司所属二级单位及子公司设有全职审计部门 8 个，专职风控稽核部门 3 个，专职/兼职风控稽核岗位及合署办公部门 7 个，在公司风控内审部的指导下开展审计工作。

审计成果　2012 年，全公司两级审计部门完成审计项目 125 个，其中财务收支审计 1 个，经济效益审计 2 个，内控制度审计 6 个，专项审计调查 3 个，物资采购审计 1 个，年薪工资审计 8 个，经济责任审计 17 个，其他审计 3 个，基建技改审计项目 84 个（工程预决算审计 52 个、开工前审计 32

个)。涉及审计的资产为 1 458 925.35 万元，涉及审计的工程预结算总金额为 210 328.47 万元，核减不合理工程款 3 456.14 万元；查出违规金额 1 347.07 万元，查出损失浪费金额 8.38 万元，促进增收节支、提高经济效益 3 492.82 万元，提出审计意见和建议 189 条，被采纳 124 条；建议被审计单位修订完善制度 36 条，在加强公司经营管理和提高经济效益方面取得一定成效。

工作特点 （一）强化领导干部经济责任审计。2012 年，公司共开展经济责任审计项目 17 个，其中离任审计 14 个。在开展领导干部经济责任审计工作中，加强与组织部、纪委监察室的协调配合，加大审计结果的利用，对加强干部监督考核和管理发挥积极作用。

（二）开展工程项目过程跟踪审计，履行服务职能。

（1）公司本部：为防范工程项目“质保期已过、但因未履行审计程序而无法结算、付款”可能引发的法律等风险，风控内审部开展跨年度已完工子项工程的结算审计，共完成已完工子项工程结算审计 8 项，涉及送审金额 40 915.13 万元，取得良好效果。

（2）公司德兴铜矿：为提高工程项目竣工决算审计质量，德兴铜矿风控内审部抽取一定比例的工程项目实行跟踪审计。对项目的立项审批、评估论证决策审批、初步设计审批、发包程序、开工报告审批、施工过程、投资监管、竣工验收、监督交付使用的合规性进行审查。对工程项目材料价格的确定过程进行全程跟踪审查，综合考虑材料的性价比，使工程项目总造价及质量能得到有效控制和保证。检查错算工程量、高套、错套定额，对不合规的费用进行扣除，有效减少工程造价虚增的情况发生，节约建设资金，也加快竣工审计速度。

（3）公司贵溪冶炼厂：贵溪冶炼厂风控内审部组织审计力量开展对工厂一系统年修费的决算审计，重点突出对材料备件的消耗、维修签证的核实；对工厂二系统年修费关口前移，采取预审方式，维修项目送审额 3590 万元，核减维修费 936 万元，加强维修项目的预算管理，为车间控制费用和厂部考核打下基础。

（4）江西铜业铅锌金属有限公司：在进行 20 万吨铅锌冶炼项目共 7.5 亿元建安工程竣工结算的同时，风控法务部及时跟进对试生产期间的维修工程结算进行审核，对施工单位送审的 76 份结算书的工程量、单价、各类取费等，依据预算定额及配套的取费标准和公司内部的管理规定进行审核，严格把关，为正式竣工结算奠定良好基础。

（三）发挥稽核监督职能。

（1）在开展日常审计工作的同时，风控内审部与纪委组成稽核小组，结合公司各部门和下属单位的工作重点、难点和关键点选题立项，有针对性开展党委稽核工作。公司开展对贸易事业部客户及供应商信用管理、合同管理、授权、期货监管等方面和公司上海营销公司铜杆销售的稽核工作。

（2）为加强公司资产风险管理、提高资产质量，财务公司在 2 月份以现场检查的方式，对公司投资部、信贷部的各项资产质量五级分类工作进行专项稽核，7 月对公司的结算业务实施专项稽核，为保障公司的各项业务稳健发展起到积极作用。

（四）建立监督联席机制，避免重复作业。公司风控内审部与党委办公室、纪委监察室等部门建立监督联席机制和跨部门的协调机制。年初风控内审部在制订年度工作计划时，牵头召开联席会议，就公司各部门年度工作计划中的交叉项目进行协调，将有关内容纳入各自部门的年度工作计划。监督联席机制有效结合各部门的资源，强化重点，避免重复工作。 （撰稿人：黄玲玲）

【山东省邮政公司】 山东省邮政公司共有在职员工 3.63 万人，内设 9 个职能部室、邮政工会和 7 个专业局，4 个直属单位，下辖 17 个市邮政局、112 个县（市、区）邮政局。

领导成员

总 经 理：马志民

副总经理：李亚利 李延东

丁奇文 林令才

审计职责 山东省邮政公司内设审计部，主要职责包括：依据国家相关法律法规以及公司相关规章制度，制定并实施公司审计监督服务战略，开展企业领导人员经济责任审计、管理审计、工程项目的结、决算审计、专项审计调查、审计综合管理等。通过各项内部审计项目的实施，增强企业各级领导及员工的合规、合法经营意识，强化内控制度建设，防范经营风险，节约投资建设资金，促进企业健康有序发展。

审计成果 2012年，全省邮政各级审计部门完成审计项目1569个，专项审计调查项目116个，零星工程审签项目277个，其中财务收支审计74个，经济责任审计726个，管理审计75个，工程审计666个，其他审计28个，查处违规金额2 330.8万元，为企业节省建设资金3 521.6万元。

工作特点 山东省邮政公司内部审计始终坚持将现代审计理念与邮政工作实际紧密结合，持续推动内部审计转型和领域拓展，逐步探索具有山东邮政特色的内部审计发展之路。山东省邮政公司审计部坚持和践行以风险为导向，以控制为主线，以增值为目标的审计理念，紧紧围绕企业中心任务，科学引领审计实践，主要开展以下几个方面的工作：

(一）经济责任审计。经济责任审计工作按照各级邮政企业领导人员管理权限实行分级审计，上级审计部门对下级审计部门的执行情况进行监督和检查。山东省邮政公司审计部负责实施对直属单位、市邮政局领导人员的经济责任审计工作；市邮政局开展对县局领导人员的经济责任审计工作。

(1）山东邮政审计部门认真开展各级领导人员离任审计工作，客观评价领导班子经济责任履行情况，理清家底，分清责任，充分发挥离任审计监督、问责作用，为下届班子顺利开展工作打下良好基础，同时也促进领导干部队伍建设。全年开展领导人员离任审计项目95个，市、县局局长离任审计率均达到100%。

(2）积极开展任中经济责任审计，使监督关口前移，对领导责任人的监督进行提前预警，及时发现和查纠领导干部任期内存在的问题，使审计监督更加长效化、制度化。全年开展领导人员任中审计项目38个，对市、县局局长任期达到2～3年的均进行任中经济责任审计。

(3）山东省邮政业务收入约有60%～70%来源于邮政支局，随着业务的快速发展和规模的不断扩大，邮政支局的管理风险也在不断加大。近几年，省邮政公司审计部门将经济责任审计的范围扩大到邮政支局长，通过开展支局长经济责任审计，核实任期经营状况和管理情况，及时发现支局经营管理中存在的问题，督促其整改落实，避免业务源头问题的发生。全年共计开展邮政支局长经济责任审计项目457个。

(4）深入开展绩效审计，由审计部门牵头，联合财务、市场等相关部门组成审计组，以省、市邮政企业制定的年度绩效考核办法为依据，对市、县邮政局各项经济、质量指标完成情况的真实性进行审计，以审计结果核发领导班子的绩效奖金，很好地遏制虚假收入和跨年度成本费用挂账以及财务数字不实等问题，增强领导干部依法经营、规范财务行为的自觉性，保证企业健康发展，全年共开展市、县（区）局绩效审计项目136个。

(二）工程项目审计。山东省邮政公司审计部在全国邮政系统中率先开展工程项目全过程跟踪审计，逐步构建起全过程立体式项目控制机制，基本形成省公司对省所属重点工程项目、市邮政局对本身的重点工程项目的全过程跟踪审计体系。全过程跟踪审计针对工程造价根据相关控制信息从立项到建设过程严格把关，有效防止工程从开始就虚高，杜绝工程建设中常常发生的以次充好、高估冒算等问题，加快结算审计速度，最大限度地节省建设资金、规避审计风险，同时还避免一些腐败问题的发生。

(三）专项审计调查。山东省邮政公司审计部紧紧围绕邮政重点业务、重要环节，找准切入点，因地制宜开展各类业务专项审计调查。2012年，在全省邮政系统开展邮政代理金融和保险理财业务经济效益专项审计和报刊零售业务专项审计调查，对几项业务的效益和管理情况进行细致的审计核查及效益分析，找出存在的问题，提出整改建议，为业务的健康发展及效益的提高发挥作用。在开展专项审计调查过程中，摸索出“一个关键、两项措施，一个保证、两个基础”的工作经验，即以围绕企业改革发展中心工作开展专项审计调查是“关键”；以认真开展审前调查、制订缜密审计方案和进行审前培训、合理分工、明确责任为“两项措施”；以加强部室间、专业间协作配合，最大限度地整合调度审计力量为“一个保证”；以认真进行审计自查和积极争取被审计单位全面配合为“两个基础”，保障专项审计调查的有序有效开展，为各项业务发展提示风险、进言献策，取得良好效果。

（四）队伍建设。审计人员的政治思想，业务技术水平等综合素质的提高是提高审计质量的必然要求，高质量的审计成果取决于一支高素质的审计队伍。一是加强业务培训和研讨。全年组织和参加各级邮政审计业务培训班及内部审计协会培训班8期，培训人员93人次；组织审计人员结合邮政实际，钻研审计业务，提高业务技能，共撰写审计论文12篇，有4篇分别在邮政集团公司和山东内部审计协会获奖；学习借鉴内部审计工作先进经验，大力开展评先树优活动，在全省邮政内审系统营造争先创优，积极向上的氛围，提高审计队伍的向心力和凝聚力。二是加强审计质量控制。通过健全制度，实施责任追究，严格执行审计项目质量控制办法，不断完善质量控制体系，强化审计项目全过程质量控制，落实各环节的工作目标和质量要求，严肃责任追究，防范审计风险。三是积极营造重视审计、关心审计、支持审计的氛围，为审计工作顺利开展提供保障。

（撰稿人：王　曦）

【山东省监狱管理局】山东省监狱管理局（以下简称省局）共有在职人员210人，设有山东省齐鲁新航集团有限责任公司（以下简称新航集团），省局里能分局（以下简称里能分局）。省局设有办公室、狱政管理处、刑罚执行处、教育改造处、生活卫生处、信息科技处、规划建设处、财务装备处、安全监察处、人事处、宣传教育处、离退休干部处、机关党委、纪委监察室、审计室、机关服务中心、犯罪研究所。新航集团设有综合处，资产财务处，计划发展处，经济运行处，人力资源处。省局下辖25个单位。

省局及新航集团领导成员

局长（新航集团董事长）：王本群

政委：刘吉林

副巡视员（新航集团总经理）：马林

里能分局局长：闫志常

副巡视员：李善强

副局长：曲思宏　高建杰

纪委书记（新航集团监事会主席）：秦泗鹏

政治部主任：杨冠春

总会计师（新航集团副总经理）：李文军

总经济师（新航集团副总经理）：葛井泉

总工程师（新航集团副总经理）：林国军

新航集团副总经理：闻全

审计职责　省局设有审计室，审计人员6人，省局下辖内部审计机构24个，专职内部审计人员98人。省局审计室审计职责：指导省属监狱单位的内部审计工作；负责对省属监狱单位的财务收支、经济活动、专项资金、投资项目等进行审计；负责省属监狱单位主要领导人的任期经济责任审计；参与重大投资决策的研究、经济合同审查和会签、招标及物资采购的比价审计和基建工程的跟踪审计等工作。

审计成果　2012年，各级审计部门完成审计项目1162个，其中经济效益审计162个，基本建设审计548个，经济责任审计46个，财务收支审计217个，内控制度评审23个，其他审计166个。提出审计建议意见被采纳712条，促进增收节支20 938万元，其中投资建设项目跟踪审计及决算审计审减额14 808万元。

工作特点　山东省监狱系统内部审计工作按照“突出重点、增加亮点、多干实事”的基本要求，探索实践“以风险为导向，以控制为主线，以治理为目标，以增值为目的”的内部审计新模式，重点推进投资建设项目跟踪审计工作。审计工作成效受到各级领导的充分肯定，省局审计室被评为2012年全省监狱系统队伍建设工作先进集体，七五生建煤矿被省内部审计协会授予山东省内部审计工作“内审之星”，微湖监狱审计室被评为山东省2012年度煤炭建设工程造价管理工作先进单位。省局审计室、鲁南监狱、聊城监狱、郓州监狱审计室被山东省审计厅内审指导中心评为全省内审机构先进单位。在省局局域网审计室网页及时宣传报道内部审计工作好的经验和做法，刊登内部审计信息专刊60期，坚持以“典型引路”，推动山东省监狱系统内部审计科学发展。

（一）夯实基础，扎实做好财务收支审计。省局委托省属监狱单位审计部门对本单位2011年度财务收支情况进行审计，省局统一下达审计意见书，并要求各单位按规定时间上报落实审计意见的整改情况，促进财务收支管理，提高科学理财水平。省局审计室对新航集团和三个接待单位进行审计，发挥内部审计的监督服务作用，确保国有资产的安全。

（二）健全制度，严格进行内控制度评审。省局审计室在广泛调研、多方论证的基础上出台《山东省省直监狱系统内部审计工作暂行规定》和《省直监狱系统企事业单位内部控制制度评审实施方案（试行）》，并委托省属各单位内部审计部门对本单位内部控制制度的建立及实施情况进行评审。通过落实审计结果，进一步建立完善内部控制制度69项，加强内部管理，从根本上减少和防止舞弊产生的可能性，防范经营风险和财务风险。

（三）防腐促廉，强化落实经济责任审计。4月出台《山东省省直监狱系统经济责任审计试行办法》，健全监督制约机制，规范审计的程序和方法。坚持主要领导干部离任时必审制度和主持工作三年以上的主要领导干部例行审计制度，以增强审计的时效性和建设性，促使领导干部在任期间自我约束，拒腐防变，保证队伍和资产的“双安全”。

（四）拓展范围，探索规范经济效益审计。审计人员参与市场调研、比价采购、产品定价、材料设备考察、招标投标、合同签订等活动5000余次。确定信誉高、质量好、价格合理的产品，为单位增收节支。通过规范合同审批、签订程序，规避经营风险，保证合同履行效果，提高经济效益。部分单位还对招标、比价采购的结果上网公示，接受员工的监督，打造阳光采购和招标。

（五）突出重点，大力推进跟踪审计工作。省局审计室制定并认真落实《省局关于省直监狱系统投资建设项目实施跟踪审计的暂行规定》，先后到10个下属单位在现场与建设单位、施工单位、监理单位、跟踪审计单位等有关部门负责同志召开座谈会，促进各方提高对跟踪审计工作的认识，强化对跟踪审计工作的支持和重视。省直监狱系统全面推行投资建设项目跟踪审计，取得显著的显性经济效益和隐形经济效益，防止工程建设领域出现问题。12月召开专题会议，进一步推进跟踪审计工作的有效开展，为建设优良工程、阳光工程、廉洁工程提供有力的保障。

（撰稿人：胡方胜）

【中国洛阳浮法玻璃集团有限责任公司】中国洛阳浮法玻璃集团有限责任公司（以下简称洛玻集团）共有在职员工3254人，设有公司办、资产经营部、财务部、审计部、人力资源部、投资发展部、法律事务部、纪委、工会、党群工作部职能管理部门，公司下属9家二级子公司、12家三级子公司和2家四级子公司。

领导成员

董事长：彭　寿

总经理：赵远翔

审计职责　制定企业内部审计工作制度，编制企业年度内部审计工作计划；对洛玻集团及所属单位（含占控股地位或者主导地位的单位，下同）的财务收支及其有关的经济活动进行审计；对洛玻集团及所属单位预算内、预算外资金的管理和使用情况进行审计；对洛玻集团内设机构及所属单位领导人员的任期经济责任进行审计；组织对发生重大财务异常情况的子企业进行专项经济责任审计工作；对洛玻集团及所属公司的基建工程和重大技术改造及大修等的立项、概（预）算、决算和竣工交付使用进行审计监督；对洛玻集团及所属公司的物资（劳务）采购、产品销售、工程招标、对外投资及风险控制等经济活动进行审计监督；对洛玻集团所属单位内部控制制度的健全性和有效性以及风险管理进行评审；对洛玻集团所属单位经济管理和效益情况进行审计；对洛玻集团及所属子公司年度工资总额来源、使用和结算情况进行检查；洛玻集团主要负责人或者权力机构要求办理的其他审计事项。

审计成果　2012年，洛玻集团审计工作在洛玻集团的重视下，在各单位积极配合下和审计人员的共同努力下，突出审计工作重点、热点和亮点，共开展审计项目24个，审计金额54 165.21万元，查出违规金额1 518.57万元。通过开展工程项目审计，减少工程项目投资支出62.83万元，提出审计问题27项。

工作特点　（一）突出重点，逐年深化经济责任审计，开展4项任中经济责任审计和2项离任经济责任审计。在经济责任审计中突出6个重点：继续扩大审计范围，突出经济责任审计的完整性；加大对被审计单位下属承包、代管等单位的延伸审计；突出内控执行情况的审计；加大对实物资产盘点力度；加大对小金库审计力度；加大对审计发现问题及时跟踪促整改。同时，将风险导向审计运用到经济责任审计工作中。通过对子公司经营管理、生产管理、财务管理等风险的关注和审核，查出风险点，帮助子公司强化成本细节管理，开源节流，向内挖潜，不断提高被审计单位的管理水平。

（二）突出热点，持续开展专项审计，为公司决策提供参考依据。通过审计，揭示其账外账、账外资产等问题以及主营业务收入偏低，费用控制不严格，从风险控制的角度提出其可能形成的风险，提出建议，为公司决策提供准确、翔实的参考依据。

（三）突出亮点，持续开展工程项目全过程跟踪审计。在全面分析洛玻集团经营需求的基础上，突出过程监控，前移审计关口，将内部控制和风险管理作为审计工作的重点内容，大力开展工程项目前期、中期审计，有效地提高审计监督服务质量。积极提供审计服务，应邀对下属公司一些特殊项目预算进行审核，根据要求确立审计方案、审计重点，最终提供审计意见。审计在为公司提供增值服务的同时，也使工程费用得到较好的控制。（撰稿人：郭延红）

【中信重工机械股份有限公司】中信重工机械股份有限公司（以下简称中信重工）共有在职员工 8890 人，下设 9 个独立法人单位、5 个直属生产厂、23 个业务和职能部门。

领导成员

董 事 长：任沁新

总 经 理：徐风岐

副总经理：王继生　俞章法　王春民

　　　　　梁　慧　孙启平　袁海伦

纪委书记：何　淳

工会主席：何　淳（兼）

董事会秘书：梁　慧

审计职责　中信重工审计部为公司审计委员会办事机构，在董事长的直接领导下开展工作，同时接受中信集团稽核审计部和内部审计协会的业务指导。审计部下设审计一室、审计二室、审计三室 3 个科室，在岗在职员工 10 人。内部审计职能是通过检查中信重工下属独立法人单位和直属单位内部的各项经济活动，对各业务循环及内部控制制度的适当性、合法性和执行的有效性进行检查监督与评价，使中信重工的经营活动及内部控制中存在的风险问题得到防范和解决，促进组织目标的实现，促使经营效益最大化。

审计成果　2012 年，全年完成审计项目 18 个，其中年度审计和离任审计（含财务收支审计、经济责任审计、内控制度审计）12 个，“新重机工程”技改专项审计 6 个。

工作特点　（一）以风险为导向是内部审计工作的核心理念。审计工作从年度计划的制订，到具体项目审计方案，再到审计过程的实施，均以企业经营管理中的风险为导向，在对中信重工经营管理及内控系统各个方面的风险进行充分了解和分析的基础上，分析判断风险发生的可能性及其影响程度，将审计资源重点配置于高风险领域，为中信重工应对风险、弥补漏洞提供有效的意见和建议，同时也提高审计工作的效率和效果。中信重工切实将内部审计作为企业全面风险管理的一道重要防线，将内审职能嵌入企业全面风险管理中，使内部审计从全局出发，持续、全面、客观地揭示风险，提出控制风险、管理风险的建议。

（二）独立性和权威性是内部审计工作的根本保障。审计工作由董事长直接领导，审计报告、审计动态要情直接向董事长报告并听取指示，在组织机构上充分保障内审职能独立的地位，给予内部审计较高的权威性，为内部审计按自身的规范和方法，客观、公正、有效地履行职责提供保证。同时，针对审计报告揭示的被审计单位存在的带有普遍性问题，审计部分门别类地反馈给中信重工财务部、战略计划部、法律合规部、生产部、行政监察处等职能部门，共享审计成果，提示有关部门在职能管理活动中注重建立健全规章制度，加强日常业务过程监管，共同督导被审计单位整改，形成由审计部发起、各职能部门参与督导整改、被审计单位执行、审计部以多种形式跟踪审计的闭环系统和监督整改网络，循环往复地有效运转，真正形成质量管理中 PDCA 循环管理提升模式。一年来审计部提出各项管理建议 47 条，提示风险点 50 多处，被审计单位全部采纳并安排整改。

（三）增加企业价值、服务企业发展是内部审计工作的最终目的。中信重工内部审计确立服务公司发展大局的内审定位，遵循内部审计是企业“免疫系统”的现代内部审计理念，紧密围绕中信重工管理需求，发挥内向性服务功能，保证企业安全健康，促进其可持续发展。不断强化以改善企业经营、增加企业价值为目的监督与评价职能，为中信重工实现经营目标，加强风险管理和内部控制提供保证与咨询服务。（撰稿人：席　伟）

【湖北中烟工业有限责任公司】 湖北中烟工业有限责任公司（以下简称湖北中烟）前身为上世纪初的南洋烟草公司汉口分公司，2004 年 1 月按现代企业制度要求组建，隶属国家烟草专卖局（中国烟草总公司），负责统一管理湖北省卷烟工业企业及与烟草制品生产销售相关的其他生产经营企业。经营范围涵盖烟草制品的生产、销售，烟用物资、烟机进口和卷烟出口等业务。设有办公室、企业管理部、财务部、审计部、物资部、国际部等部门和技术研发中心、生产调度中心、市场营销服务中心等中心，下辖武汉、襄阳、三峡、红安、广水、恩施六家烟厂。公司主要品牌为“黄鹤楼”“红金龙”，其中“黄鹤楼”被认定为“驰名商标”，“红金龙”获“驰名商标”和“中国名牌”称号。2012 年，实现销售收入 440 亿元，多年跻身全国企业 500 强行列。

领导成员

总 经 理：彭明权

副总经理：吴　俊　谢伯卿　康永胜
彭传新　倪　华　姚　萌
聂广军

审计职责 贯彻执行国家审计法规及行业审计制度，通过内部审计特有的工作方法，寓监督管理于服务之中，完善和提升企业经营活动及内部控制、风险管理的合法性、有效性、适当性，促进企业目标的实现。负责建立健全公司内部审计制度和管理办法以及审计部内部工作规范，并组织实施。负责财务审计、管理审计、工程审计、经济责任审计、专项审计以及日常程序性审计等方面的职能，审计对象包括各职能部门、业务中心、卷烟厂和投资控股的多元化企业。负责在公司文化指引下建立健全内部审计文化，并进行宣导和落实。负责对所属各企业的内部审计工作进行业务指导和检查，督导对审计发现问题的整改工作，必要时进行后续审计。负责审计信息化的规划、实施和改进等工作。

审计成果 2012 年，共计完成各类审计项目 3515 个，其中专项审计 20 个，经济项目程序性审计及工程审计 3289 个，价格咨询 153 个，重大项目招标文件和工程量清单审核 53 个。通过审计，促进企业内部管理的规范和经济效益的提高。

工作特点 （一）创新审计体制机制，落实审计委派制。公司党组始终高度重视内部审计工作，把内部审计作为公司治理的有效手段，充分发挥内部审计在加强管理、提高效益方面的职能作用，不断开创内部审计工作的新局面。2010 年，结合国家局在行业全面推广审计委派制的工作要求，组建湖北中烟审计服务中心，为公司提供公共审计服务。审计服务中心组建以来，通过调整完善内部审计的组织架构、工作职能、岗位分工和职责权限，形成由公司审计部统一管理，审计服务中心具体执行，内部各企业之间交叉审计的内部审计工作新格局，形成“监督本地、参审异地”的审计工作新机制，极大地提高了内部审计的独立性，强化了公司的内部监督。目前审计服务中心已打造成为湖北中烟公共的审计服务平台，提供统一的标准化日常审计服务，并能集中力量开展大型审计项目，提高审计工作质量。主要体现在：一是有效整合审计资源，壮大审计力量，激发审计人员的活力和动力。二是建立规范统一的审计制度、工作流程和工作方法，形成统一的审计工作标准。三是提高审计质量和效率，实现审计工作的新突破。

（二）夯实审计工作基础，为全力做强黄鹤楼品牌服务。公司各级审计部门紧紧围绕公司党组确定的中心任务和发展目标，以改进和完善企业内部控制为主线，把“严管理、促规范”贯穿于审计工作始终，监督和服务并重，规范和效率协调，为全力做强黄鹤楼品牌服务。

（1）规范物资采购管理行为，防范采购风险，促进内部管理的完善。紧紧围绕“制度是否完善，决策是否符合程序，运作是否规范，监督是否到位”的目标，对部分单位开展物资采购内部控制专项审计，促进其建立符合行业新要求的管理模式。通过审计，帮助其准确地把握行业和公司对物资采购工作的新要求，建立新的物资采购运行机制和监管方式；推动其对内设机构进行必要调整，从组织上保证监管工作有效开展；协助其按照行业关于采购方面的制度修订完善本单位规章制度，并严格按制度规定进行项目实施。审计后，相关单位抓紧推进各项工作，物资采购管理新模式的建立和运行已见成效。

（2）全力做好支持服务营销的工作。围绕公司党组要求，根据资源配置和管理权限的调整，及时优化有关审计方法和程序，做到随同业务流程变化，审计服务迅速跟进，以支持营销部门快速响应市场需求。在做好自身调整工作的同时，发挥审计部门熟悉政策法规，具备财务管理、内部控制、风险防范等综合专业能力的优势，积极献计献策，当好参谋，协助完善宣传促销方面的管理制度、工作流程，为建立顺畅的运行机制贡献力量。以良好的审计效率和质量，做好日常审计服务营销的工作。对营销业务进行的程序性审计、招标项目全过程跟踪审计等事项，在现有基础上，进一步优化流程，优先办理，提升效率，限期完成。按照行业要求做好全过程审计，深入业务活动事前、事中环节，及时发现存在的问题和风险，把问题解决在萌芽状态，保证业务活动始终在良性轨道上运行。

（3）重大工程项目的审计监管力度不断加大，工程项目造价控制成效明显。一是以国家局审计组为依托，深入推进武烟易地技改项目全过程跟踪审计，大力配合国家局跟踪审计组的工作。加强沟通联系，及时处理工程建设过程中出现的问题。按照“关口前移、事前控制”的原则，加强工程造价审核和规范管理；完成高档烟醇化库、动力中心锅炉和联合工房电梯等16个项目的招标文件、工程量清单的审计，提出修改建议59条；审核招标控制价6项，保证工程投资的合理有效控制。二是严格按照国家相关规定，分别完成襄阳卷烟厂联合工房建安工程结算审计和整个制丝技改项目的财务决算审计，并出具审计报告。通过对施工合同的执行、工程价款结算，以及实施过程中发生的工程变更等情况进行全面审核，使最终的工程造价控制在国家局规定的范围内。

（4）打牢审计基础工作，持续推进审计制度建设。建立规范化审计制度体系，推动内部审计工作标准化、制度化。先后制定《经济责任审计报告模板》《工程审计工作规则》《审计服务中心一项一卷资料标准》等3个内部标准化作业文件。进一步完善工程审计风险防范体系，印发湖北中烟《工程项目审计咨询机构选择办法》和《工程项目审计咨询机构工作质量考核办法》，建立起工程审计中介机构的选择、竞争、考核和制衡机制，在对外借智借力的同时，以规范化的制度、标准化的流程防止中介机构舞弊行为的发生。

（5）日常程序性审计常抓不懈，降低企业成本费用。共完成经济项目程序性审计2255项，所有经过审计把关的事项都做到内部控制程序完备，符合企业相关管理制度规定，确保各项经营管理活动的规范有序运行。对基建、零星维修等小型工程开展审计1034项，有效节约工程投资。

（6）努力打造学习型团队，提高审计队伍能力素质。按照“专业人做专业事”的要求，组织开展形式多样的学习活动，打造学习型审计团队。一是“走出去”。派员参加国家局审计项目，以审代培，在国家局的直接指导下，积累审计实战经验，提高审计专业能力，拓展审计人员视野。二是“请进来”。邀请审计署驻武汉特派办人员授课，邀请大学教授讲授最新的审计理论，不断调整和丰富审计人员的知识结构和实际经验。三是大力营造良好的内部学习氛围。举办审计“内部课堂”17次，内容涉及审计、会计、工程、税法、招投标等多个领域。通过团队学习，实现“三个转变”，即从过去的自我提高转变为共同提高、个人学习转变为共同学习、单一知识学习转变为综合知识学习。形成钻研业务为荣，专业精进为优的良好氛围。努力的学习结出丰硕的成果，共有4篇审计专业论文在湖北省烟草学会评选中获奖，其中三峡卷烟厂选送的《生产中心模式下的内部审计创新》获得全省唯一的审计专业一等奖。

（撰稿人：湖北中烟工业有限责任公司审计部）

【湖南华菱湘潭钢铁有限公司】湖南华菱湘潭钢铁有限公司（以下简称湘钢）共有在职员工1.7万人，设有主体生产厂7个，辅助厂2个，机关部室21个。

领导成员

董事长：曹慧泉

总经理：周海斌

审计职责 湘钢内部审计机构组建于 1985 年。审计部 2012 年定员 22 人，下设 3 个室，分别是经营审计室、工程审计室、合同审计室，主要职能：经营审计负责依法对公司及所属单位的财务收支、内部控制制度、经济效益、经济责任的履行等进行监督和评价；工程审计负责依照政府主管部门制定的定额及公司内部规章制度对工程项目造价和结算、建设项目投资管理过程进行监督和评价；经济合同审计负责对公司签订经济合同的合法性、效益性及其执行情况进行监督和评价。

审计成果 2012 年，完成审计项目 17 个，审计调查项目 13 个，其中经济效益审计 5 个、经济责任审计 12 个、审计调查 13 个。工程结算审减额 3548 万元，审计项目查出违规金额 664 万元，两方面促进增收节支 4212 万元。

工作特点 （一）立足于企业整体层面，利用 ERP 信息平台，按照公司“流程唯一，责任唯一”的管控理念，坚持开展风险导向审计活动，帮助组织实现其战略目标。

（二）经营审计强调突破就事审事的原则，力求审一个事项，化解与此事项相关的风险，年度绩效审计结果作为兑现中层管理者任期绩效依据；工程结算审计实行分档审核、严把制度执行、现场抽查、内部复审关；合同审计对供应商选择、合同履行、违约处理等全程抽审。

（三）将环保项目业务外包、进口矿采购、销售政策执行等作为审查重点。

（四）内部审计坚持查处结合，治理改进，形成审计闭环。（撰稿人：朱东建）

【湖南省机场管理集团有限公司】 湖南省机场管理集团有限公司（以下简称湖南机场集团），主要经营湖南省民用机场及其配套设施、项目的投资、建设及经营管理等，共有在职员工 4798 人，设有总经理办公室、企划部、财务部、人事部、审计部等九部一室，下辖湖南机场股份有限公司、湖南省空港实业股份有限公司和湖南省临空经济发展有限公司 3 个二级法人机构。

领导成员

总经理：刘志仁

领导班子成员：邓元武 胡　帆 谭克涛 刘国林 胡东福 曾洁玲 陈　文 汤承武 黄永芳 汪　曦 喻　辉

审计职责 审计部为湖南机场集团常设内部审计机构，主要职责是依据有关法律法规和公司内部管理规定，对公司及所属单位的财务收支、经营绩效、资产质量以及建设项目等有关经济活动的真实性、合法性和效益性，以及内部控制的适当性、合法性和有效性进行独立客观的监督和评价。

审计成果 2012 年，完成审计项目 41 个，其中财务收支审计 9 个、经济效益审计 1 个、经济责任审计 1 个、基本建设项目结算审计 30 个，促进增收节支 3790 万元。

工作特点 （一）不断提升审计层次，强化监督和服务职能。首先是增强审计的主动性和前瞻性，变被动的事后审计为主动预警，其次是把工作重心由查找和揭露问题向研究分析问题产生原因、从源头上提出治本措施方面拓展，促进微观审计向宏观效应的转化。

（二）突出审计重点，拓展审计领域。首先是强化固定资产投资和基本建设项目的审计，其次是积极探索经济效益审计，再次是开展风险管理评估，逐步参与企业的风险管理工作。

（三）狠抓审计整改，促进审计成果转化。切实抓好审计发现问题的整改落实，实施查找问题、分析原因、提出建议、督促整改、结果反馈的审计闭环管理，建立起与相关职能部门联动的监督整改机制，力促审计成果落到实处。

（撰稿人：周银屏）

【中国南方航空股份有限公司】 2012 年，中国南方航空股份有限公司（以下简称公司）共有在职员工 73 668 人，拥有新疆、北方、北京、深圳分公司和厦门航空有限公司等 18 家航空主业分（子）公司；在全国设有 22 家国内营业部；在全球设有 56 家海外办事处。公司下设市场营销管理委员会、广州飞行部、机务工程部、货运部、客舱部和地面服务保障部等驻场单位；下设规划发展部、人力资源部、财务部和审计部等机关职能部门。

领导成员

董 事 长：司献民

副董事长：谭万庚

总 经 理：谭万庚

副总经理：张子芳　徐杰波　任积东

刘　纤　董苏光　陈　港

周岳海　王志学

纪委书记：李家世

审计职责　公司审计部设总经理1人，副总经理2人。下设经营管理审计经理及副经理，内部控制审计经理及副经理，风险管理审计经理和审计监控经理等管理岗位。审计部编制定员31人，2012年末在岗员工24人。公司内部审计职能是依据国家有关法律法规、准则、制度，按照上市地监管要求，以及公司内部各项管理规定，对公司及所属单位、投资单位的生产经营、财务管理和内部控制情况开展独立、客观、公正的监督、评价活动，以保证公司各项经营活动符合国家法规要求，防范和控制经营风险，改善经营管理，促进公司效益与目标的实现。

审计成果　2012年，公司审计部主要完成42个审计项目。其中经济责任审计项目23个，内部控制评价项目覆盖19个航空运输主业分（子）公司和单位。

工作特点　近几年，公司审计部最主要的两项主体工作是经济责任审计和内部控制评价。

（一）经济责任审计的重点是以构建工作体系为核心，以制度建设为基础，以强化质量控制为手段，注重审计发现问题的整改，促进审计成果运用，充分发挥内部审计的“免疫系统”功能。

（1）始终坚持以风险为导向。近年来，公司内部审计持续加大经济责任审计力度，始终坚持以风险为导向，重点关注航空主业经营风险，关注营销领域和海外资产风险，实现生产经营单位总经理“离任必审”，实现所属生产经营单位审计全覆盖。

（2）注重审计工作体系建设。近几年，审计部对照国家陆续出台的新规定和新准则，不断修订公司相关规定，完善内部审计制度体系，为开展经济责任审计、加强审计整改提供制度保障。同时，在审计项目管理中，坚持推行“项目组长负责制”，严格遵循审计准则，规范审计行为。通过构建审计质量控制体系，降低审计风险。

（3）不断完善联席会工作机制。从2008年起，公司建立审计监督联席会工作制度。该制度旨在加强公司内部各职能部门之间的沟通与联系，促进对审计发现问题的跟进检查，督促被审计单位改善管理，从而达到完善制度、规范管理、防范风险的目的。几年来，通过持续改进联席会工作机制，使整改成效不断提高。通过完善督办机制、理顺沟通机制、建立通报机制，最终将发现问题、通报问题、解决问题形成一个完整的“管理闭环”，有力推动审计发现问题的整改落实。

（二）内控评价已逐步形成适合企业自身管理模式的工作思路和方法，具有覆盖单位广泛、涉及流程全面、基础数据完整，同时兼顾监管与内需、结合国际与国内、平衡发展与管控的特点。

（1）设计合规的内控评价体系。公司作为纽约、香港、上海三地上市的企业，内控体系建设和内控评价需符合三地监管要求。公司内控评价体系是以COSO内控框架为基础，充分融合美国《萨班斯法案》404条款、中国《企业内部控制基本规范》及其配套指引有关要求，符合航空企业的行业特点。通过逐年扩大评价业务覆盖面，深化评价业务内涵，公司内控体系建设已日趋完善。

（2）搭建有效的内控管理架构。公司的内控管理架构由董事会、审计委员会、内控项目委员会、内控工作组、业务单位及部门共同组成。公司董事长担任内控项目委员会主任，分管内控的副总经理担任常务副主任，内控项目委员会成员包括公司管理层及相关部门负责人。公司的内控管理架构，从各个层级对内控建设和内控评价的工作方向、工作重点及具体实施进行系统管理，职责分工明确，报告路径清晰，符合公司作为三地上市企业现有的治理结构。

（3）遵循规范的评价工作程序。公司在内控评价工作开展初期就制定一系列工作规定和评价程序，严格按照监管要求实施内控评价工作的流程和步骤。公司各年度内控评价工作按计划阶段、记录阶段、测试阶段、整改阶段、报告阶段和独立审计阶段有序推进。严格规范的工作流程确保公司内控评价工作在各年度能扎实、有序地实施。

经过多年的实践和总结，公司实施的以风险管理为导向、以流程梳理为基础、以财务控制为切入点、以关键控制为提升点的内控评价工作，为完善公司治理、健全公司内控管理体系起到积极的促进作用。2012 年，公司荣获由中国内部审计协会颁发的“2012 年度国企内部审计领军企业（风险管理与内控审计方面）”荣誉称号。

（撰稿人：孙　冉）

【广州市地下铁道总公司】 广州市地下铁道总公司（以下简称广州地铁）共有在职员工 19 607 人，设有人力资源总部、监察审计部、总工程师室、战略发展部、财务总部、企业管理部、安全监察部、信息管理部等 11 个职能总部，以及建设事业总部、运营事业总部、房地产开发事业总部、后勤服务中心、工程技术研究开发中心等 5 个事业部。公司下设广州地铁设计研究院有限公司、广州地铁监理公司、广州地铁环境公司、广州地铁物资公司等 13 家全资子公司。公司与多家外单位合作分别成立中咨城轨工程咨询公司、广州城市轨道交通培训学院、地铁电视传媒有限公司、百骏地铁广告有限公司、广州斯博瑞酒店公司、广州南车城市轨道装备有限公司、广东广佛轨道交通有限公司、广州擎云计算机科技有限公司、广州羊城地铁报业有限公司等 9 家合资公司。

领导成员

总 经 理：丁建隆

副总经理：何　霖　刘光武　竺维彬

　　　　　刘智成

纪委书记：刘应海

工会主席：钟学军

审计机构及审计职责　（一）审计委员会职责。审批审计业务年度工作计划、审核内部审计报告、提议聘请或更换外部审计机构；监督公司内部审计职能的建设及内部审计工作实施情况；指导内部审计与各级政府主管部门以及外部审计之间的有效沟通；推动内部审计工作的进行，与相关高级管理层就内部审计工作面临的重大障碍进行沟通和解决。

（二）内部审计机构职责。制定与修订公司的内部审计章程、内部审计规章制度及内部审计工作手册；编制公司年度内部审计工作计划，并按计划组织实施内部审计工作；向公司最高管理层、审计委员会报告审计工作；负责公司所有外部审计事项的归口管理工作；负责牵头组织公司内部控制及风险管理监督评价工作；承办法律法规和公司制度规定，以及总公司管理层要求办理的其他审计事项。

审计成果　2012 年，广州地铁监察审计部共完成审计项目 16 个、审计调查项目 2 个。其中经济效益审计 1 个、经济责任审计 3 个、管理审计 4 个、工程审计 5 个、内控评价 1 个、专项资金审计 2 个、审计调查 2 个，促进增收节支 370.12 万元。

工作特点　（一）深化模块间合作，发挥协同效益。广州地铁在大力实行审计专业模块管理、提高审计专业性的同时，更注重促进四大专业模块的工作融合。公司多个项目中配置多模块人员，推进多模块综合审计实施力度，通过工程审计和经营审计人员的合作，将工程审计范围从传统的现场施工、计量支付等阶段扩大到尾工工程管理、运营维修管理等领域。另外，通过经营审计、IT 审计以及内控审计人员的配合，对固定资产的业务管理、信息系统建设进行双轨审计，评价业务管理和信息系统建设、运用的情况，在拓宽审计广度、减少审计盲点的同时，也发挥审计管理咨询效用。

（二）推动内控自评工作，促进推行进度。随着外部监管对企业内控评价工作要求的强化，广州地铁加快内控评价工作的进度，依据“以评促建”的思路，组织各单位对人力资源等多个业务流程进行内控评价，并总结历年工作经验，进一步明确评价工作标准，进一步完善内控评价工作，促进公司内控体系以及内控评价体系的完善。3 月，广州地铁被广州市审计局选为广州市企事业单位内控评价示范部门，并在内控评价工作会议上做专题汇报。

（三）持续开展审计意见整改落实跟踪。2012 年，监察审计部安排专人每季度进行审计意见整改跟踪检查工作，并定期报告审计问题的整改情况。全年共完成 18 个审计项目的审计意见整改跟踪检查工作，涉及 385 条审计意见，全年审计意见整改完成率为 71%。

（四）应用专业评价指标，细化审计尺度。为了提高审计评价的权威性，广州地铁一直以来注重专业评价指标的应用，公司通过对经营效益进行深入调研及评价运用营运资本需求量指标（WCR）等指标，客观分析公司经营管理潜力及可改进之处，提高审计评价水平，提出促进业务水平提升的优化建议，增加审计业务决策支持的功效。

（五）总结审计经验，提高审计工作标准程度。经过集体讨论，广州地铁审计业务初步制定十余个审计内容的标准化审计程序及工作底稿，规范底稿编号，在底稿中加入审计目标、程序等信息，指引审计人员开展审计工作，并规范底稿记录方式，初步建立经营管理审计、工程审计、房产审计、IT审计、内控审计、通用业务等培训体系，为提高审计质量提供保障。

（六）与时俱进，推进审计业务不断创新。为保持公司内部审计工作的先进性，广州地铁与时俱进，不断创新，运用IT审计扩大审计的覆盖面，提高内部审计在企业治理中的"免疫系统"基础防线作用。

在2012年中国内部审计协会"国企扬帆，内审护航"活动的总结大会上，广州地铁以"如何实施和运用IT审计，促进公司战略实现"为主题发表演讲，广州地铁的IT审计经验得到中国内部审计协会及与会各方单位的高度认可，并在继蝉联"全国内部审计先进集体"称号之后，再一次荣获"全国内部审计领军企业"荣誉称号。

（撰稿人：覃宪姬）

【中国工商银行股份有限公司广西壮族自治区分行】 中国工商银行股份有限公司广西壮族自治区分行（以下简称工行广西区分行）是由中国工商银行股份有限公司总行领导的股份制国有商业银行省级分支机构，共有在职人员10 637人，设有办公室、运行管理部、信贷管理部、授信审批部、人力资源部、财务会计部、结算与现金管理部、风险管理部、投资银行部、电子银行部、小企业金融业务部、个人金融业务部、银行卡业务部、房地产业务部、公司业务部、机构业务部、国际业务部、信息科技部、法律事务部、内控合规部、监察室、保卫部、企业文化部、工会办公室等部门，下辖设立在南宁的工行广西区分行营业部和柳州、桂林、梧州、北海、防城港、钦州、贵港、玉林、百色、贺州、河池、来宾、崇左13个二级分行。工行广西区分行的内部审计机构——内控合规部，共有在职人员29人。

领导成员

行　　长：黄再红

副 行 长：许桂北　杨　永　邵苏江

　　　　　李德斌　杨　军　王　琦

纪委书记：吴　进

审计职责　内控合规部履行内控管理、合规管理、审计检查、操作风险管理、反洗钱管理、运营风险核查等方面的职责，具体包括：

1. 组织策划和推动全行内部控制体系建设，指导、监督、检查、评价全行内部控制工作；

2. 组织开展全行合规审查、制度梳理、合规咨询等工作，执行或监督执行相关业务违规处罚；

3. 组织实施全行业务检查和高级管理人员经济责任审计，配合实施上级行和主管部门要求开展的监管检查；

4. 组织开展全行操作风险的监测、分析、计量、报告等工作，指导、监督、检查、评价全行操作风险管理工作；

5. 组织本行各部门和各分支机构实施反洗钱行动，指导、监督、检查、评价全行反洗钱工作；

6. 监测和管理全行业务运营风险，负责对全行发生的业务运营风险事件开展核查确认、责任认定和督促整改等工作；

7. 组织推动全行内控合规的管理基础和文化建设；

8. 开展上级行和主管部门交办的其他工作。

审计成果　2012年，完成审计项目459个（其中经济责任审计179个，其他专项审计280个），促进问题的整改率达到94.67%。

内控合规部对某分行截至6月末存量对公贷款五级分类情况进行检查，发现该分行信贷管理工作薄弱，在贷前调查中对借款人提供的资料审查不够严谨，对借款人提供的有明显常识性疑问的资料未进一步进行甄别，贷款资料存在一些问题。该分行对检查发现的问题已进行整改，责成借款人重新提交正确的股东会会议纪要和提款通知书。

对某分行及其营业部整治不规范经营的情况进行现场检查，发现该分行的部分分支机构仍向中介机构收取资产评估协作费以转嫁经营成本等问题。该分行对检查发现的问题已进行整改，责成有关分支机构充分认识到违规问题的严重性和危害性，深入查找问题发生的原因，清退已收的资产评估协作费，并对责任人进行问责处理。

工作特点 （一）积极开展员工行为规范教育活动取得实效。通过集中教育和整治，使员工操作风险意识得到加强，操作风险事件比上年同期减少381笔、降低88.2%，操作风险损失率严格控制在总行规定的0.15%控制线内。

（二）全力开展合规检查和经济责任审计，效果显著。组织开展业务运营风险专项治理、整治不规范经营、各类风险事件排查等活动；完成合规审计检查280次，促进问题的整改率达到98.83%；完成179名管理人员任期经济责任审计，促进管理人员经营规范。

（三）配合有关机关开展反洗钱等相关工作。积极配合广西公安机关开展打击非法资金传销活动，协助人民银行、公安机关破获某特大非法资金传销案，获公安机关嘉奖；按期高质量地完成反洗钱重点可疑交易事项的专报工作，其中《最新洗钱动向及可疑交易特征分析情况的报告》获总行表扬。

（四）内部审计主动为资产质量管理、不良贷款“双降”提供服务。组织开展资产类业务检查267次，对不良贷款处置损失进行责任认定81次，为有效处置1.97亿元不良资产提供审计服务。

（五）内部审计外查协调响应机制进一步完善。制定《工行广西区分行内部审计外查配合协调工作指引》，理顺内部审计外查配合工作机制，增进内部审计外查部门对该行依法合规、稳健经营、业务发展的风险控制认同度。配合完成总行内部审计部门开展专项检查、工作调研8次，配合外部监管检查45次。各类配合检查促进问题的整改率达到96.5%。 （撰稿人：曾世锋）

【广西南宁东亚糖业集团】 广西南宁东亚糖业集团（以下简称集团）是1993年成立的中泰合资企业，共有在职人员4300余人。设有采购部、销售部、物流部、电脑部、财务部、会计部、内审部、人力资源部等部门，下辖广西扶南东亚糖业有限公司、广西崇左丰岭肥业有限公司、广西东亚纸业有限公司等10多家公司。集团日榨甘蔗能力达到8.6万吨，年产糖量超过100万吨，日榨蔗量、年产糖量均位居全国制糖企业前列，产品畅销国内外，曾多次获“全国百家明星侨资企业”“中国轻工业制糖行业十强企业”等称号。集团技术和设备先进，排放指标符合环保要求，实现制糖产业链的低能耗、低排放、高产出。

领导成员

董 事 长：汪东财

总　　裁：汪鸿洲

副 总 裁：梁文平　吴　春

财务总监：杨志明

审计职责 设有内部审计机构——内审部，共有专职审计人员15人。内审部的职责主要是：

1. 对集团所属各单位（部门）贯彻执行国家的法律法规和集团的章程、决策、业务流程，签订和执行经济合同的情况进行审计；

2. 对集团及其所属各单位的财务收支及其有关的经济活动进行审计；

3. 对集团及其所属各单位的基本建设、技改环保工程项目的预算、决算和投资效益进行审计，对新建工程项目进行全过程跟踪审计；

4. 对集团及其所属各单位（部门）内部控制制度的健全性、有效性和风险管理情况进行评审，对各类检举、控告集团员工违法违规的事项进行专项审计；

5. 开展法律法规规定的或董事会、集团领导要求办理的其他审计监察事项。

审计成果 2012年，集团内审部完成审计（专项审计调查）项目18个，其中财务收支审计2个，内部控制评审3个，基本建设审计6个，其他审计7个。查出主要问题金额1107万元，核减工程造价5375万元，促进增收节支2736万元，提出审计建议48条，促进集团积极堵塞管理漏洞、防范经营风险。

年内内审部对集团年度蔗农种植补贴款进行审计，发现蔗农实际种植甘蔗面积少而申报领取补贴面积多，集团管理人员未按规定的操作流程严格测量验收并公布蔗农实际种植甘蔗面积、违规代替蔗农在补贴签收表上签名等弄虚作假、恶意舞弊的问题，促进集团责令相关部门限期整改纠正，核减蔗农甘蔗种植补贴面积530多公顷，直接减少补贴款310多万元，处理处罚违规人员

17名，完善相关的业务操作流程及其细则。该审计项目时间短、见效快，得到集团领导的积极评价。

内审部对集团土建、安装、技改及维修工程进行审计，发现施工单位虚报工程量、高套定额及取费、重复套用定额、高报材料价格等问题，对施工单位报送审核的工程结算造价金额42 856万元通过审计核减5375万元，核减率达到12.54%，为企业降低工程成本。推动集团管理层在工程合同中明确规定“施工方需承担一定比例的第三方审减额的工程审计费”等条款，规范双方签订工程合同的行为，约束施工单位按照规范流程和标准定额等编报工程造价结算书。

工作特点 （一）内部审计部门独立。内审部直接对集团总裁负责并报告工作，不受集团所属其他单位（部门）和人员的干涉。

（二）内部审计模式先进。内审部采用先进的以内控与风险为基础、以增值为目标的过程审计模式，重点关注集团的运营过程、高风险区域。

（三）内部审计过程规范。内审部制定部门章程、工作手册、审计方案集、审计工作流程和监督细则等，使内部审计过程做到有章可循、操作规范、监督有力、处罚有度。

（四）内部审计内容广泛。根据集团董事会批准的内部审计章程，内审部对集团的所有业务和人员均可实施审计监督。

（五）内部审计处理处罚严肃。集团规定，所有被审计单位（部门）必须严肃对待审计发现的问题，根据审计意见制定整改措施并将整改结果报告内审部，接受内审部的跟踪检查。

（撰稿人：梁　雄）

【海口市公安局】海口市公安局是市政府主管社会治安工作的职能部门，正处级建制。下设特警支队、机场分局两个正处级单位，保税、美兰、龙华、琼山、秀英分局和交警、刑警、治安、禁毒、经侦、网警、监所管理、出入境管理支队及政治部、纪委、办公室、指挥中心、装财处、法制处、信通处、反恐处、户政处等副处级单位，200余个正科级单位。现有民警3100多人。主要职能是：负责管理全市社会治安和公安保卫工作；防范和打击国内外敌对势力的破坏活动，保障公民的权益和权利，保障公共安全；管理全市道路交通安全；打击各类刑事犯罪；领导全市公安消防、边防、警卫系统的工作。在市委、市政府的坚强领导和大力支持下，通过各警种及全体民警的共同努力，荣获全国公安机关东西合作素质强警行动“成绩突出单位”、全省侦破处置积压命案专项行动标兵单位、“破案会战”突出贡献先进单位等荣誉称号。

领导成员

局　长：宋顺勇

副局长：刘韶东　蔡　军

林晓东　刘海志

易向阳

纪委书记：孔繁科

政治部主任：柯廷雄

审计成果 海口市公安局审计部门是隶属于局纪委的正科级单位。审计工作深入贯彻公安部工作会议和文件精神，树立审计权威性，广泛宣传审计，使审计作用得到充分发挥，审计从单纯体现经济监督、鉴证的基本职能向咨询、服务、管理、帮助等职能拓展。开展多种审计项目，如涉案财物管理审计、政府采购审计、财务收支审计、清算审计和审计调查等，特别是近几年以“审计整改年”“回头看”活动为契机，促进审计意见的落实和应用，进一步规范各单位财务管理行为，建立健全各项财务管理制度，为局党委了解和掌握各项审计内容所反映的情况、制定相关政策及有关的经济决策提供可参考的资料和信息，并积极协助其他办案部门提供办案线索和业务咨询。

海口市公安局审计部门自1993年设立以来，共开展各类审计项目222项（其中政府采购审计3项、预算执行审计5项、财务收支审计25项、专项审计29项、基建工程评审1项、专项审计调查18项、基层经费保障审计7项、内控审计8项、离任审计1项、清查25项、基建审计15项、案件审计11项、后续审计21项、经济效益审计10项、涉案财物审计11项、“审计整改年”活动及清算审计等其他项目32项）。1999年度审计室被海口市审计局评为先进内部审单位，2000年度审计室又被海口市审计局评为海口市先进内审单位，2005—2006年度审计室被省审计厅及省内审协会评为海南省内审先进单位。

审计整改 根据公安部和省公安厅部署，海口市公安局2011年在全局范围内认真开展“审计整改年”活动。集中整改2008年以来审计中所发现的问题，共梳理81个需要整改的问题。审计部门充分履行业务指导职责，对整改情况严格把关，加强跟踪督导各单位整改落实工作，对疑难问题出点子想办法，并与装财和各业务部门通力协作，共同推动活动开展。经过努力，已整改到位77个问题，获得各级考评组及局领导的表扬。2012年根据公安部部署，在“审计整改年”活动基础上认真开展“回头看”工作，将尚未整改到位的4个一揽子问题及2011年审计中新发现的问题分解成51个需要整改的问题，通过认真整改，已完全整改到位31个，整改率为61%，巩固审计整改成果。海口市公安局各单位进一步规范各项财务制度，加强内部管理，形成审计整改长效机制，为推动公安事业发展提供有力服务和保障。

审计项目 （一）财务收支审计。2000年开始先后对全局各单位开展财务收支审计25个。披露问题，提出整改意见，促进增收节支、专款专用，严格控制报销标准，规范收支行为，提高资金使用效能，保障资产的真实性和完整性。为开展其他审计项目奠定基础。

（二）涉案财物审计。海口市公安局审计部门非常重视涉案财物审计工作，从2004年开始，在全局范围内陆续开展涉案财物、罚没款及保证金专项审计。开展此项审计9年来，全局各派出所和专业办案大队以及各办案支队均被实施过2～3次以上的涉案财物专项审计及后续审计。审计小组深入各办案大队及派出所，通过开包查验涉案款物的数量与台账对比，实地清点机动车辆、大中型涉案物品，分类统计未结案的款物，审阅台账及银行对账单，从源头上有效地遏制执法不公、贪赃枉法、侵害群众利益的问题，确保扣押款物管理的合法化、规范化和制度化。全局在涉案财物管理方面未出现一例违法违纪案件，也未追究和处分民警，审计效果显著，充分发挥内审建设性、预防性的职能作用，这是海口市公安局审计工作的特点和亮点之一。

（三）内部控制审计。2008年开始审计部门先后对美兰分局、秀英分局、龙华分局、保税区公安局和琼山分局等各分局实施8次内部控制审计，以打分的方式评价单位内控制度的健全性和有效性，并且通过核查原始凭证等财务资料验证制度的执行效果和真实性。力求从制度、机制和源头上发现和披露存在的漏洞和问题，提出审计建议63条。

（四）基层经费保障审计。按照公安部审计局的要求，2009年开始海口市公安局审计部门先后对保税区公安局、琼山分局、龙华分局、经侦支队、刑侦支队和治安支队等7个单位的基层经费保障情况进行审计，提出建设性意见10条。通过审计测算分析，发现基层经费标准过低无法满足工作需求的问题，积极与财政部门协调，争取到财政局逐年增加基层经费的标准，使基层所、队的各项经费得到保障，从而推动警务保障机制的建设，保障基层所、队警务活动的顺利开展。

（五）经济效益审计。2004年开始先后对海南金鹰安保集团公司实施7次经济效益审计。通过资产真实性的确认、绩效指标体系和计划完成程度的分析和评价、业务变动和公司治理的评价、对遗留问题解决程度的考评、各项经济指标完成情况以及对审计意见的整改落实情况，提出审计建议55条，促进该公司规范经营、减支增效，并为改建工作提供审计依据和可参考资料。通过审计，促进该集团公司决策层转变经营理念，从单纯追求经济指标转变为注重公司内部治理和基础建设，制定一系列公司内部治理和基础建设的目标，并加以落实。

（六）预算执行审计。2010—2011年度先后对刑侦支队、治安支队、经侦支队等支队的预算执行情况施行审计，提出审计建议24条。通过审计促进各单位科学合理全面地安排经费预算，正确执行已经审批的预算，严格将各项支持控制在预算范围内，遵循专款专用原则，以严肃财经纪律，提高预算经费的使用效能和运用能力，在预算支出的过程中严格履行本单位已经制定的程序，避免违法违规行为的发生。

（七）中央财政转移支付和地方配套资金专项审计。为贯彻落实中央两办《关于加强政法经费保障工作的意见》，配合公安部审计局统一组织的中央财政转移支付和地方配套资金的专项审计调查工作，2010年开始连续三年对2009—2011年度中央财政转移支付经费的分配和使用情况实行全程审计监督，促进办案经费的合理分配，专款专用，规范使用行为，促进有关保障政策措施的落实和依法有效地使用经费。

（八）专项审计清查和调查。从1997年开始先后开展清理“滥收乱罚”专项活动、政府非税收入“收支两条线”专项检查、行政机关和事业单位有关收费清理工作，加大政府非税收入征缴的监督和管理力度，严肃财经纪律，制止“三乱”，净化投资环境。根据公安部和省厅的通知要求，对海口市公安局监所系统开展财务收支、经费保障、被监管人员的伙食量标准和落实、被监管人员的医疗保障、代管钱物的管理、代购点的收支与管理、监控设备的配置与使用以及基本建设等方面情况开展专项审计调查，摸清和真实反映全局监管场所的实际情况和困难，为上级主管部门加强监所系统的各项管理、规范化建设、堵塞漏洞，分析、研究、制定和决策提供可参考资料，促进财政部门逐步提高拘押收教人员的费用标准，缓解监所系统的压力，稳定队伍。对全局各单位开展公用住房、公务用车、庆典活动等清理工作，促进各单位厉行节约。

（九）政绩审计。1997年开始审计部门为配合办案部门，先后对分局，治安、交巡警、刑警等支队，法制、办证中心等部门，保安、金鹰印章、印协等公司开展各种政绩审计（案件审计），没收“长款”4 631.23元上缴市财政，建议移送检察院立案处理的1人，积极协助其他办案部门提供办案线索和业务咨询。

（十）基建审计。2000年开始对海口市公安局基本建设评审，配合省厅聘请中介机构对信息化建设项目开展审计，促进“三项建设”的落实；配合省市联合督导组对海口市公安局基建工程款的收支情况实行全面性的审计。

工作特点 （一）推行审计新理念。以科学发展观为工作主旨，在“和谐审计”理念的基础上，推行“管理、评价、鉴证、服务、咨询、参与、增值、增效”等新理念，深化内部审计的职能作用和定位；积极参与审计理论研究与实践，探讨公安审计工作的转型与发展，2008年4月在公安部审计局编的《审计工作简报》第3期上发表题为《积极开展效益审计 推动企业扭亏为盈》的论文，获得省厅纪委以及局纪委领导的好评。

（二）完善制度建设。按照中共中央办公厅、国务院办公厅《党政主要领导干部和国有企业领导人员经济责任审计规定》和公安部《公安机关领导干部经济责任审计规定》的有关内容，在原有的《海口市公安局领导干部经济责任审计办法》基础上，逐条对照修改，制定《海口市公安局领导干部经济责任审计规定》，为开展经济责任审计奠定制度基础。

（三）加强审计队伍自身建设。按照公安部《关于进一步加强公安审计工作的意见》和《中共海南省公安厅党委关于加强全省公安审计工作的意见》的要求，2011年海口市公安局独立设置内部审计机构，增加编制；按照公安部审计局和中国内部审计协会的规定，每年均派员参加省内外的审计专业培训班，接受审计和会计业务的后续教育；通过年度审计资格证和会计资格证的年审，规范审计工作的管理；积极支持省内部审计协会的工作；每年订阅《中国审计》《中国财经审计法规选编》等专业期刊，了解掌握国际、国内审发展动态，扩大视野和思维，为公安审计转型提供帮助。

（撰稿人：海口市公安局审计科）

【海南海汽运输集团股份有限公司】海南海汽运输集团股份有限公司（以下简称海汽）成立于1951年，前身为海南省汽车运输总公司，2007年12月改制成为国有控股多元持股的有限责任公司，2011年11月变更成为股份有限公司。秉持“让世界更亲近”的服务理念，努力探索和延伸相关服务产业链，进一步提升服务水平，提高品牌质量，积极推进从传统运输业向现代服务业的转型，努力打造全国一流的道路运输综合服务集团。经过不断的努力拼搏，海汽现已成功跻身全国道路客运一级企业、全国道路客运50强企业、中国交通百强企业之列，成为全国唯一一家交通运输服务标准化试点单位，先后荣膺“中国质量·服务·信誉AAA级企业”“全国用户满意企业”“全国交通运输客运行业优质报务示范企业”“全国企业文化建设50强企业”等殊荣。

海汽下辖23家分公司、16家全资子公司、5家控股子公司、4家参股子公司。海汽业务涵盖班线客运、旅游客运、出租客运、物流快递、汽车维修等，拥有汽车客运站23个（其中国家一级客运站5个），各类营运车辆3000多台，日均总行驶里程90万公里，旅客运送量9万多人次，道路客运班线400多条，客运网络覆盖全省18个市县及国内15个省份。现有职工4000多人，总资产15.15亿元，净资产4.91亿元。

领导成员

董 事 长：夏亚斌

总 经 理：姜宏涛

副总经理：牛　干　林顺雄

纪委书记：李　轩

总会计师：周有斌

工会主席：王修奋

审计职责　2012年，在海汽领导要求下，内部审计人员拓展思路、转变观念、改变从前单一的财务审计方式，进而向效益审计方式转变，逐步完善车辆经营模式、内控制度、合同制定及管理、“三重一大”等审计内容。在开展审计工作中，内部审计人员始终保持独立、客观、审慎的工作态度，对审计对象进行客观的确认与评价。全年开展各类审计项目16个（其中离任审计8个，专项审计8个），发现问题72个，提出建议73条。

审计成果　（一）经济责任审计。根据年初海汽对各分（子）公司下达的年度经营计划及预算指标，对各分（子）公司负责人进行任期经济责任审计。在审计过程中，内部审计人员除开展传统的“四查四看”财务审计外，建立以提高企业效益为目的的经营审计，开拓健全管理、提高工作效率、防止经济损失等新的审计领域，如对公司的章程、集团公司下达的相关考核指标、车辆的经营情况、内控制度的建立、合同的签订及执行、经济方面的历史遗留问题等审计。通过任期经济责任审计，达到促进企业加强经营管理工作，降低成本，提高管理水平，实现效益最大化的目的，同时也为单位负责人年度经营业绩考核提供参考依据。

（二）离任审计。海汽内部审计部门一直坚持“有离必审”的离任经济责任审计制度。通过对海汽下达的年度计划指标及单位实际完成情况进行分析考核，客观、公正地确认其经济业绩，对其任期工作做出评价。通过对企业各单位负责人进行离任审计，一方面能够客观、公正地确认其经济业绩，对其任期工作业绩做出评价，另一方面有助于通过摸清“家底”，帮助继任者了解接任单位的真实情况，明确工作思路，尽快进入角色，同时，还有助于划清离任者与继任者的责任，改变“新官不理旧账，旧官一走了之”的不良状况，有利于工作的交接，保持工作的连续性。

（三）“三重一大”的执行情况。海汽内部审计部门在对各分（子）公司审计时，重点关注各单位“三重一大”工作的决策与执行情况，对检查发现各分（子）公司涉及重大决策事项、重要的人事任免、重大项目安排、大额度资金运作的，认真审核其是否经领导班子成员联签后做出的集体决策，是否按国家及海南省相关政策规定及集团公司下发的规定执行等，确保经营生产工作依法开展，促进领导干部廉洁从业。

（四）专项审计。一是完成昌江分公司、乐东分公司站场工程审计。在审计过程中，海汽内部审计人员重点查看合同的签订定是否齐全，各项工程是否经过招标，是否按工程进度支付工程款，各期工程款支付比例是否合理等，保证工程质量和资金安全，确保海汽批复的固定资产投资计划顺利执行。二是完成慈善基金、工会的专项资金审计。在两项专项审计过程中，主要对专项资金是否专款专用，资金的使用是否真实、合法，资金管理过程中是否存在不足，针对审计事项提出存在的问题及相关的建议。三是完成补票点的经营管理审计。在审计过程中，内部审计人员查看签订的协议、年度的售票额、人员薪酬的发放表等，查看内控制度是否健全，通过内部审计人员对全司补票点的审计，相关部门根据审计中提出的问题和审计建议对各补票点进行科学管理。

审计整改　海汽一直按照“审而必究、审而必改、审而必用”的方针，加强后续审计的落实工作，加大后续审计的工作力度，严格后续审计制度，对重要审计项目和审计建议实行连续追踪审计，监督落实审计报告整改执行情况，落实遗留问题处理情况。对审计发现的问题坚持“问题的原因不清楚不放过，问题的责任不明确不放过，问题的整改措施不落实不放过”的原则。2012年海汽内部审计人员对24个单位进行审计整改情况的实地核查，保证审计成果落到实处，从根本上杜绝“屡查屡犯”的现象。

（撰稿人：海南海汽运输集团股份有限公司）

【中国农业银行股份有限公司重庆市分行】中国农业银行股份有限公司重庆市分行（以下简称农行重庆市分行）是中国农业银行股份有限公司在渝设立的一级分行，是重庆市存贷款规模最大、客户群体最广、网络覆盖最全的大型上市商业银行一级分行，员工8000余名，设有28个部室，辖属45个分支行，450余个对外营业机构，4000余个24小时自助电子服务渠道，10 000余台惠农通信息机布放在全市所有行政村等，使村民足不出村享受现代金融服务。

近年来，农行重庆市分行深入贯彻实践科学发展观，以服务重庆经济社会发展建设为己任，坚持走稳健可持续科学发展之路，积极实施经营战略转型、创新服务手段、加强精细管理、全面提高风险管理水平和员工队伍素质，实现经营结构、质量、效益、规模持续协调健康发展，正以坚实的步伐向城市主流和县域领军的现代一流商业银行迈进。各项存款、贷款和利润等主体业务指标呈现“稳中求进”态势。荣获全国五一劳动奖状、全国扶残助残先进集体、全国工人先锋号，连续多年荣获重庆市“金融贡献一等奖”、重庆市“五一劳动奖状”、重庆市投资工作先进集体、重庆市尊师重教先进集体、重庆市宣传思想工作先进单位、重庆市城镇化工作先进单位，多次被评为最具影响力银行、最佳“三农”服务银行、打造长江上游金融中心卓越贡献机构等殊荣。

领导成员

行　长：胡新智

副行长：支　章　封先庚　刘　平

　　　　刘正鹏　杨　娟　杨家祥

审计职责　农行重庆市分行在分行本部设立内控合规部，下设审计部、合规督导部、内控管理部、合规检查部、反洗钱部，在辖属分支行分别派驻风险合规经理。分行内控合规部是在2009年全面整合和重新定位原有审计职能、合规管理职能的基础上设立的，实现由内部审计工作单一化向内控合规管理多元化转变。主要负责制订本行内控合规管理工作规划和年度计划，制定内控合规管理规章制度和程序的实施细则，开展合规培训和宣传，收集合规风险信息，监测、识别、评估合规风险，形成合规管理报告，审核本行新产品、新业务流程和其他重大事项的合规性，为各部门和员工提供合规管理咨询，处理合规投诉。负责本行反洗钱、授权管理、关联交易、员工违规积分管理。负责组织开展辖内高管人员经济责任审计、内部控制评价、案件风险排查、合规检查和整体移位等，督办内外检查发现问题的整改。

审计成果　2012年，内控合规部完成审计项目29个，审计调查项目1个，其中案件风险排查1个、内部控制评价1个，经济责任审计5个，整体移位检查2个，其他专项审计20个。发现问题697个，查出违规金额40.54亿元，给予经济处罚24余万元、纪律处分6人，已督促整改696个、金额40.54亿元，整改率99.86%。2012年，内控合规部被农行总行评为内控合规工作先进单位、反洗钱系统开发应用先进单位，被人民银行重庆营管部评为反洗钱工作先进单位和重点可疑报告先进单位，被重庆内部审计协会评为内部审计工作先进集体。

工作特点　（一）加大非现场监测力度，提高现场检查质量。改变传统的审计抽样方式，依托农行总行开发的计算机审计监督分析系统（简称CAS），对前台若干业务系统数据进行监测、分析、跟踪，按季研究确定监测重点和按需提取非现场疑点线索，根据线索分析结果及时启动横向分线、纵向分级核查机制，做好信息反馈和成果利用工作，提高审计抽样的科学性、发现问题的精准性和现场审计的针对性。

（二）认真开展经济责任审计，全面检验干部履职能力。根据被审计对象应承担的职责和任务，突击高管人员价值创造、同业市场份额、决策事项效果、内部控制的有效性以及可持续发展能力等方面，提升审计层次和质量。内控合规部直接组织实施辖属分支行高管责任审计5个，检查、指导辖属行实施二级支行责任审计59个，发挥审计成果在干部聘用和监督上的作用。

（三）改进内控评价方法，科学检验内部控制成果。依托内外检查资料，探索按季对经营行实施内控评价工作，将现场集中评价与日常监督检查有机结合，将疑点数据提取与内控检查成果有机结合，提高现场评价的精准度和客观性，实现对经营行内部控制从结果评价向过程评价转变，收到较好效果。

（四）建立案件风险排查常态机制，保持案件防控高压态势。按照综合集中排查与常态专题排查相结合的模式，成立领导小组，制订实施方案，统筹各项检查，建立检查资源共享机制、鼓励自查机制、举报机制、问责机制，开展动员、培训，坚持非现场与现场核查相结合、内部排查与外部走访相结合、员工行为与业务排查相结合、主动交代与监督举报相结合的方式，开展集中案件风险排查和季度滚动排查。重点关注员工异常交易、内外勾结诈骗盗存资金、信用卡套现及恶意透支、信贷领域骗贷、转移用途以及房地产贷款等内容。通过常态案件排查、严格责任追究，加强问题整改、基础管理和合规文化建设，有效消除风险隐患。

（撰稿人：曾焱林）

【重庆市交通委员会】重庆市交通委员会共有在职职工116人，设有办公室、法规处、研究室、综合规划处、财务处、组织人事处、公路建设管理处、公路养护管理处、港航建设管理处、综合运输管理处、安全监督处、科技处、审计处、宣传处、纪检监察室、机关党委、离退休人员工作处，下辖公路局、运管局、港航局、执法总队等13个委属企事业单位。

领导成员

主　　任：滕宏伟

副 主 任：陈孝来　杨昌学　乔　墩
　　　　　梁雄耀　章勇武

纪委书记：罗登友

总工程师：李关寿

巡 视 员：余昌平

副巡视员：杜　昆

审计职责　重庆市交通委员会于2000年8月成立审计处，并在所属公路局、高速集团、航发司等相继成立内部审计工作机构，配备专职审计人员。重庆市交通委员审计处主要负责指导交通行业内部审计工作；拟订内部审计制度，组织实施经济责任审计、所属事业单位预算执行情况审计、所属企业单位的资产负债审计、交通专项资金审计、政府投资交通建设项目的审计工作；负责交通审计统计工作等。

审计成果　2012年，全系统完成审计项目90个，审计调查项目8个。其中建设项目审计14个、经济责任审计8个、预算执行及财务收支审计20个、专项资金审计48个、审计调查8个。审计金额共计228.97亿元，查出各类问题金额5.03亿元，提出审计建议被采纳251条。

工作特点　（一）加强审计制度建设，不断规范审计行为。近年来，着力于健全和完善审计基础工作，结合交通内部审计的发展，制定和完善《重庆市交通系统内部审计工作规定》《重庆市交通委员会内部审计工作操作规程》《重庆市交通委员会委托审计实施办法》《重庆市交通委员会经济责任审计工作联席会议制度》等一系列审计制度，这些制度的建立和完善，对规范审计程序，提高审计质量起到积极作用。2012年又对《委托审计管理办法》和《社会中介机构备选库》进行修订和完善：修改审计备选库的入围方式、委托审计项目的全过程管理、审计质量控制等内容；通过公开选聘的方式择优选取、完善新的委托审计备选库，并修订委托审计经费付费标准，制定内部审计项目质量检查评分标准，进一步规范委托审计行为。

（二）紧扣中心工作，建设项目跟踪审计扎实推进。在跟踪审计试点的基础上，对全系统的建设项目情况全面清理，摸清建设进度，将在建的重点项目分级次纳入审计范围，分步骤开展跟踪审计。全年开展跟踪审计项目5个，通过以资金为主线，将审计监督、咨询及服务贯穿于建设项目的全过程，对建设项目投资估算、勘察设计概算、施工预算、竣工结算、财务决算等各阶段的经济管理活动及时进行检查和评价，每季度出具阶段性审计报告，及时发现、纠正建设环节中出现的被动局面，有效地控制基建项目造价，防范财务风险，推进重点项目的建设进程。

（三）强化管理，努力提升审计质量。通过增强审计力量，规范审计程序，加大对审计方案、审计报告的审核，特别是对审计过程中的重点内容、重点环节的管理和控制，极大地提高审计质量。同时，通过大力开展内部审计培训，提升审计人员业务能力，还通过开展审计理论研讨、座谈，以及优秀审计项目评比，推动审计质量的整体提高。

（撰稿人：张晓琴　李智勇）

【四川省宜宾五粮液集团有限公司】四川省宜宾五粮液集团有限公司前身是20世纪50年代初8家古传酿酒作坊联合组建而成的“中国专卖公司四川省宜宾酒厂”，1959年正式命名为“宜宾五粮液酒厂”，1998年改制为“四川省宜宾五粮液集团有限公司”，现已成为全球规模最大、全国生态环境最佳、产品品质最优、古老与现代完美结合的酿酒圣地、中国酒业大王和具有突出优势、深厚企业文化的国有特大型企业集团。目前，在职员工4万多人，设有30多个职能部门，下辖20多个二级子（集团）公司及数十个三级子公司。

领导成员

董事长：唐　桥

总经理：刘中国

审计职责　宜宾五粮液集团有限公司审计部设1正2副共3名部长，编制44人，在职27人。在公司董事长直接领导下开展工作，负责公司各项经济活动的全过程审计监督，全面开展对公司及下属各部门和子公司的经济效益审计、投资项目及基础建设审计、公司中层干部经济责任审计、内控制度审计以及各专项审计项目。

审计成果　2012年，公司审计事务部在积极发挥经济监督、查错防弊和保护资产职能，紧紧围绕公司生产经营目标和集团公司党委的工作要点，突出审计重点，关口前移，加大事前、事中的监督力度，共完成各项审计项目69个，其中：建设工程竣工决算审计35个，经济责任审计7个，经济效益审计1个，专项审计调查26个。提出建议意见被采纳27条、涉及审计金额达71.59亿元，查出违规金额0.67亿元。被中国内部审计协会评为“工程与投资审计方面内部审计示范企业”。

工作特点　（一）独立行使内部审计监督职权，直接向董事长负责并报告工作。

（二）工作目标明确，以“促进集团公司经济效益可持续发展，保障国有资产保值增值”为出发点和归宿，实施“领导干部离任与董事会审批的投资项目”两个必审，突出“投资审计”“内控评审”“经济效益审计”“专项审计”等4个重点。

（三）修订完善《内部审计工作规定》，制发《内部审计管理规定》，进一步规范内部审计工作程序，加强审计项目的全过程审计质量控制，内部审计工作有法可依，有章可循。

（四）突出投资审计和经济责任审计两个亮点，按照“凡投必审”和“有离必审”的原则，开展投资项目；坚持经济责任审计与财务审计、绩效评价相结合，客观评价企业经营者业绩和经济责任，并将审计结果作为子公司领导人员考核主要依据。

（五）不断总结和提炼，加强审计成果综合分析和开发利用，促进审计成果转化。

（六）强化审计人员的能力建设，建立审计业务培训体系，形成以自学为主、集中学习为辅，以实践学习为主、培训学习为辅的学习方式，进一步提高审计人员专业素养，夯实审计工作组织保障。（撰稿人：五粮液集团公司审计事务部）

【四川省公安厅审计处】四川省公安厅审计处是四川省公安厅的正处级内设部门，于1989年成立。2012年，四川省公安厅审计处在编民警13人，设有审计业务科、两化指导科、综合指导科、政治协理室4个正科级科室。

领导成员

处　长：柯　庆

副处长：孙　洁　李　华

审计职责　担负对四川省公安厅所属的相关警种、部门和单位的审计工作及厅机关大额经费支出审核工作；负责对全省公安审计工作指导、监督、培训、考核和组织开展专项审计任务。

审计成果　2012年，四川各级公安审计部门共审计项目1226个，审计金额48.6亿元，审减资金1691万元，促进增收节支796万元。审计发现问题623个，查出违纪违规金额33万元、违纪违规人员2人。提出审计意见建议985条，整改问题478个，涉及金额3128万元。其中：对386名领导干部开展经济责任审计，对116个办案部门和189个基层派出所开展公安执法环节涉财专项审计调查，对216个公安转移支付、重大勤务保障项目等开展专项审计调查，对130个基建工程项目开展审计，对113个信息化项目开展审计监督，对76个财物管理和预算执行项目开展审计。

工作特点　四川公安审计系统在四川省公安厅党委、公安部审计局和各级公安机关党委正确领导下，在地方国家审计机关指导下，认真学习贯彻党的十八大和全省公安局（处）长会议精神，坚持围绕中心、服务大局，以“十提倡十反对”“创先争优”“三访三评”等主题活动为载体，强化审计基础建设，全面开展审计业务，建立制定对建设项目、资金使用、委托审计管理和经济责任审计监督等一批规章制度，注重审计结果运用，充分发挥“保廉洁、强管理、出效益、促发展”职能作用，为促进全省公安事业发展进步提供强有力的审计保障和服务。年内，全省有19个集体、32人共66次受到表扬表彰。四川省公安厅审计处和党支部分别被评为2011年度和2012年度四川省公安厅机关文明单位和先进党组织，被公安部表彰为全国公安机关涉案财物管理问题专项治理工作成绩突出集体和“审计整改年”活动成绩突出集体，被中共四川省直机关工委评为先进基层党组织，有5人分别被评为全国、全省公安机关“审计整改年”活动成绩突出个人、全省“小金库”治理工作先进个人、四川省公安厅机关优秀党务工作者。成都、绵阳等13个集体受到公安部、四川省公安厅通报表扬，绵阳、宜宾、资阳各有1人荣立个人三等功，攀枝花、泸州等地共11人受到嘉奖表彰，全省有19名同志获四川省公安厅通报表扬。（撰稿人：吴　刚）

【贵州盘江投资控股（集团）有限公司】 贵州盘江投资控股（集团）有限公司（以下简称盘江集团）共有员工5万多人。盘江控股为盘江集团的母公司，共有员工178人，设有董事会秘书处、公司办公室（政策研究室）、战略管理部（计划统计处）、人事部、人力资源管理部（教育培训处、社会保险处）、财务管理部（产权管理处）、审计考核部、法律事务部、安全督察部、信息管理部、科技管理部、卫生处（与总医院合署）。

领导成员

董 事 长：张仕和

副董事长：周炳军　施文刚

总 经 理：周炳军（兼）

副总经理：王立军　龙海岑　潘勇辉

　　　　　刘碧雁　陈华

总会计师：尹新全

总法律顾问：肖祥云

审计职责　制定内部审计制度和编制年度内部审计计划；审计集团公司、权属公司和相关单位遵守国家有关政策、财经法规的贯彻落实情况；审计集团公司、权属公司和相关单位的经营方针、经营计划、经营目标的落实及执行情况；审计集团公司、权属公司和相关单位内部控制和风险管理系统的有效性和相关制度的执行情况；审计集团公司、权属公司和相关单位资产资金的管理、使用情况及完整程度；审计集团公司、权属公司和相关单位投资项目的可行性、有效性和安全性；检查集团公司、权属公司和相关单位的违反财经法纪，损害集团公司利益，以及重大损失浪费行为；审计权属公司和相关单位的法人代表或经理（厂长、矿长）任期、离任经济责任等有关事项；考评权属公司和相关单位的经营业绩；审计集团公司、权属公司和相关单位的会计报表和会计核算的真实性及正确性；审计权属公司和相关单位的经营方案、资金调配、经济合同等相关文件资料；配合集团公司、权属公司和相关单位的职能部门完成上级领导布置的任务；配合会计师事务所审计集团公司、权属公司和相关单位。

审计成果　2012年，盘江集团在岗内部审计人员34人，完成审计项目96个，其中财务收支审计36个，效益审计1个，经济责任审计11个，内部控制评审2个，基本建设审计28个，专项审计及调研18个，审计总金额587 087万元，促进增收节支11 280万元，提出184条建议均被采纳。

工作特点　（一）注重工作交流和经验总结，积极营造良好的审计氛围。盘江集团定期举办审计工作座谈会，讨论盘江集团审计工作的重点和改进方法。

（二）加强审计专项培训，提高自身素质以适应集团发展需要。定期接受相关专业知识培训已经成为盘江集团全体审计人员的一种工作习惯。积极学习同行业的审计经验，拓展审计思路、了解审计重点、夯实审计工作基础。

（三）用内部审计护航集团发展，提高内部审计的增值功能。审计部继承和发扬老盘江审计精神，积极探索内审内控体系建设，运用科学审计理念进行探索和创新，为盘江集团审计做出开创性的贡献，在“国企扬帆　内审护航——2012国有企业内部审计成就展”活动中被中国内部审计协会评为全国 36 家审计示范企业之一。

（四）依法审计，落实审计项目、突出审计重点。如在建设工程项目审计方面从加强项目设计阶段的审计监督，控制工程造价的关键点；到通过加强招标控制价审计监督，降低工程投资；再到审核重点招标文件及合同，以达到规避风险、控制造价的目的；以及通过监督招投标全过程规范招投标行为和利用外部审计资源进行竣工决算审计等重点环节都制定详细的制度，并在执行过程中严格依据制度规定开展具体工作。

（撰稿人：曾召碑）

【十四冶建设集团有限公司】 十四冶建设集团有限公司（以下简称集团）共有在职员工 4494 人。其中高级职称人员 222 人，中级职称人员 786 人，初级专业技术人员 1179 人；高级技师 32 人，技师 270 人，高级工 480 人，中级工 1284 人。集团机关设有党委工作部、人力资源部、资产财务部、综合办公室、企业管理部、纪检监察部、审计部、安全生产部、土地管理中心、市场开发部、工会办公室、技术中心和投融资部等 13 个部室，下辖 23 个所属子公司。集团所属各单位均设有专（兼）职审计人员。

领导成员

董 事 长：宁升功

总 经 理：邱录军

副总经理：袁淑文　廖启迅　王　庆

　　　　　刘扶群　杨朝晖

审计职责 集团审计部负责组织、协调全集团的内部审计工作，设部长 1 人，配备专职审计人员 2 人。集团所属各单位均设立独立的内部审计机构，配备专（兼）职审计人员，负责本单位的内部审计工作，全集团共有专（兼）职审计人员 38 人，持有内部审计岗位资格证的人员超过 100 人。

集团审计部主要职责：围绕集团发展目标对全集团内部审计工作进行统筹规划、组织管理，编制集团年度内部审计工作计划，报经领导审批后组织实施；制定并完善集团内部审计制度，组织、协调、指导集团所属各单位内部审计工作；负责组织开展集团所属各单位主要负责人的经济责任审计；负责组织开展对集团所属各单位经营业绩、考核兑现及有关经济活动进行监督和评价；负责组织开展集团范围内综合审计工作，对集团所属各单位内部控制、风险管理、基础管理及经济效益等情况进行审计评价；就审计监督中发现的问题提出整改意见或有效建议；负责组织集团内部审计人员的业务培训和后续教育工作。

审计成果 2012 年，集团及所属各单位的内部审计工作在集团审计部的统一领导下，紧紧围绕集团的发展目标主动开展工作。全年共制定 4 个内部审计制度，完成审计项目 39 个，其中财务收支审计 3 个，效益审计 2 个，管理审计 18 个，经济责任审计 2 个，内部控制评审 1 个，专项审计 13 个，提出建议及意见被采纳有 100 余条，审计结果均得到有效的整改落实。通过开展内部审计，为促进集团管理和提高集团经济效益发挥积极的作用，取得显著的工作成效。

工作特点 集团审计部本着为集团发展目标服务的思想理念，审计内容已从传统的财务审计向管理审计、效益审计和内部控制审计转变，进一步统一思想，提高认识，扎实做好事前控制、事中监督、事后审计工作，紧密围绕风险管控、项目盈亏、内部控制等方面对集团各所属单位开展审计工作，特别是在工程项目跟踪审计和综合管理审计方面收到较好的效果，为集团的跨越发展保驾护航。通过内部审计，发现集团在管理上存在的问题，促进集团加强管理，完善制度，提高管理水平，为集团在扩大生产经营规模的同时，提高集团的经济效益和有效防范风险发挥积极作用，促进集团科学、健康跨越发展。

（撰稿人：魏建伟）

【中煤地航测遥感局有限公司】 2012 年，中煤地航测遥感局有限公司共有在职职工 1614 人，设有综合办公室、人力资源部、财务部、营销管理部、规划发展部、技术部、审计监察部、法律事务部、政治部、纪委办公室、工会、基建办公室。主行业是测绘地理信息业与地质勘查业，辅助产业是建筑业、印刷业等。注册资本 1.6 亿元，国有独资公司，投资人为国务院国资委管辖的一级企业中国煤炭地质总局。2012 年拥有总资产 10.3 亿元，净资产 3.6 亿元，营业总收入 11.2 亿元，利润总额 0.6 亿元。根据企业规模实际，在董事会下设置管理控制委员会，负责全面风险管理、内部控制和内部审计三项业务，管理控制委员会下设办公室在审计监察部。

领导成员

董 事 长：张文若

总 经 理：谭克龙

副总经理：吕亚军　赖百炼

审计成果　2012 年实施全面风险管理活动，向投资人提交《2012 年全面风险管理报告》。完成内部审计项目 8 个，其中经济责任审计 4 个，内部控制评审、应收账款专项审计、合同纠纷审计、应付账款专项审计各 1 个。审计总金额 4.2 亿元，促进增收节支 62 万元，指明要求纠正会计信息 174 万元，查出直接经济损失金额 10 万元，决定处理处罚 1 人。提出改善管理建议 22 条，被采纳 19 条。

工作特点　（一）对特定风险事项绘制风险雷达图。特定事项风险雷达图，是煤航在风险管理业务领域的首创性成果，用以反映某个风险事项总体分布和需要管理的强度。该图的思路是按照顺时针进行旋转，扫描出风险事项的分布，同时由外向里显示需要管理的强度（参见图 1）。

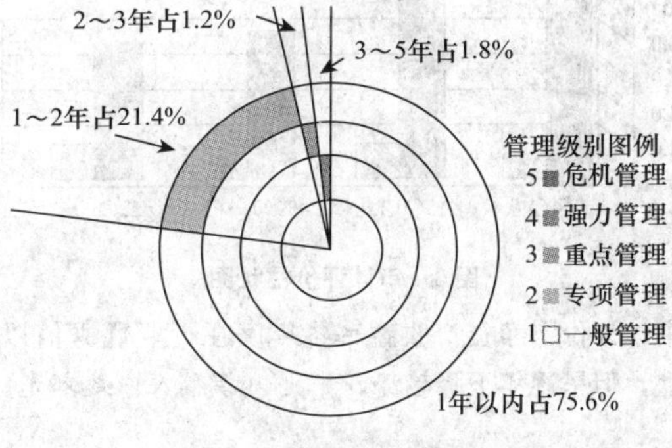

图 1　煤航 2012 年末应收账款风险雷达图

（二）改善风险坐标图的阅读难度。在风险坐标图上加注“风险管理强度提示线”，设置双图例，创新点是降低阅读难度，提高识图清晰度（参见图 2）。

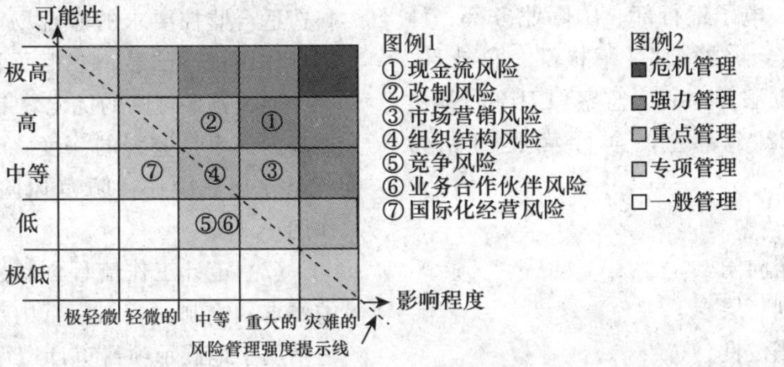

图 2　煤航 2012 年风险坐标图

（三）专项风险事项控制见实效。对应收账款关联的多重数据进行测试，找出与经营收入增长的关联度；与利润增长的关联度；与经营扩张的关联度；与企业领导人员年薪增长的关联度。其中企业领导人员年薪增长关联度是重要驱动力。建议采取经营增长率高于应收账款增长率；企业领导人员薪酬与应收账款增长率和周转率直接挂钩，作为考核加分、减分因素；对应收账款不能收回的，追究相关人员责任等措施。被董事会采纳后实施，应收账款周转率从 2010 年的 1.36 次上升到 2012 年的 2.05 次。这项重大风险得到有效控制。

（四）内部控制评审延伸到人事管理。内部控制评审延伸到人事管理，体现管理当局的需求，审计报告中提出职工民主推选、提名权、考察权、任免权（聘、免权）、考核权、向上级备案等合理分工制约程序的建议，被董事会采纳应用。

（五）提高经济责任审计报告阅读可视化与通俗化。在企业经济责任审计中将绩效评价指标图表化，增加可视化与通俗化，简化审计评价，达到人人都能看懂审计报告的效果（参见表 1、图 3）。

表 1　盈利能力状况——净资产收益率（%）

年度	优秀值	良好值	平均值	较低值	较差值	本公司
2008	7.5	4.5	1.8	−6.0	−14.7	17.2
2009	7.3	4.3	1.6	−6.2	−14.9	14.3
2010	7.4	4.5	1.5	−5.7	−14.4	8.1
2011	7.4	4.5	1.5	−5.7	−14.4	7.6

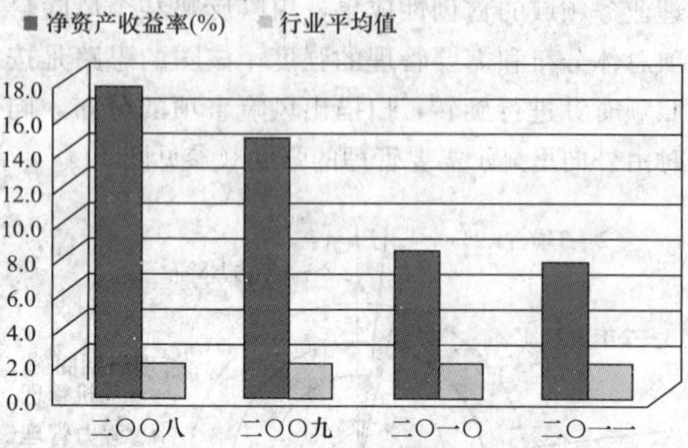

图3　审计评价柱状图

审计评价：净资产收益率各年度在行业优秀值以上，但呈逐年下降趋势。　　（撰稿人：赵郊龙）

【兰州银行股份有限公司（兰州银行）】兰州银行共有在职员工2744人，设有董事会办公室、监事会办公室、发展战略研究部、机构管理部、村镇银行管理部、资产风险管理部、公司业务部、个人业务部、贷款审批中心、金融市场部、小微企业金融服务部、电子银行部、国际业务部、计划财务管理部、会计结算部、稽核部、科技部、人力资源部、后勤服务中心、监察保卫部、基建办、办公室等22个部室，全行营业网点为102家。

领导成员

董 事 长：房向阳

监 事 长：刘　层

行　　长：张俊良

审计职责　兰州银行稽核部负责独立承担全行内部审计工作的组织、计划、管理、实施工作。对全行业务合规以及风险防范进行监督检查和评价。内设现场稽核中心和非现场稽核中心。现场稽核中心由4个稽核专员工作组组成，每个组有若干个稽核专管员。现场稽核中心负责组织和实施全行全面性的现场审计和专项审计等；非现场稽核中心负责利用审计信息管理系统，对全行各分支机构每日核心系统业务流水进行监控。实现风险防范关口前移。

审计成果　2012年，全行内部审计工作的独立性和权威性进一步增强，内部审计风险监管取得积极成效。全行上下合规经营意识增强、管理日趋规范，内控和风控水平具有较大的提升。完成离任审计27个、专项审计5项、常规审计4个，飞行检查2个，其他审计项目2个，对7家支行进行印章、重控、现金密钥管理突击检查，非现场累计处理预警线索266 729笔。现场、非现场共查出问题1152条。其中涉及会计管理方面385条，信贷管理方面400条，内控管理方面367条。已完成整改的问题有1037条，整改率为90%。下发核查通知书279份、整改通知书156份、风险提示4份、审计建议2份，印发各类稽核报告40份。

工作特点　（一）加强制度建设，确保审计规范。建立由审计章程—基本准则—制度办法，层次分明的内部审计制度体系，制定《兰州银行内部审计章程》《兰州银行内部审计基本准则》《兰州银行飞行检查暂行办法》《兰州银行内部审计人员职业道德规范》等制度，基本满足现代内部审计工作开展的实际需要。

（二）创新工作手段，提升内部审计质量。

（1）非现场监管方式创新。借助科技手段，打造适合监控要求的非现场审计平台。使非现场审计作用日益凸显，在柜面业务操作风险的防范上，通过预警规则的优化效果和查证功能的发挥，提高内部审计监督的深度、广度和频度，对于规范全行业务操作，防范风险，起到良好的震慑作用。

（2）审计工作流程创新。按照现代内部审计的要求，绘制《兰州银行内部审计工作流程图》，清晰明了地展示项目审计遵循的6个阶段、26个环节，有效实现内部审计工作的全流程规范化管理。

（3）审计报告模板创新。制定标准化的报告模板，实现审计报告格式、评价和问题定性的基本统一，提高审计报告的质量。

（4）审计报告审议制度创新。制定《兰州银行稽核部内审报告审议会议规则》，明确审计报告审议程序，保证审计结论的客观、公正。

（5）审计方式创新。一是探索开展飞行检查工作，实现审计从“事后监控”向事前、事中转变，及早发现分支机构经营管理中存在的问题，取得良好的监管效果。二是开展内控制度建设与执行情况专项检查。实现从传统审计向风险和内部控制为导向的审计方式转变。

(6) 建立监审联动机制。甘肃银监局、兰州银行首次监审联动会议的召开，搭建了与监管当局信息交流工作平台，形成新的监管模式，进一步强化内部审计工作。

（三）强化审计警示，加大处罚力度。通过有效的审计处罚权，加大责任追究力度，实行对查出问题的人和分支行给予经济和倒扣管理分值的处罚，增加违规违纪成本，进一步增强全员的合规意识。

（四）重视问题整改，防范案件隐患。为切实提高内部审计查出问题的整改率，有效防止问题久拖不决、屡查屡犯，控制风险积聚，确保问题整改工作的有序开展，依据《兰州银行稽核查出问题的反馈和督办制度》，实行“双线督办”。由内部审计和业务部门督促问题分支行和责任人按要求限时整改，形成审计整改合力，问题的整改率得到很大提升。

（五）提高人员素质，强化队伍建设。积极组织内部审计人员参加各类学习培训。一是参加行内新业务、新产品、新制度培训，不断优化知识结构。二是参加内部审计协会组织的金融行业内部审计、经济责任审计、内部控制自我评估和信息系统及计算机辅助审计等外部培训，打造出一支业务素质高、工作能力强的审计队伍。

（撰稿人：兰州银行稽核部）

【甘肃省供销合作社】 2012 年，甘肃省供销合作社全系统设有内部审计机构 102 个，其中行政事业内部审计机构 15 个，企业内部审计机构 87 个，甘肃省供销合作社审计处编制 4 人，在编 3 人，借调 2 人，由甘肃省供销合作社主任张正谦直接分管内部审计工作。

审计职责 指导甘肃省供销合作社全系统内部审计工作，采用系统化、规范化的方法，以独立、客观、公正的态度对直属企业的内部控制、经济效益、财务收支、经济责任、风险管理等进行检查和评价，并在此基础上以改进建议等方式提供决策服务，目的是为发现并预防错误和舞弊、提高企业经营效率、增加企业价值，以帮助企业实现既定目标。

审计成果 甘肃省供销合作社以保证社有资产保值增值为根本，以推动供销社可持续发展为目的，以突出重点，量力而行，确保质量，服务“三农”和企业改制发展为原则，2012 年共实施内部审计项目 454 个，其中：经济效益审计 86 个，经济责任审计 70 个，财务收支审计 171 个，专项资金审计 51 个，审计调查 76 个。完成审计调查报告 83 篇，提出审计意见建议 211 条，被采纳 200 条，查处各类问题金额 40.3 万元。

工作特点 （一）积极开展经济效益审计。审计处围绕工作中心，防止社有资产流失为重点，坚持根据被审企业实际情况，始终围绕企业经济效益做文章，分别在年中、年底对综合经济目标完成情况进行审计。针对存在制度执行不严、收入水平下降、费用开支超标且较上年有所上升和往来款项清收力度不大等情况提出意见建议，要求限期整改落实。通过经济效益审计，促进企业增收节支、开源节流、降低成本费用、挖掘内部潜力和提高经济效益。

（二）继续完善财务收支审计。甘肃省供销合作社为对社属企业财务收支及有关的经营活动的真实性、合法性、完整性以及财经纪律的遵守情况进行审计监督，重点审计相关企业各项资金收付、往来款、财务收支等情况的真实性、合法性和完整性，根据审计查出存在的问题，提出解决意见，限期整改。通过全年财务收支的审计，有效弥补省社自身监督的空白，促进各单位财务管理工作的规范。

（三）继续落实经济责任审计。甘肃省供销合作社坚持“有离必审”的原则，在审计过程中，通过检查、审阅被审计单位会计记录和其他书面资料，口头询问、验算或另行计算原始凭证、会计记录中的数据等方法，深入、细致、求实地完成各项审计程序，形成审计报告。通过经济责任审计，不仅达到客观评价企业经营者任期内经营业绩，而且对于深化经济体制改革、建立完善现代企业制度，都具有重要的意义。

（四）积极开展“新网工程”项目审计。根据财政部《新农村现代流通服务网络工程专项资金管理办法》规定，甘肃省供销系统内部审计机构共对 18 个“新网工程”项目资金的使用情况进行审计，分别对基层建设补助资金、菜市场改造、农资配送中心等项目进行账务检查、实地查看，对发现的问题及时指出，要求项目单位进行整改。通过内部审计，规范项目专项资金使用范围，提高“新网工程”资金的使用效益。

（五）深入开展破产专项资金审计和审计调查。甘肃省供销合作社为加强对直属企业破产专项资金的监督和管理，摸清即将列入破产企业的真实情况，重点审计下拨资金的管理和使用情况，并对列入第二批破产企业的破产资金的申报及预算情况进行专项审计调查。通过专项资金审计和审计调查，反映经济活动中带普遍性、倾向性的问题，并提出具体的、有针对性和可操作性的改进意见和建议，对促进企业破产专项资金的规范管理和效益最大化发挥积极的作用。

（六）内部审计做到事前、事中、事后审计相结合。甘肃省供销合作社审计处的宗旨是为全省供销系统和本系统直属企业的改制发展服务，为更好地规范企业经营行为、防范风险、界定经济责任、维护企业整体利益，开展全面、综合或专项的审计，做到事前、事中、事后审计相结合，使之贯穿于企业经营管理的全过程。

（七）健全和完善审计整改报告制度，形成跟踪和检查机制。甘肃省供销合作社在下发审计决定和审计意见建议后，要求被审企业根据审计决定和意见建议，在规定期限内整改，并将审计整改结果报送甘肃省供销合作社审计处、纪委、财会处和理事会等相关部门。为确保审计整改工作落到实处，甘肃省供销合作社审计处通过有效的跟踪检查，督促被审单位全面整改审计发现的问题，堵塞管理漏洞，提高管理水平。

（八）加强各部门协调配合，形成审计监督合力。甘肃省供销合作社纪检、人事、财会和审计部门加强联动，形成合力，在内部审计工作中充分发挥各部门职能作用，把内部审计工作纳入从源头上预防和治理腐败的总体安排，同时正确运用审计成果，对审计部门在审计中发现的问题，及时进行调查处理。实践表明，纪检监察与审计监督的部门联动，可以起到相互补充、相互促进的作用，充分发挥内部审计的监督、评价和服务职能。 （撰稿人：甘肃省供销合作社审计处）

【中国电信股份有限公司宁夏分公司】2012年，中国电信股份有限公司宁夏分公司（以下简称公司）共有在职员工3568人。设有办公室、政企客户事业部、市场经营部、网络发展部、客户服务部、网络运行维护部、财务部、审计部、企业信息化部、人力资源部、企业发展部、采购部、监察室、思政工作部、基建办公室、区电信工会、企业管理协会、客户俱乐部、实业董事办、10 000号客服中心、网络监控维护中心、渠道终端管理与运营中心、创新业务运营中心、宁煤信息中心等。下辖银川分公司、石嘴山分公司、吴忠分公司、固原分公司、中卫分公司等5个分公司和长途电信传输局、号百信息服务分公司、系统集成分公司等直属单位。

领导成员

董事长（总经理）：邵新华

副总经理：薛敬进 刘仲弟 苏小明

资深副总裁：鲍国建

审计职责 审计部是公司组织和实施内部审计监督的职能机构。主要职责是：

（1）根据国家法律法规，在公司主要负责人的领导下独立行使内部审计监督和评价职责，向公司主要负责人报告工作。

（2）拟定内部审计工作制度和管理办法，编制、上报内部审计工作计划。

（3）负责牵头组织公司内部控制自我评估和组织实施公司内部控制独立评估及报告评估情况；对公司及所属单位内部控制系统的健全性、合理和有效性进行检查、评价和意见反馈；对公司有关业务的经营风险进行评估和意见反馈。

（4）负责本部门内控的有效执行和自我评估工作，并向流程主推部门报告内控情况。

（5）负责对各个渠道收集的有关违反内控的信息进行汇总、分析、甄别并向相关部门提出初步处理意见；负责对违反内控的处理总体情况进行通报，对整改落实情况跟踪检查。

（6）对公司及所属单位的财务收支、财务预算、投资预算、经营预算、资产质量、经营绩效及有关的经济活动进行审计监督。

（7）对公司主要业务部门负责人及所属单位的负责人进行任期或定期经济责任审计。

（8）对公司关注的经济事项进行专项审计及专项调查。

（9）对公司及所属单位工程建设项目管理及

工程项目施工结算、竣工决算进行审计监督；对公司及所属单位有关经济活动的投资效益情况进行监督与评价；对公司及所属单位的物资采购、工程招标、对外投资等经济活动和重要的经济合同等进行审计监督。

（10）负责实业公司及所属单位的财务收支审计、经济责任审计、对外投资审计和专项审计。

（11）编制、审核、汇总、上报审计业务各项统计报表。

（12）负责审计资料的搜集整理和传递交流及审计业务文件归档工作；对各分公司和直属单位审计业务档案管理进行检查指导；负责公司审计资料及相关信息的保密工作。

（13）对所属内部审计机构和内部审计人员的内部审计工作实行指导、监督、考核和评价；组织开展业务学习和培训。

（14）完成领导交办的其他审计事项。

审计成果 2012年，公司各级审计部门共完成审计项目3940个，审计总金额8.05亿元，发现管理不规范金额9902万元，提出管理建议336条，问题或缺陷整改率超过95%。其中工程项目审计3920项，工程审减额2020万元，对214个存在问题的工程项目进行全程跟踪审计，并督促完成213个项目的整改，在降低投资风险、提高工程质量，规范工程管理等方面发挥很好的作用，为保障公司全业务经营目标和三年审计工作总体目标顺利实现奠定基础。

工作特点 （一）财务收支审计扎实有效开展。公司审计部继续以财务审计为基础，不断拓展审计内涵，充分发挥审计效能。以提高会计信息质量、规范企业经济行为、降低外部监管风险为主要目标，组织开展对5个地市分公司多批次的财务收支审计。在审计中发现收入不实金额2132万元，成本不实金额7770万元，提出风险管理建议21条，这些问题的及时纠正，有效地控制了企业的财务风险。

（二）内控制度评估工作不断优化和加强。根据集团公司审计工作会议精神，内控评估工作在坚持成功经验的基础上，突出重点，狠抓落实，进一步推动内控评估工作与日常管理工作进一步有效结合。一方面督促各单位对2011年自评、独评、外部审计发现的59项缺陷进行整改，整改率达到96%；另一方面更加积极地开展2012年度的多波次自评、独评工作，从中新发现内控制度设计缺陷及一般性缺陷77项，除个别缺陷因涉及跨年度工作但不影响会计报表数据正在整改外，其他缺陷已全部整改。公司进一步完善内控评估体系，发现和解决企业在全业务经营管理中存在的一些突出问题，企业风险得到有效释放，为满足资本市场的监管要求、防范和化解企业风险做出贡献。审计部门通过内控评估工作，实现向经营管理领域的延伸，增强与业务部门的沟通合作，更好地发挥审计服务职能。

（三）围绕公司重点工作，各项专项审计调查得到进一步拓展。一年来，公司对各单位进行宽带业务资源开通与计费系统一致性调查、移动业务发展质量、终端补贴、代理商佣金、公免公纳等12项专题审计调查，提交专项审计报告5篇，提出管理建议24条。配合计划财务部完成到期会计档案销毁工作，配合采购部完成全区废旧物资监盘及处置、到期电信卡销毁等工作；配合建设单位完成163项次工程的初验和终验工作。发挥公司管理者“第三只眼睛”和风险管控“第三道防线”的作用，为公司管理层经营决策提供决策支撑，使公司经营风险得到有效释放。

（四）做好经济责任任中、任期审计，客观评价领导干部经营业绩。为适应集团公司改革发展对企业领导人员管理工作的要求，审计部积极探索开展经济责任任中审计、按时保质完成任期审计。根据《中国电信集团公司党组关于领导人员管理的规定》和《中国电信集团负责人任期经济责任审计办法》的要求，完成对石嘴山分公司经济责任任中的审计。集团公司审计组完成对公司原总经理9年任期审计。通过审计，客观评价企业领导人员任中、任期经营业绩，区分责任，对各单位在改善管理、规范运作、加强企业内部控制等方面提出管理建议，促进企业管理水平的提高和企业领导人员认真履行经济责任。

（五）工程审计持续深化。审计部门共审计工程项目3920个，审计总额7.06亿元，审减金额2020万元。对派驻内部审计机构2011年度已审施工结算（17%的工程项目）进行抽查审计。对214个存在管理问题的工程项目进行跟踪审计，对其中213个项目存在的问题完成监督整改。工程审计在降低投资风险、促进工程管理水平提升的基础上，进一步向纵深发展。在取得显著效果的同时，促进工程管理的不断规范。通过各级审计机构和人员的努力，目前已形成较完善的工程审计管理体系，产生较好的效果。

2012年公司积极响应集团审计信息化管理要求，完成审计信息化使用深度培训工作，系统使用后，现场审计时间明显缩短，审计效率明显提高，操作步骤更加严谨，在线风险监控和预警功能更加完善。审计项目进入系统进行审计管理达100%，使审计工作对风险的把握和控制努力又上一个新台阶。（撰稿人：王其和）

【宁夏建材集团股份有限公司】 2012年，宁夏建材集团股份有限公司（以下简称公司）共有在职员工4487人，其中公司总部48人。设有办公室、党群工作部、人力资源部、财务管理中心、审计部、投资发展部、运行管理部、证券部、技术中心。下辖宁夏赛马水泥有限公司、中宁赛马水泥有限公司、固原六盘山水泥有限公司等5家全资子公司；宁夏青铜峡水泥股份有限公司、中材甘肃水泥有限公司、宁夏赛马科进混凝土公司等4家控股公司和乌海市西水水泥有限责任公司、包头市西水水泥股份有限责任公司2家参股公司。

领导成员

董 事 长：王广林

总　　裁：尹自波

副 总 裁：焦彤英　朱　彧　王玉林

　　　　　武　雄　哈永生　尹国明

财务总监：周春宁

总工程师：罗　雳

纪委书记（工会主席）：郭建华

审计职责 负责公司内部审计管理体系的建立与制度建设；负责公司的内部审计工作，制订审计计划，组织实施审计项目，编制审计报告；负责对各子（分）公司及所属企业经营活动的适当性、合法性和有效性进行审查和评价；负责对公司内部控制和风险管理体系建设及运行情况进行审计和评价；负责对各子（分）公司内部审计工作进行业务指导，对内部审计人员进行管理、考核和评价；负责组织对公司、各子（分）公司及所属企业高级管理人员、重要职能部门负责人任期经济责任进行审计；负责组织、协调中介机构开展委托项目审计工作；承办公司外部审计（不含正常财务审计）、上级监事会检查方面的日常工作；负责公司反舞弊工作的检查和报告

审计成果 2012年，审计部共组织实施审计项目17个，其中例行（常规）审计9个，离任审计4个、专项审计4个，涵盖6个审计门类，出具审计报告17份。审计发现的主要问题是内控制度不完善、个别公司业务流程执行不规范和会计处理方法不当等，提出审计建议67条，整改措施38条，审计覆盖所属全部子（分）公司。并现场指导子公司整改，跟踪检查落实整改措施，促使整改到位，整改完成率90%以上，收到实效，发挥应有的作用。

工作特点 （一）健全内部审计机构，强化“一把手责任”保证体系。健全的组织机构是落实内部审计工作的基础和保障。2012年，按照中材公司内部审计岗位和人员设置规定，进一步明确和完善各子（分）公司的内部审计机构和人员，青水公司、中宁公司、六盘山公司设立独立的审计部（室），聘任审计负责人，其他子（分）公司选配专、兼职内部审计人员，强化公司及各子（分）公司两级审计体系和“业务垂直领导、人员双向管理、审计分级实施”的管理模式。为加强审计工作领导，公司进一步明确要求各子（分）公司董事长或总经理负责本公司的审计工作，要把内部审计工作列入公司议事日程，作为管好企业的一项重要手段，有计划地组织实施，有力地推进内审工作的开展，使各子（分）公司“一把手”责任保证体系进一步得到加强，形成“重视审计、支持审计、落实审计建议”的有效运行机制。

（二）完善内部审计工作制度体系，为内部审计工作规范有序、有效开展奠定基础。为适应《企业内部控制基本规范》《企业内部控制指引》的要求，更好地规范内部审计工作，明确内部审计机构和人员的职责，发挥内部审计在强化公司内部控制、改善经营管理、提高经济效益中的作用，进一步促进公司的经营效率、经济效益的提高，确保公司内部审计工作的制度化、规范化，结合宁夏建材管理实际，2012年公司审计部对14项内部审计管理制度，包括《宁夏建材集团股份

有限公司审计管理制度》《宁夏建材集团股份有限公司内部审计细则》《财务收支审计办法》《内部控制审计办法》《经济责任审计办法》《物资采购审计办法》《建设工程项目管理审计办法》《对外投资审计办法》《内部审计工作后续审计办法》《薪酬管理审计暂行办法》《全面风险管理审计暂行办法》《内部控制评价暂行办法》等工作制度以及《内部审计人员职业道德规范》和审计部工作职责等进行修订，并新制定《反舞弊工作制度》，为审计工作规范有序、有效开展奠定基础，提供制度保证。

（三）积极转变审计理念和方法，推动内部审计工作逐步转型。内部审计工作向风险管控转型，是内审工作适应新形势、新发展的必然。公司提出内审工作转型目标和要求：由监督检查型向管理服务型转变；由事后审计向全过程跟踪审计转变；由传统的财务审计为主向风险管控审计转变。

（四）将内控审计评价与全面风险管理相结合，积极组织开展内控和风险管理审计评价公司审计部按照财政部等五部委颁布的《内部控制基本规范》和《内部控制应用指引》积极推进内控审计评价和风险管理审计评价工作，制定下发《内部控制评价暂行办法》和《全面风险管理审计办法》，结合管理需要有针对性地开展原煤采购、应收账款管理、合同评审、薪酬管理、建设项目资金使用等内控的关键流程、重点事项的专项检查和风险管理审计，审计范围辐射各子（分）公司内部控制管理的各个环节和重要风险点，使内部控制审计评价与全面风险管理有机结合。并按照监管部门的要求，组织各子（分）公司开展内控自我评价工作，集中对公司经营管理中涉及内部控制的83项内容进行对照检查和打分评价，各子（分）公司按照要求编制本公司的《内部控制评价报告》，公司审计部编制公司的《内部控制评价报告》，报经董事会审议通过后，按相关要求对外进行披露。不断推进公司及各子（分）公司内部控制和风险管理评价工作的进一步深入。

（五）认真实施后续审计，落实整改效果。内部审计的目的在于发现问题，堵塞漏洞，解决问题，改善管理。公司所属各子（分）公司对于审计提出的整改意见和建议，均能按照审计要求制定整改措施，组织各部门（分厂）进行整改落实。经公司审计部后续检查审计，各子（分）公司对当年审计报告所提出的问题和审计建议的整改落实率达95%。

（六）对重大招投标活动进行现场鉴证和全程监督检查。参与、监督、鉴证公司及所属子（分）公司各项重大招投标活动，是事前监督审计的重要手段，也是事先防范风险、反舞弊的有效途径。公司审计部代表参与见证公司耐火材料、研磨体和编织袋等物资的集中采购招标和公司及各子（分）公司重大建设项目的土建工程、设备采购等19项招投标活动，对投标单位资质进行检查认定、对招投标程序进行全过程监督，确保招投标活动在“公开、公正、公平”的竞争环境中进行，防止暗箱操作和违规行为的发生，同时对招标结果的执行情况进行后续审计和评价，进一步强化审计的全过程监督检查的职能作用，完善招投标活动的反舞弊机制和防范经营风险的三道防线，提高公司风险管控能力。

（七）充分发挥基层监察审计机构的日常监督检查作用，前移审计关口。充分发挥基层审计机构的日常监督检查作用，有序、有效地开展基层审计工作，是前移审计关口的主要途径。公司审计部积极指导各子（分）公司审计机构按照公司审计工作部署，结合本公司生产经营实际制订切实可行的审计工作计划，有计划、有针对性地开展日常监督检查和审计活动。各子（分）公司审计机构和人员围绕本公司的生产、经营活动、技改项目建设等开展财务检查、应收账款确认、销售价格检查、合同评审、采购招标、建设项目招投标鉴证等监督、检查等活动，把日常监督同公司专项审计相结合，充分发挥内部审计在企业日常经营管理中的监督、检查、建议、警示和纠正作用，收到较好的效果。各公司共实施专项检查、审计项目18个、参加采购招标和技改项目招标等鉴证活动19项，检查、评审各类合同885份。通过开展日常监督、检查、审计活动，将内部审计关口前移，变事后审计为事前监督、事中检查，事后再审，有效控制和防范经营风险。

（撰稿人：康立新）

【新疆中泰化学股份有限公司】新疆中泰化学股份有限公司（以下简称公司）系新疆化工（集

团）有限责任公司（以下简称新疆化工集团）、乌鲁木齐环鹏有限公司（以下简称环鹏公司）、新疆维吾尔自治区技术改造投资公司、新疆准噶尔生态工程股份有限公司、新疆盐湖制盐有限责任公司等五家法人股东共同发起成立。主要经营范围：聚氯乙烯树脂、烧碱的生产销售等一般货物与技术的进出口经营。截至2012年末，公司共有在职员工8785人，公司内部组织机构设有战略规划部、经济运行部、技术中心、生产管理部、安全环保部、人力资源部、财务资产部、企管信息部、工程管理部、证券部、审计部、商务部、党委办公室、总经理办公室、采购事业部、销售事业部等，下辖新疆华泰重化工有限责任公司、新疆中泰矿冶有限公司、新疆中泰进出口贸易有限公司、阜康市博达焦化有限责任公司、托克逊县中泰化学盐化有限责任公司、新疆中鲁矿业有限公司、奇台县中泰化学矿产开发有限责任公司、新疆中泰化学阜康能源有限公司、新疆中泰化学库尔勒化工有限公司、新疆中泰化学准东热电有限公司、新疆中泰化学准东煤业有限公司、新疆中泰现代物流开发有限公司和新疆中泰化学托克逊能化有限公司。目前公司的审计工作已经纳入董事会监督检查上市公司规范运作的体系，随着市场经济的发展，内部审计已成为公司管理的重要环节。

领导成员

董事长：王洪欣

总经理：崔玉龙

审计职责 公司董事会下设审计委员会，负责审核公司的财务信息及披露，审查公司的内控制度。公司设有审计部，审计部设专职审计人员6人，分为财务审计、项目审计、经济责任审计、内控及管理审计4个中心，每个中心设置主审、复审岗位，交叉开展日常审计工作，审计部在审计委员会的直接领导下依法独立开展公司内部审计工作。审计部主要职责为：

1. 贯彻执行国家审计等方面的法律、法规和规定，建立健全公司内控体系，拟定公司审计方面的管理制度并监督、检查。

2. 定期对公司及各子公司实施财务审计。

3. 做好会计师事务所、工程复审造价事务所等中介机构的聘用、更换和报酬支付；外聘造价事务所的资质审查认证及各项目造价事务所的管理工作。

4. 对新、改、扩建、技措、大修项目的工程结算二审结果实施复审。

5. 对专项项目、重大（含技措）项目进行工程项目竣工决算审计。

6. 评价公司和各子公司内部控制系统的健全性、合理性、有效性，每年出具一次内部控制评价报告。

7. 完成董事会下设的审计委员会安排的工作。

8. 负责公司审计方面文件、会议、制度、信息等保密管理。

9. 完成公司安排的其他专项审计工作。

审计成果 2012年，审计部共完成财务、管理审计项目22个，其中财务审计2个、专项审计19个、审计调查1个。完成建设工程结算审核159份，送审值8.33亿元，核减值1 187.88万元。公司审计部对审计中发现的各项问题提出整改建议，并要求被审计单位上报具体的整改措施、整改计划和整改时间，凡是审计提出的整改问题，审计部都将开展后续审计工作，落实实际整改结果，保证审计结果、质量。

工作特点 （一）自公司成立以来，就成立了审计督查部，也就是上市后的审计部，配合上市公司规范运作开展内部审计工作。公司制定并由董事会审议通过《内部审计制度》，对审计部的职责、权限、内部审计工作程序做出明确规定，确保公司内部审计工作的规范性。

（二）目前审计部在人员不足的条件下，主要开展《中小企业板上市公司内部审计工作指引》要求的募集资金、套期保值、安全专项资金、财务资助等合规专项审计；对重点公司的财务审计、预算执行情况的审计以及福利费、暖气费、差费报销等审计。同时还开展新建工程结算、决算，技措大修结算审计等工作。在以上审计工作中，审计部的内部审计监督不仅保证公司的正常运行、为公司经营管理提供参考依据，同时还为公司节约项目建设资金，保证公司项目建设成本的合理。目前的审计工作对上市公司经营发展规范运作已经起到至关重要的监督作用，后期审计部将进一步将工作重心向事前控制、事中检查、对公司经营、管理制度的检查、管理行为的检查、风险控制转移，使审计的职能发挥到最大。

（三）根据公司的发展，2012 年下半年已经开始部署实现审计转型，从传统的“查错纠弊”向企业内部管理、经济责任、决策及效益服务转型；从财务审计向业务控制、风险控制转型；从事后检查向事前、事中控制转型；逐步搭建符合集团公司整体发展战略的审计体系，完善增加与公司发展相匹配的相关制度，调整审计部门组织架构，为公司跨越式发展实现“十二五”规划保驾护航。（撰稿人：刘丽霞　聂　婷）

【西部钻探工程有限公司】西部钻探工程有限公司（以下简称西钻公司）现有员工 2.3 万余人，设有总经理办公室、党委办公室、人事处（组织部）、生产协调处、财务资产处、工程技术与市场处、审计处等 15 个处室，11 个直（附）属机构，下辖 17 个二级单位。

领导成员

总经理：马永峰

副总经理：韩　炜　赵明方　佟德安

赵彩玲　张忠志

喻著成（6 月—）

王界益（6 月—）

审计职责　西钻公司现设一级审计机构——审计处，公司总经理主管，财务总会计师协管，专职审计人员 8 人，其中处级 1 人，科级 4 人；高级职称 5 人，中级职称 2 人。分设 3 个科室：综合审计科，管理审计科和效益审计科。二级单位没设置相应审计机构。

审计处负责贯彻执行上级部门有关审计方面的方针政策和相关规定；负责制（修）订西钻公司内部审计工作制度、审计规定和实施细则；负责编制西钻公司年度审计工作重点、审计项目计划，并组织实施；负责组织对所属单位生产经营管理和效益开展审计工作；根据相关部门委托，负责组织对所属单位负责人离任（任期）经济责任开展审计；负责组织对公司基建（维修）工程项目的概算、预算、竣工决算审计，参与基建投资工程的议标、招标和投标；编制审计报告，并组织对审计报告进行审理、复核，提高审计质量；向被审计单位出具审计意见（决定）书，并跟踪其执行情况；负责编报审计统计报表并及时向公司领导和业务部门反馈重要审计信息；组织完成上级下达的各项审计任务和公司领导交办的临时审计项目。

审计成果　2012 年，审计处完成审计项目 17 个，其中经济效益审计 1 个、经济责任审计 4 个、基建（维修）项目审计 12 个。查出违规金额 185.01 万元，促进增收节支近千万元，提出审计建议 26 条，采纳率 100%。

工作特点　西钻公司审计处认真贯彻新疆内审协会审计工作会议精神，严格落实公司年初的两会工作安排，抓住集团公司建设新疆大庆的发展机遇，努力转变审计理念、方式和方法，注重从管理效益、经营风险的角度，审视企业在机制、体制层面存在的问题，并进行深入剖析，从根本上攻克企业管理的不利因素，全面提升企业经营管理水平，切实发挥“经济卫士”的作用。

（一）强化经济效益审计。一是关注影响公司经营管理目标的各项因素。重点分析非关联交易市场近年来的经营情况，并对该市场中存在的钻机月速度偏低、事故复杂较多，单井亏损数额大以及甲方定额过低等问题进行揭示。二是紧密结合管理提升工作，盯紧被审计单位管理过程中的各个环节，结合单井和单项工程考核工作，提出审计建议，为被审计单位探索单井考核模式、加强管理、节约成本提供依据。三是注重专项费用的审计。审计中对单项费用、科技经费、安全环保资金都予以充分关注，通过审计揭示专项费用管理中存在的问题，促进专项资金的规范管理。四是对被审计单位和公司领导层关注的重点、难点问题及时跟进、查找症结。提出劳务用工及相关税费管理的相关建议，对公司层面科学管理决策提供依据。

（二）深化经济责任审计。根据组织部门的委托和审计计划安排，开展 3 个离任经济责任审计、4 个任中审计项目。审计中，从经营业绩、重大经营和投资决策、物资管理、合同管理、内部控制等方面入手，客观公正地评价领导干部任期经济责任履行情况。揭示被审计单位可控成本管理需加强、物资采购比质比价工作不到位、科技经费管理不符合规定等方面的问题；在对境外项目部的审计中，揭示应收账款数额大、回收存在风险；库存物资数额大、周转率低，存在过期、报废等风险；项目部资产管理工作有待加强等方面存在的问题，为进一步规范海外项目运作，促进领导干部更好地恪尽职守、廉洁自律、防范风险及落实管控职能起到应有的作用。

（三）注重重点工程及合同过程的审计。一是对本年已完成报审的12项基建（维修）工程进行完工及结算审计，综合审减率2.63%，防止资金流失。二是对公司合同付款及物资采购标底进行审计，维护企业的合法权益。三是注重制度的修订与完善，扩大审计覆盖面。2012年，根据公司加大基建项目管控的需要，修订并下发《西部钻探工程公司基建工程项目审计办法》等制度，野营房维修、改造和装修工程项目纳入审计范围，强化对基建项目的监督与控制，促进规范投资项目管理行为。

（四）推广审计信息技术。为提高审计工作效率，缩短现场审计时间，实现审计信息及时传递和共享，实现远程数据实时监控，西钻公司审计处积极推进审计信息化建设，全员参与审计信息管理系统培训，按照业务流程和岗位职责对审计项目运行实行在线操作。重视网站门户建设，及时发布新的审计政策法规和工作动态等信息，普及审计工作先进经验和技术，逐步实现审计工作手段的信息化、科学化。

（撰稿人：西部钻探工程有限公司审计处）

重要财经审计法规文件

中华人民共和国国务院令

第621号

《机关事务管理条例》已经2012年6月13日国务院第208次常务会议通过，现予公布，自2012年10月1日起施行。

总　理　**温家宝**

二○一二年六月二十八日

机关事务管理条例

第一章　总　则

第一条　为了加强机关事务管理，规范机关事务工作，保障机关正常运行，降低机关运行成本，建设节约型机关，制定本条例。

第二条　各级人民政府及其部门的机关事务管理活动适用本条例。

第三条　县级以上人民政府应当推进本级政府机关事务的统一管理，建立健全管理制度和标准，统筹配置资源。

政府各部门应当对本部门的机关事务实行集中管理，执行机关事务管理制度和标准。

第四条　国务院机关事务主管部门负责拟订有关机关事务管理的规章制度，指导下级政府公务用车、公务接待、公共机构节约能源资源等工作，主管中央国家机关的机关事务工作。

县级以上地方人民政府机关事务主管部门指导下级政府有关机关事务工作，主管本级政府的机关事务工作。

第五条　县级以上人民政府应当加强对本级政府各部门和下级政府的机关事务工作的监督检查，及时纠正违法违纪行为。

县级以上人民政府发展改革、财政、审计、监察等部门和机关事务主管部门应当根据职责分工，依照有关法律、法规的规定，加强对机关运行经费、资产和服务管理工作的监督检查；接到对违反机关事务管理制度、标准行为的举报，应当及时依法调查处理。

第六条　机关事务工作应当遵循保障公务、厉行节约、务实高效、公开透明的原则。

第七条　各级人民政府应当依照国家有关政府信息公开的规定建立健全机关运行经费公开制度，定期公布公务接待费、公务用车购置和运行费、因公出国（境）费等机关运行经费的预算和决算情况。

第八条　各级人民政府应当推进机关后勤服务、公务用车和公务接待服务等工作的社会化改革，建立健全相关管理制度。

第二章　经费管理

第九条　各级人民政府及其部门应当加强机关运行经费管理，提高资金使用效益。

本条例所称机关运行经费，是指为保障机关运行用于购买货物和服务的各项资金。

第十条　县级以上人民政府机关事务主管部门应当根据机关运行的基本需求，结合机关事务管理实际，制定实物定额和服务标准。

县级以上人民政府财政部门应当根据实物定额和服务标准，参考有关货物和服务的市场价格，组织制定机关运行经费预算支出定额标准和有关开支标准。

第十一条 县级以上人民政府财政部门应当根据预算支出定额标准，结合本级政府各部门的工作职责、性质和特点，按照总额控制、从严从紧的原则，采取定员定额方式编制机关运行经费预算。

第十二条 县级以上人民政府应当将公务接待费、公务用车购置和运行费、因公出国（境）费纳入预算管理，严格控制公务接待费、公务用车购置和运行费、因公出国（境）费在机关运行经费预算总额中的规模和比例。

政府各部门应当根据工作需要和机关运行经费预算制订公务接待费、公务用车购置和运行费、因公出国（境）费支出计划，不得挪用其他预算资金用于公务接待、公务用车购置和运行或者因公出国（境）。

第十三条 县级以上人民政府机关事务主管部门按照规定，结合本级政府机关事务管理实际情况，统一组织实施本级政府机关的办公用房建设和维修、公务用车配备更新、后勤服务等事务的，经费管理按照国家预算管理规定执行。

第十四条 政府各部门应当依照有关政府采购的法律、法规和规定采购机关运行所需货物和服务；需要招标投标的，应当遵守有关招标投标的法律、法规和规定。

政府各部门应当采购经济适用的货物，不得采购奢侈品、超标准的服务或者购建豪华办公用房。

第十五条 政府各部门采购纳入集中采购目录由政府集中采购机构采购的项目，不得违反规定自行采购或者以化整为零等方式规避政府集中采购。

政府集中采购机构应当建立健全管理制度，缩短采购周期，提高采购效率，降低采购成本，保证采购质量。政府集中采购货物和服务的价格应当低于相同货物和服务的市场平均价格。

第十六条 县级以上人民政府应当建立健全机关运行经费支出统计报告和绩效考评制度，组织开展机关运行成本统计、分析、评价等工作。

第三章 资产管理

第十七条 县级以上人民政府机关事务主管部门按照职责分工，制定和组织实施机关资产管理的具体制度，并接受财政等有关部门的指导和监督。

第十八条 县级以上人民政府应当根据有关机关资产管理的规定、经济社会发展水平、节能环保要求和机关运行的基本需求，结合机关事务管理实际，分类制定机关资产配置标准，确定资产数量、价格、性能和最低使用年限。政府各部门应当根据机关资产配置标准编制本部门的资产配置计划。

第十九条 政府各部门应当完善机关资产使用管理制度，建立健全资产账卡和使用档案，定期清查盘点，保证资产安全完整，提高使用效益。

政府各部门的闲置资产应当由本级政府统一调剂使用或者采取公开拍卖等方式处置，处置收益应当上缴国库。

第二十条 县级以上人民政府应当对本级政府机关用地实行统一管理。城镇总体规划、详细规划应当统筹考虑政府机关用地布局和空间安排的需要。

县级以上人民政府机关事务主管部门应当统筹安排机关用地，集约节约利用土地。

对政府机关新增用地需求，县级以上人民政府国土资源主管部门应当严格审核，并依照有关土地管理的法律、法规和规定办理用地手续。

第二十一条 县级以上人民政府应当建立健全机关办公用房管理制度，对本级政府机关办公用房实行统一调配、统一权属登记；具备条件的，可以对本级政府机关办公用房实行统一建设。

政府各部门办公用房的建设和维修应当严格执行政府机关办公用房建设、维修标准，符合简朴实用、节能环保、安全保密等要求；办公用房的使用和维护应当严格执行政府机关办公用房物业服务标准。

第二十二条 政府各部门超过核定面积的办公用房，因办公用房新建、调整和机构撤销腾退的办公用房，应当由本级政府及时收回，统一调剂使用。

各级人民政府及其部门的工作人员退休或者调离的，其办公用房应当由原单位及时收回，调剂使用。

第二十三条 政府各部门不得出租、出借办公用房或者改变办公用房使用功能；未经本级人民政府批准，不得租用办公用房。

第二十四条 国务院机关事务主管部门会同有关部门拟订公务用车配备使用管理办法，定期发布政府公务用车选用车型目录，负责中央国家机关公务用车管理工作。执法执勤类公务用车配备使用管理的具体规定，由国务院财政部门会同有关部门制定。

县级以上地方人民政府公务用车主管部门负责本级政府公务用车管理工作，指导和监督下级政府公务用车管理工作。

第二十五条 政府各部门应当严格执行公务用车编制和配备标准，建立健全公务用车配备更新管理制度，不得超编制、超标准配备公务用车或者超标准租用车辆，不得为公务用车增加高档配置或者豪华内饰，不得借用、占用下级单位和其他单位的车辆，不得接受企业事业单位和个人捐赠的车辆。

第二十六条 政府各部门应当对公务用车实行集中管理、统一调度，并建立健全公务用车使用登记和统计报告制度。政府各部门应当对公务用车的油耗和维修保养费用实行单车核算。

第四章 服务管理

第二十七条 县级以上人民政府机关事务主管部门应当制定统一的机关后勤服务管理制度，确定机关后勤服务项目和标准，加强对本级政府各部门后勤服务工作的指导和监督，合理配置和节约使用后勤服务资源。

政府各部门应当建立健全本部门后勤服务管理制度，不得超出规定的项目和标准提供后勤服务。

第二十八条 各级人民政府应当按照简化礼仪、务实节俭的原则管理和规范公务接待工作。

国务院机关事务主管部门负责拟订政府机关公务接待的相关制度和中央国家机关公务接待标准。县级以上地方人民政府应当结合本地实际，确定公务接待的范围和标准。政府各部门和公务接待管理机构应当严格执行公务接待制度和标准。

县级以上地方人民政府公务接待管理机构负责管理本级政府公务接待工作，指导下级政府公务接待工作。

第二十九条 各级人民政府及其部门应当加强会议管理，控制会议数量、规模和会期，充分利用机关内部场所和电视电话、网络视频等方式召开会议，节省会议开支。

第三十条 政府各部门应当执行有关因公出国（境）的规定，对本部门工作人员因公出国（境）的事由、内容、必要性和日程安排进行审查，控制因公出国（境）团组和人员数量、在国（境）外停留时间，不得安排与本部门业务工作无关的考察和培训。

第五章 法律责任

第三十一条 违反本条例规定，接到对违反机关事务管理制度、标准行为的举报不及时依法调查处理的，由上级机关责令改正；情节严重的，由任免机关或者监察机关对责任人员依法给予处分。

第三十二条 违反本条例规定，有下列情形之一的，由上级机关责令改正，并由任免机关或者监察机关对责任人员给予警告处分；情节较重的，给予记过或者记大过处分；情节严重的，给予降级或者撤职处分：

（一）超预算、超标准开支公务接待费、公务用车购置和运行费、因公出国（境）费，或者挪用其他预算资金用于公务接待、公务用车购置和运行、因公出国（境）的；

（二）采购奢侈品、超标准的服务或者购建豪华办公用房的；

（三）出租、出借办公用房，改变办公用房使用功能，或者擅自租用办公用房的；

（四）超编制、超标准配备公务用车或者超标准租用车辆，或者为公务用车增加高档配置、豪华内饰，或者借用、占用下级单位、其他单位车辆，或者接受企业事业单位、个人捐赠车辆的；

（五）超出规定的项目或者标准提供后勤服务的；

（六）安排与本部门业务工作无关的出国（境）考察或者培训的。

第三十三条 机关事务管理人员在机关事务管理活动中滥用职权、玩忽职守、徇私舞弊或者贪污受贿的，依法给予处分；构成犯罪的，依法追究刑事责任。

第六章 附 则

第三十四条 其他国家机关和有关人民团体的机关事务管理活动，参照本条例执行。

第三十五条 本条例自 2012 年 10 月 1 日起施行。

国务院国有资产监督管理委员会令

第 30 号

《中央企业负责人经营业绩考核暂行办法》已由国务院国有资产监督管理委员会第 125 次主任办公会议审议通过，现予公布，自 2013 年 1 月 1 日起施行。

国务院国有资产监督管理委员会主任 **王 勇**

二〇一二年十二月二十九日

中央企业负责人经营业绩考核暂行办法

（2003 年 10 月 21 日国务院国有资产监督管理委员会第 8 次主任办公会议审议通过 2006 年 12 月 30 日国务院国有资产监督管理委员会第 46 次主任办公会议修订 2009 年 12 月 28 日国务院国有资产监督管理委员会第 84 次主任办公会议第二次修订 2012 年 12 月 26 日国务院国有资产监督管理委员会第 125 次主任办公会议第三次修订）

第一章 总 则

第一条 为切实履行企业国有资产出资人职责，维护所有者权益，落实国有资产保值增值责任，建立有效的激励和约束机制，引导中央企业科学发展，根据《中华人民共和国企业国有资产法》、《企业国有资产监督管理暂行条例》等有关法律法规，制定本办法。

第二条 本办法考核的中央企业负责人是指经国务院授权由国务院国有资产监督管理委员会（以下简称国资委）履行出资人职责的国家出资企业（以下简称企业）的下列人员：

（一）国有独资企业的总经理（总裁、院长、局长、主任）、副总经理（副总裁、副院长、副局长、副主任）、总会计师；

（二）国有独资公司的董事长、副董事长、董事（不含外部董事和职工董事），列入国资委党委管理的总经理（总裁、院长、局长、主任）、副总经理（副总裁、副院长、副局长、副主任）、总会计师；

（三）国有资本控股公司国有股权代表出任的董事长、副董事长、董事，列入国资委党委管理的总经理（总裁、院长、局长、主任）、副总经理（副总裁、副院长、副局长、副主任）、总会计师。

第三条 企业负责人经营业绩考核，实行年度考核与任期考核相结合、结果考核与过程评价相统一、考核结果与奖惩相挂钩的制度。

第四条 年度经营业绩考核和任期经营业绩考核采取由国资委主任或者其授权代表与企业负责人签订经营业绩责任书的方式进行。

第五条 企业负责人经营业绩考核工作应当遵循以下原则：

（一）按照国有资产保值增值、企业价值最大化和可持续发展的要求，依法考核企业负责人经营业绩。

（二）按照企业的功能、定位、作用和特点，实事求是，公开公正，实行科学的差异化考核。

（三）按照权责利相统一的要求，建立健全科学合理、可追溯的资产经营责任制。坚持将企业负责人经营业绩考核结果同激励约束紧密结合，即业绩升、薪酬升，业绩降、薪酬降，并作为职务任免的重要依据。

（四）按照全面落实责任的要求，完善全员考核体系，确保国有资产保值增值责任广泛覆盖、层层落实。

（五）按照科学发展观的要求，推动企业加快转型升级、深化价值管理，不断提升企业核心竞争能力和发展质量，实现做强做优。

第二章 年度经营业绩考核

第六条 年度经营业绩考核以公历年为考核期。

第七条 年度经营业绩责任书包括下列内容：

（一）双方的单位名称、职务和姓名；

（二）考核内容及指标；

（三）考核与奖惩；

（四）责任书的变更、解除和终止；

（五）其他需要规定的事项。

第八条 年度经营业绩考核指标包括基本指标与分类指标。

（一）基本指标包括利润总额和经济增加值。

1. 利润总额是指经核定的企业合并报表利润总额。利润总额的计算，可以考虑经核准的因企业处理历史遗留问题等而对当期经营业绩产生重大影响的因素，并扣除通过变卖企业主业优质资产等取得的非经常性收益。

2. 经济增加值是指经核定的企业税后净营业利润减去资本成本后的余额（考核细则见附件1）。

（二）分类指标由国资委根据企业所处行业特点和功能定位，针对企业管理“短板”，综合考虑企业经营管理水平及风险控制能力等因素确定，具体指标在责任书中确定。

第九条 确定军工企业等特殊企业的基本指标与分类指标，可优先考虑企业业务特点，具体指标及其权重在责任书中确定。

第十条 确定科研类企业的基本指标与分类指标，突出考虑技术创新投入和科技成果转化等情况，具体指标及其权重在责任书中确定。

第十一条 国资委鼓励中央企业参加对标考核试点。

第十二条 国资委根据需要，可以在年度基本指标和分类指标之外增设约束性指标，具体指标在责任书中确定。

第十三条 年度经营业绩责任书按照下列程序签订：

（一）报送年度经营业绩考核目标建议值。考核期初，企业负责人按照国资委年度经营业绩考核要求和企业发展规划及经营状况，对照同行业国际国内先进水平，提出本年度拟完成的经营业绩考核目标建议值，并将考核目标建议值和必要的说明材料报送国资委。

（二）核定年度经营业绩考核目标值。国资委根据“同一行业、同一尺度”原则，结合宏观经济形势、企业所处行业发展周期、企业实际经营状况等，对企业负责人的年度经营业绩考核目标建议值进行审核，并就考核目标值及有关内容同企业沟通后予以确定。

（三）由国资委主任或者其授权代表同企业负责人签订年度经营业绩责任书。

第十四条 国资委对年度经营业绩责任书执行情况实施动态监控。

（一）年度经营业绩责任书签订后，企业负责人每半年必须将责任书执行情况报送国资委，同时抄送派驻本企业的监事会。国资委对责任书的执行情况进行动态跟踪。

（二）建立较大及以上生产安全事故，重大环境污染事故和质量事故，重大经济损失，重大法律纠纷案件，重大投融资和资产重组等重要情况的报告制度。企业发生上述情况时，企业负责人应当立即向国资委报告，同时向派驻本企业监事会报告。

第十五条 年度经营业绩责任书完成情况按照下列程序进行考核：

（一）企业负责人依据经审计的企业财务决算数据，对上年度经营业绩考核目标的完成情况进行总结分析，并将年度总结分析报告报送国资委，同时抄送派驻本企业的监事会。

（二）国资委依据经审计并经审核的企业财务决算报告和经审查的统计数据，结合年度总结分析报告并听取监事会意见，对企业负责人年度经营业绩考核目标的完成情况进行考核（计分细则见附件2），形成企业负责人年度经营业绩考核与奖惩意见。

（三）国资委将最终确认的企业负责人年度经营业绩考核与奖惩意见反馈各企业负责人及其所在企业。企业负责人对考核与奖惩意见有异议的，可及时向国资委反映。

第三章 任期经营业绩考核

第十六条 任期经营业绩考核以三年为考核期。

第十七条 任期经营业绩责任书包括下列内容：

（一）双方的单位名称、职务和姓名；

（二）考核内容及指标；

（三）考核与奖惩；

（四）责任书的变更、解除和终止；

（五）其他需要规定的事项。

第十八条 任期经营业绩考核指标包括基本指标和分类指标。

（一）基本指标包括国有资本保值增值率和总资产周转率。

1. 国有资本保值增值率是指企业考核期末扣除客观因素（由国资委核定）后的国有资本及权益同考核期初国有资本及权益的比率。计算方法为：任期内各年度国有资本保值增值率的乘积。企业年度国有资本保值增值率以国资委确认的结果为准。

2. 总资产周转率是指企业任期内平均主营业务收入同平均资产总额的比值。计算公式为：

总资产周转率=三年主营业务收入之和/三年平均资产总额之和

企业符合主业发展要求的重大投资，如果对当期经营业绩产生重大影响，经核准，可在计算总资产周转率时酌情予以调整。

（二）分类指标由国资委综合考虑企业所处行业特点和功能定位，选择符合企业中长期发展战略、反映可持续发展能力的指标予以确定，具体指标在责任书中确定。

第十九条 确定军工企业等特殊企业的基本指标与分类指标，可优先考虑企业业务特点，具体指标及其权重在责任书中确定。

第二十条 国资委根据需要，可以在任期基本指标和分类指标之外增设约束性指标，具体指标在责任书中确定。

第二十一条 任期经营业绩责任书按照下列程序签订：

（一）报送任期经营业绩考核目标建议值。考核期初，企业负责人按照国资委任期经营业绩考核要求和企业发展规划及经营状况，对照同行业国际国内先进水平，提出任期经营业绩考核目标建议值，并将考核目标建议值和必要的说明材料报送国资委。

（二）核定任期经营业绩考核目标值。国资委根据“同一行业、同一尺度”原则，结合宏观经济形势、企业所处行业发展周期及企业实际经营状况等，对企业负责人的任期经营业绩考核目标建议值进行审核，并就考核目标值及有关内容同企业沟通后予以确定。

（三）由国资委主任或者其授权代表同企业负责人签订任期经营业绩责任书。

第二十二条 国资委对任期经营业绩责任书执行情况实施年度跟踪和动态监控。

第二十三条 任期经营业绩责任书完成情况按照下列程序进行考核：

（一）考核期末，企业负责人对任期经营业绩考核目标的完成情况进行总结分析，并将总结分析报告报送国资委，同时抄送派驻本企业的监事会。

（二）国资委依据任期内经审计并经审核的企业财务决算报告和经审查的统计数据，结合总结分析报告并听取监事会意见，对企业负责人任期经营业绩考核目标的完成情况进行综合考核（计分细则见附件3），形成企业负责人任期经营业绩考核与奖惩意见。

（三）国资委将最终确认的企业负责人任期经营业绩考核与奖惩意见反馈各企业负责人及其所在企业。企业负责人对考核与奖惩意见有异议的，可及时向国资委反映。

第四章 奖 惩

第二十四条 根据企业负责人经营业绩考核得分，年度经营业绩考核和任期经营业绩考核结果分为A、B、C、D、E五个级别。基本指标考核得分低于基本分或考核最终得分低于100分的，考核结果不得进入C级。利润总额为负或经济增加值为负且没有改善的企业，考核结果原则上不得进入A级（处于行业周期性下降阶段但仍处于国际同行业领先水平的企业除外）。

第二十五条 国资委依据年度经营业绩考核结果和任期经营业绩考核结果对企业负责人实施奖惩，并把经营业绩考核结果作为企业负责人任免的重要依据。

第二十六条 对企业负责人的奖励分为年度绩效薪金奖励和任期激励或者中长期激励。

第二十七条 企业负责人年度薪酬分为基薪和绩效薪金两个部分。绩效薪金与年度考核结果挂钩。绩效薪金＝绩效薪金基数×绩效薪金倍数。具体计算公式为：

当考核结果为E级时，绩效薪金为0；

当考核结果为D级时，绩效薪金按照“绩效薪金基数×（考核分数－D级起点分数）/（C级起点分数－D级起点分数）”确定，绩效薪金在0～1倍绩效薪金基数之间；

当考核结果为C级时，绩效薪金按照“绩效薪金基数×［1＋0.5×（考核分数－C级起点分数）/（B级起点分数－C级起点分数）］”确定，绩效薪金在1倍绩效薪金基数到1.5倍绩效薪金基数之间；

当考核结果为B级时，绩效薪金按照“绩效薪金基数×［1.5＋0.5×（考核分数－B级起点分数）/（A级起点分数－B级起点分数）］”确定，绩效薪金在1.5倍绩效薪金基数到2倍绩效薪金基数之间；

当考核结果为A级时，绩效薪金按照“绩效薪金基数×［2＋（考核分数－A级起点分数）/（A级封顶分数－A级起点分数）］”确定，绩效薪金在2倍绩效薪金基数到3倍绩效薪金基数之间。

但对于利润总额低于上一年的企业，无论其考核结果处于哪个级别，其绩效薪金倍数应当低于上一年。

第二十八条 绩效薪金的70%在年度考核结束后当期兑现；其余30%根据任期考核结果等因素，延期到任期考核结束后兑现。对于离任的法定代表人，还应当根据经济责任审计结果，确定延期绩效薪金兑现方案。

第二十九条 对于任期经营业绩考核结果为A级、B级和C级的企业负责人，按期兑现延期绩效薪金，并给予企业负责人相应的任期激励。对于任期经营业绩考核结果为D级和E级的企业负责人，根据考核分数扣减延期绩效薪金。具体扣减绩效薪金的公式为：

扣减延期绩效薪金＝任期内积累的延期绩效薪金×（C级起点分数－实得分数）/C级起点分数。

第三十条 在综合考虑中央企业负责人整体薪酬水平和考核对象薪酬水平的基础上，根据任期考核结果给予企业负责人相应的任期激励，具体办法另行确定。

第三十一条 被考核人担任企业主要负责人的，其分配系数为1，其余被考核人的系数由企业根据各负责人的业绩考核结果，在0.6～0.9之间确定，报国资委备案后执行。

第三十二条 未完成任期经营业绩考核目标或者连续两年未完成年度经营业绩考核目标进入D级和E级的企业，国资委对相关负责人提出调整建议或予以调整。

第三十三条 对取得重大科技成果、在国际标准制定中取得重大突破和承担国家重大结构性调整任务且取得突出成绩的，年度考核给予加分奖励。

第三十四条 对业绩优秀及在科技创新、管理进步、国际化经营、品牌建设、节能减排方面取得突出成绩的，授予任期特别奖，予以表彰（实施细则见附件4）。

第三十五条 对于全员考核工作开展不力的企业，扣减经营业绩考核得分。

第三十六条 实行企业负责人经营业绩考核谈话制度。对于年度考核结果为D级和E级的企业，经国资委主任办公会议批准，由国资委业绩考核领导小组与企业主要负责人进行谈话，帮助企业分析问题、改进工作。

第三十七条 企业违反《中华人民共和国会计法》、《企业会计准则》等有关法律法规规章，虚报、瞒报财务状况的，国资委根据具体情节给予降级或者扣分处理，并相应扣发企业法定代表人及相关负责人的绩效薪金、任期激励或者中长期激励；情节严重的，给予纪律处分或者对企业负责人进行调整；涉嫌犯罪的，依法移送司法机关处理。

第三十八条 企业法定代表人及相关负责人违反国家法律法规和规定，导致重大决策失误、重大安全与质量责任事故、重大环境污染责任事故、重大违纪和法律纠纷案件，给企业造成重大不良影响或者国有资产损失的，国资委根据具体情节，对企业给予降级或者扣分处理，并相应扣发企业负责人绩效薪金、任期激励或者中长期激励；情节严重的，给予纪律处分或者对企业负责人进行调整；涉嫌犯罪的，依法移送司法机关处理。

第五章　附　则

第三十九条　对于在考核期内企业发生清产核资、改制重组、主要负责人变动等情况的，国资委可以根据具体情况变更经营业绩责任书的相关内容。

第四十条　国有独资企业、国有独资公司和国有资本控股公司党委（党组）书记、副书记、常委（党组成员）、纪委书记（纪检组长）的考核及其奖惩依照本办法执行。

第四十一条　国有资本参股公司、被兼并破产企业中由国资委党委管理的企业负责人，其经营业绩考核参照本办法执行。具体经营业绩考核事项在经营业绩责任书中确定。

第四十二条　对符合下列条件的企业，国资委授权董事会对高级管理人员的经营业绩进行考核：

（一）公司法人治理结构完善，外部董事人数超过董事会全体成员半数；

（二）经营业绩考核制度健全；

（三）薪酬与考核委员会成员全部由外部董事担任。

第四十三条　国资委依据有关规定，对董事会业绩考核工作进行指导和监督，并结合中央企业整体水平和行业特点，对董事会企业经营业绩进行测试评价。

第四十四条　获得授权的董事会，应根据国资委的要求制定、完善业绩考核办法和程序，科学合理地确定高级管理人员的考核目标和考核结果。上述工作，董事会应事前与国资委进行沟通，事后报国资委备案。

第四十五条　各省、自治区、直辖市国有资产监督管理机构，设区的市、自治州级国有资产监督管理机构对国家出资企业负责人的经营业绩考核，可参照本办法执行。

第四十六条　本办法由国资委负责解释。

第四十七条　本办法自 2013 年 1 月 1 日起施行。

附件 1：

经济增加值考核细则

一、经济增加值的定义及计算公式

经济增加值是指企业税后净营业利润减去资本成本后的余额。

计算公式：

经济增加值＝税后净营业利润－资本成本＝税后净营业利润－调整后资本×平均资本成本率

税后净营业利润＝净利润＋（利息支出＋研究开发费用调整项）×（1－25％）

企业通过变卖主业优质资产等取得的非经常性收益在税后净营业利润中全额扣除。

调整后资本＝平均所有者权益＋平均负债合计－平均无息流动负债－平均在建工程

二、会计调整项目说明

（一）利息支出是指企业财务报表中“财务费用”项下的“利息支出”。

（二）研究开发费用调整项是指企业财务报表中“管理费用”项下的“研究与开发费”和当期确认为无形资产的研究开发支出。对于勘探投入费用较大的企业，经国资委认定后，将其成本费用情况表中的“勘探费用”视同研究开发费用调整项按照一定比例（原则上不超过 50％）予以加回。

（三）无息流动负债是指企业财务报表中“应付票据”“应付账款”“预收款项”“应交税费”“应付利息”“应付职工薪酬”“应付股利”“其他应付款”和“其他流动负债（不含其他带息流动负债）”；对于“专项应付款”和“特种储备基金”，可视同无息流动负债扣除。

（四）在建工程是指企业财务报表中的符合主业规定的“在建工程”。

三、资本成本率的确定

（一）中央企业资本成本率原则上定为 5.5％。

（二）对军工等资产通用性较差的企业，资本成本率定为4.1%。

（三）资产负债率在75%以上的工业企业和80%以上的非工业企业，资本成本率上浮0.5个百分点。

四、其他重大调整事项

发生下列情形之一，对企业经济增加值考核产生重大影响的，国资委酌情予以调整：

（一）重大政策变化；

（二）严重自然灾害等不可抗力因素；

（三）企业重组、上市及会计准则调整等不可比因素；

（四）国资委认可的企业结构调整等其他事项。

附件2：

年度经营业绩考核计分细则

一、年度经营业绩考核综合计分

年度经营业绩考核综合得分＝（利润总额指标得分＋经济增加值指标得分＋分类指标得分）×业绩考核系数＋奖励分－考核扣分

上述年度经营业绩考核指标中，若利润总额或经济增加值指标未达到基本分，则其他指标最高只得基本分，所有考核指标得分不再乘业绩考核系数。

二、年度经营业绩考核各指标计分

（一）利润总额指标计分

军工、储备、科研、电力、石油石化企业利润总额指标的基本分为30分；其他企业利润总额指标的基本分为20分。该指标计分以基准值为基础。利润总额基准值根据上年实际完成值和前三年实际完成值平均值的较低值确定（行业周期性下降或受突发事件重大影响的企业除外）。

1. 利润总额考核目标值不低于基准值时，完成值每超过目标值2%，加1分，最多加基本分的20%。完成值每低于目标值2%，扣1分，最多扣基本分的20%。

2. 利润总额考核目标值低于基准值时，加分受限。加分受限按照以下规则执行：

（1）目标值比基准值低20%（含）以内的，最多加基本分的15%。

（2）目标值比基准值低20%～50%的，最多加基本分的12%。

（3）目标值比基准值低50%（含）以上的，最多加基本分的10%。

3. 利润总额目标值达到或超过前三年最高值的，完成时加满分；未完成时，将基准值作为目标值正常计分。

4. 利润总额考核目标值为负数，完成值减亏部分折半计算，盈利部分正常计算；超额完成考核目标，最多加基本分的10%；减亏但仍处于亏损状态，考核得分不超过C级最高限；扭亏为盈，考核得分不超过B级最高限。

（二）经济增加值指标计分

军工、储备和科研企业经济增加值指标的基本分为30分；电力、石油石化企业经济增加值指标的基本分为40分；其他企业经济增加值指标的基本分为50分。该指标计分以基准值为基础。经济增加值基准值根据上年实际完成值和前三年实际完成值平均值的较低值确定（行业周期性下降和受突发事件重大影响的企业除外）。

1. 经济增加值考核目标值不低于基准值时，完成值每超过目标值（绝对值）1%，加1分，最多加基本分的20%。完成值每低于目标值（绝对值）1%，扣1分，最多扣基本分的20%。

2. 经济增加值考核目标值低于基准值时，加分受限。加分受限按照以下规则执行：

（1）目标值比基准值低20%（含）以内的，加分受限0.5分。

（2）目标值比基准值低20%～50%的，加分受限1分。

（3）目标值比基准值低50%（含）以上的，加分受限2分。

3. 经济增加值考核目标值达到优秀水平且完成目标值的，该项指标直接加满分。

4. 经济增加值考核目标值在零附近的，计分给予特别处理。

（三）分类指标计分

分类指标应当确定2个。分类指标计分以基准值为基础。年度分类指标基准值根据上年实际完成值或前三年实际完成值平均值确定。

1. 考核目标值不差于基准值时，完成后直接加满分；未完成考核目标的，在满分基础上按差额程度扣分，最多扣至基本分的80%。

2. 考核目标值差于基准值时，完成后按差额程度加分受限，最多加基本分的10%；未完成考核目标的，在基本分基础上按差额程度扣分，最多扣基本分的20%。

三、奖惩计分

（一）奖励计分

1. 承担国家结构性调整任务且取得突出成绩的企业，国资委根据有关规定视任务完成情况加0.5～2分。

2. 对考核期内获得重大科技成果或在国际标准制定中取得重大突破的企业，国资委根据有关规定加0.1～1分。

（二）考核扣分

1. 企业发生重大资产损失、发生生产安全责任事故、环境污染责任事故等，国资委按照有关规定给予降级、扣分处理。

2. 企业发生违规违纪或者存在财务管理混乱等问题，国资委按照有关规定视情节轻重扣0.5～2分。

3. 企业全员考核制度不健全，未对集团副职、职能部门负责人、下属企业负责人进行考核的，视情况扣减0.1～1分。

四、业绩考核系数

业绩考核系数由企业资产总额、利税总额、净资产收益率、经济增加值、营业收入、职工平均人数、技术投入比率等因素加权计算，分类确定。

附件3：

任期经营业绩考核计分细则

一、任期经营业绩考核综合计分

任期经营业绩考核综合得分=（国有资本保值增值率指标得分+总资产周转率指标得分+分类指标得分）×业绩考核系数+任期内三年的年度经营业绩考核结果指标得分－考核扣分

上述任期经营业绩考核指标中，若国有资本保值增值率或总资产周转率指标未达到基本分，则其他指标最高只得基本分，所有考核指标得分不再乘业绩考核系数。

二、任期经营业绩考核各指标计分

（一）国有资本保值增值率指标计分

国有资本保值增值率指标的基本分为40分。该指标计分以基准值为基础。国有资本保值增值率基准值根据上一任期实际完成值和上一任期考核目标值与实际完成值平均值的较低值确定。

1. 国有资本保值增值率考核目标值不低于基准值时，完成值每超过目标值0.3个百分点，加1分，最多加8分。完成值低于目标值，每低于目标值0.3个百分点，扣1分，最多扣8分。

2. 国有资本保值增值率考核目标值低于基准值时，加分受限。加分受限按照以下规则执行：

（1）目标值比基准值低3个百分点（含）以内的，最多加7分。

（2）目标值比基准值低3至5个百分点的，最多加6分。

（3）目标值比基准值低5个百分点（含）以上的，最多加5分。

3. 国有资本保值增值率考核目标值达到优秀水平的，完成后直接加满分。

4. 国有资本保值增值率考核目标值低于100%的，完成后只得基本分。

（二）总资产周转率指标计分

总资产周转率指标基本分为20分。该指标计分以基准值为基础。总资产周转率基准值根据上一任期实际完成值和上一任期第三年实际完成值的较低值确定。

1. 考核目标值不低于基准值时，完成后直接加满分；未完成考核目标的，在满分基础上按差额程度扣分，完成值每低于目标值2%，扣1分，最多扣至基本分的80%。

2. 考核目标值低于基准值时，完成后按差额程度加分受限；未完成考核目标的，在加分受限后最高分基础上按差额程度扣分，完成值每低于目标值2%，扣1分，最多扣至基本分的80%。加分受限按照以下规则执行：

（1）目标值比基准值低10%（含）以内的，最多加3分。

（2）目标值比基准值低10%～20%的，最多加2.5分。

（3）目标值比基准值低20%（含）以上的，最多加2分。

3. 总资产周转率考核目标值达到优秀水平的，该指标加分不受限。

（三）分类指标计分

分类指标应当确定2个。分类指标计分以基准值为基础。任期分类指标基准值根据上一任期实际完成值或上一任期第三年实际完成值确定。任期分类指标计分规则与年度相同。

（四）任期内三年的年度经营业绩考核结果指标计分

任期内三年的年度经营业绩考核结果指标的基本分为20分。企业负责人三年内的年度经营业绩综合考核结果每得一次A级得8分；每得一次B级得7.335分；每得一次C级得6.667分；每得一次D级及以下得6分。

三、考核扣分

未完成节能减排考核目标的，视情况扣减0.1～2分。

四、业绩考核系数

业绩考核系数由企业资产总额、利税总额、净资产收益率、经济增加值、营业收入、职工平均人数、技术投入比率等因素加权计算，分类确定。

附件4：

任期特别奖实施细则

一、奖项设立

国资委在任期考核中设立任期特别奖，包括“业绩优秀企业奖”“科技创新特别奖”“管理进步特别奖”“国际化经营特别奖”“品牌建设特别奖”和“节能减排特别奖”。

二、获奖条件及评定办法

（一）对任期考核结果为A级且在该任期中年度考核获得三个A级或者两个A级、一个B级的企业，授予“业绩优秀企业奖”。

（二）对任期内获得国家级重大科技奖励、中国专利金奖，以及制定重要国际标准的企业，授予“科技创新特别奖”。

（三）资产负债率控制在合理范围内（工业企业75%，非工业企业80%），同时符合下列条件之一的企业，授予“管理进步特别奖”：

1. 效益大幅度增加。

2. 盈利水平显著提高。

3. 价值创造能力优异。

4. 扭亏增效成绩突出。

（四）对任期内国际化经营成效显著的企业，授予“国际化经营特别奖”。

（五）对任期内品牌建设取得重大进展的企业，授予“品牌建设特别奖”。

（六）对符合以下条件之一的企业，授予“节能减排特别奖”：

1. 任期末，主要产品单位能耗、污染物排放水平达到国内同行业最好水平，接近或者达到国际同行业先进水平的。

2. 任期内，单位综合能耗降低率、主要污染物排放总量降低率在中央企业居于前列的。

3. 任期内，节能减排投入较大，在节能减排技术创新方面取得重大突破，在推动全行业、全社会节能减排方面做出突出贡献的。

三、奖励方式

任期结束时，由国资委对上述奖项进行评定，并对获奖企业进行表彰。

中国银监会关于鼓励和引导民间资本进入银行业的实施意见

银监发〔2012〕27号

各银监局，各政策性银行、国有商业银行、股份制商业银行、金融资产管理公司，邮政储蓄银行，各省农村信用联社，银监会直管的信托公司、企业集团财务公司、金融租赁公司：

为贯彻落实《国务院关于鼓励和引导民间投资健康发展的若干意见》（国发〔2010〕13号），鼓励和引导民间资本进入银行业，加强对民间投资的融资支持，依据《银行业监督管理法》、《商业银行法》等法律法规和国家政策，制定本实施意见。

一、支持民间资本与其他资本按同等条件进入银行业

（一）支持符合银行业行政许可规章相关规定，公司治理结构完善，社会声誉、诚信记录和纳税记录良好，经营管理能力和资金实力较强，财务状况、资产状况良好，入股资金来源真实合法的民营企业投资银行业金融机构。

民营企业可通过发起设立、认购新股、受让股权、并购重组等多种方式投资银行业金融机构。

（二）支持民营企业参与商业银行增资扩股，鼓励和引导民间资本参与城市商业银行重组。民营企业参与城市商业银行风险处置的，持股比例可以适当放宽至20%以上。

（三）支持民营企业，特别是符合条件的农业产业化龙头企业和农民专业合作社等涉农企业参与农村信用社股份制改革或参与农村商业银行增资扩股。

进一步加大引导和扶持力度，鼓励民间资本参与农村金融机构重组改造。通过并购重组方式参与农村信用社和农村商业银行风险处置的，允许单个企业及其关联方阶段性持股比例超过20%。

（四）支持民营企业参与村镇银行发起设立或增资扩股。村镇银行主发起行的最低持股比例由20%降低为15%。

村镇银行的主发起行应当向村镇银行提供成熟的风险管理理念、管理机制和技术手段，建立风险为本的企业文化，促进村镇银行审慎稳健经营。

村镇银行进入可持续发展阶段后，主发起行可以与其他股东按照有利于拓展特色金融服务、有利于防范金融风险、有利于完善公司治理的原则调整各自的持股比例。

（五）支持农民、农村小企业作为农村资金互助社社员，发起设立或者参与农村资金互助社增资扩股。

（六）支持民营企业投资信托公司、消费金融公司。

支持符合国家产业政策并拥有核心主业的民营企业集团，申请设立企业集团财务公司。

支持主营业务适合融资租赁交易产品的大型民营企业以及民营租赁公司，作为金融租赁公司主要出资人，投资金融租赁公司。

支持生产或销售汽车整车的民营企业作为汽车金融公司的主要出资人，投资汽车金融公司。

（七）允许小额贷款公司按规定改制设立为村镇银行。

二、为民间资本进入银行业创造良好环境

（八）各级银行业监督管理机构要充分认识鼓励和引导民间资本进入银行业对加快多层次银行业市场体系建设、建立公平竞争的银行业市场环境以及我国银行业金融机构自身可持续发展的重要意义，在促进银行业金融机构股权结构多元化、平等保护各类出资人的合法权益、有利于改进银行业金融机构公司治理和内部控制的基础上，采取切实措施，积极支持民间资本进入银行业。

（九）各级银行业监督管理机构要鼓励各类投资者平等竞争，根据银行业行政许可规章确定的条件和程序，实施市场准入行政许可。在市场准入实际工作中，不得单独针对民间资本进入银行业设置限制条件或其他附加条件。

（十）各级银行业监督管理机构要及时公布有关投资银行业金融机构的法规、政策和程序，以及银行业市场准入行政许可事项、结果，畅通审批渠道，公开审批流程，不断提高银行业市场准入的透明度。

（十一）各级银行业监督管理机构要进一步加强对民间资本进入银行业的服务、指导，依法答复相关法规和政策咨询。

（十二）各级银行业监督管理机构要严格依法履行监管职责，接受社会公众通过申请政府信息公开、行政复议、行政诉讼等方式对银行业市场准入工作进行的监督。

（十三）各银行业金融机构应当认真对待各类投资者的投资需求，在增资扩股、股权改造、并购重组等过程中为民间资本投资入股创造公平竞争条件。

三、促进民间资本投资的银行业金融机构稳健经营

（十四）民间资本进入银行业应当与其他各类资本同等遵守法律、行政法规和规章有关投资银行业金融机构的持股比例、投资机构数量等审慎规定。

（十五）各级银行业监督管理机构审核银行业金融机构投资入股许可申请，要审慎考虑投资者对拟投资银行业金融机构稳健经营可能产生的影响，避免公司治理结构存在明显缺陷，关联关系复杂、关联交易频繁且异常，核心主业不突出，现金流量受经济景气影响较大，资产负债率、财务杠杆率畸高的企业投资银行业金融机构。

（十六）各银行业金融机构应当遵守《商业银行与内部人和股东关联交易管理办法》等相关规定，规范关联交易行为，控制关联交易风险。对导致银行业金融机构违反审慎经营规则的股东（社员），银行业监督管理机构可以依照《银行业监督管理法》的规定，采取相应的监管措施。

对于已经或者可能发生信用危机，严重影响存款人或其他客户合法权益，或者有违法经营、经营管理不善而可能严重危害金融秩序、损害公众利益等情形的银行业金融机构，银行业监督管理机构应当依法及时采取相应的风险处置措施。

四、加大对民间投资的融资支持力度

（十七）各银行业金融机构要充分认识非公有制经济发展对我国经济战略转型、促进就业和经济长期平稳较快发展的重要意义，深入落实提升小型微型企业金融服务相关法规和政策，合理配置信贷资源，创新和灵活运用多种金融工具，加大对民间投资的融资支持。

（十八）鼓励银行业金融机构根据民间投资特点，积极开展融资模式、服务手段和产品创新，提供多层次金融服务，支持民营企业发展，重点满足符合国家产业和环保政策、有利于扩大就业、有偿还意愿和偿还能力、具有商业可持续性的小型微型企业的融资需求。

（十九）引导银行业金融机构建立小型微型企业金融服务长效机制，贯彻落实小型微型企业金融服务“六项机制”，进一步改进小型微型企业贷款工作流程，使相关机制真正有效发挥作用，实现小型微型企业金融业务可持续发展。

（二十）支持商业银行进一步加强小型微型企业专营管理建设，按照“四单原则”（单列信贷计划、单独配置人力和财务资源、单独客户评定与信贷评审、单独会计核算）加大专营机构管理和资源配置力度，继续支持商业银行新设或改造部分分支行作为小型微型企业金融服务专业分支行或者特色分支行，充分发挥专业化经营优势。

（二十一）鼓励银行业金融机构积极开展小型微型企业信贷产品创新，根据小型微型企业的发展特点和实际需求，提供循环贷款、应收账款保理、同业互保、联保贷款等多元化的特色金融产品。

鼓励银行业金融机构根据小型微型企业信用状况和资产状况，灵活采用保证、抵押、质押等担保方式或组合担保方式，积极探索动产抵押、股权质押、专利权质押、林权抵押、税款返还担保、保单质押、仓单质押、应收账款质押等多种融资担保方式。

（二十二）各银行业金融机构要进一步完善小型微型企业贷款的激励约束机制，加快建立单独的小型微型企业贷款风险分类、损失拨备和快速核销制度，认真落实小型微型信贷工作尽责制、不良贷款问责制和免责制，突出对信贷业务人员的正向激励，充分调动其开展小型微型企业金融服务的工作积极性。

（二十三）引导银行业金融机构对小型微型企业减费让利，具体落实优惠服务原则。禁止银行业金融机构在发放贷款时附加不合理的贷款条件，包括违法违规收取、变相收取承诺费、资金管理费，搭售保险、基金等产品。严格限制对小型微型企业收取财务顾问费、咨询费等费用。

（二十四）引导银行业金融机构加强与融资性担保机构的互利合作，推动小型微型企业信用体系建设，改善民营企业特别是民营小型微型企业融资环境。

（二十五）鼓励和引导银行业金融机构在金融服务不足的农村地区增设营业网点，支持银行业金融机构优化现有农村地区网点布局，将在当地所吸收的可贷资金主要用于当地发放贷款，不断加大“三农”服务力度。

（二十六）各级银行业监督管理机构要认真落实相关监管优惠政策，积极引导银行业金融机构提升小型微型企业金融服务水平。要制定具体措施提高行政审批效率，优先办理小型微型企业金融服务市场准入事项，优先支持小型微型企业金融服务良好的银行业金融机构增设分支机构、发行小型微型企业贷款专项金融债。要认真按照有关规定，对符合条件的银行业金融机构的资本充足率和存贷比两项监管指标作差异化考核。要适当放宽对小型微型企业贷款不良率的容忍度，对小型微型企业贷款不良率执行差异化的考核标准。

二〇一二年五月二十六日

关于印发《财政总预算会计管理基础工作规定》的通知

财库〔2012〕1号

各省、自治区、直辖市、计划单列市财政厅(局)：

为适应财政国库管理制度改革需要，进一步加强和规范财政总预算会计管理，保障财政资金安全，特制定《财政总预算会计管理基础工作规定》。现印发给你们，请遵照执行。执行中有何问题，请及时反馈财政部。

附件：财政总预算会计管理基础工作规定

财政部

二〇一二年一月二十日

附件：

财政总预算会计管理基础工作规定

第一章 总 则

第一条 为适应财政国库管理制度改革需要，进一步加强和规范财政总预算会计基础管理，保障财政资金安全，根据《中华人民共和国会计法》《会计基础工作规范》《财政总预算会计制度》以及财政国库管理制度等有关法律、法规、制度，制定本规定。

第二条 本规定适用于各级财政国库管理和执行机构。

第三条 财政总预算会计管理基础工作包括：

(一) 明确岗位职责分工，完善相关管理制度；

(二) 规范账户管理；

(三) 严格财政资金收付、调度管理，加强会计监督；

(四) 及时组织会计核算，全面、准确反映预算执行；

(五) 规范印章、票据、会计档案管理；

(六) 其他基础性工作。

第四条 各级财政部门应当加强财政总预算会计管理信息化建设，充分运用现代信息技术，建立完善相关业务管理信息系统，保障财政资金安全高效运行，不断提高总预算会计管理水平。

第五条 各级财政部门应当按照本规定组织和开展财政总预算会计管理基础工作。各级财政部门负责人应当对本级财政总预算会计管理基础工作负领导责任。

第二章 岗位和人员管理

第六条 各级财政部门应当根据财政国库管理要求和财政总预算会计业务需要，遵循制衡、高效原则，科学设置财政总预算会计工作岗位，岗位设置不得交叉、重复。

第七条 财政总预算会计管理基础工作岗位包括账户管理岗位、资金调度岗位、审核岗位、支付岗位、会计核算岗位、监督管理岗位等：

(一) 账户管理岗位，主要负责对国库单一账户、财政专户、零余额账户和预算单位银行账户等进行管理；

(二) 资金调度岗位，主要负责分析财政资金结构和收支变动情况，预测财政资金流量，科学合理调度财政资金；

(三) 审核岗位，主要负责依据预算对用款计划、支付申请等进行审核；

(四) 支付岗位，主要负责对支付申请及相关单据要素进行复核，并开具支付凭证；

(五) 会计核算岗位，主要负责对各类财政资金收支、债权债务、往来款项和上下级财政间结算等事项进行核算，并负责组织日常对账、编报会计报告；

(六) 监督管理岗位，主要负责对财政部门内部资金收付管理和预算单位财政资金使用实施会计监督。

第八条 各级财政部门应当建立岗位责任制，按照岗位设置要求和不相容职务相分离原则，足额配备相关人员，明确岗位人员职责分工：

(一) 负责开具支付凭证人员不得管理支付业务专用印章，不得兼管会计核算工作；

（二）负责管理支付业务专用印章人员，不得兼管会计核算工作；

（三）负责管理信息系统人员不得兼管财政总预算会计具体业务工作；

（四）其他需要相分离的工作，应当由不同人员负责。

第九条 各级财政部门应当严格设定总预算会计业务管理信息系统使用和管理人员的操作权限，加强密码和密码设备管理，禁止未经授权人员使用业务管理信息系统。

第十条 各级财政部门应当选用具备下列条件的人员从事财政总预算会计工作：

（一）坚持原则、廉洁奉公；

（二）具有良好的品行；

（三）熟悉国家财经法律、法规、规章和方针、政策，熟练掌握财政预算、国库管理等有关知识。

会计核算岗位人员除具备上述条件外，还应当取得会计从业资格证书。财政总预算会计其他管理岗位人员原则上也需要取得会计从业资格证书。

因在财务、会计、审计或者其他经济管理工作中犯有严重错误受到行政处罚、撤职以上处分，自处罚、处分决定之日起不满二年的人员不得从事财政总预算会计工作。

第十一条 各级财政部门应当定期组织财政总预算会计人员参加业务培训，开展会计职业道德教育和廉政风险教育。

第十二条 各级财政部门应当在保持相对稳定的基础上，对财政总预算会计人员进行定期轮岗。

第十三条 财政总预算会计人员因故离岗时不得违规替岗；因工作调动或其他原因离职，须按照《会计基础工作规范》相关规定办理交接手续。

第十四条 各级财政部门任用财政总预算会计人员应当按有关规定实行回避制度。

第三章 账户管理

第十五条 各级财政部门应当按照财政国库管理制度和银行账户管理有关规定，加强对国库单一账户、财政专户、零余额账户和预算单位银行账户等的管理。

第十六条 各级财政部门应当按照国家有关规定在相应的人民银行国库部门开设国库单一账户；未设人民银行机构的地方，应当在商业银行、信用社代理国库开设。

第十七条 各级财政部门应当严格按照国家有关规定设置财政专户，规范财政专户的开立、变更和撤销等工作：

（一）财政部门开立财政专户应当按规定办理审批手续；

（二）选择财政专户开户银行应当遵循公开、公平、公正原则，综合考量银行资质、偿债能力、盈利能力、运营情况、内部控制水平、信息化管理水平及服务水平等因素后确定，严格规范选择开户银行的审批程序，建立领导班子集体决策制度，有条件的应通过招标方式确定；

（三）财政部门应当与财政专户开户银行签订规范的账户管理协议，明确双方权利和义务；

（四）财政专户相关信息发生变更，财政部门应当按规定办理变更手续并进行备案；

（五）财政部门撤销财政专户应当按规定及时办理撤销手续并进行备案。

第十八条 各级财政部门应当按照有关规定规范零余额账户管理。零余额账户的开立、变更与撤销须经同级财政部门批准，并按照财政国库管理制度规定的程序和要求执行。

第十九条 各级财政部门应当建立预算单位银行账户审批、备案、年检等管理制度，按规定加强预算单位银行账户开立、变更、撤销等管理。

第二十条 各级财政部门应当建立账户管理信息系统，对账户开立、变更、撤销等情况实行动态管理，及时更新账户管理信息。

第二十一条 地方各级财政部门应当定期向上级财政部门报告账户管理情况。

第四章 财政资金管理

第二十二条 各级财政部门应当按照国库集中收付制度规定，建立科学规范的财政资金收付管理流程，将所有财政资金收付纳入信息系统管理，实现资金收付各环节之间有效制衡。信息系统应当具备严密的业务流程控制和完整的系统操作日志。

第二十三条 审核人员应当依据预算对用款计划进行审核；依据预算、用款计划、收入缴库进度等对支付申请进行审核。审核无误后在信息系统中进行确认并提交支付人员。

第二十四条 支付人员应当对审核后的支付申请等相关单据要素进行复核。经复核无误后，在信息系统中确认并开具相应的支付凭证，禁止手工填制。

第二十五条 支付凭证经复核无误后，由管理支付印章的人员加盖支付印章。支付印章包括支付业务专用章、法定代表人或经授权的法人代表人名章。

第二十六条 支付印章不得随意更换。因机构调整或单位领导变动等确需更换印章时，应履行必要的审批程序及时更换预留印鉴。新印章一经启用，原印章立即失效。

第二十七条 支付印章应当实行专人负责、分人分印管理，任何人员均不得统管、代管全部支付印章。

第二十八条 各级财政部门应当指定专人负责与银行交接支付凭证等原始单据，传输相关电子数据，确保原始单据及相关电子数据传递安全；与支付相关的银行回单等原始单据应由专人传递给会计核算人员保管。单据传递应当实行交接登记制度。

第二十九条 支付凭证作废时应当加盖“作废”戳记，连同留存联一并交由专人保管，定期销毁。

第三十条 完全采用无纸化支付方式的，应当按照《中华人民共和国电子签名法》有关规定建立完善的系统安全控制机制，有关各方应当预先签订协议，明确电子签名、电子印章、电子凭证的使用确认规范，无纸化支付程序及管理责任，保障财政资金和信息安全。

第三十一条 各级财政部门应当严格管理资金收付相关票据和凭证，重要票据和凭证应当实行专人专柜管理；领用、核销实行登记制度。

第三十二条 各级财政部门应当指定专人负责保管定期存单、有价证券等，配备单独的保险柜等设备存放，并进行定期盘点。

第三十三条 各级财政部门应当加强财政资金调度管理，定期分析资金结构和收支变动情况，预测资金流量，在确保资金安全性、规范性、流动性前提下，提高资金使用效率和效益；严禁违反国家相关规定调度和使用资金。

第三十四条 各级财政部门应当加强财政资金安全管理，建立风险防控管理机制，实现对财政资金的动态防控管理，确保财政资金安全。

第五章　会计核算管理

第三十五条 各级财政部门应当按照现行法律、法规和有关国家统一会计制度规定建立会计账册，进行会计核算，及时提供合法、真实、准确、完整的会计信息。

第三十六条 各级财政部门负责对下列事项进行会计核算：

（一）各类财政资金收支；

（二）财政债权债务的发生和结算；

（三）往来款项的发生和结算；

（四）上下级财政间的结算；

（五）其他需要进行会计核算的事项。

第三十七条 各级财政部门应当采用信息系统进行账务处理。

第三十八条 会计核算人员收到财政资金收付凭证等原始单据（含电子数据）后应当及时审核，相关信息核对无误后，通过信息系统生成记账凭证；记账凭证复核无误后登记相应的会计账簿。

第三十九条 会计核算人员不得直接在信息系统中更改登记有误的账簿信息，应当采取冲销法或补充登记法，重新填制调账记账凭证，复核无误后登记会计账簿。

第四十条 会计核算人员应当按月进行会计结账，具体结账按《财政总预算会计制度》等相关规定办理。

第四十一条 各级财政部门应当建立并严格执行对账制度，采取网上对账、交叉对账、后台对账等方式，确保账证相符、账账相符、账实相符、账表相符。

第四十二条 各级财政部门内部国库机构要与业务管理机构核对资金账等；上下级财政部门

要核对资金账；财政部门要与本级各预算单位核对资金账等，与征收机关核对资金账，与同级人民银行国库核对资金账，与财政专户开户银行通过后台对账方式核对专户资金账，有条件的地方要与开户银行的上级单位核对专户余额账。

第四十三条 各级财政部门应当根据登记完整、核对无误的会计账簿记录和其他有关资料，定期编制和汇总会计报告，做到数字真实、计算准确、内容完整、说明清楚。

第四十四条 各级财政部门应当结合实际需要定期打印会计凭证、会计账簿和会计报表，装订成册，并由制单人员、记账人员、复核人员和会计机构负责人或会计主管人员等相关人员签名或盖章。

第四十五条 各级财政部门应当指导本级预算单位做好日常会计管理工作，组织年度财政决算、部门决算的编审和汇总工作。

第四十六条 各级财政部门对总预算会计凭证、会计账簿、会计报表和其他会计资料，应当建立档案由专人妥善保管。总预算会计档案建档要求、保管期限、销毁办法等依据《会计档案管理办法》规定执行。

第四十七条 信息系统存储的总预算会计原始数据应当由专人定期备份至机房专用存储设备。保存电子会计数据的存储介质应当纳入容灾备份体系妥善保管。

第六章 监督检查

第四十八条 各级财政部门应当建立内部监督检查制度，对账户管理、财政资金管理、会计核算等日常工作实施定期检查和不定期抽查。

第四十九条 各级财政部门应当建立预算执行动态监控机制，严格监督专项转移支付资金拨付情况和本级预算单位财政资金使用情况。

第五十条 县级以上财政部门应当加强对下级财政总预算会计管理基础工作的指导，定期检查下级财政部门账户管理、财政资金管理、会计核算等工作开展情况，及时通报检查结果。

第五十一条 财政总预算会计管理基础工作中有违规、违纪行为的，应当根据《财政违法行为处罚处分条例》等有关规定进行处理。

第五十二条 各级财政部门要积极配合审计等部门的检查工作，自觉接受审查和监督。

第七章 附 则

第五十三条 纳入财政专户管理的其他资金参照本规定执行。

第五十四条 各省、自治区、直辖市、计划单列市财政厅（局）可以根据本规定结合本地区的实际情况，制定实施办法，并报财政部备案。

第五十五条 本规定自2012年3月1日起实施。

中华人民共和国财政部令

第68号

根据《国务院关于〈事业单位财务规则〉的批复》（国函〔1996〕81号）的规定，财政部对《事业单位财务规则》（财政部令第8号）进行了修订，修订后的《事业单位财务规则》已经部务会议审议通过，现予公布，自2012年4月1日起施行。

部长 谢旭人

二〇一二年二月七日

事业单位财务规则

第一章 总 则

第一条 为了进一步规范事业单位的财务行为，加强事业单位财务管理和监督，提高资金使用效益，保障事业单位健康发展，制定本规则。

第二条 本规则适用于各级各类事业单位（以下简称事业单位）的财务活动。

第三条 事业单位财务管理的基本原则是：执行国家有关法律、法规和财务规章制度；坚持勤俭办事业的方针；正确处理事业发展需要和资金供给的关系，社会效益和经济效益的关系，国家、单位和个人三者利益的关系。

第四条 事业单位财务管理的主要任务是：合理编制单位预算，严格预算执行，完整、准确编制单位决算，真实反映单位财务状况；依法组织收入，努力节约支出；建立健全财务制度，加强经济核算，实施绩效评价，提高资金使用效益；加强资产管理，合理配置和有效利用资产，防止资产流失；加强对单位经济活动的财务控制和监督，防范财务风险。

第五条 事业单位的财务活动在单位负责人的领导下，由单位财务部门统一管理。

第二章 单位预算管理

第六条 事业单位预算是指事业单位根据事业发展目标和计划编制的年度财务收支计划。

事业单位预算由收入预算和支出预算组成。

第七条 国家对事业单位实行核定收支、定额或者定项补助、超支不补、结转和结余按规定使用的预算管理办法。

定额或者定项补助根据国家有关政策和财力可能，结合事业特点、事业发展目标和计划、事业单位收支及资产状况等确定。定额或者定项补助可以为零。

非财政补助收入大于支出较多的事业单位，可以实行收入上缴办法。具体办法由财政部门会同有关主管部门制定。

第八条 事业单位参考以前年度预算执行情况，根据预算年度的收入增减因素和措施，以及以前年度结转和结余情况，测算编制收入预算；根据事业发展需要与财力可能，测算编制支出预算。

事业单位预算应当自求收支平衡，不得编制赤字预算。

第九条 事业单位根据年度事业发展目标和计划以及预算编制的规定，提出预算建议数，经主管部门审核汇总报财政部门（一级预算单位直接报财政部门，下同）。事业单位根据财政部门下达的预算控制数编制预算，由主管部门审核汇总报财政部门，经法定程序审核批复后执行。

第十条 事业单位应当严格执行批准的预算。预算执行中，国家对财政补助收入和财政专户管理资金的预算一般不予调整。上级下达的事业计划有较大调整，或者根据国家有关政策增加或者减少支出，对预算执行影响较大时，事业单位应当报主管部门审核后报财政部门调整预算；财政补助收入和财政专户管理资金以外部分的预算需要调增或者调减的，由单位自行调整并报主管部门和财政部门备案。

收入预算调整后，相应调增或者调减支出预算。

第十一条 事业单位决算是指事业单位根据预算执行结果编制的年度报告。

第十二条 事业单位应当按照规定编制年度决算，由主管部门审核汇总后报财政部门审批。

第十三条 事业单位应当加强决算审核和分析，保证决算数据的真实、准确，规范决算管理工作。

第三章 收入管理

第十四条 收入是指事业单位为开展业务及其他活动依法取得的非偿还性资金。

第十五条 事业单位收入包括：

（一）财政补助收入，即事业单位从同级财政部门取得的各类财政拨款。

（二）事业收入，即事业单位开展专业业务活动及其辅助活动取得的收入。其中：按照国家有关规定应当上缴国库或者财政专户的资金，不计入事业收入；从财政专户核拨给事业单位的资金和经核准不上缴国库或者财政专户的资金，计入事业收入。

（三）上级补助收入，即事业单位从主管部门和上级单位取得的非财政补助收入。

（四）附属单位上缴收入，即事业单位附属独立核算单位按照有关规定上缴的收入。

（五）经营收入，即事业单位在专业业务活动及其辅助活动之外开展非独立核算经营活动取得的收入。

（六）其他收入，即本条上述规定范围以外的各项收入，包括投资收益、利息收入、捐赠收入等。

第十六条 事业单位应当将各项收入全部纳入单位预算，统一核算，统一管理。

第十七条 事业单位对按照规定上缴国库或者财政专户的资金，应当按照国库集中收缴的有关规定及时足额上缴，不得隐瞒、滞留、截留、挪用和坐支。

第四章 支出管理

第十八条 支出是指事业单位开展业务及其他活动发生的资金耗费和损失。

第十九条 事业单位支出包括：

（一）事业支出，即事业单位开展专业业务活动及其辅助活动发生的基本支出和项目支出。基本支出是指事业单位为了保障其正常运转、完成日常工作任务而发生的人员支出和公用支出。项目支出是指事业单位为了完成特定工作任务和事业发展目标，在基本支出之外所发生的支出。

（二）经营支出，即事业单位在专业业务活动及其辅助活动之外开展非独立核算经营活动发生的支出。

（三）对附属单位补助支出，即事业单位用财政补助收入之外的收入对附属单位补助发生的支出。

（四）上缴上级支出，即事业单位按照财政部门和主管部门的规定上缴上级单位的支出。

（五）其他支出，即本条上述规定范围以外的各项支出，包括利息支出、捐赠支出等。

第二十条 事业单位应当将各项支出全部纳入单位预算，建立健全支出管理制度。

第二十一条 事业单位的支出应当严格执行国家有关财务规章制度规定的开支范围及开支标准；国家有关财务规章制度没有统一规定的，由事业单位规定，报主管部门和财政部门备案。事业单位的规定违反法律制度和国家政策的，主管部门和财政部门应当责令改正。

第二十二条 事业单位在开展非独立核算经营活动中，应当正确归集实际发生的各项费用数；不能归集的，应当按照规定的比例合理分摊。

经营支出应当与经营收入配比。

第二十三条 事业单位从财政部门和主管部门取得的有指定项目和用途的专项资金，应当专款专用、单独核算，并按照规定向财政部门或者主管部门报送专项资金使用情况；项目完成后，应当报送专项资金支出决算和使用效果的书面报告，接受财政部门或者主管部门的检查、验收。

第二十四条 事业单位应当加强经济核算，可以根据开展业务活动及其他活动的实际需要，实行内部成本核算办法。

第二十五条 事业单位应当严格执行国库集中支付制度和政府采购制度等有关规定。

第二十六条 事业单位应当加强支出的绩效管理，提高资金使用的有效性。

第二十七条 事业单位应当依法加强各类票据管理，确保票据来源合法、内容真实、使用正确，不得使用虚假票据。

第五章 结转和结余管理

第二十八条 结转和结余是指事业单位年度收入与支出相抵后的余额。

结转资金是指当年预算已执行但未完成，或者因故未执行，下一年度需要按照原用途继续使用的资金。结余资金是指当年预算工作目标已完成，或者因故终止，当年剩余的资金。

经营收支结转和结余应当单独反映。

第二十九条 财政拨款结转和结余的管理，应当按照同级财政部门的规定执行。

第三十条 非财政拨款结转按照规定结转下一年度继续使用。非财政拨款结余可以按照国家有关规定提取职工福利基金，剩余部分作为事业基金用于弥补以后年度单位收支差额；国家另有规定的，从其规定。

第三十一条 事业单位应当加强事业基金的管理，遵循收支平衡的原则，统筹安排、合理使用，支出不得超出基金规模。

第六章 专用基金管理

第三十二条 专用基金是指事业单位按照规定提取或者设置的有专门用途的资金。

专用基金管理应当遵循先提后用、收支平衡、专款专用的原则，支出不得超出基金规模。

第三十三条 专用基金包括：

（一）修购基金，即按照事业收入和经营收入的一定比例提取，并按照规定在相应的购置和修缮科目中列支（各列 50%），以及按照其他规定转入，用于事业单位固定资产维修和购置的资金。事业收入和经营收入较少的事业单位可以不提取修购基金，实行固定资产折旧的事业单位不提取修购基金。

（二）职工福利基金，即按照非财政拨款结余的一定比例提取以及按照其他规定提取转入，用于单位职工的集体福利设施、集体福利待遇等的资金。

（三）其他基金，即按照其他有关规定提取或者设置的专用资金。

第三十四条 各项基金的提取比例和管理办法，国家有统一规定的，按照统一规定执行；没有统一规定的，由主管部门会同同级财政部门确定。

第七章 资产管理

第三十五条 资产是指事业单位占有或者使用的能以货币计量的经济资源，包括各种财产、债权和其他权利。

第三十六条 事业单位的资产包括流动资产、固定资产、在建工程、无形资产和对外投资等。

第三十七条 事业单位应当建立健全单位资产管理制度，加强和规范资产配置、使用和处置管理，维护资产安全完整，保障事业健康发展。

第三十八条 事业单位应当按照科学规范、从严控制、保障事业发展需要的原则合理配置资产。

第三十九条 流动资产是指可以在一年以内变现或者耗用的资产，包括现金、各种存款、零余额账户用款额度、应收及预付款项、存货等。

前款所称存货是指事业单位在开展业务活动及其他活动中为耗用而储存的资产，包括材料、燃料、包装物和低值易耗品等。

事业单位应当建立健全现金及各种存款的内部管理制度，对存货进行定期或者不定期的清查盘点，保证账实相符。对存货盘盈、盘亏应当及时处理。

第四十条 固定资产是指使用期限超过一年，单位价值在 1000 元以上（其中：专用设备单位价值在 1500 元以上），并在使用过程中基本保持原有物质形态的资产。单位价值虽未达到规定标准，但是耐用时间在一年以上的大批同类物资，作为固定资产管理。

固定资产一般分为六类：房屋及构筑物；专用设备；通用设备；文物和陈列品；图书、档案；家具、用具、装具及动植物。行业事业单位的固定资产明细目录由国务院主管部门制定，报国务院财政部门备案。

第四十一条 事业单位应当对固定资产进行定期或者不定期的清查盘点。年度终了前应当进行一次全面清查盘点，保证账实相符。

第四十二条 在建工程是指已经发生必要支出，但尚未达到交付使用状态的建设工程。

在建工程达到交付使用状态时，应当按照规定办理工程竣工财务决算和资产交付使用。

第四十三条 无形资产是指不具有实物形态而能为使用者提供某种权利的资产，包括专利权、商标权、著作权、土地使用权、非专利技术、商誉以及其他财产权利。

事业单位转让无形资产，应当按照有关规定进行资产评估，取得的收入按照国家有关规定处理。事业单位取得无形资产发生的支出，应当计入事业支出。

第四十四条 对外投资是指事业单位依法利用货币资金、实物、无形资产等方式向其他单位的投资。

事业单位应当严格控制对外投资。在保证单位正常运转和事业发展的前提下，按照国家有关规定可以对外投资的，应当履行相关审批程序。事业单位不得使用财政拨款及其结余进行对外投资，不得从事股票、期货、基金、企业债券等投资，国家另有规定的除外。

事业单位以非货币性资产对外投资的，应当按照国家有关规定进行资产评估，合理确定资产价值。

第四十五条 事业单位资产处置应当遵循公开、公平、公正和竞争、择优的原则，严格履行相关审批程序。

事业单位出租、出借资产，应当按照国家有关规定经主管部门审核同意后报同级财政部门审批。

第四十六条 事业单位应当提高资产使用效率，按照国家有关规定实行资产共享、共用。

第八章 负债管理

第四十七条 负债是指事业单位所承担的能以货币计量，需要以资产或者劳务偿还的债务。

第四十八条 事业单位的负债包括借入款项、应付款项、暂存款项、应缴款项等。

应缴款项包括事业单位收取的应当上缴国库或者财政专户的资金、应缴税费，以及其他按照国家有关规定应当上缴的款项。

第四十九条 事业单位应当对不同性质的负债分类管理，及时清理并按照规定办理结算，保证各项负债在规定期限内归还。

第五十条 事业单位应当建立健全财务风险控制机制，规范和加强借入款项管理，严格执行审批程序，不得违反规定举借债务和提供担保。

第九章 事业单位清算

第五十一条 事业单位发生划转、撤销、合并、分立时，应当进行清算。

第五十二条 事业单位清算，应当在主管部门和财政部门的监督指导下，对单位的财产、债权、债务等进行全面清理，编制财产目录和债权、债务清单，提出财产作价依据和债权、债务处理办法，做好资产的移交、接收、划转和管理工作，并妥善处理各项遗留问题。

第五十三条 事业单位清算结束后，经主管部门审核并报财政部门批准，其资产分别按照下列办法处理：

（一）因隶属关系改变，成建制划转的事业单位，全部资产无偿移交，并相应划转经费指标。

（二）转为企业管理的事业单位，全部资产扣除负债后，转作国家资本金。需要进行资产评估的，按照国家有关规定执行。

（三）撤销的事业单位，全部资产由主管部门和财政部门核准处理。

（四）合并的事业单位，全部资产移交接收单位或者新组建单位，合并后多余的资产由主管部门和财政部门核准处理。

（五）分立的事业单位，资产按照有关规定移交分立后的事业单位，并相应划转经费指标。

第十章 财务报告和财务分析

第五十四条 财务报告是反映事业单位一定时期财务状况和事业成果的总结性书面文件。

事业单位应当定期向主管部门和财政部门以及其他有关的报表使用者提供财务报告。

第五十五条 事业单位报送的年度财务报告包括资产负债表、收入支出表、财政拨款收入支出表、固定资产投资决算报表等主表，有关附表以及财务情况说明书等。

第五十六条 财务情况说明书，主要说明事业单位收入及其支出、结转、结余及其分配、资产负债变动、对外投资、资产出租出借、资产处置、固定资产投资、绩效考评的情况，对本期或者下期财务状况发生重大影响的事项，以及需要说明的其他事项。

第五十七条 财务分析的内容包括预算编制与执行、资产使用、收入支出状况等。

财务分析的指标包括预算收入和支出完成率、人员支出与公用支出分别占事业支出的比率、人均基本支出、资产负债率等。主管部门和事业单位可以根据本单位的业务特点增加财务分析指标。

第十一章 财务监督

第五十八条 事业单位财务监督主要包括对预算管理、收入管理、支出管理、结转和结余管理、专用基金管理、资产管理、负债管理等的监督。

第五十九条 事业单位财务监督应当实行事前监督、事中监督、事后监督相结合，日常监督与专项监督相结合。

第六十条 事业单位应当建立健全内部控制制度、经济责任制度、财务信息披露制度等监督制度，依法公开财务信息。

第六十一条 事业单位应当依法接受主管部

门和财政、审计部门的监督。

第十二章 附 则

第六十二条 事业单位基本建设投资的财务管理，应当执行本规则，但国家基本建设投资财务管理制度另有规定的，从其规定。

第六十三条 参照公务员法管理的事业单位财务制度的适用，由国务院财政部门另行规定。

第六十四条 接受国家经常性资助的社会力量举办的公益服务性组织和社会团体，依照本规则执行；其他社会力量举办的公益服务性组织和社会团体，可以参照本规则执行。

第六十五条 下列事业单位或者事业单位特定项目，执行企业财务制度，不执行本规则：

（一）纳入企业财务管理体系的事业单位和事业单位附属独立核算的生产经营单位；

（二）事业单位经营的接受外单位要求投资回报的项目；

（三）经主管部门和财政部门批准的具备条件的其他事业单位。

第六十六条 行业特点突出，需要制定行业事业单位财务管理制度的，由国务院财政部门会同有关主管部门根据本规则制定。

部分行业根据成本核算和绩效管理的需要，可以在行业事业单位财务管理制度中引入权责发生制。

第六十七条 省、自治区、直辖市人民政府财政部门可以根据本规则结合本地区实际情况制定事业单位具体财务管理办法。

第六十八条 本规则自 2012 年 4 月 1 日起施行。

附件：

事业单位财务分析指标

1. 预算收入和支出完成率，衡量事业单位收入和支出总预算及分项预算完成的程度。计算公式为：

预算收入完成率＝年终执行数÷（年初预算数±年中预算调整数）×100%

年终执行数不含上年结转和结余收入数

预算支出完成率＝年终执行数÷（年初预算数±年中预算调整数）×100%

年终执行数不含上年结转和结余支出数

2. 人员支出、公用支出占事业支出的比率，衡量事业单位事业支出结构。计算公式为：

人员支出比率＝人员支出÷事业支出×100%

公用支出比率＝公用支出÷事业支出×100%

3. 人均基本支出，衡量事业单位按照实际在编人数平均的基本支出水平。计算公式为：

人均基本支出＝（基本支出－离退休人员支出）÷实际在编人数

4. 资产负债率，衡量事业单位利用债权人提供资金开展业务活动的能力，以及反映债权人提供资金的安全保障程度。计算公式为：

资产负债率＝负债总额÷资产总额×100%

中华人民共和国财政部令

第 69 号

《财政部门监督办法》已经 2012 年 2 月 23 日财政部部务会议审议通过，现予公布，自 2012 年 5 月 1 日起施行。

部长 **谢旭人**

二〇一二年三月二日

财政部门监督办法

第一章 总 则

第一条 为了规范财政部门监督行为，加强财政管理，保障财政资金安全规范有效使用，维护国家财经秩序，根据国家有关财政管理法律法规，制定本办法。

第二条 县级以上人民政府财政部门（以下

简称财政部门）依法对单位和个人（以下统称监督对象）涉及财政、财务、会计等事项实施监督适用本办法。

省级以上人民政府财政部门派出机构在规定职权范围内依法实施监督。

第三条 财政部门应当按照财政管理体制、财务隶属关系对财政、财务等事项实施监督；按照行政区域对会计事项实施监督。

上级财政部门应当加强对下级财政部门监督工作的指导；下级财政部门应当及时将监督中发现的重大问题向本级人民政府和上级财政部门报告。

第四条 财政部门实施监督应当坚持事前、事中和事后监督相结合，建立覆盖所有政府性资金和财政运行全过程的监督机制。

第五条 财政部门实施监督应当与财政管理相结合，将监督结果作为预算安排的重要参考依据；根据监督结果完善相关政策、加强财政管理。

第六条 财政部门应当加强绩效监督，提高财政资金使用效益。

第七条 财政部门应当加强信息化建设，充分运用现代技术手段实施监督，提高监督效率。

第二章 监督机构和人员

第八条 财政部门的监督职责由本部门专职监督机构和业务管理机构共同履行；由专职监督机构实行统一归口管理、统一组织实施、统一规范程序、统一行政处罚。

第九条 专职监督机构应当履行下列监督职责：

（一）制订本部门监督工作规划；

（二）参与拟定涉及监督职责的财税政策及法律制度；

（三）牵头拟订本部门年度监督计划；

（四）组织实施涉及重大事项的专项监督；

（五）向业务管理机构反馈监督结果及意见；

（六）组织实施本部门内部监督检查。

第十条 业务管理机构应当履行下列监督职责：

（一）在履行财政、财务、会计等管理职责过程中加强日常监督；

（二）配合专职监督机构进行专项监督；

（三）根据监督结果完善相关财政政策；

（四）向专职监督机构反馈意见采纳情况。

第十一条 专职监督机构和业务管理机构实施监督，应当协调配合、信息共享。

第十二条 实施监督的财政部门工作人员（以下简称监督人员）应当具备与财政监督工作相适应的专业知识和业务能力。

监督人员应当廉洁自律，秉公执法，保守秘密。

第十三条 监督人员与监督对象有利害关系的应当回避。

监督对象有权申请有利害关系的监督人员回避。

监督人员的回避，由财政部门负责人决定。

第十四条 监督人员依法履行监督职责受法律保护。

对财政部门依法实施的监督，监督对象应当予以配合、如实反映情况；不得拒绝、阻挠、拖延；不得对监督人员打击报复。

第十五条 财政部门可以根据需要，聘请有关专业机构或者专业人员协助监督工作。

财政部门应当加强对所聘机构和人员的统一管理。

第三章 监督范围和权限

第十六条 财政部门依法对下列事项实施监督：

（一）财税法规、政策的执行情况；

（二）预算编制、执行、调整和决算情况；

（三）税收收入、政府非税收入等政府性资金的征收、管理情况；

（四）国库集中收付、预算单位银行账户的管理使用情况；

（五）政府采购法规、政策的执行情况；

（六）行政、事业单位国有资产，金融类、文化企业等国有资产的管理情况；

（七）财务会计制度的执行情况；

（八）外国政府、国际金融组织贷款和赠款的管理情况；

（九）法律法规规定的其他事项。

对会计师事务所和资产评估机构设立及执业情况的监督，由省级以上人民政府财政部门依法实施。

第十七条 财政部门实施监督，可以依法采取下列措施：

（一）要求监督对象按照要求提供与监督事项有关的资料；

（二）调取、查阅、复制监督对象有关预算编制、执行、调整和决算资料，会计凭证和账簿、财务会计报告、审计报告、账户信息、电子信息管理系统情况，以及其他有关资料；

（三）经县级以上人民政府财政部门负责人批准，向与被监督单位有经济业务往来的单位查询有关情况，向金融机构查询被监督单位的存款；

（四）在证据可能灭失或者以后难以取得的情况下，经县级以上人民政府财政部门负责人批准，先行登记保存证据，并在 7 日内及时做出处理决定；

（五）对正在进行的财政违法行为，责令停止；拒不执行的，暂停财政拨款或者停止拨付与财政违法行为直接有关的款项；已经拨付的，责令暂停使用；

（六）法律法规规定的其他措施。

第十八条 财政部门实施监督过程中，发现监督对象制定或者执行的规定与国家相关规定相抵触的，可以根据职权予以纠正或者建议有权机关予以纠正。

第十九条 对监督对象财政违法行为做出的处理、处罚决定及其执行情况，除涉及国家秘密、商业秘密、个人隐私外，财政部门可以公开。

第二十条 对有关财政违法行为的举报，财政部门应当按照规定处理，并为举报人保密。

第四章 监督方式和程序

第二十一条 财政部门实施监督，可以采取监控、督促、调查、核查、审查、检查、评价等方法。

第二十二条 财政部门实施监督，可以采取专项监督和日常监督相结合的方式。

专项监督应当结合年度监督计划，按照规定程序组织实施。

日常监督应当结合履行财政、财务、会计等管理职责，按照规定程序组织实施。

第二十三条 财政部门实施监督，应当依法对财政违法行为做出处理处罚；对不属于本部门职权范围的事项，应当按照规定程序移送有权机关处理。

第二十四条 财政部门实施监督，应当加强与监察、审计等有关机关的沟通和协作。有关机关已经做出的调查、检查、审计结论能够满足本部门履行职责需要的，应当加以利用。

财政部门履行监督职责，可以提请有关机关予以协助。

第五章 法律责任

第二十五条 监督对象有下列情形之一的，由县级以上人民政府财政部门责令限期改正，并给予警告；直接负责的主管人员和其他直接责任人员属于国家工作人员的，建议有关主管部门依法给予处分；涉嫌犯罪的，依法移送司法机关：

（一）拒绝、阻挠、拖延财政部门依法实施的监督的；

（二）不如实提供有关资料的；

（三）对监督人员进行打击报复的。

第二十六条 监督人员实施监督过程中玩忽职守、滥用职权、徇私舞弊或者泄露国家秘密、商业秘密的，依法给予行政处分；涉嫌犯罪的，依法移送司法机关。

第二十七条 监督对象对处理、处罚决定不服的，可以依法申请行政复议或者提起行政诉讼。

国家工作人员对处分不服的，可以依照有关规定申请复核或者提出申诉。

第六章 附 则

第二十八条 乡镇财政机构在规定职权范围内，或者受上级政府财政部门委托，依法实施监督工作，参照本办法执行。

第二十九条 本办法自 2012 年 5 月 1 日起施行。

中华人民共和国财政部令

第70号

《财政票据管理办法》已经2012年10月11日财政部部务会议审议通过，现予公布，自2013年1月1日起施行。

部长 **谢旭人**

二〇一二年十月二十二日

财政票据管理办法

第一章 总 则

第一条 为了规范财政票据行为，加强政府非税收入征收管理和单位财务监督，维护国家财经秩序，保护公民、法人和其他组织的合法权益，根据国家有关规定，制定本办法。

第二条 财政票据的印制、领购、发放、使用、保管、核销、销毁及监督检查等活动，适用本办法。

第三条 本办法所称财政票据，是指由财政部门监（印）制、发放、管理，国家机关、事业单位、具有公共管理或者公共服务职能的社会团体及其他组织（以下简称行政事业单位）依法收取政府非税收入或者从事非营利性活动收取财物时，向公民、法人和其他组织开具的凭证。

财政票据是财务收支和会计核算的原始凭证，是财政、审计等部门进行监督检查的重要依据。

第四条 财政部门是财政票据的主管部门。

财政部负责全国财政票据管理工作，承担中央单位财政票据的印制、发放、核销、销毁和监督检查等工作，指导地方财政票据管理工作。

省、自治区、直辖市人民政府财政部门（以下简称省级财政部门）负责本行政区域财政票据的印制、发放、核销、销毁和监督检查等工作，指导下级财政部门财政票据管理工作。

省级以下财政部门负责本行政区域财政票据的申领、发放、核销、销毁和监督检查等工作。

第五条 财政部门应当积极推进财政票据电子化改革，依托计算机和网络技术手段，实行电子开票、自动核销、全程跟踪、源头控制，提高财政票据管理水平。

第二章 财政票据的种类、适用范围和内容

第六条 财政票据的种类和适用范围如下：

（一）非税收入类票据

1. 非税收入通用票据，是指行政事业单位依法收取政府非税收入时开具的通用凭证。

2. 非税收入专用票据，是指特定的行政事业单位依法收取特定的政府非税收入时开具的专用凭证。主要包括行政事业性收费票据、政府性基金票据、国有资源（资产）收入票据、罚没票据等。

3. 非税收入一般缴款书，是指实施政府非税收入收缴管理制度改革的行政事业单位收缴政府非税收入时开具的通用凭证。

（二）结算类票据

资金往来结算票据，是指行政事业单位在发生暂收、代收和单位内部资金往来结算时开具的凭证。

（三）其他财政票据

1. 公益事业捐赠票据，是指国家机关、公益性事业单位、公益性社会团体和其他公益性组织依法接受公益性捐赠时开具的凭证。

2. 医疗收费票据，是指非营利医疗卫生机构从事医疗服务取得医疗收入时开具的凭证。

3. 社会团体会费票据，是指依法成立的社会团体向会员收取会费时开具的凭证。

4. 其他应当由财政部门管理的票据。

第七条 财政票据包括非定额和定额两种形式。

非定额财政票据应当包括票据名称、票据编码、票据监制章、项目、标准、数量、金额、交款人、开票日期、联次及其用途、开票单位、开

票人、复核人等内容。

定额财政票据应当包括票据名称、票据编码、票据监制章、金额、开票日期、联次及其用途等内容。

第八条 非定额财政票据一般设置三联，包括存根联、收据联、记账联，各联次采用不同颜色予以区分。定额财政票据一般设置两联，包括存根联、收据联。存根联由开票方留存，收据联由支付方收执，记账联由开票方留做记账凭证。

非税收入一般缴款书属于非定额财政票据，一般设置五联，包括回单联、借方凭证、贷方凭证、收据联、存根联。回单联退执收单位，借方凭证和贷方凭证分别由缴款人、收款人开户银行留存，收据联由缴款人收执，存根联由执收单位留存。

第三章 财政票据的印制

第九条 财政票据由省级以上财政部门按照管理权限分别监（印）制。

第十条 省级以上财政部门应当按照国家政府采购有关规定确定承印财政票据的企业，并与其签订印制合同。

财政票据印制企业应当按照印制合同和财政部门规定的式样印制票据。

禁止私自印制、伪造、变造财政票据。

第十一条 印制财政票据应当使用省级以上财政部门确定的防伪专用品。禁止私自生产、使用或者伪造财政票据防伪专用品。

第十二条 财政票据应当套印全国统一式样的财政票据监制章。财政票据监制章的形状、规格和印色由财政部统一规定。

禁止伪造、变造财政票据监制章，禁止在非财政票据上套印财政票据监制章。

第十三条 财政票据应当使用中文印制。民族自治地方的财政票据，可以加印一种当地通用的民族文字。有实际需要的，可以同时使用中外两种文字印制。

第十四条 财政票据印制企业应当建立票据印制管理制度和保管措施，对财政票据式样模板、财政票据监制章印模、防伪专用品等的使用和管理实行专人负责，不得将承印的财政票据委托其他企业印制，不得向委托印制票据的财政部门以外的其他单位或者个人提供财政票据。

第十五条 印制合同终止后，财政票据印制企业应当将印制票据所需用品、资料交还委托印制票据的财政部门，不得自行保留或者提供给其他单位或者个人。

第十六条 禁止在境外印制财政票据。

第十七条 财政票据实行不定期换版制度。全国统一式样的财政票据换版时间、内容和要求，由财政部确定；非全国统一式样的财政票据换版时间、内容和要求，由财政部和省级财政部门按照职责权限分别确定。

财政票据换版时应当进行公告。

第四章 财政票据的领购与发放

第十八条 省级以下财政部门应当根据本地区用票需求，按照财政管理体制向上一级财政部门报送用票计划，申领财政票据。上级财政部门经审核后发放财政票据。

第十九条 财政票据实行凭证领购、分次限量、核旧领新制度。

领购财政票据，一般按照财务隶属关系向同级财政部门申请。

第二十条 首次领购财政票据，应当按照规定程序办理《财政票据领购证》。

办理《财政票据领购证》，应当提交申请函、单位法人证书、组织机构代码证书副本原件及复印件，填写《财政票据领购证申请表》，并按照领购财政票据的类别提交相关依据。

领购非税收入类票据的，应当根据收取非税收入的性质分别提交下列依据：

（一）收取行政事业性收费的，提交国务院或者省级人民政府及其财政、价格主管部门批准收取行政事业性收费的文件复印件；

（二）收取政府性基金的，提交国务院或者财政部批准收取政府性基金的文件复印件；

（三）收取国有资源（资产）收入的，提交国务院或者省级人民政府及其财政部门批准收取国有资源收入的文件复印件，或者有关部门批准出租、出借、处置国有资产的文件复印件；

（四）收取罚没收入的，提交证明本单位具有罚没处罚权限的法律依据。

领购其他财政票据的，分别提交下列依据：

（一）领购公益事业捐赠票据的，提交本单位符合接受捐赠条件的依据；

（二）领购医疗收费票据的，提交《医疗机构执业许可证》以及县级以上价格主管部门批准的收费文件复印件；

（三）领购社会团体会费票据的，提交社会团体章程以及收取会费的依据；

（四）同级财政部门要求的其他材料。

第二十一条 受理申请的财政部门应当对申请单位提交的材料进行审核，对符合条件的单位，核发《财政票据领购证》，并发放财政票据。

《财政票据领购证》应当包括单位基本信息、使用的财政票据名称、非税收入项目（含标准）、文件依据、购领票据记录、审核票据记录、作废票据记录、票据检查及违纪处理记录、销毁票据记录等项目。

第二十二条 再次领购财政票据，应当出示《财政票据领购证》，提供前次票据使用情况，包括票据的种类、册（份）数、起止号码、使用份数、作废份数、收取金额及票据存根等内容。受理申请的财政部门审核后，核销财政票据存根，并发放财政票据。

第二十三条 领购未列入《财政票据领购证》内的财政票据，应当向原核发领购证的财政部门提出申请，并依照本办法规定提交相应材料。受理申请的财政部门审核后，应当在《财政票据领购证》上补充新增财政票据的相关信息，并发放财政票据。

第二十四条 财政票据一次领购的数量一般不超过本单位六个月的使用量。

第二十五条 财政部门发放财政票据时，对按照规定可以收取工本费的，收取后应当缴入同级国库，纳入预算管理。

第五章 财政票据的使用与保管

第二十六条 财政票据使用单位应当指定专人负责管理财政票据，建立票据使用登记制度，设置票据管理台账，按照规定向财政部门报送票据使用情况。

第二十七条 财政票据应当按照规定填写，做到字迹清楚、内容完整真实、印章齐全、各联次内容和金额一致。填写错误的，应当另行填写。

因填写错误等原因而作废的财政票据，应当加盖作废戳记或者注明“作废”字样，并完整保存各联次，不得擅自销毁。

第二十八条 填写财政票据应当统一使用中文。财政票据以两种文字印制的，可以同时使用另一种文字填写。

第二十九条 财政票据使用单位不得转让、出借、代开、买卖、擅自销毁、涂改财政票据；不得串用财政票据，不得将财政票据与其他票据互相替代。

第三十条 省级财政部门印制的财政票据应当在本行政区域内发放使用，但派驻外地的单位在派驻地使用的情形除外。

第三十一条 财政票据应当按照规定使用。不按规定使用的，付款单位和个人有权拒付款项，财务部门不得报销。

第三十二条 财政票据使用完毕，使用单位应当按照要求填写相关资料，按顺序清理财政票据存根、装订成册、妥善保管。

财政票据存根的保存期限一般为 5 年。保存期满需要销毁的，报经原核发票据的财政部门查验后销毁。保存期未满、但有特殊情况需要提前销毁的，应当报原核发票据的财政部门批准。

第三十三条 尚未使用但应予作废销毁的财政票据，使用单位应当登记造册，报原核发票据的财政部门核准、销毁。

第三十四条 财政票据使用单位发生合并、分立、撤销、职权变更，或者收费项目被依法取消或者名称变更的，应当自变动之日起 15 日内，向原核发票据的财政部门办理《财政票据领购证》的变更或者注销手续；对已使用财政票据的存根和尚未使用的财政票据应当分别登记造册，报财政部门核准、销毁。

第三十五条 财政票据或者《财政票据领购证》灭失的，财政票据使用单位应当查明原因，及时以书面形式报告原核发票据的财政部门，并自发现之日起 3 日内登报声明作废。

第三十六条 财政部门、财政票据印制企业、财政票据使用单位应当设置财政票据专用仓库或者专柜，指定专人负责保管，确保财政票据安全。

第六章　监督检查及罚则

第三十七条　财政部门应当建立健全财政票据监督检查制度，对财政票据印制、使用、管理等情况进行检查。

第三十八条　财政部门实施监督检查，应当按照规定程序和要求进行，不得滥用职权、徇私舞弊，不得向被检查单位收取费用。

第三十九条　财政票据使用单位和财政票据印制企业应当自觉接受财政部门的监督检查，如实反映情况，提供有关资料，不得隐瞒、弄虚作假或者拒绝、阻挠。

第四十条　单位和个人违反本办法规定，有下列行为之一的，由县级以上财政部门责令改正并给予警告；对非经营活动中的违法行为，处以1000元以下罚款；对经营活动中的违法行为，有违法所得的，处以违法所得金额3倍以下不超过30 000元的罚款，没有违法所得的，处以10 000元以下罚款。涉嫌犯罪的，依法移送司法机关：

（一）违反规定印制财政票据；

（二）转让、出借、串用、代开财政票据；

（三）伪造、变造、买卖、擅自销毁财政票据；

（四）伪造、使用伪造的财政票据监制章；

（五）未按规定使用财政票据监制章；

（六）违反规定生产、使用、伪造财政票据防伪专用品；

（七）在境外印制财政票据；

（八）其他违反财政票据管理规定的行为。

单位和个人违反本办法规定，对涉及财政收入的财政票据有本条第一款所列行为之一的，依照《财政违法行为处罚处分条例》第十六条的规定予以处理、处罚。

第四十一条　财政部门、行政事业单位工作人员违反本办法规定，在工作中徇私舞弊、玩忽职守、滥用职权的，依法给予处分；涉嫌犯罪的，依法移送司法机关。

第四十二条　单位和个人对处理、处罚决定不服的，可以依法申请行政复议或者提起行政诉讼。

国家工作人员对处分不服的，可以依照有关规定申请复核或者提出申诉。

第七章　附　则

第四十三条　中国人民解放军和中国人民武装警察部队适用《军队票据管理规定》。

第四十四条　省级财政部门可以依据本办法，结合本地区实际情况制定具体实施办法，报财政部备案。

第四十五条　本办法自2013年1月1日起施行。1998年9月21日财政部发布的《行政事业性收费和政府性基金票据管理规定》（财综字〔1998〕104号）同时废止。

中华人民共和国财政部令

第71号

《行政单位财务规则》已经2012年12月5日财政部部务会议审议通过，现予公布，自2013年1月1日起施行。

部长　**谢旭人**

二〇一二年十二月六日

行政单位财务规则

第一章　总　则

第一条　为了规范行政单位的财务行为，加强行政单位财务管理和监督，提高资金使用效益，保障行政单位工作任务的完成，制定本规则。

第二条　本规则适用于各级各类国家机关、政党组织（以下统称行政单位）的财务活动。

第三条　行政单位财务管理的基本原则是：量入为出，保障重点，兼顾一般，厉行节约，制止奢侈浪费，降低行政成本，注重资金使用效益。

第四条 行政单位财务管理的主要任务是：

（一）科学、合理编制预算，严格预算执行，完整、准确、及时编制决算，真实反映单位财务状况；

（二）建立健全财务管理制度，实施预算绩效管理，加强对行政单位财务活动的控制和监督；

（三）加强资产管理，合理配置、有效利用、规范处置资产，防止国有资产流失；

（四）定期编制财务报告，进行财务活动分析；

（五）对行政单位所属并归口行政财务管理的单位的财务活动实施指导、监督；

（六）加强对非独立核算的机关后勤服务部门的财务管理，实行内部核算办法。

第五条 行政单位的财务活动在单位负责人领导下，由单位财务部门统一管理。

行政单位应当单独设置财务机构，配备专职财务会计人员，实行独立核算。人员编制少、财务工作量小等不具备独立核算条件的单位，可以实行单据报账制度。

第二章 单位预算管理

第六条 行政单位预算由收入预算和支出预算组成。

第七条 按照预算管理权限，行政单位预算管理分为下列级次：

（一）向同级财政部门申报预算的行政单位，为一级预算单位；

（二）向上一级预算单位申报预算并有下级预算单位的行政单位，为二级预算单位；

（三）向上一级预算单位申报预算，且没有下级预算单位的行政单位，为基层预算单位。

一级预算单位有下级预算单位的，为主管预算单位。

第八条 各级预算单位应当按照预算管理级次申报预算，并按照批准的预算组织实施，定期将预算执行情况向上一级预算单位或者同级财政部门报告。

第九条 财政部门对行政单位实行收支统一管理，定额、定项拨款，超支不补，结转和结余按规定使用的预算管理办法。

第十条 行政单位编制预算，应当综合考虑以下因素：

（一）年度工作计划和相应支出需求；

（二）以前年度预算执行情况；

（三）以前年度结转和结余情况；

（四）资产占有和使用情况；

（五）其他因素。

第十一条 行政单位预算依照下列程序编报和审批：

（一）行政单位测算、提出预算建议数，逐级汇总后报送同级财政部门；

（二）财政部门审核行政单位提出的预算建议数，下达预算控制数；

（三）行政单位根据预算控制数正式编制年度预算，逐级汇总后报送同级财政部门；

（四）经法定程序批准后，财政部门批复行政单位预算。

第十二条 行政单位应当严格执行预算，按照收支平衡的原则，合理安排各项资金，不得超预算安排支出。

预算在执行中原则上不予调整。因特殊情况确需调整预算的，行政单位应当按照规定程序报送审批。

第十三条 行政单位应当按照规定编制决算，逐级审核汇总后报同级财政部门审批。

第十四条 行政单位应当加强决算审核和分析，规范决算管理工作，保证决算数据的完整、真实、准确。

第三章 收入管理

第十五条 收入是指行政单位依法取得的非偿还性资金，包括财政拨款收入和其他收入。

财政拨款收入，是指行政单位从同级财政部门取得的财政预算资金。

其他收入，是指行政单位依法取得的除财政拨款收入以外的各项收入。

行政单位依法取得的应当上缴财政的罚没收入、行政事业性收费、政府性基金、国有资产处置和出租出借收入等，不属于行政单位的收入。

第十六条 行政单位取得各项收入，应当符合国家规定，按照财务管理的要求，分项如实核算。

第十七条 行政单位的各项收入应当全部纳入单位预算，统一核算，统一管理。

第四章 支出管理

第十八条 支出是指行政单位为保障机构正常运转和完成工作任务所发生的资金耗费和损失，包括基本支出和项目支出。

基本支出，是指行政单位为保障机构正常运转和完成日常工作任务发生的支出，包括人员支出和公用支出。

项目支出，是指行政单位为完成特定的工作任务，在基本支出之外发生的支出。

第十九条 行政单位应当将各项支出全部纳入单位预算。

各项支出由单位财务部门按照批准的预算和有关规定审核办理。

第二十条 行政单位的支出应当严格执行国家规定的开支范围及标准，建立健全支出管理制度，对节约潜力大、管理薄弱的支出进行重点管理和控制。

第二十一条 行政单位从财政部门或者上级预算单位取得的项目资金，应当按照批准的项目和用途使用，专款专用、单独核算，并按照规定向同级财政部门或者上级预算单位报告资金使用情况，接受财政部门和上级预算单位的检查监督。

项目完成后，行政单位应当向同级财政部门或者上级预算单位报送项目支出决算和使用效果的书面报告。

第二十二条 行政单位应当严格执行国库集中支付制度和政府采购制度等规定。

第二十三条 行政单位应当加强支出的绩效管理，提高资金的使用效益。

第二十四条 行政单位应当依法加强各类票据管理，确保票据来源合法、内容真实、使用正确，不得使用虚假票据。

第五章 结转和结余管理

第二十五条 结转资金，是指当年预算已执行但未完成，或者因故未执行，下一年度需要按照原用途继续使用的资金。

第二十六条 结余资金，是指当年预算工作目标已完成，或者因故终止，当年剩余的资金。

结转资金在规定使用年限未使用或者未使用完的，视为结余资金。

第二十七条 财政拨款结转和结余的管理，应当按照同级财政部门的规定执行。

第六章 资产管理

第二十八条 资产是指行政单位占有或者使用的，能以货币计量的经济资源，包括流动资产、固定资产、在建工程、无形资产等。

第二十九条 流动资产是指可以在一年内变现或者耗用的资产，包括现金、银行存款、零余额账户用款额度、应收及暂付款项、存货等。

前款所称存货是指行政单位在工作中为耗用而储存的资产，包括材料、燃料、包装物和低值易耗品等。

第三十条 固定资产是指使用期限超过一年，单位价值在1000元以上（其中：专用设备单位价值在1500元以上），并且在使用过程中基本保持原有物质形态的资产。单位价值虽未达到规定标准，但是耐用时间在一年以上的大批同类物资，作为固定资产管理。

固定资产一般分为六类：房屋及构筑物；通用设备；专用设备；文物和陈列品；图书、档案；家具、用具、装具及动植物。

第三十一条 在建工程是指已经发生必要支出，但尚未达到交付使用状态的建设工程。

在建工程达到交付使用状态时，应当按照规定办理工程竣工财务决算和资产交付使用。

第三十二条 无形资产是指不具有实物形态而能为使用者提供某种权利的资产，包括著作权、土地使用权等。

第三十三条 行政单位应当建立健全单位资产管理制度，加强和规范资产配置、使用和处置管理，维护资产安全完整。

第三十四条 行政单位应当按照科学规范、从严控制、保障工作需要的原则合理配置资产。

行政单位资产有原始凭证的，按照原始凭证

记账；无原始凭证的，应当依法进行评估，按照评估价值记账。

第三十五条 行政单位应当加强资产日常管理工作，做好资产建账、核算和登记工作，定期或者不定期进行清查盘点，保证账账相符，账实相符。年度终了，应当进行全面清查盘点。对资产盘盈、盘亏应当及时处理。

第三十六条 行政单位开设银行存款账户，应当报同级财政部门审批，并由财务部门统一管理。

第三十七条 行政单位应当加强应收及暂付款项的管理，严格控制规模，并及时进行清理，不得长期挂账。

第三十八条 行政单位的资产增加时，应当及时登记入账；减少时，应当按照资产处置规定办理报批手续，进行账务处理。

行政单位的固定资产不计提折旧，但财政部另有规定的除外。

第三十九条 行政单位不得以任何形式用占有、使用的国有资产对外投资或者举办经济实体。对于未与行政单位脱钩的经济实体，行政单位应当按照有关规定进行监管。

除法律、行政法规另有规定外，行政单位不得举借债务，不得对外提供担保。

第四十条 未经同级财政部门批准，行政单位不得将占有、使用的国有资产对外出租、出借。

第四十一条 行政单位应当按照国家有关规定实行资源共享、装备共建，提高资产使用效率。

第四十二条 行政单位资产处置应当遵循公开、公平、公正的原则，依法进行评估，严格履行相关审批程序。

第七章 负债管理

第四十三条 负债是指行政单位所承担的能以货币计量，需要以资产或者劳务偿还的债务，包括应缴款项、暂存款项、应付款项等。

第四十四条 应缴款项是指行政单位依法取得的应当上缴财政的资金，包括罚没收入、行政事业性收费、政府性基金、国有资产处置和出租出借收入等。

第四十五条 行政单位取得罚没收入、行政事业性收费、政府性基金、国有资产处置和出租出借收入等，应当按照国库集中收缴的有关规定及时足额上缴，不得隐瞒、滞留、截留、挪用和坐支。

第四十六条 暂存款项是行政单位在业务活动中与其他单位或者个人发生的预收、代管等待结算的款项。

第四十七条 行政单位应当加强对暂存款项的管理，不得将应当纳入单位收入管理的款项列入暂存款项；对各种暂存款项应当及时清理、结算，不得长期挂账。

第八章 行政单位划转撤并的财务处理

第四十八条 行政单位划转撤并的财务处理，应当在财政部门、主管预算单位等部门的监督指导下进行。

划转撤并的行政单位应当对单位的财产、债权、债务等进行全面清理，编制财产目录和债权、债务清单，提出财产作价依据和债权、债务处理办法，做好资产的移交、接收、划转和管理工作，并妥善处理各项遗留问题。

第四十九条 划转撤并的行政单位的资产经主管预算单位审核并上报财政部门和有关部门批准后，分别按照下列规定处理：

（一）转为事业单位和改变隶属关系的行政单位，其资产无偿移交，并相应调整、划转经费指标。

（二）转为企业的行政单位，其资产按照有关规定进行评估作价后，转作企业的国有资本。

（三）撤销的行政单位，其全部资产由财政部门或者财政部门授权的单位处理。

（四）合并的行政单位，其全部资产移交接收单位或者新组建单位；合并后多余的资产，由财政部门或者财政部门授权的单位处理。

（五）分立的行政单位，其资产按照有关规定移交分立后的行政单位，并相应划转经费指标。

第九章 财务报告和财务分析

第五十条 财务报告是反映行政单位一定时

期财务状况和预算执行结果的总结性书面文件。

第五十一条 行政单位的财务报告，包括财务报表和财务情况说明书。

财务报表包括资产负债表、收入支出表、支出明细表、财政拨款收入支出表、固定资产投资决算报表等主表及有关附表。

财务情况说明书，主要说明行政单位本期收入、支出、结转、结余、专项资金使用及资产负债变动等情况，以及影响财务状况变化的重要事项，总结财务管理经验，对存在的问题提出改进意见。

第五十二条 财务分析是依据会计核算资料和其他有关信息资料，对单位财务活动过程及其结果进行的研究、分析和评价。

第五十三条 财务分析的内容包括预算编制与执行情况、收入支出状况、人员增减情况、资产使用情况等。

财务分析的指标主要有：支出增长率、当年预算支出完成率、人均开支、项目支出占总支出的比率、人员支出占总支出的比率、公用支出占总支出的比率、人均办公使用面积、人车比例等。

行政单位可以根据其业务特点，增加财务分析指标。

第五十四条 行政单位应当真实、准确、完整、及时地编制财务报告，认真进行财务分析，并按照规定报送财政部门、主管预算单位和其他有关部门。

第十章 财务监督

第五十五条 行政单位财务监督主要包括对预算管理、收入管理、支出管理、结转和结余管理、资产管理、负债管理等的监督。

第五十六条 行政单位财务监督应当实行事前监督、事中监督、事后监督相结合，日常监督与专项监督相结合，并对违反财务规章制度的问题进行检查处理。

第五十七条 行政单位应当建立健全内部控制制度、经济责任制度、财务信息披露制度等监督制度，依法公开财务信息。

第五十八条 行政单位应当依法接受主管预算单位和财政、审计部门的监督。

第五十九条 财政部门、行政单位及其工作人员违反本规则，按照《财政违法行为处罚处分条例》（国务院令第427号）处理。

第十一章 附则

第六十条 行政单位基本建设投资的财务管理，应当执行本规则，但国家基本建设投资财务管理制度另有规定的，从其规定。

第六十一条 参照公务员法管理的事业单位财务制度的适用，由财政部另行规定。

行政单位所属独立核算的企业、事业单位分别执行相应的财务制度，不执行本规则。

第六十二条 省、自治区、直辖市人民政府财政部门可以依据本规则结合本地区实际情况制定实施办法。

第六十三条 本规则自2013年1月1日起施行。

附件：

行政单位财务分析指标

1. 支出增长率，衡量行政单位支出的增长水平。计算公式为：

支出增长率＝（本期支出总额÷上期支出总额－1）×100％

2. 当年预算支出完成率，衡量行政单位当年支出总预算及分项预算完成的程度。计算公式为：

当年预算支出完成率＝年终执行数÷（年初预算数±年中预算调整数）×100％

年终执行数不含上年结转和结余支出数。

3. 人均开支，衡量行政单位人均年消耗经费水平。计算公式为：

人均开支＝本期支出数÷本期平均在职人员数×100％

4. 项目支出占总支出的比率，衡量行政单位的支出结构。计算公式为：

项目支出比率＝本期项目支出数÷本期支出总数×100％

5. 人员支出、公用支出占总支出的比率，衡量行政单位的支出结构。计算公式为：

人员支出比率＝本期人员支出数÷本期支出

总数×100％

公用支出比率＝本期公用支出数÷本期支出总数×100％

6. 人均办公使用面积，衡量行政单位办公用房配备情况。计算公式为：

人均办公使用面积＝本期末单位办公用房使用面积÷本期末在职人员数

7. 人车比例，衡量行政单位公务用车配备情况。计算公式为：

人车比例＝本期末在职人员数÷本期末公务用车实有数：1

中华人民共和国财政部令

第72号

《事业单位会计准则》已经2012年12月5日财政部部务会议修订通过，现将修订后的《事业单位会计准则》公布，自2013年1月1日起施行。

部长　**谢旭人**

二〇一二年十二月六日

事业单位会计准则

第一章　总　则

第一条　为了规范事业单位的会计核算，保证会计信息质量，促进公益事业健康发展，根据《中华人民共和国会计法》等有关法律、行政法规，制定本准则。

第二条　本准则适用于各级各类事业单位。

第三条　事业单位会计制度、行业事业单位会计制度（以下统称会计制度）等，由财政部根据本准则制定。

第四条　事业单位会计核算的目标是向会计信息使用者提供与事业单位财务状况、事业成果、预算执行等有关的会计信息，反映事业单位受托责任的履行情况，有助于会计信息使用者进行社会管理、做出经济决策。

事业单位会计信息使用者包括政府及其有关部门、举办（上级）单位、债权人、事业单位自身和其他利益相关者。

第五条　事业单位应当对其自身发生的经济业务或者事项进行会计核算。

第六条　事业单位会计核算应当以事业单位各项业务活动持续正常地进行为前提。

第七条　事业单位应当划分会计期间，分期结算账目和编制财务会计报告（又称财务报告，下同）。

会计期间至少分为年度和月度。会计年度、月度等会计期间的起讫日期采用公历日期。

第八条　事业单位会计核算应当以人民币作为记账本位币。发生外币业务时，应当将有关外币金额折算为人民币金额计量。

第九条　事业单位会计核算一般采用收付实现制；部分经济业务或者事项采用权责发生制核算的，由财政部在会计制度中具体规定。

行业事业单位的会计核算采用权责发生制的，由财政部在相关会计制度中规定。

第十条　事业单位会计要素包括资产、负债、净资产、收入、支出或者费用。

第十一条　事业单位应当采用借贷记账法记账。

第二章　会计信息质量要求

第十二条　事业单位应当以实际发生的经济业务或者事项为依据进行会计核算，如实反映各项会计要素的情况和结果，保证会计信息真实可靠。

第十三条　事业单位应当将发生的各项经济业务或者事项统一纳入会计核算，确保会计信息能够全面反映事业单位的财务状况、事业成果、预算执行等情况。

第十四条　事业单位对于已经发生的经济业务或者事项，应当及时进行会计核算，不得提前或者延后。

第十五条 事业单位提供的会计信息应当具有可比性。

同一事业单位不同时期发生的相同或者相似的经济业务或者事项，应当采用一致的会计政策，不得随意变更。确需变更的，应当将变更的内容、理由和对单位财务状况及事业成果的影响在附注中予以说明。

同类事业单位中不同单位发生的相同或者相似的经济业务或者事项，应当采用统一的会计政策，确保同类单位会计信息口径一致，相互可比。

第十六条 事业单位提供的会计信息应当与事业单位受托责任履行情况的反映、会计信息使用者的管理、决策需要相关，有助于会计信息使用者对事业单位过去、现在或者未来的情况做出评价或者预测。

第十七条 事业单位提供的会计信息应当清晰明了，便于会计信息使用者理解和使用。

第三章 资 产

第十八条 资产是指事业单位占有或者使用的能以货币计量的经济资源，包括各种财产、债权和其他权利。

第十九条 事业单位的资产按照流动性，分为流动资产和非流动资产。

流动资产是指预计在1年内（含1年）变现或者耗用的资产。

非流动资产是指流动资产以外的资产。

第二十条 事业单位的流动资产包括货币资金、短期投资、应收及预付款项、存货等。

货币资金包括库存现金、银行存款、零余额账户用款额度等。

短期投资是指事业单位依法取得的，持有时间不超过1年（含1年）的投资。

应收及预付款项是指事业单位在开展业务活动中形成的各项债权，包括财政应返还额度、应收票据、应收账款、其他应收款等应收款项和预付账款。

存货是指事业单位在开展业务活动及其他活动中为耗用而储存的资产，包括材料、燃料、包装物和低值易耗品等。

第二十一条 事业单位的非流动资产包括长期投资、在建工程、固定资产、无形资产等。

长期投资是指事业单位依法取得的，持有时间超过1年（不含1年）的各种股权和债权性质的投资。

在建工程是指事业单位已经发生必要支出，但尚未完工交付使用的各种建筑（包括新建、改建、扩建、修缮等）和设备安装工程。

固定资产是指事业单位持有的使用期限超过1年（不含1年），单位价值在规定标准以上，并在使用过程中基本保持原有物质形态的资产，包括房屋及构筑物、专用设备、通用设备等。单位价值虽未达到规定标准，但是耐用时间超过1年（不含1年）的大批同类物资，应当作为固定资产核算。

无形资产是指事业单位持有的没有实物形态的可辨认非货币性资产，包括专利权、商标权、著作权、土地使用权、非专利技术等。

第二十二条 事业单位的资产应当按照取得时的实际成本进行计量。除国家另有规定外，事业单位不得自行调整其账面价值。

应收及预付款项应当按照实际发生额计量。

以支付对价方式取得的资产，应当按照取得资产时支付的现金或者现金等价物的金额，或者按照取得资产时所付出的非货币性资产的评估价值等金额计量。

取得资产时没有支付对价的，其计量金额应当按照有关凭据注明的金额加上相关税费、运输费等确定；没有相关凭据的，其计量金额比照同类或类似资产的市场价格加上相关税费、运输费等确定；没有相关凭据、同类或类似资产的市场价格也无法可靠取得的，所取得的资产应当按照名义金额入账。

第二十三条 事业单位对固定资产计提折旧、对无形资产进行摊销的，由财政部在相关财务会计制度中规定。

第四章 负 债

第二十四条 负债是指事业单位所承担的能以货币计量，需要以资产或者劳务偿还的债务。

第二十五条 事业单位的负债按照流动性，分为流动负债和非流动负债。

流动负债是指预计在1年内（含1年）偿还的负债。

非流动负债是指流动负债以外的负债。

第二十六条 事业单位的流动负债包括短期借款、应付及预收款项、应付职工薪酬、应缴款项等。

短期借款是指事业单位借入的期限在1年内（含1年）的各种借款。

应付及预收款项是指事业单位在开展业务活动中发生的各项债务，包括应付票据、应付账款、其他应付款等应付款项和预收账款。

应付职工薪酬是指事业单位应付未付的职工工资、津贴补贴等。

应缴款项是指事业单位应缴未缴的各种款项，包括应当上缴国库或者财政专户的款项、应缴税费，以及其他按照国家有关规定应当上缴的款项。

第二十七条 事业单位的非流动负债包括长期借款、长期应付款等。

长期借款是指事业单位借入的期限超过1年（不含1年）的各种借款。

长期应付款是指事业单位发生的偿还期限超过1年（不含1年）的应付款项，主要指事业单位融资租入固定资产发生的应付租赁款。

第二十八条 事业单位的负债应当按照合同金额或实际发生额进行计量。

第五章 净资产

第二十九条 净资产是指事业单位资产扣除负债后的余额。

第三十条 事业单位的净资产包括事业基金、非流动资产基金、专用基金、财政补助结转结余、非财政补助结转结余等。

事业基金是指事业单位拥有的非限定用途的净资产，其来源主要为非财政补助结余扣除结余分配后滚存的金额。

非流动资产基金是指事业单位非流动资产占用的金额。

专用基金是指事业单位按规定提取或者设置的具有专门用途的净资产。

财政补助结转结余是指事业单位各项财政补助收入与其相关支出相抵后剩余滚存的、须按规定管理和使用的结转和结余资金。

非财政补助结转结余是指事业单位除财政补助收支以外的各项收入与各项支出相抵后的余额。其中，非财政补助结转是指事业单位除财政补助收支以外的各专项资金收入与其相关支出相抵后剩余滚存的、须按规定用途使用的结转资金；非财政补助结余是指事业单位除财政补助收支以外的各非专项资金收入与各非专项资金支出相抵后的余额。

第三十一条 事业基金、非流动资产基金、专用基金、财政补助结转结余、非财政补助结转结余等净资产项目应当分项列入资产负债表。

第六章 收 入

第三十二条 收入是指事业单位开展业务及其他活动依法取得的非偿还性资金。

第三十三条 事业单位的收入包括财政补助收入、事业收入、上级补助收入、附属单位上缴收入、经营收入和其他收入等。

财政补助收入是指事业单位从同级财政部门取得的各类财政拨款，包括基本支出补助和项目支出补助。

事业收入是指事业单位开展专业业务活动及其辅助活动取得的收入。其中：按照国家有关规定应当上缴国库或者财政专户的资金，不计入事业收入；从财政专户核拨给事业单位的资金和经核准不上缴国库或者财政专户的资金，计入事业收入。

上级补助收入是指事业单位从主管部门和上级单位取得的非财政补助收入。

附属单位上缴收入是指事业单位附属独立核算单位按照有关规定上缴的收入。

经营收入是指事业单位在专业业务活动及其辅助活动之外开展非独立核算经营活动取得的收入。

其他收入是指财政补助收入、事业收入、上级补助收入、附属单位上缴收入和经营收入以外的各项收入，包括投资收益、利息收入、捐赠收入等。

第三十四条 事业单位的收入一般应当在收到款项时予以确认，并按照实际收到的金额进行计量。

采用权责发生制确认的收入，应当在提供服务或者发出存货，同时收讫价款或者取得索取价款的凭据时予以确认，并按照实际收到的金额或者有关凭据注明的金额进行计量。

第七章 支出或者费用

第三十五条 支出或者费用是指事业单位开展业务及其他活动发生的资金耗费和损失。

第三十六条 事业单位的支出或者费用包括事业支出、对附属单位补助支出、上缴上级支出、经营支出和其他支出等。

事业支出是指事业单位开展专业业务活动及其辅助活动发生的基本支出和项目支出。

对附属单位补助支出是指事业单位用财政补助收入之外的收入对附属单位补助发生的支出。

上缴上级支出是指事业单位按照财政部门和主管部门的规定上缴上级单位的支出。

经营支出是指事业单位在专业业务活动及其辅助活动之外开展非独立核算经营活动发生的支出。

其他支出是指事业支出、对附属单位补助支出、上缴上级支出和经营支出以外的各项支出，包括利息支出、捐赠支出等。

第三十七条 事业单位开展非独立核算经营活动的，应当正确归集开展经营活动发生的各项费用数；无法直接归集的，应当按照规定的标准或比例合理分摊。

事业单位的经营支出与经营收入应当配比。

第三十八条 事业单位的支出一般应当在实际支付时予以确认，并按照实际支付金额进行计量。

采用权责发生制确认的支出或者费用，应当在其发生时予以确认，并按照实际发生额进行计量。

第八章 财务会计报告

第三十九条 财务会计报告是反映事业单位某一特定日期的财务状况和某一会计期间的事业成果、预算执行等会计信息的文件。

第四十条 事业单位的财务会计报告包括财务报表和其他应当在财务会计报告中披露的相关信息和资料。

第四十一条 财务报表是对事业单位财务状况、事业成果、预算执行情况等的结构性表述。财务报表由会计报表及其附注构成。

会计报表至少应当包括下列组成部分：

（一）资产负债表；

（二）收入支出表或者收入费用表；

（三）财政补助收入支出表。

第四十二条 资产负债表是指反映事业单位在某一特定日期的财务状况的报表。

资产负债表应当按照资产、负债和净资产分类列示。资产和负债应当分别流动资产和非流动资产、流动负债和非流动负债列示。

第四十三条 收入支出表或者收入费用表是指反映事业单位在某一会计期间的事业成果及其分配情况的报表。

收入支出表或者收入费用表应当按照收入、支出或者费用的构成和非财政补助结余分配情况分项列示。

第四十四条 财政补助收入支出表是指反映事业单位在某一会计期间财政补助收入、支出、结转及结余情况的报表。

第四十五条 附注是指对在会计报表中列示项目的文字描述或明细资料，以及对未能在会计报表中列示项目的说明等。

附注至少应当包括下列内容：

（一）遵循事业单位会计准则、事业单位会计制度（行业事业单位会计制度）的声明；

（二）会计报表中列示的重要项目的进一步说明，包括其主要构成、增减变动情况等；

（三）有助于理解和分析会计报表需要说明的其他事项。

第四十六条 事业单位财务报表应当根据登记完整、核对无误的账簿记录和其他有关资料编制，做到数字真实、计算准确、内容完整、报送及时。

第九章 附 则

第四十七条 纳入企业财务管理体系的事业

单位执行企业会计准则或小企业会计准则。

第四十八条 参照公务员法管理的事业单位对本准则的适用，由财政部另行规定。

第四十九条 本准则自2013年1月1日起施行。1997年5月28日财政部印发的《事业单位会计准则（试行）》（财预字〔1997〕286号）同时废止。

关于印发《保险公司财会工作规范》的通知

保监发〔2012〕8号

各保险公司、保险资产管理公司：

为加强保险公司财会工作管理，规范保险公司财会行为，有效防范和化解风险，我会制定了《保险公司财会工作规范》。现予印发，请遵照执行。

中国保险监督管理委员会

二〇一二年一月十二日

保险公司财会工作规范

第一章 总 则

第一条 为加强保险公司财会工作管理，规范保险公司财务行为，有效防范和化解风险，依据《中华人民共和国保险法》《中华人民共和国会计法》等有关法律法规，制定本规范。

第二条 本规范所称保险公司和保险集团公司，是指根据《中华人民共和国保险法》及保监会有关规定分别设立的保险公司和保险集团公司。

第三条 保险公司应当加强财会工作管理，根据公司发展战略、业务规模、销售渠道和产品特征等情况，建立符合自身实际的财会工作管理机制和制度，有效降低管控风险，提高财务运行效率。

第四条 保险公司董事长、总经理对本公司财会工作合规性和会计资料的真实性、完整性负责。

第五条 保险集团公司对所属子公司财会工作的指导和管理应当遵循《中华人民共和国公司法》和公司章程的规定。

第六条 中国保监会依据有关法律法规和本规范对保险公司财会工作及财务负责人的履职情况进行监管、评价。

第二章 机构和人员

第七条 保险公司应当设立单独的财会部门，履行下列职责：

（一）负责会计核算和编制财务报告；

（二）负责资金管理；

（三）负责预算管理；

（四）负责税务管理、外汇管理；

（五）负责或者参与资产管理、负债管理、资本管理、有价单证管理；

（六）中国保监会规定、公司内部管理规定以及依法应当履行的其他职责。

保险公司原则上应当设立一个财会部门集中履行上述职责。设立多个部门履行上述（一）、（二）、（三）、（四）项财会工作职责或者将上述（一）、（二）、（三）、（四）项职能在有关部门之间进行调整的，应当向中国保监会报告。

第八条 保险公司分支机构应当设立独立的财会部门。规模较小或实行集中化管理的保险公司省级以下分支机构，在满足财会管理需要和有效控制风险的前提下，可不再设置单独的财会部门。

第九条 保险公司应当配备与业务规模、管理模式、风险状况相适应的一定数量、具有专业资质的财会人员。

第十条 保险公司总公司财会部门应当配备熟悉保险责任准备金评估原理和实务的人员。

第十一条 保险公司总公司应当统一制定各级财会人员的管理制度，包括：岗位设置、岗位责任、任职条件、考核办法、轮岗制度、培训制度以及分支机构财会人员管理体制等。

第十二条 保险公司应当设置财务负责人职位。财务负责人行使《保险公司财务负责人任职资格管理规定》规定的职责、权限，直接对公司董事会和总经理负责。

第十三条 保险公司应当设置财会部门负责人职位。担任保险公司财会部门负责人应当具备下列条件：

（一）大学本科以上学历；

（二）从事会计工作5年以上或从事经济、金融工作10年以上；

（三）熟悉履行职责所需的法律法规和监管规定，在会计、财务、投资、精算或者风险管理等方面具有良好的专业基础；

（四）具有财会专业学士以上学位，或者国内外会计、财务、投资、精算等相关领域的合法专业资格，或者国内会计或者审计系列高级职称；

（五）具有在企事业单位或者国家机关担任领导或者管理职务的任职经历；

（六）能够熟练使用中文进行工作；

（七）中国保监会规定的其他条件。

第十四条 有下列情形之一的，不得担任保险公司财会部门负责人：

（一）被判处刑罚，执行期满未逾3年；

（二）被金融监管部门取消、撤销任职资格，自被取消或者撤销任职资格之日起未逾5年；

（三）受到中国保监会和其他行政管理部门重大行政处罚未逾2年；

（四）因违法行为或者违纪行为被吊销执业资格的律师、注册会计师或者资产评估机构、验证机构等机构的专业人员，自被吊销执业资格之日起未逾5年；

（五）中国保监会规定的其他情形。

第十五条 保险公司任命财会部门负责人，应当在做出任职决定之日起10个工作日内向中国保监会报告。需要指定临时财会部门负责人的，应当在做出任职决定之日起10个工作日内向中国保监会报告。临时财会部门负责人的任职时间不得超过3个月。

保险公司设立多个部门履行本规范第七条规定的财会工作职责的，应当就履行第（一）项职责的部门负责人任职资格向中国保监会报告。

第十六条 保险公司向中国保监会报告财会部门负责人任职资格，应当提交下列材料：

（一）保险公司财会部门负责人履历表（附件）；

（二）保险公司的任职决定；

（三）财会部门负责人的居民身份证（护照）、学历证书、学位证书、专业资格、专业技术职务任职资格证书等有关证书的复印件；

（四）离任审计报告；

（五）中国保监会要求提供的其他材料。

没有进行离任审计的，由原任职单位做出未进行离任审计的说明。不能提供离任审计报告或者原任职单位说明材料的，由财会部门负责人做出书面说明。

第十七条 保险公司任命的财会部门负责人不符合有关规定的，中国保监会将责令公司改正。

第十八条 财会人员调动或离职，应当按照国家法律法规和公司规定与接替人员办理交接手续，并按规定监交。按照国家法律法规和公司规定属于离任审计范围的，应当进行离任审计。

第十九条 财会部门负责人调动或离职，应当将有关任免文件同时抄送中国保监会。

第二十条 保险公司应当建立财会人员的培训制度，按照国家有关规定组织财会人员参加后续教育，包括中国保监会组织或认可的培训。

第二十一条 保险公司应当实施分支机构财务经理委派制，各级分支机构财务经理的聘任、考核和薪酬应当由上级机构或者总公司统一管理。

第二十二条 保险公司总公司应当加强对分支机构财会部门和人员的指导、监督，定期进行检查，防范分支机构的财务风险。

第三章　会计核算和财务报告

第二十三条 保险公司应当根据实际发生的经济业务事项进行会计核算，编制财务报告，保证会计信息真实、完整。

任何公司不得以虚假的经济业务事项或者资料进行会计核算。

第二十四条 保险公司应当根据企业会计准则和公司实际情况制定内部会计核算制度，对公司所有经济事项的会计处理进行规范。内部会计核算制度至少应当包括以下内容：

（一）会计政策；

（二）会计估计；

（三）会计科目；

（四）账务处理；

（五）财务报告。

第二十五条 保险公司内部会计核算制度应当明确下列事项：

（一）保险责任准备金的计量单元、计量方法、计量假设等具体规则；

（二）重大保险风险测试的方法、标准、保单分组、样本选取等具体规则；

（三）分拆核算的收入、费用确认标准等具体规则。

第二十六条 除本规范第九十三条规定的情形外，保险公司不得委托代理记账机构进行代理记账。

第二十七条 保险公司应当建立业务、财务、精算、投资等数据的定期对账制度，确保基础数据的一致性。

第二十八条 保险公司应当明确各类金融资产分类的标准和流程，准确核算各类金融资产。

第二十九条 保险公司精算部门应当按照企业会计准则计量财务报告准备金，对准备金的真实性、公允性负责。

保险公司财会部门编制财务报告时，应当对精算部门提供的责任准备金进行独立分析，重点关注各项责任准备金计量方法、计量假设的合规性以及责任准备金的偏差率、波动性，对发现的不符合准则要求和不合理的情况，应当与精算部门沟通或向公司管理层报告。

第三十条 保险公司委托保险资产管理公司投资或者将资金进行托管时，会计核算应当符合下列要求：

（一）保险公司、保险资产管理公司、托管方应当明确各方在委托资产会计核算、单证交接、数据传输以及数据核对等方面的职责分工；

（二）主核算人应当按照委托方的会计核算制度进行会计核算。

第三十一条 保险公司会计核算采用集中模式的，应完善内部流程，加强对会计核算所依据的原始凭证的管理。采用远程传送影像技术的，应当加强对原始凭证影像、扫描件的审核，确保与原件相符，保证财务数据的真实性。

第三十二条 保险公司应建立健全财务报告编制、审批、报送的内控流程，明确财务报告、偿付能力报告、各项专题财务报告编制的流程和职责分工，确保各项财务报告真实、完整和及时报送。

第三十三条 保险公司应当建立电子会计档案管理制度，明确会计凭证、会计账簿、财务报告等电子会计档案的保管、备份、查阅等管理要求，保证电子会计档案安全、完整。

第三十四条 保险公司应当完整保存责任准备金计量和重大保险风险测试的文档记录及相关支持材料，作为重要会计档案保存。

第四章　资金管理

第三十五条 保险公司应当建立财会部门牵头，其他部门密切配合的资金管理机制，健全资金筹措、归集、存放、划拨、支付等内部管理制度，确保资金安全。

第三十六条 保险公司总公司应当对银行账户进行统一管理，各级机构银行账户的开设、变更、撤销等相关事项应当报总公司审批或者备案。

保险公司总公司和分支机构应当严格按照国家对银行账户管理的有关规定以及公司规定的账户类型和用途进行资金收付。

第三十七条 保险公司应当建立专人专岗负责各类资金的划拨、清算，并不得与会计核算、投资交易、筹资交易等岗位兼职。

第三十八条 保险公司应当实行“收支两条线”，分支机构保费及其他收入上划总公司，费用及业务支出由总公司拨入。

保险公司应当建立健全保费及其他收入的定期或自动上划机制，加强对分支机构资金量的监控，提高资金归集速度和使用效率。

第三十九条 保险公司的佣金和手续费应当由总公司或省级分公司通过银行转账等非现金方式集中支付，保险公司不得以现金方式支付佣金和手续费，省级以下分支机构不得支付佣金和手续费。

第四十条 保险公司收取的保费、支付的赔付金和退保金原则上应当由总公司或省级分公司通过银行转账等非现金方式集中收付，下列情况除外：

（一）保险公司在营业场所内进行收付；

（二）保险公司委托保险代理机构在保险代理机构营业场所内进行收付；

（三）保险公司在营业场所外通过保险销售从业人员进行收付，依照保险合同单次金额不超过人民币 1000 元；

（四）中国保监会规定的其他收付费方式。

第四十一条 保险公司应当建立规范统一的收付费管理制度，明确规定收付费的管理流程、作业要求和岗位职责，防止侵占、挪用及违规支付等行为，确保资金安全。

第四十二条 保险公司应当建立投资资金的划拨、清算等内控制度，确保投资决策、交易、资金划拨、清算的相互隔离。保险公司可以根据管控需要，建立资金内部或外部托管制度。

第四十三条 保险公司投资资金管理应当符合下列要求：

（一）保险公司财会部门和保险资产管理公司应当设立专人专岗负责投资资金划拨、清算，并不得与投资交易等岗位兼职；

（二）保险公司应当通过签订协议、定期检查等方式确保保险资产管理公司对其自有资金和受托资金、对受托管理的不同委托人的投资资金分设账户，单独管理；

（三）保险公司内部、保险公司与资产管理公司之间、保险公司与托管银行之间应当定期核对投资资金划拨金额；

（四）中国保监会规定的其他要求。

第四十四条 保险公司通过非金融支付机构划转、结算资金的，应当符合下列条件：

（一）非金融支付机构应当取得监管机构颁发的支付业务许可证；

（二）在非金融支付机构留存的备付金不得超过公司总资产的 1%。

上述非金融支付机构不包括经人民银行特别许可办理银行业金融机构之间货币资金转移的非金融支付机构。

第四十五条 保险公司应当根据有关法律法规，建立大额和可疑交易鉴别、审批、报告的反洗钱内部控制制度。

第五章 资产管理

第四十六条 保险公司应当建立有效的资产管理制度和机制，确保公司各项金融资产、实物资产、无形资产等资产的安全、完整。

第四十七条 保险公司应当加强投资资产管理，识别投资资产的市场风险、信用风险、流动性风险、集中度风险，确保公司偿付能力充足，满足流动性需求。

第四十八条 保险公司应当以偿付能力充足和流动性充足为条件，制定投资策略，安排投资资产结构。

保险公司应当根据偿付能力状况、流动性需求等因素，及时调整投资策略和投资资产结构。

第四十九条 保险公司应当加强银行存款的管理。总资产在 100 亿元以上的寿险公司、总资产在 20 亿元以上的产险公司和再保险公司的银行存款应当符合下列要求：

（一）在一家非全国性商业银行的存款不得超过公司银行存款总额的 20%；

（二）在非全国性商业银行的存款不得超过公司银行存款总额的 60%；

（三）中国保监会的其他规定。

第五十条 保险公司应当加强长期股权投资管理，建立长期股权投资决策机制和程序，定期分析子公司、合营企业、联营企业的经营状况和财务状况。

第五十一条 保险公司应当建立信用风险管理制度和机制，加强对保单质押贷款、应收款项、应收分保准备金等债权资产的管理。

第五十二条 保险公司应当加强房地产资产的管理，严格区分自用房地产和投资性房地产，分别进行管理。

保险公司不得将为赚取租金或资本增值，或两者兼有而持有的房地产纳入自用房地产管理。保险公司不得将为提供劳务或者经营管理而持有的房地产纳入投资性房地产管理。

第五十三条 保险公司固定资产账面价值和在建工程账面价值之和占净资产的比重最高不得

超过50%。

第五十四条 保险公司应当加强损余物资和理赔收回资产的管理，建立此类资产的收取、保管、处置、清查等内控流程。

第六章 负债管理

第五十五条 保险公司应建立健全责任准备金负债、金融负债、资本性负债等负债管理制度，并对制度运行情况定期进行检查评估，确保制度有效运行。

第五十六条 保险公司财务报告准备金负债计量由公司董事会负总责。准备金计量涉及的重大会计政策和会计估计应当经财务负责人和总精算师（或精算责任人）同意后，提交公司董事会或总经理办公会研究决定。

外资保险公司分公司由管理层对准备金计量工作负总责。

第五十七条 保险公司应制定财务报告准备金负债评估工作流程和内控体系，确保准备金提取真实、公允，有效防范准备金计量的随意性。准备金负债评估的工作流程和内控体系应当向中国保监会报告。

第五十八条 保险公司应当根据重大保险风险测试结果，识别保险风险和投资风险，对通过重大保险风险测试的保险合同负债和未通过重大保险风险测试的投资合同负债区别管理。

保险公司应当制定重大保险风险测试的内控制度和流程，并向中国保监会报告。

第五十九条 保险公司应当加强资产负债匹配管理，定期分析资产负债在利率、期限、币种等方面存在的匹配风险，合理安排资金支付赔款、保险金和退保金。

第六十条 保险公司应当加强对证券回购、拆入资金、银行借款等融资行为的管理，建立健全融资管理制度，监测防范融资风险。

第六十一条 保险公司证券回购融资余额不得超过公司债券资产余额的50%。

第六十二条 保险公司应当加强或有负债等表外负债的管理，定期监测和分析，及时防范、化解风险。

第六十三条 保险公司应当建立健全次级债等资本性负债的管理制度，专户管理资本性负债融入资金，按时归还到期债务，防范和化解财务风险。

第七章 预算管理

第六十四条 保险公司应当实行预算管理，根据发展战略、经营规划、偿付能力等编制预算，确定科学、合理、明确的预算目标，促进公司持续、稳健发展。

第六十五条 保险公司预算应当经过股东（大）会批准。

保险公司应当定期向董事会报告预算执行情况。

第六十六条 保险公司应当建立健全预算管理制度，明确预算编制、审批、执行、分析、调整、考核等职责分工和操作流程，合理分配财务、实物及人力等各项资源。

第六十七条 保险公司应当以偿付能力充足为前提条件，编制收入、费用、利润、融资、投资、机构设立等各项预算。

第六十八条 保险公司应当编制资本预算，预计公司资本需求，安排资本补充，确保偿付能力充足。

第六十九条 保险公司应当按照险种、产品、销售渠道、费用性质等因素，编制各项费用预算。

第七十条 保险公司应当将预算作为预算期内组织、协调各项经营活动的基本依据，严格预算执行，控制费用支出和预算偏差，确保年度预算目标的实现。

第七十一条 保险公司应当对预算的执行情况进行定期或不定期监控、分析预算执行情况及执行差异，及时纠正预算执行中的问题，确保预算有效执行。

第八章 会计监督

第七十二条 保险公司应当按照《中华人民共和国会计法》等相关法规要求，建立董事长（或总经理）负责，财会部门、内部审计部门、监事会职责分工明确的内部会计监督机制。

第七十三条 保险公司董事长、总经理应当保证财会部门、财会人员依法履行职责，不得授意、指使、强令财会部门、财会人员违法办理会计事项。

第七十四条 保险公司内部审计部门应当建立有效的内部审计制度，对本单位各项经营管理活动和财务活动的真实性、合法性进行监督。

第七十五条 保险公司监事会应当履行《中华人民共和国公司法》和公司章程规定的职责，依法监督公司财务活动。

第七十六条 保险公司各级财会部门和财会人员应当履行《中华人民共和国会计法》赋予的职责和权力，对本单位经济业务事项是否符合财经法规以及各项收支的合规性进行监督。

第七十七条 保险公司财会人员发现公司存在下列行为的，应当予以制止和纠正。制止和纠正无效的，应及时向公司财务负责人、公司负责人直至上级机构和监管部门报告：

（一）保险责任准备金数据弄虚作假、不符合会计准则要求；

（二）私设"小金库"；

（三）总公司或分支机构负责人强制要求财会人员违反有关规定办理会计事项的；

（四）虚假承保、虚假批退、虚列费用、虚假理赔、虚假挂单等账实不符行为；

（五）其他违反法律法规和本规范的行为。

保险公司财会人员履行了上述制止、纠正和报告义务的，可以免除或减轻其行政责任。

第七十八条 保险公司业务部门对职责范围内的业务活动的真实性负责。业务部门存在虚构经济业务事项、提供虚假票据、未及时提供相关经济业务事项资料等情形，导致会计信息不真实、不完整的，应当依法追究业务部门和直接责任人的法律责任。

第九章 财务信息系统

第七十九条 保险公司应当建立符合业务发展和管理需要的财务信息系统，制定财务信息系统的管理制度，规范财务信息系统的统筹规划、设计开发、运行维护、安全管理等事项，提高财务管理的信息化水平。

第八十条 保险公司财务信息系统应当符合下列要求：

（一）满足日常会计核算需要，可生成各类财务报表，包括分红保险财务报表、交强险财务报表等；

（二）满足偿付能力评估需要，可生成各类偿付能力报表；

（三）满足财务分析需要；

（四）与单证系统、业务系统、再保系统、精算系统等对接，实现系统间数据自动交换；

（五）将预算管理、资金管理、资产管理、单证管理等内控流程内嵌于信息系统；

（六）总公司可实时查询、管理各级分支机构的财务数据；

（七）中国保监会规定的其他要求。

第八十一条 保险公司财务信息系统的开发和改造应当由总公司统一负责，各级分支机构不得随意开发和修改。

第八十二条 保险公司财务信息系统中的业务、财务数据应当在中国境内存储，并进行异地备份。

第八十三条 保险公司应当加强财务信息系统的账户管理和权限管理，明确分支机构和相关人员的权限和职责。

第八十四条 保险公司应当定期对财务信息系统的内设公式、逻辑关系、权限设置等进行检查，确保系统运行安全、数据准确。

第十章 聘请会计师事务所进行年度审计

第八十五条 保险公司聘请或者解聘会计师事务所为其提供年度审计服务，应当向中国保监会报告。

第八十六条 保险公司应当对会计师事务所的独立性、专业胜任能力和声誉进行评估，选择具有与自身业务规模、经营模式等相匹配的资源和风险承受能力的会计师事务所提供年度审计服务。

第八十七条 保险公司新聘请会计师事务所的，应当于做出聘请决定的10个工作日内向中国保监会报告，并提交以下材料：

（一）公司聘请会计师事务所的决议；

（二）会计师事务所的基本情况，包括：业务开展情况、主要服务内容、主要客户等；

（三）公司项目主要负责人的简历；

（四）保监会规定提交的其他材料。

第八十八条 保险公司解聘会计师事务所的，应当于做出解聘决定的10个工作日内向保监会报告，并提交以下材料：

（一）公司解聘会计师事务所的决议；

（二）公司解聘会计师事务所的原因；

（三）保监会规定提交的其他材料。

第八十九条 保险公司应当建立审计轮换制度。

国有及国有控股保险公司聘请、轮换会计师事务所应当执行《财政部关于印发〈金融企业选聘会计师事务所招标管理办法（试行）〉的通知》（财金〔2010〕169号）的规定。

其他保险公司至少每5年轮换一次签字注册会计师或会计师事务所。截至2012年12月31日，如果连续聘用同一会计师事务所的年限或者同一注册会计师连续签字的年限已经达到或者超过5年的，最长可延缓2年更换，但最长不得超过10年。

第九十条 中国保监会有权对保险公司进行抽查，复核保险公司报送的经过会计师事务所审计的有关报告。如发现会计师事务所在审计过程中存在违规行为、重大工作疏漏或失误等，将移交有关部门进行处理，并可要求保险公司终止对该会计师事务所的委托。

第十一章　集团化经营模式下的财会管理

第九十一条 本规范第二章到第十章的规定适用于保险集团公司。

第九十二条 保险集团的财会工作，应当切实防范财务和资金集中风险、内部传染风险等风险。

第九十三条 实行财务集中化管理的保险集团，其所属保险子公司可以将部分核算职能委托集团公司或其他关联公司代理记账。受托代理记账的机构应当符合下列条件：

（一）具有代理记账许可证；

（二）注册地和住所地在中国境内；

（三）与委托方签有明确的委托代理记账协议。

受托代理记账机构的负责人应当符合本规范第十三条和第十四条的规定，并按照第十五条、第十六条的规定向中国保监会报告。

第九十四条 保险集团公司可以通过内设部门，集中处理所属保险子公司的账务。负责集中核算的部门负责人，应当符合本规范第十三条和第十四条的规定，并按照第十五条、第十六条的规定向中国保监会报告。

第九十五条 保险集团公司及其所属子公司应制定和执行统一的会计政策。如果采用不同的会计政策，应当制定转换方法及审批流程。

第九十六条 对同一审计事项，集团内各公司原则上应当委托同一家会计师事务所。

第九十七条 保险集团应当在各子公司间建立资金的防火墙制度，不得将子公司资金混用或变相混用。

第九十八条 保险集团内各子公司的保险资金委托集团公司统一管理、投资的，应当符合下列要求：

（一）对各子公司的资金分设账户，单独管理；

（二）以各子公司的名义持有和交易投资资产。

第九十九条 保险集团内各公司之间相互融资、担保、租赁、销售产品、资产转让等关联交易应当符合有关监管法规，不得以集团内不同行业子公司之间关联交易的方式，逃避或变相逃避保险、银行和证券业务的监管；关联交易的定价应当公允，禁止违规转移利益；应当按照监管部门的要求及时报告和充分披露有关信息。

第一百条 保险集团公司应当建立长期资本规划，定期对集团和各子公司的偿付能力状况进行预测分析，及时补充资本，确保集团和各子公司偿付能力充足。

第十二章　附　则

第一百零一条 保险资产管理公司参照本规范执行。

第一百零二条 经中国保监会批准筹建的保险公司申请开业时，应当设有独立的财会部门，财会人员、财会制度、内控管理、财务信息系统等应当符合本规范和中国保监会相关规定。

第一百零三条 本规范由中国保监会负责解释。

第一百零四条 本规范自2012年7月1日起施行。

第一百零五条 《关于保险公司委托会计师事务所开展审计业务有关问题的通知》（保监发〔1999〕235号）同时废止。

审计署关于印发《审计机关中长期人才发展规划（2011—2020年）》的通知

审人发〔2012〕12号

各省、自治区、直辖市审计厅（局），解放军审计署，各计划单列市、新疆生产建设兵团审计局，署机关各单位、各特派员办事处、各派出审计局，南京审计学院：

现将《审计机关中长期人才发展规划（2011—2020年）》印发给你们，请认真贯彻执行。

二〇一二年一月三十一日

审计机关中长期人才发展规划（2011—2020年）

为贯彻落实中央关于人才工作的战略部署，全面提升审计机关人才工作总体水平，根据《国家中长期人才发展规划纲要（2010—2020年）》总体要求，结合审计机关实际，制订本规划。

序 言

审计人才是我国人才队伍的重要组成部分，是维护经济秩序、完善国家治理、推进反腐倡廉建设、推动科学发展、促进社会和谐稳定的重要力量。加强审计人才队伍建设，着力培养高层次审计人才，是贯彻落实科学发展观，推进审计事业科学发展的重要举措。

审计机关成立以来，在党中央、国务院的正确领导下，适应经济社会发展需要，大力推进人才队伍建设，取得了较大成绩。不断完善与社会主义市场经济体制相适应的中国特色社会主义审计监督制度，充分发挥审计保障国家经济社会健康运行的"免疫系统"功能，对审计机关加快人才队伍建设提出了新的更高要求。从当前审计人才发展总体水平看，还有许多不相适应的地方，主要表现在：人才总量相对不足，人才结构不尽合理，高层次、复合型和领军人才短缺，具有较高学历和高级专业技术资格的人才比重偏低，等等。

今后一个时期，是我国人才事业发展的重要战略机遇期，审计机关必须切实增强责任感和使命感，坚定不移地走人才强审之路，科学规划、重点突破、整体推进，努力开创人才辈出、人尽其才的新局面。

一、指导思想、基本原则和主要目标

（一）指导思想。

以中国特色社会主义理论为指导，以科学发展观统领人才工作全局，认真贯彻科学人才观，坚持党管人才原则，深入实施人才强审战略，以审计实践为人才培养的第一跑道，以能力建设和作风建设为核心，以培养高层次人才为重点，以改革创新体制机制为动力，以优化结构改善环境为主线，以加大人才投入为支撑，紧紧抓住人才培养、激励、评价、使用的关键环节，扎实推进各类审计人才队伍建设，扩大人才总量，提高人才质量，盘活人才存量，完善人才成长发展环境，为充分发挥审计保障国家经济社会健康运行的"免疫系统"功能和推动完善国家治理，提供坚强的人才保证和智力支持。

（二）基本原则。

坚持服务发展。把推进审计事业科学发展作为人才工作的根本出发点和落脚点，围绕国家中长期人才发展战略目标确定审计人才队伍建设任

务，根据审计事业科学发展需要制定人才政策措施。

坚持以用为本。把用好用活人才作为审计人才队伍建设的重要任务，着力提高人才使用效能，努力让各类人才才尽其用，用审计事业发展成果检验人才队伍建设成效。

坚持高端引领。以审计专业领军人才为引领，培养造就一批具有国际视野、知识结构优化、实践经验丰富、创新能力突出、职业道德高尚的高层次审计人才，带动审计人才队伍整体发展。

坚持统筹推进。促进人才资源和审计事业发展相协调，坚持高端引领和整体开发相统一，注重理想信念教育和职业道德建设，以高层次人才为先导，以专业型人才为主体，分类指导、统筹推进领导人才、管理人才、专业人才和理论研究人才队伍建设。

坚持务实创新。从审计事业实际出发，以改革创新为动力，建立健全与社会主义市场经济体制相适应、有利于审计事业科学发展的审计人才培养体制机制，最大限度地激发各类人才的积极性、主动性和创造性。

（三）主要目标。

到2020年，审计人才总量和结构与审计事业发展的总体要求相适应，人才能力素质得到不断提升，高层次、复合型审计人才数量有较大增长，人才的培养、激励、评价、使用机制进一步完善，努力实现审计机关人才队伍的全面协调发展。

——人才结构比例明显提高。到2015年，在专业结构上，具备与审计工作相关的经济类、管理类以及法律、计算机、工程等专业背景的公务员比例达到80%；在知识层次上，达到大学本科及以上文化程度的公务员比例达到70%；在素质能力上，具有与审计工作相关的中级及以上专业技术资格的公务员比例达到60%。到2020年，在专业结构、知识层次、素质能力方面具备上述要求或资格的公务员比例分别达到85%、75%、65%。

——人才竞争优势显著增强。面向涉及国计民生、国家经济安全等重点领域和重点行业，着力培养造就占审计机关人才总量20%左右的审计专业领军人才和审计业务骨干人才队伍。

——人才发展环境全面优化。人才使用效能明显提高，人才发展体制逐步完善，人才培养、评价、使用和激励机制逐步健全，人才辈出、人尽其才的环境基本形成。

二、主要任务

（一）加强审计领导人才队伍建设。

以提高领导人才思想政治素质、知识水平和创新能力为重点，努力培养一支具有现代意识、创新精神，具有开拓创新能力、综合分析能力、组织协调能力和领导审计事业科学发展能力，适应审计事业发展需要的领导人才队伍。

主要举措：实施“一把手”能力提升工程。

以提升厅（局）级领导干部科学判断形势的能力、驾驭市场经济的能力、应对复杂局面的能力、依法执政的能力和总揽全局的能力为重点，培养一批政治上靠得住、工作上有本事、作风上过得硬，掌握审计事业发展规律、创新精神强的厅（局）级领导人才。加强思想政治建设，坚持领导班子集体学习和党组中心组学习制度。有计划地组织领导干部到党校、行政学院和干部学院等进行脱产培训，加强政策法规学习和反腐倡廉教育。每年对全国审计机关20%左右的厅（局）级领导干部进行一次专题培训，5年内轮训一遍。不断调整和优化领导班子的专业结构和年龄结构，实现优势互补、合理搭配。加强后备干部队伍建设，健全完善后备干部选拔培养使用和管理机制。通过强化学习、管理和监督，使厅（局）级领导干部思想政治素质和带队伍能力得到进一步提升，作风得到进一步加强，各项工作得到进一步发展。

培养一批年龄结构合理，具有较强的宏观意识，具备较好的政治素质、领导能力和业务工作水平的市（地）级和县级审计机关领导干部。每年举办不同形式的市（地）级和县级审计局长培训班，对市（地）级和县级审计机关20%左右的审计局长进行培训，5年内轮训一遍。促进市（地）级和县级领导干部进一步牢固树立科学审计理念，有效提升组织领导能力。

（二）加强审计管理人才队伍建设。

以提升组织与协调能力、管理与服务能力、执行与综合能力、规范与创新能力为重点，培养一批具有较高内部管理水平的管理人才，推动审计机关管理的科学化、规范化，全面提升审计管理水平。

主要举措：实施中高级管理人才培养工程。

建立科学的审计管理岗位与审计业务岗位交流制度，注重从审计专业人才中选拔优秀人员从事审计管理工作，培养适合审计机关自身实际的中高级管理人才。围绕经济社会发展目标和工作实际，组织审计管理人才学习掌握管理学科知识。结合机关工作实际，开展与审计工作密切相关的法律法规以及机关内部管理规章制度的培训，提高审计管理干部依法行政能力。根据岗位职责要求和特点，选派综合部门的审计干部到管理先进的政府机关和大型企事业单位考察学习、挂职锻炼，参加境内外相关专题脱产培训。培养一批既具备精湛专业知识，又通晓管理学、社会学、心理学、法律、政治等多学科知识的中高级管理人才。

（三）加强审计专业人才队伍建设。

加强审计专业人才队伍建设，不断提高审计实战能力。适应审计工作发展需要，培养各种类型的审计专业人才，使其不同程度地成为查核问题能手、分析研究高手、计算机应用强手，推动审计业务工作水平的提高。

主要举措：实施专业领军人才培养工程、业务骨干人才培养工程、复合型审计人才培养工程、青年审计人才培养工程、国际审计人才培养工程。

1. 实施专业领军人才培养工程。

按照“道德素质过硬，专业贡献重大，引领作用显著”的原则，选拔一批素质过硬、综合业务能力强的审计专业领军人才。通过制定专业领军人才标准，对资格、能力、作用提出要求。建立统一选拔、重点培养、跟踪管理、有效使用的专业领军人才队伍建设机制。采取专题进修、课题研究、培训授课、参与审计案例编写和教材编写、参与国际国内审计交流等方式进行培养，并注重在实践中发挥审计专业领军人才的带动作用。发挥审计专业领军人才在团队发展、教材建设、科研课题及审计项目中的攻坚能力，突出其专业水平、工作业绩和群众认可度。

2. 实施业务骨干人才培养工程。

有计划、分步骤选拔培养一批熟悉并掌握国家宏观经济政策，熟悉并掌握财政、金融、企业、经济责任、境外、资源环境等一个或几个方面的审计知识和技术方法，业务水平较高、分析研究能力较强的审计业务骨干人才。通过采取集中教育培训和实践锻炼相结合的方式，促进业务骨干知识更新，特别要鼓励自学，坚持自我完善；依托审计专业技术资格考评制度，引导和鼓励审计业务骨干通过取得审计等专业技术资格提高政策水平和业务能力；派出业务骨干到其他部门和岗位锻炼，进行多层次、多渠道培养，提高实践技能。

3. 实施青年审计人才培养工程。

建立和完善优秀青年审计人才脱颖而出的机制，使优秀青年审计人才在重大审计项目和重点科研课题中担当重任，营造爱护青年人才、关心青年人才、支持青年人才的良好氛围，为培养造就一大批素质优良、勇于创新的青年审计人才创造良好的成长条件和环境。推行和完善审计实务导师制，有针对性地提高青年审计人才的专业水平。精心培养，大胆使用青年人才，加强教育和引导，鼓励他们在学习和实践中经受磨炼，增长才干，不断丰富和完善自己。

4. 实施复合型审计人才培养工程。

遵循人才成长规律，从实际需要出发，研究确定复合型审计人才培养工程。按照一专多能的原则，采取知识培训和实践锻炼相结合的方式，促进非财经专业审计人才知识结构的调整和更新以及多部门、多岗位锻炼，培养既熟悉审计业务，又了解和掌握法律、工程造价、环境保护、计算机等方面知识、技能的复合型审计人才。

5. 实施国际审计人才培养工程。

以举办世界审计组织大会，履行联合国审计委员会委员职责为依托，加强出国（境）培训学习，加强国际会计审计准则培训，加强国际审计交流合作，加强国际审计实践锻炼，培养一批具有国际视野、精通国际审计惯例、精通中国审计业务的高端国际审计人才。

（四）加强审计理论研究人才队伍建设。

培养一批具有扎实审计理论基础，能够进行针对性、前瞻性、建设性和有效性研究的审计理论研究人才。

主要措施：实施审计理论研究骨干培育工程。

在注重发挥审计科研专职人员主体作用的同时，积极鼓励审计业务人员开展审计理论研究，特别要强化审计理论研究骨干队伍建设，加大教育培训力度，大力培养理论研究人才。探索建立审计理论研究骨干人才数据库，逐步把具有一定研究能力和基础的骨干力量纳入人才库，实行动态管理，最大限度地发挥好骨干人才的作用。发挥审计科研所、审计学会、内部审计协会在审计理论研究方面的带动作用，依托重大科研、国际合作等项目，在实践中集聚和培养审计理论研究人才。采取有效措施，加大培养力度，定期举办重大学术研讨会和审计论坛，为广大青年审计人员提供机会、创造条件，充分调动他们参与审计理论研究的积极性。积极与有关院校、科研院所、国际组织合作开展审计研究课题，有计划地培养储备审计理论研究人才。

三、政策机制

（一）建立审计人才信息管理机制。

建立人才信息管理机制，加快人才管理信息系统的开发，系统集成全国审计机关人才信息资源，建立开放共享的人才基础信息库。重点建设高层次复合型人才的信息数据库。依托人才管理信息系统，完善人才信息的收集、整理、发布、交流等多种功能，使之成为审计机关人才开发的技术平台和有效载体。

（二）完善审计人才评价发现机制。

建立以岗位职责要求为基础，以品德、能力和业绩为导向的科学的人才评价发现机制。坚持平时考核与年度考核相结合、定性考核与定量考核相结合、组织考核与群众民主评议相结合的原则。完善体现科学发展观、正确政绩观的考核制度，科学衡量工作业绩，完善人才评价标准，对人才不求全责备，根据现有的审计人才不同状况，改进人才评价方式，拓宽人才评价渠道。坚持评价人才与发现人才相结合，坚持在实践中识别、评价人才。

（三）完善审计人才选拔任用机制。

完善党政领导干部公开选拔、竞争上岗制度，加大竞争性选拔干部力度。改进人才选拔使用方式，科学合理使用人才，促进人岗相适、用当其时、人尽其才，形成有利于优秀人才脱颖而出、充分施展才能的选人用人机制。深化干部人事制度改革，进一步提高选人用人公信度。注重从基层选拔优秀人才到上级机关工作。深化事业单位改革，加强事业单位人才选拔聘用工作。

（四）健全审计人才培养开发机制。

以培养造就高素质的审计干部队伍为目标，以提高政治素质、业务素质、理论素质为核心，完善具有审计系统特色的职业教育培训体系，构建分层次、分类型、多渠道、多形式的教育培训工作格局。改革和完善审计专业技术资格考评制度，推行正高级审计师资格评价制度，鼓励审计人员参加会计、工程、资源环境、预算造价等与审计业务相关的专业技术资格考试和评审。完善人才交流和挂职制度，扩大交流任职范围，加大审计机关与地方政府部门、国有企事业单位人员双向挂职力度。扩大与国内外高等院校及专业机构的合作，充分利用高等院校的设施和智力为审计科研和培训服务。完善各类人才脱产学习、外出进修、岗位培训和对外交流等继续教育制度，不断增强对人才培训学习的激励约束力度。

（五）健全审计人才激励表彰机制。

根据《公务员奖励实施办法（试行）》，建立健全新形势下与工作业绩紧密联系、充分体现人才价值、有利于激发人才活力、规范有效的审计人才激励机制。审计署要继续做好全国审计机关先进集体、先进个人评选表彰和重大专项表彰工作，健全审计人员评选表彰机制。各地审计机关要参照审计署的做法，结合各地实际情况，大力开展先进审计集体和先进个人评选表彰工作。对为审计事业发展做出突出贡献的优秀人才要依照规定授予荣誉，给予奖励，加强培养。

（六）实行审计业务岗位准入制度。

进一步加快审计机关公务员队伍专业化建设进程，切实提高专业素质和业务能力。新录用的公务员，应自进入审计机关3年内通过审计专业技术资格考试。届时不具备初级及以上专业技术资格的公务员，一般不得从事审计复核、审理工作。审计机关担任项目主审的公务员，一般应具有与审计工作相关的中级及以上专业技术资格。审计机关年龄在45岁及以下的公务员，未取得审计师等中级及以上专业技术资格或相关执（职）业资格的，应在符合审计师资格考试报名条件后3年内取得相应资格。在规定时间内不能取得审计师等中级及以上专业技术资格的，不得担任审计组组长、主审。鼓励45岁以上的公务员报名参加审计师等专业技术资格或相关执（职）业资格考试。

（七）实施审计人员知识更新工程。

围绕审计工作中心任务，在财政、金融、企业、经济责任、境外、资源环境等重点审计领域和信息化等重点技术方法方面，开展大规模的知识更新继续教育。加强全国性审计教育培训基地建设，2013年基本完成审计干部教育学院筹建工作，2012年开始面向全国审计干部的培训试运行。充分利用“金审工程”网络培训平台和现有教育培训基地，按照每年5000人左右的目标规模，有计划、分阶段、分层次地培训急需紧缺和骨干审计人才，到2020年，累计培训5万人左右。各级审计机关要创造条件，依托高等院校、科研院所和审计机关现有施教机构，建设一批审计继续教育基地。

（八）开展西部审计人才支持计划。

坚持和完善审计署、东中部地区与西部地区审计机关的干部相互交流办法，继续做好对口支援工作。重点做好对西藏、新疆等地区的审计人才培养工作，每年为西藏、新疆培训100名左右审计干部。继续从中西部地区审计机关每年选派100名左右业务骨干到特派办进行审计项目实战锻炼。采取代培代训、以审代训、经验交流等多种方式，继续为西部地区审计人才队伍建设提供智力支持。加强与中央有关部门和地方政府的密切联系，帮助西部地区审计机关改善教学培训条件。

（九）推动审计行业产学研合作教育。

推动建立以用人单位为主体、以需求为导向的产学研合作教育。鼓励和促进专业院校与用人单位紧密合作，积极实施审计后备人才培养计划，推广以院校教学为主体、单位实践为补充的审计人才培养模式。审计部门要与教育部门密切配合，加强全国审计专业学位教育指导委员会工作，广泛开展审计硕士专业学位研究生招生和培养工作，不断提高审计专业学位教学质量。加大支持审计科研所博士后科研工作站建设力度。推进与教育部、财政部、江苏省共建南京审计学院。各级审计机关要与企事业单位一道，搭建审计人才培养平台，推动应用型审计人才培养。

四、组织实施

（一）加强组织领导。

在审计署党组的统一领导下，审计署人才工作领导小组负责统筹协调规划的组织实施工作。各级审计机关要结合实际，编制本部门审计人才发展规划和具体实施办法，明确目标任务，分解落实方案和职责分工，保证人才工作经费投入。加强与相关部门的沟通协调，把审计人才工作列入本地区人才工作总体规划和经济社会发展规划。

（二）实行评估检查。

各级审计部门要对各项任务实施情况进行督促检查，建立规划实施情况的监测、评估等督促落实机制。制订切实可行的评估方案，开展规划实施的过程评估。2015年，对规划执行情况进行中期评估；2020年组织开展终期评估。

（三）营造良好环境。

大力宣传实施审计人才规划的重要意义、主要任务和政策措施，及时总结宣传典型经验、做法和成效；强化人才强审战略的宣传效应，积极宣传科学人才观，形成有利于规划实施的良好氛围。营造推动审计人才发展的政策环境、社会环境、工作环境和生活环境，促进规划目标实现。

（四）加强基础工作。

深入开展审计人才工作理论研究，探索审计人才资源开发规律。加强调查研究和统计分析，围绕人才工作重点，深化审计人才发展战略、审计职业化建设等课题研究。推进审计人才工作信息化建设，建立人才信息网络和数据库。实行人才统计制度，建立和完善人才发展统计体系和年报制度。加强审计人才工作队伍建设，加大培训力度，提高审计人才工作队伍的政治素质和业务水平。

审计署关于印发《审计干部教育培训改革规划（2011—2020年）》的通知

审人发〔2012〕13号

各省、自治区、直辖市审计厅（局），解放军审计署，各计划单列市、新疆生产建设兵团审计局，署机关各单位、各特派员办事处、各派出审计局，南京审计学院：

现将《审计干部教育培训改革规划（2011—2020年）》印发给你们，请认真贯彻执行。

二〇一二年一月三十一日

审计干部教育培训改革规划
（2011—2020年）

为贯彻落实国家《2010—2020年干部教育培训改革纲要》和《审计机关中长期人才发展规划（2011—2020年）》，深化审计干部教育培训改革，进一步提高审计干部教育培训科学化水平，培养造就高素质审计干部队伍，结合审计干部教育培训工作实际，制订本规划。

一、总体要求

1. 指导思想。

以中国特色社会主义理论体系为指导，深入贯彻落实科学发展观，结合学习型审计机关建设，以建立健全审计干部教育培训体系为目标，着力提高教育培训工作科学化水平，全面落实大规模培训干部、大幅度提高干部素质的战略任务，努力培养造就一支适应审计事业科学发展的高素质干部队伍，为依法履行审计职责、充分发挥审计保障经济社会健康运行的“免疫系统”功能和推动完善国家治理提供人才保证和智力支持。

2. 基本原则。

——坚持为审计工作科学发展服务。适应审计事业发展要求，围绕审计工作大局推进审计干部教育培训改革，提高教育培训工作水平。

——坚持为审计干部全面成长服务。把握审计机关岗位特点和审计干部成长规律，按照组织需求和审计干部发展需求开展教育培训。

——坚持与干部考核使用相结合。完善培训考核与评估，为干部学习成效的转化提供平台，将干部的学习培训情况作为各单位年度考核和干部选拔任用的重要依据。

3. 主要目标。

到2020年，建立与中国特色审计事业发展相适应，与学习型审计机关建设要求相符合，与深化审计干部人事制度改革相衔接，更加开放、更具活力、更有实效的审计干部教育培训体系。

——形成促进审计干部教育培训科学化，审计系统干部教育培训工作均衡发展，培训格局合理规划，网络培训高效运行的培训管理机制。

——形成以培训需求为导向，以组织调训为主、自主选学为辅，激励与约束相结合，注重学员管理，规范高效的培训运行机制。

——形成遵循审计干部成长规律和教育培训规律，培训理念更加科学，培训内容和方式不断创新，培训教材相对完备，更具针对性实效性的教育培训模式。

——形成适应审计工作发展需要，符合审计机关实际，充分发现培养审计系统内部人才、广泛吸收审计系统外部专家的师资管理机制。

——形成促进审计干部教育培训工作有序推进，培训工作人才队伍专业化，制度完善、效能显著的培训保障机制。

二、主要任务

（一）培训管理机制改革。

4. 统筹推进全国审计干部教育培训工作全面发展。全国审计干部教育培训工作要系统规划、统筹发展。审计署和各省审计干部教育培训管理部门要切实履行好整体规划、宏观指导、协调服务、督促检查、制度规范等职能。充分发挥各级审计培训机构作用，大规模培训基层审计干部，逐步建立基层审计干部培训的长效机制。审计署和省级审计机关要采取切实措施，统一组织专业性较强或适用范围较广的培训，或以送优质培训资源下基层的方式，加大对基层审计机关干部的培训力度。加强全国审计系统之间的培训交流，加大对西部地区和少数民族地区的支持力度，满足重点地区、重点领域干部的特殊培训需求，指导东部地区做好对口支援西部地区培训工作，推进全国审计干部教育培训工作全面发展。

5. 构建更加开放的审计干部教育培训格局。在充分发挥利用审计系统现有干部培训机构开展培训的基础上，整合利用审计系统外其他各种优质培训资源，进一步把党校、行政学院、高等学校、科研院所和具备资质的社会培训机构纳入审计干部教育培训体系。依托院校优质师资，开展不同专业的集中脱产培训，加强全国性审计教育培训基地建设，2013 年基本完成审计干部教育学院筹建工作，2012 年开始面向全国审计干部的培训试运行。开辟干部党性锻炼和能力培训的社会实践课堂。坚持以我为主、为我所用、注重实效的方针，积极开发利用境外著名大学和培训机构等优质培训资源，积极利用国际合作项目、境外奖学金项目开展教育培训工作。

6. 完善审计干部网络培训平台建设。依托“金审工程”建设，搭建面向全国审计机关的审计干部网上学习平台。整合各级审计部门现有网络培训资源，丰富网络培训课件，规范审计干部网络培训管理，建立开放、兼容、共享的全国审计干部教育培训网络平台，扩大培训覆盖面，提高资源利用效率。到 2013 年基本建成功能完备、资源共享、规范高效的审计干部网络培训体系，更好地满足审计干部多样化、个性化的学习需求。建立干部教育培训管理信息系统，推进审计干部教育培训信息化管理进程。

（二）培训运行机制改革。

7. 完善计划生成机制。坚持按需培训，把需求调研作为培训计划生成的必经环节。审计干部教育培训管理部门要深入研究经济社会发展和审计工作发展对审计干部素质能力提出的新要求，会同干部教育培训机构组织专门力量，开展广泛深入的需求调研，由审计干部提出个人需求，审计干部所在部门（单位）根据工作特点提出组织需求，统筹考虑并准确把握组织需求、岗位需求和干部个人成长需求，区分近期、中期和远期，制订年度培训计划和中长期培训规划。建立培训计划执行的动态监测机制，定期对培训计划的执行情况进行统计分析，发现问题及时整改。加强与各部门、各环节之间的协调配合，确保培训计划的有序进行。

8. 健全干部参训机制。坚持和完善组织调训制度。细化各类培训对象，把培训对象明确到各部门（单位），明确到审计干部个人，避免重复调训和多年不训问题。引入公开选拔方式，对境外培训、学历学位教育等通过个人自荐、单位推荐和选拔考试等环节确定选派人选。研究制定审计干部自主选学办法，由审计干部个人提出自学和选学计划，干部所在单位提供有关保障并督促检查干部自学情况，教育培训机构通过网络培训方式满足干部选学需求，跟踪干部选学情况。积极参加中央和国家机关司局级干部自主选学工作，各省级审计机关要积极参与各地的干部自主选学工作。

9. 强化考核评价机制。严格执行干部学习培训情况考核制度，全面考核干部的学习态度、学习成果、学风等情况。重点班次的干部培训考评由干部管理部门会同或委托干部教育培训机构进行，考核结果向干部所在单位反馈。建立健全干部教育培训登记管理制度，将干部学习培训情况和考评结果如实记入干部信息库，并将重要培训情况纳入干部人事档案。建立干部培训跟踪管理制度，不断拓展和延伸培训成效。健全教育培训档案管理制度，2013 年底前实现教育培训档案管理的电子化。

10. 完善激励约束机制。严格按照《中华人民共和国公务员法》和《干部教育培训工作条例（试行）》规定的培训时间和要求轮训审计干部，为干部参加培训学习提供时间和经费上的支持。加强干部培训与干部管理工作的衔接，把干部学习培训情况作为对干部进行任职考察的重要内容。提拔担任县处级以上领导干部要达到《干部教育培训工作条例（试行）》规定的培训时间要求，确因特殊情况在提任前未达到要求的，须在提任后 1 年内完成培训，仍未完成的原则上要延长试用期。结合干部年度考核开展述学评学活动，干部学习培训考核不合格的，年度考核不得确定为优秀等次。将教育培训工作的责任履行情况作为各部门各单位领导班子年度考核的重要内容。

11. 建立质量评估机制。审计干部教育培训管理部门要研究制定科学的培训质量评估管理办法，对教育培训项目组织实施情况进行评价，对培训项目课程设置、师资水平、教学管理等进行评估，促进教育培训机构不断改进工作，提高培训水平。同时，教育培训管理部门要组织有关部门开展培训应用效果评估，促进培训成果转化和审计干部个人能力提升，推动审计工作科学发展。

（三）教育培训模式改革。

12. 制定分类培训大纲。研究不同工作岗位对审计干部的素质能力要求，分析不同类型、不同层次的审计干部素质能力现状，查找审计干部素质能力缺口，据以制定分类培训大纲，明确初任培训、任职培训、专业培训等的目标、内容和方式等，不断提高审计干部教育培训科学化水平。2015年底前完成厅局级、处级干部任职培训，新录用公务员初任培训，财政、金融、企业、经济责任、境外审计等专业审计的分类培训大纲。

13. 完善分类培训内容。建立以培训需求为导向的培训内容更新机制。加强中国特色社会主义理论体系特别是科学发展观教育，党的路线方针政策和国家法律法规、党的历史、国情和形势教育，党性党风党纪教育和社会主义核心价值体系教育，提高审计干部的思想政治素质、道德品行和精神境界；加强科学审计理念和审计职业道德教育，注重审计理论、审计基础知识、审计技术方法、审计业务技能和审计管理技能的培训，开展相关学科知识、相关行业部门发展改革动态培训，补充文化、历史、科技、体育、国防等素质培养，提高审计干部的知识素养和审计实践能力。

14. 构建分类培训教材。加强审计干部教育培训教材体系建设，实施精品培训课程和精品教材工程。2011年审计署组建审计干部职业教育培训教材编审委员会，有步骤、有重点地推进包括纸质图书、网络课件和模拟教材等多种形式，涵盖政治类、公共类、法规类、审计类四个门类的教材建设，大力开发案例教材，注重教材建设与使用相结合，提高培训教材的针对性和实用性。2015年底前，审计署基本完成政治类、公共类、法规类、审计类四大门类的教材体系建设，面向全国审计机关发行使用。

15. 创新培训方式方法。改进培训班次设置方式，推广专题研究、小班教学，突出按类别开展培训。完善实务导师制培养、送教上门、挂职培训等方式，引入分段式培训、定制培训等方式，探索跨地区跨部门合作培训模式。改进讲授式教学，推广实验室模拟、案例教学、体验教学等方法。到2013年，审计署完成投资、企业等审计模拟实验室建设，面向全国审计干部开展培训。推动案例教学应用，到2015年基本完成各专业审计培训案例库建设。全面开展网络培训，提高网络培训的适用性和实效性。鼓励干部在职自学。

（四）培训师资管理改革。

16. 加强师资培养。重点加强审计系统内师资的培养，在审计工作实践中发现一批实践经验丰富、表达能力强的审计干部，通过培训进一步提升讲授能力，培养成为审计技术方法和实务的主讲师资；发现一批理论研究水平较高的审计干部，通过承担课题研究等方式，提升其审计理论研究能力，培养成为审计理论的主讲师资。有计划、分步骤地组织有发展潜力的优秀师资，通过挂职锻炼、专业培训等方式，提高授课能力和业务水平，注重在讲授实践中培养锻炼师资。以组建专业培训讲师团队的方式加强师资培育，到2015年建成一支基本满足审计业务培训需要的自有师资队伍。

17. 规范师资选聘和使用管理。建立师资准入和退出机制，制定师资选拔、聘用办法，坚持专兼结合原则，面向审计系统内外公开遴选、择优聘用师资，建立包括内外部专家、涵盖各种审计业务类型和学科领域的师资库，定期开展师资评价，实行动态管理。制定激励机制，鼓励审计系统内优秀人才担任师资，探索将担任师资情况作为干部考核任用的参考依据之一。实施审计系统内部师资经验交流制度。建立审计署和各省级审计干部教育培训师资库，促进优质师资资源的共享。2013年建成全国审计系统干部教育培训师资共享平台。

（五）培训保障机制改革。

18. 建立沟通协作机制。结合各级审计机关教育培训机构设置和职责履行情况，按照统筹安排、分级负责、发挥优势、形成合力的原则，整合优质教育培训资源，做好各级教育培训工作。建立审计署和地方审计机关教育培训工作经常联系机制，通过实地调研、工作研讨、经验交流等形式加强对下级审计干部教育培训工作的指导，及时研究解决培训工作中的薄弱环节和突出问题，总结宣传各地教育培训工作经验和典型事例，促进各地各级审计干部教育培训工作的协同发展。

19. 健全培训管理研究制度。加强审计干部教育培训规范化建设，制定审计干部学习培训管理规定，研究制定审计干部培训考核办法、师资管理办法，制定审计干部调训、自主选学、网络培训学习管理细则等。积极探索适合审计机关特点的学分制管理办法。2013年底前，审计署和省级审计机关基本完成教育培训管理的制度建设。

加大对审计干部教育培训工作的调查研究和理论总结，建立教育培训课题研究机制，制定教育培训课题研究管理办法，及时研究教育培训中出现的新情况、新问题，做好培训课题研究成果的推广与应用。

20. 加强培训队伍建设。全面加强干部教育培训管理工作者队伍建设，促进交流，提高素质。实施培训者培训工程，有计划、分步骤地组织培训管理者，特别是青年骨干培训和到上级干部教育培训管理部门进行学习进修，不断提升综合素质，提高培训组织管理能力。

21. 改革培训经费管理。各级审计部门要将培训经费列入年度财政预算，保证干部教育培训工作需要，实现经费合理增长。建立健全审计干部教育培训专项经费制度，加强专项经费管理，探索单位与个人出资相结合的培训经费投入机制，促进经费向优质培训资源流动。加大干部教育培训经费使用监督检查力度，提高培训经费使用效益。

三、组织领导

22. 落实领导责任。各级审计机关要高度重视审计干部教育培训改革，切实把这项工作摆上重要议事日程，主要领导同志要加强调查研究，及时掌握情况，解决审计干部教育培训改革中的困难与问题。建立健全审计干部教育培训工作领导小组，加强审计干部教育培训改革工作的沟通协调，落实好相关改革任务和要求，形成各司其职、各尽其责、密切配合、齐抓共管的工作格局。

23. 分级负责实施。审计干部教育培训改革实行统一领导、分级负责、协调配合的管理体制，由审计署和省级审计部门分级负责。审计署负责指导推进全国审计系统干部教育培训改革工作，检查评估各省级审计部门干部教育培训改革工作成效。各省级审计部门负责推进本地区干部教育培训改革工作，检查评估各地市审计部门干部教育培训改革工作成效。

24. 改进学风建设。结合创建学习型审计机关活动，促进审计干部树立良好的学习理念，加强审计机关学风建设。教育培训机构要树立科学培训理念；学员要端正学习态度、严守培训纪律；教师要严谨治学、以德施教；干部管理部门要把干部学习态度、参与程度、学习成果作为评价学风情况的重要内容；纪检监察部门要将干部学习培训期间的表现纳入干部监督管理范围。

25. 加强督促检查。各级审计部门要结合实际制定具体措施和办法，与审计干部队伍建设有机结合，搞好督促检查和工作指导，及时研究解决出现的问题和困难，定期汇报工作开展成效，接受检查评估，确保取得实效。2015 年，审计署组织开展中期检查和评估，2020 年底，全面检查评估总结贯彻落实情况。

审计署关于加强审计机关领导班子和干部队伍建设的若干意见

审人发〔2012〕87 号

各省、自治区、直辖市和计划单列市、新疆生产建设兵团审计厅（局），署机关各单位、各特派员办事处、各派出审计局：

党的十七大提出，要着力建设高素质领导班子，将其建设成为坚定贯彻党的理论和路线方针政策、善于领导科学发展的坚强领导集体；着力造就高素质干部队伍。党的十七届四中全会提出，要建设善于推动科学发展、促进社会和谐的高素质干部队伍，提高领导班子和领导干部推动科学发展、促进社会和谐能力。近年来，各级审计机关认真贯彻落实中央部署，积极探索适应审计工作发展需要的领导班子和干部队伍建设思路，领导班子建设得到加强，干部队伍结构得到优化，审计专业化水平得到提升，保障了审计监督职责的有效履行。为在新的起点上加快推进审计工作科学发展，推动完善国家治理，根据中央精神和审计法等有关规定，结合现阶段审计干部管理体制和审计工作实际，现就加强审计机关领导班子和干部队伍建设提出以下意见：

一、加强思想政治建设

深入学习马克思列宁主义、毛泽东思想、中国特色社会主义理论体系，全面贯彻落实科学发展观，着力提高领导班子和干部队伍理论修养和政策水平，增强政治意识、大局意识、责任意识和自律意识，自觉树立科学审计理念。各级审计机关领导班子和领导干部要按照讲党性、重品行、作表率的要求，增强政治敏锐性和政治鉴别力，在大是大非面前保持清醒头脑，始终做到“讲政治、顾大局、守纪律”，始终坚持把党和人民的利益放在第一位，有效履行法定监督职责。开展社会主义核心价值体系学习教育，引导审计干部坚定理想信念，牢固树立党员意识、公务员意识和审计人员意识，进一步树立和践行“责任、忠诚、清廉、依法、独立、奉献”的审计人员核心价值观，恪守“严格依法、正直坦诚、客观公正、勤勉尽责、保守秘密”的审计职业道德。

二、选好配强领导班子

坚持“德才兼备、以德为先”的原则，以品行为核心、作风为基础、能力为重点、业绩为导向、制度为保证，注重选拔政治过硬、业务精通、实践经验丰富的干部担任审计机关领导班子成员。正职领导干部的任用上，要选拔政治素质强、民主作风好、群众威信高、业务能力优、工作经历丰富、善于抓班子带队伍的干部。要立足审计工作实际，进一步改善审计机关领导班子的年龄结构、知识结构和专业结构，实现优势互补，增强整体功能。加强任前考察，上一级审计机关要积极主动地协同地方党委组织部门对下一级审计机关领导干部拟任人选进行考察，确保其具有相应的政治素质和业务素质。

三、加强对领导班子和领导干部的日常管理

要从严管理，实行审计机关正职领导干部重大事项向地方党委和上一级审计机关报告制度。进一步完善上一级审计机关领导干部分片联系和定点走访制度，加强对下一级审计机关领导班子建设的调研、分析和指导。上一级审计机关可以通过对下一级审计机关领导干部的谈话、参加其民主生活会等形式，掌握下一级审计机关领导班子建设和领导干部思想和工作情况。下一级审计机关应当将年度工作计划和工作总结，所在地区党委、政府领导对审计工作做出的重要指示，各类突发事件、重大事项及处理结果等情况等及时报告上一级审计机关。

四、完善考核评价机制

贯彻中央关于领导班子和领导干部考核评价的相关精神，结合审计机关实际，以个别任职考察、任期考察、年度考核的“三个考察”为重点，以上级评价、相关职能部门评价、内部评价、群众评价、自我评价的“五个评价”为依据，从完善考核内容、改进考核方式、扩大考核民主、强化考核结果运用等方面入手，加强日常考核和积累性考核，制定科学的评价指标体系。上级审计机关要积极协助、参与地方组织人事部门对下级审计机关领导班子及其成员的考察，客观评价被考察人员，并就领导班子配备、调整以及领导干部的任免、奖惩等问题，向有关主管部门提出建议。

五、加强经济责任审计

落实中共中央办公厅、国务院办公厅《党政主要领导干部和国有企业领导人员经济责任审计规定》（中办发〔2010〕32号），健全审计机关主要领导干部任期经济责任审计制度。坚持任中审计与离任审计相结合，提高任中审计比例。逐步推行审计机关主要领导干部经济责任审计结果公开制度，促进各级审计机关主要领导干部进一步强化责任意识，提高工作质量和水平。

六、强化党风廉政建设

以树立正确的权力观、地位观、利益观为重点，把岗位廉政教育、职业道德教育和预防职务犯罪贯穿于审计干部培养和管理的全过程。严格落实党风廉政建设责任制，建立健全审计机关廉政风险防控工作机制，加强审计项目廉政监督检查。引导审计干部始终用高标准严格要求约束自己，把廉政建设作为“高压线”，把审计质量作为“生命线”，把文明审计作为“保障线”，坚持自律、自警、自重、自省，严格执行审计纪律“八不准”等各项廉政规定。推行审理和项目质量责任追究、加强审计现场管理、定期开展审计机关财务检查等制度，规范审计权力的行使。

七、弘扬党的优良作风

大力弘扬理论联系实际、密切联系群众、批评与自我批评的作风，牢固树立宗旨意识。各级审计机关领导班子和领导干部要解放思想、与时俱进，勤于思考、敢于攻坚，用改革办法和创新精神解决影响审计工作科学发展的重点和难点问题。建立创先争优长效机制，完善领导班子调查研究制度，重点围绕审计工做出现的新情况、新问题，制订年度调研计划，力求研究一个课题，解决一个问题，推动一项工作。领导干部要通过设立领导干部接待日、建议箱等方式，及时征求干部职工的意见建议；坚持深入审计现场和下级审计机关，加强沟通交流，帮助解决实际困难。

八、加强能力素质培养

牢固树立科学审计理念，培养战略思维、辩证思维和创新思维，不断提高领导干部科学判断形势和决策能力、对重大事项洞察和应急处理能力、知人善任能力、动手能力和研究能力，不断提高审计干部的学习能力、实践能力、执行能力。通过集中学习、自学研读、专题研讨等方式，着力提升干部能力素质。安排审计干部定期参加各级培训班和研究班，确保每5年参与培训时间累计达3个月以上（培训机构须经厅局级以上单位组织人事部门认可）。坚持“实践是人才培养第一跑道”的理念，把有发展潜力的干部放在重大审计项目上进行培养，有计划地组织下级审计机关业务骨干参加上级审计机关统一组织的审计项目。加大对青年审计干部的培养力度，组织青年审计干部到艰苦地区、审计一线和关键岗位经受考验，丰富经验，提高能力。

九、推进专业化建设

认真落实审计署、人力资源和社会保障部、国家公务员局《关于加强审计机关公务员队伍专业化建设的意见》（审人发〔2009〕205号）和《关于贯彻加强审计机关公务员队伍专业化建设意见的实施办法》（审人发〔2011〕170号），结合实际制定具体措施，逐步改善队伍的专业结构、学历结构，提高具有中高级以上专业技术资格人员和能够直接从事一线审计业务工作人员的比例，确保审计队伍专业化建设各项目标的如期实现。审计机关领导班子成员拟任人选，一般应具有与审计工作相关的财经、法律、工程、管理等方面的领导工作经历，大学本科以上学历，以及与审计业务工作相关的中、高级专业技术资格或执（职）业资格。

十、加强和改进教育培训工作

依托审计署审计干部教育学院和地方审计机关现有干部培训机构，把干部培训与普通高等教育、成人教育等相结合，构建审计职业后续教育培训体系和审计人员职业能力培训体系。鼓励审计干部参加审计硕士等专业学位教育和专业技术职称考试。不断创新培训形式，综合采用讲授式、研究式、案例式、体验式等多种教学方式，大力推广网络培训。积极开展培训需求调研，加强培训效果评估和考核激励，努力提高培训的针对性、实效性。加大对基层审计机关干部的培训力度，增加对下级审计机关培训的经费和师资支持。

十一、加大干部交流培养力度

认真落实中央关于干部交流的有关要求，结合审计机关实际，逐步构建有序开放、合理流动的审计干部交流培养格局。统筹安排下级审计机关领导干部在系统内外的交流，有计划地从审计一线遴选干部到系统外进行锻炼，促进审计干部增强宏观意识、提高综合素质、优化能力结构。上级审计机关可以根据工作需要，适时向地方党委和组织部门推荐素质高、能力强、业绩好的干部，供组织上选择使用。要认真贯彻中央组织部《关于防止县乡领导干部任职年龄层层递减的意见》，防止基层审计机关出现类似情况。

十二、开展精神文明建设

坚持把精神文明建设融入审计工作全过程，积极创建文明单位，把“创建文明机关，争做人民满意公务员”活动引向深入。注重审计文化建设，增强审计干部对审计事业的责任感、使命感、认同感、归属感和自豪感，营造团结互助、平等友爱、文明和谐的机关文化氛围。加强社会公德、职业道德、家庭美德、个人品德建设，引导审计干部自觉履行法定义务、社会责任、家庭责任，保持自尊自信、理性平和、积极向上的良好心态。大力弘扬先进，注重典型引路，宣传精神文明建设的成果和经验，增强精神文明建设的影响力和实效性。

各级审计机关要积极探索、深入把握领导班子和干部队伍建设的基本规律，不断研究新情况，总结新经验，解决新问题。要结合本地区和本单位实际，进一步深化干部人事制度改革，创新制度方法，制定具体措施，实现审计机关领导班子和干部队伍建设的制度化、科学化，提高领导审计工作科学发展的能力，努力推动审计工作再上新台阶。

审计署

二〇一二年七月十八日

审计署关于印发进一步推进审计信息化建设指导意见的通知

审计发〔2012〕119号

各省、自治区、直辖市和计划单列市、新疆生产建设兵团审计厅（局），署机关各单位、各特派员办事处、各派出审计局：

《审计署关于进一步推进审计信息化建设的指导意见》已经审计长会议审议通过，现印发给你们，请结合本地区工作实际认真贯彻落实。

审计署

二〇一二年九月七日

审计署关于进一步推进审计信息化建设的指导意见

为贯彻落实《国民经济和社会发展第十二个五年规划纲要》及《“十二五”国家政务信息化工程建设规划》要求，做好“金审工程”二期和三期衔接期间审计信息化工作，探索构建国家电子审计体系，推进审计信息化建设迈上新的台阶，现提出以下指导意见：

一、加强审计信息化基础设施建设

要高度重视审计信息化基础设施建设，加大投入，配齐设备，夯实基础。网络设施方面，重点抓好审计专网和审计内网建设，依托国家电子政务外网实现中央、省、市、县四级审计专网互联。主机和存储设施方面，在为审计人员配备必要的信息化设备的基础上，重点扩充数据存储和处理能力，审计署机关要达到可提供百TB级以上、特派办和省级审计机关要达到可提供十TB级以上的存储和处理能力。信息系统安全方面，要按照国家关于信息系统分级保护和等级保护的要求，实行信息系统建设与安全建设同步进行，实行依法管理、分级负责、重点防控，确保审计信息的可用性、可控性和安全性。

二、加大审计管理系统（OA）和现场审计实施系统（AO）应用力度

要深入推广应用OA和AO这两大系统，逐步实现全业务、全流程和全覆盖，推动审计业务与信息技术的深度融合，充分发挥应用成效。在3年内，OA要在100%的省和市级、90%以上的县级审计机关部署应用；AO要在所有审计项目中广泛使用，成为每个审计人员的必备工具。

三、继续完善审计管理系统（OA）功能

要贯彻国家关于采用自主信息化设备的有关要求，加强OA系统的国产化改造，逐步调整和完善已有的应用支撑平台。不断完善OA的人力资源、计划统计、文书档案、绩效考核、党群工作和廉政建设等管理功能，拓展OA的“1拖N”功能，满足各级审计机关的部署需求。研究建设审计项目管理系统，进一步整合完善“项目执行管理软件”和“统一组织项目管理软件”，形成以审计计划为主线，以审计项目实施为导向，以质量控制（QC，Quality Control）为核心的数字化审计项目管理系统（OA－QC），实现对多个审计组的分级分类管理，逐步实现审计管理全过程和质量控制全流程的数字化。

四、研究提升现场审计实施系统（AO）功能

要广泛利用高速宽带网络、新一代移动通信技术、“云计算”等先进信息技术，不断拓展AO的审计业务处理功能，提升存储能力和计算能力。研究构建“云AO”，增强计算机审计分析和信息资源支持功能，审计人员能够比较方便地开发计算机审计方法和数据分析工具，经过认证后直接提交到平台备选工具箱，充实AO平台中基于计算机审计方法体系的审计分析工具；依托安全高带宽通信网络，增强审计数据存储的安全性，将敏感的审计数据存放于审计机关数据中心，并通过数据中心提供全程全网跨审计专业数据查询服务和历年审计成果查询服务等；依托高带宽通信网络，增强远程处理能力，即时上传审计数据，共享审计“云平台”上的服务器运算能力资源，远程开展海量数据审计分析。

五、逐步扩大联网审计范围

要在中央和地方的政府预算执行、海关、税

务、社会保险等关系国计民生和信息化程度较高的重要行业审计中，普遍推广应用联网审计技术，积极探索对中央财政组织预算执行、地方国库集中支付、全国社会保险等领域的动态审计监测，并组织开展跨部门、跨行业的数据关联分析。省级审计机关要针对部分行业省级数据比较集中的情况，开展省、市、县“三级联动”联网审计。要不断总结联网审计经验，健全制度规范，加强数据安全和权限控制，提升联网审计能力。

六、积极探索信息系统审计

要结合各专业审计，探索开展信息系统审计，关注被审计单位信息系统的安全性、系统功能的有效性、系统建设的经济性等，关注信息系统缺陷导致的信息系统安全及经济安全等风险。要组织研究和建立对国家电子政务相关政策规划的落实、信息共享、业务协同等方面的审计监督，及时发现和反映相关问题及隐患，促进电子政务建设顺利推进。

七、加强国家审计信息资源体系建设

要以国家审计数据中心为核心，以省级审计数据分中心为重点，逐步建立完善中央和地方审计数据中心。构建审计管理、人员、业务、方法和评价信息资源库，加快推进国家电子审计信息资源目录和交换体系建设，尽快建立审计信息智能化检索和资源交换系统；探索构建与财政、工商、税务、公安等部门的信息交互机制，为审计应用、业务协同提供信息资源支持；建立合理利用、信息共享、安全易用的机制，满足各级审计机关之间、审计机关与审计现场之间的信息资源共享与交换。

八、推进审计信息化标准规范体系建设

要继续制定和完善信息化环境下审计获取数据接口标准、审计数据规划、审计数据库建设规范，推动已发布实施的相关标准和规范的应用，实现审计数据获取、建设和运用等阶段有标准可依。探索构建审计行业标准体系，包括数据、功能和性能等标准，规范软件开发和推广，促进审计软件行业健康发展。

九、完善计算机审计方法体系

要注重总结计算机审计方法和经验，系统归纳和梳理各专业审计领域的计算机审计思路，完善已应用领域的计算机审计方法体系，尽快编制金融、投资、税收和经济责任审计等领域的计算机审计方法体系，为充分发挥国家审计数据中心的作用、积极推动信息化环境下数据式审计的开展奠定基础。

十、研究建设数字化审计指挥中心

审计署要综合利用国家信息化和电子政务的建设成果，认真分析梳理审计署机关、各派出机构审计管理及业务处理流程，利用海量数据处理分析、信息可视化、网络通信、地理信息系统及卫星定位等先进技术，完善署机关办公项目建设规划，为指挥中心建设做好必要准备。审计指挥中心在审计感知方面，要通过 AO 及时获取审计现场情况，能够与联网审计系统、OA 共享数据；在信息传输方面，能够使各种有用信息迅速、准确、安全地在各级审计机关之间、审计机关与审计现场之间传递；在信息展示方面，能够通过图形图像、文字表格、音视频等方式，动态展示审计项目工作状态和进度，按需要、按授权调看调用；在决策支持方面，能够提供审计资源分布、审计实施进度、审计成果评估等数据分析结果，为审计机关控制审计进度、调配审计资源、指挥审计现场等提供决策信息支持。

地方审计机关要按照审计署的统一规划，研究建设省级审计机关的数字化审计指挥中心，逐步建成涵盖审计署机关、各派出机构及省级审计机关的数字化国家审计指挥中心。

十一、做好国家模拟审计实验室建设准备工作

要在审计数据积累的基础上，依托数据中心的存储计算能力，应用计算机模拟、多维分析和数据挖掘等技术，结合审计科研、培训和实践等需求，做好国家模拟审计实验室建设的筹备工作。利用模拟审计实验室模拟审计工作环境，开发、验证审计模型；模拟被审计单位信息系统，找出内部控制关键环节，确定审计重点，提高审计效率；开展情景化培训和案例化教学，促进提高审计人员技术应用水平和审计实战能力。

十二、探索建设移动办公系统

要在总结审计信息交互安全防护技术应用经验的基础上，研究分析审计业务移动办公的必要性和可行性，进一步完善相关技术，研究建立审计系统 CA 认证体系，完善安全客户端系统。结合“宽带中国”工程的实施进度，对OA进行适应性改造，逐步建立起安全可靠、不受地域限制、支持远程办公和信息共享的移动办公系统，为保证审计工作效能和质量提供技术支撑。

十三、做好“金审工程”三期立项申报工作

“金审工程”三期要把为充分发挥国家审计在推动完善国家治理中的作用、促进经济社会健康发展提供支撑作为建设的主要目标，把提高信息化环境下的审计能力作为着力点，把构建国家电子审计体系作为核心，把明确审计业务需求作为关键。各级审计机关要按照审计署的统一部署，组织需求分析，做出投资承诺，提出项目建议书，及时完成项目可行性研究报告、初步设计方案和投资概算等立项审批程序，确保“金审工程”三期建设按计划启动和实施。

十四、做好系统运行维护

要以审计信息系统持续稳定运行为目标，进一步加强运行维护工作。要建立完善统一指导、分级管理的服务保障体系，加强对服务质量的检查，确保系统持续安全运行、数据安全完整、事件响应及时灵敏。进一步完善审计署“金审工程”呼叫中心和服务网站，探索建立特派办服务保障队伍，组建地方审计机关“金审工程”服务队伍，为系统运行和审计人员使用审计软件提供优质服务。要充实地市级以上审计机关计算机专业人员，注重加强系统维护方面的专业培训，充分发挥专业人员在系统管理、数据处理、技术支持等方面的作用。

十五、加强审计信息化建设组织领导

要加大对全国审计信息化建设的分类指导力度，及时总结推广各地先进经验，研究解决突出问题，推动全国信息化建设的整体推进和协调发展。各级审计机关要充分认识审计信息化建设面临的机遇与挑战，建立健全信息化建设的组织领导机构，研究制定推进审计信息化建设的具体措施，加大人力、财力、物力等投入。要积极开展信息化审计理论研究，创新数据采集、错弊发现、证据获取、项目管理等方面的审计理论，积极推进信息化条件下的审计组织方式创新。进一步加强审计信息化队伍建设，建立健全审计信息化考核制度，研究制定审计署机关、派出机构以及地方审计机关信息化建设标准和考核办法，引导审计信息化建设规范、有序发展。

各级审计机关要结合自身实际，制定落实本指导意见的具体措施和办法，进一步推进审计信息化建设，并加强监督检查，确保有关工作部署的贯彻落实。

中华人民共和国审计署
国家档案局令

第10号

《审计机关审计档案管理规定》已经审计署审计长会议、国家档案局局务会议通过，现予公布，自2013年1月1日起施行。

审计长　**刘家义**

局　长　**杨冬权**

二〇一二年十一月二十八日

审计机关审计档案管理规定

第一条　为了规范审计档案管理，维护审计档案的完整与安全，保证审计档案的质量，发挥审计档案的作用，根据《中华人民共和国档案法》《中华人民共和国审计法》和其他有关法律法规，制定本规定。

第二条　本规定所称审计档案，是指审计机关进行审计（含专项审计调查）活动中直接形成的对国家和社会具有保存价值的各种文字、图表等不同形式的历史记录。

审计档案是国家档案的组成部分。

第三条　审计机关的审计档案管理工作接受同级档案行政管理部门的监督和指导；审计机关和档案行政管理部门在各自的职责范围内开展审计档案工作。

第四条　审计机关审计档案应当实行集中统一管理。

第五条 审计机关应当设立档案机构或者配备专职（兼职）档案人员，负责本单位的审计档案工作。

第六条 审计档案案卷质量的基本要求是：审计项目文件材料应当真实、完整、有效、规范，并做到遵循文件材料的形成规律和特点，保持文件材料之间的有机联系，区别不同价值，便于保管和利用。

第七条 审计文件材料应当按照结论类、证明类、立项类、备查类 4 个单元进行排列。

第八条 审计文件材料归档范围：

（一）结论类文件材料：上级机关（领导）对该审计项目形成的《审计要情》《重要信息要目》等审计信息批示的情况说明、审计报告、审计决定书、审计移送处理书等结论类报告，及相关的审理意见书、审计业务会议记录、纪要、被审计对象对审计报告的书面意见、审计组的书面说明等。

（二）证明类文件材料：被审计单位承诺书、审计工作底稿汇总表、审计工作底稿及相应的审计取证单、审计证据等。

（三）立项类文件材料：上级审计机关或者本级政府的指令性文件、与审计事项有关的举报材料及领导批示、调查了解记录、审计实施方案及相关材料、审计通知书和授权审计通知书等。

（四）备查类文件材料：被审计单位整改情况、该审计项目审计过程中产生的信息等不属于前三类的其他文件材料。

第九条 审计文件材料按审计项目立卷，不同审计项目不得合并立卷。

第十条 审计文件材料归档工作实行审计组组长负责制。

审计组组长确定的立卷人应当及时收集审计项目的文件材料，在审计项目终结后按立卷方法和规则进行归类整理，经业务部门负责人审核、档案人员检查后，按照有关规定进行编目和装订，由审计业务部门向本机关档案机构或者专职（兼职）档案人员办理移交手续。

第十一条 审计机关统一组织多个下级审计机关的审计组共同实施一个审计项目，由审计机关负责组织的业务部门确定文件材料归档工作。

第十二条 审计复议案件的文件材料由复议机构逐案单独立卷归档。

为了便于查找和利用，档案机构（人员）应当将审计复议案件归档情况在被复议的审计项目案卷备考表中加以说明。

第十三条 审计档案的保管期限应当根据审计项目涉及的金额、性质、社会影响等因素划定为永久、定期两种，定期分为 30 年、10 年。

（一）永久保管的档案，是指特别重大的审计事项、列入审计工作报告、审计结果报告或第一次涉及的审计领域等具有突出代表意义的审计事项档案。

（二）保管 30 年的档案，是指重要审计事项、查考价值较大的档案。

（三）保管 10 年的档案，是指一般性审计事项的档案。

审计机关业务部门应当负责划定审计档案的保管期限。

执行同一审计工作方案的审计项目档案，由审计机关负责组织的业务部门确定相同保管期限。

审计档案的保管期限自归档年度开始计算。

第十四条 审计文件材料的归档时间应当在该审计项目终结后的 5 个月内，不得迟于次年 4 月底。

跟踪审计项目，按年度分别立卷归档。

第十五条 审计机关应当根据审计工作保密事项范围和有关主管部门保密事项范围的规定确定密级和保密期限。凡未标明保密期限的，按照绝密级 30 年、机密级 20 年、秘密级 10 年认定。

审计档案的密级及其保密期限，按卷内文件的最高密级及其保密期限确定，由审计业务部门按有关规定做出标识。

审计档案保密期限届满，即自行解密。因工作需要提前或者推迟解密的，由审计业务部门向本机关保密工作部门按解密程序申请办理。

第十六条 审计档案应当采用“年度—组织机构—保管期限”的方法排列、编目和存放。审计案卷排列方法应当统一，前后保持一致，不可任意变动。

第十七条 审计机关应当按照国家有关规定配置具有防盗、防光、防高温、防火、防潮、防尘、防鼠、防虫功能的专用、坚固的审计档案库房，配备必要的设施和设备。

第十八条 审计机关应当加强审计档案信息化管理，采用计算机等现代化管理技术编制适用的检索工具和参考材料，积极开展审计档案的利用工作。

第十九条 审计机关应当建立健全审计档案利用制度。借阅审计档案，仅限定在审计机关内部。审计机关以外的单位有特殊情况需要查阅、复制审计档案或者要求出具审计档案证明的，须经审计档案所属审计机关分管领导审批，重大审计事项的档案须经审计机关主要领导审批。

第二十条 省级以上（含省级）审计机关应当将永久保管的、省级以下审计机关应当将永久和30年保管的审计档案在本机关保管20年后，定期向同级国家综合档案馆移交。

第二十一条 审计机关应当按照有关规定成立鉴定小组，在审计机关办公厅（室）主要负责人的主持下定期对已超过保管期限的审计档案进行鉴定，准确地判定档案的存毁。

第二十二条 审计机关应当对确无保存价值的审计档案进行登记造册，经分管负责人批准后销毁。销毁审计档案，应当指定两人负责监销。

第二十三条 对审计机关工作人员损毁、丢失、涂改、伪造、出卖、转卖、擅自提供审计档案的，由任免机关或者监察机关依法对直接责任人员和负有责任的领导人员给予行政处分；涉嫌犯罪的，移送司法机关依法追究刑事责任。档案行政管理部门可以对相关责任单位依法给予行政处罚。

第二十四条 电子审计档案的管理办法另行规定。

第二十五条 审计机关和档案行政管理部门可以根据本地实际情况，在遵循本规定的基础上联合制定实施办法。

第二十六条 本规定由审计署和国家档案局负责解释。

第二十七条 本规定自2013年1月1日起施行。此前审计署发布的《审计机关审计档案工作准则》（2001年审计署第3号令）同时废止。

审计结果公告

中华人民共和国审计署审计结果公告（2012年第1号）

关于2010年度中央预算执行和其他财政收支审计查出问题的整改结果

（二〇一二年一月四日公告）

十一届全国人大常委会第二十一次会议审议了审计署审计长刘家义受国务院委托所做的《关于2010年度中央预算执行和其他财政收支的审计工作报告》，要求国务院责成有关部门对审计查出的问题，认真研究处理，切实进行整改，并向全国人大常委会报告落实结果。国务院高度重视整改工作，温家宝总理7月6日在国务院常务会议上做了专门部署，要求各地区、各部门、各单位把整改工作作为“一把手”工程，主要负责同志亲自挂帅督导，并按照“整改—规范—提高”的要求，对审计发现的问题紧盯不放，做到事事有回音、件件有落实，属于操作层面、短时间内能够解决的，要迅速加以解决；属于体制机制或者是历史遗留性问题的，要尽快完善和出台相关制度。各相关部门、单位和地区按照全国人大常委会和国务院要求，以及审计署依法下达的审计决定，认真进行了整改。据统计，截至2011年10月底，相关部门、单位和地区上缴、追回、归还和补拨资金143.94亿元，挽回和避免损失60.66亿元，规范账务处理997.09亿元；根据审计意见和建议，制定和完善规章制度1581项；审计发现的139起违法犯罪案件线索及其他违法违规问题移送纪检监察、司法机关和有关部门查处后，已有699人受到党纪政纪处分，81人被依法逮捕、起诉或判刑。现将审计查出问题的整改情况报告如下：

一、中央财政管理审计查出问题的整改情况

（一）关于部分中央支出预算编制和执行中的问题。

1. 部分中央本级支出预算未落实到部门问题。财政部正在进一步细化预算编制，严格控制代编预算规模，切实加强代编预算执行管理，努力做到在规定时间内将代编预算落实到部门和单位。对2010年底未执行的代编预算，财政部报经国务院同意已全部做出安排；对抽查的“物资收储支出”等3个项目预算，财政部2011年已不再代编“驻艰苦及污染地区人员回国工作医药费”预算，将于2012年停止代编“中国疾病预防控制中心公共卫生应急反应机制专家津贴”预算，并督促有关单位准确编制和执行“物资收储支出”预算。

2. 中央部门归口管理的部分本级支出预算年初到位率低问题。财政部在组织编制今后基建支出预算过程中，将督促发展改革委做好预算细化工作，并确保中央本级支出年初预算资金落实到具体项目的比例不低于75%。发展改革委已于年初下发通知，要求各地区、各单位做好2012年中央预算内投资计划草案编报工作，逐步提高年初预算到位率。

3. 中央转移支付预算未及时细化落实到省（区、市）问题。财政部正在完善转移支付预算编制方法，拟进一步扩大提前通知地方转移支付的项目范围和资金比例，将客观条件允许的部分转移支付预算及时细化落实到相关地区，并通过加快工作进度、完善资金管理办法、研究简化资金拨付流程等方式，进一步加快转移支付下达进度，努力提高财政资金使用效益。对养殖业保险保费补贴预算执行率较低的问题，财政部2011年已据实调减预算规模，并开展了农业保险保费补贴绩效评价试点，进一步加强了保费补贴预算管理。

（二）关于部分投资计划下达不符合规定的问题。

1. 扩大投资专项范围安排支出问题。发展改革委要求相关部门和地方编制以后年度投资计划时，严格按照规划申报和安排项目，防止再出现规划外安排投资的现象。

2. 少数投资计划下达程序不规范问题。发展改革委已会同旅游局、农业部、林业局修改完成了3个专项的“十二五”规划；会同气象局、财政部、农业部完成了5个项目的初步设计批复；会同住房城乡建设部、环境保护部编制了关于城镇污水垃圾处理设施方面的两个“十二五”规划，规范了相关投资计划申报和下达程序。

3. 未按建设进度下达贴息补助问题。能源局正在制定《煤炭产业升级中央预算内投资项目管理办法》，将进一步规范专家评审的内容和程序，加快项目前期工作和投资下达进度，并督促有关项目加快实施进度。

4. 少量投资计划下达滞后问题。发展改革委今后将加快投资计划下达进度，加强与地方政府、部门的协调配合，督促有关方面做好项目前期工作，尽快下达投资计划。

5. 部分投资资金闲置问题。发展改革委加快了2011年度农网改造和无电地区电力建设投资计划下达进度，并督促相关单位加快项目建设进度，确保按期完成投资计划。

（三）关于有些收支事项处理不够规范、部分资金未及时清理安排使用的问题。

1. 中德财政合作伙伴基金未纳入总预算会计核算体系问题。财政部正在研究采取措施妥善解决。

2. 以前年度结转的出口退税资金未及时清理问题。财政部正在根据经济发展形势逐步清理，统筹安排使用。

3. 年初批复部门预算时未全面反映上年度国库集中支付结转和结余问题。财政部已要求各部门编制预算时，对上年年底结转资金情况作充分预计，并在预算编制中全面反映、统筹使用。

4. 无线电频率占用费纳入公共财政预算后未统筹安排使用问题。为满足无线电管理工作需要，财政部从2011年起将无线电频率占用费纳入了基金预算管理。

5. 部分商业银行账户应予规范和清理问题。财政部已区分账户情况，分类予以清理，并撤销3个专户。

（四）关于国有资本经营预算制度不够完善的问题。

1. 部分中央部门管理的企业尚未实行国有资本经营预算管理问题。财政部正在与相关主管部门沟通协调，提出将其逐步纳入国有资本经营预算的具体意见。

2. 国有资本经营预算年初预算未细化、部分支出专项交叉问题。财政部已对《中央国有资本经营预算编报试行办法》进行修改，将预算编制时间提前，实现与公共预算编制基本同步，并督促和协调国资委等预算单位严格按照制度规定申报预算建议草案，避免支出分配交叉。

3. 国有资本经营预算资金的拨付主要集中在11月和12月问题。财政部将采取措施积极协商解决国有资本收益入库晚等制约因素，督促加快预算执行进度，提高国有资本经营预算资金拨付的均衡性。

（五）关于政府性基金预算管理不够规范的问题。

1. 政府性基金预算部分支出预算未落实到具体项目问题。财政部研究调整了部门政府性基金支出预算批复方式，对未落实到具体项目的支出不再以“预留待批”的方式批复给部门，而是根据征收收入情况和部门申报情况追加部门预算。同时，对新增建设用地土地有偿使用费按照“当年收入当年使用”的原则分配，切实提高新增费支出预算的执行率；督促有关部门严格按照文化事业建设费管理办法规定，及时向财政部提出资金分配建议方案，经审核下达预算后，组织项目实施，切实加快预算执行进度；会同水利部并商发展改革委，将水利建设基金年底结转资金纳入2011年固定资产投资计划，并正在会同水利部修订《水利工程维修养护定额标准》、完善中央水利建设基金管理及预算编制办法，研究建立定额标准与物价水平变动等因素联动调整的机制。

2. 在公共财政预算中安排与基金预算内容相近支出问题。财政部将严格按照有关基金使用方向和要求，统筹安排好公共财政预算和基金预算。同时，正在会同体育总局对《体育彩票公益金管理暂行办法》进行修订，合理确定彩票公益金使用范围；将尽快制定旅游发展基金中央本级资金支出管理办法，明确基金预算支出内容，避免与公共财政预算交叉重复安排。

3. 少数基金管理使用和设置不够规范问题。财政部研究完善了相关制度，并加大了对应缴收入的催缴力度。交通运输部未及时上缴的船舶港务费已缴入国库。其余问题正在整改。

（六）关于国债发行管理不够严格的问题。

1. 记账式国债招投标制度不完善问题。财政部采取了扩大招标现场管理措施适用范围、加强进出招标现场人员及通信工具管理、强化招投标数据管理等措施，已经制定了《记账式国债发行远程招标现场管理与监督办法》和《记账式国债发行管理岗位工作规范》等管理制度，建立周全缜密的制度体系。

2. 增补记账式国债承销团成员未严格执行相关规定问题。财政部已采取措施，严格规范增补记账式国债承销团成员工作。

3. 电子式储蓄国债面向个人投资者销售的政策目标落实不到位问题。财政部正在研究完善相关管理制度，会同人民银行督促储蓄国债承销银行进一步加强销售组织工作，尽力满足投资者购买国债的需求，同时加大对国债市场的调研力度，努力提高国债发行方式方法的科学性。

此外，对审计财政部编制中央决算草案情况发现的问题，财政部在审计期间已全部整改，将4.52亿元结余反映在中央政府性基金决算草案中，将22.05亿元转列为公共财政支出。

二、中央部门预算执行审计查出问题的整改情况

中央部门高度重视整改工作，采取有效措施，切实落实整改责任。此次审计的54个中央部门中，有34个部门的主要负责人和分管领导对整改工作提出要求；有31个部门专门召开会议，研究部署整改工作，制订整改方案和具体措施。财政部等部门还成立了专门的核查小组，对预算执行审计查出问题的整改落实情况逐条跟踪核查，督促各责任主体切实履行整改责任，确保按时完成整改任务。截至2011年10月底，审计查出的违反财经制度规定问题，有55.31亿元已经整改到位，其余问题正在整改落实；还有26个部门及部分所属单位结合整改工作，制定和修订了69项内部规章制度，涉及财务预算、资金资产管理和内部监督等多个方面。

（一）关于项目支出预算编制不够完整和具体、一些部门本级预算未完全执行到位问题。对11个部门本级106.76亿元项目支出预算未细化到具体单位和项目、5个部门本级自行调整2.74亿元项目支出预算问题，相关部门采取措施，加强了预算编报基础工作和预算管理，进一步严格了预算审批程序。对32个部门本级以拨作支、虚列支出、在项目或预算科目之间调剂使用资金5.81亿元问题，各有关部门本级通过调整账目和决算报表、归还原资金渠道等方式整改5.25亿元。对未按规定征缴非税收入等4.51亿元问题，17个部门本级通过停止违规收费等方式整改4.11亿元。其余问题正在整改。

（二）关于部分部门所属单位违反财经制度问题。

1. 预算执行不够严格和规范问题。对未经批准扩大开支范围等10.26亿元问题，187个所属单位通过调整账目和决算报表、归还原资金渠道等方式整改7.18亿元；对虚列支出、以拨作支等1.51亿元问题，27个所属单位通过调整账目和决算报表、归还原资金渠道等方式整改1.43亿元；对多申领财政资金0.3亿元问题，13个所属单位通过调整账目和决算报表、归还原资金渠道、加强预算编报管理等方式，全部整改完毕。

2. 私存私放资金设立4.14亿元“小金库”问题。73个所属单位通过调整账目和决算报表、收回私存私放资金余额等方式，整改3.75亿元。

3. 收入和资产管理存在一些薄弱环节问题。对未按规定征缴非税收入和违规收费6.77亿元问题，79个所属单位通过停止违规收费、调整账目和决算报表等方式整改5.72亿元；对违规出租出借资产、委托理财以及资产入账不及时等18.75亿元问题，46个所属单位通过收回违规出租出借资产和委托理财资金、调整账目和决算报表等方式，整改17.26亿元；对未严格执行政府采购规定及采购程序不规范7.57亿元问题，39个所属单位采取了规范政府采购行为、严格执行政府采购管理有关规定、加强政府采购工作领导和监督等措施，全部整改完毕。

（三）关于部分科技经费使用和管理不够规范的问题。对重大科技专项存在的问题，财政部要求重大科技专项牵头单位进一步加强对项目承担单位用款计划的审核，保证按项目进度拨款，防止资金大量沉淀；严格要求牵头单位在申请财政部拨款时出具更为翔实的特设账户专款余额和具体用款要求，并加大监管力度，确保专款专用。对国家科技支撑计划项目成果审核等方面的问题，科技部专门发文要求项目组织单位落实整改措施，并且正在研究完善包括科技支撑计划在内的科技计划管理模式。

（四）关于一些部门决算草案编报不够准确的问题。对决算草案中收入、支出、结余和资产编报不够准确等22.44亿元问题，36个部门已调整账目和报表20.58亿元，整改率为91.71%。

三、中央转移支付资金审计查出问题的整改情况

（一）关于转移支付在财政支出中占比较高的问题。财政部正在研究加快地方税收体系建设，提高地方财政收入自给能力，形成规范透明的转移支付制度，并进一步完善转移支付分配办法，推进基本公共服务均等化进程。

（二）关于专项转移支付在转移支付中占比较高的问题。财政部将推进专项转移支付项目的清理归并，严格控制新增专项转移支付项目，将部分按因素分配、用于保障和改善民生等基本公共服务领域、数额相对较大的专项转移支付调整为一般性转移支付，并结合财政体制改革进展，研究完善均衡性转移支付等一般性转移支付项目的规模确定机制，逐步提高一般性转移支付规模和比重。

（三）关于部分专项资金设置交叉重复的问题。财政部将继续推进专项转移支付项目的清理整合，对政策目标已经实现、形势发生变化或与公共财政要求不尽符合的，将及时予以清理；对政策目标相近、资金投入方向类同、资金管理方式相近的，将予以归并；探索对涉农资金等做“自下而上”与“自上而下”相结合的统筹整合。

（四）关于上级转移支付资金未完整纳入地方预算的问题。财政部正在研究继续改进转移支付指标提前通知工作，为进一步提高地方预算编制的准确性和完整性创造条件。

四、国税征管审计查出问题的整改情况

（一）关于部分涉税审批事项不合规的问题。对批准企业超过认证期限的增值税发票进项税款予以抵扣问题，经国务院批准，税务总局发布公告，明确了因客观原因逾期的增值税进项税款抵扣相关要求。对违规批准税前扣除和减免税优惠、流失税款25.78亿元问题，税务总局和有关部门进一步明确了有关政策规定，相关国税局积极补征税款及滞纳金，涉及税款24.35亿元。对不符合条件的高新技术企业享受26.65亿元税收优惠问题，科技部、财政部、税务总局等部门完善了高新技术企业认定管理的相关措施，有关国税局正在积极追缴税款及滞纳金，涉及税款26.45亿元。对尚未追缴入库的税款，相关国税局也制订了缴款计划。

（二）关于纳税审核和发票管理不严格的问题。对违规代开发票问题，10个区县级国税局开展了代开发票业务的全面检查，并完善了相关制度，强化了责任追究，对6名责任人员给予党纪政纪处分；通过加强对受票企业的稽查，追缴入库税款534.12万元。对15户企业虚开发票及使用不规范发票问题，相关国税局正在调查处理，已入库税款（含滞纳金和罚款）6283.24万元，个别情节较为严重的虚开、代开发票问题，公安部门正在立案查处。对纳税申报审核不严少征企业所得税问题，相关国税局对涉及的企业进行了专项检查，已征缴入库税款及滞纳金、罚款共计9.84亿元。

（三）关于人为调节税收进度的问题。相关国税局全部整改完毕，并结合整改下发了关于规范延期申报和延期缴纳税款审批、进一步加强税收征收管理等规定。

五、地方政府性债务审计查出问题的整改情况

国务院高度重视地方政府性债务审计查出问题的整改工作，要求把“有效化解地方政府性债务风险”作为各项整改工作的首要任务。2011年8月，国务院两次召开会议专题研究加强地方政府性债务管理有关问题。按照国务院部署，财政部会同发展改革委、人民银行、审计署、银监会等部门进一步采取措施，加强对地方政府性债务的管理和监督。财政部实施了新的债务管理信息系统，实行债务信息月报制度，强化债务动态监管；审计署、教育部、财政部正组织地方政府对公办普通高中债务情况进行深入和全面的调查研究，中央财政还设立了支持地方化解高校债务风险的奖补专项资金。

地方各级政府积极加强政府性债务管理，有13个省级政府专门召开会议，研究部署地方政府性债务审计发现问题的整改工作，有的设立了整改工作领导小组；有7个省级政府制定和完善了地方政府性债务管理制度或融资平台公司管理办法。各地还采取落实偿债责任、多渠道筹措偿债资金、设立偿债准备金等措施，妥善处理存量债务，积极纠正违规问题：一是违规为464.75亿元债务提供担保问题，有关地方和部门通过协商解除担保协议、撤销承诺函、被担保单位筹集自有资金归还等方式，整改到位220.27亿元；二是融资平台公司违规抵押或质押取得债务资金731.53亿元问题，有关单位通过完善相关手续、充实抵押物、增加合法抵押物、完善贷款手续、加快土地征收和拍卖、变更土地收储单位名称、与银行协商归还贷款等方式，整改到位230.61亿元；三是1 319.80亿元债务资金未及时安排使用问题，相关地方通过抓紧项目前期准备、合理加快工程进度、理顺资金审批手续、及时归还等措施，整改到位1 017.47亿元；四是351亿元债务资金被投向资本市场、房地产和“两高一剩”（高能耗、高污染、产能过剩）项目问题，相关单位通过清理催收被挪用债务资金、理顺项目间资金关系、调整贷款债务人、以自有资金置换或由财政安排资金归还原渠道等方式，整改到位140.35亿元；五是融资平台公司虚假出资、注册资本未到位等2 441.5亿元问题，相关地方通过充实资本金、推进公司股权多元化、引进战略投资者、变更登记、清理整合等措施，整改到位983.23亿元。对其他问题，各地正在积极采取措施整改落实。

六、重大投资项目审计查出问题的整改情况

（一）关于部分项目在工程施工、材料采购等方面违背国家招投标规定的问题。相关部门和单位进一步完善了招标相关制度，规范了工程建设物资、设备和材料采购等工作。

（二）关于部分项目投资控制不严、建设进度滞后的问题。对因物资采购和工程款结算审核不严等增加投资15.12亿元问题，相关单位采取措施，加强了合同管理，按照国家规定调整了招标代理收费标准，并积极与物资供应商谈判降低采购价格；对虚假申报、多头申报、挤占挪用或违规使用建设资金11.63亿元问题，相关单位已调整资金用途和归还原资金渠道，有9名责任人员受到党纪政纪处分；对以假发票或“白条”入账4.65亿元问题，已全部纠正；对170个粮油仓储设施项目未能如期建成问题，目前已建成35个，另有116个项目加快了建设进度，基本完成主体工程建设，其中48个已进入封顶阶段。

（三）关于部分地方征地拆迁和环境保护措施落实不到位的问题。违规占地的18个扩内需项目中，有10个完善了相关审批手续，涉及土地4 125.68亩；30个扩内需项目、25个支线机场项目存在的未经环评审批即开工、未经环评验收即运行或未按设计要求建设环保设施等问题，9个项目的建设单位通过购建环保设施消除了环境隐患，5个项目已被撤销，20个项目补充完善了环评审批、验收等程序。

七、重大自然灾害救灾资金物资及灾后重建跟踪审计查出问题的整改情况

（一）关于汶川地震灾后恢复重建项目跟踪审计查出问题的整改情况。对80个项目存在审批手续不齐全、未严格执行招投标规定、违规转分包等问题，有关单位全部进行了整改；对21个单位和个人挤占挪用、转移和套取重建资金14.16亿元问题，相关地方和18个单位进行了整改，其余单位或个人正在筹措资金返还或通过司法途径催收。截至10月底，已归还原资金渠道4.80亿元，减少财政拨款或补贴2.44亿元，促进资金拨付到位和规范使用4.31亿元，挽回损失和核减投资0.68亿元。

（二）关于玉树地震灾后恢复重建跟踪审计查出问题的整改情况。对24.92亿元社会捐赠资金尚未明确到具体项目问题，青海省政府已责成相关单位健全完善了社会捐赠资金拨付机制和管理制度，明确24.92亿元捐赠资金的具体项目，并拨付了部分资金。对95个重建项目存在可研报告或概算未及时批复、施工图未及时审定等问题，青海省政府已责成相关部门对所有项目的前期手

续进行完善，对已开工的项目进行了专项检查，督促存在问题的监理单位限期整改，并建立监督检查机制，确保监理工作有序开展，还制（修）订《玉树灾后重建混凝土砖及建筑用砂石企业生产条件规定》等20多项工程建设管理制度。

八、重大民生资金和项目审计查出问题的整改情况

（一）关于新型农村合作医疗基金审计查出问题的整改情况。5个县有关部门挪用的2 738.18万元新型农村合作医疗资金，已全部归还；6个县有关经办机构虚报参加新型农村合作医疗人数套取的财政补助37.30万元，已整改29.12万元；14个县有关经办机构因审核把关不严多支付新型农村合作医疗补偿487.80万元问题，已整改84.11万元；4个乡镇卫生院利用虚假病历等获取的56.78万元补偿资金，已全部收回。同时，相关地方还处理了13名责任人员。

（二）关于农业基础设施建设资金审计查出问题的整改情况。对千亿斤粮食专项376个项目未按期开工问题，相关地方采取措施加快了项目前期准备工作，积极推动项目实施，目前已开工341个、完工190个，完成中央专项投资计划28.53亿元。对筹资投劳不到位1.05亿元问题，有关地方加大了财政投入力度，保障了大部分项目按计划完工。对2.09亿元专项资金用于出借、偿还世界银行贷款等问题，相关地方和单位制订了详细的专项资金追收和归还计划，目前已收回和归还8 098.72万元，其余部分也明确了归还时间。

（三）关于政府投资保障性住房审计查出问题的整改情况。建设用地供应存在的问题，相关地方通过调整建设用地供应结构和比例等方式，进行了整改。违规租售或另作他用以及分给不符合条件家庭的8654套廉租住房，已采取清退收回等方式整改8353套，并完善了相关审核制度；对长期空置的4428套保障性住房，已有3338套分配入住或列入了分配计划。少提取廉租住房保障资金21.49亿元问题，相关地方制订了分年度补提计划，已补提11.19亿元；多申报和挪用的0.9亿元资金，已全部归还或调整安排用于廉租房建设。

（四）关于财政就业补助资金审计查出问题的整改情况。对部分主管部门和单位违规使用财政就业资金8.89亿元问题，已追回8.56亿元；对部分单位骗取就业补贴1 857.52万元问题，已追回1 600.3万元；对部分不符合补贴条件的人员违规申领就业补贴865.04万元问题，已整改863.41万元。

九、资源环境审计查出问题的整改情况

（一）关于水资源开发利用不规范和违规用地问题。对用水单位无证取水、超许可量取水问题，黄河水利委员会和相关地方下发了4个文件，要求有关单位严格规范取水行为。对24个项目违规占用黄河河道建设永久性建筑问题，有关地方政府督促开展了专项整治，要求项目单位拆除影响行洪安全的建筑物。对违规供地和用地问题，相关地方补充完善了用地审批手续，涉及土地4800亩，其余问题正在整改中。

（二）关于节能减排和污染防治措施落实不到位和“两高一剩”行业扩张的问题。20个省（区、市）主管部门督促186户违规建设和183户未淘汰落后产能的企业补充完善了相关审批手续，并采取等量淘汰、关停或拆除等方式，纠正违规建设项目和淘汰落后产能不到位的问题。在114个因资金投入不足、前期工作不到位等未能按期开工或完工的污水和垃圾处理项目中，有95个已开工建设、试运行或调整建设规划暂缓建设。少征、挤占、挪用节能减排和污染防治等专项资金24.89亿元问题，相关地方已通过上缴财政、归还原资金渠道和调账纠正14.9亿元；滞留、闲置或未纳入预算管理等21.46亿元问题，相关地方已将18.8亿元拨付使用或纳入预算管理。

针对以上问题，有关地方和单位还出台了59项加强内部管理等方面制度，并对138名责任人员做了党纪政纪处分。

十、金融机构审计查出问题的整改情况

相关金融机构高度重视审计发现的问题，制订了具体整改方案。5家商业银行对违规发放和挪用贷款等580亿元问题，通过督促贷款人补充完成项目程序、补足项目资金及完善贷款手续等方式整改530亿元，并将53名责任人员移交司法部门处理。中国人保和中国人寿对分支机构套取保险资金19.9亿元、违规支付保险代理手续费7亿多元问题，已追回资金和调账处理6318万元，补缴税金1.01亿元，并根据审计建议修订完善规章制度297项，同时对394名责任人员给予党纪

政纪处分，将47名责任人员移交司法部门处理。对小额担保贷款政策作用发挥不明显问题，相关部门按照国务院要求，组织召开了小额担保贷款工作总结交流会，研究采取措施，切实推动小额担保贷款健康发展。

十一、企业审计查出问题的整改情况

相关部门和企业针对审计指出的问题，逐项制定整改措施。重大决策方面的问题，相关企业采取补充完善可行性研究及审批手续、挂牌出让有关项目资产止损等方式进行整改，挽回损失及潜在损失19.21亿元，并对25名未履行或未正确履行职责的人员进行了责任追究。财务核算和内部控制方面的问题，相关企业按规定调整了会计账目，并通过追回账外资金、收回支付的不当款项等方式，挽回损失或潜在损失33.4亿元，补缴税费13.33亿元，处理责任人员99人。同时，修订完善了731项制度，涉及决策流程、投资管理、职务消费、资金管理及会计核算等方面。

十二、加强财政管理意见的落实情况

对本次审计提出的加强财政管理的意见，有关部门认真研究落实，完善了相关政策和制度。

（一）关于积极推进财政体制改革、切实理顺政府间财政分配关系意见的落实情况。财政部正在进一步研究深化财政体制改革，从义务教育、公共卫生、公共安全、社会保障等基本公共服务领域入手，配合增值税扩围等税制改革，进一步理顺政府间收入划分，逐步健全财政体制。同时，明确各类预算的功能定位，推进各类预算之间的有机衔接，根据经济社会发展和政府宏观调控的需要，加大对政府性基金预算和国有资本经营预算的统筹调配力度，通过预算编制形成资金合力，逐步建立健全统一完整的政府预算体系。

（二）关于优化财政支出结构、注重支出绩效意见的落实情况。根据国务院的部署和要求，财政部正在研究进一步加大对教育、医疗、保障性住房、社会保障和就业等方面的支持力度，切实保障和改善民生，同时按照财政管理科学化、精细化的要求，增强预算编制的科学性、准确性，加快预算执行进度。为提高预算支出绩效，财政部全面推进预算绩效管理工作，2011年以来先后制定了《财政部关于推进预算绩效管理的指导意见》（财预〔2011〕416号）、《财政支出绩效评价管理暂行办法》（财预〔2011〕285号）等制度，健全预算绩效管理制度体系，扩大部门预算支出绩效评价试点范围，创新运行机制，实施全过程预算绩效管理，提高支出绩效，提高公共产品和公共服务的质量。

（三）关于规范地方政府举债行为、继续清理整顿地方政府融资平台公司意见的落实情况。国务院正在研究制定加强地方政府性债务管理、切实防范化解财政金融风险的意见，拟对妥善处理地方政府存量债务、继续规范地方政府融资平台公司、建立规范的地方政府举债融资机制等工作做出全面部署。

中华人民共和国审计署审计结果公告（2012年第2号）

审计署移送的至2011年底办结的30起案件和事项情况

（二○一二年一月九日公告）

审计署对移送有关部门和单位处理的案件和事项，定期跟踪了解其办理情况。现将2011年下半年收集到的已办结30起案件和事项相关情况整理公告如下：

一、重庆谊德实业有限公司原法定代表人卫承伟等人合同诈骗、行贿案

审计署在国家开发银行审计中发现，1997年至2003年，重庆谊德实业有限公司原法定代表人卫承伟等人，利用虚假经济合同、伪造单位印章和工商登记资料等手段，骗取并侵占多家银行信贷资金5亿多元。2008年1月，审计署将此案件线索移送给公安部查处。2010年1月至2011年6月，重庆市第五中级人民法院及重庆市沙坪坝区人民法院、九龙坡区人民法院，分别以合同诈骗罪、单位行贿罪等数罪并处卫承伟无期徒刑、没收个人全部财产，判处重庆谊德实业有限公司罚金4亿元；以职务侵占罪、诈骗罪、帮助伪造证据罪等判处同案的另10名人员有期徒刑或缓刑不等；以受贿罪判处中国建设银行重庆分行原副行长郑保刚、重庆市国土房屋和资源管理局原市场处处长曾强、副处长杨东渝等人有期徒刑6年至10年2个月不等。

二、铁道部原党组成员、政治部主任何洪达受贿、巨额财产来源不明案

审计署在铁路运输企业财务收支审计中发现，铁道部原党组成员、政治部主任何洪达在任哈尔滨铁路局局长期间，超越权限，擅自安排哈尔滨铁路局为关联上市公司增股筹资出具行业审查意见，涉嫌从中收受贿赂。2007年6月，审计署将此案件线索移送给监察部查处。2009年11月，北京市第一中级人民法院以受贿罪、巨额财产来源不明罪判处何洪达有期徒刑14年。

三、北京市门头沟区原副区长闫永喜贪污受贿案

审计署在政府投资保障性住房审计调查中发现，北京市门头沟区原副区长闫永喜在廉租住房建设过程中，涉嫌收受贿赂。2009年6月，审计署将此案件线索移送给监察部查处。2011年9月，北京市第一中级人民法院以贪污罪、受贿罪和挪用公款罪判处闫永喜无期徒刑。

四、河北省农业开发项目评审中心原主任孙绍乾等人挪用公款、私分国有资产案

审计署在农业综合开发资金审计中发现，河北省农业开发项目评审中心原主任兼河北省农业投资公司原总经理孙绍乾等人转移、侵吞财政支农资金3000多万元，并通过违规串通招投标获取监理业务收入3000多万元。2010年4月，审计署将此案件线索移送给河北省人民政府查处。2011年5月至9月，河北省石家庄市桥东区人民法院、衡水市冀州区人民法院分别以挪用公款罪、私分国有资产罪、非法倒卖土地使用权罪和串通投标罪判处孙绍乾有期徒刑11年，并处罚金88万元；以倒卖土地使用权罪判处同案另2名人员各有期徒刑3年、缓刑3年，并处罚金50万元；以串通投标罪判处河北惠农监理工程监理有限公司原法定代表人靳拴印、农业开发项目评审中心监理科原科长张学武各有期徒刑1年、缓刑1年，并处罚金5万元，依法追缴河北惠农监理工程监理有限公司违法所得2 309.90万元。

五、江苏南通万年青物资有限公司等10家企业非法经营票据业务案

审计署在中国人民银行审计中发现，2007年至2009年，江苏南通万年青物资有限公司等10家企业通过在浙江温州等地收购银行承兑汇票，再到河南洛阳等地金融机构违法办理贴现等手段，从事非法票据交易。2010年3月，审计署将此案件线索移送给公安部和银监会等部门查处。2011年3月至9月，浙江省温州市鹿城区人民法院、永嘉县人民法院以及温州市中级人民法院，分别以非法经营罪、骗取票据承兑罪判处上述企业主徐顺有期徒刑4年，并处罚金45万元；以非法经营罪判处上述企业主颜丽红等5人有期徒刑2年至3年、缓刑2年至3年不等，并处罚金2万元至30万元不等；以骗取票据承兑罪判处上述企业主鲁学海有期徒刑1年、缓刑1年，并处罚金10万元；以违规出具金融票证罪、非国家工作人员受贿罪等分别判处有关银行工作人员谷晓杰、池正麟有期徒刑3年和1年、缓刑4年和2年。

六、辽宁红运实业（集团）有限公司骗取贷款案

审计署在中国农业发展银行审计中发现，2007年，辽宁红运实业（集团）有限公司以玉米购销名义，利用虚假经济合同、财务资料等方式从该行辽宁省大洼县支行骗取粮食流转贷款2.7亿元。2009年6月，审计署将此案件线索移送给公安部查处。2011年4月，辽宁省铁岭市中级人民法院以对单位行贿罪判处辽宁红运实业（集团）有限公司罚金164万元；以对单位行贿罪判处该公司职员陈海岩有期徒刑1年1个月，董晓玲有期徒刑1年、缓刑1年；判处该公司董事长邢仁伟犯对单位行贿罪，免于刑事处罚；以单位受贿罪判处参与此案的6家粮库罚金共计164万元；判决3名银行工作人员犯违法发放贷款罪，免予刑事处罚。

七、湖南长沙巴黎诗纺织服装有限公司原法定代表人黎映平等人骗取贷款案

审计署在中国农业发展银行审计中发现，2005—2009年度，湖南长沙巴黎诗纺织服装有限公司原法定代表人黎映平等人以采购棉花加工生产棉纱的名义，从该行湖南省分行长沙市建湘支行先后骗取7笔贷款共计1亿多元。2009年6月，审计署将此案件线索移送给湖南省人民政府查处。

2010年7月，湖南省长沙市芙蓉区人民法院以骗取贷款罪，判处黎映平有期徒刑3年、缓刑3年，并处罚金10万元；判处同案的该公司职员郑维真有期徒刑1年、缓刑1年；以受贿罪判处中国农业发展银行湖南省分行信贷管理处原处长谭永生有期徒刑3年、缓刑3年；判处长沙市建湘支行原行长李杰峰有期徒刑5年。

八、南京巨欧贸易有限公司控制人王璟等人骗取银行贴现资金案

审计署在中国农业银行审计中发现，2007年至2009年，民营企业主王璟等人利用其控制的南京巨欧贸易有限公司，通过虚构贸易背景伪造增值税发票等方式，骗取13家银行贴现资金61亿元，从中非法获利500多万元。2009年7月，审计署将此案件线索移送给公安部查处。2011年1月，江苏省无锡市南长区人民法院以非法经营罪判处王璟有期徒刑1年5个月，并处罚金25万元，没收非法所得。

九、北京东方协和医药生物技术有限公司控制人毛旭骗取贷款案

审计署在中国农业银行审计中发现，2006年，北京东方协和医药生物技术有限公司实际控制人毛旭，以采购原材料等名义骗取该行北京丰台支行贷款7000万元。2009年3月，审计署将此案件线索移送给公安部查处。2010年12月，北京市丰台区人民法院以骗取贷款罪、挪用资金罪，并处毛旭有期徒刑3年、缓刑3年，并处罚金2万元。

十、中国农业银行湖北省分行房贷处原处长袁邦奎受贿案

审计署在中国农业银行审计中发现，2005年，该行湖北省分行房贷处原处长袁邦奎，故意隐瞒贷款企业及关联单位不良信用记录，违规为房地产开发项目发放贷款1亿元，涉嫌从中收受商业贿赂。2009年5月，审计署将此案件线索移送给湖北省人民检察院查处。2010年5月，湖北省黄石市黄石港区人民法院以受贿罪判处袁邦奎有期徒刑5年，没收个人财产1万元。

十一、北京纳尔特集团有限公司控制人余长福等人骗取贷款案

审计署在中国农业银行审计中发现，2006年至2008年，余长福等人利用其控制的纳尔特集团有限公司及所属关联企业，使用虚假财务报表、购销合同及抵押等手段，骗取该行北京市分行贷款4亿多元。2009年5月，审计署将此案件线索移送给公安部查处。2010年10月，北京市东城区人民法院以骗取贷款罪，判处余长福有期徒刑1年，并处罚金3万元；判处该公司员工郑斌有期徒刑10个月，并处罚金1万元；判处该公司罚金100万元。

十二、宁夏西野农林牧有限公司控制人刘万义骗取贷款案

审计署在中国人民银行审计中发现，2009年至2010年，刘万义等人通过其控制的宁夏西野农林牧有限公司等多家关联企业，以生态治沙名义，采取虚假注资、抵押以及伪造财务资料等手段，从宁夏黄河农村商业银行等多家金融机构骗取贷款1亿多元。2010年5月，审计署将此案件线索移送给公安部查处。2011年8月，宁夏银川市中级人民法院以骗取贷款罪、虚报注册资本罪，判处刘万义有期徒刑3年、缓刑4年，并处罚金16万元；对其余2名涉案人员分别判处有期徒刑1年、缓刑1年和判处罚金5000元；判处有关企业罚金共计300万元。

十三、广东省佛山市禅城区人大工委原主任林国善等人渎职、受贿案

审计署在中国信达资产管理公司审计调查中发现，2004年，时任广东省佛山市禅城区区委常委、区人大工委主任林国善等人伙同民营企业主冯建华，违规低价处置佛山市佛斯弟摩托车有限公司土地等财产，导致1亿多元国有资产流失。2008年5月，审计署将此案件线索移送给最高人民检察院查处。2011年9月，广东省佛山市高明区人民法院以滥用职权罪、受贿罪，判处林国善及同案另2人有期徒刑4年至6年不等；以行贿罪判处冯建华有期徒刑5年。

十四、河北省唐山市国土资源局原副局长王金成等人受贿案

审计署在土地资源专项资金审计调查中发现，2007—2008年度，河北省唐山市国土资源局原副局长王金成、土地收储中心原主任关抗齐失职渎职，低价售地造成损失160多万元，并将2500万元财政资金无偿提供给房地产开发企业使用。2009年7月，审计署将此案件线索移送给唐山市监察局查处。2011年5月，唐山市路南区人民法院以受贿罪，判处关抗齐有期徒刑3年10个月；唐山市委市政府给予王金成撤销党内职务和行政降级处分。

十五、湖北省荆州市农信社原副主任温生武挪用资金案

审计署在中国人寿保险（集团）公司审计中发现，2008年，湖北省荆州市农信社时任副主任温生武，伙同该单位资金交易部原经理李燕等人，利用职务便利向民营企业低价卖出金融债券非法输送利益1400多万元，其中1000多万元汇入温生武等人的个人账户。2010年12月，审计署将此案件线索移送给公安部查处。2011年9月，湖北省荆州市沙市区人民法院以挪用资金罪分别判处温生武有期徒刑4年，李燕有期徒刑3年6个月。

十六、中信文化传媒集团有限公司原法定代表人李博伦虚假出资案

审计署在中信集团公司审计中发现，2002年至2005年，该集团所属子公司中信文化传媒集团有限公司法人代表李博伦，采取伪造其他股东企业印章、抽逃入股资金等手段虚假注资，侵害中信集团等其他股东利益。2008年9月，审计署将此案件线索移送给监察部查处。2010年12月，北京市朝阳区人民法院以虚假出资罪，判处李博伦有期徒刑1年4个月，并处罚金227万元。

十七、河南汇通集团肉食品股份有限公司原董事长郭号召骗取信贷资金案

审计署在中国银行审计调查中发现，2006年至2007年，河南汇通集团肉食品股份有限公司在时任董事长郭号召操纵下，利用虚假的财务资料以及虚报注册资本等方式，从该行河南漯河分行等金融机构骗取贷款、承兑汇票等信贷资金2亿多元。2008年10月，审计署将此案件线索移送给公安部查处。2010年11月，河南省开封市中级人民法院以骗取贷款及金融票据罪、虚报注册资本罪、逃税罪，判处郭号召有期徒刑9年，并处罚金12万元；判处该公司管理人员王心刚、贾春亭等6人有期徒刑1年4个月至1年6个月不等，判处该公司及参与骗贷的其他4家关联企业罚金共计850万元。

十八、上海浦东伊维燃油喷射有限公司原财务总监范勇等人挪用资金案

审计署在中央扩大内需有关政策措施落实情况审计调查中发现，2007年至2009年，上海浦东伊维燃油喷射有限公司原财务总监范勇伙同财务主管韩正超等人，挪用公司资金8000多万元炒股牟利。2009年12月，审计署将此案件线索移送给上海市人民检察院查处。2010年9月，上海市浦东新区人民法院以挪用公款罪和挪用资金罪一审判处范勇、韩正超有期徒刑10年和6年，并追缴违法所得。后经检察机关抗诉，上海市第一中级人民法院二审判处范勇有期徒刑12年。

十九、福建省南靖县山城镇新农合医疗工作领导小组办公室工作人员张信号等人诈骗医疗资金案

审计署在新型农村合作医疗基金审计调查中发现，2009年，福建省南靖县山城镇新农合医疗工作领导小组办公室工作人员张信号等人存在以虚假发票报销住院费用等问题。2010年8月，审计署将此案件线索移送给南靖县公安局查处。2011年9月，南靖县人民法院以诈骗罪判处张信号有期徒刑3年、缓刑5年，并处罚金15万元；判处同案的另一工作人员郑爱玲有期徒刑2年、缓刑2年6个月，并处罚金3万元。

二十、吉林省伊通县民政局原副局长石振海等人玩忽职守案

审计署在城市最低生活保障资金审计中发现，2008年至2009年，吉林省伊通县民政局原副局长石振海和低保办公室原主任王进明未严格履行职责，致使不符合城市低保条件的800多人领取低保资金150多万元。2010年5月，审计署将此案件线索移送给吉林省人民检察院查处。2010年10月，吉林省双辽市人民法院判决石振海犯玩忽职守罪，免予刑事处罚；以玩忽职守罪，判处王进明有期徒刑6个月、缓刑1年。

二十一、上海中货公司箱管部原经理赵骏等人受贿案

审计署在中国远洋运输集团审计中发现，2007年至2009年，上海中货公司箱管部原经理赵骏、技术科原科长辛业、业务员钱金龙等人在集装箱修理审批过程中，收受集装箱修理商贿赂，使公司集装箱修理费1436万元被骗。2010年11月，审计署将此案件线索移送给上海市人民检察院查处。2010年12月，上海市虹口区人民法院以受贿罪、非国家工作人员受贿罪判处赵骏、辛业有期徒刑各 2 年 6 个月、缓刑 2 年 6 个月；判处钱金龙有期徒刑 2 年、缓刑 2 年。

二十二、宁波中化国际储运公司原总经理杨菲受贿案

审计署在中国中化集团公司审计中发现，2008 年，宁波中化国际储运公司原总经理杨菲违规越权对外签署储运协议，导致价值 2 亿多元的钢材被骗，涉嫌受贿。2011 年 3 月，审计署将此案件线索移送给公安部查处。2011 年 7 月，宁波市北仑区人民法院以非国家工作人员受贿罪判处杨菲有期徒刑 8 个月。

二十三、四川省汶川县经济商务局原局长向世茂滥用职权和受贿案

审计署在汶川地震灾后恢复重建跟踪审计中发现，2008 年，四川省汶川县政协原副主席兼经济商务局原局长向世茂违规将 5000 万元中央灾后恢复重建资金，借给汶川县商旅正诚建材贸易有限公司等单位，涉嫌从中收受贿赂。2010 年 10 月，审计署将此案件线索移送给汶川县人民政府查处。2011 年 7 月，四川省阿坝州中级人民法院以滥用职权罪和受贿罪，判处向世茂有期徒刑 6 年，受贿赃款 15 万元予以没收；以挪用资金罪判处商旅正诚建材贸易有限公司负责人向志勇有期徒刑 3 年、缓刑 4 年。

二十四、上海闵行城市建设投资开发有限公司员工蒋国琪等人受贿案

审计署在京沪高铁跟踪审计中发现，2009 年，上海闵行城市建设投资开发有限公司工作人员蒋国琪审核不严，使上海中拓企业发展有限公司得以骗取拆迁补偿款近 3000 万元。2009 年 12 月，审计署将此案件线索移送给上海市人民政府查处。2010 年 12 月，上海第一中级人民法院以受贿罪，判处蒋国琪有期徒刑 10 年，没收非法所得 5 万元；以非国家工作人员受贿罪、合同诈骗罪，判处同案 1 人有期徒刑 11 年，另 2 人均被判处有期徒刑 3 年、缓刑 4 年，并对相关单位和个人判处罚金共计 70 万元。

二十五、山西李存智等人骗取保险赔付金案

审计署在中国人寿保险（集团）公司审计中发现，2009 年，山西省晋城市李存智、王会芳等人与该集团公司所属山西晋城分公司职工杨志强、保险营销员王月香等人串通，利用虚假资料骗取保险赔付金。2009 年 7 月，审计署将此案件线索移送给山西省公安厅查处。2011 年 11 月，山西省晋城市中级人民法院二审以保险诈骗罪判处王会芳有期徒刑 4 年，判处李存智有期徒刑 3 年、缓刑 5 年，判处杨志强、王月香等 2 人有期徒刑各 3 年 6 个月，并追缴违法所得。

二十六、湖南省 3 家保险机构骗取农业保险财政补贴资金问题

审计署在中国人民保险集团股份有限公司审计中发现，2007 年至 2009 年，该公司所属人保财险湖南祁阳、汨罗支公司以及中华联合财产保险公司汨罗支公司 3 家保险机构，与当地政府相关部门联手，骗取农业保险财政补贴资金共计 3700 多万元，编造假赔案套取理赔款 3600 多万元。2010 年 7 月，审计署将此事项移送给监察部查处。2011 年 6 月，湖南省纪委对负有责任的两地 6 名领导干部分别给予诫勉谈话、行政警告、开除党籍和公职等处分；开除人保财险祁阳支公司原经理周恩祥党籍，并免除职务，移送司法机关处理；对另外 10 名责任人分别给予撤职、党内严重警告、行政记大过及通报批评等处分。湖南省纪委责成祁阳和汨罗县政府就此问题做书面检查，对有关保险机构违法违规问题在全省保险系统进行通报；追缴有关单位非法所得 1000 多万元。

二十七、山东 4 家保险机构骗取农业保险财政补贴资金问题

审计署在中国人民保险集团股份有限公司审计中发现，2008 年至 2009 年，该公司所属人保财险山东邹平、临邑、阳信和莘县支公司与当地政府有关部门联手，套取农业保险财政补贴资金 3600 多万元；编造假赔案件 251 起，骗取理赔资金 1500 多万元。2010 年 9 月，审计署将此事项移送给山东省人民政府查处。2011 年 1 月，山东省人民政府及有关金融监管部门对负有责任的 7 名政府工作人员和 5 名保险公司管理人员分别给予党内严重警告、撤职等处分，将涉嫌经济犯罪的邹平县农业局原局长王克铭移送司法机关追究刑事责任；追缴、清退涉案款项 1800 多万元。

二十八、中国人民保险集团股份有限公司广州越秀支公司套取粮食保险保费资金问题

审计署在中国人民保险集团股份有限公司审

计中发现，2006年至2008年，该公司所属人保财险广州越秀支公司采取伪造中央储备粮管理总公司印章、编造批退资料以及删减保险责任条款等手段虚构退保，套取保费资金共计2900多万元。2010年6月，审计署将此事项移交给监察部查处。2010年12月，中国人民保险集团股份有限公司对人保财险广东省分公司原总经理兼党委书记余正、广州市分公司原总经理兼党委书记段安洪给予免职处理；对广州市分公司原副总经理路士敏给予开除党籍和行政开除处理，并责令退缴违规报销费用306万元；对其他3名涉案人员给予警告、撤职等处分。

二十九、辽宁省电力经济开发公司转移及违规分配国有资产收益问题

审计署在电力建设情况审计调查中发现，2001年至2006年，辽宁省电力经济开发公司违规经营退役机组资产，并通过下属多经企业获取收益。2008年6月，审计署将此事项移送给监察部查处。2009年11月，辽宁省电力有限公司对辽宁电力经济开发公司原总经理肖文给予党内严重警告处分，撤销肖文及辽宁电力经济开发公司财务部副经理穆鑫的职务；清退各级管理人员有关股权，追回违规分红及奖金福利等600多万元；对辽宁电力经济开发公司所属54家单位进行了全面清理整顿，收缴辽宁省电力有限公司所属职工持股会不当得利5亿多元。

三十、安徽省科学技术咨询中心和安徽科技开发公司协助有关单位私设“小金库”问题

审计署在节能减排资金审计调查中发现，2007年至2009年，安徽省科学技术协会所属安徽省科学技术咨询中心和安徽科技开发公司以开展咨询服务为名，协助环保、国土、城建等部门的94家单位设立“小金库”6亿多元。2010年8月，审计署将此事项移送给安徽省人民政府查处。2011年5月，安徽省监察厅分别给予安徽省科学技术咨询中心副主任耿春桥和安徽科技开发公司总经理朱向前记大过和警告处分；给予安徽省土地勘测规划院等9家违规设立“小金库”事业单位主要负责人记过、警告处分；对“小金库”资金予以追回。

中华人民共和国审计署审计结果公告（2012年第3号）

京沪高速铁路建设项目2011年跟踪审计结果

（二〇一二年三月十九日公告）

根据《中华人民共和国审计法》的规定，审计署于2011年6月至9月对京沪高速铁路建设项目（以下简称京沪高铁）进行了阶段性跟踪审计。现将跟踪审计结果公告如下：

一、基本情况

京沪高铁是我国“四纵四横”铁路快速客运网的骨干线路，途经北京、天津、河北、山东、安徽、江苏、上海四省三市，全长1318公里，设天津西站、济南西站、南京南站、上海虹桥站等24个车站，初步设计概算2176亿元，其中：征地拆迁和站房、工程施工及其他投资1638亿元，动车采购、建设期利息和铺底流动资金538亿元。京沪高速铁路股份有限公司（以下简称京沪公司）是项目建设单位，沿线各省市地方政府负责本省市境内征地拆迁工作，征地拆迁费用作价入股。

截至2011年6月底，除个别不影响运营的附属配套工程外，京沪高铁全部工程已完工，初步确认实际完成投资1 962.66亿元（不含铁道部另行采购动车费用、建设期利息和铺底流动资金）。目前，还有部分设计变更、人工和材料价差等投资增加情况尚未确认，京沪高铁项目总投资需待竣工决算后最终确定。

二、审计评价

铁道部和京沪公司按照“精心组织、精心设计、精心施工、精心管理”的要求，组织各参建单位做好征地拆迁、施工组织、工期质量控制和科技创新等工作，较好地完成了全线建设任务。

一是铁道部、京沪公司及各参建单位积极整改审计查出的问题。截至2011年9月底，2010年度审计查出的问题已基本整改到位。通过整改，项目在资金管理、施工安全、工程质量和环境保护等方面均得到加强。

二是工程建设管理整体有效。京沪公司不断完善建设、资金管理制度，优化操作流程，结合施工进度及时优化资金预算，提高资金的使用效率，有效保障工程建设需要。施工现场安全质量管理总体可控，物资材料采购、供应整体到位，工程环保、水土保持措施基本有效。

三是工程施工科技创新力度较大。京沪高铁在引进、消化和吸收国外先进技术的基础上，积极总结和应用其他客运专线技术成果，大力开展自主研发和创新，在深水大跨桥梁建造技术、深厚松软土地基沉降控制技术、无砟轨道制造和铺设技术等重大课题上取得了阶段性成果，并迅速运用于工程实践，有效提高了施工效率。

四是工程建设进展顺利，社会效益开始显现。自开工以来，参建各方克服各种困难，加快项目建设进度，至2011年6月30日开通试运营，项目实际工期为42个月。截至10月底，京沪高铁累计开行列车18 169列，发送旅客1734万人，实现客票收入51.24亿元。京沪高铁的投入运行，压缩了沿线城市间的时空距离，扩充了北京至上海铁路客运能力，大大改善了沿线旅客的出行条件，已显现出较好的社会效益。

但审计也发现，京沪高铁建设还存在土建施工和个别物资采购招投标管理不规范、个别工程管理不到位等问题。

三、审计发现的主要问题及整改情况

（一）土建施工和个别物资采购招投标不规范。

一是京沪高铁全线土建施工招标未认真执行有关招投标法规的时限规定。铁道部2007年12月在京沪高铁全线土建1至6标招标中，将资格预审申请文件的获取时间由规定的不得少于5个工作日，缩短至13小时；将资格预审申请文件从获取到递交时间由规定的一般不少于7天，缩短至不到24小时。

二是个别物资采购未按规定招标或招标评标不规范，涉及金额8.49亿元。如京沪公司自2009年10月起，未经招标采购滑动层材料71.80万平方米，涉及金额2 833.73万元；在2010年3月公开招标后，京沪公司继续以应急采购的方式从未中标企业采购130.35万平方米，涉及金额4 952.51万元，且有86.2万平方米的供应单价高于中标企业的单价，合计高出391.80万元。京沪公司2009年8月在桥面防水材料招标中，未按招标文件要求评价企业最大履约能力，将12个物资包件授予了10家供货商，合同金额6.98亿元，不符合招标文件有关按照最经济原则确定中标人的要求。

对于上述问题，铁道部表示，在今后的工程建设和物资采购招标投标工作中将严格做到依法合规，并出台了《铁路建设工程施工招标投标实施细则》和《铁路工程施工招标标段抽签规则》，以完善相关制度，加强铁路建设招投标管理。

（二）个别工程管理不到位。

一是京沪高铁取消了部分路段风屏障，造成4.13亿元物资闲置。2011年3月，京沪公司根据京沪高铁运行时速的调整，取消了正在施工的177.73公里风屏障，采用极端大风时段局部路段限速的方式保障行车安全，导致已采购的价值4.13亿元的近15万延米风屏障闲置。

二是京沪高铁北京段李营牵引变电站备用电源电缆线路工程（以下简称李营变电站电缆工程）截至2011年10月底尚未完工。李营站只有一路电源供电，不符合电气化铁路牵引变电站应由两路电源供电的规定，降低了该区段牵引供电的可靠性。

审计指出上述问题后，铁道部、京沪公司提出，京沪高铁全线已设置风监测设备系统，将按照有关规定，做好风速监测，根据风速监测结果采取相应限速措施，以保障列车运行安全，并计划将闲置的风屏障材料统筹调配至其他客运专线铁路使用；李营变电站电缆工程加快了施工进度，备用电源电缆线路已于2011年12月15日完工并开始送电，达到设计要求。

（三）沿线个别地方基层单位套取、截留、挪用征地拆迁资金4.91亿元。

一是南京江宁经济技术开发区管理委员会（以下简称江宁开发区管委会）2008年10月使用虚假资料，以南京市汉典房地产开发有限公司的名义申请征地补偿款1.40亿元。截至2011年6月底，江宁开发区管委会已套取补偿款4000万元。

二是天津市西青区中北镇西北斜村2008年10

月多列办公楼拆迁面积，多计拆迁补偿资金143.10万元。

三是天津市北辰区2008年在京沪高铁征地拆迁中，截留拆迁补偿资金3.40亿元；天津市北辰区青光镇人民政府2011年4月挪用京沪高铁拆迁资金910.20万元，用于增设声屏障。

审计指出上述问题后，相关地方政府高度重视，积极组织力量进行调查处理。截至目前，天津市西青区和北辰区已分别将多计和挪用的征地拆迁资金如数扣回；对于江苏省江宁开发区管委会和天津市北辰区套取、截留征地拆迁资金的问题，相关地方政府正在组织专门力量进行调查处理。

（四）京沪高铁沿线施工企业拖欠材料款、工程劳务款等款项。

审计对京沪高铁沿线施工企业欠单户材料供应商100万元以上、欠单户施工队30万元以上的欠款情况进行核查发现，由于京沪高铁概算清理尚未完成，部分施工企业资金周转困难等原因，截至2011年5月底，京沪高铁土建、站房工程等施工企业欠付656家材料供应商材料款58.79亿元，欠付1471家施工队工程劳务款23.72亿元，合计82.51亿元。

审计指出上述问题后，京沪公司已加快概算清理，积极筹措资金，协调解决施工企业资金周转困难问题，并督促施工企业加快支付拖欠款。

中华人民共和国审计署
审计结果公告
（2012年第4号）

玉树地震灾后恢复重建 2011年跟踪审计结果

（二〇一二年三月三十日公告）

根据《中华人民共和国审计法》的规定，2011年5月至10月，审计署按照“保障灾后恢复重建不出重大问题，促进灾后恢复重建顺利进行”的审计目标，对玉树地震灾后恢复重建规划实施、资金管理使用、工程建设管理、环境保护等情况进行了审计，重点抽查了城乡住房、交通、医疗、学校、水利等方面的60个项目，涉及概算总投资102.68亿元（占玉树灾后恢复重建总投资的32%）。现将跟踪审计结果公告如下：

一、基本情况

（一）灾后恢复重建资金筹集和分配使用情况。根据财政部和国家发展改革委的批复，玉树灾后恢复重建资金总规模为316.5亿元，包括：中央财政资金206.5亿元、青海省级财政资金20亿元、社会捐赠资金60亿元、企业自筹及贷款25亿元、居民个人负担5亿元。截至2011年10月底，青海省本级累计收到资金293.82亿元，累计拨付224.52亿元，结余69.3亿元。其中：收到中央财政资金194.5亿元，拨付176.23亿元，结余18.27亿元；收到社会捐赠资金99.32亿元，拨付48.29亿元，结余51.03亿元。此外，2011年青海省财政厅以中央财政资金尚未使用完毕为由，将其2010年投入的资金14.01亿元收回；企业自筹及贷款、居民个人负担资金尚未到位。

（二）灾后恢复重建总体进展情况。按照青海省发展改革委2010年8月下发的《玉树地震灾后恢复重建总项目册（修订稿）》，共规划建设1579个重建项目，总投资317.09亿元，涉及城乡居民住房、基础设施、公共服务设施、和谐家园、特色产业和服务业、生态环境、其他等7个方面。根据青海省玉树地震灾后重建现场指挥部提供的资料，截至2011年10月底，累计开工项目908个，完工项目122个，分别占总项目数的57.5%和7.72%，完成投资199亿元，占总投资的62.75%。

二、审计评价

2011年，在党中央、国务院的正确领导下，青海省委、省政府和国家发展改革委、住房和城乡建设部、国资委、能源局等部门，以及北京市等6家援建单位密切配合，按照国务院提出的灾后恢复重建目标，克服各种困难，采取有效措施，加强重建资金和项目管理，玉树灾后恢复重建取得阶段性成果。

（一）认真整改2010年跟踪审计发现的问题。

青海省各级政府和主管部门以及相关援建单位，高度重视2010年跟踪审计发现的问题，专门研究并积极部署，采取有效措施对资金管理使用和工程质量管理等方面的问题进行了整改。截至2011年11月底，2010年跟踪审计发现的问题已基本整改完毕。青海省各级相关部门以及北京市等6家援建单位还根据审计建议，制定和完善了工程建设管理制度20多项，规范了建设项目审批程序、建材生产审批和监督检查等，并进一步加强了工程建设质量控制。

（二）玉树灾后恢复重建取得了阶段性成果。北京市等6家援建单位和青海省有关参建单位克服高寒缺氧等困难，积极推进项目建设，促使灾后恢复重建工作顺利进行。截至2011年10月底，玉树结古镇“四横十六纵”的城市主次干道基本实现通车，城市供水厂、垃圾处理厂具备供水条件和垃圾填埋条件，污水处理厂正在进行设备调试，城市框架初步显现。根据青海省玉树地震灾后重建现场指挥部提供的资料，截至2011年10月底，农牧民住房重建21 294户的总任务已全部完工，部分群众迁入新居；规划重建的95个教育项目已开工79个、开工率83.15%，完工11所、完工率11.57%，2012年春季部分学校可具备使用条件；规划重建的66个医院和卫生项目已开工46个、开工率69.69%，完工5个、完工率7.57%；规划重建的52个全国重点文物保护单位修缮和文物抢救保护工程已开工44个、开工率84.61%；87座受损寺院及宗教活动场所全部开工建设，完工4个、完工率4.59%。

（三）灾后恢复重建任务的责任单位、建设地点等已基本明确。青海省围绕“建设社会主义新玉树”的重建目标，坚持以人为本、民生优先的原则，紧抓城乡居民住房建设这一工作重点，统筹推进教育、卫生、道路、电力等公共服务和市政基础设施建设，着力推进商住房、产业恢复、结古镇十大标志性工程等重点项目。目前，灾后恢复重建各个项目的责任单位、建设地点等已基本明确，为全面完成重建目标任务打下了坚实的基础。

（四）积极完善各项制度和保障措施。2011年，青海省进一步完善玉树灾后恢复重建的配套政策和措施，优化重建资金拨付和管理办法，先后制定了《玉树地震灾后重建规划审查审批工作方案》等规章制度，还进一步优化了建材保障供应机制，将政府主导改为市场运作，促使物资调运有序进行；加强路况隐患排除，确保交通运输道路畅通；加强过渡市场建设，强化市场监管和生活必需品的调运、销售和补贴；及时开展灾区冬季水电暖保障和生活补助发放，满足灾区群众正常生活需要。同时，北京市等6家援建单位高度重视项目建设管理，严格重建资金使用，制定了《援建项目资金管理实施办法》《玉树灾后重建工程技术管理办法》等管理制度，完善了项目建设管理机制，确保灾后恢复重建工作有序开展。

三、审计发现的主要问题及整改情况

由于灾后恢复重建涉及面广、任务重、时间紧、气候条件差、施工期短、要求高、情况复杂，重建中还存在一些需要改进和完善的问题，也有个别违规问题。审计指出后，青海省和有关部门高度重视，及时认真整改，对个别违规问题进行了认真查处。具体情况是：

（一）少数重建项目前期手续办理缓慢。青海省原定2011年1月底前完成重建项目前期手续审批工作，但截至2011年9月底，玉树州、县两级负责建设的1272个项目中，已审批可研报告及初步设计的仅有796个，占62.57%；已审批施工图设计的仅有501个，占39.38%。由于前期手续办理缓慢，造成有些重建项目边施工、边设计、边审批。审计抽查的已开工项目中，开工时可研报告未批复的有25个，初步设计未批复的有26个，施工图设计未批复的有40个。个别项目甚至以设计送审图进行施工，如玉树县城生活垃圾填埋场无正式设计图而以送审图施工建设，截至2011年9月底已完成工程量88%。

审计指出上述问题后，青海省人民政府已责成相关部门进一步加大工作力度，玉树州、县实行集中办公和联审联批，截至2012年1月15日，规划设计及前期工作已完成87.4%，力争2012年3月底前完成各项前期准备工作。

（二）2011年初，青海省提出到2011年底城镇居民住房要达到“100%开工、90%完工”。但由于城镇居民住房户型、面积等需求确认工作进展较慢，一些重建项目被迫延迟开工。截至2011年10月底，北京市等6家援建单位援建的玉树县城镇居民住房累计开工8067户，累计完工5202户，分别占重建任务数11 919户的67.68%和43.64%，未达到预期目标。

审计指出上述问题后，青海省人民政府已责成相关部门对剩余城镇居民住房建设涉及的各项工作进行安排部署，计划2012年4月全面启动剩余城镇居民住房建设，尽快完成居民住房建设任务。

（三）国务院《玉树地震灾后恢复重建总体规划》和青海省批准的《玉树地震灾区灾后恢复重建地质灾害防治专项规划》（以下简称《专项规划》）安排玉树灾区地质灾害防治任务349处，防治费用23.81亿元，要求在2012年底前完成。但青海省国土资源厅2011年编制的《玉树灾区地质灾害防治实施方案》中只安排了23处重大地质灾害隐患点防治任务，费用5.86亿元，仅为《专项规划》防治任务的6.59%和防治费用的24.61%。

审计指出上述问题后，青海省人民政府对玉树灾区地质灾害隐患进行了系统排查，下一步将继续加快工程进度，尽快完成有关项目，并积极争取国家支持，克服资金短缺、技术复杂、施工难度大等种种困难，有序推进玉树地质灾害防治工作。

（四）2011年7月，青海省住房和城乡建设厅从该厅玉树灾后重建资金专户中列支“青海结构调整暨投资贸易洽谈会玉树灾后重建成果展制作费”17万元。

审计指出上述问题后，青海省住房和城乡建设厅已将17万元退回原资金渠道。

（五）2011年7月，青海省国土资源厅委托青海省机电设备招标中心对玉树结古镇18条泥石流沟治理等项目进行招标，并违规要求招标代理服务费由中标人支付；2011年7月至9月，青海省机电设备招标中心先后向山东省地矿工程勘察院等17家中标单位收取招标代理服务费68.68万元。

审计指出上述问题后，青海省人民政府已责成省机电设备招标中心进行整改，省机电设备招标中心已将收取的招标代理服务费退还给中标单位。

（六）2.78亿元建设资金闲置未发挥效益。具体是：2010年8月，青海煤业集团收到玉树州煤炭供应设施项目建设资金800万元，由于建设用地一直未能解决，至今尚未开工建设，造成建设资金一直闲置；2010年10月，青海省交通厅收到省道309多杂路、珍称路的建设资金共2.4亿元，因2个项目的施工单位发生变化而延期建设，造成建设资金一直闲置；2011年4月，青海省国土资源厅收到地质灾害治理专项资金3000万元，由于玉树灾区地质灾害治理项目重新做了调整，上述资金无法落实到具体项目，而一直闲置。

审计指出上述问题后，青海省人民政府已责成相关单位认真整改。青海煤业集团供应设施项目于2011年10月22日开工；青海省交通厅根据建设项目的进展情况，结合工程施工进度，已累计拨付项目建设单位1.7亿元；青海省国土资源厅已将3000万元地质灾害治理专项资金落实到具体项目。

（七）建安工程造价定额与援建单位建安成本存在较大差距。2010年至2011年，青海省确定了农牧民住房、城镇居民住房、学校、医院的建安造价分别为1670元/平方米、1850元/平方米、1910元/平方米和2200元/平方米。但北京市等6家援建单位反映，玉树施工现场人工、材料、机械的实际价格均高于青海省公布的价格，建设项目实际成本远超青海省规定的工程造价指导标准。按实际建设成本测算的农牧民住房、城镇居民住房、学校、医院建安造价平均为3233元/平方米、3090元/平方米、3892元/平方米、4144元/平方米，分别是青海省发布数据的1.94倍，1.67倍，2.04倍和1.88倍。由于双方对造价标准认定存在较大差距，导致部分重建项目无法正常开展前期工作、签订工程承包合同等，影响了工程建设进度。

审计指出上述问题后，青海省人民政府责成相关部门于2011年11月，对玉树建筑市场进行了调查，并结合调查结果对城乡住房造价指导标准进行了调整；青海省人民政府近期对学校和医院建安造价情况进行了摸底调查，有关情况已在灾后恢复重建规划实施情况中期评估中反映，将根据中期评估结果进行调整；下一步，将督促各援建单位强化内控机制，认真执行造价标准，努力控制建设成本。

（八）承担国道214鄂拉山至雁口山应急保通工程A、B、C标段，省道308曲麻莱至不冻泉保通工程 A、B 标段，结古镇至曲麻莱段 4 个标段等项目的施工单位，在验工计价时，存在多计工程量等问题，增加工程投资 938.44 万元。

审计指出上述问题后，青海省人民政府责成有关部门进行整改。青海省公路局、省公路建设管理局经认真核实后已从质保金中扣回多计部分款项，并对相关单位责任人进行了处理。

（九）仲达乡通天河大桥设计不合理。2010 年，中国铁道建筑总公司开工建设仲达乡通天河大桥，但该项目设计上存在桥梁上部结构预应力空心板长度超标、板宽过小、抗扭差、横向联系差、安全系数较低、桥梁下部结构桩和墩设计不合理等问题。

审计指出上述问题后，青海省公路局已要求该桥梁停止施工；青海省交通厅已要求省交通工程质量监督站对已完成的主体工程进行质量检测。对桥梁下部结构和现已预制的 96 片梁，因冬季检测数据不准确，计划 2012 年开工后再进行检测。同时，青海省人民政府要求各相关单位引以为戒，加强行业管理工作。

（十）审计抽查了 7 个项目的工程施工，有 2 个项目的施工质量达不到设计图纸要求，其中：滨河路 4 处钻芯取样，有 3 处未达到路面厚度 8 厘米的设计图纸要求，3 处平均厚度为 6.83 厘米；当代路 4 处钻芯取样均未达到路面厚度 8 厘米设计图纸要求，平均厚度为 6.65 厘米，且当代路存在混凝土局部蜂窝、粗集料堆积等工程质量问题。此外，省道 308 结古镇至曲麻莱保通工程存在路面局部坑槽严重、路基局部沉陷、新旧路面局部衔接错台及排水不畅等工程质量问题。

审计指出上述问题后，青海省人民政府已责成相关部门进行了调查、核实和确认，并逐项进行整改。对滨河路、当代路路面未达设计厚度的问题，将组织施工单位在后期施工中予以完善，确保符合验收规范；对当代路工程存在的粗集料堆积等问题，已全面进行了清理和整改；对省道 308 结古镇至曲麻莱保通工程路基局部沉陷等问题，施工单位已填筑路面坑槽和新旧路基错台 21 000 平方米，处理路基沉陷 3 处共计 400 平方米，并全线清理疏通排水系统，加大养护力度。

（十一）省道 308 玉树结古镇至曲麻莱保通工程，施工单位青海省海东公路工程建设公司将总金额 1 712.27 万元的路基土方等工程分包给无资质的个体施工队；海南天和路桥公司将总金额 1 689.26万元的路基土方、垫层等工程分包给 9 个无资质的个体施工队。

审计指出上述问题后，青海省人民政府已责成有关部门进行整改。青海省交通厅已对青海省海东公路工程建设公司和海南天和路桥公司两家施工单位做出罚款 5 万元的决定；省道 308 玉树结古镇至曲麻莱保通工程已于 2011 年底通过交工验收，青海省交通厅下一步将加强对其他项目施工队伍的管理，加强交工前质量检测力度，确保工程质量。

（十二）审计抽查医院、学校、交通及城乡居民住房项目 47 个，有 4 个项目的监理人员不具备资质；有 7 个项目的监理单位在质量控制方面未完全履行职责，存在未按规定对进场材料抽检、无工程量计量过程、工程施工及质量验收监理资料不规范和不完整等问题。

审计指出上述问题后，青海省人民政府加强了监督和查处力度，对监理人员无从业资格、未完全履行职责等问题下发了整改通知书。截至目前，对 4 个项目的监理人员不具备资质的问题，相关监理单位已更换了具有从业资格的监理人员；对 7 个项目的监理单位未完全履行职责的问题，已督促相关监理单位加强力量，严格执行相关要求。

（十三）部分项目未经环评即开工建设。按照玉树灾后恢复重建的要求，2010 年和 2011 年已开工的项目中有 49 个项目应编制环境影响评价文件，并经环保部门审批同意后才能开工建设。截至 2011 年 9 月底，上述项目已开工建设 32 个，其中省道 308、国道 214、玉树州疾控中心等 8 个项目未经环境保护部门批准即开工建设，并擅自在 1 612.38 亩土地上取土。如青海省公路局未经批准自行开工建设省道 308 玉树结古镇至曲麻莱保通工程，擅自在 821.88 亩土地上取土，且未对取土料场进行植草恢复。

审计指出上述问题后，对未经环评开工建设的问题，青海省人民政府责成相关部门加快环评审批进程，截至目前，49 个项目中有 48 个已完成环评审批工作；对擅自取土的问题，青海省人民政府，已要求国土、环保等有关部门按国家相关政策划拨了取土场用地，并对省道 308 沿线取土料坑进行恢复。

（十四）结古镇供水系统项目未按环评报告中关于管线开挖的施工要求，将原地表草皮、上层40厘米的土层、40厘米以下土层分层开挖堆放，回填时分层回填以保护生态恢复，造成实际回填时无法分层回填。

审计指出上述问题后，青海省人民政府已责成施工单位积极整改，制订环境恢复计划，将于2012年春季覆盖种植土后重新种草。

（十五）玉树灾区核心区的玉树结古镇灾前常住人口2.27万人，灾后援建单位及施工人员大量进驻，现常住人口9.97万人，是原人口规模的4.4倍。由于震后学校、医院、政府机构和居民安置点等临时设施均未设置污水处理装置，结古镇全年生活污水均直接排入通天河，且生活垃圾随处堆放，每月清理一次。

审计指出上述问题后，青海省人民政府已要求有关单位认真整改：一是推进包括污水处理厂在内的结古镇区基础设施建设进度；二是加强对污水排放的管理，努力减轻重建期间的污水污染；三是生活垃圾每天清理两次，垃圾箱随满随清。

（十六）玉树、称多两县用电负荷为6万千瓦，而两县电网并网发电电站实际最大出力仅为2万千瓦，电力供应缺口达67%，且燃油发电机组因油料和技术原因经常停机，施工用电得不到保障，严重影响了当地正常生产和生活。为解决用电困难，各援建单位投入大量资金购置发电机和柴油自行发电，因柴油供应紧张，援建单位不同程度出现等油和缺油的现象，影响了施工和生产。

审计指出上述问题后，青海省人民政府正积极争取国家发展改革委、国家能源局、国家电网公司等部门的支持，使330KV电网早日进玉树；同时加快开发水电、太阳能资源。另外，将协调中石油青海销售公司等有关各方妥善解决好自备电源的油料供应，努力满足重建期间的电力需求。

（十七）结古镇中低压配网等项目建设缓慢，影响电力保障。2011年1月，青海省发展改革委将2010年9月下达给青海水利水电集团公司的玉树州中低压配网及结古镇载波及光纤通信系统项目，调整至青海省电力公司实施。2011年4月，青海省财政厅要求青海水利水电集团公司将该项目已下达的3940万元重建资金按原资金渠道全额汇缴省财政厅。由于青海水利水电集团公司和青海省电力公司对已完工工程部分移交存在异议，尚未达成一致意见，导致该项目建设进展缓慢。

审计指出上述问题后，青海省人民政府已积极协调青海水利水电集团公司与青海省电力公司加强衔接，尽快完成项目调整工作，加快推进项目建设进程。

（十八）灾后住房重建贷款工作进展缓慢。为了支持玉树灾区城乡居民住房建设，2011年，青海省财政厅安排了6亿元信贷担保资金和3亿元贴息资金用于支持灾后重建信贷工作。但实际操作中，相关金融机构贷款审批手续繁杂，需要多个部门审批，有时审批时间长达3个月以上；抵押担保方式单一，除灾区居民现有资产可抵押外，正在建设的城乡住房未纳入抵押范围等，造成贷款发放缓慢。截至2011年9月16日，玉树州仅发放30户共358万元住房建设贷款，分别占申报户数461户和申报金额5215万元的6.51%、6.86%。

审计指出上述问题后，青海省人民政府与各银行业金融机构积极协调联络，玉树州各县政府于2011年10月底与各银行业金融机构签订了《灾后重建银政合作协议》。同时，青海省人民政府将协调相关金融机构进一步减少内部审批程序，缩短审批时间，以加快贷款的发放，切实做好信贷资金支持灾后重建工作。

中华人民共和国审计署
审计结果公告
（2012年第5号）

西气东输二线工程
2011年跟踪审计结果

（二〇一二年三月三十日公告）

根据《中华人民共和国审计法》的规定，2011年6月至9月，审计署对西气东输二线工程

（以下简称西二线）南昌至上海支干线、樟树至湘潭支干线、广州至深圳支干线（以下分别简称上海支线、湘潭支线、广深支线）和香港支线进行了跟踪审计，重点关注了工程质量管理、投资控制、征地拆迁等，同时对西二线主干线的运营管理情况进行了审计调查。现将审计结果公告如下：

一、基本情况

西二线总长 8645 公里，项目建设内容包括 1 条主干线、9 条支线和 3 座地下储气库，2008 年 2 月开工，计划于 2012 年 6 月全部建成投产，总投资 1422 亿元。承建方为中国石油天然气集团公司（以下简称中石油），中国石油天然气股份有限公司管道建设项目经理部（以下简称中石油项目经理部）担任项目业主，中国石油天然气管道局（以下简称中石油管道局）负责总承包。

本次跟踪审计的 4 条支线概算总投资 163.25 亿元，截至 2011 年 9 月累计完成投资 68.2 亿元，其中湘潭支线已建成投产，上海、广深和香港支线正在建设中。

二、审计评价

从审计情况看，中石油注重加强建设管理，能源局等部门和沿线地方政府积极支持，成立了专门协调机构，加快征地拆迁、规划选址和行政审批等工作，保障了西二线建设顺利实施，西二线天然气战略通道作用也初步显现。

（一）认真整改以前年度跟踪审计指出的问题，规范了物资采购、招投标、施工作业等方面管理。截至 2011 年 9 月，2010 年西二线主干线东段跟踪审计指出的问题基本得到整改；根据审计建议，中石油设立了集中管理工程、服务等招标事项的招标管理处，物资采购业务统一由物资采办处管理，修订发布了 124 项施工作业文件等规章制度，规范了 305 个业务流程。

（二）逐步健全管道建设标准和技术规范，不断提高工程建设管理水平。在西二线建设中，中石油注重探索和创新，建立健全了管道建设、施工单位的绩效考核机制，研究确立了勘察设计、施工及验收、材料与产品、工程管理等方面的 2000 多条技术标准，出台了《初步设计内容规定》、《站场总图、建筑设计典型图》等 30 个设计文件，制作了 355 份油气管道标准技术规格书。

（三）西二线主干线全线建成投产，天然气战略通道作用初步显现。西二线主干线西段（从新疆霍尔果斯至宁夏中卫）于 2009 年底建成投产、东段（从宁夏中卫至广东广州）于 2011 年 6 月 30 日建成投产，标志着西二线主干线全线建成投产。截至 2011 年 9 月，已累计将中亚天然气 152 亿立方米输送到环渤海和长三角等地区，有力缓解了北京、上海、郑州、武汉等中心城市的天然气供气压力，在促进各地经济社会发展和优化能源结构、改善大气环境等方面发挥了显著作用。

三、审计发现的主要问题及整改情况

（一）广深支线深圳段征地拆迁清点、评估工作进展缓慢，大量施工用地因尚未签订拆迁补偿合同而难以按期提供，截至 2011 年 9 月建设进度仅为计划进度的 10%。

审计指出上述问题后，深圳市人民政府高度重视，截至 2011 年 12 月，已提供施工用地 36.88 公里，其余征地拆迁工作正在协调落实。

（二）上海支线需要穿越江苏省吴江市西港河等河流，由于该市水利局提出的收取 30 年的河道堤防占用费 1245 万元无法定依据，截至 2011 年 9 月中石油项目经理部与吴江市水利局尚未达成一致，工程建设滞缓。

审计指出上述问题后，对吴江市水利局提出的 1245 万元河道堤防占用费问题，江苏省水利厅全部予以减免，工程已经开工。

（三）截至 2011 年 9 月，审计抽查工程施工和设备材料采购合同金额 26.96 亿元中，有 8.37 亿元招投标不规范，占 31%。

审计指出上述问题后，中石油进一步完善了评标机制，加强了对承包商招标和分包的管理，明确了中石油项目经理部对承包商采购行为的监管职责，确保招投标工作按法定程序实施。

（四）2011 年，广深支线第 2、3 标段承建单位四川石油天然气建设工程有限责任公司将管道焊接工程，违规分包给河南丰润建筑安装工程有限公司，涉及金额 496 万元；上海支线第 2 标段施工单位新疆石油工程建设有限责任公司将 3 个土石方工程，违规分包给借用资质施工的个体户，涉及金额 650 万元。

审计指出上述问题后，中石油正在对上述违规分包问题进行处理和整改。同时，中石油加强了对总承包商的分包管理，要求总承包商严格分包工程管理及分包商资质等级审核。

（五）上海支线建设中，监理、施工和无损检测等单位承诺的不可替换关键人员69人中，有48人被替换，占70%。

审计指出上述问题后，中石油项目经理部已责成各参建单位严格履行投标承诺，更换了不合格人员。

（六）中石油批准的部分土石方工程概算价高于市场价。如审计抽查上海支线和湘潭支线的7.64亿元土石方工程发现，施工单位将其转包后获取价差2.81亿元，占合同价款的37%，增加了工程投资。

审计指出上述问题后，中石油要求所属设计、建设、审批等部门依据有关规范，严格编制土石方工程概算，同时从严控制工程质量，不得随意降低工程标准。

（七）施工合同中重复计列费用，增加投资2.04亿元。

审计指出上述问题后，中石油已将上述重复计列的费用冲减工程投资。

（八）西二线广东段沿线广东省南雄等6县（市）违规向中石油管道局收取费用1.2亿元。

审计指出上述问题后，广东省人民政府已责成有关地方政府退还违规收取的资金。

（九）西二线主干线10个压气站31台压缩机安装的242片法兰中，有147片是国外代理商违约从国内2家无特种设备生产许可证的企业采购的，存在冲击韧性过低等质量问题。

审计指出上述问题后，中石油已全部更换上述问题法兰。

（十）西二线主干线及湘潭支线196座已运营的站场和阀室中，有158座的消防、防雷工程设施存在未按规定审核验收问题，有13座的防雷工程设施存在验收不合格问题。

审计指出上述问题后，中石油已对验收不合格的防雷工程设施进行整改，与未按规定验收的消防、防雷工程设施一并报请有关部门审核，目前已通过验收。

此外，审计查出的3起违法违纪案件线索依法移送相关部门后，正在立案查处。

中华人民共和国审计署
审计结果公告
（2012年第6号）

45个县农村医疗卫生服务体系建设专项审计调查结果

（二〇一二年四月六日公告）

根据《中华人民共和国审计法》的规定，2011年6月至9月，审计署对北京、天津、辽宁、黑龙江、上海、安徽、山东、湖北、广东、四川10个省市所辖的45个县（市、区，以下统称45个县）农村医疗卫生服务体系建设情况进行了专项审计调查，重点抽查了76个县级医院、131个乡镇卫生院、677个村卫生室以及148个建设项目。现将审计调查结果公告如下：

一、农村医疗卫生服务体系建设取得显著成效

2009年至2011年6月，审计调查的10个省市和45个县党委、政府根据《国务院关于印发医药卫生体制改革近期重点实施方案（2009—2011年）的通知》（国发〔2009〕12号，以下简称《方案》）的部署，按照“保基本、强基层、建机制”的要求，结合本地实际制订实施了农村医疗卫生服务体系建设有关规划，医疗卫生机构软硬件设施明显改善，县乡村三级卫生服务网络进一步完善，农村居民享有公共卫生和基本医疗服务水平大幅提升，基本实现了“到2011年实现农村医疗卫生服务网络的全面覆盖，从整体上提高人民群众的健康保障水平”的目标。

（一）基础设施投入大幅增加，农村三级医疗卫生机构的业务用房和基本设备配置得到较大改善。2009年至2011年6月，中央和地方各级财政在45个县共安排农村医疗卫生服务体系建设项目4843个，包括71个县级医院、427个乡镇卫生院、4412个村的卫生室业务用房和辅助用房建设类项目3937个、设备购置类项目906个，计划总投资75.42亿元，其中中央财政投入10.74亿元、地方财政投入52.76亿元。上述项目中2009年和2010年安排的有4098个，目前已完成投资额36.15亿元，其中完工项目3728个，新增业务用房面积83.89万平方米、万元以上医疗卫生设备1.08万台（套），一批符合农村实际需要、满足农村居民基本需求的医疗卫生服务基础设施初步建成。

（二）医疗机构和医务人员数量有所增加，覆盖县乡村三级的农村医疗卫生服务体系建设进一步加强。截至2011年6月底，45个县医疗卫生机构总数较2008年底增加410个，其中村卫生室增加291个，现有17 587个行政村中扣除乡镇卫生院所在的966个行政村，有15 052个村已建卫生室，达到应建数的90.5%，县级医院中近一半已达到二级甲等水平。县、乡两级医疗卫生机构卫生技术人员较2008年底增加7887人、增幅11%，村卫生室卫生人员增加1076人、增幅2.8%。2009年至2011年6月，乡镇卫生院和村卫生室卫生人员接受各类培训13.47万人次，进一步强化了以县级医院为龙头、乡镇卫生院和村卫生室为基础的农村卫生服务网络建设。

（三）基本药物制度稳步推进，相关配套改革措施逐步完善。10个省市均制订了实施基本药物制度的工作方案，确定了国家基本药物目录外增补备案的非目录药品，要求对基本药物实行“零差率”销售，规范了农村医疗卫生机构用药行为，一定程度上减轻了农村患者就医负担。45个县共有1015个政府举办的乡镇卫生院和1575个村卫生室推行了基本药物制度，分别占总数的99.7%、20.8%。截至2011年6月底，45个县初步建立了基层医疗卫生机构补偿机制，为基本药物制度的推进、农村医疗卫生机构服务能力的提高提供了制度保障。

（四）农村医疗卫生机构诊疗人次显著增长，农村居民享有基本医疗卫生服务水平大幅提升。随着农村基本医疗卫生服务的可及性和便利性进一步提高，医疗机构诊疗人次明显增加。据统计，45个县各类农村医疗机构2010年全年门诊诊疗7 323.21万人次，较2008年增加1 407.15万人次、增幅23.8%；2010年全年住院280.35万人次，较2008年增加47.43万人次、增幅20.4%。三级农村卫生服务网络的健全与完善，使农村居民的健康教育、儿童及孕产妇保健、预防接种、传染病防治、慢性病管理等基本预防保健服务的保障程度有效提高。

二、审计调查发现的主要问题及整改情况

审计调查结果表明，10个省市和45个县认真落实《方案》和有关规划要求，资金使用和项目管理总体情况较好，没有发现重大违法违规问题。但部分地区和医疗卫生机构还存在卫生人员队伍建设滞后、建设管理不规范以及药品管理存在薄弱环节等问题。审计指出后，有关地区和单位已经和正在进行纠正和整改。具体情况如下：

（一）卫生人员队伍建设相对滞后。

一是县、乡两级医疗机构卫生技术人员比例偏低。审计调查发现，截至2011年6月底，虽然45个县的县、乡两级医疗卫生机构卫生技术人员总量较2008年底增加了11%，但与服务人口对比，县级医院、乡镇卫生院每千服务人口的卫生技术人员数分别为1.2人和1.09人，远低于2010年全国4.37人的平均水平，其中取得执业医师、执业助理医师或注册护士资格的人员占县、乡两级卫生人员的比例分别为69%和61%，制约了医疗服务层次和水平的提升。

二是村卫生室具有乡村医生执业资质的人员数量还不能完全满足需要。审计调查发现，45个县18 069个村卫生室的40 117名卫生人员中，取得乡村医生执业（助理）医师资格的只有4002人，平均每4.5个村卫生室才有1人，与《国务院办公厅关于进一步加强乡村医生队伍建设的指导意见》（国办发〔2011〕31号）关于“每所村卫生室至少有1名乡村医生执业”的要求差距较大。

审计指出上述问题后，静海县、蓟县、宁河县、青冈县、颍上县、凤阳县、新泰市、临沭县、滕州市、莒县、微山县、汉川市、崇阳县、房县、利川市、公安县和怀集县等17个县通过公开招聘卫生专业技术人员、加强在职人员培训、积极组织乡村医生参加医师资格考试、完善人才激励机制等办法加强队伍建设，其余各县也在积极制定相关措施和办法。

（二）部分项目建设资金管理使用和建设程序不完全符合规定，影响资金使用效益和项目建设效果。

一是部分建设资金管理使用不符合规定。昌

图县、岫岩满族自治县、青冈县、甘南县、集贤县、霍邱县、祁门县、凤阳县、汉川市、崇阳县、新泰市、和平县、怀集县和梅县等 14 个县 18 个建设项目的 7 989.8 万元建设资金（包括中央资金 7846 万元）被地方政府或其财政、发展改革、卫生等部门滞留、挪用，占 148 个抽查项目计划投资总额的 1.41%，其中出借给企业 1200 万元、用于医院其他项目建设 189.98 万元、用于有关单位日常公用经费 128.8 万元。

二是个别项目建设程序不符合规定。桦南县、集贤县、勃利县和崇明县等 4 个县的 7 个项目存在用已完工、主体已完工项目或虚假资料申报基建项目投资的问题，违规获取中央资金 5600 万元、省级财政资金 2854 万元，合计占 148 个抽查项目计划投资总额的 1.49%，其中 5741 万元闲置在相关县的财政局、卫生局和医院，2713 万元用于医院相关项目建设。个别项目还存在违规转包或分包工程、规避或违反政府采购和招投标政策、未办理环评手续即开工建设等问题。

审计指出上述问题后，昌图县、岫岩满族自治县、宝清县、集贤县、崇明县、霍邱县、祁门县、凤阳县、汉川市、崇阳县、怀集县、梅县、新泰市、临沭县和莒县等 15 个县通过及时下拨资金或归还原渠道、停止违规转分包工程的施工、完善报批手续等整改措施，切实保障建设资金及时到位和合规使用，进一步加强项目管理和监管；其余各县也在积极研究整改措施和办法。

此外，审计调查还发现部分地区在药品管理中存在薄弱环节，如一些政府办基层医疗卫生机构在实行基本药物制度后仍购进和使用非基本药物、加价销售基本药物，部分县级医院违规加价销售药品，一些省级集中招标采购药品价格偏高等问题。相关省市和县的卫生、物价等部门已对本地药品和价格进行拉网排查，通过处理违规行为、没收不合理加价收入、加强监管和宣传教育等措施强化基本药物制度的落实。

附：

农村医疗卫生服务体系建设审计调查的
45 个县市区名单

北京市：密云县、延庆县

天津市：静海县、蓟县、宁河县

辽宁省：法库县、喀左蒙古族自治县、昌图县、岫岩满族自治县、桓仁满族自治县、大石桥市

黑龙江省：宝清县、桦南县、青冈县、勃利县、甘南县、集贤县

上海市：奉贤区、崇明县

安徽省：涡阳县、颍上县、霍邱县、祁门县、凤阳县

山东省：新泰市、临沭县、滕州市、莒县、微山县

湖北省：汉川市、崇阳县、房县、利川市、公安县

广东省：罗定市、和平县、怀集县、梅县、佛山市三水区

四川省：安岳县、大竹县、泸定县、仁寿县、仪陇县、资中县

中华人民共和国审计署审计结果公告

（2012 年第 7 号）

24 个市县 2009 年至 2010 年土地管理及土地资金审计结果

（二〇一二年四月二十日公告）

为促进落实国家有关土地政策，保障经济社会可持续发展，审计署 2011 年对 24 个市（区）县（以下简称 24 个市县）2009 年至 2010 年（以下简称两年度）土地管理及土地资金（包括土地出让收入和土地整治相关资金）的征收、管理、使用情况进行了审计，有的事项追溯到以前年度。现将审计结果公告如下：

一、土地管理工作取得积极成效

审计结果表明，24 个市县地方政府高度重视土地征收、出让、管理和土地整治工作，认真贯彻落实中央宏观调控政策，推进和完善土地管理

制度建设，加强土地资源及土地资金管理，取得了积极的成效。

一是进一步完善土地管理制度，加强了耕地保护和节约集约用地工作。24个市县在土地征收和出让、土地整治、土地资金管理等方面制定和完善了相关的实施细则和操作办法，建立了耕地保护目标责任制，强化土地使用绩效评估和考核，加大了清理闲置用地等工作力度，促进了耕地保护和节约集约用地。

二是进一步优化供地结构，保障了民生和社会发展用地需求。24个市县通过统筹调配用地计划，优先落实了重点建设项目用地指标。2010年，24个市县用于住宅、公共管理与公共服务、商业服务业的土地面积占供地总面积的比例分别达到32.46%、16.18%和6.86%，比2009年分别提高了0.6个百分点、6个百分点和0.5个百分点。

三是加强土地资金管理，推动了城市建设和耕地保护工作。24个市县加大了土地资金的征收力度，两年度实际征收土地出让收入2 699.64亿元、土地整治相关资金218.93亿元，有533.62亿元土地出让收入用于城市公共基础设施建设支出，有201.24亿元土地整治相关资金用于耕地保护，有力地推动了城市建设和耕地保护工作。

二、审计发现的主要问题及初步整改情况

审计发现，24个市县在土地出让、征用及相关资金管理使用中还存在一些不合规、不规范的问题，个别问题还比较严重。审计指出后，各地政府和相关部门高度重视，认真梳理审计指出的问题，积极制订整改方案，对短期不能整改到位的问题，也制定了下一步整改措施。具体情况是：

一是14个市县有22.35万亩土地征用等不符合相关规定。其中：沈阳市、宜昌市、襄阳市、佳木斯市、齐齐哈尔市及桦川县和天津市东丽区7个市县规避新增建设用地指标的控制，征收集体土地20.41万亩；襄阳市、宜昌市、齐齐哈尔市、郑州市、佳木斯市、沈阳市、中牟县、芜湖县、阳东县和郫县10个市县用地单位未批先用土地1.66万亩；沈阳市、齐齐哈尔市、佳木斯市和辽阳县4个市县的51家企业“以租代征”占用集体土地2 809.8亩，用于工业、房地产等非农项目建设。

审计指出上述问题后，相关市县政府和部门采取完善征地审批手续、废止违规签订的征地协议等措施，已整改违规征收集体土地17.59万亩，其他问题正在进一步整改中。

二是9个市县违规协议出让或违反招拍挂制度供地113宗、9 210.49亩。其中：成都市、齐齐哈尔市和佳木斯市3个市2004年9月至2011年6月，以解决历史遗留问题等名义协议出让经营性用地55宗，合计882.45亩；成都市、郑州市、芜湖市、佳木斯市、阳江市、天津市东丽区、芜湖县和桦川县8个市县2008年至2011年，通过事先确定土地使用者和土地价格、设置排他性条件等方式招拍挂出让经营性用地58宗，合计8 328.04亩。此外，芜湖市、中牟县和上海市青浦区3个市县两年度向禁止占用耕地的“主题公园”、低密度住宅项目供应耕地996.69亩。

审计指出上述问题后，相关市县政府和部门正在研究完善制度、强化管理，切实规范土地供应行为。

三是襄阳市、宜昌市、芜湖市和芜湖县4个市县2010年供应“三类住房”（保障性住房、棚户区改造和中小套型普通商品房）用地占住宅供地的比例未达到70%的政策要求；沈阳市、佳木斯市、芜湖市、日照市、北京市房山区、天津市东丽区和郫县7个市县两年度应参保的被征地农民为17.52万名，实际参保10.61万名，参保率为60.56%；襄阳市、宜昌市、中牟县3个市县截至2011年7月底未及时支付征地补偿款1.96亿元；郑州市未经被征地的村集体同意，将应支付的征地补偿款2.74亿元用于村民安置小区建设，将320万元用于弥补拆迁工作经费。

审计指出上述问题后，相关市县政府和部门完善了被征地农民补偿安置等制度，其中北京市房山区出台了《房山区建设征地补偿安置指导意见（试行）》（京国土房发〔2011〕395号）；郑州市已收回违规使用的和支付拖欠的征地补偿款17 851.89万元。

四是佳木斯市、北京市房山区和阳东县3个市县涉及226个土地整治项目、1.83万亩耕地质量不达标或撂荒。其中：3个土地整治项目补充的979.05亩耕地大部分仍为荒草地或未平整的沟渠，难以达到耕作要求；223个土地整治项目补充的1.74万亩耕地，因种植条件差、种粮效益低而被农民弃耕，形成撂荒。

审计指出上述问题后，相关市县政府和部门采取措施加强了土地整治相关工作。针对耕地撂荒问题，阳东县政府出台了《关于进一步规范开发补充耕地后期种植管理的通知》(东府办〔2011〕33号)，并将开发验收后的耕地移交农林部门进行种植管理；有的市县已责成有关乡镇政府和村集体将撂荒地块全部列入2012年耕种计划。

五是14个市县少征和减免土地资金40.79亿元，其中：成都市、齐齐哈尔市和佳木斯市3个市未按照调整容积率补缴标准补征土地出让收入，少征1.8亿元；郑州市、成都市、齐齐哈尔市、佳木斯市、宜昌市、烟台市、日照市、海阳市、上海市青浦区、芜湖县、辽阳县和桦川县12个市县违规减免或以先征后返等方式变相减免土地出让收入35.65亿元；郑州市、烟台市、日照市、佳木斯市、海阳市、郫县和桦川县7个市县少征土地整治相关资金3.34亿元，占上述地区两年度土地整治相关资金应征总额的11.3%。此外，还有沈阳市、郑州市、成都市、芜湖市、宜昌市、齐齐哈尔市、佳木斯市、桦川县、芜湖县、郫县和中牟县11个市县未按时征收土地出让收入137.47亿元。

审计指出上述问题后，相关市县政府和部门已收回减免、少征、未按时征收的土地资金11.54亿元，其余违规资金正在积极追缴中。

六是成都市、烟台市、郑州市、佳木斯市、襄阳市、宜昌市、桦川县、芜湖县、中牟县、阳东县和郫县11个市县共计97.19亿元土地出让收入未纳入基金预算管理，占上述地区两年度土地出让收入实征额995.54亿元的9.76%，其中：用地单位直接向土地一级开发企业支付开发费用18.83亿元，未按规定及时上缴国库78.36亿元。

审计指出上述问题后，相关市县政府和部门已将管理不规范的土地出让收入41.3亿元缴入国库，提出今后将严格实行“收支两条线”，将土地出让收入全部纳入财政基金预算管理。

七是郑州市、成都市、沈阳市、齐齐哈尔市、佳木斯市、海阳市、上海市青浦区、天津市西青区、桦川县、阳东县、芜湖县和郫县12个市县违规使用土地资金15.42亿元，占上述地区两年度土地资金支出总额1 736.18亿元的0.88%，其中：有7.31亿元被用于青少年宫、艺术剧院、港口扩建、实验大楼等公共工程建设，有1.78亿元被用于弥补国土、规划等部门行政经费不足，有1.09亿元被用于补助企业经营及其厂区建设等，有2.07亿元被用于出借等，有3.17亿元被用于湖泊生态建设湿地修复等超范围支出。

审计指出上述问题后，相关市县政府和部门已收回违规使用的土地资金2亿元，其余违规资金正在积极整改中。

在认真整改上述问题的过程中，各地纪检监察部门依据相关规定对10名违法违规问题责任人员进行了处理。此外，审计查出的3件违法违规案件线索移送相关部门后，正在依法查处。

上述问题中尚在整改的事项，审计署将跟踪检查，最终结果将适时公告。

附：

土地管理及土地资金审计市（区）县名单和土地整治相关资金种类

一、重点审计的24个市（区）县名单

北京市：房山区

天津市：西青区、东丽区

辽宁省：沈阳市、沈阳市苏家屯区、辽阳县

黑龙江省：佳木斯市、齐齐哈尔市、桦川县

上海市：青浦区

安徽省：芜湖市、芜湖县

山东省：日照市、烟台市、日照市东港区、海阳市

河南省：郑州市、中牟县

湖北省：襄阳市、宜昌市

广东省：阳江市、阳东县

四川省：成都市、郫县

二、土地整治相关资金种类

新增建设用地土地有偿使用费、用于农业土地开发的土地出让收入、耕地开垦费、土地复垦费

中华人民共和国审计署审计结果公告（2012年第8号）

2011年支持新疆发展资金和项目跟踪审计结果

（二〇一二年四月二十日公告）

根据《中华人民共和国审计法》的规定，2011年6月至9月，审计署对2011年支持新疆发展资金和项目进行了跟踪审计，重点检查支持新疆发展政策落实和规划执行、资金管理使用以及项目建设管理等情况。现将跟踪审计结果公告如下：

一、基本情况和审计评价

2011年，中央财政和中国石油天然气集团公司、中国石油化工集团公司、国家电网公司、中国华能集团公司、神华集团有限责任公司等5家援疆中央企业以及19个对口支援省市共安排支持新疆发展项目3212个，年度投资计划1 321.49亿元；截至2011年9月底，已开工项目2428个、开工率75.59%，累计完成投资624.36亿元、占年度投资计划的47.24%。其中：中央财政安排项目1533个，已开工894个、开工率58.31%，累计完成投资129.31亿元，占年度投资计划的50.94%；5家援疆中央企业共安排项目227个，已全部开工，累计完成投资297.26亿元，占年度投资计划的55.14%；19个对口支援省市安排项目1452个，已开工1307个、开工率90.01%，累计完成投资197.79亿元，占年度投资计划的37.42%。

此次跟踪审计，审计署及19个对口支援省市审计机关、新疆维吾尔自治区审计厅、新疆生产建设兵团审计局共投入540余人，重点检查了总投资为3159亿元的762个项目。从审计情况看，有关地方和部门高度重视并认真落实中央支持新疆发展各项政策，取得较好成效。

（一）及时编制相关规划，保障援疆工作有序推进。按照中央有关精神，新疆维吾尔自治区（以下简称新疆自治区）和新疆生产建设兵团（以下简称新疆兵团）编制了“十二五”期间本地区发展规划，5家援疆中央企业以及19个对口支援省市编制了有关援疆规划，其中均明确了重点项目、投资总额、实现目标和具体措施等，对于更好地指导和落实下一步援疆工作起到了积极的促进和保障作用。

（二）成立专门机构，建立顺畅高效的工作机制。新疆自治区和新疆兵团成立了自治区（兵团）、地州（师）及县市（团场）3级对口援疆工作协调领导小组及办公室，协调对口援疆规划编制、项目实施、政策落实、监督检查等工作；5家援疆中央企业成立了援疆工作领导小组，与新疆自治区签订能源领域战略合作框架协议，建立长效沟通协调机制；19个对口支援省市成立援疆工作领导小组及前方指挥部和后方协调机构，建立了与新疆相应部门结对的援疆工作机制，并抽调专人赴新疆工作，组织实施安居富民、定居兴牧、教育、卫生等当地迫切需要解决的民生项目和基础设施项目。

（三）加强政策和资金支持，促进新疆经济社会的平稳较快发展。差别化产业政策的实施、资源税改革的加快，为新疆经济发展创造了良好的政策环境，其中仅天然气资源税由从量计征改为从价计征，就增加财政收入21.8亿元。据有关部门统计，2011年，新疆实现生产总值6 574.54亿元，城镇居民家庭人均可支配收入15 514元，农村居民人均纯收入为5442元，城镇新增就业再就业56.56万人，分别比上年增长12%、14%、17%和16%。

二、审计发现的主要问题及整改情况

从审计结果看，支援新疆各项资金管理使用和项目建设总体情况较好，但由于援疆工作任务重、情况复杂、涉及面广，在资金管理、项目建设等方面还存在一些不规范的问题。审计指出后，各有关方面高度重视，认真整改，效果明显。具体情况是：

（一）有9个项目的65.05亿元资金未到位，占审计抽查762个项目总数的1.18%、占9个项目投资计划总额的24%。其中：铁道部兰新铁路第二双线新疆段项目有64.35亿元资金未到位，占其2011年投资计划108亿元的59.58%，除必保的

10个分项工程外，其他分项工程已全部停工；有8个对口援建项目的地方配套资金7102万元不到位，如新疆自治区奇台县中心医院项目的福州市援助资金2380万元已到位，但地方配套资金2500万元全部未到位，致使个别分项工程停工。

审计指出问题后，铁道部和新疆自治区人民政府积极筹措未到位资金，确保项目顺利建设。铁道部加大筹资力度，截至2011年12月底，兰新铁路第二双线新疆段64.35亿元未到位资金已到位49.05亿元，其中铁道部资本金和银行贷款已全部到位。新疆自治区人民政府采取多种渠道筹措地方配套资金，目前，8个对口援建项目不到位地方配套资金已累计到位1880万元。奇台县政府加大筹资力度，中心医院地方配套资金已到位400万元。新疆自治区人民政府剩余的未到位资金正在筹集过程中，将陆续配套到位。

（二）有34个项目的1.06亿元资金管理使用不规范，占审计抽查项目总数的4.46%。其中：违规截留、挪用资金7 518.98万元用于其他项目建设或部门经费，如新疆自治区林业厅挪用森林植被恢复费4 243.60万元，用于该厅及下属单位津补贴、工作经费等；个别中央企业下属单位或相关单位财务管理不规范，套取项目资金3 157.9万元，如新疆送变电工程公司及所属五分公司采用虚开材料和运输费发票方式套取资金788.42万元，用于接待和发放奖金等。

审计指出问题后，新疆自治区人民政府将违规情况在全区范围内进行通报，责成有关单位将挪用的资金归还原渠道，加强资金管理，今后将林业厅津补贴全额纳入部门预算；新疆电力公司对新疆送变电工程公司及所属五分公司相关责任人给予行政记过处分，对领导班子给予通报批评，并对相关责任领导做出经济处罚。

（三）有121个项目未严格履行基本建设程序，占审计抽查项目总数的15.87%。如克拉玛依至乌尔禾高速公路和乌尔禾至阿勒泰高速公路未立项就提前开工建设，后因部分路段发现油田而被迫改线，造成损失浪费5 394.31万元。

审计指出问题后，新疆自治区人民政府要求各建设单位补充和完善基建程序，加强项目管理，杜绝未立项先开工的情况。克拉玛依至乌尔禾高速公路和乌尔禾至阿勒泰高速公路的可行性研究报告和初步设计已于2011年12月通过交通运输部审查。新疆自治区交通厅与克拉玛依油田部门协商，已向油田建设单位提出补偿要求，将已建成公路的改线调整情况上报交通运输部审批。

（四）审计查出1194份合同存在未按规定公开招投标、违规确定中标人等问题，涉及金额占这些合同投资计划总额的16%；有245份合同存在施工单位违规转分包、无资质承揽工程等问题，涉及金额占这些合同投资计划总额的2%。如新疆自治区吐鲁番鄯善县洋海湾新村安居富民工程的勘察设计工作未经过招投标，而是由鄯善县政府以召开办公会议的形式确定勘察设计单位；云南第二公路桥梁工程有限公司于2009年8月，将中标金额3.35亿元的奎屯至克拉玛依高速公路第二标段违法转包给新疆道路桥梁工程总公司，后者又将该项目转包给不具备相应施工资质的民营企业，并按3%的比例收取管理费914.92万元。

审计指出问题后，新疆自治区人民政府要求各职能部门健全和细化招投标管理制度，严格遵守关于招投标的各项法律、法规，建立供应商不良行为档案及履约评价体系，对于非第一名中标单位要有充分依据，并详细说明原因。新疆自治区人民政府还对新疆道路桥梁工程总公司等单位的违法转包行为下发了处罚文件，对新疆道路桥梁工程总公司违法转包行为给予291万元罚款，并通报全疆各建设单位，同时要求各建设指挥部和施工单位在今后的支持新疆发展项目建设中，严格遵守国家和地方规定，严格整顿违规转分包、无资质承揽工程问题，营造规范有序的市场环境。

（五）有34个项目存在工程质量监督检查不到位、施工不符合设计规范等问题，占审计抽查项目总数的4.46%。如新疆电力公司750千伏输变电工程的现场监理人员未按规定履行职责，由他人代签隐蔽工程验收记录51份，占抽查记录数的36%；在南疆吐库二线项目中天山隧道工程中，由中铁十八局集团有限公司承建的隧道左线工程有6处二次衬砌耳边墙渗水，由中铁隧道局集团有限公司承建的右线工程有9处钢拱架间距超过设计间距。

审计指出问题后，有关单位及时进行了整改。新疆电力公司对750千伏输变电工程竣工档案的所有施工记录进行清查，对存在代签的施工记录，由责任单位和责任人重新核实签证；中铁十八局集团有限公司和中铁隧道局集团有限公司责成施工单位对质量问题采取疏通泄水孔、重新安设拱架以及复喷混凝土等技术处理，目前已修复完毕，质量符合设计文件要求。

（六）有26个项目存在投资控制不严的问题，占审计抽查项目总数的3.41%；增加投资5.06亿元，占26个项目投资计划总额的0.23%。如库车至阿克苏、赛里木湖至果子沟2条高速公路建设中，新疆自治区交通建设管理局投资控制不严，违规建设机场连接线等概算外工程，增加投资4.40亿元。

审计指出问题后，新疆自治区人民政府要求相关单位对增加投资的项目调整概算，细化设计合同条款。新疆自治区交通厅对库车至阿克苏、赛里木湖至果子沟2条高速公路概算外内容进行清理，将概算外工程清理出概算，修订并颁布关于勘察和设计变更的管理办法，严格审批程序。

新疆自治区、新疆兵团和19个对口支援省市审计机关的跟踪审计结果，将由各省市审计机关分别向社会公告。

中华人民共和国审计署审计结果公告（2012年第9号）

中国电子科技集团公司 2010年度财务收支审计结果

（二〇一二年六月一日公告）

根据《中华人民共和国审计法》的规定，审计署2011年对中国电子科技集团公司（以下简称中国电科）2010年度财务收支情况进行了审计，并对审计范围内涉及的重大事项追溯相关年度。

一、基本情况

中国电科成立于2002年3月，注册资本47.69亿元，拥有47家研究院所、9家直属子公司，主要从事电子研制、开发和生产等。根据中国电科合并财务报表反映，截至2010年底，中国电科资产总额970.86亿元，负债总额503.16亿元，所有者权益总额467.70亿元，当年营业收入548.89亿元，利润总额53.15亿元。

二、审计评价意见

本次重点审计了中国电科本部和所属16家研究院所及两家公司，涉及资产量占中国电科资产总额的50%以上。审计结果表明，中国电科不断强化自主创新能力建设，生产经营业绩增长较快，会计信息基本真实反映了企业财务状况和经营成果，但在会计核算、重大投资项目管理和内部管理等方面仍存在不够规范、执行不够到位的问题。这些问题对中国电科2010年度财务收支状况的影响主要是：多计资产1.65亿元，占资产总额的0.17%；多计负债1.18亿元，占负债总额的0.23%；少计利润1.4亿元，占利润总额的2.63%。

对审计发现的问题，审计署已依法出具了审计报告、下达了审计决定书，要求中国电科予以整改。

三、审计发现的主要问题及整改情况

（一）会计核算和财务管理存在的问题。

1.2007年至2010年，中国电科及部分所属单位合并财务报表范围不完整、未按进度结转收入、少计提固定资产折旧及减值准备等，导致少计利润3.37亿元，其中2010年少计利润1.4亿元。

2.2010年，中国电科及部分所属单位合并财务报表内部交易抵销不充分、资产未及时入账等，导致多计资产1.65亿元、多计负债1.18亿元。

审计指出上述问题后，中国电科下发了关于做好集团公司2011年度财务决算工作的通知，规范了财务报表的合并范围、资产减值测试和计提等事项，加强了内部关联交易、往来款项的抵销管理，相关单位已调整会计账目。

3.2008年至2010年，所属第十研究所等两家单位在管理费用、研制费中违规列支工资性支出等，所属第七研究所等5家单位在福利费中违规列支业务招待费、职工奖金等，共计0.64亿元；2004年至2010年，所属第二十九研究所等两家单位违规为职工购买商业保险共0.78亿元。

审计指出上述问题后，所属相关单位进一步完善制度，规范工资总额管理和工资性支出核算；

第二十九研究所等两家单位停止办理职工商业保险，并收回了发放给领导班子成员的商业保险。

4. 2007年至2011年，所属电子科学研究院等3家单位违规将149.82万元资金在法定账册外核算和支用，截至2011年9月底余额49.08万元。

审计指出上述问题后，所属相关单位将剩余资金纳入账内管理，并对相关责任人进行了通报批评、撤职或经济处罚等处理。

5. 2004年至2010年，所属第三十二研究所等两家单位未经集团公司审批自行核销投资损失、未对国有资产进行评估直接处置固定资产，涉及金额1.15亿元。

审计指出上述问题后，中国电科加强了对所属企业投资、资产清理和评估的管理，完善了相关管理制度。

（二）重大投资项目管理存在的问题。

1. 2007年3月，所属第十三研究所经中国电科总经理办公会议研究决定建设的半导体照明项目，累计完成投资7.68亿元，投产后未实现可研报告预计的销售和利润目标，截至2010年底，该项目累计亏损6228万元。

审计指出上述问题后，第十三研究所组织相关研究机构和专家对项目重新研究分析，制订了该项目的商业计划书，并聘请技术团队，加强项目管理，提高市场竞争力。

2. 2007年7月，所属第十四研究所在缺少项目可行性研究的情况下，以下属产业公司科研、研发设计实验使用等为由，投资建设产业大楼，2011年8月竣工后大部分对外出租。

审计指出上述问题后，第十四研究所计划逐步收回产业大楼对外出租部分，全部用于支持下属产业公司发展。

3. 2010年，所属第三十二研究所未经集团公司批准，出资750万元参股上海华东汽车信息技术有限公司。

审计指出上述问题后，第三十二研究所加强了投资管理，并补办了投资批复手续。

（三）内部管理存在的问题。

1. 截至2011年9月，所属第三十八研究所等7家单位的279名中层及以上领导干部违规持有下属企业股权3 641.33万元。

审计指出上述问题后，第三十八研究所等两家单位已清退中层及以上领导干部违规持有的股份，其余5家单位已向集团公司报送清退方案，将逐步完成清退工作。

2. 2004年至2011年10月，中国电科本部及所属第十五研究所等5家单位的17名中层以上干部违规在集团或下属研究所的控股、参股企业兼职，获取报酬共280.1万元。

审计指出上述问题后，中国电科本部及第十五研究所等5家单位的相关人员已退回兼职报酬。

3. 2007年至2010年，所属第十五研究所、第五十四研究所等5家单位为职工垫资购买限房价限套型普通商品住房或建设住房等，涉及金额3.81亿元。

审计指出上述问题后，3家单位已将垫支款项全部收回；另两家单位制订了垫资收回计划，完善了相关管理制度。

4. 中国电科所属公司层级和数量过多，内部资源缺乏有效整合。

审计指出上述问题后，中国电科研究完善了集团公司规划的措施和方案。

此外，2005年至2009年，所属第十四研究所等两家单位投资建设的新区等4个项目，未按规定报主管部门备案；所属第五十四研究所等两家单位未经国土部门批准，将8 856.93平方米的工业、科研住宅用地转用于建设经营性酒店等。审计指出后，所属相关单位已向有关部门报批或备案。

中华人民共和国审计署审计结果公告

（2012年第10号）

中国石油天然气集团公司2010年度财务收支审计结果

（二〇一二年六月一日）

根据《中华人民共和国审计法》的规定，审计署2011年对中国石油天然气集团公司（以下简称中石油集团）2010年度财务收支情况进行了审计，并对审计范围内涉及的重大事项追溯相关年度。

一、基本情况

中石油集团成立于1998年7月，注册资本2979亿元，拥有二级单位78家，主要从事石油天然气勘探开发、炼油化工、管道运输、销售贸易、工程技术、工程建设、装备制造和金融服务等。据中石油集团合并财务报表反映，截至2010年底，中石油集团资产总额26 299.56亿元，负债总额10 618.46亿元，所有者权益总额15 681.10亿元，当年营业收入17 122.17亿元，利润总额1 726.57亿元。

二、审计评价意见

本次重点审计了中石油集团本部及所属14家单位，涉及资产量占中石油集团资产总额的50%以上。审计结果表明，中石油集团近年来较好地贯彻了国家宏观经济政策，不断发展壮大油气主业，进一步增强自主创新能力，会计信息基本真实反映了企业财务状况和经营成果，但在会计核算和项目建设管理等方面仍存在不够规范和严格等问题。这些问题对中石油集团2010年度财务收支状况的影响主要是：少计资产3.57亿元，占资产总额的0.01%；少计负债1.65亿元，占负债总额的0.02%；少计利润13.10亿元，占利润总额的0.76%。

对审计发现的问题，审计署已依法出具了审计报告、下达了审计决定书，要求中石油集团予以整改。此外，本次审计发现所属单位涉嫌经济违法案件线索1起，已依法移送有关部门调查处理。

三、审计发现的主要问题及整改情况

（一）会计核算和财务管理存在的问题。

1.2007年至2010年，中石油集团及部分所属单位未按规定核算投资收益和管理费用、财务报表合并范围不完整等，造成少计资产3.57亿元、少计负债1.65亿元、少计利润14.48亿元，其中2010年少计利润13.10亿元。

审计指出上述问题后，除个别问题正在整改外，其余均已调整会计账目，少计利润已分别计入2011年和2012年。

2.2009年至2010年，所属长庆油田分公司未及时缴纳代扣的矿区使用费2 747.44万元。

审计指出上述问题后，长庆油田分公司已向税务机关缴纳了矿区使用费。

3.截至2011年4月底，所属两家单位违规出借资金4.57亿元，少支付借用地租金和征收土地补偿款1 308.15万元。

审计指出上述问题后，有关单位已收回4亿元借款，余款正在积极回收；少付的用地款项已全部支付。

（二）重大投资项目管理存在的问题。

1.截至2011年3月，中石油集团有5个投资项目未经发展改革委批准即变更投资或开工建设。

审计指出上述问题后，有3个项目已按规定补办相关审批手续，其余两个项目正向发展改革委申报审批。

2.截至2011年9月，所属新疆石油管理局等单位投资9亿多元建设的3个项目，因可行性研究论证不充分和条件变化等，建成后处于停产和半停产状态，产能及资产未能有效发挥作用。

审计指出上述问题后，相关单位采取了落实油田资源、增加天然气供应等措施，以做好资产保护和再利用工作。

（三）工程项目建设管理存在的问题。

1.截至2011年7月，所属1座油库、1368座加油站未经环保部门批准即开工，还有4座油库、1个炼油工程和1座加油加气站未经环保验收即投产。

审计指出上述问题后，中石油集团已取得1座油库和175座加油站的环评批准文件，两座油库已通过环保验收，其他项目手续正在抓紧补办。

2.截至2011年7月底，所属12家单位有5558万平方米用地未取得土地使用权证，其中16万平方米是租用的农业用地，还有56座加油加气站经营证照不齐全。

审计指出上述问题后，中石油集团已取得1386万平方米用地的土地使用权证，其余土地审批手续正在办理；9座加油加气站已完善证照手续。

3.2007年至2010年，中石油集团部分管道、炼化、勘探和生产等项目采取邀标方式发包，未按规定公开招标，涉及金额20.25亿元，占同期项目投资总额的0.15%。

审计指出上述问题后，中石油集团加强了招标管理制度建设，要求严格投标单位资质审查，强化招标管理效能检查。

4.2007年至2010年，所属销售分公司在收购和建设加油站过程中，未对协助办理相关手续的中介机构费用进行单独论证评估，支付中介劳务费4.08亿元。

审计指出上述问题后，相关单位已停止新签服务合同。

（四）内部管理存在的问题。

1.2007年至2010年，所属4家单位未经评估以4.96亿元收购的加油站、以3 892.3万元租赁的油库闲置未用。

审计指出上述问题后，相关单位制定了加强资产评估备案管理制度，重新梳理业务流程，规范加油站收购业务；已退租6座闲置油库，其余的正在清理。

2.2007年至2010年，所属两家单位未按国家定价销售天然气，多收价款333.67万元、少收价款1 743.40万元。

审计指出上述问题后，相关单位对此类业务做了进一步清理规范，将严格按照国家价格政策执行。

3.2007年8月至2010年4月，所属甘肃兰州销售分公司因履行合同中纠纷造成损失899.97万元；所属天津华北石油新技术有限责任公司超采购范围从地方炼油厂采购汽油，且未经检验即销售，造成使用该批汽油的汽车出现故障，赔付车主损失841.47万元。

审计指出上述问题后，中石油集团已分别给予相关责任人免职、撤职和解除劳动关系等处分，制定了内部控制管理手册—合同与纠纷管理等规章制度，完善了成品油外采管理办法，明确了管理职责和权限。

4.2001年6月，所属长庆油田分公司工会未经登记注册成立的长庆油田分公司温暖工程基金会违规向油田合作开发等非扶贫项目投资9137万元，至2010年底获得分红1.66亿元；该基金会还存在对外出借账户、允许其他单位挂靠并以其名义进行投资等问题。

审计指出上述问题后，长庆油田分公司已申请补办温暖基金会登记手续，规范管理账户，并清理挂靠单位。

5.所属两家单位未按照设计文本进行天然气与管道ERP软件开发，存在可人为干预等漏洞。

审计指出上述问题后，相关单位优化了ERP系统设置，进一步规范了业务流程，强化了内部控制。

此外，中石油集团部分输油输气管线年久老化、被各种建筑物和植物占压影响安全运营等问题。审计指出后，中石油集团通过层层签订安全环保责任书以及对有关线段进行改造、加强巡线管理等措施，深化安全生产管理体系建设。

中华人民共和国审计署审计结果公告

（2012年第11号）

中国石油化工集团公司
2010年度财务收支审计结果

（二〇一二年六月一日公告）

根据《中华人民共和国审计法》的规定，审计署2011年对中国石油化工集团公司（以下简称中石化集团）2010年度财务收支情况进行了审计，并对审计范围内涉及的重大事项追溯相关年度。

一、基本情况

中石化集团成立于1998年7月，注册资本1820亿元，拥有二级全资和控股子公司42家，主要从事石油、天然气的勘探、开采、储运、销售和综合利用等。据中石化集团合并财务报表反映，截至2010年底，中石化集团资产总额14 852.4亿元，负债总额8 516.36亿元，所有者权益总额6 336.04亿元，当年营业收入19 478.69亿元，利润总额1 052.15亿元。

二、审计评价意见

本次重点审计了中石化集团本部及所属28家单位，涉及资产量占中石化集团资产总额的50%以上。审计结果表明，中石化集团能够较好地贯彻国家宏观经济政策，主业实现较快发展，会计信息基本真实反映了企业财务状况和经营成果，但在会计核算和项目建设管理等方面仍存在不够规范和严格等问题。这些问题对中石化集团2010年度财务收支状况的影响主要是少计利润14.40亿元，占利润总额的1.37%。

对审计发现的问题，审计署已依法出具了审计报告、下达了审计决定书，要求中石化集团予以整改。

三、审计发现的主要问题及整改情况

（一）会计核算和财务管理存在的问题。

1. 所属天津分公司未及时确认代建100万吨乙烯及配套项目的净收益，导致2010年少计利润14.40亿元。

2. 2008年至2010年，所属江汉石油管理局社会保险服务中心从补充医疗保险基金中提取管理费用2 018.61万元，用于办公经费支出。

审计指出上述两项问题后，相关单位已调整会计账目，少计的利润已计入2011年。

（二）重大投资项目管理存在的问题。

1. 2008年至2010年，中石化集团有31个建设项目未按规定进行招标，涉及合同金额16.66亿元。

审计指出上述问题后，中石化集团修订了《中国石化工程建设项目招标投标管理规定》，进一步规范工程建设招投标管理。

2. 2008年至2010年，所属镇海分公司7个在建项目设计未批复就先开工，涉及投资11.35亿元；所属中石化（香港）有限公司洋浦成品油保税库项目配套码头护岸工程，未经发展改革委核准即开工，至2011年8月底已完成投资6 668.63万元。

审计指出上述问题后，洋浦成品油保税库项目配套码头护岸工程已经交通运输部审查通过，报发展改革委核准。

（三）工程项目建设管理存在的问题。

1. 截至2010年7月底，中石化集团有5.95亿平方米油田生产建设等用地尚未取得土地使用权证，部分改制企业无偿占用国有划拨用地5160万平方米。

审计指出上述问题后，中石化集团已制定新增建设用地管理实施细则，并加快办证进度。

2. 截至2010年底，所属山东、北京和四川分公司的全资或控股加油站中，有2361座缺少规划证、土地使用权证或房产证等。

审计指出上述问题后，中石化集团对油品销售企业证照情况开展了专项调查，要求新增加油（气）站做到证照齐全。

3. 所属天津、镇海、金陵分公司的部分燃煤锅炉烟气脱硫设施等环保项目未按规定与主体工程同时投入运营，还有76台高耗能装置未按期淘汰。

审计指出上述问题后，相关单位已淘汰7台高耗能装置，其余已列入淘汰计划。

（四）内部管理存在的问题。

1. 所属广东分公司和中石化集团资产经营管理有限公司未按规定及时退出房地产业务。

审计指出上述问题后，中石化集团已采取措施进一步推进房地产开发项目的清理和股份转让工作。

2. 中石化集团“资金集中管理系统”“物资采购电子商务系统”等10个信息管理系统自2008年投入运营后，部分信息系统未建立灾难备份。

审计指出上述问题后，中石化集团已于2011年开始在南京建设异地灾难备份中心。

此外，所属胜利油田、金陵分公司、镇海分公司、管道储运分公司等单位的部分油气运输管道老化，存在安全隐患，其中20年以上的管道总长度为2 429.29公里，最长的达37年。审计指出后，中石化集团正分期对使用年限较长的原油管道进行排查整改，制定下发了原油长输管道检测管理规定等制度，规范原油长输管道检测工作。

中华人民共和国审计署
审计结果公告
（2012年第12号）

中国电信集团公司
2010年度财务收支审计结果

（二〇一二年六月一日公告）

根据《中华人民共和国审计法》的规定，审计署2011年对中国电信集团公司（以下简称中国电信）2010年度财务收支情况进行了审计，并对审计范围内涉及的重大事项追溯相关年度。

一、基本情况

中国电信成立于2000年5月，注册资本1580亿元，全资和控股二级公司35家，主要从事固定通信、蜂窝移动通信、网络接入、增值电信等。据中国电信合并财务报表反映，截至2010年底，中国电信资产总额6 476.40亿元，负债总额2 184.18亿元，所有者权益总额4 292.22亿元，当年营业收入2 604.06亿元，利润总额138.08亿元。

二、审计评价意见

本次重点审计了中国电信本部及所属5家单位，涉及资产量占中国电信资产总额的50%以上。审计结果表明，中国电信法人治理结构逐渐完善，内部管理水平不断提高，重大经济决策较为规范，会计信息基本真实反映了企业财务状况和经营成果，但也存在部分会计核算不规范、对所属企业管理不够严格等问题。这些问题对中国电信2010年度财务收支状况的影响主要是：少计资产20 769.73万元，占资产总额的0.03%；多计负债6 200.41万元，占负债总额的0.03%；少计所有者权益22 540.94万元，占所有者权益总额的0.05%；少计利润4 429.20万元，占利润总额的0.32%。

对审计发现的问题，审计署已依法出具了审计报告、下达了审计决定书，要求中国电信予以整改。

三、审计发现的主要问题及整改情况

（一）会计核算和财务管理存在的问题。

1.2004年12月至2010年12月，所属浙江省电信实业集团公司（以下简称浙江电信实业）等单位未按企业会计准则规定抵销内部损益、确认部分投资收益和资产减值准备等，导致少计利润1亿元，其中2010年少计利润0.44亿元。

审计指出上述问题后，浙江电信实业等单位已调整了相关会计账目。

2.2008年至2010年，所属浙江电信实业金华市分公司等单位少缴纳企业所得税1 260.56万元。

审计指出上述问题后，相关单位已补缴了企业所得税。

3.2009年至2010年，中国电信本部及部分所属二、三级公司本部在成本费用中列支工资性支出5 627.10万元，未纳入工资总额管理，也未代扣代缴个人所得税。

审计指出上述问题后，中国电信及所属各单位已补缴了个人所得税。

4.2008年4月至2011年7月，中国电信所属单位以物业费、会议费等名义套取资金307.36万元形成“小金库”，累计支出304.96万元，主要用于招待费、培训费和发放奖金等。

审计指出上述问题后，相关单位调整了会计账目并追回了资金，完善了物业管理和会议费、招待费管理制度，对20名相关责任人进行了通报批评、诫勉谈话和经济处罚。

（二）贯彻落实国家宏观政策存在的问题。

2010年9月至2011年7月，中国电信新增移动电话用户实名登记率为79%至83%，与工业和信息化部关于全面实施新增电话用户实名登记的要求存在一定差距。

审计指出上述问题后，中国电信下发了《关于进一步加强电话用户实名登记工作并开展用户登记信息保护检查的通知》，以进一步加强管理，提高实名登记工作质量。

（三）内部管理存在的问题。

1. 中国电信所属单位在开展外呼营销和商务短信群发业务过程中对用户信息管理不严；有的单位移动电话公免公纳卡存在无消费限额、超期使用等管理不规范情况。

审计指出上述问题后，相关单位下发《关于加强增值业务营销合作中用户信息管理工作的通知》，对建立用户信息保护长效机制做出了规定，并组织公免公纳卡使用单位进行清理规范。

2. 中国电信企业年金自2003年建立以来，在运作过程中存在未采取规范的委托管理模式等问题，截至2010年底仍未按规定清理规范到位。

审计指出上述问题后，中国电信按照国家相关要求，于2011年8月向上级主管部门上报了企业年金方案并于次月获得批准，此后下发了《关于规范集团企业年金有关问题的通知》等3个配套文件。

3.2008年至2010年，中国电信所属单位部分大额采购未进行招标，涉及金额6 753.75万元，占应招标金额的0.04%；购买的公务用车有14辆超过了中国电信规定的采购价格上限。

审计指出上述问题后，相关单位对采购管理办法进行修订，并下发《关于进一步加强经营管理者公务用车管理的通知》，组织开展采购供应管理交叉检查，加强了对招标工作的监督检查和公务用车的管理。

4. 2008年至2010年，中国电信所属单位将承接的电信工程违规分包给无电信工程施工相关资质的单位，涉及合同金额5.97亿元。

审计指出上述问题后，相关单位实施整改，清退了无资质的分包单位，并制定或修订了劳务分包管理办法等4项内部管理制度。

5. 2008年至2010年，中国电信所属单位向福建省电信实业集团公司重复收费106.90万元；未及时对增值业务欠费时间已超过3个月的用户停止或限制电信服务，多发生用户欠费590.37万元。

审计指出上述问题后，相关单位已退回重复收取的费用；下发了《关于进一步规范后付费用户信息费欠费管理的通知》，要求各单位进一步规范欠费管理，并认真进行整改。

此外，中国电信及所属单位以前年度经营管理中还存在以下问题：

1. 2003年至2007年，所属广东省电信实业集团公司（以下简称广东电信实业）等单位在未对宽带普及做出合理预期的情况下，投资广东星盟网络连锁经营有限公司，截至2010年底发生投资损失1.58亿元。

审计指出上述问题后，广东电信实业对广东星盟网络连锁经营有限公司采取了缩小经营规模、逐步退出的策略，并免去该公司总经理的职务。

2. 2005年至2007年，所属广东电信实业等单位投资非主业企业广东网星影视文化传播有限公司，截至2010年底，形成投资损失196.41万元，广东电信实业向该公司提供的1328万元委托贷款难以收回。

审计指出上述问题后，有关单位已对广东网星影视文化传播有限公司实施清算。

3. 2008年，浙江电信实业所属浙江南天邮电通讯技术有限公司在未做实际调研论证的情况下，集体决策代理出口两艘7.96万吨级散货船，并且在未经上级审批的情况下向银行申请开出保函，截至2011年6月面临4.71亿元人民币预收款退款风险。

审计指出上述问题后，浙江电信实业正与有关各方协调，全力控制风险，减少企业损失；同时组建法务中心，加强了合同管理。

中华人民共和国审计署
审计结果公告
（2012年第13号）

中国电子信息产业集团有限公司
2010年度财务收支审计结果

（二〇一二年六月一日）

根据《中华人民共和国审计法》的规定，审计署2011年对中国电子信息产业集团有限公司（以下简称中国电子）2010年度财务收支情况进行了审计，并对审计范围内涉及的重大事项追溯相关年度。

一、基本情况

中国电子成立于1989年3月，注册资本79.30亿元，拥有全资和控股二级子公司42家，主要从事提供电子信息技术产品与服务等。据中国电子合并财务报表反映，截至2010年底，中国电子资产总额1 234.11亿元，负债总额828.79亿元，所有者权益总额405.32亿元，当年营业收入1 608.45亿元，利润总额36.41亿元。

二、审计评价意见

本次重点审计了中国电子本部及所属8家企业，涉及资产量占中国电子资产总额的50%以上。审计结果表明，中国电子加大企业内部资源整合，生产经营和经济效益发展较快，逐步建立健全内部控制制度，会计信息基本真实反映了企业财务状况和经营成果，但在会计核算、重大投资项目管理和内部管理等方面还存在不够规范、执行不够到位的问题。这些问题对中国电子2010年度财务收支状况的影响主要是：多计资产0.89亿元，占资产总额的0.07%；多计负债2.16亿元，占负债总额的0.26%；少计利润0.18亿元，占利润总额的0.49%。

对审计发现的问题，审计署已依法出具了审计报告、下达了审计决定书，要求中国电子予以整改。

三、审计发现的主要问题及整改情况

（一）会计核算和财务管理存在的问题。

1.2010年，中国电子及部分所属单位合并财务报表范围不完整、未将内部交易充分抵销、将当期收入挂账等，导致多计资产2.16亿元、多计负债2.16亿元、少计利润0.18亿元。

审计指出上述问题后，中国电子及所属相关单位已调整有关会计账目。

2.2008年至2010年，所属南京华东电子集团有限公司少计收入和成本各2.27亿元。

审计指出上述问题后，南京华东电子集团有限公司已调整有关会计账目，加强了会计核算和财务管理。

3. 截至2010年底，所属深圳中电投资股份有限公司和中国电子器材华北公司少计商业用房等资产1.27亿元。

审计指出上述问题后，深圳中电投资股份有限公司已将少计的资产纳入账内核算；中国电子器材华北公司已将少计的商业用房评估入账，正在办理产权确认手续。

4.2002年3月至11月，所属中国电子财务有限责任公司违反规定将委托代收的财政专项资金500万元投资入股中昊化工新材料有限公司，截至2011年10月底收到投资分红和部分股权转让款共1 710.95万元。

审计指出上述问题后，中国电子财务有限责任公司已于2011年底完成了有关股权的转让工作，收回的资金全部入账核算。

（二）重大投资项目管理存在的问题。

2007年3月至4月，经中国电子董事会审议通过，所属深圳桑达电子集团有限公司出资2.57亿元收购深圳桑菲消费通信有限公司的股权项目。因可行性研究论证不充分、市场变化等，深圳桑菲消费通信有限公司2008年至2010年产品销售量不足预期的50%。

审计指出上述问题后，中国电子加强了投资项目的管理和监督，指导企业加大研发投入，合理安排产销，以提升资产质量和盈利水平。

（三）内部管理存在的问题。

1. 截至2010年底，中国电子及所属企业146名中层以上管理人员违规持有烟台科信房地产开发有限公司等19家二级企业股份，金额共计9 653.44万元。

审计指出上述问题后，中国电子下发了通知，对规范国有企业职工持股和投资、限期完成中层以上管理人员违规持股规范工作做出了明确要求，截至2012年3月底有117名管理人员完成了规范持股工作，其他人员正在办理相关手续。

2.2005年至2010年，所属中国长城计算机深圳股份有限公司在广告代理业务中未履行招标和比价等程序，涉及金额8336万元。

审计指出上述问题后，中国电子加强了对所属单位相关规章制度执行情况的监督检查，及时纠正不规范行为，并完善了招标管理相关制度。

3.2010年，所属中国电子苏浙公司等两家企业与有关业务单位签订违规购销合同，帮助业务单位获取银行贷款3.64亿元。

审计指出上述问题后，中国电子对责任人进行了通报批评，并强化采购销售等内部管理，相关企业已终止了该违规购销合同。

4. 截至2010年底，中国电子的331项长期股权投资中，有238项连续3年未获分红，81项持续处于非正常经营状态。

审计指出上述问题后，中国电子修订完善投资及其回报管理办法等制度，加强投资项目的管理和监督，开展财务绩效评价，加强了集团公司全面风险管理。

5.2008年至2010年，中国电子研究与开发投入偏低，研发资源亟待整合。

审计指出上述问题后，中国电子加大研发资金的投入，整合集团内部资源，制定了科技首席专家管理办法等规定。

此外，1989年至2009年，中国电子向夏新电子有限公司及夏新电子股份有限公司投入股权及债权等累计12.29亿元，后因夏新电子股份有限公司经营持续亏损及虚增利润被证监会立案调查等，于2009年7月退出投资，损失6.94亿元。审计指出后，中国电子加强了重大投资项目的战略管控和运营监管。

中华人民共和国审计署审计结果公告（2012年第14号）

中国第一汽车集团公司 2010年度财务收支审计结果

（二〇一二年六月一日公告）

根据《中华人民共和国审计法》的规定，审计署2011年对中国第一汽车集团公司（以下简称一汽集团）2010年度财务收支情况进行了审计，并对审计范围内涉及的重大事项追溯相关年度。

一、基本情况

一汽集团成立于1953年7月，注册资本37.98亿元，拥有全资和控股子公司79家，主要从事汽车及汽车配件的生产和销售、汽车技术研发等。据一汽集团合并财务报表反映，截至2010年底，一汽集团资产总额1 725.5亿元，负债总额1 028.06亿元，所有者权益总额697.44亿元，当年营业收入2 930.42亿元，利润总额309.56亿元。

二、审计评价意见

本次重点审计了一汽集团本部及所属10家企业，涉及资产量占一汽集团资产总额的50%以上。审计结果表明，一汽集团法人治理结构逐步健全，重大决策程序不断完善，会计信息基本真实反映了企业财务状况和经营成果，但在会计核算、重大经济决策、内部管理等方面仍存在一些问题。这些问题对一汽集团2010年度财务收支状况的影响主要是少计利润370.2万元，占利润总额的0.012%。

对审计发现的问题，审计署已依法出具了审计报告、下达了审计决定书，要求一汽集团予以整改。此外，本次审计发现所属单位涉嫌经济违法案件线索两起，已依法移送有关部门调查处理。

三、审计发现的主要问题及整改情况

（一）会计核算和财务管理存在的问题。

1. 所属天津一汽汽车销售有限公司将2010年实现的370.2万元收入未在当年核算，致使2010年实现的利润370.2万元，计入了2011年。

审计指出上述问题后，该公司制定了整车财务存货核对盘点管理规定等5项制度，进一步完善了收入确认办法。

2. 2008年至2010年，所属一汽解放汽车销售公司等3家企业列支成本费用的票据中，有不规范发票3 227.92万元，其中2010年列支1 484.55万元。

审计指出上述问题后，上述3家公司积极整改，已更换大部分不正规发票，对3名责任人做出降级、罚款等处理，建立了费用报销管理规定等3项财务管理制度。一汽集团全面开展自查自纠，要求所属公司严格执行财务报销制度。

3. 2010年，所属一汽马自达汽车销售有限公司少计缴增值税1 096.08万元。

审计指出上述问题后，该公司调整财务报表，并补缴了税款。

4. 2007年至2010年，所属一汽大众汽车有限公司用于性能试验等用途的176辆非商品车信息未及时入账，造成非商品车辆账实不符。

审计指出上述问题后，该公司马上进行了整改，补办了非商品车辆登记手续，实现了账实相符，并修订了存货盘点内部控制等两项制度。

5. 2008年至2010年，所属一汽物流有限公司从职工福利费中列支856.32万元，购买购物卡后作为奖金发放，且未代扣代缴个人所得税。

审计指出上述问题后，该公司将从福利费列支的上述奖金调整到工资总额中，相关人员已补缴个人所得税。

（二）重大经济决策事项存在的问题。

1. 2008年至2010年，一汽集团自主产品研发投入比例偏低，自主品牌汽车盈利能力不强，整车业务利润主要来自于合资合作子公司。

审计指出上述问题后，一汽集团积极整改，正在采取措施，提高研发投入，推进技术中心及乘用车研究所的建设，以增强自主品牌竞争盈利能力。

2. 2010年10月，一汽集团新医疗大楼项目在未报国资委备案的情况下即开工建设，项目总投资概算12.23亿元。

审计指出上述问题后，一汽集团已向国资委补办备案文件。

3.2010年，所属一汽物流有限公司等两家企业的两个投资项目在尚未取得国有建设用地使用权的情况下违规开工建设，项目总投资概算23.03亿元。

审计指出上述问题后，相关公司已完善用地手续，取得了土地使用权。

（三）工程项目建设管理存在的问题。

1.2008年至2010年，所属四川一汽丰田汽车有限公司等两家企业土建工程和设备采购未履行公开招标程序，合同金额1.14亿元。

审计指出上述问题后，一汽集团出台了建安工程招标管理程序，并要求所属企业严格执行。上述两家企业根据国家及集团公司有关规定，进一步细化了公开招标、邀请招标的适用范围、操作流程及审批流程等内容。

2.2008年至2011年6月，所属一汽大众汽车有限公司在27个工程项目建设（合同总金额20.37亿元）中，履行管理职责不到位，各项目均存在承建单位自行调换约定现场施工管理人员的现象。

审计指出上述问题后，一汽集团进一步加强对工程项目建设的管理，建立了基建、技改项目竣工验收程序等7项管理制度；一汽大众汽车有限公司在相关管理文件中专门补充要求，明确规定施工单位变更项目经理需经业主正式批准。

（四）内部管理存在的问题。

1.2009年至2011年，一汽集团营销管理部及所属一汽大众汽车有限公司未严格审核广告费和部分工程结算相关资料，多支付广告费、代理费及工程款2 149.01万元。

审计指出上述问题后，相关企业已收回多支付的款项，调整了相关账目，并制定了媒体采购项目管理实施细则等两项业务管理规定，加强了对费用支付的审查。

2.2010年，所属启明信息技术股份有限公司（以下简称启明公司）将汽车报警器销售业务、班车和物业服务业务交由该公司原负责人控股的两家公司承担，使其通过转售和转包不当获利。

审计指出上述问题后，一汽集团解除了对启明公司原负责人的返聘，对班车、物业服务重新进行公开招标，降低了相关费用；终止了有关单位的汽车报警器销售业务。

3.2010年12月，所属一汽大众销售有限公司通过插件程序，阻断整车销售系统和财务系统之间的数据交换，使财务系统数据与整车销售系统无法保持同步，影响年底财务数据的准确性。

审计指出上述问题后，该公司重新规范汽车销售业务确认流程，修订了商品车销售收入流程等两项制度。

4.2008年至2010年，所属天津一汽夏利汽车股份有限公司在年报中少披露公司高管薪酬410.73万元。

审计指出上述问题后，该公司建立健全了薪酬管理制度，加强了信息披露。

中华人民共和国审计署审计结果公告（2012年第15号）

中国第二重型机械集团公司2010年度财务收支审计结果

（二〇一二年六月一日公告）

根据《中华人民共和国审计法》的规定，审计署2011年对中国第二重型机械集团公司（以下简称中国二重）2010年度财务收支情况进行了审计，并对审计范围内涉及的重大事项追溯相关年度。

一、基本情况

中国二重成立于1958年10月，注册资本7.57亿元，拥有二级全资和控股子公司20家，主要从事大型金属铸锻加工、冶金、电站、化工等专用或成套设备的制造与技术研究等。据中国二重合并财务报表反映，截至2010年底，中国二重资产总额227.94亿元，负债总额167.43亿元，所有者权益总额60.51亿元，当年营业收入68.67亿元，利润总额1.91亿元。

二、审计评价意见

本次重点审计了中国二重本部及所属两家企业，涉及资产量占中国二重资产总额的50%以上。审计结果表明，中国二重能够认真贯彻国家宏观经济政策，不断发展壮大装备制造主业，积极推进自主创新，会计信息基本真实反映了企业财务状况和经营成果，但在会计核算和项目建设管理等方面仍存在不够严格和规范等问题。这些问题对中国二重2010年度财务收支状况的影响主要是：少计资产2 096.84万元，占资产总额的0.09%；少计负债2 096.84万元，占负债总额的0.13%；多计利润318.06万元，占利润总额的1.67%。

对审计发现的问题，审计署已依法出具了审计报告、下达了审计决定书，要求中国二重予以整改。

三、审计发现的主要问题及整改情况

（一）会计核算和财务管理存在的问题。

1.2006年至2010年，所属中国二重（德阳）万航模锻厂（以下简称二重模锻厂）与5户民营企业虚构购销业务，造成多计利润13.59万元，其中2010年少计利润25.29万元。

2.2009年至2010年，所属二重集团（德阳）重型装备股份有限公司（以下简称二重重装）未按规定确认收入和成本等，造成多计利润1 134.74万元，其中2010年少计利润789.2万元。

3.2010年，中国二重合并财务报表内部关联交易抵销不充分，造成多计资产和利润各1 132.55万元，少计资产和负债各2 096.84万元。

审计指出上述三项问题后，中国二重及相关所属单位已调整会计账目，并根据实际业绩情况扣减二重模锻厂有关年度工资基数119.30万元，给予4名责任人行政降级等处分。

4.截至2010年底，所属二重重装在产成品发出后未及时办理结算，涉及金额1.24亿元。

审计指出上述问题后，二重重装办理了有关产品结算手续，并采取措施加强了发出产成品的跟踪管理。

5.2010年，中国二重及部分所属单位未将车改补贴、通信费等工资性支出纳入工资总额管理，涉及金额2 784.90万元。

审计指出上述问题后，相关单位已将其纳入工资总额管理并调整会计账目，修订了工资总额使用管理办法。

（二）工程建设项目管理存在的问题。

1.2007年至2010年，中国二重和所属二重集团（镇江）重型装备厂有限责任公司（以下简称二重镇江公司）部分工程招标资料不完整、合同不规范等，涉及金额12.20亿元。

审计指出上述问题后，相关单位进一步加强了工程项目招投标管理。

2.2010年，所属二重重装和二重镇江公司对工程中标方监管不到位，导致9项工程被中标方全部转包，且部分转包承接单位不具备施工资质，涉及金额5.17亿元。

审计指出上述问题后，这两家企业出台了工程分包管理办法等规定，加强了中标企业施工过程监督管理。

3.截至2011年6月，中国二重及所属中国第二重型机械集团（德阳）万安物业发展有限公司（以下简称万安物业）、二重镇江公司，用流动贷款和自有资金为职工住宅建设垫支工程款和土地购置款1.23亿元。

审计指出上述问题后，相关单位已收回垫支款项，规范了贷款资金使用。

4.截至2010年底，中国二重大型模锻压机项目投资超过概算4.44亿元。

审计指出上述问题后，中国二重已向发展改革委申报增加投资并获批，同时修订了重大固定资产投资项目管理办法。

5.截至2010年底，所属中国二重技术中心（成都）总部项目（以下简称成都总部项目）贷款和二重重装通过发债等募集的资金8.88亿元，未按计划进度使用。

审计指出上述问题后，相关单位加快了工程建设进度，加强贷款及发债资金支出管理，确保按计划使用募集资金。

（三）内部管理存在的问题。

1.2008年至2010年，中国二重未经招标，直接指定采购单位购建155项固定资产，涉及金额1.53亿元，占应招标金额的23.11%。

审计指出上述问题后，中国二重对项目主要负责人进行了诫勉谈话，修订了招标管理办法，进一步加强招标管理。

2.2008年至2010年，所属二重重装在物资采购过程中，变相指定供应商，涉及金额2.06亿元，并向不合格供应商采购物资175吨；由供应商从其他单位采购940.62吨还原铁后，再销售给中国二重。

审计指出上述问题后，二重重装补充完善有关手续，终止与不合格供应商的合作，并修订完善相关规章制度，加大对供应商的管理力度。

3.2008年至2010年，中国二重和所属二重镇江公司在项目课题经费、出海口基地建设项目中，超范围列支汽车购置款和出国费用137.39万元；部分所属单位购置高档轿车。

审计指出上述问题后，中国二重修订了国家研发计划项目管理办法，调整项目经费预算，将所购汽车纳入固定资产核算管理，并制定了公务用车管理办法，明确了购置和使用标准。

4. 中国二重产品结构调整尚不到位，传统冶金轧制产品占比仍较大，由于市场需求下滑收入下降明显。

审计指出上述问题后，中国二重加大了战略新兴产业的研发和投入力度，成立了工程设计院，逐步增强了工程总包能力。

5. 中国二重企业管理信息系统存在制度建设不够健全、部分流程不合规、部分子系统存在设计缺陷、未充分发挥企业资源计划（ERP）系统功能等问题。

审计指出上述问题后，中国二重进一步完善了有关管理制度，梳理业务核算流程，并要求系统开发商修正设计缺陷。

此外，中国二重及所属企业以前年度经营管理中还存在以下问题：

1.2007年，中国二重在未取得国有土地使用权证的情况下，开工建设成都总部项目；2009年，所属二重镇江公司在未取得工程规划许可证和施工许可证的情况下，开工建设出海口基地项目。

审计指出上述问题后，中国二重已竞得成都总部项目大楼的土地使用权，二重镇江公司已取得出海口基地项目的工程规划许可证，正在办理施工许可证。

2.2007年至2008年，所属万安物业与民营企业合作经营的利润分配核算不规范，多计提分配给对方的利润398.43万元。

审计指出上述问题后，万安物业已按双方实际出资比例调整分配利润。

3.2009年，中国二重将其承担的两个项目使用的中央国债及补助资金，未经发展改革委批准即用于成都总部项目建设，两个项目未按计划完成。

审计指出上述问题后，中国二重加快了工程项目建设进度，其中1个项目已基本实施完毕，计划年内申请竣工验收。

4.2009年，所属二重镇江公司将出海口基地建设项目部分工程发包给不具备相应资质的民营企业，涉及金额6 119.53万元。

审计指出上述问题后，二重镇江公司加强了对建筑施工单位资质的监督管理，以确保工程质量。

5.2009年，所属德阳进出口有限责任公司因产品延期交货，预计违约损失500万元。

审计指出上述问题后，该公司修订了合同抗风险领导小组规定等规定，加强了合同履行管理。

中华人民共和国审计署
审计结果公告
（2012年第16号）

中国东方电气集团有限公司
2010年度财务收支审计结果

（二〇一二年六月一日公告）

根据《中华人民共和国审计法》的规定，审计署2011年对中国东方电气集团有限公司（以下简称东方电气）2010年度财务收支情况进行了审计，并对审计范围内涉及的重大事项追溯相关年度。

一、基本情况

东方电气成立于1984年5月，注册资本

33.56 亿元，拥有全资和控股二级企业 12 家，主要从事发电设备制造及销售、电站工程总承包及分包、发电设备的成套技术开发及技术咨询和机械电子配套设备的销售等。据东方电气合并财务报表反映，截至 2010 年底，东方电气资产总额 1 001.58亿元，负债总额 819.64 亿元，所有者权益总额 181.94 亿元，当年营业收入 446.21 亿元，利润总额 27.73 亿元。

二、审计评价意见

本次重点审计了东方电气本部及所属 9 家企业，涉及资产量占东方电气资产总额的 50%以上。审计结果表明，东方电气法人治理结构逐渐完善，内部管理水平不断提高，会计信息基本真实反映了企业财务状况和经营成果，但在财务管理、项目管理等方面还存在一些不规范问题。这些问题对东方电气 2010 年度财务收支状况的影响主要是：少计资产 5.12 亿元，占资产总额的 0.51%；少计利润 0.79 亿元，占利润总额的 2.85%。

对审计发现的问题，审计署已依法出具了审计报告、下达了审计决定书，要求东方电气予以整改。

三、审计发现的主要问题及整改情况

（一）会计核算和财务管理存在的问题。

1. 2010 年，所属东方电气集团东方锅炉股份有限公司（以下简称东锅股份）将收到的客户赔偿款 1.23 亿元在往来科目核算，扣除相关成本后，少计利润 0.59 亿元。

审计指出上述问题后，该公司已按照规定结转收入和利润，并按照增加的利润补缴了税款。

2. 2008 年至 2010 年，东方电气本部及所属 5 家企业超过国家规定比例为职工多缴住房公积金 6 581.51万元，其中 2010 年多缴纳 1 890.11 万元。

审计指出上述问题后，东方电气已按规定下调职工住房公积金计提比例。

3. 东方电气将其管理的企业年金、离退休事业发展基金等资金单独开户存放，并在法定的财务账外核算，2010 年底已达 5.12 亿元。

审计指出上述问题后，东方电气已进行整改，将该部分资金纳入账内核算。

4. 2005 年至 2011 年，所属东方电机厂等 6 家企业少缴税费共 573.81 万元。

审计指出上述问题后，相关企业向税务部门补缴了税费。

（二）重大经济决策事项存在的问题。

1. 所属东方电气集团峨嵋半导体材料有限公司（以下简称峨嵋公司）投资 18.33 亿元建设的多晶硅项目，未达到行业准入标准，未全面通过环保验收，且存在产能利用率较低、产品合格率不高等问题，经营亏损严重。

审计指出上述问题后，东方电气已对主要责任人进行通报批评和经济处罚，并通过技术改造促使峨嵋公司成为首批达到多晶硅行业准入标准的企业，环保验收手续正在办理。

2. 东方电气“走出去”战略实施模式比较单一，项目效益欠佳。

审计指出上述问题后，东方电气研究确定“走出去”的路线图、时间表，分解落实目标责任，研究构建符合实际的组织体系和管控模式，加大了复合型国际人才的培养力度。

（三）内部管理存在的问题。

1. 2009 年 4 月至 2011 年 6 月，所属峨嵋公司乐山分公司将 2.89 万吨危险废物四氯化硅交给无处理能力的民营企业处理。

审计指出上述问题后，东方电气通过完善工序提高了四氯化硅回收利用率，同时加强了对四氯化硅处理企业的资质审查和后续检查。

2. 截至 2010 年底，所属东方电气集团东方汽轮机有限公司（以下简称东方汽轮机公司）生产服务楼等 4 个项目的投资额超过国家批复规模 2.69 亿元。

审计指出上述问题后，东方汽轮机公司正在向主管部门申请调整投资规模，同时修订了固定资产投资管理办法。

3. 截至 2010 年底，所属东方电气集团财务有限公司一年期凭证式国债投资占资本总额的 146%，超过国家关于短期证券投资与资本总额的比例不得高于 40%的规定。

审计指出上述问题后，东方电气已增加相关公司资本金，按规定下调投资比例。

4. 2003 年至 2007 年，所属东锅股份向 4 个未经核准或违规建设的电站供应锅炉，部分锅炉货款也未及时收回。截至 2011 年 9 月，仍有 3.53

亿元未清收。

审计指出上述问题后，东锅股份加大货款催收力度，已收回资金5000万元，同时要求今后承揽业务时认真核实相关投标项目的合规性，并从合同条款上控制收款风险。

5.2007年5月至2010年底，所属东方汽轮机公司违反招标规定从6家民营企业采购物资15.63亿元；2009年至2010年，所属东锅股份违反招标规定采购检测设备等1.02亿元。

审计指出上述问题后，东方电气制定和完善了风电物资采购管理实施细则等3项制度，加大对业务人员的培训力度，进一步规范采购程序。

6.2008年至2011年6月，所属峨嵋公司120兆瓦太阳能光伏产业项目未履行招标程序，签订建设合同6600万元。

审计指出上述问题后，东方电气加强了对所属企业招投标行为的管控，要求所属企业严格执行招标规定。

7.2007年5月至2010年4月，所属东锅股份工程分公司在仅具备乙级资质的情况下，承接70台甲级资质企业才能承担的100兆瓦以上发电锅炉脱硝设备，总价28.11亿元。

审计指出上述问题后，东方电气对超资质承揽的项目进行复查，确保项目设计符合要求，避免造成重大隐患。

8.所属部分重要子公司尚未接入东方电气ERP系统；异地灾备系统尚未开始建设；信息系统部分功能不完善；一些供应商资料未经审批直接录入ERP系统。

审计指出上述问题后，东方电气将异地灾备系统列入年度投资计划，并着手对网络和机房进行改造，通过实施ERP二期计划不断完善其功能。

此外，2004年3月和2005年3月，所属东锅股份购买的国债被受托方非法质押，之后因该受托方破产清算，形成损失预计1.65亿元。审计指出后，东方电气加强了对所属企业资金的集中管理，同时积极配合司法部门采取措施，尽可能挽回损失。

中华人民共和国审计署审计结果公告（2012年第17号）

鞍钢集团公司 2010年度财务收支审计结果

（二〇一二年六月一日公告）

根据《中华人民共和国审计法》的规定，审计署2011年对鞍钢集团公司（以下简称鞍钢集团）2010年度财务收支情况进行了审计，并对审计范围内涉及的重大事项追溯相关年度。

一、基本情况

鞍钢集团2010年5月由鞍山钢铁集团公司与攀钢集团有限公司（以下分别简称鞍山集团、攀钢集团）联合重组设立，注册资本173.10亿元，拥有二级公司41家，主要从事黑色金属冶炼、炼焦、钢压延加工等。据鞍钢集团合并财务报表反映，截至2010年底，鞍钢集团资产总额2 450.10亿元，负债总额1 339.74亿元，所有者权益总额1 110.36亿元，当年营业收入1 514.65亿元，利润总额50.28亿元。

二、审计评价意见

本次重点审计了鞍钢集团本部及所属13家单位，涉及资产量占鞍钢集团资产总额的50%以上。审计结果表明，鞍钢集团近年来积极推进企业重组，拓展海外基地，市场竞争力不断增强，并进一步建立健全内部控制制度，提高资金的管控能力，会计信息基本真实反映了企业财务状况和经营成果，但在会计核算、执行国家钢铁产能调控政策和招投标管理等方面仍存在不够规范、执行不够到位的问题。这些问题对鞍钢集团2010年度财务收支状况的影响主要是少计利润0.99亿元，占利润总额的1.97%。

对审计发现的问题，审计署已依法出具了审计报告、下达了审计决定书，要求鞍钢集团予以整改。

三、审计发现的主要问题及整改情况

（一）会计核算和财务管理存在的问题。

1.2007 年至 2010 年，鞍钢集团部分所属单位因少计征地补偿款、多计提存货跌价准备、虚列重组咨询费等，造成损益核算不准确，其中：2007 年至 2009 年，多计利润 1.22 亿元；2010 年少计利润 0.99 亿元。

审计指出上述问题后，鞍钢集团所属相关单位已经调整会计账目。

2.2010 年，鞍山集团在编制合并财务报表时，对所属企业关联交易抵销不充分，造成多计营业收入和营业成本各 30.17 亿元。

审计指出上述问题后，鞍山集团已调整有关财务报表。

3.2009 年至 2010 年，鞍山集团未及时按规定将收到的 2.78 亿元中央国有资本经营预算专项资金用于增加国有资本金。

审计指出上述问题后，鞍山集团正与相关部门积极协商解决。

4. 截至 2010 年底，鞍山集团及所属矿业公司未按规定将住房资金管理中心住房维修基金 6.03 亿元专户存储。

审计指出上述问题后，鞍山集团及所属矿业公司设立了维修基金专项账户，部分住房维修基金已存入该账户，其余部分正在清理整改中。

5.2010 年，所属攀钢集团成都钢钒有限责任公司未按规定代扣代缴个人所得税 15 万元。

审计指出上述问题后，攀钢集团成都钢钒有限责任公司已补缴税款。

（二）贯彻落实国家宏观政策存在的问题。

1.2007 年，鞍山集团未按规定报经发展改革委批准，自行新增鲅鱼圈钢铁生产基地项目产能 150 万吨，截至 2010 年底超计划投资 81.24 亿元；所属鞍钢集团朝阳鞍凌钢铁有限公司未报经主管部门审批，自行将 H 型钢项目调整为热轧带钢项目，截至 2011 年 8 月底超计划投资 20.37 亿元。

审计指出上述问题后，鞍山集团和鞍钢集团朝阳鞍凌钢铁有限公司修订了固定资产投资项目审批管理流程等制度，加强了基本建设程序管理和工程投资控制。

2. 截至 2011 年 8 月底，鞍山集团未按规定淘汰 80 万吨炼钢产能和 7.5 万吨轧钢产能。

审计指出上述问题后，鞍山集团已制订产能淘汰计划，关停了应淘汰的轧钢生产线。

（三）重大经济决策事项存在的问题。

2008 年，所属攀钢矿业公司投资 2 亿元组建攀钢矿业宜宾有限公司，所属攀钢集团矿业凉山有限责任公司投资 720 万元收购会东满矿攀鑫矿业有限公司 20% 股权。由于可行性研究不充分、市场变化等原因，截至 2011 年 8 月，两个项目均不同程度出现亏损，面临损失风险。

审计指出上述问题后，相关单位进一步完善了母子公司管控制度和风险预警机制，强化了对下属子公司重大项目投资日常监管，采取措施控制风险。

（四）内部管理存在的问题。

1. 截至 2011 年 8 月，鞍山集团和攀钢集团部分建设项目未批先用土地 1 908.65 万平方米。

审计指出上述问题后，鞍山集团和攀钢集团与有关部门积极沟通，正在办理和完善项目土地审批手续。

2.2007 年至 2010 年，攀钢集团和鞍山集团存在工程建设、物资和设备采购等项目招标不规范等问题，涉及金额分别为 303.29 亿元和 7.95 亿元。

审计指出上述问题后，攀钢集团修订完善了招投标管理标准等制度，进一步规范工程招投标管理；鞍山集团修订了固定资产投资项目工程招标管理规定等制度。

3. 鞍山集团和攀钢集团合并重组为鞍钢集团后，管理体系、产品结构、资源优势整合不到位，整体管理架构和内控制度体系尚未建立。

审计指出上述问题后，鞍钢集团成立了专门的管理架构筹建工作组织，并建立健全相关制度，进一步深化重组工作。

4. 截至 2009 年 11 月，所属攀钢集团冶金工程技术有限公司以保障矿石供应为由，为四川会东满银沟矿业集团有限公司的杨家村铁矿基建工程累计垫付资金 4.59 亿元，由于该矿业公司经营困难，垫付工程款难以收回。

审计指出上述问题后，攀钢集团组织相关单位采取措施积极收回垫付资金，截至 2011 年 12 月已收回 911 万元。

此外，鞍钢集团及所属单位以前年度经营管

理中还存在以下问题：

1.2008年至2009年，所属鞍千矿业有限责任公司少缴增值税1 352.64万元和企业所得税1 989.17万元。

审计指出上述问题后，鞍千矿业有限责任公司已补缴400万元税款，并已与税务部门沟通落实了余款补缴安排。

2.2005年至2007年，鞍山集团违规向改制企业出借土地686.66万平方米。

审计指出上述问题后，鞍山集团制定了关于改制企业国有土地资产处置暂行规定，以规范改制企业土地处置行为。

中华人民共和国审计署审计结果公告（2012年第18号）

宝钢集团有限公司 2010年度财务收支审计结果

（二〇一二年六月一日公告）

根据《中华人民共和国审计法》的规定，审计署2011年对宝钢集团有限公司（以下简称宝钢集团）2010年度财务收支情况进行了审计，并对审计范围内涉及的重大事项追溯相关年度。

一、基本情况

宝钢集团成立于1998年11月，注册资本510.83亿元，拥有全资和控股二级子公司30家，主要从事黑色金属采矿、冶炼、加工及贸易等。据宝钢集团合并财务报表反映，截至2010年底，宝钢集团资产总额4 321.30亿元，负债总额1 719.55亿元，所有者权益总额2 601.75亿元，当年营业收入2 729.84亿元，利润总额242.30亿元。

二、审计评价意见

本次重点审计了宝钢集团本部及所属11家二级子企业，涉及资产量占宝钢集团资产总额的50%以上。审计结果表明，宝钢集团重大经济决策较为规范，会计信息基本真实地反映了企业的财务状况，但在会计核算、内部管理等方面还存在不够规范的问题。这些问题对宝钢集团2010年度财务收支状况的影响主要是：多计资产5.50亿元，占资产总额的0.13%；少计负债11.48亿元，占负债总额的0.67%；多计利润11.39亿元，占利润总额的4.7%。

对审计发现的问题，审计署已依法出具了审计报告、下达了审计决定书，要求宝钢集团予以整改。

三、审计发现的主要问题及整改情况

（一）会计核算和财务管理存在的问题。

1.1999年至2010年，宝钢集团本部等6家单位因合并财务报表抵销不充分、未按规定确认预计负债、销售收入等，导致多计利润16.15亿元，其中2010年度多计利润11亿元。

审计指出上述问题后，宝钢集团及所属单位已调整相关会计账目，完善合并财务报表编制流程等会计管理制度。

2.2008年至2010年，所属宁波钢铁有限公司等6家单位少缴企业所得税、国家重大水利建设基金、排污费、房产税、营业税金及附加等8 289.19万元，导致多计利润5 740.31万元，其中2010年度多计利润3 859.58万元。

审计指出上述问题后，相关单位已调整会计账目，正向有关部门申报补缴少缴的税款。

3.2010年，所属宝钢工程技术集团有限公司等单位在成本费用中列支工资性支出1.68亿元，未纳入工资总额管理。

审计指出上述问题后，宝钢集团已下发有关文件，清理、规范相关成本费用列支渠道，全部纳入工资总额管理。

4.2008年至2010年，所属宝钢发展有限公司等在未实现扭亏的情况下，违规支付企业年金4.78亿元。

审计指出上述问题后，宝钢集团已向国资委汇报，将严格规范管理。

（二）贯彻落实国家宏观政策存在的问题。

1.2006年至2010年，所属宁波钢铁有限公司等3家单位未经核准或超出核准规模，违规新增炼铁产能442万吨、炼钢产能666万吨；所属新疆八一钢铁有限公司未按规定及时淘汰落后炼铁、炼钢产能各80万吨以及窑径小于2.2米的水泥立窑生产线。

审计指出上述问题后，宝钢集团正按规定补办新增产能相关核准手续，制订落后产能关停计划；新疆八一钢铁有限公司已拆除有关炼铁高炉和水泥立窑生产线。

2.2009年至2010年，所属新疆八一钢铁有限公司多报落后产能淘汰量，违规获取中央财政奖励资金1 056.30万元。

审计指出上述问题后，相关单位已调整相关会计账目，并与财政部门沟通安排退款事宜。

3.2006年至2010年，所属宁波钢铁有限公司等两家单位未按规定配套建设烧结机脱硫环保设施；所属上海宝钢集团化工有限公司等两家单位超标准排放工业废水等污染物；所属新疆八一钢铁有限公司等4家单位新建焦炉、转炉等项目，未办理环保验收手续即投产。

审计指出上述问题后，宝钢集团已采取措施进行污染物排放综合治理，责成相关单位补办环保验收。

4. 所属上海梅山科技发展有限公司等4家单位通过未批先占、以租代征、化整为零等方式违规占用土地568.4万平方米。

审计指出上述问题后，宝钢集团对下属各单位用地开展规范性检查，并责成相关单位补办用地审批手续。

5. 截至2010年底，宝钢集团因未理顺与厂办大集体上海宝钢经营开发总公司的产权关系，未将该公司净资产21.68亿元归入国有。

审计指出上述问题后，宝钢集团按照国资委《关于做好中央企业厂办大集体改革工作的通知》（国资发分配〔2011〕53号）要求，正在制订理顺产权关系的工作方案。

（三）重大经济决策事项存在的问题。

截至2010年底，因项目可行性研究不充分，所属巴西板坯厂境外投资项目损失3 554.81万元；梅钢二期连铸机项目面临损失1.01亿元；年产500万吨球团项目建设未达到预期目标。

审计指出上述问题后，宝钢集团进一步加强投资项目可行性研究工作，建立项目风险识别制度和技术论证制度，加强了投资管理。

（四）内部管理存在的问题。

1.2010年1月，所属湛江龙腾物流有限公司将流动资金贷款7 867.49万元用于偿还基本建设贷款。

审计指出上述问题后，该公司加强了贷款资金分类管理，挪用的流动资金贷款已归还。

2. 截至2008年底，所属上海浦东钢铁有限公司因迁出上海世博会规划园区共取得政府搬迁补偿款100.27亿元（含利息），由于未与上海世博局就土地属于“征用”还是“借用”问题达成一致，该公司截至2010年底仍未按搬迁或处置收入规定期限进行纳税申报。

审计指出上述问题后，宝钢集团抓紧与上海世博局协调土地遗留问题，确定搬迁暂收款总额和性质，并将在此基础上及时完成纳税申报工作。

3.2007年至2010年，所属上海中新典当有限公司违反典当业借款的相关管理规定，违规筹集运营资金累计12.68亿元；截至2010年底，对17家单位的典当余额均超过其注册资本的25%，16笔房地产抵押典当的单笔金额均超过其注册资本的10%。

审计指出上述问题后，上海中新典当有限公司纠正了违规筹集经营资金等问题，并采取通过增加注册资本、压缩贷款规模等方式整改了超规模典当问题。

4.2007年至2010年，所属上海宝钢建设监理有限公司等两家单位违规代理有隶属关系的宝钢工程委托招标工程，累计涉及金额10.28亿元；宝钢发展上海新型材料分公司等两家单位未按规定进行项目招标，涉及金额3 011.27万元。

审计指出上述问题后，宝钢集团已责成相关单位严格执行国家招标投标管理制度及宝钢集团内部招标投标管理细则。

5.2007年至2010年，所属宝钢发展有限公司等部分企业之间，存在相互以低于市场价格销售产品、低于成本价格提供劳务或无偿占用资金问题。

审计指出上述问题后，宝钢集团制定了关联交易管理办法，进一步规范关联交易。

6. 截至2011年9月底，宝钢集团重组广东钢铁企业的相关股权过户工作尚处于申报审批过程中，经营班子委派等工作尚未开展，滞后于国家钢铁产业调整和振兴规划的相关要求。

审计指出上述问题后，宝钢集团结合钢铁工业“十二五”发展规划要求，积极推进相关重组事宜，已完成部分工商注册登记手续、董事及高管人员任命。

此外，宝钢集团所属单位以前年度经营管理中还存在以下问题：

1.2007年至2008年，所属华宝投资有限公司等两家企业的高管人员越权决策，投资股票及权证、进行“代客债务调期交易”等，造成损失4.36亿元。

审计指出上述问题后，相关公司制定了投资决策委员会议事规则、衍生金融工具管理制度等，规范完善了证券投资的流程，细化了决策机制。

2. 所属宁波宝新不锈钢有限公司2005年投入使用的价值1.49亿元的两台进口设备，利用率低，长期闲置。

审计指出上述问题后，宝钢集团采取了技改、对外租赁等措施盘活闲置资产。

中华人民共和国审计署审计结果公告（2012年第19号）

武汉钢铁（集团）公司2010年度财务收支审计结果

（二〇一二年六月一日公告）

根据《中华人民共和国审计法》的规定，审计署2011年对武汉钢铁（集团）公司（以下简称武钢集团）2010年度财务收支情况进行了审计，并对审计范围内涉及的重大事项追溯相关年度。

一、基本情况

武钢集团成立于1958年9月，1993年10月更为现名，注册资本47亿元，拥有全资和控股子公司35家，主要从事冶金产品及副产品、冶金矿产品和钢铁延伸产品开发销售等。据武钢集团合并财务报表反映，截至2010年底，武钢集团资产总额2 038.27亿元，负债总额1 325.10亿元，所有者权益总额713.17亿元，当年营业收入1 906.91亿元，利润总额30.67亿元。

二、审计评价意见

本次重点审计了武钢集团本部及所属5家企业，涉及资产量占武钢集团资产总额的50%以上。审计结果表明，武钢集团能够认真贯彻国家宏观经济政策，重大经济决策较为规范，会计信息基本真实地反映了企业的财务状况，但在会计核算、工程建设、执行环保政策等方面还存在管理不够规范、执行不够到位的问题。这些问题对武钢集团2010年度财务收支状况的影响主要是：多计资产1.49亿元，占资产总额的0.07%；少计负债0.20亿元，占负债总额的0.02%；多计利润2.22亿元，占利润总额的7.24%。

对审计发现的问题，审计署已依法出具了审计报告、下达了审计决定书，要求武钢集团予以整改。此外，本次审计发现所属单位涉嫌经济违法案件线索1起，已依法移送有关部门调查处理。

三、审计发现的主要问题及整改情况

（一）会计核算和财务管理存在的问题。

1.2005年至2010年，武钢集团及所属4家单位未按规定确认收入、计提固定资产折旧、摊销费用等，导致多计资产1.49亿元，少计负债0.20亿元，多计利润3.22亿元，其中2010年多计利润2.22亿元。

审计指出上述问题后，武钢集团及所属4家单位已调整了相关会计账目。

2.2005年至2010年，武钢集团及所属武汉钢铁集团财务有限责任公司在工效挂钩工资总额之外列支工资性支出5 948.57万元。

审计指出上述问题后，武钢集团印发了关于规范工资总额财务管理的通知，进行了清理规范。

3.2006年至2010年，所属单位违规列支劳务费、技术服务费3 297.73万元，存放于法定的财务账外，用于职工奖金及福利。

审计指出上述问题后，武钢集团所属单位已纠正了上述做法，并将结余资金全部纳入公司财务账内核算。

4. 截至2010年底，武钢集团改制企业债权5 670.49万元挂账超过3年仍未收回。

审计指出上述问题后，武钢集团已全部收回上述债权。

（二）贯彻落实国家宏观政策存在的问题。

1.2005 年至 2010 年，武钢集团及部分所属单位违规扩大炼铁产能 776.70 万吨、炼钢产能 938 万吨、轧钢产能 910 万吨，未按照发展改革委批复要求淘汰落后炼铁产能 216 万吨、炼钢产能 530 万吨。

审计指出上述问题后，武钢集团正按规定补办新增产能相关手续，制订落后产能退出方案，逐步淘汰落后产能。

2.2007 年至 2010 年，所属两家单位超标准排放二氧化硫等污染物 8726 吨；截至 2011 年 7 月，所属鄂城钢铁有限责任公司未按要求建设环境监测系统，多报"十一五"期间节能量 18.75 万吨标准煤，少报 2010 年度污染物排放量 2430 吨。

审计指出上述问题后，武钢集团修订完善了污染减排管理办法等内部控制制度，严格按照国家规定排放污染物，制订了废水在线监测系统建设方案。

（三）重大经济决策事项存在的问题。

1.2010 年，所属昆钢股份环保搬迁项目未按规定报经发展改革委核准即开工建设。

审计指出上述问题后，武钢集团正按规定补办相关手续。

2.2007 年至 2008 年，所属新建鄂州球团厂二期工程项目和烧结机项目因论证不充分、擅自扩大建设规模等原因，造成损失及潜在损失 3.25 亿元。

审计指出上述问题后，武钢集团已按照内部相关规定，加大对下属公司项目投资的监管和考核力度，并积极采取措施减少损失。

3. 武钢集团工程管理部未报经总经理办公会议研究，自行决定二炼钢易地改造项目部分重大事项。

审计指出上述问题后，武钢集团已责成工程管理部加强管理，严格执行集团内部控制制度，并要求审计部、纪委不定期对工程管理内控制度执行情况进行监督检查和考核。

（四）内部管理存在的问题。

1.2005 年至 2010 年，所属财务有限责任公司违反银监会有关规定，为不具有集团成员单位资格的内部职工劳动保险中心办理委托贷款，其中 2010 年累计发生额 22.49 亿元。

审计指出上述问题后，武钢集团拟成立事业法人单位作为集团成员单位专门管理内部职工劳动保险中心资金，并向银监会申请由财务公司经营相关委托贷款业务。

2.2005 年至 2010 年，所属国际贸易总公司等 3 家单位，存在违反内部规定向中间商采购物资、向代理商销售产品等问题。

审计指出上述问题后，相关单位修订了物资采购供方管理办法、客户管理办法等内部控制制度，严格审核准入资格，加强管理。

3.2008 年以来，所属武汉钢铁股份有限公司（以下简称武钢股份）对价值 3 222.22 万元的设备管理维护不善，长期闲置面临报废损失。

审计指出上述问题后，武钢股份修订了在线技术改造管理办法，并成立机组整改领导小组和工作专班，制订了设备整改恢复方案。

4.2005 年以来，武钢集团向所属武钢股份低价出租土地，让利 1 053.98 万元。

审计指出上述问题后，武钢集团已收取全部让利，并按照约定签署了新的租赁协议。

5. 武钢集团关于建安工程招标主要采用邀标方式的内部规定，与招投标法的规定不符；2005 年至 2010 年，武钢集团及所属单位招标不规范，涉及金额 2.68 亿元。

审计指出上述问题后，武钢集团及其所属相关单位修订了建筑安装工程施工招标投标管理办法等 10 项内部控制制度，要求所有工程项目实行网上公开招标模式，同时还开展了评标定标及工程分包专项清理及整治工作。

6.2005 年至 2011 年 4 月，武钢集团所属单位违反集团内部规定，从不具备供应商资格的民营企业采购煤炭，增加采购成本 1.03 亿元。

审计指出上述问题后，相关单位已终止了原民营企业的供货资格，直接与煤炭企业签订了供货合同。

7. 武钢集团生产环节信息化运用程度较高，但目前尚未建立起系统级的灾备系统，存在一定风险。

审计指出上述问题后，武钢集团在武钢高新

技术产业园建设中，增设了同城异地系统级灾备系统。

此外，以前年度审计中发现武钢集团应收回武钢集团房地产公司投资收益2000万元，因双方在投资收益金额计算上未达成一致，该事项一直未得到整改。这次审计指出后，武钢集团于2011年9月收回了该房地产公司改制前对外投资净收益645.27万元。

中华人民共和国审计署
审计结果公告
（2012年第20号）

招商局集团有限公司
2010年度财务收支审计结果

（二〇一二年六月一日公告）

根据《中华人民共和国审计法》的规定，审计署2011年对招商局集团有限公司、招商银行股份有限公司（以下分别简称招商局集团、招商银行）2010年度财务收支情况进行了审计，并对审计范围内涉及的重大事项追溯相关年度。

一、基本情况

招商局集团成立于1985年11月，注册资本100.5亿元，拥有二级全资和控股子公司11家，主要从事交通运输及相关基础设施建设、经营与服务，房地产开发与经营，金融投资与管理等。据招商局集团合并财务报表反映，截至2010年底，招商局集团资产总额3 242.99亿元，负债总额1 824.13亿元，所有者权益总额1 418.86亿元，当年主营业务收入444.15亿元，利润总额217.78亿元。

二、审计评价意见

本次重点审计了招商局集团本部及所属6家子公司，涉及资产量占招商局集团资产总额的50%以上，同时对其作为第一大股东的招商银行进行了审计。审计结果表明，招商局集团能够较好地贯彻执行国家宏观调控政策，会计信息基本真实反映了企业财务状况和经营成果，但在重大决策事项、内部管理等方面还存在一些问题。这些问题对招商局集团2010年度财务收支状况的影响主要是：少计资产3 123.14万元，占资产总额的0.01%；少计利润1025万元，占利润总额的0.05%。

对审计发现的问题，审计署已依法出具了审计报告、下达了审计决定书，要求招商局集团予以整改。此外，本次审计发现涉嫌经济违法案件线索两起，已依法移送有关部门调查处理。

三、审计发现的主要问题及整改情况

（一）会计核算和财务管理存在的问题。

1.2007年至2010年，所属招商局工业集团有限公司等6家企业未按规定确认收入等，造成少计利润1 283.38万元，其中2010年少计利润1025万元。

审计指出上述问题后，相关企业已调整了相关会计账目。

2.2009年，所属招商局重工（深圳）有限公司对回收的工程材料未及时清理入账，截至2010年8月形成账外资产3 123.14万元。

审计指出上述问题后，该公司已将账外资产余额入账核算，并制定了材料回收管理相关措施。

3.截至2010年底，所属深圳招商华侨城投资有限公司未及时清算缴纳预提的土地增值税3.02亿元。

审计指出上述问题后，该公司已与税务机关协商对相关增值税清缴做出安排。

4.2009年至2010年，所属招商证券股份有限公司（以下简称招商证券）员工作为报销费用凭证的发票中，有不合规发票涉及金额1 464.58万元。

审计指出上述问题后，该公司认真整改并完善了发票管理办法，严格了报销审批流程，增加了相应处罚条款。

5.2006年至2010年，所属中国南山开发（集团）股份有限公司和招商局工业集团有限公司发放的奖金2 462.24万元，未按规定代扣代缴个人所得税。

审计指出上述问题后，这两家企业已按规定扣缴了个人所得税。

（二）重大经济决策事项存在的问题。

1.2010 年 6 月，招商局集团未按规定报经主管部门批准，出资 6.43 亿澳元（约合人民币 37.76 亿元）收购一公司。

审计指出上述问题后，招商局集团已向国资委补报有关申请资料。

2.2003 年至 2010 年，招商局集团未按规定程序报经主管部门核准，投资建设深圳孖洲岛修船基地项目、漳州招商局经济技术开发区人工岛填海造地项目。

审计指出上述问题后，招商局集团已向发展改革委补报有关核准申请。

3.2006 年至 2010 年，招商局集团未对项目可行性作充分论证，出资收购境外企业，后因所收购企业实际经营状况远低于预期，计提投资减值准备 2071 万元。

审计指出上述问题后，招商局集团明确要求所属企业加强投资项目的论证管理。

（三）内部管理存在的问题。

1.2009 年至 2011 年，所属深圳招商建设有限公司借助招商地产深圳公司人员和设备获得施工资质，并将承包的部分项目违规转包，涉及金额 14.45 亿元。

审计指出上述问题后，该公司从完善组织架构、增加固定资产投入等方面进行了整改，增强了企业施工能力。

2.2010 年 5 月，所属招商证券个别董事违规入股私募基金，以 350 万元取得该基金 3.5%的股权；2010 年 3 月，招商证券个别高管配偶及少数员工在未实际出资的情况下，受让业务合作方所持拟上市公司股份 50 万股，2011 年 5 月收取分红款 22.50 万元。

审计指出上述问题后，入股私募基金的董事已从私募基金退股；有关高管配偶及员工终止了与业务合作方的入股协议，全额退回了分红款。

3.2004 年至 2010 年 8 月，招商银行有关分支机构违规发放贷款 48 亿元、吸收存款 5000 万元。

审计指出上述问题后，招商银行已收回违规办理的部分贷款，并对有关责任人做出了撤职、警告、通报批评等处理。

4.招商银行集中采购管理制度不够完善、执行不够到位，如未建立谈判、评审专家成员库等。

审计指出上述问题后，招商银行制定了采购管理规定等 4 项制度，建立了谈判、评审专家成员库，进一步完善了集中采购管理制度。

5.招商局集团信息系统功能不完善，与企业数据应用需求不完全适应。

审计指出上述问题后，招商局集团已对信息系统进行了升级和完善。

此外，招商局集团及所属单位以前年度经营管理中还存在以下问题：

1.2008 年 8 月，所属企业未经资产评估等程序处置国有股权 5 689.41 万元。

审计指出上述问题后，招商局集团建立了相关产权管理规定。

2.2009 年 12 月，所属招商证券在与客户签订协议过程中，因相关决策制度不完善而调减应收财务顾问费。

审计指出上述问题后，招商证券制定了“三重一大”事项决策制度实施办法，严格规范重大事项的决策机制和审批程序，并对公司现有业务授权体系进行了细化和完善。

中华人民共和国审计署
审计结果公告
（2012 年第 21 号）

中国中煤能源集团有限公司 2010 年度财务收支审计结果

（二〇一二年六月一日公告）

根据《中华人民共和国审计法》的规定，审计署 2011 年对中国中煤能源集团有限公司（以下简称中煤集团）2010 年度财务收支情况进行了审计，并对审计范围内涉及的重大事项追溯相关年度。

一、基本情况

中煤集团 2009 年 4 月由中煤能源集团公司改制成立，注册资本 155 亿元，拥有全资和控股二级子公司41家，主要从事煤炭生产及贸易、煤化工、坑口发电、煤机制造、煤矿建设、煤层气开发及相关工程技术服务等。据中煤集团合并财务报表反映，截至2010年底，中煤集团资产总额1 725.61亿元，负债总额706.84亿元，所有者权益总额1 018.77亿元；当年营业收入960.17亿元，利润总额121.23亿元。

二、审计评价意见

本次重点审计了中煤集团本部及所属6家企业，涉及资产量占中煤集团资产总额的50%以上。审计结果表明，中煤集团近年来不断深化改革，加强内部管理，较好地执行了国家有关法律法规，会计信息基本真实地反映了企业财务状况和经营成果，但也存在多计利润、未按规定缴纳职工社会保险费等问题。这些问题对中煤集团2010年度财务收支状况的影响主要是：少计资产18 669.28万元，占资产总额的0.11%；少计负债2 896.24万元，占负债总额的0.04%；多计利润5 513.76万元，占利润总额的0.45%。

对审计发现的问题，审计署已依法出具了审计报告、下达了审计决定书，要求中煤集团予以整改。此外，本次审计发现所属单位涉嫌经济违法案件线索1起，已依法移送有关部门调查处理。

三、审计发现的主要问题及整改情况

（一）会计核算和财务管理存在的问题。

1.2010年，中煤集团及部分所属企业存在财务报表合并范围不完整、关联交易事项抵销不充分、未及时将长期挂账的往来款结转收入、未确认房租收入等问题，造成少计资产18 669.28万元、少计负债2 896.24万元、少计所有者权益15 773.04万元、多计利润5 513.76万元。

审计指出上述问题后，中煤集团及相关企业调整了相关会计账目，在2011年决算中将之前未纳入财务报表合并范围的4家企业纳入合并范围并上报国资委审核备案，对内部交易做了充分抵销。

2.2008年至2010年，中煤集团通过煤炭回购、重复交易等方式，多计销售收入和销售成本各14.03亿元，其中2010年多计销售收入和销售成本各2.67亿元。

审计指出上述问题后，中煤集团已停止此类不规范做法，制定了《煤炭物流管理暂行办法》和《煤炭外购资源采购管理暂行办法》，以规范外购贸易行为。

3.2010年，中煤集团及部分所属企业存在费用跨期入账、费用列支与实际不符、记账凭证与原始发票不符等问题。

审计指出上述问题后，中煤集团和部分所属企业规范了发票的填制要求，完善了审批程序和内控审核流程，并督促各部门和职工及时报销。

4.2010年，所属中煤张家口煤矿机械有限责任公司少结转半成品成本差异等936.61万元；未将2010年4月收到的商标奖励款30万元计入营业外收入；2003年以前年度减免的教育费附加371.06万元长期挂账。

审计指出上述问题后，相关企业已调整了相关会计账目。

5.2008年至2010年，所属中国煤矿机械装备有限责任公司使用北京中煤机械装备公司办公楼未缴纳房屋租金297.95万元，其中2010年度99.31万元。

审计指出上述问题后，相关企业已调整了相关会计账目。

6.截至2010年底，所属中煤北京煤矿机械有限责任公司累计欠缴增值税滞纳金2 752.03万元；截至2011年7月底，所属中煤第五建设有限公司（以下简称五建公司）等两家企业欠缴代扣的个人所得税3 366.11万元；2011年4月至6月，所属中煤建设集团有限公司（以下简称中煤建设，五建公司的上级公司）将中煤集团拨付的战略转型资金1000万元用于缴纳部分职工欠缴的住房公积金。

审计指出上述问题后，相关企业对增值税滞纳金已补缴50万元，余款按税务机关批准的缴款计划补缴；已补缴代扣的个人所得税；挪用的资金已全部归还，用于战略转型支出。

7.2010年，所属中煤平朔煤业有限责任公司（以下简称平朔煤业）计提的煤炭生产安全费用中，有2.69亿元未专户存储，381.70万元超出规定使用范围用于生活区改造、驻京办车辆维修等；将58.64万元煤矿维简费用于支付生活区公用房装修款及供水供暖设计费。

审计指出上述问题后，平朔煤业已将2.69亿元专项资金专户储存，将超范围使用的全部支出从专项储备调整计入当期成本费用项目。

（二）执行国家政策存在的问题。

1. 2008 年至 2010 年，中煤集团未严格执行电煤销售政策，将本应直接销售的 428.53 万吨电煤（价值 14.89 亿元），以委托结算方式由民营企业加价后销售。

审计指出上述问题后，中煤集团已停止与民营企业签订委托结算协议，取消了重点电煤销售代理环节。

2. 截至 2010 年底，所属金海洋公司等两家企业应缴未缴企业职工社会保险 4 889.02 万元；截至 2011 年 7 月底，所属五建公司等 3 家企业欠缴职工住房公积金、住房维修基金、失业保险等 1.26 亿元。

审计指出上述问题后，相关企业已将欠缴的社会保险费等全部补缴，中煤建设将支付职工费用情况纳入企业年度经营考核指标。

（三）重大经济决策事项存在的问题。

1. 2008 年至 2010 年，所属母杜柴登等 12 个煤矿未经核准开工建设，截至 2010 年底已完成投资 81.26 亿元。

审计指出上述问题后，中煤集团正抓紧补办相关手续，目前有 4 个煤矿已获核准，其余正在办理相关手续。

2. 截至 2011 年 9 月底，中煤集团尚未按照规定正式出台“三重一大”事项决策程序和实施办法并报国资委审查。

审计指出上述问题后，中煤集团研究起草了“三重一大”决策制度实施办法，已经国资委审查通过并正式实施。

（四）内部管理存在的问题。

1. 2008 年至 2010 年，中煤集团部分固定资产采购未按规定进行招投标，涉及金额 25.02 亿元；2009 年至 2011 年 5 月，中煤集团未经招标向北京迪安伟业科贸有限责任公司等 3 家公司采购笔记本电脑 376 台，涉及金额 345 万元。

审计指出上述问题后，中煤集团修订物资招标管理办法，加强了招标业务监管和考核，并给予直接责任人党内警告处分。

2. 所属金海洋公司存在大额现金支付工程款、超工资总额发放职工薪酬、未经集团批准购买车辆等内控制度执行不到位的问题。

审计指出上述问题后，中煤集团责成金海洋公司理顺大额资金支付流程，对超发的工资在 2011 年工资总额中进行冲减，并补充履行了购车审批程序。

3. 2010 年，所属井东煤矿等 12 个煤矿在未取得煤炭生产许可证等相关证照的情况下就进行生产；所属纳林河二号井煤矿等 18 个煤矿在证照不全的情况下开工建设。

审计指出上述问题后，中煤集团与相关部门沟通协调，已经完成了 6 个煤矿的煤炭生产许可证的办理工作，其余煤矿正在积极办理；关于无证开工的问题，目前 5 个煤矿已取得相关证照，其余煤矿证照的申报手续正在积极办理。

4. 2010 年，所属安家岭 1 号井工矿等 10 个煤矿超规定生产能力生产，当年超核准规模生产 2 763.70 万吨；所属担水沟煤矿等 5 个煤矿设计能力超过国家批复或规划能力。

审计指出上述问题后，中煤集团进行产能核定，严格控制生产规模；对超过国家批复或规划能力设计的煤矿，中煤集团正在调查处理。

5. 2009 年至 2010 年，所属五建公司等两家企业对外承接承揽的 200 个煤矿建设项目中，有 125 个存在项目经理或安全监督人员不具有相关资质等问题；有 6 个项目证照不全，生产也存在较高风险。截至 2010 年 8 月底，所属企业已从上述 6 个高风险项目中全部退出，形成损失 2 019.87 万元、潜在损失 1 374.22 万元。

审计指出上述问题后，中煤建设对所有矿建项目进行了整顿，按规定配备了具有资质的安全监督人员，对不具有资质的项目经理进行更换或培训取证，并积极推进矿建业务转型，加强风险防范。

此外，中煤集团及所属企业以前年度经营管理中还存在以下问题：

1. 2008 年，中煤集团未经集体决策，向蒙冀铁路有限责任公司、鄂尔多斯南部铁路有限责任公司分别投资 5 亿元和 2.40 亿元。

审计指出上述问题后，中煤集团修订完善投资管理办法，进一步规范了投资审批和管理程序。

2. 2009 年 6 月，中煤集团在未经充分调研情况下，整体引进煤化工团队，其中部分人员不具备专业技术资质和条件，以补偿款名义支出的

520万元也未按协议约定支付给有关单位和个人。

审计指出上述问题后，中煤集团责成相关部门对引进人员重新进行岗位评价，给予直接责任人党内严重警告处分，违规支付的520万元资金已收回。

3. 2006年，所属北京中煤正辰建设有限公司在未按规定进行评估的情况下，用国有划拨土地与民营企业合作建房；该公司和中煤建设在未按规定进行评估和报经主管部门批准的情况下，分别出售经济适用房和回购办公楼。

审计指出上述问题后，中煤集团对该项目建设过程进行了排查，进一步完善评估和审批手续，加强对基层单位的监管。

4. 2009年，所属平朔煤业在行政办公楼装修改造中存在招标不规范、先于批复开工、项目完工未进行竣工决算、超过合同金额结算工程价款等问题。

审计指出上述问题后，平朔煤业对工程造价组织进行了审计；中煤集团加强了下属单位工程项目管理，严格推行法人责任制、招标投标制、建设监理制和合同管理制等管理制度。

中华人民共和国审计署
审计结果公告
（2012年第22号）

中国农业发展集团总公司 2010年度财务收支审计结果

（二〇一二年六月一日公告）

根据《中华人民共和国审计法》的规定，审计署2011年对中国农业发展集团总公司（以下简称中农发集团）2010年度财务收支情况进行了审计，并对审计范围内涉及的重大事项追溯相关年度。

一、基本情况

中农发集团于2004年10月由中国水产（集团）总公司与中国牧工商（集团）总公司重组设立，注册资本15.93亿元，拥有全资和控股二级子公司14家，主要从事远洋捕捞及农业资源开发，生物疫苗、兽药及饲料添加剂的研发、生产与销售，农牧渔相关配套服务等。据中农发集团合并财务报表反映，截至2010年底，中农发集团资产总额135.22亿元，负债总额97.60亿元，所有者权益37.62亿元，当年营业收入110.49亿元，利润总额5.22亿元。

二、审计评价意见

本次重点审计了中农发集团本部及所属7家单位，涉及资产量占中农发集团资产总额的50%以上。审计结果表明，该集团自组建以来，有序推进改革重组工作，实现企业平稳过渡，经营业绩稳步上升，内部控制体系建设及各项管理制度逐步加强，并积极拓展了国际渔业合作，但也存在会计核算不规范、集团本部对所属公司业务管控较弱、部分所属公司内部管理不规范等问题。这些问题对中农发集团2010年度财务收支状况的影响主要是：少计资产2 777.51万元，占资产总额的0.21%；少计负债6 062.58万元，占负债总额的0.62%；多计所有者权益3 285.07万元，占所有者权益总额的0.87%；少计利润29 343.89万元，占利润总额的56.13%。

对审计发现的问题，审计署已依法出具了审计报告、下达了审计决定书，要求中农发集团予以整改。

三、审计发现的主要问题及整改情况

（一）会计核算和财务管理存在的问题。

1. 中农发集团本部及所属中国爱地集团公司等3家企业因未按规定及时确认收入、多计成本费用及合并财务报表范围不完整等，导致少计资产2 777.51万元，少计负债6 062.58万元，多计所有者权益3 285.07万元，少计利润5 2730.95万元。其中，2010年少计利润29 343.89万元。

审计指出上述问题后，中农发集团已组织上述企业调整相关会计账目，除中国爱地集团公司将少计的1.27亿元利润中已计入2011年1900万元外，其他单位已整改完毕。

2. 所属15家企业受投资环境、历史因素等影响，一直未纳入中农发集团合并财务报表范围。

审计指出上述问题后，所属中国水产总公司（15家企业的上级公司）制定了上述15家企业合并报表方案，将这些企业纳入了中农发集团合并财务报表范围。

3. 2010 年，中农发集团收到的国有资本预算拨款 4.7 亿元未按规定期限使用。

审计指出上述问题后，中农发集团据实调整了资金使用安排，已报经国资委批准。

4. 2010 年，所属中牧实业股份有限公司技术服务费入账票据不规范，涉及金额 1 789.71 万元；会计核算错误，在销售费用中违规列支销售折让1 134.99万元，在会议费中违规列支营销费用等 307.83 万元。

审计指出上述问题后，中牧实业股份有限公司纠正了核算错误，调整了相关会计账目。

5. 2003 年至 2011 年，所属中国牧工商（集团）总公司（以下简称中牧集团）等 3 家企业为方便偏远地区货款结算，将货款收入存入财务或相关人员以个人名义设立的银行账户。

审计指出上述问题后，上述企业制定偏远地区货款回收暂行管理办法等规章制度，加强了货款结算及银行账户管理。

6. 2006 年至 2010 年，所属中国农垦（集团）总公司在严重亏损的情况下，未对债务重组收益 10.23 亿元进行账务处理，未按规定缴纳企业所得税 2.56 亿元。

审计指出上述问题后，中农发集团就相关税款缴纳事项向财政部提出申请，正在审批过程中。

（二）内部管理存在的问题。

1. 2009 年至 2010 年，所属环球渔业股份有限公司（以下简称环球股份）多报在用船只数量多领柴油补贴 308.30 万元。

审计指出上述问题后，中农发集团已将上述 308.30 万元追回并上缴财政。

2. 所属环球股份和中远渔业有限公司截至 2010 年底亏损共计 4 556.05 万元，其中中远渔业有限公司 2005 年已停业，中农发集团未及时清理处置。

审计指出上述问题后，中农发集团正在对这两家企业进行调查清理。

3. 2004 年至 2011 年，所属中国水产湛江海洋渔业公司新、扩建的 38 个工程项目未进行招投标，其中 33 个项目未经集团审批，且工程款多以现金支付，单笔支付额最高为 63.64 万元。

审计指出上述问题后，该企业已调整经营班子，规范项目审批和建设流程，并加强了现金管理。

4. 2006 年 10 月，所属世纪润通国际贸易有限公司未经上级单位批准擅自将自有的物业大厦低价出租，约定租期 10 年，但截至 2011 年 9 月一直未能收取租金。

审计指出上述问题后，该公司对租赁方提起法律诉讼并胜诉，截至 2012 年 1 月 18 日收回租金 500 万元。

5. 2004 年至 2011 年，所属中牧集团等 3 家企业以多列汽车租赁费、物业租赁费等方式取得资金 2 114.44 万元，用于发放部门经理及以上级别人员用车补贴，未纳入工资总额管理，未代扣代缴个人所得税。

审计指出上述问题后，上述 3 家企业已于 2011 年底停止发放该项补贴，目前正在组织整改，企业主要领导人员已补交个人所得税 22.85 万元。

6. 2006 年至 2010 年，所属中牧集团等两家企业违规为职工购买分红型团体年金保险 1 206.69万元；中牧集团 2003 年 3 月还以购买商业保险然后退保的方式取得资金 114 万元，用于向 38 名职工发放奖金。

审计指出上述问题后，两家企业正在组织整改，企业主要领导人员已清退分红型团体年金保险 115.68 万元。

中华人民共和国审计署
审计结果公告
（2012 年第 23 号）

国家开发投资公司
驻外机构经营状况审计调查结果

（二〇一二年六月一日公告）

根据《中华人民共和国审计法》的规定，审计署 2011 年对国家开发投资公司（以下简称国投公司）驻外机构经营状况进行了审计调查。现将审计调查结果公告如下：

一、基本情况

国投公司是1995年5月经国务院批准设立的国家投资控股公司，截至2010年底4家子公司共设有驻外经营性机构37家，

境外经营业务涉及工程承包、工程规划设计、制糖、汽车部件生产、国际贸易、劳务合作以及设备租赁等。这些驻外机构2010年底资产总额23.46亿元，负债总额15.26亿元，所有者权益总额8.20亿元，当年实现主营业务收入17.13亿元，利润总额8 502.41万元。

二、审计评价意见

审计调查结果表明，国投公司在“走出去”的过程中，能够根据投资国实际情况，采取灵活、有效的投资策略，驻外经营性机构资产和收入总体上大幅度增长，但部分投资项目经营效益不佳，面临损失风险，个别项目管理不够规范。

对审计发现的问题，审计署已经依法出具了审计报告，要求国投公司进行整改。

三、审计发现的主要问题及整改情况

（一）2010年度，所属37家驻外经营性机构中，有12家（占32%）出现经营亏损，亏损总额为5 941.86万元。

审计指出上述问题后，国投公司已经要求各有关子公司对境外投资项目进行梳理，强化管控，提升盈利能力，将办事处（代表处）等亏损机构，以及效益低下且不符合公司长期发展战略的机构，纳入退出规划。

（二）所属一家机构2009年8月出资4 208.7万元收购的境外公司股权未完全达到并购目的，股权投资面临损失风险；同时还存在职工持股待清理等遗留问题。

审计指出上述问题后，国投公司制订了一揽子重组整改方案，正在认真组织整改并已取得进展。

（三）2004年1月，所属中国成套设备进出口（集团）总公司副总经理在未经集体研究的情况下，同意下属公司购买企业债券，至2011年11月形成账面本金损失1391万元。

审计指出上述问题后，国投公司已经要求相关单位完善内部决策制度，严格按照“三重一大”规定实行集体决策，并对有关责任人员进行了处理。

（四）2009年至2010年，所属中国电子工程设计院在参与建设工程实施中，存在违规分包问题，并造成有关工程工期延误。

审计指出上述问题后，中国电子工程设计院已经与分包方解除合同，与发包方协商延长合同工期，避免了违约风险。

（五）2008年至2010年，所属中成进出口股份有限公司驻外经营性机构年末现金持有量逐年上升，且余额较大，不符合现金管理规定，也存在安全隐患和汇兑损失风险。

审计指出上述问题后，国投公司已经要求相关单位加强资金管理，规避安全隐患。

中华人民共和国审计署
审计结果公告
（2012年第24号）

中国工商银行股份有限公司
2010年度资产负债损益审计结果

（二〇一二年六月一日公告）

根据《中华人民共和国审计法》的规定，审计署2011年对中国工商银行股份有限公司（以下简称工商银行）总行及所属部分分支机构2010年度资产负债损益情况进行了审计，并对审计范围内涉及的重大事项追溯相关年度。

一、基本情况

工商银行成立于1984年1月，2005年10月整体改制为股份有限公司，2006年10月在上海、香港两地同时上市。据工商银行合并财务报表反映，工商银行于2010年底资产总额134 586.22亿元，负债总额126 369.65亿元，所有者权益8 216.57亿元；当年实现营业收入3 808.21亿元，净利润1660亿元。

二、审计评价意见

本次重点审计了工商银行总行及所属北京、

浙江等9家分行，这9家分行资产总额70 558亿元，占工商银行资产总额的52%。审计结果表明，工商银行近年来认真贯彻执行宏观调控政策，合理控制信贷投放规模，为促进经济社会平稳较快发展提供金融支持；不断健全法人治理结构，加强内部控制，建立全面风险管理体系；大力推进经营转型和创新发展，提高可持续发展能力和核心竞争力，国际化、综合化发展步伐加快，经营效益和盈利能力逐年提升。但在业务经营管理等方面仍存在一些问题。

对审计发现的问题，审计署已依法出具了审计报告，要求工商银行予以整改。对违规经营、部分业务管理存在薄弱环节及风险等问题，已移送监管部门处理。

三、审计发现的主要问题及整改情况

（一）所属9家分支机构违规发放法人贷款94.99亿元，其中2010年发生52.87亿元。主要是通过向非土地储备机构、超期限等方式发放土地储备贷款，向手续不全或资本金不足的项目发放贷款，违规向政府融资平台公司发放贷款等。

审计指出上述问题后，相关分支机构已收回违规发放的贷款17.81亿元，对60.13亿元贷款通过补充完善手续等方式进行了整改，其他问题正在整改中。

（二）所属6家分支机构违规发放个人贷款15.01亿元，其中2010年发生11.04亿元。主要是违反国家差别化信贷政策，未按规定利率和首付款比例办理二套房贷款，以个人贷款名义发放对公贷款等。

审计指出上述问题后，相关分支机构已收回贷款7.54亿元，对6.05亿元个人贷款通过完善手续、按规定补充首付和提高利率等方式进行了整改，其他问题正在整改中。

（三）所属4家分支机构违规办理票据、信用证和结汇业务17.79亿元，其中2010年发生11.81亿元。

审计指出上述问题后，相关分支机构已全部完成整改。

（四）所属两家分行少计新增固定资产883.44万元，少计固定资产出租收入758.5万元。其中，2010年少计新增固定资产883.44万元。

审计指出上述问题后，相关分行已调整相应的会计账目。

此外，工商银行还存在未将附属机构全部纳入统一授信范围，个别业务核算和统计不准确，部分分支机构超范围使用测试账户、中间业务收费管理不规范，以及部分子公司管理较薄弱等问题。审计指出后，工商银行按照“整章建制、规范管理”的要求认真整改，及时对相关制度、流程进行了修改补充和完善，并从体制、机制、管理等方面深入查找原因，进一步完善了防范风险的长效机制。

中华人民共和国审计署审计结果公告（2012年第25号）

中国中信集团公司 2010年度资产负债损益审计结果

（二〇一二年六月一日公告）

根据《中华人民共和国审计法》的规定，审计署2011年对中国中信集团公司（以下简称中信集团）2010年度资产负债损益情况进行了审计，并对审计范围内涉及的重大事项追溯相关年度。

一、基本情况

中信集团成立于1979年，是经国务院批准设立的综合性企业集团，纳入合并财务报表范围（控股或占控制地位）的子公司有42家，主要从事金融、投资控股、房地产及基础设施、制造、资源开发、商贸及服务业、信息产业和工程承包等。据中信集团的合并财务报表反映，中信集团2010年底资产总额25 390.57亿元，负债总额22 665.01亿元，所有者权益总额2 725.56亿元；当年实现营业收入2 638.94亿元，净利润479.54亿元。

二、审计评价意见

本次重点审计了中信集团本部及所属29家境

内和驻港一级子公司，涉及资产额 14 792 亿元，占中信集团资产总额的 58%。审计结果表明，中信集团认真贯彻执行国家宏观调控政策和决策部署，不断加大对“三农”、中小企业等领域的信贷投入；深化集团经营体制改革，贯彻“三重一大”决策管理要求，不断完善投融资决策制度，对集团所属商业银行、房地产、工程承包、机械制造等业务进行了整合重组；逐步健全公司法人治理，规范关联交易行为，加大对所属子公司的管控力度，积极完善风险管理体系，公司整体实力和综合竞争力逐年提升。但中信集团在业务经营、财务管理等方面还存在一些不规范的问题。

对审计发现的问题，审计署已依法出具了审计报告、下达了审计决定书，要求中信集团予以整改。此外，本次审计发现并向有关部门移送涉嫌违法违规案件 18 起，有关部门正在依法查处。

三、审计发现的主要问题及整改情况

（一）会计核算和财务管理存在的问题。

1. 所属 5 家子公司未按规定将相关企业纳入合并财务报表范围，涉及资产总额 63.10 亿元，其中 2010 年发生 59.75 亿元。

审计指出上述问题后，有关子公司已按规定重新编制了合并财务报表。

2. 所属 10 家子公司通过少计财务费用、少提折旧等方式，共造成多计利润 3.74 亿元，其中 2010 年多计 3.13 亿元。

审计指出上述问题后，有关子公司已调整会计账目。

3. 所属 4 家子公司账外资金及资产共 4.54 亿元，其中 2010 年发生 3.03 亿元。

审计指出上述问题后，有关子公司已调整会计账目，修订和完善了有关制度，并对责任人员给予降职、停职检查等处分。

4. 2008 年至 2010 年，所属 8 家子公司违规发放津补贴、发放商业预付卡以及购买商业保险等涉及金额 1.34 亿元，使用不规范发票报销或白条抵库等涉及金额 0.16 亿元。

审计指出上述问题后，中信集团及有关子公司认真规范职工津补贴的发放工作，清理了不规范的发票；有关子公司按规定补缴了个人所得税，修订和完善了借款和报销等财务制度，进一步规范了发票审核和管理工作。

（二）业务经营管理存在的问题。

1. 2008 年至 2010 年，所属中信银行等金融机构违规发放贷款和办理票据业务共计 30.64 亿元。

审计指出上述问题后，有关金融机构已结清部分贷款或票据，其余贷款已按规定整改，并修订完善了相关内控制度。

2. 2010 年，所属中信银行的 10 个分支机构信贷“三查”工作不严，存在信贷资金被借款人挪用等现象。

审计指出上述问题后，中信银行及时清收了部分贷款，并进一步强化对分支机构信贷业务“三查”工作的监管。

3. 2006 年至 2010 年，所属 3 家子公司采取私自换汇、拆借等方式违规经营 9.99 亿元。

审计指出上述问题后，有关子公司已采取措施纠正违规问题，并加强了相关内部控制。

中信集团高度重视审计指出的问题，积极采取措施整改。至 2012 年 3 月底，已有 91%的问题整改到位，追究相关人员责任 190 人次，还加强了制度建设和内部控制，制定或修订了 188 项规章制度。

中华人民共和国审计署
审计结果公告
（2012 年第 26 号）

54 个县财政性资金审计调查结果

（二〇一二年六月八日公告）

2011 年 11 月至 2012 年 3 月，审计署组织对 18 个省（自治区、直辖市，以下统称省）的 54 个县（市、区、旗，以下统称县，财力状况好中差各约占三分之一）财政性资金进行了审计调查，重点调查了财力保障状况。现将审计调查结果公告如下：

一、县级财力保障工作取得较好成效

党中央、国务院高度重视县级财力状况和民生保障工作。近年来，中央主管部门和地方政府采取多项措施，扩大地方财政收入规模，着力解决县乡财政困难和“保工资、保运转、保民生”所需财力，县级财政收入不断增长，财政保障能力逐步增强。

（一）县级政府收入稳步增长。审计调查的各县积极采取措施发展经济，提高财政增收能力。据对 54 个县财政报表（含公共财政收支、政府性基金收支、国有资本经营收支和预算外收支）的审计调查，2011 年县级财政实现政府性收入 1 116.84亿元，比 2010 年增长 16.46%。其中公共财政收入 579.65 亿元，同比增长 16.67%。

（二）上级财政支持力度不断加大。2010 年，18 个省县级财政共收到上级转移支付资金 16 008.36亿元，是其当年实现公共财政收入的 1.25 倍。收到转移支付后 18 个省县级公共财政收入达32 315.52亿元，占 18 个省公共财政收入的 58.45%，比转移支付前高出 35 个百分点。重点调查的 54 个县在收到转移支付后，以总人口计算的县级人均公共财政收入为 3873 元，是转移支付前的 2 倍多。

（三）县级财政压力逐步缓解。2011 年，中央财政在 2005 年实施“三奖一补”、产粮大县补助等措施的基础上，建立了县级基本财力保障奖补机制，安排缓解县乡困难的各类奖补资金达 1 569.68亿元，是 2005 年的 3.62 倍。18 个省也制订了本地区县级基本公共服务保障缺口弥补方案和工作计划，在中央财政奖补资金的基础上，又投入 437.11 亿元用于建立县级基本财力保障机制。县级“保工资、保运转”的困难基本得到解决，“保民生”的能力也在不断提高。按财政部标准总体测算，2011 年，3 个省县级基本财力保障没有缺口；15 个省的基本财力保障缺口县与 2010 年相比减少 161 个，缺口规模减小 102.63 亿元。

二、审计调查发现的问题及初步整改情况

（一）县级财政性收入结构不尽合理。

当前县级政府的独享税种（如契税等）税源较为分散，县级财政性收入中非税收入占比相对较高。2011 年，54 个县实现的财政性收入中，非税收入占 60.45%，非税收入占比超过税收收入 20.90 个百分点。

（二）一些县在招商引资中变相减免财政性收入。

一些县在招商引资过程中，将企业缴纳的税收、土地出让收入等，通过财政列支等手段返还给相关企业，减少了县级可支配财力。审计调查的 54 个县中，有 53 个县 2008 年至 2011 年出台了 221 份与国家政策明显相悖的招商引资优惠政策文件，以财政支出方式变相减免应征缴的财政性收入 70.43 亿元，其中 2011 年变相免征 33.36 亿元，相当于其当年一般预算收入的 5.81%。

（三）县级部分财政性支出存在一定压力。

目前，由于缺乏相关法律制度来规范各级政府的事权和支出责任，出现了上级政府下放事权，县级政府支出责任不断增加、与其自身财权不完全匹配的现象。据对 54 个县 2010 年支出结构的分析，为满足国家有关农业、教育、科技等法定支出的增长要求和中央有关部门出台的达标增支政策安排的支出，是其当年公共财政支出的 77.23%，留给县级政府自主安排的财力占比较小（如图 1 所示），造成县级政府部分财政性支出存在一定压力。对比东部和中西部发现，54 个县中，45 个中西部县的上述比例为 81%，高出 9 个东部县约 11 个百分点。

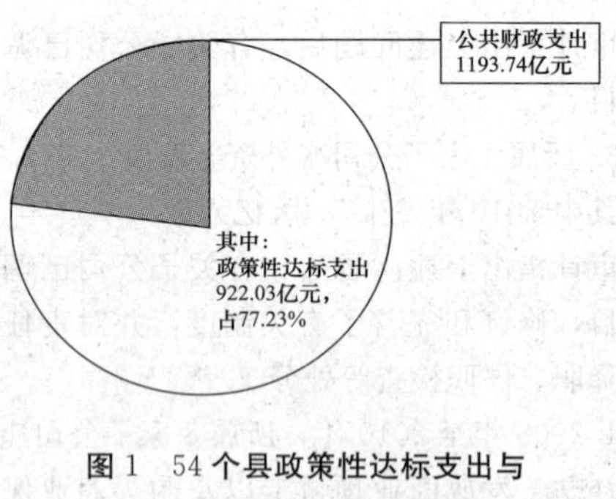

图 1　54 个县政策性达标支出与公共财政支出对比图

（四）县级财政对上级转移支付依赖度较高。

2011 年，54 个县公共财政支出中，有 49.39% 来自于上级转移支付，其中中西部 45 个县的这一比例达 61.66%。由于上述转移支付中有规定用途的资金所占比例较高，地方政府不能统筹安排。54 个县 2011 年收到上级转移支付 738.18 亿元，

其中专项转移支付占50.78%，加上一般性转移支付中有规定用途的资金，共计有68.4%的转移支付是有明确用途的（如图2所示）。

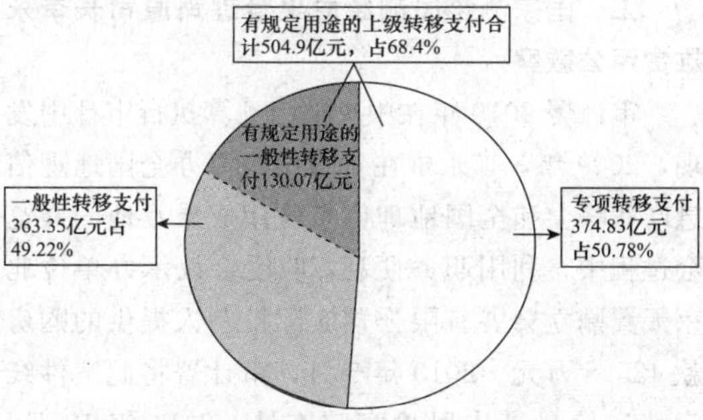

图2　54个县收到的财政转移支付结构

调查还发现，由于专项转移支付资金下达晚、项目准备不充分等，截至2011年底，有43个县结转专项转移支付106.27亿元，占其当年收到专项转移支付总额的35.92%，影响预算执行效果和积极财政政策的落实。

（五）县级财政管理还不够规范。

一是县级财政报表反映的收支情况不够准确。2011年，54个县有83.29亿元非税收入未按规定作为财政收入，而是直接以收抵支或在“暂存款”科目挂账、滞留财政专户；财政报表反映的33.13亿元收入实际上并无收入来源，而是通过列收列支的方式空转土地出让收入或以财政借款等方式来缴税实现的；有44.50亿元已发生的财政支出未列作支出，而是在“暂付款”科目挂账；财政报表反映的66.56亿元支出当年并未发生，通过决算列报后挂在“暂存款”科目核算或将财政资金转入财政支出专户。

二是对财政超收收入管理不够规范。54个县均未对财政超收收入分配管理做出制度规定。在实际运作中，有7个县未向本级人大报告或备案超收收入安排情况，有34个县只是报人大备案或在实际安排确定之后再行报批。从超收收入使用情况看，有31个县2011年底将当年超收收入24.61亿元通过追加预算形式全部安排为当年支出，其中大量资金又结转下年；有14个县将超收收入中的5.61亿元用于补充部门经费、津贴补贴支出等。

三是部门预算和国库集中收付制度推进还不到位。截至2011年底，审计调查的54个县中有6个县尚未开展部门预算改革，7个县尚未推行国库集中收付制度。已推行上述两项改革的县还存在不到位的问题。2011年，已实行部门预算管理的48个县年初一般预算支出中，有145.97亿元（约占21%）由财政部门代编，未落实到具体部门和单位；已推行国库集中支付的47个县财政支出中，有874.52亿元（约占58%）实际未实行国库集中支付，仍是拨付到各预算单位在商业银行开设的账户。

本次审计调查结束后，审计署出具了审计调查报告，对违规问题依法下达了审计决定。有关地方高度重视审计调查发现的问题，认真加以整改。对县级财政性收入结构不尽合理、存在一定支出压力、对上级转移支付依赖度较高的问题，正在结合省以下财政管理体制改革，采取措施促进县域经济和区域经济协调发展，逐步培育地方特别是县级主体税种，增强县级财政实力，同时调整和优化转移支付结构，进一步加大均衡性转移支付力度，逐步推进基本公共服务均等化。对县级财政管理制度改革推进不到位的问题，财政部和有关地方正在采取措施推进县级部门预算和国库集中收付制度改革，按照《国务院办公厅转发财政部关于进一步加强财政专户管理意见的通知》的要求，抓紧财政专户清理工作。对违规制定招商引资优惠政策的问题，国务院已责成发展改革委等部门研究制定规范性文件。

本次审计调查发现的13起涉嫌违纪和经济犯罪案件线索（涉案人员29人，其中县处级干部4人），已依法移送有关部门查处。

附：

本次审计调查的省区市和抽审县名单

河北省：南和县、曲周县、泊头市

山西省：山阴县、定襄县、天镇县

内蒙古自治区：宁城县、察哈尔右翼后旗、五原县

吉林省：延吉市、九台市、大安市

江苏省：泗阳县、溧水县、江阴市

浙江省（不含宁波市）：绍兴县、江山市、文成县

江西省：丰城市、都昌县、寻乌县

河南省：鄢陵县、兰考县、范县

湖北省：宜都市、罗田县、公安县

湖南省：浏阳市、宜章县、湘阴县

广东省（不含深圳市）：连州市、怀集县、丰顺县

广西壮族自治区：武鸣县、博白县、田东县

重庆市：涪陵区、荣昌县、云阳县

四川省：彭山县、金堂县、富顺县

贵州省：盘县、修文县、石阡县

云南省：新平彝族傣族自治县、勐海县、云县

陕西省：富平县、洛南县、淳化县

甘肃省：秦安县、陇西县、临夏县

中华人民共和国审计署审计结果公告
（2012年第27号）

审计署移送至2012年6月已办结27起案件和事项处理情况

（二○一二年六月八日公告）

审计署对移送有关部门和单位处理的案件和事项，定期跟踪了解其办理情况。现将2012年上半年收集到的已办结27起案件和事项相关情况整理公告如下：

一、国土资源部地籍管理司监测与统计处原处长沙志刚受贿案

审计署2009年在国土资源部专项资金审计调查中发现，2008年，沙志刚在组织实施第二次全国土地调查过程中，利用职务便利协助北京淘源科技有限公司获得专项任务，并与特定关系人收受该公司法定代表人贾汛支付的321.1万元。2010年1月，审计署将此案件线索移送给北京市人民检察院查处。2011年9月，北京市第一中级人民法院以受贿罪判处沙志刚无期徒刑，以单位行贿罪判处贾汛有期徒刑3年6个月。

二、国家测绘局测绘成果管理司原司长李永雄贪污公款案

审计署2010年在中央部门预算执行审计中发现，2009年，李永雄在负责组织筹办全国地理信息产业峰会和全国地理信息应用成果及地图展览会过程中，利用职务便利，收受会议承办单位北京天翼鼎立会展有限公司实际控制人提供的购房款425.5万元。2010年5月，审计署将此案件线索移送给最高人民检察院查处。2011年12月，北京市第一中级人民法院以贪污罪判处李永雄有期徒刑15年。

三、商务部培训中心原工作人员私分国有资产案

审计署2010年在中央部门预算执行审计中发现，2009年5月至2010年10月，商务部培训中心在组织援外培训项目国内考察过程中，指定通过北京文广伟业航空服务有限公司购买国内航班机票，其工作人员郑金波、周晓琴、张环辉私自收取该公司机票回扣款37万元。2011年2月，审计署将此案件线索移送给监察部驻商务部监察局查处。2011年10月，北京市昌平区人民法院以贪污罪、私分国有资产罪判处郑金波有期徒刑11年，并处罚金1万元；以私分国有资产罪分别判处周晓琴、张环辉有期徒刑1年、11个月，并各处罚金1万元。

四、吉林白城出入境检验检疫局原局长王锐挪用公款案

审计署2009年在中央部门预算执行审计中发现，2005年11月至2007年12月，王锐将应上缴的检验检疫费、虚列福利费套取的账外资金及账外租金收入共37.8万元，以借款等形式挪用，截至2009年3月尚有7.7万元未归还。2009年3月，审计署将此案件线索移送给吉林省人民检察院查处。2010年9月，白城市中级人民法院以挪用公款罪、贪污罪判处王锐有期徒刑12年。

五、辽宁省沈阳市于洪区园林绿化管理处原劳资员李爱华贪污公款案

审计署2011年在财政就业补助资金审计中发

现，2009年至2010年，李爱华超标准申请、发放公益性岗位补贴资金22.63万元，部分资金去向不明，涉嫌个人贪污。2011年2月，审计署将此案件线索移送给于洪区纪委查处。2011年10月，于洪区人民法院以贪污罪判处李爱华有期徒刑8年，并没收赃款53 998.15元。

六、黑龙江省龙江县建设局原副局长张景春受贿案

审计署2011年在中央转移支付资金审计中发现，2009年6月，张景春收受龙江县巨龙建筑工程有限责任公司宏远市政分公司现金10万元，并为其承包工程提供便利。2011年1月，审计署将此案件线索移送给齐齐哈尔市纪委查处。2011年9月，齐齐哈尔市铁锋区人民法院以受贿罪判处张景春有期徒刑2年（缓刑3年）。

七、中国人民财产保险股份有限公司西安市莲湖支公司北大街营业部原经理陈军贪污公款案

审计署2010年在中国人民保险集团股份有限公司审计中发现，2007年至2009年，陈军利用职务之便，与外单位联手编造虚假赔案套取保险资金1 169.79万元，其中79万元被其个人侵占。2010年12月，审计署将此案件线索移送给公安部查处。2012年3月，西安市中级人民法院以贪污罪判处陈军有期徒刑10年，并处没收财产5万元。

八、中国人民财产保险股份有限公司西安市高新区支公司原总经理安民敏贪污公款案

审计署2010年在中国人民保险集团股份有限公司审计中发现，2005年10月至2010年3月，安民敏等人采取截留保费收入、虚列费用支出等手段套取资金1.14亿元，其中35万元被安民敏个人侵占。2010年9月，审计署将此案件线索移送给公安部查处。2011年12月，西安市中级人民法院以贪污罪判处安民敏有期徒刑5年，并处没收财产20万元。

九、中国人民财产保险股份有限公司齐齐哈尔市分公司营业部原负责人梁力、马刚等违规担保案

审计署2010年在中国人民保险集团股份有限公司审计中发现，2005年5月至2006年10月，梁力、马刚等人在未经集体决策和上级授权的情况下，擅自以公司名义为其他金融机构汽车消费贷款出具担保合同1041笔，担保金额2.38亿元，最终给公司造成3000多万元的赔偿责任风险。2010年9月，审计署将此案件线索移送给公安部查处。2011年9月，齐齐哈尔市建华区人民法院以违规出具金融票证罪判处梁力有期徒刑3年（缓刑4年）；判决马刚犯违规出具金融票证罪，免予刑事处罚。

十、中国人寿保险股份有限公司南京分公司保险业务代理人陈胜利侵占保险资金案

审计署2010年在中国人寿保险集团有限公司审计中发现，2008年至2009年，陈胜利借为保险客户代办投保、退保手续的职务便利，采用伪造投保单位收据等手段，侵占保险资金167万元，用于炒股、购买理财产品等。2010年8月，审计署将此案件线索移送给江苏省公安厅查处。2011年4月，南京市鼓楼区人民法院以职务侵占罪判处陈胜利有期徒刑4年6个月，追缴侵占款项并处没收个人财产24万元。

十一、中国人寿保险股份有限公司南京城南支公司原业务员孙雍逸侵占保险资金案

审计署2010年在中国人寿保险集团有限公司审计中发现，2007年3月至2008年5月，孙雍逸采取虚构退保人员名单、盗用投保单位公章等方式，骗取退保资金90.52万元，主要用于个人消费。2010年6月，审计署将此案件线索移送给江苏省公安厅查处。2011年10月，南京市鼓楼区人民法院以职务侵占罪判处孙雍逸有期徒刑3年（缓刑5年）。

十二、中国人寿保险股份有限公司南京城南支公司原总经理王波挪用公款案

审计署2010年在中国人寿保险集团有限公司审计中发现，2008年至2010年，王波利用职务便利，将部分保费收入存入其个人账户，并将其中40万元挪用于证券投资等。2010年11月，审计署将此案件线索移送给江苏省公安厅查处。2011年9月，南京市鼓楼区人民法院以挪用公款罪判处王波有期徒刑3年（缓刑4年）。

十三、湖南省株洲市房产局产权处原处长尹春燕、副处长刘鸿刚等人受贿案

审计署2010年在商业银行审计调查中发现，2007年5月至7月，尹春燕、刘鸿刚等人在明知保利（株洲）实业发展有限公司部分商铺已办理销售备案登记的情况下，违规为该公司办理这些商铺的抵押他项权证，使该公司得以从商业银行贷款8590万元，并最终造成贷款银行抵押权悬空，尹春燕、刘鸿刚等人涉嫌从中收受贿赂。2011年1月，审计署将此案件线索移送给湖南省人民政府查处。2012年2月，株洲市中级人民法院以受贿罪判处尹春燕有期徒刑8年、刘鸿刚有期徒刑4年。

十四、黑龙江省建筑工程施工质量验收系列规范培训工作委员会原常务副主任王桂林挪用公款案

审计署2008年在商业银行审计调查中发现，2004年，王桂林伙同交通银行哈尔滨新兴支行副行长王光霁（王桂林之子），将该委员会存放在交通银行的286万元资金通过其他公司转入王桂林的个人账户。2008年11月，审计署将此案件线索移送给黑龙江省人民检察院查处。2009年7月，哈尔滨市香坊区人民法院以挪用公款罪判处王桂林有期徒刑2年（缓刑2年）；判决王光霁及同案另一责任人卢庆滨犯挪用公款罪，免予刑事处罚。

十五、民营企业青岛文华房地产开发有限公司原董事长杨永清骗取贷款案

审计署2010年在中国人民银行财务收支情况审计中发现，2007年11月至2008年6月，杨永清虚假出资注册成立28家空壳公司，利用虚假会计报表和无效抵押，以购买建材为名骗取青岛华丰农村合作银行流动资金贷款2.74亿元并挪作他用。2010年2月，审计署将此案件线索移送给公安部查处。2011年12月，青岛市崂山区人民法院以骗取贷款罪一审判处杨永清有期徒刑1年（缓刑1年）；以非国家工作人员受贿罪和违法发放贷款罪判处青岛华丰农村合作银行原董事长王其明有期徒刑7年。

十六、民营企业北京泰和瑞利商贸有限公司实际控制人王燕等人骗取贷款案

审计署2010年在中国人民银行财务收支情况审计中发现，2009年1月至7月，王燕伙同该公司股东彭明亮等人，利用伪造的贸易合同和虚假财务报表，以购买钢材为名从北京农村商业银行骗取贷款及银行承兑汇票，造成2.28亿元银行资金面临损失；银行相关工作人员存在审核把关不严、违规操作等问题。2010年4月，审计署将此案件线索移送给公安部查处。2011年12月，北京市朝阳区人民法院以骗取贷款、票据承兑罪判处王燕有期徒刑5年6个月，并处罚金30万元；同案的彭明亮等其他4名责任人分别被判处有期徒刑1年9个月至2年，并分别被处罚金10至15万元。

十七、民营企业兰州新盛电力投资有限公司实际控制人赵德荣等人骗取贷款案

审计署2009年在金融政策落实情况审计调查中发现，2005年12月至2007年3月，赵德荣等人通过其控制的兰州新盛电力投资有限公司，采用伪造、变造项目批复文件及虚假担保等手段，以建设水电站为名从中国建设银行兰州城关支行骗取固定资产贷款3.2亿元，大部分挪用于股票投资等营利活动。2009年11月，审计署将此案件线索移送给公安部查处。2011年11月，兰州铁路运输中级人民法院以骗取贷款罪、对单位行贿罪判处兰州新盛电力投资有限公司罚金1.4亿元，判处赵德荣有期徒刑3年6个月，并处罚金20万元。

十八、甘肃长风电子电器公司综合计划部原职工任强贪污公款案

审计署2010年在中国联合网络通信有限公司财务收支审计中发现，2009年，任强违规将公司场地出租收入6.59万元转入他人账户，部分资金去向不明。2010年11月，审计署将此案件线索移送给甘肃省人民检察院查处。2011年8月，兰州市七里河区人民法院以贪污罪判处任强有期徒刑3年（缓刑4年）。

十九、中国农业发展银行乌兰浩特市支行原行长刘永林等人违法发放贷款案

审计署2009年在中国农业发展银行审计中发现，2006年4月至2007年6月，刘永林以及中国农业发展银行乌兰浩特市支行业务科原负责人周迎春、信贷员王彦革等人违反相关管理规定，向当地粮食收储企业发放粮食收购贷款2.85亿元，其中8000多万元无法收回。2009年10月，审计署将此案件线索移送给公安部查处。2011年3月，内蒙古自治区兴安盟中级人民法院判决刘永林等3人犯违法发放贷款罪，免予刑事处罚。

二十、吉林延边出入境检验检疫局原出纳邵卉私存公款问题

审计署2009年在中央部门预算执行审计中发现，2006年8月至2008年12月，邵卉将检验检疫费、卫生处理费等公款736.58万元存入其个人储蓄账户，并将其中46万元用于购买基金及理财产品。2009年12月，审计署将此问题移送给吉林出入境检验检疫局查处。2009年12月，吉林出入境检验检疫局给予邵卉开除公职处分，被私存挪用的公款及购买理财产品的收益已经全部追回。

二十一、保定市就业服务局套取就业、再就业补助资金的问题

审计署2008年在社会保障资金专项审计调查中发现，2005至2008年，保定市劳动和社会保障局所属保定市就业服务局采用编造花名册等方式，套取就业、再就业资金共1 301.88万元，用于新建办公楼和单位经费支出。2009年4月，审计署将此问题移送给河北省监察厅查处。2009年12月，河北省监察厅分别给予保定市就业服务局局长孙福君、副局长王力良等7人行政记过、警告处分或进行诫勉谈话，挪用的资金已全部归还。

二十二、黑龙江省依兰县水务局倭肯河灌区管理站站长于长海违规承包工程问题

审计署2011年在中央农业基础设施建设资金管理使用情况审计中发现，于长海利用职务之便，以个人名义违规承包其负责的倭肯河续建和节水改造项目工程，涉及项目建设资金863.26万元。2011年1月，审计署将此问题移送给依兰县纪委查处。2011年2月，依兰县纪委给予于长海党内严重警告处分，违规承包的工程现已清退。

二十三、沈阳农业大学附属实验场原场长徐福春违规出借资金问题

审计署2011年在全国地方政府性债务审计中发现，2005年至2009年，徐福春利用职务便利违规向其个人控制的公司出借资金累计7200万元，之后陆续收回。2011年5月，审计署将此问题移送给辽宁省纪委查处。2012年2月，辽宁省纪委给予徐福春开除党籍处分，并追收资金出借期间的利息。

二十四、山东邹城市香城镇政府成立企业不当牟利的问题

审计署2009年在京沪高铁建设项目跟踪审计中发现，2008年4月至2009年4月，香城镇政府挪用镇财政资金20万元设立圣香商贸公司“管理”当地材料供应商，通过向京沪高速铁路施工单位供应材料赚取差价262万元。2009年9月，审计署将此问题移送给邹城市监察局查处。2009年10月，邹城市监察局责成香城镇政府变更圣香商贸公司法人代表、撤出公用资金，依法追缴262万元经营获利并做出书面检查。

二十五、中铁十八局京沪高铁指挥部副指挥长赵广愿私借公款问题

审计署2010年在京沪高铁建设项目审计中发现，2008年11月，赵广愿以项目部资金周转紧张为名，从中铁十八局第五工程有限公司借款20万元，实际用于个人购置房产，之后于同年12月归还；2008年11月，赵广愿未经批准以指挥部名义从第五工程有限公司借款10万元存入个人工资卡，之后于2010年9月归还。2010年9月，审计署将此问题移送给中铁十八局查处。2010年9月，赵广愿受到党内严重警告处分。

二十六、中国农业发展银行康平县支行原行长邵鹏、客户主管张国忠等人违规核销贷款问题

审计署2009年在中国农业发展银行审计中发现，2007年7月，邵鹏、张国忠等人借核销不良贷款之机，与粮食部门串通编造虚假资料违规核销贷款本金1.41亿元。2009年8月，审计署将此问题移送给银监会查处。2010年2月，中国农业发展银行辽宁省分行对邵鹏、张国忠给予免职处分，对其他责任人给予经济处罚。

二十七、山西省山阴县国家税务局虚开增值税发票问题

审计署2011年在国家税务局税收征管情况审计中发现，2009年11月至12月，山阴县国家税务局为企业虚开增值税专用发票1.28亿元。2011年4月，审计署将此问题移送给山西省国家税务局查处。2011年9月，山西省朔州市国家税务局免去了山阴县国家税务局党组书记、局长巩晋阳党内职务和行政职务。

中华人民共和国审计署审计结果公告（2012年第28号）

关于99个利用国外贷援款项目2010年度财务收支及项目执行情况的审计结果

（二〇一二年六月十八日公告）

2011年，根据《中华人民共和国审计法》和相关国外贷援款协定的规定，审计署对99个由中央单位执行或组织执行的利用国外贷援款项目2010年度财务收支及项目执行情况进行了审计。现将有关情况公告如下：

一、基本情况

此次审计的99个利用国外贷援款项目涉及农业、能源、交通、教育、卫生、城市建设等领域，计划投资总额4 246.2亿元（折合人民币，下同），其中利用外资345.03亿元；截至2010年底，累计完成投资2 598.88亿元，其中利用外资202.45亿元。按资金来源性质划分，20个为贷款项目，79个为赠款或援助项目。按贷援款机构划分，世界银行项目有46个、亚洲开发银行项目有9个、联合国开发计划署项目有41个、英国国际发展部项目有3个。

这项审计是依照中国国家审计准则和国际审计准则组织实施的，分别向国外贷援款机构出具了99份审计报告。其中，无保留意见的有79份；保留意见的有19份，保留事项主要是财务报告中有关支出分类不准确；拒绝表示意见的1份，主要原因是该项目实施机构只提供了部分原始单据，审计无法获得充分的审计证据。从审计情况看，99个项目总体执行情况较好，进展比较顺利。项目相关主管部门较好地履行管理职责，有效开展工作指导和监督，积极推动项目实施和预期目标实现。大部分项目单位能够执行国家财经法规和贷援款协定，建立健全了内部控制制度，财务管理和外资利用水平逐步提高。

二、审计发现的主要问题及整改情况

审计发现，部分项目执行中还存在违反法规及贷援款协定或内部控制不完善等问题（详见附件）。一是挪用、滞留项目资金，涉及6个项目，金额共计2.37亿元。二是工程建设与管理不到位，主要是未按规定进行招投标、违规转分包、未按设计内容施工、监理不到位、超概算和资产闲置等，涉及18个项目，金额共计6.5亿元。三是财务管理不规范，主要是会计核算不规范，提前支付合同款，经费支出超标准、未及时清理资产和往来款项等，涉及20个项目，金额共计11.8亿元。四是贷援款机构财务报表披露项目支出分类不准确，涉及19个项目，金额共计0.22亿元。此外，还有5个项目实施进展滞后。

对上述问题，有关部门和相关项目单位高度重视，积极采取措施进行整改，建立和完善各项内部控制制度。对违规挪用项目资金和财务管理不规范的问题，已收回违规挪用的资金，并调整会计账目；对工程建设与管理等不到位的问题，组织认真进行招投标法律法规学习教育，纠正违规转分包行为，加强了对施工和监理等单位的监督，切实规范了建设审批和竣工验收手续，盘活了闲置资产等。

附件：审计发现的主要问题及整改情况表

附件：

审计发现的主要问题及整改情况表

序号	项目名称	国外贷援款机构	总投资额（万元）	利用外资额（万元）	项目执行单位	审计发现的主要问题	整改情况
1	世界银行贷款/英国国际发展部赠款中国结核病控制项目	世界银行/英国国际发展部	201126.60	86320.00	卫生部项目资金监管服务中心	河南、河北、湖北、福建等省部分市县项目办挤占挪用项目资金28.61万元；陕西省部分地方财政部门未完全落实2010年审计建议	已整改
2	世界银行贷款/英国国际发展部赠款中国农村卫生发展项目	世界银行/英国国际发展部	42000.00	42000.00	卫生部项目资金监管服务中心	部分项目活动支出超预算；大额办公用品购买未附明细清单；差旅费管理不规范	已整改
3	世界银行赠款中国白蚁防治氯丹灭蚁灵替代示范项目	世界银行	18343.99	9508.21	环境保护部环境保护对外合作中心	江苏省部分饵站系统未安装，超出保质期；安徽、江苏省部分饵站系统安装后丢失或损毁；湖南省部分饵站系统安装、维护档案资料不规范、不完整；江苏省部分饵站档案标识不清楚，后期维护困难	已整改
4	世界银行贷款农业科技项目	世界银行	154027.00	66227.00	国家农业综合开发办公室	安徽省部分项目县存在设备闲置或毁损现象；陕西省个别子项目实施进度缓慢	已整改
5	世界银行贷款加强灌溉农业三期项目	世界银行	378024.70	145006.60	国家农业综合开发办公室	安徽省个别项目区节水灌溉工程及设备有损坏现象，部分农民用水户协会未正常运转，部分项目建设内容未按计划完成	已整改
6	世界银行贷款农民工培训与就业项目	世界银行	3311.35	3311.35	人力资源和社会保障部规划财务司	部分记账凭证所附原始凭证不完整，涉及金额50.93万元；项目实施进度缓慢，2年累计使用贷款仅占项目总预算的5.91％	已整改

续表

序号	项目名称	国外贷援款机构	总投资额（万元）	利用外资额（万元）	项目执行单位	审计发现的主要问题	整改情况
7	世界银行贷款国家铁路Ⅲ期（六盘水至沾益铁路改造）项目	世界银行	857000.00	132454.00	铁道部	贵昆铁路曲靖市政府地方建设资金14974万元未及时到位，影响项目建设；项目内资1标未按规定及时签订补充合同，导致合同外验工计价804.4万元；部分临电项目部和供电段违法加价或改变电价执行标准收取临电电费差价合计2580.77万元；贵昆铁路六沾二线铁路等路段Ⅰ类变更设计存在上报不及时等问题，增加投资共计8252万元；昆明铁路局曲靖铁路建设指挥部多结算工程款901.11万元；成都铁路局贵阳建设指挥部违反有关规定，自行批准内资2标和内资3标的施工单位不经招投标采购甲控物资粉煤灰合计223万元；个别工程违规转包	除地方配套资金未及时到位、设计变更上报不及时问题尚未整改完毕外，其余问题已整改
8	世界银行贷款国家铁路Ⅳ期（石家庄至郑州铁路客运专线）项目	世界银行	4380000.00	198681.00	铁道部	部分施工单位工程支出入账票据不合规，涉及金额12526.20万元；部分设计变更工程已完工，但未签订施工合同，也未验工计价，概算批复额为1422万元；石武客专河南段监理单位存在未按投标承诺和技术要求配置监理人员情况；石郑客专河北段项目路基防排水工程Ⅰ类变更设计和CRTSⅡ型板式无砟轨道补充初步设计未批先建	变更工程未验工计价问题正在整改中，其余问题已整改
9	世界银行贷款国家铁路Ⅵ期（南宁至广州铁路）项目	世界银行	4032300.00	198681.00	铁道部	铁道部资金拨付缓慢，造成南广铁路建设资金到位不及时；部分施工单位财务管理不规范，无发票入账6515.39万元；验工计价不实，超验1016.1万元；9项Ⅰ类变更设计项目未批先建，涉及投资约26792.19万元	除无发票入账问题尚未整改完毕外，其余问题已整改

续表

序号	项目名称	国外贷援款机构	总投资额（万元）	利用外资额（万元）	项目执行单位	审计发现的主要问题	整改情况
10	世界银行贷款国家铁路Ⅴ期（贵州至广州铁路）项目	世界银行	9755400.00	198681.00	铁道部	建设单位外方质量代表费用675.45万元验工计价依据不充分；部分施工单位使用假发票，涉及金额1278.02万元；部分施工单位无发票列支工程建设成本，涉及金额14015.57万元；部分施工单位1448.95万元的采购、租赁业务无合同；部分变更设计未按规定办理手续；贵广铁路项目12标按调整前施工图征地，导致多征地1030亩；部分施工单位超报工程进度，超验工程价款合计8188万元；1915.4万元工程验工计价依据不充分；部分工程存在违规分包现象	已整改
11	中国四氯化碳生产和助剂（Ⅰ期）应用行业整体淘汰项目	世界银行	43047.55	43047.55	环境保护部环境保护对外合作中心	环境保护部对外合作中心与山东东岳氟硅材料有限公司签订的合同因双方理解存在分歧而未执行；个别企业未按要求拆除生产线，购买的相关设备（账面价值2697.5万元）闲置6年	已整改
12	中国四氯化碳生产和助剂（Ⅱ期）应用行业整体淘汰项目	世界银行	30795.56	30795.56	环境保护部环境保护对外合作中心	东莞市金成化工有限公司和佛山顺德安泰油墨化工公司未设置专账核算赠款；4家企业未按期拆除生产线	已整改
13	世界银行贷款微小企业转贷款项目	世界银行	210000.00	66227.00	国家开发银行	项目合作银行的数目未达到项目协议的要求，平均每笔贷款额度超出协议规定；个别贷款贷款期限超过协议规定	已整改

续表

序号	项目名称	国外贷援款机构	总投资额（万元）	利用外资额（万元）	项目执行单位	审计发现的主要问题	整改情况
14	世界银行贷款中国节能融资项目—华夏银行	世界银行	132454.00	66227.00	华夏银行股份有限公司	部分子项目单位套取节能融资贷款资金 6903 万元；河北盛华化工有限公司、辽宁四平昊华化工有限公司和山东德州实华化工有限公司等改变节能融资贷款资金用途，涉及金额 10373.24 万元；上述 3 家企业将部分大额支付化整为零，逃避银行受托支付监管；部分节能子项目贷款审批不规范；德州实华化工有限公司实施的子项目选择标准与项目操作手册规定不一致；辽宁四平昊华化工有限公司的子项目未实现目标节能量；部分子项目采购招投标不规范	已提前收回部分贷款
15	世界银行贷款中国节能融资项目—中国进出口银行	世界银行	136564.00	68282.00	中国进出口银行	南京钢铁联合有限公司挪用信贷资金 5300 万元；部分子项目工程招投标不规范	已整改
16	全球环境基金赠款中国工业企业能效促进项目准备金项目	世界银行	52.98	52.98	工业和信息化部节能与综合利用司	分包合同承包单位部分项目活动无支持证据	已整改
17	全球环境基金赠款适应气候变化农业开发项目	世界银行	3837.79	3837.79	国家农业综合开发办公室	项目部分合同签署不规范，如合同约定预付款比例偏高，合同内容不完整、格式不规范等；河南、安徽省部分项目活动验收不规范；项目整体实施进度和部分课题研究合同执行进度缓慢，项目累计完成投资额仅为计划的 36.94%	已整改

续表

序号	项目名称	国外贷援款机构	总投资额（万元）	利用外资额（万元）	项目执行单位	审计发现的主要问题	整改情况
18	亚洲开发银行贷款新建兰州至重庆铁路项目	亚洲开发银行	7740000.00	198681.00	铁道部	2010年，兰渝铁路有限公司共收到地方税务机关委托代征税款手续费收入769.4万元，当年超规定范围全部支出，且未缴营业税；兰渝铁路项目建设实际到位资金少于累计完成投资，一定程度上导致建设单位拖欠工程价款；截至2011年4月，向铁道部申报的32个Ⅰ类设计变更尚未批复，但其中22个已组织施工，涉及投资额2.7亿元；部分工程边出施工图边施工；部分工程监理人员与投标文件承诺不符	已整改
19	亚洲开发银行贷款宜昌至万州铁路项目	亚洲开发银行	2250856.00	331135.00	铁道部	宜昌市、恩施土家族苗族自治州政府拖欠宜万铁路项目款项合计5360万元；截至2010年6月，宜万铁路施工单位不合规票据入账43754.39万元；截至2010年底，宜万铁路19项Ⅰ类设计变更在铁道部批复之前开工；宜万铁路W14标部分工程被违规分包	除不合规票据入账问题尚未整改完毕外，其余问题已整改
20	亚洲开发银行贷款郑州至西安铁路项目	亚洲开发银行	3820000.00	264908.00	铁道部	郑西铁路项目河南段实际用地比国土资源部审批数多2899.98亩，尚未报批	正在整改
21	亚洲开发银行贷款新建重庆至利川铁路项目	亚洲开发银行	2686800.00	99340.50	铁道部	部分施工单位多计验工计价580.77万元；个别隧道工程施工单位开工建设程序不合规	已整改

续表

序号	项目名称	国外贷援款机构	总投资额（万元）	利用外资额（万元）	项目执行单位	审计发现的主要问题	整改情况
22	亚洲开发银行贷款太原至中卫铁路项目	亚洲开发银行	3210000.00	198681.00	铁道部	部分施工单位变卖和转移甲供物资，共计金额1009.91万元；部分施工单位在物资采购、机械租赁、劳务分包等核算中存在以不合规发票入账问题，金额总计6501.73万元；SDS－Ⅱ标段太中银指挥部将75万元项目资金转入其指挥长个人银行账户，用于指挥部费用支出；太中银公司对部分工程进行了虚假验工，涉及金额5444.8万元；铁道部外资中心和太中银公司未经亚洲开发银行批准变更部分采购内容，其中使用外资支付2556.15万元；项目实际累计完成投资超出初步设计概算较多；部分工程招投标不合规或存在违规转分包现象	已整改
23	亚洲开发银行贷款河北张河湾抽水蓄能项目	亚洲开发银行	412000.00	95366.88	河北张河湾蓄能发电有限责任公司	受移民安置工作影响，项目竣工验收有8项内容尚未完成	已整改
24	亚洲开发银行贷款大理至丽江铁路项目	亚洲开发银行	455289.00	119208.60	滇西铁路有限责任公司	部分施工单位自行采购甲供物资（止水带2000米、防水板10308平方米）用于大理至丽江铁路仁和至丽江段新关坡隧道建设	已整改
25	联合国开发计划署《蒙特利尔议定书》关于淘汰消耗臭氧层物质的机构加强八期	联合国开发计划署	258.29	258.29	环境保护部环境保护对外合作中心	国外贷援款机构在编制综合支付报告时分类不准确188.95万元	已整改
26	联合国开发计划署节能房间空调器推进准备	联合国开发计划署	99.34	66.23	环境保护部环境保护对外合作中心	国外贷援款机构在编制综合支付报告时分类不准确6.38万元	已整改

续表

序号	项目名称	国外贷援款机构	总投资额（万元）	利用外资额（万元）	项目执行单位	审计发现的主要问题	整改情况
27	联合国开发计划署四川汶川地震灾区恢复与重建中生物多样性保护应急对策	联合国开发计划署	283.52	851.15	环境保护部环境保护对外合作中心	国外贷援款机构在编制综合支付报告时分类不准确3.84万元	已整改
28	联合国开发计划署中国工商制冷行业含氢氯氟烃淘汰管理计划编制项目	联合国开发计划署	400.00	400.00	环境保护部环境保护对外合作中心	国外贷援款机构在编制综合支付报告时分类不准确132.72万元	已整改
29	联合国开发计划署中国含滴滴涕三氯杀螨醇生产控制和综合虫害管理技术应用全额示范	联合国开发计划署	11689.07	3973.62	环境保护部环境保护对外合作中心	国外贷援款机构在编制综合支付报告时分类不准确524.48万元；65.57万元票据不合规	已整改
30	联合国开发计划署中国用于防污漆生产的滴滴涕替代	联合国开发计划署	14977.24	6864.43	环境保护部环境保护对外合作中心	国外贷援款机构在编制综合支付报告时分类不准确377.97万元	已整改
31	联合国开发计划署中国－欧盟生物多样性	联合国开发计划署	32543.95	32388.31	环境保护部环境保护对外合作中心	3.37万元设备已不能使用或丢失	已整改
32	联合国开发计划署支持中国全面建设小康社会	联合国开发计划署	3868.55	3135.26	中国国际经济技术交流中心	国外贷援款机构在编制综合支付报告时分类不准确150.14万元	已整改
33	联合国开发计划署发展全国联网，提高能源效率	联合国开发计划署	16063.30	685.30	中国国际经济技术交流中心	会议费超标准9.96万元	已整改
34	联合国开发计划署西藏发展与扶贫	联合国开发计划署	1709.65	1253.13	中国国际经济技术交流中心	提前支付合同款54.72万元	已整改
35	联合国开发计划署支持能力建设和创新、促进中国绿色发展	联合国开发计划署	21746.20	5086.80	中国国际经济技术交流中心	279.62万元设备未列入设备清单；黑龙江农业科学院土壤肥料与环境资源研究所未将350.59万元项目款归还资金垫付方	已整改

续表

序号	项目名称	国外贷援款机构	总投资额（万元）	利用外资额（万元）	项目执行单位	审计发现的主要问题	整改情况
36	联合国开发计划署中国东北地区等老工业基地和西部地区人力资源能力建设	联合国开发计划署	1665.61	672.20	中国国际经济技术交流中心	提前列支项目支出 15.04 万元	已部分整改，其余部分正在敦促实施机构抓紧执行
37	联合国开发计划署中国农村振兴与土地政策、公共治理和公共服务创新	联合国开发计划署	3331.22	1344.41	中国国际经济技术交流中心	国外贷援款机构在编制综合支付报告时分类不准确 205.64 万元	已整改
38	联合国开发计划署中国公共部门改革创新战略	联合国开发计划署	1152.35	662.27	中国国际经济技术交流中心	国外贷援款机构在编制综合支付报告时分类不准确 49.54 万元	已整改
39	联合国开发计划署政府促进农民工及其家庭融入社会能力建设	联合国开发计划署	2802.34	1146.66	中国国际经济技术交流中心	10.86 万元设备未列入设备清单	已整改
40	联合国开发计划署公平发展公共治理	联合国开发计划署	7134.86	6781.64	中国国际经济技术交流中心	项目实施机构只提供了部分原始单据，致使审计不能获得充分适当的审计证据，无法发表审计意见	已整改
41	联合国开发计划署青海玉树地震灾区灾后早期恢复与重建	联合国开发计划署	981.74	981.74	中国国际经济技术交流中心	提前列支项目支出 3.32 万元	已整改
42	联合国开发计划署加强中国国际扶贫中心能力建设	联合国开发计划署	2755.04	768.23	中国国际经济技术交流中心	财务报告少计项目支出 9.88 万元	已整改
43	联合国开发计划署保护和促进中国弱势人口权利——青年农民工融入社区	联合国开发计划署	494.92	494.92	中国国际经济技术交流中心	国外贷援款机构在编制综合支付报告时分类不准确 32.59 万元；项目活动承办单位挪用项目资金 10.79 万元	已整改

续表

序号	项目名称	国外贷援款机构	总投资额（万元）	利用外资额（万元）	项目执行单位	审计发现的主要问题	整改情况
44	联合国开发计划署支持汶川地震灾后重建与早期恢复援助方案项目可持续民生下的灾区民居建设与安置示范	联合国开发计划署	1193.81	682.14	中国国际经济技术交流中心	国外贷援款机构在编制综合支付报告时分类不准确103.58万元	已整改
45	联合国开发计划署英国国际发展部赠款中英合作水资源需求管理项目	英国国际发展部	2257.81	2257.81	水利部中英合作水资源需求管理项目办公室	出国考察活动未严格执行因公出国（境）管理的有关规定	已整改
46	联合国开发计划署作物野生近缘植物保护与可持续利用	联合国开发计划署	13840.12	5335.25	农业部GEF项目办公室	国外贷援款机构在编制综合支付报告时分类不准确29.07万元	已整改
47	联合国开发计划署中国南部沿海生物多样性管理项目	联合国开发计划署	8443.28	2327.88	国家海洋局国际司	国外贷援款机构在编制综合支付报告时分类不准确51.26万元；提前支付合同款38.4万元	已整改
48	联合国开发计划署亚洲能效标准和标识/认证有效建立和实施障碍消除（国家部分）	联合国开发计划署	23762.84	5165.71	中国标准化研究院资源与环境标准化研究所	财务报告多计项目支出108.77万元	已整改
49	联合国开发计划署亚洲能效标准和标识/认证有效建立和实施障碍消除（区域部分）	联合国开发计划署	23762.84	5165.71	中标认证中心	财务报告多计项目支出5.49万元	已整改
50	联合国开发计划署全球环境基金赠款土地退化防治能力建设项目	亚洲开发银行	9282.00	5105.10	中国—全球环境基金防治土地退化项目执行办公室	项目部分应付款项长期挂账	已整改

续表

序号	项目名称	国外贷援款机构	总投资额（万元）	利用外资额（万元）	项目执行单位	审计发现的主要问题	整改情况
51	联合国开发计划署强化中国青海省保护区域系统的效果以保护全球重要的生物多样性	联合国开发计划署	166.23	66.30	青海省财政厅	国外贷援款机构在编制综合支付报告时分类不准确 8.94 万元；青海省林业项目办公室以联合国开发计划署预拨款垫付项目配套资金支出 3.80 万元	已整改
52	英国国际发展部赠款中英西南基础教育项目	英国国际发展部	26788.87	24353.52	教育部国际合作与交流司	虚列项目支出 11.25 万元；70.5 万元项目支出未取得正式发票；未核对全部原始票据即支付会议费 15.4 万元；四川省省级活动经费超支 127.53 万元；4.33 万元票据不合规；云南省部分县项目执行单位现金使用管理不规范	已整改

中华人民共和国审计署审计结果公告（2012 年第 29 号）

关于环保领域 34 个利用国外贷款项目绩效情况的审计结果

（二〇一二年六月十八日公告）

根据《中华人民共和国审计法》的规定，审计署于 2011 年 9 月至 11 月，对环保领域 34 个已完工的利用国外贷款项目的绩效情况进行了审计，重点关注了项目建设和运营目标的实现情况。现将审计结果公告如下：

一、基本情况

此次审计的 34 个项目中，利用世界银行、亚洲开发银行和外国政府贷款的项目分别为 5 个、6 个和 23 个，至 2011 年 9 月完成投资共计 340.51 亿元（折合人民币，下同），其中利用国外贷款共计 141.75 亿元。从建设内容看，34 个项目包括 113 个工程，其中城镇污水处理工程 56 个，重点企业污染治理工程 22 个，城市热电煤气及供水工程 20 个，垃圾处理场、城市环境监测和水源保护等工程 15 个。本次审计重点抽查了其中 99 个工程，占各项目工程总数的 87.61%。

审计结果表明，34 个项目总体上实现了预期目标，项目运行情况较好。截至 2010 年底，已建成的 49 座污水处理厂年处理污水 22.75 亿吨；3 座垃圾处理场累计处理垃圾 1680 万吨；22 个重点企业污染治理工程有效减少了工业污染；20 个城市热、电、煤、气及供水工程一定程度改善了群众的生活条件。另外，项目实施在推动环保和其他公共领域事业建设、改善投资环境、增加就业机会以及推广先进技术和管理方法等方面也发挥了较好作用。

二、审计发现的主要问题及整改情况

本次审计发现，上述项目在建设和运营管理中存在的一些问题（详见附件）：一是套取、挪用项目资金，涉及 6 个项目，金额共计 1.28 亿元；二是违规用地，涉及 6 个项目，面积共计8109亩；三是工程建设进度滞后于计划或竣工验收不及时等，涉及 16 个项目；四是资产闲置或损失浪费，涉及 13 个项目，金额共计 4.3 亿元；五是环保设

施运营效率不够高等，涉及10个项目；六是财务管理不规范、会计核算不准确等，涉及13个项目，金额共计2.35亿元。

对上述问题，各项目执行单位高度重视，积极采取措施进行整改，抓紧组织未及时验收项目的竣工及环保验收工作，清理归还挪用的资金，积极盘活闲置资产，调整会计账目，并加大配套工程投入和建设力度，积极完善有关制度，加强运营管理，努力提高项目效益。除4个项目的建设用地、竣工验收等不规范问题正在整改外，其他问题已整改完毕。

附件：审计发现的主要问题及整改情况表

附件：

审计发现的主要问题及整改情况表

序号	项目名称	审计发现的主要问题	整改情况
1	天津市引滦入津水源保护工程	截至2011年10月，项目永久占地1580亩仍未办理建设用地审批手续；项目审批、动迁时间长；工程建设缓慢；未组织工程竣工验收	积极落实责任，办理相关手续，组织竣工验收
2	天津市芥园水厂建设生产排水（泥）处理工程	天津市自来水集团有限公司将污泥处理生产经营投入的动力费、运泥费等共计194万元计入在建工程核算，少计损益；项目尚未取得土地使用证；项目立项和建设时间长；进口设备采购进度缓慢	调整了账务处理，协调补办土地使用证
3	山西环境改善项目	大同市热源电厂供热成本与供热价格出现倒挂，阳泉市煤气公司供气成本与供气价格出现倒挂，公司连年亏损；太原市天然气置换和太原煤炭气化（集团）有限责任公司厂区整体拆迁影响项目效益发挥	已整改
4	山西省农村能源生态建设项目	交城、祁县、隰县等地方模式Ⅰ、模式Ⅱ沼气池使用率较低；祁县亚洲开发银行农村能源生态建设项目办挪用项目资金50万元，用于项目外支出；35座已建成“四位一体”模式Ⅰ因城市规划调整被拆除，损失浪费166.99万元；农户贷款回收率低；交城县和太原生态工程学校未完成建设任务	已整改
5	沈阳环境改善项目	沈阳合金股份有限公司子项目投入运行至今，年产量未达到设计产量，部分设备闲置，涉及金额2143.26万元；项目建设未严格执行基本建设程序；因项目停工造成日元贷款设备采购进度执行缓慢；子项目多次调整，影响贷款资金使用效益	已整改
6	辽阳市污水治理工程项目	辽阳市中心区污水处理厂一期工程实际处理污水量长期低于设计生产能力、二期预留用地长期闲置；工程未做最终竣工验收	已整改
7	吉林省松辽流域环境治理项目	3个污水处理厂加氯系统设施长期闲置，金额1341.6万元；以前年度审计发现部分中水利用等设施长期闲置，金额8771.58万元；工业水处理工程部分设备闲置，金额834.15万元；5个污水处理厂实际建成管网的长度仅为设计的35.06%；吉林市、辽源市污水处理厂等子项目盈利能力差，偿债风险较高	已整改

续表

序号	项目名称	审计发现的主要问题	整改情况
8	吉林省供水与污水处理项目	2个供水子项目和1个污水处理项目实际供水量低于设计能力；2个污水处理子项目的中水回用系统利用率低；3个子项目均未及时进行竣工验收和财务决算	已整改
9	黑龙江省财政厅松花流域环境改善项目	哈尔滨市缺少污水处理资金保障机制；哈尔滨松浦、平房等污水处理厂运行效率低；伊春市林都热电厂应缴未缴排污费546.42万元；牡丹江市污水深度处理回用工程等子项目设施闲置，涉及金额4920万元；供电标准煤耗过高	已整改
10	上海APL一期治理工程	浦东新区高东镇政府套取拆迁资金3727.87万元；上海市城市排水有限公司多列工程成本320.1万元；污水治理三期工程建设单位管理费超支569.96万元；多支付污水治理三期工程款1116.69万元；采购设备时盲目决策，致使部分已购设备因无法使用而变卖；老港四期生活垃圾填埋场可用于发电的填埋气体大量浪费；老港生活垃圾卫生填埋四期工程长期违法占地；老港生活垃圾卫生填埋四期工程未办理竣工验收和环保验收等手续	已整改
11	安徽省淮河流域污染控制项目	淮南市西部污水处理厂等3座污水处理厂实际污水处理量低于设计能力；污水处理费未能据实征收；淮南市政府违规将618.31亩国有划拨用地转让给淮南首创水务有限公司；淮南市山王镇丁山村未按协议约定将土地征用的安置补偿费用足额发放给失地农民；部分子项目前期工作不充分，工程超概算，工期拖延；部分在线监测设备监测数据不准确，第三方维护人员无资质、维护管理不规范	已整改
12	安徽省淮南市环境污染综合治理项目	将部分贷款用于短期外汇理财业务；项目前期论证不充分，1804.48万元投入未发挥预期效益；项目建设过程中未按规定履行相关报批手续；项目未在规定时间申请环保验收	已整改
13	山东省融世华租赁有限公司中国节能促进项目	采购变频器长期闲置，处置后损失67.90万元	已整改
14	山东省淮河流域污染治理项目	菏泽市财政局拖欠污水处理费1829.16万元；莒县自来水公司截留污水处理费983.24万元；莒县绿源排水处理有限责任公司挪用项目55.05万元资金建设项目外工程；日照城市排水有限责任公司少计投资619.52万元；成武县政府违规担保；项目未办理竣工决算；成武县、肥城市、菏泽市5694.34万元投资闲置	日照城市排水有限责任公司已调整有关账目，其他问题正在整改
15	河南淮河水污染控制项目	舞阳银鸽纸产有限责任公司未能保证取水计量设施正常运行；驻马店市白云纸业有限公司套取项目资金4378.58万元，用于项目批复外建设内容；驻马店市污水公司、驻马店市白云纸业有限公司等单位账务处理不规范，采购设备税收返还收入未冲减固定资产价值、应作未作补贴收入等，涉及金额1406.59万元；驻马店市污水公司水污染控制项目征地缓慢；驻马店市污水公司絮凝剂采购和库存登记管理不规范	已整改

续表

序号	项目名称	审计发现的主要问题	整改情况
16	河南省开封市东区污水处理项目	开封市发展投资有限公司多次出借项目建设资金用于其他建设项目；项目单位待摊投资记账不规范，金额 3386.24 万元；超概算列支建设期借款利息 1153.33 万元；项目完工后未及时编制项目竣工财务决算	已整改
17	湖北省农村能源生态建设项目	天门市项目办和赤壁市财政局挪用项目资金 355.78 万元；未按时收回项目贷款本息 255.26 万元；郧县、天门市等地方建设的沼气池闲置；项目未进行竣工验收	已整改
18	武汉垃圾填埋项目	污水处理系统设备闲置造成损失浪费 1392.98 万元；沼气发电系统设备闲置长达 5 年；二妃山垃圾处理场的进场道路路基工程资料不全；项目未办理竣工决算，未按规范封场	已整改
19	湖南株洲龙泉污水处理厂项目	项目未进行整体竣工验收	已整改
20	湖南益阳团洲污水处理厂项目	厂区工程超概算；账务处理不规范，多计待摊投资 3840.2 万元；项目未进行整体竣工验收和竣工决算	已整改
21	广东珠海拱北污水项目	污水处理企业未按时收到污水处理费；珠海市财政局未将污水处理费纳入预算管理；设备使用管理不规范；前山拱北片区污水管网建设不足，一期工程超工期；首期改扩建工程未按期编制竣工财务决算；斗门区、金湾区等区域尚未实行排水许可；污水处理费征收使用管理规定不符合国家有关政策	正在整改中
22	广州市经济技术开发区污水处理厂项目	东区污水处理厂尚未建立尾水回用装置，处理达标的尾水尚未回用；广州市世界银行贷款珠江流域环保项目办公室支付损坏公路赔偿费时多付 113.84 万元；行政事业性收费违规使用服务业发票；项目单位漏缴印花税 15.56 万元；项目单位账务处理不规范，少计支出 4667.97 万元；工程概算未列试运行费用；项目用地存在未批先建的情况；天津机电进出口有限公司等单位在机电设备安装工程中存在违规施工现象，现场管理混乱，质量存在问题	已整改
23	重庆市中日环境合作示范城市项目	九龙电力西厂 20 万千瓦电力机组烟气脱硫工程项目部分运营指标与可研数据相差较大；烟气脱硫工艺导致项目运营成本较高	已整改
24	重庆环境治理项目	唐家沱污水处理厂和鸡冠石污水处理厂尚未通过环保验收；财务管理不够规范，使用发票非报销联复印件作为入账依据，涉及金额 1066 万元	已整改
25	四川城市环境项目	成都市第二污水处理厂、德阳污水厂等生产负荷未达到设计标准，导致部分处理能力闲置；违反合同约定，多支付工程价款 76 万元；成都市第二污水处理厂运行仅 7 年即面临搬迁重建；乐山污水处理工程、垃圾处理场等子项目未按基建程序进行竣工验收	已整改

续表

序号	项目名称	审计发现的主要问题	整改情况
26	成都自来水六厂五期工程	提前支付运费，存在运费假发票 157.80 万元；项目缓建致使少使用日元贷款，多付手续费人民币 8.13 万元；项目可研论证不充分，导致工程停缓建，项目概算因物价上涨而调增；未完成竣工环境保护验收和竣工验收	已整改
27	贵阳市环境示范城市项目	贵阳特钢公司等子项目单位通过虚增招标采购标包等方式，套取资金 1375.85 万元；部分子项目因选址失败、易地未批，所购 1876.81 万元设备丢失或已无法使用，形成损失；部分子项目执行单位自身偿债能力差，目前已拖欠财政部门债务资金合计 3647.26 万元；贵州水晶集团汞污染治理项目在建设过程中违反基本建设程序，采取化整为零方式降低审批级别	已整改
28	云南省大理市第一污水处理厂项目	项目污水提水设施设计不科学，造成部分设备闲置浪费；项目管网建设不配套，影响项目投资绩效	已整改
29	昆明城市污水排污整治项目	调整概算计列项目试运行费用不实；170.21 万元污泥脱水机设备闲置；设计污水处理能力不能满足实际需求；设计不充分导致滤池改造，多增加投资 129 万元；滇池北岸项目环湖东路城区段顶管工程第一合同段工程建设中未按设计标准施工	已整改
30	西安市城市环境综合治理项目	第三污水处理厂回用水系统利用率偏低；第三污水处理厂 322.38 万元资产闲置；第四污水处理厂工程 58.23 公顷土地未批先用；第三、第四污水处理厂建设项目尚未通过环保验收	已整改
31	西安—咸阳—铜川环境治理工程项目	西安西郊热电项目建设指挥部、铜川市燃气有限责任公司等单位出借项目建设资金 416.3 万元；设计方案变更造成损失浪费 1233.45 万元；前期论证不充分造成价值 1469.91 万元的设备闲置；铜川天然气输配等子项目亏损；西安西郊热电等子项目未按期完工或竣工验收；铜川粉尘治理项目初步设计变更未经原批准机关审批	已整改
32	甘肃重点风沙区生态环境综合治理项目	酒泉市肃州区北大河系项目区洪家大湖等封育区项目执行效果欠佳；部分树种和株行距、治沙区草方格密度等未按设计要求实施	已整改
33	兰州环境改善项目	兰州市供水工程部分设施处于不饱和运行状态；七里河污水工程污水处理量未完全达到设计能力；变更、串换采购品种，涉及金额 1607.12 万元；部分工程闲置未用，涉及金额 9489.59 万元；剩余物资闲置未清理，涉及金额 927.27 万元；由于勘察设计深度不够，造成损失 393.94 万元；雁伏滩泵站、污泥处理区未取得建设用地使用证；项目贷款、建设审批效率低；未办理工程竣工验收；有关部门和单位协调配合不够，解决兰州供水工程富余供水能力工作进展不理想	已整改

中华人民共和国审计署 审计结果公告 (2012年第30号)

18个省中小学校舍安全工程审计结果

(二〇一二年六月二十七日公告)

2011年11月至2012年3月，审计署对河北、山西等18个省（自治区、直辖市，以下统称省）中小学校舍安全工程（以下简称校安工程）建设情况进行了审计，重点审计了54个县（市、区、旗，以下统称县）2009年至2011年工程规划、建设进展、工程质量以及项目和资金管理情况。现将审计结果公告如下：

一、校安工程实施以来阶段性成效显著

在国务院领导下，全国中小学校舍安全工程领导小组办公室（以下简称全国校安办）及教育部、发展改革委、财政部、住房城乡建设部等12个成员单位，认真贯彻国务院办公厅《全国中小学校舍安全工程实施方案》（国办发〔2009〕34号）和全国校安工程领导小组两次全体会议精神，及时制定“路线图”和时间表，出台相关配套文件，组织开展工作督察、业务指导和经验交流。中央和地方各级政府高度重视校安工程，在资金紧张的情况下，优先安排工程建设资金，截至2011年底累计筹措、落实资金3000多亿元。18个省各级地方政府按照“突出重点、抓住关键、分步实施”的原则，层层落实责任，细化政策措施，加强资金统筹，推进工程实施。审计结果表明，校安工程实施以来阶段性成效显著，有效改善了中小学校舍安全状况和办学条件，更大范围地保障了广大师生生命安全，为全面实现“将学校建成最安全、家长最放心的地方”目标奠定了坚实基础。

一是改善了中小学办学条件。截至2011年底，18个省已累计加固校舍6 841.74万平方米、重建校舍13 871万平方米。经过加固改造和重建的绝大部分校舍达到了国家规定的主要安全技术标准，安全校舍面积比校安工程实施前增加了42%，农村中小学办学条件和学校面貌有了明显改善，为均衡配置基础教育资源创造了有利条件。

二是强化了校舍安全管理。校安工程实施过程中，18个省各级地方政府对中小学校舍进行了安全排查鉴定，总体上掌握了中小学校舍场址分布、建筑质量和安全状况，确定了5.72亿平方米存在安全隐患的校舍，初步建立了校舍信息档案及全国联网校舍信息管理系统，为加强校舍安全管理、健全校舍安全责任体系提供了基础保障，为各地统筹规划当地教育事业发展和进一步提高教育管理现代化水平提供了依据。

三是中小学师生安全得到了保障。校安工程实施以来，各级政府充分认识到校舍安全工作是一项长期、复杂、艰巨的任务，确保校舍安全和师生生命安全是各级政府的责任。2009年至2011年，18个省在中央财政安排校安工程专项资金200.9亿元的基础上，省、市、县三级财政分别投入375.33亿元、235.65亿元、768.72亿元用于校安工程建设。校安工程的实施，充分体现了党和政府“以人为本、执政为民”的理念和教育优先发展的战略，中小学师生安全得到了进一步保障。

二、审计发现的主要问题及整改情况

审计结果表明，18个省及54个县认真落实校安工程实施方案，资金使用和项目管理总体情况较好，没有发现重大违法违规问题，但在校安工程实施过程中还存在工程规划不完整、实施进度不平衡、建设程序不严格以及工程投资缺口较大等问题。审计指出后，有关地区和单位已经或正在进行纠正和整改。具体情况是：

（一）校舍安全改造任务还很艰巨。

18个省经排查鉴定需加固或重建各类中小学校舍5.72亿平方米，各省按照“突出重点、分步实施”的原则，在3年规划中实际安排了2.61亿平方米，剔除因布局调整而自然消减因素，还有2.69亿平方米（占47%）校舍的改造任务需在以后年度继续实施，校舍加固改造任务还很艰巨。截至2011年底，大部分省已编制了后续年度工程规划，但有些省的规划没有全部涵盖存在安全隐

患的校舍或规划比较笼统，没有细化到学校和项目。

此外，审计还发现，有17个省存在部分民办中小学校舍未进行排查鉴定问题，涉及校舍9483栋；18个省已鉴定为存在安全隐患的民办中小学校舍中有超过一半未纳入校安工程规划，涉及校舍6727栋。

（二）各地校舍加固改造工程实施进度不平衡。

按照全国校安办制定的进度时间表和各省3年规划确定的工程进度，校安工程3年规划总任务应在3年内全面完成，且要100%检查验收。但从实施情况看，各地进度还不平衡。截至2011年底，18个省实际加固校舍6 841.74万平方米、新建校舍13 871万平方米，分别占3年规划的69%、86%，其中河北、江苏、云南、甘肃4个省加固项目完工率低于50%。重点抽查的54个县加固、新建校舍仅占3年规划的46%、52%。

此外，审计还发现17个省有1623所中小学的D级危房未及时拆除。

（三）个别项目在执行基本建设程序、监理和竣工验收制度等方面还存在薄弱环节。

一是1279个新建项目、216个加固项目，合计占抽查项目总数的22%，存在违反基本建设程序、前期审批手续不全即开工建设等问题。

二是1731个应公开招标的工程项目采用委托或指定等方式，确定设计、监理或施工单位，占抽查项目总数的26%，涉及项目计划总投资10.61亿元（其中中央资金4.90亿元）；109个工程项目的中标人违规将工程转包或分包，占抽查项目总数的1.65%，涉及工程中标金额9 931.38万元。

三是109个项目未执行监理制度，55个项目监理制度执行不到位，合计占抽查项目总数的2.48%；1662个项目完工后未办理验收手续即投入使用，79个项目虽办理了验收手续，但验收工作不规范、流于形式，合计占抽查项目总数的26%。

（四）部分地区工程投资到位不及时。

一是2009年至2011年，18个省计划投入地方财政资金1 547.31亿元，实际到位1 379.7亿元，到位率89%；54个县计划投入57.8亿元，实际仅到位36.79亿元，到位率为64%，其中9个县资金到位率低于50%。截至2011年底，13个县的650个项目因工程资金到位不足拖欠工程款1.58亿元。

二是已到位财政资金下拨不及时，部分被挪用于规划外的其他学校建设或购买设备等。2009年至2011年，山西、陕西省本级财政资金8.4亿元下拨不及时。重点审计的54个县中，9个县的有关部门将工程专项资金4 057.06万元挪用于规划外项目建设等；6个县的有关项目建设单位将工程专项资金315.53万元挪用于建设幼儿园、购买设备等。

审计指出上述问题后，全国校安办高度重视，召开专门会议通报审计发现的问题，要求有关省份认真核实每一条审计意见，研究措施，抓紧整改。各省迅速制订整改方案，积极纠正有关问题。其中：5个省的8个县进一步开展了排查鉴定，重新制订了规划；10个省的23个县通过强化项目管理措施、落实项目资金等方式，加快了工程进度；14个省的26个县已将D级危房全部封存或拆除；14个省的24个县通过补办完善相关手续、加强基本建设管理人员培训等方式，规范了建设程序管理；12个省的18个县通过积极筹措资金、及时下拨资金或归还资金原渠道等整改措施，保障建设资金及时到位和合规使用。其他有关地区和单位也正在积极研究整改措施和办法。据全国校安办统计，截至2012年3月底，全国校舍加固重建项目已开工34 921万平方米，占规划改造的98%，竣工30 079万平方米，占86%；其中重点地区已开工14 204万平方米，占这类地区规划改造的98%，竣工12 467万平方米，占86%。

附件：校安工程审计的54个县市区旗名单

附件：

校安工程审计的54个县市区旗名单

河北省：南和县、曲周县、泊头市

山西省：定襄县、山阴县、天镇县

内蒙古自治区：宁城县、五原县、察哈尔右翼后旗

吉林省：延吉市、大安市、九台市

江苏省：江阴市、泗阳县、溧水县

浙江省：绍兴县、江山市、文成县

江西省：寻乌县、安远县、丰城市、都昌县

河南省：鄢陵县、范县、兰考县

湖北省：公安县、罗田县、宜都市

湖南省：湘阴县、宜章县、浏阳市

广东省：怀集县、连州市、丰顺县

广西壮族自治区：武鸣县、博白县、田东县

重庆市：荣昌县、云阳县、涪陵区

四川省：金堂县、富顺县、彭山县

贵州省：盘县、修文县

云南省：新平彝族傣族自治县、勐海县、云县

陕西省：淳化县、富平县、洛南县

甘肃省：秦安县、陇西县、靖远县

中华人民共和国审计署审计结果公告（2012年第31号）

对审计署2011年度部门预算执行情况和其他财政收支情况的检查结果

（二〇一二年六月二十七日公告）

为建立健全对审计署财政财务收支情况的外部监督机制，审计署商监察部同意，继续委托驻署监察局牵头，由中央统战部推荐、审计署聘任的特约审计员和相关人员参加的检查组，于2012年3月至5月对审计署2011年度预算执行情况和其他财政收支情况进行了检查，重点检查了署本级和所属驻太原特派员办事处、驻深圳特派员办事处、计算机技术中心和审计干部培训中心（以下分别简称太原办、深圳办、计算中心和培训中心）等4个单位，并对有关事项进行了延伸检查。

一、基本情况

审计署为中央财政一级预算单位，部门预算由署本级和28个二级预算单位的预算组成。财政部批复审计署2011年度的部门预算支出为99 609.67万元（指财政性资金预算，下同），审计署决算（草案）反映的当年预算执行数为90 246.19万元。预算执行总体情况见附件1。

本次检查审计署本级及所属单位2011年度预算支出共计46 713.3万元，占部门预算支出总额的46.9%，其中署本级预算支出37 108.92万元，所属单位预算支出9 604.38万元。预算执行结果见附件2。

检查结果表明，审计署本级和本次检查的所属单位2011年度预算执行遵守预算法及相关法律法规较好，会计处理基本符合会计法及有关规定的要求。审计署高度重视预算及财务管理，认真落实检查组2011年检查中提出的整改意见与建议，进一步加强和改进预算编报、执行、调整等工作，完善了经费开支审批、国有资产管理等规章制度，预决算及财务管理的规范化程度明显提高。同时，积极推进预算与财务信息公开工作，在依法公开年度预算、决算和“三公经费”等部门预决算及相关财政财务收支信息的同时，首次发布了部门绩效报告。

二、检查发现的主要问题

（一）审计署本级存在的问题。

1.2011年，署本级“行政复议预备费”“玉树地震灾后恢复重建跟踪审计管理专项经费”等10个项目预算，由于未发生引发行政复议的审计质量问题、玉树地区气候环境条件影响审计实施进度等，未能按计划进度执行，年底形成结转财政资金840.9万元。

2. 至2011年底，署本级以前年度基建工程款400万元在“往来款”科目中挂账，未及时清理。

（二）所属单位存在的问题。

1.2011年，所属计算中心编报“其他收入”预算不准，编报的收入预算188.8万元，实际仅实现3万元；所属中国审计报社是企业化管理的独立核算事业单位，在填报财政预算收支决算报表时，误将单独核算的经营收入1 674.58万元填报为财政预算收入。

2.2011年，在法定人员经费、公用经费预算安排不足的情况下，所属计算中心在基本支出公

用经费和项目支出中列支人员经费法定支出共50.42万元，所属培训中心在项目支出中列支公用经费法定支出62.76万元，所属太原办在项目支出中列支规定的公用经费支出146.95万元，所属深圳办在项目支出中列支医疗保险等社会保障支出119.73万元。

3. 所属机关服务局2011年8月通过公开招标签订金额为169.08万元的事业单位办公楼空调系统改造合同，由于合同中未包括维修备件，同年10月，又签订了金额为63.6万元的采购维修备件等补充合同，但未按规定重新招标。

4. 2011年，所属太原办"设备更新购置"项目中有32.9万元支出与预算不符；其下属机关后勤服务中心新增的49.58万元固定资产未及时登记会计明细账。

5. 2011年，所属深圳办未及时办理104.51万元固定资产报废手续，新增的42.96万元固定资产未及时登入实物账，固定资产登记卡片和出入库单管理也存在不够规范的问题；其下属机关后勤服务中心已批准核销或盘亏的固定资产未及时办理相关手续，涉及金额8.75万元。

三、检查处理情况和建议

对上述问题，检查组按照国家有关财经制度，对审计署及相关所属单位提出了处理意见和建议。

为促进审计署进一步加强预算管理，检查组建议：审计署应进一步加强预决算管理，督促所属单位提高预决算编报的准确性；强化项目预算执行管理，切实加快预算执行进度；加强固定资产和政府采购管理，严格执行相关规定；加强与有关部门沟通，协调解决相关支出预算不足等问题。

四、检查发现问题的整改情况

对此次检查发现的问题，审计署及相关所属单位高度重视，积极采取措施认真整改。对署本级部分项目预算执行进度较慢的问题，已约谈相关项目承办单位，要求制订资金使用计划，切实加快预算执行进度；对署本级以前年度基建工程款长期挂账的问题，已调整相关会计账目；对所属单位存在的问题，已责成相关单位尽快整改到位，并制定和完善制度措施，进一步加强预算和财务管理工作。

附件：1. 审计署2011年度预算执行总体情况表（略）

2. 审计署2011年度重点检查单位和资金预算执行情况表（略）

中华人民共和国审计署
审计结果公告
（2012年第32号）

中央部门单位2011年度预算执行情况和其他财政收支情况审计结果

（二〇一二年六月二十七日公告）

外交部2011年度预算执行情况和其他财政收支情况审计结果

根据《中华人民共和国审计法》的规定，2011年11月至2012年3月，审计署对外交部2011年度预算执行情况和其他财政收支情况进行了审计，重点审计了部本级和所属外交学院、外交学会，并对有关事项进行了延伸审计。

一、基本情况

外交部为中央财政一级预算单位，部门预算由部本级和6个二级预算单位的预算组成。审计结果表明，外交部本级和本次审计的所属单位2011年度预算收支基本遵守了预算法及相关法律法规，会计处理基本符合会计法及有关会计制度规定，财务管理和资产管理进一步加强；以前年度审计发现的问题得到认真整改。

二、审计发现的主要问题

（一）预算执行中存在的主要问题。

1. 2011年，部本级上年结转资金2 930.71万元和所属外交学院以前年度结余资金1 706.17万元，未按规定纳入预算统筹安排。

2. 2011年，部本级和所属两家单位扩大支出范围1 064.29万元。其中：部本级在基本支出中列支补助所属单位支出320万元，在项目支出中列支基本支出和所属单位支出371.21万元；所属外交学院和外交学会在项目支出中列支基本支出373.08万元。

3. 2011年，部本级政府采购预算未细化到具体内容，实际执行中调整较大。其中，基本支出货物采购超出预算986.93万元，无预算采购6 151.01万元。

（二）其他财政收支中存在的主要问题。

1. 2011年，外交部未经批准将部分房产委托所属单位出租，取得收益17.09万元未按“收支两条线”管理规定上缴；还将部分房产无偿出借给所属企业使用。

2. 至2012年3月底，所属外交学院新校区扩建一期工程尚未办理全部结算，实际投资已超出概算7 697.95万元，未按规定报经审批。

3. 2010年11月至2011年3月，所属外交学院将按规定应公开招标的沙河校区餐饮中心厨房设备采购业务，委托中介机构以竞争性谈判方式确定了两家供应商，合同金额共计399万元。

4. 所属外交学院下属后勤服务总公司会计核算不规范，涉及金额283.81万元。其中，外交学院以前年度拨付的供暖费结余196.7万元未交回，至2011年底仍在往来科目挂账；承包费等收入在往来科目核算，至2011年底结余87.11万元。

三、审计处理情况和建议

对上述问题，审计署已依法出具了审计报告、对外交部下达了审计决定书。对未将上年结转和结余资金纳入预算统筹安排问题，要求统筹安排使用结转结余资金；对扩大支出范围问题，要求追回资金，调整相关会计账目和决算（草案）；对政府采购预算编制和执行不够规范问题，要求按规定编制预算，严格执行政府采购规定；对未经批准出租出借房产问题，要求补办审批手续，按规定上缴所获收益；对所属外交学院新校区扩建一期工程超概算未报批问题，要求责成其加快结算审查，将超概算情况按规定上报审批；对所属外交学院沙河校区厨房设备采购项目未公开招标问题，要求责成其加强政府采购管理；对所属外交学院下属后勤服务总公司会计核算不规范问题，要求责成其调整会计账目。

针对审计发现的问题，审计署建议：外交部应进一步加强预算管理，切实提高预算编制的科学性；进一步加强对政府采购和基本建设项目的管理，严格执行有关规定。

四、审计发现问题的整改情况

对此次审计发现的问题，外交部及相关所属单位高度重视、积极整改。对所属外交学院下属后勤服务总公司会计核算不规范问题，该院已收回了历年供暖费和承包费收入结余，并调整会计账目。其他问题正在整改中。

国家发展和改革委员会2011年度预算执行情况和其他财政收支情况审计结果

根据《中华人民共和国审计法》的规定，2011年11月至2012年3月，审计署对国家发展和改革委员会（以下简称发展改革委）2011年度预算执行情况和其他财政收支情况进行了审计，重点审计了委本级和所属经济体制与管理研究所、价格认证中心等5个单位，并对有关事项进行了延伸审计。

一、基本情况

发展改革委为中央财政一级预算单位，部门预算由委本级和18个二级预算单位的预算组成。财政部批复发展改革委2011年度的部门预算支出为102 286.39万元（指财政性资金预算，下同），发展改革委决算（草案）反映的当年预算执行数为79 747.90万元，其部门预算与执行结果的差异总额为22 538.49万元。差异的具体情况及产生原因见附件1。

本次审计发展改革委本级及所属单位2011年度预算支出共计79 321.18万元，占部门预算支出总额的77.55%。审计查出当年预算执行中不符合财经制度规定的问题金额4 543.93万元，其他财政收支方面不符合财经制度规定的问题金额1 311.93万元。上述问题对发展改革委2011年度预算执行结果的影响见附件2。

审计结果表明，发展改革委本级和本次审计的所属单位2011年度预算收支基本遵守了预算法及相关法律法规，会计处理基本符合会计法及有关会计制度规定，能够认真做好本部门预算编报的组织工作，进一步加强预算和财务管理，建立健全有关规章制度。

二、审计发现的主要问题

（一）预算执行中存在的主要问题。

1.2011年，发展改革委有6个项目未按规定编制政府采购预算，涉及金额4327万元；所属价格认证中心在未编制政府采购预算的情况下列支政府采购支出131.19万元。

2.2011年，所属两家单位超预算支出85.74万元。其中，价格认证中心车辆购置及运行费支出共45.42万元，超出预算20.84万元；基建物业管理中心签订机房节能改造合同金额199.90万元，超出预算64.90万元。

（二）其他财政收支中存在的主要问题。

1.2011年，委本级向非定点会议单位支付会议费295.16万元，向非定点印刷单位支付印刷费301.75万元。

2.2011年，所属宏观经济研究院下属的国宏物业有限公司在实施"国宏大厦基础设施更新改造项目"中，未按规定公开招标，而是由中介机构以邀请招标方式确定了其中预算320万元工程的施工单位。至年底工程实际支出379.52万元，超出预算59.52万元。

3.2011年，所属经济体制与管理研究所未经财政部门审批，将按规定应公开招标的科研基础平台建设二期项目，改以竞争性谈判方式确定中标方，涉及合同金额335.5万元，至年底已支付286.32万元。

三、审计处理情况和建议

对上述问题，审计署已依法出具了审计报告。对政府采购预算编制和执行不规范问题，要求加强政府采购预算编制工作，严格执行政府采购程序和相关规定；对所属单位超预算支出问题，要求严格执行预算；对向非定点单位支付会议费和印刷费问题，要求严格执行定点采购相关规定；对所属宏观经济研究院部分工程采购项目未公开招标问题，要求责成其严格执行公开招标制度；对所属经济体制与管理研究所擅自变更项目采购方式问题，要求责成其严格执行政府采购规定。

针对审计发现的问题，审计署建议：发展改革委应进一步提高项目预算编制的科学性和执行的规范性，加强对所属单位的预算及财务管理，保障预算执行效果；进一步严格政府采购预算编制和采购程序，规范采购行为。

四、审计发现问题的整改情况

对审计发现的问题，发展改革委在纠正的同时，要求各单位引以为戒，进一步提高预算编制的科学性和执行的规范性，严格政府采购预算编制和采购管理。具体问题正在整改中。

附件： 1. 发展改革委2011年度预算执行总体情况表（略）

2. 发展改革委2011年度重点审计单位和资金预算执行情况表（略）

教育部2011年度预算执行情况和其他财政收支情况审计结果

根据《中华人民共和国审计法》的规定，2011年11月至2012年3月，审计署对教育部2011年度预算执行情况和其他财政收支情况进行了审计，重点审计了部本级和所属北京师范大学、中国人民大学、中国农业大学（以下分别简称北师大、人大、农大），并对有关事项进行了延伸审计。

一、基本情况

教育部为中央财政一级预算单位，部门预算由部本级和103个二级预算单位的预算组成。财政部批复教育部2011年度的部门预算支出为1 301.88亿元（指财政性资金预算，下同），教育部决算（草案）反映的当年预算执行数为1 181.41亿元，其部门预算与执行结果的差异总额为120.47亿元。差异的具体情况及产生原因见附件1。

本次审计教育部本级及所属单位2011年度预算支出共计322.9亿元，占部门预算支出总额的24.8%。审计查出当年预算执行中不符合财经制度规定的问题金额33 154.74万元，其他财政收支方面不符合财经制度规定的问题金额71 487.37万元。上述问题对教育部2011年度预算执行结果的影响见附件2。

审计结果表明，教育部本级和本次审计的所属单位2011年度预算收支基本遵守了预算法及相关法律法规，会计处理基本符合会计法及有关会计制度规定，进一步建立健全了预算执行和管理机制，加强了对所属单位的监管。

二、审计发现的主要问题

（一）预算执行中存在的主要问题。

1.2011 年，所属科技发展中心 6 月收到部拨博士点基金预算资金 3 亿元，但至 12 月 30 日才向承担有关课题的高校拨付 2.91 亿元。

2.2011 年，所属北京邮电大学等 3 所高校扩大支出范围，在项目支出中列支设备购置和教学费用等基本支出 2 406.74 万元。

3.2011 年，所属农大未经批准，在“985 工程”子项目之间调剂使用预算资金 1648 万元。

（二）其他财政收支中存在的主要问题。

1.2011 年，所属部分高校执行“收支两条线”政策不严格。其中：所属 10 所高校未按规定上缴各项收入共 58 677.74 万元；北师大未将 5 个网络教育学习中心所收学费 246.63 万元纳入法定账册核算和按规定上缴。

2. 所属部分单位执行政府采购制度不规范。其中：农大 2008 年和 2010 年金额共 1111 万元的采购存在未在指定媒体发布公告或化整为零规避公开招标的问题；北师大 2011 年采购计算机等未委托集中采购机构进行，涉及金额 1092 万元；中央音乐学院附属小学等 3 家单位 2011 年购置设备未实施政府采购，涉及金额 1 179.21 万元。

3. 至 2011 年底，所属两所高校长期挂账未清理的应收款项余额共计 8 911.74 万元，最长账龄逾 7 年。

4. 所属两所高校价值共 269.05 万元的设备闲置未用。其中：农大 2011 年 5 月购置的液相色谱质谱联用仪至 2012 年 2 月底仍未安装；北师大 2010 年购置的 3 台植物生长箱至 2012 年 3 月底仍未投入使用。

5. 至 2011 年底，部本级软件正版化专项检查和整改工作不到位，仍有 404 台电脑未安装正版办公软件。

此外，所属人大图书采购未按规定实行集中统一管理，而是由各学院和部门分散进行。

三、审计处理情况和建议

对上述问题，审计署已依法出具了审计报告、对教育部下达了审计决定书。对所属科技发展中心博士点基金拨款滞后问题，要求责成其按规定时间办理；对所属 3 所高校扩大支出范围问题，要求责成其调整会计账目和决算（草案）；对所属农大自行调整项目预算问题，要求责成其履行调整报批手续；对所属部分高校执行“收支两条线”政策不严格问题，要求责成其按规定上缴相关收入，并统一核算下属各单位收入；对所属部分单位执行政府采购制度不规范问题，要求责成其严格履行政府采购规定的程序；对所属部分高校应收款项长期挂账未清理问题，要求责成其清理往来款项；对所属部分高校设备闲置问题，要求责成其加强设备购置管理；对软件正版化专项检查和整改工作不到位问题，要求尽快按规定采购和安装正版软件；对所属人大未集中统一管理图书采购问题，要求责成其统筹图书采购工作。

针对审计发现的问题，审计署建议：教育部应加强对所属高校的监督与管理，确保各项经费专款专用；加强对所属单位零余额账户使用和政府采购管理，及时组织清理长期挂账的往来款项。

四、审计发现问题的整改情况

对此次审计发现的问题，教育部高度重视，认真组织整改。对执行“收支两条线”规定不严格问题，10 所高校已将学费收入等 58 677.74 万元按规定上缴。其他问题正在整改中。

附件：1. 教育部 2011 年度预算执行总体情况表（略）

2. 教育部 2011 年度重点审计单位和资金预算执行情况表（略）

科学技术部 2011 年度预算执行情况和其他财政收支情况审计结果

根据《中华人民共和国审计法》的规定，2011 年 11 月至 2012 年 3 月，审计署对科学技术部（以下简称科技部）2011 年度预算执行情况和其他财政收支情况进行了审计，重点审计了部本级和所属火炬中心、机关服务中心等 8 个单位，并对科技部主管的 6 个社会团体进行了审计调查，对有关事项和单位进行了延伸审计。

一、基本情况

科技部为中央财政一级预算单位，部门预算由部本级和 21 个二级预算单位的预算组成。财政部批复科技部 2011 年度的部门预算支出为 2 857 977.43万元（指财政性资金预算，下同），科技部决算（草案）反映的当年预算执行数为

2 816 489.01万元，其部门预算与执行结果的差异总额为 41 488.42 万元。差异的具体情况及产生原因见附件 1。

本次审计科技部本级及所属单位 2011 年度预算支出共计 1 944 563.19 万元，占部门预算支出总额的 68.04%。审计查出预算执行中不符合财经制度规定的问题金额 157 478.78 万元，其中 2011 年发生 157 293.78 万元；其他财政收支方面不符合财经制度规定的问题金额 6 077.37 万元。上述问题对科技部 2011 年度预算执行结果的影响见附件 2。

审计结果表明，科技部本级和本次审计的所属单位 2011 年度预算收支基本能够遵守预算法及相关法律法规，会计处理基本能够符合会计法及有关会计制度规定。

二、审计发现的主要问题

（一）预算执行中存在的主要问题。

1.2011 年，部本级申报和承担的 45 个项目中，有 10 个未纳入项目库，涉及金额 153 400 万元。其中，年中追加的 3 个项目无申报文本，涉及金额 9650 万元。

2. 超出预算年度列支 2 051.45 万元。

(1) 2011 年 12 月，科技部安排所属火炬中心项目经费 1316 万元，用于其 2012 年筹办有关活动支出；该中心还在科技型中小企业技术创新基金管理费项目中列支 2012 年房租等费用 86.95 万元。

(2) 2010 年，科技部安排所属信息中心 2011 年度项目支出 185 万元；2011 年，科技部安排该中心 2012 年度项目支出 195 万元。

(3) 2011 年，科技部将应在 2012 年及以后年度支出的 11 个项目的经费 268.50 万元提前拨付给项目承担单位。

3.2011 年，所属火炬中心未经批准，在科技型中小企业技术创新基金管理费项目中列支基本支出 939.08 万元和其他项目支出 82.50 万元。

4.2011 年，所属信息中心对高新技术企业认定系统网络建设和运行维护费项目未按规定编制政府采购预算，涉及金额 520 万元；所属火炬中心对科技型中小企业技术创新基金管理费项目未编制政府采购预算，实际发生采购支出 116 万元。

5.2011 年，科技部制作宣传台历未按规定委托集中采购机构办理，支付文印费 19.75 万元；所属火炬中心创新基金网络系统开发和维护、机关服务中心物业管理未按规定公开招标，分别向供应商支付 230 万元和 120 万元。

此外，2011 年度预算中有两个项目的预算到当年 11 月和 12 月才分别做出细化安排。

（二）其他财政收支中存在的主要问题。

1.2011 年，部本级使用收款单位提供的已作废资金往来收据入账，涉及金额 17 万元；所属机关服务中心使用施工单位提供的两张假发票入账，涉及金额 12.37 万元。

2.2011 年，科技部未将所属火炬中心处置报废电子产品等事项报财政部门备案，涉及金额 129.09 万元。

3. 所属火炬中心存在的其他财政收支问题。

(1) 2011 年，该中心未报主管部门备案即将自有资金 2000 万元转为定期存款，当年实现利息收入 50.05 万元。

(2) 2011 年 11 月和 12 月，该中心先后两次将零余额账户中的科技型中小企业技术创新基金管理费划转至基本存款账户，涉及金额1 400.97 万元。

(3) 至 2012 年 3 月，该中心未及时收回其控股的北京兴国火炬科技发展有限责任公司从 2002 年起代收的投资红利和股权转让款 925 万元。

4. 主管的社会团体存在的主要问题。

(1) 所属火炬中心管理的中国高新技术产业开发区协会职能人员与火炬中心交叉重叠，其 4 个分支机构分别设置于火炬中心 4 个相关处室，日常工作也均由这些处室承担。上述状况与国务院关于行业协会设置的有关规定不符。

(2) 主管的高新区协会违反有关社会团体的单位会员不得为国家机关的规定，将 81 个地方高新产业开发区管委会和 14 个省市级科技厅（委）吸收为单位会员，2010 年至 2011 年收取会费 94.2 万元。

(3) 至 2011 年底，主管的中国民营科技促进会未将 2 个分支机构财务纳入统一管理，涉及资产共 50.16 万元。

(4) 2010 年和 2011 年，主管的中国民营科技实业家协会多收取理事单位会费 200 万元，专门用于支付常务理事单位休闲度假等与协会无关的开支，至2011年底已支出131.61万元，其中2011年发生37.89万元。

（5）2010年和2011年，主管的中国科技产业化促进会以购买办公用品等名义虚列支出，分别购买购物卡14.77万元和11.34万元。

（6）2009年，主管的中国科技产业化促进会将正式成立前企业捐赠价值22.31万元的1辆汽车登记在管理人员个人名下，至2011年底仍未办理车辆变更手续。

此外，所属信息中心受托实施的5个课题，在任务期限临近或届满后才签订任务合同；中国民营科技实业家协会部分往来款长期挂账。

三、审计处理情况和建议

对上述问题，审计署已依法出具了审计报告、对科技部下达了审计决定书。对项目库不完善和无项目申报文本问题，要求抓紧完善项目库，按规定报送申报材料；对超出预算年度支出问题，要求调整会计账目和决算（草案）；对所属火炬中心在项目支出中列支其他支出问题，要求责成其调整会计账目和决算（草案）；对政府采购预算编制和执行不够规范问题，要求按规定编制和执行政府采购预算；对部分项目预算未细化问题，要求编制预算时即细化；对使用不规范票据问题，要求加强对原始凭证的审核；对未将所属单位处置国有资产等事项报备问题，要求严格执行相关规定；对所属火炬中心将自有资金转为定期存款、将资金从零余额账户划转至基本存款账户、未收回投资红利和股权转让款问题，要求责成其予以纠正；对有关社会团体存在的问题，要求责成相关单位认真纠正；对所属部分单位合同管理不规范问题，要求责成其进一步加强合同管理。

针对审计发现的问题，审计署建议：科技部应进一步加强和改进预算编制工作，严格预算执行；进一步完善项目库，加强政府采购和国有资产管理；进一步加大对主管社会团体的监管。

四、审计发现问题的整改情况

对审计发现的问题，科技部高度重视，积极采取措施进行整改。科技部本级和所属单位已纠正使用不规范票据问题，主管的中国高新技术产业开发区协会已纠正吸收地方政府部门为单位会员问题。其他问题正在整改中。

附件：1. 科技部2011年度预算执行总体情况表（略）

2. 科技部2011年度重点审计单位和资金预算执行情况表（略）

工业和信息化部2011年度预算执行情况和其他财政收支情况审计结果

根据《中华人民共和国审计法》的规定，2011年11月至2012年3月，审计署对工业和信息化部2011年度预算执行情况和其他财政收支情况进行了审计，重点审计了部本级和所属软件与集成电路促进中心、中国电子信息产业发展研究院（以下分别简称软促中心、电子信息研究院）等10个单位，并对有关事项进行了延伸审计。

一、基本情况

工业和信息化部为中央财政一级预算单位，部门预算由部本级和67个二级预算单位的预算组成。审计结果表明，工业和信息化部本级和本次审计的所属单位2011年度预算收支基本遵守了预算法及相关法律法规，会计处理基本符合会计法及有关会计制度规定，能够认真做好本部门预算编报的组织工作，不断建立健全内部控制制度。

二、审计发现的主要问题

（一）预算执行中存在的主要问题。

1.2011年，部本级在未编报预算的情况下，动用以前年度结余资金433.93万元发放津贴补贴。

2.2011年，部本级未按规定报经批准，支出节能惠民工程工作经费286万元。

3.2011年，部本级未经批准将公用经费76.66万元调整用于弥补人员经费缺口。

4.2011年，部本级审核把关不严造成项目单位重复申报并分别获得两个项目专项资金166万元和120万元。

5.2010年，所属人才交流中心未经批准将“中小企业人才公共服务平台”专项委托其控股公司建设运营，并将项目资金150万元转入该公司，其中61.97万元用于房租等非项目支出。

6.2011年，所属软促中心通过签订虚假设备租赁合同，将科技重大专项资金416.2万元转移至两家民营企业，在扣除37.27万元手续费后将余额以服务费名义转回部属其他单位。

7.2010 年至 2011 年，所属 4 家公司在承担科技重大专项课题中违规扩大支出范围，将 178.6 万元课题经费用于其他项目支出等。

8.2008 年至 2010 年，所属北京航空航天大学（以下简称北航）在“985 工程”二期财政专项资金中无预算列支研究生教学实验条件建设等支出 1 945.25 万元。

（二）其他财政收支中存在的主要问题。

1.2011 年，部本级未将国际组织返还的垫付费用 163.98 万元冲减相关支出，导致多计支出。

2.2011 年，部本级和所属电子信息研究院部分服务和设备采购执行政府采购制度不规范，分别支出会议费和印刷费 71.33 万元、设备采购费 287.14 万元；所属电子信息研究院设备采购等实际支出 565.01 万元，未按规定编制政府采购预算。

3.2011 年，所属中国软件评测中心（以下简称软评中心）以“服务费”名义向其控股的赛迪信息产业（集团）有限公司付款 9500 万元，实际用于偿还借款利息；未经批准将部分房产出租给该公司等，取得房租收入 368.39 万元。

4.2011 年，所属软评中心调拨 1 亿元资金给工业和信息化部所属电子信息研究院，用于增加该院事业基金。

5.2009 年至 2011 年，所属北航部分基建项目支出未按规定在基建账中核算，导致基建账少反映资产 7 676.22 万元。

6.2009 年至 2011 年，所属北京理工大学（以下简称北理工）部分科研项目的报销凭证中，有不规范发票 404.26 万元，其中 2011 年发生 130.84 万元。

7.2009 年至 2011 年，所属北理工通过邀请招标方式采购设备和图书时未发布资格预审公告，涉及金额 1 946.77 万元，其中 2011 年发生 1 201.08万元；两项设备采购对投标单位资格审查不严，有效投标人的数量也不符合规定。

8. 至 2011 年底，所属北理工有 15 647.32 万元基本支出拨款未在规定的会计科目中核算；对下属公司投资的 1500 万元未在账面反映；良乡校区建设中存在少计建设成本、违反招投标规定等问题。

三、审计处理情况和建议

对上述问题，审计署已依法出具了审计报告、对工业和信息化部下达了审计决定书。对动用以前年度资金未编报预算问题，要求进一步规范预算编报；对未经批准动用项目经费问题，要求严格履行报批手续；对将公用经费用于弥补人员经费缺口问题，要求严格按规定用途使用资金；对审核把关不严使项目单位重复申报专项资金问题，要求进一步加强对项目的审批管理；对所属人才交流中心将项目委托控股公司建设运营问题，要求责成其收回非项目支出并上缴；对所属软促中心违规转移财政资金问题，要求责成其追回资金并上缴；对课题承担单位违规扩大支出范围问题，要求责成其调整会计账目；对所属北航无预算列支问题，要求责成其严格执行预算制度；对多计项目支出问题，要求调整会计账目和决算（草案）；对执行政府采购制度不规范或未编制政府采购预算问题，要求严格执行政府采购相关规定，规范政府采购预算编报；对所属软评中心虚假支付控股公司服务费、未经批准出租房产等问题，要求责成其将资金收回并调整会计账目和决算（草案），补办房产出租相关手续，加强对下属单位监管；对所属北航账面少反映资产问题，要求责成其调整相关会计账目；对所属北理工存在的问题，要求责成其加强财务管理，严格发票和投标单位审查，切实遵守政府采购规定，并调整会计账目；对所属北理工良乡校区建设中的问题，已转送相关部门处理。

针对审计发现的问题，审计署建议：工业和信息化部应进一步加强预算和财务管理，强化预算执行约束力，严格按照预算支出范围使用资金；严格项目审批，健全项目资金使用监管机制；加大对所属单位的监督检查力度，不断健全内部控制制度，促进有关单位严格遵守财经法规。

四、审计发现问题的整改情况

对此次审计发现的问题，工业和信息化部高度重视，积极进行整改。对所属软促中心违规转移财政资金问题，已追回资金并上缴。其他问题正在整改中。

国家民族事务委员会2011年度预算执行情况和其他财政收支情况审计结果

根据《中华人民共和国审计法》的规定，2011年11月至2012年3月，审计署对国家民族事务委员会（以下简称国家民委）2011年度预算执行情况和其他财政收支情况进行了审计，重点审计了委本级和所属中央民族大学（以下简称民大）、民族文化宫等7个单位，并对有关事项进行了延伸审计。

一、基本情况

国家民委为中央财政一级预算单位，部门预算由委本级和19个二级预算单位的预算组成。财政部批复国家民委2011年度的部门预算支出为563 163.27万元（指财政性资金预算，下同），国家民委决算（草案）反映的当年预算执行数为451 905.85万元，其部门预算与执行结果的差异总额为111 257.42万元。差异的具体情况及产生原因见附件1。

本次审计国家民委本级及所属单位2011年度预算支出共计126 127.21万元，占部门预算支出总额的22.39%。审计查出预算执行中不符合财经制度规定的问题金额2 962.77万元，其中2011年发生1 631.38万元；其他财政收支方面不符合财经制度规定的问题金额27 063.62万元。上述问题对国家民委2011年度预算执行结果的影响见附件2。

审计结果表明，国家民委本级及本次审计的所属单位2011年度预算收支基本遵守了预算法及相关法律法规，会计处理基本符合会计法及有关会计制度规定。

二、审计发现的主要问题

（一）预算执行中存在的主要问题。

1.2011年，委本级政府采购实际执行716.04万元，超出政府采购预算134.04万元；委本级和所属民族文化宫未严格按政府采购程序采购设备，涉及金额共394.35万元。

2.2011年，委本级和所属3个单位分别在专项经费中列支656.19万元、371.49万元，用于公用经费和人员经费等支出；委本级在公用经费中列支人员经费和职工独生子女医药费支出共71.47万元。

3.2009年，委本级在所购货物尚未收到的情况下，提前列支家具和地毯购置款81.16万元。

4.2010年，所属民大在采购设备尚未收到的情况下，提前列支设备款262.82万元。

5.2011年，委本级报销使用的凭证中，有不规范航空运输电子客票行程单72.40万元，其中多付票款13.69万元。

6.2011年，委本级委托不具备资质的中介机构承办部分团组出国，并用其开具的不规范票据报销支出162.38万元。

7.所属民大“985工程”实施管理中存在的问题。

（1）2009年至2011年，违规从“985工程”和“211工程”专项中列支228.01万元，用于支付与项目无关的费用等。其中，2011年发生163.41万元。

（2）2004年至2008年，未经批准自行调整“985工程”二期预算212.01万元。

（3）2009年，在未经充分论证的情况下启动民族医药中试基地建设，支付装修工程和设备购置款316.45万元，至2011年年底并无实际进展。

此外，国家民委2011年度部分民族工作经费预算至当年7月才陆续细化到具体单位和项目。

（二）其他财政收支中存在的主要问题。

1.2008年至2009年，委本级将“中澳少数民族地区消除贫困与人权事业发展研讨会”经费38.91万元，交由主管的中国人类学民族学研究会代收管理，已全部列支。

2.至2011年底，委本级未清理核销868.04万元已出售房产，导致资产账实不符；未将已办理竣工决算的两处工程纳入法定账册核算，涉及金额6 464.21万元；职工房屋租金和其他经费等收入1 726.84万元长期在往来科目中挂账。

3.至2011年底，所属高等院校的学费、住宿费等行政事业性收费4 957.74万元和所属机关服务中心代收的本级房屋拆迁款1 479.19万元，未按“收支两条线”管理规定上缴。

4.至2011年底，所属中央民族干部学院2009年交付使用的综合楼及其室外工程和防洪护坡工程仍未办理竣工决算，涉及投资9626万元。

5. 所属机关服务中心下属的中国民族经济开发总公司将原值 164.03 万元的 3 套商品房登记在职工个人名下，2011 年 8 月出售其中 1 套得款 205 万元在往来科目中挂账，未按规定计作收入。

6. 所属民大在工程建设和设备采购中的问题。

(1) 2010 年，未经公开招标发包基建装修工程，合同金额共 205.35 万元；采取化整为零方式规避公开招标，以协议供货方式购置设备支出 480.37 万元。

(3) 2010 年至 2011 年，未经财政部门核准采购进口设备支出 661.23 万元，其中 2011 年发生 288.22 万元。

(4) 2007 年至 2010 年，先后购置价值共 171.83 万元的 3 台设备，一直闲置未用。

7. 委本级软件正版化专项整改工作不到位，2011 年购置总价 14.88 万元的国产正版办公软件，到年底仍未安装。

此外，所属民族文化宫部分文物和图书未登记入账。

三、审计处理情况和建议

对上述问题，审计署已依法出具了审计报告、对国家民委下达了审计决定书。对执行政府采购制度不规范问题，要求规范政府采购预算编制，严格执行政府采购规定程序；对违规在专项经费、公用经费中列支人员经费等问题，要求归还资金原渠道；对购置货物长期未收到并虚假入账问题，要求清理纠正；对使用不规范票据报销问题，要求清理不规范票据，追回多付票款；对出国团组组织管理不规范问题，要求加强出国组织及经费管理；对所属民大“985 工程”实施管理中的不规范问题，要求责成其对违规支出归还资金原渠道，并严格执行预算调整报批程序，认真整改中试基地建设管理问题；对预算未细化问题，要求按规定细化预算；对将项目经费交由所属单位代管问题，要求收归委本级统一核算管理；对会计核算不规范问题，要求清理纠正，调整会计账目和决算（草案）；对所属单位未按规定上缴收费和拆迁款问题，要求责成其按照相关规定尽快上缴；对所属中央民族干部学院未及时办理工程竣工决算问题，要求责成其尽快办理；对所属机关服务中心房屋产权管理不规范问题，要求责成其收回并清理规范，按规定核算处置售房收入；对所属民大在工程建设和设备采购中的问题，要求责成其严格执行采购管理规定，合理安排设备购置；对软件正版化专项整改不到位问题，要求尽快安装已购置的国产正版办公软件；对所属民族文化宫部分文物和图书未登记入账问题，要求责成其清理纠正。

针对审计发现的问题，审计署建议：国家民委应严格预算支出，强化对民族工作经费的管理；加大对项目经费的管理力度，加强对所属单位的监管，规范其国有资产有偿使用和处置等活动。

四、审计发现问题的整改情况

对此次审计发现的问题，国家民委高度重视，对预算、财务、资产管理和公务接待等方面规章制度做了修订，正在研究制定民族工作经费管理实施细则，进一步规范资金分配程序和支出范围。对使用不规范票据报销问题，已全部追回多付机票款；对所属民大专项经费违规开支问题，已将资金归还原渠道；对所属单位未按规定上缴行政性收费问题，已按规定上缴。其他问题正在整改中。

附件：1. 国家民委 2011 年度预算执行总体情况表（略）

2. 国家民委 2011 年度重点审计单位和资金预算执行情况表（略）

公安部 2011 年度预算执行情况和其他财政收支情况审计结果

根据《中华人民共和国审计法》的规定，2011 年 11 月至 2012 年 3 月，审计署对公安部 2011 年度预算执行情况和其他财政收支情况进行了审计，重点审计了部本级和所属中国消防协会等 5 个单位，并对有关事项进行了延伸审计。

一、基本情况

公安部为中央财政一级预算单位，部门预算由部本级和 39 个二级预算单位的预算组成。审计结果表明，公安部本级和本次审计的所属单位 2011 年度预算收支基本遵守了预算法及相关法律法规，会计处理基本符合会计法及有关会计制度规定的要求，财务管理水平进一步提高；以前年度审计发现的问题得到认真整改。

二、审计发现的主要问题

（一）至2011年底，公安部出入境管理局基建经费利息结余累计184.19万元，未按规定及时清理上缴。

（二）2008年至2011年，所属中国消防协会在未取得出版物经营资质的情况下发行考试教材等，取得收入825.32万元，其中无版号出版物销售收入322.21万元。

（三）2009年至2011年，所属中国消防协会在非国家统一考试试卷定点印刷单位印刷职业技能鉴定考试试卷5万份。

三、审计处理情况和建议

对上述问题，审计署已依法出具了审计报告、对公安部下达了审计决定书。对出入境管理局基建经费利息结余未上缴问题，要求责成其尽快上缴；对所属中国消防协会违规发行出版物问题，要求责成其严格按规定办理发行业务；对所属中国消防协会未在定点单位印刷试卷问题，要求责成其选择定点印刷单位承办。

针对审计发现的问题，审计署建议：公安部应督促所属单位进一步严格执行有关财经法规。

四、审计发现问题的整改情况

对此次审计发现的问题，公安部积极进行了整改。对所属中国消防协会违规发行出版物问题，该协会已将无版号出版物交由中国科技出版社正式出版发行；对所属中国消防协会未在定点单位印刷试卷问题，该协会已变更试卷印刷单位，选择了有资质的定点印刷厂。其他问题正在整改中。

监察部2011年度预算执行情况和其他财政收支情况审计结果

根据《中华人民共和国审计法》的规定，2012年1月至3月，审计署对监察部2011年度预算执行情况和其他财政收支情况进行了审计，重点审计了部本级和所属机关综合服务中心、廉政理论研究中心，并对有关事项进行了延伸审计。

一、基本情况

监察部为中央财政一级预算单位，部门预算由部本级和两个二级预算单位的预算组成。财政部批复监察部2011年度的部门预算支出为24 043.06万元（指财政性资金预算，下同），监察部决算（草案）反映的当年预算执行数为18 074.01万元，其部门预算与执行结果的差异总额为5 969.05万元。差异的具体情况及产生原因见附件1。

本次审计监察部本级及所属单位2011年度预算支出共计24 040.94万元，占部门预算支出总额的99.99%。审计查出其他财政收支方面不符合财经制度规定的问题金额51.72万元。上述问题对监察部2011年度预算执行结果的影响见附件2。

审计结果表明，监察部本级和本次审计的所属单位2011年度预算收支基本遵守了预算法及相关法律法规，会计处理基本符合会计法及有关会计制度规定，能够认真做好本部门预算编报的组织工作，建立健全了相关规章制度，较好地整改了以前年度审计发现的问题。

二、审计发现的主要问题

（一）2011年，所属机关综合服务中心年末结余分配时，多计提职工福利基金42.83万元，少计事业基金42.83万元。

（二）2011年，监察部外事局购置的8.89万元外事礼品，未办理资产入库登记手续。

三、审计处理情况和建议

对上述问题，审计署已依法出具了审计报告、对监察部下达了审计决定书。对所属机关综合服务中心多计提职工福利基金和少计事业基金问题，要求责成其调整会计账目和决算（草案）；对外事局礼品类资产管理不规范问题，要求健全礼品入库登记、领用等管理制度。

针对审计发现的问题，审计署建议：监察部应重视和加强礼品类资产的核算管理，严格要求所属单位遵守财经法规制度，按规定进行会计核算。

四、审计发现问题的整改情况

对审计发现的问题，监察部高度重视，正积极研究措施进行整改。

附件：1. 监察部2011年度预算执行总体情况表（略）

2. 监察部2011年度重点审计单位和资金预算执行情况表（略）

民政部2011年度预算执行情况和其他财政收支情况审计结果

根据《中华人民共和国审计法》的规定，2011年11月至2012年3月，审计署对民政部2011年度预算执行情况和其他财政收支情况进行了审计，重点审计了部本级和所属北京社会管理职业学院（以下简称社会管理学院）、地名研究所等4个单位，并对有关事项进行了延伸审计。

一、基本情况

民政部为中央财政一级预算单位，部门预算由部本级和13个二级预算单位的预算组成。财政部批复民政部2011年度的部门预算支出为108 962.51万元（指财政性资金预算，下同），民政部决算（草案）反映的当年预算执行数为93 505.25万元，其部门预算与执行结果的差异总额为15 457.26万元。差异的具体情况及产生原因见附件1。

本次审计民政部本级及所属单位2011年度预算支出共计74 935.45万元，占部门预算支出总额的68.77%。审计查出当年预算执行中不符合财经制度规定的问题金额1 160.34万元，其他财政收支方面不符合财经制度规定的问题金额213.33万元。上述问题对民政部2011年度预算执行结果的影响见附件2。

审计结果表明，民政部本级和本次审计的所属单位2011年度预算收支基本遵守了预算法及相关法律法规，会计处理基本符合会计法及有关会计制度规定，能够认真做好部门预算编报的组织工作，进一步加强预算和财务管理，建立健全有关制度，认真整改了以前年度审计发现的问题。

二、审计发现的主要问题

（一）预算执行中存在的主要问题。

1.2011年，部本级和所属社会管理学院、地名研究所未经批准，将4个项目的预算资金共305.94万元，调整用于其他项目支出。

2.2011年，所属社会管理学院多计当年支出252.55万元，用于发放2012年1月职工工资。

3.2011年12月，所属社会管理学院、社会福利与社会进步研究所将601.85万元预算资金，从零余额账户转入实有资金账户。

（二）其他财政收支中存在的主要问题。

1.所属爱之桥服务社2010年11月处置账面原值77.18万元的小型普通客车1辆，未按规定进行资产评估和报财政部备案，2011年收到处置收入2.2万元。

2.2011年，所属机关服务局将机关房屋租金、电信业务配合费等收入79.22万元，转做下属北京绿洁物业管理中心业务收入。

3.2011年，部本级及所属单位会议经费管理不规范，涉及金额10.01万元。其中，部本级将会议费结余3.71万元存放在会议承办单位；北京绿洁物业管理中心以会议费名义为机关服务局办理消费卡6.3万元，已消费1.2万元。

4.2011年，所属机关服务局自行调减基础设施改造项目建设内容后未相应核减工程款，导致多结算工程款46.92万元，其中26.88万元被该局挪用于购买办公家具及电器等支出。

三、审计处理情况和建议

对上述问题，审计署已依法出具了审计报告、对民政部下达了审计决定书。对部本级和所属单位未经批准调整预算问题，要求严格执行预算调整相关规定；对所属单位列支下年度支出、将预算资金从零余额账户转入实有资金账户问题，要求责成相关单位严格据实列支，调整会计账目和决算（草案），并严格执行零余额账户管理规定；对所属爱之桥服务社未按规定程序处置固定资产问题，要求责成其严格按规定处置；对所属机关服务局向下属单位转移收入问题，要求责成其追回资金，调整会计账目和决算（草案）；对部本级和所属单位会议经费管理不规范问题，要求收回存放在会议承办单位的资金，责成所属机关服务局清退消费卡，调整会计账目和决算（草案）；对所属机关服务局多结算工程款问题，要求责成其追回多付工程款，清理购买的办公家具及电器并登记入账，追究相关人员责任。

针对审计发现的问题，审计署建议：民政部应按照批准的项目用途使用预算资金，严格履行调整事项报批手续；进一步加大对项目资金的绩效考评，强化对所属单位的监管。

四、审计发现问题的整改情况

对审计发现的问题，民政部高度重视，积极研究制定整改措施。对所属机关服务局向下属企业转移收入问题，该局已全部追回。其他问题正在整改中。

附件：1. 民政部2011年度预算执行总体情况表（略）

2. 民政部2011年度重点审计单位和资金预算执行情况表（略）

司法部2011年度预算执行情况和其他财政收支情况审计结果

根据《中华人民共和国审计法》的规定，2011年12月至2012年3月，审计署对司法部2011年度预算执行情况和其他财政收支情况进行了审计，重点审计了部本级和所属司法行政学院、法律援助中心、中国法律援助基金会，并对有关事项进行了延伸审计。

一、基本情况

司法部为中央财政一级预算单位，部门预算由部本级和12个二级预算单位的预算组成。审计结果表明，司法部本级和本次审计的所属单位2011年度预算收支基本遵守了预算法及相关法律法规，会计处理基本符合会计法及有关会计制度规定。

二、审计发现的主要问题

（一）2011年，所属司法行政学院在项目支出中列支基本支出110万元。

（二）2011年，所属法律援助中心未按规定执行政府采购相关报价程序支付印刷费32.93万元；支付非政府采购定点印刷单位印刷费37.53万元。

三、审计处理情况和建议

对上述问题，审计署已依法出具了审计报告、对司法部下达了审计决定书。对所属司法行政学院在项目支出中列支基本支出问题，要求责成其准确申报和严格执行预算；对所属法律援助中心未严格执行政府采购制度问题，要求责成其严格遵守政府采购制度规定。

针对审计发现的问题，审计署建议：司法部应进一步提高预算编制的科学性，进一步规范所属单位预算执行和财务收支行为。

四、审计发现问题的整改情况

对此次审计发现的问题，司法部高度重视，已责成所属司法行政学院和法律援助中心进行整改，严格执行预算和政府采购规定。

财政部2011年度预算执行情况和其他财政收支情况审计结果

根据《中华人民共和国审计法》的规定，2012年1月至3月，审计署对财政部2011年度预算执行情况和其他财政收支情况进行了审计，重点审计了部本级和所属投资评审中心、机关服务中心等14个单位，并对有关事项进行了延伸审计。

一、基本情况

财政部为中央财政一级预算单位，部门预算由部本级和55个二级预算单位的预算组成。财政部2011年度的部门预算支出为246 284.93万元（指财政性资金预算，下同），决算（草案）反映的当年预算执行数为215 528.37万元，其部门预算与执行结果的差异总额为30 756.56万元。差异的具体情况及产生原因见附件1。

本次审计财政部本级及所属单位2011年度预算支出共计200 623.7万元，占部门预算支出总额的81.46%。审计查出预算执行中不符合财经制度规定的问题金额5 298.31万元，其中2011年发生299.99万元；其他财政收支方面不符合财经制度规定的问题金额1 111.24万元。上述问题对财政部2011年度预算执行结果的影响见附件2。

审计结果表明，财政部本级和本次审计的所属单位2011年度预算收支基本遵守了预算法及相关法律法规，会计处理基本符合会计法及有关会计制度规定，内部管理和控制不断强化，以前年度审计发现的问题已经整改。

二、审计发现的主要问题

（一）预算执行中存在的主要问题。

1. 2011年，所属投资评审中心未经批准在“科技重大专项”和“项目评审专项”项目间调剂使用预算资金232.21万元。

2. 2011年，所属投资评审中心在“科技重大专项”中超标准支付专家咨询费29.61万元。

3. 2011年，所属投资评审中心多缴存住房公积金22.94万元，多发放防暑降温费15.23万元。

4. 由于实际拆迁费用大大超出概算，所属机关服务中心“三里河二区一号办公业务用房危旧房改造”项目立项后未能动工已近6年，至2011年底结存资金4 998.32万元。

（二）其他财政收支中存在的主要问题。

1.2008年至2011年，所属信息网络中心未经履行政府采购程序，将中国政府采购网的运行维护业务委托给下属北京兴财信息技术开发公司承担，先后支付服务费951.09万元。

2.2010年至2011年，所属中国资产评估协会未经价格主管部门批准，收取非注册资产评估师后备合伙人（股东）培训费累计44.2万元。

3.2011年，所属全国预算与会计研究会《预算管理与会计》期刊销售收入115.95万元未纳入法定账册核算。

三、审计处理情况和建议

对上述问题，审计署已依法出具了审计报告、对财政部下达了审计决定书。对所属投资评审中心调剂使用项目资金、超标准支付专家咨询费、多缴存住房公积金、多发放防暑降温费问题，要求责成其归还资金原渠道，调整会计账目和决算（草案），严格执行相关规定；对所属机关服务中心项目资金长期闲置问题，要求商发展改革委调整投资计划和预算；对所属信息网络中心未执行政府采购程序问题，要求责成其严格执行相关规定；对所属中国资产评估协会未经批准收费问题，要求责成其报发展改革委审核确定；对所属全国预算与会计研究会期刊销售收入未纳入法定账册核算问题，要求责成其调整会计账目和决算（草案）。

针对审计发现的问题，审计署建议：财政部应进一步增强预算编制的准确性，严格执行预算，并妥善处理长期闲置资金；进一步规范所属单位的财务管理工作，严格执行政府采购相关规定，完善经费支出的审核监督。

四、审计发现问题的整改情况

对此次审计发现的问题，财政部十分重视，在审计期间即着手对调剂使用项目资金、超标准支付专家咨询费、期刊销售收入未纳入法定账册核算等问题进行整改，并调整了决算（草案）。其他问题正在整改中。

附件：1.财政部2011年度预算执行总体情况表（略）

2.财政部2011年度重点审计单位和资金预算执行情况表（略）

人力资源和社会保障部2011年度预算执行情况和其他财政收支情况审计结果

根据《中华人民共和国审计法》的规定，2011年11月至2012年3月，审计署对人力资源和社会保障部（以下简称人力资源社会保障部）2011年度预算执行情况和其他财政收支情况进行了审计，重点审计了部本级和所属社会保险事业管理中心、中国高级公务员培训中心（以下分别简称社保中心、高培中心）等6个单位，并对有关事项进行了延伸审计。

一、基本情况

人力资源社会保障部为中央财政一级预算单位，部门预算由部本级和28个二级预算单位的预算组成。财政部批复人力资源社会保障部2011年度的部门预算支出为271 161.41万元（指财政性资金预算，下同），人力资源社会保障部决算（草案）反映的当年预算执行数为229 351.79万元，其部门预算与执行结果的差异总额为41 809.62万元。差异的具体情况及产生原因见附件1。

本次审计人力资源社会保障部本级及所属单位2011年度预算支出共计251 987.36万元，占部门预算支出总额的92.93%。审计查出当年预算执行中不符合财经制度规定的问题金额6 939.96万元，其他财政收支方面不符合财经制度规定的问题金额726.18万元。上述问题对人力资源社会保障部2011年度预算执行结果的影响见附件2。

审计结果表明，人力资源社会保障部本级和本次审计的所属单位2011年度预算收支基本遵守了预算法及相关法律法规，会计处理基本符合会计法及有关会计制度规定，认真整改了以前年度审计发现的问题。

二、审计发现的主要问题

（一）预算执行中存在的主要问题。

1.2011年11月，部本级才将追加的4770万元专业技术人才知识更新工程项目预算细化；12月才将资金拨付项目承办单位，致使项目预算当年无法实施完毕。抽查其中预算 180.6 万元的子项目，至年底仅支出 13 万元。

2.2011 年，部本级未经批准，将 5 个项目的预算资金 1 457.43 万元，调整用于部机关网络运行维护和系统安全保障等支出。

3.2011 年，部本级 31 个三类会议每人每天支出平均为 554 元，最高的超过 1000 元，超标准支出金额共 133.24 万元。

4.2011 年 12 月，部本级在未按合同约定验收项目成果的情况下，就将两个专项的合同尾款 32 万元先行支付给项目承担单位。

5.2011 年，所属高培中心和人事科学研究院人员经费实际支出 2 349.39 万元，超出预算 680.53 万元。

此外，部本级和所属单位的 4 个项目预算当年实际执行率较低。

（二）其他财政收支中存在的主要问题。

1.2011 年，部本级有 4 个项目在未编制政府采购预算的情况下，支付会议费和印刷费等 319.50 万元。

2.2011 年，所属中国就业培训技术指导中心未按规定进行公开招标，将培训合格证书的印制、护套制作业务交给 3 家公司实施，涉及金额 348.77 万元；在非中央国家机关定点印刷厂印制证书等，涉及金额 38.63 万元。

3.2011 年，所属社保中心部分劳务费支出所附的领取单不规范，涉及金额 19.28 万元。

三、审计处理情况和建议

对上述问题，审计署已依法出具了审计报告、对人力资源社会保障部下达了审计决定书。对追加项目预算细化和拨款滞后导致无法按进度实施问题，要求加强项目前期准备工作，科学编制项目预算；对未经批准调剂使用项目预算资金问题，要求严格履行预算调整报批手续；对会议费支出超标准问题，要求加强会议费支出管理，严格执行相关标准；对未按项目进度付款和预算执行率较低问题，要求加强项目资金管理，严格按进度付款，提高资金使用效益；对所属单位人员经费支出超预算问题，要求责成其严格按照预算执行；对执行政府采购制度不规范问题，要求完整编制政府采购预算，严格执行有关规定；对所属社保中心劳务费支出领取凭证不规范问题，要求责成其严格履行财务报销手续。

针对审计发现的问题，审计署建议：人力资源社会保障部应进一步加强项目的前期准备工作，严格履行预算调整审批手续，提高政府采购预算的完整性和执行的规范性，强化对所属单位的财务监督。

四、审计发现问题的整改情况

对此次审计发现的问题，人力资源社会保障部高度重视，大部分问题已经整改，并研究提出了建立预算管理网络、加强内审机制建设等措施。

附件：1. 人力资源社会保障部 2011 年度预算执行总体情况表（略）

2. 人力资源社会保障部 2011 年度重点审计单位和资金预算执行情况表（略）

国土资源部 2011 年度预算执行情况和其他财政收支情况审计结果

根据《中华人民共和国审计法》的规定，2011 年 11 月至 2012 年 3 月，审计署对国土资源部 2011 年度预算执行情况和其他财政收支情况进行了审计，重点审计了部本级和所属信息中心、油气资源战略研究中心（以下简称油气中心）等 13 个单位，并对有关事项进行了延伸审计。

一、基本情况

国土资源部为中央财政一级预算单位，部门预算由部本级和 65 个二级预算单位的预算组成。财政部批复国土资源部 2011 年度的部门预算支出为 910 828.44 万元（指财政性资金预算，下同），国土资源部决算（草案）反映的当年预算执行数为 696 819.93 万元，其部门预算与执行结果的差异总额为 214 008.51 万元。差异的具体情况及产生原因见附件 1。

本次审计国土资源部本级及所属单位 2011 年度预算支出共计 448 577.7 万元，占部门预算支出总额的 49.25%。审计查出预算执行中不符合财经制度规定的问题金额 18 717.52 万元，其中 2011 年发生 8 943.19 万元；其他财政收支方面不符合财经制度规定的问题金额 14 997.78 万元。上述问题对国土资源部 2011 年度预算执行结果的影响见附件 2。

审计结果表明，国土资源部本级和本次审计的所属单位2011年度预算收支基本遵守了预算法及相关法律法规，会计处理基本符合会计法及有关会计制度规定。

二、审计发现的主要问题

（一）预算执行中存在的主要问题。

1.2011年，部本级为经费自理的所属中国土地矿产法律事务中心（以下简称法律中心）申报并获得基本支出预算财政拨款200万元。

2.2011年，所属油气中心在“全国油气资源战略选区调查与评价（第二批）”项目预算中，申报与该项目目标不符的“全球油气地质综合研究与区域优选”子项目，并获得财政拨款1000万元。

3.2011年，部本级和所属信息中心分别在“国土资源部信息化运行与维护”等项目中重复申报网络租用费等，多获财政拨款预算共165.2万元。

4.2010年4月，部本级在年初未足额申报预算的情况下，要求所属9个土地督察机构全面建设

“在线土地督察系统”项目，至2011年底超预算支出1 591.5万元，其中2011年发生241.14万元。

5.2010年至2011年，所属中国土地勘测规划院和中国地质博物馆（以下简称地质博物馆）未经批准，自行调整“国土资源大调查”等项目预算13 573.39万元用于其他项目，其中2011年发生6 130.8万元。

6.2010年至2011年，部本级及所属部分单位挪用项目资金1 116.25万元，用于发放人员津补贴等与项目无关的支出。其中，2011年发生333.52万元。

7.2010年至2011年，部本级及所属部分单位未经批准调剂使用项目预算资金共928.21万元，用于弥补基本支出不足等。其中，2011年发生786.01万元。

8. 所属3家单位2009年以来会议费、劳务费等报销凭证中有不规范票据，涉及金额142.97万元，其中2011年发生86.52万元。

（1）所属宣传教育中心2011年以不规范的支出清单向部本级申请办会经费40.93万元，实际用于弥补基本支出不足。

（2）所属法律中心以不规范的劳务费发放单和会议费结算单报销资金69.8万元，其中2011年发生33.09万元。

（3）所属中央地质勘查基金管理中心以不规范的会议费发票报销招待费32.24万元，其中2011年发生12.5万元。

此外，部本级和所属单位2011年还存在为该部所属其他单位代编预算的问题。

（二）其他财政收支中存在的主要问题。

1.2010年至2011年，部本级向所属法律中心等6个单位摊派会议费319.91万元，向所属地质博物馆等3家单位摊派出国（境）费14.19万元，其中2011年分别摊派200.90万元和5.8万元。

2.2010年，所属油气中心向项目外协单位摊派会议费用21.02万元。

3. 执行政府采购制度不规范，涉及金额9922万元。

（1）2009年7月至2011年，部本级及所属部分单位超价格标准采购6417台电脑、打印机等办公设备，超标准支出共2 881.51万元，其中2011年超标准支出837.42万元。

（2）2011年，所属中国地质调查局发展研究中心和油气中心将总金额353.05万元的两个采购项目拆分为14个，规避政府采购招投标相关规定，通过非公开招标方式采购。

（3）2009年至2011年，所属地质博物馆、中国地质调查局和人力资源开发中心未经批准，采用公开招标以外的方式采购，涉及金额共5 260.64万元，其中2011年发生4 325.64万元。

（4）2010年至2011年，所属中国地质调查局等4个单位共有238个会议未在定点单位召开，涉及金额共1 171.94万元，其中2011年发生534.18万元。

（5）2011年，所属地质博物馆未经批准采购进口设备254.86万元。

4.2009年至2011年，部本级未经批准委托中国地质大学（武汉）等10家单位举办了11期具有强制性的“矿山地质环境保护与治理恢复方案”编制培训班，承办单位从中收取培训费等共381.46万元，其中2011年发生72.57万元。

5. 至2011年底，所属地质博物馆有应收未收的化石标本租金178.33万元未纳入法定账册核算，其中2011年发生42.48万元。

6. 2010年，所属中国国土资源航空物探遥感中心未经批准，擅自以持有的股权（按2009年评估价格测算价值为3 096.63万元）作为出资，与其他企业合资设立公司。

7. 审计署2010年审计决定要求责成所属矿产资源储量评审中心停止违规收取矿产资源储量评审服务费，并研究解决评审所需经费问题，本次审计发现这项收费仍未停止，也未另行解决经费来源，2011年收费1 064.24万元。

此外，所属地质博物馆部分典藏标本存在台账登记与实物不符的情况。

三、审计处理情况和建议

对上述问题，审计署已依法出具了审计报告、对国土资源部下达了审计决定书。对未按规定编制预算、代编预算和自行调整预算问题，要求严格编制部门预算，加强预算执行管理；对重复申报项目预算多获财政资金问题，要求将多获资金收回上缴；对挪用和调剂使用预算资金问题，要求严格预算执行管理，将有关资金归还原渠道；对以不规范票据套取和报销资金问题，要求追回资金并移送有关部门处理；对违反规定摊派费用问题，要求严格加强管理，杜绝摊派行为；对执行政府采购制度不规范问题，要求严格履行相关程序；对未经批准办培训班收费问题，要求严格执行规定的审批程序；对应收账款未纳入法定账册核算问题，要求纳入账内核算；对国有资产管理不规范问题，要求补办手续，清查固定资产；对以前年度审计决定整改不到位问题，要求尽快整改落实，在清理相关收支基础上将收费结余上缴；对所属地质博物馆典藏标本账实不符的问题，要求责成其清理更正，并切实加强管理。

针对审计发现的问题，审计署建议：国土资源部应加强预算管理，加强项目和预算的统筹协调，严格按照预算开支范围和标准使用财政资金；加强政府采购和资产管理，加大对所属单位的监管力度。

四、审计发现问题的整改情况

对审计发现的问题，国土资源部高度重视，积极采取措施进行整改，挪用的部分资金已归还原渠道。其他问题正在整改中。

附件： 1. 国土资源部2011年度预算执行总体情况表（略）

2. 国土资源部2011年度重点审计单位和资金预算执行情况表（略）

环境保护部2011年度预算执行情况和其他财政收支情况审计结果

根据《中华人民共和国审计法》的规定，2011年11月至2012年3月，审计署对环境保护部2011年度预算执行情况和其他财政收支情况进行了审计，重点审计了部本级和所属核与辐射安全中心、中国环境科学研究院（以下分别简称核安全中心、环科院）等8个单位，并对有关事项进行了延伸审计。

一、基本情况

环境保护部为中央一级预算单位，部门预算由部本级和37个二级预算单位的预算组成。财政部批复环境保护部2011年度的部门预算支出为365 900.35万元（指财政性资金预算，下同），环境保护部决算（草案）反映的当年预算执行数为228 351.86万元，其部门预算与执行结果的差异总额为137 548.49万元。差异的具体情况及产生原因见附件1。

本次审计环境保护部本级及所属单位2011年度预算支出共计308 801.51万元，占部门预算支出总额的84%。审计查出预算执行中不符合财经制度规定的问题金额46 943.34万元，其中2011年发生25 112.87万元；其他财政收支方面不符合财经制度规定的问题金额13 468.18万元。上述问题对环境保护部2011年度预算执行结果的影响见附件2。

审计结果表明，环境保护部本级和本次审计的所属单位2011年度预算收支基本能够遵守预算法及相关法律法规，会计处理基本符合会计法及有关会计制度规定。

二、审计发现的主要问题

（一）预算执行中存在的主要问题。

1. 2011年，所属环科院未将事业收入、其他收入等编入当年预算，涉及金额17 971.85万元。

2. 2010年至2011年，所属环境规划院以相同内容重新申报“主要污染物总量控制规划研究”

等项目，多申领财政资金 590 万元；所属核安全中心在已确定新增办公用房年租金为 801.59 万元的情况下，超过实际需要申报并多获取财政资金 498.41 万元。

3. 部分预算项目未经充分论证和可行性研究，实施效果不佳。

（1）2009 年至 2010 年，所属单位在有关建设方案尚未批复情况下申报项目预算 2 亿元。由于该项目不具备实施条件、采购的设备无处安装等，至 2011 年底，已到账的 1.07 亿元中有 6200 万元闲置两年未用。

（2）2007 年至 2011 年，部本级“国控重点污染源自动监控能力建设”等项目（预算 1.29 亿元），实施后监控数据的稳定性和可靠性不高，未能全面达到预期目标。

（3）至 2011 年底，部本级 2010 年委托所属单位组织实施的项目预算 1847 万元，除购置车辆实际支出 1 085.48 万元外，其他监测仪器尚未购买，已安排的支出也未按规定公开招标。

（4）2011 年，在有关实施办法尚未出台的情况下，部本级及 7 个所属单位申报“百名人才工程”项目预算，并获得财政资金 300 万元。

（5）2011 年，在《污染场地土壤环境管理办法》尚未颁布的情况下，为所属环科院安排承办该管理办法培训班的项目预算 30 万元，当年实际未发生支出。

4. 2010 年至 2011 年，所属环境规划院挪用“环境保护规划”等项目资金 85.87 万元，用于发放职工餐费补贴等。

5. 2010 年至 2011 年，所属核安全中心、中国环境监测总站未经批准，从“国家环境监测与信息”等项目中列支与项目无关的支出 996.97 万元。

6. 2011 年，所属中国环境监测总站在部分设备未到货验收的情况下，提前列支设备款 1 023.24万元，人为提高了预算执行率。

（二）其他财政收支中存在的主要问题。

1. 2007 年至 2011 年，部本级及所属环科院未经批准，委托有关单位开展污染源自动监测数据有效性审核培训等具有强制性的培训、认证活动，收取培训费和证书费共计 4 998.77 万元。

2. 2009 年至 2011 年，所属中日友好环境保护中心将承接的合同总额为 266.5 万元的建设项目竣工环保验收调查工作，以 183.96 万元转包给不具有相应资质的公司承担；将部分环境影响评价等合同收入 1 030.5 万元转移至下属公司核算。

3. 2005 年，所属环科院未经资产评估和报经批准，将股权投资按原值 150 万元转让给个人，实际只收回 100 万元。

4. 2010 年和 2011 年，部本级在环境权益维护项目公开招标中设置排他性限制条款，涉及中标金额分别为 502 万元和 460 万元；所属核安全中心未经公开招标购买电脑涉及金额 344.69 万元，直接向指定单位发包办公楼物业服务合同金额 88.27 万元。

5. 所属中日友好环境保护中心软件正版化专项检查和整改工作不到位，未按规定将 2010 年采购的 213.99 万元正版软件计入固定资产。

6. 以前年度审计指出的核安全中心违规变相收费问题仍未纠正。2010 年至 2011 年，该中心以核电厂建设前期设计研究名义与有关单位签订收费服务合同金额共 4356 万元，已收款 1343 万元；以中国环境科学学会的名义与 6 家公司签订收费技术咨询合同金额共 240 万元；向评审对象转嫁会议费和专家咨询费等约 900 万元。

三、审计处理情况和建议

对上述问题，审计署已依法出具了审计报告、对环境保护部下达了审计决定书。对预算编报不完整问题，要求按照规定完整编报；对多申报并获取财政资金问题，要求收回多得资金；对未经充分论证申报项目预算问题，要求加强项目论证工作；对挪用和调剂使用预算资金问题，要求将挪用资金归还渠道，严格按照预算执行；对预算执行率问题，要求严格按合同执行情况付款；对未经许可开展强制性培训等活动收费问题，要求停止收费，确需收费的严格按规定履行审批手续；对向无资质公司转包环保验收调查工作、向所属公司转移收入问题，要求严格执行有关规定，清理收回转移收入并纳入预算统筹安排；对所属环科院违规转让股权投资问题，已移送有关部门进一步查处；对执行政府采购制度不规范问题，要求有关单位严格执行相关政府采购相关规定；对所属核安全中心违规变相收费问题，要求责成其尽快纠正。

针对审计发现的问题，审计署建议：环境保护部应进一步加强预算管理，提高预算的科学性和精细化水平，认真清理强制性收费项目，切断监管主体与监管对象间的经济利益关系。

四、审计发现问题的整改情况

对此次审计发现的问题，环境保护部高度重视，积极采取措施进行整改，所属中日友好环境保护中心部分问题已完成整改。其他问题正在整改中。

附件：1. 环境保护部2011年度预算执行总体情况表（略）

2. 环境保护部2011年度重点审计单位和资金预算执行情况表（略）

住房和城乡建设部2011年度预算执行情况和其他财政收支情况审计结果

根据《中华人民共和国审计法》的规定，2011年11月至2012年3月，审计署对住房和城乡建设部（以下简称住房城乡建设部）2011年度预算执行情况和其他财政收支情况进行了审计，重点审计了部本级和所属中国城市规划设计研究院、中国城市科学研究会（以下分别简称中规院、城科会），并对有关事项进行了延伸审计。

一、基本情况

住房城乡建设部为中央财政一级预算单位，部门预算由部本级和18个二级预算单位的预算组成。财政部批复住房城乡建设部2011年度的部门预算支出为72 663.38万元（指财政性资金预算，下同），住房城乡建设部决算（草案）反映的当年预算执行数为57 650.03万元，其部门预算与执行结果的差异总额为15 013.35万元。差异的具体情况及产生原因见附件1。

本次审计住房城乡建设部本级及所属单位2011年度预算支出共计56 673.29万元，占部门预算支出总额的77.99%。审计查出预算执行中不符合财经制度规定的问题金额2 325.32万元，其中2011年发生2 171.72万元；其他财政收支方面不符合财经制度规定的问题金额2 676.85万元。上述问题对住房城乡建设部2011年度预算执行结果的影响见附件2。

审计结果表明，住房城乡建设部本级和本次审计的所属单位2011年度预算收支基本遵守了预算法及相关法律法规，会计处理基本符合会计法及有关会计制度规定，认真整改了以前年度审计发现的问题。

二、审计发现的主要问题

（一）预算执行中存在的主要问题。

1. 2011年，部本级在公用经费中列支人员经费41.29万元。

2. 2011年，所属中规院在基本科研业务费中列支本院办公自动化软件、网络软件及设备等非科研课题直接费用共396.82万元。

3. 所属中规院2011年度项目支出政府采购实际发生1 785.79万元，超出当年项目支出政府采购预算1 520.79万元。

4. 2011年，所属城科会扩大“绿色低碳生态规划指南”等课题经费支出范围，从中列支与课题研究无直接关系的购买办公家具等款项26.47万元。

5. 承担“水体污染控制与治理”专项（以下简称水专项）的部分课题单位扩大专项经费支出范围，从中列支其他费用191.95万元。其中：所属中规院86.18万元，西安建筑科技大学80万元（2011年发生44.33万元），北京汉青天朗水处理科技有限公司16.37万元（2011年发生15.56万元），金山环保集团有限公司15.95万元（2011年发生4.45万元），浙江大学3.45万元。

6. 水专项子课题部分承担单位在未按规定单独计量的情况下，从燃料动力费科目中列支水电费122.76万元。其中：浙江大学109.34万元（2011年发生2.52万元），金山环保集团有限公司13.42万元（2011年发生4.62万元）。

7. 2011年，西安建筑科技大学在其承担的“城镇水污染控制与治理共性技术综合集成”课题中，未经批准调整设备费预算25.24万元，购买与预算不符的研究设备及仪器。

8. 2010年和2011年，住房城乡建设部在参与分配“国家级风景名胜区保护资金”和“国家历史文化名城保护资金”专项资金过程中，未按规定会同财政部组织专家对专项资金补助项目进行审查。

（二）其他财政收支中存在的主要问题。

1. 2009年至2010年，所属中规院将1 664.52

万元规划业务转包给无规划资质的北京国城建筑设计公司和北京营国城市规划咨询有限公司。

2.2011年，所属中规院使用其他资金购置两辆汽车支出194.08万元未按规定执行政府采购程序，且超出车辆采购预算144.08万元。

3.2011年，所属城科会承担的3个部本级课题中外购的330万元服务，未按规定执行政府采购程序。

4.2009年至2011年，所属两个等单位作为报销凭证的发票中总额87.27万元的发票不规范。其中，城科会70.47万元，中国建筑业协会16.8万元。

5.2009年至2011年，所属中国城镇供水排水协会会议结余款25.75万元未收回，而是存放在会议承办单位账上，用于支付房租、差旅费和印刷费等，其中2011年发生15万元。

6.2010年，所属中国城市规划学会先后3次违规通过旅行社组织有关单位人员使用因私护照出国考察，从中收费185.2万元。

7. 水专项子课题承担单位西安建筑科技大学2010年使用水专项资金85万元购建的设备和装置，未按规定作固定资产管理。

8.2011年，中国建筑业协会违规向相关企业收取建筑业双百强企业公示宣传费105.03万元，已支出52.2万元。

三、审计处理情况和建议

对上述问题，审计署已依法出具了审计报告、对住房城乡建设部下达了审计决定书。对使用公用经费列支人员经费问题，要求加强对预算支出的管理；对所属中规院扩大基本科研业务费支出范围和项目支出政府采购预算超支问题，要求责成其归还资金原渠道，调整会计账目和决算（草案）；按规定完整编制政府采购预算；对所属城科会扩大课题经费支出范围问题，要求责成其归还资金原渠道，调整会计账目和决算（草案）；对水专项课题部分承担单位扩大经费支出范围、从燃料动力费科目列支未单独计量的水电费问题，要求督促相关单位归还原资金渠道，调整会计账目，并严格执行相关规定；对课题承担单位未经批准调整预算问题，要求督促其报有关部门办理预算调整手续；对参与分配专项资金未履行专家审查程序问题，要求严格履行专家审查程序；对所属中规院违规转包规划业务问题，要求责成其严格规范规划业务管理；对所属中规院超预算购置车辆且未执行政府采购程序问题，要求责成其严格执行预算和政府采购相关规定；对所属单位未按规定履行政府采购程序、使用不规范发票报销问题，要求责成其按规定予以纠正；对所属中国城镇供水排水协会会议结余在承办单位存放问题，要求责成其严格执行有关规定；对所属中国城市规划学会违规组团出国问题，已移送有关部门处理；对水专项子课题承担单位固定资产管理不规范问题，要求督促其按照规定严格管理；对中国建筑业协会违规收费问题，要求责成其严格遵守相关规定。

针对审计发现的问题，审计署建议：住房城乡建设部应进一步加强预算执行管理，加大对所管理社团组织的监管力度，维护财经制度的严肃性。

四、审计发现问题的整改情况

对审计发现的问题，住房城乡建设部十分重视，积极采取措施进行整改。对所属中规院扩大基本科研业务费支出范围和部分课题单位扩大水专项经费支出范围问题，已纠正并调整了会计账目；对参与分配专项资金未履行专家审查程序问题，表示今后将严格履行相关程序；对所属中国城市规划学会违规组团出国问题进行了处理和通报。其他问题正在整改中。

附件：1. 住房城乡建设部2011年度预算执行总体情况表（略）

2. 住房城乡建设部2011年度重点审计单位和资金预算执行情况表（略）

铁道部2011年度预算执行情况和其他财政收支情况审计结果

根据《中华人民共和国审计法》的规定，2011年11月至2012年3月，审计署对铁道部2011年度预算执行情况和其他财政收支情况进行了审计，重点审计了部本级和所属机关服务局、工程管理中心等13个单位，并对有关事项进行了延伸审计。

一、基本情况

铁道部为中央财政一级预算单位，部门预算由部本级和64个二级预算单位的预算组成。财政部批复铁道部2011年度的部门预算支出为8 871 386.81万元（指财政性资金预算，下同），铁道部决算（草案）反映的当年预算执行数为8 720 723.48万元，其部门预算与执行结果的差异总额为150 663.33万元。差异的具体情况及产生原因见附件1。

本次审计铁道部本级及所属单位2011年度预算支出共计203 875.51万元，占部门当年一般预算支出总额的11.42%。审计查出当年预算执行中不符合财经制度规定的问题金额810.13万元，其他财政收支方面不符合财经制度规定的问题金额127 974.11万元。上述问题对铁道部2011年度预算执行结果的影响见附件2。

审计结果表明，铁道部本级和本次审计的所属单位2011年度预算收支基本遵守了预算法及相关法律法规，会计处理基本符合会计法及有关会计制度规定，内部控制比较严格。

二、审计发现的主要问题

（一）预算执行中存在的主要问题。

1.铁道部2011年年初部门预算部分未提出细化分配方案，至当年10月才细化到具体执行单位。

2.2011年，铁道部通过所属工程管理中心申请的中国铁路“走出去”专项预算500万元，实际未执行。

3.2011年，铁道部为实行经费自理的所属人才服务中心申领基本支出预算310.13万元。

（二）其他财政收支中存在的主要问题。

1.2009年至2010年，铁道部在未按规定公开招标的情况下，投资1850万元制作中国铁路宣传片，未达到预期效果。

2.至2011年底，铁道部未按规定将第七届世界高速铁路大会会议费结余1 538.66万元收回纳入本级法定账册核算；对应收所属机关服务局和已注销企业兴铁物资公司的账款共242.43万元，账龄超过7年仍未清理。

3.铁道部部分资产管理不规范，具体是：已处置行政房产账面价值89 116.09万元，未按规定核销；建筑面积共22 471平方米的5处行政房产未按规定纳入法定账册核算；建筑面积共7006平方米的另9处行政房产未进行资产评估，均按1元价值核算。

4.2009年至2011年，铁道部未按规定报经有关部门批准，通过所属机关服务局出租214处行政房产，取得的租金收入共7 014.03万元未按“收支两条线”管理规定上缴。

5.2009年至2011年，所属机关服务局未按规定报经有关部门批准，将部分房产及配套设施对外出租，取得出租收入共11 370.38万元；另将22套房产无偿出借给铁路施工企业及物业保安使用。

6.2009年至2011年，部本级委托所属机关服务局管理的职工住宅建设项目未计入基建项目决算报表，涉及投资7 426.79万元。

7.至2011年底，所属单位账面价值共9 415.73万元的资产未按规定在会计决算报表中反映。

三、审计处理情况和建议

对上述问题，审计署已依法出具了审计报告、对铁道部下达了审计决定书。对年初预算未及时细化和“走出去”专项预算未执行问题，要求将预算及时细化到具体执行单位，严格执行有关预算；对为经费自理单位申领基本支出预算问题，要求进一步规范预算编制工作；对未经公开招标拍摄铁路宣传片问题，要求铁道部进一步调查处理；对会议收支结余未按规定上缴问题，要求将结余资金收回；对资产管理不规范问题，要求组织进行清理，完整准确地实施核算管理；对未经批准对外出租、出借房产和出租收入未执行“收支两条线”管理规定问题，要求规范资产出租行为，补办审批手续，切实加强国有资产管理，严格执行“收支两条线”管理规定；对会计决算报表反映不完整和应收账款长期挂账问题，要求铁道部及相关单位调整会计账目和决算（草案），尽快清理挂账事项，加强基建项目核算与管理。

针对审计发现的问题，审计署建议：铁道部应进一步改进预算编制工作，规范政府采购和招投标行为，切实规范和加强资产管理。

四、审计发现问题的整改情况

铁道部在审计前开展了自查，并纠正了部分自查出的问题。对此次审计发现的问题，铁道部高度重视，在审计期间对相关问题制订了整改方案，目前正在组织进行整改。

附件： 1. 铁道部 2011 年度预算执行总体情况表（略）

2. 铁道部 2011 年度重点审计单位和资金预算执行情况表（略）

农业部 2011 年度预算执行情况和其他财政收支情况审计结果

根据《中华人民共和国审计法》的规定，2012 年 1 月至 3 月，审计署对农业部 2011 年度预算执行情况和其他财政收支情况进行了审计，重点审计了部本级和所属全国农业技术推广服务中心（以下简称农技中心）、中国动物疫病预防控制中心等 10 个单位，并对有关事项进行了延伸审计。

一、基本情况

农业部为中央财政一级预算单位，部门预算由部本级和 50 个二级预算单位的预算组成。财政部批复农业部 2011 年度的部门预算支出为 2 384 254.74万元（指财政性资金预算，下同），据农业部决算（草案）反映的当年预算执行数为 2 192 111.09 万元，其部门预算与执行结果的差异总额为 192 143.65 万元。差异的具体情况及产生原因见附件 1。

本次审计农业部本级及所属单位 2011 年度预算支出共计 491 064.8 万元，占部门预算支出总额的 20.6%。审计查出预算执行中不符合财经制度规定的问题金额 2 552.59 万元，其中 2011 年发生 1 674.63 万元；其他财政收支方面不符合财经制度规定的问题金额 4 821.9 万元。上述问题对农业部 2011 年度预算执行结果的影响见附件 2。

审计结果表明，农业部本级和本次审计的所属单位 2011 年度部门预算收支基本能够遵守预算法及相关法律法规，会计处理基本符合会计法及有关会计制度规定；以前年度审计发现的问题大部分得到了整改。

二、审计发现的主要问题

（一）预算执行中存在的主要问题。

1. 2011 年，所属中国动物疫病预防控制中心和中国兽医药品监察所（以下简称中监所）部分项目在尚未建成的情况下即申报运行费预算，多获得财政资金 652.30 万元。

2. 所属全国农业技术推广服务中心 2000 年挪用“保水抗旱剂开发中试示范基地”专项资金 400 万元对外投资；2007 年 6 月该中心将上述投资形成的股权按原价转让，但至 2011 年底仍有 82 万元转让款未收回。

3. 2011 年，所属 3 个单位扩大支出范围使用项目资金共 785.48 万元。其中，所属工程建设服务中心在“基建前期工作经费”项目中列支职工工资保险、水电费、取暖费等共 432.93 万元；所属农技中心在“直属单位中心运行费”和“直属单位国有资产维护与运行经费”项目中列支无关的委托业务费、会议费、专用材料费等 286.97 万元；所属财会服务中心（以下简称财会中心）在“农业业务培训经费”等专项中列支物业管理费、水电费等共 65.58 万元。

4. 2009 年至 2011 年，所属中国农业科学院植物保护研究所（以下简称植保所）未经批准调剂使用或扩大专项资金支出范围支出 714.81 万元。其中：超过规定范围拨付有关单位委托课题费 40 万元；列支预算未安排的设备费 339.63 万元；支付长期聘用人员工资及社会保障费、研究生培养费、导师书报费和职工地区生活补贴等共 335.18 万元（2011 年发生 236.85 万元）。

此外，农业部在 2011 年度预算编制中存在为所属单位代编预算等问题。

（二）其他财政收支中存在的主要问题。

1. 2011 年，所属中国农业电影电视中心（以下简称农影中心）未按规定履行政府采购程序，直接委托央视市场研究股份有限公司开展农业节目相关调研，合同金额 90 万元。

2. 2011 年，所属中国绿色食品发展中心（以下简称食品中心）未经批准，擅自核销以前年度出售的 15 套职工住房，并调减固定资产及固定基金账面价值 1 138.6 万元。

3. 2010 年和 2011 年，所属中监所未经批准出租总面积 1647 平方米、总价值 1085 万元的综合楼，两年共取得租金收入 530.2 万元。

4. 2009 年至 2011 年，所属农影中心将收取的广告费 178.15 万元在往来科目挂账，未按“收支两条线”管理规定上缴。

5. 所属规划院 6 名中层干部违规持有下属北

京华农农业咨询有限公司等3家公司股权191.98万元，2009年至2011年从这3家公司获取分红、报酬、奖励等共计231.82万元。其中，北京华农农业咨询有限公司一直依托规划院的信誉、人力等资源，从事与该院相同的农业工程咨询业务，2009年至2011年获取咨询业务收入2 089.67万元。

6. 2010年，所属植保所下属中保兴农种业高新科技有限公司以提取管理费的名义，从其所承担科技专项的特设账户中转款22.6万元至公司基本账户；未经绩效考核，使用科技专项资金发放公司人员奖励款10.5万元，其中非课题组人员4.7万元。

7. 2011年，所属植保所下属北京中保绿农高新科技有限公司在不具备相关业务资质的情况下，通过签订虚假合同从中保兴农种业高新科技有限公司承担的课题中获取收入15.4万元。

8. 2009年，所属规划院支付在编职工科技成果转化奖263.2万元，未按规定代扣代缴个人所得税。

三、审计处理情况和建议

对上述问题，审计署已依法出具了审计报告、对农业部下达了审计决定书。对所属两个单位虚报领取运行费问题，要求责成其将多领的财政资金上缴，并调整会计账目和决算（草案）；对所属农技中心挪用项目资金对外投资问题，要求责成其将挪用的资金全部收回并上缴，相应调整会计账目；对所属单位扩大项目支出范围、未经批准调剂使用科技专项资金问题，要求责成其严格执行预算管理及科技专项资金管理规定；对所属农影中心未按规定履行政府采购程序问题，要求责成其严格执行政府采购有关规定；对所属食品中心未经批准核销职工住房、所属中监所未经批准出租房产问题，要求责成其予以纠正；对所属农影中心广告收入未及时上缴问题，要求责成其尽快上缴；对所属规划院中层干部违规入股下属公司并兼职取酬、入股企业依托该院获取经营收入问题，要求责成其规范关联业务关系，清理收回应属规划院收入，追究相关人员的责任；对所属植保所下属公司违规从特设账户向基本账户转款和未经绩效考核发放奖励款问题，要求责成其追回特设账户转款并归还资金原渠道，收回违规发放的奖励款，追究相关人员责任；对所属规划院未按规定代扣代缴个人所得税问题，要求责成其按规定纠正。

针对审计发现的问题，审计署建议：农业部应进一步加强预算管理，严格预算编制和执行，加强对所属单位的财务管理，强化对事业单位入股办公司的管控；进一步加强国有资产监管，防止国有资产流失；进一步加强对科研课题经费使用的监督检查和科研成果管理，健全内控制度。

四、审计发现问题的整改情况

对此次审计发现的问题，农业部高度重视，积极进行整改。对所属单位虚报领取运行费、挪用项目资金对外投资问题，已责成相关单位将违规资金上缴到指定账户，部分已上缴中央财政；对所属单位扩大项目支出范围、未经批准调剂使用科技专项资金问题，已责成相关单位进一步加强预算编制工作，严格执行预算管理制度；对所属农影中心广告收入未及时上缴问题，全部收入已上缴中央财政；对所属单位未经批准核销职工住房和出租房产问题，正按规定补办审批备案手续；对所属规划院下属公司依托该院获取经营收入问题，已核实清理完毕，制订了分步收回相关收入的计划；关于违规持股的问题，相关人员已做了书面检查，并将全额清退所持股份；对所属植保所下属公司以虚假合同拨款、违规从特设账户向基本账户转款和未经绩效考核发放奖励款问题，已整改完毕；规划院未按规定代扣代缴个人所得税问题已整改完毕。其他问题正在整改中。

附件：1. 农业部2011年度预算执行总体情况表（略）

2. 农业部2011年度重点审计单位和资金预算执行情况表（略）

商务部2011年度预算执行情况和其他财政收支情况审计结果

根据《中华人民共和国审计法》的规定，2011年11月至2012年3月，审计署对商务部2011年度预算执行情况和其他财政收支情况进行了审计，重点审计了部本级和所属机关服务局、培训中心、国际贸易经济合作研究院（以下简称研究院），并对有关事项进行了延伸审计。

一、基本情况

商务部为中央财政一级预算单位，部门预算由部本级和5个二级预算单位的预算组成。财政部批复商务部2011年度的部门预算支出为2 370 481.83万元（指财政性资金预算，下同），商务部决算（草案）反映的当年预算执行数为1 901 683.22万元，其部门预算与执行结果的差异总额为468 798.61万元。差异的具体情况及产生原因见附件1。

本次审计商务部本级及所属单位2011年度预算支出共计1 394 436.03万元，占部门预算支出总额的58.82%。审计查出预算执行中不符合财经制度规定的问题金额19 633.46万元，其中2011年发生19 515.84万元；其他财政收支方面不符合财经制度规定的问题金额5 146.8万元。上述问题对商务部2011年度预算执行结果的影响见附件2。

审计结果表明，商务部本级和本次审计的所属单位2011年度预算收支基本能够遵守预算法及相关法律法规，会计处理基本符合会计法及有关会计制度规定，建立健全了以预算管理为核心的财务管理制度体系，加强了所属事业单位的财务管理。

二、审计发现的主要问题

（一）预算执行中存在的主要问题。

1.2011年，部本级未经批准自行调整4个对外援助成套及物资项目预算，涉及金额共计12 948万元；自行将项目预算资金306.87万元调剂用于基本支出。

2.2008年至2011年，商务部及所属国际经济合作中心实施两个对外援助技术合作项目中，在承包单位实际投入人员、工作时间均低于合同约定的情况下，仍按合同金额付款，导致多支付194.87万元。

3.2011年，商务部追加安排的预算220万元的4个项目因前期准备不充分，当年未执行，资金全部闲置未用。

4.2011年，商务部未按规定编报项目支出政府采购预算，部分项目支出共5 941.38万元未按规定公开招标。

5.2011年，所属研究院采取以拨代支、扩大支出范围等方式支出22.34万元。

（二）其他财政收支中存在的主要问题。

1.2009年至2011年，商务部配额许可证事务局、对外投资和经济合作司及对外援助司3个司局在未向有关部门报批收费许可的情况下，授权电子政务平台托管企业向入网企业收费1 313.30万元。

2.至2011年底，部本级专项办公经费余额1 039.17万元在往来科目挂账10多年，所属机关服务局往来款项余额1 960.67万元挂账超过3年，均未按规定清理。

3.至2011年底，有22个对外援助经济技术合作项目购置的价值共267.78万元的固定资产，未按规定纳入部本级固定资产账核算。

4.2011年，驻外使馆经商参处取得的485.88万元非税收入、所属机关服务局自行出租代管房屋的租金收入80万元，均未按“收支两条线”管理规定上缴。

5.所属培训中心未经批准，以合作办学方式出租教学楼、图书馆、学生宿舍楼等国有资产，至2011年6月已收租金2284万元。

6.至2011年6月，所属中国对外贸易中心（以下简称外贸中心）和培训中心负责实施的广州琶洲展馆二期工程等7个基本建设项目（投资总计30.31亿元）已竣工使用3年，一直未办理竣工决算。

7.所属中国国际经济技术交流中心（以下简称交流中心）将部分出国办展业务交给民营企业承担，并为其提供银行账户。

审计还发现，商务部对援外优惠贷款项目检查与评估不够深入；所属培训中心等单位存在资产出租、建设项目竣工决算、业务经营管理等方面不够规范的问题。以前年度审计指出的房产产权变更手续不完善及房产出租收入未按规定管理等问题，目前尚未整改到位。

三、审计处理情况和建议

对上述问题，审计署已依法出具了审计报告、向商务部下达了审计决定书。对自行调整预算问题，要求今后严格按规定执行预算调整报批程序，并调整会计账目和决算（草案）；对多付对外援助技术合作项目资金问题，要求责成相关单位核实追回多支付款项，调整会计账目和决算（草案）；对追加预算未执行问题，要求严格按规定编制和申请追加项目预算；对未编报项目支出政府采购预算、部分项目支出未按规定公开招标问题，要求严格按规定编制政府采购预算，认真执行政府采购相关规定；对所属研究院以拨代支等问题，要求责成其规范项目支出管理；对3个司局自行授权企业收费问题，要求停止上述违规行为；对往来科目挂账余额长期未清理问题，要求尽快清理；对固定资产未纳入法定账册核算问题，要求对相关固定资产情况进行清理；对驻外使馆经商参处取得的非税收入未按规定管理问题，要求严格按规定管理；对所属机关服务局自行出租代管房屋、出租收入未按“收支两条线”管理规定上缴的问题，要求责成其补办房产出租报批手续，将收入按规定上缴；对所属培训中心未经批准出租国有资产问题，要求责成其补办审批手续；对所属外贸中心和培训中心基本建设项目未办理竣工决算问题，要求责成其尽快办理竣工决算；对所属交流中心将出国办展业务交由民营企业承担并为其提供账户问题，要求责成其尽快纠正；对援外优惠贷款项目检查与评估不够深入问题，要求加大援外项目实施情况监督检查力度；对以前年度审计发现发现问题尚未整改到位问题，要求尽快纠正。

四、审计发现问题的整改情况

对此次审计发现的问题，商务部逐项提出了整改措施，部分问题已经整改到位。对自行调整预算和追加预算未执行问题，已建立项目预算和立项“双挂钩”制度；对多付援外项目款的问题，正组织进一步核查追收；对未编报项目支出政府采购预算问题，设立了专门机构负责政府采购业务管理；对所属研究院以拨代支等问题，已整改完毕；对所属培训中心未经批准出租国有资产问题，已补办了备案手续；对所属外贸中心和培训中心的基本建设项目未及时办理竣工决算问题，有关单位正在抓紧办理；对援外优惠贷款项目检查与评估不够深入问题，正商有关部门修订援外优惠贷款管理办法。其他问题正在整改中。

附件： 1. 商务部2011年度预算执行总体情况表（略）

2. 商务部2011年度重点审计单位和资金预算执行情况表（略）

文化部2011年度预算执行情况和其他财政收支情况审计结果

根据《中华人民共和国审计法》的规定，2011年11月至2012年3月，审计署对文化部2011年度预算执行情况和其他财政收支情况进行了审计，重点审计了部本级和所属国家图书馆、中央文化管理干部学院（以下简称干部学院）等7个单位，并对有关事项进行了延伸审计。

一、基本情况

文化部为中央财政一级预算单位，部门预算由部本级和29个二级预算单位的预算组成。财政部批复文化部2011年度的部门预算支出为520 013.84万元（指财政性资金预算，下同），文化部决算（草案）反映的当年预算执行数为404 019.62万元，其部门预算与执行结果的差异总额为115 994.22万元。差异的具体情况及产生原因见附件1。

本次审计文化部本级及所属单位2011年度预算支出共计270 114.62万元，占部门预算支出总额的51.94%。审计查出当年预算执行中不符合财经制度规定的问题金额8 445.28万元，其他财政收支方面不符合财经制度规定的问题金额2 055.48万元。上述问题对文化部2011年度预算执行结果的影响见附件2。

审计结果表明，文化部本级和本次审计的所属单位2011年度预算收支基本能够遵守预算法及相关法律法规，会计处理基本符合会计法及有关会计制度规定；以前年度审计发现的问题得到了认真整改。

二、审计发现的主要问题

（一）预算执行中存在的主要问题。

1.2011年，部本级在“扶持动漫产业发展”项目上年结转3 750.24万元的情况下，向财政部申请追加该项目预算3300万元，当年实际支出2 714.65万元，使该项目结转下年资金增至4 335.59万元。

2.2011年，部本级所有项目均未编报政府采购预算，实际执行中发生办公设备、印刷、会议等政府采购支出共2 331.59万元。

3.2011年，部本级在“对外宣传经费”和

“中直院团场次补贴”等专项资金中列支委托项目代办费、优秀剧目展演宣传经费等预算内容之外的支出共413.78万元。

4.2011年12月，部本级将其立项的“繁荣文艺创作专项资金”和“扶持动漫发展专项”项目预算1600万元列支后，拨付项目执行单位所属中国美术馆和国家图书馆，当年实际未支出。

5.2011年至2012年1月，部机关工会使用迎春联欢会赞助费等资金购买购物卡55万元，其中38.64万元已发放给部机关职工。

6.2011年，所属3家单位扩大专项资金支出范围606.35万元，其中：国家图书馆在“中华古籍保护计划”项目中列支173万元，用于辛亥革命展览费；中国国家话剧院在“新剧场及办公楼开办、运行费”项目中列支73.35万元，用于专题片制作费；国家清史纂修领导小组办公室在“清史纂修工程”项目中列支360万元，用于文化部艺术创作活动中心承包费。

7.2011年，所属中国歌剧舞剧院未将考级收入50.33万元和所属首都联合职工大学中国歌剧舞剧院分校资产104.59万元纳入法定账册核算。

（二）其他财政收支中存在的主要问题。

1.2011年，所属干部学院未经公开招标，将太阳能热水系统安装工程直接委托给施工单位，合同总价为206.52万元。

2.2011年，所属国家图书馆违规将“一期改造工程”项目中的文献整理用纸箱和文献除尘服务，采用单一来源采购的方式委托其全资子公司承办，实际合同结算金额为212.46万元。

3.2011年，所属国家博物馆未严格执行政府集中采购规定，将应由政府集中采购的印刷、物业管理项目委托社会采购代理机构采购，涉及资金1 636.5万元。

4.2011年，文化部实有车辆94辆，其中超过核定编制配备使用44辆，目前仍有30辆未清退或处置。

5.2005年至2011年，所属中国歌剧舞剧院超出批准的专业范围组织艺术考试并制作颁发考级证书28 825个，收取考试费128.38万元。

6.所属国家博物馆和中央文化管理干部学院等单位软件正版化专项检查和整改工作不到位，尚未给所有办公电脑配备正版办公软件。

三、审计处理情况和建议

对上述问题，审计署已依法出具了审计报告、对文化部下达了审计决定书。对“扶持动漫产业发展”项目预算编报及结转资金量大问题，要求编制预算时综合考虑财政拨款结转情况；对政府采购预算编制不完整问题，要求按规定编制政府采购预算；对扩大专项资金支出范围问题，要求追回资金并归还原渠道，调整会计账目和决算（草案）；对多计支出问题，要求按照实际支出调整会计账目和决算（草案）；对违规发放购物卡问题，要求收回违规发放的资金；对所属单位未将有关收入及资产纳入法定账册统一核算管理问题，要求责成其将收入及资产纳入法定账册统一核算管理；对所属单位未严格执行政府采购有关规定问题，要求严格按规定管理；对公务用车超编问题，要求对超编制配备使用的车辆按规定处置；对所属单位超出批准范围组织艺术考试并颁证收费问题，要求停止上述行为；对所属单位软件正版化专项检查和整改工作不到位问题，要求尽快完成正版化工作。

针对审计发现的问题，审计署建议：文化部应加强预算编制环节的管理，进一步细化预算；加强对项目资金的管理和使用，从严控制开支范围；加强对政府采购工作的管理，认真编制政府采购预算，严格遵守政府采购的有关规定。

四、审计发现问题的整改情况

对此次审计发现的问题，文化部及其所属单位进行了积极整改。对扩大专项资金支出范围问题，已将专项资金归还原渠道并调整了会计账目；对所属中国歌剧舞剧院未将有关收支及资产纳入法定账册统一核算问题，已按要求纳入单位统一管理；对公务用车超编问题，已清退或处置超编车辆12辆。其他问题正在整改中。

附件： 1. 文化部2011年度预算执行总体情况表（略）

2. 文化部2011年度重点审计单位和资金预算执行情况表（略）

卫生部2011年度预算执行情况和其他财政收支情况审计结果

根据《中华人民共和国审计法》的规定，

2011年11月至2012年3月，审计署对卫生部2011年度预算执行情况和其他财政收支情况进行了审计，重点审计了部本级和所属机关服务中心、中国医学科学院等9个单位，并对有关事项进行了延伸审计。

一、基本情况

卫生部为中央财政一级预算单位，部门预算由部本级和56个二级预算单位的预算组成。财政部批复卫生部2011年度的部门预算支出为1 189 255.49万元（指财政性资金预算，下同），卫生部决算（草案）反映的当年预算执行数为1 106 798.48万元，其部门预算与执行结果的差异总额为82 457.01万元。差异的具体情况及产生原因见附件1。

本次审计卫生部本级及所属单位2011年度预算支出共计318 449.72万元，占部门预算支出总额的26.77%。审计查出预算执行中不符合财经制度规定的问题金额1 226.16万元，其中2011年发生478万元；其他财政收支方面不符合财经制度规定的问题金额19 946.18万元。上述问题对卫生部2011年度预算执行结果的影响见附件2。

审计结果表明，卫生部本级和本次审计的所属单位2011年度预算收支基本符合预算法及相关法律法规，会计处理基本符合会计法及有关会计制度规定；卫生部强化了内设部门和所属单位主要负责人的预算管理责任，建立了“预算执行管理信息系统”；以前年度审计查出的问题已全部整改。

二、审计发现的主要问题

（一）预算执行中存在的主要问题。

1.2011年，所属中国医学科学院药用植物研究所（以下简称医科院药植所）在前期论证不充分的情况下，申请项目预算300万元，至年底资金全部闲置。

2.2010年至2011年，所属医科院药植所使用“中药资源保护与可持续利用研究平台设备购置”项目资金购置926.16万元设备，未编入年初新增资产配置预算。

（二）其他财政收支中存在的主要问题。

1.2011年，所属机关服务中心将卫生部所有的3处房产对外出租，取得的出租收入141.65万元未按“收支两条线”管理规定上缴。

2.所属机关服务中心对外投资638.85万元，至2011年底未在该中心法定账册核算。

3.所属北京协和医学院（原中国协和医科大学）对外投资1700万元，至2011年底未在该院法定账册核算。

4.至2011年底，所属医科院药植所2010年6月已验收并投入使用的投资1.21亿元的职工住宅建设工程、所属中国医学科学院医学信息研究所（以下简称医科院信息所）2009年10月完工并投入使用的投资2980万元的科研楼加固工程，均未办理竣工决算。

5.至2011年底，所属机关服务中心、中国疾病预防控制中心辐射防护与核安全医学所（以下简称疾控中心辐射所）、中国医学科学院医药生物技术研究所等3家单位将取得的部分收入在往来科目挂账或直接冲减支出，造成少计收入共计1 355.88万元。

6.至2011年底，所属医科院药植所2006年以来已结题的86项科研课题未及时结账，经费结余343.03万元长期在往来科目挂账。

7.2011年，所属医科院信息所、疾控中心辐射所未经批准出租房屋，取得房租收入625.76万元。

8.审计卫生部及课题承担单位实施的209个科技重大专项课题发现，部分单位采取虚列支出等方式转移套取财政资金529.33万元；改变资金用途扩大支出范围4 695.97万元；无预算或超预算支出1 393.79万元；会计核算及资产采购管理使用不规范等问题29 540.49万元；配套资金不到位以及虚假配套等问题6 611.53万元；特设账户管理使用不规范问题1 799.63万元。

三、审计处理情况和建议

对上述问题，审计署已依法出具了审计报告、对卫生部下达了审计决定书。对所属单位前期论证不充分造成项目资金闲置、资产购置未纳入新增资产预算问题，要求责成其加强预算管理，严格执行相关规定；对所属单位国有资产出租收入未按“收支两条线”管理规定上缴问题，要求责成其实行“收支两条线”管理，按规定上缴租金收入；对所属单位对外投资不入账问题，要求责成其清理入账；对所属单位未及时办理竣工财务决算问题，要求责成其尽快办理竣工决算；对所属单位收入在往来科目挂账问题，要求责成其及时清理；对所属单位未经报批对外出租房产的问题，要求责成其补办报批手续；对科技重大专项资金财务收支不规范问题，要求督促有关课题承担单位按照规定整改，改进和加强对重大专项资金使用的监督管理。

针对审计发现的问题，审计署建议：卫生部应进一步加强预算管理，科学合理地编制预算，加强对所属单位国有资产监管，规范财务管理，并加大对科技重大专项资金的监管力度。

四、审计发现问题的整改情况

对此次审计发现的问题，卫生部及相关所属单位高度重视，采取有效措施进行整改。对所属北京协和医学院对外投资不入账问题，已将账外投资登记入账；对所属单位收入在往来科目挂账和课题经费结余问题，已调增了有关收入，将科研课题经费结余转入科研收入。其他问题正在整改中。

附件： 1. 卫生部 2011 年度预算执行总体情况表（略）

2. 卫生部 2011 年度重点审计单位和资金预算行情况表（略）

国家人口和计划生育委员会 2011 年度预算执行情况和其他财政收支情况审计结果

根据《中华人民共和国审计法》的规定，2011 年 12 月至 2012 年 3 月，审计署对国家人口和计划生育委员会（以下简称人口计生委）2011 年度预算执行情况和其他财政收支情况进行了审计，重点审计了委本级和所属机关服务中心、中国人口宣传教育中心（以下简称宣教中心）等 5 个单位，并对有关事项进行了延伸审计。

一、基本情况

人口计生委为中央财政一级预算单位，部门预算由人口计生委本级和 12 个二级预算单位的预算组成。财政部批复人口计生委 2011 年度的部门预算支出为 44 958.62 万元（指财政性资金预算，下同），人口计生委决算（草案）反映的当年预算执行数为 34 844.43 万元，其部门预算与执行结果的差异总额为 10 114.19 万元。差异的具体情况及产生原因见附件 1。

本次审计人口计生委本级及所属单位 2011 年度预算支出共计 33 909.81 万元，占部门预算支出总额的 75.42%。审计查出预算执行中不符合财经制度规定的问题金额 3 355.47 万元，其中 2011 年发生 1 971.47 万元；其他财政收支方面不符合财经制度规定的问题金额 7 565.8 万元。上述问题对人口计生委 2011 年度预算执行结果的影响见附件 2。

审计结果表明，人口计生委本级和本次审计的所属单位 2011 年度预算收支基本遵守了预算法及相关法律法规，会计处理基本符合会计法及有关会计制度规定；以前年度审计查出的问题基本得到了整改。

二、审计发现的主要问题

（一）预算执行中存在的主要问题。

1. 委本级违反规定用途使用资金 1384 万元。其中：2009 年 12 月，将搬家回迁等专项资金 884 万元用于所属机关服务中心维修改造；2009 年 6 月和 2010 年 4 月，将奖励扶助等专项资金 500 万元拨付给所属中国生殖健康产业协会作周转金使用。

2. 2011 年，委本级在项目支出中列支超过预算范围的办公费、交通费和招待费等共1 202.73 万元。

3. 2011 年，委本级未经批准在预算科目之间调剂使用资金 98 万元。

4. 2011 年，委本级车辆购置及运行费实际支出超出预算 31.24 万元。

5. 2011 年，所属宣教中心在项目支出中列支不属于项目预算的费用 98.53 万元。

6. 执行政府采购制度不规范。

（1）委本级印刷费支出 51.55 万元和所属机关服务中心办公家具支出 55.21 万元，未按规定实行政府集中采购。

（2）所属药具发展中心实际发生政府采购设备支出 89.77 万元，未编制政府采购预算。

（3）所属人口文化发展中心使用人口文化动漫产品开发项目资金支付制作费 184.05 万元，未实行公开招标。

（4）所属科学技术研究所在基本科研业务费项目中支付基因组信息提取费 160.39 万元，采取化整为零的方式规避公开招标。

（二）其他财政收支中存在的主要问题。

1. 2009 年以来，人口计生委违规要求下属 9 个单位每年向机关服务中心缴纳综合服务费，至 2011 年累计收取 406.4 万元，其中 2011 年发生 80 万元。

2. 2011 年，委本级及所属部分单位违规向本单位和下属单位基本存款账户划拨资金 5 925.81 万元。

3. 所属机关服务中心未经批准将受托管理的委机关房产出租，2011 年取得出租收入 164.15 万元未按“收支两条线”管理规定上缴；所属科学技术研究所未经批准将部分房屋出租，2011 年取得出租收入 255 万元。

4. 2009 年至 2010 年，所属宣教中心由下属北京仁宣信息有限公司以 36.50 万元购买 1 辆轿车，以 0.2 万元从下属中国人口音像出版社购买账面价值 34.89 万元的 2 辆轿车，归中心领导使用。

5. 至 2011 年底，所属机关服务中心 1993 年设立北京迪依经贸公司投资的 50 万元，一直未纳入该中心法定账册核算。

6. 2011 年，所属机关服务中心未经批准借给北京汤山假日会议中心 260 万元，至年底仍有 160 万元未收回。

7. 2009 年 12 月，所属科学技术研究所未经批准与相关单位等签订和解协议，将法院裁定的 417 万元债权核减 210 万元。

8. 至 2011 年底，所属科学技术研究所 2004 年至 2010 年投资 2217 万元、已完工投入使用的 6 个基建项目，所属中国人口与发展研究中心 2009 年 5 月投资 3 102.1 万元、已完工的信息楼改扩建工程，均未办理竣工财务决算。

9. 委本级软件正版化整改工作不到位，安装的正版软件未按规定纳入资产管理，涉及金额 87.44 万元。

三、审计处理情况和建议

对上述问题，审计署已依法出具了审计报告、对人口计生委下达了审计决定书。对未按规定用途使用资金问题，要求归还资金原渠道；对超范围列支、在预算科目间调剂使用资金和超预算支出问题，要求严格按照批复预算执行；对所属单位在项目经费中列支其他费用问题，要求责成其归还资金原渠道；对本级和所属单位执行政府采购制度不规范问题，要求严格执行政府采购制度有关规定；对违规收费问题，要求停止收费；对违规向基本账户划拨资金问题，要求责成相关单位严格执行有关规定；对违规出租房屋和出租收入未按规定上缴问题，要求责成相关单位补办审批手续，按规定上缴出租收入；对所属宣教中心无偿使用车辆问题，要求责成其将车辆退还；对所属机关服务中心对外投资未纳入法定账册核算问题，要求责成其调整会计账目；对所属单位未经批准对外借款、处置国有资产问题，要求责成相关单位按规定纠正，补办相关手续；对所属单位未及时办理基建项目竣工决算问题，要求责成相关单位尽快办理竣工决算；对软件正版化整改工作不到位问题，要求将软件纳入资产管理。

针对审计发现的问题，审计署建议：人口计生委应进一步加强项目支出管理，严格按照项目预算用途使用资金，明确项目目标和要求，充分发挥财政资金使用效益；加强对下属单位的财务指导和监督，督促下属单位严格遵守国有资产使用、处置及政府采购等有关规定，规范财务核算，建立责任追究制度。

四、审计发现问题的整改情况

对此次审计发现的问题，人口计生委高度重视，认真制定整改措施，责成各单位积极进行整改，已收回部分未按规定用途使用的资金，责成所属单位将下属单位的车辆退还。其他问题正在整改中。

附件：1. 人口计生委 2011 年度预算执行总体情况表（略）

2. 人口计生委 2011 年度重点审计单位和资金预算执行情况表（略）

中国人民银行 2011 年度财务收支情况审计结果

根据《中华人民共和国审计法》的规定，2011 年 11 月至 2012 年 2 月，审计署对中国人民银行（以下简称人民银行）2011 年度财务收支情况进行了审计，重点审计了人民银行总行、国家外汇管理局和所属 17 家分支机构、7 家企事业单位，并对有关事项进行了延伸审计。

一、基本情况

人民银行为中央财政一级预算单位，部门预算由总行本级和45个二级预算单位的预算组成。审计结果表明，人民银行本级和本次审计的所属单位2011年度财务收支基本能够遵守预算法及相关法律法规，会计处理基本符合会计法及有关会计制度规定；加强了资产负债和预算管理，开展了专项资产损失核销和预算执行进度专项检查等工作，对以前年度审计发现的问题进行了认真整改。

二、审计发现的主要问题

（一）预算执行中存在的主要问题。

1.2011年，所属重庆营业管理部等17家分支机构未经批准，在公用经费、项目支出和专项经费中列支人员经费20 912.24万元。

2.2011年，所属太原中心支行等14家分支机构未经批准，在预算科目之间相互调剂使用预算资金5 672.23万元。

3.2011年，所属南京分行等3家分支机构未经批准，在本级列支下属单位支出等361.29万元。

（二）其他财务收支中存在的主要问题。

1.2011年，所属太原中心支行等10家分支机构将地方政府以经费补助或奖励等名义拨付的资金3 967.08万元在往来科目核算，用于发放奖金津贴和支付办公经费等。

2.2011年，所属昆明中心支行等9家分支机构将固定资产处置和出租收入等890.76万元，在往来科目核算或直接冲减当期费用。

3.至2011年底，外汇管理局上海市分局等7家分支机构有价值2 516.16万元的资产未在法定账册核算。

三、审计处理情况和建议

对上述问题，审计署已依法出具了审计报告、对人民银行下达了审计决定书。对所属分支机构未经批准扩大有关预算支出范围、调剂使用预算资金、列支下属单位支出，以及地方政府拨款和资产处置、出租收入管理核算不规范问题，要求责成相关单位调整会计账目和决算（草案）；对有关分支机构账外资产问题，要求责成相关单位将账外资产纳入法定账册管理，相应调整决算（草案）。

针对审计发现的问题，审计署建议：人民银行应进一步加强对分支机构预算执行的监督检查工作，并严肃财务收支纪律，规范有关收入及资产管理和核算。

四、审计发现问题的整改情况

对此次审计发现的问题，人民银行高度重视，认真组织进行纠正和整改，部分分支机构已将账外资产纳入固定资产账核算。其他问题正在整改中。

海关总署2011年度预算执行情况和其他财政收支情况审计结果

根据《中华人民共和国审计法》的规定，2011年12月至2012年3月，审计署对海关总署2011年度预算执行情况和其他财政收支情况进行了审计，重点审计了署本级和所属全国海关信息中心（以下简称信息中心）、中国报关协会等8个单位，并对有关事项进行了延伸审计。

一、基本情况

海关总署为中央财政一级预算单位，部门预算由署本级和53个二级预算单位的预算组成。财政部批复海关总署2011年度的部门预算支出为1 323 418.28万元（指财政性资金预算，下同），海关总署决算（草案）反映的当年预算执行数为1 069 312.12万元，其部门预算与执行结果的差异总额为254 106.16万元。差异的具体情况及产生原因见附件1。

本次审计海关总署本级及所属单位2011年度预算支出共计230 595.73万元，占部门预算支出总额的17.42%。审计查出当年预算执行中不符合财经制度规定的问题金额14 064.53万元，其他财政收支方面不符合财经制度规定的问题金额6 162.06万元。上述问题对海关总署2011年度预算执行结果的影响见附件2。

审计结果表明，海关总署本级和本次审计的所属单位2011年度预算收支基本能够遵守预算法及相关法律法规，会计处理基本符合会计法及有关会计制度规定；加大统筹使用以前年度结余资金的力度，积极推进绩效考评工作，建立了考评规程和指标体系。

二、审计发现的主要问题

（一）预算执行中存在的主要问题。

1.2011年，署本级未经批准调剂使用基本支出和项目支出预算 4 927.34 万元。其中，在基本支出中列支政务信息化项目支出 1 231.75 万元，在项目支出中列支培训费、医药费和体检费等基本支出 3 695.59 万元。

2.2011 年，所属信息中心在承担海关总署信息化项目时，未按规定申报项目支出预算，而是将取得的项目财政资金 9 137.19 万元作为事业收入管理；年底结余未按财政拨款结余的相关规定办理，而是作为事业基金自行支配。

此外，署本级“博物馆布展专项”等 3 个项目预算当年实际执行率较低。

（二）其他财政收支中存在的主要问题。

1.2011 年，署本级将应公开招标采购的中国海关政务公开信息管理系统运行维护等服务和设备，以单一来源方式直接采购，共支付 676.95 万元。

2.2011 年，海关总署部分司局和所属单位，将应实行部门集中采购的中国海关门户网站技术开发及支持、信息管理系统开发及维护等项目，进行分散采购，涉及采购支出 4 232.8 万元。

3.2011 年 5 月，所属全国海关教育培训中心购买报关员计算机化考点服务，未按规定实行政府采购，合同金额 986.39 万元。

4.2010 年至 2011 年，所属中国报关协会未按规定报经价格主管部门批准，向报关企业收取代理报关委托书相关费用 265.92 万元，其中 2011 年发生 161.19 万元。

三、审计处理情况和建议

对上述问题，审计署已依法出具了审计报告、对海关总署下达了审计决定书。对基本支出和项目支出相互调剂问题，要求严格按照规定执行；对未按规定申报项目支出预算问题，要求商有关部门处理，结余纳入下年度预算管理；对部分项目预算执行率较低问题，要求严格按规定编制项目预算，切实提高预算执行率；对未按规定实行公开招标和政府采购问题，要求严格按规定执行；对未经批准收费问题，要求将收费报发展改革委审批，明确收费的性质和定价形式。

针对审计发现的问题，审计署建议：海关总署应严格按预算支出，加快预算执行进度，提高财政资金使用效益；进一步加强政府采购管理，强化对所属单位政府采购的审查和监督，严格执行集中采购制度。

四、审计发现问题的整改情况

对此次审计发现的问题，海关总署及所属单位高度重视，已着手对有关问题进行整改。对未严格执行预算、未按规定进行政府采购等问题，海关总署表示今后要加强管理，严格按照国家有关招投标、政府采购规定执行。其他问题正在整改中。

附件：1. 海关总署 2011 年度预算执行总体情况表（略）

2. 海关总署 2011 年度重点审计单位和资金预算执行情况表（略）

国家税务总局 2011 年度预算执行情况和其他财政收支情况审计结果

根据《中华人民共和国审计法》的规定，2011 年 4 月至 6 月，审计署对国家税务总局（以下简称税务总局）的预算执行情况和其他财政收支情况进行了审计，重点审计了局本级和所属中国税务杂志社等 6 个单位，并对有关事项进行了延伸审计。

一、基本情况

税务总局为中央财政一级预算单位，部门预算由局本级和 45 个二级预算单位的预算组成。审计结果表明，税务总局本级和本次审计的所属单位预算收支基本能够遵守预算法及相关法律法规，会计处理基本符合会计法及有关会计制度规定，以前年度审计指出的问题得到了认真整改，内部审计监督工作也进一步加强。

二、审计发现的主要问题

（一）税务总局与其他单位 1996 年共建的房屋竣工交付使用后，一直未办理资产移交手续，其中属于该局的价值 9 400.4 万元的资产，未纳入其法定账册核算管理。

（二）至 2011 年，局本级和所属中国税务杂志社以前年度对中国国际税务咨询公司的投资和出借资金余额 2253 万元，因该公司资不抵债面临损失风险。

（三）2007 年至 2010 年，税务总局有关司局和所属采购中心违反政府采购程序下达采购计划，在采购合同之外多印制印花税票纪念册 13.51

万册。

三、审计处理情况和建议

对上述问题，审计署已依法出具了审计报告。对共建资产未纳入法定账册核算管理问题，要求尽快纳入法定账册核算管理；对投资和出借资金面临损失风险问题，要求采取措施尽快完成对投资企业的清理整顿；对违反政府采购程序下达采购计划问题，要求责成相关单位严格执行政府采购规定。

针对审计发现的问题，审计署建议：税务总局应进一步加强政府采购项目全过程监控，提高政府采购管理水平；加强对内设机构和所属单位的监管，认真清理对外投资和借款，进一步完善内部管理制度。

四、审计发现问题的整改情况

对此次审计发现的问题，税务总局高度重视，对违反政府采购程序问题已经整改落实；对投资和借款面临损失风险问题，已组织开展资产核查和盘点。其他问题正在整改中。

国家工商行政管理总局
2011 年度预算执行情况和其他财政收支情况审计结果

根据《中华人民共和国审计法》的规定，2012 年 1 月至 3 月，审计署对国家工商行政管理总局（以下简称工商总局）2011 年度预算执行情况和其他财政收支情况进行了审计，重点审计了局本级及所属商标局、经济信息中心等 4 家单位，并对有关事项进行了延伸审计。

一、基本情况

工商总局为中央财政一级预算单位，部门预算由局本级和 11 个二级预算单位的预算组成。财政部批复工商总局 2011 年度的部门预算支出为 73 997.87万元（指财政性资金预算，下同），工商总局决算（草案）反映的当年预算执行数为 54 369.08万元，其部门预算与执行结果的差异总额为 19 628.79 万元。差异的具体情况及产生原因见附件 1。

本次审计工商总局本级及所属单位 2011 年度预算支出共计 68 060.9 万元，占部门预算支出总额的 91.98%。审计查出当年预算执行中不符合财经制度规定的问题金额 1 111.7 万元，其他财政收支方面不符合财经制度规定的问题金额 1 486.5万元。上述问题对工商总局 2011 年度预算执行结果的影响见附件 2。

审计结果表明，工商总局本级和本次审计的所属单位 2011 年度预算收支基本遵守了预算法及相关法律法规，会计处理基本符合会计法及有关会计制度规定。

二、审计发现的主要问题

（一）预算执行中存在的主要问题。

1. 2011 年，工商总局部分司局会议超标准支出共 143.84 万元；局本级及所属商标局会议费超预算支出 156.54 万元，局本级培训费超预算支出 367.74 万元。

2. 2011 年，局本级未经批准在不同科目（项目）之间调剂使用预算资金 81.90 万元。

3. 2011 年，局本级将部分项目支出调入往来科目挂账，导致决算少计支出 177.31 万元。

4. 2011 年，局本级未将 184.37 万元的政府采购项目编入政府采购预算。

（二）其他财政收支中存在的主要问题。

1. 2011 年，局本级在行政执法体系建设专项中列支 167.42 万元为地方工商局购买电脑等设备，未统一纳入固定资产账核算；未将消防设施设备改造施工中由承包方代购的 12.14 万元设备纳入固定资产账统一核算。

2. 2011 年 9 月至 12 月，所属通达商标服务中心违规收取商标查询费 205.28 万元。

3. 2009 年，局本级将收到所属通达商标服务中心上缴的《商标公告》销售收入 500 万元列作其他收入，未按规定冲减相关项目支出。

4. 2007 年至 2011 年 3 月，所属商标局行政性收费过渡户利息收入 601.66 万元未按“收支两条线”管理规定上缴。

5. 局本级及所属商标评审委员会、中国工商行政管理学会等 4 家单位软件正版化专项检查和整改工作不到位，7 台计算机重新安装的办公软件存在非正版授权的问题。

三、审计处理情况和建议

对上述问题，审计署已依法出具了审计报告、对工商总局下达了审计决定书。对会议费、培训费支出超预算等问题，要求加强费用支出管理，严格执行开支标准；对未经批准调剂使用预算资金问题，要求严格按预算安排列支；对政府采购预算编制不完整问题，要求细化采购项目内容，完整编制相关预算；对固定资产核算不规范问题，要求据实规范核算；对所属通达商标服务中心违规收取商标查询费、《商标公告》销售收入未按规定冲减支出问题，要求责成其立即停止收费，上缴违规收入，并调整相关会计账目和决算（草案）；对所属商标局过渡户利息收入未按规定上缴问题，要求责成其按规定上缴；对软件正版化专项检查和整改不到位问题，要求尽快整改到位。

针对审计发现的问题，审计署建议：工商总局应加强政府采购和会议费支出管理工作，从严控制经费开支；加强对项目经费的使用监管与绩效考评工作，严格项目资金开支范围；加强对所属单位的财务监管。

四、审计发现问题的整改情况

对此次审计发现的问题，工商总局高度重视，积极组织整改。对固定资产核算不规范问题，已补记入账；对所属单位《商标公告》收入未按规定冲减支出、过渡户利息收入未按规定上缴问题，已按规定调整会计账目，上缴有关收入；对软件正版化专项检查和整改不到位问题，已重新安装了正版软件。其他问题正在整改中。

附件：1. 工商总局2011年度预算执行总体情况表（略）

2. 工商总局2011年度重点审计单位和资金预算执行情况表（略）

国家质量监督检验检疫总局
2011年度预算执行情况和其他财政收支情况审计结果

根据《中华人民共和国审计法》的规定，2011年11月至2012年3月，审计署对国家质量监督检验检疫总局（以下简称质检总局）2011年度预算执行情况和其他财政收支情况进行了审计，重点审计了局本级和所属国家认证认可监督管理委员会、国家标准化管理委员会（以下分别简称认监委、标准委）等4个单位，并对有关事项进行了延伸审计。

一、基本情况

质检总局为中央财政一级预算单位，部门预算由局本级和48个二级预算单位的预算组成。财政部批复质检总局2011年度的部门预算支出为1 097 587.62万元（指财政性资金预算，下同），质检总局决算（草案）反映的当年预算执行数为999 913.55万元，其部门预算与执行结果的差异总额为97 672.07万元。差异的具体情况及产生原因见附件1。

本次审计质检总局本级及所属单位2011年度预算支出共计52 164.80万元，占部门预算支出总额的4.75%。审计查出当年预算执行中不符合财经制度规定的问题金额2 758.62万元，其他财政收支方面不符合财经制度规定的问题金额264.54万元。上述问题对质检总局2011年度预算执行结果的影响见附件2。

审计结果表明，质检总局本级和本次审计的所属单位2011年度预算收支基本遵守了预算法及相关法律法规，会计处理基本符合会计法及有关会计制度规定；逐步完善了有关财务管理制度；以前年度审计查出的问题得到了认真整改。

二、审计发现的主要问题

（一）预算执行中存在的主要问题。

1.2011年，局本级在“检验检疫经费”等项目经费中列支与项目无关的会议费、设备费和广告费等共226.44万元。

2.2011年，局本级向所属机关服务中心拨付的办公楼运行管理费700万元，未按项目实际执行进度拨款。

3.2011年，所属中国检验检疫科学研究院、认监委分别提前列支项目预算资金1 765.93万元，当年实际未执行。

4.2011年，局本级在未发生实际业务的情况下，以支付所属机关服务中心公务用车维修费、办公楼水费和电费等名义虚列支出共66.35万元。

（二）其他财政收支中存在的主要问题。

1.2010年以来，所属中国合格评定国家认可中心为扶持下属企业发展，以“咨询管理费”名义违规支付给该公司264.54万元，其中2011年发生119.43万元。

2. 所属标准委和机关服务中心等单位软件正版化专项检查和整改工作不到位，15台办公电脑存在未配备正版办公软件的问题。

三、审计处理情况和建议

对上述问题，审计署已依法出具了审计报告、对质检总局下达了审计决定书。对扩大项目经费支出范围、未按项目实际执行进度拨款和虚列支出问题，要求调整会计账目和决算（草案），规范项目支出；对所属中国合格评定国家认可中心违规支付下属公司款项问题，要求责成其严格按照相关规定处理；对所属单位软件正版化专项检查和整改工作不到位问题，要求责成其尽快整改。

针对审计发现的问题，审计署建议：质检总局应进一步加强项目支出预算的管理和财政专项资金的监督检查工作，严格按照项目支出范围执行，切实做到专款专用，提高财政资金使用效益。

四、审计发现问题的整改情况

对此次审计发现的问题，质检总局逐项制定了整改措施，虚列支出和软件正版化问题已整改完毕，其他问题正在整改中。

附件：1. 质检总局 2011 年度预算执行总体情况表（略）

2. 质检总局 2011 年度重点审计单位和资金预算执行情况表（略）

国家广播电影电视总局 2011 年度预算执行情况和其他财政收支情况审计结果

根据《中华人民共和国审计法》的规定，2011 年 4 月至 6 月，审计署对国家广播电影电视总局（以下简称广电总局）预算执行情况和其他财政收支情况进行了审计，重点审计了局本级和所属机关服务中心、无线电台管理局和中央电视台，并对有关事项进行了延伸审计。

一、基本情况

广电总局为中央财政一级预算单位，部门预算由局本级和 25 个二级预算单位的预算组成。审计结果表明，广电总局本级和本次审计的所属单位预算收支基本遵守了预算法及相关法律法规，会计处理基本符合会计法及有关会计制度规定，以前年度审计发现的问题得到了认真整改。

二、审计发现的主要问题

（一）2008 年至 2009 年，所属中央电视台少儿频道（以下简称少儿频道）虚列项目临时用人费用，向北京中视汇才文化有限公司转款 96 万元，并由少儿频道非正式人员以报销差旅费、汽油费等名义从中领取 86.18 万元。

（二）2009 年 12 月，少儿频道向一公司支付栏目宣传品制作费等 27.94 万元，实际该公司并未按协议约定为少儿频道设计或制作宣传品。

三、审计处理情况和建议

对上述问题，审计署已依法出具审计报告，并依法移送有关部门调查处理。

针对审计发现的问题，审计署建议：广电总局应进一步加大对所属单位的监管力度，完善其重大经济事项集体决策机制和责任追究制度。

四、审计发现问题的整改情况

对此次审计发现的问题，广电总局高度重视，已责成所属中央电视台健全节目经费管理制度，强化合同审批管理，并对 4 名责任人员做出了党纪政纪处分。

国家体育总局 2011 年度预算执行情况和其他财政收支情况审计结果

根据《中华人民共和国审计法》的规定，2011 年 11 月至 2012 年 3 月，审计署对国家体育总局（以下简称体育总局）2011 年度预算执行情况和其他财政收支情况进行了审计，重点审计了局本级和所属北京体育大学、国家奥林匹克体育中心（以下分别简称北体大、奥体中心）等 8 个单位，并对有关事项进行了延伸审计。

一、基本情况

体育总局为中央财政一级预算单位，部门预算由局本级和 42 个二级预算单位的预算组成。财政部批复体育总局 2011 年度的部门预算支出为 246 728.98 万元（指财政性资金预算，下同），体育总局决算（草案）反映的当年预算执行数为 221 728.19 万元，其部门预算与执行结果的差异总额为 25 000.79 万元。差异的具体情况及产生原因见附件 1。

本次审计体育总局本级及所属单位 2011 年度预算支出共计 127 284.13 万元，占部门预算支出总额的 51.59%。审计查出当年预算执行中不符合财经制度规定的问题金额 209.11 万元，其他财政收支方面不符合财经制度规定的问题金额 17 876.8万元。上述问题对体育总局 2011 年度预算执行结果的影响见附件 2。

审计结果表明，体育总局本级和本次审计的所属单位 2011 年度预算收支基本遵守了预算法及相关法律法规，会计处理基本符合会计法及有关会计制度规定；内部审计工作进一步加强，以前年度审计查出的问题已全部整改。

二、审计发现的主要问题

（一）预算执行中存在的主要问题。

1.2011 年 11 月，局本级向首都体育学院拨付学校体育场馆开放调研工作经费 49.05 万元，至年底有关调研工作并未实施。

2.2011 年，所属部分单位扩大支出范围 160.06 万元。其中：所属北体大在购置国家队服务用车等项目中列支其他车辆购置支出 38 万元；北体大附属竞技体校在竞技后备力量项目中列支与项目无关的教师培训支出 91.62 万元、篮球场地修缮支出 30.44 万元。

（二）其他财政收支中存在的主要问题。

1.2011 年，所属北体大将总投资 200 万元的学生公寓维修工程项目分拆为 2 个项目申报，以规避公开招标。

2.2009 年以来，所属奥体中心未经批准对外出租价值 9 676.80 万元的房产。

3.2011 年 3 月和 7 月，所属北体大先后将在基本存款户定期存放的 5000 万元和 3000 万元转存至其他银行，未按规定在原开户银行办理。

4. 至 2011 年底，所属登山运动管理中心、武术运动管理中心软件正版化专项检查和整改工作不到位，尚未为所有办公电脑安装正版办公软件。

三、审计处理情况和建议

对上述问题，审计署已依法出具了审计报告、对体育总局下达了审计决定书。对提前拨付项目资金问题，要求按项目执行进度拨付资金；对所属单位扩大支出范围问题，要求责成相关单位追回资金并归还原渠道，调整会计账目和决算（草案）；对所属单位化整为零规避招投标问题，要求责成其严格执行有关政府采购规定；对所属单位未经批准对外出租房产问题，要求责成纠正；对所属单位违规转存资金问题，要求责成其按规定将资金转回原开户银行存放；对所属单位软件正版化专项检查和整改工作不到位问题，要求组织进行全面清查整改。

针对审计发现的问题，审计署建议：体育总局应加强项目预算资金管理，严格支出范围和拨款进度，规范资产出租和政府采购管理。

四、审计发现问题的整改情况

对此次审计发现的问题，体育总局十分重视，要求有关单位立即整改。对违规扩大支出范围问题，已责成相关单位归还资金原渠道，并调整会计账目和决算（草案）；对未经批准对外出租房产问题，已责成相关单位整改。其他问题正在整改中。

附件： 1. 体育总局 2011 年度预算执行总体情况表（略）

2. 体育总局 2011 年度重点审计单位和资金预算执行情况表（略）

国家知识产权局 2011 年度预算执行情况和其他财政收支情况审计结果

根据《中华人民共和国审计法》的规定，2011 年 4 月至 6 月，审计署对国家知识产权局（以下简称知识产权局）预算执行情况和其他财政收支情况进行了审计，重点审计了局本级和所属专利局、专利审查协作中心等 6 个单位，并对有关事项进行了延伸审计。

一、基本情况

知识产权局为中央财政一级预算单位，部门预算由局本级和 13 个二级预算单位的预算组成。审计结果表明，知识产权局本级和本次审计的所属单位预算收支基本遵守了预算法及相关法律法规，会计处理基本符合会计法及有关会计制度规定。

二、审计发现的主要问题

（一）2007 年至 2010 年，所属专利局等 4 个单位在“专利受理审批业务专项”经费中，列支与项目无关的学习培训及集体活动等经费支出 6 118.51万元。

（二）2009 年至 2010 年，所属专利局向中国专利信息中心和中国知识产权报社预拨合同款

10 720.13万元，直接列作事业支出，相关项目当年实际并未支出。

（三）2010年至2011年，所属专利局未按规定公开招标进行政府采购，涉及金额9 571.5万元。

三、审计处理情况和建议

对上述问题，审计署已依法出具了审计报告。对所属单位扩大项目经费支出范围问题，要求加强对所属单位的预算执行监督；对所属专利局提前拨付项目经费问题，要求责成其规范支出管理；对所属专利局执行政府采购制度不规范问题，要求责成其严格执行政府采购有关规定。

针对审计发现的问题，审计署建议：知识产权局应进一步完善财务管理制度，加强对所属单位业务和财务收支情况的监管。

四、审计发现问题的整改情况

对审计发现的问题，知识产权局高度重视，认真部署整改工作，逐项研究提出了整改措施，具体问题正在整改中。

国家宗教事务局
2011年度预算执行情况和其他财政收支情况审计结果

根据《中华人民共和国审计法》的规定，2011年12月至2012年3月，审计署对国家宗教事务局（以下简称宗教局）2011年度预算执行情况和其他财政收支情况进行了审计，重点审计了局本级和所属机关服务局、培训中心等4个单位，并对有关事项进行了延伸审计。

一、基本情况

宗教局为中央财政一级预算单位，部门预算由局本级和所属二级预算单位的预算组成。审计结果表明，宗教局本级和本次审计的所属单位2011年度预算收支基本遵守了预算法及相关法律法规，会计处理基本符合会计法及有关会计制度规定。

二、审计发现的主要问题

（一）预算执行中存在的主要问题。

1.2011年度政府采购预算编制不完整，涉及金额227.28万元。其中，局本级实际发生政府采购支出235.50万元，超出政府采购预算140.5万元；所属单位实际发生政府采购支出86.78万元，未编制政府采购预算。

2.2011年，所属机关服务局的项目预算中编入局本级公务用车运行维护费，当年实际发生57.99万元，超出预算5.99万元。

3.2011年，局本级违规扩大5个财政专项的支出范围，从中列支日常公用等支出52.87万元。

4.2011年，局本级列支7个项目经费1788万元拨付给地方宗教工作部门，其中1 305.21万元当年实际未支出。

5.2011年，局本级多支付所属机关服务局房产保管费和挂职干部宿舍管理费26.52万元，用于弥补其基本支出不足。

（二）其他财政收支中存在的主要问题。

1.至2011年底，所属机关服务局应收未收房屋租金60.65万元，其中2011年发生30.78万元。

2.2011年，局本级和所属培训中心报销使用的凭证中有不规范专用发票和行程单，涉及金额282.03万元。

3.所属单位软件正版化专项检查和整改工作不到位，安装使用的软件中有70套为非正版。

三、审计处理情况和建议

对上述问题，审计署已依法出具了审计报告、对宗教局下达了审计决定书。对政府采购预算编制不完整和所属单位项目预算编入局本级预算问题，要求规范编报工作；对违规扩大支出范围问题，要求归还资金原渠道，调整会计账目和决算（草案）；对拨付地方宗教工作部门资金未及时支出问题，要求加强预算执行进度管理；对多支付所属机关服务局房产费用问题，要求据实结算；对所属机关服务局应收未收房屋租金问题，要求责成其收回租金；对报销凭证不规范问题，要求清理规范；对于使用非正版软件问题，要求尽快清理整改。

针对审计发现的问题，审计署建议：宗教局应进一步提高预算编制的科学性，严格按相关规定管理使用资金，确保预算执行进度，建立健全预算、资产等管理制度。

四、审计发现问题的整改情况

对此次审计发现的问题，宗教局正在组织进行整改。对扩大支出范围问题，已归还资金原渠道，并调整会计账目；对报销凭证不规范问题，已组织相关单位进行清理。其他问题正在整改中。

中国科学院2011年度预算执行情况和其他财政收支情况审计结果

根据《中华人民共和国审计法》的规定，2011年11月至2012年3月，审计署对中国科学院（以下简称中科院）2011年度预算执行情况和其他财政收支情况进行了审计，重点审计了院本级和所属微生物研究所、生物物理研究所、地质与地球物理研究所（以下分别简称微生物所、生物物理所、地质所）等4个单位，并对有关事项进行了延伸审计。

一、基本情况

中科院为中央财政一级预算单位，部门预算由院本级和130个二级预算单位的预算组成。审计结果表明，中科院本级和本次审计的所属单位2011年度预算收支基本遵守了预算法及相关法律法规，会计处理基本符合会计法及有关会计制度规定，建立健全了内部控制制度，以前年度审计查出的问题整改落实情况较好。

二、审计发现的主要问题

（一）预算执行中存在的主要问题。

1.2011年，所属地质所未将银行存款利息收入编入预算，涉及金额308.04万元。

2.2011年，所属5个单位扩大零余额账户资金支出范围2 628.44万元。其中：空间科学与应用研究中心（以下简称空间中心）2 100.31万元，动物研究所395.08万元，电子学研究所54.03万元，心理研究所46.02万元，青藏高原研究所33万元。

3.所属9个单位扩大科研经费等预算资金支出范围11 595.59万元。

（1）2011年，地理科学与资源研究所（以下简称地理所）在项目支出中列支在职职工工资福利等2 568.02万元；在碳专项项目中列支无关人员会议费、考察费等69.18万元。

（2）2011年，动物研究所在项目支出中列支在职职工工资福利等2 006.08万元；从国家重点实验室经费中列支20万元用于重点学科及院开放实验室。

（3）2011年，空间中心在项目支出中列支在职人员工资福利等1 706.77万元。

（4）2011年，地质所在课题经费中列支在职人员工资43.67万元；在重点实验室经费中列支在职人员绩效工资、津贴和奖励等52.77万元；在提取课题管理费的同时，又收取测试费1 585.61万元。

（5）2009年至2011年，生物物理所在科研经费中列支工资福利费等1 278.11万元，其中2011年发生532.3万元。

（6）2011年，数学院从项目支出中列支在职职工工资福利等840万元；在国家重点实验室运行开放费中列支20.06万元用于非重点实验室博士后经费；下属交叉学科中心在未编制预算的情况下拨付其合肥分中心300万元。

（7）2011年，电子学研究所在项目支出中列支在职人员工资福利等729.75万元。

（8）2011年，心理研究所在项目支出中列支在职职工工资福利等181.58万元；违规从院心理健康重点实验室经费中计提管理费12万元。

（9）2010年至2011年，微生物所在从科研课题经费中提取管理费之外，还统一按照3%的比例提取运行费49.25万元，其中2011年发生24.42万元；2011年，在创新工程试点项目经费中列支在职职工工资132.74万元。

4.所属两个单位违规将应纳入本单位法定账册核算的重点实验室开放课题费97.65万元转入其他单位核算。其中，心理研究所心理健康重点实验室2011年向院外单位拨付28万元；地质所重点实验室2009年至2011年外拨69.65万元（2011年发生10.2万元）。

5.2011年2月，所属地质所岩石圈演化国家重点实验室以实验室新春茶话会和学术年会名义报销的会议费合计20.6万元，实际用于奖励实验室优秀人员。

6.2011年，所属动物研究所在预算没有安排的情况下列支课题费用28万元，拨付上海市计划生育科学研究所和国家人口计生委科学技术研究所各14万元。

7.中科院2011年年初预算中有260 307.22万元未细化到具体项目及执行单位。

（二）其他财政收支中存在的主要问题。

1. 所属 3 个单位未经批准对外出租办公用房，涉及金额 1 429.28 万元。其中，地质所于 2001 年、2008 年和 2010 年分别对外出租 3 处房屋，至 2011 年底共收租金 1 051.54 万元；生物物理所 2009 年至 2011 年对外出租房屋，至 2011 年底已收租金 103.79 万元，尚有 136.80 万元未收到；微生物所 2009 年和 2010 年分别对外出租两处厂房，至 2011 年 11 月底共收租金 137.15 万元。

2. 所属 3 个单位有 6897 万元对外投资未在法定账册核算。包括：地质所 2009 年 11 月以来用专利使用权等对上海中科矿业有限公司投资的 6667 万元；微生物所 2007 年投资北京中科拜克生物技术有限公司的 50 万元；生物物理所 2005 年 12 月虚列支出将 180 万元项目经费转入下属北京中生百欣科技服务有限责任公司，长期在该公司挂账。

3. 所属地质所 2010 年将职工餐厅交由浙江浙大新宇集团有限公司承包管理后，未按约定向该公司收取国有资产占用费和售卡管理费，至 2011 年底应收未收 18.51 万元。

4. 2011 年，所属空间中心对“空间环境探测与新技术研发试验基地（一期）”项目在未履行可行性研究报告报批程序的情况下予以立项，取得财政部追加拨款 2000 万元，年底结余 1 231.40 万元。

三、审计处理情况和建议

对上述问题，审计署已依法出具了审计报告、对中科院下达了审计决定书。对所属地质所银行存款利息收入未编入预算问题，要求责成其完整编制单位预算；对所属单位扩大零余额账户资金和科研经费支出范围问题，要求责成其归还资金原渠道，调整会计账目和决算（草案）；对所属单位违规外拨开放课题费问题，要求责成其追回违规外拨资金，调整会计账目和决算（草案）；对所属地质所虚列支出问题，要求责成其追回套取的资金，调整会计账目和决算（草案）；对所属动物研究所无预算支出问题，要求责成其追回相关支出，调整会计账目和决算（草案）；对年初预算未细化问题，要求加强预算编制管理；对所属单位未经批准对外出租房屋问题，要求责成其及时完善手续；对所属单位对外投资未纳入法定账册核算问题，要求责成其将账外资产纳入法定账册核算，调整会计账目和决算（草案）；对所属地质所未及时收回国有资产占用费等问题，要求责成其及时收回；对所属空间中心立项手续不完善问题，要求责成其严格执行项目管理规定。

针对审计发现的问题，审计署建议：中科院应进一步改进预算编制工作，加强所属单位零余额账户管理，规范对外投资等资产和物资采购业务管理。

四、审计发现问题的整改情况

对此次审计发现的问题，中科院正在组织进行整改。对所属单位扩大零余额账户资金和科研经费支出范围问题，已将资金归还原渠道，调整了会计账目；微生物所已将在课题经费中提取的运行费、列支的人员经费作调账处理；地质所对投资未纳入法定账册核算问题，已着手清理纠正。其他问题正在整改中。

中国社会科学院
2011 年度预算执行情况和其他财政收支情况审计结果

根据《中华人民共和国审计法》的规定，2011 年 11 月至 2012 年 3 月，审计署对中国社会科学院（以下简称社科院）2011 年度预算执行情况和其他财政收支情况进行了审计，重点审计了院本级和所属金融研究所、近代史研究所等 9 个单位，并对有关事项进行了延伸审计。

一、基本情况

社科院为中央财政一级预算单位，部门预算由院本级和 44 个二级预算单位的预算组成。财政部批复社科院 2011 年度的部门预算支出为 244 339.85万元（指财政性资金预算，下同），社科院决算（草案）反映的当年预算执行数为 170 058.27万元，其部门预算与执行结果的差异总额为 74 281.58 万元。差异的具体情况及产生原因见附件 1。

本次审计社科院本级及所属单位 2011 年度预算支出共计 148 061.30 万元，占部门预算支出总额的 60.6%。审计查出预算执行中不符合财经制度规定的问题金额 19 035.69 万元，其中 2011 年发生 17 728.69 万元；其他财政收支方面不符合财经制度规定的问题金额 878.07 万元。上述问题对社科院 2011 年度预算执行结果的影响见附件 2。

审计结果表明，社科院本级和本次审计的所属单位 2011 年度预算收支基本符合预算法及相关法律法规，会计处理基本符合会计法及有关会计制度规定；建立健全内部控制制度，制定哲学社会科学创新工程项目支出管理办法等规章，初步形成了一套适应社科类课题经费开支管理的制度；以前年度审计查出的问题整改落实情况较好。

二、审计发现的主要问题

（一）预算执行中存在的主要问题。

1. 社科院未经批准调整项目支出预算 11 442.04万元。

（1）2011 年 3 月和 9 月，财政部先后批复社科院总额 1 亿元的哲学社会科学创新工程项目预算及其细化方案，但社科院未严格按照细化方案执行，分配时自行做了调整。

（2）2011 年 12 月，社科院将已经细化到具体单位的科研业务费、国际合作交流经费和图书购置及数字化资源采购专项经费共计 1 442.04 万元，自行调整用于预算未安排的所属研究生院科研教学、国际交流和图书购置支出。

2. 2011 年 12 月，所属近代史研究所和图书馆将项目资金 1400 万元以预付款名义拨给社科院全资设立的中国人文科学发展公司（以下简称人文公司），但项目当年实际并未实施，人为调节了预算执行进度。

3. 2011 年 12 月，所属研究生院和近代史研究所在未报经有关部门批准的情况下，将财政资金 2 768.76 万元从零余额账户转入本单位基本账户，用于归垫日常经费支出。

4. 2007 年至 2010 年，所属近代史研究所在专项经费中列支与项目预算无关的地下室工程款等支出共 81.15 万元。

5. 2009 年至 2011 年，代管的中国地方志指导小组办公室（以下简称方志办）的一个项目实际房租支出 76.6 万元，超出预算 63.20 万元，其中 2011 年发生 18.15 万元。

6. 院本级及方志办等单位采取以拨代支方式虚列支出 1 070.54 万元。

（1）院本级 2009 年通过方志办拨付其下属企业方志出版社专项出版补贴 103.36 万元，至 2011 年底实际支出仅 15.75 万元。

（2）方志办 2010 年在专项经费中支付方志出版社出版补贴 878.12 万元，至 2011 年底实际支出仅 0.09 万元。

（3）所属近代史研究所 2009 年支付人文公司馆藏满洲铁路简报等资料复制项目款项 321.50 万元，至 2011 年底实际支出 216.6 万元。

7. 2011 年，所属单位收入 2 099.74 万元、支出 1 453.07 万元未纳入单位预决算。其中：所属语言研究所取得《现代汉语词典》《新华字典》等版税收入 2 034.95 万元，以及当年以稿酬形式向在职和离退休职工发放的 1 379.14 万元，均在往来科目中核算；所属近代史研究所横向课题收入年初余额 225.39 万元、当年收入 64.79 万元，以及当年支出 73.93 万元，均在往来科目中核算。

8. 2010 年，所属图书馆挪用空调购置专项资金 10.87 万元，用于购买平板电脑 13 台。

9. 所属当代中国研究所 2004 年使用财政部追加的社会科学事业费 99.39 万元印制出版《当代中国》画册 3000 册，除对外赠送 618 册外，其余 2382 册至 2011 年底仍在库房闲置。

（二）其他财政收支中存在的主要问题。

1. 2011 年，所属金融研究所在博士课程进修班办学收入和横向课题经费的报销凭证中，分别有不规范发票 603.9 万元、34.17 万元。

2. 2011 年，所属世界宗教研究所在承担宗教信仰调查项目时，未经公开招标自行确定项目监理单位，支付项目监理费 240 万元。

三、审计处理情况和建议

对上述问题，审计署已依法出具了审计报告、对社科院下达了审计决定书。对未经批准调整项目支出预算问题，要求今后严格执行预算管理规定；对所属单位以预付款形式调节预算执行进度问题，要求责成其严格执行预算资金管理规定；对所属单位未经批准将财政资金从零余额账户转入单位基本账户归垫日常经费开支问题，要求责成其严格执行国库集中支付资金归垫的有关规定；对所属近代史研究所扩大项目经费支出范围问题，要求责成其归还资金原渠道，调整会计账目和决算（草案）；对方志办房租支出超预算问题，要求严格执行预算标准；对以拨代支虚列支出问题，要求相关单位收回结存的资金，调整会计账目和决算（草案）；对所属单位在往来科目核算收支问题，要求责成其调整会计账目和决算（草案），将各项收支全部纳入单位预决算；对所属图书馆挪用专项资金问题，要求责成其将挪用资金归还原渠道，调整会计账目和决算（草案）；对所属当代中国研究所损失浪费问题，要求责成其严格预算管理，提高财政资金使用效益；对所属金融研究所报销发票不规范问题，要求责成其清理纠正；对所属世界宗教研究所项目监理未公开招标问题，要求责成其严格执行政府采购规定。

针对审计发现的问题，审计署建议：社科院应结合社会科学类项目的特点，进一步细化项目预算内容，统筹协调不同项目、不同单位预算安排，提高预算安排的准确性；规范院本级与所属单位、企业间的财务管理，确保财政资金专款专用。

四、审计发现问题的整改情况

对此次审计发现的问题，社科院及所属单位高度重视，正在积极进行整改，所属有关单位也制订了整改方案，正在研究修订完善相关规章制度，具体问题正在整改中。

附件： 1. 社科院2011年度预算执行总体情况表（略）

2. 社科院2011年度重点审计单位和资金预算执行情况表（略）

中国地震局2011年度预算执行情况和其他财政收支情况审计结果

根据《中华人民共和国审计法》的规定，2011年11月至2012年3月，审计署对中国地震局（以下简称地震局）2011年度预算执行情况和其他财政收支情况进行了审计，重点审计了局本级和所属地震预测研究所、防灾科技学院，并对有关事项进行了延伸审计。

一、基本情况

地震局为中央财政一级预算单位，部门预算由局本级和46个二级预算单位的预算组成。财政部批复地震局2011年度的部门预算支出为330 726.26万元（指财政性资金预算，下同），地震局决算（草案）反映的当年预算执行数为281 276万元，其部门预算与执行结果的差异总额为49 450.26万元。差异的具体情况及产生原因见附件1。

本次审计地震局本级及所属单位2011年度预算支出共计56 663.38万元，占部门预算支出总额的17.13%。审计查出预算执行中不符合财经制度规定的问题金额14 744.59万元，其中2011年发生7 231.89万元；其他财政收支方面不符合财经制度规定的问题金额21 008.62万元。上述问题对地震局2011年度预算执行结果的影响见附件2。

审计结果表明，地震局本级和本次审计的所属单位2011年度预算收支基本能够遵守预算法及相关法律法规，会计处理基本符合会计法及有关会计制度规定。

二、审计发现的主要问题

（一）预算执行中存在的主要问题。

1.2011年，所属防灾科技学院将“修购专项”资金1 930.33万元，挪用于“防灾技术与地震工程实验楼”等其他项目建设。

2.2011年，所属地球物理研究所、地壳应力研究所、地震预测研究所和地质研究所在“地震监测系统运维”等项目资金中违规提取管理费共计327.31万元。

3.2010年至2011年，所属地震预测研究所、地球物理研究所和地质研究所在“地震监测系统运维”等项目中列支预算未安排的支出79.97万元，其中2011年发生52.30万元。

4.2011年，局本级和所属地壳应力研究所未经批准将“地震监测系统运维”等项目资金890.53万元，调整用于调研、巡视、稽查等工作经费支出。

5.2009年至2011年，所属地壳应力研究所和地震预测研究所未经批准将“非营利性科研机构改革专项启动费”和“基本科研业务费”项目资金1 892.92万元，调整用于武汉基地和兰州基地相关支出。其中，2011年发生632.5万元。

6.2009年至2011年，所属地质研究所、地球物理研究所、地震预测研究所、地壳应力研究所和工程力学研究所未经批准将“非营利性科研机构改革专项启动费”项目资金9 575.02万元，调整用于津贴补贴支出。其中，2011年发生3 350.41万元。

7.2011年，局本级违规在所属地震预测研究所“地震信息网络运维”等项目经费中列支会议费48.51万元。

（二）其他财政收支中存在的主要问题。

1. 至2011年底，所属防灾科技学院2010年底已投入使用的大学生体育馆、教学实验楼和北校区学生1号、2号公寓楼仍未办理竣工财务决算，涉及投资13 041.67万元，其中大学生体育馆实际投资超出概算2 266.95万元。

2. 所属防灾科技学院在“防灾技术与地震工程实验楼”项目立项时，先后以一期工程投资2900万元和二期工程投资2800万元的名义，分两次报地震局并获批准，规避了发展改革委对限额以上投资项目的审批；在办理建筑工程规划许可证时，擅自将建设规模由批复的8600平方米提高到2万平方米，签订施工合同时进一步提高到20 168平方米。

三、审计处理情况和建议

对上述问题，审计署已依法出具了审计报告、对地震局下达了审计决定书。对挪用财政资金、扩大支出范围、未经批准调剂使用项目预算资金等问题，要求相关单位将资金归还原渠道，并调整会计账目和决算（草案），预算支出确需调整的应按照规定程序报批；对违规在所属单位列支会议费问题，要求进一步加强会议费管理；对所属防灾科技学院已完工项目未及时办理竣工决算、项目投资超概算及化整为零规避审批问题，要求按照基本建设管理相关规定进行整改。

针对审计发现的问题，审计署建议：地震局应进一步加强项目支出预算管理，严格遵守基本建设管理规定，加强对所属单位财务管理工作的监督检查。

四、审计发现问题的整改情况

对此次审计发现的问题，地震局高度重视，部分问题在审计期间即进行了整改。对挪用财政资金、扩大支出范围问题，所属防灾科技学院已将挪用的“修购专项”资金归还原渠道，扩大支出范围问题已调整决算（草案），同时进一步采取措施规范预决算管理工作，不断提高财务管理水平。其他问题正在整改中。

附件： 1. 地震局2011年度预算执行总体情况表（略）

2. 地震局2011年度重点审计单位和资金预算执行情况表（略）

中国银行业监督管理委员会 2011年度预算执行情况和其他财政收支情况审计结果

根据《中华人民共和国审计法》的规定，2011年11月至2012年3月，审计署对中国银行业监督管理委员会（以下简称银监会）2011年度预算执行情况和其他财政收支情况进行了审计，重点审计了会本级和所属山西银监局、甘肃银监局等6个单位，并对有关事项进行了延伸审计。

一、基本情况

银监会为中央财政一级预算单位，部门预算由会本级和36个二级预算单位的预算组成。财政部批复银监会2011年度的部门预算支出为500 772.81万元（指财政性资金预算，下同），银监会决算（草案）反映的当年预算执行数为494 010.07万元，其部门预算与执行结果的差异总额为6 762.73万元。差异的具体情况及产生原因见附件1。

本次审计银监会本级及所属单位2011年度预算支出共计133 485.07万元，占部门预算支出总额的26.66%。审计查出预算执行中不符合财经制度规定的问题金额158.77万元，其中2011年发生157.12万元；其他财政收支方面不符合财经制度规定的问题金额1 893.34万元。上述问题对银监会2011年度预算执行结果的影响见附件2。

审计结果表明，银监会本级和本次审计的所属单位2011年度预算收支基本遵守了预算法及相关法律法规，会计处理基本符合会计法及有关会计制度规定，以前年度审计发现的主要问题已基本整改。

二、审计发现的主要问题

（一）预算执行中存在的主要问题。

1. 2011年，所属湖北、甘肃、山西、湖南、广东银监局未经批准，在预算科目之间相互调剂使用经费76.97万元。

2. 所属单位违规扩大支出范围或提高支出标准43.86万元。

（1）广东、甘肃、湖南银监局在公用经费中列支项目支出和人员经费支出等28.39万元，其中2011年发生26.74万元。

（2）2011年，吉林银监局超出规定标准为45

名职工多缴存住房公积金11.39万元。

(3) 2011年，湖南银监局株洲分局在福利费科目中列支应由职工承担的住房维修费4.08万元。

3.2011年，所属山西、甘肃银监局存在将上年度支出转为本年度支出等导致预算支出不实问题37.94万元。

(二) 其他财政收支中存在的主要问题。

1.2004年至2011年，所属山西、甘肃银监局采取以租代购方式购置办公用房等固定资产1872万元，规避了审批。

2.2011年，所属山西、湖北银监局对纳入政府集中采购目录的21.34万元采购项目未实行集中采购。

三、审计处理情况和建议

对上述问题，审计署已依法出具了审计报告、对银监会下达了审计决定书。对违规调剂使用资金、扩大支出范围、提高支出标准及支出不实问题，要求责成相关单位调整会计账目和决算（草案）；对所属单位以租代购固定资产问题，要求责成其纠正违规行为并加强管理，尽快履行审批手续，按照规定进行核算；对所属单位履行政府采购程序不规范问题，要求责成其纠正并加强政府采购管理。

针对审计发现的问题，审计署建议：银监会应切实强化预算管理，严肃预算执行纪律，加强固定资产管理，规范内部控制。

四、审计发现问题的整改情况

对此次审计发现的问题，银监会高度重视，要求相关单位认真按照审计意见进行整改，具体问题正在整改中。

附件： 1. 银监会2011年度预算执行总体情况表（略）

2. 银监会2011年度重点审计单位和资金预算执行情况表（略）

中国证券监督管理委员会 2011年度预算执行情况和其他财政收支情况审计结果

根据《中华人民共和国审计法》的规定，2011年11月至2012年3月，审计署对中国证券监督管理委员会（以下简称证监会）2011年度预算执行情况和其他财政收支情况进行了审计，重点审计了会本级和所属北京证监局、大连证监局等6个单位，并对有关事项进行了延伸审计。

一、基本情况

证监会为中央财政一级预算单位，部门预算由会本级和36个二级预算单位的预算组成。财政部批复证监会2011年度的部门预算支出为134 610.13万元（指财政性资金预算，下同），证监会决算（草案）反映的当年预算执行数为94 694.99万元，其部门预算与执行结果的差异总额为39 915.14万元。差异的具体情况及产生原因见附件1。

本次审计证监会本级及所属单位2011年度预算支出共计71 088.05万元，占部门预算支出总额的52.81%。审计查出当年预算执行中不符合财经制度规定的问题金额130.37万元，其他财政收支方面不符合财经制度规定的问题金额350.12万元。上述问题对证监会2011年度预算执行结果的影响见附件2。

审计结果表明，证监会本级和本次审计的所属单位2011年度预算收支基本遵守了预算法及相关法律法规，会计处理基本符合会计法及有关会计制度规定，以前年度审计发现问题已得到整改。

二、审计发现的主要问题

(一) 预算执行中存在的主要问题。

1.2011年，所属北京、大连、云南证监局扩大项目经费支出范围，从中列支与项目无关的会议费、通信费等支出共49.69万元。

2.2011年，所属北京、河南和大连证监局在当年“公用经费”科目中列支下一年度物业管理费共80.68万元。

(二) 其他财政收支中存在的主要问题。

1. 至2011年底，所属河南证监局2007年购置的办公用房仍未取得产权证，也未纳入固定资产核算管理。

2.2011年，所属北京证监局未经上级主管部门审批，将收到的地方财政补助资金350.12万元用于办公楼装修工程。

三、审计处理情况和建议

对上述问题，审计署已依法出具了审计报告、对证监会下达了审计决定书。对所属单位违规扩大项目经费支出范围、列支下年度费用以及固定资产管理不规范问题，要求责成相关单位按规定调整有关会计账目和决算（草案）；对所属北京证监局未经批准动用地方财政补助收入问题，要求责成其补办审批手续。

针对审计发现的问题，审计署建议：证监会应进一步加强预算执行管理，加大对所属单位预算执行情况监督检查的力度。

四、审计发现问题的整改情况

对此次审计发现的问题，证监会高度重视，要求相关单位逐项制定措施，切实加以整改。具体问题正在整改中。

附件：1. 证监会 2011 年度预算执行总体情况表（略）

2. 证监会 2011 年度重点审计单位和资金预算执行情况表（略）

中国保险监督管理委员会 2011 年度预算执行情况和其他财政收支情况审计结果

根据《中华人民共和国审计法》的规定，2011 年 11 月 30 日至 2012 年 3 月 8 日，审计署对中国保险监督管理委员会（以下简称保监会）2011 年度预算执行情况和其他财政收支情况进行了审计，重点审计了会本级和所属江苏保监局、重庆保监局等 6 个单位，并对有关事项进行了延伸审计。

一、基本情况

保监会为中央财政一级预算单位，部门预算由会本级和 36 个二级预算单位的预算组成。财政部批复保监会 2011 年度的部门预算支出为 112 718.38万元（指财政性资金预算，下同），保监会决算（草案）反映的当年预算执行数为 87 489.46万元，其部门预算与执行结果的差异总额为 25 228.92 万元。差异的具体情况及产生原因见附件 1。

本次审计保监会本级及所属单位 2011 年度预算支出共计 48 966.08 万元，占部门预算支出总额的 43.44%。审计查出当年预算执行中不符合财经制度规定的问题金额 486.28 万元，其他财政收支方面不符合财经制度规定的问题金额 204.07 万元。上述问题对保监会 2011 年度预算执行结果的影响见附件 2。

审计结果表明，保监会本级和本次审计的所属单位 2011 年度预算收支基本遵守了预算法及相关法律法规，会计处理基本符合会计法及有关会计制度规定，对以前年度审计发现的问题已进行了整改。

二、审计发现的主要问题

（一）预算执行中存在的主要问题。

1. 会本级办公楼出租收入 342.86 万元未按规定编入 2011 年度部门预算。

2. 2011 年，会本级和所属黑龙江、北京保监局扩大经费支出范围 143.42 万元。

（二）其他财政收支中存在的主要问题。

1. 2011 年，会本级将物业管理费支出 150.65 万元直接冲减房租收入，造成少计收入和支出。

2. 至 2011 年底，所属山东保监局未按规定清理以前年度形成的往来款 53.42 万元。

此外，保监会个别项目采购邀请招标不规范，存在未按规定发布资格预审公告、投标期限过短等问题。

三、审计处理情况和建议

对上述问题，审计署已依法出具了审计报告、对保监会下达了审计决定书。对办公楼出租收入未列入预算问题，要求规范预算编报行为，确保预算真实完整；对扩大支出范围和以收抵支问题，要求调整会计账目和决算（草案）；对所属山东保监局未按规定清理往来款问题，要求责成其抓紧清理；对履行政府采购招投标程序不规范问题，要求进一步规范政府采购招投标行为。

针对审计发现的问题，审计署建议：保监会应进一步规范预算管理，完整编报预算并严格执行，严格划清经费列支渠道，严格执行政府采购制度。

四、审计发现问题的整改情况

对审计发现的问题，保监会高度重视，认真进行整改。对以收抵支问题，已调整了会计账目和决算（草案），并在编制 2012 年度预算时将当年出租收入纳入部门预算。其他问题正在整改中。

附件：1. 保监会 2011 年度预算执行总体情况表（略）

2. 保监会 2011 年度重点审计单位和资金预算执行情况表（略）

全国社会保障基金理事会
2011年度预算执行情况和其他财政收支
情况审计结果

根据《中华人民共和国审计法》的规定，2012年2月至4月，审计署对全国社会保障基金理事会（以下简称社保基金会）2011年度预算执行情况和其他财政收支情况进行了审计，并对有关事项进行了延伸审计。

一、基本情况

社保基金会为中央财政一级预算单位，部门预算即会本级预算。财政部批复社保基金会2011年度的部门预算支出为11 916.13万元（指财政性资金预算，下同），社保基金会决算（草案）反映的当年预算执行数为11 234.82万元，其部门预算与执行结果的差异总额为681.31万元。差异的具体情况及产生原因见附件1。

本次审计社保基金会本级及所属单位2011年度预算支出共计9 596.73万元，占部门预算支出总额的80.53%。审计查出当年预算执行中不符合财经制度规定的问题金额854.94万元，其他财政收支方面不符合财经制度规定的问题金额899.05万元。上述问题对社保基金会2011年度预算执行结果的影响见附件2。

审计结果表明，社保基金会2011年度预算收支基本能够遵守预算法及相关法律法规，会计处理基本符合会计法及有关会计制度规定，以前年度审计发现的问题得到了认真整改。

二、审计发现的主要问题

（一）预算执行中存在的主要问题。

1. 2011年，社保基金会在补报政府采购预算未获财政部批准的情况下，实施政府采购程序采购货物及服务609.43万元。

2. 2011年，社保基金会扩大支出范围，在“办公用房租及物业费”专项经费中列支职工餐厅租金及水、电、燃气费88.31万元。

3. 2011年，社保基金会超预算支出出国费124.91万元、车辆运行费32.29万元，分别占其当年出国费预算、车辆运行费预算总额的26%和66%，超支部分在往来科目挂账。

（二）其他财政收支中存在的主要问题。

2011年，社保基金会未经批准，以询价采购或直接指定供应商等非公开招标方式，采购限额以上的咨询服务共计899.05万元。

三、审计处理情况和建议

对上述问题，审计署已依法出具了审计报告。对执行未获批准的政府采购预算问题，要求严格按照预算实施政府采购；对扩大专项经费支出范围问题，要求追回资金，调整会计账目和决算（草案）；对出国费、车辆运行费支出超预算问题，要求严格按预算控制支出；对执行政府采购程序不规范问题，要求严格按规定开展政府采购。

针对审计发现的问题，审计署建议：社保基金会应加强预算编制和执行工作，严格专项经费支出范围和出国费、车辆运行费支出，规范政府采购管理。

四、审计发现问题的整改情况

对此次审计发现的问题，社保基金会高度重视，认真组织整改。对扩大专项经费支出范围问题，已追回资金，并相应调整了会计账目。为进一步规范政府采购，修订了政府采购管理办法，成立了政府采购领导小组及办公室。其他问题正在整改中。

附件： 1. 社保基金会2011年度预算执行总体情况表（略）

2. 社保基金会2011年度重点审计单位和资金预算执行情况表（略）

国家自然科学基金委员会
2011年度预算执行情况和其他财政收支
情况审计结果

根据《中华人民共和国审计法》的规定，2011年11月至2012年3月，审计署对国家自然科学基金委员会（以下简称自然科学基金会）2011年度预算执行情况和其他财政收支情况进行了审计，重点审计了会本级和所属机关服务中心、科学基金杂志社，并对有关事项进行了延伸审计。

一、基本情况

自然科学基金会为中央财政一级预算单位，部门预算即会本级预算。财政部批复自然科学基金会2011年度的部门预算支出为1 485 970.49万元（指财政性资金预算，下同），自然科学基金会决算（草案）反映的当年预算执行数为1 466 165.67万元，其部门预算与执行结果的差异总额为19 804.82万元。差异的具体情况及产生原因见附件1。

本次审计自然科学基金会本级及所属单位2011年度预算支出共计1 322 410.49万元，占部门预算支出总额的89%。审计查出预算执行中不符合财经制度规定的问题金额352 252.63万元，其中2011年发生201 523.61万元；其他财政收支方面不符合财经制度规定的问题金额588.73万元。上述问题对自然科学基金会2011年度预算执行结果的影响见附件2。

审计结果表明，自然科学基金会本级和本次审计的所属单位2011年度预算收支基本能够遵守预算法及相关法律法规，会计处理基本符合会计法及有关会计制度规定。

二、审计发现的主要问题

（一）预算执行中存在的主要问题。

1.2010年和2011年，自然科学基金会将年底追加的预算共计35亿元，提前拨付至项目依托单位，人为提高了预算执行率。

2.2008年至2011年，自然科学基金会扩大"自然科学基金""项目组织实施费""大型修缮"3个项目和公用经费中"培训费"的支出范围，列支无关费用2 100.62万元。

3.2011年，自然科学基金会在非定点单位举办5次会议，会议费支出共50.52万元；自行调整会议费开支标准和范围，超标准列支会议费24.31万元。

4.2011年，自然科学基金会住房改革实际支出269.23万元，超出预算43.23万元。

5.2010年和2011年，自然科学基金会出国费用实际发生639.95万元，超出预算33.95万元。

（二）其他财政收支中存在的主要问题。

1. 至2011年底，自然科学基金会有25个中止或撤销项目的资助款未按规定收回，涉及金额479.29万元。

2.2004年至2011年，自然科学基金会接收的共计54万元捐赠收入及相关支出未纳入本级法定账册核算，至2011年底结余13.81万元。

3.2008年至2010年，自然科学基金会资助的234个项目逾期未结题，其中111个项目未提交结题报告，17个项目未按规定提交年度项目管理报告。

4.2006年至2009年，自然科学基金会相关项目的依托单位中国科学院微生物研究所违规扩大资助项目经费支出范围，列支在职人员津补贴26.86万元，项目决算多计支出28.58万元。

三、审计处理情况和建议

对上述问题，审计署已依法出具了审计报告、对自然科学基金会下达了审计决定书。对提前拨付项目经费问题，要求加强资金支付管理；对扩大项目支出范围问题，要求调整会计账目和决算（草案）；对在非定点单位召开会议和超标准列支会议费问题，要求严格执行政府采购相关规定和会议费开支标准；对住房改革支出和出国费用超预算问题，要求严格预算支出；对未按规定收回中止或撤销项目资助款问题，要求按规定将资助款收回；对未将捐赠收入在本级法定账册核算问题，要求将结余资金收回本级管理，并调整会计账目和决算（草案）；对资助的部分项目逾期未结题等问题，要求组织进行清查，责成相关单位按时提交年度管理报告；对项目依托单位违规扩大支出范围和决算不实问题，要求责成其予以纠正。

针对审计发现的问题，审计署建议：自然科学基金会应加强资助项目管理，强化对项目依托单位的日常监督检查和项目成果绩效的考评，切实提高财政资金使用效益。

四、审计发现问题的整改情况

对此次审计发现的问题，自然科学基金会高度重视，正组织相关单位认真研究，制订整改方案。具体问题正在整改中。

附件： 1. 自然科学基金会2011年度预算执行总体情况表（略）

2. 自然科学基金会2011年度重点审计单位和资金预算执行情况表（略）

国家信访局2011年度预算执行情况和其他财政收支情况审计结果

根据《中华人民共和国审计法》的规定，2011年11月至2012年3月，审计署对国家信访局（以下简称信访局）2011年度预算执行情况和其他财政收支情况进行了审计，重点审计了局本级和所属机关后勤服务中心、信息中心，并对有关事项进行了延伸审计。

一、基本情况

信访局为中央财政一级预算单位，部门预算由局本级和两个二级预算单位的预算组成。财政部批复信访局2011年度的部门预算支出为11 708.45万元（指财政性资金预算，下同），信访局决算（草案）反映的当年预算执行数为10 164.76万元，其部门预算与执行结果的差异总额为1 543.69万元。差异的具体情况及产生原因见附件1。

本次审计信访局本级及所属单位2011年度预算支出共计11 604.93万元，占部门预算支出总额的99.12%。审计查出预算执行中不符合财经制度规定的问题金额643.98万元，其中2011年发生538.98万元；其他财政收支方面不符合财经制度规定的问题金额2 703.05万元。上述问题对信访局2011年度预算执行结果的影响见附件2。

审计结果表明，信访局本级和本次审计的所属单位2011年度预算收支基本遵守了预算法及相关法律法规，会计处理基本符合会计法及有关会计制度规定。

二、审计发现的主要问题

（一）预算执行中存在的主要问题。

1. 局本级在信访立法专项经费预算每年30万元连续3年未执行、干部培训专项经费预算每年45万元连续两年未执行的情况下，仍在2012年度预算中继续申报这两项资金。

2. 2011年，局本级在项目经费中列支预算安排内容以外的支出463.98万元。

（二）其他财政收支中存在的主要问题。

1. 局本级未经批准，将机关信访干部培训楼出租给企业化管理的所属事业单位北京国信宾馆使用，2011年取得的租金收入480万元未按“收支两条线”管理规定上缴。

2. 2011年6月，局本级取得房产拆迁补偿款1 062.49万元，未按“收支两条线”管理规定上缴。

3. 2009年至2011年，局机关办公楼物业管理、保安及餐饮等服务事项连续3年均未按规定执行政府采购，金额合计1 160.56万元。

4. 至2011年底，信访局账面实有车辆48辆，超编20辆。局机关分别于2006年11月和2010年8月起将两辆车辆借给所属北京国信宾馆使用，并承担借出车辆发生的相关费用。

5. 分别于2001年1月和2005年2月成立的所属机关后勤服务中心和信息中心，至2012年3月底仍未办理事业单位法人登记。

三、审计处理情况和建议

对上述问题，审计署已依法出具了审计报告、对信访局下达了审计决定书。对未按实际需求编报支出预算问题，要求予以改进；对扩大项目经费支出范围问题，要求调整相关账目和报表；对未经批准出租房产及租金收入未上缴问题，要求尽快补办报批手续并按规定上缴租金；对房产拆迁补偿款未按规定上缴问题，要求尽快上缴；对未按规定执行政府采购问题，要求严格执行政府采购有关规定，认真履行相关程序；对车辆超编和出借车辆给所属单位使用并承担相关费用问题，要求就超编问题商有关部门解决，收回违规借出车辆；对所属两家事业单位未按规定办理法人登记问题，要求责成其尽快办理法人登记。

针对审计发现的问题，审计署建议：信访局应进一步加强预算管理，按实际需求编报资金预算，严格按照批复的预算支出用途使用资金；加强国有资产管理，严格执行政府采购规定，切实提高部门财务管理水平。

四、审计发现问题的整改情况

对此次审计发现的问题，信访局积极采取措施，认真研究并进行整改。对未按实际需求编报支出预算问题，表示将不断改进项目预算编报工作，提高预算编制的科学性和准确性；对扩大项目经费支出范围问题，已调整相关账目和决算（草案）；对未按规定执行政府采购问题，已在2012年的工作中予以纠正；对违规出借车辆问题，已将借出车辆收回。其他问题正在整改中。

附件： 1. 信访局2011年度预算执行总体情况表（略）

2. 信访局2011年度重点审计单位和资金预算执行情况表（略）

国家能源局2011年度预算执行情况和其他财政收支情况审计结果

根据《中华人民共和国审计法》的规定，2011年11月至2012年3月，审计署对国家能源局（以下简称能源局）2011年度预算执行情况和其他财政收支情况进行了审计，重点审计了局本级和所属国家石油储备中心（以下简称油储中心），并对有关事项进行了延伸审计。

一、基本情况

能源局为中央财政一级预算单位，部门预算由局本级和所属油储中心的预算组成。财政部批复能源局2011年度的部门预算支出为291 284.89万元（指财政性资金预算，下同），能源局决算（草案）反映的当年预算执行数为164 605.26万元，其部门预算与执行结果的差异总额为126 679.63万元。差异的具体情况及产生原因见附件1。

本次审计能源局本级及所属油储中心2011年度预算支出共计60 279.06万元，占部门预算支出总额的20.69%。审计查出预算执行中不符合财经制度规定的问题金额289.49万元，其中2011年发生286.12万元；其他财政收支方面不符合财经制度规定的问题金额394.75万元。上述问题对能源局2011年度预算执行结果的影响见附件2。

审计结果表明，能源局本级和所属油储中心2011年度预算收支基本能够遵守预算法及相关法律法规，会计处理基本符合会计法及有关会计制度规定。

二、审计发现的主要问题

（一）预算执行中存在的主要问题。

1. 局本级委托北京鉴衡认证中心2012年开展金太阳示范项目评审工作，却在2011年12月拨付评审资金265.25万元，并列入2011年度支出。

2. 2009年至2011年，所属油储中心未经批准将办公场所租赁经费24.24万元，调剂用于支付电费、物业费和交通费等。

此外，能源局2011年度部门预算存在为非本部门预算单位申报项目的问题。

（二）其他财政收支中存在的主要问题。

1. 2011年，局本级从非定点单位采购印刷和会议服务，涉及金额分别为137.38万元、187.74万元。

2. 2009年7月以来，局本级购置的固定资产中，有257件超出了国家规定的配置标准，超标准金额共69.63万元。

三、审计处理情况和建议

对上述问题，审计署已依法出具了审计报告。对提前拨付项目资金问题，要求规范资金支付管理；对所属油储中心调剂使用项目资金问题，要求责成其严格按规定用途支出；对为非本部门预算单位申报项目问题，要求严格按规定编报预算；对从非定点单位采购服务问题，要求严格执行定点采购相关规定；对超标准购置固定资产问题，要求严格执行规定标准。

针对审计发现的问题，审计署建议：能源局应进一步提高项目预算的科学性，规范预算执行和支出管理，加强政府采购工作的管理和所属单位财务监督检查。

四、被审计单位整改情况

对审计发现的问题，能源局高度重视，正组织相关单位积极进行整改。

附件： 1. 能源局2011年度预算执行总体情况表（略）

2. 能源局2011年度重点审计单位和资金预算执行情况表（略）

国家国防科技工业局 2011年度预算执行情况和其他财政收支情况审计结果

根据《中华人民共和国审计法》的规定，2011年12月至2012年3月，审计署对国家国防科技工业局（以下简称国防科工局）2011年度预算执行情况和其他财政收支情况进行了审计，重点审计了局本级和所属机关服务中心、新闻宣传中心等6个单位，并对有关事项进行了延伸审计。

一、基本情况

国防科工局为中央财政一级预算单位，部门预算由局本级和13个二级预算单位的预算组成。审计结果表明，国防科工局本级和本次审计的所属单位2011年度预算收支基本能够遵守预算法及相关法律法规，会计处理基本符合会计法及有关会计制度规定，内部控制制度比较健全。

二、审计发现的主要问题

（一）预算执行中存在的主要问题。

1.2011年，局本级未报经批准调整3个项目工作经费支出预算51.7万元。

2.2011年，局本级在项目不具备立项条件的情况下，申报并取得高新技术企业认定管理工作经费预算80万元，当年未能组织实施。

3.2011年，局本级未按规定履行备案程序批复所属单位预算15 511.86万元、动用基本支出结转资金281.18万元。

4.2011年，所属事业单位在项目经费中列支工作人员绩效工资20.6万元。

5.2011年，局本级决算报表反映“国防科工局机关办公楼局部维修改造”项目支出380万元，实际支出332.18万元，多计支出47.82万元。

（二）其他财政收支中存在的主要问题。

1.2010年至2011年，所属机关服务中心未按“收支两条线”管理规定上缴房产出租收入66.03万元，其中2011年发生32.73万元。

2.2011年，局本级13个项目超过政府采购预算采购商品和服务等200.72万元；所属新闻宣传中心未编报政府采购预算，实际采购20万元。

3.2010年7月，所属事业单位收到价值共270.71万元的庆功、慰问品，未纳入法定账册核算管理。

三、审计处理情况和建议

对上述问题，审计署已依法出具了审计报告、对国防科工局下达了审计决定书。对未经批准调整项目支出预算问题，要求严格履行预算调整报批程序；对高新技术企业认定管理工作未执行问题，要求尽快组织执行；对未经备案批复所属单位预算和动用基本支出结转资金问题，要求严格按规定程序管理；对所属事业单位在项目经费中列支人员绩效工资问题，要求归还资金原渠道，调整会计账目和决算（草案）；对决算报表反映项目支出不实问题，要求据实调整决算（草案）；对所属机关服务中心房屋出租收入未按规定上缴问题，要求责成其按规定上缴；对政府采购管理不规范问题，要求严格执行有关规定；对所属事业单位慰问品未纳入法定账册核算管理问题，要求责成其尽快纳入法定账册核算管理。

针对审计发现的问题，审计署建议：国防科工局应加强预算管理，严格按照预算使用资金；加强对所属事业单位的监管，健全内部控制机制，督促事业单位规范实物资产管理和核算。

四、审计发现问题的整改情况

对此次审计发现的问题，国防科工局积极组织进行整改。对所属机关服务中心房屋出租收入未按规定上缴问题，已将租金上缴中央财政。其他问题正在整改中。

国家外国专家局
2011年度预算执行情况和其他财政收支情况审计结果

根据《中华人民共和国审计法》的规定，2011年11月至2012年3月，审计署对国家外国专家局（以下简称外专局）2011年度预算执行情况和其他财政收支情况进行了审计，重点审计了局本级和所属机关服务中心、中国国际人才交流基金会等4个单位，并对有关事项进行了延伸审计。

一、基本情况

外专局为中央财政一级预算单位，部门预算由局本级和5个二级预算单位的预算组成。财政部批复外专局2011年度的部门预算支出为74 312.85万元（指财政性资金预算，下同），外专局决算（草案）反映的当年预算执行数为47 645.48万元，其部门预算与执行结果的差异总额为26 667.37万元。差异的具体情况及产生原因见附件1。

本次审计外专局本级及所属单位2011年度预算支出共计74 051.86万元，占部门预算支出总额的99.65%。审计查出当年预算执行中不符合财经制度规定的问题金额18.35万元。上述问题对外专局2011年度预算执行结果的影响见附件2。

审计结果表明，外专局本级和本次审计的所属单位2011年度预算收支基本遵守了预算法及相关法律法规，会计处理基本符合会计法及有关会计制度规定；以前年度审计发现的问题已得到整改。

二、审计发现的主要问题

2011年，所属中国国际人才交流基金会“引进人才事业费”项目部分会议费、印刷费支出，未按规定实行政府集中采购，涉及金额 18.35 万元。

此外，局本级及所属机关服务中心 2011 年度预算中有 3 个项目在编报时未完整准确填写支出明细、测算依据及方法。

三、审计处理情况和建议

对上述问题，审计署已依法出具了审计报告，要求责成所属单位严格执行政府采购制度，严格按照规定编报预算。

针对审计发现的问题，审计署建议：外专局应进一步规范预算编制工作和政府采购管理。

四、审计发现问题的整改情况

对此次审计发现的问题，外专局已责成有关单位进一步严格预算执行，规范预算管理。

附件：1. 外专局 2011 年度预算执行总体情况表（略）

2. 外专局 2011 年度重点审计单位和资金预算执行情况表（略）

中国民用航空局
2011 年度预算执行情况和其他财政收支情况审计结果

根据《中华人民共和国审计法》的规定，2011 年 11 月至 2012 年 3 月，审计署对中国民用航空局（以下简称民航局）2011 年度预算执行情况和其他财政收支情况进行了审计，重点审计了局本级和所属空中交通管理局（以下简称空管局）等 7 个单位，并对有关事项进行了延伸审计。

一、基本情况

民航局为中央财政一级预算单位，部门预算由局本级和 27 个二级预算单位的预算组成。财政部批复民航局 2011 年度的部门预算支出为 1 741 071.4万元（指财政性资金预算，下同），民航局决算（草案）反映的当年预算执行数为 1 553 439.47万元，其部门预算与执行结果的差异总额为 187 631.93 万元。差异的具体情况及产生原因见附件 1。

本次审计民航局本级及所属单位 2011 年度预算支出共计 552 347.01 万元，占部门预算支出总额的 31.72%。审计查出预算执行中不符合财经制度规定的问题金额 29 697.1 万元，其中 2011 年发生 11 413.6 万元；其他财政收支方面不符合财经制度规定的问题金额 71 412.06 万元。上述问题对民航局 2011 年度预算执行结果的影响见附件 2。

审计结果表明，民航局本级和本次审计的所属单位 2011 年度预算收支基本遵守了预算法及相关法律法规，会计处理基本能够符合会计法及有关会计制度规定，不断健全内部相关管理规定，以前年度审计指出的问题得到积极整改。

二、审计发现的主要问题

（一）预算执行中存在的主要问题。

1. 2007 年至 2009 年，民航局为初步设计未获批复的“上海浦东机场场面监视雷达系统”等 3 个基建项目申报并取得预算资金 14 643 万元。至 2011 年底，上述 3 个项目的初步设计仍未获批复，实际已支出 2 775.56 万元。

2. 2011 年，民航局使用机场管理建设费安排的民航基础设施建设贷款贴息中，有 11 014.22 万元用于为上海航空公司、广东省机场集团公司等单位违规投资基本建设的流动资金贷款贴息。

3. 2010 年 12 月至 2012 年 1 月，所属民航地区管理局和地区空管局（分局、站）等 22 个单位扩大支出范围，用 2011 年度预算资金向中国民航大学、中国民航科学技术研究院捐款共 204.2 万元。

4. 所属空管局滞留民航政府性基金 3 618.38 万元。

（1）民航局 2009 年 6 月为空管局“民航甚高频数据链模式二系统工程”建设项目安排民航政府性基金 2591 万元，在 2010 年 7 月该项目改由空管局所属民航数据通信有限公司自筹解决后未予收回，至 2011 年底尚有余额 2 580.01 万元。

（2）至 2011 年底，空管局下属华北空管局 2007 年至 2008 年因故被取消的“首都机场地面引导系统场面监视系统”建设项目的两个子项目获得的 860 万元民航政府性基金，仍滞留在该局。

（3）至 2011 年底，华北空管局 2003 年安排的“应急指挥中心”建设项目的 5 个子项目未实施，所获民航政府性基金 167.38 万元滞留该局。

5. 2010 年至 2011 年，所属空管局将“民航通信卫星网扩容工程”等 3 个项目的安装费、连接电缆等开支列作事业支出，少计固定资产

217.30万元，其中2011年发生195.18万元。

（二）其他财政收支中存在的主要问题。

1. 至2011年底，所属空管局及下属6个单位1993年至2002年向职工出售账面价值57 288.75万元的公有住房后，未按规定核销资产，其中5个单位还累计提取折旧7 962.03万元；所属中国民航管理干部学院以前年度报废的货车、轿车等固定资产仍未清理核销，账面价值为548.65万元。

2. 所属空管局下属企业违规转分包工程项目。

（1）2003年4月，下属企业北京空管工程技术有限公司按总价195.85万元从华北空管局承揽“应急雷达自动化系统”项目，但该公司实际并不具备建设能力，而是按总价103万元转包给其他单位，从中获利92.85万元。

（2）2010年2月，下属民航数据通信有限责任公司从空管局技术中心承揽总价93.2万元的GNSS子系统及相应技术服务合同之后，违约将部分子项目分包，合同价款50万元。

3. 所属空管局部分建设项目投资未发挥效益。

（1）至2011年底，空管局2000年利用民航基础设施建设基金等共180.98万元购置的2套卫星站设备均未投入使用，其中1套尚未安装。

（2）空管局2008年4月在民航博物馆影院土建工程未完工的情况下提前进口的巨幕放映设备，至2011年底仍未安装，且额外发生仓储费用94.37万元。

4. 2011年，所属清算中心未经批准与机场、航空公司约定按清算金额的0.9%收取手续费，累计收取手续费5 047.12万元，部分用于奖励航空公司和返还给机场，年底结余1 914.15万元。

5. 所属清算中心2006年以来自行将其代收航路费存款利息作为事业收入转入其自有资金账户，至2011年底累计转入6 443.11万元，用于弥补汇兑损失和经费开支。其中，2011年发生1 597.25万元。

6. 2007年至2011年，局本级在“部门集中收入”预算支出中，列支独立预算单位所属离退休干部局和空警总队的基本支出共1 656.08万元，其中2011年发生274.02万元。

三、审计处理情况和建议

对上述问题，审计署已依法出具了审计报告、对民航局下达了审计决定书。对基建项目预算编报不规范问题，要求严格按照规定编报预算；对违规给予流动资金贷款贴息问题，要求严格执行基本建设贷款贴息规定；对所属部分单位违规动用预算资金捐赠问题，要求责成其严格执行预算支出管理规定；对所属空管局滞留民航政府性基金问题，要求收回资金并上缴；对所属单位固定资产核算不规范和资产未按规定核销问题，要求责成其按规定清理纠正，调整会计账目和决算（草案）；对所属空管局下属企业违规转分包工程项目问题，要求责成相关单位严格执行工程建设管理规定，追回非法转包获利并上缴；对所属空管局部分建设项目投资未发挥效益问题，要求责成其加强建设项目管理；对所属清算中心未经批准收取机场服务费清算手续费问题，要求按规定申报，未获得批准前不得收费；对所属清算中心将航路费存款利息收入转作事业收入问题，要求责成其将当年利息收入归还原渠道；对为独立核算所属单位列支基本支出问题，要求收回资金，调整会计账目和决算（草案），对相关责任单位给予通报批评。

针对审计发现的问题，审计署建议：民航局应加强预算编制和执行管理，提高专项资金项目投资管理质量，规范国有资产管理和核算，强化对所属单位预算执行和财务收支的监管。

四、审计发现问题的整改情况

对此次审计发现的问题，民航局高度重视，责成相关单位认真纠正和整改。对所属空管局滞留民航政府性基金及下属企业违规转分包工程项目问题，已将涉及资金3 711.23万元上缴；对所属单位固定资产核算不规范和资产未按规定核销问题，已调整会计账目及决算（草案），并停止计提有关折旧；对所属空管局部分建设项目投资未发挥效益等问题，空管局已布置全系统基建项目大检查，正研究完善相关制度；对所属清算中心未经批准收取机场服务费清算手续费问题，该中心已就收费项目报民航局审批；对所属清算中心自行将航路费存款利息收入转作事业收入问题，已调整有关会计账目。其他问题正在整改中。

附件： 1. 民航局2011年度预算执行总体情况表（略）

2. 民航局2011年度重点审计单位和资金预算执行情况表（略）

国务院扶贫开发领导小组办公室 2011年度预算执行情况和其他财政收支情况审计结果

根据《中华人民共和国审计法》的规定，2011年11月至2012年3月，审计署对国务院扶贫开发领导小组办公室（以下简称国务院扶贫办）2011年度预算执行情况和其他财政收支情况进行了审计，重点审计了办本级和所属中国国际扶贫中心、全国贫困地区干部培训中心（以下分别简称国际中心、培训中心）等4个单位，并对有关事项进行了延伸审计。

一、基本情况

国务院扶贫办为中央财政一级预算单位，部门预算由办本级和4个二级预算单位的预算组成。财政部批复国务院扶贫办2011年度的部门预算支出为27 042.97万元（指财政性资金预算，下同），国务院扶贫办决算（草案）反映的当年预算执行数为7 042.97万元，其部门预算与执行结果的差异总额为20 000万元。差异的具体情况及产生原因见附件1。

本次审计国务院扶贫办本级及所属单位2011年度预算支出共计27 042.97万元。审计查出预算执行中不符合财经制度规定的问题金额634.95万元，其中2011年发生291.32万元；其他财政收支方面不符合财经制度规定的问题金额18 133.73万元。上述问题对国务院扶贫办2011年度预算执行结果的影响见附件2。

审计结果表明，国务院扶贫办和本次审计的所属单位2011年度预算收支基本遵守了预算法及相关法律法规，会计处理基本符合会计法及有关会计制度规定。

二、审计发现的主要问题

（一）预算执行中存在的主要问题。

1.2011年，办本级在“贫困地区防灾减灾、灾害应对及灾后重建”等3个项目中，列支与预算内容不符的课题研究及图书出版费共59.9万元；所属国际中心在“国际减贫交流”项目中以委托发放稿酬名义多领取资金3.33万元。

2.2011年，办本级通过调整账目将公用经费26.22万元用于弥补人员经费缺口。

3.2008年至2011年，所属国际中心、培训中心和中国扶贫发展中心（以下简称发展中心）在公用经费和项目经费中列支人员经费等共410.29万元，其中2011年发生205.2万元。

4.2008年至2011年，国务院扶贫办将25个农村扶贫开发软科学课题委托给北京师范大学等4个单位承担，并采取以拨代支方式拨付全部预算资金866万元。其中13个已结题课题结余资金135.21万元，占拨款额的29.33%。

此外，办本级在2011年度部分会议、培训经费预算中编入了所属单位的支出预算。

（二）其他财政收支中存在的主要问题。

1.2008年至2011年，办本级对一些国家扶贫开发工作重点县重复安排试点项目资金1.2亿元。

2.2008年至2010年，所属发展中心将本单位的房租费、办公费和招待费等共342.71万元，转至其参股的中国扶贫发展服务公司列支。

3.2007年至2011年，所属扶贫开发领导小组办公室外资项目管理中心（以下简称外资中心）和国际中心将37.02万元收入存放在工会账户，未纳入基本账户核算管理。

4.2008年至2010年，所属外资中心利用虚假的出版物完成验收证明在“社区主导型发展（CDD）试点项目”等项目中向有关出版社支付18.06万元，至2011年底实际支出印刷费3.47万元。

5.2010年至2011年，所属国际中心、发展中心和培训中心在举办会议、制作专题片和购买互联网接入、服务器托管等技术服务时，未按规定从定点单位采购或履行政府采购审批程序，涉及采购金额共454.1万元。

6.2011年，所属外资中心在编制合并会计报表时，将在往来科目核算的款项互相抵销，导致资产和负债分别少计4 422.74万元。

7.2011年，所属培训中心将部分捐赠资金和国际培训班收入859.1万元在往来科目挂账，未作收入核算。

三、审计处理情况和建议

对上述问题，审计署已依法出具了审计报告、对国务院扶贫办下达了审计决定书。对课题经费管理不到位、承担单位结余较多问题，要求及时办理结题验收，按规定处理结余经费；对所属国际中心多领取资金问题，要求予以追回；对扩大经费支出范围问题，要求归还资金原渠道，调整会计账目和决算（草案）；对重复安排试点项目资金问题，要求规范扶贫资金分配管理；对所属单位部分收支未按规定核算管理问题，要求责成其清理纠正；对所属单位执行政府采购制度不规范问题，要求责成其严格履行政府采购程序；对所属单位少计资产负债及收入核算管理不规范问题，要求责成其调整会计账目和决算（草案）。

针对审计发现的问题，审计署建议：国务院扶贫办应进一步加强预算执行组织管理，强化监督检查措施，严格监管所属事业单位财务收支。

四、审计发现问题的整改情况

对此次审计发现的问题，国务院扶贫办高度重视，专题研究部署整改工作。已通知课题承担单位清理收回结余资金，所属外资中心和培训中心已按要求调整会计账目和决算（草案），并修改完善了软科学课题管理办法、扶贫开发试点项目管理办法、事业单位非财政项目资金管理办法等规章制度。其他问题正在整改中。

附件：1. 国务院扶贫办 2011 年度预算执行总体情况表（略）

2. 国务院扶贫办 2011 年度重点审计单位和资金预算执行情况表（略）

最高人民检察院
2011 年度预算执行情况和其他财政收支情况审计结果

根据《中华人民共和国审计法》的规定，2011 年 11 月至 2012 年 3 月，审计署对最高人民检察院（以下简称高检院）2011 年度预算执行情况和其他财政收支情况进行了审计，重点审计了院本级和所属国家检察官学院、检察技术信息研究中心、机关服务中心，并对有关事项进行了延伸审计。

一、基本情况

高检院为中央财政一级预算单位，部门预算由院本级和 4 个二级预算单位的预算组成。审计结果表明，高检院本级和本次审计的所属单位 2011 年度预算收支基本遵守了预算法及相关法律法规，会计处理基本符合会计法及有关会计制度规定。

二、审计发现的主要问题

（一）预算执行中存在的主要问题。

1. 2011 年，院本级扩大支出范围在项目支出中列支机关办公楼维护费用 29.26 万元。

2. 2011 年，院本级扩大支出范围在项目支出中列支 1 092.88 万元，用于弥补所属机关服务中心机关服务经费不足。

3. 2011 年，院本级实际发生政府采购支出 2 336.24万元，超出政府采购预算 436.24 万元。

（二）其他财政收支中存在的主要问题。

1. 2010 年至 2011 年，院本级国有资产出租收入 754.78 万元，未及时上缴中央财政专户。

2. 2010 年，所属国家检察官学院未按规定履行政府采购程序购买家具 79 套，涉及金额 42.42 万元。

3. 院本级办公楼及所属国家检察官学院改扩建工程项目已竣工交付使用，未办理竣工财务决算。

4. 院本级与所属机关服务中心财务核算不规范，机关服务中心部分经费收支在院本级财务账上核算。

三、审计处理情况和建议

对上述问题，审计署已依法出具了审计报告、对高检院下达了审计决定书。对扩大项目支出范围、政府采购不规范等问题，要求严格执行预算管理和政府采购相关规定；对未上缴国有资产出租收入问题，要求尽快上缴；对未及时办理基建项目竣工决算问题，要求尽快办理竣工决算；对财务核算不规范问题，要求尽快理顺核算关系。

针对审计发现的问题，审计署建议：高检院应提高预算编制的科学性和准确性，严格按照预算规定用途使用资金；规范非税收入管理和基本建设项目管理；加强对所属单位的财务监督和检查，促进其严格遵守财经法规。

四、审计发现问题的整改情况

对此次审计发现的问题，高检院和所属单位积极采取措施进行整改。对财务核算不规范问题，已完成了财务职责范围划分和数据分割，实行所属机关服务中心独立核算。其他问题正在整改中。

中央对外联络部2011年度预算执行情况和其他财政收支情况审计结果

根据《中华人民共和国审计法》的规定，2011年11月至2012年3月，审计署对中央对外联络部（以下简称中央联络部）2011年度预算执行情况和其他财政收支情况进行了审计，重点审计了部本级和所属离退休干部局、机关服务中心，并对有关事项进行了延伸审计。

一、基本情况

中央联络部为中央财政一级预算单位，部门预算由部本级和5个二级预算单位的预算组成。审计结果表明，中央联络部本级和本次审计的所属单位2011年度预算收支基本遵守了预算法及相关法律法规，会计处理基本符合会计法及有关会计制度规定；以前年度审计发现的问题得到了认真整改。

二、审计发现的主要问题

（一）预算执行中存在的主要问题。

1.2010年至2011年，部本级为所属两家二级预算单位代编代报住房改革支出预算共计379.12万元，其中2011年发生193.23万元。

2.2010年至2011年，中央联络部离退休干部局在公用经费中列支人员经费18.06万元，其中2011年发生9.08万元。

3.2011年，中央联络部实际采购有关软件50.62万元，未按规定编报政府采购预算；另有总额206.88万元的采购事项未按规定履行政府采购程序。

（二）其他财政收支中存在的主要问题。

1.2011年，中央联络部在往来科目核算“办公区设施设备综合改造”项目经费收入150万元，造成少计收入。

2. 至2011年底，中央联络部2000年对所属当代世界出版社借款的50万元仍挂账未清理。

3.2011年，所属机关服务中心对盘盈的固定资产79.44万元未及时进行账务处理。

三、审计处理和整改情况

对上述问题，审计署已依法出具了审计报告、对中央联络部下达了审计决定书。对为所属单位代编代报预算问题，要求严格按规定编报；对离退休干部局在公用经费中列支人员经费问题，要求责成其严格按照预算支出范围使用预算资金；对政府采购不规范问题，要求严格执行政府采购制度相关规定；对在往来科目核算收入问题，要求调整会计账目和决算（草案）；对借款长期挂账问题，要求及时清理借款；对所属机关服务中心盘盈资产未按规定核算问题，要求责成其将盘盈资产暂估入账、调整决算（草案）。

针对审计发现的问题，审计署建议：中央联络部应进一步增强预算编制的科学性、准确性，严格按照预算支出范围使用资金，并严格执行政府采购制度规定。

四、审计发现问题的整改情况

对此次审计发现的问题，中央联络部高度重视，积极采取措施进行整改。对政府采购不规范问题，修订完善了政府采购管理等制度；对在往来科目核算收支问题，已调整会计账目和决算（草案）。其他问题正在整改中。

求是杂志社2011年度预算执行情况和其他财政收支情况审计结果

根据《中华人民共和国审计法》的规定，2011年11月至2012年3月，审计署对求是杂志社2011年度预算执行情况和其他财政收支情况进行了审计，重点审计了社本级和所属小康杂志社等4个单位，并对有关事项进行了延伸审计。

一、基本情况

求是杂志社为中央财政一级预算单位，部门预算即社本级预算。财政部批复求是杂志社2011年度的部门预算支出为2841万元（指财政性资金预算，下同），求是杂志社决算（草案）反映的当年预算执行数为2 616.85万元，其部门预算与执行结果的差异总额为224.15万元。差异的具体情况及产生原因见附件1。

本次审计求是杂志社2011年度预算支出共计2841万元。审计查出当年预算执行中不符合财经制度规定的问题金额12.4万元，其他财政收支方面不符合财经制度规定的问题金额34.46万元。上述问题对求是杂志社2011年度预算执行结果的影响见附件2。

审计结果表明，求是杂志社和本次审计的所属单位2011年度预算收支基本遵守了预算法及相关法律法规，会计处理基本符合会计法及有关会计制度规定。

二、审计发现的主要问题

（一）2009年以来，求是杂志社未按规定编制政府采购项目及资金预算；2011年有12.40万元采购支出未按政府采购规定实行集中采购。

（二）2011年，求是杂志社及所属小康杂志社档案袋等制作费、图书馆工程设计费和会议费等报销凭证中，有不规范发票共14.66万元。

（三）2010年至2011年，求是杂志社在其主办的《红旗文稿》杂志上违规刊登没有明确广告标志的广告，共收取费用19.80万元，其中2011年发生11.80万元。

此外，求是杂志社2009年至2011年编制的部分项目预算缺少项目申报书。

三、审计处理情况和建议

对上述问题，审计署已依法出具了审计报告、对求是杂志社下达了审计决定书。对政府采购不规范问题，要求规范相关预算编制，严格执行政府采购规定；对报销凭证不规范问题，要求严格执行发票管理制度；对刊登没有明确广告标志的广告并收取费用问题，要求规范广告刊登和收费行为；对项目支出申报资料不全问题，要求加强项目预算编报管理。

针对审计发现的问题，审计署建议：求是杂志社应进一步加强项目预算编报工作，规范财务收支和政府采购行为。

四、审计发现问题的整改情况

对此次审计发现的问题，求是杂志社正在组织进行整改。

附件：1. 求是杂志社2011年度预算执行总体情况表（略）
2. 求是杂志社2011年度重点审计单位和资金预算执行情况表（略）

经济日报社2011年度预算执行情况和其他财政收支情况审计结果

根据《中华人民共和国审计法》的规定，2011年11月至2012年3月，审计署对经济日报社2011年度预算执行情况和其他财政收支情况进行了审计，重点审计了经济日报社本级和所属中国经济网传播中心、北京中经网联合信息咨询中心、北京证券日报社，并对有关事项进行了延伸审计。

一、基本情况

经济日报社为中央财政一级预算单位，部门预算即社本级预算。财政部批复经济日报社2011年度的部门预算支出为17 034万元（指财政性资金预算，下同），经济日报社决算（草案）反映的当年预算执行数为17 034万元，其部门预算执行率为100%。

本次审计经济日报社2011年度预算支出共计17 034万元。审计查出预算执行中不符合财经制度规定的问题金额1 977.83万元，其中2011年发生1 653.08万元；其他财政收支方面不符合财经制度规定的问题金额11 506.51万元。上述问题对经济日报社2011年度预算执行结果的影响见附件2。

审计结果表明，经济日报社和本次审计的所属单位2011年度预算收支基本能够遵守预算法及相关法律法规，会计处理基本符合会计法及相关会计制度规定。

二、审计发现的主要问题

（一）预算执行中存在的主要问题。

1.2010年和2011年，经济日报社扩大支出范围使用项目资金631.16万元。其中，2010年和2011年分别在“中国经济产业景气指数项目”预算中分摊办公楼折旧费用324.75万元和207.28万元；2011年在“办公信息化综合管理系统项目”预算中支出电脑购买费用99.13万元。

2. 经济日报社2011年度决算报表反映当年预算全部执行完毕，但至年底实际有1 346.67万元预算未执行，造成决算报表多计支出。

此外，经济日报社“网站运行费”和“经济日报新媒体建设”项目2011年年初预算未细化到具体承担单位。

（二）其他财政收支中存在的主要问题。

1. 所属北京证券日报社各驻地记者站参与《证券日报》发行、广告等经营活动，涉及金额共583.36万元，其中2011年发生306.58万元。

2. 至2011年底，经济日报社2009年以前陆续为各驻地记者站开设用于日常开支等的银行账户仍有 11 个未报经财政部门审批，资金余额共 312.74 万元。

3. 2010 年和 2011 年，经济日报社超出国家规定标准向广告公司多支付代理费 682.48 万元，其中 2011 年发生 391.37 万元。

4. 至 2011 年底，经济日报社 2008 年以前应收款项共 8 169.65 万元仍挂账未收回，有的长达 20 多年。

5. 2011 年，经济日报社驻地记者站发行经费支出中，有 224.11 万元未取得原始报销凭证。

6. 至 2011 年底，经济日报社将驻吉林、青岛等地记者站 11 个银行账户撤销后收回的余款 72.28 万元、收到的奖励经费 20 万元在往来科目挂账，未及时计列收入。

7. 2010 年和 2011 年，所属中国经济网传播中心少计收入 1 441.89 万元。其中，2011 年发生 911.62 万元。

三、审计处理情况和建议

对上述问题，审计署已依法出具了审计报告、对经济日报社下达了审计决定书。对扩大支出范围使用项目资金问题，要求调整会计账目和决算（草案）；对决算报表多计支出问题，要求调整决算报表相关内容；对年初项目预算未细化问题，要求加强项目预算编报管理；对所属北京证券日报社驻地记者站违规参与报纸经营活动问题，要求责成其严格执行国家相关规定，完善监督管理措施；对未经审批为驻地记者站开设银行账户问题，要求进行清理和纠正；对多支付广告代理费问题，要求严格按照规定标准执行；对应收款项长期挂账问题，要求尽快清查并按规定处理；对无原始单据列支费用问题，要求在清理基础上据实列支；对所属记者站银行账户撤销后余款及奖励经费在往来科目中挂账问题，要求进行清理并调整会计账目；对所属中国经济网传播中心少计收入问题，要求调整会计账目。

针对审计发现的问题，审计署建议：经济日报社应加强财政专项资金和新闻采编部门管理，加大财务管理和监督力度，及时清理长期挂账问题。

四、审计发现问题的整改情况

对此次审计发现的问题，经济日报社高度重视，积极进行整改。对无原始凭证列支费用问题，已补齐相关原始报销凭证；对奖励经费在往来科目中挂账问题，已按规定调整会计账目。其他问题正在整改中。

附件： 1. 经济日报社 2011 年度预算执行总体情况表（略）

2. 经济日报社 2011 年度重点审计单位和资金预算执行情况表（略）

中国国际贸易促进委员会 2011 年度预算执行情况和其他财政收支情况审计结果

根据《中华人民共和国审计法》的规定，2011 年 11 月至 2012 年 3 月，审计署对中国国际贸易促进委员会（以下简称贸促会）2011 年度预算执行情况和其他财政收支情况进行了审计，重点审计了会本级和所属资产管理中心、法律事务部，并对有关事项进行了延伸审计。

一、基本情况

贸促会为中央财政一级预算单位，部门预算由会本级和两个二级预算单位的预算组成。财政部批复贸促会 2011 年度的部门预算支出为 43 455.08万元（指财政性资金预算，下同），贸促会决算（草案）反映的当年预算执行24 597.78 万元，其部门预算与执行结果的差异总额为 18 857.3万元。差异的具体情况及产生原因见附件 1。

本次审计贸促会本级及所属单位 2011 年度预算支出共计 40 919.95 万元，占部门预算支出总额的 94.17%。审计查出当年预算执行中不符合财经制度规定的问题金额 2 091.77 万元，其他财政收支方面不符合财经制度规定的问题金额 169 807.68万元。上述问题对贸促会 2011 年度预算执行结果的影响见附件 2。

审计结果表明，贸促会本级和本次审计的所属单位 2011 年度预算收支基本能够遵守预算法及相关法律法规，会计处理基本符合会计法及有关会计制度规定，能够认真做好本部门预算编报的组织工作，进一步加强预算和财务管理，建立健全有关制度。

二、审计发现的主要问题

（一）预算执行中存在的主要问题。

1.2011 年，贸促会未将所属机关服务中心、贸易推广交流中心等 7 个事业单位收支纳入部门预算编报范围；“专项业务费”等 4 个项目的预算年初未细化；会本级未按规定建立完善预算项目库。

2.2011 年，会本级未经批准扩大项目预算支出范围列支 574.97 万元，用于劳务派遣人员工资、车辆使用费等基本支出。

3.2011 年，会本级未报经批准向驻外机构拨付 1 516.8 万元，用于购置办公用房。

（二）其他财政收支中存在的主要问题。

1.2011 年，会本级举办的 10 个会议、培训和论坛相关支出未实行政府采购，涉及金额共 711.24 万元。

2.2000 年，会本级未经批准将价值 1144 万元的新恒基国际贸易大厦办公用房无偿划拨给所属机关服务中心。

3.2011 年，会本级将应自筹的工程建设资金 16.6 亿元列为费用性支出预算申报，造成多申报国有资本经营预算资金。

4. 至 2011 年底，贸促会仍未撤销由其财务部代管的、已于 2008 年被吊销营业执照的下属企业北京东方华力管理咨询有限公司的银行账户。

5.2009 年至 2010 年，所属中国国际商会未经批准组织境外职业资格考试，从中收取考试费 1 125.5万元。

6.2010 年至 2011 年，所属招待所未经批准对外出租会本级房产，出租收入 180 万元未按“收支两条线”管理规定上缴。

7.2011 年，所属中国国际商会会馆馆舍改造支出 275.8 万元在往来科目核算，造成少计支出；所属房屋自管服务社决算报表数据与会计账册不符。

8.2010 年至 2011 年，所属单位发票管理不规范，涉及金额 371.14 万元。

此外，对以前年度审计查出的会本级投资收益存放境外个人账户未收回问题，仍未按规定整改。

三、审计处理情况和建议

对上述问题，审计署已依法出具了审计报告、对贸促会下达了审计决定书。对预算编报不规范问题，要求完整编制和细化预算，并建立完善预算项目库；对扩大项目预算支出范围问题，要求严格项目支出管理；对未经批准购置驻外机构办公用房问题，要求补办审批手续；对举办会议等未实行政府采购问题，要求严格执行政府采购制度；对未经批准划拨国有资产问题，要求补办相关手续；对多申报国有资本经营预算资金问题，要求予以纠正；对未及时撤销所属企业银行账户问题，要求尽快清理、撤销；对所属中国国际商会未经批准组织境外职业资格考试并收取考试费问题，要求责成其及时办理审批注册手续；对所属招待所未经批准出租国有资产问题，要求补办有关手续，并将所得收入按规定上缴；对所属单位少计支出、决算报表与会计账册不符问题，要求责成其调整会计账目及决算（草案）；对所属单位发票管理不规范问题，要求严格执行相关规定；对以前年度审计查出问题未整改问题，要求抓紧整改。

针对审计发现的问题，审计署建议：贸促会应规范部门预算编报和执行工作，严格按预算批复支出范围开支，加强会本级及所属单位财务管理，提高国有资产管理和使用效益。

四、审计发现问题的整改情况

对此次审计发现的问题，贸促会高度重视，积极采取措施整改。对所属单位少计支出、决算报表与会计账册不符问题，已调整会计账目和决算（草案）。其他问题正在整改中。

附件：1. 贸促会 2011 年度预算执行总体情况表（略）

2. 贸促会 2011 年度重点审计单位和资金预算执行情况表（略）

中华人民共和国审计署审计结果公告

（2012年第33号）

66个市县2011年城镇保障性安居工程审计结果

（二〇一二年七月十八日公告）

2011年11月至2012年3月，审计署对河北、内蒙古、重庆等18个省、自治区和直辖市（以下简称18个省区市）2011年城镇保障性安居工程建设管理情况进行了审计，重点审计了包括各省会城市、直辖市中心城区在内的66个市县，对重要事项进行了必要的延伸和追溯。现将审计结果公告如下：

一、基本情况

2011年，18个省区市由国家下达的城镇保障性安居工程目标任务为654.64万套（户），当年上报完成705.71万套（户）；筹集保障性安居工程资金2 811.62亿元（其中中央财政投入983.61亿元，比2009年增长2.57倍），支出2 210.56亿元，年末结存988.44亿元（含上年结转387.38亿元）。

重点审计的66个市县，2011年上级政府下达城镇保障性安居工程目标任务161.16万套（户），筹集保障性安居工程资金675.39亿元（其中中央财政投入232.84亿元），支出562.47亿元，年末结存298.29亿元（含上年结转185.37亿元）。

二、审计评价

审计结果表明，2011年，18个省区市认真贯彻落实中央各项政策要求，将城镇保障性安居工程目标任务列入当地经济社会发展规划，及时分解到各级政府，并建立了考核办法和问责机制；在加大财政投入的同时，积极引入金融机构和民间资本投资，有力保证了城镇保障性安居工程建设；采取有力措施确保公平分配，确保让住房困难家庭受益，切实发挥保障性安居工程效益。

（一）基本住房保障体系初步建立，为城镇保障性安居工程顺利进行打下了良好基础。各省区市已经初步建立了以廉租住房和公共租赁住房为主，经济适用住房和限价商品房为辅的分层次、多结构的基本住房保障体系，逐步将住房困难的中低收入家庭、新就业职工和外来务工人员纳入保障范围，并全面开展了各类棚户区改造，为解决困难家庭住房矛盾提供了制度保障。

（二）保障性安居工程资金支出快速增长，推动了城镇化建设进程。18个省区市保障性安居工程支出由2009年的664.73亿元增加到2 210.56亿元，增长2.33倍；新开工各类保障性住房394.13万套，完成棚户区改造248.29万套（户），在拉动内需、缓解房价过快上涨、加快城市建设等方面发挥了积极作用。

（三）住房困难家庭的居住条件得到明显改善，有效促进了社会和谐稳定。截至2011年底，18个省区市通过发放租赁补贴、配租配售保障性住房和棚户区改造等方式，累计保障中低收入住房困难家庭1 227.63万户，比2009年增长1.12倍，切实保障了困难群体的基本住房需求。

三、存在的主要问题及整改情况

从审计结果看，18个省区市保障性安居工程建设总体情况较好，但由于时间紧、任务重，一些市县在保障性安居工程建设管理中还有不少困难，不同程度存在资金筹集和管理不够规范、项目管理不到位、分配及后续管理不够严格等问题。审计指出后，各有关方面高度重视，认真整改。具体情况是：

（一）资金筹集和管理不够规范。

一是未足额提取或安排保障性安居工程资金。66个市县中，有36个市县少提取或少安排工程资金53.14亿元，占应提取或安排总额的14%。其中：从住房公积金增值收益中少提取和少上缴共7.6亿元，从土地出让收益中少安排45.54亿元；11个市县的58个项目地方投资有6.12亿元未到位，占这些项目应安排资金的44.74%，在一定程度上影响工程建设进度。

二是相关优惠政策未完全落实。为降低建设成本，国家对城镇保障性安居工程项目实行免收各种行政事业性收费和政府性基金、下浮建设贷款利率等政策支持。但审计发现，有 19 个单位违规向 27 个城镇保障性安居工程项目收取行政事业性收费和政府性基金 8 941.78 万元，49 个项目的 6.75 亿元银行贷款未按规定享受优惠利率。

三是未按规定拨付、使用或管理专项资金。此次审计发现，有 29 个单位违规拨付或滞留保障性安居工程资金 23.33 亿元；22 个单位将 29.55 亿元工程资金用于非保障性住房建设、公司注册资本验资和市政工程建设等；10 个市县的 1 015.25万元保障性住房租金收入未按规定及时足额缴入地方同级国库实行“收支两条线”管理；5 个市县向承建单位违规返还土地出让收入 5.33 亿元。

对上述问题，有 3 个市县已按规定从土地出让收益中补充安排工程资金 1.56 亿元；2 个市县补充安排地方投资 1 261.74 万元；1 个县已将收取的行政事业性收费 25.91 万元退回；11 个单位已将截留、挪用的 26.51 亿元归还原渠道。

（二）项目建设管理不到位。

一是工程建设用地中存在不够规范的问题。66 个市县中，有 9 个市县存在保障性安居工程用地未批先用、未办理土地用途变更手续等问题；3 个市县的 95 个保障性安居工程项目部分用地被用于开发商品房、建设酒店和办公楼等。

二是部分项目建设不符合基本建设程序。66 个市县中，有 46 个市县的 803 个项目在勘察、设计、施工、监理和招投标等环节未严格执行基本建设程序，占抽查项目数的 38.13%，有的项目被违规转分包或发包给不具备相应资质的施工企业或个人；14 个市县的 47 个项目存在质量监督检查不到位、施工不符合设计规范等问题，占抽查项目数的 2.14%；4 个市县的 12 个项目未经验收就分配入住，占抽查项目数的 0.57%，个别项目已出现明显质量问题。

审计期间，发展改革委印发了《关于发展改革系统要继续加大工作力度切实做好 2012 年保障性安居工程建设工作的通知》（发改投资〔2012〕321 号），要求各级发展改革部门加强保障性安居工程建设管理工作。相关地方正在采取措施，认真整改，并完善相关制度，已有 2 个市县对违规转包和不符合施工规范的问题做出了处理。

（三）分配和后续管理不够严格。

一是部分保障性住房分配不够严格。66 个市县中，有 9 个市县的 5479 户保障对象未经资格审核即被纳入保障范围，42 个市县的 2.1 万户保障对象存在收入财产超标、重复享受保障待遇、应退出未退出住房保障等问题。

二是部分保障性住房被违规销售和挪作他用等。66 个市县中，有 5 个市县的 2801 套保障性住房被作为商品房对外销售；3 个市县的 226 套保障性住房被挪作他用；32 个市县的 1.46 万套保障性住房闲置半年以上，影响房屋使用效率。

此外，审计抽查 66 个市县的 77.35 万套保障性住房中，有 37 个市县的 19.3 万套住房（占 24.85%）超出国家或地方规定的廉租住房单套不超过 50 平方米、公共租赁住房和经济适用住房单套不超过 60 平方米的户型面积标准，套均超面积 26.52 平方米。

对上述问题，有 7 个市县已按规定取消了 3856 户居民的保障对象资格，2 个市县将 209 套闲置保障性住房进行了配租（售），相关地方正在研究进一步完善制度。

下一步，审计署将继续跟踪和督促后续整改情况，促进中央要求和部署落实到位，推动城镇保障性安居工程规范有序进行。

附：

本次重点审计的市县名单

河北省：石家庄市、南和县、曲周县、泊头市

山西省：太原市、山阴县、天镇县、定襄县

内蒙古自治区：呼和浩特、宁城县、五原县、察右后旗

吉林省：长春市、大安市、延吉市

江苏省：南京市、泗阳县、江阴市

浙江省：杭州市、绍兴县、江山市、文成县

江西省：南昌市、寻乌县、丰城市、都昌县

河南省：郑州市、兰考县、鄢陵县、范县

湖北省：武汉市、公安县、宜都市、罗田县

湖南省：长沙市、宜章县、湘阴县

广东省：广州市、连州市、怀集县、丰顺县

广西壮族自治区：南宁市、博白县、田东县

重庆市：主城区、云阳县、涪陵区、荣昌县
四川省：成都市、富顺县、彭山县
贵州省：贵阳市、盘县、石阡县
云南省：昆明市、云县、新平县、勐海县
陕西省：西安市、富平县、洛南县、淳化县
甘肃省：兰州市、秦安县、通渭县、陇西县

中华人民共和国审计署审计结果公告（2012年第34号）

全国社会保障资金审计结果

（二〇一二年八月二日公告）

根据宪法和审计法等相关法律规定，按照党中央、国务院的部署，审计署在地方各级党委政府的大力支持和各级发展改革、财政、人力资源社会保障、民政、卫生、银行等部门及单位的密切配合下，于2012年3月至5月组织全国审计机关4万多名审计人员，对31个省（区、市）、5个计划单列市本级及所属市（地、州、盟、区）、县（市、区、旗）三级政府（以下分别统称省、市、县）和新疆生产建设兵团管理的18项社会保障资金[①]，以及人民银行、农业发展银行实施行业统筹管理的职工基本养老保险基金进行了审计，对地方试点或开展的其他社会保险进行了调查。本次审计共涉及37个省本级（含计划单列市和新疆生产建设兵团）、404个市本级和2790个县（以下分别统称省本级、市本级、县），延伸审计了29 273家企业、4207家医院和8101个村（居）委会。现将审计结果公告如下：

一、基本情况

党中央、国务院高度重视社会保障工作，“十一五”以来，将社会保障作为以改善民生为重点的社会建设的重要内容，坚持“广覆盖、保基本、多层次、可持续”的方针，出台多项法规、政策和措施。中央各相关部门和地方各级党委政府采取有效措施，认真贯彻落实党中央、国务院的各项方针政策。“十一五”以来，社会保障事业健康快速发展，截至2011年底，党的十七大提出的完善“以社会保险、社会救助和社会福利为基础，以基本养老、基本医疗和最低生活保障制度为重点”的社会保障体系目标基本实现。

（一）社会保障体系基本建成。

1. 社会保险制度体系情况。至2011年底，基本医疗保险实现全覆盖，城镇职工基本医疗保险、城镇居民基本医疗保险和新型农村合作医疗（以下简称新农合）制度体系覆盖全国所有县，参保人数合计超过13亿人，比2005年增长2.77倍，其中189个县合并实施了城乡居民医疗保险；基本养老保险覆盖面迅速扩大，企业职工基本养老保险已覆盖全国所有县，新型农村社会养老保险（以下简称新农保）已覆盖81.50%的县，城镇居民社会养老保险（以下简称城居保）已覆盖75.30%的县，参保人数合计6.22亿人，比2005年增长2.86倍，其中683个县合并实施了城乡居民养老保险；失业、工伤和生育保险与企业职工基本养老、城镇职工基本医疗保险同步开展，参保人数分别达到了1.42亿人、1.70亿人和1.22亿人。

此外，为探索建立统账结合制度，国务院决定开展做实企业职工基本养老保险个人账户试点，到2011年底，试点省份已达到13个。

2. 社会救助制度体系情况。以城市居民最低生活保障和农村最低生活保障为主体，包括城市和农村医疗救助、农村五保供养和自然灾害生活救助等构成的社会救助制度体系在全国范围内实现了全覆盖。至2011年底，全国城市居民最低生活保障对象2 256.27万人，农村最低生活保障对象5 298.28万人，农村五保供养对象578.62万人。2011年城市和农村医疗救助资金共资助6 649.35万人参加医疗保险，直接医后救助2 367.27万人次。

3. 社会福利制度体系情况。以扶老、助残、救孤为重点，包括老年人福利、残疾人福利和儿童福利等构成的社会福利制度逐步健全。至2011年底，全国社会福利机构4.25万个，床位321.05万张，收养老年人、残疾人和儿童等237.92万人，社会福利企业吸纳62.80万残疾人员就业。

（二）社会保障资金基本保证。

社会保障资金主要有两种筹集模式，其中社会保险基金主要来源于单位缴费、个人缴费以及财政投入，社会救助和社会福利资金主要来源于财政投入。2011 年，18 项社会保障资金共计收入 28 402.05 亿元，支出 21 100.17 亿元，年末累计结余 31 118.59 亿元（详见表 1），分别比 2005 年增长 312.79%、299.78%和 435.24%。

表 1　2011 年社会保障资金收支和累计结余情况表

（单位：亿元）

保障资金类别	收入规模		支出规模		年末累计结余	
	金额	占比	金额	占比	金额	占比
社会保险	26194.53	92.22%	19070.01	90.37%	30303.72	97.38%
社会救助	1856.59	6.54%	1718.73	8.15%	645.35	2.07%
社会福利	350.93	1.24%	311.43	1.48%	169.52	0.55%
总计	28402.05	100.00%	21100.17	100.00%	31118.59	100.00%

2011 年，社会保险基金收入 26 194.53 亿元中，单位缴费、个人缴费、财政投入和其他投入分别为 12 614.91 亿元、7 177.96 亿元、5 391.48 亿元和 1 010.18 亿元，分别占 48.16%、27.40%、20.58%和 3.86%（见图 1）；社会救助和社会福利资金收入 2 207.52 亿元中，财政投入为2 163.86亿元，其他投入 43.66 亿元，分别占 98.02%和 1.98%。

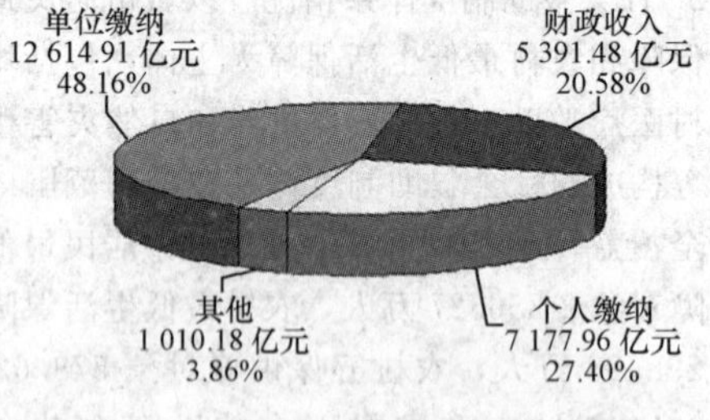

图 1　2011 年社会保险基金来源情况

在 2011 年的 18 项社会保障资金财政投入中，中央和地方财政分别投入 4 508.76 亿元、3 046.58亿元，分别比 2005 年增长 534.15%和 632.01%，中央财政对社会保险、社会救助和社会福利的投入分别占 60.67%、64.74% 和 15.27%（详见表 2）。

表 2　2011 年中央和地方财政投入情况表

（单位：亿元）

保障资金类别	财政投入合计		中央财政		地方财政	
	金额	占比	金额	占比	金额	占比
社会保险	5391.48	100.00%	3271.07	60.67%	2120.41	39.33%
社会救助	1833.96	100.00%	1187.33	64.74%	646.63	35.26%
社会福利	329.90	100.00%	50.36	15.27%	279.54	84.73%
合计	7555.34	100.00%	4508.76	59.68%	3046.58	40.32%

社会保险基金 30 303.72 亿元结余中，除人民银行、农业发展银行和中央财政专户管理的 71.83 亿元外，省本级、市本级和县级结存分别占 38.08%、35.61% 和 26.31%；东部、中部、西部结存分别占 56.78%、21.54% 和 21.68%。从社会保险基金结余形态分布看，活期存款、定期存款和其他形式分别占 38.44%、58.01% 和 3.55%。

审计结果表明，我国社会保障资金规模不断扩大，资金总体安全完整，基金运行平稳规范，有效保证了各项社会保障待遇支付。

（三）社会保障管理体系基本形成。

截至 2011 年底，以各级社会保险经办机构为主体，包括银行和各类服务机构，以及社区劳动保障平台在内的社会保障管理服务体系和服务网络逐步形成，全国社会保险经办机构有 1.19 万个；民政公共服务设施建设大力推进，基础保障和服务能力不断增强，社区服务体系逐步建立。同时，有 28 个省本级、217 个市本级和 1189 个县成立了社会保险监督委员会，社会监督不断加强；各级政府组织相关部门多次开展专项监督检查，促进资金管理规范。

此外，截至 2011 年底，地方试点或开展的机关事业单位养老保险、被征地农民养老保险、外来务工人员大病医疗保险等其他险种参保人数共计 3 832.53 万人，2011 年基金收入 1 892.71 亿元，支出 1 640.70 亿元，年末基金累计结余 2 192.31亿元。

二、社会保障工作成效显著

审计情况表明，“十一五”期间我国社会保障体系建设实现了历史性跨越，建成了一个世界上覆盖人口最多的社会保障网络，为改革深化、体制转轨和社会稳定创造了有利条件，有效发挥了“助推器”“减震器”“稳定器”和“安全网”等作用。

（一）基本建成了覆盖城乡的社会保障体系，有力促进了社会公平。

2005 年以来，我国先后出台了 20 多项社会保障政策规定，建立了农村最低生活保障制度，开展了城镇居民基本医疗保险试点、新农保试点和城居保试点，历史上首次为农村居民、城镇居民建立了较完备的社会保障制度，社会保障向人人享有基本生活保障的目标不断推进。新农保和城乡居民养老保险参保人数由 2009 年制度建立当年的 0.27 亿人，增加到 2011 年的 3.55 亿人，增长 12.15 倍；新农合、城镇居民医疗保险和城乡居民医疗保险 2005 年的参保人数为 2.16 亿人，到 2011 年超过 10 亿人，增长 3.89 倍，社会保险在农村覆盖面快速扩大。基本养老和基本医疗保险 2005 年覆盖人群分别为 1.61 亿人和 3.45 亿人，到 2011 年底分别超过 6 亿人和 13 亿人，分别增长 2.86 倍和 2.77 倍（2005 年至 2011 年社会保险参保人数变化情况见图 2）。

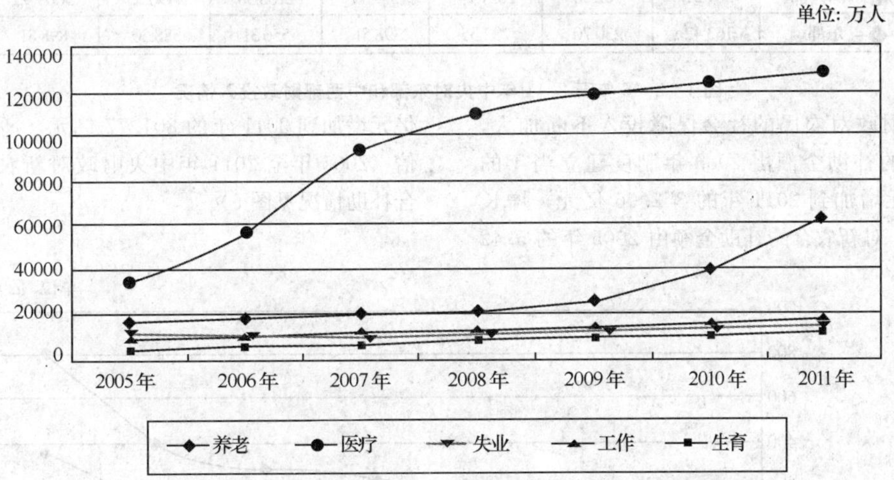

图 2　2005 年至 2011 年社会保险参保人数变化情况

随着社会救助工作力度的加大和救助标准的不断提高，社会救助覆盖范围不断扩大。2011 年底纳入最低生活保障的人数达到 7 554.55 万人，比 2005 年的 2 917.52 万人增长 1.59 倍（2005 年至 2011 年城乡低保保障人数变化情况见图 3）。

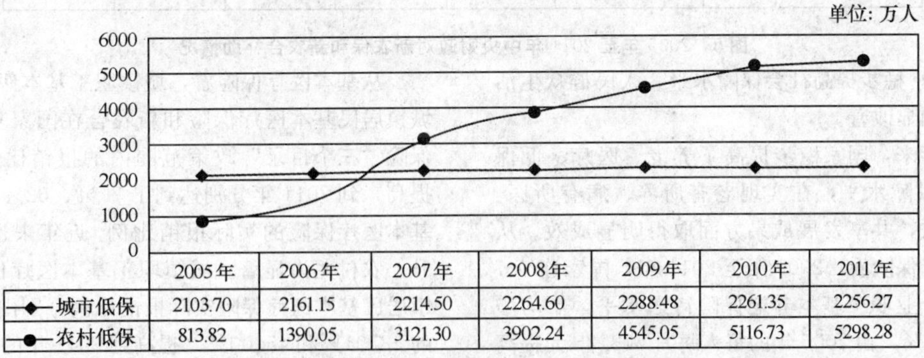

	2005年	2006年	2007年	2008年	2009年	2010年	2011年
城市低保	2103.70	2161.15	2214.50	2264.60	2288.48	2261.35	2256.27
农村低保	813.82	1390.05	3121.30	3902.24	4545.05	5116.73	5298.28

图 3　2005 年至 2011 年城乡低保保障人数变化情况

从社会保障投入看，重点向欠发达地区倾斜、向农村倾斜，着力缩小区域间的社会保障差距。2005 年以来，中央财政对全国社会保障的投入中，中西部所占比重保持在 80%左右，对中西部的投入由 2005 年的 547.57 亿元增加到 2011 年的 3 609.95 亿元，增长 5.59 倍（2005 年至 2011 年中央对东部和中西部财政投入情况见图 4）。

单位：亿元

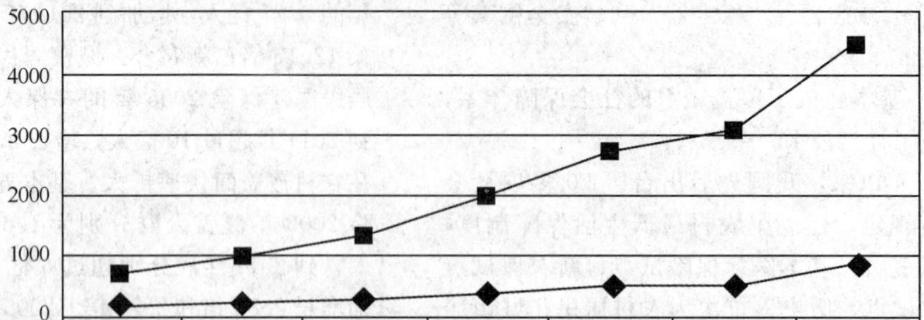

	2005年	2006年	2007年	2008年	2009年	2010年	2011年
中西部	547.57	782.36	1021.74	1597.77	2168.38	2490.55	3609.95
东部	163.42	230.70	282.35	398.51	556.31	588.30	898.81

图 4　2005 年至 2011 年中央对东部和中西部财政投入情况

中央财政对农民的社会保障投入不断加大，对新农保的补助金额由 2009 年制度建立当年的 10.76 亿元增加到 2011 年的 352.06 亿元，增长 31.72 倍；对新农合的补助金额由 2005 年的 5.42 亿元增加到 2011 年的 801.77 亿元，增长 146.93 倍（2005 年至 2011 年中央财政对新农保和新农合补助情况见图 5）。

单位：亿元

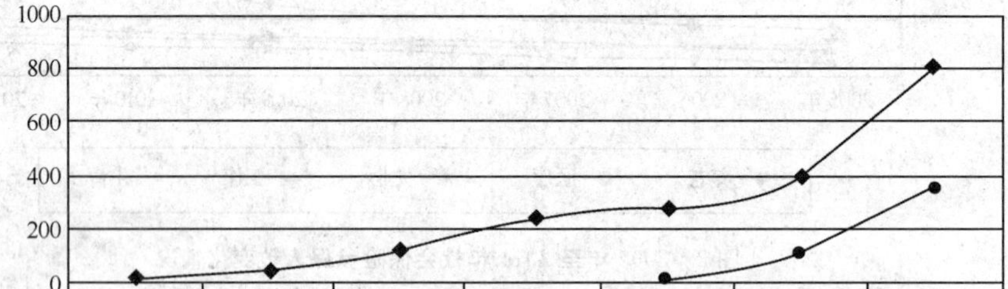

	2005年	2006年	2007年	2008年	2009年	2010年	2011年
新农合	5.42	42.69	113.98	247.02	274.56	399.01	801.77
新农保					10.76	110.83	352.06

图 5　2005 年至 2011 年中央财政对新农保和新农合补助情况

（二）稳步提高社会保障水平，人民群众生活得到了明显改善。

近年来，国家稳步提高了养老、医疗、低保等社会保障水平，在实现老有所养、病有所医、困有所扶，共享发展成果方面取得明显成效。从基本养老保险看，2005 年至 2011 年，国家连续 7 次调增企业职工基本养老保险待遇水平，年均增长 13.40%，由 2005 年的每人每月 713.25 元提高到 2011 年的每人每月 1 516.68 元（2005 年至 2011 年企业职工基本养老保险待遇变化情况见图 6），比同期居民消费价格指数（CPI）平均上涨幅度高出 10.03 个百分点。

从基本医疗保险看，城镇职工基本医疗保险、城镇居民基本医疗保险和新农合在国家基本医疗保险“三个目录”政策范围内的报销比例[②]逐年提高，到 2011 年分别达到了 77%、62%和 70%。基本医疗保险的实际报销比例[③]近年来也稳步上升，农村尤为显著。城镇职工基本医疗保险、城镇居民基本医疗保险实际报销比例分别由 2005 年的 58.91%和 45.00%，提高到 2011 年的 64.10%和 52.28%，分别增长 8.81%和 16.18%；新农合和城乡居民医疗保险实际报销比例分别由 2005 年的 24.80%和 23.78%，提高到 2011 年的 49.20%和 44.87%，分别增长 98.39%和 88.69%（2005

年至2011年各项基本医疗保险实际报销比例变化情况见图7)。

单位:元/人 月

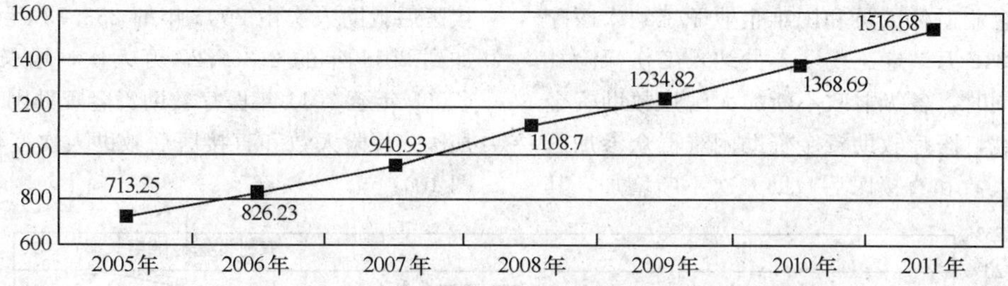

图6　2005年至2011年企业职工基本养老保险待遇变化情况

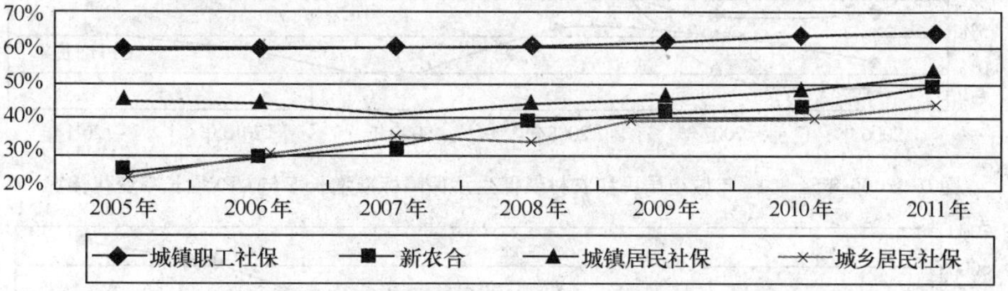

图7　2005年至2011年各项基本医疗保险实际报销比例变化情况

从最低生活保障看，城市居民和农村最低生活保障平均保障标准分别由2005年的月人均154.30元和74.83元，提高到2011年的月人均288.04元和140.29元，分别增长86.68%和87.48%；月人均补助水平分别由2005年的73.34元和28.37元，提高到2011年的227.92元和100.07元，分别增长210.77%和252.73%（2005年至2011年城市和农村低保标准及补助水平累计增长率变化情况见图8)。

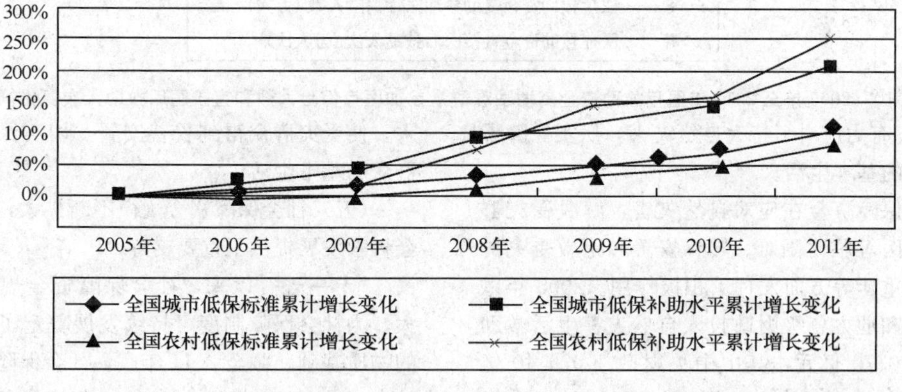

图8　2005年至2011年城市和农村低保标准及补助水平累计增长率变化情况（以2005年同期）

2006年至2011年，城市居民和农村最低生活保障标准平均增长率为10.99%和11.40%，比同期CPI平均上涨幅度分别高出7.62和8.03个百分点。特别是2007年在全国普遍实施农村最低生活保障制度以来，保障标准平均增长率比同期CPI平均上涨幅度高出14.02个百分点（2006年至2011年城市居民和农村最低生活保障标准增长率与CPI增长率变化情况见图9)。

（三）较好解决了历史遗留和特殊群体保障问题，促进了社会和谐稳定。

“十一五”以来，各级政府不断加大解决社会保障历史遗留问题的力度，不断改善被征地农民、低收入和特殊困难群体生活条件，为工业化、城镇化和国有企业改革提供了良好环境。截至2011

年底，累计将500多万未参保集体企业退休人员和2090万被征地农民纳入养老保障，将1031万关闭破产企业退休人员和困难企业职工纳入医疗保险，将312万"老工伤"人员纳入工伤保险社会统筹。同时，各级财政不断加大医疗救助资金的投入力度，医疗救助资金资助困难群众参加医疗保险的人数和直接医后救助人次不断增加，其中：资助参保人数由2005年的484.02万人，增加到2011年的6 649.35万人，增长12.74倍；直接医后救助人次由2005年的253.73万人次，增加到2011年的2 367.27万人次，增长8.33倍（2005年至2011年医疗救助资金资助困难群众参加医疗保险人数和直接医后救助人次变化情况见图10）。

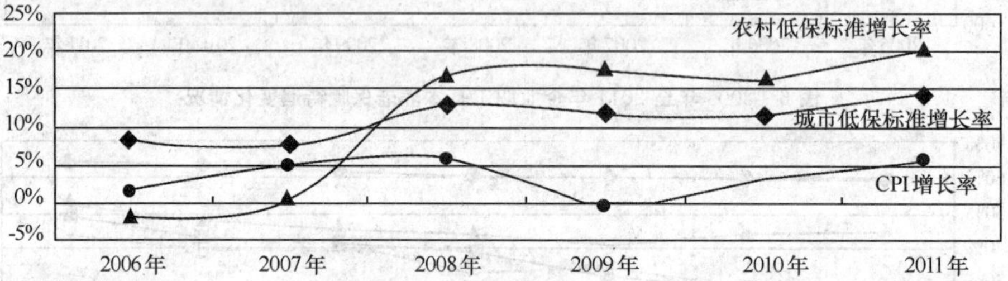

图9 2006年至2011年城市居民和农村最低生活保障标准增长率与CPI增长率变化情况

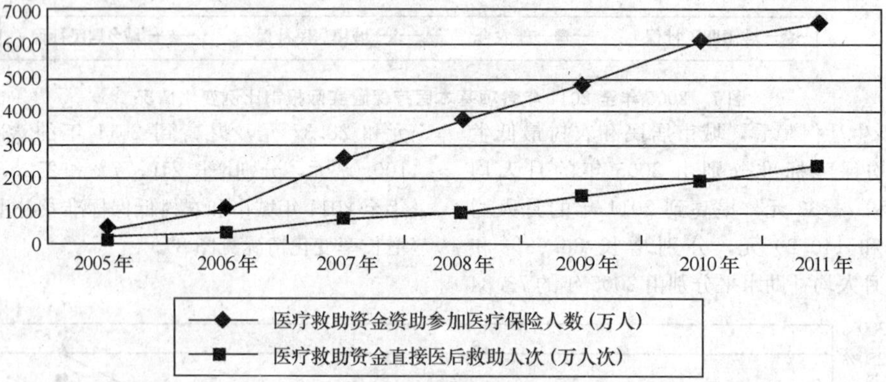

图10 2005年至2011年医疗救助资金资助困难群众参加医疗保险人数和直接医后救助人次变化情况

（四）有力应对了特大自然灾害，切实保障了受灾群众的基本生活。

社会保障资金在应对自然灾害，解决受灾群众衣食住医等临时困难、转移安置和抢救受灾群众、恢复重建等方面发挥了积极作用。2005年以来，中央和地方各级财政投入自然灾害生活救助资金1 410.70亿元，其中中央财政1 029.10亿元，地方各级财政381.60亿元；累计救助灾民59 588.40万人次，其中紧急转移安置人口10 643.30万人次，开展冬春生活救助48 945.10万人次；恢复重建民房2 191.30万间。汶川地震、玉树地震、舟曲泥石流重大自然灾害发生后，中央财政累计投入到生活救助方面的资金达769.24亿元，灾害中救助灾民947.79万人次，恢复重建民房593.20万间。这些资金的及时投入，使受灾群众得到妥善安置，切实保障了受灾群众的基本生活。

（五）社会保障资金规模不断扩大，为经济社会科学发展提供了重要支持。

"十一五"以来，社会保障资金规模迅速扩大，为社会保障制度可持续发展奠定了较为坚实的物质基础。截至2011年底，社会保险基金累计结余30 303.72亿元，比2005年底增长4.34倍，年均增长32.19%，98%存放在金融机构（2005年至2011年各项社会保险基金累计结余变化情况见图11）。

各级财政不断加大对社会保障的投入力度。包括中央转移支付在内的地方财政性社会保障投入④由2005年的3 418.45亿元，增长到2011年的14 164亿元，增长314.34%，比同期地方财政总收入和总支出的增长幅度247.32%、267.40%，分别高67.02个百分点和46.94个百分点（2005年至2011年地方财政性社会保障投入与地方财政总收入、总支出增长率变化情况见图12）。

单位：亿元

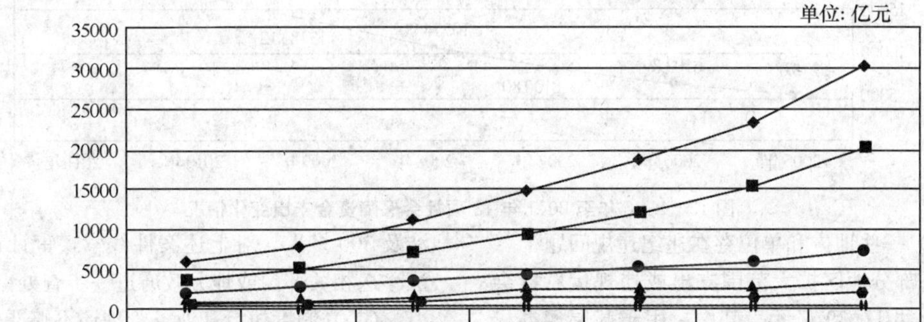

	2005年	2006年	2007年	2008年	2009年	2010年	2011年
基金累计	5679.55	7899.97	10919.34	14762.94	18673.34	23214.57	30303.72
养老保险	3646.94	5040.68	6943.70	9284.53	11972.46	15268.21	20135.94
医疗保险	1287.86	1830.71	2589.00	3632.24	4521.68	5408.33	6889.30
失业保险	518.29	721.48	977.07	1309.99	1520.61	1742.62	2231.03
工伤保险	156.59	211.26	286.76	372.70	453.07	542.52	716.52
生育保险	69.87	95.84	122.81	163.49	205.52	252.90	330.93

图11　2005年至2011年各项社会保险基金累计结余变化情况

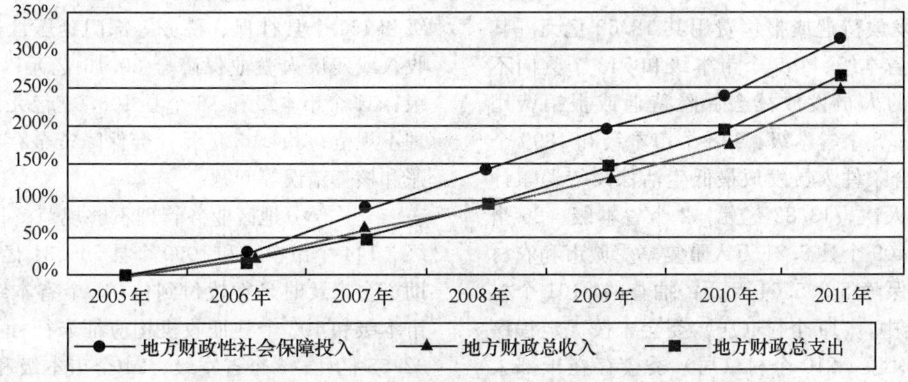

图12　2005年至2011年地方财政性社会保障投入与地方财政总收入、总支出增长率变化情况（以2005年为基期）

18项社会保障资金支出由2005年的5278亿元增至2011年的21 100.17亿元，增长299.78%（2005年至2011年18项社会保障资金支出变化情况见图13）。

社会保障体系不断完善、收支规模不断扩大和基金的快速积累，为提升公众信心、促进消费、扩大内需，有效应对国际金融危机和促进经济发展方式的转变发挥了积极作用，为经济社会科学发展提供了多方位支持。

三、社会保障工作中存在的主要问题及审计期间整改情况

从审计情况看，有关部门和地方各级党委政府认真贯彻落实党中央、国务院的各项部署和国家各项社会保障政策，不断加强社会保障资金监管，管理逐步规范，各项社会保障资金总体安全，基金运行平稳。但由于我国社会保障制度建立时间不长，相关制度尚处于推进和完善过程中，社会保障在快速发展过程中还存在一些问题。

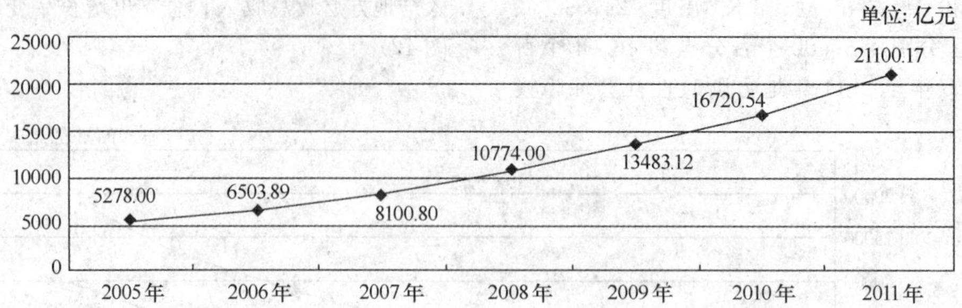

图 13　2005 年至 2011 年 18 项社会保障资金支出变化情况

（一）一些地方和单位存在违纪违规问题。

——部分地区扩大范围支出或违规运营社会保障资金共 17.39 亿元。其中：用于基层经办机构等单位工作经费 5.95 亿元，用于平衡市级、县级财政预算 1.14 亿元，用于购建培训中心和体育场馆等 2.94 亿元，用于购建基层单位办公用房等 8 590.28 万元，用于购建基层单位职工住房 3 664.80 万元，用于购买汽车等 295.74 万元，用于购置设备等其他支出 6 623.81 万元，委托理财 5.44 亿元。

——部分经办机构审核不严格，向不符合条件的人员发放待遇或报销费用共 18.52 亿元。其中：21 个省本级、165 个市本级和 748 个县向不符合条件的人员发放社会保险待遇或报销费用 4.18 亿元；8 个省本级、178 个市本级和 1899 个县向不符合条件人员发放最低生活保障待遇累计 323.06 万人次、13.82 亿元；2 个省本级、26 个市本级和 409 个县 2.21 万人重复享受城市和农村最低生活保障 5 205.64 万元；抽查的 8101 个村（居）委会中，719 个村（居）委会未按规定程序审批低保对象，210 个村（居）委会存在干部人为确定低保对象的情况。

——部分单位和个人违规牟取不正当利益。有 4 家药品经销企业通过虚开增值税发票 6.76 亿元，虚增药品成本牟取非法利益；6 个省本级、75 个市本级和 226 个县的医疗机构等单位通过虚假发票、虚假病例、挂床住院、滥开药物、虚报人数等手段套取医保资金 2.87 亿元；部分医疗机构采取违规加价等方式乱收费 1.94 亿元；有些部门工作人员采取隐瞒人员死亡信息、涂改原始发票、伪造进账单、提供虚假资料等手段骗取养老金、最低生活保障资金等社会保障资金 4 419.83 万元。本次审计查出违法违纪案件线索 132 起，涉及 300 多人，对上述案件线索，审计机关已依法移送相关部门或地方政府进一步查处。

（二）制度执行和业务管理还不够严格。

——部分地区资金管理不够规范。13 个省本级、96 个市本级和 392 个县 427.37 亿元社会保障资金未纳入财政专户管理；18 个省本级、170 个市本级和 795 个县的经办机构等部门和单位多头开户 4704 个、违规开户 2707 个；7 个省本级、42 个市本级和 326 个县社会保险基金预算编制不规范，150 家单位封闭运行的社会保险基金未纳入当地社会保险基金决算；5 个省本级、37 个市本级和 151 个县社保、税务等部门延压社会保险费收入或残疾人就业保障金 80.16 亿元；4 个省本级、31 个市本级和 16 个县 103.09 亿元调剂金管理不规范；394.05 亿元社会保障资金存在会计记账和核算错误等问题。

——部分地区业务管理不够规范。13 个省本级、144 个市本级和 1099 个县 565.31 亿元财政补助资金未及时足额拨付到位；5 个省本级、21 个市本级和 102 个县征收机构应征未征社会保险费 32.55 亿元；6 个省本级、24 个市本级和 70 个县征收机构擅自减免社会保险费 27.07 亿元；4 个省本级、18 个市本级和 90 个县少征或减免残疾人就业保障金 20.11 亿元；31 个省本级、274 个市本级和 1214 个县的参保单位和个人通过少报缴费基数等方式少缴社会保险费 98.70 亿元；4 个省本级、19 个市本级和 82 个县隐瞒欠费 79.14 亿元；3 个省本级、2 个市本级和 5 个县擅自核销欠费 6183 万元；12 个省本级、84 个市本级和 436 个县欠缴保费 370.76 亿元；2 个省本级、1 个市本级和 59 个县将 17.56 亿元新农保、城居保个人账户基金用于发放基础养老金；1 个省本级、12 个市本级和 48 个县未按规定办理补缴社会保险费

10.12亿元；2个省本级、21个市本级和246个县未及时发放社会保障待遇或报销医疗费用13.34亿元；部分地区存在以物抵费等其他业务管理不规范问题，涉及金额235.60亿元；个别地方还存在未按规定及时为参保人员建立基本养老保险个人账户的现象。

——部分人群相关保障政策尚未完全落实到位。截至2011年底，尚有192.90万名被征地农民未按规定参加社会保障；2011年，127.57万名被征地农民虽然参加了养老等社会保障，但待遇低于当地农村最低生活保障标准。审计抽查农民工较为集中的企业中，有157.90万名农民工参加了部分保险，有26.61万名农民工五项社会保险均未参加，占抽查人员的9.52%。

——部分行业和单位社会保险基金仍封闭运行。截至2011年底，有177家单位仍自行管理社会保险基金377.58亿元，其中54家单位执行不同于当地的缴费基数核定和缴费比例政策，有56家单位执行不同于当地的社保待遇核定办法。9个省全省和8个省的22个地市，2011年仍按照原建设部二十世纪八九十年代出台的有关政策规定，由建设行政主管部门征收和管理建筑施工企业基本劳动保险基金258.51亿元，支出152.26亿元，其中3.33亿元用于建设行政主管部门经办机构工作经费，截至2011年底，这些地方建筑施工企业基本劳动保险基金累计结余395.33亿元。

——部分省份企业职工基本养老保险尚未完全实现省级统筹。国家规定，企业职工基本养老保险实行省级统筹，但截至2011年底，全国有17个省尚未完全达到省级统筹的“六统一”标准。

——业务管理信息化建设较为滞后。社会保障涉及多部门、各层级，关系千家万户，管理手段和管理方式的信息化至关重要，但全国统一的信息化平台尚未建成，不利于科学决策和精细化管理。截至2011年底，新农合和最低生活保障分别有336个县和1657个县尚未实行信息化管理；尽管近年来有关部门加强了新农保信息化建设，但仍有472个县的新农保未实行信息化管理。截至2011年底，各地累计投入并使用89.57亿元建成的社会保障信息系统，由于标准尚不统一，数据较为分散，不同程度地存在信息“孤岛”现象。部分信息系统数据质量不高，社会保障各相关部门之间的数据也未能充分共享，有19个省本级、226个市本级和1823个县社会保险经办机构尚未建立与工商、民政和公安等部门的信息沟通机制。审计抽查发现，由于信息未能共享，社会保障部门未及时掌握保障对象死亡信息，向7.20万死亡人员发放养老金、低保金等1.75亿元。

地方各级政府和相关部门高度重视审计发现的问题，坚持边审计、边整改、边规范，及时纠正违规问题，并健全完善相关制度。财政部、人力资源社会保障部、卫生部、民政部等部门出台了《关于加强和规范社会保障基金财政专户管理有关问题的通知》等制度文件；各省已出台或完善社会保障相关制度941项。截至2012年7月25日，部分问题已整改到位。其中：

——归还扩大范围支出资金、清理违规投资运营资金，以及追回被骗取和多支付资金等26.62亿元。

——清退不符合条件和重复领取社会保险待遇107.78万人。

——财政补助资金拨付到位78.66亿元，补计社会保险基金利息收入26.75亿元，补缴社会保险费85.83亿元。

——规范社会保险基金账户254个，涉及资金65.83亿元；规范管理养老保险基金个人账户967.78万个，涉及金额29.63亿元。

——将符合参保条件的105.15万人纳入社会保障，向100.37万人补发社会保障待遇2.47亿元。

对尚未整改到位的问题，有关部门和地方正在进一步整改中。对移送的案件，有关部门正在依法立案查处。

四、需要进一步研究完善的问题

多年来，我国采取分人群设计、分部门管理、分地区实施的方式，推动了社会保障制度从无到有、快速发展。但随着改革的深入和城镇化进程的加快，以及经济社会发展水平的提高和民主法治的推进，人口流动规模不断扩大，相关制度衔接不够和分散、交叉等缺陷逐渐显露，有些问题还需要进一步研究改进和完善。

——部分险种间尚未完全实现有效衔接。目前，社会保险各项制度是分人群设计的，相互间尚未制定明确的衔接办法，即便同一险种各地执行的政策也有差异，从而造成重复参保和转移接续困难问题。截至 2011 年底，112.42 万人重复参加企业职工基本养老保险、新农保或城居保，1086.11 万人重复参加新农合、城镇居民或城镇职工基本医疗保险，造成财政多补贴 17.69 亿元，9.27 万人重复领取养老金 6 845.29 万元，9.57 万人重复报销医疗费用 1.47 亿元；全国共有 240.40 万人跨省拥有两个以上企业职工基本养老保险个人账户。此外，部分地区由于老农保问题复杂，新农保推进工作量大，还存在老农保基金尚未转入新农保的问题。

——各地实行的保障政策尚不完全统一。从缴费政策看，截至 2011 年底，21 个省本级、201 个市本级和 1252 个县未按社会保险法的规定以单位职工工资总额为单位缴费基数；全国实际执行的企业职工基本养老保险单位缴费比例共有 16 种，最高为 22%，最低为 10%，有 8 个省份尚未实现省内缴费比例统一，有的省份缴费比例多达 12 种。另外，5 个省本级、4 个市本级和 8 个县自定政策降低社会保险费缴费比例或缴费基数，少征保费收入 517.34 亿元；3 个省本级、6 个市本级和 9 个县自定政策，对社会保险的参保年龄、户籍等参保条件做出限制；16 个非独立行政区划的开发区执行不同于当地的社会保险政策。

——社会保障运行机制有待进一步健全完善。目前，社会保障各项业务由多个部门分别管理，由不同经办机构经办，征收机构也不统一，部门间工作衔接不够，一定程度上影响政策执行的总体效果。如基本医疗保险、医疗救助由多个部门分别管理，相互间工作缺乏有效的协调机制，加上部分地区社会救助基层服务能力不足，管理比较薄弱，工作手段比较落后等原因，导致国家用医疗救助资金资助困难群众参加医疗保险的政策在一些地区未得到完全落实。截至 2011 年底，有 2514 个县的城市和农村医疗救助资金累计结余 126.39 亿元，相当于这些地区当年医疗救助资金财政投入的 80.28%，但这些地区低保人员中按政策得到医疗救助资金资助参加医疗保险的仅占 63.69%；审计抽查由不同机构征收五项保险费的 7522 家企业中，有 6123 家存在各项保险单位缴费基数核定不一致的情况，占 81.40%。

此外，部分地区未严格做到专款专用，有 305.92 亿元社会保障资金在不同保障项目间相互串用等。

五、审计建议

为充分发挥社会保障“调节收入分配、纾解社会矛盾、推动经济发展、促进国家长治久安”的功能，从长远看，应妥善处理好“政府与市场、中央与地方、公平与效率、权利与义务、安全与保值、近期与长远”的关系，进一步加强顶层设计，协同推进社会保障体制改革与财税体制、收入分配、户籍管理、医疗体制和事业单位等领域的改革；以消除参保对象户籍界限、城乡界限、单位性质界限为重点，建立与经济社会发展水平相适应的城乡一体、覆盖全民、科学完善、具有中国特色的社会保障体系；统筹区域和城乡协调发展，缩小不同群体的保障水平差距，推动社会保障实现人群全覆盖，使广大人民群众平等共享发展成果。当前和今后一段时期应重点抓好以下几个方面：

（一）进一步完善社会保障制度法规。一是结合社会保险法的贯彻实施，尽快修订《社会保险费征缴暂行条例》《失业保险条例》《残疾人就业保障金管理暂行规定》《社会保险基金财务制度》和《社会保险基金会计制度》等法规制度，明确各项社会保险基金统一的银行存款优惠计息办法，研究制定工伤预防费用支出管理使用办法。二是按照社会保险法的相关规定，督促地方政府对擅自降低缴费比例和基数等政策进行清理规范，督促将封闭运行社会保险基金纳入社会统筹，尽快研究建筑施工企业基本劳动保险基金纳入社会统筹的意见，逐步实现社会统筹。三是制定完善社会保险、社会救助和社会福利制度的衔接办法，研究制定基本养老保险不同险种间、基本医疗保险不同险种间的衔接办法，做好城乡医疗救助制度与基本医疗保险的衔接，提高制度的整体性和协调性。四是完善基本养老保险、基本医疗保险转移接续办法，切实解决人员流动过程中社会保险关系转移接续问题。

（二）进一步健全社会保障运行机制。一是进一步合理划分国家、单位和个人三方责任，建立科学的责任分担机制，并按照财权与事权相匹配的原则，明确各级政府的社会保障责任，着力构建与社会主义市场经济体制相适应的、持续稳定的社会保障网，促进劳动力要素有效流动和实现公共服务均等化。二是在巩固完善企业职工基本养老保险省级统筹和明确养老保险事权的基础上，积极推进基础养老金全国统筹，继续探索做好做实个人账户试点工作。三是积极研究应对人口老龄化影响的措施。

（三）进一步加强社会保障监督管理。一是建立各级政府社会保障协调管理机制，推进社会保障政策制定、业务管理和改革步调的协调统一，逐步实现社会保险费征收机构的统一和业务经办机构的统一；适应社会救助工作发展需要，进一步加强基层能力建设，提高社会救助管理服务水平。二是在完善社会保险基金预算的基础上，积极推进建立规范完整的社会保障预算，完善公共预算、国有资本预算对社会保障预算的投入机制，继续加大财政支出结构调整的力度，稳步增加社会保障支出占财政支出的比重，逐步提高保障标准和待遇水平。三是结合贯彻落实政府信息公开条例和深化政务公开的要求，进一步明确社会保障信息公示和披露的方式和程序，充分发挥社会公众的监督作用；有关部门应重点加强医疗保险、社会救助，以及特殊群体社会保障政策贯彻落实情况的监督检查；建立多部门联合的家庭收入财产核定机制和全国异地协查合作机制，有效预防和控制违规行为。四是加快建立全国统一的社会保障信息平台，逐步实现社保信息系统与相关部门信息系统的共享，实现纵向贯通、横向互联，加强对资金流向的实时监控，促进各项政策落实到位。

下一步，审计署将继续跟踪审计整改情况，并适时公告。

附件：1. 企业职工基本养老保险基金审计情况
2. 新型农村社会养老保险、城镇居民社会养老保险和城乡居民社会养老保险基金审计情况
3. 城镇职工基本医疗保险基金审计情况
4. 新型农村合作医疗和城镇居民基本医疗保险基金审计情况
5. 失业保险基金审计情况
6. 工伤保险基金审计情况
7. 生育保险基金审计情况
8. 城乡最低生活保障资金审计情况
9. 城乡医疗救助基金审计情况
10. 农村五保供养资金审计情况
11. 社会福利资金审计情况

附件 1：

企业职工基本养老保险基金审计情况

根据宪法和审计法等相关法律规定，按照党中央、国务院的部署，审计署组织各级审计机关对全国 18 项社会保障资金进行了审计，其中对企业职工基本养老保险基金进行了重点审计，现将审计情况公告如下：

一、基本情况

（一）制度建设情况。

1951 年《中华人民共和国劳动保险条例》公布，企业职工的养老保险制度开始建立。20 世纪 80 年代，为配合国有企业改革，开始进行退休费用社会统筹试点。1991 年，国务院印发《关于企业职工养老保险制度改革的决定》，建立国家、企业、个人三方共同负担的养老保险制度。1997 年，国务院印发《关于建立统一的企业职工基本养老保险制度的决定》，确定了社会统筹与个人账户相结合的养老保险制度。2005 年，国务院印发《关于完善企业职工基本养老保险制度的决定》，改革基本养老金计发办法，调整个人账户比例，进一步扩大制度覆盖范围。2007 年，原劳动和社会保障部、财政部出台《关于推进企业职工基本养老保险省级统筹有关问题的通知》，明确了省级统筹标准，进一步推动和完善了省级统筹制度。2010 年，企业职工基本养老保险基金预算在全国范围内开始试行编制，预算管理逐渐加强。自 2011 年 7 月 1 日起施行的社会保险法，对企业职工基本养老保险制度的覆盖范围、基本模式、资金来源、待遇构成、享受条件、调整机制和监管责任等做了全面规范。截至 2011 年底，全国各地均建立了覆盖城镇各类企业职工、个体工商户以及其他灵活就业人员的企业职工基本养老保险制度，参保人数 26 114.37 万人，有 6 299.73 万人领取养老金。

此外，为探索建立统账结合制度，国务院决定开展做实企业职工基本养老保险个人账户试点，到2011年底，试点省份已达到13个。

（二）基金收支和结余情况。

2011年，全国企业职工基本养老保险基金收入共计15 603.58亿元，比2005年增长243.51%；支出11 425.64亿元，比2005年增长224.05%；截至2011年底，基金累计结余18 500.41亿元，比2005年底增长413.40%（见图1—1）。

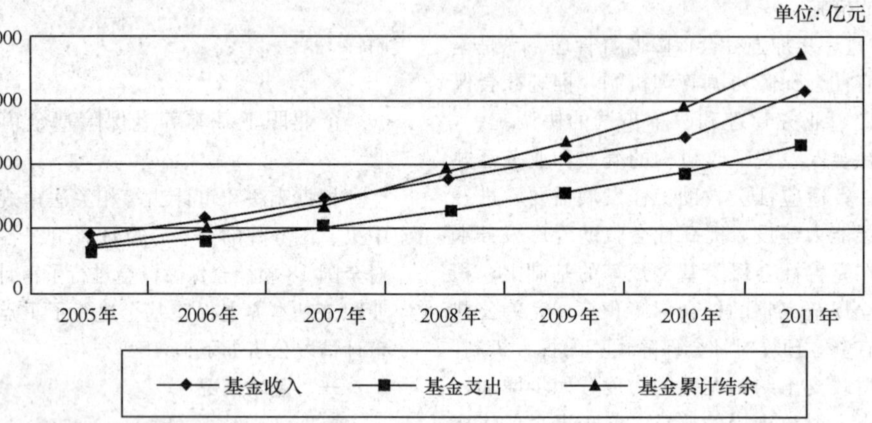

图1—1 2005年至2011年企业职工基本养老保险基金收支和累计结余变化情况

2011年基金收入中，单位缴费、个人缴费、财政投入和其他收入分别为7 878.94亿元、4 942.29亿元、2 082.39亿元和699.96亿元，分别占50.49%、31.67%、13.35%和4.49%（见图1—2）。财政投入中，中央和地方财政分别投入1 846.86亿元和235.53亿元，分别占88.69%和11.31%，分别比2005年增长239.27%和107.85%。

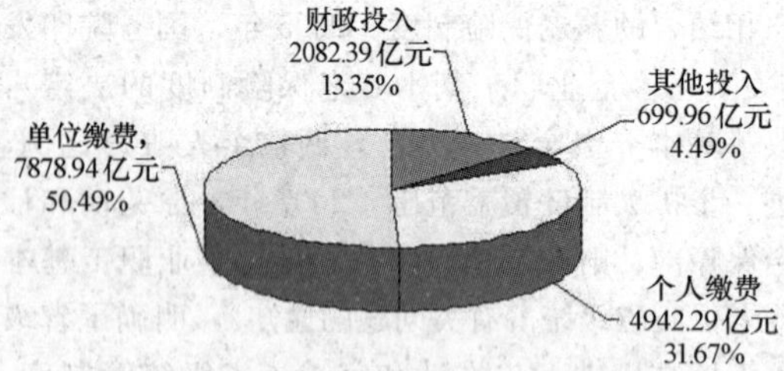

图1—2 2011年企业职工基本养老保险基金来源情况

2011年底18 500.41亿元基金结余中，除人民银行、农业发展银行和中央财政专户管理的71.83亿元外，省本级、市本级和县级结存分别为9 053.83亿元、5 613.15亿元和3 761.6亿元，分别占49.13%、30.46%和20.41%；东部、中部、西部结存分别为10 401.03亿元、3 981.91亿元和4 045.64亿元，分别占56.44%、21.61%和21.95%。从基金结余形态分布看，活期存款、定期存款和其他形式分别为5 803.18亿元、11 776.17亿元和921.06亿元，分别占31.37%、63.65%和4.98%。

二、主要成效

（一）参保和享受养老待遇人数逐年增长。

截至2011年底，全国企业职工基本养老保险参保人数26 114.37万人，比2005年底增长65.37%；有6 299.73万人领取养老金，比2005年底增长56.67%，更多的企业职工得到养老保障（见图1—3）。

（二）养老保险待遇水平稳步提高。

2005年至2011年，国家连续7次调增企业职工基本养老保险待遇水平，年均增长13.40%，由2005年的每人每月713.25元提高到2011年的每人每月1 516.68元（见图1—4），比同期CPI平均上涨幅度高出10.03个百分点。

（三）较好解决了特殊群体养老保障问题。

“十一五”以来，各级政府不断加大对企业职工基本养老保险历史遗留问题的解决力度，不断改善低收入和特殊群体生活条件。截至2011年底，累计将500多万未参保集体企业退休人员纳入养老保障。

（四）基金规模不断扩大。

“十一五”以来，企业职工基本养老保险基金规模迅速扩大。截至2011年底，全国企业职工基本养老保险基金累计结余18 500.41亿元，比2005年底增加14 896.89亿元，为基本养老保险可持续发展奠定了一定的物质基础。

单位：万人

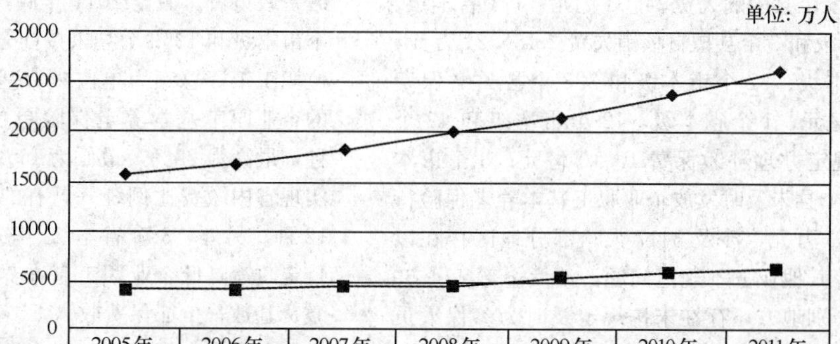

	2005年	2006年	2007年	2008年	2009年	2010年	2011年
—◆—参保人数	15791.89	16819.73	18258.92	19936.55	21520.05	23592.54	26114.37
—■—领取待遇人数	4020.99	4223.91	4519.95	4848.54	5338.74	5786.16	6299.73

图1—3　2005年以来企业职工基本养老保险和领取待遇人数

单位：元/人月

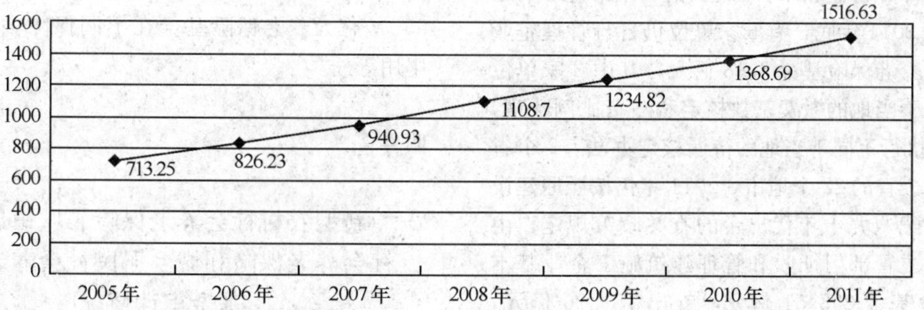

图1—4　2005年以来企业职工基本养老保险待遇水平变化情况

三、审计发现的主要问题

（一）一些地方和单位存在违纪违规问题。

——部分地区扩大范围支出或违规运营企业职工基本养老保险基金1.97亿元。其中：用于基层经办机构等单位工作经费1.10亿元，用于平衡县级财政预算273.81万元，用于购建基层单位办公用房等3 262.23万元，委托理财5 218.03万元。

——15个省本级、95个市本级和338个县的经办机构审核不够严格，向不符合条件的人员发放养老金2.32亿元。

——个别工作人员采取隐瞒人员死亡信息、收入不入账等手段，骗取养老金100.07万元。

（二）制度执行和业务管理还不够严格。

——部分地区资金管理不够规范。4个省本级、39个市本级和160个县220.67亿元企业职工基本养老保险基金未纳入财政专户管理；16个省本级、120个市本级和419个县的经办机构等部门和单位多头开户1791个、违规开户717个；6个省本级、23个市本级和168个县企业职工基本养老保险基金预算编制不规范；4家单位封闭运行的企业职工基本养老保险基金未纳入当地社会保险基金决算；1个省本级、20个市本级和79个县社保、税务等部门延压养老保险费收入58.29亿元；4个省本级、23个市本级和13个县79.31亿元调剂金管理不规范；178.36亿元企业职工基本养老保险基金存在会计记账和核算错误等问题。

——部分地区业务管理不够规范。6个省本级、54个市本级和245个县377.82亿元财政补助资金未及时足额拨付到位；3个省本级、15个市本级和66个县征收机构应征未征企业职工基本养老保险费19.31亿元；3个省本级、10个市本级和28个县征收机构擅自减免企业职工基本养老保险费8.80亿元；28个省本级、240个市本级和

988 个县的参保单位和个人通过少报缴费基数等方式少缴保费 51.40 亿元；4 个省本级、16 个市本级和 66 个县隐瞒欠费 74.03 亿元；1 个省本级、1 个市本级和 3 个县擅自核销欠费 2 186.21 万元；12 个省本级、67 个市本级和 328 个县欠缴保费 270.97 亿元；1 个省本级、12 个市本级和 42 个县未按规定办理补缴保费 10.10 亿元；3 个市本级和 11 个县未及时发放企业职工基本养老保险待遇 511.63 万元，涉及 3417 人；部分地区存在以物抵费等其他业务不规范问题，涉及金额 114.69 亿元；个别地方还存在未按规定及时为参保人员建立基本养老保险个人账户的现象。

——部分人群相关保障政策尚未完全落实到位。审计抽查农民工较为集中的企业中，有 92.47 万名农民工未参加企业职工基本养老保险。

——部分行业和单位社会保险基金仍封闭运行。截至 2011 年底，有 6 家单位仍自行管理企业职工基本养老保险基金 9.18 亿元，其中 2 家单位执行不同于当地的缴费基数核定和缴费比例政策，2 家单位执行不同于当地的待遇核定办法。9 个省全省和 8 个省的 22 个地市，2011 年仍按照原建设部二十世纪八九十年代出台的有关政策规定，由建设行政主管部门征收和管理建筑施工企业基本劳动保险基金 258.51 亿元，支出 152.26 亿元，其中 3.33 亿元用于建设行政主管部门经办机构工作经费，截至 2011 年底，这些地方建筑施工企业基本劳动保险基金累计结余 395.33 亿元。

——部分省份企业职工基本养老保险尚未完全实现省级统筹。国家规定，企业职工基本养老保险实行省级统筹，但截至 2011 年底，全国有 17 个省未完全达到省级统筹的“六统一”标准。

四、需要进一步研究完善的问题

——部分险种间尚未完全实现有效衔接。目前，基本养老保险各项制度分人群设计，相互间尚未制定明确的衔接办法，即便同一险种各地执行的政策也有差异，从而造成重复参保和转移接续困难问题。截至 2011 年底，全国 110.18 万企业职工基本养老保险参保人员重复参加了该项保险或新型农村社会养老保险和城镇居民社会养老保险，造成财政多补贴 5 133.52 万元，2.45 万人重复领取养老金 3 569.46 万元；全国共有 240.40 万人跨省拥有两个以上企业职工基本养老保险个人账户。

——各地实行的保障政策尚不完全统一。从缴费政策看，截至 2011 年底，21 个省本级、201 个市本级和 1252 个县未按社会保险法的规定以单位职工工资总额为单位缴费基数；全国实际执行的企业职工基本养老保险单位缴费比例共有 16 种，最高为 22%，最低为 10%，有 8 个省份尚未实现省内缴费比例统一，有的省份缴费比例多达 12 种。另外，3 个省本级、1 个市本级和 2 个县自定政策降低企业职工基本养老保险缴费比例或缴费基数，少征保费收入 510.37 亿元；1 个市本级和 2 个县自定政策，对企业职工基本养老保险的参保年龄、户籍等参保条件做出限制；3 个非独立行政区划的开发区执行不同于当地的企业职工基本养老保险政策。

此外，部分地区未严格做到专款专用，有 55.95 亿元养老保险基金在不同保障项目间相互串用等。

附件 2：

新型农村社会养老保险、城镇居民社会养老保险和城乡居民社会养老保险基金审计情况

根据宪法和审计法等相关法律规定，按照党中央、国务院的部署，审计署组织各级审计机关对全国 18 项社会保障资金进行了审计，其中对新型农村社会养老保险、城镇居民社会养老保险和城乡居民社会养老保险基金进行了重点审计，现将审计情况公告如下：

一、基本情况

（一）制度建设情况。

1992 年 1 月，民政部印发《县级农村社会养老保险基本方案（试行）》，建立了以个人缴纳为主，集体补助为辅，国家给予适当政策扶持的农村社会养老保险制度（以下简称老农保）。2002 年起，各地开始探索建立新型农村社会养老保险制度（以下简称新农保）。2009 年 9 月，国务院印发《关于开展新型农村社会养老保险试点的指导意见》，在全国范围内开展新农保试点。新农保实行个人缴费、集体补助和政府补贴相结合的模

式，基础养老金由财政承担。2011 年 6 月，为解决城镇无养老保障居民的老有所养问题，国务院印发《关于开展城镇居民社会养老保险试点的指导意见》，决定自 2011 年 7 月 1 日起开展城镇居民社会养老保险制度（以下简称城居保）试点。城居保实行个人缴费和政府补贴相结合的模式，基础养老金由财政承担。部分地区将新农保和城居保合并实施了城乡居民社会养老保险制度（以下简称城乡居保）。截至 2011 年底，全国有 2273 个县实施了新农保，2101 个县实施了城居保，其中 683 个县合并实施了城乡居保，新农保参保人数达 21 100.28 万人，城居保参保人数达 625.01 万人，城乡居保参保人数达 14 390.60 万人。

（二）基金收支和结余情况。

2011 年，全国新农保、城居保、城乡居保三项社会养老保险基金收入合计 1 504.39 亿元，比 2005 年增长 71.64 倍；支出合计 797.20 亿元，比 2005 年增长 65.94 倍；截至 2011 年底，基金累计结余 1 635.53 亿元，比 2005 年底增长 36.67 倍（2005 年至 2011 年三项社会养老保险基金收支和累计结余变化趋势见图 2—1）。

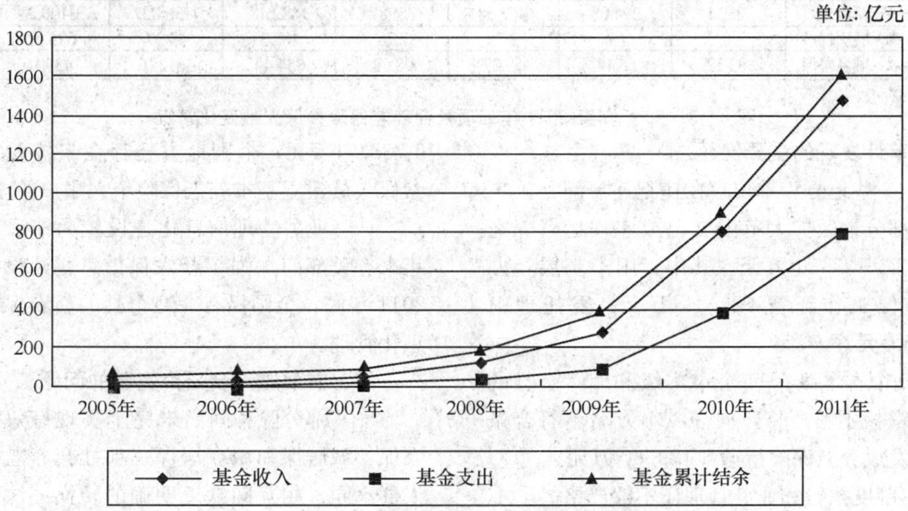

图 2—1　2005 年至 2011 年三项社会养老保险基金收支和累计结余变化趋势

2011 年三项社会养老保险基金收入中，集体补助、个人缴费、财政投入和其他收入分别为 18.30 亿元、554.47 亿元、879.40 亿元和 52.22 亿元，分别占 1.22%、36.86%、58.45% 和 3.47%（图 2—2）。财政投入中，中央和地方财政分别投入 399.79 亿元和 479.61 亿元，分别比 2009 年增长 36.15 倍和 8.84 倍。

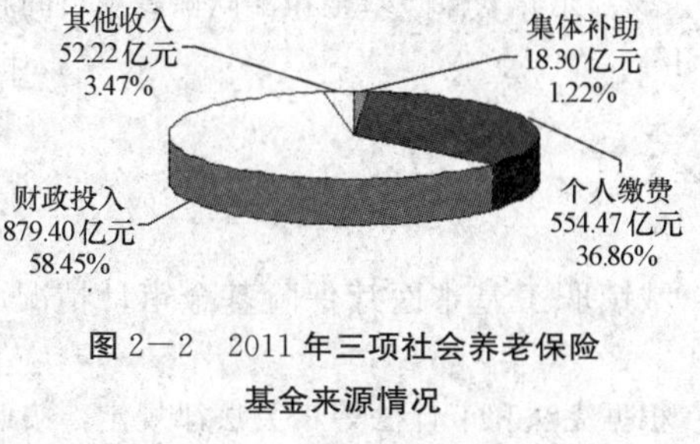

图 2—2　2011 年三项社会养老保险基金来源情况

2011 年底三项社会养老保险基金 1 635.53 亿元结余中，省本级、市本级和县级结存分别为 75.68 亿元、292.53 亿元和 1 267.32 亿元，分别占 4.63%、17.89%和 77.48%；东部、中部、西部结存分别为 1 016.11 亿元、295.79 亿元和 323.63 亿元，分别占 62.12%、18.09% 和 19.79%。从基金结余形态分布看，活期存款、定期存款和其他形式分别为 903.30 亿元、686.98 亿元和 45.25 亿元，分别占 55.23%、42.00% 和 2.77%。

二、主要成效

2009 年以来，我国加快建立和完善覆盖城乡居民的养老保险体系建设，新农保和城居保两项制度在全国范围内快速推进，养老保险制度惠及广大农民和城镇居民。中央财政对新农保的补助金额由 2009 年的 10.76 亿元增加到 2011 年的 352.06 亿元，增长 31.72 倍。截至 2011 年年底，新农保、城居保和城乡居保覆盖人群已达 3.61 亿人，是 2005 年的 114.54 倍（2005 年至 2011 年三项社会养老保险参保人数变化情况见图 2—3）。社会保障向人人享有基本生活保障的目标不断推进。

单位：万人

	2005年	2006年	2007年	2008年	2009年	2010年	2011年
◆新农保	282.1	294.08	367.68	751.87	1882.48	11364.27	21100.28
■城居保	0	1.7	2.75	7.78	18.53	39.37	625.01
▲城乡居保	33.22	55.44	59.07	98.52	834.44	3612.16	14390.6

图 2—3　2005 年至 2011 年三项社会养老保险参保人数变化情况

三、审计发现的主要问题

（一）一些地方和单位存在违纪违规问题。

——部分地区扩大范围支出或违规运营养老保险基金 23 737.86 万元。其中：用于基层经办机构等单位工作经费 629.31 万元；委托理财 23 108.55万元。

——2 个省本级、34 个市本级和 400 个县的经办机构审核不够严格，向 30.21 万名不符合条件的人员发放养老保险待遇 6 179.60 万元。

（二）制度执行和业务管理还不够严格。

——部分地区资金管理不够规范。2 个省本级、17 个市本级和 287 个县的经办机构等部门和单位多头开户 468 个、违规开户 478 个；3 个市本级和 117 个县新农保基金预算编制不规范；1 个省本级、9 个市本级和 86 个县 40.26 亿元三项社会养老保险基金未纳入财政专户管理；16 个县社保等部门延压养老保险费收入 6 038.94 万元；13.35 亿元三项社会养老保险基金存在会计记账和核算错误等问题。

——部分地区业务管理不够规范。2 个省本级、14 个市本级和 209 个县 17.22 亿元财政补助资金未及时足额拨付到位；2 个省本级、1 个市本级和 59 个县将 17.56 亿元新农保、城居保个人账户基金用于发放基础养老金；49 个县未及时发放 134.25 万人养老保险待遇 4.16 亿元；部分地区存在将养老保险费收入存储在社保经办人员个人存折等其他业务管理不规范问题，涉及金额 5 733.71万元；个别地方还存在未按规定及时为参保人员建立基本养老保险个人账户的现象。

——业务管理信息化建设较为滞后。尽管近年来有关部门加强了新农保信息化建设，但截至 2011 年底，全国仍有 472 个县的新农保未实行信息化管理。

四、需要进一步研究完善的问题

——部分险种间尚未完全实现有效衔接。新农保、城居保和城乡居保三项社会养老保险覆盖人群不同，相互间缺乏明确的转换办法，参保人身份发生变化，只能重新参加新的险种，造成重复参保问题。截至 2011 年底，全国有 2.24 万人重复参加新农保、城居保和城乡居保三项社会养老保险，造成财政多补贴 289.57 万元。

——新农保和老农保衔接工作不够顺畅。部分地区由于老农保问题复杂，新农保推进工作量大，老农保基金尚未转入新农保。

此外，部分地区未严格做到专款专用，有 11 257.33 万元养老保险基金在不同保障项目间相互串用等。

附件 3：

城镇职工基本医疗保险基金审计情况

根据宪法和审计法等相关法律规定，按照党中央、国务院的部署，审计署组织各级审计机关对全国18项社会保障资金进行了审计，其中对城镇职工基本医疗保险基金进行了重点审计，现将审计情况公告如下：

一、基本情况

（一）制度建设情况。

1998年，《国务院关于建立城镇职工基本医疗保险制度的决定》提出，在全国范围内建立覆盖全体城镇职工、社会统筹和个人账户相结合的基本医疗保险制度。1999年，财政部、原劳动和社会保障部出台《社会保险基金财务制度》和《社会保险基金会计制度》，规定城镇职工基本医疗保险基金纳入财政专户，实行"收支两条线"管理。2003年和2004年，原劳动和社会保障部出台文件将灵活就业人员、混合所有制企业和非公有制经济组织从业人员纳入城镇职工基本医疗保险范围。2006年，《国务院关于解决农民工问题的若干意见》规定，把农民工医疗保障问题作为农民工社会保障的重点问题优先解决。

2009年，人力资源社会保障部、财政部、国资委、监察部出台《关于妥善解决关闭破产国有企业退休人员等医疗保障有关问题的通知》，要求将未参保的关闭破产国有企业退休人员纳入当地城镇职工基本医疗保险；人力资源社会保障部、财政部出台《关于基本医疗保险异地就医结算服务工作的意见》，要求加强和改进以异地安置退休人员为重点的基本医疗保险异地就医结算服务；人力资源社会保障部、卫生部、财政部出台《关于印发流动就业人员基本医疗保障关系转移接续暂行办法的通知》，要求基本医疗保险参保人员流动就业时能够连续参保；人力资源社会保障部、财政部出台《关于进一步加强基本医疗保险基金管理的指导意见》，提出增强基本医疗保险基金共济和保障能力，强化医疗保险基金管理，加强基本医疗保险支付管理，提高基金使用效率。

2010年，社会保险法颁布，使城镇职工基本医疗保险制度进入法制化轨道。截至2011年底，全国各地均建立了城镇职工基本医疗保险制度，参保人数24 357.67万人。

（二）基金收支和结余情况。

2011年，全国城镇职工基本医疗保险基金收入合计4 821.14亿元，比2005年增长2.53倍；基金支出合计3 892.93亿元，比2005年增长2.72倍；2011年底基金累计结余5 525.52亿元，比2005年底增长3.47倍（见图3—1）。

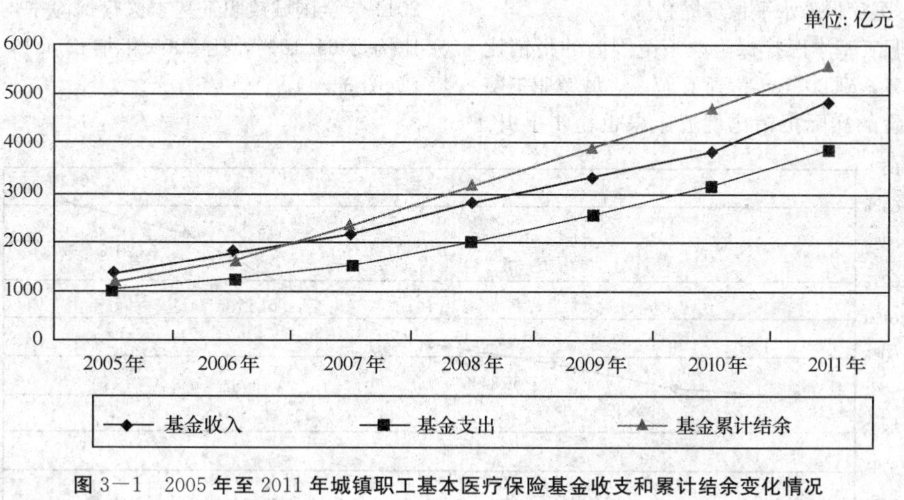

图3—1　2005年至2011年城镇职工基本医疗保险基金收支和累计结余变化情况

2011年基金收入中，来源于单位、个人、财政和其他的收入分别为3 520.62亿元、986.99亿元、167.21亿元和146.32亿元，分别占73.02%、20.47%、3.47%和3.04%（见图3—2）。

2011年底基金结余中，省本级、市本级和县级结存分别为1 359.65亿元、2 815.84亿元和1 350.03亿元，分别占24.61%、50.96%和24.43%；东部、中部、西部结存分别为3 351.10亿元、1 040.38亿元和1 134.04亿元，分别占60.65%、18.83%和20.52%。

从基金结余形态分布看，活期存款、定期存款和其他形式分别为2 358.36亿元、3 111.45亿

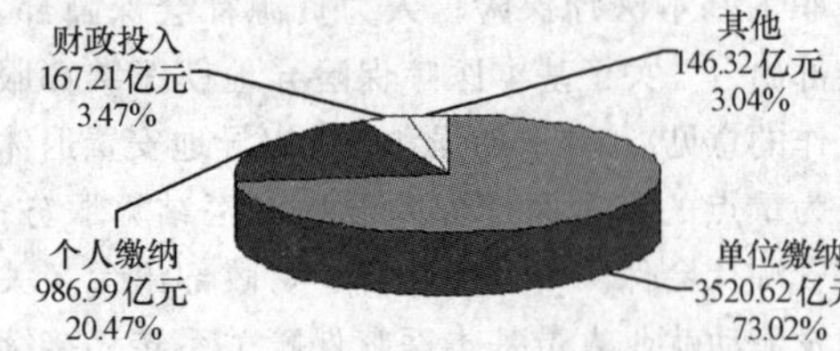

图 3—2　2011 年城镇职工基本医疗保险基金来源情况

元、55.71 亿元，分别占 42.68%、56.31%、1.01%。

二、主要成效

（一）参保覆盖面不断扩大。

截至 2011 年底，全国城镇职工基本医疗保险参保人数 24 357.67 万人，比 2005 年底增长 88.72%。2011 年全国有 115 138.89 万人次享受城镇职工基本医疗保险待遇，比 2005 年增长 207.14%（见图 3—3）。

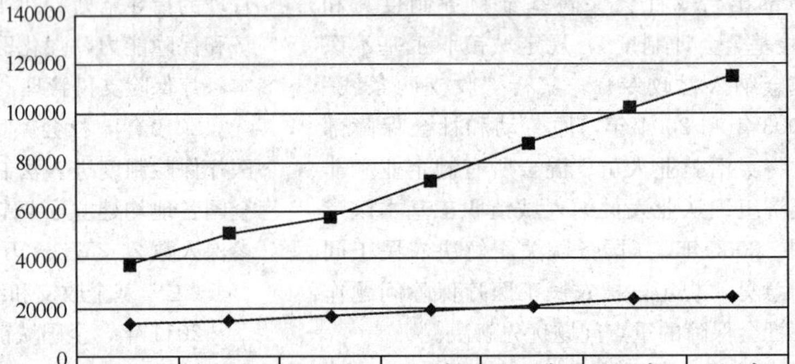

	2005年	2006年	2007年	2006年	2009年	2010年	2011年
参保人数(万人)	12906.53	14742.18	16534.40	18557.74	20155.31	22258.13	24357.67
享受待遇人次(万人次)	37487.79	50187.79	57461.22	72196.95	88600.17	102060.52	115138.89

图 3—3　2005 年以来城镇职工基本医疗保险参保人数和享受待遇人次

（二）医疗保障水平稳步提高。

城镇职工基本医疗保险政策范围内的报销比例逐年提高，到 2011 年达到了 77%。城镇职工基本医疗保险的实际报销比例近年来也稳步上升。2011 年全国城镇职工基本医疗保险平均实际报销比例为 64.10%，比 2005 年增长 5.19 个百分点（见图 3—4）。

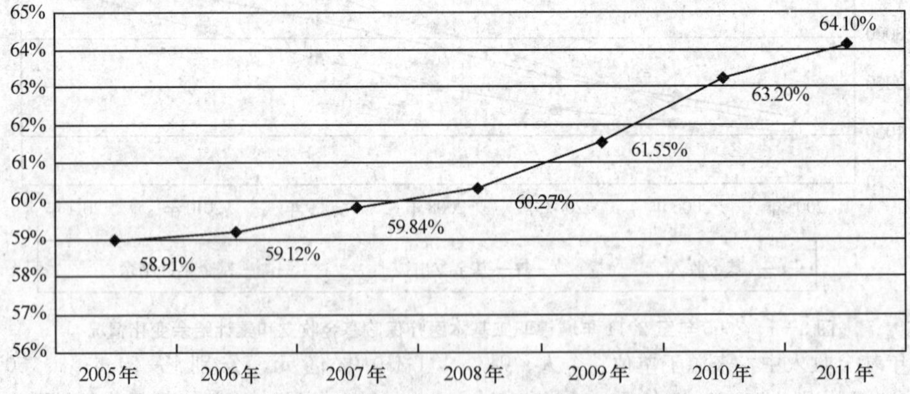

图 3—4　2005 年以来城镇职工基本医疗保险平均实际报销比例变化情况

（三）较好解决历史遗留问题。

2008 年以来，为妥善解决关闭破产企业退休人员基本医疗保障问题，从制度和资金上解决经济体制转轨和国有企业改革中的历史遗留问题，国务院有关部门出台文件，按照多渠道筹资、财政支持、地方尽责、中央补助的原则，解决关闭破产企业退休人员和困难企业职工的基本医疗保障问题。2008 年至 2009 年，中央财政先后两次共安排509亿元专项补助，帮助地方解决关闭破产国有企业退休人员参加职工基本医疗保险等长期未解决的问题，并采取以奖代补方式推动地方统筹解决关闭破产集体企业退休人员和困难企业职工等其他城镇未参保人员医疗保障问题。截至2011年底，累计将1031万关闭破产企业退休人员和困难企业职工纳入医疗保险。

三、审计发现的主要问题

（一）一些地方和单位存在违纪违规问题。

——部分地区扩大范围支出或违规运营基金9 729.25万元。其中：用于基层经办机构等单位工作经费1 948.33万元，平衡县级财政预算548.32万元，用于设备购置等其他支出303.6万元，委托理财6929万元。

——4个省本级、22个市本级和42个县的经办机构审核不够严格，为不符合城镇职工基本医疗保险条件的人员报销医疗费用826.09万元。

——部分单位和个人违规牟取不正当利益。部分地区的医疗机构等单位通过虚假发票、虚假病例、挂床住院、滥开药物等手段套取资金9 472.28万元；个别人员挪用代收的医疗保险费2600万元，用于向房地产公司借款或投资。

（二）制度执行和业务管理还不够严格。

——部分地区资金管理不够规范。9个省本级、28个市本级和101个县71.88亿元城镇职工基本医疗保险基金未纳入财政专户管理；8个省本级、90个市本级和272个县的经办机构等部门和单位多头开户767个、违规开户385个；22个市本级和161个县城镇职工基本医疗保险基金预算编制不规范，133家企业封闭运行的城镇职工基本医疗保险基金未纳入当地社会保险基金决算；2个省本级、12个市本级和32个县社保、税务等部门延压医疗保险费收入等5.97亿元；1个市本级和1个县3 382.47万元调剂金管理不规范；66.38亿元城镇职工基本医疗保险基金存在会计记账和核算错误等问题。

——部分地区业务管理不够规范。3个省本级、36个市本级和275个县41.73亿元财政补助资金未及时足额拨付到位；8个市本级和34个县征收机构应征未征医疗保险费2.32亿元；4个省本级、9个市本级和9个县征收机构擅自减免医疗保险费7.69亿元；21个省本级、173个市本级和785个县的参保单位和个人通过少报缴费基数等方式少缴医疗保险费25.8亿元；6个市本级和22个县隐瞒欠费1.41亿元；1个省本级、1个市本级和1个县擅自核销欠费2 195.8万元；7个省本级、37个市本级和154个县欠缴医疗保险费37.86亿元；3个县未按规定办理补缴医疗保险费89.58万元；1个市本级和17个县未及时报销医疗费用等1 615.63万元；部分地区存在医疗保险经办机构与定点医疗机构结算费用不及时等其他业务管理不规范问题，涉及金额43.35亿元。

——部分人群相关保障政策尚未完全落实到位。审计抽查农民工较为集中的企业中，有102.85万名农民工未参加城镇职工基本医疗保险。

——部分单位城镇职工基本医疗保险基金仍封闭运行。截至2011年底，有158家单位仍自行管理城镇职工基本医疗保险基金298.34亿元，其中44家单位执行不同于当地的缴费基数和缴费比例政策，有51家单位执行不同于当地的待遇核定办法。

四、需要进一步研究完善的问题

——部分险种间尚未完全实现有效衔接。城镇职工基本医疗、新型农村合作医疗（以下简称新农合）、城镇居民基本医疗三项基本医疗保险中，城镇职工和城镇居民基本医疗保险以个人为单位参保，新农合以家庭为单位参保，险种间保障对象有交叉，即便同一险种各地政策也有差异。上述情况造成重复参保，截至2011年底，538.47万人重复参加新农合、城镇职工或城镇居民基本医疗保险，造成财政多补贴7.92亿元。

——部分地区保障政策尚不完全统一。3个市本级和5个县未履行规定的报批程序，自行降低缴费比例或缴费基数，少征医疗保险费收入4.24亿元；1个县自定政策，对城镇职工基本医疗保险的参保年龄、户籍等参保条件做出限制；14个非独立行政区划的开发区执行不同于当地的城镇职工基本医疗保险政策。

此外，部分地区未严格做到专款专用，有150.8亿元城镇职工基本医疗保险基金在不同保障项目间相互串用等。

附件 4:

新型农村合作医疗和城镇居民基本医疗保险基金审计情况

根据宪法和审计法等相关法律规定，按照党中央、国务院的部署，审计署组织各级审计机关对全国 18 项社会保障资金进行了审计，其中，对新型农村合作医疗（以下简称新农合）和城镇居民基本医疗保险（以下简称城镇居民医保）基金进行了重点审计，现将审计情况公告如下：

一、基本情况

(一) 制度建设情况。

2002 年，《中共中央　国务院关于进一步加强农村卫生工作的决定》明确指出，要逐步建立起以大病统筹为主的新农合制度，到 2010 年在全国农村基本建立农村卫生服务体系和农村合作医疗制度。2003 年，国务院办公厅转发了卫生部、财政部、农业部《关于建立新型农村合作医疗制度的意见》，新农合试点工作在全国陆续展开，到 2008 年，新农合制度基本实现了对农村居民的全覆盖。

2007 年，《国务院关于开展城镇居民基本医疗保险试点工作的指导意见》要求，从 2007 年起在全国启动城镇居民医保试点。2009 年，人力资源社会保障部、财政部发布《关于全面开展城镇居民基本医疗保险工作的通知》，在全国范围内全面开展城镇居民医保工作。截至 2011 年，各地均出台了城镇居民医保政策并启动实施，实现了基本医疗保险制度对城镇居民的全覆盖。

为贯彻 2009 年《中共中央　国务院关于深化医疗卫生体制改革的意见》中提出的“探索建立城乡一体化的基本医疗保障管理制度”要求，到 2011 年底，全国有 189 个县开展了医疗保险城乡统筹的探索，合并实施了城乡居民医疗保险（以下简称城乡居民医保）。

2006 年以来，财政部、卫生部、人力资源社会保障部等部委先后制定了《新型农村合作医疗基金财务制度》《关于进一步加强基本医疗保险基金管理的指导意见》等多项制度。2010 年，社会保险法公布，使新农合和城镇居民医保进入法制化轨道。2011 年将城镇居民医保纳入了社会保险基金预算试编范围，加强了基金的预算管理。为了促进基金筹集和管理使用的规范化，中央和地方各级政府及医疗保险基金管理部门多次组织开展专项监督检查。

截至 2011 年底，新农合、城镇居民医保和城乡居民医保全国参保人数合计超过 10 亿人。

(二) 基金收支和结余情况。

2011 年，全国新农合、城镇居民医保和城乡居民医保（以下简称三项居民医保）基金收入合计 2 676.25 亿元，比 2005 年增长了 28.27 倍，其中新农合基金收入 1 974.97 亿元，城镇居民医保基金收入 432.93 亿元，城乡居民医保基金收入 268.35 亿元。三项居民医保基金支出合计 2 110.25亿元，比 2005 年增长了 28.86 倍，其中新农合基金支出 1 607.16 亿元，城镇居民医保基金支出 287.79 亿元，城乡居民医保基金支出 215.30 亿元。截至 2011 年底，三项居民医保基金累计结余 1 363.78 亿元，比 2005 年底增长 25.98 倍，其中新农合基金累计结余 824.42 亿元，城镇居民医保基金累计结余 413.57 亿元，城乡居民医保基金累计结余 125.79 亿元（2005 年至 2011 年三项居民医保基金收支和累计结余变化情况见图 4—1）。

2011 年基金收入中，财政投入、个人缴费和其他投入分别为 2 196.97 亿元、423.53 亿元和 55.75 亿元，分别占 82.09%、15.83%和 2.08%（见图 4—2）。财政投入中，中央和地方财政分别投入 948.97 亿元和 1248 亿元，分别占 43.19%和 56.81%，分别比 2005 年增长了 174.16 倍和 26.58 倍。

2011 年底基金结余中，省本级、市本级和县级结存分别为 30.70 亿元、265.21 亿元和 1 067.87 亿元，分别占 2.25%、19.45%和 78.30%；东部、中部、西部结存分别为 450.97 亿元、490.15 亿元和 422.66 亿元，分别占 33.07%、35.94%和 30.99%。

从基金结余形态看，活期存款、定期存款和债券投资等形式分别为 1 209.01 亿元、152.96 亿元和 1.81 亿元，分别占 88.65%、11.22%和 0.13%。

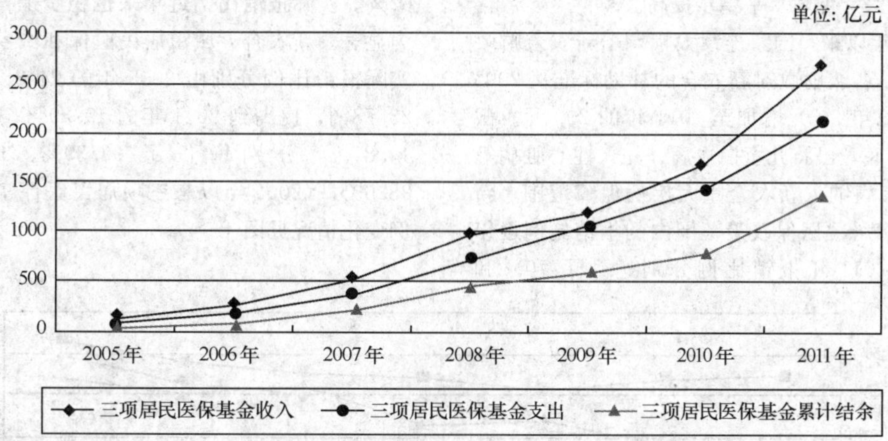

图 4—1　2005 年至 2011 年三项居民医保基金收支和累计结余变化情况

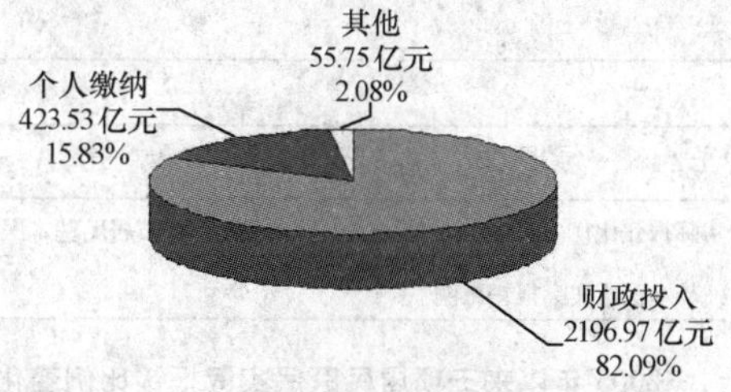

图 4—2　2011 年三项居民医保基金来源情况

二、主要成效

（一）基本医疗保障范围不断扩大。

“十一五”期间是居民医疗保险全面建立和推广的关键时期，党中央、国务院把加快推进基本医疗保障制度建设作为深化医药卫生体制改革的五项重点改革任务之一，加大投入、加强引导，实现了基本医疗保障制度对城乡居民的全覆盖。2011 年底，三项居民医保参保人数合计超过 10 亿人，当年享受待遇合计 12.69 亿人次，分别比 2005 年增长 3.89 倍和 11.07 倍（2005 年以来三项居民医保参保人数和享受待遇人次变化情况见图 4—3）。

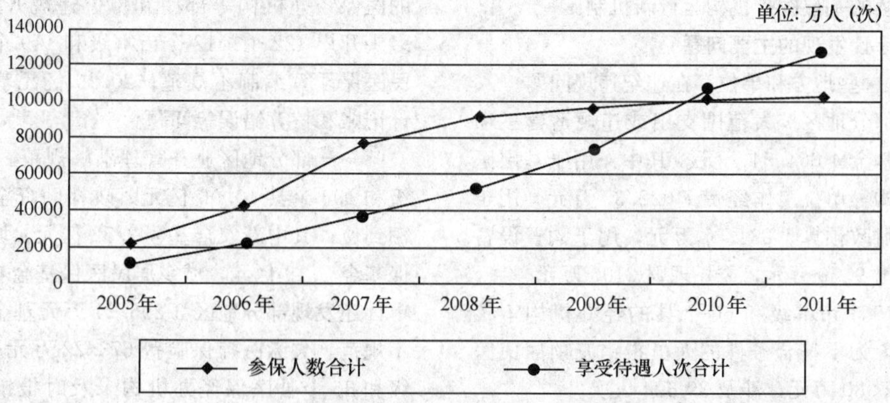

图 4—3　2005 年以来三项居民医保参保人数和享受待遇人次变化情况

中央财政对中西部、农村的医疗保障投入不断加大。2005 年至 2011 年，中央财政对全国三项居民医保的投入中，中西部所占比重保持在 80%以上，其中对新农合的补助由 2005 年的 5.42 亿元增加到 2011 年的 801.77 亿元，增长 146.93 倍。

（二）医疗保障水平稳步提高。

2005年以来，国家连续大幅调增新农合财政补助水平，各级财政对新农合的补助标准从2005年的每人每年20元增加至2011年的200元。截至2011年底，已将儿童白血病、先天性心脏病等8个重大疾病纳入新农合重大疾病保障范围。新农合和城镇居民医保政策范围内的报销比例逐年提高，到2011年报销比例分别达到了70%和62%。实际报销比例近年来也稳步上升，农村尤为显著。新农合、城镇居民医保和城乡居民医保实际报销比例分别由2005年的24.8%、45%和23.78%，提高到2011年的49.20%、52.28%和44.87%，分别增长了98.39%、16.18%和88.69%（2005年以来三项居民医保实际报销比例变化情况见图4—4）。

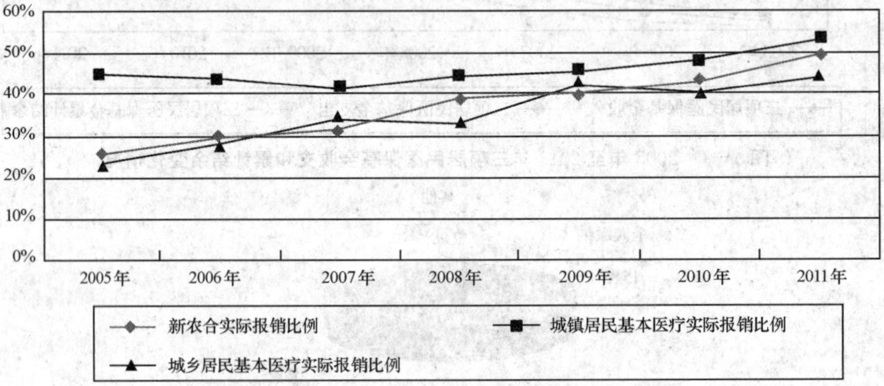

图4—4　2005年以来三项居民医保实际报销比例变化情况

（三）基层医疗机构运行新机制初步形成。

从2009年起，国家实行基本药物制度，制定和发布国家基本药物目录，实行省级集中网上公开招标采购，在政府办基层医疗卫生机构配备使用基本药物，并实行零差率销售。截至2011年底，该制度已基本上在所有政府办基层医疗卫生机构实施，开始形成了维护公益性、调动积极性、保障可持续的基层医疗机构运行新机制。

三、审计发现的主要问题

（一）一些地方和单位存在违纪违规问题。

——部分地区扩大范围支出或违规运营三项居民医保基金4 364.04万元。其中：用于基层医保经办机构等单位工作经费1 022.37万元，用于平衡县级财政预算1 231.97万元，用于购置设备等其他支出9.70万元，委托理财2100万元。

——10个市本级和66个县的经办机构审核不够严格，为不符合条件的人员报销三项居民医保费用845.80万元，涉及39 624人次。

——部分单位和个人违规牟取不正当利益。部分地区的医疗机构等单位通过虚假发票、虚假病例、挂床住院、滥开药物、虚报人数等手段套取三项居民医保资金1.92亿元；医保经办机构个别工作人员利用职权或管理漏洞骗取居民医保资金113.10万元。

（二）制度执行和业务管理还不够严格。

——部分地区资金管理不够规范。1个省本级、20个市本级和94个县11.34亿元基金未纳入财政专户管理；1个市本级和25个县延压基金1.03亿元；2个省本级、27个市本级和319个县的医保经办机构等部门和单位违规开户477个、多头开户422个；12个市本级和119个县城镇居民医保预算编制不规范；20.29亿元基金存在会计记账和核算错误等问题。

——部分地区业务管理不够规范。25个市本级和193个县10.96亿元财政补助资金未及时足额到位，其中新农合基金3.52亿元，城镇居民医保基金7.19亿元，城乡居民医保基金0.25亿元。审计还发现部分地区3 296.21万元基金征收管理不规范，欠缴医疗保险费673.22万元；2个市本级和36个县医保经办机构未及时报销医疗费用6 870.32万元；未提取新农合风险基金等其他管理不规范问题4.82亿元。

——统筹层次较低，基金共济能力不强。社会保险法规定基本医疗保险基金逐步实行省级统筹，国务院医药卫生体制改革重点实施方案要求2011年城镇居民医保基本实现市级统筹。但截至2011年底，全国三项居民医保市级统筹尚未完全实现，有待巩固和完善。

——业务管理信息化建设较为滞后。三项居民医保覆盖人数超过10亿人，管理水平的高低直接涉及百姓的切身利益，实现信息化管理至关重要。但截至2011年底，全国尚有336个县新农合未实行信息化管理。

四、需要进一步研究完善的问题

新农合以家庭为单位参保、城镇居民医保以个人为单位参保，在城镇化、工业化进程加快和人口流动不断加大的背景下，基本医疗保险制度间缺乏有效的衔接办法，医疗保险不同险种的参保对象存在交叉，造成重复参保。审计发现，截至2011年底，547.64万人在三项居民医保间重复参保，财政多补贴9.23亿元。

此外，部分地区未严格做到专款专用，有45 810.28万元医保资金在不同保障项目间相互串用等。

附件5：

失业保险基金审计情况

根据宪法和审计法等相关法律规定，按照党中央、国务院的部署，审计署组织各级审计机关，对全国18项社会保障资金进行了审计（重点审计了基本养老保险基金、基本医疗保险基金和最低生活保障资金），现将失业保险基金的审计情况公告如下：

一、基本情况

（一）制度建设情况。

失业保险是社会保险制度的重要组成部分，其主要功能是保障失业人员基本生活，促进失业人员再就业。1950年，原劳动部发布《救济失业工人暂行办法》，确定了新中国成立初期的失业救济制度。1986年，国务院公布《国营企业职工待业保险暂行规定》，规定了国营企业中的四类职工为待业人员，并明确了救济金来源、筹集与使用办法。1993年国务院公布《国有企业职工待业保险规定》，将待业保险制度的覆盖范围进一步扩大。1999年国务院公布《失业保险条例》，标志着我国失业保险制度走向规范。2006年，原劳动和社会保障部印发了《关于进一步加强社会保险基金管理监督工作的通知》，要求各地加强基金监管，提高基金管理规范水平；2010年，包括失业保险基金在内的五项社会保险基金预算在全国范围内开始试行编制，失业保险基金预算管理逐渐加强。

近年来，我国失业保险制度覆盖范围逐步扩大，截至2011年底，全国各地均建立了失业保险制度，失业保险参保人数达14 178.43万人。

（二）基金收支和结余情况。

2011年，全国失业保险基金收入合计923.81亿元，比2005年增长1.70倍；基金支出合计433.44亿元，比2005年增长1.08倍；截至2011年底，基金累计结余2 231.03亿元，比2005年底增长3.30倍（2005年至2011年失业保险基金收支和累计结余变化情况见图5—1）。

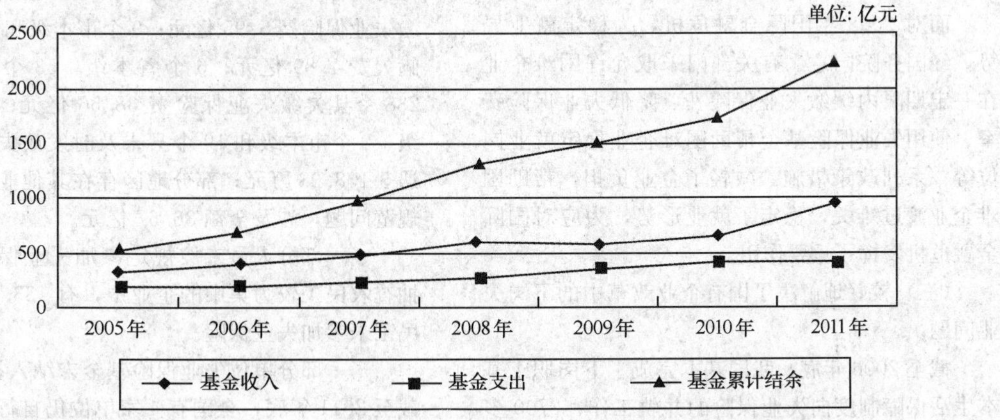

图5—1　2005年至2011年失业保险基金收支和累计结余变化情况

2011年基金收入中，来源于单位、个人、财政和其他的收入分别为614.66亿元、270.53亿元、2.56亿元和36.06亿元，分别占66.54%、29.28%、0.28%和3.90%（见图5—2）。

2011年底基金结余中，省本级、市本级和县级结存分别为689.66亿元、1 204.07亿元和337.30亿元，分别占30.91%、53.97%和15.12%；东部、中部和西部结存分别为1 308.53亿元、425.73亿元和496.77亿元，分别占58.65%、19.08%和22.27%。

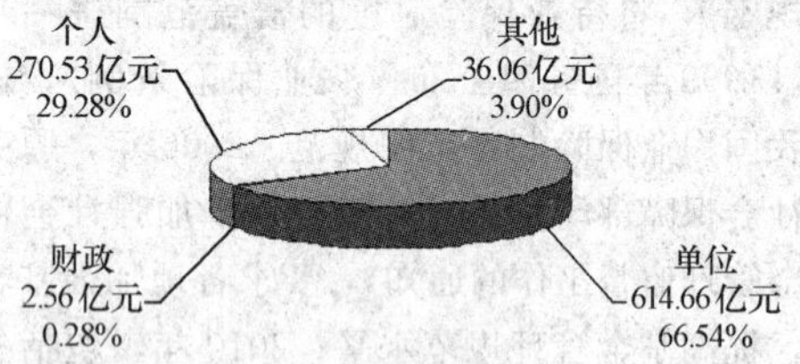

图5—2　2011年失业保险基金收入来源情况

从基金结余形态看，定期存款、活期存款和其他形式分别为1 306.81亿元、882.26亿元和41.96亿元，分别占58.57%、39.55%和1.88%。

二、主要成效

（一）有效保障了失业人员的基本生活。

2011年，失业保险待遇水平全国平均每人每月604.32元，比2005年增加333.66元，增长123.27%；截至2011年底，全国失业保险参保人数14 178.43万人，比2005年底增长34.68%。失业人员基本生活得到保障，促进了社会和谐稳定。

（二）充分发挥失业保险稳定就业和预防失业作用。

面对2008年国际金融危机，为稳定就业局势，经国务院同意，有关部门采取允许困难企业在一定期限内缓缴失业保险费、降低失业保险费率、使用失业保险基金帮助困难企业稳定就业岗位等一系列政策措施，减轻了企业负担，帮助困难企业渡过难关，稳定了就业形势，为应对国际金融危机发挥了重要作用。

（三）较好地解决了国有企业改革中的下岗失业问题。

截至2006年底，我国基本完成了下岗职工基本生活保障制度向失业保险的并轨工作，2700多万名下岗职工的基本生活得到保障，为建立现代企业制度，深化经济体制改革做出了贡献。

三、审计发现的主要问题

（一）一些地方和单位存在违纪违规问题。

——部分地区扩大范围支出或违规运营失业保险基金9 215.40万元。其中：用于基层经办机构等单位工作经费6 162.88万元，用于平衡县级财政预算2 016.74万元，用于购置固定资产等535.78万元，委托理财500万元。

——8个省本级、85个市本级和153个县的经办机构审核不够严格，向91 864名不符合失业保险条件的人员发放待遇8 893.80万元。

（二）制度执行和业务管理还不够严格。

——部分地区资金管理不够规范。2个省本级、28个市本级和77个县21.48亿元失业保险基金未纳入财政专户管理；5个省本级、49个市本级和155个县的经办机构等部门单位多头开户360个、违规开户130个；1个省本级、12个市本级和47个县保费征收机构等单位延压失业保险费收入4.09亿元；1个省本级、17个市本级和136个县失业保险基金预算编制不规范；2个省本级、5个市本级和3个县20.40亿元调剂金管理不规范；21.92亿元失业保险基金存在会计记账和核算错误等问题。

——部分地区业务管理不够规范。16个市本级和124个县15.34亿元财政补助资金未及时足额拨付到位；8个市本级和22个县征收机构应征未征失业保险费2.38亿元；4个省本级、10个市本级和22个县征收机构擅自减免失业保险费6.37亿元；21个省本级、144个市本级和684个县的部分参保单位和个人通过少报缴费基数等方式少缴失业保险费5.95亿元；9个市本级和27个县隐瞒欠费1.89亿元；6个省本级、53个市本级和238个县欠缴失业保险费38.56亿元；1个省本级、2个市本级和19个县未及时发放失业保险待遇5 108.08万元；部分地区存在其他业务管理不规范问题，涉及金额36.67亿元。

——部分人员未按规定参加失业保险。审计抽查农民工较为集中的企业中，有133.87万名农民工未参加失业保险。

——部分单位失业保险基金未纳入社会统筹。截至2011年底，全国有4家单位仍自行管理失业保险基金18.04亿元。

四、需要进一步研究完善的问题

截至2011年底，2个省本级和2个县自定政策降低失业保险缴费比例或基数，导致少征收失业保险费1.98亿元；3个省本级、1个市本级和1个县自定政策对失业保险参保年龄、户籍等参保条件做出限制。

此外，部分地区未严格做到专款专用，有40.86亿元失业保险基金在不同保障项目间相互串用等。

附件6：

工伤保险基金审计情况

根据宪法和审计法等相关法律规定，按照党中央、国务院的部署，审计署组织各级审计机关，对全国18项社会保障资金进行了审计（重点审计了基本养老保险基金、基本医疗保险基金和最低生活保障资金），现将工伤保险基金的审计情况公告如下：

一、基本情况

（一）制度建设情况。

1951年公布的《中华人民共和国劳动保险条例》对工伤保险做出规定。1996年原劳动部发布《企业职工工伤保险试行办法》，对以企业自我保障为主的工伤保险制度进行了改革。2003年国务院公布《工伤保险条例》，我国工伤保险改革进入了加快推进阶段。2009年人力资源社会保障部印发《关于做好老工伤人员纳入工伤保险统筹管理工作的通知》，要求将用人单位参加工伤保险社会统筹前因工伤事故或患职业病形成的工伤人员和工亡人员供养亲属（以下简称“老工伤”人员）纳入工伤保险统筹管理。2010年国务院修订《工伤保险条例》，进一步扩大了参保范围，明确了逐步实行省级统筹目标。2010年，包括工伤保险在内的五项社会保险基金预算在全国范围内开始试行编制，工伤保险基金预算管理逐渐加强。

截至2011年底，全国各地均实施了工伤保险制度，参保人数达16 992.46万人。

（二）基金收支和结余情况。

2011年，工伤保险基金收入合计450.51亿元，比2005年增长4.41倍；基金支出合计274.33亿元，比2005年增长5.53倍；截至2011年底，基金累计结余716.52亿元，比2005年底增长3.58倍（2005年至2011年工伤保险基金收支和累计结余变化情况见图6—1）。

单位:亿元

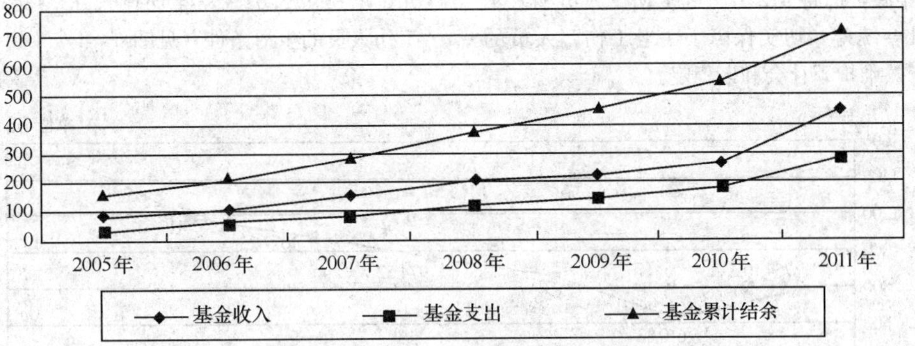

图6—1　2005年至2011年工伤保险基金收支和累计结余变化情况

2011年基金收入中，来源于单位、财政和其他的收入分别为371.79亿元、62.43亿元和16.29亿元，分别占82.53%、13.86%和3.61%（见图6—2）。

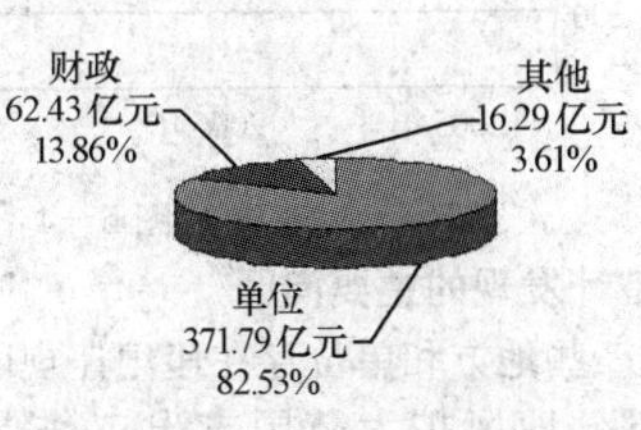

图6—2　2011年工伤保险基金收入来源情况

2011年底基金结余中，省本级、市本级和县级结存分别为218.36亿元、411.89亿元和86.27亿元，分别占30.47%、57.49%和12.04%；东部、中部、西部结存分别为433.79亿元、154.80亿元和127.93亿元，分别占60.54%、21.60%和17.86%。

从基金结余形态看，定期存款、活期存款和其他形式分别为402.60亿元、307.20亿元和6.72亿元，分别占56.19%、42.87%和0.94%。

二、主要成效

（一）覆盖人群不断扩大。

“十一五”以来，工伤保险覆盖范围不断扩大。截至2011年底，全国工伤保险参保人数16 992.46万人，比2005年增加9143.55万人，增长116.49%；2011年全年享受工伤保险待遇人数158.06万人，比2005年增加105.23万人，增长199.19%（见图6—3）。

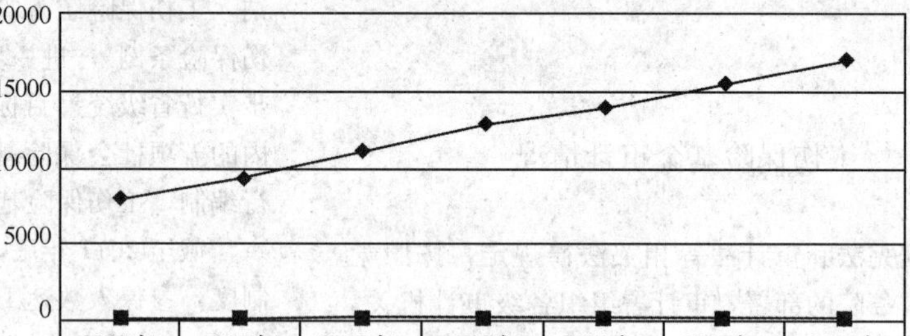

	2005年	2006年	2007年	2008年	2009年	2010年	2011年
参保人数(万人)	7848.91	9225.44	11067.56	12621.48	13684.73	15016.92	16992.46
领取待遇人数(万人)	52.83	70.41	88.82	110.26	123.56	138.12	158.06

图6—3　2005年以来工伤保险保障情况

（二）妥善解决“老工伤”人员遗留问题。

2009年以来，各级党委政府积极采取措施，大力推进将企业未纳入统筹管理的“老工伤”人员纳入工伤保险统筹管理，取得了显著成效。截至2011年底，已将312万“老工伤”人员纳入工伤保险社会统筹，切实保障了“老工伤”人员的权益，有效维护了社会和谐稳定。

（三）稳步提高工伤保险待遇水平。

近年来，工伤保险待遇水平稳步提高。2011年领取工伤保险伤残津贴等定期待遇人员平均待遇每人每月1 523.40元，比2005年增加769.30元，增长102.02%，年均增长12.43%，改善了工伤人员的生活条件（见图6—4）。

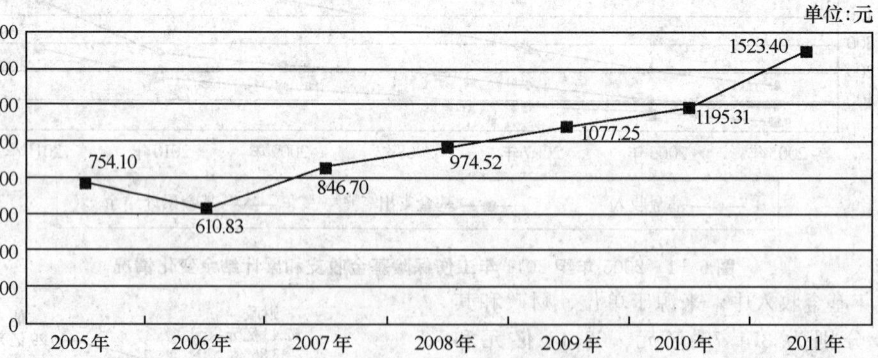

图6—4　2005年以来工伤保险待遇变化情况

三、审计发现的主要问题

（一）一些地方和单位存在违纪违规问题。

——部分地区扩大范围支出工伤保险基金3 098.72万元。其中：用于基层经办机构等单位工作经费1 824.29万元，用于平衡市级、县级财政预算40.22万元，用于修建基层单位办公用房等1 234.21万元。

——9个市本级和10个县的经办机构审核不

够严格，向983名不符合工伤保险条件的人员发放待遇168.35万元。

——个别社保工作人员冒用其他人员工伤信息及资料，骗取工伤保险基金4.56万元。

（二）制度执行和业务管理还不够严格。

——部分地区资金管理不够规范。7个省本级、22个市本级和53个县5.78亿元工伤保险基金未纳入财政专户管理；6个省本级、37个市本级和98个县的经办机构等部门和单位多头开户185个、违规开户113个；6个市本级和18个县保费征收机构等单位延压工伤保险费收入1 943.37万元；1个省本级、15个市本级和129个县工伤保险基金预算编制不规范，有46家单位封闭运行的工伤保险基金未纳入当地社会保险基金决算；2个市本级645.43万元调剂金管理不规范；12.06亿元工伤保险基金存在会计记账和核算错误等问题。

——部分地区业务管理不够规范。6个市本级和22个县3.50亿元财政补助资金未及时足额拨付到位；6个市本级和10个县征收机构应征未征工伤保险费0.33亿元；3个省本级、3个市本级和3个县征收机构擅自减免工伤保险费0.58亿元；19个省本级、132个市本级和618个县的部分单位通过少报缴费基数等方式少缴工伤保险费8 250.34万元；7个市本级和17个县隐瞒欠费2 112.37万元；1个省本级和1个市本级擅自核销欠费385.05万元；7个省本级、38个市本级和133个县欠缴工伤保险费3.89亿元；1个市本级和8个县未及时发放工伤保险待遇450.09万元；部分地区存在以物抵费等其他业务管理不规范问题，涉及金额3.21亿元。

——部分人员未纳入工伤保险。审计抽查农民工较为集中的企业中，有42.89万名农民工未参加工伤保险。

——部分单位工伤保险基金仍封闭运行。截至2011年底，全国有55家单位仍自行管理工伤保险基金28.07亿元，其中10家单位执行不同于当地的缴费基数核定和缴费比例政策，有3家单位执行不同于当地的待遇核定办法。

四、需要进一步研究完善的问题

截至2011年底，有1个市本级和1个县自定政策对工伤保险参保年龄、户籍等参保条件做出限制。

此外，部分地区未严格做到专款专用，有4.02亿元工伤保险基金在不同保障项目间相互串用等。

附件7：

生育保险基金审计情况

根据宪法和审计法等相关法律规定，按照党中央、国务院的部署，审计署组织各级审计机关，对全国18项社会保障资金进行了审计（重点审计了基本养老保险基金、基本医疗保险基金和最低生活保障资金），现将生育保险基金的审计情况公告如下：

一、基本情况

（一）制度建设情况。

我国1951年公布的《中华人民共和国劳动保险条例》中，初步确立了企业职工享受生育保险待遇的制度。1988年，国务院公布《女职工劳动保护规定》，将生育保险待遇的覆盖范围扩大到国家机关、人民团体、企业和事业单位。1994年，原劳动部公布《企业职工生育保险试行办法》，实现了生育保险由单位负责到社会统筹的转变。2008年，财政部、税务总局印发《关于生育津贴和生育医疗费有关个人所得税政策的通知》，对生育津贴等免征个人所得税。2009年，人力资源社会保障部办公厅发布《关于妥善解决城镇居民生育医疗费用的通知》，进一步保障妇女生育基本医疗需求。2010年，包括生育保险在内的5项社会保险基金预算在全国范围内开始试行编制，生育保险基金预算管理逐渐加强。

截至2011年底，全国各省（区、市）均出台了生育保险政策，参保人数12 170.46万人。

（二）基金收支和结余情况。

2011年，全国生育保险基金收入合计214.85亿元，比2005年增长4.14倍；基金支出合计136.22亿元，比2005年增长4.16倍；截至2011年底，基金累计结余330.93亿元，比2005年底增长3.74倍（2005年至2011年生育保险基金收支和累计结余变化情况见图7—1）。

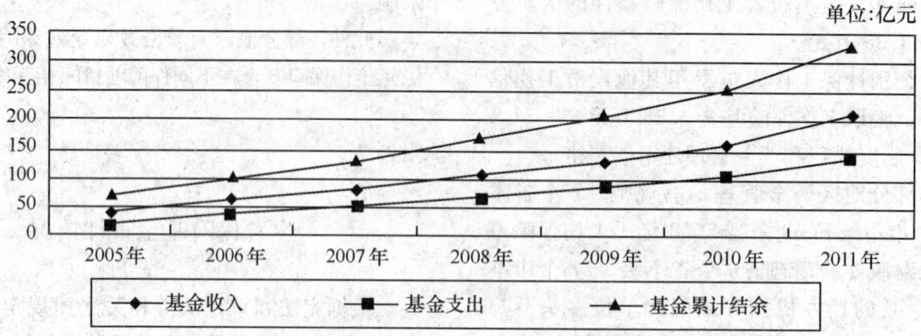

图 7－1　2005 年至 2011 年生育保险基金收支和累计结余变化情况

2011 年基金收入中，来源于单位、财政和其他的收入分别为 209.60 亿元、0.52 亿元和 4.73 亿元，分别占 97.56％、0.24％和 2.20％（见图 7－2）。

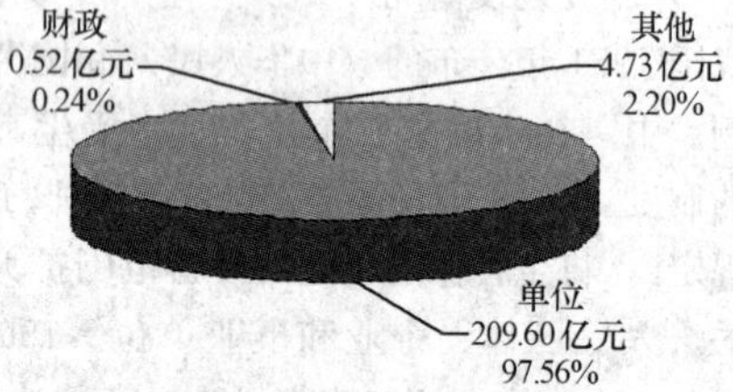

图 7－2　2011 年生育保险基金收入来源情况

2011 年底基金结余中，省本级、市本级和县级结存分别为 85.30 亿元、161.28 亿元和 84.35 亿元，分别占 25.77％、48.74％和 25.49％；东部、中部、西部结存分别为 205.14 亿元、58.02 亿元和 67.77 亿元，分别占 61.99％、17.53％和 20.48％。

从基金结余形态看，活期存款、定期存款和其他形式分别为 186.74 亿元、142.66 亿元和 1.53 亿元，分别占 56.43％、43.11％和 0.46％。

二、主要成效

（一）覆盖人数不断增加。

“十一五”以来，生育保险覆盖范围不断扩大。截至 2011 年底，全国生育保险参保人数 12 170.46万人，比 2005 年增加 7217.18 万人，增长 145.71％；2011 年全年享受生育保险待遇 366.38 万人次，比 2005 年增加 254.48 万人次，增长 227.42％（见图 7－3）。

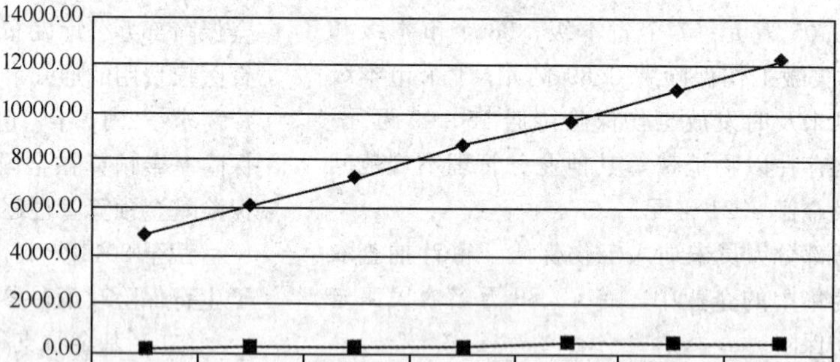

	2005年	2006年	2007年	2008年	2009年	2010年	2011年
参保人数(万人)	4953.28	5981.53	7221.72	8772.52	9727.94	10881.44	12170.46
领取待遇人次(万人次)	111.90	158.77	205.82	256.33	307.66	357.89	366.38

图 7－3　2005 年以来生育保险保障情况

（二）待遇水平稳步提高。

近年来，生育保险待遇水平稳步提高。2011 年，生育保险平均待遇每人次 4 098.93 元，比 2005 年增加 1 430.65 元，增长 53.62％，年均增长 7.42％，妇女生育保障水平稳步提高（见图 7－4）。

三、审计发现的主要问题

（一）一些地方和单位存在违纪违规问题。

——部分地区扩大范围支出生育保险基金

1 164.17万元。其中：用于基层经办机构等单位工作经费968.66万元，用于平衡市级、县级财政预算15.51万元，用于修建基层单位办公用房180万元。

——2个市本级和4个县的经办机构审核不够严格，向307名不符合生育保险条件的人员发放待遇107.55万元。

（二）制度执行和业务管理还不够严格。

——部分地区资金管理不够规范。7个省本级、21个市本级和45个县3.16亿元生育保险基金未纳入财政专户管理；5个省本级、25个市本级和78个县的经办机构等部门和单位多头开户113个、违规开户84个；1个市本级和7个县保费征收机构等单位延压生育保险费收入289.97万元；14个市本级和118个县生育保险基金预算编制不规范，有52家单位封闭运行的生育保险基金未纳入当地社会保险基金决算；1.06亿元生育保险基金存在会计记账和核算错误等问题。

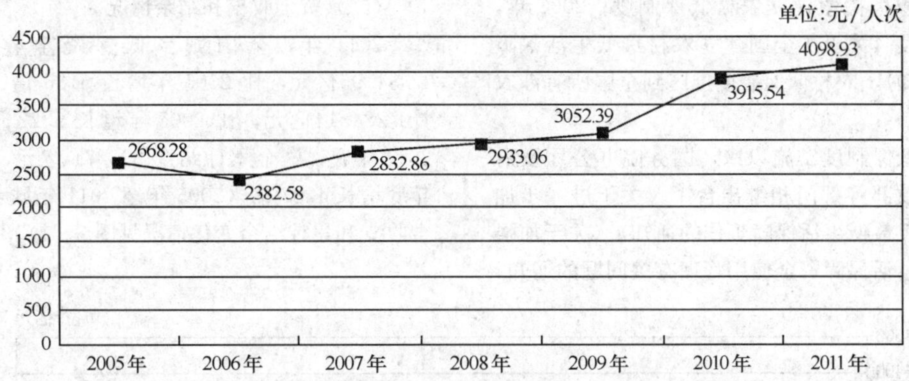

图7—4　2005年以来生育保险待遇水平情况

——部分地区业务管理不够规范。3个市本级和37个县2.50亿元财政补助资金未及时足额拨付到位；1个省本级、4个市本级和10个县征收机构应征未征生育保险费0.26亿元；3个省本级、4个市本级和4个县征收机构擅自减免生育保险费1.43亿元；19个省本级、125个市本级和562个县的部分单位通过少报缴费基数等方式少缴生育保险费1.27亿元；6个市本级和14个县隐瞒欠费0.12亿元；1个市本级擅自核销欠费84.94万元；5个省本级、35个市本级和106个县欠缴生育保险费3.76亿元；1个市本级和11个县未及时发放生育保险待遇282.80万元；部分地区存在以物抵费等其他业务管理不规范问题，涉及金额3.27亿元。

——部分人员未参加生育保险。审计抽查农民工较为集中的企业中，有150万名农民工未参加生育保险。

——部分单位生育保险基金仍封闭运行。截至2011年底，全国有61家单位仍自行管理生育保险基金23.94亿元，其中17家单位执行不同于当地的缴费基数核定和缴费比例政策，有17家单位执行不同于当地的待遇核定办法。

四、需要进一步研究完善的问题

截至2011年底，2个省本级未履行规定的报批程序，自行降低生育保险缴费比例或缴费基数，导致少征收生育保险费0.74亿元；3个省本级、2个市本级和1个县自定政策对生育保险参保年龄、户籍等参保条件做出限制。

此外，部分地区未严格做到专款专用，有1.68亿元生育保险基金在不同保障项目间相互串用等。

附件8：

城乡最低生活保障资金审计情况

根据宪法和审计法等相关法律规定，按照党中央、国务院的部署，审计署组织各级审计机关，对全国18项社会保障资金进行了审计，其中对城市居民最低生活保障和农村最低生活保障（以下分别简称城市低保和农村低保，统称城乡低保）资金进行了重点审计，现将审计情况公告如下：

一、基本情况

（一）制度建设情况。

我国城乡低保制度建设经历了先试点后推广的过程。1997 年国务院印发《关于在全国建立城市居民最低生活保障制度的通知》，决定在全国范围内建立城市低保制度。1999 年出台《城市居民最低生活保障条例》，确立了城市低保制度的基本框架，首次以法规的形式明确了政府救助困难群体的法定责任。自 1997 年开始，部分地区根据中央部署，积极探索建立农村低保制度；2007 年，国务院印发《关于在全国建立农村最低生活保障制度的通知》，农村低保制度推广到全国所有涉农县区。

城乡低保制度实施以来，国务院办公厅及财政部、民政部等部门相继出台了《关于进一步加强城市居民最低生活保障工作的通知》《关于加强农村最低生活保障资金使用管理有关问题的通知》《关于加强城乡最低生活保障资金预算执行管理工作的通知》《关于进一步规范城乡居民最低生活保障标准制定和调整工作的指导意见》等一系列管理制度，进一步健全完善了城乡低保制度。财政部、民政部等部门不断完善监管办法，采取专项检查、联合治理等措施加强城乡低保资金监督检查工作。各地积极开展低保工作规范化建设活动，逐步完善各项规章制度，形成了低保申请程序化、资金发放社会化等一系列较为规范的工作机制。

（二）资金收支和结余情况。

2011 年，全国城乡低保资金收入合计 1 384.95亿元，比 2005 年增长 5.36 倍；支出合计1 284.14亿元，比 2005 年增长 5.22 倍；截至 2011 年底，资金累计结余 393.71 亿元，比 2005 年底增长 4.87 倍（2005 年至 2011 年城乡低保资金收支和累计结余变化情况见图 8—1）。

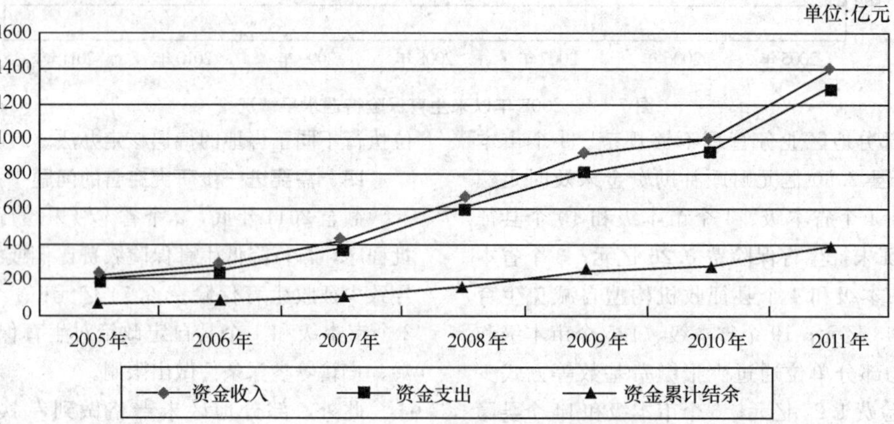

图 8—1　2005 年至 2011 年城乡低保资金收支和累计结余变化情况

2011 年，各级财政投入城乡低保资金 1 374.66亿元，比 2005 年增加 1 159.96 亿元，增长 540.26%。其中：中央财政 961.10 亿元，占 69.91%；地方各级财政 413.56 亿元，占 30.09%。

二、主要成效

（一）低保制度覆盖城乡，保障人数不断增加。

2007 年，农村低保制度在全国范围内开展，加之各地不断提高城乡低保保障标准，越来越多的人被纳入了低保范围。截至 2011 年底，全国城市和农村低保对象分别有 2 256.27 万人和 5 298.28万人，分别比 2005 年底增长 7.25% 和 551.04%（2005 年以来城乡最低生活保障对象变化情况见图 8—2）。低收入群体的基本生活得到保障，维护了社会和谐稳定。

单位:万人

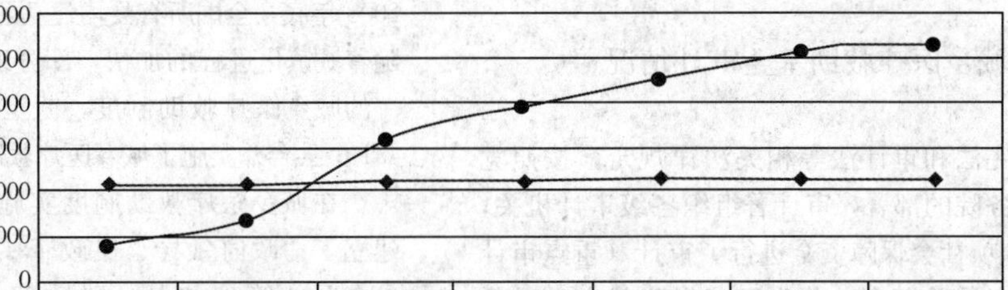

	2005年	2006年	2007年	2008年	2009年	2010年	2011年
—◆—城市低保	2103.7	2161.15	2214.5	2264.6	2288.48	2261.35	2256.27
—●—农村低保	813.82	1390.05	3121.3	3902.24	4545.05	5116.73	5298.28

图8－2　2005年以来城乡最低生活保障对象变化情况

（二）保障能力逐步增强，保障水平稳步提高。

近年来，中央和地方各级政府加大财政投入力度，积极筹措低保资金，不断提高最低生活保障标准，对低保对象的人均补助水平相应提高。截至2011年底，全国有18个省本级、291个市本级和2517个县建立了最低生活保障标准调整机制。城市和农村低保平均保障标准分别由2005年的月人均154.30元和74.83元，提高到2011年的288.04元和140.29元，分别增长了86.68%和87.48%；月人均补助水平分别由2005年的73.34元和28.37元，提高到2011年的227.92元和100.07元，分别增长了210.77%和252.73%。2006年至2011年，城市和农村最低生活保障标准平均增长率为10.99%和11.40%，比同期CPI平均上涨幅度分别高出7.62和8.03个百分点。特别是2007年在全国普遍实施农村最低生活保障制度以来，保障标准平均增长率比同期CPI平均上涨幅度高出14.02个百分点。保障标准和补助水平的稳步提高，使低收入群众基本生活得到保障，生活水平不断提高。

三、审计发现的主要问题

（一）一些地方和单位存在违纪违规问题。

——部分地区扩大范围支出城乡低保资金0.57亿元。其中：用于基层单位工作经费0.34亿元，用于平衡市级、县级财政预算0.23亿元。

——部分地区低保对象审核不够严格。由于低保对象收入核定机制不够健全、审批低保对象操作不合规等原因，8个省本级、178个市本级和1899个县向不符合条件人员发放低保待遇累计323.06万人次、13.82亿元；2个省本级、26个市本级和409个县2.21万人重复享受城乡低保0.52亿元；抽查的8101个村（居）委会中，719个村（居）委会未按规定程序审批低保对象，210个村（居）委会存在干部人为确定低保对象情况。

——个别民政部门工作人员及其他人员，利用管理漏洞，骗取、冒领城乡低保资金11.79万元。

（二）制度执行和业务管理还不够严格。

——部分地区资金管理不够规范。1个省本级、5个市本级和31个县10.94亿元城市低保资金未纳入财政专户管理；部分地区存在会计记账和核算错误等问题，涉及金额3.77亿元。

——部分地区业务管理不够规范。24个市本级、344个县24.21亿元财政应补助低保资金未及时足额拨付到位；1个省本级、9个市本级和79个县待遇发放不及时，涉及金额5.01亿元；部分地区存在未及时上报低保人员变动情况，造成上级多拨付城乡低保资金等问题，涉及金额2.78亿元。

——业务管理信息化建设较为滞后。全国共有1657个县尚未对城乡低保实行信息化管理。部分地区民政部门城乡低保数据质量不高、信息不完整，大部分地区没有建立民政与公安、工商、地税部门间的低保信息沟通机制，不利于对城乡低保工作的监督和管理。

四、需要进一步研究完善的问题

部分地区未严格做到专款专用，有3.72亿元低保资金在不同保障项目间相互串用等。

附件 9：

城乡医疗救助基金审计情况

根据宪法和审计法等相关法律规定，按照党中央、国务院的部署，审计署组织各级审计机关，对全国 18 项社会保障资金进行了审计（重点审计了基本养老保险基金、基本医疗保险基金和最低生活保障资金），现将城乡医疗救助基金的审计情况公告如下：

一、基本情况

（一）制度建设情况。

2003 年，为贯彻《中共中央国务院关于进一步加强农村卫生工作的决定》，民政部、卫生部、财政部出台《关于实施农村医疗救助的意见》，开始在全国范围内开展农村医疗救助制度试点工作，通过政府拨款和社会各界自愿捐助等多渠道筹资，对患大病农村五保户和贫困农民家庭实行医疗救助。截至 2006 年底，全国所有涉农县均建立了农村医疗救助制度。

2005 年，国务院办公厅转发民政部等部门《关于建立城市医疗救助制度试点工作的意见》，开始在全国范围内开展城市医疗救助制度试点工作。截至 2008 年底，全国所有县均建立了城市医疗救助制度。随着城镇化进程的加快，部分地区开始探索建立统一的城乡医疗救助制度。截至 2011 年底，全国有 431 个县合并实施了城乡医疗救助制度。

在城乡医疗救助制度实施过程中，各地普遍建立了“政府领导、民政牵头、部门协作、社会参与”的管理体制。财政部、民政部先后出台《农村医疗救助基金管理试行办法》《关于加强城市医疗救助基金管理的意见》等文件，对医疗救助基金的筹集、管理和使用做出明确规定。各级地方政府及财政、民政等职能部门不断完善监管办法，采取专项检查等措施不断加强医疗救助基金的监督检查工作。

（二）基金收支和结余情况。

2011 年，全国医疗救助基金收入合计 200.94 亿元，比 2005 年增长 10 倍；支出合计 192.89 亿元，比 2005 年增长 18.95 倍；截至 2011 年底，基金累计结余 154.06 亿元，比 2005 年底增长 10.6 倍（2005 年至 2011 年医疗救助基金收支和累计结余情况见图 9—1）。

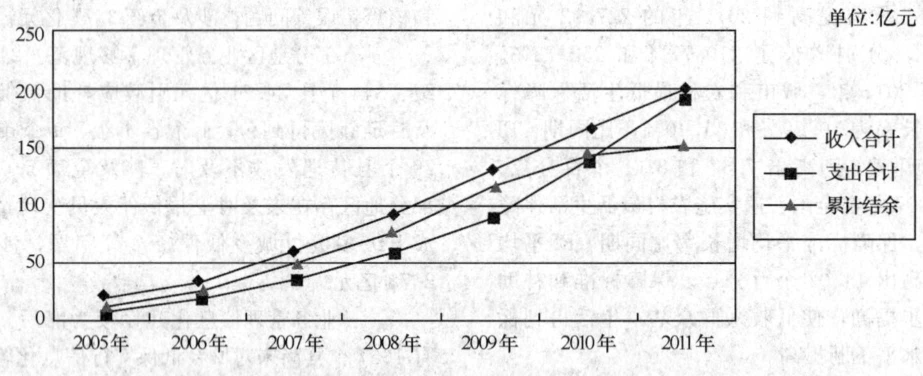

图 9—1　2005 年至 2011 年医疗救助基金收支和累计结余情况

2011 年医疗救助基金收入中，来源于中央财政、地方财政和其他渠道的分别为 131.86 亿元、62.19 亿元和 6.89 亿元，分别占 65.62%、30.95%和 3.43%（见图 9—2）。

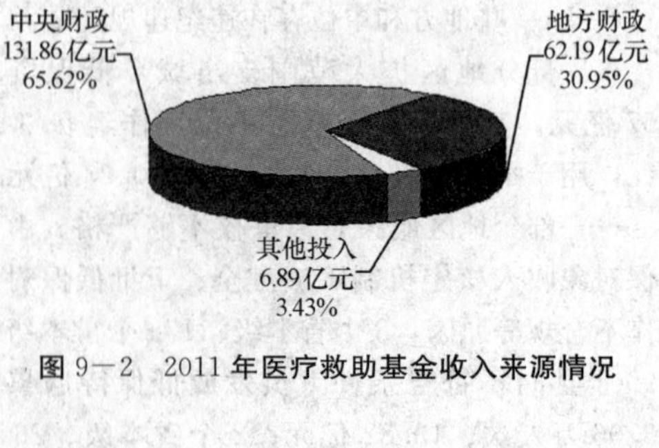

图 9—2　2011 年医疗救助基金收入来源情况

二、主要成效

（一）医疗救助受益人数显著增加。

医疗救助制度覆盖城乡，促进了社会保障体系的健全。近年来，随着政府财政投入的不断加大，医疗救助的受益人数显著增加，困难群众普遍享受到了医疗保障。2011年，医疗救助基金直接医后救助2 367.27万人次，比2005年增长8.33倍；共计资助6 649.35万人参加新农合或居民医疗保险，比2005年增长12.74倍。

（二）医疗救助水平稳步提高。

近年来，各级财政不断加大医疗救助资金投入力度，不断提高医疗救助的补助标准，减轻了困难群体特别是五保户和低保群体的医疗费用负担。2011年，城市、农村医疗救助次均水平分别为669.74元和776.17元，分别比2005年增加527.7元和425元，分别增长371.51%和121.02%。医疗救助保障水平稳步提高，困难群众就医负担有所减轻。

三、审计发现的主要问题

（一）一些地方和单位存在违纪违规问题。

——部分地区扩大范围支出387万元，其中：用于基层单位工作经费254.2万元，用于平衡县级财政预算112.8万元，用于购建固定资产等20万元。

——个别工作人员利用管理漏洞，套取医疗救助资金，涉及金额32.75万元。

（二）制度执行和业务管理还不够严格。

——部分地区资金管理不够规范。1个省本级、8个市本级和33个县18 284.59万元医疗救助基金未纳入财政专户管理；52 588.32万元医疗救助资金存在会计记账和核算错误等问题。

——部分地区业务管理不够规范。21个市本级和212个县59 437.1万元财政补助资金未及时足额到位；27个县未及时支付医疗救助资金1 265.42万元；部分地区还存在其他不规范问题，涉及金额1.48亿元。

四、需要进一步研究完善的问题

基本医疗保险、医疗救助的管理部门相互间缺乏有效的协调机制，加上部分地区社会救助基层服务能力不足，导致国家用医疗救助资金资助困难群众参加医疗保险的政策在一些地区未得到完全落实。截至2011年底，有2514个县城乡医疗救助资金结余126.39亿元，相当于这些地区当年医疗救助资金财政投入的80.28%，但这些地区低保人员中按政策得到医疗救助资金资助参加医疗保险的仅占63.69%。

此外，部分地区未严格做到专款专用，有10 203.7万元医疗救助资金在不同保障项目间相互串用等。

附件10：

农村五保供养资金审计情况

根据宪法和审计法等相关法律规定，按照党中央、国务院的部署，审计署组织各级审计机关，对全国18项社会保障资金进行了审计（重点审计了基本养老保险基金、基本医疗保险基金和最低生活保障资金），现将农村五保供养（以下简称五保供养）资金的审计情况公告如下：

一、基本情况

（一）制度建设情况。

五保供养制度建立于1956年，是一项有中国特色的社会救助制度。1994年《农村五保供养工作条例》和1997年民政部《农村敬老院管理暂行办法》的颁布，对五保供养和敬老院发展进行了规范。2006年3月，国务院新修订的《农村五保供养工作条例》（以下简称新条例）实施，明确五保供养以国家财政为主，集体经济组织、土地保障以及亲友帮扶为辅，供养资金在地方政府预算中安排，中央财政对经济困难地区的五保供养给予补助。同时，各级地方政府按照新条例制定了五保供养工作的管理制度；财政部门负责五保供养资金的管理；相关监督部门负责对资金筹集、管理和使用情况的监督。

截至2011年底，全国各地均建立了以无劳动能力、无生活来源又无法定赡养、抚养、扶养义务人，或者其法定赡养、抚养、扶养义务人无赡养、抚养、扶养能力的老年人、残疾人或者未满16周岁的村民为对象的五保供养制度，年末供养人数578.62万人。

（二）资金收支和结余情况。

2011年，全国五保供养资金投入合计118.40亿元，比2005年增长3.17倍；资金支出合计113.61亿元，比2005年增长3.24倍；截至2011

年底，资金累计结余 19.14 亿元，比 2005 年底增长 4.68 倍（2005 年至 2011 年农村五保供养资金收支和累计结余变化情况见图 10—1）。

2011 年资金投入中，中央财政、地方财政和社会投入分别为 10.59 亿元、106.06 亿元和 1.75 亿元，分别占 8.95%、89.58%和 1.47%（见图 10—2）。

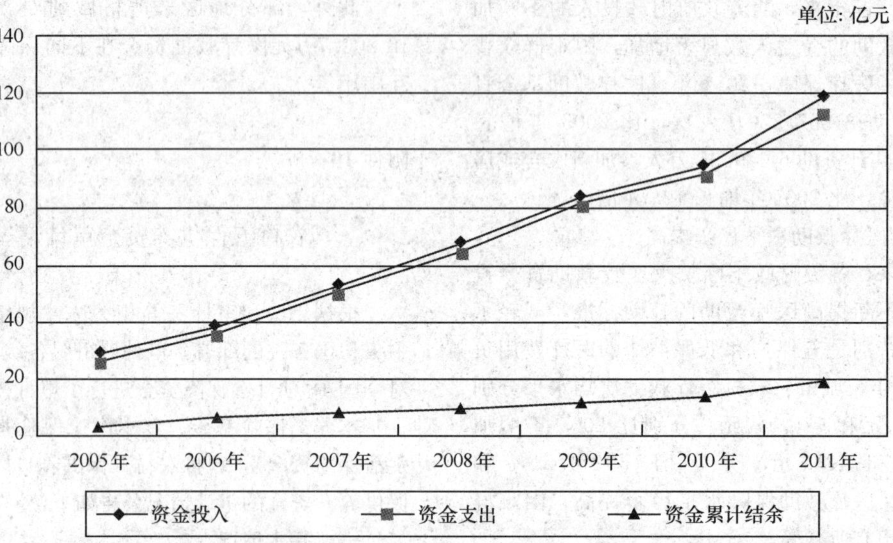

图 10—1　2005 年至 2011 年农村五保供养资金收支和累计结余变化情况

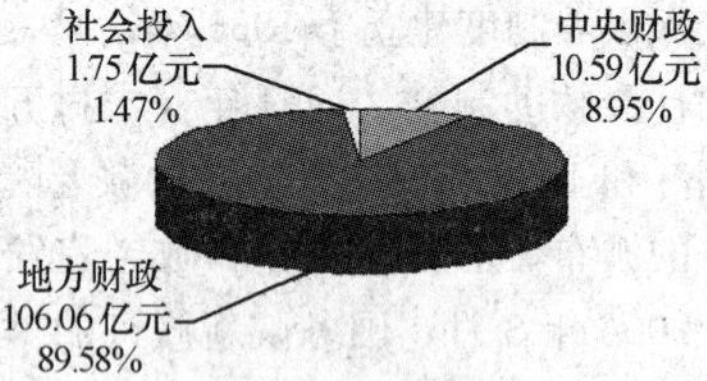

图 10—2　2011 年农村五保供养资金来源情况

二、主要成效

（一）财政投入逐年加大，五保供养资金得到有效保障。

近年来，各级财政不断加大对五保供养的资金投入，五保供养资金得到有效保障。2011 年财政投入五保供养资金 116.65 亿元，比 2005 年增加 89.32 亿元，增长 3.27 倍（见图 10—3）。

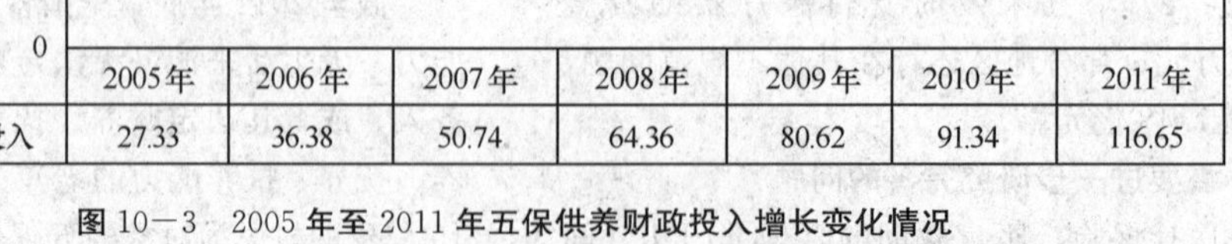

	2005年	2006年	2007年	2008年	2009年	2010年	2011年
财政投入	27.33	36.38	50.74	64.36	80.62	91.34	116.65

图 10—3　2005 年至 2011 年五保供养财政投入增长变化情况

（二）保障人数不断扩大，供养标准逐步提高。

2005 年以来，接受救助的五保供养人数不断扩大，供养标准逐步提高。2011 年全国五保供养人数为 578.62 万人，比 2005 年增长 36.23%。2011 年全国五保集中供养平均标准为年人均 3 399.70 元，分散供养平均标准为年人均 2 470.50元，分别比 2007 年增加 1 446.70 元和 1 038.50元，分别增长 74.08%和 72.52%，五保供养对象生活得到了明显改善。

三、审计发现的主要问题

（一）一些地方和单位存在违纪违规问题。

——部分地区扩大范围支出五保供养资金600.93万元。其中：用于基层单位工作经费209.47万元；用于平衡县级财政预算391.46万元。

——个别地区经办人员挪用五保供养资金，涉及金额28.69万元。

（二）部分地区业务管理不够规范。

截至2011年底，4个市本级和102个县17 066.79万元五保供养财政资金未及时足额到位；35个县未及时发放五保供养待遇1714.80万元；14个县存在会计记账和核算错误等问题，涉及金额994.40万元。

四、需要进一步研究完善的问题

部分地区未严格做到专款专用，有3 024.74万元五保供养资金在不同保障项目间相互串用等。

附件11：

社会福利资金审计情况

根据宪法和审计法等相关法律规定，按照党中央、国务院的部署，审计署组织各级审计机关，对全国18项社会保障资金进行了审计（重点审计了基本养老保险基金、基本医疗保险基金和最低生活保障资金），现将社会福利资金[5]的审计情况公告如下：

一、基本情况

（一）制度建设情况。

20世纪50年代，我国开始对无生活来源、无劳动能力和无依无靠的老弱、病残、孤寡社会成员提供国家福利服务。20世纪90年代后，社会福利事业进入了一个新的发展阶段，国家公布和修订完善了《中华人民共和国残疾人保障法》《中华人民共和国未成年人保护法》和《中华人民共和国老年人权益保障法》等法律法规。“十一五”期间，我国社会福利制度逐步健全规范，《残疾人就业条例》等公布实施，国务院办公厅印发了《关于加强孤儿保障工作的意见》，民政部、财政部下发了《关于发放孤儿生活费的通知》，民政部等部门出台了《关于全面推进居家养老服务工作的意见》和《关于加强孤儿救助工作的意见》等制度办法，部分地区建立了面向高龄老人发放生活补贴、长寿补贴金和免费体检等制度。至2011年底，以扶老、助残、救孤为重点，包括老年人福利、残疾人福利和儿童福利等构成的社会福利制度逐步健全。

（二）资金收支和结余情况。

2011年，全国共筹集老年人、残疾人和儿童三项福利资金350.93亿元，比2005年增长4.99倍；支出合计311.43亿元，比2005年增长5.77倍；截至2011年底，三项资金累计结余169.52亿元，比2005年底增长5.6倍（2005年至2011年社会福利资金收支和累计结余变化情况见图11—1）。

从资金来源看，2011年，中央财政、地方财政和其他渠道分别投入50.36亿元、279.54亿元和21.02亿元，分别占14.35%、79.66%和5.99%（见图11—2）。

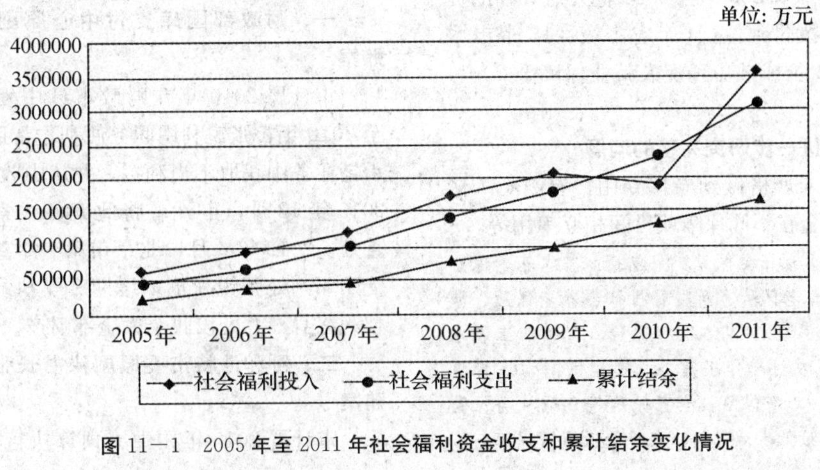

图11—1 2005年至2011年社会福利资金收支和累计结余变化情况

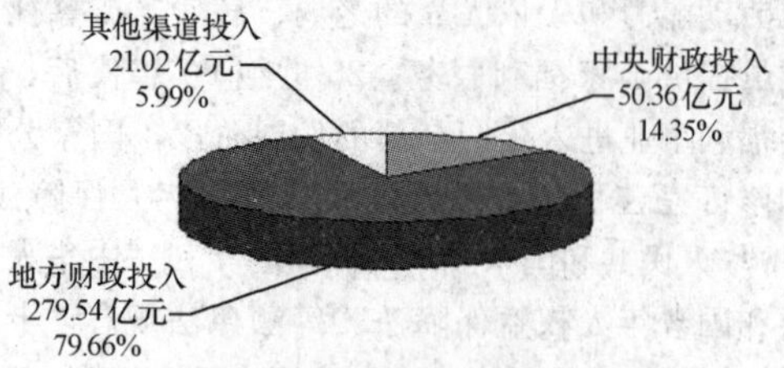

图 11－2　2011 年社会福利资金投入情况

二、主要成效

随着社会福利制度的不断健全和各级财政投入力度不断加大，更多困难群体纳入社会保障范围，生活逐步得到改善。截至 2011 年底，全国社会福利机构 4.25 万个，床位 321.05 万张，收养老年人、残疾人和儿童等 237.92 万人，分别比 2005 年增长 32.40％、122.35％和 109.34％；社会福利企业吸纳残疾人员 62.80 万人就业。

三、审计发现的主要问题

（一）一些地方和单位存在违纪违规问题。

——部分地区扩大范围支出社会福利资金 5.29 亿元。其中：用于基层单位工作经费 1.95 亿元；用于平衡市级、县级财政预算 0.25 亿元；用于购建培训中心、体育场馆和购车等 3.09 亿元。

——个别地区的社会福利部门工作人员，利用职务之便套取社会福利资金 1 114.83 万元。

（二）制度执行和业务管理还不够严格。

——部分地区资金管理不够规范。2 个市本级和 19 个县税务、工商部门延压残疾人就业保障金 2 916.33 万元；部分地区存在会计记账和核算错误等问题，涉及金额 3.88 亿元。

——部分地区业务管理不够规范。2 个省本级、26 个市本级和 200 个县 5.20 亿元财政补助资金未及时足额拨付到位；4 个省本级、18 个市本级和 90 个县少征或减免残疾人就业保障金 20.11 亿元。

四、需要进一步研究完善的问题

部分地区未严格做到专款专用，有 23.77 亿元社会福利资金在不同保障项目间相互串用等。

附注：①18 项社会保障资金包括：基本养老保险（企业职工基本养老保险、新型农村社会养老保险、城镇居民社会养老保险）、基本医疗保险（城镇职工基本医疗保险、新型农村合作医疗、城镇居民基本医疗保险）、失业保险、工伤保险、生育保险等 9 项社会保险基金，城市居民最低生活保障、农村最低生活保障、城市医疗救助、农村医疗救助、自然灾害生活救助、农村五保供养等 6 项社会救助资金，儿童福利、老年人福利和残疾人福利等 3 项社会福利资金。

②政策范围内的报销比例：是指基本医疗保险“三个目录”（即基本药品目录、基本医疗服务设施诊疗项目目录和医疗服务设施目录）政策规定范围内的住院费用中，基本医疗保险基金支付的比例。

③基本医疗保险的实际报销比例：是指基本医疗保险参保人员通过基本医疗保险统筹基金报销的金额占医疗费用总支出的比重。

④除审计的 18 项社会保障资金外，地方财政性社会保障投入还包括：含中央转移支付在内的地方各级财政用于社会保障和就业等管理部门事业费、行政事业单位离退休费、就业补助、行政事业单位医疗保障、廉租住房和农村危房改造等的投入。

⑤本次审计的社会福利资金包括：儿童福利、老年人福利和残疾人福利等三项社会福利资金。

中华人民共和国审计署审计结果公告（2012 年第 35 号）

审计署移送至 2012 年底已办结 38 起违法违纪案件和事项处理情况

（二〇一二年十二月二十八日公告）

一、财政部国库支付中心原副主任张锐受贿案

审计署 2010 年在财政审计中发现，2007 年至 2010 年，张锐利用职务便利，帮助他人在国债承销业务中获取不当利益，并从中收受巨额贿赂。2010 年 12 月，审计署将此案件线索移送财政部查处。2012 年 6 月，北京市第一中级人民法院以受贿罪判处张锐死刑，缓期 2 年执行，剥夺政治权利终身，并处没收个人全部财产。

二、呼和浩特市委原副秘书长张志新贪污受贿案

审计署 2010 年在中央预算执行审计中发现，

2005年，张志新利用职务便利，通过制造国有企业呼和浩特市永兴房地产开发有限责任公司资不抵债的假象，将该公司国有股权无偿出让，造成国有资产损失6000多万元。2010年6月，审计署将此案件线索移送中央纪委查处。2012年7月，呼伦贝尔市中级人民法院以贪污罪、受贿罪、玩忽职守罪判处张志新无期徒刑，剥夺政治权利终身，并处没收个人全部财产。

三、中国农业发展银行丹东市分行原行长李树桓等人违法放贷案

审计署2009年在中国农业发展银行审计中发现，2007年至2008年，李树桓及时任丹东市分行营业部经理赵树有等人，伙同民营企业沈阳圣佰伦生物工程有限公司以虚假资料骗取粮食收购贷款3.28亿元。2010年11月，审计署将此案件线索移送公安部查处。2012年8月，辽宁省盘山县人民法院以违法发放贷款罪、受贿罪判处李树桓有期徒刑14年，并处没收财产40万元；以违法发放贷款罪判处赵树有有期徒刑1年6个月(缓刑2年)，并处罚金10万元；判处其他涉案人员及企业有期徒刑或罚金。

四、中国农业发展银行辽宁省宽甸满族自治县支行原行长洪希成等人违法放贷案

审计署2009年在中国农业发展银行审计中发现，2007年，洪希成协助民营企业辽宁开原市天禹粮食有限公司编造虚假贷款申请材料，并违规审批向其发放粮食收购贷款1.12亿元。2011年5月，审计署将此案件线索移送公安部查处。2012年8月，辽宁省盘山县人民法院以违法发放贷款罪、挪用公款罪判处洪希成有期徒刑16年，并处罚金10万元；判处其他涉案人员及企业有期徒刑或罚金。

五、河南南阳鸿德房地产开发有限公司原法定代表人董金德等人骗贷案

审计署2010年在新增贷款投向结构跟踪审计调查中发现，2009年至2010年，董金德等人通过伪造土地房屋权属证书、虚假经济合同和会计资料等手段，骗取中国银行、中国建设银行、中国工商银行当地分支机构和南阳市商业银行贷款共计3.3亿元，其中1亿元用于个人投资牟利。2010年6月，审计署将此案件线索移送公安部查处。2011年11月，河南省焦作市中级人民法院以骗取贷款罪、故意伤害罪判处董金德有期徒刑12年；判处其他涉案人员及企业有期徒刑或罚金。目前被骗贷款已全部追回。

六、南京大学原副校长徐世良等人受贿案

审计署2010年在经济责任审计中发现，2000年至2001年，徐世良等人在南京大学购买港龙园地块时弄虚作假，使一家房地产开发企业从中获利1119万元。2011年2月，审计署将此案件线索移送公安部查处。2012年7月，镇江市中级人民法院以受贿罪判处徐世良有期徒刑8年，判处同案另一受贿人有期徒刑5年。

七、大连市土地整理中心原主任于立新、辽宁省朝阳市国土局原副局长王胜受贿案

审计署2009年在财政收支审计调查中发现，2005年至2009年，于立新、王胜在大连市与朝阳市易地补充占用耕地过程中，通过内外勾结、暗箱操作，使民营企业大连祥生农业有限公司从中不当获利5000多万元。2009年9月，审计署将此案件线索移送中央纪委查处。2010年6月，鞍山市铁西区人民法院以受贿罪判处王胜有期徒刑10年；2012年4月，辽宁省高级人民法院以受贿罪判处于立新死刑，缓期2年执行，并处没收个人全部财产。

八、中国外文局外文印刷厂原厂长张军（海淀区原人大代表）等人故意销毁会计凭证案

审计署2010年在群众举报来信情况核查中发现，2002年至2010年5月，外文印刷厂将废旧物资销售收入共计457.52万元存放账外，已支出405.51万元，相关凭证大部分已销毁。审计署于2011年7月将该案件线索移送公安部查处。2012年4月，北京市海淀区人民法院以故意销毁会计凭证罪、受贿罪分别判处厂长张军和副厂长白宝山有期徒刑5年、2年6个月，并各处罚金2万元；以故意销毁会计凭证罪判处副厂长齐力罚金2万元。

九、中国人民财产保险股份有限公司昆明盘龙支公司原副经理刘玉海挪用资金案

审计署2010年在中国人民保险集团公司审计中发现，2002年至2009年，刘玉海在经办企业财产保险业务过程中，通过办理虚假退保、截留理赔资金等手段转移挪用公司资金256.7万元。2010年5月，审计署将此案件线索移送云南省公安厅查处。2012年5月，昆明市盘龙区人民法院以挪用资金罪判处刘玉海有期徒刑 3 年（缓刑 4 年）。

十、重庆市陈惠专、连庆武等人非法经营案

审计署 2010 年在新增贷款投向结构跟踪审计调查中发现，2010 年以来，陈惠专、连庆武等人通过虚构贸易等手段，将广东等地众多企事业单位的 450 亿元资金汇入其控制的 19 家空壳企业账户后，再转入近万个个人银行账户，涉嫌洗钱、套现等。2011 年 2 月，审计署将此案件线索移送公安部查处。2012 年 7 月，重庆市九龙坡区人民法院以非法经营罪一审判处陈惠专、连庆武等 18 人 6 年至 1 年有期徒刑（其中 10 人获缓刑），并分别处 500 万元至 5 万元罚金。

十一、甘肃省武威市凉州区高坝镇五里村村委会原书记陈元林贪污案

审计署 2010 年在农业基础设施建设资金审计中发现，2008 年至 2009 年，陈元林等人将该村 23 座翻新日光温室谎报为新建温室，套取农业补助资金 19.29 万元；以亲属名义重复申报养殖暖棚，套取农业补助资金 5.68 万元。2011 年 3 月，审计署将此案件线索移送武威市凉州区人民检察院查处。2012 年 1 月，武威市凉州区人民法院以贪污罪判处陈元林有期徒刑 3 年（缓刑 5 年）。其套取的资金已没收并上缴财政。

十二、江西省丰城市油茶产业办公室原主任黄新华挪用公款案

审计署 2011 年在现代农业生产发展资金审计中发现，2011 年，黄新华利用职务便利，将 212 万元财政专项资金私自存放，并将其中 110.99 万元挪作他用。2011 年 12 月，审计署将此案件线索移送江西省人民检察院查处。2012 年 6 月，丰城市人民法院以挪用公款罪判处黄新华有期徒刑 2 年（缓刑 3 年）。挪用资金已追回并上缴。

十三、浙江省杭州市儿童福利院原出纳人员牛亚贪污社会捐助款案

审计署 2012 年在全国社会保障资金审计中发现，2008 年 1 月至 2012 年 3 月间，牛亚利用职务之便采取隐匿截留或开具“大头小尾”票据方式，侵吞收取的社会捐助款等共 123.6 万元。审计署于 2012 年 4 月将该案件线索移送杭州市西湖区检察院查处。2012 年 6 月杭州市西湖区人民法院以贪污罪判处牛亚有期徒刑 10 年 6 个月，没收个人财产 2 万元。

十四、广西百色市田东县房改办主任廖善毅受贿案

审计署 2011 年在保障性住房审计中发现，2011 年 1 月至 9 月，广西百色市田东县住房制度改革委员会办公室违规同意向田东县航运公司发放廉租住房租赁补贴资金 59.65 万元，被该公司用于房屋修缮或转移隐匿至账外等，有关人员涉嫌受贿。审计署于 2012 年 3 月将该案件线索移送百色市人民检察院查处。2012 年 9 月百色市田东县人民法院以受贿罪判处廖善毅有期徒刑 5 年，没收违法所得。

十五、甘肃省兰州市国家税务局车辆购置税征收管理分局工作人员韩权智徇私舞弊案

审计署 2010 年在税收征管情况审计中发现，2009 年至 2010 年，韩权智利用工作便利通过虚假的过户变更和转入换证流程套取 5 辆轿车的完税证明，帮车主偷逃车辆购置税 15.61 万元。2011 年 3 月，审计署将此案件线索移送甘肃省人民检察院查处。2011 年 10 月，兰州市城关区人民法院判处韩权智犯徇私舞弊不征、少征税款罪，鉴于其主动投案并补缴了税款，免予刑事处罚。

十六、南昌市世界贸易中心有限公司法定代表人刘兴海合同诈骗案

审计署 2009 年在国土资源审计调查中发现，2002 年至 2009 年，南昌市世界贸易中心有限公司在土地开发过程中，涉嫌倒卖土地、合同诈骗和抽逃注册资本金等。2009 年，审计署将此案件线索移送江西省政府查处。2012 年 9 月，江西省高级人民法院以合同诈骗罪、虚报注册资本罪、非法转让土地使用权罪、隐匿会计凭证罪等判处该公司法定代表人刘兴海无期徒刑，并处没收个人全部财产；以虚报注册资本罪判处该公司罚金 3000 万元。

十七、中国工商银行河北唐山分行、廊坊分行及辽宁省朝阳分行的部分员工参与非法支付结算问题

审计署 2011 年在中国工商银行审计中发现，2008 年以来，中国工商银行河北唐山分行、廊坊分行及辽宁省朝阳分行的部分员工，为专门从事非法支付结算业务的团伙办理票据贴现业务，并利用个人账户为其提供支付便利。2012 年 2 月，审计署将此问题移送银监会查处。2012 年 7 月，中国工商银行对 234 名相关责任人分别做出开除、解除劳动合同等处理。

十八、北京大荣厨房设备有限责任公司偷逃税款问题

审计署 2011 年在经济责任审计中发现，2010 年，北京大荣厨房设备有限责任公司向客户开具伪造的或经非正规渠道获得的发票，金额共计 505 万元。2011 年 9 月，审计署将此问题移送北京市国家税务局查处。2012 年 9 月，北京市国家税务局对该公司追缴增值税 73.38 万元、滞纳金 18.35 万元，并处罚款 76.38 万元。

十九、广东省清远市清新县违法占地问题

审计署 2009 年在中央扩大内需审计调查中发现，清新县在云龙、云来产业基地建设中，违法征占及出让土地 3 万多亩，毁损基本农田 1000 多亩。审计署于 2010 年 1 月将该问题移送广东省人民政府查处。2010 年 5 月，广东省清远市纪委、监察局对清新县县委书记欧国伟、清远市市长助理贝冰（原清新县县委书记）等 11 人分别给予党内严重警告和行政降级、记大过等处分。

二十、北京兴旅广告有限公司参与政府采购投标不规范问题

审计署 2008 年在对国家旅游局旅游宣传品制作专项调查中发现，当年 5 月，国家旅游局所属北京兴旅广告有限公司在参加该局旅游宣传品采购公开招标中，伪造企业资质材料投标并中标总价2 099.45万元的供应合同。审计署当年将该问题移送财政部查处。2008 年 12 月，财政部对该公司做出没收中标所获得 200 万元利润、罚款 21 万元的处理。

二十一、四川测绘局第一测绘工程院所属分院、第三测绘工程院所属分院部分人员挪用公款等问题

审计署 2010 年在中央预算执行审计中发现，2007 年至 2009 年，四川测绘局第一测绘工程院所属分院和第三测绘工程院所属分院将财政资金以备用金名义转入个人银行账户，之后利用虚假票据报销冲抵，或将承接市场经营项目的收入据为己有，涉及金额共计2 160.57万元。审计署于 2010 年 5 月将此问题移送国家测绘局查处。2010 年 10 月，四川测绘局第一、第三测绘工程院分别对第一测绘工程院所属分院原院长赵果、第三测绘工程院所属分院原院长周松等 9 名责任人给予开除党籍、撤销职务等党纪政纪处分，并处以相应罚款。

二十二、北京金御诚物业管理有限责任公司原董事长赵新民挪用公款问题

审计署 2010 年在中央预算执行审计中发现，2008 年至 2010 年，水利部综合事业局所属北京金御诚物业管理有限责任公司原董事长赵新民隐匿对外投资和投资收益 320 万元，私自出借公司资金 140 万元。审计署于 2011 年 3 月将该问题移送中央纪委驻水利部纪检组查处。2011 年 7 月，中央纪委驻水利部纪检组给予赵新民党内警告处分，水利部综合事业局免去了赵新民公司董事长的职务。

二十三、四川铁科建设监理有限公司私设“小金库”问题

审计署 2012 年在铁路建设项目审计中发现，2009 年至 2010 年，四川铁科建设监理有限公司通过虚列外聘人员奖金支出等手段套取资金 1277 万元存放账外，用于发放奖金等。2012 年 7 月，审计署将此问题移送其上级公司中国中铁股份有限公司查处。2012 年 9 月，中国中铁股份有限公司对该公司董事长周波、总经理刘战利及另 6 名责任人给予免职处理，并追回部分已发放的奖金。

二十四、中国市政工程中南设计研究总院私设“小金库”问题

审计署 2011 年在中信集团公司审计中发现，2006 年至 2011 年，该公司所属中国市政工程中南设计研究总院通过虚列支出、截留收入等方式套取资金 1.5 亿元，用于发放职工奖金福利及客户营销等支出。2011 年 7 月，审计署将此问题移送中央纪委查处。2012 年 7 月，中信集团公司对该设计院院长杨远东给予行政降职和党内严重警告处分，并收缴结余资金；对另 5 名责任人分别给予撤职、行政记过等处分。

二十五、贵州省盘县水利局挪用救灾资金的问题

审计署 2012 年在县级政府性资金专项审计调查中发现，2011 年，贵州省盘县水利局将雪凝灾害救灾资金 9.99 万元挪用于发放补贴和补充工作经费。2012 年 3 月，审计署将此问题移送盘县纪委查处。2012 年 10 月，盘县纪检监察机关对水利局局长毛光能做出免职、记过等处分，对另 3 名责任人作诫勉谈话，并追回了被挪用的资金。

二十六、四川省蓬溪县蓬南小学套取困难寄宿生生活补助问题

审计署2012年在农村中小学布局调整专项审计调查中发现，蓬南小学存在虚报困难寄宿生人数骗取补助、截留食堂承包应上缴利润、违规收费并将部分所得发放给辅导老师等问题。审计署于2012年7月将该问题移送蓬溪县监察局查处。2012年8月至9月，蓬溪县纪委、监察局给予该校校长兼党支部书记刘彬开除党籍、行政撤职处分，给予校会计梁敦礼与出纳吴来洪留党察看1年处分，给予校总务主任侯建设党内严重警告处分，追回被套取的资金16.05万元。

二十七、安徽省肥东县残疾人联合会原理事长罗德坤等人套取挪用残疾人就业保障金问题

审计署2012年在全国社会保障资金审计中发现，2010年以来，安徽省肥东县残疾人联合会以会务费、招待费、考察费及购置残疾人康复器材等名义，虚列支出套取残疾人就业保障金、彩票公益金共163.61万元；经理事长罗德坤同意，以残疾人慰问、扶贫等名义从县财政国库支付中心借出256.08万元存入个人账户，部分资金去向不明。审计署于2012年5月将该问题移送肥东县纪委查处。肥东县纪委对罗德坤给予留党察看、降低职级和免去其农业与农村工委副主任职务的处分，另3名责任人分别受到党内严重警告处分、行政记大过处分。

二十八、沈阳市个体劳动者协会工作人员孙连弟将“劳务费”收入账外存放问题

审计署2011年在财政就业补助资金审计中发现，2009年至2010年，沈阳市个体劳动者协会工作人员孙连弟利用负责创业培训工作的便利，将57.76万元“劳务费”收入转至区县个体劳动者协会账外存放，最终去向不明。审计署于2011年3月将该问题移送沈阳市纪委驻沈阳市工商行政管理局纪检组查处。2011年5月，沈阳市工商行政管理局给予孙连弟行政警告处分，账外资金由沈阳市工商行政管理局收回。

二十九、沈阳煤业（集团）有限责任公司社保科科长魏广启履行基本养老保险待遇审核职责不到位问题

审计署2012年在全国社会保障资金审计中发现，2008年以来，辽宁省沈阳煤业（集团）有限责任公司社会保险科科长魏广启在审核本单位基本养老保险待遇中履行职责不到位，导致对已故职工继续发放基本养老保险待遇14.17万元。审计署于2012年5月将该问题移送沈阳煤业（集团）有限责任公司纪委查处。2012年7月，沈阳煤业（集团）有限责任公司给予魏广启撤职处分，冒领养老金（含利息）全部收回。

三十、沈阳铁路局工作人员朱鹏印等3人履行基本养老保险待遇审核职责不到位问题

审计署2012年在全国社会保障资金审计中发现，2007年以来，沈阳铁路局朱鹏印、牟磊、孙天祥等3人在审核本单位基本养老保险待遇中履行职责不到位，导致对所在单位已故职工继续发放基本养老保险待遇共18.24万元。审计署于2012年5月将该问题移送沈阳铁路局纪委查处。2012年5月，沈阳铁路局纪委对朱鹏印等3人作诫勉谈话，在全局通报批评，并责成相关人员全额退回冒领养老金。

三十一、江西省南昌市进贤县梅庄镇敬老院原院长胡友强骗取财政资金问题

审计署2012年在全国社会保障资金审计中发现，南昌市进贤县梅庄镇敬老院原院长胡友强采取虚列农村五保人员发放名单和伪造领取人签章的方式，骗取财政资金3.22万元。2012年5月，审计署将该问题移送南昌市监察局查处。2012年5月，南昌市纪检监察机关给予胡友强行政免职和留党察看1年处分。

三十二、中国平安人寿保险股份有限公司安徽分公司和平安养老保险股份有限公司安徽分公司违规返还保险费问题

审计署2012年在全国社会保障资金审计中发现，2007年至2011年，这两家公司通过修改保单隐匿收入，返还给安徽省医疗保险基金管理中心235.8万元。2012年6月，审计署将上述问题移送安徽保监局查处。2012年10月，安徽保监局对保险公司处以罚款20万元，责令予以纠正和杜绝此类违法行为。

三十三、辽宁省新民市三道岗子镇卫生院套取农村合作医疗基金问题

审计署2012年在全国社会保障资金审计中发现，2010年至2011年，该卫生院通过编制虚假的住院病历和处方，套取新型农村合作医疗基金

5.53万元。审计署于2012年4月将该问题移送新民市纪委查处。2012年6月，三道岗子镇党委对卫生院原院长全权和主治医师李广顺给予党内警告处分，纪检部门收缴了全部违规资金。

三十四、河南省固始县新农合管理中心原主任王平等人套取新型农村合作医疗专项资金问题

审计署2010年在新型农村合作医疗专项资金审计中发现，2008年至2010年，王平违规批准该县李店乡卫生院通过超范围报销医疗费用从专项资金中多报销42.96万元。审计署于2010年6月将该问题移送固始县人民政府查处。2010年6月，固始县人民政府责成追回全部违规资金，给予王平及其继任董双品记过处分，给予李店乡卫生院院长谷祥龙、职工杨章强撤销职务处分。

三十五、江西省南昌市高新技术开发区昌东镇民政办公室刘明华等人套取农村医疗救助资金问题

审计署2012年在全国社会保障资金审计中发现，江西南昌市高新技术开发区昌东镇民政办公室工作人员刘明华、黄水春编造低保户名单套取农村医疗救助资金74.45万元。审计署于2012年4月将该问题移送南昌市纪委查处。2012年7月，南昌市纪委给予刘明华、黄水春行政警告处分。

三十六、贵州省石阡县原房产事业局局长梁有禄在廉租住房建设质量管理中履职不到位问题

审计署2011年在保障性住房审计中发现，梁有禄在组织实施2008年廉租住房项目建设中履行监督管理职责不到位，导致出现擅自变更设计、违法分包工程、偷工减料、使用“三无产品”等诸多问题，项目建成后因质量问题无法通过验收。审计署于2012年6月将该问题移送贵州省铜仁市纪委查处。2012年9月，石阡县纪委给予梁有禄党内警告处分；石阡县监察局给予另一责任人员行政警告处分。

三十七、天津市河北区物价局工作人员陈元兴等人骗购经济适用房问题

审计署2009年在政府投资保障性住房专项审计调查中发现，天津市河北区物价局人事监察科科长陈元兴、东丽区国家税务局第七税务所副所长王文平通过瞒报收入、住房等方式，各骗购经济适用房1套。审计署于2009年7月将此问题移送天津市监察局查处。2010年3月，天津市河北区纪委给予陈元兴党内警告处分，天津市国税局纪检组对王文平做了批评，市国土房管局对陈元兴所购住房补收了差价。

三十八、天津市南开区政府信访办原副调研员赵金迎等人骗购廉租房问题

审计署2009年在政府投资保障性住房专项审计调查中发现，赵金迎（现已退休）及天津市北辰区国税局第三税务所副所长贺汪洋、北辰区地方税务局稽查科科员杨文荣、天津市经济委员会行业办主任安旭光、南开区人民政府学府街道办事处干部李家琪，通过瞒报收入、住房的方式，骗购廉租房共6套。审计署于2009年7月将此问题移送天津市监察局查处。2010年3月，天津市南开区纪委给予赵金迎党内严重警告处分，天津市国税局纪委、天津市地税局分别对贺汪洋、杨文荣进行批评教育，天津市经济和信息化委员会党组给予安旭光党内严重警告处分和行政免职处分，南开区纪委给予李家琪党内警告处分；天津市国土房管局对骗购的住房补收了差价。

汶川地震灾后恢复重建2011年度跟踪审计结果

（第5号）

939个灾后恢复重建项目跟踪审计结果

（二〇一二年四月二十日公告）

2008年9月起，审计署以“促进灾后恢复重建顺利进行，保障灾后恢复重建不出重大问题”为目标，组织审计机关对汶川地震灾后恢复重建进行了连续3年的全过程跟踪审计。3年来，全国审计机关先后投入11 648名审计人员，对规划投资7678亿元的27 902个重建项目进行了跟踪审计，并对17 329个已完工项目实施了竣工决算审计，发出审计情况通报4377份，各类审计报告、简报14 680份，有力地促进和保障了灾后恢复重建工作的顺利推进。

2010年11月至2011年10月底对第五批规划总投资3231.44亿元的13 635个重建项目进行了跟踪审计，其中审计署直接审计了规划总投资2031.80亿元的939个灾后恢复重建项目，并对完成投资132.17亿元的188个工程项目实施了工程结算或竣工决算审计。随着汶川地震灾后恢复重建主要任务基本完成，跟踪审计工作也已基本结束。以前年度审计结果已分别向社会公告，现按照“统筹安排、分级负责、把握总体、分头公告”的原则，将审计署2011年度跟踪审计和竣工决算审计结果公告如下：

一、汶川地震灾后恢复重建取得重大成就

审计结果表明，在党中央、国务院的坚强领导下，中央各有关部门、地方各级党委政府以高度的政治责任感和历史使命感，积极采取措施，全力推进灾后恢复重建工作，加强资金和项目管理，顺利实现了“家家有房住、户户有就业、人人有保障、设施有提高、经济有发展、生态有改善”的重建目标，为灾区经济社会发展奠定了坚实基础。

一是灾区城乡居民生活生产条件极大改善。灾区各级党委政府和对口支援省市始终把解决灾区居民住房问题作为恢复重建的重中之重，优先推进城乡居民住房重建。震后一年完成震损住房维修加固，一年半完成农村住房重建，两年基本完成城镇住房重建。截至2011年9月底，3省灾区共维修加固农村住房292.14万套，城镇住房145.67万套；新建农村住房190.85万套，城镇住房29.09万套；恢复重建农村基础设施和农业生产设施项目1836万个。经过3年努力，妥善解决了灾区群众住房问题，城乡居民住上了安全美观的房屋，村庄和村落规划布局合理，城镇面貌焕然一新，城乡居民生活生产环境发生了天翻地覆的变化。

二是灾区公共服务设施水平大幅度提高。灾区各级党委政府和对口支援省市坚持优先恢复重建中小学校、医疗卫生机构等与民生紧密相关的公共服务设施，有序恢复完善社会福利、就业和社会保障、广播影视、基层政权等公共服务设施。截至2011年9月底，3省灾区已累计恢复重建3941个学校项目、2979个医疗机构项目，新建一大批社会福利院、敬老院、社区服务中心、文化中心等公共服务设施。这些公共服务设施的建筑安全可靠、设施装备齐全、服务功能完备，灾区公共服务设施条件实现了历史性飞跃。

三是灾区基础设施条件得到根本性改善。截至2011年9月底，3省灾区共恢复重建了2810个交通项目、619个水利项目、1265个能源项目、311个通信项目、1030个市政公共设施等城镇项目，建设了2000个防灾减灾和生态修复项目。都江堰至映秀高速公路、成都至都江堰铁路等一大批关系灾区长远发展的基础设施项目相继建成并投入运营，38个重建城镇拔地而起，为灾区后续发展提供了有力的基础设施保障；震损水库全部除险加固，生态环境逐步修复，灾区防灾减灾保障能力明显增强。

四是灾区产业迅速恢复并实现跨越式发展。在灾后恢复重建中，中央和灾区各级党委政府及对口支援省市把产业重建作为灾区发展振兴的基础，坚持产业重建与转变生产发展方式、调整产业结构、优化产业布局相结合，输血与造血相结合。截至2011年9月底，3省灾区累计恢复重建了5298个产业项目、6407个市场服务项目，恢复和新建了一批产业园区、产业集中发展区；5566户规模以上震损工业企业已恢复生产，引进了一批重大产业项目和优势企业，建成了一批特色农业生产基地，汶川县映秀镇和水磨镇、北川新老县城等重点城镇建成了旅游名镇，灾区产业经济发展实现了再生性跨越，灾区可持续发展能力明显提高，主要经济指标都超过了震前水平。

二、2011年审计署审计发现的主要问题及整改情况

审计署2011年度跟踪审计的939个项目2031.80亿元规划总投资中，发现有63个项目、26个施工单位、4个勘察设计单位、8个监理单位不同程度地存在管理不合规、勘察设计不到位的问题（详见附件1至附件4）。审计指出后，各相关单位和相关灾区政府依法、依纪进行了严肃处理和认真整改。具体情况是：

（一）15个项目不符合国家基本建设程序，5

个项目进度较慢，6个项目未经验收就投入使用，4个项目建成投入使用后仍未办理土地审批手续。

审计指出上述问题后，有关单位及时进行了整改。有关建设单位表示要认真吸取教训，在今后的项目建设中注意严格执行国家基本建设程序，对未完工项目采取措施加快施工进度；对未经验收就投入使用问题，有关建设单位已经或者正在按照规定办理相关验收工作；对已建成投入使用项目未办理土地审批手续问题，有关建设单位正在补办土地审批手续。

（二）16个项目存在违反招投标规定程序，直接指定勘察设计单位、施工单位、材料设备供应商等问题；2个项目存在招投标不严格、不规范的问题；6个项目违规转分包承包的工程。

审计指出上述问题后，有关单位及时进行了整改。鉴于部分项目已经完工，相关灾区政府和主管部门发文要求所有灾后恢复重建项目严格执行招投标制度，有关建设单位修改完善了内部招投标管理办法，要求今后要严格履行招投标程序。

（三）22个项目超标准超规模建设、未经批准改变建设内容、设计变更未办理审批手续，13个项目存在财务核算不规范、投资控制不严的问题。

审计指出上述问题后，有关单位及时进行了整改。灾区地方政府和有关主管部门已要求有关建设单位就设计变更、改变建设内容的问题，向原审批部门申请调整；并要求相关建设单位进一步规范资金核算工作，加强投资控制。

（四）26个项目施工单位存在借用资质承揽工程、不按合同规定配备工程管理人员，施工中存在不按规范操作、不按设计施工等问题，其中14个项目存在某些缺陷或隐患。

审计指出上述问题后，有关单位及时进行了整改。有关建设主管部门对相关施工单位进行了处理，对有关施工单位和责任人给予了行政处罚，并责成有关施工单位对存在的项目缺陷采取或正在采取修复、拆除返工等补救措施。

（五）4个设计单位存在未按设计规范要求设计，设计方案不周全、不细致，致使4个重建项目存在工程缺陷的问题。

审计指出上述问题后，有关单位及时进行了整改。有关建设单位进一步调查后，已要求有关设计单位严格按照国家设计规范要求完善设计方案，督促施工单位按照新的设计方案进行施工整改，并对相关设计单位做出了处理，追究了相关设计单位和人员责任。

（六）8个监理单位存在对有关项目未按合同要求配备监理人员，或未按规定到场执行监理任务，或监理日志记录无监理人员签字、监理资料不完整，以及个别监理单位违规收取施工单位补助等问题。

审计指出上述问题后，有关单位及时进行了整改。有关建设单位已采取措施加强项目工程监理，有关监理单位已经或正在完善监理资料，规范材料进场报验和抽验程序以及旁站监理工作；对违规收取补助的问题，建设单位已对施工单位和监理单位进行了严肃处理。

（七）审计署重点跟踪审计的5批560个项目中，截至2011年9月底，仍有118个项目尚未完工，有277个已完工项目未按规定编制竣工财务决算报表，导致上述395个项目无法开展竣工决算审计。

审计署对55个项目进行竣工决算审计和133个项目进行工程结算审计发现，各项目均不同程度存在完成投资额不准确、多计工程款等问题，审计共核减工程价款4.77亿元，占送审金额63.53亿元的7.51%。

审计指出上述问题后，有关单位及时进行了整改。灾区各级政府和相关管理部门正在制定措施加快未完工项目建设进度，督促相关建设单位做好已完工项目工程资料档案的收集整理工作，积极开展工程结算审核，推进项目竣工决算工作；对于多计的工程款，相关建设单位已按照审计意见进行了核减。

3个受灾省和北京等20个对口支援省市审计机关的跟踪审计结果，将由各省市审计机关分别向社会公告。

附件： 1. 63个项目存在的主要问题及其整改情况表
2. 26个施工单位存在的主要问题及其整改情况表
3. 4个设计单位存在的主要问题及其整改情况表
4. 8个监理单位存在的主要问题及其整改情况表

附件 1

63 个项目存在的主要问题及其整改情况表

序号	项目名称	审计发现的主要问题	整改情况
1	四川省汶川县绿化工程项目	汶川县 81 个单项绿化工程未按规定进行招投标或比选，直接指定施工单位，涉及金额约 6960 万元	鉴于项目已经完工，审计指出后，建设单位表示将认真吸取教训，加强建设项目招投标管理。在对该项目办理工程结算和竣工决算时，根据实际工程量审核施工单位的工程造价，加强投资控制
		由于缺乏总体规划、方案不断变更、未进行正规设计、养护管理不到位等原因，汶川县境内的国道 213 线友谊隧道至寿江大桥段，在 2008 年 12 月至 2010 年 4 月不到一年半时间内，先后实施了 4 次绿化或绿化提升工程，金额合计 301.03 万元；都汶路绵虒至威州段道路绿化工程 A 标段，苗木损毁比例超过 44%，其中乔木损毁比例超过 50%	审计指出后，建设单位根据审计建议对损毁的苗木进行了补种补栽，严格按照规定对工程进行竣工验收并要求加强后期养护，确保工程建设质量和资金使用效益
2	四川省小金县四姑娘山风景区灾后恢复重建项目	截至 2011 年 9 月，建设资金未筹集到位，规划投资 1.73 亿元的 8 个子项目尚未开工建设，完成投资 0.67 亿元，占规划总投资 7.34 亿元的 9%，建设进度严重滞后	审计指出后，四川省阿坝藏族羌族自治州人民政府抓紧批复下达了结余资金调整使用方案，启动了投资 2600 万元的双桥沟服务中心建设，同时多渠道筹措资金，加快相关子项目的建设进度
3	四川省阿坝藏族羌族自治州川西林业局生态修复项目	截至 2011 年 9 月底，该项目开工了 9 个子项目，完工了 2 个子项目，分别占规划 13 个子项目的 69% 和 15%，完成投资 0.37 亿元，占规划总投资的 28%，建设进度严重滞后	审计指出后，川西林业局加快了项目建设进度，截至 2011 年 12 月底，已有 10 个子项目开工，3 个子项目完工，完成投资 4 107.63 万元，同时，积极筹集资金，优化项目结构，加快相关子项目的建设
4	四川大学恢复重建项目	未按规定进行公开招标，采取邀请招标方式选定望江西办公大楼装饰工程等 17 个合同的施工单位，涉及合同金额 2526 万元	审计指出后，四川大学加强了工程建设管理和投资控制，同时表示要认真吸取教训，严格执行国家工程管理的相关法律法规，进一步建立和完善招投标和投资控制管理办法
5	四川省道 106 川西旅游环线项目	该项目设计线路全长 101.2 公里，其中成都市交通运输委员会负责实施其中的 87.53 公里。成都市申报灾后恢复重建项目时，按设计线路全长申请中央灾后重建补助资金，导致多申请资金 3 965.14 万元	审计指出后，成都市交通运输委员会于 2011 年 11 月 22 日向省交通运输厅上报了《关于调整使用 S106 川西旅游环线灾后恢复重建补助资金的请示》，将多申报的 3 965.14 万元资金继续用于灾后恢复重建项目，目前正在审批之中
		该项目都江堰段 B 合同段因道路红线与成都至青城山快速铁路重叠，完工后改线重建，造成已完工的 4 座涵洞等工程报废，涉及金额约 87.67 万元	鉴于该项目已建成，审计指出后，项目建设单位表示认真总结教训，举一反三，在今后的项目实施过程中加强与相关单位和部门的沟通协调，建立动态建设联系机制，避免类似情况再次发生

续表

序号	项目名称	审计发现的主要问题	整改情况
6	四川省广元至南充高速公路项目	未按规定进行招投标，将该项目土地复垦方案设计直接委托给四川新隆兴土地整理规划勘测有限公司，将电力工程施工委托给四川广元市地方电力公司和四川苍溪天源电力开发有限公司，分别涉及合同金额为57万元、800万元和575万元	审计指出后，四川高速公路建设开发总公司表示要认真吸取教训，加强建设项目招投标管理，杜绝类似问题再次发生
		2010年10月，附近的其他非灾后重建项目实施爆破施工，造成广元至南充高速公路郑家浩大桥4号桥墩地系梁产生3条贯通性裂缝、桥墩基岩遭到破坏等问题。在设计单位未出具事故处置全部设计文件并报经主管部门批准的情况下，项目建设单位于2011年6月开始组织施工单位实施加固工程	审计指出后，施工单位于2011年9月重新按照设计文件对4号桥墩进行了加固处理，经监理工程师检测，4号桥墩工程合格。目前施工单位正与事故责任方商谈索赔事宜
7	四川通信服务公司部分灾后恢复重建项目	设计、施工和设备采购未按规定进行公开招标，而是采取邀请招标等方式选定设计、施工和设备采购单位，涉及合同金额12 681.46万元。其中：施工合同21份，合同金额6 830.74万元；设计合同11份，合同金额747.22万元；设备采购合同9份，合同金额1 938.53万元；铁塔采购及施工项目合同10份，合同金额3 164.97万元	审计指出后，四川通信服务公司表示认真吸取教训，并明确表示在今后项目建设中严格执行国家招标投标规定
8	四川省松潘县政务中心和行政新区公共建筑工程	四川省松潘县在行政新区建设的县委四大班子及其部门和事业单位办公用房实际建设面积35 084平方米，按国家标准应控制在15 793平方米以内，超出国家标准122%。该项目规划总投资6781万元，计划2010年9月底完工，但截至2011年9月仅完成投资5861万元，占比86%，建设进度滞后	审计指出后，松潘县委县政府进行了认真整改：一是调整分配使用计划，将原来没有纳入搬迁计划的金融单位和机构改革新增加的单位安排进入行政新区办公；二是优化功能配置，提高已建成区域的使用效率；三是要求施工单位在确保工程质量的前提下，倒排工期，抢抓工程进度。目前，该工程主体部分已经完工，其他附属工程待2012年春季解冻后立即开工
		四川开江利华建筑公司将其承揽的该项目B标段工程转包给四川上源建设有限公司，涉及金额2 925.14万元	审计指出后，松潘县人民政府对该县原城乡规划建设和住房保障局局长做出免职处分，并约谈了四川开江利华建筑公司，要求其纠正转包行为，解除转包合同，同时对四川开江利华建筑公司和四川上源建设有限公司启动问责处罚程序

续表

序号	项目名称	审计发现的主要问题	整改情况
9	四川省黑水县规划建设局办公楼项目	该项目实际建筑面积 1305 平方米，按国家标准应控制在 486 平方米以内，超出国家标准的 169%	审计指出后，黑水县委县政府对县城乡规划建设和住房保障局主要领导做出党纪处分和免职处理。为防止闲置和浪费，黑水县将超出的建筑面积调整给县城市建设档案馆、县城乡环境综合治理办公室和县重建办等单位使用
10	四川省黑水县林业局办公楼	该项目实际建筑面积 2484 平方米，按国家标准应控制在 1224 平方米以内，超出国家标准的 103%	审计指出后，黑水县委县政府对相关单位及其主要领导进行了问责、诫勉谈话和批评教育，目前正在对设计单位进行问责调查处理。为防止浪费和闲置，黑水县已将超出的建筑面积调整给了办公用房紧张的单位使用
11	四川省理县第三政府办公区灾后重建项目	在项目未完工的情况下，该项目建设单位将履约保证金共计 194.80 万元退还给施工单位	审计指出后，理县人民政府高度重视，责令理县城乡规划建设和住房保障局将其已退还给施工单位的履约保证金收回，并要求今后严格执行国家相关的基本建设制度
		未按规定进行招投标，将该项目地基处理和挡土墙工程，直接发包给四川蜀通岩土工程公司和四川诺特建设工程公司，分别涉及合同金额 227.8 万元和 191 万元	审计指出后，理县人民政府召开专题会议，对理县城乡规划建设和住房保障局提出了批评，要求其在后期工作中严格控制该项目的工程造价。同时，责令招投标监督部门进一步调查处理，要求各部门在今后的项目管理中，严格执行国家招投标制度
		该项目安排使用的 19 个单位办公用房实际建设面积为 15 958 平方米，按国家标准应控制在 8 968.12 平方米以内，超出国家标准 78%	审计指出后，理县人民政府抽派专业人员，对全县各单位的办公用房进行了调查核实，将该项目超标准部分的办公用房安排给目前办公用房紧张的单位使用
12	公安部四川消防研究所成都新址重建项目	公安部装备财务局 2009 年 1 月批准公安部消防研究所成都新址的科研实验楼及配套设施项目建筑面积按 23 500 平方米控制，但实际施工建筑面积为 27 820 平方米，超批准建设规模 4320 平方米	审计指出后，公安部四川消防研究所已按规定重新上报公安部装备财务局审批，目前已获得批准

续表

序号	项目名称	审计发现的主要问题	整改情况
13	四川省都江堰市金马河堤防工程	该项目建设单位编制招标文件时，按外购砂石骨料的单价编制招标控制价，实际施工中采用就地开采利用砂石骨料，导致虚增工程造价386.25万元；按洪水期施工编制导流工程招标控制价，实际施工中有3个标段没有按招标方案实施导流工程，导致虚增工程造价720.02万元	审计指出后，都江堰市发展改革局对该项目的实际工程量进行了评审，都江堰市水务局已同各标段施工单位签订了补充协议，并在结算中对虚增工程款和未实施部分工程款进行了扣除
14	四川省绵阳市代家湾雨污水提升站改造工程	该项目开展环境影响评估时间为2010年9月15日、《建筑工程施工许可证》时间为2010年6月3日，但该项目已于2009年10月10日开工。开展环评和领取施工许可证的时间均晚于开工时间	审计指出后，绵阳市水务局责成项目建设单位完善了代家湾雨污水提升站改造工程的相关建设程序；同时要求对其他项目进行自查，完善内部管理制度，并表示认真吸取教训，今后严格遵守基本建设管理程序相关规定
15	四川省北川县桂溪乡平安希望小学项目	未按规定进行招投标，直接将该项目的设计工作委托给重庆市德森建筑规划设计研究院有限公司成都分公司，涉及合同金额135.30万元	审计指出后，北川县教体局与重庆市德森建筑规划设计研究院有限公司协商，商定该项目设计费按照国家收费标准的49%支付。北川县教体局表示今后进一步加强内部管理，严格遵守建设工程招投标的有关规定
16	四川省三台县人大、政协办公用房项目	该项目建设单位绵阳宏达资产投资经营（集团）有限公司，在灾后恢复重建资金中列支灾前发生的办公楼项目建设前期费用39万元	审计指出后，绵阳宏达资产投资经营（集团）有限公司已于2011年11月11日将39万元前期费用全额返还灾后重建资金专户
17	四川省安县秀水镇供水工程	项目招标文件要求承揽管网子项工程的单位，应当具有管道工程专业承包三级及以上资质。中标单位绵阳市圣鼎建筑有限公司资质等级为管道工程专业承包三级，承包范围为“可承担直径1.4米及以下混凝土管道和直径150毫米及以下其他管道工程”。但其投标文件中，直径大于150毫米的给水管道共16 094米，占管道工程量的28.30%，相应投标价700.32万元，占管道工程造价的74.98%	审计指出后，安县人民政府要求县城乡规划建设和住房保障局认真吸取教训，在以后的工作中加强管理，杜绝此类问题再次发生；县城乡规划建设和住房保障局对施工单位处以1万元的罚款
		该工程设计单位未完成合同约定的初步设计内容，建设单位多付此项设计费27.76万元	审计指出后，安县人民政府责成项目建设单位按照设计规范要求补充完善了秀水镇供水工程初步设计。目前，项目建设单位已追回实际多付的初步设计费

续表

序号	项目名称	审计发现的主要问题	整改情况
18	四川省江油市长城实验学校灾后重建教学及辅助用房项目	该项目于2010年3月1日通过竣工验收后投入使用，截至2011年9月底，尚未办理消防验收手续	审计指出后，建设单位已于2011年11月7日办理了消防验收合格手续
19	四川省江油市人民医院灾后重建供应辅助楼项目	该项目于2010年12月23日通过竣工验收后投入使用，截至2011年9月底，尚未办理消防验收手续	审计指出后，建设单位已于2011年11月18日办理了消防验收合格手续
20	四川烟草工业公司绵阳分公司灾后易地技改项目	该项目消防安装子项工程于2010年9月建成，截至2011年9月底，尚未办理消防验收手续；地源热泵系统设备采购及安装子项工程、弱电集成系统子项工程均于2011年5月建成，截至2011年9月底，尚未办理建筑工程验收手续	审计指出后，建设单位召开了专题会议，督促各有关单位抓紧办理建筑工程和消防验收手续。目前，项目建设单位已向消防部门申请办理了消防竣工验收手续，建筑工程竣工验收工作正在进行中
21	四川省梓潼县石牛镇卫生院	该项目于2010年11月17日通过竣工验收后投入使用，截至2011年9月底，尚未办理消防验收手续	审计指出后，建设单位已于2011年12月18日办理了消防验收合格手续
22	四川蓝星机械有限公司灾后异地重建生产基地项目	灾后重建专项资金未进行专户管理、专款专用，导致项目专项资金存款少计利息收入61.29万元	审计指出后，四川蓝星机械有限公司已于2011年11月11日对有关账务进行调账处理，少计的利息收入已纳入灾后重建专项资金管理
23	中国第二重型机械集团公司灾后恢复重建项目	该公司灾后恢复重建项目4个单项工程招投标过程中，未按照国家规定编制工程量清单及预算控制价进行招标控制，在此情况下与施工单位签订固定价合同，存在严重漏洞	审计指出后，中国第二重型机械集团公司已根据审计建议按工程量清单及预算控制价签订补充合同
		该公司灾后重建工程存在工程质量未纳入当地工程质量监管部门管理、完工工程投入使用前未办理消防验收等问题	审计指出后，中国第二重型机械集团公司表示在今后项目建设中将严格执行国家基本建设程序，按国家规定到当地工程质量监督管理部门报建，已完工工程及时办理消防验收手续，同时举一反三，杜绝此类问题再次发生
24	四川省三台县政务大楼项目	三台县2011年新建政务大楼外墙面超标准使用中空钢化玻璃幕墙装修，面积1993.84平方米。其中，最大的一间单人办公室面积66平方米，超出县级直属机关科级干部使用面积9平方米标准的6.3倍	审计指出后，三台县已督促使用单位按《党政机关办公用房建设标准》调整内部人员办公室使用方案，待竣工后按编制定员核定使用面积后入驻

续表

序号	项目名称	审计发现的主要问题	整改情况
25	东方汽轮机有限公司灾后重建项目	未按规定进行招投标，将新基地南厂区停车场工程和叶片预留场地停车场工程，直接发包给东方汽轮机有限公司下属的德阳东汽建设置业有限公司，合同金额合计1073万元；而且新基地停车场工程的监理单位东方咨询公司与施工企业为关联企业。东方咨询公司还在隔板厂房工程中无相应资质违规承担监理工作	审计指出后，该公司组织相关部门认真整改，要求基建管理部门今后在工程发包过程中，严格按照国家有关工程招投标规定执行，并要求今后在工程施工和监理发包中，严格按照建设部《工程建设监理规定》执行，杜绝此类问题再次出现
		在该项目隔板厂房工程施工中，中标单位中铁八局集团建筑工程有限公司将其中钢结构工程以劳务分包或联合施工的形式分包给不具备相应资质的云南鼎固实业有限公司、中铁八局昆明铁路房屋建筑有限公司，涉及金额分别为1 887.10万元、500万元；中铁八局昆明铁路房屋建筑有限公司又将工程再次分包给不具备相应资质等级的四川畅阳建设工程有限公司，涉及金额400万元	审计指出后，中铁八局集团建筑工程有限公司已要求各工程项目部严格按国家相关法律法规要求，在今后的项目管理中加强对专业分包、劳务分包管理，避免违法分包问题再次发生
26	四川省绵阳师范学院重建项目	该项目磨家主校区学生公寓二标招标过程中5位评标专家履行职责不到位，未对投标人江苏弘盛建设工程集团有限公司严重不平衡的投标报价提出质询，最终应作废标处理的该投标人被推荐为第一中标候选人并中标	审计指出后，项目建设单位已提请相关主管部门依法查处、追究相关评标专家履行职责不到位的责任
		该项目教学楼、图书馆、综合楼等工程所占用的约500亩土地已完成征地，另有136亩土地已取得用地许可，已建成7栋学生公寓并投入使用。由于绵阳市城市规划调整，截至2011年9月底，上述土地仍未办理土地使用证	审计指出后，项目建设单位抓紧着手办理土地使用手续。目前该项目土地使用手续正在办理之中
		该项目中的学生公寓一标段、二标段工程分别于2010年3月、9月建成投入使用，截至2011年9月底，均未办理建筑工程和消防验收手续	审计指出后，绵阳师范学院已向消防部门申请办理消防验收手续；建筑工程的竣工验收手续正在抓紧办理之中
27	四川省中江县万福镇、广福镇等9个乡镇党政办公楼项目	中江县2011年新建的9个镇党政办公楼层高达到3.6米至4.2米，超出标准层高3.3米的规定。同时，2个镇在党政机关办公楼重建中，违规规划建设广场6 591.49平方米、花园3 647.78平方米	鉴于审计时工程已完工，相关建设主管部门和建设单位表示认真吸取教训，引以为戒，在今后的工作中避免类似问题再次发生。中江县万福镇、冯店镇已取消实施广场和花园建设项目

续表

序号	项目名称	审计发现的主要问题	整改情况
28	四川省广元市（区）政务服务中心综合楼项目	该项目原计划在2011年12月底竣工并投入运行，实际于2011年6月签订施工合同，竣工日期为2012年8月，截至2011年9月底，完成投资2690万元，占总投资13 118万元的21%，建设进度严重滞后	审计指出后，广元市政务中心已采取倒排工期、加大人力和机械投入等7项措施加快工程进度，争取早日建成，发挥资金使用效益
29	四川省道105线青川县城至绵阳界段工程	该项目初步设计的批复时间为2008年10月15日，早于2008年10月23日的可行性研究报告批复时间	审计指出后，广元市交通局表示认真吸取教训，并对相关责任人进行批评教育，同时要求今后进一步规范建设项目的审批工作
30	国道212线元坝至苍溪段工程	该项目初步设计的批复时间为2008年10月15日，早于2008年10月23日的可行性研究报告批复时间	审计指出后，广元市交通局表示认真吸取教训，并对相关责任人进行批评教育，同时要求今后进一步规范建设项目的审批工作
		绿化工程未按设计图施工，该项目图纸设计为两排植物，实际施工中只种植了单排植物，局部路段未种植树木，未达到图纸设计要求	审计指出后，项目建设单位已督促施工单位按设计要求返工，补栽了植物，局部路段补种了树木
31	四川省广元市职业高级中学项目	该项目于2008年11月开工，截至2011年9月底，尚未取得初步设计的批复	审计指出后，项目建设单位已按规定补办了初步设计的批复手续
32	四川省广元市利州区万源小学项目	该项目于2009年8月开工，截至2011年9月底，尚未取得可行性研究报告的批复	审计指出后，项目建设单位已按规定补办了可行性研究报告的批复手续
33	四川省广元市金子山至青川县城公路（含酒家垭隧道）项目	该项目为灾前在建灾后续建的项目，项目总投资41 400万元。灾后续建时未按规定重新进行招投标，就确定由原施工单位进行施工，也未与施工单位重新签订施工合同，约定工程造价、工期等内容	审计指出后，广元市人民政府对有关责任人进行了通报批评，并责成青川县完善相关手续，青川县交通局现已补签书面施工合同
34	四川省广元市广电中心项目	该项目网络设备估算投资220万元。截至2011年9月底，该单项工程已支付合同款760.18万元，超估算投资540.18万元，投资控制不严格	审计指出后，经项目建设单位申请，广元市人民政府已调整了该项目相关工程投资概算
35	四川省广元市机场连接线道路工程	该项目批复的可行性研究报告中绿化单项工程投资估算18.13万元，实际完成投资426.99万元，增加投资408.86万元，投资控制不严格	审计指出后，经项目建设单位申请，广元市人民政府已调整了该项目相关工程投资概算

续表

序号	项目名称	审计发现的主要问题	整改情况
36	陕西省道309线勉县水磨湾至略阳县北河沟段公路灾后修复改建工程	该项目未按规定进行招投标，直接委托陕西中达公路技术服务有限公司和西安公路研究院进行设计，合同金额分别为216万元和370万元	审计指出后，汉中市公路局表示认真吸取教训，今后在项目建设中加强项目招投标管理，在其他项目中严格执行国家各项政策规定
37	陕西省略阳县人力资源与社会保障暨国土资源服务业务综合楼项目	该项目总投资2480万元，其中中央资金1240万元，略阳县国土资源局投入专项扶持资金1240万元。截至2011年9月底，略阳县国土资源局1240万元未到位	审计指出后，略阳县国土资源局通过对旧办公楼进行资产处置评估，已落实变价收入400万元，剩余部分从省国土资源厅返还的采矿权价款中安排，相关申报手续已经按程序上报待批
		该项目批复的概算投资2480万元，建筑面积13 040平方米，在招标时编制的建安工程预算最高限价为2599万元，建筑面积为14 565.09平方米，超过原审批规模和金额，未按规定经过原概算审批部门审批	审计指出后，略阳县正按照项目建设程序抓紧办理项目调整有关手续
38	陕西省宝鸡市陈仓区党政机关综合行政业务用房项目	该项目中期规划建筑面积为28 392平方米，截至2011年9月底，已完成前期工作，尚未开工建设，设计建筑面积为41 060平方米，超规划面积的45%。项目属于高层办公建筑，其中1、2楼层高度为4.2米，3层以上楼层高度为3.9米，大楼门厅设计为3层楼高。上述设计面积和楼层高度均超过了国家标准	审计指出后，宝鸡市陈仓区灾后重建工作领导小组要求建设单位暂停该项目前期工作，按照审计意见和国家建设标准调整施工设计。目前正在修改设计过程中
39	陕西省勉县尧柏水泥厂专用公路项目	2010年6月，该项目竣工并投入使用时，尚未办理土地审批手续。项目实际占用土地共计64.41亩，多征占6.708亩土地用于和项目建设无关的尧柏水泥厂的厂区道路、自行车停车棚等建设，为此支付占地费用16.40万元	审计指出后，勉县交通运输局已按照项目用地申报程序，将该道路实际占用土地资料及补办土地审批手续所需资料报送至县国土资源局。目前，相关土地审批手续正在办理中。已追回多征占土地6.708亩支出的16.40万元，并缴入灾后恢复重建资金专户
40	陕西省宁强县中心敬老院项目	预付工程款未及时结算，截至竣工决算报表日项目预付工程款仍挂账975万元	审计指出后，建设单位与施工单位进行了协商，尽快办理工程结算，在后期项目管理中完善拨款手续和资料，核减预付工程款数额，加强资金管理，确保工程建设成本真实准确
41	陕西省勉县中心敬老院项目	该项目确认征用土地64.773亩，实际征用土地26.30亩，其余土地以租用形式用于敬老院农副产品生产等用途，相关土地征用手续尚在办理中，租用土地也尚未签订租用协议	审计指出后，建设单位正在按照规定补办土地征用手续，并清算原先预交的征地税费。待征用土地手续办理完毕、税费清算完成后，再就租用的土地与项目所在地签订相关租用协议

续表

序号	项目名称	审计发现的主要问题	整改情况
42	陕西省宝鸡市陈仓区虢镇中学操场改造工程	中期调整规划投资总额为1150万元，项目建成后在未计算征地费用的情况下，实际完成投资1 764.55万元，超规划投资614.55万元	审计指出后，宝鸡市陈仓区人民政府已督促建设单位按规定向审批部门申请调整概算投资，同时多方筹措资金，确保项目建成后该学校不形成新的债务。建设单位表示认真总结经验教训，在今后项目建设中加强投资控制
		2009年8月，虢镇中学以“以租代征”方式解决项目建设用地，与土地所有权人签订了土地租赁协议，租赁土地47亩，年租金14.1万元，租赁期限为10年，已累计支付土地租赁款42.3万元	审计指出后，宝鸡市陈仓区教育局已责成项目建设单位按照国家有关规定抓紧准备有关资料，办理土地征用有关手续
43	甘肃省陇南市武都区城关九年制学校教学楼、综合楼工程	该项目初步设计批复时间为2009年12月31日，晚于2009年1月6日的教学楼子项开工时间、2009年8月16日的综合楼子项开工时间	审计指出后，陇南市武都区人民政府于2011年10月8日下发通知，对项目责任单位武都区教育局在全区范围内进行通报批评，要求全区各项目建设单位引以为戒，严格执行灾后重建项目建设相关规定，杜绝类似问题再次发生
44	甘肃省陇南市武都区葆真小学综合教学楼工程	该项目初步设计批复时间为2009年7月30日，晚于2009年4月20日的开工时间	审计指出后，陇南市武都区人民政府对相关责任单位进行了通报批评，并要求认真吸取教训，避免再次发生类似问题
		该项目批复的初步设计概算投资为560.54万元，审计确认实际完成投资为658.32万元，超概算投资97.78万元	审计指出后，陇南市武都区教育局按照规定对设计变更补办了审批手续，超概算投资97.78万元已由武都区自筹解决
45	甘肃省陇南市长江大道东江段堤防工程	为满足城区美观要求，陇南市建设局未经批准，擅自将陇南市长江大道东江段堤防工程原设计中的混凝土防浪墙变更为不具备防洪防浪功能的汉白玉栏杆，导致建成后的河堤有3处区段共计704米不能满足50年一遇的防洪设计标准	审计指出后，甘肃省组成联合调查组督促有关部门进行了整改，加固相关河道堤防，并委托陇南市水利电力勘测设计院对有关工程进行防洪评估，确定加固后的该段河堤可以满足50年一遇的防洪标准
46	甘肃省陇南市武都区广电大厦项目	甘肃省重建办批复该项目规划面积5000平方米、规划投资1020万元，陇南市人民政府未经省重建办批准，自行将武都区北山广播站、城关电影院等8个灾后恢复重建项目与该项目整合起来一并实施，导致陇南市发展改革委审查初步设计时批复建设规模为18 400平方米、概算投资4000万元，分别超规划面积13 400平方米、超规划投资2980万元	审计指出后，陇南市武都区人民政府将整合后的项目情况，按规定报请甘肃省重建办审批。目前正在办理之中

续表

序号	项目名称	审计发现的主要问题	整改情况
47	甘肃省陇南市武都栈道湾杨家坝堤防工程	由于发生设计变更，浆砌块石工程量增加，项目在签订补充合同时，未按原合同约定，对浆砌片石单价进行调减，导致多计合同价32万元	审计指出后，陇南市水利局已根据审计意见调减了工程造价32万元
48	甘肃省西和县晚霞湖景区灾后重建项目	该项目计划总投资1108万元，但有关勘察设计未按规定进行招投标，直接将湿地公园岩土工程勘察设计、一期工程和湿地观赏区工程施工图和变更图设计、白雀寺工程施工图设计，分别委托给天水凯默工程勘察院、甘肃省城乡规划设计研究院、天水长城建筑设计有限公司，合同金额分别为6.4万元、21万元、8.92万元	审计指出后，西和县委、县政府已在全县范围内对项目建设单位进行了通报批评，并组成检查组对全县重建项目进行清查，严防此类问题发生
49	甘肃省西和县人民法院审判庭项目	该项目地下室工程施工过程中，建设单位要求将地下室层高由原设计1.8米改为3.0米，陇南市西南建筑勘察设计有限公司于2008年8月15日出具了设计变更，但截至目前，该设计变更未办理审批手续	审计指出后，西和县人民法院已委托原设计单位对变更后的工程结构进行了验算，确定安全可靠。目前该单位正在补办变更批准手续
50	甘肃省文县地质灾害危险区群众搬迁避让项目	未按规定进行招投标，直接将施工发包给文县祥泰建筑安装有限公司等8家施工单位，合同总价4600万元	鉴于该项目已经建成，审计指出后，文县人民政府已责令县国土资源局及时做出书面说明，并在全县范围内通报批评，明确要求县国土资源局进一步加强项目招投标管理，杜绝此类问题再次发生
51	甘肃省西和县体育场项目	未按规定经过招投标，直接将田径运动场子项目施工发包给上海田栅体育设施工程有限公司，合同金额为491万元	审计指出后，西和县委、县政府对项目建设单位在全县范围内进行了通报批评，组织各项目建设单位加强对招投标法律法规的学习，要求各单位今后在项目建设中严格履行基本建设程序，杜绝此类问题再次发生
		该项目施工图审查时间为2010年8月30日、《建筑工程施工许可证》时间为2010年8月31日，均晚于2008年6月24日的开工时间	
52	甘肃省文县避难场所工程	该项目初步设计批复建设地点位于文县县城白水江北岸，文县建设局在实施中未经原审批部门同意，将避难场所建于文县县城白水江南岸	审计指出后，文县人民政府督促县建设局及时与市发展改革委进行了沟通，补办了相关审批手续；同时对县建设局未及时补办项目设计变更手续的问题进行了通报批评，要求县建设局负责人做出深刻检讨

续表

序号	项目名称	审计发现的主要问题	整改情况
53	甘肃省文县南山康家崖滑坡治理项目	该项目初步设计批复时间为2010年4月2日，晚于2009年7月13日的开工时间 未按规定进行招投标，将勘察设计直接委托给甘肃省地质环境监测院，合同金额73.84万元 批准概算投资为773万元，由于设计变更，浆砌块石挡墙工程量增加，导致超概算，工程结算为1508.6万元，较原概算增加735.6万元，增加95%	审计指出后，文县人民政府对相关责任单位在全县范围内进行了通报批评，责令该项目主管单位县国土资源局主要负责人做出检讨，并要求有关单位规范项目基本建设程序，加强招投标管理，严格按照批准的概算进行项目建设
54	甘肃省文县桥头小学项目	该项目未经批准将两栋三层砖混结构的学生宿舍楼改为一栋三层框架结构的教师宿舍楼	审计指出，文县教育局已按规定向陇南市发展改革委申报了项目调整计划，并补办了相关设计变更手续
55	甘肃省文县玉虚山景区道路	甘肃省文县林业局未经批复，擅自将4.5公里的四级公路变更为人行道	审计指出后，文县人民政府责成县林业局与发展改革部门沟通，申请调整建设内容，并对县林业局负责人进行了批评。目前该项目调整手续已经办理，县林业局负责人已向县政府做出了书面检查
56	甘肃省成县农业综合服务站	未按规定进行公开招投标，中央空调系统采购发包给陇南弘州暖通设备有限公司，合同价款110万元 该项目概算批复中央空调系统投资为67万元，实际采购价110万元，超出概算投资43万元	审计指出后，成县人民政府在全县范围内对县农牧局和农业综合服务站进行了通报批评，并责令超出概算投资的43万元由县农牧局自筹解决
57	甘肃省成县妇幼保健站项目	该项目办理《建筑工程施工许可证》时间为2008年7月15日，晚于2008年3月1日的开工时间 未按规定进行招投标，直接将附属工程和装潢工程施工发包给甘肃省徽县诚信建安承包有限公司和甘肃省成县万隆实业有限公司，合同金额分别为108.63万元和58.58万元 该项目批准概算投资为1148万元，2011年7月审计核定投资完成额1 539.39万元，超概算投资391.39万元	审计指出后，成县人民政府对县卫生局和妇幼保健站进行了通报批评，超出概算投资的391.39万元已由县政府自筹解决

续表

序号	项目名称	审计发现的主要问题	整改情况
58	甘肃省成县档案馆项目	未经批准，将档案馆项目的供热系统由城市热网集中供热变更为地源热泵中央空调。初步设计批准供暖工程概算投资15.39万元，截至2011年9月底供暖系统实际支出工程款71.87万元，超出概算56.48万元	审计指出后，项目建设单位按照审计意见正在补办项目设计方案变更和调整概算批复手续，超出概算投资的56.48万元由档案局自筹解决
		成县档案局早在设计阶段便确定电梯供应单位为浙江恒达富士电梯有限公司。在项目实施过程中，成县档案局对该设备进行了虚假招标，邀请浙江恒达富士电梯有限公司和两家不具备投标资格的甘肃东日楼寓设备工程有限公司、天水海通电梯有限公司参加投标，最终确定浙江恒达富士电梯有限公司为中标单位	审计指出后，成县县委、县政府对成县档案局审查不严、违反招投标有关规定的问题进行了通报批评，县档案局专门向县政府做出了书面检查
59	甘肃省成县八一路	该项目于2011年2月开工，截至2011年9月底，尚未办理《建筑工程施工许可证》	审计指出后，成县交通运输局向上级部门提出了施工许可申请，目前施工许可正在办理之中
		未按规定进行招投标，直接将施工图设计委托给中国市政工程西北设计研究院有限公司，合同金额48.2万元	审计指出后，成县县委、县政府对成县交通运输局审查不严、违反招投标有关规定的问题进行了通报批评
		初步设计概算批复征地及拆迁补偿费用共计681.52万元。截至2011年9月底，成县交通运输局已支付征地及拆迁补偿相关费用共计1308.54万元，仅已支付的征地补偿费就已超出批准概算投资627.02万元	审计指出后，成县交通运输局已按照规定补办了概算调整审批手续
60	甘肃省陇南市东江新区6号道路工程项目	该项目第一期第1标段工程中标单位金昌金桥路业有限责任公司，将中标工程转包给借用他人资质的陇南市新盛建筑有限公司，涉及金额479万元	审计指出后，陇南市建设局根据《建筑工程质量管理条例》有关规定，对金昌金桥路业有限责任公司处以29万元罚款，对陇南市新盛建筑有限公司处以62万元罚款，对天水市政工程有限公司处以9.8万元罚款，对武都兴朝道路桥梁有限公司处以30万元罚款，对陇南市江龙水电建筑安装工程有限公司处以2万元罚款。同时，决定将金昌金桥路业有限责任公司清理出陇南市建设市场，两年内不得在陇南市内承揽工程业务
		该项目二期工程中标单位天水市政工程有限公司，将中标工程转包给武都兴朝道路桥梁有限公司，涉及金额1700万元	
61	甘肃省陇南市东江新区9号道路项目	该项目中标单位金昌金桥路业有限责任公司，将中标工程转包给借用他人资质的陇南市新盛建筑有限公司，涉及金额498万元	
62	甘肃省陇南市东江水沟拱桥工程	该项目中标单位金昌金桥路业有限责任公司，将中标工程转包给借用他人资质的陇南市新盛建筑有限公司，涉及金额867万元	
63	甘肃省陇南市东江水沟堤防工程	该项目中标单位陇南市江龙水电建筑安装工程有限公司，将中标工程违规分包给借用他人资质的陇南市新盛建筑有限公司，涉及金额799万元	

附件 2

26个施工单位存在的主要问题及其整改情况表

序号	施工单位名称	审计发现的主要问题	整改情况
1	四川开江利华建筑公司	在四川省松潘县政务中心和行政新区公共建筑工程施工中，施工现场管理混乱，脚手架、安全网、配电箱等辅助设施存在安全隐患	审计指出后，松潘县责成业主单位和建设主管单位加大对该工程项目现场的管理力度，业主单位派专人负责对该工程项目进行现场管理，做到每天有人巡察、每天到施工现场进行督促。存在的安全隐患现已全面整改
2	河北建工集团有限责任公司	在四川省理县第三政府办公区灾后重建项目施工中，项目经理等13名管理和技术人员，未按合同约定到位履行职责	审计指出后，理县城乡规划建设和住房保障局组织召开了施工单位和监理单位专题会议，责令施工单位要严格按照《施工合同》的承诺，尽快配齐施工管理和技术人员。目前，施工单位已按合同约定配备了相关管理和技术人员
3	江西省新宇建设工程有限责任公司	在四川省茂县城区段岷江河道整治工程施工中，桩号R1＋591附近的岸墙混凝土骨料全部为未经加工的鹅卵石，最大直径约为350毫米，不符合该项目施工图设计要求“C20混凝土粗骨料最大粒径不得超过40毫米”的规定	审计指出后，茂县党委、政府高度重视，立即采取了整改措施：一是聘请有资质的专业工程质量监督机构对已完成部分的工程质量进行鉴定，并消除质量隐患；二是对未完工部分的工程质量进行严格监督；三是对江西省新宇建设工程有限责任公司下达行政处罚决定书，没收非法所得28.25万元并处以2万元罚款
4	四川诚信公路工程有限责任公司	在四川省道106川西旅游环线都江堰段B合同施工中，桩号K18＋640－K27＋720段桥梁处路缘石用砖砌筑，未按设计要求用预制混凝土砌筑	审计指出后，都江堰市交通运输局已责成施工单位，严格按照设计要求用预制混凝土路缘石重新砌筑
5	江西省地质工程（集团）公司	在四川省道106川西旅游环线彭州段B合同施工中，路基培土坡率未达到设计要求，有大石块外露，局部边沟有破损	审计指出后，彭州市交通运输局督促施工单位对存在路基培土坡率未达要求、有石外露的路段进行了清查，并安排机械及人员进行了修复处理，重新耕植了绿化草皮及苗木
6	四川公路桥梁建设集团有限公司	在四川省道106川西旅游环线彭州段D合同施工中，关口大桥防撞栏杆未按设计要求将伸缩缝断开，有钢筋连接	审计指出后，彭州市交通运输局按相关要求及规范督促施工单位对存在此类现象的防撞栏杆进行了切割、修复
7	四川路桥建设股份有限公司	在四川省道106川西旅游环线大邑段A合同施工中，桩号K2＋530处接道口不规范，存在平整度不够。路基培土坡率未达到设计要求	审计指出后，大邑县交通运输局督促施工单位对接道口问题进行了专项整治，对路基培土坡率未达到设计要求的路段进行了清查，并安排机械及人员进行了修复处理，重新耕植了绿化草皮及苗木

续表

序号	施工单位名称	审计发现的主要问题	整改情况
8	四川攀峰路桥建设集团有限公司	在四川省道106川西旅游环线彭州段A合同施工中，路基培土坡率未达到设计要求，有大石块外露，局部边沟有破损	审计指出后，彭州市交通运输局督促施工单位对存在路基培土坡率未达要求、有石外露的路段进行了清查，并安排机械及人员进行了修复处理，重新耕植了绿化草皮及苗木；结合当地农田灌溉需求，对边沟进行了部分增高及接长，对有破损边沟重新进行了修复
9	四川志德公路工程有限责任公司	在四川省道106川西旅游环线都江堰段D合同施工中，桩号K53＋700交叉口局部沥青路面平整度较差，有跳车现象	审计指出后，都江堰市交通运输局已责成施工单位四川志德公路工程有限责任公司，就平整度差的路段沥青路面进行了凿除，并重新按规范铺设了新的沥青路面
10	重庆远海建工（集团）有限公司	在四川省道106川西旅游环线大邑段B合同施工中，路基培土坡率未达到设计要求，有大石块外露	审计指出后，大邑县交通运输局督促施工单位对路基培土坡率未达到设计要求、有石外露的路段进行了清查，并安排机械及人员进行了修复处理，重新耕植了绿化草皮及苗木
11	攀枝花公路桥梁工程有限公司	在四川省道210线芦山县城绕城段工程施工中，擅自取消西川河桥轻型桥台8根直径为1.2米（总桩长112米）的机械成孔灌注桩桩基础，直接将承台置于泥岩中风化层；未按设计图施工，部分桥梁的桥台台背与桥板距离超过设计要求，造成桥板与桥台支撑点不在同一轴线上；桥梁伸缩装置缝隙偏大，橡胶条脱落，未按设计预埋和布置钢筋；在隧道洞门端墙施工中，将设计1.5米厚C20混凝土墙改用片石砌筑，且砂浆不饱满，有明显纵向裂缝；隧道上方山体永久性喷锚网防护设计为喷射10厘米厚C20混凝土、钢筋网格间距30厘米，实际施工的混凝土最薄处仅为2厘米，且钢筋网格间距为40厘米	审计指出后，一是项目设计单位对变更后的方案进行了验算和完善，并委托四川省交通运输厅交通规划设计院进行了复核验算，提出了针对性整改方案：重点是对桥台进行加固，将桥台重心后移；在桥台前墙处增加钢筋砼三角形支撑，提高桥台的抗倾覆能力和防止河水对桥台基础的冲刷。二是相关各方进行了现场复测，并委托四川省交通运输厅交通规划设计院对桥梁板和桥台进行验算，解除了结构方面的问题，现已支模补浇高强砼。三是施工单位已对桥梁伸缩缝进行返工处理。四是施工单位对隧道洞门端墙已按设计要求重新浇筑了C20混凝土。五是施工单位对隧道上方山体永久性喷锚网清除后重新进行挂网喷锚，现已整改完毕
12	四川友联达园林绿化工程公司	该公司出借资质给个体包工头承包四川省汶川县绿化工程。2009年和2010年已取得该项目工程价款合计1 545.97万元	审计指出后，汶川县人民政府高度重视，及时召开专题会议，强化工程招投标管理，并对四川友联达园林绿化工程公司出借资质行为进行了问责；要求汶川县林业局督促四川友联达园林绿化工程公司进一步完善绿化工程的项目建设，严格按照项目设计要求施工。截至2011年12月底，上述问题已整改落实到位
13	绵阳市鸣洲建筑工程有限公司	在四川省绵阳市滨江小学灾后重建项目施工中，回填土分层取样检测没有达到规定的检测次数	审计指出后，涪城区人民政府已责成绵阳市滨江小学进行整改。施工单位在室外散水施工前已按规范要求进行补检测，并出具了检测报告

续表

序号	施工单位名称	审计发现的主要问题	整改情况
14	四川省第三建筑工程公司	在四川建筑职业技术学院学生活动中心部分装饰工程施工中，多功能厅强化木地板现已起翘，涉及面积约 527 平方米，多功能厅墙面的不锈钢装饰线条部分生锈、起翘，学生活动中心门厅顶棚渗水，使吊顶被水污染，涉及面积 44 平方米	审计指出后，施工单位对多功能厅起翘但能使用的强化木地板已重新安装到位，不能使用的强化木地板已更换；多功能厅墙面生锈和起翘的不锈钢装饰线条已更换；对于渗水问题，已将该处地面已铺贴完的地砖全部剔除，增设防水卷材防水层，并增大了该处地面至外廊的坡度，蓄水试验未渗漏后重新铺贴了地砖，并对污染的吊顶进行处理
15	广汉市第九建筑工程有限公司	在西南安装高级技工学校新建综合实训楼项目施工中，存在个别梁主筋外露、柱表面有麻面的情况，2011 年 5 月，监理单位要求施工单位对上述问题出具书面技术处理方案，报经原设计单位认可后进行处理，但截至审计时施工单位未对上述问题进行整改	审计指出后，施工单位已对麻面及露筋的问题进行了处理，并由监理单位进行了复查
16	重庆黔程建设（集团）有限公司	在四川省北川县桂溪乡平安希望小学项目施工中，围墙、门卫室外墙面砖饰面、教学楼瓦屋面、教学楼檩条等分项工程均未按设计施工	审计指出后，项目建设单位要求施工单位按设计部门的整改方案进行返工，费用由施工单位承担
17	四川金兴建设集团有限责任公司	在四川省安县秀水镇供水工程水厂子项施工中，有的电气接地电阻测试点离地不足 0.2 米，小于设计要求 0.5 米的规定，有的电气接地电阻测试点位于围墙与房屋交界的砌体中，未外露。变配电室中的电缆电线直接穿墙出线，未按设计采用焊接钢管保护	审计指出后，安县城乡规划建设和住房保障局责令施工单位按照设计要求进行了整改。施工单位已于 2011 年 12 月 25 日完成了整改
18	贵阳市第一建筑股份有限公司	在四川省江油市长城实验学校灾后重建教学及辅助用房项目施工中，基础回填土分层取样检测次数没有达到规定的检测次数	审计指出后，江油市委、市政府高度重视，立即督促整改。2011 年 10 月 17 日，建设、施工和监理单位现场开挖 7 处深坑进行复测，复测结果表明无开裂及沉降现象，经检测土方回填密实度 96%，满足设计要求
19	德阳市吉祥建筑有限公司	在中国民用航空飞行学院灾后恢复重建项目广汉机场侧方向台施工中，未按施工规范要求对地坪做分割伸缩缝，部分地坪出现了裂缝（宽度约 2～5 厘米，长度约 1～3 米）。通过审查相关隐蔽验收资料，施工单位没有回填土分层压实的过程记录	审计指出后，施工单位已依据施工规范对开裂的地坪进行了处理，修复了裂缝，重新设置了伸缩缝
20	江西中恒建设集团公司	在四川省绵阳机场灾后重建项目第三批机场维修工程网架屋顶施工中，1068 平方米的铝镁锰板厚度达不到设计要求的 1 毫米	审计指出后，绵阳机场（集团）有限公司委托具有国家钢结构专项设计甲级资质的第三方—徐州通域空间结构有限公司进行了验算，验算结论认为部分铝镁锰板属装饰维护板，厚度由 1 毫米变更为 0.8 毫米厚度，能够满足使用要求，不会对屋面系统造成安全质量隐患；在竣工决算审计时对涉及的价款进行了相应扣减

续表

序号	施工单位名称	审计发现的主要问题	整改情况
21	四川建设发展股份有限公司	在中国第二重型机械集团公司灾后恢复重建项目金结分厂东区新建四连跨厂房工程施工中，屋面、墙面压型钢板厚度未达到设计要求；在冷片中心库工程施工中，因施工时基础处理不到位，独立砖基础沉降不均导致砖墙有一条纵向裂缝，并引发散水部位沉降后在砖墙与散水处形成一条长约1米、宽约5厘米的裂缝	审计指出后，建设单位已要求设计单位复核，因材料变更造成的工程造价变化已在决算中进行了扣减，同时，组织施工单位对工程建设质量问题进行了整改
22	四川绵阳建设股份有限公司	在四川省广元市广电中心项目施工中，2011年3月20日进场材料按照钢筋检测规定应检验13次，并分别取得检测结果。但实际施工中，该批次材料检验6次，比规范少7次	审计指出后，广元市建设部门已立案查处，对违反规定的施工、监理等相关单位进行处理，并要求对违反了检测要求的钢筋重新进行检测
23	广元市第一建筑有限责任公司	在四川省广元市委党校项目施工中，施工现场材料堆放不规范，钢筋锈蚀现象普遍存在，混凝土工程及模板工程存在麻面、涨模等现象，已加工成型的钢筋未经除锈就运至现场进行安装，在浇筑混凝土前也未进行除锈	审计指出后，广元市人民政府已责成建设质量监督管理部门立案查处，项目业主也已责令施工单位加强现场材料管理
24	四川双兴建筑工程有限公司	在四川省广元市朝天区羊木镇小学灾后重建项目施工中，学生宿舍多处存在漏水，造成天棚和内墙大面积潮湿，涂料变色；教学综合楼的一楼梁底，有墙皮脱落情况，楼梯墙面有空鼓和墙漆脱落现象	审计指出后，建设单位已通知施工单位进行维修，目前正在维修过程中
25	四川锦德建设工程有限公司	在四川省广元市朝天区羊木镇小学灾后重建项目施工中，学校中心的场地硬化部分，平整度不够，有多处积水现象，分割缝设置不合理，场地存在多处裂缝	审计指出后，建设单位已通知施工单位进行维修，目前正在维修过程中
26	陕西宝陵建设（集团）有限责任公司	在陕西省宝鸡市陈仓区公安分局刑侦网监技术综合大楼项目施工中，主体九层后浇带处部分钢筋未被混凝土包裹而外露、八层柱体出现掉角现象；部分柱、梁出现混凝土表面缺少水泥砂浆及出现表面麻面的现象有15处，其中已修复3处	审计指出后，建设单位进行了整改，铲除存在缺陷的混凝土表面，将钢筋恢复到位，用1∶2高标号砂浆修补，同时对掉角和表面缺少水泥砂浆现象进行了修补

附件 3

4 个设计单位存在的主要问题及其整改情况表

序号	设计单位名称	审计发现的主要问题	整改情况
1	四川同轩建筑设计有限公司	在四川省绵阳市滨江小学灾后重建项目设计中，未按《汶川地震灾后重建学校规划设计导则》要求的设计标准，对外廊护栏设计现浇混凝土或金属护栏，对教室的门没有设计观察窗	审计指出后，设计单位已按设计规范要求的标准，对教室外廊护栏增加设计了金属护栏，将教室门改为钢制防护门，并在门上增加设计了观察窗。目前施工单位已经按照重新设计方案要求完成了有关项目施工
2	重庆市德森建筑规划设计研究院有限公司成都分公司	在北川县桂溪乡平安希望小学灾后恢复重建项目设计中，教学楼回廊变形缝设计不周全，雨水顺变形缝处滴漏到一楼电缆桥架内，造成电缆桥架锈蚀，现场发现回廊积水较多，对回廊上行走的师生存在安全隐患	审计指出后，项目建设单位已通知设计单位对设计存在的缺陷出具了整改方案，并督促施工单位完成整改
3	陕西市政建筑设计研究院有限公司	在四川省安县秀水镇供水工程设计中，没有按照施工图设计文件审查报告的要求标明围墙变形缝位置，并说明施工方法，导致施工单位未设变形缝	审计指出后，项目建设单位已责成设计单位按要求对围墙变形缝进行了设计，施工单位已于2011 年 10 月按照重新设计方案完成整改
4	中冶成都勘察研究总院有限公司	在四川省广元职工医学院项目勘查工作中，地质勘查不细致，出具的岩土工程勘查报告与实际地质情况不符，导致地基处理在实施中发生重大变更，增加地基投资 286 万元，相应造成工期延误 77 天	审计指出后，广元市人民政府已责成建设等部门进一步调查处理，追究相关设计单位和人员的责任

附件 4

8 个监理单位存在的主要问题及其整改情况表

序号	监理单位名称	审计发现的主要问题	整改情况
1	成都交大工程建设监理有限公司	在四川省松潘县政务中心和行政新区公共建筑项目监理过程中，对施工材料进场控制不严，未按规定进行质量抽检	审计指出后，松潘县已责令建设主管单位就监理公司存在的问题约谈了公司负责人，要求其加强施工材料抽检，承担违约责任，并对监理公司的失职行为进行了经济处罚
		在四川省理县第三政府办公区灾后重建项目监理过程中，应派驻 5 名监理工程师，现场实际只有 2 人，其中 1 人无执业资格	审计指出后，理县城乡规划建设和住房保障局已经组织施工单位和监理单位召开专题会议，要求监理单位要严格按照《监理合同》的承诺，尽快配齐有资质的监理人员。目前，监理单位已按合同约定配备相关专业技术力量

续表

序号	监理单位名称	审计发现的主要问题	整改情况
2	武汉中交路桥设计咨询有限公司	在四川省道210线芦山县城绕城段工程监理过程中，发现攀枝花公路桥梁工程有限公司未按设计施工、擅自取消西川河桥的桩基础的问题而没有及时制止	审计指出后，施工单位和监理单位已经按照设计单位重新出具的变更设计对桩基础进行了加固处理。目前已经整改完毕，并通过了质量验收
3	四川伟业建设监理有限公司	在四川省绵阳市滨江小学灾后重建项目监理过程中，派驻现场的见证取样人未取得见证员资格证，部分旁站记录签字人未取得监理员资格证	审计指出后，项目建设单位进一步加强项目监理机构的管理，并停止了相关监理人员的监理业务
4	成都安彼隆建设监理有限公司	在四川省北川县桂溪乡平安希望小学灾后恢复重建项目监理过程中，未及时制止施工单位不按设计施工的行为，反而在质量竣工验收资料中签字确认施工单位的做法符合设计和规范要求	审计指出后，北川县教体局已提请相关主管部门追究监理单位责任，将依法对其给予经济罚款和禁止承揽业务的处罚。同时责令施工单位对有关工程进行了返工和加固维修
5	四川名扬建设监理有限公司	在四川省广元市（区）政务服务中心综合楼项目监理过程中，监理单位8月24日至9月15日的监理日志均没有监理人员和总监理工程师的签字	审计指出后，广元市政务中心已对监理单位出具书面整改函，并对其进行了处罚。监理单位已全面核实补签
6	四川省城市建设工程监理有限公司	在四川省苍溪县人民医院项目监理过程中，监理月报不齐全	审计指出后，苍溪县人民医院已按照合同，要求监理单位补充监理月报等资料，并进一步加强了现场监理管理工作
7	陕西恒通工程咨询有限责任公司	在陕西省道309线勉县水磨湾至略阳县北河沟段公路监理过程中，接受施工单位陕西省汉中公路机械化公司发放加班生活补助，涉及监理人员人数10人，总计9.74万元	审计指出后，汉中市公路局对施工单位和监理单位都给予罚款处罚，并追回了监理单位9.74万元违规所得
8	宝鸡市建业工程监理处	在陕西省宝鸡市陈仓区妇幼保健院项目监理过程中，实际派驻现场监理人员与投标文件中拟派监理人员不一致，该公司上报监理人员资质为监理工程师，但现场监理人员资质为监理员。同时，现场监理未对塔吊基础混凝土进行检验，部分旁站记录不完整	审计指出后，陈仓区妇幼保健院已通知监理公司进行了整改，重新按投标文件派遣了具有相应资质的监理，对塔吊基础混凝土进行补充检测，检测结果表明符合工程质量建设标准，同时完善了旁站监理记录等监理资料

审计署关于汶川地震抗震救灾"特殊党费"跟踪审计结果（第6号）

（二〇一二年四月二十日公告）

为保障汶川地震抗震救灾"特殊党费"（以下简称"特殊党费"）资金安全、有效使用，保障"特殊党费"援建项目顺利进行，按照中央组织部要求和审计署工作安排，2009年以来，审计署统一组织对"特殊党费"及其援建项目进行了跟踪审计。目前国家规划的"特殊党费"援建任务已经顺利完成，现将3年跟踪审计结果公告如下：

一、基本情况

（一）"特殊党费"资金收支情况。

2008年5月12日，汶川发生8.0级特大地震后，全国4550多万名共产党员自愿交纳了"特殊党费"97.30亿元，积极支援灾后恢复重建。按照《国务院办公厅关于汶川地震抗震救灾捐赠资金使用指导意见》（国办发〔2008〕51号）精神，中央组织部将97.30亿元"特殊党费"全部划拨到民政部中央财政汇缴专户，由民政部将全部"特殊党费"拨付到汶川地震灾区，其中四川省80.30亿元、甘肃省10亿元、陕西省5亿元、重庆市和云南省各1亿元，用于支持灾区城乡居民住房、中小学校、乡镇卫生院、村级组织活动场所和农村党员干部现代远程教育接收站点建设。

截至2011年9月底，四川、甘肃和陕西3省已累计安排使用"特殊党费"资金89.02亿元。其中49.20亿元用于补助131.91万户农村房屋倒损户住房重建、1.81亿元用于补助4.13万户城镇房屋倒损户住房重建、23.36亿元用于援建84所中小学校项目、12.45亿元用于援建11 560个村级组织活动场所、1.18亿元用于援建8905个农村党员干部现代远程教育接收站点、1亿元用于183个乡镇卫生院项目、168万元用于向56名抗震救灾因公牺牲烈士家属发放慰问金。

由于部分援建项目调整以及项目实施过程中加强投资控制等原因，截至2011年9月底，四川省有6.28亿元"特殊党费"资金结余。经报中央组织部和发展改革委、民政部、财政部审定，结余资金将继续用于援助四川省51个国定和省定重灾县的村级组织活动场所、社区服务中心和远程教育站点建设。2011年11月30日，中共四川省委组织部和四川省发展改革委、财政厅、民政厅联合印发了《关于四川省抗震救灾"特殊党费"结余资金使用管理有关工作的通知》。目前这些续建项目正在抓紧实施过程中。

（二）跟踪审计情况。

按照中央组织部办公厅和审计署办公厅联合下发的《关于加强抗震救灾"特殊党费"援建项目审计监督的通知》（组厅字〔2009〕41号）的要求及审计署工作安排，2009年以来，审计署和四川、甘肃、陕西3省审计机关累计派出643个审计组共1980人次，对3省管理使用的95.30亿元"特殊党费"实施了全过程跟踪审计，现场审计工作量18 586人·天。审计重点抽查了78.96亿元"特殊党费"援建的17 761个灾后恢复重建项目，分别占3省95.30亿元"特殊党费"资金和20 730个援建项目的82.86%和85.68%。

跟踪审计过程中，审计机关立足于服务，着眼于预防，坚持边审计、边整改、边规范、边提高，通过跟踪审计督促有关单位及时整改，帮助规范资金和项目管理，提高"特殊党费"资金使用效益，充分发挥审计的"免疫系统"功能。

二、审计评价

审计结果表明，中央组织部和地方各级党委政府高度重视"特殊党费"资金的管理和使用，援建项目管理严格，建设进展顺利，社会效果良好。

（一）各级党委政府高度重视，落实责任，有力保障了"特殊党费"安全合理使用。中央组织部高度重视"特殊党费"的管理和使用，指定专门机构、指派专职人员负责，资金安排坚持民生优先，援建项目坚持科学规划，先后与有关部门联合发布了《关于抗震救灾"特殊党费"使用管理有关问题的通知》《关于做好"特殊党费"审计监督工作的通知》等文件，强化"特殊党费"资金及其援建项目管理。灾区各级党委、政府分别成立了“特殊党费”使用管理工作领导小组，明确各部门职责分工，确保领导到位，责任落实到人，有效地保证了资金及时拨付到位，安排使用合理。

（二）“特殊党费”项目总体进展顺利，资金使用成效显著。截至2011年9月底，3省城乡居民住房重建“特殊党费”补助和抗震救灾因公牺牲烈士家属慰问金均已经发放到位；84个中小学校援建项目已建成83个，占规划数的98.81%；11 560个村级组织活动场所和183个乡镇卫生院项目已全部建成；8905个农村党员干部现代远程教育接收站点已建成8903个，占规划数的99.98%。“特殊党费”援建项目使汶川地震灾区教学基础设施进一步得到改善，群众就医环境和条件得到明显改善，村级组织活动场所和远程教育水平得到全面提高。

（三）“特殊党费”资金和项目管理严格。灾区各级党委政府和各项目参建单位非常重视“特殊党费”资金及其援建项目管理，对跟踪审计发现的问题及时进行了整改，并举一反三全面清查类似问题，不断完善“特殊党费”资金及其援建项目管理制度，着力规范审批程序和管理流程。总体来看，“特殊党费”资金拨付及时，做到了专款专用、专账核算，项目建设管理比较严格，工程质量和投资控制不断加强，工程建设质量总体良好。

三、跟踪审计发现的主要问题及整改情况

跟踪审计中未发现重大违法违纪和工程质量问题。审计发现有个别不够规范的问题，审计指出后，各相关地方党委政府和单位迅速进行了整改。具体情况是：

（一）甘肃省西和县十里乡初级中学、陕西省略阳县农村党员干部现代远程教育县级平台和宁强县农村党员干部现代远程教育县级平台3个项目未按规划进度完成建设任务。因建设用地的地界不清导致施工受阻以及气候寒冷、年有效施工时间较短等因素，截至2011年9月底，1688万元“特殊党费”援建的甘肃省西和县十里乡初级中学项目尚未建成，累计完成投资占项目总投资的87.7%；陕西省略阳县和宁强县2个县的农村党员干部现代远程教育县级平台项目因无法确定机房位置，尚未实施。

审计指出上述问题后，有关县委县政府高度重视，立即督促整改。西和县委、县政府及时研究解决了项目建设用地问题，并采取有力措施加快冬雨季施工进度，西和县十里乡初级中学项目已于2011年11月18日完工；略阳县和宁强县的县委县政府已经做好了农村党员干部现代远程教育县级平台项目的前期准备工作，正着手开工建设。

（二）少数灾区县“特殊党费”资金管理不够规范，涉及金额53.15万元。四川省什邡市师古镇、洛水镇和蓥华镇3个镇因旧宅基地未及时还耕等原因，有11户应领补助金的受灾群众未及时领取2.85万元农房重建“特殊党费”补助资金；什邡市师古镇、洛水镇、马祖镇和马井镇4个镇部分农房重建户不符合“特殊党费”相应等次补助政策，相应的47.30万元结余资金未上缴上级财政专户；四川省安县、梓潼县和什邡市9户跨乡镇拥有住房的受灾群众，重复领取“特殊党费”城乡住房重建补助资金3万元。

审计指出上述问题后，相关县市党委政府高度重视，立即督促整改。2.85万元滞留的农房重建补助资金已发放给11户受灾群众；47.30万元“特殊党费”结余资金已全部退回四川省财政专户；安县、梓潼县和什邡市组织部门已责成相关乡镇于2011年11月10日前全部清退了9户群众重复领取的3万元补助资金。

（三）审计抽查“特殊党费”援建的8632个项目发现（2011年度审计项目数），19个项目建设管理不够规范。绵阳市涪城区杨家镇王家桥村、朵朵树村、柏林湾村、云林村和回龙寺村5个村级综合服务设施项目的施工单位，违规将其承包的工程转包给个人实施；绵阳市跃进北路学校原址整体重建校舍工程和绵阳市涪城区金峰镇莲花池村、新丰村、穿山洞村3个村级综合服务设施灾后重建工程等4个项目的施工单位，未按合同要求配备主要管理人员；四川省汶川县、崇州市、彭州市、剑阁县、旺苍县和甘肃省成县“特殊党费”援建的10个项目建成后未及时办理竣工决算和资金清算。

审计指出上述问题后，有关地方党委、政府高度重视，立即督促整改。涪城区政府已按管理权限将相关情况上报绵阳市住房和城乡建设局，绵阳市住房和城乡建设局已要求对5个违规转包工程、4个未按合同要求配备主要管理人员的施工、监理单位及有关人员给予罚款处罚，并在全区进行通报，禁止其3年内在涪城辖区内承揽工程项目，同时依法追究了有关单位失察和监督不力的责任，目前上述9个项目均已通过了工程质量验收并投入使用；四川省汶川县、崇州市、彭州市、剑阁县、旺苍县和甘肃省成县党委政府已责成相关部门和单位采取措施积极整改，10个项目现已完成了竣工决算和资金结算工作。

审计署领导重要活动大事记

1月

4日上午 审计长刘家义列席国务院第188次常务会议。

4日下午 审计长刘家义出席国务院办公厅召开的关于公务用车制度改革专题会议。

4日至5日 副审计长董大胜在京出席全国宣传部长会议。办公厅负责同志参加会议。

5日上午 审计署举办离退休干部2012年新春团拜会。审计长刘家义通报2011年审计工作情况，并向全体离退休干部致以新年的问候。副审计长余效明主持会议。副审计长石爱中、总审计师孙宝厚、副审计长侯凯、纪检组长陈蕾，总经济师李勇库，署离退休干部工作领导小组成员单位主要负责同志以及近200名离退休干部参加团拜会。

5日下午 党组书记刘家义主持召开署党组会议，研究《审计署关于2012年对地方审计工作的指导意见》等文稿，听取关于全国地方政府性债务审计工作总结有关事项的汇报。党组副书记董大胜，党组成员孙宝厚、陈蕾和陈尘肇出席。副审计长石爱中，总经济师李勇库，办公厅、人教司、机关党委、驻署监察局、债务办和科研所负责同志及有关人员列席参加相关内容的研究。

5日下午 审计长刘家义主持召开审计长会议，研究《审计署关于调整2012年度审计项目计划（草案）的报告》。副审计长董大胜、石爱中，总审计师孙宝厚，纪检组长陈蕾和党组成员、办公厅主任陈尘肇出席。总经济师李勇库，办公厅、法规司、人教司、机关党委、驻署监察局和科研所负责同志及有关人员列席参加会议。

5日下午 审计长刘家义主持召开审计业务会议，研究《全国社会保障资金审计工作方案》。副审计长董大胜、石爱中，总审计师孙宝厚，纪检组长陈蕾和党组成员、办公厅主任陈尘肇出席。总经济师李勇库，办公厅、法规司、财政司、行事司、金融司、企业司、民政社保局、社保办、计算中心和科研所负责同志及有关人员列席参加会议。

5日下午 副审计长余效明在京出席全国工会送温暖活动开展20周年、困难职工帮扶中心建设10周年座谈会。

5日 副审计长石爱中在署机关出席《ERP环境下财务收支审计指南》课题结题汇报会。计算中心负责同志参加会议。

6日上午 副审计长余效明主持召开退休干部座谈会。退休干部代表和署离退休干部工作领导小组成员单位负责同志参加座谈会。

6日上午 纪检组长陈蕾出席驻署监察局党支部民主生活会。

6日至7日 审计长刘家义在京出席全国金融工作会议。副审计长董大胜出席6日上午的会议。

7日下午 审计长刘家义和副审计长董大胜在钓鱼台国宾馆会见匈牙利审计长拉斯哲罗·杜莫克斯。国际司主要负责同志参加会见。

7日上午 副审计长石爱中在京出席中国审计学会第六届理事会常务理事会第四次会议。中国审计学会会长翟熙贵主持会议。

8日至9日 全国审计工作会议在署怀柔审计干部培训基地召开。8日上午，副审计长董大胜传达国务院总理温家宝在听取2011年审计工作汇报时所做的重要指示，审计长刘家义做审计工作报告，表彰全国地方政府性债务审计先进集体和个人、全国地方政府性债务优秀审计项目、汶川地震灾后恢复重建优秀跟踪审计项目以及2010年度全国优秀审计项目。副审计长余效明主持会议。副审计长石爱中，总审计师孙宝厚，副审计长侯凯和党组成员、办公厅主任陈尘肇出席。总经济师李勇库，各省、自治区、直辖市，解放军审计署，各计划单列市、新疆生产建设兵团和副省级省会城市审计机关，南京审计学院，署机关各单位、各特派员办事处和各派出审计局主要负责同志，署部分特约审计员和中央有关受邀单位代表共260余人参加会议。

8日至10日 中国共产党第十七届中央纪律检查委员会第七次全体会议在京举行。审计长刘家义出席9日上午的大会，纪检组长陈蕾出席会议全部议程。

10日至11日 署党组民主生活会暨2011年第四季度中心组学习会在怀柔审计干部培训基地召开，深入学习党的十七届六中全会、中央经济工作会议精神和总书记胡锦涛在十七届中央纪委七次全会上的讲话。在民主生活会上，党组成员和署领导总结一年来的学习工作情况，查找自身在履行职责、廉政建设等方面存在的不足，开展批评与自我批评，提出改进措施。党组书记刘家义，党组副书记董大胜，党组成员余效明、孙宝厚、侯凯、陈蕾、陈尘肇出席。副审计长石爱中，总经济师李勇库，人教司、机关党委和服务局主要负责同志列席参加会议，中央纪委、中央组织部、中央国家机关工委应邀派员出席会议。

11日上午 受审计长刘家义委托，副审计长余效明出席北京市服务中央国家机关工作座谈会。

11日下午 党组书记刘家义主持召开署党组会议，研究有关人事事项。党组副书记董大胜，党组成员余效明、孙宝厚、陈蕾和陈尘肇出席。副审计长石爱中，总经济师李勇库，人教司、机关党委和驻署监察局主要负责同志列席参加会议。

11日下午 审计长刘家义主持召开审计长会议，研究《审计署2012年度培训项目计划》等文稿。副审计长董大胜、余效明、石爱中，总审计师孙宝厚，纪检组长陈蕾和党组成员、办公厅主任陈尘肇出席。总经济师李勇库，办公厅、法规司、各业务司、国际司、人教司、机关党委、驻署监察局、计算中心、培训中心和科研所负责同志及有关人员列席参加相关内容的研究。

11日下午 审计长刘家义和副审计长董大胜在钓鱼台国宾馆会见泰国代理审计长里劳西露帕。国际司主要负责同志参加会见。

12日上午 审计长刘家义主持召开全体署领导、署机关各单位、各派出审计局主要负责同志参加的会议，中央纪委常委令狐安传达总书记胡锦涛在十七届中央纪委七次全会上的重要讲话，纪检组长陈蕾传达中央纪律检查委员会书记贺国强代表中央纪委常委会所做的工作报告。在部署学习贯彻会议精神时，审计长刘家义要求：一是认真学习领会全会精神，深入贯彻落实；二是进一步增强责任感、使命感和事业心，忠实履行审计职责；三是审计机关的领导干部要从我做起，带头保持党员纯洁性；四是推进廉政风险防控工作，加强审计机关反腐倡廉建设；五是坚持勤俭节约，进一步提高审计工作绩效。

10日和12日 副审计长董大胜，总审计师孙宝厚和党组成员、办公厅主任陈尘肇在署机关先后与匈牙利审计长拉斯哲罗·杜莫克斯就审计署审计工作和最新发展情况、国际审计准则在最高审计机关的应用和审计人员培训、审计计划编制和审计项目管理等内容进行会谈。法规司、国际司和培训中心主要负责同志参加会谈。

12日上午 副审计长、中国内部审计协会会长余效明出席协会离退休干部团拜会。

12日 副审计长石爱中在署机关出席中国审计学会计算机审计分会组织召开的《信息系统审计指南》研讨会。

13日上午 审计长刘家义和副审计长余效明出席中央国家机关第二十六次党的工作会议暨第二十四次纪检工作会议。机关党委负责同志参加会议。

13日上午 副审计长董大胜、余效明和党组成员、办公厅主任陈尘肇出席2012年审计署离休干部团拜座谈会。总经济师李勇库，人教司、离退休局和服务局主要负责同志参加座谈会。

13日下午 审计署在署机关举办2012年新春联欢会。审计长刘家义在联欢会上致辞。副审计长董大胜、余效明、石爱中，总审计师孙宝厚，纪检组长陈蕾和党组成员、办公厅主任陈尘肇，署老领导罗进新、郑力、王道成、翟熙贵、安国，总经济师李勇库，署机关各单位、各派出审计局干部职工参加联欢会。

13日下午 2012年审计署老领导春节团拜会在京举行。审计长刘家义，副审计长董大胜、余效明、石爱中，总审计师孙宝厚，纪检组长陈蔷和党组成员、办公厅主任陈尘肇，署老领导于明涛、吕培俭、任景德、罗进新、郑力、王道成、翟熙贵、安国，总经济师李勇库，署离退休干部工作领导小组成员单位主要负责同志参加团拜会。

16日上午 内部审计协会新春团拜会在北京举行，全国政协副主席、内部审计协会名誉会长李金华，副审计长、协会会长余效明，副审计长石爱中，协会副会长及部门负责同志参加团拜会。

16日上午 副审计长侯凯在署机关会见武警部队副司令员何映华。行事司负责同志参加会见。

16日下午 审计长刘家义和副审计长侯凯出席办公厅2011年度工作总结会，对过去一年的工作给予充分肯定，并就办公厅在履行职责上进一步改革、创新、提升，进一步加强管理、学习和干部队伍建设等方面提出要求。

17日上午 审计长刘家义和副审计长董大胜到出版社和审计报社看望慰问两个单位的全体同志。

17日上午 副审计长侯凯出席中央纪委“小金库”专项治理工作新闻发布会。行事司负责同志参加会议。

17日 受署党组委托，副审计长余效明前往审计署定点扶贫的河北省顺平县走访慰问。人教司、机关党委和服务局主要负责同志参加走访慰问。

17日下午 审计长刘家义、副审计长石爱中和总审计师孙宝厚到双榆树事业单位办公楼看望慰问科研所、培训中心、内部审计协会、审计学会和外资中心全体同志。

18日上午 审计长刘家义、副审计长董大胜和纪检组长陈蔷在署机关出席中央经济责任审计工作部际联席会议第二次全体会议。联席会议成员单位负责同志，总经济师李勇库，经责司负责同志及有关人员参加会议。

2012年春节前夕 受署党组委托，署领导分别走访慰问署老领导和全体离休干部。署离退休干部工作领导小组成员单位和相关司局负责同志参加走访慰问。

18日下午 副审计长董大胜赴长春市出席庆祝审计署驻长春特派员办事处成立十周年活动。

19日上午 副审计长侯凯在署机关会见国家税务总局副局长解学智、丘小雄和纪检组长冯惠敏。财政司、行事司和财税海关局负责同志参加会见。

19日下午 党组成员、办公厅主任陈尘肇主持召开会议，对署春节期间值班工作提出要求。承担春节值班工作的相关单位负责同志和有关人员参加会议。

29日下午至30日上午 审计长刘家义主持召开审计业务会议，研究《全国社会保障资金审计工作方案》等文稿。副审计长董大胜、余效明、石爱中，总审计师孙宝厚，副审计长侯凯，纪检组长陈蔷，中央经济责任审计工作联席会议办公室主任李勇库和党组成员、办公厅主任陈尘肇出席。办公厅、法规司、财政司、农业司、企业司、人教司、社保办、社保审计局、科研所负责同志及有关人员列席参加相关内容的研究。

30日上午 党组书记刘家义主持召开党组会议，研究有关人事事项。党组副书记董大胜，党组成员余效明、孙宝厚、侯凯、陈蔷、李勇库和陈尘肇出席。副审计长石爱中，人教司、机关党委、驻署监察局主要负责同志列席会议。

30日下午 副审计长董大胜、纪检组长陈蔷出席经济责任审计司主要领导交接会议。经济责任审计司全体干部、人教司主要负责同志参加会议。

31日上午 审计长刘家义参加国务院第六次全体会议。

31日上午 副审计长余效明在署机关主持召开机关党委会，研究布置党的十八大代表候选人预备人选和中央国家机关党代表会议代表推荐工作以及审计署2012年度党建工作要点。机关党委全体委员参加会议。

31日下午 副审计长余效明会见中国海洋石油总公司副总经理武广齐一行。企业司主要负责同志参加会见。

2月

1日上午 审计长刘家义列席国务院第190

次常务会议。

1日上午 党组书记刘家义主持召开党组会议，听取机关党委关于审计署出席党的十八大代表候选人推荐人选和中央国家机关党代会代表候选人初步人选征求意见情况的汇报。党组副书记董大胜，党组成员余效明、孙宝厚、侯凯、陈蕾、李勇库和陈尘肇出席。副审计长石爱中，人教司、机关党委、驻署监察局主要负责同志列席会议。

1日上午 副审计长石爱中在署机关与青海省副省长张光荣一行就玉树地震灾后恢复重建审计有关问题交换意见。青海省政府有关部门、玉树州政府与署投资司负责同志参加会议。

1日下午 审计长刘家义主持召开审计署2011年度总结视频大会，总结2011年审计工作，部署2012年审计工作。副审计长董大胜、余效明、石爱中，总审计师孙宝厚，副审计长侯凯，纪检组长陈蕾，中央经济责任审计工作联席会议办公室主任李勇库，党组成员、办公厅主任陈尘肇出席。署机关各单位、各特派员办事处全体干部职工分别在机关主会场和各驻地分会场参加会议。

2日至3日 审计长刘家义主持召开署机关各单位、各派出审计局主要负责同志述职述廉会议。副审计长董大胜、余效明、石爱中，总审计师孙宝厚，副审计长侯凯，纪检组长陈蕾，中央经济责任审计工作联席会议办公室主任李勇库，党组成员、办公厅主任陈尘肇出席。署机关各单位、各派出审计局主要负责同志参加会议。

5日至6日 审计长刘家义，副审计长董大胜、石爱中，总审计师孙宝厚，副审计长侯凯和署党组成员、办公厅主任陈尘肇在京出席署高级审计师评审会。

6日下午 副审计长余效明出席国务院召开的保障性住房分配及质量管理督查工作动员部署会议。

7日上午 副审计长余效明、国资委纪委书记强卫东出席企业司组织的中央企业经济责任审计主要评价指标等情况研讨会。国资委财务监督与考核评价局、企业分配局、收益管理局、监察局，署办公厅、法规司、企业司、经责司、科研所负责同志及相关工作人员参加会议。

7日上午 副审计长侯凯出席全国人大预算法修改工作座谈会。法规司和财政司负责同志参加会议。

8日上午 副审计长董大胜、余效明和办公厅主任陈尘肇召集专题会议，研究全国社会保障资金审计工作方案。全国社会保障资金审计办公室有关同志参加会议。

8日上午 副审计长石爱中召集会议，研究加强国外审计跟踪研究工作。办公厅、外资司、境外司、国际司、科研所主要负责同志参加会议。

9日下午 副审计长侯凯出席中央办公厅召开的清理和规范庆典研讨会论坛活动工作领导小组第二次会议。行事司负责同志陪同参加会议。

10日上午 副审计长侯凯和纪检组长陈蕾出席中央纪委召开的中央和国家机关贯彻落实2012年反腐倡廉工作任务分工会议。

10日下午 审计长刘家义参加国务院第五次廉政工作会议有关筹备工作会议。

10日下午 副审计长侯凯出席新闻出版总署召开的推进使用正版软件工作部际联席会议第一次全体会议。行事司负责同志参加会议。

9日至11日 审计署在怀柔培训基地举办全国社会保障资金审计培训班。审计长刘家义做动员讲话，副审计长董大胜主持会议，副审计长余效明讲解全国社会保障资金审计工作方案，署党组成员、办公厅主任陈尘肇做培训班总结讲话。副审计长石爱中、总审计师孙宝厚、副审计长侯凯、纪检组长陈蕾和中央经济责任审计工作联席会议办公室主任李勇库出席。各省（自治区、直辖市）和计划单列市、新疆生产建设兵团审计厅（局），署机关各单位、各特派员办事处和各派出审计局主要负责同志和有关人员参加培训班。

13日上午 副审计长石爱中，署党组成员、办公厅主任陈尘肇，中国审计学会会长翟熙贵出席2011年度中国审计学会优秀审计论文评选会议。科研所、审计学会主要负责同志参加会议。

13日 中央经济责任审计工作联席会议办公室主任李勇库主持召开会议，就“915”项目建设相关事项进行研究。服务局主要负责同志及基建办有关同志参加会议。

14日上午 党组书记刘家义主持召开党组会议，研究有关中央文件和审计署机关2012年党建工作要点。党组副书记董大胜，党组成员余效明、孙宝厚、侯凯、陈蔷、李勇库和陈尘肇出席。副审计长石爱中，办公厅、人教司、机关党委、驻署监察局负责同志列席相关内容的研究。

14日下午 审计长刘家义在京会见印度主计审计长公署副主计长安努帕，就亚洲审计组织第12届大会及第44次、45次理事会有关事宜，中印审计机关双边交流等交换意见。副审计长董大胜，国际司、境外审计司主要负责同志参加会见。

14日下午至15日上午 审计长刘家义主持召开审计长会议，研究《审计情况统计报表制度(送审稿)》等文稿。副审计长董大胜、余效明、石爱中，总审计师孙宝厚，副审计长侯凯，纪检组长陈蔷，中央经济责任审计工作联席会议办公室主任李勇库和署党组成员、办公厅主任陈尘肇出席。办公厅、法规司和科研所负责同志及有关人员列席参加相关内容的研究。

15日上午 审计长刘家义主持召开审计业务会议，研究《2011年支持新疆发展资金和项目跟踪审计结果（公告稿)》等文稿。副审计长董大胜、余效明、石爱中，总审计师孙宝厚，副审计长侯凯，纪检组长陈蔷，中央经济责任审计工作联席会议办公室主任李勇库和署党组成员、办公厅主任陈尘肇出席。办公厅、法规司、财政司、金融司、外资司、投资司和科研所负责同志及有关人员列席参加相关内容的研究。

15日上午 总审计师孙宝厚在京出席全国外资审计视频会议。外资司、外资中心、各特派办和地方审计机关外资审计人员参加会议。

15日下午 审计长刘家义出席全军审计工作会议。

15日下午 总审计师孙宝厚陪同印度主计审计长公署副主计审计长安努帕一行参观怀柔培训基地。国际司主要负责同志陪同参观。

16日至17日 党组书记刘家义主持召开党组会议，研究干部队伍建设及《国家审计题材邮票样稿》等文稿。党组副书记董大胜，党组成员余效明、孙宝厚、侯凯、陈蔷、李勇库和陈尘肇出席。副审计长石爱中，办公厅、人教司、机关党委、驻署监察局、服务局、培训中心和科研所主要负责同志列席参加相关内容的研究。

17日上午 副审计长董大胜在京列席中国投资有限公司2012年第一次董事会会议。

18日 审计署保密委员会召开全体会议。副审计长、署保密委员会主任侯凯和署党组成员、办公厅主任陈尘肇出席。署保密委员会全体成员参加会议。

20日 课题组组长、审计长刘家义主持召开《中国特色社会主义审计理论》审稿会，副组长、副审计长董大胜，余效明，石爱中和总审计师孙宝厚及部分总撰人员参加会议。

21日上午 副审计长侯凯、纪检组长陈蔷出席中央纪委召开的中央治理工程建设领域突出问题工作领导小组和中央加快转变经济发展方式监督检查工作领导小组会议。财政司、投资司相关负责同志参加会议。

21日上午 署党组成员、办公厅主任陈尘肇出席国务院召开的各部门办公厅（室）主任会议，部署“两会”期间相关工作。

21日 编委会主任、审计长刘家义主持召开《中国国家审计学》审稿会，副主任、副审计长董大胜、余效明、石爱中和总审计师孙宝厚及编委会陈尘肇等委员参加。

22日下午 受副审计长董大胜委托，副审计长石爱中在署机关会见国务院三峡办副主任雷加富和雷鸣山。农业司主要负责同志参加会见。

23日上午 副审计长董大胜在署机关会见中国银行副董事长、行长李礼辉一行，就有关审计事项进行沟通。金融司主要负责同志参加会见。

23日上午 总审计师孙宝厚在京出席最高人民检察院召开的第四次预防职务犯罪工作联席会议。法规司负责同志陪同参加会议。

23日下午 副审计长董大胜、纪检组长陈蔷在京出席中央纪委、中央组织部召开的推进“严肃换届纪律，深入惩治用人上不正之风工作”视频会议。人教司负责同志参加会议。

23日 副审计长余效明赴山东省与该省省长姜大明就山东省审计厅领导班子建设有关事宜交换意见。人教司有关人员陪同参加。

23日、24日 审计长刘家义分别主持召开派出局局长和特派办特派员座谈会。副审计长石爱中，总审计师孙宝厚，纪检组长陈蔷和党组成员、办公厅主任陈尘肇出席。人教司、机关党委、驻署监察局相关负责同志参加会议。

24日上午 副审计长余效明出席全国学习贯

彻《关于加强新形势下党外代表人士队伍建设的意见》电视电话会议。

27日上午 审计长刘家义和副审计长侯凯在水利部出席水利审计座谈会。办公厅、行事司和农林水利审计局负责同志参加会议。

27日上午 副审计长石爱中、总审计师孙宝厚出席高级审计师资格考试大纲研讨论证会。财政司、金融司、人教司、科研所、内部审计协会主要负责同志和有关专家参加会议。

27日下午 审计长刘家义主持召开特派办纪检组长座谈会。总审计师孙宝厚，纪检组长陈蕾和署党组成员、办公厅主任陈尘肇参加。人教司、机关党委和驻署监察局负责同志参加会议。

28日下午 副审计长石爱中在署机关会见三峡集团公司董事长曹广晶、副总经理杨清一行，并就三峡枢纽工程竣工决算审计有关事项交换意见。投资司主要负责同志参加会见。

28日下午 副审计长侯凯在署机关会见贵州省省委常委、副省长黄康生。贵州省审计厅负责同志参加会见。

28日至29日 内部审计协会名誉会长、全国政协副主席李金华，内部审计协会会长、副审计长余效明出席内部审计协会第六届理事会第二次会议，并参加《走进内部审计：现在与未来》的现场访谈。内部审计协会理事 200 余人参加会议。

29日上午 受审计长刘家义委托，副审计长侯凯列席国务院常务会议。

29日上午 副审计长石爱中出席固定资产投资审计数据规划（铁路行业数据）研究课题成果和固定资产投资审计方法体系科研课题成果汇报会。投资司、计算中心、深圳特派办和兰州特派办负责同志参加会议。

29日下午 副审计长侯凯在国家发展改革委出席 2011 年度组织分配中央财政投资审计进点会。行事司和发展统计局负责同志参加会议。

3月

1日上午 审计长刘家义列席国务院第 194 次常务会议。

1日 中央经济责任审计工作联席会议办公室主任李勇库主持召开经济责任审计工作座谈会，总结通报 2011 年经济责任审计工作情况，研究讨论 2012 年经济责任审计工作指导意见。办公厅、法规司、财政司、行事司、金融司、企业司和经责司负责同志及相关人员参加座谈会。

2月28日至3月2日 总审计师孙宝厚赴黑龙江省与省委组织部部长徐泽洲就有关人事问题交换意见。人教司有关同志陪同参加。

2日 审计长刘家义主持召开署机关各单位主要负责同志座谈会。副审计长余效明、石爱中、侯凯，纪检组长陈蕾，中央经济责任审计工作联席会议办公室主任李勇库和党组成员、办公厅主任陈尘肇出席。人教司和驻署监察局主要负责同志参加会议。

2日上午 副审计长侯凯在国家发展改革委出席上海"两个中心"建设部际协调机制第三次会议。金融司负责同志参加会议。

2日下午 副审计长侯凯在监察部出席政府绩效管理工作部际联席会议第二次会议。行事司负责同志参加会议。

3日下午 审计长刘家义在京会见贵州省委、省政府领导同志。副审计长侯凯和党组成员、办公厅主任陈尘肇参加。人教司主要负责同志参加会见。

5日上午 总审计师孙宝厚在署机关会见世界银行副行长兼主计长麦克唐纳一行。外资司、外资中心主要负责同志及相关工作人员参加会见。

2月24日至3月6日 副审计长董大胜率中国审计代表团出席在印度斋浦尔举行的亚审组织第 44 次、45 次理事会和第 12 届大会。董大胜还出席世审组织领导层晚宴、中日韩 3 国最高审计机关领导人第 15 次餐会，并与俄罗斯、马来西亚等国审计机关领导人进行工作会谈。法规司和国际司主要负责同志陪同出访。

6日下午 审计长刘家义在京会见中共广西壮族自治区党委书记郭声琨、广西壮族自治区政府主席马飚一行。副审计长董大胜、余效明，总审计师孙宝厚，副审计长侯凯，纪检组长陈蕾，中央经济责任审计工作联席会议办公室主任李勇库和署党组成员、办公厅主任陈尘肇参加。办公厅、人教司、服务局负责同志参加会见。

6日下午 办公厅举行党员领导干部廉政承

诺书签订和宣读大会，组织36名处以上党员领导干部当场签订并宣读廉政承诺书。审计长刘家义以一名普通党员的身份参加大会，并和与会同志一起面向党旗做出庄严承诺。机关党委、驻署监察局主要负责人参加大会。

7日上午 副审计长董大胜在署机关会见天津市副市长崔津渡一行，就有关审计事项进行沟通。财政司主要负责同志参加会见。

7日上午 总审计师孙宝厚在京与黑龙江省委书记吉炳轩就该省审计厅领导班子建设有关事宜交换意见。人教司有关同志参加交换意见。

7日上午 总审计师孙宝厚在京出席外资司和外资中心联合举办的联合国开发计划署援助项目审计培训会。外资司和外资中心负责同志及全体参审人员参加会议。

7日下午 党组书记刘家义主持召开党组务虚会议，就总结党的十七大以来审计工作进行研究部署。党组副书记董大胜，党组成员余效明、孙宝厚、侯凯、陈蔷、李勇库和陈尘肇出席。办公厅、人教司、机关党委、驻署监察局、服务局、培训中心主要负责同志及有关人员列席会议。

7日下午 署妇工委召开巾帼建功先进个人五好文明家庭和妇女之友表彰大会。审计长刘家义，副审计长董大胜、余效明，总审计师孙宝厚，副审计长侯凯，纪检组长陈蔷和党组成员、办公厅主任陈尘肇出席。署机关各单位主要负责同志、全体女同志和受表彰的妇女之友参加会议。

8日下午 中央经济责任审计工作联席会议办公室2012年第一次会议在审计署召开。会议通报2012年省部级领导干部和中央企业领导人员经济责任审计计划等事宜，研究《2012年经济责任审计工作指导意见》。联席会议召集人审计长刘家义出席会议，副审计长董大胜出席会议并讲话，中央经济责任审计工作联席会议办公室主任李勇库主持会议，联席会议办公室全体成员及联络员出席、参加会议。

9日上午 总审计师孙宝厚在京与吉林省委书记孙政才就该省审计厅领导班子建设有关事宜交换意见。人教司有关同志参加交换意见。

9日上午 总审计师孙宝厚和副审计长侯凯在署机关召集会议，专题研究《审计常用定性表述及适用法规向导—中央部门预算执行审计》。法规司负责同志及参与编撰的人员与部分受邀专家参加会议。

3日下午、7日上午、9日上午、10日下午和11日上午 副审计长余效明先后列席全国政协十一届五次会议开幕会、民革3、4组界别联组会议、第二次、第三次和第四次全体会议。

10日至12日 中央经济责任审计工作联席会议办公室主任李勇库赴江苏省南京市对南京特派办、审计干部教育学院基本建设有关情况进行调研。

13日上午 党组书记刘家义主持召开署党组会议，研究有关人事事项、《审计署机关各部门综合考核办法（试行）》《审计署2011年大事记》《审计署2012年工作要点》、关于审计干部教育学院筹建有关工作和关于审计署精神文明建设工作。党组副书记董大胜，党组成员孙宝厚、侯凯、陈蔷、李勇库和陈尘肇出席。办公厅、法规司、人教司、机关党委、驻署监察局、服务局、培训中心、信息办、基建办和审计干部教育学院筹备组负责同志列席、参加相关内容的研究。

13日下午 审计长刘家义主持召开审计长会议，研究《关于审计署2012年三类会议及视频研讨会计划》《审计署国有资产管理暂行办法》《世界银行亚洲开发银行贷款项目审计操作指南》《关于2012年重要审计规范建设的安排意见》等议题。副审计长董大胜、余效明，总审计师孙宝厚，副审计长侯凯，纪检组长陈蔷，中央经济责任审计工作联席会议办公室主任李勇库和署党组成员、办公厅主任陈尘肇出席。办公厅、法规司、外资司、境外司、经责司、国际司、人教司、机关党委、驻署监察局、服务局、计算中心、科研所、外资中心和信息办负责同志及有关人员列席、参加相关内容的研究。

13日下午 审计长刘家义主持召开审计业务会议，研究《2012年省级党委政府主要领导干部经济责任审计工作方案》《关于财政部具体组织2011年中央预算执行和编制的2011年中央决算草案审计工作方案》《2012年部长和高校校长经济责任审计工作方案》和《2012年经济责任审计工作指导意见》。副审计长董大胜、余效明，总审计师孙宝厚，副审计长侯凯，纪检组长陈蔷，中央经济责任审计工作联席会议办公室主任李勇库和署党组成员、办公厅主任陈尘肇出席。办公厅、法规司、财政司、行事司、金融司、经责司、人教司和科研所负责同志及有关人员列席、参加相关内容的研究。

5日上午、8日上午、9日下午、11日下午和14日上午 审计长刘家义先后列席十一届全国人大五次会议开幕式暨第一次全体会议、第二次、第三次、第四次全体会议和闭幕式。

14日下午 审计署召开践行雷锋精神宣讲会，鞍钢集团齐大山铁矿公路管理员郭明义、鞍钢集团党委宣传部部长聂振勇，服务局许新琦、财政司雷达和离退休干部王德旺做发言。审计长刘家义出席会议并讲话，副审计长余效明主持会议，副审计长董大胜，总审计师孙宝厚，副审计长侯凯，纪检组长陈蔷和党组成员、办公厅主任陈尘肇出席。署机关各单位、各派出审计局全体职工参加宣讲会，各特派员办事处通过视频转播参加宣讲会。

14日下午 副审计长董大胜在署机关会见河南省副省长李克一行，就有关审计事项进行沟通。农业司和郑州特派办负责同志参加会见。

15日上午 副审计长董大胜出席由国务院召开的研究商业银行贷款投放会议。金融司主要负责同志陪同参加会议。

15日上午 副审计长余效明出席全国社保基金理事会第四届理事大会第二次会议。社保司主要负责同志参加会议。

15日上午 总审计师孙宝厚和副审计长侯凯在署机关参加财政审计教材编写大纲论证会。相关受邀专家和财政司参与教材编写的人员参加会议。

15日下午 党组书记刘家义主持召开署党组会议，传达中央文件精神。党组副书记董大胜，党组成员孙宝厚、侯凯、陈蔷、李勇库和陈尘肇出席。

16日上午 审计长刘家义列席国务院第195次常务会议。

17日上午 审计长刘家义参加中央有关会议。

16日至18日 副审计长余效明赴广东省广州市与广东省委有关领导就该省审计厅领导班子建设有关事宜交换意见，赴湛江市就社保资金审计工作进行督导。

19日上午 审计长刘家义，副审计长董大胜、余效明和党组成员、办公厅主任陈尘肇在署机关听取全国社会保障资金审计情况汇报。全国社会保障资金审计办公室负责同志及有关人员参加汇报会。

19日上午 副审计长侯凯在署机关出席财政审计协调领导小组会议。财政司、行事司、企业司和社保司负责同志参加会议。

20日上午 受审计长刘家义委托，副审计长董大胜在署机关主持召开审计干部教育学院筹备工作情况汇报会。中央经济责任审计工作联席会议办公室主任李勇库和署党组成员、办公厅主任陈尘肇参加会议。办公厅、人教司、服务局、培训中心、审计干部教育学院筹备组、江苏省审计厅和南京审计学院负责同志参加会议。

20日上午 副审计长、机关党委书记余效明主持召开机关党委会会议，对《审计署开展基层组织建设年活动实施方案》进行审议并研究入党积极分子和预备党员转正等事宜。机关党委全体委员参加会议。

20日下午 审计长刘家义出席国务院召开的国务院南水北调工程建设委员会第六次全体会议。

21日上午 副审计长余效明主持召开特派办考核领导小组会议，研究2011年度特派办考核情况。特派办考核领导小组成员参加会议。

21日 总审计师孙宝厚在京出席外资项目审计柬埔寨培训班开班式，并就中国国情和审计概况作介绍。外资司和国际司负责同志参加会议。

21日上午 副审计长侯凯和纪检组长陈蔷出席对审计署2011年度预算执行情况检查进点会并讲话，党组成员、办公厅主任陈尘肇主持会议。办公厅、服务局、驻署监察局负责同志和检查组人员参加会议。

22日下午 党组书记刘家义主持召开署党组会议，研究有关人事事项、《关于审计署定点扶贫实施意见修改情况的报告》和《审计署2012年宣传工作要点》。党组副书记董大胜，党组成员余效明、孙宝厚、侯凯、陈蔷、李勇库和陈尘肇出席。办公厅、法规司、国际司、人教司、机关党委、驻署监察局、科研所、审计报社、出版社、培训中心、内部审计协会和审计学会负责同志列席参加相关内容的研究。

22日下午 副审计长董大胜在署机关会见中国投资公司总经理高西庆一行，就有关审计事项进行沟通。金融司负责同志参加会见。

22日下午 审计长刘家义主持召开审计长会议，研究《关于2012年全国审计工作座谈会主题等相关情况的报告》。副审计长董大胜、余效明，总审计师孙宝厚，副审计长侯凯，纪检组长陈蕾，中央经济责任审计工作联席会议办公室主任李勇库和党组成员、办公厅主任陈尘肇出席。办公厅、法规司、人教司、机关党委、驻署监察局、计算中心和信息办负责同志列席会议。

22日下午 审计长刘家义主持召开审计业务会议，研究《审计署关于审计法律法规执行情况的调查报告》等文稿。副审计长董大胜、余效明，总审计师孙宝厚，副审计长侯凯，纪检组长陈蕾，中央经济责任审计工作联席会议办公室主任李勇库和党组成员、办公厅主任陈尘肇出席。办公厅、法规司、人教司和科研所负责同志列席参加相关内容的研究。

23日上午 审计长刘家义主持召开维稳安全保密情况通报会。副审计长余效明通报近期维稳安全情况，副审计长侯凯通报审计署保密情况。副审计长董大胜，总审计师孙宝厚，纪检组长陈蕾，中央经济责任审计工作联席会议办公室主任李勇库和党组成员、办公厅主任陈尘肇出席。署机关各单位、各派出审计局主要负责同志参加会议。

23日上午 副审计长余效明和总审计师孙宝厚出席部分金融机构首席审计官座谈会。国家开发银行、中国农业银行、中国银行、中国建设银行、中国光大银行和中国邮政储蓄银行的代表，航空工业集团、华电集团和国家电网审计部负责同志，国资委评价局和法规司、金融司、内部审计协会、南京审计学院的负责同志及有关人员参加会议。

23日下午 副审计长董大胜在署机关会见中国证券监督管理委员会副主席刘新华一行，就有关审计事项进行沟通。金融司负责同志参加会见。

23日至25日 审计长刘家义、副审计长余效明和党组成员、办公厅主任陈尘肇参加财政司党支部、办公厅第五党支部和社保办临时党支部组织的“向雷锋同志学习”主题党日活动。财政司党支部、办公厅第五党支部和社保办临时党支部全体党员参加活动。

26日下午 审计长刘家义出席国务院第五次廉政工作会议。

26日下午 总审计师孙宝厚赴陕西省西安市与陕西省委书记赵乐际就该省审计厅领导班子建设有关事宜交换意见。人教司有关同志参加交换意见。

26日上午 副审计长侯凯在财政部出席该部部长谢旭人任职期间经济责任审计进点会。财政司、财税海关局主要负责同志及审计组人员参加会议。

27日上午 审计署召开全国审计机关党风廉政建设工作视频会议。审计长刘家义传达国务院第五次廉政工作会议精神，并就审计机关“讲政治、顾大局、守纪律”做讲话。副审计长董大胜主持会议，纪检组长陈蕾受署党组委托做题为《围绕中心　务求实效　深入推进审计机关反腐倡廉工作》的报告。副审计长侯凯，党组成员、办公厅主任陈尘肇和中央纪委二室负责同志在主会场出席会议。副审计长余效明、总审计师孙宝厚、中央经济责任审计工作联席会议办公室主任李勇库分别在社会保障资金督导地分会场出席会议。署机关各单位、各派出审计局副处级以上干部以及各直属单位的领导班子成员在主会场参加会议。各省（自治区、直辖市）、计划单列市、新疆生产建设兵团审计厅（局）和各特派员办事处通过视频转播同步参加会议。

27日下午 副审计长董大胜在署机关出席中印青年审计论坛启动会。国际司主要负责同志参加启动会。

28日上午 审计长刘家义出席国务院第七次全体会议。

27日至29日 副审计长余效明赴银川市就社会保障资金审计工作进行督导。其间，与宁夏回族自治区党委书记张毅、自治区主席王正伟就该区审计厅领导班子建设事宜交换意见。署特约审计员、北京师范大学董藩教授参加督导。

27日至29日 纪检组长陈蕾赴浙江省就社会保障资金审计工作进行督导，先后听取上海特派办、成都特派办、浙江省审计厅和杭州市、宁波市、绍兴市、鄞州区审计局社会保障资金审计工作的情况汇报，并到现场看望一线审计人员。

29日 审计署审计干部教育学院奠基仪式和首期培训班开班典礼在南京市举行。审计长刘家义，江苏省常务副省长李云峰，副审计长董大胜、石爱中，党组成员、办公厅主任陈尘肇出席。办公厅、人教司、培训中心、服务局、审计干部教育学院筹备组、江苏省审计厅和南京审计学院负责同志参加活动。

26日至30日 总审计师孙宝厚先后赴陕西、甘肃两省就社会保障资金审计工作进行督导。

30日 副审计长石爱中赴国家地震局，出席该局局长陈建民经济责任审计进点会，并与部分负责同志进行谈话。地震气象局、科学技术局和国资监管局主要负责同志参加进点会。地震气象局主要负责同志参加谈话。

4月

3月30日至4月1日 署党组中心组在怀柔审计干部培训基地召开第一季度学习会。会议以“讲政治、顾大局、守纪律”为主题，就进一步提高对党中央关于党风廉政建设、保持共产党员纯洁性等重要讲话精神的认识和理解，不断增强贯彻的自觉性进行深入学习和讨论。党组书记刘家义就“讲政治、顾大局、守纪律”做讲话，他强调审计机关要做到“六个始终”：一是始终坚定理想信念；二是始终牢记党的宗旨；三是始终严守党的纪律；四是始终保持党的优良作风；五是始终做到创新进取；六是始终忠实履行职责，勇于担当。党组副书记董大胜，党组成员余效明、孙宝厚、侯凯、陈蕾、李勇库、陈尘肇出席。办公厅、人教司、机关党委、驻署监察局和服务局主要负责同志参加学习会。

1日下午 党组书记刘家义在怀柔审计干部培训基地主持召开署党组会议，研究有关人事事项。党组副书记董大胜，党组成员余效明、孙宝厚、侯凯、陈蕾、李勇库和陈尘肇出席。人教司、机关党委和驻署监察局主要负责同志列席会议。

1日下午 审计长刘家义在怀柔审计干部培训基地主持召开审计长会议，研究《关于署本级2012年财政拨款预算安排方案》等文稿，听取办公厅关于配合国务院办公厅做好调研工作有关情况的汇报。副审计长董大胜、余效明，总审计师孙宝厚，副审计长侯凯，纪检组长陈蕾，中央经济责任审计工作联席会议办公室主任李勇库和党组成员、办公厅主任陈尘肇出席。办公厅、人教司、机关党委、驻署监察局和服务局主要负责同志列席相关内容的研究。

5日下午 副审计长余效明在署机关会见中国石油化工集团公司副总经理李春光一行，就有关审计事项进行沟通。企业司主要负责同志参加会见。

5日下午 副审计长余效明主持召开会议，专题研究特派办有关事宜。副审计长侯凯和党组成员、办公厅主任陈尘肇出席。办公厅、服务局负责同志及有关工作人员参加会议。

5日至6日 副审计长董大胜赴辽宁省就社会保障资金审计工作进行督导，听取沈阳特派办、辽宁省审计厅和沈阳市、大连市审计局的社会保障资金审计情况汇报，并到现场看望一线审计人员。

6日上午 副审计长余效明在中央纪委出席听取治理公款大吃大喝问题情况的汇报会。行事司主要负责同志陪同参加会议。

6日 副审计长石爱中在京出席特派办数字化标准及考核办法研讨会。计算中心和信息办主要负责同志参加会议。

6日上午 总审计师孙宝厚在京出席全国打击发票犯罪活动工作协调小组第五次会议。法规司负责同志参加会议。

6日下午 总审计师孙宝厚出席法规司组织的现场审计管理课题座谈会。参与该课题研究的人员参加会议。

6日下午 党组成员、办公厅主任陈尘肇召集会议，研究《审计署抢险救灾及灾后恢复重建跟踪审计画册》。办公厅、投资司、社保司和出版社负责同志参加会议。

6日 纪检组长陈蕾主持召开驻署纪检组监察局全体会议和局务会议，总结第一季度工作，布置下一步工作。

3月26日至29日、4月5日至8日 中央经济责任审计工作联席会议办公室主任李勇库先后赴四川、山西两省，就社会保障资金审计工作进行督导。署特约审计员、中央汇金投资有限公司副总经理赵海英，署特约审计员、北京市农业局原副局长尹幼奇分别参加督导。

9日下午 副审计长董大胜在署机关会见人民银行副行长胡晓炼和行长助理郭庆平，就有关审计事项进行沟通。金融司主要负责同志参加会见。

9日下午 副审计长董大胜在署机关会见国务院三峡办副主任、纪检组长雷加富和副主任雷鸣山，就有关审计事项进行沟通。农业司负责同志参加会见。

3日至10日 审计长刘家义率中国审计代表团先后访问韩国、日本最高审计机关。

9日至10日 副审计长侯凯赴湖北就全国社会保障资金审计工作进行督导，先后听取武汉特派办和湖北省审计厅社会保障资金审计工作情况的汇报，并到审计现场看望审计人员。

10日上午 审计署召开2012年南水北调工程审计动员视频会。副审计长董大胜和国务院南水北调办主任鄂竟平做动员讲话。国务院南水北调办副主任于幼军，南水北调工程相关单位、地方政府负责人及全体审计人员分别在北京主会场和南水北调工程沿线的京津冀特派办和河北省审计厅等7个分会场参加会议。

10日下午 党组书记刘家义在署机关主持召开副处级以上党员干部大会，传达中央文件并就有关工作提出要求。党组成员孙宝厚、李勇库和陈尘肇出席。署机关各单位、各派出审计局副处级以上党员干部参加大会。

10日下午 总审计师孙宝厚在京会见国际会计师联合会代表团。法规司、国际司、审计学会和内部审计协会负责同志参加会见。

9日至11日 副审计长余效明赴江苏省南京市，就社会保障资金审计工作进行督导。署特约审计员、北京市致公党副主委谢朝华参加督导。

9日至11日 纪检组长陈蔷先后赴广州市和深圳市，就廉政风险防控机制建设情况进行调研，分别在广州特派办、深圳特派办和广东省审计厅召开座谈会。

11日上午 审计长刘家义列席国务院第198次常务会议。

11日下午 总审计师孙宝厚在署机关出席外资司和外资中心联合举办的青年审计论坛暨英语演讲比赛。外资司、机关党委、国际司、人教司、科研所和外资中心负责同志及有关人员参加以上活动。

12日上午 副审计长余效明出席在北京市政府召开的首都规划委员会第32次全体会议。

12日下午 副审计长余效明在署机关会见中国石油天然气集团公司总会计师王国樑一行，就审计有关事项进行沟通。企业司负责同志参加会见。

16日 中央经济责任审计工作联席会议办公室主任李勇库与北京市电力公司主要负责同志就审计署“915”项目建设临时用电事项进行商谈。

17日上午 党组书记刘家义主持召开署党组会议，传达中央文件，研究《审计署关于进一步深化干部人事制度改革加强领导班子及干部队伍建设的意见》和《审计署开展基层组织建设年活动实施方案》等文稿，听取人教司关于署机关、派出局公务员和直属单位领导人员2011年度考核结果、特派办2011年度综合考核结果和关于署机关、派出局、特派办干部队伍有关情况分析的汇报。党组副书记董大胜，党组成员余效明、孙宝厚、侯凯、陈蔷、李勇库和陈尘肇出席。人教司、机关党委和驻署监察局主要负责同志列席参加会议。

17日上午 世界审计组织第21届大会网站开通仪式在京举行。世界审计组织理事会第一副主席、审计长刘家义出席开通仪式并宣布网站开通。世界审计组织第21届大会筹备工作领导小组组长、副审计长董大胜致辞。党组成员、办公厅主任陈尘肇，境外司、国际司、服务局、计算中心、科研所和北京市审计局负责同志出席开通仪式。

17日下午 审计长刘家义主持召开审计业务会议，研究《2012年中央企业社会审计机构审计报告核查工作方案》等。副审计长董大胜、余效明，总审计师孙宝厚，副审计长侯凯，纪检组长陈蔷，中央经济责任审计工作联席会议办公室主任李勇库和党组成员、办公厅主任陈尘肇出席。办公厅、法规司、金融司、企业司、境外司、经责司和科研所负责同志及有关人员列席参加相关内容的研究。

18日上午 审计长刘家义列席国务院第200次常务会议。

18日下午 纪检组长陈蕾召集计算中心和驻署监察局有关人员就如何将廉政风险防控与信息化条件下的审计工作相结合进行研究。

19日下午 审计长刘家义在署机关会见韩中友好协会会长朴三求。国际司负责同志参加会见。

19日 审计长刘家义主持召开专题会议，研究《审计署关于长江三峡工程竣工决算审计报告》《世界审计组织大会主议题“国家审计与国家治理”主论文》和《世界审计组织北京宣言》，听取社保办关于社保资金审计情况的汇报和离退休局关于部分离退休干部反映有关问题的汇报。副审计长董大胜、余效明、石爱中，总审计师孙宝厚和党组成员、办公厅主任陈尘肇出席。办公厅、法规司、农业司、投资司、境外司、国际司、人教司、离退休局、服务局、科研所、审计学会和社保办负责同志及有关人员列席参加相关内容的研究。

19日下午 中央经济责任审计工作联席会议办公室主任李勇库前往北京市政府就审计署“915”项目相关事宜与有关市领导进行商谈。

20日上午 副审计长余效明出席2012年企业审计视频培训班并讲话。副审计长余效明总结5年来企业审计取得的成效，对下一步企业审计的发展和2012年度企业审计工作做部署。企业司负责同志和有关人员在主会场参加会议，各特派办、地方审计机关负责同志和有关人员在分会场参加会议。

20日下午 副审计长石爱中在双榆树事业单位办公楼出席科研所2012年公开招聘人员面试。国际司、人教司、科研所和审计学会负责同志参加。

20日下午 副审计长石爱中在双榆树事业单位办公楼主持召开会议，研究审计干部教育学院信息化条件下的教育工作。计算中心、培训中心、信息办主要负责同志和基建办有关人员参加会议。

23日上午 副审计长余效明出席南水北调工程审计动员会并讲话。投资司负责同志及署机关各单位、各派出审计局抽调人员参加动员会。

23日下午 副审计长余效明在署机关会见国资委副主任孟建民，就企业审计结果公告有关事宜进行沟通。企业司负责同志及有关人员参加会见。

22日至24日 上海合作组织参与国最高审计机关领导人第二次会议在上海召开。审计长刘家义出席并致辞。副审计长董大胜和党组成员、办公厅主任陈尘肇出席并分别宣读题为《最高审计机关对国际经济合作的联合审计》和《最高审计机关在反腐败中的作用》的论文。上海合作组织10个参与国的最高审计机关领导人和上海市副市长屠光绍出席。其间，审计长刘家义到上海特派办进行工作调研。

24日上午 副审计长余效明主持召开机关党委会，研究推荐全国创先争优先进基层党组织、优秀共产党员有关事项。机关党委全体委员参加会议。

24日上午 总审计师孙宝厚在署机关出席赴英国社保审计中长期培训班汇报会。社保司、国际司、人教司、机关党委和培训中心负责同志及培训班全体学员参加会议。

24日下午 总审计师孙宝厚在署机关出席法规司组织的2011年度中央部门预算执行审计项目审理工作总结会。法规司负责同志及全体审理人员参加会议。

25日上午 党组书记刘家义主持召开署党组会议，研究有关人事事项、《中共审计署党组关于近五年工作情况的报告》等文稿，听取机关党委关于全国创先争优先进基层党组织、优秀共产党员推荐情况的汇报。党组副书记董大胜，党组成员余效明、孙宝厚、侯凯、陈蕾、李勇库和陈尘肇出席。办公厅、人教司、机关党委、驻署监察局和服务局负责同志列席参加相关内容的研究。

25日上午 副审计长余效明在署机关会见国资委副秘书长郭建新，就审计有关事项进行沟通。企业司负责同志及沈阳特派办有关人员参加会见。

25日下午 审计长刘家义主持召开审计长会议，研究《审计机关审计档案管理规定》，听取服务局关于特派办有关情况的汇报。副审计长董大胜、余效明，总审计师孙宝厚，副审计长侯凯，纪检组长陈蕾和党组成员、办公厅主任陈尘肇出席。办公厅、法规司、人教司、机关党委、驻署监察局和服务局负责同志及有关人员列席参加相关内容的研究。

25 日 中央经济责任审计工作联席会议办公室主任李勇库出席北京市政府召开的关于审计署“915”项目协调会。服务局主要负责同志及基建办有关人员参加会议。

26 日上午 副审计长侯凯在署机关会见教育部副部长鲁昕，就中小学校舍安全工程审计有关事项进行沟通。行事司负责同志参加会见。

26 日 中央经济责任审计工作联席会议办公室主任李勇库先后赴国资委、中央纪委、监察部等中央经济责任审计工作联席会议成员单位，与有关领导就进一步深化经济责任审计工作交换意见。行事司、企业司和经责司负责同志参加交换意见。

26 日至 27 日 副审计长董大胜赴云南省出席中国时代经济出版社与云南省审计机关共建的“审计文化书屋”授牌仪式。其间，副审计长董大胜到省审计厅进行审计工作调研。云南省委常委、副省长李江，出版社、昆明特派办和省审计厅主要负责同志参加授牌仪式。

27 日上午 副审计长侯凯在国务院出席全国治理教育乱收费部际联席会议第十二次会议。行事司负责同志参加会议。

3 月 1 日至 4 月 28 日 副审计长石爱中参加中央党校学习。

28 日 副审计长董大胜出席 2012 年全国金融审计视频培训班并讲话。各省（区、市）和计划单列市审计厅（局）、各特派办负责同志及全体参审人员参加培训。

5 月

2 日上午 党组书记刘家义主持召开署党组会议，研究《中共审计署党组关于近五年工作情况的报告》。党组副书记董大胜，党组成员余效明、孙宝厚、侯凯、陈蕾、李勇库和陈尘肇出席。副审计长石爱中，办公厅负责同志列席会议。

2 日上午 副审计长董大胜、石爱中，总审计师孙宝厚和党组成员、办公厅主任陈尘肇在署机关出席审计学会召开的关于 2012 年审计青年论坛组织情况及论文评选结果汇报会。

2 日下午 副审计长余效明在署机关会见铁道部副部长彭开宙，就有关审计事项进行沟通。企业司负责同志及有关人员参加会见。

3 日上午 副审计长董大胜在署机关会见人民银行行长助理郭庆平，就有关审计事项进行沟通。金融司主要负责同志参加会见。

3 日下午 审计长刘家义在署机关主持召开会议，就进一步加强保密工作进行专题研究部署。署保密委员会主任、副审计长侯凯和署保密委员会副主任、党组成员、办公厅主任陈尘肇出席。投资司、人教司、计算中心和社保办负责同志参加会议。

4 月 18 日上午、5 月 3 日下午 总审计师孙宝厚赴水利部就该部部长陈雷经济责任审计与该部领导班子成员分别进行谈话。农林水利局负责同志参加谈话。

4 日上午 副审计长董大胜在署机关会见人民银行副行长杜金富，就人事制度改革工作进行交流。人教司主要负责同志参加会见。

4 日上午 中央经济责任审计工作联席会议办公室主任李勇库在华审宾馆会见北京市建委副主任郑志勇，就审计署“915”项目有关事宜进行商谈。服务局负责同志参加会见。

4 日下午 审计长刘家义在人民大会堂出席纪念中国共产主义青年团成立 90 周年大会。

3 日至 4 日 副审计长石爱中赴山西省出席该省省长王君经济责任审计进点会，并与省委、省政府领导就经济责任审计有关事项分别进行谈话。财政司和太原特派办主要负责同志参加。

3 日至 5 日 副审计长余效明赴呼和浩特出席内蒙古自治区主席巴特尔任期经济责任审计进点会，并与自治区党委、人大、政协、纪委主要负责同志和政府领导班子成员就经济责任审计有关事项分别进行谈话。济南特派办主要负责同志及有关人员参加会议。

7 日上午 副审计长石爱中和总审计师孙宝厚在京出席科研所组织的 2012 年审计科研所博士后招生面试。

7 日上午 副审计长石爱中在署机关会见江苏省政府副秘书长汪泉及南京市常务副市长沈健，就京沪高铁审计整改事宜进行沟通。投资司主要负责同志参加会见。

8 日下午 副审计长董大胜在京会见世界审计组织战略规划主管莫妮卡·冈萨雷斯女士，就世界审计组织 2013 年大会组织筹备、会议主议题等方面工作进行交流。国际司、科研所主要负责同志参加会见。

9 日上午 副审计长余效明在署机关会见山东省副省长孙伟和省长助理周齐，就该省省长经济责任审计整改情况进行沟通。财政司和济南特派办主要负责同志及有关人员参加会见。

9 日下午 总审计师孙宝厚在京出席企业总审计师制度课题研讨会。中国航空工业集团公司、中国华电集团公司、中国国电集团公司和中国东方航空集团公司总审计师，国资委评价局和署法规司主要负责同志及有关人员参加会议。

3 日下午和 9 日 中央经济责任审计工作联席会议办公室主任李勇库先后赴人力资源社会保障部、中央组织部等中央经济责任审计工作联席会议成员单位，与有关负责同志就进一步深化经济责任审计工作交换意见。经责司负责同志参加交换意见。

10 日上午 副审计长余效明、石爱中和党组成员、办公厅主任陈尘肇听取社保办关于全国社保资金审计数据分析的汇报。计算中心和社保办负责同志及有关人员参加会议。

11 日上午 审计长刘家义和纪检组长陈蔷出席中央纪委主持召开的学习贯彻《关于加强和改进中央和国家机关纪检监察组织建设的意见》座谈会。机关纪委负责同志参加会议并作经验交流发言。

11 日上午 副审计长石爱中在清华大学出席该校原校长顾秉林经济责任审计进点会，并与该校领导班子成员分别进行谈话。兰州特派办和教育审计局主要负责同志参加会议和谈话。

11 日下午 党组书记刘家义主持召开署党组会议，研究《审计署因公出国人员审批管理规定》。党组副书记董大胜，党组成员余效明、孙宝厚、侯凯、陈蔷和李勇库出席。副审计长石爱中，办公厅、国际司、人教司、机关党委、驻署监察局主要负责同志列席参加会议。

11 日下午 审计长刘家义主持召开审计长会议，研究《2012—2013 年度审计署重点科研课题招标立项评审结果》。副审计长董大胜、余效明、石爱中，总审计师孙宝厚，副审计长侯凯，纪检组长陈蔷和中央经济责任审计工作联席会议办公室主任李勇库出席。办公厅、科研所和审计学会负责同志参加会议。

11 日下午 审计长刘家义主持召开审计业务会议，研究《农村中小学布局调整情况专项审计调查工作方案》。副审计长董大胜、余效明、石爱中，总审计师孙宝厚，副审计长侯凯，纪检组长陈蔷和中央经济责任审计工作联席会议办公室主任李勇库出席。办公厅、法规司、行事司和科研所负责同志及有关人员参加会议。

11 日下午 副审计长侯凯在发展改革委就该委主任张平经济责任审计与领导班子成员分别进行谈话。发展统计局负责同志参加谈话。

14 日上午 审计长刘家义在署机关会见罗马尼亚审计法院院长尼古拉·沃克罗尤。双方就国家审计有关内容进行交流，签署《中华人民共和国审计署与罗马尼亚审计法院合作协议》。副审计长董大胜，党组成员、办公厅主任陈尘肇和国际司主要负责同志参加以上活动。

3 日上午和 14 日 中央经济责任审计工作联席会议办公室主任李勇库先后赴国家博物馆和故宫博物院，就文化部部长蔡武经济责任审计与国家博物馆馆长吕章申和故宫博物院院长单霁翔进行谈话，并听取审计组的汇报。

14 日下午 全国政协主席贾庆林在人民大会堂会见罗马尼亚审计法院院长尼古拉·沃克罗尤。审计长刘家义参加会见。

14 日下午 副审计长石爱中在南京出席审计干部教育学院财务会计培训班汇报会并同培训班学员进行座谈。人教司、培训中心、审计干部教育学院筹备组和南京审计学院负责同志参加座谈会。

14 日至 15 日 副审计长余效明赴民航局就民航局局长李家祥经济责任审计与该局领导班子成员分别进行谈话。交通运输局主要负责同志和审计组人员参加谈话。

14 日至 15 日 副审计长侯凯赴长春出席长春市委书记高广滨、市长崔杰经济责任审计进点会。经责司和长春特派办负责同志参加会议。

15 日 中央经济责任审计工作联席会议办公室主任李勇库主持召开署基建办主任会议，听取“915”项目进展情况的汇报。服务局负责同志参加会议。

15日至16日 副审计长石爱中赴江苏省、山东省南水北调工程审计现场进行调研和督导。投资司主要负责同志陪同参加。

16日下午 副审计长董大胜在署机关会见中国投资有限责任公司党委副书记、监事长金立群，就有关审计事项进行沟通。金融司主要负责同志参加会见。

17日上午 副审计长董大胜在中国进出口银行总行出席该行法定代表人李若谷经济责任审计进点会。金融司、南京特派办的主要负责同志及审计组部分成员参加会议。

17日下午 副审计长余效明在卫生部就卫生部部长陈竺经济责任审计与该部领导班子成员分别进行谈话。卫生药品局主要负责同志和审计组成员参加谈话。

17日下午 副审计长董大胜在中国建设银行总行出席该行原董事长郭树清经济责任审计进点会。金融司、境外司、京津冀特派办的主要负责同志及审计组部分成员参加会议。

8日至17日 2012年度地县级审计局长第一期培训班在怀柔审计干部培训基地举办。审计长刘家义，副审计长董大胜、余效明、石爱中，总审计师孙宝厚，副审计长侯凯，纪检组长陈蔷和中央经济责任审计工作联席会议办公室主任李勇库先后为培训班学员就中外审计比较、怎样当好审计局长、进一步强化审计质量控制、现行审计实践中的绩效审计、深化财政审计、一把手如何抓党风廉政建设、深化经济责任审计等内容做专题讲座。

18日下午 党组书记刘家义主持召开署党组会议，研究《审计长奖学金管理办法》和审计干部教育学院有关事项。党组副书记董大胜，党组成员余效明、孙宝厚、侯凯、陈蔷、李勇库和陈尘肇出席。副审计长石爱中，办公厅、法规司、境外司、人教司、机关党委、驻署监察局、培训中心负责同志列席参加相关内容的研究。

18日下午 审计长刘家义主持召开审计业务会议，研究《审计署关于2011年度中央预算执行和其他财政收支的审计结果报告》和《审计工作国家秘密范围的规定》。副审计长董大胜、余效明、石爱中，总审计师孙宝厚，副审计长侯凯，纪检组长陈蔷，中央经济责任审计工作联席会议办公室主任李勇库和党组成员、办公厅主任陈尘肇出席。办公厅、法规司、财政司、行事司、机关党委、驻署监察局和培训中心负责同志列席参加相关内容的研究。

14日至18日 总审计师孙宝厚赴广西壮族自治区出席该区主席马飚任期经济责任审计进点会，并与自治区领导班子成员就经济责任审计有关事项分别进行谈话。财政司、深圳特派办负责同志及审计组成员参加会议和谈话。其间，总审计师孙宝厚到桂林市审计局对审计机关法制建设和审计项目质量控制情况进行调研。

18日上午 副审计长董大胜在中国农业银行总行出席该行原董事长项俊波经济责任审计进点会。金融司、境外司和沈阳特派办主要负责同志及审计组部分成员参加会议。

18日上午 副审计长余效明在署机关会见社保基金理事会副理事长于革胜，就预算执行审计和决算（草案）审签有关事项进行沟通。社保司负责同志参加会见。

18日上午 副审计长石爱中和署党组成员、办公厅主任陈尘肇在京出席“金审工程”二期初步验收大会。

18日至19日 副审计长侯凯赴厦门出席厦门大学校长朱崇实经济责任审计进点会。广州特派办负责同志参加会议。

22日上午 副审计长侯凯在京出席《国家自然科学基金条例》公布实施五周年座谈会。

21日至22日 副审计长余效明在京出席中央创先争优领导小组召开的全国创先争优理论研讨会。

21日至23日 副审计长董大胜在哈尔滨出席哈尔滨工业大学校长王树国经济责任审计进点会。哈尔滨特派办主要负责同志及审计组部分成员参加会议。

21日至24日 总审计师孙宝厚赴陕西省西安市出席西北工业大学校长姜澄宇经济责任审计进点会，并与该校领导班子成员分别进行谈话。太原特派办负责同志及审计组成员参加会议和谈话。

24日下午 审计长刘家义主持召开审计长会议，研究有关审计报告。副审计长石爱中、侯凯，中央经济责任审计工作联席会议办公室主任李勇库和党组成员、办公厅主任陈尘肇出席。办公厅、法规司、财政司、社保司和社保办负责同志及有关人员参加会议。

24日下午 纪检组长陈蔷出席国务院办公厅召开的全国政府信息公开工作电视电话会议。办公厅负责同志参加会议。

23日至25日 副审计长董大胜在郑州出席河南省省长郭庚茂经济责任审计进点会。财政司、郑州特派办负责同志及审计组部分成员参加会议。

25日至26日 第二届全国审计青年论坛在怀柔审计干部培训基地举办。论坛围绕"国家审计与国家治理"和"当代中国青年审计人的核心价值观"两个专题展开研讨，并向全国审计系统青年发出《坚定理想信念 让青春与审计共辉煌》的倡议。审计长刘家义，副审计长余效明、石爱中，总审计师孙宝厚，副审计长侯凯，纪检组长陈蔷，中央经济责任审计工作联席会议办公室主任李勇库和党组成员、办公厅主任陈尘肇出席，审计学会会长翟熙贵主持会议。办公厅、人教司、培训中心、科研所、审计学会负责同志，论文获奖人员及署机关、派出审计局代表参加论坛。

28日上午 副审计长余效明就卫生部部长陈竺经济责任审计听取审计组审计进展情况的汇报，对下一步工作进行布置。

28日下午 党组成员、办公厅主任陈尘肇出席国务院办公厅召开的部分省级人民政府机关软件正版化工作专题会议。

29日下午 党组书记刘家义主持召开署党组会议，研究《中共审计署党组关于在审计组设立临时党组织的意见》。党组副书记董大胜，党组成员孙宝厚、侯凯、陈蔷、李勇库和陈尘肇出席。副审计长石爱中，办公厅、人教司、机关党委、驻署监察局主要负责同志列席参加会议。

29日下午 审计长刘家义主持召开审计业务会议，研究《审计署关于18个省区市2011年保障性安居工程审计情况的报告》。副审计长董大胜、石爱中，总审计师孙宝厚，副审计长侯凯，纪检组长陈蔷，中央经济责任审计工作联席会议办公室主任李勇库和党组成员、办公厅主任陈尘肇出席。办公厅、法规司、财政司、社保司、投资司和科研所负责同志参加会议。

29日下午 审计署优秀博士学位论文评审小组召开专题会议，研究审定审计署优秀博士学位论文入选名单。审计长刘家义，副审计长董大胜、石爱中，总审计师孙宝厚和党组成员、办公厅主任陈尘肇出席。科研所、出版社负责同志参加会议。

29日下午 总审计师孙宝厚在署机关会见香港华人会计师公会会长林智远率领的代表团。办公厅、法规司和港澳台办负责同志参加会见。

29日上午 副审计长侯凯在全国人大会议中心出席全国人大常委会预算工作委员会会议。办公厅和财政司负责同志参加会议。

29日下午 中央经济责任审计工作联席会议办公室主任李勇库在京出席宋庆龄基金会成立30周年大会。

29日至30日 副审计长余效明在京出席中央国家机关党代表会议。

30日上午 中央经济责任审计工作联席会议办公室主任李勇库在署机关主持召开"915"项目施工会议。"915"项目总承包单位中建总公司党组书记、董事长易军出席。企业司、驻署监察局、服务局、基建办和中建总公司负责同志及有关人员参加会议。

30日下午 审计长刘家义主持召开审计干部职业教育培训教材编审委员会主任委员会议，研究《审计干部职业教育培训教材》《社会主义市场经济理论研究》《财政理论研究》和《金融理论研究》等文稿。副审计长董大胜、石爱中，总审计师孙宝厚，副审计长侯凯和党组成员、办公厅主任陈尘肇出席。人教司、培训中心负责同志及有关专家参加会议。

31日上午 审计长刘家义、副审计长侯凯在全国人大会议中心出席全国人大财经委员会会议，就2011年度中央预算执行和其他财政收支审计工作报告有关情况进行沟通。办公厅、财政司和行事司负责同志参加会议。

31日上午 副审计长董大胜在署机关听取云南省审计厅关于开展地方金融机构联网审计情况的汇报。金融司和计算中心主要负责同志也听取汇报。

31日上午 总审计师孙宝厚赴水利部就该部财务信息管理系统和联网审计平台进行调研。农林水利局、广电通讯局和新闻报刊局负责同志参加调研。

6月

1日上午 党组书记刘家义主持召开署党组会议，研究《审计署党组关于加强地方审计机关领导班子和干部队伍建设的意见》和关于开展百名“四手”审计干部评选活动事宜。党组副书记董大胜，党组成员余效明、孙宝厚、侯凯、陈蔷、李勇库和陈尘肇出席。副审计长石爱中，办公厅、人教司、机关党委、驻署监察局负责同志参加会议。

1日上午 副审计长余效明在署机关会见社保基金理事会副理事长王忠民，就有关审计事项进行沟通。社保司负责同志及有关人员参加会见。

1日上午 总审计师孙宝厚和副审计长侯凯在署机关会见商务部副部长李金早。外资司、境外司、贸易审计局和外资中心主要负责同志参加会见。

1日下午 副审计长董大胜在署机关会见中国投资有限责任公司党委书记、董事长兼首席执行官楼继伟和党委副书记、监事长金立群，就有关审计事项进行沟通。金融司主要负责同志参加会见。

1日下午 副审计长石爱中赴教育部就国外高等教育发展情况进行工作调研。兰州特派办和教育审计局负责同志参加调研。

2日上午 中央经济责任审计工作联席会议办公室主任李勇库赴署“915”项目施工现场进行检查指导，并与项目承建单位中建八局董事长黄克斯进行会谈。基建办和跟踪监督组成员参加。

4日上午 副审计长石爱中赴中国工商银行数据中心（北京）就内部审计工作和信息化建设情况进行工作调研。计算中心和内部审计协会负责同志参加调研。

4日上午 纪检组长陈蔷主持召开驻署纪检组监察局全体会议。

5日上午 总审计师孙宝厚赴国资委出席国资委监事会工作座谈会。企业司负责同志参加会议。

6日下午 受署党组委托，副审计长董大胜主持召开全署干部大会，就署机关、派出审计局司处级非领导职务选拔工作做讲话。

6日 中央经济责任审计工作联席会议办公室主任李勇库在华审宾馆主持召开基建办主任办公会，听取基建办各组工作情况汇报，对下一步工作做安排。

7日 审计长刘家义主持召开深化财政审计座谈会。副审计长侯凯和党组成员、办公厅主任陈尘肇出席。财政司和行事司负责同志及有关人员参加会议。

7日下午 总审计师孙宝厚赴水利部就水利部部长陈雷经济责任审计事项与该部领导班子成员交换意见。农林水利局、广电通讯局和新闻报刊局负责同志及有关人员参加交换意见。

7日 中央经济责任审计工作联席会议办公室主任李勇库赴文化部就文化部部长蔡武经济责任审计事项与其本人交换意见。

7日晚 中央经济责任审计工作联席会议办公室主任李勇库在怀柔审计干部培训基地与参加地县级审计局长培训班的部分局长就经济责任审计工作进行座谈。

8日上午 副审计长侯凯、纪检组长陈蔷在全国人大会议中心出席中央加快转变经济发展方式检查组动员培训会。财政司负责同志和参加检查的同志参加会议。

8日下午 党组书记刘家义主持召开署党组会议，研究有关人事事项，听取办公厅关于总结回顾实行审计制度30周年有关工作的汇报。党组副书记董大胜，党组成员孙宝厚、侯凯、陈蔷、李勇库和陈尘肇出席。副审计长石爱中，办公厅、人教司、机关党委、驻署监察局和科研所负责同志及有关人员列席参加相关内容的研究。

8日下午 副审计长董大胜与署党组成员、办公厅主任陈尘肇在署机关会见中国残疾人联合会常务副理事长王乃坤，就有关审计事项进行沟通。社保司主要负责同志参加会见。

10日下午 云南省政府与审计署在京举行工作会谈，就进一步发挥审计监督的建设性作用，为云南科学发展、和谐发展、跨越发展提供服务进行交流。审计长刘家义，云南省省长李纪恒、常务副省长李江，副审计长石爱中、侯凯和署党组成员、办公厅主任陈尘肇，审计署及云南省政府有关部门负责同志参加会谈。

11日上午 审计长刘家义出席中国科学院第

十六次院士大会和中国工程院第十一次院士大会。

11日上午 副审计长董大胜、石爱中，署党组成员、办公厅主任陈尘肇在署机关出席享受政府特殊津贴推荐人选专家评议会。评审小组成员参加会议。

2日至11日 副审计长余效明率中国审计代表团赴印度尼西亚出席世界审计组织救灾援助问责及审计工作组第六次会议，赴斯里兰卡访问斯里兰卡审计署。

11日上午 总审计师孙宝厚在京为2012年度第一期审计案例师资培训班学员授课。

11日下午 审计长刘家义在京主持召开深化金融审计工作座谈会。副审计长董大胜和署党组成员、办公厅主任陈尘肇出席。部分科研院所和高校的专家、教授，办公厅、金融司和科研所负责同志及有关人员参加座谈。

12日下午 审计长刘家义会见安哥拉审计法院院长儒里昂·安东尼奥。副审计长董大胜，国际司和培训中心主要负责同志参加会见。

13日上午 审计长刘家义列席国务院第208次常务会议。

13日下午 审计长刘家义在京主持召开深化企业审计工作座谈会。副审计长余效明和署党组成员、办公厅主任陈尘肇出席。部分科研院所和高校的专家、教授，办公厅、企业司和科研所负责同志及有关人员参加座谈。

14日上午 党组书记刘家义在署机关主持召开党组会议，研究有关人事事项。党组副书记董大胜，党组成员余效明、孙宝厚、侯凯、李勇库和陈尘肇出席。副审计长石爱中，人教司、机关党委和驻署监察局主要负责同志列席会议。

8日上午和14日下午 副审计长石爱中在审计署机关听取南水北调工程审计工作情况汇报。投资司主要负责同志参加汇报。

6日至15日 审计署在怀柔审计干部培训基地举办2012年度第2期地县级审计局长培训班。其间，审计长刘家义，副审计长董大胜、余效明、石爱中，总审计师孙宝厚，副审计长侯凯，纪检组长陈蔷和中央经济责任审计工作联席会议办公室主任李勇库先后为培训班学员做专题讲座。

15日上午 总审计师孙宝厚在署机关出席法规司召集的《优秀审计项目评选办法》座谈会。法规司主要负责同志及有关人员参加会议。

15日下午 副审计长余效明和署党组成员、办公厅主任陈尘肇出席国务院召开的专题会议。社保办负责同志参加会议。

18日上午 审计长刘家义会见俄罗斯审计法院副院长瓦列里·戈列格利亚德，确定今年在俄举办双边研讨会。副审计长石爱中参加会见并向俄方介绍中国审计最新发展动态，就投资审计方面的做法和经验进行交流。国际司和投资司负责同志参加会见。

18日下午 副审计长余效明主持召开机关党委会会议，研究推荐审计署“四手”审计干部和“五好”党支部有关事项。机关党委全体委员参加会议。

19日至21日上午 署党组中心组第二季度学习会在怀柔审计干部培训基地召开。会议以保持党的纯洁性为主题，就进一步加强领导干部党风廉政建设、保持共产党员纯洁性进行学习和讨论。党组副书记董大胜，党组成员余效明、孙宝厚、侯凯、李勇库和陈尘肇出席。副审计长石爱中，办公厅、人教司、机关党委、驻署监察局和服务局负责同志参加学习会。

21日下午 党组书记刘家义在怀柔审计干部培训基地主持召开署党组会议，研究有关人事事项，听取机关党委关于“四手”审计干部推选情况的汇报和关于署机关“五个好”党支部分类定级情况的汇报。党组副书记董大胜，党组成员余效明、孙宝厚、侯凯、李勇库和陈尘肇出席。副审计长石爱中，法规司、行事司、人教司、机关党委、驻署监察局和服务局主要负责同志列席相关内容的研究。

21日下午 审计长刘家义在署机关主持召开审计长会议，研究《中国特色社会主义国家审计制度研究实施方案》和审计署与中国社会科学院共建财经战略研究院相关事项。副审计长董大胜、余效明、石爱中，总审计师孙宝厚，副审计长侯凯和署党组成员、办公厅主任陈尘肇出席。办公厅、法规司、财政司、境外司、国际司、人教司、计算中心、科研所和审计学会负责同志及有关人员列席参加相关内容的研究。

25日下午 副审计长余效明赴卫生部就卫生部部长陈竺经济责任审计与其本人及该部有关负

责同志交换意见。卫生药品局负责同志参加交换意见。

25日下午 受副审计长石爱中的委托，总审计师孙宝厚在署机关出席三峡工程竣工决算审计整改座谈会。国务院三峡办、国家电网公司和中国长江三峡集团公司负责同志，投资司、农业司主要负责同志及有关人员参加座谈。

26日上午 受审计长刘家义委托，副审计长董大胜在京会见波兰最高监察院院长雅采克·耶杰尔斯基，就中波两国最高审计机关合作、第21届世审组织大会等方面内容进行交流。国际司和科研所负责同志参加会见。

3月26日至6月27日 2012年度审计署首期财务会计培训班在审计干部教育学院举办。审计长刘家义，副审计长董大胜、石爱中，总审计师孙宝厚和纪检组长陈蔷先后为培训班学员做专题讲座。6月26日，审计长刘家义，副审计长石爱中和署党组成员、办公厅主任陈尘肇出席结业典礼。人教司和培训中心主要负责同志参加结业典礼。

27日上午 受国务院委托，审计长刘家义向十一届全国人大常委会第二十七次会议做《关于2011年度中央预算执行和其他财政收支的审计工作报告》。副审计长侯凯及办公厅负责同志参加会议。

27日上午 副审计长董大胜在署机关会见外交部副部长宋涛，就有关审计事项进行沟通。外交外事局、民族宗教局和民政社保局主要负责同志参加会见。

27日上午 总审计师孙宝厚在京出席世界银行贷款中国节能融资项目审计中期会。外资司和外资中心主要负责同志，参加此项审计的特派办有关同志参加会议。

27日下午 审计长刘家义参加中央党的建设领导小组会议。

28日下午 审计长刘家义在京出席全国创先争优表彰大会。

28日下午 副审计长石爱中赴国务院南水北调办公室就南水北调工程审计同该办主要负责同志进行会谈。投资司主要负责同志参加会谈。

29日下午 审计署创先争优“四手”审计干部表彰大会在署机关召开。审计长刘家义出席会议并讲话。副审计长董大胜宣读《审计署创先争优活动领导小组关于表彰“四手”审计干部的决定》，副审计长侯凯宣读在基层组织建设年党支部分类定级工作中被定级为“五个好”的党支部名单。副审计长余效明主持大会。副审计长石爱中，总审计师孙宝厚，中央经济责任审计工作联席会议办公室主任李勇库和署党组成员、办公厅主任陈尘肇出席。署机关各单位、各派出审计局全体干部职工在署机关主会场、特派办干部职工通过视频在驻地分会场参加会议。

11日至29日 按照中央加快转变经济发展方式监督检查工作领导小组统一安排，纪检组长陈蔷带领第八中央检查组对海南省和云南省贯彻落实中央加快转变经济发展方式决策部署情况进行检查。

29日下午 副审计长余效明出席国务院召开的全国保障性安居工程座谈会。社保司负责同志参加会议。

7月

2日上午 总审计师孙宝厚在京出席法规司组织召开的《优秀审计项目评选办法》座谈会。法规司主要负责同志，北京、天津、河北、河南和山东等省（市）审计厅（局）和部分特派办有关人员参加会议。

2日下午 《中国共产党审计工作史》编写工作启动会在京召开。审计长刘家义、中央党史研究室主任欧阳淞和副主任李忠杰出席会议并讲话。副审计长石爱中主持会议。中央党史研究室、解放军审计署、中国注册会计师协会、署机关相关单位及部分地方审计机关有关人员参加会议。

2日下午 审计长刘家义在署机关会见巴勒斯坦审计与行政监察署审计长贾马勒·阿布贝克尔。副审计长董大胜及国际司主要负责同志参加会见。

3日上午 党组书记刘家义在署机关主持召开党组会议，研究有关人事事项和《审计署地方特派员办事处年度综合考核办法》。党组副书记董大胜，党组成员余效明、孙宝厚、侯凯、陈蔷、李勇库和陈尘肇出席。人教司、机关党委和驻署监察局主要负责同志列席会议。

3日上午 审计长刘家义主持召开审计长会议，研究《审计署绩效报告（2011年度）》。副审计长董大胜、余效明，总审计师孙宝厚，副审计长侯凯，纪检组长陈蕾和署党组成员、办公厅主任陈尘肇出席。办公厅、法规司、人教司、机关党委和驻署监察局负责同志列席会议。

3日下午 审计长刘家义在署机关会见尼日尔审计法院院长阿拉格巴达·雅各布·埃莉阿娜·维克图瓦。副审计长董大胜，国际司和经责司主要负责同志参加会见。

2日和3日下午 副审计长余效明出席企业审计中期汇报会。企业司负责同志和各企业审计组人员参加会议。

3日至4日 副审计长石爱中在石家庄市出席中国民主促进会第十二届中央常务委员会第十九次会议。

4日上午 温家宝总理主持召开国务院第209次常务会议，部署2011年度中央预算执行和其他财政收支审计查出问题的整改工作，听取全国社会保障资金审计情况的汇报。审计长刘家义列席会议并就相关情况进行汇报。副审计长余效明，署党组成员、办公厅主任陈尘肇及办公厅、社保办有关人员随同参加会议。

4日上午 中央经济责任审计工作联席会议办公室主任李勇库赴中国农业银行就经济责任审计工作进行调研。金融司和经责司负责同志参加调研。

5日上午 副审计长董大胜在京出席农业司召集的2012年节能减排专项资金审计中期交流会。农业司主要负责同志及有关人员，相关特派办审计组负责同志参加会议。

5日上午 中央经济责任审计工作联席会议办公室主任李勇库赴北京科技大学就经济责任审计工作进行调研。行事司和经责司负责同志参加调研。

6日下午 副审计长董大胜在京出席中央巡视工作理论研讨会。

9日至10日 全国审计工作座谈会在黑龙江省哈尔滨市召开。会议的主要内容是：全面落实科学发展观，深入贯彻党的十七大，十七届三中、四中、五中、六中全会精神，总结交流近年来审计信息化建设的做法和经验，研究部署进一步推进审计信息化建设，构建国家电子审计体系。审计长刘家义和副审计长石爱中就审计信息化建设做讲话，副审计长董大胜做会议总结讲话。副审计长余效明、纪检组长陈蕾、中央经济责任审计工作联席会议办公室主任李勇库和署党组成员、办公厅主任陈尘肇出席。黑龙江省省长王宪魁出席开幕式并致辞。各省、自治区、直辖市审计厅（局），解放军审计署，各计划单列市、副省级省会市和新疆生产建设兵团审计局，署机关各单位、各特派员办事处、各派出审计局，南京审计学院主要负责同志，应邀的中央纪委监察部、中央组织部、全国人大常委会预算工作委员会、国务院办公厅、发展改革委、财政部的代表和部分特约审计员参加会议。

10日上午 总审计师孙宝厚在京出席全国文物工作会议。文化体育局主要负责同志参加会议。

12日下午 审计署与中国社会科学院在署机关举行签字仪式，正式启动中国社会科学院财经战略研究院共建项目。审计长刘家义和中国社会科学院常务副院长王伟光在合作协议上签字并讲话。副审计长董大胜、石爱中和署党组成员、办公厅主任陈尘肇出席。办公厅、财政司、行事司、人教司和科研所负责同志参加签字仪式。

13日下午 副审计长董大胜在署机关会见澳大利亚副总理兼国库部长的国会秘书瑞伯尼，介绍中国审计署概况、中国审计发展规划、绩效审计和地方政府性债务审计等方面的情况。国际司负责同志参加会见。

13日下午 副审计长余效明在双榆树办公楼出席署离退休干部第二季度例会，通报上半年审计工作情况。

5日至14日 2012年度新录用公务员初任培训班在南京审计学院举办。11日上午，审计长刘家义和培训班学员共话审计与人生。12日上午，总审计师孙宝厚为学员就审计人员职业道德规范与职业生涯规划做专题讲座。

13日至14日上午 总审计师孙宝厚在京出席第七次全国信访工作会议。

15日 副审计长董大胜、余效明、石爱中，总审计师孙宝厚，中央经济责任审计工作联席会议办公室主任李勇库和署党组成员、办公厅主任陈尘肇作为考官在署机关参加司处级非领导职务竞争上岗面试工作。

7日至16日 副审计长侯凯率中国审计代表团访问南非审计署，落实双边合作协议，就2013年世界审计组织第21届大会主议题——“国家审计与国家治理”的相关准备事项进行商讨。代表团还访问博兹瓦纳审计署。

16日至20日 审计署司局级正职领导干部研究班在京举办。审计长刘家义，副审计长董大胜、余效明、石爱中，总审计师孙宝厚，副审计长侯凯，纪检组长陈蔷，中央经济责任审计工作联席会议办公室主任李勇库和署党组成员、办公厅主任陈尘肇出席。署机关各单位、各特派办和各派出局主要负责同志参加研究班。

17日至18日 审计署在京召开审计机关廉政风险防控工作研讨会。审计长刘家义，纪检组长陈蔷和署党组成员、办公厅主任陈尘肇出席会议。

20日 副审计长侯凯和纪检组长陈蔷在京出席中央加快转变经济发展方式集中检查汇报会。纪检组长陈蔷代表第八检查组作汇报发言。财政司负责同志和参加检查的同志参加会议。

23日上午 副审计长余效明在署机关会见中国移动通信集团公司董事长奚国华，就审计有关事项进行沟通。企业司主要负责同志及有关人员参加会见。

23日 总审计师孙宝厚在京出席起草《审计现场管理办法》启动会。法规司主要负责同志和起草组成员参加会议。

23日至24日 审计长刘家义在京出席省部级主要领导干部专题研讨班。

24日下午 中央经济责任审计工作联席会议办公室主任李勇库赴中国航天科技集团公司就经济责任审计工作进行调研。经责司和企业司负责同志参加调研。

25日上午 审计长刘家义列席国务院第212次常务会议。

25日上午 副审计长余效明主持召开会议，传达省部级主要领导干部专题研讨班有关精神。副审计长石爱中，总审计师孙宝厚，纪检组长陈蔷，中央经济责任审计工作联席会议办公室主任李勇库和署党组成员、办公厅主任陈尘肇出席。署机关各单位主要负责同志参加会议。

24日至25日 副审计长侯凯在京出席派出审计局课题研究论证和审计信息化建设研讨会。行事司和各派出审计局负责同志参加会议。

25日上午 副审计长侯凯主持召开会议，向参加派出审计局课题研究论证和审计信息化建设研讨会的主要负责同志传达省部级主要领导干部专题研讨班有关精神。

25日下午 社会保障资金审计专家研讨会在京举办。审计长刘家义，副审计长余效明和署党组成员、办公厅主任陈尘肇出席。部分科研院所和高校的专家、教授及社保办人员参加研讨。

25日下午 副审计长石爱中在京出席玉树、舟曲灾后恢复重建工作会议。

25日下午 中央经济责任审计工作联席会议办公室主任李勇库赴北京语言大学就经济责任审计工作进行调研。经责司和教育审计局负责同志参加调研。

27日上午 审计长刘家义和总审计师孙宝厚听取《审计现场管理办法》起草组工作情况的汇报。法规司主要负责同志和起草组全体成员参加汇报。

18日至27日 审计署在怀柔审计干部培训基地举办2012年度第3期地县级审计局长培训班。其间，副审计长董大胜、余效明、石爱中，总审计师孙宝厚，副审计长侯凯，纪检组长陈蔷和中央经济责任审计工作联席会议办公室主任李勇库先后为培训班学员做专题讲座。

23日至27日 联合国审计委员会第66次例会在纽约召开。作为现任联合国审计委员会轮值主席审计长刘家义的代表，副审计长董大胜参加并主持本次会议，同其他委员一同签署联合国2010—2011双财年审计报告。会议期间，副审计长董大胜还会见第66届联合国大会主席纳西尔·阿卜杜勒阿齐兹·纳赛尔。国际司和境外司主要负责同志参加本次会议。

27日下午 副审计长侯凯在署机关会见财政部副部长王军，就审计有关事项进行沟通。财政司主要负责同志参加会见。

30日上午 总审计师孙宝厚在署机关出席外资司和外资中心共同组织召开的《国外贷援款项目审计法规资料选编丛书》（第一部分）终审稿汇报会。外资司和外资中心主要负责同志以及参加该丛书编写的有关同志参加会议。

30 日下午 审计长刘家义，副审计长石爱中，总审计师孙宝厚和署党组成员、办公厅主任陈尘肇出席金审二期工程竣工验收大会。审计署信息化建设领导小组成员、审计机关有关单位负责同志和中央国家机关信息化部门、有关科研院所的专家参加会议。

30 日下午 副审计长董大胜在署机关会见建设银行副董事长、执行董事张建国和首席审计官余静波，就有关审计事项进行沟通。金融司主要负责同志参加会见。

31 日下午 审计长刘家义，副审计长董大胜、余效明，总审计师孙宝厚和署党组成员、办公厅主任陈尘肇出席审计署机关第二届青年英语演讲比赛。

31 日晚 审计长刘家义出席国防部在人民大会堂举行的庆祝中国人民解放军建军 85 周年招待会。

8 月

2 日下午 审计长刘家义与新闻出版总署署长柳斌杰到中国时代经济出版社调研。副审计长董大胜，署党组成员、办公厅主任陈尘肇，新闻出版总署办公厅、出版管理司和中国审计报社主要负责同志参加调研。

17 日下午 审计长刘家义在京出席中央组织部组织召开的干部考核工作调研座谈会并作交流发言。

20 日下午 党组书记刘家义在署机关主持召开署党组会议，研究有关人事事项和《中共审计署党组关于开展保持党的纯洁性学习教育活动的实施方案》《审计干部队伍思想政治建设暨青年干部培养工作座谈会方案》《关于学习宣传审计人员核心价值观的工作安排》。党组副书记董大胜，党组成员余效明、孙宝厚、陈蔷、李勇库、陈尘肇出席。副审计长石爱中，办公厅、人教司、机关党委和驻署监察局负责同志列席参加相关内容的研究。

20 日下午 审计长刘家义在署机关主持召开审计长会议，研究《审计署关于进一步推进审计信息化建设的指导意见》。副审计长董大胜、余效明、石爱中，总审计师孙宝厚，纪检组长陈蔷，中央经济责任审计工作联席会议办公室主任李勇库和署党组成员、办公厅主任陈尘肇出席。办公厅、人教司、机关党委、驻署监察局、服务局、计算中心和信息办负责同志列席参加相关内容的研究。

21 日 纪检组长陈蔷和中央经济责任审计工作联席会议办公室主任李勇库在京出席中央纪委组织召开的贯彻落实《建立健全惩治和预防腐败体系 2008—2012 年工作规划》工作成果交流会。中央经济责任审计工作联席会议办公室主任李勇库代表审计署就经济责任审计工作做交流发言。

22 日上午 审计长刘家义在署机关会见中央国家机关工委常务副书记汪永清带领的调研组并进行座谈。副审计长余效明介绍审计署机关党建工作的做法和经验。行事司、企业司、境外司、机关党委、财税海关局主要负责同志及办公厅和人教司党员代表参加座谈。

22 日下午 纪检组长陈蔷出席驻署监察局办公会议，传达贺国强在中央纪委贯彻落实《建立健全惩治和预防腐败体系 2008—2012 年工作规划》工作成果交流会上的讲话，并就贯彻落实会议精神做出安排。

23 日上午 审计长刘家义在署机关主持召开审计长会议，研究《审计署优秀审计项目评选办法》和《审计署关于加强对外援助审计的试行意见》。副审计长余效明、石爱中，总审计师孙宝厚，纪检组长陈蔷，中央经济责任审计工作联席会议办公室主任李勇库和署党组成员、办公厅主任陈尘肇出席。办公厅、法规司、外资司、境外司、国际司、人教司、驻署监察局、科研所、外交外事局和贸易审计局负责同志列席参加相关内容的研究。

23 日下午 审计长刘家义在京出席中央组织部组织召开的干部考核工作座谈会并做交流发言。

23 日下午 副审计长石爱中在京听取《中国特色社会主义审计制度研究》课题组阶段性研究情况的汇报。课题组全体成员参加汇报。

23 日下午 总审计师孙宝厚在京听取《审计现场管理办法》起草组阶段性工作情况的汇报。

法规司负责同志和起草组全体成员参加汇报。

24 日下午 审计长刘家义，副审计长余效明、石爱中和总审计师孙宝厚出席署机关摄影协会成立大会。

22 日至 24 日 副审计长董大胜赴宁夏出席全国审计通联宣传工作会议并讲话。会议通报中国审计报社、中国时代经济出版社 2012 年工作情况，对 2012 年度审计宣传工作先进单位进行表彰。宁夏回族自治区审计厅、中国审计报社、中国时代经济出版社主要负责同志，各省、自治区、直辖市审计厅（局）、各计划单列市、新疆生产建设兵团审计局分管宣传的负责同志参加会议。会议期间，副审计长董大胜还到宁夏回族自治区审计厅、银川市审计局和中卫市审计局进行工作调研。

27 日上午 中央经济责任审计工作联席会议办公室主任李勇库在署机关主持召开基建办主任办公会议，听取基建办各组近期工作情况汇报，研究部署下一步工作。服务局主要负责同志和基建办有关人员参加会议。

27 日下午 副审计长石爱中在京出席中国审计学会环境专业委员会工作会议。审计学会会长翟熙贵，农业司和审计学会秘书处主要负责同志参加会议。

15 日至 28 日 审计署机关举办 2012 年度集中培训。其间，审计长刘家义做题为《关于心态问题》的报告，副审计长石爱中做培训动员和总结讲话。

20 日至 28 日 审计署 2012 年度第四期地县级审计局长培训班在怀柔审计干部培训基地举办。其间，审计长刘家义，副审计长董大胜、余效明、石爱中，总审计师孙宝厚，纪检组长陈蔷和中央经济责任审计工作联席会议办公室主任李勇库先后做专题讲座或与培训班学员座谈。

27 日和 28 日下午 总审计师孙宝厚先后在署机关和双榆树办公楼出席外资司和外资中心共同举办的现场模拟面试和国学知识竞赛活动，并作为评委进行点评。外资司和外资中心全体同志参加活动。

28 日下午 纪检组长陈蔷在署机关出席驻署监察局上半年工作总结会议。

29 日上午 审计长刘家义列席国务院第 215 次常务会议。

29 日上午 中央经济责任审计工作联席会议办公室主任李勇库在署机关听取经责司 1 月至 8 月工作进展情况的汇报，对经责司下一阶段工作提出要求。

30 日上午 纪检组长陈蔷在署机关主持召开驻署监察局青年干部座谈会。

30 日上午 中央经济责任审计工作联席会议办公室主任李勇库赴中国工商银行数据中心（北京），对该中心基本建设情况进行调研。金融司、信息办和计算中心主要负责同志及基建办有关人员参加调研。

30 日下午 总审计师孙宝厚和中央经济责任审计工作联席会议办公室主任李勇库赴中国石油北京油气调控中心，对该中心信息化及基本建设情况进行调研。企业司、信息办和计算中心主要负责同志及基建办有关人员参加调研。

31 日上午 副审计长余效明赴呼和浩特市与内蒙古自治区政府主席巴特尔就其经济责任审计有关事项交换意见。济南特派办主要负责同志及有关人员参加交换意见。

31 日上午 副审计长石爱中在京听取计算中心有关设计情况的汇报。信息办、计算中心主要负责同志参加汇报。

31 日上午 总审计师孙宝厚在京出席中央国家机关工委支部工作法推进会。机关党委常务副书记和出版社党委书记，社保司、外资司、境外司、国际司、民族宗教局和广电通讯局党支部书记及有关同志参加会议。

31 日下午 党组书记刘家义在署机关主持召开党组会议，研究学习宣传安徽省合肥市审计局金岚岚先进事迹有关事项。党组副书记董大胜，党组成员孙宝厚、陈蔷、李勇库和陈尘肇出席。副审计长石爱中，办公厅、人教司、机关党委和驻署监察局负责同志列席会议。

12 日至 31 日 副审计长侯凯参加中央党校举办的公共政策与治理专题培训班。其间，15 日至 30 日赴美国学习。

9月

3日上午 审计署举行“915”项目结构启动仪式。审计长刘家义，副审计长董大胜、余效明，总审计师孙宝厚，副审计长侯凯，中央经济责任审计工作联席会议办公室主任李勇库，署党组成员、办公厅主任陈尘肇，办公厅和服务局负责同志及基建办有关人员出席、参加启动仪式。

3日上午 副审计长石爱中在京出席北京国家会计学院会计和审计专业硕士开学典礼。

3日下午 审计长刘家义在京会见芬兰审计署审计长托马斯·波斯提，就两国审计工作最新发展情况、双方合作和2013年世审大会有关事项等内容进行交流。副审计长董大胜和国际司主要负责同志参加会见。

3日下午 总审计师孙宝厚在京出席审计署第五批联合国审计后备人员培训班开班式并讲话。境外司全体同志和培训班全体学员参加开班式。

4日上午 总审计师孙宝厚在京会见芬兰审计署审计长托马斯·波斯提，就公共财政和财政政策持续性、环境审计方法和评价指标等内容进行交流。财政司、农业司和国际司负责同志参加会见。

4日下午 审计长刘家义在署机关主持召开专题会议，听取各业务司关于今年审计项目及有关工作完成情况、未完成工作的进展情况及下一步安排的汇报，对下一阶段重点工作做出部署。副审计长董大胜、余效明、石爱中，总审计师孙宝厚，副审计长侯凯，中央经济责任审计工作联席会议办公室主任李勇库和署党组成员、办公厅主任陈尘肇出席。办公厅、法规司、财政司、行事司、农业司、投资司、金融司、企业司、社保司、外资司、境外司、经责司、人教司、机关党委、驻署监察局、计算中心和科研所负责同志参加会议。

5日上午 副审计长石爱中和总审计师孙宝厚在京出席审计学会和科研所共同组织召开的审计署2011—2012年度重点科研课题结项评审会议。

5日下午 审计长刘家义在署机关主持召开审计业务会议，研究有关审计报告。副审计长董大胜、余效明、石爱中，总审计师孙宝厚，副审计长侯凯，中央经济责任审计工作联席会议办公室主任李勇库和署党组成员、办公厅主任陈尘肇出席。办公厅、法规司、财政司、行事司、农业司、经责司、科研所，太原、济南、郑州、深圳和长春特派办，外交外事局、发展统计局、财税海关局、交通运输局、农林水利局、文化体育局、卫生药品局和地震气象局负责同志列席参加相关内容的研究。

6日下午 副审计长石爱中赴南京出席南京审计学院首届审计专业硕士开学典礼。

6日下午 中央经济责任审计工作联席会议办公室主任李勇库赴海关总署就经济责任审计工作开展情况进行调研。经责司和财税海关局主要负责同志参加调研。

7日上午 副审计长余效明在北京怀柔培训基地与2012年度青年审计干部培训班学员进行座谈。机关党委和培训中心负责同志参加座谈。

7日下午 中央经济责任审计工作联席会议办公室主任李勇库赴中国国电集团公司就经济责任审计工作开展情况进行调研。企业司和经责司主要负责同志参加调研。

10日至11日 副审计长侯凯赴上海市出席国家会计学院第四次董事会会议。

11日上午 审计长刘家义和副审计长董大胜在京出席科研所长“中国特色社会主义审计制度”专题培训班并与学员进行座谈。下午，副审计长董大胜做《中外国家审计制度比较》的专题报告。

11日上午 中央经济责任审计工作联席会议办公室主任李勇库在署机关听取经责司关于党政领导干部同步审计工作情况的汇报。

11日至12日 副审计长石爱中赴西安市出席2012海峡两岸暨港澳地区审计理论与实务研讨会并讲话。中国审计学会会长翟熙贵出席会议。

13日上午 党组书记刘家义在署机关主持召开署党组会议，研究有关干部人事事项。党组副书记董大胜，党组成员余效明、侯凯、李勇库、陈尘肇出席。副审计长石爱中，人教司、机关党委和驻署监察局主要负责同志列席参加会议。

13日上午 审计长刘家义在署机关主持召开

审计业务会议，研究2012年财政审计总体方案。副审计长董大胜、余效明、石爱中、侯凯，中央经济责任审计工作联席会议办公室主任李勇库和署党组成员、办公厅主任陈尘肇出席。办公厅、法规司、财政司、行事司、农业司、投资司、金融司、企业司、社保司、外资司、境外司、经责司、计算中心和科研所负责同志列席参加会议。

13日上午 审计长刘家义在署机关主持召开审计长会议，研究保障性安居工程跟踪审计工作方案和指导意见、中国特色社会主义审计制度研究提纲。副审计长董大胜、余效明、石爱中、侯凯，中央经济责任审计工作联席会议办公室主任李勇库和署党组成员、办公厅主任陈尘肇出席。办公厅、法规司、财政司、投资司、社保司、境外司和科研所负责同志及有关人员列席参加相关内容的研究。

3日至13日 审计署举办第三届中印审计青年论坛。其间，审计长刘家义接见论坛全体代表，副审计长董大胜出席论坛开幕式并讲话。

14日上午 副审计长余效明在京出席2012年企业授权审计项目中期协调会。企业司主要负责同志和办公厅有关人员参加会议。

14日上午 中央经济责任审计工作联席会议办公室主任李勇库在“915”项目施工现场主持召开基建办主任办公会，听取基建办各组近期工作情况汇报，对下一步工作做出安排。服务局主要负责同志和基建办有关人员参加会议。

14日下午 副审计长董大胜赴外交部与该部部长杨洁篪就其经济责任审计有关事项交换意见。国际司、外交外事局、民族宗教局和资源环保局主要负责同志参加交换意见。

17日上午 审计长刘家义出席2012年度审计干部教育学院财政金融培训班开班式并讲话。副审计长石爱中和署党组成员、办公厅主任陈尘肇出席，财政司、金融司、人教司和培训中心负责同志参加开班式。

17日至18日 中央经济责任审计工作联席会议办公室主任李勇库先后赴北京市和朝阳区、大兴区审计局就经济责任审计工作情况进行督查和调研。经责司负责同志参加督查和调研。

18日下午 副审计长石爱中在京出席审计署博士后座谈会。科研所主要负责同志参加座谈。

9日至18日 总审计师孙宝厚率中国审计代表团赴芬兰出席世界审计组织公共债务工作组年度会议，访问保加利亚审计署。

19日上午 审计长刘家义列席国务院第217次常务会议。

19日上午 副审计长侯凯在署机关主持召开财政审计协调领导小组会议，研究2012年至2013年财政审计总体方案。办公厅、法规司、财政司、行事司、农业司、投资司、金融司、企业司、社保司、外资司、境外司、经责司、计算中心和科研所负责同志参加会议。

20日 副审计长石爱中赴广州特派办就信息化建设情况进行调研。计算中心负责同志参加调研。

20日上午 中央经济责任审计工作联席会议办公室主任李勇库赴文化部与该部部长蔡武就其任期经济责任审计有关事项交换意见。文化体育局主要负责同志参加交换意见。

21日上午 副审计长余效明在署机关出席特派办节能工作培训班。服务局主要负责同志及各特派办有关人员参加培训。

21日下午 党组书记刘家义在署机关主持召开署党组会议，研究有关人事事项。党组成员余效明、孙宝厚、侯凯、李勇库、陈尘肇出席。人教司、机关党委和驻署监察局负责同志列席参加会议。

21日下午 总审计师孙宝厚在京出席国外贷援款项目绩效审计指南课题启动会。外资司和外资中心主要负责同志及课题组成员参加会议。

21日下午 中央经济责任审计工作联席会议办公室主任李勇库赴北京市人民政府就北京市经济责任审计工作督查和调研情况与北京市委副书记、代市长王安顺进行座谈。经责司主要负责同志参加座谈。

22日下午 总审计师孙宝厚在京为参加全国审计机关高级审计师能力建设研修班的学员做专题讲座。

23日下午 审计长刘家义在署机关与在中央党校和国家行政学院学习的审计系统学员进行座谈。副审计长余效明、石爱中，纪检组长陈蕾和署党组成员、办公厅主任陈尘肇出席。

24 日下午 审计长刘家义在署机关会见马里审计署审计长阿玛度·欧斯玛那·图尔。署党组成员、办公厅主任陈尘肇出席。国际司主要负责同志参加会见。

24 日下午 副审计长余效明在京出席国务院参事室、中央文史研究馆中秋聚会。

24 日下午 副审计长石爱中在京出席民进中央会章修改会。

25 日至 27 日 署党组中心组第三季度学习会在署怀柔审计干部培训基地召开。会议以学习贯彻胡锦涛总书记“7·23”讲话精神为主题，就进一步加深对胡锦涛总书记“7·23”讲话精神的理解、审计工作如何更好地服从服务于科学发展这一主题和经济发展方式转变这一主线进行学习和讨论。党组成员余效明、孙宝厚、侯凯、李勇库和陈尘肇出席。副审计长石爱中，办公厅、人教司、机关党委、驻署监察局和服务局负责同志参加学习会。

27 日下午 副审计长余效明在国务院出席全国加强和改进最低生活保障工作电视电话会议。社保司主要负责同志参加会议。

17 日至 27 日 副审计长董大胜率中国审计代表团赴马来西亚出席亚洲审计组织环境审计委员会第四次研讨会及第三次工作组会议，访问澳大利亚财政部和审计署。

28 日上午 副审计长余效明和石爱中在京出席企业审计信息化规划研讨会。企业司负责同志参加会议。

28 日下午 副审计长余效明在署机关会见中国民用航空局副局长李军，就审计有关事项交换意见。交通运输局主要负责同志参加会见。

28 日下午 中央经济责任审计工作联席会议办公室主任李勇库在“915”项目现场主持召开基建办主任办公会，听取基建办各组近期工作情况汇报，对下一步工作做出安排。服务局主要负责同志和基建办有关人员参加会议。

29 日上午 审计长刘家义主持召开会议，传达中央文件。副审计长董大胜、余效明、石爱中，总审计师孙宝厚，中央经济责任审计工作联席会议办公室主任李勇库和署党组成员、办公厅主任陈尘肇出席。署机关各单位、各派出审计局处级以上党员干部参加会议。

29 日晚 审计长刘家义出席国务院在人民大会堂举行的 2012 年国庆招待会。

10 月

9 日下午 全国政协副主席、内部审计协会名誉会长李金华，内部审计协会会长、副审计长余效明赴合众人寿保险股份有限公司就民营企业内部审计情况进行调研。

9 月 30 日至 10 月 9 日 中央经济责任审计工作联席会议办公室主任李勇库率中国审计代表团赴波兰出席世界审计组织反腐败反洗钱工作组第六次大会，访问爱尔兰审计署。

10 日上午 审计长刘家义列席国务院第 219 次常务会议。

10 日上午 副审计长董大胜赴南京审计学院出席中国—斯里兰卡审计研讨班开班式并做专题报告。投资司、国际司和南京特派办负责同志参加以上活动。

11 日上午 审计长刘家义在署机关会见俄罗斯联邦审计院审计委员弗拉迪米尔·卡特宁科。副审计长余效明出席。社保司和国际司主要负责同志参加会见。

11 日下午 副审计长侯凯在京出席国务院教育督导委员会成立暨第九届国家督学聘任工作会议。

11 日至 12 日 审计署举办 2012 年财政审计视频培训班。11 日上午，审计长刘家义出席培训班动员会，就做好 2012 年财政审计工作做讲话。副审计长侯凯主持培训班动员会并于 12 日下午做总结讲话。副审计长董大胜、石爱中，总审计师孙宝厚，中央经济责任审计工作联席会议办公室主任李勇库和署党组成员、办公厅主任陈尘肇出席。署机关各业务司全体同志、各派出审计局负责同志及有关人员在署机关主会场、各特派员办事处负责同志及有关人员通过视频在驻地分会场参加培训。

12 日上午 审计长刘家义在署机关主持召开审计业务会议，研究经济责任审计报告。副审计长董大胜、余效明、石爱中，总审计师孙宝厚，副审计长侯凯，中央经济责任审计工作联席会议办公室主任李勇库和署党组成员、办公厅主任陈尘肇出席。办公厅、法规司、行事司、经责司、科研所，兰州、广州、哈尔滨、太原特派办和教育审计局负责同志列席参加会议。

12日下午 副审计长董大胜在署机关与中国建设银行董事长王洪章就有关审计事项交换意见。金融司主要负责同志参加交换意见。

12日下午 副审计长董大胜在署机关与河南省委常委、常务副省长李克就有关审计事项交换意见。财政司和郑州特派办负责同志参加交换意见。

12日下午 总审计师孙宝厚在京出席《联合国开发计划署援助项目审计指南》编写大纲论证会。外资司和外资中心主要负责同志参加论证会。

14日 总审计师孙宝厚在京对2012年审计专业技术资格考试考点进行巡视。人教司和培训中心主要负责同志参加巡视。

15日上午 审计长刘家义在署怀柔审计干部培训基地出席2012年度党支部书记培训班开班式并讲话，副审计长余效明主持开班式。署机关各单位、各特派员办事处、各派出审计局党支部书记参加培训。

15日下午 审计长刘家义在京出席中央创先争优活动领导小组召开的创先争优活动总结交流会。

16日 总审计师孙宝厚在署机关出席2012年优秀审计项目评选工作启动会，要求参加优秀审计项目评选的全体人员要做到客观评价、研究问题和廉洁保密。法规司负责同志及有关人员参加会议。

16日下午 审计长刘家义在署机关主持召开审计长会议，研究关于审计业务经费安排有关事项。副审计长董大胜、余效明、石爱中，总审计师孙宝厚，中央经济责任审计工作联席会议办公室主任李勇库和署党组成员、办公厅主任陈尘肇出席。办公厅和驻署监察局负责同志列席参加会议。

16日下午 副审计长侯凯在京出席中央公务用车专项治理工作领导小组第5次会议。行事司主要负责同志参加会议。

17日上午 副审计长余效明在署机关出席2012年城镇保障性安居工程跟踪审计视频培训班开班式并讲话。社保司全体同志及办公厅、法规司、计算中心和科研所有关人员在署机关主会场，各省、自治区、直辖市审计厅（局）、各计划单列市、新疆生产建设兵团审计局、各特派员办事处负责同志及有关人员通过视频在驻地分会场参加培训。

17日上午 副审计长石爱中在京出席高速公路竣工决算审计中期汇报会。投资司主要负责同志参加汇报会。

17日上午 总审计师孙宝厚在署机关会见世界银行高级副行长兼独立评价局局长卡罗琳·海德，就绩效审计、绩效评价能力发展以及世界银行与中国相关政府部门的合作等内容进行交流。外资司、国际司和外资中心负责同志参加会见。

18日至20日 副审计长侯凯在京出席2012年度中央部门预算执行审计工作方案暨技术方法培训班并讲话。行事司和各派出审计局全体同志及办公厅、法规司、财政司、金融司、社保司、经责司、人教司有关人员参加培训。

18日上午 中央经济责任审计工作联席会议办公室主任李勇库在“915”项目现场主持召开基建办主任办公会，听取基建办各组近期工作情况汇报，对下一步工作做出安排。服务局主要负责同志和基建办有关人员参加会议。

19日上午 受审计长刘家义委托，副审计长董大胜出席国务院召开的收入分配改革专题汇报会。

19日上午 总审计师孙宝厚在署机关出席2012年省（市）长经济责任审计项目审理会。法规司负责同志及有关人员参加会议。

17日至20日 审计长刘家义先后赴浙江和江苏省进行工作调研。人教司主要负责同志参加调研。

22日下午 党组书记刘家义在署机关主持召开署党组会议，研究有关人事事项。党组副书记董大胜，党组成员余效明、孙宝厚、侯凯、李勇库出席。副审计长石爱中，人教司、机关党委和驻署监察局负责同志列席参加会议。

23 日上午 审计长刘家义列席国务院第 221 次常务会议。

23 日上午 中央经济责任审计工作联席会议办公室主任李勇库赴国家档案局与局长杨冬权就审计署档案管理工作有关事项进行座谈。办公厅负责同志参加座谈。

23 日下午 审计长刘家义，副审计长董大胜、余效明和侯凯与审计署近期人事调整涉及的 32 名司局级干部进行集体谈话。

24 日上午 副审计长董大胜在京会见重庆市副市长谭栖伟，就三峡移民资金审计整改有关情况交换意见。农业司主要负责同志及有关人员参加会见。

24 日上午 副审计长石爱中在京主持召开会议，研究中国审计题材邮票设计情况。办公厅、科研所和审计博物馆负责同志参加会议。

24 日上午 副审计长石爱中在京出席中国特色社会主义审计课题组阶段性成果汇报会。科研所主要负责同志及有关人员参加汇报会。

24 日至 26 日 总审计师孙宝厚赴成都市就《审计署审计现场管理办法》起草情况进行调研。

25 日上午 中央经济责任审计工作联席会议办公室主任李勇库赴北京城建集团有限责任公司与董事长徐贱云就审计署基本建设有关事宜进行会谈。服务局主要负责同志参加会谈。

26 日上午 副审计长董大胜在京出席审计署离退休干部金婚庆典。办公厅、人教司、机关党委、离退休局和服务局负责同志参加庆典活动。

26 日上午 中央经济责任审计工作联席会议办公室主任李勇库在署机关听取经责司近期工作情况汇报。经责司全体同志参加汇报会。

27 日至 28 日 副审计长石爱中在京出席中国民主促进会第十二届中央常务委员会第二十次会议。

29 日 审计长刘家义在京主持召开“如何进一步加强和改进审计工作”座谈会。副审计长董大胜和中央经济责任审计工作联席会议办公室主任李勇库出席。办公厅、法规司、人教司负责同志，辽宁、浙江、山东、湖北、广东、重庆和陕西省（市）审计厅（局）主要负责同志及有关人员参加座谈会。

30 日上午 副审计长侯凯赴监察部出席预防腐败工作联席会议第六次会议。办公厅负责同志参加会议。

30 日下午 党组书记刘家义在署机关主持召开署党组会议，研究有关人事事项，听取关于派出审计局 2012 年度考核结果有关事宜。党组副书记董大胜，党组成员余效明、孙宝厚、侯凯、李勇库出席。副审计长石爱中，办公厅、法规司、财政司、行事司、金融司、企业司、经责司、人教司、机关党委和驻署监察局负责同志列席参加相关内容的研究。

24 日至 30 日 受署党组委托，副审计长余效明先后赴济南、西安、昆明和成都特派办，宣布署党组关于上述各办主要负责同志的任职决定。

31 日上午 审计长刘家义列席国务院第 223 次常务会议。

31 日上午 副审计长余效明、石爱中在署机关出席企业审计信息化工作研讨会。企业司和计算中心负责同志及有关人员参加会议。

31 日上午 中央经济责任审计工作联席会议办公室主任李勇库到“915”项目建设工地现场检查指导工作。服务局主要负责同志参加检查指导。

11 月

1 日上午 中央经济责任审计工作联席会议办公室主任李勇库赴北京市规划委员会与副主任王玮就审计署基本建设有关事宜进行会谈。服务局主要负责同志参加会谈。

1 日下午 副审计长余效明和中央经济责任审计工作联席会议办公室主任李勇库实地考察国家博物馆、公安部、全国人大、人民大会堂等单位基本建设情况。服务局主要负责同志和基建办有关人员参加考察。

1 日至 2 日 副审计长石爱中赴审计干部教育学院就财政金融培训班有关工作进行调研。人教司和培训中心负责同志参加调研。

2 日上午 副审计长董大胜在署机关听取国际司关于世界审计组织第 63 次理事会会议筹备情况的汇报。国际司全体人员参加汇报会。

2 日上午 副审计长余效明和总审计师孙宝

厚在京出席《常用定性表述及适用法规向导——社会保障资金审计》评审会。法规司、社保司和外资司主要负责同志及有关人员参加会议。

2日下午 副审计长余效明在署机关主持召开会议，研究布置“十八大”期间的安全保障有关工作。办公厅、人教司、服务局和计算中心负责同志参加会议。

2日下午 中央经济责任审计工作联席会议办公室主任李勇库赴北京市人民政府与副秘书长徐波就审计署基本建设有关事宜进行会谈。服务局主要负责同志参加会谈。

9月1日至11月2日 纪检组长陈蔷参加第52期中央党校省部级干部进修班，就“世界经济与政治格局变化及应对”专题进行学习。

1日至4日 审计长刘家义在京出席党的十七届七中全会。

5日上午 副审计长董大胜在署机关会见中国进出口银行董事长、行长李若谷，就有关审计事项交换意见。金融司主要负责同志参加会见。

5日上午 纪检组长陈蔷在署机关主持召开驻署监察局办公会议，总结前一时期工作并对下一阶段工作做出安排。

5日上午 中央经济责任审计工作联席会议办公室主任李勇库赴“915”项目建设工地现场检查指导工作。服务局主要负责同志参加检查指导。

6日上午 副审计长余效明在署机关主持召开会议，研究离退休干部制度建立30周年展有关事宜。办公厅、人教司、机关党委、服务局和离退休办负责同志参加会议。

6日上午 副审计长石爱中在京出席中国特色社会主义审计制度研讨会并讲话。科研所主要负责同志参加会议。

6日下午 副审计长余效明在署机关会见国家开发投资公司总会计师张华，就有关审计事项交换意见。

6日下午 总审计师孙宝厚在署机关会见香港会计师公会行政总裁兼注册主任丁伟铨。办公厅、法规司和署港澳台办公室负责同志参加会见。

7日上午 副审计长石爱中在京出席民进十一大筹委会第二次会议。

7日上午 中央经济责任审计工作联席会议办公室主任李勇库在署机关主持召开办公厅主任会，就如何做好办公厅工作进行研究，并对加强有关工作提出要求。办公厅负责同志参加会议。

7日下午 副审计长余效明在署机关会见国家电网公司副总经理陈月明，就有关审计事项交换意见。

8日上午 审计署组织观看党的十八大开幕式电视直播。副审计长余效明、石爱中，总审计师孙宝厚，纪检组长陈蔷和中央经济责任审计工作联席会议办公室主任李勇库出席。署机关各单位、各特派员办事处和各派出审计局全体同志观看开幕式。

8日上午 总审计师孙宝厚在署机关出席2012年优秀审计项目评选工作启动会。他要求参加优秀审计项目评选的全体人员要做到客观评价、研究问题和廉洁保密。法规司主要负责同志参加会议。

8日下午 副审计长石爱中在京主持召开会议，研究《国外审计监督制度介绍》编写工作。境外司、国际司和科研所负责同志参加会议。

8日下午 副审计长石爱中和总审计师孙宝厚在京出席AO2011外资专业版升级需求论证会。外资司和计算中心主要负责同志参加会议。

9日上午 中央经济责任审计工作联席会议办公室主任李勇库在署机关听取全国审计工作会议筹备情况的汇报。办公厅、法规司、社保司、人教司、服务局、计算中心和培训中心负责同志参加汇报。

9日下午 副审计长石爱中在京主持召开会议，研究完善整合现有计划管理软件和统计管理软件有关事项。办公厅和计算中心负责同志参加会议。

12日上午 副审计长石爱中在京出席投资司召开的援疆审计阶段性总结会议。投资司和19个省（市）审计厅负责同志参加汇报会。

12日上午 副审计长石爱中在署机关会见国家标准化管理委员会副主任于欣丽，就如何把审计国家标准推向国际标准有关事项进行研究。境外司、国际司、计算中心和信息办负责同志参加会见。

12日下午 内部审计协会会长、副审计长余效明在京出席内部审计协会常务理事会第二次会议。

13日 内部审计协会名誉会长、全国政协副主席李金华，内部审计协会会长、副审计长余效明和副审计长石爱中在京出席国有企业内部审计经验总结交流大会。部分中央和地方国有企业负责同志、部分国有企业内审机构和地方内部审计协会代表近400人参加会议。

13日下午 党组书记刘家义在署机关主持召开党组会议，研究审计署机关文明单位评选办法、全国社会保障资金审计公务员集体和公务员奖励及优秀项目评选有关事项。党组副书记董大胜，党组成员余效明、侯凯、陈蕾、李勇库出席。副审计长石爱中，办公厅、社保司、人教司、机关党委和驻署监察局负责同志列席参加相关内容的研究。

8日至14日 审计长刘家义和副审计长董大胜在京出席中国共产党第十八次全国代表大会。于明涛、令狐安和侯凯列席参加大会。

12日至14日 总审计师孙宝厚应邀赴珠海市出席第九届中国国际航空航天博览会。

12日至14日 中央经济责任审计工作联席会议办公室主任李勇库先后与办公厅有关处室就如何做好办公厅工作进行座谈。办公厅负责同志及有关人员参加座谈。

15日上午 中央经济责任审计工作联席会议办公室主任李勇库在"915"项目施工现场主持召开基建办主任办公会，听取基建办各组近期工作情况汇报，对下一阶段工作做出安排。服务局主要负责同志和基建办有关人员参加会议。

15日下午 副审计长余效明在署机关主持召开会议，研究布置向共产党员电视栏目提供审计署学习贯彻党的十八大精神节目素材的有关工作。办公厅、人教司、机关党委和培训中心负责同志参加会议。

15日下午 副审计长石爱中在署机关出席"审计数据服务"国际标准化推进工作机构成立大会，与国家标准化管理委员会陈钢主任就如何把审计国家标准推向国际标准有关事项进行研究。国家标准化管理委员会副主任于欣丽，计算中心和信息办主要负责同志参加会议。

16日上午 审计长刘家义在署机关主持召开会议，传达胡锦涛同志代表第十七届中央委员会在党的十八大上做的报告，对审计机关和审计人员学习贯彻党的十八大精神做出部署，对下一步审计工作提出明确要求；副审计长董大胜传达党的十八大对党章修改的基本情况和主要内容。副审计长侯凯传达第十七届中央纪委工作报告的主要精神。副审计长余效明、石爱中，总审计师孙宝厚，纪检组长陈蕾，中央经济责任审计工作联席会议办公室主任李勇库和署老领导吕培俭、任景德、罗进新、郑力、翟熙贵出席。署机关各单位、各特派员办事处、各派出审计局全体同志和署离退休老同志分别在署机关主会场或通过视频在分会场参加会议。

16日下午 审计长刘家义在署机关会见美国联邦审计署审计长基恩·多达罗，就如何在金融领域加强审计监督促进金融改革以及进一步加强中美最高审计机关的合作等内容进行交流。会见后，双方签订《中华人民共和国审计署和美利坚合众国审计署合作谅解备忘录》。副审计长董大胜出席。金融司和国际司主要负责同志参加会见和签字仪式。

16日下午 美国联邦审计署审计长基恩·多达罗在署机关发表题为《审计在应对国内国际挑战中的角色演变》的演讲。审计长刘家义，副审计长董大胜、余效明，总审计师孙宝厚，副审计长侯凯，纪检组长陈蕾和中央经济责任审计工作联席会议办公室主任李勇库出席。署机关各单位、各特派员办事处、各派出审计局和北京市审计局负责同志及部分人员分别在署机关主会场或通过视频在驻地分会场参加演讲活动。

16日下午 副审计长石爱中在京出席中央统战部向党外人士传达党的十八大精神大会。

17日上午 审计长刘家义列席参加十八届中央政治局第一次集体学习。

17日至18日 署党组中心组第四季度学习会在署怀柔审计干部培训基地召开。会议以进一步学习领会党的十八大精神，研究审计系统贯彻落实的具体措施为主题，就审计工作如何贯彻落实十八大精神、进一步发挥"免疫系统"功能、推动完善国家治理进行学习和讨论。18日下午，人民网对署领导学习贯彻党的十八大精神发言进行在线直播。党组书记刘家义，党组副书记董大胜，党组成员余效明、孙宝厚、侯凯、陈蔷、李勇库出席。副审计长石爱中，署机关各单位、各特派员办事处和各派出审计局主要负责同志参加学习会。中央组织部和中央国家机关工委派员到会指导。

18日上午　国务委员兼国务院秘书长马凯在中南海紫光阁会见美国联邦审计署审计长基恩·多达罗。审计长刘家义和副审计长董大胜参加会见。

18日上午　副审计长侯凯出席第十八届中央纪委常委会第一次会议。

19日上午　副审计长余效明在署机关听取有关企业领导人员经济责任审计情况的汇报。企业司和广州特派办主要负责同志及有关人员参加会议。

19日上午　总审计师孙宝厚在京为2012年度第二期案例教学培训班学员授课。

19日上午　副审计长侯凯出席中央纪委机关全体干部大会。

19日下午　副审计长余效明在人民大会堂出席中央国家机关学习贯彻党的十八大精神动员部署会。机关党委负责同志参加会议。

19日下午　副审计长石爱中到北京展览馆参观“科学发展　成就辉煌”大型图片展览。

20日上午　总审计师孙宝厚在京出席《审计署审计现场管理办法》专家座谈会。法规司主要负责同志参加会议。

20日上午　中央经济责任审计工作联席会议办公室主任李勇库在署机关主持召开办公厅主任办公会，研究有关工作事项。办公厅负责同志参加会议。

21日下午　副审计长石爱中在京出席审计信息化成果评审会。

20日至21日　副审计长侯凯在京出席地方财政收支审计中期汇报会。财政司和各特派员办事处负责同志参加会议。

22日下午　受审计长刘家义委托，副审计长余效明列席国务院第224次常务会议。

19日至22日　世界审计组织理事会第63次会议在成都市召开。审计长刘家义作为理事会第一副主席出席会议，并就2013年世界审计组织第二十一届大会筹备组织情况做专题报告。其间，审计长刘家义先后会见联合国副秘书长吴红波和南非、奥地利、沙特阿拉伯、匈牙利等国审计长，并与匈牙利审计署审计长杜莫克斯签订双边合作谅解备忘录。联合国副秘书长吴红波和来自美国、摩洛哥、印度、俄罗斯、丹麦等18个理事会成员，亚洲、非洲、欧洲、阿拉伯、欧美和加勒比等7个地区审计组织秘书长，欧盟审计院以及世界审计组织发展培训委员会共81位代表参加会议。副审计长董大胜出席会议及相关活动。

23日上午　副审计长侯凯出席第十八届中央纪委常委会第二次会议。

22日至24日　审计长刘家义赴成都特派办进行工作调研。

26日下午　副审计长董大胜在署机关会见保监会主席项俊波，就有关审计事项进行沟通。金融司主要负责同志参加会见。

26日下午　副审计长石爱中和总审计师孙宝厚在京出席科研所组织召开的博士后开题报告会。

27日下午　副审计长董大胜在署机关会见国务院三峡工程建设委员会办公室副主任卢纯和纪检组长胡保林，就有关审计整改情况进行沟通。农业司主要负责同志参加会见。

27日下午　中央经济责任审计工作联席会议办公室主任李勇库赴北京市人民政府与副市长陈刚就审计署基本建设有关事项进行协商。服务局主要负责同志陪同前往。

27日至28日　审计长刘家义，副审计长董大胜、余效明、石爱中，总审计师孙宝厚，副审计长侯凯，纪检组长陈蔷和中央经济责任审计工作联席会议办公室主任李勇库在署机关出席审计署司（局）级领导职位竞争上岗竞职演讲大会。

29日上午　审计署学习贯彻党的十八大精神辅导报告会在署机关召开，中央党史研究室主任欧阳淞就党的十八大报告进行系统讲解。审计长刘家义，副审计长董大胜、余效明、石爱中、侯凯，纪检组长陈蔷和中央经济责任审计工作联席会议办公室主任李勇库出席。署机关各单位、各特派员办事处和各派出审计局全体同志分别在署机关主会场或通过视频在分会场参加报告会。

29日上午 总审计师孙宝厚在署怀柔审计干部培训基地出席深化外资审计研讨班并讲话。外资司和外资中心主要负责同志及有关人员参加研讨班。

29日下午 党组书记刘家义在署机关主持召开党组会议，研究审计署学习党的十八大精神宣讲提纲、审计署司局级干部廉政档案管理暂行办法、全国社会保障资金审计先进公务员集体和先进公务员表彰人员、全国社会保障资金审计优秀审计项目评选结果、全国社会保障资金分析与支持先进团队和优秀人员申报情况和通报表扬人选以及有关人事事项。党组副书记董大胜，党组成员余效明、孙宝厚、侯凯、李勇库出席。副审计长石爱中，办公厅、社保司、人教司、机关党委、驻署监察局、计算中心和信息办负责同志列席参加相关内容的研究。

29日下午 审计长刘家义在署机关主持召开审计长会议，研究审计署2013年度审计项目计划（草案）初稿和关于2013年地方审计业务工作的指导意见。副审计长董大胜、余效明、石爱中，总审计师孙宝厚，纪检组长陈蔷和中央经济责任审计工作联席会议办公室主任李勇库出席。办公厅、法规司和科研所负责同志列席参加相关内容的研究。

30日上午 审计长刘家义在署机关主持召开审计业务会议，研究经济责任审计报告。副审计长董大胜、余效明、石爱中，总审计师孙宝厚，副审计长侯凯，纪检组长陈蔷和中央经济责任审计工作联席会议办公室主任李勇库出席。办公厅、法规司、金融司、企业司、境外司、经责司、科研所，京津冀、沈阳、哈尔滨、上海、南京、武汉、广州、西安、兰州、昆明、成都、长沙、重庆特派办负责同志列席参加相关内容的研究。

30日下午 副审计长董大胜在署怀柔审计干部培训基地出席2012年深化金融审计研讨班并讲话。金融司主要负责同志及有关人员参加研讨班。

12月

3日上午 审计职业化研究课题启动会在署机关召开。审计长刘家义，副审计长董大胜出席会议并讲话。副审计长石爱中主持会议。办公厅、法规司、社保司、人教司和科研所负责同志及有关人员参加会议。

3日上午 副审计长董大胜在署机关会见建设银行行长张建国，就有关审计事项进行沟通。金融司主要负责同志参加会见。

3日下午 审计长刘家义在署机关会见亚美尼亚共和国审计院院长伊斯汗·扎卡扬，双方共同签订《中华人民共和国审计署和亚美尼亚共和国审计院合作协议》。

4日上午 审计长刘家义在京听取“审计精神”课题组工作情况汇报。人教司和机关党委主要负责同志参加汇报。

4日下午 副审计长石爱中在京出席审计学会专业委员会全体会议。

4日下午 中央经济责任审计工作联席会议办公室主任李勇库赴陕西省审计厅就经济责任审计工作开展情况进行调研。

5日下午 中央经济责任审计工作联席会议办公室主任李勇库赴甘肃省审计厅就经济责任审计工作开展情况进行调研。

6日上午 总审计师孙宝厚在署机关主持召开审计署优秀审计项目评选领导小组会议，研究2012年优秀审计项目评选有关事宜。办公厅、法规司、各业务司、人教司、机关党委、驻署监察局、计算中心和科研所负责同志参加会议。

10日下午 副审计长董大胜在署机关会见中国农业银行监事长车迎新，就有关审计事项进行沟通。金融司主要负责同志参加会见。

3日至10日 审计长刘家义，副审计长董大胜、余效明，总审计师孙宝厚，副审计长侯凯和中央经济责任审计工作联席会议办公室主任李勇库分别赴18个特派员办事处进行党的十八大精神宣讲。

11日 中央经济责任审计工作联席会议办公室主任李勇库赴深圳市出席亚洲审计组织第十次科研项目“腐败与舞弊审计：关于打击腐败和洗钱行动的评估”第一次研讨会开幕式并致辞。

12日上午 审计长刘家义列席国务院第226次常务会议。

12日下午 党组书记刘家义在署机关主持召开党组会议，研究《中共审计署党组关于开展中国特色社会主义理论学习实践活动的实施方案》《中共审计署党组关于深入学习贯彻党的十八大精神 切实开展"查找不足、整改提高"专项活动的通知》和《审计署关于贯彻〈中央改进工作作风密切联系群众八项规定〉的意见》。党组副书记董大胜，党组成员余效明、侯凯、李勇库出席。办公厅、法规司、人教司、机关党委和驻署监察局负责同志列席参加相关内容的研究。

3日至12日 纪检组长陈蕾率中国审计代表团赴印度出席第19届中印研讨会，访问越南审计署。

13日下午 审计长刘家义出席十八届中央党建工作领导小组第一次会议。

13日 副审计长董大胜、余效明、侯凯，纪检组长陈蕾和中央经济责任审计工作联席会议办公室主任李勇库分别担任审计署司处级领导职位竞争上岗面试各组主考官进行面试。

7日至13日 受审计长刘家义委托，总审计师孙宝厚赴美国参加联合国外聘审计团第53次例会，并主持联合国审计委员会第42次特别会议。其间，总审计师孙宝厚会见联合国秘书长潘基文，就联合国绩效审计有关事项交换意见。境外司主要负责同志参加相关会议和活动。

14日上午 党组书记刘家义在署机关主持召开党组会议，研究有关人事事项、全国审计工作会议工作报告、全国社会保障资金审计先进集体和个人以及优秀审计项目和表彰审计项目名单公示情况及奖励决定、2012年优秀审计项目评选结果等议题。党组副书记董大胜，党组成员余效明、孙宝厚、侯凯、陈蕾和李勇库出席。办公厅、法规司、财政司、行事司、金融司、企业司、社保司、经责司、人教司、机关党委、驻署监察局、计算中心和科研所负责同志列席参加相关内容的研究。

14日上午 审计长刘家义在署机关主持召开审计长会议，研究审计题材邮品制作和分发有关事项、署本级2013年财政拨款预算安排方案。副审计长董大胜、余效明，总审计师孙宝厚，副审计长侯凯，纪检组长陈蕾和中央经济责任审计工作联席会议办公室主任李勇库出席。办公厅、法规司、人教司、机关党委、驻署监察局和服务局负责同志列席参加相关内容的研究。

15日至16日 审计长刘家义在京出席中央经济工作会议。

16日 中央经济责任审计工作联席会议办公室主任李勇库在署怀柔审计干部培训基地出席审计机关审计档案管理规定培训班开班式并讲话。

17日上午 审计长刘家义在署机关主持召开会议，传达中央经济工作会议精神。副审计长董大胜，纪检组长陈蕾和中央经济责任审计工作联席会议办公室主任李勇库出席。办公厅、法规司、农业司、投资司、金融司、企业司、社保司、境外司、经责司、人教司、机关党委、驻署监察局和科研所负责同志参加会议。

17日上午 总审计师孙宝厚出席全国人大常委会预算工作委员会会议，介绍审计署关于2011年度中央预算执行和其他财政收支审计查出问题整改情况，通报审计署关于2013年中央预算执行审计及专项审计工作的初步安排。财政司和行事司主要负责同志参加会议。

17日上午 副审计长侯凯在京出席第十八届中央纪委常委会第三次会议。

18日上午 审计长刘家义在署机关主持召开审计长会议，研究《审计长刘家义在全国审计工作会议上的讲话（送审稿）》《审计署2013年度授权地方审计机关审计项目计划（送审稿）》《审计署关于2013年度审计项目计划（草案）的报告（送审稿）》和《审计署关于2013年地方审计业务工作的指导意见（送审稿）》等文稿。副审计长董大胜、余效明，总审计师孙宝厚，副审计长侯凯，纪检组长陈蕾和中央经济责任审计工作联席会议办公室主任李勇库出席。办公厅、法规司、各业务司、国际司、人教司、机关党委、驻署监察局和科研所负责同志列席参加相关内容的研究。

18日上午 党组书记刘家义在署机关主持召开党组会议，研究有关人事事项和2013年度外事工作计划。党组副书记董大胜，党组成员余效明、孙宝厚、侯凯、陈蕾和李勇库出席。办公厅、境外司、国际司、人教司、机关党委、驻署监察局、培训中心、内部审计协会和审计学会负责同志列席参加相关内容的研究。

19日上午 总审计师孙宝厚在署怀柔审计干部培训基地出席审计准则执行和审理工作研讨班并讲话。法规司主要负责同志及有关人员参加研讨。

19日至20日 副审计长侯凯在京出席资源能源节约利用类支出科目相关资金审计中期会。农业司和各特派员办事处负责同志参加会议。

20日上午 副审计长董大胜和总审计师孙宝厚在署机关出席《审计常用定性表述及适用法规向导——金融企业审计》专家评审会。办公厅、法规司、财政司、行事司、投资司、金融司、企业司、社保司、科研所、教育审计局和广电通讯局负责同志参加会议。

20日上午 纪检组长陈蔷出席中央纪委召开的讨论《关于纪检监察机关加强中央政治局八项规定贯彻落实情况监督检查的意见（征求意见稿）》会议。

20日上午 中央经济责任审计工作联席会议办公室主任李勇库在京出席中央经济责任审计工作部际联席会议办公室会议。

20日下午 纪检组长陈蔷在署机关出席上海特派办廉政风险防控工作汇报会。驻署监察局和计算中心主要负责同志参加会议。

21日 副审计长董大胜在京出席2012年中国投资有限责任公司控参股银行监事会工作座谈会。

21日上午 纪检组长陈蔷在署机关出席驻署监察局2012年度工作总结会议。

14日至21日 副审计长石爱中在京出席中国民主促进会第十一次全国代表大会。

21日至22日 副审计长侯凯在京出席中央农村工作会议。

23日上午 副审计长石爱中在京出席审计干部培训管理研讨班。人教司和培训中心负责同志参加研讨班。

23日下午 党组书记刘家义在署机关主持召开党组会议，研究有关人事事项。党组副书记董大胜，党组成员余效明、孙宝厚、侯凯、陈蔷、李勇库出席。副审计长石爱中，人教司、机关党委和驻署监察局主要负责同志参加会议。

23日 副审计长侯凯在京出席全国党委政府秘书长会议。办公厅负责同志参加会议。

24日上午 国务院召开全国审计工作电视电话会议，温家宝总理出席并做重要讲话，要求审计机关进一步增强责任感和使命感，全面提升审计工作的质量和水平，当好公共财政“卫士”，促进依法治国。李克强副总理出席会议，国务委员兼国务院秘书长马凯主持会议。审计长刘家义，副审计长董大胜、余效明、石爱中，总审计师孙宝厚，副审计长侯凯，纪检组长陈蔷，中央经济责任审计工作联席会议办公室主任李勇库，署党组成员、办公厅主任陈尘肇，中央和国务院有关部门负责同志在主会场出席。各省、自治区、直辖市，解放军审计署，各计划单列市、副省级省会城市和新疆生产建设兵团审计机关，南京审计学院，署机关各单位、各特派员办事处、各派出审计局主要负责同志，部分审计系统先进代表和署特约审计员在主会场，各省、自治区、直辖市，各计划单列市、新疆生产建设兵团及有条件的市（地）、县（市）人民政府主要负责同志及相关部门人员，署机关各单位和各派出审计局全体人员通过视频在分会场参加会议。

25日上午 副审计长余效明在人民大会堂出席中央国家机关党组（党委）书记学习贯彻党的十八大精神座谈会。机关党委主要负责同志参加会议。

24日下午至25日 全国审计工作会议在京召开。审计长刘家义做题为《深入贯彻落实党的十八大精神 全力做好新时期审计工作》的讲话。副审计长董大胜、余效明、石爱中，总审计师孙宝厚，副审计长侯凯，纪检组长陈蔷和中央经济责任审计工作联席会议办公室主任李勇库出席。各省、自治区、直辖市，解放军审计署，各计划单列市、副省级省会城市和新疆生产建设兵团审计机关，南京审计学院，署机关各单位、各特派员办事处和各派出审计局主要负责同志，署部分特约审计员和中央有关受邀单位代表共200余人参加会议。

26日上午 审计长刘家义列席国务院第228次常务会议。

26日上午 副审计长董大胜在京出席全国组

织部长会议。人教司主要负责同志参加会议。

26 日上午　副审计长石爱中和总审计师孙宝厚在署机关出席《审计常用定性表述及适用法规向导——投资审计》专家评审会。法规司和投资司主要负责同志参加会议。

27 日上午　副审计长余效明主持召开机关党委会议，研究审计署基层党组织晋位升级长效机制以及预备党员转正等事项。机关党委全体委员参加会议。

27 日上午　中央经济责任审计工作联席会议办公室主任李勇库赴北京市人民政府与副秘书长张玉平就署机关基本建设有关事宜进行协商。服务局主要负责同志陪同前往。

27 日下午　审计长刘家义，副审计长董大胜、石爱中，总审计师孙宝厚，副审计长侯凯和中央经济责任审计工作联席会议办公室主任李勇库赴国家博物馆参观《复兴之路》基本陈列。办公厅第五党支部和金融司党支部全体同志参加活动。

28 日上午　党组书记刘家义在署机关主持召开党组会议，研究审计署 2012 年反腐倡廉工作总结，听取“审计精神”调研组工作汇报。党组副书记董大胜，党组成员余效明、孙宝厚、侯凯、陈蕾和李勇库出席。副审计长石爱中，办公厅、法规司、人教司、机关党委、驻署监察局和科研所负责同志列席参加相关内容的研究。

28 日上午　审计长刘家义在署机关主持召开审计长会议，研究 2013 年春节前几项工作安排等议题。副审计长董大胜、余效明、石爱中，总审计师孙宝厚，副审计长侯凯，纪检组长陈蕾和中央经济责任审计工作联席会议办公室主任李勇库出席。办公厅、法规司、行事司、投资司、企业司、经责司、人教司、机关党委、离退休办、驻署监察局、服务局和科研所负责同志列席参加相关内容的研究。

28 日下午　审计长刘家义出席十八届中央党建工作领导小组第二次会议。

29 日上午　审计长刘家义在署机关与电监会主席吴新雄一行进行工作交流。审计长刘家义介绍审计署的主要工作做法和工作经验，副审计长董大胜介绍审计署基本情况和审计工作开展、信息化建设、队伍建设等情况。中央经济责任审计工作联席会议办公室主任李勇库出席。办公厅、法规司和人教司负责同志参加交流会。

29 日上午　副审计长石爱中在京出席中国社会科学院财经战略研究院主办的 2012 年财经战略年会。

31 日下午　审计长刘家义列席参加中央政治局集体学习。

审计工作统计

2012年审计工作综合情况表

指标名称	单位	合计	其中：				
			审计署	其中：			地方
				署本级	派出局	特派办	
一、审计单位	个	150253	765	94	102	569	149488
审计	个	142956	691	94	86	511	142265
专项审计调查	个	7297	74		16	58	7223
二、审计查出主要问题金额	万元	1116861071	582599382	381232466	16075339	185291575	534261689
违规金额	万元	59035117	9957821	26660	74848	9856313	49077295
损失浪费金额	万元	2241951	1045165	500	7603	1037061	1196786
管理不规范金额	万元	1055599430	571596395	381205305	15992888	174398201	484003035
三、审计发现非金额计量问题	个	5908979	13393	143	316	12934	5895585
四、损益(收支)不实	万元	45426985	11337576	9228	329274	10999073	34089409
五、审计发现侵害人民群众利益	万元	4679745	3613143	193300	7980	3411863	1066601
六、审计期间整改金额	万元	29449317	13529135	4190	129548	13395396	15920182
七、审计报告和专项审计调查报告	篇	172599	810	111	112	587	171789
被批示、采用审计报告和专项审计调查报告	篇·次	8791	1			1	8790
八、审计处理情况	—	—	—	—	—	—	—
审计处理处罚	万元	121870595	26078708	287181	322823	25468703	95791887

续表

指标名称	单位	合计	其中：				
			审计署	其中：			地方
				署本级	派出局	特派办	
其中:应上缴财政	万元	24314875	5833192	18933	46656	5767603	18481682
其中:罚没	万元	217135	4900		205	4694	212235
应减少财政拨款或补贴	万元	4466529	10104			10104	4456424
应归还原渠道资金	万元	21862296	6626351	30191	28368	6567791	15235945
应缴纳其他资金	万元	11762775	2730165		1509	2728656	9032609
应调账处理金额	万元	45390204	10505253	1446	120717	10383089	34884950
移送处理事项	件	3973	266	32	24	210	3707
司法机关	件	476	92	8	3	81	384
纪检监察机关	件	1522	88	4	14	70	1434
有关部门	件	1975	86	20	7	59	1889
移送处理人员	人	8465	1588	1056	23	509	6877
司法机关	人	1656	252	8	2	242	1404
其中:地厅级及以上	人	5	2	1	1		3
县处级	人	35	4	1		3	31
乡科级及以下	人	1570	246	6	1	239	1324
纪检监察机关	人	2822	167	4	20	143	2655
其中:地厅级及以上	人	11	7		4	3	4
县处级	人	104	22	3	8	11	82
乡科级及以下	人	2510	137	1	7	129	2373
有关部门	人	3987	1169	1044	1	124	2818
其中:地厅级及以上	人	7	4	4		0	3
县处级	人	76	29	19		10	47
乡科级及以下	人	3854	1136	1021	1	114	2718
移送处理金额	万元	14429757	9360903	5526839	823205	3010858	5068854

续表

指标名称	单位	合计	其中：				
			审计署	其中：			地方
				署本级	派出局	特派办	
司法机关	万元	637635	68712	53224	1453	14034	568922
纪检监察机关	万元	1406071	664785	629525	2222	33037	741286
有关部门	万元	12498150	8739505	4844089	819529	3075886	3758645
九、审计处理结果落实情况	—	—	—	—	—	—	—
审计促进整改落实有关问题资金	万元	81265978	14706251	238882	115344	14352023	66559726
其中：增收节支	万元	24420842	2508502	24116	33675	2450711	21912339
已上缴财政	万元	11833502	1032901	18065	6196	1008638	10800601
已减少财政拨款或补贴	万元	3807299	8213			8213	3799086
已归还原渠道资金	万元	8776025	1467388	6050	27478	1433859	7308637
已缴纳其他资金	万元	3517894	546523		101	546422	2971370
已调账处理金额	万元	23409888	4830782	1534	43574	4785673	18579106
审计促进拨付资金到位	万元	3711190	2056801			2056801	1654388
审计后挽回(避免)损失	万元	4085478	155459		3481	151978	3930019
核减投资额	万元	12546170	153036		46	152989	12393134
移送处理落实事项	件	2094	115		14	101	1979
司法机关已处理	件	285	27		1	26	258
纪检监察机关已处理	件	767	56		7	49	711
有关部门已处理	件	1022	32		6	26	990
移送处理落实人员	人	10540	289		16	273	10251
已追究刑事责任	人	417	13		1	12	404
已给予党纪政纪处分	人	965	112		10	102	853
有关部门已处理人员	人	9005	163		5	158	8842
十、审计成果利用情况	—	—	—	—	—	—	—
审计提出建议	条	312587	2253	155	235	1863	310334

续表

指标名称	单位	合计	其中：				
			审计署	其中：			地方
				署本级	派出局	特派办	
其中：建议制定修改部门规定	条	9579	127	9	10	108	9452
建议制定修改法律法规	条	539	9		2	7	530
被采纳审计建议	条	228237	1573	155	192	1226	226664
被审计单位制定整改措施	项	26109	2251	84	169	1998	23858
被审计单位建立健全规章制度	项	8106	1602	23	97	1482	6504
促进修改法律法规	条	39	2			2	37
提交审计信息	篇	138355	2728	646	192	1890	135627
审计专题、综合性报告	篇	20493	163	3	31	129	20330
信息简报	篇	112997	2552	640	156	1756	110445
其中：重要审计信息	篇	15670	875	210	36	629	14795
被批示、采用审计信息	篇·次	78915	3468	414	189	2865	75447
审计专题、综合性报告	篇·次	9336	114	2	33	79	9222
信息简报	篇·次	66616	3342	409	147	2786	63274
其中：重要审计信息	篇·次	11868	2669	406	64	2199	9199
审计信息移送案件事项	项	303	85	65	9	11	218
涉案人员	人	6301	168	100	6	62	6133
地厅级及以上	人	21	18	14	2	2	3
县处级	人	50	20	15	2	3	30
乡科级及以下	人	6216	128	71		57	6088
涉案金额	万元	15055598	14786415	14422868	976	362570	269182
十一、向社会公告审计结果	篇	9948	37	37			9911
十二、被审计领导干部	人	42640	42	3	8	31	42598
其中：负直接责任问题金额	万元	2666842	1464398	535606	19136	909655	1202443
涉嫌个人经济问题人数	人	29					29

续表

指标名称	单位	合计	其中：				
			审计署	其中：			地方
				署本级	派出局	特派办	
金额	万元	24669					24669
十三、交办、配合事项	件	18098					18098
十四、审计机关	个	3240	44	1	25	18	3196
审计署及其派出机构	个	44	44	1	25	18	
省级审计机关	个	32					32
地级审计机关	个	442					442
县级审计机关	个	2722					2722
十五、审计人员	人	93008	3182	533	311	2338	89826
审计署及其派出机构	人	3182	3182	533	311	2338	
省级审计机关	人	6931					6931
地级审计机关	人	23498					23498
县级审计机关	人	59397					59397
十六、行政复议案件	件	32	9	9			23
行政应诉案件	件	15					15
政府裁决案件	件	1					1
审计处罚听证	件	2					2

2012年审计署本级审计工作综合情况表

指标名称	单位	署本级	办公厅	财政司	行政事业司	农业司	投资司	金融司	企业司	社保司	外资司	境外司	经责司	外资中心
一、审计单位	个	94		1				3	1	1	11	4	11	62
审计	个	94		1				3	1	1	11	4	11	62
专项审计调查	个													
二、审计查出主要问题金额	万元	381232466		378581705					2227636	131366	50	4259	2645	284803
违规金额	万元	26660							26566	88	5			
损失浪费金额	万元	500							500					
管理不规范金额	万元	381205305		378581705					2200569	131278	45	4259	2645	284803
三、审计发现非金额计量问题	个	143		15					103			2		23
四、损益(收支)不实	万元	9228							1288		45	51	945	6896
五、审计发现侵害人民群众利益	万元	193300							193300					
六、审计期间整改金额	万元	4190		2361					1582	245				
七、审计报告和专项审计调查报告	篇	111		1					1	1	11	4	22	71
被批示、采用审计报告和专项审计调查报告	篇·次													
八、审计处理情况	—	—	—	—	—	—	—	—	—	—	—	—	—	—
审计处理处罚	万元	287181		24052					133283	129845				
其中:应上缴财政	万元	18933							18933					
其中:罚没	万元													
应减少财政拨款或补贴	万元													
应归还原渠道资金	万元	30191		24052					6050	88				
应缴纳其他资金	万元													
应调账处理金额	万元	1446							1288	157				

续表

指标名称	单位	署本级	办公厅	财政司	行政事业司	农业司	投资司	金融司	企业司	社保司	外资司	境外司	经责司	外资中心
移送处理事项	件	32	24				2		4		2			
司法机关	件	8	4						3		1			
纪检监察机关	件	4	4											
有关部门	件	20	16				2		1		1			
移送处理人员	人	1056	1049				2		5					
司法机关	人	8	5						3					
其中:地厅级及以上	人	1							1					
县处级	人	1							1					
乡科级及以下	人	6	5						1					
纪检监察机关	人	4	4											
其中:地厅级及以上	人													
县处级	人	3	3											
乡科级及以下	人	1	1											
有关部门	人	1044	1040				2		2					
其中:地厅级及以上	人	4	3						1					
县处级	人	19	16				2		1					
乡科级及以下	人	1021	1021											
移送处理金额	万元	5526839	5473848				707		36644		15640			
司法机关	万元	53224	16575						36409		240			
纪检监察机关	万元	629525	629525											
有关部门	万元	4844089	4827747				707		235		15400			
九、审计处理结果落实情况	—	—	—	—	—	—	—	—	—	—	—	—	—	—
审计促进整改落实有关问题资金	万元	238882							109037	129845				
其中:增收节支	万元	24116							24116					

续表

指标名称	单位	署本级	办公厅	财政司	行政事业司	农业司	投资司	金融司	企业司	社保司	外资司	境外司	经责司	外资中心
已上缴财政	万元	18065							18065					
已减少财政拨款或补贴	万元													
已归还原渠道资金	万元	6050							6050					
已缴纳其他资金	万元													
已调账处理金额	万元	1534							1288	245				
审计促进拨付资金到位	万元													
审计后挽回(避免)损失	万元													
核减投资额	万元													
移送处理落实事项	件													
司法机关已处理	件													
纪检监察机关已处理	件													
有关部门已处理	件													
移送处理落实人员	人													
已追究刑事责任	人													
已给予党纪政纪处分	人													
有关部门已处理人员	人													
十、审计成果利用情况	—	—	—	—	—	—	—	—	—	—	—	—	—	—
审计提出建议	条	155		7					4		3	30	41	70
其中:建议制定修改部门规定	条	9											1	8
建议制定修改法律法规	条													
被采纳审计建议	条	155		7					4		3	30	41	70
被审计单位制定整改措施	项	84		51					20		3			10
被审计单位建立健全规章制度	项	23		7					5					11
促进修改法律法规	条													

续表

指标名称	单位	署本级	办公厅	财政司	行政事业司	农业司	投资司	金融司	企业司	社保司	外资司	境外司	经责司	外资中心
提交审计信息	篇	646	536	3					70	10		2		25
审计专题、综合性报告	篇	3							1	1		1		
信息简报	篇	640	536	3					69	9		1		22
其中:重要审计信息	篇	210	153	3					49	4		1		
被批示、采用审计信息	篇·次	414	341	10					51	4		2		6
审计专题、综合性报告	篇·次	2							1			1		
信息简报	篇·次	409	341	10					50	4		1		3
其中:重要审计信息	篇·次	406	341	10					50	4		1		
审计信息移送案件事项	项	65	45			9	1		10					
涉案人员	人	100	80			6	1		13					
地厅级及以上	人	14	4			1	1		8					
县处级	人	15	5			5			5					
乡科级及以下	人	71	71											
涉案金额	万元	14422868	14180019			48399	10850		183600					
十一、向社会公告审计结果	篇	37	37											
十二、被审计领导干部	人	3						3						
其中:负直接责任问题金额	万元	535606						535606						
涉嫌个人经济问题人数	人													
金额	万元													
十三、交办、配合事项	件													
十四、审计机关	个	1	1											
审计署及其派出机构	个	1	1											
省级审计机关	个													
地级审计机关	个													

续表

指标名称	单位	署本级	办公厅	财政司	行政事业司	农业司	投资司	金融司	企业司	社保司	外资司	境外司	经责司	外资中心
县级审计机关	个													
十五、审计人员	人	533	533											
审计署及其派出机构	人	533	533											
省级审计机关	人													
地级审计机关	人													
县级审计机关	人													
十六、行政复议案件	件	9	9											
行政应诉案件	件													
政府裁决案件	件													
审计处罚听证	件													

2012年审计署派出审计局审计工作综合情况表

指标名称	单位	派出局	外交外事审计局	发展统计审计局	国资监管审计局	宣传审计局	贸易审计局	工业审计局	教育审计局	科学技术审计局	政法审计局	民族宗教审计局	监察人事审计局	资源环保审计局
一、审计单位	个	102	3	5	3	2	5	4	2	4	7	4	3	5
审计	个	86	3	4	3	2	4	2	2	4	4	4	2	4
专项审计调查	个	16		1			1	2			3		1	1
二、审计查出主要问题金额	万元	16075339	229070	8788063	15174	3887	463053	71219	3134661	225150	38686	95534	1154	158859
违规金额	万元	74848	17		1945		16671	566		3380	7994	7321	185	1458
损失浪费金额	万元	7603				170								2653
管理不规范金额	万元	15992888	229053	8788063	13228	3717	446381	70653	3134661	221770	30692	88212	968	154747
三、审计发现非金额计量问题	个	316	2	39		1	3	20	1	1	4	17		24
四、损益(收支)不实	万元	329274	563		7676		82004		6581	358	276	12117		5087
五、审计发现侵害人民群众利益	万元	7980										7980		
六、审计期间整改金额	万元	129548	433	210	1945		32385		58677			5249		461
七、审计报告和专项审计调查报告	篇	112	4	6	3	2	8	3	2	5	7	4	3	7
被批示、采用审计报告和专项审计调查报告	篇·次													
八、审计处理情况	—	—	—	—	—	—	—	—	—	—	—	—	—	—
审计处理处罚	万元	322823	647	1300	1945	91	9096	9886	2653	3274	8399	17862	228	2903
其中:应上缴财政	万元	46656	17				260		246		1304	6436		165
其中:罚没	万元	205												
应减少财政拨款或补贴	万元													
应归还原渠道资金	万元	28368		1300	1945		1263	498		28	179	338	185	1129

续表

指标名称	单位	派出局	外交外事审计局	发展统计审计局	国资监管审计局	宣传审计局	贸易审计局	工业审计局	教育审计局	科学技术审计局	政法审计局	民族宗教审计局	监察人事审计局	资源环保审计局
应缴纳其他资金	万元	1509												
应调账处理金额	万元	120717	630			91	6534	9388	2406	3245	6915	11086	42	1608
移送处理事项	件	24			1		1	1	1	1		2	1	4
司法机关	件	3						1						1
纪检监察机关	件	14			1									3
有关部门	件	7					1		1	1		2	1	
移送处理人员	人	23			1				1					1
司法机关	人	2												1
其中:地厅级及以上	人	1												
县处级	人													
乡科级及以下	人	1												1
纪检监察机关	人	20			1									
其中:地厅级及以上	人	4												
县处级	人	8												
乡科级及以下	人	7												
有关部门	人	1							1					
其中:地厅级及以上	人													
县处级	人													
乡科级及以下	人	1							1					
移送处理金额	万元	823205			223		116		215	270		441	185	2113
司法机关	万元	1453												1293
纪检监察机关	万元	2222			223									819
有关部门	万元	819529					116		215	270		441	185	

续表

指标名称	单位	派出局	外交外事审计局	发展统计审计局	国资监管审计局	宣传审计局	贸易审计局	工业审计局	教育审计局	科学技术审计局	政法审计局	民族宗教审计局	监察人事审计局	资源环保审计局
九、审计处理结果落实情况	—	—	—	—	—	—	—	—	—	—	—	—	—	—
审计促进整改落实有关问题资金	万元	115344	163	1300	1945		2201	9886	16182	2932	8399	1895	228	2903
其中:增收节支	万元	33675	17	1300	1945		886	20	246		1484	245	185	1294
已上缴财政	万元	6196					86		246		1304			165
已减少财政拨款或补贴	万元													
已归还原渠道资金	万元	27478	17	1300	1945		799	20			179	245	185	1129
已缴纳其他资金	万元	101	0	0										
已调账处理金额	万元	43574	146	0			1314	47	2406	2888	6915	1649	42	1608
审计促进拨付资金到位	万元													
审计后挽回(避免)损失	万元	3481		1300									185	
核减投资额	万元	46												
移送处理落实事项	件	14					1	1				2		
司法机关已处理	件	1						1						
纪检监察机关已处理	件	7												
有关部门已处理	件	6					1					2		
移送处理落实人员	人	16												
已追究刑事责任	人	1												
已给予党纪政纪处分	人	10												
有关部门已处理人员	人	5												
十、审计成果利用情况	—	—	—	—	—	—	—	—	—	—	—	—	—	—
审计提出建议	条	235	5	18		8	14	9	7	4	16	6	5	16
其中:建议制定修改部门规定	条	10	1				1						1	1
建议制定修改法律法规	条	2					1							

续表

指标名称	单位	派出局	外交外事审计局	发展统计审计局	国资监管审计局	宣传审计局	贸易审计局	工业审计局	教育审计局	科学技术审计局	政法审计局	民族宗教审计局	监察人事审计局	资源环保审计局
被采纳审计建议	条	192	5	18		8	14	9		4	16	6	5	16
被审计单位制定整改措施	项	169		37							11	18	1	35
被审计单位建立健全规章制度	项	97		3			45				8	5		
促进修改法律法规	条													
提交审计信息	篇	192	5	20	2		35	3	3	4	11	13	2	19
审计专题、综合性报告	篇	31	1	2			16				3	3		
信息简报	篇	156	4	18	2		18	3	3	4	8	10	2	17
其中：重要审计信息	篇	36	1	6			2	1	1	3	1	5		2
被批示、采用审计信息	篇·次	189	4	29			29	1	3	4	9	16	1	17
审计专题、综合性报告	篇·次	33		1			19				1	3		
信息简报	篇·次	147	4	28			9	1	2	3	8	13	1	14
其中：重要审计信息	篇·次	64	1	17			2	1		3	1	8		6
审计信息移送案件事项	项	9					1				2	2		
涉案人员	人	6									5			
地厅级及以上	人	2									1			
县处级	人	2									2			
乡科级及以下	人													
涉案金额	万元	976									412	441		
十一、向社会公告审计结果	篇													
十二、被审计领导干部	人	8	1	1										
其中：负直接责任问题金额	万元	19136												
涉嫌个人经济问题人数	人													
金额	万元													

续表

指标名称	单位	派出局	外交外事审计局	发展统计审计局	国资监管审计局	宣传审计局	贸易审计局	工业审计局	教育审计局	科学技术审计局	政法审计局	民族宗教审计局	监察人事审计局	资源环保审计局
十三、交办、配合事项	件													
十四、审计机关	个	25	1	1	1	1	1	1	1	1	1	1	1	1
审计署及其派出机构	个	25	1	1	1	1	1	1	1	1	1	1	1	1
省级审计机关	个													
地级审计机关	个													
县级审计机关	个													
十五、审计人员	人	311	10	16	13	8	10	13	14	12	15	9	12	15
审计署及其派出机构	人	311	10	16	13	8	10	13	14	12	15	9	12	15
省级审计机关	人													
地级审计机关	人													
县级审计机关	人													
十六、行政复议案件	件													
行政应诉案件	件													
政府裁决案件	件													
审计处罚听证	件													

指标名称	单位	民政社保审计局	建设审计局	交通运输审计局	新闻报刊审计局	农林水利审计局	文化体育审计局	卫生药品审计局	财税海关审计局	经济执法审计局	广电通讯审计局	旅游侨务审计局	科学工程审计局	地震气象审计局
一、审计单位	个	4	5	3	6	5	6	4	4	4	5	2	3	4
审计	个	4	4	3	5	4	6	4	3	3	5	2	2	3
专项审计调查	个	1	1	1				1	1				1	1
二、审计查出主要问题金额	万元	14359	38507	1712722	44408	56675	99570	64397	295304	56229	84313	12209	308774	63354
违规金额	万元	346		3618	807	4650	1218	4264	661	1330		228	20	18160
损失浪费金额	万元			4779										
管理不规范金额	万元	14013	38507	1704324	43601	52024	98351	60132	294642	54898	84313	11981	308753	45194

续表

指标名称	单位	民政社保审计局	建设审计局	交通运输审计局	新闻报刊审计局	农林水利审计局	文化体育审计局	卫生药品审计局	财税海关审计局	经济执法审计局	广电通讯审计局	旅游侨务审计局	科学工程审计局	地震气象审计局
三、审计发现非金额计量问题	个	3	3	7	8	5	139	4	5	23			1	6
四、损益(收支)不实	万元	5025	487	154366	1441	36	3681	1355	109	1659	45287		1108	48
五、审计发现侵害人民群众利益	万元													
六、审计期间整改金额	万元	98	2658	9415	386	1782	344	2499	388	893	3961	5226		2527
七、审计报告和专项审计调查报告	篇	4	5	4	6	6	6	6	4	3	6	2	3	3
被批示、采用审计报告和专项审计调查报告	篇·次													
八、审计处理情况	—	—	—	—	—	—	—	—	—	—	—	—	—	—
审计处理处罚	万元	5469	3865	160384	2966	2338	12747	3709	10795	2264	30868	93	26064	2964
其中:应上缴财政	万元	33711	807	1052		305				806				1542
其中:罚没	万元									205				
应减少财政拨款或补贴	万元													
应归还原渠道资金	万元	221	615	1597		663	1028	1217	333		112	93	15614	
应缴纳其他资金	万元					279			750	479				
应调账处理金额	万元	5248	3250	10676	2145	342	1600	2186	9711	978	30755		10449	1422
移送处理事项	件	1	1			3	1	2	1	1	1			1
司法机关	件					1								
纪检监察机关	件	1				2	1	2	1	1	1			1
有关部门	件		1											
移送处理人员	人	1				5		7	1	1	3			2
司法机关	人					1								

续表

指标名称	单位	民政社保审计局	建设审计局	交通运输审计局	新闻报刊审计局	农林水利审计局	文化体育审计局	卫生药品审计局	财税海关审计局	经济执法审计局	广电通讯审计局	旅游侨务审计局	科学工程审计局	地震气象审计局
其中:地厅级及以上	人					1								
县处级	人													
乡科级及以下	人													
纪检监察机关	人	1				4		7	1	1	3			2
其中:地厅级及以上	人							2						2
县处级	人	1				4		1	1		1			
乡科级及以下	人							4		1	2			
有关部门	人													
其中:地厅级及以上	人													
县处级	人													
乡科级及以下	人													
移送处理金额	万元			818300		392	153	140	32		123			497
司法机关	万元					160								
纪检监察机关	万元				232		153	140	32		123			497
有关部门	万元			818300										
九、审计处理结果落实情况	—	—	—	—	—	—	—	—	—	—	—	—	—	—
审计促进整改落实有关问题资金	万元	5490	1207	14522	10547	901	3588	2186	256	601		83	26689	1231
其中:增收节支	万元	241	132	6964		528	1833		60	601		83	15601	
已上缴财政	万元	80		3711						601				
已减少财政拨款或补贴	万元													

续表

指标名称	单位	民政社保审计局	建设审计局	交通运输审计局	新闻报刊审计局	农林水利审计局	文化体育审计局	卫生药品审计局	财税海关审计局	经济执法审计局	广电通讯审计局	旅游侨务审计局	科学工程审计局	地震气象审计局
已归还原渠道资金	万元	160	132	3253		528	1833		60			83	15601	
已缴纳其他资金	万元					101								
已调账处理金额	万元	5248	1075	217	4195		1754	2186	195				10449	1231
审计促进拨付资金到位	万元													
审计后挽回(避免)损失	万元					1995								
核减投资额	万元	46												
移送处理落实事项	件	1	1			1	1	2	2	1	1			
司法机关已处理	件													
纪检监察机关已处理	件	1				1	1	1	1	1	1			
有关部门已处理	件		1						1	1				
移送处理落实人员	人	1				2		5	2	2	4			
已追究刑事责任	人	1												
已给予党纪政纪处分	人					2	1		2	1	4			
有关部门已处理人员	人							4		1				
十、审计成果利用情况	—	—	—	—	—	—	—	—	—	—	—	—	—	—
审计提出建议	条	13	15	11	7	21	9	10	8	6	10	3	6	8
其中:建议制定修改部门规定	条						1			5				
建议制定修改法律法规	条			1										
被采纳审计建议	条	7	6	6	6	18	6	10	8	6	10			8
被审计单位制定整改措施	项	17	2		18		12	13		5				

续表

指标名称	单位	民政社保审计局	建设审计局	交通运输审计局	新闻报刊审计局	农林水利审计局	文化体育审计局	卫生药品审计局	财税海关审计局	经济执法审计局	广电通讯审计局	旅游侨务审计局	科学工程审计局	地震气象审计局
被审计单位建立健全规章制度	项	2			2	5	11	10		5			1	
促进修改法律法规	条													
提交审计信息	篇	3	10	7	11	4	16	5	4	5	4		3	3
审计专题、综合性报告	篇			2			2			2				
信息简报	篇	1	10	5	11	4	14	5	4	3	4		3	3
其中:重要审计信息	篇	1		4					2	3	1			3
被批示、采用审计信息	篇·次	3	10	6	6	1	3	5	27	5	4		3	3
审计专题、综合性报告	篇·次			2			2		3	2				
信息简报	篇·次	1	10	4	6	1	1	5	23	3	4		3	3
其中:重要审计信息	篇·次	1		3				2	11	3	2			3
审计信息移送案件事项	项		1	2					1					
涉案人员	人								1					
地厅级及以上	人								1					
县处级	人													
乡科级及以下	人													
涉案金额	万元								122					
十一、向社会公告审计结果	篇													
十二、被审计领导干部	人			1			1	1	1	1				1
其中:负直接责任问题金额	万元							18149						986
涉嫌个人经济问题人数	人													

续表

指标名称	单位	民政社保审计局	建设审计局	交通运输审计局	新闻报刊审计局	农林水利审计局	文化体育审计局	卫生药品审计局	财税海关审计局	经济执法审计局	广电通讯审计局	旅游侨务审计局	科学工程审计局	地震气象审计局
金额	万元													
十三、交办、配合事项	件													
十四、审计机关	个	1	1	1	1	1	1	1	1	1	1	1	1	1
审计署及其派出机构	个	1	1	1	1	1	1	1	1	1	1	1	1	1
省级审计机关	个													
地级审计机关	个													
县级审计机关	个													
十五、审计人员	人	11	9	18	13	13	11	14	13	15	16	8	14	9
审计署及其派出机构	人	11	9	18	13	13	11	14	13	15	16	8	14	9
省级审计机关	人													
地级审计机关	人													
县级审计机关	人													
十六、行政复议案件	件													
行政应诉案件	件													
政府裁决案件	件													
审计处罚听证	件													

2012 年审计署驻地方特派员办事处审计工作综合情况表

指标名称	单位	特派办	京津冀特派办	太原特派办	沈阳特派办	哈尔滨特派办	上海特派办	南京特派办	济南特派办	郑州特派办	武汉特派办
一、审计单位	个	569	42	29	28	32	33	27	30	29	34
审计	个	511	38	27	26	27	30	24	27	27	30
专项审计调查	个	58	4	2	2	5	3	3	3	2	4
二、审计查出主要问题金额	万元	185291575	36009080	8734086	14916749	5153939	19301359	3002904	8694311	8361984	12009081
违规金额	万元	9856313	1197391	2015001	693086	123345	280267	610802	924258	35775	1428773
损失浪费金额	万元	1037061	18602	2076	290	40934	3581	8878	1336	76904	1871
管理不规范金额	万元	174398201	34793087	6717008	14223372	4989659	19017509	2383223	7768716	8249304	10578436
三、审计发现非金额计量问题	个	12934	242	364	514	2205	710	415	2417	461	851
四、损益(收支)不实	万元	10999073	805645	396492	1877203	107048	1201028	292224	6774	1475637	300484
五、审计发现侵害人民群众利益	万元	3411863	358404	77533	65951	289307	3419	71635	3201	37086	63534
六、审计期间整改金额	万元	13395396	8216017	268701	172319	375525	467766	135459	193274	151384	473699
七、审计报告和专项审计调查报告	篇	587	42	35	30	33	31	28	32	31	39
被批示、采用审计报告和专项审计调查报告	篇·次	1				1					
八、审计处理情况	—	—	—	—	—	—	—	—	—	—	—
审计处理处罚	万元	25468703	1500344	2832089	368457	657710	10087780	910569	1562443	1108055	1416101
其中:应上缴财政	万元	5767603	551049	1917917	209387	62119	75538	125724	72193	462312	1173248
其中:罚没	万元	4694	584	41				100	3914	40	
应减少财政拨款或补贴	万元	10104		2322			909	0	1026	5538	
应归还原渠道资金	万元	6567791	917342	76936	25702	169420	3677897	35982	505321	68319	105363
应缴纳其他资金	万元	2728656	9283	318736	111838	402985	949868	39	233946	163879	133000
应调账处理金额	万元	10383089	22669	516176	21528	23184	5383566	748823	749955	408004	4489

续表

指标名称	单位	特派办	京津冀特派办	太原特派办	沈阳特派办	哈尔滨特派办	上海特派办	南京特派办	济南特派办	郑州特派办	武汉特派办
移送处理事项	件	210	10	5	23	19	6	15	62	2	13
司法机关	件	81	2		9	3	4	1	38	2	4
纪检监察机关	件	70	4	1	9	5		5	17		6
有关部门	件	59	4	4	5	11	2	9	7		3
移送处理人员	人	509	40	9	58	25	4	30	203	3	23
司法机关	人	242	2		24	3	4	1	171	3	12
其中:地厅级及以上	人										
县处级	人	3							2		1
乡科级及以下	人	239	2		24	3	4	1	169	3	11
纪检监察机关	人	143	8	3	29	7		5	29		7
其中:地厅级及以上	人	3									
县处级	人	11	4		1	1			1		
乡科级及以下	人	129	4	3	28	6		5	28		7
有关部门	人	124	30	6	5	15		24	3		4
其中:地厅级及以上	人										
县处级	人	10	1								
乡科级及以下	人	114	29	6	5	15		24	3		4
移送处理金额	万元	3010858	9068	234341	597771	622753	693	1745	141466	269	5105
司法机关	万元	14034	752		4570	201	541	1	532	269	3335
纪检监察机关	万元	33037	6134	38	6343	391		119	5553	0	524
有关部门	万元	3075886	2181	234303	586857	622160	151	1624	135381	0	1245
九、审计处理结果落实情况	—	—	—	—	—	—	—	—	—	—	—
审计促进整改落实有关问题资金	万元	14352023	1030603	172047	39946	277680	3376878	40832	1617735	477692	820586

续表

指标名称	单位	特派办	京津冀特派办	太原特派办	沈阳特派办	哈尔滨特派办	上海特派办	南京特派办	济南特派办	郑州特派办	武汉特派办
其中:增收节支	万元	2450711	11181	24118	2041	131365	279949	12200	421859	21361	532549
已上缴财政	万元	1008638	10237	3482		24763	33507		36039	9671	517411
已减少财政拨款或补贴	万元	8213					1190		1000	5538	
已归还原渠道资金	万元	1433859	944	20636	2041	106601	245251	12200	384819	6151	15138
已缴纳其他资金	万元	546422	1212	118254	33401	5586	2217		69141	132	4397
已调账处理金额	万元	4785673	22279	24491	4323	261	2350636	1004	8785	320092	3482
审计促进拨付资金到位	万元	2056801	25378	4064		93525	633700	689	24483	33433	472701
审计后挽回(避免)损失	万元	151978	3079	577	9		3932	428	3914	122	512
核减投资额	万元	152989	47				796		84599	31779	
移送处理落实事项	件	101	6	2	9	13	4		31	1	5
司法机关已处理	件	26	1		1	3	2		13		
纪检监察机关已处理	件	49	3	1	6	5	0		13		4
有关部门已处理	件	26	2	1	2	5	2		5	1	1
移送处理落实人员	人	273	31	15	12	76	10	18	39		6
已追究刑事责任	人	12				3	3		1		
已给予党纪政纪处分	人	102	6	6	7	4		18	17		5
有关部门已处理人员	人	158	25	9	5	69	7		21		1
十、审计成果利用情况	—	—	—	—	—	—	—	—	—	—	—
审计提出建议	条	1863	92	64	80	100	71	81	91	100	106
其中:建议制定修改部门规定	条	108	7	4	11	9	6	4	4	16	4
建议制定修改法律法规	条	7	3						1		
被采纳审计建议	条	1226	65	34	80	27	61	78	85	79	93
被审计单位制定整改措施	项	1998	177	82	273	99	222	0	53	234	176

续表

指标名称	单位	特派办	京津冀特派办	太原特派办	沈阳特派办	哈尔滨特派办	上海特派办	南京特派办	济南特派办	郑州特派办	武汉特派办
被审计单位建立健全规章制度	项	1482	37	53	156	70	136	44	79	188	189
促进修改法律法规	条	2	1	1							
提交审计信息	篇	1890	118	105	152	92	88	108	115	67	110
审计专题、综合性报告	篇	129	16	11	15	4	16	16	4	4	
信息简报	篇	1756	102	94	137	88	72	92	106	63	110
其中:重要审计信息	篇	629	42	33	63	28	45	14	51	27	50
被批示、采用审计信息	篇·次	2865	144	89	184	126	108	85	224	94	155
审计专题、综合性报告	篇·次	79	14	2	8	4	8		4	2	
信息简报	篇·次	2786	130	87	176	122	100	85	220	92	155
其中:重要审计信息	篇·次	2199	58	66	138	105	82	68	182	57	128
审计信息移送案件事项	项	11	1	1		2					1
涉案人员	人	62	3	1							15
地厅级及以上	人	2									
县处级	人	3	2								
乡科级及以下	人	57	1	1							15
涉案金额	万元	362570	584	82		867					311326
十一、向社会公告审计结果	篇										
十二、被审计领导干部	人	31	2	5	1	1	2	2	2	2	2
其中:负直接责任问题金额	万元	909655									58491
涉嫌个人经济问题人数	人										
金额	万元										
十三、交办、配合事项	件										
十四、审计机关	个	18	1	1	1	1	1	1	1	1	1

续表

指标名称	单位	特派办	京津冀特派办	太原特派办	沈阳特派办	哈尔滨特派办	上海特派办	南京特派办	济南特派办	郑州特派办	武汉特派办
审计署及其派出机构	个	18	1	1	1	1	1	1	1	1	1
省级审计机关	个										
地级审计机关	个										
县级审计机关	个										
十五、审计人员	人	2338	171	132	137	134	133	137	136	140	136
审计署及其派出机构	人	2338	171	132	137	134	133	137	136	140	136
省级审计机关	人										
地级审计机关	人										
县级审计机关	人										
十六、行政复议案件	件										
行政应诉案件	件										
政府裁决案件	件										
审计处罚听证	件										

指标名称	单位	长沙特派办	广州特派办	深圳特派办	成都特派办	昆明特派办	西安特派办	兰州特派办	长春特派办	重庆特派办
一、审计单位	个	28	31	30	44	32	27	30	33	30
审计	个	26	27	28	39	29	24	26	29	27
专项审计调查	个	2	4	2	5	3	3	4	4	3
二、审计查出主要问题金额	万元	5306580	5608642	3619828	8443797	4380424	7021402	5348819	22964291	6414292
违规金额	万元	490577	202460	115507	1069349	81938	72620	116456	341732	56970
损失浪费金额	万元	315982	202487		1922	130161	221	11384	187900	32526
管理不规范金额	万元	4500020	5203695	3504320	7372525	4168325	6948560	5220979	22434659	6324795
三、审计发现非金额计量问题	个	250	449	623	756	1383	367	355	296	276
四、损益(收支)不实	万元	1635689	149091	123094	514097	209241	598824	237150	1010009	59336

续表

指标名称	单位	长沙特派办	广州特派办	深圳特派办	成都特派办	昆明特派办	西安特派办	兰州特派办	长春特派办	重庆特派办
五、审计发现侵害人民群众利益	万元	83639		7880	2090946	11279	66905		154904	26232
六、审计期间整改金额	万元	1321279	64004	94668	797433	145322	154685	9226	6200	348427
七、审计报告和专项审计调查报告	篇	28	32	30	44	32	27	30	33	30
被批示、采用审计报告和专项审计调查报告	篇·次									
八、审计处理情况	—	—	—	—	—	—	—	—	—	—
审计处理处罚	万元	1233814	234165	913358	476870	290158	870162	526956	341634	138031
其中:应上缴财政	万元	206655	196537	246711	235489	84467	66694	12210	18090	51255
其中:罚没	万元					14				
应减少财政拨款或补贴	万元					292		15		
应归还原渠道资金	万元	6355	22268	509448	160256	16545	46050	99370	102913	22296
应缴纳其他资金	万元	1573	19	18600	294	12150	194052	29233	147237	1915
应调账处理金额	万元	1019229	15338	138598	80829	176136	563364	375236	73392	62565
移送处理事项	件	7	1	5	11	6	7	4	5	9
司法机关	件		1	3	2	3		3		6
纪检监察机关	件	5		2	6	2	6		2	
有关部门	件	2			3	1	1	1	3	3
移送处理人员	人	20		5	25	6	37	4	13	4
司法机关	人			3	8	3		4		4
其中:地厅级及以上	人									
县处级	人									
乡科级及以下	人			3	8	3		4		4
纪检监察机关	人	5		2	12	2	32		2	
其中:地厅级及以上	人	2			1					

续表

指标名称	单位	长沙特派办	广州特派办	深圳特派办	成都特派办	昆明特派办	西安特派办	兰州特派办	长春特派办	重庆特派办
县处级	人				3				1	
乡科级及以下	人	3		2	8	2	32		1	
有关部门	人	15			5	1	5		11	
其中:地厅级及以上	人									
县处级	人	4					5			
乡科级及以下	人	11			5	1			11	
移送处理金额	万元	14818	185	559	180008	1689	163	286	2524	1197406
司法机关	万元		185	416	535	15		286		2389
纪检监察机关	万元	11005		142	931	102	163		1586	
有关部门	万元	3812			178540	1571		112100	938	1195016
九、审计处理结果落实情况	—	—	—	—	—	—	—	—	—	—
审计促进整改落实有关问题资金	万元	1077727	90932	443264	1120569	268570	738148	387279	1097314	1274214
其中:增收节支	万元	223387	1254	317556	204441	73035	22880	14431	118474	38622
已上缴财政	万元	206399	1254	13916	30392	60452	20281	4224	15571	21034
已减少财政拨款或补贴	万元					292		191		
已归还原渠道资金	万元	16988		303640	174049	12289	2599	10016	102903	17587
已缴纳其他资金	万元	900		29861	429	1399	137138	1862	137271	3216
已调账处理金额	万元	827482		48020	38431	91852	563504	326653	71326	83044
审计促进拨付资金到位	万元	900		12628	14825	30685	184	30571	661502	17527
审计后挽回(避免)损失	万元		102423	127		221	2194	30571	140	3722
核减投资额	万元	44	565		35155					
移送处理落实事项	件	6		1	5	3	7	1	5	2
司法机关已处理	件				3	1		1		1

续表

指标名称	单位	长沙特派办	广州特派办	深圳特派办	成都特派办	昆明特派办	西安特派办	兰州特派办	长春特派办	重庆特派办
纪检监察机关已处理	件	4		1	2	2	6		2	
有关部门已处理	件	2					1		3	1
移送处理落实人员	人	15		3	7	2	37	1		1
已追究刑事责任	人			1	2			1		1
已给予党纪政纪处分	人				5	2	32			
有关部门已处理人员	人	15		1			5			
十、审计成果利用情况	—	—	—	—	—	—	—	—	—	—
审计提出建议	条	67	131	79	369	94	75	87	102	74
其中:建议制定修改部门规定	条	1	10		2	2	10	9	5	4
建议制定修改法律法规	条						2		1	
被采纳审计建议	条	18	90		348	11	48	15	64	30
被审计单位制定整改措施	项	125	106	16	178	22	86	31	75	43
被审计单位建立健全规章制度	项	21	265	7	46	11	52	4	37	87
促进修改法律法规	条									
提交审计信息	篇	131	79	129	124	84	80	90	106	112
审计专题、综合性报告	篇	16	4	1	13	2	4	1	1	1
信息简报	篇	115	75	128	111	82	76	89	105	111
其中:重要审计信息	篇	31	29	23	66		36	12	16	63
被批示、采用审计信息	篇·次	173	109	242	284	267	114	87	132	248
审计专题、综合性报告	篇·次	11	8	1	14				3	
信息简报	篇·次	162	101	241	270	267	114	87	129	248
其中:重要审计信息	篇·次	121	72	209	219	217	93	84	90	210
审计信息移送案件事项	项	2					4			
涉案人员	人	10					33			
地厅级及以上	人	2					0			
县处级	人	1					0			

续表

指标名称	单位	长沙特派办	广州特派办	深圳特派办	成都特派办	昆明特派办	西安特派办	兰州特派办	长春特派办	重庆特派办
乡科级及以下	人	7					33			
涉案金额	万元	48400					1309			
十一、向社会公告审计结果	篇									
十二、被审计领导干部	人	1	2	3	1		2	1	1	1
其中：负直接责任问题金额	万元		562200		3720				285244	
涉嫌个人经济问题人数	人									
金额	万元									
十三、交办、配合事项	件									
十四、审计机关	个	1	1	1	1	1	1	1	1	1
审计署及其派出机构	个	1	1	1	1	1	1	1	1	1
省级审计机关	个									
地级审计机关	个									
县级审计机关	个									
十五、审计人员	人	134	140	112	129	128	137	128	93	81
审计署及其派出机构	人	134	140	112	129	128	137	128	93	81
省级审计机关	人									
地级审计机关	人									
县级审计机关	人									
十六、行政复议案件	件									
行政应诉案件	件									
政府裁决案件	件									
审计处罚听证	件									

2012年地方审计机关审计工作综合情况表

指标名称	单位	地方审计机关	北京市	天津市	河北省	山西省	内蒙古自治区	辽宁省	吉林省	黑龙江省	上海市	江苏省
一、审计单位	个	149488	824	508	2890	5304	4177	4603	2758	4329	980	5505
审计	个	142265	739	476	2832	5032	4078	4379	2650	4036	888	5079
专项审计调查	个	7223	85	32	58	272	99	224	108	293	92	426
二、审计查出主要问题金额	万元	534261689	9247753	6418784	23523441	41625962	7164771	9871828	8142926	11482176	20632581	89339356
违规金额	万元	49077295	264126	297280	4057693	7995468	1255486	862151	1705683	1115570	294099	1100943
损失浪费金额	万元	1196786	6487	97232	20600	52311	1849	27431	6230	11646	61015	96290
管理不规范金额	万元	484003035	8977114	6024271	19445147	33578181	5907435	8982244	6431012	10354959	20277466	88142123
三、审计发现非金额计量问题	个	5895585	1902	375	2511	14476	1469	825008	4571180	16704	1926	9606
四、损益(收支)不实	万元	34089409	1790054	717987	2658771	1140173	69184	760463	846044	389680	923628	3023136
五、审计发现侵害人民群众利益	万元	1066601		16	6329	78757	687	1994	1083	3666	15117	47496
六、审计期间整改金额	万元	15920182	341910	274539	314164	1630443	138015	149239	56134	82961	368357	1027739
七、审计报告和专项审计调查报告	篇	171789	1239	577	3362	5416	4138	5412	3515	5012	1324	7171
被批示、采用审计报告和专项审计调查报告	篇·次	8790	54	54	171	243	123	401	21	277	149	651
八、审计处理情况	—	—	—	—	—	—	—	—	—	—	—	—
审计处理处罚	万元	95791887	1470353	526621	5635870	10351369	1816989	1740902	1941397	1362620	1004509	6450038
其中:应上缴财政	万元	18481682	54897	285731	1006522	2804988	404224	305207	381692	305590	117162	807396
其中:罚没	万元	212235	16	809	18449	6995	5593	15258	17409	5072	4	2290
应减少财政拨款或补贴	万元	4456424	36915	1193	60488	46431	140646	47352	13443	49870	95224	525117
应归还原渠道资金	万元	15235945	2208	14406	1588061	1241102	258249	654089	477480	241977	218141	1345393
应缴纳其他资金	万元	9032609	24298	24	297824	3018631	136585	181285	138430	64593	7606	47758

续表

指标名称	单位	地方审计机关	北京市	天津市	河北省	山西省	内蒙古自治区	辽宁省	吉林省	黑龙江省	上海市	江苏省
应调账处理金额	万元	34884950	1213193	225264	2514619	2299906	278954	548238	682264	700368	566374	3563427
移送处理事项	件	3707	13	3	138	352	43	65	59	118	24	234
司法机关	件	384			3	12		10	8	29	1	31
纪检监察机关	件	1434	2		33	143	15	18	20	43	13	99
有关部门	件	1889	11	3	102	197	28	37	31	46	10	104
移送处理人员	人	6877	8		67	1310	24	49	20	65	2	146
司法机关	人	1404			1	824	2	11	4	36		39
其中:地厅级及以上	人	3										
县处级	人	31				1						3
乡科级及以下	人	1324			1	823	2	11	4	36		36
纪检监察机关	人	2655	3		51	113	8	17	9	23	2	87
其中:地厅级及以上	人	4								1		
县处级	人	82	2			2		2	3	2	1	3
乡科级及以下	人	2373	1		51	111	8	15	6	20	1	84
有关部门	人	2818	5		15	373	14	21	7	6		20
其中:地厅级及以上	人	3	1						1			
县处级	人	47	3					7	2			
乡科级及以下	人	2718	1		15	373	14	14	4	6		20
移送处理金额	万元	5068854	24389	4075	128729	105433	64685	10290	17255	70038	12677	856878
司法机关	万元	568922			10859	753	0	1725	597	2560	200	360109
纪检监察机关	万元	741286	818		50375	33369	6875	1389	8510	7630	10912	229263
有关部门	万元	3758645	23570	4075	67493	71310	57809	7175	8146	59847	1565	267504
九、审计处理结果落实情况	—	—	—	—	—	—	—	—	—	—	—	—

续表

指标名称	单位	地方审计机关	北京市	天津市	河北省	山西省	内蒙古自治区	辽宁省	吉林省	黑龙江省	上海市	江苏省
审计促进整改落实有关问题资金	万元	66559726	1679033	670439	3988724	6437243	876847	804844	346963	1485236	2176110	4731278
其中：增收节支	万元	21912339	90693	80844	1161075	2406232	558884	419998	63864	409850	128548	1808996
已上缴财政	万元	10800601	51033	75286	489409	1640780	284460	92080	26704	183146	37775	548448
已减少财政拨款或补贴	万元	3799086	36834	1077	42264	41583	107572	32558	2571	45475	44932	487482
已归还原渠道资金	万元	7308637	2825	4480	629401	723868	166850	295359	34588	181228	45840	773065
已缴纳其他资金	万元	2971370	676	18006	84934	1148300	27915	20529	34453	48678	480	25618
已调账处理金额	万元	18579106	1188818	185532	1411866	254562	105851	311307	153314	1026178	291167	2552062
审计促进拨付资金到位	万元	1654388	0	218214	33795	48662	28924	22371	16235	59082	31	61106
审计后挽回(避免)损失	万元	3930019	613	1169	36896	7603	25060	25193	8154	93902	95036	459694
核减投资额	万元	12393134	416671	3485	90171	579087	291966	658567	61690	107266	182826	1817582
移送处理落实事项	件	1979	9	3	59	182	8	35	10	54	11	167
司法机关已处理	件	258			3	7	1	9	1	17		35
纪检监察机关已处理	件	711	1		21	75	3	10	4	19	4	59
有关部门已处理	件	990	8	3	35	100	4	16	5	18	7	73
移送处理落实人员	人	10251	14		83	1155	5	35	11	42	2	136
已追究刑事责任	人	404			20	2	4	10	3	18		53
已给予党纪政纪处分	人	853	3		52	80	1	4	3	12	2	55
有关部门已处理人员	人	8842	11		11	1073		21	5	12		28
十、审计成果利用情况	—	—	—	—	—	—	—	—	—	—	—	—
审计提出建议	条	310334	2076	1039	6446	11542	4181	7200	4142	6358	3015	14405
其中：建议制定修改部门规定	条	9452	42	70	182	392	346	204	100	212	84	42
建议制定修改法律法规	条	530	6		4		10	23	18	16	1	
被采纳审计建议	条	226664	1116	714	4819	6567	2566	5630	2593	4035	2091	11565

续表

指标名称	单位	地方审计机关	北京市	天津市	河北省	山西省	内蒙古自治区	辽宁省	吉林省	黑龙江省	上海市	江苏省
被审计单位制定整改措施	项	23858	697	162	531	1169	245	580	217	602	923	1819
被审计单位建立健全规章制度	项	6504	231	56	72	165	96	48	32	139	231	481
促进修改法律法规	条	37					1					
提交审计信息	篇	135627	1858	948	3670	4522	6458	2798	2672	5364	1507	6752
审计专题、综合性报告	篇	20330	81	84	314	717	880	520	175	911	138	1369
信息简报	篇	110445	1777	863	3298	3774	5421	2261	2077	4068	1369	5362
其中:重要审计信息	篇	14795	209	92	862	145	587	249	112	333	45	915
被批示、采用审计信息	篇·次	75447	1478	801	1740	1753	3997	1076	1197	3117	949	4423
审计专题、综合性报告	篇·次	9222	47	57	224	113	175	146	295	209	37	631
信息简报	篇·次	63274	1431	743	1478	1632	3773	925	861	2596	912	3769
其中:重要审计信息	篇·次	9199	255	87	326	48	464	119	120	205	34	624
审计信息移送案件事项	项	218	1		1	4	1	4		3	1	14
涉案人员	人	6133	1			8		7			14	13
地厅级及以上	人	3	1									
县处级	人	30				1		1				2
乡科级及以下	人	6088				7		6			14	11
涉案金额	万元	269182	70		13625		118	579			373	2872
十一、向社会公告审计结果	篇	9911	37			50	21	38	15	143	145	530
十二、被审计领导干部	人	42598	389	206	866	1554	1258	1831	1284	2004	394	1955
其中:负直接责任问题金额	万元	1202443	1022	21	15442	55689	13603	64997	16836	71188	2377	25879
涉嫌个人经济问题人数	人	29				1			1	1		2
金额	万元	24669				48			91	15000		
十三、交办、配合事项	件	18098	41	16	59	80	114	144	15	49	3	5396

续表

指标名称	单位	地方审计机关	北京市	天津市	河北省	山西省	内蒙古自治区	辽宁省	吉林省	黑龙江省	上海市	江苏省
十四、审计机关	个	3196	18	17	184	131	114	119	71	126	18	123
审计署及其派出机构	个											
省级审计机关	个	32	1	1	1	1	1	1	1	1	1	1
地级审计机关	个	442	17	16	10	11	12	14	10	13	17	13
县级审计机关	个	2722			173	119	101	104	60	112		109
十五、审计人员	人	89826	1511	784	5305	3773	3127	3342	2142	2624	1039	4048
审计署及其派出机构	人											
省级审计机关	人	6931	591	240	191	183	187	175	215	149	376	191
地级审计机关	人	23498	920	544	822	881	705	1278	529	789	663	1090
县级审计机关	人	59397			4292	2709	2235	1889	1398	1686		2767
十六、行政复议案件	件	23	1								22	
行政应诉案件	件	15	6								9	
政府裁决案件	件	1										
审计处罚听证	件	2										

指标名称	单位	浙江省	安徽省	福建省	江西省	山东省	河南省	湖北省	湖南省	广东省	广西壮族自治区	海南省
一、审计单位	个	3779	6078	2911	9375	11456	7951	5420	5878	7574	5174	1050
审计	个	3094	5677	2703	9264	10952	7326	5277	5687	7132	4947	972
专项审计调查	个	685	401	208	111	504	625	143	191	442	227	78
二、审计查出主要问题金额	万元	16997269	11527469	7565007	7014396	60417639	17286819	18445157	33580349	16621767	8727121	5459146
违规金额	万元	394352	596245	611314	151135	7566722	3179682	2331633	2437316	427811	500955	478834
损失浪费金额	万元	50534	28787	18729	1906	370246	44026	36586	37429	86261	1344	1354
管理不规范金额	万元	16552383	10902436	6934963	6861353	52480669	14063110	16076937	31105603	16107695	8224821	4978957

续表

指标名称	单位	浙江省	安徽省	福建省	江西省	山东省	河南省	湖北省	湖南省	广东省	广西壮族自治区	海南省
三、审计发现非金额计量问题	个	9988	1918	6149	5193	30724	11406	2967	4297	9189	7116	1376
四、损益(收支)不实	万元	878951	2044164	837434	246099	3674736	1339107	1336709	1410553	3287973	569421	573943
五、审计发现侵害人民群众利益	万元	9032	7989	18600	25790	633208	24333	93631	41631	8684	1496	4866
六、审计期间整改金额	万元	1192272	263957	272812	61199	1002897	209190	784370	193471	944804	1225807	232149
七、审计报告和专项审计调查报告	篇	4786	7392	3867	9997	15658	8134	6120	8754	9067	5641	1166
被批示、采用审计报告和专项审计调查报告	篇·次	280	610	107	66	480	805	423	478	314	334	25
八、审计处理情况	—	—	—	—	—	—	—	—	—	—	—	—
审计处理处罚	万元	2929471	2590316	1406266	748019	12758121	2788508	4292426	4138732	2683340	3935964	1258668
其中:应上缴财政	万元	305071	351759	516781	67890	4004355	511427	920434	171001	232945	291753	508087
其中:罚没	万元	1114	2421	1535	10242	20547	13585	16169	25164	5844	3817	11740
应减少财政拨款或补贴	万元	104761	206807	72859	118982	1042901	33538	86330	435263	334242	135708	24665
应归还原渠道资金	万元	317361	435781	233045	160547	1438874	284288	1178903	1460205	566382	434801	38776
应缴纳其他资金	万元	222531	273243	62849	54272	577451	476772	682467	992860	36209	123667	43876
应调账处理金额	万元	1369578	942265	503477	237166	4695074	719469	1254863	844421	1438463	701463	642904
移送处理事项	件	133	92	102	110	256	416	261	77	101	36	14
司法机关	件	14	9	11	16	33	28	67	9	7	5	0
纪检监察机关	件	52	29	37	66	114	101	150	47	40	17	4
有关部门	件	67	54	54	28	109	287	44	21	54	14	10
移送处理人员	人	113	55	76	112	296	3206	422	75	49	28	4
司法机关	人	16	8	20	21	59	31	153	12	4	3	
其中:地厅级及以上	人	2										
县处级	人		1	2		4	1	8				
乡科级及以下	人	14	7	18	21	55	30	145	12	4	3	

续表

指标名称	单位	浙江省	安徽省	福建省	江西省	山东省	河南省	湖北省	湖南省	广东省	广西壮族自治区	海南省
纪检监察机关	人	66	39	41	77	134	1216	251	42	24	21	1
其中:地厅级及以上	人									2		
县处级	人	3	2	3	1	4	1	17	2		1	
乡科级及以下	人	63	37	38	76	130	1215	234	40	22	20	1
有关部门	人	31	8	15	14	103	1959	18	21	21	4	3
其中:地厅级及以上	人					1						
县处级	人	4			3		18			5		
乡科级及以下	人	27	8	15	11	102	1941	18	21	16	4	3
移送处理金额	万元	110907	18281	137487	50285	1718159	422303	195465	14870	586957	49406	1060
司法机关	万元	27228	2052	11682	2443	84080	2020	33019	494	1030	2941	
纪检监察机关	万元	49131	15178	7351	1105	12428	24568	147862	10146	15636	29553	245
有关部门	万元	34547	1051	118454	46736	1621649	395714	14583	4229	570290	16911	814
九、审计处理结果落实情况	—	—	—	—	—	—	—	—	—	—	—	—
审计促进整改落实有关问题资金	万元	2359465	1897696	364196	635584	10828917	2006318	3609076	2885956	1852678	2062684	336656
其中:增收节支	万元	675351	447321	154177	229700	4526946	560654	1408727	1221560	593038	551088	205587
已上缴财政	万元	307302	108324	83325	46732	2799756	344897	544537	98929	130950	202731	141137
已减少财政拨款或补贴	万元	98432	179235	28080	87724	975724	25971	82574	413741	290650	112820	54328
已归还原渠道资金	万元	269616	159760	42771	95243	751464	189785	781616	708889	171437	235536	10121
已缴纳其他资金	万元	161750	161927	9982	19509	245083	124646	220459	53084	13353	25686	918
已调账处理金额	万元	532086	579280	108795	214471	3331581	450813	750522	342229	942984	256354	120327
审计促进拨付资金到位	万元	25273	20145	27577	76141	169382	39192	144065	8308	8969	118776	760
审计后挽回(避免)损失	万元	238326	282059	62828	130338	123665	21416	168189	404515	230801	132914	18928
核减投资额	万元	233394	449133	102832	216666	1175139	314866	702203	1418927	334018	352564	108311

续表

指标名称	单位	浙江省	安徽省	福建省	江西省	山东省	河南省	湖北省	湖南省	广东省	广西壮族自治区	海南省
移送处理落实事项	件	93	58	38	85	194	164	160	43	37	10	2
司法机关已处理	件	20	3	5	14	22	4	39	7	7	3	1
纪检监察机关已处理	件	36	11	16	51	83	30	97	22	9	2	
有关部门已处理	件	37	44	17	20	89	130	24	14	21	5	1
移送处理落实人员	人	108	31	34	131	278	7192	344	50	29	5	2
已追究刑事责任	人	39	7	10	14	23	11	56	11	4	1	2
已给予党纪政纪处分	人	29	10	17	55	116	38	199	17	3	1	
有关部门已处理人员	人	40	14	7	62	139	7143	89	22	22	3	
十、审计成果利用情况	—	—	—	—	—	—	—	—	—	—	—	—
审计提出建议	条	10173	13570	7726	14574	22984	23261	13774	12902	13390	7831	2371
其中：建议制定修改部门规定	条	637	287	45	437	594	1488	1055	588	207	67	26
建议制定修改法律法规	条	31	19		29	36	32	18	101		1	
被采纳审计建议	条	7725	11116	4123	8673	15450	18544	11328	9829	9557	5383	1468
被审计单位制定整改措施	项	1451	1136	334	1874	1610	1706	2008	808	1087	269	66
被审计单位建立健全规章制度	项	551	250	67	79	541	377	747	283	224	52	7
促进修改法律法规	条	1				2	14	7	9			
提交审计信息	篇	8835	9095	5891	3603	11490	5800	8830	3066	2431	848	366
审计专题、综合性报告	篇	950	1393	895	561	1077	1327	2234	684	684	229	69
信息简报	篇	7750	7508	4895	3029	10067	4155	5727	2376	1730	586	297
其中：重要审计信息	篇	357	686	326	555	1863	279	973	644	97	103	64
被批示、采用审计信息	篇·次	5197	5917	4167	2145	5138	3340	7533	1436	1135	377	163
审计专题、综合性报告	篇·次	386	718	214	297	414	509	1511	196	320	78	24
信息简报	篇·次	4692	5041	3826	1840	4502	2491	5150	1230	812	243	139

续表

指标名称	单位	浙江省	安徽省	福建省	江西省	山东省	河南省	湖北省	湖南省	广东省	广西壮族自治区	海南省
其中:重要审计信息	篇·次	256	964	168	379	728	196	1001	424	41	40	26
审计信息移送案件事项	项	5	6		7	39	32	23	11	6	10	
涉案人员	人	13	11		10	82	5800	87	11	8	6	
地厅级及以上	人											
县处级	人	1	1			14		5				
乡科级及以下	人	8	10		10	68	5800	82	11	8	6	
涉案金额	万元	804	3723		2335	192094	1755	10285	216	41	3250	
十一、向社会公告审计结果	篇	379	655	96	87	230	135	87	150	735	16	2
十二、被审计领导干部	人	1487	1366	1199	2134	5117	2314	1361	2274	2201	845	174
其中:负直接责任问题金额	万元	18496	205823	39042	4930	259847	90380	33004	75360	2369	8664	3068
涉嫌个人经济问题人数	人	2	5	1	2	4		3	1			
金额	万元	1000	61	7724	157	1	26	59	48			
十三、交办、配合事项	件	22	408	126	108	471	204	223	144	1851	776	1525
十四、审计机关	个	102	123	95	113	168	177	117	139	151	129	23
审计署及其派出机构	个											
省级审计机关	个	1	1	1	1	1	1	1	1	1	1	1
地级审计机关	个	11	16	10	11	17	18	13	14	21	14	2
县级审计机关	个	90	106	84	101	150	158	103	124	129	114	20
十五、审计人员	人	2974	2981	2222	3045	5680	7739	4122	4449	3785	2458	530
审计署及其派出机构	人											
省级审计机关	人	156	174	226	199	277	314	218	267	270	200	125
地级审计机关	人	614	904	502	597	1321	1359	974	910	1213	693	96
县级审计机关	人	2204	1903	1494	2249	4082	6066	2930	3272	2302	1565	309

续表

指标名称	单位	浙江省	安徽省	福建省	江西省	山东省	河南省	湖北省	湖南省	广东省	广西壮族自治区	海南省
十六、行政复议案件	件											
行政应诉案件	件											
政府裁决案件	件	1										
审计处罚听证	件							2				

指标名称	单位	重庆市	四川省	贵州省	云南省	西藏自治区	陕西省	甘肃省	青海省	宁夏回族自治区	新疆维吾尔自治区	新疆兵团
一、审计单位	个	2803	12332	3168	9465	238	9057	7438	1420	767	3544	732
审计	个	2664	11975	3076	9109	197	8831	7229	1252	730	3319	663
专项审计调查	个	139	357	92	356	41	226	209	168	37	225	69
二、审计查出主要问题金额	万元	24154284	24446953	10010455	7092786	725911	13982599	8695652	877831	4345156	7563658	1274674
违规金额	万元	1910132	2005341	697336	610230	296402	4411338	474401	30246	78533	835202	103621
损失浪费金额	万元	56087	11408	1672	1448	2117	17343	2220	2010	3656	8962	31555
管理不规范金额	万元	22188064	22430203	9311446	6481107	427390	9553917	8219030	845574	4262966	6734945	1139497
三、审计发现非金额计量问题	个	2681	3749	338122	3019	233	3386	1372	282	740	5814	706
四、损益(收支)不实	万元	650317	2426787	345995	464232	42650	574513	233287	49095	42519	418019	323771
五、审计发现侵害人民群众利益	万元	1795	3440	1980	6420	410	12848	249		12202	2808	32
六、审计期间整改金额	万元	356907	1094730	110849	322969	73640	99982	122460	13652	2757219	174783	26547
七、审计报告和专项审计调查报告	篇	2822	12674	3219	10292	206	9478	7934	1557	1058	4010	791
被批示、采用审计报告和专项审计调查报告	篇·次	506	404	128	330	41	601	300	6	8	367	33
八、审计处理情况	—	—	—	—	—	—	—	—	—	—	—	—
审计处理处罚	万元	4761801	3470395	3934092	1871952	229713	2889862	2074424	188428	3096285	1052112	392309
其中:应上缴财政	万元	932899	1103632	270414	218386	51992	810030	223534	58991	43357	409129	4388
其中:罚没	万元	1438	9977	711	1180	1021	8693	1660	1340	89	1459	578

续表

指标名称	单位	重庆市	四川省	贵州省	云南省	西藏自治区	陕西省	甘肃省	青海省	宁夏回族自治区	新疆维吾尔自治区	新疆兵团
应减少财政拨款或补贴	万元	232940	245706	60987	62029	292	108726	26728	145	33845	72276	
应归还原渠道资金	万元	609949	431542	153632	119210	16958	608165	443123	8612	30232	184829	39611
应缴纳其他资金	万元	39989	575755	61173	156275	15450	351416	246391	3109	34278	70833	14693
应调账处理金额	万元	2493032	1113759	2231102	688662	135762	932376	590009	98217	61237	265484	333543
移送处理事项	件	349	234	64	135	11	28	72		25	131	11
司法机关	件	38	13	7	22		3	1			6	1
纪检监察机关	件	80	119	40	59	4	15	23		2	42	7
有关部门	件	231	102	17	54	7	10	48		23	83	3
移送处理人员	人	305	133	61	121		59	12		1	46	12
司法机关	人	76	18	11	44		3	2			5	1
其中:地厅级及以上	人	1										
县处级	人	5	3	2	1							
乡科级及以下	人	35	15	0	41		3	2			5	1
纪检监察机关	人	185	90	42	49		18	8		1	28	9
其中:地厅级及以上	人										1	
县处级	人	10	7	2	7						4	3
乡科级及以下	人	19	83		42		18	8		1	23	6
有关部门	人	44	25	8	28		38	2			13	2
其中:地厅级及以上	人											
县处级	人		3				2					
乡科级及以下	人	4	22		26		36	2			13	2
移送处理金额	万元	88503	158438	45255	31576	2538	79792	36898		1255	22187	2771
司法机关	万元	15469	1873	1518	1500		4241	213			298	8

续表

指标名称	单位	重庆市	四川省	贵州省	云南省	西藏自治区	陕西省	甘肃省	青海省	宁夏回族自治区	新疆维吾尔自治区	新疆兵团
纪检监察机关	万元	8166	34481	9502	8720	423	4735	2614		53	7587	2646
有关部门	万元	64867	122083	34234	21355	2115	70815	34070		1202	14301	116
九、审计处理结果落实情况	—	—	—	—	—	—	—	—	—	—	—	—
审计促进整改落实有关问题资金	万元	2203679	3787409	736373	1426745	128253	2880184	2093574	112419	478041	517108	159985
其中:增收节支	万元	1068161	1199655	195571	205981	8876	841869	334249	32176	32611	284660	5383
已上缴财政	万元	634257	798578	90122	114139	4120	566088	117217	30381	9947	197822	173
已减少财政拨款或补贴	万元	212129	106804	50419	41388		96445	25150	145	17043	57921	
已归还原渠道资金	万元	220582	294272	55030	50450	4756	176513	191881	1649	5620	28917	5209
已缴纳其他资金	万元	7856	267592	10764	30503	14679	61556	124241	180	3839	3079	1080
已调账处理金额	万元	436440	951360	255887	502989	78501	564444	387675	62628	33262	128752	67053
审计促进拨付资金到位	万元	97909	117603	56754	24093	9904	128198	64532	1372		26117	884
审计后挽回(避免)损失	万元	219615	709253	10044	130138		178180	12454	1703	20429	77794	3095
核减投资额	万元	471190	922343	181330	516591	1144	410290	93009	17131	32013	119204	11509
移送处理落实事项	件	185	123	15	86	1	11	42	1	13	75	5
司法机关已处理	件	22	8	3	17		1	1	1	1	5	1
纪检监察机关已处理	件	25	53	8	38		9	7		1	15	2
有关部门已处理	件	119	62	4	30	1	1	34		11	55	2
移送处理落实人员	人	224	135	4	97		54	6	6	1	29	8
已追究刑事责任	人	37	28	2	35		6		2	1	4	1
已给予党纪政纪处分	人	22	69	1	40		3	4	2		10	5
有关部门已处理人员	人	13	38	1	22		45	2	2		15	2
十、审计成果利用情况	—	—	—	—	—	—	—	—	—	—	—	—
审计提出建议	条	7236	25364	8386	24589	623	16637	11659	1936	1753	7873	1318

续表

指标名称	单位	重庆市	四川省	贵州省	云南省	西藏自治区	陕西省	甘肃省	青海省	宁夏回族自治区	新疆维吾尔自治区	新疆兵团
其中:建议制定修改部门规定	条	153	527	111	165	43	823	90	47	126	251	11
建议制定修改法律法规	条	12	18	15	12		55	11	23	25	14	
被采纳审计建议	条	6239	18838	5784	21465	413	12083	9379	842	1064	4832	833
被审计单位制定整改措施	项	520	924	246	276	70	1361	416	72	168	320	191
被审计单位建立健全规章制度	项	299	427	120	76	18	346	257	16	71	123	22
促进修改法律法规	条			2			1					
提交审计信息	篇	3123	7592	5252	5616	317	2801	5331	1334	847	6550	60
审计专题、综合性报告	篇	701	1210	437	467	11	802	593	242	78	455	42
信息简报	篇	2178	6351	4363	4771	296	1982	4270	1075	742	6012	15
其中:重要审计信息	篇	592	1054	386	320	3	645	1398	72	67	758	4
被批示、采用审计信息	篇·次	1924	3746	2915	1806	46	1554	3238	153	360	2598	28
审计专题、综合性报告	篇·次	483	670	216	133	4	465	402	24	40	160	24
信息简报	篇·次	1336	3068	2460	1626	42	1060	2737	129	320	2406	4
其中:重要审计信息	篇·次	322	445	224	188		336	747	25	35	368	4
审计信息移送案件事项	项	19	12	2	3	2		4	1		7	
涉案人员	人	6	21	2	17	1		5	2		8	
地厅级及以上	人		2									
县处级	人		3		1	1						
乡科级及以下	人		16		16			5	2		8	
涉案金额	万元	556	10362	8060	109	10559		7164			224	
十一、向社会公告审计结果	篇	9	921	7	4692	10	527	59	26	36	72	1
十二、被审计领导干部	人	635	1552	402	929	60	2526	2380	361	376	1065	99
其中:负直接责任问题金额	万元	21294	18907	6564	1030	7163	34453	12480	120	16483	72695	3203

续表

指标名称	单位	重庆市	四川省	贵州省	云南省	西藏自治区	陕西省	甘肃省	青海省	宁夏回族自治区	新疆维吾尔自治区	新疆兵团
涉嫌个人经济问题人数	人		2	1	1		1				1	
金额	万元		123		19		14				294	
十三、交办、配合事项	件	78	1207	1896	1345	9	921	223	25	40	556	23
十四、审计机关	个	39	204	100	147	8	119	102	55	25	124	15
审计署及其派出机构	个											
省级审计机关	个	1	1	1	1	1	1	1	1	1	1	1
地级审计机关	个	38	21	9	16	7	11	15	8	5	18	14
县级审计机关	个		182	90	130		107	86	46	19	105	
十五、审计人员	人	1334	4706	2162	3407	294	3704	2611	690	614	2295	329
审计署及其派出机构	人											
省级审计机关	人	263	198	153	262	99	268	221	129	148	238	28
地级审计机关	人	1071	1128	418	732	195	675	686	172	179	537	301
县级审计机关	人		3380	1591	2413		2761	1704	389	287	1520	
十六、行政复议案件	件											
行政应诉案件	件											
政府裁决案件	件											
审计处罚听证	件											